U0717174

第二册

太平御覽

中華書局影印

太平御覽目錄

職官部一

總敘官

禮記曰有虞氏官五十夏后氏官百殷二百周三百天子立六官三公九卿二十七大夫八十一元士以聽天下之外治以明章天下之男教

又王制曰天子百里之內以共官千里之內以爲御謂此地之田稅所給也千里之外設方伯五國以爲屬屬有長十國以爲連連有帥三十國以爲卒卒有正二百一十國以爲州州有伯八州八伯五十六正百六十八帥三百三十六長八伯各以其屬屬於天子之老二人分天下以爲左右曰二伯

春秋曰昭四年郯子來朝公與之宴昭公問焉曰少皞氏以鳥名官何故少皞金天氏黃帝子己姓之祖也何故以鳥爲官也郯子曰吾祖也我知之昔黃帝氏以雲紀故爲雲師而雲名黃帝軒轅之氏姬姓祖也黃帝受命有雲瑞故以雲紀事百官師長皆以雲爲名號也炎帝氏以火紀故爲火師而火名炎帝神農氏姜姓之祖也亦有火瑞以火紀事名官也共工氏以水紀故爲水師而水名共工以諸侯霸九州者在神農前太昊後亦受水瑞以水名官也太皞氏以龍紀故爲龍師而龍名太皞伏羲氏風姓之祖也有龍瑞故以龍命官也我高祖少皞摯之立也鳳鳥適至故紀於鳥爲鳥師而鳥名自顓頊以來不能紀遠乃紀於近爲民之師而命以民事則爲不能故也

又曰國家之敗由官邪也官之失德寵賂彰也

尚書堯典曰乃命羲和欽若昊天曆象日月星辰敬授人時羲氏和氏世掌天地四時之官使敬順天時以授人也分命羲仲宅嵎夷曰暘谷羲仲居治東方之官宅居也東表之地稱嵎夷寅賓出日平秩東作使敬導出日平均次序東作之事以務農也申命羲叔宅南交羲叔居治南方之官夏與春交平秩南訛敬致訛化也平序南方化育之事敬行其教以致其功分命和仲宅西曰昧谷居治西方之官寅餞納日平秩西成餞送也西方萬物成平序其政助成物也申命和叔宅朔方曰幽都平在朔易都謂所聚也易謂歲改易於北方平均在察其政以順天當允釐百工庶績咸熙定四時成歲以告時授事則衆功皆廣

又舜典曰咨四嶽有能奮庸熙帝之載奮起也有能起發其功廣堯之事也使宅百揆亮采惠疇亮信惠順也使居百揆之信立其功順其事者誰乎僉曰伯禹作司空禹入爲天子司空治水有功言可用也帝曰俞咨禹汝平水土惟時懋哉稱禹前功以命之惟居是百揆勉行之禹拜稽首讓于稷契暨皐陶帝曰俞汝往哉不許其讓使往宅百揆

又曰成王既黜殷命滅淮夷還歸在豐作周官王曰若昔大猷順古大道制治于未亂保邦于未危曰唐虞稽古建官惟百內有百揆四岳外有州牧侯伯庶政惟和萬國咸寧夏商官倍亦克用乂禹湯建官二百亦能用治言不及唐虞之清要今予小子祗勤于德夙夜不逮立太師太傅太保茲惟三公論道經邦燮理陰陽少師少傅少保曰三孤貳公弘化寅亮天地敬信天地之教冢宰掌邦治統百官均四海司徒掌邦教敷五典擾兆民擾安也宗伯掌邦禮治神人和上下司馬掌邦政統六師平邦國司寇掌邦禁詰姦慝刑暴亂司空掌邦土居四民時地利士農工商使順天時六卿分職各率其屬以倡九牧阜成兆民以倡導九州牧伯爲政大成兆民之性命

又曰俊乂在官俊德治能之士皆在官百僚師師百工惟時僚工皆官也師師相師法百官皆是言咸無非撫于五辰庶績其凝言五官皆順五行之時衆功皆成

又曰無曠庶官天工人其代之位非其人爲空官言人代天理官不可以天官私非其人

又曰任官惟賢材左右惟其人臣爲上爲德爲下爲民

奉上帝總順下謝民不可官所私任非其人

又曰官不及私昵惟其能不加私昵惟能是官爵罔及惡德惟其賢非賢不爵

周禮曰惟王建國辨方正位體國經野設官分職以爲民極極中也令天下之人各得其中

又周官曰宗伯以九儀之命正邦國之位一命受職受職治職再命受服受服受祭衣服爲上士三命受位列位於王臣也王之上士亦三命也四命受器受祭器爲上大夫也五命賜則則法也六命賜官此王六命之卿賜官者使得自置其臣治家如諸侯也七命賜國出就侯伯之國八命作牧謂侯伯有功德者加命得專征代於諸侯九命作伯上公有功德者加命爲二伯得征伐五侯九伯也鄭司農云長諸侯爲方伯也

尚書大傳曰古者天子三公每一公三卿佐之每一卿三大夫佐之每一大夫三元士佐之故有三公九卿二十七大夫八十一元士所與爲天下者若此而已自公至元士凡百二十人夏時之官也

家語曰古之御天下者以六官揔治焉冢宰之官以成道治官所以成道司徒之官以成德教官所以成德宗伯之官以成仁禮官所以成仁司馬之官以成聖政官所以成聖聖通官正所以平通天下司寇之官以成義刑官所以成義司空之官以成禮事官所以成禮也非事不立也六官在手以爲轡

東觀漢記曰更始所置官爵多羣小長安爲之語曰竈下養中郎將爛羊胃騎都尉爛羊頭關內侯

後漢書曰建武六年詔曰百姓遭難戶口耗少而官吏尚繁於是司隸州牧條奏幷省有四百餘縣吏職減損十置其一

漢書儀曰古法雖聖猶試故設四科之辟一科曰德行高妙志節清白二科曰學通行修經中博士三科曰明曉法令足以決疑能案章覆問文中御史四科曰剛毅多略遭事不惑明足以照姦勇足以決斷才任三輔令皆試以其能然後官之

後魏書曰天興元年置八部大夫散騎常侍待詔等官其八部大夫於皇城四維面置一人以擬八坐謂之八國常侍待直左右出入王命三年置仙人博士官典煑練百藥天錫元年八月初置六謁官准古六卿其秩五品屬官有大夫秩六品大夫屬官有元士秩七品元士屬官有署令長秩八品令長屬官有署丞秩九品又減五等之爵始分爲四曰王公侯子除伯男二號初帝欲法純質每於制定官號多不依周漢舊名或取諸身或取諸物或以民事皆擬遠古雲鳥之義諸曹走使謂之鳧鴨取飛之迅疾也以伺察侯占官謂之白鷺亦取其延頸遠望也自餘之官義皆類此神瑞元年春置八大人官大人下置三屬官揔理万機故世號八公太常二年夏置六部大人官有天地東西南北部皆以諸公爲之大人置三屬官自太祖至高祖其內外百官屢有減置或事出當時不爲常目如萬騎飛鴻常忠直意將軍之徒是也

賈誼新書曰王者官人有六等一曰師二曰友三曰大臣四曰左右五曰侍御六曰廝役知足以爲源泉行足以爲儀表問焉則應求焉則得者謂之師智足以爲礱礪行足以爲輔助明於進賢敢於退不肖內相匡正外相揚美謂之友智足以謀國事行足以爲民率仁足以合上下之忻國有法則退而守之君有難則能死之者大臣也脩身正行不懲於鄉曲言語談說不作於朝廷智能不困於事業服一介之使能合兩君之忻執戟居前能舉君之過失不

難以死持之者左右之臣也不貪於財不淫於色事君不敢有二心居則不敢泄君之謀君有過失雖不能正諫以其死持之而愁悴有憂色者侍御之臣也唯誤之行唯言之聽以睚眦之間事君者廝役也

通典曰唐開元中刊定職次著之爲格蓋尚書省以統會衆務舉持綱目門下省以侍從獻替規駁非宜中書省以獻納制冊敷揚宣勞祕書省以監録圖書殿中省以供修膳服內侍省以承旨奉引（尚書門下中書祕書殿中內侍凡六省）御史臺以肅清僚庶九等（太常光祿衛尉宗正太僕大理鴻臚司農太府爲九寺）五監（少府將作國子軍器都水爲五監）以分理羣司六軍（左右羽林左右龍武左右神武爲六軍）十六衛（左右衛左右驍衛左右武衛左右威衛左右領軍衛左右金吾左右監門左右千牛爲十六衛）以嚴其禁禦一詹事府二春坊（有左右春坊又有內方掌閤內事）三寺（家令率更太僕等三寺）十率府（左右衛左右司禦左右清道左右監門左右內凡十率府）俾又儲宮牧守督護分臨畿服（京府置牧餘府州置都督都護太守）

説苑曰應侯與賈子坐聞有鼓琴之聲應侯曰今之琴一何悲也賈子曰夫張急調下故使之悲耳急張者良材也調下者官卑也取夫良材而官卑之安能無悲乎應侯曰善

仲長子昌言曰官之有級猶階之有等升階越等其步也亂亂登朝級敗禮傷法是以古人之初仕也雖有賢才皆以級次進焉賈生有言治國取人務在求能故裁國之無利器猶鏤以鈆刀而望其巧不亦疏乎

楊泉物理論曰吏者理也所以理萬機平百揆也武士宰民物猶使狼牧羊鷹養雞也是以人主務在審官擇人

李重集雜奏議曰古之聖王建官垂制所以體國經治而功在簡易自帝王而下世有增損舜命九官周分六職秦采古制漢仍秦舊置丞相任九卿雖置五曹尚書令僕之職始於掌封奏以宣內外事任尚輕而郡守牧民官故漢宣稱所與爲治唯良二千石其有殊效者輒璽書勉勵或賜爵進秩禮遇豐厚得爲治大體所以遠蹤三代也及至東京雖漸優顯令僕出爲郡守鍾離意黃香胡廣是也郡守入爲三公虞延第五倫鮑昱是也自魏朝名守杜畿滿寵田預胡質等郡或二十年或秩中二千石假節猶不去郡或還不易方此亦古人苟善其事雖沒世不徙官之義也漢魏以來內官之貴於今最隆太始以前多以散官補臺郎亦經補黃門中書郎而今皆數等而後至衆職率亦如此陵遲之俗未及篤尚之風未洽百事等級遂多遷補轉徙如流能否無以著黜陟不得彰此爲治之大弊也漢法官人不得眞秩京房爲魏郡太守以八百石居之魏初用輕資先亦試守不稱則繼以左遷然則儁才登進無能降退此則所謂有知必試而使人以器者也臣以爲今宜大併郡守等級使同古者明試守左遷之例官人之理盡則士必量能而受爵矣

桓溫集略表曰今天下分崩遭亂殄瘁雖道隆中興而户口彫寡近方漢時不當一郡之民民户既少則勢不多而當必同古制百官備職實非大易隨時之宜且設官以理務務寡則官省官省以國治則職顯而人清故光武初興多所併省諸葛亮相蜀備才併官此皆達治之成規今日之所先也宜從權制併官省職愚謂門下三省祕書著作通可減半古以九卿綜事不專尚書故重九棘也今事歸內臺則九卿爲虛設之位唯太常廷尉職不可闕其諸負外散官及軍府參佐職無所掌者皆併若草驚郊廟籍田

之屬凡諸大事於禮宜置者臨時權兼事訖則罷職既併則官少而才精職理則無害民而治道康矣

太平御覽卷第二百三

覽二百三

七

太平御覽卷第二百四

職官部二

丞相上

尚書曰成湯居亳初置二相以伊尹仲虺爲之

又君奭曰我聞在昔成湯旣受命則有伊尹格于皇天

又說命曰高宗夢得說使百工營求諸野說築傅巖之野爰立作相置諸左右命之曰若金用汝作礪若濟巨川用汝作舟楫若歲大旱用汝作霖雨啓乃心沃朕心若藥不瞑眩厥疾弗瘳

韓詩外傳曰田饒事魯哀公而不見察田饒謂哀公曰臣將去君黃鵠舉矣哀公曰何謂也饒曰君獨不見雞乎雞有五德君猶日瀹而食之者何以其所從來者近也夫黃鵠一舉千里止君園池食君魚鼈啄君黍粱無此五德猶

貴之以其所從來者遠也臣將去君黃鵠舉矣哀公曰止吾將書子之言也饒曰臣聞食其食者不毀其器蔭其樹者不折其枝有臣不用何書其言遂去之燕燕用爲相三年燕政大治哀公喟然太息爲之避寢

左傳曰仲虺居薛爲湯左相

又曰齊桓公置射鉤而使管仲相

國語曰季文子相宣公成公無衣帛之妾無食粟之馬仲孫他諫曰子爲魯上卿相二君矣妾無衣帛馬不食粟人其以子爲愛且不華國乎文子曰吾亦願之然吾觀國人其父兄之食麤衣惡而我美妾與馬無乃非相人乎且吾聞之以德榮爲華不聞以妾與馬文子以告孟獻子獻子囚之七日自是子服之妾衣不過七外之布馬餼不過稂莠（餼米也稂童粱）

史記曰黃帝得六相而天地治神明至（黃帝得蚩尤而明天道得太常而察地利得奢龍而辯東方得祝融而辯南方得風后而辯西方得后土而辯比方謂之六相）

又曰堯舉八凱（倉舒隤敳檮戭大臨尨降庭堅仲容叔達爲八凱即垂益禹皋陶之倫也庭堅即皋陶也）使主后土（后土地官也）以揆百事莫不時敘地平天成（謀賚成亦平也）舉八元（伯奮仲堪叔獻季仲伯虎仲熊叔豹季貍爲八元也）使布五教于四方內平外成（內諸夏外夷狄）謂之十六相（亦曰十六族）

又曰秦悼武王二年始置丞相官樗里疾甘茂爲左右丞相

又曰鄭以子產爲相一年豎子不戲狎班白不提挈童子不犁畔二年市不豫賈三年門不夜閉道不拾遺四年田器不歸五年士無尺籍喪期不令而治鄭二十六年而死丁壯號哭老人兒啼子產去我死乎民將安歸

又曰公儀休爲魯相客有遺魚者不受客曰聞君嗜魚何

故不受相曰以嗜魚故今爲相能自給魚今受而魚誰復給我魚故不受食茹拔其園葵而弃之見布好而出其家婦燔其機云欲令農士工女安其所豈可害其貨乎

又曰石奢楚昭王相也堅直廉士無所避行縣道有殺人者相追之乃其父也縱其父還自繫使人言之於王曰殺人者臣之父也夫以父立政不孝也廢法縱罪非忠也臣罪當死王曰追而不及不當伏罪奢曰不私其父非孝也不奉主法非忠也王赦罪上惠也伏誅而死臣職也遂不受令自刎而死

又曰五羖大夫之相秦也勞不坐乘暑不張蓋行國中不驅車乘不操干戈功名藏於府庫德行施於後世五羖大夫死國中男女流涕童子不歌謠舂者不相杵

又曰秦莊襄王薨太子政立尊呂不韋爲相國號稱仲父

又曰二世亡誅李斯乃拜趙高爲中丞相事無大小皆決之

又曰趙高爲丞相欲爲亂恐羣臣不聽乃先設驗持鹿獻於二世曰馬也二世笑曰丞相誤耶謂鹿爲馬問左右或黙或言馬以阿順趙高或言鹿高因陰中諸言鹿者以法

又曰韋丞相賢者魯人以讀書術爲吏至大鴻臚有相工相之當至丞相有男四人相之至第二子名玄成相工曰此子貴當封侯丞相曰我爲丞相有長子是安從得之後賢竟爲丞相病死而長子有罪論不得嗣而立玄成

又曰魏相者濟陰人以文吏至丞相其人好武令諸吏帶劒前奏事或有不帶劒者當入奏事乃借劒而敢入

又曰匡衡爲御史大夫歲餘韋丞相死代爲丞相封樂安侯衡十年之間不出長安城門至丞相豈非遇時而合也

漢書曰陳平陽武人周勃沛人高帝即位以勃爲右丞相以平爲左丞相帝問勃曰一歲決獄錢穀出入幾何勃不知汗出浹背上問平平曰有主者上曰主者誰曰決獄責廷尉錢穀責治粟內史上曰君所主何事平曰臣主佐天子理陰陽調四時理万物撫四夷上曰善於是出勃語平曰君獨不早教我乎

又曰蕭何沛人陳狶反上自將聞呂后用何計誅韓信拜何相國何病惠帝自臨視何疾因問君百歲後誰可代君對曰知臣莫若主帝曰曹參何如何曰帝得之矣臣雖死無恨矣

又曰曹參沛人聞蕭何薨告舍人趣治裝吾當入相使者果召參爲相擇郡國長史訥文辭謹厚者爲丞相史參日夜飲酒賓客見參不事事皆欲有言至者參輙飲以醇酒醉而後去終莫得開說

又曰蕭何拜相國益封五千户卒五百人爲衛衆人皆賀邵平獨弔謂何曰禍自此始也何乃讓封悉以家財佐軍上喜

又曰張蒼免相文帝以皇后弟竇廣國賢有行欲相之恐天下以吾私廣國乆念不可而高帝時大臣餘見無可者乃以御史大夫申屠嘉爲丞相嘉爲人廉直門不受私謁時太中大夫鄧通方愛幸賞賜累鉅万文帝常燕飲通家是時嘉入朝而通居上旁有怠慢之禮嘉奏事畢因言曰陛下幸愛其臣則富貴之至於朝廷之禮不可以不肅朝罷嘉爲檄召通通至詣丞相府免冠徒跣頓首謝嘉嘉坐自如弗爲禮責曰夫朝廷者高皇帝之朝廷通小臣戲殿上大不敬當斬使吏今行斬之（如淳曰嘉語其吏曰今便行斬之）上度丞

相已困通使使持節召通而謝丞相此吾弄臣君釋之

又曰公孫弘潁川人武帝以弘爲丞相掌列侯唯弘無爵詔封平津鄉侯六百五十户丞相封侯自弘始也弘食一肉脫粟飯故人賓客仰衣食家無餘財

又曰公孫賀字子叔北地人引拜爲丞相不受印綬泣涕曰臣本邊鄙鞍馬騎射不任宰相

又曰車千秋本姓田爲高寢郎訟太子寃曰子弄父兵罪當笞天子之子過誤殺人何罪哉臣嘗夢見白頭公教臣言於是上召見千秋千秋體貌甚嚴帝說之曰高廟神靈使公教我公當遂爲吾輔相數月爲丞相封富民侯千秋一言寤主旬月至宰相世未嘗有

又曰蔡義河內人詔求能爲韓詩者徵義待詔久不進見義上疏曰臣行能無所比容貌不及衆而不弃人倫者竊

以聞於先師自託於經術願賜清閒之燕盡精思於前上召見說詩悅之擢爲光祿大夫代楊敞爲丞相時年八十餘短小無鬚眉貌類老嫗行步傴僂常兩吏扶乃能行

又曰邴吉爲丞相寬大好禮讓掾史有罪輒予長休吉終無所案驗客或謂吉侯爲漢相姦吏成其私吉曰夫以三公之府有案吏之名吾竊陋焉後人代吉公府不案吏自吉始也吉馭吏嗜酒數逋蕩嘗從吉出醉嘔丞相車茵上西曹主吏白欲斥之吉曰以醉飽之失去士使此人將復何所容西曹忍之此不過汙丞相茵耳遂不去也

又曰王商字子威涿郡人爲丞相有威重長八尺餘身體鴻大容貌過人河平四年單于來朝引見白虎殿丞相商坐未央庭中單于前拜謁商商起離席與言單于仰視商貌大畏之遷延卻退天子聞而歎曰此真漢相也

又曰邴吉爲丞相常出逢鬬者死傷橫道吉不問又逢人逐牛牛喘息吐舌止駐使騎吏問逐牛行幾里吏怪之吉曰人鬬殺傷長安令京兆尹所當禁吾備宰相不親小事方春少陽用事未可以熱恐牛近行此時氣失節三公典調陰陽職所憂也

又曰薛宣爲丞相相府辭訟例不滿萬錢不爲移書後皆遵用薛侯故事然官屬譏其煩碎無大體不稱賢相也

又曰韋賢字長孺爲丞相年七十餘乞罷歸賜第丞相致仕自賢始也

又曰田蚡爲丞相絀黃老刑名百家之言延文學儒者數百人儒由是興

又曰丞相有病皇帝法駕親至問疾及瘳視事則賜以養牛上尊酒如淳曰律稻米一斗得酒一斗爲上尊稷米一斗得酒一斗爲中尊粟米一斗得酒一斗爲下尊顏師古曰稷即粟也中尊者宜爲黍米不當言稷且作酒自有澆淳之異爲上中下耳非必繫於米也

又曰有天地大變天下大過皇帝使侍中持節乘四白馬賜上尊酒十斛牛一頭策告殃咎使者去半道丞相追上病使者還未白事尚書以丞相不起病聞若丞相不勝任使者策書駕騂馬即時布衣步出府免爲庶人若丞相有他過使者奉策書駕驪馬即時步出府乘棧車牝馬歸田里思過

又曰大司空朱博奏曰帝王之道不必相襲高帝置御史大夫次丞相典政度以職相參歷載二百天下安寧今更大司空與丞相同故事選中二千石爲御史大夫任職者爲丞相位次有叙所以尊聖德重國相也今中二千石未更御史而爲丞相非所以重國政也臣願罷大司空以御史大夫爲百僚師哀帝從之

又曰相國丞相皆秦官金印紫綬掌承天子助理萬機秦有左右丞相高帝更名相國蕭何曹參並爲之哀帝更名大司徒

後漢書曰李通自爲宰相謝病不視事連年乞骸骨帝每優寵之令以公位歸第養疾

漢舊儀曰丞相車兩黑轓騎者戈絳掾史見禮如師白録不拜朝示不臣也聽事閤曰黃閤無鍾鈴

漢雜事曰田蚡爲丞相中二千石拜謁蚡不爲禮汲黯爲主爵都尉見蚡未嘗拜揖之而已

漢舊儀曰丞相有病皇帝法駕親至問疾薨即移於第中賜棺賻葬地葬日公卿以下會送

應劭漢官曰丞相有疾御史大夫日一問起居百官亦如之

魏志曰曹公初平十三年漢罷三公官置丞相御史大夫夏六月以公爲丞相

又曰鍾繇字元常魏國初建爲大理遷相國文帝在東宫賜繇五熟釜爲之銘曰於赫有魏作漢藩輔厥相惟鍾實幹心膂靖恭夙夜匪遑安處百僚師師楷兹度矩

蜀志曰諸葛亮率諸軍攻祁山魏明帝使張郃距亮亮使馬謖督諸軍在前馬謖違亮節度爲所破戮謖以謝衆上疏自貶以右將軍行丞相事

吳志曰張昭字子布初孫權當置丞相衆議歸昭權曰方今事職冗者責重非所以優也後孫劭卒百寮復舉昭權曰孤豈爲子布愛乎領丞相事煩而此公性剛所言不從怨咎將至非所以益之

又曰顧雍爲丞相孫權常遣中書郎詣雍有所諮訪若合雍意事可施行雍即與相反覆究而論之爲設酒食如有不合雍即正色改容嘿然不言無所施設即退告權權曰顧公歡悦是事合宜也其不言者是意未平也孤當重思之其見敬信如此

又曰萬彧爲右丞相王蕃嘲彧曰魚潛於淵出水吹沫何則物有本性不可横處非分也彧出自溪谷羊質虎皮虚受光赫之寵跨越三九之位犬馬猶能識養將何以報厚施乎彧曰唐虞之朝無謬舉之才造父之門無駑蹇之質蕃上誣明選下訕楨幹亦何傷於日月多見其不知量耳

又曰顧雍字元歎吳郡人也代孫邵爲丞相平尚書事其所選用文武將吏隨能所任心無適莫時訪逮民間及政職所宜輒密以聞若見納用則歸之於上不用終不宣泄權以此重之

又曰步隲字子山代陸遜爲丞相猶誨育門生手不釋書被服居處有如儒生然門内妻妾服飾奢綺頗以此見譏

又曰陸凱遷丞相孫皓性不好人視已羣臣侍見皆莫敢迕凱說皓曰夫君臣無不相識之道若卒有不虞不知所赴皓聽凱自視

晉書曰東海王越爲太傅問王尼何以獨不拜尼數越事事非宰相是以不拜

又曰山濤薨魏舒領司徒有頃即真舒居位持重爲任職不顧人之短咸推有宰相望禄賜散之九族家無餘財

齊書曰褚淵美儀貌善容止俯仰進退盛有風則每朝會百僚遠國莫不延首目送之宋明帝常歎曰褚淵能遲行緩步便持此得宰相矣

又曰明帝顧命江祐兄弟及始安王遥光尚書令徐孝嗣領軍蕭坦之更日帖勑時呼爲六貴皆宰相也

齊職儀曰相國緑綟綬衮冕服湯以伊尹爲宰相仲虺爲右相高宗得傅説立爲相魏襄王以公孫衍爲相邦趙孝成王以廉頗爲相國

太平御覽卷第二百四

太平御覽卷第二百五

職官部三

丞相下

唐書曰貞觀二年太宗謂侍臣曰中書門下機要之司擢才而居任委實重詔勑如有不便皆須執論比來唯覺阿旨順情遂無一言諫諍者豈是道理若惟署勑行文書而已人誰不堪何須擇以相委付自今以後詔勑疑有不穩必須執之

又曰來恒及弟濟相次知政事時以爲榮初濟父護兒在隋爲猛將而恒濟俱以學行見稱時虞世南子昶旣無才術歷將作少匠工部侍郎累居工作之司濟初升相位許敬宗歎曰士之登庸不繫世業覆道則爲衣冠失緒則爲匹庶來護兒兒作宰相虞世南男作木匠忠賢文武固無

種也

又曰杜景儉爲相則天常以季秋内出梨花一枝示宰臣曰是何祥也諸宰臣曰陛下德及草木故能秋木再花雖周文德及行葦無以過也景儉獨曰謹按洪範五行傳陰陽不相奪倫瀆之即爲災又春秋云冬無愆陽夏無伏陰春無淒風秋無苦雨今已秋矣草木黄落而忽生此花瀆陰陽也臣慮陛下布教施令有虧禮典又臣等忝爲宰臣助天理物理而不和臣之罪也於是再拜謝罪則天曰卿眞宰相也

又曰武太后嘗召陸元方問以外事對曰臣備位宰相有大事即奏人間碎務不敢以煩聖覽

又曰蘇味道遷鳳閣侍郎同鳳閣鸞臺三品味道善敷奏多識臺閣故事然而前後居相位數載竟不能有所發明但脂韋其間苟度取容而已故時人號爲模稜手以爲口實

又曰宇文融旣居相位欲以天下爲已任謂人曰使吾居此數月庶令海内無事矣於是薦宋璟爲右丞相裴耀卿爲戶部侍郎許景先爲工部侍郎甚允朝廷之望

又曰牛仙客旣居相位獨潔其身唯諾而已所有錫賚皆緘封不敢費之百司或有所諮決輒對曰但依令式即可若不依文非所知也

又曰開元二十二年十一月制宰相兼官者並兩給俸祿

又曰楊綰素以德行著聞質性貞廉車服儉朴居廟堂未數日人心自化御史中丞崔寬劒南西川節度使寧之弟家富於財有別墅在皇城之南池館臺榭當時第一寬即日潛遣毁圻中書令郭子儀在邠州行營聞綰拜相座内

音樂減散五分之四京兆尹黎幹以承恩每出入騶馭百餘亦即日減損車馬唯留十騎而已其餘望風變奢從儉者不可勝數其鎮俗移風若此

又曰肅宗時天下事殷而宰相不減三四員更直掌事若休沐各在第有詔旨出入非大事不欲歷抵諸第肅宗許令直事者一人假署同列之名以進遂爲故事

又曰李峴爲黄門侍郎同中書門下平章事宰臣不於政事堂邀客時海内多務宰相元載等見中官宣傳恩詔至中書者引之政事堂上仍置榻坐焉峴至叱左右去其榻

又曰柳渾與張延賞同在相位延賞怙權矜已而嫉渾守正俾其所厚謂渾曰相公舊德但節言於廟堂則重位可久荅曰爲吾謝張相公柳渾頭可斷也言不可絶自是竟爲延賞所擠尋除右散騎常侍罷知政事

又曰柳渾爲相而韓滉自浙西入覲朝廷委政待之至於調兵食籠鹽鐵勾官吏贓罰鉏豪强兼并上委仗焉每奏事或日旰他相充位而已公卿救過不能暇無敢枝梧者滉於省中榜吏至死渾雖滉所引心惡其專政正色讓之曰先相公猜察爲相不滿歲而罷今相公榜吏於省中至死況省闥且非刑人之地相公柰何蹈前非行於今朝專立威福豈尊主卑臣之義也滉感悟愧悔爲霽威焉

又曰李晟之在鳳翔也謂賓介曰魏徵能直言極諫致太宗於堯舜之上眞忠臣也僕所慕之行軍司馬李叔度對曰此搢紳儒者之事非勳德所宜晟斂容曰行軍失言傳稱邦有道危言危行今休明之期晟幸得備位將相心有不可忍而不言豈所謂有犯無隱知而不爲者耶是非在人主所擇耳叔度慙而退故晟爲相每當上所顧問必極言匪躬盡大臣之節性沈默未嘗泄於所親

又曰閻立本爲右相與左相姜恪對掌樞密恪既歷任將軍立功塞外立本惟善於圖畫非宰輔之器故時人以千字文爲之語曰左相宣威沙漠右相馳譽丹青

又曰皇甫鏄陰結權倖以求宰相崔羣累疏其姧邪嘗因對面論語及天寶開元中事羣曰安危在出令存亡繫所任玄宗用姚崇宋璟張九齡韓休李元紘杜暹則理用李林甫楊國忠則亂人皆以天寶十五年祿山自范陽起兵是理亂分時臣以爲開元二十年罷賢相張九齡專任姧臣李林甫理亂自此已分矣用人得失所繫非小詞意激切左右爲之感動鏄深銜之而憲宗終用鏄爲宰相

又曰李絳爲相同列李吉甫便僻善逢迎上意絳梗直多所規諫故與吉甫不協時議者以吉甫通於承璀故絳尤惡之絳性剛訐每與吉甫爭論人多直絳憲宗察絳忠正自立故絳論奏多所允從

又曰貞元九年詔宰相以旬秉筆決事初至德中宰相迭秉筆處斷每十日一易及賈耽趙憬陸贄盧邁同平章政事百寮有所關白更相讓不言於是奏議請旬秉筆者出應之其後又請每日更秉其筆迭以應事皆從之

又曰李藩拜門下侍郎時王鍔領太原用錢千万賂貴倖求兼相藩與權德輿在中書有密旨曰王鍔可兼宰相宜即擬來藩遂以筆塗兼相字却奏上云不可德輿失色曰縱不可宜別作奏豈有以筆塗詔耶曰勢迫矣出今日便不可止日又暮何暇別作奏事果寢

又曰韓弘入朝以宣武舊事人多流言其子公武以家財厚賂權幸及多言者班列之中悉受其遺俄而父子俱卒孫紹幼小穆宗恐爲廝養竊盜乃令中使至其家閱其宅簿以付家老帝簿上具有納賂之所唯於牛僧孺官側朱書曰某月日送牛侍郎物若干不受即付訖穆宗按簿甚悅居無何議命相帝首可僧孺之名

又曰李程爲相敬宗冲幼好治宮室畋遊無度欲於宮中營新殿程諫曰自古聖帝明王以慈儉化天下陛下在諒闇之中不宜興作願以瓦木迴奉園陵上忻然從之

又曰文宗問宰相曰天下何由太平卿等有意於此乎牛僧孺奏曰臣等待罪輔弼無能康濟然臣思太平亦無象今四夷不至交侵百姓不至流散上無淫虐下無怨讟私室無强家公議無壅滯雖未及至理亦謂小康陛下若別求太平非臣等所及既退至中書謂同列曰吾輩爲宰相天子責成如是安可久處茲地耶旬日間三上章請退不

訖

又曰韋處厚爲相時文宗勤於聽政然浮於決斷宰臣奏事得請往往中變處厚常獨論奏曰陛下不以臣等不肖用爲宰相參議大政凡有奏請初蒙聽納尋易聖懷若出自宸衷即示臣等不信若出於横議臣等何名鼎司且裴度元勳宿德歷輔四朝孜孜竭誠人望所屬陛下固宜親重竇易直良厚忠事先朝陛下固當委信微臣才薄首蒙陛下擢用非出他門言既不從臣宜先退即趍下再拜陳乞上矍然曰何至此耶卿之志業朕素自知登庸作輔百職斯舉縱朕有所失安可遽辭以彰吾薄德處厚謝之而去出延英門復令召還謂曰凡卿所欲言並宜啓諭處厚因對彰善癉惡歸之法制凡數百言又言裴度勳高望重爲人盡心切直宜久任可以壯國威帝皆聽納自是宰臣敢奏人不敢横議

又曰文宗朝宰臣楊嗣復因對奏曰使府判官今人數猥多徒有糜費臣欲條疏上曰莫限又才人否嗣復曰有才之自別但澄去滓弊者菁華自出上曰蕭復爲相難言者必言貞元之名相也卿其志之

又曰宋申錫爲相尤以公廉爲己任四方問遺悉無受者既被罪爲有司驗劾多獲其四方受領所還問遺之狀朝野爲之歎息

又曰宋申錫以障王事申錫既被罪怡然不以爲意自中書歸私第止于外廳素服以俟命其妻出謂之曰公爲宰相人臣位極於此何負天子反乎申錫對曰吾自書生被厚恩擢相位不能鋤去奸亂反爲所羅網夫人察申錫豈反者乎因相與泣下數行

又曰李德裕父吉甫年五十一出鎮淮南五十四自淮南復相今德裕自鎮南復入相一如父之年

又曰會昌元年中書奏請依姚璹故事宰臣每月修時政記送史館從之

又曰宣宗時魏謩爲相奏曰臣無夔契之才驟叨夔契之任將何以仰報鴻私今邊戍粗安海内寧息臣愚所切陛下未立東宮俾正人傳導以存副貳之重因泣下上感而聽之先是累朝人君不欲人言立儲貳若非人主己欲目下不敢獻言宣宗春秋高嫡嗣未辨謩作相之日率先啓奏人士重之

又曰曹確與畢諴俱以儒術進用並居相位廉潔貞苦君子多之稱爲曹畢

又曰蕭遘與王鐸並居相位帝常召宰相鐸年高昇階足跌蹈勻陳中遘旁掖起帝目之喜曰輔弼之臣和子之幸也謂遘曰適見卿扶王鐸予喜卿善事長矣遘對曰臣扶王鐸不獨司長臣應舉歲鐸爲主司以臣中選門生也上笑曰王鐸選進士朕選宰相於卿無負矣遘謝之而退

太平御覽卷第二百五

太平御覽卷第二百六

職官部四

總敘三師　太師　太保
太傅　太宰　總敘三公

總敘三師

六典曰三師訓導之官也蓋天子所師法大抵無所統職然非道德崇重則不居其位無其人則闕之

尚書云成王黜殷滅淮夷歸酆作周官立太師太傅太保茲惟三公論道經邦燮理陰陽孔安國曰師天子所師法傅傅相天子保保安天子於德義禮記云設四輔及三公不必備唯其人語使能也

六典云漢承秦制不置三公漢末以大司馬大司徒大司空爲三公師傅之官位在三公上後漢因之師傅尊號曰上公置府僚魏晉江左皆然後魏太師太傅太保尊號曰三師後周又爲三公隋氏又爲三師

太師

毛詩曰尹氏太師維周之氐秉國之均四方是維天子是毗俾民不迷（箋云毗輔也言尹氏居太師之官持國政之平維制四方）

又曰維師尚父時惟鷹揚諒彼武王肆伐大商

大戴禮曰天子不論於先聖王之德不知君國畜民之道不見禮義之正不察應事之理不博古之典傳不閑威儀之數禮樂無經學業不法凡是其屬太師之任也

逸禮曰太公爲太師周公爲太傅召公爲太保

史記曰周文王得呂尚於磻溪以爲師謂之太公武王嗣位號曰師尚父成王即政尊爲太師

漢書音義曰師訓也

應劭漢官儀曰孝平皇帝元始元年太后詔曰太師光今年老有疾俊乂大臣惟國之重書曰無遺老成國之將興尊師重傅其令太師無朝十日一賜餐賜以靈壽杖黄門令爲太師於省中施坐置几太師入省用杖焉

續漢書曰趙典篤學博聞宜備國師即太師也

獻帝春秋曰董卓自號太師御史中丞以下皆拜皇甫嵩與卓爭權後嵩爲中丞見卓拜卓曰可以服未嵩曰安知明公乃至於是卓曰鴻鵠固有遠志但燕雀不知耳嵩曰昔與明公俱爲鴻鵠但公今日變爲鳳皇卓笑曰卿早服何得不拜

晉書載記曰蜀李壽以安車束帛聘龔壯爲太師壯固辭特聽縞巾素帶居師友之位

宋書曰太師太傅太保爲三公訓護人主導以德義天子加拜待以不臣之禮非人則闕矣漢制保傅在三公上號曰上公自後常然

隋書曰高祖受禪李穆來朝高祖降座禮之拜太師贊拜不名真食成安縣三千户於是穆子孫雖在襁褓拜儀同其一門執象笏者百餘人穆之貴盛當時無比

唐書曰太宗降手詔曰朕觀前代明王聖主曷常無師傅哉況朕鍾百王之末智不周物其無師傅何以臣朕之不逮詩不云乎不愆不忘率由舊章宜依古道置三師位也

通典曰太師古官殷紂時箕子周武王時太公成王時周公並爲太師周公薨畢公代之秦及漢初並無至平帝元始元年初置以孔光居焉金印紫綬位在太傅上

太傅

大戴禮曰傅傅之德義也天子無恩於父母不惠於庶人無禮於大臣不中於折獄不哀於喪不敬於祭不信於諸侯不誠於戎事不厚於德不強於行不從太師之言凡是之屬太傅之任也

漢書曰王莽權日盛孔光憂懼不知所出上書乞骸骨莽白太后帝幼小宜師傅領宿衛明年徙爲太師莽爲太傅光常稱疾不敢與莽並

漢書音義曰傅覆也

東觀漢記曰詔玄行太尉事趙熹三葉在位爲國元老其以熹爲太傅

又曰胡廣爲太傅總録尚書事時年八十而心力克壯繼母在堂朝夕瞻省傍無几杖言不稱老達練事體明解朝章雖無蹇直之風屢有補闕之益

又曰卓茂字子康世祖即位求茂謁見年七十餘拜太傅封宣德侯賜几杖

又曰鄧禹字仲華以元功拜太傅進見東向甚見尊寵

後漢書曰張禹遷爲太傅鄧太后以殤帝初育（育生也）欲令重臣居禁內乃詔禹舍宮中給帷帳牀褥太官朝夕進食五日一歸府每朝見特賛與三公絶席

續漢書曰太傅掌以善道無常職每帝即位輒置一人録尚書事薨輒省之

華嶠後漢書曰鄧彪字智伯爲太傅賜爵關内侯百官揔已以聽於彪恩寵之異莫與爲比焉

應劭漢官曰太傅古官也周成王時康叔爲之高后元年初用王陵金印紫綬

又曰和帝冊故太尉鄧彪曰元功之族三讓彌高今以彪爲太傅

魏志曰鍾繇遷太傅繇有膝疾拜起不便時華歆亦以高年疾病朝見皆使載輿車虎賁舁上殿就坐是後三公有疾遂以爲故事

晉書曰何曾爲太傅乞遜位詔會朔望乘輿上殿如漢相國蕭何田千秋魏太傅鍾繇故事

宋書曰晉宣帝爲魏太傅誅曹爽後置左右長史掾屬舍人各十人事既非常加又領兵非准例也

齊職儀曰太傅品秩冠服同太宰成王即位周公爲太傅遷太師秦無其職漢惠帝崩呂后以丞相王陵爲少帝太傅位在三公上

後魏書淮陽王欣大統中爲太傅文帝謂欣曰王三爲太傅再爲太師自古人臣未聞此例欣遜謝而已

北齊書曰高歸彦作亂冀州詔段韶與東安王婁叡率衆討平之遷太傅賜女樂十人并歸彦果園一千畝

後周書曰王盟爲太傅盟姿度弘雅仁而汎愛雖位居師傅禮冠羣后而謙恭自處未嘗以勢位驕人魏文帝甚尊重之

賈誼新書曰昔周文王使太公望傅太子發嗜鮑（大何魚）而公弗予文王曰發嗜鮑魚何爲弗予太公曰禮鮑魚不登乎俎豆豈有非禮而可以養太子哉

語林曰太傅府有三才裴遐清才潘陽仲大才劉慶孫長才

曹植輔臣論曰盖精微聽察理析毫分規矩可則阿保不傾尋言系于口而研覈是非典誥揔乎心而唯所用之者鍾太傅也

王廙之保傅箴曰：保傅之賢，明宗國用寧；輔弼之不忠，禍及于躬。無曰父子無間，昔有潘崇；無曰至親無二，或容江充。

太保

周禮曰：保氏掌諫王惡。（諫者以禮義正之也）

大戴禮曰：天子處位不端，受業不敬，言語不序，聲音不中律，進退升降不以禮，俯仰周旋無節，凡此之屬，太保之任也。

尚書大傳曰：成王在豐，欲宅洛邑，使召公先相宅。六日乙未，王朝步自周，則至于豐，惟太保先周公相宅。（太保召公先周公視洛邑也）

應劭漢官曰：太保，古官也。保，養也。

晉書曰：王祥字休徵，泰始元年拜太保。三年，御史中丞侯史光上言祥以久疾病闕廢朝會，應免官。詔曰：太保耆艾

元老，高行清粹，朕所毗倚以隆這弘治者也，前後遜讓不從所執，此非有司所得議也，其寢光奏。

晉起居注曰：太保衛瓘明允篤誠，有匪躬之志，其給千兵騎百人。

齊職儀：殷太甲時伊尹爲太保，周成王時召公爲太保。

崔鴻十六國春秋蜀李雄錄曰：雄異母兄始字伯敬，爲太保，善撫士衆，衆多歸之。時人爲之語曰：欲養老，屬太保。

呂氏春秋曰：荆文王得如黄之狗、宛路之矰，以田於雲夢，三月不反；得丹陽之姬，朞年不聽朝。保申曰：先王卜以臣爲保吉，今王朞年不聽朝，王之罪當笞。王伏，臣將笞王。王曰：不穀免於襁褓而齒於諸侯矣，願請變更而無笞。保申曰：臣承先王之令，不敢廢也。王不受笞，是廢先王之令也，臣寧抵罪於先王。王曰：敬諾。引席，王伏，保申束細箭五十，跪而加之于背，如此者再，謂曰：王起。王乃變更，召保申，殺如黄之狗，折宛路之矰，放丹陽之姬，兼國三十九，保申之力也。

太宰

周禮天官上曰：太宰之職，掌建邦之六典，佐王治邦國。

又曰：太宰以九兩繫邦國之民。（兩耦合之言，繫者以維持其情性，使不離散也）

尚書伊訓曰：百官總已以聽冢宰，伊尹乃明言烈祖之成德以訓于王。（湯有功烈之祖，故稱爲王卿太甲也）

又曰：冢宰統百官，均四海。

家語曰：官屬不治，分職不明，法政不一，百事失紀，曰亂，亂則飭冢宰。（飭整也）

晉書曰：武帝時何曾屢上書遜位，詔以司徒所掌煩務，不可以久勞耆艾，其進位太宰，朝會乘輿，劒履上殿，以漢蕭

何、魏鍾繇故事。

又曰：何曾爲太宰，年老禮優，每召見，勑以常所飲食服物自隨，令二子侍從。

又曰：太宰兼與王導同受顧命，輔成帝。時帝幼冲，詔兼依安平獻王孚故事，設牀帳於殿上，帝親迎拜。

又曰：安帝以太宰瑯琊王德文不宜嬰拂事務，以紆論道之重，可袞冕之服，綠盭綬，羽葆鼓吹。（盭音戾。盭，綠也。以綠爲質。又曰盭，草名也，出瑯琊平昌縣，似艾，可染綬，因以爲綬名也）

晉公卿禮秩曰：安平王孚、朗陵公何曾、汝南王亮皆爲太宰。

齊職儀曰：太宰品第一，金章紫綬，佩山玄玉。堯命羲和使主陰陽之職，羲伯司天，即天官也。后稷伏事虞夏，敬授民時，尊稷爲天官。夏衰，稷後不窋失官，由是廢稷穀，以其官

爲冢宰周公在豐爲太宰邵公又居之秦漢魏無其職晉武以從祖安平王孚爲太宰安平薨省咸寧四年又置或謂本太師之職避景皇諱改爲太宰（或謂太宰周之泐位）晉武依周置職以尊安平非避諱也元興中恭帝爲太宰桓玄都督中外博士徐豁議太宰非武官不應都督遂從豁議

後周書曰文帝依周禮建六官遂置天官大冢宰卿一人掌邦理以建邦之六典佐皇帝理邦國

通典曰太宰於殷爲六太於周爲六卿亦曰冢宰周武王時周公始居之掌建邦之理秦漢魏並不置晉初依周禮備三公三公之職太師居首景帝名師故置太宰以代之而以安平獻王孚居焉

仲長統昌言曰冢宰堯官也尚書曰冢宰一曰掌邦治官府以紀万民二曰教典以安邦國以教官府以擾万民三

曰禮典以統百官以和邦國以諧万民四曰政典以平邦國以正百官以均万民五曰刑典以詰邦國以任百官以生万民

魏温子昇爲上黨王穆讓太宰表曰臣聞榮寵長途終慙一日之致懸纔層臺難任千鈞之重固知才弱不可自強力微難以企及智小謀大恐貽折足之憂才輕任重懼有絕臏之悔旣處鑠金固陳匪石

總叙三公

六典曰三公論道之官也蓋以佐天子理陰陽平邦國無所不統故不以一職名其官

尚書曰惟兹三公論道經邦爕理陰陽

周禮曰三槐三公位焉

公羊曰三公者何天子之相

春秋漢含孳曰三公在天爲三台九卿爲北斗三公象五嶽九卿法河海二十七大夫法山陵八十一元士法谷阜合爲帝佐以匡綱紀

史記曰公孫弘以春秋白衣爲天子三公漢初因秦置丞相而弘爲之則丞相爲三公矣

漢書曰六符（孟康曰泰階三台也凡六星也六符星之符驗也）

晉書曰文帝爲晉王何曾與高柔鄭沖俱爲三公將入見曾獨致拜盡敬二人猶揖而已

晉官品令曰三公綠綟綬也（綟音戾）

宋志曰三公黃閤前史無其義按禮記士韠與天子同公侯大夫則異鄭玄注云士賤與君同不嫌也夫朱門洞啓當陽之正色也三公之與天子禮秩相亞故黃其閤以示謙不敢斥天子宜是漢來制也（韠音畢）

通典曰隋置太尉司徒司空以爲三公參議國之大事依北齊置府寮無其人則闕祭祀則太尉亞獻司徒奉俎司空行掃除其位多曠行事則攝

天文錄曰三台星一名三能一名天柱三公之位也在人曰三公在天曰三台

陶氏職官要錄曰三台擬三公黃帝以風后配上台天老配中台五聖配下台

韓子曰背私曰公三象鼎足數三法三光

傅子曰三公者佐天子理陰陽

環濟要略曰三公者象鼎三足共承其上也

說苑曰三公正天下調陰陽節風雨

古今通語曰異官同爵共位別職興仁隆化幽贊神明者謂之太尉和五數理人倫使風行俗平方國咸寧者謂之

司徒使國無枉理法錯刑清事均民衆者謂之司空若仁義之路開和平之氣通則五星順行庶績咸熙

李固奏記曰湯問伊尹公卿大夫其相何如伊尹對曰三公智通大道應變不窮者也其言足以調陰陽正四時節風雨非大罪不遜位

太平御覽卷第二百六

平二百六　九　徐𡍼

太平御覽卷第二百七

職官部五

太尉　司徒上

太尉

禮記月令曰孟夏之月命太尉贊傑俊（蔡邕章句曰太尉卿官）
春秋運斗樞曰赤龍負圖以出河見堯與太尉舜等百二
十臣集發藏大麓
春秋合誠圖曰堯坐中舟與太尉舜臨觀鳳皇授圖
史記曰孝惠帝六年置太尉官
漢書曰太尉秦官也掌武事
又曰高祖言周勃重厚而少文然安劉氏者必勃也可爲
太尉
東觀漢記曰劉虒字穉伯爲太尉在位清白廉讓以率下

又曰張輔字孟侯爲太尉父尚在輔每遷轉乃一到雒父
來適會正臘公卿罷朝俱賀歲奉酒上輔父壽極欣醼莫
不嘉其榮也
後漢書曰楊震字伯起嘗客於湖外不荅州郡禮命數十
年衆人謂之晩暮而震勵志踰篤後有鸛雀銜三鱣魚飛
集講堂前都講取魚進曰凡鱣者卿大夫之服象也數三
者法三台也先生自此昇矣後果位至太尉
又曰劉寬爲太尉靈帝頗好學藝每引見寬令講經寬嘗
於坐被酒睡伏（被加也爲酒所加也）帝問太尉醉耶寬仰對曰臣不
敢醉但任重責大憂心如醉
又曰張禹爲太尉時連歲災荒府藏空虛禹上疏求入三
歲租稅以助郡國廩假（廩給也假貸也）許之
又曰楊震代劉愷爲太尉帝舅大鴻臚耿寶薦中常侍李
閏兄於震震不從寶乃自往候震曰李常侍國家所重欲
令公辟其兄寶唯傳上意耳（言非己本心傳在上之意）震曰如朝廷欲
令三府辟召固宜有尚書勑遂拒不許寶大恨而去
又宦者傳曰曹嵩靈帝時貨賂中官及輸西園錢一億万
故位至太尉
續漢書百官志曰太尉一人掌四方兵事物功課歲盡則奏
其殿最而行賞罰世祖即位爲大司馬
又曰太尉郊廟掌亞獻大喪告謚南郊
又曰王龔爲太尉在位恭慎自非公事不通州郡書記其
所辟命皆海内長者
謝承後漢書曰鄭弘爲臨淮太守行春有二白鹿隨車夾
轂而行弘怪問主簿黄國鹿爲吉凶賀曰聞三公車轓畫
作鹿明府當爲宰相弘後果爲太尉

又曰陳蕃拜太尉臨朝歎曰黄憲若在不敢先佩印綬
又曰鄭弘字巨君爲太尉舉將第五倫爲司空班位在下
每正朝見弘曲躬自卑帝知遂置雲母屏風分隔之由此
以爲故事
又曰京兆朱寵字仲威爲太尉家貧食脫粟飯卧布被朝
廷賜錦被粱肉皆不敢當
華嶠後漢書曰安帝即位太尉徐防以災異寇賊策免就
國凡三公以災免自防始也
袁山松後漢書曰太尉劉寬讓位於羊續靈帝時爲三公
者皆輸禮錢千万續舉緼袍以示之曰臣之所有唯此而
已遂不代寬
張璠漢記曰楊秉字叔卿爲太尉常曰我有三不惑酒色
財也天下稱爲名公

漢書百官表曰太尉秦官金印紫綬掌武事周勃灌嬰周亞夫等爲之

又百官表注曰太尉古官也自上安下曰尉故官以爲號

應劭漢官儀曰章帝詔曰司空牟融典職六年勤勞不怠其以融爲太尉録尚書事

又曰冲帝册書曰太尉趙峻貳掌樞衡有匪石不貳之心

又曰三公國之楨榦朝廷取正以成斷金大司農李固公族之苗忠正不撓有史魚之風其以固爲太尉

又曰河間相張衡説明帝以爲司徒司空府已榮欲更治太尉府府公南陽趙喜也西曹掾安衆鄭均素好名節以爲朝廷新造北宫整飭宫寺今府本館陶公主第舍員職鮮少自足相授喜表陳之即見聽許其冬帝幸辟雍歷二府光觀壯麗而太尉府獨卑陋顯宗東顧歎息曰屠牛縱酒勿令乞兒爲宰

漢官典職曰太尉孝文三年置七年省武帝建元二年置五年復省更名大司馬建武二十七年復置太尉

魏志曰文帝踐祚鍾繇遷太尉時華歆王朗並先世名臣帝罷朝謂左右曰此三公者乃一代之偉人也後日殆難繼矣

又曰華歆拜太尉歆疾乞退讓位於管寧文帝不許臨當大會乃遣散騎常侍繆襲奉詔諭旨曰朕新涖庶事一日万機懼聽斷之不明賴有德之臣左右朕躬君其力疾就會以惠予一人將立几筵命百官揔已以須君到然後御坐

又曰鄧艾字士載既平劉禪詔曰艾曜威奮武深入虜庭斬將搴旗梟斬鯨鯢使僭號之主稽首係頸歷世逋誅一朝而平兵不踰時戰不終日雲徹席卷蕩定巴蜀雖白起破強楚韓信克勁趙吴漢擒子陽亞夫滅七國計功論美不足比勳其以艾爲太尉增邑二万户

又曰王祥字休徵爲太尉司馬文王進爵爲王祥與司徒何曾司空荀顗並詣王顗曰相王尊重今可相率而拜祥曰相國勢位誠爲尊貴然乃是魏之宰相吾等魏之三公公王相去一階而已班列大同安有天子三司可輒拜人者耶損魏朝之美虧晋王之德君子愛人以禮吾不爲也及入荀顗遂拜祥獨長揖文王謂祥曰然後知君子見顧之重

吴志曰孫晧詔曰范慎勳德俱茂朕所敬憚宜登上公以副衆望可爲太尉

晋中興書曰郗鑒爲太尉雖在公位沖心愈約勞謙日昃

彌甑境索自少及長身無擇行家本書生後因喪亂解巾從戎非其本願常懷慨然咸康五年秋寢疾上疏遜位優詔不許

又曰桓温授侍中太尉固讓不受旬月之中使者八至軺軒相望於道温遂親職

謝靈運晋書曰秦有太尉掌兵漢仍修之或置或省是故司馬之官主九伐之職

齊職儀曰魏文黄初二年日蝕奏免太尉賈詡詔天地灾害責在朕躬勿貶三公遂爲永制

五代史後唐書莊宗御文明殿册齊王張全義爲守太尉如常儀禮畢全義於尚書都省領事宰臣羣官在列左諫議竇專不降階爲御史所劾專援引舊典以對時宰臣不記故事無能詰責寢而不行

汝南先賢傳曰陳蕃拜太尉讓曰齊七政訓五兵臣不如議郎王暢

天文録曰三公星在北斗杓南主宣德化和陰陽若今之太尉司空之象也

摯虞冊隴王太尉文曰朕惟君行爲時表親則宗臣論道經邦保乂皇家是用進登上台

司徒上

尚書舜典帝曰契百姓不親五品不遜（五品五常遜順也）汝作司徒而敬敷五教在寬（五常之教務在寬也）

禮記王制曰司徒脩六禮以節民性明七教以興民德齊八政以防民淫一道德以同俗養耆老以致孝恤孤獨以逮不足上賢以崇德簡不肖以黜惡（司徒地官掌邦教也）御

又月令曰孟夏之月司徒行縣鄙（蔡邕月令章句曰司徒教官也）

又曰契爲司徒而民成謂知五教之禮也

毛詩緇衣曰緇衣美武公也父子並爲周司徒善於其職國人宜之故美其德以明有國善善之功焉

周禮曰乃立地官司徒使帥其屬而掌邦教以佐王安擾邦國（擾亦安也）

又曰大司徒之職掌建邦之土地之圖與其人民之數以佐王安擾邦國以天下土地之圖周知九州之域廣輪之數辨其山林川澤丘陵墳衍原隰之名物

又曰地官曰大司徒之職凡建邦國以土圭土其地而制其域（土其地猶言度其地也）

又曰大司徒之職以五禮防万民之僞而教之中（禮所以節止民之侈僞使其行得中）以六樂防万民之情而教之和（樂所以蕩正民之情思使其心應和也）

又地官曰大司徒之職以保息六養万民一曰慈幼（保息謂安之也慈幼謂愛幼少也）二曰養老三曰振窮四曰恤貧五曰寬疾六曰安富（安富謂平其繇役不專取）

春秋傳曰祝鳩氏司徒也

尚書大傳曰百姓不親五品不訓則責司徒

韓詩外傳曰君臣不正人道不和國多盜賊人怨其上則責之司徒

論語摘輔像曰仲尼爲素王顔淵爲司徒

家語曰地宜不殖則物不蓄万民飢寒教訓不行風俗淫僻人民流散曰危危則飭司徒（飭謂整敕）

漢書曰祝良字仲子東海人爲大司徒鮑恢爲長史以事至東海過其家見良妻布衣徒跣曳柴從田中歸恢告曰我司徒史也故來授書欲見夫人妻曰妾是也若掾耶恢下拜之歎息而歸

東觀漢記曰鄧禹爲司徒討赤眉不以時進光武（以下疑脫字，原作小字：與司徒）

東觀漢記曰鄧禹爲司徒討赤眉不以時進光武與司徒堯也赤眉桀也今長安飢民孰不延望

又曰袁安爲司徒每朝會憂念王室未嘗不流涕

又曰郭丹爲司徒在朝名清廉公正

後漢書曰蔡茂字子禮代戴涉爲司徒在職清儉匪懈茂初在廣漢夢在大殿之極上有三穗禾茂跳取之得其中穗輒復失之主簿郭賀離席慶曰大殿者官府之形像也極而有禾人臣之上祿也取其中穗中台之位也於字禾失爲秩雖曰失之乃以得祿秩也衮職有闕君其補之旬月而茂徵焉辟賀爲掾

又曰光武即位高邑使使者持節拜鄧禹爲大司徒策曰前將軍禹深執忠孝與朕謀謨帷幄決勝千里孔子曰自

吾有回門人日親斬將破軍平定山西功效尤著百姓不親五品不訓汝作司徒敬敷五教五教在寬今遣奉車騎都尉授印綬封爲鄧侯邑万户其敬之哉禹時年二十四

又曰范遷爲司徒有宅數畝田不過一頃復推與兄子其妻常謂曰君　有四子而無立錐之地

又曰張湛稱疾不朝後大司徒戴涉被誅（涉字叔平冀州清河人也坐所擧人盜金下獄）帝強起湛以代之湛至朝堂遺失溲便（溲小便也溲音所流）又因自陳疾篤不能復任朝事遂罷之

又曰馮勤遷司徒先是三公多見罪退帝賢勤欲令以善自終因讌見從容戒之曰朱浮上不忠於君下陵轢同列竟以中傷至今（朱浮爲大司空坐賣弄國恩免又爲陵轢同列帝銜之惜其功不忍加罪）死生吉凶未可知豈不惜哉人臣放逐受誅雖復追加賞賜賻祭不足以償不訾之身（訾量也言無量可比之貴重之極也訾與貲同）忠臣孝子覽照前代以爲鑑誡能盡忠於國事君無二則爵賞光乎當代功名列於不朽可不勉哉勤愈恭約盡忠號稱任職

又曰宣秉字巨公拜大司徒所得俸禄以收養親族自無擔石之儲

又曰鮑昱代王敏爲司徒賜錢帛什器帷帳

又曰司徒公一人掌人民事凡教民孝悌遜順謙儉養生送死事則議其制建其度凡四方民事功課歲盡則奏其殿最而行罰凡郊祀之事掌雅視濯

謝承後漢書曰劉寵爲司徒卧麤布被

漢官典職曰司徒本丞相官哀帝改爲大司徒主司徒衆馴五品府與蒼龍闕對厭於尊者不敢稱府也

魏志曰華歆字子魚拜司徒歆素貧禄賜以賑施親戚故人家無擔石之儲公卿嘗並賜没入生口唯歆出而嫁之帝歎息下詔曰司徒國之雋老所與和陰陽理庶事也今太官重膳而司徒疏食甚無謂也特賜御衣及其妻子男女皆作衣服

又曰黃初元年改相國爲司徒御史大夫爲司空奉常郎中令爲大司農

魏名臣奏曰黃門杜恕奏曰漢故事人民病疾責之司徒

蜀志曰許靖字文休及先主即尊號策靖曰朕獲奉洪業君臨万國夙宵惶惶懼不能綏百姓不親五品不遜汝作司徒其敬敷五教五教在寬君其勗哉秉哉無怠稱朕意焉靖雖年踰七十愛樂人物納誘後進清談不倦丞相諸葛亮皆爲之拜

吴録曰丁固爲司徒初爲尚書夢松樹生其腹上謂人曰松字十八公也後十年吾當爲公乎遂如夢焉

太平御覽卷第二百七

太平御覽卷第二百八

職官部六

司徒下　司空

司徒下

晉書曰王渾字玄冲遷司徒仍加兵渾以司徒文官主吏不持兵持兵乃吏屬絳衣自以非是舊典皆令皂服論者美其謙而識體

又曰石苞爲司徒奏州郡農桑未有賞罰之制宜遣掾屬循行皆當均其土宜舉其殿最然後黜陟焉詔曰農殖者爲政之本有國之大務也雖欲安民興化不先富而教之其道無由而至今四海多事軍國用廣加承征役之後屬有水旱之患倉庫不充百姓無積稼穡樹藝司徒掌之今雖登論道然經國立政唯時所急故陶唐之世稷官爲重

御覽二百八　一　張河丙

今司徒位當其任有毁家紓國乾乾匪躬之志其使司徒督察州郡播殖其増置掾屬十人聽取王官吏練事業者苞在位稱爲忠勤帝每委任焉

又曰何劭曾之子也永康初遷司徒趙王倫篡位及三王交爭劭以軒冕而遊其間無怨之者

又曰何曾字潁考以太保侍中領司徒曾固讓詔曰司徒舊丞相之職自古及今揔論人物化治之本以君弘道故選於衆而復盤桓非所聞也

又曰魏舒爲司徒不持激厲不課人短陳留周震爲諸府所辟書旣下公輒亡僉號震曰殺公掾舒辟之果無患

又曰王戎代王渾爲司徒髙選長史西曹掾委任責成戎形狀短陋而目明徹威儀不足常畜馬轝無日不出親類之亡無不弔也常以象牙筭晝夜筭計家財遂及田牧性至儉不能善自奉養財不出外天下之人謂之膏肓之病

又曰山濤爲司徒固辭勑斷表卧加章綬曰豈可以垂没之年汙官乎逕出歸家

又曰魏舒字陽元爲司徒年過致仕有遜讓意而無居宅乃漸以俸秩之餘爲第一所舒素爲人先行而後言故未曾語親疎言當遜位九年正月整法服入殿朝會罷逕還奉送章綬内外莫有知舒此情者

曹嘉之晉紀曰王戎再至司徒委事掾屬乘小馬從便門出見者不知是台司也

晉諸公讚曰司徒傅祗疾遜位不許板轝上殿

晉中興書曰劉隗從兄疇字王喬有重名司空蔡謨每歎曰若使劉王喬得南渡司徒公之美選也

御覽二百八　二　張河丙

又曰蔡謨字道明遷司徒謨固讓曰若我作司徒將爲後代哂義不敢拜詔數十下謨章表十餘上陳以疾篤帝臨軒自朝至申而徵不至公卿以蔡公慠無人臣之禮奏送謨廷尉謨率子弟詣闕稽顙詔免爲庶人

齊職儀曰司徒品秩冠服同丞相郊廟服冕同太尉漢哀帝從朱博議始置三司改丞相爲大司徒以孔光爲之魏以華歆爲之

北齊書曰孫騰初北境亂騰亡一女及貴推訪不得疑其爲人婢及爲司徒婢訴良者皆免之願免千人冀得其女神武知之大怒遂解司徒

隋書曰王誼爲大司徒蘇威立議以爲户口滋多民田不贍欲減功臣之地以給民誼奏曰百官者歷世勳賢方蒙爵土一旦削之未見其可如臣所慮正恐朝臣功德不建

何患民田有不足上然之竟寢威議
唐書曰大和四年守司徒裴度上表辭册命言臣此官已三度受册有靦顏目從之
九州春秋曰靈帝賣官廷尉崔烈入錢五百万以買司徒烈子均亦有時名烈問曰吾作公天下人謂何如對曰大人少有高名不謂不當爲公今登其位海內嫌其銅臭烈舉杖擊之均走烈曰子授父撾而走可謂孝乎均曰舜之事父小杖則受大杖而走不陷父於不義烈曰尒以吾爲瞽叟耶
華陽國志曰自建武之後羣儒修業閑案圖緯漢之宰相當出坤鄉於是司徒李公屢登七政太傅于堅弈代論道
荀氏家傳曰組字大章中宗爲晉王時將徵爲司徒問太常賀循循曰組舊望清重勤勞顯著遷訓五品以統人倫

實充人望詔以組爲司徒
江氏家傳曰江統字應元時太傅從事中郎庾子嵩以風韻見重亦雅敬君德每去當今可以居司徒允民望者江生其人也
管子曰昔者黃帝得祝融辨南方故使爲司徒
符子曰魯侯欲以孔子爲司徒將召三桓而議之乃謂左丘明曰寡人欲以孔丘爲司徒而授以魯政焉寡人將欲詢諸三子左丘明曰孔丘聖人與夫聖人在政過者離位焉君雖欲謀其罪弗合乎魯侯曰吾子奚以知之丘明曰周人有愛裘而好珍羞欲爲千金之裘而與狐謀其皮欲具少牢之珍而與羊謀其羞言未卒狐相率逃於重丘之下羊相呼藏於深林之中故周人十年不制一裘五年不具一牢何者周人之謀失之矣今君欲以孔丘爲司徒召三桓而議之亦以狐謀裘與羊謀羞哉於是魯侯遂不與三桓謀而召孔丘爲司徒
典略曰契爲司徒百姓和親夔主賓客遠人畢至
蔡邕中鼎銘序曰惟建寧四年春三月進公登于王前廷乃制詔曰其以司空橋玄爲司徒公拜稽首三讓然後受命
曹植輔臣論曰辨博通幽見傳異度德實充塞于內知謀從橫於外解疑釋滯剖散盤結者王司徒
荀勗荅詔曰咸寧四年司徒何曾遷太宰詔問勗司徒處當得人副遠近之望并治事見才誰可也勗表三公具瞻之望誠不可用非其人昔魏文帝用賈詡爲公孫權笑之尚書令李胤忠亮高素應處台輔
宋謝莊爲北中郎謝兼司徒章曰臣聞燮理陰陽寅亮天

地弗惟其官無人則闕司徒掌數五典職擾兆民豈悟軌靈罔遺光渥方闡不次之任殊絶蕃岳豈可摧尸三事假備六符慙震周廻顧步交悖

司空

尚書曰舜曰咨四岳有能奮庸熙帝之載（奮明也載成也）僉曰伯禹作司空帝曰俞咨禹女平水土惟時懋哉（帝曰然嗟禹女有平水災之功惟是勉之歎遂委以政也）
又曰司空掌邦土居四民時地利（冬官卿主國空土以居士農工商四民使順天時分地利也）
禮記王制曰司空執度度地（司空冬官卿掌邦事者也度丈尺也）量地遠近（制邑井之處也）興事任力（事謂築邑有市）
春秋昭四年曰爽鳩氏司空也
續漢志曰司空爲冬官掌邦事凡營城起邑復溝洫修墳

防之事則議其利建其功四方水土功課歲盡則奏其殿最而行賞罰凡國有大造大疑諫諍與太尉同

春秋元命苞曰危東六星兩兩而比曰司空主水金木守之天下憂水

韓詩外傳曰山陵崩陁川谷不通五穀不殖草木不茂則責之司空

尚書大傳曰溝瀆擁遏水爲民害田廣不墾則責之司空

尚書形德放曰禹長於地理水泉九州得括象圖故堯以爲司空

家語曰度量不審舉事失理都鄙不修財物失所曰貧貧則飭司空[illegible]

又曰魯定公以孔子爲司空乃別五土之性五土山林川澤丘陵墳衍原隰而物其所生之宜咸得厥所

漢書曰成帝綏和元年始更名御史大夫曰大司空初改爲司空議者又以縣道官有獄司空故復加爲大司空亦所以別大小之文

又曰彭宣字子佩爲大司空而王莽爲大司馬專權宣上書曰三公鼎足承君一足不任則覆亂美𩔖臣老病願上印綬

又曰何武字君卿爲司空事後母不篤詔以其舉措煩碎不合衆心孝聲不聞惡名流行其上大司空印綬遂册免之

東觀漢記曰杜林代張純爲大司空務於無爲第五倫爲司空奉公不撓言事無所依違

後漢書曰王梁初爲野王令世祖議選大司空而赤伏符曰王梁主衛作玄武帝以野王衛之所徙史記曰衛文君自濮陽徙於野王玄武水神之名司空水土之官也於是擢拜梁爲大司空

又曰竇融拜冀州牧十餘日又遷大司空融自以非舊臣一旦入朝在功臣之右召會進見容貌辭氣卑恭已甚帝以此愈親厚之

又曰陳寵爲司空府故事以計吏至時自以下皆屬籍不通賓客以防交關寵去籍通客以明無所不受論者大之

又曰張奮字稺通父純臨終勑家丞曰司空無功於時猥蒙爵土身死之後勿議傳國奮兄根少被病光武詔奮嗣爵奮稱純遺勑固不肯受帝以奮違詔勑收下獄奮惶怖乃襲

又曰第五倫章帝立徵拜司空奉公不撓言議果決後自陳老病以二千石禄俸終厥身

續漢書曰張奮爲司空時歲災旱祈雨不應乃上表即時引見復口陳時政之宜帝召太尉司徒幸洛陽獄録囚徒

大雨三日

華嶠後漢書曰第五倫雖峭直然常以中興已來二主好吏化俗尚苛刻政化之本宜先以寬和及爲三公值章帝長者多恕屢有善政倫上疏褒稱盛美因以勸成德風也

又曰伏恭爲太僕常臨辟雍於行禮中拜恭爲司空儒者以爲榮

袁宏後漢紀曰第五倫爲司空有人與倫千里馬者倫雖不取每三公有所選舉倫心不忘也然亦終不用

漢官解詁曰下理坤道上和乾光謂之司空

魏志曰景初元年司徒司空並缺散騎侍郎孟康曰夫宰相者天下之所瞻效誠宜得秉忠履正本德仗義之士足爲海內所師表者竊見司隸校尉崔林稟自然之正性體

高雅之弘量論其所長以比古之人忠直不回則史魚之儔也清儉守約則季文之疋也遂爲司空封安陽亭侯三公封列侯自林始也

又曰徐邈拜司空歎曰三公論道之官無其人則缺豈可以老病忝之哉固辭不受

晉書曰裴秀爲司空刪定官制損益多善當禪代之際揔納言之要其所裁當禮無違者又案禹貢山川地名古有今無者皆隨事注列作禹貢地域圖十八篇事成奏上藏於祕府秀在位四年爲當世名公

又曰鄭袤字林叔爲司空天子臨軒遣就第拜授袤謂使曰魏以徐景山爲司空徐公曰三公上應天心苟非其人實傷和氣固辭見許

晉起居注曰武帝太始七年詔光祿大夫鄭袤體行純正

履道冲粹退有清和之風進有素絲之節宜齊三階之曜補袞職之闕明弼朕躬匡其不逮其以袤爲司空

晉中興書虞玩字士瑶王道郗鑒庾亮相繼薨遷玩爲司空給羽林四十人玩比陳讓不聽既拜歎息謂賓客曰以我爲三公是天下無人矣談者以玩爲知言

齊職儀曰司空品秩官服同太宰彝以禹爲司空成王以毛公爲司空宋以武公之諱改司空爲莫敖秦置御史大夫省司空

後魏書曰伊馛拜司空及爲三公清約自守爲政舉大綱而已不爲苛碎

後周書曰冬官謂之大司空卿掌邦事以五材九範之徒佐皇帝富邦國大祭祀行灑掃廟社四望則奉豕牲

唐書曰天寶十三載冊楊國忠爲司空其日雨土

五代史唐書曰清泰二年制以前同州節度使馮道爲守司空時議以自隋唐已來三公無職事自非親王不恒置於宰臣爲加官無單置者道在相位時帶司空及罷鎮未命官議者不練故事率意行之及制出言議紛然或云便可綜中書門下事或云須冊開府及就列無故事乃不就朝堂叙班臺官兩省官入就列方入宰臣退踵後先退及晉天福中以李鏻爲司徒周廣順初以竇貞固爲司徒蘇禹珪爲司空遂以爲例議者不復有云

華陽國志曰趙瑶字元珪拜扶風太守未之郡司空張温謂曰第五伯魚從蜀郡爲司空今掃吾第以待足下

荀氏家傳曰荀爽字慈明董卓徵公公到府三日策拜司空爽起巖穴九十五日而爲台司世人號爲白衣登三公

又曰顗爲司空文帝平蜀議復五等表魏朝使公定禮儀

中護軍賈充正法律尚書僕射裴秀議官制公遂刪定舊文行正式爲一代之典書成奏藏於祕府其服色旗幟法駕之式禮樂犧牲柴燎之典裕禘遷毀配食之制及於明堂辟雍之儀皆公所議定朝廷歸其美公既爲台輔德望清重加以留心禮教以年耆多疾不數朝見詔使侍中任愷諮問政化所宜行否

又曰蕃字大堅爲司空劉琨表於太子曰司空荀蕃朝廷之舊臣弈世忠勤乃心皇家具瞻之望唯蕃而已宜增位號授分陜之重求令臣等有所憑准

白虎通曰司空主土不言土而言空空尚主之況於實乎

環濟要略曰冬官司空掌邦事營城郭都邑立社稷宗廟造宫宅器械監百工

典略曰禹爲司空披九山通九澤決九川定九州使各以

其職來貢
傅子曰荀仲豫稱禹十二爲司空
世論曰諸葛誕爲鎮東將軍都督揚州司馬文王秉政徵誕爲司空書至誕曰我當在王文舒後今便爲司空不遣使者出賫書使以兵付樂綝此必綝所爲乃將左右數百人至揚州州人欲閉門誕叱之曰卿非我故吏耶逕入綝逃上樓就斬之
齊孔稚珪爲王敬則讓司空表曰故李通豪贍以親寵登用王基才勇以聲華入選先帝擢臣以榮華陛下申臣以富貴遂得北帶五州東跨六郡內亞三鼎外齊四岳蟬佩之映則左右交暉龜組之華則縱橫吐曜輕輪徐動則翊騎如雲飛蓋暫停則歌鍾成列樅金龍吹鬱其前鳴笳鳳管疊其後鄧禹若不遭漢光則南陽之掾史微臣若不逢明聖則孤城之戍客豈可加以正台之席登以論道之寄啓黃扉而燮五緯躡青帷而調四序
梁劉孝儀爲臨川王解司空表曰臣以庸薄謬竊隆重職班三事任揔六條衣衮坐槐既闕論道馳傳懸棠尤慚爲政而俯司土地仰燮陰陽折撓之譏已彰愆伏之咎爰著今水蝝不躍旱魃爲灾山無薈蔚雲成煙火陛下曲私未垂策免臣職是當於何逃責乞責降茲台歩協此天人

太平御覽卷第二百八

太平御覽卷第二百九

職官部七

大司馬

大司馬　三公府掾屬

韋昭辯釋名曰大司馬馬武也大揔武事也大司馬掌軍古者兵車一車四馬故以馬名官

周禮夏官曰大司馬之職掌建邦國之九法以佐王平邦國（平成也）制畿封國以正邦國（封爲立封立疆爲界）設儀辨位以等邦國（儀謂諸侯之儀也別尊卑之位）進賢興功以作邦國（作起也起其勸善樂業之心使不廢也）建牧立監以維邦國（牧州牧也監監一國謂君也維聯結也）制軍詰禁以糾邦國（詰猶窮治也糾猶正也）施貢分職以任邦國（職謂賦稅也任猶事事以其力之所堪也）簡稽鄉民以同封邦國（簡謂比數之以稽猶計也）均守平則以安邦國（均之者尊者守大卑者守小也則法也）比小事大以和邦國（比猶親也使大國親小國小國事大國相合和也）以九伐之法正邦國（諸侯有違王命則出兵以征伐所以正之）

尚書曰司馬掌邦政統六師平邦國也

毛詩曰圻父（圻父司馬也）予王之爪牙

春秋運斗樞曰黃帝與大司馬容光觀鳳皇銜圖置黃帝前

尚書中候曰禝爲大司馬舜爲太尉

尚書大傳曰蠻夷猾夏寇賊姦宄則責之司馬

韓詩外傳曰故陰陽不和四時不節星辰失度灾變非常則責之司馬

河圖錄運法曰黃帝坐玄扈閣上與大司馬容光左右輔將周昌等百二十人觀鳳皇銜書

家語曰賢能而失官爵功勞而失賞祿士卒疾怨兵弱不用曰不平不平則飭司馬（飭謂整攝）

史記曰楚大司馬景舍帥軍伐蔡蔡侯奉社稷而歸之楚發其賞舍辭曰發誡布令而敵退是王威也相攻而敵退是將威也戰而敵退是衆威也臣不宜以衆威受賞

漢書曰元狩四年上命大將軍衛青驃騎將軍霍去病各兵五万騎數十万出塞斬首捕虜有功廼置大司馬

又曰董賢爲大司馬是時賢年二十二雖爲三公常給事中領尚書百官因賢奏事單于來朝宴見羣臣上前單于怪賢年少以問上令報曰大司馬年少以大賢居位單于乃起拜賀漢得賢臣

又曰孝元王皇后成帝毋也家凡十侯五大司馬外戚莫盛焉

又曰成帝綏和元年賜大司馬金印紫綬置官屬祿比丞相

東觀漢記曰更始欲以近親巡行河北大司徒賜言上第一可用更始以上爲大司馬遣之河北

又曰讖玄孫咸征狄命以平狄將軍孫咸行大司馬事

後漢書曰世祖北擊羣賊吳漢常將突騎五千爲軍鋒數先登陷陣及河北平漢與諸將奉圖書上尊號世祖即位拜漢爲大司馬

又曰上疾瘳召見陰興欲以代吳漢爲大司馬興叩頭流涕固讓曰臣不敢惜身誠虧損聖德不可苟冒至誠發中感動左右帝遂聽之

漢官序曰三司之職司馬主兵漢承秦曰太尉武帝改曰大司馬無印綬官兼加而已世祖改曰太尉

吳志曰赤烏九年秋九月以車騎朱然爲左大司馬衛將軍全琮爲右大司馬

晉書曰石苞泰始之初拜大司馬舊叅軍於都督無敬故孫楚抗衡於苞苞以楚傲吏相表理故叅軍有敬自楚始也

又曰齊王冏之盛也有一婦人詣大司馬府求寄產吏詰之婦人曰我截臍便去耳識者聞而惡之

又曰陳騫咸寧初轉大司馬騫因入朝言於帝曰胡烈牽弘皆勇而無謀強於自用非綏邊之材將為國恥願陛下詳之時弘為楊州刺史不承順騫命帝以為不恊相搆於是徵弘既至復以為凉州刺史騫竊歎息以為必敗二人後果失羌戎之和皆被寇喪没征討連歲僅而得定帝乃悔之

晉武帝太始官名曰大司馬石苞開通爽悟秉意不碎

晉公卿禮秩曰司馬兵官也魏氏大司馬大將軍各自為官在三司上晉以石苞為大司馬次三司下

晉諸公賛曰義陽王為大司馬時父孚為太宰父子居上公中代以來未之有也

晉中興書曰王猛少貧賤鬻畚為事常至洛陽貨畚有人於市貴買其畚云家近在此可隨我取直猛隨去忽至深山此人曰且住當先啓道君須臾猛進見一公踞胡牀頭白侍從十許人有一人引猛去大司馬公可進猛因拜老公公曰王公何緣拜即十倍售畚直遣人送猛出山顧視乃嵩高山也

齊職儀曰大司馬品第一秩中二千石金章紫綬武冠絳朝服佩山玄玉其在少昊則雎鳩氏之任顓頊以司馬主火堯命義叔為司馬夏官也虞夏二代以司夏官秉居其職周成王以畢公高為司馬楚漢之際曹叅周勃始居其職

又曰大司馬府舊為關王恭篡位故毀去關焉

後魏書曰安定王休領大司馬高祖親行諸軍遇休以三盜人徇於六軍斬之有詔救之休執曰陛下將遠親衡靈故親御六師跋涉野次軍行始爾已有姦竊如其不斬何以息盜詔曰大司馬執憲誠如是但因緣會朕王者之體亦時有非常之澤雖違軍法可特原之休乃奉詔高祖謂司徒誕曰大司馬嚴而秉法君不可不慎於是六軍肅然

後周書曰夏官謂之大司馬（卿掌邦政以建邦國之九法佐皇帝平邦國大祭祀掌其宿衛兩社則奉犧牲）

管子曰昔黃帝得大封辨乎四方故使為司馬

又曰凉風至白露下天子命左右司馬全組甲厲士衆

傅子曰曹大司馬之勇賁育弗加也（曹仁）

博物志曰太公望為灌壇令文王夢見婦人當道哭問其故曰吾泰山之神嫁為西海婦灌壇令當吾道夢覺召太公三日果疾風暴雨文王乃拜太公為大司馬

班彪上事曰元狩六年罷太尉置司馬時議以比軍中候有千人司馬故加之為大司馬所以别小大司馬之號也

三公府掾屬

太尉長史

應劭漢官儀曰太尉司徒司空長史秩比千石號為毗佐三台助和鼎味

太尉掾

汝南先賢傳曰李宣字公休為太尉黃瓊所辟時寒暑不和瓊見掾屬曰是太尉無德願諸掾有以匡之次及宣宣曰明公被日月之衣居上司之位輔弼天子處諫諍之職

未有對揚謇謇之言其所旌命不授巖谷之士小掾私所以於邑

廣州先賢傳曰鄧盛字伯真蒼梧人爲太尉諸曹掾彭城相左尚以贓罪三府掾屬栲驗踰科不竟更選盛覆栲盛到獄洗沐尚解械賜席乃謂尚曰君受國重恩而所坐事理如此今遇君子不可以小人道相待尚感盛至意對曰今使君相於如此尚獨何心敢不以死相歸乎卽引筆具對

衞玠別傳曰玠字叔寶陳留阮千里有令聞當年太尉王君見而問曰老莊與聖教同異阮曰將無同太尉善其言而辟之爲掾世號曰三語掾君見而謝之曰一言可辟何假三阮曰苟是天下民望可無言而辟復何假於一言

崔寔政論曰且三公天子之股肱掾屬則三公之喉舌天子當恭己南面於三公三公亦委策掾屬以荅天子

太尉從事中郎

後魏書曰郭景尚字思和涉歷書傳遷太尉從事中郎善事權寵世呼爲郭尖

于寶司徒儀曰從事中郎之職各掌其所治之曹而紀綱其事維正大體叅輔謀議

太尉主簿

後魏書曰元慶智性貪鄙爲太尉主簿事無大小得物然後判或十錢二十錢得便取之府中號曰十錢主簿

廣州先賢傳曰鄧盛字伯真爲梆歸令聞母病解印綬決去太尉馬公嘉其所履服竟辟之初入府爲主簿

司徒長史

東觀漢記曰吳梁爲司徒長史以清白方正稱

于寶晉紀曰傅咸爲司徒長史多所執正

齊書曰到撝爲司徒左長史宋世上數遊會撝家同從明帝射雉郊野渴倦撝得早青瓜與上對剖食之上懷其舊德意眄良厚至是一歲三遷

梁書曰褚球字仲寶爲司徒左長史加貂自球始也

于寶司徒儀曰右長史職掌撿其法憲明其分職

司徒掾

漢書曰武帝時司徒奏州郡農桑未有賞罰制宜遣掾屬循行詔遂使司徒督察州郡播殖有所循者增掾屬十人

謝承後漢書曰虞延辟司徒侯霸府正旦百官朝賀上望見延在公府掾屬中馳小黃門問曰故陳留督郵虞延非耶對曰是遂前召見

漢雜事曰陳寵爲司徒掾先是公府掾多不親事但以交接爲務寵常獨親事

魏書曰王粲字仲宣年十八司徒掾辟遷黃門不就

晉書曰魏舒爲司徒時陳留周震累爲諸府所辟辟書旣下公輙喪亡僉號震曰殺公掾莫有辟者舒固辟之而竟無患識者以此稱其達命

又曰周馥遷司徒左曹掾司徒王渾奏曰馥理識清正有才幹主定九品撿括精詳臣委任責成褒貶允當請補尚書郎許之

于寶司徒儀曰掾屬之職敦明教義肅厲清風非禮不言非法不行以訓羣吏以貴朝望各掌其所治之曹

鍾離意別傳曰司徒侯霸辟意署議曹掾以詔書送徒三百餘人到河北遭遇隆冬盛寒徒衣被單手足不能復行到弘農縣使令出見錢爲徒作襦袴令曰不被詔意曰使

者奉詔命寧私行耶出錢便上尚書使者亦當上之光武皇帝得上狀見霸曰所使掾何仁恕爲國用心乎誠良吏也

司徒屬

東觀漢記曰司徒侯霸辟閔仲叔到與相見勞問之不及政事仲叔曰始被明公辟且喜且懼及奉見明公喜懼皆去所望明公問屬何以爲政美俗成化以仲叔爲不足耶不當辟也如以爲任用而不使陳之則爲失人是以喜懼皆去便辭而出

晉中興書曰殷融字洪遠司徒王導以爲左西屬融飲酒善舞終日嘯詠未嘗以事務自嬰導甚相親悦焉

司徒從事中郎

晉中興書曰潁川荀組字大章司徒王渾表曰左西屬荀組文義貞素清識見稱宜轉從事中郎

陶氏家傳曰廻字恭淵爲大司徒王導從事中郎爲人正直不撓導亦以此重焉每言曰陶中郎有輔佐之才眞國器也

司徒諮議叅軍

晉中興書曰盧江何充字次道爲司徒王導諮議叅軍

後魏書曰李糸爲主客郎齊文襄王攝選以糸爲司徒諮議叅軍因謂之曰自郎署此所謂不次以卿人才故有此舉耳

司徒主簿

三國典略曰齊許惇護之子也性識敏速達於從政嘗爲司徒主簿以能判時人號爲入鐵主簿

司空掾

魏志曰國淵字子尼太祖辟爲司空掾屬每於公朝論議常直言正色退無私宴

又曰太祖爲司空丞相毛玠常爲東曹掾與崔琰並典選舉其所舉用皆清正之士雖時有盛名而行不由本者終莫得進務以儉率人由是天下之士莫不以廉節自勵雖貴寵之臣輿服不敢過度太祖歎曰用人如此使天下自治吾復何憂哉

邴吉別傳曰原字根矩魏武皇帝初爲司空辟署議曹掾請見禮畢上送至門中原辭直去不顧上還語左右孤甚敬此人與其辭遠送之謂其尚顧而終不顧此人誠高士也人謂曰君宜謝公公望君一日辭不顧揖原勃然曰夫何謝哉夫揖讓者謂其敵耳吾人臣也公人君也君尊臣卑揖讓何施且孔子反命曰賓不顧矣吾何謝哉人以語上上曰快乎斯言也夫有斯名而豈徒哉

太平御覽卷第二百九

太平御覽卷第二百一十

職官部八

録尚書　尚書令

録尚書

漢書曰張安世領尚書事職典樞機以謹愼周密自著每言大政已決輙移病出聞有詔令乃驚使吏之丞相府問焉自朝廷大臣莫知其與議也

又曰孔光字子夏領尚書事凡典樞機十餘年守法度修政事不希苟合或問溫室省中樹皆何木也光答以他語其愼密也如此

應劭漢官曰章帝詔曰司空牟融典職六年勤勞不怠其以融爲太尉録尚書事

又曰和帝策書曰故太尉鄧彪元公之族三讓弥高海内歸仁爲羣賢首其以彪爲太傅録尚書事百官揔已以聽

又曰靈帝策書曰故太尉陳蕃忠亮謇諤有不吐茹之節司徒胡廣敦德允元五世從政今以蕃爲太傅與廣參録尚書事

又曰冲帝策書曰太尉趙峻二世掌典機衡有匪石不二之心大司農李固公族之苗忠直不回余以峻爲太傅固爲太尉參録尚書事

晉書曰元康元年誅楊駿詔曰司徒王渾秉德忠正器量弘遠歷位内外文武勳庸著在方策宜參弼機衡以亮天工其令録尚書事

又曰賈充爲太尉録尚書事及伐吳爲大都督吳平遣侍中程咸犒勞增邑八千户

又曰會稽王道子元顯並録尚書事時謂道子爲東録元顯爲西録

晉中興書曰泰和元年詔會稽王體道冲虚理識明允阿衡孝文有保乂之規輔弼哀皇盡翼亮之道朕承洪緒仍闡善誘愼徽五教儀形具瞻登賢顯親國之典也其以爲丞相録尚書事入朝不趨讃拜不名劒履上殿給羽葆鼓吹班劒六十人

又曰元興元年八月庚子尚書下舍火是時桓玄用事出鎮姑孰名雖在外實遥録尚書故天火示不復用也

又曰明帝后庚氏爲皇太后九月癸卯皇太后臨朝稱制司徒王導録尚書事

傅暢晉故事曰何劭王戎張華裴楷楊濟和嶠爲愍懷太傅通省尚書事張華爲光禄大夫尚書七條事皆諮而後行惠帝之世太保衛瓘太宰河間王顒太傅東海王越皆録三省尚書事

沈約宋書曰高武永初三年尚書令楊州刺史徐羨之爲司空録尚書事

又曰孝武帝即位以大將軍江夏王義恭爲太尉録尚書事

又曰諸公録尚書事古制也丁寧解尚書納于大麓曰堯納舜於尊顯之官使大録万機之政案漢氏諸吏平尚書奏事後霍光以大司馬大將軍平尚書事

齊書曰明帝爲宣城王録尚書事廢帝昭業忌蒸魚太官以無録公命不與

後魏書曰比海王祥初遷大將軍録尚書事祥之命其夜暴風雲電抜其庭中桐樹大十圍倒立本處天威如此識者知其不終

三國典略曰：齊以并省尚書令高阿那肱爲録尚書事。那肱才伎庸劣，不涉文史。尚書郎中源師常白那肱云：龍見，當雩。那肱問曰：何處龍見？作何顏色？師荅曰：此是龍星，須雩祭也，非是真有龍見。那肱曰：漢兒多事，強知星宿。

唐書官品志曰：録尚書一人，位在令上，掌與令同，但不糾察。令則糾彈見事，與御史中丞更相廉察。

陶氏職官要録曰：後漢章帝以太傅趙喜、太尉牟融並録尚書事，尚書有六名，自此始也。因斯以來，每帝幼即位，輙置太傅録尚書事。

尚書令

六典曰：尚書令掌摠領百官，儀形端揆。其屬有六尚書：一曰吏部，二曰户部，三曰禮部，四曰兵部，五曰刑部，六曰工部。凡庶務皆會而決之。

漢官儀曰：尚書令主贊奏，摠典綱紀，無所不統。秩千石，故公爲之者，朝會不階，奏事增秩二千石。天子所服五時衣賜尚書令。其三公、列卿、將、大夫、五營校尉行複道中，遇尚書令、僕射、左右丞，皆迴車豫避，衛士傳不得紆臺官，臺官過乃得去。漢尚書稱臺，魏晉已來爲省。

漢書曰：張安世字子孺，少以父任爲郎，用善書給事尚書，精力於職，休沐嘗出。上行幸河東，亡書三篋，詔問莫能知，唯安世識之，具作其事。後購求得書以相校，無所遺失。上奇其才，擢爲尚書令。

東觀漢記曰：陳忠爲尚書令，數進忠言，辭旨弘麗，前後所奏，悉條於宮上閤，以爲故事。

又曰：侯霸爲尚書令，深見任用。樊准爲尚書令，明習漢家故事，周密畏慎。申屠剛爲尚書令，謇謇多直言，無所屈撓。

後漢書曰：宋均拜尚書令，每有駮議，多合上旨。均嘗刪翦疑事，帝以爲有姦，大怒，收郎縛格之。諸尚書惶恐，皆叩頭謝罪。均顧厲色曰：蓋忠臣執義，無有二心，若畏威失正，均雖死不易。小黄門在傍，入具以聞。帝善其不撓，即令貸郎。

又曰：申屠剛遷尚書令。光武嘗欲出遊，剛以隴蜀未平，不宜宴安逸豫，諫不見聽，遂以頭軔乘輿輪，帝遂爲止。

又曰：郭賀字喬卿，爲尚書令，百姓歌之曰：厥德仁明郭喬卿，忠正朝廷上下平。

又曰：侯霸拜尚書令，條撰善政有便於民者，除其煩苛。時令立春下寬大詔書，由霸始建，言多施用。

又曰：陳蕃出爲豫章太守，性方峻，不接賓客。徵爲尚書令，送者不出郭門。

華嶠後漢書曰：申屠剛爲尚書令。時内外羣官多帝自選舉，加以法理嚴察，職事過苦，尚書近臣乃至捶撲牽曳於前，羣臣莫敢言，唯剛每極諫。

張璠漢記曰：左雄爲尚書令，在位者各肅清，時稱曰：左伯豪爲尚書令，天下皆慎選舉。伯豪，雄字也。

漢官曰：尚書令，秦官，銅印墨綬，與司隸校尉、御史中丞皆專席坐，京師號曰三獨坐，言其尊重如此。

魏志曰：陳矯字季弼，尚書令。魏明帝卒至尚書門，矯跪問何之，帝曰：欲案行文書耳。矯對曰：此臣職分，非陛下所宜臨也。若不稱，則請就黜。帝慙，迴車。

又曰：荀彧自爲尚書令，常以書陳事，臨薨皆焚毀，故奇策密謀不得盡聞。又非正道不用心，名重天下，莫不以爲儀表，海内英俊咸宗焉。

魏氏春秋曰：荀攸字公達，爲尚書令，從太祖征伐，常謀謨帷幄時人及子弟莫知其所言太祖每稱之曰公達外愚內智外怯內勇外弱內強不伐善無施勞知可及愚不可及雖顏回甯武子不能過文帝在東宮太祖謂曰荀公達人之師表也汝當盡禮敬之攸曾病世子問疾獨拜牀下其見尊異如此始攸入尚書太祖聞名與語大悅謂荀彧鍾繇曰公達非常人也吾得與之計事天下當何憂哉

蜀志曰費禕代蔣琬爲尚書令于時戰軍多事衆務煩猥禕識悟過人每省讀書記粗舉目暫視究其意旨其速數倍於人終亦不忘常以朝晡聽事其間接賓客飲食嬉戲加之博弈每盡人之歡事後遷大將軍録尚書事董允代禕爲尚書令旬日之中事多停滯允歎曰人才力相懸若此非吾所及

又曰蔣琬字公琰諸葛亮每言公琰託志忠雅當與共讃王業也密表後主臣若不幸後事宜以付琬亮卒琬爲尚書令時新喪元帥遠近危悚琬出類拔萃處羣寮之右既無戚容又無喜色神守舉止有如平常由是衆望漸服

又曰劉巴字子初代法正爲尚書令躬履清儉不治產業又自以歸附非素懼見猜嫌恭默守靜退無私交非公事不言

又曰呂乂字季陽代董允爲尚書令庶事無留門無停賓又歷職內外治身儉約謙靜少言爲政不煩號爲清能然持法刻深好用文俗吏故居大官名聲損於郡縣時

晉書曰樂廣爲尚書令所在無當時功譽然爲後人所思

又曰裴秀爲尚書令秀創制朝儀廣陳刑政朝廷多遵用之以爲故事在位四載爲當世名公

又曰李胤爲尚書令雖歷職內外而在公退食在家貧儉見病無以市藥上賜錢十萬

又曰荀勗守尚書令課試令史以下覈其才能有闇於文法不能決疑處事者即時遣出帝嘗謂曰魏武帝言荀文若之進善不進不止荀公達之退惡不退不休二令君之美亦望於君也

又曰會稽王道子嘗集朝士置酒於東府尚書令謝石因醉爲委巷之歌王恭正色曰居端右之重集藩王之第而肆淫聲欲令羣下何所取則石深銜之

又曰王彪之字叔虎爲尚書令與謝安共掌朝政安每稱曰朝之大事衆不能決者諮之王公無不得判

又曰太熙元年詔曰夫總百揆之得失管王政之開塞者端右之職也是以自漢代以來每選此官必慎其人議郎王戎可爲尚書令

又曰衛瓘字伯玉拜尚書令性嚴整以法御下視叅佐尚書郎若掾屬

又曰熊遠啓曰伏見吏部以太尉荀組爲尚書令復領荊州牧自三代以來未聞以納言之官而出領牧伯者

晉中興書曰卞壼爲尚書令司徒王導稱疾不朝壼奏導專任無敬事寢不行舉朝憚壼

又曰萬協遷尚書令詔曰尚書令協抗志高亮才鑒傅雅朕甚嘉之

晉書曰百官表注尚書令一人唐虞官也是謂文昌天府銅印墨綬五時朝服納言幘進賢兩梁冠佩水蒼玉官品第三俸月四十五斛領都揔攝諸曹出納王命

晉公卿禮秩曰尚書令拜受命皆策命薨則於朝堂發哀古之冢宰以在端右故也

晉故事曰賈充爲尚書令以目疾表置省事於是遂置省事吏四人品職章服與諸曹令史同

宋書曰王僧虔爲尚書令嘗爲飛白書題尚書壁曰圓行方止物之定質脩之不已則溢高之不已則顛引之不已則遺是故去之宜疾當時嗟賞以比座右銘

又曰武帝踐祚王瑩遷尚書令時有猛獸入郭上意不悅以問羣臣皆莫能對瑩在御筵乃斂板荅曰昔擊石拊石百獸率舞陛下應籙御圖虎象來格帝大悅衆咸服焉

齊書曰謝朏字敬沖徵爲司徒尚書令朏辭脚疾不堪謁乃角巾自輿詣雲龍門謝旣見乘小車就席

齊職儀曰秦漢之世委政公卿尚書之職掌封奏令贊文書僕射主開閉令不在則僕射奏下其事魏氏重內職八座尚書任同六卿舜舉八元八凱以隆唐朝今號八座爲

元凱謂賢能用事義如昔也

梁書曰何敬容爲尚書令貪恡爲時所嗤鄙其署名敬字則大作苟小爲文容字大爲父小爲口陸倕戲之曰公家苟旣奇大父亦不小敬容遂不能荅又曰漏禁中語故朝謂曰至甞有客姓吉問卿與邴吉遠近曰如明公之與蕭何

唐書曰太宗在藩甞爲尚書令其後人臣莫敢爲遂廢其官廣德元年代宗以親賢有大勳遂特拜尚書令

又曰廣德二年冬詔郭子儀於尚書省視尚書令事命宰臣已下特遣射生五百騎執戟翼從自朝堂至于省賜以教坊音樂

五代史梁書開平三年詔外尚書令爲正一品按唐典尚書令正二品至是以將授趙王鎔此官故外之

會稽先賢傳曰沈勳徵詣南宮賜酒拜尚書令持節臨辟雍名冠百僚

襄陽耆舊傳曰劉季和曰荀令君至人家坐處三日香

徐廣車服儀制曰尚書令軺車黑耳後戶

通典曰大唐尚書令朝服鷩冕八旒七章三梁冠（鷩雉也可爲冠）也武德初太宗爲秦王時嘗居之其後人臣莫敢當故自龍朔二年制廢尚書令

又曰舊尚書令有大廳當省之中今謂之都堂

世說曰崇禮闥在東掖門內路西即尚書省崇禮門東建禮門內即是尚書令下舍之門

太平御覽卷第二百一十

太平御覽卷第二百一十一

職官部九

左右僕射

漢書百官表曰僕射秦官也古者重武官有主射以督課之自侍中尚書博士及騶宰永巷皆有僕射取所領之事以爲號若尚書則名曰尚書僕射

東觀漢記曰鮑永字君長拜僕射行將軍事將兵安集河東永好文德行軍常皁襜路稱鮑尚書兵

後漢書曰郅壽爲尚書僕射是時大將軍竇憲以外戚之寵威傾天下憲常使門生齎書詣壽有所請託壽即送詔獄前後上書陳憲驕恣引王莽以誡國家

又曰鄭崇字子游爲尚書僕射數見諫諍上笑曰我識鄭尚書履聲

續漢書曰尚書僕射一人六百石令不在則奏下衆事

魏志曰毛玠字孝先爲尚書僕射時太子未定立臨淄王植有寵玠諫曰近袁紹以嫡庶不分覆宗滅國廢立大事非所宜聞會玠起更衣太祖謂左右曰國之司直我之周昌

又曰徐宣爲左僕射後加侍中車駕幸許昌宣摠統留事帝還主者奏呈文書詔曰朕省與僕射何異竟不視

又曰文帝時欲以賈詡爲僕射詡曰尚書僕射官之師長天下所望詡名不素重非以服人詡縱昧於榮利奈國朝何

魏略曰李豐字安國爲侍中僕射在臺閣常多託疾時臺制滿百日當解禄豐未滿百日暫起而復卧如是數歲及太傅宣王父病曹爽攝政豐依違二公間故時人有謗書曰曹爽之勢熱如湯太傅父子冷如漿李豐兄弟如遊光其意以爲豐雖外示清淨而内圖事有似遊光

吳志曰諸葛恪既定山越孫權使尚書僕射薛綜勞軍曰故遣中臺近官迎致犒賜

晉書曰荀顗代陳泰爲僕射吏部四辭而後受

又曰太康元年以山濤清虚恬簡轉爲左僕射

又曰魏舒太康初拜右僕射舒與衛瓘山濤張華等以六合混一宜同古典封禪東岳前後累陳其事帝謙讓不許

晉起居注曰武帝太康四年詔曰吏部掌叙人倫治化之本也宜得忠正舊德尚書右僕射魏舒寛泰引毅濟通有才識其以舒爲左右僕射領選曹

又曰永昌元年詔曰尚書分置左右僕射所以廣登賢俊經始万機護軍周顗可左僕射領軍王邃可右僕射

又曰尚書高陽王珪忠允善政思量弘濟莅官盡心所居著稱其以珪爲右僕射

又曰太康元年詔曰尚書置左右僕射所以恢演洽典協宣庶政

謝靈運晉書曰古者重武事貴射御取其捷御如僕各置一人尚書六人謂之八座參攝百揆出納王命古元凱之任也

干寶晉紀曰武帝詔曰散騎常侍中軍將軍羊祜秉德清劭經緯文武雖處腹心之任不摠樞機之重非垂拱無爲委任責成之意也以祜爲尚書左僕射衛將軍

晉諸公贊曰司馬珪少時有令望早歷顯職晉受禪爲尚書左僕射時年三十七衆論以爲美

晉書百官注曰僕射一人銅印墨綬五時朝服納言幘進

賢冠佩水蒼玉官品第三俸月四十五石

晉公卿禮秩曰尚書僕射魏晉以來或置左右或不置

晉中興書曰顧和康帝即位爲尚書僕射以母老固辭詔勑特諭暮出朝還其優遇如此

又曰紀瞻字士遠爲右僕射肅祖嘗內殿慨然憂天下曰社稷之臣欲無十人如何因數之云君便是一人瞻謝曰臣不敢聞命肅祖曰方欲善語云何復崇謙讓耶瞻以年在懸車自陳告老詔曰豈朕德薄不足以爲治乎

又曰王珣拜尚書左僕射領吏部時烈宗雅好典籍深欽愛之與殷仲堪徐邈並以才學文章爲上所暱桓玄荅道子牋云王珣明悟疎徹風流之美雖逼於同異才用不盡然君子在朝所益自多也

又曰刁協字玄亮除左僕射時中興草創制度未立朝臣

無練習舊儀者唯協以久在中朝加性聰朗多諳故事朝廷憲體出入威儀唱讃一皆稟於協當時稱爲強記

宋書曰劉延孫爲尚書左僕射延孫疾病不任拜起上使乘舡自清溪至平昌門仍入尚書下舍

又曰漢制御史中丞遇尚書令僕丞郎車皆預相迴避臺官過乃得去令尚書令上朝及下禁斷行人猶其制也尚書漢稱臺魏晉已降方號曰省

又王弘爲僕射奏彈康樂侯謝靈運滛其嬖妾殺興胡江涘請免官削爵付大理內臺舊體不得用風聲舉彈此事彰赫暴之朝野不敢拱默武帝令免官而已

又曰王裕之元嘉三年爲尚書僕射所署文案初不省讀嘗豫聽訟上問疑獄敬弘不對上變色問左右何故不以訊牒副僕射敬弘曰臣乃得訊牒讀之正自不解上甚不悅

齊書曰王延之轉左僕射宋德既衰太祖輔政朝野之情人懷彼此延之與尚書令王僧虔中立無所去就時人爲之語曰二王持平不送不迎太祖以此善之

又曰張緒帝欲用緒爲右僕射以問王儉儉曰緒少有清望誠美選也南士由來少居此職褚彥回曰儉少年或未憶耳江左用陸玩顧和皆南人也儉曰晉昏衰政不可爲則

齊職儀曰魏朝以尚書僕射毛玠領選曹晉武以僕射領吏曹後依擬至今或領焉

南燕書曰慕容德以右僕射封嵩爲左僕射尚書韓諱爲右僕射時嵩諱並年三十又以嵩弟蝙爲西中郎將諱弟軌爲中郎將嵩等俱拜帝臨軒詔令四人同入嵩等外殿

方謝帝顧曰躍二龍於長衢騁雙驥於千里朝野榮之

後魏書曰郭祚爲右僕射時議定新令詔祚與侍中門下叅議刋正故事令僕射中丞騶唱而入宮至於馳道及祚爲僕射以爲非盡敬之宜言於帝納之下詔御在太極騶唱至止車門御在朝堂至司馬門騶唱不入宮自此始也

又曰趙善爲尚書右僕射性温恭有器局雖位居端右而愈自謙退其職務克舉則曰某官之力有罪責則曰善之咎也時人稱其有公輔之量

又曰元順除吏部尚書右僕射及上省登階向榻見榻甚故問都令史徐仵仵起曰此榻曾經先王坐順即哽塞涕泗交流久而不能言遂令換之

又曰陽平王新成之子欽字思若累遷尚書右僕射欽色黑故時人號爲黑面僕射

三國典略曰東魏以孫騰兼尚書左僕射府庫關鑰一以委之

又曰北齊王晉明豪侈有氣俠留心經史招引賓客嘗爲尚書右僕射百餘日便謝病而退告人云廢人飲酒安能作刀筆吏披故紙乎

北齊書曰高隆之爲尚書右僕射時初給民田貴勢皆占良美貧弱咸受墝薄隆之啓高祖悉更反易乃得均平

後周書曰周惠達爲右僕射自關右草創禮樂缺然惠達與禮官損益舊章至是儀軌稍備魏文帝因朝奏樂顧謂惠達曰此卿之功也

又曰李遠除尚書左僕射遠白太祖曰遠秦隴匹夫才藝俱闕平生念望不過一郡守耳遭逢際會得奉聖明主貴臣遷以至於此今位居上列爵邁通侯受委方面生殺在手非直榮寵一時亦足光華身世但尚書僕射任居端揆今以賜授適所以重其罪責明主若欲全之乞寢此授太祖曰公勳德兼美朝廷欽屬選衆而舉何足爲辭且孤之於公義等骨肉豈容於官位之間便致退讓深乖所望也遠不得已方拜職

陳書曰袁憲遷右僕射參掌選事先是憲長兄簡懿爲僕射至是憲爲右僕射臺省目簡懿爲大僕射憲爲小僕射朝廷榮之

隋書曰楊素爲右僕射與高熲專掌朝政後文帝漸踈忌素語曰僕射國之宰輔不可躬親細務但三五日一度向省平論大事外示崇重實奪其權

唐書曰太宗謂房玄齡杜如晦曰爲僕射當須廣開耳目求訪賢哲有武藝謀略才堪撫衆者任以邊事有經明德行性理通悟者任以侍臣有明幹清慤處事公平者任以劇務有學通今古識達政術者任以理人此乃宰相之弘益也比聞聽受辭訟日不暇給安能助朕求賢哉因勅尚書細務屬左右丞唯枉屈大事合聞奏者關於僕射

又曰戴至德爲僕射時與劉仁軌更日受詞訟嘗有老母經省陳詞至德已收牒省視老母前曰本謂是解事僕射所以來訴公乃是不解事僕射請却付牒來也至德笑而還之議者尤稱其長者焉

又曰元和中裴均爲僕射於尚書省都堂上事其送印及呈孔目唱案授案皆使尚書郎爲之文三品已上官外堦列坐四品五品及郎官御史拜於廳下然後召御史中丞左右丞外堦荅拜初開元中張說爲右丞相因製儀注自極尊大自非中書門下及諸三品已上官是日皆坐受拜或微其所從來荅曰聖曆中王及善豆盧欽望同日拜文昌左右丞亦同此儀當時以說方承恩寵不敢復詰因爲故事非舊典也均交結權倖而得貴位在班列嘗踰位而立御史中丞盧坦請退之均不受坦曰姚南仲爲僕射例如此曰南仲何人坦曰南仲是守正而不交權倖者也尋罷坦爲右庶子時人歸咎於均

又曰寶歷中左僕射李絳與御史中丞王璠相遇於道璠車不爲之却因上言故事左右僕射師長庶寮開元中以爲左右丞相其後雖去三事機務猶總百司之權表狀之中不署其姓尚書已下每月合衙上日百寮列班宰相送上中丞御史列位於庭禮數之崇中外特異所以自武德貞觀已來聖君賢臣布政除授不革此禮謂爲合宜苟有不安尋亦合廢近年緣有才不當職恩加特拜者遂從

權便不用舊儀酌於羣情事實非當今或有僕射初除就中丞院門相見者即與就衆何殊或中丞新授亦無見僕射之處又叅賀處或僕射先至中丞後來意度乖宜尊卑倒置儻人才忝位自合别授賢良若朝命守官豈得有虧法制伏望下百寮重詳定事體使永可遵行奉勑宜令左右常侍諫議大夫給事中中書舍人詳議聞奏元和中太常博士韋謙舉奏削去舊儀今絳上論於體甚當然其時璠黨方盛致絳改官共寢其儀

又曰李程大和中爲左僕射中謝日奏曰臣所忝官上禮前後儀注不同在元和長慶中僕射數人上日不受四品已下官拜近日再定儀注四品已下官悉許受拜王涯竇易直已行之於前今御史云已聞奏太常寺定取十五日上臣進退未知所據時中丞李漢以爲受四品已下拜太

重勑曰僕射上儀近已詳定所緣拜禮皆約令文已經施行不合更改宜准大和四年十一月十六日勑處分

鍾離意别傳曰意爲尚書僕射其年匈奴來降詔賜縑三百疋尚書侍郎暨鄷受詔誤以三千疋賜匈奴詔大怒鞭鄷欲死意獨排省閤入諫明帝以合大義恚損怒消帝謂意曰非鍾離尚書朕幾降威於此郎

世説曰周伯仁過江積年恒大飲酒嘗經三日醒時人謂爲三日僕射

唐書官品志曰僕射爲執法置二則爲左右僕射皆與令同左糺彈而右不糺彈

唐新語曰自武德至長安四年已前僕射並是正宰相故太宗謂房玄齡等曰公爲宰相當須大開耳目求訪賢哲即其事也神龍初豆盧欽望爲僕射不帶同中書門下三品不敢叅議政事後加知軍國事韋安石爲僕射東都留守自後僕射不知政事

太平御覽卷第二百一十一

太平御覽卷第二百一十二

職官部十

總敘尚書

韋昭辯釋名曰尚上也言最在上總領之也辯云尚猶奉也百官言事當省察平處奉之故曰尚書尚食尚方亦然

周禮曰司會中大夫二人注司會主天下之大計計官之長若今之尚書

漢書百官表曰成帝初置尚書員五人如淳曰主天子書主天子物皆曰尚如主晉曰尚主者也

東觀漢記曰章帝東巡過任城乃幸鄭均舍勑賜尚書祿以終其身故時人號爲白衣尚書

又曰章帝賜尚書劒各一手署姓名韓稜楚龍泉郅壽蜀漢文劒陳寵濟南鍛成一室丙兩刃其餘皆平劒其時論者以爲稜淵深有謀故得龍泉壽明達有文章故得蜀漢文劒寵敦朴有善於內不見於外故得鍛成劒皆因名而表意

後漢書曰楊喬爲尚書容儀偉麗數上言政事桓帝愛其才貌詔妻以公主喬固辭不聽遂閉口不食七日而死

續漢書百官志曰尚書秩六百石成帝建始四年罷中書官置尚書員五人一人爲僕射分爲四曹通掌圖書祕記章奏各有曹任常侍主丞相御史公卿事二千石曹主刺史郡國事民曹主吏民上書事客曹主外國夷狄事而成帝又置三公曹主斷獄共爲五曹世祖又分增三公爲二曹其一曹主歲盡課州郡事改常侍曹爲吏曹主選舉祠祀民曹主繕治攻作鹽池苑囿客曹主護駕羌胡朝賀二千石曹主辭訟中都官主水火盜賊與三公爲六曹

又曰李固上疏云陛下之有尚書猶天之有北斗北斗爲天喉舌尚書爲陛下喉舌

謝承後漢書曰陳禁字子雅拜尚書公卿朝日晏無詔禁問臺上故事何時可罷對言已食輒有詔罷今已晏禁曰寧可白耶尚書郎以上方宴樂不敢白禁使罷公卿既罷上問左右今未有詔而罷朝何也尚書直對曰陳禁命罷上曰勿復問也禁在臺二年嘗病令僕射數奏久病滿百日請輒免有詔賜金帛醫藥

又曰張陵字處仲爲尚書首歲朝梁冀帶劒入省陵叱冀令出勑虎賁奪其劒冀跪謝陵劾之詔以歲俸贖罪百寮肅然冀弟不疑曾舉陵後疾冀不疑謂曰昔舉君所以自罰也陵曰明府不以陵不肖誤見擢序令申公憲非報私恩耳不疑有慙色

又曰翟酺字子廣爲侍中時尚書有缺詔將軍大夫六百石以上試對政事天文道術以高第者補之由是酺對第一拜尚書

又曰魏朗字少英入爲尚書再升紫微謇諤禁省不屈豪右爲百寮所服以黨事免朗性矜嚴閨門整法長吏希見動有禮序室家相待如賓子孫如事嚴君焉

又曰蔡邕字伯喈以持書御史遷尚書三月之間周歷三臺

又曰鍾離意字子阿明帝徵爲尚書交阯太守坐贓伏法以資物簿入大司農詔頒賜羣臣意得珠璣悉以委地而不拜帝恠問其故對曰臣聞孔子忍渴於盜泉之水曾參迴車於勝母之鄉惡其名也贓穢之寶不敢拜帝笑曰清乎尚書賜錢三十万

又曰荀組字伯條拜尚書組性明亮敏於衆職以勗羣寮秉機平正直而行之是時內外公卿大夫莫不敬憚焉

又曰韋彪上疏曰欲急世所務當先除其患其源在尚書尚書典樞機天下事一決之不可不察

漢官解詁曰士之權貴不過尚書

又曰唐虞曰納言周官爲內史機事所揔號令攸發

漢官儀曰尚書唐虞官也書曰龍作納言詩云仲山甫王之喉舌秦改稱尚書漢亦尊此官典機密也

應劭漢官曰漢明帝詔曰尚書蓋古之納言出納朕命機事不密則害成可不慎歟

張璠漢記曰朱穆黨事禁錮徵拜尚書正月百官朝賀畢虎賁當陛置弓於地謂羣僚曰此天子弓誰敢干越百僚皆迴避不敢當穆乃呵之曰天子弓當戴之於肩首之上乃敢置地大不謹不敬即收虎賁付詔獄治罪莫不肅然服其忠烈

魏志曰陳羣爲尚書制九品爲官人之法羣所建也

又曰許混字子劭清淳有鑒識明帝時爲尚書

又曰丁謐字彥靜曹爽宿與相親拔爲散騎常侍轉爲尚書在臺閣數有所彈駁以勢屈於爽爽亦敬之時諺言謂臺中有三狗二狗崖柴不可當一狗憑黠作疽囊三狗謂何鄧丁也黠者爽小字也意言三狗皆欲嚙人而謐尤疽囊也

又曰　孔禮字德遠爲尚書明帝方修臺署節氣不和天下少穀禮固爭因罷役制曰敬納讜言

魏略曰帝遊宴在內選女子知書可付信者六人爲女尚書使典省外奏事處當書可去也

吴志曰尚書熊睦見孫皓酷虐微有諫皓使人以刀環撞殺之身無完肌也

晉書曰杜預爲尚書損益万機不可勝數朝野服焉號曰杜武庫言其無所不有

又曰山濤轉尚書表辭年老詔曰方今多事嘉謀良圖委以老成也

又曰劉頌爲尚書孫秀等推崇趙倫功宜加九錫百寮莫敢異議頌獨曰昔漢之錫魏魏之錫晉皆一時之用非可通行今宗廟乂安雖嬖后被退勢臣受誅周勃誅諸呂而尊孝文霍光廢昌邑而奉孝宣並無九錫之命亂舊典而習權變非先王之制九錫之議請無所施

晉康帝起居注詔曰尚書万事之本朕所責成也而廩秩儉薄甚非治體今雖軍國多費不爲元凱惜禄其依令僕給尚書各親信五十人廩賜

晉中興書曰蔡謨爲尚書上疏曰八座之任非賢莫居前後選用名資有常孔愉諸葛恢並以清節令才素有名望昔愉爲御史中丞臣尚爲司徒長史恢爲會稽太守臣爲尚書郎恢尹丹陽臣守小郡名輩不同階級殊懸今猥以輕鄙超踰等疋上亂聖朝貫魚之次下違羣士準平之論豈唯微臣斯亡之誡實貽聖政維塵之累

宋書曰凡尚書官大罪則免小罪則出出者百日無代人聽還本職

宋志曰今朝士詣三公尚書丞郎詣令僕射尚書並門外下車履度門闔乃納履

齊職儀曰尚書六人品第三秩六百户進賢兩梁冠納言幘絳朝服佩水蒼玉執笏負荷

梁書曰陸杲遷尚書殿中曹郎拜日八座丞郎並到上省
交禮而杲至晚不及時刻坐免官也
又曰周捨問劉杳尚書官著紫荷橐相傳云挈橐囊竟何所出
荅曰張安世傳云持橐簪筆事孝武帝數十年注云橐囊
也近臣簪筆以待顧問也
後魏書曰肅宗靈太后曾讌於華林園舉觴謂羣臣曰袁
尚書朕之杜預欲以此杯敬屬元凱今爲盡之侍座者莫
不羡仰觀名位俱重當時賢達咸推與之
隋書曰于仲文上以尚書文簿繁雜吏多姦計令仲文勘
録省中事其所發擿甚多上嘉其明斷厚加勞賞焉
唐新語曰玄宗欲以牛仙客爲尚書張九齡諫曰不可尚
書古之納言有唐已來多用舊相居之不然歷踐內外清
貫之地妙有德望者充之仙客本河湟一使典耳拔身清
流齒班常伯此官邪也
益部耆舊傳曰太尉李固薦楊淮累世服事臺閣既閑練
舊典且有幹用宜在機密特拜尚書固薨免官尚書令陳
蕃表行狀復徵爲尚書
會稽典録曰鄭弘拜尚書舊典科郎滿補縣長令史爲丞
尉弘奏以爲臺職位尊而賞薄人無樂者請使郎補縣令
史爲長上從其議自此爲始
通典曰尚書出納王命敷奏万機蓋政之所由宣選舉之
所由定罪賞之所由正斯乃文昌天府衆務泉藪內外所
折衷遠近所禀仰故李固云陛下之有尚書猶天之有北
斗斟酌元氣運平四時是爲喉舌
郭子曰王公有幸妾姓雷頗預政事納貨蔡公謂之雷尚
書

傅子曰嘏字蘭石爲尚書大小無不揔
桓子新論曰昔堯試舜於大麓麓者領録天下事如今之
尚書官矣宜得大賢智乃可使處議持平
王昶考課事曰尚書侍中考課一曰掌建六材以考官人
二曰綜理万機以考庶績三曰進視惟允以考讜言四曰
出納王命以考賦政五曰罰法以考典刑
應璩書曰知楊生翻然遂登納言雖有所越亦其宜也傅
說弃板築而爲殷相吕望投漁竿而爲周師卓茂起閭里而
爲漢宰若此弟者乃可耳璅璅尚書執憲之吏曷以爲異
哉

太平御覽卷第二百一十二

太平御覽卷第二百一十三

職官部十一

左丞　右丞

左司郎中　左司員外郎

右司郎中　右司員外郎

令史

左丞

六典曰左右丞掌管轄省事糾舉憲章以辨六官之儀制而正其文法分而視焉

漢官典職曰尚書左右丞典臺事緘糾無所不揔

續漢書百官志曰左丞掌録尚書吏人上章百官威儀

漢官儀曰漢制八座丞郎初拜並集都座交禮遷又解交

晉書百官表志注曰左右丞俸月三十斛左丞主臺內禁令宗廟祠祀朝儀射制彈案選用署吏稽近道文書給假

晉書曰劉毅字長叔爲尚書左丞正色在朝三臺清肅

又曰郗詵爲尚書左丞推奏吏部尚書崔洪洪曰舉詵丞而還奏我此謂挽弩自射詵曰趙宣子任韓厥爲司馬而厥以軍法戮宣子崔侯爲國舉才我以才見舉唯官是視各明至公何故其言乃至於此洪聞而悅服之

又曰傅咸爲尚書左丞時尚書郭弈咸故將世累辭病疾不起復不上朝又自表妹葬乞出臨喪詔書聽許咸舉奏之

又曰郄弘始爲尚書郎轉左右丞在朝爲百寮所憚後坐泄事免

晉諸公讚曰許奇爲尚書左丞有准繩操

又曰傅咸字長虞爲左丞臺閣小大望風自肅

晉中興書曰荀奕字令遠遷左丞時桓温平蜀朝廷欲以豫章封温奕謂太宗曰若温復假王威平定河洛修復山陵將復何以加之遂止

沈約宋書曰何承天爲中丞與尚書左丞謝元素不相善二人競伺二臺之違累相糾奏

宋書百官志曰晉宋之世左丞主臺內禁令宗廟祠祀朝儀禮制選用署吏糺諸不法無所迴避

三國典略曰北齊張耀嘗爲尚書左丞文宣近出令耀居守文宣夜還耀不開門勒兵嚴備火至看面然後開迎文宣笑曰卿欲學郅君章也賜以錦袍以其忠勤深見親待

梁書曰賀琛遷尚書左丞并叅禮儀事琛前後居職凡郊廟諸議多所創定每見高祖與語常移晷刻故省中爲之語曰上殿不下有賀雅琛容止都雅故時人呼之

又曰劉孺弟覽除尚書左丞性聰敏尚書令史七百人一見並記姓名當官清正無所私姊夫御史中丞褚湮從兄吏部郎李綽在職頗通贓貨覽劾奏並免官李綽怨之常謂人曰犬嚙行路覽噬家人

北史曰郎茂煬帝即位爲尚書左丞時工部尚書宇文愷右翊衛大將軍于仲文競河東銀窟茂奏劾愷位已隆祿賜優厚抜葵去織寂尒無聞求利下交曾無愧色仲文大將宿衛近臣趨侍堦庭朝夕聞道虞芮之風抑而不慕分銖之利知而必爭何以貽範庶寮示人軌物愷與仲文竟坐得罪

隋書曰楊汪字元度高祖嘗謂諫議大夫王達曰卿爲我覓一好左丞達遂私於汪曰我當薦君爲左丞若事果當以良田相報也汪以達所言奏之達竟以獲罪卒拜汪爲

尚書左丞汪明習法令果於剖斷當時號爲稱職

唐書曰趙涓永泰初爲監察御史時禁中失火焚室數十間火起處與東宮稍近代宗深疑之涓爲巡使俾令即訊涓周歷壖圍按據迹狀乃上直中官遺火所致也推鞫明審頗盡事情既奏代宗稱賞焉德宗時在東宮常感涓之究理詳細及刺衢州年考既深又與觀察使韓滉不相得滉奏免涓官德宗見其名謂宰相曰豈非永泰初御史趙涓乎對曰然即日拜尚書左丞

唐新語曰楊昉爲左丞時宇文化及子孫理資蔭朝廷以事隔兩朝且其家親族亦衆多爲言者所司理之至于左司昉未詳其案狀訴者以道理已成無復凝滯勃然逼昉昉曰適朝退未食食畢當詳案訴者曰公云未食亦知天下有累年羇旅訴者乎昉遽命案立批之曰父殺隋主子訴隋資生者猶配遠方死者無宜更敘時人深賞之

傅咸表曰左丞職輕事重以賤制貴所以難居臣以闇劣猥忝斯任愧於不稱懼罪之及夙夜惶恐寢食無寧

下壺彈尚書丞郎事曰舊丞郎取急及屬出皆尚有對使職局不廢而昨左右二丞及諸郎皆出唯次直二郎在設使有兵火警急便爲無復行事者二丞頓行無印可以封符疏此之逋慢莫斯之甚

傅咸荅辛曠詩序曰尚書左丞彈八座以下居万機之會斯乃皇朝之司直天臺之管轄余前爲右丞具知此職之要後忝此任僶俛從事日愼一日

右丞

續漢書百官志曰尚書右丞一人四百石掌錄文書期會假署印綬及筆墨諸材用

漢官儀曰尚書左右丞秩各四百石遷刺史

晉書百官表注曰右丞主臺內庫藏廨舍量物用多少及廩賜民户租布刑獄兵器稽遠道文書章表奏事

晉中興書曰王國寶因酒坐怒右丞祖台之攘袂喚呼以盤盞樂器擲台之復爲有司所彈烈宗詔曰國寶縱肆情性其不可長台之懦弱非監司體其免官

沈約宋書曰晉西朝八座丞郎朝晡詣都座朝江左唯旦朝而已八座丞郎初拜並集都座交禮遷又解交漢舊制也今唯八座解交丞郎不復解交

宋書百官志曰右丞掌臺內庫藏凡諸器物廨舍刑獄兵器

唐書曰宇文節爲尚書右丞明習法令以幹局見稱時江夏王道宗嘗以私事託於節遂奏之太宗大悅賜絹二百疋仍勞之曰朕所以不置左右僕射者正以卿在省耳

又曰韋溫爲尚書右丞吏部員外張文規父弘靖長慶初在幽州爲朱克融所囚文規不時省赴人士喧然罪之溫居綱轄首糺其事出文規爲安州刺史

五代史後唐書曰梁開平二年改左右丞爲左右司侍郎避廟諱也至同光年十月復舊爲左右丞長興元年九月詔曰臺轄之司官資並設左右貂素來相類左右揆不至相懸以此比方豈宜分別自此宜外尚書右丞官品與左丞並爲正四品

左司郎中

六典曰左右司郎中員外郎各掌付十有二司之事以舉正稽違者署符目焉凡都省掌舉諸司之綱紀與其百寮之程式以正邦理以宣邦教

左司員外郎

隋書曰煬帝三年尚書都司始置左右司郎各一人品同諸曹郎從五品掌都省之職

唐職員令曰左右司郎中掌副左右丞所管諸司事署抄目舉稽失知臺内宿直若本司郎中不在併行之

右司郎中　右司員外郎

隋書曰晋儀遷尚書右司郎于時政漸亂濁貨賂公行凡當樞要之職無問貴賤並家累金寶天下士大夫莫不變節而儀勵志守常介然獨立

令史

漢官儀曰能通蒼頡史篇補蘭臺令史滿歲補尚書令史滿歲爲尚書郎出亦與郎同宰百里郎與令史分職受書令史見僕射尚書執板拜見丞郎執板揖

續漢書百官志曰尚書令史十八人人二百石曹有三人

主書後增列曹三人合二十一人

華嶠後漢書云寒朗上疏曰有楚獄事繁故置尚書令史以助郎

晋書曰陳壽少仕蜀在觀閣爲令史又爲郎官人黄皓專弄朝政大將軍閻宇等皆曲躬事皓以營時務壽獨峻然皓乃自禪與杖

又曰趙孟字長舒入補尚書郎令史善於清談有國士之風其面有疵點諸事不决皆言當問疵面

齊職儀曰自魏晋宋齊正令史書令史皆有品秩朱衣執板進賢一梁冠

楊楞伽北齊鄴都故事曰尚書郎判事正令史側坐書令史過事

典略曰邊讓字文禮陳留人將軍何進聞其名欲以禮辟恐不肯來乃詐以軍事召之到署令史進以禮見之讓占對閑敘聲氣如流其時坐席賓客有百數皆高慕之

太平御覽卷第二百一十三

太平御覽卷第二百一十四

職官部十二

吏部尚書

六典曰吏部尚書侍郎之職掌天下官吏選授勳封考課之政令其屬有四一曰吏部二曰司封三曰司勳四曰考功揔其職務而行其制命凡中外百司之事由於所屬皆質正焉

後漢書曰光武改常侍曹爲吏部曹主舉選齋祀事

魏志曰盧毓爲侍中在職三年多所駁易詔曰官人秩才聖帝所難必須良佐進可替否侍中毓禀性貞固心平體正可謂明試有功不懈于位者也其以毓爲吏部尚書使毓自選代曰得如卿者乃可毓舉常侍鄭冲帝曰文和吾自知之更舉吾所未聞者乃舉阮武孫邕帝於是用邕

吳志曰李肅字偉恭南陽人少以才聞善論議臧否得中甄奇録異薦述後進題目品藻曲有條貫以此服之權擢爲選曹尚書選舉號爲得才

又曰暨艷字子休爲選曹尚書性峭厲好清議當時郎署混濁多非其人欲區別賢愚彈指百寮覈選三署皆貶高就下降損數等其居位貪鄙志節汙卑者皆以爲軍吏置營府以處之故怨憤聲積競言艷用私情愛憎不由公理艷坐自殺

又曰陸喜字文仲頗涉文籍好人倫孫皓時爲選曹尚書

又曰薛綜爲選部尚書固讓顧譚曰譚心精體密貫道達微才照人物德服衆望誠非臣所可越先後遂代綜

晉書曰山濤爲吏部尚書濤用人皆先密啓然後公奏

又曰鄧攸爲吏部尚書當時清靜內外肅然後牧馬於家

庭妻息素食不受一錢

又曰嵇紹字延祖裴頠亦深器之每曰使延祖爲吏部尚書可使天下無復遺才矣

又曰王戎爲左僕射領吏部尚書自戎居選未嘗進一寒素退一虛名理一寃枉殺一疽嫉隨其沉浮門調戶選好營生廣收八方園田水碓周遍天下聚斂積實不知紀極

又曰吳隱之與太常韓康伯隣居康伯母殷浩之姊賢明婦人也每聞隱之哭聲輟食投杼爲之悲泣既而謂康伯曰若居銓衡當舉此輩人及康伯爲吏部尚書隱之遂階清級

又曰蔡克居選官尚進之徒望風畏憚初克未仕時河內山簡嘗與瑯邪王衍書曰蔡子尼今之正人衍以書示衆曰山子以一字拔人然未易可稱後衍聞克在選官曰山子正人之言驗於今矣

晉起居注曰太康四年八月詔曰選曹銓管人才宜得忠恪寡欲抑華崇本者尚書朱整周慎廉敬以道素自居是其人也其以整爲吏部尚書

虞預晉書曰盧欽字子若少好學爲尚書僕射領吏部欽清實選舉稱爲廉平

晉陽秋曰陳羣爲吏部尚書制九格登用皆由於中正考之簿世然後授任

晉書諸公贊曰李胤爲吏部尚書正身率職不撓故能行其所見遂刊定選例而著于今

宋書曰顏竣爲吏部尚書留心選舉自強不息任遇既隆奏無不可後謝莊代竣意多不行竣容貌嚴毅莊風姿甚美賓客喧訴常懽笑答之時人語曰顏竣嗔而與人官謝

莊笑而不與人官

又曰蔡廓爲吏部尚書廓因傅隆問傅亮選事若悉以見付不論不然不能拜亮以語録尚書徐羡之羡之曰黄門已下悉以委蔡自此已上宜共參同異廓曰我不能爲徐干木署紙尾遂不拜干木羡之小字也選案録尚書與吏部尚書連名故廓云紙尾

又曰王弘自領選將加榮禄於人者每先呵責譴辱之然後施行若美相盼接語欣歡者必無所諧人問其故答曰王爵既加於人又相撫勞便成與主分功此所謂姧以事君者也若求者絶官叙之分既無以爲恵又不微借顔色即大成怨府亦鄙薄所不任聞者悦伏

又曰江湛爲吏部尚書家甚貧不營財利餉饋盈門一無所受無兼衣餘食嘗爲上所召遇澣衣稱疾經日衣成然

後赴

又曰庾仲文性好聚爲吏部尚書用少府卿劉道錫爲廣州刺史道錫至鎮餉白檀牽車常自乘焉或以白文帝帝見問曰道錫餉卿小車裝飾甚麗有之乎仲文懼起謝

又曰庾炳之爲吏部尚書通貨賄吏部令史錢泰能彈琵琶王客令史周伯齊善歌諂炳之宅諮事因留伯尚書舊制令史諮事不得宿停外雖有八座命亦不許爲所司奏免官也

又曰少帝即位以蔡廓爲吏部尚書不肯拜乃以王惠代焉惠被召即拜未嘗接客人有與書求官者得輒聚置閣上及去職其封如初時談者以廓之不拜惠之即拜雖事異而意同也

齊書曰褚彦回遷吏部尚書有人求官密袖中將一鋌金因求清閑出金示之曰人無知者彦回曰卿自應得官無假此物若必見與不得不相啓此人大懼收金而去彦回叙其事而不言其名時人莫之知也

又曰褚炫爲吏部尚書炫居身清立非吊問不雜交遊論者以爲美及在選部門庭蕭索賓客罕至出行左右常捧一黄紙帽風吹紙剥殆盡

南史曰初謝朓告王敬則敬則女爲朓妻常懷刀欲報朓朓不敢相見及當拜吏部謙挹尤甚尚書郎范縝嘲之曰卿人才無慙小選但恨不可刑于寡妻朓有愧色

南史曰蔡徵拜吏部尚書啓後主借鼓吹後主謂所司曰鼓吹軍樂有功乃授蔡徵不自量揆紊我朝章然其父景歷既有締構之功宜且如啓拜訖即追還

梁書曰蕭子明爲吏部尚書性凝簡負才氣見九流賓客

不與交言但舉扇一撝而已衣冠竊恨之

又曰謝覽字景滁朏之弟瀹之子也自祖至孫三代居選部時以爲榮

又曰王泰字仲通爲都官尚書能接人士士皆願其居選官頃之爲吏部尚書衣冠傾屬

又曰謝舉字言揚遷掌吏部舉祖莊宋代再典選至舉又三爲此職前代未有也

崔鴻十六國春秋曰永寧伯郭撫字仲安金城人也初爲吏部尚書與郎姚範清心虚求搜揚俊乂内外稱之以擬魏之崔毛

後魏書曰崔玄伯遷吏部尚書命有司制官爵撰朝儀協音樂定律令申科禁玄伯揔而裁之以爲永式及置八部大夫擬八座玄伯通署三十六曹如令僕統事

又曰崔亮遷吏部尚書時羽林新害張彝之後靈太后令武官得依資入選官員既少應選者多前尚書李韶循常擢人百姓大為嗟怨亮乃奏為格制不問士之賢愚專以停解日月為斷雖復官須此人停日後者終於不得庸才下品年月久者灼然先用沉滯者皆稱其能

又曰郭祚為吏部祚持身潔清重惜官位至於銓授假令得人必徘徊久之然後下筆即云此人便以貴矣由是頗勞滯當時每招怨言然所用者皆量才稱職時人以此歸之

又曰元順為吏部尚書時三公曹令史朱暉素事錄尚書高陽王雍雍欲以為廷尉評頻託順順不為用雍遂下命用之順投於地雍聞之大怒昧爽坐都廳召尚書及丞郎畢集欲待順至於衆挫之順日高方至雍攘袂撫几而

言曰天子之子天子之弟天子之叔天子之相四海之內親尊莫二元順何人以身成命投弃於地順鬚眉俱張仰面看屋憤氣奔涌長歔而不言久之搖一白羽扇徐而謂雍曰高祖遷宅中土刱定九流官方清濁軌儀万古而朱暉小人身為省吏何令為廷尉清官殿下既先皇同氣宜遵成旨自有短垣而復踰之雍曰身為丞相錄尚書如何不用一人為官順曰庖人雖不理庖尸祝不得越樽俎而代之未聞有別旨令殿下參選事順又厲聲曰殿下必如是順當依事聞雍遂笑而言曰豈可以朱暉小人便相忿恨遂起呼順入室與之極飲順之亢毅不撓皆此類也

又曰元脩義遷吏部尚書及在銓衡唯事貨賄授官大小皆有定價時中散大夫高居者有旨先叙上黨郡缺遂求之脩義私已許人抑居不與居大言不遜脩義命左右牽曳之居對衆大呼天唱賊人問居曰白日公庭安得有賊居指脩義曰此座上者違天子明詔物多者得官京師白刼此非大賊乎脩義失色居行罵而出

三國典略曰東魏以楊愔典選嘗六十人為一甲愔令其自叙訖不省文簿便次第呼之呼誤以慕容為長孫一人而已有職人魯漫漢自言微賤不蒙記愔曰卿前在元子思坊乘驢遥見我不下以方麴障面我何不識卿耶漫漢驚服愔又謂之曰名以定體果自不虛令史唱名誤以盧士深為士琛深自言其名愔曰盧郎朗潤所以加玉

北齊書曰叚孝言為吏部尚書孝言既無深鑒又待物不平抽擢之徒非賄則舊有將作丞崔成忽於衆中抗言曰尚書天下尚書豈獨叚家尚書也孝言無辭以荅唯厲色遣下而已

又曰陳孔奐為吏部尚書太子叔寶欲以江揔為太子詹事令管記陸瑜言之於奐奐謂瑜曰江有潘陸之才而無園綺之實輔弼儲后竊有所難瑜具以白太子太子深以為恨乃自言於陳主將許之奐乃啓曰江揔文章之人今太子文藻不少無藉於揔如臣愚見願選敦重之才以居輔導陳主曰即如卿言誰當居此奐曰　尚書王廓世有懿德識性敦敏可以居之太子時亦在側乃曰廓王泰之子不可為太子詹事奐又啓曰宋朝范曄即范泰之子亦為太子詹事前世不疑太子固爭之陳主卒以揔果共太子為長夜之飲養良娣陳氏為女太子微行遊揔家陳主怒而免之

隋書曰牛弘為吏部尚書其選舉先德行而後文才所進用多稱職吏部侍郎高世太子鑒賞機晤清慎絕倫然爽俊

有餘迹以輕薄時宰多以此疑之唯弘深識其眞推心委任隋之選舉於斯為最

又曰牛弘拜吏部尚書時高祖又令弘與楊素蘇威薛道衡許善心虞世基崔子發等并召諸儒論新禮降殺輕重弘所立議衆咸推服之仁壽二年獻皇后崩王公已下不能定其儀注楊素謂弘曰公舊學時賢所仰今日之事決在於公弘了不辭讓斯須之間儀注悉備皆有故實素歎曰衣冠禮樂盡在此矣非吾所及也

又曰韋世康拜吏部尚書前後十餘年間多所進拔朝廷稱爲廉平嘗因休暇而謂子弟曰吾聞功遂身退古人常道今年將耳順志在懸車汝輩以爲云何子福嗣荅曰大人澡身浴德名立宦成盈滿之誡先哲所重欲追蹤二疏伏奉尊命

唐書曰韋思謙弱冠舉進士累補應城令歲餘調選思謙在官坐公事微殿舊制多不進官吏部尚書高季輔曰自居選部今始得此一人豈以小疵而弃大德特進超授監察御史由是知名

又曰李巽爲吏部尚書病極郎官相率省疾巽初不言其病與之考校程課商推公利至其夕而終

唐新語曰裴光廷爲吏部始制循資格以一賢愚遵平轍者喜其循常負材用者受其抑屈宋璟固爭不得及光廷卒有司定謚以其用循資格非奬勸之道謚爲克平

先賢行狀曰崔琰委授銓衡揔齊清議十有餘年文武羣才多所明拔朝廷歸美天下稱平

袁子曰魏家置吏部尚書專選天下百官夫用人人君之所司不可以假人者也使治亂之柄制在一人之手權重而人才難居此職稱此才者未有一也

世說曰王濬冲裴叔則二人揔角詣鍾士季須臾去後客問鍾曰二童是誰鍾曰裴楷清通王戎簡要後二十年此二賢爲吏部尚書當尒時天下無滯才

世語曰安定梁鵠善八分書初爲吏部尚書太祖求爲洛陽令鵠以爲北部尉鵠避地荊州太祖定荊州太祖求鵠鵠乞以書贖死乃令書信幡宮門題

語林曰袁眞爲監軍范玄平作吏部尚書大坐語袁卿此選還不失護軍袁曰卿何事人中作市井

魏名臣奏曰羽林右監朱遺言天下之任非吏部尚書所能獨辦令長以下可專付吏部守以上八座舉

傅咸集表曰昔毛玠爲吏部尚書無敢好衣美食者魏武歎曰孤之法不如毛尚書令使吏部用心如毛玠風俗之易在不難矣

太平御覽卷第二百一十四

太平御覽卷第二百一十五

職官部十三

吏部侍郎

吏部侍郎　揔叙尚書郎

隋書曰陸彦師爲吏部侍郎隋承周制官無清濁彦師在職凡所任人頗甄別於士庶論者美之

又曰高孝基爲吏部侍郎房玄齡杜如晦與選孝基特加賞異後以爲知人

又曰煬帝以尚書六曹吏部禮部兵部刑部民部工部各置侍郎一人以貳尚書之職

唐書曰高季輔爲吏部侍郎凡所銓叙時稱允當從幸翠微宮太宗賜金背鏡一面以表其清鑒焉

又曰天后以許子儒爲天官侍郎儒不以藻鏡爲意其補官悉委令史勾直時謂勾直曰平配後崔玄暐爲之介然自守絕於請謁爲職政者所忌轉文昌左丞選司令史乃設齋自慶武太后聞之復拜爲天官侍郎

又曰席豫爲吏部侍郎玄宗謂之曰以卿前爲考功職事平允故有此授豫典選六年復有令譽

又曰房頴叔拜天官侍郎自其高祖景伯至頴叔四代咸居選部時論榮之

又曰韋陟爲吏部侍郎常病選人冒名接脚竊授關貟旣少取士良難正調者被擠僞集者冒進陟剛腸嫉惡風彩嚴正見選人疑其有瑕按聲盤詰無不首伏每歲皆贖得數百貟闕以待淹滯常謂所親曰使陟知銓衡一二年則無人可選矣

又曰崔羣徹拜吏部侍郎穆宗召見別殿謂羣曰我昇儲位知卿爲羽翼羣曰先帝意元在陛下頃者授陛下淮西節度使臣奉命草制且曰能辨南陽之牘允符東海之賢若不知先帝深旨臣豈敢輕言

又曰崔鄲爲兵部侍郎本官判吏部東銓事文宗勤於政道每苦選曹訛弊延英謂宰臣曰吏部殊不選才安得撫實無濫可釐革否李石對曰令錄可以商量他官且宜循舊上曰循舊如配官耳賢不肖安能甄別乃召三銓謂之曰卿等比選令錄如何注擬鄲對曰資叙相當問其爲治之術觀可否而擬之帝曰依資合得而才劣者何授對曰與邊遠慢官帝曰如以不肖之才治邊民則疾苦可知也凡朝廷求理遠近皆須得人苟非其才人受其弊矣

又曰楊篹除吏部侍郎前後典選十餘載銓叙人倫稱爲允當然而抑文雅進黠吏觀時任數頗爲時論所譏

又曰鄧玄挺爲吏部侍郎旣不稱職甚爲時談所鄙又時患消渴病選人因目爲鄧渴牓於衢路自有唐已來掌選之失未有如玄挺者坐此左遷澧州刺史

唐新語曰裴行儉爲吏部侍郎賞拔蘇味道王勮曰二公後當相次掌鈞衡之任卒如其言

又曰韋陟嘗任吏部侍郎有一致仕官叙五品陟判之曰青壇展慶曾不立班朱紱承榮無宜卧拜時人推其強直

又曰姜晦爲吏部侍郎性聰悟識理體舊制吏曹舍宇悉布棘以防令史與選人交通及晦領選事盡除之大開銓門示無所禁私引致者晦輒知之召問莫不首伏初朝廷以晦改革前規咸以爲不可竟銓綜得所賄賂不行舉朝歎伏

又曰馬載爲吏部侍郎時考功貟外劉思立子憲爲河内

尉思立今日亡明日選人有索憲闕者載深咨嗟以爲名敎所不容乃善其無行注於集朝廷咸曰眞銓綜流品之司可謂振理風俗也其人此出選門爲衆目所視衆口所許趑趄失步

揔叙尚書郎

漢書曰南宮二十五星應臺郎位故明帝云郎官上應列宿即此也

又曰主父偃詣闕上書朝奏暮召人見所言九事其八事爲律令其一事諫匈奴上謂曰公等安在何相見之晩乃拜偃爲郎中

又曰韓信爲項羽郎中數干以策而弗用

東觀漢記曰樊梵字文高爲郎每當直事駐車待漏雖在閑署冠劒不解於身每齋祠恐失時張燈俯伏爲郎二十三歲未嘗被奏三署服其愼重

又曰黄香爲尚書郎嘗獨止宿臺上晝夜不離省闥上聞善之

又曰陽嘉二年汝南童子謝廉河南趙建年十二各通一經以太學初繕應化而至皆除郎中

又曰黄香知古今記羣書無不涉獵兼好圖讖天官星氣鍾律暦筭窮極道術京師號曰天下無雙江夏黄童京師貴戚慕其聲名更饋衣物拜尚書郎

後漢書曰馮豹拜尚書郎忠勤不懈每事未報常俯伏省閤或從昏至明肅宗聞而嘉之使黄門持被覆豹勑令勿驚由是數加賞賜

又曰馮勤除爲郎中給事尚書以圖議軍糧在事精勤遂見親識每引進帝輒顧謂左右曰佳乎吏也由是使典諸侯封事勤善量功次輕重國土遠近地勢豐薄不相踰越莫不厭服焉自是封爵之制非勤不定帝益以爲能

又曰藥崧天性朴忠家貧爲郎常獨直臺上無被枕杜（杜思濆反謂狙几也方言云蜀漢之郊曰杜）食糟糠帝每夜入臺輒見崧問其故甚嘉之自此詔太官賜尚書以下朝夕餐給帷被皁袍

又曰桓彬拜尚書郎時中常侍曹節女壻馮方亦爲郎彬厲志操與左丞劉歆右丞杜希同好交善未嘗與方共酒食之會方深怨之遂章言彬等爲酒黨事下尚書令劉猛猛雅善彬等不舉正其事節大怒劾奏猛以爲阿黨請收下詔獄在朝者爲之寒心猛意氣自若旬日得出免官禁錮彬遂見廢

又曰王譚爲尚書侍郎臺閣議奏常依義據法爲三臺之表

又曰陳忠疏曰尚書爲王喉舌而諸郎多文俗鮮有雅才每爲詔文宜示内外轉相求請也

續漢書曰胡廣字伯始舉孝廉試爲天下第一旬日拜尚書郎

又曰徐防爲尚書郎性周密畏慎在臺閣典職十年奏事三世未嘗有過

謝承後漢書曰尚書郎舊典秩滿遷令長鄭弘爲僕射奏以臺職任尊而賞薄人無樂者請使郎補二千石自此始也

又曰方儲爲郎中章帝使文郎居左武郎居右儲正位中曰臣文武兼備在所施用上嘉其才以繁亂絲付儲使理儲拔佩刀而斷之曰反經任勢臨事宜然

又曰何湯拜郎中守闌陽門候上微行夜還湯閉門不納

更從中東門入明旦召詣太官賜食諸門候皆奪俸

華嶠後漢書曰館陶公主爲子求郎不許賜錢千万明帝謂羣臣曰郎官上應列宿非其人則民受其殃

又曰竇攸篤學退居舉孝廉爲郎世祖會百寮於靈臺得鼠如豹文問羣臣攸曰鼮鼠詔曰何以知曰見尒雅詔書如攸言賜帛二百匹勑諸王子從攸受尒雅

又曰明帝性褊察嘗以事怒郎藥崧崧逕入牀下上怒甚疾呼曰郎出郎出崧曰天子穆穆諸侯皇皇未聞人君自起撞郎上乃舍之

漢官儀曰尚書郎四人一主匈奴單于營部一主羌夷吏民一主天下戶口土田墾作一主錢帛貢獻委輸

又曰尚書郎主作文書起草夜更直五日於建禮門內

又曰尚書郎給青縑白綾被以錦被帷帳氈褥通中枕太

官供食湯官供餅餌五熟菓實下天子一等給尚書史二人女侍史二人皆選端正從直女侍執香鑪燒薰從入臺護衣奏事明光殿省皆胡粉塗畫古賢人烈女郎握蘭含香趣走丹墀奏事黃門郎與對揖天子五時賜服君郎處曹二年賜遷二千石刺史

又曰尚書郎初上詣臺稱守尚書郎滿歲稱尚書郎中三年稱侍郎

續漢書百官志曰尚書郎三十六人四百石

魏志曰明帝太和四年詔曰世之質文隨敎而變兵亂以來經學廢絶後生進趣不由典謨豈朕訓導未洽將進用者不以德顯乎其郎吏學通一經才任牧民博士課試擢其高第者亟用其浮華不務道本者皆罷退之

又曰賈詡字文和武威姑臧人也少時人莫知唯漢陽閻忠異之謂有良平之計察孝廉爲郎

魏略曰韓宣字景然爲尚書郎嘗以職事當受罰已縛束竟杖未行文帝輦過問是誰左右以實對帝曰是子建所道韓宣耶特原之

又曰姜維字伯約郡欲表維以爲將維家本衣冠不願爲將郡因表拜郎中

吳志曰張純字元基少厲操行學博才秀而切問捷對容止可觀擢拜郎中

又曰士燮字威彥蒼梧廣信人少遊學京師事潁川劉子奇治左氏春秋察孝廉補尚書郎

又曰孫皓降晉賜號歸命侯諸子爲王者皆拜郎中

晉書曰魏舒字陽元爲尚書郎時選郎或有非其人論者欲有沙汰之言舒曰吾即其人也乃襆被選出同寮素無

清議者咸有自愧之色談者莫不詠其高

又曰索靖同郡張勃特表靖以才藝絶人宜在臺閣不宜遠出邊塞武帝納之擢爲尚書郎

又曰樂廣爲尚書郎與何晏鄧颺等談講衛瓘見而奇之曰常恐微言將絶今復聞之命諸子造焉謂曰此人之水鏡也每見此人瑩然猶披雲霧而覩青天也

又曰索靖子綝字巨秀少有逸羣之量靖每曰綝廊廟之材非簡札之用州郡吏不足汙吾兒也舉秀才除郎中嘗報兄讎手殺三十七人時人壯之

又曰吳隱之兄坦之爲袁眞功曹眞敗將及禍隱之詣桓溫乞代兄命溫矜而釋之遂爲溫所知賞拜奉朝請尚書郎

又曰埶谷言於長沙王乂曰昔魏武每有軍事增置掾屬尚書令陳矯以有軍事亦奏增郎況今都官中騎三曹晝

出督戰夜還理事一人兩役內外廢之舍謂之各有主師委之大將不宜復令臺府雜與其門又從之乃增郎及令史也

又曰賈充改為律令以裴楷為定科郎

晉中興書曰王彪之字叔虎從伯導謂曰選官欲以汝達可作諸王佐郎彪曰位之多少既不足計自當任之於時至於超遷是所不願遂為郎

又曰王坦之字文度選曹將擬為尚書郎坦之聞曰自過江尚書郎正用第二人何得以此見擬其子國寶好傾側婦父謝安惡之除尚書郎國寶以為中興膏腴之族唯作吏部不作餘曹郎怨之辭不拜

晉太康起居注曰故司空王基夙為先帝授任基子冲尚書郎中雖在清途猶未免楚撻其以冲為治書侍御史

齊書曰陸惠曉除尚書殿中郎隣族來相賀惠曉舉酒曰陸惠曉年踰三十婦父領選始作尚書郎卿輩乃復以為慶耶

梁書天監元年詔曰自禮闈陵替歷兹永久郎署備員無取職事糠粃文案貴尚虛閑空有趨墀之名了無握蘭之實曹郎可依昔奏事自是始奏事

又曰王筠除尚書殿中郎王氏過江以來未有居郎署者或勸不就筠曰陸平原東南之秀王文度獨步江東吾得比蹤昔人何所多恨乃忻然就職

又曰劉治為尚書殿中郎治兄弟群從遞居此職時人榮之

又曰殷中郎鈞武帝曰此曹舊用文學且居鴈行之首宜詳擇其人以張緬為之

後魏書曰高允為郎二十七年不徙官時百官無祿允恒使諸子樵采自給初尚書竇瑾坐事誅瑾子遵亡在山澤遵母焦沒入縣官後焦以老得免瑾之親故莫有恤者允愍焦年老保護在家積六年遵始蒙赦其篤行如此

三國典略曰齊主命百司各列勤惰尚書郎皇甫亮三日不上齊主親詰其故亮對曰一日雨一日病酒齊主以其言實遂優容之令杖脛三十

唐書曰韋虛舟家有禮則父子兄弟更践郎省時稱郎官家

又曰趙曄字雲卿鄧州穰人早擅高名在官途五十年累經貶謫蹇躓備至入仕三十年方霑省官身在郎署子嘗徒步官既散曹俸祿單寡衣食不充以至亡殁撿者為之歎息

三輔決錄曰田鳳字季宗為尚書郎容儀端正入奏事靈帝目送之因題柱曰堂堂乎張京兆田郎

又曰陳重與其友雷義俱拜尚書郎義以左黜重見義去官亦以病免

汝南先賢傳曰陳蕃上書去昔明帝時公主為子求郎不許賜錢千萬左右問之帝曰郎天官也以當叙德何可妄與人耶今陛下以郎比一把菜臣以為反側也

又曰屈霸字子卿拜尚書郎當五侯之時貴戚傾天下在朝者莫不慎睫承風子卿然不屈撓

王處冲別傳曰處冲為尚書郎外望蕭然若有遺漏然事要機轄執其中中外之閒亡所辨明臺閣益歸重之

通典曰故事叔父兄弟不許同省為郎官格令不載亦無正勑貞觀二年十一月韋叔謙除刑部員外三年四月韋

季武除主爵郎中其年七月韋叔諧除庫部郎中太宗謂曰知御兄弟近在尚書省故授御此官欲成一家之美無嫌稍虛階資也其後同省者甚多近日非特恩除拜即須相迴避

抱朴子曰漢末有袮衡者年二十三孔文舉幽過知命身居九列才學冠羣名位殊絕始友衡於布衣又薦之於朝以爲宜使起家作臺郎

世語曰青龍中石苞鬻鐵於長安得見司馬宣王知焉擢爲郎

又曰曹爽解印綬將出主簿楊綜止之爽不從有司奏綜導爽反宣王曰各爲其主宥之爲郎

桓譚新論曰余年十七爲奉車郎中衛殿中小苑西門

魏武集選舉令曰國家舊法選尚書郎取年未五十者使文筆真草有才能謹慎典曹治事起草立義又以草呈示令僕訖乃付令史書之耳書訖共省讀內之事本來臺郎統之令史不行知也書之不好令史坐之至於謬誤讀省者之責若郎不能爲文書當御令史是爲牽牛不可以服箱而當取辯於繭角也

魏名臣奏駙馬都尉甄毅奏曰漢時公卿皆奏事選尚書郎試然後得爲之其在職自賁所發書詔天子前發省便處當事輕重口自決定或天子難問據案處正乃見郎之割斷材伎魏則不然今尚書郎皆天下之選材伎鋒出亦欲騁其能於萬乘之前宜如故事令郎口自奏事自處當

山濤啓事曰雍州久無郎前尚書傳祗坐事免官在職日淺其州人才無先之者不審可復用否

又曰皇太子東宮多用雜材爲官屬宜令純取清德太子舍人夏侯孝若有盛文德而不長理民有益臺閣在東宮已久今殿中郎缺宜得才學不審孝若可遷此否

陸機謝吳王表曰殿中以臣爲郎中命轉中兵郎復以頗涉文學見轉爲殿中郎

太平御覽卷第二百一十五

太平御覽卷第二百一十六

職官部十四

吏部四司郎中員外

吏部郎中

六典曰吏部郎中掌考天下文吏之班秩階品

魏志曰諸葛誕字公休爲吏部郎人有所囑託輒顯其言而巫用之後有當否則公議其得失以爲褒貶自是羣寮莫不慎其所舉

魏志曰袁侃論議清當柔而不犯善與人同當廢興之間人所趨務者常謙退不爲也時人以是稱之歷選部郎號爲清平

魏氏春秋曰許允爲吏部郎選郡守明帝疑其所用非次召入將加罪允妻阮氏跣出謂曰明主可以理奪難以情求允頷之而入帝怒詰之允對曰某郡守雖限滿文書先至年限在後某守雖後日限在前帝取事視乃釋遣出望其衣敗曰清吏也

蜀志曰趙戩字叔茂京兆長陵人質而好學言稱詩書愛鄙於人不論疎密辟公府入爲尚書選部郎董卓欲以所私並充臺閣戩拒不聽卓怒召戩欲殺之觀者皆爲戩懼而戩自若及見卓列辭正色陳說是非卓雖凶戾屈而謝之

晉書曰山濤爲吏部郎文帝與書曰足下在事明雅邁時念多所乏今致錢二十萬絲百斤穀二百斛

又曰李重字茂曾遷尚書吏部郎詢朝衆而斥華競存公平而塞私謁是以羣才罔不畢舉

又曰吏部郎缺文帝問人於鍾會會曰裴楷清通王戎簡要皆其選也於是以楷爲吏部郎

又曰徐寧杪知名爲輿縣令時廷尉桓彝稱有人倫鑒識護軍庾亮每屬之訪一佳吏部郎彝嘗去職至廣陵尋親舊還遇風停浦中累日憂悒因上岸見一室宇有似廨署訪之云是輿縣彝乃造之寧清惠博涉相遇欣然因留數夕彝大賞之結交而別至都謂庾亮曰吾爲卿得一佳吏部郎亮問所在彝曰人所應有不必有人所應無不必無徐寧眞海岱清士因爲叙之即遷吏部郎

又曰杜錫字世嘏補吏部郎不敢用鄉曲一人

又曰王戎少穎悟二十四爲吏部郎

又曰李胤爲吏部清慎選舉號爲廉平

荀綽晉後略曰武陔字景緒官歷中庶子遷散騎常侍以母在日誨云汝修其志仕當爲尚書郎懼進叙有違前言乃辭常侍爲吏部郎

晉中興書曰阮放與從弟孚齊名爲吏部郎銓管之任甚有稱譽性清約不理產業爲郎不免飢乏王導庾亮以其名士供給衣食放由是得立

又曰畢卓字茂世新蔡人少亦放達泰興末爲吏部郎常飲酒廢職比舍郎釀卓因醉夜至其甕間取酒飲之掌酒者不察執而縛之郎往視乃畢吏部也遽釋其縛卓遂引主人宴於甕側取醉而去卓常謂人曰右手持酒杯左手持蟹螯拍浮酒池中便足了一生

宋書曰王僧綽爲吏部郎參掌大選究識流品諳悉人物拔才舉能咸得其分

又曰何尚之遷吏部郎告休定省傾朝廷送別於治渚及至郡叔度謂曰聞汝來此傾朝相送可幾客荅曰殆數百

人歎度矣曰此是送吏部郎耳非關何彥德也昔殷浩亦嘗作豫章定省送別者甚衆及廢徙東陽船泊征虜亭積日乃至親舊無復相窺者

又曰王微字景玄吏部尚書江湛舉微為吏部郎微與湛書曰君平生云揚我名者殺我身天爵且猶滅名安用吏部郎哉其舉何陋其事不經非獨搢紳者不道僕妾皆笑之

又曰王惔之為吏部郎鄰舍有會同者遺惔之餅一甌辭不受曰此費誠小然少來不願當之

又曰袁淑為吏部郎其秋大舉北伐淑侍坐從容曰今當鳴鑾中岳席卷趙魏檢玉岱宗今其時也臣逢千載之會願上封禪書一篇太祖笑曰盛德之事我何足以當之

齊書曰陸慧曉遷吏部郎尚書令王晏選門生補內外要局慧曉為用數人而止晏恨之送女妓一人欲與申好慧曉不納吏曹都令史歷政以來諮執選事慧曉任已獨行未嘗與語帝遣左右單景儁以事誚問慧曉謂景儁曰六十之年不復能諮都令史為吏部郎也上若謂身不堪便當拂衣而退帝甚憚之

又曰謝朏遷尚書吏部郎中上表三讓中書疑朏官未及讓以問沈約曰宋元嘉中范曄讓吏部朱脩之讓黃門蔡興宗讓中書並三表詔答其事死然近代小官不讓遂成恒俗恐此有乖讓意王藍田劉安西並貴重初自不讓今豈可慕此不讓耶孫興公孔覬並讓記室今豈可三署皆讓耶謝吏部今授超階讓別有意豈關官之大小

梁書曰顧憲之字士思為吏部郎初其祖凱之嘗為吏部於庭列植嘉樹謂人曰吾為憲之種耳至是憲之果為此官

又曰王亮字奉叔為吏部郎銓序著稱及後為吏部尚書拘資次而已當代謂為不能

後魏書曰宋繇沮渠蒙遜平酒泉於繇室得書數千卷鹽米十斛而已蒙遜歎曰孤不喜克李歆欣得宋繇耳拜尚書吏部郎中委以銓衡之任

又曰鄧淵博覽經書長於易筮太祖定中原擢為吏部郎淵明解制度多識故事與崔玄伯參定朝儀律令音樂及軍國文記詔策多淵所為

又曰孝文帝欲創革舊制選置百官謂羣臣曰為朕舉一吏部郎給卿三日假尋曰朕已得之矣乃徵崔亮為之亮字敬儒自參選事垂將二十年廉慎明決尚書曰非崔郎中選事不辦

又曰韋瑒為吏部郎性貪婪當官吏皆有定價

王蘊別傳曰蘊字叔仁為吏部郎欲使時無屈滯曾下鼓急出日昃乃至家去臺數里高褰車帷先後與語不得進也一官缺求者十輩蘊連狀呈宰錄曰某人有地某人有才不得者甘心無怨

晉懷帝永嘉官名曰吏部郎太原溫畿字元甫世論以其為人夷曠似王

郭子曰劉道眞少時漁釣草澤善歌嘯聞之者莫不留連有一老嫗識其非人甚樂其歌嘯及殺豚進之道眞食豚盡了不謝嫗見其不飽又進一豚又食半餘半還之後道眞為吏部郎嫗兒為小令史道眞乃超用之兒不知所由問母而後知之於是齎牛酒以詣道眞道眞笑曰去去無可復相報者

世說曰山濤舉阮咸爲吏部郎曰清真寡欲萬物不能移也
山濤啓事曰人才既自難知中人已下情僞又難吏部郎以碎事日夜相接非但當正已而已乃當能正人議郎杜默德履亦佳太子庶子崔諒中郎陳淮皆有意正又其次不審有可用者不
袁宏與謝僕射書曰聞見擬爲吏部郎不知審尓果當至此誠相遇之過
梁陸倕拜吏部郎表曰銓衡庶品歷選賓實阮咸眞素屢薦未登陸亮忠心裁居敗職自非李重清識李毅恬正何以區分管庫式鑒脩吏

吏部員外郎

六典曰吏部員外郎二人一人掌判南曹每歲選人有解狀簿書資歷考課必由之以覆其實乃上三銓其三銓進甲則罯焉一人掌判曹務凡預太廟齋郎帖試如貢舉焉
唐書曰崔鄲爲吏部員外時吏不敢欺孤寒無援者未嘗留滯銓叙之美爲時所稱
五代史後唐書曰蕭頃遷吏部員外郎先是張濬由中書出爲右僕射曲爲朱溫判官高劭使祖辭求一子出身官省寺皆稱無例濬指揮甚急吏從惶懼頃乃判狀云僕射未集郎官未赴省上指揮吏曹公事且非南宮舊儀濬聞之歎悚致謝頃由是名振

司封郎中　司封員外郎

六典曰司封郎中員外郎掌邦之封爵凡有九等一曰王正一品食邑一萬戶二曰郡王從一品食邑五千戶三曰國公從一品食邑三千戶四曰郡公正二品食邑二千戶

五曰縣公從二品食邑一千五百戶六曰縣侯從三品食邑一千戶七曰縣伯正四品食邑七百戶八曰縣子正五品食邑五百戶九曰縣男從五品食邑三百戶
職員令曰司封郎中掌封疆皇宗諸親內外命婦及國官邑官告身并選流外親品等第等

司勳郎中　司勳員外郎

六典曰司勳郎中員外郎掌邦國官人之勳級凡勳十有二轉爲上柱國比正二品十一轉柱國比從二品十轉爲上護軍比正三品九轉爲護軍比從三品八轉爲上輕車都尉比正四品七轉爲輕車都尉比從四品六轉爲上騎都尉比正五品五轉爲騎都尉比從五品四轉爲驍騎尉比正六品三轉爲飛騎尉比從六品二轉爲雲騎尉比正七品一轉爲武騎尉比從七品

考功郎中

六典曰考功郎中員外郎掌內外文武官吏之考課凡應考之官皆具録當年功過行能本司及本州長對衆讀議其優劣定爲九等考第各於所由司准額校定然後送省
唐書曰代宗幸陝考功郎中裴諝步懷考功及南曹二印赴行在上見而謂之曰疾風知勁草果信矣

考功員外郎

唐書曰席豫襄陽人周湖州刺史固七世孫近徙家河南豫進士及第開元中累官至考功員外郎典舉得士爲時所稱
唐書曰孫逖爲考功員外郎逖選貢士二年多得俊才初年則杜鴻漸至宰輔顏眞卿爲尚書後年拔李華蕭穎士趙驊登上第逖爲人曰比三人便堪掌綸誥

又曰劉思立宋州寧陵人也遷考功員外郎始奏請明經加帖進士試雜文自思立始也

又曰鄭瀚爲考功員外郎刺史有驅迫人吏上言政績請刊石紀政者瀚探得其情條責廉使巧跡遂露人服其敏識

又曰李渤穆宗即位召爲考功員外郎十一月定京官考不避權幸皆行昇黜奏曰宰臣蕭俛段文昌崔植是陛下君臨之初用爲輔弼安危理亂决在此時况陛下思天下和平敬大臣禮切固未有昵比左右侈蒲自賢之心而宰相之權宰相之事陛下一以付之實君義臣行千載一遇之時也此時若失他更無時而俛等上不能推至公申悃誠陳先王道德以沃君心又不能正色匪躬振舉舊法復百司之本如此則教化不立矣臣聞政之興廢在於賞罰

俛等作相已來未聞奨一人德義舉守官奉公者使天下在官之徒有所激勸又不聞黜一人職事不理持禄養交者使尸禄之徒有所懼如此則刑法不立矣雅正莫辯混然無章教化不行賞罰不設天下之事復何望哉一昨陛下遊幸驪山宰相翰林學士是陛下股肱心腹宜皆知之蕭俛等不能先事未形忘軀懇諫而使陛下有怨諫之名流於史冊是陷君於過也孔子曰所謂大臣者以道事君不可則止若俛等言行計從不當如是若言不行計不從須奉身速退不宜尸素於化源進退戾也何所避辭其蕭俛段文昌崔植三人并翰林學士杜元穎等並請考中下御史大夫李絳左散騎常侍張惟素右散騎常侍李益等諫幸驪山鄭覃等諫畋遊是皆恐陛下行幸不息恣情無度又恐馬有銜蹶不測之變風寒生疾之憂急奏無所益國盡委於婦人中倖之手絳等能率御史諫官論列於朝有懇激事君之禮其李絳張惟素李益三人伏請賜上下考外特與遷官以彰陛下優忠賞諫之美其崔元略冠供奉之首合考上下緣與于翬上下考于翬以犯贓處死准令須降請賜考中中大理卿許季同任使于翬韋道冲韋正牧皆以犯贓或左降或處死合考中下然頃者陷劉闢之亂弃家歸朝忠節明著今宜以功補過請賜考中中少府監裴通職事修舉合考中上以其請追封所生母而捨嫡母是明罔於君幽欺其先請考中下伏以昔在宰夫入寢擅飯師曠李調令愚臣守官請書宰相學士中下考上愛聖運下振頽綱故臣懼不言之爲罪不懼言之爲罪也其三品官考伏緣限在今月内進輒先具如前其四品已下官續具條流聞奏狀入留中不下議者以宰輔曠官自宜上疏論列而渤越職釣名非盡事君之道

唐新語曰李迥秀任考功員外知貢舉有進士姓崔者文筆非佳迥秀覽之良久謂曰清河崔郎儀貌不惡須眉如戟精彩甚高出身何處量豈必須進士再三諭而遣之聞者大噱

太平御覽卷第二百一十六

太平御覽卷第二百一十七

職官部十五

兵部尚書　兵部侍郎

兵部四司郎中員外

户部尚書　户部侍郎

户部四司郎中員外

兵部尚書

六典曰兵部尚書侍郎之職掌天下武官選授及地圖輿馬甲仗之政令其屬有四一曰兵部二曰職方三曰駕部四曰庫部摠其職務而行其制命凡中外百司之事由於所屬咸質正焉

五代史晉史曰王權轉兵部尚書高祖德契丹屈節以事之馳駟乘軺道路交織一日勅權爲使權以前世累爲將相未嘗有稱臣於戎虜者謂人曰我雖不才年今耄矣豈能稽顙於穹廬之長乎違詔得罪亦所甘心由是停任

兵部侍郎

唐書曰太宗以楊弘禮有文武材擢拜兵部侍郎專典兵機之務弘禮每入參謀議出則統衆攻戰駐蹕之陣領馬步二十四軍出其不意以擊之所向摧破太宗自山下見弘禮所統之衆人皆盡力殺獲居多甚壯之謂許敬宗等曰越公兒郎故有家風矣

又曰崔湜遷兵部侍郎父挹爲禮部侍郎父子同爲南省副貳有唐已來未有其事

兵部郎中　兵部員外郎

六典曰兵部郎中二人一人掌判帳及天下武官之階品衛府之名數一人掌判簿以摠軍戎差遣之名數員外郎

二人

職方郎中　職方員外郎

六典曰職方郎中員外郎掌天下之地圖及城隍鎮戍烽候之數辨其邦國都鄙之遠近及四夷之歸化者（外夷每有蕃客至委鴻臚訊其人本國山川風土修圖以進）

周禮曰夏官職方氏中大夫之職掌天下地圖主四方之職貢

駕部郎中　駕部員外郎

六典曰駕部郎中員外郎掌邦國輿輦車乘傳驛廐牧官私馬牛雜畜簿籍辨其出入司其名數

北史曰馮子琮爲尚書駕部郎中攝庫部孝昭曾閱簿領試令口陳子琮闇對無有遺失

隋書曰辛公義爲駕部郎勾檢馬牧所獲十餘萬疋帝喜曰唯我公義奉國竭心

庫部郎中　庫部員外郎

六典曰庫部郎中員外郎掌邦國軍州戎器儀仗凡元正冬至陳設并祠祭喪葬所供之物皆辨其出入之數量其繕造之功以分給焉

宋書曰文帝宴會有荒外歸化人帝問尚書庫部顧琮曰庫中仗有幾許琮跪對曰有十萬人仗舊武庫仗多秘不言帝既問失言及琮跪對甚善之

又曰江智泉除尚書庫部郎時高流官序不爲臺郎智泉問孤援寡獨有此選意甚不悅固辭不拜

唐書曰孔若思遷庫部郎中若思常謂人仕至郎中足矣至是持一石止水滿於座右以示有止足之意

户部尚書

六典曰戶部尚書侍郎之職掌天下田戶均輸錢穀之政令其屬有四一曰戶部二曰度支三曰金部四曰倉部揔其職務而行其制命凡中外百司之事由於所屬皆質正焉

漢書曰成帝置尚書五人其三曰民曹主人吏上尚書事

吳志曰孫休初即位戶部尚書階下讀奏

梁書曰到溉爲左民尚書溉身長八尺美風儀善容止所莅以清白自脩性又率儉不好聲色虛室單牀傍無姬侍自外車服不事鮮華冠履十年一易朝服或至穿補傳呼清蹕示有朝章而已

又曰何衛字子季爲左人尚書後辭官隱於若邪山雲門寺勑給白衣尚書祿衛固辭

又曰到洽爲御史中丞兄溉爲左人尚書舊中丞不得入尚書下舍洽引服親不應有礙刺省詳決乃許入溉省亦以其兄弟素篤不能相別也

又曰周弘正爲左民尚書夏月著犢鼻褌衣朱衣爲有司所彈其放達如此

戶部侍郎

唐書曰李林甫引蕭炅爲戶部侍郎嘗與何挺之同行慶弔客次有禮記一卷炅讀之曰蒸嘗伏臘炅早從官無學術不識伏臘之意誤讀之挺之戲問炅對如初挺之白張九齡曰省中豈得有伏獵侍郎由是出爲岐州刺史

又曰李絳爲戶部侍郎嘗因次對憲宗曰戶部比有進獻至卿獨無何也絳曰將戶部錢獻入內藏是用官物以結私恩上從然益嘉其直

又曰長慶中孟簡代崔羣爲戶部侍郎是官有二員其判使案者別居一署謂之左戶元和以還號爲清重之最宰輔登用多由此而去

又曰張平叔長慶中爲戶部侍郎平叔狡險大言因王播以進既掌財用常慮公利以便嬖倖多狎之既有寵於上進退便僻雜以優諧或自稱老奴無復大臣之體嘗奏事畢降階復昇又有論奏佻盜輕脫上每爲笑容之在班列間玩狎郎吏譁肆無忌請變榷鹽法請宰相爲之使因以自求樞機之任每有內制出輒疑授己整衣冠以俟後人多笑之

又曰庾敬休字順之爲戶部侍郎奏兩川米價騰踊百姓流亡請糶兩川闕官職田祿米以救貧人從之

戶部郎中

六典曰戶部郎中員外郎掌分理戶口井田之事凡天下十道任土所出而爲貢賦之差

隋書曰高構徵拜比部郎尋轉民部時內史侍郎晉平東與兄子長茂爭嫡尚書省不能斷朝臣三議不決構斷而合理上以爲能召入內殿勞之曰我聞尚書郎上應列宿觀卿才識方知古人之言信矣嫡庶者禮敎之所重我讀卿判數過詞理愜當意所不能及也賜米百石由是知名

唐書曰韋維少習儒業博涉文史舉進士自大理丞累至戶部郎中善於剖判時員外郎宋之問工於詩時人以爲戶部有二妙

戶部員外郎

唐新語曰呂太一遷戶部員外戶部與吏部鄰司吏部移牒戶部令牆宇悉竪棘以防令史交通太一報牒曰眷彼吏部銓綜之司當須簡要清通何必竪籬插棘省中賞其

儁拔

度支尚書

晉書曰初魏文帝置度支尚書專掌軍國支計朝議以征討未息動須節量及明帝嗣位欲用安平王孚問左右曰有兄風不荅曰似兄帝曰吾得司馬懿二人復何憂哉轉爲度支尚書

又曰當陽侯杜元凱爲度支尚書內以利人外以救邊備物致用以濟當時之益者五十餘條

朱鳳晉書曰文帝立度支尚書軍糧計校一由之以司馬孚爲之

晉起居注曰咸寧五年詔曰一年不收使公私俱匱不唯天時乃人事有不盡也故擢舉者正在度支尚書也其以散騎常侍中書令張華爲度支尚書

後魏書曰陽平王子匡除度支尚書匡與尚書令高肇不平常無降下之色時世宗委政於肇朝廷傾憚惟匡與肇抗衡先自造棺置於廳事意欲輿棺詣闕論肇罪惡

隋書曰長孫平開皇三年徵拜度支尚書平見天下州縣多罹水旱百姓不給奏令民間每秋家出粟麥一石已下貧富爲差等儲之閭里以備凶年名曰義倉

度支郎中

唐書曰崔仁師爲度支郎中甞奏度支財物數千言手不執本太宗怪之令黄門侍郎杜正倫齎本仁師對唱一無差殊太宗大奇之

六典曰度支郎中員外掌判天下租賦少多之數物產豐約之宜水陸道路之利每歲計其所出而支其所用凡物之精與地之近者以供國物之固與地之遠者以供軍皆料其遠近時月衆寡好惡而節制之

度支員外郎

唐書曰張濬爲度支員外郎黄巢將逼關輔濬託疾請告侍其毋挈族避亂商州賊犯京師僖宗出幸途無供須衛軍不得食漢陰令李康獻糗餌數百騾網軍士始得食僖宗召康問之曰卿爲縣令安操心及此康對曰臣爲廛吏安敢有此進獻張濬員外敎臣也帝異之

金部郎中

隋書曰盧昌衡字子均爲僕射祖孝徵所薦遷尚書金部郎孝徵每曰吾用盧子均爲尚書郎自謂無愧幽明矣

六典曰金部郎中員外郎掌判天下庫藏錢帛出納之事頒其節制而司其簿録

金部員外郎

倉部郎中

六典曰倉部郎中員外郎掌判天下倉儲受納租税出給禄廩之事凡中外文武官品秩有差歲再給之

唐書曰畢諴歷駕部員外郎倉部郎中故事勢門子弟鄙倉駕二曹居之者不悦惟諴受命恬然恭遜口無異言執政多之

倉部員外郎

唐書曰長慶中孟簡遷倉部員外郎屬順宗登極王叔文竊政驟爲户部侍郎簡爲其屬中立正色挺然不附叔文心忌而不敢退黜言於宰相韋執誼換刑部員外郎

太平御覽卷第二百一十七

太平御覽卷第二百一十八

職官部十六

刑部尚書　刑部侍郎
刑部四司郎中員外
禮部尚書　禮部侍郎
禮部四司郎中員外
工部尚書　工部侍郎
工部四司郎中員外

刑部尚書

六典曰刑部尚書侍郎之職掌天下刑法及徒隷勾覆關禁之政令其屬有四一曰刑部二曰都官三曰比部四曰司門揔其職務而行其制命凡中外百司之事由於所屬咸質正焉

唐書曰柳公綽爲刑部尚書京兆人有姑鞭婦致死者府斷以償死公綽議曰尊毆卑非鬬且其子在以妻而戮其母非教也竟減死

又曰李適之拜刑部尚書適之雅好賓友飲酒一斗不亂夜則宴賞晝決公務庭無留事

刑部侍郎

唐書曰太宗謂侍臣曰張亮有義兒五百畜養此輩將何爲也正欲反耳命百寮議其獄多言亮當誅唯將作少匠李道裕言亮反形未具明其無罪太宗旣盛怒竟斬于市籍没其家歲餘刑部侍郎有闕令執政者妙擇其人累奏皆不可太宗曰朕得其人也往者李道裕議張亮云反形未具此言當矣當時雖不卽從至今追悔遂授道裕刑部侍郎

又曰劉瑑轉刑部侍郎瑑精於法律選大中已前二百四十四年制勑可行用者二千八百六十五條分爲六百四十六門議其輕重別成一家法書號大中統類奏行用之

刑部郎中　刑部員外郎

六典曰刑部郎中員外郎各二員掌舉其典憲而辨其輕重凡文法之名有四一曰律二曰令三曰格四曰式凡律一十有二章一曰名例二曰衛禁三曰職制四曰戶婚五曰廏庫六曰擅興七曰盜賊八曰鬬訟九曰詐僞十曰雜律十一曰捕亡十二曰斷獄而大凡五百條焉

唐書曰長慶中刑部員外郎孫革奏准京兆府雲陽縣人力張涖欠羽林官騎康憲錢米憲徵之涖乘醉拉憲氣息將絶憲男買德年十四將救其父以涖角觝力人不敢撝解遂持木鍤擊涖之首見血後三日致死者准律文爲人

所毆人性救擊其人折傷減凡鬬三等至死依常律卽買德救父難是性孝非暴擊張涖是功非凶以髫丱之歲正父子之親若非聖化所加童子安能及此王制稱五刑之理必原父子之親以權之測淺深之量以別之春秋之義原心定罪周書訓諸罰有權今買德生被皇風幼符至孝哀矜之宥伏在聖慈職當讞刑合分善惡先具事由陳奏伏冀賜下中書門下商量勑旨康買德尚在童年得知子道雖殺人當死而爲父可哀若從沈命之科是失原情之義宜付法司減死罪一等處分

都官尚書

南史曰徐孝克爲都官尚書自晉已來尚書官僚皆攜家屬居省省在臺城內下舍門中有閤道東西跨路通于朝堂其第一卽都官省西抵閤道年代久遠多有鬼怪每夜

昏之際無故有聲光或見人着衣冠從井中出須臾復沒或門閤自然開閉居者多死云尚書周確卒於此省孝克代確便即居之經兩載袄變皆息時人咸以爲貞正所致

梁書曰羊侃遷都官尚書時尚書令何敬容用事與之並居未嘗遊造有宦者張僧衛候侃曰我牀非閹人所坐竟不前之時論美其貞正

後周書曰梁元帝以沈重領江陵遷都官尚書領羽林監察又令重於合歡殿講周禮

比部郎中　比部員外郎

六典曰比部郎中員外郎掌勾諸司百寮俸料公廨贓贖調斂徒役課程逋懸數物以周知內外之經費而摠勾之凡內官料俸以品第高下爲差外官以州縣府之上中下爲差

魏志曰何貞奏許都賦明帝奇之擢爲比部郎中

李綽尚書故實曰杜牧嘗於宰執求小儀不遂請小秋又不遂嘗夢人謂曰辭春不及秋昆腳與皆頭後果得比部員外

司門郎中　司門員外郎

六典曰司門郎中員外掌天下諸門及關出入往來之籍賦而審其政凡關二十有六而爲上中下之差所以限中外隔華夷設險作固閑邪正禁者周禮司徒職司門下大夫掌授管鍵以啓閉國門幾出入不物者正其貨賄凡財物犯禁者舉之以財養死政之老與其孤

禮部尚書

六典曰禮部尚書侍郎之職掌天下禮儀祭祀饗貢舉之政令其屬有四一曰禮部二曰祠部三曰膳部四曰主客摠其職務而行其制命凡中外百司之事由於所屬皆質正焉

尚書堯典帝曰咨四岳有能典朕三禮僉曰伯夷帝曰俞伯夷汝作秩宗

家語曰父子不親長幼失序君臣上下乖離異志曰不和不和則飭宗伯（飭謂整齊）

後魏書曰孝文車駕征馬圈留宋弁以本官兼祠部尚書攝七兵事及行執其手曰國之大事在祀與戎故令卿綰攝二曹弁頓首辭謝（東晉始置祠部尚書宋齊梁陳後魏北齊皆同東晉至隋乃更爲禮部尚書）

禮部侍郎

唐書曰韋陟爲禮部侍郎陟好引接後輩尤鑒于文雖詞人後生靡不諳練曩者主司取與皆以一場之善登其科目不盡其才陟先責舊乃令舉人自通所工詩筆先試一日知其所長然後依常式考覆片善無遺美聲盈路

又曰賈至轉禮部侍郎是歲至以時艱歲歉舉人赴省者奏請兩都分試從之兩都試舉人自此始也

又曰高郢拜禮部侍郎時應進士舉者多務朋游馳聲名每歲冬州府薦送後唯追奉讌集罕肄其業郢性剛正尤嫉其風既領職拒絕請託雖同列通熟無敢言者志在經藝專考程試凡掌貢部三歲進幽獨抑浮華朋濫之風翕然一變

又曰貶劉太眞爲信州刺史太眞爲禮部侍郎性恇懦詭隨其掌貢舉宰臣姻族方鎮子弟先收擢之又嘗叙陳少遊勳勣擬之桓文大招物議因斯貶

禮部郎中

六典曰禮部郎中員外郎掌二尚書侍郎舉其儀制而辨其名數

梁書曰武帝謂徐勉云今帝業初構須一人有學藝解朝儀者爲尚書儀曹郎勉曰孔休源識見清通諳練故事自晉宋起居注略誦上口遂拜爲儀曹郎

禮部員外郎

唐書曰韋叔夏授春官員外郎則天將拜洛及享明堂皆別受制共當時大儒祝欽明郭山惲撰定儀注凡所立議衆咸推服之

祠部郎中　祠部員外郎

六典曰祠部郎中員外郎掌祠祀享祭天文漏刻國忌廟諱卜筮醫藥僧尼之事凡祭祀之名有四一曰祀天神二曰祭地祇三曰享人鬼四曰釋奠于先聖先師其差有三若昊天上帝五方帝皇地祇神州宗廟爲大祀日月星辰社稷先代帝王岳鎮海瀆帝社先蠶孔宣父齊太公諸太子廟爲中祀司中司命風師雨師衆星山林川澤五龍祠等及州縣社稷釋奠爲小祀

梁書曰賀德基少遊學都下積年不歸衣資罄之又車服故弊盛冬止衣袂襦袴嘗於白馬寺前逢一婦人容服甚盛呼德基入寺門脫白綸巾以贈之仍謂曰君方爲重器不久貧寒故以此相遺耳問姓名不荅而去德基於禮記稱爲精明位尚書祠部郎雖不至大官而三世儒學俱爲祠部郎時論美其不墜

主客郎中　主客員外郎

六典曰主客郎中員外郎掌二王後及諸蕃朝聘之事

後漢書何遠少有美望公府中十辟一無所就由是名重

華夏起家爲尚書主客郎

膳部郎中　膳部員外郎

六典曰膳部郎中員外郎掌邦之牲豆酒膳辨其品數凡郊祀天地日月星辰岳瀆享祀宗廟百神在京都者用牛羊豕滌養之數省閱之儀皆載於廩犧之職焉

五代史後唐書曰膳部郎中鄭髦先奏諸司諸使職掌人吏乘騾坐帶銀魚席帽輕衣肥馬參雜庭臣尊卑無別汙染時風請下禁止上嘉其事促行之中書覆爲不可趙鳳亟言於執政曰此禮識人不可不切爲權吏所庇竟寢其事

工部尚書　工部侍郎

六典曰工部尚書侍郎之職掌天下百工屯田山澤之政令其屬有四一曰工部二曰屯田三曰虞部四曰水部揔其職務而行其制命凡中外百司之事由於所屬咸質正焉

隋書曰長孫平爲工部尚書名爲稱職時有人告大都督邴紹非毀朝廷爲憒憒者上怒將斬之平進諫曰川澤納汙所以成其深山嶽藏疾所以就其大臣不勝至願願陛下弘山海之量茂寬裕之德鄙諺曰不癡不聾未堪作大家翁此言雖小可以喻大邴紹之言不應聞奏陛下又復誅之臣恐百代之後有虧聖德上於是赦紹

唐書曰閻立本代兄立德爲工部尚書兄弟相代爲八座時論榮之

五代史晉書曰裴皡知貢舉擢桑維翰進士第後維翰居相位徵拜皡工部尚書舍於相國寺維翰謁之不迎不送或問之荅曰皡見維翰於中書則庶寮也維翰見皡於館

則門生也何送迎之有人重其耿介

五代史周書曰盧文紀嗣業之子爲工部尚書時新除工部郎中于鄴公叅文紀文紀以父名同音不見或謂鄴曰南宫故事郎中入省如本行尚書侍郎不容叅何以省上鄴憂畏太過一夕醉歸遂經于室其甥鄭鐐以事聞謫文紀爲石州司馬

工部郎中　工部員外郎

六典曰工部郎中員外掌經營興造之衆務凡城池之脩濬土木之繕葺工匠之程式咸經度之凡興建修築材木工匠則下少府將作以奉其事

屯田郎中　屯田員外郎

六典曰屯田郎中員外郎掌天下屯田之政令凡軍州邊防鎮守轉運不給則設屯田以益軍儲其水陸腴瘠播植地宜功庸煩省收率等咸取決焉諸屯田役力各有程數

三國典略曰裴讓之十七舉秀才爲屯田郎中與祖珽俱聘宋邢劭省中語曰多奇多能祖孝徵能賦能詩裴讓之讓之弟諏之謀之訥之謁之並清立楊愔曰河東士族京官不少裴讓兄弟都無鄉音裴文季爲不士也

隋書曰柳彧爲屯田郎時三品以上門皆列戟左僕射高熲子弘德封應國公申牒請戟彧判曰僕射之子更不異居父之戟槊已列外門尊有厭卑之義子有避父之禮豈有外門既設内閤又施事竟不行熲聞而歎伏

唐書曰沈扶字雲翔太和初爲屯田郎中五年充山南道宣撫使至鄧州奏内鄉縣行市黄澗兩場倉督鄧琬等先主掌湖南江西運到糙米至淅川縣於荒野中囤貯除支用外六千九百四十五石裛爛成灰塵度支牒徵元掌所由自貞元二年鄧琬父子兄弟至玄孫相承繫二十八年前後禁死九人今琬孫及玄孫見在枷禁者敕曰如聞鹽鐵度支兩使此類極多其鄧琬等四人資産全已賣納禁繫三代瘐斃死獄中實傷和氣鄧琬等並疏放天下州府監院如有此類不得禁經三年已上速便疏理以聞物議嘉扶有宣撫之才

虞部郎中　虞部員外郎

六典曰虞部郎中員外郎掌天下虞衡山澤之事辨其時禁凡採捕畋獵必以其時

水部郎中　水部員外郎

六典曰水部郎中員外掌天下川瀆陂池之政令以導達溝洫堰坎河渠凡舟檝灌溉之利咸總而舉

梁書劉孝綽兼尚書水部郎奉啓陳謝手敕答曰美錦未可便製簿領亦宜稍習頃之即真

太平御覽卷第二百一十八

太平御覽卷第二百一十九

職官部十七

侍中

六典曰侍中之職掌出納帝命緝熙皇極總典吏職贊相禮儀以和萬邦以弼庶務蓋以佐天子而統大政者也凡軍國之務與中書令參而揔焉坐而論之舉而行之此其大較也

應劭漢書曰侍中周官也金蟬有貂金取堅剛百鍊不耗蟬居高食潔口在掖下貂內勁悍而外溫潤侍中便蕃左右與帝升降卒患近對拾遺補闕百僚之中莫密於兹秦始皇破趙得其冠以賜侍中

史記曰二世用趙高計不悉廷見大臣居禁中趙高常侍中用事

漢書曰張彭祖宣帝時爲侍中少與帝微時同硯席書以舊恩封侯出常參乘

又曰史丹元帝世爲侍中出常陪乘甚有寵九男皆以丹任爲侍中

又曰桑引羊雒陽賈人子以心計年十五爲侍中

又曰霍去病以皇后姊子年十八爲侍中善騎射

又曰孝惠時侍中皆冠鵔鸃貝帶傅脂粉矣

又曰張良子辟強年十五爲侍中

又曰上官桀隴西人爲中廐令上嘗疾及愈見馬多瘦怒曰汝以我不復見馬邪桀頓首曰臣聞聖體不安日夜憂惶意誠不在馬言未卒泣數行下帝以爲忠親近之爲侍中

又曰衛尉金敞疾甚成帝拜子涉爲侍中綠車載送衛尉府如淳曰載以皇孫車寵之也

東觀漢記曰戴憑字次仲爲侍中正旦朝賀百僚畢會帝令羣臣能說經者更相難詰義有不通輙奪其席以益通者憑遂重坐五十餘席故京師爲之語曰解經不窮戴侍中

又曰馮魴字孝孫父子兄弟並帶青紫三代侍中

後漢書曰趙典再遷爲侍中時帝欲廣開鴻池典諫曰鴻池汎溉已且百頃猶復增而深之非所以崇唐虞之約己遵孝文之愛人也帝納其言而止

又曰楊震孫奇靈帝時爲侍中帝常從容問奇曰朕何如桓帝對曰陛下之於桓帝亦猶虞舜比德唐堯帝不悅曰卿強項真楊震子孫強項言不低屈也光武謂董宣爲強項令也

又曰朱穆因進見乃陳曰臣聞漢家舊典置侍中常侍各

一人省尚書事省覽黄門侍郎一人傳發書奏傳通皆用姓族引用士人有族望者自和熹太后以女主稱制不接公卿乃以閹人爲常侍小黄門通命兩宮自此以來權傾人主窮困天下宜皆罷遣博選耆儒宿德與參政事帝怒不應穆伏不肯起左右傳出傳聲令出也良久乃趨而去

又曰爰延爲侍中帝遊上林苑從容問延曰朕何如主也對曰陛下爲漢中主帝曰何以言之對曰尚書令陳蕃任事則化中常侍黄門豫政則亂是以知陛下可與爲善可與爲非此中主之謂也帝曰昔朱雲廷折檻今侍中面稱朕違敬聞命矣

又曰桓帝末侍中皇禪參乘上問貂璫何法不知所出又問地震云不爲灾還宮乃左遷議郎

又曰王逸字叔師南郡宜城人也順帝時爲侍中著楚辭

章句行於代其賦誄書論及雜文凡二十一篇又作漢詩百二十三篇

續漢書曰侍中比二千石無員

漢官儀曰侍中左蟬右貂本秦丞相史往來殿內故謂之侍中分掌乘輿服物下至褻器虎子之屬武帝時孔安國爲侍中以其儒者特聽掌御唾壺朝廷榮之至東京時屬少府亦無員駕出則一人負傳國璽操斬蛇劍參乘與中官俱止禁中

謝承後漢書曰公孫曄拜博士侍中國有疑事常使進見問其得失所陳皆據經依義補益國家深見省納

又曰劉淑爲侍中朝夕建議竭忠於朝補政二百餘事悉有篇章朝廷有疑事密詔問焉

又曰周舉字宣光時詔遣八使巡行風俗皆選有威名者乃拜舉侍中與杜喬周栩馮羨欒巴張綱郭遵太尉長史劉班分行天下使同日而拜號曰八俊

應劭漢官儀曰侍中迺存年耆口臭上出雞舌使含之雞舌香頗小辛螫不敢咀咽自嫌有過得賜毒藥歸舍辭訣欲就便宜家人哀泣不知其故賴僚友諸賢問其愆失求視其藥及口香共笑之更爲吞食其意遂解存鄙儒蔽於此耳

漢官曰侍中殿下稱制出則參乘佩璽抱劍

又曰史丹爲侍中元帝寢疾丹以親密近臣得視疾候上間獨寢時丹直入卧內頓首伏青蒲上應劭曰以青規地曰青蒲

漢官儀曰侍中秩千石黃門有畫室署玉堂署各有長一人

漢舊儀曰侍中無員或列侯將軍衛尉光祿大夫爲之得舉非法

又曰侍中左右近臣見皇后如見帝見婕好行則對壁坐則伏茵

漢書典職曰侍中常伯選舊儒高德博學淵達仰瞻俯視切問近對喻指公卿員八人在尚書僕射下尚書上

漢雜事曰金敞爲元帝侍中帝崩故事近臣皆隨陵爲園敞世名忠孝太后使侍成帝

魏志曰盧毓爲侍中先是散騎常侍劉劭受詔定律未就毓上論曰古今制律之意以爲法宜一正不宜有兩端使姦吏得容情及侍中高堂隆數以宮室事切諫帝不悅毓曰君明臣直古之聖王恐不聞其過故有敢諫之鼓近臣盡規此乃臣等所以不及隆隆諸生名爲狂直陛下宜容之毓在職三年多所駁易

又曰劉曄字子陽爲侍中在朝略不交接時人或問其故曄荅曰魏室即祚尚新智者知命俗或未咸僕在漢爲支葉於魏備腹心寡偶少徒於宜未失也

又曰王粲字仲宣山陽高平人拜侍中博物強識問無不對時舊儀廢弛方興造制度粲恒典之

又曰蘇則拜侍中與董昭同寮嘗枕則膝卧則推之曰蘇則之膝非佞人之枕也

又曰辛毗遷侍中于時帝欲徙冀州戶十萬實于河南毗曰陛下不以臣不肖置之左右安得不與臣議帝不荅起入內毗隨而引其裾帝遂奮衣不還

又曰蘇則與吉茂同隱於太白山後則爲侍中侍中舊親省起居故俗謂之執虎子茂見則嘲曰仕進不止執虎子則笑曰誠不能效汝蹇蹇鹿車驅也

蜀志曰宗預字德豔南陽人也預將命使吳孫權問預曰東之作與西譬猶一家而聞西更增白帝之守何也預對曰臣以爲東益巴丘之戍西增白帝之守皆事勢宜然俱不足以相問也權大笑嘉其抗盡甚愛待之見敬亞於鄧芝費禕遷爲侍中

又曰關興字安國少有令問丞相諸葛亮深器異之弱冠爲侍中

又曰董扶字茂安靈帝徵扶即拜侍中在朝稱爲儒宗甚見器用

又曰馬良字季常襄陽宜城人也先主稱尊號以良爲侍中及東征吳遣良入武陵招納五谿蠻夷蠻夷渠帥皆受印號咸如意指

晉書曰王濟字武子累遷侍中與侍中孔恂楊濟同列爲一時秀彥武帝常會公卿藩牧於式乾殿顧濟恂而謂諸公曰朕左右可謂恂恂濟濟矣

又曰沈演之爲侍中衛將軍文帝謂之曰侍中領衛俱爲優重此蓋宰相便坐卿其勉之

又曰陸玩遷侍中玩雖登公輔謙不辟掾屬成帝聞而勸之玩不得已而從命所辟皆寒素有行之士玩翼亮累世常以弘重爲人主所貴加性通雅不以名位格物誘納後進謙若布衣由是搢紳之徒莫不廕其德宇

又曰韋誕以能書留補侍中魏氏寶器銘題皆誕書也

又曰安平王孚初爲魏太子中庶子魏文帝初即位選侍中常侍等官太子左右舊人頗諷主者便欲就用不調餘人孚曰雖堯舜必有稷契今嗣王新立當進用海內英賢猶患不得如何欲因際會自相薦舉邪官失其任得者亦不足貴遂更他選

又曰王戎爲侍中南郡太守劉肇賂戎筒中細布五十端爲司隸所糺以知而未納故得不坐然議者尤之帝謂朝臣曰戎之爲行豈懷私苟得正當不欲爲異耳帝雖以是言釋之然爲清愼者所鄙

又曰褚翼字謀遠爲侍中蘇峻作亂王師敗績火及宮室翼手抱天子登太極殿峻兵入叱翼令下翼不動曰蘇冠軍來覲至尊軍人豈得逼迮宮禁於是兵士不敢上太極峻執政猶以爲侍中

宋書曰陸仲元者晉太尉玩曾孫也爲侍中自吳郡太守玩至仲元四世爲侍中時人方之金張二族

又曰劉湛爲侍中時王華王曇首殷景仁亦爲侍中文帝於六合殿與四人宴飲甚悅華等出帝目送良久歎曰此四賢一時之秀同管喉舌恐後世難繼

又曰殷景仁遷侍中與王華王曇首劉湛四人並時爲侍中俱居門下皆以風力局幹冠冕一時同列之美近代莫及

又曰王僧綽遷侍中任以機密時年二十九始興王濬嘗問其年僧綽自謙早達逡巡良久乃答其謙虛自退若此

又曰謝莊爲侍中領前將軍時孝武出行夜還勑開門莊居守以棨信或虛須墨詔乃開上後因酒宴從容曰卿欲效郅君章邪對曰臣聞蒐巡有度郊祀有節盤于遊田著之前誡陛下今蒙犯塵露晨往宵還容致不逞之徒妄生矯詐臣是以伏須神筆

又曰孝武時侍中何偃南郊陪乘鑾輅過白門闈偃將匐帝反手接之曰朕反陪卿也

又曰王華等每與帝接膝共語貂拂帝手拔貂置案上語畢復手插之

齊書曰江淹累遷侍中初淹年十三時孤貧常採薪以養母曾於樵所得貂蟬一具欲鬻以供養其母曰此故汝之休徵也汝才行若此豈長貧賤耶可留待得侍中着之至是果如母言

南史曰謝朏（音斐）爲侍中及齊受禪朏當日在直百僚陪位侍中當解璽朏佯不知曰有何公事傳詔云解璽授齊王朏曰齊自應有侍中乃引枕卧傳詔者懼乃使稱疾欲取兼人朏曰我無疾何所道遂朝服步出東掖門乃得車仍還宅是日遂以王儉爲侍中解璽既而武帝請誅朏高帝曰殺之則成其名正應容之度外

齊職儀曰魏侍中掌儐贊大駕出則次直侍中護駕正直侍中負璽陪乘不帶劒皆騎從御登殿與散騎侍郎對挾帝侍中居左常侍居右備切問近對拾遺補闕也

又曰東漢侍中便蕃左右與帝升降法駕出多識者一人參乘兼負傳國璽操斬蛇劒

南史曰朱异居權要三十餘年善承上旨故特被寵任歷官自員外常侍至侍中四官皆珥貂自右衛率至領軍四職並驅鹵簿近代未之有也

梁書曰蕭介會侍中闕選司舉王筠等四人並不稱旨高祖曰我門中久無此職宜用蕭介爲之介博物強識應對左右多所匡正高祖甚重之

又曰王訓字懷範爲侍中武帝問何敬容曰褚彥回年幾爲宰相對曰少過三十帝曰今之王訓無（彥回彥向宋明帝時爲侍郎）

又曰柳慶遠爲侍中嘗失火禁中驚懼帝悉斂諸門鑰問柳侍中何在即至悉付之

後魏書曰羅結世祖初遷侍中外都大官摠三十六曹事年一百七歲精爽不衰世祖以其忠慤甚見信待監典後宮出入卧內

又曰甄琛拜侍中以其衰老詔賜御府杖朝直杖以出入

五代史百官志曰北齊侍中因後魏置六人掌獻納諫正及進御之職參與諸公論國政也

唐書曰魏徵代王珪爲侍中尚書省滯訟有不決者詔徵評理之徵性非習法但存大體以情處斷無不悅服

又曰楊師道爲侍中性周慎謹密未嘗漏泄內事親友或問禁中之言乃更對以他語嘗曰吾少窺漢史至孔光不言溫室之樹每欽其餘風可庶幾也

唐書官品志曰侍中高功者在職一年詔加侍中祭酒與侍郎高功者一人對掌禁令

華陽國志曰譙隆爲上林令武帝欲廣上林苑隆言堯舜至治廣德不務林苑帝後思其言徵爲侍中

益部耆舊傳曰蜀郡張寬字叔文漢武帝時爲侍中從祀甘泉至渭橋有女人浴於渭水乳長七尺上怪其異遣問之女曰帝後第七車者知我所來時寬在第七車對曰天星主祭祀者齋戒不嚴則女人見

又曰李固字子堅諫帝云臣一日會朝中見諸侍中皆諸家年少無一宿儒可顧問者乃進楊厚黃瓊

三輔故事曰金日磾字翁叔封秺侯有忠勤之節七葉侍中

文士傳曰張衡拜侍中恒居帷幄從容諷議拾遺左右

竹林七賢傳曰山濤太始七年爲侍中詔書曰濤清風淳履思心通遠宜侍帷幄盡規左右

顔含別傳曰顔髦字君道儀狀嚴整風貌端美大司馬桓公歎曰顔侍中廊廟之望喉舌機要

魏明帝先賢傳曰盧植字子幹拜侍中逆臣董卓議欲廢帝羣僚之士唯卓是順獨植正色卓遂大怒欲害植議郎彭伯羣與卓親入爲卓議曰夫善人者天下之紀盧侍中海内大儒天下之望今先害之則天下怖卓遂止

孔叢子曰孔臧與子琳書侍中安國特見崇禮不供褻事獨得掌御唾壺朝廷之士莫不榮之此親沒所見

環濟要略曰侍中古官也或曰風后爲黃帝侍中周時號常伯常者言其道德可常尊也秦始皇復故冠貂蟬漢因而不改侍帷幄受顧問拾遺於左右出則負璽以從秩二千石

語林曰晉孝武好與虞嘯父飲酒不醉不出後臨出拜殆不復能起帝因呼人扶上殿扶虞侍中嘯父荅曰臣位未及扶醉未及亂非分之賜所不敢當帝羙之勑左右疏其語

續搜神記曰程咸字延休其母始懷咸夢老公授藥與之服此當生貴子晉武帝時歷位至侍中有名於世

摯虞決疑要注曰晉武帝時彭權爲侍中帝問侍臣旄頭之義何謂邪權對曰秦紀云秦國有奇怪觸山截水無不崩潰唯畏旄頭故使虎士執之以衛至尊

山公啓事曰侍中太常河南尹並缺皆顧職宜必得其人右軍裴楷通理有才義僉論以爲侍中才又啓云詔侍中缺當復得人誰可者雍州刺史郭奕并左衛將軍王濟皆忠亮有美才侍中之最高者也

傅咸詩序曰朗陵公何敬祖咸之從兄也國子祭酒王武子咸從姑之外孫何公既登侍中武子俄而亦作二賢相得甚欣咸亦慶之乃賦詩以申懷曰吾兄既鳳翔王子亦龍飛雙鸞游蘭渚二離揚清輝

梁王錡爲從兄讓侍中表曰至如元勳舊儒之胄積德累仁之基九世七葉之華相韓事漢之貴不然則子駿之學洞古今平子之思侔造化仲宣之辯識無滯次仲之解經不窮然後可以喻旨公卿問對曰帷扆陪六尺之輿通四方之意求之微臣此途頓隔

梁丘遲爲范衛軍讓衆臺侍中表曰是以懷鉛早歲不以隕穫累心躡屩晚年豈以充詘在念昜農伊泰仕焉已幸遂復分竹九疑擁旄百越值天地中開神武再廓麻絲是

蓄菅蒯靡遺令乘運肇基四海明目樞機規獻寔在得人況在庸微何用膺荷

北齊邢子才爲彭城王韶讓侍中表曰貂璫映首日月在躬冠蓋燕寮路躡多士雖智慚量力明闕自知在汎之譏無待諠譁之議素飡之責豈須噂喈之口何悟天情方眷復延今寵逐摠錄百揆寅亮萬機文昌治本得失所繫用才長短隆替以之何容以斯寡薄用應茲忝

太平御覽卷第二百一十九

職官部十八

中書令　中書監

中書侍郎

中書令

六典曰中書令之職掌國之政令緝熙帝載統和天人入則告之出則奉之以釐萬邦以度百揆蓋以佐天子而執大政者也

漢書曰司馬遷既被刑之後為中書令尊寵任職

又曰石君防與弘恭皆少坐腐刑為黃門以選為中尚書宣帝時任中書官以恭為令君防為僕射恭死君防代為令貴倖傾朝百寮皆敬事

應劭漢官儀曰左右曹受尚書事前世文士以中書在右因謂中書為右曹又稱西掖

吳録曰紀隲字子上景皇時隲父亮為尚書令隲為中書令每朝會詔以屏風隔其坐

吳志曰胡冲平和有文幹天紀中為中書令

又曰張尚有俊才孫皓時為侍郎以言語辯捷見知擢為侍中中書令

又曰蔡款字文德歷位内外以清貞顯於當世衛尉領中書令

晉書曰王獻之為中書令少而標邁不循常貫文義並所不長而能撮其勝會故為一時風流之冠獻之卒以王珉代之世謂之大王令小王令也珉父洽永和中嘗為此官至珉復居之時人以為珉世令望

又曰王獻之為中書令啓瑯琊王為中書監表曰中書職掌詔命固非輕才所能獨任自晉建國常命宰相參領中興以來益重其任故能王言彌徽德音四塞

又曰和嶠為中書令荀勗為監嶠意抗直鄙勗巧佞以意氣加之專車而坐自此監令乃使異車

臧榮緒晉書曰淄屋性淡退唯以著述為事永興末為中書令

晉陽秋曰王洽除中書令時年二十九將辭之從兄朗之遺書曰弟今二十九便居清顯要任敢不敬以先旨為弟啓義讓之路焉若弟年至四五十之間雖復　超登公輔亦非吾所豫況降此以還者耶洽遂不拜

又曰温嶠上疏曰臣才短學淺文義不通中書之職酬對無方斟酌重輕豈唯文疏而已自非望士良才何可妄居斯任累辭得止

晉中興書曰肅祖以温嶠為散騎常侍侍講太寧初手詔曰卿既以令望忠允之懷著於周旋且文清而旨遠宜居深密今欲以卿為中書令朝論咸以為宜

又曰王洽字敬和顯宗時王洽為中書令帝曰敬和清裁昔為中書郎吾尚小數呼見意甚親之今以為中書令欲共講文章之事也

又曰褚裒拜衛將軍中書令裒以中書銓管詔命不宜以親居之固讓

晉令曰中書為詔令記會時事典作文書也

晉制曰中書令銅印墨綬進賢兩梁冠絳朝服佩水蒼玉乘軺車

晉諸公讚曰陳准為中書令張華為監准與華俱處機密而推崇之每直日有詔書無小大輙先示華了不措意華

得詔書不以示准省中號准爲中書五郎其從容如此

又曰懷帝以繆播爲中書令朝事莫不諮之人君之所取信於臣下無以尚也

宋書曰傅亮永初元年爲中書令直中書省專典詔命以亮任總國權聽於省見客神虎門外每旦車常數百兩

宋泰始起居注曰王言之職總司清要中將軍丹陽尹王景文夙尚弘簡情度淹粹忠規茂績宜宣國道宜兼管內樞以重其任可中書令

齊書曰王延之代張緒爲中書令何點歎曰晉以子敬季琰爲此職今以王延之張緒爲之可謂清官後接之者實爲未易

崔鴻後趙錄曰徐光字季武頓丘人幼有文才年十三王陽攻頓丘掠之而令主秣馬光但書柱作詩賦左右以白石勒勒令召光付紙筆光立爲頌賜衣服遷爲中書令

後魏書曰任城王澄爲中書令蕭賾使庾蓽來朝見澄音韻遒雅風儀秀逸謂主客郎張彛曰往魏任城以武著稱今魏任城乃以文見美也

又曰高允高宗禮敬甚重晨入暮出或積日居中朝臣莫知所論或有上書言得失者高宗省而謂羣臣曰君父一也父有是非子何爲不能書諫之使人知惡而於家內隱處也豈不以父親恐惡彰於外也今國家善惡不能面陳而上表顯諫此豈不彰君之短明已之美至如高允者眞忠臣矣朕有非怕正言面論至朕所不用聞者皆言說無避就朕聞其過而天下不知其諫豈不忠乎汝等在左右曾不聞一正言但向朕喜時求官乞職汝等把弓刀侍朕左右徒立勞耳皆至公王此人把筆匡我國家不過作郎汝等不自媿乎於是拜允中書令

又曰高允字伯恭爲中書令高宗重之不名恒呼爲令公

又曰高允拜中書令司徒陸麗曰高允雖蒙寵待而家貧布衣妻子不粒高宗怒曰何不先言今見朕用之方言其貧是日幸允第惟草屋數間布　被縕袍廚中鹽菜而已高宗歎息曰古人之清豈有此乎即賜帛五百疋粟千斛

唐書曰武德年嘗有勑而中書門下不時宣行高祖責其遲由內史令蕭瑀曰臣　見內史宣勑或前後相乖者百司行之不知何所承用所謂易雖在前難必在後臣在中書日久備見其事今皇階初構事涉安危若遠方有疑恐失機會比每受一勑臣必審勘使與前勑不相乖背者始敢宣行遲晚之愆實由於此上善之

又曰褚遂良拜中書令太宗寢疾召遂良及長孫無忌入卧內謂之曰卿等忠烈簡在朕心昔漢武寄霍光劉備託葛亮朕之後事一以委卿太子仁孝卿之所悉必須盡誠輔佐永保宗社又顧謂太子曰無忌遂良在國家之事汝無憂矣

又曰神龍元年改中書令曰紫微令

又曰開元二年紫微令姚崇奏紫微（舍人六員每議）事諸舍人同押連署狀進訖凡事有是非理均與奪人心既異所見或殊抑使雷同情有不盡臣今商量其事執見不同者望請別作商量狀連本狀同奏若狀語交互恐煩聖思臣既是官長望於兩狀後略言二理優劣奏聽進止則人各盡能官無留事勑曰可

又曰張九齡爲中書令時天長節百寮上壽多獻珎異唯九齡進金鏡錄五卷言前古興廢之道上賞異之

薛瑩條列吳事曰胡冲意性調美心趣解暢有刀筆才閑於時事爲中書令雖不能匡矯亦自守不苟求容媚

王珉別傳曰珉字季琰詔曰新除侍中王珉才學廣贍理識清通宜處機近以參時務其以珉爲長兼中書令

郭頒魏晉世語曰劉放孫資共典樞要夏侯獻曹肇心內不平殿中有雞棲樹二人相謂此亦久矣其能復幾指謂中書監劉放中書令孫資

又曰司馬景王令中書令虞松作表輒不可意令松更定思竭不能改鍾會爲定五字松深悅服

宋謝莊讓中書令表曰伏惟陛下登馭震維臨齊璿政澤與風翔恩從雲動臣聞璧門天邃鳳沼神深絲綸王言出納帝命自非望允當時譽宣庠塾未有謬垂曲寵空席茲榮在於平壯猶不可勉況今綿痾百志俱淪

中書監

魏志曰黃初中改秘書爲中書以劉放爲監孫資爲令遂並掌機密歷文明齊王三世

又曰蔣濟字子通時中書監令號爲專任濟上疏曰大臣太重者國危左右太親者身弊古之至戒也往者大臣秉事外內扇動陛下卓然自覽萬機莫不祗肅夫大臣匪不忠也然威權在下則衆心慢上勢之常也陛下既已察之於大臣願無忘於左右

晉書曰荀勖守中書監既贊朝政及遷尚書令勖久在中書專管機事失之甚悒人有賀者勖恚曰奪我鳳皇池諸公何賀焉

又曰太安元年有胡人入雲龍門殿前再拜云我當作中書監付都虞候斬之

晉陽秋曰朱整少有名行官至中書監魏禪晉使整與中書令劉良共爲詔世祖踐祚權即用之

晉中興書曰肅宗欲使庾亮爲中書監亮上疏曰陛下踐祚復以臣領中書則示天下有私矣

晉諸公讚曰華廙爲中書監時事多不泄啓世祖乞授子薈荅詔先時荀勖爲中書監末年亦使息組書詔草傳從爲中書監病風復使息暢書啓事皆前後相承以子弟管之

後魏書曰孝文時蠕蠕（如兗）國有喪帝遣高閭爲書與之不叙凶事孝文謂曰卿爲中書監職典文詞若情思不至應謝所任

環濟要略曰中書掌內事密詔下州郡及邊將不由尚書者也後關百官事益重有令僕射丞郎令史秩與尚書同

陶氏職官要録曰中書監舊視僕射梁選簿書自宋已來比尚書令特進之流而無事任清貴華重大位多領之

王導表曰臣乞得除中書監持節專壹所司竭誠保傅惟力是視詔曰昔者荀公曾從中書監爲尚書令人賀之乃發恚去奪我鳳皇池卿諸人何賀耶願足下勉之勿疑

王蘄表曰中書令領軍庾亮清雅履正可中書監領軍如故

中書侍郎

六典曰中書侍郎掌貳令之職凡邦國之庶務朝廷之大政皆參議焉凡臨軒冊命大臣令爲之使則持冊書以授之凡四夷來朝臨軒則授其表疏升于西階而奉之若獻贄幣則受之以授於所司

魏志曰明帝詔舉中書郎謂吏部尚書盧毓曰得其人與

不在盧生耳選舉莫取有名有名如畫地作餅不可噉也
毓舉韓暨郭篤至行帝乃用之
吳志曰孫琳求中書兩郎典知荆州諸事主者奏中書不
應外出休特聽之其所請求一皆給與之也
晉書曰華廙字長俊爲人清簡弘雅加以名家子孫以婦
父盧毓典選至年四十五爲中書通事郎
又曰華表子簡字奉駿有智器文藻官至中書郎
又曰衛瓘爲中書郎時權臣專政瓘優游其間無所親疎
甚爲傅嘏所重謂之甯武子
臧榮緒晉書曰夏侯孝若爲野王令居邑累歲朝野多歎
其屈除中書郎
晉起居注曰今之士大夫多不樂出宰牧而好內官今皆
先經外官治民著績然後入爲常伯中書郎

曹嘉之晉紀曰汝南史曜字季茂爲山濤所知爲征南府
小吏鄉人周浚見曜而友之配之妹官至中書郎
晉中興書曰孔演字元舒晉國初建與庾亮俱補中書侍
郎于時中興肇建庶事草創演經學博通又練識舊典朝
議軌制多取正焉由是元明二帝並親愛之
又曰顧榮齊王冏召爲主簿冏自擅威權榮知其必敗唯
終日昏酒冏以榮爲中書郎
又曰范甯爲臨淮太守徵拜中書侍郎專掌西省以職在
機近固辭不許多以獻替有益治道
又曰范甯拜中書侍郎時烈宗雅好文學而甯明習五經
甚見親愛朝廷疑議輒諮訪之甯指朝士直言無諱
又曰王濛字仲祖恬暢能言名理善隸書與劉惔爲中書
侍郎太宗輔政濛惔並數侍接對號爲入室之賓惔字真

長少清峻時人以濛比袁曜卿以惔比荀奉倩
宋書曰王徽與從弟僧綽書曰闔門皆蒙時私吾高卧家
巷遂至中書侍郎此足以闔棺矣
又曰裴瓚風神高邁　爲中書侍郎出入禁門見者皆肅然改
容
北史曰趙彥深諷朝廷子堅爲中書侍郎頗招物議時馮
子琮子慈明祖珽子君信並相繼居中書故時語云馮祖
及趙穢我鳳池
隋書曰元善拜內史侍郎上每望之曰人倫儀表也凡有
敷奏詞氣抑揚觀者矚目
唐書曰郭正一永淳二年除中書侍郎正一在中書累年
明習舊事兼有詞學制勑多出其手當時號爲稱職
又曰崔湜拜中書侍郎或謂湜曰今之中書皆是宰相承

宣制命侍郎雖是副貳但署位而已甚無事也湜曰不然
設官分職上下相維各申所見方爲濟理豈可俛默偷安
而爲懷祿志也自是每有制勑及曹事湜多所異同
王濛別傳曰濛爲中書郎在職四年無人對以濛難與比
肩故也
鍾會母傳曰嘉平元年車駕朝高平陵會爲中書郎從行
宣王始舉兵衆人恐懼而夫人自若
嵇氏世家曰嵇含爲中書侍郎書檄雲集莫不立草
通典曰隋初爲內史侍郎四員煬帝減二員改爲內書侍
郎
陸士衡轉中書侍郎齊王收士衡付廷尉士衡出後謝表曰
臣以職在中書制命所出而臣本以筆札見知慮逼迫不
獲已乃詐發內妹喪出就第去哭泣受吊片言隻字文不

關其間
梁庾肩吾爲寧國公讓中書郎表曰臣聞陟彼太行伯右之車屢息望玆吳坂少游之馬難追是知美非流水立致摧輈駿靡浮雲便其頓轡起登天漢寧陪九萬之風坐濟星橋非使千年之翼豈有幼稱辯慧足對元禮弱標俊穎能嘲子淑玉重組長空見休寵深宮邃寧孰知懷憂

太平御覽卷第二百二十

太平御覽卷第二百二十一

職官部十九

黃門侍郎　給事中

黃門侍郎

六典曰黃門侍郎掌貳侍中之職凡政之弛張事之與奪皆恭議焉若大祭祀則從升壇以陪禮皇帝盥手則奉巾以進既帨則奠巾于篚奉匏爵以贊獻凡元正冬至天子視朝則以天下祥瑞奏聞

漢官儀曰給事黃門侍郎次侍中侍從左右關通內外給事於中故曰給事中黃門侍郎

漢書曰王音薦楊雄待詔歲餘爲給事黃門郎成哀平三代不徙

又曰張禹爲太傅有疾成帝臨視拜於床下禹有少子在側數目之帝知其意於前拜黃門郎

又曰劉向字子政宣帝時以中郎爲給事黃門侍郎

又曰董賢字聖卿雲陽人爲太子舍人賢待漏在殿下爲人美麗自喜哀帝望見悅其儀皃識而問之曰是舍人董賢耶因引上與語拜爲黃門侍郎

東觀漢記曰鄧閶字秀昭遷黃門侍郎于時國家每有災異水旱閶側身暴露憂懼顦顇形於顏色公卿以下咸高尚焉漢興以來爲外戚儀表

後漢書曰馬防子鉅爲常從小侯正月當冠特拜爲黃門侍郎肅宗親御章臺下殿陳鼎俎自臨冠之

續漢書曰荀悅字仲豫遷黃門侍郎獻帝頗好文學悅與從弟彧孔融並侍講禁中

又輿服志曰禁門曰黃闥以中人主之故號曰黃令然則黃門郎給事黃闥之內故曰黃門郎本既無員於此各置六人也

又百官志曰給事黃門侍郎六百石無員侍從左右給事中使關通中外諸王朝見於殿上引王就位

獻帝起居注曰自誅黃門後侍中侍郎出入禁中機事頗露由是王允乃奏侍中黃門不得出入不通賓客自此始也

漢官曰尚書郎奏事於明光殿省中皆胡粉塗壁其邊以丹漆地故曰丹墀尚書郎含雞舌香伏其下奏事黃門侍郎對揖跪受

漢舊儀曰黃門郎屬黃門令日暮入對青瑣門拜名曰夕郎

魏志曰王粲字仲宣山陽人年十七司徒辟詔除黃門侍郎以西京擾亂皆不就

又曰夏侯玄字太初少知名弱冠爲黃門侍郎嘗進見與皇后弟毛曾並坐玄恥之不悅形之於色明帝恨之左遷爲羽林監

又曰杜恕字務伯爲散騎黃門侍郎恕推誠以質不治飾在朝不結交每政有得失常引綱維以正言於是侍中辛毗等器重之

又曰夏侯尚字伯仁淵從子也文帝與之親友有籌畫智略從太祖定冀州遷黃門侍郎

又曰鍾毓字稚叔年十四爲散騎侍郎機捷談笑有父風大和初蜀相諸葛亮圍祁山明帝欲親西征毓上疏曰夫策貴廟勝功尚帷幄不下殿堂之上而決勝千里之外車駕宜鎮守中土以威四方今者盛暑行師詩人所重實非

至尊順動之時也遷黃門侍郎

魏略曰董遇字季直獻帝時爲黃門侍郎旦夕侍講爲天子所愛信

蜀志曰費禕字文偉爲黃門侍郎丞相亮南征還群僚於數十里逢迎年位多在禕右而亮命禕同載由是衆莫不易觀

吳志曰孫承字顯世好學有文章作螢火賦行於世爲黃門侍郎與顧榮俱爲侍臣歸命世內侍多得罪唯榮承獨獲免常使二人記事承荅顧問乃下詔曰自今已後用侍郎皆當令如宗室承顧榮儔也

又曰孫皓每宴會群臣無不咸令沉醉置黃門郎十人特不與酒侍立終日爲司過之吏宴罷之後各奏其闕失迕視之咎謬言之愆罔有不舉大者即加威刑小者咸以爲罪

晉書曰顧榮少有珪璋特朗徹仕吳弱冠舉賢良爲黃門侍郎當時後進盡相推謝稱榮有天才令望

又曰張華爲黃門侍郎博覽圖籍千門萬户畫地成圖

又曰吳隱之孝武帝欲以爲黃門郎以隱之貌類簡文帝乃止

又曰嵆紹爲給事黃門侍郎時侍中賈謐以外戚之寵年少居位潘岳杜斌等皆附託焉謐求交於紹紹拒而不荅謐誅紹時在省以不阿比凶族封弋陽子

晉書載記曰秦黃門郎古成詵風韻秀舉確然不群每以天下是非爲己任時京兆韋高慕阮籍之爲人居母喪彈琴飲酒詵聞而泣曰吾當私刃斬之以崇風教遂持劍求高高懼逃匿終身不敢見詵

齊職儀曰給事黃門侍郎四人秩六百石武冠絳朝服漢有中黃門給事黃門位從諸大夫秦制也與侍中掌奏文案贊相威儀典署其事

後魏書曰崔光爲黃門侍郎未嘗留心文案唯從容論議參贊文政而已

又曰陽平王之子匡爲黃門侍郎茹皓始有寵百寮微憚之世宗曾於山陵還詔匡陪乘又命皓登車褰裳將上匡諫止世宗推之命下皓恨匡失色當時壯其忠謇

又曰任城王之子順除給事黃門侍郎時領軍元乂威刑尤盛凡有遷授莫不造門謝謁順拜表而已曾不詣乂乂謂順曰卿何得不見我順正色曰天子富於春秋委政宗輔叔父宜至公爲心舉士報國如何賣恩責人私謝豈所望也

北史曰盧誕拜給事黃門侍郎魏帝詔曰經典易求人師難得朕諸兒稍長欲令卿爲師於是親幸晉王第勑晉王以下皆拜之於帝前

隋書曰劉行本爲黃門侍郎文帝嘗怒一郎於殿前笞之行本進諫帝不顧行本乃正當上前又曰陛下不以臣不肖置臣左右豈得輕臣而不顧也乃置笏於地而退上謝之而原所笞者

唐書曰溫大雅爲黃門侍郎弟彥將爲中書侍郎對居近侍高祖謂曰我起義晉陽爲卿一門耳

又曰高宗總章元年十月東天竺烏荼國長年婆羅門盧伽逸多受詔合丹上將餌之東臺侍郎郝處俊諫曰脩短有天命未聞萬乘之主輕服蕃夷之藥昔貞觀末年先帝令婆羅門僧那羅你娑婆寐依其本國仙方合長年神藥

胡旣有異術徵求靈草秘石歷年而成先帝服之竟無異効大漸之際名醫莫知所爲欲歸罪於胡人將申大戮又恐取笑夷狄龜鏡若是惟陛下深察遂止

又曰天寶元年改黄門侍郎爲門下侍郎

五代史晉書曰天福七年詔門下侍郎班在常侍之下俸禄同常侍

三輔决録曰卓茂字子康元帝時遊學長安以儒行爲給事黄門郎

又曰杜愍字矜伯拜黄門侍郎每直省闥威儀矜嚴

又曰馬右志在克己輔上不以私家干朝廷弟爲黄門郎訖永平世不遷

英雄記曰曹純字子和年十六爲黄門郎

王蝦別傳曰蝦字昭先魏文以蝦爲黄門侍郎每納忠言

輙手壞本自在禁省歸書不封帝嘉其淑慎如此

栢階別傳曰階爲尚書令文帝行幸見諸少子無褌上摶手曰長者子無褌是日拜三子爲黄門郎

傅子曰王黎爲黄門郎軒軒然得志昫昫然自樂

劉向七略曰孝宣皇帝重申不害君臣篇使黄門郎張子喬正其字

劉向集書誡子歆曰今若年少得黄門侍郎顯處也新拜皆謝貴人叩頭謹戰戰慄慄乃可必免

唐中宗授韋嗣立黄門侍郎制曰絳衣近侍秩亞貂蟬青瑣崇班職參鶯鷺寔神化之有寄信賢才之攸宜通議大夫韋嗣立忠規弈葉孝緒蟬聯家臣玄鸞之朝人輔彤靈之代棲蘭並秀見謝石之階庭騏驥齊驅有劉山之昆季入光振鷺譽滿三臺出據馮熊聲流十部近者命茲鸞渚已濯鴈行纔出公扃奄歸萬里永言荊樹坐析連枝眷彼恒山空餘一鳥俾遷榮於皇蓋宜襲寵於黄樞

給事中

六典曰給事中凡百司奏抄侍中審定則先讀而署之以駁正違失凡制勑宣行大事則稱揚德澤褒美功業覆奏而請施行小事則署而頒之凡文武六品以下授職所司奏擬則校其仕歷深淺功狀殿最訪其德行量其才藝若官非其人理失其事則白侍中而退量焉

漢儀注曰諸給事中日上朝謁平尚書奏事分爲左右以有事殿中故曰給事中多名儒國親爲之掌左右顧問

漢書曰給事秦官也至漢因之皆爲加官所加或大夫博士議郎掌顧問應對位次中常侍

又曰元帝詔蕭望之傅朕八年可賜爵關内侯給事中

後漢書曰鄭衆字仲師以明經拜給事中

魏志曰秦朗字元明明帝即位授以内官爲給事中每車駕出入朗常隨從時明帝喜發舉數有以輕微而致大辟者朗終不能有所諫止又未嘗進一善人帝亦以是親愛每顧問之多呼其小字阿蘇

晉書曰任熙字伯遠立德邈然徵拜給事中

晉起居注曰武帝太康七年詔曰郎中張建忠篤履素爲江表士大夫所稱宜在中朝其以建爲給事中

晉武帝詔曰燕王師陳邵清貞廉潔博通六籍宜在左右以彰儒訓可給事中

唐書曰盧粲幽州范陽人也景龍二年遷給事中時節愍太子初立韋庶人以非己所生深加忌嫉勸中宗下勑令太子卻取衛府封物每年以供服用粲駁奏曰皇太子處

繼明之重當主鬯之尊歲時服用自可百司供擬又據周官諸應用財器歲終則會唯王及太子應用物並不會此則儲蓄之費咸與王同今與列國諸侯齊衡入封豈所謂憲章在昔垂法將來者也必謂青宮初啓服用所資自當廣支庫物不可長存藩封詔從之

又曰盧粲遷給事中時安樂公主壻武崇訓爲節愍太子所殺特追封爲魯王令司農少卿趙履溫監護葬事履溫諷公主奏請依永泰公主故事爲崇訓造陵詔從其請粲駮奏曰伏尋陵之稱謂本屬皇王及儲君等自皇家已來諸王及公主墓無稱陵者唯永泰公主承恩特葬事越常途不應假永泰公主爲名請比貞觀已來諸王舊例足得豐厚手勑答曰安樂公主與永泰公主無異同穴之義古今不殊魯王緣此特爲陵制不煩固執粲又奏曰臣聞陵之稱謂施於尊極不屬王公已下且魯王若欲論親等第則不親於雍王守禮雍王之墓尚不稱陵魯王則不可因尚公主而加號且君之舉事則載於方冊或稽之往典或考自前朝臣歷撿貞觀已來駙馬墓無得稱陵者且君人之禮服絶於傍朞蓋爲不獨親其親不獨子其子陛下以膝下之恩愛施及其夫贈賵之儀哀榮足備豈得使上下無辯君臣一貫者哉帝竟依粲所奏

又曰李藩爲給事中制勑有不可遂於黃勑後批之吏曰宜別連白紙藩曰別以白紙是文狀豈曰批勑耶裴垍言於帝以爲宰相器

又曰憲宗以同州刺史呂元膺復爲給事中初元膺自給事中除同州及入謝上問以時政得失元膺論奏詞甚激切上嘉其剛正翌日謂宰臣曰呂元膺讜言直氣今欲留在左右使言得失卿等以爲何如李藩裴垍進賀曰陛下納諫超冠前王乃宗社無疆之福臣等不能廣求直士又不能數進直言孤負聖心合當罪責今請以元膺復爲給事中以備顧問上悅而從之

又曰李遜爲給事中嘗論時政以爲事君之義有犯無隱陳誠啓沃不必擇辰今君臣數奏乃候隻日是畢歲臣下睹天顏獻可否能幾何憲宗嘉之

又曰元和十四年以撫州司馬令狐通爲右衛將軍給事中崔植封還制書言通前刺史壽州用兵失律前罪未塞不宜遽加獎用上命宰臣諭植以通父彰有功不忍弃其子其制方行

又曰韋弘景爲給事中屢有封駮時有劉士經以駙馬交通邪倖自撿校官用爲太僕卿弘景執奏不可中人宣諭再三弘景不爲之迴穆宗怒乃令弘景使安南邕容宣慰時論翕然推重

又曰郭承嘏爲給事中開成元年出爲華州刺史詔方下兩省迭詣中書求承嘏出麾之由給事中盧載封還詔書奏曰承嘏自居此官繼有封駮能奉其職宜在瑣闈牧守之才易爲推擇文宗謂宰臣曰承嘏久在黃扉欲優其祿俸暫令廉問近關而諫列拜章惜其稱職甚美事也乃復爲給事中

又曰于敖遷給事中昭愍初即位李逢吉用事與翰林學士李紳素不叶遂誣紳以不測之罪逐於嶺外紳同職駕部郎中知制誥龐嚴司封員外郎知制誥蔣防坐紳黨左遷信汀等州刺史黜詔下敖封還詔書時人以爲與嚴相善訴其非罪皆曰于給事犯宰執之怒伸龐蔣之屈不亦

仁平及駮奏出乃是論亷嚴貶黜太輕中外無不大噱

東方朔記曰東方朔爲中郎賜帛百疋給事中

荀綽兖州記曰袁准字孝尼有俊才太始中拜爲給事中

胡廣集曰給事中掌侍從左右無員位次侍中常侍或名儒或國親

束晳集曰員外侍郎及給事冗從皆是帝室茂親或貴遊子弟若悉從高品則非本意若精鄉議則必有降損

太平御覽卷第二百二十一

二百二十一　九　張阿丙

太平御覽卷第二百二十二

職官部二十

中書舍人

六典曰中書舍人掌侍奉進奏𠫭議表章凡詔旨制勑及璽書冊命皆按典故起草進畫既下則署而行之其禁有四一曰漏洩二曰稽緩三曰違失四曰忘誤所以重王命也制勑既行有誤則奏而正之

通典曰自永淳以來天下文章道盛臺閣髦彥無不以文章達故中書舍人爲文士之極任朝廷之盛選諸官莫比焉

晉中興書曰劉超遷中書舍人時臺省初建內外多事出內書命以忠慎稱加以治身清苦衣不重帛每上所賜皆固辭曰凡陋小臣橫竊賞賜無德而祿殃咎必至上益嘉焉

又曰徐邈字仙民東莞姑幕人也少好學問尤善經傳時烈宗始覽典籍招延禮學之士謝安舉選補中書舍人在西省撰正五經音訓學者宗之每預顧問輒有獻替多所補益烈宗甚愛之

齊書曰永明元年熒惑入紫微時中書通事舍人四人各住一省謂之四戶既總重權勢傾天下會玄象失度太史奏宜修福禳之太尉王儉謂帝曰天文乖忤此由四戶乃具舍人王文明等名奏之

又曰明帝踐阼引傳昭爲中書舍人時居此職者皆權傾天下昭獨廉靜無所干預器服率略身安麤糲常插燭板床明帝聞之賜漆合燭槃勑曰卿有古人之風故賜卿古人之物

又曰茹法亮父爲中書通事舍人後出爲大司農中書勢利之職法亮戀之垂涕而去

梁書曰裴子野以中書侍郎鴻臚常兼中書通事舍人別勑知詔誥

南史曰顧協爲舍人同官者皆潤屋協在省十六載器服食飲不改於常有門生始來事協知其廉潔不敢厚餉止送錢二千協發怒杖二十因此事者絶於饋遺

北齊書曰荀士遜世祖時爲中書舍人狀皃甚醜以文辭見用曾有事須奏值世祖在後庭因左右傳通者不得士遜姓名乃云醜舍人世祖曰必士遜也看封題果是內人莫不忻笑

又曰顏之推天保末從顯祖至天池以爲中書舍人令中書郎段孝信將勑書出示之推之推營外飲酒孝信還以狀言顯祖仍曰且停由是遂寢

北史曰魏收兼中書舍人與溫子昇邢子才齊譽世號三才

隋書曰虞世基拜內史舍人煬帝即位顧遇彌隆秘書監河東柳顧言博學有才罕所推謝至是與世基相見歎曰海內當共推此一人非吾儕所及也

唐書曰貞觀中中書舍人高季輔上封章曰時已平矣功已成矣然而刑典未措者何哉良由謀猷之臣不弘簡易之政臺閣之吏昧於經遠之道執憲者以深刻爲奉公當官者以侵下爲益國未有坦平恕之懷副聖明之旨伏願隨方訓誥使各揚其職人敦朴素俗華澆浮家識孝慈人知廉恥杜其利欲之心載以清淳之化自然家富國肥禍

亂何由而作大宗善之特賜鍾乳一劑曰卿進藥石之言故以藥石報之也

又曰顔師古遷中書舍人專掌機密于時軍國多務凡有制誥皆成其手師古達於政理册奏之工時無及者

又曰武后天授元年壽春郡王成器兄弟五人初出閤同日受册有司撰儀注忘載册文及百寮在列方知闕禮宰臣相顧失色中書舍人王劇立召小史五人各令執筆口授分寫同時須臾俱畢詞理典贍時人歎伏

又曰景龍四年初定内難唯中書舍人蘇頲在太極殿後文詔塡委動以萬計手操口對無毫氂差誤主書韓禮談子陽轉書詔草屬謂頲曰乞公稍遲禮等書不及恐手腕將廢

又曰楊炎爲中書舍人與常袞並掌綸誥袞長於制書炎

善爲德音開元已來言詔制之美者號常楊焉

又曰王徽曾祖擇從擇從兄易從天后朝登進士第從弟朋從言從眘宗朝並以進士擢第昆仲四人開元中三至鳳閣舍人故時人號鳳閣王家

又曰齊澣開元中遷中書舍人論駁書詔潤色王言皆以古義謨誥爲準的侍中宋璟中書侍郎蘇頲並重之

又曰蘇元超道衡孫也爲中書舍人中書省有一盤石初道衡爲内史侍郎嘗踞而草制元超每見此石未嘗不泣然流涕

又曰賈曾授中書舍人曾以父名忠固辭乃拜諫議大夫知制誥至開元初復拜中書舍人又固辭議者以爲中書是曹司名又與曾父音同字別於禮無嫌乃就職與蘇晉同掌制誥皆以詞學見知時人稱爲蘇賈

又曰許景先轉中書舍人中書令張說常稱曰許舍人之文雖無峻峯激流嶄絶之勢然屬詞豐美得中和之氣實一時之秀也

又曰鄭高卿爲中書舍人處事不回爲宰相元載所忌魚朝恩署牙將李琮爲兩街功德使琮暴横於銀臺門毆辱京兆尹崔昭高卿立請元載抗論以爲國恥請速論奏載不從高卿遂以疾辭以前中書舍人居東洛凡十年自號伊川田父淸名高節稱於天下

又曰建中三年詔中書舍人分署尚書六曹復舊制也

又曰高郢掌誥累年家無制草或謂曰人皆留制集公焚之何也曰王言不可存私家時人重其愼密

又穆宗詔曰中書舍人故事分押六司佐宰臣判按廢革日久頗復稍難宜漸令條舉有須愼重者便令參議如闕

機密者即且如舊

又曰路隨敬宗初登極拜中書舍人翰林學士仍錫金紫有以金帛謝除制者必叱而却之曰吾以公事接私財耶終無所納

又曰大和四年勅前行郎中知制誥者約滿一周年即與正授從諫議大夫知者亦宜准此

又曰封敖爲學士拜中書舍人敖構思敏速語近而理勝不務奇澁武宗深重之嘗草賜陣傷邊將詔警句云傷居爾體痛在朕躬帝覽而善之賜之宮錦

又曰崔郾轉中書舍人入思政殿謝恩郾奏曰陛下用臣爲侍講卒歲有餘未嘗問臣經義今蒙轉改實慙尸素有愧厚恩帝曰俟朕機務稍閑即當請益高釴曰陛下意雖樂善既未延接儒生天下之人寧知重道帝深引咎錫之

錦綵

又曰中書舍人鄭居中少有時名楊歷清貫晚年尤薄名利以疾辭官恣遊名山一日搦管爲詩纔書五字曰雲山遊已徧紙猶在手筆忽墮地而終

又曰晉初中書置舍人通事各一人東晉合爲一職晉代入直閤内宣詔命而侍郎之任輕矣梁秩四百石品第八梁用人殊重簡以才能不限資地多以它官兼領其後除通事直曰中書舍人

五代史後唐書曰明宗時劉贊爲中書舍人與學士竇夢徵同年登第隣居友善夢徵早卒贊與同年楊疑式緦麻爲位而哭其家無嫡長與視喪卹其孀稚士人稱之

五代史晉史曰陳乂長興中自舍人銜命冊公主於大原（公主即帝后也）帝深待之但訝其高岸人或有獻可於乂宜陳一

謳頌以稱帝之美可邀其異待耳乂曰人生貧富咸有定分未有持天子命違禮以求利既損國綱且虧士行乂今生所不爲也聞者無不嘉之

又曰天福五年九月詔曰六典云中書舍人掌侍奉進奏參議表章凡詔旨制勑璽書策命皆按故事起草進畫既下則署而行之其禁有四一曰漏泄二曰稽緩三曰違失四曰忘誤所以重王命也古昔已來典實斯在爰從近代別創新名今運屬興王事從師古俾仍舊貫以輝前規其翰林學士院公事宜並歸中書舍人

五代史漢史曰唐李昭以尚書郎出爲蘇州刺史朞歲以中書舍人召還不拜謂宰輔曰省郎拜舍人以知制誥爲次序便由刺史玷綸闈非敢聞命乃以兵部郎中知制誥翌歲拜舍人受之

五代史周史曰王延爲中書舍人權知貢舉有崔頎者協之子也授偃師簿薄其卑屑棄去數年應進士延將入貢院見舊相吏部尚書盧文紀素與協不睦謂延曰舍人以謹重聞于時所以老夫去冬與諸相首以長者聞奏然此一途取事者頗多面目說者云越人善泅生子方晬乳母浮之水上或駭然止之乳母曰其父善泅子必無溺今若以名下取士徵泅之類也舍人當求實才以副公望延退而嗤曰盧公之言爲崔頎也縱與其父不悦致意何至此耶來春以頎登甲科其仁而徇公皆此類也

百官志曰魏初中書置通事一人主呈奏晉初中書又置舍人一人至東晉合通事及舍人二職謂之通事舍人猶掌呈奏

陶氏職官要録曰中書舍人舊視給事中

梁選簿云梁天監用人務簡英才不限資次

又曰隋内史舍人八員專掌詔誥煬帝減四人後改爲内史舍人

荀勗集曰晉武帝時門下啓令史伊羨趙咸爲中書舍人對掌文法勗奏以爲不可

起居郎

六典曰起居郎掌記天子之法度以修記事之史凡記事之制以事繫日以日繫月以月繫時以時繫年必書其朔日甲乙以紀曆數典禮文物以考制度遷拜旌賞以勸善誅伐黜免以懲惡季冬則授之于國史焉

唐書曰大和九年十二月左右省起居郎賫筆硯及紙於螭頭下記言記事

又曰鄭朗開成中爲起居郎初太和末風俗稍奢文宗恭

勤節儉冀革其風宰臣等言曰陛下躬儉節用風俗已移長裾大袂漸以減損若更令戚屬絶其侈靡不慮下不從教帝曰此事亦難戶曉但去其泰甚自以儉德化之朕聞前時内庫唯二錦袍飾以金鳥一袍玄宗幸溫湯時御之一與貴妃當時貴重如此今奢靡豈復貴之邪今富家往往皆有左街副使張元昌便用金唾壺昨因李訓已誅之矣時朗執筆螭頭下宰臣退上謂朗曰適所議論卿記錄未吾試觀之朗對曰臣執筆所記便名爲史伏准故事帝王不可取觀昔太宗欲覽國史諫議大夫朱子奢云史官所述不隱善惡或主非上智飾非護失見之則致怨所以義不可觀又褚遂良曰今之起居郎古之左右史也記人君言行善惡必書庶幾不爲非法不聞帝王躬自觀史帝曰適來所記無可否藏見亦何爽乃宣謂宰臣曰鄭朗引

故事不欲朕見起居注夫人君之言善惡必書朕恐有平常關話不關理體垂諸將來竊以爲耻異日臨朝庶幾稍改何妨一見以誡醜言朗遂進之

又曰開成二年十二月閤門對左右史裴素等上自開成初復故事每入閤左右史執筆立于螭頭之下君臣論奏得以備書故開成政事最詳於代

起居舍人

六典曰起居舍人掌修記言之史錄天子之制誥德音如記事之制以紀時政之損益季冬則授之於國史

唐書曰邢文偉滁州全椒人時右史官缺高宗謂侍臣曰邢文偉事我兒能減膳切諫此正直人也遂擢拜右史

又曰李讓夷字達心爲諫議大夫開成元年以本官兼知起居舍人事時起居舍人李褒有痼疾請罷官宰臣李石奏闕官上曰褚遂良爲諫議大夫嘗兼此官卿可盡言今諫議大夫姓名石遂奏李讓夷馮定孫簡俶帝曰讓夷可也李固言欲用崔球張次宗鄭覃曰崔球遊宗閔之門赤墀下秉筆記注爲千古法不可用朋黨如裴中孺李讓夷臣不敢有纖芥異論其爲人主大臣知重如此

又曰魏謩轉起居舍人紫宸中謝帝謂之曰以卿論事忠切有文貞之風故不循月限授卿此官又謂之曰卿家有何舊書詔對曰比多失墜唯簪笏見在上令進來鄭覃曰在人不在笏上曰鄭覃不會我意此即甘棠之義非在笏而已

又曰魏謩文宗時爲起居舍人紫宸入閤遣中使取謩起居注欲視之謩執奏曰自古置史官書事以明鑒誡陛下但爲善事勿畏臣不書如陛下所行錯忤臣縱不書天下

人書之臣以陛下爲文皇帝陛下比臣如褚遂良帝又曰我嘗取觀之謩曰由史官不守職分臣豈敢陷陛下爲非法陛下一覽之後自此書事須有迴避如此善惡不直非史也遺後代何以取信乃止

又曰張次宗有文學稽古厲行開成中爲起居舍人文宗復故事每入閤左右史執筆立于螭頭之下宰相奏事得以備錄宰臣既退上召左右史更質證所奏是非故開成政事詳於史氏

太平御覽卷第二百二十二

職官部二十一

諫議大夫　補闕　拾遺

諫議大夫

六典曰諫議大夫掌侍從贊相規諫諷諭凡諫有五一曰諷諫二曰順諫三曰規諫四曰致諫五曰直諫

漢書曰韋玄成字少翁以父任爲郎少好修文業尤謙遜其接人貧賤者益加由是名譽日廣以明經擢爲諫議大夫

又曰劉輔以美才擢爲諫議大夫成帝欲立趙婕妤爲皇后輔上書曰陛下乃觸情縱欲以卑賤之女毋天下乎里語曰腐木不可以爲柱卑人不可以爲主臣辱諫諍之官不敢不盡死言

又曰貢禹字少翁元帝徵禹爲諫議大夫數虛巳問以政事是時年穀不登禹奏言宮室制度宜從儉省天子納其善言

又曰夏侯勝字長公明洪範五行爲諫議大夫爲人簡易無威儀見時謂上爲君誤相字於上前上以此親信之

又曰王褒字子淵蜀人也益州刺史王襄欲宣風化於衆庶聞褒有俊材請與相見使褒作中和樂職如淳曰言王政中和在官者樂其職也宣布詩如淳曰國語所謂宣布哲人之令德也蘇林曰歌之名也選好事者令依鹿鳴之聲習而歌之時何武爲童子選在歌中武歌於太學宣帝召見曰此盛德之事吾何足以當之益州刺史因奏言褒有軼材上乃徵褒既至詔褒爲聖主得賢臣頌擢爲諫議大夫

又曰揚雄字子雲以耆老久次轉爲諫議大夫疾免復召爲諫議大夫家至貧嗜酒人稀至其門時有好事者載肴酒以從遊學

又曰孔光字子夏經學尤明舉止方正爲諫議大夫

東觀漢記曰郭丹字少卿從師長安買符入函谷關乃慨然而歎曰丹不乘使者車不出此關既至京師嘗爲都講更始二年爲諫議大夫持節歸南陽自去家十三年果乘高車出關

後漢書曰陳禪字紀山爲諫議大夫西南禪國王獻樂及幻人能吐火自支解易牛馬頭大會作之於庭禪離席舉手曰帝王之庭不宜作夷狄之樂

又曰韋彪字孟達上疏曰諫議之職應用公直之士通才謇正有補益於朝者今或從徵試輩爲大夫動舉州郡並宜清選其任責以言績其二千石視事雖久而爲吏人所

便安者宜增秩重賞勿妄遷徙惟留聖心

又曰江革轉諫議大夫賜告歸天子思革篤行詔齊相曰諫議大夫江革前以病歸今起居何如夫孝者百行之冠衆善之始也縣以見穀千斛賜巨孝常以八月長吏存問致羊酒以終厥身

又曰劉陶字子奇拜諫議大夫靈帝世天下日危陶上疏言天下亂皆由於宦豎宦豎見事急共讒陶詔收黄門北寺獄陶自知必死對使者曰讒邪相承考掠日深臣恨不列稷卨伊周之蹤而與比干龍逢爲儔事敗乃悔復何可及閉氣而死

續漢書曰周舉字宣光梁商表爲從事中郎商疾甚帝問遺言對曰臣從事中郎周舉清慎高亮可任諫議大夫

謝承後漢書曰傳翻字君成轉諫議大夫天性諒直數陳

讜言武帝嘉之
又曰虞承字叔明拜諫議大夫雅性忠謇在朝堂犯顏諫
爭終不曲撓散禄賑給諸生言德無比
魏志曰賈逵字梁道河東襄陵人也自爲兒童戲常設部
伍祖父習異之曰汝大必爲將帥口授兵法數萬言爲丞
相主簿太祖善之拜諫議大夫與夏侯尚並掌軍計
又曰賈逵字梁道太祖征劉備先遣逵至斜谷觀形勢道
逢水衡載囚數十逵以軍事急輙竟重者一人皆放其餘
太祖善之拜諫議大夫
蜀志曰尹默字思潛以左氏傳教授後主踐阼拜諫議大
夫
晉書曰李尤字伯仁侍中賈逵薦尤有揚雄之才明帝召
作東壁雍德陽諸觀銘拜諫議大夫

後魏書曰張普惠字洪賑常山九門人爲諫議大夫任城
王澄謂普惠曰不喜得諫議唯喜諫議得君
唐書曰高祖嘗謂蘇世長曰名長意短口正心邪棄忠貞
於鄭國忘信義於吾家世長對曰名長意短實如聖旨口
正心邪未敢奉詔昔竇融以河西降漢十世封侯臣以山
南歸國唯蒙屯監於是拜爲諫議大夫
又曰蘇世長擢拜諫議大夫從幸涇陽校獵大獲禽獸於
旌門高祖入御營顧謂朝臣曰今日畋樂乎世長進曰陛
下遊獵薄廢萬機不滿十旬未爲大樂高祖色變既而笑
曰狂態發耶世長曰爲臣私計則狂爲陛下國計則忠矣
又曰王珪爲諫議大夫嘗有論諫太宗稱善遂詔每宰相
入內平章大計必使諫官隨入與聞政事
又曰太宗問諫議大夫褚遂良曰舜造漆器禹雕其俎當
時諫舜十有餘人食器之間苦諫何也遂良對曰雕琢害
農事綦組傷女工首創奢淫危亡之漸漆器不已必金爲
之金器不已必玉爲之所以諫臣必諫其漸及其滿盈無
所復諫上然之
又曰蕭鈞遷諫議大夫時有左武候引駕盧文操踰垣盜
左藏庫物高宗以引駕職在糾繩身行盜竊命有司殺之
鈞進諫曰文操所犯情實難原然恐天下聞之必謂陛下
輕法律賤人命任喜怒貴財物臣之所職以諫爲名愚衷
所懷不敢不奏帝謂曰卿職在司諫能盡忠規遂特免其
死罪顧謂侍臣曰此乃眞諫議也
又曰武后臨朝置匭四區共爲一室列於朝堂東方春色
青有能告以養人及勸農可投書於青匭銘之曰延恩南
方夏色赤有能正諫論時政之得失可投書於丹匭銘之

曰招諫西方秋色白有能自陳抑屈可投書於素匭銘之
曰申寃北方水色玄有謀智者可投書於玄匭銘之曰通
玄宜令正諫大夫補闕拾遺等一人充使知匭事每日所
有投書至暮即進天寶九載三月改匭爲獻納
又曰李景伯遷諫議大夫中宗嘗宴侍臣及朝集使酒酣
令各爲迴波詞衆皆爲諂佞之詞及自要榮位次至景伯
曰迴波尒時酒卮微臣職在箴規侍宴既過三爵諠譁竊
恐非儀中宗不悅中書令蕭至忠稱之曰此眞諫官也
又曰至德元年制諫議大夫論事自今已後不須令宰相
先知
又曰乾元二年四月兩省諫官十日一上封事直論得失
無假文言既成殿最用存沮勸
又曰陽城爲諫議大夫裴延齡讒詬陸贄等坐貶黜德宗

怒不解在朝無救者城聞而起曰吾諫官也不可天子煞無罪人而信用姦臣即率拾遺王仲舒等數人守延英門上䟽論延齡姦佞贄等無罪狀德宗大怒召宰相入語將加城等罪良久乃解令宰相諭遣之於是金吾將軍張萬福聞諫官伏閤諫趨往至延英門大言賀曰朝廷有直臣天下必太平矣遂遍拜城及王仲舒等曰諸諫議能如此言事天下安得不太平已而連呼太平太平萬福武人時年八十餘自此名重天下

又曰崔鄲遷諫議大夫穆宗即位荒於禽酒坐朝恒晚鄲與同列鄭覃等延英切諫穆宗甚喜之畋遊稍簡

又曰文宗嘗於便殿召柳公權周墀對公權論事切直忤旨周墀爲之惴慄公權詞氣益堅上徐謂公權曰朕知舍人不合却作諫議以卿論事有爭臣之風今授卿諫議大夫

又曰孔戣爲諫議上䟽以事四條陳諷後有李渉投匭上言吐突承璀公忠戣爲匭使覽副狀大怒逐之因上䟽苦諫遂貶渉倖臣聞之側目人皆爲危之高步公卿間以方嚴見憚

又曰馮定爲諫議大夫李訓事敗伏誅衣冠擿罹其禍中外危疑及改元御殿中尉仇士良請用神策仗衛在殿門定抗䟽論罷人情危之又請許左右史隨宰臣入延英記事

又曰會昌元年中書門下奏據六典隋置諫議大夫七人從四品上大曆二年昇門下侍郎爲正三品兩省遂闕四品建官之道有所未周詩云衮職有闕仲山甫補之周漢大臣願入禁闥補過拾遺張衡爲侍中常居帷幄從容諷諫此皆大臣之任故其秩峻其任重則君敬其言而行其道況謇諤之地宜有老成之人秩未優崇則難用耆德其諫議大夫望依隋書舊制昇爲從四品分爲左右以備兩省四品之闕向後與丞郎出入迭用以重其選從之

五代史周書曰顯德五年勑諫議大夫宜依舊正五品上仍班位在給事中之下按唐六典諫議大夫四員正五品上皆隸門下省班在給事中之下會昌二年十一月中書門下奏升爲正四品下仍分爲左右以備兩省四品之闕故其班亦升在給事中之上近朝自諫議大夫拜給事中者官雖序遷位則降等至是以其遷次不倫故改正焉

三輔決録曰第五頡字子陵爲諫議大夫洛陽無主人鄉里無田宅寄止靈臺中或十日不炊

補闕

六典曰補闕唐垂拱中創立四員左右各二天授年初左右各加三員通前爲十員其或才職相當不待闕而授言國家有過闕而補正之故以名官焉

又曰左右補闕掌供奉諷諫扈從乘輿凡發令舉事有不便於時不合於道大則廷議小則上封若賢良之遺滯於下忠孝之不聞於上則條其事狀而薦言之

唐書曰王源中字正蒙早以文學知名升進士第宏詞科累遷至左補闕時典禁軍者不循法度至有臺府人吏皆爲追擒源中上䟽其略曰夫臺憲者紀綱之地府縣者責成之所設有罪犯宜歸司存安有北軍勢重於南衙輦下權傾於仗内乞還法司庶守職分憲宗可其請

又曰裴垍在中書有獨孤郁李正辭嚴休復自拾遺轉補闕及參謝之際垍廷語之曰獨孤與李二補闕孜孜獻納

今之遷轉可謂酬勞無愧矣嚴補闕官業或異於斯昨者進擬不無疑緩休復悚悳而退

又曰文宗以魏謩爲補闕上嘗言於宰臣曰太宗皇帝得魏徵採拾闕失弼成聖政今我得魏謩於疑似之閒必極臣諫雖不敢希及貞觀之政庶幾處於無過之地命授謩左補闕於内肰備述諫䟽激切詔中書善爲之詞

唐書曰貞元中韋渠牟爲右補闕内供奉僚列初輕之上在延英旣對宰相多使中貴人召渠牟於官次同輩始注目矣歲中遷左諫議大夫時延英對秉政財賦之臣晝漏率下二三刻爲常渠牟奏御率下五六刻上笑語款洽往往外聞

又曰韋温爲右補闕忠鯁救時宋申錫被誣温昌言曰宋公履行有素身居台輔不當有此是姦人陷害也吾輩諫官豈避一時之雷電而致聖君賢相蒙蔽惑之咎耶因率同列伏閤切争之由是知名

拾遺

六典曰拾遺唐垂拱中創立四員左右各二天授初左右各加二員通前爲十員才可則登不拘階叙言國家有遺事拾而論之故以名官焉

又曰左右拾遺掌供奉諷諫扈從乘輿凡發令舉事有不便於時不合於道大則廷議小則上封若賢良之遺滯於下忠孝之不聞於上則條其事狀而薦言之

唐書曰李邕少知名長安初内史李嶠及監察御史張廷珪並薦邕詞高行直堪爲諫諍之官由是召拜左拾遺

又曰李邕爲左拾遺御史中丞宋璟奏侍臣張昌宗兄弟有不順之言請付法推斷則天初不應邕在陛下進曰臣觀宋璟之言事關社稷望陛下可其奏則天色稍解始允宋璟所請旣出或謂邕曰吾子名位尚卑若不稱旨禍將不測何爲造次如是邕曰不顛不狂其名不彰若不如此後代何以稱也

又曰李邕爲左拾遺及中宗即位以沃人鄭普思爲祕書監邕上書諫曰蓋人感一飱之恵殞七尺之身況臣爲陛下官受陛下禄而得目有所見口不言之是負恩矣自陛下親政日近復在九重所以未聞在外羣下竊議道路籍籍皆云普思多行詭惑妄説妖祥唯陛下不知尚見驅使此道若行必撓亂朝政臣至愚至賤不敢以胷臆對揚天庭請以古事明證孔丘云詩三百一言以蔽之曰思無邪陛下今若以普思有奇術可致長生久視之道則爽鳩氏父應得之永有天下非陛下今日可得而求若以普思可致仙方則

秦皇漢武久應得之永有天下亦非陛下今日可得而求若以普思可致佛法則漢明梁武久應得之永有天下亦非陛下今日可得而求若以普思可致鬼道則墨翟于寶各獻於至尊矣而二主得之永爲天下亦非陛下今日可得而求此皆事涉虛妄歷代無効臣愚不願陛下復行之於明時唯堯舜二帝自古稱聖臣觀所行故在人事敦睦九族平章百姓不聞以鬼神之道聽理天下伏願陛下察之則天下幸甚疏奏不納

又曰許景先常州義興人後徙家洛陽少舉進士授夏陽尉神龍初東都起聖善寺報慈閣景先詣闕獻大像閣賦詞甚美麗擢拜左拾遺

又曰蕭昕爲左拾遺昕常與布衣張鎬爲友館而禮之表薦曰如鎬者用之爲王者師不用則幽谷一叟尔玄宗擢

鐫拾遺不數年出入將相

又曰元和中以左拾遺杜從郁爲祕書丞從郁司徒佑之子也初自司議郎爲左補闕崔群韋貫之左拾遺獨孤郁等上疏以爲宰相之子不合爲諫諍之官於是降爲左拾遺群等又奏云拾遺與補闕雖資品不同而皆是諫官父爲宰相而子爲諫官若政有得失不可使子論父於是改授之

又曰元和中延英宰臣對訖左拾遺楊歸厚次請對時上坐久宜令後坐日對來歸厚堅詞固請宰相諭之不退上乃召見歸厚首論中官許遂振次歷詆宰輔皆過激切然而自衒求試其詞甚繁逾刻而罷

又曰元稹除左拾遺稹性鋒鋭見事風生既居諫垣不欲碌碌自滯事無不言即日上疏論諫職

又曰寶曆中左拾遺李漢右拾遺舒元褒薛廷老等五人於閤内諫曰臣伏見近日除授往往不由中書進擬或是宣出臣恐自此紀綱寖壞姦邪恣行伏乞聖恩詳察上厲聲曰更有何事舒元褒進曰陛下近日修造亦太多上色變曰何處修造元褒俛首不能對薛廷老奏曰臣等是諫臣有所聞即合論奏亦豈知陛下修造之所但見般輦瓦木絶多即知修造不已伏乞稍留聖慮上曰所奏知然後各復位議者以爲不廢其職

又曰大和三年左拾遺舒元褒等論中丞温造凌供奉官事今月四日左補闕李虞與温造街中相逢造怒不迴避遂捉李虞祗承人禁身一宿決脊杖十下者臣等謹案國朝政故事供奉官街中除宰相外無所迴避今温造蔑朝廷典故凌陛下近臣恣行胷臆曾無畏忌伏以事有雖小而關分理者即不可失也分理一失亂由之生遺補官秩雖卑乃陛下侍臣也中丞雖高乃法吏也侍臣見凌是不廣敬法吏壞法何以持繩前時中書舍人李虞仲與造相逢造乃曳去引馬知制誥崔咸與造相逢又捉其從人當時緣不上聞所以强暴益甚臣等又聞元和長慶中中丞行李不過半坊今乃遠至兩坊謂之籠街喝道但以尊崇自處不思僭擬之嫌陛下若不因此特有懲革伏恐從此供奉官輦便須迴避中丞累朝制度失自陛下臣等官忝諫列實爲陛下惜之奉勑憲官之職在指佞觸邪不在行李自大侍臣之職在獻可替否不在道途相高並列通班合知名分如聞喧競亦以再三既招人言甚損朝體其臺官與供奉官同道聽先後而行道途任祗揖而過其參從人則各隨本官之後少相辟避勿信衝突又聞近日已來應合有導從官手力多者街衢之中行李太過自今傳

呼前後不過三百步

唐書曰歸登爲右拾遺裴延齡以姦佞有恩欲爲相諫議大夫陽城上疏切直德宗赫怒右補闕熊執易等亦以危言忤旨初執易草疏成示登登愯然曰願寄一名雷電之下安忍令足下獨當自是同列切諫登每聯署其奏無所迴避時人稱重

又曰王仲舒字弘中貞元十年策試賢良方正能直言極諫等科仲舒登乙第超拜右拾遺裴延齡領度支矯誕大言中傷良善仲舒上疏極論之

又曰趙宗儒拜右拾遺翰林學士父驊改祕書少監與父並命出於中旨當時榮之

太平御覽卷第二百二十三

太平御覽卷第二百二十四

職官部二十二

散騎常侍　員外散騎常侍

通直散騎常侍　散騎侍郎

員外散騎侍郎　通直散騎侍郎

散騎常侍

六典曰唐貞觀初置散騎常侍二員隷門下省明慶二年又置二員隷中書省始有左右之號並金蟬珥貂左散騎與侍中爲左貂右散騎與中書令爲右貂謂之八貂

又曰散騎常侍晉代此官選望甚重時與黄門侍郎謂之黄散

漢書百官表曰散騎中常侍皆加官所加或列侯將軍卿大夫正員多至數十人

應劭漢官儀曰秦及前漢置散騎及中常侍各一人散騎騎馬並乘輿車獻可替否

魏志曰文帝延康元年置散騎常侍爲一官省中置四人與侍中同掌規諫不用官者官者爲官不過署令

魏略曰散騎常侍比於侍中貂璫插右黄初中始置四人出入侍從與上談議不典事

蜀志曰魏文帝善孟達之姿才容觀以爲散騎常侍

吴志曰薛瑩既至洛陽特先見叙爲散騎常侍荅問處當皆有條理

晉書曰鄭默字思元爲散騎常侍武帝出南郊侍中已陪乘詔曰使鄭常侍叅乘

又曰阮孚爲散騎常侍嘗以金貂換酒復爲所司彈劾帝宥之

又曰華嶠字叔駿加散騎常侍班同中書寺爲内臺中書散騎著作及理禮音律天文數術南省文章門下撰集皆典統之也

又曰何劭字敬祖曾之子也少與武帝同年有揔角之好及帝即位轉散騎常侍甚見親重

晉起居注曰太康七年詔曰尚書馮紞忠亮在公歷職内外勤恪匪懈而疾未差屢求放退其以紞爲散騎常侍賜錢二千萬牀帳一具

又曰升平五年詔曰前西中郎謝萬才義簡正宜居獻替其以萬爲散騎常侍

晉中興書曰庾闡有文章才美議者以爲宜綜國史於是召爲散騎常侍

晉諸公贊曰司馬駿五六歲能書數魏王爲帝駿八歲爲散騎常侍常侍講

齊書曰周盤龍自平北將軍爲散騎常侍武帝戲之曰卿著貂蟬何如兜鍪對曰此貂蟬從兜鍪中出耳

齊職儀曰魏氏侍中皆騎從御登殿與散騎常侍對挾帝侍中居左常侍居右

後魏書曰初高祖以李彪爲散騎常侍郭祚因入見高祖謂祚曰朕誤受一人官禄對曰豈容聖詔一行而有差異高祖曰朕昨誤況今日此自應有讓朕欲别授一官須臾彪有啓云伯石辭卿子產所惡臣欲之已久故不敢讓高祖歎謂祚曰卿之忠諫李彪正辭使朕遅迴不能復决遂不移官

又曰明亮爲常侍加武勇將軍進曰臣本官常侍是第三清今授武勇其號至濁

又曰荀顗承明元年文明太后令百官舉才堪幹事人足委仗者於是公卿咸以顥應選徵拜散騎常侍

又曰孝文謂散騎常侍元景曰卿等自在集書合省逋墮致使王言遺滯起居不修

北齊書曰宋弁爲散騎常侍遷右將軍領黃門弁屢讓高祖曰散騎位在中書之右常侍者黃門之庶兄領軍者二衛之假攝不足空存推讓而棄大委

又曰朝貴多假常侍以取貂蟬之飾高隆之自表解侍中并陳請假侍服者亦請罷之詔皆如表

三國典略曰齊遣散騎常侍崔瞻聘于陳瞻辭韻溫雅南人欽服力謂之曰常侍前朝何竟不來今日誰相對者

又曰賀琛爲梁散騎常侍梁主與語常移晷刻故省中語曰上殿不下有賀雅琛容止都雅故人呼之

隋書曰案漢官侍內金蟬左貂金取剛固蟬取高潔也董巴志曰內常侍右貂金璫銀附蟬內書令亦同此今官者去貂內史金蟬右貂納言金蟬左貂開皇時特加散騎常侍在門下者貂蟬至是罷之唯加常侍聘外國者特給貂蟬還則輸納於內省

環濟要略曰散騎常侍入侍左右出則侍事於廊廡之下

華嶠集云詔曰散騎以從容侍從承答顧問掌讚詔命平處文籍故前世多參用文學之士義郎華嶠有論義著述之才其以嶠爲散騎常侍兼與中書共參著作事嶠表謝云非臣典筆申辭所能陳謝

員外散騎常侍

晉書曰吏部郎李重啓東莞太守曹嘉之才翰學義先代之後宜補員外常侍

晉起居注曰咸康八年司徒王導表員外常侍孫朝八年告老弃身決宇永絕榮祿宜給本官秩俸以終餘年

梁書曰賀琛字國寶遷員外散騎常侍舊尚書南座無貂貂自琛始也

通直散騎常侍

陶氏職官要録曰晉太始十年詔東平王楙爲員外常侍通直殿中與散騎常侍通直通直之號蓋自此始也

朱鳳晉書曰左軍陳輿騫之子以父老求去職宿衛不宜曠詔以爲通直常侍

宋書曰通直散騎常侍員四人魏末散騎常侍又有在員外晉武帝使二人與散騎常侍通員直故謂之通直散騎常侍晉江左置四人

梁書曰鮑泉嘗乘高幰車從數十左右繖蓋服玩甚精道

逢國子祭酒王承承疑非舊貫遣訪之泉從者荅曰鮑通直承怪焉復欲辱之遣逼車問鮑通直復是何許人而得如此都下少年遂爲口實見尚豪華人相戲曰鮑通直復是何許人而得如此以之爲笑謔

北齊書曰張景仁除通直散騎常侍及奏御筆點通直字遂爲正常侍也

隋書曰許善心加通直散騎常侍聘於隋遇高祖伐陳禮成而不獲反命累表請辭上不許留縶賓館及陳亡高祖遣使告之善心素服號哭於西階之下藉草東向經三日勑書唁焉明日有詔就館拜通直散騎常侍賜衣一襲善心哭盡哀入房改服復出北面立垂涕再拜受詔明日乃朝伏泣於殿下悲不能興上顧左右曰我平陳國唯獲此人既能懷其舊君即是我誠臣也勑以本官直門下省賜

物千段馬二十疋

散騎侍郎

魏志曰文帝延康元年置散騎常侍侍郎各四人

又曰鍾毓字雅叔年十四爲散騎侍郎機捷談笑有父之風

魏略曰孟康字公休安平人黄初中以於郭后有外屬并受九親賜拜遂轉爲散騎常侍是時散騎皆以高才英儒充其選而康獨緣妃嬙雜在其間故于時皆共輕之號爲阿九康既才敏因在宂官博讀書傳後遂有所彈駮其文義雅而切要衆人乃更加意

晉陽秋曰荀顗字景倩帝見而奇之曰荀令君子也擢拜散騎侍郎

干寶晉紀曰處士馮恢志行過人以爲散騎侍郎張華曰

臣請觀之若不見臣上也見而有傲世之容次也敬而爲賓主者固俗士也及華至恢待之恭於是時人少之

唐書曰高祖初平長安拜舞人安叱奴爲散騎侍郎既在朝列咸陪遊宴禮部尚書李綱諫曰臣案周禮均工樂胥不得預於士伍雖復才如子野妙等師襄皆終身繼世不易其業故魏武帝欲使禰衡擊鼓先解朝服露體而擊之問其故對曰不敢以先王法服而爲伶人之衣也唯齊末高緯封曹妙達爲王安馬駒爲開府有國家者以爲殷監今新定天下開太平之基起義功臣行賞未遍高才碩學猶滯草萊而先令舞胡致位五品鳴玉曳組趍馳廊廟故非創規模貽子孫之道也高祖不納

桓氏家傳曰延康元年初置散騎之官皆選親舊文武之才以爲賓宴之臣遷桓範爲散騎侍郎

陶氏職官要錄曰案漢初有騎郎常侍有資者得爲騎郎資滿五萬爲常侍郎張釋之以貲爲常侍郎蓋此官也

華嶠譜叙曰華歆有三子表字偉容年二十餘爲散騎侍郎時同寮諸郎共平尚書事少並厲鋒氣要名譽尚書事至或有不便故遺漏不視及傳書者去即深文論駮唯表不然事有不便輒與尚書共論盡其意主者固執不得已然後共奏司空陳恭等以此稱之

員外散騎侍郎

晉起居注曰大興四年詔曰今以前司空從事中郎盧諶爲散騎侍郎在員外

晉中興書曰符堅青州刺史符朗降烈宗詔曰朗深識逆順望風歸化既嘉此誠亦簡其才可員外散騎侍郎并賜給之

宋書曰員外散騎侍郎置無員

後魏書曰梁三益字敬安於南陽内附高祖與語善之曰三益三益殊不亞拜員外散騎侍郎

通直散騎侍郎

晉大興元年起居注曰置通直散騎侍郎四人

沈約宋書曰晉元帝使員外散騎侍郎二人與散騎通直故謂之通直散騎侍郎

後魏書曰李瑾字道瑜美容皃頗有文才遷通直散騎侍郎與黄門王遵業尚書郎盧觀典脩儀注臨淮王式謂瑾等三儁共掌帝儀可謂舅甥之國王盧即瑾之外兄也

太平御覽卷第二百二十四

太平御覽卷第二百二十五

職官部二十三

御史大夫

御史中丞上

御史大夫

六典曰御史大夫之職掌邦國刑憲典章以肅正朝列中丞爲之貳凡天下之人有稱寃而無告者與三司詰之三司即御史大夫中書門下也凡中外百寮之事應彈劾者御史言於大夫大事則方幅奏彈之小事但署名而已

漢書公卿表曰御史大夫秦官也應劭曰侍御之率故稱大夫

史記曰趙堯者少爲符璽御史趙人方與公謂御史大夫周昌曰君之吏趙堯年雖少奇士也君必異之且代君位

昌笑曰堯刀筆吏何能至是乎居頃之堯侍高祖獨不樂悲歌羣臣不知所以然堯進問陛下所悲者非爲趙王年少而戚夫人與呂后有隙萬歲之後而趙王不能自全乎高祖曰然吾私憂之不知所出堯曰陛下獨宜爲趙王置强相及呂后太子群臣所素敬憚者乃可高祖曰然誰可堯曰御史大夫周昌其人賢忍質直且呂后太子及大臣皆敬憚之獨昌可高祖乃召問昌謂之曰吾欲固煩公公强爲我相趙昌泣曰臣初起從陛下獨柰何中道而弃之於諸侯高祖曰吾極知其左遷君私憂趙念非公毋可者於是徙昌爲趙王相既行高祖持御史大夫印弄之曰誰可以爲御史大夫者孰視趙堯曰毋以易堯遂拜堯御史大夫

漢書曰元帝時瑯琊貢禹爲御史大夫而華陰守丞嘉上封事言治道在於得賢御史之官宰相之副九卿之右不可不選平陵朱雲兼資文武中正有智略可使以六百石秩試守御史大夫盡其能

又曰朱博爲御史大夫府吏舍百餘區井泉俱竭又其府中列栢樹常有野烏數千棲其上晨去暮來號曰朝夕烏後去不來者數月長老異之果廢焉

又曰汲黯謂上曰公孫弘位在三公奉禄甚多然爲布被此詐也上問弘弘謝曰有之夫三公爲布被誠飾詐以釣名今臣弘位爲御史大夫九卿以下無差誠如黯言

又曰公孫弘爲御史大夫時又東置滄海北置朔方之郡弘諫以爲罷弊中國以奉無用之地願罷滄海專奉朔方上許之

又曰張湯爲御史大夫舞文巧詆以輔法

又曰張歐爲御史大夫上具獄事可却之不可者不得已而爲之涕泣對之其愛人若此年老請免天子亦寵以上大夫禄歸老于家

又曰杜周爲御史大夫後周子延年又爲御史大夫以居父官府不敢當舊位坐卧皆易其處

又曰倪寬爲御史大夫以稱意任職故久無所匡諫官屬易之

又曰張湯爲御史大夫每朝奏事語國用日旰天子忘食丞相充位而已

又曰晁錯遷御史大夫請諸侯之罪過則削其地奏上上令公卿列侯宗室集議莫敢難錯獨竇嬰爭之由此與嬰有隙

又曰哀帝建平二年朱博奏請罷大司空以御史大夫爲

百僚師帝從之

又曰梁相褚大通五經爲博士倪寬爲弟子及御史大夫欽徵褚大大自以爲得御史大夫至雒陽聞寬爲大夫褚大笑及至與寬議封禪於上前大不能及退而服曰誠知之

漢書百官志曰御史大夫秦官位上卿銀印青綬掌副丞相事

漢雜記事曰故事上書爲二封其一曰副領尚書者先發之有不善屏去不奏魏相爲御史大夫奏去副封以防擁蔽

漢舊儀曰御史大夫寺在司馬門内門無塾門署用梓板不起郭邑題曰御史大夫寺

北齊楊楞伽鄴都故事云御史臺在宮闕西南其門北開

取冬殺之義也

唐書曰韋挺太宗嘗謂挺曰卿之任御史大夫獨朕意耳左右大臣無爲卿地者卿勉之哉

又曰薛謙光拜御史大夫時僧惠範恃太平公主權勢逼奪百姓店肆州縣不能理謙光將加彈奏或請寢之謙光曰憲臺理冤滯何所迴避朝彈暮黜亦可矣遂與殿中慕容珣奏彈之

又曰韋思謙除右肅政大夫遂坐受拜或以爲言謙曰國家班列自有等差柰何以姑息爲事

又曰崔隱甫爲大夫一切督責之事無大小悉令諮決稍有忤意列上其罪前後貶黜者過半羣僚側目上常謂曰卿爲大夫深副朕所委

又曰肅宗幸靈武李峴應召至行在拜扶風郡太守兼御史大夫既收京師拜禮部尚書守京兆尹復兼御史大夫時峴兄峘爲户部尚書兼成都尹乾元初玄宗還京峘自蜀至又兼御史大夫兄弟俱判臺事自國初以來兄弟並拜大夫未有其比時長安士庶皆賦美之

又曰崔縱勸李懷光西至奉天加右庶子充使無幾拜京兆尹兼御史大夫數奏懷光剛愎反覆宜陰備之及幸梁州左右或短之曰縱素善懷光必不來矣上曰他人不知縱吾可保不數日縱至拜御史大夫

又曰李元素徵拜御史大夫自貞元中位缺久難其人至是元素以名望召拜中外聳聽及居位一無修舉但規求作相久之滞不得志見客必曰無以某官散相疎也見屬官必先拜脂韋在列大失人情

又曰李景讓轉御史大夫景讓慷慨有大志事毋以孝聞

正色立朝言無避忌時宣宗皇舅鄭光卒詔贈司徒罷朝三日景讓曰國舅雖親朝典有素無容過越乃上言曰鄭光是陛下親舅外族之愛誠軫聖心況皇太后哀切之時理合加等而賜之粟帛降之弔問自家刑國允謂合宜今以輟朝之數比於親王公主即前例所無縱有亦不可施用何者先王制禮所貴防微大凡人情於外族則深於宗屬則薄所以先王制禮割愛厚親士庶猶然況當萬乘親王公主宗屬也舅氏外族也今朝廷公卿以至庶人據開元禮外祖父母及親舅喪止服小功五月若親伯叔親兄弟即服齊縗周年所以疎其外而密於内也有天下者尤不可使外戚强盛故西漢有呂氏之侈幾滅劉氏國朝有則天之簒殆革唐命蓋非一朝一夕其所由來漸也今鄭光輟朝日數與親王公主同設使陛下速改詔命輟朝一

日或兩日示其昇降有差恩禮無偕使四方見陛下欽明之德青史傳陛下制度之文垂之百王永播芳烈且愚不肖謬竊恩私實願陛下處於堯舜之上羲軒之列所以甘心鼎鑊伏進危言優詔報之乃罷朝兩日

又曰田令孜軍沙陁逼京師移幸鳳翔邠帥朱玫引兵來迎駕令孜挾帝幸山南時中夜出幸百官不及扈從而隨駕者黄門衛士數百人而巳帝駐寶雞候館詔授孔緯御史大夫遣中使傳詔令緯率百寮赴行在時京師急變從駕官屬至盩厔並爲亂兵所剽資裝殆盡緯承令見宰相論事蕭遘以田令孜在帝左右意不欲行辭疾不見緯遣臺吏促百官上路皆以袍笏不具爲詞緯無如之何乃召三院御史謂之曰吾輩世荷國恩身居憲秩雖六騑奔道而咫尺天顔累詔追徵皆無承禀非臣子之義也凡布衣

交舊緩急猶相救卹況在君親策名委質安可背耶言竟泣下三院曰夫豈不懷但盩厔剽剥之餘丐食不給今若首途聊營一日之費俟信宿繼行可也緯拂衣而起曰吾妻危疾旦不得夕丈夫豈以妻子之故忽君父之急耶公輩善自爲謀吾行決矣即日見李昌符告曰主上再有詔命令促百寮前進觀群公之意未有發期僕忝憲閫不宜居後道途多梗明公幸假五十騎送至陳倉昌符嘉之謂緯曰路無頓遞裹糧辦耶乃送錢五十緡令騎士援緯達散關緯知朱玫必蓄異志奏曰関城小邑不足以駐六師請速幸梁州翌日車駕離陳倉纔入関而邠岐之兵圍寶雞攻散関微緯之言幾危矣

五代史後唐史曰天成元年夏六月以李琪爲御史大夫自後不復除

通典曰漢御史大夫副丞相事若今之同平章及參知機務之類所以漢書云薛貢韋匡迭爲宰相薛宣韋賢匡衡則是丞相而貢禹但爲御史大夫

又曰武后時改御史臺爲肅政臺凡置左右肅政二臺别置大夫中丞各一人侍御史殿中監察各二十人

漢武帝集曰武帝作栢梁臺詔群臣二千石有能爲七言詩者乃得上坐御史大夫曰刀筆之吏臣執之

唐中宗授楊再思檢校左臺大夫制曰避車要秩非德靡外專席雄班惟賢是屬侍中楊再思衣冠舊齒廊廟宏材寒暑不易其心始終弗虧其度在明時而有立居暗室以無欺投水陳謨邁漢朝之三傑雲砂作相掩虞日之五臣森乎抱松栢之心凜若負冰霜之氣佇因獻替兼肅權豪宜分務於鸑鷟俾効能於烏署

又蘇珦授右臺大夫制曰烏臺峻秩望埒鐵冠蒼珮崇班威高石室誠副相之榮級實次卿之通任前岐州蘇珦詞吞楚澤量湛黄陂既光大厦之材堪入巨川之用西京展驥道掩題輿右輔憑熊風超露冕朱幡霧撤初停州縣之勞白簡霜凝宜屏權豪之氣

御史中丞上

韋昭辨釋名曰御史中丞居中丞相者也辨云此中丞自御史大夫下丞有二其一别居殿中舉不法故曰中丞

周禮曰周官小宰之職掌建邦之宫刑以理王宫政令凡宫之糾禁注曰若漢之御史中丞

史記曰臧宣爲御史及中丞者幾三十年以微文深詆殺者甚衆稱爲敢決

漢書曰陳咸字子康沛郡人爲中丞摠領州郡奏事課

第諸刺史執法殿中公卿已下皆敬憚之

又曰鮑宣字貢君爲中丞執法殿中外惣部刺史郡國二千石所貶退稱進白黑分明由是知名

又曰中丞有石室以藏秘書圖讖之屬以其居殿中故曰中丞

又曰張湯爲御史大夫丞上請造白金與五銖錢籠天下鹽鐵排富商大賈

東觀漢記曰樊准字幼陵爲御史中丞舉正非法百僚震悚

又曰宣秉建武元年拜御史中丞上特詔御史中丞與司隸校尉尚書令會同並專席而坐故京師號曰三獨坐

後魏書曰高恭之字道穆爲御史中丞帝姉壽陽公主行犯清路執赤棒卒呵之不止道穆令卒棒破其車公主深

以爲恨泣以訴帝帝謂主曰高中尉清直之人彼所行者公事豈可以私恨責之耶道穆後見帝帝曰一日家姉行路相犯極以爲愧道穆免謝曰臣蒙陛下恩奉陛下法不敢獨於公主虧朝廷典章

謝承後漢書曰陳謙字伯讓拜御史中丞執憲奉法多所糾正爲百僚所敬尚書選舉序位旌賢常諮問謙自陳著雖尊爲宰相論議褒貶每往質疑皆服其清識高亮

續漢書曰馬嚴字威卿拜御史中丞賜冠幘衣服車馬嚴舉劾案章申明舊典奉法按舉無所迴避百寮憚之

漢官儀曰御史中丞二人本御史大夫之丞其一別在殿中兼典蘭臺祕書外督部刺史内領侍御史受公卿章奏糾察百僚

漢舊儀曰御史中丞督司隸司隸督司直司直督刺史刺史督二千石以下

漢官解詁注曰建武以來省御史大夫官屬入侍蘭臺蘭臺有十五人特置中丞一人以惣之此官得舉非法其權次尚書

魏志曰鮑勛字叔業黄初四年尚書令陳群僕射司馬宣王並舉勛爲官正官正即御史中丞也帝不得已而用之百寮嚴憚罔不肅然

魏氏春秋曰故事御史中丞與洛陽令相遇則分路而行以土主多逐捕不欲稽留也

太平御覽卷第二百二十五

太平御覽卷第二百二十六

職官部二十四

御史中丞下　持書侍御史

御史中丞下

晉書曰熊遠字孝文遷御史中丞中宗每歎其公忠謂遠曰卿在朝政正色不茹柔吐剛忠亮至勁可謂王臣

又曰庾峻字山甫爲御史中丞優而不剋

又曰周顗字子隱爲御史中丞奏征虜將軍右崇大將軍梁王肜等正繩直筆權豪震肅

又曰劉暾（他昆）字長外兼中丞奏免尚書僕射等十餘人朝廷嘉之遂以即眞

謝靈運晉書曰漢官尚書爲中臺御史爲憲臺謁者爲外臺是爲三臺自漢罷御史大夫而憲臺猶置以丞爲臺主中丞是也

晉中興書曰　王恬字元愉（音俞）爲御史中丞值海西公廢太宗即位未解嚴大司馬桓温屯中堂夜吹警角恬奏劾温大不敬請理罪明日温見奏事歎曰此兒乃敢彈我眞可畏也

又曰熊遠遷御史中丞尚書郎盧綝入直逢尚書刁協於大司馬門外協醉使綝避之綝以當直不肯迴協令人牽綝墮馬至協車前而後釋遠奏請免協官詔令白衣領職

又曰劉璵（音雨）遷御史中丞璵氣尚人爲憲司甚得志彈蕭惠開云非才非望非勳非地彈王僧遠云廕籍高華人品冗末朝士莫不畏其筆端

又曰蕭惠開拜御史　世祖與劉季之詔曰今以蕭惠開爲憲司冀當稱職但往一服額已自殊有所震及在任百寮畏憚之八年入爲侍中詔曰惠開前任憲奉法不阿權戚朕甚嘉之可更授御史中丞 繩

又曰鄭鮮之遷御史中丞明憲直繩甚得直司之體外甥劉毅權重當時朝廷莫不歸附鮮之盡心高祖獨不屈意毅甚恨焉

又曰荀伯子爲御史中丞莅職勤恪有匪躬之稱立朝正色内外憚之凡所奏劾莫不深相訶毁或延及祖宗其言切直又頗雜嘲戲故世人以此非之

齊書曰王僧虔遷御史中丞甲族由來多不居憲職王氏分枝居烏衣者位官微感僧虔爲此官乃曰此是烏衣諸郎坐處我亦可試爲耳

又曰江淹爲御史中丞明帝作相謂淹曰君昔在尚書中非公事不妄行在官寬猛能折衷今爲南司足以震肅百寮也曰今日之事可謂當官而行更恐不足仰稱明旨耳於是彈中書令謝朏（音斐）司徒左長史王績黯護軍長史庾弘遠並以託疾不預山陵公事又奏收前益州刺史劉悛梁州刺史陰智伯並贓貨巨萬輒收付廷尉臨海太守沈昭略永嘉太守庾曇隆及諸郡二千石并大縣官長多被劾内外肅然明帝謂曰自宋已來不復有嚴明中丞君今日可謂近世獨歩

梁書曰樂藹遷御史中丞初藹發江陵無故於舡得八車輻如中丞徒歩避道者至是果遷焉

又曰王僧孺兼御史中丞僧孺幼貧其母鬻紗布以自業嘗携僧孺至市道遇中丞鹵簿驅迫墜溝中及是拜日引騶清道悲感不自勝頃之即眞

後魏書曰李彪爲中尉號爲嚴酷以姦欵難得乃爲木手

擊其脇腋氣絶而後屬者時有汾州叛胡得其魁渠皆斃因煞之及彪之病也體上瘡潰痛毒備極

又曰李彪遷御史中尉彪為高祖所寵性又剛直遂多所彈紏遠近畏之豪右屏氣高祖嘗呼為李生又從容謂群臣曰吾之有李生猶漢之有汲黯

北齊書曰齊王高澄用崔暹為御史中尉宋遊道為尚書左丞謂之曰卿一人處南臺一人處北省當使天下肅然

又曰琅邪王儼字仁威武成第三子累為御史中丞魏氏制中丞出清道與皇太子分路行王公皆遥住車去牛頓車於地以待中丞過其或違遲則赤棒棒之自都鄴後此儀寢絶武成欲雄寵儼乃使一依舊制初從北宮出將上宮丞凡京畿步騎領軍之官屬中丞之威儀司徒之鹵簿莫不畢備時儼揔領四職帝與胡后在華林園東門外張幕隔青紗步障觀之遣中使驟馬趣仗不得入自言奉勑赤棒應聲碎其鞍馬驚人墜帝大笑以為善更勑令駐車傳語良久觀者傾京邑

陳書曰徐陵除散騎常侍御史中丞時安成王為司空以帝弟之尊勢傾朝野直兵鮑僧叡假王威權抑塞辭訟大臣莫敢言者陵聞之乃為奏彈導從南臺官屬引奏案而入世祖見陵服章嚴肅若不可犯為斂容正色坐陵進讀奏狀時安成王殿上侍立仰視世祖流汗失色陵遣殿中御史引王下殿遂劾免侍中中書監自此朝廷肅然

隋書曰後魏延昌中王顯有寵於宣武御史中丞請革選衛史此後踵其事每一中尉更置御史自開皇後始自吏部選用依舊入直禁中。唐書官品志曰中丞一人掌督司百僚皇太子已下其在營門行行馬內違法者皆糾彈之雖在馬外而監司不糾亦得奏之專道而行逢尚書丞郎亦得停駐

又曰張易之縱恣益橫嘗私引相工李引泰占吉凶言涉不順御史中丞宋璟音冏請窮究其狀武太后曰易之等已上聞璟曰謀反大逆無容首免易之等分外承恩臣知言出禍從然義激於心雖死不恨太后不悅內史姚璹音孰恐忤旨遽宣勑令出璟曰天顏咫尺親奉德音不煩宰相擅宣王命太后意解又收易之等就獄尋詔原之命就宅謝罪璟拒而不見曰公事當公言之若私見法無私也

又曰御史中丞姚庭筠奏稱律令格式懸之象魏奉而行之事無不理比見諸司寮案不能遵守章程事無大小皆悉聞奏臣聞為君者任臣為臣者奉法故云汝為君目將司明也則知萬機務綜不可徧覽也所以設官分職者委

任責成百工惟時以成垂拱之化比者或修一水摠或伐一枯木並皆上聞旒扆取斷宸衷豈代天理物至公之道也自今已後若緣軍國大事及牒式無文者任奏取進旨自餘據章程合行者各令准法處分其故生疑滯致有稽失者請令御史隨事糾彈上從之

又曰盧弈懷慎之少子也與兄奐音喚齊名天寶十一年為御史中丞始懷慎及奐並為此官父子三人為中丞清節不易時人美之

又曰齊映為御史中丞從德宗幸梁州每遇險映嘗執轡會上馬驚跳奔益甚上懼傷映令捨轡映堅執久之乃止問其故對曰馬奔踶音蹄不過傷臣如捨之或犯清塵雖臣萬死何以塞責上嘉歎無已

又曰御史中丞武元衡奏貞元二年御史中丞竇參所奏

凡諸使兼憲官者除元帥都統節度觀察都團練防禦等使餘並在本官之位其後蘇弁(音卞)于頎(音頎)以度支郎中兼御史中丞鄧求以易州刺史兼御史大夫皆奉進旨令在同類之上伏以前後異同遵守不一臣謹議伏請自今常叅官兼御史大夫中丞者惟檢校省官並在本品同類之上從之

又曰元和中御史中丞王播奏監察御史舊例在任二十五月轉准具員不加今請仍舊殿中侍御史舊例在十三月轉准具員加至十八月今請減至十五月侍御史舊例在任六月轉准具員加十三月今請減至十月從之

又曰文宗開成初中丞狄兼謩謝官上曰御史中丞朝廷紀綱一臺理則朝廷理朝廷理則天下理無曠厥職兼謩奏曰凡天下有礙法不得中道事臣盡得以彈奏上曰大抵以顧望畏忌爲心者自失職業卿梁公之後將嗣家聲

不可不留意

又曰文宗謂宰臣曰丁居晦作中丞何如因悉數大臣而品第之歎曰宋申錫堪任此官惜哉

又曰牛僧孺可爲大夫宰臣鄭覃曰須爲中丞未嘗搏擊恐無風望上曰不然鸞鳳與鷹隼事異

又曰居晦作此官朕曾以時謗謂杜甫李白輩爲四絕問居晦曰此非君上要知之事常以此記得居晦今所以擢爲中丞

又曰會昌元年中書門下奏御史中丞爲大夫之貳緣大夫秩崇官不常置中丞常爲憲臺之長今寺監少卿少監司業少尹並爲寺置之貳皆爲四品中丞官名至重見秩未崇望升爲從四品從之

又曰薛存誠爲給事中瓊林庫使奏召工徒大廣存誠以爲此者姦人竄名以避征徭不可許咸陽尉袁儋(都甘切)與軍鎮相競軍人無理遂肆侵誣儋反受罰二勑繼至存誠皆執之上聞其悅命中使嘉勞由是選拜御史中丞

又曰孔緯爲御史中丞緯器志方雅嫉惡如讎既揔憲綱中外不繩而自肅

又曰盧坦爲御史中丞裴均爲僕射左班踰位請退之均不受坦曰姚南仲爲僕射例如此均曰南仲何人坦曰南仲是守正而不交權倖者尋罷爲右庶子時人歸咎於均

三國典略曰梁張綰字孝卿雍州刺史續之第也梁主纂其百事綰對闕其六乃號爲百六公常爲御史中丞兄續爲僕射元日朝會及百司就列兄弟並導騶兩塗前世未有時人榮之

崔鴻十六國春秋前錄曰段凱驍勇善射好讀書爲御史中

丞明筆直繩無所阿避號曰老虎

傅咸集奏曰司隸中丞得糺太子而不得糺尚書臣所未譬朝廷無以易之梅陶自叙曰余居中丞曾以法鞭皇太子傅親友莫不致諫余笑而應之堂高由陛下太子所以崇於上由吾奉王者法吾豈枉道曲媚後皇太子特見延請賜以請讌禮之如師袁淑謝中丞章曰竊惟此職昭贊實頹損益必須廉明威正刺骨窮文使權家勳族不敢藉強而侮物戚門右姓不得稱雄以掩衆昔傅咸則治僚辟戢懼孫寶移疾卿尹皆息

持書御史

漢書曰宣皇帝元鳳中路温舒上書宜尚德緩刑帝深采覽之季秋後讞(魚列反又音巘)時帝幸宣室齋宫而决事命侍御史二人持書遂置持書御史

通典曰：御史中丞，舊持書御史也。（國諱改爲後，歷代皆同。）

風俗通曰：頃者廷尉多牆面而苟充茲位，持書侍御史不復平議讞當紏紛，豈一事哉！里語曰：縣官漫漫，寃死者半。

後漢書曰：蔡邕以侍御史轉持書御史，遷尚書，三日之間周遷三臺。

續後漢書百官志曰：持書御史秩百石，掌選明法律者爲之。天子疑獄，以法律讞是非，紏六品已下。桓帝以後不治獄，充位而已。

魏志曰：王觀字偉臺，東郡廩丘人也。明帝幸許昌，召觀爲治（音持，下同）書侍御史，典行臺獄。時多倉卒喜怒，而觀不阿音順旨。

晉書曰：杜預爲鎮南，入辭，口啓陳壽才史通博，宜補黃散也（黃，黃門侍郎；散，散騎常侍）。上曰：壽可作治書否？預對曰：唯在聖詔。即手詔用之。

又曰：太始四年，置黃沙獄持書御史一人，秩與中丞同，掌詔獄及廷尉不當，皆理之。

梁書曰：謝幾卿，天監初除征虜鄱陽王記室、尚書三公侍郎，尋爲侍御史。舊郎官傳爲職者，世謂爲南奔。幾卿頗失志，多陳疾，臺事略不復理，從爲散騎侍郎。

後魏書曰：高道悦拜治書御史，正己當官，亡憚彈強，禦奏舉任城王王澄等免官，高祖詔褒美之。

隋書曰：柳彧遷治書侍御史，于時刺史多任武將，類不稱職。彧上表曰：方今天下太平，四海清謐，共治百姓，任其才。昔漢光武一代明哲，起自布衣，備知情僞，與二十八將披荊棘，定天下，及功成之後，無所職任。伏見詔書以上柱國和干子爲杞州刺史，其人年垂八十，鐘鳴漏盡，前任趙州

闇於職務，政由羣小，賄賂公行，百姓吁嗟，謌謠滿道，乃云：老禾不早殺，餘種穢良田。古人有云：耕當問奴，織當問婢。此言各有所能也。干子弓馬武用是其所長，治民莅職非其所解。至尊思治，無忘興寢，如謂優老尚年，自可厚賜金帛；若令刺舉，所損殊大。臣死而後已，敢不竭誠。上善之，干子竟免。

又曰：梁毗爲持書侍御史。時京師饑，上令禁酒。劉昉使妾任（任，縦也）屋當鑪酤酒，毗劾奏昉曰：臣聞處貴則戒之以奢，持滿則守之以約。昉既位列郡公，秩高庶尹，縻爵稍久，厚祿已淹，正當戒滿歸盈，鑒斯止足，何乃規麴糵之潤，競錐刀之末，身昵酒徒，家爲逋藪？若不紏繩，何以肅厲？有詔不治。昉鬱鬱不得志。

又曰：柳彧爲治書御史，右僕射楊素當塗顯貴，百寮懾憚，無敢忤者。嘗以少譴勑送南臺，素恃貴坐彧牀。彧從外來，見素如此，於階下端笏整容，謂素曰：奉勑治公之罪。素遽下，彧據案而坐，立素於廷，辨詰事狀。素由是銜之。

唐書曰：孫伏伽初以三事上諫，高祖大悅，擢拜治書侍御史，兼賜帛三百疋。時軍國多事，賦斂繁重，伏伽屢奏請改革舊政，高祖並納之。因謂裴寂曰：隋末無道，上下相蒙，主則驕矜，臣唯諂佞，上不聞過，下不盡忠，使社稷傾危，身死疋夫之手。朕撥乱反正，志在安人，平乱任武臣，官方委文吏，庶得各展器能，以匡不逮。此每虛心接待，冀聞讜言。然惟李綱差盡忠款，孫伏伽可謂誠直，餘人猶踵弊風，俛首而已，豈朕所望哉！

江總贈孔中丞詩曰：我行五嶺表，辭鄉二十年。聞鸎欲動詠，披霧即依然。疇昔同寮寀，今隨年代改。借問藏書處

唯君故人在故人名宦高清簡肅權豪誰知懷九數徒然泣二毛

傳咸御史中丞箴敘曰百官之箴以箴王闕余承先君之蹤竊位憲臺懼有忝累垂翼之責且造斯箴以自勗勵不云自箴而云御史中丞箴者凡爲御史中丞欲通以箴之也詞曰煌煌天文衆星是環爰立執法其暉有焕執憲之綱秉國之憲鷹揚虎視肅清違慢蹇蹇匪躬是曰王臣既直其道奚顧其身身之不顧孰有弗震邦國若否惟仲山甫是明焉用彼相莫扶其傾淮南構逆實憚汲生赫赫有國可無忠貞憂責有在繩亦必直良農耘穢勿使能植無禮是逐安惜翅翼咕爾庶寮各敬乃職無爲罰先無怙厥力怨及朋友無懃于色罪天子內省有恧音匿慚也是用作箴惟以自勑

太平御覽卷第二百二十六

太平御覽卷第二百二十七

職官部二十五

侍御史　殿中侍御史　監察御史

侍御史

六典曰侍御史掌糾舉百寮推鞫獄訟凡有別付者則按其實狀以奏若尋常之獄推訖斷于大理凡事非大夫中丞所劾而合彈奏者則具其事爲狀大夫中丞押大事則豸冠朱衣纁裳白紗中單以彈之小事常服而已

續漢書百官志曰侍御史員五人秩六百石以公府掾屬高第補之或牧守議郎郎中爲之掌察非法受公卿羣吏奏事有違失者舉劾之凡郊廟及大拜則二人監威儀有違失則劾奏

漢官儀侍臣下曰御史秦官也案周有御史掌邦國都鄙

及萬民之治令以贊冢宰

應劭漢官儀曰侍御史周官也爲柱下史冠一名曰柱後以鐵爲之言其審固不撓也或說古有獬豸獸主觸邪佞故執憲者以其角形爲冠耳余覽秦事云始皇滅楚以其君冠賜御史漢興襲秦因而不改

漢書儀曰御史員四十五人皆是六百石其十五人衣絳給事殿中爲御史宿廬在石渠門外二人尚璽四人持書給事二人持前中丞一人領餘三十人留寺理百官事也

史記曰趙禹者鄠人武帝即位禹以刀筆吏積勞遷爲侍御史與張湯論定律令

又曰下杜人程邈爲御史得罪始皇幽繫雲陽十年從獄中作大篆少者增益多者損減方者使員員者使方奏之始皇善之出爲御史

又曰張蒼好舊曆秦時爲御史主柱下方書

漢書曰江充拜直指繡衣使督三輔盜賊禁察踰侈時近臣多奢僭充皆舉劾請沒入車馬令身從北軍擊匈奴奏聞貴戚惶恐

又曰王駕字翁孺武帝時爲繡衣御史逐捕羣盜皆縱而不誅

又曰嚴延年遷御史劾霍光專廢立

東觀漢記曰陳寵曾祖父咸哀平間以明律爲侍御史王莽篡位父子相將歸鄉里閉門不出乃收家中律令文書壁藏之以俟聖主咸常戒子孫爲人議法當依輕雖有百金之利無與人重

後漢書曰桓典爲侍御史執政無所避常乘驄馬京師畏之語曰行行且止避驄馬御史

又曰杜詩爲御史安集洛陽時將軍蕭廣放縱兵士暴橫民間百姓惶擾詩勑曉不改遂格殺廣還以狀聞世祖召見賜以棨戟焉

又曰李恂拜侍御史持節使幽州宣布恩澤慰撫北狄所過皆圖寫山川屯田聚落百餘卷悉封奏上肅宗嘉之

又曰光武聞杜林還三輔乃徵拜侍御史引見問以經書故舊及西州事甚悅之賜以車馬衣被

又曰陳翔字子麟拜侍御史元日朝賀大將軍梁冀威儀不整翔奏請收冀理罪時人奇之

又曰楊秉字叔節拜侍御史京畿咸稱其宰相之才

又曰譙玄爲繡衣使者持節分行天下觀覽風俗所至專行誅賞

續後漢書曰种暠字景伯順帝時爲侍御史監護太子

承光宮中常侍高梵受勑迎太子不齎詔書以衣車載太子欲出太子太傅高褒不知所以力不能止開門臨去虞高至横劍當車曰御史受詔監護太子太子國之儲副人命所繫常侍來無一尺詔書安知非挾姦耶今日之事有死而已梵不敢爭

又曰張綱字文紀遷侍御史漢初遣八使巡行風俗八使同日拜謂之八彦皆宿儒要位唯綱年少官微受命各之所部而綱獨埋車輪於洛陽都亭曰豺狼當路安問狐狸遂奏大將軍梁冀兄弟罪惡京師震悚

魏志曰衷紹字本初有姿皃威容能折節下士士多附之太祖少與交以大將軍掾爲侍御史

又曰帝嘗大會殿中御史簪白筆側階而坐上問左右此爲何官何主左右不對辛毗曰謂御史舊時簪筆以奏不

法令者直備官但珥耳

吴志曰吕岱親近吴都徐原慷慨有才志岱知其可成賜巾褠（古侯切衣）與共言論後遂薦拔官至侍御史原性忠壯好直言岱時有得失原輒諫爭又公論之人或以告岱岱笑是我所以貴德淵（德淵原字）者也及原死岱哭之甚哀曰德淵吕岱之益友今不幸岱復於何聞過談者美之

又曰張紘字子綱廣陵人也孫策遣紘奏章至許宮留爲侍御史少府孔融等皆與親善

又曰朱據字子範吴郡人也補侍御史是時選曹尚書曁艷疾貪汚在位欲沙汰之據以爲天下未定宜以功覆過弃瑕取用舉清厲濁足以沮勸若一時貶黜懼有後咎艷不聽卒敗

晉書曰庾峻字山甫長安大獄久不決轉峻御史往斷朝野稱當

又曰劉毅子暾（他昆切）正直有父風爲御史庫失火尚書郭彰率百人自衛而不救火暾正色詰之彰怒曰我能截卿角也暾勃然謂彰曰君何時敢恃寵作威作福天子法冠而欲截角呼命紙筆奏之彰伏不敢言衆人皆釋乃止

隋書曰柳調轉侍御史左僕射楊素嘗於朝堂見調因獨言曰柳調通躰弱獨摇不須風調斂板正色曰調信無取者公不當以爲侍御史調信有可取不應發此言公當具瞻之秋樞機何可輕發素甚奇之

又曰游元爲侍御史奉使於黎陽督運會楊玄感作逆乃謂元曰獨夫肆虐天下士大夫肝腦塗地以陷身絶域之所軍粮斷絶此亦天亡之時我今親率義兵誅無道卿意如何元正色荅曰尊公荷國寵靈功參佐命高官重禄近

古莫儔公之兄弟青紫交映當謂竭誠盡節上荅鴻恩豈意墳土未乾親圖反噬深爲明公不取願思禍福之端僕有死而已不敢聞命玄感怒而因之屢脅以兵竟不屈節於是害之

又曰陳孝意大業初爲魯郡司法書佐郡内號爲廉平太守蘇威嘗欲殺一囚孝意固諫至於再三威不許孝意因解衣請先受死良久威意乃解謝遣之漸加禮敬及威爲納言奏孝意侍御史

又曰獬豸冠案禮圖曰法冠也一曰柱後惠文如淳注漢官云惠蟬也細如蟬翼今御史服之禮圖也

又曰獬豸冠高五寸秦制也法官服之案董巴志云獬豸神羊也蔡邕云如麟一角應劭曰古有此獸主觸不直故執憲者爲冠以象之秦滅楚以其冠賜御史

唐書李素立丁憂高祖令所司奪情授七品清要官所司擬雍州剌史録叅軍高祖曰此官要而不清又擬祕書郎高祖曰此官清而不要遂擢授侍御史

又曰柳範爲侍御史時吳王恪好畋獵損居人範奏彈之太宗因謂侍臣曰權萬紀事我兒不能匡正其罪合死範進曰房玄齡事陛下猶不能諫止畋獵豈可獨罪萬紀太宗大怒拂衣而去久之獨引範曰何得逆折我範曰臣聞主聖臣直陛下仁明臣敢不盡愚直太宗意乃解

又曰高宗嘗問群臣求可爲御史者僉舉萬年尉楊子[illegible]名居數月後問之群臣又舉焉上曰吾聞斯人常褻服居公堂視事其可爲準繩司平由是百司群僚必表而視事

又曰乾封中韋仁約除侍御史與公卿相見未嘗行拜禮或勉之仁約曰鵰鶚鷹鸇豈衆禽之偶柰何設拜以狎之

且耳目之官故當特立乃曰御史銜命出使不能動搖山岳震懾州縣誠曠職耳

又曰賈言忠河南洛陽人也乾封中爲侍御史時朝廷有事遼東言忠奉使往支軍粮及還高宗問以軍事言忠畫其山川地勢具陳遼東可平之狀高宗悅又問諸將優劣言忠曰李勣先朝舊臣聖鑒所悉龐同善雖非鬬將而持軍嚴整薛仁貴勇冠三軍名可振敵高侃儉素自處忠果有謀契苾何力沉毅持重有統御之才然頗有忌前之癖諸將夙夜小心忘身憂國莫逮於李勣者高宗深然之

又曰劉思立宋州寧陵人也高宗時爲侍御史屬河南河北旱儉遣御史中丞崔謐等分道存問賑給思立上疏諫曰今麥序方秋蠶功未畢三時之務萬姓所先勅使撫巡人皆竦抃忘其家業冀此天恩踊躍奔迎必難抑止集聚既廣妨廢亦多加以途程往還兼之晨夕停滯旣緣賑給須立簿書本欲安存却成煩擾又無驛之處騎馬稍難簡擇公私須吏追集雨後農務特切常情暫廢須臾即虧歲計每爲一馬遂勞數家從此相乘恐更滋甚望且委州縣賑給待秋後閑時出使褒貶疏奏謐等遂不行

又曰李義府恃寵用事婦人淳于氏有美色坐事繫大理乃諷丞畢正義枉法出之將納爲妾會有密言其狀者上令給事中劉仁軌鞫之義府恐洩其謀逼正義自縊於獄中上知而特原義府之罪侍御史王義方奏義府擅殺寺丞陛下雖已釋放然天子置三公九卿二十七大夫八十一元士本欲水火相濟鹽梅相成然後庶績咸熙風雨交泰則知人主不得獨是非昔唐堯至聖失之於四凶漢祖深仁失之於陳豨光武聰明寬恕失之於逢萌魏武勇略

英雄失之於張邈此英傑之主莫不失之於前得之於後陛下繼聖撫有萬邦蠻陬夷落猶懼刑網況輦轂咫尺姦臣肆虐殺一六品寺丞足使忠臣抗憤縱令正義自縊此事亦不可容便是畏義府之權勢能殺身以滅口此則生殺之威已非主出賞罰之柄下移姦佞請乞重勘當正義死之由雪冤氣於幽泉誅姦臣於白日對仗叱義府令下義府視不退義方三叱上旣無言義府趨出

又曰王志愔博州聊城人也少以進士擢第神龍年累除左臺御史執法剛正百寮畏憚時人呼皂鵰言其顧瞻人吏如鵰鶚之視燕雀也

又曰蘇瓌案問鄭普思其妻有寵於韋庶人特勅令對御辨折上屢抑瓌而伸普思侍御史范獻忠歷階而前曰臣請先罪蘇瓌上問其故獻忠曰蘇瓌國之大夫荷榮貴久

矣不斬逆賊而後聞奏今使眩惑天聰搖動刑柄而普思反狀昭露陛下曲爲申理此則王者不死今聖躬萬福豈有兩天子耶臣請先死終不能事普思上意乃解獄遂定

又曰御史遭長官於途皆免帽降乘長官戢轡辟而上馬乾封中王本立爲御史意氣頗高途逢長官端揖而已自是諸人或降而立或足至地或側鞭弛轡輕重無恒開元以來但舉鞭鞚揖而已也

又曰劉藏器爲侍御史時衛御尉遲寶琳抑人爲妾藏器奏請還其父母上既可其奏寶琳私奏乞之上又從之藏器復執奏上又可之寶琳又請如是三藏器進言曰法者海内之懸衡上下之所共若刑罰不中則人無所措手足陛下若用捨志情愛憎由己則國之刑憲何所施陳今寶琳請陛下從之臣執奏陛下亦從之今日從之明日又改

之欲令下人何以遵奉夫人無信不立疋夫疋婦尚不可失信況爲天子安可戲言今陛下二三其言處分不定臣恐四海之内無所適從上竟從藏器所奏

又曰王播爲侍御史貞元末華臣李實爲京兆尹恃恩頗横嘗遇播於途不避故事尹避臺官播移文詆之

又曰温造拜侍御史請復置彈事朱衣豸冠於外廊大臣阻而不行李祐自夏州入拜金吾違制進馬一百五十疋造正衙彈奏祐服戰汗流祐私謂人曰吾蹋蔡州城擒吳元濟未嘗心動今日膽落于温御史吁可畏哉

英雄記曰袁紹辟大將軍府不得已起從命舉高第遷侍御史弟術爲尚書恥不欲爲臺下告疾求退

三輔決録曰韋約字季明司徒劉愷甚敬重之謂曰君以輕去就故大位不躋今歲垂盡選御史實欲煩君約曰犬馬齒盡既無膂力又無考課所以躊躇戀慕者以明公禮遇隆崇未能自割因稱素有風疾眩冒不堪久侍遂徒跣趨出公追不及

陳留耆舊傳曰楊仁字文義明帝引見問當代政治之事仁對上大奇之拜侍御史明帝崩是時諸馬貴戚各争入宫仁被甲持戟遮勑宫門不得令入章帝既立諸馬貴更讃仁刻峻於是上善之

通典曰侍御史之職四謂推（推有掌推鞫）彈（掌彈舉）公廨（知公廨事）雜事（臺中事悉總之）定殿中監察以下職事及進名改轉臺内之事悉主之號爲臺端它人稱之曰端公其知雜事者謂之雜端最爲雄極食座之南設横榻謂之南床殿中監察不得座（亦謂之癡床言處其上者皆驕傲自得使人如癡故謂之癡床也）凡侍御史之例不出累月則遷登南省故號爲南床百日客其行出入揖讓去

就殿中已下皆禀而隨之先後虧失者有罰

又曰二漢侍御史所掌凡有五曹一曰令曹（掌律令）二曰印曹（掌刻印）三曰供曹（掌齋祀）四曰尉馬曹（掌廐馬）五曰乘曹（掌護駕）豹尾之内便爲禁省

又曰舊例御史臺不受訴訟有通辭狀者即於臺門候御史競往門外收採知可彈者略其姓名皆云風聞訪知永徽中崔義玄爲大夫　劾狀題告人姓名

黄石公陰謀祕法曰熒惑火之精御史之象主禁令刑罰收捕糾正

殿中侍御史

六典曰殿中侍御史掌殿庭供奉之儀式凡冬至元正大朝會則具服升殿若郊祀巡省則其服從於旌門按察視

其文物之有虧闕則糺之九兩京城内則分知左右巡各察
其所巡之内有不法之事
三國典略曰齊宋世良字元友魏孝莊時爲殿中侍御史
詣河北括户大獲游情至汲郡旁見有骸骨移書瘞之其
夜有雨滂沲孝莊勞之曰卿所括得丁倍於本帳若官人
皆如此便是更生出一天下也
唐書官品志曰殿中侍御史四人掌殿中禁衛内事
又曰張行成爲殿中侍御史糺劾不避權戚太宗以爲能
房玄齡曰觀古今用人必因媒介若行成者朕自舉之無
先容也
又曰王無競自監察御史轉殿中侍御史舊例　每日更
直於殿前正班宰相宗楚客楊再思嘗離班偶語無競前
曰朝禮至敬公等大臣不宜輕易以慢恒典楚客等大怒

轉無競爲太子舍人
又曰殿中侍御史郭震劾刑部尚書趙彦照太子賓客韋
嗣立青州刺史韋安石曰彦照以女巫趙五娘左道亂常
託爲諸姑潛相影援既因提挈遂踐台階或驅車造門施
婦人之服或攜妻就謁申猶子之情同惡相濟一至於此
又張易之兄弟勢傾朝野嗣立此際結爲甥舅神龍之初
已合誅死天網疎漏胥領誤全與安石託附阿韋編諸屬
籍中宗晏駕削太皇輔正之制定阿韋臨朝之策此時朝
野危懼人神怨憤臣忝司憲敢不糺彈彦照等並請准
法處分於是並貶官
山公啓事曰中書屬通事令史孫琳限滿文習内事才宜
殿中侍御史須空補之不審可否詔曰可
曹氏傳曰左攡起於碎吏武帝以爲能擢爲殿中侍御史

監察御史

六典曰監察御史掌分察百寮巡按郡縣糺視刑獄肅整
朝廷有不肅敬及闕失者則糺而劾之
唐書曰李素立武德初爲監察御史時有犯法不至死者
高祖將令殺之素立諫曰三尺之法與天下共之法一動
搖則人無所措手足陛下甫創鴻業遐荒尚阻柰何輦轂
之下便棄刑書臣忝法司不敢奉旨高祖從之
又曰張嘉貞蒲州猗氏人也坐事免歸鄉里居長安侍御
史張循憲爲河東採訪使薦嘉貞材堪憲官請以己之官
秩授之則天召見垂簾與之言嘉貞奏曰臣以草萊而得
謁九重是千載一遇也咫尺之間如隔雲霧竟不覩日月
恐君臣之道有所未盡則天遽令卷簾與語大悦擢拜監
察御史

又曰紀履忠爲監察御史劾奏御史中丞來俊臣犯狀有
五一專擅國權二謀害忠善三贓賄貪濁四失義背禮五
滛昏很戾論茲五罪合至萬誅請下獄理罪
又曰蕭至忠爲監察御史彈鳳閣侍郎同鳳閣鸞臺三品
蘇味道贓污貶官御史大夫李承嘉嘗召諸御史責之曰
近日彈事不諮大夫禮乎衆不敢對至忠進曰故事臺中
無長官御史人君耳目比肩事主得各自彈事不相關或
先白大夫而許彈事如彈大夫不知白誰也承嘉默然而
憚其剛正
又曰崔琬爲監察御史彈奏宰相宗楚客紀處納等驕恣
跋扈請收劾之舊制大臣有被御史彈者皆俯僂趍出待
罪朝省楚客瞋目作色稱以忠鯁被誣中宗令琬與楚客
約爲兄弟人竊歎焉

又曰齊澣定州義豐人少以詞學稱弱冠制科登第景雲二年中書令姚崇用爲監察御史彈劾違犯先於風教當時以爲稱職

又曰開元五年監察御史杜暹往磧西覆屯會郭虔瓘與史獻等不叶更相執奏詔暹案其事實史獻以金遺暹固辭左右曰公遠使絶域不可失蕃人情暹不得已受之埋於幕下既去出境乃移牒令収取之

又曰李勉拜監察御史屬朝廷右武勲臣恃寵多不知禮大將管崇嗣於行在朝堂背闕而坐言笑自若勉劾之拘於省司肅宗特原之歎曰吾有李勉始知朝廷尊矣

又曰御史臺奏准舊例監察御史從下六人各察尚書省一司又准興元元年十月勑令監察從上第一人察吏部禮部第二人察兵部工部第三人察戶部刑部第四人者

伏以監察第一第二人已充監察及舘驛等使新人除出使外並無以觀其能否今請守舊制新人分察從之

又曰元稹拜監察御史奉使東蜀劾奏東川節度使嚴礪違制禮擅賦入籍沒塗山甫等吏民八十八戶田宅奴婢時礪已死七州刺史皆責罰稹雖舉職而執政有與礪厚者惡之

又曰楊収兄假自浙西觀察判官入爲監察御史兄弟並居憲府特爲新例

又曰李憕（澄音）太原人也宇文融爲御史括田戶奏知名之士崔希逸咸廙業宇文順于孺御李宙及憕爲判官攝監察御史分路檢察以課並遷監察御史

又曰柳渾拜監察御史臺中執法之地動限儀矩渾性放曠不甚檢束察長拘局忿其踈縱渾不樂乞外任執政惜其才奏爲左補闕

太平御覽卷第二百二十七

太平御覽卷第二百二十八

職官部二十六

敘卿

太常卿

敘卿

韋昭辨釋名曰卿慶也言萬國皆慶賴之也

帝王世紀曰九卿者所以參三公也

白虎通曰卿章也善明理也

韋昭辨釋名曰漢置十二卿一曰太常二曰太僕三曰太衛尉四曰光禄五曰宗正六曰執金吾七曰大司農八曰少府九曰大鴻臚十曰廷尉十一曰大長秋十二曰將作大匠辨云漢正卿九一曰太常二曰光禄勳三曰衛尉四曰太僕五曰廷尉六曰鴻臚七曰宗正八曰司農九曰少府是爲九卿

通典曰後漢九卿而分屬三司太常光禄勳衛尉三卿並太常所部太卿廷尉大鴻臚三卿並司徒所部宗正大司農少府三卿並司空所部

尚書周官曰六卿分職各帥其屬以倡九牧阜成兆民六卿各帥其屬官大夫止治其所分之職倡導九州牧伯爲政大成兆民之性命

漢官儀曰卿中秩二千石綬青地桃花三彩

又曰衣裳公侯華蟲卿大夫藻火

左傳曰齊侯使敬仲爲卿辭曰羇旅之臣幸若獲宥宥赦及於寬政赦其不閑於教訓而免於罪戾弛於負擔君之惠也所獲多矣敢辱高位以速官謗請以死告以死爲誓

又曰卿非君命不越境

又曰晉蒐于被廬命趙衰爲卿讓於先軫杜預曰先軫晉下軍之佐原軫

周禮曰朝士掌外朝之法左九棘孤卿大夫位焉樹棘以爲位者取其赤心而外刺象赤心三刺

春秋漢含孳曰故三公象五岳九卿法河海三公在天法三台九卿法北斗

國語曰晉悼公使張老爲卿辭曰臣不如魏絳之智能治大官其仁可以利公室若在卿位外內必平

漢官曰司馬安巧官四至九卿

謝承後漢書曰李叔諫更始曰夫三公上應台宿九卿下括河內

梁書曰武帝天監七年以太常卿加置宗正卿以司農爲司農卿三卿是爲春卿加置太府卿以少府爲少府卿加太僕卿三卿是爲夏卿以衛尉卿廷尉卿將作大匠卿三卿是爲秋卿以光禄勳爲光禄卿大鴻臚爲鴻臚卿都水使者爲大舟卿三卿是爲冬卿九十三卿皆置丞及功曹主簿

北齊書曰以太常光禄衛尉宗正太僕大理鴻臚司農太府是爲九寺

莊子曰楚昭王迎屠羊說以珪之位馬彪曰諸侯三卿皆執珪

說苑曰秦繆公使賈人載鹽於衛賈人買百里奚使將軍至秦繆公觀鹽見百里奚牛肥公問之對曰臣牛食之以時使之不暴是以肥也公知其君子以爲上卿

又曰九卿者不失四時通於溝渠補隄防種樹木美五穀如是舉以爲九卿之事常在於德

又曰齊桓公使管仲治國對曰賤不能臨貴桓公以爲上卿而國不治對曰貧不能使富桓公賜之齊市租一年而國不治桓公曰何故對曰疏不能成近桓公立以爲仲父國大安孔子曰管仲之賢不得此權者亦不能使其

君面南而伯矣
太常卿
六典曰太常卿之職掌邦國禮樂郊廟社稷之事以八音分而理焉一曰郊社二曰太廟三曰諸陵四曰太樂五曰鼓吹六曰太醫七曰太卜八曰廩犧揔其屬行其政令
尚書堯典曰伯夷汝作秩宗典朕三禮
周禮春官曰大宗伯一人掌天地神祇人鬼之禮
史記曰高祖滅秦登尊號群臣飲爭功醉或妄呼拔劒擊柱上患之於是叔孫通進說遂為綿蕝（子悅切）野外習之月餘通曰可試觀上使行禮帝輦出房百官執職傳警引諸侯王以下次奉賀莫不震恐肅敬諸侍坐殿上皆伏抑首以尊卑起上壽觴九行謁者言罷御史執法與不儀者趣輒引去竟朝置酒無敢讙譁失禮者於是高祖曰吾今日乃

知為皇帝之貴也拜通太常賜金五百斤通因進言曰諸弟子儒生隨臣久矣與共為儀願陛下官之高帝悉以為郎通出皆以五百斤金賜諸生諸生曰叔孫生聖人也知當世務
漢書曰太常古官云伯夷秩宗典三禮欲令國家盛大社稷常存故稱太常
又曰奉常官掌宗廟禮儀有丞景帝六年更名太常
又曰杜業有才能選為太常數言得失不事權貴
又曰宣帝地節四年任宮為太常坐盜茂陵園中物免
又曰武帝元鼎四年鄭侯蕭壽成為太常坐犧牲不如令論
又孝武帝元朔元年孔臧為太常坐南陵橋壞衣冠道絕免
東觀漢記曰周澤少脩高節耿介特立好學問治嚴氏春秋門徒數百人隱居山野不汲汲於時俗拜太常果敢數有直言朝廷嘉其清廉
後漢書曰桓榮拜太常榮初遭倉卒與族人桓元卿同饑厄而榮講誦不息元卿嗤榮曰但自苦氣力何時復施用乎榮笑不應及為太常元卿歎曰我農家子豈意學之為利乃若是哉乘輿嘗幸太常府令榮坐東西設几杖會百官驃騎將軍東平王蒼以下及榮門生數百人天子親自執業既罷悉以太官供具賜太常家其恩禮若此
又曰桓榮及子郁皆為太常初榮受學章句減其煩辭後郁又刪之由是有桓君大小太常章句
又曰靈帝欲以羊續為太尉時拜三公者皆輸東園禮錢千万令中使督之名為左騶（騶騎士也）其所之往輒迎致禮敬厚加贈賂續乃坐使人於單席舉緼袍以示之曰臣之所資唯斯而已左騶白之帝不悅以此故不登位而徵為太常

又曰楊賜以病罷居無何拜太常詔賜御府衣一襲（衣單複具）自所服冠幘綬玉壺革帶金錯鉤佩（金錯以金間錯其文）
續後漢書曰張奐字然明拜太常卿奐有清節可否之間強禦不敢奪也該覽群籍古今詳備
又百官志曰太常卿每祭祀先奏禮儀及行事則贊天子大射養老喪皆奏其禮儀秩比中二千石
華嶠後漢書曰劉愷為太常論議常弘正大義諸儒為之語曰難經伉伉劉太常
魏書曰和洽字士陽汝南西平人轉為太常清貧守約至賣田宅以自給明帝聞之加賜穀帛
又曰常林從光祿勳為太常晉宣王以林鄉邑耆老每為之

拜或謂林曰司馬公貴重君宜且止之林曰司馬公自欲尊長幼之序以爲後生之法貴非吾之所制也言者慙而踧踖

又曰刑顒字子昇時人稱德行堂堂刑子昇文帝以爲太常

晉書曰鄭默字思元遷太常山濤欲舉一親爲博士見默語曰卿尹翁歸令吾不敢復言謂其柔而能整也

又曰張華爲太常以太廟屋棟折免官。臧榮緒晉書曰咸熙五年詔曰華表字偉容清賢履道內貞外順歷位忠恪言行不玷其以表爲太常卿

晉起居注曰安帝三年太常臨川王寶啓府舍窄狹不足移家毋鍾年高違離靡寧乞還第攝事詔聽之

晉中興書曰蔡謨字道明拜太常咸康四年臨軒門下奏

非祭祀宴饗則無設樂謨奏宜有金石顯宗納焉臨軒作樂自此始也

又曰建元元年詔曰太常職典天地兼掌宗廟其爲任也謂重矣是以古今選建未嘗不妙簡時望兼之儒雅會稽王叔履尚清虛志道無倦優游諷議朕所諮仰其以王領太常本官如故

又曰　元帝以賀循爲太常而散騎常侍如故循以九卿舊不如官唯拜太常而已中宗踐祚下令曰循冰清玉潔行爲俗表加以位處上卿服物蓋身而已屋裁庇風雨孤常造其廬特以爲賜以六尺牀席褥并錢二十萬以表至德

齊書曰張瓌以雍州刺史拜太常自謂閑職武帝曰卿輩未富貴謂人不與既富貴復欲委去之瓌曰陛下御臣等若養馬無事就閑廐有事復牽來帝猶怒遂以爲散騎常侍

北齊書曰趙彥深五歲母傅氏謂之曰家貧兒小何以能濟彥深泣而言曰若天哀矜兒大當仰　報傅感其意對之流涕及彥深拜太常卿還不脫朝服先入見母跪陳幼小孤露蒙訓得至於此母子相泣久之然後改服

後周書曰長孫紹遠爲太常廣召工人制樂器土木絲竹各得其宜唯黃鍾不調紹遠每以爲意常因退朝經韓使君佛寺前過浮圖三層之上有鳴鐸焉忽聞其音雅合宮調取而配奏方始克諧

又曰斛斯徵遷太常卿自魏孝武西遷雅樂廢缺徵博採遺逸稽諸典故創改舊方始備焉又樂有淳于者近代絕無此器或有自蜀得之皆莫之識徵見之曰此錞于也衆

弗之信徵遂依干寶周禮注以芒筒捋之其聲極振衆乃歎服徵乃取以合樂焉

又曰建六官置太宗伯卿一人掌邦禮以佐皇帝和邦國是爲春官

唐書曰趙宗儒長慶初爲太常有師子樂備五色之方非會朝聘享不作幼君荒誕伶官縱肆中人掌教坊者移牒取之宗（儒宰相以宗儒懦怯不事）改太子少師

又曰崔邠拜太常卿故事太常卿初上大閱四部樂於宮署觀者縱焉邠自私第去帽親導母輿公卿（之避）文宗以樂府之音鄭衛太甚欲聞古樂命王涯詢於舊工取開元時重按之名曰雲韶樂樂曲成涯與太常丞李廓少府監庾承憲押樂工獻於梨園亭帝按之於會昌殿上悅賜涯等錦綵

又曰竇誕爲太常卿奏用音聲博士皆爲太樂鼓吹官僚於

後彈胡琵琶胡人白胡達竹伯夷積勞計考並至太官自是以聲伎入流品者蓋以百數

應劭漢官曰北海周澤爲太常恒齋其妻憐其年老瘦羸窺內問之澤大怒以爲干齋掾吏扣頭爭之不聽遂收送詔獄并自劾論者非其激發諺曰居代不諧爲太常妻一歲三百六十日三百五十九日齋一日不齋醉如泥旣作事復低迷。漢官典職曰惠帝改太常爲奉常景帝復爲太常蓋周官宗伯也

漢官解詁曰太常社稷郊祀事重職尊故在九卿之首衛宏曰太常主導贊助祭皆平冕七旒玄上纁下華蟲七章漢陵屬三輔太常月一行漢書注顏師古曰太常者王之旌也畫日月爲王有大事則建以行禮官主奉持之故曰奉常後改曰太尊大之義也

齊職儀曰太常卿一人品第三秩中二千石銀章綬進賢兩梁冠絳朝服佩水蒼玉王朗云西京太常行陵赤車千乘。益部耆舊傳曰趙典字仲經爲太常雖身處上卿而布被瓦器

梁陸倕爲光祿讓太常表曰昔者楚德方盛叔敖濯衣漢道克昌王陽結綬故拜命無辭受爵不讓況宗卿清重歷選所難漢晉已降莫非素範辭爵則桓郁張奮讓封則丁鴻劉愷潘㞾夷音之文雅純深華表之從容退嘿自此迄茲風流繼軌以臣況之曾無等級

陳沈炯爲周弘正讓太常表曰臣聞王爲雕楹不取材於蟠木丹朱繡黼豈襲冕於薜蘿何則適用各有其宜朝野不可一指叔孫之野外定禮賓典實刁協之躬爲唱引豈易其儀儻九賓闕相對禪失儀責以司存云誰之咎況南史執簡轉見違才君舉必書尤難妄冒

太平御覽卷第二百二十八

太平御覽卷第二百二十九

職官部二十七

太常少卿

六典曰凡有事於宗廟少卿太師祝齋郎入薦香燭整拂神幄出入神主將尊則與良醞令實鐏罍

後魏書曰太和十五年置少卿官太常少卿一人第三品上至二十二年降爲正四品

又曰景明初班職令太常少卿第四品上第一清選明禮兼天文陰陽者爲之

又曰元順爲太常少卿以父憂去職哭泣歐血身自負土時年二十五便有白髮免喪抽去不復更生世人以爲孝思所致

三國典略曰齊太常少卿裴辈修巡省河南諸州兗州刺史刑部與辈修故舊嘗於省中盛呼辈修爲清郎至是遣送白紬爲信辈修不受與邵書郎曰瓜田李下古人所慎多言可畏譬之防川願表此心不貽厚責邵亦忻然報書曰一日之贈率尔不思老夫忽忽意不及此敬丞來旨吾無間然弟昔爲清郎今作清卿矣

唐書曰馮定爲太常少卿文宗每聽樂鄙鄭衛聲詔奉常習開元中霓裳羽衣舞以雲韶樂和之舞曲成定揔樂工閱於庭定立於其間文宗以其端凝若植問其姓氏翰林學士李玨對曰此馮定也文宗喜問曰豈非能爲古章句者耶乃召升階文宗自吟定送客西江詩吟罷益嘉因錫禁中瑞錦仍令大錄所著古體詩以獻

太常丞

六典曰太常丞二人從五品上秦有奉常丞漢因之比千石魏晉宋皆置一人

漢書曰韋弘爲太常職掌陵廟煩劇多過失賢勸令自免懷嫌不去官及賢疾篤果坐廟事繫獄

宋百官春秋曰太常丞視尚書郎銅印黃綬一梁冠品第七掌舉陵廟非法

陶氏家傳曰夔之字孫宗爲太常丞凡宗廟疑義多所决定時人爲之語曰定禮决疑問陶夔之

陶氏職官要録曰晉宋九卿丞皆進賢一梁冠介幘皂衣銅印黃綬齊梁墨綬

太常博士

六典曰太常博士掌辨五禮之儀式本先王之法制適變隨時而損益焉凡大祭祀及有大禮則與卿導贊其儀凡王公已下擬謚皆跡其功德而爲之褒貶

通典曰博士魏官也魏文帝初置晉因之掌引道乘輿王公已下應追謚者則博士議定之

晉中興書曰博士之職端委佩玉朝之大典必於諮度當以正道克厭人望然後爲可

唐書曰王彦威太原人世儒家少孤貧苦學尤通三禮無由自達元和中遊京師求爲太常散吏部卿知其書生補爲檢討官彦威於禮閣掇拾自隋已來朝廷沿革吉凶五

禮以類區分成三十卷獻之號曰元和新禮繇是知名時授太常博士

又曰陸亘爲太常博士寺有禮生孟真久於其事凡吉凶大儀官不能達率訪真真亦賴是須姑息元和七年冊皇太子將撰儀注真亦欲參預亘咎之由是禮儀不專於有吏

郭子曰張憑舉孝廉詣劉真長還舡須吏真長至遣覔張孝廉舡同旅愕然既同載俱詣撫軍劉前進謂撫軍曰今日爲公得一士太常博士之選既前撫軍與之言咨嗟稱善乃曰張憑勃倅爲理窟即用爲太常博士

太祝

六典曰太祝掌出納神主于太廟之九室而奉享薦禘祫之儀

周禮曰太祝掌六祝之辭以事鬼神示祈福祥求永貞一曰順祝二曰年祝三曰吉祝四曰化祝五曰瑞祝六曰筴祝鄭司農曰順祝順豐年也年祝求永貞也吉祝祈福祥也化祝弭災兵也瑞祝逆時雨寧風旱也筴祝遠罪疾也

漢書百官表曰太常屬官有太祝令丞景帝六年更名爲祝祀武帝太初元年更曰廟祝

東觀漢記曰陰猛好學溫良稱於儒林以郎遷爲太祝令

續漢書曰太祝令秩六百石掌祠讀祝近臣神巫主祝小祝

協律郎

六典曰協律郎掌知六律六呂以辨四時之風氣八風五音之節

漢書曰武帝時李延年善新聲以爲協律都尉

魏志曰武帝平荆州得杜夔知音識舊樂故以爲協律郎

太廟令

漢書百官表曰太常屬官有諸廟令長丞

續漢書曰高廟令一人六百石(主守宗廟掌按行掃除無丞)世祖廟令一人

宋書太廟令一人主守宗廟案行灑掃衆事領齋郎二十四人

齊職儀曰周有守祧之官掌先王廟令

陵令

六典曰陵令掌先帝山陵率戶守衛之事丞爲之貳凡朔望元正冬至寒食皆修饗於諸陵若橋陵則曰獻羞焉凡功臣密戚請陪陵葬者聽之以文武分爲左右而列若父祖陵陪子孫從葬者亦如之

周禮曰冢人下大夫二人中士四人掌公墓之地辨其兆域先王之葬居中以昭穆爲左右

漢書曰太常屬官有諸陵令元光元年分諸陵邑屬三輔

又曰司馬相如爲茂陵令

續漢書曰太常職掌先帝陵每園令各一人秩六百石(掌守園陵按行掃除)丞及校長各一人(校長主兵戎盜)

齊職儀曰周有墓大夫冢人之職掌先王之墓

又曰每陵令一人品第七秩四百石銅印墨綬進賢一梁冠絳朝服

唐書官品志曰梁天監七年又詔以爲陵監之名不出前誥且宗廟憲章既備典禮園寢職司理不容異諸正陵先立監者改爲令於是陵置令矣

胡廣陵令箴曰昔在黃業葬野衣薪禮非極哀不樹不封瓦

椁塈周聚夏攸謂壞不毁膚賄不害生是謂皇極百王此經故厚不可　皇薄不可王乃眷西顧爰矩孝文陵臣司墓敢告守人

太樂令

六典曰太樂令掌教樂人調合鍾律以供邦國之祭祀饗讌丞爲之貳

漢書百官表曰太常屬官有太樂令丞

續漢書曰明帝永平十三年曹褒奏尚書琁璣鈐曰有帝漢德合作樂名天子下詔改太樂令丞以應圖讖

又曰太樂令秩六百石掌伎樂人凡國祭祀掌奏樂及大司樂掌其陳序

晉起居注曰成帝咸和中詔太樂令載綏教官伎樂勤勞賜米百石布二十疋

太醫令

六典曰太醫令掌諸醫療之法丞爲之貳其屬有四曰醫師針師按摩師呪禁師皆有博士以教之考試登用如國子監之法

漢書曰百官表曰少府屬官有太醫令丞無員多至數十人

續漢書曰太醫一人秩六百石有藥丞主藥方丞

魏略曰脂習字元升除太醫令與孔融親善融被誅習獨往哭之黄初中以習有欒布之節賜拜中散大夫

應劭漢官注曰太醫周官也兩梁冠秩千石

典論曰中常侍張讓子奉爲太醫令與人飲酒輒掣引衣裳發露形體亂其舄屨使小大無不傾倒

崔寔太醫令箴曰動不肆勤靜不宴逸有疾歸天醫無能恤晉平好內四時是一非鬼非食或以自失雖有秦和焉所施術太上防疾其次萌牙腠理不濁骨髓柰何

廩犧令

六典曰廩犧令掌薦犧牲及粢盛之事丞爲之貳凡三祀之牲牢各有名數（昊天上帝以蒼犢皇祇以黄神州以騂五帝之牲各以方色）

韋昭辨釋名曰釋云廩犧犧戲也廩養之也辨云六牲取其純毛者別養之以奉祭祀純色者少故名犧犧希也

周禮曰牧人下士掌牧六牲以供祭祀

漢書百官表曰內史屬官有廩犧令丞尉後屬司農

齊職儀曰周牧人之職也掌六牲陽祀用騂陰祀用黝取純毛者光武中興屬河南秩六百石

光祿卿

六典曰光祿卿之職掌邦國醖醴膳羞之事揔太官珍羞良醞掌醢四署之官屬修其儲備謹其出納少卿爲之貳有大祭祀則省牲鑊視濯溉

漢官解詁曰士之權貴不過尚書其次諸吏（諸吏光祿勳是也）

應劭漢官儀曰光明也祿爵也勳功也言光祿典郎謁諸虎賁羽林學不安得賞不失勞故曰光祿勳

唐書官品志曰光祿卿位視太子中庶子掌宮門戶統守黄門華林園暴室等令漢書曰郎中令秦官武帝太初元年更名光祿勳掌中殿門戶秩中二千石

又曰石建爲郎中令奏事下建省讀驚曰書馬者與尾而五今乃不足一獲譴死矣其謹慎如此

又曰周仁景帝時爲郎中令爲人陰重不泄服虔曰質重不泄人之陰謀也師古曰陰密也言爲性密重不泄人言也以是得幸出入卧內於宮祕戲仁常在傍終無所言

又曰張安世字孺子爲光祿勳郎有醉小便殿上主事白行法安世曰何以知其不覆水耶郎有淫官婢婢兄自言安世怒以奴淫汙衣冠告署揵奴其隱人過皆此類也

東觀漢記曰孫堪字子雅爲光祿勳以清廉稱與周澤相類澤字雅都京師號之爲二雅

又曰劉昆字桓公爲光祿勳授皇太子及諸王小侯五十人經昆老退位以二千石祿終其身

又曰邵訓字伯春鄉里號之曰德行恂恂邵伯春章和中爲光祿勳

後漢書曰杜林字伯山扶風人也林少沉審博學多聞世稱通儒爲光祿勳内奉宿衛外總三署郎有好學者輒見引進朝夕滿堂

又曰馬防字公平林風人也防貴寵最盛與九卿絶席拜

光祿卿

又曰張湛字子孝拜光祿勳光武臨朝或有惰容輒陳諫常乘白馬上後見湛輒曰白馬生且復諫矣

又曰袁彭順帝初爲光祿勳行至清爲吏麄袍糲食

續漢書曰荀奭字慈明爲光祿勳視事三月策拜司空

謝承後漢書曰楊賜字伯獻拜爲光祿勳嘉德殿前有青赤氣詔特進遣中使問賜祥異禍福吉凶所在以賜博學頭儒故密諮問其極陳其意嘗上疏陳請案春秋讖天投蜺海内亂今妾孌閹尹共專國朝之所致也

魏志曰鄭袤爲光祿勳毋丘儉作亂帝自征之百官祖送時袤疾不任會上謂王肅唯不見鄭光祿爲恨袤聞白輿追上上笑曰知生必來遂與同載問以計謀帝甚重之

又曰王肅字子雍爲光祿勳時有二魚長尺集武庫之屋有司以爲吉祥肅辨之曰魚生於泉而見於屋鱗介之物失其所也邊將其殆有弃甲之變乎其後果有東關之敗

又曰袁渙字曜卿爲中郎令時言劉備死群臣皆賀渙以嘗爲備吏獨不賀辛官太祖爲之流涕

吳志曰石偉字公操南郡人少好學修節不殆爲獨六有不可奪之志舉茂才賢良方正皆不就孫休即位將徵偉累遷至光祿勳及皓即位朝政昏亂爲乃辭老耄固疾乞身

又曰薛瑩字道言以時法政多謬舉措煩苛瑩每上便宜陳緩刑簡役以濟　育百姓頗或施行迁光祿勳

晉中興書曰鄭默字思元轉光祿勳寬冲博受不以聲色

矜人雖卒徒厮養皆過之以恩

宋書曰王惠宋國初建當置郎中令高祖難其人謂傅亮曰今用郎中令不可令減袁曜卿也既而曰吾得其人矣乃以惠居之

孟宗別傳曰宗爲光祿勳大會宗先少酒偶有強者飮一杯便吐傳詔司察宗吐麥飯察者以聞上乃歎息曰至徳清純如此

光祿少卿

後魏職令曰光祿少卿第四品上第二清用　肅勤明敏兼職古典者

唐書曰柳亨拜光祿少卿太宗每誡之曰與卿舊親情素兼宿卿爲人交遊過多今授此職宜存簡靜亨性好射獵有饕湎之名此後頗自勗勵杜絶賓客約身節儉勤於職

事太宗亦以此稱之也

太官令

六典曰太官令供膳食之事丞爲之貳凡祭之日則白卿諸廚省牲鑊取明水於陰鑑取明火於陽燧帥宰人以鑾刀割牲取其毛血實之於豆遂烹牲焉又帥進饌者實簠簋設於饌幕之內

漢書百官表曰少府屬官有太官令一人丞一人

應劭漢官儀曰太官令兩梁冠秩千石丞四人郡孝廉年五十清修聰明者光祿上名迺召拜皆秩四百石三歲爲令以供養勞苦迁左丞有湯官丞掌諸甘肥有菓丞掌菓瓜菜茹薪炭

漢舊儀曰太官（主飯肉湯官酒）皆令丞治太官湯官奴婢各三千人置酒皆緹韝（音溝）蔽膝綠幘

又曰太官上食黃釦（音口金飾器）器中官私官上食用白銀釦器如祠廟器云

謝承後漢書曰魯國陳政字叔方爲太官令黃門郎與政有隙因進御食以髮貫炙光武見髮勑斬政政曰臣有當死者三黑山出炭增治吐炎燋膚爛肉而髮不消臣罪一也陜出佩刀砥礪五石齘肌截骨曾不能斷髮臣罪二也臣朗月書章奏側光讀經書旦臨食與丞及庖人六目齊視黃門一人臣罪三也詔赦之

魏略曰時苗爲壽春令迁爲太官令

後魏書曰毛脩之能爲南人飲食手自煎調多所適意世祖親侍之進太官尚書賜爵南郡公加冠軍將軍常在太官主進御膳。楊雄太官令箴曰時惟膳夫實司王饔祁祁庶羞口實是供群物百品八珍清觴以御賓客以膳于王

王朗集曰朗爲大理時上主簿趙郡張登昔爲本縣主簿値黑山賊圍郡登與縣長王携帥吏兵七十二人俱往赴救與賊交戰吏兵散走携殆見害登手格二賊以全携命又守長夏逸爲督郵所枉登身授拷掠理逸之罪義濟二君宜加顯異黃初詔曰登忠義彰著在職功勤名位雖卑直亮宜顯饔膳近任當得此吏今以登爲太官令

太平御覽卷第二百二十九

太平御覽卷第二百三十

職官部二十八

衛尉卿　武庫令　守宮令
公車令　宗正卿　宗正少卿
宗正丞　太僕卿　乘黄令
廐令　車府令

衛尉卿

六典曰衛卿之職掌邦國器械文物之事揔武庫武器守宫三署之官屬少卿爲之貳凡大祭祀大朝會則供其羽儀節鉞金戟帷帟茵蓆之屬

漢書百官表曰衛尉秦官也掌宫門衛屯兵漢因之景帝初更名中大夫後元年改爲衛尉

東觀漢記曰光武二十三年太尉鮑昱兼衛尉永元三年司徒丁鴻兼衛尉

後漢書曰銚(音遥)期字次况潁川人也拜衛尉卿期重於信義憂國憂主其有不得於心必犯顔諫諍

續漢書曰陰興爲衛尉每諸將出征伐身行勞問無所愛惜

又曰馬光字叔山爲衛尉卿上以光謹勑小心周密畏慎特親異之

又曰竇固字孟孫爲衛尉卿兩宫宿衛見重當時仁厚謙恭甚有名稱

又曰趙憙字伯陽爲衛尉盡心事上夙夜匪懈母没上疏乞守服不許遣使釋服

又百官志曰衛尉卿秩中二千石掌官服衛士公車令百官衛士左右都虞候宫掖門司馬皆屬焉

魏志曰辛毗爲衛尉清平與徐邈胡質皆以憂國忘私不營産業賜穀二千斛錢三十萬布告天下

又曰田豫爲并州刺史徵爲衛尉屢乞遜位司馬宣王以豫克壯書諭未聽豫書荅曰年過七十而以居位譬猶鐘鳴漏盡夜行不休是罪人也遂因稱疾

又曰辛毗字佐治爲衛尉卿帝方修殿舍毗諫曰詩云民亦勞止汔可小康

吴志曰嚴畯爲孫權立吴及稱尊號畯常爲衛尉禄賜皆散之親戚知故家常不充

晉書曰石崇拜衛尉與潘岳諂事賈謐謐與之親善號二十四友廣成君每出崇降車路左望塵而拜其佞如此

宋書曰南郡王義宣子恢爲侍中領衛尉晉氏過江不置衛尉世祖欲重城禁故復置衛尉自恢爲始也

唐書官品志曰衛尉卿位視侍中掌宫門屯兵卿每月丞每旬行宫徼糾察不法統武庫令公車司馬令

漢官解詁曰衛尉主宫闕之内衛士於垣下爲廬各有員部凡居宫中者皆置籍於門按其姓名有醫巫僦人當入者本官長吏爲封啓傳審其印信然後内之人有籍者皆復有符用木長二寸以所長官兩字爲鐵印分符當出入者案籍畢復齒符乃引内之也其有官位得出入者令執御者各傳呼前後以相通昏至晨分部行夜夜有行者輒前曰誰誰若此不懈終歲更始所以重慎宿衛也

漢書舊儀曰衛尉寺在京内胡廣云宫闕之内衛士於周垣下爲廬者若今之伏宿屋矣

武庫令

六典曰武庫令掌藏邦國之兵仗器械辨其名數以備國

用承爲之貳

漢書百官表曰執金吾屬官有武庫令

又曰杜欽爲大將軍武庫令職閑無事欽所好也

又曰武庫令一人昔武王伐紂散牛放馬倒載干戈韜以虎皮而藏諸武庫武庫之職由來尚矣

續漢書曰武庫令一人秩六百石主兵器

晉書曰樂廣欲會荆楊士人武庫令黃慶進陶侃於廣人或非之慶曰此子終當遠到復何疑也

守宮令

六典曰守宮令掌邦國供帳之屬辨其名物會其出入九大祭祀大朝會及巡幸則設王公百官位於正殿南門外

續漢書曰少府屬官有守宮令丞主御紙筆墨及財物諸用并封書泥之事

魏志曰荀彧字文若年少時南陽何顒異之曰王佐才也舉孝廉拜守宮令。董巴漢中宮傳曰守官禁內署令秩千石在省內用中人省外士人

齊職儀曰守宮周掌宮之職王行爲帷宮　卽其任也

公車令

漢書曰張釋之爲公車令

續漢書曰公車司馬令掌宮南門凡吏民上書四方貢獻及徵詣公車者皆掌之

又曰周垂字子居拜侍御史公車司馬令不畏強禦以是見怨於幸臣

應劭漢官儀曰公車司馬令周官也秩六百石冠一梁掌殿司馬門徼夜宮中天下上事及闕下凡所徵召皆摠領之李郃以公車司馬入爲侍

宗正卿

六典曰宗正卿之職掌九族六親之屬籍以別昭穆之序并領崇玄署少卿爲之貳

漢書曰宗正秦官也（應劭曰周成王時彤伯入爲正）掌親屬

又曰劉德字路叔修黃老術有智略少時數言時事召見甘泉宮武帝謂之千里駒昭帝初爲宗正丞後爲宗正卿德妻死大將軍欲以女妻之德不敢畏盛滿也

又曰劉向字子政元帝時蕭望之周堪薦向宗室忠直明經有行爲宗正

東觀漢記曰劉般字伯興遷宗正在朝廷竭忠盡節勤身憂國夙夜不怠數納嘉謀州郡便宜清淨畏慎受職脩治振施宗族

又曰劉平字公子以仁孝著聞永平三年爲宗正卿

後漢書曰劉軼字君文梁孝王衞爲宗正卒官遂代掌宗正焉

續漢書曰宗正卿一人秩二千石掌序錄王國嫡庶之次及諸宗室親屬遠近郡國歲計上宗室名籍。晉起居注曰咸寧元年以太中大夫王覽爲宗正卿

又曰太始二年以侍中中書監朱整爲宗正卿

後魏書曰杜銓初密太后父豹喪在濮陽世祖欲命迎葬於鄴謂司徒崔浩曰天下諸杜何處望高浩對京兆爲美世祖曰朕今方改葬外祖意欲取京兆杜中長老一人以爲宗正令營護凶事浩曰中書博士杜銓其家今在趙郡是杜預之後於今爲諸杜最卽命詔之及見銓器貌瓌雅世祖感悅謂浩曰此真吾所欲也以爲宗正

唐書官品志曰宗正卿位視列曹尚書主皇室外戚之籍

以宗室爲之
石氏星經曰宗正二星在帝座東南
山公啓事曰羊祜忠篤寬厚然不長理劇宗正卿鼓不審
可轉作否

宗正少卿

後魏職令曰宗正卿第四品上第二請用懿清和識參教
典者先盡皇宗無則用庶姓

宗正丞

六典曰宗正丞掌判寺事

太僕卿

六典曰太僕卿掌邦國廐牧車輿之政令總乘黃典廐典
牧章府四署及諸監牧之官屬少卿爲之貳凡國有大禮
及大駕行幸則供其五輅屬車之屬

尚書冏命曰穆王命伯冏爲周太僕正伯冏臣名爲太僕作太御中大夫也
作冏命曰昔在文武聰明齊聖小大之臣咸懷忠良今予
命汝作大僕正正于羣僕侍御之臣
周禮曰太僕正掌王之服位出入王之大命掌諸侯之復
逆王眡朝前正位而退入亦如之建路鼓于大寢之門外
而掌其政以待達窮者與遽令聞鼓聲則速逆御僕與御
庶子祭祀賔客喪紀正王之服位詔法儀贊王牲事王出
入則自在左馭而前驅
漢書曰灌嬰自上初起沛常爲太僕竟高祖以太僕事惠
帝崩以太僕事高后高后崩代王之來嬰與東牟侯入清宮以天
子駕迎代王共立文帝復爲太僕
又曰百官表曰太僕輿馬屬官有大廐未央廐家馬三
令又車府路軨音靈騎馬駿馬四令又龍馬閑駒橐泉騊駼承華五
監長丞又邊郡六牧苑令各三丞又牧橐昆蹏令
丞皆屬焉
東觀漢記曰祭側界切肜膂力過人常貫三百斤弓入爲太
僕從帝過孔子講堂帝指子路室曰太僕吾之禦侮也
後漢書曰徵祭肜爲太僕肜在遼東幾三十年衣無兼副
顯宗旣嘉其功又美肜清約拜日賜錢一百万馬三疋衣
被刀劒下至居屋什物大小無不悉備
續漢書曰趙岐字臺卿獻帝以爲太僕持節安慰天下
又百官志曰太僕秩中二千石掌車馬天子出奉駕大駕則馭
魏志曰國淵字子尼遷太僕居列卿位布衣蔬食祿賜散
之舊故宗族以恭儉自守
又曰潘尼字正叔侍中爲太僕造乘輿儀漢舊儀曰太僕
牧師諸苑三十六所分布北邊以郎爲苑監官奴婢三萬人

分養三十萬頭擇取給六廐牛羊無數以給牲犧
漢雜事曰石慶爲太僕御出上問車中幾馬慶以策數馬
畢舉手曰六馬慶以兄弟中最爲簡易而猶如此
又曰公孫賀以太僕爲丞相子敬聲代爲太僕
晉諸公贊曰郭展爲太僕留心於養生是以廐馬充牣其
後征吴得以濟事
唐書官品志曰太僕卿位視黄門侍郎統南馬牧左右牧
龍廐內外廐丞

乘黃令

六典曰乘黃令掌天子車輅辨其名數與馴馭之法丞爲
之貳
宋書曰乘黃令晉官也主乘輿金根車及安車追鋒諸衆
車馬

齊職儀曰乘黃令獸名也龍翼馬身黃帝乘之而仙後人以名廄

廄令

六典曰典廄令掌繫飼馬牛給養雜畜之事丞爲之貳

漢書曰太僕屬官有大廄未央廄家馬三令各五丞一尉又車府輅軨騎馬駿馬四令丞（晉灼曰漢儀注大廄名也主馬萬疋也）又龍馬閑駒橐泉（如淳曰廄在橐泉宮下）騊駼承華五監長丞牧橐昆蹏令丞（應劭曰橐駝昆蹏好馬名也如淳曰囧以名廄也）武帝太初元年更名家馬爲挏馬（應劭曰主乳馬取其汁挏治之味酢可飲因以名官相動）

又曰蘇武爲栘中監（栘中廄名音移）

又曰上官桀遷未央廄上躰不安及愈見馬瘦上怒曰汝以我不復見馬耶桀曰聖體不安日夜憂懼意誠不在馬言未卒泣數行下上以爲忠

齊職儀曰諸廄有圉師牧人養馬之官校人掌王之馬正也

車府令

六典曰車府令掌王公已下車輅辨其名數及馴馭之法丞爲之貳

漢書百官表曰太僕屬官有車府令一人六百石丞一人

史記曰趙高爲秦車府令

東觀漢記曰永平中車駕出信陽侯陰就干車騎突函薄車府令齊國徐匡就車收送獄詔書譴匡自繫不出吳良上書信陽侯驕慢干突車騎無人臣禮大不敬匡執法守正而下獄臣恐陛下政化由是隳矣於是詔出匡左遷即丘長

齊職儀曰車府署周有巾車典輅之職辨五輅之制

太平御覽卷第二百三十

太平御覽卷第二百三十一

職官部二十九

大理卿　大理少卿　大理正　大理丞

廷尉監　廷尉評

大理卿

六典曰大理卿之職掌邦國折獄詳刑之事以五聽察其情一曰氣聽二曰色聽三曰視聽四曰聲聽五曰詞聽三慮盡其理一曰明慎以讞疑獄二曰哀矜以雪寃獄三曰公平以鞫庶獄少卿爲之貳

韋昭辨釋名曰廷尉縣尉皆古尉也以尉尉人也凡掌賊及司察之官皆曰尉尉罰也言以罪罰姦非也

尚書曰帝曰皋繇汝作士明于五刑以弼五教

論語曰孟氏使陽膚爲士師士師典獄之官問於曾子曾子曰上

失其道民散久矣如得其情則哀矜而勿喜

韓詩外傳曰晉文公使李離爲理過聽殺人自拘於廷請死於君君曰官有貴賤罰有輕重下吏有罪非子之罪也離曰法失則刑失刑失則在臣居爲長不與下吏讓位爵爲多不與下吏分則君以爲能聽微决疑故使臣爲理今過聽殺無罪罪當死臣不能以虛自詿遂伏劒死君子曰忠矣仁矣

家語曰季羔爲衛士師刖人之足俄而衛有亂季羔逃刖者守門謂羔曰彼有竇羔曰君子不隧

又曰此有室季羔入焉旣罷羔問曰吾親刖子之足而子逃我何也刖者曰曩者君理人以法令先君後臣欲臣之免也臣知之臨當論刑君愀然不樂見於顔色臣又知之君豈私臣哉天生君子其道故然此臣之所以脱君也孔子聞之曰善哉爲吏其用法一思仁恕則樹德加嚴暴則樹怨公以行之其子羔乎

史記天官書曰斗魁四星貴人之牢曰大理

漢書曰廷尉秦官掌刑辟有正左右監景帝中六年更名大理武帝建元四年復爲廷尉

又曰于定國爲廷尉爲人卑恭尤重經術其决獄平法務在哀鰥罪疑從輕加審慎之心朝廷稱之曰張釋之爲廷尉天下無寃人于定國爲廷尉人自以不寃

又曰朱博遷廷尉恐爲官屬所輕召見正監典法掾吏謂曰廷尉本起於武吏不明法律幸有衆賢亦何憂然廷尉治郡斷獄以來二十年亦獨耳剽目久剽劫也疋妙反三尺律令人事出其中試與正監共撰前代决事吏議難知者數十事持問廷尉將爲諸君覆之正監條目博皆召掾吏爲平

處其輕重十中八九官屬咸服

又曰張釋之爲廷尉文帝嘗行有人從渭橋下出乘輿馬驚捕之屬廷尉釋之奏其犯蹕當罰金上怒釋之曰法者所與天下公共也方以其時誅之則已今已下廷尉廷尉天下之平也一傾天下用法皆爲之輕重人安所措其手足乎後有盜高廟座前玉環者文帝令族之釋之奏當棄市上大怒釋之曰法如是也今盜宗廟器而族之如令愚人取長陵一杯土陛下何以加其法乎

又曰張湯爲廷尉决大獄欲傅古義乃請博士弟子理尚書春秋補廷尉史平亭疑法奏讞疑事必先爲上分別其原以揚主之明言此自天子意非由有司也奏事有善則讓曰監掾史某所爲也亭者平也均也

又曰杜周爲廷尉其治大數張湯而善候伺上所欲客譖

周曰君爲天下决平不循三尺法（以三尺竹簡書法令律）專以主意
爲獄獄者固如是乎周曰三尺安出哉前主所是著爲律
後主所是䟽爲令當時爲是何古之法乎至周爲廷尉獄
亦益多矣二千石繫者新故相因不減百餘人
又曰王先生者善黄老言處士也張釋之召居廷中王生
年老與釋之及公卿會廷中立王生襪解顧謂釋之爲我
繫襪釋之前跪而繫之旣退或讓王生曰何辱張廷尉乎
王生曰廷尉方爲天下名臣吾聊使繫襪欲重之諸公聞
之賢王生而重張廷尉
又曰下邽翟公爲廷尉賔客塡門及免官門外可設雀羅
復爲廷尉乃署其門曰一死一生乃知交情一貴一賤交
情乃見
又曰文帝初立聞河南守吴公治爲天下第一故與李斯

同邑乃徵吴公爲廷尉
又曰孔光爲廷尉時定陵淳于長坐大逆誅長小妻乃始
等六人皆以長事未發覺時弃去或更嫁及長事發丞相翟
方進等議乃始等於法無以解論光以爲夫婦之道有義則
合無義則離乃始或嫁義已絶而欲以爲妻論殺之名不
正不當坐有詔以光議定
東觀漢記曰陳寵爲廷尉有疑獄輙手筆作議所活者甚
多
後漢書曰郭躬爲廷尉躬家代掌法務寛平乃條諸重文
可從輕者四十一事奏之事皆施行著于令
又曰郭躬字仲孫爲廷尉正廷廷尉家代掌法子鎭自廷
尉左監廷廷尉凡郭氏爲廷尉者七人
後漢書曰楊賜廷廷尉乃歎曰昔三后成功惟刑于人而

發縣不與焉蓋恣之也（虚平）遂以代非法家固辭
謝承後漢書曰范延壽宣帝時爲廷尉時燕趙之間有三
男共娶一妻生四子長各求離别爭財分子至聞于縣縣
不能决斷讞之于廷尉於是延壽决之以爲悖逆人倫比之
禽獸生子屬其母以子並付母尸三男于市奏免郡太守
令長等無師化之道天子遂可其言
又曰傅賢遷廷尉素廉正自掌法官無私門賔客公卿宴
會要請不往自以爲貧無以報答其施常垂念刑法務從
輕比至斷獄遲徊流涕在位四年治獄稱平
華嶠後漢書曰吴雄字季高以明法律斷獄平桓帝時爲
廷尉雄子訢孫恭三世相承爲廷尉爲法名家
漢官儀曰光武時有疑獄見廷尉曹史張禹所問輙對處
當詳衷於是册免廷尉以禹代之雖越次而授亦足以厲

其臣節也
魏志曰高柔字文惠陳留圉人遷廷尉頃之護軍營士竇
禮近出不還營以爲亡表言逐捕没其妻盈及男女爲官
奴婢盈連至州府稱寃自訟莫有省者乃辭詣廷尉柔問
曰汝何以知夫不亡盈垂泣對曰夫少單特養一老嫗爲
母事甚恭謹又哀兒女撫視不離非是輕狡不顧室家者
也柔重問曰汝夫不與人怨讎乎對曰夫良善與人無讎
又曰汝夫不與人交錢財乎對曰嘗出錢與同營士焦子文
久求不得時子文適坐小事繫獄柔乃見子文問所坐
言次曰汝頗曽舉人錢否子文曰自以單貧初不敢舉人
物也柔察子文色動遂曰汝昔舉竇禮錢何言不舉耶子
文怪之事露應對不次柔曰汝已殺禮便宜早服子文於
是叩頭具首殺禮本末埋藏所柔便遣吏卒承子文辭往

掘即得屍詔書復盈毋子盈爲平民班示天下以禮爲戒
又曰高柔字文惠遷廷尉時獵法甚峻而宜陽典農劉龜竊於禁内射兎其功曹張京詣授事言之帝匿名收龜付獄柔請告者名帝大怒曰劉龜當死乃敢獵吾禁地送龜廷尉廷尉便當考掠何復請告者名吾豈妄收龜耶柔曰廷尉天下之平也安得以至尊喜怒而毁法乎重復爲奏辭旨深切帝意寤乃下張京名即還訐各當其罪
又曰鍾毓遷廷尉聽君父已没臣子得爲理謗及士爲侯其妻不復改嫁毓所創也
晉書曰孔坦字君平遷侍中廷尉多平正當法合人情而時勢要自以愛憎爲斷坦意不得皆行也
晉中興書曰范堅字子常爲廷尉奏主典吏邵廣盜官幔合布四十疋依律棄市廣息雲宗二人自没爲官奴婢以贖父尚書議可特聽堅駮之曰此爲施一恩於今開萬怨於後顯宗從之正廣刑
又曰王彪之遷廷尉時永嘉太守謝毅赦後殺郡人周矯矯從兄球詣州訴兗揚州刺史殷浩遣從事收毅付廷尉彪之以球爲獄主身無王爵非廷尉所料不肯受與州相反覆穆帝發詔令受之彪之又上疏執據時人云張釋之以來復見斯事
後魏書曰崔光韶廷尉卿時秘書監祖瑩以贓罪被劾光韶欲致之重法太尉城陽王徽尚書令臨淮王彧吏部尚書李神儁侍中李彧並勢望當時皆爲瑩求寛光韶正色曰朝賢執事於舜之功未聞有一如何反爲罪人言乎其執意不回如此
隋書曰文帝時議置六卿將除大理盧思道奏曰省有駕

部寺留太僕省有刑部寺除大理斯則重畜産而賤刑名也
又曰楊汪字元度守大理卿汪視事二日帝將親省囚徒其時繫囚二百餘人汪通宵究審詰朝而奏曲盡事情一無遺誤帝甚嘉之
唐書官品志曰廷尉卿梁國初建曰大理天監元年復改爲廷尉有正監平三人元會廷尉三官與建康三官皆法冠玄衣朝服以監東西中華門手執方木長三尺方一寸謂之執方
又曰郎楚之武德初爲大理卿與太子少保李綱侍中陳叔達撰定律令
又曰劉德威授大理卿太宗嘗問之曰近來刑網稍密其過安在德威奏言誠在主上不由臣下人主好寛則寛好急則急律文失入減三等失出減五等今則反是失入則無辜失出獲大罪所以吏各自愛競執深文非有教使之然畏罪之所致耳陛下但捨所急則寧失不經復行於今日矣太宗深然之
又曰高宗問大理唐臨獄繫囚之數臨對曰見囚五十餘人唯二人合死上聞囚數不多怡然形於顔色謂臨曰昔東宮卿巳事朕朕承大位卿又居近職以疇日相委故授卿此任然爲國之要在於刑法刑急則人殘法寛則失罪務令折中稱朕意焉
又曰張文瓘爲大理卿旬日決遣疑獄四百餘條其得罪者皆無怨言文瓘嘗有疾繫囚相與設齋以禱焉尋拜侍中兼太子賓客大理囚一時慟哭其得人心如此
又曰大理卿袁仁敬杲卒繫囚聞之皆慟哭悲歌曰天不

恤冤人兮何奪我慈親兮有理無申兮痛哉安訴陳兮

又曰龍朔二年改大理卿爲詳刑寺正卿

唐新語曰唐臨爲大理卿初莅職斷一死囚先時坐死者十餘人皆它官所斷會太宗幸寺親録囚徒它官所斷囚皆稱冤不已臨所斷者嘿而無言太宗怪之問其故囚對曰唐卿斷臣必不枉濫所以絶意太宗歎息久之曰爲獄固當若是因遂見原

五代史後唐書曰長興二年八月勑今後大理寺官員宜同臺省官例外進其法直官比禮直官任使

會稽典録曰盛吉字君達爲廷尉性多哀憐其妻謂吉曰君爲天下執法不可使一人濫罪殃及子孫其囚無微嗣者今其妻妾得入使有遺類視事十二年天下稱有恩惠

又曰董昆字文通餘姚人也遷廷尉卿持法清峻不發私

書

又曰盛吉拜廷尉吉性多仁恩務在哀矜每至冬日罪囚當斷其妻執燭吉手持丹筆夫妻相向垂泣

會稽後賢記曰孔坦遷廷尉卿獄多囚繫坦到官躬執辭狀口辨曲直小大以情不加楚撻每臺司録獄無所顧問皆面决當時之事

天文録曰平星主建廷平主平天下之獄事若今廷尉之象故星讚曰平星執法正綱紀也

文子曰皋陶喑爲大理天下無虐刑有貴乎言者也

說苑曰楚令尹子文之族有干法者廷理拘之聞其令尹之族也而釋之子文召廷理而責之遂致其族人於廷理曰不是刑吾將死廷理懼遂刑其族人成王聞之不及履而至于子文之室曰寡人幼小置廷理其人以違夫子之意於是黜廷理而尊子文之意反內政

新序曰楚昭王時石奢爲理有殺人者奢追之則其父也奢曰以父成政不孝也不行君法非忠也遂刎頸而死

摯虞新禮議曰故事祀皋陶於廷尉寺祀以社日新禮改以孟秋之月以應秋

大理少卿

後魏職令曰廷尉少卿第四品上第二請用思理平斷明刑識法者

北齊書曰宋世軌爲廷尉少卿時大理正蘇珎之亦以平幹知名寺中爲之語曰决定嫌疑蘇珎之視表見裏宋世軌謂之寺中二絶卒官廷尉御史諸囚皆哭曰宋廷尉死我等豈有生路也

隋書曰趙綽爲大理少卿侍郎辛亶嘗衣緋褌俗云利官

文帝以爲厭蠱將斬之綽曰據法不當死臣不敢奉詔上怒甚令斬綽綽解衣當斬上使人問曰竟如何綽曰執法不敢惜死上良久釋之他日又令斬二人綽曰此人坐當杖殺之非法上曰不關卿事綽曰陛下置臣法司欲誤殺人豈得不關臣事上曰撼大木不動者當退綽曰臣冀感天心何論大木上乃止時薛曹爲大理卿曹斷獄以情而綽守法俱爲稱職

又曰源師煬帝即位拜大理少卿帝在顯仁宮勑宮外衛士不得輒離所守有一主帥私令衛士出外帝付大理繩之師據律奏徒帝令斬之師奏曰此人罪誠難恕若陛下初便殺之自可不問文墨既付有司義歸恒典脫宿衛近侍者更有此犯將何以加之帝乃止

唐新語曰太宗嘗謂侍臣曰大理之職人命所懸當須妙

選正人用心存法無過　者乃以爲大理少卿

又曰徐有功遷司刑少卿時周興來俊臣等羅告天下衣冠遇族者數千百家有功居司刑平反者不可勝紀時人方之于定國

大理正

六典曰大理正掌參議刑獄詳正科條之事凡六丞斷罪不當則以法正之

禮記曰成獄辭史以獄成告於正正聽之鄭玄注云於周禮鄉師之屬今漢有正平丞秦所置也

東觀漢記曰何敞字比干遷廷尉正張湯爲廷尉以殘酷見任增飾法律敞嘗爭之存者千數

後漢書曰黄覇字次公宣帝在人間時知百姓苦吏聞覇理法平召爲廷尉正及夏侯勝非議下廷尉獄覇從勝受

尚書

謝承後漢書曰陳球字伯真橋玄表球明律令徵拜廷尉正

魏志曰司馬芝字子華遷大理正有盜官練置都廁上者吏疑女工收以付獄芝曰夫刑罪之失失在苛暴今贓物先得而評其辭若不勝掠或至誣服誣服之情不可以折獄且簡而易從大人之化也不失有罪庸世之治耳今宥所疑以隆易從之義不亦可乎太祖從其議

晉書曰江統字元應爲廷尉正作三刑議

又曰廷尉三官通視南臺持書舊尚書郎下遷梁制服獬豸冠介幘阜衣銅印墨綬

晉中興書曰顧榮字彦先入洛以南土秀望累遷廷尉正

南史曰顧協以清介有志操初爲廷尉正冬服單薄寺卿蔡法度欲解褐與之憚其清嚴不敢發口謂人曰我願解身上襦與顧郎顧郎難衣食者竟不敢以遺之

大理丞

六典曰大理丞掌分判寺事凡有犯皆據其本狀以正刑名徒已上各呼囚與其家屬告以罪名問其伏欵不伏則聽自理

唐書曰杜景佺徐有功爲司刑丞與來俊臣侯思止同理獄人稱之曰遇徐杜必生遇來侯必死

唐新語曰李日知爲司刑丞嘗免一死囚少卿胡元禮異判殺之與日知往復至于再三元禮怒遣府史謂日知曰元禮不離刑曹此囚無不死法竟以兩聞日知果直

廷尉監

漢書曰邴吉字少卿稍遷廷尉監治巫蠱

謝承後漢書曰陳咸字子威爲廷尉監執獄多恩議人常從輕比多所全活皆稱其恩

晉起居注曰廷尉監陸鸞上表求增築評堂圖畫先賢像詔許之

廷尉評

六典曰大理評事掌出使推按凡承制而出推長吏據狀合停務及禁錮者先請魚書以往據所受之狀鞫而盡之若詞有反覆不能首實者則依法栲之凡大理斷獄皆連署焉

漢書曰宣帝詔曰今遣廷吏與郡鞫獄任輕祿薄其爲置廷平員四人其務平之涿郡太守鄭昌上言曰聖王立法明刑者非以爲理救衰亂之起也今明主躬垂明聽不置廷平獄將自正若開後嗣不若删定律令律令一定愚人

知所避就姦吏無弄今不正其本而置廷平以理其末代衰德怠則廷平將擢權而爲亂首也宣帝始置左右平而三輔決録注云何比干漢武時爲廷尉右平謬矣

又曰馬宮字游卿行能高潔遷廷尉平

又百官表曰宣帝地節三年初置左右平四人秩六百石

晉中興書曰顧榮字彦先遷廷尉平時趙王欲誅淮南王允官屬下廷尉議罪榮具明刑理不宜廣濫倫意解賴榮濟者甚衆

隋書曰廷尉平置一人第六品下後改爲評事

唐新語曰敬昭道爲大理評事時沂州有反者詿誤坐者四百餘人將隸于司農未即路繫在州獄昭道援赦文判而免之時宰相責大理奈何免反人家口大理群官失色引昭道以見執政怒而責之昭道曰赦云見禁囚徒反者

家口繫在州獄此即見禁也反覆詰對至於五六執政無以奪之詿誤者悉免

三輔決録注曰茂陵何比干漢武時丞相公孫弘舉爲廷尉右平獄無冤民號曰何公

太平御覽卷第二百三十一

太平御覽卷第二百三十二

職官部三十

鴻臚卿　鴻臚少卿　典屬國　司農卿
司農少卿　上林苑令　太倉令　導官令
太府卿　太府少卿　市令　平準令
左右藏令

鴻臚卿

六典曰鴻臚卿之職掌賓客及凶儀之事領典客司儀二署以率其官屬而供其職務少卿爲之貳凡四方夷狄君長朝見者辯其等位以賓待之凡二王之後及夷狄君長之子襲官爵者皆辯其嫡庶詳其可否若諸蕃大酋渠有封禮命則受冊而往其國

韋昭辯釋名曰腹前肥者臚言以京師爲心腹王侯外國爲四體以養之也辯云鴻臚本故典客掌賓禮鴻大也臚陳序也欲以大禮陳序賓客也

漢書曰田序字子公連擒大姦猾爲大鴻臚

又曰典客秦官掌諸侯歸義蠻夷有丞景帝中六年更名大行令武帝太初元年更名大鴻臚

東觀漢記曰大鴻臚漢舊官建武元年復置屬官有丞一人大行丞一人有理禮員四十七人主齋祠儐贊九賓之禮

續漢書曰大鴻臚卿一人中二千石諸王入當郊迎典其禮儀及郡國上計并屬焉皇子拜王贊授印綬及拜諸侯嗣子及四方夷狄封者鴻臚召拜之

謝承後漢書曰陳紀字元方遭父太丘長寔憂嘔血絕氣豫州嘉其至行表上尚書圖畫百城以勵風俗袁紹以太尉讓紀紀不受拜大鴻臚卒官子群爲三公天下以爲公慚卿卿慚長

又曰白嵩字李山爲濟南相甘露降於郡安帝嘉其致瑞徵拜大鴻臚

漢官解詁曰鴻聲也臚傳也所以傳聲贊導九賓也

又曰昔唐虞賓于四門此則禮賓之制與鴻臚之任亦同

漢雜事曰蕭　爲陳留太守入爲鴻臚不任賓贊還官

魏志曰崔林字德儒清河東武城人也遷大鴻臚龜茲王遣侍子來朝朝廷嘉其遠至褒賞其王甚厚餘國各遣子來朝間使連屬林恐所遣或非真的權取疏屬賈胡因通使命利得印綬而道路護送所損滋多勞所養之民資無益之事爲夷狄所笑此曩時之所患也乃移書燉煌諭旨并錄前世待遇諸國豐約故事使有恒

魏略曰韓宣字景然爲大鴻臚始南陽曲阜韓暨以宿德在宣前爲大鴻臚及宣在官亦稱職故鴻臚中爲之語曰大鴻臚小鴻臚前後治行相屬如

蜀志曰杜瓊字伯瑜後主立爲大鴻臚爲人靜嘿少言闔門自守不與世事

吳志曰張儼字子節吳人也弱冠知名早歷顯位以博聞多識拜大鴻臚使于晉皓謂儼曰南北通好以君有出境之才故相屈行對曰皇皇者華臣蒙其榮懼無古人延譽之美磨厲鋒鍔思不辱命既至車騎將軍賈充尚書令裴秀侍中荀勗等欲傲以所不知而不能屈尚書僕射羊祜尚書何禎並結縞帶之好

唐書官品志曰鴻臚卿位視尚書右丞掌導護贊拜

山濤啓事曰鴻臚職主胡事前後爲之者率多不善了今

敍舊典御史中丞刀敞不審可爾不

鴻臚少卿

後魏職令曰鴻臚少卿第四品上第二清用雅學詳當明
權達理者

隋書曰煬帝時蠻夷朝貢前後相屬帝從容謂宇文述虞
世基等曰四夷率服觀禮華夏鴻臚之職須歸令望寧有
多才藝美容儀可以接對賓客者爲之乎咸以蘇夔對帝
然之即日拜鴻臚少卿

典屬國

漢書曰武帝以移𥳑中監蘇武爲典屬國

又曰宣帝甘露二年以常惠爲典屬國

又曰典屬國秦官掌蠻夷降者成帝河平元年省併大鴻
臚

司農卿

六典曰司農卿之職掌邦國倉儲委積之事總上林太倉
鉤盾導官四署與諸監之官屬謹其出納而修其職務少
卿爲之貳凡京都百司官吏祿廩皆仰給焉

周禮曰冢宰有太府下大夫鄭玄注曰太府爲王治藏之
長若今司農矣

史記曰韓信歸漢漢以爲治粟内史

漢書曰治粟内史秦官掌穀貨景帝更名大農令武帝更
名大司農

又曰鄭當時字莊爲司農門下客至無貴賤無留門者執
賓禮以下人山東諸公翕然稱莊曰吾聞鄭莊行千里不
賫糧

又曰朱邑爲北海太守以治行第一入爲大司農身爲列
卿居處節儉性公正不可交以私天子器之朝廷敬焉及
卒詔稱揚其節行賜邑子黃金百斤以奉其祭祀

又曰田延年爲大司農坐盗都内錢三千萬自殺

又曰平帝元始元年改大司農曰羲和以劉歆爲之

東觀漢記曰劉據爲大司農以職事被譴召詣尚書將加
捶撻尚書左雄諫帝曰九卿位亞三公行則鳴玉孝明永
平始加扑罰非古制也帝從之卿於是始免扑捶

又曰高詡字季回以儒學徵拜大司農在朝以清白方正
稱

又曰羊融字子優爲大司農性明達稱爲名卿

續漢書曰李固爲大司農上信閹官天下牧守多其宗親
舊故及受貨賂有詔特拜不由選試亂生彌甚固乃上表
具陳盗賊所以興由官非其人也

又曰大司農卿一人中二千石掌諸錢穀金帛

又曰趙典字仲經爲大司農閉門却掃非德不交

又曰耿國字叔慮爲大司農曉邊事能論議數上便宜事
天子器之

又曰鄭玄公車徵爲大司農給安車一乘所過長吏送迎

張璠漢記曰陳寵爲廣漢太守風聲大行入爲大司農

應劭漢官儀曰大司農古官也唐虞分命羲和四子敬授
民時高祖受命懲秦之弊與民休息逮至文景國家無事
家給人足京師之錢累百巨萬貫朽而不可校太倉之粟
陳陳相因充溢露積腐敗而不可食

魏志曰梁習爲并州二十餘年政治爲天下最乃徵拜大
司農

吳志曰樓玄爲大司農玄從九卿持刀衛正身率衆奉法

而行應對切直數迕皓意漸見責怒後人誣曰玄與賀劭相逢駐共耳語大笑謗訕政事遂被詔詰責送付廣州

晉陽秋曰司農桓範字元則出奔曹爽云大司農印在吾手中所在得開倉而食

宋書曰大司農卿一人書稱棄后稷其職也

齊職儀曰司農卿耕籍則掌其禮儀

隋書曰趙元淑轉潁川太守甚有惠政因入朝會司農不時納諸郡租穀元淑奏之帝謂元淑曰如卿意者幾日當了元淑曰如臣意不過十日帝即日拜元淑爲司農卿納天下租如言而了帝悦焉

唐書官品志曰司農卿位視散騎常侍主農功倉廩統太倉導官籍田上林令

韓楊天文要集曰天倉者大司農也

異苑曰吳郡岑淵爲吳郡時大司農卿碑注在江乘湖西太元中村人見龜載從田中出還其先處萍藻猶着腹下

史游急就篇曰司農少府國之泉也

司農少卿

後魏職令曰司農少卿第三清用堪勤有幹能者

唐書曰韋弘機爲司農少卿受詔檢校東都營田園苑之事高宗謂之曰兩都是朕東西二宅也今之宮館隋代所造歲序既淹漸將頽頓欲有修造又費財力如何弘機奏曰臣任司農向已十年前後省費今見貯錢三千萬貫若以供葺理可不勞而就也上大悦

上林苑令

漢書百官表曰水衡屬官有上林令

續漢書曰上林苑令六百石主苑中禽獸有民居皆主之捕得獸送太官

李郃別傳曰郃以郎謁者爲上林苑令

楊雄上林苑令箴曰茫茫天田芃芃作敷山有陵陸野有林麓夷原汙藪禽獸攸伏魚鼈以時芻蕘咸植國以殷富民以家給

太倉令

六典曰太倉署令掌九穀廩藏之事丞爲之貳凡鑿窖置屋皆銘甎爲庾斛之數與其年月日受領粟官吏姓名又立碑如其銘焉

漢書曰淳于意爲太倉令

續漢書曰太倉令一人秩六百石主受郡國轉漕穀

梁冀別傳曰太倉令秦宮出入冀妻壽所語言飲食獨往獨來屛去御者宮與倉頭壽姊夫宗忻不知書因壽氣力起家拜太倉令

齊職儀曰太倉令周司徒屬官有廩人倉人則其職也

導官令

六典曰導官令掌導擇米麥之事凡有九穀之用皆隨其精麤差其耗損而供之

漢書百官表曰少府屬官有導官如淳曰太官之別主酒也

續漢書曰導官令一人主舂御米及作乾糒導擇也

太府卿

六典曰太府卿之職掌邦國財貨之事總京都四市平准左右藏常平八署之官屬舉其綱目修其職務少卿爲之貳以二法平物一曰度量二曰權衡

周禮曰天官屬有太府下大夫掌貢賦受其貨賄之入

梁書曰天監七年置太府班第十三掌金帛府帑統左藏

令上庫丞太市南市北市令關津亦皆屬焉

後魏書曰楊播字延慶弘農華陰人也播少脩勑奉親盡禮累遷右衛將軍從車駕南巡到懸瓠除太府卿

唐書曰楊崇禮爲太府少卿雖錢帛充㣲丈尺間皆躬自省閱時議以爲稱職擢拜太府卿每歲勾剩省便常出數百萬貫在職二十年公清如一時太平日久御府財物山積以爲經楊卿者無不精好

唐書官品志曰太府卿位視宗正掌金帛府帑統右藏令

太府少卿

後魏職令曰太府少卿第四品上士人官上用勤篤有幹細務無滯者

唐新語曰狄光嗣仁傑長子也睿宗朝起復除太府少卿光嗣頻表不起乃降勑朕念卿家門忠於王室奪卿情理以荅殊恩卿屢表固陳詞理懇至循環省覽有足可矜令遂所請用勸浮薄待卿情禮云畢更俟後命仍編入史

市令

六典曰京都諸市令掌百族交易之事丞爲之貳凡建摽立候陳肆辯物以二物平市（謂秤以格斗以槪也）以三賈均平市（精爲上賈次爲中賈麤爲下賈）凡賣買不和而權固（權謂專略其利固謂鄣固其市）及更出開閉共限一價（謂賣物以賤爲貴買物以貴爲賤也）若參市而規自入者並禁之（謂在傍高下其價以相惑亂）

史記曰司馬談祖爲漢市長

漢書百官表曰内史屬官有長安市長又長安四市令長丞屬左馮翊

東觀漢記曰祭遵從征河北爲軍市令舍中兒犯法遵格殺之上怒命收遵時主簿陳副諫曰明公常欲衆軍整齊令遵奉法不避是教令行也上乃貸之以爲刺姦將軍語諸將曰當備祭遵吾舍中兒犯令尚殺之必不私諸卿也

晉書曰石苞賣鐵鄴市市長沛國趙元儒名知人見而異之便與結交歎其遠量當至公輔

齊職儀曰市令周有司市肆師司市皆其任也

平准令

六典曰平准令掌供官市易之事丞爲之貳凡百司不任用之物則以時出貨其没官物者亦如之

韋昭辯釋名曰釋云平准令主染色色有常平之法准的之也辯云主平物價使相依准

史記曰桑弘羊以物多騰躍請置平准於京師受天下委輸盡籠天下之貨物貴則賣之賤則買之如此則富商大賈無所牟大利矣始置平准焉

漢書百官表曰司農屬官有平准令丞

漢書曰趙廣漢清潔下士有名譽州舉茂才拜平准令

續漢書曰平准令六百石

齊職儀曰染署掌染繒色以昊置五雉爲工正翬雉氏設五色之工周有染人之職掌絲帛以爲服

左右藏令

六典曰左藏令掌邦國庫藏之事丞爲之貳凡天下賦調先於輸場閱其合尺度斤兩者卿及御史監閱然後納于庫藏皆題以州縣年月以別麁良辯新舊也

又曰右藏署令掌邦國寶貨之事丞爲之貳凡四方所獻金玉珠貝玩好之物皆藏之出納禁令如左藏之職

齊職儀曰右藏庫周天府内府之任天府物所藏也内府掌邦市之出入以待王用後漢中藏府令丞掌幣帛金銀

諸物晉置中黄左右藏

太平御覽卷第二百三十二

[illegible]一萬一千二　　　　力　　　楊宜

太平御覽卷第二百三十三

職官部三十一

秘書監　秘書少監　秘書丞　秘書郎

秘書監

六典曰監之職掌邦國經籍圖書之事有二局一曰著作二曰太史皆率其屬而修其職少監爲之貳

東觀漢記曰桓帝延嘉二年初置秘書監掌典圖書古今文字考合異同

華嶠後漢書曰學者稱東觀爲老氏藏室道家蓬萊山王融曲水詩序曰記言事於仙室謂藏室也

魏志曰王象字羲伯散騎常侍領秘書監撰皇覽魚豢魏略曰蘭臺臺也而秘書署耳

王隱晉書曰王沉爲秘書監著魏書多爲時諱而善序事

又曰羊祜爲黄門郎陳留王立以少帝不願爲侍臣從爲秘書監

又曰惠帝永平元年詔云秘書監綜理經籍考校古今課試署吏領有四百人宜專其事

鄧粲晉紀華譚爲秘書自負宿名意每怏怏嘗從容謂上曰臣老於秘閣矣汲黯之言復存今日上不悦

晉諸公讚曰荀勗領秘書監太康二年汲郡冢中得竹書勗躬自撰次注寫以爲中經列於秘書經傳闕文多所證明

又讚曰庾峻自司空長史遷秘書監幽讚符命天文地理因有述焉

何法盛晉中興書曰孫盛字安國爲秘書監篤尚好學自少及長常手不釋卷既居史官乃著三國陽秋

沈約宋書百官志曰秘書監丞各一人郎四人魏武建國有秘書令左右丞黄初中分秘書立中書而秘書之局不廢昔漢武帝建藏書之册置寫書之官於是天下文籍皆在天祿石渠延閣廣内秘府之室謂之秘書至成哀世使劉向父子以本官典其事至于後則圖籍在東觀有校書郎又有著作郎（傅毅馬融之徒多爲校書郎又蔡邕從尚書選入東觀著作邕既已爲尚書郎而入東觀著作復拜議郎知是著作郎也）又頋學達官往往典校秘書如向歆故事或但校書東觀或有兼撰漢記也

梁書曰任昉字彦昇爲秘書監自齊永元以來秘閣四部篇卷紛雜昉手自讎校由是篇目定焉

後魏書伊馥世祖欲拜馥爲尚書郡公馥辭曰尚書務殷公爵至重非臣年少愚近所宜荷任請収過恩世祖問其所欲馥曰中秘二省多諸文士若恩矜不已請参其次世祖賢之遂拜爲中護將軍秘書監

隋書曰柳䛒煬帝嗣位拜秘書監封漢南縣公帝退朝之後便命入閤言宴諷讀終日而罷帝每與嬪后對酒時逢與會輒遣命之至與同榻共席恩若友朋帝猶恨不能夜召於是命匠刻木偶人施機關能坐起拜伏以像於䛒帝每在月下對酒輒令宫人置之於坐與相讎酢而爲懽笑

唐書曰魏徵爲秘書監奏引學者校定四部書自是秘府圖籍粲然畢備

劉歆七略曰武帝廣獻書之路百年之間書積如丘山故外有太常史博士之藏内則延閣廣内秘室之府

魚豢典略曰芸臺香辟紙魚蠹故藏書臺稱芸臺

三輔黄圖曰未央宫東有麒麟殿藏秘書即楊雄校書之處也

王充論衡曰蘭臺之官監國得失也
通典曰秘書省但主書寫勘校而已雖非要劇然好學君子亦多求爲之
溫嶠舉荀崧爲秘書監表曰夫國史之興將以明失得之跡謂之實錄使一代之典煥然可觀散騎常侍崧文質彬彬思義通博歷位先朝在事以穆宜掌秘奧宣明史籍
王肅表曰青龍之末主者啓選秘書監詔秘書騶吏以上三百餘人非但學問義理當閑有威嚴能檢下者詔肅以常侍領焉
又王肅論秘書不應屬少府表曰魏之秘書即漢之東觀郡國稱敢言之上東觀且自大魏分秘書而爲中書以來傳緒相繼于今三監未有隸名於少府者也今欲使臣編名於騶隸書事於外府不亦瀆朝章而辱國典乎大和中蘭臺秘書爭議三府奏議秘書司先生之載籍掌制書之典謨與中書相亞宜與中書爲官聯
華嶠集詔曰尚書嶠體素弘簡文雅該通經覽古今博聞多識屬書實錄有良史之志故轉爲秘書監其加散騎常侍使中書散騎著作及治禮者律天文數術南省文章門下撰集皆典領之嶠表伏見詔書以臣爲秘書監加位常伯昔劉向父子世典史籍馬融通博三入東觀非臣膚淺所敢投跡
唐書太宗正授顏師古秘書監制曰秘書望華史官任重選衆而舉歷代攸難守秘書監顏師古體業淹和器用詳敏學該流略詞兼典麗職司圖書亟經歲序朱紫既辨著述有成宜正名器允茲　望實可秘書監

秘書少監

唐書周思茂者貝州漳南人少與弟思鈞俱早知名自右史轉太子舍人與范履冰在禁最蒙親遇至於政事損益多參預焉累遷麟臺少監崇文館學士垂拱四年下獄死
又曰王紹宗揚州江都人也遷秘書少監仍侍皇太子讀書紹宗性澹雅以儒素見稱當時朝廷之士咸敬慕之張易之兄弟亦厚之易之伏誅紹宗坐以交往見廢
又曰德宗以左諫議大夫史館修撰張薦爲秘書少監修撰如故時裴延齡貴欲異同宰府乃言於上曰諫議大夫論朝廷得失之官史館修撰書朝廷得失之事則領史職者不宜爲諫官故有斯命

秘書丞

魏志曰武帝置秘書左右丞以劉放爲秘書左丞孫資爲秘書右丞

魏略曰薛夏字宣聲天水人也博學有才華天水舊有姜任閻趙四姓常推於郡中而夏爲單家不爲降屈四姓欲治之夏乃遊逸東詣京師太祖宿聞其名甚禮遇之文帝又嘉其才黃初中爲秘書丞帝常與夏推論書傳未嘗不終日也每呼之不名而謂之薛君夏居甚貧帝文顧其衣薄解御袍賜之其後征東將軍曹休來朝時帝方與夏有所諮論而外啓休到帝引入坐定帝顧夏目之於休曰此君秘書丞天水薛宣聲也宜共談其見遇如此
魚豢魏略曰薛夏爲秘書丞時秘書嘗以公事移蘭臺蘭臺自以臺也秘書丞時爲署耳謂夏不得儀當有坐者夏報曰蘭臺爲外臺秘書爲內閣臺也閣也何不相移之有蘭臺無以折之
又曰嚴苞以高才黃初中入爲秘書丞數奏文賦帝甚異

之

晉書嵇紹以父得罪靖居私門山濤領選啓武帝曰康誥有言父子罪不相及嵇紹賢侔郄缺宜加旌命請爲秘書郎帝謂濤曰如卿所言乃堪爲丞何但郎也乃發詔徵之起家爲秘書丞

王隱晉書曰庾峻字山甫博學有才爲秘書丞遍觀古今聞見益優

虞預晉書曰何禎字元幹廬江人也爲尚書郎特詔叅秘書丞秘書本有一丞時尚未轉遂以禎爲右丞右丞之置自禎始也

檀道論晉陽秋曰太元十八年王謐爲秘書丞乃表前尚書郎允中書郎張敞太子後率郄儉之故太常桓石秀是多書之家請秘書郎分局採借

齊書曰王儉字仲寶爲秘書丞上表求校墳籍依七略撰七志四十卷獻之

又曰張率字士簡吴郡人遷秘書丞高祖曰秘書丞天下清官東南胄緒未有爲之今以相處爲卿定名譽

齊職儀云秘書丞銅印墨綬

南史劉孝綽遷秘書丞武帝謂舍人周捨云第一官當用第一人故以孝綽居此職

後魏書李彪字道固遷秘書丞分領著作事自文成帝已來至於大和崔浩高允著述因書編年序録爲春秋之體遺落時事一二無存彪與秘書令高祐始奏從遷固之體創爲紀傳表志之目焉

又曰李輔子伯尚少有重名高祖每云此李氏之千里駒勑撰太宗起居注尋遷秘書丞

後周書曰柳虯爲秘書丞時秘書雖領著作不叅史事自虯爲丞始令監掌焉

王肅論秘書表云青龍中議秘書丞郎與博士議郎同職近日月宜在三臺上

又曰秘書丞郎宜比尚書郎侍御史令侍御史乘犢車奏事用尺一秘書丞郎乘鹿車猶用尺奏恐非陛下崇儒之本意也

秘書郎

六典曰秘書郎四人從六品上晉起居注云武帝遣秘書圖書分爲甲乙景丁四部使秘書郎各掌其一焉

魏志曰王基字伯輿東萊人也時青土初定刺史王凌特表請基爲別駕後召爲秘書郎凌復請還之司徒王朗辟基凌又不遣朗書劾州曰取宿衛之臣留秘閣之吏所希聞也凌猶不遣凌流稱青土蓋亦由基協和之輔也

又曰鍾會字士季敏惠夙成時蔣濟著論謂觀其眸子可以知人會年五歲見濟濟大奇之正始中以賜官郎中爲秘書郎

蜀志曰郤正字令先安貧好學博涉墳籍弱冠能屬文入爲秘書吏轉令史遷秘書郎性澹於榮利尤耽文章自司馬王楊班傅張蔡之儔遺文篇賦及當世美書善論益部有者則鑽鑿推求略皆寓目

王隱晉書曰鄭默字思元爲秘書郎刪省舊文除其浮穢時陳留虞松爲中書令謂默曰而今而後朱紫別矣

又曰左思專思三都賦杜絶人事自以所見不博求爲秘書郎

虞預晉書曰司馬彪少篤學不倦好色薄行不交人事專

精學閎大始中爲秘書郎後轉爲丞

晉太康起居注曰秘書丞桓石綏啓校定四部書詔郎中四人各掌一部

晉令云秘書郎掌外三閣經書覆省校閲正定脱誤

沈約宋書曰秘書郎四人後漢校書郎也

又曰蕭惠開雖貴戚而車服簡素初爲秘書郎秘書著作並名家年少惠開意趣與之多不同比肩或三年不共語

宋書曰王敬弘子恢之爲秘書郎使求爲奉朝請與恢之書曰秘書有限故有競朝請無限故無競吾欲使汝處無競之地文帝許之

梁書曰張纘字伯緒爲秘書郎固求不遷欲遍觀閣內圖籍

後魏書高謐字安平有文武才度天安中以功臣子召入

禁中除秘書郎典秘閣謐以墳典殘缺奏廣訪郡邑大加繕寫由是代京圖籍莫不審正

通典曰宋齊秘書郎皆四員尤爲美職皆爲甲族起家之選待次入補其居職例十月便遷

又曰秘書郎自齊梁之末多以貴遊子弟爲之無其才實故當時諺曰上車不落則著作體中何如則秘書王肅表曰臣以爲秘書職於三臺爲近密中書郎在尚書丞郎上秘書丞郎宜次尚書郎下不然則宜次侍御史下秘書丞郎俱四百石遷宜比尚書郎出亦宜爲郡此陛下崇儒術之盛旨也尚書郎侍御史皆乘犢車而秘書丞郎獨鹿車不得朝服又恐非陛下轉臺郎以爲秘書丞郎之本意也

太平御覽卷第二百三十四

職官部三十二

著作郎　著作佐郎　校書郎　正字

著作郎

續漢書曰弘農楊彪字文先多識博聞與諸郎著作東觀

王隱晉書曰陳壽爲著作佐郎遷大著作

又曰陸士衡以文學爲秘書監虞濬所請爲著作郎議晉書限斷

又曰何嵩善史漢爲著作

晉書曰元康元年詔著作郎舊緣中書而秘書既典司文籍今改中書著作郎爲秘書著作郎

晉中興書曰孫盛歷散騎常侍秘書監常領著作

又曰孫綽爲散騎常侍領大著作于時才筆之士綽爲其冠

又曰李充爲大著作于時典籍混亂充刪除煩重以類分作四部秘閣以爲永制

又曰謝沈爲祠部郎何充庾冰以沈有史才遷大著作

晉太興起居注曰元帝依故事召陳郡王隱待詔著作單衣介幘朔望朝著作之省

沈約宋書曰何承天除著作郎撰國史承天時年已老而諸佐郎並名家年少荀伯子嘲之常呼爲妳母承天曰卿當云鳳皇將九子妳母何言耶

又曰著作郎後漢官後漢已來太史但掌天文律曆而已其國記撰述悉在著作江左王導表著作爲史官是也後漢東觀有著作郎

後魏書崔浩好文學時人莫及天興中給事秘書轉著作郎太祖以其工書常置左右太祖季年威風嚴峻宦者左右多以微過得罪莫不逃隱浩獨恭勤不怠或終日不歸太祖知之輒命賜以御粥其砥直任時不爲窮通改節皆此類也

又曰程駿拜著作郎顯祖屢引與論易老之義顧謂群臣曰朕與此人言意甚開暢又問駿曰卿年幾何對曰臣六十有一顯祖曰昔太公既老而遭文王卿今遇朕豈非早也駿曰臣雖才謝呂望而陛下尊過西伯覬天假餘年竭六韜之效

又曰韓顯宗除著作郎高祖曾謂顯宗及程靈虬曰著作之任國言是司卿等之才朕自委悉中省之品卿等所聞若欲取古人班馬之徒固自遼闊若求之當代文學之能卿等應推崔孝伯

又曰趙逸爲赫連屈丐著作郎世祖平統万見逸所書曰此豎無道安得爲此言乎作者誰也其速推之司徒崔浩進曰彼之謬述亦猶子雲之美新皇王之道固宜容之世祖乃止

三國典略曰齊主以其著作郎祖珽數上密啓命中書門下二省斷珽奏事初珽爲秘書郎用芳林遍略質摴蒲錢又陳元康被傷將死懇珽作書屬家累并云祖喜邊有少許物宜早索取珽不通此書喚喜私問得金二十五鋌惟與喜二鋌餘並自入祖喜告元康二弟叔諶季璩等叔諶以語楊愔愔顰眉荅曰恐不益云者因此得停其後齊文宣以珽爲秘書丞盜遍略事發付平陽王淹令錄珽付禁淹遣使收珽珽便私迯黄門侍郎高德正諫云但宣命向秘書稱奉并州進止須經史各部仰丞親自檢校催遣如

此則珽意自安夜當還宅然後掩捉之果如德正所圖遂縛送廷尉據犯當死文宣以其伏事先代除名爲民愛其才伎令直中書普選勞舊遷爲著作

唐書曰著作郎鄧隆上表請編録御製詩集太宗冲讓不許隆好學多伎王充兄子太之守河陽也引隆爲賓客大見親遇及太宗攻洛陽遣書諭太隆爲太復書言辭不遜洛陽平後隆懼罪變姓名自號隱玄先生竄於白鹿山黄冠野服不接人事貞觀初徵授國子主簿與博陵崔仁師昌黎慕容善行弘農劉顗新野庾安禮河東敬播俱爲脩史學士隆負宿罪猶不自安太宗聞之遣房玄齡謂之曰爾爲王太作書誠合重責但各爲其主於朕何有惡哉朕今爲天子何能追責疋夫之過爾宜坦然勿懷危懼也擢授著作郎及修史成尋卒撰東都記三十卷爲學者所重

又曰龍朔二年改著作郎爲司文郎中佐郎爲司文郎

又曰劉允濟傳垂拱四年明堂初成允濟奏上明堂賦以諷則天甚嘉歎之手製褒美拜著作郎

陶氏職官要録曰著作郎舊視通直郎史才富博者爲之

應亨集讓著作表曰自司隸校尉奉至臣五葉著作不絶鄉族以爲美談

著作佐郎

王隱晉書曰武帝欲以郭琦爲佐著作郎問尚書郭彰彰憎琦不附已荅詔不識上曰若如卿言烏丸家兒能事卿即堪郎矣及趙王倫篡又欲用琦琦曰我已爲武帝吏不能復爲今世吏終於家

又曰華嶠漢書十典未成秘書監繆徵奏嶠少子暢爲著作佐郎卒成十典

晉中興書曰郭璞奏南郊賦中宗見賦嘉其才以爲著作佐郎

又曰華譚爲秘書監時晉陵朱鳳吴郡吴震等以單族有史才白首衡門譚薦二人擢補著作佐郎並皆稱職

沈約宋書曰謝裕字景仁陳郡陽夏人也會稽王世子元顯嬖人張法順權傾一時内外無不造門者唯景仁不至年三十方爲著作佐郎桓玄誅元顯見景仁謂四坐曰司馬庶人父子云何不敗遂令謝景仁三十方作著作佐郎

後魏書曰宋弁字義和爲著作佐郎尋除尚書殿中郎中高祖曾因朝會之次歷訪治道弁年少官微自下而對聲姿清亮進止可觀高祖稱善者乆之因是大被知遇賜名爲弁意取弁和獻玉楚王不知寶之理也

後周書曰黎景熙字季明正定古今文字於東閣大統末除安西將軍尋拜著作佐郎於時倫輩皆位兼常伯車服華盛唯季明獨以貧素居之而無愧色又勤於所職著述不怠然性尤專固不合於時是以一爲史官十年不調

張華别傳曰陳壽好學善著述論著作佐郎當時夏侯湛等多欲作魏書見壽所作即壞已書

文士傳曰束晳晚應司空辟入府六日除著作佐郎著作西觀撰晉書草創三帝紀及十志

又曰張載作濛汜賦太僕傅玄見賦歎息稱善以車迎載言談終日玄深貴重載遂知名起家徵爲佐著作郎

校書郎

六典曰校書郎八人正九品上掌讎校典籍刊正文字

漢書曰劉歆字子駿少以通詩書能屬文召見成帝時待詔官者署爲黄門郎河平中受詔與父向領校秘書講六

藝傳記諸子無所不究

又曰王莽劉棻時楊雄校書天祿閣上治獄使者來欲收雄雄恐不能自免迺從閣上自投下幾死莽曰雄素不與事何故在此間其故迺劉棻嘗從雄學作奇字雄不知情有詔勿問

後漢書曰馬融字季長博通經籍永初二年大將軍鄧隲聞融名召爲舍人四年拜爲校書郎中詣東觀典校秘書是時鄧太后臨朝隲兄弟秉政以爲文德可興武功宜廢遂寢蒐狩之禮息戰陣之法故使猾賊縱橫乘此無備融乃感激以爲文武之道聖賢不墜五才並用無或可廢乃上廣成頌以諷諫

王隱晉書曰鄭默字思元爲秘書郎刪省舊文除其浮穢著魏中經中書令虞松謂默曰而今而後朱紫別矣

晉令曰秘書郎掌中外三閣經書覆校闕遺正定脫誤

晉太元起居注曰秘書丞桓綏啓校定四部書詔遣郎中四人各掌一部

唐書曰楊炯華陰人幼聰敏博學善屬文神童舉拜校書郎爲崇文館學士

正字

六典曰正字四人正九品下掌定典籍刊正文字

唐書曰陳子昂苦節讀書尤善屬文高宗靈駕將還長安子昂詣闕上書陳東都形勝可以安置山陵關中險旱西行不便則天召見奇其對拜麟臺正字

又曰吳通玄道瓘爲太子諸王授經而通玄兄弟出入禁掖恒侍太子遊通玄與兄通微俱博學善屬文文彩綺麗通玄幼應神童舉釋褐秘書省正字

又曰蘇弁字元容京兆武功人也弁少有文學舉進士授秘書省正字

唐明皇雜錄曰劉晏以神童爲秘書秘書省正字上問晏曰正字正得幾字晏曰天下字皆正唯朋字未正玄宗大奇之

太平御覽卷第二百三十四

太平御覽卷第二百三十五

職官部三十三

太史令　殿中監（六尚附）　大長秋

太史令

春秋元命苞云屈中挾一而起者爲史史之爲言紀也天度文法以此起也

尚書酒誥曰太史友内史友（太史内史掌國典法所賓友者也）

周書曰維正月王在成周昧爽召三公右史戎夫曰今夕朕寤遂事其驚余乃取遂事之要戒甲戎夫主之朔望以聞也

禮記曲禮下曰天子建六太曰太宰太宗太史太祝太工太卜典司六典

又玉藻曰動則左史書之言則右史書之

春秋宣上曰趙穿攻靈公於桃園宣子未出山而復太史書曰趙盾弒其君以示於朝宣子曰不然對曰子爲正卿亡不越境返不討賊非子而誰宣子曰嗚呼我之懷矣自貽伊慼其我之謂矣孔子曰董狐古之良史也書法不隱

又襄四曰太史書崔杼殺其君崔子殺之其弟嗣書而死者二人（嗣續）其弟又書乃舍之南史氏聞太史盡死執簡以往聞既書矣乃還

又曰魯昭公二年晉韓宣子聘魯觀書於太史氏見易象與魯春秋曰周禮盡在魯矣

周禮春官下曰太史掌建國之六典（太史日官也春秋傳曰天子有日官諸侯有日卿）

大戴禮曰太子既冠成人免於保傅則有司過之史

春秋文耀鉤曰楚立唐氏（以爲史官）蒼雲如蜺圍軫七蟠中有荷斧之人蟠軫而蹲（蟠屈也蹲踞也）楚驚

唐史曰君慢命又簡宗廟（命天命也軫於天文楚之分也内之而蹲是慢命蹲簡宗廟）於是晝遺炎煙耀于蒼雲精消無文（軫火精雲水氣圍軫水也晝日陽也炎火亦陽也遺之者象蟠所也水難勝火三陽併氣且火炎上宜消滅也文則蜺也）唐史之冊上滅蒼雲（告神以史功也）

韓詩外傳曰據法守職而不敢爲非者太史也

毛詩序曰國史明乎得失之迹傷人倫之廢哀刑政之苛吟詠情性以諷其上達於事變而懷其舊俗者也

春秋後語曰晉太史屠黍見晉之亂以其國法歸周

國語曰鄭桓公爲司徒問於史伯曰王室多故（史伯周太史也）余懼及之焉

漢書曰司馬喜生談談爲太史公（如淳曰漢儀注太史公武帝置位在丞相上天下計書先上太史公副上丞相序事如古春秋遷死宣帝以其官爲令行太史文書而已臣瓚案百官表無太史公茂陵中書司馬談爲太史令）遷仕爲郎中使西征巴蜀以南略邛筰（音昨）昆明還報命是歲天子始建漢家之封而太史公留滯周南（如淳曰周南洛陽也）不得與從事發憤且卒而子遷適反見父於河洛之間太史公執遷手而泣曰予先周室之太史也自上世嘗顯功名虞夏典天官事後世中衰絕於予乎汝復爲太史則續吾祖矣今天子接千歲之緒封泰山而予不得行是命也夫是命也夫予死汝必爲太史爲太史無忘吾所欲論著矣遷俯首流涕曰小子不敏請述論先人所次舊聞不敢闕卒三歲而遷爲太史令

又藝文志曰古之王者世有史官君舉必書所以慎言行昭法式也

又曰青史子注古史官記事也

又曰孔甲盤盂篇（黄帝史官）

又曰史籀周宣王大史作大篆
又曰秦大史令胡毋敬作博學章
東觀漢記曰陰猛以博通古今爲太史令
司馬彪續漢書曰張衡字平子以郎中遷太史令妙善璣
衡之正紀渾天儀復造候風地動儀以精銅鑄成員徑八
尺合蓋隆起形如酒杯如有地動樽則震尋其方面知震
所在驗之以事合契若神
張璠漢記曰初王師敗於曹陽欲浮河東下侍御史太史
令王立曰去春太白犯鎮星於斗過天津熒惑又逆行守
河北不可犯也由是遂北渡河將自軹關東出立又謂宗
正劉艾曰前太白守天關與熒惑會金火交會革命之象
也漢祚終矣晉魏必有興者後立數言於帝曰天命有去
就五行不常盛代者土也丞漢魏也能安天下者曹姓唯

委任曹氏而已曹公聞之使人語立曰知忠於朝廷天道
深遠幸勿多言
應劭曰太史令秩六百石掌天時星曆凡歲奏新年曆凡
國祭祀喪娶之事奏良日國有瑞應灾異記之
又曰太史令秩六百石望郎三十人掌故三十人昔在顓
頊南正重司天火正黎司地唐虞之際分命羲和曆象日
月星辰敬授民時至于夏后殷周世叙其官皆精研術數
窮神知化當春秋時魯有梓慎晉有卜偃宋有子韋鄭有
裨竈觀乎天文以察時變其言屢中有備無害漢興甘石
唐都司馬父子抑亦次焉末塗偷進苟忝茲階既闇候望
競飾邪僞以凶爲吉莫之懲糾
漢舊儀曰承周史官至武帝置太史公司馬遷父談世爲
太史遷年十三使乘傳行天下求古諸侯之史記

魏志曰黃龍見譙橋玄問太史令單颺曰其國當有王
者
吳志曰吳範字文則會稽上虞人也劉盛兵西陵範曰後
當和親終皆如言其古驗明審如此權以範爲騎都尉領
太史令數從訪問欲知其訣範秘惜其術不以至要語權
權由是恨也
又曰韋曜字弘嗣孫亮即位諸葛恪輔政表曜爲太史令
撰吳書
沈約宋書曰太史掌曆數靈臺專候日月星氣焉
世本曰沮誦蒼頡作書宋衷注曰沮誦蒼頡黃帝之史
唐書曰乾元元年改太史局爲司天臺掌天文曆數風雲
氣色有異則密封以聞其小吏有司曆保章正靈臺郎挈
壺正等官各有差

呂氏春秋曰夏太史令終古見夏桀惑亂載其圖法而泣
乃出奔商商太史高勢見紂之迷亂載其圖法出之周晉
太史屠乘見晉之亂以其圖法歸周
帝王世紀曰黃帝使蒼頡取象鳥跡始作文字之篆史官
之作蓋自此始記其言行冊而藏之
文士傳曰張衡性精微有　巧藝特留意於天文陰陽筭
數由是遷太史令
環濟要略曰太史令取善紀述者使記時事天子圖書計
最典籍皆副焉
賈誼書曰不知日月之時節不知先王之諱與國之忌不
知風雨雷電之眚凡此屬太史之任也
楊雄太史令箴曰昔在太古爰初肇記天地之紀重離是
司降及唐虞乃命羲和欽若昊天百政攸亘夏帝不慎羲

和不令酒時亂日帝欣受征㡿賓至務唯天爲難夏氏黷德而明神不蠲

荀悅申鑒曰古者天子諸侯有事必告廟左右二史咸否成敗無不存焉得失一朝榮辱千載善人勸焉淫人懼焉故先王重之以副賞罰以輔法教宜於今者官以其方各書其事歲盡則集之於尚書

殿中監（六尚附）

六典曰殿中監掌服御之事揔尚食尚藥尚衣尚乘尚舍尚輦六局之官屬備其禮物而供其職事少監爲之貳

尚食奉御掌常謹其饎供辯其名數直長爲之貳

尚藥奉御掌合和藥物辯藥上中下之三品直長爲之貳

尚衣奉御掌衣服詳其制度辯其名數

尚乘奉御掌内外閑廐之馬辯其麁良而率其習馭直長爲之貳

尚舍奉御掌殿庭張設湯沐而潔其灑掃直長爲之貳

尚輦奉御掌輿輦繖扇之分分其次叙而辯其名數直長爲之貳

大長秋

天官書有宦者四星在帝座之西周官有宮正宮伯（皆主王宮中官之長）宮人（掌王之六寢也）内宰（掌王内之政令以陰禮教六宮陰禮婦禮也）閽人寺人官戰國時有宦者令秦有將作尉衛少府各一人（並皇后卿也）

漢景帝中六年改將作爲大長秋（顔師古曰秋收成之時長者恒久之義故以爲皇后官名）或用中人或用士人（中人閹人也）成帝加置太僕一人掌太后輿焉通謂之皇太后卿皆隨太后宮爲官號無太后則闕至後漢復增置丞中宮謁者令中宮尚書中宮私府中宮永巷令中宮黄門冗從僕射虎賁官騎中宮官署令樂長並錄大長秋歷魏晋宋梁陳後魏皆有長秋之號而官屬省置不同北齊有長秋寺置卿中尹各一人掌諸宮門掖庭等並用宦者隋改曰内侍省煬帝改爲長秋監置令一人丞二人並用士人唐武德初復爲内侍省皆用宦者

後漢書曰鄭衆字季産南陽犨人也爲人謹敏有心永平中初給事太子家肅宗即位拜小黄門遷中常侍和帝初竇太后秉政后兄大將軍憲等並竊威權朝臣上下莫不附之而衆獨一心王室不事豪黨帝親信焉及憲兄弟圖作不軌衆遂首謀誅之以功遷大長秋

又曰良賀位爲大長秋清儉退厚陽嘉中詔九卿舉武猛賀獨無所薦帝引問其故對曰臣生自草茅長於宮掖既無知人之明又未嘗交加士類昔衛鞅因景監以見有識知其不終今得臣舉者匪榮伊辱固辭之

又曰曹騰字季興順帝在東宮鄧太后以騰年少謹厚使侍皇太子書特見親愛及即位騰爲小黄門遷中常侍桓帝得立騰與長樂太僕州輔等七人以定策功皆封亭侯騰遷大長秋用事省闥三十餘年奉事四帝未嘗有過其所進達皆海内名人

又曰曹節字漢豐南陽新野人也靈帝即位以定策功封長安鄉侯時竇太后臨朝后父大將軍武與太傅陳蕃謀誅中官節等與長樂五官史朱瑀等矯詔誅武蕃等節遷長樂衛尉後轉大長秋

太平御覽卷第二百三十五

太平御覽卷第二百三十六

職官部三十四

國子祭酒　司業　博士

少府監　將作監

國子祭酒

六典曰國子祭酒司業之職掌邦國儒學訓導政令有六焉一曰國子二曰大學三曰四門四曰律學五曰書學六曰筭學

韋昭辯釋名曰祭酒者謂祭六神以酒醱之也辨云凡會同饗讌必尊長先用　酒以祭先故曰祭酒漢時吳王年長以爲劉氏祭酒是也

徐廣釋祭酒云古者主人具饌則賓中長者一人舉酒祭地是則長者爲祭酒也

漢書曰吳王賜號爲劉氏祭酒應劭曰禮飲酒必祭示有先也故稱祭酒飲時惟尊長者以酒沃酹也

又曰張安世薦蘇武明習故事奉使不辱君命宣帝以武壯節老臣令朝朔望號稱祭酒甚優寵之

續漢書百官表曰建武初置五經博士太常差次有聰明威重者一人爲祭酒摠領綱紀

漢書百官表注博士祭酒一人掌國子學每朝服進賢兩梁冠佩水蒼玉

蜀志曰先主既定益州廣漢太守夏纂請秦宓爲師友祭酒

晉書曰袁瓌字山甫爲國子祭酒時屬經喪亂禮教陵遲瓌上疏求立學徒帝從之國學之興自瓌始也

又曰裴頠爲祭酒奏立太學講堂築門闕刻石寫五經

晉中興書曰杜夷字行齊以儒學稱中宗以夷爲丞相祭酒中興初皇太子凡三至夷舍執經問義

沈約宋書曰博士秦官也掌通古今員多至數十人有僕射光武增爲十五人　蓋一經有數家之學故也皆教弟子光武改僕射曰祭酒祭酒者一位之元長也

齊書曰張緒竟陵王子良領國子祭酒武帝勑王晏曰吾欲令司徒辭祭酒以授張緒物議以爲云何子良竟不拜以緒領國子祭酒

齊職儀曰晉令博士祭酒掌國子學而國子生師事祭酒執經葛巾單衣終身致敬

梁書令曰王丞字安期爲國子祭酒丞祖儉父暕並居此職三代爲國師前代未有當時以爲榮暕音簡

崔鴻十六國春秋前秦錄曰建元七年高平蘇通長樂劉

祥並以碩學耆儒尤精二禮堅以通爲禮記祭酒居于東庠祥爲儀禮祭酒處于西庠堅每月朔旦率百僚親臨講論

後魏書曰韓子熙累遷國子祭酒子熙儉素安貧常好退靜遷鄴之始百司並給兵力時以祭酒閑豫止給二人或有令其陳請者子熙曰朝廷不與祭酒兵何關韓子熙事論者稱之

後周書曰盧誕本名恭祖拜給事黄門侍郎魏帝詔曰經師易求人師難得朕諸兒稍長欲命卿爲師於是親幸晉王第勑晉王以下皆拜之於帝前因賜名曰誕又以誕儒宗學府爲當世所推乃拜國子祭酒

隋書曰楊汪字元度拜國子祭酒帝令百寮就學與汪講論天下通儒碩學多萃焉論難鋒起皆不能屈帝令御史

書其問荅奏之省而大悅賜良馬一匹
又曰元善遷國子祭酒上嘗親臨釋奠命善講孝經於是敷陳義理兼之以諷諫上大悅曰聞江陽之說更起朕心賚絹百匹衣一襲
唐書曰許後胤嘗侍太宗講後爲睦州刺史因入朝乞骸骨太宗召問曰朕與卿刺史資以自養何謂即求致仕後胤對曰年老筋力不逮望得私第時見闕庭太宗曰卿氣力猶強欲何官也後胤陳謝不敢太宗曰朕昔從卿讀書卿今日從朕求官但言所欲不相違也時國子祭酒缺後胤奏言之因授國子祭酒
風俗通曰孫卿有秀才善爲詩禮易春秋至齊襄王時而孫卿最老師三爲祭酒
齊王融爲王儉讓國子祭酒表曰竊以成均義重振古所崇資師道尊有來攸尚匪由蘭芷疇夔入室之情不自朱藍何遷素絲之質

司業

唐書曰韋叔夏遷成均司業久視年特下制曰吉凶禮儀國家所重司禮博士未甚詳明成均司業韋叔夏太子率更令祝欽明等博涉禮經多所該練委以參掌輿弘典式自今司禮所脩儀注並委叔夏等刊定訖然後進奏
又曰歸崇敬上言司業者義在禮記云樂正司業正長也言樂官之長司主此業爾雅云大板謂之業按詩周頌設業設虡崇牙樹羽則業是懸鐘磬之簨虡也今大學既不教樂於義則無所取請改司業一爲左師一爲右師位正四品上

博士

六典曰博士掌教文武官三品已上及國公子孫
應劭漢官儀曰博士秦官也博者通博古今士者辯於然否孝武帝建元五年初置五經博士秩六百石太常差次有聰明威重者一人爲祭酒總領綱紀
漢舊儀曰武帝初置博士取學通行脩博識多藝曉古文爾雅能屬文章者爲之朝賀位次中都官吏稱先生不得言君其弟子稱門人也
漢書曰賈誼文帝召爲博士時年二十詔最爲少每詔令議下諸老生未能言誼盡爲之對人人各如其意所出
又曰韋賢字長孺爲人質朴少欲篤志於學兼通禮尚書以詩教授時人號稱鄒魯大儒徵爲博士
又曰公孫弘對策時百餘人太常奏第居下天子擢之對爲第一召入見容皃甚嚴拜爲博士待詔金馬門也
又曰元鼎中徐偃爲博士使行風俗偃矯制使膠東魯國鼓鑄鹽鐵還奏事張湯劾偃矯制法死偃以爲春秋之義大夫出疆有可以安社稷利万人專之可也湯不能詘
東觀漢記曰甄宇拜博士每臘詔賜博士羊人一羊有大小肥瘦時議欲殺羊分肉又欲投鉤宇因取瘦者自是不復爭後召會詔問瘦羊博士所在京師因以爲號
又曰歐陽歙其先和伯從伏生受尚書至于歙七世皆爲博士敦於經學恭儉好禮
後漢書曰光武每朝會輙令桓榮於公卿前說經書帝稱善曰得生幾晚會博士缺帝欲用榮榮叩頭讓曰臣經術淺薄不如同門生郎中彭閎楊州從事皐弘帝曰俞往汝諧因拜榮爲博士
又曰董鈞永平初爲博士時草創五郊祭祀及宗廟禮樂

威儀章服輙令鈞衆議多見從用當世稱通儒

華嶠後漢書曰初欲立左氏傳博士范叔以爲左氏淺末不宜立陳元聞之乃詣闕上疏爭之更相辯對九十餘上帝卒立左氏學也

漢舊儀曰孝文皇帝時博士七十餘人朝服立端章甫冠

魏志曰樂祗字文載少好學黄初中徵拜博士于時太學初立博士十餘人學多偏僻不敢親教偷貟而已唯文載五業並授

又曰文帝黄初五年太學制五經課試之法置春秋穀梁博士

又曰明帝太和二年詔曰尊儒貴學王教之本也自頃儒官或非其人將何以宣明聖道其高選博士才任中常侍者

吳志詔曰古者建國教學爲先所以道世治性爲時養器也自建興已來時事多故吏民頗以目前趍務去本就末不循古道夫所尚不淳則傷化敗俗其案古置學官立五經博士核取應選加其寵禄科見吏之中及將吏子弟有志好者各令就業一歲課試差其品第加以位賞使見之者樂其榮聞之者羨其譽以敦王化以隆風俗

晉令曰博士皆取履行清淳通明典義若散騎中書侍郎太子中庶子以上乃得召試諸生有法度者及白衣試在高第拜郎中

晉書載記曰姚泓受經於博士淳于岐岐病親詣省疾拜于牀下自是公侯見師傅皆拜焉

後魏書曰崔逸字景儁好古博涉爲國子博士每因公事逸常被詔獨進博士特命自逸始也

後周書曰盧辯字景宣爲太學博士以大戴禮未有解詁辯乃注之其兄景裕爲當時碩儒謂辯曰昔侍中注小戴今爾注大戴庶纂前脩矣

隋書曰馬光開皇初高祖徵山東義學之士光與張仲讓孔籠竇士榮張黒奴劉祖仁等俱至並授太學博士時人號爲六儒

又曰馬光爲太學博士嘗因釋奠高祖親幸國子學王公以下畢集光升座講禮啓發章門已而諸儒生以次論難者十餘人皆當時碩學光剖析疑滯雖辭非俊辯而理義引贍論者莫測其淺深咸共推服上嘉而勞焉

又曰王頍授著作佐郎尋令於國子講授會高祖親臨釋奠國子祭酒元善講孝經頍與相論難詞義鋒起善往往見屈高祖大奇之超授國子博士

又曰何妥授太學博士帝初欲立五后以問儒者辛彥之對曰后與天子匹體齊尊不宜有五妥駁曰帝嚳四妃舜又二妃亦何常數由是封襄城縣伯

又曰房暉遠爲國子博士會上令國子生通一經者並悉薦舉將擢用之既策問訖博士不能時定臧否祭酒元善怪問之暉遠曰江南河北義例不同博士不能遍涉學生皆持其所短稱己所長博士各各自疑所以乆而不決也祭酒因令暉遠考定之暉遠覽筆便下初無疑滯或有不服者暉遠問其所傳義疏輙爲始末誦之然後出其所短自是無敢飾非者所試四五百人數日便決諸儒莫不推其通博

○魯國先賢傳曰漢文帝時聞申公爲詩最精以爲博士申公爲詩傳號曰魯詩

李郃別傳曰郃上書太后數陳忠言其辭雖不能盡施用

輙有策詔襃賛爲博士著两梁冠朝會宜隨士大夫例時賤經學博士乃在市長下公奏以爲非所以敬儒德明國體也上善公言正月大朝引博士公府長史前。郤氏世傳曰郤亮建武中徴拜博士遷講學大夫諸儒講論勝者賜席亮重席至八九帝嘉之曰講學不當如是耶

典略曰公儀休者魯博士也爲魯相無所變更百官自正使食祿者不得與下民爭利

論衡曰王莽之時省五經章句博士弟子郭略夜定舊說死於燭下

少府監

六典曰少府監之職掌百工伎巧之政令惣中書尚左尚右尚織治掌治五署之官屬正其工徒謹其繕作少監爲之貳

漢官宰尹下曰少府言別爲小藏故曰少府

漢書曰少府秦官掌山海地澤之稅以給供養

又曰歐陽地餘字長賓爲少府誡其子曰我死官屬送汝財物愼無受汝九卿儒者子孫以廉絜著可以自成及卒少府官屬送數百万其子不受天子聞而嘉焉賜錢百萬

後漢書曰東平王蒼爲驃騎正月朔朝蒼當入賀故事少府給璧時陰就爲少府貴傲不奉法滿將盡求璧不得蒼掾朱暉遥見少府主簿持璧乃徃紿曰試請觀之既得而馳奉之就復以他璧朝

張璠漢紀曰太常种拂與李傕戰而死子劭徴爲少府鴻臚皆不受曰我父盡忠於朝而爲時所姤父以身殉國爲賊目所害爲臣子不能除賊何面目復覲明主三輔聞之爲之感動

應劭漢官儀曰少府掌山澤陂池之稅名曰禁錢以給私養自別爲藏少者小也故稱少府

魏志曰王觀徙少府大將軍曹爽使材官張達斫屋材及諸私用之物觀聞之皆録奪以没官少府統三尚方御府内藏玩之寳爽等奢放多有干求憚觀守法乃徙爲太僕

又曰楊阜字義山爲少府卿然以天下爲巳任

吳志曰先主遣少府徐詳至魏魏太祖謂詳曰孤比者若越横江之津與孫將軍遊姑蘇之臺獵長洲之苑吾志足矣詳對曰大王欲奉至尊以合諸侯若越横江而遊姑蘇是踵亡秦而蹈夫差恐天下事去矣太祖曰徐生得無迹詐耶

咸榮緒晉書曰陳晰字國鎭過江爲少府卿時大旱經夂大典四年四月始雨有司奏應報賽宗廟山川中宗詔曰祈廟云報賽非奉尊上辭也吾意有疑晰以爲舊山川有祈報故雨應賽非大事不應告廟子無要君親之道讀祭稱賽於義有違從之

唐書官品志曰少府卿位視尚書左丞置材官將軍左中尚方甄官平水中署南塘邸稅庫東西冶中黃細作炭庫紙官紫署等令丞

將作監

六典曰將作大匠之職掌供邦國修建土木工匠之政惣四署三監百工之官屬以供其職事少匠貳焉

漢書曰將作少府秦官掌治宮室

范曄後漢書曰魏霸徵拜將作大匠明年和帝崩典作順陵時盛冬地凍中使督促數罰掾吏以厲霸霸撫循而巳初不切責而反勞之曰今諸卿被辱大匠過也吏皆懷恩

力作功倍
續漢書曰曹裒字叔通遷將作大匠時有疾疫巡行病徒
自省醫藥糜粥死者減少
又百官志曰將作秩二千石掌作宗廟路寢宮室丞一人
六百石左右校令左右工徒掌木工之功并樹桐梓之類
列于道側
又曰李固字子堅遷大匠常推賢士孔融以將作大匠遷
少府也
華嶠後漢書曰應順字仲華為將作大匠發擿衆姦皆極
其刑豪猾之吏累迹視事五年省費以億万
應劭漢官儀曰世祖中興以謁者領其官章帝建初元年
乃置眞位次河南尹永元七年大匠應愼上言百郡計吏
觀國之光而舍逆旅崎嶇私館貢龍之物朽濕曝露昔晉

霸之盟主耳舍諸侯於隸人鄭子產以為大譏況今四海
之大而可無乎和帝嘉納之
魏志曰楊阜字義山為將作大匠明帝時初治宮室發美
女充後庭阜上疏欲省宮人諸不見幸者乃召御府吏問
後宮人數吏守舊令對曰禁密不得宣露阜怒杖吏一百
數之曰國家不與九卿為密反與小吏為密乎帝聞之而
愈驚憚○晉書曰將作大匠陳勰掘地得古文尚書奏今
文長於古文宜以古為正潘岳以為習用已久不宜復改
唐書官品志曰大匠卿位視太僕掌土木之工統左右校
諸署
汝南先賢傳曰應仲華遷大匠除藻飾之無用割有損之
浮費凡所省息七億餘萬
太平御覽卷第二百三十六

太平御覽卷第二百三十七

職官部三十五

揔叙將軍　左右衛將軍諸衛將軍附
左右金吾衛將軍　諸衛上將軍

揔叙將軍

石氏中官占曰河鼓星主軍鼓一曰三星主天子三將軍中央大星爲大將軍左星爲左將軍右星爲右將軍所以備關梁而距難也

周禮夏官上大司馬曰凡制軍万有二千五百人一鄉之民也凡起徒役家一人也王六軍六鄉之數也鄉始文教軍定武功其道皆兼三才而兩之故數俱六也大國三軍公侯之封也成國不過半天子之一軍次國二軍諸伯之封小國一軍子男之封軍將皆命卿位視六事之人司於六卿之大夫春秋之時列國有正卿爲將軍又以亞卿一人爲佐諸執政者貪其權遂以陵遲皆非周公之舊也

左傳襄二年曰晉蒐于綿上以治兵使士丐將中軍辭曰伯游長昔臣習於知氏以佐之非能賢也請從伯游使荀偃將中軍士丐佐之使韓起將上軍辭以趙武

孝經左契曰將軍順虎銜珠大夫正海出魚

史記曰齊景公召穰苴與語大悅以爲將軍將兵扞燕

又曰孝文後六年匈奴入上郡周亞夫爲將軍居灞上祝兹侯徐廣曰表作松兹姓徐名悍也軍棘門以備胡

漢書曰楚王召宋義計事而悅之因以爲將軍

范曄後漢書曰靈帝時望氣者以爲京師當有大兵兩宮流血大將軍司馬許源說何進曰太公六韜有天子親於兵事可以威壓四方詔進大發兵講武於平觀下起大壇上建十二重五綵華蓋高十丈壇東北有小壇復九重華蓋高九丈引步兵騎士數万人結營爲陣天子親出臨軍住大華蓋下進住小華蓋下禮畢帝躬擐甲上馬稱無上將軍行陣三匝而還

尸子曰十万之軍無將軍必亂

魏志云太祖令曰司馬法將軍死綏魏書曰綏卻也有前一尺無卻一寸也

左右衛將軍諸衛將軍附

六典曰左右衛將軍之職掌統領宮庭警衛之法令以督其屬之隊仗而揔諸曹之職務焉其左右驍衛左右武衛左右威衛左右領軍衛將軍所掌之職皆如之

晉書曰羊琇爲晉臺左衛將軍

又曰吳隱之遷左衛將軍雖居清顯祿賜皆班親族冬月無被嘗澣衣乃披絮勤苦同於貧庶

何法盛晉中興書曰南頓王宗字延祖拜左衛將軍爲肅祖所暱委以禁旅

又曰王坦之字文度領左衛以有風格尚刑名之學嘗著廢莊論

又曰虞譚陳略曹毗毛安之並爲左衛將軍

沈約宋書曰左右衛將軍晉文建國所置

隋書曰薛世雄性廉謹凡所行軍破敵之處秋毫無犯帝由是嘉之帝嘗從容謂群臣曰我欲舉好人未知諸君識否群臣咸曰臣等何能測聖心帝曰我欲舉者薛世雄群臣皆稱善帝復曰世雄廉正節槩有古人之風於是超拜右翊衛將軍煬帝改左右衛爲之

唐書曰元和中以前靈鹽等節度使王佖爲右衛將軍佖在鎮無智略以馭下居常猜忌及多殺人以懼之衆益不附乃召至踰月而授以衛將軍凡將相出入皆翰林草制謂之白麻佖始以責罷中書草制

隋書曰來護兒煬帝即位遷右驍衛大將軍帝甚親重之大業六年從駕江都賜物千段令上先人塚宴父老州里榮之

魏志曰許褚從太祖戰大破馬超等乃遷武衛中郎將武衛之號自此始也文帝踐阼遷武衛將軍

又曰曹爽自散騎常侍轉武衛將軍爽秉政又以弟訓爲武衛將軍

王勃別傳曰勃子應字安期官至武衛將軍

隋書曰獨孤盛爲左屯衛將軍宇文化及之作亂也裴虔通引兵至成象殿宿衛者皆釋仗而走盛謂虔通曰何物兵形勢太異也虔通曰事勢已然不預將軍事愼無動盛大罵曰老賊是何物語不及被甲與左右十餘人逆拒之爲亂兵所殺

唐書曰咸通中以伶官李可及爲威衛將軍曹確執奏曰臣覽貞觀故事太宗初定官品令文武官共六百四十三員顧謂房玄齡曰朕設此官員以待賢士工商雜色之流假令術踰儕類止可厚給財物必不可超授官秩與朝賢君子比肩而立同坐而食大和中文宗欲以樂官尉遲璋爲王府率拾遺竇洵直極諫乃改授光州長史伏乞以兩朝故事別授可及之官帝不之聽

又曰高祖以李粲爲左監門大將軍禮高年也初高祖問粲年幾對曰八十高祖曰公清幹之譽聞於隋曰今年齒雖邁筋力未衰但監門之職非公莫可意欲相委如何粲以年老辭讓高祖曰藉公處分耳豈欲煩公筋力耶於是詔粲自非殿庭皆乘蜀馬論者榮之

又曰王及善除右千牛衛將軍高宗謂曰朕以卿忠敬故與卿三品要職他人非搜辟不得至朕所卿佩大横刀在朕側知此官貴否

又曰李聽元和中爲羽林將軍有名馬穆宗在東宮令近侍諷聽獻之聽以職惣親軍不敢從及即位之始幽與不廷太原與二鎮接境方議易帥宰臣進擬上皆不允謂宰臣曰李聽爲羽林將軍不與朕馬是必可任

五代史云周廣順二年十二月詔改左右威衛復爲左右屯衛避太祖諱也

左右金吾衛將軍

六典曰左右金吾衛大將軍之職掌宫中及京城晝夜巡警之法以執禦非違

百官表云秦有中尉掌徼循京師（如淳曰所謂遊徼徼循禁備盜賊也顔師古曰徼謂遮繞之也音工釣反）漢武帝太初元年更名執金吾（應劭曰吾者禦也常執金革以禦非常也顔師古曰金吾鳥名也主辟不祥天子出行職主先導以備非常故執此鳥之象因以名官也）緹騎二百人輿服導從車騎滿路群僚之中斯最壯矣舊掌京師盜賊考按疑事漢郅都甯成王温舒減宣等皆截理横噬虎而冠者也止切理辦亦旋誅黜又置執金吾丞後漢掌宫外戒司非常水火之事（衛尉巡行宫中金吾徼循宫外爲表裏以擒姦討猾）日三繞行宫外及主兵器自中興但專徼循不與他政又有執金吾吏文學執金吾佐執金吾員吏魏武秉政復爲中尉晉初罷直至後周置武環率武候率下大夫各二人隋置左右武候府大將軍一人將軍二人掌車駕出入先驅後殿晝夜巡察執捕姦非烽候道路水草所宜巡狩田師則掌其營禁煬帝大業三年改爲左右武候衛所領軍事名佽飛（漢官表曰漢有左弋令武帝太初元年更名佽飛掌弋射屬少府光武省之隋氏採舊名）唐初又爲左右武候府（貞觀十年十二月馬周奏京城諸街置鼓罷傳呼

龍朔二年改爲左右金吾衛置大將軍一人所掌與隋同將軍二人副其事領官屬並隋置大唐因之

後漢書曰初光武適新野聞陰后美心悅之後至長安見執金吾車騎甚盛因歎曰仕官當作執金吾娶妻當得陰麗華

漢官宰尹下曰吾禦也常執金革以禦非常緹騎二百人輿馬導從充滿於路世祖微時歎曰仕官當作執金吾是也

漢書百官公卿表曰秦名曰中尉掌徼循京師有兩丞候司馬兵千人武帝太初元年更名執金吾

又曰毋將隆爲執金吾時侍中董賢方貴上使中黃門發武庫兵前後十輩送賢及上乳母王阿金隆奏武庫兵器天下公用國家武備繕治造作皆度大司農錢蘇林曰用度皆出大司農大司農錢自非乘輿不以給供養勞賜一出少府蓋不以本藏給末用不以民力供浮費別公私示正路也

又曰郅都爲中尉丞相條侯至貴倨也而都揖丞相是時民樸畏罪自重而都獨先嚴酷行法不避貴戚列侯宗室見都側目而視號曰蒼鷹也

東觀漢記曰馬防字孝孫拜執金吾性矜嚴公正上事處議多見用

續漢書曰陰識拜執金吾位特進入則極言正諫至與賓客語不及國事常慕仲山甫匪躬之節所用掾史皆得天下俊哲虞詡傅賢等是也

又曰朱浮字叔元爲執金吾帝以二千石長吏不堪任時有纖微之過者必見斥罷交易紛擾百姓不寧六年有日蝕之異浮因上疏切諫自是州郡奏長吏二千石不任位者事皆先下三公遣掾史案然後黜退

又曰秋中二千石掌外司非常水火之事日三繞行宮外及主兵器丞一人比千石

華嶠後漢書曰賈復爲執金吾更始鄧王尹尊及諸將反上召諸將議以檄叩地曰鄧最強宛次之復率尔對曰臣請擊鄧上笑曰執金吾擊鄧吾復何憂耶

又曰耿秉爲人威重有謀略拜執金吾每行幸秉恒領宿衛

謝承後漢書曰梁冀執金吾歲朝託疾不朝司隸楊雄治之詔以二月俸贖罪

漢雜事曰辛慶忌明略威重任國柱石爲執金吾

魏書曰臧霸與曹休討吳破賊呂範於洞浦徵爲執金吾每有軍事帝咨訪焉

又曰崔琰遷中尉琰聲姿高暢眉目疎朗鬚長四尺七寸有威重朝士瞻望太祖亦嚴憚焉

又曰徐弈太祖以爲中尉手令曰昔楚有子玉文公爲之側席汲黯在朝淮南爲之折謀詩稱邦之司直君之謂也

唐書曰高祖以徐世勣爲右武候大將軍隋大業三年改唐初並爲左右武候至龍朔二年後爲左右金吾詔曰念功褒善哲王彝訓紀德親賢有國通典黎州總管曹國公世勣本自黎陽擁徒歸順任以藩岳誠効克彰節義不渝夷險無變信同金石操擬松筠宜加寵命用超恒序可賜姓李氏

又曰趙道興貞觀初歷遷左武候中郎將明閑宿衛號爲稱職太宗嘗謂之曰卿父爲隋武候將軍甚有當官之譽卿今克傳弓冶可謂不墜家聲因授右武候將軍其父時廨宇仍舊不改時人以爲榮

又曰裴諝爲右金吾將軍建中初上以刑名理天下百吏覆諫時十月禁屠殺以甫近山陵禁益嚴尚父汾陽王郭子儀隸人殺羊以門者覺之諝列奏狀上以爲不畏强禦累遣宣喻或謂諝曰郭公有社稷功豈不爲蓋之諝笑曰非爾所解且郭公威儀權大盛上新即位必謂黨附者衆今發其細過以明不弄權耳吾上以盡事君之道下以安大臣不亦可乎

又曰臧希讓爲金吾大將軍觥觵好談時政屢以理體上于公御詔令集賢院待制希讓無學術及處近地從容公御間强引文言以自賢而所聞知多道途得之發必差謬頗爲士子所笑

諸衛上將軍

唐通典曰魏黄初中始有上大將軍以曹眞爲之吴亦以陸遜爲上大將軍後周建德四年增置上大將軍隋並以爲武散官不理事上大將軍從二品

又曰唐武德初秦王既平王世充及竇建德高祖以秦王功殊古今自昔位號不足以爲稱乃特置天策上將軍以拜焉位在王公上

又曰貞元二年九月詔曰六軍先已各置統軍一人今十六衛宜各置上將軍一人秩從其品緐是上將軍之官始列於品位

太平御覽卷第二百三十七

職官部三十六

大將軍附寮屬　車騎將軍　驃騎將軍
驍騎將軍　衛將軍　前將軍
後將軍　左將軍　右將軍

大將軍

史記曰武帝伐匈奴以衛青爲大將軍位在諸公上公卿皆拜唯汲黯獨揖有言大將軍尊貴不宜爾黯曰大將軍有揖客獨不貴耶青聞之愈重黯

漢書曰武帝以霍光爲大將軍輔昭帝田千秋爲丞相及昭帝初即位未任聽政事一決大將軍光千秋居相位謹厚有重名光謂千秋曰始與君侯俱受先帝遺詔今光治內君侯治外宜有以教督使光無負天下千秋曰唯將軍留意即天下幸甚終不有所言

後漢書曰竇憲爲大將軍威震天下復出屯武威會帝西祠園陵詔憲與車駕會長安及憲至尚書以下議欲拜之伏稱萬歲韓稜正色曰夫上交不諂下交不黷禮無爲人臣稱萬歲之制議者皆慚而止

又曰詔鄧騭班師朝廷以太后故遣五官中郎將迎拜騭爲大將軍到河南使大鴻臚親迎中常侍齎牛酒郊勞王主以下候望於道既至大會群臣賜束帛焉

應劭漢官儀曰和帝以竇憲爲大將軍乃冠三公

又曰梁冀爲大將軍以三世姻婣援立之功公卿希旨上比周霍與高第茂于官屬皆倍餘府

魏志曰文帝以孫權爲大將軍吳王加九錫

又曰太傅司馬宣王奏免曹爽皇太后詔召高文惠假節行大將軍事據爽營太傅謂之曰君爲周勃矣

後魏書曰莫題有謀策爲大將軍平慕容驎賜爵東宛侯後太祖欲廣宮宇規度平城四方數十里將撲鄴洛長安之制運材數百萬以題機巧令監定焉

陳思王輔臣論曰知慮深奧淵然難測恭以奉上愛以接下納言左右爲帝喉舌曹大將軍也

大將軍寮屬附

魏志曰王謙爲大將軍何進長史進以謙名公之胄欲與爲婚見其二子使擇焉弗許以疾免

臧榮緒晉書曰魯芝字世英耽思墳籍研精稽古自三代之典聖人之微言皆該覽焉大將軍曹爽輔政高選賢明以爲官屬延芝爲司馬

續漢書曰李固字子堅拜議郎爲洛陽令大將軍梁冀請

爲從事中郎

晉書曰鄭沖字文和以儒雅爲業簞食瓢飲布衣緼袍不以爲憂大將軍曹爽以爲從事中郎

又曰李喜景帝輔政命喜爲大將軍從事中郎喜到引見謂喜曰昔先公辟君而不應今孤命君而至何也對曰先公以禮見待喜得以禮進退明公以法見繩喜畏法而至帝甚重之何法盛晉中興書曰郭舒大將軍王敦以爲從事中郎會郭討劉隗切諫敦大怒曰人中間言御癡故炙卿眉頭今疾復發耶勿復語也舒曰明公聽舒一言舒聞古之狂也直周昌汲黯朱雲皆不癡也昔堯立誹謗之木舜懸敢諫之鼓公爲勝堯舜耶而乃折舒使不得言敦默然也

竹林七賢傳曰阮籍字嗣宗爲太傅司馬宣王參軍遷景

王大將軍從事中郎

通典曰從事中郎漢末官也陳陽爲大將軍王鳳從事中郎是也在主簿上所掌與長史同

華嶠後漢書曰崔駰字亭伯辟大將軍竇憲府掾憲新輔政貴重掾三十人皆故刺史二千石唯駰以處士年少擢在其間憲擅權驕恣駰數諫之出爲長岑長不得意不之官而歸

華嶠後漢書曰馬融字季長爲大將軍鄧騭舍人

晉陽秋曰義興周延爲左率轉尚書遷大將軍諮議參軍

車騎將軍

漢書曰元光元年以中尉程不識爲車騎將軍屯鴈門

應劭漢官儀曰帝以元舅馬防爲車騎將軍銀印青綬

吳志曰孫壹奔魏以壹爲車騎將軍儀同三司封吳侯以

故王芳貴人邢氏妻之邢美色妬忌下不堪命遂共殺壹及邢氏

蜀志曰鄧芝字伯苗義陽新野人益州從事張裕相芝之徃從芝謂芝曰君年過七十位至大將軍封侯爲車騎將軍賞罰明善卹卒伍身之衣食資仰於官不尚素儉然終不治私產妻子不免飢寒死之日家無餘財

後魏書曰王衍字文舒出爲散騎常侍征東將軍西兖州刺史衍𦮉治未幾屬尒朱仲遠稱兵內向州既路衝爲其攻逼衍不能守爲仲遠所擒以其名望不害也令騎牛從軍久乃見釋還洛除車騎將軍

隋書曰長孫覽周武帝在藩與覽親善及即位彌加禮焉超拜車騎大將軍每公卿上奏必令省讀覽有口辯聲氣雄壯凡所宣傳百寮屬目帝每嘉歎之覽初名善帝謂之曰朕以万機委卿先覽遂賜名焉

驃騎將軍

漢書曰武帝以霍去病爲嫖姚校尉征匈奴累有功寵冠群臣置驃騎將軍秩與大將軍同

又曰明帝即位以東平王蒼爲驃騎輔政開東閤延英雄及蒼歸國有驃騎時吏丁牧周相以蒼敬賢下士不忍去之遂爲王家大夫數十年事祖及孫帝聞嘉美

又曰驃騎將軍漢官也長史司馬各一人金璋紫綬五時朝服武冠佩山玄玉光武中興諸將皆稱大後天下既定武官悉省

東觀漢記明帝詔曰東平王蒼寬博有謀可以託六尺之孤臨大節而不可奪其名以蒼爲驃騎將軍

又曰張意拜驃騎將軍討東甌備水戰之具一戰大破所

向無前

又曰其將軍不常置比公者又有驃騎將軍建武二十年復置驃騎將軍位次公有長史一人

後漢書曰劉隆爲驃騎將軍行大司馬事隆奉法自守視事八歲上將軍印綬罷賜養牛上樽酒十斛

應劭漢官儀曰漢興置驃騎將軍位次丞相

隋書曰崔彭轉驃騎帥典宿衛性謹密在省闥二十餘年每當上在仗危坐終日未嘗有怠惰之容上甚嘉之上每謂彭曰卿當上日我寢處自安又嘗曰卿弓馬固以絕人頗知學不彭曰臣少愛周禮尚書每於休沐之暇不敢廢也上曰試爲我言之彭因說君臣戒慎之義上稱善

韋昭辯釋名曰驃騎將軍騎將軍秩比三公辯云此二將軍秩本二千石

世說曰何驃騎弟第五以高情遜避而驃騎令仕對曰然
第五之稱何必減之驃騎
陳思王輔臣論曰魁傑雄特秉心平直威嚴足憚風行草
靡戎昭果毅折衝厭難者司馬驃騎
梁簡文帝讓驃騎揚州刺史表曰常願侯服就列希同特
進之班角巾還第不競龍驤之貴而天澤無涯名器總集
竊以驃騎之官既爲上將神州之重寶號土中故以彈壓
六戎冠冕九牧豈止司隸絳節金吾緹騎況復任惣皇畿
位重連率何則驃騎之號歷選爲重元狩之中始自去病
永平之建特授劉蒼齊獻爲公主所申吳漢因群臣之舉

驍騎將軍

漢書曰李廣爲驍騎將軍後出鴈門擊匈奴匈奴生得廣
廣時傷陽死睨傍胡兒善馬漸騰而上南馳得脫廣亡失

多當斬贖爲庶人
東觀漢記曰光武以劉植爲驍騎將軍攻中山
又曰建武九年以劉喜爲驍騎將軍攻涿郡
華嶠後漢書曰馬成字君遷拜驍騎將軍北屯常山積數
年上以其勤勞徵歸京師邊民多上書請之上復以成鎮
撫之
魏志曰任城威王彰字子文性勇而鬚黃爲驍騎將軍北
出塞爲虜所要彰獨與麾下數百騎突虜王聞之曰我黃
鬚兒定可用也
又曰董卓立獻帝表太祖爲驍騎將軍與計事太祖乃變
姓名閒行東歸
齊書曰江斅爲侍中轉都官尚書領驍騎將軍王晏啓武
帝曰江斅今重登禮閣兼寄六軍惡涅所覃實有優忝但
語其事任殆同閑輩夫旨既欲外其名位愚謂以侍中領
驍騎望實清顯有殊納言上曰斅常啓吾爲其鼻中惡今
既以何胤王瑩還門下故有此迴換耳

衛將軍

漢書曰文帝至渭橋群臣奉天子法駕迎代邸皇帝即日
夕入未央宮夜拜宋昌爲衛將軍領南北軍
又曰文帝三年遣灌嬰擊匈奴發中尉材官兵屬衛將軍
軍長安
晉書曰虞潛字思奧爲衛將軍貌如不武內實堅明

前將軍

漢書曰前後左右將軍皆周末官秦因之位亞上卿金印
紫綬
又曰武帝征西夷有前後左右將軍宣元以後雜錯更置
或爲前或爲後或爲左或爲右雖不出征猶有其官在諸
卿上爲國爪牙所以揚示威靈於四遠折衝萬人如虎如
羆

又曰左右前後將軍皆周官也秦漢因置以征四夷後雖
不征伐其官常存
又曰傅喜爲右將軍傅太后與政喜數諫后不悅上印綬
病在家上疏固請乃拜前將軍
又曰張遼字文遠鴈門馬邑人也聶壹之後以避冤變姓
少爲郡吏武力過人文帝即位轉前將軍又黃初二年遼
至洛陽宮文帝引遼會建始殿親問破吳意狀帝歎息顧
左右曰此亦古之邵虎也
蜀志曰先主爲漢中王遣費詩拜關羽爲前將軍羽聞黃
忠爲後將軍怒曰大丈夫終不與老兵同列不肯拜受詩謂

羽曰夫立王業者所用非一昔蕭曹與高祖少小親舊而陳韓亡命後至論在班列韓最居上未聞蕭曹以爲怨也今漢中王以一時之功隆崇於漢叔然意之輕重寧當與君侯齊乎王與君譬猶一體同休等戚禍福共之愚謂君侯不宜計官號之高下爵位之多少也僕一介之使銜命之臣君侯不受拜如是便還但相謂惜此舉動恐有後悔耳羽大感悟即受拜（漢叔黄忠字也）

後魏書曰谷楷昌黎人濮陽公渾曾孫也稱有幹局遷前軍將軍楷眇一目而性甚嚴忍時人號爲瞎虎

後將軍

漢書曰趙充國爲後將軍西羌反上使御史大夫邴吉問誰可將者充國時年已七十餘對曰無踰於老臣者矣遣問焉曰將軍度羌虜何如當用幾人充國曰百聞不如一

見兵難踰度（踰遠也）臣願馳至金城圖上方略然羌戎小夷逆天背叛滅亡不久願陛下以屬老臣勿以爲憂

東觀漢記曰邳彤字瑋君信都人也爲曲陽卒正更始即位上以大司馬平河北至曲陽彤舉城降爲後大將軍

魏志曰曹洪爲文帝所廢明帝即位拜後將軍

蜀志曰黃忠字漢叔先主爲漢中王欲用忠爲後將軍諸葛亮説先主曰忠之名望素非關馬之倫而今便令同列馬張在近親見其功尚可諭指關羽遥聞之恐必不悦得無不可乎先主曰吾當解之遂與羽等同位賜爵關内侯

晉中興書曰應詹字思遠大興三年爲後軍將軍

晉起居注曰太始八年置後軍將軍掌宿衛

左將軍

漢書曰公孫賀封南窌侯（窌音普孝反）以左將軍出定襄無功失侯

又曰辛慶忌字子真爲左將軍爲國虎臣匈奴西域親附敬其威信

東觀漢記曰賈復字君文治尚書事舞陰李生李生奇之謂門人曰賈生容貌志意如是而勤於學此將相之器徵詣洛陽拜左將軍南擊赤眉新城轉西入關擊盆子於澠池破之

魏志曰文帝即位以李郃爲左將軍詔郃與曹真討安定盧水胡及東羌

晉書百官名臣曰王濟字武子起家中書郎遷左軍將軍

山濤啓事曰左將軍裴楷通理有才義

右將軍

漢書曰常惠以明習外國事勤勞數有功爲右將軍

又曰何武薦辛慶忌宜在爪牙乃拜爲右將軍

魏志曰徐晃字公明爲右將軍性儉約畏慎爲將常遠斥候數曰古人患不遭明君今我遇之當以功自効

蜀志曰諸葛亮上疏曰臣以弱才叨竊非據親秉旄鉞以厲三軍不能訓章明法臨事而懼至有街亭違命之闕令箕谷不戒之失咎皆在臣授任無方臣明不知人恤事多闇春秋責帥臣職是當請自貶三等以督厥咎於是以亮爲右將軍行丞相事所捴統如前

何法盛晉中興書曰郭默爲右軍將軍默既遠人樂爲邊將不願内轉謂劉胤曰我能衛胡而不用更用虛名者且右軍主禁兵禁兵不妄出有急方更配給兵將無素是謂棄之安得不亂

又曰王羲之字逸少導之從子也幼訥於言人未之知年

十三晉見周顗異之時重牛心炙座客未啖先割啖之羲之於是聞名及長尤善草隸書爲今古冠絶累遷爲右將軍大樂京師遂徙會稽與謝安孫綽等遊處山陰有道士養群鵝羲之意甚悅道士云爲寫黄庭經當舉群相贈乃爲寫訖籠鵝而去

太平御覽卷第二百三十八

太平御覽卷第二百三十九

職官部三十七

四征將軍

征東將軍　征西將軍　征南將軍

征北將軍

四鎮將軍

鎮東將軍　鎮西將軍　鎮南將軍

鎮北將軍

四安將軍

安東將軍　安西將軍　安南將軍

安北將軍

四平將軍

平東將軍　平西將軍　平南將軍

平北將軍

雜號將軍上

鎮軍將軍　撫軍將軍　征虜將軍

冠軍將軍　輔國將軍　領軍將軍

護軍將軍　中軍將軍　游擊將軍

積射將軍　積弩將軍　強弩將軍

殿中將軍　員外將軍　直閤將軍

征東將軍

魏志曰張遼字文遠爲征東將軍征孫權被甲戰先陷陣衝壘入至權麾下

又曰滿寵字伯寧爲征東將軍詔曰君典兵在外專心憂公賜田十頃穀五百斛錢二十萬以明清忠儉約之節

晉書王渾平吳轉征東大將軍復鎮壽陽渾不尚刑名處斷明允時吳人新附頗懷畏懼渾撫循羇旅虛懷綏納座無空席門不停賓於是江東之士莫不悅附

征西將軍

東觀漢記曰馮異爲征西將軍入關征赤眉

又曰耿秉爲征西將軍領撫單于及薨南單于舉國發喪剺面流血

魏志曰夏侯淵字妙才爲征西將軍守漢中

後魏書曰陸真代人也以善騎射數從征伐所在摧鋒陷陣前後以功爲征西將軍

征南將軍

魏志曰夏侯尚字仁伯淵從子也文帝與之親友太祖定冀州尚爲軍司馬常從征討遷征南將軍

又曰曹仁爲征南將軍隔陵侯彰北征烏丸文帝在東宮

爲書戒彰曰爲將奉法不當如征南耶

晉書曰羊祜爲征南將軍寢疾求入朝既至洛陽會景獻梓宮在殯哀慟至篤中詔申諭扶疾引見命乘輦入殿無下拜甚見優禮

後魏書曰司馬景之字洪略晉汝南王亮之後太宗時歸封蒼梧公加征南大將軍

征北將軍

魏志曰杜恕爲幽州刺史時征北將軍程喜屯薊尚書袁侃等戒恕曰程申伯今俱杖節共屯一城宜深有以禮之

沈約宋書曰衡陽王義季爲征北將軍徐州刺史

鎮東將軍

魏志曰臧霸字宣高太山華陰人也亡命東海以壯勇聞太祖募索得霸見而悅之以爲琅琊相文帝即位遷鎮東

將軍

鎮西將軍

魏志曰曹真字子丹文帝即位以真爲鎮西將軍

蜀志曰馬超父騰靈帝末與邊章韓遂等俱起居事於西州初平三年遂騰率衆詣長安漢朝以遂爲鎮西將軍遣還金城騰爲征西將軍屯郿

鎮南將軍

蜀志曰黄權字公衡伐呉敗於白帝既附魏文帝曰君捨逆順欲追蹤陳韓耶權曰臣降呉不可歸蜀無路是以歸命敗軍之將免死爲幸何古人之可慕帝善之拜鎮南將軍

呉志曰呂岱既定交州進討九真斬獲萬數又遣從事南宣國化及徼外扶南林邑堂明諸王各遣使奉貢權嘉其功進拜鎮南將軍

晉書曰杜預爲鎮南將軍繕兵甲曜威武乃簡精鋭襲呉西陵督張政大破之以功增封三百六十五户政呉之名將也據要害之地耻以無備取敗不以所喪之實告于孫皓預欲間呉邊將乃表還所獲之衆於皓皓果召政遣武昌監劉憲代之故大軍臨至使其將帥移易以成傾蕩之勢預處分既定乃啓請伐呉之期

後魏書曰唐和詣闕世祖優之待以上客高宗以和歸誠先朝拜鎮南將軍

鎮北將軍

魏氏春秋曰許允字士宗爲鎮北將軍都督河北諸軍事

蜀志魏延字文長先主大會群臣問延曰今委卿以重任卿居之欲云何延對曰若曹操舉天下而來請爲大王距之偏將十萬之衆至請爲大王吞之先主稱善衆咸壯其言先主踐尊號進拜鎮北將軍

晉書曰何曾爲鎮北將軍文帝使武帝齊王攸送之帝又過其子曾先敕劭曰客必過汝汝當預嚴劭不冠帶停帝良久曾深以爲譴劭曾見崇重如此

安東將軍

王隱晉書曰武帝伐呉以王渾爲安東將軍

晉公卿禮秩曰世祖以扶風王駿爲安東大將軍

安西將軍

魏志曰曹仁字子孝太祖從弟也少好弓馬弋獵俊豪並起仁亦陰結少年周遊淮泗之間遂從太祖爲别部司馬太祖討馬超以仁行安西將軍

安南將軍

謝承後漢書曰光武以岑彭爲安南將軍

安北將軍

沈約宋書曰劉秀之東莞莒人少孤貧有志操爲安北將軍雍州刺史上車馬幸新亭視秀之發引

平東將軍

王隱晉書曰武帝伐呉以王濬爲平東將軍

平西將軍

蜀志曰馬超聞先主圍劉璋於成都密書請降先主遣人迎超超將兵徑到城下城中震怖璋即稽首以超爲平西將軍

沈約宋書曰臨川王義慶爲平西將軍

平南將軍

王隱晉書曰武帝伐呉以胡奮爲平南將軍

平北將軍

魏志曰太祖征冀州張燕求佐軍拜平北將軍

雜號將軍上

鎮軍將軍

魏志曰黄初七年魏文以陳群爲鎮軍大將軍録尚書事受顧命

又曰甘露元年以石苞爲鎮軍將軍

沈約宋書曰齊王攸爲鎮軍驃騎上後復舊

撫軍將軍

魏志曰黄初四年以司馬宣王爲撫軍大將軍輔政

又曰齊王嘉平二年以司馬景王爲撫軍大將軍輔政

語林曰簡文爲撫軍時坐牀上生塵不聽左右拂去見鼠行跡視以爲嘉有參軍見鼠以手板格煞之撫軍謂曰無乃不可乎

征虜將軍

東觀漢記曰祭遵爲征虜將軍廉絜奉公光武歎曰安得憂國奉公如祭征虜者乎

魏志曰太祖以臨淄侯植爲征虜將軍遣救曹仁呼有所勑而植醉於是罷之

又曰南陽周太好立功善用兵以爲征虜將軍

沈約宋書曰征虜將軍世號金紫將軍

冠軍將軍

史記曰楚義帝以宋義卿子冠軍

漢書曰武帝以霍去病征匈奴功冠三軍封冠軍侯

魏志曰正始中以文欽爲冠軍將軍楊州刺史

晉起居注曰武帝泰始七年詔曰議郎胡奮開爽忠亮有文武才幹歷位外内涉練戎事威略之聲著于方外其以奮爲冠軍將軍

齊書曰劉悛嘗從駕登蔣山上數歎曰貧賤之交不可忘糟糠之妻不下堂顧謂悛曰此況卿也世言富貴好改其素情吾雖有四海今日與卿盡布衣之適悛起拜謝遷冠軍將軍

晉書載記曰苻堅冠晉以姚萇爲龍驤將軍督益梁州諸軍事謂萇曰朕本以龍驤建業龍驤之號未曾假人今特以相授山南之事一以委卿堅左將竇衝進曰王者無戲言此將不祥之徵也惟陛下察之堅默然。車頻秦書曰苻堅與苻健西入關堅時年十二未有軍號健夢有天神遣使者朱衣武冠拜堅爲龍驤將軍後加此官以應神夢

羊祜別傳曰先時吳童謡云阿童復阿童銜刀浮渡江不畏岸上虎但畏水中龍祜聞之曰此必水軍有功即表王濬爲龍驤將軍謀伐吳

輔國將軍

晉書王導爲輔國將軍導上牋曰昔魏武達政之主也荀文若功臣之最也封不過亭侯倉舒愛子之寵贈不過別部司馬以此格萬物得不局蹐乎今者臨郡不問賢愚豪賤皆加重號輙有鼓蓋時有不得者或爲恥辱天官混雜朝望頹毁導忝荷重任不能崇浚山海而開創亂源饕竊名位取紊彛典謹送鼓蓋加崇之物請從導始庶令雅俗區別群望無惑

王隱晉書曰王濬爲輔國將軍

又曰羊琇以輔國將軍開府儀同

領軍將軍

魏志曰文帝即位拜曹休爲領軍將軍
晉書曰紀瞻轉領軍將軍當時服其嚴毅雖恒疾病六軍敬憚之瞻以久病請去官不聽復加散騎常侍及王敦之逆帝使謂瞻曰卿雖病但爲朕臥護六軍所益多矣
晉陽秋曰韓康伯年四十九拜領軍疾病占候者云不宜此官固請從之
何法盛晉中興書曰陶回拜領軍將軍加散騎常侍性方毅不畏強禦丹陽尹桓景頗以佞事司徒王導導甚昵之回常慷慨謂景非正人不宜親狎會熒惑守南斗經旬王公語回曰南斗楊州分而熒惑守之吾當遜位以厭此謫回荅曰公以明德作鎮輔弼聖王當親忠貞遠邪佞與桓景造膝熒惑何由退舍導深愧之
梁書曰胡曾祐拜領軍將軍厚自封植以所加鼓吹恒置齋中對之自娛人曰此是羽儀公名望隆重不宜若此荅曰我性愛之恒須見耳或出遊亦以自隨人士笑之
唐書曰貞元十一年以前太子賓客李愿爲左領軍大將軍李凑爲右威衛大將軍依前兼中丞皆太尉晟之子以免喪故晟諸子同日授官者九九人

護軍將軍

王隱晉書曰王敦將役作逆明帝問曰何如應詹厲然慷慨荅詔曰陛下宜奮赫斯之威臣等當負戈從戎以順討逆誅社稷之討也即以詹爲護軍將軍同心滅敦

中軍將軍

漢書曰馮奉世字子明元帝以爲中軍屯首陽
魏志曰曹真持節都督中外諸軍事中軍將軍受顧命
王隱晉書曰太始元年以羊祜爲中軍將軍摠宿衛

游擊將軍

史記曰漢高祖以陳豨爲游擊將軍
漢書曰太祖太初元年以蘇建韓說爲游擊將軍
袁宏漢紀曰建武二年以鄧隆爲游擊將軍助朱浮攻彭寵
魏志曰下蘭少有才學爲游擊將軍加散騎常侍
山濤啓事曰游擊將軍諸葛沖精果有文武擬補兗州詔荅曰沖領兵未欲出之

積射將軍

後周書曰于謹除積射將軍又隨廣陽王元深征鮮于脩禮停軍中山侍中元晏言於靈太后曰廣陽王以宗室之重受律專征今乃盤桓不進坐圖非望又有于謹者智略過人爲其謀主風塵之隙恐非陛下純臣矣靈太后詔於尚書省門外立牓募能獲謹者許重賞謹聞之乃謂廣陽

王曰今女主臨朝取信讒佞脫不明白殿下素心便恐禍至謹請束身詣闕歸罪有司披露心腹深遂許之謹遂到牓下曰吾知此人衆共詰之謹曰我即是也有司以聞靈后引見之大怒謹備述廣陽忠欵兼陳停軍之狀靈后意解捨之。世語曰積射將軍樊震對武帝稱鄧艾之忠

積弩將軍

沈約宋書曰積弩將軍晉官也
齊職儀曰積弩將軍品第四銀章青綬武冠絳朝服佩水蒼玉
晉太康十年立積弩積射營各二千五百人並以將軍領之

強弩將軍

漢書曰元狩元年以李沮爲強弩將軍伐匈奴

又曰太初二年以路博德爲強弩將軍
又曰神雀二年以許延壽爲強弩將軍遷大司馬
傅暢晉諸公讚曰晉文王晉臺置強弩將軍掌宿衛

殿中將軍

玄中記曰漢桓帝時出遊河上忽有一青牛從河中出直走盪桓帝邊人皆走太尉何公爲殿中將軍有勇力輒走逆之牛見公往乃反走還河未至河公及牛乃以手拔牛左足脫以右手持斧斫牛頭殺之此青牛者是萬年木精也
語林曰庾公欲伐王公先書與郗公曰老賊賊轉欲輸張殿中將軍舊用才學士以廣視聽而頃悉内面牆人是欲蔽主之明使欲勒數州之衆以除君側之惡今年之舉蔑不濟矣

員外將軍

後魏官氏志曰員外將軍從第八品

直閣將軍

後魏書曰楊曄字延季弘農華陰人也性雅厚頗有文學起家奉朝請稍遷直閣將軍
蕭子顯齊書曰王敬則晉陵南沙人也生而紫胞年長而腋下生乳各長數寸夢騎五色師子明帝即位爲直閣將軍
齊書曰劉善明爲直閣將軍五年青州沒虜善明母陷北虜移置桑乾善明布衣蔬食哀慼如持喪明帝每見爲之歎息時人稱之

太平御覽卷第二百三十九

太平御覽卷第二百四十

職官部三十八

雜號將軍下

建威將軍　奮威將軍　奮武將軍
振威將軍　揚威將軍　建武將軍
輕車將軍　伏波將軍　材官將軍
折衝將軍　虎威將軍　偏將軍
裨將軍　虎牙將軍　漢臣將軍
討虜將軍　破虜將軍　建義將軍
刺姦將軍　輔威將軍　揚化將軍
安漢將軍　輔漢將軍　都護將軍
立義將軍　中堅將軍　厲威將軍
盪寇將軍　討逆將軍　輔吴將軍

盪魏將軍　鷹揚將軍　牙門將軍
中將軍　中領軍　中護軍
北軍中候　朱衣直閤　直寢
直後　直齋　監軍

建威將軍

東觀漢記曰：光武以耿弇爲建威大將軍，從攻雒陽。

奮威將軍

魏志曰：呂布殺董卓，王允以布爲奮威大將軍，儀比三司。

又曰：葅援說袁紹，紹即表爲奮威將軍。

奮武將軍

吴志曰：賀齊討豫章東部民彭材、李玉、王海等起爲賊亂，衆萬餘人，齊討平之，誅其首惡，餘皆降服，揀其精健爲兵，次爲縣户，遷奮武將軍。

振威將軍

魏志曰：太祖以程昱爲振威大將軍，破袁譚、尚。

揚威將軍

魏志曰：臧霸字宣高，太山人也。從太祖討孫權於濡須口，與張遼爲前鋒，行遇霖雨，大軍先反，水遂長，賊舡稍近，將士皆不安，遼欲去，霸止之曰：「公明於利鈍，寧肯捐吾等耶？」明日果有令，遼至以語太祖，太祖善之，拜霸揚威將軍。

建武將軍

魏志曰：太祖以夏侯惇爲建武將軍。

又曰：文帝善孟達姿才容觀，以爲建武將軍。

輕車將軍

漢書曰：武帝元光七年，以公孫賀爲輕車將軍，屯馬邑。

伏波將軍

漢書曰：武帝元鼎五年，以路博德爲伏波將軍，伐南越呂嘉。

探齊要略曰：伏波，舡涉江海，欲浪伏息也。

東觀漢記曰：光武以馬援爲伏波將軍。

魏志曰：夏侯惇爲伏波將軍，領河南尹，使得以便宜從事，不拘科制。太祖常與同載，特見親重，出入卧内，諸將莫得比也。

王隱晉書曰：武帝以孫琇爲伏波將軍。

材官將軍

漢書曰：武帝以李息爲材官將軍，軍馬邑。

折衝將軍

魏書曰：武帝以樂進爲折衝將軍。

虎威將軍

魏志曰于禁字文則太山人將軍王服異之薦禁才任大將太祖召見與語拜軍司馬後拜虎威將軍

吳志曰朱然字義封從孫權討關羽別與潘璋到臨沮擒羽遷昭武將軍封西安鄉侯虎威將軍呂蒙病篤權問曰卿如不起誰可代者蒙對曰朱然膽守有餘愚以爲可任蒙卒權假然節鎮江陵

齊書曰柳世隆元景子也出爲虎威將軍上庸太守帝謂元景曰卿昔以虎威之號爲隋郡今復以授世隆使卿門世不絕公也

偏將軍

後漢書曰吳漢字子顏南陽宛人家貧以販馬自業素聞世祖長者獨欲歸心及世祖於廣阿拜漢爲偏將軍

又曰臧宮字君翁潁川人也從世祖征戰諸將多稱勇世祖察宮勤力少言甚親納之及至河北以爲偏將軍

吳志曰陳武字子烈廬江人孫策在壽春武脩謁時年十八長七尺七寸及權統事尤爲權所愛拜爲偏將軍

又曰董襲字元代會稽人長八尺武力過人拜偏將軍

裨將軍

魏志曰李通字文達江夏平春人以遊俠聞於江汝之間屬連歲大飢通傾家振施與士分糟糠建安初通舉衆詣太祖于許太祖討張繡通爲先登大破繡軍拜裨將軍

虎牙將軍

漢書曰宣帝以雲中太守田順爲虎牙將軍伐匈奴

范曄後漢書曰蓋延字巨卿漁陽人也身長八尺邊俗尚勇力而延以氣聞延與吳漢同歸世祖從平河北世祖即位拜虎牙將軍

漢臣將軍

東觀漢記曰上於大會中指王常謂群臣曰此家率下江諸將輔翼漢室心如金石眞忠臣也是日以常爲漢臣將軍與諸將絕席

討虜將軍

東觀漢記曰光武以王霸爲討虜將軍擊董憲

破虜將軍

魏志曰李典字曼成山陽鉅野人爲破虜將軍典好學問貴儒雅不與諸將爭功敬賢士大夫恂恂若不及中軍稱其長者

建義將軍

東觀漢書曰光武以朱祐爲建義將軍攻朱鮪

刺姦將軍

東觀漢記曰光武以軍市令祭遵爲刺姦將軍

范曄後漢書曰岑彭字君然南陽棘陽人也後世祖拜爲刺姦大將軍使督察衆營授以常所持節

輔威將軍

東觀漢記曰光武以臧宮爲輔威將軍

揚化將軍

東觀漢記曰光武以堅鐔爲揚化將軍

安漢將軍

蜀志曰麋竺字子仲益州既定拜爲安漢將軍班在軍師將軍之右竺雍容敦雅而幹翮非所長是以待之上賓之禮未曾有所統御然賞賜優寵無與爲比

又曰王平字子均諸葛亮卒於武功軍退還魏延作亂一戰而敗平之功也遷安漢將軍

輔漢將軍
東觀漢記曰光武以鄧奉為輔漢將軍
都護將軍
魏志曰曹洪累從征討為都護將軍
立義將軍
魏志曰龐德以衆降太祖聞其驍勇拜立義將軍
中堅將軍
魏志曰太祖以許褚為中堅將軍又以張遼為行中堅將軍
厲威將軍
魏志曰太祖征荆州還留滿寵行厲威將軍
盪寇將軍
蜀志曰張嶷字伯岐自越嶲徵詣成都民夷戀慕泣涕過旄牛邑邑民襁負來迎及追尋至蜀郡界其督率隨嶷朝貢者百餘人嶷至拜盪寇將軍慷慨壯烈　人多貴之
討逆將軍
吴志曰曹公表孫策為討逆將軍封吳侯
輔吳將軍
吴志曰孫權以張昭為輔吳將軍
沈約宋書曰吳置輔吳將軍班亞三司
盪魏將軍
吴志曰呂據太元元年大風江水盈溢泛流漸淹城門權使視水獨見據使人取大舡以備宮權嘉之拜盪魏將軍
鷹揚將軍
晉書曰郭奕咸寧初遷雍州刺史鷹揚將軍尋假赤幢曲蓋鼓吹

牙門將軍
蜀志曰魏延字文長義陽人也以部曲將隨先主入蜀數有戰功遷牙門將軍
中將軍
北齊書曰沙苑之敗崔仲文持馬尾以渡河波中乍沒乍出高祖望見之曰崔掾也遂遣舡赴接既濟勞之曰卿為親為君不顧萬死可謂家之孝子國之忠臣加中將軍
中領軍
魏略曰中領軍延康中置故漢北軍中候之官
又曰太祖以史渙忠勇為中領軍領禁軍
又曰太祖還長安以曹休為中領軍
又曰文帝征孫權以尚書令陳群為中領軍
晉書曰吳隱之為中領軍清儉不革每月初得祿裁留身粮其餘悉分賑親族家人績紡以供朝夕時有困絕或併日而食恒布衣不完妻子不霑寸祿
晉中興書曰羊祜字叔子遷中領軍悉統宿衛入直殿中執兵之要事兼内外
齊書曰蕭景先武帝少年與景先共車行泥路車久故壞至領軍府西門車轅折俱狼狽景先謂帝曰兩人脫作領軍亦不得忘今日艱辛及武帝踐阼詔以景先為領軍拜日羽儀甚盛傾朝觀屬拜還未至府門中詔相聞領軍今日故當無折轅事耶景先奉謝
梁書曰臧盾遷中領軍領軍管天下兵要監局事多盾為人敏贍有風力長於撥繁職事甚理天監中吳平侯蕭景居此職著聲稱至是盾復繼之
三國典略曰齊主以僕射祖珽附陸令萱求為領軍齊主許

之侍中斛律孝卿請上洛王元海侯呂芬等云珽是漢兒兩眼盲豈合作領軍也元海遂入啓之珽言於齊王云元海與臣素有隙必是元海譖臣齊王曰然珽列元海共太府少卿李叔元平准令張叔略等結朋樹黨陸令萱又唱和之遂除元海爲鄭州刺史叔元爲襄城郡守叔略爲南營州錄事參軍珽遂獨處機衡摠知兵事齊王亦令中要人扶侍出入每同御榻論决朝政

高堂隆集曰已詔書中領軍游槩皆清王佩

中護軍

史記曰漢高帝以陳平爲護軍中尉盡護諸將

漢書曰護軍都尉秦官元狩四年屬大司馬元壽元年更名司寇元始元年更名護軍

魏志曰韓浩字元嗣以忠勇顯爲中護軍掌禁兵置長史司馬從太祖討張魯魯降議者以浩智略足以綏邊欲留使都督諸軍鎮漢中太祖曰吾安可以無護軍乃與俱其見親如此

王隱晉書曰鄧攸遷吏部尚書牧馬於家庭妻子素食當時清淨內外肅然遷爲中護軍

晉起居注曰武帝太始七年詔曰中護軍職典武選宜得堪幹其事者左衛將軍羊琇有明聽才見乃心在公其以琇爲中護軍

晉中興書曰司徒王導將以趙氷爲中護軍孔愉謂導曰中興以來處此官者用周伯仁應思遠今誠乏才豈可以趙氷居之其秉正不撓皆此類也

世語曰夏侯玄世名知人爲中護軍拔用武官無非俊傑多牧州典郡

皇甫謐集云護軍武士之官

晉王羲之臨護軍教曰今所任要在於公役均平其差大史忠謹在公者覆行諸營家至人告暢吾乃心其有老落篤癃不堪從役或有飢寒之色不能自存者區分處別自當參詳其宜

北軍中候

漢書曰武帝置中壘校尉掌北軍壘門外內

續漢書曰光武中興中省壘置中候五尉校營

又曰孔文舉拜北軍中候

王隱晉書曰荀勖字道將爲北軍中候

又曰太祖永昌元年以鍾雅爲北軍中候五年省併領軍

晉中興書曰陶回字恭之王導以回有器幹擢拜北軍中候回性不畏強禦

朱衣直閤

後魏書曰元文景大司農卿康之次子除員外郎冠軍將軍朱衣直閤

直寢

後魏書曰于忠字思賢弱冠拜侍御史文明太后臨朝刑政頗峻忠朴直少言終無過誤尋除左中郎將領直寢

又曰楊津字羅漢弘農華陰人也本字延祚高祖賜名焉少端謹以器度見稱爲直寢

直後

後魏書曰元天穆性和厚美形皃年二十起家員外郎領直後

蕭子顯齊書曰臨海云命由流自號東海王逃竄會稽鄮縣邊海山谷中立屯營官軍不能討明帝遣直後聞人夔

詭降之

直齋

後魏書官氏志曰大和九年十月初置直齋

監軍

史記曰穰苴將兵扞燕晉之師苴曰臣素賤君擢之閭伍之中加之大夫之上願得君之寵臣國之所尊以監軍景公使莊賈往苴與賈約曰會日中於軍門苴先馳至軍立表下漏賈素驕貴夕時乃至苴遂斬賈以徇三軍軍士皆震慄服之

東觀漢記曰光武使來歙監諸將

范曄後漢書曰宋均字叔庠爲監軍時伏波將軍馬援征武溪南臨沅水軍士多病均懼衆軍疾疫矯詔迫降之諸將莫應均乃勒兵圍賊城詐爲詔而降之爲置長吏而歸

自劾矯詔之罪帝善之

魏志曰司馬文王征壽春使監軍石苞統卒爲遊軍

晉武帝起居注曰豫州刺史胡威忠素貞直思謀深奧其以威爲監軍刺史如故

沈約宋書曰監軍蓋諸將出征大將監領之

太平御覽卷第二百四十

太平御覽卷第二百四十一

職官部三十九

中郎將　五官中郎將　左右中郎將
虎賁中郎將　四中郎將　雜中郎將（凡五）
都尉　奉車都尉　騎都尉

中郎將

漢書曰武帝拜張騫爲中郎將使西域

又曰宣帝即位詔曰朕微眇時故掖庭令張賀輔導朕躬賀有孤孫霸七歲拜爲中郎將

又曰宣帝時楊惲爲中郎將郎官故事郎出錢市財用給文書乃得出名曰山郎（山郎以資財爲郎也山之所出財用故取名焉）惲罷山郎皆以法令從事有罪過輒奏免郎官化之莫不自勵

又曰司馬相如爲中郎將持節過蜀縣令負弩前導蜀人以爲榮

又曰衛綰爲中郎將醇謹無他孝景幸上林詔中郎將參乘還問曰君知所以得參乘乎綰曰臣代戲車士得功次遷待罪中郎將不知也

又曰張安世長子千秋與霍光子禹俱爲中郎將將兵隨度遼將軍范明友擊烏桓還謁大將軍光問千秋戰鬬方略山川形勢千秋口對兵事畫地成圖無所忘失問禹禹不能記曰皆有文書光由是賢千秋以禹爲不才歎曰霍氏世衰張氏興矣後霍禹誅滅安世子相繼爲侍中常侍列校十餘人

又曰卜式爲中郎初式不願爲郎上曰吾有羊在上林欲令子牧之式即爲郎而牧羊歲餘肥息上善之式曰非獨羊也治民亦猶是矣以時起居惡者輒去無令敗羣上奇其言

東觀漢記曰更始入長安多用羣小時人爲之語曰竈下養中郎將

後漢書曰董卓以呂布爲騎都尉誓爲父子甚愛信之遷至中郎將卓自知凶恣每懷猜畏行止常以布自衛小失卓意拔手戟擲之布拳捷得免而改容顧謝卓意亦解布由是陰怨於卓

蜀志曰霍峻字仲邈南郡支江人也兄篤於鄉里合部曲數百人篤卒荊州牧劉表令峻攝其衆表卒峻率衆歸先主先主以峻爲中郎將

又曰劉焉字君郎江夏竟陵人少仕州郡以宗室拜中郎後以師祝公喪去官

又曰張飛字益德涿郡人也少與關羽俱事先主羽年長數歲飛兄事之先主從曹公破呂布還許昌曹公拜羽飛爲中郎將

五官中郎將

續漢書曰五官中郎將一人比二千石（主五官郎也）五官中郎比六百石（無員）五官侍郎比三百石（無員凡官皆主更直執戟宿衛諸殿門）

東觀漢記曰江革字次翁拜五官中郎將每朝會天子使虎賁扶持帝自禮之有疾不會輒遣太官送飡醪恩寵莫比

續漢書曰張純字伯仁遷五官中郎將純在朝歷世明習故事建武初舊章多闕每有疑議輒以訪純自郊廟婚冠喪紀禮儀多所正定帝甚重之一日或數四引見

謝沈漢書曰樊英字秀齊順帝備禮徵拜五官中郎將數月以病遜位歸

應劭漢官儀曰五官中郎將秦官也秩比二千石三署郎屬焉

魏武令曰告子文汝等悉爲侯而子桓獨不封而爲五官郎將此是太子可知矣（魏志建安十五年爲五官中郎將副丞相者也）

左中郎將

天文録曰郎將星若今之左右郎將也故星讚曰郎將星主閲具爲武備

漢書曰辛慶忌字子真從光禄大夫遷左曹中郎將

後漢書曰左宮爲左中郎將擊武陵賊降凡將兵二十餘年以信謹質朴故常見用

續漢書曰丞宮遷左中郎將數進忠諫論議守正不希世偶朝臣憚其節名稱聞於匈奴單于遣使來貢求見宮詔勑宮自整頓宮曰夷狄眩名非識實也聞臣虛稱故欲見臣臣醜陋形寢見必輕賤不如選長大有威容者時以大鴻臚魏應示之

又曰楊秉字叔節以尚書侍講蔡雍字伯喈以侍中並爲左中郎將

又曰皇甫嵩爲左中郎將擊匈奴

漢舊儀曰左中郎將秩比二千石主謁者

右中郎將

漢書曰段會宗字子松爲右中郎將

續漢書曰朱儁爲右中郎將持節擊潁川長社賊

漢舊儀曰右中郎將秩比二千石主常侍侍郎

蜀志曰宗預爲右郎將將命使吴

虎賁中郎將

應劭漢官儀曰虎賁中郎將古官也書稱武王伐紂戎車三百兩虎賁三百人擒紂於牧之野言其猛怒如虎之奔赴平帝元始元年更名虎賁郎古有勇者孟賁故奔爲賁中郎將冠兩鶡尾鶡鷙鳥中之異勁者也每所攫取應爪摧碎鶡尾上黨所貢

周禮夏官下虎賁氏曰虎賁掌先後王而趍以卒伍軍旅會同亦如之舍則守王閑（閑梐枑也）

尚書牧誓曰戎車三百兩虎賁三百人與受戰于牧野作牧誓

周書曰古有虎賁士千人以牛投牛以馬投馬以車捧車

漢書百官表曰期門僕射秩比千石平帝元始元年更名虎賁郎置中郎將秩比二千石

東觀漢記曰馬援從隴西太守遷虎賁中郎將

又曰馬后不以私家干朝廷兄爲虎賁中郎將訖永平世不轉

又曰明德太后姊子夏壽等私呼虎賁張鳴與敖戲爭鬬上特詔曰爾虎賁將軍蒙國厚恩位在中臣宿衛禁門當進人不避仇讎舉罰不避親戚今者反於殿中交通輕薄虎賁蘭內所使至命欲相殺於殿下不避門內畏懦恣縱故不逐捕此皆生於不學之門所致也

又曰馬廖任隗皆從羽林監遷虎賁中郎將

續漢書曰魯國孔融爲北軍中候三日遷虎賁中郎將

又曰虎賁中郎將比二千石（主虎賁宿衛也）左右僕射左右陛長各一人（僕射主虎賁郎將陛長主直虎賁朝會在殿之下）

又曰虎賁武騎皆鶡冠虎文單衣襄邑歲獻織成虎文云鶡者勇雉也其鬬死乃止

又曰虎賁中郎將秩比二千石虎賁中郎比六百石虎賁

侍郎比四百石虎賁郎中比三百石節從虎賁比二百石皆無員數掌宿衛侍從虎賁武騎皆鶡冠虎文單衣

謝承後漢書曰建武十八年夏旱公卿皆暴露請雨洛陽令着車蓋出門候何湯將衛士鉤令車收案有詔免令官拜湯虎賁中郎將上常歎曰赳赳武夫公侯干城何湯之謂也

漢官典職曰虎賁中郎將主虎賁千五百人郎多至千人

漢名臣奏曰丞相薛宣奏漢興以來深考古義推萬變之倫於是制宮室出入之義正輕重之罰故司馬殿省闕至五六里周衛擊刀斗近門自近臣侍側尚不得著劍入防未然也陛下聖德純備海内晏然此國家之明制必前後備虎賁

漢舊儀曰期門騎者隴西工射獵人及能用五兵材力二百人王莽以爲虎賁郎

劉謙之晉紀曰桓玄欲復虎賁中郎將疑應直與不訪之僚佐咸莫能定參軍劉簡之對曰昔潘岳爲秋興賦序云兼虎賁中郎將寓直於散騎之省以此言之是直官也

後魏書曰韓茂膂力絕人尤善騎射太宗曾親征丁零翟猛茂爲中軍執幢時大風諸軍旌旗皆偃仆茂於馬上持幢初不傾倒太宗異而問之徵茂所屬具以狀對太宗謂左右曰記之尋徵詣行在所試以騎射太宗深奇之以茂爲虎賁中郎將

九州春秋曰袁術爲虎賁中郎將張讓殺何進術斫閤起火（魏志曰術燒南宮嘉得青門也）

環濟要略曰漢武帝好微行因置期門郎與之期於殿門平帝改爲虎賁中郎

張純別傳曰純字伯仁郊廟冠婚喪紀禮儀多所正定上甚重之以純兼虎賁中郎將一日數見

東中郎將

魏志曰將濟字子通文帝即位爲東中郎將濟請留詔曰高祖歌曰安得猛士守四方天下未寧要須良臣以鎮邊境如其無事乃還鳴玉未爲後也後曹仁薨復以濟爲東中郎將代領其兵詔曰卿兼資文武志節忼慨常有超越江湖吞吳會之志故復授將帥之任

西中郎將

沈約宋書曰西中郎將南北東西中郎將後漢號也

南中郎將

魏志曰鄢陵侯彰爲南中郎將

又曰臨淄侯植爲南中郎將

晉諸公讚曰石崇爲南中郎將

北中郎將

魏志曰代郡烏丸反以曹彰爲北中郎將臨發太祖誡之曰居家爲父子受事爲君臣

續漢書曰盧植爲北中郎將征黃巾

王隱晉書曰山濤爲北中郎將守鄴

晉起居注曰武帝太始二年詔鄴城守事宜速有人又當得親親有文武器任者高陽王珪今來之國雖當出爲藩輔以才幹事亦古之制也其以珪爲督鄴城守事北中郎將

晉中興書曰荀羨爲北中郎將徐州刺史時年二十八

郭泰別傳曰王叔優問才之所宜泰曰當以武官顯叔優後至北中郎將

雜中郎將

匈奴中郎將

續漢書曰張奐字然明與段紀明皇甫威明俱顯京師號爲涼州三明並爲匈奴中郎將

司金中郎將

魏略曰河北始開冶遂以王脩爲司金中郎將脩奏記曰脩聞枳棘之材無柱梁之質涓流之水無洪波之勢是以在職七年忠謹不昭於時功業不見於事力少任重不堪爲懼

典農中郎將

魏志曰任峻字伯達爲典農中郎將數年所在積粟倉廪皆盈

又曰毋丘儉字仲恭河東聞喜人爲洛陽典農時取農民以治宮室儉上疏曰臣愚以爲天下所急除者二賊所急務者衣食誠使二賊不滅士民飢凍雖崇美宮室猶無益也

魏略曰上以農殖大事將選典農以徐邈爲潁川典農中郎將所在著稱

武衛中郎將

魏志曰許褚字仲康太祖與遂超等單馬會語左右皆不得從唯褚在超負其力陰欲突太祖素聞褚勇疑從騎是褚乃問太祖曰公有虎侯者安在太祖顧指褚褚瞋目眄之超不動乃各罷後數日會戰大破超等褚身斬首級遷武衛中郎將武衛之號自此始也

建義中郎將

後漢書曰袁紹傳魏郡兵反賊有陶外者自號平漢將軍（英雄記曰外故爲內黃小吏）獨反諸賊將部衆踰西城入閉府門具車重（重輜重也）載紹家及諸衣冠在州內者身自扞衛送到斥丘所（斥丘縣屬鉅鹿郡故城今相州成安縣東南十三州志云地斥鹵故曰斥丘也）紹還因屯斥丘以陶外爲建義中郎將

都尉

史記曰甯成居家上欲以爲郡守御史大夫公孫弘曰臣居山東爲少吏時甯成爲濟南都尉其治如狼牧羊誠不可令治民上乃拜成爲關都尉

又曰汲黯字長孺爲東海太守歲餘大治上聞召爲主爵都尉治務在無爲而已引大體不拘文法

漢書曰主爵中尉秦官掌列侯景帝中元六年更名都尉武帝太初元年更名右扶風治內史右地與左馮翊京兆是爲三輔皆有兩丞

又曰韓信數以策干項羽羽弗用亡楚歸漢未得知名爲連敖（楚官）坐法當斬信乃仰視滕公曰不欲就天下乎而斬壯士滕公奇壯之與語大説言於漢王以爲治粟都尉

東觀漢記曰樊曄與世祖有舊世祖常於新野坐文書事被拘時曄爲市吏餽餌一笥上德之後拜爲河東尉臨發之官引見雲臺賜御食衣被上嘲曄曰一笥餌得都尉何如曄頓首曰小臣蒙恩特見拔擢陛下不忘往舊臣得竭死自効

又曰任延字長孫南陽宛人更始拜爲西部都尉年十九迎吏見其少皆驚及到澹泊無爲下車遣吏以中牢具祠延陵季子時天下新定道路不通諸避世江南者皆未還會稽多士延到皆禮之卑請高行俊乂董子儀嚴子陵等待以師友之禮行縣所到輒使勞孝子崇禮養善如此建武之初上書言臣贅拜不由王庭願收骸骨詔書徵延民攀持載涕泣

漢官解詁云都尉將兵副佐太守備盜賊也

魏略曰積弩都尉秩比二千石後更爲典弩都尉又有典鎧都尉秩與弩同皆屬積弩

又曰撫軍都尉秩比二千石本校事官始太祖欲廣耳目使盧洪趙達二人主刺舉洪達多所陷入故于時軍中爲之語曰不畏曹公但畏盧洪盧洪尚可趙達殺我後達竟爲人迫死

魏志曰韓暨爲監冶謁者在職七年器用充實詔書褒歎就加司金都尉班亞九卿

吳志曰孫桓字叔武儀容端正器懷聰朗博學強記能論議應對權常稱爲宗室顏淵擢爲武衛都尉從討關羽於華容誘羽餘黨得五千人牛馬器械甚衆

臨海記曰漢元鼎五年立都尉府於候官以鎮撫二越所謂東南一尉者也

黃帝占軍氣決曰都尉氣如合抱之楡

周紹新論曰散騎侍郎武衛都尉孫奇字仲容年十七以秀才入侍帷幄余作詩一篇美而風之恂恂周公美妙無已誕姿既豐世胄有紀平南之孫奮威之子

胡廣邊都尉箴曰巍巍上聖光被八堤矧惟內面罔不來賓季末陵遲王澤壅隔戎狄作難鬼方騷逖桓桓猛將是攘是闢殷宗周宣用顯其績大漢龍興僉存治平蕩蕩率土來同門并守撫其民尉典其戎五寸並用文武程功

奉車都尉

韋昭辯釋名曰奉車都尉奉天子乘輿辯云奉車都尉主乘輿乘車尊不敢言主故言奉

漢書曰奉車都尉掌御乘輿車

騎都尉

魏略曰李豐字安國年十七在鄴下名爲清白識別人物明帝時得吳降人問江東聞中國名士爲誰降人云聞有李安國者是時豐爲黃門郎上曰豐名乃播於吳越耶後轉拜騎都尉

又曰畢軌字昭先明帝在東宮時軌在文學中及即位入爲黃門郎拜騎都尉

魏志曰徐晃字公明河內東陽人也爲郡吏從車騎將軍楊奉討賊有功拜騎都尉

吳志曰駱統字公緒會稽烏陽人時飢荒多有困乏統爲飲食衰以其姊仁愛寡歸無子見統甚哀之數問其故統曰士大夫糟糠不足我何心獨飽姊曰誠如是何不告我而自苦若此乃自以私粟與統又以告母母亦賢之遂使分施由是顯名孫權以將軍領會稽太守統年二十試爲烏程相民户過萬咸歎其惠理權嘉之召爲功曹行騎都尉

又曰孫權遣騎都尉趙咨使魏魏帝問曰吳王何等主也咨對曰聰明仁智雄略之主也帝問其狀咨曰納魯肅於凡器是其聰也拔呂蒙於行陣是其明也獲于禁而不害是其仁也取荊州而不血刃是其智也據三州而虎視天下是其雄也屈身於陛下是其略也

又曰顧承字子直嘉禾中與舅陸瑁俱以禮徵權賜丞相雍書曰貴孫子直令問休休至與相見過於所聞爲君嘉之拜騎都尉

吳志曰諸葛恪字元遜瑾長子也少知名弱冠拜騎都尉

太平御覽卷第二百四十一

太平御覽卷第二百四十二

職官部四十

諸校尉凡三十二號十　羽林監

期門僕射　冗從僕射

屯騎校尉

陶氏職官要録曰屯騎越騎步兵長水射聲五校尉案晉官晉承漢置以爲宿衛官各領千兵興寧三年桓温奏省五校尉永初元年復置以叙勳舊

東觀漢記曰劉磐字仲興兼屯騎校尉時五校官顯職閑府寺寛敞輿服光麗伎巧畢給故多宗室肺腑居之

後漢書曰鄧閶妻耿氏有節操痛鄧氏誅廢子忠早卒乃養河南尹豹子嗣爲閶後耿氏教之書學遂以通傳稱永壽中與伏無忌延篤著書東觀官至屯騎校尉

蜀志曰宗預字德豔爲屯騎校尉　鄧艾自江州來朝謂預曰禮六十不服戎而卿受兵何也預荅曰卿七十不還兵我六十何爲不受耶復東聘吴孫權提預手涕泣遺大珠一斛

晉書曰濮陽王允爲屯騎校尉給千人營置長史司馬無忌讓屯騎校尉表曰屯騎之任職典禁旅禦衛事重必宜其人豈臣微弱所可克堪

越騎校尉

漢書百官表曰屯兵越騎校尉如淳曰越人内附以爲騎也晉灼曰其才力超越

後漢書曰越騎校尉鄧康以太后久臨朝政宗門盛滿數上書長樂宫諫爭宜崇公室自損私權言甚切至太后不從康心懷畏懼永寧元年遂謝病不朝

又曰桓郁遷越騎校尉詔勑太子諸王各奉賀致禮郁數進忠言多見納録

又曰董卓傳越騎校尉汝南伍孚忿卓凶毒忘手刃之及朝懷佩刀以見卓孚語畢辭去卓起送至閤以手撫其背孚因出刀刺之不中卓自奮得免急呼左右執殺孚而大詬曰虜欲反耶孚大言曰恨不得磔裂姦賊於都市以謝天地言未畢而斃

謝承後漢書曰曹節弟破石爲越騎校尉越騎營五伯妻有美色破石從求之五伯不敢違妻執意不肯行遂自殺破石淫暴無道多此類也

步兵校尉

漢書曰步兵校尉掌上林苑門

東觀漢記曰崔篆王莽時爲郡文學以明經徵詣公車太保甄豐舉爲步兵校尉篆辭曰吾聞伐國不問仁人戰陣不訪儒士此舉奚至哉遂投劾歸

又曰梁不疑拜步兵校尉上書曰列校之職上應天工下厭羣望實非過少所任

梁史曰韋粲長八尺容觀甚偉初爲雲麾晉安王行參軍後爲外兵參軍兼中兵時潁川庾仲容吴郡張率前輩才名與粲同府並忘年交好及王爲皇太子粲自記室遷步兵校尉

後魏春秋曰阮籍以世多故禄仕而已聞步兵廚多美酒營人善釀求爲校尉遂縱酒昏酣遺落世事

長水校尉

釋名曰長水校尉長於水戰用船之事韋昭辯云長水校尉典胡騎不主水戰也其厩近水故以爲名

東觀漢記曰：賈宗字武孺，爲長水校尉，數言便宜，賞賜殊特。上美宗旣有武節，又兼經術，每燕會，令與當世大儒司徒丁鴻問難經傳。

蜀志曰：秦宓爲長水校尉。吳遣張温來聘，百官皆往餞，而宓後往。旣至，温曰：彼何人也？亮曰：益州學者也。及至，温問宓曰：君學乎？答曰：五尺童子皆學，何必小人？答問如響應聲而出，温大敬服之。

王隱晉書曰：下邳王晃起家爲長水校尉，給千人，營置長史司馬。

射聲校尉

漢書曰：射聲校尉掌待詔射聲。（應劭曰士工射者冥中聞聲則射之則中因以名也須待所命而射故曰待詔射聲）

東觀漢記曰：班超在西域三十一歲，還洛陽，拜爲射聲校尉。

續漢書曰：曹褒遷射聲校尉，案行營舍，不葬者悉爲買空地葬之，設祭，吏士咸稱其仁。

王隱晉書曰：武帝詔曰：射聲校尉胡奮，外掌方任，内參九列，不宜同之常例，勿使入直。

何法盛晉中興書曰：劉超字世踰，中書郎，遷爲射聲校尉。時軍校兵義興人多，義隨超，因領之，號爲君子營，以寶宿衞。

中壘校尉

漢書曰：中壘校尉（武帝置，世祖中興省，更置北軍中候，掌兵官）掌北軍壘門内外。

胡騎校尉

漢書曰：胡騎校尉掌池陽胡騎，不常置。

虎賁校尉

漢書：虎賁校尉掌輕車，武帝初置，有丞、司馬，秩二千石。

城門校尉

後漢書曰：赤眉與李松戰，生得松。時松弟汎爲城門校尉，赤眉使使謂之曰：開城門，活汝兄。汎即開門。○環濟要略曰：城門校尉，高帝置，秩二千石，出從緹騎百二十人。

嫖姚校尉（漢書爲嫖姚，服虔音剽搖，師古曰勁疾之貌）

漢書曰：霍去病以皇后姊子，年十八爲侍中，善騎射，爲嫖姚校尉。

護羌校尉

東觀漢記曰：鄧訓爲羌校尉，諸胡皆喜義從。羌胡俗耻病死，每疾臨困，輒以刀自刺。訓聞其困者，輒拘持縛束，不與兵刃，使醫藥療理，愈者非一，小大莫不感悦。及訓病卒官，吏人羌胡愛惜，旦夕臨者數千人。

護烏桓校尉

續漢書曰：護烏桓校尉一人，主烏桓，校尉比二千石。

應劭漢官儀曰：護烏桓校尉，孝武帝時烏桓屬漢，始於幽州置之，擁節監領，秩比二千石。

魏略曰：毋丘儉字仲恭，爲荊幽二州刺史，持節領護烏桓校尉。

戊巳校尉

東觀漢記曰：耿恭字伯宗，永平中始置西域都護戊巳校尉，乃以恭爲戊巳校尉。

南蠻校尉

傅暢晉諸公讃曰：王戎爲荊州刺史、揚烈將軍，領南蠻校尉。

南夷校尉

沈約宋書曰護南夷校尉晉武帝立領治寧州江左改曰
護鎮蠻校尉
西夷校尉
沈約宋書曰護西夷校尉晉武帝立治寧州江左平蜀後
治涪城終晉世晉太康三年置永嘉中益州刺史領西夷校尉太元末廢荆州兼領之又治涪城也
西域校尉
沈約宋書曰護西域校尉晉武帝立治雍州江左發安帝
元興中又置寄治西陽
寧蠻校尉
沈約宋書曰寧蠻校尉晉安帝置治襄陽郡以授魯宗之
三巴校尉
齊職儀曰三巴校尉銀印青綬虎冠絳朝服宋太始五年
置以巴東巴西梓潼建平五郡隸爲建元二年省校尉改
置巴州刺史

忠義校尉
吳志曰是儀從孫權討關羽拜忠義校尉儀上表陳讓權
令曰孤雖非趙簡子卿安得不自屈爲周舍耶
懷義校尉
吳志曰太傅馬日磾伏節案兵集東關在壽春以禮辟孫
策表拜懷義校尉
折衝校尉
吳志曰袁術表孫策爲折衝校尉行殄寇將軍
翊軍校尉
王隱晉書曰太康中伐吳還欲以王濬爲五官校尉而無
缺始置翊軍校尉班同長水步兵以梁益所省兵爲營
材官校尉
魏略曰材官校尉黄初中置秩比二千石主天下材官屬
少府
驍騎校尉
魏略曰董卓表太祖爲驍騎校尉又被徵爲典軍校尉
典農校尉
魏略曰典農校尉太祖置秩比二千石
司農度支校尉
魏略曰司農度支校尉黄初四年置比二千石掌諸軍兵
田
建義校尉
吳志曰朱據傳孫權咨嗟將帥追思呂蒙張温以爲據才
兼文武可以繼之由是拜建義校尉領兵屯姑熟
武衛校尉
吳志曰朱才字君業爲人精敏善騎射權愛異之常侍從
遊戲少以父任爲武衛校尉

滅虜校尉
吳志曰賀景爲滅虜校尉御衆嚴而有恩兵器精飾
西園八校尉
范曄後漢書曰中平五年初置西園八校尉
東宮三校尉
沈約宋書曰武帝永初二年置東宮屯騎步兵翊軍三校
尉
羽林監
漢書百官表曰羽林佽飛期門武帝太初元年置名曰建
章營騎後更名羽林取從軍死事之子孫教以五兵號曰
羽林孤兒

又曰甘延壽字君况以良家子善騎射爲羽林投石拔距絶於等倫超踰羽林亭樓由是遷爲郎

續漢書曰羽林左右監皆冠鶡冠

應劭漢官儀曰羽林者言其爲國羽翼如林盛也一名爲巖郎言其禦侮巖厲其後簡取五營高才別爲左右監監羽林左右騎父死子繼與虎賁同

漢雜事曰竇固以羽林監爲中郎將征西羌還中郎印綬復爲羽林監

漢名臣奏曰曹褎上疏王者莫不制禮樂詔褎即先序禮樂以帝新制一篇冠首擢褎監羽林左騎

魏略曰桓範字元則爲羽林左監以才學與王象等典集皇覽

魏志曰夏侯玄字太初弱冠爲黄門侍郎嘗進見與皇后

弟毛曾並坐玄恥之不悦形於色明帝恨左遷羽林監

梁冀別傳曰冀妻孫壽從弟安以童幼拜黄門侍郎羽林監

期門僕射

漢書曰建元三年上微行始出北至池陽西至黄山南獵長楊東遊宜春微行常用飲酎八九月中與侍中常侍武騎及待詔隴西北地良家子能射者期諸殿門故有期門之號自此始也

後漢書曰陰興守期門僕射典將武騎從征伐平定郡國興每從出入常操持小蓋障翳風雨躬履塗泥率先期門光武所幸之處輒先入清宫甚見親信

冗從僕射

續漢志曰冗從僕射秩比六百石武帝置期門郎有僕射常從遊獵或以宦者爲之號冗從黄門僕射居則直門戶行則騎從桓帝永壽三年置冗從僕射

續漢志曰先臘一日大儺逐疫鬼冗從僕射將之逐惡鬼于禁中

魏中曰冗從僕射畢軌表尚書僕射王思精勤舊吏　計略不及辛毗宜以毗代思

晉武起居注曰東莞王世子瑾貞固和詳有識見才幹以爲冗從僕射

傅暢晉諸公讚曰司馬滕字元邁文獻王泰之第三子也性沉壯起家爲冗從僕射滕意欲業官以自顯出爲郡守

太平御覽卷第二百四十二

職官部四十一

儀同　特進　摠叙大夫
金紫光禄大夫　光禄大夫
太中大夫　中大夫　中散大夫
柱國　奉朝請　致仕

儀同

東觀漢記曰鄧騭字昭伯延平元年拜爲車騎將軍儀同三司儀同三司始自騭也

蜀志曰黄權降魏文帝善之景初三年拜車騎將軍儀同三司

王隱晉書曰太始七年以鄭袤爲司馬天子臨軒遣使就第拜授袤遣息稱疾上送印綬至于十數久之見許以侯就第拜儀同三司置舍人官騎賜牀帳簟褥錢五十萬

又曰華廙爲太子少傅甚得輔導之義河南尹韓壽賈后之妹夫欲以女配廙不許由是有恨故不正三司疾篤乃拜儀同三司

晉起居注曰太始八年詔曰衛將軍羊祜歷文武有佐命之勳其爲車騎將軍開府如三司之儀

又曰元年詔曰中書監光禄大夫張華歷世腹心情所憑賴故疇其勳績使儀同三司而虚中挹損難違高尚其以光禄大夫儀同三司本職如故又給親信滿百人

又曰元康元年詔曰光禄大夫王戎光禄大夫裴楷開府辟召儀同三司

晉中興書曰郗愔咸安元年拜都督浙江東五都諸軍事進位鎮軍開府儀同三司辭不受

又曰蔡謨免皇太后詔以謨爲左光禄大夫開府儀同三司遣謁者孟洪就加冊命謨上疏陳謝遂以疾篤不朝賜机杖門施行馬

齊書曰徐孝嗣加開府儀同三司孝嗣聞有詔斂容謂左右曰吾德慙古人位登袞職將何以堪之明君可以理奪必當死請若不獲命正當角巾丘園待罪家巷耳故讓不受

齊職儀曰開府儀同三司置舍人官騎建初三年馬防爲車騎將軍儀同三司魏以黄權爲車騎開府此後甚衆將軍開府依大司馬朱服光禄大夫開府依司徒皁服

北史曰裴文舉武成二年就加使持節驃騎大將軍儀同三司蜀土沃饒商販百倍或有勸文舉規利文舉荅之曰利之爲貴莫若安身身安道隆非貨之謂是以不爲非惡財也

後周書曰李賢遷驃騎大將軍開府儀同三司太祖之奉魏太子西巡也至原州遂幸賢第讓齒而坐行鄉飲酒禮焉其後太祖又至原州令賢乘軺備儀服以諸侯會遇禮相見然後幸賢第歡宴終日凡是親族頒賜有差

陳書章昭達以平留異功授鎮前將軍開府儀同三司初文帝嘗夢昭達升台鉉及旦以夢告之至是侍宴酒酣顧昭達曰卿憶夢不何以償夢昭達對曰當效犬馬之用以盡臣節自餘無以奉償

隋書曰何稠安集嶺南有欽州刺史甯猛力帥衆迎軍初猛力倔山洞欲圖爲逆至是惶懼請身入朝稠以其疾篤因示無猜貳遂放還州與之約曰八九月間可詣京師相見稠還奏狀上意不懌其年十月猛力卒上謂稠曰汝前不將猛力來今竟死矣稠曰猛力共臣爲約假令身死當遣

子入侍越人性直其子必來初猛力臨終誡其子長真曰我與大使爲約不可失信於國士汝葬我訖即宜上路長真如言入朝上大悅曰何稠著信蠻夷乃至於此以勳授開府

齊王儉拜儀同三司章曰臣聞日中則昃盈虛之定分器滿必傾往覆之常理遂乃班同袞章燮和合曜外叅論道內揔百司物議惟塵自識非據

梁庾肩吾爲武陵王拜儀同章曰臣宅慶紫霄聯休皇極地均西月既無跡而成高仕若乘風故不行而自遠今者四郊無壘天下同文都尉春田猶居塞外單于冬獵不入漁陽臣坐牧三邊非勞七戰豈能屯兵大夏封萬里之侯飛箭聊城受千金之壽論其才望有懼茂弘先佩印綬常羞叔度。○隋江揔太保蕭公謝儀同三司表曰阪泉野戰曾

無汗馬之勞代邸運籌又闕前驅之勇薄伐專征早遊邊外執玉奉酎又虧朝則王人降止朝冊遠臨奉述勑書曲停表奏滄波阻夐既杜敬仲之辭關路攸長致絕趙衰之讓心馳紫路登文石而莫由目送白雲拜承明之末果

特進

東觀漢記曰鄧禹右將軍官罷以特進奉朝請

漢雜事曰諸侯公德優盛朝廷所敬異者賜位特進在三公上無秩

後漢書曰梁商以女立爲皇后妹爲貴人加商位特進更增國土賜安車駟馬

謝承後漢書曰趙典道懿尊爲國師位特進七爲列卿寢布被瓦器食也

晉書百官表曰特進官品第二漢制皇后之父率爲此官

傅咸奏曰公品第一執珪坐侍臣之上特進品第二執皮帛坐侍臣之下今啓特進宜執璧繼公

沈約宋書曰特進魏世驃騎將軍劉放衛將軍孫資等遂位以侯就第並位特進其諸官加特進者從本官供給特進但爲班位而已不別有吏卒車服也

齊職儀曰特進以功德特進見之

後魏書曰刁雍拜特進皇興中雍與隴西王源賀及中書監高允等並以耆年特見優禮錫雍几杖劒履上殿日致珎羞焉

北史曰穆紹加特進時侍中元順與紹同官順常因醉入寢所紹擁被而起正色讓順曰老身二十年侍中與卿先君亟連職事縱卿後進何置相排突也遂謝事還家詔諭乃起

唐書官品志曰特進左右光祿金紫銀青等光祿大夫用人俱以舊德就閑者居之

總敘大夫

白虎通曰大夫爲言大扶進人也

毛詩衛淇奧碩人曰大夫夙退無使君勞大夫未退君聽朝於路寢夫人聽內事於正寢大夫退然後罷也箋云莊姜始來時衛諸大夫朝夕者皆早退無使君之勞倦以君夫人新爲配偶宜親親之也

毛詩節南山雨無正曰大夫離居莫知我勩勞也箋云正長也官長之大夫離居王流于彘而皆散處無復知我民之見疲勞也三事大夫莫肯夙夜邦君諸侯莫肯朝夕箋云王流在外三公及諸侯隨而行者皆無君臣之禮不肯晨夜朝暮省王也

周禮秋官下朝大夫曰掌邦家之國治邦家王子弟公卿及大夫之采地也凡邦家之治於國者必因其朝大夫然後聽之

禮記曲禮上曰大夫七十而致事若不得謝謝去也君貪其德而留之

則必賜之几杖行役以婦人適四方乘安車自稱曰老夫於
其國則稱名越國而問焉必告之以其制 他國問其老者必以制度告之

金紫光祿大夫

干寶晉紀曰尚書僕射季胤毋喪拜金紫光祿大夫給
吏卒門施行馬

三國典略曰房謨本姓屋氏高勃海王入洛授金紫光祿
大夫累賜奴婢率多放免王後賜生口黥面爲房字而付
之

光祿大夫

漢書百官表曰光祿勳屬官有大夫掌議論

漢書曰谷永既爲大將軍王鳳權爲光祿大夫永奏書謝
鳳曰永斗筲之材質薄學朽無一日之雅左右之方將軍
悅其狂言擢之皂衣之吏厠之爭臣之末

又曰金日磾爲光祿大夫親近未嘗有過上信愛之

又曰貢禹上書云多老家貲不蒲萬錢拜光祿大夫賜益
多豪益富伏自念無報厚德日夜慙愧

又曰杜陵王仲翁霍光以爲光祿大夫仲翁出入蒼頭廬
兒傳呼甚尊寵

又曰蔡義上書云臣山東草萊之人行能無所比容貌不
及衆然而不弃人倫者以聞道於先師穎賜清間之讌得
舒精思於前上即見說詩甚悅擢爲光祿大夫

東觀漢記曰張堪字子孝爲光祿大夫數諫堪常乘白馬
光武每有異政輒曰白馬生且復諫矣

又曰樊宏字靡卿爲光祿大夫爲人謙柔畏慎每朝會迎
期先到俯伏待事時至乃起帝聞之勑臨朝乃告勿令豫
到

後漢書曰鄧太后從樊準議悉以公田賦與貧人即擢準
與議郎呂倉並守光祿大夫準使兾州倉使兖州準到部
開倉廩食 廩給 慰安生業流人咸得蘇息

又曰魏文帝受禪欲以楊彪爲太尉先遣使示旨彪辭曰
彪備漢三公遭代傾亂不能有所補益耄年被病豈可贊
惟新之朝遂固辭乃授光祿大夫賜几杖衣袍因朝會引
見令彪着布單衣皮冠而入待以賓客之禮

華嶠後漢書曰鄧彪遭後母憂毀瘠過禮因疾乞身以光
祿大夫行服

漢書解詁曰武帝以中大夫爲光祿大夫與博士俱以儒
雅之選異官通職周官所謂官聯者也温故知新率由舊
章皆能明古今辨章舊聞者也

漢書百官表注曰光祿大夫古官也銀章青綬

漢官儀曰光祿大夫秩比二千石不言屬光祿大夫勳門
外特施行馬以旌別之

魏志曰常林字伯槐河内温人也時論林節操清峻欲致
之公輔而林遂稱疾篤拜光祿大夫

又曰黄初四年詔給光祿大夫楊彪吏卒門施行馬

吳志曰八月遣光祿大夫周弈石偉巡行風俗察將吏清
濁民所疾苦爲黜陟之詔

王隱晉書曰劉毅字仲雄年七十告老以光祿大夫致仕
門施行馬賜錢百三十萬

晉書曰王覽爲宗正卿致仕詔遣殿中醫療疾給藥後轉
光祿大夫門施行馬

又曰鄭袤魏景元初疾病失明屢乞骸骨不許拜光祿大
夫

又曰華表字偉容歆子也太始中爲太中大夫禄賜與卿
同門施行馬
晉陽秋曰李喜乞老以爲光禄大夫門施行馬
晉中興書曰王薀字仁修烈宗將納后訪于公卿僕射安
曰王薀地望可與國婚定后既立徵拜金紫光禄大夫
又曰祖納字士言少持操行能言名理遷右光禄大夫
又曰荀組字大章潁川人也弱冠太尉王夷甫見而稱之
爲光禄大夫
又曰荀崧字景猷組族子也弱冠大原王濟甚相器重拜
右光禄大夫
又曰賀循字彦先會稽人也節操高厲童亂不群言行舉
動必以禮讓行有餘力則精書學由是博覽群書尤明三
禮爲江表儒宗拜右光禄大夫

又曰顧和字君孝榮族子也和二歳失父總角便有清操
弱冠知名族父榮雅器之曰此吾家千里駒也興吾宗者必
此子矣康帝即位爲尚書僕射更拜銀青光禄大夫又遷
左光禄大夫
晉諸公賛衛尉傅祗以風疾遜位加光禄大夫門施行馬
齊書云周盤龍世祖講武令盤龍領軍校尉騁稍以疾爲
光禄大夫
後魏書曰李茂字中宗爲光禄大夫茂性謙慎以弟仲寵盛
懼於盈滿遂託以老疾固請遜位高祖從之聽食大夫禄
還私第
汝南先賢傳曰郭憲爲光禄大夫上欲到三輔憲諫曰天
下初定車駕未可以巡上遂行憲當車拔佩刀以斷車靷
上不止到弘農兵起潁川上曰恨不用光禄之言於是乃
還
樊英別傳曰詔書告南陽太守五官中郎將樊英委榮辭
禄不降其節志不可奪今以英爲光禄賜還家在所縣給
穀千斛常以八月存高年給羊一頭酒三斛
荀氏家傳曰闓字道明性清静善談論遷光禄大夫以君
面似胡明帝謂爲神明胡子

太中大夫

韋昭辨釋名曰太中大夫大夫之中最高大也
漢書曰陸賈楚人也以客從高祖定天下以口辨居左右
常使諸侯中國初定尉佗平南越因王之高祖使賈賜佗
印爲南越王賈説佗令稱臣奉漢約歸報高帝大悦拜賈
爲太中大夫
又曰東方朔字曼倩平原厭次人也拜太中大夫觀察顔

色直言切諫上常用之
東觀漢記曰來歙字君叔南陽新野人也歙有大志慷慨
治春秋左氏東詣洛陽見上大喜曰君叔獨勞苦即解被
襜襦以衣歙拜太中大夫
後漢書徵郭伋太中大夫賜宅一區及帷帳錢穀以充其
家伋輒散與宗親九族無所遺餘
司馬彪續漢書曰張湛拜太中大夫病居東門候舍故時
人号之爲中東門君上數存問賞賜
魏志曰管寧字幼安北海朱虚人也年十六喪父中表愍
其孤貧咸共贈賻悉辭不受長八尺美鬚眉與平原華歆
同縣邴原相友黄初四年詔公卿舉獨行君子司徒華歆
薦寧文帝以寧爲太中大夫固辭不受
又曰韓暨字公至明帝詔曰太中大夫暨潔身浴德志節

高潔年逾七十守道彌固可謂純篤老而益勵者也其以
暨爲司徒
吳志曰裴玄字彥黄下邳人也少有學行官至太中大夫
梁書曰顧憲之字士思風疾求還吳天監二年授太中大
夫雖累年宰郡貲無擔石及歸環堵不免飢寒

中大夫

漢書曰晁錯對策書百餘人唯錯爲高最乃遷爲中大夫
又曰倪寬以侍御史見上語經學從問尚書一篇擢爲中
大夫

中散大夫

東觀漢記曰牟長字君高少篤學治歐陽尚書諸生著録
前後萬人建武十四年徵爲中散大夫
後漢書曰魯丕字叔陵遷中散大夫時賈逵薦丕道藝深
明宜見任用因和帝朝會召見諸儒丕與侍中賈逵尚書
令黄香等相難數事帝善丕説罷朝特賜冠幘履襪衣一襲
續漢書曰譙玄字君黄能説春秋遷中散大夫

柱國

北史曰李敏美姿容善騎射開皇初周宣后樂平公主有女
娥英妙擇婚對勑貴公子弟集弘聖宮者日以百數公主
選取敏禮儀如帝女後將侍宴公主謂敏曰我以天下與
至尊唯一女夫當爲汝求柱國若授餘官愼無謝及進見
上親御琵琶敏舞大悅爲公主曰敏何官對曰一白丁耳
上謂敏可授儀同敏不答上曰不蒲爾意耶令授開府又
不謝上曰公主有大功於我敏遜拜蹈舞遂於坐發詔授
柱國○五代史後唐天成三年五月詔曰開府儀同三司階
之極太師官之極封王爵之極上柱國勳之極近代已來

文臣官階稍高便授柱國歲月未深便轉上柱國武資不
計何人初官便授上柱國官爵非無次第階勳俗有等差
宜自此時重修舊制今後凡是加勳先自武騎尉經十二
轉乃授上柱國永作成規不令踰越雖有是命竟不革前
例

奉朝請

漢書曰王陵爲太傅杜門謝疾竟不朝請
續漢書曰前漢列侯奉朝請在長安位次三公漢武時宣
帝爲皇曾孫令奉朝請
東觀漢記曰建武中鄧禹失司徒特進奉朝請
漢官解詁曰三輔職如郡守獨奉朝請成帝丞相張禹遜
位特進奉朝請又以關内侯蕭望之奉朝請奉朝請之號
則非爲官如淳曰諸侯春朝天子曰朝秋曰請雖國戚及
勳門子弟爲之但預朝請會而已
晉起居注曰孝武寧康三年詔隴西王世子越駙馬都尉
楊邈並可奉朝請侍從左右與太子遊處
沈約宋書曰奉朝請無員亦不爲官漢東京罷省三公外
戚宗室多奉朝請奉朝請者奉會朝請召而已
又曰王敬弘子恢之被召爲祕書郎敬弘求爲奉朝請與
恢之書曰祕書有限故有競朝請無限故無競吾欲使汝處於不
競之地太祖嘉而許之
北齊書曰祖鴻勳爲州主簿僕射臨淮王彧表薦鴻勳有文
學宜試以一官勑除奉朝請人謂之曰臨淮舉卿便以得調
竟不相謝恐非鴻勳曰爲國舉才臨淮之務祖鴻勳何事
從而謝之彧聞而喜曰吾得其人矣
後魏書曰崔光韶事親以孝聞初除奉朝請光韶與弟光

伯雙生操業相侔少相友愛遂經吏部尚書李冲讓官於
光伯辭色懇至冲爲奏聞高祖嘉而許之
又曰裴詢字敬叔美儀皃多藝能音律博弈咸所開解起
家奉朝請
又曰梁景伯生於桑乾少喪父以孝聞家貧傭書自給養
母甚謹尚書盧淵稱之於李冲冲時典選拔爲奉朝請

致仕官

晉書曰王祥致仕詔賜几杖床帳簟蓐以舍人六人爲睢陵
公舍人
又曰鄭冲致仕詔賜安車駟馬床帳簟蓐
五代史曰鄭韜以户部尚書致仕自襁褓迨於懸車事真
僞十一君凡七十載所任無官謗無私過三持使節不辱君
命士無賢不肖皆恭巳接納晚年背偃時人咸曰鄭偃不

迺平生交友之中無隙怨親族之間無愛憎恬和自如性
尚閑簡及致政歸洛甚愜終焉之旨

太平御覽卷第二百四十三

太平御覽卷第二百四十四

職官部四十二

太子太師　太子太傅　太子太保

太子少師　太子少傅　太子少保

太子太師

六典曰太子三師以道德輔教太子者也止於動靜起居言語視聽皆有以師焉

禮記文王世子曰教世子必以禮樂樂所以修内也禮所以修外也禮樂交錯於中發形於外是故其成也懌出則有師是以教喻而德成也師也者教之以事而諭諸德也

大戴禮曰昔者周成王幼在襁褓之中太公為太師

唐書官品志曰太子太師太傅太保是為三師掌師範訓導輔翊

太子太傅

禮記曰三王教太子立太傅少傅以養之太傅在前少傅在後

史記曰萬石君姓石名奮無文學恭謹無比遷為太子太傅

又曰夏侯勝為太子太傅受詔撰尚書論語賜黄金百斤年九十卒官賜冢塋葬平陵太子賜錢二百萬為勝素服五日以報師傅之恩儒者以為榮

漢書曰景帝栗太子以竇嬰為太傅十年栗太子廢嬰爭不能得謝病屏居藍田山下數月諸賓客辯士說請遂起朝

又曰蕭望之字長倩為太子太傅以論語授太子

又曰叔孫通為太傅高帝欲立趙王廢太子通諫曰昔晉獻公以驪姬故廢立太子晉國亂者數十年秦不早定扶蘇終使滅祀今太子仁孝陛下必廢嫡立庶臣願先伏誅以頸血汙地上曰公罷吾戲耳通曰太子天下本本一揺天下振動奈何以天下戲乎

又曰疎廣字仲翁為太傅弟受為少傅朝廷以為榮皆請免歸鄉里公卿祖餞東都門外百姓觀者歎曰賢哉二大夫初太子外祖許伯以太子少請使其弟舜監護太子家廣曰太子國儲副君師友必天下英俊不宜獨親外家今官屬以備若親暱外家非所以廣太子德於天下也上善之

東觀漢記曰建安二十八年大會百官詔問誰可傅太子者羣臣承意皆言太子舅執金吾陰識可博士張佚正色曰今陛下立太子為陰氏乎為天下乎即為陰氏則陰侯可為天下則固宜用天下之賢才上稱善曰欲置傅者以輔太子也今傅士不難正朕況太子乎即拜為太子太傅

又曰張湛字子孝為太子太傅及郭后廢因稱疾拜太中大夫病居中東門候舍故時人號中東門君帝數存問賞賜後大司徒戴涉被誅帝強起湛以代之至朝堂遺失溲因自陳疾篤不能復任朝事遂罷之

後漢書曰明帝以鄧禹先帝名臣拜太子太傅也

應劭漢官曰太子太傅日就月將琢磨玉質言太子有玉之質琢磨以道也

魏志曰何夔代凉茂為太子太傅每月朔太傅入見太子正法服而禮焉

吴志曰吴粲遷太子太傅遭二宮之變抗言執正明嫡庶之分欲使魯王出住夏口遣楊竺不得令在都邑又數以消息語陸遜遜時駐武昌連表諫爭由此為竺等所譖害

又曰孫權寢疾徵大將軍諸葛恪爲太子太傅會稽太守滕胤爲太常並受詔輔太子

又曰闞澤字德潤會稽山陰人拜太子太傅領中書孫權嘗問書傳篇賦何者爲美澤欲諷諭以明治亂因對賈誼過秦論最美權覽讀焉

又曰程秉字德樞汝南南頓人也秉事鄭玄避亂交州與劉熙考論大義遂博通五經士燮命爲長史權聞其名儒以禮徵秉既到拜太子太傅

又曰張温字惠恕吴郡吴人也温少脩節操容貌奇偉權聞之以問公卿曰温當今與誰爲比大司農劉基曰可與全琮爲輩太常顧雍曰基未詳其爲人也今無輩權曰如是張允不死也徵到延見文辭占對觀者傾竦權改容加禮罷出張昭執其手曰老夫託意君宜明之拜議郎選曹

尚書尋遷太子太傅

晉起居注曰武帝太始三年始置太子二傅是時官事大小皆由二傅大傅立章少傅寫之

晉中興書曰賀循字彦先爲太子太傅詔曰循清直履道秉尚貞貴居身以冲約爲本立德以仁讓爲行可躬訓儲宫默而成化

唐書官品志曰太子太傅一人位視尚書令少傅一人位視左僕射

魏故事曰太傅於太子不稱臣少傅稱臣

太子太保

禮記曰保也者慎其身以輔翼之而歸諸道者也

晉書曰劉寔字子真以特進開府加太子太保

晉中興書曰懷帝以荀組爲侍中特進行太子太保

傳暢晉賛曰賈充爲太尉行太子太保以公位重其爲保傳或行或領各隨其時

後魏書曰顯祖將禪位於京兆郡王子推隴西王源賀並固諫陸馛抗言曰皇太子聖德承基四海屬望不可横議于國之紀臣請刎頸殿廷有死無二久之帝意乃解詔曰馛直臣也其能保吾子乎遂以馛爲太保

太子少師

六典曰太子三少掌奉皇太子以觀三師之道德而教諭焉

晉書曰惠帝以衛尉裴楷爲太子少師

宋書曰太子少師少保並晉置

後魏書曰郭祚領太子少師曾從世宗幸東宫肅宗幼弱祚懷一黄觚出奉肅宗時應詔左右趙桃弓與御史王顯

爲世宗所信祚私事之時人謗祚者以爲桃弓僕射黄觚少師

唐書官品志曰太子少師少傅少保是爲三少各一人掌皇太子以觀三師之德出則三師在前三少在後

又曰李綱拜太子少師綱有脚疾不堪踐履太宗特賜步輿令綱乗至閤下數引禁中問以政道又令轝入東宫皇太子引上殿親拜之綱於是陳君臣父子之道問寢視膳之方理順詞直聽者忘倦

又曰貞觀十三年以左僕射房玄齡爲太子少師玄齡上表遜位詔不許太宗因謂侍臣曰太子師保古難其選若成王幼小以周公爲傅左右皆賢日聞雅訓自幼及長便爲聖君秦之胡亥趙高傅之教以刑法及其立也誅功臣殺親族酷烈不已旋踵而亡以此言之善惡由於習近

又曰唐休璟年力雖衰進取弥銳時宮人賀婁氏用事而休璟爲男取其養女因以自達拜太子少師時議譏之

又曰長慶中以兼太常卿趙宗儒爲太子少師太常有師子樂備五方之色非會朝聘享不作爲至是中人掌教坊之樂者移牒取之宗儒不敢違以狀白宰相以爲事在有司執守不合關白而宗儒憂恐不已宰相責以懦怯不任事故換此散秩

陶氏職官錄曰三少舊視左僕射冠服同三太也

太子少傅

漢書曰上謂張良曰子房雖疾強起傅太子時叔孫通已爲太傅以良行少傅事

又曰匡衡字稚圭爲太子少傅數上書陳便宜少好學家貧傭力以供資用

東觀漢記曰建興二十八年以桓榮爲少傅賜以輜車乘馬榮大會諸生陳車馬印綬曰今日所蒙稽古之力也可不勉乎

後漢書曰徵王丹爲太子少傅時大司徒侯霸欲與交友及丹被徵遣子昱候於道昱迎拜車下丹下荅之昱曰家公欲與君結交何爲見拜丹曰君房有是言丹未之許也

續漢書王丹字仲回爲太子少傅謇諤正直名德重於時

魏志曰邢顒字子昂初太子未定而臨淄侯植有寵丁儀等並讚翼其美太祖問顒顒對曰以庶代宗先世之戒也願殿下深重察之太祖識其意後遂以爲太子少傅

吴志曰薛綜綜子瑩瑩子兼三世並爲太子少傅談者美之

晉書曰山濤轉太子少傅在東宮年已七十病疾求退手詔不聽尋講武於宣武場有詔濤乘步輦導皇太子入時尚書僕射盧欽與濤言及孫武用兵本意武帝欣然而言曰山少傅故是天下談士也舉坐傾心又曰何曾議太子少傅當稱臣拜荀顗曰太之與少自二傅之名次耳非於太子有輕重也詔曰秦漢已來舊章廢滅隨時改作其敬事不可依用宜遠准古義定二傅不臣拜

又曰王雅爲太子少傅時朝望屬王珣珣亦頗以自許及詔用雅衆遂赴雅焉將拜遇雨請以繖入王珣不許之因冒雨而拜雅既貴倖威權甚振門下車騎常數百而善應接傾心禮之

晉中興書曰周顗字伯仁拜太子少傅顗上疏曰臣退自忖省學不通一經智不効一官止足良難未能守分不悟天監忘臣頑蔽乃欲使臣內管銓衡外忝傅訓質輕蟬翼事重千鈞此之不可不待識而明矣

後周書曰蕭武帝建德三年授太子少傅增邑九百户蕭氏以任當師傅調護是職乃作少傅箴曰惟王建國辯方正位左史記言右史書事莫不立太子爲皇之貳是以易稱明兩禮云上嗣東序養德震方主器束髮就學宵雅便綠朝讀百篇乙夜乃寐愛日惜力寸陰無棄親膳再飯寢門三至小心翼翼大孝烝烝詢謀計慮問對疑承安樂必敬無忘戰兢夫天道益謙人道惡盈漢嗣不絕乎馳道魏儲迴還乎鄴城前史攸載後世揚名三善既備萬國以貞姬周長久實賴元良嬴秦短祚誠由少陽雖卜年七百有德至歷而昌數世一萬無德不及而亡敬之敬之天惟顯思光副皇極永固洪基觀德觀諭敢告職司太子見而悅之致書勞問

陳書曰孝明帝在東宮宣武皇帝欲以崔光爲太子師傅光固辭帝令太子南面再拜宮官皆從太子拜光北面立不敢答拜惟西面拜謝而出乃授光太子少傅

傅玄太子少傅箴曰夫金木無常方負應形亦有隱括習以性成故近墨者黑聲和則響清形正則影直正人在側德義盈堂鮑肆先入蘭蕙不芳傅臣司訓敢告君王

太子少保

晉書曰懷帝以光禄劉蕃爲太子少保

晉諸公讚曰惠帝以吏部尚書和嶠爲太子少保

唐書曰李綱字文紀爲太子少保高祖以綱隋代名臣甚加優禮每手勑未嘗稱名其見重如此

唐新語曰李適之爲右相李林甫密奏其好酒頗妨政事玄宗惑焉乃除太子少保適之遽命親故歡會賦詩曰避

賢初罷相樂聖且銜杯爲問門前客今朝幾箇來舉朝服其度量

太平御覽卷第二百四十四

太平御覽卷第二百四十五

職官部四十三

太子賓客　太子詹事　太子少詹事

太子中庶子　太子左右庶子

太子賓客

六典曰太子賓客掌侍從規諫贊相禮儀而先後焉凡皇太子有賓客宴會則爲之上齒

漢書曰高祖欲廢太子呂后用張良計致商山四皓以爲賓客又孝武帝爲太子立博望苑以使通賓客則其義也

太子詹事

六典曰太子詹事之職掌統東宮三寺十率府之政令辨其綱紀而修其職務少詹事爲之貳凡太子六官之典制皆視其事而承受焉

俗說曰江虨爲右僕射王上欲用其領詹事語王淮卿可覓比例淮對曰臣當出外尋訪淮後見主上問近所道事卿已得比例未淮曰唯謝琰右僕射領詹事琰即謝公之子恐虨非其例事遂不行

應劭漢官儀曰詹事秦官詹省也給也秩比二千石

漢書曰竇嬰字王孫孝景即位爲詹事帝弟梁孝王母竇太后愛之孝王朝酒酣上從容曰千秋萬歲後傳王太后歡嬰引巵酒進上曰天下者高帝天下父子相傳漢之約也上何以得傳梁王太后由是憎嬰

又曰孔光父覇字次孺宣帝時以授太子經爲詹事

又曰詹事掌皇后太子家有丞屬諸官皆屬焉成帝鴻嘉三年帝省詹事屬大長秋

晉書曰卞壼爲詹事世稱卞壼裁斷切直敦實忠於事上也

晉起居注曰武帝以王恭丹陽尹領詹事恭讓表曰今皇儲始建四方是式掾司之任崇替所由宜妙簡才賢盡一時之勝豈臣最庸所可叨忝

晉公卿禮秩曰太始中立詹事掌宮事

沈約宋書曰詹事一人初領官屬成帝時悉屬少傅魏氏置詹事摠衆職晉初又屬二傅咸寧復置詹事

齊職儀曰詹事品第三茂陵書秩二千石銀章青綬局擬尚書令位視領護將軍

陳書曰後主欲以江摠爲太子詹事令管記陸瑜言之於孔奐奐謂瑜曰江有潘陸之華而無園綺之實輔弼儲宮竊有所難瑜具以白後主後主深以爲恨乃自言於高宗高宗將許之奐乃奏曰江摠文華之人今皇太子文華不少無藉

於摠如臣愚見願選敦重之才以居輔導帝曰即如卿言誰當居此奐曰都官尚書王廓世有懿德識性敦敏可以居太子詹事奐又奏曰宋朝范曄即范泰之子亦爲太子詹事前代不疑後主固爭之帝卒以摠爲詹事

唐書曰蘇弁政太子詹事弁初入朝班位失序殿中侍御史鄭儒立對仗彈之弁於金吾待罪數刻特釋放舊制太子詹事班次太常宗正卿之下貞元三年御史中丞竇參叙定班位移詹事在河南太原尹之下弁乃引舊班制立臺會詰之仍紿云已白宰相請依舊故爲儒立彈之

又曰龍朔二年改詹事爲端尹詹事府爲端尹府

王珉荅徐邈書曰詹事彈一官如尚書左丞矣

太子少詹事

唐書曰張行成轉太子少詹事太宗東征皇太子於定州

監國即行成本邑也太子謂行成曰今者送公衣錦還鄉
於是令有司祀其先人墓

太子中庶子

漢書百官表曰太子中庶子職侍中
漢書曰王商字子威涿郡蠡吾人商少爲太子中庶子以
肅敬見稱
又曰歐陽地餘字長賓爲中庶子授皇太子經
又曰馮野王通詩以父任爲太子中庶子
魏志曰鮑勛字叔業清白有高節知名當世爲中庶子在
東宮正色不撓
蜀志曰後主立太子璿以霍弋爲中庶子璿好馳射出入
無度弋援引古事盡言規諫甚得切磋之體
吳志曰孫登爲太子時太傅張溫言於權曰夫中庶子官

最親密切問近對宜用俊彥於是乃用陳表等爲中庶子
後又以庶子禮拘復令勑中侍坐
又曰羊衜音道初爲中庶子年二十時廷尉監隱蕃結交豪
傑自衛將軍全琮等皆傾心敬待惟衜及宣詔郎楊迪拒
絶不與通時人怪之而蕃後叛逆衆乃服之
晉書曰安平王孚初爲魏太子中庶子魏武帝崩太子號哭過
甚孚諫曰大行晏駕天下恃殿下爲命當上爲宗廟下爲
萬國柰何効匹夫之孝太子良久乃止曰卿言是也時群
臣初聞帝崩相聚號哭無復行列孚厲聲於朝曰今大行
晏駕天下震動當早拜嗣君以鎮海内而但哭耶孚與尚
書和洽奉太子以即位是爲文帝
又曰温嶠爲中庶子獻侍臣箴甚見補益
又曰王恂啓以桓謙爲中庶子曰東宮之選中庶子管摠
門下尤不可不得其才也
晉起居注曰武帝咸寧元年詔曰男子皇甫謐沈静履素
守學好古與流俗異趣其以謐爲太子中庶子
晉中興書曰郄仲堪少好學能清言善屬文人士咸敘愛
之以孝行稱烈宗聞其名召爲太子中庶子甚相知悅
又曰温嶠拜太子中庶子嶠在東宮特見嘉寵僚屬莫與
爲比嶠與阮放等共勸太子遊談老莊不教以經史太子
甚愛之數規諫諷議
又曰肅宗之在東宮孔演領太子中庶子于時中興肇構
庶事草創演經學淵博該識舊典朝儀軌制多取正焉由
是元明二帝並親愛之
沈約宋書曰中庶子漢置古者世禄卿大夫之子即爲副
倅謂之國子天子諸侯世子必有庶子官以掌教之

齊書曰袁彖言於帝曰臣觀張緒有正始遺風宜爲宫職
復轉中庶子
陳書曰王瑒父沖嘗爲瑒辭領中庶子世祖顧謂沖曰所
以久留瑒於承華正欲使太子微有瑒風法耳
唐書官品志曰中庶子四人功高者一人爲祭酒行則負
璽前後部護駕
陶氏家傳曰侃遷太子中庶子君少而好學善談玄理尤
明詩易以孝行聞于時諸選殊難其人特召君焉
山公啓事曰中庶子缺宜得俊茂者以濟陰太守留巖城
陽太守石崇參選
晉齊王攸與山濤書曰太子中庶子東宮顯職加侍接左
右誠宜得篤粹有行撿之人必允衆望

太子左右庶子

六典曰左庶子之職掌侍從贊相駁正啓奏中允爲之二凡皇太子從祀朝會則版奏外辦中嚴入則解嚴焉凡令書下左春坊則與中允司議郎等覆啓以畫諾右庶子之職掌侍從左右獻納啓奏中舍人爲之二凡皇太子監國於宮內下令書太子親畫日至春坊則宣傳之

禮記曰古者天子有庶子之官職諸侯卿大夫之庶子掌其戒令與其教理別其等正其位國有大事則帥國子而致於太子唯所用之若有甲兵事則授之車甲合其卒伍置于有司

漢書曰成帝以傅喜有志行爲太子庶子

魏志曰鮑勛字叔業爲庶子在東宮正色不撓

魏氏春秋曰阮渾字長威籍之子也少知名爲太子庶子

吳志曰華融字德蕤廣陵江都人祖父避亂居山陰時皇象亦寓居山陰吳郡張溫來就象學欲得所舍或告溫曰有華德蕤者雖年少美有令志可舍也溫遂止融家朝夕談講俄而溫爲選部尚書乃推擢融爲太子庶子遂知名顯達

晉書曰鄭默武帝時太原郭奕俱爲庶子朝廷以太子官屬宜稱陪臣默上言皇太子體皇極之尊無私於天下宮臣皆受命天朝不同藩國事遂不施行

晉起居注曰太康十年詔尚書郎王琛每所陳論意在忠讜其以爲太子庶子

隋書曰劉行本爲太子左庶子時左衛率長史夏侯福爲太子所昵甞於閤內與太子戲福大笑聲聞於外行本時在閤下聞之待其出行本數之曰殿下寬容賜汝顏色汝何物小人敢爲褻慢付執法者治之數日太子爲福致請乃釋之

隋書曰劉行本爲左庶子太子甞得良馬令夏侯福乘而觀之太子甚悅因欲令行本乘行本不從正色而進曰至尊置臣於庶子之位者欲令輔導殿下以正道非爲殿下作弄臣也太子慚而止

又曰劉行本拜太子左庶子領治書如故皇太子虛襟敬憚時唐令則亦爲左庶子太子昵狎之每令以絃歌教內人行本責之曰庶子當匡太子以正道何有嬖昵房帷之間哉令則甚慚而不能改

又曰劉行本爲左庶子卒後而太子勇廢文帝曰若使劉行本在勇當不及於此

唐書官品志曰庶子四人掌侍從左右獻納得失高功者一人與舍人共掌其坊之禁令

又曰貞觀中詔曰皇太子與百官書疏未有制式近代已來例皆名白無以別貴賤今凡處分論事之書皇太子並畫令右庶子已下署名宣奉行書案畫日其餘與諸王親及師傅等書不在此限

又曰于志寧爲太子右庶子撰諫苑二十卷以進於太子承乾也

又曰杜正倫爲太子左庶子太宗謂曰國之儲副自古所重必擇善人爲之輔佐今太子年在幼沖志意未定朕若朝夕見之可得隨事誡約今既委以監國不在目前知卿志懷貞慤能執直道故輟卿於朕以匡太子宜知委任輕重也

又曰太宗謂太子左庶子于志寧曰古者太子既生卜士負之即置輔弼昔成王幼小周邵爲傅日聞正道習以成性今皇太子既幼卿當輔之正道無使邪僻開其心勉之

無怠當稱所委官賞可不次而得也

又曰李百藥授太子右庶子時太子頗留意典墳然閑讌之後嬉戲過度百藥作贊道賦以諷焉詞多不載太宗見而遣使謂百藥曰朕於皇太子處見卿所獻賦悉述古來儲二事以誡太子甚是典要朕選卿以輔弼太子正爲此事大稱所委但須善始令終耳因賜綵物三百段

又曰李義琰爲太子右庶子同中書門下三品義琰博學多識典故上每有顧問言多切直章懷太子之廢也上慰勉官寮盡捨罪令復其位薛元超等皆舞蹈謝恩義琰獨引罪涕泣時論美之

山濤啓事曰東宮官屬宜得高茂者庶子賈模欵宜補劉粹周蔚惟加所裁詔用粹

環濟要略曰庶子主宮中并諸吏之適子及支庶在版籍

者也行其秩序作其徒役授八次八舍之職以徹候

太平御覽卷第二百四十五

太平御覽卷第二百四十六

職官部四十四

太子左右贊善大夫　太子洗馬

太子司議郎　太子中舍人

太子舍人　太子通事舍人

太子左右贊善大夫

六典曰左贊善大夫掌翊贊太子以規諷也皇太子出入動靜苟非其德義則必陳古以箴焉右贊善大夫掌如其左凡皇太子朝宮臣則列於右階之下

唐書曰貞元十六年以山人崔芊爲右贊善大夫充太子侍直新名也

太子洗馬

六典曰洗馬掌四庫圖籍繕寫刊緝之事立正本副本以備供進凡天下之圖書上於東宮者皆受而藏之

國語曰夫差爲勾踐洗馬

續漢書百官志曰洗馬貟十六人秩比六百石職如謁者太子出則當直一人在前導威儀盖洗馬之義也

漢書曰司馬安少與汲黯爲太子洗馬安爲深巧善宦四至九卿

魏略曰顏斐字文林以才學爲太子洗馬

晉書曰江統爲洗馬太子頗好遊宴或闕朝侍統以五事諫之

又曰解系兄弟少遵叔違各清身潔已任皆爲洗馬

梁書曰庾於陵拜太子洗馬舊東宮官屬通爲清選洗馬掌文翰尤其清者近世用人皆取甲族有才望者時於陵與周捨並擢充職高祖曰官以人而清豈限以甲族時論以爲美

唐書曰李綱字文紀隋開皇末爲太子洗馬皇太子勇嘗以歲首宴宮臣左庶子唐令則自請奏琵琶又歌武媚娘之曲綱白勇曰令則身任宮卿職當調護乃於宴座自比倡優進淫声穢視聽事若上聞罪在不測豈不累於殿下臣請遽正其罪勇曰我欲爲樂耳君勿多事綱趨而出及勇廢黜文帝召東宮官屬切讓之無敢對者綱對曰今日之事乃陛下之過非太子罪也太子才非上品性是常人若得賢明之士輔道之足堪繼嗣皇業方今多士盈朝當擇賢居任奈何以絃歌鷹犬之才日在其側致令至此乃陛下誡道不足豈太子之罪耶辭氣凜然左右皆爲之失色文帝曰令汝在彼豈非擇人

文士傳曰江統字應元召補洗馬每有疑滯大事章表奏議輒爲同官所推常爲之作草

韓子曰勾踐入宦於吳執干戈爲吳王洗馬故能殺夫差於姑蘇

傅咸申懷賦序曰余自無施謬爲衆論所許補太子洗馬才不稱職意常黙然

傅咸感別賦序曰有人魯庶叔雅量弘濟思心邃遠余自少與之相長情相親愛有如同生其後遷太子洗馬俄而謬蒙朝私猥忝斯職雖懼不稱而喜得與此子同班共事天下之遇未有若此周旋三載魯生遷尚書郎雖別不遠而情甚悵恨退作茲賦云尒

徐邈問王珉曰漢法制洗馬冠高山冠職如謁者中朝新制洗馬進賢冠出則在馬前清道故曰洗馬

太子司議郎

六典曰司議郎掌侍從規諫駁正啓奏凡皇太子出入朝

謁從享及釋奠於先聖先師講學齒胄撫軍監國之命可傳於史册者並録爲記注若宮坊之内祥瑞災眚宮長除拜薨卒亦皆記之每歲終則送史館

唐書曰蔣播以撰實録功遷太子司議郎時此官初置極爲清望中書令馬周歎曰所恨資品妄高不獲歷居此職

又曰貞觀中皇太子上表曰臣聞直筆記言諫司箴過蓋絶代之通訓乃垂裕於當今臣以暇日遐覽前志竊惟古之養德咸有史官所以補闕拾遺爲砥爲礪彰善癉惡如切如磋譬立惟而端形猶琢玉而成器故大戴禮曰太子免於保傅之嚴則有司過之史漢書云太子既冠成人乃有記過之史是知姬誦登兩肇建此官劉啓昇儲憲章斯義故能道溫玉裕聲闡寢宮上有慰於皇情下無虧於物議臣地居問寢齒在横經越以幼年夙蒙夫搻趨紫扆以遵

禮仰黄屋以承歡怙聖慈而益驕恃鍾心而取恣肅恭馳道恐或乖方晨昏視膳慮有違舛蒙泉始道必俟後乗之規離光未融懼寢前星之耀是以夙興夜寐内省非憂延首讜言冀臣童昧而魏晉已降不置此員杜絶箴規何期甚謬伏惟陛下窮神稽古尚擇芻蕘之言玄覽文明猶開登石之路況臣冲藐未涉藝文出自深宮便親監撫之重罕從皷篋疇識絃誦之宜一德有愆貽憂眷念三朝登餕何以勝任所以冒敢陳聞請遵故實顧開史職故司箴誡是使綿載墜典復在聖朝資此正人少匡不逮於是門下坊置太子司議郎四人妙選名行之士爲之正六品上掌侍從規諫駁正啓奏并録東宮記注分判坊事

又曰元讓有孝行則天朝中宗居東宮復徵拜司議郎及謁見則天謂曰卿既孝於家必能忠於國今授此職須知朕意宜以孝道輔我兒也

又曰王元感濮州鄄城人也長安三年上表其所撰尚書糺謬十卷春秋振滯二十卷禮記繩愆三十卷并所注孝經史記稾草請官給紙筆寫上秘閣詔曰王元感質性温敏博聞强記手不釋卷老而彌篤掎前達之失究先聖之旨是謂儒宗不可多得可太子司議郎兼崇賢館學士魏知古甞稱其所撰書曰信可謂五經之指南也

太子中舍人

晉書曰杜錫預之子也累遷太子中舍人性亮直忠烈屢諫愍懷太子言辭懇切太子患之後置針著錫常所坐處氊中刺足流血他日太子問錫向者何事錫對醉不知太子詰之曰君喜責人何自作過也

晉中興書曰顧榮清操南士秀望累遷太子中舍人

又曰顧榮字彦先時吳朝士人入洛者唯陸機陸雲及榮三人而機雲雖有才藻清望不及榮也選補吳王郎中令累遷太子中舍人

太子舍人

六典曰太子舍人掌侍從行令書令旨及表啓之事皇太子通表如諸臣之禮諸臣及宮臣上皇太子大事以牋小事以啓其封題皆曰上於右春坊通事舍人開封以進其事可施行者皆下於舍人與庶子參詳之然後進不可者則否

續漢書百官志曰舍人秩二百石無員更直宿衛如三署郎中

漢書曰文帝使晁錯詣伏生受尚書還拜太子舍人

東觀漢記曰矦霸字君房爲人嚴而有威爲太子舍人

漢雜事曰鄭當時爲太子舍人每伍日洗沭常置驛馬長安諸郊請謝賓客以夜繼日常恐不遍然其交知皆天下名士也

魏志曰張茂上便宜擢爲太子舍人

晉書曰王衍以名問超爲太子舍人

又曰元帝太興元年以太子紹舅庾亮爲舍人太子奏曰舅甥宜崇敬降舅氏之親爲侍臣詔乃轉亮爲常侍

沈約宋書曰王僧達瑯琊臨沂人太保弘之少子也太祖聞僧達早慧召於德陽殿問其書學及家事應對閑敏上甚嘉之以爲太子舍人

齊書曰張率建武三年舉秀才除太子舍人與同郡陸倕陸厥幼相友狎常同載詣左衛將軍沈約遇任昉在焉約謂昉曰此三子後進秀才皆南金也卿可與定交由此與昉友

梁書曰劉杳字士深爲舍人及昭明太子薨新宮建舊人例無住者敕特留杳焉

後魏書曰崔玄伯少有儁才號曰冀州神童苻融牧冀州虛心禮敬拜陽平公管征東記室出摠庶政入爲賓友衆務修理處斷無滯苻堅聞而奇之徵爲太子舍人摯虞云

太常弟子通二經補文學三經補太子舍人晉置十六人掌表啓

太子通事舍人

六典曰太子通事舍人掌導引宮臣辭見及承令勞問之事凡元正冬至百官與諸方之使者參見亦如之若皇太子行先一日京文武職事九品已上奉辭及還宮之明日亦如之

三國典略曰陳暠不害字長卿尚書右丞不佞兄也長於政事飾以儒術梁武帝時與庾肩吾俱爲東宮通事舍人直日奏事梁武謂肩吾曰卿是文學吏事非所長可使不害來邪

太平御覽卷第二百四十六

太平御覽卷第二百四十七

職官部四十五

太子率更令　太子家令　太子僕
典膳丞　侍讀　門大夫
左衛率　右衛率　前衛率
後衛率　左右內率府長史

太子率更令

六典曰率更令之職掌宗族次序禮樂刑罰及刻漏之政令凡皇太子釋奠於先聖先師講學齒胄皆揔其儀注而爲之導引若皇太子備禮出入乘軺車位亞家令焉

漢書曰顔師古注曰掌知漏刻曰率更

續漢書百官志曰率更令秩千石與庶子舍人更直職似光祿勳掌宮殿門戶之禁郎將屯衛之士

晉起居注曰武帝太康八年詔曰太子率更僕東宮之達官也其進品第五秩與中庶子左右衛率同職擬光祿勳也

隋書曰明克讓轉率更令進爵爲侯太子以師道處之恩禮甚厚有四方珍味輒以賜之于時東宮盛徵天下才學之士至於博物洽聞皆出其下

唐書官品志曰率更令掌伎樂漏刻也

物理論曰今有呂子義淸賢士也爲太子率更令

太子家令

六典曰家令之職掌皇太子之飲膳食儲庫藏之政令揔食官典倉司藏三署之官屬皇太子備禮出入則乘軺車威儀先諸臣以導引若祭祀賓客則供酒食以爲獻主

漢書曰文帝以晁錯爲太子家令多所獻替稱爲智囊

漢書曰䟽受字公子爲太子家令恭謹敏而有辭宣帝置酒太子宮受奉觴上壽辭禮閑雅上甚歡悅

續漢書百官志曰太子家令秩千石主倉穀物職如司農少府擬廷尉也

蜀志曰譙周字允南後主爲太子以周爲家令後主時頗出遊觀增廣聲樂周上諫曰昔王莽之敗豪桀並起跨州據郡欲併神器於是賢才智士思望所歸未必以其勢之廣狹唯其德之薄厚也

宋書曰太子家令主內茵蓐床机諸供中之物又知官奴婢月用錢內庫米鹽車牛刑獄

唐書官品志曰家令掌刑法食膳倉庫什物奴婢等事

太子僕

六典曰太子僕之職掌車輿乘騎儀仗之政令及喪葬之

禮物卞其次叙與其出入而供給之皇太子之車輅三一曰金輅二曰軺輅車三曰四望凡皇太子備禮而出則率廐牧令進輅僕親馭焉

後漢書太子少傅屬官有太子僕一人秩千石主車馬職如太僕太子五日一朝非入朝日遣僕及中允朝朝入請問起居

沈約宋書曰太子僕秦官也

宋起居注曰元嘉中以散騎常侍荀伯子爲太子僕

隋書曰柳肅仕太子僕太子廢坐除名爲民大業中帝與段達語及庶人罪惡之狀達云柳肅在宮大見踈斥帝問其故荅曰學士劉臻嘗進章仇太翼於宮中爲巫蠱事肅知而諫曰殿下帝之冢子位當儲二誠在不孝無患見疑劉臻書生鼓搖脣舌適足以相誑誤願陛下勿納之庶人不懌他

日謂臻曰汝何故漏泄使柳齋知之令面折我
唐書官品志曰僕掌宗族親疎車輿騎乘也
六典曰典膳郎掌進膳嘗食之事丞為之貳每夕局官於廚更直

太子典膳丞

北齊書曰門下坊始別置典膳局有監丞各二人
唐書曰邢文偉滁州全椒人也遷太子典膳丞時孝敬在東宮罕與宮臣接見文偉輒減膳上書曰臣竊見禮戴記曰太子既冠成人免於保傅之嚴則有司過之史徹膳之宰史之義不得不司過宰之義不得不徹膳今皇帝式稽前典妙簡英俊自庶子已下至諮議舍人及學士侍讀等使翼佐殿下以成聖德近者以來未甚延納談議不伸謁見尚稀三朝之後但與內人獨居何由發揮聖智使睿哲文

明若乎今史雖闕官宰當奉職不備所司不敢避死謹守禮經輒申減膳太子答書曰顧以庸虛早尚墳典每欲研精政術極意書林但往在幼年未閑將衛竭誠耽誦因即損心比日以來風虛更積中奉恩旨不許重勞加以趨侍含元溫清朝夕承親無自專之道違禮以色養為先所以屢闕坐朝時乖學緒公潛申雅勗式薦忠規敬尋來請良符宿志自非情思審諭義均弼諧豈能進此藥言形於簡墨撫躬三省感愧兼深文偉自此益知名

太子侍讀

唐書曰玄宗在東宮張說與國子司業褚無量俱為侍讀深見親敬
又曰元和十二年諫議大夫韋綬罷皇太子侍讀綬好諧戲兼通小說太子因侍上或以綬所能言之上謂宰臣曰侍讀者當以經術輔導太子使深知君臣父子之教令或聞綬之談論有異於是豈所以導太子者因命罷其職
又曰呂元膺為同州刺史及中謝上問時政得失元膺論奏辭氣激切上嘉之翌日謂宰臣曰呂元膺有讜言直氣宜留在左右使言得失卿等以為何如李藩裴垍賀曰陛下納諫超冠百王乃宗社無疆之休臣等不能廣求端士又不能數進忠言孤負聖心合當罪戾請留元膺給事左右尋兼皇太子侍讀
五代史後唐史曰倉部郎中何澤上疏請置太子侍讀勑旨何澤早處班行深明典制固根本而別彰憂國上封章而足表臣君其所數陳實為允當特議施行

太子門大夫

六典曰宮門郎掌內外宮門管鑰之事凡宮殿門夜漏盡

擊漏鼓門夜漏上水一刻擊漏鼓閉每歲終行儺應經所由門並先一刻早開若皇太子不在則閉東宮正門其宮城使宿衛人應入宮殿者各於左右廂便門出入至皇太子還仗乃開
續漢書百官志曰門大夫員二人秩六百石職比郎將
漢書曰文帝晁錯為太子舍人轉太子門大夫
晉書曰太子門大夫局准公車令班同中書舍人主通遠近牋表宮門禁防
唐書曰龍朔二年改門大夫為宮門郎職比城門郎
三輔決錄曰桓帝以平陵魯寬為太子門大夫

太子左衛率

六典曰左右衛率掌東宮兵仗羽衛之政令摠諸曹之事凡親勳翊府及廣濟等五府屬焉副率為之貳凡元正冬〻

至皇太子朝宮臣及諸方使則率衛府之屬以儀仗爲左右廂以衛之若皇太子備禮出入則如鹵簿之法以從

續漢書百官志曰衛率四百石主門衛

晉志曰凡太子出前衛率導在前後衛率從夾導輿車後衛率從在烏皮外並帶戟執刀其服並視左右衛將軍

晉書曰劉卞爲愍懷太子左率知賈后必害太子乃問張華華曰君欲如何卞曰東宮儁乂如林四率精兵万人公居阿衡之任若得公命皇太子因朝使録尚書事廢賈后金墉兩黄門力耳華曰廢立大事又非所能賈后微聞遷卞爲雍州刺史卞恐終露乃服藥卒

晉中興書曰褚翼字謀遠少失父以才藝堪幹立名肅祖即位徵拜龍驤校尉遷太子左衛率

隋書曰宇文述每與晉王謀事及晉王爲皇太子以述爲左衛率舊令率官第四品上以述素貴遂進率品爲第三其見重如此

唐書官品志曰左右衛率各一人位視御史中丞各有丞左率領果毅統遠立忠建陵凌鋒義冠旌德等七營右率領崇榮永吉崇和細射等四營二率各置尉

山公啓事曰太子左率缺侍衛重宜得其才無疾患者城陽太守石崇忠讜有文武河東太守焦勝清貞有信義皆其選也

右衛率

晉中興書曰郗恢字道胤爲太子右衛率恢八尺美鬚髯風神魁梧烈宗異之

又曰吴隱字處默太元中以國子博士爲太子右衛率

沈約宋書曰元嘉中以王琳謝弘微並爲太子右衛率

隋書曰高祖以太子勇知時政欲重宮官之資故以大臣領其職蘇孝慈自兵部尚書拜右衛率尚書如故上對廢太子憚其在東宮乃出爲淅州刺史

荀綽冀州記曰裴康字仲預與弟楷爲名士仕至太子右衛率

荀氏家傳曰車騎將軍悝字茂中山濤舉之爲太子右衛率稱君清和理正從容顧問動可觀採眞侍衛之美者

前衛率

晉中興書曰徐邈字仙民建元中爲太子前衛率

後衛率

晉起居注曰建元十四年以太子中舍人郗儉爲太子後衛率。宋起居注曰永初元年以徐佩爲太子後衛率

左右内率府長史

六典曰左右内率府長史掌判諸曹官吏及千牛備身之二

唐書曰永淳中以雍人元讓爲太子右内率府長史旌孝行也讓弱冠明經擢第以母疾遂不求仕躬親藥膳蒸蒸致養不出閭里十餘年及母終廬於墓側蓬髮不櫛沐菜食飲水而已咸亨中孝敬監國下令表其門閭至是巡察使奏讓孝悌殊異由是拜職

太平御覽卷第二百四十七

太平御覽卷第二百四十八

職官部四十六

王師

漢書曰王式字翁思東平人爲昌邑王師昭帝崩昌邑王嗣立以行淫亂廢昌邑群臣皆下獄治事使者責問曰師何以無諫書式對曰臣以詩三五百篇朝夕授王至於忠臣孝子之篇未嘗不爲王反覆誦之臣以三五百篇諫是以無諫書使者以聞亦得減死論

王傅

後漢書曰皇太子彊求乞自退封東海王故重選官屬以杜林爲王傅從駕南巡狩時諸王傅數被引命或多交遊不得應詔唯林守慎有召必至餘人雖不見譴而林特受賞賜又辭不敢受帝益重之

吳志是儀字子羽北海營陵人也南魯二宮初立儀以本職領魯王傅儀嫌二宮相近切乃上疏曰臣竊以魯王天挺懿德兼資文武當今之宜宜鎮四方爲國藩輔宣揚德美廣耀威靈乃國家之良規海内所瞻望但臣言辭鄙野不能究盡其意愚以二宮宜有降殺正上下之序明教化之本書三四上爲傅盡忠動輒規諫事上勤與人恭不治產業不受施惠爲屋舍纔足自容鄰家有起大宅者權出望見問起大室者誰左右對曰似是儀家也權曰儀儉必非問果他家其見知信如此

唐書曰立悅河南陸渾人亦有學業景龍中爲相王府掾與文學韋利器典籤裴耀卿俱爲王府直學士睿宗在藩甚重之官至岐王傅開元初卒撰三國典略三十卷行於時

王友

晉中興書曰謝尚字仁祖司徒左西屬爲會稽王友

北史曰蕭大圜除滕王逌友逌嘗問大圜曰吾聞湘東王作梁史有之乎餘傳乃可抑揚帝紀奚若隱則非實記則攘羊對曰言之者妄耳如使有之亦不足怪昔漢明爲世祖紀章帝爲顯宗紀殷鑒不遠足爲成例且君子過如日月之蝕彰於四海安得而隱之如有不彰亦安得不隱蓋子爲父隱直在其中諱國之惡抑又禮也逌乃大笑

郗浩別傳曰會稽王少著名譽友學之舉必擬有德以浩爲友

山公啓事曰近啓修武令劉訥補南陽王友詔曰友誠宜得有益者然以長吏治民不易憂易爲疑今散人無依仰又啓今者職散中識自有人然劉訥才志外内非稱臣以爲宜蒙此者是以啓及不審固可用不詔可尒所啓

王侍讀

隋書曰楊汪字元度勤學專精左氏傳通三禮解褐周冀王侍讀王甚重之每曰王侍讀德業優深孤之穆生也

唐書曰姚思廉初爲代王侍讀屬義師入京城時府寮駭散惟思廉侍王不離其側義師入殿門思廉謂之曰唐公舉

兵夲臣王室卿等不宜無禮於王衆服其言於是布列階下須叓太宗至聞而義之許其扶王至順陽閤下泣拜而去觀者咸歎曰忠烈之士也仁者有勇此之謂也太宗居藩引為文學及親征徐圓朗思廉時在洛陽太宗嘗從容言及隋亡之事慨然歎曰姚思廉不懼兵刃以明大節求諸古人亦何以加也因寄物百段遺其書曰想卿節義之風故有斯贈

王文學

魏志曰中山恭王袞每讀書文學左右常恐以精力為病數諫止之不能廢也文學防輔相與言曰受詔察王舉措有過當奏及有善亦宜以聞遂共表陳袞美袞聞之大驚責讓文學曰修身自守常人之行耳而諸君以上聞適增其負累也

晉書曰鄭袤魏武帝初封諸子為侯精選賓友袤與徐幹俱為臨淄文學

晉諸公讚曰扶風王年八歲聰明善詩賦中表奇之魏烈祖以為齊王芳文學

長沙耆舊傳曰太尉李公時為荆州刺史下辟書夫採名珠求之於蚌欲得名士求之文學或剖百蚌不得一珠不可捨蚌求之於魚或百文學不出奇士不可捨文學求之於斗筲也由是言之蚌乃珠之所藏文學亦士之塲矣

郡國相

東觀漢記曰吴祐字季英陳留人遷膠東相政唯仁簡以身率物民有相爭訴者輒閉閤自責然後科其所訟以道譬之或身到閭里重相和解自是之後爭隟省息吏民不欺

又曰魯平字叔陵拜趙相為政尚寬惠禮讓雖有官不廢教授門人常有數百關東號曰五經復興魯叔陵

後漢書曰張禹遷下邳相徐縣北界有蒲陽坡（東觀記曰坡水廣二十里經直百里在道西其東有田可萬頃坡與陂同）傍多良田而堙廢莫修禹為開水門通引灌溉遂成熟田數百頃勸率吏人假與種粮親自勉勞遂大收穀實鄰郡貧者歸之千餘戶室廬相屬其下成市後歲至墾千餘頃人用溫給

又曰趙咨應召復拜東海相之官道經滎陽令燉煌曹暠咨之故孝廉也（咨為燉煌太守時暠為孝廉）迎路謁候咨不為留暠送至亭水次望塵不及謂主簿曰趙君名重今過界不見必為天下笑即弃印綬追至東海謁咨畢辭歸家其為時人所貴若此

謝承後漢書曰東郡趙咨為東海相人遺其僰枯魚嗽之二歲不盡以儉化俗

魏志曰初曹公為兖州以東平畢諶為別駕張邈之叛也邈刼諶父母弟妻子公謝遣之卿老母在彼可去諶頓首無二心公嘉之為之流涕既出遂亡歸及邈敗生得諶衆為諶懼公曰夫人孝於其親者豈不亦忠於君乎吾所求也以為魯相

又曰太祖光和末黄巾起拜騎都尉討潁川賊遷為濟南相國有十餘長吏多阿附貴戚贓汚狼藉於是奏免其人禁斷淫祀姦宄逃竄郡界肅然

蜀志劉備領平原相郡民劉平素輕先主耻為之下使客刺之客不忍刺語之而去其得人心如此

晉書曰文帝輔政阮籍嘗從容言於帝曰平生曾游東平樂其風土帝大悦即拜東平相籍乘驢到郡壞府舍屏

障使內外相望法令清簡旬日而還

又曰阮神選平原相時襄邑衛京自南陽太守遷於河內與神俱拜帝望而歎曰二千石皆若此朕何憂乎

九州春秋曰孔融爲北海相一朝殺郡督郵

會稽典録曰駱俊字孝遠烏傷人孝靈皇帝擢拜陳相汝南葛陂盜賊並起陳與接境四面受敵俊厲吏民爲之保郭出倉見穀以贍貧民鄰郡士庶咸往歸之身捐俸禄給其衣食民有産子常躬主者厚致米肉生男女者輒以駱爲名

國郎中令

漢書曰龔遂字少卿山陽人以明經爲官至昌邑郎中令事王賀賀動作多不正遂爲人忠厚剛毅有大節內諫諍於王外責傅相引經義陳禍福至於涕泣謇謇無已面刺王過王至掩耳起走曰郎中令善媿人及國中皆畏憚之王又與騶奴宰人遊戲飲食賞賜無度遂入見王涕泣膝行左右侍御皆出涕王曰郎中令何爲哭遂曰臣痛社稷之危也

又曰周勃等共誅諸吕迎代王郎中令張武等議皆曰不可信願稱疾無往以觀其變中尉宋昌進曰羣臣之議皆非願大王勿疑也代王遣太后薄昭見勃勃等俱言所以迎立王者昭還報信矣王笑謂宋昌曰果如公言乃令宋昌驂乘張武等乘傳詣長安群臣奉法駕代邸皇帝即日夕入未央宮夜拜宋昌爲衛將軍領南北軍張武爲郎中令行殿中

續漢書曰皇子封王其郡爲國每國置郎中令一人秩千石掌王夫人郎中宿衛官也

魏志曰袁渙爲魏國郎中令及卒太祖爲之流涕穀二千斛一教以太倉穀千斛賜郎中令家一教以垣下穀千斛與卿家外不解其意教曰以太倉穀者官法也以垣下穀者親舊也

晉中興書曰顧榮時在洛者唯陸機陸雲及榮唯三人而已機雲雖有才藻不及榮也以南土秀望補吴王郎中令

沈約宋書曰宋國初建當置郎中令高祖難其人謂傅亮曰今用郎中令不可減袁曜卿也既而曰吾得其人矣乃以王惠居之

續搜神記曰會稽朱弼爲王國郎中令營立第舍未成而卒同郡謝子木代其事以弼死亡乃定簿書多張功費長百餘萬以其贓誣弼而實入子木子木夜寢忽聞有人道弼姓字者俄頃而到子木堂前立謂之曰卿以枯骨腐肉專可得誣當以某日夜更相書言終忽然不見。陸機詣吴王表曰臣本吴人靖居海隅朝廷欲抽引遠人綏慰遐外故太傅所辟殿下東到淮南發詔以臣爲郎中令

國中尉

史記曰魯申公弟子爲博士十餘人孔安國至臨淮太守徐偃爲膠西中尉其治官皆有廉節稱其好學

漢書曰鄭當時字莊陳人也稍遷爲魯中尉

又曰梁孝王招延四方豪傑齊人公孫詭多奇計初見曰王賜千金官至中尉號曰公孫將軍

續漢書曰清河王小心恭孝特見親愛後諸王就國鄧太后詔特清河國置中尉內史賜乘上御物焉

漢舊儀曰帝子爲王王國置太傅相中尉各一人秩二千石以輔王

三輔决錄曰淮陽憲王宣帝愛子器異其才欲以爲嗣王侍寵自驕天子乃用韋玄成爲中尉以輔導之受詔與蕭望之等論五經同異於石渠閣

邵氏家傳曰邵弘字德裕時景帝爲瑯邪王詔書高選官屬請君爲中尉君爲人體素方嚴儀容甚偉雖私門接對僮僕儼然不厲而威王甚憚焉王常候君晝息身隨使者潛至君舍令使者進曰王有令君徐理鬚冠履俯伏盡禮然後讀之王與使者羣立瞻聽爲之歎息曰古人稱不愧于屋漏其邵中尉乎吾反逆詐以試長者豈不陋哉王虛心受納忻宴言話晝夜無休君乃上書諫王王讀三四瞿然失色後謂左右曰思邵中尉之言使人于今毛竪

國常侍

漢書曰龔舍字君倩少好學明經楚王入朝聞舍高名聘爲常侍不得已隨王歸國

晉春秋曰甘卓字季思察孝廉爲吳王晏常侍

國侍郎

王隱晉書曰孫秀瑯邪國書佐爲趙王倫國侍郎

桓譚新論曰宣帝元康神爵之間丞相奏能鼓雅瑟者渤海趙定梁國龍德召見温室拜爲侍郎

府長史 諸府附

漢書曰張湯爲御史大夫爲三長史朱買臣等所譖帝遣杜周詰湯湯欲對周曰君爲大臣今被責詰何用對爲於是自殺臨死上書曰譖臣者三長史也帝追惜湯悉誅三長史

又曰趙充國從貳師將軍擊匈奴身被二十餘瘡武帝視而嗟歎遷車騎長史

晉書曰劉輿爲魏郡太守東海王越將召之或曰輿猶膩也近則汙人及至越疑而御之輿密視天下兵簿及倉庫牛馬器械水陸之形皆默識之是時軍國多事每會議自潘滔以下莫知所對輿既見越應機辯畫越傾膝酬接即以爲左長史

又曰劉輿爲東海王越左長史越既秉政時賓客滿筵文案盈几遠近書記日有數千終日不倦或以夜繼之皆人人權暢莫不悅附命議如流酬對款備時人服其能比之陳遵時越府有三才潘滔大才劉輿長才裴邈清才

晉中興書曰王獻之少有清譽亦善隸書爲後將軍謝安請爲長史甚欽愛之

又曰薛兼字令長與同郡紀瞻等初入洛張華歎曰皆南金也屢遷至丞相右長史兼恪勤王事以佐禄秩優泰每約損辭讓以周貧而已

宋書曰阮萬齡陳留尉氏人萬齡少知名自通直郎爲孟昶建威府長史時袁豹江夷相繼爲昶司馬時人謂昶府有三府

齊書曰庾杲之出爲王儉衛軍長史時人呼儉府爲入芙蓉池

又曰陸慧曉爲晉熙王冠軍長史慧曉歷輔五政治身清肅僚佐以下造請起送之或謂慧曉曰長史貴重不宜妄自謙屈荅曰我性惡人無禮不容不以禮處人

又曰陸慧曉遷右長史時陳郡謝朏爲左長史府公竟陵王子良謂王融曰我府二上佐求之前世誰可爲比融曰兩賢同時便是未有前例

崔鴻十六國春秋後趙録曰張躍字世淵清河東武城人

也學敏才達雅善清談石勒傳其儀辯拜世子衛軍長史勒世子曰張長史人之表範汝其師之

後魏書曰張袞字洪龍上谷沮陽人也好學有文才太祖爲代王選爲左長史決策幃幄太祖器之禮遇優厚

南史曰孔覬除安陸王子綏後軍長史性使酒仗氣每醉輒弥日不醒僚類間多所凌忽尤不能曲意權幸莫不畏而嫉之居常貧罄無有豐約未嘗關懷爲府長史典籤諮事不呼前不敢前不令去不敢去雖醉日居多而聰明政事醒時判決未嘗有壅衆咸云孔公一月二十九日醉勝他人二十九日醒也孝武每欲引見遣人覘其醉醒

隋書曰衛玄初仕周武帝親摠萬機拜益州摠管府長史賜以萬釘寶帶

唐書曰和元裕爲千牛衛長史先是元裕獻詩十首其詞

猥陋皆寓言譏幸而意及兵戈韋氏命拘於大理而將戮月餘而韋氏就誅其詩言若合符識故上聞而拜之

魏武故事載令曰府長史王必是吾披荆棘時吏也忠能勤事心如鐵石國之長吏也蹉跌久不辟之捨騏驥而不乘焉惶惶而更求哉今故教辟之

陶氏家傳太猷字恭豫王導以君江東儁望請爲右軍長史君恪勤王事每當朝日恒夙興就路及到府門輒先衆僚爲人美容止善談論亦以此見稱當世焉

府司馬 諸府附

左傳曰季氏以公鉏爲馬正（馬正家司馬也）愠而不出閔子馬見之曰（閔子馬閔子父也）子無然禍福無門惟人所召爲人子者患不孝不患無所（所位也）恭敬父命何常之有（言廢置在父無常位）公鉏然之恭敬朝夕恪居官次

家語曰鄉射曰孔子觀於鄉射於是退而與門人習射於矍相之圃蓋觀者如堵牆焉射至於司馬使子路執弓矢出延射者（子路爲司馬故射至於子路使出延射）

魏略曰諸葛誕伐吳戰于東關上欲速進軍司馬王儀諫曰吳賊必有伏宜持重不可進上不聽果爲吳人所覆儀曰今日之敗誰當其咎上曰司馬欲委罪孤耶遂法儀

晉書曰石苞爲景帝中護軍司馬宣帝聞苞好色薄行以讓帝帝答曰苞雖細行不足而有經國才略夫貞廉之士未必能經濟世務是以齊桓忘管仲之奢僭而録其臣合之大謀漢高舍陳平之汚行而取其六奇之妙筭苞雖未可以上儔二子亦今日之選也懿乃止

晉陽秋曰晉陵人韋叟相脩令於坐相劉裕仕官當至州不叟云劉粗是有相人當不失邊州刺史毓出私於裕曰

卿大有貴相向不敢極言耳裕惡其言末略答曰卿狂言驗當聊爲司馬義旗後數年叟見裕詐曰周成不負桐葉之信公不應忘司馬之言今不希鎮軍府閣護軍司馬欽願賜卒恩裕美而用之

晉中興書曰中宗爲安東將軍鎮下邳請王導爲司馬軍國之事無不諮訪中宗遷鎮建康導爲司馬委以政事于時朝野傾心號曰仲父導忠於事上達於從政以百六之弊寄寓江左爲治之本務在清靜

沈約宋書曰羊徽被遇於高祖高祖謂諮議參軍鄭鮮之曰羊徽一時美器世論猶在兄後恨不識之板補右將軍劉蕃司馬

後魏書曰辛祥爲并州平北府司馬有白壁還兵藥道顯被誣爲賊官屬推據咸以爲然祥曰道顯面有悲色察獄

以色其此之謂乎苦執申之月餘別獲真賊

世說云謝弈爲桓宣武荆州司馬弈旣上猶推布衣之交在溫坐岸幘嘯詠無異常日宣武每曰我方外司馬也弈醉溫於許主避之主每曰君若無狂司馬我何由得相見

太平御覽卷第二百四十八

覽二百四十八　　十　　范明

太平御覽卷第二百四十九

職官部四十七

從事中郎　府掾　府屬
諮議參軍　公府舍人　記室參軍
府參軍

從事中郎 諸府附

魏志曰：韓嵩字德高，義陽人。少好學，貧不攺操。知世將亂，不應三公之命，與同好數人隱居於酈西山中。黄巾起，嵩避難南方，劉表逼以爲從事中郎。

吳志曰：嚴畯字曼才，彭城人也。少耽學，善詩、書、三禮。避亂江東，與諸葛瑾、步隲齊名。有善性，質純厚。其於人物，忠告善導，志存補益。張昭進之於孫權，權以爲騎都尉、從事中郎。

晉書曰：祖納字士言，取有操行，能清言，文義可觀。性至孝，少孤貧，常自炊爨以養母。平北將軍王敦聞之，遺其二婢，辟爲從事中郎。有戲之曰：「奴價倍婢。」納曰：「百里何必輕於五羖皮耶？」

又曰：嵇紹字延祖，方直儒雅，爲衛軍從事中郎。

虞預晉書曰：劉隗字大連，彭城人。學涉有具，爲祕書郎。避亂南渡，遂爲中宗從事中郎，甚見器遇。

何法盛晉中興書曰：謝萬少而才器儁秀，太宗聞其名，取爲鎮軍從事中郎。

抱朴子曰：友人嵇君道爲廣州刺史，其弟應静爲太傅從事中郎，别於襄陽。君道泣而應静不泣，抱朴子以爲丈夫宜然。

府掾 諸府附

史記曰：倪寬爲廷尉史，爲人温良，有廉智。張湯以爲長者，數稱譽之。及湯爲御史大夫，而寬爲掾。

漢書曰：陳遵爲公府掾。公府掾史率皆羸車小馬，不尚鮮明，而遵獨極輿馬衣服之好，門外車騎交錯。

東觀漢記曰：吳良以清白方正稱，東平王蒼辟爲西曹掾，數諫正，蒼多善策，蒼上表薦良。

續漢書曰：府掾比古之元士，皆三命也。

漢舊注曰：或曰漢初掾史辟皆上言，故有秩皆比命士；其所不言，則爲百石屬。其後皆自辟，故通爲百石云。

魏志曰：董尋字文奧，爲人忠直，爲軍謀掾。青龍中，上大興宮室，羣臣皆負土。尋上書諫曰：「今臣自知言必死，而臣自譬於牛之一毛，生既無益，其死何損？且比本不生矣。是以發筆流涕，心與世辭。臣有八子，臣死之後，以累陛下。」

魏略曰：令狐劭字孔叔，在安邑毛城中。會大祖攻破鄴，遂圍毛城。城破，劭等輩十餘人皆當斬。大祖閲見之，疑其衣冠也，問其祖考，而識其父，乃解放，署軍謀掾。

蜀志云：馬良字季常，爲左將軍掾。後使吳，良謂亮曰：「今銜國命，協穆二家，幸爲良介於孫將軍。」亮曰：「君試自爲文。」良即草曰：「寡君遣掾良通好，以紹昆吾、豕韋之勲。其人吉荆楚之令，鮮於造次之華，而有克終之美，願降心納以慰將命。」權善待之。

吳志曰：張温父允，以輕財重士，名顯州郡，爲孫權東曹掾。

晉中興書曰：荀闓字道明，有清稱。京師爲之語曰：「洛中英英荀道明。」大司馬齊王冏辟以爲掾。

又曰：王珣弱冠，而陳郡謝玄俱辟大司馬桓温。語人曰：「謝掾年三十，必擁旄仗節；王掾當作黒頭公。皆未易才也。」

典略曰趙戩除萬年令遂遭三輔亂客荆州劉表以爲賓客是時白衣平原祢衡高論冠世來遊京師詆訕朝士及南見戩歎之曰所謂鐵則干將莫邪木則椅桐梓漆人則顔冉仲弓後辟魏王相國掾

郄氏家傳曰郄慮字子平爲大皇帝車騎掾委以書記上歎曰非唯秋兎之毫乃是鷹鸇之爪

郭子曰王仲祖謝仁祖同爲王公掾在坐長史云謝掾能作異舞王命爲之謝便起舞神意甚暇王公熟視顧謂諸客曰使人思安豐（安豐王戎封也）

語林曰王藍田少有癡稱王丞相以地辟之既見無所他問問來時米幾價藍田不荅直張目視王公王公云王掾不癡何以云癡

府屬 諸府附

漢書曰谷永字子雲爲長安吏後博學經書有茂才除補御史大夫屬

華嶠後漢書曰陳寵以時俗三府掾屬不肯親事但出入養虛故寵獨勤心於事又以法令繁冗吏得生因緣以致輕重乃置撰科牒辭訟比例使事類相從以塞姧源其後公府奉以爲法

魏志曰蔣濟字子通辟丞相主簿西曹屬令曰舜舉臯陶不仁者遠臧否得中望於賢屬

又曰胡質字文德少與蔣子通俱知名於江淮間仕州郡濟爲別駕使見太祖太祖問曰胡通達長者寧有子孫不濟曰有子曰質規摹大略不及父至於精良綜事過之太祖辟爲丞相屬

臧榮緒晉書云劉沈字道真世爲北州名族博學好古辟衛瓘屬

范亨燕書曰鮮于休有才器伎幹辟爲左光禄大夫曹屬

諮議參軍 諸府附

齊書曰張岱歴爲三府諮議與典籤王帥共事事舉而情得或謂岱曰主王既以執事多門而每能緝和公私云何致此岱曰古人言一心可以事百君我爲政端平待物以禮悔吝之事無由而及明闇短長更是才用之多少耳

南史曰柳叔夜年十六爲新野太守甚有名績稱遷光諮議參軍及事敗左右扶上馬欲與俱亡荅曰吾已許始安以死豈可負之耶遂自殺

公府舍人

史記曰李斯上蔡人也爲丞相呂不韋舍人

漢書曰爰盎字絲楚人也爲將軍呂禄舍人

又曰田叔字子仁以壯勇爲衛將軍舍人（衛青也）後使刺三河奏事稱意爲京輔都尉

干寶晉紀云閻纘爲人鯁直不畏強禦初仕爲太傅楊駿舍人

記室參軍 諸府附

魏志曰太祖以陳琳阮瑀管記室軍國書檄多琳所作鍾會以中郎在大將軍管記室事爲心腹之任時人謂之子房

吳志曰孫惠以書干東海王越詭其姓名自稱南岳逸民秦祕之勉之以勤王匡世之略辭義甚美越省書牓題道衢招求其人惠乃出見越即以爲記室參軍專掌文疏豫參謀議每造書檄越或驛馬催之應命立成皆有辭旨

何法盛晉中興書曰王丞少而冲淡弱冠知名太尉王衍

雅重之以比南陽樂廣司空東海王越以爲記室參軍雅相敬重勑子毗曰夫學之所益者淺體之所安者深閑習禮度不如式瞻儀形諷味遺言不如親承音旨王參軍人倫之表汝其師之

又曰郗浩字淵源弱冠與京兆杜乂並有美譽善言玄理論難精微故風流清談皆歸之征西將軍庾亮引爲記室參軍

又曰孔演字舒元中宗命爲安東參軍專掌記室時書命殷積演每稱職

沈約宋書曰孔覬署衡陽王義季記室奉牋固辭曰記室之局實惟華要自非文行秀敏莫敢居之覬學不綜實性又疎惰何可以屬知秘記秉筆文閑假吹之尤方斯非濫

三國典略曰顔晃字克明瑯邪臨沂人也少孤貧有詞彩

解褐梁邵陵王綸兼記室參軍時東宮學士庾信常使于府王使晃接對信輕其尚少曰此府兼記室幾人晃荅曰猶少於宮中學士

杜龕爲吳興太守專好勇力梁元患之及使晃管其書翰仍謂龕曰顔晃文學之士使相毗佐造次之間必宜諮禀

後周書曰郁慶領記室時北雍州獻白鹿羣臣欲草表陳賀尚書蘇綽謂慶曰近代已來文章華靡逮于江左彌復輕薄洛陽後進祖述不已相公柄民軌物君職典文房宜製此表以革前弊慶操筆立成辭兼文質綽讀而笑曰枳橘猶自可移況才子也

隋書曰魏澹尋精好學博涉經史善屬文詞采贍逸齊博陵王濟聞其名引爲記室

唐書曰李巨川字下已隴右人國初十八學士道玄之後故相逢吉之姪曾孫父循大中八年登進士第巨川乾符應進士屬天下大亂流離奔播切於祿仕乃以刀筆從諸侯府王重榮鎮河中辟爲掌書記時車駕在蜀賊據京師重榮匡合諸藩叶力殄寇軍書奏請堆案盈几巨川文思敏速翰動如飛傳之藩鄰無不聳動重榮收復之功巨川之助也

典略曰阮瑀字元瑜陳留人以才自護曹洪聞其有才欲使報荅書記瑀不肯榜笞瑀瑀終不屈洪以語曹公公知其無病使人呼瑀瑀終惶怖詣門公見之謂曰卿不肯爲洪且爲我作之瑀曰諾遂爲記室

世說曰太原孫楚字子荊爲大司馬石苞記室參軍

又曰郗超王珣並以儁才爲桓溫大司馬所眷珣爲主簿超爲記室參軍桓時爲荊州超爲人多鬚珣形狀短小于時西人爲之歌曰髯參軍短主簿能令公喜能令公怒

府參軍 諸府附

魏志曰張范參丞相軍事甚見敬重太祖征伐常謂文帝曰舉動必咨此人世子執子孫禮

又曰董昭等謂太祖宜進爵國公備九錫以彰殊勳密以諮荀彧彧以爲太祖本興義兵以匡朝寧國秉忠貞之誠守退讓之實君子愛人以德不宜如此太祖由是心不平會征孫權表請彧勞軍于譙國留彧以侍中光祿大夫持節參丞相軍事太祖軍至濡須彧疾留壽春以憂薨時年五十

又曰曹休字文烈劉備遣將吳蘭屯下辯太祖遣曹洪征之以休參洪軍事太祖謂休曰汝雖參軍其實帥也洪聞此令恒委事於休

又曰于禁屯潁陰樂進屯陽翟張遼屯長社諸將任氣多共不協使趙儼并參三軍每事誨諭遂相親睦

又曰太祖征馬超文帝留守使程昱參軍田銀蘇伯等反河間遣將軍賈信討之賊有千餘人請降議者皆以爲如舊法昱曰誅降之意臣以爲不可誅也縱誅之宜先啓聞衆議曰軍事有專無請昱不荅文帝起入特引見昱昱曰凡專命者謂有臨時之急呼吸之間者耳今此賊制在賈信之手無朝夕之變故老臣不願將軍行之文帝荅曰君慮之善即白太祖太祖果不誅太祖還聞之甚悅謂昱曰君非徒明於軍計也又善處人父子之間

晉書曰魏舒字陽元爲相國參府朝碎事未嘗不見是非至廢興大事衆人既下意然後徐爲之多出衆議莫不敬從晉王曰魏舒堂堂人之領袖也

又曰孫楚字子荆爲佐著作郎參石苞驃騎軍事楚既負其才器頗侮易苞初至揖曰天子命我參卿軍初參軍不敬府主楚既輕苞遂制施敬自楚始也

又曰李洎字宣伯容皃簡素頹然若不足者而智度沉邃言必有中高祖爲大將軍洎再參軍上信重之

臧榮緒晉書曰庾敳字子嵩參太傅軍事從子亮少時見敳在太傅府僚佐多名士皆一世秀異敳處其中常自袖手

晉中興書曰郗超字景興少而卓犖不羈有曠世之度倜儻高儁籠蓋當時時人爲之語曰楊州獨步王文度盛德絕倫郗景興交遊士林每在勝拔又精於理義大司馬桓溫取爲參軍英氣蓋世罕有所推與超相見常謂不能測也

又曰薛兼爲軍祭酒言於中宗曰臣邑人張闓才幹堪任當今之良器願垂引納以綜朝事中宗即召闓爲安東參軍

又曰郭璞爲尚書郎大將軍王敦以璞有術取爲參軍璞畏不敢辭

又曰中宗之爲安東取周訪爲參軍在散輩中未之識也府進鎮東訪隨例爲參軍時府參軍譙國周訪有罪當死誤收訪訪自列無罪而吏不察訪窮蹙乃身自執使仗奮擊收捕數十人皆被創披散訪得逸走歸府聞中宗大驚怒不問格鬬之罪

又曰蘇峻反范汪逃遁西歸時庾亮溫嶠治兵尋陽咸以衆少賊強未敢即路且信使阻絕不相知聞及汪經過嶠等訪焉汪曰賊政令不一貪暴縱橫滅亡已兆雖強易弱朝廷倒懸宜時進討嶠等納之是日護軍平南二府交命始解褐參護軍事

又曰阮孚字遥集咸子也避亂渡江中宗以爲安東參軍蓬髮飲酒不以王務嬰心

又曰鎮南將軍劉弘以陶侃爲長史謂侃曰我昔爲羊太傅參軍羊公見語云君後當居我身處我今相察亦復然也

沈約宋書曰宗越隨柳元景北伐領馬幢主隸柳元怙有戰功在景後還補後軍參軍督護隨王誕戲之曰汝何人遂得我府四字越荅曰征伐未死不憂不得諮議參軍誕大笑

宋書曰王瞻字明遠一字叔鸞負氣傲俗好貶裁人物仕宋爲王府參軍嘗詣劉彥節直登榻曰君侯是公孫僕是公子引蒲促膝唯余二人彥節外跡雖酬之意甚不悅

梁史曰沈警字世明惇篤有行業學通左氏春秋家東千

晉後將軍謝安命爲參軍甚相敬重謦內足於財爲東南豪士無進仕意謝病歸安固留不止乃謂曰沈參軍卿有獨善之志不亦高乎謦曰使君以道御物前所以懷德而至既無用佐時故遂飲啄之願耳還家積載以墳素自娛

後秦記云姚襄遣參軍薛瓚使桓温温以胡戲瓚瓚曰在北曰狐居南曰貉何所問也

後周書曰梁昕以三輔望族上謁太祖見昕容貌瓌偉深賞異之即授右府長流參軍

文章志云顧凱之字長康博學有文章性遲鈍爲桓温參軍甚被親昵温嘗語人云凱之體中有癡黠各半合而論之只得平平耳

于寶司徒儀曰行參軍之職掌凡使命及督察覆行之事彈劾補遺獻納聞見以達視聽

世語曰王子猷作桓温車騎參軍桓謂王曰卿在府久比當相料理初不荅直高視以手板柱頰云西山朝來致有爽氣

又曰郝隆爲桓公南蠻參軍三月三日作詩不能者罰三升隆初以不能受罰既飲攬筆便作其一句云娵（子侯反）隅躍清池桓問娵隅是何語荅云蠻名魚爲娵隅桓公曰作詩何以爲蠻語隆荅曰千里投君始得爲府參軍那得不作蠻語

魏武選令曰令詔書省司隸官鍾校尉材智決洞通敏先覺可上請參軍事以輔闕政

俗說曰陶夔爲王孝伯參軍三日曲水集陶在前行坐有一參軍督護在坐陶於坐作詩隨得五三句後坐參軍督護隨寫取詩成陶猶更思補綴後坐寫其詩者先呈陶詩經日方成王怪陶參軍乃復寫人詩陶愧愕不知所以王後知陶非濫遂彈去爲詩者

諸葛亮與參軍掾屬教曰任重才輕固多闕漏前參軍董幼宰每言輒盡數有諫云雖性鄙薄不能悉納幼宰參署七年事有不至至于十反未有忠於國如亮可以少過矣

孫綽爲功曹參軍駁事牋曰綱紀居督轄之任以糺司外內駁議彈射誠無所拘然亦所以獻可替否舉直繩違而已

太平御覽卷第二百四十九

太平御覽卷第二百五十

職官部四十八

司隸校尉　州牧

司隸校尉

通典曰司隸周官也掌五隸之法辨其物而掌其政令五隸謂罪隸蠻隸閩隸夷隸貉隸也物謂衣服兵器之屬帥其民而捕其盜賊

漢書曰諸葛豐爲司隸無所迴避京師爲之語曰間何闊逢諸葛言間者何久闊不相見以逢諸葛故也侍中許章以外屬貴幸賓客犯法與章相連豐欲劾奏適逢章出豐駐車舉節招章曰下欲收之章馳去豐奔車逐之章突入殿得免由此成帝遂收豐節也

又曰鮑宣字子都明經爲司隸丞相孔光行園陵官屬行馳道中宣使鉤止丞相掾史沒入其車馬以摧辱宰相事

下御史中丞官欲捕從事閉門不內宣坐閉拒使者大不敬下獄博士弟子王咸舉幡太學下曰欲救鮑司隸者會此下諸生會者千餘人朝日遮丞相孔光自言丞相車不得行宣罪減死一等

又曰蓋寬饒字次公爲司隸校尉子常步行好直言犯上無所迴避

又曰王駿爲司隸校尉奏免丞相匡衡

東觀漢記曰鮑永爲司隸校尉時趙王良從上送中郎將來歙喪還入夏城門中與五官將軍相逢道迫良怒召門候岑尊叩頭馬前永劾奏良曰今月二十七日車駕臨故中郎將來歙喪還車駕過須臾趙王良從後到與右中郎將張邯相逢城門中道迫狹叱邯旋車又召門候岑尊詰責使前走數十步按良諸侯藩臣蒙恩入侍知尊帝城門候吏六百石而肆意加怒令叩頭都道走馬頭前無藩臣之禮大不敬也

後漢書曰鮑昱爲隸在職奉法守正有父風永平五年坐救火遲免

又曰鮑永爲司隸鮑恢爲都官從事並不避強禦詔策曰貴戚且當歛手以避二鮑其見憚如此永子昱復爲司隸初拜使封胡降檄世祖遣問昱曰有所怍否對曰臣聞故事通官文書不著姓名又當司徒露布怪使司隸下書而著姓也上曰吾故欲令天下知忠臣之子復爲司隸

又曰李膺字元禮拜司隸校尉張讓弟朔爲野王令貪殘無道畏膺而逃藏讓舍柱中膺率將吏破柱取朔付獄殺之讓訴冤於帝帝詔詰膺膺曰昔仲尼爲魯司寇七日而誅少正卯今臣到官已積旬懼以淹留爲愆不意獲速疾

之罪乞留五日克殄元惡帝謂讓曰汝弟之罪也自是宦官屏氣休沐不敢復出帝問其故並叩頭泣曰畏李司隸也

又曰司隸校尉下邳趙興亦不卹諱忌卹憂也每入官舍輒更繕修館宇移穿改築故犯妖禁而家人爵祿益用豐熾官至潁川太守子峻太傅以才器稱孫安代曾相三葉皆爲司隸時稱其盛

又曰江馮上言宜令司隸校尉督察三公陳元議以爲不宜使有司省察公輔乃止

續漢書曰陽球字方正漁陽人也少有勇氣尚書令中常侍王甫曹節等秉權勢球常嗟手拊髀曰陽球作司隸此曹子何得尔耶尋爲司隸明日詣闕謝恩甫時休下在舍因表甫罪收送洛陽詔獄自臨栲之甫子萌亦見收

又曰牟融拜司隸校尉典司京都執憲持平多所舉正百僚莫不敬憚

又曰百官志曰司隸校尉一人比千石孝武持節常察舉百僚以下及京師近都犯法者

謝承後漢書曰華松擢爲司隸校尉是時貴戚專勢有司軟弱莫敢糺罰松下車閉閤不通私書不與豪右相見姦慝犯者輒死奏馬氏三侯群豪斂手

應劭漢官儀曰司隸校尉糺皇太子三公以下及旁州郡國無不統陛坐見諸卿皆獨席

魏志曰徐宣遷司隸校尉從至廣陵大軍乘舟風浪暴起帝船迴到宣船在後陵波而前群寮無至者帝壯之

又曰鍾會爲司隸校尉雖在外司時政損益當世與奪無不畢綜

晉書曰傅玄轉司隸校尉獻皇后崩於弘訓宮設喪位舊制司隸於端明外坐在諸卿上絶席而入殿按本品秩在諸卿下以次坐不絶席而謁者以弘訓宮爲殿内制玄位在卿下玄恚怒厲聲色而責謁者妄稱尚書所處玄對百寮而罵尚書以下御史中丞庾純奏玄不敬玄又自表不以實坐免官然玄天性峻急不能有所容每有奏劾或值日暮捧白簡整簪帶竦踊不寐坐而待旦於是貴游懾伏臺閣生風

臧榮緒晉書曰傅咸以議郎長兼司隸校尉咸前後固辭辭旨懇切上不聽勑使者逼就拜授咸悲鯁傷咽以身無兄弟職無假到官之日喪祭無主重自陳乞遂不見聽於官舍設靈坐朔望素祭咸卧病治職時朝廷寛弛豪右放恣郡縣容縱寇盜充仞攻墓因徙掠奪市道交私情託朝野溷淆咸於是奏免河南尹京都肅然貴戚憚之數月之間三奏免選官奏按謇諤終無曲撓雖不見從有司肅然

晉志曰漢武帝初置十三州刺史各一人又置司隸校尉察三輔三河弘農七郡

晉諸公賛曰劉毅字仲雄爲司隸奏太尉何曾尚書劉寔父子及羊琇張他等所犯狼藉司部守令事相連及覩風投印綬者甚衆皆以爲毅能繼諸葛豐蓋寛饒也

崔鴻十六國春秋前秦録曰王猛望燕師之衆惡之謂鄧羌曰今日之事非將軍莫可以捷也成敗之機在斯一舉將軍其勉之羌曰若以司隸見與者公無以爲憂

唐書官品志曰司隸臺大夫一人正四品掌諸巡察其所掌六條一察品官以上理政能不二察官人貪殘害政三

察豪強姦猾侵害下人及田宅踰制官司不能禁止者四察水旱蟲災不以實言枉徵賦役及無災妄蠲免者五察部内賊盜不能窮逐隱而不申者六察德行孝悌茂才異行隱而不貢者每年二月乘軺巡郡縣十月入奏

英雄記曰董卓謂王允曰欲得一快司隸校尉誰可作者允曰唯有蓋勳元周京兆耳卓曰此明智有餘不可假以雄職

列異傳曰故司隸校尉上黨鮑子都少時上計掾於道中遇一書生獨行時無伴卒得心痛子都下車爲按摩奄忽而亡不知姓名有素書一卷銀十餅即賣一餅以殯其餘銀及素書著腹上呪之曰若子魂靈有知當令子家知子在此今使命不獲久留遂辭而去至京師有驄馬隨之人莫能得近唯子都得近子都歸行失道遇一關内侯家日暮

住宿見主人呼奴通刺奴出見馬入白侯曰外客盜騎昔所失騘馬侯曰鮑子都上黨高士必應有語侯曰若此乃吾馬昔年無故失之子都曰昔年上計遇一書生卒死道中具述其事侯乃驚愕曰此吾兒也侯迎喪開棺視銀書如言侯乃舉家詣闕上薦子都聲名遂顯至子永孫昱並爲司隸及其爲公皆乘騘馬故京師歌曰鮑氏騘三入司隸再入公馬雖瘦行步轉工

傅咸集敎曰司隸校尉舊號卧虎誠以舉綱而萬目理提領而衆毛順

州牧

漢書曰何武與翟方進奏曰古選諸侯賢者以爲州伯今部刺史居牧伯之位選第大吏所爲位高至九卿所惡立退任重職大春秋之義用貴治賤不以卑臨尊刺史位下大夫而臨二千石輕重不相準請罷刺史更置州牧以應古制奏可

續漢書曰皇甫嵩領冀州牧奏請一年租以賑飢民民歌曰天下亂兮市爲墟母不保子兮妻失夫賴有皇甫兮復安居

吳志曰呂範拜楊州牧性好威儀州民如陸遜全琮及貴公子皆脩敬虔肅不敢輕脫也其居家服飾於時奢靡然勤事奉法故權悅其忠不怪其侈

又曰呂岱傳廖式作亂圍城邑零陵蒼梧鬱林諸郡騷擾岱自表輒行星夜兼路權遣使追拜岱交州牧

晉書曰張茂爲涼州牧武公軌之子也築靈鈞臺周輪八十餘堵其高九仞武陵人閻曾夜叩門呼曰武公遣我來曰何故勞百姓而築臺乎姑臧令辛巖以曾妖妄請殺之茂曰吾信勞人曾稱先君之令何爲妖乎太府主簿馬魴諫曰今世難未夷唯當弘道業不宜勞役崇飾臺榭比年已來轉覺衆務日奢於往每所經營輒違雅度實非士女所望於明公也茂曰吾過也命止作役

又曰張駿爲涼州牧刑清國富羣寮勸進稱涼王領秦涼二州牧置公卿百官如魏武晉文故事駿曰此非人臣所宜言也敢有言此者罪在不赦然境內皆稱之爲王

北史曰裴俠嘗與諸牧守俱謁周文文命俠別立謂諸牧守曰裴俠清慎奉公爲天下之冣今衆中有如俠者可與之俱立衆皆默然無敢應者周文乃厚賜俠朝野歎服焉號爲獨立使君

北史曰後魏廣陽王嘉遷司州牧嘉表請於京四面築坊三百二十三各周一千二百步乞發三正復丁以充茲役雖有暫勞姦盜永止詔從之

後周書曰蘇綽爲六條詔書奏施行之太祖甚重之常置諸座右又令百司習誦之其牧守令長非通六條計帳者不得居守

太平御覽卷第二百五十

太平御覽卷第二百五十一

職官部四十九

都督　總管　都護

都督

晉書曰杜預爲都督荆州諸軍事南土美而謠之曰後世無叛由杜翁孰識智名與勇功

又曰陶侃爲都督雍益梁四州諸軍事是時荆州大飢百姓多飢死侃至秋熟輒糴至飢復價糶之士庶歡悦咸蒙濟賴

又曰羊祜都督荆州諸軍事招攜以禮懷遠以德吴人悦服呼爲羊公

又曰庾翼都督江荆益三州刺史制度規模每出於人數年之中軍國充實人情翕然稱其才明由是自河以南皆懷歸附

又曰陳勰爲陶侃廣州長史侃夢有司馬以鎧與侃勰以爲司馬國姓鎧者捍國之器節下當進位果除都督交州

又曰張寔都督凉州下令曰忝繼前蹤庶幾刑政不爲百姓之患而比年飢旱殆由庶事有闕竊慕箴誦之言以補不逮自今有面刺孤罪者酬以束帛翰墨陳孤過者荅以筐篚謗言於市者報以羊米

又曰石苞都督揚州諸軍事苞因入朝當還辭高貴鄉公留語盡日既出白文帝曰非常主也數日而有成濟之事

又曰劉胤代温嶠都督江州諸軍事領江州刺史假節胤位任轉高放豪日甚縱酒躭樂不恤政事大殖財貨商販百萬初胤之代嶠也遠近皆謂非選陶侃郗鑒咸云胤非方伯才朝廷不從或問王悦曰今大難之後綱紀頻絶自江陵至于建康三千餘里流人萬計布在國之南藩要害之地而胤以侈汰之性卧而對之不有外變必有內患悦曰聞温平南語家公云連得惡夢思見代者尋云可用劉胤此乃温意非家公也是時朝廷空罄百官無禄唯資江州運漕而胤商旅繼路以私廢公有司奏免胤官書始下而爲郭默所害

又曰王恭爲都督兖青冀幽并徐州晉陵諸軍事平北將軍假節鎮京口初都督以北爲號者累有不祥故桓冲王坦之桓彝之後不受鎮北之号恭表讓軍号以超授爲辭而實惡其名於是改号前將軍

北史曰賀蘭祥除都督荆州刺史見有發掘古冢暴露骸骨乃謂守令曰此豈仁者爲政耶命所在收藏時夏亢陽即日降雨

唐書曰宋璟轉廣州都督仍爲五府經略使廣州舊俗皆以竹茅爲屋屢有火災璟教人燒瓦改造店肆自是無復延燒之患夷夏懷惠立碑以紀其政

又曰王方翼爲夏州都督屬牛疫無以營農方翼造人耕之法施關鍵使人推之百姓賴焉

總管

後周書曰長孫儉爲荆州總管嘗詣闕奏事時値大雪遂立於雪中待報自旦達暮竟無惰容其奉公勤至皆此類也。又曰赫連達遷大將軍夏州總管三州五防諸軍事達雖非文吏然性質直遵守法度輕於鞭撻而重慎死罪性又廉儉邊境胡民或饋達以羊者達欲招納異類報以繒帛主司請用官物達曰羊入我厨物出官庫是欺上也命取私帛與之識者嘉其仁恕焉北史曰韋孝寬爲延州摠管兄㚵至州與孝寬相見將別孝寬以所乘馬及轡勒與㚵㚵以其華飾心不欲之謂孝寬曰昔人不棄遺簪墜履者惡與之同出而不與同歸吾之操行雖不逮前烈然捨舊策新亦非吾志也乃乘舊馬以歸

隋書曰元褒爲原州摠管有商人爲賊所刼其人疑同宿者而執之褒察其色寃而辭正遂捨其人商詣闕訟褒受金縱賊上遣使窮治之使者薄責褒曰何故利金而捨盜也褒便即引咎初無異詞使者與褒俱詣京師遂坐免官其盜尋發於他所上謂褒曰公朝廷舊人位望隆重受金捨賊非善事何至自誣也曰臣受委一州不能息盜賊臣之罪一也州民爲人所謗不付法司懸即放免臣之罪二也牽率愚臣無顧刑法不持文書約束至令爲物所疑臣之罪三也臣有三罪何所逃責臣又不言受賂使者復將有所窮究然則纍紲横及良善重臣之罪是以自誣上歎異之稱爲長者

又曰元景山爲亳州摠管先是州民王迴洛張季真等聚結亡命每爲刼盜前後牧守不能制景山下車遂捕之迴洛季真挺身奔江南擒其黨與數百人皆斬之法令明肅盜賊屏迹稱爲大治

又曰韋世康嘗因侍宴再拜陳讓曰臣無尺寸之功位亞台鉉今犬馬齒截不益明時恐先朝露無以塞責願乞骸骨退避賢能上曰朕夙夜庶幾求賢若渴冀與公共治天下以致太平今之所請深乖本望縱令筋力衰謝猶屈公卧治一隅於是出拜荆州摠管時天下唯置四大摠管并揚益三州並親王臨統唯荆州委於世康時論以爲美世康爲政簡靜百姓愛悅合境無訟

又曰韋藝遷營州摠管藝容皃瓌偉每夷狄參謁必整儀衛盛服以見之獨坐蒲一塌番人畏懼莫敢仰視

又曰薛道衡聲名藉甚一時仁壽中楊素專掌朝政道衡既與素善上不欲道衡久知機密因而檢校襄州摠管道衡久蒙驅策一旦違離不勝悲戀蒸之哽咽高祖愴然改容曰尔光陰晚暮侍奉誠勞朕欲令尔將攝兼撫萌俗今尔之去朕如斷一臂於是賫物三百段九鐶金帶并時服一襲馬十疋慰勉遣之

又曰樊子蓋轉循州摠管許以便宜從事十八年入朝奏嶺南地圖賜以良馬雜物

又曰令孤熙拜桂州摠管十七州諸軍事許以便宜從事刺史已下官得承制補授給帳内五百人賜帛五百疋發傳送其家累改封康郡公熙至部大弘恩信其溪洞渠帥更相謂曰前時摠管皆以兵威相脅今者乃以手教相諭我輩其可違乎於是相率歸附先是州縣生梗長吏多不得之官寄政於摠管府熙悉遣之爲建城邑開設學校華夷感敬稱爲大化

又曰李安領行軍摠管率蜀兵順流東下時陳人屯白沙安謂諸將曰水戰非北人所長今陳人依險泊船必輕我而無備以夜襲之賊可破也諸將以爲然安率衆先鋒大破陳師高祖嘉之

唐書曰田留安拜魏州摠管劉闥之亂也來攻州城于時山東豪猾多殺長吏以應賊百姓兇人咸懷異志凡諸守皆以心腹自衛多所猜防由是上下情隔怨叛者多留安獨撫結所部示無疑阻凡有白事者無間疎遠皆至卧内

謂人曰吾與卿輩同爲國守自宜一心無爲疑貳也必欲弃同即異背順歸逆亦任卿輩斬吾頭而去矣城中父老遞相誡勵子弟曰田公以赤心相付何得負之由是人情遂固州人死竹林者劉闥之黨也初有異圖留安陰知之而不發其事因引置左右委以關鑰竹林感其意遂歸心焉卒收其力用

又曰劉世讓拜廣州揔管將之官高祖問以備邊之策世讓答曰突厥比數南寇者徒以馬邑爲其中路耳如臣計者於崞城置一智勇之將多貯金帛有來降者厚賞賜之數出奇兵掠其城下踐其禾稼敗其生業不出歲餘彼當無食馬邑不足圖也高祖曰非公無可任者可馳驛至彼善爲經略世讓於是以兵臨馬邑高滿政以其地來降突厥患之遣曹欒陁來詣中國言世讓與可汗通謀將爲亂由是得罪籍沒其家及突厥來降言世讓初無逆謀始原其妻子

都督護

漢書曰宣帝時匈奴日逐王欲降漢使人與鄭吉相聞吉發渠犂龜茲諸國五萬人迎日逐王吉送三千人小王將十三人隨吉至阿曲頗有亡者吉追斬之將詣京漢封日逐王爲德歸侯吉既破車師降日逐威震西域遂并護車師以西故号爲都護都護之置自吉始焉上嘉其功乃下詔曰都護西域騎都尉鄭吉拊循外蠻宣明威信封吉爲安遠侯漢之号令班於西域始自張騫成於鄭吉也

又曰段會宗爲人好大節而功名爲西域都護與谷永相友善永閔其老復遠出與書戒之曰足下以柔遠之靈德復典都護之重職甚休　願吾子因循舊貫無求奇功萬里之外以身爲本願詳思愚言

又曰元帝時甘延壽爲西域都護陳湯爲副郅支單于數困辱漢使湯與延壽謀曰郅支所在絶遠無金城強弩之守如發屯田吏士從烏孫直詣其城可以成功延壽欲奏之湯曰國家與公卿議大策非凡所見必不從會延壽久病湯獨矯制發兵延壽聞之欲止焉湯怒按劍叱延壽曰大衆已集豎子欲沮衆耶延壽遂從之部勒行陳益置楊威白虎合騎之校張晏曰西域陣法之名也即日引軍分行遂斬郅支單于頭送京師延壽封茂成侯湯封關内侯功大賞少爲石顯匡衡所抑

應劭漢官儀曰西域都護武皇帝始開通西域三十六國其後稍分至五十餘國置使者校尉以領護之宣帝神雀三年改曰都護秩二千石平帝時省都護令戊巳校尉領之

沈約宋書曰初漢宣帝置西域都護以加騎都尉若諫大夫護西域諸國光武建武初始有督軍諸使至獻帝建安中魏武相漢遣大將外出督十軍二十軍者始号都督曹袁張楊之徒雖以三公假節領州郡然無都督之号也三國時亦有都護中都護左右都護將軍兼督諸軍猶是舊制意也黄初三年上軍大將曹真始都督中外諸軍事揔諸軍高貴鄉公正元二年晉文帝都督中外諸軍事尋加大都督之号夫始中置小都督江左亦時有也吴朝鎮將揔兵亦曰都督大軍出爲二部則曰左右都督分武昌爲兩部亦曰左右部大督其揔一者則曰大都督又繞帳羽林無難之屬隨事有督無常号也至諸葛恪以下輔政乃都督中外諸軍事蜀關羽在江陵亦督軍州至張飛姜維

亦爲中外都督如吴魏也晉氏以來宰輔任重者爲中外大都督方伯举隆者亦如大都督之号凡諸都督雖軍号有輕重無假節也

唐書曰馬揔爲安南都護揔敦儒學長於政術在南海累年清廉不撓夷獠便之於漢所立銅柱之處以銅一千五百斤特鑄二柱刻書唐德以繼伏波之迹

太平御覽卷第二百五十一

覽二百五十一　七

太平御覽卷第二百五十二

職官部五十

尹　少尹　留守

尹

春秋傳曰周公相王室以尹天下（尹正也）

漢書曰内史周官秦因之掌治京師景帝二年分置左右内史武帝太初元年更名京兆尹（張晏曰地高曰京左傳曰莫之與京十億曰兆尹者正也）秩二千石銀印青綬進賢兩梁冠絳朝服佩水蒼玉

又曰趙廣漢字子都涿郡人也守京兆尹廣漢爲人強力天性精於吏職見吏民或夜不寢至旦尤善爲鉤鉅以得事情（蘇峻曰鉤得情吏不得去）其鉅鉤者設如欲知馬價則先問狗次問羊又問牛然後及馬參伍其價以類相準則知馬之賤貴不失實矣銖兩之姦皆知之長安少年數人會窮里空舍謀共劫人坐語未訖廣漢使捕治具服廉明威制豪強百姓追思歌之至今

又曰元始五年有一男子乘黃犢車建黃旐衣黃襜褕逕來詣北闕自謂衛太子京兆雋不疑後到叱從吏使收縛之曰昔蒯聵違命出奔輒距而不納春秋是之衛太子得罪先帝亡不即死今來自詣此罪人也遂送詔獄由是名聲重於朝廷在位者皆自以不及廷尉驗治何人竟得姦詐本夏陽人姓成名方遂皃一似戾太子

又曰張敞爲京兆尹朝廷每有大議引古今處便宜公卿皆服敞無威儀時罷朝會過走馬章臺街（或曰在長安中安在章臺下街）使御史騶自以便面拊馬又爲婦畫眉長安中傳張京兆眉憮（嫵大也孟康曰嫵音詡北方人謂爲妍）有司以奏上問之對曰臣聞閨房之内夫婦之私有過於畫眉者上愛其能然不得大位

爲京兆尹九年與楊惲厚坐惲大逆誅

又曰張敞冬爲尹一日捕詰偷得數百人由是市無偷盜

又曰王尊王章王駿並爲京兆有名京師稱曰前有趙張後有三王

後漢書曰袁安爲河南尹政号嚴明然未曾以贓罪鞠人常稱曰凡學士者高則望宰相下則希牧守錮人於聖世尹不忍爲也聞之者感激自厲在職十年京師肅然名重於朝廷

又曰張酺入爲河南尹竇景家人復擊傷市卒吏捕得之景怒遣緹騎侯海等五百人毆傷市丞（說文曰緹帛丹黃色也漢官儀曰執金吾有緹騎）酺部吏楊章等窮究正海罪徙朔方景忿怒乃移書辟章等六人爲執金吾吏欲因執之章等惶恐入白酺願自引贓罪以辭景命酺即上言其狀竇太后詔報自今執金吾辟吏皆勿遣

又曰楊彪遷侍中京兆尹光和中黃門令甫使門生於郡界辜榷官財物七千餘萬（華嶠書曰甫使門生劫奪權辭見靈帝怒）彪發其姦言之司隸校尉陽球因此奏誅甫天下莫不愜心

又曰延篤字叔固及邊鳳皆爲京兆尹並有能名語曰前有張趙後有邊延張趙即趙廣漢及張敞也

又曰梁冀爲河南尹居職暴恣多非法父商所親客洛陽令呂放頗與商言及冀之短商以讓冀冀即遣人於道刺殺放而恐商知之乃推疑於放怨仇請以放弟禹爲洛陽令使捕之盡滅其宗親賓客百餘人（安慰放家欲以滅口）

又曰王梁爲河南尹穿渠引穀水注洛陽城下東寫鞏川及渠成而水不流七年有司劾奏之梁慙懼上書乞骸骨謝承後漢書曰周暢字伯時性仁慈爲河南尹永初二年

夏旱久禱無應暢自收葬洛陽城旁客死骸骨凡萬餘人應時澍雨歲乃豐稔

袁崧後漢書曰延篤字叔堅南陽人也爲京兆尹正身率下民不忍欺

應劭漢官儀曰河南尹所治周地也洛陽本成周周之衰微分爲東西周秦兼天下置三川洛河伊也漢更名河南孝武皇帝增曰太守世祖中興從都洛陽改号爲尹尹正也詩云赫赫師尹

魏志曰鄭渾字文公爲京兆尹渾以百姓新集爲制移居之法使兼復者與單輕者相伍温信與孤老爲比勤稼穡明禁令以發姦者由是民安於農而盜息

又曰傅嘏字蘭石爲河南尹內掌帝都外統京畿兼主六御六遂之士其民異方雜居多豪門大族商賈胡貊天下四會利之所聚而姧之所生也前尹司馬芝舉其綱而太簡次尹劉靜綜其綱而太密後尹李勝毀常法以收一時之聲嘏立司馬之綱統裁劉氏之綱目以經緯之李氏所毀以漸補之郡有七百吏半非舊也河南俗黨五官椽功曹典選職皆授其本國人無用異邦人者嘏各舉其良而用之分官曹之職次考梼之其治以德教爲本然持法有恒而不可犯見理識情獄訟不枉櫝楚而得其實不爲小惠有所薦達及大益於民事皆隱其端迹若不由已出故當時無赫赫之名使民久而後安者也

又曰司馬芝字子華爲河南尹教群下曰蓋君設教不能使吏必不犯也吏能犯教而不能使君必不聞也夫設教而犯君之劣也犯教而聞吏之禍也君劣於上吏禍於下此政事所以不理也可不勉之哉於是下吏莫不自厲

又曰劉馥字子靖出爲河南尹散騎常侍應璩以書與子靖曰入作納言出臨京任富民之術日引月長

王隱晉書曰樂廣字彥輔爲河南尹故郡中前多怪後人皆於廊下郵傳中治事無敢在廳事者唯廣處之昔白戶自開二子凱模等慑怖廣使掘牆孔得貍乃絶代者乃相承入止

又曰庾純字謀甫太始六年詔曰河南大郡四方表則中書令庾純清粹忠正才紹治化其以純爲河南尹

又曰劉隗補丹陽尹雖在外而萬機秘密皆預聞之

晉書曰羊曼爲丹陽尹時朝士過江初拜官相飾供饌曼拜丹陽尹客來早者得佳設日晏則漸罄不復及精隨客早晚而不問貴賤有羊固拜東海太守竟日皆美雖晚至者猶獲盛饌論者以固之豐腆乃不如曼之真率

晉起居注曰武帝咸寧三年詔曰河南百郡之首其風教宜爲遐邇所模以導率之侍中奉車都尉王恂忠亮篤誠才兼外內明於治化其以恂爲河南尹

晉中興書云晉大興元年改丹陽內史爲丹陽尹

宋書劉秀之遷丹陽尹先是秀之從叔穆之爲丹陽尹與子弟於廳事上飲宴秀之亦與焉廳事柱有一穿穆之謂子弟及秀之汝等試以栗遥擲此柱若能入穿後必得此郡穆之諸子並不能中唯秀之獨入焉

唐書曰開元初政雍州長史爲京兆尹摠理衆務

又曰鄭珣瑜出爲河南尹珣瑜既入境官吏以逼降延曰珣瑜到即後於事乃送所獻馬賫印於路以例告珣瑜曰未上官不可遽有進獻及既上即過時矣遂不獻

又曰郭英乂時嚴武卒元載薦英乂代之遂兼成都尹充

劒南節度使英乂到成都肆行不軌無所忌憚玄宗舊宮置爲道士觀內有玄宗鑄金真容及乘輿侍衛圖畫先是節度使每至皆先拜而後視事英乂以觀地有形勝乃入居之其真容及圖畫悉遭毁壞見者無不憤怒

又曰英乂爲成都尹頗恣狂蕩聚女人騎驢擊毬製鈿驢鞍及諸服用皆侈靡裝飾日費數萬以爲笑樂未嘗問百姓間事人頗惡之

又曰許孟容爲京兆尹神策軍吏李昱假貸長安富人錢八千貫滿三歲不償孟容遣吏收捕械繫尅日命還之曰不及其當死自興元已後禁軍有功又中貴之尤有渥恩者方得護軍故軍士日益橫府縣不能制孟容剛正不懼以法繩之一軍盡驚寃訴於上立命中使宣旨令送本軍孟容繫之不遣中使再至乃執奏曰臣誠知不奉詔當誅然

臣職司輦轂合爲陛下彈抑豪強錢未盡輸昱不可得上以其守正許之自此豪右斂迹威望大震

又曰劉棲楚爲京兆尹權抑豪右不顧患難事無大小必設鉤距故時人重之或稱其機變往往有類於西漢時趙廣漢者

又曰李傑爲河南尹傑既勤於聽理每有訴列雖衢路當食無廢處斷由是官無留事人吏愛之先是河汴之間有梁公堰年久堰破江淮漕運不通傑奏調發汴鄭丁夫以濬之省功速就公私深以爲利刻石水濱以紀其績

又曰柳仲郢爲河南尹以寬惠爲政言事者以爲不類京兆之政仲郢曰輦轂之下彈壓爲先郡邑之治惠養爲本何取類耶

又曰蘇震爲太常卿是歲東都耆老表乞行幸上重違其心選勳舊勳賢爲之牧守遂以震爲河南尹兼御史中丞仍充東都畿甸觀察使

英雄記曰董卓廢少帝自公卿已下莫不卑下於卓唯京兆尹蓋勳長揖爭禮見者皆爲失色

李燮別傳曰燮字德公京兆人拜京兆尹吏民愛敬乃作歌曰我府君道教舉恩如春威如虎愛如母訓如父

李郃別傳曰鄧騭弟豹爲將作大匠河南尹缺豹欲得之上及騭兄弟亦欲用難使召拜下詔令公卿舉騭以旨遣人諷公卿悉舉豹李郃曰司隸河南尹當整頓京師檢御貴戚今反使親家爲之必不可爲後法公舉司隸羊浸不舉豹豹竟不得尹恨公卿不舉對士大夫曰李公寧能不舉我故我不得尹耶。莊子曰孫叔敖能以爵祿爲已害故三爲令尹三去令尹而色不變

語林曰蘇峻新平溫庾諸公以朝廷初復京尹宜得望實唯孔君平可以處之孔固辭二公逼諭甚苦孔救然曰先帝大漸卿輩身侍御床口行詔令孔坦尒時正璅目卑何與國家事不可今日喪亂而猥見逼迫吾俎豆上腐肉任人割截耶庾愧不能答。說苑曰楚令尹子文之族干法者廷理釋之子文責之曰吾豈爲私意耶何廷理之駁於法也不寘刑地吾將死廷理懼遂刑其人國人聞之曰若令尹之公也吾黨何憂乃相與作歌曰子文之族犯國法程廷理釋之子文不聽

通典曰凡帝王所都皆曰尹南朝曰丹陽尹後魏初曰代尹東魏曰魏尹北齊曰清都尹

楊雄河南尹箴曰茫茫天區畫兾爲京商邑翼翼四方之經爰作卿士以尹王州風化攸興萬國承流

梁邵陵王讓丹陽尹初表曰臣進非民譽退異宗英尸居戎號已忝彝典況京兆五守西漢難追河南二尹東京罕繼審己循涯自知莫可街談巷議尤見不勝

梁庾肩吾爲南康王讓丹陽尹表曰臣聞劍鏤七星非有司天之用縑圖五嶽寧識崇朝之雲是知策彼泥龍不能令其逐日乘斯流馬安可使其奔電方今振鷺盈庭白駒空谷惟帝念功惟明克允君子之國罕聞其讓石門之水獲免於貪

少尹

唐書曰李憕爲東京少尹時蕭炅爲尹依倚權貴政事多不法憕以公直正之人用賢類又道士孫甑生以左道求進託以修功德往來嵩山求請無度憕必挫之

五代史後唐書曰李承勳累遷至太原少尹劉守光之僭號也莊宗遣承勳往使伺其釁端承勳至幽州見守光如藩方交聘之禮謁者曰燕王爲帝矣可行朝禮承勳曰吾大國使人太原亞尹是唐帝除授燕主自可臣其部人安可臣我哉守光聞之不悦拘留於獄數日出而詰之曰臣我乎承勳曰燕君能臣我王則我臣之吾有死而已安敢辱命會王師討守光承勳竟没於燕中

留守

東觀漢記曰和帝南巡祠園廟張禹以太尉留守北宮太官朝夕送食

後漢書曰車駕征張步留伏湛居守時蒸祭高廟（冬祭曰蒸也）而河南尹司隸校尉於廟中爭論湛不舉奏坐策免

吳志曰孫權征新城使登居守揔知留事時年穀不豐頗有賊盜乃表定科令所以防禦甚得止姦之要

晉書曰張方劫惠帝幸長安僕射荀藩等與其遺官在洛陽爲留臺承制行事號爲東西臺

後魏書曰高祖南伐以太尉元丕廣陵王羽留守京師並加持節

又曰荀頹大駕行幸三州頹留守京師沙門法秀謀反頹率禁兵收掩畢獲內外晏然駕還飲至文明太后曰當爾之日卿若持疑不即收捕處分失所則事成不測矣今京畿不擾宗廟社稷安者實卿之功也

隋書曰楊瓚平齊之役諸王咸從留瓚居守帝謂之曰六府事殷一以相付重朕將遂事東方無西顧之憂矣其見親信如此

唐書曰儀鳳元年司農卿韋弘機爲東都留守時有道士朱欽遂爲中宮所使至都所爲橫恣弘機執而囚之因奏曰道士假稱中宮驅使依倚形勢臣恐虧損皇明爲禍患之漸高宗特發中使賜書慰諭仍云不須漏洩

又曰武后垂拱中文昌右丞相蘇良嗣爲京留守時尚方監裴匪躬檢校京苑將鬻苑中果菜以收其利良嗣駮之曰昔公儀休相魯猶能拔葵去織未聞萬乘之主鬻其果菜以與下人爭利也

又曰柳公綽爲北都留守充河東節度觀察使等是歲北虜遣梅祿將軍李暢以馬萬疋來市且曰朝貢所經過守帥每假禮分嚴其兵備留館則戒卒于外懼有襲奪太原故事亦出兵送之暢至界上公綽獨使牙門將祖孝恭單馬勞焉待以修好之意暢感義出涕徐驅道中不妄馳獵及至關牙門令譯引謁宴以常禮及市馬歸竟不敢有所犯

職官部五十一

內史 郡丞 郡叅軍 督郵

內史

史記曰汲黯字長孺公孫弘爲相乃上言曰右內史界部中多貴人宗室難治非素重臣不能任請徙黯爲內史數歲官事不廢

漢書曰倪寛遷右內史寛既治民勸農業表奏開六輔渠（六輔謂京兆馮翊扶風河東河南河內也）定水令以廣溉田收租稅時裁闊狹與民相假貸以故租多不入後有軍發右內史以負租課殿當免民聞皆恐失之大家牛車小家擔負輸租襁屬不絶課更最上由此愈奇寛

晉書曰孔季恭爲吴興內史吴興頻喪太守言項羽神爲祟君居郡事竟無害也

又曰王薈字敬文恬虛守靖不競榮利少歷清官除吏部郎侍中建威將軍吴國內史時年饑粟貴人多餓死薈以私米作饘粥以飴餓者所濟活甚衆

梁書曰顧憲之爲衡陽內史先是郡境連歲疾疫者死者太半棺木尤貴悉裹以生席弃之路傍憲之下車分告屬縣求其親黨悉令殯葬其家人絶滅者憲之爲出公祿使綱紀營護之又土俗山民有病輒云先祖爲禍皆開冢剖棺水洗枯骨名爲除祟憲之曉諭爲陳生死之別事不相由風俗遂改時刺史王奐新至唯衡陽獨無訟者乃歎曰顧衡陽之化至矣

又曰傅昭爲安成內史郡自宋已來兵亂相接郡府舍稱凶每昏旦聞人鬼相觸在任者鮮以吉終及昭至有人夜見甲兵出曰傅公善人不可侵犯乃騰虛而去有頃風雨忽至飄郡廳事入隍中自是郡遂無患咸以昭貞正所致

又曰傅昭爲安成內史郡多猛獸爲害常乃命去檻穽猛獸竟不爲害

又曰殷鈞字季和陳郡長平人也爲臨川內史鈞體多疾閉閤卧理而百姓化其德刼盜皆奔出境

又曰伏暅爲永陽內史在郡清絜政務安靜郡人何貞秀等一百五十四人詣州言狀湘州刺史以聞詔勘有十五事爲吏人所懷帝善之

隋書曰樊子蓋爲河南內史屢有治績文帝謂曰今爲公別造玉麟符以代銅獸也

唐書曰王及善契丹作亂山東不安起授滑州刺史則天謂曰邊賊反叛卿雖疾閤可將妻子日行三十里緩步至彼與朕卧理此州以斷河路也因問朝廷得失及善備陳理亂之宜十餘道則天曰彼末事也此爲本也卿不可行乃留拜內史

郡丞

漢書曰黄霸爲潁川郡守有郡丞老病聾督郵欲逐之霸曰許丞廉吏雖老尚能拜起送迎止頗重聽何傷其善助之無失賢者意

又曰黄霸爲河南太守丞霸爲人明察內敏又習文法爲丞處職當於法令太守甚任之吏民愛敬焉

東觀漢記曰光武議靈臺所處上謂桓譚曰吾欲讖決之何如譚默然曰臣不讀讖上問其故譚復言讖非經上大怒曰桓譚非聖無法將下斬之譚叩頭流血良久乃得解

出爲六安郡丞意忽忽不樂亡沒卒時年七十餘
又曰趙典兄子温初爲京兆郡丞歎曰大丈夫生當雄飛安能雌伏遂弃官而去後官至三公
謝承後漢書曰劉平爲濟陽郡丞太守劉育甚重之任以郡職
漢名臣奏曰張禹奏曰案令丞相奏事司直持案長史將簿中二千石奏事皆與其丞合縁是以上下各得盡心竭誠而事公明
王隱晉書曰范晷字彦長南陽人僑居清河仕爲郡五官後爲河内郡丞時裴叔則爲河内郡知之爲裴所伏後爲侍御史
隋書曰張須陁爲齊郡丞屬歲饑穀米湧貴須陁將開倉賑給官屬咸曰待詔勑不可擅與須陁曰今帝在遠遣使往來必淹歲序百姓有倒懸之急如待報至當委溝壑矣吾若以此獲罪死無所恨先開倉而後上狀帝知之而不責也
又曰王文同爲恒山郡丞有一人豪猾每持長吏短前後守令咸憚之同下車聞其名召而數之因令左右剡木爲大橛埋於廷出尺餘四角各埋小橛令其露心於木橛上縛四支於小橛以棒毆其背應時潰爛郡中大駭吏人相視慴氣
唐書官品志曰丹陽會稽吳郡吳興及萬戶郡丞並六百石
汝南先賢傳曰周防字偉公年十六仕郡小吏世祖巡狩汝南召掾史試經防尤能誦讀拜爲守丞防以未冠請去師事徐州刺史蓋豫明經舉孝廉拜郎中

陸機集上表曰伏見司徒下諫議大夫張暢除當爲豫章内史丞暢才忠清敏志節貞厲秉心立操早有名譽其年時舊比多歷郡守唯暢陵遲自首未齒而佐下藩遂跲碎濁於暢名實居之爲劇前後未始有此愚以爲宜解舉試以近縣詔暢既爲是人所稱便差代

郡參軍

晉書曰阮孚避亂渡江元帝以爲安東參軍蓬髮飲酒不以王務縈心
北史曰盧文偉少孤有志尚頗涉經史年三十八始舉秀才除本州平北府流參軍説刺史裴儁案舊迹脩督亢陂溉田萬頃人賴其利
晉劉弘教曰太康以來天下無虞遂共尚無爲貴談莊老少有説事外託論公務内但共談笑今即同舟而載安可不人人致力耶

督郵

韋昭辯釋名曰釋去督郵主諸縣罰以負郵殷糾攝之也
漢書曰田延年爲河東太守行縣在平陽召故吏五六十人延年皆臨見令有文者東有武者西閲數十人次到尹翁歸獨伏不肯起對曰翁歸文武兼備唯所施設延年召上辭問甚奇其對使歸府案事發姦窮竟事情延年大重之徙署督郵河東二十縣分爲兩部閎孺部汾北翁歸部汾南
又曰孫寶爲京兆尹以立秋日署故吏侯文爲東部督郵入見勑曰鷹隼始擊當順天氣取姦惡以成嚴霜之誅掾部拒有人乎文曰無其人不敢空受職寶曰誰文曰霸陵杜穉季寶曰更言其次文曰豺狼方横道不宜復問狐狸

稱秀閭之杜門不通水火穿後牆爲小戶不敢犯法

東觀漢記曰趙勤字孟卿南陽棘人明達好學介然特立太守駱珎召署曹吏至掾督郵太守桓虞下車葉令雍霸及新野令皆不遵法乃復勤督郵到葉見霸不問縣事但高談清論以激厲之霸即陳責解印綬去勤還入新野界令聞霸已去遣吏奏記陳罪復還印綬去虞乃歎曰善吏如良鷹矣下鞲即中

又曰虞延陳留人光武東巡過小黄高帝母昭靈后園陵在焉延爲部督郵詔呼引見問園陵之事延占拜可觀其園陵樹蘖皆諳其數俎豆犧牲頗曉其禮帝善之敕延從駕到魯還經封丘城門下小不容羽蓋上怒使撻侍御史延因陛見引咎以爲罪在督郵上詔曰以陳留督郵虞延故貰御史罪

後漢書曰馬援爲郡督郵送囚至司命府王莽置司命官上公已下皆糾之囚有重罪援哀而縱之遂亡命北地遇赦因留牧畜

又曰陳球爲繁陽令時魏郡守諷縣求賄球不與太守怒撾督郵令逐球督郵不肯曰魏郡十五城獨繁陽有異政令逐之將致譏於天下太守乃止

司馬彪續漢書曰鍾離意仕郡爲督郵縣亭長受民雞酒府下記考之意封還記詣閤白見以春秋責重先内後外政化之本由近及遠宜先請府内且闊細微太守賢之

謝承後漢書曰會稽謝夷吾字堯卿爲西部督郵烏程長有罪太守第五倫使夷吾往收之到縣入閤便大哭以三百錢爲禮便歸倫問其故對曰三十日中當死故不收之至時果如其言

謝承後漢書曰許慶字子伯家貧爲郡督郵乘牛車鄉里號曰軺車郵慶常與友人談論漢無統嗣幸臣專勢世俗衰薄賢者放退慨然據地悲哭時人稱許子伯哭世

又曰聞人襲爲郡督郵行則負擔臥則無被連麕皮以自覆不受人食之費

魏志曰蒲寵字伯寧山陽昌邑人年十八爲郡督郵時郡内李朔等擁部曲害于平民太守使寵糺焉朔等請罪不復侵掠

又曰高堂隆字叔平平陽人魯高堂生後也少爲諸生太守薛悌命爲督郵郡督軍與悌爭名悌而呵之隆案劍叱督軍曰昔魯定見侮仲尼歷階趙彈秦箏相如進缶臨臣名君義之所討也督軍失色悌起止之

列異傳曰汝南北部督郵西平劉伯夷有大才略案行到懼武亭夜宿或曰此亭不可宿伯夷乃獨往宿去火誦詩

書五經訖臥有頃轉東首以絮巾結兩足以幘冠之拔劍解帶夜時有異物稍稍轉近忽來覆伯夷伯夷屈起以袂掩之以帶繫魅呼火照之視得一老狸色赤無毛持火燒殺之明日發視樓屋閒得魅所殺人髮結數百枚於是亭遂清靜舊說狸髡千人得爲神也

漢魏先賢行狀曰故宗正南陽劉伯序奉先少履清節忠亮正直研精文學無不綜習郡舉爲督郵時豫章太守虞續以饕餮穢汙徵至郡界當就法車不肯就坐伯乃拔刀毆續續恐就車乃徑上尚書以肅王道

廣州先賢傳曰徐徵字君求蒼梧荔浦人少有方直之行不撓之節頗覽書傳尤明律令延憙五年徵爲中部督郵時唐帝侍寵貴京師號爲唐獨語遣賓客至蒼梧頗不拘法度徵便收客郡市髡笞乃白太守太守大怒收徵送獄

主簿守閤白此人無故貪貿旣侵百姓汙辱婦女徐徵上念明政據刑申耻今便治郡無復爪牙之吏後督郵當徒跣行奉諸貴戚賓客耳太守苔知徵爲是迫不得巳

會稽先賢傳曰茅開字季闔餘姚人爲督郵平决厭衆心晉之部歷其家不入門當路向堂朝拜府君益善之

鍾離意別傳曰汝南黄讜拜會稽太守召意署北部督郵時郡中大疫黄君轉署意中部督郵意乃露車不冠身循行病者門入家賜與醫藥詣神廟爲民禱祭其所臨戶四千餘人後日府君出行灾眚百姓攀車言曰明府不須出也但得鍾離督郵民皆活也

馬融長笛賦序曰融旣博覽又好音樂能鼓琴吹笛爲督郵獨卧平陽鄥中有洛客舍逆旅吹笛融聞甚悲遂作長笛賦云尒

太平御覽卷第二百五十三

太平御覽卷第二百五十四

職官部五十二

刺史上

漢書曰監察御史秦官掌監郡漢省丞相遣刺史不常置武帝元封五年初部刺史掌奉詔條察州郡秩六百石員十三人

又曰刺史以六條問事非條所問不省一條強宗豪右田宅踰制以強凌弱以衆暴寡二條二千石不奉詔書遵承典制背公向私旁詔守利侵漁百姓聚斂爲姦三條二千石不䘏疑獄風厲殺人怒則任刑喜則任賞煩擾刻暴剝截黎元爲百姓所疾山崩石裂妖祥訛言四條二千石選署不平苟阿所愛蔽賢寵頑五條二千石子弟恃怙榮勢請託所監六條二千石違公下比阿附豪強通行貨賂割剝民人

又曰王遵遷益州刺史先是琅邪王陽爲益州刺史行部至九折阪歎曰奉先人遺體奈何數乘此險後以病去及遵爲刺史至其坂問吏曰此王陽所畏道耶吏對曰是遵叱其馭曰驅之王陽爲孝子王遵爲忠臣

又曰漢家立置郡縣部刺史奉使典州督察郡國吏人安寧故事居部九歲舉守相其有異材功著者輒登擢秩卑而賞厚咸勸功樂進今增秩爲牧以高第補九卿其中材則苟自守而已恐功効陵夷姦軌不禁臣請罷牧置刺史如故奏可

東觀漢記曰州牧刺史漢舊官建元元年復置牧十八年改爲刺史秩[illegible]千石

又曰段熲起於徒中爲并州刺史有功徵還京師熲乘車介士鼓吹曲蓋朱旗騎馬殺天蔽日連騎相繼數十里

後漢書曰馬嚴上書云臣伏見方今刺史太守專州典郡不務奉事盡心爲國而司察偏阿取與自己同則舉爲尤異異則中以刑法不即垂頭塞耳採求財賂

又曰郭伋爲并州牧過京師謝恩帝即引見并召皇太子諸王宴語終日賞賜車馬衣服什物伋因言選補衆職當簡天下賢俊不宜專用南陽人帝納之

謝承後漢書云王宏遷冀州刺史宏性刻不發私書不容豪族賓客號曰王獨坐

又曰李壽爲青州刺史發璽書於本縣傳舍乘法駕騑驂朱軒就路奏免四郡相百城怖懼柔豫弃官

魏志曰賈逵自梁道爲豫州刺史是時天下初復州郡多不懾逵曰州本以御史出監諸郡以六條詔書察長吏二千石已下故其狀皆言嚴鷹揚有督察之才不言安靜寬仁有愷悌之德也今長吏慢法盜賊公行州知而不糺天子復何所取正乎逵到官數月乃還考竟其二千石以下阿縱不如法者皆舉奏免之帝曰逵真刺史矣布告天下當以豫州爲法

又曰張既字德容出爲雍州刺史太祖謂既曰君還本州可謂衣繡晝行矣

又曰呂虔字子恪任城人也遷徐州刺史加破虜將軍請琅耶王祥爲別駕民事一以委之世多其能任賢

晉書曰向雄太始中累遷秦州刺史假赤幢曲蓋鼓吹

又曰劉卞東平須昌人也後爲并州刺史昔同時爲須昌小吏者百餘人祖餞之其一人輕卞卞遣扶出之人以此少之

又曰王機入廣州刺史郭訥握節而避機遂入銳訥求節諮
昔蘇武不失其節前史以爲美談此節天朝所假義不相
與自可遣兵取之機慙而止
又曰石苞爲徐州刺史文帝之敗於東關也苞獨全軍而退
帝指所持節謂苞曰恨不以此付卿
晉陽春秋云胡質爲荆州刺史子威自洛陽至荆州定省
家貧自驅驢單行見父停十餘日臨歸質賜絹一疋爲道
糧威跪拜曰大人清高不審安得此質曰吾俸祿之餘故
以爲汝糧耳
又曰晉武嘗問威曰卿清孰與卿父清威曰臣不如也帝
曰何以爲不如威曰臣父清畏人知之臣清畏人不知
陸機晉武紀曰王濬之在巴郡也夢懸四刀於其上甚惡
之濬主簿李毅拜賀曰三刀爲州而見益一明府其臨益
州乎濬果爲益州刺史
晉中興書曰荀羨字令則爲徐州刺史時年二十中興方
伯未有如羨少者
梁書曰夏侯詳遷湘州刺史詳善吏事在州四載爲百姓
所稱州城南臨水有峻峯舊傳云刺史登此山輙代是山
歷政莫敢至詳於其地起臺樹延僚屬以表損揖之志
三國典略曰梁太祖制以南汾州刺史韋孝寬爲雍州刺
史先是路側一里置一土堠經雨頹毀每須修補孝寬臨
州乃勒部內當土堆之處植樹以代之既免修復之勞旋
又得庇蔭太祖後見之恠而問焉人以狀對太祖嘉之豈
得一州獨尓當令天下同之於是令諸州夾道一里種一樹
十里種三樹百里五樹焉
又曰梁蕭愔字敬則南平元襄王偉之子也初愔爲雍州

刺史賓客有江仲舉蔡薳王臺卿庾仲容四人俱被接遇
並有蓄積故樊鄧謌之云江千萬蔡五百王新車庾大宅
梁武聞而接之曰主人憒憒不如客及愔還梁武問之愔
甚慙恧
後魏書曰高陽王雍爲相州刺史帝誡曰爲牧之道亦易
亦難其身正不令而行故曰是易其身不正雖令不從故
曰是難
又曰高允爲懷州刺史允秋日巡境問民疾苦至邵縣見
邵公廟廢毀不立乃曰邵公之德闕而不禮爲善者何望
乃表聞修葺之
又曰李崇爲并州刺史多劫盜崇乃村置一樓樓懸一鼓
盜發則擊之俄頃之間聲布百里遂多擒獲諸州置樓自
崇始也
又曰南安王禎出爲相州刺史高祖餞之於林都亭詔曰
今者之集雖曰分岐實爲曲宴並可賦詩申意射者可以
觀德不能賦詩者可聽射也當使武士彎弓文士下筆
又曰汝陰王子修義字壽安涉獵書傳高才爲高祖所知
除右將軍齊州刺史修義以齊州頻喪刺史累表固辭詔
曰脩短有命吉凶由人何過致憂憚以乖維城之寄違凶
就吉時亦有之可聽更立廨宇修義於是移治東城
又曰畢終敬父子相代爲本州當世榮之時終敬以老還
鄉常呼其子元賓爲史君每於元賓聽政之時與出元賓
所先遣左右勑不聽起觀其斷决忻忻然喜見顏色
又曰邢巒征梁漢諸郡之民相繼而至遂平漢中詔曰巒
至彼有以懷和附衆高下品第可依義陽都督之格也拜
巒西安　梁秦　州刺史

北齊書曰張亮武定初拜太中大夫許琰嘗夢亮於山上
挂絲以告亮且占之曰山上絲幽字也君其爲幽州乎數
日亮出爲幽州刺史
北史曰厍平鑒爲楊州刺史其妻生男鑒因喜飮醉擅免
境内囚誤免關中細作二人醒而知之上表自劾文宣原
其罪賜牛羊酒令作樂
又曰慕容三藏爲鄭州刺史州界連雲山響稱萬年者三
詔頒郡國仍遣使醮山所其日景雲浮於上雉免馴壇側使
還以聞上大悅
後周書曰蘇亮出爲岐州刺史朝廷以其牧本州特給路
車鼓吹先還其宅并給騎士三千列羽儀遊鄉黨經過故
人歡飮旬日然後入州世以爲榮
又曰獨孤信爲秦州刺史嘗因獵日暮馳入城其帽微側

詰旦而吏人有戴帽者咸慕信而側帽焉其爲鄰境及士
庶所重如此
又曰劉雄字猛雀高祖嘗從容謂雄曰古人云富貴不歸
故鄉猶衣錦夜遊今以卿爲本州何如雄稽首拜謝於是
詔以雄爲河州刺史雄先已爲本縣令復有此授鄉里榮
之
又曰史寧爲涼州刺史遣使詣太祖請事太祖即以所服
冠履衣被及弓箭甲矟等賜寧謂其使人曰爲我謝涼
州孤解衣以衣公推心以委公公其善始令終無損功名
也
又曰長孫儉爲荆州刺史時梁岳陽王蕭詧内附初遣使
入朝至荆州儉於廳事列軍儀具戎服與使人以賓主禮
相見儉容貌魁偉音聲如鐘大爲鮮卑語遣人傳譯以問客

客惶懼不敢仰視日晩儉乃著裙襦紗帽引客宴於別齋因
序梁國喪亂朝廷招攜之意發言可觀使人大悅出曰吾
所不能測也
三國典略曰周陸逞字季明嘗爲宜州刺史故事刺史奉
辭例備鹵簿逞以時屬農要奏請停之制曰逞雖未臨人
已存優恤宜遂所請彰其雅操
又曰周帝制於玉壁置勳州以孝寬爲刺史爲其立勳於
此因以名之
又曰賀拔岳引軍西次平涼岳以夏州隣接寇賊欲求良
牧以鎭之衆咸曰宇文左丞即其人也岳曰宇文左丞吾
之左右手不可廢也沉吟累日乃從衆議表太祖爲夏州
刺史
陳書曰侯景平元帝遍問朝宰曰今天下始定極須良才

請卿各舉所知羣臣未有對者帝曰吾已得一人矣侍中
王褒進曰未審爲誰帝曰歐陽頠公有匡濟之才恐蕭廣
州不肯致之乃授武州刺史

太平御覽卷第二百五十四

太平御覽卷第二百五十五

職官部五十三

刺史下

隋書曰楊尚希素有足疾上謂之曰蒲州出美酒足堪養病屈公卧治之於是出拜蒲州刺史

又曰高勱拜楚州刺史吏民安之先是城北有伍子胥廟其俗敬鬼祈禱者必以牛酒至破産業勱歎曰子胥賢者豈宜損百姓乃告諭所部自此遂止百姓賴之

又曰張威以罪免後從上祠泰山至洛陽上謂威曰自朕之有天下每委公以重鎮可謂推赤心矣何乃不修名行唯利是視豈直孤負朕心亦且累卿名德因問威曰公所執笏今安在威頓首曰臣負罪虧失無顏復執謹藏於家上曰可持來威明日奉笏以見上曰雖不遵法度功效實

多朕不忘之今還公笏於是復拜洛州刺史

又曰梁彥光拜趙州刺史彥光言於上曰臣前待罪相州百姓呼爲戴帽餳臣自分廢黜無復衣冠之望不謂天恩復垂收採請復爲相州改弦易調庶有以變其風俗上答隆恩上從之復爲相州刺史豪猾者聞彥光自請而來莫不嗤笑彥光下車發擿姧隱有若神明於是狡猾之徒莫不潛竄合境大駭

唐書曰天授二年正月天后内出繡袍賜新除都督刺史其袍皆刺繡作山形繞山勒迴文銘曰德政惟明職令思平清信忠勤勞進躬親自此每新除都督刺史必以袍賜之

又曰李擇言開元中爲漢褒相岐四州刺史安德郡公所歷皆以嚴幹聞其在漢州張嘉貞爲益州長史判都督事性簡貴待管內刺史禮隔而引擇言同榻坐談正理時人榮之

又曰袁光庭者河西戍將天寶末爲伊州刺史禄山之亂西北邊戍兵入赴難關隴郡邑皆爲吐蕃所拔唯光廷守伊州累年外救不至虜百端誘說終不屈部下如一及矢石既盡粮儲並竭城將陷没光廷手殺其妻子自焚而死朝廷聞之贈工部尚書

又曰曹王皐上書言理道拜爲衡州刺史坐小法貶潮州刺史楊炎作相復以皐爲衡州刺史初皐爲御史覆評懼貽太妃憂出則素服入則公服言皃如平常太妃不之知也及爲潮州詭詞謂遷官至是復爲衡州方具以事白太妃因泣下具言非疾不敢有聞其沉審重慎如此

又曰貞元初德宗以奉先縣令鄭珣瑜爲饒州刺史昭應縣令韋武爲遂州刺史華原縣令崔琮爲汝州刺史藍田縣令韋貞伯爲舒州刺史盩厔令李曽爲鄆州刺史録善政也各賜馬一疋并綵物衣服以遣之

又曰元和十四年十月上欲以潮州刺史韓愈爲袁州刺史愈至潮州獻上表上對宰臣曰昨日韓愈表因思當時所論佛骨大是愛我我豈不知然爲人臣不當言人主事佛乃年促也我以是惡趮時上深欲擢用愈俟宰臣啓之耳皇甫鎛素嫉愈乃曰終是狂疎且與移一郡故有是命

又曰劉禹錫移授播州刺史御史中丞裴度奏禹錫毋年八十今播州乃猿狖所居人跡罕至禹錫誠合得罪然其老母必至不得行則須與子爲死別傷陛下孝理之風伏請屈法稍移近處使得終養上曰夫爲人子每事尤須修謹常恐貽親之憂今禹錫所坐更合重於他人豈可以此

論度不能對上曰我所言是責人子之事然終不能傷其
所親之心 明日改授禹錫為連州刺史
又曰崔珙大和七年正月拜廣州刺史兼嶺南節度使延
英中謝帝問以撫理南海之宜珙奏對明辯帝深嘉之時
高瑀鎮徐州承智興之後軍驕難制軍士數犯法上欲擇
威望之帥以臨之又難其才會珙言事慷慨謂宰臣曰崔
珙言事神氣精爽此可以臨徐人即以王茂先代珙鎮廣
南授珙檢校工部尚書徐州刺史
又曰張賈出守衢州辭日文宗謂賈曰聞卿大善長行賈
知上不喜博遂自解說乃曰臣公事之餘聊與賓客為戲
非有所妨也上曰豈謂好之而不妨事耶自後刺史面辭
日上必殷勤戒飭曰無嗜博無飲酒
又曰渾鐬瑊之子開成初年相擬壽州刺史文宗曰鐬勳

臣子弟豈可以委牧民仲尼有言不如多與之邑今我念
其先人之功與之致富可也宰臣曰鐬常歷名郡有政能
乃從之
又曰開成二年幽州節度使史元忠奏當管八州准門下
牒追刺史古魚各一隻臣勘自天寶末年頻有兵戈並多
失墜伏乞各賜新銅魚可之
又曰李暠授汝州刺史為政嚴簡州境肅然與兄昇弟暈
尤相篤睦昇等每月自東都省暠往來微行州人不之覺其清
慎如此
又曰孔若思為衞州刺史先是諸州別駕皆以宗室為之
不為刺史致敬由是多行不法若思至州舉奏別駕率道
欽罪犯請加鞠訊乃詔別駕於刺史致禮自若思始也
又曰蕭復累遷同州刺史時州人阻饑有京畿觀察使儲
廩在境內復輒以賙貧人為有司所劾詔下削階受代親
友唁之後怡然曰苟利於人敢憚薄責
又曰趙昌除華州刺史辭於麟德殿時年八十有餘趨拜
輕捷占對詳明上退而歎異宣令宰臣密訪其頤養之道
以奏焉
又曰咸通中衞洙奏狀稱蒙恩除授滑州刺史官號中一
字而臣家諱音同雖文字有殊而聲韻難別請改授閑官
者勑曰嫌名不諱著在禮文成命已行固難依允
五代史後唐書曰李嗣肱克脩之子也少有膽略時朱溫
將賀德倫急攻蓨縣朱溫率師五萬合勢營於蓨之西嗣
肱自下博率騎三百薄晚與賊之樵芻者相雜日旣晡入
朱溫營門諸騎相合大譟弓矢星發虓闞馳突汴人不知
所為營中大擾旣暝斂騎而退是夜朱溫燒營而遁解蓨

縣之圍以功特授蔚州刺史
又曰莊宗以教坊使陳俊為景州刺史內園栽接使儲德
源為憲州刺史伶人剖符非制也上初平汴州陳俊德源
皆為樂官周匝所薦上許之典郡郭崇韜以為不可遂寢
伶官言之者衆上密召崇韜謂之曰予已許陳俊一郡今
經年未行卿雖以正言匡諫我每慙見二人卿當屈意行
之故有斯命
又曰前洋州節度副使程又徽陳利見請於瀛莫兩州界
起置營田以備邊因授又徽莫州刺史充兩州營田使
五代史梁書開平四年九月詔曰魏博管內刺史比來州
務並委督郵遂使曹官擅其威權州牧同於閑冗俾循通
制宜塞異端並河南諸州例刺史得以專達時議者曰唐
朝憲宗烏重胤為滄州節度使嘗稱河朔六十年能抗拒

朝命者以奪刺史權與縣令職而自作威福耳若二千石各得其柄又有鎮兵雖安史挾對豈能據一墉而叛哉遂奏以所管德棣景三州各還刺史職分州兵並隸收管是後雖幽鎮魏三道以河北舊風自相傳襲唯滄州一道獨稟命受代自重裔制置使然也則梁氏之更張正合其事矣

五代史曰晉少帝開運中沈斌爲祁州刺史契丹自恒州驅牛羊過城下斌乃出州兵擊之爲契丹精騎剗門邀擊之州兵陷賊趙延壽知其無兵遂與蕃賊急攻之仍呼謂斌曰沈使君我故人也擇禍莫若輕早以城降無自辱也斌登城呼而報曰侍中父子誤計陷於腥膻忍以犬羊殘害父母之邦不自羞慙反有德色沈斌弓折箭盡寧爲國家死耳不傚公所爲也翌日城陷斌自殺

三輔決録曰韋康代父爲涼州刺史父出止傳舍康入官

守時人榮之

桓石秀別傳曰石秀爲竟陵太守遷江州刺史非其志也治擁不煩在州郡弋釣山澤縱心游覽而已善騎射望之若畫

桓氏家傳云範爲兖州刺史表謝曰喜於復見選擢慙於不堪所職悲於戀慕闕庭三者交集不知所裁

黄恭交廣記曰秦兼天下以州牧爲刺史朱明之時則出巡行封部玄英之月則還詣天府表奏刺史言其剌舉不法史者使也

異苑曰晉陵韋朗家在延陵元嘉初忽見庭前井中有人長尺餘所被帶組　相應相隨出門良久乃盡朗兄斅頗善占筮嘗云吾子弟當至刺史朗歷清廣二州

郭子曰王丞相治揚州解舍索行而言我正爲次道理此耳何次道少爲王公所知重故有此歎

太平御覽卷第二百五十五

職官部五十四

良刺史上

漢書曰黃霸爲楊州刺史治有績漢宣詔賜車特高一尺別駕主簿緹油屏泥於軾前以彰有德也

又曰朱博遷冀州刺史博本武吏不更文法及爲刺史行部吏民數百人遮道自言博駐車決遣四五百人皆罷去如神吏驚不意博臨事乃至於此

又曰何武爲楊州刺史行部必先卽學官見諸生試其誦論得失然後入傳舍問墾田頃畝五穀美惡

東觀漢記曰郭伋字細侯河南人也在并州素結恩德行部到西河美稷有童兒數百各騎竹馬迎拜伋問曰兒曹何自遠來對曰聞使君到喜故迎諸兒復送到郭外問使

君何日當還伋曰別駕從事計日告之行部還入美稷界先期一日伋念負諸童兒遂止于野亭須期乃入

又曰李珣爲兗州刺史所種小麥葫蒜悉付從事一無所留清約率下常席羊皮布被

後漢書曰郭賀爲荊州刺史顯宗巡狩到南陽特見嗟歎賜以三公之服黼黻冕旒勑行部去襜帷使百姓見其容服以章有德每所經過吏人指以相示莫不榮之

又曰賈琮爲冀州刺史舊典傳車驂駕垂赤帷裳迎於州界及琮之部升車言曰刺史當遠視廣聽糾察美惡何有反垂帷裳以自掩塞乎乃命御者褰之百城聞風自然竦震其諸贓過者望風解印綬而去

又曰王望爲青州刺史甚有威名是時州郡災旱百姓窮荒望行部道見飢者裸行草食五百餘人愍然哀之因以便宜出所在布粟給其廩糧爲作褐衣

又曰中平元年交阯屯兵反執刺史及合浦太守自稱柱天將軍靈帝特勑三府精選能吏有司舉賈琮爲交阯刺史琮到部訊其反狀咸言賦斂過重百姓莫不空單京師遙遠告冤無所民不聊生故聚爲盜賊琮卽移書告示使安其資業招撫荒散蠲復徭役誅斬渠帥爲大害者簡選良吏使試守諸縣歲間蕩定百姓以安巷路爲之歌曰賈父來晚使我先反今見清平吏不敢飯在事三年爲十三州最

又曰郭伋爲并州牧入界所到縣邑老幼相携逢迎道路所過問民疾苦聘求耆德雅俊設几杖之禮朝夕與參政事

又曰蘇章爲冀州刺史故人爲清河太守章行部按其姧贓乃請太守爲設酒肴陳平生之好甚歡太守喜曰人皆有一天我獨有二天章曰今夕蘇孺文與故人飲者私恩也明日冀州刺史按事者公法也遂舉正其罪州境知章無私望風畏肅

又曰張禹拜楊州刺史當過江行部中土人皆以江有子胥之神難於濟涉禹將渡吏固請不聽禹厲言曰子胥如有靈知吾志在理察枉訟豈危我哉遂鼓而過歷行郡邑深幽之處莫不必到親録囚徒多所明舉吏人希見使者人懷喜悅

又曰楊秉遷任城相自爲刺史二千石計日受俸餘祿不入私門故吏齎錢百萬遺之閉門不受以廉絜稱

又曰謝夷吾爲荊州刺史第五倫薦之曰受牧荊州威行郡國奉法作故有周邵之風居儉履約紹公儀之後尋功簡能爲外臺之表聽聲察實爲九伯之冠也

續漢書曰种暠爲益州刺史在職三年宣恩遠夷開曉殊俗岷山雜落皆懷服漢德其白狼槃木諸國自前刺史卒後遂絶暠至乃復向化時永昌太守鑄黃金爲文蛇以獻梁冀暠糾發追捕馳傳上言冀由是銜怒

又曰周舉爲并州刺史太原舊俗以介子推焚骸有龍忌之禁輒一月寒食莫敢煙爨老少不堪歲歲多死者舉旣到州乃作弔書以置子推之廟言盛冬去火殘損人命非賢者之意以宣示愚民使還溫食

謝承後漢書曰陳留百里嵩字景山爲徐州刺史境遭旱嵩行部傳車所經甘雨輒澍東海金鄉祝其兩縣僻在山間嵩傳駟不往二縣不得雨父老干請嵩曲路到二縣入界即雨

又曰巴祗字敬祖爲楊州刺史在官不迎妻子俸祿不使有餘積毀壞不復改易以水澡傳墨用之夜與士對坐暗中不燃官燭

又曰第五種遷兗州刺史中常侍單超兄子匡爲濟陰太守負勢貪放種欲收舉未知所使會聞從事衛羽素抗直乃召羽具告之曰聞公不畏強禦今欲相委以重事若之何對曰願庶幾於一割羽出遂馳到定陶閉門收匡賓客親吏四十餘人六七日中糾發其贓五六十萬種即奏匡并以劾超

魏志曰劉馥字元穎沛國相人也太祖方有袁紹之難謂馥可任以東南之事遂表爲楊州刺史馥旣受命單馬造合肥空城建立州治南懷緒等皆安集之貢獻相繼南懷緒數年恩化大行百姓樂其政流民越江山而歸者以萬數於是聚諸生立學校廣屯田興治芍陂及茹陂七門吳塘以溉稻田官民有稸陂塘之利至今爲用

又曰徐邈爲涼州刺史進善黜惡風化大行百姓歸心焉西域通流荒戎入貢皆邈勳也

又曰田豫護匈奴中郎將領并州刺史聞其威名相率來獻州界寧肅百姓懷之

又曰陳泰爲并州刺史懷柔民夷甚有威惠京邑貴人多寄寶貨因泰市奴婢泰皆挂之於壁不發其封及徵爲尚書悉以還之

又曰梁習字子虞爲并州刺史政治常爲天下最太和二年徵拜大司農習在州二十餘年而居處貧窮無方面珍物明帝異之禮賜甚厚

又曰王昶字文舒太原晉陽人也遷兗州刺史明帝即位加揚烈將軍賜爵關內侯昶雖在外任心存朝廷以爲魏承秦漢之弊法制苛碎不大釐改國典以准先王之風而望治化復興不可得也乃著治論略依古制而合於時務者二十餘篇

又曰司馬朗字伯達河內溫人也遷兗州刺史政化大行百姓稱之雖在軍旅常惡衣惡食以儉率下

魏略云裴潛爲兗州時嘗作一胡牀及去留以挂柱

吳志曰呂岱爲交州刺史歷年不餉家妻子飢乏孫權聞之歎息以讓群臣曰呂岱出身萬里爲國勤事家內困而孤不早知股肱耳目其責安在於是加賜錢米綿布歲有常限

晉書曰杜元凱爲荊州人號爲杜父舊水道唯沔漢達江陵千數百里君乃開陽口起夏水導洪洞達巴陵徑近千里南土美而謠曰後世無叛由杜翁孰識知名與勇功

又曰吴隱之爲廣州州界有貪泉父老云飲此水使廉士
變貪隱之先至水酌而飲之賦詩曰古人云此水一飲重
千金若使夷齊飲終當不易心
王隱晉書曰華軼爲江州刺史得江表之懽心流亡之士
赴之如歸時天子孤危四方瓦解軼有匡天下之志每遣
貢獻入洛不失臣節謂使者曰若洛都道斷可輸之瑯耶
王以明吾之爲司馬氏也
又曰山濤爲兾州刺史兾州舊名尅俗略無人士自濤居
州搜求賢才旌命所知三十餘人皆顯名當世兾州之士
於是爲盛
晉陽秋曰劉弘字和季與晉世祖同年居同里以舊恩屢登
顯位弘爲荆州刺史值王室多難得專命一方盡其器能
推誠御下厲以公義每有發手書郡國丁寧款密故莫不

感悅顛倒奔赴咸曰得公一紙書賢於十部從事也
曹嘉之晉紀云羊曁爲青州刺史曁牛産犢及遷以官舍
所生遺之而去
晉中興書曰褚裒字季野河南人也弱冠譙國桓彛見而
之曰褚季野有皮裏陽秋裒女即獻后也徵拜侍中遷
尚書裒以后父苦求外出除江州刺史莅政貞素每崇清
約常使私僮樵採
晉桓伊字叔夏譙國人湛隱有武幹又善音律爲中興第
一遷都督江州荆州十郡豫州四郡軍事江州刺史伊到鎮
以邊境無虞宜以寬恤爲務乃上疏江州虛耗加連歲不
登宜併合小縣除諸郡逋米州治宜還豫章詔荅移州潯
陽其餘皆聽伊隨宜拯撫甚得南土清和
宋書曰陸徵爲益州刺史卹隱有方威惠兼著寇盜静息
民物殷阜蜀土安悅至今稱之
齊書曰臨川王映爲雍州刺史甞至錢還都買物有獻計
者於江陵買貨至都迴換可得微有所增映笑曰我是賈
客耶乃復求利
又曰王琨爲廣州刺史南土沃實在任者常致巨富世謂
廣州刺史但經城門一過便得三千萬也琨無所取納表
獻祿俸之半州鎮舊有皷吹又啓輸還及罷任孝武知其
清問還資多少琨曰臣買宅百三十萬餘物稱之帝悅其
對
梁書曰安成康王秀都督雍梁南北秦四州諸軍事雍州
刺史有疾百姓商賈咸爲請命既薨四州裂裳爲白帽哀哭
送之
又曰夏侯亶字世龍弟夔字季龍並任豫州人歌曰我之
有州頻仍夏侯前兄後弟布政優優

又曰王神念爲青兾二州刺史神念性剛正所更州郡必
禁止淫祠時青兾州東北有石鹿山臨海先有神廟妖巫
欺惑百姓遠近祈禱糜費極多及神念至使令毁撤風俗
遂改

太平御覽卷第二百五十六

太平御覽卷第二百五十七

職官部五十五

良刺史中

後魏書曰李崇爲楊州刺史先是壽春縣人苟泰有二子三歲遇賊亡失數年不知所在後見在同縣人趙奉伯家泰以狀告各言己子並有隣證郡縣不能斷崇曰此易知耳二父與兒各在別處經禁數旬然後遣人告之曰君兒遇患向已暴死有教解禁可出奔哀也苟泰聞即號咷悲不自勝奉伯咨嗟而已殊無痛意崇知之乃以兒還泰詰奉伯詐狀奉伯乃欵引先亡一子故妄認之

又曰李崇除兗州刺史兗土舊多刼盜崇乃村置一樓樓懸一鼓盜發之處雙槌亂擊四面諸村始聞者槌一通次復聞者以二爲節次後聞者以三爲節各擊數千槌諸村聞鼓皆守要路是以盜發俄頃之間聲布百里其中嶮要悉有伏人盜竊始發便尔擒送諸州置樓懸鼓自崇始也

又曰韋崇除南頴川太守不好發擿細事常云何用小察以傷大道吏民感之郡中大治高祖聞而嘉賞賜帛二百疋

又曰崔亮爲雍州刺史城北渭水淺不通船行人艱阻謂寮佐曰昔杜預乃造河梁況此有異長河且魏晉之日亦自有橋吾今決欲營之咸曰水淺不可爲浮橋泛長無常又不可施柱恐難成立亮曰昔秦居咸陽横橋渡渭以像閣道此即以柱爲橋今惟慮長柱不可得耳會天大雨山水暴至浮出長木數百根藉此爲用橋遂成立百姓利之至今猶名崔公橋

又曰任城王雲爲冀州刺史雲留心政事甚得下情於是合州民各請輸絹五尺粟伍升以報雲恩高祖嘉之

又曰城陽王長壽之子徽除并州刺史先是州界下霜人庶逃散徽輙開倉賑之文武咸共諫止徽曰昔汲長孺郡守耳尚輙開倉救人飢弊況我皇家親近授委大藩豈可拘法而不救人困也先給後表肅宗嘉之

又曰李平字曇定爲相州刺史勸課農桑脩飾太學簡試通儒以充博士選五郡聰敏者以教之圖孔子及七十二弟子於講堂親爲立贊前臺使頗好平書履虎尾踐薄氷於客館注頌其下以示誡焉

又曰韋彧爲東豫州刺史彧以蠻俗荒梗不識禮儀乃表立太學選諸郡生徒於州總教文於城北置崇武館以習武焉境内清肅

又曰韋珎遷郢州刺史在州有聲績朝廷嘉之遷龍驤將軍賜驊騮二疋帛五十疋穀三百斛珎乃召集州内孤貧者謂曰天子以我能綏撫卿等故賜以穀帛吾何敢獨當遂以所賜悉分與之

又曰韓麒麟除齊州刺史假魏昌侯麒麟在官寡於刑罰從事劉普慶説麒麟曰明公杖節方夏而無所斬戮何以示威麒麟曰刑罰所以止惡盖不得已而用之今民不犯法何所戮乎若必須斬戮以立威名當以卿應之普慶慙懼而去

又曰李崇沉深有將略寛厚善御衆在楊州凡經十年養壯士數千人寇賊侵邊所向摧破號曰卧虎

又曰陸俟長子馛多智有父風高祖見而悦之謂朝臣曰吾常歎其父智過其軀是復踰於父矣少爲内都下大夫出爲刺史刺史假長廣公爲政清平抑強扶弱州中有舊德宿老名望素重者以友禮待之詢之政事如此者十人

號曰十善於是發姦擿伏事無不驗百姓以爲神明無敢寇盜徵爲散騎常侍人乞留者千餘人

又曰崔林爲青州刺史青州九郡民單攃李伯徽劉通等一千人上書訟休德政靈太后善之休在幽青五六年皆清白愛民甚著聲績二州懷其德澤百姓追思之

又曰任城王澄爲楊州刺史下車封孫叔敖之墓毀蔣子文之廟表請復皇宗之學開四門之教詔從之

又曰阮孚拜冀州刺史勸課農桑境內稱爲慈父隣州號曰神君先是州人張孟都張洪建馬潘崔獨憐張叔緒崔思哲等八人皆屯保林野不臣王命州郡號曰八王孚至皆請入城願致死効力

北齊書曰趙郡王叡除北朔州刺史都督北燕北蔚北恒三州及庫堆以西黃河以東長城諸鎮諸軍事叡慰撫新遷

量置烽戍內防外禦備有條法大爲兵民所安有無水之處禱而掘井鍫鍤裁下泉源湧出至今號曰趙郡王

又曰魏蘭根爲岐州刺史從行臺蕭寶夤討破宛川俘其人爲奴婢以美女十人賞蘭根蘭根曰此縣介於強虜故成背叛今當恤其飢寒奈何並充僕隸於是盡以歸其父兄部內麥多五穗隣州田鼠爲災犬牙不入岐土

又曰韓軌還秦州刺史甚得邊和神武巡秦州欲以軌還仍賜城人戶別絹布兩疋州人田昭等七千戶皆辭不受唯乞留軌神武嘉歎乃留焉

北史曰齊任城王湝爲并州刺史時有婦人臨汾川浣衣有乘馬人換其新靴馳而去者婦人持故靴詣州言之湝召居城諸嫗以靴示之紿曰有乘馬人於路被賊劫害遺此靴焉得無親屬乎一嫗撫膺哭曰兒昨著此靴向妻家如其語捕獲之時稱明察

又曰齊平覽遷懷州刺史覽奏諸於州西故車道築城以防西軍從之尋而西魏來攻時新築城粮仗未集素乏水南門有大井隨汲即竭覽具衣冠俯井而祝至旦而井泉湧溢有異於常

又曰齊彭城王浟爲滄州刺史有人從幽州來驢馱鹿脯至滄州界脚痛行遲偶會一人爲伴遂盜驢及脯去明旦告州乃令左右及府僚吏分市鹿脯不限其價其主見識之推獲盜者

又曰竇熾爲原州刺史熾抑挫豪右申理幽滯在州十載甚有政績州城北有泉水屢經遊踐當與僚吏宴於泉側因酌水自飲曰吾在此州唯當飲水而已

又曰申徽爲襄州刺史時南方初附舊俗官人皆通餉遺

徽性廉愼乃畫楊震像於寢室以自戒及代還人使送者數十里不絕徽自以無德於人慨然懷愧因賦詩題於清水亭長幼聞之皆競來讀遞相謂曰此是申使君手迹並寫誦之

又曰赫連達爲雲州刺史性廉儉邊境胡人或饋達羊達欲招異類報以繒帛主司請用官物達曰羊入我厨物出官庫是欺上也命取私帛與之識者嘉其仁恕

三國典略曰賀祥爲荆州刺史祥有惠政遠近款附梁岳陽王詧欽其清素乃贈以竹屏風祥難違其意取付所司太祖聞之並以賜祥

後周書曰獨孤信爲秦州刺史先是守宰闇弱政令乖方民有冤訟歷年不能決信在州事無擁滯示以禮教勸以耕桑數年之中公私富實流民願附者數萬家太祖以其

信著遐邇故賜名爲信
又曰達奚武之在同州也時屬大旱高祖勑武祀華嶽而廟在舊山下常往祈禱武謂寮屬曰吾備位三公不能燮理陰陽遂使盛農之月久絶甘雨天子勞心百姓惶懼忝寄既重憂責實深不可同於衆人在常祀之所必須登峯展誠須其靈奧嶽既高峻千仞壁立武年逾六十唯將數人攀藤援枝然後得上於是稽首祈請陳百姓懇誠晚不得還即於嶽上藉草而宿夢見白衣人來執武手曰快辛苦甚相嘉尚武遂驚覺益用祗肅至旦雲霧四起俄而澍雨遠近沾洽高祖聞之璽書慰勞
又曰韋瑱字世珍魏恭帝二年賜姓宇文氏三年除瓜州刺史通西域蕃夷往來前後刺史多受賂遺胡寇犯邊又莫能禦瑱雅性清儉兼有武略蕃夷贈遺一無所受胡人畏威不敢爲寇公私安靜夷夏懷之
又曰長孫儉授荆州刺史東南道行臺僕射所部鄭縣令泉璨爲民所訟推理獲實儉即大集僚屬而謂之曰此由刺史教誨不明信不被物是我之愆非泉璨之罪遂於廳事前肉袒自罰捨璨不問於是州城肅勵莫敢犯法魏文帝璽書勞之
又曰王思政遷荆州刺史州境卑濕城壍多壞思政方命都督藺小歡督工匠繕治之掘得黄金三十斤夜中密送之至旦思政召佐吏以金示之曰人臣不宜有私悉封金送上太祖嘉之賜錢二十萬
又曰泉企爲東雍州刺史性清約纖毫不擾於民在州五年每於鄉里運米以自給
隋書曰令狐熙拜滄州刺史時山東承齊之弊戶口簿籍類

不以實熙曉諭之令自歸首至者一萬口在職數年風教大洽稱爲良二千石開皇四年上幸洛陽熙來朝吏民恐其遷易悲泣於道及熙復還百姓出境迎謁歡叫盈路在州獲白烏白麞嘉禾甘露降於庭前柳樹
又曰令狐熙時上祠泰山還祠汴州惡其殷盛多有姧俠於是以熙爲汴州刺史下車禁遊食抑工商民有向街開門者杜之船客於郭外星居者勸爲聚落僑人逐令歸本其有滯獄並決遣之令行禁止稱爲良政上聞而嘉之顧謂侍臣曰鄴都天下難理處也勑相州刺史豆盧通令習熙之法其年來朝考績爲天下之最賜帛三百疋頒告天下
又曰楊達字士達爲鄯鄭趙三州刺史俱有能名平陳之後四海大同上差品天下牧宰達爲第一賜雜綵五百段加以金帛
又曰慕容三藏授廓州刺史州極西界與吐谷渾隣接姦宄犯法者皆遷配彼州流人多有逃逸及三藏至招納綏撫百姓愛悦繈負日至吏民歌頌之高祖聞其能屢有勞問其年當州畜産繁孳獲醍醐奉獻賚物百段
又曰衛玄出爲資州刺史以鎮撫之玄既到官時獠攻圍大牢鎮玄單騎造其營謂羣獠曰我是刺史銜天子詔安養汝等勿驚懼也諸賊莫敢動於是説以利害渠帥感悦解兵而去前後歸附者十餘萬口高祖大悦賜縑二千疋
又曰郭衍爲瀛州刺史遇秋霖大水其屬縣多漂没民皆上高樹依大冢衍親備船栰并賫糧拯救之民多獲濟衍先開倉賑恤後始聞奏上大善之
又曰辛彦之拜隋州刺史于時州牧多貢珍翫唯彦之所

貢並供祭之物高祖善之顧謂朝臣曰人安得無學彦之所貢稽古之力也

又曰梁彦光爲岐州刺史甚有惠政嘉禾連出於州境開皇二年上幸岐州悅其能乃下詔曰賞以勸善義兼訓物彦光操履平直識用凝遠布政岐下恩惠在人廉愼之譽聞於天下三載之後自當遷陟恐其匱乏且宜旌善可賜粟五百斛物三百段御傘一枚庶使有感朕心日增其美四海之内凡曰官人慕高山而仰止聞清風而自勵

又曰梁彦光爲相州刺史有滏陽人焦通性嗜酒事親禮闕爲從弟所訟彦光弗之罪將至州學令觀於孔子廟于時廟中有韓伯瑜母杖不痛哀母力弱對母悲泣之像通遂感寤既悲且媿若無自容彦光訓諭而遣之後改過勵行卒爲善士以德化人皆此類也

又曰公孫景茂遷息州刺史法令清靜德化大行時屬平陳之後征人在路有疾病者景茂撤減俸祿爲饘粥湯藥分賑濟之賴以全活者以千數上聞而嘉之詔宣告天下

又曰薛冑爲兖州刺史城東有沂泗二水合而南流汎濫大澤中冑遂積石堰之使決令西注陂澤盡爲良田又通轉運利盡淮海百姓賴之號爲薛公豐兖渠

又曰梁毗出爲西寧州刺史改封邯鄲縣侯在州十一年先是蠻夷酋長皆服金冠以金多者爲豪俊由此遞相陵奪每尋干戈邊境略無寧歲毗患之後因諸酋長相率以金遺毗於是置金座側對之慟哭而謂之曰此物飢不可食寒不可衣汝等以此相滅不可勝數今將此來欲殺我耶一無所納悉以還之於是蠻夷感悟遂不相攻擊高祖聞而善之

又曰趙煚爲冀州刺史甚有威德煚常有疾百姓奔馳爭爲祈禱其得民情如此冀州俗薄市井多姦詐煚爲銅斗鐵尺置之於肆百姓便之上聞而嘉焉頒告天下以爲常法　又曰蔡王智積爲同州刺史儀衛資送甚盛頃之以修謹聞高祖善之在州未嘗嬉戲遊獵聽政之暇端然讀書門無私謁有侍讀公孫尚儀山東儒士府佐楊君英蕭德言並有文學時延於座所設惟餅果酒纔三酌家有女妓唯年節嘉慶奏於太妃之前其簡靜如此

又曰公孫景茂爲道州刺史悉以秩俸買牛犢雞猪散惠孤弱不自存者好單騎巡人家至户入閱視百姓産業有脩理者於都會時乃褒揚稱述如有過惡隨即訓導而不彰也由是人行義讓有無均通男子相助耕耘婦人相助紡績大村或數百户皆如一家之務其後請致仕上優詔

聽之仁壽中上明公楊紀出使河北見景茂神力不衰還以狀奏於是就拜淄州刺史賜以馬轝便道之官前後歷職皆有德政論者稱爲良牧

又曰梁彦光爲相州刺史初齊亡後衣冠士人多遷關内唯伎巧商販及樂户之家移實州郭由是人情險詖妄起風謠訴訟官人萬端千變彦光欲革其弊乃用秩俸之物招致山東大儒每鄉立學非聖哲之書不得教授常以季月召集之親臨策試有勤學異等聰令有聞者升堂設饌其餘並坐廊下有諍訟惰業無成者坐之庭中設以草具及大成當舉行賓貢之禮又於郊外祖道并以財物資之於是人皆克勵風俗大改

又曰韋世康尉遲迥之作亂也高祖憂之謂世康曰汾絳舊是周齊分界因此亂皆恐生撓動今以委公善爲吾守

因授絳州刺史以雅望鎮之闔境清肅
又曰豆盧勣爲渭州刺史甚有惠政華夷悅服德澤流行多致祥瑞鳥鼠山俗呼爲高武隴其下渭水所出其山絶壁千尋由來乏水諸羌苦之勣馬足所踐忽飛泉湧出有白烏翔止廳前乳子而後去又白狼見於襄武民爲之謠曰我有丹陽山出玉漿濟我民夷神烏來翔百姓因號其泉爲玉漿泉

太平御覽卷第二百五十七

太平御覽卷第二百五十八

職官部五十六

良刺史下　酷刺史

良刺史下

唐書曰姜謩拜秦州刺史高祖謂曰衣錦還鄉古人所尚今以本州相授用荅元功涼州之路近爲荒梗宜弘方略有以靜之謩至州撫以恩信州人相謂曰吾輩復見太平官府矣盜賊悉來歸首士庶安之

又曰顏遊秦遷廉州刺史封臨沂縣男時劉黑闥初平人多以強暴寡禮風俗未安遊秦撫恤境内敬讓大行邑里歌之曰廉州顏有道性行同莊老愛人如赤子不殺非時草高祖璽書勞勉之

又曰太宗詔朝集使刺史以上升殿親問之曰卿等在州

何以撫教定州刺史薛獻對曰老者國家所養臣每存恤之少者國家所使臣每勸誡之田疇荒廢漸加墾闢禮義既行產業咸振此皆稟之聖化非臣之力太宗曰如公之所奏足稱循良清淨爲政朕所望於公等也

又曰賈敦頤曹州冤句人也貞觀中歷遷滄州刺史在職清潔每入朝盡室而行唯弊車一乘羸馬數疋羈有闕以繩爲之見者不知其刺史也後轉瀛州刺史州界滹沲河及滱水每歲泛溢漂流民人敦頤奏立堤堰自是無復水患

又曰田仁會永徽初累遷郢州刺史以善政聞時屬亢旱仁會自曝祈禱竟獲甘澤其歲大熟百姓歌之曰父母育我田使君精誠爲人上天聞旱田致雨山出雲倉廩既實禮義申但願常在不患貧

又曰許景先傳開元十三年玄宗令宰臣擇刺史之任必在得人景先首中其選自吏部侍郎出爲虢州刺史後轉岐州

又曰薛大鼎爲滄州刺史州界有無棣河隋末填廢大鼎奏開之引魚鹽於海百姓歌之曰新河得通舟楫利直達滄海魚鹽至昔日徒行今騁駟美哉薛公德滂被大鼎又以州界卑下遂決長蘆及漳衡等三河分洩夏潦境内無復水災時與瀛州刺史賈敦頤冀州刺史鄭德本俱有美政河北號鐺脚刺史

又曰敬暉除衛州刺史時河北新有突厥之寇方秋而修城不輟暉下車謂曰金湯非粟而不守豈有棄收穫而繕城郭哉悉令罷散由是人吏咸謌詠之

又曰蕭定大曆中有司條天下牧守課績唯定與常州刺史蕭復濠州刺史張謐爲理行第一其勸農桑均賦稅逋

亡歸復户口增加定又冠焉

又曰段秀實爲涇州刺史兼御史大夫四鎮北庭行軍涇原鄭潁節度使三四年間吐蕃不敢犯塞清約率易遠近稱之非公會不聽樂飲酒私室無妓媵無嬴財退公之後端居靜慮而已德宗嗣位就加檢校禮部尚書

又曰劉贊子玄之孫爲浙西都團練判官建中初楊炎作相擢爲歙州刺史以勤幹聞有老婦捃拾於叢林之間爲猛獸將噬幼女號呼搏而救之母子俱免本道觀察使韓滉奏爲異跡加金紫之服累歲遷常州刺史

又曰李惠登李希烈反授惠登兵二千鎮隋州貞元初舉州歸順授隋州刺史兼御史中丞州遭李希烈殘後野曠無人惠登朴質不知學居官無枝葉率心爲政皆與理順利人者因行之病人者因去之二十年間田疇闢

户口加諸州奏吏入其境無不謳謡其能
又曰韓愈爲潮州刺史既視事詢吏民疾苦皆曰惡谿水有鱷魚卵而化其長數丈食民畜産將盡以是民貧居數日愈往視之令判官秦濟炮一豚一羊投之湫水呪之曰前代德薄之君棄楚越之地則鱷魚涵泳於此可也今天子神聖四海之外撫而有之况揚州之境刺史縣令之所治出貢賦以供天地宗廟之祀鱷魚豈可與刺史雜處此土哉刺史受天子命令守此土而鱷魚睅然安谿潭食民畜熊鹿麞豕以肥其身以繁其卵與刺史爭爲長雄刺史雖駑弱安肯爲鱷魚低手而下哉今潮州大海在其南鯨鵬之大蝦蟹之細無不容鱷魚朝發而夕至今與鱷魚約三日乃至七日如頑而不徙須爲物害則刺史選材伎壯夫操勁弓毒矢與鱷魚從事矣呪之夕有暴風雷起於湫中數日湫水盡涸徙於舊湫西六十里自是潮人無鱷患

又曰盧鈞開成元年爲廣州刺史御史大夫嶺南節度使南海有蠻船之利珍貨輻湊舊帥作法興利以致富凡爲南海者靡不捆載而還鈞性仁恕爲政廉潔請監軍領市舶使已一不干預自貞元已來衣冠得罪流放嶺表者因而物故子孫貧悴雖遇赦不能自還凡在封境者鈞減俸錢爲營槥櫝其家疾病死喪則爲醫藥殯斂孤兒稚女爲之婚嫁凡數百家由是山越之俗服其德義不嚴而人化
又曰朱敬則爲御史冉祖雍所誣貶授廬州刺史經數月代到還鄉里無淮南一物唯有所乘馬一疋諸子跣徒步而歸
又曰許圉師轉相州刺史政寬存惠人吏刊石以頌之嘗有官吏犯贓事露圉師不令推究但賜清白詩以激其犯者愧懼遂改節爲廉士其寬如此
又曰齊澣定州義豐人爲汴州刺史河南爲雄郡自江淮達于河洛舟車輻湊人庶浩繁前後牧守多不稱職唯倪若水與澣皆以清嚴爲治吏民歌之
又曰李勉爲廣州刺史兼嶺南節度使觀察番禺賊帥馮崇道桂州叛將朱濟時等阻洞爲亂前後累歲陷沒十餘州勉至遣將李觀與容州刺史王翃併力招討悉斬之五嶺平前後西域舶泛海者歲纔四五勉性廉潔舶來都不撿閱故末年舶至者四十餘在官累年器用車服無增飾者耆老以爲可繼前朝宋璟盧奐李朝隱之徒人吏詣闕請立碑代宗許之
又曰楊城爲道州刺史在州以家人法待吏人宜罰者罰之宜賞者賞之一不以簿書介意道州土地産民多矮每

年常配鄉户貢其男號爲矮奴城不平其以良爲賤又憫其編甿歲有離異之苦乃抗疏論而免之自是乃停其貢民皆賴之無不泣荷
又曰尹思貞爲青州刺史境内有蠶一年四熟者黜陟使衛州司馬路敬潛八月至州見蠶歎曰非善政孰能至於此乎特表薦之
又曰馬璲改懷州刺史秉兵亂之後其夏大旱人吏失耕稼璲乃務修教化將吏有父母者璲輒造之施敬収瘞暴骨去其煩苛至秋界中生穭穀人頗賴之
又曰牛心瑦爲鄂州刺史武昌軍節度使江夏城容土散惡難立垣墉每年加版築賦菁茅以覆之吏緣爲姦蠹弊綿歲僧孺至計茅苫板築之費歲十餘萬即賦之以塼以當苫築之價凡五年墉皆甃瓦菁蠹弊永除

又曰皇甫無逸爲同州刺史閉門自守不通賓客左右不得出門凡所貨易皆往他州每按部樵採不犯於人嘗夜宿人家遇燈炷盡人主將續之無逸遽抽佩刀斷衣帶以爲其炷其廉介如此

又曰呂元膺爲蘄州刺史頗著恩信嘗歲終閱郡獄囚囚有自告者曰某有父母在明日元正不得相見因泣下元膺憫焉盡脫其械縱之以爲期守吏曰賊不可縱元膺曰吾以忠信待之及期無後到者由是羣盜感義相引而去

又曰柳宗元爲柳州刺史土俗以男女質錢過期則没入宗元革其鄉法其已没者仍出私錢贖之歸其父母

又曰王仲舒爲洪州刺史江南西道觀察使江西前例榷酒私釀法深仲舒主鎮奏罷之又出官錢二萬貫代貧户輸稅

又曰令孤楚子緒以蔭授官歷隋壽汝三郡刺史在汝州日有能政郡人請立碑頌緒以弟綯在輔弼上言曰臣先父元和中特承恩顧弟陶官不因人出自宸衷臣伏睹詔書以臣刺壽州日粗立政勞民民求立碑頌尋乞追罷臣任隋州日郡人乞留得上下考此名以聞於日下不必更立碑頌乞賜寢停宣宗嘉其意從之

五代史梁書曰韓建爲潼關防禦使兼華州刺史河潼經大寇之後戶口流散建披荆棘闢汙萊勸課農事樹植蔬果出入閭里親問疾苦不數年流亡畢復軍民充實

又曰王檀字衆美爲密州刺史郡接淮戎舊無壁壘乃率丁夫修築羅城六旬而畢居民賴之

又曰趙克裕河陽人也繼領亳鄭二州刺史時關東藩鎮方爲蔡寇所毒黎元流散不能相保克裕妙有農戰之備復善於綏懷民賴而獲安

五代史晉史曰相里金自羽林都虞候爲忻州刺史凡部曲私屬將吏不遣涖州邑之職皆優其給賜使分掌家事而已其後累典大郡皆有聲績

又曰澤州奏前刺史史延韜離州爲軍民遮圍不放出城兼截下馬鐙其史延韜經三日後夜開城門赴闕

又曰安元信歷數任皆名郡也親族謂曰公身俸二千石鬢有白髭家無肥美田園何以爲子孫計元信曰吾本無文經武略遭遇先帝風雲之會繼提郡印位在親人平生之望過矣每以衣食豐足爲愧安有積貨治產欲爲豚犬輩後圖不亦愚乎聞者美之

英雄記曰幽州刺史劉虞食不重餚藍縷繩屨

華陽國志曰趙琰爲青州刺史有貴要屬託琰於廳事前置大器水發書悉投置水中無有所報

益部耆舊傳曰嚴遵字王思爲揚州刺史行部聞路旁女子哭聲不哀問所哭者誰對曰夫遭燒死遵勑吏輿尸到與語吏曰死人自道不燒死攝女令人守尸曰當有物往吏曰有蠅聚頭所遵令披視得鐵錐貫頂拷問以淫殺夫

會稽典錄曰謝夷吾字堯卿山陰人爲荆州刺史遇孝章皇帝巡狩幸魯陽有詔勑夷吾入傳錄見囚有亭長斫部民者縣言和斮上意以爲吏劫民何得言和須史夷吾呵之曰亭長朱幘之吏職在禁姦今爲惡之端何得言和切讓長吏治亭長罪其所決正一縣三百餘事與上合帝歎曰使諸州刺史悉如此者朕不憂天下矣遷鉅鹿太守臨發陛見賜車馬劒帶勑之曰鉅鹿劇郡舊爲難治以君有撥煩之才故特授任無毀前功

祖逖別傳曰逖為豫州刺史克己矜施不畜資產喪亂之餘白骨未收者為之殯葬其有骨肉恩薄不收斂者皆加貶責由是百姓感化復覩太平置酒大會坐中耆老相與流涕而歎曰吾等投老更得父母死將何恨又童謡曰幸哉遺民免豺虎三辰既朗遇慈父玄酒清醪甘瓠脯亦何報恩歌且舞

陶氏家傳曰基字叔先為交州刺史始夷人不識禮義男女牙相奔隨生子乃不知父君乃敎以婚姻之道訓以父子之恩道之以禮齊之以刑設庠序立學校合境化之莫不悅之

語林曰何公為揚州有葬親者乞數萬錢而帳下無有揚州常有糲米以賑孤寡乃有萬餘斛虞存為治中面見道帳下空素求粲此米付帳下何公曰何次道義不與孤寡爭粒

酷刺史

續漢書曰侯覽為益州刺史豊富者輙誣以大罪皆誅滅之沒入財物

謝承後漢書曰第五倫上䟽褒稱盛美曰前歲誅刺史二千石貪殘者皆明聖所察非臣下所及

晉書曰郗隆為楊州刺史僚屬有過輙依臺閣峻制繩之遠近咸怨

于寶晉記曰苟晞為兗州刺史嫂毋寡有一子坐小事嫂毋向晞叩頭及中外皆乞活不聽死後往哭之甚悲曰殺弟者兗州刺史哭卿者苟道將也

後魏書曰于洛侯代人也以勞舊為秦州刺史而貪酷安忍民王富織奪民呂勝脛無有紀極夜常不卧執燭達曉呼召賓客說人間細事戲謔無不為性不飲酒唯多置餚截晝夜食噉而已自旦至中方始寢寐

又曰齊以斛律武都為兗州刺史淦經衛地受絹千疋黎陽郡守石曜手持一縑而謂之曰此是老石機杼聊以奉贈自此已外並須出於吏人武都知曜清素純儒笑而不責

北史曰齊漁陽王紹信文襄第六子歷特進青州刺史行過漁陽與大富人鍾長命同坐太守鄭道蓋來謁長命欲起紹信不聽曰此何物小人主人公為起乃與長命結為義兄弟仍與長命妻為姊妹責其闔家長幼皆有贈賄鍾氏遂貧

又曰齊安德王延宗為定州刺史於樓上大便使人在下張口承以猪𩝐和人糞以飼左右有難色者鞭之

隋書曰庫狄士文拜貝州刺史性清苦不受公料家無餘

財子嘗噉官厨餅士文枷之於獄累日杖之一百步送還京僮隸無敢出門所買鹽菜必於外境凡有出入皆封署其門親舊絕跡慶弔不通法令嚴肅吏人股戰道不拾遺有細過必深文陷害

又曰庫狄士文為貝州刺史發擿姧隱長吏尺布斗粟之贓無所寬貸得千餘人而奏之上悉配防嶺南親戚相送哭泣之聲遍於州境至嶺南遇瘴癘死者十八九於是父母妻子唯哭士文士文聞之令人捕捉撾捶盈前而哭者弥甚

又曰趙仲卿拜石州刺史法令嚴猛纖微之失無所容捨鞭笞長吏輙至二百官人戰慄無敢違犯者賊屏息皆稱其能

唐書曰楊德幹高宗末歷澤齊汴相四州刺史治有威名

郡人爲之語曰寧食三斗蒜不逢楊德幹

太平御覽卷第二百五十八

太平御覽卷第二百五十九

職官部五十七

太守

論語子路曰善人爲邦百年亦可以勝殘去殺矣（善人居中不踐迹不入室也此人爲政不能早有成功百年乃能無殘暴之人）

史記曰萬石君奮其父趙人也姓石氏奮長子建次甲次乙官皆至二千石於是景帝曰石君及四子皆二千石人臣尊寵乃集其門號奮爲万石君孝景季年万石君以上大夫祿歸老于家以歲時爲朝臣過宫門闕万石君必下車趨見路馬必式焉

又曰杜周爲御史大夫家兩子夾河爲守

漢書曰郡守秦官也掌治其郡秩二千石有丞邊郡又有長史掌兵馬秩皆六百石景帝中二年更名太守

又曰季布爲河東太守孝文時人有言其賢召欲以爲御史大夫又言其勇使酒難近至留邸一月見罷布進曰臣待罪河東陛下無故召臣此人必有以臣欺陛下者今臣至無所受事罷去此人必有毁臣者夫以一人譽召臣一人毁去臣臣恐天下有識聞之有以窺陛下（韋昭曰窺見陛下深淺也）上默然慙曰河東吾股肱郡故特召君耳

又曰嚴助會稽人也上問所欲對曰願爲會稽太守在郡數年不聞問上賜詔書曰君厭承明之廬（石渠門外）勞侍從之事懷故土出爲郡閒者闊焉久不聞問助惶恐上書謝曰臣事君猶子事父臣當伏誅願奉三年計最（如淳曰舊法當使丞奉歲計躬自欲入奉之也最凡要也）

又曰朱買臣字翁子拜會稽太守上謂買臣曰富貴不歸故鄉如衣錦夜行今子何如買臣頓首辭謝買臣衣故衣懷其印綬步歸郡邸時會稽吏方相與羣飲不視買臣買臣入室中守邸與共食且飽少見其綬守邸怪之前引其綬又視其印會稽太守章也守邸驚出相語上計掾吏皆醉大呼曰妄誕耳守邸曰試來視之其故人素輕買臣者入內視之還走疾呼曰實然座中驚駭丞守相推排陳列庭中拜謁

又曰龔勝楚人也哀帝以勝守右扶風數月上知勝非撥煩吏遷勝光祿卿

東觀漢記曰彭寵字伯通南陽宛人也父容哀帝時爲漁陽太守有名於邊容貌飲食絶衆是時單于來朝當道二千石皆選容貌飲食者故容徙爲雲中太守

又曰馮勤字偉伯曾祖楊宣帝時爲弘農太守生八男皆典郡趙魏閒號爲萬石諸馮至是世至二千石

漢雜事曰蔣滿爲上黨其子萬爲北地都尉同詔徵見宣帝曰父子剖符耶即詔滿爲淮陽相萬爲弘農守

後漢書曰郅惲再遷長沙太守先是長沙有孝子古初遭父喪未葬鄰人失火初匍匐柩上以身扞火火爲之滅惲真異之以爲首舉

又曰任延爲武威太守帝親見戒之曰善事上官無失名譽延對曰臣聞忠臣不私私臣不忠履正奉公臣子之節上下雷同非陛下之福善事上官臣不敢奉詔帝歎息曰卿言是也

又曰橋玄爲上谷太守上邽姜岐守道隱居名聞西州玄召以爲吏稱疾不就玄怒勑督郵尹益逼致之曰岐若不至趣嫁其母（趣音促）益固爭不能得遽曉譬岐岐堅卧不起郡內士大夫亦往諫玄乃止時頗以爲譏

漢官解詁云太守專郡信理庶績勸農賑貧決訟斷辟興利除害檢察詳對舉善黜惡誅殺殘者也

魏志曰賈逵字梁道太祖征馬超至弘農曰此西道之要以逵領弘農太守召見計事大悅之謂左右曰使天下二千石悉如賈逵吾何憂也

又曰劉靖馥之子也黃初中遷廬江太守詔曰卿父昔爲彼州今卿復爲此郡可謂能克負荷者也

又曰曹仁字子孝太祖征呂布仁別攻句陽拔之數有功拜廣陽守太祖器其勇略不使之郡

蜀志曰法正字孝直先主以正爲蜀郡太守揚武將軍外統都畿內爲謀主一飡之德睚眦之怨無不報覆擅殺毀傷己者數人或謂諸葛亮曰法正於蜀郡太縱橫將軍啓主公抑其威福亮荅曰主公之在公安也北畏曹操之強

東憚孫權之逼近則懼孫夫人生變於肘腋當斯之時進退狼跋法孝直爲之輔翼令翻然翺翔不可復制如何禁法正使不得行其意也

又曰劉琰字威碩魯國人也先主在豫州辟爲從事以其宗姓有風流善談論厚親待之遂隨從周旋常爲賓客先主定益州以琰爲固陵太守

吳志曰士燮爲交阯太守中國士人往依避難者以百數躭翫春秋爲之注解陳國袁徽與尚書令荀彧書曰交阯士府君既學問優博又達於從政處大亂之中保全一郡二十餘年疆埸無事民不失業羈旅之徒皆蒙其慶雖竇融保河西曷以加之

又曰周魴黃武中鄱陽大帥彭綺作亂攻没屬城以魴爲鄱陽太守與胡綜等戮力致討遂生擒綺送詣武昌

又曰陸績字公紀孫權統事辟爲奏曹掾以直道見憚出爲鬱林太守

晉書曰桓玄出補義興太守鬱鬱不得志嘗登高望震澤歎曰父爲九州伯兒爲五湖長棄官歸國

又曰辛恭靖隴西狄道人也少有器幹才量過人隆安中爲河南太守會姚興來寇恭靖固守百餘日以無救而陷被執至長安興謂之曰朕將任卿以東南之事可乎恭靖厲色曰我寧爲國家鬼不爲羌賊臣興怒幽之別室經三年至元興中詭守者乃踰垣而遁歸于江東

又曰鄭沖爲陳留太守沖以儒雅爲德蒞職不爲幹局之譽而簞食緼袍不營貲產世以此重之

又曰劉世智字子房貞素有寔兄風少貧窶每負薪自給讀書不輟竟以儒行稱歷吏部郎出爲潁川太守平原管

輅嘗謂人曰吾與劉潁川兄弟語使人神思清發昏不暇寐自此之外殆白日欲寢矣

又曰劉胤王敦請爲右司馬胤知敦有不臣心枕疾不視事以是忤敦意出爲豫章太守辭以脚疾詔就家授印綬郡人莫鴻南土豪族因亂殺本縣令橫恣無道百姓患之胤至誅鴻及諸豪右界內肅然

晉起居注太康八年詔曰昔先王御俗以興至治未有不先成民事者也漢宣識其如此是以歎息良二千石今欲皆先外郡治民著績然後入爲常伯納言及典兵宿衛黃門散騎中書郎

晉書呂光載記曰呂纂尅金城太守衛鞬瞋目謂光曰我寧守節斷頭不爲降虜也光義而免之

沈約宋書曰羊玄保爲黃門郎善弈棊棊品第三太祖亦

好恭數蒙引見嘉其溫謹與太祖賭郡戲勝以補宣城太守
齊書曰王敬則遷吳興太守郡舊多剽掠有十數小兒於路取遺物敬則殺之以徇自此路不拾遺物郡無劫盜又録得一偷召其親屬於前鞭之令偷身長掃街路久之乃令偷舉舊偷自代諸偷恐爲所識皆逃走境内以清
又曰劉善明太祖踐祚以善明勳誠欲與善明祿召謂之曰淮南近畿國之形勝自非親賢不使居之卿爲我卧治也代高宗爲征虜將軍淮南宣城二郡太守
又曰張岱時新安王子鸞以盛寵爲南徐州割吳郡屬焉高選佐吏孝武帝召岱謂之曰卿美效夙著今欲用卿爲子鸞別駕刺史之任無謂小屈終當大伸也
又曰王敬則爲吳興太守入烏程從市過見屠肉枅（苦賢反）歎曰吳興昔無此枅是我少時在此作也召故人飲酒説平生不以屑也

南史曰謝超宗有高名齊高帝以超宗爲義興太守昇明二年坐公事免詣東府門自通其日風寒高帝謂四坐曰此客至使人不衣自暖矣
三國典略曰王慶籍爲京兆太守太祖以其精勤賚以紫袍及綾裳一襲謂百官曰王慶籍一世清人也
又曰陰鏗爲招遠將軍晉陵太守鏗嘗與賓友宴飲見行觴者因迴酒炙以授之衆坐皆笑鏗曰吾儕終日酣酒而執爵者不知其味非人情也及侯景之亂鏗嘗爲賊所擒或救之獲免鏗問其故乃前所行觴者
梁書曰劉之遴爲南郡太守初之遴在荆府嘗寄居南郡廨忽夢前太守袁彖謂曰卿後當爲折臂太守則居此中之遴後果折臂遂臨此郡

又曰謝朏字敬仲齊時爲義興太守加秩二千石不省雜事悉付綱紀曰吾不能作主者但更能作太守耳
又曰任昉爲吳興太守清潔友人到溉與弟洽從昉爲山澤遊被代而還無衣沈約遺裙衫迎也
又曰范縝爲宜都太守性不信鬼神夷陵有伍相廟唐漢三神廟胡里神廟縝乃下教斷不祠
後魏書曰房士達永安末轉濟南太守士達不入京師而頻爲本州郡時人榮之
又曰崔休爲渤海太守時大儒張吾貴有盛名於山東四方學士咸相宗慕弟子自遠而至者常千餘人生徒既衆所在多不見容休乃爲設俎豆招延禮接使肄業而還儒者稱爲口實
又曰盧道將爲燕郡太守道將下車表樂毅霍光之墓而爲之立祠

又曰房幼愍安豐新蔡二郡太守坐事奪官居家忽聞有客聲出無所見還至庭中爲家羣犬所噬遂卒
北史曰宋欽道仕齊歷位中山太守長於撫接然好察細事其州府佐吏使民間者先酬錢然後敢食臨莅肅稱爲嚴整
後周書曰盧光爲京兆太守先是舍數有妖怪前後郡將莫敢居者光曰吉凶由人妖不妄作遂入居之未幾光所乘馬忽昇廳事昇牀南首而立又食器無故自破光並不以介懷其精誠守正如此
唐書曰崔玄亮清慎介獨自登朝行不樂趨競歷御史尚書密湖曹三郡守每一遷秩謙讓輒形於色
又曰李暠守太原舊俗有僧徒以習禪爲業及死不斂但

與屍送近郊以飼鳥獸如是積年土人號其地爲黄坑坑側有餓犬千數食死人肉因侵害幼弱遠近苦之前後官吏不能禁止暠到官中明禮憲期不再犯仍發兵捕殺羣狗其風遂革

三輔決録曰馬援誡兄子書龍伯高敦篤周慎口無擇言吾愛之重之願汝曹効之世祖見援書即擢爲零陵太守在郡四年甚有治化

文士傳曰文帝亦親阮籍常與談戲任其所欲不迫以職事籍常從容言昔曾遊東平樂其土風願得爲東平太守文帝大悦即從其意籍便乘驢徃之至郡皆壞府舍諸壁鄣使内外相望教令清當十餘日便復乘驢而去

楚國先賢傳曰耒陽胡紹字伯蕃年十八爲郡門下幹迎太守許荆荆足中風使紹𨈴之紹視荆蹠𨇾下而笑荆怒問之紹曰見明府蹠下黑子紹亦有之忻而故笑荆視之果有黑子令其從學學十八年遂爲九真零陵二郡太守

華陽國志曰趙瑶字元珪弟玦字稚珪瑶兄弟皆以令德著聞瑶少有公望遷扶風太守徙爲蜀郡司空張温謂之曰弟五伯魚從蜀郡入爲司空吾今掃弟以待足下矣

西京雜記曰朱買臣爲會稽太守懷章綬還至舍亭而國人未知也所知錢勃見暴露乃勞之曰無罷乎遺以紈扇買臣至郡引爲上客尋遷爲掾吏

韓子曰李悝爲魏文侯上地之守而欲人之善射乃下令曰民有狐疑之訟者令之射杓中之者勝不中者負令且下而人皆習射日夜不休及與秦戰大敗之以民之善射也

風俗通曰蜀郡任嘉年三四歲時父騰爲諸生於漢中就師有盜賊道路斷絶蜀亦饑没客轉長沙爲州郡吏後嘉爲長沙太守騰爲奏曹掾默知嘉實其子曰嘉毋語汝謂嘉曰奏曹任掾則汝父也但差老耳嘉曰天下豈獨有一任夫人何以老更生邪意毋曰咄我尚守養汝數十年無嫌識豈以垂没更失計哉顧實其父不可棄捐後嘉問掾聲音何類太守何州里耶掾曰本犍爲武陽人蓬轉流宕到此毋察審諦又識左耳前贅因出抱持對之流涕嘉自投榻歔欷哽咽

世說曰爰綜爲新安太守郡界有刻石爰至其下醮有人於石下得剪刀者衆咸異之主簿對曰昔長沙桓王嘗飲餞孫洲父老云此洲狹而長君當爲長沙事果應夫三刀爲州今得交刀君亦當爲交州後果作交州

世語曰荆州刺史裴潛以南陽周泰爲從事使詣司馬宣王宣王知之辟泰泰九年居喪留缺行之後三十六日擢爲新城太守宣王爲大會使尚書鍾毓嘲之曰君釋褐登宰府三十六日擁麾蓋守兵馬典郡乞兒乘小車一何快耶泰曰君貴公之子故守吏職獼猴騎土牛一何遲也

潘尼贈二李郎詩序曰元康六年尚書吏部郎汝南李光彦遷汲郡太守都亭侯江夏李茂曾遷平陽太守此二子皆弱冠知名歷職顯要旬月之間繼踵名郡離儉劇之勤就放曠之逸枕鳴琴以俟遠致離別之際各裴然賦詩

太平御覽卷第二百五十九

太平御覽卷第二百六十

職官部五十八

良太守上

漢書曰黄霸字次公淮陽人也爲潁川太守咸稱神明姦人去入他郡盗賊日少霸力行教化而後誅罰霸以外寬内明得吏民心是時鳳皇神雀數集郡國潁川尤多天子下詔稱揚曰潁川太守霸養視鰥寡贍助貧窮獄或八年無重罪囚可謂賢人君子矣書不云乎股肱良哉元首明哉其賜霸爵關内侯黄金百斤

又曰文翁廬江人也少好學景帝末年爲蜀郡太守仁愛好教化見蜀地僻陋有蠻夷風文翁欲誘進之乃選郡縣小吏開敏有才者張叔等十餘人親自飭厲遣詣京師受業蜀地學於京師者比齊魯焉

又曰龔遂字少卿山陽人宣帝問遂曰渤海廢亂朕甚憂之君何以息其盗賊以稱朕意遂曰海濱遐遠不霑聖化其民困於飢寒而吏莫恤今欲使臣勝之將安之上曰選用賢良固欲安之遂曰臣聞治亂繩不可急唯緩之然後可治願丞相御史無拘臣以文法得一切以便宜從事上許焉遂單車獨行至府郡中翕然盗賊亦皆罷弊民有帶持刀劒者使賣劒買牛賣刀買犢所謂帶牛而佩犢乎

又曰朱博遷琅邪太守齊俗舒緩養名博新視事右曹掾史皆移病卧博問對言惶恐故事二千石新到輒遣吏存問致意乃敢起就職博奮髯抵几曰觀齊兒欲以此爲俗耶乃召見諸曹吏書佐及縣大吏選其可用者出教署之皆斥罷諸病吏郡中大驚又勑功曹官屬多褒衣大招紹音紹謂大襑也不中節度自今掾史衣皆令去地三寸

又曰尹翁歸字子況爲東海太守郡中吏人賢不肖及姦邪盡知之東海大治以高第入守右扶風滿歲爲真政雖任刑其在公卿之間清潔自守語不及私温良廉退不以行能驕人甚得名譽於朝廷

又曰薛宣字貢君東海太守左馮翊滿歲稱職宣爲吏賞罰明用法平而必行所居皆有條教可紀多仁恕愛利愛人而安利之

又曰朱邑字仲卿廬江人少時爲舒桐鄉嗇夫廉平不苛以愛利爲行未嘗笞辱人存問孤寡遇之有恩所部吏民愛敬焉遷北海太守

又曰趙熹字伯陽爲平原太守後青州大蝗入平原界輒死歲屢有年百姓歌之

又曰汲黯爲東海太守治官好清靜擇丞史任之責其大指而已黯素多病卧閤内不出歲餘東海大治召爲淮陽太守黯辭之上曰君薄淮陽耶吾欲得君卧而治之乃行

又曰王尊爲中郡太守河溢堤壞尊執珪請以身塡金堤而水稍却

又曰王尊字子貢涿郡人也爲安定太守到官出教告屬縣曰令長丞尉奉法守城爲民父母禦強扶弱宣廣澤甚勞苦矣太守以今日至府願諸君自勉正身

又曰馮立字聖通以任爲郎遷五原太守徙西河上郡立在職公廉治行略與兄野王相似而多知有恩貸好爲條教吏人嘉美野王立相代爲太守人歌之曰大馮君小馮君兄弟繼踵相因循聰明賢智恩惠民政如魯衛德化均周公康叔猶二君後遷爲東海太守土下濕病痺天子聞

之徒太原太守更治五郡所居有迹
又曰韓延壽字長公燕人爲淮陽太守治甚有名徙潁川多豪強難治延壽教以禮讓令文學校官諸生冠皮弁執俎豆爲吏民行喪娶禮百姓遵用其教徙爲東郡太守吏無追捕之苦人無捶楚之憂皆便安之接待下吏恩施甚厚入守左馮翊行縣至高陵民有昆弟相與訟田延壽大傷之曰幸得爲郡不能宣明教化至令民有骨肉爭訟既傷風化咎在馮翊當先退是日稱病不聽事因入卧傳舍閉閤思過於是訟者宗族傳相責讓此兩昆弟皆自髡肉袒謝終死不敢復爭延壽恩信周遍二十四縣莫敢復以辭訟自言者其志誠吏民不忍欺
又曰邵信臣字翁卿九江壽春人也以明經甲科爲郎超爲零陵太守病歸復徵爲諫議大夫遷南陽太守躬勸耕

農開通溝渠爲民作均水約束刻石立於田畔以防爭吏民親愛之號曰邵父荆州刺史奏信臣爲百姓興利郡以殷富賜黄金四十斤遷河南太守治行常爲第一
又曰班伯爲定襄太守定襄聞伯素貴年少自請治劇畏其下車任威吏民竦息伯請問耆老父祖有故人舊恩者延之滿堂日爲供具執子孫禮諸所賔禮皆名豪懷恩醉共諫伯曰宜頗攝録盜賊具言本謀亡匿處伯曰是所望於父師矣乃召屬縣長吏選精進掾史分部收捕旬日盡得郡中震慄咸稱神明
又曰蕭育字次君哀帝時南郡多盜賊拜育爲南郡太守上以育耆舊名臣乃以三公使車載育入殿中受策三公使車奉使之車也如安車加賜黄金二十斤育至南郡盜賊斷絶
東觀漢記曰杜詩字君公爲南陽太守性節儉而治清平以誅暴立威信善於計略省愛民役造作水排鑄爲農器用力省見功多時人方於邵信臣故南陽人爲之語前有邵父後有杜母
又曰馬援字文淵扶風人爲隴西太守務開寬信恩以待下任吏以職但揔大體而已賔客故人日滿其門諸曹時白外事輙曰此丞掾任何足相煩若大姓侵小民黠羌欲旅距此乃太守事耳
又曰朱暉字文季再遷臨淮太守暉好節槩有所拔用皆厲行之士吏民畏愛謂之歌曰強直自遂南陽朱季吏畏其威民懷其惠
又曰祭肜爲遼東太守肜之威聲揚於北方胡夷皆來内附野無風塵乃悉罷緣邊屯兵及肜卒烏桓鮮卑追思無已每朝京師過肜冢拜謁仰天號泣乃去

又曰張堪字君游遷漁陽太守教民耕種百姓殷富童謡曰桑無附枝麦穗兩岐張君爲政樂不可支視事八年匈奴不敢犯塞
又曰第五倫字伯魚爲會稽太守性節儉雖身居二千石位常蔬食布衣妻自炊爨初代到當發百姓老小闐府門攀車叩馬啼呼曰捨我何之其得人心見愛如此
又曰郭伋爲潁川太守辭去之官光武詔曰郡得賢能太守去帝城不遠河潤九里冀京師并蒙其福也
又曰秦彭遷山陽太守時山陽新遭地動後飢旱穀貴米石七八萬百姓窮困彭下車經營勞來爲民四誡以父母夫妻兄弟長幼之序擇民能率衆以爲鄉三老選鄉三老爲縣三老令與長吏参職崇儒雅貴庠序上德化春秋饗射升降揖讓務禮示民吏民畏愛不敢欺犯

又曰：侯霸字君房，爲臨淮太守，治有能名。及王莽之敗，霸保固守卒，全一郡。更始元年，遣使徵霸，百姓老弱相携號哭，遮使者車，或當道而卧，皆曰：乞侯君復留民。乃誡乳婦勿得舉子，侯君當去，必不能全。使者慮霸就徵，臨淮必亂，不敢受璽書，而具以狀聞。

又曰：耿純字伯山，鉅鹿人，請治一郡，盡力自効。上笑曰：卿乃欲以治民自効。乃拜純爲東郡太守。後坐事免，上過東郡，數千人號呼涕泣，云願復得耿君。上復以純爲東郡太守。

又曰：王阜爲益州太守，邊郡吏多放縱，阜以法繩正吏民，不敢犯禁，政教清静，百姓安業，甘露降，白烏見，連有瑞應，世謂其持法平、政寬慈，有化所致。

又曰：魏霸爲鉅鹿太守，霸性清約，質朴爲政，寬恕正色而已，不求備於人。掾吏有過，輒私責數，不改，休罷之，終不暴揚其惡。

又曰：秦彭字伯本，爲山陽太守，以禮訓民，不任刑名，崇好儒雅，百姓懷之，莫敢欺犯。轉潁川太守，鳳皇、騏驎、嘉禾、甘露之瑞集於郡境。元成間，宗族五人同爲二千石，故號爲万石秦氏。

又曰：沈豐字聖達，爲零陵太守，爲政慎刑重殺，罪法辭訟，初不歷獄，嫌疑不決，一斷於口，鞭杖不舉，市無刑戮。僚友有過，初不暴揚，有奇謀異略，輒爲談述，曰太守所不及也。到官一年，甘露降，芝草生。

又曰：宗慶字叔平，爲長沙太守，民養子者三千餘人，男女皆以宗爲名。

後漢書曰：光武南定河内，而更始大司馬朱鮪等盛兵據洛陽，又并州未安，光武難其守，問於鄧禹曰：諸將誰可使守河内者？禹曰：昔高祖任蕭何於關中，無復西顧之憂，所以得專精山東，終成大業。今河内帶河爲固，户口殷實，北通上黨，南迫洛陽。寇恂文武備足，有牧人御衆之才，非此子莫可使也。乃拜恂河内太守，行大將軍事。

又曰：寇恂字子翼，爲潁川太守，拜執金吾。後光武幸潁川，百姓遮道曰：願陛下復借寇君一年。乃留之。

又曰：楊震遷東萊太守，當之郡，道經昌邑，故所舉荆州茂才王密爲昌邑令，謁見，至夜，懷金十斤以遺震。震曰：故人知君，君不知故人，何也？密曰：暮夜無知者。震曰：天知，神知，我知，子知，何謂無知？密愧而出。轉涿郡太守，性公廉，不受私謁。子孫常蔬食步行，故舊長者或欲令爲開産業，震不肯，曰：使後代稱爲清白吏子孫，以此遺之，不亦厚乎？

又曰：孟嘗遷合浦太守，郡不産穀實，而海出珠寶，與交阯比境，常通商販，貿糴糧食。先是宰守並多貪穢，詭人採求，不知紀極（貪詭），珠遂漸徙於交阯郡界。於是行旅不至，人物無資，貧者餓死於道。嘗到官，革易前弊，求人病利，曾未踰歲，去珠復還。

又曰：任延爲九真太守，九真不識父子之性、夫婦之道，延乃移書屬縣，各使男年二十至五十，女年十五至四十，皆以年齒相配。其貧無禮娉，令長吏以下各省俸禄以賑助之。同時相娶者二千餘人。是歲風雨順節，穀稼豐衍。其産子者，始知種姓，咸曰：使我有是子者，任君也。多名子爲任。

又曰：陳寵轉廣漢太守。西川豪右并兼，吏多姦貪，訴訟日百數。寵到，顯用良吏王涣、鐔顯等，以爲腹心（鐔音徒南反），訟者日减，郡中清肅。先是洛縣城南（洛縣名，故城在今益州雒縣南也）每陰雨常有哭聲聞於府中，積數十年。寵聞而疑其故，使吏案行

還言前代衰亂時此下多死亡者而骸骨不得葬寵愴然愍即矜勑縣盡収斂葬之自是哭聲遂絶

又曰宋均爲九江太守山陽楚沛多蝗其飛至九江界者輙東西散去

又曰劉寵爲會稽太守簡除煩苛禁察非法郡中大化徵爲將作大匠山陰縣有五六老叟尨眉皓髮自若耶山谷間出人齎百錢以送寵寵爲人選一大錢受之

又曰曹褒爲河内太守時春夏大旱粮穀踊貴褒到乃省吏併職退去奸殘澍雨數降其秋大熟百姓給足流冗皆還

又曰鮑德爲南陽太守時歲多荒災唯南陽豐穰吏人愛悦號爲神父

又曰廉范遷蜀郡太守其俗尚文辯好相持短長范每厲

以淳厚不受偷薄之説成都民物豐盛邑宇逼側舊制禁民夜作以防火災而更相隱蔽燒者范乃毀削先令但嚴使儲水而已百姓爲便乃歌之曰廉叔度來何暮不禁火民安堵平生無襦今五袴

又曰馬嚴爲陳留太守下車明賞罰發姧匿郡界清靜時京師訛言賊從東方來百姓奔走轉相驚動諸郡遑急各以狀聞嚴察其虚妄獨不爲備詔書勑問使驛係道嚴固執無賊後卒如言

又曰黄香爲魏郡太守郡舊有内外園田常與人分種収穀歲數千斛香曰田令商者不農王制仕者不耕（王制曰上農夫食九人下士視上農夫禄足以代耕也）伐氷食禄之人不與百姓争利乃悉以賦人課令耕種

又曰中平三年江夏兵趙慈反叛殺南陽太守秦頡攻没六縣拜羊續爲南陽太守當入郡界乃羸服間行童子一人觀歷縣邑採問風謡然後乃進其令長貪絜吏民良猾悉逆知其狀郡内驚竦莫不震懾乃發兵與荆州刺史王敏共擊趙慈斬之獲首五千餘級屬縣餘賊並詣續降

又曰羊續爲南陽太守續妻後與子秘俱往郡舍續閉門不内妻而自將秘行其資藏唯有布衾弊袛裯鹽麥數斛而已（説文曰袛裯短衣而已袛者丁奚反裯音丁勞也）顧勑祕曰吾自奉若此何以資爾毋乎使毋俱歸

又曰三府舉王堂治劇拜巴郡太守堂馳兵赴賊斬虜千餘級巴庸清靜吏民生爲立祠

又曰樊准拜鉅鹿太守時飢荒之餘人庶流迸家戸且盡准課督農桑廣施方略朞年間穀粟豐賤數十倍而趙魏之郊數爲羌所鈔暴准外禦寇虜内撫百姓郡境以安

又曰伏湛更始立以爲平原太守倉卒兵起天下驚擾而湛獨晏然教授不廢謂子曰夫一穀不登國君撤膳（禮記曰年穀不登君膳不祭肺）今人皆飢奈何獨飽乃共食麄糲（糲麄米也九章筭術曰粟五十糲率三十一斛粟得六斗米爲糲也）悉分俸禄以賑鄉里來客者百餘家

又曰鮑昱後拜汝南太守郡多陂池歲歲決壞年費常三千餘萬昱乃上作方梁石洫（洫渠也以石爲之猶今之水門也）水常饒足溉田倍多人以殷富

又曰第五訪爲張掖太守歲飢粟石數千訪乃開倉賑給以救其弊吏懼譴争欲上言訪曰若上須報是棄人也（須待也）太守樂以一身救百姓遂出穀賦人順帝璽書嘉之由是一郡得全

謝承後漢書曰鄭弘遷淮陰太守消息徭賦政不煩苛行春天旱隨車致雨白鹿方道夾轂而行弘怪問主簿黄國

曰鹿爲吉爲凶國拜賀曰聞三公車轓畫作鹿明府必爲
宰相
續漢書曰宋均爲九江太守五日一聽事冬以日中夏以
平旦時多虎均曰夫虎豹在山黿鼉在泉物性之所託故
江淮之間有猛獸猶江北之雞豚也數爲民害咎在貪殘今
退檻穽進忠良虎遂東渡江
又曰劉寬字文饒弘農人爲南陽太守溫仁多恕遇民如
子口不出詈言吏人有過但用蒲鞭罰之示辱而已
又曰羊茂字季寶豫章人爲東郡太守冬坐白羊皮夏處
單版榻常食乾飯出界買鹽致妻子不歷官舍
華嶠後漢書曰岑熙爲東郡太守好聘禮隱逸顯之於朝
與參政事視事三年人歌之曰我有枳棘岑君伐之我有
蝥蠈岑君遏之狗吠不驚足下生氂含哺鼓腹焉知凶災
我嘉我生獨丁斯時美矣岑君於戲如兹
張璠漢記曰宋登字叔楊出爲潁川太守市無豫價道不
拾遺病免卒於家汝陰人配社祀之
又曰陳球爲零陵太守球到郡設方略朞月間賊虜消散
而州兵朱益等反與桂楊賊胡蘭數萬人轉攻零陵零陵
下濕編木爲城不可守備郡中惶恐掾吏白請遣家避難
球怒曰太守分國虎符受任一邦豈顧妻孥而坦國威乎
重復言者斬乃悉郡內吏民老弱與共城守
漢雜事曰蔣滿爲上黨太守長子萬爲北地都尉次子輔
爲安定太守滿與萬俱知名並見徵時徵爲二千石者十
三人俱引見萬退却不敢與父併詔遣贊謁者曰何以不
齊左右曰此父子也上歎息曰乃父子剖符耶即先詔曰
上黨太守滿經行篤著信行山東其以滿爲淮陽王相謂

導東蕃弘農股肱郡其以萬爲弘農太守父子同日拜於
前上嘉之

太平御覽卷第二百六十

太平御覽卷第二百六十一

久遠院

職官部五十九

良太守中

魏略曰顏斐字文林爲京兆太守到官乃令屬縣整阡陌
樹桑菓又是時人多無車牛斐課人閑月取車材使轉相
教作車又課民無牛者命畜猪責時賣以買牛始人以爲
煩一二年間家家有丁車大牛遷爲平原太守吏人啼哭
遮道車馬不得前十餘日乃出
魏志曰賈逵爲弘農太守太祖召見計事大悅之謂左右
曰使天下二千石皆如賈逵則吾何憂
又曰杜畿爲河東郡守寬惠與民無爲民嘗辭訟有相告
者親爲陳大義遣令歸諦思之若意有所不盡更來詣府
鄉邑父老自相責怒曰有君如此柰何不從其教自是少

辭訟詔曰昔蕭何定關中寇恂平河內卿有奇功間將授
卿以納言之職顧念河東吾股肱郡充實之足以制天下
故且煩卿卧而鎭之畿在河東十六年常爲天下最
又曰胡質字文德爲常山太守遷任東莞士盧顯爲人所
殺質曰此士無讎而有少妻所以死乎悉見其比居年少
書吏李若見問而色動遂窮詰情狀遂即自首罪人斯得
每軍功賞賜皆散之於衆無入家者在郡九年吏民便安
將士用命
又曰倉慈字孝仁淮南人太和中遷燉煌太守郡在西陲
以喪亂隔絶曠無太守二十歲大姓雄豪遂以爲俗前太
守尹奉等脩政而已無所匡革慈到大抑挫權右撫恤貧
羸甚得其理舊大族田地有餘而小民無立錐之土慈皆
隨口割賦稍稍使畢其本直先是屬城獄訟衆猥縣不能決

多集治下慈躬往省閱斟酌輕重自非殊死便杖而遣之
一歲決刑曾不滿十人
又曰令狐邵字孔叔爲弘農太守所在清如冰雪妻子希
到官省舉善而教恕以待人不好獄訟與下無忌也
又曰田豫字國讓遷南陽太守先時郡人侯音反衆數千
人在山中爲群盜大爲郡患前太守收其黨與五百餘人
表奏皆當死豫悉見諸繫囚慰諭開其自新之路一時破
械遣之諸囚皆叩頭願自效即相告語群賊一朝解散郡
內清靜具以狀聞太祖善之
又曰自太祖迄于咸熙魏郡太守陳國吳瓘清河太守樂
安任燠京兆太守濟北顏斐弘農太守太原令狐邵濟南
相魯國孔義或哀矜折獄或推誠惠愛或治身清白或擿
姦發伏咸爲良二千石

又曰凉茂守伯方時泰山多盜賊以茂爲泰山太守旬月
之間繈負而至者千餘家
又曰鄭渾字文公遷沛郡太守郡界下濕常患水澇百姓
飢乏渾於蕭相三縣界興陂開稻田郡人皆以爲不便渾
曰地勢洿下宜溉灌終成稻田經久之利此豐民之本也
遂躬率吏民興立功夫一冬間皆成比年大收頃畝歲增
租入倍常民賴其利刻石頌之號曰鄭陂
魏略曰孟康正始中出爲弘農太守康到官清平嘉善而
矜不能省息獄訟緣民所欲而利之郡領吏二百餘人涉
春遣休常四分遣一事無宿諾時出案行不欲煩損吏民
常豫勑卒行各持鎌所在自刈馬草不止亭傳露宿樹下
蜀志何祗字君肅汶山夷不安以祗爲汶山太守民夷服
信遷廣陵後夷反叛辭曰令得前何府君乃能安我耳時

難復屈祗挾族人爲之汶山復得安
吴志曰顧邵字孝時年二十七起家爲豫章太守下車祀
先賢徐穉子之墓優待其後禁淫祀非禮之祭者相小吏資
質佳者輙令就學擇其先進擢置右職學善以教風化大
行
又曰孫權授諸葛恪撫越將軍領丹陽太守拜畢令恪備
威儀作皷吹導引歸家恪到府乃移書四郡屬城長令各
保其疆界明立部伍於是山民漸出降
王隱晉書曰廣平太守鄭宣帝謂鄭袤曰賢叔大匠垂稱
於陽平魏郡並蒙惠化且盧子家王子雍繼踵此郡吾欲
令郡世不乏賢故復相屈袤在郡先以德化善作條教百
姓愛之
又曰鄭默爲東郡太守值歲荒民飢默輙開倉賑給自上

待罪朝廷嘉默憂國恤人詔書褒歎比之汲黯
又曰應詹爲南平太守天下分崩征鎮州郡已失城邑詹
獨保境外攘狂狡内除塗炭甚便百姓之情郡人歌曰亂
離既普殆爲灰朽僥倖之運賴茲應后潤同江海恩猶父
母
晉書曰范粲遷武威太守到郡選良吏立學校勸農桑是
時戎夷頗侵疆埸粲明設防備敵不敢侵西域流通無烽
燧之警
又曰劉頌爲河内守郡界多公王水碓遏塞流水轉爲浸
害頌表罷之百姓獲其利
又曰吴隱之爲晉陵太守在郡清儉妻自負薪
又曰鄧攸字伯道爲淮南太守夢行水邊見一女子猛獸自
後斷其盤囊占者以爲水邊有女汝字也斷盤囊者新獸

頭代故獸頭也不作汝陰當汝南也果遷汝陰太守
又曰鄧攸元帝以攸爲太子中庶子時吴郡闕人多欲
之帝以授攸攸載米之郡俸禄無所受唯飲吴水而已時
郡中大飢攸賑貧米報乃輙開倉救之臺遣散騎常侍桓
彝慰勞飢人觀聽善不乃劾攸以擅出穀俄而有詔原之
攸在郡州政清明百姓歡悦爲中興良守
又曰鄧攸爲吴郡太守稱疾去職郡常有送迎錢數百萬
攸去郡不受一錢百姓數千人留牽攸舡不得進攸乃止
停中夜發去吴人歌之曰紞如打五鼓鷄鳴天欲曙鄧侯
挽不留謝令推不去百姓詣臺乞留一歲不聽
又曰陸納爲吴興太守至郡不受俸禄頃之徵拜左民尚
書領州大中正將應召外白宜裝幾舡納曰私奴裝粮食
來無所復須也臨發止有被幞而已其餘並封以還宫

晉中興書曰王蘊字叔仁爲吴興太守時郡荒民飢蘊輙
開倉賑卹主簿執諫云宜先列上蘊曰行仁義而敗者鮮
矣於是以米賑貸賴蘊活者十室而八然後具自表闕朝
廷以違科免飢民多誦之詔特左遷晉陵太守
又曰諸葛恢字道明中宗選爲會稽太守臨行上爲置酒
謂之曰今之會稽昔關中足食足兵在於良守以君有莅
任之方是以相屈恢陳謝曰今天下喪亂之餘風俗陵遲
宜尊五美屏四惡進忠實之士退浮華之黨中宗深納焉
南史曰宋江秉之爲臨海太守以簡約見稱卒於官所得
禄秩悉散之親故妻子常飢寒人有勸其營田秉之正色
荅曰食禄之家豈可與人競利在郡作書案一枚去官留
以付庫
齊書曰劉懷慰拜齊郡太守上謂懷慰曰齊邦是王業所

基吾方以爲顯任經理之事一以委卿又手勑曰有文事者必有武備今賜卿王環刀一口懷慰至郡修治城郭安集居民墾廢田二百頃決沈湖灌溉不受禮謁民有餉其新米一斛者懷慰出所食麥飯示之曰旦食有餘幸不煩此因著廉吏論以達其意

又曰虞愿爲晉平太守海邊有越王石常隱雲霧相傳云清廉太守乃得見愿往觀視清徹無隱蔽後琅耶王秀之爲郡與朝士書此郡承虞公之後善政猶在遺風易遵差得無事

又曰王秀之爲晉平太守至郡朞年謂人曰此邦豐壤禄俸常充吾山資已足豈可久留以妨賢路上表請代時人謂王晉平恐富求歸

又曰裴昭明歷郡皆有善政常謂人曰人生何事須聚畜一身之外亦復何須子孫若不才我聚彼散若能自立則不如一經故終身不治產

又曰蕭介字茂鏡少頴悟有器識梁大明中武陵王紀爲楊州刺史以介爲府長史在職以清白稱武帝謂何敬容曰蕭介甚貧可以處一郡復曰始興郡頻無良守可以介爲之由是出爲

齊春秋曰崔元祖父景真爲平昌太守有惠政常懸一蒲鞭而未嘗用

梁書曰褚翔爲義興太守翔在政潔己省繁苛去游費百姓安之郡之西亭有古樹積年枯死翔至郡忽更生枝葉百姓咸以爲善政感及秩滿吏民詣闕請之勑許焉

又曰何敬容爲吳郡太守爲政勤恤民隱辯訟如神視事四年治爲天下第一吏民詣闕請樹碑詔許之

又曰劉亨字嘉會之遴弟也代之遴爲南郡太守在郡有異績數年卒於官時年五十荊士至今懷之不忍其名號爲大南郡小南郡

又曰何胤字子季爲建安太守民不忍欺伏臘放囚還家及期而至

又曰傅昭遷臨海太守郡有蜜巖前後太守皆自封固專收其利昭以周文之囿與百姓共之大可喻小乃教勿封縣令常餉栗真絹于簿下昭笑而還之

又曰徐摛東海郯人高祖問五經大義次問歷代史及百家雜說末論釋教摛商較縱横荅應如響高祖寵遇日隆領軍朱异不悦謂所親曰徐叟出入兩宮漸來逼我須早爲之所遂承間白高祖曰摛年老又愛泉石意在一郡以自顯養高祖謂摛欲之乃召摛曰新安大好山水任昉等並經爲之卿爲我臥治此郡遂出爲新安守周月之中風俗便改

又曰張緬出爲淮南太守時年十八武帝疑其年少未閑吏事遣主書封取郡曹文案見斷決允愜甚稱賞之

崔鴻十六國春秋前秦録曰索稜字孟則燉煌人好學博閱姚萇甚重之委以機密文章詔檄皆稜之文也後爲平原太守以德化民民畏而愛之歌曰懿矣明守康績允釐剖符作宰實獲我思

又曰前涼晉昌太守陰鄰卒郡人思其政化縗經送喪至武威者千餘人

後魏書曰羊敦字元禮太山平陽人爲廣平太守甚有能名姦吏跼蹐秋毫無犯屬歲飢饉家饋未至使人尋陂澤技藕而食之遇有疾苦解衣質米朝廷以其清白賜穀千

絹百疋

又曰張長年爲汝南太守郡人劉崇之兄弟分析家唯有一牛爭之不決訟于郡庭長年曰汝曹當以一牛故致此競有二牛各應得一豈有訟理即以家牛一頭賜之于是郡境之中各相誠約咸敦敬讓

又曰柳崇出爲河北太守崇初届郡郡民張明失馬疑十餘人崇見之不問賊事人别借以温顔更問其親老存不農桑多少而微察其辭色即獲真賊呂穆等二人餘皆放遣郡中畏服境内帖然

又曰呂顥拜鉅鹿太守清身奉公務存贍卹妻子不免飢寒民頌之曰時惟府君克清克明緝我荒土民胥樂生願壽無疆以享長齡

又曰韋崇字洪基除南潁川太守不好發擿細事常云何

用小察以傷大道吏民感之郡中大治高祖聞而嘉之賞賜帛二百疋

又曰辛穆字叔宗轉汝陽太守值水澇民飢上表請輕租賦帝從之遂勑汝陽一郡聽以小絹爲調

又曰房景伯除清河太守郡民劉簡虎曽失禮於景伯聞其臨郡闔家逃亡景伯督切屬縣追捕擒之即署其子爲西曹掾令諭山賊賊以景伯不念舊惡一時俱下論者稱之

太平御覽卷第二百六十一

太平御覽卷第二百六十二

職官部六十

良太守下　酷太守

良太守下

北史曰西魏裴俠除河北郡守俠躬履儉素愛人如子所食唯菽麥鹽菜而已吏人莫不懷之此郡舊制有漁獵夫三十人以供郡守俠曰以口腹役人吾所不爲也乃悉罷之又有丁三十人供郡守役俠亦不私並收庸直爲市官馬歲時既積馬遂成群去職之日一無所取人歌之曰肥鮮不食丁庸不取裴公貞惠爲世規矩

北史曰宋世良爲清河太守才識閑明尤善政術在郡未幾聲問甚高陽平郡移治劫盜三十餘人世良訊其情狀惟送十二人餘皆放之陽平太守魏明朗大怒云輒放吾賊

及推問送者皆實放皆非明朗大服郡東南有曲堤成公一姓阻而居之群盜多萃於此人爲之語曰寧度東吳會稽不歷成公曲堤良施八條制盜奔他境人又謠曰曲堤雖險賊何益但有宋公自屛跡是冬醴泉出於界內及代至頓城祖道有老人丁金剛者泣而前謝曰老人年九十記三十五政府君非唯善政清亦徹底今失賢者人何以濟莫不攀援涕泣

北齊書曰赫連子悅除林慮太守文襄往晉陽由郡境問不便悅云臨水武安去郡遙遠山嶺重疊若東屬魏郡則地平路近文襄笑曰卿徒知便人不覺損幹悅荅曰所言者又所疾苦不敢以私潤負公心文襄善之乃勑依事施行自是人屬近便行路

北齊書曰崔伯謙字士遜博陵安平人也除濟北太守恩信大行又改鞭用熟皮爲之示恥而已

北齊書曰蘇瓊字珍之長樂武強人也除南清河太守性清慎不發私書

陳書曰孔奐字休文除晉陵太守自宋齊已來爲大郡雖經寇擾猶爲全實前後二千石多行侵暴奐清白自守妻子並不之官唯以單舡臨郡所得秩俸隨即分贍孤寡郡中號曰神君曲阿富人殷綺見奐居處儉素乃餉以衣氊一具奐曰太守身居美祿何爲不能辦此但百姓未周不容獨享溫飽勞卿厚意幸勿爲煩

隋書曰于義遷安武太守專崇德教不尚威刑有郡民張善安王叔兒爭財相訟義曰太守德薄不勝任之所致非其罪也於是取財倍與二人諭而遣去善安等各懷耻愧移語他州於是風教大洽其以德化人皆此類也

又曰于仲文遷安固太守有任杜兩家各失牛後得一牛兩家俱認州郡久不能決益州長史韓伯儁曰于安固必善聽察可令決之仲文曰此易解耳於是令二家各驅牛群至乃放所認者遂向任氏群中又陰使人微傷其牛任氏嘵惋杜家自若仲文於是訶詰杜氏杜氏服罪而去

又曰柳儉煬帝特授朝散大夫拜弘化太守賜物一百段而遣之儉清節愈厲大業五年入朝郡國畢集帝謂納言蘇威吏部尚書牛弘曰其中清名天下第一者爲誰威等以儉對又問其次威以涿郡丞郭絢潁川郡丞敬肅等二人對帝賜儉帛二百疋令天下朝集使送至郡邸以旌異焉

又曰車駕西巡還謂武威太守樊子蓋曰人道公清定如此不子蓋謝曰臣安敢言清止是小心不敢納賄耳由此賜之口味百餘斛

唐書曰顔眞卿爲平原太守安禄山逆節頗著眞卿以霖雨爲託修城浚濠陰料丁壯儲廩實乃陽會多士泛舟於池飲酒賦詩或讒於禄山亦密偵之以爲書生不足虞也無幾禄山果反河朔盡陷獨平原城守具備乃使司兵參軍李平馳奏之玄宗初聞禄山之變歎曰河北二十四郡豈無一忠臣乎得平原大喜顧左右曰朕不識顔眞卿形狀何如所爲得如此

五代史晉史曰鄭延魯清泰中遷復州守延魯臨任忽驚歎曰先人曾爲沁牧九年不移我得不遵其家法而使政有紕繆者乎由是正俸之外未嘗斂貧厥事致理一郡賴焉及秩滿百姓上章擧留將離境攀卧遮圍者不能去朝廷聞而嘉之

華陽國志曰張翕字子陽巴郡人爲陰平郡守布衣蔬食儉以化民自乘二馬之官久之一馬死一馬病翕曰吾將歩行矣夷漢甚安其惠愛在官十九年卒百姓號慕送葬以千數天子嗟歎賜錢十万爲立祠堂後太守數煩擾夷人叛亂翕子端方察孝廉天子起家拜越巂太守迎者如雲

又曰華陽國志曰孝順帝永建中太山吴資爲巴郡太守民歌之曰習習晨風動澍雨潤乎苗稼后恤時務我民以優饒及資遷去民人思資又歌曰望遠忽不見惆悵當徘徊恩澤實難忘悠悠心永懷

益部耆舊傳曰張霸字伯饒爲會稽太守擧賢士勸教講授一郡慕化但聞誦聲又野無遺寇民語曰城上烏鳴哺父毋府中諸吏皆孝子

鍾岏良吏傳曰王堂字敬伯廣漢郪人也爲汝南太守屬城多闇弱堂簡選四部督郵奏免四十餘人以陳蕃爲功曹應嗣爲主簿教曰簡要數衆職委功曹拾遺補闕仰恃明俊古人有言勞於求賢逸於得士太守不敢妄有符教

崔氏家傳曰崔寔除五原太守郡處邊陲不知耕桑之業民多飢寒之患於是乃勸人農種教其織紝以賑貧窮民用獲濟號曰神惠焉

桓階別傳曰上巳平荆州引爲主簿每有深謀疑事嘗與君籌之或日昃忘食或夜坐徹旦擢爲趙郡太守會郡寮送之上曰北邊未清以卿威能震敵德懷遠人故用相煩是亦寇恂河内之擧階在郡時俸盡食醬醉上聞之戲之曰卿家醬頗得成不耶詔曰昔子文清儉朝不謀夕而有脯粮之秩宣子守約簞食魚飧而有加梁之賜豈况光光大魏富有四海棟宇大臣而有蔬食非吾所以禮賢之意也其賜射鹿師二人并給媒（齊人謂麹孽爲媒）

江祚別傳曰祚爲安南太守民思其德生子多以江名子

孟宗別傳曰宗爲豫章太守人思其惠路有行歌故時人之生子以孟爲名

郈氏家傳曰郈訓字伯春爲陳留太守以君性多弘恕追詔勉厲之曰陳留太守講授省中六年于兹經術明篤有臣生解頤之風賜錢三十萬及刀劍衣服居家之具

宣城記曰涇縣洪矩吴時爲廬江太守清稱徵還舡輕皆載土時歳暮逐除者就乞所獲甚少洪乃語之逐除人見土而去○秦子曰孔文擧爲北海相有遺父喪哭泣墓側色無憔悴文擧殺之有毋病差思食新麥家無乃盜隣人熟麥而進之文擧聞特賞之盜而不罪者以爲勤養於毋也哭而見殺者以爲哀而不實也

世說曰周顗罷臨川郡還都未及上泊青溪渚王丞相往看之時是夏月暴雨卒至舫既狹小而又漏殆無復可坐處王曰胡威之清何以過此即啓用焉

吳興太守論衡曰淮陽鑄僞錢吏不能禁汲黯爲太守不壞一鑪不刑一人高枕安卧淮陽政清

風俗通曰秦昭王使李冰爲蜀郡太守開成都兩江溉田万頃江神歲取童女二人以爲婦冰自以其女與神爲婚徑至神祠勸神酒杯但澹淡冰厲聲責之因忽不見良久有兩蒼牛鬬於岸旁有間冰還流汗謂官屬曰吾鬬大極不勝當相助南向腰中正白者我綬也主簿刺殺北面者江神遂死蜀人慕其氣决抗壯健者因名子曰冰兒

酷太守

漢書曰王溫舒爲廣平都尉擇郡中豪敢往吏十餘人爲爪牙使督盜賊道不拾遺遷河内太守素居廣平時皆知河内豪姦之家以九月至郡令具私馬五十疋驛自河内至長安部吏如廣平時方略捕郡中豪猾相連坐千餘家上書請大者至族小者乃死家盡没入贓奏行不過二日得可事論報至流血十餘里河内皆怪其奏以爲神速盡十二月郡無犬吠之盜其頗不得失之旁郡追求會春溫舒頓足歎曰嗟乎令冬月益展一月足吾事矣

又曰嚴延年字次卿東海人爲涿郡太守大姓西高氏東高氏自郡吏已下皆畏避之莫敢與牾咸曰寧負二千石無負豪大家賓客放爲盜賊發輒入高氏吏不敢追延年至遣掾蠡吾趙繡案高氏得其死罪繡見延年爲兩劾欲先白其輕者觀延年意延年已先知之趙掾至白其輕者延年索懷中得重劾即收送獄夜入晨殺吏分考兩高窮竟

其姦誅殺各數人郡中震恐道不拾遺三歲遷河内太守

東觀漢記曰樊曄爲天水郡其政嚴猛好申韓之術不假下以權道路不敢相盜商人行旅以錢物於大道旁曰以付樊父後還其物如故道不拾遺凉州爲之語曰遊子常苦貧力子天所富寧見乳虎穴不入冀城寺嗟我樊府君安可再遭值

晉陽秋曰廬陵太守羊聃疑郡人簡良等爲賊殺一百九十人徒謫百有餘人有司奏聃罪死以景獻皇后有屬八議帝曰此古人所無何八議之有乎未忍肆之市朝其賜命獄所琅邪王太妃山氏聃之甥也詣闕請命丞相以太妃爲言於是減死罪既出有疾見簡良爲祟旬日而卒

三國典略曰齊廣陵太守敬長瑜多受財賄刺史陸駿將啓劾之長瑜以貨求於散騎常侍和士開以畫屏風詐爲長瑜之獻齊王大悅駿啓尋至遂不問焉

梁書曰南淮侯蕭推字智進梁王第安城康王秀之子姿貌豐悅舉動可觀歷淮南宣城晉安吳郡四太守所臨之郡必赤地大旱吳人號爲旱母

又曰臧厥爲晉安太守郡居山海常結聚逋逃前二千石雖募討捕而寇盜不止厥下車宣風化凡諸凶黨皆繈負而出居民復業商旅流通然爲政嚴酷少恩吏民小事必加杖罰百姓謂之臧獸

唐書曰李邕天寶初爲汲郡北海二太守邕性豪侈不護細行所在縱求財貨馳獵自恣五載姦贓事發又嘗與左驍衛兵曹柳勣馬一疋及勣下獄吉溫令勣引邕談及休各厚相賂遺詞狀連引勅刑部員外祁順之監察御史羅希奭馳往就郡决殺之時年七十餘

卷第二百六十二

太平御覽卷第二百六十三

職官部六十一

別駕　治中　長吏　司馬

別駕

應劭漢官儀曰元帝時丞相于定國條州大小爲設吏員治中別駕諸部從事秩皆百石

漢書曰黄霸爲豫州刺史三歲宣帝詔賜車蓋特高一尺別駕主簿車緹油屏星於軾前以彰有德

東觀漢記曰郭伋在并州行部童兒騎竹馬迎拜問使君何日當還伋語別駕計日告之

後漢書曰袁紹領冀州以審配爲別駕委以腹心并揔幕府紹又以田豐爲別駕豐勸迎天子紹不納及敗曰吾慙田別駕

謝承後漢書曰周景爲豫州辟陳蕃爲別駕不就景題別駕輿曰陳仲舉座也不復更辟蕃惶懼起視職

又曰陳茂豫州刺史周敞辟爲別駕從事與俱行部到潁川陽翟傳傳中有置美酒一押敞去勑御騶載酒以行茂見於外取押擊柱破之敞問茂刺史年老酒益氣別駕破押名亦何益茂荅曰所過皆有以明使君傳車騑驂載酒非宜也

魏志曰崔琰字季珪太祖破袁氏領冀州牧辟琰爲別駕語琰曰昨案戶籍可得三十萬衆故爲大州也琰曰今天下分崩九州幅裂二袁兄弟親尋干戈冀方蒸庶暴骨原野未聞王師仁聲先路存問風俗救其塗炭而討校甲兵唯此爲先斯豈彼州士女所望於明公哉太祖改容謝之于時賓客皆伏失色

又曰李膺自蜀使至都武帝悅之謂曰今李膺何如昔對曰今勝昔問其故對曰昔事桓靈之主今逢堯舜之君帝嘉其對以如意擊席者久之乃以爲益州別駕

又曰王基字伯輿東萊人時青土初定刺史王陵表請基爲別駕陵流稱青土蓋亦由基恊和之輔也

吳書曰陸遜爲右護軍鎮西將軍權嘉遜功德欲殊顯之雖爲上將列侯猶欲令歷本州舉命乃使楊州牧呂範就辟別駕從事

晉書曰王祥徐州刺史呂虔檄爲別駕祥乃應召虔委以州事于時寇盜充斥祥率勵兵士頻討破之州界清靖政化大行時人歌之曰海沂之康實頼王祥邦國不空別駕之功

鄧粲晉紀曰王澄爲荆州宗歆以酒色禮澄澄叱左右捽之別駕郭舒厲色曰使君醉澄曰狂邪枉我醉因炙舒眉

晉中興書曰初魏徐州刺史任城呂虔有佩刀工相之以爲必三公可服此刀虔語別駕王祥曰苟非其人刀或爲害卿有公輔之量故以相與祥始辭之虔強與乃受祥死之日以刀授弟覽曰吾兒凡汝後必興足稱此刀故以相與

又曰長沙鄧粲高潔著名桓沖召粲爲別駕粲起就職時南郡劉尚公亦治操不仕粲既就職尚公語粲曰卿道廣學深衆所推懷忽然改節誠失所望粲笑荅曰足下可謂有志於隱而未知隱之爲道朝亦可隱市亦可隱初在我不在於物尚公無以難之雖然粲名譽解半矣

又曰鄧騫字長真長沙人也譙王承爲魏乂所敗乂求騫甚急鄉人爲懼騫笑曰欲用我耳乃往詣乂喜謂曰君可

謂古之解楊也以爲別駕

續晉安帝紀曰益州刺史李邈微時居漢川與別駕姜顯餞送刺史顯忽邈邈曰大丈夫何至守偏地爲姜顯所陵即不復還家仍附舡下自是十五年而鎭梁漢顯猶栖遲即撤爲別駕

後周書曰柳慶爲雍州別駕有賈人持金二十斤詣京師交易寄人停止每欲出行常自執管鑰無何緘閉不異而失之謂是主人所竊郡縣訊問主人遂自誣服慶聞而歎之乃問賈人曰鄉鑰恒置何處對曰恒自帶之慶曰頗與人同宿乎曰無與人同飲乎曰日者曾與一沙門再度酣宴醉而晝寢慶曰主人特以痛自誣非盜也彼沙門乃真盜耳即遣吏逮捕沙門乃懷金逃匿後捕得盡獲所失之金○隋書趙軌爲齊州別駕徵入朝父老相送者各揮涕

曰別駕在官水火不與百姓交是以不敢以壺酒相送公清若水請酌一杯水奉餞軌授而飲之

唐書曰德宗命王虔休幕客昭義軍節度掌書記盧頊爲洺州別駕知州事賜緋魚袋賞有功也時元誼據洺州頊白於虔休請入城說下之頊見誼爲陳利害誼請隨頊歸朝故頊不次授官

三輔決錄曰蘇章爲冀州刺史召安平崔瑗爲別駕

豫章列士傳曰孔恂字巨卿新淦人爲別駕車前後舊有屛星如刺史車曲翳儀式時刺史行部發失旦怒命去之恂曰明使君發自晏而欲撤去屛星毀國舊儀此不可行別駕可去屛星不可省即投傳而去

曹操別傳曰武皇帝爲兗州以畢諶爲別駕兗州亂張孟卓劫諶母弟帝見諶曰孤綏撫失和聞卿母弟爲張邈所執人情不相遠卿可去孤自遣不爲相弃諶涕泣曰當以死自效帝亦垂涕荅之諶明日便走後破下邳得諶還以爲掾

王允別傳曰允仕郡民有路拂者少無行而太守王珠召以補吏允犯顏固爭珠怒收允欲殺之刺史鄧盛聞而馳傳辟爲別駕從事允由是知名路拂以之廢弃

管輅別傳曰趙孔耀言輅於冀州刺史裴徽即檄召輅一相見清論終日不覺疲倦天時大熱移床在庭前樹下乃至雞鳴向晨然後出自尒　引輅爲別駕

江氏家傳曰統字應元太傅東海王領州牧請君爲別駕與君書曰昔子師作豫州未下車辟荀慈明下車辟孔文舉貴州人士有堪此求者不知君舉高平郗道徽爲賢良陳留阮宣子爲直言濟北程弘叔爲方正皆於時選爲允

顧和別傳曰顧球時爲楊州別駕顧榮謂球曰卿速步公孝如是超卿矣和字公孝

庾亮集荅郭遜書曰別駕舊與刺史別乘周流宣化於萬里者其任居刺史之半安可任非其人

應亨與州將牋曰謹命欲求佳別駕自項諸府大開搜延路廣海無遺蚌山亡逸璞歸數日卧思始得一人陳國有袁琇字惠琰者才識可以經於治亂棲遲可以勸礪後進亨具所服聞而未嘗接顏交言也又宗令文早有名輩相與通家門素所具抑亦其次

治中

通典曰治中從事史一人居中治事主衆曹文書漢制也

謝承後漢書曰陳禪爲州治中從事刺史爲人所劾受納贓賂禪當傳考乃至笞掠無筭五毒畢加神意自若辭對

無留事遂釋
應劭漢官儀曰司隷功曹從事即治中也
魏志曰審配字正南魏郡人少忠烈慷慨有不可犯之節
袁紹領冀州委配腹心之任以爲治中別駕
又曰太祖令曰頃年已來不聞嘉謀豈吾開延不勤之耶
自今已後諸掾屬治中別駕常以月旦各言其失吾將覽
也
又曰毛玠字孝先陳留平丘人也少爲縣吏以清公稱將
避亂荊州未至聞劉表政令不明遂往魯陽太祖臨兖州
辟爲治中從事
蜀志曰龐統以從事守耒陽令不治免官魯肅遺先主書
曰龐士元非百里之才使處治中別駕之任始當展其驥
足耳乃以爲治中

江表傳曰孫權尅荊州將吏悉皆歸附而潘濬獨稱疾不
見權遣人以床就家轝致之濬伏面着床席涕泣交横權
至慰勞與語使親近以手巾拭其面濬起下地拜謝即以
爲治中
王隱晉書曰唐彬擢爲治中別駕忠肅公亮匡救違闕盡
規誨以納善不顯諫以彰主當朝正色焉
又曰譙郡太守李詮稱散吏　　後竟爲治
中
檀道鸞晉紀曰習鑿齒少博涉才情秀逸桓温奇之自州
從事歲中三轉至治中
梁書曰蕭洽爲南徐州治中既近畿重鎮吏數千人前後
居之者皆致巨富洽爲之清身率職饋遺一無所受妻子
不免飢寒

又曰陸襄字師卿爲楊州治中襄父終此官乃固辭高祖
不許聽與府司馬換廨居之也
益部耆舊傳曰柳琮字伯騫爲治中與人交結久而益親
其所拔進皆世所稱致位牧守鄉里爲之語曰得黄金一
笥不如柳伯騫所識
又曰張彦字伯春爲治中從事刺史每坐高床治中單席
於地
鄧德明南康記曰昔有盧躭仕州爲治中少有棲山之術
善解飛每夕輙凌虛歸家曉則還州曾元會曉不及朝則
化爲白鵠至閣前迴翔欲下威儀以帚擲之得一隻履躭
乃驚還就列時步騭爲廣州刺史意惡之便以狀列聞遂
至誅滅
世說曰習鑿齒才吏不常桓宣武器之未三十用爲荊州

治中謝牋曰不遇明公荊州老從事耳

長史

後周書曰劉璠爲蕭循益州長史及太祖既納蕭循之降
又許其返國循至長安累月未之遣也璠因侍宴太祖曰
我於古誰比對曰常以公命世英主湯武莫遠今日所見
曾齊桓晉文之不若太祖曰我不得比湯武望與伊周爲
四何桓文之不若乎對曰齊桓存三亡國晉文不失信於
伐原語未終大祖撫掌曰我解尔意欲激我耳於是即命
遣循
陳書曰蕭濟爲楊州長史高宗嘗勅取楊州曹事躬自省
覽見濟條理詳悉文無滯留乃顧謂左右曰我本期蕭長
史長於經傳不意精練繁劇乃至於此
隋書曰榮毗楊素薦毗爲華州長史世號爲能素之田宅

多在華陰左右放縱畋以法繩之無所寬貸畋因朝集素譖之曰素之舉卿適以自罰也畋荅曰奉法一心者但恐累公所舉素笑曰前者戲耳卿之奉法素之望也

又曰高祖時制刺史二佐每歲暮更入朝上考課

唐書曰張惟一爲荆州長史以防禦使陳希昂爲司馬希昂衡州酋帥家兵千人在部下自爲藩衛有牟遂金仕至將軍爲惟一將希昂積憾持兵領衆入惟一衙索遂金頭金藏於惟一後院惟一懼截頭遂與之兵始退自此之後政歸希昂惟一寄坐而已

司馬

北史曰魏蘇亮拜黄門侍郎文帝子宜都王武爲秦州刺史以亮爲司馬帝謂亮曰黄門郎豈可爲秦州司馬以朕愛子出藩故以心腹相委勿以爲恨

三國典略曰齊以太子率更令崔龍子爲司州司馬初龍子爲司徒功曹嫁女與穆提婆以求此職提婆許之以其品懸絶先轉爲率更令至是成婚既畢即便用之尋有謗言牓於路側曰司州司馬崔老鴞取錢能疾判事遲御史馮士幹見而劾之遂免其官

北史曰隋房恭懿歷澤德二州司馬盧愷復奏其政美上甚異之復賜以帛諸州朝集稱爲勸勵之首以爲上天宗廟之所祐豈朕寡薄能致之乎

隋書曰劉模爲嵐州司馬楊諒既作亂刺史喬鍾葵發兵將赴逆模拒之曰漢王所圖不軌公荷國厚恩致位方伯謂當竭誠効命以荅慈造豈有大行皇帝梓宮未掩翻爲厲階鍾葵失色曰司馬反耶臨之以兵氣辭不撓鍾葵義而釋之軍吏進曰若不斬模何以厭衆心於是囚之於獄悉取模資財分賜黨與及諒平煬帝嘉之拜開府授天興令

太平御覽卷第二百六十三

太平御覽卷第二百六十四　職官部六十二

功曹參軍　司倉參軍　司户參軍

司兵參軍　司法參軍　五官掾

功曹參軍

韋昭辯釋名曰曹群也功曹吏所群聚户曹民所群聚也其他皆然○漢書曰蕭何為主吏（孟康曰主吏功曹也）

又曰朱博為琅邪郡守召見功曹閉閤數責與筆札使自記受取一錢已上無得有所匿欺謾半言斷頭矣功曹惶怖具自書姦贓大小不敢隱博知其對以實乃令就席受勑自改而已投刀使削所記遣出就職

東觀漢記曰趙勤南陽人太守桓虞召為功曹委以郡事嘗有重客過欲託一士令為曹吏虞曰我有賢功曹趙勤當與議之潛於內中聽虞乃問勤勤對曰恐未合衆客曰止止勿復道

又曰楊正為京兆功曹光武崩京兆尹出西域賈胡共起帷帳設祭尹車過帳胡牽車令拜尹疑止車正在前導曰禮天子不食支庶况夷狄乎勑壞祭遂去

又曰鮑永為郡功曹時有稱侍中止傳舍者太守趙興欲出謁永以不宜出當車拔佩刀興因還後數日詔書下捕之果矯稱使者由是知名

又曰郭丹為郡功曹薦陰亶程胡魯歆自代太守杜詩曰古者卿士讓位今功曹稽古經可為至德編署黃堂以為後法

又曰吳良字大儀齊國臨淄人初為郡吏歲旦與掾史入賀門下掾王望舉觴上壽諂稱太守功德良於下席勃然進曰望佞邪之人欺諂無狀願勿受其觴太守斂容而止讌罷轉良為功曹恥以言受進終不肯謁

又曰汝南太守歐陽歙召郅惲為功曹汝南舊俗十月饗會百里內皆賫牛酒到府飲讌時臨饗禮畢歙教曰西部督郵繇延天資忠貞不嚴而治今與衆儒共論延功顯之于朝惲於下座愀然前曰案延資性貪邪外方內員朋黨構姦罔上害民明府以惡為善以直從曲此既無君又復無臣惲敢奉觴歙色慙不知所為門下掾鄭敬進曰君明臣直功曹言切明府德也歙意少解曰實歙罪也

又曰永平初新野功曹鄧寅以外戚小侯每預朝會而容姿趍步有出於衆上目之顧左右曰朕之儀皃豈若此人特賜輿馬衣服虞延以寅無實行未嘗加禮上乃詔令自稱南陽功曹詣闕寅在職不服父喪帝聞乃歎曰知人則哲惟帝難之信哉斯言寅慙而退

後漢書曰虞延去官還鄉里太守富宗聞延名召署功曹宗性奢靡車服器物多不中節延諫曰昔晏嬰輔齊鹿裘不完季文子相魯妾不衣帛以約失之者鮮矣宗不悅延即辭退居有頃宗果以侈縱被誅臨當伏刑攬涕而歎曰恨不用功曹虞延之諫

又曰周章初仕郡為功曹時大將軍竇憲免封冠軍侯就國章從太守行春到冠軍太守猶欲謁之章進諫曰今日公行春豈可越儀私交且憲椒房之親勢傾王室而退就藩國禍福難量明府剖符大臣千里重任舉止進退其可輕乎太守不聽遂便升車章前拔佩刀絕馬鞅於是乃止及憲被誅公卿以下多以交關得罪太守幸免以此重章

又曰徐穉豫章人時陳蕃為太守以禮請署功曹穉不免之既謁而退蕃在郡不接賓客唯穉來特設一榻去則懸

之

又曰韓稜初爲郡功曹太守葛興中風疾不能聽政稜陰代興視事出入二年令無違者

又曰廉范永平初隴西太守鄧融備禮謁范爲功曹（謁請）會融爲州所舉案（舉其罪案驗之）范知事譴難解欲以權相濟乃託病求去融不達其意大恨之范於是東至洛陽變名姓求代廷尉獄卒居無幾融果徵下獄范遂得衛侍左右盡心勤勞融怪其貌類范而殊不意乃謂曰卿何以我故功曹耶范訶之曰君困厄瞀亂耶（鄭玄注禮記曰瞀目不明之貌）語遂絕融繫出困病范隨而養視及死竟不言身自將車送喪致南陽葬畢乃去

續漢書曰汝南太守宗資以事委任功曹范滂時人謠曰汝南太守范孟博南陽宗資主畫諾

又曰李恂字叔英安定臨涇人太守李鴻請署功曹未及到而州辟爲從事會鴻卒恂不應州命而送鴻喪還鄉里既葬留起冢墳治喪三年

又曰李充爲太守魯平請署功曹不就平怒乃投充以捐溝中因謫署縣都亭長不得已起親職役

謝承後漢書曰范滂字孟博汝南人太守宗資署功曹滂外甥西平李頌公族子孫頑嚚穢濁爲鄉曲所棄常侍唐衡屬其事資勑曹召署文學史滂不肯聽資怒召功曹書佐朱零問不召頌意狀零以告滂滂曰荅教當言頌則滂之姊子豈不樂其外進但頌滂穢小人不宜涤汙朝廷不敢以位私人是以不召零具荅教如此零入聞資使五伯亂捶困杖言辭不懾仰疾言曰范滂清議猶利刃截腐肉願爲明府所笞殺不爲滂所廢絕今日之死當受忠名爲滂所廢永成惡人滂正直蹇諤皆此類也

又曰許劭仕郡爲功曹抗忠舉義進善黜惡正機執衡允齊風俗所稱如龍之升所貶如墮于淵清論風行所吹草偃爲衆所服

又曰李壽聰明智達有俊才太守黄讜高其名德召署功曹每進見常薦達郡中善人有異行者讜輒序用壽雖見優禮愈隆壽意益下其所致達未嘗伐其功美

又曰羊定字世德爲郡功曹病困被不覆軀衣不周身郡將賜大布被及襦袴皆不受執志而終

又曰鍾皓字季明潁川長社人同郡陳寔年不及皓引與爲友皓爲郡功曹會辟司徒府臨辭太守問誰可代卿者皓曰明府必欲得其人西門亭長陳寔聞之曰鍾君似不察人不知何獨識我

又曰彭脩會稽人仕郡爲功曹時西部都尉宰晁行太守事以微過收吴縣獄吏將殺之主簿鍾離意爭諫甚切晁怒使收縛意脩排閤直入拜於庭曰明府發雷霆於主簿請聞其過晁曰受教三日初不奉行廢命不忠豈非過耶脩因拜曰昔任座面折文侯朱雲攀毀欄檻自非賢君焉得忠臣遂原意罰貸獄吏

袁崧後漢書曰岑晊字公孝高才絶人五經六藝無不洞貫太守成瑨請爲功曹時謠曰南陽太守岑公孝弘農成瑨但坐嘯

張璠漢記曰陳寵爲廣漢太守風聲大行徵爲大司農帝問何以爲治寵曰臣任功曹王渙渙由是知名

魏志曰臧洪廣陵郡人也爲張超功曹超兄邈謂超曰聞弟爲郡守政教威恩不由已出動任臧洪洪者何人超曰洪

才略智數優超超甚愛之海內奇士也遂即引見洪與語大異之

又曰臧洪字子原太守張超請洪爲功曹卓圖危社稷洪說超曰明府歷世受恩兄弟並據大郡今王室將危賊臣未梟此誠天下義烈報恩効命之秋也今郡境尚全吏民殷富若動桴鼓可得二萬以此誅除國賊爲天下倡先義之大者也超然其言

又曰袁渙字曜卿當時諸公子多越法度而渙清靜舉動必以禮郡命爲功曹郡中姦吏皆去

又曰陳矯字季弼廣陵人太守陳登請爲功曹使矯詣許謂曰許下論議待君不足者相爲觀察還以見誨矯還曰聞遠近之論頗言明府驕而自矜使過泰山泰山太守東郡薛悌異之結爲親友戲矯曰以郡吏而交二千石隣國君從陪臣遊不亦可乎

又曰杜畿字伯侯京兆杜陵人年二十爲郡功曹鄭縣內繫囚數百畿親臨獄裁其輕重盡決遣之郡中奇其年少而有大志

魏略曰京兆尹張時河東人也與杜畿有舊署爲功曹常言此家疏誕不中功曹也畿竊云不中功曹中河東太守

蜀志曰龐統字士元郡命爲功曹性好人倫勤於長養每所稱述多過其才時人怪而問之統荅曰當今天下大亂雅道陵遲善人少而惡人多方欲興風俗長道業不美其談即聲名不足慕企不足慕　企而爲善者少矣今拔十失五猶得其半而可以崇邁世敎使有志者自勵不亦可乎

吳志曰聶友字文悌豫章人也有脣吻少爲縣吏虞翻從交州縣令使友送之翻與語而奇焉爲書與豫章太守謝斐令以爲功曹郡時見有功曹斐見之問曰縣吏聶友可堪何職對曰此人縣間小吏耳猶可堪曹吏佐斐曰論者以爲宜作功曹君其避之乃用爲功曹

又曰虞翻字仲翔爲孫策功曹好馳騁遊獵翻諫曰明府用烏集之衆驅散附之士皆得其死力雖漢高帝不及也至於輕出微行從官不暇嚴吏卒常苦之夫君人者不重則不威故白龍魚服因於豫且 好 余 白蛇自放劉季害之願少留意策荅曰君言是也然時有所思端坐悒悒有諱諶草創之計是以行耳

又曰處士謝譚爲吳粲功曹以疾不詣粲敎曰夫應龍以屈伸爲神鳳皇以嘉鳴爲貴何必隱於天外潛鱗於重淵者哉

又曰潘濬字承明武陵人也爲人聰察對問有機理王粲見而貴異之由是知名爲郡功曹

吳錄曰孫劭字長緒北海人爲孔融功曹融稱曰廊廟才也後爲吳丞相

王隱晉書曰劉毅字仲雄僑居陽平太守杜恕逼迫舉毅爲功曹月餘日沙汰郡吏百餘人三魏稱焉爲之語曰但聞劉功曹不聞杜府君

又曰世號庾兗有異行元康之末潁川太守復以功曹命之兗服造事之衣杖梄荷斧不俟駕行曰請受下夫之役府君飾車而迎逡巡辭焉形雖益恭而神有不可動之色府君知其不屈乃歎曰非常士也吾無以臣之矣乃厚禮遣之

晉中興書曰胡母輔之嘗過河南門下飲酒門下騶王子博箕坐其傍輔之叱之使取火博曰我卒也不多吾事薦

之河南君樂廣召見甚悦擢爲功曹
又曰任旭字次龍臨海人操立清儉不染流俗郡將蔣秀
請爲功曹治官貪穢每不奉法旭正色苦諫秀旣不納旭
乃謝去閉門講肆養志而已乆之秀坐事被收旭於獄狼
狽營救躬自扶送秀慨然歎曰任功曹直人吾違其讜言
以至於此復何言哉
九州春秋曰建安六年劉表攻西鄂西鄂長杜子緒帥縣
男女嬰城而守時南陽功曹柏孝長亦在城中聞兵攻聲
恐懼入室閉戶牽被覆頭相攻半日稍敢出面
英雄記曰尚栩先人尚子平有道術爲縣功曹休歸自入
山擔薪賣以食飲
會稽典録曰孫策功曹魏勝以忤意見譴將殺之吳太夫
人乃倚大井而語策曰汝新造江南其事未集方當優賢

禮士捨過録功魏功曹在公盡規汝今日殺之則人明日
叛汝吾不忍見禍及當先投此井中耳策大驚遽釋勝
又曰魏朗字少英上虞人從太守行春寢於閤外感時志
激中夜長歎府君朝問昨歎息者誰主簿曰書佐魏朗也
府君由是知朗有凌雲之志轉功曹佐正旦與掾史上朝
時功曹吏顧翕披裘以加朝服朗以裘非吕服非翕不敬
勑卒撤去翕恚而不聽以手毆卒朗右手鳴鼓左手撤裘
以聞府君曰朗當朝正色有不撓之節遂退翕以朗代之
朗辭病不就
又曰魏徽字孔章仕郡爲功曹史府君貴其名重徽每拜
謁常跪而待之
華陽國志曰公孫述入蜀蜀郡拒守述功之功曹朱尊絆
馬死戰光武帝嘉之

又曰李業字巨遊廣漢梓潼人少執志清白太守到咸慕
其名召爲功曹十命不詣
又曰朱倉字雲卿下邳人少受學於蜀郡張寧倉豆屑飲
水同業憐其貧資給米肉不受家貧常以步行爲郡功曹
鍾岏良吏傳曰桓虞字仲春馮翊萬年人也爲南陽郡守
下車聞葉縣雍昱及新野令不遵法度選督郵不能正乃
署趙勤爲督郵到葉昱即解印綬入新野新野令聞昱已
去遣吏奉記陳罪亦即弃官虞乃歎曰善吏如良鷹下韝
即中擢爲功曹委以郡事
豫章列士傳曰華茂爲功曹病被不覆軀布衣不周身郡
將與大布被袴皆不受
汝南先賢傳曰袁閬字奉高爲功曹辟太尉掾太守唐珍
曰今君當應宰府宜選功曹以自代因薦陳仲舉珍即請

蕃爲功曹
又曰新蔡鄭敬字次都爲郡功曹都尉高懿廳事前槐樹
有露類甘露者懿問掾屬皆言是甘露敬獨曰明府政未
能致甘露但樹汁耳懿不悦託疾而去
又曰許愼爲功曹奉上以篤義率下以恭寛。荆州先德
傳曰周瑜領南郡以龐士元名重州里所信乃逼爲功曹
任以大事瑜垂拱而已。鍾離意別傳曰意字子阿會稽山
陰人也太守賓翔召意署功曹史意乃爲府立條式威儀
嚴肅莫不靖恭後日賓君與意相見曰功曹須立嚴科太
守瞰察朝晡吏無大小莫不畏威
陳寔別傳曰寔字仲弓潁川許人也爲郡功曹時中常侍
侯覽託太守高倫用吏倫教署文學掾寔知非其人乃懷
檄請見乞從外署倫從之於是鄉論怪其非舉倫後被徵

爲尙書郡中士大夫送至傳舍倫語衆人曰吾前爲侯常侍用吏此各由故人畏憚彊禦陳君可謂善則稱君過則稱已者也聞者方歎息

陸績別傳曰績字公紀郡人也太守王朗命爲功曹風化肅穆郡内大治

京兆舊事曰長安孫晨家貧爲郡功曹十日一炊無被有蒿一束暮卧其中旦則收之

司倉參軍

後漢書曰戴就字景成仕郡爲倉曹掾刺史劾其太守遣部從事案倉庫簿領五毒備至郡事遂釋也

三國典略曰張軌入關拔岳以爲倉曹參軍或有請貸官粟者軌曰以私害公非吾宿志濟人之難詎得相違乃賣所服之衣糴粟以賑其乏

司戶參軍

後漢書曰陸績季郃皆仕郡爲户曹史郃後官至司空

唐書曰裴琰之絳州聞喜人也世爲著姓永徽中爲同州司户參軍時年少美容儀刺史李崇義初甚輕之先是州中有積年舊案數百道崇義促琰之使斷之琰之命書吏數人連紙進筆斯須剖斷並畢文翰俱美且盡與奪之理崇義大驚謝曰公何忍藏鋒以成鄙夫之過由是大知名號爲霹靂手

司兵參軍

唐書曰杜甫字子美本襄陽人後徙居鞏縣天寶初應進士不第天寶末獻三大禮賦玄宗奇之召試文章授京兆兵曹參軍

司法參軍

後漢書曰周燕宣帝時爲郡决曹掾太守欲枉殺囚燕數諫不聽遂殺囚家詣闕稱冤詔遣覆考燕謂太守曰願謹定之書背者燕名府君但時言病而已使收燕燕遂死之燕有五子皆至刺史太守兩漢有决曹賊曹掾主刑法歷代皆有或謂之賊曹或爲法曹

又曰郭弘爲潁川郡决曹掾治獄三四十年用法平正郡内比之東海于公

隋書曰陳孝意爲魯郡司法書佐太守蘇威欲殺一囚因諫不許乃解衣請先受死乃止後至侍御史汝州刺史

五官掾

後魏書曰王尊字子贛涿郡人爲安定太守出教曰五官掾張輔懷虎狼之心貪汙不軌一郡之錢盡入輔家適足以葬矣遂將輔送獄直府史詣閤下從太守受其事輔繫

獄數日死

東觀漢記曰黄香江夏安陸人也父况爲郡五官掾孝廉貧無奴僕香躬勤左右苦暑乃扇牀枕冬以身温席

又曰桓帝時白馬令李雲坐直諫繫獄弘農五官掾杜衆傷其忠直獲罪上書願與雲俱得死遂俱死獄中

後漢書曰諒輔字漢儒仕郡爲五官掾夏大旱太守自祈禱無應輔乃自曝庭中祝曰輔爲股肱不能進諫納忠薦賢退惡和調陰陽承順天意乃積薪以自環搆火其旁曰若日中不雨將自焚未日中而澍雨也

臧榮緒晉書曰范畧字孝長南陽人少遊學清河遂徙家僑居郡命爲五官掾

太平御覽卷第二百六十四

太平御覽卷第二百六十五　職官部六十三

州主簿　從事　中正

州主簿

韋昭辯釋名曰主簿主諸簿書簿普也普關諸事

漢書曰王尊遷東郡太守水盛泛浸溢瓠子金堤尊躬率吏民沈白馬劾水神河伯尊親執珪璧使巫祝請以身填金堤因止宿廬于堤上及水盛堤壞吏民皆走唯二主簿位在尊旁尊立不動而水波稍却迴還吏民嘉壯尊之勇節白馬三老朱英等奏其狀

東觀漢記曰周喜仕郡為主簿王莽末群賊入汝陽城喜從太守何敞討賊為流矢所中謂賊衆曰卿曹皆民隸也豈有還害其君者鄧喜請以死贖君命因仰天號泣賊於是相視曰此義士也給其車馬遣送之

後漢書曰朱儁會稽人也太守尹端以儁為主簿熹平二年端坐討賊許昭失利為州所奏罪應弃市儁乃羸服閒行輕賫數百金到京師賂主章吏遂得刊定州奏故端得輸作左校端喜於降免而不知其由儁亦終無所言

魏志曰盧毓字子家涿郡人也崔琰舉為冀州主簿時天下草創多逋逃故重士亡法罪及妻子亡士妻白等始適夫家數日皆未與夫相見大理奏弃市毓駮之曰夫女子之情以接見而恩生成婦而義重故詩曰未見君子我心傷悲亦既見止我心則夷又禮未廟見之婦而死即葬女氏之黨以未成婦也今白等生有未見之悲死有非婦之痛而吏議欲肆之大辟若同牢合巹之後罪何所加（巹音謹）且記曰附從輕言附人之罪以輕者為比也又書云與其殺不辜寧失不經恐過重也苟以白等皆受禮聘已入門庭刑之為可殺之為重太祖曰毓之所執是也又引經典有意使孤歎息○又曰龐淯字子異太守徐揖請為主簿後郡人黄昂反圍城淯弃妻子夜踰城圍告急於張掖燉煌二郡初疑未發兵淯欲伏劒二郡感其義遂與兵軍未至而郡邑以陷死淯乃收斂揖喪送還本郡行服三年乃還

又曰崔林字德孺清河人少時晚成宗族莫知唯從兄琰異之太祖定冀州擢為州主簿

蜀志曰杜微字國輔梓潼涪人丞相領益州牧以微為主簿微固辭輿而致之既至亮引而微自陳謝亮以微不聞人言於座上作書與之

吳録曰葛咸字子良為郡主簿太守黄君行春留咸守郡君緣棲採雀卵咸責數以春月不宜破卵杖之三十

王隱晉書曰陶侃字士衡鄱陽人為郡主簿夫人病欲使

主簿迎醫於數百里天大寒雪各辭疾召侃使行侃曰資於事父以事君夫人亦當吾母安有父母之病而聞迎醫不便行也

晉書曰潘京字世長武陵漢壽人也弱冠郡辟主簿太守趙廞甚器之甞問曰貴郡何以名武陵京曰鄙郡本名義陵在辰陽縣界與夷相接數為所攻光武時移東出遂得全完共議易號傳曰止戈為武詩稱高平曰陵於是名焉州所辟因謁見問策探得不孝字刺史戲京曰辟士為不孝耶京舉板荅曰今為忠臣不得復為孝子其機辯皆此類

又曰易雄長沙劉陽人也仕郡為主簿張昌之亂也執太守万嗣將斬之雄與賊爭論曲直賊怒叱使牽雄斬之雄趨出自若賊又呼問之雄如初如此者三賊乃捨之嗣

由是獲免雄遂知名

又曰潘京武陵人也郡辟主簿後太廟立州郡皆遣使賀人京白太守曰夫太廟立移神主應問訊不應賀遂遣京作文使詣京師以爲永式

又曰習鑿齒字彥威爲桓溫荆州主簿親遇隆密時語曰徒三十年看儒書不如一詣習主簿也

宋書曰王思遠宋建平王景素辟南徐州主簿深見禮遇景素被誅左右離散思遠親視殯葬手種松栢與廬江何昌寓上表理之事感朝廷景素女廢爲庶人思遠分衣食以相資贍年長爲備笄總訪求偶對傾家送遣

三國典略曰梁李膺字公胤廣漢人也西昌侯藻爲益州以爲主簿使至建康梁武悅之謂曰卿何如昔日李膺對曰勝問其故對曰昔事桓靈之主今逢堯舜之君梁武嘉其對以如意擊席者久之

後魏書曰裴安祖弱冠州辟主簿民有兄弟爭財詣州相訟安祖召其弟兄以禮義責讓之此人兄弟明日相率謝罪郡内欽服之

又曰韋朏字尊顯少有志業年十八辟州主簿時屬歲儉朏以家粟造粥以餌飢人所活甚衆

唐書曰顏杲卿以蔭受官性剛直有吏幹開元中爲魏州録事參軍振舉綱目政稱第一

又曰杜暹補婺州參軍秩滿將歸州吏以紙萬餘張以贈之暹唯受一百番餘悉還之時州寮別者見而嘆曰昔清吏受一大錢復何異也

三輔決録曰韋元將年十五身長八尺五寸爲郡主簿楊彪稱曰韋主簿年雖少有老成之風昂昂千里之駒

陳留耆舊傳曰戴斌爲郡主簿送故將妻歸鄉里蠡吾里人距之孝子負吏脫絰叩頭求哀終不見聽斌乃投絰放纕操手劍瞋目厲聲距踊而前曰哭不哀者郎君也喪車不前者戴斌也里人服其義乃内之

廣陵列士傳曰劉儁爲郡主簿郡將爲賊所得儁知言辭不能動賊因叩頭流血乞得代之賊不聽前斫府君儁因投身投之正與刃會斫儁左肩瘡尺餘賊又欲更下刃儁號呼抱持不置賊因相謂曰此義士殺之不祥遂俱縱遣

黄義仲交廣二州記曰合浦之士有尹牙爲郡主簿太守荅去重仇未執牙即變姓易名爲執之天子奇其義因赦不問

俗說曰謝景仁爲豫州主簿在立閤下桓聞其善彈箏便呼之既至取箏令彈謝即理弦撫箏因歌秋風意氣殊邁桓大以此奇之

從事

漢書曰邴吉字少卿爲廷尉右監坐法失官歸爲州從事

又曰趙廣漢涿郡人爲州從事以嚴絜通敏下士爲名

又曰楊雄數爲朝廷在位賢者稱嚴君平德杜陵李彊爲益州牧喜謂雄曰吾真得嚴君平矣雄曰備禮以待之彼人可見而不得詘也彊心以爲不然及至蜀致禮與相見卒不敢言以爲從事乃歎曰楊子雲誠知人也

東觀漢記曰鮑永爲司隸校尉矜嚴公正平陵鮑恢爲從事恢亦抗直詔曰貴戚且斂手以避二鮑

又曰樊準字幼陵爲州從事臨職介正不發私書

又曰班彪避地河南大將軍竇融以爲從事深敬待後接以師友之道

後漢書曰朱震字伯厚爲州從事奏濟陰太守贓罪之數
諺曰車如雞栖馬如狗疾惡風朱伯厚
續漢書曰楊球爲幽州從事部分邊塞職事脩理
謝承後漢書曰陳衆辟州從事有劉賊淳于臨等數千人
攻縣殺吏光武遣司空李通率師擊之州牧惶怖恐獲罪
衆於是自請以恩信曉喻降之乘單車駕白馬往到賊
所以義告諭臨素服名德即降服民生立祠曰白馬從事
華嶠後漢書曰衛羽爲州從事時中常侍單超兄子匡爲
濟陰太守負其勢大爲貪放刺史第五種欲取之聞羽素
抗厲乃召羽謂曰聞公不畏強禦今欲相委以重事若何
對曰願庶幾於一割羽出遂馳至定陶閉城門收匡賓客
親吏四十餘人七日中起發其贓五六千萬種即奏一
州震慄

魏志曰賈洪字叔業家貧好學應州辟其時州中自參事
以下百餘人唯洪與嚴苞字文通才學最高故衆爲之語
曰州中暴暴賈叔業辯論胷胷嚴文通
又曰袁紹領冀州從事沮綬喜曰吾心也
又曰張遼字文遠鴈門馬邑人本聶壹之後以避怨變姓
漢并州刺史丁原以遼武力過人召爲從事
又曰邢顒太祖辟爲冀州從事時人稱之德行堂堂邢子
昂
蜀志曰張松說劉璋交通先主從事廣漢王累自倒懸
於門以諫璋無所納
又曰馬謖字幼常以荊州從事隨先主入蜀材力過人好
論軍計
又曰譙周字允南身長八尺體貌素朴推誠不識無造
次辯論之方然潛識內敏建興中丞相亮領益州牧命周爲
勸學從事
王隱晉書曰山濤字巨源河內人年四十始爲州郡部河
南從事
又曰劉毅辟爲司州都官從事京邑肅然彈河南尹事司
隸徐不過曰躩虎之犬驍鼠蹈其背毅曰既能躩虎又能
殺鼠何損於犬投傳而去
晉中興書曰華譚字令思生未暮而父歿母年十八執節
養譚弱冠知名揚州刺史周俊禮辟署從事史愛其才器
以爲賓友
陳留耆舊傳曰高慎字孝甫敦篤少華口不能劇談默而
好沉深之謀爲從事號曰卧虎故人謂之嶷然不語名高
孝甫

益部耆舊傳曰李弘字仲元爲州從事楊雄稱之曰不屈
其志不累其身不夷不惠可否之間見其貌肅如也觀其
行穆如也聞其言厲如也
又曰巴郡任文公有道術爲州從事時越嶲欲反州遣五
從事案虛實止傳舍食未半有風發案文公起曰當有逆
變因促駕去諸從事未能發爲郡兵所殺
鍾離意別傳曰揚州刺史夏君三辟意九江從事三府側席
夏君見意曰刺史得京師書聞從事有令問刺史何惜王
家之爵不貢賢者乃表上尚書
李固別傳曰益州及司隸辟皆不就門徒或稱從事掾固
曰未曾受其位不宜獲其号
孟嘉別傳曰庾亮辟嘉爲勸學從事亮盛脩學教高選儒
官正旦大會褚裒問亮嘉何在亮曰但自覓之裒歷觀之

指嘉曰將無是乎亮欣然

羅含別傳曰含字君章刺史庾亮以親賢之重作鎮方岳搜揚楚楚匪蘭弗刈仍辟含荊州部從事

潛夫論曰孝明帝時荊州舉茂才過闕謝恩賜食既訖問何異聞對曰巫地有劇賊九人刺史不能得帝曰汝非部郡從事耶對曰是也帝乃振怒曰賊發部中而不能擒何以為茂才乃捶數百而切讓州郡十日之間賊即伏誅由此觀之擒盜賊在明法不在數赦

世說曰顧和為州從事月旦朝未入停車周侯歷和車邊過和風兒夷然不動周指顧心曰此中何有徐應曰此中最是難測地周入過丞相曰卿州吏中有令僕才

又曰羅含為宣武從事謝鎮西作江夏使往檢校之羅既至初不問郡家事乃過就謝數日飲酒而還桓公問何事

羅云未審公謂謝尚是何似人桓公答仁祖是勝我許人羅云豈有勝公人而有行非者故一無所問桓公奇其意而不責

王丞相集教曰丹陽從事陳耽器局弘正可轉主簿吳興從事謝鸞才幹正直可轉西曹

中正

魏略曰時苗字德冑鉅鹿人也為太官令領其郡中正定九品至於敘人才不能寬大然紀人之短雖在久遠銜之不置

吳志曰習溫為荊州太平公太平公即州都也後潘秘為尚書僕射代溫為太平公甚得其譽

晉書曰楊晫陶侃共載詣顧榮州大中正溫雅責晫與小人共載晫曰江州名少風俗卿已不能養進寒儁且可不毀之楊晫代雅為大中正舉侃為鄱陽小中正

又曰諸葛瞻領丹陽宣城新安三郡大中正時中州人士多寓焉

又曰劉毅字仲雄年七十已告老後舉為青州大中正尚書以毅懸車致仕不宜勞以碎務孫尹曰司徒魏舒司隸嚴詢與毅年齒相近管四十萬戶州兼董司百寮總攝機要舒所統廣兼執九品銓十六州議者不以為劇昔鄭武公年過八十入為司徒毅志氣聰明一州品第不足勞其思慮毅遂為州都銓正人流清濁區別其所彈貶自親貴始

又曰解結問別駕治中河北白壤高良何故少人士每以三品為中正皆云不審陳頵對曰詩稱惟岳降神生甫及申英偉大賢多出山澤河北地平氣均蓬蒿裁六尺不足

成林故也

又曰于寶稱晉宣帝除九品置大中正晉令云大小中正為內官者聽月三會議上東門外設幔陳席

又曰劉毅上表刺史初臨州大中正史若吏部選內猶下中正問人事所在父祖位狀

晉起居注曰僕射諸葛恢名稱州都大中正為吏部尚書及郎司徒左長史屬掾皆為中正臣今領吏部請解大中正以為都中正職局同理不宜兼者也

蕭子顯齊書曰張緒字思曼吳郡人轉太子中庶子本州大中正長沙王晃屬選用吳興聞人邕為州議曹緒以資籍不當執不許晃遣書佐固請之緒正色謂晃曰信此是家州鄉殿下何得見逼

梁書曰沈約遷侍中光祿大夫領太子詹事揚州大中正

關尚書八條事
後魏書曰房堅遷齊州大中正高祖臨朝令諸州中正各舉所知千秋與幽州中正楊尼各舉其子高祖曰昔有一祁名垂往史今有二奚當聞來牒
北齊書曰乾明中邢卲爲中書監同郡許惇與卲競本州中正遂憑附宋欽道出卲爲刺史
三國典略曰陳以孔奐爲御史中丞領揚州大中正晉令宋齊以來爲大都奐清白自守妻子並不之官所得秩俸隨即分贍孤寡郡中大悅號曰神君
襄陽耆舊傳曰晉朝以江表始通人物未悉使江南別立大中正
通典曰魏司空陳群以天臺選用不盡人才擇州之才優有昭鑒者除爲中正自較人才銓定九品州郡皆置吳有太平公亦其任也

郭子曰孫子荆應上品拔王武子時爲大中正謂訪問此人非鄉能拔自爲之目曰天才英雄亮拔不羣
傅子曰魏司空陳群始立九品之制郡置中正平次人才之高下各爲輩目州置都而總其議
晉宣帝除九品州置大中正議曰案九品之狀諸中正既未能料究人才以爲可除九制州置大中正曹羲集九品議曰伏見明論欲除九品而置州中正欲檢虛實一州闊遠略不相識訪不得知會復轉訪本郡先達者耳此爲問州中正而實決於郡人
孫楚集奏曰九品漢氏本無班固著漢書序先往代賢智以爲九條此蓋記鬼録次第耳而陳群依之以品生人又魏武拔奇決於胷臆收才不問階次豈賴九品而後得人今可令長守爲小大中正各自品其編户也
劉毅集論九品曰臣聞用治理者以官才爲本官才有三難而治亂之所由人物難知一也愛憎難防二也情僞難明三也今立中正定九品操人主之威福奪天朝之權柄上品無寒門下品無勢族令職名中正實爲姦府事名九品而有八損宜罷中正除九品弃魏弊法更立一代之美制
荀勗集曰表讓豫州大中正曰被勑以臣爲豫州大中正臣與州閭鄉黨初不相接臣本州十郡方於他州人數倍多品藻人物以正一州清論此乃臧否之本風俗所重
傅暢自序曰時請定九品以余爲中正余以祖考歷代掌州鄉之論又兄宣年三十五立爲州都令余以少年復爲此任故至於上品以宿年爲先是以鄉里素滯屈者漸得叙也

應璩新論曰百郡立中正九州置都士州閭與郡縣希疎如馬齒生不相識面何緣別義理

太平御覽卷第二百六十五

太平御覽卷第二百六十六

職官部六十四

令長

禮記檀弓下曰季子皐葬其妻犯人之禾申詳以告曰請庚之（申詳子張子也庚償也）子皐曰孟氏不以是罪予朋友不以是弃予（言非敝也）以吾爲邑長於斯也買道而葬後難繼也（恃寵虐民非也）

左傳曰子皮欲使尹何爲邑子産曰少未知可否子皮曰使夫往而學焉夫亦愈知矣子産曰不可人之愛人求利之也今吾子愛人則以政猶未能操刀而使割也其傷實多子之愛人求傷之巳

論語曰子之武城聞絃歌之聲（子游爲武城宰）夫子莞爾而笑曰割鷄焉用牛刀（言治小何須用大道）子游對曰昔者偃也聞諸夫子曰君子學道則愛人小人學道則易使也（道禮樂也樂以和人人和則易使）子曰二三子（謂從行者）偃之言是也前言戲之耳（戲以治小用大道也）

又曰子夏爲莒父宰問政子曰無欲速無見小利欲速則不達見小利則大事不成

又曰子游爲武城宰子曰女得人焉耳乎曰有澹臺滅明者行不由徑非公事未嘗至於偃之室也（言澹臺滅明公且方也）

家語曰子路治蒲請見於孔子曰由願受教於夫子子曰蒲其何如對曰邑多壯士又難治也子曰然吾語汝恭與敬可以攝勇寬而正可以懷強愛而恕可以容困（言愛而恕者容困窮）溫而斷可以抑姦如此而加之以忠潔則政不難矣

又曰子路爲蒲宰爲水備與其民修溝瀆以民之煩勞也人與一簞食（簞同）一壺漿孔子聞之使子貢止之子路不悅曰夫子以仁教而禁行仁由不受也孔子曰尔以爲人誠

何不白於君發倉廩以給之而私以汝食遺之是尔明君之無惠而見巳之德美也汝速巳則可不巳則汝之見罪必矣

晏子春秋曰晏子爲阿宰三年而毁聞於國景公不悅召而免之晏子謝曰嬰知過矣請復治阿三年而譽聞於國公將賞之辭而不受公問其故對曰昔者嬰之所以當誅者當賞而今所以當賞者當誅是故不敢受

史記曰齊威王即位召即墨大夫語之曰子居即墨毁日至然吾使人視即墨田野闢民人給官無留事東方以寧是子不事吾左右以求譽也封之萬家召阿大夫語曰自子之守阿譽日聞然吾使人視阿田野不闢民人貧苦是子以幣厚吾左右以求譽也乃烹阿大夫左右嘗譽者皆并烹之遂起兵擊諸侯諸侯震懼人人不敢飾非務盡其誠齊國大治

漢書曰諸令長皆秦官掌治其縣萬户巳上爲令秩一千石至六百石萬户以下爲長秩五百石至三百石皆有丞尉秩四百石至二百石

又曰蕭育字次君爲茂陵令會課育第六召詣後曹當以職事對育徑出曹書佐隨牽育拔佩刀曰蕭育杜陵男子何詣曹也

又曰薛宣子惠始爲彭城令宣從臨淮遷至陳留過其縣橋梁郵亭不脩宣心知惠不能留彭城數日案行舍中處置什器觀視園菜終不問惠以吏事惠自知治縣不稱宣意遣門下掾送宣至陳留令掾進自從其所問宣不教誡惠吏職之意宣曰吏道以法令爲師可問而知能與不能自有資才何可學也衆人以宣言爲然

東觀漢記曰張歆守皋長有報父仇賊自出歆召因詣閤曰欲自受其辭既入解械飲食使發遣遂弃官亡命逢赦出由是鄉里服其高義

後漢書曰馮勤遷郟令後車駕西征隗囂潁川盜賊群起郟賊延褒等衆三千餘人攻圍縣舍勤率吏士七十許人力戰連日弩矢盡城陷勤乃遁去帝聞其反即馳赴潁川勤詣行在所帝案行闕處知勤力戰乃嘉之曰此健令也

又曰宋灩字飛烏廣平列人也爲河陰令順陽公主家奴爲劫攘而不送灩將兵圍主宅執主婿馮穆步驅向縣時正炎暑立之日中流汗霑地於是威振京師

又曰董宣字少平徵爲洛陽令擊搏豪強莫不震慄京師號爲卧虎

又曰公孫述爲清水長父仁以述年少遣門下掾隨之官

月餘掾辭歸白仁曰述非待教者也

續漢書曰董宣爲雒陽令寧平公主乳母子白日殺人因匿主家吏不能得及主出行以奴驂乘宣於大夏門亭候之乃駐車叩馬以刀畫地數主之失者三叱奴下車格殺之主即馳車入宫上大怒召宣令欲死乎宣叩頭曰臣奉法之吏不敢縱法不欲死也上曰捶之宣曰願一言死無恨上曰何言宣曰陛下聖德中興而縱奴殺良民以奴殺臣臣死之後陛下何以治天下捶殺臣不如臣自殺即以頭橕楹流血被面上令小黄門持之曰癡令叩頭謝主宣不從上曰頓癡令頭兩手據地不肯低頭上勑強項令出太官賜食

又曰虞詡爲朝歌長故舊皆弔曰得此何衰詡曰難者不避易者不從不遇盤根錯節何以别其利器乎

華嶠後漢書曰周規除臨湘令長沙太守程徐二月行縣勑諸縣治道規以方春向農民多劇務不欲奪人良時徐出督郵規即委官而去徐憮然有媿色遣功曹賫印綬檄書謝請還規謂功曹曰程府君愛馬蹄不重民力徑逝不顧

漢制曰列侯所食縣曰國皇太后公主所食曰邑有蠻夷曰道凡縣萬户以上爲令減萬户爲長

漢書胡廣注曰秋冬歲盡各計縣户口墾田錢穀出入盜賊多少上集簿丞尉以下歲詣郡課校其功功多尤爲最者於廷尉勞勉之以勸其後負多尤爲殿者於後曹對責以糾怠慢也

魏志曰賈逵字梁道河東襄陵人文帝即王位以鄴縣户數萬在都下多不法乃以逵爲鄴令

又曰賈逵守絳邑長郭援攻河東所經城邑皆下逵堅守援攻之不拔乃召單于併軍急攻之城將潰絳父老與援要不害逵絳潰援聞逵名欲使將以兵劫之逵不動左右引逵使叩頭逵叱之曰安有國家長吏爲賊叩頭援怒將斬之絳吏民聞將殺逵皆乘城呼曰負要殺我賢君寧俱死左右義逵多爲請遂得免

又曰滿寵字伯寧守高平令縣人張苞爲郡督郵貪穢受取干亂吏政寵因其來在傳舍率吏卒出收之詰其所犯即日考竟遂弃官而歸

又曰崔林字德儒除鄔令貧無車馬單步之官

蜀志曰鄧芝字伯苗先主定益州芝爲郫邸閣督先主出至郫與語大奇之擢爲郫令

又曰蔣琬字公琰零陵湘鄉人也弱冠與外弟泉陵劉敏

俱知名琬以州書佐隨先主入蜀除廣都長先主嘗因遊觀奄至廣都琬衆事不理時又𣓪酒先主大怒將加罪戮軍師將軍諸葛亮請曰蔣琬社稷器非百里之才也其爲政以安民爲本不以修飾爲先願主公重加察之先主雅敬亮乃不加罪倉卒免官而已

吳志曰賀齊字公苗會稽山陰人也少爲郡吏守剡長縣吏斯從輕俠爲姦齊欲治之主簿諫曰從縣大族山越所附今日治之明日寇至齊聞大怒便立斬從族黨相糾合衆千餘人舉兵攻縣齊率吏民開城門突擊大破之威震山越

又曰陶謙除舒令郡太守張盤同郡先輩與謙父友謙恥爲之屈嘗舞屬謙謙不爲起固強之乃舞舞又不轉盤曰不當轉耶曰不可轉轉則勝人

又曰孟仁字恭武江夏人也爲吳令時皆不得將家之官每得時物來以寄母常不先食及聞母亡犯禁弃官

又曰劉繇字正禮舉孝廉爲郎中除下邑長時郡守以貴戚託之遂弃官而去

又曰朱然字義封嘗與孫權同書學結恩愛至權統事以爲餘姚長時年十九

晉書曰車濟字萬度燉煌人也果毅有壯勇爲金細令爲石季龍將麻秋所陷濟不爲秋屈秋必欲降之乃臨之以兵濟辭色不撓曰吾雖才非龐德而受任同之身可殺志不可移乃伏劒而死秋歎其忠節以禮葬之

晉中興書曰華譚所友袁甫者字公胄歷陽人少能言議與譚齊名友善大安中甫入洛詣中領軍何勗自言能治劇縣勗曰君子法應多宜何以唯欲宰民何不爲一臺職乎甫曰人各有所能否譬由錦繡中之好而不可以爲帢帢冶稻食中之好而不可以爲虀是以孔子曰及其使人也器之苟非大才何能悉備又之除松滋令

宋書曰陶潛字淵明謂親朋曰聊欲絃歌爲三徑之資可乎執事者聞之以爲彭澤令公田悉令吏種秫稻妻子固請種粳乃使二頃五十畝種秫五十畝種粳郡遣督郵至縣吏白應束帶見之潛歎曰我不能爲五斗米折腰向鄉里小兒即解印綬去賦歸去來

又曰張融爲封溪令行路經嶂嶮獠賊執融將殺食之融神色不動方作洛生詠賊異之而不害也浮海至交州於海中遇風終無懼色方詠曰乾魚自可還其本鄉内脯復何爲者哉

齊書曰卞延之弱冠爲上虞令有剛氣會稽太守孟覬以

令長裁之積不能容脫幘投地曰我所以屈卿者正爲此幘耳今已投之卿以一世勳門而傲天下國士拂衣而去

梁書曰蕭昕素爲中書侍郎在位少時求爲諸暨令到縣十餘日掛衣冠於縣門而去

後魏書曰高祖以北平府長史裴聿中書侍郎崔亮並清貧欲以俸祿優之乃以亮帶野王令聿帶溫縣令時人榮之

北史曰齊因魏宰縣多用廝濫至於士流恥居百里元文遙以縣令爲字人之切用之猶恐其被詐揔召集神武門令趙郡王叡宣旨唱名厚加慰諭士人爲縣自此始也

三國典略曰陳褚玠爲中書侍郎陳主以山陰縣多豪猾謂舍人蔡景歷曰稽陰大邑久無良宰卿文士之内試思其人景歷進曰褚玠清廉有幹用陳主曰善乃以爲令縣

人張次的王休達等與諸猾吏賄賂通姦全丁大戶多有
隱没玠乃鏁次的具狀啓臺陳主手勑慰勞并遣使助玠
搜括所出軍人八百餘戶時曹義達爲陳主所寵縣人陳
信家富於財諂事義達信父顯文恃勢橫暴玠乃遣使執
顯文鞭之一百於是吏人股慄莫敢犯者義達於是譖之
玠在任守祿俸而已去官之後不堪自致因留縣境種蔬
菜以自給或嗤玠以非百里之才玠荅曰吾委輸課最不
後列城除殘去暴姦吏跼蹐若謂不能自潤脂膏則如來
命以爲不達從政吾未服也
韓子曰晉平公問趙武曰中牟吾國之股肱邯鄲之肩髀
也寡人欲其良令也令其空誰使而可趙武曰邢伯子可
公曰伯子非子之讎對曰私讎不入公門又問中府之令
空誰使而可趙武曰臣子可故曰外舉不避仇讎內舉不

避子弟
又曰宓子賤爲單父令見有若有若曰子何臞焉宓子曰
憂官政也
又曰晉文公出亡趙衰挈壺飱而從與文公相失飢而道
寢餓而不敢食及文公反國舉兵攻原克而拔之文公曰
夫輕忍飢餧之患而必全壺飱者是且不以原叛乃舉爲
原令
愼子曰立國君以爲國非立國以爲君也夫以立官長以
爲官也非立官以爲長也
風俗通曰俗説孝明帝時尚書郎河東王喬遷爲葉令喬
有神每月朔常詣臺朝明帝怪其來數而無車騎密令太
史候望言臨至時常有雙鳧從東南來因伏伺見鳧舉羅
但得一隻舄使尚方識視四年中所賜尚書官屬履也

通典曰縣邑之長曰宰曰尹曰公曰大夫晉謂之大夫魯衛謂之宰楚謂之公

太平御覽卷第二百六十六

太平御覽卷第二百六十七

職官部六十五

良令長上

禮記曰成人有兄死而不爲衰聞子皐爲成宰而爲之衰成人曰蠶則績而蟹有筐范則冠而蟬有緌兄則死而子皐爲之衰

韓詩外傳曰宓子賤治單父彈鳴琴身不下堂而單父治巫馬期戴星而出戴星而入以身親之而單父亦治巫馬期問於子賤子賤曰我任人子任力任力者勞任人者逸

家語曰孔子仕爲中都宰爲養生送死之節長幼異食強弱異任男女別塗路不拾遺器不雕僞市不二價爲四寸之棺五寸之槨因丘陵爲墳不封不樹行之一年而西方諸侯皆則（魯國在東故詒西方諸侯）

又曰子路治蒲三年孔子過之入其境曰善哉由乎恭敬以信矣入其邑曰善哉由乎忠信以寬矣至其庭曰善哉由乎明察以斷矣子貢執轡而問曰夫子未見由之政而三稱其善可得聞乎孔子曰吾見其政矣入境田疇　闢溝洫深此其恭敬以信故其人盡力也入其邑墻屋完固樹木甚茂此其忠信以寬故其人不偷也入其庭甚清閑諸下用命此其　明察以斷故其政不擾也以此觀之雖三稱善庸盡其美乎

史記曰西門豹爲鄴令豹到鄴會長老問民之所疾苦長老曰鄴三老廷掾常歲賦斂百姓收取其錢得數百萬爲河伯取婦當其時巫行視小家女好者云是當爲河伯婦娉取洗沐之如嫁女牀席令女居其上浮之河中浮行數十里乃沒其人家有好女者恐大巫祝爲河伯取之以故多持女逃亡豹曰至河伯取婦時願三老語之至其時豹往河上呼河伯婦來曰是女不好煩大巫嫗爲入報河伯得更求好女後日送之即使抱大巫嫗投河中豹顧曰巫嫗不來復欲使廷掾與豪長一人趣之皆叩頭血流地後不敢言爲河伯取婦豹即發民鑿渠十二引灌民田田皆灌溉至今皆得水利

漢書曰邵信臣字翁卿九江壽春人補穀陽長舉高第遷上蔡長其治視民如子所居見稱

後漢書曰卓茂爲密令勞心諄諄視民如子民不忍欺光武初即位詔曰前密令卓茂能爲人所不能爲夫名冠天下當受天下重賞今以茂爲太傅封褒德侯食邑二千戶茂長子爲太中大夫次子爲郎中

又曰劉昆字桓公爲江陵令縣連災火昆輒向火叩頭多能降雨止風

又曰戴封字平仲爲西華令大旱祈禱無獲乃積薪自焚火起而雨大至

又曰王渙爲洛陽令人爲立祠及桓帝事黃老道毀諸房祀唯特詔密縣留卓茂廟及渙祠也

東觀漢記曰卓茂字子康南陽人遷密令視民如子口無惡言吏民親愛而不忍欺之民嘗有言部亭長受其米肉遺者茂問之曰亭長從汝求乎爲汝有事囑之而受乎將平居以恩意遺之乎民曰往遺之耳茂曰遺之而受何故言耶民曰竊聞賢明之君使民不畏吏吏不取民今我畏吏是以遺之茂曰凡人所以貴於禽獸者以有仁愛知相敬事也今鄰里尚致饋此乃相親況吏民乎凡人之生羣居雜處故有經紀禮義以相交接汝獨不欲修之寧能高

飛遠去不在人間耶民曰苟如此律何故禁之彘笑曰律設大法禮從人情今我以禮敎汝必無怨惡以律治汝何所措其手足乎時天下大蝗河南二十餘縣皆被其災獨不入密界督郵言之太守不信自出按行見乃服焉

又曰韓稜字伯師潁川人也爲下邳令視事未朞吏民愛慕時隣縣皆雹傷稼唯下邳界獨無

又曰王阜字世公爲重泉令吏民向化鸞鳥集止學宮阜使校官掾長洪叠爲張雅樂擊磬鳥舉足垂翼應聲而舞翱翔復上縣庭屋十餘日乃去

又曰孔奮字君魚右扶風茂陵人守姑臧長七年詔書以爲奮在姑臧治有絶迹賜爵關内侯奮素孝供養至謹在姑臧唯老母極膳妻子飯食葱菜時人笑之或嘲奮曰置脂膏中不能自潤而奮不改其操

又曰鍾離意爲堂邑令初到市無屋意乃出俸錢作屋民齎茅竹或持材木爭赴趣作不日而成旣畢爲解土祝曰興功役者令也如有禍祟令自當之民皆大悦

後漢書曰戴封字平仲拜議郎遷西華令汝潁有蝗災獨不入西華界時督郵行縣蝗忽大至督郵其日即去蝗亦頓除一境奇之其年大旱封禱請無獲乃積薪坐其上以自焚火起而大雨暴至遠近歎服

又曰童恢爲不其令吏有犯違禁法輒隨方曉示若吏稱其職人行善事者皆賜以酒殽之禮以勸勵之耕織種收皆有條章一境清靜牢獄連年無囚比縣流人歸化徙居二萬餘户人嘗爲虎所害乃設檻捕之生獲二虎恢聞而出呪虎曰天生萬物唯人爲貴虎狼當食六畜而殘暴於人王法殺人者死傷人則論法汝若是殺人者當垂頭服罪自知非者當號呼稱冤一虎低頭閉目狀如震懼即時殺之其一視恢鳴吼踊躍自奮遂令放釋

又曰劉矩爲雍丘令以禮讓化之其無孝義者皆感悟自革人有爭訟矩常引人於前提耳訓告以爲忿恚可忍縣官不可入使歸更尋思訟者感之輒各罷去其有路得遺者皆推尋其主

又曰王渙爲洛陽令有善政元興元年病卒百姓市道莫不咨嗟男女老壯皆相與賦斂致奠醊以千數醊音張芮反說文曰祭酹也渙喪西歸道經弘農人庶皆設槃案於路吏問其故咸言平常持米到洛爲卒司所鈔恒亡其半自王君在事不見侵枉故來報恩其政化懷物如此人思其德爲立祠於安陽亭西每食輒絃歌而薦

又曰虞延爲細陽令每至歲時伏臘輒休遣徒繫各使歸

家並感其恩德應期而還有囚於家被病自載詣獄既至而死延率掾吏殯於門外百姓咸悦之

又曰虞延遷洛陽令是時陰氏有客馬成者常爲姦盜延收考之陰氏屢請獲一書輒加箠二百箠捶也信陽侯陰就乃訴帝譖延多所寃枉帝乃臨御道之館親録囚徒延陳其獄狀可論者在東無理者居西成乃迴欲趨東延前執之謂曰尔人之巨蠹久依城社不畏熏燒今考實未竟宜當盡法成大呼稱枉陛戟郎以戟刺延叱使置之帝知延不私謂成曰汝犯王法身自取之呵使速去後數日伏誅於是外戚斂手莫敢干法

又曰法雄除平氏長善政事好發擿姦伏盜賊希發吏人畏愛之南陽太守鮑得上其理狀遷宛陵令

續漢書曰魯恭爲中牟令導民以孝推誠而治建初中郡

國蝡傷稼犬牙緣界不入中牟河南尹袁安疑其不實遣
仁恕掾肥親往察廉之恭隨行阡陌俱坐桑下有雉過止
其傍傍有童兒親曰何不擊之兒言雉方將雛親瞿然而
起與恭訣曰所以來者欲察治之善惡耳今虫不犯境此
一異也化及鳥獸此二異也豎子有仁心此三異也久留
徒擾賢者耳還府以狀白安安美其治以勵屬縣
又曰祭彤除偃師長視事五年縣無盜賊州課第一遷襄
賁令時賊鈔掠彤到官誅鉏姦猾縣界清靜詔書增秩一
等賜縑百疋冊書勉勵
又曰劉寵除東平陵令是時民俗奢泰寵到官躬儉訓民
以禮上下有序都鄙有章視事數年以母病去官歸百姓
士女攀車拒輪充塞道路車不得前乃止亭輕服潛遁
又曰劉駼駒爲滇陽長政化大行道不拾遺以病去官童

謠歌之曰邑然不樂思我劉君何時復來安此下民
又曰公孫述補清水長太守以其能使兼治五縣政事脩
理姦盜不發郡中謂之神明
又曰胡紹爲河內懷令三日一視事十日一詣倉受俸米
於閤外炊作乾飯食之不設釜竈得一強盜問其黨與得
數百人皆誅之政教清平爲三河表
又曰牟融舉茂才爲豐令視事三年政化流行縣無獄訟
吏畏而愛之治有異迹爲州郡最
又曰度尚字博平山陽人除上黨長治政嚴峻明於疑理
縣中謂之神明
謝承後漢書曰鄭引字巨君爲鄒令勤行德化部人王逢
等得路遺寶物懸於道衢求主還之魯國當春大旱五穀
不豐鄒獨致雨偏熟永平十五年蝗起泰山流被郡國過
鄒界不集郡國以狀聞詔書以爲不然遣使案行如言也
又曰方儲字聖明曉風角占候爲句章長時人田還置餘
粟一石及刀鋤於田陌明日求亡去疑其旁家儲曰此人
非偷自呼縣功曹謂曰君何取人粟置家後積芟中功曹
歎服後爲洛陽令功曹是憲客爲憲所諷夜殺人斷頭着
奩中置廐門下欲令儲去官儲摩死者耳邊問誰所殺有
頃曰死人言爲功曹所殺收功曹拷竟具服
又曰賈彪字偉節補新息長政多奇異小人迫困貧產子
不能舉養彪禁有犯者以殺人罪罪之縣境震慄人養子
僉曰賈父所長男女皆以賈爲名
華嶠後漢書曰劉平爲全椒令掾吏五日一朝罷門闌卒
署各遣就農人感懷至或增貲就賦或減年從役刺史行
部獄無囚徒民各自以爲職不知所問唯班詔書而去先

是縣多虎爲害平到修政選進儒良黜貪殘視事三月虎
皆渡江而去
又曰劉永國字叔儒爲東城令民聞其名枉者更直濁者
強清肅然無事唯以著作爲務
袁崧後漢書曰范丹爲萊蕪長去官常使賣卜以自給步
行無車被囊自隨
漢官儀曰明帝臨觀見洛陽令車騎意河南尹定至而非
尤其太盛勅去軿緌時偃師長治有能名以事詣臺因取
賜之下縣遂以爲故事
魏志曰鄭渾字文公避難淮南太祖聞其篤行召爲邵陵
令天下未定民皆不念產殖其生子無以相活率皆不舉
渾所在奪其漁獵之具課使耕種又兼開稻田重去子之
法民初畏罪後稍豐給無不舉育所育男女多以鄭爲名

又曰胡質字文德楚國壽春人也爲頓丘令縣民郭政通於從妹殺其夫程他郡吏馮諒繫獄爲證政與妹皆耐掠隱抵諒不勝痛自誣當反其罪質至官察其情色更詳其事檢驗具服

又曰王脩字叔治守高密令高密孫氏素豪俠人客數犯法民有相刧者賊入孫氏吏不能得脩將吏民畏憚不敢近脩令吏民敢有不攻者與同罪孫氏懼乃出賊由是豪強懾服

又曰趙儼字伯然爲朗陵長縣多豪猾無所畏忌儼取其尤甚者收縛案驗皆得死罪儼既囚之乃表府解放自是威恩並著

又曰張暨字德容馮翊高陵人也舉茂才爲新豐令治爲三輔第一

又曰司馬朗字伯達河内溫人也爲堂陽長其治務寬惠不行鞭杖而民不犯禁

又曰吉茂字叔暢馮翊池陽人也世爲著姓好書不恥惡衣惡食而恥一物之不知建安初關中始平茂與扶風蘇則共入武功南山隱處精思數歲州舉茂才除臨汾令居官清靜吏民不忍欺

又曰太祖平袁氏以高柔爲菅長縣中素聞其名姦吏數人皆引去柔教曰昔邴吉臨政吏嘗有非猶尚容之況此諸吏於吾未有失乎其召復之咸還皆礪誠佳吏

蜀志曰董和字幼宰南郡人也益州牧劉璋以爲成都令蜀土富實時俗奢侈貨殖之家侯服玉食婚姻葬送傾家竭產和躬率以儉惡衣蔬食防遏踰僭爲之軌制所在皆移風變善畏而不犯

又曰呂義字季陽遷新都綿竹令乃心隱恤百姓稱之爲一州諸城之首

吳録曰張舉字子清爲句章令有婦殺夫者因焚屋言燒死其弟疑而訟之舉按屍開口視無灰令人取猪二頭殺一生一而俱焚之開視其口所殺者無灰生者有灰乃明夫先死婦遂首服焉政化流行民歌遺澤

晉書曰陸雲爲浚儀令縣居都會之要名爲難理雲到官下不能欺市無二價人有見殺者主名不立雲録其妻而無所問十許日遣出密令人隨後謂曰其去不出十里當有男子候之與語便縛來既而果然問之具服云與此妻通共殺其夫聞妻得出欲與語憚近縣故相要候於是一縣稱爲神明郡守害其能屢譴責之雲乃去官百姓追思之圖畫形像配食縣社

又曰范廣爲堂邑令大旱米貴廣散私穀賑飢人至數千斛遠近流寓歸投之戶口十倍

又曰曹攄爲洛陽令仁惠明斷百姓懷之時天大雨雪宮門夜失行馬群官檢察莫知所在攄使收門士衆官咸謂不然攄曰宮掖禁嚴非外人所敢盜必是門士以燎寒耳詰之果服

又曰曹攄爲臨淄令縣有寡婦守節不移姑憨之密自殺親黨告婦殺官爲考鞫寡婦不勝苦楚乃自誣獄當决攄察其有寃更加辯究具得情實時稱其明

晉中興書曰范甯字武子解褐除餘杭令在縣興學校養生徒潔已志行之士莫不來宗朞年之後風化大行自中興已來崇學敦教未有如甯者也

宋書曰顧憲之爲建康令清儉強力爲政甚得人和故都

下飲酒者醇旨輒号爲顧建康謂其清且美焉

又曰顧憲之爲建康令時有盜牛者被主所認盜者亦稱巳牛二家辭理等前後令莫能決憲之至覆其狀謂二家曰無爲多言吾得之矣乃令解牛任其所去牛逕還本主宅盜者始伏其辜發姦擿伏多如此類時人號曰神明

又曰顧覬之遷山陰令山陰民户三萬海内劇邑前後官長晝夜不得休事猶不舉覬之理繁以約用無事晝日垂簾門皆閑寂自宋世爲山陰務簡而績修莫能尚也

齊書曰傅琰爲山陰令有賣針賣糖老姥爭團絲來詣琰不辯乃縛團絲於柱鞭之密視有鐵屑乃罰賣糖者又二野父爭鷄琰各問何以食鷄一人云粟一人云豆乃破鷄果得粟罪言豆者縣内咸稱神明無敢復爲盜者

又曰傅琰字季珪爲山陰令父僧祐亦爲山陰令父子並著奇績世云諸傅有治縣譜子孫相傳不以示人

梁書曰傅岐除始新令縣民有因鬬相毆而死者死家訴郡郡録其仇人考掠備至終不引咎郡乃移獄於縣岐即命脱械以和言問之便即自服法當償死會冬節至岐乃放其還家使過節一日復獄曹掾固爭曰古者乃有此於今不可行岐曰其若負信縣令當坐主者勿憂竟如期而反太守深相歎異遽以狀聞岐後去縣民無老小皆出境拜送啼號之聲聞於數十里

又曰蕭景字子昭爲永寧令永嘉太守牓郡門曰諸縣有疑滯可就永寧令決之

又曰丘仲孚遷山陰令居職甚有聲稱百姓爲之謡曰二傅沈劉不如一丘

又曰丘仲孚爲山陰令仲孚長於撥煩善適權變吏民敬服號稱神明治爲天下第一

又曰何遠字義方自武昌太守除名後起爲武康令正身勵秉節除淫祀高祖聞其能擢爲宣城太守自縣令爲郡徵大郡近代未之有也

又曰孫謙爲錢塘令治煩以簡獄無繫囚及去官百姓以謙在職不受餉遺追載縑帛以送之謙却而不受

又曰裴子野出爲諸暨令在縣不行鞭罰民有爭者示之以理

太平御覽卷第二百六十七

太平御覽卷第二百六十八

職官部六十六

良令長下

崔鴻十六國春秋北涼録曰張譚字元慶武威姑臧人也爲和寧令政以德化爲本不務威刑民有過者讀孝經及忠臣孝子傳訓導之百姓愛之如父母號曰慈君

又後趙録曰王謨字思賢雍皐言不清暢尪短無威儀將拜曲陽令石勒疑之問長史張賓賓曰請試可勒從之政教嚴明百城尤最出爲鄴部從事守宰去官者十五人

又後趙録曰申録字道時爲廣昌令白烏巢其庭樹甘露降其廳事後爲三公

北齊書曰郎茂除衛國令時有繫囚二百茂親自究審數日擇免者百餘人歷年辭訟不詣州省魏州刺史元暉謂曰長史言衛國人不敢申訴者畏明府耳茂曰人猶水也法令爲隄防不固必致奔突苟無決溢使君何患哉暉無以應

後周書曰辛昻行成都令昻到縣使與諸生祭文翁學堂因共歡宴謂諸生曰子孝臣忠師嚴友信立身之要如斯而已若不事斯語何以成名宜自勉克成令譽昻言切理至諸生等深感悟歸而告其父老曰辛君教誡如此不可違之於是井邑肅然咸從其化

陳書曰褚玠山陰縣多豪猾前後令皆以贓汙免高宗患之謂中書舍人蔡景歷曰稽陰大邑久無良宰卿文士之内試思其人景歷進曰褚玠廉儉有幹用未審堪其選不高宗曰甚善卿言與朕意同乃除山陰令

隋書曰魏德深遷貴鄉長爲政清淨不嚴而治會興遼東

之役徵稅百端使人往來責成郡縣于時王綱弛紊吏多贓賄所在徵斂下不堪命唯德深一縣有無相通不竭其力所求皆給百姓不擾稱爲大治尋轉館陶長貴鄉吏人聞之皆歔欷流涕語不成聲及將赴任傾城送之號泣之聲道路不絕旣至館陶闔境老幼皆如見其父母有猾人員外郎趙君實與郡丞元寶藏深相交結前後令長未有不受其指麾者自德深至縣君實屏處於室未嘗輙敢出門逃竄之徒歸來如市貴鄉父老冒涉險難詣闕請留德深有詔許之館陶父老復詣郡相訟以貴鄉文書爲詐郡不能決會持節使者韋霽杜整等至兩縣詣使訟之乃斷從貴鄉貴鄉吏人歌呼滿道互相稱慶館陶衆庶合境悲哭因而居住者數百家

隋書曰蘇威薦房恭懿授新豐令政爲三輔之最上聞而嘉之賜物四百段恭懿以所得賜分給窮乏未幾復賜米三百石恭懿又以賑貧人上聞而止之時雍州諸縣令每朔朝謁上見恭懿必呼至榻前訪以理人之術

又曰房彥謙遷長葛令甚有惠化百姓號爲慈父仁壽中上令持節使者巡行縣察長吏能不以彥謙爲天下第一超授鄀州司馬吏民號哭相謂曰房明府今去吾屬何用生爲其後百姓思之立碑頌德

又曰劉曠不知何許人也性謹厚每以誠恕應物開皇初爲平鄉令單騎之官人有爭訟者輙丁寧曉以義理不加繩勍自各引咎而去所得俸祿賑施窮乏百姓感其德化更相篤勵曰有君如此何得爲非

唐書曰李大亮授土門令屬百姓饑荒盜賊侵寇大亮遂賣所乘馬分給貧弱勸以墾田歲因大稔躬捕寇盜所擊

郵平時太宗在藩巡撫比境聞而嗟歎下書勞之

又曰賈敦頤弟敦實貞觀中爲饒陽令政化清靜老幼懷之時敦頤復授瀛州刺史舊制大功以上不復連官朝廷以其兄弟在職俱有能名遂不還替

又曰高宗以尚乘奉御權懷恩爲万年令賞能也時有奉乘安畢羅善於調馬上頻狎之懷恩因奏事遇畢羅在左右言戲無禮懷恩既退執而杖之上知而嗟賞謂侍臣曰懷恩乃能不避強禦真良吏也即日遷擢

又曰景雲中長安縣令李朝隱加太中大夫朝隱之宰京縣也政刑畢舉權豪懾憚有內寺伯非禮干忤朝隱叱擊于獄上嘉焉故有此命

又曰路嗣恭京兆三原人始名劒客歷仕郡縣有能名後授神烏令考績上上而爲天下最玄宗以其能嗣魯恭賜改其名

又曰韋景駿開元中爲肥鄉令縣人有母子相訟者景駿謂之曰吾少孤每見人養親自痛終天無分汝幸在溫凊之地何得如此錫類不行令之罪也因垂泣嗚咽仍取孝經與之令習讀於是母子感悟各請改悔遂稱慈孝累轉趙州長史路由肥鄉人吏驚喜競來犒餞留連經日有童稚數人年甫十餘歲亦在其中景駿謂曰計吾去此時汝輩未生既無舊恩何殷勤之甚也咸對曰比聞長宿傳說縣中廨宇學堂館舍堤橋並是明公遺跡將謂古人不意親得瞻覩不覺欣戀倍於常也其爲人所思如此

又曰馮伉遷尚書膳部員外郎李抱真卒充弔贈使抱真男遺伉帛數百疋不納又專送至京伉因表奏固請不受屬醴泉闕縣令宰臣進人名上意不可謂宰臣曰前使澤潞不受財帛者此人必有清政可以授之遂改醴泉縣令患百姓多昏猾爲著諭蒙十四篇大指明忠孝仁義勸學務農每鄉給一卷俾其傳習

又曰元德秀字紫芝河南人也爲魯山令先是墮車傷足不任趨拜汝郡守以客禮待之部人爲盜吏捕之繫獄會縣界有猛獸爲暴盜自陳曰願格殺猛獸以自贖德秀許之胥史曰盜詭計苟免擅放官囚無乃累乎德秀曰吾不欲負約累則吾坐必請不及諸君即破械出之翌日格猛獸而還誠信化人大率此類

又曰王敬則爲暨陽令時軍荒後縣有一部刼逃入山中頗爲人患敬則遣人致意刼帥使出首當申論郭下廟神甚酷烈百姓信之敬則引神爲誓必不相負刼帥既出敬則於廟中設酒會於座收縛曰吾啓神若負誓還神十牛令不得違誓即殺十牛解神并斬諸刼百姓悅之

晉史曰壽張令趙賡考滿之外量留二年以飛蝗避境故也

廣州先賢傳曰黃豪字子微交阯人除外黃令豪約已儉節衣蔬食所得俸秩悉賜貧吏一縣稱平

益部耆舊傳曰羅衡字仲伯爲万年令誅鋤姦黨縣界肅然民夜不閉門繫牛馬於道旁曰以屬羅公

又曰趙琫字孫明少好遊俠行部帶劒過亭長亭長譴之乃歎曰無大志故爲豎吏所輕耳於是解劒掛壁曰琫不乘輜車佩紱不復帶劒因之京師詣太學受業治春秋變行厲操名德遂稱除野王令乃解劒帶之官治官清約以身率下烟火不舉常食乾糒

又曰閻憲字孟度爲綿竹令治以禮讓爲首寬猛相濟其

聽察甚明簡選吏職甚得其人男子杜成夜於路得遺裝一囊開視有錦二十五疋迄明詣吏曰縣有明君不能欺心故也
又曰楊球字仲宣爲茂陵令寬和多惠以至誠接下爲民所愛比縣連歲蝗災曲折不入茂陵
長沙耆舊傳曰祝良字邵卿爲洛陽令貴戚斂手桴鼓稀鳴時亢旱天子祈雨不得良乃暴身階庭告誠引罪紫雲沓起甘雨乃降
陳留風俗傳曰昭帝時冢人焦貢爲小黄令路不拾遺囹圄空虚詔遷貢百姓揮涕守闕求索還貢天子聽增貢之秩千石貢之風化猶存其民好學多貧此其風也
海内先賢傳曰公沙穆遷弘農令界有蝗虫食禾稼百姓惶懼穆設壇謝曰百姓有過咎在典掌罪穆之由請以身禱玄雲四集雨下霶霈自日中至晡不知蝗虫所在百姓稱曰神明
魯國先賢傳曰孔翊爲洛陽令置水於前庭得私書皆投其中一無所發彈理貴戚無所迴避
汝南先賢傳曰黄浮字隱公陽安人年二十在於民伍曾爲墟里所差次當給亭於是感激學書慨然長歎曰黄浮非鄉里所知因隨人到京師求學歲餘除昌慮長濮陽令同歲子爲都市掾犯罪當死一郡盡爲之請浮曰周公誅二弟石碏討其子今雖同歲子浮所不能赦也治政清明號爲神君
又曰陳肆邵陵人也體尚篤烈學通古今除巫令民張遺腹子年十五爲父報讎吏捕得之肆慼曰嗟乎今殺遺腹之孤絶人繼嗣是不仁也法復讎之子是不義也不仁不義焉可以爲人君長哉遂解印綬逃亡遇赦乃出
鍾玩良吏傳曰高玩字伯环蜀郡人也除曲陽令及徵還送者不使出界布被緼裘猶去時之服朝野歸其清
又曰司馬儁字元興補洛陽令豪右挫氣京都號曰卧虎
又曰陳登字元龍廣漢人也爲東陽長視民如子
崔氏家傳曰崔瑗爲汲令乃爲開溝造稻田薄鹵之地更爲沃壤民賴其利長老歌之曰天降神明君錫我慈仁父臨民布德澤恩惠施以序穿溝廣溉灌决渠作甘雨
殷氏傳曰殷褒爲滎陽令先多淫雨百姓飢饉君乃穿渠入河三十餘里疏導原隰用致豐年民賴其利號殷溝而頌之
鍾離意別傳曰意遷東平瑕丘令男子倪直勇悍有力便弓弩飛射走獸百不脱一桀悖好犯長吏意到官召署捕賊掾勑謂之云今昔嘗破三軍之衆不用尺兵嘗縛暴虎不用尺繩但以良詐爲之耳掾之氣勢安若豈悍之因復召直子涉署門下將游徼私出入寺門無所關白收涉鞭之直走之寺門吹氣大言言無上下意氣勑直能爲子屈者自縛詣令不則鞭殺其子直果自縛意告曰令前告汝嘗縛暴虎不用尺繩汝自視何如虎自縛耶勑獄械直父子結連其頭對榜博壯切欲死掾吏陳諫乃貸之由是相率爲善所謂上德之政鷹化爲鳩暴虎成貍此之謂也
荀氏家傳曰荀顗除太原榆次令爲政以德人懷之時有鳳凰集其境内晉武帝下詔褒美太始三年卒吏人如喪親戚爲之樹碑其序曰仰之如日月敬之如神明愛之如父母樂之如時雨
典略曰韓攸字仲演頴川人爲羸長時民大飢而太守未

至攸因發倉賑之吏白言太守垂至軍糧重事可須來到攸言民命懸急令以擅出穀受罪合眼入地不以爲恨也後竟不坐吏民蒙濟者數千人

會稽典録曰徐弘字聖通爲汝陰令縣俗剛強大姓兼并弘到官誅剪姦桀豪右斂手商旅路宿道不拾遺童歌之曰徐聖通政無雙平刑罰姦宄空

華陽國志曰王長文字德儁元康初試守江源令縣收得盜馬賊及發冢賊長文引見誘慰時適臘晦皆遣歸家獄先有繫囚亦遣之謂曰教化不厚使汝等如此長史之過也蜡節慶祚歸就汝上下善相懽樂過節來還當爲汝思他理郡吏惶懼爭請不許尋有赦令無不感恩

又曰景毅字文堅梓潼人爲高陵令立文學以禮讓化民遷侍御史吏民守闕請之三年不絶

搜神記曰徐栩字敬卿吴曲拳人少爲獄吏執法詳平爲小黄令時屬縣大蝗野無生草至小黄界飛過不集

山公啓事曰温令許奇等並見稱名雖在職日淺宜顯報大郡以勸天下詔曰案其資歷悉自足爲郡守各以在職日淺則宜盡其政績不宜速他轉也

博物志曰太子望爲灌壇令朞年風不鳴條文王夢見一婦人甚麗當道而哭問其故婦人言曰我東海太山神女嫁爲西海婦欲東歸灌壇令當吾道太公有德吾不敢以暴風疾雨過也文王夢覺明日召太公三日果有疾風暴雨去者皆西來也

說苑曰晏子治東阿三年景公召而數之曰吾以子爲可而使子治東阿今子治而亂子退而自察也寡人將加大誅乎晏子曰臣請改道易行而治東阿三年不治臣請死之景公許之於是明年上計景公迎而賀之曰善矣子之治東阿也晏子對曰前臣之治東阿屬託不行貨賂不至陂池之魚以利貧民當此之時民無飢者而君反以罪今臣之治東阿也屬託行貨賂至事左右陂池之魚入權家民之貧飢者過半君反迎而賀臣臣願乞骸骨景公乃下席而謝曰子強復治之東阿者子之東阿也寡人無復與焉

新序曰昔子奇年十八齊君使之治阿既行矣悔之使使追曰未至阿及之還之已至勿還也使者及之而不還君問其故對曰臣見使與共載者白首也夫以老者之智以少者之决必能治阿矣是以不還

又曰魯君使宓子賤爲單父宰子賤辭去因請借善書者二人其憲法教品魯君與之至單父使書子賤從旁引其肘書醜則怒之欲好則引之書者患之請辭而去歸以告魯君魯君曰子賤苦吾擾之使不得施其善政也乃命有司無得擅徵發單父單父大治故孔子曰君子哉若人魯無君子者斯焉取斯美其德也

太平御覽卷第二百六十八

太平御覽卷第二百六十九

職官部六十七

酷令長　縣丞　主簿　縣尉

酷令長

漢書曰何並字子廉爲長陵令道不拾遺成太后外家王氏貴而侍中王林卿坐法免歸長陵上冢因留飲連日並恐其犯法乃自造門上謁謂林卿曰冢間單外君宜以時歸林卿曰諾林卿素驕慙於賓客林卿既去北渡涇橋令騎奴還至寺門拔劒剥其建鼓並自從吏兵追林卿行數十里林卿迫窘乃令奴冠被其襜褕自代乘從車騎身變服從閒徑馳去會日暮追至收縛冠奴奴曰我非侍中奴耳並心知已失林卿乃曰君因自稱奴得脫死即叱吏斷頭持還縣所剥鼓置都亭下署曰故侍中王林卿

東觀漢記曰董宣爲洛陽令擊持豪強在縣五年七十四卒官詔遣使者臨視唯布被覆屍妻子對哭家無餘財上歎曰董宣死乃知貧耳

晉書曰何曾孫機爲鄒平令性亦矜傲責鄉里謝鯤等拜或戒之曰禮敬年爵以德爲主令鯤畏勢懼傷風俗機不以爲慙羨爲離狐令既驕且吝陵駕人物鄉閭疾之如讎永嘉之末何氏滅亡無遺焉

梁書曰沈瑀爲餘姚令富吏鮮衣美服以自彰别瑀怒曰汝等下縣吏何自擬貴人耶悉使著芒屩麁布侍立終日足有蹉跌輙加榜捶瑀微時嘗自至此鬻瓦器爲富人所辱故因以報焉由是士庶駭怨

縣丞

史記曰詔捕淮南太子淮南相怒壽春丞留太子建不遣如淳注曰丞主刑獄囚徒故責之

漢書曰黄霸爲頴川太守務在成就全安長吏許老丞病聾督郵白欲逐之霸曰許丞廉吏雖老尚能拜起送迎止頗重聽何傷且善助之毋失賢者意如淳曰許縣丞也

後漢書曰張玄字君夏河陽人也少習春秋顔氏兼通數家法建武初舉明經補弘農文學遷陳倉縣丞清淨無欲專心經書方其講問乃不食終日及有難者輙爲張數家之説令擇從所安諸儒皆伏其多通著録千餘人玄初爲縣丞嘗以職事對府不知官曹處吏白門下責之時扶風琅耶徐業亦大儒也聞玄諸生試引見之與語大驚曰今日相遭真解矇矣嬞逢遂請上堂難問極日

吴志曰會稽妖賊許昌起於句章自稱陽明皇帝扇動諸縣衆以萬數孫堅以郡司馬募召精勇得千餘人與州郡合討破之刺史臧旻列上功狀詔書除堅鹽瀆丞數歲從盱眙丞又徙下邳丞

又曰孫堅爲下邳丞歷佐三縣所在有稱吏民親附鄉里知舊好事少年往來者常數百人堅接撫待養有若子弟也

唐書曰武德元年詔京令五品丞一人七品正六人八品畿令六品丞一人七品正四人八品上縣令六品丞一人八品正四人九品中下縣各有差後改爲尉

主簿

後漢書曰繆肜（音融）字豫公仕縣爲主簿時縣令被章見考吏皆畏懼自誣而肜獨證據掠考苦毒乃至體生虫蛆因轉換五獄踰涉四年令卒以自免

又曰犨陽主簿詣闕訴其縣令之枉積六七歲不省乃復

上書曰臣聞陛下爲臣父臣爲陛下子臣章百上終不見省臣豈可北詣單于以告寃乎帝大怒尚書劾以大逆虞詡駮之曰主簿所訟乃君父之怨百上不達乃有司之過

又曰仇覽字季和一名香初爲蒲亭長有陳元者毋告其不孝覽爲陳慈孝之道卒成孝子考城令王渙政尚嚴猛聞覽以德化人署爲主簿謂覽曰主簿聞陳元之過而不罪得無少鷹鸇之志耶覽曰以爲鷹鸇不若鸞鳳渙謝遣曰枳棘非鸞鳳所棲百里非大賢之路乃以月俸資遣令入太學其名大振

唐書曰蘇弁爲奉天主簿朱泚之亂德宗倉卒出幸縣令杜正元上府計事聞大駕至官吏惶懼皆欲奔竄山谷弁諭之曰君上避狄臣下當伏難死節昔肅宗幸靈武至新平安定二太守皆潛遁帝命斬之以徇諸君知其事乎衆

心乃安及車駕至迎扈儲峙無闕德宗嘉之就加試大理司直

汝南先賢傳曰李宣之子名袁宋公令冦端召袁爲主簿袁不樂爲吏於寺門中焚燒衣幘端怒收袁欲殺之陳仲舉聞之至宋公欲請袁先過宣宣問何故來曰欲見冦令請足下兒宣曰吾子犯罪罪當死如有明君豈妄殺人宜從此還端追問仲舉仲舉具以語之端乃歎曰李宣烈士也即原之

蘇林廣舊傳曰仇香字季和爲書生性謙恭動恪威矜莊良不爲晝夜易容言不爲喜怒變聲雖同儕群居必正色後言終身無泄狎之交以是見憚學通三經然無知名之援鄉里之舉年四十召爲縣主簿

唐職員令曰主簿掌付事勾稽省署抄目糾正縣內非違監印給紙筆之事

縣尉

春秋元命苞曰天尉主甲卒設武備（今縣尉官亦唯此職也）

史記曰張湯給事內史爲寧成掾以湯爲無害言大府調爲茂陵尉治方中（漢書音義曰方中陵上土作方也湯主治之也蘇林曰天子即位豫作陵諱之故言方中如淳曰大府幕府也茂陵尉主作陵之尉也韋昭曰大府公府也）

漢書曰李廣出鴈門匈奴兵多破廣廣亡失多當斬贖爲庶人屏居藍田南山射獵嘗夜從一騎出從人田間飲還至亭霸陵尉醉呵止廣廣騎曰故李將軍尉曰今將軍尚不得夜行何故也宿廣亭下居無何匈奴入隴西殺太守於是上乃召廣拜爲右北平太守廣請霸陵尉與俱因斬之

又曰梅福字子真九江壽春人也少學長安明尚書穀梁春秋爲郡文學補南昌尉後去官

東觀漢記曰光武起兵入冦絳衣騎牛殺新野尉乃得馬

又曰逢萌字子康北海人少有大節志意抗厲家貧給事爲縣亭長尉過迎拜問事微久尉去舉拳撾地嘆曰大丈夫安能爲人役耶遂去學問

後漢書曰橋玄案梁冀客陳助羊昌罪由是著名舉孝廉補洛陽左部尉時梁不疑爲河南尹以公事當詣府受對玄恥爲所辱乃弃官還鄉里

又曰令長國相亦皆有尉大縣二人小縣一人主盜賊案察姦軌

應劭漢官儀曰大縣丞左右尉所謂命卿二人小縣一人一尉命二人

續漢書百官志曰邊縣有鄣塞尉掌禁備羌夷犯塞秩比二百石

魏志曰太祖除洛陽北部尉初入尉廨繕治四門造五色棒懸門左右各十餘枚有犯禁者不避豪強皆棒殺之後數月愛幸小黄門蹇碩叔父夜行則殺之賊師斂迹莫敢犯者近習寵臣咸共疾之而不能傷

蜀志曰劉備率其屬從校尉鄒靖討黄巾有功除安喜尉督郵以公事到縣先主求謁不通直入縛督郵杖二百解綬係其頸弃官亡命

唐書曰顔師古隋仁壽中授安養尉尚書左僕射楊素見師古年弱貌羸因謂曰安養劇縣何以克當師古曰割雞焉用牛刀素奇其對到官果以幹理聞

又曰員半千晉州臨汾人上元初應八科舉授武陟尉屬頻歲旱飢勸縣令殷子良開倉以賑貧餒子良不從會子良赴州半千便發倉粟以給飢人懷州刺史郭齊宗大驚

因而按之時黄門侍郎薛元超爲河北道存撫使謂齊宗曰公之百姓不能救之而使惠歸一尉豈不愧也遽令釋之

又曰王無競字仲烈其先琅耶人因官徙居東萊宋太尉弘之十一代孫無競有文學初應舉下筆成章舉及第解褐授趙州欒城縣尉

又曰李勉爲開封尉外平日父且沐水陸所湊邑居厖雜號難治勉與聯尉盧城軌等並有擒姦擿伏之名

又曰柳公綽爲渭南尉公綽性謹重動循禮法屬歲饑其家雖給而每飯不過一器歲稔復初

又曰包佶授藍田尉時有詔命畿内諸縣城奉天時嚴郢爲京兆政尚峻暴加以朝旨甚迫尹正之命急如風霆本曹尉韋重規其室方娠而疾畏郢之暴不敢以事故免佶因請代役無愆素當時義之

又曰竇參强直果斷少以門蔭積官至万年尉時同僚有直官曹者将夕聞親疾參請代之會獄囚亡走京兆尹按直部將奏參遽請曰彼以不及狀謁參實代之宜當罪坐貶江夏尉人多義之

唐新語曰盧莊道年十六授長安尉太宗將録囚徒京宰以莊道幼年懼不舉欲以他尉代之莊道不從但閲暇不之省也時繫囚四百餘人令丞深以爲懼翌日太宗召四莊道乃徐書狀以進引諸囚人莊道評其輕重留繫日月應對如神太宗驚歎

又曰魏奉古爲雍丘尉時姚珽爲汴州群寮畢謁珽覽刺召奉古前持所牧令示奉古奉古一覽便諷千餘言珽驚起曰仕宦且四十年未嘗見此

又曰朱履霜好學明法理補山陰尉巡察使委以推按故人或遺以數兩黄連固辭不受曰不辭受此歸恐母妻詰問從何而得不知所以對也

又曰楊再思爲玄武尉使于京舍於客院盗者竊其裝囊邂逅遇之盗者謝罪再思曰足下有遺行勿復聲惡恐傍人害足下可留公文餘並仰遺不形容色時人莫測其量

又曰玄宗聽政之暇從禽自娛又於蓬萊宮側立教坊以習倡優曼衍之戲酸棗尉袁楚客以爲天子春秋方壯宜節之以雅恐從禽好鄭將蕩上心乃引由余太康義上疏以諷玄宗納之

又曰鄭蜀賓頗善五言竟不聞達年老方授江左一尉親朋餞別於上門蜀賓賦詩留別曰畏途方萬里生涯近百年不知將白首何處入黄泉酒酣詠聲調哀感滿坐爲之

流涕竟卒於官

魯國先賢傳曰二世時山東盜賊起二世問諸臣曰於公何如博士諸生三十餘人前曰人臣無將則反罪至死無赦願陛下急發兵擊之二世怒叔孫通前曰諸生言皆非明主在上四方輻湊安有反者此乃鼠竊狗盜守尉今捕誅之何足可憂二世喜乃賜通衣帛拜爲博士諸生或譏通之諛通曰我幾不免虎口乃亡去之薛薛已降楚遂從項梁梁死從項羽

先賢行狀曰程堅字謀甫爲北陽尉貧無車馬每出追遊常步行郡聞給車焉

搜神記曰蔣子文者廣陵人嗜酒好色挑撻無度常自言已青骨死當爲神當漢末爲秣陵尉遂死及吳先主之初其故吏見子文於道乘白馬執白羽扇侍從如平生吏見

驚走子文進馬追之謂曰我當爲此土地之神以福爾下民爾可宣告百姓爲我立祠不爾將有大咎

荊州圖記曰澧陽縣西百三十里澧水之南岸有白石雙立狀類人形高各三十丈周迴等四十丈古之相傳昔有充縣左尉與零陵尉共論疆因相傷害化爲此石即以爲二縣界首東標零陵西碣充縣充縣廢省今臨澧縣則其地也

墨子曰備城法百步一亭亭一尉焉

宋武帝詔曰百里之任總歸官長縣尉實効甚微其費不少二品縣可置一尉而已餘悉停省

太平御覽卷第二百六十九

兵部一

敘兵上

世本曰蚩尤作兵（宋衷注曰蚩尤神農臣也）

春秋元命苞曰蚩尤虎捲威文立兵（宋均注曰捲手文威字也）

書曰鴻範八政八曰師

大戴禮曰魯哀公問孔子曰蚩尤作兵與孔子曰蚩尤庶人之貪者也反利無義以喪厥身何兵之能作與民皆生也

左傳曰武有七德禁暴戢兵保大定功安民和衆豐財者也

又曰舉不失德賞不失勞老有加惠旅有施舍見可而進知難而退軍之善政也兼弱攻昧武之善經也

又曰兵猶火也不戢將自焚

又曰師直爲壯曲爲老

又曰師尅在和不在衆

穀梁傳曰善爲國者不師善師者不陣善陣者不戰善戰者不死

國語曰穆王將征犬戎祭公謀父諫曰不可先王耀德不觀兵夫兵戢而時動動則威觀則玩玩則無震（注曰玩黷震懼也）

家語曰哀公問曰寡人欲吾國小則能守大則能攻其道若何孔子曰使君朝廷有禮上下和親天下百姓皆君之民也將誰攻焉苟違此道民叛如歸皆君之讎將誰守焉公曰善哉於是廢澤梁之禁弛關市之稅以惠百姓

史記曰范蠡云兵者凶器戰者逆德

漢書曰兵家者蓋出古司馬之職王官之武備矣後世燿金爲刃割革爲甲器械甚備下及湯武受命以師克亂而濟百姓動之以仁義行之以禮讓司馬法是其遺事也自春秋出於戰國出奇設伏變詐之兵並作漢興張良韓信序次兵法凡一百八十二家刪取要用定著三十六家

又刑法志曰自黃帝有涿鹿之戰以定火災顓頊有共工之陣以定水災唐虞之際至治之極猶流共工放讙兜竄三苗殛鯀然後天下服夏有甘扈之誓殷周以兵定天下矣天下既定戢藏干戈教以文德而猶立司馬之官設六軍之衆因井田而制軍賦馬天子畿方千里提封百萬井出軍賦六十四萬井戎馬四萬疋兵車萬乘故稱萬乘之主戎馬車徒干戈素具春振旅以蒐夏拔舍以苗秋治兵以獮冬大閱以狩皆以農隙以講武事焉連師比年簡車卒正三年簡徒群牧五載大簡車徒此先王爲國立戰足兵之大略也

又曰以仁義綏民者無敵於天下也至於齊桓晉文之兵可謂入其域而節制矣然猶未本仁義之大統也故魏秦之武銳不可以當桓文之節制桓文之節制不可以當湯武之仁義故曰善師者不陣善陣者不戰善戰者不敗善敗者不亡

又曰夫文德者帝王之利器威武者文德之輔助也夫文之所加者深則武之所服者大德之所施者博則威之所制者廣三代之盛至於刑措兵寢者以其本末有序帝王之所極功也

又曰魏相曰救亂誅暴謂之義兵敵加於己不得已而起謂之應兵爭恨小故不勝憤怒者謂之忿兵利人土地貨寶者謂之貪兵恃國家之大矜人民之衆謂之驕兵

又曰鼂錯上書云丈五之溝漸車之水（漸音子廉反）陵阜崎嶇積石相接此步兵之地車騎五不當一平原廣澤漫衍相屬此車騎之地步兵十不當一俠視相及川谷分限此弓弩之地刀楯三不當一草木蒙蘢枝葉蔚茂此矛鋋之地長戟三不當一穹崇險隘阻阨相視此刀楯之地弓弩二不當一

老子曰師之所處荆棘生焉大軍之後必有凶年

又曰兵者不祥之器非君子之器不得已而用之

又曰是以君子居則貴左故吉事尚左喪事居右是以偏將軍處左上將軍處右戰勝以喪禮處之也

又曰善爲士者不武善戰者不怒

又曰天下有道却走馬以糞天下無道戎馬生於郊

又曰以政治國以奇用兵

六韜曰用兵之道使如疾雷令民不及掩耳卒電不暇瞑目

古司馬兵法曰古者以義理之謂之正（治民用兵止亂正討暴必以義也）不獲意則權權出於戰不出於仁也（分不均求不勝謂之不獲意權雖也平輕重而爲之功以死易生以危爲寧反覆往來而以善成敗故曰不出於仁也）是故殺人殺之可也（以殺止殺可以生也）攻其國愛其民攻之可也（除民亂去君害）以戰去戰雖戰可恃也故仁見親義見悅智見恃勇見方信見信（將有五材）（民親悅恃方而信之）故内得愛焉所以守也外得威焉所以戰也（利加於人則守固威加於敵人則戰勝）

又曰戰道不違時不歷民病所以愛吾民也（春夏興師爲違時春興師務五穀夏興師傷人民故役不踰時寒暑不易服飢疫不行所以愛民也）不加喪不因凶所以愛夫其人也（敵有喪亂疫不加兵愛彼民如己民）冬夏不興師所以兼愛彼民也（大寒盛暑吏士凍傷）故國雖大好戰必亡天下雖平忘戰必危

又曰天下既平天子大凱春蒐秋獮諸侯振旅秋治兵所以不忘戰也

又曰古者逐奔不過百步縱綏不過三舍是以明其禮也不窮不能而哀憐傷痛是以明其仁也成列而鼓是以明其信也爭義不爭利是以明其義也又能捨服是以明其勇也知始知終是以明其智也六德以時合散以爲民紀者古之道也自古之政也（仁義勇智信民之本隨時而施爲民綱紀古之所傳政道也）

又曰先王之治順天之道設地之宜官民之德而正名治物（正者正官名也名正則可治之）立國辨職（立國治民分職界各任其職也）以爵分祿（以爵位尊卑班其祿秩也）諸侯悅懷海外來服（服從已也）獄弭而兵寢聖德之治也

又曰有虞氏不賞不罰而民可用至德也夏后賞而不罰至教也殷罰而不賞至威也周以賞罰德衰也賞不踰時欲民速得爲善之利也罰不遷列欲民覩不善之害也（賞功不移罰罪不列所以勸善懲惡欲疾速著也）

又曰夏后正其德也末用兵之刃故其兵不雜（設軍不陳敵服故不用五兵）殷義也始用兵之刃矣（陳而不戰）周力也盡用兵之刃矣（周不及虞夏之教討暴征亂戰後勝）夏賞於朝貴善也（以德化也）殷戮於市威不善也（以刑禁也）周賞於朝戮於市勸君子懼小人也（以賞進以罰禁）三王章其德一也（三王皆道德文武隨時而施之其致一也）

又曰凡戰寬而觀其慮（寬者先以卑弱示不能以示敵變化慮其利害得失所在也）進退以觀其固（遣輕兵至敵所在視察進退固備虛危乘所在也）危而觀其懼（詐設危事以觀敵恐怖得失之勢也）靜而觀其怠（敵靜而不動相視吏士知不懈怠）動而觀其疑（挑戰兵相見敵人知其疑否也）襲而觀其治（欲襲敵先視其守備外内什伍器械整實治亂所在也）

又曰凡戰以輕行輕危（輕兵高林疾足捷進逐北虞驗進退當須步曲什伍爲卒節度行止輕兵無壘故危之）輕以重行重無功（重兵持堅固守什伍不得進退不得旋削敝無功也）凡

戰相爲輕重（重兵主持堅固守，輕兵主追奔取利，相爲用也）。

又曰：民有勇心，唯敵之視（士卒勇鋭，進退前後，離合左右，見勝利之形，唯敵所在，輒得其便也）。民有畏心，唯北之視（士卒恐懼，各有嫌疑，不求便利，以懷其北心，當安隱教道，開示勝形以服習之）。兩心交支，兩利若一（兩軍相當，兵相支持，各求便利，共事一勝之勢，在兩軍間，有道者得之也）。兩爲之職，惟權之視（謂知己知彼，權輕重，量多少，度進退，知彼己虛實之所在也）。

又曰：軍旅以舒爲主（舒則人力足，雖交兵致刃，徒人不趍，車不馳也），逐奔不踰列，是以不亂軍旅之固，不失行列之政，不絶人馬之力，遲速無過誡命（軍旅政爲堅固也，進退疾徐從金鼓之聲也）。

又曰：軍庸不入國，國庸不入軍。軍庸入國則民德廢，國庸入軍則民德弱（軍國異庸，還弱殊任，故不相入，入則亂也）。故在國言文而語溫，在朝恭以遜，脩己以待人，不召不至，不問不言，難進易退（此申敘國庸之宜）。在軍抗而立，在行遂而果，介者不拜，兵車不軾，城上不趍，危事不齒（此申敘軍庸之宜。抗者不待問也，意者有應於事而爲，不須令遂必也，果勝也。介者不拜，車不軾，驕不下，所以遠屈而亂行也。上趍爲驚衆也）。故禮與法表裏也，文與武左右也。古者賢王明民之德，盡民之善，故無廢德，無簡民，賞無可生，罰無可殺也（民有一善盡一事，故能盡民之善，無揁德，民能堪其事，故賞罰無所施）。

又曰：凡從奔勿息，敵或止於路則慮之（追奔北無休解，則敵於路旁設伏，當視察反覆，意之自驚疑也）。凡近敵都，必有進路，退必有反慮（深入敵地，必知進退便利、道徑通塞、利害所在，避實從虛也）。

又曰：凡戰，先則弊，後則懾（兵先舉則勞，後起則士心不定而恐懼）。選良次兵，是謂益民之強（選良者，擇取勇有材者爲前，當什伍相以接之死地，及見勝則心專強之）。棄任節食，謂開民之意，自古之政也（任者畜積器物，焚歸畜服御之具，節餘粮，戰之日不餘食，示必死戰也。開塞生意，以專民心，此五帝三王用兵之道也）。

曹公孫子兵法序曰：操聞上古弧矢之利，論語足食足兵，易曰師貞，傳云王赫斯怒，黃帝湯武咸用干戈爲民也。用武者滅，用文者亡，夫差偃王是也。聖賢之於兵也，戢而時動，不得已而用之。觀兵書戰策，孫武深矣。孫子者，齊人也，名武，爲吳王闔閭作兵法一十三篇，試之婦人，卒以爲將，西破強楚，入郢，北威齊晉。後百餘歲，有孫臏，是武之後也。

孫子曰：兵者，國之大事，校之以計，而索其情（謂下五事，彼我之情）。一曰道，二曰天，三曰地，四曰將，五曰法。道者，令人與上同意（謂導以教令也），故可與之死，可與之生，而人不畏危（危，疑也。言上有仁化於下，下則能致命也）。天者，陰陽寒暑時利；地者，遠近險易廣狹死生（言以九地形勢不同，因時制度也）；將者，智信仁勇嚴（將宜五德備也）；法者，曲制官道主用（部曲幡幟金鼓之制；官者，道者，糧路主用軍費用也）。凡此五者，將莫不聞之，知者勝，不知者不勝。

又曰：兵者，詭道。故能而示之不能，用而示之不用（言已實能用師，外示怯法），近而示之遠，遠而示之近（欲進而治去道，若韓信之襲安邑，陳舟臨晉而度於夏陽是也）。故利而誘之，亂而取之，實而備之（敵持實，須備之），強而避之（避其所長），怒而撓之（待其衰懈），卑而驕之，引而勞之（以利勞之），規而離之，佚而勞之（以利勞之），攻其無備，出其不意（擊其懈怠，空虛也），此兵之勝，不可豫傳（傳洩也）。

又曰：凡用兵之法，全國爲上，破國次之（夫興兵深入長驅，敵舉國來服爲上，次兵擊破，得之爲次）；全軍爲上，破軍次之（軍四千人）；全卒爲上，破卒次之（上一千人，下五百人）；全伍爲上，破伍次之（百人至五人也）。是故百戰百勝，非善之善；不戰而屈人之兵者，善之善者也（夫不戰而敵自屈服，上兵伐謀，敵始有謀，伐之易也）。

又曰：故用兵之法，十則圍之（以十敵一則圍之，是爲智等而兵利鈞，而客勁，操所以倍兵圍下邳而生擒呂布也），倍則分之（以二敵一二則爲當一術趙爲奇），敵則能戰（已爲士衆等，善者猶設奇伏以勝之也），少則能逃（高壁壘勿與敵戰也），不若則能逃之（引兵避之）。故小敵之堅，大敵之擒也（小不能當大也）。

又曰凡治衆如治寡分數是也部曲爲分什伍爲數也鬬衆如鬬少形名是也旌旗曰形金鼓曰名三軍之衆可使必受敵而無敗者奇正是也先出合戰爲當後出爲奇也兵之所加如以碫投卵者虛實是也以實擊虛也

又曰故善動敵者形之敵必從之見羸形也與之敵必取之以利動之以卒待之以利害動敵也故善戰者求之於勢專在權也不責於人故能擇人而任勢以勢者權變明也任勢者其戰人也如轉木石木石之性安則靜危則動方則止員則行任勢自然故善戰人之勢如轉員石於萬仞之山者勢也

又曰凡先據戰地而待敵者佚有餘力也後據戰地而趨戰者勞故善戰者致人而不致於人能使敵人自至者利之也誘之以利能使敵人不得至者害之也出其所必趨攻其所必救故敵佚能勞之以利煩之飽能飢之絶其糧道安能動之出其所必趨也使必救

又曰兵形象水水之行避高而就下兵之形避實而擊虛故水因地而制形兵因敵而制勝故兵無常勢水無常形能與敵變化而取勝者謂之神勢盛必衰形露必敗能因敵變化勝之若神故五常無常勝四時無常位日有長短月有死生兵無常勢盈縮隨敵也

又曰故不知諸侯之謀者不能豫交不知敵情謀不能結交也不知山林險阻沮澤之形者則不能行軍高而崇者爲山衆樹所聚者爲林坑塹者爲險一高一下爲阻水草漸洳爲沮衆水所歸不流者爲澤也不用鄉導者不能得地利故兵以詐立以利動以分合爲變者也兵一分一合以敵爲變故兵疾如風擊虛空也徐如林不見利也侵掠如火疾如火也不動如山守山難知如陰以天陰不見外宿也動如雷霆

又曰夜戰多火鼓晝戰多旌旗所以變人之耳目也故三軍可奪氣將軍不可奪心左氏言一鼓作氣再而衰三而竭也是故朝氣銳晝氣惰暮氣歸故善用兵者避其銳氣擊其惰歸此治者也以治待亂以靜待譁此治心者也以近待遠以佚待勞以飽待飢此治力者也無邀正正之旗無擊堂堂之陣此治齊人者也正正高齊堂堂者大

又曰用兵之法高陵勿向倍兵勿迎丘阪勿迎佯北勿從銳卒勿攻餌兵勿食歸師勿過懷歸故能死戰不可擊也圍師勿闕駒法曰兵三面圍其一面示生路也若敵專地必空一面以示其虛欲使戰守不固也陸此用兵之法也

又曰故善用兵譬如帥然帥然者常山之蛇也擊其首則尾至擊其尾則首至擊其中則首尾俱至

又曰踐墨循敵以決戰事行踐規矩無常者也是故始如處女敵人開戶後如脫兔敵不及拒處女示弱兔在也

吳子曰鼓鞞金鐸所以威耳旌麾旗章所以威目禁令刑罰所以威心三者不立雖有國必散於敵故曰心威於形不可不戰

管子曰夫爲兵之數存乎聚財論工造軍器制器兵器選士政教軍中號令服習謂使習武藝徧知天下謂徧知其地形險易主將二撫士卒勇怯明於機數此八者皆須故兵未出境而無敵八者悉備然後能正天下

又曰凡民之所以守戰而死而不德其上者或守或戰雖復至死不承待之以德於上則有數府於其間以至此也曰古者親戚墳墓之所在也一變田宅富厚足也二變不然則州黨與宗族足懷樂也三變不然則上之教訓習俗慈愛之於民也厚無所往得之也君之恩厚皆在於人人無所他往故得人致死四變不然則山林澤谷之利足生也五變不然則地形險阻易守而難攻也六變不然則罰嚴而可畏也賞明而足勸也七變不然則有深怨於敵人也八變不然則有深

於上也功厚則祿多故亦自爲戰而不得於君九變今恃不信之人而求以利用不守之民而欲以固將不戰之卒而幸以勝此兵之三闇也

尉僚子曰凡兵者羊腸亦勝鋸齒亦勝兵重者如山林輕者如熛如炮如漏如潰如堵垣壓人也雲霓覆人也

又曰故兵止如堵牆動如風雨車不結轍士不旋踵此本戰之道也所以養民也

又曰城所以守戰戰所以守城也故務耕者其民不飢務守者其民不危務戰者其地不圍三者先王之本務也而兵最急

太平御覽卷第二百七十

太平御覽卷第二百七十一

兵部二

敘兵下

六韜曰大人之兵如虎如狼如雨如風如雷如電天下盡驚然後乃成

又曰武王問太公曰欲引兵深入諸侯之地三軍卒有緩急或利或害吾欲以近通遠從中應外急三軍之用謂之何如公曰主將有陰符有大勝得敵之符長一尺有破軍擒敵之符長九寸有降城得邑之符長八寸有却敵執遠之符長七寸有反兵驚中堅守之符長六寸有請糧食益兵卒之符長五寸有敗軍亡將之符長四寸有卒利士失之符長三寸諸奉使行符稽留若符事聞符所告者皆誅符者主將所以陰通信語不得漏泄中外之道也王曰善

黃石公記曰將所有為威者號令也戰所以全勝者軍正也士所以輕戰者用兵也故戰如風發勇如河決眾可望而不可當可下而不可勝也

黃石公三略曰聖王之制兵也非好樂之也將以誅暴也（暴謂亂國賊民）夫以義誅不義決江河漑螢火其尅必也

商君書曰夫民情好爵祿而畏刑罰人君設此二者以御民夫民力盡而名隨之功立而賞隨之君能使其民信此明於日月則兵無敵也

呂氏春秋曰古之聖王有義兵譬之若用良藥治人毒藥殺人義兵為天下之良藥也

又曰古聖王有義兵而無有偃兵兵所自來者尚矣古始有民凡兵也者威也威也者力也民之有威力性也性者所受於天也非人之所能為也（武精）黃炎固用水火矣（黃帝炎帝）共工固欲作難矣（與高辛氏爭為帝而亡之也）五帝固相與爭矣

又曰人曰蚩尤作兵蚩尤非作兵利其械也未有蚩尤之時民固剝林木以戰矣故勝為長（長帥）長則猶不足以治之故立君君又不足以治之故立天子天子之立也出於君君之立出於長長之立出於爭爭鬭之所自來者久矣不可禁不可止故古之聖王有義兵而無有偃兵也

又曰家無怒笞則豎子嬰兒之有過也立見天下無伐則諸侯之相暴也立見故怒笞不可偃於家刑罰不可偃於國誅伐不可偃於天下有巧有拙而已矣故古之聖主有義兵而無偃兵夫有以饐死者欲禁天下之食有以乘舟死者欲禁天下之舡有以喪國兵者欲偃天下之兵悖夫兵之不可偃也

又曰凡兵天下之凶器也勇天下之凶德也舉凶器行凶德不得已也

又曰人情欲生而惡死欲榮而惡辱死生榮辱之道一則三軍之士可使一心矣凡軍欲其眾也心欲其一也三軍一心則令可使無敵矣故曰其令彊者其敵弱其令信者其敵詘先勝於此則必勝之於彼矣

又曰古之至兵士民未合而威已諭矣敵已服矣豈必用旌鼓干戈哉故善諭威者於其未發也於其未通也窅窅乎莫知其情此之謂至威之誠也

又曰凡兵欲急疾捷先欲急疾捷先之道在於知緩徐遲後緩徐遲後急疾捷先之分也急疾捷先所以決義兵之勝也

又曰雖有江河之險則凌之雖有大山之塞則踣之并氣摶精心無有慮（備預之慮）目無有視耳無有聞壹諸武而已矣

又曰萬乘之國外之不可以距敵內之不得以守固其民非不可以用也不得所以用之術也不得所以用之術國雖大勢雖便卒雖衆何益也

淮南子曰古之用兵者非利壤土之廣而貪金玉之賂將以存亡繼絶平天下之亂而除萬民之害也

又曰凡有血氣之虫含牙戴角前爪後距有角者觸有齒者齧有蹄者趹喜而相戲怒而相害天之性也人有衣食之情而物弗能足也群居雜處分不均求不贍則爭爭則彊脅弱而勇侵怯人無筋骨之彊爪牙之利故割革而爲甲爍鐵而爲刃貪昧饕餮之人殘賊天下萬民騷動莫寧其所有聖人勃然而起乃討彊暴平亂世夷險除穢以濁爲清以危爲寧也

又曰兵之所由來遠黄帝嘗與炎帝戰矣（炎帝神農氏之末世也與黄帝戰於阪泉帝滅之）顓頊嘗與共工爭矣（共工與顓頊爭爲帝觸不周山之折也）故黄帝戰於涿鹿之野（黄帝與蚩尤戰於涿鹿涿鹿在上谷）堯戰於丹水之浦（堯以楚伯受命滅不義於丹浦丹浦在南陽）舜伐有苗（有苗三苗）啓攻有扈（禹之子伐有扈於甘甘在右扶風鄠縣也）自五帝而不能偃也況衰世乎

又曰夫兵者所以禁暴討亂也炎帝爲火災故黄帝禽之共工爲水害故顓頊誅之教之以道導之以德而不聽則臨之以威武臨之以威武而不從則制之以兵革故聖人之兵也若櫛髮耨苗所去者少而所利者多也

又曰殺無罪之民而養不義之君害莫大焉殫天下之財而贍一人之欲禍莫深焉所爲立君者以禁暴討亂也今集萬民之力而反爲殘賊是爲虎傅翼曷爲不除也

又曰霸王之兵以論慮之以策圖之以義扶之非以亡存也將以存亡也

又曰聞敵國之君有加虐於其民者則舉兵而臨其境責之以不義刺之以過行兵至其郊乃令軍帥曰無伐樹木無掘墳墓無爇五穀（爇燒也）無焚積聚（無聚所征國民以爲抹取）無捕虜民無收六畜（無收其六畜以自饒利）乃發號施令曰其國之君傲天侮鬼決獄不辜殺戮無罪此天之所誅也民之所仇也兵之來也以廢不義而復有德也有逆天之道率民爲賊者身死族滅以家聽者祿以家以里聽者賞以里以鄉聽者封以鄉以縣聽者侯以縣剋國不及其民廢其君而易其政尊其秀士而顯其賢良賑其孤寡恤其貧窮出其囹圄賞其有功百姓開門而待之淅米而儲之（淅清）唯恐其不來也此湯武之所以致王也而齊桓晉文之所以成霸也

又曰君爲無道民之思兵也若旱而望雨也渴而求飲夫何誰與交兵接刃乎故義兵之至也至於不戰而心服也

又曰晚世之兵君雖無道莫不設渠塹堞加守（傳守也堞城上女墻也）攻者非以禁暴除害也欲以侵地廣壤也故至於伏尸流血相支以日而霸王之功不世出者自爲之故也

又曰夫爲戰地者不能立其功舉事以自爲者衆去之衆之所助雖弱必強衆之所去雖大必亡也

又曰兵失道而弱得道而彊將失道而拙得道而工國得道而存失道而亡所謂道者耻貪而法方背陰而抱陽左柔而右剛履幽而觀暘地方而無限故莫能窺其門天育而無形象地生長而無計量渾渾沉沉孰知其藏也

又曰凡物有朕唯道無朕（萬物可朕也而道不可朕也）所以無朕者以其常形勢也轉輪而無窮象日月之行若春秋有代謝若日月有晝夜終而復始明而復晦莫能得其紀制形而無形故功可成矣物而不物故勝不屈形兵之極也至於無

形可謂之極矣
又曰大兵無創與鬼神通五兵不厲天下莫敢之當建鼓
不出庫諸侯莫不慴㥄沮膽故廟戰者帝神化者王所謂
廟戰者法天道也神化者法四時也脩政於境內而遠方
慕其德制勝於未戰而諸侯服其威也
又曰民誠從令雖少無畏民不從令雖衆爲寡故下不親
上下心不用卒不畏將其形不戰守有必固而攻有必勝
不待交兵接刃而存亡機固已形矣
又曰兵有三勢有二鈐有氣勢有地勢有因勢將充勇而
輕敵卒果敢而樂戰三軍之衆百萬之師志厲青雲氣如
飄風聲如雷電誠積踰而威加敵人此謂氣勢狹路關津
大山名塞龍蛇蟠(蟠宛屈也)却笠居(却偃笠疊也)羊腸道(羊腸屈一伸一)
魚笱門(竹笱所以捕魚其門可入而不得出也)一人守險而千人不敢過此

謂地勢因其勞倦怠亂飢渴凍暍推其摇摇擠其揭揭此
謂因勢閒諜(閒諜軍之反閒也)審錯規慮設蔚施伏(草木曰蔚)隱遁
其形出於不意使敵人之兵無所適備此謂知鈐陣卒正
前行選進退俱什伍摶前後不相蹍(蹍蹀蹈也)左右不相干受
刃者少傷敵者衆此謂事鈐勢必形吏卒慱精選良用
才官得其人計定謀決明於死生舉錯得時莫不振驚故
攻不待衝隆雲梯而城拔(雲梯可依雲而立所以瞰敵之城中也)戰不至交
兵接刃而敵破明於必勝之數也
又曰夫飛鳥之鷙也俛其首猛獸之攫也匿其爪虎豹不
外其牙噬犬不見其齒故用兵之道示之以柔而迎之以
剛(迎逆敵家)示之以弱而乘之以彊爲之欲歙應之以張(歙弱張彊
也歙讀如脅)將欲西如示之以東也
又曰神莫貴於天勢莫便於地動莫急於時用莫利於人

和此四者兵之幹植也然待道而後行可一用也
又曰古之兵弓劒而已矣槽柔無擊脩戟無刺(槽柔木也無擊無鐵
刃也刺鋒也槽讀如曹)晚世之兵隆衝以攻渠幨以守(隆高也衝所以臨敵城衝
突壞之渠壍也一曰渠甲名幨幨所以御也)連弩以射銷車以鬬(車弓弩通一弦以牛挽之
以刃着左右爲機關發)
又曰古之伐國不殺黃口不獲二毛(黃口幼少也二毛有白髮)於古爲
義於今爲笑古之所以爲治者今之所以爲亂也
又曰夫神農伏羲不施賞罰而民不爲非然而位政者不
能廢法而治民(不能及神農伏羲也)舜執干戚而服有苗然而征伐
者不能擇甲兵而制彊暴(不能及舜也)由此觀之法度者所以
論民俗而節緩急也
桓範世要論曰太古之初民始有知則分爭分爭羣羣則
智者爲之君長君長立則興兵所從來久矣雖聖帝明王

弗能廢也但用之以道耳故黃帝戰於阪泉堯伐驩兜舜
征有苗夏禹殷湯周之文武皆用師克伐以取天下焉
又曰聖人之用兵也將以利物不以害物也將以救亡非
以危存也故不得已而用之也以爲戰者危事兵者凶器
不欲令好用之故制法遺後命將出師雖勝敵而反猶以
喪禮處之明弗樂也故曰好戰者亡忘戰者危不好不忘
天下之王也
又曰夫兵之要在於修政修政之要在於得民心得民心
在於利之也要仁以受之義以理之故六馬不和造父不
能以致遠民目不附湯武不能以立功故兵之要在得衆
得衆者善政之謂也善政者恤民之患除民之害故政善
於內則兵彊於外也
杜恕論曰天生五材民並用之廢一不可誰能去兵故兵

之來也久矣所以威不軌而昭文德所以討彊暴而除殘賊也聖人以興亂人以廢廢興存亡皆兵之由也昔五帝不能偃況衰世乎

又曰濫殺無辜之民以養不義之君非兵之體也彈天下之財以贍一人之求非兵之體也怙其兵甲之器矜其變詐之謀欲以立威成名非兵之體也虜其君隸其臣遷其社易其民非兵之體也故夫霸王之用兵也始之以義終之以仁將以存亡非以亡存也將以禁暴非以爲暴也

又曰兵之來也以除不義而授德克其國不傷其民廢其君而不易其政尊其俊秀顯其賢良賑其孤寡恤其窮困百姓聞之欣然簞食壺漿以迎其君奚之遲也以湯武之師用兵上也誰與交鋒而接刃哉

又曰所謂善用兵者先弱敵而後戰者也若乃征之以義以責其過振之以武以威其淫懷之以德以誓其民置之以仁以救其危此四者用兵之體所謂因民之欲乘民之力也

又曰治國家理境內施仁義布德惠明勸賞黜幽昧功臣附親士卒和輯上下一心君臣同德指麾而響應此上兵之體也地廣民衆主賢將能國富賞罰信未至交兵而敵人亡遁此次兵之體也知地之形因險阨之利明奇正之變審進退之宜援枹而鼓之黃塵四起乃以決勝此用兵之下非兵之體也

又曰夫德義足以懷天下之民事業足以當天下之急選舉足以得賢才之用則兵之所加若勁風振槁此兵之體也

鹽鐵論曰兵者凶器也甲堅兵利爲天下殃其母制子故能久長聖人法之厭而不傷

蔣子萬機論曰夫虎之爲獸水牛之爲畜殆似兵矣夫虎爪牙既鋒膽力無伍至於即豕也卑俯而下之必有扼喉之獲夫水牛不便速角又喬竦然處郊之野朋遊屯行部隊相伍及其寢宿因陣反禦若見兕虎拉角牛全兕害矣若用兵恃彊必鑒於虎居弱必識水牛可謂攻取屠城而守必能全者矣

劉向新序曰上古之時其民敦朴故三皇教而不誅無師而威故善爲國者不師三皇之德也至於五帝有師旅之備而無用故善師者不陣五帝之謂也湯伐桀文王伐崇武王伐紂皆陣而不戰故善陣者不戰三王之謂也及夏后之伐有扈殷高宗討鬼方周宣王之征熏鬻而不血刃皆仁聖之惠時化之風也至齊桓侵蔡而蔡潰伐楚而楚服而彊楚以致苞茅之貢於周室北伐山戎使奉朝覲三存亡一繼絕九合諸侯一匡天下衣裳之會十有一嘗有大戰亦不血刃至晉文公設虎皮之威陳曳柴之僞以破楚師而安中國故曰善戰者不死晉文公之謂也楚昭王遭闔閭之禍國滅昭王出亡父老迎而笑之昭王曰寡人不仁不能守社稷父老反笑何無憂寡人且從此入海矣父老曰有君若此其賢也及申包胥請救哭秦庭七日秦君憐而救之秦楚同心遂走吳師昭王反國故善死者不亡昭王之謂也是故自晉文公已下至戰國而暴兵始衆於是以彊并弱以大吞小故彊國務攻弱國備守合從連衡群相攻伐故戰則稱孫吳守則稱墨翟至秦而以兵并天下窮兵極武而亡及項羽尚暴而滅漢以寬仁而興故能掃除秦之苛暴矣孝武皇帝攘服四夷其後天下安然

故丗之爲兵者其行事略可觀也

又曰樂毅以弱燕破彊齊七十餘城者齊無法故也孫武以三萬破楚二十萬者楚無法故也韓信以寡衆破趙萬者趙無法故也近者曹操以八千破袁紹五萬者袁無法故也此五子能以少尅多者軍有法故也故用兵無法猶乘舟無檝登馬而不勒是以良將思計如飢存法如渴所以戰必勝攻必拔也

陳琳書曰王者之師有征無戰

衛公兵法曰嶮阨高陵谿谷險難則用步卒平原曠衍草淺地堅則用車追奔逐北乘虛獵散反覆百里則用騎故步爲腹心車爲羽翼騎爲耳目三者相待參合迺行

太平御覽卷第二百七十一

太平御覽卷第二百七十二

兵部三

將帥上

開元文字曰將率也

春秋元命苞曰上天一星爲郎將

左傳曰楚子及諸侯圍宋宋公孫固如晉告急（公孫固宋莊公孫）先軫曰報施救患取威定霸於是乎在矣（先軫下軍之佐原軫也報宋贈馬之施也）狐偃曰楚始得曹而新婚於衛若伐曹衛楚必救之則齊宋免矣（前年楚使申叔戍穀以逼齊）於是乎蒐于被廬（晉常以蒐禮改政令敬其始也被廬晉地）作三軍（閔元年晉獻公作三軍令復大國之禮）謀元帥（中軍帥）趙衰曰郤縠可臣亟聞其言矣說禮樂而敦詩書詩書義之府也禮樂德之則也德義利之本也夏書曰賦納以言明試以功車服以庸（尚書虞夏書也賦納以言觀其志也明試以功考其事也車服以庸報其勞也賦猶取也庸功也）君其試之乃使郤縠將中軍郤溱佐之使狐偃將上軍讓于狐毛而佐之（毛狐偃之兄）命趙衰爲卿讓於欒枝先軫（欒枝貞子也欒賓之孫）使欒枝將下軍先軫佐之荀林父御戎魏犨爲右（荀林父中行桓子）

公羊傳曰君將使射姑將陽處父諫曰射姑民衆不說不可使將於是廢將

戰國策曰秦與趙兵相距長平趙孝成王使趙奢之子將藺相如曰王以名使括若膠柱而鼓瑟耳此子徒能讀其父奢書傳而不知合變也趙王不聽奢子括少時學兵法言兵事以天下莫能當嘗與其父言兵事奢不能難然不謂之善其母問其故奢曰兵死地也而乃易言之趙若以爲將破軍者必是兒及是其母上書具言不可曰始妾事其父時爲將大王及宗室所賞者盡以與軍吏士大夫受命之日不問家事今此兒爲將東向而朝軍吏無敢仰視之者王所賜金帛歸藏家而日視便利田宅買之王以爲如其父父子異心願王毋遣王曰吾已決矣其母因曰即有如不稱妾得無隨罪乎王許之詘遂與秦軍戰死軍敗數十萬降秦秦悉坑之

國語曰公使趙衰爲卿辭曰欒枝貞愼（枝晉大夫欒共子之子也）先軫有謀胥臣多聞皆可以爲輔臣弗若也乃使欒枝將下軍先軫佐之前取五鹿先軫之謀也（五鹿衛地）郤縠使先軫代之（從下軍之佐超將中軍傳曰尚德也代先軫之）胥臣佐下軍

又曰公使原季爲卿（原季趙衰也文公二年爲原大夫卿次卿）辭曰夫三德者偃之出也（偃狐偃三德謂勸文公納襄王以示民義伐原以示民信大蒐以示民禮故以三德紀民三德紀之語在下）以德紀民其章大矣不可廢也（章著也）使狐偃爲卿辭曰毛之智賢於臣其齒又長（毛偃之兄也）毛也不在位不敢聞命乃使狐毛將上軍狐偃佐之（尚德也傳曰使狐偃將上軍讓于狐毛而佐之是也）狐毛卒使趙衰代之（虞唐云代將新軍韋昭謂代將上軍）辭曰城濮之役先且居之佐軍也善（先且居先軫之子蒲城伯後受霍爲霍伯也）軍伐有賞（伐功也）善君有賞能其官有賞且居有三賞不亦可廢也且臣之倫箕鄭胥嬰先都在（倫疋三子晉大夫）乃使先且居將上軍（代狐毛也）公曰趙衰三讓（三使爲卿三讓之進欒枝等八人）其所讓皆社稷之衛也廢讓是廢德也以趙衰之故蒐于清源作五軍（清源晉地晉本三軍有中軍上下今有五益新上下）使趙衰將新上軍箕鄭佐之胥嬰將新下軍先都佐之子犯卒蒲城伯請佐（蒲城伯先且居）公曰夫趙衰三讓不失義（義宜也）讓推賢也義廣德也廣德賢至有何患矣請令衰也從子（從先且居）乃使趙衰佐新上軍（此有新字誤也趙衰從新上軍之將進佐上軍爲外一等新上軍之將位在上軍佐之下此章或在狐毛卒上非也當在下）

史記孟嘗君傳曰文聞將門必有將相門必有相

又項羽本紀曰項氏世世爲楚將封於項故姓項氏
又曰章邯已破項梁軍則以爲楚兵不足憂乃渡河擊趙大破之當此之時趙歇爲王陳餘爲將張耳爲相
又曰魏文侯問曰吳起何如人李克曰起貪而好色然其用兵司馬穰苴弗能過也於是魏文侯以爲將擊秦拔五城
又王翦傳曰或曰王離秦之名將也今將彊秦之兵攻新造之趙舉之必矣客曰不然夫將三世者必敗何以其殺伐多矣其後受其不祥
又淮陰侯傳曰韓信曰陛下非能將兵而善將將此迺信之所以爲陛下禽也
漢書韓信傳曰漢王使酈生往說魏王豹不聽乃以信爲左丞相擊魏信問酈生魏得毋用周叔爲大將乎曰栢直也信曰豎子耳遂進擊魏

又陸賈傳曰賈謂陳平曰天下安注意相天下危注意將將相和則士豫附士豫附天下雖有變則權不分爲社稷計在兩君掌握耳
又齊王傳曰祝午紿琅邪王曰呂氏爲亂齊王發兵欲西誅之齊王自以兒子年少不習兵革之事願舉國委大王大王自高帝將也言高帝之時爲將也
又高紀曰帝置酒雒陽南宮曰通侯諸將毋敢隱朕
後漢書虞詡傳曰李脩曰關西出將關東出相觀其習兵壯勇實過餘州
又曰大將曹公每攻城破邑得靡麗之物則悉以賜有功者若勳勞宜賞則不悋萬金無功與施分毫不與
魏志曰太祖既破張繡東擒呂布定徐州遂與袁紹相距孔融謂荀彧曰紹地廣兵彊田豐許攸智計之士爲之謀審配逢紀盡忠之臣也任其事顔良文醜勇冠三軍統其兵殆難克乎彧曰顔良文醜疋夫之勇可一戰而擒
又曰太祖征荆南劉備奔吳論者以爲權必殺備程昱料之曰孫權新立未爲海內所憚曹公無敵於天下初舉荆州不能獨當劉備英名關羽張飛皆萬人敵權必資之禦我難解勢分備資以成又可得而殺也權果多與備兵以禦太祖
晉書曰王導字茂弘光禄大夫覽之孫也父裁鎮軍司馬導少有風鑒識量清遠年十四陳留高士張公見而奇之謂其從兄敦曰此兒容貌志氣將相之器也
又張華傳曰今之所要在軍師然議者舉將多推宿舊
又慕容德載記曰昔韓信以裨將伐齊有征無戰耿弇以

偏軍討張步尅不移朔
後周書曰王勱性忠果有才幹年七十從太祖入關及太祖平秦隴定關中勱常侍從太祖嘗謂之曰爲將坐見成敗者上也被堅執鋭者次也勱曰意欲兼之太祖大笑
隋書曰煬帝之在東宮嘗謂弼曰楊素韓擒虎史万歲三人俱稱良將其間優劣何如弼曰楊素是猛將非謀將韓擒虎是鬭將非領將史万歲是騎將非大將太子曰然則大將誰也弼拜曰唯殿下所擇弼意自許爲大將弼賀若弼
唐書曰太宗嘗論將帥謂左右曰當今名將唯李勣任城王道宗薛万徹三人而已李勣道宗不能大勝亦不大敗万徹非大勝即大破
又曰太宗與長孫無忌薛万徹等宴於丹霄殿各賜膝皮而悞呼万徹爲万均因愴然曰万均朕之勳舊不幸早亡

不覺呼名豈其魂靈欲朕之賜也因取膜皮呼万均以同賜而焚之於前侍坐者無不感泣潞公薛万均万徹兄也國初立大功故太宗思之

又曰賈言忠乾封中爲侍御史時朝廷有事遼東言忠奉使往支軍糧及還高宗問以軍事言忠盡其山川地勢具陳遼東可平之狀高宗大悅又問諸將優劣言忠曰李勣先朝舊臣聖鑒所悉龐同善雖非鬭將而持軍嚴整薛仁貴勇冠三軍名可振敵高偘儉素自處忠果有謀契苾何力沉毅持重有統御之才然頗有忌前之癖諸將夙夜小心忘身憂國莫逮於李勣者高宗深然之

又曰裴度使蔡州行營宣諭諸軍既還帝問諸將之才度曰臣觀李光顔見義能勇終有所成不數日光顔奏大破賊軍於時曲帝尤歎度之知人

又曰朱滔劾順代宗臨軒勞問既而曰卿自謂才孰與泚多滔曰各有長短統御士衆方略明辯臣不及泚臣年二十八獲謁龍顔泚長臣五歲未朝鳳闕泚不及臣代宗愈喜

古司馬兵法曰上貴不伐之士上之器也苟不伐則無求無求則不爭國中之聽必得其情軍旅之聽必得其宜此貴不伐之士也(不伐之士治國必得其實在軍必得其宜故先貴而用之)從命爲士上賞犯命爲士上戮故其勇力不相犯既致教其民然後謹選而使之事極脩則百官給矣教極省則人興良矣

又曰凡戰則與衆分善(將雖有獨見之知戰勝不自取功常推與下分者也)選良先無功者(勇猛勁士戰不得功後戰必選爲前當以激致其銳氣也)若使不勝使過在己(戰有失利當爲吏士引其過若今無勲愧使後可使)

又曰上同無獲(將智與衆同等不能自用又不能用人隨衆取同故無功也)上專不死(將無明智恥求賢問智自專事爲衆所弊故戰多死也)上生多疑(將無義心苟求全免害避難則士衆疑者也)上死不勝(將無善略苟以死當敵故不勝也)凡民死愛死怒死威死義死利(視下如子則民生愛志意激揚則民怒使民以禮征伐以義則民死威賞賜分明則民死義賞爵重則民死利)

孫子曰將者智信仁勇嚴也故知兵之術人之司命國家安民之主也將者國輔輔周國必彊(將周密謀不泄也)輔隙則國必弱

又曰故君之所以患於軍者三三者何也曰不知軍之不可進而謂之進不知軍之不可退而謂之退是謂縻軍(縻御)不知軍中之事而同軍中之政則軍士惑也不知三軍之任權而欲同三軍之任則軍事覆疑(不得其人也)三軍既惑既疑則諸侯之難至矣是謂亂軍而引勝(引奪也)故知勝者五知可以戰與不可以戰者勝識衆寡之用者勝上下欲同者勝以虞待不虞者勝將能君不御者勝(司馬法曰進退惟時無曰寡人)

此五者知勝之道(此上五事)故曰知彼知己百戰不殆不知彼而知己一勝一負不知彼不知己每戰必殆

又曰九用兵之法將受命於君合軍聚衆圮地無舍(無所依也)衢地交舍(結諸侯也)絕地無留(無久止也)圍地無謀(發奇兵也)死地則戰塗有所不由(阨難之地所不當從也不得也)軍有所不擊(軍雖可擊以地險難不留之失前利若得之又利薄)城有所不攻(城小而固糧饒不可攻也)地有所不爭(皆與上同操所以置華費而深入徐州拔十四縣)君命有所不受(苟便於事不拘於君命也)故將通於九變之利者則知用兵矣(九事之變)將不通於九變之利雖知地形不能得地之利矣

又曰治人不知五變雖知五利不能得人用之矣(下五事也)是故智者之慮必雜於害(在利思害在害思利)雜於利而務可信(計敵不能依五地爲我害信務爲可信也)雜於害而患可解(并計於害雖有患可解也害中雜利陷之死地而後生也)趣之以利(令自來也)故用兵之法無恃其不來恃吾有以

待之（變不虞危常備之也）無恃其不攻吾也恃吾不可攻故將有五危必死可殺（勇無疑也）必生可虜（見利不進將怯弱必生之意上下猶豫可急而取也）忿速可侮（忿疾之人可忿侮而致也）廉潔可辱（廉潔之人可汙辱而致必來戰）愛人而煩（出必所走愛人者必倍道兼行救之則煩勞也）九此五者將之過用兵之災覆軍殺將必以五危不可不察也

又曰吏彊卒弱曰陷（吏彊欲進卒弱輒陷敗也）大吏怒而不服遇敵懟而自戰將不知其能曰崩（大吏小將也大將怒之不服忿而赴敵不量輕重則必崩壞也）將弱而嚴教道不明吏卒無常陳兵縱橫曰亂（爲將若此亂之道也）將不能料敵以少合衆以弱擊彊兵無選鋒曰北（兵勢若是必走也）九此六者勝敗之道將之至任也

又曰明主慮之良將脩之非利不起非得不用非危不戰（不得已而用兵）主不可以怒而興軍將不可以慍而合戰合於利而用不合於利而止（不得以喜怒而用兵）怒不可復喜慍不可復悅亡國不可復存死者不可復生故曰明主慮之良將警之此安國之道也

吳子曰人有三不和不和於國不可以出軍不和於軍不可以出陣不和於陣不可以進戰

又云將之所慎者五一曰理二曰備三曰果四曰戒五曰約戒者雖尅如始戰○孔叢子曰子思居衛言苟變於衛君曰其才可將五百乘君任軍旅率得此人則無敵於天下矣衛君曰吾知其才可將變也嘗爲吏賦於民而食人三雞子以故弗用也子思曰夫聖人官人猶大匠之用木也取長棄短故材連抱而有數尺朽者良工不棄以其所妨者細也卒成不訾之器今君處戰國之世選爪牙之士以三卵焉弃扞城之將此不可使聞于隣國也衛君再拜曰謹受詔矣

太平御覽卷第二百七十二

兵部四

將帥

呂氏春秋曰管子言於桓公曰墾田大邑辟土生粟盡地之利臣不若甯遬（甯遬乃甯戚也）請置以爲大田登降辭讓進退閑習臣不若隰朋請置以爲大行蚤入晏出犯顏進諫以忠不避死亡不重貴富臣不若東郭牙請置以爲大諫平原廣城車不結轍士不旋踵鼓之而三軍之士視死如歸臣不若王子城父請置以爲大司馬決獄折中不殺不辜不誣無罪臣不若弦章（章賓胥無）請置以爲大理君若欲理國彊兵則五子者足矣君若欲霸王則夷吾在此桓公善令五子皆任其事以受於管子十年九合諸侯一匡天下管子人臣也用不能長之而盡以五子之能又況於人主乎

淮南子曰中將上不知天道下不知地利專用人與勢雖未能萬全勝鈐必多矣下將之用兵也博聞而自亂多知而自疑居則恐懼發則猶豫是以動爲人禽矣今使兩人接刃巧拙不異而勇士必勝者何也其行之誠也

又曰鼓不與於五音而爲五音主水不與於五味而爲五味調將軍不與五官之事而爲五官督故能調五音者不與五音也能調五味者不與五味者也是故將軍之心滔滔如春曠曠如夏湫漻如秋典凝如冬（典常凝正也常正於冬也）因刑而與之化隨時而與之移夫景不爲曲物直響不爲清音濁觀彼之所以來各以其勝應之是故扶義而動推理而行掩節斷割（掩覆也覆其節制斷割之也）因資而成功使彼知吾所出而不知吾所入知吾所擧而不知吾所集始如狐狸彼故輕來合如兕虎敵故奔走也

又曰將者必有三隧四義五行一守所謂三隧者上知天道下習地形中察人情（九此三事者又所從隧）所謂四義者便國不負兵爲主不顧身見難不畏死決疑不辟罪所謂五行者柔而不可卷也剛而不可折也仁而不可犯也信而不可欺也勇而不可枝也所謂一守者神清而不可濁也謀遠而不可慕也操固而不可遷也知明而不可蔽也不貪於貨不淫於物不嚂於辯不推於名不可喜也不可怒也是謂至於窮窮冥冥孰知其情發必中詮言必合數動必順時解必中揍（揍理）通動靜之機明開塞之節審擧錯之利害若合符節疾如彉弩勢如發矢一龍一蛇動無常體莫見其所中莫知其所窮攻則不可守守則不可攻也

抱朴子曰良將去如收電可見不可追留如立山可瞻不可動

又曰大將民之司命社稷存亡於是乎在

六韜曰武王問太公曰王者帥師必有股肱羽翼以成威神爲之柰何公曰凡擧兵帥師以將爲命在其通達不在一術也

又曰武王問太公曰論將之道柰何太公曰將有五才十過五才者勇智仁信必也勇則不可犯智則不可亂仁則愛於人信則不欺人必則無二心所謂十過者將有勇而輕死者有急而心速者有貪而喜利者有仁而不忍於人者有智而心怯者有信而喜信人者有廉而不愛人者有智而心緩者有剛毅而自用者有懦而喜用人者是故兵者國之大器存亡之所由也

又曰太公曰夜卧早起雖劇不悔妻子之將也長賓希言賦物平均十人之將也敷行刑戮不避親戚百人之將也

訟辯好勝欲正一衆千人之將也知人飢飽念人劇易萬人之將也戰戰慄慄日慎一日十萬人之將也見賢進之行法不枉百萬人之將也知天文悉地理四海如妻子此天師之主也

又曰爲將冬日不衣裘夏日不操扇天雨不張蓋

又曰武王曰吾欲令三軍親其將如父母攻城則爭先登野戰則爭先赴聞金聲則怒聞鼓聲則喜爲之柰何太公曰出隘塞犯泥塗將必先下步士卒皆定將乃就舍軍未舉火將亦不食

三略曰軍井未達將不言渴軍竈未炊將不言飢軍幕未辦時不言倦冬不服裘夏不操扇是謂禮也

諸葛亮兵要曰人之忠也猶魚之有淵魚失水則死人失忠則凶故良將守之志立而揚名

又曰不愛尺璧而愛寸陰者時難遭而易失也故良將之趍時也衣不解帶履不遺躡

又曰貴之而不驕委之而不專扶之而不隱免之而不懼故良將之動也猶璧之不污

又曰良將之爲政也使人擇之不自舉使法量功不自度故能者不可蔽不能者不可飾妄譽者不能進也

桓範要集曰夫事之安危實在於將故曰將不知兵以其主與敵主不擇將以其國與敵也然擇將者不務求其策而反先索其勇不取之於威嚴而用之於歡緩此所謂棄本而要其末也

又曰昔霸王之戰策貴廟勝故曰上兵伐謀而戰勝也吳起臨陣推劒不持項羽初學劒後貴兵略此勇難獨用況無勇乎

又曰太公誓師後至斬故太執桴鼓立軍門有不可犯之色也嚴故能行其法威故能著其恩也

又曰今之擇將宜參準往古古數詭於常時之法得其狀而責任之所謂坐車上而御騏驥不勞而致千里者也

又曰古之論將者言長於計策而課以料敵言善於治軍則考以事政勇於奮擊則責以戰鬭若無此三者則不委之以境外之任付之以安危之事

蔣子萬機論曰知兵之將國之行主民之司命古者重之後世無遠焉呂望雖知孫武雖曉樂毅雖賢白起雖武夫耆之朽骨吴之靡散燕之消骼秦之腐肉豈可餔其糟粕復得生而使之哉固當出我民之最擇其知勇之長者用其術略也

又曰雖有百萬之師臨時吞敵在將也

吴子曰凡人之論將恒觀之於勇勇之於將乃萬分之一耳故六韜曰將不仁則三軍不親將不勇則三軍不爲動

孫子曰將者勇智仁信

又曰三軍之衆百萬之師張設輕重在於一人謂之氣機道狹路險名山大塞十人所守千人不過是謂地機善行間謀分散其衆使君臣相怨是謂事機車堅舟利士馬閑習是謂力機此所謂四機者也

又曰夫將可樂而不可憂謀可深而不可疑將憂則內疑將有憂色則內外相疑不相信也謀疑則敵國奮多疑則計亂亂則令敵國奮也以此征伐則可致亂故將能清淨應財曰清不擾曰靜能平能整能受諫能聽訟能納人受賢於羣英之中若吳納范蠡齊納甯戚之類也能採善言能知國俗能圖山川能裁阨難險難阨悉明也皆能制軍權危者安之懼者懽之叛者還之將有不合去者懇諭還之若蕭何追韓信冤者原之訴者察

之卑者貴之（士卒若卑賤者貴之昔吴起不與士卒同衣食是也）彊者抑之敵者殘
之（卑中有賤而敵貴者乱上下之乱殘殺之）貪者豐之（懸賞以豐其心所以使貪）欲者使之
（臨敵將戰有欲立功名有欲利敵人者皆許而使之所謂使勇使貪）畏者隱之（士卒有所畏懼者隱蔽於
後勿使為軍鋒軍敗由鋒怯）謀者近之讒者覆之（有讒鬭之覆信之）毁者復之
（官職有毁者則復而復之）反者廢之横者挫之服者活之（首服罪者活之）降
者說之（說合）獲城者割之（賞功臣也）獲地者裂之（賜功勞者）獲國者守
之（得其國必封賢以守之昔吴伐越得而不守所以終敗也）獲阨塞之獲難地之獲財
散之敵動伺之敵彊下之（敵彊則下之與戰若齊師伐魯鼓之曹劌不動三鼓破齊也）
敵凌假之（敵之威勢凌我而來宜持重以待之勿與戰楚凌漢來戰一次漢祖知弱不許之是也）敵
暴安之（敵人為暴虐之行則安之所以怒我衆也昔燕伐齊田單不下燕師掘齊人家墓田單安勸之）
是也敵勃義之（敵為勃亂之事則我以義以待之被勃我義故赴之）敵睦攜之順舉挫
之（舉順以挫逆也）因勢破之放言過之（放過惡言以毀詐敵人以怒己衆也）此為將
之道也

又曰故將拒諫則英雄散策不從則謀士叛善惡同則功
臣倦（賞罰不明善惡無異則有功之臣皆懈倦也）將專己則下歸咎（專己自任不與下謀）
（衆皆歸罪於將而責之）將自臧則下少功（臧善也將自伐勳志下自用者故曰少功也）將
受讒則下有離心將貪財則姦不禁（上貪則下盜也）將內顧則士
卒淫（內顧思妻妾也）將有一則衆不服有二則軍無試（試法也）有三
則軍乖背有四則禍及國
又曰軍讖曰將謀欲密士衆欲一（將衆如一辭也）攻敵欲疾將謀
密則姦心閉士衆一則群心結（結如一也）攻敵疾則詐不及設
軍有此三者則計不奪將謀泄則軍無勢以外窺內則禍
不制（竊見也謀泄則外見己情虛實其禍不可制也）財入營則衆姦會（凡為軍使外人以財貨入
營內則姦謀萃集其中也）將有此三者軍必敗也
又曰將無慮則謀士去（將無防慮不能從謀故去之）將無勇則吏士恐
（將怯則下無所恃故恐也）將遷怒則軍士懼慮也謀也將之所重勇也

怒也將之所用意故曰必死可殺也必生可虜也忿速可
侮也廉潔可辱也愛人可煩也此五者將兵之過用兵之
災也
又曰凡戰之要先占其將而察其才因形用權則不勞而
功興也其將愚而信人可誑而詐貪而忽名可貨而賂輕
變可勞而困上富而驕下貧而怨可離而間將怠士懈可
潛而襲智而心緩者可迫也勇而輕死者可暴也急而心
速者可誘也貪而喜利者可襲也可遺也仁而不忍於人
者可勞也智而心緩者可驚也信而喜信於人者可誑也
廉潔而不愛人者可侮也剛毅而自用者可事也懦心喜
用於人者可使人欺也此皆用兵之要為將之略也
何晏韓白論曰此兩將者殆蚩尤之敵蓋開闢所希有也
何者為勝也或曰白起功多前史以為出奇無窮欲闚滄

海白起為勝若夫韓信斷幡以覆軍拔旗以流血其以取
勝非復人力也亦可謂奇之又奇者哉白起之破趙軍詐
奔而斷其粮道取勝之比皆此類也所謂可奇於不奇之
間矣安得比其奇之又奇者哉
班叔皮王命論曰是時陵為漢將而毋獲於楚
任彥昇奏彈曹景宗曰賞茂通侯榮高列將
潘安仁西征賦曰蕭曹魏丙之相辛李衛霍之將銜使則
蘇屬國震遠則張博望（屬國蘇武博望張騫）
范曄二十八將傳論曰中興二十八將前世以為上應二
十八宿未之詳也然咸能感會風雲奮其知勇議者多非
光武不以功臣任職至使英姿茂績委而勿用然原夫良
圖遠筭固將有以為尔若乃王道既晦降及霸德猶能受
授惟庸勳賢兼序如管隰之迭升桓世先趙之同列文朝

可謂兼通矣降自秦漢世資戰力至於翼扶王運皆武人堀起亦有鬻繒盜狗輕猾之徒或崇以連城之賞或任以阿衡之地故勢疑則隙生力侔則亂起蕭樊且猶縲紲信越終見葅戮不其然乎自茲以降訖于孝武宰輔五世莫非公侯遂使搢紳道塞賢能蔽擁故光武鑒前事之違存矯枉之志雖寇鄧之高勳耿賈之鴻烈分土不過大縣數四所加特進朝請而已觀其治平臨政課職責咎將所謂導之以法齊之以刑者乎永寧年中顯宗追感前世功臣乃圖畫二十八將於南宮雲臺其外又有王常李通竇融卓茂合三十二人故依其大第條之篇末

太平御覽卷第二百七十三

太平御覽卷第二百七十四

兵部五

命將　易將　老將

命將

禮記曰諸侯賜弓矢然後專征賜斧鉞然後專殺

史記留侯世家曰黥布反上欲使太子往擊之四人相謂曰凡來者將以存太子太子將兵事危矣迺說建成侯曰君何不急請呂后承閒爲上泣言黥布天下猛將也善用兵今諸將皆陛下故等夷迺令太子將無異使羊將狼也

又馮唐曰上古王者遣將也跪而推轂曰閫以內寡人制之閫以外將軍制之

又淮陰侯傳曰信數與蕭何曰信雖爲將信必不留漢王曰以爲大將何曰幸甚

漢書曰蕭何追韓信還漢王曰以爲大將何曰王素慢無禮今拜大將如召小兒此乃信所以去也王必欲拜之宜擇日齋戒設壇場具禮乃可王許之諸將皆喜人人各自以爲得大將至拜乃韓信也一軍皆驚

後漢書陳龜傳曰臣聞三辰不軌擢士爲相蠻夷不恭拔卒爲將

摯虞新禮曰漢魏故事遣將出征符節郎授鉞於朝堂新禮遣將御臨軒尚書授節鉞古兵書跪而推轂之義也

崔豹古今輿服注曰得賜黃鉞則斬持節將

淮南子曰凡國有難君自宮召將詔之曰社稷之命在將軍耳今國有難請子將而應之將軍受命乃令祝史太卜齋宿三日之太廟鑽靈龜卜吉日以受鼓旗君入廟門西面而立將入廟門北面而立主親操鉞持頭授將軍柄曰從此上至天者將軍制之又復操斧持頭授將軍柄曰從此下至淵者將軍制之將以授斧鉞答曰國不可從外治也軍不可從中御也二心不可以事君疑志不可以應敵臣既以受制於前矣鼓旗斧鉞之威臣無還顧君亦無垂一言之命於臣也君若不許臣不敢將君若許之詞而行乃鬋爪（前長鬋爪送終之禮去其手足爪也）設明衣（明衣喪衣也在於闇實其數言明）鑿凶門而出（凶門北出門也將軍之出以喪禮樂之以必死也）乘將軍車載旌旗斧鉞其臨敵決戰不顧必死無有二心是故無天於上無地於下無敵於前無主於後進不求名退不避罪唯民是保利合於主上將之道也如此則智者爲之慮勇者爲之鬭氣厲青雲疾如馳騖是故兵未交接而敵人恐懼若戰勝敵奔賞吏遷官顧反於國劾旗以入乃縞素辟舍請罪於君君曰赦之大勝三年反舍（大勝敵者還三年乃反故舍）中勝二年不勝期年兵之所加者必無道之國也故能戰勝而不報取地而不反民不疾疫將不夭死五穀豐風雨時節戰勝於外福生於內是故名必成而後無餘害矣

任彥昇奏彈曹景宗曰昔漢光命將坐知千里魏武置法案以從事

陳孔璋檄吳將校部曲文曰朝爲仇虜夕爲上將

馮衍與田邑書曰今以一節之任建三軍之威豈特寵其八尺之竹氂牛之尾也

易將

史記曰秦師伐趙王使廉頗禦之頗固壁不戰趙王惑秦之間以趙奢之子代頗趙師大敗

後漢書曰光武遣馮異代鄧禹車駕送之河南賜以乘輿七尺具劍（具謂以寶玉裝飾之東觀記作玉具劍）

晉書曰石苞爲淮北監軍王琛所奏與吳人交通先時望氣者云東南有大兵起及琛表至帝甚疑之會荆州刺史胡烈表吳人欲大出爲寇苞亦聞吳師將入至乃築壘遏水以自固帝聞之謂羊祜曰吳人每來常東西相應豈石苞果有不順乎祜深明之而帝猶疑焉命苞子喬爲尚書郎上召之經日不至帝謂爲必叛欲封而隱其事遂下詔以苞不料賊勢築壘遏水勞擾百姓策免其官遣太尉義陽王望率其大軍徵之以備非常又勅鎭東將軍琅邪王伷自下邳會壽春苞用掾孫鑠計放兵步出住都亭待罪帝聞之意解及苞詣闕以公還第苞自恥受任無效而無怨色

又曰鎭南將軍杜元凱都督荆州諸軍事襲吳西陵督張政（西陵今夷陵郡）大破之政吳之名將據要害之地恥無備取敗不以實聞于孫皓元凱欲間吳邊將乃請還其所獲之衆於皓皓果召政遣武昌監劉憲代之故晉軍將至使將帥移易成傾蕩之勢竟殄滅焉

北史曰後周末隋文帝作相尉遲迴據相州舉兵隋文遣鄖公韋孝寬（鄖音云）爲東道元帥師次沁水水漲兵未得渡長史李詢上密啓云大將梁士彥宇文忻崔弘度等並受尉遲迴餉金軍中慅慅人情大異文帝以爲憂欲代此三人李德林獨進計云公與諸將並是國家貴臣未相伏馭今以挾令之威使得之耳安知後所遣者能盡腹心前遣之人獨致乖異又取金之事虛實難明即令換易彼將懼罪恐逃逸便須禁固然則鄖公以下必有驚疑之意且臨敵代將自古所難樂毅所以辭燕趙奢之子以之敗趙如愚所見但遣公一腹心明於智略爲諸將舊來所信伏者速至軍所觀其情僞縱有異意必不敢動文帝大悟即令高熲馳驛往軍所爲諸將節度竟成大功

戰國策曰昌國君樂毅爲燕王合五國之兵而攻齊下七十餘城盡郡縣之以屬燕唯莒即墨二城未下而昭王死惠王即位用齊人反間疑樂毅而使騎劫代之樂毅奔趙

老將

史記曰秦始皇問李信曰吾欲攻荆用幾何人而足信曰不過用二十萬人始皇問王翦翦曰非六十萬人不可始皇曰王將軍老矣何怯也李將軍果斷壯勇其言是也王翦因謝疾歸老於頻陽李信攻鄢郢破之於是引兵而西與蒙恬會城父荆人因隨之三日三夜不得頓舍大破李信軍始皇聞之大怒自馳如頻陽謝翦曰不用將軍計李信果辱秦將軍獨忍棄寡人乎翦謝曰老臣罷病悖亂唯大王更擇賢將始皇謝曰已矣將軍勿復言王翦曰大王必不得已用臣非六十萬人不可始皇曰聽將軍計耳於是王翦將六十萬人始皇自送灞上王翦行請美田宅園池甚衆始皇曰將軍行矣何憂貧乎翦曰爲大王將有功不得封侯故及大王之向臣臣亦及時以請園池爲子孫業耳始皇大笑或曰將軍乞貸亦已甚矣翦曰今空秦國甲士專委我我不多請田宅爲子孫業以自堅固令秦王坐而疑我耶翦東代信擊荆大破荆軍虜荆王負芻竟平荆地爲郡縣

漢書曰西羌反時趙充國年七十餘上老之使御史大夫丙吉問誰可將者充國對曰無踰於老臣耳上遣焉問曰將軍度羌虜何如當用幾人充國曰百聞不如一見兵難踰度（踰遥也度輸言也）三臣願馳至金城圖上方略然羌戎小夷逆天背叛滅亡不久願陛下以屬臣勿以爲憂上笑曰諾充

國曰饗軍士皆欲爲用虜數挑戰充國堅守捕生口言羌豪相責曰汝無反今天子遣趙將軍來年八九十矣善爲兵今欲一鬬而死可得耶

又曰元狩四年大將軍大擊匈奴李廣數自請行上以老不許良久乃許之大將軍陰受上旨以爲數奇不偶也無令當單于恐不得所欲時公孫敖亡道從廣廣或失道大將軍使長史持糒醪遺廣因問失道狀長史急責廣之莫府上簿廣曰諸校尉無罪乃我自失道謂其麾下曰廣結髮與匈奴大小七十餘戰今幸從大將軍出接單于兵而大將軍從廣部行迴遠又迷失道豈非天哉終不能復對刀筆吏遂引刀自剄而百姓聞之知與不知皆爲垂泣

東觀漢記曰馬援字文淵建武二十四年威武將軍劉向擊武陵五溪蠻夷深入軍沒援因復請行時年六十二帝愍其老未許之援自請曰臣尚能被甲上馬帝令試之援據鞍顧眄以示可用帝笑曰矍鑠哉是翁也遂遣援

宋書曰沈慶之討竟陵王誕慶之至城下誕登樓謂曰沈公君白首之年何爲來慶之曰朝廷以君狂愚不足勞少壯故使僕來耳

梁書曰王神念少善騎射及老不衰嘗於武帝前手執二刀楯左右交度馳馬往來冠絶群伍

後魏書曰中山王英之征義陽傅永爲寧朔將軍統軍當長圍遏其南門齊將馬仙琕連營稍進規解城圍永謂英曰凶堅豕突意在決戰雅山形要宜早據之英沉吟未決永曰機者如神難遇易失今日不去明朝必爲賊有雖悔無及分英兵夜築城於山上遣統軍張懷等列陣於山下以防之至曉仙琕果至懷等戰敗築城者悉皆奔退仙

琕乘勝直趣長圍義陽城人復出挑戰永乃分兵付長史賈思祖令守營壘自將馬步千人南逆仙琕轘甲揮戈單騎先入唯有軍主蔡三虎副之餘人無有及者突陣橫過賊射永洞其左股永拔箭復入遂大破之斬仙琕子仙琕燒營席卷而遁英於陣謂永曰公傷矣且還營永曰昔漢祖捫足不欲人知下官雖微國家一帥奈何使虜有傷將之名遂與諸軍追之極夜而返時年七十餘矣三軍莫不壯之

又曰畢衆敬爵爲東平公善自奉養食膳豐華必致他方遠味年已七十鬢髮皓白而氣力未衰據鞍馳騁有若少壯篤於姻親深有國士之風大和中高祖賓禮舊老衆敬咸陽公高允引至方山雖文武奢儉好尚不同然與允甚相愛敬接膝談款有若平生後以篤老乞還桑梓朝廷許之衆敬臨還獻眞珠璫四具銀裝劍一口刺虎矛一枚

後周書曰梁臺不過識千餘字口占書啓詞意可觀年過六十猶能被甲跨馬足不蹋鐙馳射弋獵矢不虛發

隋書曰開皇初突厥寇邊燕薊多被其患前總管李崇至殞爲幽州六州五十鎮諸軍事搖修鄣塞謹斥候邊民以安後六載徙爲壽州初自以年老乞骸骨上召之既引見上勞之曰公積行累仁歷仕三代克終富貴保茲遐壽良足善也賜坐褥歸於第歲餘終于家

又曰賀若誼爲涇州刺史時突厥屢爲邊患朝廷以誼素有威名拜靈州刺史進位柱國誼時年老而筋力不衰猶能重鎧上馬爲北夷所憚數載上表乞骸骨優詔許之誼家富於財郊外構一別廬多植果木每邀賓客列女樂遊集其間卒于家

太平御覽卷第二百七十四

太平御覽卷第二百七十五

兵部六

良將上

論語曰子曰孟之反不伐孔注曰魯大夫孟之側也與齊戰軍大敗不伐者不自伐其功也

孝經左契曰將軍順虎銜珠大夫正海出魚

抱朴子曰良將剛則法天可望而不可干柔則象淵可觀而不可入去如收電可見而不可得留如山岳可瞻而不可量

唐子曰良將如泉如山不知其歡戚也

史記曰吳起者衛人也好用兵事魯君齊人攻魯魯欲將起起取齊女為妻而疑之起遂殺妻明不為齊也魯卒以為將大破齊後之魏

又曰陳勝之反秦使王離擊趙王及張耳鉅鹿城或曰王離秦之名將也

又曰魏文侯問吳起何如人李克曰其用兵司馬穰苴弗能過也於是魏文侯以為將擊秦拔五城

又曰杜業曰竊見朱博忠信勇猛材略不世出誠國家雄俊之寶臣也宜徵博左右以填天下此人在朝則陛下可高卧矣

又谷永傳曰平阿侯譚位特進領城門兵永聞與譚書曰君侯躬周召之德執管晏之操敬賢下士樂善不倦宜在上將久矣屬聞以特進領城門兵屬之愚竊不為君侯喜宜深辭職自陳淺薄不足以固城門守收太伯之讓保謙謙之路闔門高枕為智者譚得書大感遂辭讓不受領城門職

又曰霍去病為驃騎將軍上嘗欲教之孫吳兵法對曰顧方略何如耳不至學古兵法上為治第令視之對曰匈奴不滅無以家為

又曰李廣為右北平匈奴號曰漢飛將軍廣歷七郡太守前後三十餘年得賞賜輒分其麾下飲食與士卒共之家無餘財不言生產事

又曰李廣其先曰李信秦時為將逐其燕太子丹者也廣以良家子從軍擊胡文帝曰惜廣不逢時令當高祖世萬戶侯豈足道哉

又曰劇孟洛陽人也以任俠顯吳楚反時條侯為太尉乘傳東將至河南得劇孟喜曰吳楚舉大事而不求劇孟吾知其無能為也天下騷動大將得之若一敵國

又曰沛公入咸陽諸將皆爭趍金帛財物之府分之蕭何

獨先收秦丞相御史律令圖書藏之沛公具知天下阨塞戶口多少強弱處民所疾苦者以得圖書故也

後漢書景丹傳曰帝曰景將軍北州大將是其人也

又馬武傳論曰中興二十八將前世以為上應二十八宿未之詳也然咸能感會風雲奮其智勇稱為佐命亦各志能之士也

又曰賈復傳曰世祖大驚曰我所以不令賈復別將者為其輕敵也不然失吾名將

又曰馮異大破赤眉于郁璽書曰始雖垂翅回谿終能奮翼澠池可謂失之東隅收之桑榆者也

又曰耿秉能說司馬兵法尤好將帥之略

又曰馮異字公孫為人謙退不伐行與諸將相逢輒引車避道東觀漢記續漢書云異勑吏士非交戰受敵常行諸營之後相逢引車避之由是無爭道變鬬者也

止皆有表識(言其遊有標識)退軍中號爲整齊每所止舍諸將並
坐論功異常獨屏樹下軍中號曰大樹將軍光武破邯鄲
乃更部分諸將各有配隸(隸屬也束晳書曰先將諸將同營吏卒多犯法)軍士
皆言願屬大樹將軍光武以此多之
又鄧禹傳云赤眉遂入長安是時三輔連覆敗赤眉所過
殘滅百姓不知所歸聞禹乘勝獨克而師行有紀(綱紀也言有條貫而不殘暴)
皆望風相攜負以迎軍降者以千數衆号百萬禹所
止輒停車住節(住或作駐)以勞來之父老童稚垂髮戴白(垂髮童幼也戴白父老也)
滿其車下莫不感悅於是名震關西帝嘉之數賜
書褒美
又曰竇融以兄弟並受爵位久專方面懼不自安數上書
求代詔報曰吾與將軍如左右手耳(韓信亡蕭何自追之人曰丞相何亡高祖聞之如失左右手見喜)數執謙退何不曉人意勉循士人無擅離部
曲
又曰諸將每論功自伐賈復未嘗有言帝輒曰賈君之功
我自知之
又曰陳蕃楊秉處稱賢宰皇甫張遐出號名將
又曰馮緄字鴻卿巴郡宕渠人也長沙蠻寇益揚荊南皆
沒於是拜緄爲車騎將軍軍長沙進擊武陵蠻溪荊州平
定詔賜錢一億固讓不受振旅還師推功於從事中郎
東觀漢記曰上自征隗囂至漆諸侯多以王師之重不宜
遠入險阻計未決會召馬援因說隗囂將帥土崩之勢兵
進必破之狀於上前聚米爲山指畫囂衆大潰
又曰吳漢當出師朝受詔夕即引道初無辦嚴之日故能
常任職以功名終
又曰吳漢常屬吏士治兵事上時令人視吳公何爲還言

曰方脩攻具上曰吳公隱若一敵國矣
魏志曰諸葛亮斜谷出軍至武功司馬宣王禦之亮挑戰
宣王不出亮遺之婦人巾幗宣王怒表請決戰天子不許
遣辛毗杖節立於軍門以制之會亮病卒歸宣王不敢追
之而退百姓爲之語曰死諸葛走生仲達宣王曰吾便料死
故也宣王案幸亮營壘處曰天下奇才也
又曰趙典字曼成好學問貴儒不與諸將爭功敬賢士大
夫若不及
又任城王傳曰太祖問諸子所好使各言其志至彰曰好
爲將
又曰劉曄謂太祖曰諸葛亮明於治而爲相關羽張飛勇
冠三軍而爲將蜀人既定據險守要則不可犯矣
又曰賈逵字梁道河東人自爲兒童戲弄常設部伍祖父
習異之曰汝大必爲將率口授兵法數萬言
蜀志曰鄧芝爲大將二十餘年賞罰明善卹卒伍身之衣
食資仰於官然終不治私產妻子不免飢寒死之日家無
餘財
又曰關羽字雲長亡命奔涿先主於鄉里合徒衆而羽與
張飛爲之禦侮
晉書曰應詹遷南平太守鎮南將軍山簡復假詹督五郡
軍事蜀賊杜疇作亂金寶溢目詹一無所取唯收圖書莫
不難之
又曰周訪威風既著遠近悅服智勇過人爲中興名將性
謙虛未嘗論功伐或問訪曰人有小善鮮不自稱卿功勳
如此初無一言何也訪曰朝廷威靈將士用命訪何功之
有

又曰蘇峻平論功顧衆推功於蔡謨謨衆唱謨非已之力俱表相讓論者美之

又曰符堅衆號百萬次于淝水謝玄入問計謝安無懼色方與玄圍碁遊涉至夜乃還指受將帥各當其任玄等破堅驛書至安對客圍碁看書便攝放床上了無喜色客問徐荅小兒輩破賊既罷還內過戶限心喜甚不覺屐齒之折其矯情鎮物如此也

又曰帝謂紀瞻曰卿雖疾病爲朕臥護六軍所益多矣

又羊祜傳曰吳人寇弋陽江夏略戶口詔遣侍臣移書詰祜不追討之意并欲移州復舊之宜祜曰江夏去襄陽八百里皆知賊去亦已經日矣步軍方往安能救之哉勞師以免責恐非事宜也昔魏武帝置都督皆與州相近以兵勢好合惡離疆埸之間一彼一此愼守而已古之善教也若輙徙州賊出無常亦未知之所宜據者使者不能詰

又曰羊祜入朝武帝遣中書令張華問其籌策祜曰今主上有禪代之美而功德未著吳人虐政已甚可不戰而尅混一六合以興文教則主齊堯舜臣同稷契爲百代之盛若孫皓不幸而歿吳人更立令主雖百萬之衆長江未可而越也將爲患乎華深讚成其計祜謂華曰成吾志者子也帝欲使祜臥護諸將祜曰取吳不必須臣自行但既平之後勞聖慮耳功名之際臣所不敢居事當有所付授願審擇其人疾漸篤乃舉杜預自代尋卒

又曰毛穆之鎮廣陵遷右將軍宣城內史假節鎮姑孰穆之以爲戍在近畿無復軍鎮不宜加節上疏辭讓許之

又曰朱伺字仲文安陸人少爲吳牙門將陶丹給使吳平從江夏伺有武勇訥口不知書爲郡將督見鄉里士大夫揖稱名而已及爲將遂以謙恭稱

又曰鄧遐字應遠勇力絶人氣蓋當時人方之樊噲桓溫以爲參軍數從溫征伐歷冠軍將軍數郡太守號爲名將襄陽城北沔有蛟常爲人害遐拔劒入水蛟繞其足遐揮劒截蛟數段而出

又曰劉牢之面紫赤色鬚目驚人而沉毅多計畫

于寶晉紀曰文淑字次騫小名鴦有武力梁棠楊休胡烈爲虜所害武帝西憂遣淑出征所向摧靡秦涼遂平名震天下爲東夷校尉姿器膂力萬人之雄

慕容盛載記曰尚書左僕射領中軍熙從征句驪契丹皆勇冠諸將

又曰皇甫眞字楚季弱冠以高才隨慕容評攻鄴都珍貨充溢眞一無所取唯存恤人物收圖籍而已

二石僞事曰郭權降石虎虎問權曰卿若得吾者當殺不權曰若登時得至尊必殺不疑也虎曰卿健將也因與共言事

崔鴻前燕錄曰張蚝本姓弓上黨人也膂力過人能曳牛走堅甚寵之常侍左右終爲名將所在有殊功世稱鄧羌張蚝皆萬人敵也

宋書曰姚泓屯軍長城下王鎮惡撫慰士卒及以身先士衆騰踴爭先泓衆一時奔潰泓妻子歸高祖降將至京鎮惡於灞上奉迎高祖勞之曰成吾霸業者眞卿也鎮惡再拜謝曰此明公之威諸將之力鎮惡何功之有焉笑曰卿欲學馮異耶

又曰桓玄云劉毅勇冠三軍當今實爲無敵

又曰劉順幢主樊僧愛勇冠三軍軍中皆懼

齊書曰曹景宗建武四年隨太尉陳顯達北圍馬圈以奇兵二千破魏援中山王英四万人及剋馬圈顯達論功以景宗爲後景宗退無怨言

又曰垣崇祖初見高帝便自比韓白唯上獨許之及破魏軍啓至上謂朝臣曰崇祖恒自擬韓白今其人也進爲都督

梁書曰馮道根每征伐終不言功其部曲或怨非之道根喻曰明主自監功夫多少吾將何事武帝常指道根示尚書令沈約美其口不論勳約曰此陛下之大樹將軍也

梁後略曰陸納分其衆輕舸擣襲巴陵晨至城下驃騎始命諸將會議乃出自壘門坐胡床以望之賊乘水來攻矢下如雨人情擾擾莫不震懼而驃騎方食甘蔗曾無懼色

又曰齊遣其將竇太赫濟關太祖將襲秦衆咸難之太祖問策於宇文深深對曰竇氏歡之驍將也歡每伏之以爲傑傳

北齊書曰劉豐本出河間樂城豐有雄姿壯氣果毅絶人有口辯好說兵事

又曰辛術字懷哲隴西狄道人也清儉寡欲及平矦定淮南凡諸貨物一毫不犯唯收典籍多是晉宋齊梁時佳本鳩集萬有餘卷

太平御覽卷第二百七十五

太平御覽卷第二百七十六

兵部七

良將下

後周書曰王思政初入潁川士卒八千人城既無外援亦無叛者思政常以勤王爲務不營資產嘗被賜園池思政出征後家人種桑菓及還見而怒曰匈奴未滅去病辭家況大賊未平何事產業命左右拔而弃之故身陷之後家無蓄積

又曰元定有勇略每戰必陷陣然未嘗自言其功太祖深重之諸將亦稱其長者

又曰蔡祐少有大志與鄉人李穆布衣齊名嘗相謂曰大丈夫當建立功名以取富貴安能久處貧賤耶言訖各大笑穆即申公後皆如其言

又曰王羆爲華州刺史時茹茹渡河南寇候騎已至豳州朝廷慮其深入乃徵兵發士馬屯守京城塹諸街巷以備侵軼右僕射周惠達召羆議之羆不應命謂其使曰若茹茹在渭北者王羆率鄉里自破之不煩國家兵馬何爲天子城中遂作如此驚動由周家小兒性怯致此羆輕侮權勢守正不同皆此類也

又曰劉亮本名道德累遷左大都督從擒竇泰復弘農與沙苑之後並力戰有功遷車騎大將軍開封府長廣公亮以勇敢見知爲當時名將并屢陳謀策多合機宜太祖謂之曰卿文武兼資即孤之孔明也乃賜名亮并賜姓侯莫陳氏出爲東州刺史卒喪還京師太祖親臨之泣而謂人曰股肱喪矣腹心何寄

又曰王傑本名文達太祖奇其才擢授楊烈將軍羽林監

尋加都督太祖嘗謂諸將曰王文達万人敵也但恐勇決太過耳復潼關破沙苑爭河橋戰邙山皆以勇敢聞親待日隆賞賜加於倫等於是賜姓宇文氏

又曰于謹平江陵還太祖親至其第宴語極歡賞謹奴婢一千口及寶物并金石絲竹樂一部謹自以久當權寵望隆位功名既立願保優閑乃上先所乘駿馬及所着鎧甲等太祖識其意乃曰今巨猾未平公豈得便尔獨善遂不受

又曰蔡祐字承先有膂力便騎射從征伐常潰圍陷陣爲士卒先軍還之日諸將爭功祐終無所競太祖每歎之嘗謂諸將曰承先口不言勳孤當代其論叙其見知如此

三國典略曰周高琳每征伐勇冠諸軍太祖謂之曰公即我之韓白也

又曰胡僧祐爲梁名將常以鼓吹置于齋中恒坐對之以自娛玩或諫之曰公名望隆重朝野具瞻此是羽儀可自居外僧祐曰我性愛之恒須見耳

又曰北齊斛律金字阿六敦朔州勑勒部人光祿大夫那瓌之子世敦直善騎射行兵用匈奴法望塵識馬步多少嗅地知軍度遠近神武戒文襄曰有讒此人者勿信之文宣嘗與金宴射親持矟走馬以擬金胷者三金堅不動賜帛千疋因過其宅置酒作樂

北史曰隋文帝嘗從容命高熲與賀若弼言及平陳事熲曰賀若弼先獻十策後於蔣山苦戰破賊臣文吏耳焉敢與將論功帝大笑時論嘉其有讓

又曰周將王思政久經軍旅每戰唯着破衣弊甲敵人疑非將帥故得免

又曰韓果從平竇泰於潼關周文依其規畫軍以勝返賞

真珠金帶一要

隋書曰李密父寬驍勇善戰幹略過人自周及隋數經將領至柱國蒲山郡公號爲名將

又曰史万歲少英武善騎射驍捷若飛好讀兵書兼精占候

又曰宇文忻每參帷幄出入卧内禪代之際忻有力焉後拜右領軍大將軍恩賜彌重忻妙解兵法馭戎齊整當時六軍有一善事雖非忻所建在下輒相謂曰此必忻法也其見推服如此

又曰薛世雄性廉謹凡所行軍破敵之處秋毫無犯帝由是嘉之帝嘗從容謂群臣曰我欲舉好人未知諸君識不群臣咸曰臣等何能測聖心帝曰我欲舉者薛世雄群臣皆稱善帝復曰世雄廉正節槩有古人之風於是超拜右翊衛將軍

又曰楊玄感欲立名陰求將領謂兵部尚書段文振曰玄感世荷國恩寵踰涯分自非立効邊裔何以塞責若方隅有風塵之警庶得執鞭行陣少展絲髮之功明公兵革是司敢布心腹文振因言於帝帝嘉之顧謂群臣曰將門必有將相門必有相故不虚也於是賚物千段禮遇益隆

又曰突厥入朝上賜之射突厥一發中的上曰非賀若弼無能當此於是命弼弼再拜而呪曰若赤誠奉國者當一發破的如其不然發不中也既射一發而中上大悅顧謂突厥曰此人天賜我也

唐書曰劉黑闥爲竇建德將奇兵東西掩襲多所尅獲每臨危難而色不變軍中號爲神勇

又曰屈突通平薛仁果之際賓物山積諸將爭取通一無所犯高祖聞之曰通清正奉國著於終始名下定不虚也賜金銀六百兩雜綵千段

又曰右武候將軍張士貴破反獠而還太宗勞之曰聞公親蒙矢石爲士卒先雖古名將無以加也朕嘗聞以身報國者不顧性命嘗聞其語未覩其實於公方見之矣

又曰文德皇后之葬也段志玄與宇文化及分統士馬出宿於章武門太宗夜使宫官至二將軍處宇文士及營内使者志玄閉門不内曰軍門不可夜開使者曰此有手勅志玄曰夜中不辯眞僞竟停使者至曉太宗聞而歎曰此眞將軍也周亞夫何以加焉

又曰霍王元軌高祖第十四子也母曰張美人元軌少善騎射初爲吳王時嘗從太宗遊獵遇群獸命射之矢不虚發獸無遺者太宗撫其背曰汝才藝過人恨今無所施耳當天下未定我得汝豈不要乎

又曰王君廓統兵經略東都王世充將郭士行許羅漢前後入掠君廓輒擊退之拜右武衛將軍詔勞之曰卿以十三人破賊一万自古以少擊衆未之前聞非唯驍勇絶人亦足以顯卿忠節也

又曰突厥入寇王君廓邀擊破之俘斬二千餘人獲馬十五疋高祖聞而大悅徵之入朝賜與御馬令殿廷乘之而出又謂侍臣曰吾聞藺相如叱秦王目皆出血君廓往擊建德將出戰徐勣遏之君廓憤發大呼目及鼻耳一時流血此之壯氣何謝古人不可以常例賞之復賜錦袍金帶還領幽州

又曰高宗時吐蕃陷安西四鎮長壽初蕃軍逼安西府則天令武威軍總管王孝傑將軍阿史那忠節等率師拒之

孝傑至安西合戰屢捷大破蕃軍收復龜玆于闐踈勒碎葉四鎮而還則天大悅謂侍臣曰昔貞觀年中俱統得此蕃域其後西陲不守並陷吐蕃今既復舊邊境自然無事孝傑建玆功効竭盡欵誠遂能裹足徒行身與士卒齊力如此忠懇深足可嘉遷左衛大將軍

又曰薛仁貴擊九姓突厥於天山軍將發高宗出甲令仁貴射之射穿五重九姓衆十餘万令驍健十人逆來挑戰仁貴發三箭中三人其餘下馬請降並坑之更就磧北安撫餘衆而還軍中歌曰將軍三箭定天山將士長歌入漢關

又曰劉仁軌顯慶四年出爲青州刺史五年大軍征遼令仁軌監統水軍以後期免特令以白衣隨軍自効尋撿校帶方州刺史兼熊津道行軍長史仍别領水軍二万襲破倭賊數万於白波虜獲舡艦四百餘艘倭及躭羅等國皆遣使詣之請降初仁軌將發帶方州謂人曰天將富貴此翁耳乃於州司請歷日一卷并七廟諱人怪其故荅曰擬削平遼海頒示國家正朔使夷俗遵奉焉至是果以軍功顯正除帶方州刺史

又曰郭元振爲安西大都護時安西突厥首領烏質勒部落強盛欵塞通和元振就其牙帳計會軍事時天大雪元振立於帳前與烏質勒言議須臾雪深風冷元振未嘗移足烏質勒年老不勝寒苦會罷而死

又曰李晟臨洮人也祖思恭父欽代居隴右嘗爲裨將晟數歲而孤事毋孝聞少雄烈有材力善騎射年十八從軍身長六尺勇敢絶倫時河西節度使王忠嗣擊吐蕃有驍將乘城拒鬪頗多殺士卒忠嗣募軍中能射者射之晟乃引弓一發而斃三軍大呼忠嗣厚賞之因撫其背曰此万人之敵也

又曰貞元五年九月馬燧與太尉晟召見於延英殿上嘉其有大勳力皆圖形於淩煙閣列於元臣之次九年十月召見延英殿因拜手仆于地上親起之

又曰王栖耀性謹厚善騎射始起兵淡寇境太深遇遊騎四合百步内立表俾之環視發必破的虜相顧恐懼徐而解去嘗獵會稽山中有逸林白額獸卒起草中應弦而斃在蘇州嘗與諸文士遊虎丘寺平野霽日先一箭射空再發貫之江東文士自梁肅已下歌詠焉

又曰李愬既執送吳元濟裴度建彰義軍節擁降卒万餘人次入焉李愬具櫜鞬候度馬首度將避之愬曰此方不識上下等威之分久矣請公因以示之度以宰相禮受愬謁衆聳觀焉明日愬以師還文成柵度乃視節度使觀察及刺史事蔡人大悅

又曰李光顏爲河東裨將討李懷光楊惠琳皆有功後隨高崇文平蜀搴旗斬將出入如神由是稍稍知名授兼御史大夫時兄光進官亦至兼御史大夫軍中號曰大大夫小大夫

國語周語曰邵公告單公曰晉有三伐勇而有禮返之以仁吾三逐楚君之卒勇也見其君必趨禮也能獲鄭伯而捨之仁也

老子曰以道佐人主者不以兵強天下果而勿矜果而勿伐河上公注云當果敢推讓勿自伐取其美也

六韜曰兵入郯郊見太公曰是吾新君也而商容曰非也其人虎據而鷹峙威怒自副見利欲發進不顧前後見武

王曰是新君也見敵不怒

獻帝春秋曰張遼問吴降人曰紫髯將軍長上短下誰也荅曰是孫會稽

會稽典録曰張立之爲人剛毅志意慷慨太祖嘗抑之曰爾不念詩書慕聖道而好秉汗馬擊劒此一夫之用何足貴也謂左右曰丈夫一爲衛霍將十万騎沙漠驅戎狄立功建號耳何能作博士耶

荆州記曰鄧遐襄陽人也勇力絶人歷位冠軍將軍數郡太守號名將

袁子世説曰吕布之破也太祖給衆官車乘使取軍中物唯所欲衆人皆重載唯袁渙取書數百卷資粮而已衆人聞之大慙

劉向新序曰孫武樂毅之徒皆前世之賢將也久遠深奥

其事難知至於吴漢近時人耳起於販馬立爲良將秉名竹帛天下歸德此可慕也

太平御覽卷第二百七十六

太平御覽卷第二百七十七

兵部八

儒將

左傳曰晉謀元帥趙衰曰郤縠說禮樂而敦詩書以將中軍

漢書曰馮奉世以良家子選爲將年四十餘乃學春秋涉大義讀史書

後漢書曰馬援閑於進對尤善述前世行事每言及三輔長者下至閭里少年皆可觀聽自皇太子諸王侍聞者莫不屬耳忘倦又善兵策帝常言伏波論兵與我意合每有所謀未嘗不用

又曰祭遵爲將軍取士皆用儒術對酒設樂必雅歌投壺雖在軍旅不忘俎豆

又曰賈復少好學習尚書事舞陰李生李生奇之謂門人曰賈君之容貌志氣如此而勤於學將相之器也

又曰賈復知帝欲偃干戈修文德不欲功臣擁衆京師乃與高密侯鄧禹並剽甲兵敦儒學廣雅曰剽削也謂除甲兵東觀漢記曰復闔門養威重授易經起大義帝深然之遂罷左右將軍復以侯就第加位特進

吳書曰魯肅爲人方嚴寡於玩飾內外節儉不務俗好治軍整頓禁令必行雖在軍陣手不釋書又善談論能屬文辭　遠有過人之明周瑜之後肅爲之冠也

晉書曰杜預身不跨馬射不穿札而每有大事輒居將帥之列

又曰劉毅征盧循敗歸帝大宴於西池有詔賦詩毅詩云六國多雄士正始出風流毅自以武功不競故示文雅有餘也

又載記曰石勒雅好文學雖軍旅常令儒生讀史書而聽之每以其意論古帝王善惡朝賢儒士聽者莫不美焉嘗使人讀漢書聞酈食其勸立六國後大驚曰此法當失何得遂成天下至留侯諫乃曰賴有此耳

宋書曰沈慶之嘗對上爲詩令僕射顏師伯執筆慶之口占曰微生值多幸得逢時運昌老朽筋力盡徒步還南崗辭榮此聖代何愧張子房並歎其辭意之美

梁書曰曹景宗大破魏軍振旅凱入帝於華光宴飲因令左僕射沈約賦韻景宗不得韻意色不平啓求賦詩帝曰卿伎能甚多人才英拔何必止在一詩景宗已醉求作不已詔令約賦韻已盡唯餘競病二字景宗便操筆斯須而成其辭曰去時兒女悲歸來笳鼓競借問路行人何如霍去病帝欣然不已約及朝賢驚嗟竟日詔令上史

北史曰周文帝宴群公卿士仍賦詩言高琳詩末章云寄言竇車騎爲謝霍將軍何以報天子沙漠靜袄氛帝大悅曰獯獫陸梁末時欵塞卿言有驗國之福也

後魏書曰韋彧爲東豫州刺史以蠻俗荒梗不識禮儀乃表立太學選諸郡生徒於州撿教又於城北置崇武館以習武焉境內清肅還遷大將軍

又曰征虜將軍劉藻涉獵羣籍美談笑善與人交飲酒至一石不亂

後周書曰宇文顯和性矜嚴頗涉經史膂力絶人彎弓數百斤能左右馳射

又曰賀拔勝長於喪亂之中尤攻武藝走馬射飛鳥十中其五六太祖每云諸將對敵神色皆動唯賀拔公臨陣如

平常眞大勇也自居任始愛墳籍乃招引文儒討論義理
性又通率重義輕財身死之日唯隨身兵仗及書千餘卷
隋書曰高祖有平南之志訪可任者高熲曰朝臣之内文
武才幹無出賀若弼者高祖曰得之矣於是拜弼爲吳郡
揔管委以平陳之事弼忻然以爲己任與壽州揔管源雄
並爲重鎮弼遺雄詩曰交河驃騎幕合浦伏波營勿使騏
驎上無我二人名獻取陳十策上稱善賜以寶刀
又曰周羅睺初仕陳爲太子左衛率信任逾重時叅宴席
陳王曰周左率武將詩每前成文士何爲後也都官尚書
孔範對曰周羅睺執筆制詩還如上馬入陣不在人後自
是益見親禮
又曰于仲文討高麗大破之至鴨渌水高麗將乙支文德
詐降來入其營仲文先奉密旨若遇高一支　文德者必擒

之至是文德來仲文將執之時尚書右丞劉士龍爲慰撫
使固止之仲文遂捨文德尋悔遣人紿文德曰更有言議
可復來也文德不從遂濟仲文選騎渡水追之每戰破賊
文德遺仲文詩曰神策究天文妙筭窮地理戰勝功既高
知足願云止仲文荅書諭之文德燒柵而遁
唐書曰調露元年突厥阿史德温傅叛單于府所管二十
四州皆叛應之單于都護蕭嗣業率兵討之被阿史德樤
其糧車兵多餓死由是大敗朝廷憂之遣禮部尚書裴行
儉爲定襄道行軍大揔管率諸軍三十万進討行儉至朔
州知賊掠嗣業糧運得勝乃爲糧車三百乘每車伏猛士
五人持陌刀勁弩又以羸兵數百援之兼伏精兵於險阨
處虜見糧車果大至羸兵纔鬬棄車而走賊驅車就泉井
解鞍牧馬方擬取糧車中壯士齊發虜衆大駭奔散伏兵

險發虜騎擒殺殆盡自是續遣糧車虜望之不敢逼糧餉
既通進兵屢捷行儉終擒温傅毒平突厥
又曰婁師德弱冠進士擢第累補監察御史上元初吐蕃
犯塞有詔募猛士以討之師德抗表應募請爲猛士擊虜
高宗大悦特假朝散大夫從軍西討頻立戰功遷殿中攺授
金吾將軍豐州都督則天降書勞之曰卿受委北垂揔司
軍任往還靈夏撿校屯田收率既多京坻遽積不煩和糴
之費無復轉輸之勞兩軍鎮兵咸得支給覽之嘉尚忻悦
良深召爲夏官侍郎俄拜鳳閣侍郎同平章事攺納言
又曰婁師德頗有學術器量寛厚喜怒不形於色專綜
邊任三十餘年恭勤接下孜孜不息當危亂之時族滅者
相繼師德出將入相能以功名始終識者多之
又曰永徽中薛仁貴平百濟高宗令别將攝帶方州刺史

劉仁軌留兵鎮守詔仁貴班師還高宗勞問之曰卿在海
東前後奏請皆合事宜而雅有文理卿本武將何得然也
對曰非臣所能皆劉仁軌之所爲也帝深加歎賞超仁軌
六階正授帶方州刺史仁貴初平百濟合境凋殘殭屍相
屬仁軌始令收斂骸骨瘞埋弔祭之校計戸口署置官長
開通道路整理村落補葺堤堰脩復陂塘勸課耕種賑貸
貧乏存問孤老頒宗廟忌諱位皇家社稷百濟餘衆復安
生業仁軌位至中書令
又曰御史大夫唐休璟有文武才幹　爲隴右大
使大破吐蕃大將麹莽支於凉州洪源谷九六戰六捷破
虜築京觀而還後吐蕃使來朝嘗因侍宴番使屢覘休璟
則天問其故對曰往歲洪源戰時此將軍雄猛無比殺臣
將士甚衆今願識之則天大加歎異休璟尤練邊事自碣

石西踰四鎮綿亘万里山川要害皆能記之長安中西突厥與諸蕃不和舉兵相持安西道阻表疏相繼則天召休璟與宰相商度事勢俄頃間草奏便施行後十餘日安西諸州請兵應接一如休璟所畫則天謂之曰恨用卿晚乃遷夏官尚書同中書門下三品仍謂魏元忠曰休璟諳練邊事卿等十不當一也

又曰宰相張説出為并州大都督府長史兼天兵軍大使開元九年胡賊康待賓據長泉鎮叛與党項連結攻陷蘭池等六胡州詔説與朔方軍大使王晙合勢進討賊攻銀城連谷以據倉粮説統馬步万人出合河關掩擊大破之追至駱駞堰胡及党項自相疑貳乃散説招集党項復其居業副使史憲請盡誅党項説曰先王之道推亡固存如盡誅之是逆天道因奏置麟州安置党項餘衆其年説自兵部尚書

同平章事十年又勅説為朔方軍節度大使往巡五城處置兵馬時降胡康願子自立為可汗舉兵掠監牧馬西河渉出塞説收兵討而擒之以獻徙其家屬於木盤山其黨悉平獲男女三千人於是移河曲六胡州殘胡五万餘口配之於許汝唐鄧仙豫等州始空河南朔方地先是緣邊鎮兵常六十万説以邊寇漸平奏罷二十餘萬勒還農畝玄宗頗以為疑説奏曰臣久在疆埸具悉邊事與敵制勝不在多擁閑冗陛下若以為疑臣請闔門百口保之以陛下之明四夷畏服必不慮減兵而招寇也玄宗從之時當番衛士寖以貧弱逃亡略盡説建策請一切罷之别召募強壯令其宿衛不簡色役優為條例逋逃者必爭來應募上從之旬日得精兵十三万人分繫諸衛彍騎是也

又曰吳元濟據蔡州叛王師討伐詔柳公綽以鄂兵五千隸安州刺史李聽率赴行營公綽曰朝廷以吾儒生不知兵耶即日上奏願自征行許之公綽自鄂濟湞江直抵安州李聽以廉使之禮事之公綽謂之曰公所以屬鞬負弩者豈非為兵事耶若去戎容被公服兩郡守耳何所統攝乎以公名家曉兵若吾不足以指麾則當赴闕不然吾且署職名以兵法從事矣聽曰唯公所命即署聽為鄂岳都知兵馬使中軍先鋒行營馬步都虞候三牒授之乃選卒六千屬聽戒其部校曰行營之事一决都將聽感恩畏威如出麾下其出權制變為當時所稱入為刑部尚書出授太原尹河東節度使代北有沙陁部落自九姓六州皆畏憚之公綽至鎮召其酋朱耶執宜安置於雲朔塞下治廢柵十一募兵三千令沙陁守由是遂無邊患

又曰元和十二年憲宗兵宰臣議兵曰王師伐蔡首尾三

年雖捷奏頻來寔巢未殄度支供饋其何以濟李逢吉崔群王涯各有奏對多言罷兵為便唯裴度不言利害議曰臣請身自往行營督戰明日延英復對宰臣俱退上獨止度謂之曰卿必能為朕行乎度頓首流涕而奏曰臣誓不與此賊俱全上亦為之感慟度奏曰賊已力困但以群帥不一故未降耳上深嘉之遂欲加度招討使度奏曰韓弘已為都統臣不欲受招討之名但奉使即得乃下詔以度為彰義軍節度蔡申光觀察等使仍淮西行營宣慰處置使其年八月一日度發京師仍賜禁軍三百為衛兵憲宗御通化門餞軍度銜涕辭　至蔡州度傳上慰勞之旨躬督戰陣卒伍立功即時論賞諸將奮勵無敢退留至十月十一日拔蔡州擒吳元濟仗節而還

又曰元和中以裴度征淮西詔曰輔弼之臣軍國是賴與

化致理秉鈞以居取威定功則分閫而出所以同君臣之體一中外之任焉屬者問罪汝南致誅淮右盖欲剗其汚俗弔彼頑人雖挈地求生者實繁有徒而嬰城執迷者未翦其類何獸困而猶鬬豈烏窮之無歸歟由是遹聽鼓鼙更張琴瑟煩我台席蕫玆戎旃朝議大夫守中書侍郎同平章事飛騎尉賜金魚袋裴度爲時降生協朕夢卜精辦宣力堅明納忠當軸而才謀老成運籌而智略有定司其樞務備知四方之事付以兵要必得万人之心是用禱於上玄練此吉日帶丞相之印綬所以尊其名賜諸侯之斧鉞所以重其命尒宜布清問恢壯猷感勵連營蕩平多壘招懷孤疾字撫夷傷況淮西一軍素効忠節過海赴難史冊書勳建中初攻破襄陽擒滅崇義比者脅於凶逆歸命無由每念前勞常思安撫所以内輟輔臣俾爲帥率實欲保全慰諭各使得宜往欽哉無越

唐書曰太尉李光弼御軍嚴峻而有禮士卒望風畏憚乾元中郭子儀會九節度之師不利於相州詔以光弼代子儀爲河北副元帥子儀寬恕朔方將士多不奉法時僕固懷恩引迴紇内助累立戰功將帥多假借之及光弼統師懷恩爲右廂都知兵馬使光弼出關會諸軍於汜水左廂都知兵馬使張用濟後至斬於轅下懷恩見而憚之不敢惕息光弼在河陽令懷恩攻泰清於懷州官軍頻不利光弼怒將斬之懷恩出奇爲地道偷得賊號詐傳號令賊軍大亂遂拔懷州擒泰清而還光弼捨之泰清妻有美色城破被俘泰清從光弼求之即命還泰清議者稱自艱難已來唯光弼行軍理戎沉毅有籌略將帥中第一

又曰鳳翔將野詩良輔涇原將郝玼各以名雄邊上吐蕃嘗謂漢使曰唐國既與吐蕃和好何忘語也問曰何謂曰若不忘語何因遣野詩良輔作隴州刺史其畏憚如此

太平御覽卷第二百七十七

太平御覽卷第二百七十八

兵部九

邊將

史記曰李牧爲趙將居鴈門備匈奴日擊牛饗士謹烽火多間諜敢有捕虜者斬王以爲怯代之匈奴數來復使牧將牧曰如前乃敢奉令王許諾數歲終無所得後進百金之士五万彀弦者十万大破匈奴

又曰文帝時匈奴大入朝那殺北地都尉卬音昂帝以問馮唐安得廉頗李牧爲將也唐對曰臣聞上古王者之遣將跪而推轂曰閫以内者寡人制之閫以外者將軍制之軍功爵賞皆決於外歸而奏之此非虛言也臣大父言李牧之爲趙將居邊軍市之租皆自用饗士賞賜決於外不從中御也委任而責成功故李牧乃能得盡智能選車千三百乘彀騎万三千疋百金之士十万是以北逐單于東破胡滅澹林西抑強秦南支韓魏當是之時趙幾霸會趙王遷其母倡也王遷立乃用郭開讒卒誅李牧令顏聚代之是以兵破士北爲秦所滅今臣竊聞魏尚爲雲中守其軍市租盡以給士卒出私養錢五日一殺牛饗賓客軍吏舍人是以匈奴遠避不近雲中之塞虜嘗一入尚率車騎擊之所殺甚衆夫士卒盡家人子起田中從軍安知尺籍伍符終日力戰斬首捕虜上功莫府一言不相應文吏以法繩之其賞不行而吏奉法必用臣愚以爲陛下法太明賞太輕罰太重且雲中守魏尚坐上功首虜差六級陛下下之吏削其爵罰之由此言之陛下雖得廉頗李牧不能用文帝說是日令馮唐持節赦魏尚復以爲雲中守而受唐爲車騎都尉

又曰武帝以李廣爲未央衛尉而程不識亦爲長樂衛尉不識故與廣俱嘗屯邊而廣行無部伍行陣就善水草屯舍止人人自便不擊刁斗以自衛莫府省約文籍事然亦遠斥候未嘗遇害程不識正部曲行伍營陣擊刁斗士吏理軍簿至明軍不得休息然亦未嘗遇害不識曰李廣軍極簡易然虜卒犯之無以禁也而其士卒亦佚樂咸樂爲之死我軍雖煩擾然虜亦不得犯我是時漢邊郡李廣程不識皆爲名將然匈奴畏廣士卒亦多樂從廣而苦程不識

漢書曰晁錯上言兵事曰自高后以來隴西三困於匈奴非隴西之民有勇怯迺將吏之制巧拙異也故兵法曰有必勝之將無必勝之民繇此觀之安邊境立功名在於良將不可擇也

又曰趙充國奏曰從今盡三月虜馬羸瘦必不敢捐妻子他種中涉河而來爲寇是臣之愚計所度虜且必瓦解其處不戰而自破之策也

又曰張安世長子千秋爲中郎將兵隨度遼將軍范明友擊烏桓還謁大將軍光問千秋戰陣方略山川形勢千秋口對兵事畫地成圖無所忘失

後漢書曰竇憲懼誅自求擊匈奴以贖死會南單于請兵北伐乃拜憲車騎將軍金印紫綬官屬依司空依准也長一人千石掾屬二十九令史及御屬三十二人見續漢志以執金吾耿秉爲副發北軍五校漢有南北軍中候一人六百石掌監五營黎陽雍營緣邊十二郡騎士漢官儀曰光武中興以幽冀并州兵騎克定天下故於黎陽五營以謁者監之又曰扶風都尉部在雍縣以涼州近羌數犯三輔將兵衛護故俗稱雍營及羌胡兵出塞明年憲與秉各將四千騎及南匈奴左谷蠡王師子師子其名也万騎出朔方雞鹿塞南單于屯屠河屯屠河單于名將万餘騎出滿夷谷度遼將軍鄧鴻鄧禹少子

及緣邊義從羌胡八千騎與左賢王安國万騎出槶陽塞（槶陽在五原郡槶音固）皆會涿邪山憲分遣副校尉閻盤司馬耿夔耿譚將左谷蠡王師子右呼衍王須訾等（呼衍其號因以爲姓匈奴貴種也今呼延姓是其後須訾名）精騎万餘與北單于戰於稽落山大破之虜衆崩潰單于遁走追擊諸部遂臨私渠比鞮海（匈奴中海名）斬名王巳下万三千級獲生口馬牛羊橐駞百餘万頭於是溫犢須日逐溫吾夫渠王抑鞮等八十一部率降者前後二十餘万人憲秉遂登燕然山去塞三千餘里刻石勒功紀漢威德令班固作銘

又曰馬援討五溪蠻軍次下雋（下雋縣名屬長沙國故城今辰州沅陵縣雋音字兗反）有兩道可入從壺頭則路近而水嶮（壺頭山名也今在辰州沅陵東武陵記曰此山頭與東海方壺山相似神仙多所遊集因名壺頭山也）從充則塗夷而運遠（充縣名屬武陵郡充音昌容反）帝初以爲疑及軍至耿舒欲充道援以爲棄日費糧不如進壺頭搤其喉咽（搤持也）充賊自破以事上之帝從援策三月進營壺頭賊乘高守隘水疾船不得上會暑甚士卒多疾死援亦中病遂困乃穿岸爲室以避炎氣（武陵記曰壺頭山邊有石窟即援所穿室也室內有蛇如百斛船大云是援之餘靈也）賊每外險鼓譟援輙曳足以觀之左右哀其壯意莫不爲之流涕

又曰初馬援軍還將至故人多迎勞之平陵人孟冀名有計謀於坐賀援謂之曰吾望子有善言及同衆人耶昔伏波將軍路傳德開置七郡裁封數百户（漢書曰平南越以爲南海蒼梧鬱林合浦交阯九真日南朱崖儋耳九郡今此言七郡則與前書不同也）今我微勞猥饗大縣功薄賞厚何以能長久乎先生奚用相濟冀曰愚不及援曰方今匈奴烏桓尚擾北邊欲自請擊之男兒要當死於邊野以馬革裹尸還葬耳何能卧牀上在兒女子手中耶冀曰諒爲列士當如此矣

又曰鄧訓卒官吏人羌胡愛惜旦夕臨者日數千人戎俗父母死耻悲泣皆騎馬歌呼至聞訓卒莫不吼號或以刀自割又殺其犬馬牛羊曰鄧使君巳死我曹亦俱死耳前烏桓吏士皆奔走道路（訓往烏桓校尉時吏士也）至空城郭吏執不聽以狀白校尉徐傿傿歎息曰此義也（傿音於建反）乃釋之遂家家爲訓立祠每有疾病輙請禱求福

又曰竇固復出玉門擊西域詔耿秉及騎尉劉張皆去符傳以屬固（專將兵者並有符傳擬合之取信今去符皆屬固之節度也）固遂破白山降車師

又曰祭肜使招呼鮮卑示以財利其大都護偏何（鮮卑名也）遣使奉獻願得歸化肜慰納賞賜稍復親附其異種滿離高句驪之屬遂駱驛款塞上貂裘好馬帝輙倍其賞賜其後偏何邑落諸豪並歸義願自效肜曰審欲立功當歸擊匈奴斬送頭首乃信耳偏何等皆仰天指心曰必自效即擊匈奴左伊秩訾部斬首二千餘級持頭詣郡其後歲歲相攻輙送首級

又曰烏桓鮮卑追思祭肜無巳每朝賀京師常過冢拜謁仰天號泣乃去遼東吏人爲立祠四時奉祭焉

又曰耿恭以疏勒城傍有澗水可固五月乃引兵據之七月匈奴復攻恭恭募先登數千人直馳之朝騎散走匈奴遂於城下擁絶澗水恭於城中穿井十五丈不得水吏士渴乏笮馬糞汁而飲之（笮謂壓笮也）恭仰歎曰聞昔貳師將軍拔佩刀刺山飛泉涌出（貳師大宛中城名昔武帝時使李廣利代大宛至貳師城因以爲號）今漢德神明豈有窮哉乃整衣服向井再拜爲吏士禱有頃水泉奔出衆皆稱万歲乃令吏士揚水以示虜

又曰光武至薊聞邯鄲兵方到光武將欲南歸召官屬計

議耿弇曰今兵從南來不可南行漁陽太守彭寵公之邑人寵南陽宛人也上谷太守即弇公也發此兩郡控弦万騎邯鄲不足慮也光武官屬腹心皆不肯曰死尚南首奈何北行入囊中至漁陽上谷北狹塞𨻶路窮如入囊也光武指弇曰是我北道主人也

又曰耿夔爲大將軍左校尉將騎八百出居延塞直奔北單于庭於金微山斬閼氏名王已下五千餘級單于與數騎脫亡盡獲其匈奴珎寶財畜去塞五千餘里而還自漢出師所未甞至也

又曰班超在疏勒將還中國疏勒舉國憂恐其都尉黎弇曰漢使棄我我必復爲龜兹所滅耳誠不忍見漢去因以刀自剄超還至于寘王侯以下皆號泣曰依漢使如父母誠不可去乎抱超馬脚不得所行超恐于寘終不聽其東

覽二百七十八　五　徐壬

又欲遂本志乃更還疏勒疏勒兩城自超去後復降龜兹而與尉頭連兵尉頭國居尉頭谷去長[illegible]八千六百五十里南與疏勒接東[illegible]烏孫也超捕斬反者擊破尉頭

又曰段熲破羌窮山深谷之中斬其渠師以下万九千級獲牛馬騾驢氊裘廬帳什物不可勝數

又曰郭凉字公文氣力壯猛雖武將然通經書多智略尤曉邊事有名北方

又曰張奐前度遼與段熲爭擊羌意不相平及熲爲司隸欲逐奐歸燉煌將害之奐憂懼奏記謝曰小人不明得過州將千里委命以情相歸

又曰劉焉傳曰拜張魯鎮夷中郎將領漢寧太守通其貢獻

謝承後漢書曰臧旻有幹事才達於從政討賊功拜議郎還京師見太尉袁逢問其西域諸國土地風俗人物種數旻具荅悉陳其狀手畫地形逢奇其才歎息言雖班固作西域傳何以過此

東觀漢記曰黄香爲尚書曉習邊事每行軍調度動得事中上知其勤數加賞賜

魏志曰毌丘儉字仲恭有幹策爲幽州刺史度遼將軍使以高句驪數叛師軍出玄菟討之句驪王宮將步騎三万逆軍臨沸流水上大戰宫連敗走遂束馬縣車登九都山斬獲首虜以千數玄菟太守王頎過沃沮千餘里至肅慎界刻石記功刊九都之山

吳志曰孫歆字公禮爲邊將數十年善食士卒得其死力將帥姓名盡具識之所問咸對身長八尺儀皃都雅悅曰吾久不見公禮不圖進益乃此

覽二百七十八　六　徐壬

後魏書曰韋珎高祖初蠻首桓誕歸欵以爲東荆州刺史令珎爲使與誕招慰諸蠻珎自懸瓠西入三百餘里至桐栢山窮臨淮源宣揚恩澤莫不附降淮源舊有祠堂蠻俗恒用人祭之珎乃曉告曰天地明靈即是民之父母豈有父母甘子肉味自今已後悉宜以酒脯代用群蠻從約至今行之九所招降七万餘户置郡縣而還以奉使稱旨除左將軍樂陵鎮將賜爵霸城子

又曰李崇行梁州刺史時巴丘擾動詔崇以將軍荆州刺史鎮上洛勑發陝秦二州兵送崇至辭曰邊人失和本怨刺史奉詔代之自然易帖但須一宣詔旨而已不勞發兵自防懷懼也高祖從之

又曰宇文測行綏州事每歲河氷合後突厥即來寇掠於是常預遣居人入城堡以避之測至皆令安堵如舊乃於

要路數百處並多積柴仍遠斥候知其動靜是年十二月
突厥從達谷入寇至界數十里測命積柴之處一時縱火
突厥謂有大軍至懼而遁走自相蹂踐委棄雜畜及輜重
不可勝數測徐率所部收之分給百姓自是突厥不敢復
至測因請置戍兵以備之

隋書曰帝以薛世雄爲玉門道行軍大將軍與突厥啓民
可汗連兵擊伊吾師次玉門啓民可汗背約兵不至世雄
孤軍度磧伊吾初謂隋軍不能至皆不設備及聞世雄度
磧大懼請降詣軍門上牛酒世雄遂於漢舊伊吾城東築
城號新伊吾因留銀青光祿大夫王威以甲卒千餘人戍
之而還天子大悅進位正議大夫賜物二千段

唐書曰馬摠爲安南郡都護摠管經畧使摠敦儒學長於
政術在南海累年清廉不撓夷獠便之於漢所立銅柱之
處以銅一千五百斤特鑄二柱刻書唐德以繼伏波之迹

又曰范希朝鎮振武蕃落之俗有長帥至必効奇駝名馬
雖廉者猶曰當從以致其歡希朝一無所受積十四年皆
保塞而不爲横

又曰柳公綽爲太原尹北都留守河東節度觀察等使是
歲北虜遣梅祿將軍李暢以馬万疋來市託云入貢所經
州府守帥假之禮分厳其兵備留館則戒卒於外懼其襲
奪太原故事出兵迓之暢及界上公綽使牙將祖孝恭單
馬勞問待以修好之意暢感義出涕徐驅道中不妄馳獵
及至闢牙門令譯引謁宴以常禮及市馬而還不敢侵犯
陘北有沙陁部落自九姓六州皆畏避之公綽至鎮召其
酋朱耶執宜直抵雲朔塞下治廢栅十一所募兵三千付
之留屯塞上以禦匈奴其妻母來太原者請梁國夫人對
酒食問遺之沙陁感之深得其効

梁吳均邊城將詩曰僕本邊城將馳射靈關下蔚御鴈門
石氣振武安瓦王摽丹霞斂金絡豔光馬高旗入漢飛長
轂歷地寫

太平御覽卷第二百七十八

太平御覽卷第二百七十九

兵部十

威名　信義

威名

史記曰李廣居右北平匈奴聞之號曰漢飛將軍避之數歲不敢入右北平界

漢書曰郅都爲鴈門太守匈奴素聞名節舉邊爲引兵去竟都死不近鴈門匈奴爲偶人像都令騎馳射之莫能中者其見憚如此

後漢書公孫瓚傳曰瓚字伯珪遼西令支人初平二年青徐黃巾三十万衆入渤海界欲與黑山合瓚率步騎二万人逆擊於東光南大破之（東光令滄州縣）斬首三万餘級賊棄輜重數万兩奔走渡河瓚因其半濟薄之賊復大破死者數万流血丹水收得生口七万餘人車甲財物不可勝筭威名大震拜奮武將軍

又曰瓚爲降虜校尉討烏桓每聞有警瓚輒厲色憤怒如赴讎敵望塵奔逐或繼之以夜戰虜識聲憚其勇莫敢抗犯

又曰瓚征烏桓常與善騎射之士數十人皆乘白馬以爲左右翼自號白馬義從烏桓更相告語避白馬長史乃畫作瓚形馳射之中者咸稱万歲虜自此之後遂遠竄塞外

又曰承宮名播匈奴時北單于遣使求得見宮顯宗勑自整飾宮對曰夷狄眩名非識實者也臣狀醜不可以示遠宜選有威容者

續漢書承宮傳曰夷狄聞臣虛稱故欲見臣臣醜陋形寢不如選長有威容者示之也帝乃以大鴻臚魏應代之

又曰武王縯（音引）字伯升世祖之長兄也慷慨有大節進圍宛城中自號天柱大將軍王莽素聞其名大震懼使長安中宮署及天下鄉亭皆畫伯升像於塾旦起射之

東觀漢記曰耿秉性勇壯而簡易於事軍行常自被甲在前休止不結營部然遠斥堠明要誓有警軍陣立成事卒皆樂爲死匈奴聞秉卒舉國號哭

魏志曰呂布字奉先便弓馬膂力過人號爲飛將

又曰龐德將所領南屯樊討關羽曰今年我不殺羽羽當殺我親與羽交戰射羽中額時德常乘白馬羽謂之白馬將

又曰張遼爲孫權所圍遼潰圍出復入雄衆破走由是震威江東兒啼不肯止其父母以遼恐之

晉書曰鄧遐勇力絶人氣蓋當世時人方之樊噲桓引以爲參軍數郡號爲名將

宋書曰劉胡本名坳胡以其顔面坳黑似胡故以爲名及長以坳胡難道單呼爲胡出身郡將捷口善處分稍至隊主討諸蛮往無不捷蠻甚畏憚之小兒啼語之曰劉胡來便即止

又曰沈慶之伐沔北結蛮大破之威震諸山群蛮皆稽顙慶之患頭風着狐皮帽群蛮惡之號曰蒼頭公

後魏書曰李崇沉深有將略寛厚善御衆在楊州凡經十年常養壯士數千人寇賊侵邊所向摧破號曰卧虎賊甚憚之

後周書曰韓杲從大軍破稽胡於北山胡地險阻人迹罕至杲進兵窮討散其種落稽胡憚杲勁健號爲著翅人太祖聞之笑曰著翅之名寧減飛將

又曰蔡祐與齊神武遇戰於邙山祐時著明光鐵鎧所向無前敵人咸曰此是鐵猛獸也皆遽避之

又曰裴寬在孔城十三年與齊洛州刺史獨孤永業相對永業有計謀多譎詐或聲言春發秋乃出兵或掩敵消息倏忽而至寬每揣知其情出兵邀擊無不克之永業常戒其所部曰但好慎孔城自外無足慮其見憚如此

又曰怡峯字景阜遼東人也從征役以驍勇聞當時號爲驍將

又曰梁武勅蕭續曰賀拔勝北間驍將汝宜慎之

又曰郝玭爲刺史始玭以臨涇地宜當畜息蕃戎每爲寇即屯其地嘗白其帥願以城控之前帥不從其後段祐爲節度使玭復白祐祐多其策乃表請城之故詔玭鎮其地自是西戎無敢犯涇者玭自行間前無強敵在邊上三十

年生得蕃人輙劓刵而歸其屍蕃人畏之如神下令得玭者賞以等身金蕃中小兒啼號者但連呼郝玭以怖之

又曰張万福帶和州刺史鎮咸陽因留宿衛李正巳反將斷江淮路令兵守埇橋渦口淮進奉船千餘隻泊渦下不敢過德宗以万福爲濠州刺史召見謂曰先帝改作名正者所以褒卿也朕以爲江淮草木亦知卿名若從先帝所改恐賊不知是卿也復賜名万福慰遣之万福馳至渦口立馬岸上發進奉船淄青兵馬倚岸睥睨不敢動諸道船繼進

吳越春秋曰吳公子慶忌吳王僚子也勇捷爲人所聞筋力果勁万人之敵也

世說曰桓石虎小字鎮惡常從征枋頭車騎冲沒左右莫能先救宣武謂汝叔落賊汝知否虎聞氣甚奮策馬於万衆中置冲還三軍歎服河朔遂以其威時有患瘧者怖之多愈因斷瘧焉

燉煌實録曰宋質直破虜有威名兒啼恐之即止虜相恚曰使汝行逢宋都督

信義

左傳曰曹衛告絶於楚子玉怒從晉師晉退軍吏曰以君避臣辱也且楚師老矣何故退子犯曰師直爲壯曲爲老豈在久乎微楚之惠不及此（重耳過楚楚成王有贈送之惠）退三舍避之所以報也（一舍三十里初楚子云若反國何以報我故以退三舍爲報）

又曰晉文公圍原命三日之糧原不降命去之諜出曰原將降矣軍吏請待公曰信國之寶也民之所庇也得原失信何以庇之所亡滋多退三舍而原降

又曰晉將荀吳伐鮮虞圍鼓（鼓白狄之別也）鼓人或請以城叛吳

曰吾聞諸叔向好惡不愆民知所適事無不濟也（愆過適歸）或以吾城叛吾所甚惡也人以城來吾獨何好焉賞所甚惡若所好何（無以復加所好也）若其弗賞是失信也何以庇民力能則進否則退量力而行吾不可以欲城而邇姦也所喪滋多使鼓人殺叛人而繕守備圍鼓三月鼓人或請降使其民見曰猶有食色軍吏曰獲城而不取勤民而頓兵何以事君吳曰所以事君也獲一邑而教民怠將焉用邑邑以賈怠不如完舊（完猶保守也賈音古完戶官切）賈怠無卒（卒終也）棄舊不祥鼓人能事其君我亦能事吾君德義不爽（爽差）好惡不愆城可獲而民知義所（知義所在也荀吳其能獲鼓因以示義）有死命而無二心不亦可乎鼓人告食竭力盡而後取之尅鼓而返不戮一人

史記曰秦末天下兵起范增說項梁曰陳勝敗固當夫秦滅六國楚最無罪自懷王入秦不返楚人憐之至今曰楚

雖三户亡秦必楚今陳勝首事不立楚後而自立其勢不長今君起江楚蜂起之將皆爭附君者以君世世楚將爲能復立楚之後也乃求楚懷王孫心立爲懷王以從民欲也

又曰漢楚相持之際項羽擊陳留外黄外黄不下數日降羽悉令男子年十五以上詣城東欲坑之外黄令舍人兒年十三（令之舍人兒也以其幼弱故孫其父）往說羽曰彭越強刼外黄（強音其兩反）外黄恐故且降待大王大王至又皆坑之百姓豈有所歸心哉從此以東梁地十餘城皆恐莫肯下矣羽然其言迺赦外黄當坑者而東至睢陽聞之皆爭下

又曰漢王至洛陽新城三老董公遮說漢王以義帝死請發喪漢王從之高祖大哭遂爲義帝發喪臨三日發使者告諸侯曰天下共立義帝北面事之今項王放殺義帝江南大逆無道寡人親爲發喪諸侯皆縞素發國內兵收三河士南浮江漢以下願從諸侯王擊楚之殺義帝者於是諸侯多從之

後漢書曰更始初光武爲蕭王定河北諸賊銅馬餘衆降封其渠帥爲列侯降者猶不自安光武知其意令各歸營勒兵乃自乘輕騎案行部陣降者更相語曰蕭王推赤心置人腹中安得不投死乎（投死猶言致也）由是皆服

蜀志曰明帝自征蜀至長安遣張郃諸軍勁卒四十餘万向劒閣諸葛亮有戰士万二千時魏軍始陣兵適交參佐咸以敵衆強多非力所制控權停下兵并聲勢亮曰吾聞用武行師以大信爲本得原失信古人所惜去者束裝以待期妻子企踵而計日乃勑速遣於是去者感悅願留一戰住者憤踊咸思致命臨戰之日莫不拔刃爭先以一當十殺張郃卻司馬宣王一戰大尅此之由也

吳志曰孫皎嘗遣兵候魏獲魏邊將吏美女以進皎皎更其衣服送還之也

晉書曰武帝有滅吳之志以羊祜爲督荊州諸軍事假節散騎常侍衛將軍如故祜率營兵出鎮南夏開設庠序綏懷遠近得江漢之心與吳人開布大信降者欲去皆聽之

又曰羊祜爲征南大將軍督荊州諸軍事祜以孟獻營武牢而鄭人懼晏嬰城東陽而萊子服乃進據險要開建五城收膏腴之地奪吳人之資石城以西盡爲晉有自是前後降者不絕乃增修德信以懷柔初附慨然有吞吳之心每與吳人交兵尅日方戰不爲掩襲之計將帥有欲進譎詐之策者輒飲以醇酒使不得言人有掠吳二兒爲俘者祜遣送還其家後吳將夏詳邵顗等來降二兒之父亦率其屬與俱吳將陳尚潘景來寇祜追斬之美其死節而厚加殯斂景尚子弟迎喪祜以禮遣還吳將鄧香掠夏口祜募生縛香既至宥之香感其恩率部曲而降祜出軍行吳境刈穀爲粮皆計所侵送絹償之每會衆江沔遊獵常止晉境若禽獸先爲吳人所傷而爲晉兵所得者皆封還之於是吳人翕然悅服稱爲羊公不之名也祜與陸抗相對使命交通抗稱祜之德量雖樂毅諸葛孔明不能過也抗嘗病祜饋之藥抗服之無疑心士多諫抗抗曰羊祜豈酖人者時談以爲華元子反復見於今抗每告其戍曰彼專爲德我專爲暴是不戰而自服也各保分界而已無求細利孫皓聞二境交和以詰抗抗曰一邑一鄉不可以無信義况大國乎臣不如此正是彰其德於祜無傷也

又曰羊祜在軍常輕裘緩帶身不被甲鈴閤之下侍衛者不過十數

又曰劉道規爲荆州刺史桓玄餘黨苟林屯江津桓謙軍屯枝江二寇交逼父絶都邑之間荆楚旣桓氏義舊並懷異心道規乃會將士告之曰桓謙今在近畿聞諸君頗有去就之計吾東來文武足以濟事若欲去者本不相禁因夜開城門達曉不閉衆咸憚服莫有去者

又曰劉裕爲將北伐後秦姚泓（烏宏反）以檀道濟爲前鋒至洛陽凡援城破壘俘四千餘人議者謂應以戮爲京觀道濟曰伐罪弔民正在今日皆釋而遣之於是戎夷感悅相率歸之者甚衆

崔鴻後燕録曰遣將慕容白曜伐宋無鹽城剋之將盡以其人爲軍實副將酈範（酈音歷也）曰齊四履之地號爲東秦不遠爲經略恐未可定也今皇威始被民無懷澤連城有懷二之將比邑有拒守之失宜先信義示之軌物然後民心可懷二州可定白曜從之進次肥城白曜將攻之範曰肥城雖小攻則淹日得之無益軍聲失之有損威勢且無鹽之卒死者塗炭成敗之機足爲鑒矣若飛書告諭可不攻自伏縱其不降亦當逃散白曜乃以書曉之肥城果潰也

北史曰西魏將王羆之守華州也（今馮翊郡）西魏師與東魏師戰河橋不利東魏卒趙青雀據長安城所在莫有固志羆乃大開州門召城中軍民謂之曰如聞天子敗績不知吉凶諸人相驚咸有異心王羆受委於此以死報恩諸人若有異圖可來見殺必恐城陷没者亦任出城如有忠誠能與王羆同心者可共固守軍民見其誠信皆無異志

後魏書曰李爲爲荆州刺史輕將數十騎到上洛宣詔綏慰當即帖然尋勒邊戍掠得蕭賾人者悉令還之南人感德仍送荆州之口二百許兩境交和無復烽燧之警

隋書曰桂州人李光仕舉兵作亂隋將周法尚討之光仕帥勁兵保白石洞法尚捕得其弟光略光度大獲家口其黨有來降附輙以妻子還之居旬日降者數千人法尚遣兵列陣以當光仕親率奇兵蔽林設伏兩陣始交法尚馳擊其柵柵中人皆走敗光仕大潰追斬之

唐書曰武德中李靖旣尅江陵降蕭銑時諸將咸云銑之將帥與官軍拒戰罪狀旣重請籍没其家以賞將士靖曰王者之師義在弔罰且犬吠非其主無容同叛逆之科此蒯通所以免大戮於漢祖也今新定荆郢宜弘寛大以慰遠近之心降而籍之恐非救焚拯溺之義但恐自此南城鎭各堅守不下非計之善於是遂止江漢之城聞之莫不爭下

又曰裴度旣平淮西蔡人大悦舊令途無偶語夜不燃燭人或以酒食相過從者以軍法論度乃約法唯盗鬭殺外餘盡除之其往來者不復以晝夜爲限於是蔡之遺黎始知有生人之樂

又曰裴度旣平淮西以蔡卒爲牙兵或以爲反側之子其心未安不可自去其備度笑而荅曰吾受命爲彰義軍節度使元惡就擒蔡人即吾人也蔡之父老無不感泣申光之民即時平定

又曰李愬襲蔡州旣獲李祐又解其縛而客禮之愬乘間常召祐及李忠義屏人而語義亦降將也本名憲愬改之軍中多以諫愬愬益親祐始募敢死者三十人以爲突將愬自教習之將襲元濟會雨水自五月至七月所在陂澤

潰溢不可行營諸軍皆以懃不殺祐爲言慮其誘覆官軍
簡牒日至且言得賊諜具事懃無以止之乃持祐泣曰豈
天不欲平此賊何尒我一身而見奪於衆口懃亦慮諸軍
先以誘聞則不能全之矣乃械祐送京師先表請釋且言
必殺祐則無與成功者比至京詔釋以還懃懃喜甚署爲
散兵馬使授刀佩之夜則倚以巡警或使入懃帳中言事
懃因留對舉酒往往達旦竊聽者時聞祐泣涕聲尋署爲
六院兵馬使

說苑曰晉文公伐楚歸國行賞狐偃爲首或曰城濮之事
先軫之謀文公曰城濮之事偃說我毋失信不背三舍之
約先軫所謀軍事吾用之以勝然此一時之説偃言万世
之功柰何以一時之利而加万世功乎是以先之衆人悅
服

莊子曰市南宜僚弄丸兩家之難解孫叔敖秉羽而郢人
投兵彪曰宜僚善弄丸白公晉之弄丸故孫叔敖秉羽之舞郢人無所攻故[illegible]兵

韓詩外傳曰簡子薨未葬中牟叛之葬五日興師攻之圍
未匝而城自壞者十丈襄子擊金而退之曰吾聞君子不
乘人於利不阨人於險使脩其城然後攻之中牟聞其義
請降

呂氏春秋曰夏后與有扈戰於甘澤而不勝曰戰而不勝
是吾德薄而教不善也於是處不重席食不貳味琴瑟不脩
女子不飾尊賢使能朞年而有扈氏服

太平御覽卷第二百七十九

太平御覽卷第二百八十

兵部十一

撫士上

孫子曰視卒如嬰兒故可與之赴深谿視卒如愛子故可與之俱死厚而不能使愛而不能令亂而不能理（恩不可專用罰不可獨任）譬如驕子不可用也

軍讖曰軍無財則士不來軍無賞則士不往故香餌之下必有懸魚重賞之下必有勇夫故曰禮者士之所歸也賞者士之所死也昭其所歸示有所死故曰禮有後悔則士不止賞而後悔則士不使禮賞不倦則士進矣

左傳曰冬楚師伐宋圍蕭蕭潰楚大夫申公巫臣曰師人多寒楚子於是巡三軍拊而勉之（拊撫慰勉也）三軍之士皆如挾纊（纊綿也言士悅以忘寒）

又曰聲子詣楚謂令尹屈建曰雍子奔晉以為謀主彭城之役晉楚遇於靡角之谷雍子曰歸老幼返孤疾二人役歸一人簡兵蒐乘（簡閱蒐擇）秣馬蓐食師陳焚次（次舍也焚舍示必死）明日將戰行歸者而逸楚囚（欲使楚知）楚師宵潰晉降彭城而歸諸宋楚失東夷子辛死之則雍子之為也

史記曰楚人有饋一簞醪者楚莊王投之於河令將士迎流而飲之三軍皆醉

又曰趙括為將母上書曰始妾事其父王所賞賜者盡與軍吏今括一日為將所賜金視便田宅買之父子異心不可用王不聽遂請曰有所不稱妾得無隨乎王許諾

又曰吳起之為將與士卒最下者同衣食卧不設席暑不張蓋分卒勞苦卒有病疽者起為吮之

又曰田橫據有齊地漢將韓信灌嬰平齊地橫走歸彭越漢滅項籍後橫與其徒屬五百餘人入海居隝中（隝音島同）帝使使赦橫罪而召之曰橫來大者王小者乃侯耳（大者謂橫小者謂徒屬）不來發兵加誅乃與其客二人乘傳詣洛陽至尸鄉廄置之驛馬之所謂其客曰陛下所以欲見我不過欲一見我面貌耳陛下在洛陽今斬吾頭馳三十里間形容尚未能敗猶可觀也遂自剄令客奉其頭從使者馳奏之高祖以王者禮葬橫既葬二客穿其冢旁皆自剄餘尚五百人在海中聞橫死亦皆自殺於是乃知田橫兄弟能得士也

漢書曰李廣歷七郡太守前後四十餘年得賞賜輒分其麾下飲食與士卒共之家無餘財終不言生產事將兵之處見水士卒不盡飲不近水士卒不盡食不嘗食士以此愛樂為用也

又曰竇嬰拜大將軍賜金千斤嬰以所賜金陳廊廡下軍吏輒令取為用金無入家者

又曰司馬遷與任少卿書曰愚以為李陵與士大夫絕甘分少能得人之死力雖古名將不過也

又曰袁盎字絲為中郎以數上諫為隴西都尉仁而愛士士卒皆為致死

後漢書曰桓帝以段熲為破羌將軍征羌每行軍仁愛士卒疾者親自瞻省手為裹瘡在邊十餘年未嘗一日蓐寢與將士同勤苦故皆樂為死戰

又曰皇甫規延熹中為中郎將持節監討零吾等羌會軍中大疫死者十三四規親入菴廬巡視將士三軍感悅東羌遂遣使乞降

又曰皇甫嵩平黃巾卹士卒甚得衆情每軍行頓止須營幔修立然後就舍帳軍士皆食爾乃嘗飯吏有因事受賂

者嵩吏以錢物賜之吏懷慙或至自殺

又曰馬援討西羌中流矢貫脛帝以璽書勞之賜牛羊數千頭援盡班諸賓客

又曰董卓擊漢陽叛羌破之拜郎中賜縑九千疋卓曰爲者則已有者則士爲勑者肆共有者乃圯乃悉分吏兵無所留

又曰王霸常與臧宮傅俊共營霸獨善撫士卒死者脫衣以斂之傷者躬親以養之

又曰光武遣太中大夫賜征西吏士死傷者醫藥棺斂大司馬已下親弔死問疾以崇謙讓

又曰耿恭在疏勒遣軍吏范羌至燉煌迎兵士寒服

又曰袁紹攻臧洪粮盡主簿啓內厨米三斗請爲饘粥洪曰何能獨此耶使爲薄粥遍班士衆又殺其愛妾以食兵將咸流涕無能仰視

魏書曹公令曰趙奢竇嬰之爲將也受賜千金一朝散之故能濟大功永代流聲吾讀其文未嘗不慕其爲人也

魏志曹真傳曰真每征行與將士同勞苦軍賞不足輒以家財頒賜士卒皆願爲用

又曰諸葛誕守壽春以司馬氏累世擅權遂舉兵稱臣輔魏室爲辭司馬文王率師討之壽春城陷誕死文王招其徒不降且招且戰數百人拱手爲列每斬一人輒遣降之皆云爲諸葛公死無恨以至于盡無一人降時人比之田横吳戍將于詮曰大丈夫受命其主以兵救人既不能尅又束手於敵吾不取乃免冑冒陣而死其得士心如此

吳志曰陸瑁字子璋丞相遜弟也少好學篤義先是陳留濮陽逸沛郡朱巽廣陵袁迪等皆單貧有志就瑁遊處瑁割少分甘與共豊約

蜀志曰鄧艾爲大將二十餘年賞罰明善卹卒伍身之衣食資仰於官素儉終不治私妻子不免飢寒

晉書曰祖逖居丹徒之京口賓客義徒皆暴桀勇士逖遇之如子弟時揚土大飢此輩多爲盜竊攻剽富室逖慰撫問之曰比復南塘一出不或爲吏所繩逖輒擁護救解之談者以此少逖　自若也

又曰祖逖據太丘樊雅攻之陳留太守陳川使李頭救之頭力戰有勳逖時獲雅駿馬李頭甚欲之而不敢言逖知其意遂與之頭感逖恩遇每歎曰若得此人爲主吾死無恨

又載記曰劉曜將陳安善於撫納吉凶夷險與衆同之及其死隴上歌之曰隴上壯士有陳安軀幹雖小腹中寬愛養將士同心肝驌驄父馬鐵瑕鞍七尺大刀奮如湍丈八

蛇矛左右盤十盪十決無當前戰始三交失蛇矛棄我驌驄竄巖幽爲我外援而懸頭西流之水東流河一去不還柰子何曜聞而嘉傷命樂府歌之

又曰段灼追理鄧艾表曰留屯上邽承官軍大敗之後士卒破膽將吏無氣倉庫空虛器械殫盡艾欲積穀強兵以待有事是歲少雨又爲區種之法手執耒耜率先將士所統万數而身不避僕虜之勞親執士卒之役

又曰周訪練兵簡卒欲宣力中原與李矩郭默相結慨然有平河洛之志善於撫納晉衆皆爲致死

續晉陽秋曰虞循爲廣州州無麪每得分餉未周遍文武則不食也其仁如此

北史曰西魏將梁椿性果毅善撫納所獲賞物分賜麾下故每踐敵場咸得其死力

北齊書曰蘭陵武王長恭其爲將也躬勤細事每得甘美乃至一瓜數果必與將士共之

又曰趙郡王琛子叡嗣爲定州刺史詔領山東兵數万監築長城于時盛夏先有氷每歲藏氷長史宗欽道以叡冒犯暑熱遂遣與氷追送正值日中炎赫叡乃對之歎息云三軍皆飲温水吾以何義獨進寒氷遂至消液竟不一嘗兵人感悅遐邇稱歎

後漢書曰司馬楚之少有英氣能折節待士及宋受禪規欲報復收衆據長社歸之者常万餘人劉裕深憚之遣刺客沐謙圖害楚之楚之待謙甚厚謙夜詐疾知楚之必來欲因殺之楚之聞謙疾果自賫湯藥往省之謙感其意乃出匕首於席下以狀告之楚之歎曰若如來言雖有所防恐有所失謙遂委身事之其推誠信物得士心皆此類也

後周書曰侯莫陳順於渭橋與賊戰頻破之魏文帝還親執順手曰魏橋之戰卿有殊力便解所服金鏤玉梁帶賜之

又曰史寧爲凉州刺史遣使詣太祖請事太祖即以所服冠履衣被及弓箭甲矟等賜寧謂其使人曰爲我謝凉州孤解衣以衣公推心以委公公其善始令終無損功名也

又曰武帝勝齊出齊宮中金銀寶器珠翠麗服及宮人二千人班賜將士

又曰武帝勞謙接下自強不息以海内未康銳情教習至於治兵閱武步行山谷履涉勤苦皆人所不堪平齊之役見軍士有跣而行者帝親脫鞾以賜之

又曰武帝善於撫下每宴會將士必自執杯勸酒或手付賜物至於征伐之處躬在行陣性又果決能斷大事故能得士卒死力以弱制強

又曰太祖平侯莫陳悅整兵入上邽收悅府庫財物山積皆以賞士卒毫釐無所取左右竊一銀鏤甕以歸太祖知而罪之即剖賜將士衆大悅

又曰武帝大舉伐齊次於晉州初齊攻晉州恐周師卒至於城南穿塹自喬山屬於汾水帝率諸軍八万人置陣東西二十餘里帝常御馬從數人巡陣處分之至輒呼主帥姓名以慰勉之將士感見知之恩各思自勵將戰有司請換馬帝曰朕獨乘良馬欲何所之齊主亦於此塹列陣帝欲薄之以礙塹遂止自旦至申相持不決申後齊人乃填塹南引帝大喜勒諸軍擊之兵纔合齊人便逐北斬首万餘級齊主與其麾下數十騎走還并州於是齊衆大潰

隋書曰楊玄感反吳人朱燮晉陵人管崇起兵江南以應之自稱將軍擁衆十餘万帝遣將軍吐万緒魚俱羅討之

不能剋王充募江都万餘人擊頻破之每有剋捷必歸功於下所獲軍實皆推與士卒身無所受由此人争爲用功最居多

又曰煬帝在藩時嘗觀獵遇雨左右進油衣上曰士卒皆霑濕我獨衣此乎乃令持去

唐書曰王世充未平太宗奏請圍東都高祖謂使人宇文士及曰歸報尒王今取東都者止欲兵甲休息耳破城之日其乘輿法物圖籍器械非私家所須者委汝收之子女玉帛皆分賜將士

又曰貞觀中太宗親征高麗駕次定州兵士到者幸定州城北門親慰撫之有從卒一人病不能起太宗招至牀前問其疾苦仍勑州縣厚加供給凡在征人欣然縱有病者悅

以忘疾師次白巖城將軍李思摩中弩矢太宗親爲之吮血從行文武競思奮勵及軍迴行次柳城詔集戰亡人骸骨設太牢以祭之太宗慟哭盡哀軍人無不灑泣兵士觀者歸家以言其父母曰吾兒之死天子哭之死無所恨

又曰司空李勣每將兵在軍識其臧否聞人片善扼腕而從事捷之日多推功於下前後在軍所得金帛皆散之將士於是人皆爲用所向多尅捷及薨哭之或有嘔血者也

又曰秦叔寶隨太宗戰於美良川破尉遲敬德功最多高祖遣使賜以金瓶而勞之曰卿不顧妻子遠投於我又立功效能朕肉可爲卿用者割以賜卿耳況子女玉帛乎卿當勉之尋授秦王右統軍

太平御覽卷第二百八十

太平御覽卷第二百八十一

兵部十二

撫士下

唐書曰太宗征遼車駕次遼澤下詔曰日者隋師渡遼時非天贊從軍士卒骸骨相望遍於原野良可哀歎掩骼之義抑惟先典其令並收葬之

又曰建中二年田悅攻臨洺守將張伾以軍事連戰已告府藏已竭私產亦罄而賞之不賙乃飾其愛女出示於衆曰室家所有一女而已請估而給焉軍中感之曰願以一死鬬不敢言賞遂大破之

又曰馬燧既敗田悅以功加右僕射先戰燧誓於軍中戰勝請以家財行賞既戰盡其私積以頒將士上聞而嘉之乃詔度支出錢五萬貫行賞還其家財尋加魏博招討使

又曰李晟以神策軍討朱泚時神策軍家族多陷於泚晟家妻子僮百口亦同陷泚左右或有言者晟曰乘輿何在而敢言乎泚又間日使人至晟軍則晟小吏王無忌之婿也因無忌以謁晟且曰公家無恙城中有書問以此誘晟晟怒曰尒敢爲賊傳命耶立斬之時轉輸不至盛夏軍士或衣裘褐晟必同勞苦每以大義奮激士皆涕流感悅卒無離叛者於是軍士皆角力馳騎超踰爲戲晟知可用

又曰德宗在梁州山南地偏及夏尤熱將士未給春服上亦御袷服以視朝左右請御衫上曰將士從我者冬服未易我豈可獨衣衫乎將士聞之無不感涕至五月諸道財賦稍至先令給將士衣服而後御衫

又曰李光顏爲陳許節度使會討吴元濟詔光顏以本軍獨當一面光顏性忠義善撫養士卒樂爲用每戰甚苦及賊將鄧懷金以郾城兵三千人降光顏益堅平賊之志時韓弘爲汴帥驕矜倔強常恃賊勢索朝廷姑息且惡光顏力戰陰圖撓屈計無所施遂舉大梁城求得一美婦人教以歌舞絃管六博之藝飾之以珠翠金玉衣服之具計費九數百萬命使者送遺光顏冀光顏一見悅惑而怠於軍政也使者即賫書先造光顏戰壘曰本使令公德公私愛憂公暴露欲進一妓以慰公征役之思謹以候命光顏曰今日已暮明旦納焉詰朝光顏乃大宴軍士三軍咸集命使者進妓妓至則容止端麗殆非人間所有一座皆驚光顏乃於座上謂來使曰令公憐光顏離家室久捨美妓見贈誠有以荷德也然光顏受國恩深誓不與逆賊同生日月下今戰卒數萬皆棄妻子蹈白刃光顏奈何獨以女色爲樂言訖涕泣嗚咽堂下兵士數萬皆感激流涕乃

厚以縑帛酬來使俾令領其妓自席上而迴仍謂使者曰爲光顏多謝令公光顏事君許國之心死無貳矣明日遂大戰兵士無不一當百終殄蔡孽光顏功實居多

又曰令狐楚爲汴州刺史汴軍素驕累逐主帥前使韓弘兄弟率以峻法繩之人皆偷生未能革志楚長於撫理前鎮河陽代烏重胤重胤移鎮滄州以河陽軍三千人爲牙卒咸不願從中路叛歸又不敢歸州聚於境上楚初赴任聞之乃疾驅赴懷州潰卒亦至楚單騎喻之咸令橐弓解甲用爲前驅卒不敢亂及莅汴州解其酷法以仁惠爲治去其太甚軍民感悅翕然從化後竟爲善地

又曰柳公綽鎮鄂州時吴元濟叛公綽請討之鄂軍既在行營公綽時令左右省問其家如疾病養生送死必厚廩給之軍士之妻冶容不謹者沉之于江行卒相感曰中丞

爲我輩知家事何以報效故鄂人戰每剋捷

又曰鄭從讜爲北都留守舊府城都虞候張彥球者前帥令率兵三千逐沙陁於百井中路而還縱兵破鑰殺故帥康傳圭及從讜至搜索其魁誅之知彥球善有方略召之開喻坦然無疑悉以兵柄委之

又曰烏重胤爲長帥赤心奉上能與下同甘苦所至立功未嘗矜伐而善待寮佐體分周密曲盡禮敬故當時名士咸願依焉歿數日有軍士三十餘人皆割股肉以祭重胤古之良將無以加也

三國典略曰北齊斛律光雖居大將未嘗戮人軍士未安終不入幕寒不服裘夏不操扇所得果瓤徧分麾下號令不過數句言皆切要每戰居險爲士卒先有士卒中蠱親嘗其嘔三軍感之樂爲致命

戰國策曰魏以吳起爲將與士卒最下者同衣食卧不設席行不騎乘親羸糧與士分勞（羸音）卒有病疽者吳起爲吮（疽七余反）卒母聞而哭之或謂之曰母子卒也而將軍自吮其疽何哭矣母曰非然也往年吳公吮其父父戰不旋踵遂死於敵今又吮此子妾不知其所死處矣是以哭之於是擊秦拔其五城

呂氏春秋曰勾踐苦會稽之恥欲深得民心必致死於吳有酒流之江與人同有甘肥不分不敢食

又曰昔秦繆公乘馬而車爲敗右服失而野人取之（四馬車兩服馬在中爲服詩曰兩服上襄兩在邊爲驂）繆公自往求焉見野人方將食之於岐山之陽繆公笑曰食駿馬之肉不還飲酒余恐其傷汝也徧飲而去之處一年爲韓原之戰晉人巳環繆公之車矣晉梁由靡巳扣繆公之左驂矣（扣馬）晉惠公之右路右奮役而擊繆公其甲之拭者已六扎矣（拭者甌隕也文有所失也）野人之嘗食馬肉者三百有餘人畢力爲繆公疾鬭於車下遂大克晉反獲惠公以歸此詩所謂君子正以行德愛人則寬以盡其力人主胡可不務行德愛人行德愛人則民親其上皆樂爲其死

符子曰秦穆公伐晉及河將勞師而醪唯飲一鍾蹇叔曰一米可投河而釀也穆公乃以一醪投河三軍醉矣

三略曰夫將之爲帥者必同滋味共安危人有遺一簞之醪者使投諸河令士衆向流而挹之夫一簞之醪不能味一河然而三軍之士思爲之死者何也以滋味及巳也

又曰用兵之要在於崇禮而重祿（崇高也祿糜食也）崇禮則賢士至重祿則戎士輕死（賢士至謂若郭隗而樂毅之徒鱗集也故曰重賞之下必有死夫）

又曰良將之統軍也恕己活人推惠施恩士力日親戰如風發攻如河決

淮南子曰古人善將者必以其身先之暑不張蓋寒不被裘所以均寒暑也險陰陽不乘上陵必下所以齊勞佚也軍食熟然後敢食軍井通然後敢飲所以同飢渴也合戰必立矢射之所及以其安危也故良將之用兵也常以積德擊積怨以積愛擊積憎何故而不勝主之所求於民者二求民爲之勞也欲民爲之死也民之所望於主者三飢者能食之勞者能息之有功者能德之民巳償其二責而失其三望國雖大兵猶且弱也

又曰苦者必得其樂勞者必得其利斬首之功必全死事之後必賞（死事以軍事死賞其後子孫也）四者既信於民矣主雖射雲中之鳥而釣深淵之魚彈琴瑟聲鍾竽敦六博（敦致也）投高壺兵猶且強令猶且行也是故上足仰則下可用也德足慕

則威可立也

又曰上視下如子則下事上如父上視下如弟則下事上如兄夫上視下如子則必王四海下事上如父則必正天下上視下如弟則不難爲之死下事上如兄則不難爲之亡是故父子兄弟之寇不可與鬬者積恩先施也故四馬不調造父不能以致遠弓矢不調羿不能以必中君臣乖心則孫子不能以應敵（孫子名武吳王闔閭之將也）是故內脩其政以積其德外塞其醜以服其威察其勞佚以知其飽飢故戰日有期視死若歸故將必與卒同甘苦共飢寒故其死可得而盡也

說苑曰楚莊王賜羣臣酒多燈燭滅乃有人引美人衣者美人援絶其冠纓告王曰今者燭滅有引妾衣者妾援得其冠纓持之趣火來上視絶纓者王曰賜人酒使醉失禮柰

何欲顯婦人之節而辱士乎乃命左右曰今日與寡人飲不絶冠纓者不懽羣臣百有餘人皆絶去其冠纓而上火卒盡懽而罷居二年晉與楚戰有一臣常在前五合五獲首却敵卒得勝之莊王怪而問曰寡人德薄又未嘗異子子何故出死不疑如是對曰臣當死往者醉失禮王隱忍不暴而誅也臣終不敢以蔭蔽之德而不顯報王也常願肝腦塗地用頸血濺敵久矣臣乃夜絶纓者也遂斥晉軍楚得以強此有陰德者必有陽報也

又曰平原君既歸趙楚使春申君將兵救趙魏信陵君亦矯奪晉鄙軍往救趙未至秦急圍邯鄲邯鄲急且降平原君患之甚邯鄲傳舍吏子李談謂平原君曰君不憂趙亡乎平原君曰趙亡即勝虜何爲不憂李談曰邯鄲之民炊骨易子而食之可謂至困而君之後宮百數婦妾荷綺縠廚粮餘梁肉士民兵盡或剡木爲矛戟而君之器物鍾磬自恣若使秦破趙君安得有此使趙而全君誠能令夫人以下編於士卒間分功作之家所有盡散以饗士方其危苦時易惠耳於是平原君如其計而勇敢之士三千人皆出死因從李談赴秦軍爲却三十里亦會楚魏救至秦軍遂罷李談死封其父爲侯

列女傳曰楚子反攻秦軍絶粮使人請於王因問其母母問使者曰士卒無恙乎使者曰士卒分菽粒而食之又問曰將軍無恙乎對曰將軍朝夕蒭豢黍粱子反破秦軍而歸母閉門不內使數之曰子不聞越王勾踐之伐吳耶客有獻醇酒一器者王使人注上流使卒飲下流味不加喙而士卒戰自五也異日又有獻一囊糒王又使以賜軍士分而食之甘不踰嗌而戰自十也今士卒分菽粒而食之子獨朝夕蒭豢何也

太平御覽卷第二百八十一

太平御覽卷第二百八十二

兵部十三

機略一

孫子曰凡戰者以正合以奇勝正者當敵奇兵從旁擊其不備故善奇者
無窮如天地不竭如江海終而復始日月是也死而更生
四時是也故聲不過五五聲之變不可勝聞色不過五五
色之變不可勝觀味不過五五味之變不可勝嘗以喻奇正無窮
也戰勢不過奇正奇正之變不可勝窮也奇正相生如循
環之無端孰能窮之哉故水之疾至於漂石者勢也鷙鳥
之擊至於毀折者節也發起討擊敵之是以善戰者其勢險險猶疾也
其節短短近也勢如彍弩節如發機在疾不遠發則中也紛紛紜紜鬪亂
而不可亂旌旗亂也示敵者若亂以金鼓齊之渾渾沌沌形圓而不可敗也
車騎轉形圓者出入有道齊整

左傳曰齊侯登巫山以望晉師晉人使司馬斥山澤之險
雖所不至必旆而疏陳之使乘車者左實右僞以旆先輿
曳柴而從之以揚塵齊侯見之畏其衆也乃脫歸齊師夜
遁師曠告晉侯曰鳥烏之聲樂齊師其遁邢伯告中行伯
曰有班馬之聲齊師其遁邢伯楚中行伯也

又曰吳從楚師及清發將擊之夫槩謂王曰困獸猶鬪況
人乎若知不免而致死必敗我使先濟者知免後者慕之
蔑有鬪心半濟而後可擊也從之又敗之楚人爲食吳人
及之奔食而從之

又曰鄭人侵衛牧以報東門之役衛人以燕師伐鄭鄭將
祭足原繁泄駕以三軍軍其前使曼伯子元潛軍軍其後
燕人畏鄭三軍而不虞制人鄭二公子以制人敗燕師于北
制君子曰不備不虞不可以師

又曰宋襄公及楚人戰于泓宋人既成列楚人未既濟未盡
度弘水也司馬子魚曰彼衆我寡及其未既濟也請擊之公曰
不可既濟而未成列又以告公曰未可既陣而後擊之宋
師敗績公傷股門官殲焉國人皆咎公公曰君子不重傷
不禽二毛二毛頭白有二色者也古之爲軍也不以阻隘也不因阻隘以求
勝寡人雖亡國之餘宋商紂之後也不鼓不成列子魚曰君未知
戰勍敵之人隘而不成列天贊我也勍強也言楚在險隘不得陳列天所以佐
宋也阻而鼓之不亦可乎猶有懼焉雖因阻擊之猶恐不勝也且今之勍
者皆吾敵也雖及胡耇獲則取之何有於二毛今之勍者謂與吾競
者也胡耇元老之稱也耇音苟明恥教戰求殺敵也明設刑戮以恥不果也傷未及
死如何勿重言尚能害己也若愛重傷則如勿傷愛其二毛則如
服焉言苟不欲傷殺敵人則本可不須鬪也三軍以利用也爲利興也金鼓以聲
氣也鼓以佐士衆之聲氣也利而用之阻隘可也聲盛致志鼓儳可
也儳巖未整陣也儳音讒通典曰宋公違之而敗也

又曰越伐吳吳子禦之笠澤夾水而陣越爲左右勾卒約
伍伍相著別爲左右屯也勾音鉤使夜或左或右鼓譟而進吳師分以禦
之越以三軍潛涉當吳中軍而鼓之吳師大亂遂敗之左右
勾卒爲聲勢以分吳而三軍精卒并力擊其中軍故得勝吳越春秋越伐吳吳起軍於江南乃分兵爲左右軍將有私
卒六千人爲中軍日昏乃令左軍銜枚泝江五里右軍銜
枚泝江五里夜半鳴鼓吳師聞之大駭曰越人來攻我乎
因分其軍爲二陣拒越越王乃以其中軍銜枚潛涉不鼓
不譟以襲攻之吳師大敗此與左氏傳事同小異故附于
此

又曰吳子闔廬問於伍員曰初而言伐楚余知其可也而
恐其使余往也又惡人之有余之功也今余將自有之矣
伐楚何如對曰楚執政衆而乖莫適任患適音的若爲三師
以肄焉肄猶勞也一師至彼必皆出彼出則歸彼歸則出楚必
道弊罷弊於道亟肄以罷之亟數也音器肄音羊至切多方以誤之既罷罷音疲

而後以三軍繼之必大克之闔廬從之楚於是乎始病終於吳師入郢（郢楚都也）

又曰吳伐越越子勾踐禦之陳于檇李（檇將遂切）勾踐患吳之整也使死士再禽焉不動（使敢死之士往挑戰爲吳師所擒欲使吳師亂取之而吳不動）使罪人三行屬劒於頸（以劒注頸行戶郎切）而辭曰二君有理（理軍旅也）臣干旗鼓（犯軍令也）不敏於君之行前不敢逃刑將歸死遂自剄也師屬之目越子因而伐之大敗吳師

又曰楚子圍宋晉侯將救之大夫先軫曰報施救患取威定霸於是乎在矣狐偃曰楚始得曹而新婚於衛若伐曹衛楚必救之則宋免矣從之而解

又曰晉楚戰于城濮楚將子玉從晉師晉師陣于莘北胥臣以下軍之佐當陳蔡子玉以若敖之六卒將中軍曰今日必無晉矣鬬宜申將左鬬勃將右晉裨將胥臣蒙馬以虎皮先犯陳蔡陳蔡奔楚右師潰（陳蔡屬楚右師）狐毛設二旆而退之（旆大旗也又建一旆而退使若大將稍卻也）欒枝使輿曳柴而僞遁（曳柴起塵詐爲衆走）楚師馳之原軫郤溱以中軍公族橫擊之（公族公所帥之軍）狐偃以上軍夾攻楚左師潰楚師敗績子玉收其卒而止故不敗晉師三日館穀（館舍也食楚軍穀三日也）

又曰楚將鬬廉帥師及巴師圍鄾（音憂）鄧養甥聃甥（音男）帥師救鄾三逐巴師不克鬬廉衡陳其師於巴師之中以戰而北（衡橫也分巴師爲二部鬬廉橫陳於其間以與鄧師戰而偽北北走）鄧人逐之背巴師而夾攻之（楚師偽走鄧師逐之背巴師巴師攻之楚師自前與戰也）鄧師大敗鄾人宵潰（宵夜）

又曰晉師伐秦秦人毒涇上流師人多死

又曰楚師伐吳鍼（音針）尹固與王同舟王使執燧象以奔吳師（燒火燧繫象尾使赴吳師驚之鍼職深切）

覽二百八十二　三　謝忠

又曰時邾人城翼（翼邾邑也）還將自離姑（離姑邾邑也從離姑則道經魯之武城也）大夫公孫鉏曰魯將禦我欲自武城還循山而南（至武城而還依山南行不欲過武城鉏助魚切）大夫徐鉏丘弱茅地（二子邾大夫）曰道下遇雨而將不出是不歸也（謂此道下山濕）遂自離姑（遂過武城）武城人塞其前（以兵塞其前道）斷其後之木而弗殊邾師過之乃推而蹷之遂取邾師（推士追切蹷其月切）

又曰晉將陽處父侵蔡敝音楚將子上救之與晉師夾泜而軍（泜直利切）處父患之使謂子上曰吾聞之文不犯順武不違敵子若欲戰則吾退舍子濟而陣（欲過楚使度成陣而後戰）遲速唯命不然紓我（紓緩）老師費財亦無益也乃駕以待子上欲涉大孫伯曰不可晉人無信半涉而薄我悔敗何及不如紓之乃退舍（楚退欲使晉度）陽子宣言曰楚師遁矣遂歸楚師亦歸太子商臣譖子上曰受晉賂而避之楚之恥也罪莫大焉王殺子上

覽二百八十二　四　謝忠

戰國策曰秦伐趙趙以趙奢之子代廉頗爲將拒秦將王齕於長平（齕音恨勿切）秦王聞之乃陰使武安君白起爲上將軍而王齕爲裨將軍令軍中有敢泄武安君者斬馬服子至則出兵擊秦軍秦軍佯敗而走張二奇兵以劫之趙軍逐勝追造秦壁秦壁堅距不得入而秦奇兵貳萬五千人絕趙軍又一軍五千騎絕趙壁間趙軍分而爲二糧道絕而秦出輕兵擊之趙戰不利因築壁堅守以待救至秦王聞趙食道絕王自之河內賜民爵各一級發年十五以上悉詣長平遮絕趙救及糧食至九月趙卒不得食四十六日皆內陰相殺食來攻秦壘欲出爲四隊四五復之不能出其時馬服子卒自相搏戰秦軍射殺之軍大敗卒二十餘萬人降皆坑之

又曰燕軍大破齊國齊將田單守即墨知士卒可用乃身操板插與士卒分功妻妾編行伍之間盡散飲食饗士令甲卒皆伏使老弱女子乘城遣約降於燕燕軍皆呼萬歲田單又收人金得千鎰令即墨富豪遺燕將書曰即墨即降願無掠虜吾族家妻妾令安堵燕將大喜許之燕軍由此益懈田單出軍擊大敗之

又曰燕師伐齊已下七十餘城圍即墨未下齊將田單乃收城中得千餘牛為縫繒衣畫以五綵龍文束兵刃於其角而灌脂束葦於尾燒其端鑿城數十穴夜縱牛壯士五千人隨其後牛尾熱怒而奔燕軍燕軍夜大驚牛尾炬火光明炫燿燕軍視之皆龍文所觸盡死傷五千人因銜枚擊之而城中鼓譟從之老弱者皆擊銅器為聲聲動天地燕軍大駭敗走而齊七十餘城皆復為齊

又曰燕將騎刼攻齊即墨齊將田單拒守乃宣言曰吾唯懼燕軍之劓所得齊卒置之前行與我戰即墨敗矣燕人聞之如其言城中人見齊降者盡劓皆怒堅守唯恐見得田單又縱反閒曰吾懼燕人掘吾城外冢墓戮先人可為寒心燕軍盡掘壠墓燒死人即墨人從城上遥見皆涕泣其欲出戰怒皆十倍因大敗燕

又曰魏趙相攻齊將田忌引兵救趙孫臏曰夫解雜亂紛糾者不控捲丘貟救鬬者不搏撠音戟批亢擣虛形格勢禁則自為解耳今魏趙相攻輕兵鋭卒必竭於外老弱罷於內君不若引兵疾走大梁據其街路衝其方虛彼必釋趙而自救弊於魏也田忌從之直走大梁魏師遂退

又曰齊孫臏謂齊王曰凡伐國之道攻心為上務先伏其心今秦之所恃為心者燕趙也當收燕趙之權今說燕趙之君勿虛言空辭必將以實利以回其心所謂攻其心者也

史記曰秦伐韓軍於閼與趙王召趙奢而問可救不對曰道遠險狹譬兩鼠鬬於穴中將勇者勝王乃命救之秦軍武安西鼓譟勒兵武安屋瓦盡震趙奢堅壁留二十八日不行秦閒來入奢善食而遣之閒還報曰去國三十里而不行秦將大喜秦閒去趙奢卷甲而趨之軍士許歷曰秦人不意趙師至此其來氣盛將軍必厚集陣以待之先據北山上者勝奢許諾即以万人趨之秦兵後至爭山不得上奢縱兵大破秦軍解閼與之圍

又曰李廣軍敗為匈奴生得佯死騰上胡兒善馬抱兒南馳以故得脫

太平御覽卷第二百八十二

太平御覽卷第二百八十三

兵部十四

機略二

史記曰：韓信伐趙，引兵未至井陘口三十里，選輕騎二千人，人持一赤幟，從閒道萆山而望趙軍。如淳曰萆音蔽依山自覆蔽也誡曰：趙見我走，必空壁逐我，若疾入趙壁，拔趙幟，立漢幟。乃使萬人先行，背水陣。趙軍望見，大笑。平旦，信建大將旗鼓，鼓行出井陘口。趙開壁擊之，大戰良久。於是信、張耳棄旗鼓，走水上軍。水上軍開入之，復疾戰。趙果空壁爭漢旗鼓，逐韓信、張耳。韓信、張耳已入水上軍，軍皆殊死戰。信出奇兵二千騎，候趙空壁逐利，則馳入趙壁，皆拔趙旗，立漢赤幟二千。趙軍不能得信等，欲歸還壁，壁皆漢赤幟，而大驚，以謂漢皆已得趙王將矣，兵遂亂遁走。於是漢兵夾擊，大破虜趙軍，斬成安君泜水上，徐廣曰泜音遲擒趙王歇。信諸將問信曰：兵法右背山陵，前左水澤，今者將軍令臣等反背水陣，臣等不服，然竟以勝，此術何也？信曰：此兵法，不曰陷之死地而後生，置之亡地而後存？此所謂驅市人而戰，其勢非置之死地，使人人自爲戰，今予之生地，則皆走，寧尚可得而用之乎？諸將皆服，曰：善，非所及也。

又曰：越與吳戰，敗，范蠡獻吳粟十萬斛，而蒸之，吳言粟好，盡付民種之，不生，明年大饑，越遂伐吳，滅之。

又曰：天下兵起，沛公西入武關，欲以二萬人擊秦嶢關下軍。張良曰：秦兵尚强，未可輕也。且聞其將屠者子，賈豎易動以利，願且留壁，使人先行，爲五萬人具食，益張旗幟諸山之上爲疑兵，令酈食其持重寶啗秦將。貪而恕名可貨以賂秦將果畔，欲連和俱西襲咸陽。沛公欲聽之，良曰：此獨其將欲叛，士卒恐不從，不從必危，不如因其懈怠擊之。沛公乃引兵擊之，秦軍大破。

又曰：項籍圍漢王於滎陽，漢將紀信詐降，以故漢王得出，走入關，收兵欲復東。袁生說漢王曰：漢與楚相距滎陽數歲，漢常中困，願君王出武關，項羽必引兵南走，王深壁，令滎陽、成皋間且得休息，使韓信等平河北趙地，連燕、齊，君王乃復走滎陽，未晚。如此則楚所備者多，力分，漢得休息，復與之戰，破楚必矣。漢王從其計，出軍宛、葉間，與黥布行收兵。項羽聞漢王在宛，果引兵南。漢王深壁不與戰，終以此弊楚。

又曰：漢王至南鄭，諸將及士卒皆歌思歸。韓信說漢王曰：項羽王諸將之有功者，而獨居南鄭，是遷也。軍吏士卒皆山東之人，日夜跂而思歸，及其鋒而用之，可以有大功。天下已定，人皆自寧，不可復用，不如決策東鄉，爭權天下。漢王從之，終滅項籍。

又曰：楚漢相持，項羽自擊漢將彭越於梁，令其將大司馬曹咎守成皋。漢將挑楚軍，咎度汜水戰，漢將後半涉擊，大破之。

又曰：漢王與韓信、彭越期會擊楚軍，至固陵，會楚擊漢軍，大破之。漢王謂張良曰：諸侯不從約，奈何？對曰：楚兵且破，信、越未有分地，其不至固宜。君王能與分天下，今可立致；不即事未可知。君王能自陳已東傅海盡與韓信，睢陽以至穀城與彭越，使各自爲戰，則楚易敗也。乃發使者告韓信、彭越，皆報請今進兵，並至垓下，遂破項籍軍。

又曰：漢王與諸侯兵共擊項羽，決勝垓下。韓信將三十萬自當之，孔將軍居左，費將軍居右，漢王在後，絳侯、柴將軍

在漢王後項羽之卒可十萬韓信先合不利却孔將軍費將軍縱楚兵退信復乘之大敗垓下

又曰破項羽於垓下羽兵尚衆漢兵圍之皆爲楚歌楚人久苦征戰因敗思歸遂潰（通典曰斯亦攻心之機也）

又曰漢王遣將韓信擊魏魏王盛兵蒲坂塞臨晋信乃益爲疑兵陳船欲度臨晋而伏兵從夏陽以木罌缻度軍（以木爲器如罌缻以度軍無舡且尚密也缻缶同）襲安邑虜魏王豹

又曰吴王濞反（濞匹備反）漢將周亞夫率師禦之壁於下邑吴師奔壁東南亞夫備西北吴師果以精兵奔西北不得入大敗

漢書曰先零（銑憐）與罕开（音牽）二種羌皆解仇合黨爲寇漢將趙充國討之守便宜上書曰先零羌虜欲爲背叛故與罕开解仇然其私心恐漢兵至而罕开背之也臣愚以爲其計請擊先零若先擊罕羌先零必助之今虜馬肥饒糧擊之恐不能傷害適使先零施德於罕羌也堅其約合其黨虜交堅黨合誅之用力數倍臣恐國家憂累繇十數年不一二歲而已先誅先零則罕开之屬不煩兵服矣宣帝從之果如其策

又曰王莽末光武起兵據昆陽城時唯有八九千人莽遣將王邑嚴尤討之軍到城下者十萬光武留王鳳等守城與李軼等十餘騎夜出既至郾定陵悉發諸營兵嚴尤說王邑曰昆陽城小而堅今假號者宛亟進大兵（亟急也紀力切）彼必奔走則昆陽自服邑曰吾昔以武牙將軍圍翟義坐不生得以見責今將百萬之衆過城而不能下何謂耶遂圍之數十重列營百所雲車十餘丈瞰臨城中旗幟蔽野埃塵連天鉦鼓之聲聞數十里或爲地道或衝輣橦城（輣蒲萌切）積弩亂發矢下如雨城中負楯而汲王鳳等乞降不許光武遂與諸營部俱進自將步騎千餘人前去大軍四五里而陣尋邑亦遣兵千餘合戰光武奔之斬首數十級諸部喜曰劉將軍平生見小敵怯今見大敵勇甚可怪也且復居前請助將軍光武復進尋邑兵却諸部兵乘之斬首數百千級連勝遂因而大敗（通典曰王邑違九攻宛所以敗也）

又曰王郎起河北郎鉅鹿郡太守王饒據城光武圍數十日連攻不尅耿純說曰久守王饒士衆疲弊不如及大兵精鋭進攻邯鄲若王郎已誅王饒不戰自服矣從之乃留兵守鉅鹿而進軍邯鄲 屯其郭北郎數出戰無利城守急攻之二十餘日郎少傅李立爲反間開門内漢兵遂拔邯鄲郎黨悉平

又曰曹操圍袁尚鄴環城初令淺示若可越城中望見笑而不出操令一夜濬之廣深二丈决漳水以灌之自五月至八月城中餓死者過半

後漢書曰朱穆舉度尚自右校令擢荊州刺史擊桂陽蒼梧盜賊尚躬率部曲與同勞逸廣募雜種諸蠻夷明設購賞進擊大破之降者數萬人桂陽宿賊渠帥卜陽潘鴻等畏尚威烈徙入山谷尚窮追數百里遂入南海破其三屯多獲珍寶而陽鴻等黨衆猶盛尚欲擊之而士卒驕富莫有鬬志尚計緩之則不戰逼之則逃亡乃宣言卜陽潘鴻作賊十年習於攻守今兵寡少未易可進當須諸郡所發悉至乃并力攻之申令軍中恣聽射獵兵士喜悦大小皆相與從禽尚乃密使所親客潜焚其營積皆盡獵者來還莫不泣涕尚人人慰勞深自咎責因曰卜陽等財寶足富數代諸卿但不并力耳所亡少少何足介意衆聞咸憤

踊尚勑令秣馬蓐食明旦徑赴賊屯陽鴻等自以深固不復設備吏士乘銳遂大破平之尚出兵三年羣寇悉定

又曰廉范爲雲中太守會匈奴大入塞烽火日通故事虜入過五千人移書傍郡吏欲傳檄求救范不聽自率士卒拒之虜衆盛而范兵不敵會日暮令軍士各交縛兩炬三頭爇火營中星列（用兩炬交縛如十字爇其頭手持一端使敵人望之疑兵士之多）虜遥望火多謂漢兵救至大驚待旦將退范乃令軍中蓐食晨往赴之（蓐食早起食於寢蓐中也）斬首數百級虜自相轔藉死者千餘人（轔轢也藉相蹈藉也）由此不敢復向雲中

又曰耿恭與匈奴戰恭以毒藥傅矢傳語匈奴曰漢家箭神其中瘡者必有異因發強弩射之虜中矢者視瘡皆沸遂大驚會天暴風雨隨而擊之殺傷甚衆匈奴震怖相謂曰漢兵神眞可畏也遂解去

又曰耿弇勑諸校會（會猶集也）後五日攻西安張藍聞之晨夜儆守至期夜半弇勑諸將皆蓐食會明至臨淄城護軍荀梁等爭之以爲宜速攻西安弇曰不然西安聞吾欲攻之日夜爲備然臨淄出不意而至必驚擾吾攻之一日必拔拔臨淄即西安孤張藍與步隔絶必復亡去所謂擊一而得兩者也若先攻西安不卒下頓兵堅城死傷必多縱能拔之張藍引軍還奔臨淄并兵合勢觀人虛實吾深入敵地後無轉輸旬月之閒不戰而困諸軍之言未見其宜遂攻臨淄半日拔之入據其城

又曰高峻據高平猶不下帝議遣使降之乃謂寇恂曰爲吾行也若峻不降引耿弇等擊之恂奉璽書與峻峻遣軍師皇甫文出謁辭禮不屈恂怒將誅文諸將諫曰高峻精兵萬人率多強弩西遮隴道連年不下今欲降之而反戮其使無乃不可乎恂不應遂斬之遣其副歸告峻曰軍師無禮已戮之矣欲降急降不欲固守峻惶恐即日開城門降諸將皆賀因曰敢問殺其使而降其城何也恂曰皇甫文峻之腹心其所取計者也今來辭意不屈必無降心全之則文得其計殺之則峻亡其膽是以降耳諸將皆曰非所及也

又曰吳漢在河北時鬲縣五姓共逐守長據城而反（鬲縣名屬平原郡故城在今德州西北五姓蓋當土強宗豪右也鬲音革）諸將爭欲攻之漢不聽曰使鬲反者皆守長罪也敢輕冒進兵者斬乃移檄告郡使收守長而使人謝城中五姓大喜即相率歸降諸將乃服曰不戰而下城非衆所及也

太平御覽卷第二百八十三

太平御覽卷第二百八十四

兵部十五

機略三

後漢書朱儁傳曰趙弘據宛城儁因急擊弘斬之賊餘帥韓忠復據宛拒儁儁兵少不敵乃張圍結壘起土山以臨城內因鳴鼓攻其西南賊悉衆赴之儁自將精卒五千掩其東北乘城而入忠乃退保小城惶懼乞降司馬張超及徐璆秦頡皆欲聽之儁曰兵有形同而勢異者秦項之際人無定主也故賞附以勸來耳今海內一統唯黄巾造寇納降無以勸善討之足以懲惡今若受之更開逆意賊利則進戰鈍則乞降縱敵長寇非良計也因急攻連戰不尅儁登土山望之顧謂張超曰吾知之矣賊今外圍周固內營逼急乞降不受欲出不得所以死戰也萬人一心猶不

可當況十萬乎其害甚矣不如徹圍并兵入城忠見圍解勢必自出自出則意散易破之道也既而解圍忠果出戰儁因擊之大破之乘勝逐北數十里斬首萬餘級忠等遂降

又曰董卓將三萬討先零羌卓於望垣北（望垣縣屬天水郡）為羌胡所圍糧食乏絕進退逼急乃於所渡水中僞立隔以為捕魚而潛從隔下過軍（續漢書隔字作堰）比賊追之決水已深不得渡時衆軍敗退唯卓全師而還

又曰臧宮將兵屯駱越越人謀叛從蜀宮兵少力不能制會屬縣送委輸車數百乘至宮夜使鋸斷城門限令車迴轉出入至旦即越人候伺者聞車聲不絕而門限斷相告以漢兵大至其渠帥乃奉牛酒以勞軍營宮陳兵大會擊牛釃酒饗賜慰納之

又曰蜀有妖巫維汜弟子單臣傅鎮等復妖言相聚入原武城（華武作侯）劫吏人自稱將軍於是遣臧宮將北軍及黎陽營數千人圍之賊穀食多數攻不下士卒死傷帝召公卿諸侯王問方略皆曰宜重其購賞時顯宗為東海王獨對曰妖巫相劫勢無久立其中必有悔欲亡者但外圍急不得走耳宜小挺緩（挺解也）令得逃亡逃亡則一亭長足以禽矣帝然之即勑宮撤圍緩賊賊衆分散遂斬臣鎮等

又曰岑彭南擊秦豐與其大將蔡宏拒彭等於鄧數月不得進帝怪以讓彭彭懼於是夜勒兵馬申令軍中使明旦西擊山都（山都縣名屬南陽郡）乃緩所獲虜令得逃亡歸以告豐豐即悉其軍西邀彭彭乃潛兵渡沔水擊其將張楊於阿頭山大破之（沔水源出武都東狼谷中即漢水之上源也阿頭山在襄陽）從川谷間伐木開道直襲黎丘擊破諸屯兵豐聞大驚馳歸救之彭與諸

將依東山為營豐與蔡宏夜攻彭彭預為之備出兵逆擊之豐敗走追斬蔡宏

又皇甫嵩傳曰涼州賊王國圍陳倉復拜嵩為左將軍督前將軍董卓各率二萬人拒之卓欲速進赴陳倉嵩不聽卓曰智者不後時勇者不留決速救則城全不救則城滅全滅之勢在於此也嵩曰不然百戰百勝不如不戰而屈人之兵是以先為不可勝以待敵之可勝不可勝在我可勝在彼彼守不足我攻有餘（孫子文）有餘者動於九天之上不足者陷於九地之下（玄女三宮戰法曰行兵之道天地之寶九天九地各有表裏九天之上六甲子也九地之下六癸酉也子能順之萬全可保）今陳倉雖小城守固備非九地之陷也王國雖強而攻我之所不救非九天之勢也夫勢非九天攻者受害陷非九地守者不拔國今已陷受害之地而陳倉保不拔之城我可不煩兵動衆而取全勝

之功將何救焉遂不聽王國圍陳倉自冬迄春八十餘日城堅守固竟不能拔賊衆疲弊果自解去嵩進兵擊之卓曰不可兵法窮寇勿迫歸衆勿追司馬兵法之訣今我追國是迫歸衆追窮寇也困獸猶鬬蜂蠆有毒況大衆乎嵩曰不然前吾不擊避其銳也今而擊之待其衰也所擊疲師非歸衆也且走者莫有鬬志以整擊亂非窮寇也遂獨進擊之使卓爲後拒連戰大破斬首萬餘級國走而死卓大慙恨由是忌嵩

又曰吴漢岑彭討公孫述述使其將延岑等悉兵拒廣漢及資中又遣將侯丹率二萬餘人拒黄石彭乃多張疑兵使護軍楊翕與臧宮拒延岑等自分兵浮江下還江州今渝州郡即漢江州縣泝江都江而上江都江城都江也襲擊侯丹大破之因晨夜倍道兼行二千餘里徑拔武陽使精騎馳廣都去成都數十里勢如風雨所至皆奔散初述聞漢軍在平曲故遣大軍逆之及漢兵至武陽出延岑軍後蜀地震駭

又曰馬援爲隴西太守發步騎三千人擊先零羌將其妻子輜重移阻於允吾谷允音鈆吾音牙援乃潛行間道掩赴其營羌大驚壞復遠徙唐翼谷中援復追討之羌引精兵聚北山上援陳軍向山而分遣數百騎繞襲其後乘夜放火擊鼓叫譟虜遂大潰

又曰馮異與鄧禹率車騎將軍鄧弘等議攻赤眉異曰賊衆尚多可稍以恩信傾難卒用兵破也上今使諸將屯黽池要其東而異擊其西一舉取之此萬成計也禹弘不從弘遂大戰移日赤眉佯敗弃輜重而走車皆載土以豆覆其上兵士飢爭之赤眉引還擊弘弘軍大亂異與禹合兵救之赤眉小却異以士卒飢倦可且休禹不聽復戰大爲所敗

又曰河南賊張步據地漢將耿弇討之壁於臨淄步與其三弟藍弘壽及故大彤渠帥重異等兵重姓異名也號二十萬至臨淄大城東將攻弇弇先出淄水上與重異遇突騎欲縱弇恐挫其鋒令步不敢進固示弱以盛其氣乃引歸小城陳兵於内步氣盛直攻弇營與弇裨將劉歆等合戰弇升王宮壞臺望之臨淄本齊國所都即齊王宮中壞臺也視歆等鋒交乃自引精兵橫突步陣於東城下破之

又曰赤眉青犢十餘萬衆並在射犬光武引兵將擊之耿純軍在前去衆營數里賊忽夜攻純雨射營中士多傷純勒部曲堅不動選敢死二千人俱持強弩各傅三矢使銜枚間行傅著繞出賊後齊聲呼譟強弩並發賊衆驚走追擊之遂破

又曰光武遣將王霸馬武擊河南賊周建於垂惠賊帥蘇茂將五校兵四千餘人救建而先遣精騎遮擊馬武軍糧武往救之建從城中出兵夾擊武武恃霸之援戰不甚力爲茂建所敗武軍奔過霸營大呼求救霸曰賊兵盛出必敗努力而已閉營堅壁軍吏皆爭之霸曰茂兵精銳其衆又多吾吏士心恐而馬武與吾相恃兩軍不一此敗道也今閉營固守示不相援賊必乘勝輕進馬武無救其戰自倍如此茂建衆疲勞吾承其弊乃可克也茂建果悉出兵攻武合戰良久霸軍中壯士路潤等數十人斷髮請戰霸知士心銳乃開營後出精騎襲其背茂建前後受敵驚亂敗之

又曰西域莎車國王不供將兵長史班超發于闐疏勒諸國二萬五千人擊之莎車求救龜茲龜茲王遣將發温宿姑墨

尉頭合五萬人助之超召諸將及于闐議曰兵少不敵莫如各解散去于闐從此東歸長史亦從此西歸夜半聞鼓聲便發衆皆以爲然乃陰緩所擒得生口歸以超言告龜玆龜玆聞之喜使其將以萬騎於西界遮超温宿王將以千騎於東界遮于闐王人定後超密令諸司馬勒兵至雞鳴馳赴莎車草營擒覆之胡皆驚走斬首五千級莎車遂降

又曰光武遣將鄧禹西征至河東禹擊更始將王匡禹軍不利戰罷明日癸亥匡以六甲窮日不出禹因得更整兵勒衆明晨匡悉軍出攻禹禹令軍中無得輙動旣至營下因傳發諸將鼓而並進大破之

又曰馮異將數萬人與賊約期會戰使壯士變服與赤眉同伏於道側明日赤眉使萬人攻異前部異裁出兵以救之（裁少出兵以示弱）賊見勢弱遂悉衆攻異異縱兵大戰日昃賊

氣衰伏兵卒起衣服相亂赤眉不復識別衆遂驚潰追擊大破於崤底

又曰岑彭將兵三萬餘人南擊秦豐拔黃郵豐與其大將蔡宏等拒於鄧數日不得進彭夜勒兵馬申令軍中使明旦西擊山都乃緩所獲虜令得逃亡歸以告豐豐即悉其軍西邀彭彭乃潛兵度沔水擊其將張楊於河頭山大破之從川谷間伐木開道直襲黎丘破諸屯兵豐聞大驚馳歸救之彭依東山爲營豐與蔡宏夜攻彭彭先爲之備出兵逆擊之豐敗走

又曰張歩據齊地漢將耿弇征之歩將費邑分遣其弟敢守巨里弇進兵先脅巨里使多伐樹木揚言以塡塞坑塹數日有降者言邑聞弇欲攻巨里謀來救之弇乃嚴令軍中趣脩攻具宣勑諸部後三日當悉力攻巨里城陰緩生口令得亡歸歸者以弇期告邑邑至日果自將精兵三萬餘人來救之弇喜謂諸將曰吾所以脩攻具者欲誘致邑耳今來適其所求也即分三千人守巨里自引精兵上岡坂乘高合戰大破之臨陣斬邑旣而收首級以示巨里城中兇懼（兇許拱切）費悉衆亡歸

又曰將軍耿秉與竇固合兵一萬四千騎擊車師有後王前王前王即後王之子其庭相去五百餘里秉議先赴後王以爲并力根本則前王自服固計未決秉奮身而起衆軍不得已遂進並縱兵鈔掠斬首數千級收馬牛羊十餘萬頭後王安得震怖從數百騎出迎秉降

又曰袁紹曹公相持於官渡沮授說紹（沮側居切）可遣蔣奇別爲支軍於外以絕曹公之路紹不從許攸進曰曹公兵少

而悉師拒我許下餘守勢必空弱若分遣輕軍星行掩襲許拔則操爲成擒如其未潰可令首尾奔命破之必也紹又不用竟爲曹公所敗

又曰曹公征河北師次頓丘黑山賊于毒等攻東武陽曹公引兵西入山攻毒等本屯毒聞之弃武陽還魏武要擊於內黃大破之

又曰曹公征張繡於穰荀攸曰繡仰食於劉表表於久而勢必離今緩之可誘致急之則相救公不從與繡戰表果救之公敗歸

又曰青徐黃巾三十萬衆入勃海界欲與黑山合公孫瓚率步騎二萬人逆擊於東光南大破之斬首三萬餘級賊弃輜重數萬兩奔走度河瓚因其半濟薄之賊復大破死者數萬

太平御覽第二百八十四卷終

太平御覽卷第二百八十五

兵部十六

機略四

後漢書曰曹公西征馬超與超夾關爲軍公急持之而潛遣徐晃朱靈等夜度蒲坂津據河西爲營公自潼關北度未濟超赴船急戰公放馬牛以餌賊賊亂取牛馬公得度循河爲甬道而南賊退距渭口公乃多設疑兵潛以舟載兵入渭爲浮橋夜分兵結營於渭南賊夜攻營伏兵擊破之

又曰曹公與袁紹相持官渡曹公循河而西紹於是渡河追公軍至延津南公勒兵駐營南坂下使登壘視之曰可五六百騎有頃復白騎稍多步兵不勝數公曰勿復白乃令騎放馬解鞍是時白馬輜重就道諸將以爲敵騎多不如還保營荀攸曰此所以餌敵也如何去之紹騎將文醜與劉備將五六千騎前後至諸將復白可上馬公曰未也有頃騎至稍多或分輜重公曰可矣乃皆上馬時騎不滿六百遂縱兵擊之大破

又曰曹公既尅鄴袁尚熙遂奔遼東衆有數千初遼東太守公孫康恃遠不服曹公破烏丸或說公遂征之尚熙可擒公曰吾方使康斬送其首不煩兵矣公引兵還康果斬送尚熙傳其首諸將或問曰公還而康斬尚熙何也公曰彼素畏尚熙其急之則并力緩之則相圖其勢然也

又曰曹公討鮮卑出盧龍塞外道絶不通乃塹山堙谷五百餘里經白檀歷平剛涉鮮卑庭東指柳城未至二百里虜乃知之將數萬騎逆軍登白狼山卒與虜遇衆甚盛公登高觀虜陣不整縱兵擊之使張遼爲先鋒虜大敗

又曰黄巾賊起命將朱儁率兵討之賊帥韓忠據宛拒儁兵少不敵乃長圍結壘起土以臨城内因鳴鼓攻其西南賊悉衆赴之儁自將精卒五千掩其東北乗城而入忠乃退保小城惶懼乞降

又曰曹公與袁紹相持官渡紹遣將郭圖淳于瓊顔良等攻東郡太守劉延於白馬紹引兵至黎陽將度河曹公北救延荀攸說曰今兵少不敵分其勢乃可公到延津若將度兵向其後紹必西應之然輕兵襲白馬掩其不備顔良可擒也公從之紹聞兵度即留分兵西應之乃引軍兼行趣白馬未至十餘里良大驚來逆戰使張遼關羽前登擊破斬良遂解白馬圍

又曰曹公擊破馬超超走涼州關中平諸將或問曹公曰初賊守潼關渭北道缺不從河東擊馮翊而反守潼關引日而後北度何也公曰賊守潼關若吾入河東賊必引守諸津則西河未可度也吾欲盛兵向潼關賊悉衆南守西河之備虚故徐晃等得擅取西河然後引軍北度賊不能與吾爭西河者以有二將之軍也連車樹柵爲甬道而南既爲不可勝且以示弱度渭爲堅壘虜至不出所以驕之也故賊不爲營壘而求割地吾順僞言許之所以縱逸其意使自安而不爲備因蓄士卒之力一朝擊之所謂疾雷不及掩耳兵之變化固非一道也

又曰蜀將關羽圍曹公將曹仁於樊又圍將軍呂布於襄陽曹公遣將徐晃救仁以羽難與爭鋒遂前至偃城晃詭道作都塹示欲截其後賊燒屯走晃得偃城兩面連營稍前去賊圍三丈所未攻賊圍頭有屯又別屯四冢晃揚聲當攻圍頭屯而密攻四冢羽見四冢欲壞自將步兵五千

出戰見擊之退走遂追蹈與俱入圍破之或自投沔水死曹公令曰賊圍塹鹿角十重將軍致戰勝今尉賊圍多斬首虜吾用兵三十餘年及所聞古之善用兵未有長驅徑入敵圍者

又曰曹公征關中進軍度渭馬超及韓遂數請戰不許因請割地公用賈詡計僞許之韓遂請與公相見公與遂交馬語移時不及軍事但說京都故舊拊手懽笑既罷超等問遂公何言遂曰無所言也超等疑之他日公又與遂書多所點竄如遂改定者超等愈疑遂公乃與剋日會戰先以輕兵挑之戰良久乃縱驍騎夾擊大破之遂超走涼州

魏志曰司馬宣王征公孫文懿次于遼水文懿遣將軍畢衍楊祚等步騎數萬阻遼隧以距之圍塹二十餘里宣王令其軍穿圍盛兵多張旗幟出其東南賊盡銳赴之乃沉舟潛濟急於東北斜趣之襄平衍等恐襄平無守夜遁

又曰郭淮討叛羌遮塞等屯河關白土故城據河拒軍淮見形上流密於下渡兵據白土故城擊大破之

又曰李典與程昱等以船運軍糧會袁尚遣將高蕃將兵屯河上絶水道典與諸將議曰蕃軍少甲而恃水有懈怠之心擊之必克宜亟擊之昱爲然遂北渡河攻蕃破之水道得通

又曰司馬宣王征公孫文懿沉舟潛濟遼水作長圍忽弃賊而向襄平諸將言曰不攻賊而作圍非所以示衆也宣王曰賊堅營高壘欲以老吾兵也攻之正入其計此王邑所以恥過昆陽也古人云敵雖高壘不得不與我戰者攻其所必救也賊大衆在此則賊窟虛矣我直指襄平必懷内懼懼而求戰破之必矣遂整陣而過賊見兵出其後果邀之宣王謂諸將曰所以不攻其營正欲致此不可失也乃縱兵逆擊大破之三戰皆捷

又曰田豫字國讓率擊鮮卑軻比能單將鋭卒深入虜庭胡人衆多鈔軍前後斷截歸路國讓乃進軍去虜十餘里結屯營多聚牛馬糞燃之從他道引去胡見煙火不絶以爲尚在去行數十里乃知之

又曰諸葛誕文欽反據壽春司馬景王摠兵討之謂諸將曰彼當突圍決一朝之命或謂大軍不能久省食減口冀有他變料賊之情不出此二者今當多方以亂之備其越逸此勝計也因命合圍分遣羸疾就穀淮北廩軍士大豆人三勝欽聞之果喜景王愈羸形以示之多縱反間揚言吳救方至誕等益寬恣食俄而城中乏糧諸將並請攻之景王曰誕衆糧完守外結吳人自謂足據淮南必不便走今若急之損遊軍之力外寇卒至表裏受敵此危道也且堅守三面若賊陸道而來軍糧必少吾以遊兵輕騎絶其轉輸可不戰而破外賊欽等必爲擒矣誕欽等出攻長圍諸軍逆擊走之初誕欽内不相協乃至窮蹙轉相疑貳誕殺欽子鴦踰城以爲將軍封侯使廵城而呼景王見城上持弓者不發因令攻而拔之

又曰諸葛誕據壽春反命將王基討之吳遣朱異來救誕於安城詔王基引諸軍轉據北山基謂諸將曰今圍壘轉固兵馬向集但當精脩守備以待越逸而更移兵守險使得放縱雖有智者不能善其後矣遂守便宜上䟽曰今與賊交利對敵當不動如山若遷移依險人心搖蕩於勢大損諸軍並據深溝高壘衆心皆定不可傾動此御兵之要也書奏報聽之壽春竟破司馬文王與基書曰初議者云

去求移者甚衆時未臨履亦謂宜然將軍深筭利害獨秉固志上違詔命下距衆議終至制敵擒寇雖古人所述不足過也

又曰郭淮在漢中蜀主劉備欲度漢水來攻諸將議衆寡不敵依水爲陳以距之淮曰此示弱而不足挫敵非筭也不如遠水爲陣引而致之半濟而後擊備可破也既陳備疑不敢度通典曰蜀主悟之不敢

又曰文帝初北狄強盛侵擾邊塞乃使田豫持節護烏丸校尉時鮮卑數十部比能彌加素利等割地統御各有分界乃共要盟不得以馬與中國市豫以戎狄爲一非中國之利乃先搆離之使自爲讎敵牙相攻伐素利違盟出馬千疋與官爲比能所擊求救於豫豫深入虜廷胡圍豫於馬邑城十重豫密使司馬建旌旗鳴鼓吹從南門出胡人皆往赴之豫將精鋭自北門出鼓譟而赴兩頭俱發出虜不意虜衆亂弃馬步走追討二十餘里僵屍蔽地胡人破膽威振沙漠

又曰諸葛亮出斜谷司馬宣王屯北原亮盛兵西行諸將皆欲攻西圍郭淮獨以爲此見形於西欲使官兵重應之必攻陽遂耳其夜果攻陽遂有備不得上

吳志曰曹公入荊州劉備爲曹公所破與魯肅遇於當陽遂共圖計遣諸葛亮詣孫權權遣周瑜程普與備并力逆曹公遇於赤壁瑜部將黄蓋曰今寇衆我寡難與持久觀操船艦相接可燒而走也乃取蒙衝數十實以薪草上建牙旗蓋乃先報書欺以欲降曹公軍延頸指言蓋降蓋收諸舡同時發火時風盛猛悉延燒岸上營落頃之煙炎張天人馬燒溺死者甚衆軍遂敗退

又曰周瑜使甘寧據夷陵魏將曹仁圍寧呂蒙往救之仍分遣三百人柴斷嶮道賊走可得其馬軍到夷陵即日交戰所殺過半敵夜遁去行遇柴道騎皆捨馬步走蒙兵追蹙獲馬三百疋方舡載還

又曰賀齊討黟歙賊帥黟音伊歙音攝陳僕祖山等二萬户屯歷林山四面壁立高數十丈逕路危狹下容方楯賊臨高下石不可得攻軍住經日將吏患之齊身出周行觀視形便陰募輕捷士爲作鐵弋密於隱嶮賊所不備處以弋柘山爲縁道道成夜令潛上乃多懸布以受不人得上百數十人四面流布俱鳴鼓角齊勒兵待之賊夜聞鼓聲四合謂大軍悉已得上驚懼惑亂不知所爲守路備險者皆走還依衆大軍因是得上其中有善禁術呉師刀劍不得拔弓弩射矢皆還自向輙致不利齊曰吾聞之雄黄勝五兵還丹能威敵夫金有刃虫有毒者皆可禁之以無刃之兵不毒之虫彼必無能爲也遂伐木爲棓列陣四面羅布俱鳴鼓角勒兵待曙賊惶遽無依禁術不效遂大破而降之

蜀志曰諸葛孔明率衆定南夷擒夷帥孟獲七縱七擒獲曰公天威也南人不復反矣

揚雄蜀王記云秦王石牛置金於後蜀人以爲牛便金蜀王發卒開道令五丁拖牛置成都蜀道乃通

太平御覽卷第二百八十五

太平御覽卷第二百八十六

兵部十七

機略五

王隱晉書曰馬隆子咸爲成都王前鋒統陸機攻長沙王乂於石橋將士器仗嚴利長沙王所統冠軍司馬王瑚率衆討咸咸堅不動瑚乃使數十騎下馬縛戟於馬鞍頭放令伺咸又使數十騎各刺所放馬馬驚奔咸軍軍即壞瑚因馳逐猛戰臨陣斬咸

晉書毛寶傳曰時蘇峻送米万斛饋祖約約遣司馬桓撫等迎之寶告其衆曰兵法軍令有所不從豈可不上岸耶乃設變力戰悉獲其米

又曰馬隆平泰原加赤幢曲蓋鼓吹隆奇謀間發夾道累磁石賊負鐵鎧行不得前隆卒先被犀甲無所留礙賊咸以爲神也

又曰衛瓘既囚鄧艾諸將圖欲劫艾艾整仗趨瓘營瓘輕出迎之僞作表草將申明艾事諸將信之而止

又曰劉琨少負壯氣有縱橫之才善交勝己而頗浮誇與范陽祖逖爲友聞逖被用與親故書曰吾枕戈待用志梟逆虜常恐祖生先吾着鞭其意相期如此在晉陽嘗爲胡騎所圍數重城中窘迫無計琨乃乘月登樓清嘯胡賊聞之皆悽然長歎中夜奏胡笳賊又流涕歔欷有懷土之切向曉復吹之賊弃圍而走

又曰盧循自廣州南下戎卒十萬舳艫千艘討敗將軍劉毅于桑落逕至江寧循妹夫徐道覆素有膽決知裕已還欲乾沒一戰請於新亭白石焚舟而上數道攻之循多謀少決欲以萬全爲討固不聽道覆曰我終爲盧公所誤事必不成使我得爲英雄主驅馳天下不足定也後循戰敗

又曰王敦反敦既死以兄子應爲嗣沈充自吳率衆萬餘人至與王含等合充司馬顧颺說充曰今日舉大事而天子已扼其喉情離衆沮鋒挫持疑猶豫必致禍敗今若決破柵塘因湖水灌京邑肆舟艦之勢極水軍之用此所謂不戰而屈人之兵上策也藉初至之銳并東南衆軍之力十道俱進衆寡過倍理必摧陷中策也轉禍爲福因敗爲成召錢鳳計事因斬之以降下策也充不能用颺逃歸于吳含復率衆渡淮蘇峻等逆擊大敗之充亦燒營而退既而周光斬錢鳳吳儒斬充並傳首京師

又載記曰苻登攻姚萇萇退還安定登就食新平留其大軍于胡空堡率騎萬餘圍萇營四面大哭哀聲動人萇惡之命三軍哭以應登登乃引退

又曰河間王顒在關中遣將張方討長沙王乂方率衆自函谷入屯河南乂遣左將軍皇甫商拒之而敗張方率兵入洛陽乂奉惠帝討方于城內方軍遥見乘輿於是引退方止之不得衆遂大敗方退壁于十二里橋人情挫衄無復固志或勸方夜遁方曰兵之利鈍是常貴因敗以爲成耳我更前作壘出其不意此用兵之奇也乃夜潛進逼洛城七里乂既新捷不以爲意忽聞方壘成乃出戰遂大敗

又曰石勒據襄國晉將王浚遣督護王昌及鮮卑段就六眷末杯等部衆五萬餘以討勒時城隍未修乃築隔城重柵以待之就六眷屯于渚陽勒分遣諸將連出挑戰頻爲六眷所敗又聞其大造攻具顧謂其將佐曰今寇來轉逼彼衆我寡恐攻圍不解外救不至內糧罄絕必敗不能固

也吾將簡練將士大陣於野以待之何如諸將曰宜固守以疲寇彼師老自退追而擊之必尅張賓曰聞就六眷尅來月上旬送死北城今以我勢寡弱謂不敢出戰意必懈怠今叚氏種衆之悍末杯尤最其卒之精勇悉在末杯可勿復出戰示之以弱速鑿北壘爲突門二十餘道候賊列守未定出其不意直衝末杯帳敵必震惶計不及設所謂迅雷不及掩耳末杯之衆既奔餘自摧散擒末杯之後王浚指揮而定勒納之即以孔萇爲攻戰都督造突門于北城鮮卑入屯北壘勒候其陣未定躬率將士鼓譟于城上會孔萇督諸突門伏兵俱出擊之生擒末杯就六眷等衆遂奔散萇乘勝追擊枕尸三十餘里獲鎧馬五千疋就六眷收其遺衆屯于渚陽遣使求和送鎧馬金銀并以末杯三弟爲質而請末杯諸將並勸殺末杯以挫之勒曰遼西

鮮卑與我素無怨讎爲王浚所使耳今殺一人結怨一國非計也放之必悅不復爲浚用矣於是納其質而遣末杯就六眷等引還終獲其用

又曰杜預以太康元年正月陳兵于江陵遣參軍樊顯尹林鄧圭襄陽太守周奇等率衆循江西上授以節度旬日之間累尅城邑皆如預策焉又遣牙門管定周旨伍巢等率奇兵八百汎舟夜渡以襲樂鄉多張旗幟起火巴山於要害之城以奪賊心吴都督孫歆震恐與伍延書曰北來諸軍乃飛渡江也吴之男女降者萬餘口旨巢等伏兵樂鄉城外歆遣軍出拒王濬大敗而還旨等發伏兵隨歆軍而入歆不覺直至帳下虜歆而還故軍中爲之謡曰以計伐戰一當萬

又曰劉牢之等討妖賊孫恩恩敗走虜男女二十餘萬口一時入海懼官軍之躡乃緣道多棄寶物子女時東土殷實粲麗盈目牢之等遽收斂故恩復得逃入海通典曰孫恩用此術獲免也

又曰李矩守滎陽後趙石勒親率兵襲矩矩遣老弱入山令所在散牛馬因設伏以待之賊爭取牛馬伏發齊呼聲動山谷遂大敗之斬獲甚衆勒乃退

又曰劉琨守太原遣將姬澹率衆十餘萬討石勒勒將拒之或諫曰澹兵馬精盛其鋒不可當宜深溝高壁以挫其鋭攻守勢異必獲萬全勒曰澹衆大遠來體疲力竭犬羊烏合號令不齊可一戰擒之何強之有寇已垂至胡可捨去大軍一動豈易中還若澹乘我之退顧走乃無暇焉得深溝高壘乎此爲不戰而自滅亡之道立斬諫者以孔萇爲前鋒都督令三軍後出者斬設疑兵於山上分爲二伏

勒輕騎與澹戰僞收衆而北澹縱兵追之勒前後伏兵夾擊澹軍大敗

又載記曰前燕慕容廆封略漸廣廆胡罪切據棘城晉平州刺史東夷校尉崔毖陰結高句驪毖音秘及宇文段回等謀滅廆以分其地遂同伐廆廆曰彼信崔毖虛說邀一時之利烏合而來耳既無統一莫相歸伏吾今破之必矣然彼軍初合其鋒甚鋭幸我速戰若逆擊之落其計矣靖以待之必懷疑貳迭相猜防一則疑吾與毖譎而覆之二則自疑三國之中與吾有韓魏之謀者待其人情沮惑然後取之矣於是三國攻棘城廆閉門不戰遣使送牛酒以犒宇文大言於衆曰崔毖昨有使至於是二國果疑宇文同於廆也引兵而歸宇文悉獨官曰二國雖歸吾當獨兼其國盡衆逼城連營三十里廆簡鋭士配子皝推鋒於前皝音晃子

翰領精騎爲奇兵從傍出直衝其營麾方陣而進悉獨官自恃其衆不設備見麾軍之至方率兵拒之前鋒始交翰已入其營縱火焚之衆遂大敗

又曰蘇峻反攻克石頭城據之以陶侃温嶠率兵討之諸將請於查浦築壘監軍鄧岳曰查浦地下又在水南唯白石峻極崇固可容數千人賊來攻不便戮賊之術也侃從之夜立壘訖賊見壘大驚賊攻大業侃將救之長史殷羨曰若大業步戰不利則大事去矣但當急攻石頭峻必救之而大業自解侃又從羨言峻果弃大業救石頭諸軍與峻戰陵東侃督竟陵太守李陽部將彭伐斬峻於陣賊衆遂潰

又曰妖賊孫恩北出海鹽劉裕爲將築城于海鹽賊日來攻城城內兵力甚弱裕深獨慮之一夜偃旗匿衆若已遁

者明旦開門使羸疾數人登城賊遥問裕所在曰夜已走矣信之乃率衆大上裕乘其懈怠奮擊大破之

崔鴻十六國春秋曰北凉沮渠蒙遜率兵伐南凉禿髮傉檀（傉奴篤切）入其境徙數千户而還傉檀追及蒙遜于窮泉蒙遜將擊之諸將皆曰賊已安營不可犯也蒙遜曰傉檀謂吾遠來疲弊必輕而無備及其壘壁未成可一鼓而滅進擊敗之乘勝至于姑臧夷夏降者乃數千户傉檀懼請和之而歸

又曰前燕將慕容垂討丁零翟劍于滑臺次于黎陽津劍於南岸拒守垂從營就西津爲牛皮船百餘艘載疑兵列仗泝流而上劍先以大衆備黎陽見垂向西津乃弃營西拒垂潛遣其桂林王慕容鎮率驍騎於黎陽津夜濟壁于河南劍聞而奔士衆疲渴走歸滑臺劍攜妻子率數百騎北趣白鹿垂遣追擊盡擒其衆

又曰後燕慕容盛據遼東其遼西太守李朗陰引後魏軍上表請發兵以拒寇盛曰此必詐也召其使而詰之果驗盡滅其族遣將李旱率騎討之師次建安召旱旋師朗聞其家被誅也擁二千餘户以自固及聞旱中路而還謂有內變不復爲備留其子養守令支迎魏師于北平旱候知之襲克令支遣裨將追朗及于無支斬之盛謂羣臣曰前以追旱還者朗新爲叛逆必忌官威一則鳩合同類劫害良善二則亡竄山澤未可卒平故非意而還以盈怠其志卒然掩之必克之理也羣臣皆曰非所及也

又曰前秦符堅陷襄陽晉將桓沖攻之堅將慕容垂等率步騎五萬救襄陽以石越爲前鋒次于沔水垂越夜命三軍人持火拒於樹枝光照數里沖懼退還

又曰後趙石勒將石季龍大掠陳蔡間而去留將桃豹守譙城住西臺東晉將祖逖遣將韓潛等鎮東臺同一大城賊從南門出入放牧逖軍開東門相守四旬逖以布囊盛土如米狀使千餘人運上臺又令數人擔米僞爲疲極而息於道賊果逐之皆弃擔而走賊既獲米謂逖士衆豐飽而胡戎飢久益懼無復膽氣

又曰後涼呂光遣將呂延伐西秦乞伏乾歸　大敗之乾歸因大泣歎曰死中求生正在今日也乃縱反間稱乾歸東奔成紀呂延信之引師輕進延司馬耿稚諫曰乾歸雄勇過人權略難測破王廣克楊定皆羸師以誘之雖蕞尓小國（蕞在外切）亦不可輕也困獸猶鬬況乾歸而可覩風自散乎今宜部陣而前步騎相接徐俟諸軍大集可一舉滅之延不從戰敗死之

又曰沮渠蒙遜伐西涼李士業於酒泉先攻浩亹（浩音閤亹音門）蛇盤於帳前蒙遜笑曰前一爲騰蛇今盤在吾帳天意欲吾迴師燒攻具而還次于川巖聞李士業徵兵欲攻張掖蒙遜曰入吾計矣但恐聞吾迴軍不敢前也兵事尚權乃露布西境稱得浩亹將進軍黄谷士業聞而大悦進入都瀆澗蒙遜潛軍逆之敗士業于懷城遂進尅酒泉

又曰南涼禿髮傉檀守姑臧後秦姚興遣將姚弼等至於城下傉檀驅牛羊於野弼衆採掠傉檀分擊大破之

又曰前燕慕容儁已尅幽薊至于冀州冉閔帥騎拒之與儁將慕容恪相遇於魏昌閔將董閏言於閔曰鮮卑乘勝勁不可當也請避之以溢其氣然後濟師以擊之可以捷也閔怒曰吾成師以出將平幽州斬慕容儁今遇恪而避之人將侮我矣閔威名素振燕衆咸憚之恪謂諸將曰閔

勇而無謀一夫之敵耳雖有甲兵不足擊也吾今分爲軍三部犄角以待之閔性輕鋭又以吾軍勢非敵必出萬死衝吾中軍吾今貫甲厚陣以俟其至諸軍但勵卒從傍須其戰合夾而擊之必尅閔與恪遇十戰皆敗之恪乃以鐵鎖連馬簡善射鮮卑勇而無罰者五千方陣而前閔乘駿馬左杖雙刀右執鉤戟順風擊之斬鮮卑三百餘級俄而燕騎大至圍之數周閔衆寡不敵躍馬潰圍東走行二十餘里爲恪所擒

太平御覽卷第二百八十六

太平御覽卷第二百八十七

兵部十八

機略六

宋書曰武帝遣將朱齡石伐譙縱於蜀帝曰往年劉敬宣黃武無功而退賊謂我今應從外水往而料我當出其不意猶從內水來也如此必重兵守涪城（音浮）以備內道若向黃武正墮其計今以大衆自外水取成都疑兵出內水此制敵之奇也而慮此聲先馳賊審虛實別有函書全封付齡石署其邊曰至白帝乃開諸軍雖進未知處分所由至白帝發書曰衆軍悉從外水取成都臧喜出於中外漢廣使羸弱乘高艦十餘由內水向黃武衆軍乃倍道兼行譙縱果備內水使其大將譙道福以重兵戍涪城遣其將侯輝譙詵等率衆萬餘屯彭模夾水為城齡石至彭模諸將以賊水北城險衆多咸欲先攻其南城齡石曰不然雖寇在北今屠南城不足以破北若盡銳以拔北壘南城不麾而自散也遂攻北城詰朝戰至日昃焚其樓櫓四面並登斬侯輝譙詵仍迴軍以麾南城即時散潰

又曰劉道濟為益州刺史政刑失中羣盜蜂起攻圍州城道濟將裴方明出東門破賊三營斬首數百級賊雖敗已復還合方明復僞出北門迴擊城東大營殺千餘人時天大霧方明等復揚聲出東門而潛自北門出攻城西諸營賊衆大潰於是奔散

又曰柳元景為隋郡太守既至而蠻反斷驛道欲攻郡郡內力少糧杖又乏元景設方略得六七百人乃分五百人屯驛道或曰蠻將逼城不宜分衆元景曰蠻聞郡遣重戍豈悟城內兵少且表裏合勢於計為長會蠻垂至乃使驛道兵潛出其後戒曰火舉馳進前後俱發蠻衆驚擾投郎水死者千餘人斬獲數百郡境肅然無復寇抄

又曰檀祗為廣陵相亡命司馬國璠兄弟自北徐州界聚衆數百潛過淮因天夜陰闇率百許人緣廣陵城得入叫喚直上廳事祗驚起出門將處分賊射之傷股却入祗密語左右曰賊乘闇得入掩我不備但打五鼓懼明謂曉於是奔散追討盡獲之

又曰宗愨征林邑圍區粟城林邑王范陽邁遣將范毗沙達率萬餘人來救愨謂諸將曰寇衆我寡難與爭鋒乃分軍為數道偃旗卧鼓愨潛進令曰聽吾鼓噪乃出山路榛深賊了不為備卒見軍至驚懼退走愨乘勝追討散歸林邑仍攻區粟拔之泛海陵山至八象浦有大渠南來注浦宋師沮渠置陣林邑王傾國來逆沮渠不得渡以具裝被象諸將憚之請待前後軍進然後擊之愨曰不然吾已屠其堅城破其銳衆我氣方厲彼已破膽一戰可定何疑焉愨以為外國有師子威服百獸乃制其形與象相禦象果驚奔衆因此潰亂愨率兵直度渠奮擊陽邁遁走其衆一時奔散遂尅林邑

南史曰蕭齊將魯康祚趙公政衆號一萬侵後魏荊河州之太倉口魏將傅永率三千人擊之時康祚等軍於淮南永舍於淮北十有餘里永量吳楚之兵好夜斫營即夜分兵為二部出於營外又以賊若夜來必應於渡淮之所以火記其淺處永既設伏乃密令人以瓠盛火度淮南岸當深處置之教云若有火起即亦然之其夜康祚公政等果親領兵來斫永營東西二伏夾擊之康祚等奔趣淮水火既竟起不能記其本濟遂觀永所置之火而爭度焉水深

溺而死斬首者數千級生擒公政康祚人馬墜淮曉而獲其尸

又曰東昏侯以劉山陽爲巴西太守配精兵三千使過荊州就行事蕭穎胄以襲襄陽梁武帝時爲雍州刺史知其謀乃遣參軍王天武詣江陵遍與州府人書及山陽西上梁武謂諸將曰荊州本畏襄陽又加以脣亡齒寒自有傷弦之急寧不闇同耶我若總荊州之兵掃定東夏韓白重出不能爲計況以無筭之昏主哉我能使山陽至荊州便即授首諸君試觀何如及山陽至巴兵梁武復令天武賫書與穎胄兄弟去後梁武謂張弘策曰夫用兵之道攻心爲上攻城次之心戰爲上兵戰次之今日是也先遣天武往州府人皆有書今乘驛甚急止有兩封與行事兄弟去天武口具及問天武而口無所說行事不暗相聞不容矯有所道天武是行事心豬彼聞必謂行事與天武共隱其事必人人疑山陽惑於衆口必相嫌貳則行事進無以自明必恐漏吾謀內是馳兩空函定一州矣山陽至江安聞之果疑不上穎胄大懼乃斬天武送首山陽信之將數十人馳入穎胄伏甲斬之送首梁武以州歸

又曰梁武帝發雍州東下（雍州今襄陽郡）大軍次江寧梁武使呂僧珍與王茂率精兵先登梁武頓於越城呂僧珍猶守白坂齊主東昏將李居士密覘知城中衆少率銳卒萬人直來薄城僧珍謂將士曰今力既不敵不可與戰可勿遙射須至塹裏當并力破之俄而皆越塹拔柵僧珍分人上城矢石俱發自率馬步三百人出其後守陴者復踰城而下內外齊擊居士等應時奔散

三國典略曰侯景叛段韶夾渦而軍潛於上風縱火景衆騎入水出而却走草濕火不復然

梁書曰司州刺史陳慶之率兵圍東魏南荊州東魏將堯雄行臺侯景救之雄曰苟堆梁之北面重鎮因其空虛攻之必尅彼若聞難荊圍自解此所謂機不可失也遂率衆攻之慶之果弃荊州來未至雄陷其城擒梁鎮將苟元廣

又曰陳慶之曹仲宗伐後魏之渦陽（渦孤和切）魏遣將元昭等率兵來援前軍至駞澗去渦（陽四十里嚮之役道）戰諸將以賊之前鋒必是輕銳與戰若捷不足爲功如其不利沮我軍勢兵法所謂以逸待勞不如勿擊慶之曰魏人遠來皆以疲倦去我既遠必不見疑及其未集須挫其氣出其不意必無敗理且聞虜所據營林甚盛必不夜出諸君若皆疑惑慶之請獨取之於是與麾下五百騎奔擊破其前軍魏人震恐

又曰梁襄州刺史柳仲禮留其長史馬岫守安陸自率步騎一萬寇西魏魏將楊忠帥衆南伐攻梁隨郡尅之進圍安陸仲禮聞隨郡陷恐安陸不可守遂馳歸赴援諸將恐仲禮至則安陸難下請急攻之忠曰攻守勢殊未可卒拔若引日勞師表裏受敵非計也南人多習水軍不閑野戰仲禮迴師已在近路吾出其不意以奇兵襲之彼怠我奮一舉必尅則安陸不攻自拔諸城可傳檄而定也於是選騎二千銜枚夜進遇仲禮於漴頭（漴音崇水所衝曰漴）忠親自陷陣擒仲禮悉俘其衆安陸及竟陵郡始忠所策

陳書曰周炅鎮安蘄等州高齊遣將陸騫以衆二萬出自巴蘄與炅戰炅留羸弱輜重設疑兵以當之身率精銳由間道邀其後大敗騫軍虜獲器械馬驢不可勝數

北史曰後魏濟陰王新成頗有武略庫莫奚侵擾詔新成

討之新成乃多爲毒酒賊逼便弃營而去賊至竟飲遂簡
輕騎擊之俘馘甚多

又曰梁將趙祖悅率水軍偷據峽石後魏將崔延伯率兵
討之延伯夾淮爲營遂取車輪去輞削銳其輻兩接對揉
竹爲緪（[illegible]人切）貫連相屬並十餘道橫水爲橋兩頭施大轆
轤出没任情不可燒斫既斷祖悅走路又令舟舸不通梁
氏援軍不能赴救祖悅合軍咸見俘虜

後魏書曰太武征夏赫連昌於統萬城師次城下收衆僞
退昌鼓譟而前會有風雨從東南來沙塵昏冥宦者趙兒
進曰今風雨從賊後來我向彼背天助人將士飢渴願陛
下避之更待後日崔浩曰是何言歟千日制勝一日之中
豈得變易賊前行不止後以離絶宜分軍隱出掩擊不意
風雨在人豈有常也帝從之分騎奮擊昌軍大潰

又曰雍州刺史蕭寶寅據州反魏大將長孫稚討之軍次
弘農副將楊侃曰昔魏武與韓遂馬超挾關爲壘勝負之
理久而無決豈才雄相類筭略抗衡當以河山險阻難用
智力今賊守潼關全據形勝縱曹操更出亦無所逞奇必
須北取蒲坂飛棹西岸置兵死地人有鬬心潼關之賊必觀
風而散諸處既平長安自尅稚曰賊黨薛脩義已圍河東
薛鳳賢又保安邑都督宗正珍孫停虞坂久不能進雖有
此計猶用爲疑侃曰珍孫本行陣一夫因緣進達可爲人
使未可使人一旦受元帥之任處分三軍精神亂矣寧堪
圖賊河東理在蒲坂西帶河滄所部之人多在東境　脩義驅
率壯勇西圍郡邑父老妻弱尚保舊村若卒一臨方寸各
亂人人思歸則郡圍自解不戰而勝昭然在目稚從之令
其子彥等領騎與侃於弘農北度所統悉是騎士習於野
戰未可攻城便據石錐壁侃乃班告曰今且停軍於此以
待步卒兼觀人情向背然後行若送降名者各自還村候
臺軍舉烽火亦舉烽應之以明降疑其無應烽者即是不降之
村理須殄戮賞賚軍士民遂傳相告報未實降者亦詐舉
烽一宿之間火遍數百里內寶寅將時圍河東不測所以
各自散歸長安賊平侃頗有力

又曰河北賊葛榮別帥韓樓郝長等有衆數萬屯據薊城
遣將侯泉率騎七百討之泉遂廣張聲勢多設供具親
以數百騎深入樓境欲執行人以問虛實去薊百餘里值賊
帥陳周馬步萬餘泉遂潛伏以乘其背大破之虜其卒五
千餘人尋還其馬伏縱令入城左右諫曰既獲賊衆何爲
復資遣之也泉曰我兵既少不可力戰事須爲計以離隙
之泉度其已至遂率騎夜進昧旦叩其城門韓樓果疑降

卒爲泉內應遂遁走追擒之

又曰河北賊葛榮率衆將向洛陽衆號百萬大將軍尒朱
榮率　精騎七千馬皆有副倍道兼行東出滏口葛榮自
鄴以北列陣數十里箕張而進榮潛軍山谷爲奇兵分督
將巳上三人爲一處處有數百騎令所在揚塵鼓譟使賊不
測多少又以人馬逼戰刀不如棒密勒軍士各賫棒一枚
置於馬側至於戰時不聽斬級以棒棒之而已虜沸騰遂
北乃分命壯勇所當衝突號令嚴明將士同奮榮身自陷
陣出於賊後表裏合擊大破之於鄴擒葛榮

又曰傳永守楚王戍蕭齊將裴叔業來攻永令塡塞外塹
夜伏戰士千人於城外曉而叔業至頓於城東列陣將置
長圍永所伏兵於道左擊其後軍破之叔業乃令將佐守
所列之陣自率精甲數千救之永上門樓觀叔業南行五

六里許便開門奮擊遂摧破之叔業進退失圖於是奔走左右欲追之永曰弱卒不滿三千彼精甲猶盛非力屈而敗直墮吾計中耳既不測我之虛實足喪其膽俘此足矣何假逐之

又曰太武帝親征後燕將慕容德于鄴戰前軍敗績德又欲攻之別駕韓諄進曰今魏不可擊者四燕不宜動者三魏懸軍遠入利在野戰一不可擊也深入近畿致兵死地二不可擊也前鋒既敗後陣方固三不可擊也彼衆我寡四不可擊也官軍自戰其地一不可動動而不勝衆心不固二不宜動隍池未修敵來無備三不宜動此皆兵機也深溝高壘以逸待勞彼千里饋糧野無所掠久則三軍靡資攻則衆旅多斃師老釁生詳而圖之可以捷也德曰韓別駕之言良平之策也

又曰大將廣陽王元深伐北狄使于謹單騎入賊中示以恩信於是西部鐵勒酋長也列河等三萬餘户並款附相率南遷廣陽欲與謹至折敦嶺迎接之謹曰破六汗拔陵兵衆不少聞也列河等歸附必來要擊彼若先據險要則難與爭鋒今以列河等餌之當竟來抄掠然後設伏而待必指掌破之廣陽然其計拔陵果來要擊破也列河於嶺上部衆皆沒謹伏兵發賊遂大敗悉收列河之衆也

太平御覽卷第二百八十七

太平御覽卷第二百八十八

兵部十九

機略七

三國典略曰周賀若敦陳侯瑱相拒于湘州敦恐瑱知其粮少乃於營内聚土覆之以米召其側近村人陽有所訪令其遥見瑱聞以爲實乃據守要險以老敦師敦又增修壁壘示以持久士人乘輕騎載米粟籠雞鴨以餉瑱軍敦患之乃僞爲土人裝舡内甲士其中瑱兵見舡至送米爭取敦甲士出而擒之

後周書曰太祖以王羆爲大都督鎮華州魏孝武西遷拜驃騎大將軍加侍中開府嘗脩州城未畢梯在外齊神武遣韓軌司馬子如從河東宵濟襲羆羆不之覺比曉軌衆以乘梯入城羆尚卧未起聞閤外洶洶有聲便袒身露髻

徒跣持一白挺大呼而出敵見之驚遂至東門左右稍集合戰破之軌衆遂投城遁走

又曰陸騰陵州木籠獠恃險驕獷每行抄劫詔騰討之獠既因山爲城攻之未可拔騰遂於城下多設聲樂及諸雜技示無戰心諸賊果弃其兵仗或攜妻子臨城觀樂騰知其無備密令衆軍俱上諸賊惶懼不知所爲遂縱兵討擊盡破之

又曰楊忠梁雍州刺史岳陽王蕭詧雖稱藩附而尚有二忠自穰城觀兵於漢濱易旗遞進實騎二千詧登樓望之以爲三萬懼而服焉

又曰韓褒爲汾州刺史界北接太原當千里徑先是高齊寇數入人廢耕桑前後刺史莫能防扞褒至適會寇來褒乃不下屬縣人既不及設備以故多被抄掠齊人喜相謂曰汾州不覺吾至先未集兵今者之還必莫能追躡我矣由是益懈不爲營壘褒已先勒精鋭伏北山中分據險阻邀其歸路乘其衆怠縱伏擊之盡獲其衆

又曰東魏寇龍門屯軍蒲坂造三道浮橋渡河又遣其將竇泰趣潼關高敖曹圍洛州太祖出軍廣陽召諸將曰賊今犄吾三面又造橋於河示欲必渡是欲綴吾軍使竇泰得西入耳久與相持其計得行非良策也且歡起兵以來泰每爲先驅其下多鋭卒屢勝而驕今出其不意襲之必克克泰則歡不戰而自走矣諸將咸曰賊在近捨而遠襲事若差跌悔無及也太祖曰歡前襲關吾軍不過霸上今者大來兵未出郊賊顧謂吾但自守耳無遠鬬意又恃於得志有輕我之心乘此擊之何往不克賊雖造橋未能徑度比五日中吾取竇泰必矣公等勿疑庚戌太祖率騎六

千還長安聲言欲保隴右辛亥謁帝而潛出軍癸丑旦至小關竇泰卒聞軍至惶懼依山爲陣未及成列太祖縱兵擊破之盡俘其衆萬餘人斬泰傳首長安高敖曹適陷洛州執刺史泉企聞泰之歿焚輜重弃城走齊神武亦撤橋而退

通典曰後周末隋文帝爲丞相益州總管王謙舉兵拒命隋文遣將梁睿討之進至龍門謙將趙儼秦會擁衆十萬據險爲營周亘三十里睿令將士銜枚出間道四面奮擊破之王謙又令高阿那瓌達奚惎惎渠記切等以盛兵攻利州聞梁睿將至惎分兵據開遠睿顧謂將士曰此虜必欲遏吾兵勢吾當出其不意破之必矣遣一將趣劍閣一將指巴西一將水軍入嘉陵睿遣將分道攻惎自午及申破之惎奔歸于謙睿進逼成都謙令達奚惎城守親率精兵五

萬背城結陣以擊之謙不利將入城甚以城降謙將麾下三十騎遁走斬之

又曰後周將法尚初自陳來歸陳將樊猛濟江討之法尚遣部曲督韓朗詐爲背已奔于陳僞告猛曰法尚部兵不願降北人皆竊議盡欲叛還若得軍來必無鬬者自當於陣倒戈耳猛以爲然引師急進法尚乃佯爲畏懼自保於江曲猛陣兵挑戰法尚先伏輕舡於浦中又伏精銳於古村之北自張旗幟逆流拒之戰數合僞退登岸投古村猛捨舟逐之法尚又疾走行數里與村北軍合復前擊猛猛走退赴舡旣而浦中伏舡取其舟幟建周旗幟猛於是大敗僅以身免

又曰後周末隋文帝輔政周大將尉遲迥在河北拒命河南州縣多從迥遣將檀讓屯成武別將高士儒屯永昌隋將于仲文詐移書州縣曰大軍將至可移積粟讓謂仲文未能卒至方椎牛享士仲文知其怠選精騎襲之一日便至遂拔成武迥將席毗羅衆十萬屯於沛縣將攻徐州其妻子住金鄉仲文遣人詐爲毗羅使者謂金鄉城主徐善淨曰檀讓明日午到金鄉將宣蜀公令（蜀公即尉遲迥）賞賜將士金鄉人謂爲信然皆喜仲文簡精兵僞建迥旗幟倍道而進善淨遥見仲文軍且至以爲檀讓乃出迎謁仲文執之遂取金鄉諸將多勸屠之仲文曰此城是毗羅起兵之所當寬其妻子其兵可自歸如卽屠之彼意絶矣衆皆稱善於是毗羅恃衆來薄官軍仲文背城結陣出軍數里設伏於麻田中兩陣纔合伏兵發俱曳柴鼓譟塵埃蔽天毗羅軍大潰仲文乘之賊皆投洙水而死水爲之不流獲檀讓送京師河南悉平

又曰後周末隋文作相遣將于仲文先以兵定關東破尉遲迥將檀讓初仲文在蓼隄諸將皆曰軍自遠來士馬疲弊不可決勝仲文令三軍趣食列陣大戰旣而破賊諸將皆請曰前兵疲不可交戰竟而剋勝其計安在仲文笑曰吾所部皆山東人果於進不宜持久乘勢擊之所以制勝諸將皆以爲非所及

又曰後周將達奚長儒圍陳將吳明徹於呂梁陳遣驍將劉景率勁勇七千來爲聲援長儒於是取車輪數百繫以大石沉之清水連轂相次以待景軍景至舡艦礙輪不得進長儒乃縱奇兵水陸俱發大破因擒明徹

又曰後周遣將率突厥之衆逼齊晉陽齊將段韶禦之時大雪之後周人以步卒爲前鋒從西山而下去城二里諸將咸欲逆擊之韶曰步人氣力勢自有限今積雪旣厚逆戰非便不如陣以待之彼勞我逸破之必矣旣而交戰大破之敵前鋒盡殪無復孑遺自餘通宵奔遁

又曰後周遣將討高　圍洛齊將段韶禦之韶登邙坂聊欲觀周軍形勢至太和谷便值周軍卽遣馳告諸營與諸將結陣以待之周軍以步人在前上逆戰韶以彼徒我騎且却且引待其力獘乃遣下馬擊之短兵始交周人大潰洛城之圍並卽奔遁

又曰西魏末岷州羌據州城反魏將獨孤信討之勒兵向萬年嶺三交谷口賊併力拒守信因詭道趣綢松嶺（綢直由切）賊不虞信兵之至觀風奔潰乘勝逐北徑至城下賊出降

又曰西魏末涼州刺史宇文仲和據州不受代魏將獨孤信率兵討之仲和嬰城固守信夜令諸將以衝梯攻其東北信親帥壯士襲其西南遲明克之（遲直吏切未明也天未明之時須巳蘖之）

事畢然後天明明遲於事耳

又曰西魏末蠕蠕侵魏魏大將元纂禦之蠕蠕遂逃出塞纂令將于謹率二千騎追之至郁郅原前後十七戰盡降其衆率輕騎出塞覘賊屬鐵勒數千騎奄至謹以衆寡不敵退必不免乃散其衆騎使匿叢薄間又遣人升山指麾若分部軍衆者賊遥見雖疑有伏兵旣恃其衆不以爲慮乃進軍逼謹謹常乘駿馬一紫一騧賊先所識乃使二人各乘一馬突陣而出賊以爲謹也皆爭逐之謹乃率餘軍擊其追騎賊遂奔走因得入塞

又曰西魏末遣將史寧與突厥木汗可汗同伐吐谷渾俱會於青海寧謂木汗曰樹敦賀眞二城是吐谷渾巢穴今若拔其本根餘種自然離散此上策也木汗從之即分爲兩軍木汗從北道向賀眞寧趣樹敦吐谷渾婆周王率衆

逆寧寧擊斬之踰山履險遂至樹敦即吐谷渾之舊都多諸珎藏而其主先已奔賀眞留其征南王及數千人固守寧進兵攻之僞退果開門逐之因迴兵奮擊門未及闔寧兵遂得入生獲其征南王俘虜男女財寶盡歸諸突厥

又曰東魏西荆州爲梁將曹義宗所圍東魏召人赴救慕容儼應募赴之時東魏北清太守宋帶劒謀叛清音育儼乃輕騎出其不意直至城語云大軍已到太守何不出迎帶劒造次惶恐不知所爲便出迎儼即執之一郡遂定

又曰東魏初齊神武破尔朱兆兆奔保秀容分兵守險出入鈔掠神武每揚聲云欲討之師出復止如此者數四神武揣兆歲首必應會飲使將竇泰率精騎先一日一夜行三百里兆軍人因宴休惰忽見泰軍莫不奪氣因而尅之

又曰東魏將齊神武率兵伐西魏大軍濟河集諸將議進趣之計斛律羌舉曰宇文黑獺聚凶黨强弱可知若固守無糧援可恃今揣其情以同困獸若不然其戰而逕趣長安空虛可不戰而尅拔其根本彼無所歸則黑獺之首懸於軍門矣諸將議有同遂戰於渭曲大敗而歸齊神武違之故敗也

又曰東魏末齊神武薨子澄立侯景叛歸梁而圍彭城澄遣慕容紹宗討之將戰紹宗以梁人剽悍恐其衆之撓也一一引將卒而誑之曰我當佯退誘梁人使前汝可擊之皆申明誡之景又命梁人逐北勿過二里會戰紹宗實敗走梁人不用景言乘敗深入魏人以紹宗言爲信爭共掩擊遂大破之

又曰東魏遣將斛律金寇西魏洛陽師至于河北周文帝患其度河乃於上流縱火船而下以燒河橋金先備小艇

羊盛以水鐵鎖連之亘絶中流火舡至而不前濵吏火滅而橋獲存遂進軍洛陽

又曰東魏將齊神武伐西魏軍至許原西周文帝至渭南徵諸州兵皆來會乃召諸將謂之曰高歡越山度河遠來至此天亡之時也今及其新至便可擊之即造浮橋於渭令軍人齎三日糧輕騎度渭南夾渭而軍至沙苑距齊神武軍六十餘里齊神武聞周文至引軍來會覘周文軍少競馳而進不行列揔萃於左軍兵將交周文鳴鼓士皆奮起其將于謹等六軍與之合戰李弼等率鐵騎横擊之絶其軍爲二遂大破之斬六千餘級臨陣降者二萬餘人齊神武夜遁追至河上復大尅獲前後虜其卒七萬留其甲士二萬餘悉縱歸

又曰齊神武大舉伐西魏將渡蒲津其將薛琡曰琡六娼西

賊連年飢饉但宜置兵諸道勿與野戰比及來年麥秋人衆盡應餓死西賊自然歸降願無渡河也侯景亦曰今者之舉兵衆極大萬一不捷卒難收斂不如分爲二軍相繼而進前軍若勝後軍全力前軍若敗後軍承之神武皆弗納遂有沙苑之敗

又曰齊神武與魏孝武帝搆隙自太原舉兵逼洛陽帝遣將元斌之斛斯椿鎮武牢（椿丑倫切）遣使告周文帝文帝謂左右曰高歡數日行八九百里曉兵者所忌正須乘便擊之而主上以萬乘之重不能度河決戰方緣津據守且長河萬里扞禦爲難若一處得度大事去矣果如其言帝西奔長安（孝武違而敗也）

太平御覽卷第二百八十八

太平御覽卷第二百八十九

兵部二十

機略八

隋書曰楊義臣與漢王將喬鍾葵相拒義臣自以兵少悉取軍中牛驢得數千頭復令兵數百人人持一鼓潛驅之澗谷間出其不意義臣晡後復與鍾葵戰兵初合命驅牛驢者疾進一時鳴鼓塵埃張天鍾葵軍不知以爲伏兵發因而大潰縱擊破之以功進位上大將軍

又曰長孫晟討突厥達頭晟進策曰突厥飲泉易可行毒因取諸藥毒水上流達頭人畜飲之多死於是大驚曰天雨惡水其亡我乎因夜遁晟追之斬首千餘級

又曰高熲獻取陳之策曰江北地寒田收差晚江南土熱水田早熟量彼收穫之際微徵士馬聲言掩襲彼必屯兵禦守足得廢其農時彼既聚兵我便解甲再三若此賊以爲常後雖集兵彼必不信持疑之頃我乃濟師登陸而戰兵氣益壯文帝行其策陳人益獘

又曰賀若弼鎮淮南先是弼請緣江防人每交代之際必集歷陽於是大列旗幟營幕被野陳人以爲大兵至悉發國中士馬既知防人交代其衆復散後以爲常不復設備其後弼以大軍濟江陳人弗之覺也遂滅陳

通典曰隋末王世充與李密相持於東都充夜渡陣於洛水之北其時密亦渡洛水陣兵與充相對月城西至石窟密兵多馬騎長槍宜路寬放縱充兵多戈矛䂍穳宜隘險然南逼洛水北限大山地形褊促騎不成列縱穳蹙之密軍失利密與數子登舟南濟自餘兵馬皆東走月城充乘勝長驅直至月城下密既渡南岸即彚馬西上直向充本營左右麾旌相繼而至充大營內見密兵來遍急連舉六烽充乃捨月城之圍收兵西退自洛北達於黑石中間四十餘里奔赴顛狽大喪師徒密之行也東北之圍不救而自解西南之寇不戰而成功充伏其權奇不復輕出

又曰隋漢王諒據幷州及隋將楊素率衆數萬討諒時晉絳呂三州並爲諒城守素各以二千人縻之而去諒遣將趙子開擁衆十餘萬柵絕徑路屯據高壁嶺布陣五十里素令諸將以兵臨之自引兵入霍山緣崖谷而進直指其營一戰破之殺獲數萬

又曰隋開皇中文帝大議伐陳諸將皆云大江闊遠兵不習水以此爲疑若一登南岸秦兵一可當百襄邑公賀若弼獻十策其一事請多造舡須舡既多賊必防擬更甚今南地無馬請付傍江諸州二十歲已上老馬令飼以平陳爲名賊必懼求馬擬戰密務刺史私賣博大舡江南下濕特不宜馬不逾周年並當死盡終不爲彼用陳主陳叔寶果大造舡市馬輸舡既多方覺不便而止高熲請所博得舡運諸州米貯壽陽城役徒於壽陽穿大池以魚蓮遨遊爲名造舡教水戰仍以賀若弼爲壽州總管終以此平陳

又曰隋將軍劉方率兵討林邑國其王梵志率其徒乘巨象而戰方軍不利方於是多掘小坑草覆其上因以兵挑之梵志悉衆而陣方以戰偽奔北梵志逐之至坑所其衆多陷轉相驚駭軍遂亂縱兵擊大破之

又曰隋末宇文化及殺煬帝後率兵來攻李密於黎陽密知化及糧且盡因偽與和弊其衆化及弗之悟大喜恣其兵食冀密饋之會密下有人獲罪亡投化及具以告密情化及大怒其食又盡乃度永濟渠與密戰于童山之下自

辰達西密爲流矢所中頓於汲縣化及掠汲郡北趣魏縣
其將王智略張童仁等率所部兵歸于密者前後相繼
又曰隋末楊玄感反攻東都刑部尚書衛玄感戰兵始會
玄感詐令人大呼曰官軍已得玄感矣官軍稍怠玄感與
數千騎乘之玄感兵於是大潰
又曰隋煬帝征高麗隋將于仲文率軍從樂浪道軍次烏
骨城仲文揀羸馬驢數千置於軍後既而率衆東過高麗
出兵掩襲輜重仲文迴擊大破之
又曰隋漢王諒作亂遣其將余公理自太行下河內隋將
史祥討之軍於河陰久不得濟祥謂軍吏曰余公理輕而
無謀才用素不足稱又新得志謂其衆可恃恃衆必驕且
河北人先不習兵所謂擁市人而戰不足圖也乃令軍中
修攻具攻河陽公理使諜知之果屯兵於陽內城以備祥

祥於是艤船河南公理聚甲以當之祥乃簡精銳於下流
潛度公理率衆拒之祥至湏水（湏姑闡切）兩軍相對公理未成
列祥縱擊大破之
又曰隋末李密破宇文化及還其勁兵良馬多死隋將王
充守東都欲乘其獘練精勇得二萬餘人馬千餘疋於洛
水南密軍偃師北山上時密新得志於化及有輕充之心
不設壁壘充夜遣二百餘騎潛入北山伏溪谷中令軍士
秣馬蓐食既而宵濟人奔馬馳遲明而薄密出兵應之陣
未成列而兩軍合戰其伏兵敝山而上潛登北原乘高而
下馳壓密營營中亂無能拒之者即入縱火密軍大驚而
潰
唐書曰太宗屯武牢竇建德悉衆而南陳兵於氾水王充
將郭士衡陣於南周亘數里鼓譟請戰諸將大懼太宗數

騎升高丘安坐以望之謂諸將曰賊起山東未見大敵今
度險而囂是無正令逼城而陣有輕我心我按兵不出彼
迺氣衰陣久卒飢勢將自退追而擊之何往不尅吾與公
等爲約必以午後破之如或不然寡人爲無謀矣建德乃
遣兵涉氾水太宗令揔管王君廓以少擊之待河北馬渡
方欲與戰建德列陣自辰至午士卒飢倦人皆坐列又爭飲
水太宗乃令宇文士及將三百騎經賊陣之西馳而南上
誡之曰賊若不動汝宜引歸如覺動宜出東面士及纔過
賊衆果動逡巡欲退太宗曰可以擊也親率輕騎追而誘
之衆軍繼至建德迴師陣未及整列太宗先登以擊之所
向皆靡俄而衆軍合戰囂塵四起太宗率史大柰程齩金
秦叔寶宇文歆等纏幡而入出其陣後張我旗幟賊顧見
之衆乃大潰追奔三十里斬首三千餘級虜其衆五萬餘

人一時放散
又曰太宗討劉黑闥相持兩月餘黑闥率步騎二萬南渡
洺水結陣而至晨壓我營太宗遣輕騎當之賊皆殊死戰
於是親率精騎擊賊馬軍破之因乘勝蹂其步卒自午及
昏戰數合賊大潰斬首萬餘級溺水死者數千人黑闥
與二百人北走悉虜其衆先是太宗遣兵堰洺上流令黑
闥得渡及戰之日遽令決堰水大至深丈餘賊衆以爲神
由是敗走
又曰武德中突厥　頡利二可汗到原州太宗率兵拒
之雨甚太宗乃召諸將謂之曰虜控弦鳴鏑弓馬是憑今
雨弥時弧矢俱弊突厥人衆如鳥矢（所介切）弭我屋宿火食
擒鍛犀利料我之逸揣敵所勞此而不乘夫復何待今欲
先令勁兵亂其陣乃率突騎驅其後虜俗進不相讓退不

相救自以北澗谷深長時有一道魚貫以度因而迫之彼十萬騎坑穽中物耳追至黃河縱不盡擒必當十獲八九此曉兵者所以解諸君勿疑於是潛師夜出冒雨而進頡徒震駭因縱反間於突利悅而歸心二可汗內離頡利欲戰不可因請和而去

又曰貞觀中蘇定方率兵討突厥賀魯大雪平地二尺軍中咸請停兵候晴定方曰虜恃雪深謂我不能前進必當憩息追之可及若緩以縱之則漸遠難追省日兼功在此舉也於是勒兵陵雪晝夜兼進所經收其人衆遂至雙河去賀魯所居二百餘里布陣長驅徑至金牙山賀魯牙帳時賀魯集衆欲獵定方縱兵擊之盡破其牙帳生擒數萬人賀魯脫走投石國定方於是悉命諸部歸其所居埋瘞骸骨存問疾苦復其產業賀魯所虜掠者悉撿責還之於是西域諸國安堵如故令副將蕭嗣業往石國以追賀魯遂擒歸于京師

又曰貞觀中突厥諸部離叛朝廷將圖進取以李靖爲代州道行軍總管率驍騎三千自馬邑出其不意直趨惡陽嶺以逼之突利可汗不虞於靖見官軍掩至相謂曰唐兵若不傾國而來靖豈孤軍而至一日數驚四年靖進擊定襄城破之突厥諸部落並走磧北突利可汗來奔

又曰貞觀中吐谷渾寇邊以李靖爲西海道行軍大總管統兵部尚書侯君集刑部尚書任城王道宗等五總管征之軍次伏俟城吐谷渾燒去野草以餧我師退保大非川諸將咸言春草未生馬已羸疲不可赴敵唯靖決計而進深入敵境遂踰積石山前後戰數十合殺傷甚衆大破其國

又曰武德中突厥突利頡利二可汗到原州太宗率兵拒之兩陣將交太宗以數騎出謂之曰不念昔者香火之言乃來相侵知二可汗外同內異故以此言疑之頡利見太宗輕出又聞香火之言乃陰猜突利因遣使曰王不須憂我無惡意更欲與王自斷當耳於是斂軍引却

又曰貞觀中北狄鐵勒薛延陀發同羅僕骨迴紇等衆合二十萬度漠屯白道川據善陽嶺以擊突厥可汗李思摩之部思摩引其種落走朔州留精騎以拒戰延陀乘之及塞太宗令張儉李勣等率兵數道擊之時太宗誡之曰延陀負其兵力踰漠而來經途數千馬已疲瘦夫用兵之道見利速進不利速退其掩思摩不能疾擊思摩既入長城又不能速退吾先勑思摩燒薙秋草延陀糧食日盡野無所獲頃者偵人來云其馬齧噉林木枝皮略盡卿等犄角思摩不須前戰候其將退一時奮擊制勝之舉也於是李勣擊延陀之衆破之先是延陀擊突厥沙鉢羅及杜尔皆以步兵戰而勝及其將來寇也先講武於國中教習步戰每五人以一人經習戰陣者使執馬而四人前戰克勝即授馬以追奔失於應接罪至於死沒其家口以賞戰人至是遂行其法突厥先合趣退延陀乘勝而逐之勣兵拒擊而延陀萬矢俱發傷我戰馬李勣乃令去馬步陳率長矟數百爲隊齊奮以衝之其衆潰散副總管薛萬徹率數千騎收其執馬者其衆失馬莫知所從因擊之乃大敗

又曰武后初徐敬業起兵於楊州武太后令將軍李孝逸討之敬業拒于高郵之下阿谿敬業置陣既久士卒多疲息皆顧瞻陣不能整孝逸遂率衆擊之因風縱火敬業懼燒而退孝逸進擊大破之

又曰武德中薛萬均與羅藝守幽州竇建德率衆十萬來至范陽萬均謂藝曰衆寡不敵今若兵鬭百戰百敗當以計取可令羸兵弱馬阻水背城爲陣以誘之賊若度水請公精騎百人伏於城側待其半度而擊之破之必矣從之建德引兵度水萬均擊之大破

又曰武德初王世充據東都太宗往征之屯青城宮營壘未立王世充衆二萬自方諸門出臨穀水以禦大軍諸將甚懼太宗以精騎陳於北邙登後魏宣武陵以觀賊陣謂左右曰賊勢迫矣悉衆而出利在一戰今日破之其後不能出矣乃令屈突通率步卒五千度水布陣以當之因戒通曰待兵交即放煙吾當率馬軍南下兵纔接太宗以騎衝之挺身先進表裏合勢賊衆殊死戰散而復合者數焉地既險隘賊多雜積（積錽也雜錽也）騎戰稍難太宗親自射之莫不應弦而倒起辰及午賊衆始退因乘之迫于城塹俘斬七千人自是不敢復出

又曰高宗遣將軍裴行儉討突厥於黑山至朔川謂其下曰兵法尚詐者以權謀制敵也若御其下則非誠信不可行遣副將蕭嗣業運糧被掠兵多餒死所以敗也狡冦狃忕不可以不備乃詐爲糧車三百乘每車伏壯士五人各賫陌刀勁弩以羸兵數百人援之兼伏精兵居險以待之賊果大下羸兵弃車散走賊驅馬就泉井解鞍牧馬方擬取糧車中壯士齊發伏兵亦至殺獲殆盡賊衆奔潰自是續遣糧運無敢近之者

又曰馬燧爲魏博招討使田悅求救於淄青恒州李納遣大將衛俊將兵僅萬人以救悅李惟岳亦遣三千餘人救悅收合散兵二萬餘壁於洹水淄青軍其東恒州軍其西首尾相應燧帥諸軍進屯於鄴奏請益河陽兵詔遣河陽節度使李芃將兵會之軍次於漳悅遣將王光進以兵守長橋築月城以爲固軍不得渡燧乃於下流以兵車數百乘維鐵鎖絶中流實以土囊以遏水水稍淺諸軍畢渡是時軍粮少悅深壁不戰欲老燧軍燧令諸軍持十日粮以前進次倉口與悅等夾洹水而軍李抱貞等問曰粮少深入何也燧曰粮少利速戰兵法善於致人而不致於人今田悅與淄青恒州三軍爲首尾計以老我師若分軍擊其左右兵少未可必破悅且來救是前後受敵也兵法所謂攻其必救固當戰也燧爲諸公合而破之燧乃造三橋逾洹水日挑戰悅不敢出恒州兵自以軍少懼爲燧所并引軍合於田悅燧又令於軍中曰悅死傷之餘安敢出戰所恃者淄青軍尒吾當先破納軍則田悅坐受降也淄青軍聞懼亦引軍合於田悅謂燧明日復挑戰乃伏兵萬人欲邀之燧乃令諸軍半夜皆食先鷄鳴時擊鼓鳴潛師旁洹水西徑趨魏州令曰聞賊至即止爲陣又令百騎鳴鼓角留於後仍抱薪持火待軍止鼓角匿其旁伺悅軍渡焚其橋軍行十數里悅乃率淄青恒州兵步騎四萬餘踰橋掩其後乘風縱火鼓噪而進燧乃坐軍前除草斬榛棘廣百步以爲陣募勇士得五千餘人分爲前列以俟賊至比悅軍至則火滅氣乏力少衰乃縱擊之悅大敗時神策昭義河陽軍小却河東軍勝諸軍還鬭合擊又大破迫切洹水悅軍走橋橋已焚矣悅軍亂赴水斬首二萬殺賊大將孫晉御安墨啜生獲三千餘人溺水死者不可勝數淄青軍殆盡死者相枕藉三十里悅收兵得千餘人走夜至魏州

又曰元和十二年唐鄧節度使李愬奏以九月二十六日

圍蔡州吴房縣攻其外城毀之斬首千餘級初將出攻左右白以往亡日請避之愬曰賊以往亡謂吾不能來正可擊也及戰勝而歸賊以梟騎五百追愬愬下馬據胡床令於衆曰後迴戈者斬由是衆悉力戰射殺賊將孫忠憲賊衆乃退或勸愬曰乘其退可遂拔吴房愬曰取之賊必合勢而固其穴不如留之使分其力

太平御覽卷第二百八十九

太平御覽卷第二百九十

兵部二十一

料敵上

孫子曰用兵之道校之以五計而索其情索其勝負之情索搜索之義也曰主孰有道將孰有能道德智能主君也先當校兩國之君主知能否也若荀息虞公貪而好寶宮之奇懦不能強諫天地孰得視兩軍所據知誰得天時地利法令孰行設而不犯犯而必誅號出令知誰能施行也兵衆孰強士卒孰練知誰兵器強盛士卒簡練者故王子曰士不素習當陣恇惑將不素習臨陣闇變是也賞罰孰明賞善罰惡知誰分明者也賞無度則費而無恩罰無度則戮而無威吾以此知勝負矣以上七事料敵情知勝負所在敵知吾卒之可用以擊之不知敵之不可擊勝之半也知敵之可以擊而不知吾卒之不可以擊勝之半也知敵之可以擊知吾卒之可擊而不知形之不可以戰勝之半也勝之半者未可知也故曰知兵者動而不迷舉而不頓將能料敵以少合衆以弱擊強兵無選鋒曰北其勢若此必走北之兵也夫料敵制勝計極險易利害遠近上將之道也知此而用戰者必勝不知此而用戰者必敗夫唯無慮而易於敵者必擒於人也己無智慮而外易人者必為人擒故策之而知得失之計策度敵情觀其所施則計數知候之而知動靜之理喜怒動作察其卒止則情理可知也故知動靜權變為勝形之而知死生之地形相敵情觀其所得而知之角之而知不足有餘之處角量也角量彼我軍馬之使則長短可知

又曰兵者詭道兵無常形以詭詐為道故校之以五計而索其情一曰度二曰量三曰數四曰稱五曰勝勝敗之數用兵之法當此事稱量敵之情也地生度因地形度形勢度生量量生數知其遠近廣狹知其數量數生稱稱量勝稱量人之故知其勢勝負所在也敵與己故勝兵若以鎰稱銖敗兵若以銖稱鎰輕不能舉動也相勝之戰者人也若決水於千仞之谿者形也仞七尺也其勢疾也

左傳曰吳子入越越子以甲楯五千保于會稽請行成伍員曰不可臣聞務德莫如滋去疾莫如盡違天而長讎雖悔之不可矣王不聽退而告人曰二十年之外吳其為沼乎

又曰吳師在陳楚大夫皆懼子西曰二三子恤不相睦無患矣昔闔廬食不貳味居不重席勤恤其民而與之勞逸今聞夫差次有臺榭陂池焉宿有妃嬙嬪御焉視民如讎而用之日新夫差先自敗也已安能敗我者也

又曰楚子伐鄭晉師救之楚子北師次于郔郔鄭北地郔音延聞晉師濟河楚子欲還伍參言於楚子曰晉之從政者新未能行令其佐先縠剛愎不仁未肯用命其三帥者專行不獲欲專其所行而不得聽而無上衆誰適從此行也晉師必敗楚改乘轅而北之次於管以待之晉師在敖鄗之間敖五勞反鄗許各反晉魏錡求公族未得欲為公族大夫而怒欲敗晉師請致師不許請使許之使所吏反遂往請戰而還趙旃求卿未得挑戰不許請召盟許之與魏錡皆命而往郤克曰二憾往矣弗備必敗隨會曰若二子怒楚楚人乘我喪師無日矣乘猶登也不如備之楚之無惡除備而盟何損於好若以惡來有備不敗且雖諸侯相見軍衛不徹警也先縠不可不肯設備隨會使鞏朔韓穿帥七覆于敖前帥將也覆為伏兵七處故上軍不敗而中軍下軍皆敗績

又曰吳師伐楚州來楚救之吳人禦諸鍾離楚將子瑕卒楚師熸吳楚之間謂火滅為熸軍之重主喪士故其軍人死復氣勢也熸子廉反吳將公子光曰諸侯從於楚者衆而皆小國也畏楚而不獲已是以來吾聞之作事威尅其愛雖小必濟尅勝也軍事尚威胡沈之君幼而狂性無常也陳大夫齧壯而頑頓與許蔡疾楚政大將死其

師熸遂越爲師帥賤多寵政令不壹越非正卿也軍多寵人政令不壹於越也七國同役而不同心七國楚頓胡沈蔡陳許也帥賤而不能整無大威命楚可敗也先分師以犯胡沈與陳必先奔諸侯之師乃搖心矣諸侯乖亂楚必大奔請先者去備薄威示之以不整以誘之後者敦陳整旅敦厚也吳子從之戰于雞父父音甫吳子以罪人三千先犯胡沈與陳囚徒不習戰以示不整也三國爭之吳爲三軍以繫之其後中軍從王光帥右軍掩餘帥左軍吳之罪人或奔或止三國亂吳師擊之敗獲胡沈之君及陳大夫舍胡沈之囚使奔許與蔡頓曰吾君死矣師譟而從之三國奔三國許蔡頓也楚師大奔也

又曰晉侯將伐虢大夫士蔿曰不可虢公驕若驟得勝於我弃其民弃民不養之無衆而後伐之欲禦我誰與夫禮樂慈愛戰所畜也夫民讓事樂和愛親哀喪而後可使也上之吏民以義讓哀樂爲本言不可以力強虢弗畜也亟戰將飢言虢不蓄義讓而力戰也後終爲晉所滅

又曰秦伯伐晉晉將趙盾禦之上軍佐臾駢曰秦不能久請深壘固軍以待之秦人欲戰秦伯謂士會曰若何而戰晉士會奔秦對曰趙氏新出其屬曰臾駢必實爲此謀將以老我師也臾駢趙盾屬大夫新出佐上軍趙有側室曰穿晉君之壻也側室枝子有寵而弱不在軍事弱年少又未嘗涉知軍之事好勇而狂且惡臾駢之佐上軍也若使輕者隸焉其可也隸暫往而退秦軍掩晉上軍趙穿追之不及上軍不動趙穿獨追之返怒曰裹糧坐甲固敵是求敵至不擊將何俟軍吏曰將有待也待可擊之穿曰我不知謀將獨出乃以其屬出趙盾曰秦獲穿也獲一卿矣晉自有數從者位御秦以勝歸我何以報乃皆出戰交綏而退司馬法曰逐奔不遠從綏不及逐奔不遠則難誘從綏不及則難陷然則古名退軍爲綏秦晉亦未能堅戰短兵未致爭而兩退故曰交綏也

又曰晉師伐楚四月甲午晦楚晨壓晉軍而陳晉大夫郤至曰楚有六間間古莧切其二卿相惡子重子反王卒以舊罷老不代鄭陳而不整不整列蠻軍而不陳蠻夷從楚者不結陳陳不違晦晦月終陰之盡也故兵家以爲忌在陳而囂囂譁喧也合而加囂陳合宜靜而益其聲各顧其後莫有鬬心舊不必良以犯天忌我必克之終敗楚于鄢陵

史記曰龐涓追孫臏臏量其行暮當至馬陵道狹而旁多阻險可伏兵乃大斫樹白而書之曰龐涓死此下於是令齊軍善射者萬弩夾道而伏期曰見火起　而俱發龐涓夜至斫樹下見白書乃鑽火燭之讀書未畢齊軍萬弩俱發魏軍大亂龐涓自知智窮兵敗乃自刎曰遂成豎子之名

又曰漢王在漢中拜韓信爲大將信因問王曰今東嚮爭權天下豈非項王耶漢王曰然曰大王自料勇悍仁彊孰

與項王漢王默然良久曰不如也信再拜賀曰惟信亦爲大王不如也然臣嘗事之請言項王之爲人也項王喑噁叱咤千人皆廢喑音蔭噁烏路切叱尺栗切咤陟訝切然不能任屬賢將此特匹夫之勇耳項王見人恭敬慈愛言語姁姁人有疾病涕泣分食飲至使人有功當封爵者刻印刓刓五丸切忍不能與此所謂婦人之仁也項王雖霸天下而臣諸侯不居關中而都彭城背義帝之約而以親愛王諸侯不平諸侯之見項王遷逐義帝置江南亦皆歸逐其主而自王善地項王所過無不殘滅者天下多怨百姓不親附特劫於威彊耳名雖爲霸實失天下心故曰其彊易弱今大王誠能返其道任天下武勇何所不誅以天下城邑封功臣何所不服以義兵從思東歸之士何所不散且三秦王爲秦將將秦子弟數歲矣所殺亡不可勝計又欺其衆降諸侯至新安項王

詐坑秦降卒二十餘萬唯獨邯欣翳得脫章邯司馬欣董翳秦父兄怨此三人痛入骨髓今楚彊以威王此三人秦民莫愛也大王之入武關秋毫無所害除秦苛法與秦約法三章耳秦民無不欲得大王王秦者於諸侯之約大王當王關中關中人咸知大王失職入漢中秦人無不恨者今大王舉而東三秦可傳檄而定也於是漢王大喜自以爲得信晚遂聽信計定秦滅項

又曰項籍圍漢王於滎陽城久之漢王患之請割滎陽以西以和項王不聽漢王謂陳平曰天下紛紛何時定乎陳平曰然項王爲人恭敬愛人士之廉節好禮者多歸之至於行賞功爵邑重之言愛惜之士亦以此不附今大王慢而少禮士廉節者不來然大王能饒人以爵邑士之頑鈍嗜利無恥者亦多歸漢王誠各去其兩短襲其兩長天下指麾可

定矣

又曰漢王與項籍約中分天下漢王欲西歸張良陳平說曰漢有天下太半而諸侯皆附之楚兵疲食盡此天亡之時也不因其飢而遂取之今釋不取所謂養虎自遺患也從之終滅羽

漢書曰陳王拜項梁爲楚上柱國梁自號武信君乃使宋義於齊道遇齊使者高陵君顯張晏曰顯名高陵縣名也曰公將見武信君乎曰然義曰臣論武信君軍必敗公徐行則免疾行及禍章邯夜銜枚擊楚大破之定陶梁死宋義所遇齊使者高陵君顯見楚懷王曰宋義論武信君必敗數日果破未戰先見敗徵此可謂知兵矣召宋義與計事而悅之因以爲上將

又曰西域都護爲烏孫兵所圍上召陳湯問之湯曰烏孫瓦合不能久攻訕指計其日不出五日當有吉語聞果四日軍書言已解

又曰黥布反帝召薛公問對曰使布出於上計東取吳西取楚并齊取魯傳檄燕趙固守其所山東非漢之有也出中計東取吳西取楚并韓取魏據敖倉之粟塞成皋之口勝敗之數未可知也出下計東取吳西取下蔡歸重於越身歸長沙陛下高枕而卧漢無事矣上曰是計將安出對曰必出下計布故酈山之徒也酈音離自致万乘之主此皆爲身不顧後爲百姓萬代慮也故曰出下計上自將東擊布布之初反謂其將曰上老矣厭兵必不能來使諸將獨患淮陰彭越今皆已死餘不足畏也故遂反果如薛公籌之東擊荆荆王劉賈敗死時賈都丹徒也漢終破布

通典曰後漢末曹公擊馬超始賊每一部到公輒有喜色

賊破之後諸將問故公荅曰關中長遠若賊各依險阻征之不一二年不可定也今皆來集其衆雖多莫相歸服軍無適主一舉可滅爲功差易吾是以喜

又曰後漢末青州黄巾衆百餘萬人起兖州界刺史劉岱欲擊之鮑信諫曰今賊衆百萬百姓皆震恐士卒無鬬志不可敵也觀賊衆羣輩相隨軍無輜重唯以抄掠爲資今不若蓄士衆之力先爲固守使彼欲戰不得攻則不能其勢必離散然後選精鋭據其要害擊之可破也岱不從遂與戰果爲所殺劉岱爲之而敗

又曰後漢末荀攸從曹公征張繡攸言曰繡與劉表相持爲強然繡以遊軍仰食表不能供也勢必離不如緩軍以待之可誘而致也不從表果救之軍不利曹公謂攸曰不用君言至是曹公違之而敗

又曰後漢末張遼屯長社軍中有謀反者夜驚起亂火一軍盡擾遼謂左右勿動是不一營盡反必有造變者欲以動亂人耳乃令軍中不反者安陣遼將親兵數十人中陣而立有頃定即得首謀者殺之張遼審料立斷賊首亦同料敵之義

又曰後漢末曹公征荊州劉琮降得其水軍及步軍遂遺書孫權云今將水軍十八萬與將軍會獵於長州之苑將士聞之恐權延見羣下問計咸曰曹操託名漢相挾天子以征四方動以朝廷爲辭今日拒之事更不順且將軍大勢可以距操者長江也劉表理水軍艨艟鬬艦千數操悉浮以沿江兼有步兵水陸俱下此則上江之險尚我共之矣而勢力衆寡愚謂大計不如迎之權將周瑜曰操雖名漢相其實漢賊將軍神武雄才兼杖父兄遺烈據有江東地方千里兵精足用英豪樂業尚當横行天下爲漢家除

殘去穢況操自送死豈可迎之耶請爲將軍籌之使北土已安操無内憂能曠日持久來爭疆埸又能尚我校勝負於舡檝可也今北土既未安而加以馬超韓遂在關西爲操後患且捨鞍馬杖舟檝與吴越爭衡本非中國所長又今盛寒馬無藁草驅中國士衆遠涉江湖不曾習水土必生疾病此數四者用兵之患也而操皆冒行之瑜得請精兵三萬人徑進夏口保爲將軍破之權曰老賊欲廢漢自立久矣但忌二袁吕布劉表與孤耳今諸英雄已滅唯孤尚存孤與老賊勢不兩立君言當擊甚與孤合權拔刀斫前奏案曰諸將吏敢復言迎曹操者與此案同果有赤壁之捷焉

又曰蜀大將諸葛亮悉衆十萬由斜谷出始平據武功五丈原魏大將司馬宣王帥師拒之與亮對於渭南亮分兵屯田爲久駐之本耕者雜於渭濱而百姓安堵軍無私焉屢使交書復致巾幗婦人之飾以怒宣王王亦屢表請戰魏使衛尉辛毗持節勒懿及軍吏以下不許出戰姜維謂亮曰辛毗杖節而到賊不復出矣亮曰彼無戰心所以固請者尔惑於衆耳將在軍君命有所不受苟能制吾豈千里請戰耶宣王使二千餘人就軍營東西角大聲稱萬歲亮使問之荅曰吴朝有使至請降亮謂曰計吴朝必無降法卿是六十老翁何煩詭誑如此懿與亮相持百餘日亮卒於軍中及軍退懿追焉亮長史楊儀結陣反旗鳴鼓若將向懿者懿遽退不敢逼經二日乃行其營壘曰天下奇才也懿乃追之儀多布鐵蒺藜懿使軍士二千人著軟材平底木屐前行蒺藜悉著屐然馬步徑進追至赤岸方知審問百姓爲之諺曰死諸葛走生仲達懿笑曰吾便料生

不便料死故也孔明料吴下降明矣司馬不料亮死暗也

吴志曰魏使大司馬曹仁步騎數萬向濡須爲欲東攻羨溪朱桓分兵赴羨溪仁軍進拒濡須桓聞追羨溪兵未到而仁奄至諸將各懼桓喻之曰凡兩軍交對勝負在將不在衆寡兵法所以稱客倍而主人半者謂俱在平原無城池之守又謂士衆勇怯齊等故耳今仁既非智勇又久涉人馬罷困桓與諸軍共據高城南臨大江北陪山陵以逸待勞以主制客此百戰百勝之勢雖曹丕自來尚不足憂況仁等耶桓因偃旗鼓外示虛弱以誘仁果遣其子太攻濡須分遣將軍常雕王雙等乘油舡襲中州桓自拒太太燒營退梟雕首生虜雙送武昌臨陣及溺死者千餘人

十六國春秋曰前趙劉曜敗石勒將石季龍于高候今絳州聞喜縣界也遂圍洛陽勒將親救程遐等固諫曰劉曜乘勝兵盛

難與爭鋒金墉糧豐攻之未可卒拔曜軍千里勢不支久
不可親動動無萬全大業去矣勒大怒按劒叱遐等出召
徐光而謂之曰劉曜乘高堆之勢圍守洛陽庸人之情皆
謂其鋒不可當也然曜帶甲十萬攻一城而百日不尅師
老卒殆以我初鋭擊之可一戰而擒若洛陽不守曜必送
死兾州自河以北席卷北向吾事去矣程遐等不欲吾親
行卿以爲何如光對曰劉曜乘高堆之勢不能進臨襄國
更攻金墉此其無能爲也懸軍三時無攻戰之利若鸞旗
親駕必覩旌奔敗定天下之計在今一舉勒笑曰光之言
是也使内外戒嚴有諫者斬命石堪石聰桃豹等各統見
衆會滎陽使石季龍進據石門以左衛石邃都督中軍事
勒統步騎四萬赴金墉勒謂徐光曜盛兵城皐關上計也
阻洛水其次也坐守洛陽者成擒也勒諸軍至城皐勒見

曜無守軍大悦乃卷甲銜枚詭道兼路出于鞏訾之間知
曜陳其軍十餘萬人于城西弥悦勒入自宣門昇故太極
前殿季龍步卒三萬自城北而西攻其軍石堪石聰等各
以精兵騎八千城西而北擊其前鋒大戰於西陽門勒躬
貫甲胄出自閶闔夾擊之曜軍大潰於陣擒曜以徇于軍
也

太平御覽卷第二百九十

太平御覽卷第二百九十一

兵部二十二

料敵下

宋書曰晉義熙五年二月僞燕主慕容超大掠淮北三月帝抗表北伐以丹陽尹孟昶監中軍留府事乃浮淮入泗五月至下邳留船步軍進琅邪所過築城留守超大將公孫五樓請斷大峴堅壁清野以待超不從初謀是役議者以爲賊若嚴守大峴軍無所資何能自返帝曰不然鮮卑性貪略不及遠既幸其勝且愛其穀必將引我且亦輕戰師一入峴吾何患焉及入峴帝舉手指天曰事濟矣衆問其故帝曰師既過險士有必死之志餘糧栖畝軍無匱乏之憂勝可必矣

通典曰陳將吳明徹進逼壽陽北齊將王琳拒守又遣大將皮景和率兵數十萬來援去壽春三十里頓軍不進諸將咸曰堅城未拔大援在近不審公計將安出明徹曰兵貴在速而彼結營不進自挫其鋒吾知其不敢戰明矣於是躬擐甲冑疾攻一鼓而尅壽陽

又曰西魏遣將于謹討梁元帝於江陵長孫儉問謹曰爲蕭繹之計將欲如何謹曰耀兵漢沔席卷度江直據丹陽是其上策移郭內居民退保子城峻其陴堞以待援至是其中策若難於移動據守羅郭是其下策儉曰揣繹定出何策謹曰必用其下策儉曰彼弃上而用下何也對曰蕭氏保據江南綿歷數紀屬中原多故未遑外略又以我有齊氏之患必謂力不能分且繹懦而無謀多疑少斷人難慮始皆戀邑居既惡遷移當保羅郭所以用下策也謹乃令中山公護及楊忠等率精騎先據江津斷其走路梁人豎木柵於外城廣輸六十里尋而謹至悉衆圍之梁主屢遣兵於城出戰輒爲謹所破旬六日外城自陷梁主退保子城翌日率其太子以下面縛出降尋殺之

又曰後魏末原州民豆盧狼害都督大野樹兒等據州城反州人李賢乃招集豪傑謀曰賊起倉卒便誅二將其勢雖盛其志已驕然其政令莫施唯以殘剥爲業夫以羇獷之賊而馭烏合之衆勢自離解今若從中擊之賊必喪膽如吾計者指日取之衆皆從賢乃率敢死士三百人分爲兩道乘夜鼓譟而出羣賊大驚一戰而敗狼遁走追斬之

後魏書曰李順使涼州還世祖問蒙遜政教得失順曰蒙遜專威河右三十許年雖不能貽厥將來獨足以終其一世但前歲表許十月送曇元讖及臣往迎便乖本意不忠不信於是而甚以臣觀之不復周矣世祖曰若如卿言則效在不遠其子必復世襲之後又問曰早晚當滅順曰臣略見其子並非俊才能保一隅如燉煌太牧犍器性粗立若繼蒙遜者必此人也然比之於父僉謂不逮殆天所資聖明也既而蒙遜死問至世祖謂順曰卿言蒙遜死今則驗矣又言牧犍立何其妙哉晚克涼州知當不遠於是賜絹千疋廐馬一疋進號安西將軍寵待弥厚

唐書曰武德初劉武周據太原使其將宋金剛屯於河東太宗往征之謂諸將曰金剛懸軍千里深入吾地精兵驍將皆在於武周自據太原專倚金剛以爲捍蔽金剛雖衆內實空虛虜掠爲資意在速戰我堅營蓄銳以挫其鋒分兵汾隰衝其心腹彼糧盡計窮自當遁走當待此機未宜速戰於是遣劉弘等絕其糧道其衆遂餒金剛果遁

又曰武德中李靖隨河間王孝恭討蕭銑師至于清江尅

銑荆門遣其將乘勝入北江銑悉兵以拒之孝恭將戰李靖止之曰楚之輕銑難與爭鋒今新失荆門盡兵出戰此救敗之師也非其本圖勢不能久一日不戰賊必兩分留輕兵以抗我退羸師以自守此即勢懸力弱擊之必捷孝恭不從遣靖按營自以銑師水戰孝恭果敗于南岸

又曰隋末王世充殺其主越王侗自僭僞號太宗率師討之世充求援于河北竇建德將全軍赴之諸將以二賊合勢衆寡不敵宜退舍以避之行臺郎中薛收獨進計曰王世充據有東都府庫填積其下兵士皆是江淮精銳其所患者在於乏食耳是以爲我所持求戰不可建德親摠軍旅來拒我師亦當盡彼驍雄期於奮決若縱其至此兩寇相連轉河北之糧以相資給則伊洛之間戰鬭不已今宜分兵守營深其溝防即世充欲戰愼勿出兵大王親選猛銳

先據成臯之險訓兵坐甲以待其至彼以疲弊之師當我堂堂之勢一戰必克建德既破則世充自下不過兩旬夏鄭二主可面縛於麾下矣若退兵自守計之下也秦王喜曰合吾意是日出師據虎牢卒擒建德

又曰隋煬帝爲突厥所圍郡縣皆發赴援時太宗年未弱冠召募從軍隷屯衛將軍雲定興師將發太宗勸之多賫旗鼓設疑兵以威突厥定興初不納太宗謂之曰始畢掃其境内敢圍天子本疑國家倉卒無援忽見旗鼓之盛必謂救兵雲集今者師進可前後相次令數十里間連亘不絶晝則旗幡相續夜則鉦鼓相應以張形勢賊見必擢望塵而退此計之上也不然則爲所輕悉軍來戰公必不支矣定興悅而從焉將次崞縣突厥候騎馳告始畢曰兵大至遂解圍而退果如所籌

又曰太宗遣李靖經略突厥以張公謹副公謹因言突厥可取之狀曰頡利縱慾肆情窮凶極暴誅害良善昵近小人此即主昏於上其可取一也又其别部同羅僕骨迴紇延陁之類並自立君長將圖反噬此則衆叛於下其可取二也頡利被疑輕騎自免拓設出討疋馬不歸欲谷喪師立足無地則兵挫將敗其可取三也塞北霜早糇糧乏絶天降之災因以饑饉其可取四也頡利疎其突厥委諸胡人胡人翻覆是其常性大軍一臨内必生變其可取五也華人入北其類實多比聞自相嘯聚保據山險師出塞垣自然有應其可取六也太宗深納之及破定襄敗頡利頗預謀略進爵爲國公

又曰元和十年王師討淮西鎮州鎮度使王承宗淄青節度李師道謀撓王師遣刺客於京城殺宰相武元衡憲宗

怒命御史中丞裴度爲宰相專主兵機以誅三盜時淮西鎮冀兩道用軍度支儲運供餉不暇復又諸軍玩寇陰與賊通冀朝廷力竭即行赦雪議者患之宰相韋貫之奏曰陛下豈不知建中之事乎天下兵始於蔡急魏應齊趙同惡德宗率天下兵令馬燧李抱真急擊之物力既屈朱泚乘間爲乱朱滔南向指闕致使梁漢爲府奉天有行皆陛下親所聞見非他也不能忍待次第速於滅賊故也陛下獨不能寬歲月之計俟拔蔡而圖鎮耶上深然之而已下詔矣後擒元濟而承宗服果如貫之所籌

漢晉春秋曰亮圍祁山招鮮卑軻比能等至故北地石城以應亮於是魏大司馬曹眞有疾司馬宣王自荆州入朝魏明帝曰西方事重非君莫可付者乃使西屯長安都督張郃費曜戴陵郭淮等宣王使曜陵留精兵四千上邽餘

衆悉出西救祁山郃欲分駐雍宣王曰料前軍獨能當之者將軍言是也不能當而分爲前後此楚之三軍所以爲黥布擒也遂進亮分兵留攻自逆宣王于上邽郭淮費曜邀亮亮破之因大芟其麥宣王遇於上邽之東斂兵依險軍不得交亮引兵而還宣王尋亮至於鹵城張郃曰彼遠來逆我請戰不得謂我利在不戰欲以長計制之也且祁山大軍以近人情自固可止屯於此分爲奇兵亦出其後不宜進前而不敢逼坐失民望也今亮懸軍食少亦行去矣宣王不從固尋亮既至又登山掘營不肯戰賈詡魏平數請救且曰公畏蜀如畏虎奈天下笑何宣王病之諸將咸請戰五月辛巳乃使張郃攻無當監何平於南國自案中道向亮亮使魏延高翔吳班赴距大破之獲甲首三千級鎧五千領宣王還保營

袁希之漢表傳曰丞相亮出軍圍祁連山始以木牛運糧魏司馬宣王張郃救祁連山夏六月亮粮盡軍還至于青封木門郃追之亮駐軍削大樹皮題曰張郃死此樹下豫令兵夾道以數千強弩備之郃果自見千弩俱發射郃而死

韓子曰趙主父使李疵視中山可攻不報曰可攻也主父曰何故可攻對曰其見巖穴窮閭隘巷之士以十數伉禮下布衣之士以百數矣君曰是賢君也安可攻疵曰然矣好顯巖穴之士而朝之則戰士怠於行陣上尊者下居士而朝之則農夫惰於力田戰士怠於陣者兵弱也農夫惰於田者國貧也

衛公兵法曰凡與敵相逢持軍相守欲知彼筭將揣其謀則如之何對曰士馬驍雄示我以羸弱陣伍齊肅示我以不戰見小利佯爲不敢爭伏奇兵故誘以奔北內實嚴警外爲弛慢恣行間諜託以忠告或執使以相怨或厚賂以相悅移師則減竈合營則偃旗智足以及謀勇足以及怒非得地而不舍非全軍而不侵以多擊少必取於晨朝以寡擊衆必候於日暮如此則兵多詭狀將有深圖理雖曲爲防慎不可入其規畫故傳曰見可則進知難而退軍之善政也但敵固無小蜂蠆有毒且鳥窮則啄獸窮猶觸者皆自衛其生命而求免於禍難也若因而不鬭乃智不逮於鳥獸其能將乎必須料敵制勝誡於小利然後可立大功矣或又問曰所謂料敵者何對曰凡料敵者料其彼我之形定乎得失之計始可兵出而決於勝負矣當料彼將吏孰與己和客主孰與己逸排甲孰與己堅器械孰與己利教練孰與己明地形孰與己險城池孰與己固騎畜孰

與己多糧儲孰與己廣工巧孰與己能秣飼孰與己豐資貨孰與己富以此揣而料之焉有不保其勝哉夫軍無小聽聽必審也戰無小利利必大也審聽之道詐亦受之實亦受之工亦受之拙亦受之其詐而似實亦受之其實而似詐亦受之但當明聽其實參會衆情徐思其驗鍛鍊而使不得逆詐目聽挫折愚人之詞又不得聽庸人之說稱敵寡弱輕侮衆心而不料其虛實又不得受敵人以小利餌我勇士輒掠財畜獲其首級將闇不斷而重賞之忽敵無備必爲所敗揣敵之術亦易知矣若辭怒而不戰者待其援也杖而立汲而先飲者倍程迫速渴之兼也夫欲行無窮之勢圖不測之利其事煩多略陳梗槩而已若遇小寇而有不可擊者爲其將智而謀深士勇而軍整鋒甲堅銳而地險騎畜肥逸而令行如此則士蓄必死之心將懷

擒敵之計此當固而待之未得輕而犯也如逢大敵而必
可鬬也彼將愚昧而政令不行士馬雖多而衆心不一鋒
甲雖廣而兵刃不堅居地無固而糧運不繼卒無決戰之
志傍無軍馬之援此可襲而取之抑又聞之統戎行師攻
城野戰當須料敵然後縱兵夫為將能識此之機變知彼
之物情亦何慮功不逮鬬不勝哉
又曰敵有十五形可擊新集(始至行陣未定)未食(雖已結陣頻饋食)不順
(逆風向月建)後至(敵後來不得山川地勢利)奔走(行陣失次用力不齊陣布不均)不戒(我亦弱誘
敵之不識備)勤勞(倍道兼行人馬未息衣甲驟路雖陣不整)將離(大將已去將任小吏素不威服)長
路(趨戰爭利晝暮不息)候濟(半渡疾擊)不暇(貪利求勝不暇盡陣)險路(泥濘阻狹車馬單行左右
難救)擾亂(行列失序進退不齊縱不相戲橫不相對或坐或立)驚怖(卒阨相邊部無備擬鼓謀掩擊三軍
震備)不定(陣數移動人馬數顧)師有十過勇而輕死(可暴)貪而好利(可遺)仁
而不忍(可勞)知而心法(可窘)信而喜信人(可誑)廉潔而愛人(可侮)慢

而心緩(可襲)剛而自用(可誘)懦志多疑(可惑)急而心速(可久)○孫子曰
軍旁有險阻蔣潢井生葭葦小林翳薈者必謹覆索之此
伏姦之所藏處也(險者一高一下之地阻者草蔣水草之蘩生潢者池也井者下也葭葦者衆木之
所居也翳薈者可以屏龍蔽處也此以上相地形此以下察敵情也翳薈草木之相蒙蔽可以藏兵處又覆索之也)
敵近而靜者恃其險也敵遠而挑人者欲人之進也其所
處者居易利也(所居利也言敵去我近促遣輕挑我欲使前就之其就處者平利也)衆樹動
者來也(斬拔樹木除道進來故動)衆草多障者疑也(結草爲障欲使我叓稠草中多障蔽
者敵必逃去恐追及多作障蔽使人疑有伏也)鳥起者伏也(下有伏兵往藏觸鳥而驚起)獸駭
者覆也(敵廣陣張翼來覆我也故獸驚駭矣)塵高而銳者車來也(車馬行疾遠塵相衝
故高也)卑而廣者徒來也散而條達者薪採來也(塵散衍而條達各行)
(所來也)少往來者營軍者也(少塵少也)辭卑而益備者進也(其入來使
辭卑使間視之敵增備也少進來)辭強而進驅者退也(詭詐也來驅無所畏是欲退)輕
車先出居其側者陣也(陣兵欲戰也輕車驟車在陣側)無約而請和者謀

也(未有要約而使來請和有間謀也)奔走而陣兵者期也(自与偏將期也)半進半
退者誘也倚仗而立者飢也(倚仗矛戟而立者飢之意)汲役先飲者渴也
向人見利而不進者勞也(士疲勞也敵人來見我利而不能擊進者疲勞)鳥集者
虛也(敵大作營壘示我衆而鳥集其上其中虛者也)夜呼者恐也(軍士夜宣爭將不勇相驚而無
備者恐懼也)軍擾者將不重也(无威重)旗動者亂也(旌旗謬動東西傾倚者亂
也)吏怒者倦也(軍吏悉怒將者疲倦)粟馬食肉軍無懸甀不及其舍
者窮寇也(殺馬食肉不復蓄積無懸甀之食欲死戰此窮寇也甀即甑之類也)諄諄翕翕徐
言入入者失衆也(諄諄者語貌又足貌也翕翕者不直貌上失卒之心少氣之意徐言入入者与
之言安徐之貌此將失其衆也諄章淪切翕許及切)數賞者窘也(軍不索敵數行賞欲士卒之力戰者
此恐窘者也)數罰者困也(數行刑罰者教令施數是困軍也)先暴而後畏其衆
者不精之至也(先行卒暴於士卒而後欲畏己者此將不精之極也)來委謝者欲休
息也(戰未相伏而下其意氣相委謝者欲休息也)兵怒而相迎久而不合又不
相去必謹察之(備奇伏也此必有間謀也)

又曰九敵有不卜而與戰有不占而避之疾風大寒早興
寤遷部冰濟度盛夏炎熱興役無間行飢驅渴務取於遠
師久無糧士衆怨怒妖祥疑惑上不能止軍資既竭時多
霖注欲掠無所師衆不多地土不利人馬疾疫道遠日暮
士卒勞倦飢未及食解甲而息將薄吏輕士卒不固三軍
數驚師徒無助陣而未定舍而未畢行坂涉險半隱半出
諸如此類擊而勿疑若土地廣大人衆富盛上愛其下惠
施流布賞信刑察發止得時行陣居列任賢使能師徒君
教兵甲精銳四鄰有助大國之援九如此類憚而避之故
曰見可而進知難而退也

太平御覽卷第二百九十一

太平御覽卷第二百九十二

兵部二十三

用間

孫子曰：興師十萬，出師千里，百姓之費，公家之奉，日費千金，内外騷動，不得操事者七十萬家（古者八家爲鄰，一家從軍，七家奉之，言十萬之師，不事不耕者凡七十萬家也）。相守數年，以爭一日之勝。是故明王聖主，賢君勝將，所以動而勝人，成功出於衆者，先知。不可取於神鬼（不可禱祈以求），不可像於事也（不可以事類求），不可驗於事度（不可以行事度也），必取於人，知敵之情也（因人也）。故用間有五：因間、内間、反間、死間、生間。五間倶起，莫知其道，是謂神紀，人君之寶也（用時任五間也）。因間者，因其鄉人而用之也（因敵鄉人知敵表裏虚實之情，故就而用之可使伺候）。内間者，因其官人而用之者也（因在官失職者，若刑戮之子孫與受罰之家也，因其有隙嫌而用之也）。反間者，因其敵間而用之者也（敵使間來視我，我知之，因厚賂重許，反使爲我間也。蕭世誠曰：言敵使人來候我，我佯不知而示以虛事，前却期會，使師相語，是故曰反間也）。死間者，爲誑事於外，令吾間知之，而待於敵也（作詐誑之事於外，佯漏泄之，使吾間知之，吾間至敵中，爲敵所得，必以誑事諭敵，敵從而備之，吾所行不然，間則死矣。又一云：敵間來，以我誑事而持歸，然皆非所圖也，二間皆不能知幽隱深密，故曰死間也。蕭世誠云：所獲敵人及己軍士有重罪繫者，故爲免相敕勿泄，佯不祕密，令敵間竊聞之，吾因縱之士亡，必歸敵，必信焉，往必死，故曰死間也）。生間者，反報者也（擇己有賢才智謀，能自開通於敵之親貴，察其動靜，知其事計，彼所爲已知其實，還報，故曰生間也）。故三軍之親，莫親於間（若不親撫，重以祿賞，則反爲敵用，泄吾情實也）；賞莫厚於間（厚賞之，賴其用）；事莫密於間（間事不密，則爲己害）。非聖智不能用間，非仁義不能使間（不能得間人之用也），非微密者不能得間之實（精微用意，密不泄漏）。微哉微哉！無所不用間也。間事未發而先聞，其間者與所告者皆死。凡軍之所欲擊（所欲擊之軍），城之所欲攻（所欲攻之城），人之所欲殺（所欲殺之人），必先知其守將、左右、謁者、舍人之姓名（守，有官職任者；謁，告也，主告事者也；門者，守門者也；舍人，守舍之人也。又先知之爲親舊，有急即呼之，則不見何止，亦因以知敵之情），令吾間必索知之。敵間之來間我者，因而利之，導而舍之（舍，居止也。今吾人遺以重利，復遇而舍止之，可令詭其辭），故反間可得而用也（故能取敵之間而用）。因是而知之，故鄉間、内間可得而使也（因反敵間而知敵情，鄉間、内間者皆可得使也）。因是而知之，故死間爲誑事，可使告敵（因誑事而知敵情，生間往反，可使知其敵之腹心所在）。因是而知之，故生間可使如期。五間之事，主必知之（人主當知五間之用，厚其祿，豐其財），知之必在於反間，故反間不可不厚也（反間者，五間之本，事之要也，故當在厚待之）。殷之興也，伊摯在夏（伊尹）；周之興也，呂牙在殷。故唯明主賢將，能以上智爲間者，必成大功。此兵之要，三軍所恃而動者也（已上注出通典）。

左傳曰：楚師伐宋，九月不服，將去宋。楚大夫申叔時曰：築室反耕者，宋必聽命。楚子從之（築室於宋，分兵於田，示無去志，王從其計）。宋人懼，使華元夜入楚師，登子反之牀，起之曰：寡君使元以病告（兵法因其鄉人而用之，必先知其守將、左右、謁者、門者、舍人之姓名，因而利導之。華元蓋用此術得以自通），曰：敝邑易子而食，析骸而爨。雖然，城下之盟，有以国斃，不能從也（寧以国斃，不從城下盟）。去我三十里，唯命是聽。子反懼，與之盟而告楚子，退三十里，宋及楚平（華元若不因間，若不用諜，死由得入楚軍也）。

又曰：楚師伐鄭，鄭人將奔，楚師夜遁。諜告曰：楚幕有烏。乃止。

禮記曰：晉人之覘宋者，反報於晉侯曰：陽門之介夫死，而子罕哭之哀，而民説，殆不可伐也。從之。

戰國策曰：鄭武公欲伐胡，先以其子妻胡，因問群臣曰：吾欲用兵，誰可伐者？大夫關思其曰：胡可伐。武公怒而戮之，曰：胡，兄弟之国，子言伐之，何也？胡君聞之，以鄭爲親，已而不備鄭。鄭襲胡，取之（此用死間之勢）。

又曰：燕昭王以樂毅爲將，破齊七十餘城。及惠王立，與毅有隙齊將田單乃縱反間於燕宣言曰齊王已死城不拔者二耳樂毅畏誅而不敢歸以伐齊爲名實欲連兵南面王齊齊人未附故且緩即墨殘矣燕王以爲然使騎劫代毅燕人士卒離心單又縱反間曰吾懼燕人掘吾城外冢墓僇先人燕軍從之即墨人激怒請戰大敗燕師所亡七十餘城悉復之（僇與戮同）

又曰秦師圍趙閼與（閼音遏與音餘）趙將趙奢救之去趙國都三十里不進秦間來奢善食遣之（食音嗣）間以報秦將以爲奢師怯弱而止不行奢一隨而卷甲趨秦師擊破之（斯則反用彼間）

又曰秦與趙兵相拒長平趙孝成王使廉頗爲將固壁不戰秦數挑戰廉頗不出秦之間言曰秦之所惡獨畏馬服趙奢之子爲將耳趙王信秦之間因以奢子爲將終爲秦將白起所敗

史記曰楚漢相持未決勝負陳平言於漢王曰彼項王有骨鯁之臣以亞父范增鍾離眛龍且周殷之屬（眛音妹且子閭切）不過數人耳大王誠能出捐數萬斤金行反間間其君臣以疑其心項王爲人意忌信讒必內相誅漢因舉兵攻之破楚必矣漢王然之乃出黃金四萬斤與平恣所爲不問出入平既多以金縱反間於楚軍宣言諸將鍾離眛等爲項王將功多矣然終不得裂地而王欲與漢爲一以滅項氏分王其地項王果疑之使使至漢漢王爲太牢具舉進見楚使（舉鼎而來也）即佯驚曰吾以爲亞父使乃項王使也復持去更以惡草具進楚使（去肉更草菜之具）使歸具以報項王項王果大疑亞父亞父欲急擊下滎陽城項王不信不肯聽亞父聞項王疑之乃大怒曰天下事大定矣君王自爲之願賜骸骨歸歸未至彭城疽發背而死（疽癰創也音千余切）漢遣紀信詐降而漢王胥遁終滅項羽（羽不悟反間而亡也）

又曰漢使酈食其說齊王田廣廣捨兵與酈生縱酒漢將韓信因齊無備襲齊破之田廣亨食其（此偶成韓信用死間之勢）

又曰漢高帝被匈奴單于冒頓圍於白登乃使間厚遺閼氏乃謂冒頓曰兩王不相困今得漢地而單于終非能居之也且漢王亦有神單于察之冒頓乃解圍之一角於是高帝令士皆持滿傅矢外鄉從解角直出竟與大軍合而冒頓遂引兵而去

又曰高祖紀曰上問豨將皆故賈人也上曰吾知所以與之乃以金啗豨將豨將多降者（陳豨也）

後漢書曰西域將兵長史班超發于闐諸國兵擊莎車龜茲國揚言兵少不敵罷散乃陰緩生口歸以告龜茲王喜而不虞超即潛勒兵馳莎車營大破降之（斯亦同死間之勢）

晉書曰益州牧羅尚遣將隗伯攻蜀賊李雄於郫城牙有勝負雄乃募武都人朴泰鞭之見血使譎羅尚欲爲內應以火爲期尚信之悉出精兵遣隗伯等率兵從泰擊雄雄將李驤於道設伏泰以長梯倚城而舉火伯軍見火起皆爭緣梯泰又以繩汲上尚軍伯餘人皆斬之雄因放兵內外擊之大破尚軍（此用內間之勢）

又曰劉曜逼長安復圍北城太守麴昌遣使求救於麴允允率步騎赴之去城數十里賊繞城放火煙塵蔽天反縱間詐允曰郡城已陷焚燒向盡軍無及矣允信之衆懼而潰後數日麴昌突圍赴長安北城遂陷

崔鴻十六國春秋曰後涼呂光將呂延伐乞伏乾歸大敗之乾歸乃縱反間稱衆潰東奔成紀延信而追之延司馬耿雉曰告者視高而色動必有姦計不可從相遇戰敗死之

後魏書曰陸俟擊吴於杏城大破之獲吴二叔諸將請送京師俟獨不許曰吴一身藏竄非其親信誰能獲之若停十萬之衆以追一人非上策也不如私許吴叔免其妻子使自追吴擒之必也諸將咸曰今來討賊旣破之獲其二叔唯走一人何所復至俟曰吴之恃逆本自天性今若獲免必誑惑愚人稱王者不死妄相扇動爲患必大遂遣吴二叔與之期吴叔不至諸將皆咎於俟俟曰此未得其便可必不背他日果斬吴以至皆如所言俟之明略皆此類也

通典曰東魏將段琛據宜陽遣將牛道恒扇誘邊人西魏將韋孝寬拒之遣諜之訪獲道恒手跡令善書者僞作道恒與孝寬書論歸款之意又爲落燼燒迹若火下書者還令諜人遺之於琛營琛得書果疑之道所經略皆不見用

孝寬知其離沮因出奇兵掩襲擒道恒及琛等崤澠遂清

又曰東魏大將齊神武率兵趣沙苑西魏大將周文帝遣將達奚武覘之武從三騎皆衣敵人衣服至日暮去營數百步下馬潛聽得其軍號因上馬歷營若警夜者有不如法者往往撻之具知敵之情狀以告周文

又曰高齊斛律光字明月爲當時名將後周將韋孝寬守玉壁（今絳郡稷山縣）忌光英勇孝寬參軍曲嚴頗知卜筮謂孝寬曰來年齊朝必大相殺戮孝寬因令嚴作謡言令間諜漏其文於鄴曰百升飛上天明月照長安又曰高山不推自崩槲樹不扶自竪祖珽因續之曰盲老公上下斧饒舌老母不得語令小兒歌之於路穆提婆聞之以告其母陸令萱（陸令萱即後主乳母）以饒舌斥已也盲老公謂祖珽也遂相與協謀以謡言啓後主誅光周武帝聞之遂大赦境内始有滅齊之志竟平其國

唐書曰黄州總管周法明率兵擊輔公祏遇張善安阻兵夏口法明屯荆口鎮登戰艦與所親飲酒善安遣剌客數人詐爲漁者乘輕舟而至見者不以爲虞遂殺法明而去

又曰衛國公李靖伐突厥　可汗以唐儉先在突厥結和親突厥遂不備靖因掩擊破之（亦以唐儉爲死間之勢）

衛公兵法曰夫戰之取勝此豈求之於天地在乎因人以成之歷觀古人之用間其妙非一也即有間其君者有間其親者有間其賢者有間其能者有間其助者有間其鄰好者有間其左右者有間其縱横者故子貢史廖陳軫蘇秦張儀范雎等皆憑此術而成功也且間之道有五焉有因其邑人使潛伺察而致詞焉有因其事故洩虚假令告示焉有因敵之使矯使其事而返之焉有審擇賢能覘彼

向背虚實而歸說之焉有佯緩罪戾微漏我僞情浮計使亡報之焉凡此五間皆須隱秘重之以賞密始可行焉若敵有寵嬖任以腹心者我當使間遺其珍玩恣其所欲順而傍誘之敵有重臣失勢不滿其志者我則啗以厚利詭相親附採其情實而致之敵有親貴左右多詞誇誕好論利害者我則使間曲情尊奉厚遺珍寶揣其所間而返間之敵若使聘於我我則稽留其使令人與之共處矯致勤勤僞相親暱朝夕慰諭倍供殊味觀其辭色而察之仍旦暮令使獨與己伴居我遣聰耳者潛於複壁中聽所間使旣遲違恐彼怪責必是竊論心事我知事計遣而用之且夫用間以間人人亦用間以間己己以密往人以密來理須獨察於心參會於事則不失矣若敵使人來欲推我虚實察我動静覘知事計而行其間者我當佯爲不覺舍而

厚利善飯之微以我言詐事示以前却期會即我之所須爲彼之失者因其有間而返間之彼若將我虛而以爲實即我承其弊而得其志矣夫水所以濟舟舟亦因水覆没間所以能成功亦憑間而傾敗若束髮事主當朝正色忠以盡節信以竭誠不詭伏以自容不權宜以爲利雖有善間其可用乎

太平御覽卷第二百九十二

太平御覽卷第二百九十三

兵部二十四

示緩　務速

示緩

戰國策曰秦伐韓軍於閼與趙王召問趙奢對曰道遠險狹難救譬猶兩鼠鬭於穴中也將勇者勝王令奢救之軍邯鄲三十里而令軍中曰有軍事諫者死秦軍武安西秦軍鼓譟勒兵武安屋瓦盡震軍中候有一人言急救武安奢立斬之堅壁留二十八日不行復益壘秦間來奢善食遣之間以報秦將大喜曰夫去國三十里而軍不行乃增壘閼與非趙地也趙奢既已遣秦間乃卷甲而行趨之二日一夜至令善射者去閼與五十里而軍壘成秦人聞之悉甲而至奢縱兵擊破之閼與圍解

通典曰曹公進軍攻袁尚將審配於鄴先鑿塹圍城周迴四十里初令淺示若可越配望見笑而不出爭利曹公令一夜濬之廣深二丈決漳水以灌之數月城中餓死過半尚將馬延臨陣降遂尅鄴城

又曰魏將司馬宣王征公孫文懿賊保襄平宣王進軍圍之會霖潦大水平地數尺三軍恐懼欲移營宣王令軍中敢有言徙者斬都督令史張靜犯令斬之軍中乃定賊恃水樵牧自若諸將欲取之皆不聽司馬陳珪曰昔攻上庸八部並進晝夜不息故能一旬之半拔堅城斬孟達今者遠來而更安緩愚竊惑焉宣王曰孟達衆少而食支一年吾將士四倍於達而糧不淹一月以一月圖一年安可不速今賊衆我寡賊飢我飽水雨乃尒功力不設雖當促之欲何所爲自發京師不憂戰攻但恐賊糧垂盡而圍落未合掠其牛馬抄其樵採此故驅使走也夫兵者詭道善因事變賊憑衆恃雨故雖飢困安肯束手當示無能爲之若取小利以驚之非計也既而雨止遂合圍起土山地道楯櫓鉤橦竟發矢石雨下晝夜攻而拔之

又曰万俟醜奴稱亂關右魏將賀拔岳討之軍於汧渭之間宣告遠近曰今氣候漸熱非征討之時至秋涼更圖進取醜奴聞之遂以爲實分遣諸軍散營農於岐州之北百里細川因險立柵其千人以下爲柵者亦有數處且叩且守岳知其勢分乃密嚴備晡時潛遣輕騎先行斷路於後諸軍盡發昧朝攻圍元進柵拔之諸所俘執皆放之自餘柵悉降岳宣言徑趣涇州其刺史侯長貴亦以城降醜奴乃弃平亭而走

晉書曰安平獻王孚傳曰吳諸葛恪圍新城以孚督諸軍二十萬禦之孚次壽春遣毋丘儉文欽等討之諸將欲速擊之孚曰夫攻者借人之力以爲攻且當詐巧不可爭力也故稽留月餘乃進軍吳師望風而退

宋書曰臨烈王道規曰兵法屈申有時不可苟進諸桓世居西楚羣小皆爲竭力桓振勇冠三軍難以爭勝且可頓兵養銳徐以計策縻之不憂不尅也

務速

孫子曰久則頓兵挫銳攻城則力屈（頓獘屈盡）久暴師則國用不足夫頓兵挫銳力屈貨殫（殫音單）則諸侯乘其獘而起雖有智者不能善其後故兵聞拙速（雖拙有速勝也）未有工之久也夫久兵而國利者未之有也

左傳曰先軫曰一日縱敵數世之患也

又曰楚子伐隨隨少師謂隨侯曰必速戰不然將失楚師

又曰武城黒謂常曰吳用木也我用華也不可久也不如速戰

魏志曰夏侯淵性果悍進軍疾速人歌曰夏侯淵三日六百五日千

晉書呂光載記曰光行至高昌聞堅寢晉光欲更須後命部將杜進曰節下任全方面赴機宜速何不了而留乎

又曰杜預破吳衆議且俟來冬預曰兵威巳振譬如破竹數節之後迎刃而解乃平之也

崔鴻十六國春秋曰後秦姚萇與符登相持萇將苟曜據逆萬堡密引符登萇與登戰敗於馬頭原收衆復戰姚碩德謂諸將曰上慎於輕戰每欲以計取之今戰既失利而更逼賊者田也萇聞之而謂碩德曰登用兵遲緩不識虚實今輕兵直進逕據吾東必苟曜竪子與之連結也事久變成

其禍難測所以速戰者欲使竪子謀之未就好之未深散敗其事耳果大敗之

又曰姚萇與符登相持未解登將魏褐飛自稱大將軍衝天王率氐胡萬人攻萇將姚當於杏城萇將雷惡地叛應褐飛攻萇將姚漢得於李潤萇議將討之羣臣咸曰陛下不憂六十里符登乃憂六百里褐飛萇曰登非可卒殄吾城亦非登所能卒圖惡地多智非常人也南引褐飛東結董成甘言美説以成姦謀若得杏城李潤惡地據之控制遠近相爲羽翼長安東北非復吾有於是潛軍赴之萇時衆不滿二千褐飛惡地衆至數萬氐胡赴之者首尾不絶萇每見一軍至輙有喜色羣下怪而問之萇曰今同惡相濟皆來會集吾得乘勝席卷一舉而覆其巢穴東北無復餘也褐飛等以萇兵少盡衆來攻萇固壘不戰示之以弱潛遣子崇率騎數百出其不意以乘其後褐飛兵擾亂萇遣將王超等率步騎擊之褐飛衆大潰斬褐飛惡地請降萇待之如初

通典曰後漢末荀攸從曹公征呂布至下邳布敗固守攻之不拔連戰士卒疲曹公欲還攸與郭嘉説公曰呂布勇而無謀今三戰皆北其鋭氣衰三軍以氣爲主主衰則軍無奮意且布之謀主陳宫有智而遲今及布氣衰而未復宫謀之未定進急攻之布可拔也乃引沂泗灌城城潰生擒布

又曰蜀將諸葛亮伐魏魏將司馬宣王郭淮等禦亮張郃勸宣王分軍住雍郿爲後鎮宣王曰料前軍能獨當之者將軍言是也若不能當而分爲前後此楚之三軍所以爲黥布擒也遂進軍隃(音俞)麋亮聞大軍且至乃自帥衆將芟

上邽之麥諸將皆懼宣王曰亮慮多決少必安營自固然後芟麥吾得二日兼行足矣於是卷甲晨夜赴之亮望塵而遁宣王曰吾倍道疲勞此曉兵者之所忌也亮不敢據渭水此易與耳進次漢陽與亮相遇宣王列陣以待之使將牛金輕騎餌之兵纔接而亮退也

又曰蜀將孟達之降魏也魏朝以達領新城太守假節達於是連吳固蜀潛圖中國謀洩將舉兵司馬宣王秉政恐達速發以書安之達得書猶與不決宣王乃潛軍進諸將皆言達與二賊交搆宜審察而後動宣王曰達無信義此其相疑之時也當及其未定往決之乃倍道兼行八日到其城下吳蜀各遣其將救達宣王分諸將以拒之初達與諸葛亮書曰宛去洛八百里去吾千二百里聞吾舉事當表上天子比相返覆一月間也則吾城巳固諸軍足辦吾

所在深險司馬公不自來諸將來吾無患矣及兵到達又告亮曰吾舉事八日而兵至城下何其神速也上庸城三面阻水達於城外爲水柵以自固宣王度其水破其柵直造城下八道攻之旬有六日達甥鄧賢將李輔等開門出降遂斬達

又曰東魏荆州刺史辛纂據穰城西魏將楊忠從獨孤信討之纂迎戰敗退走信令忠爲前驅馳至其城北叱門者曰今大軍已至城中有應尔等求活何不避走閽者盡散忠乘而入彎弓大呼纂兵衛百餘人莫之敢禦遂斬纂以徇城中懾伏

唐書曰隋末高祖義兵發太原次靈石縣賈胡堡隋將宋老生率精兵二萬屯霍邑以拒之會久雨糧盡與長史裴寂及諸將議曰宋老生頓霍邑屈突通鎮河東二人同心

非造次可進欲還太原以圖後舉太宗曰本興大義以救蒼生當須先入咸陽號令天下今遇小敵便即班師將恐義從之徒一朝解體還守太原一城之地此爲賊耳何以自全高祖乃止太宗引師赴霍邑遂平老生也

又曰武德中太宗征薛仁果其將宗羅侯來拒大破於淺水原因率左右二十餘騎追奔直趣折墌以乘之仁果列陣城下太宗據涇水以臨賊賊徒氣沮無敢進戰其騎將渾幹等數人臨陣來降請還取馬太宗縱遣之於是各乘良馬須臾並至仁果大懼嬰城自守太宗具知賊中虛實將夕入軍繼至四面合圍因縱辯士諭以禍福仁果遂開門降既而諸將奉賀因問曰始大王野戰破賊其主尚保堅城王無攻具輕騎騰逐不待步兵徑薄城下咸疑不尅而竟下之何也太宗曰此以權道迫之使其計不暇發以故尅也羅侯恃往前之勝兼復養銳日久見吾不出意在相輕今喜吾悉出兵來戰吾雖破之擒殺蓋少若不急躡還走投城仁果收而撫之則便未可得矣且其兵衆皆隴西人一敗被追不及迴顧散歸隴外則折墌自虛我軍隨而迫之所以懼而降也此乃成筭諸君盡不見耶

又曰武后初徐敬業舉兵於江都稱匡復皇家以盩厔尉魏思溫爲謀主問計於思溫對曰明公既以太后幽縶少主志在於匡復兵貴拙速但宜早度淮北親率大衆直入東都山東將士知公有勤王之舉必以死從此則指日刻期天下必定敬業將從其策薛璋又説曰金陵之地王氣已見宜早應之兼有大江設險足可以自固請且攻取常潤等州以爲王霸之業然後率兵北上鼓行而前此則退有所歸進無不利實爲良筭也敬業以爲然乃自率兵四

千人南度以擊潤州思溫歎謂杜求仁曰兵勢宜合不可分今敬業不知并力渡淮率山東之衆以取洛陽必是無能成事命也可知敬業尋亦悔之所以遂敗

呂氏春秋曰凡兵欲急疾捷不可久處所以免起鳧舉死殙雖有江河之險則陵之雖有太山之塞遂踰之

衛公兵法曰用兵上神戰貴其速簡練士卒申明號令曉其目以麾幟習其耳以鼓金嚴賞罰以戒之重芻豢以養之浚溝壍以防之指山川以導之召才能以任之述奇正以教之如此則雖敵人有雷電之疾而我亦有所待也若兵無先備則不應卒卒不應則失於機失於機則後於事後於事則不制勝而軍覆矣故呂氏春秋云凡兵者欲急疾捷所以一決取勝不可久而用之矣或曰兵之情唯主速乘人之不及然敵將多謀戎卒輯睦令行禁止兵利甲

堅氣銳而嚴力全而勁豈可速而犯之耶荅曰若此則當卷迹藏聲蓄盈待竭避其鋒勢與其持久安可犯之哉廉頗之拒白起守而不戰宣王之抗武侯抑而不進是也

太平御覽卷第二百九十三

太平御覽卷第二百九十四

兵部二十五

示弱　示強

示弱

孫子曰兵者詭道也無常形以詭詐爲道若息侯誘蔡楚子誘宋也故能而示之不能用而示之不用言已實能用師外示之怯也若孫臏示弱而制龐涓近而示之遠遠而示之近欲進而理去道也言多疑設其近詐曜敵軍示之以遠本從其近若韓信之襲安邑陳舟臨晉而渡夏陽

又曰古之善用兵者能使敵人前後不相及衆寡不相待貴賤不相求上下不相扶卒離而不集兵合而不齊多設詐變出東見西攻南引北亂之使彼張惶散亂而不集聚也合於利而動暴之使離亂之使不齊動兵而戰之不合於利而止

左傳曰蔡聲子謂楚令尹屈建曰若敖之亂伯賁之子苗

賁皇奔晉以爲謀主及鄢陵之役楚晨壓晉軍而陳苗賁皇曰楚師之良在中軍王族而已若塞井夷竈成陳以當之欒范易行以誘之欒書時將中軍范燮佐之易行謂簡兵備欲令楚貪已而不復顧二穆之兵易以敵行胡郎反中行二郤必克二穆郤錡時將上軍中行偃佐之郤至佐新軍令此三人分良以攻二穆之兵楚子重子辛昔出穆王故曰二穆吾乃四萃於王族必大敗四萃四面集攻之也晉人從之楚師大敗王夷師熸夷傷也吳楚之間謂火滅爲熸子廉切子反死之鄭叛吳興則苗賁皇之爲也

戰國策曰趙將李牧常居代鴈門備匈奴以便宜置吏市租皆輸入于幕府爲士卒費日擊數牛饗士習騎射謹烽火多間諜厚遇戰士爲約曰匈奴即入盜急入收保有敢捕虜者斬匈奴每入烽火謹趣入收保不敢戰如是數歲亦不亡失然匈奴謂牧爲怯趙王讓牧牧如故王怒使人代將歲餘匈奴每來出戰數不利復遣牧牧至如故約匈奴數來無所得終以爲怯邊士日得賞賜而不用皆願一戰於是乃具選車得千三百乘選騎得萬三千疋百金之士五萬人彀弓弩者十萬人悉勒習戰大縱畜牧人衆滿野匈奴小入佯北不勝以數千人委之單于聞之大喜率衆來入牧多爲奇陣張左右翼擊大破之殺匈奴十餘萬騎單于奔走十餘歲不敢近邊也

又曰韓魏相攻齊將田忌率兵伐魏魏將龐涓聞之去韓而歸孫臏謂田忌曰彼三晉之兵素悍勇而輕齊齊號爲怯善戰者因其勢而利導之兵法百里而趣利者蹶上將軍蹶猶挫也五十里走者半至使齊軍入魏地爲十萬竈明日爲五萬竈又明日爲二萬竈龐涓行三日大喜曰我故知齊卒怯入吾地三日士卒亡者過半矣乃弃其步兵與其輕銳倍日并行逐之并畢正切孫子度其行暮當至馬陵馬陵

道狹而旁多阻隘可伏兵乃斫大樹白而書之曰龐涓死于此樹之下於是令萬弩夾道而伏期曰暮見火舉而俱發龐涓夜至斫木下見白書乃鑽火燭之讀書未畢齊軍萬弩俱發軍大亂龐涓乃自剄曰遂成豎子之名

漢書曰韓王信反高帝自往擊至晉陽聞信與匈奴欲擊漢帝使人使匈奴匈奴匿其壯士肥牛馬徒見其老弱及羸畜使者十輩來皆言匈奴易擊帝使劉敬復往使匈奴還報曰兩國相擊此宜誇矜見所長見示也今臣往徒見羸瘠老弱瘠音漬一說讀曰瘠瘠瘦也此欲見短伏奇兵以爭利愚以爲匈奴不可擊也是時漢兵以踰句注三十餘萬衆兵已業行帝怒以爲沮吾軍沮謂止壞也械繫敬廣武遂往至平城匈奴果出奇兵圍高帝白登七日然後得解

漢書曰孫策遣軍攻陳登於匡琦城賊初到旌甲覆水郡

下衆寡不敵登乃閉門自守示弱不戰將士銜聲寂若無人登乘城觀形勢知其可擊乃申命士衆宿整兵器昧爽開門引軍指賊營步騎抄其後賊周章方結陣不得還船登縱兵乘之賊遂大敗

晉書曰李矩守滎陽城前趙劉聰將劉暢步騎三萬討矩屯于韓王故壘相去七里遣使招矩時暢卒至矩未暇爲備遣使奉牛酒詐降于暢潛匿精勇見其老弱暢不以爲虞大饗渠帥人皆醉飽矩謀夜襲之暢僅以身免

又曰慕容寶載記曰魏伐并州驃騎李農逆戰敗績寶引群臣于東堂議之尚書封懿曰今魏師十萬天下之勁敵也示之以弱阻關拒戰計之上也

陳書曰武帝東討杜龕侯安都軍守北齊軍人據石頭遊騎至于闕下安都閉門偃旗幟示之以弱且令城中曰有登陴看賊者斬及夕賊收軍還石頭安都夜令士卒密營禦敵之具明辰賊又至安都率甲士三百人開東西掖門與戰大敗之賊乃退還石頭不敢復逼臺城

後周書曰隋文帝作相之初尉遲迥拒命遣將崔仲文率兵定關東軍次蓼隄迥將檀讓擁衆數萬仲文以羸師戰讓悉衆來拒仲文僞北讓軍頗驕於是遣精兵左右翼擊之大敗讓軍進攻梁郡迥守將劉子寬弃城遁走

隋書曰煬帝大業中彭城賊張大虎宋世模等衆至數萬作保縣薄山寇掠徐兖隋將董純討之純初閉營不與戰賊屢挑之不出賊以純爲怯不設備縱兵大掠純選精鋭擊賊合戰於昌慮大破之斬首萬餘級築爲京觀

又曰隋末山賊孟讓衆號十萬屯盱眙煬帝遣王充保都梁山以拒之久不與戰乃宣言士卒士叛使賊中聞之讓

果大笑曰王充文法吏何能爲將吾當生縛之於是進攻其柵充與戰佯不勝讓益輕之乃分兵虜掠充知其可擊令軍中移竈撤幕設方陣四面而出戰大破之虜男女十萬餘口讓僅以身免

六韜曰武王問太公曰敵人先至已據便地形勢又強則如之何對曰當示以怯弱設伏佯走自投死地敵見之必疾而赴擾亂失次必離固所入我伏兵齊起急擊前後衝其兩旁

示強

左傳曰楚將子元以車六百乘伐鄭師入桔柣之門桔柣鄭遠郊之門也又入自純門及逵市純門鄭外郭門也逵市郭內道上市也懸門不發楚言而出子元曰鄭有人焉懸門施於內城門鄭示楚以閒故不閉城門出兵而效楚言故子元畏不敢進也諸侯救鄭楚師夜遁鄭人將奔桐丘諜言曰楚幕楚國有烏乃止幕帳也

又曰楚大饑戎伐其西南戎山夷也庸人帥羣蠻以叛楚庸楚屬之小國麇人率百濮將伐楚百濮夷也於是申息之北門不啓備中國也楚人謀徙於阪高楚險地也蒍賈曰不可我能往寇亦能往不如伐庸夫麇與百濮謂我饑不能師故伐我我若出師必懼而歸百濮離居將各走其邑誰暇謀人乃出師旬有五日百濮乃罷自廬以往振廩同食往往伐庸也振發也廩倉也同食上下無異饌也

又曰晉文公率諸侯伐楚楚　子玉從晉師晉退三舍楚師不止又次于城濮楚師背酅而舍酅丘陵險阻名也酅音攜文公患之聽輿人之誦恐衆畏險故聽其歌誦也曰原田每每舍其舊而新是謀高平曰原喻晉軍美盛若原田草也每每然可以謀立新功不足念舊惠也晉大夫狐偃曰戰也戰而捷必得諸侯若其不捷表裏山河必無害也晉國外河而內山也晉車七百乘韅靷鞅靽五萬二千五百人也在背曰韅在胸曰靷在腹曰鞅在後曰靽

言駕乘脩備韅呼見切靷與進切晉侯登有莘之墟以觀師曰少長有禮
其可用也有莘故國名也遂伐其木以益其兵伐木以益攻戰之具蓋亦示強也
終敗楚師
又曰晉侯伐齊齊侯登巫山以觀晉人使司馬斥山澤之
險雖所不至必旆而疏陣之斥候也蔽遮旌旗以爲陣示衆也使乘車者
左實右僞以旆先僞以衣物爲人形也建旆以先驅輿曳柴而從之以揚塵
齊侯見之畏其衆也乃脫歸脫不張旌幟也
又曰蔡聲子聘楚謂令尹屈建曰子儀之亂析公奔晉以
爲謀主繞角之役析公曰楚師輕佻易震蕩也若多鼓鈞
聲以夜軍之鈞同其聲楚師必遁晉人從之楚師宵潰晉遂侵
蔡襲沈獲其君敗申息之師于桑隧獲申麗而還鄭於是
不敢南面楚失諸華則析公之爲也
漢書曰景帝時匈奴大入上郡天子使中貴人中官從李廣
之幸貴也勒習兵擊匈奴貴人將數十騎出獵見匈奴三人與
戰被射傷中貴人殺其騎且盡中貴人走廣廣曰是必匈
奴射鵰者也鵰善飛故使善射者射之廣乃遂從百騎往馳三人令騎
左右翼而廣身射彼三者殺其二人生得一人果射鵰者
也遂見匈奴有數千騎廣以爲誘騎驚上山陣廣之百騎
皆大恐還馳走廣曰吾去大軍數十里今若走匈奴追射
我立盡今我留匈奴必以我爲大軍誘之必不敢擊我廣
令諸騎曰前到匈奴陣二里所止令曰皆下馬解鞍其騎
曰虜多且近即急奈何廣曰彼虜以我爲走今皆解鞍以
示不走用堅其意胡騎遂不敢擊有白馬將出護其兵於
是廣上馬與十餘騎奔射殺之而復還至其騎中解鞍令
士皆縱馬卧是時會暮胡兵終怪之卒不敢擊向夜半時胡
兵以爲漢有伏軍於旁欲夜取之皆引兵去詰朝廣乃歸

其軍
後漢書曰廉范爲雲中太守會匈奴大入塞范自率士卒
拒之虜衆盛不敵會日暮令軍士各交縛兩炬三頭然火
虜遥見火多謂漢兵救至待朝將退范乃令軍中蓐食晨
往擊之斬首數百級虜自此不敢復向雲中
又曰虞詡爲武郡太守以討叛羌羌乃率衆數千遮詡於
陳倉崤谷詡即停軍不進而宣言上書請兵須到當發聞
之乃分抄傍縣詡因其兵散日夜進道兼行百餘里令吏
士各作兩竈或曰孫臏減竈而君增之兵法日行不過三
十里以戒不虞而今日且二百里何也詡曰虜衆多吾兵
少徐行則易爲所及速進則彼所不測虜見吾竈日增必
謂郡兵來迎衆多行速必憚追我孫臏見弱吾今示強勢
有不同故也既到郡兵不滿三千而羌衆萬餘攻圍赤亭
數十日詡乃令中使強弩勿發先用小弩羌以爲矢力弱
不能至并兵急攻詡於是使二十強弩共射一人發無不
中羌大震退詡因出城奮擊多所傷殺明日悉陳其衆令
從東郭門出北郭門入換易衣服迴轉數周羌不知其數
更相恐動詡計賊當退乃潛遣五百餘人於淺水設伏候
其走路虜果奔因掩擊大破之
通典曰後漢末陳登爲廣陵守孫策遣軍攻登於匡琦城
登使人求救於曹公而密去城十里理軍營處所令多取
柴薪兩束一聚相去十步從横成行令俱起火然其聚
城上稱慶若大軍到賊覩火驚潰登勒兵追奔斬首萬級
也
又曰蜀大將諸葛亮屯于陽平并兵東下亮唯留萬人守
城魏將司馬宣王率二十萬衆拒亮當亮六十里所候邏

白宣王說亮在城中力弱將士失色亮是時意氣自若勑軍皆卧旗息鼓不得輙出巷幔開四門掃地却洒宣王疑其有伏於是引軍北趣山亮謂衆佐曰司馬懿謂吾有強伏循山走矣候邏還白亮所言宣王　深以爲恨

又曰西晉將杜元凱伐吴陳兵于江陵遣牙門管定周旨伍巢等率奇兵八百泛舟夜度以襲樂鄉多張旗幟起火巴山出於要害之地以奪賊心吴都督孫歆震恐與吴將伍延書曰北來諸軍乃飛渡江也皆破之

又曰東晉末宋武帝爲將討海賊孫恩恩在邑瀆海鹽令鮑陋遣子嗣之以吴兵一千請爲前驅宋武曰賊兵甚精吴人不習戰若前驅失利必敗我軍可在後爲聲援不從是夜宋武多設伏兵兼置旗鼓然一處不過數人明日賊率衆乃萬餘迎戰前驅旣交諸伏皆舉旗鳴鼓謂四面有

軍乃引退嗣之追奔爲賊所沒宋武且戰且退賊旣盛所領死傷且盡宋武慮不免至向伏兵處乃止令左右脫取死人衣賊謂當走反停疑猶有伏宋武因呼更戰氣色甚猛賊以爲然乃引軍去宋武徐歸然後散兵稍集

又曰東齊末桓玄篡晉宋武帝起義討玄使將桓謙何澹之屯覆舟山武帝使羸弱登將山多張旗幟玄不之測大懼武帝與劉毅等分爲數隊進突謙陣皆殊死戰無不一當百東北風急義軍放火煙塵漲天鼓譟之音震駭京邑謙等諸軍一時奔散

又曰蕭齊將馮道根守阜陵城戍初到阜陵理城隍遠斥候有如敵將至者衆頗笑之道根曰怯防勇戰此之謂也理城未畢會魏將党法宗傅堅眼率衆二萬奄至城下道根塹壘未固城中衆少失色道根命廣開門緩服登城選精鋭二百人出與魏軍戰敗之魏人見意閑且戰又不利因退走

又曰後魏將宇文測行綏州事每歲河氷合後突厥即來寇先是常遣居人入城堡以避之測至皆令安堵如舊乃於要路數百處並多積柴仍遠遣斥候知其動靜是年十二月突厥從連谷入寇去界數十里測命積柴之處一時縱火突厥謂有大軍至懼而遁走自相蹂踐委弃雜畜及輜重不可勝數測徐率所部收之分給百姓自是突厥不敢復至

又曰梁雍州刺史岳陽王蕭詧雖稱藩附於西魏而尚有貳心西魏將楊忠自樊城觀兵於漢濱易旗遞進實騎二千詧登樓覩之以爲三萬也懼而伏焉

崔鴻十六國春秋曰後趙石勒荆州監軍郭敬寇晉襄陽

勒驛令敬退屯樊城戒之使偃藏旗幟寂若無人彼若使人觀察則告之曰自愛堅守後七八日大騎將至相禁不復得走矣敬使人浴馬于津周而復始晝夜不絶偵諜還告晉南中郎將周撫撫以爲勒軍大至懼而奔于武昌敬遂入襄陽焉

又曰前凉張重華以謝艾爲軍師將軍率騎三萬進軍臨河後趙石勒將麻秋以三萬衆拒之艾乘軺車冠白㡊（㡊苦洽切）鳴鼓而行秋遥覩而怒曰艾年少書生冠服如此輕我也令黑矟龍騰三千人馳擊之艾左右大擾或勸乘馬艾不從乃下車踞胡牀指麾分處賊以爲伏兵發也懼不敢進艾又遣將緣河截其後秋軍乃退艾乘擊遂大敗之斬秋將杜勳汲魚俘斬首三千級秋疋馬奔大夏

太平御覽卷第二百九十四

太平御覽卷第二百九十五

兵部二十六

審察　避銳　安衆

審察

孫子曰：兵怒而不相迎，交而不合，又不相去，必謹察之。(備伺伏也)

左傳曰：齊師伐魯，敗退，魯莊公將逐之。曹劌曰：未可。夫大國難測也，懼有伏焉。(恐許而奔也)吾視其轍亂，望其旗靡，故逐之。(旗靡轍亂，怖遽也)

又曰：秦晉戰于羈馬，交綏。秦行人夜戒晉師曰：兩君之士皆未憖也，明日請相見也。(憖，缺也。魚覲切)晉大夫史駢曰：使者目動而言肆，懼我也。(目動心不安，言肆聲放，失常節也)將遁矣。薄諸河，必敗之。(薄，迫也)晉裨將胥甲、趙穿當軍門呼曰：死傷未收而棄之，不惠也。不待期而薄人於險，無勇也。乃止。秦師果夜遁。

又曰：晉侯伐齊，齊侯畏其衆，齊師夜遁。師曠曰：鳥烏之声樂，齊師其遁。(鳥烏得空故樂也)邢伯曰：有班馬之声，齊師其遁。(夜遁馬不聞見故鳴班列也)叔向曰：城上有烏，齊師其遁。

又曰：晉師伐楚，將戰，楚子登巢車以觀晉軍。(巢車，車上爲櫓)楚將子重使太宰伯州犂侍于王後。(州犂，晉伯宗子，先奔楚)王曰：騁而左右，何也？(騁，走)曰：召軍吏也。皆聚於中軍矣。曰：合謀也。張幕矣。曰：虔卜於先君也。徹幕矣。曰：將發命也。甚囂且塵上矣。曰：將塞井夷竈而爲行也。(夷，平；行，户郎切)皆乘矣，左右執兵而下矣。曰：聽誓也。(左，將帥；右，車右)竟敗楚于鄢陵。(鄢音偃)

後漢書曰：劉備遣將吳蘭屯下辯，曹公遣曹洪征之。備遣張飛屯固山，欲斷軍後。衆議狐疑，洪曰：賊實斷道者，當伏兵潛行，今反張声，此其不能也。宜及其未集，促擊蘭，破則飛自走。集兵擊蘭，大破之，飛果走。

宋書曰：東晉末，武帝率兵北伐，圍南燕慕容超於廣固。未下時，後秦姚興遣使告宋武：慕容見與隣好，以窮告急，今當遣鐵騎一萬，遥據洛陽。晉軍若不退者，便當長驅而進。宋武遣興使荅曰：語汝姚興，我定燕之後，息甲三年，當平關洛。今能自送，便可速來。劉穆之聞興使入，而宋武發遣已去，以興所言并荅具語穆之。穆之曰：常日事無大小，必賜與謀，此宜善詳，云何率尔便荅？未能威敵，只增彼怒耳。若燕未可拔，興救奄至，不審何以待之？宋武笑曰：此是兵機，非卿所解，故不語耳。夫兵貴神速，彼若審能遣救，必畏我知，寧容先遣信命？此是其見我伐燕，内已懷懼，自強之辭耳。興竟不能出師。廣固終拔，擒慕容超，平齊地。

又曰：武帝自京口舉義兵討桓玄，玄將桓謙屯于東陵，卞範之屯覆舟山西以拒之。宋武疑賊有伏兵，謂小將劉鍾曰：此山下當有伏兵，卿可率部下往取之。鍾應声馳進，果有伏兵數百，一時奔走。

又曰：雍州刺史袁顗舉兵反，泝流入鵲尾，與官軍相持。既久，官軍主張興世越鵲尾上據錢溪。顗將劉胡攻之不下。遣人傳唱錢溪已平，官軍之衆並懼。宋將沈攸之曰：不然。若錢溪實敗，萬人中要應有逃亡得者。必是彼戰失利，唱空聲以惑衆耳。勒軍中不得輒動。錢溪信尋至，果大破賊。攸之悉以錢溪所送胡軍耳鼻示之。顗駭懼，急追胡還，遂潰走。

後魏書曰：司馬楚之討蠕蠕。蠕蠕潛遣郯硯(蠕如兖切)入楚之軍，截驢耳而去。有告失驢耳者，諸將莫能察。楚之曰：必是覘賊截之以爲驗耳。賊將至，即使軍人伐柳爲城，水灌令

凍城立而賊至冰峻城固不可攻逼賊乃走散世祖聞而喜之

又曰將韓果性強記兼有權略所行之處山川形勢輙能記憶兼善伺敵虛實揣知情狀有潛匿溪谷欲爲間遉者果登高視之所疑之處往必有獲

通典曰周武帝帥師攻圍高齊晉州齊後主將兵十万自來援之時柱國陳王純頓千里徑大將軍永昌公椿屯雞棲原大將軍宇文盛守汾水關並受齊王憲節度憲密謂椿曰兵者詭道去留不定見機而作不得遵常汝今爲營勢令兵去之後賊猶致疑不須張幕可伐疑也時齊分軍万人向千里徑又令其衆出汾水關自率大兵與椿對陣宇文盛馳騎告急憲自以千騎救之齊人覩谷中塵起相率遽退盛與柱國侯莫陳芮涉汾逐之多有斬獲俄而椿告齊衆稍逼憲又迴軍赴之會被勅追還率兵夜返齊人果覊柏菴爲帳幕也不疑軍退翌日始悟（周人設疑齊人不察）

軍讖曰夫用兵者必察敵國之情視其倉廩度其餘糧以卜其強弱運糧二百里者無二年之食也運糧三百里者無三年之糧也是謂虛國民貧上下不相親則有離叛心上行暴虐則下刻急相殘賊是爲亡國若進惡不退群賢隱蔽不肖在位國受其害内貪外廉竊公爲恩飾躬正顏以獲高官是謂盜端

避銳

孫子曰少而逃之（高壁壘勿与戰也彼衆我寡不可敵則軍自逃守匿其形也）不若則能避之（強弱不敵勢不相若則引軍避之待利而動）故小敵之堅大敵之擒（小不能當大言小国一不量其力敢與大邦爲讎雖權時堅城固守然後必見擒獲春秋傳曰既不能強又不能弱所以敗之也）無邀正正之旗無擊堂堂之陣此理變者也（正正者整齊也堂堂者大也威盛貌正正者孤特衆也言前有孤特之兵後有堂堂之陣必有奇伏詐謀之謀審察待之勿輕邀截此理變詐者也）是故朝氣銳晝氣墮暮氣歸善用兵者避其銳擊其墮歸此理氣者也（避其精銳之氣擊其懈墮欲歸此理氣者也故曹劌曰夫戰勇氣也一鼓作氣再而衰三而竭彼竭我盈是以剋之也）

戰國策曰魏武侯問吳起曰暴寇卒至掠吾田野取吾牛馬則如之何起曰暴寇之來必精且強善守勿應潛伏路傍暮去必卒車乘重裝驍騎逐擊勢必莫當遇我伏内如雪逢湯也

後漢書曰袁尚據鄴率兵擊兄譚於南皮留蘇由審配守曹公圍鄴尚還救鄴諸將皆以爲此歸師人自爲戰不如避之公曰尚從大道來當避之若循西山來者此成擒耳尚果循西山來臨滏水爲營夜遣兵犯圍公逆擊破走之城中崩潰

通典曰東晉末武帝伐南燕慕容超鎮南賊盧循徐道覆乘虛襲建業循多疑少決每欲以万全爲慮謂道覆曰大軍未至晉吏部尚書孟昶便覩風自裁大勢言之自當計日潰亂今決負於一朝既非必定之道且煞傷士卒不如案兵待之宋武奔還拒守宋武曰賊若新亭直上且當避之迴泊蔡洲乃成擒耳於是登石頭城以覩循軍初見引向新亭宋武顧左右失色既而迴泊蔡洲道覆猶欲上循禁之使羸老悉乘舟艦向白石宋武慮其從白石步上乃率劉毅諸葛長民北出拒之賊遂率數万屯丹陽郡宋武率諸軍馳歸衆慮賊過江咸謂當徑還拒戰宋武乃先引軍還石頭衆莫之曉是日大熱三軍疲頓既入城解甲息士洗浴飲食久之乃出列陣於南塘命參軍褚叔度朱齡石率勁勇千餘人過淮賊數千皆長刀矛鋋精甲曜日奮

躍爭進斷石所領多鮮卑善步矟並結陣以待之賊短兵弗能抗死傷者數百人乃退走

安衆

春秋曰晉文公卒將殯于曲沃出絳柩有聲如牛（如牛呴声虛茍切）卜偃使大夫拜曰君命大事將有西師過軼我擊之必大捷焉秦伯使孟明視等三將襲鄭晉師禦之于殽而敗之（声自柩出故曰君命也大事也卜偃聞秦密謀故因柩声以正衆心也）

史記曰燕使騎劫代樂毅攻齊即墨齊將田單拒守乃令城中人食必祭其先祖於中庭飛鳥悉翔舞城中下食燕人怪之單復宣言曰神來下教我又令曰當有神人爲我師者有一卒曰臣可以爲師乎因反走田單乃起引還東嚮坐師事之卒曰臣欺君誠無能田單曰子勿言也因師之每出入約束必稱神衆心乃安竟破燕軍

又曰秦二世初天下亂陳勝吳廣起兵於蘄欲收人心謀曰項燕爲楚將數有功愛士卒楚人憐之或以爲在今誠以吾衆爲天下唱宜多應者（謂首号令）廣以爲然迺行卜卜者知其指意曰足下事皆成功然足下卜之鬼乎（卜者云事成有功然須假託鬼神乃可興起耳故勝廣曉其意則爲魚書狐鳴以威衆也）勝廣喜念鬼曰此教我先威衆耳迺丹書帛曰陳勝王置所罾魚腹中（罾音曾）卒買魚亨食得書已怪之矣又間令廣之所次旁叢祠中夜構火狐鳴呼曰大楚興陳勝王（間謂竊令人行也密於廣所次舍之旁側叢祠中爲之叢謂草木之岑蔚者也祠神祠也篝謂結起也呼火故切）卒皆夜驚恐朝日卒中往往指目勝廣因而號令衆遂從之

又曰高帝已封大功臣二十餘人其餘日夜爭功不決未得行封帝在洛陽南宮從複道遥見諸將往往相與坐沙中語張良曰陛下起布衣以此屬取天下今爲天子而所封皆蕭曹故人及親愛而所誅者皆生平所仇怨今軍吏計功以天下不足遍封此屬畏陛下不能盡封又恐見疑平生過失及誅故即相聚謀反耳帝憂曰爲之奈何良曰帝平生所憎羣臣所共知誰最甚者帝曰雍齒與我有故怨數窘辱我我欲殺之爲其功多故不忍良曰今急先封則人人自堅矣於是帝乃置酒封齒什邡侯而急趣丞相御史定功行封羣臣皆喜曰雍齒且爲侯我屬無患矣

漢書曰李廣以郎中令將四千騎出右北平博望侯騫將万騎與廣俱異道行數十里匈奴萬騎圍廣軍士皆恐廣乃使其子敢往馳之敢從數十騎直貫胡騎出其左右而還曰胡虜易與耳軍士乃安

後漢書曰王郎起光武馳至下曲陽傳聞王郎兵在後從者恐及至呼沲河候吏還白河水流澌（澌音斯）無船不可濟

官屬大懼光武令霸往視之霸恐驚衆欲且前阻水還即詭曰冰堅可渡官屬皆喜光武笑曰候吏果妄語也遂前比至河河冰亦合乃令霸護渡（護監護渡也）未畢數騎而冰解光武謂霸曰安吾衆得濟免者卿之力也霸謝曰此明公至德神靈之祐雖武王白魚之應無以加此（昔武王渡盟津白魚躍入王舟）光武謂官屬曰王霸權以濟事殆天瑞也

晉書曰李矩守滎陽城劉聰將劉暢討矩矩奉牛酒詐降謀夜襲之兵士以賊衆皆有懼色矩令郭誦禱鄭子産祠曰君昔相鄭惡鳥不鳴凶胡夏羯何得過庭使巫揚言東里有教當遣神兵相助將士聞之皆踴躍爭進乃使誦選勇敢千人夜掩暢營獲鎧馬甚多斬首數千級暢僅以身免（東里鄭子産）

又曰劉裕討慕容超圍廣固城數月不拔或謂裕曰昔石

季龍攻曹嶷，嶷瞻氣者以爲澠水帶城（澠音繩）非可攻拔若塞五龍口城必自陷季龍從之而嶷降慕容恪圍段龕亦如之而龕降降後無幾又震開之今舊跡猶在可塞之裕從其言於是城中男女患脚弱疾者太半時有蒼鵝飛入帳座衆咸驚愕其將曰蒼胡色也鵝者我也胡虜歸我之徵衆大悅將攻城諸將咸諫曰今往亡之日兵家所忌裕曰我往彼亡吉孰大焉乃命悉登遂尅平廣固

又曰嶺南城盧循寇建業宋武擊破之走至彭蠡湖乃悉力柵斷左里大軍至左里將戰宋武所執麾竿折幡沉水衆並惟懼公歡笑曰往年覆舟之戰幡竿亦折今者復然賊必破矣即攻柵而進循兵雖殊死戰弗能禁諸軍乘勝奔之循單舸走所殺及投水死凡萬餘人納其降附宥其遁掠遺劉藩孟懷玉輕軍追之循收散卒尚有數千人逕

還廣州○又秃髮利鹿孤載記曰呂纂來伐使傉檀拒之纂士卒精銳進度三堆三軍擾懼傉檀下馬據胡床而坐士衆心乃安與纂戰敗之斬二千餘級

崔鴻十六國春秋曰後趙石勒使將麻秋等伐張重華於武威重華將謝艾曰乞假臣兵七千爲殿下吞之重華以艾爲中堅將軍配步騎五千擊秋引師出振武夜有二梟鳴於牙中艾曰梟邀也六博得梟者勝今梟鳴牙中尅敵之兆於是進戰大破之斬首五千級

又曰後燕慕容寶遣將慕容賀麟率二萬餘人寇新市甲子晦後魏道武進軍討之太史令晁崇奏曰昔紂以甲子亡兵家忌不可出帝曰紂以甲子日亡周武不以甲子勝乎崇無以對帝遂進軍新市賀麟退阻泒水依漸洳澤以自固（漸音子廉切洳音而據切）甲戌帝臨其營戰於義臺塢大破之

梁書曰庾域爲華陽太守後魏軍攻圍南鄭時糧儲寡少人情忷懼（忷許拱切）州有空倉數十所域手自封題指示將士云此中粟皆滿足支二年但努力堅守衆心以安虜退以功拜羽林監

又曰楊公則隨武帝大軍至新林公則自越城移屯領軍府壘北樓與掖門相對嘗登樓望戰城中遥見麾蓋縱神鋒弩射之矢貫胡牀左右皆失色公則曰虜幾中吾脚談笑如初

通典曰隋末李密據興洛倉破宇文化及還士卒皆疲倦隋將王充欲乘其弊而擊之恐衆心不一乃假託鬼神云夢見周公乃立祠於洛水上遣巫宣言公欲令今僕射討李密當有大功不則兵皆疫死充兵多楚俗信妖言以惑之衆皆請戰遂破密

唐書曰高祖爲山西河東撫慰大使行至太平關遇賊數千人時所將兵少左右皆懼高祖謂之曰此烏合之賊易與耳因率騎十二人出擊之所向皆靡衆情始定

世說曰曹公軍行失道三軍皆渴公令曰前大梅饒子酸可以解渴士卒聞之口皆水出

三國典略曰梁蕭藻有操行以父非命而卒布衣菲食非公坐不聽音樂初爲益州刺史時有焦僧護作亂擁據郫繁衆有數萬藻年未弱冠將自擊之乃乘平肩輿巡行賊城流矢雨下從者舉楯以蔽藻命去之因是物情大安賊夜遁梁武常稱其小字數曰子弟幷如迦葉吾復何憂

太平御覽卷第二百九十五

太平御覽卷第二百九十六

兵部二十七

法令

孫子曰法者曲制官道主用也(曲制者部曲旛幟金鼓之制也官者百官之分也道者糧路也主用者主軍費用)卒未專親而罰之則不服不服則難用也卒已親附而罰不行者則不可用也故合之以文齊之以武(文仁武法)是謂必取(文恩武罰)令素行以教其人也令素行則人服令素不行則人不服令素信著者與衆相得也厚而不能使愛而不能令亂而不能理譬如驕子不可用也(言恩不可純任還爲已害)

左傳曰晉侯之弟楊干亂行於曲梁(行軍次也)魏絳戮其僕(僕御)晉侯怒謂羊舌赤曰合諸侯以爲榮也楊干爲戮何辱如之必殺魏絳無失也夫對曰絳無二志事君不避難有罪不避刑其將來辭何辱命焉言終魏絳至授僕人書(僕人晉侯御僕也)將伏劒士魴張老止之公讀其書曰君乏使使臣斯司馬(斯此)臣聞師衆以順爲武(順莫敢違)軍事有死無犯爲敬(守官行法雖死不敢有違)君合諸侯臣敢不敬君師不武執事不敬罪莫大焉臣懼其死以及楊干無所逃罪(懼自犯不武不敬)不能致訓至於用鉞(用鉞斬楊干之僕)臣之罪重敢有不從以怒君心(言不敢不從)請歸死於司寇(致尸於司寇使戮之也)公跣而出曰寡人之言親愛也吾子之討軍禮也寡人有弟不能教訓使干大命寡人之過也子無重寡人之過(聽絳死爲重過)敢以爲請(請使無死)晉侯以魏絳爲能以刑佐民矣反役與之禮食使佐新軍(令欲顯絳故特爲設禮食)

史記曰齊景公時晉伐阿鄄(阿今濟陽郡東阿縣鄄音絹今濮陽郡鄄城縣)而燕侵河上齊師敗績嬰乃薦司馬穰苴文能附衆武能威敵

齊景公召穰苴與語兵事大說之以爲將軍將兵扞燕晉之師穰苴曰臣素卑賤君擢之閭伍之中加之大夫之上士卒未附百姓弗信人微權輕願得君之寵臣國之所尊者以監軍乃可於是景公許之使莊賈往穰苴既辭與賈約曰旦日日中會於軍門穰苴先馳至軍立表下漏待賈賈素驕貴不甚急親戚送之留飲日中而賈不至苴仆表決漏入行軍勒兵申明約束約束既定夕時莊賈至穰苴曰何後期爲賈謝曰不佞大夫親戚送之故留穰苴曰將受命之日則忘其家臨軍約束則忘其親援桴鼓之急則忘其身今敵國深侵邦內騷動士卒暴露於境君不安席百姓之命皆懸於君何謂相送乎召軍正問曰軍法後期者云何對曰當斬遂斬莊賈以徇三軍三軍之士皆震慄燕晉之師聞之悉引而歸皆復所侵之地

又曰孫武以兵法見於吳王闔閭闔閭曰子之十三篇吾盡觀之可以小試勒兵乎對曰可闔閭曰可試以婦人乎曰可於是許之出宮中美人得百八十人孫子分爲二隊以王之寵姬二人各爲隊長皆令持戟令曰汝知而心與左右手背乎婦人曰知武曰前則視心左視左手右視右手後即視背婦人曰諾約束既畢乃設鈇鉞即三令五申之於是鼓之右婦人大笑武曰約束不明申令不熟將之罪也復三令五申而鼓之左婦人復大笑孫子曰約束不明申令不熟將之罪也既已明而不如法者吏士之罪也乃欲斬左右隊長吳王從臺上觀見且斬愛姬大駭趣使下令曰寡人已知將軍能用兵矣寡人非此二姬食不甘味願勿斬也武曰臣已受命爲將將在軍君命有所不受遂斬隊長二人以徇用其次爲隊長於是復鼓之婦人左右前後跪起皆

中規矩繩墨無敢出聲者於是武使使報王曰兵既整齊王可試下觀之唯王所欲用之雖赴水火猶可也吳王曰將軍罷休就舍寡人不願下觀武曰王徒好其言不能用其實於是闔閭知孫子能用兵卒以爲將西破彊楚入郢北威齊晉

又曰文帝立後六年匈奴大入邊乃以宗正劉禮爲將軍軍灞上祝茲侯徐厲爲將軍軍棘門以河內守周亞夫爲將軍軍細柳以備胡上自勞軍至灞上棘門直馳入將軍下騎送迎巳而之細柳軍軍士吏被甲鋭兵刃彀弓弩持滿天子先驅至不得入先驅曰天子且至軍門都尉曰軍中但聞將軍令不聞天子詔居無何上至又不得入於是上乃使持節詔將軍吾欲入勞軍亞夫乃傳言開壁門士吏謂從車騎曰將軍約束軍中不得驅馳於是天子乃案轡徐行至軍中營將軍亞夫持兵揖曰介冑之士不拜請以軍禮見應劭曰禮介者不拜也天子爲動容軾車使人稱皇帝敬勞將軍成禮而去既出軍門群臣皆驚文帝曰嗟乎此眞將軍矣曩者灞上棘門軍若兒戲耳其將固可襲而虜也至於亞夫可得而犯耶稱善者久之

後漢書曰祭遵從征河北爲軍市令舍中兒犯法遵格殺之光武怒命收遵時主簿陳副諫曰明公常欲衆軍整齊令遵奉法不避是教令所行也光武乃貰之貰猶赦也以爲刺姦將軍謂諸將曰當備祭遵吾舍中兒犯法尚殺之必不私諸卿

謝承後漢書曰張溫以司空加車騎將軍征韓遂丙辰引溫見於崇德殿溫以軍禮長揖不拜

魏志曰曹仁字子孝少時不脩行撿及長爲將嚴整奉法常置科於左右案以從事

吳志曰呂蒙圖關羽定南郡盡得羽及將士家屬蒙撫慰約令軍中不得干歷人家有所求取蒙麾下士是汝南民取民家一笠以覆官鎧鎧雖公物蒙猶以爲犯軍令不可以鄉里故廢遂垂涕斬之

晉書李特載記曰益州刺史趙廞以李庠爲威寇將軍使斷北道庠素東羌良將曉軍法不用麾幟舉矛爲行伍斬部下不用命者三人部陣肅然

蕭子顯齊書曰李安民爲徐州城局參軍王廻素爲安民所親盜絹二疋安民流涕於門斬之厚爲殯祭軍府皆震服焉

北史曰後魏孝文車駕南征以宋弁爲司徒東道副將軍人有盜馬鞚者斬而徇於是三軍震懼莫敢犯法

又曰後魏安定王休車駕南伐領大司馬孝文親行諸軍遇休以三盜人徇六軍將斬之有詔赦之休執曰不斬何以息盜詔曰王者之體亦有非常之澤雖違軍法可特原之休乃奉詔帝謂司徒馮誕曰大司馬嚴而執法諸君不可不慎於是六軍肅然

唐書曰闞稜容貌魁岸勇而多力每臨陣手持大刀長一丈一舉輒斃數人前無當者及杜伏威據有江淮之地兵皆出自群賊類多放縱有相侵奪者稜必殺之雖親故無所捨令行禁止路不拾遺後從伏威入朝拜左領軍將軍輔公祏之反也稜從軍討之及與陳正通相遇方接戰稜脫兜鍪謂賊衆曰汝不識我邪何敢來戰其衆多稜舊之所部由是各無鬬志或有遥拜者賊師遂潰

又曰竇軌初入蜀將其甥從軍以爲心腹嘗夜出呼之不以時至因斬之將吏重足而立見之者莫不股慄

又曰哥舒翰好讀左氏春秋及漢書疎財重氣士多歸之

河西節度王忠嗣以爲大計軍副使安思順爲大使翰常怏怏不能下之忠嗣遂使翰別爲將討吐蕃于新城以同列副使爲副副使不爲翰用頗沮之翰怒甚脫甲摑殺之投其屍於坑中軍中股慄

又曰馬燧討李懷光於河中帥步騎三萬次于絳乃分兵收下縣略稷山拔龍門降其將馮萬興任象王燧以兵圍攻絳州拔其外城其夜僞刺史王兟同與大將達奚小進弃城走降其衆四千人又遣大將李自良谷秀分兵略定聞喜夏縣萬泉虞鄉永樂猗氏六縣降其將辛兟音詵及兵五千人谷秀以犯令虜士女斬之以徇

又曰德宗幸奉天詔以李晟爲神策行營節度使晟軍令嚴肅所過樵採無犯自河中由蒲津而軍渭北壁東渭橋以逼朱泚時劉德信將神策兵救襄城敗於扈澗聞難率餘軍削次渭南與晟合軍軍無統一晟不能制德信因至晟軍晟乃斬之復以數騎入德信軍中撫勞軍士無敢動者晟既并德信軍軍益振

又曰李晟收復都城朱泚乃與妻子及姚令言張庭芝等數千騎西走涇原餘兵潰散晟乃入拉丹鳳門舍軍於外朝晟處於右金吾仗舍下令曰軍中五日不得通家問違者斬之遣京兆尹李齊運告諭於衆百姓安堵秋毫無犯尚可孤軍人有擅取馬者晟大將高明曜虜賊女妓一人司馬伷取賊馬二疋晟立斬之軍士皆脅息莫敢仰視翌日晟以露布聞上覽之感泣百官皆出涕因上壽稱萬歲曰李晟虔奉聖謨盪滌凶慝然古之樹勳力復都邑者往往有之至於不驚宗廟不易市肆長安人不識旗鼓安堵如初三代已來未之有也上笑曰天生李晟爲社稷萬人不爲朕也百官再拜而退

又曰永貞元年冬劉闢阻兵朝議討伐宰臣杜黃裳以爲獨任高崇文可以成功元和元年春拜檢校工部尚書兼御史大夫充左神策行營節度使兼統左右神策奉天麟遊諸鎮兵討闢時宿將專征者甚衆人人自謂當選及詔出大驚崇文在長武練卒五千常若寇至及是中使至長武卯時宣命而辰時出師五千器用無闕者軍至興元軍中有折逆旅之匕箸者斬之以徇從閬中入遂却劍門之師解梓潼之圍

又曰高崇文平劉闢王師入成都介士屯于大造軍令嚴肅珍貨山積市井不移無秋毫之犯

又曰郗士美爲昭義節度使朝廷討王承宗士美遣兵馬使王獻領卒一萬爲前鋒獻兇惡恃亂逗撓不進遂令召至數其罪斬之下令曰敢後出者斬士美親鼓之兵旣合而賊軍大敗下三營環柏鄉屢以捷聞上大悅曰吾固知士美之能辦吾事于時四面七八鎮兵共十餘萬以環鎮冀未有首功多犯法士美兵士勇敢畏法聲甚振承宗大懼指期有破亡之勢會詔班師至今兩河間稱之

又曰李師道攻徐徐將王智興敗賊壁獲美妾智興懼軍士爭之乃曰軍中有女子安得不敗此雖無罪違軍法也即斬之以徇

韓子曰吳起爲魏武侯西河之守秦有小亭臨境吳起欲攻之乃倚車轅於北門外而令之曰有能徙此南門之外賜之上田上宅民莫之徙也或有徙之者遂賜之如令俄又置一石赤菽於東門之外而令之曰有能徙之於西門之外者賜之如初民則爭徙之乃下令曰明日攻亭有能

先登者仕之國大夫賜之上田上宅民爭上於是攻亭一
朝而拔之
尉繚子曰古之善用兵者能殺卒之半其次殺其十三其
下殺其十一殺其半者威立海內殺其十三者力加諸侯
殺其十一者令行士卒故曰百萬之衆不鬬不如萬人之尸
萬人不死不如百人之賊賞明如日月信比如四時令嚴
如斧鉞而出卒有不死者未嘗聞也
六韜曰武王問將何爲威太公曰殺一人萬人懼者宜殺
之殺一人三軍不知雖多殺其將不重也
淮南子曰勾踐決一獄不辜援龍淵而切其股血流至足
故戰武士必死
魏武軍令曰兵欲作陣對敵營先白表乃引兵就表而陣
皆無讙譁明聽鼓音旗幡麾前則前麾後則後麾左則左

麾右則右不聞令而擅前後左右者斬伍中有不進者伍
長殺之伍長不進什長殺之什長不進都伯殺之督戰部
曲將拔刃在後察違令不進者斬之一部受敵餘部有不
進救者斬之
武侯兵法曰軍有七禁一曰輕二曰慢三曰盜四曰欺五
曰背六曰亂七曰誤此治軍之禁也若朝會不到聞鼓不
行乘寬自留迴避務止初近而後遠喚名而不應軍甲不
具兵器不備此謂輕軍（有此者斬之）受令不傳傳之不審以惑
吏士金鼓不聞旌旗不覩此謂慢軍（有此者斬之）食不廩糧軍
不部兵賦賜不均阿私所親取非其物借貸不還奪人頭
首以獲功名此謂盜軍（有此者斬之）若變易姓名衣服不鮮金
鼓不具兵刃不磨器仗不堅矢不着羽弓弩無絃主者吏
士法令不從此謂欺軍（有此者斬之）聞鼓不行叩金不止按旗
不伏舉旗不起指麾不隨避前在後縱發亂行折兵弩之
勢卻退不鬬或左或右扶傷舉死因託歸還此謂背軍（有此者斬之）
出軍行將士卒爭先紛紛擾擾軍騎相連咽塞道路
後不得前呼喚諠譁無所聽聞失行亂次兵刃中傷長將
不理上下縱橫此謂亂軍（有此者斬之）屯營所止問其鄉里親
近相隨共食相保呼召不得越入他位干誤次第不可呵
止度營出入不由門戶不自啓白姧邪所起知者不告罪
同一等合人飲食阿私所受大言驚語疑惑吏士此謂誤
軍（有此者斬之）
衛公兵法曰古之善爲將者必能十卒而殺其三次者十
殺其一三者威振於敵國一者令行於三軍是知畏我者
不畏敵畏敵者不畏我如曰盡忠益時輕生重節者雖讎
必賞犯法怠情敗事貪財者雖親必罰服罪輸情質直敦

素者雖重必捨遊辭巧飾虛僞姦詐者雖輕必戮善無微
而不贊惡無纖而不貶斯乃勵衆勸功之要術也昔馬謖
（音縮）軍敗葛亮對泣而行誅鄉人盜笠呂蒙先涕而後斬馬
逸犯麥曹公割髮而自刑兩掾辭屈黃蓋詰問而俱戮故
知威克其愛雖少必濟愛勝其威雖多必敗蓋賞罰不
在重在必行不在數在必當故尉繚子曰吳起與秦人戰
戰而未合有一夫不勝勇乃怒而前獲首而返吳起斬之
吏曰此壯士也不可斬吳子曰雖壯士不從令者必斬之
又曰褰旗斬將陷陣摧鋒上賞破敵所得資物僕馬等並
給戰士每收陣之後裨將虞候輩收斂對揔管均分之與
敵鬬旗頭被傷救得者重賞漏泄軍事斬之背軍逃走斬
之後期斬之（有故不坐）行列不齊旌旗不正金革不鳴斬之與
敵私交通斬之（言語書疏並同）或說道釋祈禱鬼神陰陽卜筮灾

祥訛言以動衆心并與其人往還言議斬之無故驚軍叫呼奔走謬言煙塵斬之凡令覘候或更相推託謬說事宜兼復漏泄者斬之吏士所經歷侵掠者斬之姧人妻女及將婦女入營斬之不戰而降敵沒其家凡有私讎須先言令其避仇若不言因戰陣報復者斬之布陣旗亂吏士驚惶罪在旗頭斬之陣定或輙進退或對敵亂行者前後左右所平之行便斬之或有弓弩已注失而迴顧者或干行失位者後行斬之前行不動行斬干失之行守圍不固一火及主吏並斬之遇敵攻圍危急若前後左右部隊不救致陷者全部隊皆斬之設奇伏掩襲務應機速捷前將先合後將即副進退應接乖者並斬之爲敵所乘失旗鼓節鉞罪全陣斬之戰敵旗頭被敵殺爭得屍首免坐不得者一旗並斬之凡戰敵失主將隨從者皆斬之一將禦敵裨

將已下等差主率不齊力同戰更相救助者任便斬之吏士雖破敵濫行戮殺發冢焚廬踐稼穡伐樹木者斬之禽獲敵人或有來降者直領見摠帥不得輙訪問敵中事若違因而漏泄者斬之破敵先虜掠者斬之（入敵境同）凡隱欺破虜所收獲及吏士身死有欺隱其資物兼違令不收恤者斬之違摠率一時之令斬之

太平御覽卷第二百九十六

太平御覽卷第二百九十七

兵部二十八

訓兵

孫子曰言不相聞故爲鼓鐸（鐸金鉦也聲以爲耳候也）視不相見故爲旌旗（瞻其指麾以爲目候）夫金鼓旌旗者所以一人之耳目也（齊一耳目之視聽使知進退之度）人既專一則勇者不得獨進怯者不得獨退（齊之以法教使強弱不得相踰）紛紛紜紜闘亂而不可亂（旌旗亂也示敵若亂以金間之紛紛旌旗像紜紜士卒貌言旌旗翻轉一合一離士卒進退或往或來視之若擾亂之若亂然其法令素定度職分明各有分數擾而不亂也）渾渾沌沌形圓而不可敗（車騎齊轉也形圓者出入有道齊整也渾渾車輪轉行沌沌步驟奔馳視其行陣縱橫圓而不方然其指趣各有所應故王子曰將欲內明而外暗內理而外軍所以示敵之輕己者也渾外本切沌徒損切）

周禮曰太宗伯以軍禮同邦國（同謂威其不協僭差者軍禮之別五也）太師之禮用衆也（用其義勇也）大均之禮卹衆也（均其地政地守地職之賦所以憂民

也）大田之禮簡衆也（古之因田習兵閱其車徒之數也）大役之禮任衆也（築宮邑所以事民力強弱也）大封之禮合衆也（止封疆溝塗之固所以合聚其民也）

又曰夏官大司馬之職掌仲春教振旅司馬以旗致民平列陣如戰之陣以教坐作進退疾徐疏數之節遂以蒐田仲夏教茇舍如振旅羣吏撰車徒遂以苗田仲秋教治兵如振旅辨旗物之用遂以獮田仲冬教大閱前期羣吏聽誓于陣前斬牲以左右徇陣曰不用命者斬之遂以狩田師以救無辜伐有罪若師有功則左執律右秉鉞以先愷樂獻于社

左傳曰春蒐夏苗秋獮冬狩於農隙以講武事三年而治兵入而振旅歸而飲至以數軍實昭文章明貴賤辨等列順少長習威儀也

又曰楚子文治兵於睽終朝而畢不戮一人子玉復治兵於蔿終日而畢鞭七人貫三人耳國老皆賀子文蔿賈不賀曰子玉剛而無禮過三百乘其不能以入矣子玉之敗子之舉也舉以敗國將何賀焉

又曰苗賁皇徇曰蒐乘補卒秣馬利兵脩陣固列蓐食申禱明日復戰乃逸楚囚

又曰宣子曰我若受秦則賓也不受寇也既不受矣而復緩師秦將生心先人有奪人之心軍之善謀也逐寇如追逃軍之善政也訓卒利兵秣馬蓐食潛師夜起戊子敗秦師于令狐至于刳首

又曰宣榭火（宣榭講武室也）

論語曰子曰善人教民七年亦可以即戎矣（可黃兵攻戰也）

又曰不教民戰是謂弃之

後漢書曰靈帝時望氣以爲京師有大兵兩宮血流以爲

太公六韜有天子將兵事可以威厭四方帝乃講武於平樂觀下起大壇建五采蓋天子擐甲介馬稱無上將軍徇進領兵屯於觀下置西園八校尉袁紹曹操等爲之

唐書曰太宗初即位突厥入寇欲諸軍皆習騎射每退朝即引諸衛將習射于顯德殿庭謂將軍已下曰古突厥與中國更有盛衰若軒轅善用五兵即能北逐獯虜周宣驅駕方召亦能制勝太原下至漢晉之君逮于隋代不使兵士素習干戈突厥來侵莫能抗禦遣中國生民塗炭於寇手我今不使汝等穿池築苑造諸淫費農民恣令逸樂兵士唯習弓馬若無賊來我則爲汝博士教汝等武藝優長若有賊來我即爲汝將師領汝闘戰亦望使汝等前無橫敵於是日引數百人於殿庭教射太宗親自臨試每坐或至午時射中者隨賞弓力布帛統師加上考朝臣咸諫云不

宜引甲卒之人挾弧矢於軒陛之側上曰率土之內皆吾臣子我所恨不能將我心遍置人腹中豈有相疑之道哉由是一二年間兵士盡便弓馬

又曰李抱真領澤潞觀察留後抱真密揣山東當有變上黨且當兵衝是時乘戰餘之地土瘠賦重人益困無以養軍士乃籍戶丁男三選其一有材力者免租傜給弓矢令之曰農之隙則分曹角射歲終吾當會試及期按簿而徵之都試以示賞罰復命之如初比三年則皆善射抱真曰軍可用矣於是舉部內之鄉得成卒二萬前既不廩費府庫益實乃繕兵甲為戰具遂雄視山東是時稱昭義步兵冠諸軍

又曰德宗即位以馬燧為太原尹北都留守河東節度觀察度支營田使是時承鮑防自百井敗軍之後兵甲寡弱騎士少燧乃悉召將吏收馬廝役得數千人悉補騎卒教之數月皆為精騎造甲者必令長短三等稱其所衣以便進趨又造戰車以狻猊象刺戟於後行則載兵甲止則為營陣或塞險阨以遏奔衝器械無不犀利居一年陳兵三萬闢廣場以習戰陣教其進退

古司馬兵法曰凡戰非陣之難使人可陣難非可使陣難使可用難(使人盡心效力用必勝也)非知之難行之難(教習使人知進退之便左右之利事事自行之者難)

又曰天子之義必純取於天地而觀於先聖(天子奉天地之道調和陰陽四時之氣順先王之法度也)士庶之義必奉於父母而正於君長(士庶從父母之教君長之命)故雖有明君士不先教不可用也(雖有明君士不教習不可以設敵也)古之教民必立貴賤之經綸使(高下)不相陵德義不相踰材伎不相掩勇力不相犯故力同意和古者國容不入軍

軍容不入國故德義不相踰(治國以仁德軍事以勇德以從化義以法斷以國容入軍則軍敗軍容入國則國亂也)

吳起教戰法曰短者持矛戟長者持弓弩強者持旌旗勇者持金鼓弱者給廝養智者為謀士鄉里相比什伍相保一鼓整兵二鼓戰陣三鼓趣食四鼓然辨五鼓就行聞鼓聲合然後舉旗

六韜曰教戰之法必明告吏士三令五申教其操兵起居進止旌旗指麾陣而方之坐而起之行而止之左而右之列而合之絕而解之無犯進止之節無失飲食之宜無絕人馬之力令吏士一人學戰教成十人十人學戰教成百人百人學戰教成千人千人學戰教成萬人萬人學戰教成三軍之衆大戰之法百萬之師故能成大功也

衛公兵法曰諸兵士將戰身貌尪弱不勝衣甲又殘具所

施理須堅勁須簡取強兵并令試練器仗兵須備扎[illegible]堅皆須取甲試令所射然始取中

又曰每營中兩廂置士馬十二疋大小如常馬具鞍令士卒擐甲冑櫜(櫜音高)弓矢佩刀劍持矛楯左右上下以便習其事

又教旗法曰凡教旗於平原曠野登高遠視處大將居其上南向左右各置鼓一十二面角一十二具左右各樹五色旗六纛居前列旗節次之左右傍官駐隊如偃月形為後騎下臨平野使士卒目見旌旗耳聞鼓角心存號令乃命諸將分為左右皆去兵刃精新甲冑幡幟分為左右廂各以兵馬使為長班布其次陣間容陣隊間容隊曲間容曲以長參短以短參長迴軍轉陣以後為前以前為後進無奔迸退無趨走以正合以奇勝聽音覩麾乍合乍離於

是三令五申白旗點鼓音動則左右廂齊合朱旗點角音動左右廂齊離離之與合皆不離中央之地左廂陽向西旋右廂陰向東旋左右各復本初白旗樟鼓音動左右各雲蒸鳥散弥川絡野然而不失部隊之疎密朱旗樟角音動則左右各復本初前後左右無差尺寸散則法天聚則法地如此三合而三離三聚而三散不如法者吏士之罪從軍令於是大將出五彩旗一十二口各樹於左右廂陣前每旗命壯勇士五十人守旗選壯勇士五十人奪旗左廂奪右廂右廂奪左廂鼓音動而奪角音動而止得旗者勝失旗者負勝賞而負罰離合之勢聚散之形勝負之理賞罰之信因是而教之

太白陰經曰春秋末並為戰國增講武之禮以為戲樂以相誇視而秦更名為角抵故國雖大好戰必亡天下雖平

士戰必危天下既平春蒐秋獮振旅理兵所以不忘戰令邊軍更名曰教旗使士卒識金鼓別旗幟任行列知部分一軍之節制也

又曰古之諸侯畋獵者為田除害也上所以供承宗廟下所以閑習武事太古之時人食禽獸之肉坐其皮後代之人浸多時禽獸寡少衣食不足於是神農教其植穀導以紡績自是之後禽獸復盈山林下平土害禾稼為人所害於是王公秋冬無事畋獵閑習兵革奮揚威武以戒非常季冬之月獵日陰用事萬物畢成蟄虫已伏乃具卒乘從禽于山澤以教部伍分進退之儀一人守圍地三尺十二時守三萬六千尺積尺得六千步積步得一十五里餘六十步圍中徑闊得地五里餘二十步以左右決勝將為交頭其決勝左右將各主士件為行列皆以金鼓旌旗為節制其初起圍張翼隨山林地勢無遠近部分其合圍地度候先擇定訖以善弧矢者為圍中騎其步卒槍旗幡守圍有漏禽獸坐守圍吏如大獸公之小獸私之以觀進止

管子曰凉風至而白露下天子命左右司馬令組甲厲士衆

商君書曰民之見戰如餓狼之見虎則民可用矣

呂氏春秋曰世有言曰驅市人而戰可以勝人之厚祿教卒老弱罷民（罷與疲同）可以勝人之精士練材離散係絫（絫音累）可以勝人之行陳（陳與陣同）整齊鉏耰白挺可以勝人之長銚利兵此不通乎兵者之論今有利劒於此以刺則不中以擊則不及與惡劒無擇為是鬬因用惡劒則不可簡選精良兵械銛利發之則不時縱之則不當與惡卒無擇為是戰因用惡卒則不可王子慶忌陳午猶欲劒之利也（陳午齊人慶忌吳公子二人皆勇有捷力）簡選精良兵械銛利令將將之王者有以霸

者矣湯武齊桓晉文吳闔閭是也

又曰故凡勢險阻欲其便也兵甲器械欲其利也選練角材欲其精也將率士民欲其教也此四者義兵之助也時變之應也

又曰闔閭試其民於五湖劒皆加於肩地流血幾不可止勾踐試其民於寢宮民爭入火死者千餘遽擊金而退之賞罰充實也

鄴城故事曰凌霄觀（成案石季）龍永和三年命其子石宣祈于山川因而遊獵乘大輅羽葆華蓋建天子旌旗十有六軍戎卒十八萬出自金明門季龍從後宮昇觀望之笑曰我家父子如是自非天崩地陷當復何愁但抱子弄孫日為樂耳

文選曰三令五申教達禁城

謝承與步子山書曰示攻戰進取之方教進退疾徐之節也

劉向別傳曰蹵鞠者傳言黄帝所作或曰起戰國之時蹹(音)蹵鞠兵勢所以陳之知武材也皆因熙戲而講習也

太平御覽卷第二百九十七

兵部二十九

軍制　偏將

普門院

軍制

禮記曰：六十不豫服戎，師出不踰時，爲怨思也。踰時即內有怨女，外有曠夫。

周禮曰：五人爲伍，五伍爲兩，四兩爲卒，五卒爲旅，五旅爲師，五師爲軍。鄭玄曰：兩二十五人，卒百人，旅五百人，師二千五百人，軍萬二千五百人也。

漢書武紀曰：建武元年春二月，赦天下，賜民爵一級，年八十復二筭，九十復甲卒。張晏注：去復甲卒，不豫革車之賦也。

白虎通曰：王命法三十受兵，六十歸兵。國有三軍何？以誠非常，伐無道，尊宗廟，重社稷，安不忘危。何以言有三軍也？論語云：子行三軍則誰與？詩云：周王于邁，六師及之。三軍者何法？法天地人也。以爲五人爲伍，五伍爲兩，四兩爲卒，五卒爲旅，五旅爲師，師二千五百人，二師爲一軍，三軍六師，萬五千人也。傳曰：一人必死，十人不能當；百人必死，千人不能當；千人必死，萬人不能當；萬人必死，橫行天下。雖有萬人，猶謙讓，自以不足，故復加五千人，因法月數，月者羣陰之長也。十二月足以窮盡陰陽，備物成功，萬二千人亦足以征伐不義，致天下太平。穀梁傳曰：天子六軍，諸侯上國三軍，次國二軍，下國一軍。諸侯所以一軍者何？諸侯藩屏之臣也，任兵革之重，距一方之難，故得有一軍也。

淮南子曰：季武子爲三軍。爲作也。武子，魯卿季文子之子季孫夙也。周禮天子六軍，諸侯大國三軍。魯伯禽之封，舊有三軍，其後削弱，二軍而已。武子欲專公室，故欲益中軍，爲三三家各征其一。事在魯哀公十一年。叔孫穆子曰：不可。天子作師，公帥之，以征不德。師謂六軍之衆。公謂諸侯爲王卿士者，爲元帥也。元侯作師，卿帥之，以承天子。元侯，大國之君。

師三軍之衆。大國三卿，皆命於天子，一卿命於其君，無軍無三軍也。若元侯有事，則命卿帥其所教武衛之士以佐元侯。禮所云次國二軍，小國一軍，謂以賦出軍從征伐贊佐也。自伯子男有大夫無卿，無帥無命卿也。王制小國二卿，皆命於其君也。帥賦以從諸侯。賦國中出兵車甲士以從大國諸侯。是以上能征下，無姦慝。征正，慝惡。今我小侯也，言小侯削弱之日久矣。處大國之間，大國齊楚。繕貢賦以共從，猶懼有討，猶懼以不給見誅討。若爲元侯之所，之所謂作三軍元帥所爲。以怒大國，無乃不可乎。弗從，遂作中軍。中者明已有上下軍。自是齊楚代討於魯，代更。襄昭皆如楚。襄公昭公如楚朝事楚也。

穰苴兵法曰：五人爲伍，十五爲隊，一軍九二百五十人，隊餘奇兵隊七十有五，以爲中壘，守地六千尺，積尺得四里，以中壘四面乘之，一面得地三百步，壘內有地三頃，餘百八十步，正門爲握奇，大將軍居之，六纛五麾，金鼓府藏輜積皆中壘。外餘八千七百五十人，隊一百七十五，分爲八陣，六陣各有一千九十四人，六陣各減一人，已爲一陣之部署。舉一軍則千軍可知。九兵者有四正四奇，或合而爲一，或離而爲八陣，故以正合，以奇勝。

通典曰：每軍大將一人，別奏八人，傔十六人。副二人，分掌軍務奏判，傔減大將半。判官二人，典四人，總管四人，二主左右虞候，二主左右押衙，傔各五人在衙官下。子將八人，委其分行陣辨金鼓及部署，傔各二人。執鼓十二人，吹角十二人，司兵、司倉、司騎、司冑、城局各一人，每隊五十人，押官一人，隊頭一人，副二人，旗頭一人，副二人，火長五人。六分支甲，四分支戰袍，一分支槍。

又曰：周制，萬有二千五百人爲軍，軍將皆命卿；二千有五百人爲師，師帥皆中大夫；五百人爲旅，旅帥皆下大夫；百人爲卒，卒長皆上士；二十有五人爲兩，兩司馬皆中士；五人爲伍，伍皆有長。軍師旅卒兩伍皆衆名。伍一比，兩一閭，卒一族，旅一黨，師一州，軍一鄉，家所出。

人也按司馬法二十五人爲兩四兩爲卒百人也五卒爲旅五百人五旅爲師二千五百人五師爲軍一萬二千三百人萬二千象十有二月五百象閏管子言於齊桓公曰欲正卒伍脩兵甲
則大國亦將爲之君有征戰之事則小國有守圉之備矣
公欲速得意於天下諸侯則事有所隱而政有所寓不顯晉於兵事故曰事有所隱軍政寓之田獵故有所寓公作內政而寓軍令焉三分齊國
爲高子之里爲國子之里爲公之里以爲三軍擇其賢民
使爲里君每里皆使賢者爲君鄉有行伍卒長則有制令且以田獵
因以賞罰因田獵之功過寄行賞罰則百姓通於軍事矣於是乃制五
家以爲軌軌爲之長十軌爲里里有司四里爲連連爲之
長十連爲鄉鄉有良人以爲軍令是故五家爲軌故五人
爲軌軌長率之十軌爲里故五十人爲小戎里有司率之
四里爲連故二百人爲卒連長率之十連爲鄉故二千人
爲旅鄉良人率之三軍故有中軍之鼓中軍則公之里卒也有高子

之鼓春以田曰蒐振旅因寓軍政而且整旅秋以田曰獮理兵順殺氣因理兵矣是故卒伍定於里軍政定於郊內教既成令不得遷徙
故伍之人人與人相保家與家相受少同居長同游祭祀
同福死喪相恤災禍同憂居處同樂行作同和哭泣同哀
是故夜戰其聲相聞足以無亂晝戰其目相見足以相識
歡欣足以相死是故以守則固以戰則勝君有此教士三
萬人以橫行於天下教士謂先教習之士
又曰九立軍一人曰獨二人曰比三人曰叅比叅曰伍伍
人爲列列有頭二列爲火十人有長立火字子五火爲隊五十人有頭二隊
爲官百人立長二官爲曲二百人立候二曲爲部四百人立司馬二部爲校
八百人立尉二校爲裨千六百人立將軍二裨爲軍三千二百人有將軍副將軍
唐書曰高祖起義兵命太宗將兵徇西河郡下之癸巳建
大將軍府以裴寂爲長史劉文靜爲司馬具設官屬始置

三軍分爲左右以公子建成爲隴西公左領大都督左三
軍悉隸焉命太宗爲燉煌公右領大都督右三軍悉隸焉
開倉庫以賑窮乏遠近響應
又曰高祖二年秋七月壬申詔曰天生五材司物資其器
用武有七德撥亂所以定功故黃帝垂衣尚有阪泉之戰
放勛光宅猶稱丹浦之師禁暴安人率由茲道創業垂統
莫此爲先以是周置六軍每習蒐狩漢增八校畢選驍勇
故能化行九有威震百蠻爰暨九不與虔劉息志季葉凌替
軍政湮亡卒利不修旌旗舛雜部伍符籍空有調發之名
逗撓之輿竟無討襲之用遂使夷狄放命盜賊交侵戰爭
多虞黔黎殄喪朕受天明命撫育萬方爰自義師克成帝
業至如超乘之士莫匪百金彀騎之材豈唯七萃今雖關
塞寧謐荒裔肅清伊洛猶蕪江湖尚梗役車未息戎馬載

馳武備之方尤宜精練所以各因部校序其統屬改授鉦
鼓創造徽章取象天官定其名號庶使前茅後勁類別區
分玉帳絳宫刑德允備蹈玆湯火譬彼椒蘭大定戎衣止
戈斯在於是置十二軍分關內諸府以隸焉萬年道爲叅
旗軍長安道爲鼓旗軍富平道爲玄戎軍醴泉道爲井鉞
軍同州道爲羽林軍華州道爲騎官軍寧州道爲折威軍
岐州道爲平道軍豳州道爲招搖軍西麟道爲苑游軍涇
州道爲天紀軍宜州道爲天節軍時高祖以天下未定實
資武力將舉關中之衆以臨四方故興此制也每軍一人
副一人取威名素重者爲之督以耕戰之務自是士馬精
強無敵於天下矣
五代周史曰顯德初世宗自高平還乃大閱帝親臨之帝
自高平之役覩諸軍未甚嚴整遂有退却至是命太祖皇

帝一槩簡閱選武藝超絕者署爲殿前諸班因是有散員散指揮內殿直散都頭鐵騎控鶴之號復命掇戎者自龍捷虎捷以降一一選之老弱羸小者去之諸軍士伍無不精當由是兵甲之盛近代無比

偏將

尚書曰司馬掌邦政統六師平邦國

左傳曰趙朔趙嬰齊爲中軍大夫鞏朔韓穿爲上軍大夫荀息趙同爲下軍大夫韓厥爲司馬

又曰晉侯請於王戊申以黻冕命士會將中軍且爲太傅（命卿之服）於是晉國之盜逃奔于齊

又曰楚子北師次于郔沈尹將中軍子西將左子反將右將飲馬於河而歸

又曰魯宣公十年夏六月晉師救鄭荀林父將中軍先縠

佐之士會將上軍郤克佐之趙朔將下軍欒書佐之

公羊曰秋衛師入盛曷爲或言帥師或不言帥師將尊師少稱將將卑師衆稱師

論語曰王孫賈治軍旅奚其喪（衛靈公無道得賈免喪也）

史記項羽本紀曰於是梁爲會稽守籍爲裨將

又曰項王召宋義與計事而大說之因置以爲上將軍項羽爲魯公爲次將范增爲末將

又灌嬰傳曰嬰擊陳狶受詔別攻狶丞相侯敞斬敞及特將五人（文穎注云特一之將）

後漢書西域傳曰大秦國一名犂鞬所治城周百餘里各有官曹文書置三十六將皆會議國事

晉書曰張光字景武江夏鍾武人也身長八尺明眉目美音聲少爲郡吏家世有部曲以牙門將伐吳有功遷江夏西部都尉

又曰羊祜在軍常輕裘緩帶身不被甲鈴閤之下侍衛者不過十數人而頗以田漁廢政嘗欲夜出軍司徐胤執棨當營門曰將軍都督萬里安可輕脫將軍之安危亦國家之安危也胤今日若死此門乃開耳祜改容謝之此後稀出矣

又曰吾彥爲小將級吳大司馬陸抗抗奇其勇略將拔用之慮衆情不允乃會諸將密使人佯狂拔刀跳躍來坐諸將皆懼而走惟彥不動舉几拒之衆服其勇乃擢用焉

又天文志曰太白爲上將羽林爲中軍

又曰文昌六星在北斗魁前天府（之六星也一曰）上將建武威二曰次將尚書中書司隸賞功也

又曰郎將位北主閱旗所以爲武備也

又曰畢八星主邊兵弋獵其大星曰天高一曰邊將

又曰參白獸之體其中三星橫列三將也北曰左肩主左將西北曰右肩主右將故黃帝占參應七將七將大天下兵精

又曰南三星騎陣將軍騎將也南三星車騎車騎之將也

又曰狼一星在東南狼爲野將主侵掠也色有常欲不動也

後周書曰賀拔岳事尒朱榮以定策功授前將軍時万俟醜奴僭稱大號關中騷動朝廷深以爲憂榮將岳討之岳私謂其兄勝曰醜奴擁秦隴之兵足爲勍敵若岳往而無功罪責立至假克定恐讒愬生焉勝曰汝欲何計自安岳曰請尒朱氏一人爲元帥岳副貳之則可矣勝以爲然乃請於榮榮大悅乃以天光爲雍州刺史以岳爲衛將軍左

都督

隋書曰大業九年徵天下兵募民爲驍果置折衝果毅武勇雄武等郎將官以領驍果

唐書曰李質者汴之牙將李介既爲留後倚質爲心腹及朝廷以介爲郡守介志邀節鉞質勸諭不從會介疽發首乃與監軍姚文壽謀斬介傳首京師有詔以韓充鎮汴充未至質權知軍州事使衙兵二千人皆日給酒食物力爲之殫屈充將至質曰若韓公始至頓去二千人日膳人情必大去若不除之後當無繼不可留此弊以遺吾帥遂處分停日膳而後迎充

太平御覽卷第二百九十八

太平御覽卷第二百九十九

兵部三十

練士　兵衆　隊伍

練士

通典搜才曰（凡爲將統戎在知士器用當識目差等優異處機而任以收其效）選士之科沉謀密略出人者詞辨從衡能移奪人之性情堪辨說者能往來聽言語覽視四方之事軍中之情僞日列於前者能得敵之主佐門廬請謁之情堪間諜者能知山川險易行止形勢利害遠近井泉水草逕路迂直堪鄉導者巧思出人制造五兵及攻守器械者引強敵撤扎戈鋋劍戰便於利用挺身捕虜搴旗斬將堪陷陣者矯捷若飛踰城越塹出入無形堪窺覘者往返三百里不及暮至者破格舒鉤或負六百斤行五十步四百斤行百步者推步五行瞻

風雲氣候轉或多言天道詭說陰陽者（此雖非兵家本事所要資權譎以取勝）罪犯者父子兄弟欲執仇者貧窮忿恚將欲快其志故贅壻人虜欲昭迹揚名長短經曰夫王者帥師必簡練英雄知士高下因能授職各取所長爲其股肱羽翼以成威神然後萬事畢矣腹心一人（主潛謀應卒揆天消變總攬計謀保國全命者也）謀士五人（主圖安危豫慮未然論才能明賞罰授官位決嫌疑定可否者也）天文三人（主占星曆候風氣理時日考符驗校災異知天心去就者也）地形三人（主軍行止形勢利害遠近險易水涸山阻不失地利者也）兵法九人（主講論異同行事成敗簡練兵器九軍陣所用刺舉非法者也）通糧四人（主度飲食蓄積通糧道致五穀令三軍不困乏食也）奮威四人（主擇材士論兵馬風流電擊不失所由奇狀也）鼓旗三人（主左鼓旗符節號令倏忽往來出入若神）股肱四人（主出難扞任重持難修溝塹治壁壘四轉守禦者）通才三人（主拾遺補過集會術數周流並會應偶賓客議論談語消息結解也）權士三人（主奇譎殊異非人所識行無窮之變也）耳目七人（主往來聽言語覽視四方之事軍中之情僞日列於前也）爪牙五人（主揚威武激厲三軍冒難死攻令三軍勇猛也）羽翼四人（主飛名譽震遠近動四境以弱敵心也）游士八人（主伺姦祥候開闔視敵人爲諜者也）僞士二人（主爲譎詐依託鬼神以惑敵心）法算二人（主計會三軍營理萬物也）方士二人（主爲藥以全傷病也）軍中有大勇敢死樂傷者聚爲一卒（名曰冒將之士）有勃氣壯勇暴強者聚爲一卒（名曰陷陣之士）有學於奇正長劍彌弧接武齊列者聚爲一卒（名曰銳騎之士）有破格舒鉤強梁多力能潰破金鼓絕滅旌旗者聚爲一卒（名曰勇力之士）有能踰高超遠輕足善走者聚爲一卒（名曰寇兵之士）有故王臣失勢欲復見其功者聚爲一卒（名曰死鬬之士）有死罪之人昆弟爲其將報讎者聚爲一卒（名曰死憤之士）有貧窮忿怒將快其志者聚爲一卒（名曰必死之士）有故贅壻人虜欲昭迹揚名者聚爲一卒（名曰勵鈍之士）有辯言巧辭善毀譽者聚爲一卒（名曰間諜飛言勇敵之士）有故胥靡免罪之人欲逃其恥者聚爲一卒（名曰幸用之士）有材伎過人能負重行數百里者聚爲一卒（名曰待令之士）夫卒強將弱曰陁（音豸）吏

強卒弱曰陷兵無選鋒曰北必然之數矣故曰兵衆孰強士卒孰練知之者勝不知之者不勝不可忽也

兵衆

書曰如虎如貔如熊如羆于商郊

又曰用咸戒于王曰王左右常伯常任準人綴衣虎賁

詩曰予王之爪牙予王之爪士

周禮曰司戈盾掌戈盾之物而頒之軍旅會同授貳車戈盾建乘車戈盾授旅賁及虎士戈盾

左傳曰彤弓虎賁文公受之以有南陽之田

又曰組甲三百被練三千

史記曰蘇秦說韓惠王曰韓之卒勇被堅帶甲利劍一人當百以大王之賢西面事秦爲天下笑

漢書晁錯云陛下又興數千萬之衆以誅數萬之匈奴衆

寡之計以一擊十之術也

後漢書光武紀曰伯升拔宛已三日而世祖尚未知乃爲使者報城中宛已下兵到而佯墮其書尋邑得之不喜諸將既累捷膽氣益壯無不一當百

後漢書曰光武起王莽遣大司徒王尋大司空王邑（王莽時表章所獻金匱圖有王尋姓名王邑王商子於莽爲從父兄弟）將兵百萬其甲士四十二萬人五月到潁川復與嚴尤陳茂合（潁川郡今洛州陽翟縣也）

又曰王元說隗囂曰今天水完富士馬最強北取西河上郡東收三輔之地按秦舊迹表裏河山（秦外山而內河）元請以一丸泥爲大王東封函谷關此萬代一時也

又曰河南賊張步據齊地耿弇討敗之步肉袒負斧鑕於軍門（鑕鍖也不必死鍖音砧鑕音質）弇傳步詣行在而勤兵入據其城樹十二郡旗鼓（弇凡平城陽琅邪高密膠東萊北海齊千乘濟山臨淄）今步兵各以郡人詣旗下衆尚十餘萬輜重七千餘兩皆罷遣歸鄉里齊地悉平

又曰建安中劉表爲荊州牧（理今江陵郡也）劉備時在荊州衆力尚少諸葛亮曰荊非少人也而著籍者寡平居發調則人心不悅凡有游戶皆使自實因錄以益衆可也備言其計故表衆遂強

又曰百官志云節從武賁比二百石

東觀漢記曰上賜馮異璽書曰聞吏士精銳水火不避購賞之賜必不令將軍負丹青失斷金也

魏志曰張繡反襲太祖出戰不利輕騎引去典韋戰於門中賊不得入兵遂散從他門並入時韋校尚有十餘人皆殊死戰無不一當十前後至稍多韋以長戟左右擊之左右死傷者略盡

晉書曰桓玄使陶謙屯覆舟山劉毅至蔣山裕令羸弱登山多張旗幟立不之測裕與劉毅分爲數隊進突謙陣皆殊死戰無不一當百謙等諸軍一時奔散（裕則劉裕也）

又職官志曰左衞將軍領熊渠武賁右衞將軍領佽飛武賁

又天文志曰武賁一星在太微西蕃北下台南靜室旄頭之騎官也

徐爰宋書曰衆推高祖爲盟主移檄京邑遇吳甫之主驍將也其兵甚銳高祖躬執長刀徑入其陣衆皆披靡甫之進至羅落橋高祖望賊旗鼓甚衆馳進挺劍指麾光曜如電將士皆莫敢仰視但馮神武爭爲先登殊死而戰無不一當百

蕭方等三十國春秋曰陳安奔隴城前趙將劉貢馳將追之石虎止貢曰窮寇歸兵不可迫也我士卒連勝皆已息矣以驕怠之卒當致死之衆恐無萬全之利貢曰不然彼銳氣盡矣衆心乖沮人懷苟免莫有鬪志我卒乘猛氣甚盛皆一當十豈其衰沮之餘所能抗也貢躬先士卒戰輒敗之遂圍安于隴城

又曰定陽人梁犢因民心怨趙也謀兵東還犢自稱大將軍率衆攻下辨尅之犢軍人皆多力善射一當十餘無兵甲所在略大斧施一丈柯攻戰若神擬向崩潰

後魏書曰燕鳳嘗使於苻堅曰彼國人馬實爲多少鳳曰控弦之士數十萬見馬百萬疋堅曰卿言人衆可亦說馬太多是虛辭耳鳳曰雲中川自東山至西河二百里北山至南山百有餘里每歲孟秋馬常大集略爲滿川以此推之使人之言猶尚未盡堅厚加贈遣

又曰宋遣沈攸之與僧公領卒數萬從沂清而進欲援下邳尉元遣孔伯恭卒步騎一萬以拒之并以攸之前敗軍人傷殘手足瘃凍者盡送令還之

又宫氏志曰太和中定品令有戟楯武賁將軍有募員武賁將軍有高車武賁將軍

又曰河北賊葛榮爲魏將尒朱榮所擒餘衆悉降以賊徒既衆若即分割恐其疑懼或更結聚乃普告勒從所樂親屬相隨任所居止於是羣情喜悦登即四散數十萬衆一時散盡待出百里之外乃始分道押領隨便安置咸得其宜擢其渠帥量才授用新附者咸安時人服其處分機速

三國典略曰蕭明王僧辯書曰凡諸部曲並使招攜投赴戎行前後雲集霜戈電戟無非武庫之兵龍甲犀渠皆是雲臺之仗

莊子曰筋力之士矜難勇敢之士奮患兵革之士樂戰

文選曰雲屯七萃士魚麗六郡兵○又曰士馬精研

陸士衡辨亡論曰于時雲興之將帶州猋起之師跨邑哮闞之羣風驅熊羆之士霧集

又曰夫曹劉之將非一世所選向時之師無曩中之衆

又曰孫子荆爲石仲容與孫皓書云今百僚濟濟俊乂盈庭虎臣武將折衝萬里國富兵強六軍精練

隊伍

太白陰經曰陽隊起一至九陰隊起九至一隊有五十人五人火長五九不失四十五人之數卒間容卒相去二步隊間容隊相去一十八步前後十步其隊前後相去亦如之黄帝曰陣間容陣隊間容隊曲間容曲是也

衛公兵法曰諸道狹不可並行者即第一戰鋒隊爲首其次右戰隊次之其次左戰隊次之其次右駐隊次之其次左駐隊次之若道平川闊可以並行者宜作統法每統戰鋒隊居前兩戰並行次之又兩駐隊並行次之餘統准此若更堪齊頭行者每統五隊横列齊行後統次之如每統三百人簡取二百五十人分爲五隊第一隊爲戰鋒隊第二隊第三隊爲戰隊第四第五隊爲駐隊隊頭一人副隊頭一人其下等五十人爲輜重隊別着隊頭一人擬戰日押輜重還爲聲援若兵數更多皆類此諸軍當軍折衝果毅必須排定隊伍每行引發營須依次第戰曰有罪須罰有功須賞依名排次甚爲省易不然推逐稍難爭競不定

又曰諸每隊給一旗行則引隊住則立於隊前大摠管及副摠管則立十旗以上副摠管則立四旗以上行則建於車前住則立於帳側統頭亦別給異色旗擬臨陣之時辨其進退

駐隊等旗別樣別造令引輜重各令本軍營隊識認此旗諸軍相去既遠語聲難徹走馬報又勞煩故建幟用爲節度其方面旗舉當方面兵急須裝束旗向前亞方面兵急須進旗三竪即住旗卧却迴審細看大將所舉之旗大將方面旗東方碧南方赤西方白北方黑專看方色旗亞即是其方賊來便須禦捍攻擊

又曰諸軍將戰每營跳盪隊馬軍隊奇兵隊戰鋒隊駐隊等分拆爲五等當軍各令一官押領出戰之時先用某等兵戰鬬如更須兵以次更取某等兵用盡當營輜重隊不得輒用亦各一官人押領使堅壘各令知其部伍不使紛雜自餘節度一依横陣

太平御覽卷第二百九十九

太平御覽卷第三百

兵部三十一

卒

說文曰：隸人給事者爲卒，衣有題識者也。

玉篇曰：卒，衆之名也，屯戍之兵也。

桂苑曰：卒，隸人也。

管子曰：管仲相齊，作內政而寄軍令，二百人爲卒，卒有正。

韻海曰：南楚謂卒爲弩父，卒主擔弩導因以爲名也。又行鞭杖者也，皆赤幘絳褠。

卒，聚也。

左傳曰：齊侯求逢丑父，三入三出，每出，齊師以帥退入于狄卒。狄卒者，狄人從晉討齊也。狄皆抽戈盾冒之。

又曰：楚令尹子重將爲陽橋之役，赦罪，悉師，王卒盡行。彭名御戎，蔡景公爲左，許靈公爲右。

又曰：晉侯將伐鄭，楚子救鄭。六月，晉楚遇於鄢陵。苗賁皇言於晉侯曰：楚之良在中軍王族而已，請分良以擊其左右，而三軍萃於王卒，必大敗。

又曰：宣子謂鞅曰：矢及君屋，死之。鞅用劍以帥卒，而欒氏退，攝車從之。

又曰：楚伐鄀，鳩吳人救之。楚子彊、子息、桓子、騈子、子孟五人以其私卒先擊吳師，吳師奔，登山以望，見楚師不繼，復逐之，傳諸其軍。

又曰：齊爲郎故，國書、高無丕帥師伐我，及清。季孫謂其宰冉求曰：齊師在清，必魯故也。季氏之甲七千，冉有以武城人三百爲己徒卒，老幼守宮，次于雩門之外。五日，右師從之。

又曰：蔡、衛不敢固，將先奔，既而萃於王卒，可以集事，從之。

又曰：子玉使伯棼請戰，曰：非敢必有功也，願以間執讒慝之口。王怒，少與之師，唯西廣、東宮與若敖之六卒實從之。

又曰：狐毛、狐偃以上軍夾攻子西，楚左師潰，楚師敗績。子玉收其卒而止，故不敗。

史記項羽本紀曰：是時呂后兄呂侯爲漢將兵，居下邑，漢王間往從之，稍稍收其士卒。

漢書曰：吳王劉濞傳曰：吳王先起兵，誅漢吏二千石以下。膠西、膠東、菑川、濟南共攻圍臨菑，趙王遂亦陰使匈奴與連兵。七國之發也，吳王悉其士卒，下令國中曰：寡人年六十二，身自將；少子年十四，亦爲士卒先。諸年上與寡人同，與少子等，皆發。二十餘萬人也。

又司馬遷傳曰：且陵提步卒不滿五千，深踐戎馬之地，足歷王庭，垂餌虎口，橫挑強胡。李陵也。

又刑法志曰：戰國之時，轉相攻伐，齊愍以伎擊強，魏惠以武卒奮，秦昭以銳士勝。

又五行志曰：成帝綏和二年八月，鄭通里男子王褒衣絳衣小冠，帶劍入北司馬門上前殿，解帷組結佩之，自云：天帝使我居此。收縛考問，故公車大誰卒，病狂易，不自知入宮下獄死。大誰者，非常之人名大誰是也。本以誰何爲稱，因用名官，有大誰長，今內卒師長所領之卒也。

又食貨志曰：董仲舒說武帝曰：今荒淫越制，踰侈以相高，邑有人君之尊，里有公侯之富，小民焉得不困？又加月爲更卒，已復爲正一歲，屯戍三十，倍於古。更工衛加。更卒謂給郡縣一月而更也。

又胡建傳曰建字子孟河東人也孝武天漢中守軍正丞貧亡車馬常步與走卒起居所以慰薦走卒甚得其心（尉自上安之也薦者舉藉之也）

晉書天文志曰積卒十二星在房心南主爲衛也

又謝万傳曰万乃召集諸將都無所說直如意指四坐云諸將皆勁卒諸將益恨之

又劉元海載記曰元海薨和嗣立呼延攸等恨不參顧命也說和曰先帝不惟輕重之計而使三王揔強兵於內大司馬握十萬勁卒居于近郊陛下今便爲寄坐禍難未可測也

又劉曜載記曰劉岳攻石生于洛陽配以近郡甲士五千宿衛精卒一萬濟自盟津鎮東呼延謨荊州之衆自崤澠而東

莊子曰孔子往見盜跖盜跖乃方休卒大山之陽膾人肝而餔之

魏武步戰令曰嚴鼓一通步騎士悉裝再通騎上馬步結屯三通以次出之隨幡所指住者結屯幡後聞急鼓音整陣斥候者視地形廣狹從四角面立表制陣之宜諸部曲各自按部陣兵疏舉 不如令者斬

陳孔璋檄吳將校部曲文曰又使征西將軍夏侯淵等帥精甲五萬巴漢銳卒

又曰城都屠勾踐武卒散於黃池

曹植求自試表曰伏見先帝武臣宿兵年耆即世者有聞矣雖賢不乏世宿將舊卒猶習戰也

阮嗣宗爲鄭冲勸晉王牋曰東誅叛逆全軍獨尅擒闔閭之將斬輕銳之卒以萬計威加南海名懾三越

于寶晉紀論曰將相侯王連頭受戮乞爲奴僕而猶不獲免嬪嬙妃主虜辱於戎卒豈不哀哉

陸士衡辨亡論曰告類上帝拱揖羣后虎臣毅卒循江而守

劉孝標辨命論曰楚師屠漢卒睢河鯁其流秦人坑趙士卒沸聲若雷霆

班孟堅西都賦曰列卒周匝星羅雲布

左太冲吳都賦曰雕題之士鏤身之卒

又魏都賦曰薄戍綿冪無異蛛蝥之網弱卒瑣甲何異螳蜋之衛。王仲宣從軍詩曰汎舟蓋長川陳卒被隰坰

謝靈運擬魏太子鄴中集應瑒詩曰官度厠一卒烏林預艱阻

賈誼過秦篇曰率罷散之卒將數百之衆轉而攻秦斬木爲兵揭竿爲旗

又曰信臣精卒陳利兵而誰何

顏延年楊給事誄曰立于將卒之間以輯華裔之衆

騎

釋名曰騎歧也兩脚歧別也

史記曰韓信伐趙未至井陘選輕騎二千人人持一赤幟從間道而望趙軍

又曰今上爲膠東王時韓嫣與上學書相愛及上爲太子愈益親嫣善騎射上即位欲事伐匈奴而嫣先習胡兵以故益尊貴

漢書曰霍去病年十八爲侍中善騎射

又曰趙充國字翁孫隴西上邽人也始爲騎士以六郡良家子（服虔曰金城隴西天水安定北地上郡也）善騎射補羽林

後漢書曰景丹從擊王郎將倪宏等於南蠻郎兵迎戰漢
軍追卻續漢書曰南蠻賊迎擊上營得上鼓車輜重數乘丹等縱突騎擊大破之
追奔十餘里死傷者從橫丹還世祖謂曰吾聞突騎天下
精兵今乃見其戰樂可言耶遂從征河北
又曰呂布爲曹操所敗布見操曰今日已往天下定矣操
曰何以言之布曰明公之所患不過於布今已服矣令布
將騎明公將步天下不足定也
東觀漢記曰鄧禹攻赤眉輒不利吏士散已盡禹獨與二
十四騎還詣雒陽
又曰叚熲移於徙中爲并州刺史徵還京師馬騎五萬餘
疋
又曰馬魴將緹騎宿玄武門
張璠漢記曰蔡雍上書靈帝曰幽州突騎冀州強弩天下

精兵也
魏志曰曹休字文烈太祖族子太祖指休謂左右曰此吾
家千里駒也使與文帝同居止見待如子常從征伐使領
虎豹騎
又曰太祖哀曹眞少孤占養與諸子同使與文帝共止嘗
獵爲虎所逐顧射應聲而倒太祖壯其勇使將虎騎
又曰光和中涼州賊起發幽州突騎三千假公孫瓚都督
行軍事討之
吳志曰孫堅領豫州刺史遂治兵於魯陽城當進軍討董
卓遣長史公仇稱將兵從事還州督軍糧施帳幔於城東門外
祖道送稱官屬並會卓遣步騎數萬人逆堅輕騎數十先到
堅方行酒談笑勑部曲整頓行陣無得妄動後騎漸益堅徐
罷坐導引入城乃謂左右曰向所以不即起者恐兵相蹈襲
諸君不得入耳卓兵見堅士衆甚整不敢攻城乃引還
又曰孫策騎士有罪逃入袁術營隱於內廄策指使人就
斬之訖詣術謝術曰兵人好叛當共疾之何爲謝耶
蜀志曰曹公入荊州先主奔江南曹公追之及於當陽之
長阪先主弃妻子走使張飛將二十騎據水斷橋瞋目橫
矛曰張益德也可　來共決死敵皆無敢近者
又曰趙雲字子龍隨先主爲先主主騎
晉書載記曰苻堅伐晉捨大軍于項城以輕騎八千兼道
赴之令軍人曰敢言吾至壽春者拔舌而族之
宋書曰傅弘之素善騎射高祖至長安弘之於姚泓馳道
內緩服戲馬或馳或驟往反二十里中甚有節制羌胡聚
觀者數十人並惋驚歎息
梁書曰曹景宗謂所親曰我昔在鄉里騎快馬如龍與年

少輩數十騎拓弓弦作霹靂聲箭如餓鴟叫平澤逐麞數
肋射之
後周書曰太祖嘗從數騎於野忽聞簫鼓之音以問從人
皆莫之聞也
唐書曰貞觀中左右屯營始置飛騎揀材力驍捷善騎射
者爲之太宗時出遊幸則從馬衣五色袍乘六閑駁馬賜
猛獸衣韉以標異之又加階級廩食各有差
五代周史曰顯德中世宗車駕至濠州城下戊子親破十
八里灘砦在濠州東北淮水之中四面阻水上令甲士數
百人跨駝以濟太祖皇帝以騎軍浮水而渡遂破其砦旁
其戰艦而迴
三國典略曰陳葦爾字子羽有志操以孝著稱先是以爲
驍騎將軍領朱衣直閤驍騎之職舊領營兵梁世已來其

任逾童關素有名望每大事恒令俠侍左右時人榮之號曰俠御將軍

祢衡別傳曰衡着官布單衣以杖捶地數罵責操及其先祖無所不至操乃勑外具上廐驊馬三疋并騎二人須臾外給啓馬辦曹公謂孔文舉曰祢衡小人無狀乃尓孤今殺之無異鼠雀耳顧此子有異才遠近聞之孤今殺之將謂孤不能容劉景升天性險急不能容受此子必當殺之乃以衡置馬上兩騎挾送至南陽也

會稽典録曰朱育謂鍾離曰大皇帝以神武之姿欲得五千騎乃可有圖今騎無從出而懷進取之志將何計收曰大皇以中國多騎欲得騎以當之其神鋒弩射三四里洞三四馬騎敢近之乎

鄴中記曰石虎皇后出女騎千人皆着五綵靴

鄴城故事記涼馬臺（一名閻馬臺亦名鐵馬臺）案鄴中記云趙王虎建武六年造涼馬臺在城西漳水之南約坎為臺虎常於此臺簡練騎卒虎牙宿衛號雲騰黒矟騎五千人每月朔晦閲馬於此臺乃於漳水之南張幟鳴鼓列騎星羅虎乃登臺射鳴箭一發五千騎一時奔走從漳水之南齊走集於臺下隊督已下皆班賚虎又射一箭其五千騎又齊走於漳水之北其五千流散攢促若數萬人騎皆以漆矟從事故以黒矟為號季龍又常以女騎一千人為鹵簿皆着紫綸巾熟錦袴金銀鏤帶五文織成靴遊于臺上

六韜曰選士之法取年四十以下長七尺五寸以上材輕捷疾力過倫等能馳彀騎射前後左右周旋進退超越溝塹馳山陵險阻絶大澤越強敵亂大衆者名曰武騎之士不可不厚也

三略曰欲知敵形色可勝之符先以二十八騎感之騎象二十八宿也

淮南子曰夫善游者溺善騎者墮各以其所好反自為禍（禍害也）是故好事者未嘗不中（中傷也好為情欲之事者未嘗不自傷也）爭利者未嘗不窮也

通典曰孫臏云用騎有十利一曰迎敵始至二曰乘敵虚背三曰追散亂擊四曰迎敵前擊後使敵奔走五曰遮其糧食絶其軍道六曰敗其津關發其橋梁七曰掩其不備卒擊其未振八曰攻其靜息出其不意九曰燒其積聚市里十曰掠其田野係累其子弟此十者騎戰利也夫騎者能離能散能集百里為期千里而赴出入無間故名離合之兵也

太平御覽卷第三百

太平御覽卷第三百一

兵部三十二

陣

尚書曰武王與紂癸亥陣于商郊

左傳曰晉將荀吳敗無終及羣狄于太原崇卒也(無終山戎)初將戰魏舒曰彼徒我車所遇又阨(地險不便也)以什共車必克(更增十人當一車之用)困諸阨又克(車每用於阨道今去車故爲必克也)請皆卒(去馬爲步卒)自我始乃毀車以爲行(魏舒先自毀其屬車爲步陣行戶郎反)五乘爲三五(乘車者車三人五乘十五人今改去車更以五人爲五分爲五三也)爲五陣以相離兩於前伍於後專爲右角參爲左角偏爲前拒(皆臨時處置之名)以誘之狄人笑之(笑其失常)未陣而薄之大敗

又曰王以諸侯伐鄭鄭伯禦之原繁高渠彌奉公爲魚麗之陣先偏後伍伍承彌縫(杜預注曰此魚麗之法)

又曰宋爲乘丘之役故侵我公禦之宋師未陣而薄之敗諸鄑九師敵未陣曰敗某師皆陣曰戰大崩曰敗績得雋曰克覆而敗之曰取某師京師敗曰王師敗績于某

又曰宋公及楚人戰于泓司馬子魚曰彼衆我寡及其未濟請擊之公曰不可既陣而後擊之宋師敗績公傷股門官殲焉(門官守門者也)國人皆咎公公曰古之軍也不以阻隘寡人雖亡國之餘(宋商紂之後)不鼓不成列(恥以詐勝也)

又曰晉楚將戰晉欒書曰楚師輕窕固壘而待之三日必退退而擊之必獲勝焉郤至曰楚有六間不可失也其二卿相惡(子重子反也)王卒以舊(罷老不代)鄭陣而不整蠻軍而不陣(蠻夷從楚不結陣也)陣不違晦(晦月終陰之盡故兵家以爲忌)在陣而囂(囂喧譁也)合而加囂(陣合宜靖而益有聲)各顧其後莫有鬬心(人恤所底)其舊必不良以犯天忌我必克之

又曰宋公謀逐華貙衛公子朝救宋與華氏戰于赭丘鄭翩願爲鸛其御願爲鵝(鄭翩宋大夫華貙俱士者鸛鵝陣也鵝爲行陣也)

又曰越子伐吳吳人禦之笠澤夾水而陳越子爲左右句卒(句卒鉤伍相著別爲左右屯也)使夜或左或右鼓譟而進吳師分以禦之越子以三軍潛涉當吳中軍而鼓之吳師大亂

又曰魯哀公爲支離之卒因祝史揮以侵衛(陣名)衛人病之

又曰吳楚戰于雞父公子先曰請先去備薄威後者敦陣整旅遂克之

又曰鄭子元請爲左拒以當蔡人衛人爲右拒以當陳人(陣名)

論語曰衛靈公問陣於孔子孔子對曰俎豆之事則嘗聞之軍旅之事未之學也

周書曰春爲牝陣弓爲前行夏爲方陣戟爲前行季夏爲圓陣矛爲前行秋爲牡陣劒爲前行冬爲伏陣楯爲前行是爲五陣

史記曰黃帝有涿鹿之戰以定火災顓頊有共工之陣以平水害

漢書陳湯傳曰湯伐西域置揚威白虎合騎三校(張晏曰西域陣名)

又曰韓信爲相國擊齊齊王走高密信追至高密西楚使龍且將號二十萬救齊齊王使龍且并軍與信戰夾濰水陣信乃夜令人爲萬餘囊盛沙以壅水上流引軍半渡擊龍且佯不勝還走龍且果追渡水信使人決壅囊水大至龍且軍太半不得渡即擊殺龍且虜齊王廣遂平齊

又曰李陵至浚稽山與單于相值騎可三萬圍陵陵軍居山間以大車爲營陵引士出營外爲陣前行持戟楯後行

持弓弩令曰聞鼓聲而縱聞金聲而止虜見漢軍少直前就營陵搏戰攻之千弩俱發應弦而倒虜還走上山漢軍追殺千人

又曰衛青軍出塞千餘里見單于兵陣而待於是青令武剛車自環爲營（張晏曰兵車也）而從五千騎往當匈奴

晉書曰卞壼字望之子眕及盱同沒陣母撫二子尸哭曰父爲忠臣汝爲孝子夫何恨乎徵士翟陽曰父死於君子死於父忠孝之道萃於一門

王隱晉書曰馬隆擊涼州惡虜斷道隆作八陣圖車營並追狹則木屋施輪並前智謀縱横出其不意故能成功

後魏書曰文成帝和平二年制戰陣之法十有餘條因大儺耀兵有飛龍騰蛇魚麗之變以示威武

隋書曰周法尚爲定襄太守時帝幸榆林法尚朝于行宮

内史令元壽言於帝曰漢武出塞旌旗千里今御營之外請分爲二十四軍日別遣一軍發相去三十里旗幟相望鉦鼓相聞首尾連注千里不絶此亦出師之盛者也法尚曰不然兵亘千里動間山川卒有不虞四分五裂腹心有事首尾未知道阻且長難以相救雖是故事此乃取敗之道也帝不懌曰卿意以爲如何法尚曰結爲方陣四面外拒六宮及百官家口並住其間若有變起當頭分抗内引奇兵出外奮擊車爲壁壘重設鉤陳此與據城理亦何異苦戰而捷抽騎追奔或戰不利屯營自守臣謂牢固萬全之策也帝曰善因拜左武衛將軍良馬一疋絹三百疋

唐書曰太宗自爲眞草書屏風以示群臣筆力遒勁爲一時之絶先是人間有羲之書凡眞行二百九十紙裝爲七十卷草書二千紙裝爲八十卷每聽覽餘閑時取臨翫焉謂朝臣曰書小道初非急務時或留心猶勝弃日凡諸藝業未有學而不得者也病在心力懈怠不能專精耳朕少時爲公子未遭陣敵義旗之始乃平殺亂每執鼓必自指撝習覩兵陣即知强弱常取吾弱對其强强對其弱敵犯其弱追奔不踰百數十步吾擊其弱必突過其陣自背而反擊之無不潰多使此而制勝思得其理深也今吾臨人之書殊學於形勢唯在求其骨力及得骨力而形勢自生耳然吾所爲皆先作意是以果能成也

又曰太宗製破陣樂舞圖左圓右方先偏後伍魚麗鵝鸛箕張翼舒交錯屈伸首尾廻互以象戰陣之形令起居郎吕才依圖教樂工一百二十人被甲執戟而習之凡爲三變每變爲四陣有來往疾徐擊刺之象以應歌節數日而就更名七德之舞

又曰高宗御武成殿親試制舉人問之曰兵書云天陣地陣人陣其說如何舉人員半千對曰臣覩載籍此說頗多或謂天陣偏伍彌縫也以臣愚見謂不然矣夫師出以義有若時雨得天之時此天陣也兵在足食且耕且戰得地之利此地陣也善用兵者使三軍之士如父子兄弟得人之和此人陣也三者去矣其何以戰高宗嗟賞之擢居上第

家語曰戰陣有列矣而勇爲本

國語曰吳王之軍爲方陣白裳白旗素甲白羽矰之如荼（茅也）左軍赤裳赤旟望之如火右軍玄裳玄旗望之如墨

莊子曰徐無鬼謂武侯曰軍無盛鶴列（鶴列陣名）於麗譙之間（麗譙樓也）

鬻子曰武王伐紂虎旅百萬陳於商郊起自黄鳥訖于赤甫走如疾風聲如震霆武王乃使太公把旄以麾之紂軍

反走

尉繚子曰梁惠王問尉繚曰吾聞黄帝有刑德可以百戰百勝有之乎尉繚曰不然黄帝所謂刑德者天官時日陰陽背向者也黄帝者人事而已矣何以言之武王伐紂背清水向山陵以萬二千擊紂億有八萬斷紂頭懸於白旗豈不得天官之陣哉

孫子曰善用兵者譬如常山之虵也擊其首則尾至擊其尾則首至擊其腹則首尾俱至

傅子曰兵法玄内精八陣之變外盡九成之宜然可以用奇也

盛弘之荆州記曰魚復縣鹽井以西石磧平曠聘望四遠諸葛孔明積細石爲壘方可數百步壘西郭又聚石爲八行相去二丈許謂之八陣圖曰八陣既成自今行師庶不復敗自後深識見者並莫能了桓宣武伐蜀經之以爲常山虵勢

六韜曰武王問太公曰凡用兵爲天陣奈何爲地陣奈何爲人陣奈何太公曰星辰日月斗杓一左一右一迎一背謂之天陣丘陵水泉亦有左右前後之利此謂地陣用車用馬用人用文用武謂之人陣武王曰善

又曰武王問曰引兵入諸侯之地高山盤石其避無草木四面受敵士卒惑迷爲之柰何太公曰當爲雲象之陣

兵鈐曰有運衡陣洞當陣龍騰陣鳥翔陣握機陣虎翼陣

兵書要決曰孫子稱無要正正之旗無擊堂堂之陣正正之旗者謂行軍也前後正治故不可要而擊之也堂堂之陣者謂營軍也堂堂不冒亂者不可就而擊之

黄石公記曰使商人爲前兵者象白虎陣使羽人爲前兵者象玄武陣使徵人爲前兵者象朱雀陣使角人爲前兵者象青龍陣亦曰旬始陣

又曰彼以直陣來者我以方陣應之方來鋭應之鋭來曲應之曲來圓應之圓來直應之直木方金鋭火曲水圓土也各以能克者應勝之

諸葛亮軍令曰連衡陣狹而厚也

衛公兵法曰諸逢賊布陣須有次第先右虞候爲首其次右軍其次前軍其次中軍其次後軍其次左軍其次左虞候其諸軍跳盪奇兵馬軍各隨本軍以次行至戰所並於本軍戰鋒隊前布列待五方旗節度加戰鋒等隊打賊不入其跳盪奇兵排後即入山谷林木蒙密之處并渡水狹路及下營戰處百里以來摠須搜踏清靜不然兵引過半臨戰下營伏兵起發致損軍旅其收軍還營却抽左虞候

見入即左軍後軍中軍前軍右軍右虞候次之諸賊徒恃固阻山布陣不得横列兵士分立宜爲竪陣其陣法弩手弓手與戰鋒隊相間引前兩隊兩邊相翊布列既定諸軍既聽角聲其角聲節度一准前看黄旗向賊亞聞鼓聲發諸軍弩手弓手及戰鋒隊各令人捉馬一時籠槍大叫齊入若弩手弓手戰鋒等隊引退跳盪奇兵隊一時齊入戰鋒等隊排比迴面還與奇兵同入如見黄旗却立不亞及聞金鉦聲乃止膊上架槍引還各於舊處准前聽角聲巻幡簇隊一准前如便放散即更聽一會角聲依軍次發行

又曰諸方陣先成逢賊鬬戰或打頭或打尾打頭其陣行不前進陣既不進自然牢密如其打尾頭行不停其陣中間多即斷絶須面別各定摠管都押幹當勾令斷絶

太白陰經曰黄帝設八陣之形車廂洞當金也車土中黄

上也鳥雲鳥翔火也折衝木也龍騰却月水也鴈行鵝鸛天也輪車地也飛翼浮沮巽也風后亦演渥奇圖云以正合以奇勝或合而爲一陣或散而爲八聚散之勢節制之度復置虚實二壘力牧亦創營圖其後秦由余蜀諸葛亮並有陣圖以教人戰夫營壘教圖使士卒知進止識金鼓其應敵戰不可預形故其戰勝不復而應形無窮兵形象水因地而制形兵因敵而制勝能與敵變化而取勝者謂之神則其戰陣無圖明矣而庸將以教習之陣爲戰敵之陣不亦謬乎

又曰合而爲一陣終一陣之中離而爲八陣聽音望麾以出四奇飛龍虎翼鳥翔虵盤爲四奇陣地天風雲爲四正陣夫善戰者以正合以奇勝奇正相生如環之無端孰能窮之奇爲陽正爲陰陰陽相薄而四時行焉奇爲剛正爲

柔剛柔相得而萬物成焉奇正之用而萬物無所勝焉

又曰天陣經曰風后演握奇圖自一陣之中分爲八陣天有衡或圓布形黃帝曰少則爲圓利爲主色尚玄爲乾地陣黃帝曰牡則爲方利爲主色尚黃爲坤風陣風附於天風象峯其形銳首利爲客色尚赤爲巽雲陣雲附於天太公曰左右相向是也其形銳首利爲主色尚白已前爲四正爲坎飛龍陣其形屈曲象龍利爲主色尚上玄下赤爲震虎翼陣居中張翼而進其形踞利爲主色尚上黃下青爲兌虵盤陣太公曰圍繞之義其形宛轉利爲主色尚上黃下赤爲艮鳥翔陣太公曰突擊之戰其形迅急利爲客其色尚上玄下白爲离

又曰天陣居乾爲天門地陣居坤爲地門風陣居巽爲風門雲陣居坎爲雲門飛龍居震爲飛龍門武翼居兌爲武翼門鳥翔居离爲鳥翔門虵盤居艮爲虵盤門天地風雲爲四正門龍虎鳥虵爲四奇門乾坤艮巽爲闔門坎离震兌爲開門

太平御覽卷第三百一

太平御覽卷第三百二

兵部三十三

先鋒　殿　鄉導

伏兵

先鋒

後漢書曰祭彤拜遼東太守至則厲兵馬廣斥候彤有勇力能貫三百斤弓虜每犯塞常爲士卒前鋒數破走之

東觀漢記曰賈復以偏將軍從上杖邯鄲擊青犢大戰日中賊陣堅不却上傳召復曰吏士飢且可朝食復曰先破之然後食耳於是被羽先登所向皆靡諸將皆服其勇

魏志曰張遼字文遠爲征東將軍征孫權被甲戰先陷陣衝壘入至麾下

晉書劉牢之傳曰太元初謝玄北鎮廣陵時苻堅方盛玄多募卒之與東海何謙琅琊諸葛偘樂安高衡東平劉軌西河田洛晉陵孫無終等以驍猛應選玄以牢之爲參軍領精銳爲前鋒百戰百勝號爲北府兵敵人畏之

又曰元興初會稽王道子將討桓玄詔司馬柔之兼侍中以騶虞幡宣告江荆二州至姑孰爲玄前鋒所害

又載記曰高句麗及宇文政國等謀滅廆以分其野太興初三國伐廆廆曰彼軍初其鋒甚銳若逆擊之落其計矣

又曰呂隆載記曰且曜初鋒示其威武彼以我遠來必決死拒戰可一舉而平

宋書曰劉懷慎彭城人也少謹慎質直始參高祖鎮軍車騎將軍事振武軍彭城內史從征鮮卑每戰必先士卒及尅廣固懷慎率所先登高祖拒盧循於石頭屢戰尅捷

又張暢傳曰虜攻彭城南門并放火暢躬自前戰身先士卒

梁書曰宋武北伐廣固田子領偏師與龍驤將軍孟龍符爲前鋒龍符戰沒田子力戰破之

又曰孟龍符懷王第三子也驍勇有膽氣高祖伐廣固以龍符統步騎爲前鋒賊數千圍統攻之以衆寡不敵遂見害追贈青州刺史

又表曰龍符投袂義切前驅効命摧鋒三捷每爲衆先及西勦桓歆北殄索虜朝議爵賞未及施行會臣北伐後統前旅臨朐之戰氣冠三軍于時逆徒實繁控弦掩澤龍符疋馬電躍所向摧靡奮伐深入知死不怯

後周書曰高祖東伐齊王憲率所部先向晉州明日諸軍總集稍逼城下齊人亦大出兵陣於營南高祖召憲馳往觀之憲返命曰易與耳請破而後食帝悅曰如汝所言吾無憂矣內史柳昂私謂憲曰賊亦不少王安得輕之憲曰憲受委前鋒情兼家國掃此逋寇事等摧枯商周之事公所知也賊雖衆其如我何旣而諸軍俱進應時大潰其夜齊主遁走憲輕騎追之

又曰李弼背侯莫陳悅以秦州歸國太祖謂弼曰公與吾同心天下不足平破悅得金寶奴婢悉以好者賜之拜秦州刺史從太祖平竇泰先鋒陷敵太祖以所乘騅賜之及泰所着牟甲亦賜之

唐書曰太宗擊王充選千餘騎爲奇兵皆皁衣玄甲分爲左右隊建大旗令騎將秦叔寶程齩金尉遲敬德翟長孫等分統之每臨寇太宗躬被玄甲先鋒率之候機而進所向摧殄常以少擊衆賊徒氣懾

殿

廣雅釋詁曰殿後也
桂苑曰殿鎮也軍後也
開元文字曰樂只君子殿天子之邦謂鎮也孟之反不伐奔而殿言在軍後也前曰啓後曰殿。傳曰公與石祁子玦甯莊子矢使守曰以此贊國擇利而爲之與夫人繡衣曰聽於二子渠孔御戎子伯爲右黄夷前驅孔嬰齊殿
又曰十一月丁卯朔入平陰遂從齊師夙沙衛連大車以塞隧而殿此衛所欲守險者也殖綽郭最曰天殿國師齊之辱也子姑先乎乃代之殿
又曰子儀之亂析公奔晉晉人寘諸戎車之殿以爲謀主殿後軍也
又曰公侵齊門于陽州顏息射人中眉退曰我無勇吾志其目也師退冉猛僞傷足而先其兄會乃呼曰猛也殿

又曰虞父曰然則亂也必及於子先備諸與孟孫以壬辰爲期陽虎前驅林楚御桓子虞人以鈹楯夾之陽越殿（陽越虎從弟也）
又曰侯犯亡之曰謀免我乎侯犯請行許之駟赤先如宿侯犯殿
又曰夏衛公孟彄伐曹克郊還滑羅殿（羅衛大夫）
又曰追鄭師姚般公孫林殿而射前列多死
又曰宋公伐曹將還褚師子肥殿曹人詬之不行（子肥宋大夫）
又曰陳瓘陳莊涉泗孟之側後入以爲殿（之側孟氏族字反也）
論語曰孟之反奔而殿將入門策其馬曰非敢後也馬不進也
史記絳侯世家曰周勃沛人也高祖之爲沛公以中涓從攻胡陵勃擊章邯車騎殿（如淳注云殿不進呂瓚云在軍後曰殿也）
後漢書曰岑彭圍隗囂於西城囂將行巡周宗將蜀救兵到囂得出還冀漢軍食盡燒輜重引兵下隴延岑亦相隨而退囂出兵尾擊諸營彭殿爲後拒（謂尾其後也凡軍前曰啓在後曰殿）
後周書曰高祖伐齊還以齊王憲爲後拒齊主自率衆來追至於高梁橋憲以精騎二千阻水爲陣齊領軍段暢直進至橋隔水招暢與語語畢憲問暢曰若何姓名暢曰領軍段暢也公復爲誰憲曰我虞侯大都督耳暢曰觀公言語不是凡人今日相見何用隱其名位陳王純梁公侯莫陳芮内史王誼等並在憲側暢固問不已憲乃曰我天子大弟齊王也指陳王已下並以名位告之暢鞭馬而去憲即命旋軍而齊人遽追之戈甲甚鋭憲與開府宇文忻各統精卒百騎爲殿以拒之斬其驍將賀蘭豹子山褥瓌等百餘人齊衆乃退

又曰楊寬從天穆引軍趣成皋令寬與爾朱兆爲後拒尋以衆議不可乃迴赴石濟寬夜行失道後期諸將咸言寬少與北海周旋今不來矣天穆荅曰楊寬非輕於去就者也其所逗留必有他故吾當爲諸君保明之語訖候騎白寬至天穆撫髀而笑曰吾固知其必來遽出帳迎之握其手曰是所望也
唐書曰胡賊掠宜君令竇軌討之初不利軌斬其部將十四人拔隊中小帥以代之軌率數百騎殿於後令衆曰聞鼓聲有不進者自後斬之既鼓士卒爭進擊賊破之斬首千餘級虜男女二萬餘口

鄉導

孫子曰不用鄉導者不得地利（不任彼鄉人而導軍者則不能得道路之便利）先知迂直之計者勝此軍爭之法也衛公兵法曰凡是賊徒

好相掩襲須擇敢勇之夫選明察之士兼使鄉導潛歷山原寄其聲晦其迹或刻爲獸跡而履於中途或上冠微禽而幽伏於叢薄然後傾耳以遥聽竦目而深視專智以度事機注心而候氣色見水痕則可以測敵濟之早晚觀樹動則可以辨來寇之驅馳也故烟火莫若謹而審旌幟莫若齊而一爵賞必重而不欺刑戮必嚴而不捨止敵之動靜而我必有其備彼之去就而我豈不保其全哉(必須先觀敵國道路遠近水深山林谿谷險阨城邑大小溝渠深淺蒿穢多少兵車之數豪傑姓名審而知之用兵之要也)

伏兵

易曰伏戎于莽三歲不興

左傳曰北戎侵鄭鄭伯患之曰彼徒我車懼其侵軼我也(徒步兵也軼突也)公子突曰使勇而無剛者嘗寇而速去之(嘗試也勇則能往無剛不恥退也)君爲三覆以待之(覆伏兵也)戎輕而不整貪而無

親勝不相讓敗不相救先者見獲後必務進進而遇覆必速奔後者弗救則無繼矣乃可以逞從之戎人之前遇覆者奔鄭將祝聃逐之衷戎師前後擊之盡殪(爲三部伏兵祝聃帥勇而無剛者先犯之戎而速奔以遇二伏兵至後伏兵起戎還走祝聃逆逐之戎前後及中三處受敵故曰衷戎師殪死盡丁計切)

又曰吳侵楚楚將養由基奔命楚司馬子庚以師繼之養由基曰吳乘我喪謂我不能師也必易我而不戒(戒備)子爲三覆以待我我請誘之子庚從之戰于庸浦(庸浦楚地)大敗吳師

又曰秋九月晉侯飲趙盾酒伏兵甲將攻之其右提彌明知之(右軍右也)趨登曰臣將侍宴過三爵非禮也遂扶跳以下公嗾獒焉明搏而殺之鬬且出提彌死之

又曰衛侯在平壽(平壽衛下邑)公孟有事於蓋獲之門外(有事祭也)(蓋獲衛郭門也)齊氏帷於門外而伏甲焉(齊豹之家)

後漢書曰馮異招集諸營保數萬人與賊約期會戰使壯士變服與赤眉同伏於道側旦日赤眉使萬人攻異前部異裁出兵以救之(裁小出兵所以示弱也)賊見勢弱遂悉衆攻異乃縱兵大戰日昃賊氣衰伏兵卒起衣服相亂赤眉不復識別衆遂驚潰追擊大破於崤底降男女八萬人

通典曰後漢末荆州牧劉表遣劉備北侵至鄴曹公遣將李典與夏侯惇距之備一旦燒屯去惇率諸軍追擊之典曰賊無故退疑必有伏南道穿狹草木深不可追也惇不聽與將于禁追之典與惇等衆入賊伏裏戰不利典往救備救至乃退

又曰後漢末吕布從東緡與陳宫將萬餘人來與曹公戰時兵皆出取麥在者不數千人屯營不固曹公乃令婦人

守陳悉將兵距之屯西有大堤其南樹木幽深布疑有伏乃相謂曰曹操多詐勿入伏中引軍南七十餘里明日復來曹公隱兵堤裏出半兵堤外布益進乃令輕兵挑戰既合伏兵乘堤步卒並進遂大破之

晉書曰鎮南將軍杜元凱伐吳樂鄉城晉牙門管定周旨等伏兵樂鄉城外吳都督孫歆先遣軍出拒晉將王濬於上流大敗而還旨等發伏兵隨歆軍入歆不覺直至帳下虜歆於是進逼江陵吳都督將伍延僞請降而列兵登陴晉師攻剋之

十六國春秋曰後晉石季龍攻晉將劉演于廪丘晉將邵續使文鴦救演季龍退止盧關津以避之文鴦弗能進屯于景亭兖州豪右張平等起兵救演季龍夜弃營設伏于外揚聲將歸河北張平以爲信然入于空營季龍迴擊敗

之遂陷廪丘
又曰夏赫連勃勃進屯依力川後秦姚興來伐至三城勃勃率騎禦之興遣其將姚文宗拒戰勃勃僞退設伏以待之興將姚榆生等追之伏兵夾擊皆擒之
北齊書曰段韶與右丞相斛律光率師伐後周五月攻服秦城周人於姚襄城南更起城鎮東接定陽又作深壍斷絶行道韶乃密抽壯士從襲之又遣潜渡河告姚襄城中令内外相應度者千有餘人周人始覺於是合戰大破之諸將咸欲攻其新城韶曰此城一面阻河三面地險不可攻縱令得之一城地耳不如更作一城壅其要路破服秦城併加以圖定陽計之長者將士咸以爲然遂圍定陽其城主楊範固守不下韶登山以觀城勢乃縱兵急攻之七月署其外城韶謂光曰此城三面重澗險阻並無走路唯

慮東南一處耳賊若突圍必從此出但簡精兵專守自是成擒光乃令壯士千餘人設伏於東澗口其夜果如所策賊遂出城伏兵擊之大潰範等面縛盡獲其衆
後魏書曰万俟醜奴作亂關中魏將賀拔岳率兵討之岳以輕騎八百北渡渭殺略其民以挑之醜奴大將遲菩薩果率步騎三萬至渭北岳以輕騎數千餘菩薩隔水交言岳稱揚國威菩薩自言強盛往復數返時已逼暮於是各還兵密於渭南傍水分精騎數十爲一處隨地形便置之明日自將百餘騎隔水與賊相見岳漸前進先所置騎隨岳而集騎既漸增賊不復測其多少行二十許里至水淺可濟之處岳便馳馬東出以示奔遁賊謂岳走乃棄步兵南渡渭之輕騎追兵東行十餘里依横崗設伏待之賊以路險不得齊進前後繼至半度崗東岳乃迴與賊戰身先士卒急擊之賊便退走岳號令所部賊下馬者皆不聽殺賊顧見之便悉投馬俄而虜獲三千人馬亦無遺遂擒菩薩乃度渭北降步卒萬餘
隋書曰煬帝征吐谷渾至覆袁川時吐谷渾王與數騎而遁其名王詐爲渾主保車我真山帝令將張定和率師擊之定和既與賊相遇輕其衆少呼之命降賊不肯定和不被甲挺身登山賊伏兵於巖石之下發矢中之而斃
唐書曰武德中太宗圍王世充於東都竇建德自河北率兵十二萬來救太宗自率騎二千五百步卒千人趣武牢四月建德自滎陽西上築壘于板渚太宗以五百騎出武牢東二十餘里將挑戰先伏李勣程齩金秦叔寶等（齩五巧切）令尉遲敬德執矟造建德壘下大呼致師賊衆大驚擾出兵數千騎太宗逡巡漸却遂引以入伏内李勣等奮擊大

破之獲其大將殷秋石瓚斬首數百級
又曰羅士信仕王充率千餘人奔于穀州高祖以爲新安道行軍揔管使圖世充士信進居前鋒退居後殿凡所虜獲悉分士卒以此爲常身未曾自取人有功者解衣下馬而賞之然持兵嚴暴有不用命者無問親友必皆斬決由是下不附而畏之及大軍至洛陽士信以兵圍世充千金堡其中人大罵之士信怒夜遣百餘人將嬰兒數十從南而來至于堡下詐言從東都來投羅揔管也因令嬰兒啼譟既而陽驚曰此千金堡吾輩錯矣忽然而去堡中謂是東都逃人遽出兵追之士信伏五千人於路側候其開門而奮擊遂破之殺無遺類也
又曰武德中苑君璋及突厥吐屯設來寇馬邑高蒱政設三伏以待之突厥至城下伏兵發大破之斬首二百餘級

以蒲政爲朔州惣管曲赦馬邑

又曰王君廓從大軍討別下轘轅羅山二縣王充遣將魏隱率兵拒之君廓撤營僞遁設伏以待之隱縱兵疾進發伏破之

又曰太宗初爲右元帥揔兵十萬徇東都軍屯西苑管於三王陵自三月而旋太宗俄而隋將段達率萬餘人自後而至太宗發伏以擊之賊師大敗親自追奔至金城下斬四十餘級

又曰王君廓亡命聚徒數千人轉掠長平進逼夏縣河東郡丞丁榮以兵拒之又遣使慰諭君廓見其使謬爲恭敬稱欲歸首榮心輕之於是曜兵登山下十餘里君廓悉匿其衆於山谷中榮無所見引兵而退纔至山下君廓追擊大破之

吳越春秋曰公子光伏甲於私室中具酒而王僚乃被棠夷之甲三重使兵衛陳於道專諸置魚腹而進之刺王僚貫胛達背王僚立死

世說曰桓玄伏甲設饌廣延朝士因此欲誅謝安王坦之王甚遽問謝之寬容愈表於皃望階趣席方作洛生詠諷浩浩洪流桓憚其曠遠乃起解兵王謝舊齊名於此始別優劣

太平御覽卷第三百二

太平御覽卷第三百三

兵部三十四

征伐上

釋名曰伐豁也所向莫敢當前豁然破散也

易曰高宗伐鬼方三年克之

書曰葛伯仇餉湯初征自葛東征西夷怨南征北狄怨曰奚獨後予

又曰惟十有一年武王伐殷一月戊午師渡孟津

詩曰東山周公東征也我徂東山慆慆不歸昔我往矣楊柳依依今我來思雨雪霏霏

又曰六月宣王北伐也六月棲棲戎車既飭四牡騤騤載是常服薄伐玁狁以奏膚功有嚴有翼共武之服

又曰采芑宣王南征也蠢尒蠻荊大邦爲柔

又曰赫赫南仲薄伐西戎

又曰浩浩昊天不駿其德降喪饑饉斬伐四國

又曰篤生武王保祐命尒燮伐大商燮和也

又曰維師尚父時維鷹揚諒彼武王肆伐大商會朝清明肆疾也

又曰文王有聲繼伐也武王能廣文王之聲卒其伐功也

又曰撻彼殷武奮伐荊楚罙入其阻裒荊之旅傳云罙深也箋云有鍾鼓曰伐罙冒也殷道衰而楚人叛高宗撻然奮揚威武出兵伐之也

禮記曰吳侵陳斬祀殺厲祀神謂有屋樹者厲疾病師還出境陳太宰嚭使於師夫差謂行人儀曰是夫也多善言盍嘗問焉師必有名人之稱斯師者則謂之何太宰行人官名太宰嚭曰古之侵伐者不斬祀不殺厲不獲二毛獲猶係虜之人二毛鬢班白者今斯師也殺厲與其不謂之殺厲之師與欲微切之故其言似若不害也曰反尒地歸尒子則謂之何曰君王赦獘邑之罪又矜而赦與有無名者也又微之終其意也吳楚僭號稱王

周禮曰大司馬之職以九伐之法正邦國馮弱犯寡則眚之賊賢害民則伐之暴內侵外則壇之野荒民散則削之負固不服則侵之賊殺其親則正之犯令侵政則杜之放殺其君則殘之外內亂鳥獸行則滅之

大戴禮曰明主之所征必道之所廢者也彼廢道而不行然後誅其君改其政弔其民而不奪其財也故曰明主之征也猶時雨也至則民說

左傳曰夏鄭人侵許凡師有鍾鼓曰伐無曰侵輕曰襲

又曰吳子諸樊伐楚門于巢攻巢門也巢牛臣曰吳王勇而輕若啓之將親門[illegible]闕也我獲射之必殪殪死是君也壙其少安吳子門焉牛臣隱於短墻以射之卒

又曰晉師伐楚至於郊楚師出陳楚將孫叔敖曰進之寧我薄人無人薄我詩云元戎十乘以先啓行先人也元戎戎車在前軍言王者軍行必有戎車十乘在前開道先人爲備御之也軍志曰先人有奪人之心薄之也奪敵戰也遂疾進師車馳卒奔乘晉師荀林父不知所爲鼓於軍中曰先濟者有賞中軍下軍爭舟舟中之指可掬也兩手曰掬下軍裨將趙嬰齊使其徒先具舟于河故敗而先濟

又曰晉伐齊齊侯駕將走郵棠郵棠齊邑郵羽求切太子與郭榮扣馬太子光也榮齊大夫曰師速而疾略也言欲行略其地無久攻意將退矣君何懼焉且社稷之主輕則失衆君必待之將犯之太子抽劍斷鞅乃止齊侯納太子諫故獲不敗也於是晉師東侵至濰南及沂

又曰鄭伯侵陳大獲往歲鄭伯請成于陳成平陳不許五父諫曰親仁善鄰國之寶也君其許鄭陳公也陳侯曰宋衛實

難可畏難也鄭何能爲遂不許君子曰善不可失惡不可長其
陳桓公之謂乎長惡不悛從自及也雖欲救之其將能乎
又曰齊君之無道也興師而伐遠方會之
又曰君姑脩政而親兄弟之國庶免於難隋侯懼而脩政
楚不敢伐
又曰初北戎病齊諸侯救之鄭公子忽有功焉齊人餼諸
侯使魯次之以周班後鄭鄭人怒請師於齊齊人以衛師
助之故不稱侵伐
又曰吳伐郯郯成季文子曰中國不振旅蠻夷入伐而莫
之或恤
又曰晉侯復假道於虞以伐虢宮之奇諫曰虢虞之表虢
亡虞必從之晉不可啓寇不可翫一之謂甚其可再乎謂二
年假晉道伐夏陽也諺所謂輔車相依脣亡齒寒者其虞虢之謂也
輔頰輔車牙車也公不聽後遂爲晉所滅

又曰晉侯使太子申生伐東山皐落氏衣之偏衣佩之金
玦先友曰衣身之偏握兵之要又何患焉狐突曰尨涼冬
殺今寒玦離胡可恃也里克曰師在制命而已禀命則不
威專命則不孝將焉用之也
又齊侯伐楚楚使與師言曰君處北海寡人處南尒唯是
風馬牛不相及也不虞君之涉吾地何故也管仲對曰昔
召康公命我先君太公曰五侯九伯汝實征之賜我先君
履東至于海西至于河南至于穆陵北至于無棣尒貢苞
茅不入王祭不供寡人是徵昭王南征不復寡人是問對
曰貢之不入敢不供給昭王不復君其問諸水濱
又曰衛人以燕師伐鄭鄭祭足原繁泄駕以三軍軍其前
曼伯與子元潛軍軍其後燕人畏鄭三軍而不虞制人君

子曰不備不虞不可以師
又曰十年公會鄭伯伐宋壬申公敗宋師于菅庚午鄭師
入郜辛未歸于我鄭伯後期而公獨敗宋師故鄭獨進兵以入郜入而不貪命魯取之推功上爵
讓以自賛也君子謂鄭莊公曰於是乎可謂正矣以王命討不
庭不貪其土以勞王爵
又曰衛大旱甯莊子曰周飢克殷而年豐今邢方無道諸
侯無伯伯長也天其或者欲使衛討邢乎從之師興而雨
又曰公伐邾取須句公卑邾不設備而禦之卑小也臧文仲
曰國無小不可易也蜂蠆有毒而況國乎弗聽及邾戰于
外陘我師敗績
又曰楚子以諸侯伐吳使屈申圍朱方朱方吳邑齊慶封所封也屈申屈蕩
之子也克之執慶封而盡滅其族慶封以襄二十八年奔吳也將戮慶封
椒舉曰臣聞無瑕者可以戮人其肯從於戮乎言不肯默從戮也

王不聽負之斧鉞以徇於諸侯使言曰無或如齊慶封弒
其君而弱其孤以盟其大夫齊崔杼弒君慶封其黨也故以弒君罪責之慶封
曰無或如楚恭王之庶子圍弒其君兄之子麇而代之以
盟諸侯王使速弒之
又曰四月鄭人侵衛牧牧衛邑也經書夏四月葬衛桓公今傳直言夏而更以四月附鄭人
侵衛牧者於下事宜得月以明事之先後故不復備舉經文也以報東門之役東門役在四年又
曰秋衛伐邢以報免圍之役邢不速退所以獨見伐也
又曰夏趙盾救焦遂自陰地有諸侯之師侵鄭以報大棘
之役
又曰晉荀息請屈産之乘與垂棘之璧假道於虞以伐虢
公曰是吾寶也對曰若得道於虞猶外府也公曰宮之奇
在對曰宮之奇爲人懦不能強諫且少長於君君暱之雖
諫將不聽乃使荀息假道於虞曰冀爲不道入自顛軨伐

鄍三門冀之既病則亦唯君故今虢爲不道保於逆旅侵獘邑之南鄙敢請假道以請罪於虢虞公許之

又曰晉侯伐曹假道于衛曹在衛東故也衛人不許還自南河濟從汲郡南度出衛南而東也侵曹伐衛

公羊曰及鄭師伐宋丁未戰于宋戰不言伐何避嫌也

又曰二月公侵宋曷爲或言侵或言伐觕音麁者曰侵精者曰伐注云精猶精密也推兵入境伐擊之益深用意精密者也

論語曰孔子曰天下有道則禮樂征伐自天子出

又曰季氏將伐顓臾冉有曰今夫顓臾固而近於費今不取後世必爲子孫憂孔子曰求君子疾夫遠人不服而不能來也邦分崩離析而不能守也而謀動干戈於邦内吾恐季孫之憂不在顓臾而在蕭牆之内也

韓詩外傳曰楚王欲伐晉告士大夫有諫者死叔敖曰臣園中有榆榆上有蟬蟬方奮翼悲鳴不知螳蜋在其後欲獲而食之螳蜋取蟬不知黄雀在其後

又曰脩武蜀河内本邢之甯邑武王伐紂勒兵於甯改曰脩武今懷州也

家語曰孔子言於定公曰大夫家無藏甲邑無百雉之城高丈長丈曰堵三堵曰雉古之制也今三家過制請皆損之乃使季氏宰仲由隳三都叔孫輒不得意於季氏因費宰公不狃率費人以襲攻之入及臺側子命申勾須樂頎勒士衆下伐之費人北遂隳之強公室弱私家尊君卑臣政化大行

又曰孔子曰明王之征猶時雨之降行地弥博得親弥衆是還師於衽席之上也

國語曰吴伐越越王勾踐請嫡女執箕帚嫡男奉盥匜以隨諸御匜沃盥器也春秋貢獻不懈王府吴王曰吾將許越成申胥諫曰申胥楚臣伍胥不可許也大夫種勇以善謀將還玩吴國於股掌之上以得其志吴王不聽乃許盟將伐齊申胥諫曰越之在吴猶人有腹心之疾今非越是圖而齊魯爲憂夫齊魯譬諸疾疥癬也豈能涉江淮與我爭此地哉王弗聽

又曰謀甫諫曰不可先王之於民懋正其德而厚其性阜其財求利其器用明利害之鄉以文脩之使務利而避害懷德而畏威故能保世以滋大昔我先王后稷以服事虞夏及夏之衰也弃稷不務我先王不窋用失其官而自竄于戎狄之間不敢怠業時序其德纂脩其緒脩其訓典朝夕恪勤守以惇篤奉以忠信奕世載德不忝前人至於武王昭前人之光明而加之以慈和事神保民莫不欣喜商王帝辛大惡於民庶民不忍欣戴武王以致戎于商牧是先王非務武也勤恤民隱而除其害也夫先王之制國内甸服國外侯服侯衛賓服夷蠻要服戎翟荒服甸服者祭侯服者祀賓服者享要服者貢荒服者王日祭月祀時享歲貢終王先王之訓也有不祭則脩意有不祀則脩言有不享則脩文有不貢則脩名有不王則脩德序成而又不至則脩刑於是乎有刑不祭伐不祀征不享讓不貢告不王於是乎有刑罰之辟有攻伐之兵有征討之備有威讓之令有文告之辭布令陳辭而又不至則又增脩其德無勤民於遠是以近無不至遠無不服今自大畢伯士之終也犬戎氏以其職來王天子曰予必以不享征之且觀之兵其無乃廢先王之訓而王幾頓乎吾聞夫犬戎樹惇率舊德而守終純固其有以禦我矣王遂征之得四白狼四白鹿以歸自是荒服者不至

又曰文公即位二年欲用其民用用征伐子犯曰民未知義未知

（尊上之義）盡納天子以示之義（時天子之子帶之難在鄭地汜）乃納襄王于周曰可矣乎對曰民未知信乃伐原（謂信上令以五日之糧糧盡不降命去之）曰可矣乎對曰民未知禮盡大蒐備師尚禮以示之（蒐所以明尊卑順少長習威儀也）乃大蒐于被廬（被廬晉地）作三軍使郤穀將中軍以爲大政（大掌國政）郤溱佐之（溱晉大夫郤至之先）子犯曰可矣（可用也）遂伐曹衛出穀戍釋宋圍敗楚師于城濮於是乎遂伯（穀齊地也）

戰國策曰趙且伐燕蘇代謂燕惠王曰今者臣來過易水見蚌方出曝而鷸啄其肉蚌合而拑其喙鷸曰今日不雨明日不雨即有蚌腊蚌亦曰今日不出明日不出必見死鷸兩者不能相捨而漁者并擒之今趙且伐燕不相支以獘大衆臣恐強秦之爲漁父也願大王熟計之惠王曰善乃止

又曰蘇秦謂秦惠王曰戰車萬乘奮擊百萬可以并諸侯

吞天下稱帝而治願大王少留意臣請奏其效王曰寡人聞毛羽不豐滿不可以高飛文章不成者不可以誅罰道德不厚者不可以使民政教不順者不可以煩大臣秦曰臣固疑大王不能用也昔者神農伐補遂黃帝伐涿鹿堯伐驩兜（舜伐三苗）禹伐共工湯伐有夏文王伐崇武王伐紂齊王戰而伯天下由此觀之惡有不戰者也夫五帝三王五伯明主賢君常欲坐而致之其勢不能故以戰續之寬則兩軍自攻迫則杖戟相撞兵勝於外義強於內威在於上民伏於下今欲并天下陵萬乘詘敵國制海內臣諸侯非兵不可

太平御覽卷第三百三

太平御覽卷第三百四

兵部三十五

征伐中

史記曰秦繆公令内史廖以女樂二八遺戎王繆公又數使人間要由余遂去降秦秦繆公以客禮禮之問伐戎之利

又曰趙四戰之國其人習兵不可伐也

又曰魯君問柳下惠伐齊下惠歸而有憂色曰吾聞伐國不問仁人此言何至於我哉

又曰軒轅之時神農氏世衰諸侯相侵伐暴虐百姓而神農氏弗能正於是軒轅乃集用干戈以征不享諸侯咸來賓從而蚩尤最爲暴莫能伐

又曰賜弓矢斧鉞使得征伐爲西伯

又曰西伯既卒周武王東伐至孟津諸侯叛殷會周者八百諸侯皆曰紂可伐

又曰武王爲文王木主載車中武王自稱太子發言奉文王以伐不敢自專

又曰武王徧告諸侯曰殷有重罰不可不畢罰（徐廣注云罰一作伐一作滅）

漢書郊祀志曰昔齊桓公欲封禪謂管仲曰寡人北伐山戎過孤竹西伐東馬縣車上卑耳之山南伐召陵登熊耳山以望江漢兵車之會三而乘車之會六遂九合諸侯一匡天下昔三代受命亦何以異乎

又李廣利傳曰天子爲萬里而伐不録其過

又匈奴傳曰東胡强聞冒頓殺父自立乃使使謂冒頓欲得單于閼氏冒頓問左右左右皆怒曰東胡無道乃求閼氏請擊之冒頓曰奈何與人鄰愛一女子乎遂取所愛閼氏與之東胡愈驕冒頓遂東襲擊東胡東胡初輕冒頓不爲備及冒頓以兵至大破滅東胡王

後漢書曰帝以關中未定而鄧禹久不進兵下勑曰司徒堯也亡賊桀也長安吏人遑遑無所依歸宜以時進討鎮慰西京繫百姓之心禹猶執前意乃分遣將軍別攻上郡諸縣更徵兵引穀歸至大要（大要縣名）

魏志曰太祖父嵩去官後還譙以董卓之亂避難琅邪爲陶謙所害故太祖志在復讎東伐

又曰景元四年鄧艾伐蜀自陰平行無人之地七百餘里鑿山通道作橋閣山高谷深至有艱嶮艾以旃自裹推轉而下將士皆攀木緣崖魚貫而進

王隱晉書曰太康元年龍驤將軍王濬等攻建平丹陽城赴之東擊西陵以下盡抜其城虜其將帥於是上下諸軍同時並進吳人降者以萬計吳丞相張悌及護軍孫震與楊州刺史周浚等戰于板橋破之臨陣斬悌震首濬遂汎舟東下所歷皆平軍至秣陵皓面縛輿櫬將其太子詣濬降乃收其圖籍皆因吳所置除其虐政示以簡易百姓大悦乃赦天下改元爲太康天下大酺五日

晉書曰宣王破張魯請魏武使討劉備魏武曰人若無足既得隴復欲得蜀也

又曰王羲之與會稽王牋陳殷浩不宜北伐并論時事

又宣紀曰鎮東大將軍諸葛誕殺楊州刺史樂綝以淮南作亂議者請速伐之帝曰吾當與四方同力全勝制之乃表曰昔黥布叛逆漢祖親征隗囂違戾光武西伐皆所以奮揚赫斯震曜威武也

又天文志曰參十星一曰參伐主斬刈又爲天獄主殺

又馮紞傳曰初謀伐吴紞與賈充荀勗同共苦諫不可吴平紞内懷慙懼

又載記曰慕容垂議征長子諸將咸諫以慕容永未有釁連歲征役士卒疲怠請俟他年垂將從之及聞慕容德之策笑曰吾計决矣不復留賊以累子孫也乃發步騎七萬遣其丹陽王慕容瓚龍驤張崇攻永弟支于晉陽

北史曰慕容紹宗討侯景於渦陽時景軍甚盛初聞韓軌往討之曰噉猪腸小兒聞高岳往曰此岳精凡人耳諸將被輕及聞紹宗至扣案曰誰教鮮卑小兒解遣紹宗來若然高王未死耶及與景戰諸將頻敗無肯先者紹宗麾兵徑進諸將從之因大捷

三國典略曰周伐梁于謹大軍次于樊鄧岳陽王率軍會之傳檄于梁曰告梁文武衆官夫作國者罔弗以禮信爲本惟尒今主往遭侯景逆亂之始實結我國家以隣援今揔背德黨賊高洋引厥使人置之堂宇慠我王命擾我邊人我皇帝襲天之意弗敢以寧分命衆軍恭揚廟略凡衆十萬直指江陵丁卯梁主停講内外誡嚴是朝昏霧巳時方歇梁主親戎百官並甲冑從於禊飲堂間公私馬仗是日大風拔木王琛既至石梵未見我軍乃馳書報黄羅漢曰吾至梵境上怗然前曰所言皆兒戲耳羅漢入啓梁主疑之庚午續講百官以戎服聽

後周書曰建德五年冬十月帝謂羣臣曰朕去歲屬有疹疾遂不得克平逋寇前賊入境備見敵情觀彼行師殆同兒戲又聞其朝政昏亂政由羣小百姓嗷然朝不謀夕天與不取恐貽後悔若復同往年出軍河外直爲撫背未扼其喉然晉州本高歡所起之地鎮攝要重今往攻之彼必

來援吾嚴軍以待擊之必克然後乘破竹之勢鼓行而東足以窮其窟穴混同文軌諸將多不願行帝曰機者事之微不可失矣若有沮吾軍者朕當以軍法裁之巳酉帝揔戎東伐以越王盛爲右一軍揔管杞國公亮爲右二軍揔管隨國公楊堅爲右三軍揔管譙王儉爲左一軍總管大將軍竇恭爲左二軍總管齊王憲陳王純爲前軍

又曰保定中命宇文護統衆伐齊於是徵二十四軍及左右厢散隸及秦隴巴蜀之兵諸蕃國之衆二十萬人十月帝於廟廷授護斧鉞出軍至潼關乃遣柱國尉遲迥率精兵十萬爲前鋒大將軍權景宣攻克豫州尋以洛陽圍解亦引軍退楊檦於軹關戰護於是班師以無功與諸將稽首請罪帝弗之責也

又曰建德四年秋七月武帝召大將軍以上於文德殿帝曰太祖神武膺運創造王基兵威所臨有征無戰唯彼僞齊猶懷跋扈雖復戎車屢駕而大勲未集朕以寡昧纂承鴻緒往以政出權宰無所措懷自親覽萬機便圖東討惡衣菲食繕甲治兵數年巳來戰備稍足而僞主昏虐恣行無道伐暴除亂斯實其時今欲數道出兵水陸兼進北拒太行之路東扼黎陽之險若攻拔河陰兖豫則馳檄可定然後養鋭享士以待其至但得一戰則破之必矣王公以爲何如羣臣咸稱善丁丑詔曰高氏因時放命據有汾漳擅假名器歷年永久朕以亭毒爲心遵養時晦遂敦聘好務息黎元而彼懷惡不悛尋事侵軼背言負信竊邑藏姦往者軍下宜陽釁由彼始兵興汾曲事非我先此獲俘囚禮送相繼彼所拘執曾無一反加以淫刑妄逞毒賦繁興齊魯軫殄悴之哀幽并企來蘇之望既禍盈惡稔衆叛親離

不可一戎何以大定今白藏在辰凉風戒節厲兵詰暴時事惟宜朕當親御六師龔行天罰庶憑祖宗之靈資將士之力風馳九有電掃八紘可分命衆軍指期進發以柱國陳王純爲前一軍總管滎陽公司馬消難爲前二軍總管鄭國公達奚震爲前三軍總管越王盛爲後一軍總管周昌公侯莫陳瓊爲後二軍總管趙王招爲後三軍總管齊王憲率衆二萬趣黎陽隨國公楊堅廣寧侯薛迥舟師三萬自渭入河柱國梁國公侯莫陳芮率衆一萬守太行道申國公李穆衆三萬守河陽道常山公于翼衆二萬出陳汝壬午上親率六軍衆六萬直指河陰八月癸卯入于齊境禁伐樹踐苗稼犯者以軍法從事

隋書曰崔仲方爲虢州刺史上書論取陳之策曰臣謹案晉太康元年歲在庚子晉武平吳至今開皇六年歲次景

午合三百七載春秋寶乾圖云王者三百年一蠲法合三百之期可謂備矣陳氏草竊起於景子至今景午爲衡陰陽之忌昔史趙有言曰陳顓頊之族爲水故歲在鶉火以滅又云周武王克商封胡公滿於陳至魯昭九年陳災裨竈曰歲五及鶉火而後陳亡楚克之楚祝融之後也爲火正故復滅陳陳承舜後舜承顓頊雖太歲左行歲星又轉鶉火之歲陳族再亡戊午之年媯虞運盡語迹雖殊考事無別皇朝五運相承感火德而王國號爲隋與楚同分楚是火正午爲鶉火未爲鶉首申爲實沈酉爲大梁既當周秦晉趙之分若當此分發兵得歲之助以今量古滅不疑也臣謂午未申酉並是數極蓋聞天時不如地利地利不如人和況主聖臣良兵強國富動植迴心人神叶契陳既主昏於上民讟於下險無百二之固衆非九國之師夏癸殷辛尚不能立獨此島夷而稽天討伏度朝廷自有宏謀但芻蕘所見冀申管窺今唯須武昌已下蘄和滁方吳海等州更帖精兵密營渡計益信襄荊基郢等州速造舟楫多張勢爲水戰之具蜀漢二江是其上流水路要衝必爭之所賊雖於流頭荊門延洲公安巴陵隱磯夏首蘄口盆城置船然終聚漢口峽口以水戰大決若賊必以上流有軍令精兵赴援者下流諸將即須擇便橫渡如擁衆自衛上江水軍鼓行以前雖恃九江五湖之險非德無以爲固徒有三吳百越之兵無恩不能自立上覽而大悅轉基州刺史徵入朝仲方因面陳經略上善之賜以御袍袴并雜綵五百段進位開府而遣之及大舉伐陳以仲方爲行軍總管率兵與秦會

又曰開皇九年大舉伐陳若賀若弼爲行軍總管將渡江

酹酒而呪曰弼親承廟略遠振國威伐罪弔民除凶翦暴上天長江鑒其若此如使福善禍淫大軍利涉如事有乖違得葬江魚腹中且不恨

又曰李德林自隋有天下每贊平陳之計八年車駕幸同州德林以疾不從敕書追之書後御筆注云伐陳事意宜自隋也時高熲因使入京上語熲曰德林若患未堪行宜自至宅取其方略高祖以之付晉王後駕還在塗中高祖以馬鞭南指云待平陳訖會以七寶裝嚴公使自山東無及之者

唐書曰武德初秦王東討王世充連年未下宿師于野高祖以兵久在外議欲班師中書令封德彝奏曰世充得地雖多而羈縻相屬其所用命者唯洛陽一城而已計盡力窮破在旦夕今若還兵賊勢必振更相連結後必難圖未

若乘其巳衰破之必矣高祖從其議及平世充高祖顧謂侍臣曰朕初發兵東討衆議多有不同唯秦王請行德彝贊成此計張華叶同晉武亦無以加之

又曰高崇文伐蜀領兵馬取鳳翔邪谷路李元奕領兵馬取駱谷路同赴梓州應接當秦惠王時用司馬錯之策以伐蜀漢光武使吳漢伐公孫述魏司馬文王使鄧艾伐劉禪晉穆帝使桓溫伐李子仁宋武帝使朱齡石伐譙縱梁武帝使鄧元起伐劉季連周太祖使尉遲迥平蕭紀隋文帝使梁睿平王謙憲宗命高崇文平劉闢自秦至元和九度伐蜀四爲水軍泝江而上唯秦與鄧艾尉遲迥梁睿及崇文五在斜谷駱谷出師南討不廷。古司馬兵法曰王霸之所以治諸侯者以土地刑諸侯（列相也相諸侯優劣地而封之以德受土廣狹受土小也）以正命平諸侯（王者以道德善政教訓諸侯平均之）以禮信結諸侯（謙恭愛憲樸侍諸侯官命誠信以治民心）以材力說諸侯（材能也力者任重理煩能堪物理事位高力大故諸侯悦來各盡其職任）以謀人維諸侯（維持也諸侯遠方來不奉制令驕佚自尊故立牧伯維持督御之）同患同利以合諸侯（明約有功賞之者遂不從弱之所以合諸侯也）比小大以和諸侯（比次也使小國事大國不失尊卑之序以協諸侯也）會之所以發禁（三者恐禁命不行以亂國化故發九伐三禁以中勑之）凌弱犯寡則沮之（侮弱侵寡則四面削其地）賊傷人則伐之暴內簡外則壇之（言諸侯內外與目下無禮而暴虐之外輕慢小人不仙誠禁則置之空壇無人之地也）野荒民散則削之負固不伏則侵之賊殺其親則正之（悖逆人倫則攻殺也）放殺其君則殘之（盡殘滅其首惡黨類也）犯命凌正則杜之（傳王者法則土塞不命與鄰國交通）外內亂禽獸行則滅之（諸侯淫亂失人倫內外不別與禽獸同行不可以示百姓）則誅滅盡矣。孫子曰夫伐大國則其兵衆不得聚威加於敵家則交不得合（皆失之矣）是故不事天下之交不養天下之權（霸主者不結威天下諸侯之交權交者也）伸巳之私（絕天下之交奪天下之權己威得伸己私也）威加於敵家故其國可拔而其城可隳也無法之懸無功之令（言軍法令不應預施懸也司馬法曰見敵作誓瞻功作賞此之謂也）犯三軍之衆若使一人（犯者用也言明罰雖用衆若使一人也）

又曰安能動之（攻其所愛）故我欲戰敵雖高壘深溝不得不與我戰者攻其所必救也（絕糧道守歸路攻其君主）上兵伐謀（敵始有設謀伐之易）其次伐交（不令合）

春秋說題辭曰伐者涉入國內行威有所斬壞伐之爲言敗也

白虎通曰王者受命質家先伐文家先改正朔何質家言天命已使民誅無道故先伐文家天命已成爲王者故先改正朔也文者先其文質者先其質也故論語曰予小子履敢昭告于皇天上帝此謂湯伐桀告天也詩云命此文王言誅伐也

禮記曰湯放桀武王伐紂時也

尚書曰今予惟恭行天之罰此言開自出伐有扈也

王制曰賜之弓矢乃得專征伐犯王誅者也大夫將兵出必不御者欲盛其威使士卒一意繫心故但聞將軍令不聞君命也明進退在大夫也

又曰誅者何謂也誅猶責也誅其人責其罪極其過惡

春秋曰楚子虔誘蔡侯班殺之于申傳曰誅君之子不立

討者何謂也討猶除也欲言臣當掃除君之賊也

春秋曰衛侯殺州吁于濮傳曰其稱人何討賊之辭也伐者何謂伐于也言欲伐擊之也

尚書敘曰武王伐紂征者何謂也征猶正也欲言其正輕重縱辭誕以示東征誅祿甫也戰者何謂也

尚書大傳曰戰者憚驚之也

又曰諸侯之義非天子之命不得動衆起兵誅不義者所

以強幹弱枝尊天子卑諸侯也

論語曰天下有道則禮樂征伐自天子出天下無道則禮樂征伐自諸侯出也

太平御覽卷第三百四

覽三百四　九　田龍

太平御覽卷第三百五

兵部三十六

征伐下

說苑曰趙簡子舉兵伐齊有被甲者笑之曰子何笑對曰臣有宿笑簡子曰有以說之則可無則死對曰當桑之時臣鄰家夫與妻俱之田見桑中女因追之不能還反其妻怒而去之臣笑其曠也簡子曰今吾伐國失國是吾曠也還師而歸

又曰中行獻子將伐鄭范文子曰不可得志於鄭諸侯讎我憂必滋長郄至又曰得鄭是兼國也則王者固多憂乎文子曰王者盛其德而遠人歸故無憂今我寡德而有王者之功故多憂今子見無事而欲富樂者乎

新序曰秦欲伐楚使使者往觀楚重寶楚王聞之召令尹子西問焉曰秦欲觀楚寶器和氏之璧隋侯之珠可以示諸侯乎對曰臣不知也召昭奚恤問焉對曰此欲觀吾國之得失而圖之非國之重寶也遂使恤應之恤發精兵三百人陳於西門之內為東西之壇秦使者至恤曰君客也請就上位東子西南面太宗子方次之葉公子高次之司馬子反次之恤自居西面之壇稱曰客觀楚之寶器楚所寶者賢臣也理百姓實倉廩使民人各得其所子西在此奉珪璧使諸侯解怨憤之難交兩國之欣使無兵革之憂太宗子方在此守封疆謹境界不侵鄰國鄰國亦不見侵葉公子高在此理師旅正兵戎以當強敵提桴鼓以動百萬人衆使皆赴湯火蹈白刃出萬死不顧一生司馬子反在此若懷霸王之餘義攝治亂之遺風昭奚恤在此唯大國所觀秦使者懼然無以對遂揖而去使者反言於秦君曰楚多賢臣未可謀也

又曰湯居亳七十里地與葛為隣葛伯放逸不祀湯使人問之曰何為不祀曰無以供犧牲也湯使人遺之牛羊葛伯食之又不以祀湯又使人問曰何為不祀曰無以供粢盛也湯又使衆往為耕老弱餽食葛伯率其民要其有酒肉黍稻者奪之不受者殺之有一童子以黍肉餉殺而奪也書曰葛伯仇餉此之謂也為其殺是童子而征之四海之內皆曰非富天下也為匹夫匹婦報讎也

蜀王本紀曰　秦惠王欲伐蜀乃刻五石牛置金其後蜀人見之以為牛能大便金牛下有養卒以為此天牛也能便金蜀王以為然即發卒千人使五丁力士拖牛成道致三枚於城郭秦道得通石牛力也後遣丞相張儀等將兵隨石牛道伐蜀焉

英雄記曰建安中曹操於南皮攻袁譚斬之操作鼓吹自稱萬歲於馬上舞也

紀年曰周穆王四十七年伐紂大起九師東至于九江比黿以為梁

春秋後秦語曰陳軫為楚使來見秦惠王曰卞莊子方刺獸而管竪子止之曰兩獸方食牛牛必甘甘必爭爭必鬬鬬則大者傷小者死從傷而刺之一舉必有雙獸之功卞莊子以為然立待之頃有兩獸之功今韓魏相攻朞年不解是必大國傷小國亡從傷而伐之一舉必有兩實此猶卞莊子刺虎之類也惠王曰善

又楚語曰白起將兵伐楚楚人黃歇者遊學博聞襄王以為辯故使於秦說昭王曰天下莫強於秦楚今聞大王欲伐楚此猶兩虎相與鬬而怒犬受其弊不如善楚秦王乃

止不伐楚約爲與國黃歇受約而歸
又趙語曰張孟談陰見韓魏之君曰臣聞脣亡者齒寒今智伯率二君而伐趙趙亡矣趙亡則二君爲之次二君曰我知其然
吳越春秋曰夫差令於邦中曰寡人欲伐齊敢有諫者死太子友請朝時懷丸挾彈從後園而來衣沾履濡吳王夫差怪而問之太子友對曰臣遊後園聞秋蟬之鳴往而觀之秋蟬登高樹飲清露悲吟以爲安不知螳蜋超枝緣條曳腰舉刃欲援其形也螳蜋貪心時進志在有利不知黃雀緣茂林徘徊枝葉欲啄螳蜋也夫黃雀知伺螳蜋之有味不知臣躊躇引彈斐丸之集其背也
又曰越王勾踐請大夫種曰孤聞吳王淫而好色因此而壞其謀可也大夫種曰可唯君王選擇美女二人而進之

覽三百五　三　張龜

於是越王曰善哉乃使相工索國中得苧蘿山賣薪之女名西施鄭旦而獻於吳
又曰越王念吳欲復承之乃中夜抱柱而哭訖復承之以嘯於是群臣咸曰君王何愁心之甚夫復讎謀敵非君王之憂自臣下急務也
又曰吳王闔閭將伐楚登臺向風而嘯有頃而歎群臣莫有曉王意者子胥乃薦孫子孫子者吳人也名武善爲兵法僻隱幽居世人莫知其能
孟子曰春秋無義戰彼善於此則有之矣征者上伐下也敵國不相征也
呂氏春秋曰智伯將伐仇繇之國山險無道乃遺以大鍾方九軌仇繇開道迎之因其道取其國韓子曰智伯鑄大鍾遺仇繇由君大悅除道迎之七月由仇亡也

又曰闔閭選多力者五百人利止者三千人以爲前陳止足與荆戰五戰五勝遂有郢東征至于庳廬西伐至于巴蜀北迫齊晉令行中國
又曰凡人之攻伐也非爲利則因名也名實不得國雖彊大則曷爲攻矣解在乎史墨來而輟不襲衛趙簡子可謂知動靜矣晉趙簡子欲將襲衛使史墨往睹之反曰蘧伯玉爲政未可與加簡子嗷不伐衛故曰史墨來而輟不襲衛也
又曰楚之邊邑曰卑梁其處女與吳之邊邑處女桑於境上戲而侍卑梁之處女卑梁人扶其侍子以讓吳人吳人應之不恭卑梁人怒殺而去之吳人往報之盡屠其家卑梁公怒曰吳人焉敢攻吾邑舉兵反攻之老弱盡殺之吳王夷昧聞之怒使人舉兵侵楚邊邑堯夷而復去之吳公子光又率師與楚人戰於雞父大敗之獲其師

覽三百五　四　張龜

又曰荆莊王欲伐陳使人視之使者曰陳不可伐也莊公曰何故對曰城郭高溝洫深畜積多也寧國曰陳可伐也寧國楚臣夫陳小國也而畜積多賦斂重也則民怨上矣城郭高溝洫深則民力罷矣興兵伐之陳可取也莊王聽之遂取陳
又曰箴尹爲荆使於宋司城子罕觴之西家之潦經其庭而不禁箴尹問其故曰西家高吾宮卑潦不經吾庭不得寫爲是吾不禁也箴尹歸適遇荆欲攻宋箴尹諫於王曰宋不可攻也其君賢相仁賢者得民仁者能用之攻之必無功也
淮南子曰堯時十日並出焦禾稼殺草木民人無食羿窫九嬰大風封豕鑿齒脩蛇皆爲害堯乃使羿誅鑿齒於疇華之澤南地也殺九嬰於水凶水火之怪在北狄之地繳大風於

青立之野大風鷙鳥也射十日而下其九日殺羿窫窳狀如龍首食人在西方也斷脩虵於洞庭在南方擒封豕於桑林封豕大豕也桑林湯禱旱地

又曰晉伐楚三舍不止大夫擊之莊王曰先君之時晉不伐楚及孤之身而晉伐楚是孤之過也若何其辱群大夫曰先臣之時晉不伐楚今臣之身而晉伐楚此臣之罪也請擊之王俛而泣涕沾襟起而拜羣大夫晉人聞之曰君臣爭以過爲在己不可伐也夜還師而歸

又曰諸侯伐秦及涇莫濟魯襄十一年晉悼公伐鄭秦人伐晉救鄭十四年晉使六卿帥諸侯之大夫伐秦至涇求無有先渡者也晉叔嚮見叔孫穆子曰諸侯伐不恭而討之及涇而止於秦何益何益於伐秦之事穆子曰豹之業及匏有苦葉矣不知其他業事匏有苦葉詩邶風篇名匏有苦葉濟有深涉深則厲淺則揭言其必濟不知其他叔嚮退召舟虞與司馬舟虞掌舟司馬掌兵曰夫苦匏不材於人共濟而已材若截也不裁於人言不可食共濟而已佩匏可以渡水魯叔孫賦匏有苦葉必將涉矣詩以言志具舟除隧不共有法隧道共具也舟虞具舟司馬除道法刑也是行也魯人以莒人先濟諸侯從之

又曰文公立四年楚成王伐宋四年魯僖二十七年冬也宋背楚事晉故楚伐之公率齊秦伐曹衛以救宋魯僖二十八年春晉侯侵曹伐衛傳曰楚始得曹而新婚於衛也宋人使門尹班告急於晉門尹班宋大夫公告大夫曰宋人告急舍之則宋絕舍不救則宋降楚與我絕告楚則不許我告請宋於楚楚不許我我欲擊楚齊秦不欲其若之何

又曰自大畢伯士之終也大畢伯士犬戎氏之二君終卒也犬戎氏以其職來王以其職謂其嗣子以其貴寶來見王天子曰予必以不享征之且觀之兵享貢服服禮以責犬戎而示之兵非也其無乃廢先王之訓而王幾頓乎幾危頓敗吾聞夫犬戎樹惇樹立言犬戎立性惇樸師舊德而守終純固帥循也純專固一言犬戎氏循先王之舊德奉其常職天性專一終身不移不敢違王貴其厚專也其有以禦我矣禦應距也王不聽遂征之得四白狼四白鹿以歸白狼白鹿犬戎自是荒服者不至穆王責犬戎非禮蒸兵露師傷威毀信荒服者不至

又曰商王帝辛大惡于人商紂人本號辛紂名大惡大爲人所惡也庶人不忍欣戴武王以致戎于商牧戴奉武兵牧商郊牧野也是先王非務武也勤恤人隱而除其害恤憂隱痛

又曰忠臣者務崇君之德諂臣者務廣君之地何以明之陳夏徵舒殺其君楚莊王伐之陳之人聽命莊王已討有罪遣卒戍陳戍守也戍守陳大夫畢賀申叔時使於齊及還而不賀莊王曰陳爲無道寡人起六軍以討之征暴亂誅罪人群臣皆賀而子不賀何申叔時曰人有牽牛而徑蹊於人之田中田主殺其人而奪之牛罪則有矣罰亦重矣今君王以陳爲無道舉兵而征之因誅罪人遣卒戍陳諸侯聞之非以王爲誅罪人也貪陳國也蓋聞君子不棄義以爲利王曰善乃罷陳之戍後諸侯聞之朝於楚此務崇君之

德也始張武爲智伯謀張武智伯人晉六將軍中行子取弱而上下離心可伐以廣地於是伐范中行滅之矣又教智伯求地於韓魏韓魏裂地而授之趙氏不予乃率韓魏而伐趙圍晉陽三年三國陰謀遂滅之此務爲其君廣地也夫爲君崇德者霸爲君廣地者滅故千乘之國文德行者王湯武是也萬乘之國好廣地者亡智伯是也

莊子曰犀首請魏伐齊季子諫勿伐華子聞而醜之曰善言伐齊亂人也善言勿伐亦亂人謂伐之與不伐亂人者又亂人也

列子曰晉文公出會欲伐衛公子鋤御而笑之公問之對曰笑臣鄰之人也鄰之人有送其妻適私家者道見桑婦悅而與之言然顧視其妻亦有招之者臣竊笑此也公悟乃引師而還未至而有伐其北鄙矣

墨子曰天賜武王黃鳥之旗以伐紂

又曰湯在鑣宮夢神謂之曰夏桀無道汝克戡之

孫卿子曰堯伐驩兜舜伐三苗禹伐共工湯伐有夏文王伐崇武王伐紂此兩帝四王者仁義之兵於天下也

尉繚子曰武王之伐紂也河水逆流左驂霆死地方百里戰卒三萬紂之陣起自黃鳥至于赤斧其間百里武王不罷士民兵不血刃克殷誅紂其人事然

韓子曰晉獻公欲伐虞虢乃遺之屈産之乘垂棘之璧女樂二八以滎其心以亂其政

阮嗣宗爲鄭冲勸晉王牋曰前者明公東誅叛逆全軍獨尅禽闔閭之將斬輕銳之卒以萬萬計

太平御覽卷第三百五

太平御覽卷第三百六

兵部三十七

請征伐　出師　軍行

請征伐

家語曰孔子北遊登於農山子路子貢顏回侍側孔子四望喟然而歎曰二三子各言爾志吾將擇焉子路進曰由願得白羽若月赤羽若日鍾鼓之音上震于天旌旗繽紛下蟠于地（蟠委也）由當一隊而敵之必也攘地千里（攘卻也）搴旗執馘（搴取也）唯由能之使夫二子從我焉孔子曰勇哉

史記曰終軍請願受長纓必羈南越王而致之闕下

又曰單于爲書慢罵太后樊噲曰臣願得十萬衆橫行匈奴中季布曰高皇帝以三十萬困於平城噲亦在其中且秦以事胡陳勝等起

後漢書曰劉尚擊武陵五溪蠻深入軍沒援因復請行時年六十二帝恐其老未許之援自請曰臣尚能被甲上馬帝令試之援據鞍顧眄以示可用帝笑曰矍鑠哉是翁也（矍鑠勇皃也東觀記作攫哉是翁攫音許約反）遂遣援（援馬援也）

又曰更始鄙王尹尊及諸大將在南方未降者尚多帝召諸將議兵事未有信言沉吟久之乃以檄叩地曰鄙最強宛爲次誰當擊之賈復率然對曰臣請擊鄙帝笑曰執金吾擊鄙吾復何憂

唐書曰李晟以軍功授特進光祿卿尋轉試太常卿大曆初李抱玉鎮鳳翔署晟爲左軍都將四年吐蕃圍靈州抱玉遣晟將兵五千以擊吐蕃晟辭曰以衆則不足以謀則太多乃請將兵二千人疾出大震關至臨洮屠定秦堡焚其積聚虜堡師慕容谷鍾而還吐蕃因解靈州圍而去也

又曰馬燧討李懷光師次於焦離堡其夜賊將吳冏棄太原堡走其下皆降燧率諸軍濟河兵凡八萬陣於城下是日賊將牛俊斬懷光首以降降者一萬六千斬賊將閻晏孟寶張清吳冏等七人以徇爲懷光所虜脅捨之燧自從京師至河中凡二十七日上乃下詔褒美遷光祿大夫兼侍中初德宗欲罷兵燧不可請得一月芻糧足以平河中至是果然矣

又曰德宗幸奉天詔李晟與李懷光合軍拒朱泚時每將出合戰晟必自異衣錦裘繡帽於前親自指導懷光望見之乃謂晟曰將師當持重豈宜自表飾以啗賊耶晟曰前久在涇源軍士頗相畏服故欲令其先識以奪其心耳懷光益不悅陰有異志兵遷延不進晟因入說懷光曰寇賊偷據天子行在近縣兵柄廟略屬在於公公宜以時速進

晟願以所部得奉嚴令爲公前驅雖死不悔懷光益拒之

又曰史敬奉靈武人少事本軍爲裨將元和十四年敬奉大破吐蕃於鹽州城下賜實封五千戶先是西戎頻歲犯邊敬奉白節度使杜叔良請兵三千人備一月糧深入蕃界叔良以二千五百人授之敬奉既行十餘日人莫知其所向皆謂吐蕃盡殺之矣乃由他道深入突出蕃衆之後戎人驚潰敬奉率衆大破之殺戮不可勝紀驅其餘衆於蘆河獲羊馬駝牛萬數敬奉形甚短小若不能勝衣至於野外馳逐能擒奔馬自執鞍勒隨鞍躍上然後羈帶矛失在手前無強敵甥姪及僮使僅二百人每以自隨臨入敵輒分其隊爲四五隨逐水草每數日各不相知及相遇已皆有獲虜矣

三國典略曰北齊平廣陵王孝珩曰奈何嗣君無獨見之

明宰相非柱石之寄內參羣豎離間骨肉恨不得持兵符受廟筭出萬死身先士卒展我力耳

又曰齊主曰今日飲酒樂哉武衞將軍斛光進曰關西未平人為仇敵陛下亦何樂哉會當馬步十萬三道渡由平道陷王壁拔長安自充涼色來納在掌握使百官襲冠冕軍士釋介胄然後稱樂齊主謂羣臣曰明月常有此意憂國如家卿輩無及之者平原王段韶出謂光曰卿勝先帝耶先帝以四十萬攻玉壁不利而還將兵如盤擊水誤即傾覆何容易而輕言之光笑曰非卿所知

出師

易曰師出以律失律凶也

書曰張皇六師龕將天威兼弱攻昧推亡固存無作神羞

詩曰維師尚父時維鷹揚

禮記曰師出不踰時為怨思也踰時即內有怨女外有曠夫

又曰天子將出征類于上帝宜乎社造乎禰禡於所征之地禡師祭也受命于祖告祖受成於學定兵謀也出征執有罪反釋奠於學以訊馘告

周禮曰牙璋以起軍旅

又曰類祭先出師告天祭也造祭將興兵造於先祖祭也

穀梁曰甲午治兵出曰治兵習戰入曰振旅習戰也

後漢書曰光武起王莽徵天下能為兵法者六十三家數百人並以為軍吏選練武衞招募猛士說文云募廣求也旌旗輜重千里不絕時有長人巨無霸王莽連率韓博上言有奇士長一丈大十圍自謂巨無霸出於蓬萊東南五城西北昭如海濱軺車不能載三馬不能勝臥則枕鼓以鐵箸食見前書長一丈大十圍以為壘尉壘主壁周禮六軍壁三壘崔琰中壘校尉藏曰堂堂皇帝設為壘尉尉者主壁

輊之又驅諸猛獸猛或作獷獷音古猛反虎豹犀象之屬以助威武自秦漢出師之盛未嘗有也

又曰車駕東歸勑岑彭書曰兩城若下便可將兵南擊蜀虜人若不知足既平隴復望蜀每一發兵彭頭鬚為白

又曰馬嚴拜將軍長史將北軍五校士羽林禁兵三千人屯西河美稷美稷縣名衞護南單于聽置司馬從事牧守謁敬同之將軍勑嚴過武庫祭蚩尤武庫掌兵器令一人秩六百石前書音義曰蚩尤古天子好五兵故祭之見高祖紀帝親御阿閣阿曲觀其士眾時人榮之

又曰馬成拜揚武將軍督誅虜將軍劉隆振威將軍宋登射聲校尉王賞發會稽丹陽九江六安四郡兵擊李憲時帝幸壽春設壇場祖禮遣之

又曰涼部叛羌搖蕩四州朝廷憂之於是詔鄧騭將左右羽林北軍五校士及諸部兵擊之車駕幸平樂餞近

又曰馬援出師詔百官祖道

又曰光武聞赤眉必破長安欲乘舋并入關中而方自事山東未知所寄以鄧禹沉深有大度故授以西討之略乃拜為前將軍持節中分麾下精兵二萬人遣西入關令自選偏裨以下可與俱者

晉書曰何曾正始中為鎮北將軍都督河北諸軍事假節將之鎮文帝使武帝齊王攸辭送數千里曾盛為賓主備太牢之饌侍從吏騶莫不醉飽

又載記曰苻堅以苻融為鎮東大將軍代王猛為冀州牧融將發堅祖于霸東奏樂賦詩堅母苟氏以融少子甚愛之比發三至灞上其夕又竊如融所內外莫知是夜堅寢于前殿魏延上言天市南門屏內后妃星失明左右閽守不見后妃移動之象堅推問知之驚曰天道與人何其不

遠遂重星官

後魏書曰車駕南伐以劉藻爲征虜將軍督統軍高聰等四軍爲東道別將辭於洛水之南孝文曰與卿石頭相見藻對曰臣雖才非古人庶亦不留賊虜而陛下輒當釃曲阿之酒以待百官帝大笑曰今未及曲阿且以河東數石賜卿

後周書曰武帝保定四年冬十月甲子詔大將軍大冢宰晉國公護率軍伐齊帝於太廟庭授以斧鉞護總大軍出潼關大將軍權景宣率山南諸軍出豫州少師楊檦出軹關丁外幸沙苑勞師

三國典略曰侯景西逼梁湘東王遣晉州刺史蕭惠正率兵援于巴陵惠正辭以不堪舉天門郡守胡僧祐以自代王以爲武猛將軍令其進發僧祐謂其子玘曰汝可開兩

高門一朱一白吾當以死決之不捷不歸也王聞而壯之厚撫其家謂僧祐曰景便於陸道不閑水鬬賊若水戰但以大艦臨之自當必克若其步戰自可鼓棹直就巴丘不須交鋒

又曰周遣常山郡公于謹率中山公宇文護大將軍楊忠等步騎五萬南伐太祖餞於青泥谷時庾信來聘未返太祖問之曰我遣此兵馬縛取湘東關西作博士卿以爲得不信曰必得之後王勿以爲不忠太祖笑而頷之

白虎通曰王者出伐所以皮弁素幘何服皮弁素幘也王者將出辭於禰還假禰祖言辭反之禮尊親之義王制曰王者將出類于上帝宜于社造于禰尚書曰歸假于執祖出以告天至告祖也先告廟後告天者示不敢留尊者之命也告天何示不敢專也非出辭反面道也與宗廟異義還不復告天者天道質無內外故不復告也尚書言歸假于祖社不見告天知不告也

又曰遣將軍必於廟何示不敢自專獨於祖廟何制法度者祖也王制曰受命于祖受成于學此言於祖廟命遣之也

摯虞決疑要注曰古者帝王出征以齊車載遷廟之主及社主以行故尚書甘誓曰用命賞于祖不用命戮于社秦漢及魏行不載主也

衛公兵法曰諸大將出征且約授兵二萬人而即分爲七軍如或多或少臨時更定大率十分之中以三分爲奇兵

太白陰經曰參七星伐三星連體十星爲十將西方白虎宿也主殺伐此星出而天下秋草木搖落有若軍威故兵出而法焉

張平子南都賦曰爾其則有謀臣武將皆能獲戾執猛破堅摧剛

虞子陽爲霍將軍北伐詩曰擁旄爲漢將汗馬出長城

魏明帝善哉行曰我祖我征伐彼蠻虜練師簡卒爰整其旅輕舟竟川傍江依浦桓桓猛毅如熊如虎發桴若雷吐氣成雨旄旌指麾進退合矩

軍行

禮記曰軍行在青龍而右白虎前朱雀而後玄武招搖在上急繕其怒前有水則載青旌前有車騎則載飛鴻前有塵埃則載鳴鳶

左傳曰凡師出一宿爲舍再宿爲信過信爲次

後魏書曰于栗磾太宗南臨孟津請栗磾曰可作橋乎對曰杜預造橋遺事可相乃編次大舡搆橋於野坂六軍既濟太宗深歎焉

隋書曰煬帝征高麗宇文述爲扶餘道將軍臨發帝謂述曰禮七十者行役以婦人從公宜以家累自隨古稱婦人不入軍臨戰時耳至於營壘之間無所傷也項籍虞姬即其故事

唐書曰太宗率衆平汾晉趙龍門關履冰而渡進屯柏壁

白虎通曰王法年四十受兵法何重不絶人世也師行不必反戰不必勝故須其有世也年六十歸者何不忍並門人父子也孫子曰凡用兵之法馳車千乘輕車也駕駟千乘也革車千乘重車也言萬騎之重也一車駕四卒十騎一重養一人主炊家子一人主保固守衣裝廄二人主養馬凡五人步兵十人重以大車駕牛養二人主炊家子一人主保固守裝凡三人也帶甲十萬士卒數也千里而饋糧越境千里則外内之費賓客之用膠漆之財車甲之奉曰千金然後十萬之衆舉矣

又曰出其所必趣使敵不得往相救也行千里而不勞者行於無人

覽三百六 七

之地出空擊虛擊其不意

又曰凡用兵之法將受命於君合軍聚衆聚國人結行伍也交利而舍軍門爲利門左右門爲期門以車爲營爲轅門以人爲營爲人門兩軍相當爲交利也莫難於軍争從始受命至於交利軍争難也

又曰凡處軍相敵絶山依谷近水草也視生處高向陽也處視謂目前生地處軍當在高戰降無登無迎高也降下也謂山下也戰於山下引之上山無登迎也此處山谷之軍也絶水必遠水引敵使渡客絶水而來迎之於水内令之半渡而擊之利欲戰無附於水而迎於客也視在處高水上亦當處其高也無迎水流恐溉我也處水上之軍也絶斥澤唯亟去無流交軍於斥澤之中必依水草而倍衆樹不得已與敵戰而會斥澤之中此處斥澤之軍也平陸處易車之利也而左右倍高前死後生戰便此處平陸之軍也凡四軍之利黄帝所以勝四帝者也黄帝始立四方諸侯亦稱帝以此四地勝之也凡軍喜高而惡下貴陽而賤陰書一作好山南曰陽山北曰陰養生處實是爲必勝軍無百疾丘陵隄防必處其高陽而右背也隄者積土所背當處其陽而右之戰之便也此兵之利而地之助也故用兵之法高陵勿向敵若據山陵依附險阻陳待勿輕攻趣也既地勢不便有殘石之衝也背丘勿迎敵背丘陵爲陣無有後患則當引置平地勿迎而擊之

又曰上雨水水沫至欲渡者待其定恐半渡而水便漲也絶澗過天井天牢天羅天陷天郄去逆切大害必亟之勿近也山深大爲絶澗四方高中央下爲天井深水所居隱蔽者爲天牢四絶人者爲天羅地形陷者爲天陷山澗夾地深數尺長數尺者謂之天郄也吾遠之敵近之吾迎之敵倍之也用兵常遠六害令敵近倍則利敵凶軍旁有險阻潢井生葭葦小林翳薈烏會反者必謹覆索之此伏姦之所藏處也險者一高一下之地阻者多水草也潢者池也井生葭葦者衆草所聚也小林者衆木所居也翳薈者所以屏蔽之處也

衛公兵法曰軍馬行動須知次第出先右虞候馬軍爲首次右虞候步軍次右軍馬軍次右軍步軍次前軍馬軍次前

覽三百六 八

軍步軍次右軍馬軍次中軍步軍次右軍馬軍次右軍步軍次左軍馬軍次左軍步軍次左虞候馬軍次左虞候步軍其馬軍去步軍一二里外行每有高處即令三五騎馬於上立顧以候不虞以後餘軍准前立馬四顧右虞候既先發安營踏水道路脩理泥溺橋津檢行水草左虞候排比隊仗整齊軍次使不交雜若軍迴入先左虞候馬軍次左虞候步軍次左馬軍次左步軍其次第准前却轉其虞候軍職掌初發交換諸軍營各量虞候子並使排比依軍次行如此發引卒逢寇賊部伍甚易若參疊散行牽率難就萬一賊至並非所管

又曰諸軍討伐例有數營發引逢賊首尾難救行引之時須先爲方陣殿行之兵分爲四輜重爲兩道引戰鋒等隊亦爲兩道引其第一分初發輜重及戰鋒分爲四道行兩

行(戶郎切下同)輜重在心雙引兩行戰鋒隊並合各在輜重外左右夾雙引其次一分戰鋒隊與前般左右行戰鋒隊相當輜重隊與前行輜重隊相當又其次一分准上最後一分亦准上初發第一分別戰鋒輜重相當如其逢賊前分四行兩行輜重抽縮兩行戰鋒橫列作前面甚易其次兩分先作四行長引其戰鋒既在外便充兩面其後分亦先作四行其輜重進前其戰鋒隊橫列相接使充後面亦易其方陣立即可成如此發引縱使狹路急緩亦得成陣每軍戰鋒等隊須過本軍輜重尾輜重稠行戰鋒等隊稠引常令輜重併近前頭戰鋒隊相去十步下一隊輜重隊相去十步下一隊輜重隊相去兩步下一隊如此即須相囊得若逢川陸平坦彌加穩便其戰鋒輜重等隊分布使均

又曰諸兵馬發行或逢泥濘或阻山河其路有須填補有須開拓左右虞候軍兵先多於軍取充虞候子右虞候先將此兵脩理橋梁泥濘開拓窄路左虞候排窄路捍後收拾闌遺諸兵士每下營訖先令兩隊共掘一廁

又曰軍行沙磧鹹鹵之中有野馬黃羊蹤尋之有水鳥鳥所集處有水地生葭葦蘆菼(吐敢反)菰蒲之處下有伏泉地有蟻壤之處下有伏泉

太白陰經濟水具篇曰軍行過大水河渠溝澗無津梁舟筏難以濟渡太公以天艎天舡皆質朴不便於用令隨事逐物變化而用之以濟巨川

又曰木罌以木縛甕爲筏甕受三石力勝一人甕間闊五寸底以繩勾聯編槍於其上形長而方前置拔頭後置梢左右置棹

又曰槍筏槍十根爲一束力勝一人四千一百六十六根即爲一筏皆去鑽刃以束爲魚鱗以橫栝而縛之可渡四百一十六人爲三筏計用槍一萬二千五百根率渡一千二百五十人十渡則一軍必濟

又曰蒲筏以蒲九尺圍顛倒爲束十道縛之以束鎗爲筏量長短多少隨蒲豐儉無蒲亦用蘆葦筏量大小以濟人

又曰挾絙以善水者繫小繩先浮渡水次引大絙於兩岸立大橛急定絙使人挾絙浮渡大軍可爲數十道

又曰浮囊以渾脫羊皮吹氣令滿繫其孔束於腋下而浮渡

太平御覽卷第三百六

太平御覽卷第三百七

兵部三十八

會兵　誓衆　饗士　犒師　麾兵

會兵

書曰戊午師渡孟津陳于商郊俟天休命甲子昧爽受率其旅若林會于牧野（旅衆也如林言盛多會逆拒戰）罔有敵于我師前徒倒戈壹戎衣而天下大定（言與衆同心動有成也）

穀梁曰齊侯兵車之會四未嘗有大戰愛民也

後漢書曰初卷人維汜（卷縣名屬河南郡故城在今鄭州原武縣西北）訞言稱神有弟子數百人坐伏誅後其弟子李廣等宣汜神化不死以誑惑百姓十七年遂共聚會徒黨攻沒晥城（晥縣名屬廬江郡今舒州懷寧縣晥音下板切又下覺切）殺晥侯劉閔自稱南岳大師遣謁者張宗將兵數千人討之復為廣所敗於是使馬援發諸郡兵合萬餘人擊破廣等斬之

又曰章和二年護羌校尉張紆誘誅燒當種羌迷吾等由是諸羌大怒謀欲報怨朝廷憂之公卿舉鄧訓代紆為校尉諸羌激怒遂相與解仇結婚交質盟詛（鄭玄注周禮云大事曰盟小事曰詛）衆四萬餘人期冰合渡河攻訓

又曰吳漢為安樂令會王郎起北州擾惑漢素聞光武長者獨欲歸心乃說太守彭寵曰漁陽上谷突騎天下所聞也君何不合二郡精銳兵附劉公擊邯鄲此一時之功也（一時言不可再過也）寵以為然

又曰朱鮪聞光武北伐而河内孤使討難將軍蘇茂副將賈強率兵三萬餘人渡鞏河攻溫（鞏溫並今洛州縣也臨廣河故曰鞏河）檄書至寇恂即勒軍馳出並移告屬縣發兵會於溫下軍吏皆諫曰今洛陽兵渡河前後不絕宜待衆軍畢集乃可出也恂曰溫郡之藩蔽失溫則郡不可守遂馳赴之旦日合戰而偏將軍馮異遣救及諸縣兵適至及士馬四集幡旗蔽野恂乃令士卒乘城鼓噪大呼言曰劉公兵到蘇茂軍聞之陣動恂因奔擊大破之

又曰吳漢悉發幽州兵與光武會清陽諸將望見漢還士馬甚盛皆曰是寧肯分兵與人耶及漢至莫府上兵簿（莫大也兵簿軍士之名帳）諸將人人多請之光武曰屬者恐不與人（屬猶近也）今所請又何多也諸將皆慙

晉書天文志曰征吳之役三河徐兖之兵悉出交戰於吳楚之地

唐書曰憲宗時鄆州李師道翻覆違命詔宣武義成武寧橫海四節度之師與田弘正會軍討之弘正奏請取黎陽

渡河會李光顏等軍齊進帝召宰臣於延英議可否皆曰閫外之事大將制之既有奏陳宜遂其請裴度獨以為不可奏曰魏博一軍不同諸道過河之後却退不得便須進擊方見成功若取黎陽渡河即纔離本界便至滑州徒有供餉之勞又生顧望之勢況弘正光顏並少威斷更相疑惑必恐遷延然兵事不從中制一定處分或慮不可若欲於河南持重則不如河北養威不然即且秣馬厲兵俟霜降水落於楊劉渡河直抵鄆但得至陽谷已來下營則兵勢自盛形自不撓上曰卿言是矣乃詔弘正取楊劉渡河及弘正軍既濟河而南距鄆州四十里築壘賊勢果蹙頃之誅師道

三國典略曰周武帝率六軍趣鄴齊主令群臣議之廣寧王孝珩議曰今大寇既深事藉機變請使任城王便領幽

州道兵自土門入聲取并州獨孤永業便鎮洛州兵自潼關入聲取長安臣請領京畿兵出滏口鼓行逆戰賊懸軍遠來日增疲老聞南北有兵自然應退

誓衆

書曰帝曰咨禹惟時有苗弗率汝徂征（三苗之民數干王誅率循也徂往也不循帝道言亂逆也命禹討之）禹乃會羣后誓于師曰濟濟有衆咸聽朕命（會諸侯伐有苗也軍旅曰誓濟濟衆盛之貌）蠢茲有苗昏迷不恭（蠢動昏闇也言其所以宜討）侮慢自賢反道敗德（狎侮先王輕慢典教反正道敗德義）君子在野小人在位（廢仁賢任姦佞）民棄不保天降之咎（言民叛天災之）肆予以爾衆士奉辭罰罪（肆故也辭謂不恭罪謂侮慢以下事）爾尚一乃心力其克有勳三旬苗民逆命益贊于禹曰惟德動天無遠弗屆禹拜昌言班師振旅帝乃誕敷文德舞干羽於兩階七旬有苗格

又曰啓與有扈戰于甘之野王曰嗟六事之人予誓告汝

有扈氏威侮五行怠弃三正天用勦絶其命用命賞于祖不用命戮于社予則孥戮汝

又曰羲和湎淫廢時亂日胤往征之告于衆曰羲和尸厥官昬迷于天象以干先王之誅今予奉將天罰火炎崐崗王石俱焚天吏逸德烈于猛火殲厥渠魁脅從罔治嗚呼威克厥愛允濟愛克厥威允罔功爾衆士懋戒哉欽承天子休命

又曰魯侯伯禽宅曲阜徐夷並興東郊不開作費誓公曰嗟人無譁聽命善敹乃甲冑備乃弓矢鍛乃戈矛無敢不善峙乃糗糧峙乃芻茭無敢不逮汝則有大刑魯人三郊三遂峙乃楨幹甲戌我惟築無敢不恭汝則有無餘刑（刑者非一也）

又曰惟戊午王次于河朔（次止也戊午渡河而誓既誓而止于河之北）羣后以師畢會（諸侯盡會次也）王乃徇師而誓曰嗚呼西土有衆咸聽朕言（徇循也武王在西故稱西土）今商王受力行無度（行無法度）播棄黎老昵比罪人（鮐背之耇稱黎老棄不禮敬也昵近也罪人謂天下逋逃小人也）予有亂臣十人同心同德（言我治理之臣雖少而心德同也）雖有周親不如仁人（周至也紂至親雖多不若周家之少仁人也）

又曰武王伐紂曰今予發惟恭行天之罰今日之事不愆于六步七步乃止齊焉夫子勗哉不愆于四伐五伐六伐七伐乃止齊焉勗哉夫子尚桓桓如虎如貔如熊如羆于商郊弗迓克奔以役西土勗哉夫子爾所弗勗其于爾躬有戮

又曰爾衆士同力王室

史記曰太尉行令軍中曰爲吕氏右袒爲劉氏左袒軍中皆左袒

後漢書曰齊武王伯升既破甄阜軍乃陳兵誓衆焚積聚破釜甑鼓行而前

晉書曰元帝以祖逖爲奮威將軍豫州刺史給千人廩布三千疋不給鎧仗使自招募仍將本流徙部曲百餘家渡江中流擊檝而誓曰祖逖不能清中原而復濟者有如大江辭色壯烈衆皆慨歎屯于淮陰起冶鑄兵器得二千餘人而後進

又載記曰王猛與慕容評戰陣於渭原而誓衆曰王景略受國厚恩任兼内外今與諸君深入賊地宜各勉進不可退也願戮力行間以報恩顧受爵明君之朝慶觴父母之室不亦美乎衆皆勇奮破釜棄糧大呼競進

後周書曰太祖率李弼獨孤信等十二將東伐至潼關太祖乃誓於師曰與爾有衆奉天威誅暴亂惟爾衆士整

爾甲兵戒爾戎事無貪財以輕敵無暴民以作威用命則有賞不用命則有戮爾衆士其勉之遵于謹居軍前徇地

唐書曰高祖起義兵西圖關中精甲三萬高祖杖白旗誓衆於太原之野引師即路

又曰太宗征王世充陳兵穀水之上步騎五萬太宗舉麾誓衆曰隋室無道毒被蒼生我國家受命于天寧濟億兆世充敢抗大邦數行侵暴誅殺良善恣其淫酷國家爲百姓除害事不獲已各宜整尒軍旅脩尒器械立勳立效龔行天罰敢有犯命者斬無赦

又曰朱泚反韋皐於隴州築壇于庭血牲與將士等盟曰上天不弔國家多難逆臣乗間盜據皇宮而李楚琳亦肩兇徒傾陷城邑酷虐所加爰及本使既不事上安能恤下皐是用激心憤氣不遑底寧誓與羣公竭誠王室凡我同

盟一心竭力伏順除兇祖先之靈必當幽贊言誠則志合義感則心齊粉骨糜軀決無所顧有渝此志明神殛之迨於子孫亦罔遺育皇天后土當兆斯言又使通於吐蕃以求助

古司馬兵法曰古者逐奔不遠縱綏不及所以示君子且有禮不遠則難誘不及則難陷以禮爲固以仁爲勝既勝之後其教可復是故君子貴之也有虞氏戒於國中欲人體其命也舜以虞教戰以戰教民畋獵簡習故民體之也夏后氏誓於軍中欲民先成其慮也禹會軍衆重複教肆進退左右前後離合周旋也殷誓於軍門之外欲民先意待事也殷既遵虞夏之教民又於軍門外復簡試周將交刃而誓之以致意也周用虞夏殷之教民交和接兵又復申望誓之軍德薄民俗巧也

又曰賢王制禮樂法度乃作五刑興甲兵以討不義巡狩省方會諸侯考不同其有失命亂常背德逆天之時而危有功之君王者以有功德者爲君長賊曰欲篡殺之徧告于諸侯章明於有罪乃告于皇天上帝日月星辰以禱于后土四海之神山川冢社冢社者天子太社也乃造于先王然後冢宰徵師于諸侯造就也就造于先祖廟也曰某國爲不道征之以其年月日師至于某國至于所征之國與天子會天子正刑刑者天子之法也刑以征不義伐不從王者之法也冢宰與伯布命于軍曰入罪人之地無暴神祇無獵田無有虐無毀二功無糞墻屋無伐樹木無取六畜無取禾粟無取器城見其老幼奉歸勿傷雖遇壯者不校勿敵若傷人醫藥歸之既誅有罪王及諸侯正其國舉賢更立明正復職王者與四方諸侯伐無道之國整頓其民人舉賢良更立爲君奉遵王法復五官之職事矣

論衡曰師尚父爲周司馬將師伐紂到孟津之上仗鉞把旄號其衆曰倉兕倉兕水中之獸也善覆人船因神以化欲令急渡汝不急渡倉兕害汝河中有此之物時時出浮

一身九頭人畏惡之未必覆人船者也

文選曰勒三軍誓將帥元戎竟野戈鋋彗雲

麾兵

莊子曰市南宜僚弄丸兩家之難解孫叔敖甘寢秉羽而郢人投兵

晉書曰張重華攻石季龍遣謝艾爲使持節軍師將軍率步騎三萬進軍臨河麻秋以三萬衆拒之艾乗軺車冠白帢鳴鼓而行秋望而怒曰艾年少書生冠服如此輕我也命黒矟龍驤三千人馳擊之艾左右大擾左戰師李偉勸艾乗馬艾不從乃下車踞胡牀指麾處分賊以爲伏兵發也懼不敢進張瑁從左南緣河而絶其後秋軍乃退艾乗奔擊遂大敗之

又曰陳敏一旦據有江東刑政無常不爲英俊所服且子

弟凶暴所在為患周玘顧榮之徒常懼禍敗遣使密報征東將軍劉准遣兵臨淮已為應及兵至敏使弟昶及將錢廣次烏江以拒之錢廣玘鄉人也潛使圖昶廣遣其屬何康投募送白事於昶昶傾視書康揮刀斬之稱州下已殺敏動者誅三族吹角為內應廣先勤兵在朱雀橋陳兵敏師萬人將戰未濟榮以白羽扇麾之敏衆潰散單騎東奔為義師所斬

梁書曰魏中山王元英冠北徐州高祖詔韋叡率衆會焉英自率衆來戰叡乘素木輿執白角如意以麾軍一日數合英甚憚其強

劉璠梁典曰韋叡字文懷京兆杜陵人也叡雖有曠世之度莅民以惠愛為本所居必治將兵仁愛被服必於儒者雖臨陣交鋒常緩服乘輿執竹如意以麾進止

北史曰唐永身長八尺少耿介有將帥才讀班超傳慨然有萬里之志正光中為北地太守永善撫下士人競為之用臨陣常着白褶襦把角如意以指麾處分辭色自若在北地四年與賊數十戰未嘗敗北時人語曰莫陸梁恐尒逢唐將永所營之處至今猶稱唐公壘

後魏書曰毛法仁言聲壯大至於軍旅田狩唱呼處分振於山谷

後周書曰李遠字萬歲幼有器局志度恢然嘗與羣兒為戰鬬之戲指麾部分便有軍陣之法郡守見而異之召使更戲羣兒懼而散走遠持杖叱之復為向勢意氣雄壯殆甚於前郡守曰此小兒必為將帥非常人也

又曰建德中東伐齊帝引兵發京師壬寅渡河與諸軍合十二月戊申次於晉州恐王師卒至於城南穿塹自喬山屬於汾水庚戌帝諸軍八萬人置陣東西二十餘里帝乘常御馬從數人巡陣處分所至輒呼主帥姓名以慰勉之將士感見知之恩各自奮勵

隋書曰李子雄從幸江都帝以仗衛不整顧子雄部伍之子雄立指麾六軍肅然帝大悅曰公真武侯才也尋轉右武候大將軍

唐書曰德宗時鄭權為涇原節度使劉昌從事昌病至請入覲度軍中必有變以權寬厚善容衆俾主留務既而兵果為亂權挺身於白刃中抗詞以明逆順因殺其首亂者數人士皆戢伏

又曰昭宗時王山都頭楊守信叶楊復恭稱兵闕下陣于通化門上陳兵於延喜門是夜令劉崇望守度支庫明日曉入含光門未開門內禁軍列于左右俟門開即刼掠兩

市及聞傳呼宰相來門方開崇望駐馬慰諭之曰聖上在街東親總戎事公等禁軍何不樓前殺賊立取功名切不可剽掠街市圖小利以成惡名也將士唯唯從崇望至長樂門守信見兵來即遁軍士呼萬歲是日庫市獲全軍人不亂緊崇望之方略也

五代周史曰世宗至泗洲太祖皇帝乘勝麾軍焚郭門奪月城帝親冒矢石以攻其壘丙午日南至從臣拜賀於月城之上

語林曰諸葛武侯與司馬宣王在渭濱將戰宣王戎服莅事使人視武侯素輿葛巾持白毛扇指麾三軍皆隨其進止宣王聞而歎曰可謂名士

饗士

左傳曰宋華元將戰殺羊食其御羊斟不與及戰曰疇昔

之羊子爲政今日之事我爲政與入鄭師故敗君子謂羊斟非人也以其私憾敗國殄民刑孰大焉

史記曰樂毅并護趙楚韓魏燕之兵以伐齊破之濟西諸侯罷歸而燕軍樂毅獨追至于臨輜齊昬王之敗濟而亡走保於莒樂毅獨留徇齊皆城守樂毅攻入臨淄盡取齊寶財物祭器輸之燕昭王大悅親至濟上勞軍行賞饗士封毅於昌國號爲昌國君

東觀漢記曰上大發關東兵自將上隴隗囂衆潰走圍解於是置酒高會勞賜諸將來歙班坐絶席在諸將之右賜歙縑千疋

後漢書曰吳漢圍蘇茂於廣樂劉永將周建別招聚收集得十餘萬人救廣樂漢將輕騎迎與之戰不利墮馬傷膝還營建等遂連兵入城諸將謂漢曰大敵在前而公傷卧衆心懼矣漢乃勃然裹瘡而起推牛饗士令軍合戰大破之

又曰劉盆子既降帝令縣厨賜食衆積困餧十餘萬人皆得飽飫

又曰鄧禹至長安軍昆明池大饗士卒率諸將齋戒擇吉日脩禮謁祠高廟收十一帝神主遣使奉詣洛陽因循行園陵爲置吏士奉守焉

後周書曰若干惠於諸將最少早喪父事母以孝聞太祖嘗造射堂新成與諸將宴射惠竊歎曰親孝矣何時辦此乎太祖聞之即日徙堂於惠宅其見重如此

淮南子曰員中規方中矩動成戰止成文可以愉衆而不可以陳軍滌杯而食洗爵而飲盥而後饋可以養少而不可以饗衆

黄石公記曰動爲事機舒之彌四海卷之不盈懷柔而能剛則其國彌光弱而能強則其國彌章一簞之醪投之於河令士衆迎飲三軍爲其死戰如風發攻如河決軍無財士不來軍無賞士不往香餌之下必有懸魚重賞之下必有死夫

犒師

左傳曰夏齊師伐我北鄙公使展喜犒師（勞齊師也）使受命于展禽齊侯未入境展喜從之曰寡君聞君親舉玉趾將辱於弊邑使下臣犒執事

又曰三十三年秦師過北門及滑鄭商人弦高將市於周遇之以乘韋先牛十二犒師（商行賈也乘四韋也先韋及入牛也古者將獻遺於人有以先也）曰寡君聞吾子將步於弊邑敢犒從者不腆弊邑爲從者之淹則具一日之積（腆厚也淹久也積芻米菜薪也）行則備一夕之衛

又曰楚子以駘至于羅汭（駘傳也羅汭水名）吳子使其弟蹶由犒師楚人執之將以釁鼓王使問焉曰汝卜來吉乎對曰吉且吳社稷是卜豈直爲一人使臣獲釁鼓而弊邑知備以禦不虞其爲吉孰大焉乃弗殺

後漢書曰岑彭長驅入江關令軍中無得虜掠所過百姓皆奉牛酒迎勞彭見諸耆老爲言大漢哀愍巴蜀久見虜役故興師遠伐以討有罪爲人除害讓不受其牛酒百姓皆大喜悦爭開門降

晉書曰桓温進兵至霸上耆老持牛酒迎温曰不圖今日復見官軍

後梁略曰大寶元年西魏將楊忠來逼荊鎮上懼其至送遣犒軍既而與忠結盟并送質子與魏相約爲兄弟之親

於是聘使往還相望道路

後魏書曰鄧穎從世祖幸漢南高車莫弗庫若於率騎數萬驅鹿百餘萬詣行在所詔穎爲文銘于漢南以昭功德

淮南子曰秦繆公使孟明舉兵襲鄭鄭賈人弦高蹇他他弦高黨人相與謀曰師行數千里又數過諸侯之地其勢必襲鄭凡襲國者以爲無備也其以知其情必不敢進乃矯鄭伯之命以十二牛勞三率相與謀三率秦將白乙孟明西乞曰守備必固進必無功乃還師而反晉先軫舉兵擊之先軫晉大夫也大破之鄭伯乃以存國之賞賞弦高高辭

太平御覽卷第三百七

太平御覽卷第三百八

兵部三十九

戰上

尚書大傳曰戰者憚也驚之也

說文曰戰鬬也

開元文字曰仲秋大閱戒衆庶脩戰法陰疑於陽必戰是也凡師皆陣曰戰謂堅而有備各得其所成敗決於志力也

易曰上六龍戰于野其血玄黃陰之為道卑順不盈乃全其美盛而不已固陽之地陽所不堪故戰于野也

又曰陰疑於陽必戰為其嫌於無陽也故稱龍焉為其嫌於非陽而戰也

書曰湯與桀戰于鳴條之野

又曰武王戎車三百兩虎賁三千人與受戰于牧野

左傳曰魯宣公十二年晉荀林父與楚子戰于邲晉師敗績

又曰吳伐楚王使執燧象以奔吳師

又曰齊伯郭啓伐莒子將戰死羊牧諫之曰齊師賤其求不多不如下之

又曰諸侯之戍謀曰若華氏知困而致死楚恥無功而疾戰非吾利也

又曰孟懿子陽虎伐鄆鄆人將戰

又曰宋多責賂於鄭鄭人不堪故以紀魯及齊與宋衛燕戰不書所戰後也

又曰冬宋人以諸侯伐鄭報宋之戰也

又曰齊人侵魯疆疆吏來告曰疆場之事慎守其一而備其不虞姑盡所備焉事至而戰又何謁焉

又曰狄人伐衛衛懿公好鶴鶴有乘軒者將戰國人受甲者皆曰使鶴鶴實有祿位余焉能戰

又曰里克諫曰故君之嗣適不可以帥師君失其官帥師不威將焉用之且臣聞皐落氏將戰君其舍之

又曰楚人伐宋以救鄭宋公將戰大司馬固諫曰天之棄商久矣君將興之弗可赦也已

又曰子魚曰君未知戰勍敵之人阨而未成列天贊我也

又曰公曰君子不重傷不禽二毛子魚曰且今之勍者皆吾敵也雖及胡耇獲則取之何有於二毛明恥教戰求殺敵也傷未及死如何勿重

又曰晉公子重耳之及於難也晉人伐諸蒲城人欲戰重耳不可

又曰齊晉將戰高固入晉師桀石以投人桀擔禽之而乘其車既獲其人因釋己車而載所獲繫桑本焉以徇齊壘將至齊壘以桑樹繫車而走欲自異也曰欲勇者賈余餘勇賈賣也言己勇有餘欲賣之也

又曰晉楚將戰而楚晨壓晉軍而陣軍吏患之范匄趨進曰塞井夷竈陳於軍中而疏行首晉楚唯天所授何患焉文子執戈逐之曰國之存亡童子何知焉

又曰齊侯還自晉不入不入國遂襲莒門于且于且于莒邑傷股而退齊侯傷明日將復戰期于壽舒壽舒莒邑杞殖華還載甲夜入且于之隧宿於莒郊郊子莒大夫也且于隧狹路明日先遇莒子於蒲侯氏蒲侯氏近莒之邑莒子重賂之使無死曰請有盟欲以盟二子無致死戰華周對曰貪貨棄命亦君所惡也華周即華還也昏而受命日未中而棄之何以事君莒子親鼓之從而伐之獲杞梁杞梁即杞植

又曰齊師伐我公將戰曹劌請見其鄉人曰肉食者謀之又何間焉肉食在位者也間猶與也劌曰肉食者鄙未能遠謀乃入見問何以戰公曰衣食所安弗敢專也必以分人對曰小惠未徧民不從也公曰犧牲玉帛不敢加也必以信對曰小信未孚神不福也公曰大小之獄雖不能察必以情對曰忠之屬也上思吏民忠也可以一戰戰則請從公與之乘戰于長勺公將鼓之劌曰未可齊人三鼓曰可矣遂逐齊師既克公問其故對曰夫戰勇氣也一鼓作氣再而衰三而竭彼竭我盈故克之夫大國難測也懼有伏焉吾視其轍亂望其旗靡故逐之

又曰丙戌復戰大敗吳師獲太子友王孫彌庸

又曰郤獻子曰二憾往矣弗備必敗彘子曰鄭人勸戰弗敢從也楚人求成弗能好也

又曰夫禮樂慈愛戰所畜也

又曰楚子與若敖氏戰于皋滸皋滸楚地伯棼射王汰輈及鼓跗著於丁寧伯棼子越椒也輈車轅汰過也丁寧鉦也又射汰輈以貫笠轂兵車無蓋尊者則邊人執笠依轂下以禦寒暑師懼退王使巡師曰吾先君文王克息獲三矢焉伯棼竊其二盡於是矣鼓而進之遂滅若敖氏

又曰晉楚交戰叔山冉搏人以投中車折軾晉師乃止

又曰晉侯使張骼輔躒致楚師求御于鄭欲得鄭人自御知其地利者也鄭人卜宛射犬吉射犬鄭公孫也將及楚師而後從之乘皆踞轉而鼓琴轉衣裝也近不告而馳之皆取冑於櫜而冑入壘皆下搏人以投收禽挾囚禽獲也弗待而出

又曰子蒲曰吾未知吳道使楚人先與吳人戰

又曰吳師居麇子期將焚之子西曰父兄親暴骨焉不能收而又焚之不可子期曰國亡矣豈憚焚之焚之而又戰

又曰吳伐楚師及清發清發水名將擊之夫槩王曰困獸猶鬬況人乎若知不免而致死必敗我若使先濟者知免後者慕之蔑有鬬心矣半濟而後可擊也從之又敗之楚人爲食吳人及之奔食而又從之敗諸雍澨五戰及郢奔食者走不食者陣故不在戰數也澨時制切

又曰晉侯逆秦師使大夫韓簡視師復曰師少於我鬬士倍我公曰何故對曰出因其資謂奔梁求秦也入用其寵爲秦所納也飢食其粟三施而無報是以來也今又擊之我怠秦奮倍猶未也戰于韓原晉戎馬還濘而止濘泥也還便旋也小駟不調故還泥中濘乃定切秦伯獲晉侯以歸晉惕而怠秦直而怒所以勝也

又曰楚子伐隋軍於漢淮之間隋將季梁謂隋侯曰請下之弗許而後戰下之請服所以怒我而怠寇也隋少師曰必速戰不然將失楚師戰于速杞隋師敗績若用季梁之謀必勝矣

又曰吳楚二師陣于柏舉吳子闔閭之弟夫槩王晨請於闔閭曰楚相囊瓦不仁其臣莫有死志先伐其卒必奔而後大師繼之必克以其屬五千先擊囊瓦之卒楚師亂吳師大敗之

又曰晉師伐楚苗賁皇言於晉侯曰楚之良在其中軍王族而已請分良以擊其左右而三軍萃於王卒萃集必大敗之及戰晉將呂錡射楚恭王中目錡魚綺切楚師宵遁晉師入楚三日館穀

又曰求曰若不可則君無出一子帥師背城而戰不屬者非魯人也當子之身齊人伐魯而不能戰子之恥也

又曰彭城之役晉楚遇於靡角之谷晉侯將遁矣雍子發命於軍曰恤老幼反孤疾二人役歸一人簡兵蒐乘秣馬

蓐食師陳焚次明日將戰行歸帥者而逸楚囚楚師宵潰

又曰入我河曲伐我涑川俘我王官翦我羈馬我是以有河曲之戰

又曰欒武子欲報楚韓獻子曰無庸使重其罪民將叛之無民孰戰

又曰晉楚遇於鄢陵范文子不欲戰郤至曰韓之戰惠公不振旅

又曰潘尫之子黨與養由基蹲甲而射之以示王曰君有二臣如此何憂於戰

又曰苗賁皇徇曰蒐乘補卒秣馬利兵脩陳固列蓐食申禱明日復戰乃逸楚囚

又曰智武子曰大勞未艾君子勞心小人勞力先王之制諸侯皆不欲戰乃許鄭成

又曰晉陽處父侵蔡楚子上救之與晉師夾泜而軍陽子患之使謂子上曰吾聞之文不犯順武不違敵子若欲戰則吾退舍子濟而陳遲速唯命

又曰宣子曰秦獲穿也獲一卿矣秦以勝歸我何以報乃皆出戰交綏

公羊傳曰己巳晉侯及楚戰城濮楚師敗績此大戰也

又曰詐戰不日此何以日（詐卒也齊人語也）

又曰晉人及秦伯戰于殽秦敗或曰襄公稱人何貶也君在殯而用師詐戰

又曰狐壤之戰隱公獲焉然則何以不言戰諱獲也

又曰齊侯衛侯鄭伯來戰于郎此偏戰也何以不言師敗績內不言戰乃敗績

又曰及鄭師伐宋丁未戰于宋戰不言伐何避嫌也惡乎嫌嫌與鄭人戰也此偏戰也何以不言師敗績內不言戰言戰乃敗績（與鄭人戰於宋地故舉伐以明之也）

家語曰齊國書伐魯（書齊卿也）季康子使冉求帥左師衛之樊遲為右季氏曰須也弱（須遲名弱幼也）有子曰能用命矣及齊師戰于郊未踰溝（前有溝衆不肯踰也）樊遲曰非不能也不信子也（言季孫德不素著不為民所信也）請三交而踰之（與衆要信三交而踰溝也）如之衆從之師入齊齊軍遁冉有用戈故能入焉孔子聞之曰義也（在軍能却敵合於義）既戰季孫問冉有曰子於戰學之乎性達之乎對曰學之季孫曰從事孔子惡乎學冉有曰即學於孔子也孔子者大聖兼該文武並用也適聞其戰法猶未之詳也季孫樊遲以告孔子子曰季孫於是乎可謂悅人之有能矣

又曰孔子曰黃帝服牛乘馬擾馴猛獸以與炎帝戰于阪泉之野

又曰子貢言志曰願得齊楚合戰於漭蕩之野埃塵連接挺刃交兵

國語曰申包胥曰夫戰智為始仁次之勇次之不智則不知人之極不仁則不共三軍饑勞之殃不勇則不能斷疑以發大計。戰國策曰魏太子自將過宋水黃徐子曰臣有百戰之術今太子自將攻齊大勝不過有魏而貴不益為王若不勝即墨世無魏矣此臣百勝之術也太子曰請從公言而還太子上車請還其御曰將出而還與敗者不如遂行乃與齊戰而死

史記曰黃帝教熊羆貔虎以與炎帝戰于阪泉之野（服虔曰阪泉地名皇甫謐曰在上谷）三戰然後得行其志蚩尤作亂不用帝命黃帝乃徵師諸侯與蚩尤戰於涿鹿之野（服虔曰涿鹿山名在涿郡張晏曰涿鹿在上谷）遂擒蚩尤（皇覽曰蚩尤冢在東平郡壽張縣闞鄉城中高七尺民常十月初祀之有赤氣出如疋絳）

帛名爲蚩尤旗

又曰卿子冠軍威振楚國名聞諸侯乃遣當陽君蒲將軍將卒（張晏曰率黥布）二萬人渡河救鉅鹿戰小利陳餘復請兵羽悉引兵渡河已渡皆沉船破釜甑燒廬舍持三日糧示士必死無還心於是至即圍秦將王離與秦軍遇九戰絶其甬道大破之虜王離當是時楚兵冠諸侯諸侯軍救鉅鹿者十餘壁皆莫敢縱兵及楚擊秦諸將皆從壁上觀楚戰士無不一當十楚兵呼聲動天地諸侯無不人人惴恐於是已破秦軍羽見諸侯入轅門（張晏曰軍行以車爲陣轅相向爲門曰轅門）無不膝行而前莫敢仰視羽於是始爲諸侯上將軍兵皆屬焉

又淮陰侯傳曰信云此謂驅市人而戰之其勢非置之死地使人人自爲戰今予之生地皆走寧尚可得而用之乎

又曰項王至東城乃有二十八騎漢騎追者數千人項王自度不得脱謂其騎曰吾起兵至今八年矣身七十餘戰所當者破所擊皆服未常敗北霸有天下今卒困於此天之亡我非戰之罪也今日固決死願爲諸君決戰

又商君傳曰鞅令行之十年秦民道不拾遺山無盜賊民勇於公戰怯於私鬬

又藺相如傳曰廉頗曰我爲趙將有攻城野戰之功而藺相如徒以口舌爲勞而位居我上

又曰秦人開關延敵九國之師遯逃追亡逐北伏尸百萬流血漂鹵（徐廣曰鹵楯也）

漢書曰漢王入彭城收羽美人貨賂置酒高會羽聞之令其將擊齊而自以精兵三萬人從魯出胡陵至蕭晨擊漢軍大戰彭城靈壁東（胡陵縣在彭城南）睢水上大破漢軍多殺士卒睢水爲之不流圍漢王三匝大風從西北起折木發屋揚

沙石晝晦楚軍大亂而漢王得與數十騎遁去過沛使求室家而室家亦已亡不相得漢王道逢孝惠魯元公主載行楚騎追急漢王推墮二子滕公下收載遂得脱

又張騫傳曰身毒國在大夏東南可數千里其俗土著與大夏同而卑濕暑熱其民乘象以戰

又叙傳曰述趙充國辛慶忌云兵家之策惟在不戰

又曰西南夷傳曰姑繒葉瑜復反遣水衡都尉呂辟胡將郡兵擊之（辟音壁）辟胡不進蠻夷遂殺益州太守乘勝與辟胡戰戰士乃溺水死者四千餘人復攻武威張掖酒泉燒民廬舍六年隴西太守孫羌擊破之

又曰蕭何功最盛封鄼侯所食邑最多功臣皆曰臣等被堅執鋭多者百餘戰少者數十合攻城略地大小各有差今何未嘗有汗馬之勞顧居臣上何也

又曰高帝末黥布反渡淮擊楚楚發兵與戰徐僮間楚三軍欲以相救爲奇兵或說楚將曰布善用兵人素畏之且兵法自戰其地爲散地今別爲三軍彼敗吾一軍餘皆走安能相救楚將不聽布果破其一軍二軍散走遂西與上兵遇蘄西大戰布軍敗走

又曰趙充國討先零羌久屯聚解弛覩見大軍棄輜重欲度湟水道阸狹充國徐行驅之或曰逐利行遲充國曰此窮寇不可迫也緩之則走不顧急之則還致死諸將校皆曰善虜果赴水溺死者數百於是破之

又司馬遷傳報任少師書云又不能拾遺補闕招賢進能顯巖穴之士又不能備行伍攻城野戰有斬將搴旗之功

太平御覽卷第三百八

太平御覽卷第三百九

兵部四十

戰中

後漢書曰吳漢討公孫述乃進軍攻廣都拔之光武戒漢曰成都十餘萬衆不可輕也但堅據廣都待其來攻勿與爭鋒若不敢來公轉營迫之須其力疲乃可擊也漢乘利遂自將步騎二萬餘進逼成都去城十餘里阻江北爲營作浮橋使副將劉尚將萬餘人屯於江南相去二十餘里帝聞大驚使讓漢曰公既輕敵深入又與尚別營事有緩急不復相及賊若出兵綴公而大衆攻尚尚破公即破矣急引兵還廣都詔書未到述果使其將謝豐袁吉攻漢使別將攻尚漢敗入壁豐圍之漢乃召諸將勵之曰今與劉尚二處受圍勢既不接其禍難量欲潛師就尚於江南并兵

禦之若能同心一力人自爲戰大功可立如其不然敗必無餘成敗之機在此舉也於是饗士秣馬閉營三日不出乃多掛幡旗使煙火不絕夜銜枚引兵與尚合軍豐等不覺明日分兵拒水北自將攻江南漢悉兵迎戰自晨至晡遂大破之斬謝豐袁吉獲甲首五千餘級於是引還廣都尚拒述帝報曰公還廣都甚得其宜述必不敢畧尚而擊公也（畧猶過也）若先攻尚公從廣都五十里悉步騎赴之適當值其疲困破之必矣自是漢與述戰於廣都之間八戰八克

又曰涼州賊王國圍陳倉不拔而去皇甫嵩進兵擊之董卓曰不可兵法窮寇勿追歸衆勿追今我追國是追歸衆追窮寇也困獸猶鬬蜂蠆有毒況大衆乎嵩曰不然前吾不擊避其鋭也今而擊之待其衰也所擊疲師非歸衆也國衆且走莫有鬬志以整擊亂非窮寇也遂獨進擊之使卓爲後拒連戰大破斬首萬餘級國走而死

又曰曹操擊陶謙還過拔取睢陵夏丘皆屠之殺男女數十萬人雞犬無餘泗水爲之不流

又曰廉范遷雲中太守會匈奴大入塞烽火日通故事虜入過五千人移書傍郡吏欲傳檄求救范不聽自率士卒拒之范兵不敵乃令軍中蓐食晨往赴之斬首數百級

續漢書曰耿弇字伯昭扶風人少學詩禮見郡督尉試騎士建旗鼓肆馳騁由是心善將率後上聞弇爲張步所攻欲自往陳俊曰步兵盛可且閉營待上至弇曰上且到臣子當擊牛釃酒以待百官反欲以賊虜遺君父耶遂合戰破之

蜀志曰夏侯淵敗曹公爭漢中地運米北山下數千萬囊

黃忠以爲可取趙雲遣兵隨忠取米雲將數十人輕行出圍行視忠等值曹公揚兵大出雲勢逼且鬬且却入營更大開門偃旗鼓公軍至疑有伏兵雲雷鼓於後射公公軍驚駭自相蹂踐墮漢水死者甚多先主明旦自來至雲營圍視昨戰處曰子龍一身都爲膽（雲字子龍也）作樂飲宴至暝

晉中興書曰桓溫步騎四萬自江陵向關中伐僞立荆州刺史郭敬進擊青泥皆破之至于灞上戎首多降居民皆壺漿路側耆老或泣曰不圖今日復見官軍兵師將旋以五千人守長安小城時運道艱難而關中大飢溫率衆還詔遣侍中黄門慰勞於襄陽犒軍十一年溫進征討大都督司冀諸軍事委以專征之任溫乃合衆治兵七月率衆伐羌十月溫次伊水羌師姚襄來逆軍屯于北遣使詣溫奉身歸命願勑前鋒小却當拜伏路左溫荅曰我自脩復

中原展敬山陵無豫君事欲來相迫何復求却於是方軌齊進褒率驍勇萬餘人距水前戰温命小弟沖及諸將奮擊褒大敗奔北自相殺害死者數千越北芒而奔走温屯故太極殿前賊周成率衆降温從入金墉謁先帝諸陵被侵毀者皆繕復之還陵令守護

又曰謝玄進號冠軍將軍加領徐州刺史還于廣陵以功封東興縣侯八年玄至符堅傾國大出衆號百萬先遣符融慕容暐張蚝符方四師至潁口梁成王先等守洛澗詔加衛將軍安爲征討大都督玄爲前鋒都督徐兖青三州楊州之晉陵幽州之燕國諸軍事與叔父征虜將軍石從弟輔國將軍琰西中郎將桓伊龍驤將軍玄等拒之衆凡八萬玄先遣廣陵劉牢之五千人直指洛澗卽斬梁成及成第雲步騎崩潰爭赴淮水斬首萬級生擒五千餘人十月符融進屯壽陽玄與琰等選精鋭八千人決戰肥水南臨陣斬符融俘獲萬計得僞輦及雲母車其餘寶器山積錦罽數萬端牛馬驢騾駱駝十萬疋

又曰符堅率衆五十萬向壽春謂融曰晉人若知朕來便一時還南固守長江雖百萬之衆無所用之今祕吾來令彼不知彼顧江東在此必當戰若其潰敗求守長江不復可得則吾事濟矣乃秘不言堅自來於是以小將旗列屯肥北晉征虜將軍謝石冠軍將軍謝玄輔國將軍謝琰西中郎將桓伊等並阻水南一時涉渡肥水融曰及其未成列擊之必克也堅曰不然我長於步彼便於水今捨步入水是以所短擊其所長非良策矣可須彼過水一時擊之彼既背水進退無術乃可盡殺然後船舫渡江直指會稽觀禹朝萬國之處不亦樂乎列陣以待晉軍晉軍既濟戰于肥北堅被重瘡三軍潰亂堅馳還長安

晉書曰劉毅泝江追桓玄戰於峥嶸洲于時官軍數千玄兵甚盛而玄懼有敗衂常漾輕舸於舫側故其衆莫有鬬心官軍乘風縱火盡鋭爭先玄衆大潰

又曰將軍王敦反兵至石頭欲攻晉將劉隗（五罪切）其將杜弘曰劉隗死士衆多未易可剋不如石頭其守將周禮少恩兵不爲之用必敗禮敗隗自走敦從之禮果開城門納弘諸將與敦戰晉師大敗

又曰前秦符堅率兵來伐晉將軍謝石謝玄拒之堅遣其尚書朱序說石等以衆盛欲脅而降之序謂石曰若秦百萬之衆皆至則莫可以敵也及其衆未集宜在速戰若挫其前鋒可以得志晉將遣使請戰許之堅師列陣逼肥水晉師不得度晉將使謂堅將符融曰君懸軍深入置陣逼水此持久之計豈欲戰者乎若小退師令將士周旋僕與君公緩轡而觀之不亦美也堅衆皆曰宜阻水莫令得上我衆彼寡勢必萬全堅曰但却軍令得過我以鐵騎向水逼而殺之不然因其濟水而覆之於是麾軍却陣軍遂奔退制之不可止玄以八千精卒度肥逼之融馳騎略陣馬倒被殺軍遂大敗晉師乘勝追擊死者相枕堅爲流矢所中單騎遁走

又慕容超載記曰於是賀賴盧公孫五樓爲地道出戰王師不利

崔鴻十六國春秋曰前秦符堅遣將呂光領兵伐龜兹光軍其城南五里爲營深溝高壘廣設疑兵以木爲人被之以甲羅之壘上龜兹王帛純嬰城自守乃傾國財寶請諸國來救温宿尉頭等國王合七十餘萬衆以救之胡便弓馬善

矛矟鎧如連鏁射不可入衆甚憚之諸將咸欲每營結陣
按兵以拒之光曰彼衆我寡衆營又相遠勢分力散非良
策也於是遷營相接陣爲勾鏁之法精騎爲遊軍彌縫其
闕戰于城西大敗之純遁走王侯降者三十餘國
又曰西魏末東魏遣將侯景高敖曹等圍西魏將獨孤信
於洛陽東魏大將齊神武繼後西魏大將周文帝率軍救
信進軍瀍東景等夜解圍去及晨周文率輕騎追之至於
河上景等北據河橋南屬邙山爲陣與諸軍合戰周文馬
中流矢驚逸遂失之因此軍中擾亂都督李穆下馬授周
文帝以復振於是大捷斬高敖曹虜其甲士万五千赴河
死者以萬數是日置陣旣大首尾懸遠從辰至未戰數十
合氛霧四塞莫能相知獨孤信李遠居右趙貴怡峯居左
戰並不利又不知周文所在皆棄其卒先歸開府唐公等爲

後軍遇信等退卽與俱還由是乃班師洛陽亦失守大軍
至弘農守將皆已棄城西走
又曰後魏末賊莫折後熾所在寇掠州人李賢率鄉兵與
涇州刺史史寧討之後熾列陣以待賢謂寧曰賊聚結歲
久徒衆甚多數州之人皆爲其用我若揔爲一陣併力擊
之彼旣同惡相濟理必揔萃於我勢旣不分衆寡莫敵我
便救首尾無以制之今若令諸軍分爲數陣多設旗鼓掎
角而前以脅諸柵以別統精兵直指後熾按甲而待莫與
交鋒後熾欲前則懼我疑兵令其進不得戰退不得走以
俟其懈擊之必破後熾一敗則衆柵不攻自拔矣寧不從
屢戰頻北賢乃率數百騎徑入後熾營收其妻子僮隸五
百餘人并輜重等屬後熾與寧戰勝方欲追奔忽與賢遇
乃棄寧與賢接戰賊遂大敗後熾單騎遁走

北史曰後魏孝文南伐齊齊將陳顯達率衆拒戰元嵩身備
三仗免胄直前勇冠三軍將士從之顯達奔潰帝大悅曰
任城康王大有德福文武頓出其門以功賜爵高平縣侯
後周書曰天和六年宇文憲帥衆二萬出自龍門齊將新
蔡王康德以憲兵至潛軍宵遁憲乃西歸仍掘移汾水水
南堡復入於齊齊人謂略不及遠遂弛邊備憲乃渡河攻其
伏龍等四城二日盡拔又進攻張壁克之獲其軍實夷其
城壘斛律明月時在華谷不能救之乃北攻姚襄城陷之
時汾州又見圍日久糧援路絕憲遣柱國宇文盛運粟以
饋之憲自入兩乳谷襲克齊柏杜城進軍姚襄齊人嬰城
固守以爲汾州之援齊平原王段孝先蘭陵王高長恭引
兵大至憲命將士陣而待之大將軍韓歡爲齊人所乘遂
以奔退憲身自督戰齊衆稍却會日暮乃各收軍

又曰齊神武遂度河逼華州刺史王羆嚴守知不可攻涉
洛軍於許原西太祖據渭南徵諸州兵皆會乃占諸將謂
之曰高歡越山度河遠來至此天亡之時也吾欲擊之何
如諸將咸以衆寡不敵請待歡更西以見其勢太祖曰歡
若得至咸陽人情轉騷擾今及其新至便可擊之卽造浮
橋於渭令軍人齎三日糧輕騎度渭輜重自渭南夾渭而
西冬十月壬辰至沙苑距齊神武軍六十餘里齊神武聞
太祖至引軍來會癸巳旦候騎告齊神武軍且至望太祖
軍少競馳而進不爲行列揔萃於左軍兵將交太祖鳴鼓
士皆奮起于謹等六軍與之合戰李弼等率鐵騎橫擊之
絕其軍爲二遂大破之斬六千餘級臨陣降者二萬餘人
通典曰後周末隋文帝作相輔少主相州揔管尉遲迥舉
兵不從隋文遣將韋孝寬討之迥男惇率衆十萬入武德

軍於沁東拒之與孝寬隔水相持乃布兵二十餘里麾軍
小却欲待孝寬軍半度而擊之孝寬因其却乃鳴鼓齊進
惇遂大敗
又曰後周末隋文帝遣將韋孝寬率兵討尉遲迥於相州
軍進至州迥悉出其卒十三萬陣於城南迥舊習軍旅雖
老猶被甲臨陣其麾下三千兵皆關中人爲之力戰孝寬
等軍失利而却鄴中士女觀者如堵高熲與李詢乃整陣
先犯觀者因其擾而乘之迥衆大敗遂拔其城
又曰後漢末曹公征張魯於漢中使張遼與樂進李典等
將千餘人守合肥教與護軍薛悌署邊曰賊至乃發俄而
吳主孫權率十萬衆圍合肥乃共發教教云若權至者張
李將軍出戰樂將軍守護軍勿得與戰諸將皆疑遼曰公
征在外比救至敗我必矣是以教及其未合逆擊之折其

盛勢以安衆心然後可守成敗之機在此一戰諸君何疑
李典亦與遼同於是遼夜募敢死之士得八百人椎牛饗
將士明日大戰平旦遼被甲持戟先登陷陣殺數十人斬
二將大呼自若衝壘入至權麾下權大驚衆不知所爲走
登高塚以長戟自守權不敢動遥見所將衆少乃聚圍遼
遼左右麾圍直前急擊圍開遼將麾下數十人得出餘衆
號呼曰將軍棄我乎遼復還突圍拔出餘衆權人馬皆披
靡（披疋靡反）無敢當者自朝戰至日中吳人奪氣還脩守備衆
心乃安諸將咸服權攻合肥十餘日城不可拔乃引退遼率諸
軍追擊之幾復獲權（孫盛曰夫兵固詭道奇正相資若鄭師不知則弃師之道也至於合肥之守懸弱無援專任勇若則好戰生患專任怯者則懼心難保且彼衆我寡必懷貪墮以致命之兵擊貪墮之卒其勢必勝勝而後守則必固是以魏武推選武力參以周同異爲之密教直其用事至是而應若合符契妙矣）
北齊書曰慕容紹宗與侯景戰於渦陽大破景軍溺死於
渦水水未爲流景走淮南

太平御覽卷第三百九

太平御覽卷第三百一十

兵部四十一

戰下　戰不顧親　戰傷

戰下

後周書梁臺傳曰時大軍圍洛陽久而不拔齊騎奄至齊公憲率兵禦之乃有數人爲敵所執巳去陣二百餘步臺望見之憤怒單馬突入射殺兩人敵皆披靡執者遂得齊公憲每歎曰梁臺果毅膽決不可及也

又曰田弘討西平及羌及鳳州叛兵等並破之弘每臨陣摧鋒直前身被一百餘箭破骨者九馬被十矟朝廷壯之

又曰李標字靈傑長不盈五尺性果決有膽氣少事尒朱氏累遷右將軍魏孝武以標從爲太祖帳內都督從復弘農破沙苑標時跨馬運矛衝堅陷陣隱身披甲之中敵人見之皆曰避此小兒太祖初亦聞標驍悍未見其能至是方嗟歎之謂標曰但使膽決如此何必要須八尺之軀也

又曰賀若敦太祖時群盜蜂起各據山谷大龜山賊張世顯潛來襲統敦挺身赴戰手斬七八賊乃退走父統大悅謂左右僚屬曰我少從軍旅戰陣非一如此兒年時膽略者未見其人非唯成我門户亦當爲國名將

又曰王雅從戰邙山時大軍不利爲敵所乘諸將皆引退雅獨迴騎拒之敵人見其無繼步騎競進左右奮擊頻斬九級敵衆稍却雅乃還軍太祖歎曰王雅舉身悉是膽也

又曰蔡祐字承先從太祖戰於河橋祐乃下馬步鬬手殺數人左右勸乘馬以備急卒祐怒之曰丞相養我如子今日豈以性命爲念遂率左右十餘人齊聲大呼殺傷甚多敵以其無繼遂圍之十餘重謂祐曰觀君似是勇士但弛甲來降豈慮無富貴耶祐罵之曰死卒吾今取頭自當封公何假賊之官號也乃彎弓持滿四面拒之東魏人弗敢逼乃募厚甲長刀者直進取祐去祐可三十步左右勸射之祐曰吾曹性命在一矢耳豈虛發哉敵人漸進可十步祐乃射之正中其面應弦而倒便以矟刺殺之因此戰數合唯失一人敵乃稍却祐徐引退是戰也我軍不利太祖已還華弘農夜中與太祖相見祐至字之曰承先尒來吾無憂矣太祖心驚不得寢枕祐股上乃安

又曰王雄從晉公護東征至邙山與齊將斛律明月接戰雄馳殺三人明月退走雄追之明月左右皆散矢又盡唯餘一奴一矢在焉雄案矟不及明月者丈餘曰惜尒不殺得但佳將尒見天子明月反射雄中額雄馬退走至營而薨

又曰耿豪本名令貴沙苑之戰豪殺傷甚多血染甲裳盡赤太祖見之歎曰令貴武猛所向無前觀其甲裳足以爲驗不須更論級數也

又曰王勇從討趙青雀平之論功居最除衛大將軍邠州刺史加通直散騎常侍兼太子武衛邙山之戰勇率敢死之士三百人並執短兵大呼直進出入衝擊殺傷甚多敵人無敢當者是役也大軍不利唯勇及王文達耿令貴三人力戰皆有殊功太祖於是賞帛二千疋令自分之軍皆拜上州刺史以雍州岐州北雍州擬授勇等然州頗有優劣又令探籌取之勇遂得雍州文達得岐州令貴得北雍州仍賜勇名爲勇令貴名豪文達名傑以彰其功

又曰耿豪從太祖戰於邙山豪謂所部曰大丈夫見賊須右手拔刀左手把矟直斫慎莫皺眉畏死遂大呼獨入敵

人鋒刃亂下當時咸謂豪殘俄然奮刃而還戰數合當豪
前者死傷相繼又謂左右曰吾豈樂殺人但壯士除賊不
得不介若不能殺賊又不爲人所傷何異逐坐人也太祖
嘉之拜北雍州刺史
隋書曰突厥入寇隋將楊素擊之先是諸將與虜戰每慮
胡騎奔突皆戎車步騎相參㚒鹿角爲方陣騎在其內素
謂之曰此乃自固之道非取勝之方也於是悉除舊法令
諸軍爲騎陣突厥達頭可汗聞之大喜率精騎十餘萬而
至素奮擊大破之素多權略乗機赴敵應變無方然大抵
馭戎嚴整有犯軍令者立斬之無所寬貸每將臨寇求人
過失而斬人多者萬餘人少不下千數流血盈前言笑自
若及其對陣先令三百人赴敵陷陣則已如不能陷陣而
還者無問多少悉斬之又令二三百人復進還如向法將

士股慄有必死之心由是戰無不勝時稱名將
又曰張須陁將兵拒東郡賊翟讓前後三十餘戰每破走
之轉滎陽守時李密說讓取洛口倉讓憚須陁不敢進密
勸之讓遂與密率兵逼滎陽須陁拒之讓懼而退須陁乗
之逐北十餘里時李密先伏數千人於林木間邀擊須陁
軍遂敗績密與讓合軍圍之須陁潰圍輙出左右不能盡
出復躍馬入救之往來數四衆皆散乃仰天曰兵敗如此
何面見天子乎乃下馬戰死時年五十二其所部兵晝夜
號泣數日不止
又曰麥鐵杖遼東之役將渡遼謂其三子曰阿奴當備淺
色黄衫吾荷國恩今是死日我既被殺介當富貴唯誠與
孝介其勉之及濟橋未成去東岸尚數丈賊大至鐵杖跳
上岸與賊戰死武賁郎將錢士雄孟金又亦死之左右更

無及者帝爲之流涕購得其屍
又曰權襲慶仕周從武元皇帝與齊師戰於并州被圍百
餘重襲慶力戰矢盡短兵相接殺傷甚衆於是刀矟皆折
脫冑擲地向賊大罵曰何不來斫頭也賊遂殺之
又曰高智惠作亂江南史萬歲以行軍揔管從楊素擊之
萬歲率衆二千自東陽别道而進踰嶺越海攻陷溪洞不
可勝數前後七百餘戰轉鬬千餘里寂無聲聞者十旬遠
近皆以萬歲爲没萬歲以水陸阻絶信使不通乃置書竹
筒中浮之於水汲者得之以言於素素大悅上其事高祖嗟
歎又曰宇文慶從周武帝攻河陰先登攀堞與賊短兵接
戰良久中石迺墜絶而後蘇帝勞之曰卿之餘勇可以賈
人也復從武帝拔晉州其後齊師大至慶與宇文憲輕騎
覘卒與賊相遇爲賊所窘憲挺身而遁慶退據汾橋衆賊

爭進慶引弓射之所中人馬必倒賊乃稍却及破高緯拔
高辟克并州下信都擒高諧功並居最○唐書曰高祖爲
山西河東撫尉大使至龍門縣有賊毋端兒衆數千人奄
至城下時諸軍無備爲賊所乗高祖親率十餘騎横出擊
之所射應弦而倒賊大潰逐北數十里伏屍相繼於道時
高祖射七十發明日斬首築爲京觀於屍上盡得所射箭
其妙如此
又曰至德中宜春郡太守劉秋子率士卒攻賊兵盡矢窮
秋子張空拳大呼於軍前死戰而勝詔嘉其忠勇授淮陽
太守
又曰白孝德胡人也驍悍有膽力乾元中李光弼爲偏裨
史思明攻河陽使騎將劉龍仙率鐵騎五十臨河挑戰龍
仙勇捷自恃舉右足加馬鬣上手運兩矢嫚罵光弼登城

望之諸將皆侍顧曰孰可取者僕固懷恩前請行光弼曰此非大將所爲歷選其次無可於是左右竊議曰孝德可光弼聞之乃招孝德前問可得乎孝德曰得光弼問所加幾何人而可曰獨往則可加人不可光弼曰壯哉終問所欲對曰願備五十騎於壁門候既入然後進及諸大軍鼓譟以借威他無所用光弼撫其背以遣孝德挾二矛策馬截流而渡半濟而懷恩賀曰克矣光弼曰未及何知其克懷恩曰觀其攬轡便辟可萬全者龍仙始見其獨來甚易之足不降騣稍近將動孝德搖手示之若使其不動然龍仙不測又止孝德呼太尉使予致辭非他龍仙去三十步與之言褻罵如初孝德息馬伺便久之因瞋目曰賊識我乎龍仙曰誰曰我國之大將白孝德龍仙曰是豬狗乎孝德發聲虓然執矛突前城上萬鼓齊噪五十騎以繼進龍仙矢不

及發環走堤上孝德以疋馬逐之胡騎五十皆披靡若猛犬之獵群狐也遂斬之提首而歸

又曰王難得試衛尉卿至鳳翔爲都知兵馬使兼興平軍事嘗有裨將斬元曜當合戰墮馬呼難得難得俯馬救之賊射難得中眉皮穿下蔽目難得乃拔去箭并皮掣棄之勇冠三軍由是士衆多附之

五代周史曰王郱遷奉國右廂都指揮使漢祖受命從征杜重威於鄴下郱與劉詞皆率先力戰矢中於首久之出折鏃於口中以是漢祖嘉之

三國典略曰茹茹寇肆齊王自晉陽討之虜騎散走大軍遂還齊主率二千餘騎爲殿夜宿黄爪堆茹茹別部數萬騎扣鞍而進四面圍逼麾下齊主安卧平明方起神色自若指畫軍形潰圍而出虜騎追擊之伏尸二十里獲奄羅辰妻子生口三萬餘令都督高阿那肱率騎數千塞其走道那肱以兵少請益齊主更減其半那肱騎奮擊亦大剋捷

戰不顧親

史記曰項王爲高俎置太公其上告漢王曰今不急下吾烹太公漢王曰吾與項羽俱北面受懷王約爲兄弟吾翁即迺翁必欲烹而翁即幸分我一杯羹項王怒欲烹之項伯曰天下事未可知且爲天下者不顧家雖殺之無益祗益禍耳項王從之

後漢書曰邳彤字偉君世祖拜爲後將軍常從戰攻信都復反爲王郎所置信都王捕繫彤父弟及妻子使爲手書呼彤曰降者封爵不降者族滅彤涕泣報曰事君者不得顧家彤親屬所以至今得安於信都者劉公之恩公方爭國事彤不得復念私也會更始所遣將攻拔信都王郎兵

敗走彤家得免

又曰世祖遣宗正劉延攻天井關與上黨太守田邑連戰十餘合延不得進邑迎母弟妻子爲延所獲馮衍乃遺邑書邑報書曰僕雖駑怯亦欲爲人者也豈苟貪生而畏死哉聞老母諸弟見執於軍而邑安然不顧者豈非重其節乎若使人居天地壽如金石要長生而避死地可也今百年之期未有能至老壯之間相去幾何誠使故朝尚在忠義可云雖老親受戮妻兒横分邑之願也

又曰趙苞字威豪遷遼西太守到官遣使迎母及妻子垂當到郡道經柳城值鮮卑萬餘人入塞寇鈔苞母及妻子遂爲所刼質載以刼郡苞率步騎二萬與賊對陣賊出母以視苞苞悲號謂母曰爲子無狀欲與微禄奉養朝夕不

圖爲母作禍昔爲母子今爲人臣義不得顧私恩毀忠節唯當萬死無以塞罪母遥謂曰威豪人各有命何得相顧以虧忠義尒其勉之苞即時進戰敗之其母妻皆爲所害

東觀漢記曰孔奮爲武都郡丞時在郡爲隗囂餘黨所攻殺太守得奮妻子奮追賊賊推奮妻子於軍前奮年五十唯有一子不顧遂擒賊而其子見屠帝嘉其忠遷武都太守

九州春秋曰初清河李雍以鄃叛袁紹而降公孫瓚遣兵衛之紹遣朱靈攻之靈家在城中瓚以靈母弟置城上誘呼靈靈望城上泣曰丈夫一出身與人豈復顧家耶戰遂拔之生擒雍而靈家皆死（靈字文博）

蜀志曰姜維與母相失（孫盛雜記曰姜維得母書并求當歸維曰良田百頃不在一畝但有遠志不見當歸）

續帝王世紀曰晉師度峴慕容超使拒之聞晉兵盛自將四萬繼之及晉人戰於臨朐燕兵大敗超單馬奔入城八月將封融自河北奔晉師使詔誘城內超怒縛其母懸諸城上融曰姜維有言良田百頃不在一畝

梁書曰羊侃長子鷟爲侯景所獲執來城下示侃侃謂曰我傾宗報主猶恨不足豈得計此一子幸尒早能殺之數日復持來侃謂鷟曰久以汝爲死猶在耶吾以身許國誓死行陣終不以汝而生進退因引弓射之賊感其忠義亦不害也

覽三百十　七　王慶

戰傷

左傳曰齊晉將戰郤克傷於矢流血及屨未絶鼓音

魏書曰孫觀還青州刺史從征孫權於濡須口爲流矢所中穿左足力戰不顧太祖勞之曰將軍被瘡深重而猛氣益奮及瘡甚遂卒

魏志曰諸葛亮出祁連山詔張郃督諸軍至雒陽還保祁連山郃追至木門與亮軍交戰飛矢中郃右膝薨

又曰夏侯惇字元讓太祖自徐州還惇從征呂布爲流矢所中傷左目

又曰公到宛張繡降既而悔之復反公與戰軍敗爲流矢所中（魏書曰公所乘馬名絶影爲流矢所中傷頰及足并中公右臂）

蜀志曰先主進圍雒縣龐統率衆攻城爲流矢所中卒

三國典略曰陳蒨安都引兵破留異成州刺史韓子卑單馬入陣傷項之左一髻半落安都爲流矢所中血流至踝乘輿車容止不變

北史曰彭樂天平四年從神武西討與周文相拒神武欲緩持之樂氣奮請決戰曰我衆賊少不可失也神武從之樂因醉入深被刺腸出内之不盡截去復戰身被數瘡軍勢遂挫不利而還神武每追論以戒之

覽三百十　八　王慶

後周書曰河橋之戰王思政下馬用長矟左右橫擊挌數人時陷陣既深從者死盡思政被重創悶絶會日暮敵亦收軍思政久經軍旅每戰唯着破弊甲敵疑非將帥故免有帳下督雷五安於戰處哭求思政會其已蘇遂相得乃割衣裹創扶思政上馬夜久方得還仍鎮弘農思政以玉壁地在險要請築城即自營度移鎮之遷并州刺史仍鎮玉壁

又曰韋法保每與敵人交兵每身先士卒單馬陷陣是以戰必被傷嘗至關南與東魏人戰流矢中頸從口中出當時氣絶輿至營久之乃蘇

又曰李弼從太祖與齊戰於河橋弼深入陷陣身被七創遂爲所獲弼佯殞絶於地守者稍解弼睨傍有馬因躍上

西馳得免

隋書曰開皇三年突厥兼護及潘那可汗衆十餘萬寇掠南詔以達奚長儒爲行軍摠管率衆二千擊之遇於周槃衆寡不敵軍中大懼長儒慷慨神色愈烈爲虜所衝突厥散而復聚且戰且行轉鬬三日五兵咸盡士卒以拳毆之手皆見骨殺傷萬計虜氣稍奪於是解去長儒身被五瘡通中者二其戰士死傷者十八九突厥本欲大掠秦隴既逢長儒兵皆力戰虜意大沮明日於戰處焚屍慟哭而去

太平御覽卷第三百一十

太平御覽卷第三百一十一

兵部四十二

請戰　挑戰　決戰上

請戰

左傳曰帥師以來困敵是求敵至不擊將何俟矣

又曰晉師至于靡笄之下齊侯使請戰

又曰子玉使伯棼請戰曰非敢必有功也願以間執讒慝之口

又曰晉侯逆秦師使韓簡視師（韓簡晉大夫韓萬之孫）復曰師少於我鬭士倍於我公曰何故對曰出因其資（謂奔梁求秦也）入用其寵（為秦所納）饑食其粟三施而無報是以來也今又擊之我怠秦奮倍猶未也公曰一夫不可狃況國乎（狃忕也言一夫猶忕不可況國乎）遂使請戰曰寡人不佞能合其衆而不能離也君若不還無所逃命秦伯使公孫枝對曰君之未入寡人懼之入而未定列猶吾憂也苟列定矣敢不承命

又曰子玉使鬬勃請戰曰請與君之士戲君憑軾而觀之得臣與寓目焉晉侯使欒枝對曰煩夫子謂二三子戒爾車乘敬爾軍事詰朝將見

穀梁曰請一戰不克請再再不克請三三不克請四四不克請五五不克舉國而授於是而與之盟

史記楚世家曰六年秦使白起伐韓於伊闕大勝斬首二十四萬秦乃與楚王書曰楚倍秦秦且率諸侯伐楚爭一旦之命願王之飭士卒得一樂戰楚頃襄王患之乃謀與秦平

後漢書王霸傳曰霸軍中壯士路潤等數十人斷髮請戰

挑戰

孫子曰忿速可侮（忿疾之人可忿怒而致死忿速易怒者也）主不可以怒而興軍（人主聚衆興軍）將不可以慍而致戰合於利而用不合於利而止（以道理勝負之計不可以己之私忿舉兵則以兼不可以慍恚之故而合戰也）怒而可以復喜慍而可以復悅亡國不可以復存死者不可以復生（主怒興兵伐人無素謀明計則破亡矣將慍而鬬倉卒而合戰所傷殺必多怒慍復可以悅喜言亡國不可復存死不可復生言當慎之也）故曰明王慎之良將儆之此安危之道也（儆戒也）

請挑戰

左傳曰趙旃求卿未得且怒於失楚之致師者請挑戰弗許請召盟許之

左傳曰楚許伯御樂伯攝叔為右以致晉師許伯曰吾聞致師者御靡旌摩壘而還（靡旌驅馳近也）樂伯曰吾聞致師者代御執轡御下兩馬掉鞅而還攝叔曰吾聞致師者右入壘折馘（截耳也）執俘而還皆行所聞而復晉人逐之左右角之樂伯左射馬而右射人角不能進矢一而已麋興於前射麋麗龜

戰國策曰魏武侯問吳起曰兩軍相當不知其將欲擊何如起曰令賤而勇者將而擊鋭交合而北告而勿罰觀敵進取一來一起其政以理奔北不追見利不取此將有謀若其衆追北旗幟雜亂自止自行或縱或橫貪利務得凡若此類將令不行

史記曰吳世家曰夏吳伐越越子勾踐迎擊之雋李（賈逵曰越地也）越使死士挑戰三行造吳師自剄（左傳曰使罪人三行屬劍於頸）吳師觀之因伐吳敗之姑蘇

又曰漢王項羽相與臨廣武間而語項羽欲與漢王獨身挑戰漢王數項羽十罪大怒伏弩射中王胸漢王捫足曰虜中吾指

又曰王翦代李信擊荊荊兵數挑戰終不出久之翦使人

問軍中戲乎曰方投石超距蠡曰士卒可用矣
漢書曰項羽使人謂漢王曰天下匈匈以吾兩人願與王挑戰決雌雄無徒罷天下父子爲漢王笑謝曰吾寧鬬智不鬬力羽令壯士出挑戰三合樓煩輒射殺之羽大怒自被甲挑戰樓煩欲射羽瞋目叱之樓煩目不能視手不能發走還入壁不敢復出漢王使問之迺羽漢王大驚
又曰楚漢相持彭城數絶楚糧道項羽欲討越謂其將曹咎曰謹守成皋即漢欲挑戰慎勿與戰無令得東我十五日必誅彭越定梁地漢果數挑戰楚軍不出使人辱之五六日曹咎怒度兵汜水漢擊之大破楚軍盡得楚國貨賂曹咎自剄汜水上
後漢書曰張堪爲謁者使送委輸縑帛并領騎七千疋詣大司馬吳漢代公孫述在道追拜蜀郡太守時漢軍餘七日糧陰具船欲遁去堪聞之馳往見漢說述必敗不宜退師之策漢從之乃示弱挑敵果自出戰死城下

又曰王霸討蘇茂賊聚衆挑戰霸堅不出方饗士作倡樂茂雨射營中中霸前酒樽安坐不動軍吏皆曰茂前日已破今易擊也霸曰不然蘇茂客兵遠來糧食不足故數挑戰以徼一切之勝（徼要也一切權時也）令閉營休士所謂不戰而屈人之兵善之善者也茂既不得戰乃引還營
又曰董憲叛馬成拜揚武將軍發會稽丹陽九江六安四郡兵擊憲進圍憲於野令諸軍各深溝高壘憲數挑戰成堅壁不出守之歲餘至六年春城中食盡乃攻之遂屠舒斬憲
魏志曰公西征馬超進軍度渭超等數挑戰不許公乃剋日會戰先以輕兵挑之戰良久乃縱虎騎夾擊大破之

魏氏春秋曰諸葛亮遺司馬宣王因挑戰致巾幗婦人之飾以怒宣王
魏略曰太祖在漢中而劉備栖於山領使劉封下挑戰太祖罵曰賣履舍長使假子拒汝公乎呼我黄鬚兒來令擊之乃召曹彰晨夜進道西到長安而太祖已還
崔鴻十六國春秋曰姚襄據黄落前秦苻堅遣將黄眉鄧羌等率步騎討之襄深溝高壘固守不戰鄧羌說黄眉曰傷弓之鳥落於虛發襄頻爲晉將桓張平所敗銳氣喪矣今固壘不戰是窮寇也襄性剛很易以剛動若長驅鼓行且壓其壘襄必忿而出師可一戰擒也黄眉從之遣羌追騎三千軍於襄壘果怒盡銳出戰羌僞不勝引騎而退襄追至于三原羌迴騎拒襄俄而黄眉至大戰斬之盡俘其衆
宋書曰沈攸之反自江陵舉兵東下分兵出夏口據魯山攸之既至郢以郢城弱小足攻（宋郢州今江夏郡）遣人告郢州守將柳世崇曰被太后令當暫還都卿既相與奉國想得此意世崇答曰東下之師久承聲問郢城小鎮自守而已攸之將去世崇遣軍於西渚挑戰攸之果怒令諸軍登岸燒郭邑築長圍攻之世崇隨宜拒應衆皆披却攸之軍因之敗潰

隋書曰陳茂從高祖與齊師戰於晉州賊甚盛高祖將挑戰茂固止不得因捉馬鞚高祖怒之拔刀斫其額流血被面詞氣不撓高祖感而謝之厚加禮敬
又曰竇榮定之擊突厥也史萬歲詣轅門請自効榮定素聞其名見而大悅因遣人謂突厥曰士卒何罪過令殺之但當各遣一壯士決勝負耳突厥許諾因遣一騎挑戰榮定遣萬歲出應之萬歲馳斬其首而還突厥大驚不敢復

戰遂引軍而去

唐書曰高祖初起師次霍邑隋將宋老生拒之上謂諸將曰老生若嬰城自守當即攻之主客勢懸卒難致力其計若何太宗進曰老生勇而無謀請以輕兵挑之必出戰則成擒矣從之太宗以數騎詣其城下舉鞭指麾若將圍城者老生果怒開門出兵太宗馳白高祖曰事諧矣高祖因謂隴西公建成曰汝看兩陣將交引左軍直趨東門命太宗引右軍直趨南門以斷其歸路老生之軍背城而陣高祖以中軍與建成合陣於城東太宗及柴紹陣於城南老生麾兵疾進先薄高祖而建成墜馬老生乘之中軍與左軍咸却太宗自南原遥見塵起知義師退率二百騎馳下峻坂殺一賊將遂衝斷其軍出于陣後表裏齊譟響若崩山隋師大潰各捨杖而走懸門發老生不得入城乃棄馬投

塹甲士斬之致其首於麾下流血數里僵死屍相枕四面乘勝進薄其城時無攻具士卒緣稍而上一時攀堞無敵當者遂平霍邑撫其餘衆而用之

又曰杜伏威既敗隋師煬帝又遣將軍陳稜討之稜不敢戰伏威知其怯懦因遺稜婦人之服以激怒之稜果大怒悉率衆而至伏威逆拒殺數千人稜僅以身免

又曰竇建德自滎陽西上太宗以數百騎出武牢關二十餘里以挑之往往設伏比至（賊營纔四騎而已謂左右曰賊見我而旋是其上計乘險）逐我是其下策賊初見騎少疑爲斥候太宗謂曰我秦王也因引弓射之斃其一將賊以兵六十騎並援槍而至從者咸失色太宗謂之曰爾但前去我自殿後於是按轡徐行賊至引弓射之斃一將賊懼而止止而復來如是再三每來必斃賊乃不敢復逼太宗且挑且還伏兵相次而發合擊破之獲其大將殷秋石瓚斬首數百級

決戰上

六韜曰周武王將伐紂問太公曰今敵人圍我斷後絶糧吾欲徐以爲陣以敗爲勝奈何太公曰不可此天下困兵也暴用之則勝徐用之則敗可爲四衝陣以驍騎驚其親君左軍疾左右軍疾右中軍迭前迭後往敵之空吾軍疾擊鼓而當之

又曰敵疎其陣又遠其後跳我流矢以弱我弓弩勞我士卒爲之奈何太公曰發我鋭士先擊其前車騎獵其左右引而分隊以隨其後三軍疾戰凡以少擊衆避之於易要之於險避之以晝取之於夜故曰以一擊十莫善於阨以十擊百莫善於險以千擊萬莫善於阻用衆者務易用少者務阨也

左傳曰晉師伐齊陣于莘（所臻切）晉解張御郤克鄭丘緩爲右及戰郤克傷於矢流血及屨未絶鼓音（中軍將自執旗鼓故雖傷而擊鼓不息也）曰余病矣張侯曰自始合而矢貫余手及肘余折以御左輪朱殷豈敢言病吾子忍之丘緩曰自始合苟有險余必下推車子豈識之然子病矣（以其不識已推車也）張曰師之耳目在吾旗鼓進退從之此車一人殿之可以集事（殿鎮也集成也）若之何以病敗君之大事也擐甲執兵固即死也（擐貫也即就也擐音患）病未及死吾子勉之左并轡（并畢正切）右援枹（音桴）而鼓馬逸不能止師從之（晉師從郤克車）齊師敗績

又曰齊侯伐晉夷儀敝無存之父將室之辭以與其弟（無存齊人也室之爲取婦）曰此役也不死反必娶於高國（高氏國氏齊貴族也無存欲必有功還取卿相之女也）先登求自門出死於霤下（既入城夷儀人不服故鬬死於門屋霤下也）齊侯克夷儀謂夷儀人曰得敝無存者以五家免（給五家不

使役乃得其尸公三襚之襚衣也比殯加襚深厚禮之也與之犀軒直蓋犀軒卿車直蓋高蓋也親推之三齊侯自推喪車輪三轉也

國語曰齊莊公且伐莒為車五乘之賓而杞梁華舟獨不與焉故歸而不食其母曰汝生而無義死而無名則雖非五乘孰不汝笑也生而有義死而有名則五乘之賓盡汝下也趣食乃行杞梁華舟同車侍於莊公而行至莒莒人逆之杞梁華舟下鬬獲甲首三莊公止之曰子止與子同齊國杞梁華舟曰君為五乘之賓而舟梁不與焉是少吾勇也臨敵涉難止我以利是惡吾行也深入多殺者臣之事也齊國之利非吾所知也遂進鬬壞軍陷陣三軍不敢當

戰國策曰齊田單將攻狄魯仲連子曰將軍攻狄必不能下矣單曰單以破亡餘卒破萬乘之燕今攻狄而不能下何也上車不謝而去遂攻狄三月不克齊嬰兒謠曰大冠若箕修劒柱歸單乃懼問仲連子對曰將軍在即墨之時坐即織蕢立即杖插為士卒唱當此之時將軍有死之心而士卒無生之氣聞是言莫不揮泣奮臂而欲戰此所以破燕也當今將軍東有掖邑之封西有淄上之寶足以樂生而惡死此以不勝也田單明日結髮勵氣立於矢石間引抱而鼓之狄人乃下

漢書曰御史大夫韓安國曰魏其言灌夫父死事荷戟馳不測之吴軍身被數十創名冠三軍此天下壯士也非有大惡爭杯酒不足引他過以誅之

後漢書曰劉伯升起兵光武守昆陽莽將王尋王邑來討兵號百萬先至昆陽已十萬圍數重時伯升已拔宛三日而光武尚未知乃偽使持書報城中云宛下兵到而佯墮其書尋邑得其書不喜諸將既經累捷膽氣益壯無不一當百光武乃與敢死者三千人從城西水上衝其中堅尋邑陣亂乘勢崩之遂殺王尋城中亦鼓譟而出中外合勢震呼動天莽兵大潰走者相騰踐

又曰郟令馮魴力戰死帝曰此徤令

又曰吴漢率兵圍蘇茂於廣樂劉永將周建來救漢將輕迎戰不利墮馬傷膝還營諸將謂漢曰大敵在前而公傷卧衆心懼矣漢乃勃然裹瘡而起椎牛饗士令軍中曰賊衆雖多皆刼掠群盜勝不相讓敗不相救非有杖節義者也今日封侯之秋諸君勉之於是軍士激怒人倍其氣明日建茂出兵圍漢選四部精兵三千餘人齊鼓而進建軍大潰還奔城漢長驅追擊大破之

李陵荅蘇武書曰昔先帝授陵步卒五千出征絶域五將失道陵獨遇戰單于謂陵不可復得便欲引還而賊臣教之遂便復戰故陵不得免耳

司馬遷報任少卿書曰且李陵提步卒不滿五千深踐戎馬之地足歷王庭垂餌虎口橫挑強胡億萬之師與單于連戰十有餘日所殺過當

太平御覽卷第三百一十一

太平御覽卷第三百一十二　兵部四十三

決戰中

後漢書曰賈復與五校戰於真定大破之復傷瘡甚光武大驚曰我所以不令賈復别將者爲其輕敵果然失吾名將聞其婦在孕生女耶我子娶之生男耶我女嫁之不令其憂妻子也復病尋愈追及大武於薊相見甚歡

又曰銚期從擊王郎將兒劉宏奉於鉅鹿下兒五奚切期先登陷陣手殺五十餘人被瘡中額攝幘復戰攝猶正也遂大破之

又曰祭遵與景丹諸將南擊弘農厭新栢華蠻中賊東觀記史栢華聚名弩中遵口洞出血流衆見遵傷稍引退遵呼叱止之士卒戰皆自倍遂大破之

又曰帝在魯聞耿弇爲張步所攻自往救之未至陳俊謂弇曰劇虜兵盛可且閉營休士以須上來弇曰乘輿且到臣子當擊牛釃酒以待百官反欲以賊虜遺君父耶乃出兵大戰自旦及昏復大破之殺傷無數城中溝塹皆滿

又曰岑彭征公孫述乃令軍中募攻浮橋先登者擢賞於是偏將軍魯奇應募而前時天風狂急彭奇舡逆流而上直衝浮橋而欑柱鉤而不得去續漢書曰時天東風其欑柱有反把鉤奇船不得去奇等乘勢殊死戰因飛炬焚之風急火盛橋樓崩燒彭復悉軍順風並進所向無前蜀兵大亂溺死者數千人

又曰張步攻耿弇營與劉歆等戰弇升王宮壞臺望之臨淄本齊國所都即齊王宮中有壞臺也東觀記作壞臺視歆等鋒交乃引精兵以橫突步陣於東城下大破之飛矢中弇股以佩刀截之左右無知者

又曰袁紹使麴安攻公孫瓚紹在後十數里聞瓚已破發鞍息馬唯衛帳下強弩數十張大戟士百許人瓚散兵二千餘騎卒至圍紹數重射矢雨下田豐扶紹使却入空垣紹脫兜鍪抵地曰大丈夫當前鬬死而返逃垣墻間耶促使諸弩並發多傷瓚騎衆不知是紹頗稍引却會麴義來迎騎乃散退

又曰鄧禹還長安張宗夜將鋭士入城襲赤眉中矛貫髀髀背上兩髀間又轉攻諸營保爲流矢所激皆幾至於死

又曰賈復從上擊犢於射犬大戰至日中賊陣堅不却光武傳召復曰吏士皆飢可但朝飯復曰先破之然後食耳於是被羽先登被猶負也折羽爲旌旗將軍所執先登先赴敵也所向皆靡賊乃敗走諸將咸服其勇

又曰陳俊字子昭拜強弩將軍所向皆敗世祖曰戰將盡如此豈有憂乎

魏志曰毌丘儉字仲恭有幹策爲幽州刺史度遼將軍儉以高句驪數侵叛督將軍出玄菟從道討之句驪王宮將步騎逆軍沸水上大戰宮連破走遂束馬懸車登九都山屠高麗所斬獲首虜以千數使玄菟太守王頎追過沃沮千餘里至肅愼界刻石紀功刊丸都之山銘不耐之城

又曰代郡烏桓反以任城王彰爲北中郎將行驍騎將軍臨發太祖誡彰曰居家爲父子受事爲君臣動以王法從事爾其誡之彰北征入涿郡界叛胡數千騎卒至時兵馬未集唯有步卒千人騎數百疋用田豫計固守要隙虜乃散退彰追之身自戰射胡騎應弦而倒者前後相屬戰過半日彰鎧中數箭意氣益厲乘勝逐北至于乘乾臣松之案乘乾縣名屬代郡今北虜居之號爲乘乾郡去代二百餘里長史諸將皆以爲新涉遠士馬疲又受節度不得過代不可深進違令輕敵彰曰率師專行唯利所在何節度乎胡走未遠追之必破從令

纖敵非良將也遂上馬令軍中後出者斬一日一夜與虜相及擊大破之斬首獲生以千數彰乃倍常科大賜將士將士無不悅喜時鮮卑大人軻比能將數萬騎觀望強弱見彰力戰所向皆破乃請服北方悉平時太祖在長安召彰彰自代過鄴太子謂彰曰卿新有功今西見上勿宜自伐彰到如太子言歸功諸將太祖喜持彰鬚曰黃鬚兒竟大可用

又曰龐德與曹仁討關羽德屯沔北十里會天霖雨十餘日漢水暴溢樊下平地五六丈德與諸將避水上隄羽乘船攻之以大舡四面射隄上德披甲持弓箭不虛發將軍董衡部曲將成超等欲降德皆收斬之自平旦力戰至日過中羽攻益急德謂督將成何曰吾聞良將不怯死以苟免烈士不毀節以求生今日我死日也戰益怒氣愈壯而水

浸盛吏士皆降德與麾下將一人伍伯二人彎弓傳矢登小船欲還仁營水盛船覆失弓矢獨抱船覆水中爲羽所得立而不跪羽謂曰卿兄在漢中我欲以卿爲將不早降爲德罵羽曰豎子何謂降也魏王帶甲百萬威振天下汝劉備庸才耳豈能敵耶我寧爲國家鬼不爲賊將也遂爲羽所殺

吳志曰孫權討黃祖祖橫兩蒙衝挾守沔口以栟櫚大紲繫石爲碇上有千人以弩交射飛矢雨下軍不得前董襲與陵統俱爲前部各將敢死百人被兩鎧乘大船突入蒙衝裏身以刀斫兩紲蒙衝橫流大兵遂進祖便開門走兵追斬之明日大會權舉觴屬襲曰今之會斷紲之功

晉書曰劉毅等誅桓玄玄兵至竹里玄使其將皇甫敷吳甫之拒毅軍遇之於江乘臨陳斬甫之進至羅落橋又斬敷首玄大懼使使栢謙何澹之屯覆舟山毅等軍至將山裕使羸弱登山多張旗幟玄不之測益以危懼謙等士卒多北府人素懼伏裕莫敢出鬬裕與毅等分爲數隊進突謙陳皆殊死戰無不一當百時東北風急毅軍放火烟塵張天鼓譟之音震駭京邑謙等諸軍一時奔散

又曰周處攻齊萬年於六陌將戰處軍人未食齊王肜促命速進而絕其後繼處知必敗賦詩曰去去世事已策馬觀西戎藜藿甘粱黍期之克命終言畢而戰自旦及暮斬首萬計弦絕矢盡左右勸退處案劒曰此是吾効節受命之日何退之爲且古者良將受命鑿凶門以出蓋有進無退也今諸軍負信勢必不振我爲大臣以身殉國不亦可乎遂力戰而殁

又曰明威將軍朱伺隨陶侃討杜弢有殊功石勒夏口之

戰伺用鐵面自衛以弩的射賊大帥數人皆殺之賊挽船上岸於水邊作陣伺逐水上下以邀之箭中其脛氣色不變諸軍尋至賊潰追擊之皆弃船投水死者太半賊夜還長沙伺追至蒲沂不及而反加威遠將軍赤幢曲蓋

又曰朱伺劉浚與鄭攀戰楊口壘伺常所調弩忽噤不發伺甚惡之及賊攻陷北門伺退入船初浚開諸船底以木掩之名爲船械伺既入賊舉鋋摘伺伺逆接鋋反以摘賊賊走上船屋大喚云賊帥在此伺從船底沉行五十步乃免

又載記曰劉曜使其將軍平先丘中伯率勁騎追陳安安與壯士十餘騎於陝中格戰安左手奮七尺大刀右手執丈八蛇矛近交則刀矛俱發輒害五六人遠則帶雙鞬左右馳射而走平先亦壯健絕人勇捷如飛與安搏戰三交奪其蛇矛而退會日暮雨甚安弃馬與左右五六人步踰

山嶺匿于嶮澗翌日尋之遂不知所在會連雨始霽轆振威呼延青尋其徑迹斬安于澗曲隴上歌之曰隴上壯士有陳安丈八蛇矛左右槃戰始三交上蛇矛東流之水名去不還劉曜命樂府歌

又曰禿髮傉檀追赫連勃勃遣善射者射之中勃勃乃勒衆逆擊敗之追奔八十餘里殺傷萬計斬其大將十餘人以爲京觀号髑髏臺還于嶺北

又曰前秦苻堅爲姚萇所攻苻堅率兵攻姚萇皆刻鋒鎧爲死休字示以戰死爲志每戰以長矟鈎刃爲方圓大陣知有厚薄從中分配故人自爲戰所向無前

又曰後趙冉閔之亂石琨及張舉王朗率衆七萬伐鄴石閔帥騎千餘拒之城北閔執兩刃矛馳騎擊之皆應鋒摧潰斬級三千琨等大敗歸于冀州

又曰朱伺善戰人或問之伺荅諸人以舌擊賊伺唯以刀耳又問曰將軍前後擊賊何以每得勝耶伺曰兩敵共對唯當忍之彼不能忍我能忍是以勝耳

又曰周訪討江沔間賊杜曾訪有衆八千進至張陽曾鋭氣甚盛訪曰先人有奪人之心善謀也使將軍李恒督左甄許朝督右甄訪自領中軍高張旗幟曾果先攻左右甄曾勇冠三軍訪甚惡之自於陣後射雉以安衆心令小將趙胤領其父餘兵屬左甄力戰敗而復合胤馳馬告急訪怒叱令更進号哭還戰自辰至申兩甄皆敗訪選精鋭八百人自行酒飲之勑不得輒動聞鼓音乃進賊未至三十步訪親鳴鼓將士皆騰躍奔赴曾遂大潰殺千餘人遂定漢沔

又曰劉裕舉兵伐後秦姚泓王鎮惡爲前鋒軍至渭橋鎮惡所乘皆蒙衝小艦鎮惡登岸渭水流急倏忽間諸艦悉逐流去時泓屯軍在長安城下猶數萬人鎮惡撫慰士卒曰卿諸人並家在江南此是長安門外去家萬里而舫乘衣糧並已逐流去豈復有生之計耶唯宜死戰可以立大功不然則無遺類矣乃身先士卒衆亦知無復退路莫不騰踊爭先泓衆一時奔潰即陷長安城

崔鴻十六國春秋曰前秦苻堅將王猛討前燕慕容暐暐遣將慕容評屯於潞川以拒之猛與評相持遣裨將郭慶以鋭卒五千夜從間道出評營後傍山起火燒其輜重暐懼遣使讓評催之遣戰猛知評賣水鬻薪有可乘之會評又求戰乃陳於潞原而誓衆曰今與諸君深入賊地宜各勉進不可退也願勠力行間以報恩顧受爵明君之朝慶觴父母之室不亦美乎衆皆勇奮破釜棄糧大呼競進猛

覩評師之衆也惡之謂鄧羌曰今日之事非將軍莫可以捷將軍其勉之羌曰若以司隸見與者公無以爲憂猛曰此非吾之所及必以本郡太守萬户侯相處羌不悅而退俄而兵交猛召之羌寢而弗應猛馳就許之羌於是大飲帳中與張蚝徐成等蚝（七吏切）跨馬運矛馳入評軍出入數四傍若無人搴旗斬將搴（居輦反）殺傷甚衆戰及日中評衆大敗俘斬五萬

裴子野宋略曰左將軍劉康祖聞虜寇壽陽自虎牢率七千人來赴虜至者八萬騎康祖令軍中曰顧望者斬首轉步者斬足士皆用命賊死者萬餘血流沒踝流矢貫頸墮馬死

宋書鄧琬傳曰殷孝祖屯軍鵲洲沈沖之謂陶亮曰昔孝祖梟將一戰便死孝祖與賊合戰每戰常以鼓蓋自隨軍

中人相謂曰邠統兵可謂死將矣今與賊交鋒而以羽儀自顯欲不斃得乎

又曰傅弘之字仲度涼僞太子赫連璝率衆襲長安弘之領步騎五千大破之璝又抄渭南弘之又於寡婦渡破璝獲賊二百及義眞東歸赫連佛佛傾國追躡於青泥大戰弘之射貫甲冑氣冠三軍陣敗陷沒佛佛逼令降弘之不爲屈也

又高祖紀曰于時北師始還傷痍未復戰士纔數千賊衆十餘萬舳艫亘千里孟昶諸葛長仁懼欲擁天子過江帝曰今兵士雖少猶足一戰若其克濟臣主同休如其不然不復能草間求活吾計決矣。又曰薛安都北征至陜下魏多縱突騎衆軍患之安都怒甚乃脫兜鍪解所帶鎧唯着絳衲兩襠衫馬亦去具裝馳入賊陣猛氣咆哮所向無敵當其鋒者無不應刃而倒如是數四每入衆無不披靡

又曰高祖義軍進至覆舟東張疑兵以油帔衍株布蒲山谷帝先馳之將皆殊死戰無不當百呼聲動天地因風縱火煙焰張天謙等大敗

齊書曰薛安都討魯爽及沈慶之濟江安都望見爽便躍馬大呼直往刺之應手而倒左右范雙斬爽首爽世襲猛咸云萬人敵安都單騎直入斬之而返時人皆云關羽斬顏良不足過也

梁書曰大同初魏軍復圍南鄭杜懷瑶命第三子嶷帥二百人與魏前鋒戰於光道寺溪矢中其目失馬敵人交矟將至嶷斬其一騎躍而上馳以歸嶷被力絶人便馬善射一日戰七八合所佩霜明朱弓四石餘力班絲纏矟長二丈五同心敢死士百七十人每出殺傷數百人敵人憚之號爲杜彪

又曰侯景圍王僧辯於巴陵元帝乃引僧祐於獄拜爲假節武猛將軍封新市縣侯令援僧辯將行泣下謂其子珽曰汝可開朱白二門吾不捷則死吉則由朱凶則由白也元帝聞而壯之

又曰蔡道班爲湖陽戍主攻蠻錫城反爲蠻困馮根年十六敕之走馬交戰提雙刀左右奮擊殺傷甚多道班以免由是知名

又曰武帝師次秣陵東昏遣大將王珍國盛兵朱雀門衆號二十萬及戰梁武軍引却王茂疋馬單刀直前外生韋欣慶勇力絶人執鐵纏矟翼茂而進故大破之茂勲第一欣慶力也

陳書曰武帝入援建鄴杜僧明爲前鋒與蔡路養戰於南野僧明馬被傷武帝馳救之以所乘馬援僧明僧明上馬後進殺數十人因而乘之遂敗路養

南史曰陳將蕭摩訶隨都督吳明徹濟江攻秦郡時齊遣大將尉破胡等率衆十萬來援其前隊有蒼頭犀角大力之號皆身長八尺膂力絶倫其鋒甚鋭又有西域胡人妙於弓矢弦無虚發衆軍尤憚之及將戰明徹謂摩訶曰若殪此胡則彼軍奪氣君有關張之名可斬顏良矣摩訶曰願得識其形狀明徹乃召降人有識胡者云胡着絳衣樺皮裝弓兩端骨弭明徹遣人覘伺知胡在陣仍自酌酒飲摩訶摩訶飲訖馳馬衝齊軍胡挺身出陣前十餘步彀弓未發摩訶遥擲銑鋧正中其額應手而仆齊軍大力十餘人出戰摩訶又斬之於是齊師退走

後魏書曰呂羅漢父温佐秦州羅漢隨侍隴右互楊難當

率衆數萬寇上邽秦人多應之鎮將元意頭知羅漢善射共登西城樓令羅漢射難當隊將及兵二十三人應弦而殪賊衆轉盛羅漢進計曰今又不出戰示敵以弱衆情携貳大事去矣意頭善之即簡千餘騎令羅漢出戰羅漢與諸騎策馬大呼直衝難當軍衆皆披靡殺難當左右隊騎八人難當大驚

又曰宇文延字慶壽體貌魁岸眉目踈朗永平中釋褐奉朝請直後員外散騎常侍以父福老詔聽隨侍在瀛州屬大乘妖黨突入州城延率奴客戰死者數人身被重瘡賊乃小退而縱火燒齋閤福時在内延突火而入抱福出外支體灼爛鬚髮盡於是勤衆與賊苦戰賊乃散走以此見稱

又曰趙遐爲滎陽太守時蕭衍將馬仙琕率衆攻圍昫城戍主傅文驥嬰城固守以遐爲别將與劉思祖等救之次於鮑口去的城五十里夏雨頻降厲涉長驅將至的城仙琕見遐營壘未就徑來逆戰思祖率彭沛之衆望陣奔退遐孫軍奮擊獨破仙琕斬其直閤將軍軍主李魯生仙琕先分軍於昫城之西阻水列栅以圍固城遐身自潛行觀水深淺結草爲筏銜枚夜進破其六栅遂解假固城之圍進救昫城都督盧昶率大軍繼之未幾而文驥力竭以城降賊衆軍大崩昶棄其節傳輕騎而走唯遐獨握節而還

太平御覽卷第三百一十二

華門院

太平御覽卷第三百一十三

兵部四十四

決戰下

隋書曰文帝遣將賀若弼伐陳後主令軍魯廣達陳兵白土崗居衆軍之南偏鎮東大將軍任忠次之護軍樊毅都官尚書孔範又次之侍中車騎大將軍蕭摩訶軍最居北衆南北亘二十里首尾進退各不相知賀若弼初謂未戰將輕騎登山觀視形勢及見衆因馳下置陣廣達首率所部進薄弼軍屢却俄而復振更分軍趣北突諸將孔範出戰於交而走諸將支離陣猶未合騎卒會散駐之弗止因而大敗

又曰楊義臣拜朔州總管漢王諒作亂并州時代州總管李景爲漢王將喬鍾葵所圍詔義臣救之義臣率馬步二

萬夜出西陘遲明行數十里鍾葵覘見義臣兵少悉衆拒之鍾葵亞將王拔驍勇善用矟射之者不能中將軍楊思恩請當之義臣見思恩氣貌雄勇貌之曰壯士也賜以卮酒思恩望見拔立於陣後投觴於地策馬赴之再往不克義臣後選騎士十餘人從之思恩遂突擊殺數人直至拔麾下短兵方接所從騎士退思恩爲拔所殺拔遂乘之義臣軍北者十餘里

又曰煬帝征高麗隋大將宇文述與九軍過鴨綠水又東注薩水去高麗平壤城三十里因山爲營高麗國相乙支文德遣使僞降請述曰遂旋師者奉其主高元朝行在所述見士卒疲弊不可復戰又平壤險固卒難致力遂因其詐而還半濟賊擊後軍於是大潰不可禁止九軍敗績一日一夜還至鴨綠水行四五十里初度遼九軍三十萬人還至遼東城唯二千七百人

唐書曰太宗嘗謂群臣曰朕自興兵每執金鼓必自指揮習觀其陣即知強弱常以吾弱對其強以吾強對其弱敵犯吾弱追奔不踰百數十步吾擊其弱必突過其陣自背而反擊之不無潰多用此而制勝思得其理深也

又曰武德中李靖隨河間王孝恭討蕭銑於江陵不從靖謀致敗委舟大掠人皆負重靖見其兵亂進兵擊之賊大敗又乘勝進入其郛郭攻其水城克之悉取其舟艦散於江中賊救兵見之謂城以陷莫敢輕進銑內外阻絕城中攜貳由是懼而出降

又曰光宅初武太后臨朝稱制徐敬業於楊州起兵以匡復皇家爲辭月餘致精卒數萬太后遣將軍李孝逸領兵討之敬業率軍拒於下阿溪方成列敬業謂其徒曰自知

衣甲非厚者居後衆乃爭退孝逸之師因其動譟而奔擊乃大破焉

又曰建中初田悅反以兵圍臨洺邢州詔以李晟爲神策先鋒都知兵馬使與河東節度使馬燧昭義軍節度使李抱真合兵救臨洺尋加兼御史中丞河東昭義軍攻楊朝光於臨洺南晟與河東騎將李自良奉國擊悅於雙岡悅兵卻遂斬朝光戰于臨洺諸軍皆卻晟引軍渡洺水乘兵而濟橫擊悅諸軍復振擊悅大破敗悅於洹水以功加檢校左散騎常侍實封百戶

又曰德宗以李晟兼魏府左司馬居無何朱滔王武俊皆反聯兵救田悅悅深壁不戰以老王師時武俊遣兵圍康日知於趙州晟乃獻狀請解趙州圍因合義武節度使張孝忠以軍圍范陽上大壯之乃加御史大夫俾禁兵將莫

仁擢趙光銑杜季琳皆隸焉晟乃自魏州直趨趙州賊解圍而去晟留趙州三日與義武合軍而北略恒州圍朱滔將鄭景濟於清苑決水灌之田悅朱滔王武俊皆遣兵來救戰於白樓賊犯義武義武軍却晟引步騎數百擊破之景濟所乘馬連中流矢踰月城中益急滔武俊大懼乃自魏縣悉兵來救復圍晟軍晟內圍景濟外與滔等拒戰日數合自正月至于五月會晟病甚不知人數焉軍使合謀乃以馬輿晟引軍還定州賊不敢逼

三國典略曰後周軍圍晉陽齊人望之如黑雲四合高延宗勝兵四萬人嬰城布陣躬與齊王憲交兵自申至酉死者甚衆帝遂北入城當天門頓營焚佛寺光燭天地延宗率衆排車向前我軍遂却人相蹂死者頗衆齊人欲閉門以閫下積屍扉不得闔帝從數騎崎嶇危嶮僅得出門侍

臣斌焉嗺左仕上士庫狄嶔侍從時四更也延宗以帝長鬚使於積尸之下求之不得士卒既勝乃入坊飲延宗不復能整頓之帝出城飢甚將謀遁免開府宇文忻進曰陛下乘勝至此今者破竹其勢已成奈何棄之而去會延宗使開府段暢以千人擊帝暢以衆降盛言城內空虛更無繼援帝乃駐馬召兵旗鼓復振攻三門剋之延宗率衆苦戰尸骸塞路戾時力屈輕騎走出城北於人家擒之延宗見帝自投於地帝欲執其手固辭曰死人手也恐逼至尊帝強執之曰兩國天子有何怨惡直爲百姓而來耳勿怖終不殺

又曰齊師伐梁大至于鍾山龍尾周文育請戰陳霸先曰兵不逆風文育曰事急矣當決之何用古法抽槊上馬殺傷數百人齊軍乃移營于莫府山

又曰侯景次于渦陽有車數千兩馬數千疋甲士四萬人慕容紹宗戎卒十萬旗甲耀日方軌長驅鳴鼓並進景使謂之曰公等爲欲送客爲欲定雄雌紹宗對曰當欲公決勝負遂順風以陣景閉其壘風止乃出紹宗曰侯景多詭詐好掩人背咸宜備之景果令入陣者皆短兵但斫人脛及馬足東魏軍大敗紹宗墜馬

又曰陳霸先衆軍自覆舟東移頓郊壇北齊人相對侯安都謂蕭摩訶曰卿驍勇有名千聞不如一見摩訶對曰今日令公見矣命衆軍秣馬蓐食遲明攻之侯安都墜馬被圍蕭摩訶獨騎大呼直衝齊軍齊軍披靡安都乃免霸先自率帳內麾下出莫府山南吳明徹沈泰等衆軍首尾擊之齊人大潰自相蹂藉墜川塞谷

莊子曰惠子見戴晉人戴晉人曰有所謂蝸者君知之乎曰然有國於蝸之左角者曰觸氏有國於蝸之右角者曰蠻氏時相與爭地而戰伏尸數萬逐北旬有五日而後返

誠知所爭者若此之細則天下無爭矣

文子曰廟戰者帝神化者王廟戰者法天道也神化者明四時也

列子曰黃帝與炎帝戰于阪泉之野率熊羆狼豹貙虎而前鵰鶡鷹鳶爲旗幟此以力使禽獸也

孟子曰爭地以戰殺人盈野爭城以戰殺人盈城此所爲率土地而食人肉罪不容於死也

六韜曰以少擊衆必以日之暮以衆擊衆必以日之早

穰苴兵法曰以戰去戰雖戰可也戰春不東秋不西月食還師所以止戰也

古司馬兵法曰凡軍使法在己曰專與下畏法曰法軍無

小聽戰無小利小聽謂輕弱敵人稱其虛弱危敗易勝以喜士衆沮備預也小利謂小敵擊誘於餌
數為小戰也
又曰凡五兵長以衛短短救長迭戰則久皆戰則強迭更也言
更息則可堪久悉舉兵戰衆多者強
孫子曰兵以詐立以利動以分合變者也兵一分合以敵為變兵法譎詐
以利動敵心或合譎為變化之術也故其疾如風言進退應機其徐如林不見利不前也
出風吹林木小動而其大不移侵掠如火疾也抄掠財物如炎火之猛烈不動如山守也不信
蔽之詐或安閑如山難知如陰莫測如天之陰雲不見列宿之象動如雷霆盛猛遠疾不及
應也故太公曰疾雷不及掩耳疾電不及瞑目也指嚮分衆因敵而制勝也旌旗之所指向則往分離
其師衆也先知迂直之計者勝此軍爭之法也
又曰我專而敵分我專一而敵分散也我專為一敵分為十是以十
共其一也我料見敵形審其虛實故所備者少專為屯以我之專擊彼之散卒為十共擊一也則
我衆而敵寡我專為一故衆敵分為十故寡能以衆敵寡者則吾所與戰

者約矣言約少而易勝吾所與戰之地不可知也言舉動微密情不可使彼知吾
所舉不知吾所集也不可知則敵所備者多敵所備者多則吾所與
戰者寡矣形藏敵疑則分離其衆備我也言少而易擊故也故備前則後寡備後
則前寡備左則右寡備右則左寡無不備者無不寡言敵之所
備者多則士卒無不分散而少寡者備人者也敵分散而少者皆先備人也衆者使人
備已者也敵所以備多已者由我專而衆散故也故知戰之地知戰之日則
千里而會戰以度量知空虛先知戰地之形又必戰之日則可千里期會先往以待之若敵以先至不
可以往勞之不知戰地不知戰日則左不能救右右不能救左
前不能救後後不能救前而況遠者數十里近者數里乎
敵以先居形勢之地已方趨利欲戰則左右前後惑疑進退不能相救況數十里之間也故善用兵者
譬如帥然帥然者常山之蛇也擊其首則尾至擊其尾則
首至擊其中則首尾俱至夫善戰也必知戰之日知戰之地度道設期分軍雜卒遠者先
進近者後發千里之會同時而合若會都市其會地之日與令敵知知之則所備處少知所備處多備寡則專備多

則分分則力散專則力并也
又曰夜戰多火鼓晝戰多旌旗所以變民之耳目也故三
軍可奪氣將軍可奪心左氏傳言一鼓而作再而衰三而竭也是故朝氣銳
晝氣惰暮氣歸故善用兵者避其銳氣擊其惰歸也
又曰勝者之兵先勝而後求戰敗者之兵先戰而後求勝
又曰圍地則謀死地則戰疾戰則存不疾戰則亡者為死
地
吳子曰用兵之道先明四輕二重使地輕馬使馬輕車使
車輕人使人輕戰鋒銳甲堅則人輕戰
呂氏春秋曰趙氏攻中山中山之多力者五丘鴆衣鐵甲操
鐵杖以戰所擊無不碎所衝無不陷以車投車以人投
人
又曰趙簡子攻衛自將兵及戰且遠立又居於犀櫓之下

鼓之而士不起簡子投桴而歎曰嗚呼士之弊一若此乎
行人燭過免冑橫戈而進曰君不能耳士何弊之有簡子
艴然作色曰寡人之無使而身自將是衆也子親謂寡人
無能有說則可無說則死對曰昔吾先君獻公即位五年
兼國十九用此士也惠公即位二年淫色暴慢身好玉女
秦人襲我去絳七十用此士也文公即位二年厎之以勇
三年而士盡果敢城濮之戰五敗荊人圍衛取曹拔石社
定天子之位成尊名於天下用此士也亦有君不敢耳士
何弊之有簡子乃去犀蔽犀櫓而立矢石之所及一鼓而
士畢乘之簡子曰與吾得革車千乘也不如聞行人燭過
之一言行人燭過可謂能諫其君矣
又曰昔荊恭王與晉厲公戰於鄢陵荊師敗共王傷臨戰
司馬子反渴而求飲豎陽穀操黍酒而進之酒器受三升曰黍子

反曰嗇退酒也豎陽穀曰非酒也子反曰嗇退却豎陽穀又曰非酒也子反受而飲之子反之爲人也嗜酒甘而不能絶於口醉戰既罷共王欲復戰而謀使召司馬子反子反辭以心疾共王駕而往視之入幄中聞酒臭而還曰今日之戰不穀親侍所恃者司馬也而司馬又若此是忘荆國之社稷而不恤吾衆不穀無與傷戰矣於是罷師去之斬司馬子反以爲戮故豎陽穀之進酒也非以醉子反也其心以忠也而適足殺之故曰小忠大忠之敗也

又曰齊晉與戰平阿之餘子亡戟得矛（平阿齊邑餘子官氏）退而去不自快謂路之人曰亡戟得矛可以歸乎路之人曰戟亦兵也矛亦兵也亡兵得兵何爲不可以歸心猶不自快也遇高堂之孤叔無孫（孤特位尊也叔姓無孫名）餘子當其馬前曰今者戰亡戟得矛可以歸乎叔孫曰矛非戟也戟非矛也亡戟得矛豈亢責也哉（亢當）平阿餘子曰嘻還反戰趨尚及之遂戰而死

又曰吳起謂商文曰馬與人敵在前援桴一鼓三軍之士樂死若生子與我孰賢商文曰吾不如子

淮南子曰昔晉文公將與楚戰城濮問於咎犯曰爲之奈何咎犯曰仁義之軍不厭忠信戰陣之戎不厭詐僞君其詐之而已問雍季雍季對曰焚林而獵偷多獸必無獸以詐僞愚人雖偷利厚亦無復利其正之而已矣於是不聽雍季之計而用咎犯之謀與楚人戰大破還賞有功者先雍季（左右曰城濮之戰咎犯之謀也賞先季雍者何也文公曰咎犯之言一時之）權也季雍之言萬世之利吾豈可以一時之權而先萬世之利哉

又曰敵潰而走後必可移適迫而不動名之曰奄遲擊之如雷霆斬之若草木燿之若火電欲疾以遬人不及步車不及以轉轂兵如植木弩如羊角人雖衆多勢莫敢格

春秋感精符曰強傑並侵兵雷合龍門溺驂（宋均曰龍門齊門也時與宋齊戰敗相殺血溺驂馬者也）

賈誼新書曰黃帝行道炎帝不聽故戰涿鹿之野血流漂杵○三輔舊事曰武帝發兵攻衛太子連鬬五日白虎門前溝中血流没足

列女傳曰湯受命而伐桀戰于鳴條（鳴條南夷地名）桀師不戰湯遂放桀與末嬉嬖妾同舟浮海死於南巢之山

諸葛亮兵法曰山陵之戰不仰其高水上之戰不逆其流草上之戰不涉其深平地之戰不逆其虚此兵之利也故戰鬬之利唯氣其形也

衛公兵法曰凡事有形同而勢異者亦有勢同而形別者若順其可則一舉而功濟如從未可則覺動而必敗故孫

臏曰計者因其勢而利導之兵法曰百里趣利則蹶上將五十里而趨利者半至善動敵者形之而敵從之與之而敵取之以奇動之以本待之此戰勢之要術也若我士卒以齊法令以行奇正以設置陣以定誓衆以畢上下已怒天時已應地利也據鼓角以震風勢已順敵人雖衆其奈我哉譬虎之有牙兕之有角身不蔽捍手無寸刃而欲搏之勢不可觸其亦明矣故兵有三勢一曰氣勢二曰地勢三曰因勢若將勇輕敵士卒樂戰三軍之衆志厲青雲氣等飄風聲如雷霆此所謂氣勢也若關山狹路大阜深澗龍蛇蟠陰羊腸拘門一夫守險千人不過此所謂地勢也若因敵怠慢勞役飢渴風波驚擾將吏縱橫前營未舍後軍半濟此謂因勢也若遇此勢當潛我形出其不意用奇設伏乘勢取勝是以良將用兵審於機勢而用兵仍須鼓

而怒之感而勇之賞而勸之激而揚之若鷙鳥之攫獸之搏必修其牙距度力而下遠則氣衰而不及近則形見而不得故良將之戰必整其三軍礪其鋒甲設其奇伏量其形勢適則力疲而不及近則敵知而不應若不通此機乃智不及於鳥獸亦何能取勝於勍寇乎仍須怒士勵衆使之奮勇故能無強陣於前無堅城於外以弱勝強必因勢也

楊子雲長楊賦曰高祖奉命順斗極運天關橫巨海漂崑崙提劒而叱之所過麾城撕邑下將降旗一日之戰不可殫紀

潘安仁西征賦曰追皇駕而驟戰望玉輅而縱鏑

潘安仁射雉賦曰若夫多疑少決膽劣心狷内無固守出不交戰

謝玄暉詩曰炎靈劒遺璽當塗駭龍戰

李少卿荅蘇武書曰疲兵載戰一以當千

陸士衡辨亡論曰我陸公挫之西陵覆師敗績因而後濟絶命永安續以濡須之寇臨川摧鋭蓬籠之戰隻輪不反

太平御覽卷第三百一十三

太平御覽卷第三百一十四

兵部四十五

突圍　追奔　乘勢

突圍

漢書曰趙充國武帝時以假司馬從貳師將軍擊匈奴大為虜所圍漢軍乏食數日充國乃與壯士百餘人潰圍陷陣貳師引軍隨之遂得解身被二十餘瘡

又曰灌夫父張孟嘗為潁陰侯灌嬰舍人蒙灌氏姓為灌孟（師古曰蒙冒也）孟年老潁陰侯強請之鬱鬱不得意故戰常陷堅遂死吳軍中軍法父子俱有死事得與喪歸夫奮曰願得吳王下將軍頭以報父仇於是夫被甲持戟募中軍壯士所善願從數十人及出壁門莫敢前獨兩人及從奴十餘騎馳入吳軍至戲下（師古曰戲大將之旗音與麾同）所殺傷數十人不得前復還走漢壁亡其奴獨與兩騎歸

又曰袁尚征袁譚於平原使其將審配守鄴曹公攻鄴城尚聞鄴急棄平原而來入城以計事者主簿李孚請行尚曰當何所辦李曰今鄴圍甚急多人則不可孚乃自選溫信者三人不示其謀各給駿馬令釋戎器著平上幘持問事杖投暮直抵鄴下自稱曹公都督巡歷圍壘所過呵責失候者輒捶之自東歷西徑出曹公營當城門復怒守圍者收縛之因開圍馳入城下配以縋引之孚得入城中鼓譟皆呼萬歲守圍者以狀聞公笑曰此非徒入方且復出孚計事訖欲還而外圍益急謂配曰城中穀少無用老弱為不如驅出之省穀配乃夜簡得一千人皆令秉白旛持脂燭從三門而出請降孚所將來騎隨降人而出時守圍吏聞城中悉降火光照曜但共觀火不復視圍孚出北門突圍而歸尚明日曹公聞孚以得去曰果如吾言

又曰公孫瓚除遼東屬國長史常從數十騎出行塞下卒逢鮮卑數百騎瓚乃退入空亭約其　從者曰今不奔之則死盡矣乃自持兩刃矛馳出衝賊殺傷數十人瓚左右亦亡其半遂得免

又曰賈復從征伐未嘗喪敗數與諸將潰圍解急身被十二瘡帝以復敢深入希令遠征而壯其勇節常自從之

魏志曰張遼為雜號將軍守合肥為孫權所圍獨出麾下從者千餘人潰圍刺之已出復入復出權眾破走由是威震江東

又曰曹仁字子孝太祖從弟也行征南將軍留屯江陵拒吳將周瑜瑜未渡前鋒數千人始至仁募得三百人遣部曲將軍牛金逆與挑戰遂為所圍長史陳矯在城上望見

金等垂沒左右皆失色仁氣奮怒遂被甲上馬將其麾下壯士數十騎出城徑前衝入陣金等乃解餘眾未盡出仁復直還突之拔出金兵賊眾乃退矯等初見仁出皆懼及見仁還乃歎曰將軍真天人也三軍服其勇太祖益壯之

晉書曰李矩將張支與劉粲戰於盟津矩進救之使壯士三千汎舟迎支賊臨河列陣作長鉤以鉤船連戰數日不得渡夜遣部將格增濟入支壘與支選精騎千餘而殺所獲牛馬焚燒器械夜突圍而出奔武牢

宋書曰劉康祖世居京口便弓馬膂力絕人浮蕩蒲酒為事每犯法為郡縣所錄輒越屋踰牆莫能禽之夜入人家為有司所圍突圍夫並莫能追因夜還京半夕便至明日守門詣府州要職俄而建康移書錄之府州執事者並證康祖其夕在京遂得無恙

追奔

孫子曰：歸師勿遏（若窮寇還退依險而行人人懷歸敵能死戰徐觀其變勿遠截也）

後漢書曰：曹公圍張繡於穰，劉表遣兵救繡，以絶軍後。公將引還，繡兵來追，公軍不得進，連營稍前。到安衆，繡與兵合守險，公軍前後受敵。公乃夜鑿險爲地道，悉過輜重，設奇兵。會明，賊謂公爲遁也，悉軍來追。縱奇兵步騎夾攻，大破之。公謂荀彧曰：虜遏吾歸師，而與吾死地，吾是以知勝矣。

又曰：曹公征張繡於穰，一朝引軍退，繡自追之。賈詡謂繡曰：不可追，必敗。繡不從，大敗而還。詡謂繡曰：更追之必勝。繡曰：不用公言以至於此，今已敗，奈何復追？詡曰：兵勢有變，亟往必利（亟記力切）。繡信之，遂收散卒赴追，戰果勝。以問詡曰：繡以精兵追退軍，而公曰必敗；乃以敗卒擊勝兵，而公曰必勝，悉如公言，何其皆驗？詡曰：此易知耳。將軍雖善用兵，非曹公敵也。軍新退，曹公必自斷後，追兵雖精，將既不敵，彼士亦銳，故知必敗。曹公攻將軍無失策，力未盡而退，必國內有故，故以破必輕軍速進，留諸將斷後，諸將雖勇亦非將軍敵，故雖用敗兵而戰必勝也。繡大服。

又曰：睢陽復返城迎劉永，蓋延復率諸將圍之百餘日，收其野穀，永乏食突走，延追擊盡得輜重，永爲其將所殺，永弟防舉城降。

又曰：璽書拜馬援爲伏波將軍，以扶樂侯劉隆爲副（扶樂縣名屬九真郡），督樓船將軍段志等南擊交阯。軍至合浦而志病卒，詔援并將其兵，遂緣海而進，隨山刊道千餘里（刊除也）。十八年春，軍至浪泊上，與賊戰，破之，斬首數千級，降者萬餘人。援追徵側等至禁谿，數敗之，賊遂散走。明年正月，徵側、徵貳傳首洛陽。

又曰：陳俊與五校戰於安次，俊下馬手接短兵，所向必破，追奔二十餘里，斬其渠帥而還。光武望而歎曰：戰將盡如是，豈有憂哉！

又曰：鮮卑萬餘騎寇遼東，祭肜率數千人迎擊之，自被甲陷陣，虜大奔，投水死過半，遂窮追出塞，虜急皆棄兵裸身散走，斬首三千餘級，獲馬數千疋。

又曰：鄧禹進圍安邑，更始遣將王匡、成丹、劉均等合軍十餘萬復共擊禹，禹軍不利，樊崇戰死。會日暮戰罷，軍師韓歆及諸將見兵勢已摧，皆勸禹夜去，禹不聽。明日癸亥，匡等以甲窮日不出，禹因得更理兵勒衆。明旦，匡悉軍出攻禹，禹令軍中無妄動，既至營下，因傳發諸將鼓而並進，大破之。匡等皆弃軍亡走，禹率輕騎急追，獲劉均及河東太守楊寶、持節中郎將弭彊，皆斬之，收得節六、印綬五百、兵器不可勝數，遂定河東。

又曰：竇固與耿忠引兵出酒泉塞，至天山（即祁連山也今在西州交河縣東北今名祁羅漫山），擊呼衍王，斬首千餘級。呼衍王走，追至蒲類海（蒲類海今名蒲悉海在今庭州蒲昌縣東南），留吏士屯伊吾盧城（伊吾今伊州縣也）。

又曰：馬防拜車騎將軍，擊羌，軍到冀，而羌豪布橋等圍南部都尉於臨洮。防欲救之，臨洮道險，車騎不得方駕，防乃別使兩司馬將數百騎，分爲前後軍，去臨洮十餘里爲大營，多樹幡幟，揚言大兵且當進。羌候見之，馳還言漢兵盛不可當。明旦遂鼓噪而前，羌虜驚走，因走擊破之，斬首虜四千餘人，遂解臨洮圍。

晉書曰：王遜爲寧州刺史，越嶲李驤殺寧州，遜使將軍姚崇、爨琛拒之，戰于堂狼，大破驤等。崇追至瀘水，透水死者

千餘人崇以道遠不敢渡水遜以崇不窮追　也怒囚于
郡執崇鞭之怒甚駿上衝冠冠爲之裂夜中遂卒
又載記曰慕容寶與魏戰謀還中山乃引歸魏軍追擊之
寶棄大軍率騎二萬奔還時大風雪凍死者相枕於道寶
恐爲魏軍所及命去袍仗戎器寸刃無返
崔鴻十六國春秋曰前秦苻堅自征晉於壽春敗還長安
慕容泓起兵于華澤堅將苻叡寶衝姚萇討之（叡以苻垘）苻叡
勇果輕敵不恤士衆泓聞其至也懼率衆將奔關東叡馳
兵邀之姚萇諫曰鮮卑有思歸之心宜驅令出關不可遏
也叡弗從戰于華澤叡敗績被殺
又曰夏赫連勃勃伐南涼禿髮傉檀大敗之馳掠二萬七
千口牛馬羊數十萬而還傉檀率衆追之其將焦朗曰勃
勃天姿雄健御軍齊肅未可輕也今因抄掠之資率思歸

之士人自爲戰難與爭鋒不如從溫圍北　趣萬斛惟阻
水結營制其咽喉百戰百勝之術也傉檀不從勃勃聞而
大喜乃於楊武下峽鑿凌埋車以塞路勃勃乃勒衆逆擊
大敗之殺傷萬計
又曰後涼呂弘攻段業於張掖不勝將東走業議欲擊之
其將沮渠蒙遜諫曰歸師勿遏窮寇弗追此兵家之戒也
不如縱之以爲後圖業曰一日縱敵悔將無及遂率衆追
之爲弘所敗業歎曰不能用子房之言以至於此
後周書曰晉公護東伐高齊遣將尉遲迥圍洛陽爲敵所
敗周將達奚武與齊王憲於邙山禦之至夜收軍憲欲待
明更戰武欲還固爭未決武曰洛陽軍散人情駭動若不
因夜速還明日欲歸不得武在軍旅久矣備見形勢大王
少年未經軍事豈可將數營士衆一旦弃之乎憲從之遂
全軍而返
隋書曰張金初既敗將數百人遁逃後歸漳南招集餘黨
楊善會追捕斬之傳首行在所帝賜以尚方甲矟弓劍進
拜清河通守
唐書曰武德初劉武周入寇僕射裴寂拒戰于度索原寂
軍敗周進逼河東太宗出兵拒之江夏王道宗年十七從
征太宗登玉壁城望賊謂道宗曰賊恃其衆來邀我戰汝
謂如何對曰賊乘勝而來其鋒不可當易以計屈難與力
競但深溝高壘以挫其鋒烏合之徒安得持久糧餉既竭
自當離潰可不戰而擒也太宗曰汝意暗與我合武周食
盡夜遁追及會州一戰滅之
又曰　德操領延州道行軍摠管鎮北境梁師都與突厥
之衆數千騎來寇延安營於野猶須偃旗以衆寡不敵按

甲以挫其鋭後伺賊稍怠遣副摠管梁禮率衆擊之德操
以輕騎出其不意賊與禮酣戰久之德操多張旗幟掩至
其後賊大潰逐北二百餘里尅其魏州虜男女二千餘口
經數月師都又以步騎五千來寇德操擊之俘斬略盡師
都與百餘騎而遁以功拜上柱國封平原郡公邑一千户賜
以貂裘金帶布帛千疋
衛公兵法曰諸戰鋒等隊打賊敗其駐隊隊別量抽驍徤
二十人逐北其輜重隊遇叫作聲不得輒動跳盪隊奇兵
隊趁賊退不得過百步如審知賊徒敗散仍須取機追逐

乘勢

左傳曰晉侯圍曹門焉多死（攻曹城門）曹人尸諸城上（磔晉死人於城
上也）晉侯患之聽輿人之誦稱舍於墓（輿衆也舍墓爲將發冢也）師遷焉
曹人兇懼（遷至曹人墓也兇兇恐懼聲也音呼勇切）爲其所得者棺而出因其

兇也而攻之遂入曹也
史記曰漢王遣將韓信破陳餘後信購致廣武君李左車師事之韓信曰僕欲北伐燕東攻齊何若而有功對曰今將軍涉西河虜魏王擒夏說閼與一舉而下井陘不終朝破趙二十萬衆誅成安君名聞海内威振天下此將軍之所長也然而衆勞卒罷其實難用今將軍欲舉倦弊之兵頓之燕堅城之下欲戰恐力不能拔情見勢屈曠日糧竭而弱燕不服齊必距境以自強也燕齊相持而不下劉項之權未有所分也若此者將軍所短也故善用兵者不以短擊長而以長擊短爲將軍計莫如案甲休兵鎮趙撫其孤弱百里之内牛酒日至以饗士大夫醳兵（魏都賦曰醳者悵特劉逵曰醳酒也）北首燕路而後遣辯士奉咫尺之書暴其所長於燕燕必不敢不聽從燕以東告齊齊必從風而服雖有智者亦不知爲齊計矣如是則天下事可圖也兵固有先聲而後實者此之謂也韓信並從之燕齊從風而靡

後漢書曰王莽兵攻昆陽光武自將步騎千餘前去大軍四五里而陣尋邑亦遣人數千合戰光武奔之斬首十級（秦法斬首一賜爵一級故因謂斬首爲級）諸部喜曰劉將軍平生見小敵怯今見大敵勇甚可怪也且復居前請助將軍光武復進尋邑兵却諸部共乘之斬首數百千級連勝遂前時伯升拔宛已三日而光武尚未知乃僞使持書報城中云宛下兵到而陽墮其書尋邑得之不喜（喜音許記切）諸將既經累捷膽氣益壯無不一當百光武乃與敢死者三千人從城西水上衝其中堅（敢死謂敢死者凡軍事中軍最尊居以堅鋭自輔故曰中堅也）尋邑陳亂乘鋭崩之遂殺　尋邑城中亦鼓噪而出中外合勢震動天地莽兵大敗走者相騰踐奔殪百餘里間（殪仆也）會大雷風屋瓦皆飛雨下如注滍川盛溢（水經曰滍水出南陽魯陽縣西堯山南經昆陽城北東入汝滍音直理也）虎豹皆股戰士卒爭赴溺死者以萬數水爲不流（數過於萬故以萬爲數）王邑嚴尤陳茂輕騎乘死人渡逃去盡獲其輜重車甲珍寶不可勝算

又曰曹公征張魯定漢中劉曄進說曰明公以步卒五千將誅董卓北破袁紹南征劉表九州百郡十并其八威震天下勢慴内外今舉漢中蜀人望風破膽失守推此而前蜀可傳檄而定也劉備人傑也有智度而遲新得蜀人猶未附今破漢中蜀人震恐其勢自傾以公之神明因其傾而壓之無不剋也若小緩之諸葛亮明於治而爲相關羽張飛勇冠三軍而爲將蜀人既定據險守要則不可犯也今不取必爲後憂曹公不從居數月蜀降者說蜀中一日數十驚備斬之而不能禁也曹公悔之又問曄曰今已小定未可擊也

晉書曰何無忌南追桓玄與振武將軍（劉道規劉毅）其龍驤將軍何澹之前將軍郭銓江州刺史郭昶之守盆口無忌等次桑落洲澹之等率軍來戰澹之常所乘舫旌旗甚盛無忌曰賊帥必不居此欲詐我耳宜亟攻之衆咸曰澹之不在其中徒得無益無忌謂道規曰今衆寡不敵戰不全勝澹之雖不居此舫取則易獲因縱兵勝之可一鼓而敗之也道規從之遂獲賊舫因傳呼曰已得何澹之矣賊中驚擾無忌之衆亦爲謂然道規乘勝徑進無忌又鼓噪趍之澹之遂潰

又曰鎮南將軍都督荆州杜元凱襲吳樂鄉（在今江陵郡松滋縣東六）對虜都督孫歆沉湖以南至于交廣覩風送款時衆會議或曰百年之寇未可盡克今將暑氣水潦方降疾疫將起宜

俟來冬大舉凱曰昔燕樂毅藉濟西一戰以并強齊今王師兵威已震譬如破竹數節之後皆迎刃而解也遂指授群帥直指秣陵所過城邑莫不束手遂平吳國先議者慙而謝焉

又曰朱齡石伐蜀賊譙縱縱將譙道福重兵守涪齡石師次平模去成都二百里縱遣將侯暉譙侻屯平模夾岸連城立柵齡石謂裨將劉鍾曰天方暑熱賊今固險攻之難拔祗困我師吾欲蓄銳息兵伺隙而進卿以為何如鍾曰不然前揚聲言大衆由涪水故譙道福不敢捨涪今重軍逼之出其不意侯暉之徒已破膽矣只可因其兇懼而攻之勢當必克克平模之後自可鼓行而前成都必不能守若緩兵相持虛實相見涪軍復來難為敵也進不能戰退無所資二萬餘人悉為蜀子虜耳從之翌日進攻皆克斬侯暉等縱之城守相次瓦解

又曰盧循率衆數萬方艦而下劉裕率兵拒之出輕利鬬艦躬提幡鼓命衆軍齊力擊之又上步騎於西岸右軍參軍庾樂生乘艦不進斬而徇之於是衆軍並騰踊爭先軍中多萬鈞神弩所至莫不摧陷裕自於中流蹙之因風水勢艦悉泊西岸上軍先備火具乃投火焚之烟焰翳天賊衆大敗追奔至夜乃歸循等還尋陽初分遣步兵莫不疑怪及燒賊艦衆乃悅服

又曰周訪討賊杜曾曾大潰殺千餘人訪夜追之諸將請待明訪曰曾驍勇能戰向之敗也彼勞我逸是以克之宜及其衰乘之可滅鼓行而進遂定漢沔

崔鴻十六國春秋蜀李特攻晉將張徵敗徵軍特議欲釋徵還涪(音浮)諸將進曰徵軍連戰士卒傷滅智勇俱竭宜因其弊遂擒之若舍而寬之徵養病收亡餘衆更合圖之未易也特從之復進攻徵潰圍走特遣將水陸追之遂害徵生擒徵子存以徵喪還之也

唐書曰太宗進逼西河宋金剛果遁走太宗追之身先士卒奮擊大破之乘勝逐北一日一夜行二百餘里轉戰數十合士卒疲弊至高壁嶺總管劉弘基執馬而諫曰大王功効於此足矣亦宜思自安之計方今草創敵可盡乎且喉糧已竭士卒疲頓更欲何之願且停營待兵糧咸集而後決戰太宗曰功者難成易敗機者難得易失金剛走到汾州衆心已沮我及其未定當乘勢擊之此破竹之義也如更遲留必為賊計此失機之道吾國家之事當竭忠盡力豈顧身之安危乎遂策馬去諸軍乃進莫敢以飢乏為辭夜宿於雀鼠谷之西原太宗不食二日不解甲三日矣軍中若飢此夕惟有一羊太宗撫將士與之同食三軍咸悅皆飽而思奮激明日趨汾州金剛列陣南北七里以抗官軍太宗遣總管李勣程齩金秦叔寶當其北翟長孫秦武通當其南親御中軍以臨之諸軍戰小却為賊所乘太宗率精騎三千直趣金剛賊衆大潰斬首三千餘級追奔數十里至張難堡有浩州行軍總管樊伯通張德政先據此堡望見太宗輕騎而來初未識之太宗免胄曰我也堡人讙譟既而涕泣曰不圖今日生謁大王死無所恨左右以太宗不食告之乃奉濁酒脫粟飯太宗曰今日飢渴並解雖公孫豆粥何以加之

又曰武德初太宗征薛仁果大破之乘勝遂逼折墌城實抗等苦諫曰賊主猶據堅城雖破其將宗羅侯未可即逼請按兵以候其變太宗曰筭之久矣破竹之勢不可失也

賊大軍以敗餘衆何足爲虞兇魁之計盡於此矣遂率衆而進至夜半軍臨賊城守陴者皆亂爭自投而下仁果窮蹙開門請降

太平御覽卷第三百一十四

太平御覽卷第三百一十五

兵部四十六

水戰　掩襲上

水戰

國語吳語曰越王軍于江南明日將舟戰於江

晉書慕容超載記曰水戰國之所短吳之所長

又曰陳敏作亂陶侃時鎮江夏以朱伺能水戰曉作舟艦乃遣作大艦署為右甄據江口摧破敏前鋒

又曰何無忌傳曰盧循遣別將徐道覆順流而下舟艦皆重樓無忌將率衆拒之長史鄧潜之諫曰今以神武之師抗彼逆衆迴山壓卵未足為譬然國家之計在此一舉聞其舟艦大盛勢居上流蜂蠆之毒邾魯成鑒宜決破南塘守二城以待之其必不敢捨我遠下蓄力俟其疲老然後擊之若棄萬全之長策而決成敗於一戰如其失利悔無及矣無忌不從遂以舟師拒之既及賊令強弩數百登西岸小山以邀射之而薄于山側俄而西風大起無忌所乘小艦被飄于東岸賊乘風以大艦逼之衆遂奔敗無忌尚厲聲曰取我蘇武節來節至乃躬執以督戰賊衆雲集登艦者數十人無忌辭色無撓遂握節死之

梁書曰王琳師兵東下陳遣太尉侯瑱司空侯安都等拒之瑱等以琳軍方盛引軍入蕪湖避之時西南風至急琳謂得天道將直取楊州侯瑱等徐出蕪湖躡其後比及兵交西南風翻為瑱用琳兵放火燧以擲瑱船者皆反燒其船琳艦潰亂兵士透水死十二三其餘皆棄船上岸為陳軍所殺殆盡

隋書曰楊素伐陳率水軍東下舟艫被江旌甲曜日素坐平乘大船容貌雄偉陳人望之懼曰清河公即江神也陳南康內史呂仲肅屯歧亭正據江峽於北岸鑿巖綴鐵鎖三條橫絕上流以遏戰船素令　登陵　先攻其柵仲肅軍夜潰素徐去其鎖

又李安傳曰伐陳之役蜀兵順流東下時陳人屯白沙安謂諸將曰水戰非北人所長今陳人依險泊船以夜襲屯賊可破也

越絕書曰伍子胥水戰法大翼一艘廣丈六尺長十二丈容戰士二十六人櫂五十人舳艫三人操長鈎矛斧者四吏僕射長各一人凡九十一人當用長鈎矛長斧各四弩各三十二矢三千三百甲兜鍪各三十二

莊子曰宋人有善為不龜手之藥者世世以洴澼絖為事不過數金一朝而鬻技百金請與之客得之以說吳王越有難吳王使之將冬與越人水戰大敗越人裂地而封能不龜手一也

阮元瑜為曹公與孫權書曰若恃水戰臨江塞要欲令王師終不得渡亦未必也

孫子荊為石仲容與孫皓書曰自頃國家整治器械修造舟檝簡習水戰

掩襲上

白虎通曰襲者何謂行不假塗掩人不備也人銜枚馬緤勒晝伏夜行為襲也

左傳曰凡師有鐘鼓曰伐無曰侵輕曰襲

又曰初周人與范氏田公孫尨稅焉趙氏得而獻之吏請殺之趙孟曰為其主也何罪止而與之田及鐵之戰以徒五百人宵攻鄭師取蜂旗於子姚之幕下

又曰齊侯還自晉不入遂襲莒門于且于莒子傷股而退

明日將復戰期于壽舒

又曰秦伯使大夫杞子戍鄭使告于秦曰鄭人使我掌其北門之管(管鑰)若潛師以來國可得也穆公訪諸蹇叔蹇叔曰勞師以襲遠非所聞也(蹇叔秦大夫)師勞力竭遠主備之無乃不可乎且師行千里其誰不知公辭焉(辭不受其言)召孟明西乞白乙使出師于東門之外蹇叔哭之曰孟子吾見師之出而不見其入也晉人禦師必於殽殽有二陵焉(大阜曰陵)其南陵夏后皐之墓(皐夏桀之祖也)其北陵文王之所避風雨(此道在二殽之間南谷中谷深委曲兩山相嶔故可以避風雨古道由此魏武帝西討巴漢惡其險而更開北山高道也)必死是間余收爾骨焉秦師遂東晉原軫曰秦違蹇叔而以貪勤人天奉我也(奉與)奉不可失敵不可縱縱敵患生違天不祥必伐秦師欒枝曰未報秦施而伐其師其爲死君乎先軫曰秦不哀吾喪而伐吾同姓秦則無禮何施之有吾聞之一日縱敵數代之患謀及子孫可謂死君乎(言不可謂背君)遂發命遽興姜戎子墨縗絰(晉文公未葬故襄公稱子以凶服從戎故墨之也)遂敗秦師于殽獲百里孟明視西乞術白乙丙以歸

家語曰吳晉遂遇於黃池越王襲吳之國吳王歸與越戰滅焉

戰國策曰蘇秦謂楚威王曰王興師襲秦此所謂兩虎相搏也

後漢書曰漁陽太守彭寵反自將二萬餘人攻幽州刺史朱浮於薊光武使將軍鄧隆救薊隆軍潞南浮軍雍奴遣吏奏狀帝讀檄怒謂使曰營相去百里其勢豈得相及比若([illegible])還比軍必敗矣寵果盛軍臨河以拒隆又別發輕騎三千襲其後大破隆軍朱浮遠遂不能救引而去

又曰蘇茂周建與馬武合戰良久王霸軍中壯士路潤等數十人斷髮請戰霸知士心銳乃開營後出精騎襲其背茂建前後受敵驚亂走散

又曰鄧訓發湟中六千人令長史任尚將之縫革爲船置於箄上以渡河(箄木筏也音步佳反)掩擊迷唐廬落大豪多所斬獲

又曰馬援討諸羌引精兵聚北山上援陳軍向山而分遣數百騎繞襲其後乘夜放火擊鼓叫譟虜遂大潰凡斬首千餘級援以兵少不得窮追收其穀糧畜產而還

又曹瞞傳曰公聞許攸來跣出迎攸勸公襲紹將公大喜乃選精銳步騎皆執袁軍旗幟銜枚縛馬口夜從間道出人把束薪所歷道問者語之曰袁公恐曹操鈔掠後軍還兵以益備問者信以爲然既至圍屯大放火營中驚亂大破之盡燔其糧穀寶貨斬督將眭元進等割得諸軍淳于仲簡鼻殺士卒千餘人皆取鼻牛馬割脣舌以示紹軍將士皆惶懼

又曰曹公征張魯曾至陽平張魯使弟衛據陽平關橫山築城十餘里攻之不拔乃引軍還賊見大軍退其守備懈公乃密遣騎將等乘險夜襲大破之

又曰廬江太守劉勳理明城(今同安郡)恃兵強士勇橫於江淮之間無出其右者孫策惡之時已有江左自領會稽太守使人卑辭厚幣而說之曰海昏上繚宗人數欺下國患之有年矣擊之路由不便幸因將軍之神武而臨之且上繚國富廩實吳姓越姬充於後庭明珠大貝被於帑藏(帑他朗切)取之可以資軍雖蜀郡成都金碧之府未能過也策願舉弊邑士卒以爲外援勳然之劉曄諫曰上繚雖小而城堅池深守之則易攻之則難不可旬月而拔也且見疲於外而國虛於內孫策多謀而善用兵乘虛襲我將何禦之而將

軍進屈於敵退無所歸羝羊觸藩羸其角不能退不能進其在兹乎勲不從遂大興師伐上繚其蘆江果爲策所襲勲窮蹙遂奔曹公

魏志曰遣將鍾會鄧艾伐蜀蜀將姜維守劒閣鍾會攻維未能拔艾上言請從陰平江由邪徑經漢德陽亭趣涪出劒閣西四百里去成都三百里奇兵衝其腹心劒閣之守必還赴涪則會方軌而進劒閣之士不還則應涪之兵寡矣軍志有之曰攻其不備出其不意今掩其空虛破之必矣冬十月艾自陰平行無人之地七百餘里鑿山通道造作橋閣山高谷深至爲艱嶮又糧運將匱頻於危殆艾以氈自裹推轉而下將士皆攀木緣崖魚貫而進先登至江油蜀守將馬邈降諸葛瞻自涪還綿竹列陣相拒大破之斬瞻及尚書張遵等首進軍至成都蜀主劉禪面縛輿櫬詣軍門降

又曰楊阜字義山天水冀人也韋康以爲別駕馬超率萬餘人攻冀城阜率國士大夫及宗族子弟勝兵千餘人使弟岳於城上作偃月營與超接戰自正月至八月拒守而救兵不至超入拘岳於冀殺刺史太守阜内有報超之志而未得其便外兄姜叙屯歷城阜少長叙家見叙母説前在冀中時事歔欷悲甚叙曰何乃爾阜曰守臣不能見君亡不能死亦何面目以視息天下乎時叙母慨然勑從阜計超聞阜等兵起自將出襲歷城得叙母罵之曰若背父之逆子弑君桀賊天地豈久容敢以面目視人乎超怒殺之阜與戰身被五瘡宗族昆季死者七人

吳志曰蜀將關羽遣麋芳守南郡羽領兵圍樊吳主遣將呂蒙屯陸口外倍脩恩厚與關羽結好羽多留兵備南郡恐蒙有變蒙上疏曰羽討樊而多留備兵必恐蒙圖其後故也蒙常有病乞分衆還建業以理病爲名羽聞之必徹備徐以大軍泝江馳上襲其空虛則南郡可不戰而羽易擒耳吳主然之蒙遂稱病而還建業羽果稍徹備而悉衆赴樊城蒙遂發兵泝流而上伏甲於舟使吏衣爲商人以理征棹達曙兼行過羽所置屯戍輒縛之羽遂失驚師次于南郡襲奪其城羽吏士攻樊城未下聞城以陷而家屬無恙見待甚於平時無復鬭心稍稍散羽竟爲吳師所擒荆州遂平

又曰建安二十四年關羽圍曹仁於襄陽曹公遣左將軍于禁救之會漢水暴起羽以舟兵盡生虜禁等步騎三萬送江陵唯城未拔權内憚羽外欲以爲己功淺與曹公乞討羽自効權征羽先遣呂蒙襲公安獲將軍士仁蒙到南郡太守麋芳以城降蒙據江陵撫其老弱釋于禁之囚

晉書曰王如京兆人也初爲州武吏遇亂流移至宛時諸流人有詔並遣還鄉如等以關中荒殘不願歸征南將軍山簡南中郎將杜蕤各遣兵送之而促期令發如遂潛結無賴少年夜襲二軍大破之又陷攻襄城於是流人諸郡各率其黨攻諸城鎮多殺令長以應之未幾衆四五萬號大將軍後如連年種穀皆化爲莠軍中大飢

又曰石勒遣其將石良率精兵五千襲矩矩逆擊不利郭誦弟元復爲賊所執遣元以書説矩曰去東平曹嶷西平猗盧矩如牛角何不歸命矩以示誦誦曰昔王陵父母在賊猶不改意弟當何論勒復遣誦麈尾馬鞭以示款勤誦不荅

又曰張駿爲涼州牧咸和初駿遣武威太守竇濤金城太

守張閬武興太守辛巖揚烈將軍宋輯等率衆來會韓璞攻討秦州諸郡劉曜遣其將劉胤來拒屯于狄道城韓璞進渡沃干嶺辛巖曰我握衆數萬藉氐羌之鋭宜速戰以滅之不可以久久則變生璞曰自夏末以來太白犯月辰逆行白虹貫日皆變之大者不可以輕動輕動而不捷爲禍更深吾將久而斃之且曜與石勒相攻胤亦不能久也積十七日軍糧竭遣辛巖督於金城胤聞之大悅謂其將士曰韓璞之衆十倍於吾羌胡皆　叛不爲之用吾糧廪將懸難以持久今虜分兵運糧可謂天授吾也若敗辛巖璞等自潰彼衆我寡宜以死戰戰而不捷當無疋馬得還宜厲爾戈矛竭汝智力衆咸奮於是率騎二千襲巖于沃干嶺敗之璞軍遂潰死者二萬餘人面縛歸罪駿曰孤之罪也將軍何辱皆赦之

王隱晉書曰祖逖軍大飢進據食犬丘城樊雅遣六十餘人入逖營拔戟大呼向逖逖軍人夜不知何賊多少皆欲散走逖疑非多人但推左右拒之會督護董聽入共討賊賊散故道出

太平御覽卷第三百一十五

太平御覽卷第三百一十六

兵部四十七

掩襲下

晉書曰石勒僞推奉晉幽州刺史王浚浚不疑勒於是輕騎襲幽州以火宵行至易水浚督護孫緯馳遣白浚引軍拒勒浚將佐咸請出軍擊勒浚怒曰石公來正欲奉戴我也敢言擊者斬乃命設饗以待之勒晨至薊叱門者開門疑有伏兵先驅牛羊數千頭聲言上禮實欲填諸街巷使兵不得發浚乃懼或坐或起勒入城升其聽事命甲士執浚立之於前數其罪惡而誅之遂陷幽州

又曰劉裕秉政劉毅爲荆州刺史每多異同之議裕帥兵討之遣裨將王鎮惡先襲至豫章口豫章口去江陵城二

十里自鎮惡進路揚聲劉蕃上先是毅稱病表請從弟兗州刺史蕃爲副毅謂信然不知見襲鎮惡自豫章口捨船步上小將蒯恩軍在前鎮惡次之舸留一乙士（卒之次也）對舸岸上豎六七旗每旗下安一鼓語所留人計我將至城便長嚴令如後有大軍狀又分隊在後令燒江津船艦鎮惡逕前襲城語前軍若有問者但云劉兗州至津戍及百姓皆言劉蕃實上晏然不疑未至城五六里逢毅親將朱顯之將千餘騎從者數十欲出江津問是何人荅曰劉兗州至顯之騎前問蕃在所荅去在後顯之既至後不見蕃而見軍人擔鼓排戰具又遥見江津船艦已被焚燒煙焰張天而鼓嚴之聲甚盛知其非蕃上便躍馬馳去告毅外有大軍似從下上垂已至城江津船悉被火燒矣行命閉諸城門鎮惡亦馳進軍人緣城得入門猶未及下關因得開大城東門入城內毅凡有八隊餘已得戒嚴蒯恩入東門便北迴擊射堂前軍攻金城東門鎮惡入東門便直西擊金城西門軍分攻金城南門毅金城內東從舊將士猶有六隊千餘人食時就鬬中晡西入退散及歸降略盡鎮惡入城便因風放火燒大城南門及東門又遣人以詔及文并高祖手書凡三函示毅皆燒不視金城內亦未信裕自來鎮惡至軍門人與毅東來將士或有是父兄子弟中表親者鎮惡命因鬬且共語衆並知劉裕自來人情離懈一更許聽事前陣散潰毅左右兵猶閉東西閤拒戰鎮惡恐慮夜暗自相傷犯乃引軍出繞金城開其南面以退毅慮南有伏兵三更中率左右三百許人開北門突出城於佛寺自縊

梁書曰侯景反陷建業高州刺史李遷仕據大皐圖逆召

高涼太守馮寶寶欲往其妻沈氏止之曰刺史無故不合召太守此詐君欲爲反耳頃者京師危逼羽檄徵兵遣于郡縣刺史稱疾不赴繕甲治兵今已備矣而更召君往必見留追君兵衆此意可知矣魚不可脫於泉願且勿行遣使諭之曰身病篤謹遣妻傳意并送土物以省之彼聞喜必無防爲君取之如反掌矣寶從之於是沈氏自將千人皆藏短兵步擔雜物唱言賧貨（賧音賧）先書報遷仕曰太守馮寶疾篤謹令妻沈氏傳啓并奉土貢以資軍費遷仕大悅出迎沈氏因釋擔出刃大破之遷仕脫身而遁沈氏入據其城盡收其衆

後魏書曰晉王伏羅督高平源州諸軍討吐谷渾慕利延軍至樂都謂諸將曰若從大道恐軍聲先振必當遠遁若潛軍出其非意此鄧艾擒蜀之計也諸將咸難之伏羅曰

夫將軍制勝萬里擇利專之可也遂間道行至大母橋利延衆驚奔白蘭慕利延兄子拾寅走河曲降其一萬餘落

又曰陸俟代人也長安盧永劉超等聚黨以叛世祖詔俟以本官鎮長安使以方略定之於是俟單馬之鎮超聞之欣然以爲無能爲也既申揚威信示以成敗誘納超女外若姻親超猶自驚初無降意俟乃率其帳下往見超觀其舉措超使人逆曰三百人以外適當以弓馬相待三百以内當以酒食相供乃將三百騎詣超超設備甚嚴俟遂縱酒以盡醉而返後謂將士曰超可取乃密選精兵五百人激厲之言至懇切士卒荅曰以死從公必無二也遂僞獵詣超與士卒約曰今會發機以當醉爲限俟於是詐醉上馬大呼手斬超將士皆應聲縱擊遂平之世祖大悅徵還轉外都大官

又曰魏使蕭寶寅伐梁堰淮水濫溢將爲楊徐之患寅於堰上流鑿新渠引注淮澤乃遣將士千餘夜渡淮燒其營聚破賊斬其將軍而還

又曰慕容白曜南征宋以酈範爲副帥次無鹽宋將申纂憑城拒守議者僉以攻具未周不宜便進範曰今輕軍遠襲深入敵境無宜淹留久稽機候且纂必以我軍來速不在攻守謂方城可憑弱卒可恃今若外潛威形内整戎旅密厲將士出其不意可一攻而尅之白曜遂潛軍僞退示以不攻纂果不設備於是即夜部分晨便騰城崇朝而尅

又曰幽州刺史劉靈助以莊帝被爾朱兆所弑遂舉兵唱義諸州豪右咸相通結靈助屯於定州之安固兆遣將叱列延慶討之諸將謂延慶曰靈助善於卜占百姓信惑所在響應未易可圖若万一戰有利然則大事去矣若未還師西入據關拒嶮以待其變延慶曰劉靈助庸人也天道深遠豈其所識大兵一臨彼皆恃其妖術坐看符厭寧肯勠力致死與吾爭勝負哉如吾計者欲出城營外詭言西歸靈助聞之必信而自寬潛軍往襲可一舉而擒乃出頓城西聲云將還簡精騎一千夜發詰朝造靈助壘戰於城北遂破被擒之

又曰宕昌羌獠甘作亂逐其王彌定魏遣將史寧討破之甘將百騎走投生羌鞏廉王彌定遂得復位寧以未獲獠甘密欲圖之乃揚聲欲還獠甘聞之復招引叛羌依山起柵欲攻彌定寧謂諸將曰此羌人入吾術中當進兵擒之耳諸將思歸咸曰羌之聚散無常依據山谷今若追討恐引日無成且彌定還得守藩將軍功已立矣獠甘勢弱定能制之此還軍策之上者寧曰一日縱敵數世之患豈可

捨垂滅之寇更煩再舉人臣之禮知無不爲此觀諸軍不足與計事也如更沮衆寧豈不能斬諸將遂進軍獠甘衆亦至與戰大破之生擒獠甘并鞏廉王

後周書曰劉亮初從賀拔岳西征常先鋒陷陣以功拜大都督及岳被害亮與諸將謀迎太祖豳州刺史孫定兒據州不下涇秦諸州悉相與應衆至數萬推定兒爲主以拒義師太祖令亮襲之定兒以義兵猶遠未爲之備亮輕將二十騎先竪一纛於近城高嶺即馳入城中定兒方致酒高會卒見亮衆皆駭愕莫知所爲亮乃麾兵斬定兒首懸首號令賊黨仍遥指城外纛命二騎曰出追大軍賊黨大懼一時降附於是諸州皆歸款伏太祖置十二軍諸將將之亮領一軍每征討與怡峯俱爲騎將

又曰賀拔岳從爾朱天光討万俟醜奴宣言遠近曰今氣

候漸熱非征討之時待至秋涼更圖進取醜奴聞之遂以為實分遣諸軍散農營於岐州之北百里細川岳與天光諸軍盡發掩之醜奴乃弃平亭而走岳輕騎急追明日及醜奴於平涼之長坑一戰擒之

隋書曰遂州獠反命將周法尚討之軍將至賊弃州城走散山谷間法尚捕不能得於是遣使慰諭以官號僞班師自行二十里軍再舍潛遣人覘之知其首領盡歸柵聚飲相賀法尚選步騎數千人襲擊破之

又曰李徹從元帥衛王爽擊突厥行軍總管李充言於爽曰周齊之世有戰國中夏力分其來乆矣突厥每侵邊諸將輙以全軍為計莫能死戰由是突厥勝多敗少所以每輕中國之師今者沙鉢略悉國內之衆屯據要險必輕我而無備精兵襲之可破也爽從之諸將多以為疑唯徹奬成其計請以同行遂與充率精騎五千出其不意掩擊大破之沙鉢略弃所服金甲潛草中而遁以功加上大將軍

又曰李安為尚書右丞黄門侍郎下陳之役以為楊素司馬仍領行軍總管率蜀兵順流東下時陳人屯白沙安謂諸將曰水戰非北人所長今陳人依險泊船必輕我而無備以夜襲之賊可破也諸將以為然安率衆先鋒大破陳師高祖嘉之詔書勞曰陳賊之意自言水戰為長險隘之間彌謂官軍所憚開府親將所部夜動舟師摧破賊徒生擒虜衆益官軍之氣破賊人之膽副朕所委聞以欣然進位上大將軍

又曰李密擊宇文化及精兵良將多有死傷王世充在東都乘其弊而擊之率步騎二萬營於洛南李密軍於偃師北世充潛遣二百騎夜伏於邙山自統其衆遲明渡水人奔馬馳以襲密營遽出兵以拒之陣未成列兩軍已合伏兵於北山中乘高而下馳入密營燒其廬舍密見營中火發因而遁走

又曰煬帝末年群盜起遣將張須陁擊盧明月於下邳賊連營十餘萬須陁纔萬人力勢不敵去賊六七里立柵相持經十餘日糧盡欲退謂將士曰賊見兵却必輕來追我其衆若出營內即虛欲以千人襲營可有大利此乘危險誰能去者人皆莫對唯秦叔寶與羅士信皆曰願行於是須陁委柵而遁使二人分領千兵潛伏於草莽而明月悉兵追之叔寶士信馳至其柵柵門閉不得入二人超昇其樓拔賊幟各殺數人營中大亂叔寶斬關而納外兵因散縱火焚其三十餘柵煙焰漲天明月奔還須陁却逐之大破賊衆明月以數百騎遁去餘皆虜之

又曰李密起兵于雍丘是時河南山東大水死者將半密將李勣言於密曰今人多阻飢若據得黎陽倉大事濟矣密乃遣勣領麾下五千人自原武濟河掩襲即日尅之開倉恣食一旬之間勝兵二十餘萬人

唐書曰高宗遣將薛仁貴郭待封等伐吐蕃大非川將赴烏海仁貴謂待封曰烏海險遠車行艱澁若引輜重將失事機又破賊即迴不煩轉運彼多瘴癘無宜乆留大非川嶺上寬平足堪置柵可留二萬人作兩柵輜重並留柵內吾等輕鋭倍道掩其未整即撲滅之矣仁貴遂率衆先行至河口遇賊擊破斬之所獲甚衆收其牛羊萬餘頭

又曰貞觀初突厥頡利可汗牙於定襄時諸部離散代州道行軍總管李靖選驍騎三千徑赴惡陽嶺出其不意擊之突利驚走靖遂收定襄之地頡利可汗懼退保鐵山遣

使入朝謝罪請舉國內附又命靖往迎之頡利雖外請入朝猶持兩端待草青馬肥將踰沙磧其年太宗遣唐儉安脩仁往頡利牙慰撫之靖揣知其意謂副將張公謹曰詔使到彼虜必自寬若選精騎一萬賫二十日糧引兵自白道襲之破虜必矣公謹曰詔許其降行人在彼未宜置討靖曰此兵機也時不可失韓信所以破齊如唐儉等輩何足可惜督軍疾進師至陰山遇其斥候千餘帳皆俘以隨軍頡利見詔使大悅不虞官兵之卒至靖軍將逼其牙十五里虜始覺頡利乃走靖俘斬萬餘級獲口十餘萬得可汗婦隋義城公主殺之頡利奔吐谷渾西道行軍張寶相擒之以獻俄而突利可汗來降靖始復定襄恒安故地開拓北境自陰山已北至於大漠太宗初聞突厥國滅謂侍臣曰朕聞主憂臣辱主辱臣死昔國家草創太上皇以百

姓之故稱臣於突厥朕未嘗不痛心疾首志滅凶奴坐不安席食不甘味今暫舉偏師無往不捷單于欵塞耻其雪乎因大赦天下大酺五日

又曰李愬將襲蔡州先七日使判官鄭澥告師期於裴度乃以李祐師突將三千爲先鋒李忠義副之愬自帥中軍三千田進誠以後軍三千殿而行初出文城柵衆請所向愬曰東六十里而止至賊境曰張柴圍入之而盡殺其衆令軍士少息分食繕羈勒兵甲胄發刃彀弓復建旆而出是日陰晦雨雪大風裂旗旆馬慄而不能躍士卒苦寒抱戈僵仆者道路相望其川澤梁徑險夷張柴以東師人未嘗蹈其境皆謂投身不測初張柴諸將請所止愬曰入蔡州取元濟也諸將失色監軍使駐馬哭曰果落祐計中矣愬不聽促進師其下皆謂其必不還然以從愬之令無敢

爲身計者愬道分五百人斷洄曲路橋其夜凍死者十二三又分五百人斷朗山路自張柴行七十里北至懸瓠城夜半雪愈甚城傍有鵝鴨池愬令驚擊之以雜其聲賊恃吴房朗山之固晏然無一人知者李祐李忠義持钁坎城而先登敢鋭者從之盡殺守門卒而發其門留柝者以安之及雞鳴雪亦止愬以衆入止元濟外宅田進誠續至乃合衆攻其子城子城防卒及雜役者尚千餘人乗城拒戰初有告元濟不信又告城陷矣元濟曰是洄曲子弟歸求寒衣耳及出聽聞愬號令云常侍傳語乃曰何常侍乃得至此遂操弓挾矢麾其左右奴僕盡乗城而自督戰愬計元濟猶望董質來救乃訪質家安恤之使其子持書禮召質質見子言城已陷及元濟孤窘之狀又見李祐輩巳立奇功乃慨然以單騎歸愬白衣叩伏愬前愬揖登堦

以賓禮與之食時田進誠既毀其城外門得甲仗庫易其器甲明日後薄城焚其南門百姓爭負薪蒭以委之元濟城上以請罪進誠投梯而下之愬得元濟檻送京師其申光二州城鎮兵尚二萬餘人相次來降自元濟就執愬不戮一人其爲元濟執事帳下及厨廐之間者使復其職使之不疑乃屯軍鞠場以候裴度也

又曰石雄爲劉沔裨將會昌初回鶻冦天德詔命劉沔爲招撫迴鶻使三年迴鶻大掠雲朔北邊牙於五原沔以太原之師屯于雲州沔謂雄曰黠虜離散不足驅除國家以公主之故不欲急攻今觀其所爲氣淩我輩若稟朝旨或恐依違我輩捍邊但能除患專之可也公乃選驍健乗其不意徑趨虜帳彼以疾雷之勢不暇枝梧必弃公主亡竄事苟不捷吾自繼進亦無患也雄受教自選勁騎得沙陁

李國昌三部落兼契苾拓拔雜虜三千騎月暗夜發馬邑徑趍烏介之牙時虜帳逼振武雄既入城登堞視其衆寡見氊車從十從者皆衣朱碧類華人服飾雄令諜者詐之此何大人虜曰此公主帳也雄喻其人曰國家兵馬欲取可汗公主至此國家也須謀歸路俟其兵合時不得動帳幕雄乃大率城内牛馬雜畜及大鼓夜穴城爲十餘門遲明城上立旗張炬火乃於諸門縱其牛畜鼓譟從之直犯烏介牙帳炬火燭天鼓譟動地可汗惶駭莫測率騎而奔雄率勁騎追之至殺胡山急擊之斬首萬級生擒五千羊馬車帳皆委之而去遂迎公主還

又曰黄巢既陷長安時鄭畋帳下小校竇玫者驍敢無敵每夜率敢死之士百人直入京師放火爇諸門斬級而還賊人悚駭

吕氏春秋曰齊令章子將攻荆荆令唐篾將拒之與荆人夾泚水而軍章子令人視水可絶者荆人射之水不可得近有芻水旁者告齊侯者曰水淺深甚易知荆人所盛守盡其淺者也所簡守皆其深者也使載芻者與見章子因夜奄荆人所盛守果殺唐篾也

太公陰謀書武王伐殷兵至牧野晨舉脂燭推掩不備

太平御覽卷第三百一十六

太平御覽卷第三百一十七

兵部四十八

攻圍上

孫子曰：下攻攻城。攻城之法，爲不得已。脩櫓轒轀，具器械，三月而後成；距闉，又三月而後已。(脩，治也。櫓，大楯也。轒轀，車也。轒轀其下四輪，從中推之至城。器械者，機關攻守揔名，蜚雲梯之屬。距闉者，踊土積而前，以附其城也。)將不勝其忿，(將忿)而蟻附之，則殺士三分之一，而城不拔者，攻之災也。(不得攻器而使卒緣城上，如蟻緣墻，殺士也。)善用兵者，屈人之兵而非戰，拔人之城而非攻，毀人之國而非久，必以全爭於天下，故兵不頓而利可全，此謀攻之法也。(不以敵戰而必全得之意，勝於天下，不頓兵血刃也。)

又曰：不可勝則守，可勝則攻。(敵攻己，可勝也。)守則不足，攻則有餘。(吾所守者力不足也，所以攻者力有餘也。)所以善守者藏於九地之下，(因其山水丘陵之固。)善攻者動於九天之上，(因天時力利之變，若動於九天之上也。)故能自保而全勝也。

又曰：攻而必取者，攻其所不守也；守而必固者，守其所必攻也。(謂敵之惜者也。)故善攻者，敵不知其所守；善守者，敵不知其所攻。(情不泄也。)微乎微乎，故能隱於常形；神乎神乎，故能爲敵司命。進不可禦者，衝其虛也；退而不可追者，速而不可及也。(卒往攻其虛懈，退又疾也。)故我欲戰，雖高壘深溝，不得不與我戰者，攻其所必救之。(絕糧道，守歸路，攻君王也。)我不欲戰，畫地而守之，(軍不頓也。)敵不得與我戰者，乖其所之。(乖，捩也。捩其道，示以利害，使疑之，我未脩壘塹，敵人不敢攻。敵我者以形勢之長，就能加之於敵也。)

左傳曰：晉荀吳帥師伐鮮虞，圍鼓。(鼓，白狄之別種也。巨鹿下曲陽縣有鼓聚。)鼓人或請以城叛，穆子弗許，曰：或以吾城叛，吾所惡也。人以城來，吾獨何好焉？使鼓殺叛人而繕守備。圍鼓三月，鼓人請降，使其民見，曰：猶有食色，姑脩而城。軍吏曰：獲城而弗

取，何以事君？穆子曰：吾以事君也。獲一邑而教民怠，將焉用邑？人能事其君，我亦能事吾君。率義不爽，(爽，差。)好惡不愆，城可獲而民知義所，(知義所在。)有死命而無二心，不亦可乎？鼓人告食竭力盡而取之，克鼓，不戮一人，以鼓子䳒歸。(鼓君名。)

又曰：齊高發帥師伐莒。初，莒有婦人，莒子殺其夫，已爲嫠婦，及老，託於紀鄣，(紀彰，莒邑。)紡焉以度而去之。(因紡纑連所以度城藏之，待外攻以報也。)及師至，則投諸外。(投繩城外。)或獻諸子占，子占使師夜縋而登。(緣繩登城。)登者六十人，縋絕，師鼓譟，城上之人亦譟，莒共公懼，啓西門而出。七月丙子，齊師入紀。(傳言怒不在大。)

又曰：晉侯、秦伯圍鄭，晉軍函陵，秦軍氾南。佚之狐言於鄭伯曰：國危矣，若使燭之武見秦師，必退。(佚之狐、燭之武，皆鄭大夫也。)公從之。辭曰：臣之壯也，猶不如人；今老矣，無能爲也。公曰：雖

然，鄭亡，子亦有不利焉。許之。夜縋而出，見秦伯。

又曰：齊侯曰：以此衆戰，誰能禦之？以此攻城，何城不克？

又曰：楚子圍鄭，旬有七日，鄭人卜行成，不吉；卜臨于太宮，(臨哭也。太宮，鄭太祖廟。)且巷出車，吉。(示將見遷。)國人大臨，守陴者皆哭。(陴城上者，辟兒也。皆哭者，告楚窮也。)楚子退師，鄭人脩城，進復圍之，三月克之。(哀其窮，故爲退師；尚不服，故復圍之，九十日。)入自皇門，至于逵路。(方九軌曰逵。)鄭伯肉袒牽羊以逆，(示服爲臣僕也。)曰：孤實不天，(不爲天所祐。)不能事君，使君懷怒以及敝邑，孤之罪也。敢不唯命是聽？其俘諸江南，以實海濱，亦唯命；其翦以賜諸侯，使臣妾之，亦唯命；若惠顧前好，(世有盟誓。)使改事君，夷於九縣，(楚滅九國，以爲縣也。)君之惠也，孤之願也，非所敢望也。敢布腹心，君實圖之。

又曰：齊侯伐我北鄙，圍龍。(魯邑。)頃公之嬖人盧蒲就魁門焉。(攻龍門也。)龍人囚之。齊人曰：弗殺，吾與而盟。弗聽，殺而膊諸城

上（勝礴也）晉侯怒親鼓士陵城三日取龍

國語曰晉獻公見翟相之氛歸寢不寐（翟相國名也言有亡國之氣也一曰祲國有善祥已國凶惡也）郄叔虎朝公語之遂伐翟相叔虎乘城被羽先登剋之（羽羽衣發并其城也）

戰國策曰平原君謂馮忌曰寡人欲出兵攻燕何如對曰不可夫以秦將伐武安君公孫起乘十勝之威與馬服子戰於長平之下大敗趙師自以餘兵圍邯鄲之城趙以十敗之餘收破軍之弊秦罷於邯鄲之下趙守而不可拔者攻難而守易也今非有十克之威而燕非有長平之禍也今一敗之禍未復而欲以罷趙攻強燕強秦以兵承趙之弊此乃強吳所以亡而弱越所以霸也故臣未見燕之可攻也平原曰善

又曰樂羊爲魏將而攻中山其子在中山中山之君烹其子而遺羹樂羊坐於幕下啜之盡一杯文侯曰樂羊以我故食其子之羹賞其功而疑其心

又曰秦攻趙蘇子說秦王曰臣聞王之於民也多聽而時用之是故事無敗也臣聞懷重寶者不夜行任大功者不輕敵是以賢者任重而行恭智者功大而辭順故民不惡其尊世不妬其業秦乃解兵諸侯休天下安不相攻二十九年

史記曰秦末沛公破南陽守齮走保城守宛（齮魚綺切）張良曰沛公雖欲急入關秦兵尚衆距險今不下宛宛從後擊彊秦在前此危道也於是沛公乃夜引軍從他道還更張旗幟黎明圍宛城三匝（黎未也未明之須頃已圍之事畢方明又言黎黑色亦未明也）南陽守欲自剄其舍人陳恢曰死未晚也乃踰城見沛公曰臣聞足下約先入咸陽者王之今足下留守宛宛大郡之都也連城數十人庶衆積蓄多吏人自以爲降必死故皆堅守乘城今足下盡日止攻士死傷者必多引兵去宛宛必隨足下後足下前則失咸陽之約後又有彊宛之患爲足下計莫若約降封其守因使止守引其甲卒與之西諸城未下者聞聲爭開門而待足下通行無所累矣沛公曰善乃以宛守爲殷侯封陳恢千户引兵而無有不下者

又曰武安君白起攻韓拔九城斬首五萬

又周本紀曰古公積德行義國人皆戴之薰育戎狄攻之欲得財物與之已復攻欲得地與民民皆怒欲戰古公曰今戎翟所爲攻戰以吾地與民民之在我與其在彼何異民欲以我故戰殺人父子而君之予不忍爲

漢書李陵傳曰單于急攻陵陵居谷中虜在山上四面射之矢下如雨

又曰李廣利及郡國惡年少數萬人至貳師取善馬故號貳師將軍當道小國各堅守不肯給食攻郁城殺傷甚衆引而還天子聞之大怒使使遮玉關軍有敢入輒斬之貳師恐益發惡少年及邊騎六萬人伐宛宛城外流水於是遣水工徙其城攻之三十餘日宛貴人相與謀遣人到貳師軍約漢無攻我我盡出善馬貳師許之取善馬中馬以三千疋餘

後漢書曰河南賊董憲招誘五校餘賊步騎數千人屯建陽去昌慮三十里光武親征至番（音波）去憲百餘里諸將請進帝不聽知五校乏食當退勑各各堅壁以待其弊頃之五校糧盡果引去帝乃親臨四面攻憲三日大破之

又曰王郎起兵光武自薊至信都使鄧禹發奔命得數千人令自將之別攻拔樂陽

又曰龐萌董憲反與蘇茂校彊合兵三萬急圍桃城光武時在蒙聞之乃留輜重自將輕騎二千步騎數萬晨夜馳赴師次任城去桃城六十里旦日諸將請進賊亦挑戰帝不聽乃休士養銳以挫其鋒城中聞車駕至衆心固時吴漢等在東都馳使召之萌等乃悉兵攻城二十餘日衆疲困而不能下及吴漢等到乃率衆軍進桃城帝親自搏戰大破之

又曰張步據齊地漢將耿弇揔兵討之張步使其大將費邑軍歷下又分守祝阿鍾城弇先擊祝阿自晨攻城未日中而拔之故開圍一角令其衆得奔歸鍾城鍾城人聞祝阿已潰大恐懼遂空壁亡去

又曰漢將朱儁與荊州刺史徐璆共討黃巾擊賊帥趙弘斬之賊餘帥韓忠復據宛乞降司馬張超請聽之儁曰兵

有形同而勢異者昔秦項之際人無定主故賞降附勸以來耳今海內一統唯黃巾造冦納降無以勸善討之足以懲惡今若受之更開逆意賊利則進戰鈍則乞降縱敵長冦非良計也因急攻連戰不剋儁登土山覩之顧謂張超曰吾知之矣賊今外圍周固內營逼急乞降不受欲出不得所以死戰也萬人一心猶不可當況十萬乎其害甚矣不如徹圍并兵入城忠見圍解勢必自出則意散易破之道也既而解圍忠果出戰儁因擊大破之忠等皆降

又曰曹公破袁尚拔鄴進圍壺關令日城拔皆坑之連日不能下其將曹仁謂公曰夫圍城必開之所以開其生路也今許之必死將卒自以爲守且城固而糧多攻則士卒傷守則曠日持久今頓兵堅城之下攻必死之虜非良計也曹公從之遂降其城

東觀漢記曰張步都臨淄使弟玄武將軍藍將兵守西安去臨淄四十里耿弇引軍營臨淄西安之間弇視西安城小而堅藍兵又精未易攻也臨淄諸郡太守相與雜居人不專一其聲雖大而虛易攻弇內欲攻之告令軍中治攻具後五日攻西安復縱生口令歸藍聞之晨夜守城至其日夜半令軍皆食會明求乞攻西安臨淄不能救也弇曰然吾故揚言欲攻西安今方自憂治城具而吾攻臨淄一日必拔何救之有吾得臨淄即西安孤必復亡矣所謂一舉而兩得者也且西安城堅精兵二萬人攻之未可卒下卒必多死傷正使得其城張藍引兵突臨淄更強勤兵憑城觀人虛實吾深入敵城後無轉輸旬月之間不戰而困諸軍不見是爾弇遂擊臨淄至日中破之張藍聞臨淄破果將其衆亡

漢表傳曰郭典字君業爲鉅鹿太守與中郎將董卓攻黃巾賊張寶於下曲陽典作圍塹而卓不肯典曰受詔攻賊有死而已使諸將引兵屯東典獨於西當賊之衝晝夜進攻寶由是城守不敢出時爲之語曰郭君圍塹董將不許幾令狐狸化爲豺虎賴我郭君不畏強禦轉機之間敵爲窮虜猗猗惠君寶遡壃土

英雄記曰袁尚使審配守鄴曹操進軍攻鄴審配將馮禮爲內應開突門內操兵三百餘人配覺之從城上以大石擊門門閉入者皆死操乃鑿塹圍迴四十里初令淺示若可越配望見笑而不出操令一夜濬之廣深二丈決漳水灌之自五月至八月城中餓死者過半尚聞鄴急將兵萬餘人還救操逆擊破之尚走依曲漳爲營操復圍之尚懼遣陰夔陳琳請降不聽尚還走藍田操復進急圍之尚將

馬迎等臨陣降衆大潰尚奔中山盡收其輜重得尚印綬節鉞及衣物以示城中城中崩沮配審命士卒曰堅守死戰操軍疲矣幽州方至何憂無主以其兄子榮爲東門校尉榮夜開門內操兵配楯拒戰城陷生獲配意活之配意氣壯烈終無撓辭見者莫不歎息遂斬之

魏志曰袁紹圍太祖於官渡糧乏問計於賈詡詡曰公明勝紹勇勝紹用人勝紹決機勝紹有此四勝而半年不定者但顧萬全故也必決其機須臾可定太祖曰善乃并兵出爲圍擊紹紹軍大潰河北平

太平御覽卷第三百一十七

太平御覽卷第三百一十八

兵部四十九

攻圍下

王隱晉書曰祖約爲豫州刺史胡騎至攻城大戰其日西風兵火俱攻賊以繩繫鐵鈎鈎擿挽城樓樓住拔壞又作鐵鈎擿（音擿）城登梯得上所挽樓城北角行牆三十步壞約始大怖使戴洋呼祭敎伍子胥卿若使胡奴得城當持白酒寸脯着卿前急令轉風却賊當上肥牛中後風轉下脯賊退亦不知風偶自轉爲能感動

晉書曰趙王倫孫秀爲義師所討日蹙乃與秀謀或欲收餘卒出戰或欲焚燒宮室誅殺不赴巳者或欲乗船東走入海計未決王輿率營兵七百餘人自南掖門入勑宮中兵各守衛諸門三部司馬爲應於内輿自往攻秀秀閉中書南門輿放兵登墻燒屋秀及左右窘走出左衛將軍趙泉斬秀等以徇

又曰劉裕率兵伐後秦姚泓後魏遣將鵝青等步騎十萬屯河北有數千騎緣河隨晉軍進止時軍人緣河南岸牽百丈河流迅急有漂渡北岸者輙爲魏人所殺掠遣軍纔過岸即退軍還復來宋武乃遣白直隊主丁旿轄率七百人及車百乗於河北岸上去水百餘步爲却月陣兩頭抱河車置七仗士事畢使竪一白毦（仍吏切羽毛飾）魏人見數百人步牽車上不解其意並未動宋武先命朱超石戒嚴二千人白毦既舉超石馳往赴之並賫大弩百張一車益二千人設彭排於轅上魏人見營陣乃進圍營超石先以軟弓小箭射敵敵以衆少兵弱四面俱發賫薄攻營於是百弩俱發又遣善射者叢箭射之魏衆既多弩不能制超石初行別賫大鎚并千餘張矟乃斷矟長四尺以鎚鎚之一矟輙洞貫三四人魏衆不能當一時奔潰

宋書曰晉義熙五年六月僞燕主慕容超留羸老守廣固使其廣寧王賀剌盧及公孫五樓悉力據臨朐去城四十里有巨蔓水超告五樓急據之比至爲龍符所保五樓乃退大軍分四千兩車爲二翼方軌徐行車悉幰御者執矟以騎爲遊軍軍令嚴肅比及臨朐賊騎交至帝命兗州刺史劉藩并州刺史劉道憐等陷其陣日向昃戰猶酣帝用參軍胡藩策襲剋臨朐賊乃大奔超遁還廣固獲其玉璽豹尾輦等送于都景子剋廣固大城超固其小城乃築長圍以守之館穀於青土停江淮轉輸

又曰朱脩之隨右軍到彥之北自河南迴脩之留戍滑臺被魏將安頡攻之圍糧絶將士熏鼠食之脩之被圍既久母常悲憂忽一旦乳汁驚出母號慟告家人曰我年老非復有乳汁時今如此兒必没矣魏果以其日剋滑臺囚之

又曰宗越爲長水校尉竟陵王誕據廣陵反越領軍馬隸沈慶之攻誕及城陷孝武使悉殺城内男丁越受旨行誅躬臨其事莫不先加捶撻或有鞭其面者欣然有所得殺凡數千人改封始安縣子

三國典略曰侯景收其餘衆步騎八百南過小城城人登埤詬之曰跛脚奴景怒攻城拔之殺詬者而去

又曰周王思政固守潁川高岳久圍不解陳元康言於齊王澄曰公自匡輔朝政未有殊功雖敗侯景本非外賊潁城將陷願公因而乗之足以取威定業王從之於是親至潁川益發其衆號曰決命夫更起土山王坐於堰上趙道德言於王曰箭頭有鐵不避大王引王帶而下箭集於王

坐之所
梁書曰武帝自襄陽率兵東下至郢州攻未拔蕭穎冑在江陵遣衛尉席闡文勞軍因謂梁武曰今頓兵兩岸不併軍圍郢定西陽武昌取江州此機已失莫若請救於魏與北連和猶爲上策梁武謂闡文曰漢口路通荊雍控引秦梁糧運資儲聽此氣息兵若進魯山必阻河路所謂搤喉若糧運不通自然離散何謂持久劉元起近欲以三千往定尋陽彼若懽然悟機一酈生亦足脱拒我師固非三千能下西陽武昌取使耳得便應鎮守兩城不減萬人糧儲稱足卒無所出脱東君有上者萬人攻一城兩城勢不相救若我分軍應援首尾俱弱如其不遣孤城必陷一城既没諸城相次土崩天下大事於是去矣若郢州既拔席卷沿流西陽武昌自然風靡何遽分兵散衆自貽其憂且丈

夫舉動言静天步況擁七州之兵以誅群竪懸河注火奚有不滅豈容北面請救以自示弱彼未必能信徒貽我醜聲此之下計何謂上策及拔郢城向下城戍無不風靡遂剋建業

崔鴻十六國春秋曰前燕將慕容恪率兵討段龕於廣固恪圍之諸將勸恪宜急攻之恪曰軍勢有宜緩以剋敵有宜急而取之若彼我勢均且須強援慮腹背之患者須急攻之以速大利如其我強彼弱外無寇援力足制之者當羈縻守之以待其斃兵法十圍五攻此之謂也龕恩結賊黨衆未離心今憑固天險上下同心攻守勢倍軍之常法若其促攻不過數旬剋之必矣但恐傷吾士衆當持久以取耳乃築室返耕嚴固圍壘終剋廣固

又曰燕將呂護據野王陰通晉事覺燕將慕容恪等率衆討之將軍傅顔言於恪曰護窮寇假合王師既臨則上下喪氣必士卒攜隗敗亡之驗也殿下前以廣固天險守易攻難故爲長久之策今賊形便不與往同宜急攻之以省千金之費恪曰護老賊經變多矣觀其爲備之道未易卒圖今圍之窮城樵採路絶内無蓄積外無強援不過十旬其斃必矣何必遽殘士卒之命而趨一時之利哉吾嚴濬圍壘休養將卒以重官羡貨間而離之事淹勢窮其釁易動我則未勞而寇已斃此謂兵不血刃坐以制勝也遂長圍守之凡經六月而野王潰護南奔于晉悉降其衆

後魏書曰齊神武起義兵於河北破爾朱兆天光度律仲遠等四將同會鄴南士馬精強號二十萬圍於鄴南韓陵山時神武馬二千步不滿三萬兆等又圍不合神武連繫牛驢自塞之於是將士死戰四面奮擊大破兆等

又曰燕鳳字子章代人也少好學博綜經史明習陰陽讖緯昭成以禮迎致之鳳不應聘命諸軍圍代城人曰燕鳳不來吾將屠汝代人懼送鳳昭成與語大恱待以賓禮

北史曰西魏將王思政守潁川郡城東魏師十萬攻之備盡攻擊之術以潁水灌城陷之思政知事不濟率左右據土山謂之曰吾受國任遂辱王命力屈道窮計無所出唯當效死以謝朝恩仰天大哭左右皆號慟思政向西再拜便欲自刎先是齊文襄告城中人曰有生致王大將軍者封侯重賞若大將軍身有損親近左右皆從大戮都督駱訓謂思政曰公常語訓等但將我頭降非但得富貴亦是活一城人今高襄既有此語公豈不哀城中士卒也固共止之不得引決齊文襄遣其散騎常侍趙彦深就土山執手申意引見文襄辭氣慷慨涕泗交流無屈撓之容文襄

以其忠於所事禮遇甚厚恩政初入頴川士卒八千人及城陷之日存者纔三千人遂無叛者

後周書曰武帝建德五年東伐齊六軍攻晉州城帝屯於汾曲齊王憲攻洪洞永安二城並抜之是夜虹見於晉城上首向南尾入紫宮長十餘丈帝每日自汾曲赴城下親督戰城下惶窘庚午齊行臺左丞侯子欽出降壬午齊晉州刺史崔景嵩守城北面夜密遣送欵上開府王軌率衆應之未明登城鼓譟齊衆潰遂剋晉州擒其城主倂甲士八千人送關中

隋書曰大業中煬帝徵天下驍果之士以伐遼左沈光預焉同類數萬人皆出其下光將詣行在所賓客送至灞上者百餘騎光酹酒而誓曰是行也若不能建功立名當死於高麗不復與諸君相見矣及從帝攻遼東以衝梯擊城

竿長十五丈光昇其端臨城與賊戰短兵接殺十數人賊競擊之而墜未及於地適遇竿上有垂絙光接而復上帝望見壯異之馳召與語大悅即日拜朝請大夫賜寶刀良馬恒致左右親顧漸密

又曰陳稜大業三年拜賀武賁郎將後三歲與朝議大夫張鎮周發東陽兵萬餘人自義安汎海擊流求國月餘而至流求人初見船艦以爲商旅往往詣軍中貿易稜率衆登岸遣鎮周爲先鋒其主歡斯渴剌兜遣兵拒戰鎮周頻擊破之稜進至低没檀洞其小王歡斯老模率兵拒戰稜擊敗之斬老模其日霧雨晦瞑將士皆懼稜刑白馬以祭海神既而開霽分爲五軍趍其都邑渴剌兜率衆數千逆拒稜遣鎮周又先鋒擊走之稜乘勝逐北至其柵渴剌兜背柵而陣稜盡銳擊之從晨至未苦鬭不息渴剌兜自以軍疲引入柵稜遂塡塹攻破其柵斬渴剌兜獲其子島槌虜男女數千而歸帝大悅進稜位右光祿大夫武賁如故

唐書曰武德初宇文化及據聊城淮安王神通進兵躡之祕書丞徵謂神通曰化及今據聊城莘人爲其固守若至莘即至攻取但抜莘縣聊城益懼因而逼之易同俯拾須以攻具自隨一足威敵二不乏用不然兵至莘城見無攻具不下如不能剋莘而遠追化及恐亦無功則化及非旬月可獲莘人阻我糧運士及爲之外援恐非計之善者神通不從軍次莘果不下而退敗

又曰武德中李靖隨河間王孝恭討輔公祏碚賊一軍舟師三萬頓于當塗柵斷江口傍江築城又遣六軍二萬據當塗南路亦造柵自固並蓄力養銳以抗大軍諸將皆云二軍並是強兵爲不戰之計城柵既固卒不可攻請直指

丹陽掩其巢穴若丹陽既破二軍可不戰而破靖曰公祏精銳雖在水陸二軍然其自統之兵亦是勁勇二軍城柵尚不可攻公祏既保石頭豈應易拔若我師至丹陽留停旬日進則石頭未平退則歸路已絶此便腹背受敵恐非萬全之計然此二軍皆是百戰餘賊必不憚於野戰今若攻其城柵乃是出其不意滅賊之機唯在此舉靖乃率諸將水戰俱苦戰破之二軍悉潰走靖遂率輕兵先至丹陽公祏餘衆雖多不敢戰擁兵東走並相次擒獲

又曰高祖率衆攻屈突通於河東士卒登城南面者已千餘人高祖在東原望之而不見會暴雨至鳴角止軍由是不剋或勸遂攻之高祖曰屈突通習兵而無勇若決戰非其所長嬰城難以必勝此自守虜耳不足爲虞遂收軍營於河渚

又曰薛萬均圍梁師都突厥不敢來援諸將見賊城險固皆有憚色萬均謂之曰城中無氣鼓聲不徹此見敗士之候平在旦夕諸君勿以爲憂俄而師都見殺城降

又曰天寶末祿山反尚衡起義兵討祿山以王栖曜爲牙旗將下兗鄆諸縣軍威稍振兼衛前擒管復下曹州初逆將邢超然乘城號令栖曜曰彼可取也一箭殪之城中氣懾遂下

又曰馬燧自京還太原初田悅新代承嗣統兵恐人不附巳詐示誠款燧上疏明其必反宜先備之其年悅果與青恒州通謀自將兵五萬圍邢州攻臨洺衆重城內絕其外以拒救兵邢州將李洪臨洺將張伾皆堅守不拔詔義軍數告急乃詔燧將救臨洺燧軍出壺口兵未過險乃遣人持書喻說且示之好悅謂燧畏之十一月師次邯鄲悅遣使至斬之以徇遣兵擊破其支軍射殺其將成鉉之悅自攻臨洺遣大將楊朝先將兵萬餘於臨洺南雙岡下東西列二柵以禦燧燧乃率李抱眞李晟進軍營於二柵之中其夜東柵走歸悅進軍營明山取其棄柵以置輜重謂將吏曰朝先守堅柵不下萬人彼令悅等盡銳攻之此數月不能下殺傷必甚吾此必破臨洺賞勞軍士而與之戰必勝之術也悅乃分恒州李惟岳救兵五千以助朝先燧率軍攻朝先田悅將萬餘人救之燧乃令大將李自良李奉國將兵合神策軍據雙岡禦之令曰令悅得過斬爾燧令推火車以焚其柵自晨至暮急擊大破之拔其柵斬朝先及大將盧子昌斬首五千餘級生虜八百餘人居五日進軍徑戰燧自將銳兵扼其衝口凡百餘合士皆決死悅兵大敗斬首萬餘生虜九百人得穀三十萬斛器甲稱是悅

收兵夜走邢州

五代周史曰慕容彥超漢祖即位授澶州節度使檢校太尉杜重威叛於鄴下以鄆州節度使高行周爲行營都部署彥超爲副兵至城下二帥不協杜重威之子婦即行周之息女也行周用兵持重彥超舉措輕躁彥超欲速於攻城行周以爲未可彥超乃揚言稱行周以愛女之故惜賊而不攻行周忿之漢祖聞其事懼有他變以是親征及車駕至鄴彥超數因事凌迫行周行周不勝其憾嘗一日至於行宮幕次雨泣告於執政又自掬糞茹於口中聲氣甚厲聞於御座漢祖深知彥超之曲遣近臣和解行周亦召彥超於帳中責之兼令首過於行周行周稍解時彥超獨排群議累請攻城漢祖信之乃親督諸軍四面齊進損傷者萬餘人死者千餘人衆議無不歸罪於彥超自是不復敢言攻城矣

說苑曰田單爲齊上將興師十餘萬將以攻翟往見魯仲連子曰將軍之攻翟必不能下矣田將軍曰單以五里之城十里之郭復齊之國何謂攻翟不能下也及攻翟三月不下齊之童兒謡曰大冠如箕長劍柱頤攻翟不能下累於吾兵於是田單恐駭往見仲連子曰先生何以知單攻翟不能下也仲連子曰夫將軍即墨之時坐則織簣立則杖鍤爲士卒唱曰恐宗廟亡矣故將有死之心無生之氣今將軍東有掖邑之封西有淄上之寶黄金橫帶馳乎淄澠之間是以樂生而惡死也田單明日結髮祖于矢石之間乃引桴而鼓之翟人下之

淮南子曰趙簡子死未葬中牟入齊（中牟自入於齊也）巳葬五日襄子起兵攻之圍未合而城自壞者十丈襄子擊金而退

之（軍法鼓以進之衆鉦以退之）軍吏諫曰君誅中牟之罪而城自壞是天助我何故去之襄子曰吾聞之叔向曰君子不乘人於利不迫人於險使之治城城成而後攻之中牟聞其義乃請降

古司馬兵法曰衆以合寡爲追裹而闕（合有交兵衆者以寡合對追逐也圍也以衆擊寡逐而圍之闕其去道無令死戰）敵若衆則受裹（敵衆已寡則散利道而受圍以聖衆心分兵四向而受敵則衆以死爲生散兼衝逐四出以克勝也）敵若寡若畏則闢之（敵家少弱恐懼者則開去道無令爲窮寇必死戰也）

韓子曰世有三亡以亂攻治者亡以邪攻正者亡以逆攻順者亡清濟濁河足以爲限長城巨防足以爲塞

管子曰善攻者料衆以攻衆料食以攻食料備以攻備以衆攻衆衆存不攻以食攻食食存不攻以備攻備備存不攻

列子曰楚攻宋圍其城民易子而食之析骸而炊之丁壯者皆乘城而戰者太半

太平御覽卷第三百一十八

太平御覽卷第三百一十九

兵部五十

拒守上

孫子曰：昔之善戰者先為不可勝，（先謀之廟堂度其危難然後高壘深溝使兵士練習故敵不得勝）以待敵之可勝，（以此守備之固待敵之闕則可勝也）不可勝在己，（言守備之固制敵在外也）可勝在敵。（守備之固自脩理以伺敵之虛解已見敵敵有闕漏之形然後可勝也）故善戰者能為不可勝，不能使敵必不可勝已。（若敵曉練兵事策與道合深為已備者亦不可強勝）故曰勝可知，（已見成形也）而不可為也。（敵有備已料）（見形者則勝負可知若敵密而無形亦不可強使為敗故范蠡曰時不至不可強生事不究不可強成）不可勝者守也，（形藏也若未見其形彼衆我寡則自守也）可勝者攻也。（敵攻己乃可勝也已見其形彼寡我衆則可攻）故善守者藏於九地之下。（善守備者務因其山川之阻丘陵之固使不知所攻言其深密藏於九地之下）

又曰：城有所不攻。（固而多重）

易曰：利用禦寇，不利為寇。

左傳曰：晉侯伐齊，齊侯禦諸平陰，塹防門而守之廣里。夙沙衛曰：不能戰，莫如守險。晉將范宣子告齊大夫折文子曰：吾知子，敢匿情乎？魯人、莒人皆請以車千乘自其鄉入，既許之矣。若入，君必失國。子盍圖之？子家以告公，公恐。晏嬰聞之曰：君固無勇，而又聞是，弗能久矣。（不能久敵）齊師夜遁。

又曰：倍則攻，敵則戰，少則守。

後漢書曰：涼州賊王國圍陳倉，左將軍皇甫嵩督前軍董卓救之。卓欲進赴陳倉，嵩不聽。卓曰：智者不後時，勇者不留決。速救則城全，不救則城滅，全滅之勢在於此也。嵩曰：不然。百戰百勝，不如不戰而屈人之兵。是以先為不可勝，以待敵之可勝。不可勝在我，可勝在彼。彼守不足，我攻有餘。有餘者動於九天之上，不足者陷於九地之下。今陳倉雖小，城守固備，非九地之陷也；王國雖強，而攻我之所不救，非九天之勢。夫勢非九天，攻者受害；陷非九地，守者不拔。國今已陷受害之地，而陳倉保不拔之地，我可不煩兵動眾而取全勝之功，將何救焉？遂不聽。王國陳倉自冬迄春八十餘日，城堅守固，竟不能拔。賊眾疲弊，果自解去。

又曰：來歙與征虜將軍祭遵襲略陽，遵道病還，分遣精兵隨歙，合二千餘人，伐山開道，從番須、迴中，（番須迴中並地名也番音盤武帝元封四年幸雍通回中道前書音義曰回中在汧汧今隴州汧源縣也）徑至略陽，（徑直也）斬囂守將金梁，因其保城。囂大驚曰：何其神也！（東觀漢記曰上聞得略陽甚悅左右怪上數破大敵今得小城何足以喜然上以略陽囂所依阻心腹已壞制則其支體也）乃悉兵數萬人圍略陽，斬山築堤，激水灌城。歙與將士固死堅守，矢盡，乃發屋斷木以為兵。囂盡銳攻之，自春至秋，其士卒疲弊。帝乃大發關東兵，自將上隴，囂眾潰走，圍解。於是置酒高

會，勞賜歙，班坐絕席，在諸將之右，賜歙妻縑千疋，詔使留屯長安，悉監護諸將。

又曰：大司徒鄧禹西征，定河東。張宗諸禹自歸。禹聞宗素多權謀，乃表為偏將軍。禹軍到栒邑，赤眉大眾且至，禹以栒邑不足守，欲引師進就堅城，而眾人多畏賊追，憚為後拒。禹乃書諸將名於竹簡，署其前後，亂著笥中，令各探之。（笥以竹為之鄭玄注禮記云圓曰簞方曰笥）宗獨不肯探，曰：死生有命，張宗豈辭難就逸乎！禹歎息謂曰：將軍有親弱在營，柰何不顧？宗曰：愚聞一卒畢力，百人不當；萬夫致死，可以橫行。宗今擁兵數千，以承大威，何遽其必敗乎！遂留為後拒。諸營既引，宗方勒厲軍士，堅壘壁，以死當之。禹到前縣，議曰：以張將軍之眾，當百萬之師，猶以小雪投沸湯，雖欲勠力，其勢不全也。乃遣步騎二千人反還迎宗。宗引兵始發，而赤眉至，

宗與戰却之乃得歸營於是諸將服其勇

又曰隗囂大將王捷別在戎丘登城呼漢軍曰爲隗王城守者皆必死無二心願諸軍亟罷（亟一作極）請自殺以明之遂自刎頸死

又曰世祖即位遣宗正劉延攻天井關與田邑連戰十餘合延不得進邑迎母弟妻子爲延所獲（東觀漢記曰鄧禹使積弩將軍馮愔將兵擊邑愔悉得邑母弟妻子）後邑聞更始敗乃遣使詣洛陽獻璧馬即拜爲上黨太守

晉書曰陶侃使桓宣李陽平襄陽侃使宣鎮之以其淮南部曲立義成郡宣招懷初附勸課農桑簡刑罰略威儀或載鉏耒於軺軒或親芸獲於壠畝十餘年間石季龍再遣騎攻之宣能得衆心以寡弱拒守議者以爲次於祖逖周訪

又曰吳彥爲吳建平太守時王濬將伐吳造舡於蜀彥覺之請增兵爲備皓不從彥乃輒爲鐵鎖橫斷江路及師臨境緣江諸城皆望風降附或見攻而拔唯彥堅守大衆攻之不能尅退舍禮之

梁書曰侯景反兵逼建業衆皆兇懼梁將羊侃爲守城督侃僞稱得外射書云邵陵王西昌侯兵已至路衆乃少安賊爲尖頭木驢攻城矢石所不能制侃作雉尾炬施鐵鏃以油灌之擲驢上燒之俄盡賊又東西四面起土山以臨城城中震駭侃命爲地道潛引其土山不能立賊又作登城樓車高十餘丈欲臨射城內侃曰車高塹虛彼來必倒可卧而觀之不勞設備及車動果倒衆皆服焉賊頻攻不捷會侃病死城方陷

又曰蔡道恭爲司州刺史魏圍司州時城中衆不滿五千人食纔半歲魏軍攻之晝夜不息乃作大車載土四面俱前欲以填塹刺史蔡道恭塹內作蒙衝鬭艦以待之魏人不得進又潛作伏道以決塹水道恭載土填塞之相持百餘日前後斬獲不可勝計魏大造梯衝攻圍日急道恭用四石烏漆大弓射所中皆洞甲飲羽一發或貫兩人敵人望弓皆靡又於城內作土山多作大矟長二丈五尺施長刃使壯士執以刺魏人魏軍甚憚之

陳書曰宜黃侯慧紀鎮荆州隨師濟江慧紀率將士三萬人舡艦千餘乘沿江而下欲趣臺城遣南康太守呂肅將兵據巫峽以五條鐵鎖橫江肅竭其私財以充軍用隋將楊素奮兵擊之四十餘戰爭馬鞍山及磨刀澗守險隋軍死者五千人陳人盡取其鼻以求功賞既而隋軍屢捷獲陳之士三縱之肅乃遁

後周書曰李遷哲天和三年進位大將軍詔遷哲率金上等諸州兵鎮襄陽五年陳將章昭達攻逼江陵梁主蕭巋告急於襄州衛公直令遷哲往救焉遷哲率其所部守江陵外城與陳將程文季交戰兵稍却遷哲乃親自陷陣手殺數人會江陵總管陸騰出兵助之陳人又因水汎長壞龍川寧朔堤引水灌城城中驚擾遷哲乃先塞水又募驍勇出擊之頻有斬獲衆心稍定俄而敵人郭內焚燒人家遷哲自率驍騎出南門又令步兵自北門出兩軍合勢首尾邀之陳人復敗多投水而死是夜陳人又竊於城西堞以梯登者已百數人遷哲又率驍勇扞之陳人復潰俄而大風暴起遷哲乘闇出兵擊其營陳人大亂殺傷甚衆陸騰復破之於西堤陳人乃遁

又曰太祖以王羆爲荆州刺史進號撫軍將軍梁復遣曹

義宗衆數萬圍荆州堰水灌城不沒者數板時旣内外多
虞未達救援乃遣羆鐵券去城全當授本州刺史城中糧
盡羆煑粥與將士均分而食之毎出戰嘗不擐甲冑大呼
曰荆州城孝文皇帝所置天若不祐國家使賊箭中王羆
不爾王羆須破賊屢經戰陣亦不被傷彌歷三年義宗方
退進封霸城縣公尋遷車騎大將軍
又曰王羆華州刺史沙苑之役齊神武士馬甚盛太祖以
華州衝要遣使勞羆令加守備羆語使人曰老羆當道卧
貉子安得過太祖聞而壯之及齊神武至城下謂羆曰何
不早降羆乃大呼曰此城是王羆冢生死在此欲死者來
齊神武遂不敢攻
又曰王思政守潁川兼河南諸軍事東魏太尉高岳行臺
慕容紹宗儀同劉豐生等率騎十萬來攻潁川城内卧鼓

偃旗若無人者岳恃其衆謂一戰可屠乃四面鼓譟而上
思政選城中驍勇開門出入岳衆不能當引軍亂退思政
登城遥見岳陣不整乃率歩騎三千出邀擊之殺傷甚衆
然後還城設守禦之備岳知不可卒攻乃多修營壘又隨
地勢高處築土山以臨城中飛梯大車晝夜盡攻擊之法
思政亦作火鑚（子筭切）因迅風便投之土山又以火箭射之
燒其攻具仍募勇士縋而出戰岳衆披靡其守土山人亦
弃山而走思政即命據其兩土山置折堞以助防守岳等
於是奪氣不敢復攻齊文襄更益岳兵堰（於建反）洧水以灌
城城中水泉湧溢不可防止懸釜更炊糧力俱竭慕容紹
宗劉豐生及其將慕容永珍共乘樓船以望城内令善射
者俯射城中俄而大風暴起船乃飄至城下城上人以長
鈎牽船弓弩亂發紹宗窮急透水而死豐生向土山復中
矢而斃生擒永珍思政謂之曰僕之破亡在於晷漏誠知
殺卿無益然人臣之節守之以死乃流涕斬之并收紹宗
等尸以禮埋瘞
又曰將賀若敦率歩騎六千渡江取陳湘川陳將侯瑱討
之江路遂斷糧援旣絶人懷危懼敦於是分兵抄掠以充
資費恐瑱等知其糧少乃於營内聚土覆之以米集諸營
軍士人各持嚢遣官司部分若給糧者因召側近村民佯
有所訪問令於營外遥見隨即遣之瑱等聞之良以爲實
乃據守要險欲曠日老敦敦又增脩營壘造廬舍示以持
久敦軍數有叛人乘馬投瑱者遂納之敦又別取一馬趣
船船中逆以鞭鞭之如是者再三馬便畏船不上後伏兵
於江岸遣人乘畏船馬以招瑱軍詐稱降附瑱遣兵迎接
竟來牽馬馬旣畏船不上敦發伏掩之盡殪又湘之人乘

輕船載米粟乃籠鷄鴨以餉瑱軍敦患之乃爲土人裝船
伏甲士於中瑱兵見之謂餉船至逆來爭之敦甲士出而
擒之此後實有饋餉乃亡命奔瑱者猶謂敦之設詐逆遣
扞擊並不敢受相持歲餘瑱不能制
北史曰西魏將韋孝寬守玉壁東魏大將齊神武命攻之
連營數十里至於城下乃於城南起土山欲乘之以入當
其山處城上先有兩高樓孝寬更縛木接之令極峻多積
戰具以禦之敵人以樓高不得入遂於城南鑿地道又於
城北起土山且作且攻晝夜不息孝寬復掘長塹截其道
乃置戰士屯於塹上城外每穿至塹戰士即擒殺之又於
塹外積柴貯火敵人有在地道内者便下柴火以皮韛吹
之（韛蒲拜切）火氣一衝咸即灼爛城外又作攻車車之所及莫
不摧毁雖有排楯莫之能抗孝寬乃縫布爲幔隨其所向

則張設之布既懸於空中其車竟不能壞城外又縛松麻於竿灌油加火規以燒布并欲焚樓孝寬復長作鐵鉤利其鋒刃火竿亦來以鉤遥割之松麻俱落城外又於城西面穿地作二十一道分為四路於其中各施梁柱作訖以油灌柱放火燒之柱折城並崩壞孝寬又隨壞處豎木柵以扞之敵不得入城外盡其攻擊之術孝寬咸拒破之竟以全

隋書曰梁士彦遷熊州刺史後從武帝拔晉州進位柱國除使持節晉絳二州諸軍事晉州刺史及帝還後齊後主親總六軍而圍之獨守孤城外無聲援衆皆震懼士彦慷慨自若賊盡銳攻之樓堞皆盡城雉所存尋仞而已或短兵相接或交馬出入士彦謂將士曰死在今日吾為尔先於是勇烈齊奮呼聲動地無一不當百齊師少却乃令妻妾軍民子女晝夜脩城三日而就帝率六軍亦至齊師解圍營於城東十餘里士彦見帝持帝鬚而泣曰臣幾不見陛下帝亦為之流涕時帝以將士疲倦意欲班師士彦叩馬而諫曰今齊師適衆心皆動因其懼也而攻之其勢必舉帝從之大軍遂進帝執其手曰余之有晉州為平齊之基若不固守則事不諧矣朕無前慮惟恐後變善為我守之

又曰郭榮字文護擢中外府水曹參軍時齊寇屢侵護令榮於汾州觀賊形勢時汾州與姚襄鎮相去懸遠榮以為二城孤迥勢不相救請於州鎮之間更築一城以相控攝護從之俄而齊將祖孝先攻陷姚襄汾州二城唯榮所立者獨能自守護作浮橋出兵渡河與孝先戰孝先於上流縱火筏以擊浮橋護令榮督便水者引取其筏以功授大都督護

又曰劉弘字仲遠拜泉州刺史會高智慧作亂以兵攻州弘城中守百餘日救兵不至前後出戰死士太半糧盡無所食與士卒數百人煑犀角腰帶及剝樹皮而食之一無離叛賊知其飢餓欲降之弘抗節彌厲賊悉衆來攻城陷為所害上聞而嘉歎者久之賜物二千段

又曰李景檢校代州總管漢王諒作亂并州景發兵拒之諒遣劉嵩襲景戰於東城昇樓射之無不應弦而倒選壯士擊之斬獲略盡諒復遣嵐州刺史喬鍾葵率勁勇三萬攻之景戰士不過數千加以城池不固為賊衝擊崩毀相繼景且戰且築士卒皆殊死鬬屢挫賊鋒司馬馮孝慈司法參軍呂玉並驍勇善戰儀同三司侯莫陳乂多謀畫上拒守之術景知將士可用其後推誠於此三人無所關預唯在閤持重時出撫循而已月餘朔州總管楊義臣以兵來援合擊大破之

太平御覽卷第三百一十九

太平御覽卷第三百二十

兵部五十一

拒守下

拒守下　危急

唐書曰乾符中元萬頃從李勣征高麗勣嘗令頃作文檄高麗其語有譏高麗不知守鴨緑之險莫離支報云謹聞命矣遂移兵固守鴨緑官軍不得入萬頃坐是流于嶺外

又曰李光弼守太原自賊圍城城中張一小幕止宿有急即自往救之行至府門未嘗廻頭不復省視妻子賊退後收拾器械處置公事經三日然後歸家

又曰史思明圍光弼於太原四面重圍十日不解每日使賊於陣前嫚罵光弼並戲弄城上人光弼使人穿地道以木撑之賊明日還於舊處立將戲之地道透遂把賊脚曳入地道中光弼得而對衆戮之城中大喜思明知事不集遂退歸河北

又曰薛愿爲潁川太守本郡防禦使時賊已陷陳留滎陽汝南等郡方圍南陽潁川當其來往之路愿與防禦副使龐堅同力固守城中儲蓄無素兵卒單寡自至德元年正月至十一月賊晝夜攻之不息距城百里廬舍墳墓林樹開發斬徹殆盡而外救不至賊將阿史那承慶悉以銳卒併攻爲木驢木鵝雲梯衝棚四面雲合鼓噪如雷矢石如雨力攻十餘日城中守備皆竭賊夜半乘梯而入而愿堅俱被執送於東都將支解之或說祿山曰薛愿龐堅義士也人各爲其主屠之不祥乃繫於洛水之濱屬苦寒一夕凍死

又曰張巡守睢陽在城中每戰登陴大呼以助威皆血流面牙齒皆碎城將陷西向再拜曰爲救不至臣智勇俱竭不能全一城今使逆賊見逼臣死之後願爲鬼與賊爲厲以答國恩及城陷尹子奇見巡問之曰聞公每督戰皆裂齒碎實有之否巡應之曰然子奇曰何以至此曰欲得殺逆賊遂至於此子奇以大刀剔其口見其存者不過三數巡因大詬罵子奇責以悖逆殘害平人子奇欲存之左右曰此人必不爲我用又得衆死心不可留故害之

又曰史朝劉昌在圍中連月不解城中食盡賊垂將陷之刺史李岑計變昌爲之謀曰今河陽有光弼制勝且江淮足兵此廩中有數千斤麴可屑以食衆計援兵不二十日當至東南敵衆以爲危昌請守之昌遂被鎧持盾登之陳逆順以告諭賊之衆甚畏之後十五日副元帥李光弼救軍至賊乃奔潰光弼聞其謀召置軍中超授試左金吾衛郎將

又曰元和中鄂岳都團練使李道古攻申州剋其羅城乃進圍逼其中城城中守卒夜師婦人登城而呼懸門竊發分出其衆道古之衆驚亂多爲虜殺

又曰王凝爲宣州黄巢自嶺表北歸大掠淮南攻圍和州凝令牙將樊儔舟師據采石以援之儔違令凝即斬之以徇命別將馬頴代儔赴援竟解歷陽之圍賊怒引衆攻宣城大將王涓請出軍逆戰凝曰賊忿而來宜持重待之彼衆我寡萬一不捷則州城危矣涓銳意請行凝即閱集丁壯分守要害登陴設備涓果戰死賊乘勝而來則守有備矣賊爲梯衝之具急攻數月禦備力殫吏民請曰賊之兇勢不可當願尚書歸款退之懼覆尚書家族凝曰人皆有族子豈獨全誓與此城同存亡也既而賊已退去時乾符五

年也

又曰王棲曜爲常州別駕時江左兵荒詔内常侍馬日新領汴滑五千人鎮之日新貪暴賊請庭蘭乘人怨訴逐之而劫其衆時棲曜遊弈遠郊遂爲賊所脅進圍蘇州棲曜因其懈怠挺身登城率城中出攻賊衆大潰

又曰張伾建中初以澤潞將鎮臨洺田悦攻之伾度兵力不能出戰嚴設守備嬰城拒守賊不能拔累月攻之益急士多死傷糧儲漸乏救兵未至伾知事不濟無以激士心乃悉召將卒於軍門命其女出拜之謂曰將士辛苦守戰伾之家無尺寸物與公等爲賞獨有此女幸未嫁人願出賣之爲將士一日費衆皆大哭曰誓與將軍死戰幸無慮也會馬燧以太原之師至與軍衆合擊悦於城下大敗之伾乘勢出戰士卒無不一當百圍解以功遷泗州刺史

三國典略曰周獨孤永業恐洛州刺史段思文不能自固馳入金墉助守尉遲迥爲土山地道曉夕攻戰永業選其三百人爲爪牙每先鋒死戰迥不能剋

又曰臺城朱陷侯景又燒大司馬門後閤舍人高善寶以私金千兩賞其戰士直閤將軍宗思領將士數人踰城出外灑水久之火滅景又遣持長柯斧入門下斫門將開羊侃鑿扇爲孔以槊刺倒二人斫者乃退

又曰陳人侵齊北徐州刺史祖珽令不閉城門守陴者皆下街巷禁斷人行鷄犬不許鳴吠陳人莫測所以疑人走城空不設警備中夜珽忽令鼓譟陳人驚散曉復結陳向城珽自臨戰陳人先聞其盲謂不能抗拒忽見親在戎行彎弧縱鏑怪之遂退時穆提婆憾之不巳欲令城陷不遣救援珽軍守百日城竟保全

北史曰梁將吳明徹攻圍海西齊將郎基固守乃至削木爲箭剪紙爲羽圍解還朝僕射楊愔迎勞之曰卿本文吏遂有武略削木剪紙皆無故事班墨之思何以相過

墨子曰禽滑釐問曰雲梯施攻備巳具武力又多爭上吾城爲之奈何墨子曰多下矢石灰以雨薪火水湯以濟之若城外穿地來攻者宜城中掘於井以薄甖内井中使聽聰者伏甖聽之審知穴處鑿内而迎之○呂氏春秋曰公輸般爲高雲梯欲以攻宋墨子聞之自魯而往裂裳裹足日夜不休十日十夜而至於郢見荆王曰臣北方之鄙人也聞大王將攻宋信有之乎王曰然墨子曰臣以宋必不可得公輸般天下之攻工也巳爲攻宋之械矣墨子曰請公輸般試攻之臣請試守之於是公輸般設攻宋之械墨子設守宋之備公輸般九攻之墨子九郤之不能入故荆輟不攻宋墨子也能以術禦之荆而存乎宋矣

博物志曰處士東里䰟責禹亂天下事禹退作三城強者攻弱者守敵者戰城郭盖禹始也

賈誼過秦論曰有囊括四海之意并吞八荒之心當是時也商君佐之命内立法度務耕織脩守戰之備外連衡而鬪諸侯

又曰然後踐華爲城因河爲池據億丈之城臨不測之谿以爲固良將勁弩守要害之處信臣精卒陳利兵而誰奈何○任彦昇奏彈曹景宗曰故司州刺史蔡道恭率勵義勇奮不顧命全城守死自冬徂秋猶轉戰戰窮極摧醜虜

危急

韓子曰智伯圍襄子於襄陽決水以灌之城中巢處懸釜而炊易子食析骨炊

史記曰楚莊王圍宋五月不解宋城中食盡易子而食析
骨而炊宋華元出告以情莊王曰君子哉遂罷兵去
又曰齊田單攻聊城歲餘不下魯連乃爲書繫之矢射城
中遺燕將書曰今公以弊聊人之距全齊之兵是墨翟之
守也食人炊骨士無反心是孫臏之兵也
又曰趙襄子保晉陽三國攻晉陽歲餘引汾水灌其城不
没者三板城中懸釜而炊易子而食
漢記曰段熲破羌胡明年羌復寇張掖熲下馬大戰弓刀
折盡虜亦引退追之晝夜攻擊割肉食雪四十餘日
後漢書曰車師王與匈奴共攻耿恭於疏勒中恭食盡乃
煑鎧弩食其筋革
又曰臧洪爲東郡太守爲袁紹所圍初尚掘鼠煑筋角後
無所食取草實而食之

魏志曰太祖圍張超於雍丘超言唯臧洪當來救吾衆人
以爲袁曹方穆洪爲紹所表用必不敗好招禍洪聞之果
徒跣號泣勒所鎮又從紹請兵馬救超紹不許遂爲太祖
所滅洪由是怨紹紹與兵圍之歷年不下紹忿洪無降意
增兵急攻洪自度不得免呼吏士謂曰袁氏無道所圖不
軌且不救洪郡洪於大義不得不死念諸君無事空與此
禍耳可將妻子去吏士皆垂泣掘鼠煑筋角後無所食主
簿啓內廚米三斗洪使作薄粥衆分歠之殺其愛妾以食
士城中男女七八千人相枕而死莫有離叛城陷紹生執
洪
徐廣晉紀曰霍彪爲賊貴黒所隔積百日殺馬燒皮鎧食
之
又曰韓晃蘇頵等攻死城中飢米一斛萬錢

晉書劉崑赴并州上表曰臣自涉州疆目覩困之流移四
散十不得存二攜老扶弱不絶於路及其在者鬻賣妻子
生相捐棄死亡委厄白骨横野哀呼之聲感傷和氣羣胡
數萬周匝四山動足遇掠開目覩寇唯有壺關可得告糴
而此二道九州之險數人當路則百夫不敢進公私往反
没喪者多嬰守窮城不得薪菜耕牛既盡又乏田器以臣
愚短當此至難憂如循環不遑寢食
晉中興書曰中宗初鎮江左假郗鑒龍驤將軍兗州刺史
徐龕石勒左右交侵鑒収合荒散保固一山隨宜抗對百
姓飢饉掘野鼠蟄鷰而食之
三十六國春秋曰蜀王李雄攻譙登于涪城無救援登固
守不下士卒皆燻鼠食之一無叛者
宋書曰朱脩之留府滑臺乃爲索虜所攻圍脩之糧盡救

兵不至將士燻鼠食之城陷爲虜所執上嘉其節
蕭子顯齊書曰魏遣魏郡王元英圍南鄭退入斜谷天大
雨軍馬洛截竹炊米於馬上持炬吹而食之
隋書曰李密聞行人開被囚於京兆與王仲伯亡抵平原
賊帥郝孝德不甚禮之備遭飢饉至削樹皮食之矣

太平御覽卷第三百二十

太平御覽卷第三百二十一

兵部五十二

火攻　水攻

火攻

孫子曰：火攻有五：一曰火人，與敵陳師敵傍近草因風燒之戰之助也二曰火積，燒其積蓄三曰火輜，燒其輜重四曰火庫，當使姦人入敵營燒其兵庫五曰火墜。墜墮也以火墮敵營中也矢頭之法以鐵籠火著箭頭彊弩射敵營中一曰火道燒絕其糧道行火必有因，因姦人也又因風燥而發之煙火素具。燒煙具也先具燒燧之屬發火有時，起火有日。時者，天之燥也；日者，宿在戍箕東壁翼軫也。戊翼參日宿此宿日風起之凡此四宿者，風起之日。蕭世誠云春景丁夏戊己秋壬癸冬甲乙戊日有疾風猛雨也吾勘太乙中有飛鳥十精知風雨期五子元運式也各候其時可用火也凡火攻必因五火之變而應之。火發於內，則軍應之於外。以兵應之使姦人縱火於敵營內當速進以攻其外火發而兵靜者，待而勿攻，極其火力，可從而從之，不可從則止。見利則進知難則止極盡火力可則進不可則止吾无使敵知吾為火可發於外，無待於內，以時發之。火發於上風，無攻於下風。不便也燒之必退退而逆攻之則必為所害者也晝風久，夜風止。數常也陽風也夜風則火氣相動夜也風之辛發火亦當如風之長短也凡軍必知五火之變，以數守之。既知五火之變當復以數消息其可否也故以火佐攻者明。取勝明也

史記曰：田單，齊人也。燕將樂毅攻齊，單保即墨，不下。燕兵圍之，單乃收城中牛千餘頭，盡以五采束刃於角，縛葦於尾，鑿城下數穴，牽牛詣穴，以燒葦尾，端牛尾熱，奔燕軍，燕軍大亂，所觸皆死，大克燕軍。

漢書曰：李陵征匈奴，戰敗，班師為單于所逐，及於大澤。匈奴於上風縱火，陵亦先放火燒斷葭葦，用絕火勢。蕭代誠曰縱火用火焚吾門因火燃吾當更積薪助火使火勢盛敵不得入亦拒火之方也

後漢書曰：奉車都尉竇固出擊匈奴，以班超為假司馬，將兵別擊伊吾，戰於蒲類海，多斬首虜而還。伊吾匈奴中地名今在伊州蒲類縣界前書音義曰蒲類匈奴中海名在敦煌北也固以為能，遣與從事郭恂俱使西域。超到鄯善，鄯善本西域樓蘭國也昭帝元鳳四年改為鄯善去陽關一千六百里去長安六千一百里鄯善王廣奉超禮敬甚備，後忽更疏懈。超謂其官屬曰：寧覺廣禮意薄乎？此必有北虜使來，狐疑未知所從故也。明者睹未萌，況已著邪？乃召侍胡詐之曰：匈奴使來數日，今安在乎？侍胡惶恐，具服其狀。超乃閉侍胡，悉會其吏士三十六人，與共飲酒，酣，因激怒之曰：卿曹與我俱在絕域，曹輩也欲立大功以求富貴。今虜使到裁數日，而王廣禮敬即廢，如今鄯善收吾屬送匈奴，骸骨長為豺狼食矣，為之奈何？官屬皆曰：今在危亡之地，死生從司馬。超曰：不入虎穴，不得虎子。當今之計，獨有因夜以火攻虜，使彼不知我多少，必大震怖，可殄盡矣。滅此虜，則鄯善破膽，功成事立矣。眾

曰：當與從事議之。超怒曰：吉凶決於今日，從事文俗吏，聞此必恐而謀泄，死無所名，非壯士也。眾曰：善。初夜，遂將吏士往奔虜營。會天大風，超令十人持鼓藏虜舍後，約曰：見火然，皆當鳴鼓大呼。餘人悉持兵弩夾門而伏。超乃順風縱火，前後鼓噪，虜眾驚亂，超手格殺三人，吏兵斬其使及從士三十餘級，餘眾百許人悉燒死。東觀記曰斬得匈奴節使屋賴帶副使比離支首及節也明日乃還告郭恂，恂大驚，既而色動。超知其意，舉手曰：掾雖不行，班超何心獨擅之乎？恂乃悅。

又曰：楊琁字機平，為零陵太守。是時蒼梧、桂陽猾賊相聚，攻郡縣，賊眾多而琁力弱，吏民憂恐。琁乃特制馬車數十乘，以排囊盛石灰於車上，排囊即今排袋也排音蒲拜切繫布索於馬尾，又為兵車專彀弓弩，剋共會戰。乃令馬車居前，順風鼓灰，賊不得視，因以火燒布，然馬驚，奔突賊陣，因使後車弓弩

亂發鉦鼓鳴震群盜波駭破散追逐傷斬無數梟其渠帥郡境以清

又曰皇甫嵩討黃巾賊張角嵩保長社賊來圍城嵩兵少軍中皆恐乃召軍吏謂曰兵有奇變不在衆今賊依草結營易爲風火若因夜縱火必大驚乱吾出兵擊之其功可成其夕遂大風嵩乃約勒軍士皆束炬乘城使鋭士間出圍外縱火大呼城上舉燎應之嵩因鼓而奔其陣賊驚乱奔走嵩進兵討之與角弟梁戰於廣宗梁衆精勇嵩不能尅明日乃閉營休士以觀其变知賊意稍懈乃潜夜勒兵鷄鳴馳赴其陣至晡時大破之

又曰劉表死曹公尅荆州得劉琮水軍沿流東下吳主孫權遣周瑜領兵逆曹公遇於赤壁初一交戰曹公軍披退引次江北瑜等在南岸瑜部將黃蓋曰今寇衆我寡難與持久然觀軍方連舡艦首尾相接可燒而走乃取蒙衝鬬艦數十艘實以薪草膏灌其中裹以帷幕上建牙旗先書報曹公欺以欲降又先備走舸各繫大舡後因風相次俱進曹公軍吏士皆延頸遥觀指言蓋降諸舡同時發火時風盛猛悉延燒岸上營落頃之熛焰張天（熛音標火飛也）人馬燒溺死者甚衆遂敗退耳

魏志諸葛誕傳曰太傅司馬宣王潜軍東伐以誕爲鎮東將軍後母丘儉反大爲攻具晝夜五六日攻南圍欲决圍盪出圍上諸軍臨高以發石車火箭逆燒破其攻具

晉書王濬伐吳吳人於江險磧要害之處著以鐵鏁橫截之又作鐵錐長丈餘暗置江中以逆拒舡先是羊祜獲吳間諜具知情狀濬乃作大筏數十亦方百餘步縛草爲人被甲持杖令善水者以筏先行筏遇鐵錐輒着筏去又作火炬長十餘丈大數十圍灌以麻油在舡前遇鏁然炬燒之須臾融液斷絶於是舡無所礙

晉中興書曰郗浩北伐江逌爲長史及丁零反叛浩軍震懼姚襄去軍十里結草爲營方欲擊浩浩甚懷憂令逌代之逌曰今兵非不精而衆少於羌且塹柵甚固難與校力乃取數百雞以長繩連之脚皆繫火一時驅放以兵遏後群鷄駭散一時飛過塹並集羌營皆燃因其驚乱縱兵擊之襄遂摧退

宋書王玄謨圍滑臺城内多茅屋衆皆曰宜以火箭燒之

又郛琰傳曰琰與劉勔相持勔用茅苞土擲以塞塹禦者如雲城内乃以火箭射之

又曰良吏杜慧度傳曰慧度爲交州刺史盧循龍破合浦徑向交州慧度自登高艦合戰放火箭雉尾炬修衆俱然一時潰散

齊書宗室脩安王遥光反詔太子右衛率左興盛屯東府東籬門衆軍圍東城臺軍射火箭燒東北角樓至夜城潰

陳書曰武帝時江東梁將王琳率兵東下陳遣大將侯瑱等拒之瑱以琳軍威方盛乃引軍入蕪湖避之是時西南風至急琳謂得天時將取楊州侯瑱等徐出蕪湖以躡其後北及兵放火西南風翻爲瑱用琳兵放火燧以擲瑱舡者返燒其舡琳兵潰乱透水死者十二三其餘皆棄舡上岸爲陳軍所殺殆盡

北史曰李詢仕周遷司衛上士武帝幸雲陽宫委以留府事衛王直作乱焚肅章門詢於内益火故賊不得入武帝善之

後周書曰遣將伐高齊齊將段韶與太尉蘭陵王長恭同

往扞禦至西境有栢谷城者乃絶險古城千仞諸將莫肯攻圍詔曰分北河東勢爲國家之有若不去栢谷事同痼疾計彼援兵會在南道今斷其要路救不能來且城勢雖高其中甚狹火弩射之一朝可盡諸將稱善遂鳴鼓而攻之城潰獲儀同薛敬禮大斬獲首虜仍城華谷置戍而還

隋書曰文帝時高熲獻取陳之策曰江南土薄舍多竹茅所有儲積皆非地窖（古孝切）密遣行人因風縱火待彼修立復更燒之不出數年自可財力俱盡帝行其策由是陳人益弊

通典曰火兵以驍騎夜銜枚縛馬口人負束薪麻藴懷火直扺敵營一時舉火營中驚亂急而乘之靜而勿攻（凡火攻皆因天時燥旱營舍茅竹積聚糧軍營於稭草宿莽之中因風而焚也）

又曰火獸以艾熅火（熅於問切）置瓢中瓢開四孔繫瓢於野猪

麞鹿項下針其尾端向敵營而縱之奔入草中瓢敗火發

又曰火禽以胡桃剖分空中實艾火開兩孔復合繫野鷄項下針其尾而縱之奔入草中器敗火發

又曰火盜遣人暗伏與敵人同者夜竊號逐便懷火偷入營焚其積聚火發必亂而出

又曰火弩以擘張弩射及三百步者以瓢盛火符矢端以數百張中夜齊射敵營中芻草積聚

又曰以小瓢盛油冠矢端射城樓櫓版木上瓢敗油散因燒矢鏃內中射油散處火立燃復以油瓢續之則樓櫓盡焚謂之火箭

又曰磨杏子中空以艾實之繫雀足上加火薄暮群放飛入城壘中棲宿其積聚廬舍須臾火發謂之火杏矣

水攻

孫子曰以水佐攻者強（水以爲衛故強也）水可以絶而可以奪（水但以絶其敵道分敵軍不以奪敵蓄積）

史記曰漢王遣韓信已定齊臨淄遂東追齊王田廣至高密項羽使龍且將二十万救齊田廣龍且并軍（且子余切）與信戰未合人或說龍且曰漢兵遠鬬窮寇力戰其鋒不可當齊楚自居其地戰兵易敗散不如深壁令齊王使臣招所亡城亡城聞其王在楚來救必反漢漢兵二千里客居齊齊城皆反之其勢无所得食可无戰而降也龍且曰吾救齊不戰而降之吾何功今戰而勝之齊之半可得何爲止遂戰與信夾濰水陣（濰音唯）韓信乃夜令人爲万餘囊盛沙壅水上流引軍半度擊龍且佯不勝還走龍且果喜曰固知信怯也遂追信度水信使人决壅囊水大至龍且軍太半不得度即急擊殺龍且水東軍遂敗走

後漢書曰董卓將兵三萬討先零羌爲羌胡所圍糧食乏絶進退逼急乃於所度水中僞立隄以捕魚（隄音低）而潛從隄下過軍比賊追之决水深不得度時衆軍敗退唯董卓全師而還也

又曰曹公圍呂布於下邳引沂泗二水灌城尅之

又曰光武至邯鄲故趙繆王子林（繆王景七代孫名元前書曰元坐殺人爲大鴻臚所奏謚曰繆音謬東觀記曰林作臨字）說光武曰赤眉今在河東但决水灌之百万之衆可使爲魚

南史曰齊高帝新踐祚恐魏致討以送劉昶爲辭以爲軍衝必在壽春非垣崇祖莫可爲捍徙爲豫州刺史監二州諸軍事封望蔡侯建元二年魏遣劉昶攻壽春崇祖乃於城西北立堰塞肥水起小城使數千人守之謂長史封伯曰虜必悉力攻小城若破北堰放水一激急兪二峽自然

沉溺豈非小勞而大制耶及魏軍由西道集堰南分軍東路內薄攻小城崇祖着白紗帽肩輿上城手自轉式日晡時決小埭水勢奔下魏攻城之衆溺死千數大衆退走

梁書曰魏降人王足陳計求堰淮水以灌壽陽足引北方童謡曰荆山爲上格浮山爲下格潼江爲激溝併灌鉅野澤帝以爲然使水工陳承伯材官將軍祖暅視地形咸謂淮內沙土漂輕不堅實其功不可就帝弗納發徐揚人率二十戶取五以築之假康絢節督淮上諸軍事并堰作役人及戰士有衆二十萬於鍾離南起浮山北抵巉石依岸築土合脊於中流十四年四月堰將合淮水漂没復決潰衆患之或謂江淮多蛟能乘風雨決壞岸崖其性惡鐵因是引東西二冶鐵器大則釜鬵小則鏵鋤數千萬沉於堰所猶不能合乃伐樹爲幹以巨石加土其上緣淮百里內

岡陵木石無巨細盡負擔者肩穿夏日疾疫死者相枕蠅蟲晝夜聲合武帝愍之遣尚書右僕射袁昂侍中謝舉假節慰勞并加蠲復是冬寒甚淮泗盡凍士卒死者十有七八帝遣賜以衣袴十二月魏遣將楊大眼聲決堰絢命諸軍撤營露次以待之遣其子悅挑戰斬魏咸陽王府司馬徐方興軍小却十五年四月堰成其長九里下闊一百四十丈上廣三十五尺高二十丈深十九丈五尺夾之以堤并樹杞柳軍人安堵列居其上水清潔俯視居人墳墓了然皆在其下或謂絢曰四瀆天所以節宣其氣不可久塞若鑿湫東注則游波寬緩堰得不壞絢然之開湫東注又縱反間於魏曰梁所懼開湫魏人信之果鑿山深五丈開湫北注水日夜分流湫猶不減其月魏軍竟潰而歸水之所及夾淮方數百里地魏壽陽城戍稍徙頓八公山北南居人散就岡壟初起徐州界刺史張豹子謂己必尸其事既而絢以他官來監作豹子甚慚由是譖絢與魏交通帝雖不納猶以軍事徵絢尋除司州刺史領安陸太守絢還後豹子不脩堰至其秋淮水暴長堰壞奔流于海殺數萬人其聲若雷聞三百里水中怪物隨流而下或人頭魚身或龍形馬首殊類詭狀不可勝名

陳書曰閩中守陳寶應舉兵反據建安晉安二郡界水陸爲柵將軍章昭達討之據其上流命軍士伐木帶枝葉爲筏施拍於其上（拍音舶切）綴以大索相次列營夾兩岸寶應數挑戰昭達按甲不動俄而暴雨江水大漲昭達放筏衝突水柵盡破又出兵攻其步軍寶應大潰遂尅定閩中

又曰歐陽紇據嶺南反遣將章昭達督衆軍討之紇乃出栅洭口（洭音筐）多聚沙石盛以竹籠置于木柵之外用遏舟

艦昭達居其上流裝艦造舟以臨賊柵又令軍人銜刀潛行水中斫竹籠篾皆解因縱大艦隨流突之賊衆大敗因擒紇

三國典略曰東魏慕容紹宗高岳等堰洧水以灌潁川時有怪獸每衝壞其堰岳等悉衆苦攻分休迭進王思政身當矢石與士卒同其勞苦屬以大雪岳衆多死岳等乃作鐵龍雜獸用厭水神

後周書曰太祖遣大將軍趙貴帥軍至穰兼督諸州兵以授王思政高岳起堰引洧水以灌城自潁川以北皆爲陂澤救兵不得至

唐書曰武德中劉黑闥據河北又太宗率兵討之先遣堰治水上流淺令黑闥得渡及戰遂令決堰水至深丈餘賊徒既敗爭渡水溺死者數千人咸以爲神黑闥與二百餘騎

奔于竇廄悉虜其兵衆何比復平

又曰武德中李靖隨河間王孝恭討蕭銑屬江水汎長諸將皆請停兵以待水退靖謂孝恭曰以速爲神機者時不可失今若乘水漲之勢倏忽至其城下可謂疾雷不及掩耳兵家上策也孝恭從之進兵次夷陵銑將文士弘屯清江靖與之決戰大破賊軍仍率所部星馳進發營於荆州城下弘既敗銑衆莫不震讋靖又破其將楊君茂鄭秀等遂圍城數重其夜銑遣使請降靖即入據其城號令嚴肅軍無私焉

淮南子曰始智伯率韓魏三國伐趙晉陽決水而灌之城中緣木而處懸釜而炊襄子謂張孟談曰城力已盡粮食匱武夫病爲之奈何張孟談曰士不能（存危不能安無爲貴）智臣請試潛行（伏行出）見韓魏之君而約之乃見韓魏之君説曰

聞之脣亡而齒寒今智伯率二君而伐趙趙將亡矣則君爲之次矣今而不圖之禍將及二君二君曰智伯之爲人麤中而少親我謀而泄事必敗爲之奈何張孟談曰言出二君之口入臣之耳人孰知之者乎且同情相成同利相死君亦圖之二君乃與孟談謀陰與之盟張孟談乃報襄子至期日之夜趙氏殺守隄之吏決水灌智伯智伯軍救水而亂韓魏翼而擊之襄子卒犯其前大敗智伯軍殺其身而三分其國

太白陰經水攻具篇曰以水佐攻者強水因地而成勢爲源高於城本大於末可以遏而止可以決而流故晉水可以灌安邑汾水可以浸平陽先設水平測其高下可以漂城灌軍沉營殺將

又曰水平槽長二尺四寸兩頭及中間鑿爲三池池橫闊一寸八分長一寸深一寸二分分間相去一尺五分中間有通水渠闊二分深一寸三分池各置浮木木闊狹微小於池臣厚二分上建立齒高八分闊一寸七分厚一分槽下置轉關脚高下與眼等以水注之三池浮木齊起眇目視之齒齊平則爲天下准式十步一里乃至數十里目力所及置照版度竿亦白繩計其尺寸則高下丈尺分寸可知

又曰照板形如方扇長四尺下二尺黑上二尺白闊三尺柄長二丈刻作二百寸二千分每寸内小刻其分隨向遠近高下立竿以照板映之眇目視三浮木齒及照板又以度竿上尺寸爲高下遞而往尺寸相承則山岡溝澗水源高下深淺可以分寸而度

太平御覽卷第三百二十一

太平御覽卷第三百二十二

兵部五十三

勝

孫子曰夫未戰而廟勝者得筭多也未戰而廟不勝者得筭少也多筭勝少筭而況無筭乎吾以此觀之勝勢見也（吾以此道觀之是兵無成勢無常形臨時變化不可預傳故曰料敵在心察機在目也）

又曰昔之善戰者先為不可勝以待敵之可勝不可勝在己（之守備）可勝在敵（自脩理以備敵之虛解）故戰者能為不可勝不能使敵必可勝也

又曰見勝不過衆人之所知非善之善也戰勝而天下曰善非善之善也（交爭勝也太公曰爭勝白刃之中非良將也）故舉秋毫不為多力見日月不為明目聞雷霆不為聰耳（見易聞也）古人所謂善戰者勝勝易勝者也（原微易勝攻其可勝不攻其不可勝也）故善戰者之所勝也無勇攻（敵兵形未成勝之無赫赫之功也）

又曰善戰者立於不敗之地而不失敵之敗勝者也故勝兵先勝而後求戰敗兵先戰而後求勝善用兵者脩道而保法故能為勝攻之政（善用兵者先自脩理不可勝之道保法度不失敵之亂敗也）

又曰勝可知而不可為也敵雖衆可使無鬭故策之而知得失之計候之而知動靜之理形之而知死生之地角之而知有餘不足之處（角量之也）故兵形之極至於無形無形則深淵不能闚也而智者不能謀也因形而作勝於衆衆不能知也（因地形而立勝）人皆知我所以勝之形而莫知吾所以制勝之形也（人皆知吾所以勝莫知吾因敵形制此勝也）故兵戰勝不復（不量重復）而應形無窮（動而應也）

又曰知勝有五知可戰與不可以戰者勝（能料知敵情審其虛實者勝）知衆寡之用者勝（言兵之形有衆而不可擊寡或可以弱制強而能變之者勝也春秋傳曰師克在和不在衆）上下同者勝（言君臣和同勇而欲戰者勝也故孟子曰天時不如地利地利不如人和）以虞待不虞者勝（虞度也以我有法度之師擊彼無法度之兵故春秋傳曰不備不虞不可以出師）將能而君不御者勝（司馬法曰進退惟時無曰寡人將既精能曉練兵勢君能專任事不從中御也）此五者知勝之道故曰知己知彼百戰不殆（審知彼己強弱之勢雖不至百戰實無危殆也）不知彼而知己一勝一負（雖不知敵之能勢恃己能戰之者勝負各半也）不知彼不知己每戰必殆（外不料敵內不知己用戰必危也）知地知天勝乃可全（知地形之便知天時孤虛向背順風雲之謫謹也）

左傳曰楚屈瑕將盟貳軫（貳軫二國名也）鄖人軍於蒲騷楚莫敖曰（莫敖官名）盍請濟師（盍何也何不濟益師）對曰師克在和不在衆也商周之不敵君之所聞也（武王有亂臣十人紂有億兆之衆）莫敖曰卜之對曰卜以決疑不疑何卜遂敗鄖師于蒲騷

又曰秦伯以璧祈戰于河（祈禱河求勝也）

戰國策曰魏武侯問吴起曰兵以何勝曰以理為勝曰不在衆乎起曰法令不明賞罰不信聞鼓不進聞金不止雖有百萬之師何益於用所為理者居則有禮動則有威進不可當退不可追前却如節左右應麾雖絶成陣雖散成行投之無所往天下莫敢當

又曰韓魏之君不朝于齊鄒忌為齊相田忌為將使田忌伐魏三戰三勝

又曰或說齊閔王曰臣之所聞戰攻之道於師者雖有百萬之軍比之堂上雖孫吴之將擒之户内千丈之城拔之罇俎之間百尺之衝折之衽席之上

史記曰張儀東說齊閔王曰臣聞之齊與魯三戰而魯三勝國以危亡隨其後雖有勝之名而有危之實是何也齊大而魯小也

又曰魏以太子申為上將軍伐齊過外黄徐子謂太子曰

自將攻齊太子曰勝則冨不過有魏貴不益為王若戰不
勝齊則萬世無魏矣此臣之百戰百勝也
漢書曰廣武君謂韓信曰成安君有百戰百勝之計一日
而失之軍敗鄗下身死泜水上
又曰高祖置酒雒陽南宫上曰吾所以有天下者何項氏
之所以失天下者何王陵對曰陛下嫚而侮人項羽仁而
敬人然陛下使人攻城略地所降下者因以與之天下與
同利也項羽妬賢嫉能有功者害之賢者疑之戰勝而不
與人功得地而不與人利此則所以失天下也上曰公知
其一未知其二夫運籌策於帷幄之中決勝於千里之外
吾不如子房鎮國家撫百姓給饋餉不絶糧道吾不如蕭
何連百萬之軍戰必勝攻必取吾不如韓信三者皆人傑
也吾能用之此吾所以取天下也

後漢書曰河南尹朱儁為董卓陳軍事卓折儁曰我百戰
百勝決於心卿勿妄説且汙我刀儁曰昔武丁之明猶求
箴諫況如卿者而欲杜人之口乎卓曰戲之耳儁曰不聞
怒言可以為戲卓謝儁
又曰吳漢與公孫述戰於廣都成都之間八戰八尅遂軍
其郭中
又光武詔曰將軍鄧禹與朕謀謨帷幄決勝千里
魏志曰鍾會為鎮西將軍假節都督關中諸軍事詔曰會
所向摧弊前無強敵緘制衆城網運羅迸　蜀之豪帥面
縛歸命謀無遺策舉無廢功凡所降誅動以萬計全勝獨
尅有征無戰拓平西夏方隅清晏以會為司徒會喜之
又曰魏國初建荀攸為尚書令攸深密有智防自從太祖
征伐常謀謨帷幄時人及子弟莫知其所言

吳志曰魏使司馬曹仁將步騎數萬向濡須僞欲東攻羨
溪朱桓赴羨溪仁進軍拒濡須桓聞追羨溪兵未到而仁
兵奄至諸將各懼桓喻之曰凡兩軍相對勝負在將不在
衆寡因與諸軍共據高城臨大江北背山陵以逸待勞為
主制客此百戰百勝之勢桓因偃旗鼓外示虚弱以誘仁
仁果分遣將軍王雙等乘油舡襲中洲桓身自距之生獲
雙等送武昌
晉書曰王濬為平東將軍假節都督梁益諸軍事率兵伐
吳濬兵不血刃攻無堅城夏口武昌無相支抗
又曰征西將軍庾亮以石勒新死欲移鎮石城為滅賊之
漸事下公卿蔡謨議曰自石勒初起則季龍為爪牙百戰百
勝遂定中國　又曰嵇紹字延祖為侍中從
駕至湯陰紹之行也侍中秦准謂曰今日向難卿有佳馬

不嵇正容曰大駕親以正伐邪理必有征無戰若皇輿失
守臣節有在駿馬何為聞者莫不歎息
漢晉春秋曰諸葛亮至南中所在戰捷聞孟獲者為胡漢
所服募生致之既得使觀於營陣之間問曰此軍何如獲
曰不知虚實故敗定易勝耳亮縱使更戰七縱七擒
傳巽別傳曰衛臻領舉傳巽為冀州刺史文帝曰巽吾腹
心臣也不妨與其籌筭帷幄之中決勝千里之外不可授
以遠任
蕭方等三十六國春秋曰西凉從事中郎將張顗言於凉
王曰太祖以天挺神姿應桓文之運流㓻万里於西夏所
推平索嗣兵不血刃取酒泉有易俯拾為殿下開創崇規
貽厥孫謀者也
又曰秦王堅下書曰吳人敢恃江山僭稱大號輕率犬羊

夏殷王境朕將巡狩省方登會稽而朝諸侯復禹績而定九州今王師所擬必有征無戰伐國存主義同一

又曰夏王教敎自號貞興元年夏刻石都南頌其功曰我皇誕命世之期應天縱之德仰協時來俯從民望屬蕤賓鼎峙之際群凶岳立之秋故運籌命將舉無遺算親御六戎即有征無戰五稔之間而治風弘闡矣

春秋齊後語曰騶忌與田忌不相善公孫閱謂騶忌曰何不令人操十金卜於市曰我田忌之人也吾三戰三勝聲威天下欲爲大事亦吉乎卜者出因令人捕之驗其辭於王之所騶忌從之田忌懼無以自白遂以其徒襲攻臨淄欲殺騶忌不勝而奔

梁後略曰君子普通之末邊壃告警寇虜烽熵擊拆相聞上皇乃運籌帷中遏曹王之遠略決勝千里超光武之懸

謀故能師不疲勞獻捷相係

老子曰善勝敵者不爭○又曰戰勝則以喪禮處之

管子曰天時地利其數多少其要必出於計數故凡攻伐之爲道也計必先定於內然後兵出乎境計未定而出兵是則戰之自毀也故不明敵人之政不能加也（未可加兵）不明敵人之積不能約也（不能約善）不明敵人之士不先陣是故以衆擊寡以理擊乱以富擊貧以能擊不能以教卒練士擊歐衆白徒故百戰百勝也

孫卿子曰舜伐有苗禹伐共工湯伐有夏文王伐崇武王伐紂遠方慕義兵不血刃

墨子曰墨子爲守使公輸般服而不肯以兵知（墨子雖善爲兵而不肯以知兵聞也）善持勝者以強爲弱故老子曰道冲而用之有弗盈也

淮南子曰文王知而好問故聖武王勇而好問故勝夫乘衆人之智則無不任也用衆人之力則無不勝也

三輔故事曰婁敬爲隴西太守過洛陽見曰臣之策能不血刃坐羈匈奴頭著陛下前○衛公兵法曰夫決勝之策者在乎察將之材能審敵之強弱料地之形勢觀時之宜利先勝而後戰守地不失是謂必勝之道也若上驕下怨可離而間營久卒疲可掩而襲昧去迷就士衆猜嫌可振而走重進輕退遇逢險阻可邀而取若敵人旌旗屢動士馬數顧其卒或縱或橫其吏或行或止追北恐不利見利恐不獲涉長途而未息入險地而不疑勁風劇寒剖冰濟水烈景炎熱倍道兼行陣而未定舍而未畢若此之勢乘而擊之此所謂天贊我也豈有不勝乎

張協詩曰疇昔懷微志帷幕竊所經何必操干戈堂上有

奇兵

陸士衡辯正論曰攻無堅城之將戰無交鋒之虜

又曰由是二邦之將喪氣挫鋒勢衂財匱而吳宛然坐乘其弊

太平御覽卷第三百二十二

鄧析子曰百戰百勝黄帝之師也

韓詩外傳曰孔子歎乎仲去身不出罇俎之門而折衝千里之外注云衝衝車也謂敵人毀此以臨城大臣謀於廟堂過以折之

古司馬兵法曰大捷不賞上下皆不伐善捷勝也一軍皆勝上下俱不厚功也上苟不伐善則不驕矣下苟不伐善則不差矣上下不伐善此讓之至也大敗不誅上下皆以不善在已也敗者負也一軍奔北人皆有罪敵不誅上下俱過上苟以不善在已必悔其上過上下分惡若此讓之至也

又曰凡戰以力久以氣勝有力者任重則可久可久勝可息可以固久以危勝營壘次舍器械具備行陣堅守可以久也乘危乃以死易生敵攻之心定矣本心固新氣勝旡毅疑心本堅固養而不勞故能制勝以甲固以兵勝甲以扞矢兵以斵殺謂甲堅則固兵利則勝也凡車以密固徒以坐勝車卒衆則密陣步卒衆則坐陣兼以重固以輕勝車步數也以重卒持堅以輕卒攻取故勝也

呂氏春秋曰凡兵也者貴其因也因也者因敵之險以為已固因敵之謀以為已事能審因而加勝則不可窮矣勝不可窮之謂神神則能而不可勝矣夫兵不貴勝而貴不可勝不可勝在已可勝在彼聖人必在已者不在彼故執不可勝之術以遇不勝之敵若此則兵無失矣

又曰趙襄子攻翟勝左人中人使者使謁之下左人中人城今盧奴西山中有二城也襄子方食摶飯有憂色左右曰一朝而下兩城此人之所喜今君有憂色何也襄子曰江河之大也大長也不過三日猋風暴雨日中不須臾今趙氏之德行所積又一朝而兩城下亡其及我乎孔子聞之曰趙氏其昌乎夫憂所以為昌也喜所以為亡也勝非其難者也持之其難者賢主以此持勝故其福及後世齊荊吳越皆嘗勝矣而卒取亡不達乎持勝也唯有道之主能持勝

太平御覽卷第三百二十三

兵部五十四

敗

易曰投戈散地六親不相能保

禮記曰謀人之軍敗則死之

又曰魯莊公及宋人戰于乘丘馬驚敗績

左傳曰凡師敵未陳曰敗某師皆陳曰戰大崩曰敗績得儁曰剋覆而敗之曰取某師京師敗績曰王師敗績于某

又曰夫其敗也如日月之蝕何損於明

又曰及齊師戰于乾時我師敗績

又曰公及邾師戰于井陘我師敗績

又曰鄭伯侵陳大獲往歲鄭伯請成於陳五父諫曰親仁善鄰國之寶也陳侯不從故敗

又曰晉侯及秦師戰于彭衙秦師敗績

又曰宋師及齊師戰于獻齊師敗績

又曰息侯伐鄭鄭伯與戰于境息師大敗而還君子是以知息之將亡也不度德（鄭莊賢也）不量力（息國弱也）不親親（鄭息同姓之國）不徵辭不察有罪（言語相恨當明徵其辭以審曲直不宜輕鬭）犯五不韙（韙是也）而以伐人其喪師也不亦宜乎

又曰鄭師伐宋將戰華元殺羊食士（食音嗣）其御羊斟不與及戰斟曰疇昔之羊子為政（疇昔猶前日也）今日之事我為政與入鄭師故敗

又曰狄人伐衛戰于熒澤衛師敗績衛侯不去其旗是以甚敗遂滅衛

史記曰管仲曰吾嘗三戰三北鮑叔不以我為怯知我有老母也

又曰曹沫者魯人也以勇力事魯莊公為魯將與齊戰敗三北魯莊公猶復以為將

又曰齊桓公許與魯會于柯而盟於壇上曹沫執匕首劫齊桓公問曰子將何欲曹沫曰齊强魯弱大國侵魯亦以甚矣今魯城壞即壓齊境君其圖之桓公乃許盡還魯之侵地曹沫三戰所亡盡復于魯（索魯連與燕將書曰曹子為魯將三敗三北亡地五百里向使曹子計不反顧議不旋踵刎頸而死則亦不免為敗軍擒將矣曹子棄三北之恥而退與魯君計桓公朝天下會諸侯三戰之所亡一朝而復之天下震動諸侯驚駭威加吳越）

又晉世家曰襄公墨絰四月敗秦師于殽虜秦王將孟明視西乞術白乙丙以歸遂墨以葬文公夫人秦女謂襄公曰秦欲得其三將戮之公許遣之先軫聞之謂襄公曰患生矣軫追秦將渡河已在舡中頓首謝卒不反後三年秦果使孟明等伐晉報殽之敗也

後漢書曰建武三年春正月甲子以偏將軍馮異為征西大將軍杜茂為驃騎大將軍大司徒鄧禹及馮異與赤眉戰于回谿禹敗績後閏九月乙巳馮異與赤眉戰於崤底大破之

又曰鄧禹與赤眉戰敗帝徵禹還勑曰赤眉無穀自當來東吾折捶笞之非諸將憂也無得進兵禹慙於受任而功不遂數以飢卒徼戰輒不利（徼古堯切）

又曰鄧禹與車騎將軍鄧弘擊赤眉遂為所敗衆皆死散禹獨與二十四騎還詣宜陽謝上大司徒梁侯印綬有詔歸侯印綬數月拜右將軍

又曰鄧弘與赤眉大戰移日赤眉佯敗棄輜重走車皆載土以豆覆其上兵士飢爭取之赤眉引兵還擊弘弘軍潰亂馮異與禹合兵救之赤眉小却異以士卒飢倦可且休

禹下聽侵戰大爲所敗
又曰龐萌叉攻殺楚郡太守引軍襲敗蓋延延走北渡泗水破舟檝壞津梁僅而得免
又曰公孫瓚爲袁紹所圍遣子續求救于黑山賊張燕燕率兵十萬三道來救瓚未及至瓚乃密使行人齎書告續曰昔周末喪亂僵尸蔽地以意而推猶爲否也不圖今日親當其鋒袁氏之攻狀若鬼神梯衝舞於樓上鼓角鳴於地中日窮月急不遑啓處汝當碎首於張燕馳以告急父子天性不言而動（言相感也）且厲五千鐵騎於北隰之中（下濕曰隰）起火爲應吾當自内出奮揚威武決命於斯不然吾亡之後天下雖廣汝欲求安足之地其可得乎紹候得其書（獻帝春秋候者得書紹使陳琳易其詞即此書）如期舉火瓚以爲救至遂便出戰紹設伏瓚遂大敗復還保小城自計必無全乃悉縊其姊妹妻子然後引火自焚

御覽三百二十三　三

魏志曰太祖在長安使曹仁討關羽於樊又遣于禁助仁秋大霖雨漢水溢平地水數丈禁等七軍皆沒禁與諸將登高望水無所迴避羽乘大舟就攻禁遂降會孫權禽羽獲其衆禁復在吳文帝踐祚權稱藩遣之帝引見禁鬚髮皓白形容憔悴泣涕頓首帝慰喻以荀林父孟明視之事（魏書載詔曰昔荀林父敗績於邲孟明喪師於殽晉秦不替使復其位後晉獲狄土秦霸西戎區區小國猶尚若斯而況萬乘乎樊城之敗水災暴至非戰之咎也其復禁等官）拜安遠將軍
晉書曰陸機河橋之戰始臨戎而牙旗折意甚惡之列軍自朝歌至于河橋鼓聲聞數百里漢魏以來出師之盛未嘗有也長沙王乂奉天子與機戰於鹿苑軍大敗赴七里澗而死者如積焉
又曰張駿爲涼州牧西域長史李栢請討叛將趙貞爲貞所敗議者以栢造謀致敗請誅之駿曰吾每念漢世宗之殺王恢不如秦穆之赦孟明竟以減死論群心咸悅
又曰孫恩爲劉裕所擊窮蹙乃赴海自沉妖黨及妓妾謂之水仙投水從死者百數餘衆以恩妹夫盧循爲主
又曰盧循既敗走召妓妾問曰我今將自殺誰能同者多云雀鼠貪生就死實難有云官尚當死某豈願生於是悉酖諸辭死者因投于水同黨盡誅
又曰苻堅敗走劉牢之進屯鄄城討諸未服河南諸城堡承風歸順者甚衆苻堅子丕據鄴爲慕容垂所逼請降牢之引兵救之垂聞軍至出新興城北走牢之與沛郡太守田次追之行二里至五橋澤中急取輜重軍稍亂爲垂所擊牢之敗績士卒殲焉牢之策馬跳五丈澗得脫會丕救至因入臨濟集士散兵復少振牢之以軍敗徵而還

御覽三百二十三　甲

又曰苻堅敗壽春單騎遁還於淮北飢甚人有進壺食豚髀者堅食之大悅曰昔公孫豆粥何以加也命賜帛十疋
又曰毋丘儉文欽反司馬景王遣鄧艾督太山諸軍屯樂嘉欽將攻艾景王銜枚徑造樂嘉欽子鴦年十八勇冠三軍謂欽曰及其未定請登城鼓譟擊之可破也既謀而行三譟而欽不能應鴦退相與引而東景王謂諸將曰欽走矣發銳軍以追之諸將曰欽舊將鴦小而銳引軍內入未有失利必不走也王曰一鼓作氣再而衰三而竭鴦三鼓而欽不應其勢已屈不走何待欽將遁謂鴦曰不先折其勢不得去也乃與驍騎十餘摧鋒陷陣所向皆披靡遂引去王遣驍騎八千翼而追之欽父子與麾下走保項儉聞欽敗棄衆宵遁淮南安風津都尉追儉斬之
又曰苻堅率衆百萬屯壽陽列陣淝水謝玄謂苻融曰臨

水爲陣是不欲速戰請君稍却堅遂麾使陣退衆因亂不能止玄以精鋭決戰堅衆奔潰聞風聲鶴唳皆以爲王師至草行露宿飢凍以死獲堅乘輿雲毋車軍資山積

又曰符堅望八公山上草木皆類人形又見王師部陣謂融曰此亦勍敵也憮然有懼色及敗單騎遁于淮北飢甚人有進壺飧者曰臣聞白龍厭天地之樂而見困豫且今蒙塵之難豈自天乎

晉中興書曰謝琰爲會稽內史督五郡事隆安四年孫恩攻上虞進及刑浦上黨太守張虔碩戰敗于刑浦人情震懼群賊鋭進咸以宜持重嚴備且列水軍於南湖又應分軍設伏以待之琰不聽外白賊至時尚未食琰曰要先滅此寇而後食耳跨馬而出廣武將軍桓寶爲前鋒果敢能戰殺賊甚多而塘路迮狹魚貫不聚賊於艦中傍射前後斷

絶琰至千秋亭與二子肇峻俱被害寶亦死之

又曰劉道規及下邳太守孟懷王等與桓玄戰於峥嶸洲義軍乘風縱火盡鋭争先玄衆大潰燒輜重夜遁玄故將劉統馮稚等聚黨四百人掩没潯陽城建威將軍劉懷肅討平之其黨自相斬以降玄入江陵太守馮該勸使更下戰玄欲步出漢川投梁州而人情崩沮不可復合益州刺史毛璩弟璠卒璩使其從孫祐之參軍費恬送璠喪葬江陵璩弟子脩之爲玄屯騎校尉玄討窮欲走漢中脩之誘以入蜀遂與石康等乘艦泝江數十里恬與祐之迎擊玄益州督護馮遷斫玄玄曰是何人耶敢殺天子遷曰欲殺天子之賊耳遂斬玄首并石康等五級庾願之及殿中監萬蓋丁仙期皆死之玄年六十息昇六歲云我是豫章王諸軍勿見殺遂送至江陵市斬之

三十國春秋曰後燕慕容垂遣其子寳率步騎七萬伐後魏戰於參合陂大敗寳以數千騎奔免士衆還者十一二寳恨參合之敗屢言魏有可乘之機由是自率大衆伐魏至參合見往年戰處積骸如山設弔祭之禮死者父兄一時號哭軍中皆慟垂慙憤嘔血因而寢疾却還道卒

宋書曰晉安王子勛擧兵潯陽宋將殷孝祖討之時賊據赭圻赭音者孝祖將進攻之與賊合戰常以鼓蓋自隨軍中人相謂曰殷統軍可謂死將矣今與賊交鋒而以羽儀自標顯若此射者十手攢射欲不斃得乎是日於陣中流矢死

又曰王玄謨北圍滑臺爲魏軍所追大破之流矢中臂二十八年正月還至歷城義恭與玄謨書曰聞因敗爲戍臂上瘡將非金印之徵邪

梁後略曰丙午軍帥蕭方等至于長沙河東王譽率左右七千人置陣登高以禦之方等兵精衆盛瞻江水滿争來赴戰俄尔之間方等衆潰譽軍以騎汨之悉皆透水方等與左右二百餘人馳往赴舟舟中之指可掬方等溺于江中

通典曰東魏大將齊神武與西魏大將周文帝戰邙山時周文見齊神武出旗鼓識之乃募敢勇士三千令賀拔勝慾之犯其軍適與齊神武相遇時募士皆用短兵接戰勝逐齊神武數里刃垂及之會勝馬爲流矢所中死比副騎至齊神武已逸去

隋書曰高麗之役之使宇文述進軍東濟薩水去平壤城三十里因山爲營乙支文德復遣使僞降請述曰若旋師者當奉高元朝行在所述見士卒疲弊不可復戰又平壤險固卒難致

力遂因其詐而還衆半濟賊擊後軍於是大潰不可禁止九軍敗績一日一夜還至鴨渌水行四百五十里初渡遼九軍三十萬五千人及還至遼東城唯二千七百人帝怒以述等屬吏至東都除名爲民

唐書曰屈突通將自武關趍藍田以赴長安軍過潼關爲劉文靜所遏不得進相持月餘通又令顯和以步騎萬人夜襲文靜詰朝大戰義軍不利顯和縱兵入我二栅而戰者牲復數焉文靜爲流矢所中義軍氣奪垂至於敗而文靜遊軍數百騎自南山而來擊其背顯和大敗疋馬而歸通勢弥蹙自摩其頸曰要當爲國家受人一刀耳勞勉將士未嘗不流涕人亦以此懷之

又曰安禄山之亂哥舒翰領兵馬步十五萬賊將崔乾祐會戰初哥舒翰造氊車以氊蒙其車以馬駕之畫以龍虎

之狀五色相宣以金銀飾其畫獸之目及爪將衝戰爲因其驚駭擬從而犄角攢戈矢而逐之賊知其計積薪蒭於隘路候氊車至順風縱火焚之駕馬奔駭燒氊車薪蒭煙焰昏黑兩軍不相辯我師謂賊軍在煙焰中遂集弓弩併力射之賊軍抽退盡日矢盡方覺無賊我師衆從關門六七十里路狹北拒黃河南是古岸排蹴進不得賊抽軍從南山設疑或柴楊塵以同羅諸直冒險直透黃河古岸横截我師我師敗績沉河而死十有二三

又曰潼關之戰哥舒翰在河北高阜上觀軍陣進退之勢于時有般粮舡在河北岸左右言取舡渡兵可得遂令將舡百餘隻到南岸渡人舟中之指可掬登舡争渡者不可勝數每艣即沉如是登舡沉者數十渡餘軍盡散走還入關

三國典略曰齊師既敗軍士奔至江者縛荻爲筏多被没溺浮屍翳江至于京先是童謡曰虜馬萬疋入南湖城南酒家使虜奴至是梁軍士以齊兵貿酒一人纔得一醉

又曰周武伐齊齊主亦於塹北列陣謂高阿那肱曰戰是耶不戰是耶那肱曰不如勿戰却守高梁橋安吐根曰一把子賊馬上刺取擲著汾陽中諸内參曰彼亦天子我亦天子彼能懸軍遠來我何爲守塹示弱齊主曰此言是也使讓那肱曰亦富貴足惜性命耶乃填塹南引帝大喜齊主親戰東偏頗有退者淑妃怖曰軍敗矣穆提婆進曰大家去大家去齊主以淑妃奔高梁關奚長樂諫曰半進半退戰家常體今兵衆全整未有傷敗陛下捨此安之御馬一動人情驚擾願速還安撫齊主將從之穆提婆引其肘月曰言何可信齊衆大潰軍資甲仗數百里間委棄山積在陣死者

八千餘人齊主夜走至洪洞戍

又曰周遣大將軍王軌破陳於吕梁擒其司空南平郡公吳明徹北徐州刺史董安公程文季等俘斬三萬餘人初軌潛於清水入淮口多堅大木以鐵鎖貫車輪横截水流遏斷舡艫摩訶謂明徹曰聞王軌正鏁下流其兩邊築城今尚未立若見遣擊之彼必不敢相拒彼城若立則吾屬且爲虜矣明徹乃奮鬚曰搴旗陷陣將軍事也長筭遠略老夫事也摩訶失色而退一旬之間我兵益至摩訶又請明徹曰今求不得進退無路若潛軍突圍未足爲耻願公率步乘車輿徐行摩訶領鐵騎數千騎前後必當使公安達京邑明徹曰弟之此計乃良圖也然老夫受脤專征不能戰勝攻取今彼圍逼慙寡無地且步軍既多吾爲揔督必須身居其後相率兼行遂欲破堰大軍以舫載馬北譙州

刺史裴子烈議曰若決堰下舡舡必順倒不如前遣馬出於事爲允會明徹疾篤知事不濟遂從之乃遣摩訶率馬數千前還明徹決堰乘水而退至清口水勢漸微舡礙車輪並不得度軏圍而殲之明徹力窮就執陳之銳卒於是殲焉

衛公兵法曰或若軍有賢智而不能用者敗上下相親而各逑巳長者敗賞罰不當而衆多怨言者敗知而不敢擊不知而擊之者敗利此利不得而卒多戰死者敗勞逸無別不曉車騎之用者敗覘候不審而輕敵懈怠者敗行於險道而不知深溝絶澗者敗陣無選鋒而奇正不分者敗九此十敗非天之殃將之過也夫兵者乍千日而不使不可一將而不勝故白起對秦王曰明王愛其國忠臣愛其名寧伏其重誅不忍爲辱軍之將又嚴顔謂張飛曰卿等無

狀侵奪我州有斷頭將軍無降將軍也故二將咸重其名節寧就死而不求生者蓋知敗屻之恥斯誠甚矣

說苑曰晉荆戰於邲晉師敗績荀林父將歸請死景公將許之士貞伯曰不可城濮之役晉勝于荆夫文公猶有憂色曰子玉猶存憂未歇也困獸猶鬬況國相乎及荆殺子王乃憙今天或者大警晉也林父之事君進思盡忠退思補過社稷之衛也今殺之是重荆勝也景公曰善乃使復將潘安仁汧馬督誄序曰昔秉兵之戰縣賁父御魯莊公馬驚敗績賁父曰他日未嘗敗績今而敗績是無勇也遂死

又曰偏師裨將殞首覆軍者蓋以十數

太平御覽卷第三百二十三

太平御覽卷第三百二十四

兵部五十五

招
降
詐降

招

左傳曰魯叔弓帥師圍費弗克敗焉（爲費所敗）平子怒令見費人執之以爲囚俘冶區夫曰非也（區夫魯大夫也）若見費人寒者衣之飢者食之爲之令主而供其乏困費來如歸南氏亡矣人將叛之誰與居邑若憚之以威懼之以怒人疾而叛爲之聚也若諸侯皆然費人無歸不親南氏將焉入矣平子從之費人叛南氏

史記曰漢高帝初陳豨反於代（豨虛豈切）帝自往擊之至邯鄲喜曰豨不南據漳水北守邯鄲知其無能爲也因問周昌曰趙亦有壯士可令將者乎對曰有見四人四人謁帝慢罵曰豎子能爲將乎四人慙伏帝封之各千戶以爲將左右諫曰從入蜀漢伐楚功未遍行今此何功而封帝曰非汝所知陳豨反邯鄲以北皆豨有吾以羽檄徵天下兵未有至者今唯獨邯鄲中耳吾愛四千戶封此四人以慰趙子弟皆曰善

漢書曰西南夷傳曰陸賈至南越越王恐頓首謝罪願奉明詔長爲藩臣奉貢職於是下令國中曰吾聞兩雄不俱立兩賢不並世漢皇帝賢天子自今以去帝制黄屋左纛因爲之稱蠻夷

後漢書曰岑彭與大司馬吳漢等圍洛陽數月朱鮪等堅守不肯下帝以彭嘗爲校尉令往說之鮪在城上彭在城下相勞苦歡語如平生彭因曰彭往者得執鞭侍從蒙薦舉枝權常思有以報恩今赤眉已得長安更始爲三王所反皇帝受命平定燕趙盡有幽冀之地百姓歸心賢俊雲集親率大兵來攻洛陽天下之士逝其去矣公雖嬰城固守將何待乎（嬰繞也謂以城自嬰繞而守之）鮪曰大司徒被害時鮪與其謀（與音預）又諫更始無遣蕭王北伐自知罪深彭還具言於帝帝曰夫建大事者不忌小怨鮪今若降官爵可保況誅罰乎河水在此吾不食言（指河水爲信諸言其明白也）彭復往告鮪鮪從城上下雲索曰必信可乘此上彭趣索欲上（趣向也）鮪見其誠即許降後五日鮪將輕騎詣彭顧勑諸部將曰堅守待我我若不還諸君徑將大兵上轘轅歸郾王（更始封尹尊爲郾王）乃面縛與彭俱詣河陽（東觀記曰諸行在所河津亭）帝即解其縛召見之復令彭夜與鮪歸城明旦悉其衆出降拜鮪爲平狄將軍封扶溝侯

蜀志曰關羽圍魏氏之樊留兵將備公安及南郡吳將呂蒙襲之兵到南郡羽下守將麋芳降蒙入據城盡得羽及將士家屬蒙皆撫慰約令軍中不得干歷人家有求取軍中震慄道不拾遺蒙朝暮使親近存恤耆老問所不足病疾者給醫藥飢寒者賜衣糧羽府藏財寶皆封閉以待吳主孫權至羽還路數使人與蒙相聞蒙輒厚遇其使周旋城中家家致問或手書示信羽人還私相參訊咸知家門無恙見待過於平時羽吏士無鬬心會權至羽自知孤窮乃走麥城西至漳鄉衆皆委羽而降

三國典略曰梁蕭乾字思惕梁秘書監子範之子容止雅正志性恬簡善隸書得叔父子雲之法閩中豪帥反叛陳

武謂乾曰陸賈南征趙佗歸順隨何奉使黥布來臣追想清風髣髴在目乃令乾往使諭以逆順渠帥並即款附

北史曰魏可朱渾元歸齊神武聞其來遣平陽太守高崇持金環一枚賜元并運資糧候接

隋書曰劉權爲南海太守行至鄱陽會群盜起不得進詔令權召募討之權率兵與賊相遇不與戰先乘單舸詣賊營說以利害而群賊感悅一時降附帝聞而嘉之

又曰開皇末桂州俚李光仕聚衆爲亂詔何稠召募討之師次衡嶺遣使者諭其渠帥洞主莫崇解兵降款桂州長史王文周鑠崇以詣稠所詐宣言曰州縣不能綏養致使邊民擾叛非崇之罪也乃命釋之引崇共坐并從者四人爲設酒食遣之崇大悅歸洞不設備稠至五更掩入其洞悉散俚兵以臨餘賊象州逆帥杜條遼羅州逆帥龐靖等相繼降款

覽三百二十四　三

又曰仁壽初山獠作亂出衛玄爲資州刺史以鎮撫之玄既到官時獠攻圍大牢鎮玄單騎造其營謂群獠曰我是刺史銜天子詔安養汝等勿驚懼也諸賊莫敢動於是說以利害渠帥感悅解兵而去前後歸附者十餘萬口高祖大悅賜縑二千疋除遂州總管仍令劍南安撫

唐書曰馬燧討李懷光自京師與渾瑊駱元光韓遊瓌合軍次于長春宮懷光遣驍將徐廷光以精卒六千守城兵械甚嚴燧度長春不下則懷光自固攻之則曠日持久死傷必甚乃挺身至城下呼廷光廷光素懼燧威名則拜於城上燧度廷光心已屈乃謂曰我來自朝廷可西面受命廷光復西拜

又曰公等皆朔方將士祿山已來首立大勳四十餘年功伐最高奈何棄祖父之勳力爲滅族之計耶從吾言非止免罪富貴可圖也賊徒皆不對燧又曰爾以吾言不誠今相去數步爾當射我乃披襟示之廷光感泣俯伏軍士亦泣光一日賊將尉珪率兵二千以焦籬堡降燧廷光道既絕乃因率其下出降燧乃以數騎徑入城處之不疑莫不畏服衆大呼曰吾復得爲王人矣渾瑊私數謂參佐曰瑊謂馬公用兵與僕不相遠但怪累敗田悅今覩其行師料敵僕不逮遠矣

又曰曹王皐爲衡州刺史初湖南團練使辛京杲遣將軍王國良鎮武崗京杲侵刻之又虐其士卒國良以兵叛因據山阿守險劫行旅以自給詔徵荊南江西黔桂兵誅之二歲不下乃以皐爲潭州刺史湖南都團練使皐率諸軍至武崗國良阻險兵不得進皐乃謂諸軍曰國良怨京杲刻害本非反也其情易不如降之乃三遺之書國良因請降未得其情皐白其心屈矣乃捨軍自稱使者乘偏舟直造其壘曰曹王也國良遂出降

覽三百二十四　四　甲

又曰于邵爲巴州刺史時歲儉夷獠相聚山澤爲盜數千百人來圍州城邵撫勵州兵與之拒戰凡旬有二日間遣使說喻示以善惡山盜邀邵出乃以儒服出城致之不疑因皆降之

又曰氾希朝爲朔方節度使至靈武突厥別部有沙陁者北方推其勇勁希朝誘致之自甘州舉族來歸衆且萬人其後以之討賊所至有功

降

左傳曰蔡穆侯將許僖公以見楚子於武城許男面縛銜璧大夫衰絰士輿櫬楚子問諸逢伯對曰昔武王尅商微

子啓如是武王親釋縛受其璧焚其櫬禮而命之使復其所楚子從之

史記曰楚莊王圍鄭三月尅之入自皇門鄭伯肉袒牽羊以迎曰孤實不天不能事君使君懷怒以及弊邑孤之罪也敢不唯命是聽

又曰周武王伐紂尅殷微子乃持其祭器於軍門肉袒面縛左牽羊右把茅膝行而前以告於是武王乃釋微子復其位

後漢書曰武都參狼羌爲寇殺長吏馬援將四千餘人往擊之不與戰羌遂窮困悉降

又曰陳宮降曹操曰柰卿老母何宮曰老母在公不在宮也夫以孝治天下者不害人之親操復曰柰卿妻子何宮曰聞霸王之主不絶人之嗣因請就刑遂出不顧操爲之泣涕遂殺之傳首許市

又曰耿秉與竇固至車師後王安得震怖從數百騎出迎秉而固司馬蘇安欲全功歸固即馳謂安得曰漢貴將獨有奉車都尉天子姊壻（固尚光武女涅陽公主明帝姊也）爵爲通侯當先降之安得乃還更令其諸將迎秉秉大怒被甲上馬麾其精騎徑造固壁言曰車師王降訖今不至請往梟其首固大驚曰且止將敗事秉厲聲曰受降如受敵遂馳赴之安得惶恐走出門脫帽抱馬足降（東觀記曰脫帽趨鳴馬蹄也）秉將以詣固其前王亦歸命遂定車師而還

又曰太山賊叔孫無忌等暴横一境州郡不能討衛羽說第五種曰中國安寧忘戰日久而太山險阻寇猾不制今雖有精兵難以赴敵羽請往降之種敬諾羽乃往備說禍福無忌即帥其黨與三千餘人降

又曰劉盆子遣劉恭乞降曰盆子將百萬衆降陛下何以待之帝曰待汝以不死耳樊崇乃將盆子及丞相徐宣以下三十餘人肉袒降上所得傳國璽綬更始七尺寳劒及玉璧各一積兵甲宜陽城西與熊耳山齊

又曰寵雄與梁慬及耿种步騎萬六千人攻虎澤連營稍前單于惶怖遣左奧鞬曰遂王詣慬乞降慬乃大陳兵受之單于脫帽徒跣面縛稽顙納質

又曰岑彭與臧宮說共守死漢兵攻之數月城中粮盡人相食彭乃與說舉城降諸將欲斬之大司徒伯升曰彭郡之大吏執心堅守是其節也今舉大事當表義士不如封之以勸其後更始乃封彭爲歸德侯

又曰班超復使西域是特于寘王廣德新攻破莎車遂雄張南墨（于寘國去長安九千六百七十里南與婼羌西與姑墨莎車國去長安九千九百五十里西域南北有大山中央有河東西六千餘里東至玉門陽關有兩道從鄯善傍南山北波河西行至莎車爲南道雄張猶熾盛也張音丁亮反波傍也波音詖）而匈奴遣使監護其國超既西先至于寘廣德禮意甚踈且俗信巫巫言神怒何故欲向漢使有騧馬急求取以祠我廣德乃遣使就超請馬（續漢書及華嶠書騧字並作騧說文馬淺黑色也音京媚也）超密知其狀報許之而令巫自來取馬有頃巫至超斬其首以送廣德因辭讓之廣德素聞超在鄯善誅滅虜使大惶恐即攻殺匈奴使者而降超重賜其王以下因鎮撫焉

又曰張步戰敗退保平壽（今青州北海縣）蘇茂將万餘人來救之茂讓步曰以南陽兵精延岑善戰而耿弇走之柰何就攻其營既呼茂不能待耶步曰負無可言者（負愧也再言之者愧之甚）帝乃遣使告步茂能相斬降者封爲列侯步遂斬茂使奉其首降

又曰田戎聞秦豐被圍懼大兵方至欲降而妻兄辛臣諫戎曰今四方豪傑各據郡國洛陽地如掌耳續漢書曰辛臣爲戎作地圖圖彭寵張步董憲公孫述等所得郡國云洛陽所得如掌耳不如按甲以觀其變戎曰以秦王之強猶爲征南所圍豈況吾耶降計決矣四年春戎乃留辛臣守夷陵自將兵㳂江泝沔止黎丘刻期日當降而辛臣於後盜戎珎寶從間道先降於彭而以書招戎戎疑必賣已遂不敢降東觀記云戎至期日灼龜卜降兆不中者遂止不降而反與秦豐合彭出兵攻戎數月大破之

吳書曰壬申王濬受晧之降解縛焚櫬延請相見晉陽秋曰濬平吳濬收其圖籍領州四郡三十三縣三百一十三戸五十二萬三千男女口二百三十萬後宮五千餘人

晉書曰樊雅據譙郡祖逖使桓宣說之雅與宣置酒結友遣子隨宣詣逖少日雅便自詣逖逖遣雅還撫其衆衆謂前數罵辱逖懼罪不敢降雅復閉城自守逖往攻之復遣宣入說雅即斬異己者遂出降

又曰建興中陳聲聚諸無賴二千餘家斷江抄掠陶侃遣朱伺爲督護討聲聲衆雖少伺容之不擊聲求遣弟詣侃降伺外許之及聲去伺乃遣勁勇要聲弟斬之潛軍襲聲聲正旦並出祭祀飲食伺軍入其門方覺聲將闔晉鄭進皆死戰伺軍人多傷乃還營聲東走保董城伺又率諸軍圍守之遂壘柴繞城作高櫓以勁弩下射之又斷其水道城中無水殺牛飲血闔晉聲婦弟也乃斬聲首出降

又曰桓溫伐蜀軍次彭模乃命參軍周楚孫盛守輜重自將步卒直指成都李勢使其叔父福及從兄權等攻彭模楚等禦之福退走溫又擊權等三戰三捷賊衆散自間道歸成都勢於是悉衆與溫戰于笮橋參軍龔護戰沒衆懼欲退而鼓吏誤鳴進鼓於是攻之勢衆大潰溫乘勝直進焚其小城勢遂夜遁九十里至晉壽葭萌城其將軍鄧嵩昝堅勸勢降乃面縛輿櫬請命溫解縛焚櫬送于京師溫亭蜀三旬舉賢旌善百姓大悅

齊書曰始興王鑑鎮益州益州刼帥韓武方常聚黨千餘人斷流爲暴郡縣不禁行旅斷絕鑑行至上明武方乃出降長史虞悰等咸請殺之鑑曰武方爲暴積年所不能制今降而被殺失信且無以勸善於是啓臺果被宥自巴西蠻夷兇惡皆望風降附

三國典略曰侯景黨儀同司馬世雲率其所領降于慕容紹宗仍以鐵騎五千夾而擊景景謂其衆曰汝輩家口高澄悉已殺之弩力何慮無妻子待向江東當還入鄴用汝輩悉作本州刺史衆信之紹宗遥呼曰尔居家悉在但能歸來官勳如舊乃被髮向北斗以誓之於是景衆大潰爭赴渦水爲之不流

後周書曰武帝平齊齊主至帝降自阼階以賓主之禮相見高湝在冀州擁兵未下遣上柱國齊王憲與柱國隨公楊堅率軍討平之齊定州刺史范陽王高紹義叛入突厥齊諸行臺州鎮悉降關東平合州五十郡一百六十二縣三百八十五戸三百三十萬二千五百二十八口二千萬六千八百八十六

唐書曰王行本仕隋以軍功爲朝散大夫堯君素之鎮河東也令行本統精甲七百人及君素被誅於東樓行本率兵赴之不及因捕殺君素首黨屬與數百人皆誅之後兵出戰官軍高祖更令將軍秦武通擊之武通令軍中無得泄其謀於是撫長圍以逼之武通謂撫圍者曰若見賊但

疾走以避之行本果出兵掘圍者走行本奔數里通率騎横出擊之賊衆潰因縱兵乘之殺七百餘人自此兵勢漸弱太宗求得其所親婦人遣入城喻意行本曰罪戾既深自知不免止當逃竄山谷耳因潛引武周又求援於竇建德武周遣其將尋相以兵援之太宗邀擊大破之行本窮急粮盡謀欲突圍而出人無從者遂面縛請降

又曰劉闥亡將張君立奔於高開道因與其將張金樹潛相連結時開道親兵數百人皆勇敢士也號爲義兒恒在閤内金樹每督兵於閤下及將爲変潛令其黨數人入其閤内與諸義兒陽爲遊戲至日將夕陰斷其弓弦又藏其刀杖聚其稍於床下合瞑金樹以其徒大呼來屯閤下向所遣人抱義兒稍一時而出諸義兒遽將出戰而弓弦皆絶刀仗已失張君立於外城舉火相應表裏驚擾義兒窮

蹙爭歸金樹開道知不免死於是擐甲持兵坐於堂上與妻妾奏妓樂酣宴金樹之黨憚其勇不敢逼之天將曉開道先縊其妻及諸子而後自殺金樹陳兵大集執其義兒皆斬之又殺張君立死者五百餘人於是來降

詐降

史記曰楚漢相持項羽圍漢王於滎陽漢王請和割滎陽以西者爲漢亞父勸項王急攻滎陽漢王患之陳平反間旣行羽果疑亞父亞父大怒而去發病死漢將紀信曰事急矣臣請誑楚可以間出於是陳平夜出女子東門二千餘人楚因擊之紀信乃乘王車黄屋左纛曰食盡漢王降楚楚軍皆呼萬歲之城東觀之上以故與數十騎出西門遁走

後漢書曰時漢中賊延岑出散關及更始將軍李寶合兵數萬人與逢安戰於杜陵岑等大敗死者萬餘人寶遂降安而延岑收散卒走寶乃密使人謂岑曰子努力還戰吾當於内反之表裏合勢可大破也岑即還挑戰安等空營擊之寶從後悉拔赤眉旌幟更立己幡旗安等戰疲還營見旗幟皆白大驚亂走自投川谷死者十餘萬

後漢書曰万俟醜奴（万音墨俟音其）宿勤明達等反叛寇掠涇州魏將崔延伯率衆軍將出營討賊未戰之間有賊數百騎詐持文書云是降簿乞且緩師延伯謂其事實逡巡未閲俄而宿勤明達率衆自東北而至乞降賊從西競下諸軍前後受敵延伯上馬突陣賊勢摧挫便尔逐北遥造其營賊本輕騎延伯軍兼步卒兵力疲怠賊乃乘間得入城延伯軍遂大敗傷死者二萬人

通典曰西魏大將周文帝征東魏戰於邙山裨將于謹率

其麾下僞降立於路左東魏大將齊神武軍乘勝逐北不以爲虞追騎過盡謹乃自後擊之敵人大駭獨孤信又收集兵士於後奮擊齊神武軍遂亂以此西魏軍得全而返之

又曰隋煬帝征高麗九軍已度鴨緑水粮盡議欲班師諸將多異同又不測帝意會高麗國相乙支文德來詣其營都將宇文述不能執文德逃歸述内不自安遂與諸將更進追擊蒔文德見軍中多飢色欲疲述衆每鬬便北述一日之中七戰皆捷旣恃驟勝又内逼郡議於是遂進逼平壤城文德僞降述料攻之未可卒拔因而班師文德隨擊之大敗（文德之戰之北遷延令敵飢疲亦同將久之義）

太平御覽卷第三百二十四

太平御覽卷第三百二十五　兵部五十六

乞師　救援　擒獲上

乞師

左傳曰：衛人伐齊，公子遂如楚乞師。（公子遂，魯卿。）

又曰：東門襄仲臧文如楚乞師。（襄仲居東門，故以爲氏。文爲襄仲副使，故不書。）

又曰：夏，公使如楚乞師，以伐齊。（公不事齊，與晉盟，故懼而乞師於楚。）

又曰：晉侯使荀罃來乞師。

又十三年，晉侯使郤錡來乞師，將事不敬。（將事，致君命也。）孟獻子曰：郤氏亡乎！禮，身之幹也；敬，身之基也。郤子無基。且先君之嗣卿也，受命以求師，將社稷是衛，而惰，棄君命也，不亡何爲？（郤錡，郤克子，故曰嗣卿。爲十七年春殺郤錡傳也。）

又曰：晉侯使士魴來乞師。

又曰：郤犨如衛，遂如齊，皆乞師焉。欒黶來乞師，孟獻子曰：晉有勝矣。（卑讓有禮，故知其將勝楚也。）

又曰：秋，齊侯聞將有晉師，使陳無宇從薳啓彊如楚，辭且乞師。（辭有晉師，未得相見也。）

穀梁曰：師出不必反，戰不必勝，故言乞也。

戰國策曰：楚圍雍氏，韓使求救於秦，秦師不下殽。令靳尚使謂秦王曰：今韓已病矣，秦師不下，脣竭齒寒，願大王熟計之。宣太后召尚曰：妾事先王也，先王以髀如妾身，妾困弗支也；盡身妾上，而弗重也，何以其少有利焉。夫救韓日費千金，獨不使妾少有利耶？靳尚歸，韓襄王賂於太后，復使張翠至甘茂，曰：韓急。翠曰：未也。茂曰：先生言不急，可乎？翠曰：韓急則折而入楚矣，臣安敢來？茂曰：先生勿復言也。乃言於秦王曰：今雍氏圍，而秦兵不下，是無韓也。楚、韓爲一，魏不敢不聽，是楚以三國謀秦也。秦王乃下師於郩以救韓。

後漢書曰：曹操與袁紹相持於官渡，紹遣人求救劉表，許之而不至，亦不援曹操，且欲觀天下之變。從事中郎南陽韓嵩、別駕劉先說表曰：今豪傑並起，兩雄相持，天下之重在於將軍。將軍若欲有爲，起乘其弊可也。

救援

春秋後齊語曰：秦攻趙長平，齊、楚救之。趙人無食，請粟於齊，齊欲勿與。周子曰：不如與之，以退秦兵。不與則秦兵不却，是秦之計中而齊、楚之計過也。且趙之於齊、楚，扞蔽也，猶齒之於脣，脣亡則齒寒。今日亡趙，明日患及齊、楚。是故趙之務宜若奉漏甕、沃焦釜也。夫救趙，高義也；却秦兵，顯名也。義救亡國，威却強秦之兵，不務爲此而務愛粟，爲國計者過矣。齊王不聽，秦破趙於長平，遂圍邯鄲焉。

又韓語曰：襄王十二年，楚圍雍氏，韓令使者求救於秦，冠蓋相望，秦師不出。使靳尚如秦，謂秦王曰：韓之於秦，居爲隱蔽，出爲鴈行。今韓病矣，秦師不出，脣亡齒寒，願大王計之也。

史記曰：趙平原君使者冠蓋相屬，讓信陵君以請救曰：勝所結爲婚姻者，以公子高義，今縱輕勝，獨不憐公子之姊耶？公子說王不可，乃將車騎欲與趙俱死，行過夷門，見侯嬴，坐而去。公子曰：侯生無一言半辭送我哉？乃復見之。生曰：知公子之必來。乃謂曰：嬴聞晉鄙之兵符常在王卧內，而如姬最幸，可爲如姬復父之讎。求其虎符，奪晉鄙軍，此五霸之伐也。然恐鄙有所疑，臣客朱亥可與俱行。至軍，亥以四十斤鐵椎殺晉鄙，引兵救趙，却秦軍。趙王再拜曰：自古賢人未有及公子。公子懼不歸趙，以五城封之。

魏志曰：太祖征張繡，荀攸言於太祖曰：繡與劉表相恃爲強然繡以遠軍仰食於表表不能供勢必離不如緩軍以待之若急之其勢必相救太祖不從遂進軍至襄繡戰急表果救之軍不利太祖謂攸曰不用君言至是矣

魏略曰臧洪太祖爲族弟興平末太祖嘗與洪出爲寇刼失馬追者在後洪下馬與太祖太祖辭曰各自急洪言曰天下諸將可无洪不可无君也太祖乃乘之遂相扶佐得濟魏志曰太祖爲卓敗失馬

晉書曰桓宣屯馬頭山爲祖煥桓撫所攻求援於盧江太守毛寶宣遣子戎重請寶即隨戎赴之未至而賊已與宣戰寶軍敗兵少器仗艦惡大爲煥抚所破寶中箭貫髀徹鞌使人蹋鞌拔箭血流滿鞾去舡所百餘里望星而行到先哭戰士將士洗瘡訖夜還救宣寶至宣營而煥撫亦退

又曰淮南妖賊張昌旬月之間衆三萬皆絳科頭攢之以毛王歆上言妖賊張昌劉尼稱神聖犬羊万計絳頭毛面挑刀走戟其鋒不可當請諸軍以助

三十六國春秋曰姚襄南至滎陽與高昌李歷戰于麻田馬中流矢死弟萇下馬授襄曰汝何以自免萇曰但令兄濟此豎子何敢害萇會救至俱不死

北史曰齊蘭陵武王長恭一名孝瓘文襄第四子累迁并州刺史突厥入晉陽長恭盡力擊之芒山之敗長恭爲中軍五百騎再入周軍遂至金墉之下被圍甚急城上人不識長恭免冑示之面乃下弩手殺之於是大捷武士共歌謡之爲蘭陵王入陣曲是

後魏書曰齊將陳伯之進逼壽春沿淮爲寇時司徒彭城王勰廣陵侯衍同鎮壽春以九江初附人情未洽兼臺援不至深以爲憂詔遣傅永爲統軍領汝陰之兵三千人援永總勤士卒水陸俱下而淮水口伯之防甚固永去二千餘里牽舡上汝南岸以水牛挽之直南趣淮下舡便渡適上岸賊軍追及會時已夜永乃潛進時曉達壽春城下勰衍聞外有軍共上門樓觀望然不意永至永免冑乃信之遂引永上勰謂永曰北望以久恐洛陽難復再見不意卿能至也勰令永引軍入城永曰執兵被甲固敵是求若如教旨便共殿下同被圍守豈是救援之意遂孤軍城外與勰并勢以擊伯之頻有克捷

又曰辛淵私署凉王李暠驍將軍暠子歆亦厚遇之歆與沮渠蒙遜戰於蓼泉軍敗失馬淵以所乘馬授歆而身死於難以義烈見稱西土

又曰裴駿蓋吳作亂於關中汾陰人薛永宗聚衆應之殘破諸縣來襲聞憙縣中先無兵杖人情駭動縣令憂惶計

無所出駿在家聞之便率厲鄉豪曰在禮君父危臣子致命府君今爲賊所逼是吾等徇節之秋諸君可不免乎諸豪皆奮激請行駿乃簡騎驍勇數百人奔赴賊聞救至引兵退走刺史嘉之以狀表聞會世祖親討蓋吳引見駿駿陳叙事宜甚會機理世祖大悦顧謂崔浩曰裴駿有當世才是且忠義可嘉補中書博士浩亦深器駿目爲三河領袖轉中書侍郎

後周書曰蕭詧大統十五年乃遣使稱藩請爲附庸太祖令丞相東閤祭酒滎權使焉詧大悦是歲梁元帝令柳仲禮率衆進圖襄陽詧懼乃遣其妻王氏及世子寮爲質以請救太祖又令滎權報命仍遣開府楊忠率兵援之十六年楊忠擒仲禮平漢東詧乃獲安

又曰李賢時有賊帥達符顯圍逼州城晝夜攻戰屢被推

𠜾賢間赴雍州詣天光請援天光許之賢乃返而賊營壘四合無因入城候日向夕乃僞負薪與賊樵采者俱得至城下城中垂布引之賊衆方覺乃弓弩亂發射之不中遂得入城告以大軍將至賊聞之便即散走

又曰邵惠公顥太祖長兄德皇帝娶樂浪王氏爲德皇后生顥及連次太祖德皇帝與衛可孤戰於武川臨陣墜馬顥奔救擊殺數十人賊衆披靡德皇帝乃得上馬引去俄而賊追騎大至顥遂戰殁保定初追贈太師尋追封邵公

又曰太祖率輕騎追侯景于河上景等北據河橋南屬邙山爲陣與諸軍合戰太祖馬中流矢驚逸遂失之因此軍中擾亂都督李穆下馬授太祖軍以復振於是大捷斬高敖曹及其儀同李猛

隋書曰張須陁爲齊郡丞賊裴長才石子河等衆二萬奄

至城下縱兵大掠須陁未暇集兵親率五騎與賊競赴之圍百餘重身中數瘡勇氣弥厲會城中兵至賊稍却須陁督軍復戰長才敗走後數旬賊帥秦君弘郭方預等合軍圍北海兵鋒甚鋭須陁謂官屬曰賊自恃强謂我不能救吾今速去破之必矣於是簡精兵倍道而進賊果無備擊大破之斬數萬級獲輜重三千兩

唐書曰李晟兼左金吾大將軍涇原四鎮都知兵馬使并揔遊兵無何節度使馬璘與吐蕃戰於監倉兵敗晟率所部横擊之拔璘出於亂兵以功封合川郡王璘忌晟威名又遇之不以禮令朝京師代宗知之留宿衛上即位吐蕃寇劒南時節度使崔寧在京師三川皆恐詔晟將神策兵五百救援晟乃踰漏天攻拔飛越廊清肅寧三城絶大渡河獲虜首千餘級虜乃引去因留成都數月而還

又曰裴度征蔡州討築赫連城於池口未畢役度領師及賓從往觀之導騎將及城門左右曰五溝賊至言未畢賊以突來哮譟争進城震壞者十餘板注弩挺刃勢將及度賴李光顔決戰於前以却之時光顔先慮其來使田布以二百騎伏於溝中出賊不意交擊之方得入城布又先扼其溝中歸路賊多棄騎越溝相牽墮壓而死者千餘人是日非光顔救度幾陷

又曰辛讜性慷慨重然諾專務賑人之急年五十不求苟進有濟時匡難之志咸通十年龐勛亂徐泗時杜慆守泗州賊以郡當江淮要害極力攻之時兩淮郡縣皆陷獨慆守臨淮久之援軍雖集賊未解圍時讜寓居廣陵乃仗劍挐小艇趍泗口貫賊柵入城見慆慆素聞有義而不相面喜讜至握手謝曰判官李延樞方詰子爲人何遽至耶吾

無憂矣時賊三面攻城王師結壘于洪源驛相顧不前讜夜以小舟穿賊壘至洪源驛見監軍郭厚本論泗州危急且宜速救厚本然之淮南都將王公弁謂厚本曰賊衆我寡無宜輕舉當俟可行讜坐中抜劒瞋目謂公弁曰賊百道攻城陷在旦夕公等奉詔赴援而逗留不進心欲何爲不唯有負國恩丈夫氣義亦宜感發假如臨淮陷賊淮南即是寇埸公何獨存耶即欲揮刃向公弁厚本持之讜望泗州大哭者經日帳下爲之流涕厚本義其心選甲士三百隨讜入泗州夜半斬賊柵大呼由水門而入賊軍大駭既知援兵入賊乃退舍人心遂固浙西觀察使杜審權遣大將翟行約率軍三千赴援屯蓮塘驛慆欲遣人勞之將吏皆憚其行讜曰杜相公以大夫宗盟急難相赴安得令使者無言而還即賫慆書幣犒其使淮南大將李湘率

師五千來援受賊詐降敗於淮口湘與鄭厚本皆爲賊所執自是無援賊併兵急攻以鐵索斷淮流梯衝雲合凡周七月晝夜不息乘城之士不遑寢寐面目瘡生軍儲漸少分食稀粥賴讜犯難仗義來救於淮北諸軍既而馬舉以大軍至賊解圍而去讜無子猶子山僧元老等寄在廣陵每出城則書二姪名謂愔曰志之得嗣爲幸愔益感之賊平授讜泗州團練判官侍御史。○繁欽丘儁碑曰故右扶風都尉主簿有丘儁者從都尉討叛胡官兵敗績卒伍奔散都尉臨陣墜馬儁於是下馬授甲以身禦寇遂致死戰埸都尉乘儁馬得免

擒獲上

左傳曰鄭將公子歸生伐宋戰于大棘宋師敗績宋將狂狡輅鄭人鄭人入於井（輅迎也五嫁切）倒戟而出獲狂狡君子曰失禮違命宜其擒也戎昭果毅以聽之謂禮（聽謂常在耳身着於心想顧異顧命）殺敵爲果致果爲毅穀梁曰宋華元帥師及鄭公子歸生戰于大棘宋師敗績獲宋華元獲者不與之辭也

史記曰漢六年人有告楚王韓信反高帝以陳平計發使告諸侯會陳僞游雲夢實欲襲信信不知謁高祖於陳上令武士縛信載後車信曰狡兎死良狗烹天下已定我固當烹遂械繫信至洛陽赦信罪以爲淮陰侯

後漢書曰龜玆王攻破疏勒殺其王而立龜玆人兜題爲疏勒王明年春班超從間道至疏勒去兜題所居槃槖城九十里逆遣吏田慮先往降之勑慮曰兜題本非疏勒種國人必不用命若不即降便可執之慮既到兜題見慮輕弱殊無降意慮因其無備遂前劫縛兜題左右出其不意皆驚懼而走慮馳報超超即赴之悉召疏勒將吏說以龜玆無道之狀因立其故王兄子忠爲王（王兄子榆勒立之更名曰忠也）國人大悅

蜀志曰先主入益州還攻劉璋張飛等泝流而上分定郡縣破璋將巴郡嚴顔先俘顔飛呵顔曰大軍至何以不降而敢距戰顔曰卿等無狀侵奪我州我州有斷頭將軍無降將軍也飛怒令斫頭顔曰斫頭便斫何爲怒耶飛壯而釋之引爲賓客

晉書載記曰慕容皝將乘海討慕容仁群下咸諫以海道危阻宜從陸路皝曰舊海水無凌自仁反已來凍合者三矣昔漢光武因滹沱之氷以濟大業天其或者欲吾乘此而尅之乎吾計決矣有沮謀者斬乃率三軍從昌黎踐凌而進仁不虞皝之至也軍去平郭七里候騎乃告仁狼狽出戰爲皝所擒殺仁而還

又曰王浚遣督護王昌等率疾陸眷及弟文鴦從弟末杯攻石勒於襄國勒敗還壘末杯追入壘門爲勒所獲勒質末杯遣使求和於疾陸眷疾陸眷將許之文鴦諫曰受命討勒寧以末杯一人故縱成擒之寇既失浚意且有後憂必不可許疾陸眷不聽以鎧馬二百五十疋金銀各一簏贖末杯勒歸之

呂氏春秋曰湯以良車七十乘必死六十人戊子戰於郕遂擒推移大犧（桀多力能推移大犧因以爲號）

太平御覽卷第三百二十五

太平御覽卷第三百二十六

兵部五十七

擒獲下

擒獲下　虜掠

晉書載記曰劉曜光禄大夫游子遠與氐羌伊餘戰伊餘有驕色子遠候其無備夜誓衆蓐食晨大風霧子遠曰天贊我也躬先士卒掃壁而出遲明覆之生擒伊餘悉俘其衆

二石僞事曰劉曜躬領將士二十七萬衆大舉征勒勒養子生爲衛將軍領三千人鎮洛金墉城曜攻生城不能下不覺勒軍卒至天曉曜軍當攻金城勒軍入正與曜軍相遇即交戰曜軍大破登時生擒曜身

三十六國春秋曰丁亥中軍劉裕悉衆攻燕衆咸諫曰今往亡日兵家所忌裕曰我往彼亡吉孰大焉乃命悉登遂尅之燕王慕容超走追獲焉裕責之不降之罪超神色自若無餘言唯以母託劉敬宣而已蕭方等曰美哉其言也以言託巳親終不忘孝可謂人之將死其言也善信乎

三國典略曰侯景晝息夜行追軍漸逼使謂慕容紹宗曰景若被擒公復何所用紹宗乃緩之

又曰北齊平任城王湝音諧據冀州與廣寧王孝珩召募得四万餘人以拒我軍齊王憲率衆討之仍令太上主手書與湝曰朝廷遇緯甚厚諸王無恙叔若釋甲則無所憂湝不納及大開賞募多出金帛沙門求爲戰者亦數千人候騎執湝閒諜二人以白于憲乃集齊之舊將遍示之曰吾所爭者大不在汝等今放還可即充我使乃與湝書曰一木不維大厦三諫可以逃身微子去商侯服周代項伯背

楚賜姓漢朝兵交命使古今通典不俟終日所望知機湝得書沉之于井憲至信都湝陣於城南憲登張耳冢以望之俄而湝領軍尉相願遂以衆降湝大怒殺其妻子明日復戰憲遂破之俘斬三萬人湝被擒見憲不拜呼之爲弟

北史曰後魏元遥遷左光禄大夫仍領護軍時冀州沙門法慶既爲妖幻遂説勃海人李歸伯合家從之歸伯招率鄉人推法慶爲主法慶以歸伯爲十住菩薩平魔軍司定漢王自号大乘殺一人者爲一住菩薩殺十人者爲十住菩薩又合狂藥令人服之父子兄弟不相知識唯以殺害爲事於是聚衆殺阜城令破勃海郡殺害吏人刺史蕭寶京遣兼長史崔伯驎討之敗於煑棗城伯驎戰沒凶衆遂盛所在屠滅寺舍斬戮尼僧焚燒經像云新佛出世除去衆魔詔以遥爲使持節都督北征諸軍事率步騎十万以討之法慶相率攻遥遥並擊破之遥遣輔國將軍張虬等擒法慶并尼惠暉等斬之傳首京師後擒歸伯戮於都市

後周書曰裴寬與東魏將彭樂恂戰於新城因傷被擒至河陰見齊文襄寬舉止詳於占對文襄甚賞異之謂寬司御三河冠蓋材識如此我必使御富貴關中貧狹何足可依勿懷異圖也因解鎖付館厚加其禮寬乃裁所卧氊夜縱縋而出因得遁還見於太祖太祖顧謂諸公曰被堅執鋭或有其人疾風勁草歲寒方驗裴寬爲高澄如此厚遇乃能冒死歸我雖古之竹帛所載何以加之

又曰太祖時梁元帝遣使請舊圖以定疆界又連結於齊言辭悖慢太祖曰古人有言天之所弃誰能興之其蕭繹之謂乎冬十月壬戌遣柱國于謹中山公護大將軍楊忠韋孝寬等步騎五萬討之十一月癸未師濟於漢中山公護

與楊忠率銳騎先屯其城下據江津以備其逸甲申謹至江陵列營圍守辛亥進攻城其日克之擒梁元帝殺之并虜其百官及士民以歸没爲奴婢者十餘萬其免者二百餘家立蕭詧爲梁主居江陵爲魏附庸

又曰侯莫陳崇隨賀拔岳征討以功除建威將軍從岳入關破萬俟醜奴崇與輕騎逐北至涇長坑及之賊未成列崇單騎入賊中於馬上生擒醜奴於是大呼衆悉披靡莫敢當之後騎集遂破之岳以醜奴所乘馬及寶劔金帶賞之

又曰李廣會稽人早事詧以敢勇聞沌口之役先詧力戰及華皎軍敗爲吳明徹所擒將降之廣辭色不屈遂被害

又曰柳檜除魏興華陽二郡守安康人黄衆寶謀反連結黨與將圍州城乃相謂曰常聞柳君勇悍其鋒不可當今

既在外方爲吾徒腹心之病也不如先擊之遂圍檜郡郡城卑下士衆寡弱人無守御之備連戰積十餘日士卒僅有存者於是力屈城陷身被十數瘡遂爲賊所獲既而衆寶等進圍東梁州乃縛檜置城下欲令誘說城中檜乃大呼曰群賊烏合粮食已罄行即退散各宜勉之衆寶大怒乃臨檜以兵曰速更汝辭不尒便就戮矣檜守節不變遂害之弃屍水中人皆爲之流涕

隋書曰漢王諒之作亂也煬帝將發幽州兵以討之時竇抗爲幽州揔管帝恐其有貳心問可任者於楊素素進李子雄授上大將軍拜廣州刺史馳至幽州止傳舍召募得千餘人抗恃素貴不時相見子雄遣人諭之後二日抗從鐵騎二千來詣子雄所子雄伏甲請與相見因擒抗遂發幽州兵步騎三万自陘以討諒時諒遣大將軍劉建略地燕趙正攻井陘相遇於抱犢山下力戰破之遷幽州揔管

又曰獨孤楷字脩則不知何許人也本姓李氏父屯從齊神武帝與周師戰于沙苑齊師敗績因爲柱國獨孤信所擒配爲士伍給使信家漸得親近因賜姓獨孤氏楷少謹厚便弄馬槊爲宇文護執刀累轉車騎將軍其後數從征伐賜爵廣阿縣公邑千戶

唐書曰長平王叔良遣驃騎劉感擊薛仁杲却爲所敗感歿於賊感不知何許人初以本官鎮涇州爲仁杲所圍感拒戰久之城中糧盡無可食感殺馬以分士卒感一無所噉唯煮馬骨取汁和木屑而自食之城垂陷者數矣會長平王叔良援兵至仁杲解去感與叔良復出戰因爲賊所擒

又曰王行敏鎮潞州劉黑闥來攻行敏自歷亭出兵拒戰

擊賊破之既而憩於野不設備賊知而掩之左右皆遁因爲黑闥所擒竟不拜黑闥怒斬之臨死西向而言曰行敏大唐忠臣也願陛下知之高祖聞而痛惜焉

又曰劉世讓檢校并州揔管時突厥可汗遣俱倫特勤以所部千人居我并州甚爲民患前揔管李仲文不能制世讓到官以計擒之馳使以聞高祖大悦嘉歎久之

又曰姜寶誼武德初拜武衛大將軍尋爲并鉞將軍劉武周將黄子英往來雀鼠谷高祖令寶誼擊之子英數以輕兵挑戰寶誼兵纔接子英輕遁如此者再三寶誼悉衆以逐之伏兵發軍遂大敗寶誼爲賊所擒後得逃歸至是與裴寂拒宋金剛戰始合寂弃軍而走兵遂大潰寶誼復爲賊所擒高祖初聞其没也泣曰寶誼烈士必不生降賜其家物千段米三百石寶誼後謀背賊事洩遇害臨死西向大

言曰臣無狀負陛下被屠潰是所甘心但敗軍喪師九泉所恨及賊退高祖遣使迎其柩謚曰剛

又曰恒州節度李寶臣使人謂朱滔曰吾聞朱公皃如神安得而識之願因繢事以觀可乎滔乃圖其形以示之錦衣金鈎甚偉寶臣懸於射堂命諸將孰視之曰朱公信神人也他日滔出獵寶臣密選精卒刼之戒其將曰取彼貌如射堂所懸者是時二軍方共事不相虞而卒變暴至滔駭然與戰於瓦橋適衣他服以不識免

又曰蔡州賊將吳秀琳以文城柵兵三千降李愬愬從秀琳於新興柵遂以琳之衆攻吳房夏四月庚寅朔辛卯李愬奏師至嵖岈山擒賊將柳丗于李湊等二人李光顔敗元濟之衆三萬於郾城其將張伯良奔于蔡州殺其卒十二三獲馬千餘疋器甲三萬其甲上悉畫作雷公符北斗星文又云速破城北軍急急如律令

周史曰皇甫暉正陽敗入保滁州太祖皇帝麾兵涉水踰城而入盡戮其黨生擒暉及其僞命都監姚鳳等送于行在世宗召見之暉曰臣力備矣欲暫坐及坐又曰臣欲暫卧不俟命而卧神色自若世宗亦復咨之乃言曰臣非不盡忠於本國實以甲兵勇怯不敵臣早事晉朝累將兵與契丹相持未如大朝此日甲馬之盛昨者退守滁州不謂天兵便能踰城攻取如履平地臣力所不加故就擒耳因盛稱太祖之武勇世宗命釋之賜衣服帶鞍馬後數日暉以金瘡尋卒于洛陽暉本驍將唐莊宗之基業因暉而敗焉故暉有名於天下

虜掠

左傳曰鄭祭足帥師取温之麥秋又取成周之禾

後漢書曰馮異謂苗萌曰今諸將皆壯士屈起多暴横獨有劉將軍所到不虜掠觀其言語舉止非庸人也可以歸身苗萌曰死生同命敬從子計

又曰郅惲至廬江因遇積弩將軍傅俊東徇楊州俊素聞惲名乃禮請上之上爲將兵長史授以軍政惲乃誓衆曰無掩人不備窮人於戹不得斷人支體裸人形骸放淫婦女俊軍士猶發冢陳尸掠奪百姓惲諫俊曰昔文王不忍露白骨武王不以天下易一人之命（呂氏春秋曰武王伐紂至鮪水紂使膠鬲候周問武王曰何日至武王曰將以甲子日至膠鬲行天大雨日夜不休武王疾行不輟軍吏諫之武王曰吾疾行以救膠鬲之死也）故能獲天地之應剋商如林之旅（天地之應謂夜雨止畢陳白魚入舟之類勝也商旅衆也如林言衆多尚書曰武王伐紂紂率其旅若林會於牧野）將軍如何不師法文王而犯逆天地之禁多傷人害物虐及枯尸取罪神明今不謝天改政無以全命願將軍親率士卒收傷葬死哭所殘暴以明非將軍本意也從之百姓悦服所向皆下

晉書曰官人孟玖弟超並爲成都王頴所嬖寵超領萬人爲小都督未戰縱兵大掠陸機録其主者超將鐵騎百餘人直入機麾下奪之顧謂機曰貉奴能作督不機司馬孫極勸機殺之機不能用超宣言於衆曰陸機將反

又曰惠帝末妖賊劉栢根起於東萊王弥率家僮從之栢根死亡入長廣山爲群盜弥多權略凡有所掠必預圖成敗舉無遺策弓馬迅捷膂力過人青土號爲飛豹

十六國春秋曰南凉秃髮傉檀伐北凉沮渠蒙遜於姑臧至番禾苕藋（苕徒聊切藋徒弔切）掠五千餘户其將窟古進曰陛下轉戰千里前無完陣徙户資財盈溢衢路宜倍道遊師早度峻嶮蒙遜善於用兵士衆習戰若輕軍卒至出吾不虞

大敵外逼從户内攻危道也衛尉伊力延曰我軍勢方盛將士勇氣自倍彼徒我騎勢不相及若倍道遊師必捐棄資財示人以弱非計也俄而昏霧風雨蒙遊軍大至停檀大敗而還

三國典略曰齊主以契丹犯塞親征至于平州取其西道直指長塹司徒潘相樂率精騎五千自東道趣青山向白狼城安德王韓軌率精騎四千斷其走路追奔至于遼水齊主露髮袒身晝夜不息行千餘里唯食肉飲水壯氣弥厲親踰山嶺爲士卒先指揮奮擊大破之虜獲十萬餘口

後魏書曰濟陰王新城頗有武略庫莫奚侵擾詔新城率衆討之新城乃多爲毒酒賊漸逼便弃營而去賊至喜而競飲聊無所備遂簡輕騎因醉縱擊俘馘甚多

又曰天水梁會守東城謀欲逃遁先是封勑文掘重塹於

東城之外斷賊走路夜中會乃陣飛梯騰塹而走勑文先嚴兵於塹外拒鬬從夜至旦勑文謀於衆曰困獸猶鬬而況於人賊衆知無生路人自致死必傷士衆未易可平若開其生路賊必上下離心尅之易矣衆咸以爲然勑文以白虎幡宣告賊衆曰若能歸降原其生命應時降者六百餘人會知人心沮壞於是分遁勑文縱騎騰躡死者太半俘獲四千五百餘口

後周書曰賀拔岳副介朱天光討万俟醜奴時醜奴自率大衆圍岐州遣行臺尉遲菩薩等尚武功南渡渭水天光望岳率騎赴之岳身先率擊之退走岳乃令部賊下馬者皆不聽殺賊顧見之便悉投馬俄而虜獲三千餘人人馬無遺遂擒菩薩降卒万餘並收其輜重醜奴弃岐州走安定平亭

隋書曰南寧夷爨翫來降拜昆州刺史既而復叛遂以史萬歲爲行軍揔管率衆擊之入自蜻蛉川經弄揀次小勃弄大勃弄至于南中賊前後屯據要害万歲皆擊破之行數百里見諸葛亮紀功碑銘其背曰万歲之後勝我者過此万歲令左右倒其碑而進渡西二河入渠濫川行千餘里破其三十餘部虜獲男女二万餘口諸夷大懼遣使請降獻明珠徑寸於是勒美隋德万歲遣使馳奏請將翫入朝詔許之

又曰達奚長儒與烏丸軌圍陳將吳明徹於吕梁陳遣驍將劉景率勁勇七千來爲聲援軌令長儒逆拒之長儒於是取車輪數百繫以大石沉之清水連轂相次以待景軍至舡艦礙輪不得進長儒乃縱奇兵水陸俱發大敗之俘數千人

又曰周法尚初仕陳背陳歸周陳將樊猛濟江討之法尚遣部曲督韓朗詐爲背己奔于陳僞告猛曰法尚部兵不願降人皆竊議盡欲叛還若得來軍必無鬬者自當於陣倒戈耳猛以爲然引師急進法尚乃佯爲畏懼自保於江曲猛陳兵挑戰法尚先伏輕舸於浦中又伏精銳於古村之北自張旗幟迎流拒之戰數合僞退登岸投古村猛捨舟逐之法尚又疾走行數里與村北軍合復前擊猛猛退走舡既而浦中伏舸取其舟檝建周旗幟猛於是大敗僅以身免虜八千人

太平御覽卷第三百二十六

太平御覽卷第三百二十七

兵部五十八

獻俘　班師　罷兵　偃武

獻俘

詩曰一月三捷

左傳曰秋七月丙申振旅凱以入于晉凱樂也獻俘授馘飲至大賞授馘也獻楚俘於廟徵會討貳徵會諸侯冬會於溫殺舟之僑以徇于國民於是大服

又曰晉侯使趙同獻狄俘于周不敬劉康公曰不及十年原叔必有大咎劉康公元孝子元趙同也天奪之魄也

又曰士會帥師滅赤狄甲氏及留吁鐸辰鐸辰留吁之屬也三月獻狄俘于廟

晉書載記曰石季龍攻陷徐龕送之襄國勒囊盛於百尺樓自上擲殺之令步都等妻子刳而食之坑龕降卒三千

又曰杜預平吳王濬先列上得孫歆頭預後生送歆洛中以為大笑

梁書曰沈林子獻捷書每以實聞武帝問其故林子曰夫王者之師本有征無戰豈可復增張虜獲以示誇誕昔魏尚以盈級致罰此後乘之良轍也武帝曰乃所望於卿也

後魏書曰裴叔業率王茂先李定等來侵楚王戍傳永適還州王肅復令傳永討之永將心腹一人馳詣楚王至即令戍塡塞外塹夜伏戰士一千人於城外曉而叔業等至頓於城東列陣置長圍永所伏兵於左道擊其後軍破之叔業乃令將佐守所列之陣自率精甲數千救之永上門樓觀叔業南行五六里許便開門奮擊遂摧破之叔業進退失圖於是奔走左右欲追之永曰弱卒不滿三千彼精甲猶盛非力屈而敗直墮吾計中耳既不測我之虛實足喪其膽俘此足矣何暇逐之獲叔業傘扇鼓幕甲仗万餘兩月之中遂獻再捷高祖嘉之

後周書曰武帝平齊夏四月至自東伐列齊主於前其王公等並從車輿旗幟及器物以次陳於其後大駕布六軍備凱樂獻俘於太廟京邑觀者皆稱万歲戊申封齊主為溫國公

唐書曰武德中西突厥葉護可汗遣使請婚又入寇邊上高祖謂群臣曰突厥入寇而復請和和之與戰其策安在太常卿鄭元璹對曰若擊之則怨深難以和緝中書令封德彝進曰若不戰而和親夷狄必謂中國畏懼未若擊之尅捷而和親此則威恩兼舉高祖然之戊辰西突厥遣使獻名馬已巳并州大總管襄邑王神符擊突厥於汾東斬首五百級虜其馬二千疋汾州刺史蕭顗斬突厥五千餘級

又曰太宗平東都凱旋親被黃金甲陳鐵馬一万騎甲士三萬人前後部鼓吹俘二偽主及隋神器輦輅獻捷于太廟高祖大悅行飲至禮以享焉

又曰張瑾初仕隋歷職顯貴煬帝被圍於鴈門也瑾以驍果出城擊戰一日九捷煬帝登城望之大悅賜物二千段

又曰元和中忠武軍節度使李光顏奏破吳元濟之衆上大悅賜其告捷使奴婢銀錦

又曰元和十二年十月隋唐節度使李愬帥師入蔡州執賊帥吳元濟以聞維西平辛巳上御宣政殿受朝賀九品已上及宗子四夷之使皆會

又曰元和十四年魏博節度使田弘正遣使獻逆臣李師

道命左右軍兵衛之先獻于太廟郊社上御興安門百寮於門下列位稱賀

又曰元和中昭義節度郗士美以賊首三百來獻詔梟於通化門外

班師

爾雅曰出曰治兵尚武也入曰振旅反尊卑也郭璞曰幼賤在前貴勇也尊老在後尚儀也

詩曰出車勞還率也赫赫南仲薄伐西戎昔我往矣黍稷方華春日遲遲卉木萋萋執訊獲醜薄言還歸

又曰杕杜勞還役也有杕之杜其葉萋萋

周禮曰若師有功左執律右秉鉞以先凱樂獻于社

左傳曰三年而治兵入而振旅歸而飲至以數軍實飲至於廟以數車徒所獲也

又曰楚子敗晉師于邲潘黨曰君盍築武軍而收晉尸以爲京觀楚子曰夫文止戈爲武武有七德禁暴戢兵保大定功安人和衆豐財者也我無一焉何以示子孫祀于河作先君宮告成事而還

後漢書曰曹操討劉備出教曰鷄肋外曹莫曉楊德祖曰夫雞肋食之則無所得棄則我惜公歸計决矣操乃還軍

又曰馬援自南方振旅還京師軍吏經瘴疫死者十四五賜援兵車一乘

晉書曰王濬平吳上表云聞在秣陵諸軍凡二十万衆臣軍先至爲土地之主百姓之心皆歸仰臣臣切勑所領秋毫不犯諸有市易皆明破券契有違犯者凡斬十三人皆吳人所知也餘軍縱横詐稱臣軍而軍類皆蜀人幸以此自别耳

又曰賈充爲伐吳大都督孫皓降於王濬充未之知方以吳未可平抗表請班師充表與告捷表同至朝野以充佐居人上皆出人下

宋書曰十二月景申大軍次左里將戰帝麾之麾竿折幡沉于水衆咸懼帝笑曰昔覆舟之役亦如此今勝必矣遂攻其柵盧循單舸走衆軍皆旋晉帝遣侍中黄門勞師于行所

三國典略曰齊公憲夜收軍欲待明更戰達奚武謂之曰洛陽軍散人情駭動若不因夜速還明日欲歸不得武在軍旅久矣備見形狀豈可將數營大衆一朝而棄之憲從其諫遂全軍而反

後魏書曰蕭衍寇徐兖州邢巒大破之旋師世宗臨東堂勞之曰卿役不踰時尅清妖醜鴻勳碩美可謂不愧古人

巒曰此自陛下威略聖靈加以將士之力臣何功之有

白虎通曰古者師出不踰時者爲怨思也天道一時生物養人者天之貴物也踰時即内有怨女外有曠夫詩曰昔我往矣楊柳依依今我來思雨雪霏霏

春秋曰宋人取長葛傳曰外取邑此不書此何謂以書久也

六韜曰武王平殷還問太公曰今民吏未安賢者未定何以安之太公曰無故如天如地

說苑曰魏文侯攻中山樂羊將已得中山還反叛文侯命主書曰群臣賓客所獻書操以進主書者舉兩篋以進令將軍視之盡難攻中山之事也將軍還北面而再拜曰中山之舉也非臣之力君之功也

韓子曰晉文公將與楚戰召舅犯問曰吾將與楚戰彼衆我寡爲之柰何對曰臣聞之君子不厭忠信戰陣不厭詐

偽君其詐之而已又問雍季對曰焚林而田後必無獸以詐遇民後必無民公曰善以舅犯謀與楚戰大敗之歸行爵先雍季而後舅犯群臣曰城濮之事舅犯之謀夫用其言而後其身可乎公曰此非若所知夫舅犯之言權也雍季之言万世之利也

罷兵

史記曰漢武帝患匈奴屢爲邊患鴈門馬邑豪聶壹因大將軍王恢言匈奴初和親親信邊可誘以利致之伏兵襲擊必破之道也帝召問公卿曰今欲舉兵攻之何如韓安國曰臣聞高皇帝圍於平城匈奴至者投鞍高如城者數所平城之飢七日不食天下歌之及解圍反位而無忿怒之心夫聖人以天下爲度者不以己私怒傷天下之政故乃遣劉敬奉金千斤以結和親至今爲五代利孝文皇帝又嘗一擁天下之精兵聚之廣武常谿終無尺寸之功而天下黔首無不憂孝文悟於兵之不可宿故復合和親之約此二聖之跡足以爲効矣竊以爲勿擊便

漢書曰元帝時朱崖儋耳二郡吏數反賈捐之上書請不擊其略曰臣聞堯舜禹三聖之德地方不過千里西被流沙東漸于海朔南暨声教欲與声教則理之不欲與者不強理也是以頌声並作視聽之類咸樂其生秦氏興兵遠攻貪外虛內務欲廣地而天下潰叛賴聖漢爲百姓請命平定天下至孝武皇帝以國富人逸攘却匈奴西連諸國至于安息東過碣石造鹽鐵酒榷之利以佐用度猶不能足當此之時寇賊並起征伐不休之故也今陛下不忍悁悁之忿悁居緣切欲敺士衆擠之大海之中擠祖奚切快心幽冥之地非所以保全元元也詩云蠢爾荊蠻大邦爲讎自古患之久矣何況万里之蠻乎臣竊以往者羌軍言之暴師曾未一年兵出不踰千里費四十餘萬大司農錢盡乃以少府禁錢續之夫一隅爲不善費尚如此況於勞師遠攻亡士無功乎臣愚以爲非冠帶之國禹貢所不及皆可且無以爲於是遂罷其郡

後漢書曰光武建武中北匈奴衰弱臧宮馬武上書請臨塞厚懸購賞喻告高勾驪烏桓鮮卑攻其左發河西四郡及天水隴西羌胡擊其右如此北虜之滅不過數年矣帝曰舍近謀遠者勞而無功舍遠謀近者逸而有終故曰務廣地者荒務廣德者強有其有者安貪人有者殘殘滅之政雖成必敗今國無善政災變不息百姓驚惶人不自保而復遠事邊外乎孔子曰吾恐季孫之憂不在顓臾自是諸將莫敢復言兵事

魏志曰諸葛誕據壽春及魏將王基討之司馬文王欲遣諸將輕兵深入招迎吳將唐咨等子弟因釁有湯覆吳之勢基諫曰昔吳將諸葛恪乘東關之勝竭江表兵以圍新城城既不拔而衆死者太半蜀將姜維因洮上之利輕軍深入糧餉不繼軍覆上邽夫既勝之後必輕敵則慮難不深今賊新敗於外又內患未弭是其脩政設慮之時也且兵出踰年人有歸志俘馘十万罪人斯得自歷代征伐未有全兵獨克如今之盛者也武皇帝破袁紹於官度自以所獲已多不復追奔懼挫威也從之

尸子曰公輸般爲蒙天之階階成將以攻宋墨子聞之赴於宋至於郢見般曰聞子爲階將以攻宋宋何罪之有無罪而攻之不可謂仁胡不已也公輸般曰不可吾既以言之王矣墨子曰胡不見我於王公輸般曰諾墨子見楚王

曰今有人於此舍其文軒鄰有弊輿而欲竊之舍其錦繡鄰有短褐而欲竊之舍其粱肉鄰有糠糟而欲竊之此為何若人王曰此為竊疾耳墨子曰荆之地方五千里宋之地方五百里此猶文軒之與弊輿也荆有雲夢犀兕麋鹿盈之以江漢之魚鱉黿鼉為天下饒宋無雉兔鮒魚者也此猶粱肉之與糠糟也荆有長松文梓楩柟豫章宋無長木此猶錦繡之與短褐也臣以王之攻宋也為與此同類王曰善請無攻宋

呂氏春秋曰秦興兵欲攻魏司馬唐諫秦君曰段干木賢者也而魏禮之天下莫不聞無乃不可加兵乎秦君乃按兵而輟不攻魏文侯可謂善用兵矣聞君子之用兵也莫見其形其功已成此之謂也

偃武

易曰澤上於地萃君子以除戎器戒不虞

書曰武王伐殷乃偃武脩文（倒載干戈包以虎皮示不用也行禮射設庠序脩文教也）歸馬于華山之陽放牛于桃林之野示天下弗服（山南曰陽桃林在華山東北皆非長養牛馬之地欲使自生死示天下不服乘用也脩文教也）

禮記曰武王克商後散軍而郊左射貍首右射騶虞而貫革之射息矣歸馬于華山之陽放牛于桃林之野干戈弓矢包之以虎皮示天下不復用兵也

左傳曰宋向戌欲弭諸侯之兵以為名子罕曰天生五材民並用之廢一不可誰能去兵兵之設久矣所以威不軌而昭文德也聖人以興亂人以廢興廢存亡昏明之術皆兵由也而子求去之不亦誣乎

又曰武王克商作頌曰載戢干戈載櫜弓矢

又曰夫文止戈為武

家語曰孔子北遊登於農山曰二三子各言其志吾將擇焉子路進曰由願白羽若月赤羽若日攘地千里搴旗折馘唯由能之子貢進曰賜願旗鼓相望縞衣白冠陳說其間二國釋怨唯賜能之顏回曰回聞薰蕕不同器而治回願得明王聖主王相之鑄劍戟為農器放牛馬於原藪則由無所施其勇賜無所用其辯矣孔子曰美哉德也

史記曰始皇曰寡人賴宗廟之靈六王咸服其辜天下大定收天下兵器銷以為鐘鐻金人十二重各千斤置咸陽廷宮中

漢書文帝詔曰朕能任衣冠念不到征討故雞鳴狗吠煙火万里也

又食貨志曰武帝末年悔征伐之事乃封丞相為富民侯顏師古曰欲百姓之殷實故取其嘉名也

莊子曰孔子謂盜跖曰將軍有意聽臣臣請南使吳越北使齊魯東使宋衛西使晉楚使為將軍造大城數百里立數十萬戶之邑使尊將軍為諸侯與天下更始罷兵休卒收養昆弟共祭先祖此聖人才士之行而天下之願

又曰見侮不辱救民之鬬禁政寢兵救世之戰

古司馬法曰古者武軍三年不興民覩之勞也上下相報和之至也（還師罷兵復戍卒三年不繇役以荅人勞）得意則凱樂歌示喜也（聖主誅不義百姓皆得其所喜樂各安其居樂其常）偃伯靈臺荅民之勞告不興也（偃休息也伯主兵也靈臺錯德美之喜以示天下示不復用兵也）

呂氏春秋曰武王以武得之以文持之倒戈弛矢示天下不用兵

尸子曰武王已戰之後三革不累五刃不砥牛馬放之歷山終身弗乘也

淮南子曰秦之時高爲臺榭大爲苑囿遠爲馳道鑄金人（秦始皇二十六年初兼天下有長人見於臨洮其高五丈足迹六尺放寫其形鑄金人以象之翁仲君何是也）發讁戍入芻稾（戍守長城也入芻稾之說以供國用之也）頭會箕賦於少府（頭會隨民口數人責其稅箕賦似箕然斂民財多取意也少府官名如今司農）丁壯大夫西至臨洮狄道（臨洮隴西之縣洮水出此狄道隴西之縣是也）東至會稽浮石（會稽山名浮石隨水高下言不沒皆在遼西界一說會稽山在泰山下封于泰山禪於會稽是也）南至豫章桂林（豫章郡桂林鬱林也）北至飛狐陽原（飛狐在代郡南飛狐山也陽原在太原）道路死人以溝量（言滿溝也）當此之時忠諫者謂之不祥而道仁義者謂之狂逮至高皇帝存亡繼絶（漢高祖也）舉天下之大義身自奮袂執銳以爲百姓請命于皇天（執利兵伐无道以求百姓之命祈之皇天也）當此之時天下雄俊豪英暴露于野澤（才過千人爲俊百人爲豪万人爲英）前蒙矢石而後墮谿壑出百死而紹一生以爭天下之權（墮入也紹至也）奮武厲誠以決一旦之命當此之時豐衣博帶而道儒墨者以爲不肖（言尚武也）逮至暴乱以勝（勝暴乱也）海内大定繼文之業立武之功（繼文王受命之業武王誅无道之功）履天子之圖籍造劉氏之貌冠（高祖於新豐所作竹冠一日季貌冠也）揔鄒魯之儒墨通先聖之遺教載天下之旗乘泰輅建九旒撞大鐘擊鳴鼓奏咸池陽干戚（周礼天子五輅泰輅上輅也王者功成作樂故撞鐘擊鼓咸池黄帝樂也干楯也戚斧也春夏舞者所執）當此之時有立武者見疑一世之間而文武代爲雌雄有時而用也今世之爲武也則非文也爲文者則非武更相非而不知時世之用也

說苑曰魏文侯與田子方語有兩童子衣青白衣而侍於君前子方曰此君子之寵子乎文侯曰非也其父死於戰此其孤幼也寡人收之子方曰臣以君之賊心爲足今滋甚君之寵此子也又且以誰之父殺之乎文侯愍然曰寡人受令矣自是巳後兵革不用

左太冲魏都賦曰長乱既弭而能宣武人歸獸以去戰蕭斧戢柯以押刃虹旌攝麾以就卷

沈休文詩曰丹浦非樂戰負重切君臨

太平御覽卷第三百二十七

太平御覽卷第三百二十八　兵部五十九

從軍　羽書　占候

從軍

詩曰伯也執殳爲王前驅自伯之東首如飛蓬豈無膏沐誰適爲容

又曰鴇羽刺君子下從征役不得養父母也肅肅鴇羽集于苞栩王事靡盬不遑啓處

漢書張良曰良性多病未嘗持兵將常爲畫策臣時從行

後漢書曰周嘉字惠文仕郡爲主簿王莽末群盜入汝陽嘉從太守何敞討賊爲流矢所中賊圍十重白刃交集嘉以身捍之曰嘉請以死贖君命後太守寇恂舉爲孝廉拜侍郎引見問遭難之事詔嘉尚公主嘉稱疾不肯當

梁書曰曹景宗爲竟陵太守及帝起兵景帝聚族并率五服內子弟三百人從軍

後魏書曰張袞字洪龍上谷沮陽人也好學有文才太祖爲代王選爲左長史決策幃幄太祖器之禮遇優厚

又曰韓茂從討平涼當茂所衝莫不應弦而殪由是世祖壯之。又曰張袞從太祖破賀訥登勿居山聚石爲峰以記功德命袞爲文

又曰豆代田從討平涼擊破赫連定得奚斤等世祖以定妻賜之詔斤膝行授酒於代田勑斤曰全尓命者代田功也進爵長廣公

隋書曰郭榮遼東之役以功進位左光祿大夫明年帝復事遼東榮以爲中國疲敝万乘不宜屢動乃言於帝曰戎狄失禮臣下之事臣聞千鈞之弩不爲鼷鼠發機豈有親辱大駕以臨小寇帝不納復從軍攻遼東城榮親蒙矢石晝夜不釋甲冑

王粲從軍詩曰下船登高防草露霑我衣迴身赴床寢此愁當告誰身服干戈事豈得念所私

又曰從軍有苦樂但問所從誰所從神且武焉得久勞師

鮑明遠東武吟曰始隨張校尉召募到河源後逐李輕車追虜窮塞垣。曹子建詩曰從軍度函谷馳馬過西京

嵇叔夜贈秀才入軍詩曰良馬既閑麗服有暉風馳電逝躡景追飛凌厲中原顧盼生姿

陸機從軍行曰朝食不免冑夕息常負戈苦哉遠征人附心悲如何

薛瑩文華永先詩曰桴鼓常在側筆硏永欲捐卷袠不復關干戈以爲權

劉義恭擬古詩曰東甲辭京洛負戈事烏孫後軍濟太河築壘黎陽屯旦聞羽檄飛夕見邊騎奔

羽書

史記曰齊使魯連爲書以箭射之遺燕將曰吾聞之知者不肯時而弃利勇士不怯死而滅名忠臣不先身而後君忠廢名滅後代無稱非智也且吾聞效小節者不能行大威惡小恥者不能立榮名昔管仲曹沫二公者非不能効小節死小恥也以爲殺身絕代功名不立非智也故業與王霸爭流名與天壤相弊公其圖之燕將自殺

漢書高紀曰武臣自立爲趙王沛令欲以沛應之恐有變欲誅蕭曹蕭曹恐踰城保高祖乃書帛射城中與沛父老父老乃殺沛令開門迎高祖

後漢書曰隗囂檄告州郡言王莽之罪楚越之竹不足以書其惡

魏志曰關羽圍行征南將軍曹仁於樊趙儼以議郎參仁軍事儼謂軍將曰今賊猶盛我徒卒單少而仁隅絶不得同力前軍逼圍遣諜通仁使知外救以勵將士然後表裏俱發破賊必矣諸將皆喜便作地道射箭飛書與仁消息

晉書曰初安南將軍甘卓與左將軍隋王承書勸使固守當以兵出沔口斷王敦歸路則湘圍自解承荅其書略曰足下若能卷甲電赴猶或有濟若其狐疑求我枯魚之肆矣

梁後略曰己酉上自長沙寺移住天居寺是日北軍射書城內今者行兵不貪城隍土地不貪子女玉帛志存救弊濟此生民廣訪民人擇善而立梁朝士庶尚未相領解蟻聚窮城寂無求問尋此異卜良用到惑

又曰褚蘿率其下五百人乘大艦於鹿頭後湖以輝水戰北軍聚而觀蘿乃掉艦向岸北軍引去蘿亦廻歸上乃射書北軍大開賞募有能斬送賊帥者封五千户侯賜絹万疋

占候

孫子曰天者陰陽寒暑節制也（謂順天行誅因陰陽四時剛柔之制故司馬法曰冬夏不興師所以兼愛吾人若細雨沐軍臨機必有捷廻風相觸道還而無功雲類羊群必走之道氣如驚鹿必敗之勢黑雲出壘赤氣臨軍皆敗之兆若烟非烟此慶雲也必勝若霧非霧是泣軍也必敗是知風雲之占其來久矣）

孫子占曰三軍將行其旌旗從容以向前是爲天送必亟擊之得其大將三軍將行其旍旗墊（音店）然若雨是謂天霑其師失三軍將行旍旗乱於上東西南北無所主方其軍不還三軍將陣雨甚是爲浴師勿用陣戰三軍將戰有雲其上而赤勿用陣先陣戰者莫復其迹三軍方行大風飄起於軍前右周絶軍其將亡右周中其師得糧

左傳曰晉侯圍上陽問於卜偃曰何時克之對曰童謡云丙子之辰龍尾伏辰均服振振取虢之旗鶉之賁賁天策焞焞火中成軍虢公其奔其九月十月之交乎

韓詩外傳曰武王伐紂到刑兵軛折爲三天雨三日不休武王懼召太公而問之曰紂未可伐乎太公曰不然軛折爲三者軍當分爲三也天雨三日者欲洒吾兵也

後漢書曰韓遂屯美陽董卓與戰輙不利十一月夜有流星如火光長十餘丈照遂營中驢馬盡鳴賊以爲不祥欲歸金城卓聞之喜明日乃與右扶風鮑鴻等并兵俱攻大破之斬首數千級

又曰王尋王邑攻南陽積弩乱發矢下如雨城中負户而汲王鳳等乞降不許尋邑自以爲功在漏刻意氣甚逸夜有流星墜營中晝有雲氣如壞山當營而隕不及尺而散吏士皆厭伏（續漢志曰雲如壞山所謂營頭之星也占曰營頭之所墜其下覆軍殺將血流千里厭音一葉反）

晉書載記曰劉曜咸和三年曜夢三人金面丹脣東向逡巡不言而退曜拜而履其跡旦召公卿已下議之朝臣咸賀以爲吉祥唯太史令任義進曰三者歷運統之極也人爲震位王者之始次也金爲兊位物衰落也脣丹不言事之畢也逡巡揖讓退舍之道也爲拜者屈伏於人履跡而行慎勿出疆也東井秦分也五車趙分也秦兵必暴起亡主衆師留敗趙地遠至三年近至七百日應不遠願陛下思而防之曜大懼

又曰石季龍攻張重華謝艾拒之艾建牙旗盟將士有西北風吹旌東南指日風爲令今旗指之天所贊也破之必矣軍次神鳥王擢與前鋒戰敗遁還河南還討叛虜斯骨

貴方餘落破之
又天文志曰水與金合爲變謀爲兵夏入太白中上出破軍殺將
又曰元興年八月庚子太白犯歲星在上將
又曰永興二年四月丙子太白犯狼星占曰大兵起九月歲星守東井占曰有兵井又秦分野是年苟師破公師蕃張方破范陽王虓關西諸將攻河間王顒奔走東海王迎殺之永和十四年十二月慕容儁遂據臨漳盡有幽并青冀之地緣河諸將奔散河津隔絶
又曰戊子月犯牽牛大星占曰牽牛天將也
又曰義熙十四年十月癸巳熒惑入太微犯西蕃上將乃順行至左掖門
又曰辰星嘗出不出是謂擊卒兵大起在於房心間地動

又曰凡有蝕五星其國皆亡歲以飢熒惑以亂鎮以弑太白以强國戰辰星以女亂
又曰辰星不出太白爲客其出太白爲主出而與太白不相從乃各出一方爲格野雖有軍不戰
隋書曰長孫晟以邊功授上開府儀同三司復遣還大利安撫新附仁壽元年晟表奏曰臣夜登城樓望見磧北有赤氣長百餘里皆如雨足下垂被地謹驗兵書此名灑血其下之國必且破亡欲滅匈奴宜在今日詔楊素爲行軍元帥晟爲受降使者北伐二年軍次北河值賊帥思力俟斤等領兵拒戰與大將軍梁默擊走之轉戰六十餘里賊衆多降
唐書曰武德中淮南道行臺僕射輔公祏據丹陽反遣趙郡王恭爲行軍元帥討之將發與諸將宴集命取水忽變爲血在座中皆失色恭舉止自若諭之曰禍福無門唯人自召自顧無負於物諸君何憂懼之深公祏惡積禍盈今承廟筭以致討盃中之血乃公祏授首之徵遂盡歡而罷時人服其識度而能安衆竟平公祏焉
又曰李晟之將復京師也時熒惑守歲久之方退賓介或勸晟曰今熒惑已退皇家之利也可速出兵晟曰天子外次人臣當死節垂象玄遠吾安知天道至是謂參佐曰前者公勸晟出兵非敢拒也且軍士可用之不可使知之嘗聞五緯盈縮無准懼復來守歲則我軍不戰而自潰矣參佐歎服皆非所及也尋拜晟爲司徒兼中書令
三國典略曰十一月癸未梁主閱戎于津陽門外立二城南爲吴地北爲齊城西北風甚急薄天昏暗幡旗南靡乃移齊軍度南城吴軍度北城以順風也俄而驟雨暴降梁

王輕輦還宫至城而霽觀者怪之
又曰太原郡王高洋督兵攻王思政陷于潁川遂入東魏先是長社夜有聲如車騎從西北向城居二日黑風起於乾地吹水入城城壞風羊角而上
又曰侯瑱敗王琳于梁山琳及蕭莊並奔于齊初東關水舟艦得通琳引合肥之衆相次而下瑱與琳合戰琳軍少却退保西岸及夕東北風大起吹其舟艦没于沙中夜有流星墜於琳營及旦風静琳入浦脩舡以鹿角繞岸不敢復出
六韜曰周武王伐紂師至泥水牛頭山風雨甚疾鼓旗毁折王之驂乘惶震而死
太公曰用兵者順天道未必吉逆之不必凶若失人事三軍敗亡且天道鬼神視之不見聽之不聞智將不發而愚

將拘之若乃好賢而能用，舉事而得此，則不看時日而事利，不暇卜筮而事吉，不禱祝而福從。遂命驗之前進。周公曰：今時逆太歲，龜灼凶，卜筮不吉，星變爲災，請還師。太公怒曰：今紂刳比干，囚箕子，以飛廉爲政，伐之有何不可？枯草朽骨，安可知乎！乃焚龜折蓍，援枹而鼓，率衆先涉河，武王從之，遂滅紂。

又曰：從孤擊虛，髙人無餘，一女子當百夫。風鳴氣者，賊存在十里；鳴條，百里；摇枝，四百里。雨霑衣裳者，謂潤兵；不霑者，謂泣兵。金器自鳴及焦氣者，軍疲也。

又曰：武王使散宜生卜伐殷，鑽龜，龜不兆；下占於地，數蓍，蓍交而折；祖行之日，雨輜車至軫；行至之日，幟折爲三。宜王曰：三四凶不祥，不可舉事。太公進曰：退，非子之所及也。聖人生天地之間，承衰亂而起，龜者枯骨，蓍者折草，何足

以辯吉凶？祖行之日雨輜車至軫，是洗濯甲兵也；行之日幟旗爲三，是軍分爲三。如此，斬紂之首吉也。

抱朴子曰：晉太康二年，京邑始亂，三國舉兵攻長沙王。人小民張昌反於荆州，奉劉尼爲漢主，乃遣石冰擊定楊州，屯於建業。宋道衡説冰求爲丹陽太守，到郡發兵以攻冰，召余爲將兵都尉。余年二十一，見軍旅，不得已而就之。宋侯不用吾計，數敗。吾令宋侯從月建住華盖下，遂收合餘燼，從吾計，破石冰焉。

又曰：凡戰覩雲如走鹿形者，敗軍之氣也。

兵法秘訣曰：鎮星所在之宿，其國不可伐。又彗星見，大明臣下縱横，民流亡，無所食，父子坐離，夫婦不相得。四維有流星，前如瓮，後如火光竟天，如雷聲，名曰天狗，其下飢荒，民疾疫，群臣死。流星東北行，名天罔，天海之口，必有大水土功。又四維有流星入，以後有白氣如雲狀，似車輪，是謂蠶食，其下大兵，中國多盜賊。又有星如鬬見北斗，名爲旬始，天下大亂，諸侯爭雄。

玄女兵法曰：凡行兵之道，天地大寶，得者全勝，失者必負。北斗之中禽有旬始，狀像雄雞，制百兵之毋，能得其術，何神不使？九地九天，各有表裏，三奇六合，王威軍事。

又曰：黄帝攻蚩尤三年，城不下，募求術士，乃得伍胥，與之言曰：今日余攻蚩尤三年，城不下，與卒安在？伍胥曰：此城中之將，爲人必白色商音，帝始攻時，得無以秋之東方行乎？今皇帝爲人蒼色角音，此雄軍也，以戰爲之。黄帝曰：善，爲之若何？伍胥曰：臣請攻蚩尤三日，城必下。黄帝大喜，其中黄直日：帝積三年攻蚩尤而城不下，今子欲以三日下之，何以爲明？伍胥曰：不如臣言，請以軍法論。黄帝曰：子欲

以何時？臣請朱雀之日日正中時，立赤色徵音絳衣之軍于南方，以輔角軍；臣請以青龍之日平旦時，立青色角音青衣之軍于東方，以輔羽軍；臣請以玄武之日人定時，立黑色羽音黑衣之將于北方，以輔商軍；臣請以白虎之日日入時，立白色商音白衣之將于西方，以輔宫軍。四將以立，臣請爲帝以黄龍之日日中建黄旗於中央，以制四方。五軍已具，四面攻蚩尤，三日，其城果下。黄帝即封胥，世世不絶。○又曰：戰鬬不法，當從九天之上，擊九地之下，衆士黙黙，人無見者。九天者，春在青龍，夏在朱雀，秋在白虎，冬在玄武，四神爲九天，其衝爲九地。

星占曰：太白出高，用兵深入敢戰者吉。星出東方，中國大利，蠻夷大敗。○兵書曰：氣乘如龍如鵠尾者，其下軍兵破敗也。

太平御覽卷第三百二十八

太平御覽卷第三百二十九

兵部六十

徵應

神兵

徵應

漢書曰貳師將軍李廣利被圍水絶廣利拔刀刺山飛泉湧出

又曰王莽出軍祖都門外天雨沾衣長老歎曰是謂泣軍

王隱晋書曰咸康元年督護王隨領三千人討寧州賊三甬皆裂軍人惡之隨曰裂者破也當破賊而不得土地也到西平郡界兩道討賊賊守馬遂奔走民皆歸降

晋書桓温傳云郭璞為讖曰有人姓李兒專征戰譬如車軸脫作在一面兒者子也李去子木存車去軸為亘合成桓字也

又曰成都王穎師次朝歌每夜矛戟有光若火其壘井中皆有龍象前軍大敗

又曰時有童謡云阿童復阿童銜刀浮渡江不畏岸上虎但畏水中龍會益州刺史王濬小字阿童表請加龍驤將軍令造舟檝

又曰謝艾出師振武夜有二梟鳴於牙艾曰六博得梟者勝今梟鳴牙中尅敵之兆果勝之

又曰王澄為荆州時京師危逼澄率衆軍將赴國難而飄風折其節柱會王如冦襄陽澄前鋒至宜城為如黨嚴嶷所獲

又載記曰呂光伐西域進及流沙三百餘里無水將士失色光曰吾聞李廣利精誠玄感飛泉涌出吾等豈獨無感致乎皇天必有濟諸君不足憂也俄而大雨平地三尺

又曰石勒拒劉曜勒統步騎四万赴金墉濟自大堨先是流澌風猛軍至冰泮清和濟畢流澌大至勒以為神靈之助也命曰靈昌津

宋書曰王仲徳初欲南歸奔太山追騎急夜行忽見前有猛炬導之乘火行百許里以免

又曰元兇弑逆孝武率衆入討荆州刺史南譙王義宣雍州刺史臧質並舉義兵三月乙未建牙軍門是時多不悉舊儀有一翁班白自稱少從武帝征伐頗悉其事因使指麾事畢忽失所在自冬至春常東北風連陰不霽其日牙立之後風轉西南景色開霽有紫雲陰于牙上

北齊書曰侯景遣將任約伐湘東王於江陵陸法和自請征之至赤沙湖與任約相對縱大艦於前而逆風不便法和執白羽以麾風即返於是大潰約逃竄不知所之

後周書曰太祖既繼賀拔岳起事將刑牲盟誓同獎王室初賀拔岳營於河曲有軍吏獨行忽見一老公鬢眉皓素謂之曰賀拔雖復據有此衆然無所成當有一宇文家從東北來後必大盛言訖不見此吏恒與所親言之至是方驗

隋書曰張祥開皇中累遷并州司馬仁壽末漢王諒舉兵反遣其將劉建略地燕趙至井陘祥勒兵拒守建攻之後縱火燒其郭下祥見百姓驚駭其城側有西王母廟祥登城望之再拜涕泣而言曰百姓何罪致此焚燒神有靈可降雨相救言訖廟上雲起須臾驟雨其火遂滅士卒感其至誠莫不用心城圍月餘李雄援軍至賊遂退走

又曰竇榮定以佐命功拜上柱國寧州刺史未幾復為武

安侯大將軍尋除泰州揔管賜吴樂一部突厥沙鉢寇邊以爲行軍元帥率九揔管步騎三万出源州與虜戰於高越原兩相持其地無水士卒渴甚至刺馬血而飲死者十二三榮定仰天太息俄而澍雨軍乃復振於是進擊數挫其鋒沙鉢突厥憚之請盟而去

唐書曰開元中降胡叛勑王晙帥并州兵濟河以討之晙乃間行倍道以夜繼晝卷甲捨幕而往會夜於山中忽遇風雪甚盛晙恐失期仰天誓曰晙若事君不忠天討有罪明靈所殛固自當之而士衆何辜令此艱苦誠心忠烈天鑒孔明當止雪迴風以濟戎事言訖風迴雪止時叛者分爲兩道晙追及之殺一千五百餘人生獲一千四百餘人駝馬牛羊甚衆

又曰初肅宗行至豐寧南見河夫壍之固欲整軍北渡將

詣豐寧忽大風飛沙礫數步之間不辨人馬由是迴軍東趋靈武風沙頓止天地廓清

又曰肅宗至平源郡路傍遇一伏兎命左右索弓箭因謂左右曰吾若破賊射則中之不然則否一發而斃左右咸稱万歲

又曰建中三年哥舒曜欲攻李希烈於許州師次頴橋大雹雷而雨營中震不能言者三四十人驢馬死者有七曜惡之乃退

又曰田悅爲魏王受冊之日其軍上有雲物稍異馬燧等望而笑曰此雲無知乃爲賊瑞

又曰田悅稱魏王其營地前二年土長高三尺餘魏州户曹韋稔爲土長頌曰公益土之兆也

管子曰桓公北征孤竹未至卑耳之谿十里援弓而射射未發也謂左右曰見前人乎對曰不見公曰寡人見人長尺而人物具焉冠冠右袪衣馬前疾走寡人其不濟乎管仲曰袪衣示前有水也右示涉也至卑耳之谿從左涉深及冠從右方深至厀已涉大濟公拜曰仲父之聖若此也

山海經曰鹿臺之山有鳥焉如雄雞而人面名曰鳧溪其鳴自呼見則有兵小次之山有獸焉如猨白首赤足見則有兵能山之穴恒出神人夏啓而冬閉是穴也冬啓乃必有兵（郭璞注曰今鄴西北有石鼓鳴乃有兵即此類）

淮南子曰人主有伐國之志邑犬群嘷雄雞夜鳴庫兵動而戎馬驚（戎馬兵馬也雞夜鳴而兵馬驚起氣之感動也）

六韜曰三軍無故旌旗皆前指金鐸之聲揚以清鼙鼓之音宛而鳴此得神明之助大勝之徵也

又曰紂爲無道武王於是東伐紂至于河上雨甚雷疾王

之乘黄振而死旗旌折陽侯波周公進曰天不祐周矣意者君德行未盡而百姓疾怨故天降吾禍於是太公援罪人而戮之於河三鼓之率衆而先以造于殷天下從之甲子之日至于牧野舉師而討之紂城備設而不守親擒紂縣其首於白旗

又曰武王伐紂諸侯已至未知士民何如太公曰天道無親今海内陸沉於殷久矣百姓可與樂成難與慮始伯夷叔齊曰殺一人而有天下聖人不爲太公曰師渡孟津六馬仰流赤烏降白魚外入此豈非天所命也師到坶（音梅）野天暴風雷前後不相見車蓋發越轅衡摧折旌旄三折旗幟飛揚者精銳感天也雨以洗吾兵雷電應天也

吴越春秋曰越王追攻吴兵欲入胥門未至六里望吴南城見伍子頭眉若車輪目垂光烈髮鬚四張耀於十數里

大懼留兵即日夜半暴風疾雨雷電鳴沙石飛射疾於弓弩越軍壞敗

桓譚新論曰維四月太子發上祭于畢下至盂津之上此武王已畢三年之喪欲卒父業舟而得魚則地應也俺祭降爲天應也二年聞紂殺比干囚箕子太師少師抱樂器奔周甲子日月若連璧五星若連珠昧爽武王朝至于南郊牧野從天以討紂故兵不血刃而定天下

三國典略曰東魏以平鑒爲懷州刺史鑒乃於軹關道築城以防于我尋而太祖遣驃騎將軍楊𢹂儀同長孫慶明率兵東伐是時新築之城少粮乏水衆情大懼南門内有一土井隨汲即竭鑒乃具衣冠俯井而祝俄而泉湧城内皆足楊水示𢹂𢹂無功而還𢹂疋盻切

又曰周帝問齊王延宗曰鄴城若爲可取延宗辭曰亡國之大夫不可與圖存強問之乃曰若任城據鄴臣不能知若今主自守陛下兵不血刃時好事者以爲延宗年號德昌得二日也及即位至敗果二日

神兵

梁書曰先是旱甚詔祈蔣帝神求雨十旬不降帝怒命載荻欲焚蔣廟并神影爾日開朗欲起火當神上忽有雲如繖倏忽驟雨如寫臺中宮殿皆自振動帝懼馳詔追停少時還靜自此帝畏信遂深自踐祚已來未嘗躬自到廟於是乃法駕將朝臣脩謁是時魏軍攻圍鍾離蔣帝神報勑必許扶助既而無雨水長遂挫敵人亦神之力焉凱旋之後廟中人馬脚盡有泥濕當時並目覩焉

又曰王僧辯平郢州進師尋陽軍人多夢周何二廟神兵曰吾已助天子討賊自稱征討大將軍並乘朱航俄而反曰已殺竟同夢者數十百焉

陳書曰高祖討侯景軍次大雷軍人杜稜夢雷池君周何神自稱征討大將軍乘朱航陳甲仗稱下征侯景須臾便還去已殺景

隋書曰漢王諒餘黨據晉絳等三州未下詔羅睺行絳晉呂三州諸軍事進兵圍之爲流矢所中卒于師時年六十曰送柩還京行數里無故輿馬自止策之不動有飄風旋遶焉絳州長史郭雅稽顙呪之曰公恨小寇未平耶尋即除殄無爲戀恨於是風靜馬行見者莫不悲歎其年秋七月子仲隱夢見羅睺曰我明日當戰其靈座所有弓箭刀劒無故自動若人帶持之狀絳州城陷是其日也

唐書曰高祖初起師次霍邑隋武牙郎將宋老生陳兵拒險義師不得進屯軍於賈胡堡會霖雨積旬餽運不給高祖患之忽有白衣人詣軍門見曰霍山神遣語大唐皇帝若向霍山邑當東南傍山取路八月雨止我當助爾破之高祖初哂之遣人東南視地果有微道高祖笑曰此神不欺趙襄子豈負吾耶時有訛言云突厥將襲太原又軍粮且盡高祖命旋師太宗切諫乃止八月己卯雨果霽高祖太悦以大牢祭霍山辛巳引師從傍山道趨霍邑去城十餘里有陣雲起軍北東西竟天高祖謂裴寂曰雲色如此必當有慶

又曰貞元初江西都團練使李兼奏建中四年鄂州刺史逆賊李希烈之將董侍召率衆襲鄂州順風縱火邑屋將焚臣乃禱於城隍神倏忽風迴火烈賊潰遂擊破之連狀黃沔三州請付史官以荅神意從之

三國典略曰齊高緯發晉陽開府薛榮宗嘗云能使鬼兵

言於齊主曰臣已發遣斛律明月將大兵在齊主信之經
介休見一古冢榮宗謂舍人元行恭曰是誰冢也行恭戲
之曰郭林宗是誰曰郭元貞父榮宗即啓云臣向見郭林
宗從冢出着大帽吉莫鞾插馬鞭問臣我阿貞來否
又曰侯景西逼陸法和率白服弟子頓于安南乞征任氏
湘東許之乃召諸蠻子弟八百人在江津二日便登艫大
笑曰无量兵馬江陵舊多神祠俗恒祈禱自法和軍出无
復一驗人以諸神皆行從故也
又曰梁臨汝侯蕭猷嘗爲吳郡太守與楚廟神交飲至一
石而神亦有酒色所禱必從後遷益州刺史江陽人齊苟
兒反率衆攻城猷乃遣禱請救將戰之日有田老逢一騎
絡鐵從東來問去城幾里曰四十時已晡騎舉稍曰後人
來可令之疾馬欲及日破賊俄有數百騎如風一騎請飲
田老問爲誰曰吳興楚王來救臨汝侯此時廟中祈禱无
復有驗十餘日後乃見侍衛土偶泥濕如汗於是苟兒乃
平

覽三百二十八　七　王朝四

太平御覽卷第三百二十九

太平御覽卷第三百三十

兵部六十一

警備

孫子曰：用兵之法，無恃其不來也，恃吾有能以待之也；無恃其不攻吾也，恃吾不可攻也。（安則思危，存則思士，常有備也）

左傳曰：不備不虞，不可以師。

又曰：諸侯相見，軍衛不徹，警也。

又曰：晉欒書伐楚，將戰，楚晨壓晉軍而陣。（壓，窄其未備也）軍吏患之。晉將范丐趨進曰：塞井夷竈，陳於軍中而踈行首。（踈行首，有當陣前戶史闕亂道行部切）晉楚唯天所受，何患焉。楚師輕窕，固壘而待之，三日必退。退而擊之，必獲勝焉。終敗楚師。

戰國策曰：蘇秦將從，說燕文侯曰：燕地方二千里，帶甲十万，車七百，騎六千，粟支十年。南有碣石、鴈門之饒，北有棗粟之利。

又曰：張儀爲秦連橫，說韓王曰：秦帶甲百餘万，虎賁之士不勝計。秦卒猶孟賁之與怯夫。

又曰：江乙對江宣王曰：今王之地方五千里，帶甲百万，而專屬之於昭奚恤。故北方之畏昭奚恤也。

春秋後語曰：蘇秦南說楚威王曰：楚，天下之强國也；王，天下之賢主也。西有黔中、巫郡，東有夏周、海陽，南有洞庭、蒼梧，北有汾陰。地方五千里，帶甲百万，車千乘，騎万疋，粟支十年。此霸王之資也。

史記曰：周末，荆人伐陳，吳救之，軍行三千里，雨十日，夜見星。左史倚相謂荆大將子期曰：雨十日，甲輯兵聚，吳人必至，不如備之。乃爲陣，而吳人至，見荆有備而反。史曰：其反覆六十里，其君子休，小人爲食。我行三十里擊之，必克。從之，遂破吳軍。

又曰：秦將王翦率兵六十萬伐楚，楚王悉國中兵以拒之。王翦至，堅壁而守之，不肯戰。楚兵數挑戰，終不出。王翦日休士洗沐，而善飲食撫循之，親與士卒同食。久之，王翦使人問軍中戲乎，對曰：方投石超距。於是王翦曰：士卒可用矣。楚又數挑戰，而秦不出，乃引而東。翦因舉兵追之，大破楚軍，斬南，因滅其國。

又曰：漢景帝初，吳王濞反，悉兵度淮，與楚王戰，遂敗棘壁，乘勝前，銳甚。梁孝王恐，六將軍擊吳，又敗梁將，士卒皆還走。梁數使使報漢大將周亞夫，求救，亞夫不許。又使使惡亞夫於上，上使人告之救梁。（惡，烏路切）亞夫復守便宜，不行。梁使韓安國及楚死事相弟張羽爲將軍，（楚相張尚諫吳王而死）乃得頗敗吳兵。吳兵西，梁城守堅，不敢西，即走亞夫軍，會下邑。吳師欲戰，亞夫壁不肯戰。吳糧絕，卒飢，數挑，遂死奔亞夫壁。亞夫終不出。中夜驚，內相擾亂，至帳下。亞夫卧不起，頃之復定。吳士卒多飢死，遂以叛散。

漢書曰：傅喜以光祿大夫養病，大司空何武、尚書唐林皆上書言：喜行義，曰：忠臣社稷之衛。魯以季友治亂，（師古曰：謂季氏。士則魯不昌）楚以子玉輕重，（師古曰：謂楚殺子玉，而晉侯喜可知也）魏以無知折衝，（師古曰：信陵君也）項以范增存士。故楚跨有南土，帶甲百万，隣國不以爲難。子玉爲將，則文公側席而坐；及其老也，君臣相慶。百萬之衆，不如一賢也。

後漢書曰：更始初，光武在河北，擊銅馬賊於鄡。吳漢將突騎來會清陽。城賊挑戰，光武堅營自守，有出擄掠者，輒擊取之，（擄與虜同，掠奪取之也）絕其糧道。積月餘日，賊食盡，夜遁去。追至館陶，大破之。受降未盡，而高湖、重連賊從東南來，與

銅馬餘衆合光武復與大戰於滿陽悉破降也

又曰王霸馬武既破周建蘇茂營賊復聚挑戰霸堅臥不出軍吏皆曰茂前日已破今易擊也霸曰不然蘇茂客兵遠來粮食不足故數挑戰以徼一切之勝（徼要也一切猶權時也徼古堯切）今閉營休士所謂不戰而屈人之兵善之善者也茂建既不得戰乃引還營其夜建兄子誦反閉城拒之茂建遁去誦以城降

又曰公孫瓚既為鮮于輔所敗處有非常乃告於高京以鐵為門斥去左右男人七歲以上不得入門專侍姬妾其文簿書皆汲而上之令婦人習為大言聲使聞數百步以傳宣教令疏遠賓客無所親信故謀臣猛將稍有乖散自此之後希復攻戰

九州春秋曰公孫瓚曰始天下兵起我謂唾掌而決至於

今日兵革方始觀此非我所決不如休兵力耕以救凶年兵法百樓不攻今吾諸營樓櫓千里（櫓即魯字見說文釋名曰櫓露也上无覆屋）積穀三百萬斛食此足以待天下變也

魏志曰冀州牧韓馥長史耿武別駕閔純治中李歷諫馥曰冀州雖鄙帶甲百萬穀支十年

又曰大軍南征吴到積湖大將滿寵帥諸軍在前與賊隔水相對令諸將曰今夕風甚猛賊必來燒營宜為之備諸軍皆警夜半賊果遣十部來燒營寵掩擊破之

又曰吴將諸葛恪圍新城司馬景王使鎮東將軍毌丘儉陽州刺史文欽等距之儉欽請戰景王曰恪卷甲深入投兵死地其鋒未易當且新城小而固攻之未可拔遂命諸將高壘以弊之相持數月恪攻城力屈死傷太半景王乃令欽督銳卒趣合榆斷要其歸路儉帥諸軍以為後繼恪懼而遁欽逆擊大破之斬首萬餘級

吴書曰趙咨字德度南陽人博學多智應對辯捷孫權為吴王擢至太中大夫使魏文帝嘲咨曰吴王頗知學乎咨曰浮江萬艘帶甲百萬任賢使能志在經略雖有餘閑博覽書傳歷史籍採奇異不效書生尋章摘句而已又曰吴難魏不咨曰帶甲百萬江漢為池何難之有

蜀志曰先主率大衆東伐吴吴將陸遜拒之蜀主從建平連圍至夷陵界立數十屯以金帛爵賞誘動諸夷先遣將吴班以數千人於平地立營欲以挑戰諸將皆欲擊之遜曰備舉軍東下銳氣始盛且乘高阻險難可卒攻攻之縱下猶難盡剋若有不利損我大勢非小故也今但獎厲將士廣施方略以觀其變若此間是平原廣野當恐有顛沛交馳之憂（[illegible]焱音）今緣山行軍勢不得展自當疲於木石

之間徐制其弊耳備知其計不行乃引伏兵八千人從谷中出遜曰所以不聽諸君擊班者揣之必有巧故也諸將並曰攻備當在初今乃令入五六百里相銜持經七八月其諸要害皆已固守擊之必無利矣遜曰備是猾虜更嘗事多其軍始集思慮精專未可干也今住已久不得我便兵疲意沮計不復生掎角此寇正在今日乃先攻一營不利遜曰已曉破之術乃令各持一把茅以火攻拔之[illegible]爾成勢遂率諸軍同時俱攻破四十餘營備升馬鞍山陳兵自繞遜督促諸軍四面蹙之土崩瓦解死者萬數備因夜遁

晉書曰王戎謂齊王冏曰公首舉衆匡定大業開闢已來未始有也然論功報賞不及有勞朝野失望人懷二志今二王帶甲百萬其鋒不可當若以王就第不失故委此求

安之計也

又曰大將羅尚遣廣漢都尉曾元牙門張顯等潜率步騎三萬襲蜀賊李特特素知之乃繕甲厲兵戒嚴以待之元等至特安卧不起待其衆半入發伏擊之殺傷者甚衆遂害曾元張顯等

又曰安平王孚初爲魏度支尚書以爲禽敵制勝宜有備預每諸葛亮入寇關中邊兵不能制敵中軍奔赴輒不及事機宜預選步騎二萬以爲二部爲賊之備又以關中連賊寇穀帛不足遣冀州農丁五千屯於上邽秋冬習戰春夏脩田桑由是關中軍國有備矣

崔鴻十六國春秋曰前趙劉曜遣將討氐羌大酋權渠率衆保險阻曜將游子遠頻敗之權渠欲降其子伊餘大言於衆中徃曰劉曜自來猶無若我何況此偏師自欲降乎遂率勁卒五萬人晨壓子遠壘門左右勸出戰子遠曰吾聞伊餘有專諸之勇慶忌之捷士馬之強人百匪敵其父新敗怒氣甚盛且西戎勁捍其鋒不可擬也不如緩之使氣竭而擊之此曹劌之勝也乃堅壁不戰伊餘有彊驕色子遠候其無備夜分誓衆秣馬蓐食先晨具甲掃壘而出遲明設覆而戰（覆逼直切）生擒餘伊于陣盡俘其衆

又曰北燕馮跋據遼東其弟万泥阻兵以叛跋遣將馮弘與將軍張興討之弘遣使諭之曰昔者兄弟乘風雲之運撫翼而起群公天意所鍾逼奉主上先踐寶位裂土疏爵當與兄弟共之柰何欲尋干戈於蕭墻棄友于而爲閼伯過貴能改善莫大焉宜舍茲嫌同獎王室万泥不從尅期出戰興謂弘曰賊明日出戰今夜必來驚營宜備不虞弘乃各嚴備仍人課草十束束火伏兵以待之是夜万泥果

遣壯士千餘人斫營衆火俱起伏兵邀擊俘斬無遺遂平万泥等

宋書曰桂陽王休範舉兵於尋陽已發東下朝廷惶駭宋相齊高祖議曰昔上流謀逆皆因淹緩至於覆敗休範必遠懲前失輕兵急下乘我無備今應變之術不宜在遠若偏師失律則大沮衆心請頓新亭堅守宮掖東府石頭以待賊至千里孤軍後無委積求戰不得自然瓦解請頓新亭以當其鋒休範果敗

又高祖紀曰時議者欲分兵屯守諸津帝曰賊衆我寡分兵測人虛實一處失利則沮三軍之心若聚衆石頭則力不分也

三國典略曰梁武陵王蕭紀在蜀一十七年開拓土宇器甲殷積有馬八千疋既便騎射尤工舞矟

後魏書曰任城王澄時四中郎將兵數寡弱不足以襟帶京師澄奏宜以東中帶滎陽郡南中帶魯陽郡西中帶恒農郡北中帶河内郡選二品三品親賢兼稱者居之省非急之作配以強兵如此則深根固本強幹弱枝之義也靈太后初將從之後議者不得乃止

唐書曰武德中太宗領兵征薛仁果於折墌城（折音思歷墌墌竟之石切）賊有十餘萬兵鋒甚鋭數來挑戰諸將咸請戰太宗曰我士卒新經挫衂鋭氣猶少賊驟勝必輕進好鬬我且閉壁以待其氣衰而後擊可一戰而破此万全計也因令軍中曰敢言戰者斬相持者久之賊糧盡軍中頗攜其將翟長孫梁胡郎率所部相繼來降太宗知仁果心腸内離謂諸將曰可以戰矣因令行軍總管梁實營於淺水原以誘之賊大將宗羅㬋曰恃驍悍求戰不得氣憤者久之及是盡鋭

攻梁實冀逞其志梁實因險下以挫其鋒羅睺攻之愈急太宗度賊已疲復謂諸將曰彼氣將衰吾當取之必矣申令諸軍遲明合戰復令將軍龐玉陣於淺水原南出賊之右以先拒之羅睺併軍共戰玉軍幾敗太宗親御大軍奄自原北出其不意羅睺迴師相拒我師表裏齊奮呼聲動天羅睺氣奪於是大潰

又曰武德中太宗率師往河東討劉武周江夏王道宗時年十七從軍太宗登玉壁城覩賊顧謂道宗曰賊恃其衆來邀我戰汝謂何如對曰群賊鋒不可當易以計屈難與力競令深壁高壘以挫其鋒烏合之徒莫能持久粮運致竭自當離散可不戰而擒太宗曰汝意暗與我合賊果食盡夜遁追及介州一戰破之

又曰薛萬均從李靖等擊吐谷渾軍次青海與弟万徹率軍先路遇虜於赤海万均將十數騎擊走之追奔至積石山南道大風折旗拔木万均謂左右曰虜將至矣宜各設備俄而虜至万均直前斬一賊將於是大潰殺傷略盡

又曰廣德中安史故將分據河北吐蕃數犯京畿故郭子儀魚朝恩常統重兵守河中以備倉卒欲兵權在京師乃以魚朝恩元載王縉建議請於河中府置中都劃置積兵五萬以爲禁旅取關輔河東等十州稅物以奉京師車駕常以秋行幸春首還京即河北西蕃無憂越軼代宗以爲然載已潛遣人於河中料度創造宮殿及營私第既而言事者以爲無故示賊以怯國計非便事竟不行

又曰李晟討朱泚德宗幸奉天日詔以晟爲左僕射平章事晟拜哭受命且曰長安宗廟所在爲天下本若皆扈蹕誰復京師乃浚隍壁繕兵粟馬以誅泚興復爲己任初軍無窮萬乃令檢校户部郎中張彧假京兆少尹擇官吏以賦渭北畿縣不數日蒭粮皆足乃陳說三軍曰今國步多艱亂逆繼興屬車西幸關中無主吾等皆受國恩見危死節臣子之分況當此時不能清寇以取富貴非士也渭橋跨大川吾與公等勠力一心擇利而進復大業建不世之功能從我乎軍士皆泣下曰唯公所命晟亦歔欷流涕是時朱泚盜天邑懷光反咸陽河北僞稱國者三希烈李納交過陳宋晟內無貨財外無疆土以孤軍守危城爲秉節嚮義者所歸於是戴休顏舉奉天之兵韓遊瓌愬邠寧之師尚可孤守藍田駱元光固華州皆歸款於晟軍大振

又曰李元諒貞元初將本軍與侍中渾瑊會吐蕃盟於平涼元諒謂瑊曰戎狄多詐不可無備公奉國命輕重宜有以防之瑊不從且不設備及會元諒令軍中皆衣甲持兵整部隊以俟變去壇十里虜果衷甲乘瑊無備伏精騎以圍瑊士大夫皆衣朝服就執及軍士死者不可勝數所脫者百無一二瑊挺身走虜騎逐瑊至元諒軍士皆堅陣持滿虜騎望見之乃引去是日無元諒軍瑊幾不免元諒乃徐引軍而歸

太平御覽卷第三百三十

太平御覽卷第三百三十一

兵部六十二

斥候　備邊　塞險

斥候

後周書曰韓果性強記兼有權略所行之處山川形勢輒能記憶兼善伺敵虛實揣知情狀有潛匿溪谷欲爲間偵者果登高望之所疑處往必有獲太祖由是以果爲虞候都督每從征行常領候騎晝夜巡察略不眠寢

又曰達奚武大統初爲秦州刺史齊神武趣沙苑太祖復遣武覘之武從三騎皆衣敵人衣服至日暮去營數百步下馬潛聽得其軍號因上馬歷營若警夜者不如法者往往撻之具知敵之情狀以告太祖太祖深嘉焉遂從破之

諸葛亮兵要曰軍已近敵羅落常平明以先發總軍前十里內各案左右下道亦十里之內數里之外五人爲部人持一白幡登高外向明隱蔽之處軍至轉尋高而前第一見賊轉語後第二第三詣主者白之凡候見賊百人以下但舉幡指百人以上便舉幡大呼主者遣疾馬往視察之

又曰凡軍行營壘先使腹心及鄉導前覘審知各令候吏先行定得營地壁立軍分數立四表候視然後移營又先使候騎前行持五色旗見溝坑揭黃揭去列切衢路揭白水澗揭黑林藪揭青野火揭赤以本鼓應之立旗鼓令相聞見若渡水踰山深邃林藪精騎勇騎搜索數里無聲四周絶迹高山樹頂令人遠視精兵四向要處防禦然後分兵前後以爲鎮柘乃令輜重老小次步後馬切在整肅防敵至人馬無聲不失行列險地狹逕亦以部曲鱗次或須環迴旋轉以後爲前以左爲右行則魚貫立則鴈行到前止處遊騎精鋭四向散列而立各依本方下營一人一步隨師多少咸表十二辰竪六旗長二丈八尺審子午卯酉地勿令邪僻以朱雀旗竪午地白獸旗竪酉地玄武旗竪子地青龍旗竪卯地招搖旗竪中央其樵牧飲不得出表外也

衞公兵法曰諸營下定事須防禦差營外二十步列隊仗如臨陣對寇法晝夜嚴警縱逢雨雪并押隊官並不得離隊每營留五疋馬并鞍轡放飼防有警急即令馳告至夜每陣前百步外着聽子二人一更一替以聽不虞仍令探更人探聽子細勿令眠睡其晝日諸軍前各亦逐高要處安置斥候以視動靜

又曰諸軍營隊伍每夜分更令人巡探人不得高聲唱號行者敲弓一下坐者和稍三下方擲軍號以相應會當營界探周而復始擲號錯失便即決罰當軍折衝果毅並押

鋪宿盡更巡探遞相分付虞候及中軍官人通探都巡

又曰諸軍下定每營夜別置外探每營折衝果毅相知作次每夜別四人各領五騎馬於營四面去營十里外遊弈以備非常如有驚急奔馳報軍

又曰令人枕空胡祿臥有人馬行三十里外東西南北皆響見於胡祿中名曰地聽則先防備

又曰諸兵馬既逼賊庭探候事須明審諸營住及營行前後及左右廂助上五里著馬兩騎十里更加兩騎十五里更加兩騎至三十里一道用人馬十二騎若兵多發引稍長助上即是更量加一兩道使令相見其乘馬人每令遞相見常接高行各執一方面異旗無賊此旗常卷見賊即速展軍營見旗展即知賊至須覓穩處既知賊來得設機伏整齊部伍迎前戰其最遠及次遠人須與好馬乘騎不

然被賊捉將

備邊

漢書曰晁錯上言守邊備塞曰胡人衣食之業不着於地其勢易以擾乱邊境何以明之胡人食肉飲酪衣皮毛非有城郭田宅之歸居如飛鳥走獸於曠野美草甘水則止草盡水竭則移以是觀之往來轉徙時至時去此胡人之生業而中國所以離南畝也今使胡人數處轉牧行獵於塞下或當燕代或當上郡北地隴西以候備塞之卒卒少則入陛下不救則邊民絶望而有降敵之心如救之少發則不足多發遠縣纔至則胡人已去聚而不罷爲費甚大罷之則胡復入如此連年則中國貧苦而民不安矣陛下幸憂邊境遣將吏發卒以治塞甚大惠也然今遠方之卒守塞一歲而更不知胡人之態不如選常居者家室田作

且以備之其要害之處通川之道調立城邑無下千家爲居中周虎落先爲室屋具田器乃募罪人及免徒復作令居之不足募以丁奴婢贖罪及輸奴婢欲以拜爵者不足乃募民之欲往者皆賜高爵復其家與冬夏衣廪食能自給而止其亡夫苦妻者縣官買與之人情非有匹敵不能久安其處塞下之民禄利不厚不可使久居危難之地胡人入驅而能止其所驅者以其半與之縣官爲贖其民如是則邑里相救赴胡不避死非以德上也欲全親戚而利其財也此與東方之戍卒不習地勢而心畏胡者功相萬也以陛下之時徙民實邊使遠方亡屯戍之憂塞下之民父子相保亡係虜之患利施後世名稱聖明其與秦之行怨民相去遠矣上從其言募民徙實塞下錯復言陛下幸募人以實塞下使屯戍之事益省輸將之費益寡甚大惠也下吏誠能稱厚惠奉明詔存卹所徙之老弱善遇其壯士和輯其心而勿侵刻使先至者安樂而不思故鄉則貧民相募而勸往矣臣聞古之徙遠方以實廣虛也相其陰陽之和嘗其水泉之味審其土地之宜觀其草木之饒然後營邑立城製里割宅通田作之道正阡陌之界先爲立室家有一堂二内門户之閉置器物焉民有所居作有所用此民所以輕去故鄉而勸之新邑也爲置醫巫以救疾病以脩祭祀男女有昏生死相恤墳墓相從種樹畜長室屋完安此所以使民樂其處而有長居之心也臣又聞古之制邊縣以備敵也使五家爲伍伍有長十長一里里有假士四里一連連有假五百十連一邑邑有假候皆擇其邑之賢才有禮讓習地形悉知民心者居則習民以射法出則教民於應敵故卒伍成於内則軍正定於外服習已成

勿令遷徙幼則同遊長則共事夜戰聲相知則足以相救晝戰目相見則足以相識懽愛之心足以相死如此而勸以厚賞威以重罰則前死不還踵矣所徙之民非壯有材力但費衣粮不可用也雖有材力不得良吏猶亡功也

又曰王莽將嚴尤上言曰匈奴爲害久矣周秦漢征之然皆未有得上策者也周得中策漢得下策秦無策焉當周宣王時獫狁内侵至於涇陽命將征之盡境而還其視戎狄之内侵譬蚊虻之螫驅之而已故天下稱明是爲中策漢武帝選將練兵約齎粮深入遠戍雖有克獲之功胡輒報之兵連禍結三十餘年中國罷耗匈奴亦創而天下稱武是爲下策秦始皇不忍小恥而輕民力築長城之固延袤萬里轉輸之行起於負海疆境既完中國内竭以喪社稷

是爲無策今天下遭陽九之阨比年飢饉西北邊尤甚發三十萬衆具三百日粮東援海岱南取江淮然後能備計其道里二年尚未集合兵先至者聚居暴露師老械弊勢不可用此一難也邊既空虛不能奉軍粮内調郡國不相及屬此二難也計一人三百日粮用備十八斛非牛力不能勝也牛又當齎食加二十斛重也胡地沙鹵多乏水草以往事揆之軍出未滿百日牛必物故且盡其餘粮人不勝此三難也胡地秋冬甚寒春夏甚風釜鍑音富薪炭重不可勝食糒音備飲水以歴四時師有疾病之憂勢不能久此四難也輜重自隨則輕鋭者少不得疾行虜徐遁不能及幸而逢虜要遮前後危殆不測此五難也大用民力功不可必臣伏憂之

又班固論曰書云蠻夷猾夏詩稱戎狄是膺春秋有道守在四夷久矣夷狄之爲患也故自漢興忠信嘉謀之臣曷甞不運籌策相與爭於廟堂之上乎高祖時劉敬吕后時樊噲季布孝文時賈誼晁錯孝武時王恢韓安國朱買臣公孫弘董仲舒人持所見各有同異然㧾其要歸兩科而已搢紳之儒則守和親介冑之士則言征伐皆偏見一時之利害而未究匈奴之終始自漢興以至于今曠世歴年詘伸異變強弱相反是故其詳可得而言也昔和親之論發於劉敬是時天下初定新遭平城之難故從其言約法和親賂遺單于冀以救安邊境孝惠高后遵而不違匈奴寇盗不爲衰止而單于反以驕居逮至孝文與通關市妻以漢女增厚其賂歳以千金而匈奴數背約束邊境屢被其害是以文帝中年赫然發憤遂躬戎服親御鞍馬從六郡良家材力之士馳射上林講習戰陣聚天下精兵軍於廣武顧問馮唐與論將帥喟然歎息思古名臣此則和親無益已然之明効矣仲舒親見四世之事猶復欲守舊文頗增其約以爲義動君子利動貪人如匈奴者非可以仁義說也獨可說以厚利結之於天耳故與之厚利以說其意與盟於天以牢其約質其愛子以累其心匈奴雖欲展轉柰失重利何柰殺愛子何夫賦斂行賂不足以當三軍之費城郭之固無異於貞士之約而使邊城守境之民父兄緩帶稚子咽哺胡馬不窺於長城而羽檄不行於中國不亦便於天下乎察仲舒之論考諸行事乃知未合於當時而有闕於後世也當孝武時雖征伐尅獲而士馬亦略相當雖開河南之野建朔方之郡亦弃造陽之北九百餘里匈奴人民每來降漢單于亦輙拘留漢使以相報復其桀驁尚如斯安肯以愛子爲質乎此不合當時之言也若不置質定約和親是雖襲孝文既往之悔而長匈奴無已之詐也夫邊城不選守境武略之臣脩鄣隧備塞之具厲長戟勁弩之械恃吾所以待邊寇而務賦斂於民遠行貨賂割剥百姓以奉寇讎信甘言守空約而幾胡馬之窺不已過乎至孝宣之世承武帝奮擊之威值匈奴百年之運因其壞乱幾亡之阨權時施宜覆以威德然後單于稽首臣服遣子入侍三世稱蕃賓於漢廷是時邊城晏閉牛馬布野三世無犬吠之驚黎庶忘干戈之役後六十餘載之間遭王莽篡位始開邊隙單于由是歸怨自絶莽遂斬其侍子邊境之禍構矣故呼韓耶始朝於漢漢議其禮蕭望之曰戎狄荒服言其慌忽無常至亦宜待以客禮讓而不臣如後嗣遁逃竄伏使於中國不爲叛臣及孝元時議罷守塞之備應以爲不可玄盛不忘衰安必思危遠見識微之

明矣。單于感棄其愛子，昧利不顧，侵掠所獲，歲巨計而和親賂遺不過千金，安在其不棄質而失重利也？仲舒之言漏於是矣。夫規事建議，不圖萬世之因，而偷恃一時之事者，未可以經遠。若乃征伐之功，秦漢行事，嚴尤論之當矣。故先王度中土，立封畿，分九州，列五服，物土貢，制外內，或脩刑政，或脩文德，遠近之勢異也。是以《春秋》內諸夏而外夷狄。夷狄之人貪而好利，被髮左衽，人面獸心，其與中國殊章服，異習俗，飲食不同，言語不通，僻居北垂寒露之野，逐草隨畜，射獵爲生，隔以山川，擁以沙漠，天地之所以絶內外也。是故聖王禽獸畜之，不與約誓，不就攻伐，約之以費賂而見欺，攻之則勞師而招寇。其地不可耕而食也，其民不可臣而畜也，是以外而不內，疏而不戚，政教不及其人，正朔不加其國，來則懲而禦之，去則備而守之。其慕義而貢獻，則接之以禮讓，羈縻不絶，使曲在彼，蓋聖人制御蠻夷之常道也。

《後漢書》曰：馬援奏言西于縣戶有三萬二千，西于縣屬交阯郡故城在今交州龍編縣東。遠界去庭千餘里，庭縣庭也。請分爲封溪、望海二縣。許之。

又曰：馬援在隴西，帝詔武威太守，東觀漢記曰累然也。令悉還金城客民。金城人客在武威者。歸者三千餘口，使各反舊邑。援奏爲置長吏，繕城郭，起塢候，字林曰塢小障也一曰小城字或作隖。開導水田，勸以耕牧，郡中樂業。

又曰：杜茂引兵屯晉陽上遣謁者段忠將衆配茂，鎮守北邊，因發邊卒築亭候，脩烽火，又發委輸金帛繒絮供給軍士，并賜邊民，冠蓋相望。茂亦建屯田，驢車轉運也。

《晉書·杜預傳》曰：匈奴帥劉猛舉兵反，自并州西及河東、平陽，詔預以散侯定計省闥，俄拜度支尚書。預乃奏立藉田，建安邊，論處軍之要。又作人排新器，興常平倉，定穀價，較鹽運，制課調，內以利國，外以救邊者五十餘條，皆納焉。

《宋書》曰：文帝元嘉中，每歲爲後魏侵境，令朝臣博議。何承天陳備邊之要，其大略：一曰移遠就近，以實內地；二曰浚復城隍，以增岨防；三曰纂偶車牛，以飾戎械；四曰計丁課役，勿使有闕。

《唐書》曰：高祖與羣臣言備邊之事，將作大匠于筠進曰：「宜若多造舡艦於五原、靈武，置舟師於黃河之中，足以斷其入寇之路。」中書侍郎溫彥博又進曰：「昔魏文帝據長壍以遏匈奴，今亦由因脩其事。」高祖並從之。於是遣將軍桑顯和壍斷北邊要路，又徵江南習水之士，更發卒於靈州造戰舡。

塞險

《左傳》曰：蔡侯、吳子、唐侯伐楚，舍舟于淮汭，自豫章與楚夾漢。豫章漢東江北地名。楚左司馬沈尹戌謂楚將子常曰：「子沿漢而與之上下，沿緣也緣漢上下遮使勿度也。我悉方城外以毀其舟，以方城外人毀吳所舍舟也。還塞大隧、直轅、冥阨，三者漢東三隘路阨烏革切。子濟漢而伐之，我自後擊之，必大敗之。」既謀而行。楚大夫武城黑謂子常曰：「吳用木也，我用革也，用革器也。不可久也，不如速戰。」大夫史皇謂子常曰：「楚人惡子而好司馬，若司馬毀吳舟于淮，塞城口而入，城口三隘道之總名。是獨克也。子必速戰，不然不免。」乃濟漢而陳，自小別至于大別，禹貢漢水至大別南入江然則此二別在江夏界也。三戰，子常知不可，欲奔。知吳不可勝也。史皇曰：「安求其事，未知敗事。難而逃之，將何所入？子必死之。」子常違左司馬戌之言故敗也。

《戰國策》曰：吳子問孫武曰：「敵人保山據險，擅利而處，糧食又足，挑之則不出，乘間則侵掠，爲之奈何？」武曰：「分兵守要

謹備勿懈潛探其情密候其怠以利誘之禁其牧採久無所得自然變改待離其故奪其所愛

漢書曰匈奴呼韓耶單于來朝元帝以後宮良家子王嬙字昭君賜單于單于歡喜上書願保塞上谷以西至燉煌請罷邊備以休天子人民帝下有司議郎中侯應上言以爲不可其略曰自周秦與以來匈奴寇侵甚矣其北邊有陰山東西千餘里本冒頓單于依阻其中至孝武帝出師征伐斥奪此地攘之於漠北建塞徼起亭隧築外城設屯戍以守之然後邊境少安夫夷狄之情困則卑順強則驕逆天性也前已罷外城省亭隧今纔足以候視通烽火而已安不忘危不可復罷且中國尚建關梁以制諸侯所以絶臣下之覬慾起塞以來百有餘年非皆以土垣或因山巖石木柴疆落溪水卒徙築理功費久遠不可勝計今欲以一切省繇戍十年之外卒有他變鄣塞破壞亭隧滅絶當更發屯繕理累代之功不可卒復非所以永持至安威制百蠻之長策也帝納之

蜀志曰曹公使夏侯妙才張郃屯漢中蜀先主進兵漢中次于陽平關南度沔水緣山稍前於是定軍勢作營妙才將兵來爭其地先主命黃忠乘高鼓譟攻之大破妙才軍斬妙才曹公自長安南征先主遙策之曰曹公雖來無能爲也我必有漢川矣及公至先主斂衆拒險終不交鋒積日不拔士亡者多曹公果引軍還先主遂有漢中

魏志曰曹爽伐蜀司馬景王同行出駱次于興勢蜀將王林夜襲景王營堅卧不動林退景王謂諸將曰費禕已據險拒守進不獲戰攻之不可宜亟軍（亟紀力切）以爲圖爽等引還禕果馳兵趣三嶺爭險乃得過也

晉書曰劉裕討南燕慕容超超召群臣議拒晉師大將公孫五樓曰吳兵輕果所利在速戰初鋒勇銳不可爭也宜據大峴使不得入曠日延時沮其銳氣徐簡精騎二千循海而南絶其糧運別勑段暉率兗州之軍緣山東下腹背擊之上策也各命守宰依險自固校其資儲之外餘悉焚蕩芟除粟苗使敵無所資堅壁清野以待其釁中策也縱賊入峴出城逆戰下策也超曰吾京都殷盛户口衆多非可一時入守青苗布野非可卒芟設使芟苗城守以全性命朕所不能今據五州強帶山河之固戰車万乘鐵馬万群縱令過峴至於平地徐以精騎踐之此成擒也其將慕容鎮曰若如聖旨必須平原用馬便宜出峴逆戰戰而不勝猶可退守不宜縱敵入峴自貽窘逼昔成安君不守井陘之險終屈於韓信諸葛瞻不據束馬之嶮卒擒於鄧艾臣以爲天時不如地利阻守大峴策之上也超不從乃令攝莒梁父二戍循城隍簡士馬畜銳以待之其夏晉師次東莞超遣其左軍段暉等步騎五萬進據臨朐俄而晉師度峴慕容超懼率四萬就段暉等于臨朐戰敗超奔還廣固

宋武圍廣固數月而破燕地悉平

後魏書曰遣將伐後燕慕容寶已平并州潞川頻勝寶在中山引群臣議之中尹符謨曰魏軍強盛千里轉鬬乘勝而來勇氣兼倍若逸騎平原形勢弥盛殆難爲敵宜杜嶮拒之中書令眭邃曰魏軍多騎師剽銳（眭息爲切）馬上賫粮不過旬月宜令郡縣聚千爲一堡深溝高壘清野待之至無所掠資食既盡不過六旬自然窮退尚書封懿曰今魏師十萬天下之勍敵也百姓雖欲營聚不足自固是則聚粮集兵以資強寇且動衆心示之以弱阻關拒戰計之上也慕

容麟曰魏今乘勝氣銳其鋒不可當宜謹守設備待其弊而乘之於是脩城積粟爲持久之備魏攻中山不尅進據博陵魯口諸將觀風而奔郡縣悉降于魏

唐書曰武德中大宗圍王世充於東都世充勢窮竇建德自北來救諸將及蕭瑀等咸請且退師避之太宗不許曰世充糧盡內外離心我當不勞攻擊坐收其弊耳建德新破海公將驕卒惰今我據武牢扼其襟要若賊恃勝冒險爭鋒吾當破賊若不戰旬月之間世充自潰彼敗我振足以臨之一行兩定在於斯舉若不速進賊入武牢諸城新附必不能守二賊并力將若之何秦府記室薛收進曰世充據東都府庫填積所患者在於乏食是以爲我所持建德親惣十餘萬衆來拒王師亦當盡彼驍雄期於速戰若縱其兩寇相連轉河北之積以相資給則伊洛間戰鬬不已

大王今欲親率猛銳先據城皋之險訓兵坐甲當彼疲弊之衆一戰必尅建德破則世充自下不過數旬二國之君可面縛麾下蕭瑀等奈何遂請退兵太宗曰善而從之留齊王元吉圍世充親率三千五百人趣武牢守之與戰相持二十餘日五月建德謀伺官軍芻盡牧馬於河北必將襲武牢太宗聞之遂牧馬千餘疋於河渚間以誘之詰朝建德果悉衆而至陣於汜水東太宗候陣久卒饑令宇文士及率騎經賊陣之西馳而南上賊陣動因而諸軍奮擊之大潰竟如太宗本策

太平御覽卷第三百三十一

太平御覽卷第三百三十二

兵部六十三

據要　漕運　絕粮道

據要

吳子曰：凡行師越境，必審地形，審知主客之向背。地形若不悉知，往必敗矣。故軍有所至，先五十里內山川形勢，使軍士伺其伏兵，將必自行，視地之勢，因而圖之，知其險易也。

戰國策曰：秦師伐韓，圍閼與。趙遣將趙奢救之。軍士許歷曰：秦人不意趙師至此，其來氣盛，將軍必厚集其陣以待之；不然，必敗。又曰：先據北山上者勝，後至者敗。趙奢即發萬人趨之。秦兵後至，爭山不得上，趙奢縱兵擊之，大破秦軍，遂解閼與之圍。（閼與音）

後漢書曰：諸將征隗囂，為所敗，光武令悉軍栒邑，未及至，（栒音荀）隗囂乘勝使其將王元、行巡將二萬餘人下隴，因分遣巡取栒邑。漢將馮異即馳兵欲先據之，諸將皆曰：虜兵盛而新乘勝，不可與爭，宜止軍便地，徐思方略。異曰：虜兵臨境，忸忕小利，（忸忕猶慣習也，謂慣習前事而復為之也。忸音尼丑切，忕音逝也）遂欲深入。若得栒邑，三輔動搖，是吾憂也。夫攻者不足，守者有餘。今先據城以逸待勞，非所以爭也。遂潛往閉城，偃旗鼓。行巡不知，馳赴之。異乘其不意，卒擊鼓建旗而出，巡軍驚亂奔走，追擊十里，大破之。

蜀志曰：諸葛亮出斜谷，是時魏將司馬宣王屯渭南。郭淮策亮必爭北原，若亮跨渭登原，連兵北山，隔絕隴道，搖盪人夷，非國之利也。宣王善之。淮遂屯北原。塹壘未成，蜀兵大至，淮逆擊走之。

魏志曰：諸葛誕、胡遵等伐吳，攻東興。吳將諸葛恪率軍拒之。及恪上岸，部將丁奉與唐咨、呂據、留贊俱從山西上。奉曰：今軍行遲，若敵據便地，則難與爭鋒矣。乃令諸使下道，率麾下三千人逕進。時風便，奉舉帆二日至，遂據塘。天寒雪，時魏諸將置酒高會，奉見其前部兵少，相謂曰：取封侯爵賞，正在今日。乃使兵解鎧著冑，持短兵。敵人從而笑焉，不為設備。奉縱兵斫之，大破敵前屯。會據等至，魏軍遂潰。

晉書曰：劉裕率師伐南燕慕容超，晉師度峴，慕容超懼，率卒四萬就其將段暉等于臨朐，（其俱切）謂其將公孫五樓曰：宜進據川源，晉軍至而失水，亦不能戰矣。臨朐有巨蔑水，去城四十里，五樓馳據之。龍驤將軍孟龍符領騎居前，奔往爭之，五樓乃退，因而大敗。

崔鴻十六國春秋曰：後秦姚興與前秦苻登相持，登自六陌向廢橋，興乃自將精騎以迫登，使將尹緯領步軍據廢橋以抗登。登困急，攻緯。緯將出戰，興遣使謂緯曰：兵法不戰而制人者，蓋謂此也。苻登窮寇，特宜持重，不可輕戰。緯曰：先帝登遐，人情尚擾，不因思奮之力，梟殄逆豎，大事去矣。遂與登戰，大破之。登衆渴死者十二三，其夜大潰。

又曰：夏赫連勃勃屯依力川，後秦姚興將王奚聚羌胡三千餘戶于勃奇堡，勃勃進攻之。奚驍悍有膂力，短兵接戰，勃勃之衆多為所傷。於是堰斷其水，堡人窘迫，執奚出降。

梁史曰：宋武帝伐姚泓，沈林子參征西軍事，加建武將軍，統軍為前鋒，從汴入河。偽并州刺史、河東太守尹昭據蒲坂，林子於陝城與冠軍檀道濟同攻蒲坂。龍驤王鎮惡攻潼關，姚泓聞大軍至，遣偽平公姚紹爭據潼關。林子謂道濟曰：潼關天岨，所謂形勝之地，鎮惡孤軍，勢危力屈，若使姚

紹據之則難圖也及其未至當并力爭之若潼關事捷尹昭可不戰而服道濟從之

後周書曰東魏將齊神武伐西魏軍過蒲津涉洛至許原西魏將周文帝軍至沙苑齊神武聞周文帝至引軍來會詰朝候騎告齊神武軍且至周文帝部將李弼曰彼衆我寡不可平地置陣此東十里有渭曲可先據以待之遂進軍至渭曲背水東西爲陣合戰大破之

北史曰安同從道武征姚平於柴壁姚興悉衆救平同進計曰汾東有蒙坑東西三百餘里徑路不通姚興來必定汾西乘高臨下直至柴壁如此則寇內外勢接宜截汾爲南北浮橋乘西岸築圍既固賊至無所施其智力矣從之興果視平屠滅而不能救

隋書曰文帝初突厥寇蘭州隋將賀婁子幹率衆拒之至可洛峐（音亥）山與賊相遇賊衆甚盛子幹阻川爲營賊軍不得水數日人馬甚弊縱擊大破之

唐書曰盛彥師鎮宜陽會李密叛彥師率兵邀之令其衆曰唯我馬首是瞻遂踰洛水入南山令持弓弩者乘高挾路持刀楯者伏於溪谷之間又令曰待賊半度而擊之所部皆笑曰賊向洛州何爲守此彥師曰吾籌之熟矣李密聲往洛州其實欲南走襄城就張善相耳若賊先入谷口我自後追之路險難以展力吾今先據要害此賊乃成擒也密果至知有伏乃踰山南上彥師邀擊之封葛國公

漕運

孫子曰不盡知用兵之害則不得盡知用兵之利故善用兵者役不再籍粮不再載取用於國因粮於敵故軍食可足（兵甲戰具取用國中粮因敵也）故國之貧於師者遠師輸也遠輸則百姓貧（兵事轉運千里之外財費於道路人有困窮者也）近師則貴賣貴賣則百姓虛虛則竭（近軍師市多非常之賣當時貪貴以趨未利然後財貨殫盡國家虛也）竭則急於丘役力屈中原內虛於家（丘十六井也百姓財殫盡兵不解運粮盡力於原野）百姓之費十去其七（所破費也）公家之用破車疲馬甲冑弓矢戟楯矛櫓兵牛大車十去其六（計較之也）故智將務食於敵食敵一鍾當吾二十鍾（六斛四斗爲鍾計千里轉運二十鍾而致一鍾於軍中也）萁秆一石當吾二十石（萁豆秆槀一石百二十斤也轉輸之法費二十石乃得一石也）

後漢書曰永平中理呼沱石臼河從都慮至羊腸倉（鄜示水經注云汾陽故城積粟所謂羊腸倉在晉陽西北石磴縈委若羊腸焉故以爲名今嵐州界羊腸坂是也石臼河水名）欲令通漕（水運曰漕）太原吏人苦役連年無成轉運所經三百八十九隘前後沒溺死者不可勝筭建初三年拜謁者使監領其事訓考量隱括（隱審量括之也）知大功難立具以上言肅宗從之遂罷其役更用驢輦歲省費億萬計全活徒士數千人

又曰第五種拜高密侯相是時徐兗州盜賊群聚高密在二州之郊種乃儲粮稸勤厲吏士賊聞皆憚之

又曰光武即位時軍食急乏寇恂以輦車驪駕轉輸前後不絕（前書音義曰驪駕併駕也輦車人挽行也）

又曰詔報朱浮曰往年赤眉跋扈長安（跋扈猶暴橫也）吾策其無穀必東來歸降今度此反虜勢無久全其中必有內相斬者今軍資未充故須候耳

又曰來歙上書曰公孫述以隴西天水爲藩蔽故得延命假息今二郡平蕩則述智計窮矣宜益選兵馬儲積資粮昔趙之將帥多賈人高帝懸之以重賞（高帝十年陳豨反趙代其將多賈人帝多以金購豨將皆降）今西州新破兵人疲饉若招以財穀則其衆可奪臣知國家所給非一用度不足然有不得已也帝然

之
東觀漢記曰來歙征公孫述詔於汧積穀六萬斛驢四百
頭負馱
蜀國志曰諸葛亮悉大衆由斜谷出以流馬運糧據武功
五丈原與司馬宣王對於渭南
晉書載記曰羅尚委城遁李雄遂剋成都于時雄軍飢甚
乃率衆就穀於郪掘野鼠等食之
晉書曰祖逖伐陳留太子陳川石季龍救之徙陳川還襄
國留桃豹等守川故城住西臺逖遣將韓潛等鎮東城同
大城賊從南門入放牧逖軍開東門相守四旬逖以布囊
盛土如米狀使千餘人運上臺又令數人擔米偽疲極而
息於道賊果逐之皆弃擔而走賊既獲米謂逖士衆豐飽
而胡戍飢久益懼無復膽氣石勒將劉文堂以驢千頭運

粮以饋桃豹逖遣韓潛馮鐵等追擊於汴盡獲之桃豹宵
退據東燕
唐書曰貞元十五年令江淮轉運米每年宜運二百萬石
已來雖有此命而運米竟不過四十萬石
又曰韋倫拜商州刺史兼御史中丞充荆襄等道租庸使
會襄州裨將康楚元張嘉延擁衆爲叛兇黨萬餘人自稱
楚義王襄州刺史王政棄城遁走嘉延又南襲破江陵漢
沔饋運阻絶朝廷旰食倫乃調兵駐鄧州界康楚元兇黨
有來降必厚加賞數日後楚元衆頗怠倫進軍擊之生擒
楚元以獻餘衆悉走收租庸錢物僅二百萬貫並免失墜
又曰元和中鹽鐵使王播進陳許琵琶溝運圖先是中
官李重秀奉命視之還言可以通漕至郾城下北額口水
運千里而近又上覽圖詔韓弘發卒以通汴河於是舡艘

三百石皆入額
又曰開成初以王彥威判度支嘗紫宸廷奏曰臣自掌計
司按見管錢穀文簿皆量入以爲出使經費必足無所刻
削且百口之家有歲蓄而軍用錢物一切通用悉隨色額
占定終歲支給無毫釐之差儻臣一旦愚迷欲自欺竊亦
不可得也名曰度支占額圖既而又進供軍國日起至德
乾元之際迄於貞觀元和之初天下有觀察者十節度者
二十有九防禦者四經略者三犄角之師犬牙相制大都
通邑無不有兵都計中外各額至八十餘萬長慶户口凡
三百三十五萬以額約九十九萬通計三户資一兵今計
天下租賦一歲所入惣不過三千五百餘萬而上供之數
三之一焉三分之中二給衣賜自留使兵士衣賜之外其
餘四十萬衆仰給度支伏以時逢理安運屬神聖然而兵

不可弭食哉惟時憂勤之端兵食是功臣愚司邦計度奉
睿圖輙纂事功燕桿聖臨覽
又曰黄巢既來圍陳郡三百日關東仍歲無耕稼人餓倚
牆壁間賊俘人而食日殺數千賊有舂磨砦爲巨碓數百
生納人於臼粹之合骨而食其流毒若是
又曰秦宗權以蔡州叛所至屠殘人物燔燒郡邑西至關
内東極青齊南出江淮北至衛滑魚爛鳥散人煙斷絶荆
榛蔽野賊既乏食啖人爲儲軍士四出則鹽屍而從
三國典略曰陳霸先遣錢明領水軍出江寧浦要擊齊人
糧運盡獲其舡於是齊軍大餒殺馬驢而食之
又曰以糧運不繼調市人饋軍建康令孔奐以麥屑爲飯
用荷葉裹之一宿之間得數萬裹以給兵士會陳蒨遣送
米三千石鴨千頭霸先即炊米煑鴨誓申一戰計糧分肉

人獲數齎

絕粮道

漢書曰景帝初吳楚七國反以太尉周亞夫問父絳侯客鄧都尉曰策安出客曰吳楚兵銳甚難與爭鋒而剽輕不能久莫若引兵東北壁昌邑以梁委吳吳必盡銳攻之將軍深溝高壘使輕兵絕淮泗之口塞吳饟（式亮切）道使吳梁相弊而粮食竭乃以全軍強制其疲極破吳必矣亞夫言於帝許之遂破吳軍

又曰王莽末天下亂光武兄伯升起兵討莽爲莽將甄（音眞）阜梁丘賜所敗復收會兵衆還保棘陽阜賜乘勝留輜重於藍鄉引精兵十萬南度潢淳臨泚水（潢音黄泚音此）阻兩川間爲營絕後橋示無還心伯升於是大饗軍士設盟約休卒三日爲六部潛師夜起襲取藍鄉盡獲其輜重明晨漢軍自西南攻甄阜下江兵自東南攻梁丘賜至食時陣潰遂斬阜賜

後漢書曰韓遂敗走榆中（榆中縣屬金城郡）張溫乃遣周愼將三萬人追討之溫參軍事孫堅（堅權之父也）說愼曰賊城中無穀當外轉粮食堅願得萬人斷其運道將軍以大兵繼後賊必困乏而不敢戰若走入羌中并力討之則涼州可定也愼不從引軍圍榆中城而邊章遂分屯葵園峽反斷愼運道愼懼乃棄車重而退

又曰曹公與袁紹相持官度沮授言於紹曰北兵數衆（沮側吕切）而果勁不及南南穀虛少而貨財不及北南利在於急戰北利在於緩持宜曠以日月紹不從連營稍前逼官度合戰曹公軍不利復壁紹爲高櫓起土山射營中皆蒙楯衆大懼曹公乃爲發石車擊紹樓皆破衆號霹靂車紹爲地道欲襲曹公營公輒於內爲長塹以拒之又遣騎兵襲擊紹運車大破之盡焚其穀會紹遣淳于瓊等將兵萬餘人北迎運沮授說紹可遣將別爲軍於表以絕曹公之抄紹復不從瓊宿烏巢去紹軍四十里紹謀士許攸奔曹公攸謂曹公曰孤軍獨守外無求索危急之時也今袁氏輜重有萬餘兩而無嚴備可輕兵襲之不虞而至燔其積聚不過三日袁氏自敗也公乃選精銳馬步秉袁氏旗幟夜銜枚縛馬口從間道出人負束薪時有問者紿之（紿音怠）曰袁公恐曹操掠後軍兵以益備聞者信之既至輜重圍屯燎薪火光亘天地破瓊等悉斬之數日紹弃甲而遁

蜀志曰姜維率衆侵魏依麴山築二城使牙門將句安李歆等守之聚羌胡質任寇逼諸郡魏將陳泰禦之泰謂諸將曰麴城雖固去蜀險遠當須運粮羌夷患維勞役必未肯附今圍而取之可不血刃而拔其城雖其來救山道險阻非行兵之地乃使鄧艾等進兵圍之斷其運道及城外流水安等挑戰不許將士困窘分粮聚雪以稽日月維果來救出自牛頭與泰相對泰曰兵法貴在不戰而屈人今絕牛頭維無返道則我之擒也諸軍各堅壘勿與戰自南度白水循水而東使諸將截其還路維懼遁走安等孤懸遂皆降

崔鴻十六國春秋曰前趙劉曜遣將劉胤西伐張駿之武威駿將遣辛巖韓璞（音英）東拒劉胤屯于狄道城韓璞進度沃干嶺辛巖曰我擁衆數萬藉氐羌之銳宜速戰以滅之不尒久則變生璞曰自夏末以來太白犯月辰星逆行白虹貫日皆變之大者不可以輕動動而不捷爲禍更深吾將久而斃之且曜與石勒相攻胤亦不能久積七十餘日軍粮

竭遣辛巑督運於金城胤聞之大悅謂其將士曰韓煐之衆十倍於吾糧廪將竭難以持久今分兵運粮可謂天授吾若敗辛巑煐等自潰彼衆我寡宜以死戰戰而不捷當無疋馬得還咸奮於是率騎三千襲巑於汰于嶺大敗之煐軍遂潰死者三萬餘人

三國典略曰周王思政固守潁川思政運米數百車欲向孔城齊大都督破六韓常與洛州刺史可朱渾寶願前後要襲獲之乃啓于齊王澄曰常自鎮河陽已來頻出闗口大谷二道所有要害莫不知悉請於形勝之處營築城戍安置士馬截其往來彼之咽喉既斷潁城吞滅可期且孔城以西年穀不稔東道斷絶亦不能存王納其計

太平御覽卷第三百三十二

太平御覽卷第三百三十三

兵部六十四

屯田　戍役

屯田

漢書曰昭帝始元二年詔發習戰射士詣朔方調故吏將屯田張掖郡（調謂發選之也故吏前爲官職者也令其部習戰射士於張掖爲屯田也調音徒釣切將音子亮切朔方張掖並今郡地也）

又曰孝宣神爵元年遣後將軍趙充國將兵擊先零羌充國以擊虜殄滅爲期乃欲罷騎兵屯田以待其弊奏曰臣所將吏士馬牛食月用糧穀十九萬九千六百三十斛鹽千六百九十三斛茭藁二十五萬二百八十六石（石百二十斤也）難久不解徭役不息又恐他夷卒有不虞之變且羌虜易以計破難用兵碎（碎且沒切言倉卒暴疾也）故臣愚以爲擊之不便計度臨羌東至浩亹（浩音閤亹音門即金城郡度武縣地臨羌在今西平郡也）羌虜故田及公田人所未墾可二千頃以上願罷騎兵留弛刑應募及淮陽汝南步兵與吏私從者合九萬二百八十二人用穀月二萬七千三百六十三斛鹽三百八斛分屯要害處冰解漕下繕鄉亭浚溝渠（水運木繕補也）治湟陿以西（湟音皇陿音峽）道橋七十所令可至鮮水左右田事出賦人二十畝（田事出謂至春人出營田也賦與之也）至四月草生發郡騎及屬國胡騎伉健各千倅馬什二就草（倅副也七倅切什二者千騎則與副馬二百疋）爲田者遊兵以充入金城郡益積蓄省大費今大司農所轉穀至者足支萬人一歲食謹上田處及器用簿（雖陛下裁計之詔曰如將軍之計虜當何時伏誅兵當何時得決孰計其便復奏充國又）奏曰今留步士萬人屯田地勢平易臣愚以爲屯田內有亡費之利外有守禦之備騎兵雖罷其見在人留田爲必禽之具其土崩歸德宜不久矣詔罷兵獨充國留屯田大獲地利明年遂破先零也

魏志曰武帝既破黃巾欲經略四方而苦軍食不足羽林監潁川棗祗建置屯田於是以任峻爲典農中郎將募百姓屯田於許下（今潁川郡許昌縣也）得穀百萬斛郡國列置田官數年之中所在積粟倉廩皆滿

又曰廢帝齊王正始四年司馬宣王督諸軍伐吳因欲廣田積穀爲兼并之計乃使鄧艾行陳項以東至壽春（自今淮陽郡項城縣以東至今壽春郡也）艾以爲田良水少不足以盡地利宜開河渠可以大積軍糧又通運漕之道乃著濟河論以喻其指又以爲昔破黃巾因爲屯田積穀於許都以制四方今三隅已定事在淮南每大軍征舉運兵過半功費巨億以爲大役陳蔡之間土下田良可省許昌左右諸稻田并水東下令淮北二萬人淮南三萬人分休且田且守水豐常收三倍於西計除衆費歲完五百萬斛以爲軍資六七年間可積三千萬斛於淮上此則十萬之衆五年食也以此乘敵無不剋矣宣王善之皆如艾計遂北臨淮水自鍾離西南橫石以西盡沘水（沘旁脂切）四百餘里置一營營六十人且田且守兼脩廣淮陽百尺二渠上引流下通淮潁大理諸陂於潁南潁北穿渠三百餘里溉田二萬頃淮南淮北皆相連接自壽春到京師農官兵田雞犬之聲阡陌相屬每東南有事大軍出征汎舟而下達于江淮資食有儲而無水害艾所建也

晉書曰羊祜爲征南大將軍鎮襄陽吳西城去襄陽七百里每爲邊害羊祜患之意以詭計令吳罷守於是戍邏減半分以墾田八百餘頃大獲其利祜之始至也軍無百日之糧及至季年有十年之積太康元年平吳之後當陽侯

杜元凱在荆州今襄陽郡脩邵信臣遺迹邵信臣所作鉗盧陂大門堰並今南陽郡穰縣界時爲荆州所統也激用滍音雉清音青諸水以浸田原萬頃分疆刋石使有定分公私同利衆庶賴之號曰杜父舊水道惟沔漢達江陵千八百里北無通路又巴丘湖沅湘之會表裏山川寔爲險固荆蠻之所恃也當陽侯乃開楊口起夏水夏水口在今江陵郡江陵縣界巴陵即今巴陵郡也達巴陵千餘里内瀉長江之險外通零桂之漕零陵桂陽並今郡地南土歌之曰後代無叛由杜翁孰識智名與勇功

又曰梁武昭王暠擊玉門以諸城皆下之遂屯玉門陽關廣田積穀爲東伐之資

又曰東晉元帝督課農功二千石長吏以入穀多少爲殿其宿衛要任皆令赴農使軍各自佃即以爲廪太興中三吴大飢後軍將軍應詹上表曰魏武帝用棗祗韓浩之議廣建屯田又於征伐之中分帶甲之士隨宜開墾故下不甚勞大功尅舉間者流人奔東吴東吴今儉皆已返江西良田曠廢未久火耕水耨爲功差易宜簡流人興復農官功勞報賞皆如魏氏故事一年中與百姓二年分税三年計賦税以使之公私兼濟則倉庾盈億可計日而行也

又曰穆帝外平初荀羡爲北部都尉鎮下邳今臨淮郡縣也起田于東陽之石鼈亦在臨淮郡界也公私利之

齊書曰高帝勑垣崇祖脩理芍陂田曰御但努力營田自然平殄虜寇昔魏置典農而中都足食晉開汝潁而河汴委儲卿宜勉之

後魏書曰文帝大統十一年大旱十二年秋書丞李彪上表請別立農官取州郡户十分之一爲屯人相水陸之宜料頃畞之數以贓贖雜物市牛科給令其肆力一夫之田歲責六十斛甄其正課并征戍雜役行此二事數年之中則穀積而人足矣帝覽而善之尋施行焉自此公私豐贍雖有水旱不爲害也

北史曰後魏刁雍除薄骨律鎮將雍以西土乏雨表求鑿渠溉公私田又奉詔以高平安定統萬及薄骨律等四鎮出車牛五千乘運屯穀五十萬斛付沃野以供軍粮道多深沙車牛艱阻河水之次造船水運又以所綰邊表常懼不虞造儲穀置兵備守詔皆從之詔即名此城爲刁公城以旌功焉

北齊書曰廢帝乾明中尚書左丞蘇珍芝又議脩石鼈等屯歲收數十萬石自是淮南防粮足

又曰孝昭帝皇建中平州刺史嵇曄建議開幽州督亢舊陂今范陽郡范陽縣界是長城左右營屯田歲收稻粟數十萬石北境得以周贍又於河内置懷義等屯以給河南之費自是稍止轉輸之勞

又曰武成帝河清三年詔緣邊城守堪墾食者營屯田置都子使以統之子使當田五十頃歲終課其所入褒貶

隋書曰文帝開皇三年突厥犯塞吐谷渾寇邊轉輸勞弊乃命朔方總管趙仲卿於長城以北大興屯田

隋書曰郭衍授朔州總管所部有恒安鎮北接蕃境常勞轉運衍乃選沃饒地置屯田歲剩粟萬餘石民免轉輸之勞

唐書曰竇静歷并州大總管司馬遷長史于時突厥數爲邊患師旅歲興軍粮不屬静上表請於太原多置屯田以省餽運時議者以人物凋零不宜動衆書奏不省静復上書辭甚切於是徵静入朝與裴寂蕭瑀封德彝等爭論於

殷庭寂等不能屈竟從靜議歲收數十萬斛高祖善之

又曰開元二十五年令諸屯隷司農寺者每三十頃以下二十頃以上爲一屯隷州鎮諸軍者每五十頃爲一屯其屯應置者皆從尚書省處分其舊屯重置者一依丞前封疆爲定新置者並取荒閑無籍廣古之地其屯雖料五十頃易田之處各依鄉原量事加數其屯官取勳官五品以上及武散官并前資邊州縣府鎮戍八品以上文武官内簡堪者充據所收斛斗等級爲功優諸屯田應用牛之處山原川澤土有硬軟至於耕墾用力不同土軟處每一頃五十畝配牛一頭疆硬處一頃二十畝配牛一頭即當屯之内有硬有軟亦准此法其稻田每八十畝配牛一頭諸營田若五十頃外更有地剩配得丁牛者所收斛皆准頃畝折除其大麥喬麥乾蘿蔔等准粟計折斛斗以定等級

天寶八年天下屯田百九十一萬三千九百六十石關内五十六萬三千八百一十石河北四十萬三千二百八十石河東二十四萬五千八百八十石河西二十六萬八十八石隴右四十四萬九百二石（後上元中於楚州古謝陽湖置洪澤屯壽州置芍陂屯厥田沃壤大獲其利）

王元長策秀才文曰今農戰不脩文儒是競棄本殉末厥弊兹多

戍役

詩曰采薇遣戍役也文王之時西有昆夷之患北有玁狁之難以天子之命命將卒遣戍役以守衛中國故歌采薇以遣之

又曰楊之水刺平王也不撫其民而遠屯戍于母家周人怨思焉

右傳曰齊侯使連稱管至父戍葵丘瓜時而往曰及瓜而代期戍公問不至請代不許故謀作乱

漢書曰晁錯上言守邊備塞勸農力本當世急務也臣聞秦北攻胡貊築塞河上南攻楊粵置卒戍焉非所以衛邊地而救民死也貪戾而欲廣地故功未立而天下乱夫起兵不知其勢戰則爲人禽屯則卒積死夫胡貉之地積陰之處也木皮三寸冰厚六尺食肉飲酪其人密理鳥獸毳毛（毳理謂肥肉也）而性能寒楊粵（音越）之地少陰多陽其人踈理鳥獸稀毛其性能暑秦之戍卒不能其水土死者僨於地（僨也音奮）秦民見行如往棄市因以謫發之名曰謫戍也凡民守戰至死而不降北者以計爲之也故戰勝守固則有拜爵之賞攻城屠邑則得其財鹵以富家室故能使其衆蒙矢石赴湯火視死如歸秦之發卒也有萬死之害而無銖兩之報故其禍及巳陳勝行戍至于大澤爲天下先唱天下從之如流水胡人衣食之業不著於地如飛鳥走獸於廣壄美草甘水則止草盡水竭則移往來轉從時至時去此胡人之業然令卒守塞一歲而更不知胡人之能不如選常居者家室田作以爲備便爲之高城深塹具藺石布渠荅（藺石城上雷石也渠荅鐵蒺藜也）調立城邑毋下千家爲中周虎落（虎落外藩也）上從其言募民從塞下

又曰錯復言臣聞古之徙遠方以實廣虛也相其陰陽之利嘗其水泉之味審其土地之宜觀其草木之饒然後營邑立城製里割宅通田作之道正阡陌之界先爲築室家有一堂二內（二內二房也）置器物焉此民所以輕去故鄉而勸之新邑爲置醫巫以救疾病以脩祭祀男女有昏生死相恤此所以使民樂其處而有長居之心也

又曰宣帝地節三年詔曰朕既不德不能附遠是以邊境屯戍未息今復飾兵重屯久勞百姓非所以綏天下也其罷車騎將軍右將軍屯兵

後漢書曰橫野大將軍王常茂遣驃騎大將軍杜茂將衆兵屯北邊築亭候脩烽燧

又曰十五年徙鴈門代郡上谷三郡人置常山關以東

又曰二十五年南單于遣子入侍於是雲中五原八郡人歸本土邊人在中國皆賜以裝錢轉輸給食也

太平御覽卷第三百三十三

覽三百三十三　七　王宣

太平御覽卷第三百三十四

兵部六十五

輜重　戎車　戰艦　亭障

輜重

釋名曰輜厠也謂軍糧什物雜厠載之以其累重故稱輜重（後漢書注曰輜車名也）

孫子曰使敵不得至者險害之地（功其所必救能守其險害之要路敵不得自致故王子曰一犬當穴萬鼠不敢出二虎當溪萬鹿不敢過言守之上也）故飽能飢之（絶其粮也）委軍而爭利則輜重捐（委置庫藏輕師而行若敵乘虛而來抄絶其後則已輜重皆悉捐弃）是以軍無輜重則亡無粮食則亡無委積則亡（此三者亡之道也委積芻草之類）

史記曰漢王遣將韓信以兵數萬欲東下井陘擊趙趙王陳餘聚兵井陘口號稱二十萬李左車說陳餘曰韓信涉西河虜魏王擒夏說欲以下趙此乘勝而去國遠鬬其鋒不可當臣聞千里餽粮士有飢色樵蘇後爨（樵取薪也蘇草也）師不宿飽今井陘之道車不得方軌騎不得成列行數百里其勢粮食必在其後願足下假臣奇兵三萬人從間路絶其輜重足下深溝高壘堅營勿與戰使前不得鬬退不得還吾奇兵絶其後使野無所掠不至十日而韓信之頭可致於戲（戲音麾）下不然必爲所擒矣陳餘儒者常稱義兵不用詐謀奇計曰吾聞兵法十則圍之倍則戰今韓信兵號數萬千里而襲我亦已罷極今如避不擊後有大者何以加之則諸侯謂吾怯而輕來伐我不聽韓信使人間視知不用大喜乃敢引兵遂進竟破趙軍

後漢書曰董訢許邯與更始諸將各擁兵據南陽諸城帝遣吳漢伐之漢軍所過多侵暴時破虜將軍鄧奉謁歸東野怒吳漢掠其鄉里遂返擊破漢軍獲其輜重屯據淯陽與諸將合從

又曰鄧禹自箕關將入河東（箕關在今王屋縣東）河東都尉守關不開禹攻十日破之獲輜重千餘乘

又曰耿弇追張步平壽乃肉袒負斧鑕於軍門（鑕鍖也示必死鍖竹林切）弇傳步詣行在所而勒兵入據其城樹十二郡旗鼓（東觀記曰弇凡平城陽瑯邪高密膠東東萊北海齊千乘濟南平原泰山臨淄等）令部兵各以郡人詣旗下衆向十餘萬輜重七千餘兩皆罷遣歸鄉里

晉書曰劉毅追桓玄於崢嶸州毅乘風縱火盡銳爭先玄衆大潰燒輜重夜走

崔鴻十六國春秋曰前秦符堅遣將王猛伐前燕慕容暐師次潞川燕將慕容評率兵十萬禦之以持久制之猛乃遣其將郭慶率騎五千夜從間道起火於高山因燒評輜重火見鄴中評性貪鄙障固山泉賣樵鬻水積錢絹如丘陵三軍莫有鬬志因而大敗

唐書曰高宗遣將薛仁貴郭待封伐吐蕃仁貴留二萬人作兩柵輜重並留柵内倍道掩之待封不從仁貴之策領輜重繼進未至烏海吐蕃二十餘萬悉衆救其前軍迎擊待封敗之待封趍山軍粮及輜重並爲賊所掠仁貴遂退軍

戎車

書曰武王戎車三百兩（車一乘步卒七十二人）虎賁三百人與紂戰于牧野

詩曰戎車既駕四牡業業

又曰元戎十乘以先啓行

禮記曰兵車不式武車綏旌前有水則載青旌前有塵埃

則載鳴鳶前有車騎則載飛鴻前有士師則載虎皮前有摯獸則載貔貅行前朱鳥而後玄武左青龍而右白虎招搖在上急繕（音勁）其怒進退有度左右有局各司其局

左傳曰晉車七百乘韅靷鞅靽遂伐其木以益其兵也

又曰叔向曰寡君有甲車四千乘在行之必可畏也牛雖瘠僨於豚上其畏不死乎

又曰楚子會諸侯伐隨軍於漢淮之間以師謂隨侯曰楚人上左君必左（君楚君也）無與王遇且攻其右右無良焉弗從戰于速杞隨師敗績鬬丹獲其戎車

穀梁曰趙盾長轂五百綿地千里

古司馬兵法曰戎車夏曰鉤車先正也（鉤設淮蓋遠近計車量地以立壘正者什伍之制也）殷曰寅車先疾也（寅徵也前有旌旗所以知變化示應而不失）周曰元戎先良也（前立代遜立善之旗所以知善罪之所在先擇良善而後代之）

文選曰輕車霆激驍騎雷騖

戰艦

墨子曰公輸般自魯之楚爲舟戰之具謂之鉤拒退則鉤之進則拒之也

後漢書曰公孫述遣其將任滿田戎程汎將數萬人乘枋箄下江關（枋箄以木竹爲之浮於江水上爾雅曰舫附也郭景純曰水中箄筏也華陽國志曰巴楚相攻故置江關舊在京赤甲城後移在江南岸對白帝城故基在今夔州魚復縣南枋即舫字古用通箄音步佳切附音疋沮切）擊破馮駿及田鴻李玄等遂拔夷道夷陵據荊門虎牙橫江水起浮橋鬬樓立攢柱絶水道結營山上以拒漢兵彭攻之不利於是裝直進樓舡冒突露撓數千艘（並舡名樓舡之上施樓撓擑也爾雅曰擑謂之撓又謂露撓在外人在舡中冒突取其觸冒而唐突也）

晉書曰周訪與諸軍共征杜弢弢作結皐打官軍舡艦訪作長岐棖以拒之結皐不爲害

又曰劉裕北征廣固嶺南賊將徐道覆謂其帥盧循曰今日之機萬不可失既尅都邑劉裕雖還無能爲也循從之初道覆密欲裝舟艦乃使人伐舡材於南康山僞云將下都貨之稱力少不能得致即賊賣之價減數倍居人貪賤賣衣物而市之贛石水急（贛古暗切）出舡甚難皆儲之如是者數四故板大積而百姓弗之疑及道覆舉兵案賣券而取無得隱匿者乃并裝之旬日而辦遂舉衆寇南康廬陵豫章郡諸守相皆委任奔走

梁書曰陸納反叛造大艦一名曰三王艦者邵陵王河東王桂陽嗣王三人並爲元帝所害故立其像於艦祭以太牢加其節蓋羽儀鼓吹每戰輒祭之以求福

又曰王琳大營樓艦將圖義舉琳將張平宅乘一艦每將戰勝艦則有聲如野猪故琳戰艦以千數以野猪爲名

南史曰梁徐世譜從陸法和與景戰於赤亭湖景軍甚盛世譜乃別造樓舡拍艦火舫水軍以益軍勢將戰又乘大艦居前大敗景軍擒景將任約景退走因隨王僧辯攻郢州世譜復乘大艦臨其倉門賊將宋子仙據城降以功除信州刺史封魚復縣侯

周書庾信傳曰信常有鄉關之思作哀江南賦以致其意云麾兵金匱校戰玉堂蒼鷹赤雀鐵軸牙檣

隋書曰楊素數進取陳之計未幾拜信州揔管賜錢百萬錦千段馬二百疋而遣之素居永安造大艦名曰五牙上起樓五層高百餘尺左右前後置六拍竿並高五十尺容戰士八百人旗幟加於上次曰黄龍置兵百人自餘平乘舴艋等各有差

唐書曰曹王皐性多巧思常爲戰艦挾以二輪令蹈之翔

風鼓浪其疾如掛帆席凡造物必省易而為久不可販性纖悉每遣人粮肉必令自持衡秤量以致之官署布帛令縱書其幅而印之絶吏之私易

三國典略曰梁陸法和多聚兵艦欲襲襄陽寇武關梁王使止之法和謂使者曰法和是求道之人常不希釋梵天王坐處豈規人主之位但於空王佛所與主上香火因緣見主人應有報至故救援耳今既被疑是業不可改也

又曰梁陸納叛湘州時造二艦衣以牛皮高十五丈一曰青龍一曰白虎選其驍勇者乘之以戰

魏武軍令舡戰令曰雷鼓一通吏士皆嚴再通士伍皆就舡整持櫓棹戰士各持兵器就舡各當其所幡鼓各隨將所載舡鼓三通大小戰舡以次發左不得至右右不得至左前後不得易處違令者斬

通典曰水戰舡闊狹長短隨用大小勝人多少皆以米為率一人重米二石其檝棹篙櫓帆席絙索沉石調度與常舡不殊

又曰樓舡舡上建樓三重列女牆戰格樹幡幟開弩牕矛穴置抛車壘石鐵汁狀如城壘忽遇暴風人力不能制此亦非便於事然為水軍不可不設以成形勢

又曰蒙衝以生牛皮蒙舡覆背兩廂開掣棹孔前後左右有弩牕矛穴敵不得近矢石不能敗此不用大舡務於速進乘人之不及非戰之舡也

又曰鬭艦舡上設女牆可高尺牆下開掣棹孔舷內五尺又建棚與女牆齊棚上又建女牆重列戰敵上無覆背前後左右樹牙旗幡幟金鼓此戰舡也

又曰走舸舡上立女牆棹夫多戰卒少皆選勇力精銳者往返如飛鷗乘人之不及金鼓旗幟列之於上此戰舡也

又曰遊艇無女牆舷上置槳牀（槳音槳）左右隨大小長短四尺一牀計牀計會進止迴軍轉陣其疾如風虞候居之非戰舡也

又曰海鶻頭低尾高前大後小如鶻之狀舷下左右置浮版形如鶻翅翼以助其舡雖風濤漲天免有傾側覆背上左右張生牛皮為城牙旗金鼓如常法江海之中戰舡也

傳玄正都賦曰飛雲鷁首龍舟餘皇艨艟水城蜀艇吳舫萬艘俱興雲帆齊張懸旆光天征鐸琳琅凌波泝流星列鴈行

吳都賦曰戎車盈於石城戈舡掩於江湖

亭障

後漢書曰馬成代驃騎大將軍杜茂繕治障塞自西河至渭橋（西河今勝州富昌縣也謂橋本名横橋在今咸陽縣東南）河上至安邑（前漢書曰河上地名故秦內史帝二年改為河上郡武帝分為左馮翊）太原至井陘（太原今并州也井陘今屬常山郡常山今恒州也）中山至鄴皆築保壁起十里一候在事五六年帝以成勤徵還京師

又曰盧芳與匈奴烏桓連兵寇盜尤數緣邊愁苦詔王霸將弛刑徒六千餘人與茂治飛狐道（飛狐道在今蔚州飛狐縣北通嬀州懷戎縣即古之飛狐口也）推石布土築起亭障自代至平城三百餘里

晉書曰涼武昭王暠脩燉煌舊塞東西二國以防北虜之患築燉煌舊塞西南二國以威南虜

唐書曰竇靜檢校并州大惣管以突厥頻來入寇請斷石嶺以為障塞詔從之

又曰馬燧奏隴州刺史兼御史中丞州西有通道二百餘

步上連峻山與吐蕃相直虜每入寇皆出於此燧乃按險易立石種樹以塞之下置二門上設譙櫓八日而功畢會抱王入覲燧與俱來留京師久之代宗知其能召見拜商州刺史

又曰李朝晟爲邠州刺史奏方渠合道水波皆賊路也請城其地以備之詔問須兵幾何朝晟奏臣部下兵自可集事不煩外助復問前築鹽州凡興師七萬今何其易也朝晟曰鹽州之役咸集諸蕃戎盡知之今臣境近虜若大興兵即蕃戎入寇寇則戰戰則無暇城矣今請密發軍士不十日至塞下未三旬而功畢蕃人始知巳無可奈何上從之巳事軍還至馬嶺吐蕃始乘障數日而退

又曰貞元九年二月將城鹽州詔曰設險守國易象垂文有備無患先王令典況脩復舊制安固封疆按甲息人必

在於此鹽州地當衝要遠介朔陲東達銀夏西援靈武密邇延慶保捍王畿乃者城池失守制備無據千里亭障烽燧不接三隅要害役戍其勤若非與集師徒繕脩壁壘設攻守之具務耕戰之方則封内多虞諸華屢驚由中及外皆靡寧居深惟永圖豈忘終食顧以薄德至化未孚既不能復前古之封致四夷之守與其臨事而重擾豈若先備而安是用弘遠之謀脩五原之壘使邊城有守中夏克寧不有暫勞敦能永逸宜令左右神策軍及朔方河中絳邠寧慶兵馬副元帥渾瑊朔方靈鹽豐綏銀節度都統杜希全邠寧節度使張獻甫左神策行營節度使邢君牙夏綏銀節度使韓潭鄜坊丹延節度使王栖曜振武麟勝節度使范希朝各於所部簡擇馬步將士合三萬五千人同赴鹽州左神策將軍張昌宜充右神策將軍鹽州行營節度使權知鹽州刺史杜彦光充鹽州刺史應所板築及緣脩城雜役等宜共取六人千充其餘將士皆列布營陣戒嚴設備明加斥候以警不虞其脩城板築功役將士各賜絹布有差其鹽州防秋將士三年滿與代更加給賜仍委杜彦光具名聞奏悉與改轉其防遏將士等畢事使合放歸仍賜布帛有差其諸軍吏士都賜帛七千疋朕情非爲巳悉在靖人咨尔將相之臣忠良之士輸誠奉國陳力忘勞勉茂功勳永安疆埸必集兵事實惟衆心各相率勵以副朕意初貞元三年鹽州爲吐蕃所陷毁其城而去自是塞外無保障靈武勢隔西逼鄜坊其爲邊患故命城之二旬而畢又詔兼御史大夫吒干遂統兵五千與兼御史中丞史履澄杜彦光之衆戍之是役也上念將士之勞厚令度支供給又詔涇原劒南山南諸軍深討吐蕃以分其力由

是板築之際虜無犯塞者及畢中外咸稱賀焉

又曰范希朝爲振武節度使振武有党項室韋交居川阜凌犯爲盜日入慝作謂之刮城門居人怪駭鮮有寧日希朝周知要害置堡柵斥候嚴密人遂獲安異蕃雖鼠竊狗盗必殺無赦戎虜甚憚之

又曰元和中城臨涇從涇原節度使段祐之請也臨涇城直涇州西北九十里實險要之鎮從前因循不脩常爲犬戎所保其界有青石嶺嶺多美土軍人耕穫屢爲蕃寇掠奪祐請脩築議者是非相半祐以城之功畢時方以爲大利

三國典略曰齊司從斛律光築吞周平隴定誇三城於境上

太平御覽卷第三百三十四

太平御覽卷第三百三十五

兵部六十六

營壘　烽燧　京觀

營壘

孫子曰：絕斥澤，唯亟去無留。（斥鹹鹵之地，水草惡漸洳，不可處軍也。亟，紀力切。）爲交軍於斥岸之中，必依水草而背衆樹。（不得已與敵戰，而會斥澤之中，當背稠樹以爲固守也。）此處斥澤之軍也。平陸處易，（車之利也。）而右背高，前死後生，（戰便也。）此處平陸軍也。

禮記曰：四郊多壘，此卿大夫士之辱也。

左傳曰：許伯致師，御靡旌摩壘而還。

史記曰：黃帝脩德振兵，與神農戰于阪泉之野，以師兵爲營衛。

漢書曰：周亞夫軍於細柳，天子入壁門而不得進。上曰：此眞將軍。

又曰：李陵浚稽山與單于相値，可三萬陵軍居兩山間，以大車爲營。陵引士出營外爲陣，前行持弓弩，令曰：聞金聲而止。虜還見漢軍少，直前就營，陵搏戰攻之，（如淳曰：手對戰也。）千弩俱發，應絃而倒。虜還走上山，漢軍追擊，殺數千人。單于大驚。

後漢書曰：岑彭伐蜀，所營地名彭亡，聞而惡之，欲徙。會日暮，蜀刺客詐爲亡奴降，夜刺殺彭。

又曰：樊宏，王莽末，與宗家親屬作營塹自守，老弱歸之者千餘家。時赤眉賊欲前攻宏營，宏遣人持牛酒米糓勞遺赤眉。赤眉長老聞宏仁厚，皆稱曰：樊君素善，且今見待如此，何必攻之。引兵而去，遂免冦難。

又曰：第五倫少介烈有義，行王莽末盜賊起，宗族閭里爭往附之。倫乃依險固築營壁，有賊輒奮厲其衆，引彊持滿以拒之。

又曰：吳漢自將步騎二萬餘人進逼成都，去城十餘里，阻江北爲營，作浮橋，使副將武威將軍劉尚將萬餘人屯於江南。

東觀漢記曰：龐萌攻蓋延，延與戰，破之。詔書勞延曰：龐萌一夜反叛，相去不遠，營壁不堅，殆令人齒欲相擊，而將軍有不可動之節，吾甚美之。

魏志曰：鄧艾每見高山大澤，輒規謀度指畫軍營處所，時人皆笑之。

又曰：諸葛亮死，軍退，司馬宣王幸其營壘，曰：天下奇才也。

又曰：曹公征馬超於關中，軍士渭南，爲賊衝突，營不得立地。又純沙不勝版築，其將婁伯說公曰：今天寒，可起沙爲

城，以水灌之，須臾冰堅如鐵石，功不達曙，百堵所立，雖金湯之固未能過也。公從之，比明已就。

又曰：蜀先主劉備東下伐吳，魏文帝聞備樹柵連營七百餘里，謂群臣曰：備不曉兵，豈有七百里營可以拒敵者乎？包原隰險阻而爲軍者，爲敵所擒，此兵忌也。緩急不相救，一軍潰，則衆心恐矣。數日，果有備敗書至。

晉書曰：沮渠蒙遜載記曰：攻業築西安城，以其將臧莫孩爲太守。蒙遜曰：莫孩勇而無謀，知進忘退，所謂爲之築冢，非築城也。業不從，俄而爲呂纂所滅。

又曰：姚萇破魏褐飛於杏城，萇命其將當城於營處一柵孔中蒔樹一根，以旌戰功。歲餘問之，城曰：營所至小，已廣之矣。萇曰：少來鬬戰，無如此快，以一千六百人破三萬衆，國之事業由此尅舉，小乃爲奇，大何足貴。

又曰成都王穎憚長沙王乂在內遂與河間王顒表請誅乂父羊玄之左將軍皇甫商等檄乂使就第乃與顒將張方伐京都以平原內史陸機爲前將軍假節穎至朝歌每夜矛戟有光若火其壘井中皆有龍像進軍屯河南阻清水爲壘造浮橋以通河北以大木函盛石沉之以繫橋名曰石鼈

崔鴻後趙録曰河瑞元年石勒下冀州郡縣保壁百餘衆至十餘萬其衣冠人物集爲君子營

宋書曰宗越善營立陣每數萬人止頓自騎馬前行使軍人隨其後馬止營合未嘗參差

梁書曰王僧辯陳霸先之破侯景也耀軍于張公洲高旗巨艦過江蔽日乘潮順流景登石頭城而觀之不悅曰彼軍上有如是之氣不可易也因率鐵騎萬人聲鼓而進霸

先謂僧辯曰善用兵者如常山之虵首尾相應賊今送死欲爲一戰我衆彼寡宜分其勢僧辯然之乃以強弩攻其前輕銳蹂其後徑衝其中景遂大潰棄城而遁

後周書曰楊猛鎮潼關封郃陽伯邑七百户俄而潼關不守猛於善渚谷立柵收集義徒授征東將軍楊州剌史大都督武衛將軍仍鎮善渚大統三年爲竇泰所襲猛脫身得免太祖以衆寡不敵弗之責也仍配兵千人守牛尾堡

唐書曰德宗幸奉天李晟赴難李懷光以朔方軍屯咸陽不欲晟獨當一面以分功乃奏請晟兵詔令晟將兵合懷光軍晟引兵至陳陶斜軍壘未周賊出兵來攻晟乃出陣且言於懷光曰賊堅保宮苑攻之未必克今出穴而欲一戰此殆天以賊賜明公也懷光恐晟有功乃曰馬未銜秣士不素飽不若斂兵俟時而發晟乃收軍入壘

又曰高宗遣將軍裴行儉討突厥軍至單于都護府之北際晚下營壕塹方周遽令移就崇岡將士云衆已就安堵不可勞擾行儉不從更令徙之此夜風雨暴至前設營所水深丈餘將吏驚服問行儉曰何以知風雨也行儉笑曰自今但依我節制何須問我所由知也

三國典略曰蕭紀兵次西陵艫舳旌戈翳川曜日護軍陸法和於硤兩岸築二壘運石填江鐵鏁斷之梁主令法和壘北斷白鴈城道別立小柵

孟子曰天時不如地利地利不如人和三里之城七里之郭環而攻之而不勝夫環而攻之必有得天時者矣然而不勝者是天時不如地利也城非不高也池非不深也兵革非不堅利也米粟非不多也委而去之是地利不如人和也

博物志曰處士東里愧責禹亂天下事禹退作三城強者

攻弱者守敵者戰城蓋禹始也

太公兵法曰張軍處將必避七舍七殃武王曰何謂七舍七殃太公曰張軍勿居天社勿居地社勿居虛器勿居宿死勿居吞害勿居蜚鋒勿居湖泉武王曰何謂天社太公曰地高而仰者也何謂地社卑而下者也何謂虛器故敗邑人莫居之者也何謂宿死冢墓丘陵間也何謂湖泉枯澤無水者也何謂吞害即人所聚五穀處也何謂蜚鋒地斥鹵秃不生草木也所謂七舍七殃不張軍處將也

太白陰經曰偃月營形象偃月皆背山崗面陂澤輪逐山勢弦隨面直地窄山狹之所營

又曰偃月外營右置上弦門中置偃月門左置下弦門

文選曰夜薄休屠營

盧思道從軍行曰平明偃月屯右地薄暮魚麗逐左賢

烽燧

說文曰烽燧候表也邊有警則舉火也

漢書音義曰高臺上作桔槔頭置兜零以薪草置其中常懸之有寇則火然舉之曰烽下多積薪寇至則燔之望其煙曰燧晝則燔燧夜乃舉烽（廣雅曰兜零籠也）

史記曰周幽王后褒姒好舉烽火叩賊鼓方喜王欲后喜輒詐爲之後犬戎兵至舉烽火叩賊鼓群臣不救皆曰王欲后喜耳遂殺幽王及褒姒

又曰魏王與信陵君博北境舉烽火言寇入界信陵君曰臣有客能知趙王陰事言趙王獵非寇也

漢書曰單于立四歲匈奴復絶和親大入上郡雲中烽火通於甘泉

東觀漢記曰郭伋爲并州伋知盧芳賊難卒以力制常嚴烽候明購賞以結寇心

又曰馬成繕治障塞自西河至渭橋河上至安邑於原至并陘中山至鄴皆築保壁起烽燧十里一候

後漢書曰廉范爲雲中太守會匈奴入塞烽火日通故事虜入度五千人乃移書傍郡求助吏自今虜兵度出五千人請移檄范不聽遂選精兵自率士卒拒之

又曰遣驃騎大將軍杜茂屯北邊築亭候脩烽燧

後周書曰宇文貴性聰敏過目輒記嘗道逢二人謂其左右曰此人是縣黨何因輒行左右不識貴便說其姓名莫不嘆伏白戟烽師爲商人所燒烽師納貨不言其罪他日此師隨例來衆貴乃問云商人烽何因私放烽師愕然遂自首伏明察如此

隋書曰突厥染干爲隣部戰敗與長孫晟獨以五騎逼夜南走至旦行百餘里收得數百騎乃相與謀曰今兵敗入朝一降人耳大隋天子豈禮我乎玷厥雖來本無冤隙若往投之必相存濟晟知其懷貳乃密遣從者入伏遠鎮令速舉烽染干見四烽俱發問晟曰城上然烽何也晟紿之曰城高地迥必遥見賊來我國家法若賊少舉二烽來多舉三烽大逼舉四烽使見賊多而又近耳染干大懼謂其衆曰追兵已逼且可投城既入鎮晟留其達官執室以領其衆自將染干馳驛入朝

唐書曰元和中京兆尹李鄘奏三原高陵涇陽興平等四縣共管烽二十八所每年差烽子烽師九百七十五人今遠近無虞畿内烽燧請停從之

玄女戰經曰諸見舉烽火傳言虜且起欲知審來不以言者時所加之得陽者不得陰者爲來法

晉令曰誤舉烽燧罰金一斤八兩故不舉者弃市

甘氏天文占曰權舉烽遠近沉浮權四星在軒尾西邊地警備烽候相望虜至則舉烽火十丈如今之井桔槔大錘其頭若警急燃火放之權重本低則末仰人見烽火

吳時緣江戍圖曰每刺蕣屯有五兵賊曹一人皆作烽火有急以先傳之

黄帝出軍決法曰行軍行兵兩敵相要地形不便望見烽火不得爲客

衛公兵法曰烽臺於高山四顧險絶處置之無山亦於孤迥道平地置下築羊馬城高下任便常以三五爲准臺高五丈下闊一丈形圓

又曰諸軍馬擬停三五日即須去軍一二百里以來安置爟烽如有動靜舉相報其烽並於賊路左側逐要置每三

十里置一烽應接令遣到軍其遊弈馬騎晝日遊弈候視至暮速即作食喫即移十里外止宿慮防賊徒暮間見烟火夜間掩蘗捉將其賊路左右草中着人宿止以聽賊徒如覺來報烽家舉烽遊𢿨軍司如覺十騎以上五騎以下即放火炬火前鋒應訖即滅火若百騎以上二百巳下即放兩炬火准前應滅賊若五百騎以上五千騎以下即同放三炬火准前應滅前鋒應訖即赴軍若賊走不到軍即且投山谷逐空方可赴軍如以次烽候視不覺其舉火之烽即須差人急走告知既置權烽軍內即須應接又置一都烽應接四山諸烽其都烽如見烟火急報大摠管去其道烟火起大摠管當須嚴備收拾畜生遣人遠探每烽令別奏一人押一道烽令折衝果毅一人都押

庾闡揚都賦注曰烽火以置於孤山頭緣江相望或百里或五十里或三十里寇至則舉以相告一夕可行萬里孫權時合暮舉火於西陵鼓三竟達吳郡

南徐敬業古意曰甘泉警烽候上谷抵樓蘭

北門行曰羽檄起邊庭烽火入咸陽

張景陽雜詩曰長鋏鳴鞘中烽火烈邊庭

蔡邕徙朔方上書曰既到徙所乘塞守烽職在候望憂怖焦灼無心復能操筆成草致章闕庭

蔡謨與弟書曰軍之耳目當用烽鼓烽可遙見鼓可遙聞聲吏百里

京觀

左傳曰丙辰楚軍於邲遂次于衡雍潘黨曰君盍築武軍以築軍營以章武功而收晉屍以爲京觀臣聞克敵必視子孫以無忘武功楚子曰非爾所知也夫文止戈爲武武王克商作頌曰載戢干戈載櫜弓矢我求懿德肆于時夏古者明王伐不敬取其鯨鯢而封之以爲大戮於是乎有京觀以懲淫慝鯨鯢大魚以喻不義吞食小國也積屍封土其上謂之京觀

又曰齊侯伐晉取朝歌爲二隊入孟門登太行張武軍於熒庭戍郫邵封少水封晉屍於少水以爲京觀以報平陰之役乃還

又曰秦伯伐晉濟河焚舟封殽尸而還遂霸西戎

崔鴻夏錄曰赫連勃勃大破南涼殺衆數萬以人頭爲京觀號曰髑髏臺

梁書曰天殲醜類宜爲京觀用旌武功

太平御覽卷第三百三十五

太平御覽卷第三百三十六

兵部六十七

攻具上

詩曰帝謂文王詢爾仇方同爾弟兄以爾鉤援與爾臨衝以伐崇墉（毛萇曰仇匹也鉤鉤梯所以鉤引上城者也臨臨車也衝衝車也墉城也）

左傳曰晉使解揚如宋使無降楚鄭人囚之以獻於楚楚子使反其言三而後許登諸樓車（所謂雲梯）使呼宋人而告遂致其君命楚子舍之以歸

春秋感精符曰齊晉並爭吳楚更謀不守諸侯之節競行天子之事作衡車厲武將輪有刃衡着劍以相振懼（宋均曰衡衝之車也輪有刃鑿衡着刃也將騁轅也）

後漢書曰王尋王邑攻光武嚴尤說王邑曰昆陽城小而堅今假號者在宛亟進大兵（亟急也紀力切）彼必奔走宛敗昆陽自服邑曰吾昔以虎牙將軍圍翟義坐不生得以見責讓（翟義字文仲方進少子爲東郡太守王莽居攝義心惡之乃立東平雲子義自号柱天大將軍以誅莽乃使孫建王邑等將兵擊義破之義士自殺故坐不生得）今將百萬之衆遇城而不能下何謂耶（遇或謂過也）遂圍之數十重列營百數雲車十餘丈（雲車即樓車稱雲其高也昇之以望敵猶墨子云般輸爲雲梯之械）瞰臨城中（俯視曰瞰）旗幟蔽野（廣雅曰幟幡也）埃塵連天鉦鼓之聲聞數百里（說文曰鉦鐃也似鈴）或爲地道衝輣撞城（衝撞車也詩臨衝閑閑許慎曰輣樓車也輣步耕切）

又曰黃巾賊起盧植征之連戰破賊張角等走保廣宗植築圍鑿塹造作雲梯垂當拔之帝遣小黃門左豐詣軍觀賊形勢或勸植以賂送豐植不肯豐還言於帝曰廣宗賊易破耳盧中郎固壘息軍以待天誅帝怒遂檻車徵植

袁山松後漢書曰朱儁擊黃巾賊趙弘於南陽斬之賊復以韓忠爲師儁兵力少不能急攻乃先起土山以臨之因僞脩攻具耀兵於西南儁身自被甲將精卒乘其東北遂得入城忠乞降

東觀漢記曰初王莽之遣王尋王邑也欲盛威武以震山東甲衝輣干戈旌旗戰攻之具甚盛後尋邑環昆陽城作營圍之數重雲車十餘丈瞰城中或爲地突或衝車橦城積弩射城中矢如雨下城中負戶而汲

又曰伯外作攻城鬬車上曰兵法但有所圖畫者不可用伯外遂作後有司馬犯軍令當斬坐鬬車上

又曰隗囂破後有五谿六種寇侵見便鈔掠退阻營塹來歘乃大治攻具衝車度塹遂與五谿戰大破之

又曰吳漢常獨厲吏士治兵事上時令人視吳公何謂還言方脩攻具上曰吳公隱若一敵國矣

魏志曰太祖戰不利復壁袁紹爲高櫓起土山射營中太祖乃爲發石車擊紹樓皆破紹爲地道欲襲太祖營太祖輒於內爲長塹以拒之

魚豢魏略曰郝昭字伯道守陳倉城爲諸葛亮所圍起雲梯衝車以臨城昭以火箭逆射其雲梯梯上之人皆燒死

又曰衡山王賜謀反使枚赫陳喜作輣車

又曰膠東康王寄作樓車戰具以備淮南事及漢治淮南事連寄寄發病死

韋昭吳書曰督將張異攻麻屯敗使將王吉作臨車雲梯尅日攻拔之

又曰魏遣曹眞夏尚等到江陵連屯圍城攻擊甚急眞等起土山鑿地突樓櫓臨城征北將軍朱然在城中晏然無

恐隨形勢立備巧不得施
張勃吳録曰黃武二年曹休令臧霸以輕舡敢死萬人襲
攻徐陵燒攻城車殺略數千人
王隱晉書曰宣帝討公孫淵至襄平遂圍之起土山地道
楯櫓鉤橦發石雨下晝夜攻之斬傳其首
又曰諸葛誕反淮南孟康王基曰宜作土山斂諸侯柎板
簿櫓以爲攻具
又曰段匹磾所立代郡太守辟閭嵩與劉琨鴈門太守王
歞後軍謀殺磾奉琨竊作攻具欲夜襲磾磾兒強取歞女
爲妾遂以攻具告磾磾遂斬王歞辟閭嵩及其徒黨
王韶之晉紀曰宋王圍慕容超張綱巧思絶人使爲攻具
城上火石弓矢無所用之超黨震懼城内知亡矣
晉起居注曰徐道覆蟻聚堅城因山固守今董率諸軍圍
塹四合高橦雲梯三方並攻即日登城斬徐道覆以釁鉦
鼓
蕭方等三十國春秋曰吳王皓聞師之將興也乃使劉恪
守牛渚使張悌造攻車於戲場
又曰劉裕攻南燕得燕人張綱治攻具既成設飛橋懸梯
被以牛皮火石不能害攻城之士得肆力焉
和范漢趙記曰麟嘉三年太子粲討趙同郭默於洛陽默
使耿稚等夜北渡河襲太子營飛梯騰柵而入太子勒兵
於東北穿柵而出
又曰光初二年石勒召幽冀之衆十餘萬人造攻車飛梯
攻平陽小城令上遣騎萬五千曳柴揚塵曜於山谷尋汾
州向平陽内外擊之勒師潰
高閭燕志曰光始五年春慕容熙與符后征高麗至遼東

爲衝車馳道以攻之
崔鴻前涼録曰麻秋晉攻枹罕圍塹數重雲梯抛車地突
百道皆通於内亦起雲梯抛車穿地以應之秋衆傷數萬
崔鴻後涼録曰將軍竇苟從呂光攻龜茲每登雲梯入地
道墜落蘇而復上
車頻秦書曰苻長圍襄陽作飛雲車攻城尅之
沈約宋書曰竟陵王誕據廣陵反世祖使慶之塞塹造道
立行樓土山并諸攻具時夏雨不得攻城上使御史中丞
庾徽之　奏慶官以激之自四月至于七月乃屠城斬誕
又曰元嘉二十七年虜主佛狸遂攻圍懸瓠行汝南郡事
廣陵陳憲嬰城自守虜多作高樓施弩以射城内飛矢雨
下城中負戶以汲又毀佛圖取金像以爲大鉤施之衝車
端以牽樓作蝦蟆車以填塹憲督厲將士固女牆而戰賊
死者屍與城等
又曰偽燕主慕容超尚書郎張綱乞師於姚興自長安返
太山守申宣執送之綱有巧思先是帝修攻具城上人曰
汝不得張綱何能爲也及至升諸樓車以示之故城内莫
不失色超既求救不獲綱反見虜乃求稱藩割大峴爲界
獻馬千疋不聽
又曰十月張綱修攻具成設飛樓懸梯木幔板屋冠以皮
弓矢無所用之劉毅遣上黨太守趙恢以千餘人來援帝
夜潛遣軍會之明旦恢衆五千方道而進每晉使將到輒
復如之六年二月丁亥屠廣固
孫嚴宋書曰柳元景等北討諸軍攻具進兵城下偽弘農
太守李初古拔嬰城自固諸軍鼓譟陵城衝車四臨數道
俱攻先登生擒李初古拔

沈休文宋書曰晉安王子勛反以殷琰督豫州刺史大宋遣輔國將軍劉勔用草茅苞土擲以塞塹城內以火箭射之草未及燃後土續至塹便欲滿隊主趙法進計以鐵珠子灌之珠子流滑悉緣隙得入草於是火然勔乃作大蝦蟆車載上牛皮蒙之三百人推以塞塹琰戶曹參軍虞挹之造拋車擊之以石車悉破壞

宋起居注曰劉道符露板曰七月二十日部率蝦車虎士攻城鉤車至城東南樓下逆賊程天祚等道窮數迫仍乞降附

齊書曰殷琰反帝遣輔國將軍劉勔西討之築長圍劉攻道於東南角并作大蝦蟆車載士牛皮蒙之百人推以塞塹琰乃始降

三國典略曰侯景作尖項木驢攻城石不能破也羊侃作

雉尾炬灌以膏臘取擲焚之乃退

梁書曰侯景爲曲項木驢攻城矢石所不能制羊侃作短尾炬施鐵鏃以油灌之擲驢上焚之俄盡賊又東西起二土山以臨城城中震駭侃命爲地道潛引其土山不能立又作登城樓高十餘丈欲臨射城中侃曰車高塹虛彼來必倒可卧而觀之及車動果倒衆皆服焉賊既頻攻不捷乃築長圍朱异張綰議出擊之帝以問侃侃曰不可賊多日攻城既不能下故立長圍欲引城中降者耳今擊之出人若少不足當賊若多則一旦失利門隘橋小必大致挫衄不從遂使千餘人出戰未及交鋒望風退走果以爭橋赴水死者太半矣

隋書曰遼東之役何稠攝右屯衛將軍領御營弩手三萬人時工部尚書宇文愷造遼水橋不成師未得濟右屯衛大將軍麥鐵杖因而遇害帝遣稠造橋二日而就初稠製行殿及六合城至是帝於遼左與賊相對夜中施之其城周迴八里城及女垣各高十仞上布甲士立仗建旗四隅置闕面別一觀觀下三門遲明而畢高麗望見謂若神功是歲加金紫光祿大夫

唐書曰姜確爲交河道行軍副總管率衆數千先大軍出伊吾趣柳城谷依山採木造攻城器械其地有班超紀功碑確磨去其文刋頌國功而去

陶公故事曰臣侃言郭默狂狡肆行凶虐負阻城隍用簪天誅臣土山陵其城樓櫓攻具備設

宋先朝故事曰慕容超大將垣遵踰城歸順高祖使遵等治攻城橦車築長圍高三丈外三重塹

周遷輿服雜事曰轒轀今之橦車也其下四輪從中推之

至敵城下

又曰漢世祖造大戰車駕數牛上設樓櫓置壘塞之外以拒匈奴

酈善長水經注曰交州刺史檀和之軍次區粟進逼城飛梯雲橋懸樓登壘鉦鼓大作風烈火䬃城摧衆陷斬區粟王范扶龍首十五已上坑截無赦

太公六韜曰凡三軍有大器攻圍邑有撌榅臨衝城中則有雲梯飛樓

又曰凡三軍行師領衆旦則有雲梯遠望夜則有雲火萬炬

又曰武王寢疾十日太公負王乃駕騖冀之車周旦爲御至于孟津大黃參連弩大才扶胥車（並戰具也）飛鳧（赤莖白羽以鐵爲首）電影（青莖赤羽以銅爲首副也晝則爲光夜則爲星）方頭鐵搥（重八斤亦軍備也）大柯

斧（重八斤一名鐵鉞軍備也）行馬（廣二丈二十具）渡溝飛橋（廣五尺轉關鹿盧八具）天舡（一名天潢以濟大水也）鷹爪方胷鐵杷（柄長七尺）天陣（日月斗杓一左一右一仰背天陣）地陣（丘陵水泉有左右前後之利）人陣（車馬文武）積楹臨衝（攻城圍邑）雲梯飛樓（視城中也）武衝大櫓（三軍所須）雲火萬炬（以防火也）吹鳴笳（威振萬里也）

太公金匱曰武王問太公今民吏未安賢者未定何以安之太公曰不須兵器可以守國耒耜是其弓弩鋤杷是其矛戟簦笠是其兜鍪钁斧是其攻具

太公覆軍拭法曰諸出軍行將屯營置陳必法天之圓法北辰爲上將角爲衝車營爲鈇鉞敵當衝車者敗當鈇鉞者亂

又曰諸出軍行將屯守攻陳設壇祠禱戎器血塗金鼓神攻具必以斗加四季時令朱雀所居神衝今日日上神王相而克

莊子曰梁麗可衝城不可以窒穴言殊器也

墨子曰備衝法絞善麻長八丈內有大樹則擊之用斧長六尺令有力者斬之

又曰墨子自齊至郢見楚王楚王曰公輸般爲我雲梯取宋矣墨子乃見公輸般解帶爲城以褋爲械公輸九設攻城之具機變墨子九拒之械盡墨子禦有餘公輸詘曰吾知拒子矣

墨子曰子不過欲殺臣臣之弟子禽滑氂三百人已持臣守禦之器在宋城上而待楚矣

又曰禽子問雲梯既施爲之柰何墨子曰雲梯者重器也矢石沙炭以雨之薪火湯水以濟之如此則雲梯之功敗（尸子又載般爲蒙天之階階成將以攻宋墨子請獻十金般曰吾義固不殺人墨子再拜）

傅子序馬鈞曰鈞石車敵人於樹邊懸濕牛皮中之則墮石不能連屬而欲作一輪懸大石數十以機鼓輪爲常則懸石飛擊敵城使首尾電至嘗試以車輪懸瓴甓數十飛之數百步矣

曹植征東賦曰循櫓於清流汜雲梯而容與禽元帥于中舟振靈威於東野

陳琳武軍賦序曰迴天軍於易水之陽以討瓚焉鴻溝參周鹿菰十里荐之以棘迺建脩櫓于青霄竇䆲深隧下三泉飛梯雲衝神鈎之具不在吳孫之篇三略六韜之術者凡數十事秘莫得聞也乃作武軍賦曰鈎車䋫轒九牛轉牽雷响激折櫓倒垣其攻也則飛梯行臨雲閣虛構上通紫霓下過三壚

繁欽爲史叔良作移零陵檄曰金鼓震天丹旗曜野巨堙既設

袁宏祖逖碑曰逖爲豫州刺史甍時君柩未旋羣寇圍城衝櫓既附城將降矣勇士五百撫戈同泣非祖侯之爲吾誰爲死并力齊赴卷甲宵起遂陷堅陣負尸而反

太平御覽卷第三百三十六

太平御覽卷第三百三十七

兵部六十八

攻具下　檜　鹿角
瓠櫓　弋

攻具下

通典衛公兵法攻城戰具篇曰作四輪車上以繩爲脊生牛皮蒙之下可藏十人填隍推(土回切)之直抵城下可以攻掘金火木石所不能敗謂之轒轀車(兊力有餘者攻先絶諸國之交使無外救糧多而人少攻而勿圍糧少而人多圍而勿攻)

又曰以大木爲牀下置六輪上立雙牙牙有檢梯節長丈二尺有四桄(音光)桄相去三尺勢微曲遞牙相檢飛於雲間以窺城中有上城梯首冠雙轆轤枕城而上謂之飛雲梯

又曰大木爲牀下安四獨輪牀上建雙陛間橫括中立獨竿首如桔槔狀其竿高下長短大小以城爲準竿首以窠盛石大小多少隨力所制人挽其端擲之其推轉逐便而用之亦可埋腳著地而用其旋風四腳亦隨事而用之謂之拋車

又曰作轉軸車車上定十二石弩以鐵鈎繩連轉車行軸轉引弩持滿弦挂牙上弩爲七衝中衝大箭一鏃刃長七寸廣五寸箭簳長三尺圍五寸以鐵鍱(音葉)爲羽左右各三箭次小於中箭其牙一發諸箭齊起及七百步所中城壘無不摧隤樓櫓亦顛墜謂之車弩

又曰以木爲脊長一丈徑一尺五寸下安六腳下闊而上尖高七尺內可容六人以濕牛皮蒙之人藏其下舁直抵城下木石鐵火所不能敗用攻其城謂之尖頭木驢

又曰於城外起土爲山乘城而上古謂之土山今之壘道用生牛皮作小屋并四面蒙之屋中置運土人以防攻擊者(土山則孫子所謂距闉)

又鑿地爲道行於城下用攻其城往往建柱積薪於柱間而燒之柱折城摧謂之地道

又曰以八輪車上樹高竿竿上安轆轤以繩挽板屋上竿首以窺城中板屋方四尺高五尺有十二孔四面列布車可進退圜城而行於營中遠視亦謂之巢車如鳥之巢即今之版屋也以版爲幔立桔槔於四輪車上懸幔逼城堞間使趫捷者(太白陰經曰使趫卒蔽之)蟻附而上矢石所不能及謂之木幔

又守城篇曰禽滑釐問墨翟守城之具墨翟荅以五六十事皆煩冗不便於用其後韋孝寬守晉州羊偘守臺城皆約封胡子伎巧之術法古不效非合今之用也今述所便於事者如後濶濠湟(深池)增城(脩堞)懸門(懸板爲重門也)

又曰突門於城中對敵營自鑿城內爲闇門多少臨事令五六寸勿穿或於中夜或於敵初來營列未定精騎從突門躍出擊其無備襲其不意

又曰鑿門爲敵所逼先自鑿門扇爲數十孔出強弩射之長矛刺之則敵不得近門

又曰塗扇以泥塗城門扇厚可三寸備火

又曰塗棧以泥塗門上木棧厚可五寸備火

又曰轉關橋一梁爲橋梁端着橫括去其橋轉人馬不得渡皆傾水中秦用此橋而殺燕丹

又曰積石備拋石大小隨事

又曰樓櫓卻敵上建候樓以板爲之跳出爲櫓笆籬戰隔於女牆上跳出椽去牆三尺內着橫括椽端安轄以荊柳編爲之長一丈闊五尺懸椽端用避矢石

又曰布幔以複布爲幔以弱竿懸挂於女墻外去墻外七八尺以折抛石之勢矢石不復及墻

又曰木弩以黄連桑柘爲弩弓長一丈二尺徑七寸兩弰二寸以絞車張之大矢一發聲如雷吼敗隊之卒

又曰鷰尾炬縛葦草爲炬尾分爲兩岐如鷰尾狀以油臈灌之加火從城墜下便騎木驢而燒之

又曰松明以木明燒之夜以鐵鏁縋下巡城照敵人乘城而上

又曰脂油燭炬燃燈秉燭於城中四衢要路門戶晨夜不得絶明用備非常

又曰行爐融鐵汁爐舁行於城上以灑敵人

又曰遊火以鐵筐盛火加脂臈鐵鏁懸縋下燒穴中孔城人

又曰灰麩糠粃因風於城上擲之以眯敵人目因以鐵汁灑之

又曰連挺如打禾連枷狀用打女墻外上城敵人

又曰杈竿如槍刃爲两岐用义飛梯及人

又曰鈎竿如槍刃兩旁有曲刃可以鈎搭

又曰油囊盛水於城上擲安火車中囊敗火盛

又曰天井敵攻城爲地道來乃自於城道上直下穿井以邀之積薪安井中以火熏之敵人自燋灼

又曰地聽於城內八方穿鑿井各深二丈令頭覆戴新甖於井中坐聽則城外百步之內有孔城地道者並聲聞甖中而辨知方所近遠矣

又曰鐵菱杖狀如鐵蒺藜要路水中置之以刺人馬

又曰陷馬坑坑長五尺闊一尺深三尺坑中埋鹿角槍竹籤其坑十字相交狀如鈎鏁以覆芻草草木加之土種草實令生苗蒙覆其上軍城營壘要路皆設之衛公兵法曰坑如亞字相連以草及芻覆其上

又曰拒馬槍以木徑一尺長短隨事十字鑿孔從横安槍一作檢長一丈銳其端可以塞城門要路巷人馬不得奔馳

又曰木柵爲敵所逼不及築城壘或因山河險勢多石少土不任版築乃建立木柵方圓高下隨事深埋木根重複弥縫其闕內重加短木爲閣道柱外重長出四尺爲女墻皆泥塗之內七尺又立閣道內柱上布板木爲棧立欄竿行於柵上懸門擁墻壕塹拒馬防守一如城壘法

太白陰經曰蜀鏤鐵塹鑿蜀鏤短柄钁也鐵鑿鑿井斷城也

旝

許慎說文曰旝建大木置石其上發爲機以拒敵也從方會聲一云從衣會聲

左傳曰周桓王伐鄭鄭爲三拒命二拒曰旝動而鼓杜預注曰旝旃也執以爲號令

魏武本紀曰上與袁紹軍於官度賊射營中行者皆被田衆皆恐上令傳言旝動而鼓

說文曰旝發石車也乃造發石車擊紹櫓一日盡壞紹衆號之礔礰車

沈懷文宋侍中趙倫之碑曰君戮力以致誠吐規以會機一鼓則寇騎雲徹旝動則敵車霧消

鹿角

袁曄漢獻帝春秋曰楊州刺史劉繇上言荆州牧劉表與會稽太守孫權謀襲京城遂塹許設鹿角砦

王沈魏書曰李通拜汝南太守劉備與周瑜圍曹仁於江陵與諸將擊之通親下馬入圍拔鹿角勇冠諸將軍

魚豢魏略曰夏侯霸字仲權為偏將軍太和中在長安及子午之役霸召為前鋒蜀人望知其是霸也指下兵攻之霸手戰鹿角間賴救然後解

魏志曰徐晃討關羽於樊羽自將步騎五千出戰晃擊之退走遂追與俱入圍破之或自投沔水死魏太祖令曰賊為塹鹿角十重將軍致戰全勝遂陷賊圍將軍之功踰孫武穰苴

虞溥江表傳曰曹公出濡須甘寧拔曹公鹿角踰壘入斬數十人

王隱晉書曰馬隆為武威太守之郡作八陣圖地廣則鹿角車營進攻則木屋抱輪並戰並前虜弗能遏

干寶晉紀曰曹爽留車駕宿伊水南伐木為鹿角發屯田兵數千人以為衛

習鑿齒漢晉陽秋曰曹芳謁曹叡墓於大石山曹爽兄弟皆從於是司馬懿閉四城遂與太尉蔣濟俱屯洛水南浮橋奏罷爽兄弟不知所為芳還宿伊水南發屯田數千人樹鹿角為營

晉惠帝起居注曰王浚乘勝追石超軍於斥丘超持重不與戰以鹿角為營一云以鹿角城安立營

晉起居注曰義熙六年築壘起城于祖浦石頭城施鹿角以禦盧循

司馬彪戰略曰遼東太守公孫淵反明帝召太尉司馬公討之軍到襄平公圍之北面東面有圍不合連車置水中積石鎮其上以鹿角塞之

魏武帝表曰臣前遣討河内獲嘉諸屯獲生口辭云河内有一神人宋金生令諸屯皆云鹿角不須守吾使狗為汝守不從其言者即夜聞有軍兵聲明日視屯下但見虎跡臣輒部武猛都尉吕納將兵掩捕得告輒行軍法

諸葛亮教曰前到武都一日鹿角壞刀斧千餘枚賴賊已走若未走無所復用

晉宣帝教曰今日當將作四千人東為三軍作營壍壘又當將斧三百枚破樹木作鹿角塞諸郵漏處

諸葛亮軍令曰敵以來進持鹿角兵悉却在連衝後敵已附鹿角裏兵但得進踞以矛戟刺之不得起住起住妨弩

魏武軍策令曰夏侯淵今月賊燒都鹿角鹿角去本營十五里淵將四百兵行鹿角因使士補之賊山上望見從谷中卒出淵使兵與鬬賊遂繞出其後兵退而淵未至甚可

傷淵本非能用兵也軍中呼為白地將軍為督帥尚不當親戰況補鹿角乎

王曠與楊州論討陳敏計曰賊今下屯固橫江

又云復據烏江皆塹壘彭排鹿角步安嚴峻以襲歷陽諸軍辛昞洛戍時與桓郎議曰桓振武今下官將千二百人奄襲營值天洪雨器仗沾濕塹廣深丈餘鹿角五重樓櫓嚴設自四更三唱攻逼至小食時不剋

𥴬槍

張揖廣雅曰䉶謂之𥴬槍𥴬音孤

服虔通俗文曰剡葦傷盜謂之槍何承天纂文曰䉶音戧𥴬槍也

謝靈運自理表曰星言奔馳歸骨陛下及經山陰方衛彭赫彭排馬槍斷截衢巷

宋起居注曰泰始二年有司奏賊帥劉胡等從南城關道領馬步萬餘人樹排槍陌山從東五道直來攻營

杜預奏秦州軍事曰臣嘗聞邊人說虜專以騎爲寇穿塹不如作馬埳馬埳法坑方三尺錯平穿之虜騎非下馬平治則終不得入又其外蹊要路亦可隨作焉施槍者埳中說薄覆其上如此則虜當築地而行不敢輙往來也

蔡謨與何驃騎書曰公失櫓上人吾亦具之矣在深草中立櫓無故以櫓自標令賊見之而自不得見賊賊不病矣何故不來取邪今令數百步内皆露見布竹鏦如蝟毛賊不能飛何得卒至邪

弋

張揖埤蒼曰拱大弋也

許慎說文曰樴弋也橜弋也

太公六韜曰委環鐵弋長三丈千三百

左傳曰齊人戰獲臧堅使宿沙衛唁之曰無死堅曰使刑臣禮於士以弋抉其傷而死

司馬彪戰略曰遼東太守公孫淵反太尉司馬公討之軍到襄平去城百步穿重塹堅建柵安諸營立樓櫓其近水沙地不得作圍塹而車輪以大弋掾穿中又堅輪障其前

韋昭吳書曰賀齊討賊陳僕於林歷山山四面壁立不可攻齊乃陰作鐵弋於賊不備處以弋拓山爲道夜潛上破賊

太平御覽卷第三百三十七

太平御覽卷第三百三十八
兵部六十九
角　金鼓　鞞　鞀　鐃
鈴　鐸　刁斗　柝
角
徐廣車服儀制曰角前世書記所不載或云本出羌胡吹
以驚中國之馬或云本出吳越
晉書安帝記曰桓玄製龍頭角或曰所謂亢龍角者也
晉中興書曰大司馬桓溫屯中堂夜吹警角御史中丞司
馬恬奏劾大不敬請治罪明日溫見奏事歎曰此兒乃敢
彈我真可畏也
又庾翼與燕王書曰今致畫長鳴角一雙幡毦副（毦音餌）
宋書曰張興世父仲子由興世致位給事中興世欲將往

襄陽愛鄉里不肯去嘗謂興世曰我雖田舍老公樂聞鼓
角汝可送一部行田時欲吹之興世素恭謹畏法譬之曰
此是天子鼓角非田舍公所吹
三國典略曰初魏世山崩得二石角藏於武庫至是齊王
入庫賜從臣兵器持此角賜平秦王歸彥曰尔事常山不
得反事長廣得反反時將此角嚇漢也
史荅武昌記曰武昌有龍山欲陰雨上有聲如吹角
辛氏三秦記曰河西有沙角山山頭頹沙則鼓角鳴
異苑曰晉孝武太元末帝每聞手巾箱中有鼓吹鞞角響
於是請僧齋會夜見一臂長三丈許手長數尺來攀經案
帝是歲崩天下大亂
幽明錄曰晉司空郗方回葬婦於離山使會稽郡吏史澤
治墓多平夷古墳後壞一冢構制甚偉器物殊盛冢發聞
鼓角聲角聲自是多如此○陶侃表云奉獻金口角
石勒別傳曰石勒永康中流宕山東寄旅平原師懽家傭
耕耳恒聞鼓角鞞鐸之音勒私異之
世說曰樂令有數客闊不復來樂問所以荅曰前在坐蒙
賜酒方欲飲見杯中有蛇意甚惡之既飲而疾于時河南
廳事上壁有角角邊漆畫作蛇樂而疑是角影入杯中復
令置杯酒於前處謂曰君更看酒中復有所見不荅曰所
見如初樂乃告其所以客豁然意解沉痾頓消（又一本云角弓）
語林曰陸士衡為河北督已被閒構內懷憂懣聞眾軍警
角鼓吹謂其司馬孫極曰我今聞此不如華亭鶴鳴
谷儉角賦曰夫角以類推之蓋黃帝會群臣於太山作清
角之音似兩鳳之雙鳴若二龍之齊吟如丹蛇之翹首似
雄蛇之帶天

衛公兵法曰夫軍城及野營行軍在外日出日沒時撾鼓
一千捶三百三十三捶為一通鼓音止角音動吹十二聲為
一疊角音止鼓音動如此三角三鼓而昏明畢
又曰諸大將置鼓四十面子總管給鼓十面營別給鼓一
面行即負隨纛下擬晝夜及在道有警急擊之傳響令諸
軍聲響兼用防備賊侵逼如軍行引之時先軍卒逢賊寇
先軍即急擊鼓救中胥逢賊即須擊鼓前軍聞聲便往後
軍聞聲須急向前赴救後頭逢賊即擊鼓前頭中胥聞聲
即須往並量抽兵相救如發引稍長鼓聲不徹中胥支料
更須置鼓傳響使前後得聞其諸營自須著鼓一面用防
夜中有賊犯營即急擊令諸軍有警備
又曰諸行軍立營數則万計或逢泥溺或阻山河同聽角
聲俱共齊發路狹難進徒餓馬驢應發營舉一角聲絕右

虞候捉馬驢第二角聲絶即被駕右一軍捉馬驢第三角聲絶右虞候即發引右一軍被駕右二軍捉馬驢第四角聲絶右一軍即發引右二軍被駕以後諸軍每聽角聲裝束被駕准此每營各出一戰隊令取虞候進止防有賊至便用騰擊後如其路更細小即須更有角聲仍令虞候及營官人虞候子排比催督急過不得停擁過訖以後軍准前排比催迫急過

金鼓

釋名曰校號也將帥號令之所在也節爲號令賞罰之節也鐸度也號令之限度也金鼓金禁也爲進退之禁也

詩曰方叔率止鉦人伐鼓陳師鞠旅

又曰顯允方叔伐鼓淵淵振旅闐闐

又曰擊鼓其鏜踊躍用兵

周禮曰鼓人掌教六鼓以雷鼓鼓神祀（雷鼓八面鼓也）以靈鼓鼓社祭（靈鼓六面鼓也社祭祭地祇也）以路鼓鼓鬼享（路鼓四面鼓也享宗廟也）以賁鼓鼓軍事（大鼓謂之賁鼓長八尺）以鼛鼓鼓軍事（鼛大鼓也長丈二尺也）以晉鼓鼓金奏（晉鼓長六尺六寸金奏謂樂正擊編鐘也）

左傳曰凡師有鐘鼓曰伐無曰侵

又曰吴子使其弟蹶由犒師（犒勞師也）楚人執之將以釁鼓王使問曰汝卜來吉乎對曰吉寡君聞君將治於敝邑卜之以守龜曰余亟使人犒師請行以觀王怒之疾徐而爲之備尚克知之龜兆告吉曰克可知也君若懽好逆使臣滋敝邑休怠而忘其死亡無日矣今君奮焉震電馮怒虐執使臣將以釁鼓則吴知所備矣乃釋之

又曰密須之鼓與其大輅文王所以大蒐也

又曰簡子曰吴伏弢歐血鼓音不衰今日我上也（功爲上也）

又曰晨伐齊將戰公孫夏命其徒歌虞殯陳子行命其徒具含玉陳書曰此行也吾聞鼓而已不聞金矣（鼓以進軍金以退軍不聞金言將死以也）

國語曰越甲至齊雍門子狄請死之齊王曰鼓鐸之聲未聞矢石未交長兵未接子何務死焉

後漢書曰光武徇河内韓歆議欲城守岑彭止不聽既而光武至懷歆迫急迎降光武知其謀大怒收歆置鼓下將斬之（中將軍最尊自執旗鼓若置營則立旗以爲軍門并設鼓戮人必於其下）召見彭彭因進說俱獲免

東觀漢記曰段熲起於徒中爲并州刺史有功徵還京師熲乘輕車介士鼓吹曲蓋朱旗騎馬殺天蔽日錚鐸金鼓雷振動地連騎繼跡弥數十里

齊地記曰城東有上祠山上有石鼓舊說云將有寇難則

鼓自鳴所以豫驚備也

吴興記曰長城縣有夏架山石鼓盤石爲足長老云鳴聲如金鼓鳴則三吴有兵

東方朔傳曰朔初上書曰臣朔少失父母長養兄嫂年十三而學三冬文史足用十五學擊劍十六學詩書誦二十二萬言十九學孫吴兵法戰陣之事鉦鼓之教

周髀曰十人之長執銅百人之師執鐸千人之師執鼙萬人之將執大鼓

吕氏春秋曰金鼓所以一耳也法令所以一心也

又曰周宅酆鄗近戎人與諸侯約爲高堡置鼓其上遠近相聞戎寇至傳鼓相告諸侯之兵皆至救天子褒姒大悅笑之王欲褒姒之笑也因數擊鼓諸侯兵數至而無寇後戎寇真至幽王擊鼓諸侯兵不至幽王之身乃死驪山之

下爲天下笑

韓侯曰吴使沮衛獻手釁於荆師荆師將殺之以釁鼓衛曰死者無知則釁鼓無益若有知戰之時臣使鼓不鳴因不殺之

孫子曰是故軍政曰言不相聞故爲鼓鐸視不相見故爲旌旗（故夜戰多金鼓畫戰多旌旗）夫金鼓旌旗所以一人之耳目也人既專一則勇者不得獨進怯者不得獨退此用衆之法也

抱朴子曰軍始發大風甚雨起於後旌旗前指金鼓清鳴大勝

黄帝出軍決曰牙旗者將軍之精金鼓者將軍之氣一軍之形候也

唐子曰將勿離鼓旗鼓旗將之耳目也

徐幹齊都賦曰王乃垂華玉之路駕玄駁之駿翠幃浮遊金光皓旰（公旦切）戎車雲布武騎星散鉦鼓雷動旌旗虹亂

陸雲南征賦曰戎士蕭而啓行三軍分而雜逕長角哀吟以命旅金鼓訇隱而砰磕

孫惠祭金鼓文曰赫矣皇威用伐不庭金鼓麾旗以昭其聲

鞞

釋名曰鞞裨也裨助鼓節也（鞞補弥切）

吕氏春秋曰倕作鞞鼓

鄭緝之東陽記曰晉隆安中孫恩遣偏師謝盛發東陽東陽岑山下民聞嶺上有鼓鞞聲若數萬人咸破潰而山上鼓鞞亦絶

鞀

鬻子曰禹之治天下也懸五聲以聽曰語寡人以獄訟者揮鞀（音挑）

吕氏春秋曰倕作鞀

又曰武王有誡慎之鞀（欲誡者搖鞀鼓）

鐃

説文曰鐃小鉦也（鐃女交切）

周禮曰六鼓四金以金錞和鼓以金鐲節鼓以金鐸通鼓（鐲音獨鉦也軍行鳴之以爲鼓節）

鈴

説文曰鈴丁也從金令聲

左傳曰揚鑾和鈴昭其聲也

魏志曰安平太守宅舍鈴下作怪爲鳥鵲鬭蓋公府閤有繩鈴以傳呼鈴下有吏者也

風俗通曰鈴柄施懸魚魚者欲君臣沉静如魚之入水不可復得聞見耳

集異記曰廣陵士甲市得一宅但聞中有摇鈴聲夜輒止後遂見其眞形乃是其故人問曰何以常摇鈴荅曰我典使君藥物故夜持時耳問曰晝日何以不持時曰白日是死道之夜因别而去

鐸

三禮圖曰鐸今之鈴其鑄銅爲之木舌爲木鐸金舌爲金鐸也

説文曰鐸大鈴也

釋名曰鐸度也號令之限度也○王隱晉書曰荀勗逢趙郡商賈於路懸鐸於牛識其聲焉及後爲樂勗曰趙之牛鐸則善諧矣於是下郡悉送果有諧者此伏其才明

晉書載記曰石勒少時嘗耕每聞鞞鐸之音歸以告其母

毋曰作勞耳鳴非不祥也

鬻子曰禹之治天下也以五聲聽銘於筴簴曰教寡人以事者振鐸

文子曰老子云鳴鐸以聲自毀膏燭以明自消

刁斗

纂文曰刁斗持時鈴也

漢書曰李廣行師不擊刁斗以自衛孟康曰以銅爲鐎器受一斗晝炊飲食夜擊持行夜銘曰刁斗在滎陽庫鐎音譙形如鋗鋗火玄切即銚也今俗呼銅銚二音挑

漢名臣奏曰漢興已來深存古義宮殿省闥至五六重周衛刁斗

柝

說文曰榛行夜所擊木也

易繫辭曰重門擊柝以待暴客蓋取諸豫

周禮曰野廬氏賓客宿息則聚欜

漢書舊儀曰中宮衛宮城門擊刁斗傳五夜衛士周廬擊木柝

張衡東京賦曰故函谷擊柝於東西柝守夜所擊木也

太平御覽卷第三百三十八

太平御覽卷第三百三十九

兵部七十

敘兵器

敘兵器　牙

敘兵器

禮記曰冕弁兵革藏於私家是謂脅君

周禮曰司兵掌五兵（五兵者戈殳戟酋矛夷矛）

左傳曰孔文子將攻太叔訪于仲尼仲尼曰胡簋之事則嘗聞之矣兵甲之事未之學也

春秋佐　期曰太尉主甲卒神名辯會曰庫兵動鼓自鳴諸侯得衆也

漢書曰兵不銳利與空手同甲不堅密與袒裼同弩不及遠與短兵同射不能中與亡矢同中不能入與亡鏃同此將不省兵之禍也

又曰韓延壽在東郡試騎士治飾兵車畫龍虎建幢棨植羽葆鼓車文取官銅假月蝕鑄作刀劍倣効尚方蕭望之以爲僭上不道弃市

又曰李陵至浚稽山與單于相值圍陵陵軍居兩山間以車爲營陵引士營外爲陣前行持戟楯後行持弓弩

東觀漢記曰盆子降鎧甲兵弩積城西門高與熊耳山等

又曰王莽之遣王尋王邑也欲盛威以震山東甲衝𨌨干戈旌旗甚盛

又曰鄧遵永初中遷度遼將軍討擊羌虜斬首八百餘級得鎧弩刀矛戟楯匕首二三千枚

又曰吳漢性忠厚篤於事上自初從征伐常在左右兵有不利軍營不如意漢常獨繕檄揚吏士

吳志曰賀齊性奢侈尤好軍事兵甲器械極爲精好干櫓戈矛葩爪文畫弓弩矢箭咸取上材

王隱晉書曰羊祜表伐吳曰勁弩長弓不如中國長矛楯戟不如中國馬騎凌厲又不如中國吳唯便水戰一入其地則長江非復吳有

晉起居注曰成帝咸和元年四月乙丑詔曰作琅邪王大車斧六十枚侍臣劍八枚將軍手戟四枚

三國典略曰梁邵陵王綸篤好書史妙工草隸爲丹陽尹擅造甲仗梁武知之　綸並沉于江中及後出征器械並闕乃獨歎曰吾昔聚仗本備非常朝廷見疑逼使分散今日討逆卒無所資

太公六韜曰春以長矛在前夏以大戟在前秋以弓弩在前冬以刀楯在前此四時應天之法也

太公金匱曰武王曰五帝之時無守戰之具國存者何大公曰守戰之具皆在民間耒耜者是其弓弩也鋤杷者是其矛戟也簦笠者是其兜鍪也鎌斧者是其攻戰之具也雞狗者是鉦鼓也

古司馬兵法曰兵不雜則不利長兵以衛短兵以守太長則犯太短則不及太輕則銳銳則易亂太犯則不齊（兵長短衡太短太輕皆不如法也犯者觸柱也故不齊不及者遠於利也銳者不固則破故奔北擾亂也）

又曰弓矢圍殳矛守戈戟助凡五兵當長以衛短短以救長迭戰則久皆戰則彊（李氏曰迭更也言更戰更息則可堪久悉舉軍戰衆多者彊）

軍令曰始出營豎矛戟舒幡旗鳴鼓角行三里辟矛戟結幡旗鳴鼓角未至營三里復豎矛戟舒幡旗鳴鼓角至營復結幡旗止鼓角違令者髡

呂氏春秋曰古之至兵士民未合而威已諭矣敵已服矣豈必用枹鼓干戈哉

淮南子曰兵革鐔摩（鐔棋名也）金鼓鈇鉞所以飾怒也（鐔市均切）

又曰所謂兼國有地者伏尸數十萬破車以千百數傷弓弩矛戟矢石之創者扶輿於路故世至枕人頭食人肉葅人肝飲人血甘之於猶豢牛羊（猫牛肉豢豕肉）故自三代以後者天下未嘗得安其情性而樂習俗保其脩命而不夭於人虐也所以然者何諸侯力政天下不合而為一家也

又曰齊桓公將欲征伐甲兵不足令有重罪者出犀甲一戟（犀甲取其堅也戟車戟也長丈六尺犀或作三直出三甲也）有輕罪者贖以金分（小輕以金分出金隨罪輕重有分兩也）訟而不勝者出一束箭（不勝者不直也箭十二為束也）百姓皆說乃矯箭為矢（矢箭之竿好者也）鑄金而為刃（刃五刃也刀劍矛戟矢也）以伐不義而征无道遂霸天下

崔寔政論曰兵器精利有蔡太僕之弩龍亭之劒至今擅名天下

陸機要覽曰東弓南矛西戟北劒中鼓亦曰四兵

鹽鐵論曰強楚勁鄭有犀兕之甲棠谿之㨗內據金城外任利兵是以威行諸夏強伏敵國故孟賁奮臂衆人輕之怯夫有備其氣自倍以吳楚之士舞利劒蹶強弩以與貉虜騁於中原一人當百不足道也。邯鄲五經析疑駮曰矢絕於弦不可追止戟執在手制之在人

山海經曰天地東西二萬八千里南北二萬六千里出銅之山四百六十七出鐵之山三千六百九十此天下之所分壞樹穀也戈矛之所發也刀鎩之所起也能者有餘拙者不足

干寶搜神記曰晉元康中婦人以金銀象角瑇瑁為斧鉞戈戟而戴之以當笄蓋妖之大者也。樂文淵七經義綱格論曰車上五兵戈殳戟酋矛夷矛步卒五兵戈殳車戟酋矛矢

魏文典論曰昔周有雍孫之戟屈盧之矛孤父之戈上世名器

又曰抱朴子曰劒戟不皆於纏佳饌不可擊斷牛馬

又曰陳吳之徒奮劒而大呼劉項之倫揮戈而飈駭

又曰或問辟五兵之道抱朴子荅曰吳大皇帝曾從介先生受要道云但知北斗姓字及日月名字便不畏白刃大皇帝以試左右數十人常為先登陷陳皆不傷也鄭君云但誦五兵名亦驗矣刀名大房虛星主之矢名防徨熒惑主之弓名曲張角星主之弩名遠望張星主之戟名大將參星主之臨戰時嘗細祝之或以五月五日作赤靈符著心前或丙午日日中作燕軍龍虎三囊符歲易之歲符歲易月符月易日符日易或佩西毒兵信符或佩南極鑠金符或取牡荊以作六陰神將符指敵人或以月蝕時刻三歲蟾蜍喉下之有八字者血以書所將之刀劒或交鋒之際乘魁履罡呼四方之長亦有明効也

魏文帝校獵賦曰抗冲天之素旄兮靡格擇之脩循旃雄戟趪（音皇）而躍厲兮黃鉞皛而揚鮮

又曰千乘亂擾万騎奔走經營原隰騰越峻岨彤弓斯彀

徐幹齊都賦曰矢流鏑絓（胡卦切）張羅鑿（作合切）飛鋋抱雄戈鋋具舉

繆襲籍田賦曰靈旂蔚以蕭戾兮雄戟偈以嵯峨彎枉矢於狼狐兮建黃鉞於匏瓜

繁欽征天山賦曰有漢丞相武平侯曹公杖節東征觀六軍於三江浮五湖以曜武左騈雄戟右攢干將彤弧朱矰丹羽絳房望之如火映奪朝陽

應璩詩曰放戈釋甲冑乘軒入紫微從容待帷幄光輔日月暉

崔駰安豐侯詩曰被兕甲兮跨良馬揮長戟兮彍強弩彍音霍

曹植詩曰皇考建世業余從征四方御風而沐雨萬里蒙露霜劒戟不離手鎧甲爲衣裳

魏文帝董桃行曰晨背大河南轅跋涉遐路漫漫師徒百萬譁讀戈矛若林成山旌旗拂日蔽天

應璩書曰左執巫盧之勁矛右秉干將之雄戟高冠拂雲長劒耿介簫管振音鞞鼙載路馮軾虎視清風囊疊可謂堂堂乎難與並爲仁也

太白陰經曰工欲善其事必先利其器器之於事如影之隨形響之應聲其相須如左右手故曰器械不精不可言兵五兵不利不可舉事上古庖犧氏之時弦木爲弓剡木爲矢神農氏之時以石爲兵故砮石中夭鏃黄帝之時以玉爲兵蚩尤之時爍金爲兵割革爲甲始制五兵建旗幟樹䥫鼓

又曰鼓以佐軍威

又曰纛六口大將中營建出引六軍右者天子六軍諸侯三軍今天子十二諸侯六軍故纛有六以主之

又曰門旗二口色紅八幅大將牙門之旗出引將軍前列

又曰門槍二根以豹尾爲刃𣝔出居紅旗後止居帳門前左右安立

又曰五方旗五口各具方色大將中營建出六纛後在營亦於纛後隨方而建

又曰嚴警鼓一十二面大將營前左右行列各六面在纛後

又曰角十二具於鼓左右後列各六具以代金

又曰隊旗二百五十面尚色圖禽與本陣同五幅

又曰認二百五十口尚色圖禽與諸陣不同各自爲誌認旗出隊後恐士卒交雜

又曰陣將門旗各任所色不得以紅恐雜大將軍

又曰陣將鼓一百二十五面恐設疑驚敵用

又曰甲六分七千五百領

又曰戰袍四分五千領

又曰槍十分一萬二千五百根恐揚兵縛筏用

又曰牛筋牌二分二千五百面馬軍以團牌代四分支

又曰弩二分弦三副箭一百分二千五百張弩七千五百條弦二十五萬隻箭

又曰弓十分弦三副箭一百五十分一萬二千五百張弓三萬七千五百條弦三十七萬五千隻箭射中箭五萬隻

又曰生鈆箭二萬五千隻長箭搦箭鉏反緊胡

又曰弓袋胡鹿張弓袋並一萬二千五百副

又曰佩刀八分一萬口

又曰陌刀二分二千五百口

又曰棓二分二千五百張馬軍及陌刀並以啄錐鉞鋒代各四支分

又曰搭索二分二千五百條馬軍用也

牙

兵書曰牙旗者將軍之精凡始竪牙必以制日制日者謂上尅下日也立牙之日吉氣來應大勝之徵凶氣先應破軍殺將

黃帝出軍決曰始立牙之日喜氣來應旗幟指敵或從風
舉韡韡終日不絕竿勇氣奔逸是謂堂堂之陣此大勝之
徵
又曰有所攻伐作五采牙旗青牙旗引往東赤牙旗引往
南白牙旗引往西黑牙旗引往北黃牙旗引往中
又曰始立牙之日凶氣先應旗幟皆垂或逆風澇淳牙竿
摧折旗幡絕烈還繞纏竿如此終日勢弱
又曰將軍出兵有所討伐引兵出城門望見白雲及白水
者舉白牙旗五色牙旗隨天氣四時也
真人水鏡經曰凡軍始出立牙竿必令兒堅若有折將軍
不利牙旗竿軍之精也即周禮司常職云軍旅會同置旌
門是也
抱朴子曰軍始舉牙立旗風氣和調幡校飄颻終日不息者

其軍有功
魏志曰典韋初為張邈士屬司馬趙寵牙門長大莫能勝
韋一手建之寵異其才力
吳志曰陸遜為右部督會丹陽賊帥費棧扇動山越權遣
遜討棧棧支黨多所往兵少遜乃益施牙幢分布鼓角夜
潛出谷間鼓譟而前應即破散
又曰黃武八年夏黃龍見樊口於是權稱尊號因瑞改元
又作黃龍大牙常在中軍諸軍進退視其所向命胡綜作
賦
吳書曰賀齊從上討合肥時城中出戰徐盛失牙齊別拒
擊得盛所失牙
晉書曰陸機始臨戎而牙旗折意甚惡之後戰軍果大敗
後魏書曰奚斤代人也魏初大將行師唯長孫嵩拒劉裕
及斤征河南獨給漏刻及十二牙旗
吳胡綜大牙賦曰狼狐垂曜實惟兵精聖人觀法是效是
營始作器械爰求厥成明明大吳實天生德乃律天時制
為神軍取象太一五將三門疾則如電遲則如雲進止有
度約而不煩四靈既布黃龍處中周制日月實曰太常桀
然特立六軍所望
後漢滕輔祭牙文曰恭脩太牢絜薦遐靈推轂之任寔討
不庭天道助順正直聰明
晉袁宏祭牙文曰天生五才治道所司廢一不可靜亂輔
時赫赫晉德乃武乃文中世不競王度暫屯戎狄猾夏虔
劉生民蠢尔東胡被髮左衽思我皇澤稽首海裔受爵納
貢服膺累世後嗣不恭實叛實戾侵我神畿陽我羸衆哀
彼黎民嬰此彫殘況荷大寵任其艱難慨然發憤撫劍忘

食敢建高牙烈烈桓桓
晉顧愷之祭牙文曰維年月日録尚書事豫章公裕敢告
黃帝蚩尤五岳之靈兩儀有正四海有王晉命在天世德
重光烈烈高牙闐闐伐鼓白氣經天筒楊神武
宋王誕伐廣固祭牙文曰敬建崇牙顯茲威靈使鳴金鞞
釁克戰有寧皇風幽被凱旆歸旌
宋鄭鮮祭牙文曰潔牲先事薦茲敬祭崇牙既建義維增
厲人鬼一揆三才同契惟茲靈鑒庶必有察逆順幽辯忠
孝顯節使凶醜時殲王寧臣悅振旅上京凱歸西蕃神器
增暉四境永安
唐陳子昂禡牙文曰蓋先王作兵以討有罪姦匿竊命戎
夷不龔則必肆諸市朝大戮原野皇家子育万國寵綏百
蠻青雲干呂白環入貢久有年矣契丹凶羯敢亂天常乃

蜂聚九山豕食遊甕宴安鴆毒作爲攙槍天厭其凶國用致討皇帝命我飈將王誅令大軍已集吉辰叶應旄頭首建羽旆前列夷貊威威將士聽誓方俟天命爲民殄災惟尔有神尚饗乃醜召太一會雷公翼白虎乘青龍星流彗掃永清朔裔使兵不血刃戎夏大同以昭我天子之德允乃神之功豈非正直克明無縱大饒以作神羞

太平御覽卷第三百三十九

八　子三ヨ　卌九　九　秉阿子

太平御覽卷第三百四十

兵部七十一

常 旂 旃 物 旗

旟 旐 旞 旌

常

釋名曰九旗之名日月爲常畫日月於其端天子所建言常明也

尚書君牙曰惟乃祖乃父世篤忠貞服勞王家厥有成績紀于太常

周禮曰日月爲常十二旒

河圖曰風后曰予告汝帝之五旗東方法青龍曰旗南方法赤鳥曰鳥西方法白虎曰典北方法玄蛇曰旃中央法黄龍曰常

國語曰吳王會晉於黄池吳王白常白旂赤常赤旗

文選曰建辰旗之太常

又曰建太常兮排排

旂

釋名曰交龍爲旂旂倚也畫作兩龍相依倚也通以赤色爲之無文采諸侯所建也

爾雅曰有鈴曰旂郭璞注曰懸鈴竿頭畫交龍於旒

詩曰王錫韓侯淑旂綏章龍旂陽陽和鈴央央

又曰旂旐央央

禮記月令曰天子春載青旂夏載赤旂秋載白旂冬載玄旂

周禮曰交龍爲旂諸侯所建

左傳曰周分魯大路大旂

又曰三辰旂旗昭其明也三辰日月星也

旃

釋名曰旃戰也戰戰恭已而已三孤所建象無事也

說文曰旃曲柄也所以招士衆也

世本曰黄帝作旃

爾雅曰因章曰旃郭璞曰以白練爲旒因其文章不復畫也

周禮曰通帛爲旃大赤也周正赤無飾孤卿所建也

左傳曰城濮之戰王大旆之左旃旃旗名旝曰旃祁瞞奸命當此之事而不治爲奸軍令也司馬殺之以狥于諸侯

漢書曰田蚡音憤前堂羅鐘鼓立曲旃如淳曰通白爲旃蘇林曰旃上曲也

孟子曰招庶人以旃田也

西京賦曰虹旃蜺旄

又曰樹脩旃

上林賦曰立歷天之旂曳梢星之旃

物

釋名曰雜帛爲物以雜色綴其邊爲翅尾也將帥之所建也

禮含文嘉曰制度爲科物應以宣明物以類感其方也

左傳曰蔿敖爲宰擇楚之令典軍行右轅右者挾轅爲軍備左追蓐左者追草爲宿備前茅慮無如今斥候持絳及白幡見騎賊舉絳幡見步賊舉白幡備不虞有無茅明也或以玄茅爲旌識也楚以中權後勁中軍制謀後以精兵爲殿耳百官象物而動軍政不戒而備能用兵矣

旗

釋名曰熊虎爲旗旗期也將軍所建象其猛如熊虎與衆期其下也

禮記曰龍旂九旒天子之旌也

又曰行前朱鳥而後玄武左青龍而右白虎招搖在上急
勁其怒注曰以此四獸爲軍陳象天也畫招搖星於旌旗上以起居堅勁軍之威怒
周禮曰司常掌九旗之物名各有屬以待國事日月爲常
交龍爲旂通帛爲旃雜帛爲物熊虎爲旗鳥隼爲旟龜蛇
爲旐全羽爲旞析羽爲旌物名曰所畫異物則異名也
又曰龍旂九斿以象大火也交龍爲旂諸侯所建也大火蒼龍宿之心也其屬有尾尾九
星也鳥旟七斿以象鶉火也鳥隼爲旟州里之所建也鶉火朱鳥宿之柳也其屬有七星也
熊旗六斿以象伐也熊虎爲旗師都之所建也伐屬白虎宿與參連體而六星也龜蛇
四斿以象營室也龜蛇爲旐縣鄙之所建也營室玄武宿也與東壁連體而四星也弧旌枉
矢以象弧也禮曰侯氏載龍旂弧韣則旌旗之屬皆有弧也弧以張縿之幅有衣謂之韣又爲設矢象弧星
有矢象妖星有枉矢者蛇行有尾因此云枉矢蓋畫之也韣音獨
左傳曰袀服振振取虢之旂袀音均
又曰三辰旂旗昭其明也注日月星也

平三百四十　三　孫長一

又曰狄人伐衛衛懿公戰于滎澤衛師敗績滅衛衛侯不
去旗是以甚敗
又曰越伐吳王孫彌庸見姑蔑之旗曰吾父之旗也不可
以見讎而勿殺
又曰鄭人擊簡子中肩斃于車中獲其蜂旗蜂旗旗名
又曰公孫尨以徒五百人宵攻鄭師取蜂旗於子姚之幕
下
又曰鄭伐許潁考叔取鄭伯之旗蝥弧以先登子都自下
射之顛
史記曰李斯上書云今陛下建翠鳳之旗樹靈鼉之鼓
漢書郊祀志曰武帝將伐南越以班荊畫幡日月北斗登
龍以象太一
東觀漢記曰耿弇追張步步奔平壽乃肉袒負斧鑕於軍
門而弇勒兵入據其城樹下二郡旗鼓令步兵各以部人
詣旗下衆向十餘萬輜重七千餘而皆罷歸鄉里
沈約宋書輿服志曰五旗者五色各一旗以木牛承其下
蓋取負重而安隱也五旗纏竿即禮記德車結旌不畫飭
也戎事乃散之又武車綏旌垂舒之也
北史曰盧賁嘗事隋文乃受禪命賁清宮因典宿衛賁乃
奏改周代旗幟更爲嘉名其青龍騶虞朱雀玄武千秋萬
歲之旗皆賁所創也
隋書曰九旗太常畫三辰日月五星旂畫青龍皇帝外諸侯交龍旟畫
朱鳥旌畫黄麟旗畫白獸旐畫玄武皆加雲氣其旜物在
軍亦畫其事號加之以雲氣徽幟亦如通帛爲旜雜帛爲物在軍亦畫其人
官與姓名之事徽幟亦書之畫其所書之例旌節又畫白獸而析羽於其上
又曰司常掌旗物之藏通帛之旗六以供郊丘之祀一曰

平三百四十　四　張長一

蒼旗二曰青旗三曰朱旗四曰黄旗五曰白旗六曰玄旗
畫繢之旗六以充王路之等一曰三辰之常二曰青龍之
旗三曰朱鳥之旟四曰黄麟之旌五曰白獸之旗六曰玄
武之旐皆左建旗而右建棡戟棡定朧切
又曰有繼旗四以施軍旅一曰麾以供軍將二曰旞以供
師帥三曰旐以供旅師四曰旆以供倅長
唐書曰元和中淮南節度使馬揔進吳元濟旌旗七百三
十九事
家語曰子路言志云願得旌旗繽紛下蟠于地
詩推度災曰上出號令而化天下震雷起而驚蟄睹旗鼓
動三軍駭觀其前動化而天情可見矣
戰國策曰建七星之旗天子之位也
穆天子傳曰日月之旗七星之文今旐上畫日月及北斗星也

周遷車服雜記曰晉元皇始制五牛之旗設青在左黃在中

六韜曰武王伐紂懸紂之首於白旗

古司馬兵法曰夏后氏玄首人之執也殷曰白天之義也周曰黃地之道也（夏首有於日旃三王所以立不失天地人之道也）章夏以日月上明也殷以虎上威也周以龍上文也（章畫飾也三王各有所法也）

郗萌占曰旗上有光人主大喜延年益壽

黃石公三略曰察知敵形色可勝之符先戰以二十八騎角人青衣赤旗東方七人徵人赤衣黃旗南方七人商人白衣黑旗西方七人羽人黑衣青旗北方七人凡二十八騎象二十八宿

軍令曰聞雷鼓音舉白幢絳旗大小船皆進戰不進者斬聞金音舉青旗船皆止不止者斬

王孫子曰桀紂或放南巢或頭懸赤旗斯無它不節財而暴人也

孫子曰言不相聞故為鼓鐸視不相見故為旌旗夫金鼓旌旗所以一民之耳目也

又曰無要正正之旗無擊堂堂之陣

列子曰皇帝與炎帝戰以雕鶡鷹鳶為旗幟

隋巢子曰天賜武王黃鳥之旗以代殷

淮南子曰九國有難君自宮召將詔之曰社稷之命在將軍身今國有難願子將而應之將軍受命乃令祝史太卜齋三日之太廟鑽靈龜卜吉日以受鼓旗

楚辭曰駕龍輈兮乘雷（輈車轅也）載雲旗兮逶迤

又曰乘迴風兮載雲旗

又曰楊彗星以為旗

又曰乘赤豹兮從文貍新夷車兮結桂旗

宋玉高唐賦曰眄兮若妖姬楊袂鄣日而望所思忽兮若駕駟馬建羽旗

相如上林賦曰靡魚須之橈旃（以魚須為旃柄驅逐戰也）曳明月之珠旗（以明珠綴飾旃）

王沉餞行賦曰曳招搖之脩旗若蜿虹之垂天

崔駰東巡頌曰升九龍之華旗

文選曰雲旗拂霓

又曰牙紛繽

又曰旌旗拂天

又曰揭竿為旗

又曰曳彗星之飛旗

又曰朱旗所拂九土破壞

又曰朱旗降天

又曰建祝姑（祝姑旗名）

又曰青霓雜桂旗

旟

釋名曰鳥隼為旟旟譽也軍吏所建也急疾趨事則有稱譽也

爾雅曰錯革鳥曰旟（郭璞注曰此謂全剝鳥皮毛置之竿頭也舊說刻革鳥置竿首也孫叔敖云革急也言畫急疾之鳥於旒也周官鳥隼為旟也禮記鄭玄云載之以示衆即此類也書云鳥獸日革詩云如翬斯鳥斯革隼首鳥者自是鳥之皮毛明矣）

詩曰孑孑干旟在浚之都

又曰彼旟旐斯胡不旆旆（旆旆垂也）

周禮曰鳥隼為旟州里所建也（州長之屬）

旐

釋名曰龜蛇爲旐兆也龜知氣兆之吉凶建之於後察度事宜之形兆也

爾雅曰續廣充幅長尋曰旐郭璞注曰帛全幅長八尺者也

詩曰設此旐矣

又曰建旐設旄薄獸于敖周宣王也

周禮曰龜蛇爲旐四斿縣鄙之所建也

旞

釋名曰全羽爲旞旞猶隧隧也順滑貌也一作旞

說文曰旞者導車所載全羽允允而進也

周禮曰全羽爲旞道車所建道車象路也王以朝夕燕出入也

旌

釋名曰析羽爲旌旌精光也緌有虞氏之旌也注旄竿首其形燊燊然也緌夏后氏之旌也其形衰也白斾殷旌也以帛繼旐末也翩陶也其皃陶陶下垂也

爾雅曰旄首曰旌郭璞注曰載旄於竿頭如今之幢亦有旒也

廣雅曰天子之旌高九仞諸侯七仞大夫五仞士三仞

詩曰孑孑干旌在浚之城

又曰悠悠斾旌

禮記曰前有水則載青旌鄭玄注曰載謂舉於旌首所以警衆者也鄭誌王贊問曰舉旌於首皆以皮邪畫之也鄭荅曰皆俱舉皮置於首不畫羽爲旌也

周禮曰析羽爲旌游車所建游車木路也王以田也全羽析羽皆五色文也

又曰掌舍爲帷宮設旌門樹旌以表門

左傳曰鄢陵之役欒鍼見子重之旌謂晉侯曰楚人謂夫旌子重之旌也

又曰范宣子假羽毛於齊而弗歸析羽爲旌王者游車所建齊私有之因謂之羽毛

太三百四十　七　張元

又曰楚靈王之爲令尹也爲王旌芋尹無宇斷之曰一國兩君其誰堪之

又曰衛宣公烝夷姜與朔構急子公使諸齊使盜待諸莘而殺之壽子載其旌旗以先盜殺之急子後往盜又殺焉

又曰許伯曰吾聞致師者御靡旌摩壘而還靡旌驅疾也摩近也

公羊曰楚莊王伐鄭鄭伯肉袒左執茅旌右執鸞刀以逆何休曰茅旌宗廟所用也爲宗廟所用求以宗廟歸首也

史記曰秦併天下以水德之始旌旄節皆尚黑

漢書文帝詔曰朝有進善之旌應劭注曰堯設五達之道令人進善也

又曰高祖使韓信與楚戰信潛伏人於楚軍之側方戰兵遂僞走楚軍逐之乃令拔楚旌立漢旌楚師望見奔走遂敗楚矣

後漢書曰世祖進師臨河連旌沿河千餘里

戰國策曰蘇秦爲趙合從於楚威王曰寡人西接秦秦虎狼之國卧不安席食不甘味心搖搖然如懸旌

漢武故事曰欒大有方術常於殿前樹旌數百人因令自相擊庭中去地十餘丈觀者大駭

孟子曰齊景公招虞人以旌不至將殺之非其招也夫招虞人以皮冠庶人以旃士以旂大夫以旌況以不賢招賢人乎

管子曰舜有告善之旌示不蔽也

莊子曰楚昭王使延屠羊說以三旌之位萬鍾之祿也

抱朴子軍術曰日始出而旌旗繞竿者急住更待善時而出軍

天文要集曰翼星明旌旗用

趙氏兵書曰有鳥集將軍旌上將軍增秩祿

太三百四十　八　張元

文選曰蔽引高旌

又曰旌旗拂天

又曰蜺爲旌翠爲蓋

又曰荃撓兮蘭旌荃此緣切撓音鐃

又曰建虹旍兮威夷

太平御覽卷第三百四十

太三百四十　九　趙先

太平御覽卷第三百四十一

兵部七十二

旆　幟　幡　旐　旌

旄　麾　幢　節　鉞

旆

說文曰旆者旆然垂也

爾雅曰續旐曰旆（帛續旐末爲燕尾也）

左傳曰楚令尹南轅反旆

又曰拔旆投衡乃出

又曰晉楚戰子玉以若敖之六卒將中軍（子玉楚令尹也）子西將左子上將右（子西闘宜申子上闘勃也）胥臣蒙馬以虎皮先犯陳蔡陳蔡奔楚右師潰（陳蔡屬楚之右師也）狐毛設二旆而退之（旆大旗也又建旗而退若大將稍卻也）

東京賦曰通帛旃旆

幟

史記曰沛公祠黃帝蚩尤於沛庭旗幟皆尚赤

又曰韓信伐趙令輕騎二百人人持一赤幟入趙壁拔趙幟立漢幟

東觀漢記曰漢兵守成都公孫述謂延岑曰事當奈何岑曰男兒當死中求生可坐窮乎財物易聚耳不宜有愛述乃悉散金帛募敢死士五千餘人以配岑於市橋僞建旗幟鳴鼓挑戰而潛遣奇兵出吳漢軍後襲擊破漢漢墮水緣馬尾得出

袁山松後漢書曰赤眉復入長安止桂宮逢安將千餘人攻延岑於杜陽鄧禹以赤眉精兵出在外唯盆子羸弱在長安攻之與謝祿夜戰槀街中鄧禹敗走逢安西與延岑蘇茂李寶戰於杜陽大破之寶茂降牙收散卒還戰寶茂從內拔赤眉旗自立其幟赤眉還驚亂走自投川死者十餘萬人

墨子曰凡幟帛長五丈廣半幅

太白經曰右一將行得水黑幡旗幟圖熊（旗額白腳青）右二將行得火赤幡旗幟圖鷄（旗額白腳青）右三將行得木青幡旗幟圖熊（旗額白腳青）右四將行得金白幡旗幟圖狼（旗額白腳青）右五將行得土黃幡旗幟圖虎（旗額白腳青）左一將行得水黑幡旗幟圖熊（旗額白腳黃）左二將行得火赤幡旗幟圖鷄（旗額青腳白）左三將行得木青幡旗幟圖熊（旗額青腳黃）左四將行得金白幡旗幟圖狼（旗額青腳黑）左五將行得土黃幡旗幟圖虎（旗額青腳赤）

幡

釋名曰幡也其皃幡幡然也

說文曰幡幟也

麟角曰信幡古之麾號也所以題表官號以爲符信故謂之信幡乘輿則畫爲白虎取其義而有威信之德也魏朝有青龍朱雀玄武白虎黃龍等五幡以詔四方詔東方郡國以青龍信南朱鳥西白虎北玄武朝廷畿甸則以黃龍亦以騏麟信幡高貴鄉公討晉文自秉黃龍幡以麾號令晉朝唯用白虎書信幡用鳥取其飛騰輕疾一曰鴻鴈有去來之信也

漢書曰甘延壽出西域部勒行陣別爲校尉踰葱嶺入赤谷至郅支城望見單于城上五采幡幟

又曰武帝伐南越禱太一以牡荆書幡名曰靈旗

獻帝春秋曰董卓未誅有書三尺布幡上作兩口相銜之字負之於道歌曰布乎及呂布殺卓負布者不復見

吳志曰陸遜取宜都獲秭歸枝江還屯夷陵守峽口以備關羽還當陽西保麥城權使誘之羽僞降立幡旗爲象人於城上因遁走

王隱晉書曰河間王伐齊王冏火燒觀閣及千秋神虎二門冏盜白虎幡唱云長沙王矯詔長沙更以白幡唱稱大司馬謀反

晉書曰長沙王乂攻齊王冏冏令王胡悉盜騶虞幡唱云長沙王矯詔又稱大司馬謀反助者誅五族

又張華傳曰楚王瑋受密詔殺太宰汝南王亮太保衛瓘等內外兵擾朝廷大恐計無所出華白帝以瑋矯詔擅害三公將士倉卒謂是國家意故從之耳今可遣騶虞幡使外軍解嚴理必風靡上從之瑋兵果散及瑋誅華以首謀有功拜右光祿大夫

覽三百四十　三

又曰衛瓘既誅瓘女與國臣書曰先公名謚未顯無異凡人每怪一國蔑然無言春秋之失其咎安在悲憤感慨故以示意於是主簿劉繇等執黃幡撾登聞鼓上言論之

又曰楚王瑋之誅二公也守東掖門會騶虞幡出又投弓流涕曰楚王被詔是以從之

宋書曰元嘉四年車駕出北堂使三更竟開廣莫門南臺云應須白獸幡銀字棨不肯開尚書左丞羊玄保奏免御史中丞傅隆已下晏首曰既無異勑又闕幡棨雖稱上旨不異單刺元嘉元年二月雖有開門例此乃前車違今令守舊未爲非禮其不請白獸幡銀字棨致開門不時由尚書相承之失亦合糾正上特無問更立科條

北史曰後魏元孚持白虎幡勞阿那瓌於柔玄懷荒二鎮間阿那瓌衆號三十萬陰有異意遂拘留孚載以轒（音溫）轀（音溫）車日給酪一升肉一段每集其衆坐孚東廂稱爲行臺甚加禮敬

晉起居注曰太陽佐伺承有毋云感老君生丞相中貴畫作九龍幡遂群聚奔市

晉諸公讚曰楚王瑋矯詔害汝南王亮其夜帝臨東堂張華唱議乃遣左右以白虎幡麾之然後衆散

鍾離意別傳曰意爲瑕兵令立春遣戶曹史擅建賫青幘幡白督郵督郵不受建留於家還白意言受他日意見督郵而督郵謝意言所以不受青幘幡者已自有也意還召建問狀建惶怖叩頭意曰勿叩頭使外聞也出因轉署主記史假遣無期建歸家父問之曰朝大士衆賢能者多子何功才既獲顯榮假乃無期寵厚將何謂也無得有不信於賢主耶建長跪以青幘幡意語父父嘿然有頃令妻設

覽三百四十　四

酒殺雞與建相樂謂建曰吾聞有道之君以義理殺人無道之君以血刃加人長假無期唯死不還將何以自裁乎酒畢進樂建遂物故

石虎鄴中記曰勒爲石虎諱呼白虎幡爲天鹿幡

鹽鐵論曰發春之後懸青幡策土牛殆非明主勸耕稼之意春令之論也

軍令曰五聞鼓音舉黃帛兩半幡合旗爲三面負陣庚肅之教曰大赦蕩然萬物更新陽幡既建事從寬簡蓋可得詢求民瘼撫循物性

旒

周禮曰龍旂九斿象大火也鳥旟七斿象鶉火也熊旗六斿以象伐也龜旐四斿以象營室也（大尾九星朱鳥七星參七星營室四星）

又曰全羽爲旞

公羊傳曰諸侯若贅旒

禮含文嘉曰天子之旗九仞十二旒曳地旗者旌旗也所以別尊卑序貴賤諸侯七仞九旒齊軫軫車後橫木也諸侯之旗齊於軫卿大夫五仞五旒齊軨士三仞三旒齊首首頭也

廣雅曰天子十二旒至地諸侯九旒至軫卿大夫七旒至轂士三旒至肩

東京賦曰建神旒之太常

旄

尚書曰武王右秉白旄孔安國注曰手秉旄有事旄教也

又曰羽畎夏翟翟雉名可施旄

毛詩曰建彼旄矣

又曰干旄美好善也衛文公之臣子多好善賢者樂告以善道也孑孑干旄在浚之郊

左傳曰晉人假羽旄于齊而不歸齊人始貳

漢書武紀曰征和二年更加節黃旄應劭注曰戾太子發節加其上黃以別之也

晉書曰王珣字元琳弱冠與陳郡謝玄爲桓溫掾俱爲溫所重嘗謂之曰謝掾年四十必擁旄杖節王掾當作黑頭公皆未易才也

鬻子曰武王伐紂乃命太公把旄以麾之紂軍反走

列仙傳曰秦文公時有梓樹化爲牛以騎擊之騎不勝或墜髮解被髮牛畏之入河故秦因致旄頭騎使先驅

文選曰羽旄掃霓

又曰羽旄揚蕤

又曰素旄一麾渾一區宇

洛神賦曰左倚彩旄右蔭桂旗

楚詞曰建脩虹之采旄

甘泉賦曰流星旄以電燭

又曰建雄虹之采旄係綴蜦蜧文紛錯也五色雜而炫耀泉采雜厠而明朗

眊

服虔通俗文曰毛飾曰眊眊音耄

漢魏故事曰與外國節皆三赤眊一黑眊十異於常節

魏略曰諸葛亮見劉備備性好眊時適以旄牛尾與備者備手自結之亮曰將軍當復有遠志耶止結眊而已備知亮非常人乃投眊而謂曰以忘憂耳

吳時外國傳曰黑白眊出天竺國

陶公故事曰臣侃奉獻金鑄白眊四枚

續異記曰竟陵王誕在廣陵左右侍直眠中夢人告之曰官須髮爲稍眊覺則已失髮矣如此者數十人

俗說曰謝安小兒時便有名譽流聞遠國慕容廆餉謝白狼眊一雙謝時年十三一作慕容垂也

魏武與楊彪書曰今贈足下十鈴眊一具

諸葛亮與瑾書曰兄嫌白帝兵非精練到所督則先主帳下白眊西方上兵也嫌其少者當復部分江州兵以廣益之

庾翼與燕王書曰今致孔雀眊二枚

諸葛亮與吳王書曰所送白眊薄少重見辭謝益以慚懟

庾翼與慕容皝書曰今致襦鎧一領兜牟白眊自副

又曰今致朱漆鎧二十張絳碧畫幡黑眊自副鎧所諫切

麾

左傳曰楚人謂夫矜子重之麾也

穀梁曰日有食之鼓用牲于社用牲非禮也天子救日置五麾陳五兵五鼓諸侯置三麾陳三兵三鼓大夫擊門士擊柝

後漢書曰班超拜爲將兵長史假鼓吹幢麾

王隱晉書曰戴洋病亡天神使爲酒藏吏授符持幢麾將上蓬萊諸山五日更生

華陽國志曰曹公察關羽不安使張遼以情問之羽嘆曰吾極知曹公待我厚然吾受劉將軍恩誓以共死不可背之要當立効報公曹聞而義之是歲紹征官渡遣驍騎將軍顏良攻東郡太守劉延於白馬公使遼羽爲先鋒羽望見良麾策馬刺良於萬衆中斬其首還遂解延圍公卽表封羽漢壽亭侯重加賞賜羽盡封其物拜書告辭而歸先主也

晉令曰兩頭進戰視麾所指聞三金音止二金音還

軍令曰凡戰臨陣皆無讙譁（讙音喧譁音化）明聽鼓音謹視幢麾麾前則前麾後則後麾左則左麾右則右麾不聞令而擅前後左右者斬

淮南子曰譬若軍之持麾者也妄指而亂矣

幢

釋名曰幢童也其貌童童然也

晉公卿禮秩曰安平王孚汝南王亮太傅楊駿義陽王望齊王冏魯王賈充河間王顒梁王肜秦王柬長沙王乂皆給羽葆幢

後魏書曰韓茂膂力絕人尤善騎射太宗曾親征丁零翟猛茂爲中軍執幢時大風諸軍旌旗皆偃仆茂於馬上持幢初不傾倒太宗異而問之徵茂所屬具以狀對太宗謂左右曰記之尋徵詣行在所試以騎射太宗深奇之以茂爲虎賁中郎將

兵書曰赤幢常在大將不得動搖赤者火也火土之母故軍主長服赤幢

節

周禮曰守國者用玉節守都鄙者用角節掌邦國之使者用虎節土國用人節澤國用龍節（皆金之）門戶用符節貨賄用璽節使用管節道用旌節（以竹爲之）

漢書曰蘇武在匈奴北海牧羊起卧操節（節旄也）

又曰張騫使月支匈奴得之留騫五六年漢節不失

東觀漢記曰鄭衆謂匈奴曰不忍將大漢節對氊裘也

唐書曰穎王璬爲蜀郡都督璬性儉率將渡綿州江登舟見以綵縧席爲藉者顧曰此可以爲寢處奈何踐之命撤去之璬初奉命之藩卒遽不暇受節綿州司馬史賁進說曰王帝子也且爲節度大使今之藩而不持節單騎徑進人何所瞻請建大槊蒙之油囊爲旌節狀先驅道路足以威衆璬笑曰但爲眞王何用假旌節乎

鉞

釋名曰鉞豁也所向莫敢當前豁然破散也

宋林曰鉞王斧也

開元文字云斧也或爲鉞

尚書牧誓曰王左杖黃鉞右秉白旄以麾曰逖矣西土之人

又顧命曰一人冕執劉立于東堂一人冕執鉞立于西堂（冕皆大夫也鉞屬也立於東西廂之前堂）

詩曰武王載旆有虔秉鉞如火烈烈則莫我敢遏（虔固也）

禮記曰天子賜諸侯樂則以柷將之賜伯子男樂則以鼗將之諸侯賜弓矢然後征賜鈇鉞然後殺賜圭瓚然後爲鬯

又曰軍旅鈇鉞先王之所以飾怒也
又曰是故君子不賞而民勸不怒而民威於鈇鉞
左傳曰魏絳至授僕人書將伏劒士魴張老止之公讀其書曰君合諸侯臣敢不敬君師不武執事不敬罪莫大焉臣懼其死以及楊干無所逃罪不能致訓至於用鉞臣之罪重敢有不從以怒君心請歸死於司寇也
又曰將戮慶封椒舉曰臣聞無瑕者可以戮人慶封唯逆命是以在此其肯從於戮乎播於諸侯焉用之王弗聽負之斧鉞以徇於諸侯
又曰其後襄之二路鏚鉞秬鬯彤弓虎賁文公受之以有南陽之田晉文公也
史記殷本紀曰當是時桀爲虐亂婬荒酖酗于酒不脩厥政天下叛之而諸侯昆吾氏爲亂湯乃興師率諸侯伊尹從湯湯自把鉞以伐昆吾遂伐桀

又曰紂囚西伯於羑里西伯之臣閎夭之徒求美女奇物善馬以獻紂紂乃赦西伯西伯出而獻洛之地以請除炮烙之刑紂乃許之賜弓矢斧鉞使征伐
又曰周本紀曰紂嬖妾二女皆經自殺武王又射三發擊以劒斬以玄鉞
又曰周公旦把大鉞畢公把小鉞以夾武王
漢書刑法志曰大刑用甲兵其次用斧鉞中刑用刀鋸其次用鑽鑿薄刑用鞭扑
後漢書郭躬傳曰竇固出擊匈奴騎都尉秦彭爲副彭在別屯而輒以法斬人固奏彭專擅請誅之顯宗乃引公卿朝臣平其罪科躬以明法律召入議者皆然固奏躬獨曰於法彭得斬之帝曰軍征校尉一統於督彭既無斧鉞何得專殺人乎躬對曰一統於督者謂在部曲也今彭專軍別將有異於此兵事呼吸不容先關督帥且漢制棨戟即爲斧鉞於法不合罪帝從躬之議
吳志陸遜傳曰遜假節鉞爲大督逆曹休斬獲萬餘
吳録曰假陸遜黄鉞吳主親執鞭以見之
晉書天文志曰天槍三星在北斗杓東一曰天鉞天之武備也
又曰參十星一曰參伐一曰大辰一曰天市一曰鈇鉞主斬刈
又曰青龍三年六月丁未鎮星犯井鉞占曰爲兵氣也
又曰甘露元年七月乙卯熒惑犯井鉞占曰並有兵事
唐書曰天寶中制黄鉞古來以金爲飾金者應五行之數有肅殺之威去金稱黄理或未當其鉞宜改爲金鉞副威

武之義焉
司馬法曰夏執玄鉞
崔豹古今輿服注曰玄鉞諸公主得建之武王以黄鉞斬紂故王者以爲戒太公以玄鉞斬妲己故婦人以爲戒
博物志曰武王伐紂度河太風波武王操鉞乘麾麾之風波立濟
正部曰奔逃之士不避斧鉞
張平子西京賦曰於是蚩尤秉鉞奮鬣被般禁禦不若以知神姦
張平子東京賦曰總輕武於後陳奏嚴鼓之嘈囋戎士介而揚揮戴金鉦而建黄鉞
又曰方相秉鉞巫覡操茢桃弧棘矢所發無臬
又曰我光武忿之乃龍飛白水鳳翔參墟授鉞四七共工

是除

潘元茂冊魏公九錫文曰錫以二輅虎賁鈇鉞

陳孔璋檄吴將校部曲文曰丞相秉鉞鷹揚順風烈火元戎啓行未鼓而破

又曰伏鈇嬰鉞首署分離

范蔚宗宦者傳論曰梁冀受鉞迹因公正思固主心故中外服從上下屏氣

曹植王仲宣誄曰我公奮鉞耀威南楚荆人或違陳戎講武

太平御覽卷第三百四十一

太平御覽卷第三百四十二

兵部七十三

劍上

釋名曰劍撿也所以防撿非常也又斂也以其在身拱時斂在臂內也其旁鼻曰鐔音尋鐔尋也帶所貫尋也其末曰鋒末之言也。韻集曰鐔音覃劍口也。方言曰鞘音肖謂之室。說文曰鞘謂之衣亦曰褫褫音遞。字林曰璏直例反劍鼻也

禮記曰武王克商後散軍而郊射左射貍首右射騶虞而貫革之射息也裨冕搢笏而虎賁之士脫劍

又曰進劍者左首首尊也

又曰受弓劍以袂袂衣也

周禮曰周官桃氏爲劍臘廣二寸有半寸臘謂兩刃音臘兩從半之從謂劍脊兩面殺趨鍔者以其臘廣爲之莖圍長倍之莖謂劍夾人所握以上中其莖設其後謂從中以卻稍大之身長五其莖長重九鋝鋝音劣謂之上制上士服之身長四其莖長重七鋝謂之中制中士服之身長三其莖長重五鋝謂之下制下士服之今之上首也各以形皃大小帶之士男士也

又曰鄭之刀宋之斤魯之削吳越之劍遷乎其地而弗能爲良地氣然也

左傳曰初虞叔有玉虞叔虞公之弟虞公求旃弗獻既而悔之曰周諺有之匹夫無罪懷璧其罪吾焉用此以賈害也乃獻之又求其寶劍叔曰是無厭也無厭將及我遂伐虞公故虞公出奔洪池洪池地名

又曰莒子庚輿虐而好劍苟鑄劍必試諸人國人患之又將叛齊烏存帥國人以逐之烏存莒大夫也

又曰吳公子光伏甲於掘室而享王掘地爲室王使甲坐於道及其門門階户席皆王親也夾之以鈹羞者獻體改服於門外羞者獻體解衣也執羞者坐行而入執鈹者夾承之承執羞者也光僞足疾入法掘室恐難作王黨殺己避之也專諸寘劍魚中以進遂殺王

又曰吳將伐齊越子率其衆以朝吳人皆喜唯子胥懼曰是豢吳也吳王聞之使賜之屬鏤以死屬鏤劍也

又曰楚太子建爲鄭人殺之其子勝在鄭晉人伐鄭楚救之與之盟勝怒曰鄭人在此讎不遠矣勝自厲劍子平見之曰王孫何以自厲也曰將以殺汝父也

又曰宋殺申舟楚子聞之劍及寢門之外怒也

家語曰子路戎服見孔子拔劍舞之曰古之君子以劍自衞乎孔子曰古之君子忠以爲質仁以爲衞不出環堵之室而知千里之外有不善則以忠化之寇暴則以仁圍之何必持劍乎子路曰由乃得聞此言也請攝齊以受教

又曰顏回曰願鑄劍戟爲農器

戰國策曰韓卒之劍皆出於冥山棠谿墨陽宛馮龍泉太阿皆陸斷馬牛水擊鴻鴈當敵於甲盾耳此天下名器也

國語曰齊桓公問曰齊國寡甲兵爲之若何管子曰小罪讁以金美金以鑄劍戟試諸狗馬惡金以鑄鉏夷試諸壤土乃甲兵大足也

史記曰吳季札之初使北過徐君好季札劍口弗敢言季札知之爲使上國未獻還至徐徐君已死乃解其寶劍繫徐冢樹而去從者曰徐君已死當誰予乎曰不然始吾心已許之豈以死背吾心哉

又曰平原君及毛遂與楚合從言其利害日出而言日中不決遂按劍而上請平原君曰從者利害兩言而決耳今

曰出而言日中不決何也楚王謂平原君曰客何爲者也平原君曰是勝之舍人也楚王叱之胡不下吾乃與君言汝何爲者也毛遂按劒而前曰今十步之内王不得恃楚國之衆也王之命懸於遂且遂聞湯以七十里之地而王天下文王以百里之壤而臣諸侯今楚地方五千里持戟百萬此霸王之資也白起小豎子耳率數萬之衆興師以與楚戰一戰而舉鄢郢再戰而燒夷陵三戰而辱王之先人此百世之怨而趙之所羞而王弗知惡合從者爲楚非爲趙也吾君在前叱者何也諸侯乃定從

又曰范雎傳云秦昭王臨朝歎息應侯進曰臣聞主憂臣辱主辱臣死今大王中朝而憂臣敢請其罪王曰吾聞楚之鐵劒利而倡優拙夫鐵劒利則士勇倡優拙則思慮遠夫以遠思慮而御勇士恐楚之圖秦也

又曰李斯上書云今陛下服太阿之劒乘纖離之馬此數寶者秦不生一焉

又曰陳平間行杖劒亡渡河船人見其美丈夫獨行疑其亡將腰中當有金寶目之欲殺平平恐乃解衣躶而佐刺船船人知無有乃止

又曰鄒陽上書梁王云臣聞明月之珠夜光之璧以闇投人於道路人無不按劒相眄者何則無因而至前也

又曰高祖送徒驪山夜徑澤中令一人行前行前者還報曰前有大蛇當徑願還高祖曰壯士行何畏乃前拔劒斬蛇

又曰高祖置酒雒陽宮曰吾有三傑而能用之故吾以布衣提三尺劒取天下也項羽有一范增而不能用所以爲吾擒也

又曰高祖擊英布時爲流矢所中高祖問醫曰病可治於醫曰可治於是高祖慢罵之曰吾以布衣提三尺劒取天下此非天命乎命乃在天雖扁鵲何益

又曰伍員奔吴船人濟之員感其德解寶劒賜之船人曰子達吴勿相志劒則不敢以當

又曰魏相爲丞相好武皆令諸吏有奏事者帶劒而前奏或有不帶劒者入奏事乃借錯劒而方敢入

又曰荆軻衛人之燕燕人謂之軻卿軻卿好讀書學擊劒以術説元君元君不用

又曰司馬相如好讀書學擊劒故毋名曰犬子

漢書曰雋不疑字曼倩渤海人治春秋爲郡文學進退必以禮名聞州郡武帝末暴勝之爲直指使者衣繡衣素聞不疑賢至渤海遣吏請與相見不疑冠進賢冠帶櫑具劒應劭曰櫑具摽首之劒櫑蠡落壯大之皃

又曰時中國初定尉佗平南越因王之高祖使中大夫陸賈賜佗印爲南越王王賜賈橐中裝千金賈有五男迺出所使橐中裝賣千金分其子子二百金賈常乘安車駟馬從歌鼓瑟侍者十人寶劒直百金謂其子曰與汝約過汝汝給人馬酒食極歡十日而更約所死家得寶劒其遊漢庭名聲籍甚言狼籍甚盛也

又曰朱博奏王莽爲庶人莽就國南陽太守以莽貴重選門下掾孔休守新都相休謁見莽莽盡禮自納休亦聞其名莽後疾休候之莽緣恩意進其玉具劒欲以爲好休不肯受莽因見誠見君面有瘢美玉可以滅瘢休復辭讓莽曰君嫌其價耶遂椎碎自裹以進休乃受之

又曰朱雲曰臣願請上方斬馬劒斷佞臣一人首上問誰對曰安昌侯張禹上怒

又曰龔遂爲渤海太守務農勸人賣劍買牛曰可爲佩牛乎

又曰沛公從百餘騎見羽於鴻門羽因留沛公飲范增數目羽擊沛公羽不應范增起出謂項莊曰君王爲人不忍汝入以劍舞因擊殺之莊入爲壽壽畢曰軍中無以爲樂請以劍舞因拔劍起舞項伯亦起舞常以身翼蔽沛公獲免

又曰孝景帝賜衛綰曰先帝賜臣劍凡六不敢奉詔上曰劍人之所施獨亦至今乎綰曰具在上使取六劍尚盛未嘗服之也

又曰質氏以治削而鼎食（注治刀劍也）

又曰王莽使武賁以斬馬劍挫（猶剉）董忠

又曰梁冀帶劍入省尚書張陵呵叱令出冀跪謝陵不應因劾奏詔以一歲俸贖罪

楚漢春秋曰上過陳留酈生求見使者入通公方洗足問如何人曰狀類大儒上曰吾方以天下爲事未暇見大儒也使者出告酈生瞋目按劍入言高陽酒徒非儒者也

後漢書曰韓稜爲尚書令與僕射郅壽尚書陳寵同時俱以才能稱肅宗嘗賜諸尚書劍唯此三人特以寵劍自手署其名曰韓稜楚龍泉（晉太康記曰汝南西平縣有龍泉可淬刀劍特堅利汝南即楚分野也）郅壽蜀漢文陳寵濟南椎成（推音宜追切漢官椎成作錐成）時論者爲之說以稜深有謀故得龍泉壽明達有文章故得漢文寵敦朴善不見外故得椎成

謝承後漢書曰延熹中詔應奉曰蠻夷叛逆作難積惡放恣鑊中之魚火熾湯盡當魚燋爛以刷國恥朝廷以奉昔守南土威名播越故復式序重任奉之發興期在於今賜奉錢十萬駁犀方具劍金錯把刀劍革帶各一奉其勉之

又曰吳郡張業字仲叔爲郡門下掾送太守歸鄉里至河內遇賊業拔劍與賊交戰而死子武時幼不識父傷父喪不還每至節日持業遺劍至河內到業死處醊祭悲哀感動路人

東觀漢記曰世祖十三年王國有獻名馬寶劍直百金馬以駕鼓車劍以賜騎士

又曰馮石襲母公主封獲嘉亦爲侍中稍遷衛尉能取悅當世爲安帝所寵帝嘗幸其府留飲十數日賜駁犀具劍紫艾綬玉玦各一

又曰建武二年遣馮異西擊赤眉平關中上自河南賜異乘輿七尺玉具劍

又曰光武有駁犀之劍以賜陳遵

魏志曰文帝爲太子時與鄧展飲酣論及劍術不決時方食甘蔗因以習之下殿數交三中其臂

魏略曰嚴幹字公仲器性重厚篤好擊劍

魏氏春秋曰魏武過城皐故人呂伯奢伯奢不在家人爲供王闢其食器聲疑其圖已夜手劍殺八人既見食飲而悽愴曰寧我負人無令人負我

吳書曰太史慈臨亡歎息曰丈夫生世當帶七尺之劍以升天子之階今所志未從奈何而死乎權甚悼惜之

晉書曰上公九命則劍履上殿

又曰張軌遣主簿令狐亞聘南陽王模甚悅遺軌以帝所賜劍謂軌曰自隴已西征伐斷割悉以相委如此劍矣

又曰武庫火歷代之寶孔子屐漢高斬白蛇劍王莽頭皆失所在張華見龍劍排戶而飛去

又曰何攀除兗州刺史錫班劒赤舄
又曰王如初聚衆作逆敗王敦平稜愛驍武請敦配麾下稜甚加寵遇如數與敦將角射鬬爭爲過稜杖之如甚以爲恥初敦有不臣之迹稜每諫之敦常怒異色乃密使人激怒如勸令殺稜因稜閑晏如請劒儛爲歡稜從之如於是儛刀爲戲漸來前稜惡而呵之不止遂直前斬稜敦聞而佯驚亦捕如誅之
又曰張華傳吳之未滅也斗牛之間常有紫氣道術者皆以吳方強盛未可圖也唯司空張華以爲不然及吳平之後紫氣愈明華聞豫章人雷煥妙達緯象乃要煥宿屏人曰可共尋天文知將來吉凶因登樓仰觀煥曰僕察之久矣唯斗牛之間頗有異氣華曰是何祥也煥曰寶劒之精上徹於天耳華曰君言得之吾少時有相者言吾年出六

十位登三事當得寶劒佩之斯言效歟因問曰在何郡煥曰在豫章豐城華曰欲屈君爲宰密共尋之可乎煥許之華大喜即補煥豐城令煥到縣掘獄屋基入地四丈餘得一石函光氣非常中有雙劒並刻題一曰龍泉一曰太阿其夕斗牛間氣不復見焉煥以南昌西山北巖下土以拭劒光芒豔發大盆盛水置劒其上視之者精芒炫目遣使送一劒并土與華留一自佩或謂煥曰得兩送一張公豈可欺乎煥曰大朝將亂張公當受其禍此劒當繫徐君墓樹耳靈異之物終當化去不永爲人服也華得劒寶愛之常置坐側華以南昌土不如華陰赤土報煥書曰詳觀劒文乃干將也莫邪何復不至雖然天生神物終當合耳因以華陰土一斤致煥煥更以拭劒倍益精明華誅失劒所在煥子華爲州從事持劒行經延平津劒忽於腰間躍出墮水使人沒水取之不見劒但見兩龍各長數丈蟠縈有文章沒者懼而返須臾光彩照水波浪驚沸於是失劒華歎曰先君化去之言張公終合之論此其驗乎華之博物多此類
又曰載記云劉曜自以形質異衆恐不容于俗隱迹管涔山以琴書爲事嘗夜閑居二童子入跪曰管涔王使小臣奉謁趙皇帝獻劒一口置前再拜而去以燭視之劒長二尺光澤非常赤玉爲室背有銘云神劒服御除衆毒曜遂服之劒隨四時變爲五色
崔鴻後趙録曰張賓闊達有大節嘗自謂昆弟曰吾自言智卒鑒識不後張子房但不遇高祖耳勒與諸將下山東賓曰吾歷覽諸將獨胡將軍可與共成大事者乃提劒軍門大呼請見

宋書曰初世祖嘗賜謝莊寶劒莊以與豫州刺史魯爽別後爽反叛世祖因宴集問劒所在答曰昔以與魯爽別竊爲陛下杜郵之賜上甚悅當時以爲知言
梁書曰天監五年廬陵太守王希聃於高昌縣獲銅瑞劒二口以聞曰薄伐凶醜而龍淵耀質凶奴將滅白旗表徵
又曰七年會稽太守衡陽王元簡上言餘姚縣掘地得劒二口又於縣東江水中得劒一口文漫若雌雄
又曰羊侃初爲尚書郎以勇聞魏帝嘗謂曰郎官謂卿爲虎豈羊質虎皮乎試作虎狀侃因以手抉殿柱沒指魏帝壯之賜以珠劒
三國典略曰侯景篡位遷豫章王棟別宮白虹貫日三重其夜月入太微掩帝坐景所帶劒水精標無故墜落景身自俯拾心極惡之

五代周史曰鄭仁誨字日新晉陽人父霸累贈太子太師仁誨幼事唐驍將陳紹光紹光恃勇使酒嘗乘醉抽佩劒將剚刃於仁誨左右無不奔避唯仁誨端立以俟略無懼色紹光因擲劒於地謂仁誨曰汝有此器度必當享人間富貴

太平御覽卷第三百四十二

太平御覽卷第三百四十三

兵部七十四

劍中

吳越春秋曰越王允常聘歐冶子作名劍五枚三大二小一曰純鈞二曰湛盧三曰豪曹或曰盤郢四曰魚腸五曰鉅闕秦客薛燭善相劍王取豪曹示之薛燭曰非寶劍也夫寶劍五色並見今豪曹五色黯然無華殞其光亡其神吳王復取鉅闕示之薛燭曰非寶劍也夫寶劍金錫和同氣如雲煙今其光已離吳王復取魚腸示之薛燭曰夫寶劍者金精從理至本不逆今魚腸倒本從末逆理之劍也服此者臣弒其君子弒其父王取純鈞示之薛燭矍然而望之曰光乎如屈陽之華沈沈如芙蓉始生於湘觀其文如列星之芒觀其光如水之溢塘觀其色渙如冰將釋見日之光此純鈞者也王曰是也客有買此劍者市之鄉三十駿馬千疋千戶之都二其可與乎薛燭曰不可臣聞王之初造此劍赤堇之山破而出錫若耶之溪涸而出銅雨師灑道雷公發鼓蛟龍捧爐天帝壯炭太一下觀於是歐冶子曰天地之精悉其伎巧造爲此劍吉者宜王凶者可以遺人凶者尚直萬金況純鈞者耶取湛盧薛燭曰善哉銜金鐵之英吐銀錫之精奇氣託靈有遊出之神服此劍者可以折衝伐敵人君有逆謀則去之他國允常乃以湛盧獻吳吳公子光殺吳王僚湛盧去如楚昭王寤而得之召風胡子問之此劍直幾何對曰赤堇之山已合若耶之溪深而不測群神上天歐冶已死雖有傾城量金珠玉不可與況駿馬萬戶之都乎

又曰越王問范蠡用兵行陣對曰越有處女出於南林之中願君王問以手戰之道立可見也處女將見道逢老人自稱袁公袁公曰聞子善爲劍願一觀之女曰妾不敢有隱袁公即跳㧞林之竹處女即捷其末袁公操其本而刺處女處女因舉杖擊之袁公即飛上樹變爲白猿女別去見越王越王大悅乃命五校之隊長高才習之以教軍人當此之時皆稱越女劍

又曰干將者吳人與歐冶同師俱作劍前獻劍壹枚闔閭得而寶之以故使干將造劍二枚一曰干將二曰莫耶莫耶者干將之妻名也干將作劍採五山之精合六合之英候天伺地陰陽同光百神臨觀天氣下降而金鐵之精未流莫耶曰子以善爲劍聞於王王使子作劍三年不成者其有意乎干將曰吾不知其理莫耶曰夫神物之化須人而成今夫子作劍得無當得人而後成干將曰昔吾師之作冶也金鐵之類不消夫妻俱入冶鑪之中莫耶曰先師親爍身以成物妾何難也於是干將夫妻乃斷髮揃（剪）指投之鑪中使僮女（一作子）三百鼓橐裝炭金鐵乃濡遂以成劍陽曰干將而作龜文陰曰莫耶而作漫理干將匿其陽出其陰而獻之闔閭闔閭甚惜之

又曰伍子胥過江解劍與漁父曰此劍中有七星北斗文其直千金

越絕書曰楚王召風胡子而問之曰寡人聞吳有干將越有歐冶子此二人寡人願賫邦之重寶皆以奉子因吳王請此二人爲鐵劍可乎風胡子曰善於是乃令風胡子之吳見歐冶子干將使之爲鐵劍歐冶子干將鑿茨山洩其溪取其鐵英爲劍三枚一曰龍淵二曰太阿三曰工市劍成風胡子奏之楚王楚王見之精神太悅見風胡子問之

曰此三劍其名爲何風胡子曰一曰龍淵二曰太阿三曰工市楚王曰何爲龍淵太阿工市風胡子對曰欲知龍淵觀其狀如登高山臨深淵欲知太阿觀其鍔巍巍翼翼如流水之波欲知工市觀其鍔從文間起至脊而止如珠而不可衽文若流而不絶晉鄭聞此三劍而求之不得興師圍楚之城三年不解倉穀盡庫無兵革於是引太阿之劍登城而麾之三軍破敗士卒迷惑流血千里晉鄭之頭畢白楚王於是大悦曰此劍威耶寡人力也風胡子對曰劍之威也因大王之神楚王曰夫劍鐵耳固能有精神如此乎風胡子曰神農以石爲兵黄帝以玉爲兵禹以銅鐵爲兵天下皆服此亦鐵之神也王之德也

又曰闔閭冢吴縣閶門外名曰白虎丘塟郢魚腸之劍在焉十萬人治之葬三日白虎居上號曰虎丘

又曰伍子胥走吴至江上見漁者曰來渡我漁者知其非恒人即載入船子胥即解其劍以與漁者曰吾先人之劍直百金請以與子也漁者曰吾聞荆王有令曰能得伍子胥者購之千金吾欲得荆王之千金何以子百金之劍爲漁者渡千斧之津曰亟食而去無令遣追者及子也子胥行即覆船伏匕首自刎而死

琴操曰聶政父爲韓王治劍過期不成王殺之時政未生壯問母知之乃上太山遇仙人學鼓琴漆身爲厲吞炭變音七年琴成入韓逢其妻從置櫛對妻而笑妻泣曰君何似政齒政曰天下人齒相似又入山援石擊落其齒以刀內琴中刺韓王

列士傳曰干將莫耶爲晉君作劍三年而成劍有雄雌天下名器也乃以雌劍獻君留其雄者謂其妻曰吾藏劍在南山之陰北山之陽松生石上劍在其中矣君若覺殺我尒生男以告之及至君覺殺干將妻後生男名赤鼻具以告之赤鼻斫南山之松不得劍思於屋柱中得之晉君夢一人眉廣三寸辭欲報讎購求甚急乃逃朱興山中遇客欲爲之報乃刎首將以奉晉君客令鑊煮之頭三日三日跳不爛君往觀之客以雄劍倚擬君君頭墮鑊中客又自刎三頭悉爛不可分別分葬之名曰三王冢（列異傳曰莫耶爲楚王作劍藏其雄者搜神記亦曰爲楚王作劍餘悉同也）

孝子傳曰眉間赤名赤鼻父干將母莫耶父爲晉王作劍藏雄送雌母孕尺父曰男當告之曰出户望南山松上石上劍在其巔及產果男母以告尺尺破柱得劍欲報晉君客有爲報者將尺首及劍見晉君君怒烹之首不爛王臨之客以擬王王首墜湯中客因自擬之三首盡糜不分乃爲三冢曰三王冢也

文士傳曰魏文帝愛楊脩才脩誅後追憶脩脩曾以寶劍與文帝文帝後佩之告左右曰此楊脩劍也

周斐先賢傳曰許嘉給縣功曹儀小吏常持劍侍從功曹月朔晨朝并持炬火嘉於是忿然歎曰男兒爲吏不免賤役即投火於地以劍帶槐樹趨謁府門

南記曰魏應字尹伯任城人明魯詩章帝重之數進見論難於前特受賞賜劍玦衣服

先賢行狀曰王烈字彦考通識達道時國中有盗牛者牛主得之盗者曰我邂逅迷惑從今已後將改過子既已赦有幸無使王烈聞之人有以告烈者烈以布一端遺之或問此人既有盗畏君聞之反與布何也烈曰昔秦穆公人盗其駿馬食之已而賜之酒盗者不愛其死以救穆公之

難今此盜人能悔其過懼聞之知是恥惡則善心將生故與布勸爲善也一年之中行路老父擔重人代擔行數十里欲至家置而去問姓字不以告頃之老父復行失劍於路有人行而遇之欲置而去懼後人得之劍主求失所取而羈募或能差錯遂守之至暮劍主還見之前者代擔人也老父攬其袂曰子前者代吾擔不得姓名今子復守吾劍于路未有若子之仁子請告吾姓名將以告王烈乃語之而去老父以告烈烈曰世有仁人吾未見之使人見之乃昔時盜牛人也

雷煥別傳曰煥字孔章鄱陽人善星曆卜占晉司空張華夜見異氣起牛斗華問煥見之乎煥曰此謂寶劍氣華曰時有相吾者云君當貴達身佩寶劍此言欲效矣乃以煥爲豐城令煥至縣移獄掘入三十餘尺得青石函一枚中有雙劍文采未甚明煥取南昌西山黄白土用拭劍光豔照曜乃送一劍并少黄土與華自留一劍華得劍并土曰此干將也莫耶已復不至然天生神物終當合耳乃更以華陰赤土一斤送與煥煥得磨劍鮮光愈亮及華誅劍亡玉匣莫知所在後煥亡煥子爽帶劍經延平津劍充故墮水令人沒水逐覓見二龍長數丈盤交須臾光采微發曜日映川

說苑曰經侯往過魏太子左帶玉具劍右帶環珮左光照右右光照左

又曰西閭過渡河而溺焉能說諸侯過曰干將莫耶拂鍾不錚以之攝履曾不如兩錢之錐（錚楚耕切）

又曰齊遣淳于髡到楚髡爲人頭小楚王甚薄之謂曰齊無人耶而使子來子何長也髡對曰臣無所長腰中七尺之劍欲斬死狀王王曰止吾但戲子耳即與髡共飲酒

鹽鐵論曰所謂利兵者非謂吴楚之鋌干將之劍也以道德爲城以仁義爲郭莫之敢攻莫之敢入文王是也以道德爲冑仁義爲劍莫之敢當莫之敢禦湯武是也今不建不攻之城不可當之兵而任匹夫之役而行三尺之刃亦細矣

魏文帝典論曰余好擊劍善以短乘長選兹良金命彼國工精而鍊之至于百辟其始成也五色駭鑪巨橐自鼓

又曰建安二十四年二月丙午魏太子丕造百辟寶劍長四尺二寸重一斤十有五兩淬以清漳厲以礛（音監）諸（音儲）飾以文玉表以通犀光似流星名曰飛景（礛諸青礪石也）

世說曰王子喬墓在京陵戰國時人有盜發之者覩無所見唯有一劍停在室中欲進取之劍作龍鳴虎吼遂不敢近俄而徑飛上天

又曰鍾會是荀濟北從舅二人情好不協荀有好寶劍可直百萬常在母鍾夫人許會善書學荀手跡作書與母取劍仍竊去不還荀深知是鍾无求得求思所以報之鍾會兄弟共以千萬起新宅始成甚精麗未得移住荀善畫於是潛往畫鍾門堂並作太傅形像衣冠狀皃如平生二鍾來入門便大感慟於是宅遂空廢

陶弘景刀劍録曰夏禹字高密在位十年以庚戌八年鑄一劍長三尺九寸後藏之會稽秦望山腹上刻二十八宿文有背面面記星辰背記山水日月

又曰啓子少康在位二十九年歲次辛卯三年春鑄一銅劍上有八方面長三尺一寸頭方

又曰孔甲在位四十年以九年歲次甲辰採牛頭山鐵鑄

一劍銘之曰夾古文篆長四尺一寸

又曰太甲在位三十二年以四年歲次甲子鑄一劍長二尺九寸文曰定光古文篆書

又曰武丁在位五十九年歲次戊午鑄一劍長三尺銘曰照膽大篆書

又曰周昭王瑕在位五十一年二年歲次壬午鑄五劍各投五岳鎮方岳大篆書長五尺

又曰簡王夷在位十四年歲次癸酉鑄一劍銘曰日駿長三尺大篆書

又曰秦昭王在位五年元年丙午鑄一劍長三尺銘曰誠大篆書

又曰始皇在位三十七年三年丁巳採北祇銅鑄二劍銘曰定秦李斯小篆書李斯刻一口埋在阿房閣下一口埋在日觀臺長六尺

又曰前漢劉季在位十二年季以始皇三十四年於南山得一鐵劍長三尺小篆書銘曰赤霄及貴常服之此即斬白蛇之劍也

又曰文帝恒在位二十三年以初元十九年庚午鑄三劍各長三尺三寸銘曰神龜形以應大横之兆帝崩命入玄宫

又曰武帝徹在位五十四年以元光五年乙巳鑄八劍各長三尺六寸銘曰八服小篆書嵩霍衡華太山皆埋之

又曰宣帝詢在位二十五年太始四年鑄兩劍各長三尺一曰毛二曰貴以應足下毛之祥皆小篆書

又曰平帝衎在位五年元始元年辛酉掘得一劍上有帝名因服之大篆書

又曰新室王莽在位十八年建國五年庚午造威斗及神劍皆鍊五石爲之銘曰神勝萬國伏小篆書長三尺六寸

又曰劉更始聖公在位二年自造一劍銘曰更國小篆書

又曰後漢光武劉秀在位三十三年未貴時在南陽鄠水中得一劍文曰秀霸小篆書帝服之

又曰漢明帝　在位十八年元和元年戊午鑄一劍上作龍形沉之于洛水洛水清往往有人見

又曰章帝炟在位十三年建初八年鑄一金劍投之伊水中以厭膝人之怪弘景按水經伊水有一物如人膝頭有人浴輒引之投水

又曰安帝祐在位十九年永初七年鑄一劍藏峨嵋山以厭山王也

又曰順帝寶在位十九年永建元年鑄一劍長三尺四寸小篆書銘曰安漢後遂爲年號

又曰靈帝宏在位二十二年以建和三年鑄四劍銘曰中興一劍無故而失

又曰曹武帝曹操以建安二十年於谷中得一劍三尺六寸上有金字銘曰孟德王常服之

又曰齊王芳正始六年造一劍常服之無故失其刃但有空匣

又曰吳主孫權黄武五年採武昌山銅鐵作十口劍萬口刀各長三尺九寸刀頭方皆是南鋼越炭作之上有大吳篆字

又曰吳孫權赤烏中有人得淮陰侯韓信劍帝賜周瑜

又曰孫亮建興二年鑄一劍銘曰流光小篆書

又曰孫皓建初元年鑄一劍銘曰皇帝吳主小篆書

又曰蜀後主劉禪延熙二年造大金劍長一丈二尺鎮劍
口山往往人見輝光後人𨚗𨚗求覔不得
又曰宋劉昱元徽二年於將山頂造一劍銘曰永蜀小篆
書
又曰蜀主劉備章武元年辛丑採金牛山鐵鑄八鐵劍各
長三尺六寸一備自佩一與太子一與梁王理一與魯王
永一與諸葛亮二與張飛關羽一與趙雲並是亮書作風
角處所
又曰晉懷帝名熾永嘉元年造一劍長五尺銘曰步光篆
字
又曰東晉司馬衍咸和元年造劍十三口銘曰興國
又曰東晉司馬昌明太元十年於金華山頂埋一劍銘曰
神劍

又曰後魏道武帝登國元年於阿理鑄二劍一銘曰鎮山
一銘曰沈水並隸書
又曰明元帝以太常元年造一劍長四尺銘背曰太常
又曰太武帝至真君元年有道士繼天師自爲帝造劍因
改元爲真君劍長三尺六寸隸書
又曰梁武帝蕭衍天監元年即位至普通中歲在庚申命
弘景造神劍十三口用金銀銅鐵錫五色合爲此劍長短
各依劍術法一曰凝霜道家三洞九真劍上刻真人玉
女名字二曰宮儀備齋六宮有劍神名無刃刻宮宿星皇
后服之三曰摛光備非常御斬刺長三尺六寸上刻風伯
雨師形名四曰九天出軍行師君執授將長五尺金鑄作
蚩尤神形五曰伐形刻符籙道家登真圖口决六甲神長
五尺六曰四目突宮闈茵被卧止小室幄帳中長三尺五
寸七曰五威靈光長二尺許半身有刃上刻星辰北斗天市
天魁二十八宿服此除百邪魑魅去厭即伏用之八曰風
鳥有惡鳥鳴起鎮之上有黄帝呪法禹步形勢用之九曰
司命行刑煞罰者執之賜萬姓自裁者十曰禮劍生畜男
子弧矢穀劍則用之
十二曰永昌鎮國安社用之長七尺十三曰閏劍長六尺所
以作十三口象閏月故也取上元甲子時加斗魁加歲正
月旦合之取風雷雨震日止環偏長八寸文曰服之者
永治四方小篆文

太平御覽卷第三百四十三

大平御覽卷第三百四十四

兵部七十五

劍下

呂氏春秋曰伍員如吳過於荆至江上欲涉見一丈人刺小舡方將漁從而請焉丈人度之已絶江問其名族則不肯告解其劍以與丈人曰千金劍也願獻之丈人不受曰荆國之法得伍員者爵執圭祿萬石金千鎰昔者子胥過呉尚猶不取今我何用子之千金劍爲乎伍員過於吳使人求之江上則不從得每食必祭之祝曰江上之丈人天地至大矣將奚不有名不可得而聞身不可得而見

又曰相劍者曰白所以爲堅也黄所以爲紉也黄白雜則堅且紉良劍也難者曰白所以不爲紉也黄所以爲不堅也黄白雜則不堅且不紉又柔則錈堅則折劍折且錈焉得爲利劍劍之精未華而或以爲良或以爲惡説使之也故有以聰明聽説則妄説者止无以聰明聽説則堯桀无別矣此忠臣之所患賢者之所以廢也

又曰荆有次非者一作佽得寶劍于干遂干遂邑名還反涉江至於中流有兩蛟夾繞其船次非謂舟人曰汝嘗見兩蛟夾舟而舟中之人有全活者乎舟人曰未之見也次非曰若如是吾固江中腐肉朽骨耳棄劍而已余何愛焉遂攘臂袪衣拔劍赴江刺蛟殺之而復上舟中之人皆獲全荆王聞之仕以執圭周制侯執信圭楚以次非爲勇武侯孔子聞之曰腐肉朽骨猶能除害見幾哉

又曰劍不徒斷車不自行或使之也

又曰楚王有涉江者其劍自舟中墜於水遽契其舟曰是

吾劍之所從墜也舟止從其所契者入水求之舟已行矣而劍不行求劍若此不亦惑乎

龍魚河圖曰流洲在西海中地方三千里上多山川積石名爲昆吾石冶其石爲鐵作劍光明照洞如水精以割玉如土

又曰劍名飛揚

山海經曰鮫魚皮有珠文而堅可以飾刀劍口

又曰汲郡冢中得銅劍一枚長三尺五寸今所名干將劍明古者通以錫銅爲兵器

又曰有君子之國其人衣冠帶劍

廣雅曰斷虵魚腸純鈞燕支蔡倫屬鏤干勝堂谿墨陽並劍名也

周迁輿服雜事曰劍所從來久矣其後唯朝服帶劍晉朝代之以木貴者玉飾首賤者以蚌金銀玳瑁爲雕飾

張敞晉東宮舊事曰太子儀飾有玉頭劍

古今注曰吳大帝有寶劍六一曰白虹二曰紫電三曰辟邪四曰流星五曰青冥六曰百里

十洲記曰流洲在西海中上有山川積石爲昆吾冶其石成鐵作劍光明照如水精狀割玉如泥

漢武内傳曰王母帶分景之劍上元夫人帶流黄揮精之劍

神仙傳曰真人去世多以劍代形五百年後劍亦能靈化其驗矣

西京雜記曰漢高祖斬虵劍以七彩珠九華玉爲飾五色瑠璃爲匣刃上常如霜雪光景照外開匣拔鞘輒有風氣射人

拾遺記曰顓頊高陽氏有畫影劒騰空劒若四方有兵此劒則飛赴指其方則尅未用時在匣中常如龍虎吟

又曰越王勾踐使工人以白牛白馬祀昆吾山神以成八劒一名揜日以之指日則日光晝暗金者陰物也陰盛則陽滅二曰斷水晝水開即不合三曰轉魄指月蟾兎爲之倒轉四曰懸翦飛鳥游過觸其刃如斬截焉五曰驚鯢以之泛海鯨鯢爲之深入六曰滅魂挾以之夜行不遇魑魅七曰却邪有妖魅見之則止八曰真剛以之切玉斷金如刻削土木矣以應八方之氣也

雷次宗豫章記曰吳未亡恒有紫氣見於牛斗之間占者以爲吳方興唯張華以爲不然及平吳此氣逾明張華聞雷孔章妙達緯象乃要宿屏人問天文術來吉凶孔章曰無他象唯牛斗之間有異氣是寶物之精上徹於天耳此氣

自正始嘉平至今日衆咸謂孫氏之祥唯吾識其不然今聞子言乃玄與吾同今在何郡曰在豫章豐城張遂以孔章爲豐城令至縣移獄掘深二丈得玉匣長八九尺開之得二劒一龍淵二即太阿其夕牛斗氣不復見孔章乃留其一匣龍淵而進之劒至張公於密發之光焰韡韡煥若電發後張遇害此劒飛入襄城水中孔章臨亡誡其子恒以劒自隨後其子爲建安從事經淺瀨劒忽於腰中躍出初出猶是劒入水乃變爲龍逐而視之見二龍相隨而逝焉孔章曾孫穆之猶有張公與其祖書反覆束根紙古字縣後有掘劒窞方廣七八尺

搜神記曰東越閩中有嶺高數十里下北隰中有大蛇長七八丈大十餘圍常病都尉及長吏下夢巫覡欲得童女常八月朝祭送蛇輒吞之已用九女季誕有小女名寄應募而行乃請好劒咋蛇犬作數斛深瓷灌之以置穴口蛇出頭大如囷目如二尺鏡先啖深瓷寄便放犬咋蛇以劒斫殺得九女髑髏越王乃娉寄爲后

又曰會稽賀瑀字彦琚得疾不知人唯心下温二日蘇云吏已將上天入曲房房中有層架其上層有印中層有劒使瑀唯意所取而短不及上層取劒而出門吏曰恨不得印可策百神劒唯得使社公耳

異苑曰晉惠帝元康三年武庫火燒孔子屐高祖斬白蛇劒王莽頭等三物中書監張茂先懼難作列兵陳衛咸見此劒穿屋飛出莫知所向

辛氏三秦記曰三月三日秦昭王置酒河曲有神人自泉而出捧水心劒曰令君制有西夏

老子曰服文彩帶利劒

又曰善攝生者兵無所容其刃

莊子說劒篇曰昔趙文王喜劒劒士俠門而客三千餘人日夜相擊於前死傷者歲百餘人好之不厭如是三年國衰諸侯謀之太子悝患之募左右曰孰能說王之意止劒士者賜奉千金左右曰莊子當能太子使人奉千金莊子弗受與使者皆往見太子曰聞太子欲用周者絕王之喜好也太子曰然吾王所見者唯劒士也莊子曰諾周善爲劒太子曰吾王所好劒士也蓬頭突鬢垂冠縵胡之纓短後之衣瞋目而語難王乃說之今夫子必儒服見王事必大逆莊子請治劒服三日太子乃見王王脫白刃待之莊子入殿門不趨見王不拜王曰子欲何以教寡人使太子先焉曰臣聞大王喜劒故以劒見王王曰子之劒何能禁制曰臣之劒十步一人千里不留行王大悅曰天下無敵矣莊子曰夫爲劒者示之以虛

開之以利後之以發先之以至願得試之王曰夫子休就舍待命設戲請夫子王乃校劍士七日七夜死傷者六十餘人得五六人使捧劍於殿下乃召莊子王曰今日使劍士交劍莊子曰望之以久矣王曰夫子御杖長短如何莊子曰臣之所奉皆可臣有三劍唯王所用請先言而後試王曰願聞三劍曰有天子之劍有諸侯之劍有庶人之劍王曰天子之劍何如曰天子之劍以燕谿石城為鋒齊岱為鍔晉衛為脊周宋為鐔韓魏為鋏苞以四夷裹以四時繞以渤海帶以常山制以五行論以刑德開以陰陽持以春夏行以秋冬此劍直之無前舉之無上按之無下運之無旁上决浮雲下絕地紀此劍一用匡諸侯天下服矣此天子之劍也文王芒然自失曰諸侯之劍如何曰諸侯之劍以智勇士為鋒以清廉士為鍔以賢良士為脊以忠聖士為鐔以豪傑士為鋏此劍直之以無前舉之亦無上按之亦無下運之亦無旁上法圓天以順三光下法方地以順四時中和人意以安四鄉此劍一用如雷電之震也四封之內無不賓服而聽從君命者此諸侯之劍也王曰庶人之劍如何曰庶人之劍蓬頭突鬢垂冠縵胡之纓短後之衣瞋目而語難相擊於前上斬頸領下决肝肺此无異鬭雞一旦命已絕矣无所用於國事今大王有天子之位而好庶人之劍臣竊為大王薄之王乃牽而上殿宰人上食王三環之莊子曰王安坐定氣劍事畢矣於是文王不出宮三月劍士皆伏斃其處矣

又曰干越之劍匣而藏之不敢輕用寶之至也

又曰大冶鑄金金踊躍曰我必為鏌鋣

列子曰魏黑卯以暱嫌殺兵邴章（暱也嫌私）邴章之子來丹謀復父讎而丹氣甚猛其形甚露[illegible]恥假力於人誓以手劍而黑卯力抗百人非人類也其視來丹猶雛鷇也來丹之友申抱曰子怨黑卯至矣黑卯之易子過矣將奚謀焉來丹垂涕曰願子為我謀申抱曰吾聞衛孔周其祖得殷之寶劍三僮子服之却三軍之衆奚不請焉來丹適衛見孔周執僕禮請先納妻子後言所欲周曰吾有三劍唯子所擇而皆不能殺人且先言其狀一曰含光視之不可見運之不知其所觸泯然無際經物而不覺二曰承影將旦昧爽之交日夕昏明之際北面察之淡淡焉若有物存莫有其狀其觸物也竊然有聲經物而物不疾三曰宵練晝則見影而不見光夜方見光而不見形其觸物騞然而過（騞音休）隨過隨合覺疾而不血刃此三寶劍傳之十三世矣而无施於事（不能害物）匣而藏之未嘗啓封來丹請其下者孔周乃歸其妻子跪而授其下劍丹再拜受之執劍從黑卯醉偃臥牖下自頸至腰三斬黑卯不覺丹以黑卯死趣而退遇卯子於門又擊之三下如接虛卯子方笑丹知劍不能殺人也歎而歸卯醒怒妻子醉而覆我使我嗌疾而腰急其子曰丹之來過於門三招我亦使我體疾而支強彼其厭我哉

又曰宋有蘭子者以數干宋元君弄七劍迭躍之五劍常在空中元君大驚立賜金帛

又曰周穆（王征西戎）戎獻昆吾之劍赤刃切玉如切泥

管子曰昔葛天盧之山發而出金蚩尤受而制之以為劍鎧此劍之始也

又曰羽劍珠飾者斬生之斧也

墨子曰良劍期乎利不期乎莫耶

孫卿子曰干將莫耶巨闕辟閭皆古之良劍也

尉繚子曰吳越臨戰左右進劍

吳子曰夫提鼓揮桴臨難決疑接兵用刃此將軍也一劍之任非將軍事也

又曰一賊跋劍擊於市萬人無不觸辟者臣以為非一人獨勇一市萬人皆不肖

尸子曰水試斷鵠鴈陸試斷牛馬所以觀良劍也

燕丹子曰荆軻左手把秦王袖右手椹（音砧）其胸秦王曰今日之事從子計耳乞聽琴聲而死召姬人鼓琴聲曰羅縠單衣可裂（司憶鮮狀二）而絶八尺屏風可超而越鹿盧之劍可負而拔王於是奮袖超屏風而走荆軻擲劍中銅柱焉

淮南萬畢術曰拔劍倚戶兒不夜驚

又曰夫淳劍魚腸之始下夫擊則不能斷刺則不能入（高誘注曰魚腸文繞屈譬若魚腸）

又曰劍工或劍之似莫耶者唯歐冶能名其種（歐冶良工也）玉工眩玉之似碧盧者唯猗頓不失其情（碧盧或作武夫猗頓魯之富人能知玉理不失其情也）

抱朴子曰歐冶不能鑄鉛錫為干將

符朗子曰符朗棄千金之劍抱朴子趨曰何夫子棄大而存小乎符朗不應

賈子曰古者天子二十而冠帶劍諸侯三十而冠帶劍大夫四十而冠帶劍隸人不得冠庶人不帶劍

亢倉子曰蜚景之劍威耩白日氣成紫蜺以之封稜則與劉（俱切）衛刃也無擇（蜚景神劍也劉鎌也神劍鋒利以之稜陷猶司於鎌刀者也）及夫凶邪流毒沸渭不靖加之運掌之上千里之內不留行矣（凶邪流毒溫疫之氣也此神劍之能辟凶邪微威光所行千里之內未嘗留止者也）

宋玉大言賦曰長劍倚天外

班固幽通賦注曰衛靈公太子蒯聵為無道好帶長劍長一丈公鍊乃作短者長一尺公知不可以傳國乃逐之

魏都賦曰劍則流彩之珎素質之寶或虹蔚波映或龜文龍藻服之可以威百蠻指麾可以開長樓

古詩曰要中鹿盧劍可直千萬餘（博物志曰劍後擘鹿盧名曰屬鏤）

又曰何意百鍊鋼化為繞指柔

班固詩曰寶劍直千金

又曰延陵輕寶劍

曹子建詩曰拊劍西南望

江文通詩曰倚劍臨八荒

宋鮑照詩曰雙劍將別離先在匣中鳴雌沈吳江裏雄飛入楚城吳江深無底楚闕有崇扃一為天地別豈直限幽明神物終不隔千祀儻還并

梁吳均詠寶劍詩曰我有一寶劍出自昆吾溪照人如照水切玉如切泥鍔邊霜凜凜匣上風淒淒寄語張公子何當來見携

梁崔鴻詠劍詩曰寶劍出昆吾龜龍夾采珠五精初獻術千戶竟論都匣氣衝牛斗山形轉鹿盧欲知天下貴持此問風胡

曹植七啓曰步光之劍（越劍名）華藻繁縟飾以文犀彫以翠綠綴以驪龍之珠錯以荆山之玉陸斷犀象未足稱雋隨波截鴻水不漸刃

張景陽七命曰楚之陽劍歐冶所營（陽劍名也）耶谿之挺赤山之精銷踰羊頭（鏷頭骨銷之也）鏷以鍛成乃鍊乃鑠萬辟千灌（皆鍊名）豐隆奮椎飛廉扇炭神氣化成陽文陰縵既亦流綺星

連浮綵艷發光如散電質如耀雪霜鍔冰凝水刃霜剝形
冠豪曹名珍巨闕指鄭則三軍白首麾晉則千里流血宣
徙水截蛟鴻陸灑奔駟斷浮鵠以爲三絶重甲而稱利
又曰若其形震薛燭光駭風胡價兼三鄉聲貴兩都或馳
名傾秦或夜飛去吳功冠萬載威曜無窮揮之者無前擁
之者身雄可以從服九國橫制八戎爪牙景附函夏承風
此蓋希代之神兵也
楚詞曰執棠溪棠溪劍名以拂蓬秉干將以割肉
又曰撫長劍兮玉珥珥劍鐔也
又曰余幼好此奇服年既老而不衰帶長鋏之陸離冠切
雲之崔嵬崔嵬高貌
後漢公孫瑞劍銘曰天生五才金德惟剛從革作辛含景吐
商辨物利用勳伐弥彰暨彼良工歐冶干將爰造寶劍巨

闕墨陽精通皓靈傑茂休祥剖山竭川虹蜺消亡昭威耀
武震動遐荒楚以定霸越以取強
晉裴景聲文身劍銘曰器以利顯實以名舉長劍耿介體
文經武陸斷玄犀水截輕羽九功斯像七德是輔
晉張協太阿劍銘曰太阿之劍世載其美淬以清波斂以
越砥如玉斯曜若景在水不運自蠲塗去疵軏梁簡文帝
謝勑賚方諸劍等啓曰纔發玉函雕奇溢目始開牙擯麗
飾交陳已定丹霞之暉乍比青雲之制身文且貴器用惟
宜寒暑兼華左右相照
梁沈約爲東宮謝勑賜孟嘗君劍啓曰田文重氣殉名
豪莫及寶劍雄身故能威陵秦楚人高事遠遺物見奇謹
加玩服以深存古
太平御覽卷第三百四十四

太平御覽卷第三百四十五

兵部七十六

刀上

釋名曰刀到也以斬伐到其所乃擊之也其末曰鋒言若蜂刺之毒利也其本曰環形似環也其室曰削削峭也其形峭殺裹刀體也室口之飾曰琫琫捧也捧束口也下末之飾曰琕琕卑也在下之言也短刀曰拍髀帶時拍髀旁也

又曰露拍言露見也佩刀在佩旁之刀也或曰容刀爲刀形而無刃備容儀而已剪刀剪進也前也書刀給書簡札有所刊削之刀也封刀鉸刀皆隨時名之也

說文曰刀兵也象形也㓵五各切刀劒刃也削鞞也剞𠜾曲刀也鞞布頂切剞居綺切𠜾居衛切

字林曰琫佩刀下飾也天子以玉諸侯以金琕佩刀飾也

太公兵法曰刀之神名曰脫光

尚書曰赤刀大訓弘璧琬琰在西序孔安國注曰寶刀赤刀削也大訓虞書也

詩曰執其鸞刀

又曰何以舟之維玉及瑤鞞琫容刀舟帶也

禮記曰割刀之用鸞刀之貴貴其義也

左傳曰子皮欲使尹何爲邑子產曰猶未能操刀而使割也

穀梁曰孟勞魯之寶刀也

論語曰孔子之武城聞弦歌之聲夫子莞爾而笑曰割雞焉用牛刀

春秋繁露曰禮之所爲興也刀之在右白虎之象也

春秋演孔圖曰八政不中則天雨刀

史記曰郭解姊子負解之勢與人飲使之釂㚬酬非其任強灌之人怒拔刀刺殺解姊子亡去

漢書曰昭帝遣李陵故人隴西任立政等三人俱至匈奴招陵立政等至單于置酒賜漢使者李陵衛律皆侍坐立政等見陵未得私語即目視陵而數自循其刀環握其足陰諭之言可歸漢也

又曰龔遂爲渤海太守民有帶持刀劒者使賣劒買牛賣刀買犢曰何爲帶牛而佩犢者也

又曰蓋寬饒奏事上以爲怨謗下吏寬饒引佩刀自剄北闕下衆莫不憐之

又曰李廣利爲貳師將軍征大宛軍中無水拔佩刀刺山飛泉涌出

又曰王尊爲東平王相王曰願觀相國佩刀尊前引刀視王

後漢書班固與弟超書曰竇侍中遺仲升楚騰陵錯横勞璣阜䩓削一枚金錯半垂刀一枚

又曰河南尹朱儁爲董卓陳軍事卓折儁曰我百戰百勝決之於心卿勿妄說且汚我刀

續漢書輿服志曰佩刀乘輿黃金通身雕錯半蛟魚鱗金漆錯雌黃室五色諸侯黃金錯環挾半蛟黑室公卿百官皆淳黑不半蛟小黃門雌黃室中黃門朱室童子皆虎爪文虎賁黃室虎文其將白虎文皆以白珠蛟爲標口之飾乘輿者加翡翠山紆擿其側

謝承後漢書曰丹陽方儲爲郎中章帝使文郎居左武郎居右儲正住中曰臣文武兼備在所用施上嘉其才以繁亂絲付儲使理之儲拔佩刀三斷之對曰反經任勢臨事

宜然

又曰應奉得賜金錯把刀

東觀漢記曰朱暉字文季年十三與舅母家屬入宛城道遇賊欲奪婦女衣暉拔刀曰錢物可得諸母衣不可奪今日朱暉死也賊義之笑曰童子內刀遂放遣

又曰賜鄧遵金剉鮮卑緄帶一具金錯刀五十辟把刀墨再屈環横刀金錯屈尺八佩刀各一

又曰祭遵襲畧陽遣護軍王忠皆持鹵刀斧伐樹開道至畧陽襲隗囂

又曰班超曰臣乘聖威神出萬死之志冀立鈆刀一割之用

又曰馬嚴爲陳留太守建初中嚴病遣功曹史李龔奉章詣闕上親召見龔問疾病形狀以黄金十斤佩刀書刀革

帶付龔賜嚴遣太醫送方藥

又曰張步攻耿弇營飛矢中弇股以佩刀截之左右無知者

獻帝春秋曰越騎校尉汝南伍孚忿董卓無道欲身自殺之挾佩刀詣卓孚語畢辭出卓至閤執手孚因引刀刺卓卓多力却不中即殺孚

英雄記曰董卓謂袁紹曰劉氏種不足復遺紹勃然曰天下健者豈唯董公横刀長揖徑出懸節於上東門而奔冀州

漢魏春秋曰劉琮乞降不敢告備備亦不知久而覺之遣所親問琮琮令宋忠詣備宣白是時曹公在宛備乃驚駭謂忠曰卿諸人作事如此不早相語今禍至告我不亦大劇乎引刀向忠曰今斷卿頭誠不足以解忿亦恥大丈夫臨別復殺卿輩也

魏志曰王祥事後母至孝後母嫉之伺祥卧以刀斫之值祥出外持刀斫着被祥知不言如故

又曰許褚從討袁紹於官渡時常從士徐他等謀爲逆以褚常侍左右憚之不敢發伺褚休下日他等懷刀入褚至下舍心動即還侍他等不知入帳見褚大驚愕他色變褚覺之即擊殺他等太祖益親信之出入同行不離左右

又曰典韋陳留人形皃魁梧旅力過人好節俠襄邑劉氏與睢陽李禮爲讎韋爲報之禮故富春長備怨甚謹韋乘車載雞酒僞爲候者門開懷匕首入殺禮并殺其妻徐出取車上刀戟步去禮居近市一市盡駭追者數百莫敢近之

魏武帝令曰往歲作百辟刀五枚適成先以一與五官將

其餘四吾諸子中有不好武而文學將以次與之

吳志曰孫堅至錢塘會海賊掠賈人堅行操刀上岸以手東西指麾若分部人兵以邏遮收賊賊望見以爲官兵捕之即委財物散走

又曰孫權以公孫淵稱藩遣張彌許晏至遼東拜淵爲燕王張昭諫切權不能堪按刀而怒曰吳國士人入宮則拜孤出宮則拜君孤之敬君亦爲至矣而數於衆折孤孤常恐失計昭熟視權曰臣雖知言不見用而每竭愚忠者誠以太后臨崩呼老臣於床下遺詔顧命之言故耳因泣涕横流權擲刀置地與昭對泣

吳書曰凌統怨甘寧殺其父操寧常備統不得讎之嘗於吕蒙舍會酒酣統乃以刀儛寧起曰寧能雙戟儛蒙曰寧雖能未若蒙之巧也因操刀持楯以身分之後權知統意

因令寧將兵從也
江表傳曰孫權拔刀斫前奏案曰諸將吏敢復有言當迎曹操者與此案同
蜀志曰初孫權以妹妻先主妹才捷剛猛有諸兄風侍婢百餘人皆親執刀侍立先主每入心常凜凜
王隱晉書曰衞瓘監軍護軍鍾會素與瓘至厚坐則同床行則同輿會書板上欲殺胡烈等示瓘瓘言不可會自削弃反問瓘何許聞消息相娩益露瓘厠上見烈故給使令出語三軍會逼瓘不得議定經宿不眠各橫刀膝上
陸機晉書曰王濬之在巴郡也夢懸四刀於其上甚惡之濬主簿李毅拜賀曰夫三刀爲州而見四刀爲益一也明府其臨益州乎後果爲益州

晉中興書曰初魏徐州刺史任城呂虔有佩刀工相之以爲必三公可服此刀虔謂別駕王祥曰苟非其人刀或爲害卿有公輔之量故以相與祥始辭之固強乃受祥爲司空祥死之日以刀授弟覽曰吾兒皆凡汝後必興足稱此刀故以相與覽後弈世賢興於江東
又曰孫恩者亦名靈秀琅邪人孫秀之族也世奉事五斗之道恩叔泰字敬遠師事錢塘杜子恭弟子子恭有祕術嘗就人借瓜刀其主求之子恭曰當送相還刀主行至嘉興有魚躍入舩中破魚得瓜刀其爲神效往往如此
又曰郭翻武昌人墜刀於水路人爲取翻仍以與之路人不取至於三四固辭翻曰尓尚不取我豈能復得路人曰我若取此將爲天地鬼神之所責矣翻知其終不受復洗刀於水路人悵然乃復驚沒爲取之翻於是不逆其意十倍刀價與之其廉不受惠皆此類矣
晉書曰元帝以劉琨爲侍中太尉其餘如故并贈名刀琨荅曰謹當躬自執佩藏截二虜
又載記曰慕容翰北投宇文歸既而逃還歸乃遣勁騎百餘追之翰遥謂追者曰吾既思戀而歸理無反面吾之弓矢汝曹足知無爲相逼自取死也汝可百步竪刀吾射中者汝便宜反不者可來前也歸騎解刀竪之翰一發便中刀鐶追騎乃散
又曰赫連勃勃以叱干阿利領將作大匠發嶺北夷夏十萬人於朔方之北黑水之南營起都城勃勃自言朕方統一天下君臨萬邦可以統萬爲名阿利性尤工巧然殘忍刻暴乃蒸土築城錐入一寸即殺作者而并築之勃勃以爲忠故委營繕之任又造五兵之器精鋭尤甚既成呈之

工匠必有死者射甲不入即斬弓人如其入也便斬鎧匠又造百鍊剛刀爲龍雀大環號曰大夏龍雀銘其背曰古之利器吴楚湛盧大夏龍雀名冠神都可以懷遠可以柔邇如風靡草威服九區世甚珍之復鑄銅爲大鼓飛廉翁仲銅駝龍獸之屬皆以黄金飾之列於宮殿之前凡殺工匠數千以是器物莫不精麗
蕭子顯齊書曰世祖武皇帝諱賾字宣遠不豫從御延昌殿乘輿始登階而殿屋鳴吒上惡之詔曰我識滅之後身上着畫天衣純烏犀導常所服身刀長短二口鐵環者隨我入梓宮
北齊書曰綦毋懷文造宿鐵刀其法燒生鐵精以重柔鋌數宿則成鋼以柔鋌爲刀脊以五特之脂斬甲三十札今襄國冶家所鑄宿鐵刀柔鋌是其遺法也

刀猶甚快利但不能截札耳

梁書曰席闡文爲西中郎中兵參軍領城局梁武帝之將起兵闡文勸頴胄同焉仍遣客田祖恭私報帝并獻銀裝刀帝報以金如意

南史曰韓子高會稽山陰人也家本微賤侯景之亂寓都下景平陳文帝出守吳興子高年十六爲揔角容皃美麗狀似婦人於淮渚附部伍寄載還鄉里文帝見而問曰能事我乎子高許諾子高本名蠻子帝改名之性恭謹恒執備身刀

唐書曰李嗣業京兆高陵人也身長七尺壯勇絶倫天寶初隨募至安西頻經戰鬭于時諸軍初用陌刀業善用之每爲隊頭所向必陷

又曰王及善初除右千牛衛將軍高宗曰朕以卿忠謹故與卿三品要職他人非搜辟不得至朕所御佩大横刀在朕側知此官貴否

河圖曰惟目勇敢重瞳天雨刀楚之邦（咪坶出日瘼羽）

適甲開山圖曰神芝五色生於名山之陰五色雲氣覆之其味甘苦以銅刀收之

又曰霍山有玉石芝生大石上萬人牽終不拔以竹刀割之即斷

太公六韜曰大櫓刀重一斤長四尺三百枚

傳咸奏事曰尚書舊奏給介士二百人人給大銅口刀各一枚

博物志曰周書云西域獻火浣布昆吾氏獻切玉刀浣布汙燒之則絜切玉刀切玉如泥（一云切玉如蠟蜜）布漢魏世有獻者刀則未聞

崔豹輿服注曰吳大皇帝有寶刀三一曰百鍊二曰青犢三曰漏影

拾遺記曰帝解鳴鴻刀賜東方朔朔曰此刀黃帝時採首陽之金鑄爲此刀雄者已飛雌者獨在（一出洞冥記）

林邑記曰林邑王范文先是夷奴初收牛洞中得鱧魚私將還欲食之其主撿求文恐因曰將礪石還非魚也主往看果是石文知異看石有鐵鑄石爲兩刀呪曰魚爲刀若斫石入者文當爲此國王斫石即入人情漸附之

裴淵廣州記曰石林竹勁利削爲刀切象皮如纖芽

楊泉物理論曰古有阮師之刀天下之所實貴也阮之作刀受法於金精之靈七月庚辛見金神於冶監之門其人光色煒燿向而再拜神執其手曰子可教也阮致之閑宴設饌而問焉神教以水火之齊五精之陶用陰陽之候取剛柔之和行其術三年作刀千七百七十口而喪其明其刀平背狹刃方口洪首截輕微絶絲髮之系斫堅剛無變動之異世不恡百金精求不可得也其次有蘇家刀雖不及阮家亦一時之利器也次有陽紀趙青間皆不能継

虞喜志林曰古人鑄刀以五月丙午取純火精以協其數也

魏武帝内戒令曰百鍊利器以辟不祥攝服姦宄者也

搜神記曰宮亭湖孤石有估客下都經其下見二女子云可爲買兩量絲履自厚相報估客至都有好絲履并箱盛之自市一書刀亦在箱中既還以箱及香置廟中而去忘取刀湖中正汎忽有鯉魚跳入船中破魚得刀

祖台志怪曰廷尉徐元禮嫁女從祖與外兄孔正陽共詣徐家道中有土墻見一小兒倮身正赤手持刀長五六寸

坐墻上磨甚駛獨語因跳車上曲䦨中坐反覆視刀輒舐
之至徐家門前棗樹下又跳下坐灰中復更磨刀日晡新
婦就車中見小兒持刀入室便刺新婦新婦應刀而倒扶
還解衣視心腹紫色如酒盤大有頃便去鬼子出門擲刀
上有血塗棗樹火燃斯須燒盡
神異經曰南荒之中有如之何樹三百歲作華九百歲作
實實有核形如棗子長五尺金刀剖之則飴木刀剖之則
辛食之得地仙
列仙傳曰丁次卿者不知何許人也漢順帝賣刀遼東市
時人名之丁氏次卿有寶刀
神仙傳曰蜀人李阿傳世不老有古強者隨阿入青城山
恐有虎狼取父大刀阿見而怒取強刀以擊石刀折敗強
竊憂刀敗阿復取刀左右擊地刀復如故還強也

列異傳曰有神王方平降陳節方家以刀一口長五尺一
長五尺三寸名泰山環語節方曰此刀不能爲餘益然獨
卧可使無鬼入軍不傷勿以入厠溷且不宜久服三年後
求者急與果有戴阜以錢百萬請刀
録異傳曰有王更生者爲漢中太守郡界有袁氏廟靈響
更生過廟祭去而遺其刀而遣小史李高還取刀高見刀
在廟床上高進取去仰見座上有一君着大冠袍衣頭鬢
半白謂高曰可取還勿道見我後吾當祐汝高還如言不
道後高仕爲郡守當復還爲郡高時年已六十餘祖高者
百餘人高乃道昔爲更生小吏見遺至廟所取遺刀見廟
神使吾莫道至今不敢道然心常以欺君爲慙言畢此刀
立刺高心下須臾死
廬江七賢傳曰漢武帝出淮陽劉劑州不覽城問曰此鄉名
何陳冀對曰鄉名不覽上曰萬乘主所問不祥耶欲舉燔
之翼曰臣言不欺佩刀當生毛欺則無毛也視之刀有毛
長寸乃不燔
列士傳曰專諸持一剛刀置魚腹中以刺王僚
列女傳曰龐娥親者酒泉龐子夏妻趙君安女君安爲同
縣李壽所殺三子遭疫而死壽大喜娥親聞曰李壽莫
喜焉知娥親不手刃汝耶乃陰市刀志在殺壽後於都亭
奮刀斫壽刀折拔壽佩刀斷壽頭詣獄求死詔赦之
吴時外國傳曰扶南諸王殺其國人以刀斫刺往往有不
入者以汗露塗刀刃斫之乃入國人名之曰蟬也
蒲元傳曰君性多奇思得之天然鼻類之事出若神不嘗
見鍛功忽於斜谷爲諸葛亮鑄刀三千口鎔金造器特異
常法刀成白言漢水鈍弱不任淬用蜀江爽烈是謂大金

之元精天分其野乃命人於成都取之有一人前至君以
淬乃言雜涪水不可用取水者猶悍言不雜君以刀畫水
云雜八升何故言不取水者方叩頭首伏云實於涪津渡
負倒覆水懼怖遂以涪水八升益之於是咸共驚服稱爲
神妙刀成以竹筒密内鐵珠滿其中舉刀斷之應手靈落
若薙生芻故稱絕當世因曰神刀今之屈耳環者是其遺
範也
費禕別傳曰孫權以手中常所執寶刀贈之禕荅曰臣不
才何以堪明命然刀所以討不庭禁暴亂者也但願大王
勉建功業同奬漢室臣雖闇弱不負東顧
桂陽先賢畫讃曰成武丁以疾而終殯畢其友從臨武縣
來至郡道與武丁相逢友曰子欲何之而不將人荅曰今
吾南遊爲過報小兒善護大刀到其門見其妻哭泣問之

答曰夫沒友大驚曰吾適與相逢乃發棺視了無所見遂
除纕絰而心喪之咸以武丁得神仙

太平御覽卷第三百四十五

太平御覽卷第三百四十六

兵部七十七

刀下

匕首

鈌

鈹

刀下

陶弘景刀劍錄曰董卓少時耕野得一刀無文字四面隱起作山雲文斫玉如木及貴示五官郎蔡邕邕曰此項羽刀也

又曰袁紹在黎陽夢有人授一寶刀及覺果在床前銘曰思紹思紹字也

又曰郭璞於太原得一刀文曰宜爲將後遂爲將軍及與蜀戰敗走遂失此刀

又曰王雙曾於市中買得一刀賣人曰得之者貴因之不見雙後佩之果爲將將此刀與曹真真以一刀換之

又曰鍾會克蜀於成都土中得一刀文曰太一刀會死入帳下王伯昇後渡浮江刀遂飛入水

又曰鄧艾年十二曾讀太山碑碑下掘得一刀黑如漆色長三尺餘上常有風氣冷凄凄然時人以爲神賜

又曰孫權遣張昭代周瑜爲南郡太守曾作一刀背上有盪寇將軍四字八分書

又曰蔣欽拜別部司馬造一刀文曰司馬古隸書

又曰周紉平擊曹公勝拜平虜將軍因造一刀遂銘曰紉平

又曰董元代少果勇自打鐵作刀後討黃祖蒙衝俠河元代引刀斷蒙衝續分爲二流大司馬號刀曰斷蒙刀

又曰潘文珪偏將軍爲擒關羽拜固陵太守因刻刀曰固陵

又曰朱理君少愛征討黃武中累功拜安國將軍作佩刀文曰安國

又曰關羽爲先主所重不惜身命自採武都山鐵爲二刀銘曰萬人及羽敗惜刀投於水

又曰張益德初受新亭侯自命匠鍊赤珠山鐵爲一刀銘刃曰新亭侯蜀帝大將也後被范強將此刀入吳

又曰黃中從先主定南郡得一刀赤如血於漢中擊夏侯軍一日之中手刃數百

又曰諸葛亮定黔中從青石祠過拔刀刺山沒刃不拔而去行者莫測

又曰蜀主劉備令蒲元造刀五千口皆連環及刃口刻七十二鍊柄中通之兼有二字

又曰西晉司馬炎咸寧元年造刀八千口銘曰司馬

又曰東晉司馬聃永和五年於房山造五口刀銘曰五方單符隸書

又曰後蜀主李雄晏平元年造騰馬刀五百口隸字

又曰前涼張寔造刀一百口無故盡生文曰霸

又曰前趙劉元海元熙二年造滅賊刀長三尺九寸隸字

又曰後趙石勒建平元年造一刀用五金工用萬人尖頭長三尺六寸銘曰建平隸書

又曰石勒未貴時耕得一刀銘曰石氏昌篆書

又曰石季龍建武十四年造一刀長五尺銘曰皇帝石勒氏隸書

又曰西凉李暠玄盛元造珠碧刀銘曰百勝隸書
又曰前秦苻堅甘露四年造一刀用五千功銘曰神術隸書
又曰前燕慕容儁元年造二十八口刀銘曰二十八將
又曰後燕慕容垂興元元年於中山造刀一口長三尺六寸隸書
又曰後秦姚萇建初元年造二刀長七尺一銘曰雄一曰雌隸字若叩即鳴
又曰西秦乞伏國仁建義三年造刀一口銘曰建義隸字
又曰後凉呂光麟嘉元年造一刀銘曰背麟長三尺六寸
又曰南凉秃髮烏孤大初三年造一刀狹小長三尺五寸青色匠云當作之時夢見一人被朱衣云吾是太一神故看尔作此刀有敵奎刀必鳴後落突厥可汗處

又曰南凉慕容玄明建平元年造刀四口文曰建平隸書
又曰北凉沮渠蒙遜永安三年造刀百口銘曰永安隸書
又曰夏赫連勃勃龍昇二年造五刀背上有龍雀環兼金鏤作一龍形長三尺九寸劉裕破長安得此刀後入梁
又曰北燕馮跋太平八年造一刀銘曰太平隸書
又曰宋高祖劉裕永初元年造一刀銘其背曰定國小篆書長八尺後入梁
又曰宋劉義符景平元年造一刀銘曰五色小篆書
又曰劉准昇明元年掘得一刀銘曰上血其刀光照一室帝奇之常服至二年七月帝使楊玉夫候織女玉夫帳不得懼死因用弑帝果如其銘故知吉凶其兆見
又曰齊高祖蕭道成建元二年克位造一刀銘曰定業長五尺篆書帝自制之
又曰明帝鸞建武二年造一刀銘曰朝儀刀小篆書長四尺
又曰後魏宣武帝以景明元年於白鹿山造白鹿刀隸書
又曰後魏元昭成帝建國元年於赤冶城鑄刀十口金鏤赤冶二字隸書

莊子曰庖丁爲惠文君解牛丁曰今臣之刀十九年矣所解數千牛矣而刃若新發於硎彼節者有間而刀刃者無厚以無厚入無間恢恢乎其游刃必有餘地是以十九年而刀刃如新發於硎

列子曰周穆王征西戎獻赤刀切玉如切泥

墨子曰墨子見齊王曰有刀於此試之人頭倅然斷之可謂利也王曰利墨子曰刀則利矣孰將受其不祥王曰刀受其利試者受其不祥墨子曰并國覆軍賊殺百姓孰謂受其不祥王俯仰曰我受其不祥

孔叢子曰秦王得西戎利刀以之割玉如割木

淮南子曰屠牛坦一朝解九牛而刀可以剃毛

又曰鈆不可以爲刀銅不可以爲弩鐵不可以爲弓木不可以爲斧

又曰金勝木者非以一刀殘林也土勝水者非以一墣塞江也墣塊也

法言曰刀不利筆不銛宜加諸礪

阮子曰裁國無利器猶鈆刀而望其巧

抱朴子曰金丹以塗刀辟兵萬里

論衡曰世諱厲刀井上恐刀墮井中或說以爲刑之字井與刀也厲刀井上井刃相見恐被刑也

典論曰魏太子丕造百辟寶刀三其一長四尺三寸六分

重三斤六兩文似靈龜名曰靈寶其二釆似丹霞名曰含
章長四尺四寸三分重三斤十兩其三鑒似崩霜刀身劒
鋏名曰素質長四尺三寸重三斤九兩又造百辟露陌刀
一長三尺二寸重三斤二兩狀似龍文名曰龍鱗
聖證論曰昔國家有優曰史利漢氏舊優也云梁冀有火
浣布切玉刀一朝以爲誕而不信也正始初得火浣布乃
信
楚辭曰師望在肆昌何識師望謂太公也昌文王名也言太公在市肆而屠何以知識之
皷刀楊聲后乃喜后謂文王
又曰鈆刀進御遺棄太阿太阿劒名
張衡西京賦曰吞刀吐火雲霧杳冥畫地成川流渭通涇
劉楨瓜賦曰折以金刀四剖三離
曹植寶刀賦曰建安中家父魏王乃命有司造寶刀五枚

三年乃就以龍虎熊馬雀爲識太子得一余及余弟饒陽
侯各得一焉其餘二枚家王自杖之賦曰有皇漢之明后
思潜達而玄通飛文義以博致揚武備以禦凶乃熾火炎
爐融鐵挺英烏獲奮椎歐冶是營扇景風以激氣飛光鑑
於天庭爰告祠於太一乃感夢而通靈然後礪以五方之
石鑒以中黃之壤規貞景以定衆攄神思而造像垂華紛
之葳蕤流翠釆之晃燿陸斬犀象水斷龍舟輕擊浮截刀
不纖流踰南越之巨闕超有楚之太阿寔真人之攸御永
天祿而是荷
樂府歌曰秦家有好女自名曰女休休年十四五爲宗行
報讎左執白陽刀右據宛景矛
張華詩曰吳刀鳴手中利劒嚴秋霜
古詩曰美人贈我金錯刀何以報之雙瓊瑤

後漢馬敬通刀陽銘曰脩尔甲兵用戒不虞見危授命臨
事而懼
又刀陰銘曰溫溫穆穆配天之威苗裔無疆福祿來綏
後漢李尤錯佩刀銘曰佩之有錯抑武揚文豈爲麗好將
戒其身
又金馬書刀銘曰巧冶練剄金馬託形黃文錯鏤兼勒工
名
魏文帝露陌刀銘曰於鑠良刀胡練亶時譬諸麟角靡所
任兹不逢不若永世寶持
曹植寶刀銘曰造兹寶刀既礱既礪匪以尚武予身是衛
麟角匪觸鸞鳶匪躍
王粲刀銘曰相時陰陽制法利兵陸剸犀兕水截鯢鯨君
子服之式章威靈

何晏斫猛獸刀銘曰徒搏不共作戒宣丘用造斯器螭獸
是劉制禽允良昬明亶時永康厥後彌民之災一作斬虎刀銘曰斬虎是劉
晉張協把刀銘曰赫赫名金昆吾遺璞裁爲把刀利亞切
玉時文斯偃含精内爛威助雖化武不可黷
裴景聲文身刀銘曰良金百鍊名工展巧寶刀既成窮理
盡妙文繁波迴流光霆一作電照在我皇世戢而不燿
張協露陌刀銘曰露陌在服威靈遂振遵養時晦曜得崇
信
魏武策軍令曰孤先在襄邑有起兵意與工師共作卑手
刀時北海孫賓碩來候孤識孤曰當慕其大者乃與工師
共作刀耶孤荅曰能小復能大何苦
曹植表曰昔歐冶改視鈆刀易價伯樂所眄駑馬百倍

王濬表曰孫皓出案行石頭還左右兵皆跳刀大呼云要當爲國家一死戰決之勝魏帝尚以千人定天下況今有數萬衆曰足辯事皓意大喜便開庫藏盡出金寶以賜與之小人無狀得便持走

陶侃表曰伏承大官厨器損失謹奉獻狼炙刀槃二具

張衡與特進書曰以爲鉛刀強可一割

謝尚與張涼州書曰今致五尺金斷頭刀一口

班固與竇憲牋曰今月中 以令賜固刀 曰此將軍少小時所服今賜固伏念大恩且喜且慙

謝尚與楊征南書曰云今餉五尺金頭刀碧綾車中盾

梁簡文帝謝敕賚善勝威勝刀啓曰冰鍔含釆彫𤨏表飾名均素質神號脫光五寶初成曹丕先荷其二勝今造愚臣摠被其恩錫韓非之書未足爲比給博山之筆方此更輕

梁劉孝儀爲晉安王謝東宮賜玉環刀啓曰茵峯琊鋋利極銛鋋謹當擁以雄身藉而安體

匕首

通俗文曰匕首劒屬其頭類匕故曰匕首短而便用

周禮冬官桃氏曰桃氏爲劒臘廣二寸有半寸臘謂兩刃也兩從半之鄭司農云謂劒脊兩面殺趨鍔者也以其臘廣爲之莖圍長倍之鄭司農云莖謂劒夾人所握鐔以上也玄謂莖在夾中者莖長五寸也參分其臘廣去一以爲首廣而圍之身長五其莖長重九鋝謂之上制上士服之身長四其莖長重七鋝謂之中制中士服之身長三其莖長重五鋝謂之下制下士服之上制長三尺重三斤十二兩中制長二尺五寸重二斤十四兩三分兩之一下制長二尺重二斤一兩三分兩之一此今之匕首也各以其形貌大小帶之此上謂國勇力之士能用五兵者也樂記武王克商裨冕搢笏而虎賁之士說劒也

史記曰燕丹使荆軻刺秦王預求天下名匕首趙人徐夫人匕首取之百金使工以藥淬之以試人血濡縷無不立死者擿秦王不中見誅

漢書曰王莽避火宣室持虞帝匕首

東觀漢記曰鄧遵破匈奴得劒匕首二三千枚

魏志曰典韋好節俠襄邑劉氏與睢陽李禮爲讎韋爲報之懷匕首入殺禮徐步而去

後魏書曰叔孫俊 少聰敏十五内侍左右以便弓馬轉獵郎太宗初以俊爪牙與磨渾等拾遺左右遷衛將軍賜爵安城公朱提王悦懷刃入禁欲爲大逆俊覺悦動有異便引手於悦懷中得兩刃匕首遂執悦殺之太宗以俊功重軍國大計皆委之

說苑曰秦王以五十里封鄢陵君鄢陵君辭不受使唐且謝秦王秦王怒曰嘗見天子之怒乎一怒伏尸百萬流血千里唐且曰大王嘗聞布衣韋帶之士怒乎一怒伏尸二人流血五步即案其匕首起曰今將是矣王變色長跪曰先生就坐寡人喻矣秦破韓滅魏鄢陵獨以五十里存者徒用先生故乎

零陵先賢傳曰劉章請劉備璋將楊懷數諫備誤主人請璋子禕及懷酒酣備見懷佩匕首備出其匕首謂曰將軍匕首好孤亦有可得觀之懷與之備得匕首謂懷曰汝小子何敢間我兄弟之好邪懷罵言未訖備斬之

典論曰昔周魯之寶赤刀孟勞楚越稱太阿純鈞余善擊劒能以短乘長故選兹良金命彼國工精而鍊之至于百辟其始成也五色充鑪巨囊自鼓靈物彷彿飛鳥翔舞以爲三劒三刀三匕首因姿定名以銘其拊惜乎不遇薛燭

青萍也其三劍一曰飛景長四尺二寸二曰流采長四尺二寸三曰華鋌色似紙虹長四尺二寸其三刀一曰靈寶長四尺二寸似靈龜二曰含章采似丹霞長四尺四寸三曰素質長四尺三寸刀身而劍鋏其三匕首一曰清剛長二尺三寸光似堅冰二曰揚文長二尺一寸重一斤六兩曜似朝日三曰龍鱗狀似龍文

又曰昔周魯寶鹿狐之戟屈盧之矛狐父之戈徐氏匕首凡斯皆上世名器用子雖有文事必有武備矣

諸葛亮教曰作部仲匕首五百枚以給騎士

鹽鐵論曰荆軻懷數年之謀事不就者以尺八匕首不足恃也

神仙傳曰有書生姓張就李仲文學隱術乆無所得患之張懷匕首斫之仲文笑曰我寧可殺

拾遺記曰漢太上皇微時常佩一刀長三尺上有名字雖難識疑是殷高宗伐鬼方時物也上皇遊豐沛山中寓居窮谷裏有冶鑄上皇息其傍問曰此鑄何器工笑荅曰天子鑄劍慎勿泄上皇謂戲辞無疑色工人曰今所鑄剛礪劚器難成若得翁腰閒佩刀雜而冶之即成神器可以剋定天下昴星為輔以殲三猾木衰火盛此為興何上皇曰余此物為匕首其利難儔水斷虬龍陸斬虎豹魑魅魍魎莫能逢之切玉鐫金其刃不卷工人曰若不得此匕首以和鑄雖歐冶專精越礪劍鍔終為鄙器上皇即解之以投鑪中俄而煙焰衝天日為之晦及乎劍成殺三牲以釁祭工問上皇曰何時得此匕首荅曰秦昭襄王時余時行逢一野人於野授余云是殷高宗初時物此世世相傳上有古書字記其年月及成劍工人視之其銘尚存叶前疑也

工人即持以授上皇上皇賜高祖高祖長佩於身以殲三猾天下已定呂后藏於寶庫之中守藏者見（白氣如雲出户外如）龍蚰庫名曰靈禽藏及諸呂擅權白氣亦滅案鉤命決蕭何為昴星精項羽陳勝胡亥為之三猾

晉張載匕首銘曰先民造制戒豫惟謹匕首之設應速用近既不忽備亦無輕忿利以形彰功以道隱

鋏

史記曰馮煖聞孟嘗好客見之君置之傳舍五日彈其劍鋏而歌曰長鋏歸來兮食無魚君遷之幸舍五日彈其鋏歌曰長鋏歸來兮出無輿又遷之代舍五日又彈其劍歌曰長鋏歸來兮無以為家一出戰國策

曹子建詩曰長鋏鳴鞘中

晉張協長鋏銘曰五才並建金作明威長鋏陸離弭凶防

違素刃霜厲溢景摛飛

又短鋏銘曰器用名品詭制殊觀名有短鋏清暉載爛昔在光明戢兵靜亂惟皇寶之優而弗玩

左思吳都賦曰毛羣以齒角為矛鋏（劉淵林注曰鋏刀身劍鋒有長有短也）

鈹

說文曰鑱鈹有鐔也（鈹普皮切）

左傳昭七年曰吳公子光伏甲於窟室而享王門階户席皆王親也夾之以鈹羞者薦體抽劍刺王鈹交於胷

左思吳都賦曰羽族以觜距為刀鈹（鈹兩刃小刀也）

太平御覽卷第三百四十六

太平御覽卷第三百四十七

兵部七十八

弓

釋名曰弓穹也張之穹隆然也其末曰簫言簫邪也又謂之弭以骨爲之滑弭弭也中央曰弣(孚主切一作拊)弣撫也所撫持也簫弣之間曰淵淵宛也言宛曲也

說文曰弓近窮遠象形也弴(音雕又音敦)畫弓也弭弓無緣可以解轡紛也弲(許緣切)角弓也弧木弓也一曰往體寡來體多曰孤弨(尺招切又勅朝切)弓反也弮(音權)弓曲也㢸(音遥)弓便利也張施弓絃也彏(烏郭切)弓急張也弸(拍生切又鄙矜切)弓強貌也彎持弓關矢也弙(一弘切)滿弓有所向也弘弓聲也

又曰韣(音獨)韔(音暢)弓衣也

又曰角觲(音觲)獸狀似豕角善爲弓出胡尸國(一曰出休尸國)

山海經曰少皞生般始爲弓矢(郭璞注曰般音班世本云牟夷作矢揮作弓弓矢一器作者兩人於義有疑此言般作之是也)帝俊賜羿彤弓素矰以扶下國(以射除患扶助下國也)○世本曰揮作弓(宋衷注曰揮黃帝臣也)○孫卿子曰倕作弓

龍魚河圖曰弓之神名曰曲張(太公兵法又曰弓神名曲張)

方言曰弓藏謂之韇(音獨箭衣也)○墨子曰羿作弓

爾雅曰弓有緣者謂之弓(郭璞注曰即今宛轉弓也)無緣者謂之弭(今之角弓也)以金者謂之銑以蜃者謂之珧(音遙)以玉者謂之圭(用金蚌玉飾弓兩頭因以爲名也)

易曰弦木爲弧剡木爲矢弧矢之利以威天下蓋取諸睽

又曰公用射隼于高墉之上獲之無不利

又曰先張之弧

尚書曰和之弓在東房(孔安國注曰和古之弓人)

又曰平王錫晉文侯彤弓一彤矢百玈(音盧)弓一玈矢千

又曰備乃弓矢

詩曰彤弓天子錫有功諸侯也彤弓弨兮受言藏之(弨弛也)

又曰騂騂角弓翩其反矣(騂騂調利也)

又曰既張我弓

又曰弓矢斯張

又曰四牡翼翼象弭魚服(鄭玄注象弭弓反末彆者以象骨爲之以助御者彆必袂切)

禮記曰男子生桑弧蓬矢六射天地四方(注云天地四方男子所有事也)

又曰凡遺人弓者張弓尚筋弛弓尚角(弓有往來體皆欲其下曲隤然)左手執簫右手承弣(簫弭頭也)尊卑垂帨(帨佩巾也磬折則佩垂授受之儀尊卑一也)

又曰越棘大弓天子之戎器也

又曰良弓之子必學爲箕

又曰武王克商後干戈弓矢包之以虎皮

周禮曰司弓矢掌六弓四弩八矢之法辨其名物而掌其

守藏與其出入中春獻弓弩中秋獻矢箙(弓弩成於和矢箙成於堅也箙盛矢器也以獸皮爲之)及其頒之王弓弧弓以授射甲革椹質者(椹音砧)夾弓庾弓以授射豻侯(音岸又胡寒切)鳥獸者唐弓大弓以授學射者及使者勞者(王弧夾庾唐大六者弓異體之名往體寡來體多曰王弧往體多來體寡曰夾庾)天子之弓合九而成規諸侯合七而成規大夫合五而成規士合三而成規句者謂之敝弓凡祭祀共射牲之弓矢(射牲者示親殺也國語曰天子必自射其牲)澤共射椹質之弓矢(鄭司農云澤澤宮也所以習射選士之處也射義曰天子將祭必先習射於澤者所以擇士也)大射燕射共弓矢如數

又曰庭氏掌射國中之妖鳥(馬融傳曰國中妖鳥梟鵂惡聲之鳥也)若不見其鳥獸則以救日之方與救月之矢夜射之(獸虎狼嘷鳴也救日食則伐鼓北面射太陰救月蝕則伐鼓南面射太陽以此弓矢射之)若其神也則以太陰之弓與枉矢射之(枉矢名也)

又曰弓長六尺謂之庇軹五尺謂之庇輪四尺謂之庇軫（軹轂末也）

又曰弓人為弓取六材必以其時六材既聚巧者和之幹也者以為遠也角也者以為疾也筋也者以為深也膠也者以為和也絲也者以為固也漆也者以為受霜露也（六材之力相得而足）凡取幹之道七柘為上檍（音億）次之檿桑次之（山桑也）橘次之木瓜次之荆次之竹為下凡相幹欲赤黑而陽聲赤黑則鄉心陽聲則遠根（陽猶清也）凡析幹射遠者用勢射深者用直凡為弓冬析幹而春液角夏治筋秋合 材冬定體為弓長六尺有六寸謂之上制上士服之弓長六尺有三寸謂之中制中士服之弓長六尺謂之下制下士服之（人各以其形皃大小用此弓也）

又曰弓力有三均謂之九和安弓危矢危弓安矢

儀禮曰射告賓曰弓矢既具有司請射賓與大夫弓倚于西序矢在弓下

左傳曰王賜晉文公彤弓一彤矢百玈弓十玈矢千

又曰武王克商作頌曰載櫜弓矢

又曰楚子享公于新臺使長鬣者好以大屈（宴好之賜也大屈弓名）

又曰舟堅射陳武子中手（舟堅季氏之臣也）失弓而罵（武子罵也）

又曰周公相王室以尹天下於周為睦分魯公以大路大旂夏后氏之璜封父之繁弱（封父古之諸侯也繁弱大弓名也）封之於少昊之墟

又曰魯伐齊士皆坐列顏高之弓六鈞皆分取傳而觀之（顏高魯人也三十斤為鈞六鈞一百八十斤也故異之）

又曰子蕩以弓梏華弱于朝

又曰楊虎税甲如公宮取寶玉大弓以出

又曰齊景公田于沛招虞人以弓不進公使執之辭曰旌以招大夫弓以招士皮冠以招虞人臣不見皮冠故不敢進

又曰晉楚戰於鄢陵郤至三遇楚子之卒見楚子必下免冑而趨風楚子使工尹襄問之以弓（杜預注曰問遺之也）

又曰楚靈王次于乾谿左尹子革夕王與之語曰昔我先王熊繹僻在荆山唯是桃弧棘矢以供禦王事

穀梁曰八年盜竊大弓大弓者武王之戎弓也周公受賜藏之魯

崔贑易林曰桃弓葦戟除殘去惡

郭璞毛詩拾遺曰象弭魚服毛云弭弓反末斆者以象骨為上蓋俗說文誤也

左傳曰左執鞭弭弭者弓之別名謂以象牙為弓令西方

有以犀角及鹿角為弓者

春秋佐助期曰天弓主司弓弩之張神名推亡

史記曰上迎寶鼎於中山有路弓乘矢集獲壇下

又曰黃帝騎龍上天小臣不得上悉持龍鬚鬚拔墮墮黃帝之弓百姓望帝抱其弓而號後世因名其弓曰烏號

又曰漢高祖擒韓信信曰高鳥盡良弓藏敵國滅謀臣亡天下已定我固當烹

又曰子貢說越王以兵從吳伐齊越王乃使以秦屈盧之弓步光之劒以賀

續漢書曰鮮卑亦東胡之支也禽獸異於中國者有野馬原羊角端牛以角為弓世謂之角端弓者也

東觀漢記曰祭彤為遼東太守至則厲兵馬遠斥候彤有勇力能貫三百斤弓

又曰蓋延字巨卿漁陽要陽人以氣聞身長八尺彎弓三百斤

謝承後漢書曰朱穆爲尚書歲初百官朝賀有虎賁當階置弓於地謂群僚曰此天子弓誰敢干越百僚皆避之穆呵之曰天子之弓當戴之於首上何敢置地大不敬即收虎賁付獄治罪皆肅然服之

張璠漢記曰陳球爲零陵太守州兵朱蓋等反與桂陽賊胡蘭數萬人轉攻零陵球城守弦大木爲弓羽矛爲矢引機發之遠射千餘步斬朱蓋等

魏志曰句驪別種居小水因名小水貊出好弓所謂貊弓也挹婁弓長四尺力如弩矢用楛長尺八寸青石爲鏃古肅慎國也

魏要略曰北方有槖離之國其王侍婢有身王欲殺之婢

云有氣如雞子來下我故有身後生子王捐之於溷中猪以喙噓之徙馬閑馬以氣噓之王疑以爲太子令其母收畜之名曰東明常令牧馬東明善射王恐奪其國殺之東明走南至奄水以弓擊水魚鱉浮爲橋東明得渡魚鱉解散追兵不得渡東明因都王夫餘之地

王隱晉書曰劉琨與丞相牋曰不得進軍者實困無食殘民鳥散録召之曰皆披林而至衣服藍縷木弓一張荊矢十隻

晉中興書曰苻健匈暴露刃張弓推鉗鋸鑿殺人之具備置左右

晉令曰弓弩士習射者給竹弓角弓皆二人一張

沈約宋書曰蕭思話爲梁州太祖賜以弓琴手勑曰丈人頃何所作事務之暇故以琴書爲娛耳并往桑弓一張材理乃佳先所常用既久廢射又多病略當不能制之便成老公令人歎息良材美器宜在盡用之地丈人真無所與讓也

梁書曰羊侃膂力絶人所用弓至二十石馬上用六石弓

三國典略曰齊綦連猛有勇力梁使來聘有武藝人求欲相角猛帶兩鞬左右馳射併取四弓疊而挽之梁人嗟服

後魏書曰傳融性豪爽有三子靈慶靈根靈越並有才力融以此自負謂足爲一時之雄嘗謂人曰吾昨夜夢有一駿馬無堪乘者人曰何由得人乘之有一人曰唯有傳靈慶堪乘此馬又有弓一張亦無人堪引有一人曰唯有傳靈根可以彎此弓又有數紙文書人皆讀不能解此文有一人曰唯有傳靈越可以解之融意謂其三子文武材幹堪以駕馭當世常賓謂鄉人曰汝聞之不萬𧉮之子有三

靈此圖讖之文也好事者然之故豪勇之士多相歸附

唐書曰太宗謂蕭瑀曰朕少好弓矢自爲能盡其妙近得良弓十數以示弓工乃曰非良材也朕問其故工曰木心不正脉理皆邪弓雖剛勁而遣箭不直非良弓也朕始悟焉朕以弧矢定四方使弓多矣有天下之日淺得爲治之意固未及於弓弓猶失之何況於治乎自是遂延耆艾問之政術京官五品已上更宿中書內省上每延與語詢訪外事務知百姓疾苦政教之得失焉

家語曰楚共王出遊亡其烏嘷之弓（烏嘷良弓名也）左右請求之王曰止也楚人失弓楚人得之又何求焉孔子聞之曰惜乎其不大也宜曰人遺弓人得之而已何必楚也

又曰弓調而後求勁焉

國語曰周宣王時有童謠檿弧箕（音斯）服實亡周國有夫婦

鬻是弓者王執而戮之乃奔褒（賁遹注曰箕木名服矢箙）得弃女子於野而養之是爲褒姒卒以衰周

又曰更盈侍魏王見一鴈過曰臣能遥弓而落鴈乃彎弓向鴈鴈即落

又曰鄢之戰郄至三逐王卒王使工尹襄問之以弓郄至甲胄而見客免胄而聽命

韓詩外傳曰齊景公使人爲弓弓人之妻曰此弓者泰山南烏號之柘燕牛之角荆麋之筋河魚之膠四物者天下之精材也

戰國策曰楚人有好以弱弓微繳加歸鴈之上者頃襄王聞召而問之對曰見六雙王何不以聖人爲弓以勇士爲繳時張而射之此六雙者可得而囊載也

越絶書曰麻林山勾踐欲伐吳種麻爲弓弦使齊人守之

典略曰蘇秦說韓宣王曰今韓地方九百里帶甲數十萬强弓勁弩皆射六百步之外

劉向說苑曰齊攻魯子貢見哀公謂求救於吳公曰奚先君寳之用子貢曰使吾寳而與我師是不可恃也於是以楊幹麻筋之弓六往

江表傳曰高句驪王遣使貢孫權角弓

吳時外國傳曰扶南之先女人爲主名柳葉有摸趺國人字混慎好事神一心不懈神感至意夜夢人賜神弓一張教載賈人舶入海混慎晨入廟於神樹下得弓便載大船入海神迴風令至扶南柳葉欲刦取之混慎舉神弓而射焉貫船通度柳葉懼伏混慎因至扶南

鄴中記曰石虎女騎皆手持雌黄宛轉角弓

遁甲開山圖曰河東有獨頭山多青檀可以爲良弓

括地圖曰神弓在南山石泥渚中

三禮圖曰彤弓天子所用㦸弓卿已下所用也

崔豹輿服注曰兩漢京兆河南尹及執金吾司隷校尉皆使人導引傳呼行者止坐者起四人持角弓走者射之有乘高闚者亦射之晉魏設弓而不用焉

古史考曰烏號柘樹枝長而烏集將飛枝彈烏烏乃號呼以柘爲弓因名曰烏號

風俗通曰烏號弓者柘桑之枝枝條暢茂烏登其上垂下着地烏適飛去從後撥殺取以爲弓因名烏號耳

又曰白鸓古弓名（出類聚邊崖）

沈懷遠南越志曰宋昌縣有棘竹長十尋俚人取以爲弓

又曰沙麻竹人削以爲弓弓似弩淮南所謂浮子弩也

南州異物志曰烏滸人土有竹皮厚寸餘破以作弓長四尺名曰弧弓

廣志曰緣沉古弓名

博物志曰徐偃王既治其國仁義著聞欲舟行上國乃通溝陳蔡之間得朱弓矢以已得天瑞遂因名爲號自稱徐偃王

列女傳曰晉平公使工人爲弓三年乃成射不穿一札公怒將殺工其妻繁人之女也見公曰妾之夫造此弓亦勞矣幹生太山之阿一日三覩陰三覩陽傳以燕牛之角纏以荆麋之筋糊以河魚之膠此四者天下選也而不穿一札是君不能射也而反欲殺妾之夫不亦謬乎妾聞射之道左手如拒右手如附枝右手發之左手不知此射之道也公以其言爲儀而穿七札弓工立得出賜金三鎰（綦毋邃注曰繁人官名扎鎧扎也燕角善楚筋何膠淑也）

管公明別傳曰信都令家中婦女盡驚更互疾病使公明爲占之卦成語曰君北室床西頭當有兩死男人一鬼持矛一鬼持弓箭頭在壁中脚在壁外持矛者主刺頭故頭重痛不得舉持弓箭者主射胷腹故心中懸痛不得飲食晝則浮遊夜還病人故驚恐若徙其屍柩便皆丁強於是令歸室中果得兩楸棺中有角弓及數箭物已久遠木消爛徙骸埋之合家皆愈

洞林曰曲阿令趙元瞻兒字虎舒從吾學卜自求蓍作卦見吾有盛艾小陵龜欲得之不與語之曰當作卦相爲致此物令自來後數日果有一龜入廐虎舒後見吾言偶有一物試可占之若得當再拜輸一好角弓即便作卦曰案卦之是爲龜虎舒奉弓起再拜

老子曰天之道其猶張弓乎高者抑之下者舉之

列子曰紀昌學射於飛衛飛衛曰尒先學不瞚而後能又使學視小如大紀昌氂懸虱於牖南面而望之三年之後如輪覩物皆丘山也乃以燕角之弧朔蓬之幹射之貫虱之心而懸不絶

孟子曰不仁不智無禮無義人役也人役而耻爲役猶弓人而耻爲弓

孔叢子曰楚王張繁弱之弓載忘歸之矢射蛟兕於雲夢

胡非子曰一人曰吾弓良無所用矢一人曰吾矢善無所用弓羿聞之曰非弓何以往矢非矢何以中的令合弓矢而教之射

孫卿子曰繁弱鉅黍古之良弓也（廣雅又云）

又曰天子雕弓諸侯彤弓大夫黑弓禮也

魯連子曰楚王成章華臺酌諸侯酒魯君先至楚王悅之與大曲之弓

闞子曰宋景公謂弓人曰爲弓亦遲矣對曰臣不得見公矣公曰何也臣之精盡於弓矣獻弓而歸三日而死公張弓登虎圈之臺東面而射矢踰西霜之山集彭城之東其餘力逸勁飲羽於石梁夫盡精於一弓而身爲夭死況治天下柰何其獨也

尸子曰鴻鵠在上扞弓轉（彏同）弩待之若發若否問二五弗知非二五難計也欲鴻之心亂也

抱朴子曰金弧王弦無激矢之能

又曰農夫得彤弓以駈烏南成得袞衣以負薪猶世人得仙丹而不貴

淮南子曰射者扞烏號之弓彎綦衛之箭（扞張也彎引也綦美箭所出地名也衛利也烏號柘桑其材堅勁烏跱其上及飛至枝必撓下勁能復起撲烏隨之烏不敢飛號呼其上伐其材以爲弓因曰烏號之弓也一說黃帝鑄鼎於湖得道而仙乘龍上天其臣援弓射龍欲下黃帝不蘢也烏於也號呼也於是抱弓而號也自以名其弓爲烏號之弓也）

重之羿逢蒙子之巧以要飛鳥猶不能與羅者竟多（羿古諸侯有窮之君也逢蒙羿弟子皆攻射而百發百中故曰之巧要取竟逐也）何則以所持之小也

又曰淇衛箘路（箘竹也出於淇地衛箭羽也）飾以銀錐有薄縞然獨猶不能穿也若假之筋角之力弓弩之勢則貫兕甲而經於華楯矣

又曰曲張弓名也一名彷徨弓

又曰宛轉弓今之弭弓是也

呂氏春秋曰齊宣王好射說人之謂已能用強弓也其嘗所用弓不過三石以示左右左右皆試引之中間而止（至於一半而止）皆曰此不下九石非王孰能用是宣王所用不過三石而終身自以爲用九石豈不悲哉非直士其孰能不阿

主故亂國之主患存乎用三石爲九石
又曰萬人操弓共射一招招無不中（招謂的也）
杜夷幽求曰弓折由射者之數劒𣁽因用之者多
新序曰楚熊渠子夜行見寢石關弓射之滅矢飲羽下視
知石也却復射之矢摧無迹
譙子法訓曰善耕者足以謹地待時而動善射者調弓定
準見可而發君子善養其人足用
韓楊天子要集曰弧者天弓備盜賊
楚辭曰帶長劒兮挾秦弓（言身死帶劍弓示不舍武也）
劉邵趙郡賦曰其器用則六弓四弩緣沉黃間堂溪魚腸
丁令角端
陳琳武庫賦曰弓則烏號越棘繁弱角端象弭繡質哲弣
文身

唐太宗詠弓詩曰上弦明月半激箭流星遠落鴈帶書驚
啼猿映枝轉
後梁宣帝詠弓詩曰虞人招不進繁氏父彌工已悲軒主
跡復挹楚王風
楊師道奉和詠弓詩曰霜重麟膠勁風高月影圓烏飛隨
帝輦鴈落逐鳴絃
齊王融謝武陵王賜弓啓曰殿下摛藻蕙樓暢藝蘭苑敷
積玉於風筵疊連珠於月的兎園掩秀鄴水慙奇融揖讓
末工濫陪外飲之賞操弧反正謬奉招賢之錫文韜鏤景
逸幹梢雲玩溢百齡佩流千載
晉稽合木弓銘曰烏號之撲豐條足理弦弧走栝截飛駮
止射隼高墉出必有獲既用禦戎亦以招士
李尤良弓銘曰弓矢之作爰自曩時鄉射載禮招命在詩

妙稱顔高巧發由基不爭之美亦以辨儀

太平御覽卷第三百四十七

太平御覽卷第三百四十八

兵部七十九

弩

釋名曰弩怒也有勢怒也其柄曰臂似人臂也鉤弦者曰牙似齒牙也牙外曰郭爲牙之規郭也下曰縣刀其形然也合名之曰機言如機之巧也亦言如門户樞機開闔有節也

說文曰洛陽名弩曰弰許緣切彀弩也彉滿弓也彉音霍

古史考曰黄帝作弩

廣雅曰鉅黍弓谿子弩

太公兵法曰弩之神名遠望

尚書曰若虞機張往省括于度則釋

尚書帝命驗曰王弩發驚天下秦有佳矢西流狂矢即弩星也兵精主天下見之而驚西流秦滅也賊類出高將下賊類謂秦始皇也呂不韋之妻任身而秦襄王納之生始皇高謂丞相趙高也始皇出趙高下言天生之也賊或爲賊

史記曰龐涓追孫臏音牝臏量其行暮當至馬陵馬陵道狹而旁多阻險可伏兵乃大斫樹白而書龐涓死此下於是令齊軍善射者萬弩夾道而伏期曰暮見火舉而俱發龐涓夜至斫木下見白書乃鑽火燭之讀書未畢齊軍萬弩俱發魏軍大亂龐涓自知智窮兵敗乃自剄曰遂成豎子之名

又曰高祖阨於冒頓平城天下歌曰平城之下亦誠苦七日不食不能彀弩彀張也音遘

又曰始皇葬驪山令匠作機弩矢有所穿近輒射之

又曰蘇秦說韓王曰谿子距黍射六百步之外許慎曰南方谿子蠻之弩皆善射

又曰蘇代遺穰侯書曰以天下攻齊如以千鈞之弩决潰癰也

又曰漢王臨廣武數項羽十罪項羽大怒令伏弩射中漢王漢王傷胷乃捫足曰虜中吾指

漢書曰李廣傳曰廣爲匈奴所擊廣身自以大黄射其裨將服虔曰大黄肩弩也

又曰申屠嘉梁人也以材官蹶張如淳曰材官皆多能脚蹋强弩張之故曰蹶張律有蹶張生從高帝擊項籍

又曰李陵至浚稽與單于相值騎二萬圍陵陵軍居兩山間以大車爲營陵引士出營外爲陣前行持戟盾後行持弓弩虜見漢軍少直前就營陵搏戰攻之千弩俱發應弦而倒

又曰司馬相如爲中郎建節卭筰至蜀太守以下郊迎縣令負弩矢先驅蜀人榮之

又曰霍去病爲驃騎將軍過河東河東太守郊迎負弩先驅

續漢書曰虞詡爲武都太守虜來攻城詡出戰使强弩射之三發而三中虜衆潰謝承後漢云羌攻城也

東觀漢記曰耿恭在疏勒城救兵不至恭食盡窮困士乃煑鎧弩食其筋革恭與士推誠同死生故無貳心

後漢書曰宋則子年十歲與蒼頭兵弩射蒼頭弦斷矢激誤中之即死奴叩頭就誅則察而恕之潁川荀爽深以爲美時人亦服焉

又曰中平中黄巾賊起郡縣皆弃城走陳愍王寵有强弩數千張出軍都亭置軍營於國之都亭也國人素聞王善射不敢反叛故陳獨得完百姓歸之者衆十餘萬人

凡十二命皆不就有人竊其園菜者外還見之乃自逃隱
俟竊者取足去後乃出
唐書曰載初中徐有功爲大理丞時酷吏來俊臣等搆陷
無辜公卿震恐有功獨存平恕詔下大理者有功皆議出
之前後濟活數十百家
呂氏春秋曰宋景公時熒惑在心問子韋子韋對曰禍在
君可移宰相公曰宰相所與治國家曰移於民公曰民死
誰與爲君曰移於歲公曰歲飢民必死子韋北面再拜曰
君有至德之言三天必賞君熒惑果三徙舍
賈誼書曰楚惠王食寒葅得水蛭王不欲以飲食傷人乃
吞之令尹避席再拜而賀曰臣聞天道無親唯德是輔是
夜惠王之後溷而蛭出其久病心腹之積皆愈
又曰孫叔敖之爲兒也出遊歸遂憂而不食其母問其故

太四百三　十一　田趙祖

泣而對曰今旦見兩頭蛇恐死其母曰今蛇安在曰敖聞見
兩頭蛇者必死吾恐人又見之殺而埋之母曰無憂汝不
死矣吾聞有陰德者天必報之以福果不死矣
高士傳曰初晉宣帝布衣時與胡昭有舊昭同郡周士等
謀欲害帝昭聞而涉險邀士於崤澠之間止士不肯昭泣
以示誠士感義乃止昭雖有陰德於帝口終不言
續齊諧記曰楊寶年九歲時至華陰山北見一黄雀爲鴟
梟所搏墜於樹下爲螻蟻所困寶取之以歸置巾箱中唯
食以黄花百餘日毛羽成乃飛去其夜有黄衣童子向寶
再拜曰我王母使者君仁愛救拯實感成濟以白環四枚
與寶曰令君子孫絜白位登三公事當如此數矣
會稽典録曰鄭弘爲靈文鄉嗇夫民有弟用兄錢者未還
之嫂詣弘訴之弘賣中單（即今之汗衫也）爲叔還錢兄聞之慚愧
遣其婦索錢還弘弘不受
又曰夏香字曼卿永興人門側有大井傍設水瓮里中兒
童各競飲牛爭水共鬪香預爲汲水多置器瓮由是無爭
專以德化香至四節先慶酌二親退賫酒肴勞問里中父
老以此爲常
益都耆舊記曰王忳常詣京師於空舍中見一書生疾困
愍而視之書生謂忳曰我當到洛而得病命在須臾腰下
有金十斤願以相贈死後乞藏骸骨未及問姓名而絶忳
即鬻金一斤營其殯葬餘金悉置棺下人無知者後歸數
年縣署忳大度亭長初到之日有馬馳入亭中其日風飄
一繡被復墮忳前即言於縣馬遂奔走牽忳入他舍主人
見之喜曰今擒盜矣問忳得馬忳説其狀并繡被主人悵
然良久乃曰被隨飄風與馬俱亡卿何陰德而致此二物

平四百三　十二　田趙祖

忳自念有葬書生事因爲説之道書生形皃及埋金之處
主人驚曰是我子姓金名彦前往京師不知所在何意卿
乃葬之大恩久不報天以此彰卿德耳忳悉以被馬還之
彦父不取又厚遺忳忳辭讓而去時彦父爲州從事因告
新都令假忳休息與俱迎彦喪餘金具存由是顯名（後漢書載）
廣州先賢傳曰羅威字德仁南海番禺人也有隣家牛數
食其田禾既不可止遂爲斷蒭多著牛家門中不令人知
數如此牛主驚怪不知爲誰陰察求之乃覺是威自後更
相約率收拾牛犢不敢復踐傷於威田
豫章耆舊志曰施陽字季儒遷舒令及之官道經
江夏遇寇賊與起劫奪陽物賊去後車上席下尚有五千
錢追以與賊
荀氏家傳曰荀遂字仲陽夫人有至行時歲荒飢有餘米

又曰韋夐(休政切)字弘遠志尚夷簡澹於榮利周弘正乃造夐談讌盡日恨相遇之晚也後請夐至賓館夐未赴弘正乃贈詩曰德星猶未動真車詎肯來當時所欽如此

南史曰謝弘微性寬博無喜慍末年嘗與友人棊友人西南棊有死勢復一客曰西風急或有覆舟者友人悟乃救之弘微大怒投局於地識者知其暮年之事果以此歲終

北史曰盧懷仁有行檢善與人交與瑯瑘王衍隴西李壽之情好相得嘗語衍云昔太丘道廣許劭知而不顧嵇生峭立鍾會遇而絕言語處季孟之間去其太甚衍曰然

三十國春秋曰燉煌太守李暠(古老切)表於段業暠稱盡忠不貳橫為李嗣所讒請業殺嗣暠自歸司敗業乃殺嗣遣使謝暠初嗣與暠結刎頸之交嗣常以宗族託暠曰我身猶子身勿為疑也及是暠反為嗣所構暠乃恨之

又曰姚萇單騎度淮見豫州刺史謝尚于壽陽幅巾以待之一面如舊相識

又曰王鎮惡隨宋高祖入關中初鎮惡流寓崤澠崤澠人李方厚待之鎮惡曰待吾行英雄王取萬戶侯乃厚相報方笑曰本縣足矣鎮惡力不絕人不閑弓馬略通諸子兵書縱橫有智計以此成名及是李方尚在鎮惡昇堂拜母叙方澠池令

陳書曰江揔聰敏篤學有文范陽張纘瑯瑘王筠南陽劉之遴並高才碩學揔時少有名纘等雅相推重為忘年友

又曰陸景文字叔辯少有膽略武勇與陳武帝有布衣之舊

隋書曰李密與楊玄感為刎頸之交尤好兵書常皆在口

唐書曰武德中元敬為秘書郎太宗召為天策府參軍兼直記室薛收與元敬俱為文學館學士時房杜等處心腹之寄深相友託元敬畏於權勢竟不之狎如晦常云小記室不可得而親不可得而踈

又曰于休烈河南人也貞觀中任左僕射為十八學士心性貞慤機鑒敏悟自幼好學善屬文與會稽賀朝萬齊融延陵包融為文詞之友齊名一時

又曰王琚懷州河內人也少孤而聰敏有才略好玄象合鍊之學神龍初嘗謁駙馬王同皎甚器之及謀刺武三思事琚義許之與周璟張仲之為忘年之友

又曰蕭昕河南人也開元中首舉博學宏詞授陽武簿後遷左拾遺昕嘗與布衣張鎬友善表薦之曰如鎬者用之則為王者師不用之則幽谷一叟爾玄宗擢鎬拾遺後為將相

又曰權皐德輿之父大曆中卒于家元和中謚曰貞孝初皐卒韓洄王定為服朋友之喪李華為其墓表以為分天下善惡一人而已

又曰杜伏威齊州章丘人也少為盜與鄉人輔公祏為刎頸之交公祏姑家家牧羊為業公祏數攘羊以餽之

又曰楊憑字虛受為左散騎少負氣節與母弟凝凌相愛皆有名重交遊與穆質許孟容李鄘王仲舒為友故時人稱穆許李之交

又曰朱敬則亳州永城人也長壽中為右補闕家代孝義敬則倜儻早以詞學知名與左史江融尚書左僕射魏元忠相友善

又曰劉黑闥貝州漳南人也與竇建德少相友善家貧無以自給建德每資之黑闥所費至盡而不以為疑建德亦弗

志

孫楚牽招碑曰初君與劉備少長河朔英雄同契爲刎頸之交有横波截流柎翼横飛之志儀而委質於太祖備遂鼎足於蜀漢所交非常爲時所忌每自酌損乎季孟之間

蔡邕貞定貞父碑曰其接友也審辯真僞明于知人度終始而後交情不疎而貌親

夏侯湛鮑叔像賛曰鮑子愔愔式昭德音綢繆陳仲二人同心厥芳猶蘭其堅如金遥遥景迹君子攸欽

周祗執友箴曰人亦可言貴則易交利重太山道輕鴻毛久而益敬見之晏平霜雪既至勁柏冬青

太平御覽卷第四百九

太平御覽卷第三百五十六

兵部八十七

甲下　兜鍪　鞴上

甲下

吴越春秋曰勾踐使大夫種於吴曰竊聞大王興大義誅彊救弱越使賤臣種以先人藏器及甲二十領以賀君

又曰公子光伏甲士於私室具酒而請王僚王僚乃被棠𧙓之甲三重使兵衛至光家之門夾陛帶甲左右皆王僚之親戚也專諸置魚腸劍炙魚腹中而進之刺王僚貫達背王僚立死

獻帝春秋曰越騎校尉伍孚以董卓無道欲身自殺之內貫小鎧被佩刀詣卓卓送出閤執手告别孚引刀刺卓卓多力卻不中卽殺孚夷其族

董卓傳曰卓孫年七歲愛以爲己子爲作小鎧胄使騎駃（音決）騠（音啼）馬與玉甲一具俱出入以爲麟駒鳳鶵至殺人之子如蚤蝨耳

晉建武故事曰王敦死秘不發喪賊於水南北渡攻官壘𥿋皆重鎧浴鐵都督應詹等出精銳距之

宋元嘉起居注曰御史中丞劉禎奏前廣州刺史韋朗於廣州所部作犀皮鎧六領請免朗官也

鄴中記曰石季龍左右置直衛萬人皆五色細鎧光曜奪目

伏侯古今注曰章帝建初三年丹陽宛陵民掘地得甲一

述異記曰乹羅者慕容廆之十一世祖也着金銀襦鎧乘白馬金銀鞍勒自天而墜鮮卑神之推爲君長

家語曰孔子言於定公曰家不藏甲古之制也今三家過制請皆損之

管子曰葛盧之山發而得黃金蚩尤受之制以爲劒鎧（其始也）

孟子曰矢人豈不仁於函人哉矢人唯恐不傷人函人唯恐傷人巫匠亦然故術不可不慎也（趙岐章句曰矢箭也函鎧也）

孫卿子曰楚人鮫革犀兕以爲甲堅如金石

慎子曰藏甲之國必有兵道

鹽鐵論曰強楚勁鄭有犀兕之甲

呂氏春秋曰田贊衣補衣而見荆王王曰先生之衣何其惡也贊曰衣又有惡於此者王曰可得而聞乎對曰甲惡於此王曰何謂也對曰甲冬日則寒夏日則暑衣無惡乎（惡乎甲者）贊也貧故衣惡今大王萬乘之主富厚無敵而好衣民以甲臣弗得也意者爲其義也甲之事兵之事也刈人之頸刳人之腹墮人之城郭刑人之父子其名又甚不榮也

呂氏春秋曰邾之故爲甲裳以帛（以帛綴甲）公息忌謂邾君曰不若以組凡甲之所以爲固者以滿竅也今竅滿矣而任力者半組則不然竅滿則盡任力矣邾君以爲然曰將何所得組公息忌對曰上用之則民爲之矣邾君曰善下令令官爲甲必以組公息忌知說之行也因令其家皆爲組人有傷之者曰公息忌之所以欲用組者其家多爲組也邾君不說於是乎止官無以組（以用）邾君有所尤也爲甲以組而便公息忌雖多爲組何損以組不便公息忌雖無爲組亦何益爲組與不爲組不足以累公息忌之說用組之心不可不察

又曰趙攻中山中山有多力者曰丘鳩衣鐵甲操杖擊無不碎衝無不陷以車投車以人投人

説苑曰孔子之匡簡子殺陽虎孔子似之甲士以圍孔子

之金子路怒奮戟將下鬬孔子止之曰何仁義之不免俗
也夫詩書之不習禮樂之不脩是吾之過也若非陽虎而
以爲陽虎則非丘之罪也夫由歌方和汝子路歌孔子和
之三終而甲罷
崔寔政論曰貪饕之吏競納財用狡猾之工復盜竊之至
以麻枲被弓弩鐵焠醯中令脆易治鎧孔又褊小不足容
入凡漢所以能制胡者徒擩鎧弩弓之利也今鎧則不堅弩
則不勁永失所恃矣
抱朴子曰屠犀爲甲給乎專征之服裂翠爲華集乎后妃
之首雖出於幽谷迁于喬木然爲二物之計未若棲竄於
林薄禰生乎榛藪
文選曰介胄被霑汗
又曰金鏁照海湄注鏁甲也

又曰玄甲耀日
陳林武庫賦曰鎧則東胡闕鞏百鍊精剛函師震椎韋人
製縫玄羽縹甲灼爚流光
孔融肉刑論曰古聖作犀兕革鎧今盆領鐵鎧絶聖甚遠
魏武軍策令曰袁本初鎧萬領吾大鎧二十領本初馬鎧
三百具吾不能有十具見其少遂不施也吾遂出奇破之
是時士卒精練不與今時等也
曹植表曰先帝賜臣鎧黒光明光各一具兩當鎧一領環
鏁鎧一領馬鎧一領今世以昇平兵革無事乞悉以付鎧
曹
殷仲堪相王牋曰奉所賜馬鎧既足以奬厲懦心又以光
華遠任
庾翼與燕王書曰今致襦鎧一領兜鍪一副

又曰鄧百山昔送此犀皮兩當鎧一領雖不能精好復是
異物故復致之
李尤鎧銘曰甲鎧之施扞禦鋒矢尚其堅剛或用犀兕内
以存身外不傷害有似仁人厥道廣大好德者寧好戰者
危專智恃力君子不爲

兜鍪

廣雅曰兜鍪謂之冑鉦鍛謂之鏂鍭上音歐下音侯
說文曰冑兜鍪首鎧也
易曰離爲甲冑
詩曰公徒三萬貝冑朱綅毛萇曰貝冑貝飾也朱綅以朱綫綴之綅子林切
禮記曰獻甲者執冑獻杖者執末
又曰臨哀則必有哀色執紼甫勿切不笑臨樂不歎甲冑則
必有不可犯之色貌與事宜相稱也

又曰車則稅綏執以將命甲若有以前之則執以將命無
以前之則袒櫜奉冑鄭玄注曰袒其衣出兜鍪以致命櫜鎧衣也
左傳曰公及邾師戰于升陘我師敗績邾人獲公冑懸諸
魚門杜預曰冑兜鍪魚門邾城門也
又曰秦師襲鄭過周北門左右免冑而下
又曰晉侯敗狄于箕先軫曰匹夫逞志於君而無討敢不
自討乎免冑入狄師死焉狄人歸其元面如生
又曰晉楚戰於鄢陵郤至見楚子必下免冑而趨風疾如風也
楚子使工尹襄問之以弓問遺也郤至見客免冑承命曰君
之外臣從寡君之戎事以君之靈間蒙甲冑間尤也不敢拜
命介者不拜三肅使者而退
又曰楚白公亂葉公亦至及北門或遇之曰君胡不冑國
人望君如望慈父母焉盜賊之矢若傷君是絶民望也若

之何不胄乃胄而進又遇一人曰君胡胄國人望君如望歲
焉日日以冀若見君面是得艾也艾安而又掩面以絕民
望不亦甚乎乃免胄而進言葉公得民心也
穀梁傳曰古者被甲嬰胄非以興國也則以征無道豈曰
以報其恥哉
漢書曰王莽傳云元始五年策王莽加九命之錫於是稽
首拜受甲胄一具
後漢書曰劉虞積怨公孫瓚不已自率兵十萬攻瓚將出
從事代郡程緒免胄而前曰公孫瓚雖有過惡而罪名未
正明公不先告曉使得改行以武臨之瓚必悔禍謝罪所謂
不戰而服人也虞以緒臨事沮議斬之以徇戒軍士曰無
傷餘人殺一伯珪而已虞遂大敗斬虞於薊市
東觀漢記曰祭遵薨喪至河南博士范升上疏曰遵爲將

軍雖在軍旅心存王室不忘俎豆可謂守死善道者也乃
贈將軍給侯印綬遣校尉發騎士四百人被玄甲兜鍪兵
車軍陣送葬
又曰建武六年馬武與衆將上隴擊隗囂身被甲兜鍪持
戟奔擊殺數十人囂追兵盡還武中矢傷
又曰上　征彭寵朱浮上疏切諫曰連年距守吏士疲勞
甲胄生蟣虱弓弩不得弛上下相率焦心大兵冀蒙救護
生活之恩陛下輒忘之於河北誠不知所以然
獻帝春秋曰孫策獲太史慈謂曰孤昔與卿神亭之役若
爲卿先如何慈謂曰不敢面欺若兜鍪帶不斷未可量也
吳志曰太史慈與孫策戰於神亭策得慈兜鍪
吳曆曰諸葛恪作東關過魏軍距之時寒雪恪使丁奉等
皆解鎧但著兜鍪持刀緣遏上共軍見裸身緣遏皆大笑

不即嚴兵便亂斫遂破北軍
晉書天文志曰魏文帝黃初六年十月有星孛于少微歷
軒轅占曰兵喪除舊布新之象時帝軍廣陵辛丑帝親御
甲胄觀兵
沈約宋書曰元嘉二十七年北討至陝虜多縱突騎衆軍
患之薛安都怒甚乃脫兜鍪解所帶鎧唯著絳納兩當衫
馬亦去具裝馳奔以入賊陣猛氣咆哮所向無前當其鋒者
應刃而倒賊怨之夾射不能中如是者數四每一入衆無
不披靡
王琰宋書曰晉康太守劉思道攻廣州殺刺史羊希龍驤
將軍陳伯紹討之思道迎擊之殺傷甚衆會紹騎解兜鍪
墜地退走見禽
車頻秦書曰苻登堅族曾孫堅死登自立皆刻兜鍪作死

休字示士以必死爲度故戰所向無前
崔鴻前秦錄曰苻堅末慕容沖率衆登城堅身貫甲胄飛
矢滿身
後周書曰突厥之先臣於茹茹居金山之陽爲茹茹鐵工
金山形似兜鍪其俗謂兜鍪爲突厥因以爲號
春秋繁露服制象曰夫執介胄而後能距敵者固非以之
所貴也
孝經威嬉拒曰欲去惡尾五刑具五人皆持大斧著鐵兜
鍪將之常使去四五十步不可令近人也
戰國策曰蘇秦說韓王曰韓之劍當敵則斬甲楯鞮鍪
國語曰靡笄之役郤獻子傷曰余病矣張御曰受命於廟
受服於社甲胄而效死戎之政也
又晉語曰郤至甲胄而見客免胄而聽命

樂資春秋後傳曰吳越令魏武侯屬兵五年秦人興師而臨西河魏士聞之介冑不待令而奮擊殺秦人者萬數

英雄記曰袁紹為公孫瓚所圍別駕田豐扶紹入空垣紹脫兜鍪抵地云丈夫當前鬭死而返逃入牆間豈可得活一云入牆間

盧綝晉四王起事曰建武元年天子還洛陽右將軍張方啓曰陛下自鄴來還宜謁宗廟天子出因便刦居劫切劫啓移都其夜方恚引兵從西明廣陽諸城門入自領五千騎皆提鐵繯稍擊兜鍪燕茸皆用凉州白鵲毛望之若荼

周遷輿服雜事曰刺校者校人之執剌兵者也首戴虎皮冑○傳曰蒙皐貔以犯陳蔡因是有虎皮冑焉蜀隊戴貝冑被犀角此古制也詩云貝冑朱綅謂以貝飾冑朱綅綴之也冑插以翟尾垂以紅絮朱綅之象也

晉令曰軍列營步騎士以下皆着兜鍪

郭義恭廣志曰獠音老在牂柯興古鬱林交阯蒼梧皆以朱漆皮為兜鍪

家語曰孔子對魯哀公曰介冑執戈者無退懦之氣非體純猛服使之然

孔叢子曰陳王曰將居軍之禮勝敗之變如之何太師曰介冑在身執銳在列雖君父不拜

又曰子高曰夫儒者居德行道則衮冕之服統師旅則有介冑之服

韓子曰天下無道攻戰不已甲冑生蟣虱燕雀處帷幄

虞喜志林曰宋孫酒云可以扞禦者為械謂鎧甲兜鍪也

抱朴子曰夫德教者黼黻之服也刑罰者扞刃之甲冑也若以德教治狡暴猶以黼黻禦剡鋒也以刑罰施平世是以甲冑升廟堂也

又曰忍痛苦之藥石者所以除伐命之疾聚甲冑之重冷者所以扞鋒鏑之集

又曰盤旋揖讓非禦寇之容擐甲纓冑非廟堂之飾

曹植表曰兩當鎧二十領兜鍪自副鎧百領兜鍪自副

陶侃答溫嶠書曰奉所送帳下得蘇峻兜牟兜牟作之巧勍用功殊多戰器不事須此也意謂不如三甲者逆賊身所服此是凶器古人惡其名得此兜牟者猶以有功今賞其細葛一端

魏武帝上事曰臣前上言逆賊袁尚還卽厲精銳討之今尚人徒震蕩部曲喪守引兵遁亡臣陳軍被堅執銳朱旗震燿虎士雷譟望旗眩精聞聲奪氣投戈解甲翕然沮壞尚單騎遁走捐棄偽節鉞鈇大將軍邟鄉侯印各一枚兜

鍪萬九千六百二十枚其矛楯弓戟不可勝數鞞音波切又古楯切

于寶百志詩曰壯士稟傑姿氣烈有自然俯仰羣衆中胡能救世艱閱輩代繼被兜鍪易進賢

揚雄長楊賦曰高祖奉命順斗極運天關橫鉅海漂崑崙提劍而叱之所過麾城搟邑下將降旗一日之戰不可殫記當此之勤艱鍪生蟣虱介冑被霑汗

文選曰朝食不免冑夕息常負戈

又曰貝冑星離以貝飾之

楯上

釋名曰楯遯也跪其下避刃以隱遯也大而平者曰吳魁本出於吳為魁帥者所持也隆者曰滇盾本出於蜀蜀滇所持也或曰羌盾言出於羌也約脅而鄒者曰陷虜言可陷

破虜敵今謂之曰露是也狹而長者曰步盾步兵所持與刀相配者也狹而短者曰孑盾車上所持者也孑小稱也以韉（音邊）編板者謂之木絡盾以犀皮作之曰犀盾以木作之曰木盾皆因所用為名也

許慎說文曰楯瞂（音伐）也所以扞（音汗）身蔽目象形摩也楯大楯也（楯音瞥）

楊雄方言曰楯自關而東或謂之瞂或謂之干（干者扞也）關西謂之楯

張揖埤蒼曰戰盾也

廣雅曰果科干瞂摑戟盾也

龍魚河圖曰楯名自障

禮記曰仲夏之月命樂師脩鞀（音桃）鞞鼓均琴瑟管簫執干戚戈羽

又曰春夏學干戈秋冬學羽籥皆於東序

又曰季夏以禘禮祀周公於太廟朱干玉戚冕而舞大武（鄭玄曰朱干赤大楯也）

周禮曰旅賁氏掌執戈楯夾王車而趨喪紀則衰葛執戈楯

又曰方相氏掌蒙熊皮黃金四目衣朱裳執戈揚楯帥百隸而時儺

又曰司兵掌五兵五楯各辯其物與之等以待軍事（鄭玄曰五楯干櫓之屬其名未盡聞也）

又曰司戈楯掌戈楯之物而頒之

又曰魯及齊戰于炊鼻（杜預曰炊鼻魯地）齊子淵捷從泄聲子（声子魯大夫也）射之中楯瓦（瓦楯脊也）繇朐（音劬）汰輈匕入者三寸（入楯瓦也繇過汰矢激也）

又曰宋樂祁獻趙簡子楊楯六十

太平御覽卷第三百五十六

太平御覽卷第三百五十七

兵部八十八

楯下　彭排
銜枚
棓
椎

楯下

春秋元命苞曰帝佶戴干是謂清明發節移度蓋象招搖（宋均曰干楯也招搖爲天戈戈楯相副戴之者象見天中以爲表者也）

史記曰項羽在戲下欲攻沛公沛公從百餘騎因項伯面見羽謝無有閉關事羽既饗軍士中酒亞父謀欲殺沛公令項莊拔劍舞坐中欲擊沛公樊噲在營外聞事急乃持劍楯入營衞士止噲噲直撞（音幢）入立帳下羽目之問爲誰

良曰沛公參乘樊噲羽曰壯士賜之卮酒彘肩噲既飲酒拔劍切而啗之羽曰能復飲乎曰臣死且不辭豈特卮酒乎

漢書曰周亞夫子爲父買尚方甲楯五百被（張晏曰被具也）可以葬者取傭苦之不與錢傭知其盜買縣官怨而上變告子事連于亞夫亞夫歐血死

又曰晁錯上言曰曲道相伏險阨相薄此劒楯之地也弓弩三不當一

謝承後漢書曰孟政字子節地皇六年爲府丞虞御書佐時太守欽丞視事毗陵有賊丞討之未到縣道路逢賊吏卒迸散政操刀楯與賊相擊丞得免難政遂死於路

又曰江漢守山甫遷丹陽太守是時太江剽賊余來等刧擊牛渚丹陽邊水諸縣吞民歐略良善經歲爲害漢到郡會集勁士脩整戰具鉤鑲刀楯大戟長鋌弓弩勁兵轉送承擊余來垂戰失利遂見梟獲孝順帝喜其功賜以劒珮

後漢書曰袁紹爲高櫓起土山射曹操營中皆蒙楯而行

東觀漢記曰逢萌字子康北海人少有大節家貧給事爲縣亭長尉過迎拜問事尉去舉楯擿地歎曰大丈夫安能爲人役耶遂去學問

魏志曰建安五年太祖軍於官渡袁紹進保武陽稍前依沙堆爲屯合戰不利紹射營中雨下行者皆蒙楯衆大懼

又曰太祖與呂布戰太祖募陷陣典韋先將應募者數十人皆衣兩鎧棄楯但持長矛撩戟

魚豢魏略曰鮑出字文才京兆新豐人也遊俠興平中三輔亂出母爲賊所略出攘臂結袒獨持楯追之行數里及賊殺十餘人賊乃解還出母

韋昭吳書曰魯肅欲渡江衆騎追肅肅植楯引弓射之矢貫洞騎度不制乃相率還

吳録曰交阯朱鳶縣有橫榔正直高六七丈葉大如盾

王隱晉書曰朱伺字仲文小爲牙門將　内涉江夏便鞍馬弓弩刀楯射獵

于寶晉記曰吳軍師張悌帥衆三萬濟江與討吳護軍張翰楊州刺史周凌成陣相對沈瑩領丹陽銳卒刀楯五千號青巾兵屢陷堅陣

沈休文宋書曰宗越南陽葉人也爲隊主蠻有爲寇盜者常使越討伐往輒有功家貧無以市馬刀楯步出單身挺戰衆莫能當每一捷郡將輒賞錢五千因此得買馬

宋略曰寧朔將軍益州刺史劉豪少工刀楯勇冠三軍及在漢中忽脩長生之術使道士合金丹餌之因而死及就

殮屍　如生

宋元嘉起居注曰御史中丞劉損奏風聞前廣州刺史韋朗袵任虐法纂濁是彰於州所造牙楯三十幡朱畫青綾楯三十五幡請以見事追免朗前所居官。南史王洪軌隨齊鎮新亭常以身捍矢高帝曰我自有楯卿可防　答曰天下無洪軌何防　蒼生方亂豈可一日無公帝甚賞之

齊書曰王宜興吳興人也形狀短小而果勁有膽力少年時爲劫不須伴郡縣討逐圍繞數十重終莫能禽嘗舞刀楯使十餘人以水交灑不能着

北史曰後魏蠕蠕（而兗切）犯塞以任城王雲爲中軍大都督從獻文討之過大磧雲曰夷狄馬初不見虎頭楯若令舞楯在前破之必矣帝從之於是相率而歌方駕而前大破之獲其凶酋

英雄記曰公孫伯圭追討叛胡丘力居等于管子城伯圭力戰兵乏食馬盡煮弩楯啖食之

又曰袁紹討公孫瓚先令麴義領精兵八百強弩千張以爲前登瓚輕其兵少縱騎騰之義兵伏楯下一時同發瓚軍大敗

蔡邕月令章句曰洪範經云兵革並起兵謂金刃革謂甲楯

又曰審五庫之量金鐵皮革（注曰去毛曰革犀兕水牛之屬以爲甲楯鼓鞞）

張敞晉東宮舊事曰東宮外崇福門門各羌楯十幡鷄鳴戟十張

陶公故事曰臣侃奉獻金華大羌楯五十幡青綾金華楯五十幡

王琰冥祥記曰東海何敬叔少而奉佛至泰始中隨湘州刺史劉韞監營浦縣敬叔時遇有旃檀欲以爲像像將就而未有光材敬叔意願甚勤而營索無處遂凡微睡見沙門語敬叔云縣後何家有一桐楯甚堪像光其人極惜之苦求可得也敬叔寤問縣後果有何家因求買楯何氏云實有此楯甚愛惜之明府何以得知敬叔具說所夢何氏驚奉以製光

山海經曰羿與鑿齒戰于壽華之野羿射殺之羿持弓矢鑿齒持戟盾（郭璞曰鑿齒人類齒如鑿長五六尺）

又曰開明北有鳳鳥鸞鳥皆戴戭（戭音伐盾也）

張華博物志曰朝廷都許時上先人刀劍楯物及銅犬盆殿上四角鼎皆先侯所賜得也

劉義慶世說曰魏武征袁本初治裝餘有數十斛竹片咸長數寸衆並謂不堪用正合燒除太祖意甚惜思所以用之謂可以爲竹甲楯而未顯其言馳使以問楊主簿德祖應聲答與帝正同衆伏其辯悟

異苑曰河南褚褒字季野將北伐軍士忽同時唱言可各持兩楯復相謂曰一人焉用兩爲及敗悉負楯而退

國語曰桓公問曰齊國寡甲兵爲之若何管子曰輕過而移諸甲兵（賈逵曰輕過輕罪也移諸甲兵以甲兵贖罪也）桓公曰爲之若何管子對曰輕罪贖一楯一戟

潛夫論曰虜或持銅鏡以象兵或負板案以類楯逞遽㩭攘未能相一誠易制也

淮南子曰夫括淇衛箘簬（音路高誘曰括箭括也淇衛箘簬箭所出也）載以銀錫（戴飾也飾以銀錫）雖有薄縞之襜腐荷之櫓（荷蓮草也櫓大楯也）然猶不能獨穿也若假之筋角之力弓弩之勢則貫兕甲而經華楯矣（經猶達也）

楊泉物理論曰：古有阮師之刀，蘇家之楯，皆爲良工利器，時所寶貴也。夫刀者，身之寶也；楯者，身之衛也。禦難之藩牆，守之城池也。

夢書曰：夢得鑲楯，憂相負也。

漢書：楊雄校獵賦曰：賁育之倫，蒙楯負羽，杖鏌鎁而羅者以萬計。

吴都賦曰：杭神龍之華殿，施榮盾而捷獵。（勾踐將伐吴，作榮盾，鑲以白璧，鏤以黄金，獸若龍蛇，以獻吴王，吴王受之，施於姑蘇臺。捷獵，參差也。言今起神龍殿，亦施此物也。）

又曰：干鹵殳鋋，暘夷敦盧之旅。

又曰：家有鶴膝，户有犀渠。（鶴膝，矛也。犀渠，楯也。一曰鑑犀華爲之。）

李尤楯銘曰：吴旂魯獻，戎兵特須也。

張奂與崔子真書曰：僕以元年到任，有見兵二百，馬如牲（古沓切），羊矛如錐，鋑楯如榆葉。（鋑，徒甘切，長矛也。）

陶侃荅慕容瓌書曰：當今楊淮鋭勇，飛廉超驤，收蝁盧必陷之舒，集鋭犀不入之楯。

庾闡責伍負文曰：自我來思，踰歷中春，凄風跨月，苦雨積旬，地藉濕薦，室無完幕，負楯傳時，伏櫓擊柝。

謝尚餉楊征南書曰：五尺金鄧頭刀一口，碧綾車中楯一畨。

又與張涼州書曰：今致碧綾車中楯一。

彭排

釋名曰：彭排，旁也，在旁排敵禦攻也。

晉安帝紀曰：劉裕大破孫恩於菻山，恩以彭排自載，僅得還舩。

諸葛亮軍令曰：帳下及右陣各持彭排。

銜枚

詩曰：我東曰歸，我心西悲。制彼裳衣，勿士銜枚。（鄭玄曰：勿，猶無也。女制彼裳衣而來，謂兵服也。亦初無行陳銜枚之事也。）

禮記曰：外正樞，諸侯執綍五百人，皆銜枚。

周禮曰：銜枚氏下士二人，徒八人。（鄭玄曰：枚狀如箸，横銜之。）銜枚氏掌司囂。（察囂讙者，爲其聒亂。）國之大祭祀，令禁毋囂。軍旅田役，令銜枚。（爲其言語以相誤也。）

國語曰：吴王起師軍于江北，越王軍于江南。越王乃令左軍銜枚泝江五里以須，亦令右軍銜枚踰江五里以須。（賈逵曰：逆流而上曰泝，渡曰踰，須，待也。）夜中乃令涉江鳴鼓中水以須。越王以其中軍私率六千人銜枚以襲攻之，吴師大北。

史記曰：項梁率師攻秦，秦使章邯距梁。章邯夜銜枚擊楚，殺項梁。

陸賈楚漢春秋曰：高祖向咸陽，南趣宛，宛堅守不下。乃匿其旌旗，人銜枚，馬束口，龍舉而翼奮，雞未鳴，圍宛城三匝，

宛城降。

漢書曰：秦將章邯圍魏王咎於臨濟，田儋（都甘切）將兵救魏。章邯夜銜枚擊，大破齊軍，殺儋於臨濟下。

又曰：趙充國擊西羌，至金城，須兵滿萬騎，欲渡河，恐爲虜所遮，即夜遣三校銜枚先渡，渡輒營陣，會明畢。

東觀漢記曰：吴漢伐蜀，分營於水南水北，北營戰不利，乃銜枚引兵往合水南營，大破公孫述。

梁祚國統曰：孫權嘗賜甘寧酒米，寧以米賜帳下，乃以銀椀酌酒自飲，次與其郡督，次酌其次，命銜枚出斫敵。

王隱晉書曰：毋丘儉、文欽反，遣鄧艾進屯樂嘉，欽果夜銜枚襲艾等，昧爽至于城下。

又曰：王浚都督幽州諸軍事，成都王使和演發兵殺浚。單于以演謀告浚，州府逼近，銜枚密嚴，夜與單于圍演，演持

白幡請降

孫嚴宋書曰柳元景摠軍北討元景至弘農營於開方口衆軍並造陝下元景遣軍副柳元怙簡步騎二千一宿至遂合戰元怙悉偃旗鼓士馬皆銜枚潛師伏甲而進旣出賊不意虜衆大駭

王智深宋書曰劉誕作亂孝武帝使沈攸等伐之於是龍驤將軍卜天生推車塞壍率敢死數百人銜枚先登

習鑿齒漢晉陽秋曰初魏軍始入蜀劉禪分二千人付羅獻留守吳聞蜀敗遂起兵遣盛憲謝詢等水陸並到說獻以合從之計獻謂諸將曰今處孤城百姓無主吳人因釁公敢西過宜一決戰以示衆心遂銜枚夜出擊破憲

盧綝晉四王起事曰天子自鄴至洛右將軍張方逼帝幸長安河閒王率衆佐到霸水上迎人兵去路百餘步銜枚屯列

崔鴻後秦録曰永和二年遣武衛姚鸞營于大路晉將沈林子簡其軍中精銳朱遠等銜枚夜襲鸞營鸞死之

又前凉録曰張璩字元琰年十四拜奉車都尉從梁肅征隴右與王擢遇於邢崗相拒十日璩銜枚宻擊大破之由是顯名

又蜀録曰李特使弟驤屯軍毗橋以備羅尚尚遣將張興僞降於驤以覘虛實興夜歸白尚尚遣精勇萬人銜枚隨興夜襲驤營驤及將士奔于流柵

越絶書曰吳王闔閭問伍子胥軍法子胥曰王身將即疑舡旌麾兵戟與王舡等者七艘將軍疑舡兵戟與將軍舡等三舡皆居於大陣之左右有敵即出就陣吏卒皆銜枚教歌擊皷者斬

曹瞞傳曰公將襲袁紹軍乃選精銳步騎皆銜枚縛馬口夜從間道出人抱束薪至紹圍屯大放火營中驚亂大破之

太公六韜曰以少擊衆必以日之暮人操炬火合則滅之或皷呼而行或銜枚而止

吳孫子三十二壘經靈輔曰移車移旗以順其意銜枚而陳分師而伏後至先擊以戰則克

魏文帝兵書要略曰銜枚毋譁譁唯令之從

左思吳都賦曰銜枚無聲悠悠旆旌

棓 棓與棒通用

服虔通俗文曰大杖曰棓步項切

魏志曰鍾會反因將軍胡烈等與子疏去會帳下督丘建宻說消息會以作大坑白棓數千欲呼外兵入以次棓殺投置坑中外兵聞乃殺會

曹瞞傳曰操爲洛陽北部尉繕治四門造五色棒懸門左右各數十枚有犯禁者不避豪強輒棒殺之

虞溥江表傳曰孫晧以張布女爲美人晧先報布後問美人曰尒父何在荅曰賊已殺之晧大怒即棒殺美人

沈約宋書曰後廢帝昱或有忤意者輒加以虐刑有白棒數十枚各有名號鍼鑿錐鋸之徒不離左右甞以鐵錐椎人陰破

六韜曰方首鐵棓重十二斤柄長五尺千二百枚一名天棓許慎注曰大杖以桃爲之擊殺羿是以鬼畏桃人也

抱朴子吳遣賀將軍討山賊中有善禁者每交戰官軍刀劒皆不得拔將軍乃多作勁木白棓擊之禁不復行因而尅賊

又曰余觀世人敗其無檢之行除其驕簡之失則趙勝之門無去客黃祖之棓無所用矣

晉宣帝教曰當教諸圍上守土皆作棓人一枚輕重長短者各各可守皆當頭施紉挂臂賊破死在旦夕邂逅衝突圍當以棓棓之

高堂隆陳災異表曰石氏星占曰天棓五五星天之杖也主攙棓亂兵客星彗茀干犯棓兵大起二年消復之宜罷省百役勿使士卒怨於勤苦而為亂足其廩食度可勞然後用之則士卒安而無亂兵矣

椎

史記曰張良為韓報讎得力士為鐵椎重一百二十斤擊始皇博浪沙中誤中副車

又曰朱亥袖四十斤鐵椎椎晉鄙

漢書曰淮南厲王長高帝少子也有才力力扛鼎乃往請辟陽侯出見之即自袖金椎椎之命從者刑之

太平御覽卷第三百五十七

太平御覽卷第三百五十八

兵部八十九

鞍 韂

鞚

勒

鑣

鞍

說文曰鞍馬鞁具也（鞁皮被切）

漢書曰孝宣許皇后元帝母也父廣漢昌邑王侍郎從武帝上甘泉誤取他郎鞍以被其馬發覺吏劾從行而盜當死有詔下蠶室後爲官者丞

司馬彪續漢書曰光武徵趙憙引見賜鞍馬待詔公車

東觀漢記曰景丹將兵詣上上勞勉丹出至城外兵所下馬坐鞍旃毾㲪上（毾音塔 㲪音登）

又曰王莽誅諸謀者季次元聞事發覺被馬欲亡馬驚在輮中惶遽着鞍上馬出門顧車乃自覺止

又曰章帝曰明德后時廣平鉅鹿樂成王在邸入問起居朕從上望見車騎鞍勒皆純黑無金銀采飾馬不踰六尺於是以白太后即賜錢各五百萬

英雄記曰呂布刺殺董卓與李傕戰敗乃將數百騎以卓頭繫馬鞍走出武關

魏志曰許褚從討韓遂馬超於潼關太祖將北度臨濟河先度兵獨與褚及虎士百餘人留南岸斷後超將步騎萬餘人來奔太祖軍矢下如雨褚乃扶太祖上舡賊戰急軍爭濟舡重欲沒褚斬攀舡者左手舉馬鞍蔽太祖舡工爲流矢所中死褚右手並棹舡僅乃得度是日微褚幾危

又曰太祖馬鞍在庫爲鼠所齧庫吏懼死鄧哀王冲以刀穿單衣如鼠齧者謬有愁色太祖問之冲曰俗以鼠齧衣者其主不吉太祖曰此妄言耳俄而庫吏以齧鞍聞太祖笑曰兒衣在側而齧況鞍懸柱乎

魏略曰五官將知王忠昔嘗啖人時因從駕出行令取冢間髑髏著忠馬鞍以爲嬉笑

吳志曰曹公破走魯肅先還權大請諸將肅將入閤拜權起禮之謂曰子敬孤持鞍下馬相迎足以顯卿未肅趨進曰未也衆人聞之無不愕然就坐徐舉鞭曰願至尊威加乎四海摠括九州克成帝業更以安車蒲輪徵肅始當顯耳權撫掌欣笑

又曰孫權每田獵乘馬射虎嘗突前攀持馬鞍張昭變色而前曰將軍何有當尔夫爲人君者謂能駕御英雄驅使群臣豈謂馳逐於原野挍勇於猛獸者乎如有一旦之患奈天下笑何

後魏書曰傅永有氣幹拳勇過人能手執鞍橋倒立馳騁

江表傳曰孫策討祖郎生獲之策謂郎曰尔昔斫孤馬鞍今創軍立事除棄宿恨女莫恐怖郎叩頭謝罪即破械賜衣署門下賊曹

魏百官名曰紫茸題頭高橋鞍一具

三輔決錄曰平陵士孫奮富聞京師梁冀知奮儉悋以鏤衢鞍遺奮從貸五十萬

西京雜記曰武帝時身毒國獻白光琉璃鞍在暗室光照十丈

又曰武帝得貳師天馬造玫瑰石爲鞍

異苑曰昔有人乘馬山行遥望岫裏有二老公相對樗蒲

遂下騎造焉以策柱地而觀之自謂俄頃視其馬鞭潅然已爛顧瞻其馬鞍體骸枯朽既還至家無復親屬一慟而絶。六韜曰車騎之將軍馬不具鞍勒不備者誅

陸景典語曰周世以膏腴之沃壤豐鎬之寶地大啓封境以封秦釋鞍授鞚假驥他人欲無陵已其可得乎

傳玄馬射賦曰百馬齊興六驥孔閑金銜玉羈文䩞鏤鞍明珂景服華轙采軒。古樂府左延年從軍詩曰從軍何等樂一驅乘雙駁鞍馬照人目龍驤自動作

謝東連詩曰挂鞍長林側飲馬脩川湄

劉琨扶風歌曰繫馬長松下發鞍高岳頭

魏曹植上銀鞍表曰於光武皇帝代効此銀鞍一具初不敢乘謹奉上

宋劉義恭謝金梁鞍啓曰賜臣供御金梁橋鞍制作精巧宜副龍駟四聖慈下逮猥垂光賜

後漢李尤鞍銘曰驅騖馳逐騰躍覆跇雖其捷習亦有顛沛井羸其瓶罔不斯敗跇丑世切

轡

釋名曰轡佛也言牽引佛戾以制馬也

詩曰我馬維駒六轡如濡

又曰我馬維駱六轡沃若

又曰駟四鐵孔阜六轡在手

周禮曰挈壺氏挈轡以令舍懸轡於所舍止之處

又曰大馭掌馭王路以祀及犯軷王自左馭馭下祝登受轡犯軷遂驅之

家語曰古者天子以内史爲左右手以德法爲銜勒以百官爲轡善御馬者正銜勒齊轡策均馬力和馬心故口無聲而馬應轡策不舉而極千里善御人者一其德法正其百官均齊人力和安人心故令不再而人順從刑不用而天下理矣

又曰善御馬者正身以總轡

又曰閔子騫爲費宰問政於孔子孔子曰君者人也吏者轡也刑者策也人君之政執其轡策而已矣

又曰孔子適衛衛將軍文子問曰今齊之以刑而猶弗勝何禮之齊也孔子曰禮譬之於御則轡也

漢春秋曰大僕公卿奉引大僕執轡大將軍陪乘光武東京郊祀法駕則河南尹奉引奉車都尉執轡侍中叅乘

孔叢子曰夫子云夫政令者人君之銜轡所以制下也

管子曰凡赦者小利而大害也故久而不勝其禍故赦者爲之委轡也無赦者痤疽之礦石也痤才和切疽七余切

列子曰凡御者得之於銜應之於轡得之手應於心

淮南子曰權衡者人主之車輿爵祿者人臣之銜轡矣

又曰王良造父御也上車攝轡馬爲齊整

班固東巡頌曰乘輿動色群后屏氣萬騎齊鑣千乘弭轡

魏明帝善哉行曰百馬齊轡御由造父

後漢李尤轡銘曰轡銜在手急緩必時賞罰在心中和是思馬知良御進取道里人知善政令行禁止

鞚

張揖埤蒼曰靮音的馬韁也鞚馬勒也䩞音緬䩭音羈勒鞁也鞁音淅柔皮也

服虔通俗文曰所以制馬口曰鞚

環濟吳紀曰大皇帝征合肥未下因撤軍還兵呂蒙等共留津北魏將張遼奄至圍數重蒙等死戰既破圍上馬出

外浮橋南已絶丈餘無板谷利時爲親近監白曰至尊牢
攝鞍緩鞚利當着鞭以增馬勢於是得渡
晉書曰温嶠字太眞王敦舉兵内向六軍敗績太子將自
出戰嶠執鞚諫太子乃止
晉起居注曰冠軍將軍王洪表臣以發許昌城内北人諸
將孫凱等謀欲過臣留身驅遣南人臣初出城門乃相纏
繞牽臣馬鞚臣手刃斬截僅乃得出
應瑒馳射賦曰放鞚長騁神足奔越終節三驅每不虚發
陳林武庫賦曰馬則飛雲絶景直髾騧駠走駿驚飇步象
雲浮受銜斯遊斂鞚則止
傅玄良馬賦曰奮鬣沛艾虎據龍踌望雲睇景乘虚四起
縱銜則徃攬鞚則止
成公綏射兎賦曰收輔車之雙轡舍良馬之長鞚禽迸羽

之輕猋截逸足之狡弄盈得獲於後乘充庖厨之所貢
夏侯湛征邁辭曰上伊闕兮臨川柎駿馬兮援鞍中衢兮
載歎鍛鞚兮盤桓
閔鴻與劉子雅書曰若能控奔驥以接駑乘則力追者萬
群傾脩翅以顧短翮則歸飛者如雲

勒

劉芳毛詩箋音義證曰轡是御者所執者也不得以轡爲勒
且舊語云馬勒不云轡以勒爲轡者蓋是北人避石勒名
也今南人皆云馬勒而以鞚爲轡反覆推之此爲明證又
詩稱執轡如組
又曰六轡在手以所執爲轡審矣今俗儒咸以轡爲勒而
曾無寤者
家語曰閔子問政於孔子孔子曰不能御民者弃其德法
專用刑辟譬猶御馬弃其銜勒而專用箠策馬必傷車必
敗無德法而用刑民必流國必亡
漢書曰呼韓耶單于甘露三年正月朝天子于甘泉宮賜
以冠帶衣裳玉具劒鞍勒一具馬十五疋
王隱晉書曰愍懷太子好埤雞小馬小牛令左右騎斷羈
勒使墮地
蕭方等三十國春秋曰凉州胡安據盜發張駿墓得珊瑚
馬鞭馬瑙鍾黄金勒
鄴中記曰虎諱勒呼馬勒曰轡羅勒曰香菜
永昌記曰哀牢王出入射獵騎馬金銀鞍勒加翠毛之飾
淮南子曰鴈門之北狄不穀食賤長貴壯各上氣力人不
弛弓馬不解勒便之也高誘曰不穀曰不穀食害貉而已北狄鮮卑也弛舍也便習也
說苑曰田子方度西河造翟黄翟黄乘軒車載華蓋黄金

之勒約鎭簟席如此者具駟八十乘子方望以爲人君翟
黄至而子方曰子人臣也將何以至此對曰此皆君之賜
也臣進五大夫禄爵倍以故至於此
韓陽天文要集曰造父五星在傳舍南造父洗馬轡勒銜

鑣

棗據詩曰駃騠伏且坂不與伯樂俱駑馬同銜勒豈得獨
卓殊
魏文帝馬瑙勒賦曰馬瑙玉屬也出自西域文理交錯有
似馬腦故其方人因以名之或以繫頸或以飭勒余有斯
勒美而賦之命陳琳王粲並作詞曰天弥物寄鍾山之祟
崗稟金德之靈施含白虎之華章扇朔方之玄氣喜南離
之焱陽翕中區之黄采曜東夏之純蒼苞五色之明麗配
皎日之流光内炤音照浮景外鮮文繁奇章異采的爍其間

尒乃藉彼朱罽華勒用成騈居列跱煥若羅星

應瑒馳射賦曰群駿龍荓於衡首咸皆腰褭與飛兔攏脩勒而容與並軒翥而厲怒

陳琳馬腦勒賦曰五官將得馬腦以爲寶勒美其英綵之光艷也使琳賦之命乃他山爲錯荆和爲理制爲寶勒以御君子

王粲馬腦勒賦曰因姿象形匪彫匪刻厥容應規厥性順德㩦世嗣之駿服兮表騄驥之儀式

王沉馬腦勒賦曰厥象伊何如規之盈鮫鱗紆縈白黑殊形如水之潔如玉之貞固乾坤之所育兮匪彫鏤而自成尒乃施飾龍首加服鸞鑣和鈴鏘鏘回景逍遥

鑣

釋名曰鑣包也所以在旁苞斂其口也

説文曰鑣馬銜也銜馬勒口中也

爾雅曰鑣謂之钀郭璞曰勒也許揭切又魚列切

詩曰游于北園四馬既閑輶車鸞鑣載獫歇驕毛萇曰輶輕也獫歇驕田犬也鄭玄曰輕車驅逆之車也置鸞於鑣者異於乘車也

釋智匠古今樂録曰明帝休成之樂歌曰玉鑣息節金輅懷音

文士傳曰山巨源爲吏部郎欲舉嵇康自代康聞與之書曰譬猶禽鹿少見馴育則服教從制長而見羈雖飾以金鑣饗以嘉肴愈思長林而志在豐草

魯國先賢志曰黄伯仁龍馬頌曰楊鸞鑣兮揮紅沫之幡飄

鹽鐵論曰古者庶人賤騎繩控草鞮音低皮薦而已及其後華鞍攻成鐵鑣不飾

又曰古者樵車無輪栈車無軛其後木軨不衣長轂數輻今富者銀黄華左搔以結綏錯鑣塗朱珥勒飛軨

楚辭曰絶鑣銜以馳騖兮喜耆次而敢止路蕩蕩其無人兮遠不御兮千里

秦嘉詩曰眞偶各有分驚驥不齊鑣

陶琬之詩曰我服既暉我驅既閑楊鑣䇿路哀籥清綿宋陶琬之爲江州主簿

宋文帝登景陽樓詩曰士女炫街里軒冕曜都城萬軸楊金鑣千舳樹蘭旌

袁淑遊新亭曲水詩序曰離樹修幕陵𨹧弥阜鑣容旆綵裛野層雲

鮑照詩曰飛鑣出荆路鶩服入秦川

王沉䟎行賦曰六龍齊鑣鸞聲振振景動波迴天行星陳

張協玄武館賦曰天子翱翔郊甸順時廵省龍騶騰鑣羽騎游驛順流光以梭響迴鸞旗而時幸

李充穆天子賦曰其馬則赤驥盗驪騄駬緑耳楊和齊鑣一瞬千里

董子曉乘輿駿馬賦曰軀覿若斯氣勢雲披銜金鑣着玉羈

顔延之七繹曰梓工飾雕簟之輿涓人進龍圖之馬轙駕則眩㝹鳳蓋振鑣則圖促函夏故動軔馳光舉䇿流楮

張委九愍曰映金箱之羽蓋鳴玉衡之鸞鑣望天路以振䇿指萬里於崇朝

郝淡宣貴妃誄曰嚴位服於旗容尚徽謚於銘䇿節哀路於蕭鍾齊行鑣於椋藿

應璩與劉文達書出傑項從遊談之事欲脩無爲之術不

能與足下齊鑣騁轡爭千里之表也

桓温與慕容皝書曰自滄流以北幽朔以東將軍皆以羈落而撫事之矣首尾脣陮左右力用鳴鏑揚鑣動數十萬

太平御覽卷第三百五十八

覽三百五十八　張高

太平御覽卷第三百五十九

兵部九十

羈　珂

鞚　障泥

防汗　當胷

鞦尾

鞭

枊

羈肌

許慎說文曰羈馬絡頭也

左傳曰晉公子重耳之及難也秦伯納之及河子犯以璧授公子曰臣負羈紲從君巡於天下（杜預曰羈馬羈紲馬繮也）臣之罪甚多矣請由此亡

又曰初晉侯之豎頭須守藏者其出也竊藏以逃（文公出時也）盡用以求納之及入求見公辭以沐謂僕人曰居者爲社稷之守行者爲羈紲之僕其亦可也何必罪居者

漢書曰今漢承衰周暴秦極弊之後流俗已薄於三代而行堯舜之刑是猶以鞿羈而御駻馬（如淳曰鞿音機以繮繫馬頸曰鞿駻突之馬也駻音汗）

東觀漢記曰光武皇帝雖發師旁縣人馬席薦羈靽皆有成賈而貴不侵民樂與官市（羈音羈靽音半）

康泰吳時外國傳曰加營國王好馬月支賈人常以舶載馬到加營國國王悉爲售之若於路失羈靽但將頭皮示王王亦售其半價

郭頒晉世語曰愍懷太子好畢雞小馬小牛置田舍令左右騎斷羈勒令墮馬

韓詩外傳曰昔衛獻公走反國及郊將班邑於從者而後入太史栁莊曰如皆守社稷則孰負羈靮（的）而從如皆從則孰守社稷君反國而復爲私也無乃不可乎

釋智匠古今樂錄曰襄陽銅蹄哥曰龍馬紫金鞍翠毛白玉羈照曜雙闕下知是襄陽兒

杜夷幽求曰羈蚊絆蚤禁其非法剗蟣磨虱求其肝膽非至精誰能知之

又曰銜羈之馬伏櫪之駒莫不思平原曠澤翹尾而馳陸也

又曰琱羈鏤絆呼名翹陸不可化也

夢書曰羈繮爲相要制也夢得羈繮要約士也羈結語言繮性來也羈結繮堅結㓜彊也弊絶不用難俛仰也

摯虞逸驥詩曰逸驥無鑣轡騰陸從長川剪落就羈靮飛軒躡雲煙

孫綽詩曰野馬閑於羈澤雉屈於樊神王自有所何爲人事間

傅玄馳射馬賦曰百鳥齊輿六驥孔閑金銜玉羈文防鏤鞍明珂景朗華鞲采鮮

傅玄良馬賦曰金羈在首發以明珂鏤鞍采鞲纖防含華（鞲音溝）

傅玄雜良馬賦曰飾以金羈申以玉纓結以輕軒節以和鈴

曹植遊俠篇曰白馬飾金羈連翩西北馳借問誰家子幽并遊俠兒

孫惠三馬哀辭序曰余於物特所留心而所服三馬一時雜羈感田子之愛遂作哀文云尒

珂

服虔通俗文曰勒飾曰珂

郭義恭廣志曰斯調國出金銀白珠琉璃水精雜五色珠馬珂

又曰剽刃國出桐華布珂珠貝文香雜香

傅玄樂府豫章行曰輕裘綴孔翠明珂曜瑞璵

張華輕薄篇曰文軒樹羽蓋乘馬佩玉珂

鞦

隋書曰宇文述素好着奇服炫燿時人雲定興為製馬鞦於後角上缺方三寸以露白色世輕薄者爭放學之謂為許公缺勢又遇天寒定興曰宿衛必當耳冷述曰然乃製夾頭巾令深栢（音陌）耳又學之名為許公栢勢述大悅曰雲兄所作必能變俗我聞作事可法故不虛也

障泥

王隱晉書曰韓友字景先廬江舒人舒縣廷掾王睦卒病死已呼魄家人就友卜令以丹畫板作日月置尸頭前及臥虎皮馬鄣泥登時大愈

蕭方等三十國春秋曰高勾驪以千里馬生羆皮鄣泥獻于南燕燕王超大悅答以水牛能言鳥

世說曰王武子善解馬性嘗乘一馬着連乾鄣泥前有水終不肯渡王云此必是惜鄣泥使人解去便徑度

防汗

東觀記曰和帝永元三年西謁園陵桓郁兼羽林中郎將從賜馬二疋幷鞍勒防汗

魏百官名曰黄地金縷織成萬歲鄣泥一具又織成防汗一具

桓寬鹽鐵論曰古者庶人賤騎繩控革鞮皮薦而已及其後革鞍𩍐成鐵鑣不飾今富者黄金琅勒罽繡弇汗（弇音奄）

司馬彪戰略曰孟達將蜀兵數百降魏魏文帝以達為新城太守太和元年諸葛亮從成都到漢中達又欲應亮遺亮玉玦織成鄣汗蘇合香亮使郭模詐降過魏興太守申儀與達有隙模語儀亮言玉玦者已決織成者言謀已成蘇合香者言事已合

當胷

後漢書曰太守趙興署鮑永功曹時有矯稱侍中止傳舍者興欲謁之永疑其詐諫不聽出興遂驅往永乃拔佩刀截馬當胷（當胷以韋為之也）乃止後數日莽詔書果下捕矯稱者永由是知名

鞘尾

服虔通俗文曰馬鞾鞘尾曰鞘（胡吠切）

魏百官名曰赤茸鍮石鞘尾一具

鞭

禮記曰獻車馬者執策綏

又曰君車將駕則僕執策立於馬前已駕僕展軨（鄭玄曰展軨具視）效駕（白已駕也）奮衣由右上取貳綏（奮振去塵也貳副也）執策分轡驅之五步而立

左傳曰晉公子重耳之及於難也及楚楚子享之曰公子若反晉國則何以報不穀對曰若以君之靈得反晉國晉楚治兵遇於中原其避君三舍若不獲命其左執鞭弭右屬櫜鞬以與君周旋

又曰宋告急於晉伯宗曰不可雖鞭之長不及馬腹

又曰楚靈王使圍徐以懼吳楚子次于乾谿以為之援雨

晉王皮冠秦復陶翠被豹舄執鞭以出（執鞭以教令）右尹子革夕（子革鄭丹也夕暮也）王見之去冠被舍鞭與之語

又曰晉荀瑶師師伐鄭鄭駟弘請救於齊陳成子救鄭及濮雨不涉成子衣製杖戈（製雨衣也）立於阪上馬不出者助之鞭之

公羊傳曰陽虎將殺季孫于蒲圃使臨南御之至孟衢臨南投策使陽越下取策

陸機毛詩草木蟲魚疏曰据枝葉似楨松尓雅曰据樻也（去切）匧節似扶老即金靈壽是也今人以為馬鞭及杖

孔藂子曰刑以齊民譬之於御則鞭策也

漢書曰婁敬去太王以狄伐故去豳杖馬箠去居岐

又曰石慶為太僕御出上問車中幾馬慶以策數馬畢舉手曰六馬

又曰李廣擊匈奴匈奴兵多破廣軍生得廣廣時傷置絡閒而卧行十餘里廣陽死睨其傍有一胡兒騎廣騰而上胡兒馬因鞭馬南馳數十里得其餘軍

又曰大司空士夜過奉常亭亭長呵之告以官名亭長醉曰寧有符傳耶士以馬箠擊亭長

漢獻帝起居注曰李傕性喜鬼恠左道之術又於朝廷省門為董卓設神坐數以羊祠之祠畢過省閤問帝起居求入見傕帶三刀手復與鞭合持一刀侍中侍郎見傕帶仗皆惶恐亦帶劒持刀先入在帝側

張勃呉録曰大皇帝大會飲宴下馬迎魯肅肅入拜起禮之謂言子敬孤持鞍下馬相迎足以顯未肅趨進曰未也衆咸愕然既坐徐舉鞭曰願麾下威德加于四海然後以安車軟輪徵肅始當顯耳帝拊掌歡笑

又曰大皇帝潛軍於晥口命陸遜為大都督假鉞大皇帝親執鞭以見之

虞溥江表傳曰孫權攻合肥不能下徹軍將退兵已上道權與呂蒙蔣欽陵統等在後張慢飲食畢乗當發魏將張遼帥六七千人奄至圍遜數重權乗駿馬上津橋南已見徹丈餘無版谷利附在馬後使持鞍緩鞚利於後著鞭以助馬勢遂得超度

王隱晉書曰上黨鮑瑗家多喪病貧苦淳于叔平曰君舍東北有桑樹徑至市入門數十步當有一人持新馬鞭便就買還以懸此桑樹三年當暴得財也瑗遂承其言詣市果得馬鞭懸之正三年浚井得錢數十萬銅鐵雜器復可二十餘萬於是家業用展病者亦愈

干寶晉記曰晉永嘉初有神見兖州甄城民家免奴為主

簿自号為樊道基有嫗號成夫人欲迎致便載車行當得此免奴主簿從行為譯以宣所宜汝南梅蹟字仲眞去鄴來經兖州聞其然因結羊世茂阮士公諸賓往観之成夫人便遣主簿出當與賓客語主簿死不肯避成夫人因大嗔索士公馬鞭脫主簿鞭之

何法盛晉中興書曰祖逖與劉琨中夜而坐相謂曰若四海鼎沸豪傑並起吾與足下相避於中原後琨與親舊書曰吾枕戈待旦志梟逆虜常恐祖生先人着鞭耳

沈約宋書曰胡蕃字道序義旗起桓玄戰敗將出奔蕃於南掖門捉玄馬鞚曰今羽林射手猶有八百皆是義故西人一旦捨此欲歸可復得乎玄直以馬鞭指天而已於是奔散

蕭方等三十國春秋曰石勒遣石虎率精騎五千捕李矩

營生執矩外甥郭諶之弟元袤元作書與諶說去年東平曹嶷西覆將盧矩如牛角何不歸命勤與諶書餉麈尾馬鞭說宥禮賢姿想同斷金往物爲信矩所領將士並欲歸勒矩知衆之去已乃率衆來歸

又曰城都王穎誅黃門孟玖於是東海王越高密王簡皆懼奔國瑯邪王睿又將出焉而微禁甚密睿又先下諸津禁止諸貴人王至河陽乃見拘焉宋典後至以鞭拂之曰舍長官禁貴人而亦見止耶因大笑之吏乃放遣因得奔國

崔鴻前秦錄曰苻堅起教武堂于渭城命太學生明陰陽兵法教爲將士衆形諫曰虎將之士受教學生強幹之術乃弱本之方夫養將之法譬之養馬秣以高櫪習以戰馭長鞭策後金勒制前折旋規矩任知進退

又曰苻堅引群臣議代晉太子左率石越曰今歲鎮守斗福德在吳弗可犯且國有長江之嶮朝無昏政之臣願保境養民伺其虛隙堅曰武王伐紂逆歲犯星夫差威陵上國爲勾踐所滅雖有長江其能固乎吾之衆投鞭於江足斷其流吾當內斷其心矣

又曰苻堅時關中謡曰長鞘馬鞭擊左股太歲南行當避虜秦呼鮮卑爲白虜慕容垂起關東歲在癸未

崔鴻後梁錄曰咸寧二年盜發張駿墓得珠簾琉璃珊瑚馬鞭

樂資春秋後傳曰魯仲連曰齊閔王將之魯夷維子爲執鞭而從之

袁希之漢表傳曰費禕放韡切領漢節誘納降附越嶲太守張嶷戕誠禕曰昔岑彭率師來歙杖節咸皆見害刺客不鎮重世今明公位尊權重宜覽前事後歲首禕持節行酒郭脩以馬鞭中小刀刺禕禕數日薨

魏百官名曰駁馬鞭二枚

異苑曰長山張舒以元嘉九年二月二十四日奄見一人着朱衣平上幘手提青柄馬鞭去汝何可教便隨我去見素絲繩繫長梯來下舒上梯仍造大城綺堂洞室地如黃金有一人長大不巾幘獨坐絳紗帳中語舒曰主者誤取汝賜汝秘術卜占勿貪錢財舒亦不覺受時

劉義慶幽明錄曰餘杭人沈縱家素貧與父同入山還未至家見一人左右導從四百許前車輜重馬鞭夾道鹵簿如二千石過見縱父子使喚住就縱手中燃火縱因問是何貴人荅曰是鬭山王在餘杭南縱知是神叩頭去願見祐助後入山得一王純從此如意

又曰桓玄既肆無君之心使御史害太傅道子於安城玄在南州坐忽見一平上幘人持馬鞭通云蔣侯來玄驚愕然便見階下奴子御幰車見一士大夫自云是蔣子文君何以害太傅與爲伯仲顧視之間便不復見

又曰廣陵韓晷字與彥陳敏反時與敏弟恢戰於尋陽還營下馬覺鞭重見有綠錦囊中有短卷書看輒皆不知所從來開視之故穀紙佛神咒經

謝氏鬼神列傳曰下邳陳超爲鬼君弼所逐改名何規從餘杭步道還家求福絕不敢出入五年後意漸替懈與親舊臨水戲酒酣共說往事超去不復畏此鬼也小俛首乃見鬼影在水中超驚怖時亦有乘馬者超借馬騎之下鞭奔驅此鬼去超遠近常如初微聞鬼云汝何規耶急急就死

吳會分地記曰六山者句踐於此山鑄銅銅不鑠則埋之

上生馬箠勾踐遣使者移於南社種之歸治以爲馬箠獻於吳

劉欣期交州記曰兕出九德有一角角長二尺餘形如馬鞭柄

關駰十三州志曰山桑縣人俗貪僞好持馬鞭行邑故語曰沛國龍亢至山桑詐託旅使若奔喪道遇寇抄失資糧

太公陰謀曰武王曰吾欲造起居之誡隨之以身箠書曰馬不可極民不可劇馬極則蹶民劇則敗

莊子曰莊子使楚見空髑髏髐然（司馬彪曰髐白骨貌）撽以馬箠而問之曰夫子貪生理而爲此乎將有亡國之事斧鉞之誅乎語卒援髑髏枕而寢

又曰馬蹄可以踐霜雪毛可以御風寒齕草飲水翹足而陸此馬之真性也及至伯樂曰我善治之燒剔之刻之雒之連之以羈馽編之以皁棧馬之死者十二三矣飢之渴之馳之驟之齊之前有橛飾之患後有鞭策之威而馬之死者已過半矣

淮南子曰昔者王良造父御也投足調均勞逸若一安勞樂進馳騖若滅左右若鞭周旋若環世皆以爲巧然未見其貴也若夫鉗且太丙之御也除轡銜去鞭弃策軍車莫動而自舉馬莫使而自走

又曰大丈夫恬然無思澹然無慮以天爲蓋以地爲輿四時爲馬陰陽爲騶電以爲鞭策雷以爲車輪

鹽鐵論曰無鞭策雖造父不能以調四馬無勢位雖舜禹不能以治萬民

又曰秦楯利銜以御宇內執脩箠以笞八極

杜夷幽求曰召渴者以臨河不待鞭策而自至

說苑曰默無過言慤無過事木馬不能行亦不費食騏驥日馳千里鞭箠不去其背

楊偉時務論曰轡策鞻摯之具設雖剛怒麁戾蹄齧之馬若足拘鞻縶口銜轡勒箠策必至則躡蹀循軌（蹀錄躡切）

世說曰王敦在姑孰晉帝出看敦營敦覺追帝帝以金馬鞭與客舍姥（莫補切）姥以水澆馬屎令追者問姥姥云去已久矣追者乃止也

又曰王澄字平子從荆州下過王敦敦謀欲害之而平子左右二十八人悉捉鐵馬鞭爲衛敦不敢近

夢書曰鞭箠爲所使有勅趣也夢得鞭箠欲有使也持以鞭馬使朋友也鞭使馬疾服諸喜也

曹植九詠曰乘逸𩣡兮執電鞭忽而往兮怳而旋

曹植陌上桑曰望雲際有真人安得輕舉繼清塵執電鞭騁飛麟

張華輕薄篇曰文軒樹羽蓋乘馬珮玉珂横簪列瑁璘長鞭施象牙

楊雄河東賦曰奮電鞭驂雷輜鳴洪鍾建五旗

魏文帝臨渦賦曰建安十八年終譙余兄弟從上拜墳墓遂乘馬遊觀經東園遵渦水相佯乎高樹之下乃駐馬書鞭爲渦賦

傅玄良馬賦曰鞭不得揺手不及動忽然曽逝肉飛骨躑

傅玄馳射馬賦曰佷如華戾如膠鞭裁向腹奮尾跳充

曹植表曰願得策馬執鞭首當塵路振風右之奇接吳孫之要追慕卜商起予左右

李尤馬箠銘曰御者箠策示有威怒東野之敗督責過度

溫嶠與陶公書曰奉惠赤角一具及靴鼓馬鞭鼓角既周

軍用馬鞭服以周旋死之於乎與之偕老也偃武之日乃
當藏之篋笥耳
謝艾爲令與楊初曰今遣舍人孔章特口諭要素將軍可
差腹心人齎致珊瑚馬勒香瓔（於盈切）一具遺王擢王擢狐
疑於將軍父子事得施矣
袁宏與范曾書曰四海鼎沸天戀將移杖短策以晨征登
重慎以吐奇指六合以倒戈望崑崙而舉麾
柳（五姤切）華
魚豢魏略曰獻帝露布益州曰馬繫柳而不暇解貫胄延
頸以待白刃（柳五剛切又五浪切）
蜀志曰靈帝末先主從校尉鄒靖討賊有功除安喜尉督
郵以公事到縣先主求謁不通乃直入傳縛督郵杖二百
解綬繫其頸著馬柳棄官亡命

常璩華陽國志曰建寧郡同瀨縣存馬縣雍闓反時結壘
於縣山繫馬馬柳柱生成林今夷言無梁林無梁夷言馬
也
蕭子雲晉史草曰姚略時有賀僧者不知何人自云遊歷
五郡時人號爲賀五郡齋戒奉道爲百姓說吉凶略死泓
立僧謂泓曰宜絜掃一馬廄開屋設大柳有異馬其大非
常自遠來天所送矣
趙書曰徐光字秀武頓丘人父以牛醫爲業光年十四五
爲將軍王陽秣馬光但書馬柳屋柱爲詩頌不親馬事
異苑曰丹陽甘卓字季思照鏡無頭乃見在馬柳
荀氏靈鬼志曰泰元中有道人從外國來多有術法自說
所受術師曰衣非沙門也嘗行見一人擔上有小籠子可
受升餘語擔人云吾步疲極欲寄君擔上甚怪之慮是
狂人便語君欲何許自居邪答云君若見許正欲入君此
籠子中擔人愈怪其奇君能入籠中便是神人也即入籠
中籠亦不更大擔亦不覺重至國中一家大富而性慳惜
不行仁義語擔人吾試爲君破奴慳囊即至其家有一快
馬甚惜之在柳下繫忽失去尋求不知處明日見馬在五
斗甖中終不可破取不知何方得取之便往語言君作百
人廚食周餉窮困者馬當得出耳主人即狼狽作之既畢
馬還在柱
淮南萬畢術曰馬柳生腐芽者取馬柳生芽可以爲藥食
歛晃矣

太平御覽卷第三百五十九

太平御覽卷第三百六十

人事部一

叙人　孕

叙人

釋名曰人仁也生物也

易下繫曰天地絪縕萬物化醇男女構精萬物化生（醇厚也）

又叙卦曰有天地然後有萬物有萬物然後有男女有男女然後有夫婦　又説卦曰立人之道曰仁與義

尚書泰誓曰惟天地萬物父母惟人萬物之靈

禮記禮運曰何謂人情喜怒哀懼愛惡欲七者弗學而能何謂人義父慈子孝兄良弟悌夫義婦聽長惠幼順君仁臣忠十者謂之人義講信脩睦謂之人利爭奪相殺謂之人患故聖人所以治人七情脩十義講信脩睦尚辭讓去爭奪舍禮何以治之

又曰飲食男女人之大欲存焉死亡貧苦人之大惡存焉故欲惡者心之大端也人藏其心不可測度也美惡皆在其心不見其色也欲一以窮之舍禮何以哉故人者其天地之德陰陽之交鬼神之會五行之秀氣也故人者天地之心也五行之端也食味別聲被色而生者也（此言兼氣性之効也）

又樂記曰人生而靜天之性也感於物而動性之欲也物至知知然後好惡形焉

左傳昭二年鄭子產曰人生始化曰魄（魄形也）既生魄陽曰魂（陽神氣也）用物精多則魂魄彊（物權勢）是以有精爽至于神明（爽明也）

春秋元命苞曰五氣之精交聚相加以迎陽道人致和（五氣五行之氣）　又曰陰陽之性以一起人副天道故生一子

又曰天人同度正法相授天垂文象人行其事謂之教教之爲言效也上爲下效道之始也

又曰仁者情志好生愛人故其爲仁以人其立字二人爲仁（二人言不專於己念施與也）

又曰聖人一其德智者循其職長生久視（一其德言盡得其帝之精氣也　循其職言不違其帝所尚也知是則皆得長生久視言所行當天也）不以命制則愚者悖慢智者無所施其術殘物逆道天不殺故立三命以垂策所以尊天一節三者法三道之術（不以命制愚慢之人則賢智道術不得施行勢相反）

命者天之令也所受於帝行正不過得壽命壽命正命也起九九八十一（帝天帝也八十陽氣相乘之極）一有隨命隨命者隨行爲命也（擭神耕曰隨者逆天道常善之行則隨其暴虐行以教之）有遭命遭命者行正不誤逢世殘賊君上逆亂辜咎下流災讒並發陰陽散忤暴氣雷至滅日動地夭絶人命紗鹿龔邑是也（忤錯也龔猶淪也河氷淪沙鹿之邑溺報人也）

春秋孔演圖曰正氣爲帝閒氣爲臣宮商爲姓秀氣爲人（正氣謂若木人則得蒼龍之形靈威仰之氣大人得朱鳥之形赤熛怒之氣以生之比也閒氣則不他一行各受一星以生若蕭何感昴精樊噲感狼精周勃感亢精者也）

又繁露曰唯人獨偶天地人有三百六十節偶天之數形體骨肉偶地之厚上有耳目聰明日月之象也體有空竅理脉川谷之象也心有哀樂喜怒神氣之類故小節三百六十六副日數也大節十二分副月數也內有五藏副行數也外有四肢副時數也乍視乍瞑副晝夜也乍柔乍剛副冬夏也乍哀乍樂副陰陽也

樂動聲儀曰中元者人氣也氣以定萬物通於四時者也

爾雅曰太平之人仁（東至日所出爲太平）丹穴之人智（距齊州以南戴日爲太穴）太蒙之人信（西至日所入爲太蒙）崆峒之人武

孝經曰：天地之性，人爲貴。人之行，莫大於孝。

家語曰：魯哀公問於孔子曰：人之命與性何謂也？孔子對曰：分於道謂之命（物得爲人也，故下句曰命者性之始也），形於一謂之性（人各受陰陽剛柔之性，故形於一）。化於陰陽，象形而發，謂之生；化窮數盡，謂之死。故命者，性之始也；死者，生之終也。有始則必有終矣。人始生而不具者有五焉：目無見，不能食，不能行，不能言，不能化。及生三月而微煦（煦，睛轉也），然後有見；八月生齒，然後能食；朞而生臏，然後能行；三年顋合，然後能言；十有六而精通，然後能化。陰窮反陽，故陰以陽變；陽窮反陰，故陽以陰化。是以男子八月生齒，八歲而齔，十有六而化；女子七月生齒，七歲而齔，十有四而化。一陰一陽，奇偶相配（陽數奇，陰數偶），然後道合化成，性命之端形於此也。

又曰：堅土之人剛，弱土之人柔，墟土之人大，沙土之人細，息土之人美，秏土之人醜（秏，耗字也。息土，細緻；秏土，麄疏者也）。倮蟲三百六十而人爲之長。

又曰：孔子遊太山，見榮啓期鹿裘帶索，鼓琴而歌。孔子問曰：先生所以爲樂者何也？對曰：吾樂甚多。天生萬物，唯人爲貴，而吾得爲人，是以一樂；男尊女卑，吾得爲男，是二樂；人生有不見日月、不免繈緥者，吾已行年九十，是三樂也。貧者士之常，死者人之終，處常得終，當何憂哉？

又曰：人有五儀：有庸人，有士人，有君子，有賢人，有聖人。審此五者，則理道畢矣。

漢書曰：司馬遷曰：凡人所以生者，神也；所託者，形也。神大用則竭，形大勞則弊，神形離則死。死者不可復生，離者不可復返，故聖人重之。

鬻子曰：天地闢，萬物生，人爲正焉。人化而爲善，禽獸化而爲惡。人而不善者，謂之禽獸。

老子曰：人法地，地法天，天法道，道法自然。

文子曰：人之情欲平，嗜慾亂之。精氣爲人，人受天地變化而生。一月而膏（初形骸如膏脂），二月而脉（漸生筋脉），三月而肧（肧，胎也，三月如血，水龍狀也），四月而胎（如水中蝦蟆之胎），五月而筋（氣積而成筋），六月成骨（血化肉，肉化脂，脂化骨），七月成形（四肢九竅成），八月而動（動作），九月而躁（動數如躁），十月而生。形骸乃成，五藏乃形。

又曰：昔者中黄子曰：天有五行，地有五方，聲有五音，物有五味，色有五章，人有五位。五五二十五，故天地之間有二十五等人：上五有神人、眞人、道人、至人、聖人；次五有德人、賢人、智人、善人、辯人；中五有公人、忠人、商人、平人、直人；下五有衆人、奴人、愚人、視肉人、小人。上五之與下五，猶人之與牛馬也。又曰：智出於萬人者謂之俊，百人者謂之傑，十人者謂之豪。

列子曰：戴髮含齒，倚而趨，謂之人。

管子曰：人，水也。男女精合而水流形。二月而咀，咀者，五味也。五味是五藏：酸生脾，鹹生肺，辛生腎，苦生肝，甘生心。藏已具而後生五肉：脾生膈，肝生骨，腎生筋，肺生革，心生肉。五肉已具，然後生九竅：脾爲鼻，肝爲目，腎爲耳，肺爲口，心爲下竅。五月而成，十月而生。

淮南子曰：古未有天地之時，惟象無形，窈窈冥冥，鴻洞，莫知其閒。有二神，經營天地（二神，陰陽之神也），於是乃別陰陽，離爲八極，剛柔相成，萬物乃形。煩氣爲蟲，精氣爲人。是故精神，天之有也；骨骸，地之有也。精神入其門，而骨骸反其根。

又曰：言無常是，行無常宜者，小人也；察於一事，通於一技者，中人也；若覆而幷有之，技能而裁使之者，聖人也（裁，制也。度其技能而裁制使也）。

又曰故頭之圓也象天足之方也象地有四時五行九解（九解者八方中央也）三百六十六日人亦有四肢五藏九竅三百六十骨節天有風雨寒暑人亦有取與喜怒故膽爲雲脾爲風腎爲雨肝爲雷以與天地相參也而心爲之主是故耳目者日月也

公孫尼子曰人有三百六十節當天之數也形體有骨肉當地之厚也有九竅脉理當川谷也血氣者風雨也

白虎通曰男女者何謂男男任也任功業也女者如也如從人也

風俗通曰天地初開未有人女媧摶黃土爲人力不暇乃引絙於泥中以爲人富貴黃土人也貧賤凡庸絙人也

人物志曰夫精欲深微質欲懿重志欲弘大心欲謙小精微所以入神妙也（雍則失神）懿重所以崇德宇也（躁則失身）志大所以堪任物也（小則不濟）小心所以慎咎悔也（大則驕陵）由此論之小心而志大者豪傑之俊也心大而志小者傲蕩之類也心小而志大者拘愞之人也

任子曰木氣人勇金氣人剛火氣人強而躁土氣人智而寬水氣人急而賊

傅子曰人之性如水焉置之圓則圓置之方則方澄之則渟而清動之則流而濁

孕

易漸卦曰鴻漸于陸夫征不復婦孕不育凶（王弼注曰夫婦邪配則非夫而孕故不育）○尚書泰誓曰商王受焚炙忠良刳剔孕婦

左傳僖中曰晉惠公之在梁也梁伯妻之梁嬴孕過期卜招父與其子卜之其子曰將生一男一女招曰然男爲人臣女爲人妾故名男曰圉女曰妾及子圉西質妾爲宦女焉

大戴禮曰周后任成王於身立而不跛坐而不差獨處不倨雖怒不詈胎教之謂也書之玉版藏之金匱置之宗廟爲後世戒

史記曰后稷名弃母有部氏女曰姜嫄爲帝嚳元妃出野見巨人跡心説願之乃踐之身動如孕者居期而生后稷

又曰秦之先顓頊之苗孫曰女脩玄鳥隕卵脩取呑之有孕生子大業

又曰昔夏氏之將衰也有二龍止於夏庭龍亡漦在櫝而藏之至周厲王發而觀之漦化爲玄黿入王後宮宮妾未齓而遭之既笄而孕無夫而生子懼而弃之即褒姒也

漢書曰張倉妻妾百數嘗孕者不復幸

又曰鉤弋夫人懷昭帝十四月乃生上以堯十四月而生今鉤弋亦然乃命門曰堯母門

又曰初王禁妻李親任政君在身夢月入其懷

范曄後漢書曰鮮卑檀名槐者其父投鹿侯初從匈奴軍三年其妻在家生子投鹿侯恠欲殺之妻言嘗行聞雷震仰天視而雹入口因呑遂任身十月而產子

又曰靈帝王美人任娠畏何后乃服藥欲除之而胎安堅終自不動又夢負日而行四年乃生皇子協后遂酖殺美人帝大怒欲廢后諸宦官固請得止董太后自養協號董侯

東觀漢記曰張奐爲武威太守其妻懷孕夢見帶奐印綬登樓而歌乃訊之於占者曰必生男復臨兹邦命終此樓既而生猛以建安中爲武威太守殺刺史邯鄲商州兵圍之急猛恥見擒乃登樓自焚而死

魏略曰昔北方有高離國者其王侍婢有身王欲殺之婢云有氣如雞子來下我故有身後生子王捐之於溷中豬以喙噓之徙於馬閑中馬以氣噓之王疑以爲天生乃令其母收畜之名之曰東明常令牧馬東明善射王恐奪其國欲殺之東明走至淹水以弓擊水魚鱉浮爲橋東明因得渡魚鱉散追兵不得渡東明因都王夫餘之地也

又曰黃牛羌種孕身六月生

吴録曰武烈皇帝姓孫名堅字文臺母有身夢腸繞吴閶門

又曰長沙桓王名策字伯符武烈長子母吴氏有身夢月入懷

晉書曰賈后酷以戟擲諸宮人孕子皆隨刃以死

晉陽秋曰初太宗諸子繼夭諸姬絕孕令扈謙卜繇云後

房當有女誕三男一女終大盛於是盡出後宮及諸婢悉見之織坊中有一人色黑宮人謂之崑崙相者驚曰此是也帝以大計幸之生烈宗

車頻秦書曰符堅母苟氏浴漳水經西門豹祠歸夜夢若有龍蛇感已遂懷孕而生堅

三國典略曰周太祖宇文泰之母曰王氏初孕五月夜夢抱子昇天纔不至而止寤以告德皇帝皇帝喜曰雖不至天貴亦極矣

列子曰思士不妻而感思女不夫而孕后稷生乎巨跡伊尹生乎空桑

莊子曰舜之治天下使民心競民孕婦十月而生子子生五月而能言（教之速）不至乎孩而始誰（誰者別人之意未孩已擇人言其教速成）則始又有夭矣

呂氏春秋曰有侁氏女子采桑得嬰兒于空桑之中獻之其君察其所以然曰其母居伊水之上孕夢有神告之曰臼出水而東走毋顧明日視臼水告其隣東走十里而顧其邑盡爲水身因化爲空桑（伊尹母化也）

淮南子曰孕婦見兎其子缺脣見麋而子必四目

帝王世紀曰庖犧氏風姓也母曰華胥燧人之代有大迹出雷澤華胥履之生庖犧

又曰帝堯陶唐氏祁姓也母曰慶都孕十四月而生堯於丹陵名曰放勛

遁甲開山圖滎氏解曰女狄暮汲於石紐山下大祠前水中得月精如雞子愛而含之不覺而吞遂有身十四月而生夏禹

括地圖曰大人國其民孕三十六年而生兒生兒長大能

乘雲蓋龍類去會稽四萬六千里

外國圖曰方丘之上暑濕生男子三年而死其潢水婦人入浴出則乳矣是去九疑二萬四千里

列女傳曰簡狄者帝嚳之次妃也妃有娀氏之女與娣妹浴於玄丘水之上有玄鳥銜卵而墜五色甚好相與競取之簡狄得而吞之有孕遂生契（先結切）

又曰大任者文王之母性專一及其有身目不視惡色耳不聽惡聲口不出惡言以胎教也

會稽先賢傳曰吴侍中闞澤字德潤在母胞八月叱聲震外

蜀郡記曰諸山夷獠子任七月生生時必臨水兒出便投水中浮則取養沉乃弃之

華他別傳曰甘陵相夫人有胎六月腹痛十餘日大極請

他視脉他曰有兩胎一巳死便手摹其胎在左男也在右女也右死即爲湯下之便愈

洞冥記曰東方朔母田氏寡居夢太白星臨其上因有娠田氏歎曰無夫而娠人將棄我乃移向代都東方里爲居五月旦生朔因以所居里爲氏朔爲名

博物志徐君宮人有娠而生卵以爲不祥棄於水濱獨孤母有犬名鵠倉獵於水濱得所棄卵銜以來歸獨母以爲異乃覆煖之遂成兒兒生而偃故以爲名徐君宮中聞之乃更録取長而仁智襲君徐國後鵠倉臨死生角而九尾實黄龍也偃王葬之徐界中今見有狗壟

又曰婦人任娠不欲見醜惡物異鳥獸食亦當避異常味欲見熊虎豹射御食牛心白犬肉鯉魚頭正席而坐割不正不食聽誦詩書諷詠之聲不聽淫聲不視邪色以此産子子賢明端正壽考所謂胎教之法

異苑曰瞽瞍生舜徵在生孔子其有胎教也哉婦人妊娠未滿三月著聟冠衣平旦左繞井三匝映井水許見影而去勿返顧勿令聟見必生男

又曰魏興李宣妻樊氏義熙中懷任過期不孕而額上有創兒穿之以出長爲將今猶存名胡兒

又曰太原温盤石母懷身三年然後生墮地便坐而笑鬉覆面牙齒皆具

續搜神記曰袁眞在豫州遣妓女紀陵送阿薛阿郭阿馬三妓與桓宣武至經時三人半夜共出庭前觀望忽見一流星夜從天直墮盆水中囧然明淨薛郭二人更以瓢酌水皆不得阿馬最後取星正入瓢中便飲之即覺有娠遂生桓南郡

幽明録曰譙郡胡馥之娶婦李氏十餘年無子而婦卒哭慟云竟無遺體遂喪此酷何深婦忽然起坐曰感君藏悼我不即朽君可瞑後見就依平生時陰陽當爲君生一男語畢還卧馥之如言不取燈燭暗而就之交接後歎曰亡人亦無生理可別作屋見置瞻視滿十月然後殯亦來覺婦身微暖如未亡既及十月果生一男男名靈産

論衡曰后稷之母衣帝嚳之服坐息帝嚳處而任身

又曰傳言黄帝任二十月而生生而神靈弱而能言

語林曰張衡之初死蔡邕母始孕此二人才貌相類時人云邕是衡之後身

太平御覽卷第三百六十

人事部二

產

毛詩鴻鴈斯干曰乃生男子載寢之牀載衣之裳載弄之璋乃生女子載寢之地載衣之裼載弄之瓦

又生民曰厥初生民時惟姜嫄誕彌厥月先生如達（后稷之在其母終人道十月而生生如達之生言易也）不坼不副無菑無害（言易也凡人在母母則病生則坼副菑害其母橫逆人道）以赫厥靈上帝不寧不康禋祀居然生子

禮記內則曰妻將生子及月辰居側室（側室謂夾之室次燕寢也）夫使人日再問之至生子夫復使人日再問之子生男子設弧於門左女子設帨於門右（弧者示有事於武也帨者婦人之佩巾也）三日始負子男射女否國君世子生告于君接以太牢三日卜士負之射之以桑弧蓬矢六射天地四方

左傳隱公元年曰初鄭武公娶于申曰武姜生莊公及共叔段莊公寤生驚姜氏故名寤生

又襄五年曰初宋芮司徒生女子赤而毛棄諸堤下共姬之妾取以入名之曰棄長而美

又昭七年曰叔向娶申公巫臣氏生伯石伯石始生子容之母走謁諸姑（子容母叔向嫂伯華妻也）曰長叔姒生男姑視之及堂聞其聲而還曰是豺狼之聲也狼子野心非是莫喪羊舌氏矣遂弗視

又昭七年曰公衍公爲之生也其母偕出（出之三日產舍）公衍先生公爲之母曰相與偕出請相與偕告（留公衍母使待己共白公）三日公爲生其母先以告公爲爲兄公私喜於陽穀而思於魯曰務人爲此禍也（務人公爲也始與公若謀逐季氏）且後生而爲兄其誣也久矣乃黜之而以公衍爲太子

家語曰子夏問曰商聞易之生人及萬物鳥獸昆蟲各有奇偶氣分不同而凡人莫知其情惟達道德者能原其本焉天一地二人三三三爲九九九八十一一主日日數十故人十月而生八九七十二偶以承奇奇主辰辰爲月月主馬故馬十二月而生七九六十三三主斗斗主狗故狗三月而生六九五十四四主時時主豕故豕四月而生五九四十五五爲音音主猿故猿五月而生四九三十六六主律律主鹿故鹿六月而生三九二十七七主星星主虎故虎七月而生二九一十八八主風風主蟲故蟲八月而化其餘各從其類矣鳥魚生於陰而屬於陽故皆卵生齕吞者八竅而卵生齟嚼者九竅而胎生晝生者類父夜生者類母敢問其皆然乎孔子曰然吾聞諸老聃亦如子之言也

史記楚世家曰吳回生陸終陸終生六子坼副而生焉

又曰田嬰有子四十餘人其賤妾有子名文以五月生嬰告其母勿舉也其母竊舉生之及長因其兄弟而見其子文於田嬰嬰怒其母曰吾令若去此子而敢生之何也文頓首因曰君所不舉五月子者何故嬰曰五月子者長及戶齊將不利其父母文曰人生受命於天乎受命於戶耶嬰默然文曰必受命於天君何憂焉必受命於戶則可高其戶耳

漢書曰高祖七年春令民產子復勿事二歲（勿事不使役也）

又曰盧綰與高祖同里綰親與高祖太上皇相愛及生男高祖綰同日生里中持羊酒賀兩家及高祖綰壯學書又相愛也

又曰武帝征伐四夷重賦於民民產子三歲則出口分錢至於生子輒殺元帝議令民產子七歲乃出口分錢

東觀漢記曰劭隱宋后以王莽末年生遭世倉卒其母不舉棄之南山下時天寒冬十一月再宿不死外家出過於道南聞有兒啼聲憐之因往就視有飛鳥紆翼覆之沙石滿其口鼻能喘心怪偉之以有神靈遂取而持歸養長至年十三歲乃以歸宋氏

後漢書曰竇武母產武幷產一蛇

又曰虞延初生上有物若一疋練遂上升天占者以為吉

魏志曰黃初六年三月魏郡太守孔羡表黎陽令程放書言掾汝南屈雍妻王以去年十月十二日在草生男兒從右腋生水腹下而出其母自若無他異痛今瘡已愈母子安全無災無害也

王隱晉書曰齊王冏輔政太安元年有婦人詣大司馬門寄產吏驅之婦人曰我截齊便去耳言畢不見識者聞而惡之至二年謀反誅

又曰程咸字延休魏郡武安人也其母夜夢白頭公授之以藥曰服此當生貴子也生咸好學有才為鍾毓主記毓弟會問有可與語吏否毓乃稱咸

孫盛晉陽秋曰魏舒適主人妻產俄聞車馬之聲問曰男女從者入反曰男也年十五以兵死又問寢者誰曰魏公舒默然謝之

于寶晉紀曰愍帝建興三年抱罕伎人產一龍子色似錦文望之如見神光在牀上少有就視者

後魏書曰太祖道武皇帝諱珪獻明皇帝之子也以建國三十四年七月七日生於參合陂北明年有榆生於理胞之坎遂成林

前趙錄曰劉淵字元海父豹母呼延夢服日精十三月而生淵劉聰母曰張夫人十五月生聰焉

三十國春秋曰前秦蒲洪父懷歸為部落小帥其母姜氏因寤產洪驚悸而寤

又曰後涼禿髮烏孤七世祖壽闐之在孕也母夢一老父被髮左袵乘白馬謂曰尒夫雖西移終當東返至京必生貴男長為人主言終胎動而寤後因寢生壽闐被中因以禿髮為號壽闐為名

後趙書曰黎陽民妻產三男一女勒賜乳母穀帛以為休祥

崔鴻南燕錄曰慕容德皝少子母公孫夫人晉咸康中晝寢生德左右以告方寤而起既生似鄭莊公曰長必有大德遂以德為名

宋書曰王敬則母為女巫常謂人云敬則生時胞衣紫色後應得鳴鼓角人笑之曰汝子得為人吹角可矣

又曰王鎮惡之產也當五月五日家人欲棄之其祖猛曰昔孟嘗君如是而相齊此兒必興吾族因以鎮惡為名

又曰范曄字蔚宗母如廁產之額為塼所傷故以塼為小字

北齊書曰武明婁皇后諱昭君性寬厚不妬忌高祖率衆將討西寇出師之夜后孿（生患切 雙生子也）生一男一女左右以危急請追告高祖后弗聽曰王出統大兵何得以我故輕離大軍

唐書曰幽州節度使劉濟怦之長子初母難產既產侍者初見是一大蛇黑氣勃勃莫不驚走及長頗異常童所居室焚人皆驚救濟從容而出衆異之累歷牧宰及怦為節度濟為行軍司馬怦卒軍人習河朔舊事請濟代父為帥

朝廷從之

莊子曰厲之人夜半生其子也遽取火而視之汲汲然恐其似己也

呂氏春秋曰夏后孔甲佃于東陽萯山大風晦迷入民室主人方乳或曰后來是良日也子必大吉或曰不勝必有殃後乃取歸曰爲余子誰敢殃之子成人幕動折橑斧破斬其足遂爲守者孔子曰嗚呼有命矣

西京雜記曰王鳳五月五日生其父欲勿舉其母曰田文五月五日生父嬰勑其母勿舉母竊舉之後爲孟嘗君以占事推之非不祥遂舉之

又曰霍將軍妻產二子疑所爲兄弟或曰前生爲兄後生爲弟今雖俱日亦宜以先生者爲兄或曰居上者宜爲兄居下者宜爲弟居下前生今宜以前生爲弟時霍光聞之

曰昔殷王祖甲一產二子曰嚚曰良以卯生嚚以巳生良則以嚚爲兄以良爲弟若以在上爲兄嚚亦當爲弟矣昔許釐公一產二女曰妜曰茂楚大夫唐勒生二子一男一女男曰貞夫女曰瓊華皆以先生者爲長近代鄭昌時文長倩並一生二男滕公一生二女李黎一生一男一女並以前生者爲長霍氏亦以前生爲兄焉

玄中記曰朱梧縣其民服役依海際居產子以沙石自擁不食米止資魚以爲生氣

又曰丈夫民殷帝太戊使王英採藥於西王母至此絕糧不能進乃食木實衣以木皮終身無妻產子二人從背脅間出其父則死是爲丈夫民去玉門二萬里○外國圖曰長人國娠六年乃生而白首兒則長大乘雲而不達龍類也

崔玄山瀨鄉記曰李母祠在老子祠北二里祠門左有碑文曰老子聖母李夫人碑老子者道君也始起乘白鹿下託於李氏胞中七十二年產於楚國淮陽苦縣瀨鄉曲仁里老子名耳星精也字伯陽號曰聃

孔演圖曰孔子母徵在遊大澤之陂睡夢黑帝使請己已往夢交語曰汝乳必於空桑之中覺則若感生丘於空桑中

廣志曰獠民皆七月生

帝系曰陸終娶鬼方國君之妹謂之女嬇生六子孕而不育三年啓其母左脅三人出右脅三人出

風俗通曰生三子不舉俗說生子至於三子似六畜言其妨父母故不舉之也謹按春秋國語越王勾踐令民生三子者與之乳母生二子者與之餼三子力不能獨養故與乳母所以人民繁息卒滅強吳雪會稽之恥行霸於中國

者也古陸終氏娶于鬼方謂之女嬇是生六子皆爲諸侯今人多生三子子悉成長父母完安豈有天所孕育而害其父母兄弟者哉

又曰不舉寤生子俗說兒墮地未能開目視者謂之寤生舉寤生子妨父母謹按春秋左氏傳鄭武公娶于申曰武姜生莊公及共叔段莊公寤生驚姜氏因名寤生武公老終天年姜氏亦然安有妨其父母乎

又曰汝南周霸字翁仲爲太尉掾婦於乳舍生女自毒無男時屠婦比卧得男因相與私貨易裨錢數萬後翁仲爲北海相吏周光能見鬼署光爲主簿使還致敬於郡縣因告光曰事訖臈日與小兒俱上家去家經十三年不躬蒸嘗主簿微察知相先君寧息會同飲食忻娛不已往到於家上郎君沃酹主簿俯伏在後但見屠者弊衣蠡結倨神坐

持刀割肉有五時衣帶青黑綬數人彷徨陰堂東西廂不敢來前光怪其故還至引見問之乞屏左右起造於膝前白事狀如此翁仲曰主簿出勿言因持劒上堂謂嫗汝何故殺吾子嫗大怒曰卿常言兒聲氣喜學似我老公欲死欲作狂語翁仲曰祠祭如不具服子母立截嫗辭窮情竭泣涕具陳其故時子已年十八呼與辭決曰凡有子者欲以承先祖先祖不享血食無可奈何自以衣裘僮僕車馬送迎取其女女嫁爲賣麪子婦後適西平李文思文思官至南陽太守翁仲更養從弟子熙爲高邑令

又曰潁川有富室兄弟同居兩婦數月皆懷妊長婦胎傷因閉匿之産期至同到乳母舍弟婦生男夜因盗取之爭訟三年州郡不能決丞相黄霸出坐殿前令卒抱兒取兩婦各十步叱婦曰自往取之長婦抱持甚急兒大啼叫弟

婦恐傷害之因乃放與而止甚愴愴長婦甚喜霸曰此弟子也責問乃伏

又曰不舉父同月子俗云妨父也按左傳桓公之子與父同月生因名子同漢明帝亦與光武同月生

神仙傳曰老子母懷之七十歲乃生生時割其左腋而生生而白首故謂之老子

列仙傳曰木羽鉅鹿南祁鄉人貧母王助産嘗探兒兒生開眼視母大笑母乃驚怖仍夢見大冠赤幘者守見曰此司命君也當報汝使汝子木羽得仙後生兒字木羽所探兒年十五夜有車馬迎之過呼木羽木羽爲我御來遂相隨去

列異傳曰華子魚爲諸生嘗宿人門外生人婦夜主有兩吏來詣其門便相向辟易欲退相謂曰公在此因踟蹰良久一吏曰籍當定奈何得住乃前向子魚拜相將入出共語曰當與幾歲一人曰當與三歲子魚後故往視之兒果年三歲已死乃自喜曰我固當公後果爲太尉續搜神記同

益部耆舊傳曰哀牢夷者其先有婦人名沙壹居于牢山嘗捕魚於水中觸沉木若有感因懷妊十月産子男十人後沉木化而爲龍出水沙壹忽聞龍語曰若生我子今悉何在九子見龍驚走獨小子不能走背龍而坐龍就而舐之其母鳥語謂背爲九謂坐爲隆因名小子曰九隆及後長大諸兄共推以爲王

博物志曰蜀郡諸山夷名曰獠子婦人姙身七月生時必須臨水兒生便置水中浮即養之沉便遂棄也至長皆拔去其上齒後狗牙各一以爲身飾

論衡曰黄帝二十月而生

又曰唐文伯河東蒲坂人也其生亦以夜半時適生有人從門呼其父名父出應之不見人見一木杖植其門側好善異於衆其父杖入門以示人占曰吉文伯位至廣漢太守以杖當得子之力矣

譙周法訓曰一産二子者當以後生者爲兄言其先胎也荅曰此野人之鑿語耳君子不測暗安知胎之先後也

傅子曰昔燕趙之間有三男子共娶一女生四子後爭訟廷尉延壽奏去禽獸生子逐母宜以四子還母尸三男子於市

世說曰胡廣本姓黄五月生父母惡之乃置之甕投於江湖翁見甕流下聞有小兒啼聲往取因長養之以爲子登三司流中庸之號廣後不治其本親服去我於本親已爲死人也世以此爲深譏焉

搜神記曰陳仲舉微時甞宿黄申家而申婦方產有扣申門者家人咸不知久久方聞屋裏有言賓堂下有人不可進扣門者相告曰今當從後門往其一人便往有頃還留者問之是何等名爲何當與幾歲往者曰男也名爲奴當與十五歲後應以何死荅曰應以兵死仲舉告其家曰吾能相此兒當以兵死父母驚之寸刃不使得執也至年十五有置鑿於梁上者其末出奴以爲木也自下鉤之鑿從梁落陷腦而死後仲舉爲豫章太守故遣吏往餉之申家并問奴所在其家以此具告仲舉仲舉歎此謂命矣（幽明録同）

異苑曰魏郡徐逮字君及婦平昌孟氏生兒頭有一角一脚頭正仰向通身盡赤落地無聲乘虚而去

又曰丹陽縣駱慶婦生一男一虎一貍貍虎毛色斑黑牙爪皆備即殺之兒經六日而死母不異

又曰沛國武探之妻林氏元嘉中懷身得病而死俗忌含胎入柩中要須割出妻乳母傷痛之乃撫尸而呪曰若天道有靈無令死被擘裂須臾尸面赧然上色於是呼婢共扶之儀頃兒墮而尸倒也

嵩高山記曰昔陽翟有婦人姙身三十月乃生子從母背上出五歲便入北山學道神明爲母立祠因號曰開母祠焉

太平御覽卷第三百六十一

太平御覽卷第三百六十二

人事部三

姓　名

姓

說文曰姓人所生也古之神聖人母感天而生子故稱天子因生以從女生生亦聲也

易類謀曰黃帝吹律以定姓

左傳隱八年曰無駭卒羽父請謚與族公問族於衆仲衆仲對曰天子建德因生以賜姓（因其所由生以賜姓謂若舜由嬀汭故謂陳爲嬀姓）胙之土而命之氏諸侯以字爲謚（諸侯位卑不得賜姓故其臣因氏其王父字）因以爲族官有世功則有官族邑亦如之公命以字爲展氏（無駭公子展之孫故爲展氏也）

又襄四年曰穆叔如晉范宣子逆之問焉曰古人有言曰死而不朽何謂也穆叔未對宣子曰昔匄之祖自虞以上爲陶唐氏在夏爲御龍氏在商爲豕韋氏在周爲唐杜氏晉主夏盟爲范氏其是之謂乎穆叔曰以豹所聞此之謂世祿非不朽也

史記曰太公望呂尚者東海上人其先祖嘗爲四嶽佐禹平水土甚有功虞夏之際封於呂本姓姜氏從其封姓故曰呂尚

漢書曰夏侯嬰爲滕令故號滕公及曾孫頗尚主主隨外家姓號孫公故滕公子孫更爲孫氏

又曰戍卒婁敬求見說上曰陛下取天下與周異而都雒陽不便不如入關據秦之固上以問張良良因勸上是日車駕西都長安拜婁敬爲奉春君賜姓劉氏

又曰灌夫潁陰人也父張孟嘗爲潁陰侯灌嬰舍人因得幸進之至二千石故蒙灌氏姓爲灌孟（師古曰蒙冒也）

又曰衛青字仲卿其父鄭季河東平陽人也以縣吏給事侯家平陽侯曹壽尚武帝姊陽信長公主季與主家僮衛媼通生青青有同産兄衛長君及子夫子夫自平陽公主家得幸武帝故青冒姓衛氏

漢書曰京房字君明東郡頓丘人也房本姓李推律自定爲京氏

後漢書曰第五倫字伯魚京兆人也其先齊諸田諸田徙園陵者多故以次第爲氏

崔鴻三十國春秋夏錄曰赫連勃勃下書朕之皇祖自北遷幽朔姓改姒氏音殊中國故從母氏爲劉子而從母之姓非禮也朕將以義易之帝王者係天爲子是爲徽實與天連今改姓曰赫連氏庶協皇天之意其非正統皆以鐵伐爲氏庶朕宗族子孫剛銳如鐵皆堪伐人

三國典略曰周蔡祐字承先陳留圉人齊安郡守襲之子也有膂力便騎射太祖以其戰功賜姓大利稽氏

唐書曰康國即漢康居之國也其王姓溫月氏先居張掖祁連山北昭武城爲突厥所破南依葱嶺遂有其地枝庶皆以昭武爲姓示不忘本也

又曰則天朝博州刺史琅邪王沖據博州起兵沖父豫州刺史越王貞又舉兵於豫州與相應討平之改姓爲虺氏

又曰尚可孤東部鮮卑宇文之別種也代居松漠之間天寶末歸國隸安祿山後事史思明上元中歸順累授左右威衛二大將軍魚朝恩之統禁軍愛其勇力甚委遇之俾爲養子奏改姓魚氏

又曰李全略者本姓王名簡爲鎮州小將事王武俊元和

中御度使王承宗殁軍情不安自拔歸朝授代州刺史及長慶初鎮州軍亂害田弘正穆宗爲之旰食以簡嘗爲將召問其計簡遂極言利害頗有以自效明年擢拜横海軍節度使賜姓李氏名全略以崇寵之

白虎通曰人所以有姓者何所以崇恩愛厚親親遠禽獸別婚姻也故紀世別類使生相愛死相哀同姓不得相娶皆爲重人倫也姓者生也人稟天氣所以生者也詩云天生蒸民尚書曰平章百姓姓所以有百者何以爲古者聖人吹律定姓以記其族人含五常而生正聲有五宮商角徵羽轉而相雜五五二十五轉生四時異氣殊音悉備故姓有百也所以有氏者何所以貴功德下伎力或氏其官或氏其事聞其氏即可知矣所以勉人爲善也或氏王父字者何所以別諸侯之後爲興滅國繼絶世也王者之子

稱王子王者之孫稱王孫諸侯之子稱公子公子之子稱公孫公孫之子各以其王父字爲氏故春秋有王子瑕論語有王孫賈又有衛公子荆公孫朝魯有仲氏孟氏叔氏季氏楚有昭屈景氏齊有高國崔盧氏以知其子孫也王者之子亦稱王子兄弟立而皆封也或曰王者之孫亦稱王孫刑德放曰堯知命表稷契賜姓于姬皐陶典刑不表姓言天任德遠刑禹姓姒祖昌意以薏苡生殷姓子氏祖以玄鳥子生也周姓姬氏祖以履大人跡生也

風俗通曰萬類之中唯人爲貴春秋左氏傳官有世功即有官族邑亦如之公羊譏衛滅邢論語貶昭公娶於吳諱同姓也蓋姓有九或氏於號或氏於謚或氏於爵或氏於國或氏於官或氏於字或氏於居或氏於事或氏於職典號唐虞夏殷也以謚戴武宣穆也以爵王公侯伯也以國曹魯宋衛也以官司馬司徒司寇司空司城也以字伯仲叔季也以居城郭園池也以事巫卜陶匠也以職三馬五鹿青牛白馬也

三輔舊事曰堯母字慶都配高辛氏而生堯因主人伊長孺爲姓謂之伊

陳留風俗傳曰侯氏氏侯爵周微官失其守故以侯爵爲姓

又曰秦之先曰伯翳佐舜擾馴鳥獸錫姓曰嬴氏其後分封以國爲姓有徐氏郯氏黄氏江氏

文士傳曰束晳字廣微疎廣後也王莽末廣曾孫孟達自東海避難歸燕城改姓去疎之足爲束氏

世説曰諸葛令恢與王丞相共争姓族前後王曰何不言葛王而言王葛諸葛曰譬言驢馬不言馬驢驢寧勝馬耶

論衡曰孔子推律自知殷之苗也

名

禮記曲禮上曰名子者不以國不以日月不以隱疾不以山川（此在常語之中爲後難諱也春秋傳曰名終將諱之）

又曰二名不偏諱孔子之母名徵在言徵不稱在言在不稱徵也

又曲禮下曰君子已孤不更名（重本也）

又大傳曰名者人治之大也可無慎乎（人治行以正人）

左傳桓公曰初晉穆侯之夫人姜氏以條之役生太子命之曰仇其弟以千畝之戰生命之曰成師師服曰異哉君之名子也夫名以制義義以出禮禮以體政政以正民是以政成而民聽易則生亂嘉耦曰妃怨耦曰仇古之命也（自有此詁也）今君命太子曰仇弟曰成師始兆亂矣兄其替乎

又曰子同生以太子生之禮舉之公問名於申繻對曰夫名有五有信有義有象有假有類以名生爲信（若唐叔虞魯公子友）以德命爲義（若文王名昌武王名發也）以類爲象（若孔子首象尼丘山）取於物爲假（若伯魚生人有饋之魚因名之曰鯉）取於父爲類（若子同生有與父同者也）不以國（國君之子不自以本國爲名也）不以官不以山川不以隱疾不以畜牲不以器幣周人以諱事神名終將諱之（君父之名固非臣子所斥然禮既卒哭以木鐸徇曰舍故而諱新謂舍親盡之祖而諱新死者）故以國則廢名以官則廢職以山川則廢主以畜牲則廢祀以器幣則廢禮晉以僖侯廢司徒（僖侯名司徒廢爲中軍也）宋以武公廢司空（武公名司空廢爲司城也）先君獻武廢二山（二山具敖也魯獻公名具武公名敖）是以大物不可以命公曰是其生也與吾同物命之曰同（物類也謂同日也）

又閔公曰成季之將生也桓公使卜楚丘之父卜之曰男也其名曰友及生有文在其手曰友遂以命之（遂以爲名）

又文下曰鄋瞞侵齊（鄋瞞狄國名）遂伐我公卜使叔孫得臣追之吉冬十月敗狄于鹹獲長狄僑如（僑如鄋瞞國之君）以命宣伯（得臣待事而名其三子因名宣伯曰僑如以旌其功也）

又宣上曰楚鬬伯比淫於䢵子之女生子文弃諸夢中虎乳之䢵子畋見之使收之楚人謂乳爲穀謂虎爲於菟故命曰鬬穀於菟

又宣上曰鄭文公有賤妾曰燕姞夢天使與已蘭曰余爲伯鯈余爾祖也以是爲而子以蘭有國香人服媚之如是既而文公見之與之蘭而御之辭曰妾不才幸而有子將不信敢徵蘭乎公曰諾生穆公名之曰蘭

又定下曰魯苫越生子將待事而名之陽州之役獲焉名之曰陽州（欲自比僑如）

漢書曰司馬相如小名犬子及長慕藺相如爲人更名相如

後漢書曰趙岐字臺卿生於御史臺因字臺卿

東觀漢記曰廉范爲蜀郡守令民不禁火百姓皆喜家得其願時生子皆以廉爲名者千

魏志曰程昱本名立夢登太山捧日人或以夢告太祖太祖曰終爲吾腹心遂上加日

又曰鄧艾字士載棘陽人年十二隨母至潁川讀故太丘長陳寔碑文言爲世範行爲士則艾遂自名範字士則後宗族有與同者故改焉

又曰王昶字文舒太原人其爲兄子及子作名字皆一依謙實以見其意故兄子默字處靜沈字處道其子渾字玄沖深字道遂書戒之曰夫人之道莫大於寶身全行以顯父母

吳志曰立子𩅦爲太子注曰休制曰孤今爲四子作名字太子名𩅦音如湖水灣澳之灣字𧇖音如迄今之迄次子名𩃙音如兕觥之觥字𩐸音如玄𩔗首之𩔗（音鋯）次子名壾音如草莽之莽字昷音如舉物之舉次子名𡑟音如褒衣下寬大之褒字㒯音如有所推持之推此都不與世所用者同故鈔舊文會合作之

江表傳曰顧雍從蔡伯喈學專一清靜敏而易教伯喈貴異之謂曰卿必成致今以吾名與卿故雍與伯喈同名由此也吳録曰雍字元歎言爲蔡雍之所歎也

晉書曰謝玄破苻堅於淮淝先有童謡云誰謂爾堅石打破故桓豁以石名子以邀其功

晉中興書曰咸和元年當徵蘇峻司徒導欲出王舒爲外援及更拜撫軍將軍會稽內史秩中三千石舒上疏以父

名會不得作會稽朝議以字同音異於禮無嫌舒陳音雖
異而字同乞換他郡於是改會字爲鄶古會切舒不得已親
職
崔鴻十六國春秋前涼録曰李弇字子　隴西狄道人也
弇本名良又妻姓梁張駿戲之曰卿名良妻姓梁夫妻相
同稱子孫將何以目其舅氏昔耿弇以少年立功立事吾
今賴卿有同於耿氏乃賜名曰弇
又曰陳安成紀平𤜃人也少慷慨讀書見許褚而慕之乃
自字虎侯
後魏書曰游肇字伯始高祖賜名尚書令高肇世宗之舅
爲百寮慴憚以肇名與巳同欲令改易肇以高祖所賜秉
志不許高肇甚銜之世宗嘉其剛梗
又曰太和初宋弁爲殿中郎中高祖嘗因朝會之次歷訪

治道弁年少官微自下而對聲姿清亮進止可觀高祖稱
善者久之因是大被知遇賜名爲弁意取弁和獻玉楚王
不知寶也
宋書曰廢帝諱昱字德融小字惠震明帝長子也大明七
年正月辛丑生於衛尉府太宗諸子在孕皆以周易筮之
即以所得之卦爲小字故帝字惠震
又曰王景文美風姿好言玄理少與陳郡謝𤜃齊名太祖
甚相欽重故爲太宗娶景文妹而以景文名名太宗
又曰顔竣爲丹陽尹加散騎常侍先是峻未有子而大司
馬江夏王義恭諸子爲元凶所殺至是並各産男上自爲
制名名義恭子爲伯禽以比魯公伯禽周公旦之子也名
竣子爲辟彊以比漢侍中張辟彊張良之子也
宋書曰謝𤜃五子颺力計切朏顥㩳音物瀹音藥世謂𤜃名子以

風月景山水
梁書曰張嵊字四山初嵊父稷爲剡令至嵊亭生之因名
嵊字四山少剸孝行年三十餘猶班衣受稷杖動至數百
收淚歡然
三國典略曰周陸逞字季明綏德郡公通之弟也初名彥
字世雄魏文帝嘗從容謂之曰爾既溫裕何乃字世雄且
爲世之雄非所宜也於爾兄弟又復不類遂改焉
南史曰陳文帝嘗謂宣帝曰我諸子皆以伯爲名汝諸子
宜用叔爲稱宣帝因以訪毛喜喜即條自古名賢杜叔英
虞叔卿等二十餘人以啓之文帝稱善
白虎通曰人必有姓名何以吐情自紀尊事人者也論語
曰名不正則言不順三月名之何天道一時物有其變人
生三月目煦亦能咳笑與人相荅故因其始有知而名之

故禮傳曰子生三月則父名之名之於祖廟者謂子之親
廟也明當爲宗祖子也一説名之於燕寢名者幼小卑賤
之稱也質略故於燕寢殷以日名子何殷家質直故以生
日名也尚書言太甲帝乙武丁也於名臣亦得以甲乙生
日名子不使亦不止也以尚書道殷臣有巫咸有祖巳也
何以諸侯不象王者以生日名子也以大王名亶甫王季
名歷此殷之諸侯也不以子丑爲名何曰甲乙者幹也子
丑者枝也幹者本本質故以甲乙爲名也名或兼或單何
名子非一或聽其聲律定其名或依其事旁於形故或兼
或單也依其事者若后稷是也棄之因名爲棄旁其形者
孔子首類魯尼丘山故以爲之名也
風俗通曰袁賀字元服祖父京爲侍中安帝始加元服京
入賀而賀始生因名之曰賀而字元服

鄭玄別傳曰玄一子名益字益思年二十三相國孔府君舉孝廉府君以多寇屯都昌為賊管亥所圍乃令從家將兵奔救遇賊見害時年二十七也妻有遺體生男玄以太歲在丁卯生此男以丁卯日生生又手理與玄相似故名曰小同

孟宗別傳曰孟宗為豫章太守民思其惠路有行歌故時之生子者多以孟為名

江祚別傳曰祚為南安太守民思其德生子多以為名字

蜀李書曰賈夷字景叔梓潼人也太始初內移河東少仕晉臺為倉部令史懷帝時為安富令中原喪亂玉衡七年歸國武帝素聞夷名重之皇子稚生因名賈夷

秦記曰後帝泓字元時東宮生邵弘言於父曰君之於臣先生之與其門人名之可也至於同官之於僚黨同姓之

於昆弟同門之於朋友可以稱其字而不可斥其名故公羊傳曰名不如字者非謂其人之名不如其字尊乃謂為人所字則近乎見尊為人所名則近乎見卑也古之君子之名子也必以信義而擇淑令所以祥其名也不以官職所以殊其名也不以畜幣所以重其名也不以隱疾所以顯其名也遍告內外所以昭其名也書而藏之所以寶其名也賤者避焉所以貴其名也冠而有字所以尊其名也名成乎禮字依乎名名字之本字名之末也為本故尊為末故卑尊故其禮詳卑故其事略也且婦人無名故賤於丈夫野人無名故賤於學士名者已之所以事尊尊者之所以命已字則已之所以接卑卑者之所以稱已未有用之於尊而為卑用之於卑而為尊者也

搜神記曰齊惠之妾蕭桐子見御有身以其賤不敢言也取薪而生頃公於野又不敢舉也狸乳鸇覆之人見而收之因名無野

何楨玄壽賜名叙曰新婦荀氏所生女以歲在丁丑四月五日日始出時生此月斗建巳其日又巳其時加卯甲乙卯皆東南春夏天地動發萬物滋生今月吉月之善時也又於易卦震位在卯巽位在巳震為長男巽為長女而此女孫正用茲日斯時始瞻日月豈伊先祖之靈寔臨祐之玄鬓素顏婦人之上姿也壽考無疆生民之至願也故賜名曰玄壽焉

太平御覽卷第三百六十二

人事部四

字　形體　頭上

字

禮記冠義曰冠而字之成人之道也

春秋説曰字者飾也

謝承後漢書曰傅燮字南容北地靈州人也本字幼起慕南容三復白珪乃改焉

晉中興書曰諸葛恢字道明瞻弟也弱冠知名試守即丘長轉臨沂令值天下亂避地江左于時穎川荀闓字道明陳留蔡謨字道明俱有名譽號曰中興三明時人爲之歌曰京都三明各有名蔡氏儒雅荀葛清

又曰孔愉字敬康少與同郡張茂字偉康丁潭字子康俱知名號曰會稽三康

徐廣晉紀曰桓温才氣雄儁恢奕陵邁温嶠見其幼時知必非常故父彜字曰温

白虎通曰人所以有字何所以冠德明功敬成人也故禮士冠經曰賓北面字之又曰冠而字之敬其名也所以五十乃稱伯仲者五十知天命思慮定也能從四時長幼之序故以伯仲號也

荀氏家傳曰荀愷字茂伯小而智外祖晉宣王甚器之字爲虎子弟世爲龍子王每謂曰俟汝長大當共天下

陳武別傳曰武胡人育於臨水令陳君君奇之起議欲易其故字武長跪自啓曰里語有之都亭鼠數聞長者語今當易字寔有私心嘗聞長卿慕藺相如之行故字相如往在鄉里久聞故老之説稱漢使蘇武執忠守志不服單于流放漠北擁節牧羊寄秋鴈以許心因行雲而託誠高山仰止意竊慕之陳氏嘉其志遂名之曰武又欲令字仲顯其本是胡人而石勒石虎諱胡曰國人故因字之曰國武

尹文子曰康衢長者字僮曰善搏（博音）字犬曰善噬賓客不過其門者三年長者怪而問之以寔對於是改之賓客復往

聖證論曰學者不知孟軻字按子思書及孔叢子有孟子居即是軻也軻少居坎軻故名軻字子居也

形體

釋名曰形有形像之異也體弟也骨肉毛血表裏大小相次第也

尚書大傳曰堯八眉舜四瞳子禹其跳湯扁文王四乳八者如八字者也其跳者踦也（其發聲也踦步足不能相過也）扁者枯也（言湯體半小象偏枯）一言皆不善也

韓詩外傳曰惟天命本人情人有五藏六府何謂五藏情藏於腎神藏於心魂藏於肝魄藏於肺志藏於脾何謂六府咽喉量入之府胃者五穀之府大腸轉輸之府小腸受成之府膽積精之府膀胱精液之府也

孝經援神契曰人頭圓象天足方法地五藏象五行四肢法四時九竅法九分目法日月肝仁肺義腎志心禮膽斷脾信膀胱決難髮法星辰節法日歲腸法鈐（鈐給(?)也主鈍(?)閉）

東觀漢記曰詔書令功臣家各自記功狀不得自增加以變時事或自道先祖形貌表相無益事實復曰齒長一寸

龍顏虎口奇毛異骨形容極變亦非詔書之所知也

又曰上復以朱祐為護軍常舍止於中祐侍讌從容曰長安政亂去有日角之相從以觀上風采上曰召刺姦收護軍祐由是不復言

江表傳曰孫權生而方頤大口目有精光

晉起居注曰懷帝瑯邪恭王子母曰夏侯氏帝生有白毫生於目左角龍顏隆準眼有精曜

蜀李書曰武帝諱雄字仲儁始祖第三子帝身長八尺三寸美容貌相工相之曰此君將貴其相有四目如重雲鼻如龜龍口如方器耳如相望法為貴人位過三公不疑也帝每周旋鄉里有識者皆器重之有劉化者道術士也太康中每語鄉里曰李仲儁有大貴之表終為人主也

車頻秦書曰苻堅時四夷賓服湊集關中四方種人皆奇貌異色晉人為之題目謂胡人為側鼻東夷為廣面闊頰北狄為匡腳面南蠻為腫蹄方方以類名也

吳均齊春秋曰太祖神容魁梧天表英特體有龍文寬雅沉深喜慍不形於人

隋書曰高祖文帝龍顏額有五柱入頂目光外射

晏子春秋曰伊尹倨身湯傴

孫卿子非曰衛靈公有臣公孫呂長七尺面居三尺廣三寸鼻目耳具名振天下

管子曰子產日角晏平仲月角尾生犀角柳下惠史魚反角

文子曰人頭之圓以法天足之方以象地天有四時五行九解三百六十日人亦復有四支五藏九竅三百六十節

天有風雨寒暑人亦有取與喜怒膽為雲肺為雨脾為風腎為電肝為雷以與天地相類而心為之主耳目者日月也而血氣者風雨也日月失行而薄蝕無光風雨非時毀折生災五星失行州土受其殃天地之道愛其神明人之耳目何能久勤而不愛精神何能久馳而不止是故聖人內而不失也

孔叢子曰魏安釐王欲以馬回為相問子順曰回為人便亮直之丈夫也順曰聞諸孫卿其為人長目而豕視必體方而心圓且見其面非不偉其體幹而疑其目王卒用之果以諂得罪

莊子曰老萊子弟子出薪遇仲尼反以告曰有人於彼脩上而趨下末僂而後耳（耳卻近後而上偃也）視若營四海不知其誰氏之子老萊子曰是丘也

淮南子曰形者生之舍也

又曰夫神者所受於天也而形體者所稟於地也故曰一生二二生三三生萬物故曰一月而氣二月而血三月而胎四月而胞五月而筋六月而骨七月而成八月而動九月而躁十月而生形體以成五藏乃形是以肺主目腎主鼻膽主口肝主耳

又地形篇曰東方川谷之所主日月之所生其人鋭形小頭隆鼻大口鳶肩企行竅通於目筋氣屬焉蒼色主肝長大早知而不壽南方陽氣之所洩暑溫居之其人墮形鋭上大口決眦竅通於耳血脈屬焉赤色主心早壯而夭西方高土川谷出焉日月入焉其人皆方面脩頸卬行竅通於鼻皮革屬焉白色主肺而勇敢不仁北方幽晦不明天之所閉者也寒冰之所積者也其人翕形短頸大肩下尻

竅通於陰骨幹屬焉黑色主腎其人惷愚而壽中央四達
風氣之所通雨露之所會也其人大面短頤美鬚竅通於
口膚肉屬焉黃色主胃而惠聖
博物志曰東方少陽日月所出山谷清助其人佼好西方
少陰日月所入其土窈冥其人高鼻深目多毛南方太陽
土下水淺其人大口北方太陰土平廣深其人廣面縮頭
中央四抄風雨交山谷峻其人端立
神仙傳曰玉札金簡內經皆云老子黃色美鬚廣顙長耳
大目踈齒方口厚脣有參午達理魚目虎鼻純骨雙柱耳
有三門足蹈二五手把十文
列女傳曰叔姬之生叔魚也生而視之曰是虎目而豕喙
鳶肩而牛腹谿壑可滿是不可猷也
李部別傳曰公長七尺八寸多鬚髯八眉左耳有奇表項

枕如鼎足手握三公之字
管寧別傳曰寧身長八尺龍顏秀眉
論衡曰蒼頡四目而佐帝公子重耳骿脅爲諸侯霸蘇
秦骨鼻爲六國相張儀骿脅相秦魏

頭上

說文曰首頭也顙頟也（如額）碩顆大頭也顆小頭也
釋名曰頭獨也處體高而獨尊也首始也
易未濟卦曰飲酒濡其首有孚失是（飲酒濡首有孚失是飲酒無節）
又曰說卦曰乾爲首
韓詩外傳曰禽息秦大夫薦百里奚不見納繆公出當車
以頭擊闑腦乃精出曰臣生無補於國不如死也繆公感
悟而用百里奚
禮斗威儀曰君乘火而王其民銳頭君乘水而王其民大
頭
禮記少儀曰頭容直（不傾顧也）頭頸必中（頸容直也）
樂汁圖曰赤帝銳頭黑帝大頭（宋均注曰銳頭像朱鳥也）
左傳昭二年曰豎牛奔齊孟仲之子殺諸塞關之外投其
首於寧風之棘上
春秋元命苞曰頭者神所居上員象天氣之府也歲必十
二故人頭長一尺二寸
爾雅曰元首也（左傳曰狄人歸先軫之元）
孝經援神契曰頭圓象天足方法地
史記曰藺相如爲趙使秦持璧却立倚柱謂秦王曰趙王
齋戒五日使臣奉璧今大王見臣禮節甚倨得璧傳之美
人以爲戲弄臣故復取璧大王必欲急臣臣頭今與璧俱
碎於柱矣

又曰須賈使秦見范雎雎數之曰爲我告魏王急持魏齊
頭來不者我屠大梁賈歸告齊亡匿趙平原君所齊遂自
剄趙王取頭與秦
又曰欒布爲梁大夫使於齊未還漢誅彭越梟頭雒陽下
詔曰有敢收視者捕之欒布從齊還奏事於彭越頭下
戰國策曰三晉分智氏趙襄子最怨智伯漆其頭以爲飲
器（史記同）
又曰白頭如新傾蓋如舊
漢書曰項籍顧見漢騎司馬呂馬童曰若非吾故人乎馬
童面之指王翳曰此項王也羽曰吾聞漢購我頭千金邑
萬戶吾爲公得乃自剄王翳取其頭
又曰高祖招田橫橫至尸鄉廄謂從者曰陛下欲一見我
面耳今斬吾頭馳三十里形猶未敗送自剄令客奉其頭

又曰秦始皇即位三十七年内平六國外攘四夷死人如亂麻暴骨長城之下頭顱相屬於道

又曰孫敬字文寶好學晨夕不休及至眠睡疲寢以繩繫頭懸屋梁後爲當世大儒

又曰陳遵長八尺餘長頭大鼻容貌甚偉

又曰御史大夫陳萬年子咸亢直有異于萬年常召咸於牀下教戒之咸睡頭觸屏風萬年怒之咸叩頭爲謟也萬年不復言

又曰建元中匈奴降者言匈奴破月氏王以其頭爲飲器師古曰飲酒之器

東觀漢記曰岑彭引兵從車駕破天水與吴漢圍隗囂於西城勑彭曰兩城若下便可將兵南擊蜀虜人苦不知足既平隴復望蜀每一發兵頭鬢爲白

後漢書曰賈逵自爲兒童常在太學不通人間事身長八尺二寸諸儒爲之語曰問事不休賈長頭

又曰張讓段珪誅何進爲詔以故太尉樊陵爲司隸校尉少府許相爲河南尹尚書得詔版疑之曰請大將軍出共議中黄門以進頭擲與尚書何進反已伏誅

典略曰李傕移保黄白城梁興張横等破之送其首初傕兄子儁及利等侍上無禮及傕頭到有詔高懸之

魏略曰龐悳手斬一級不知是郭援戰罷之後衆人皆言援死而不得其首援鍾繇之甥悳後於鞬中出一頭鍾繇見之而哭悳謝繇繇曰援雖我甥乃國賊也卿何謝焉

魏志曰辰韓國兒生以石壓其頭欲其褊故今辰韓人皆褊頭

又曰袁紹辟牽招爲督軍從軍紹卒事袁尚後遼東送尚首懸在馬市牽招覩之悲感設祭頭下太祖義之

又曰劉廙字恭嗣年十歲講堂上司馬德操撫其頭曰孺子黄中通理寧自知不

蜀志曰秦宓使吴吴主問宓天有頭乎曰有詩云乃睠西顧以此推之頭在西方

又曰魏延字文長義陽人延夢頭上生角以問占夢趙直直告人曰角之爲字刀下爲用頭上用刀其凶甚矣延後果誅楊儀斬延頭曰庸能復作惡

又曰先主與張飛趙雲等泝流而上分定郡縣時巴郡嚴顔率衆守城不降及城陷縛顔至飛呵顔曰汝見大軍至何以不降而敢拒戰顔答曰我州但有斷頭將軍無降將軍也飛怒命左右牽去斫頭大笑曰斫頭便斫頭何爲怒耶於是飛壯而釋之引爲上客

太平御覽卷第三百六十三

太平御覽卷第三百六十四

人事部五

頭下　頂

額

頭下

吴志曰孫權太子和被幽閉驃騎將軍朱據尚書僕射屈晃率諸將吏泥頭自縛連日詣闕請和

又曰諸葛恪被誅臨淮臧均表乞收葬恪曰臣聞雷震奮激不崇一朝大風衝發希有極日令恪父子三首懸示積日觀者數萬詈聲成風國之大刑無所不震

又曰關羽既敗走權使虞翻筮之得兊下坎上節五爻變而之臨翻曰不出二日必當斷頭果如翻言權曰卿不及伏羲可與東方朔為比矣

晉書曰嵇康謂趙至曰君頭小而銳有白起風童子白黑分明

又曰桓温卒子玄為嗣襲爵年七歲温服終府州文武辭其叔父沖沖撫玄頭曰此汝家故吏也玄因涕淚被面衆並異之

王隱晉書曰蒼梧太守吴臣據郡邑不恭王命孫權遣步騭為交州喻臣臣照鏡不見其頭騭因入斬之

又曰王珣與謝玄俱被辟桓温曰謝掾必擁麾杖節王掾當作黑頭公未易才也

晉中興書曰庾亮與蘇峻戰於建陽門王師敗績亮於陣攜其三弟懌條翼南奔温嶠顧宗幸嶠舡亮泥首謝罪

崔鴻前秦録曰東海王苻雄字元才洪之季子以功拜龍驤將軍征伐皆有殊績雄醜形貌頭大足短故軍中稱之為大頭龍驤

秦記曰苻堅祖洪見堅狀貌欲令頭堅腹軟字之曰堅頭

隋書曰高祖文皇帝生馮翊波若寺皇妣抱帝忽見頭上出角遍體起鱗大駭墜帝於地

春秋後語平原君曰澠池之會臣察武安君之為人小頭而銳瞳子白黑分明視瞻不轉小頭而銳斷敢行也瞳子白黑見事明也視瞻不轉執志強也可以持久難與爭鋒廉頗足以當之

吴越春秋曰眉間尺逃楚入山道逢一客客問曰子眉間尺乎答曰是也吾能為子報讎尺曰父無分寸之罪枉被荼毒君今惠念何所用耶客曰須子之頭并子之劍尺乃與頭客與王王大賞之即以鑊煮其頭七日七夜不爛客曰此頭不爛者王親臨之王即看之客於後以劍斬王頭入鑊中二頭相齧客恐尺不勝自以劍擬頭入鑊中三頭相咬七日後一時俱爛乃分葬汝南宜春縣并三冢

山海經曰三首國一身三首羽民國為人長頭

又曰共工之臣曰相仰氏（共工霸九州者也）九首以食于九山

晏子春秋曰景公游於梧丘夜夢五大夫稱寃公問晏子晏子曰昔靈公田有大夫駭獸斷其頭埋之命曰五大夫丘公令掘之果如其言

又曰湯長頭而寡髮

莊子曰雲將東過扶搖之枝（雲將雲之主帥也扶搖木名生海東）而適遭鴻蒙（鴻蒙自然元氣）雲將曰天氣不和地氣鬱結六氣不調四時不節今我願合六氣之精以育羣生為之奈何鴻蒙拊髀爵躍掉頭曰吾弗知吾弗知

又曰士羊而得牛斷指而得頭

燕丹子曰荆軻謂樊於其曰今得將軍之首與燕地圖秦王必喜而見軻軻將左手把其袖右手椹其胷則將軍積忿除矣於是起扼腕執刀曰是日夜所欲而今聞命於是自刎頭墮背後兩目不瞑以函盛於其首與軻入秦

呂氏春秋曰今有人於此斷頭以易冠殺身以易衣世必惑也是何也冠所以飾頭衣所以飾身今殺所飾而要所以飾則不知所爲矣世之趨利似此亦不知所爲也

帝系譜曰神農牛首伏羲人頭蛇身

黃帝素問曰頭者精明之主也

董卓别傳曰卓知所爲不得遂近意欲以力服之遣兵於雒陽城時遇二月社民在社下飲食悉就斷頭駕其車馬載其婦女財物以斷頭繫車轅軸還雒云攻敗大獲稱萬歲入開雒陽城門焚燒其頭

神仙傳曰曹公捕左慈數日得之便斷頭以白曹公公大喜曰果慈頭定視是一束茅耳

搜神記曰南方有落頭民其時將軍朱桓得一婢每夜卧後頭輒飛去或從狗竇或從天窻中出入以耳爲翼將曉復還數數如此傍人怪之夜照視唯有身無頭其體微冷氣息裁屬乃蒙之以被至時頭還礙被不得安再三墮地噫咤甚愁而體氣急　疾若將死者乃去被頭復起傅頸得安復如常人時南征大將亦往往得之又嘗有覆以銅盤者頭不得進遂死博物志同

又曰渤海太守史良好一女子許而不果良斷其頭而歸投於竈下曰當令火葬頭語曰使君我相從何圖當耳

異苑曰管寧避難遼東還汎海遭風舡垂傾没寧思愆曰吾嘗一朝科頭三晨晏起今天怒猥集過恐在此

又曰晉惠帝元康三年武軍火燒夫子履漢斬白蛇劍淶王莽頭等

録異傳曰漢武帝時蒼梧賈雍爲豫章太守有神術出界討賊爲賊所殺失頭雍上馬還營營中咸走來視雍雍胷中語曰戰不利爲賊所傷諸君視有頭爲佳無頭佳乎吏泣曰有頭佳雍曰不然無頭亦佳言畢遂死

幽明録曰河東賈弼小名醫兒具諳究世譜義熙中爲琅邪府參軍夜夢有一人面齇皰甚多大鼻瞤目請之曰愛君之貌欲易頭可乎乃於夢中許易明朝起自不覺而人悉驚走琅邪王大驚遣傳教呼視弼到琅邪遥見起還内弼取鏡自看方知怪異因還家家悉驚入内婦女走藏弼坐自陳說良久并遣人至府檢問方信後能半面啼半面笑兩手各捉一筆俱書辭意皆美此爲異也餘並如先

列女傳曰京師節女長安大昌里人夫有仇仇家執父使要其子爲中間女念不聽則殺父殺父不孝聽則殺夫殺夫不義乃許之曰夜在樓上新沐頭東首卧者是還諦其夫使卧他處自沐卧樓上仇家斷其頭而去仇悲義之遂不殺其父

益部耆舊傳曰段翳字元章善天文風角有一諸生來學積年諸生略究要術辭歸鄉里翳爲作一脂筒中盛簡書曰有變乃發視之生至葭萌與吏爭津吏檛從人頭破開筒得書言到葭萌與吏鬬破頭者以此脂裹之生喟然而歎乃還卒其業

博物志曰人以冷水漬至膝啖瓜數十漬至頭可啖百餘水皆作瓜氣

括地圖曰白民白首身被髮

三巴記曰巴有將軍曼子請於楚以平巴亂楚使請城曼
子曰城不可得乃自刎其頭與楚楚義之以上卿禮葬其
頭巴以上卿禮葬其身
長沙耆舊傳曰劉壽少時遇相師曰君腦有玉枕必至公
也後至太尉
李郃別傳曰公耳有奇表腦枕如鼎形
易洞林曰郭璞爲左尉周恭卜云君墮馬傷頭尉後乘馬
行黃昏坂下有犢車觸馬馬驚頭打石上流血殆死
語林曰魏郡太守陳異嘗詣郡民尹方方被頭以水洗盤
抱小兒出更無餘言異曰被頭者欲吾治民如理鬚洗盤
者欲使吾清如水抱小兒者欲使吾愛民如赤子也
世說曰祖廣字淵度行怕縮頭詣桓南郡下車桓曰天甚
明郎祖參軍如從屋漏中來
又曰諸葛道明初過江左名亞王庾之下先爲臨沂令丞
相謂曰明府當爲黑頭公
楚辭曰魂兮來歸君無上天些一夫九首拔木九千些

頂

說文曰頂顛也
易大過卦曰過涉滅頂凶無咎
韋曜毛詩問曰旱鬼眼在頂上
列女傳曰齊鍾離春齊無鹽邑之女鍾離姓春名也其爲人極醜
無雙臼頭深目頂上少髮折腰出胸
莊子曰支離疏頤隱於臍肩高於頂
應璩新詩曰醉酒巾幘落頂禿赤如狐

額

釋名曰額鄂也有垠鄂也故幽州人謂之鄂
易說卦曰巽爲廣顙上大下小故爲廣顙
河圖曰黃帝廣顙龍額
又曰天之東西南北極各有銅頭鐵額兵長三千萬丈三
千億萬人
毛詩鄘柏舟君子偕老曰子之清揚揚且之顏也清視明也揚廣
揚而顏豐滿也展如之人兮邦之媛也
詩含神霧曰代漢者龍顏珠額
春秋元命苞曰在天爲文昌在人爲顏額太一之謂也顏
之言氣畔也陽立於五故顏博五寸
論語摘輔象曰燓壓山額有君月衡反宇陷額是謂和喜
方言曰顉音譖頷額也顏顙也江湘謂之頭中夏謂之額東齊
謂之顙河濟淮泗之間謂之顏
漢書曰成帝幸宮人嚴宮生男帝爲趙昭儀召殺之宮曰

果欲姊弟擅天下我兒男也額上有壯髮類孝元帝今兒
安在危殺之矣奈何令長信得聞之
東觀漢記曰和熹皇后年五歲夫人爲翦髮夫人年老目
瞑并中右額雖痛忍不言
又曰銚期從擊王郎將兒宏劉奉於鉅鹿下期先登陷陣
手殺五十餘人瘡中額攝情復戰遂大破之
又曰馬廖上疏曰夫改政移風必有其本長安語曰城中
好廣眉四方過半額
魏志曰龐悳親與關羽交戰射羽中額
王隱晉書曰元帝白毫生額上有光明
崔鴻後趙錄曰石勒征見無劉曜守軍大悅舉手指天又
指額曰天也
北齊書曰文宣帝洋爲王時夢人以筆點記額明日告舍

人王宴晳曰吾其誅乎宴晳賀曰王上加點爲主乎後果
然
隋書曰劉孝焯字士龍信都人犀額龜背望高視遠聰敏
深沉弱不好弄
又曰煬帝令陳稜討杜伏威伏威自出陣前挑戰稜部將
射中其額伏威怒指之曰不殺汝我終不拔箭遂馳之獲
所射者使其拔箭然後斬之
鹽鐵論曰古者君子思德小人思利今人堅額健舌或以
致業
抱朴子曰老君額有三理上下徹
語林曰賈充問孫皓何以好剥人面皮皓曰憎其顏之厚
吳都賦曰雕題之士注曰鏤額也嶺南並鏤額額題也
相書占氣雜要曰黃氣如帶當額横卿之相也有卒喜皆

發於色額上面中年上是其候也黃色最佳
又曰額臨者男早得官女子早成

太平御覽卷第三百六十四

太平御覽卷第三百六十五

人事部六

面　眉

面

說文曰面顏前也從百(音首)象人面形題(音千頫切)面不正也頣(音諧)短面也頷(音胡感切)面黃也顢(音刀丁切)面瘦淺顢顢也赧面慙赤也

可圖曰蒼帝方面赤帝圜面白帝廣面黑帝深面

周易革卦曰上六君子豹變小人革面

禮記內則曰女子出門必擁蔽其面

左傳僖三十三年曰晉侯敗狄于箕先軫免冑入狄師死焉狄人歸其元面如生(言其有異於人)

又襄六曰鄭子產曰人心之不同也如其面焉吾豈敢謂子面如吾面乎

又襄四曰晉程鄭卒子產始知然明問爲政焉對曰視民如子見不仁者誅之如鷹鸇之逐鳥雀也子產喜以語子大叔曰　他日吾見蔑之面而已今吾見其心矣

又哀下曰楚白公作亂殺子西子期于朝而劫惠王子西以袂掩面而死葉公在蔡方城之外皆曰可以入矣及北門乃冑而進又遇一人曰君胡冑國人望君如望歲焉曰日以幾(冀君來)若見君面是得艾也(艾安也)

史記曰孟戲中衍鳥身人面趙之先也

漢書曰李夫人病篤上自臨候之夫人遂轉面向壁歔欷而不復言

又曰哀帝初即位博士申咸毀給事中薛宣不供養行喪服薄於骨肉不宜復列封侯使在朝省宣子況爲右曹侍郎數聞其語賕(音求)客楊明欲令創咸面目使不居位會司隸闕況恐咸爲之遂令明遮斫咸宮門外斷鼻脣身八創事下有司況減死一等宣坐免爲庶人

又曰朱博爲左馮翊長陵大姓尚方禁少時曾盜人妻見斫創着其頰府功曹曰白除禁調守尉博聞知以他事召見視其面果有瘢博辟左右問禁是何等創也禁乃叩頭服博笑曰大丈夫固時有是因親信以爲耳目

又曰朱博爲人廉儉不好酒色之宴自微賤至富貴食不重味案上不過三杯夜寢早起妻希見其面

又曰董仲舒廣川人也景帝時爲博士下帷講誦弟子以次相授業或莫見其面三年不窺園圃其精如此

又曰孔休守新都相休謁見莽莽緣恩意進其玉具寶劍欲以爲好休不肯受莽因曰誠見君面有瘢美玉可以滅瘢欲獻其玉瑑耳(音衛劍鼻也)

又曰張禹爲兒數隨家至市喜觀於卜相者又而頗曉其別蓍布卦意卜者愛之又奇其面貌謂禹父曰是兒多知可令學經

東觀漢記曰耿秉爲征西將軍鎮撫單于以下及薨南單于舉國發哀剺面流血

後漢書曰應奉年二十時嘗詣彭城相袁賀賀時出行閉門造車匠於内開扇出半面視奉奉即委去後數十年於路見車匠識而呼之

魏略曰徐庶名福本單家子好任俠擊劍中平末嘗爲人報讎白堊突面被髮而走

蜀志曰張裕曉相術每舉鏡照面自知刑死未嘗不撲之于地

又曰劉琰妻胡入賀太后太后令特留胡經月乃出胡有美色琰疑其與後主有私呼卒撾胡至於以履搏面而後棄遣胡具告言琰坐下獄有司議曰卒非撾妻之人面非受杖之地琰竟棄市

吳志曰諸葛恪父瑾長面孫權大會羣臣使人牽一驢檢其面題曰諸葛子瑜也恪跪曰乞請筆益兩字因聽與筆恪續其下曰之驢舉坐忻笑乃以驢賜恪

王隱晉書曰趙孟字長舒入補尚書都令史善於清談有國士之風其面有疵黯諸事不決皆言當問疵面也

晉中興書曰王珣爲桓溫主簿二軍文武數萬人悉識其面

晉書曰初王恭敗梟首於東桁王平之抽槊刺其面

又曰桓溫字元子豪爽有風槩姿貌甚偉面有七星

又曰劉牢之面紫赤色鬚目驚人而沉毅多計

又曰劉裕於東府聚樗蒱大擲一判應至數百萬餘人並黑犢唯裕及劉毅在後毅次擲得雉大喜褰衣繞床叫謂同座曰非不能盧不事此耳裕因挼五木久之曰老兄試爲卿荅即成盧焉毅意殊不快然素黑其面如鐵色焉

宋書曰沈慶之諫帝曰耕當問奴織當問婢今論爭伐問白面書生事何由濟

又曰明帝大會新亭樗蒱諸軍主樗蒱賭官李安人五擲皆盧帝大驚目安人曰卿面方如田封侯狀也

又曰劉瑀爲右衛將軍因求益州甚不得意至江陵與顏

竣書曰朱脩之三世叛兵一日居荊州青油幕下作謝宣明面

齊書曰東昏即位多行殺戮沈昭略與沈文季徐孝嗣同召入省例賜藥酒昭略罵徐孝嗣曰廢昏立明古今典宰相無才致有今日即擲甌破面曰作破面鬼時年四十

後梁書曰宋如周有才學爲度支尚書如周面狹長宣帝嘗戲之曰卿何謗法華經如周踧踖自陳不謗帝又言之如周懼而出告蔡大寶寶知其旨矣謂之曰君當不謗餘經止應不信法華法華云開經隨喜面不狹長如周乃悟○後魏書曰清河王懌被誣見害朝野貴賤知與不知含悲喪氣遠夷在京師聞懌喪爲之以刀剺面者數百人

三國典略曰高長恭以淮南之亂恐爲將帥歎曰我去年面腫今歲何爲不發至是齊主使徐之範飲以毒藥長恭謂妃鄭氏曰我盡忠事上何辜於天而遭鴆之禍

春秋後語曰秦急攻趙求救於齊齊王曰必以長安君爲質兵乃出長安君者太后之小子也太后愛之不肯遣大臣強諫太后怒謂左右曰敢復言長安君爲質者老婦必唾其面

山海經曰大荒之山日月所入有顓頊之子三面一臂不死郭璞注曰人頭三邊各有面也

又曰一目國一目中其面而居

尸子曰子貢問孔子曰古者黃帝四面信乎孔子曰黃帝合己者四人使治四方大有成功此之謂四面也

又曰禹長頸鳥喙面貌亦惡天下從賢之者學也

孫卿子曰衛靈公有臣公孫呂身長七尺面長三尺廣三

寸名動天下

莊子曰孔子謂盜跖曰今將軍身長九尺二寸面目有光脣如激丹齒如含貝音中鍾聲而名曰盜跖丘竊爲將軍恥之

韓子曰古人目短於面見故以鏡觀

燕丹太子曰田光云脉勇怒而面青骨勇怒而面白荊軻者神勇也怒而不變

說苑曰吳王將死曰吾以不用子胥言以至於今死者無知則已死者有知吾何面見子胥也遂蒙絮覆面自刎吕氏春秋同

典論曰袁紹妻劉性妬忌紹死其尸未殯殺其妾五人恐死者有知皆髡髮黑面

中論曰小人恥其面不如子都君子恥其行不如堯舜

譙周法訓曰昔有人使妻爲母作粥妻不肯乃以刀擊傷妻面此可爲孝乎

傅子曰相者三亭九候定於一尺之面

語林曰王武子與武帝圍棊孫皓看王曰孫歸命何以好剝人面皮皓曰見無禮於其君者則剝其皮乃舉棊局武子伸脚在局下

又曰劉眞長病積時公主毀悴將終嘆主主既見其如此乃舉手指之云君危篤何以自脩飾劉便牽被覆面背之不忍視

又曰王右軍見杜弘冶歎曰面如凝脂眼如點漆如神仙中人

又曰何晏字平叔美姿容帝疑其傅粉賜湯餅令晏食之汗出流面拭之轉白世說同

世說曰康僧淵目深而鼻高王丞相每調之僧淵曰鼻者面之山目者面之淵山不高則不靈淵不深則不清

又曰鍾會撰四本論始畢甚欲使嵇康一見置懷中不敢出戶外遙擲面便走

郭子曰琅邪諸葛忘名面病鼠瘻劉眞長見歎曰鼠乃復窟穴人面乎

異苑曰陳郡謝石字石奴少患面創諸治莫愈乃自幽遠止於岩下中宵有物來舐其創隨舐隨除既不見形竟爲是龍而舐處悉白故世呼爲謝白面

會稽後賢記曰貞女謝仙女者謝承孫也吳歸命侯采仙女充後宮仙女乃炙面服醇醯以取黃瘦竟得免

黃帝八十一問曰人面獨能寒何也曰頭者諸陽之脉會也諸陰脉皆至頸項不還上獨諸陽脉上頭故面能寒耳

相決曰奇毛生身及面皆豪貴白毫黑毛生共孔帶印綬

蔡邕女戒曰夫心猶面首也一旦不脩飾則塵垢穢之人心不思善則邪惡入之人咸飾其面而莫脩其心惑矣

眉

說文曰眉目上毛也

釋名曰眉媚也有嫵媚也

毛詩淇澳碩人曰螓首蛾眉螓首顙廣而方巧笑倩兮美目盼兮

尚書大傳曰堯有眉八如八字也淮南子同

大戴禮曰曾子曰敢問不勞可以爲明乎孔子愀然揚眉曰參汝以明主爲勞乎昔者舜左禹而右皐陶不下席而天下治

禮說曰君子乘金而王爲人美眉

左傳定公八年曰公侵齊門于陽州顏息射人中眉顏息魯人

退曰我無勇吾志其目也
穀梁傳曰長狄兄弟三人遞爲害斷其首而載之眉見於
軾
戰國策曰豫讓欲報趙襄子滅鬚去眉吞炭漆
春秋後語曰呂不韋謂太后曰詐腐刑𡉉毒則得給事中
乃令人以腐罪告之拔其鬚眉以爲宦者
漢書曰張敞爲婦畫眉長安中傳京兆眉憮應劭曰憮大也孟康曰憮音詡壯方人謂好爲詡也
東觀漢記曰王莽天鳳五年樊崇起兵於莒恐其衆與莽
兵亂乃皆朱其眉由是號曰赤眉
又曰明德馬后眉不施黛獨左眉角小缺補之以縹
又曰馬援自還京數被進見爲人鬒鬚眉目如畫
又曰梁鴻居吳賃舂每歸妻爲具食不敢於鴻前仰視舉

案齊眉
鄧粲晉記曰荆州民宗厥嘗以酒犯王平子怒叱左右捽
厥郭舒厲色謂左右曰使君醉汝輩何敢妄動平子大恚
曰別駕狂郎枉言我醉因遣灸舒眉頭舒跪受灸平子意
釋而厥得免
宋書曰王玄謨在雍人言欲反玄謨馳啓自解帝知其虛
馳遣主書吳喜公慰撫之曰七十老公反欲何求聊復爲
笑想足以伸卿眉頭耳玄謨性嚴未曾妄笑時人言玄謨
眉頭未曾伸故以此見戲
梁書曰武寧王大威字仁容美風儀眉目如畫
三國典略曰梁簡文方頰豐下眉目秀發
隋書曰元暉字叔平河南洛陽人也父曾鬚眉如畫進止
可觀少得美名於京師

唐書曰毛若虛絳州太平人也眉毛覆於眼性殘忍初爲
蜀川縣尉天寶末爲武功丞年已六十餘矣
帝王世紀曰文王虎眉
列仙傳曰陽都女生而連眉衆以爲異
列仙傳曰莫耶子赤鼻眉間一尺
列士傳曰干將子赤鼻眉廣三寸
荆州先賢傳曰馬良字季常襄陽宜城人兄弟五人皆有
令名良眉中有白毛鄉里頌曰馬氏五常白眉最良
吳越春秋曰伍子胥眉間廣一尺
韓子曰失鏡無以正鬚眉失道無以知迷惑
呂氏春秋曰吳闔閭使民習戰劒如眉流血不可止
淮南子曰今盆水在庭清之終日未能見眉睫濁之不過
一撓而不能察方圓察見也人神易濁而難清猶盆水之類

也
風俗通曰桓帝元嘉中京師婦人作愁眉愁眉者細而曲
折此梁冀家所謂京師皆效之天戒若曰將收捕冀婦女
憂愁之眉也
抱朴子曰有古強者自云四千歲云見堯舜禹湯說之了
了世云堯眉八采不然也直兩眉頭甚豎似八字眉
唐子曰人多患遠見百步而不自知眉頰知眉頰者復不
能察百步
西京雜記曰卓文君妖冶好眉色如望遠山
語林曰庾公道王尼子非唯事事勝於人布置鬚眉亦勝
人我輩皆出其轅下
樊氏相法曰眉中長毫百二十歲
太平御覽卷第三百六十五

太平御覽卷第三百六十六

人事部七

耳　目

耳

釋名曰耳耏也耳有一體屬著兩邊耏耏然也（耏音而）

禮曰是故先王之孝也色不忘乎耳目不絕乎聲

傳富辰諫曰耳不聽五聲之和爲聾

又曰晉襄公卒靈公少晉人以難故欲立長君使先蔑士會如秦逆公子雍秦康公送公子雍于晉曰文公之入也無衛故有呂郤之難乃多與之徒穆嬴日抱太子以啼于朝曰先君何罪其嗣亦何罪舍適嗣不立而外求君將焉寘此出朝則抱以適趙氏頓首於宣子曰先君奉此子也以屬諸子曰此子也才吾受子之賜不才吾唯子之怨今君雖終言猶在耳而棄之若何宣子與諸大夫皆患穆嬴且畏偪（畏國人以大義來偪也）乃背先蔑而立靈公以禦秦師

又曰欒叔曰吾聞致師者右入壘折馘（[illegible]）執俘而還皆行其所聞而復

又曰林雍羞爲顏鳴右下（羞爲右欲下車戰也）苑何忌取其耳（不欲殺[illegible]）

詩曰君子無易由言耳屬于垣（但截其耳以辱之）

又曰匪手攜之言示之事匪面命之言提其耳（我非且以手攜掣之親視以其事之是非我非且語之親提撕其耳此言撕諭道）

易曰荷校滅耳聰不明也

又曰巽而耳目聰明

語曰六十而耳順

穀梁傳曰梁自亡酒淫於色心昏耳塞上無正長之治大臣背叛

春秋元命苞曰耳者心之候

尚書大傳曰孔子曰自吾得由也惡言不至於耳

史記曰呂太后遂斷戚夫人手足去眼煇耳

又淮陰傳曰韓信使人言於漢王曰齊反覆之國南邊楚不爲假王鎭之其勢不定漢王大怒張良陳平躡漢王足因附耳語曰寧能禁信之王乎

戰國策曰蘇秦說李兌明日復來舍人謂兌曰臣竊觀蘇公說也其辨過於君君能聽乎兌曰不能曰君卽不能願君堅塞而耳無聽其談明日復見終日談而去舍人曰昨日我談薄而君動今精而君不動何也舍人曰我爲塞兩耳無聽談也

漢書曰楊惲報孫會宗書曰家本秦也能爲秦聲婦趙女也雅善鼓瑟奴婢歌者數人酒後耳熱仰天拊缶而呼烏烏。英雄記曰曹公擒呂布布顧謂劉備曰玄德卿爲座上客我爲降虜繩縛我急獨不可一言邪操曰縛虎不得不急乃命緩布縛備曰不可公不見布事丁建陽董太師乎操頷之布目備曰大耳兒最叵信（叵[illegible]）

魏書曰荀攸年七八歲叔父衢曾醉誤傷攸耳而攸出入遊戲常避護不欲令衢見衢後聞之乃驚其宿智如此

吳錄曰關羽走孫權使虞翻筮之曰必當斷頭傷其耳果如翻言

蜀志曰先主長七尺五寸垂臂下膝顧自見其耳

晉書曰王導多疾每自憂陳訓曰耳豎必壽亦大貴

又曰殷仲堪父患耳聞床下蟻動謂是牛鬬

王隱晉書曰張軌爲涼州刺史燉（音）煌曹袪上言軌老病

更請刺史執治中率數十人皆割耳於盤流血訴枉得停
蜀書曰武皇帝李雄美容貌相工相之曰此君口如方器耳如相望位必過三公不疑也
唐書曰汴州節度李忠臣嘗因奏對德宗謂之曰卿耳甚大貴人也忠臣對曰臣聞驢耳甚大龍耳即小臣耳雖大乃驢耳也上悅之
老子曰五音令人耳聾
孟子曰伯夷耳不聽惡聲
鶡冠子曰夫耳主聽兩豆塞之則上不聞雷霆
淮南子曰禹耳三漏是謂大通興利除害決江疏河
抱朴子曰老子耳長七寸
又曰耳能聞雷霆而不聞蟻虱之音
呂氏春秋曰雷則揜耳電則揜目耳聞所惡不如無聞目

見所惡不如無見
又曰且天生人而使其耳可以聞不學其聞不若聾使其目可以見不學其見不若盲使其口可以言不學其言曲以爽使其心可以知不學其知暗以狂凡學非爲能益也達天性也
說苑曰昔費仲惡來膠革長鼻決耳從紂之心武王誅之
博物志曰南方落頭民其頭能飛以耳爲翼
瀨鄉記曰老子耳有三門
王子年拾遺錄曰沐胥國人左耳中出青龍右耳中出白虎龍虎初出之時如繩緣頰手捋面而龍虎皆飛去地十餘丈而雲氣繞龍風來吹虎俄而以手一揮龍虎皆還入耳
高士傳曰堯聘許由爲九州牧由聞之洗耳於河

列仙傳曰務光夏時人耳長七寸陽都女耳細而長衆皆言此天人也
又曰甯先生毛身廣耳阮丘耳長六七寸
列士傳曰燕丹師田光往候荊軻值軻醉唾其耳中軻覺曰此出口入耳之言必大事也即往見光
列女後傳曰劉仲敬妻者沛國桓林之姊也仲敬早亡桓乃引刀割耳宗婦問之桓曰吾自五代以來世知名男以忠孝顯女以貞順稱家以我年少必相嫁故預自裁割以信我心
又曰曹文叔妻譙國夏侯寧之女文叔早亡妻斷髮自誓其家欲嫁之又截兩耳司馬太傅美之乞爲曹氏後
又曰陽華穆妻者下邳劉方之女字桃樹生一男而穆早亡吳丁諝（諝音婿）求之諝知名之士家將許焉桃樹乃操刀割

耳其子又亡桃樹乃安身守正動不僁禮（僁音僁）
長沙耆舊傳曰太尉劉壽少遇相師相師曰耳爲天柱令君耳城郭必典家邦
樊氏相法曰耳門不容麥歲至百兼富

目

釋名曰目默也謂默而內識也眼限也童子限限而出也
禮曰目者氣之清明者也
又王藻曰目容端（不睇視也）
又曾子曰十目所視十手所指其嚴乎
傳曰宋華父督見孔父之妻于路目逆而送之曰美而艷
又曰富辰曰目不別五色之章爲昧
又曰子王使鬭勃請戰曰請與君之士戲君憑軾而觀之得臣與寓目焉

又曰楚子將以商臣爲太子訪諸令尹子上子上曰楚國之舉恒在少者且是人也蜂目而豺聲忍人也不可立也

又曰秦伯伐晉取羈馬乃出戰交綏（古名退軍爲交綏秦晉志未盡聖戰兵未致爭而兩軍退故曰交綏）秦行人夜戒晉師曰兩軍之士皆未憖也明日請相見（憖缺也）史駢曰使者目動而言肆懼我也將遁矣薄諸河必敗之

又曰宋華元爲植巡功（植將主也）城者謳曰睅其目皤其腹弃甲而復睅出目皤大腹弃甲謂師也于思于思弃甲復來于思多鬚之貌

又曰潞子嬰兒之夫人晉景公之姊也酆舒爲政而殺之又傷潞子之目

又曰晉楚將戰晉侯筮之卜史曰吉卦遇復曰南國蹙射其元王中厥目及戰共王中目

又曰叔孫豹會晉士丐于柯盟于督陽荀偃癉疽生瘍於頭（瘍頭瘡疽癰瘡）濟河及著雍病目出卒而視不可唅（目開口禁也）宣子盥而撫之曰事吳敢不如事主猶視（大夫稱主）欒懷子曰其爲未卒事於齊故也（懷子欒盈也）乃復撫之曰苟終所不嗣事于齊者有如河乃瞑受唅（嗣續也）

又曰宋公子地有白馬四公嬖向魋欲之（向魋司馬魋植卜也）公取而朱其尾鬣以與之（與魋之）地怒使其徒奪之魋懼將走公閉門而泣之目盡腫

又曰公侵齊門于陽州顏息射人中眉退曰我無勇吾志其目也

詩曰美目盼兮巧笑倩兮素以爲絢兮

書曰正月元日舜格于文祖詢于四岳闢四門明四目達四聰咨十有二牧曰食哉惟時

易小畜曰輿說輻夫妻反目象曰夫妻反目不能正室也

又說卦曰離爲目

春秋孔演圖曰蒼頡四目是謂並明

春秋元命苞曰目肝之使

又曰舜重瞳子是謂慈原上應攝提下應三元

尚書大傳曰舜目四瞳子

論語隱義曰衛蒯聵亂子路與師往有孤黶者當師曰子欲入耶曰然黶從城上下麻繩鉤子路半城問曰爲師耶爲君耶曰在君爲君在師爲師黶因投之折其左股不死黶開城欲殺之子路目如明星之光曜黶不能前謂曰畏子之目願覆之子路以衣袂覆目黶遂殺之

史記曰吳王賜子胥屬鏤之劒以死子胥仰天歎曰嗟乎抉吾眼著吳東門上以觀越寇之入滅吳也

又曰趙王與秦王會澠池秦王不肯擊缶相如曰五步之內請得以頸血濺大王矣左右欲刃相如相如張目叱之左右皆靡秦王不懌爲一擊缶

又曰越王無彊與中國爭強北伐齊齊威王使人說越王越王不納齊使者曰幸也越之不亡也吾不貴其用智如目之見毫毛而不自見睫也今王知晉之失計不知越之過是目論也

又曰大梁人尉繚曰秦王爲人蜂準（蜂一作隆）長目

又曰漢王詣鴻門謝項羽羽欲殺漢王樊噲帶劒擁戟楯入軍門披帷西向而立瞋目視羽鬚髮上指目眥盡裂

又曰項王大呼馳下漢軍皆披靡時赤泉侯爲騎將追項王項王瞋目而叱之人馬俱驚辟易數里

楚漢春秋曰上過陳留酈生求見使者入通公方洗足問

何如人曰狀類大儒上曰吾方以天下爲事未暇見大儒
也使者出謝生瞋目案劍曰入言高陽酒徒非儒者
漢書曰東方朔上書曰臣朔目若懸珠齒如編貝
東觀漢記曰杜根諫和熹音喜又許忌切鄧后以安帝宜親政事
太后大怒囊盛撲殺之根詐死三日目中生蛆
魏志曰太祖與韓遂馬超等單馬會語左右皆不得從唯
將許褚超負其力陰欲前突太祖素聞褚勇疑從騎是乃
問公有虎侯者安在太祖顧指褚瞋目眄之超不敢動
又曰張繡反襲太祖營典韋戰於門中韋乃雙挾兩賊擊
殺之餘賊不敢進復前突殺數人瘡重瞋目大罵而死
又曰夏侯惇音敦從征呂布爲流矢所中傷左目時夏侯淵
與惇俱爲將軍軍中號惇爲盲夏侯
晉書曰王衍嘗因宴集爲族人所怒舉樏音壘擲其面衍初
無言引王導共載而去然心不能平在車中攬鏡自照謂
爾看吾目光乃在牛背上矣
王隱晉書曰甘卓爲揚威將軍歷陽內史郡人陳訓私語
人曰甘公頭低視仰目中有赤脉當危於兵勿爲將可也
果爲王敦所害
又曰王敦枉害刁協及敦病白日見協乘軺音遙車從吏騶
詬敦而仰頭瞋目
鄧粲晉紀阮籍能爲青白眼禮俗之士輒以白眼對之嵇喜
康之兄聞籍不哭見白眼喜不懌而退
蕭子顯齊書曰褚淵有器度不妄舉動宅嘗失火煙焰甚
逼左右驚擾淵神氣怡然索轝來徐去輕薄子頗以名節
譏之以淵眼多白睛謂之白虹貫日也
崔鴻十六國春秋前秦録曰苻生眇果凶暴嗜酒無賴祖

覽三百六十六　七　程慶乙

洪甚惡之生無一目年七歲洪戲之問侍者曰吾聞瞎兒
一淚信乎侍者曰然生怒引佩刀自刺出血曰此亦一淚
也洪大驚
三國典略曰齊韓鳳穆提婆高阿那肱共處衡軸號曰三
貴瞋目張拳有噉人勢
又曰和士開常言曰琅琊王目光弈弈數步射人向者暫
對不覺汗出
又曰周武帝還自東伐初遇疾口不能言臉垂覆目
老子曰五色令人目盲
韓非子曰目見有百步之外而不能見其眥
莊子曰溫伯雪子適齊舍於魯仲尼見之不言子路問焉
仲尼曰若夫人者目擊而道存也
又曰孔子見老聃而語仁義老聃曰夫播糠眯目則天地
四方易位矣夫仁義憯然乃憒吾心亂莫大焉
孟子曰伯夷目不視惡色
又曰存乎人者莫良於眸子眸子不能掩其惡胷中正則眸
子瞭焉胷中不正則眸子眊焉
范子曰掩目別黑白雖一時中猶不知天道也
慎子曰離朱之明察毫末於百步之外尺水不能見淺深
非目不明其勢難覩也
尸子曰使目在足下則不可以視
又曰舜兩眸子是謂重明
孫卿子曰厭目而視者視一以爲兩
燕丹子曰樊於期聞荊軻之言於是自刎頭墮背後兩目
不瞋
韓子曰田駟欺鄒君將殺之田駟恐告惠子見鄒君曰有

覽三百六十六　八　慶二

人見君則睞（大叶切 閉目也）其一目奚如君曰我必殺之惠子曰瞽睞兩目君奚弗殺（駟）東敗齊侯南欺荊王駟之於人瞽也君奚惡乃弗殺

又曰古人目短於自見故以鑑觀面

又曰刻削之道鼻莫如大目莫如小鼻大可小小不可大目小可大大不可小舉事亦然

又曰楚莊王子曰王之伐越何也王曰政亂兵弱莊子曰臣患知之如目也能見百步之外而不能自見其睫王之弱亂非越王之下也而欲伐越此知之如目也

淮南子曰夫目察秋毫之末而耳不聞雷霆之音耳調玉石之聲而目不見太山之高何則不小有所志而大有所志也

孔叢子曰夫子適周見萇弘言終而退萇弘語劉文公曰吾觀仲尼有聖人之表其狀河目而隆顙是黃帝之形貌也

郭子曰劉尹道桓溫鬚如反蝟毛眼如紫石稜自是孫仲謀一流人也

抱朴子曰眼能察天衢而不能周項領之間

蔣子語曰兩目不相爲視昔吳有二人共評王者一人曰好一人曰醜久之不決二人各曰尔可來入吾目中則好醜分矣王有定形二人察之有得失非苟相反眼睛異耳

袁準正書曰目以見小爲明耳以聽大爲聰

顧子義訓曰假天下之目以視則四海毫末可見也

山海經曰一臂國爲人一目中其面而居（括地圖同）

太公金匱曰一目視則不明一耳聽則不聰

呂氏春秋曰孟賁過於先其伍舡人怒以楫殪（音乂）其頭中河孟賁瞋目視舡人髮植目裂鬢指（指直）舟人盡惕駭播入於河使舡人知孟賁不敢直視涉無先者又辱之乎此不知故也

又曰管子縛束於魯鮑叔曰君欲霸王則臣不若管夷吾桓公曰夷吾寡人之賊也射我者也不可鮑叔曰夷吾爲其君射人若得之則彼亦將爲君射人君不聽鮑叔固讓果聽之於是使告魯曰管仲寡人讎也願得而親加手焉魯許諾乃使吏鞟其拳膠其目（以革囊其手也）盛之以鴟夷置之車中至齊境桓公使人以朝車迎之

又曰使其目可以見不學其見不若盲

春秋後語曰平原君對趙王曰澠池之會臣察安君之爲人也小頭而銳瞳子白黑分明小頭而銳斷敢行也瞳子白黑分明者見事明也

列仙傳曰秦召魏公子無忌不行使朱亥奉璧一雙秦王大怒將朱亥著虎圈中亥瞋目視虎眥血出濺虎虎終不敢以視

鄭玄別傳曰玄美眉明目

董卓別傳曰卓會公卿召諸降賊飲行責降者曰何不鑿眼應聲眼皆落地

趙至自叙曰嵇康謂至曰卿頭小銳瞳子白黑分明視占停諦有白起風

列仙傳曰偓（於角切）佺（音荃）槐山人採藥好食松實而目更方

又曰赤斧戎人也爲碧雞祠主簿餌丹身及瞳子皆赤

神仙傳曰涉正巴東人入吳常閉目弟子隨之數十年莫有見開目者有一弟子固請之正爲開目音如霹靂光如電照弟子頓伏良久乃起

竹林七賢傳曰王戎眸子洞徹視日而眼照不虧
世說曰顧長康云其哭桓宣武眼如懸河決溜
又曰康僧淵目深而鼻高王承每調之僧淵曰鼻者面之山目者面之淵山不高則不靈淵不深則不清
又曰裴令儁有姿容時人名之為玉人有疾至困武帝使王夷甫往視之王出語人曰眸子閃閃如巖下電精神挺動體中故如惡耳
語林曰王右軍見杜弘治歎曰面如凝脂眼如點漆此神仙中人
談藪曰王肅初歸國謂陽大眼曰在南聞君之名以為眼如車輪今見乃不異人大眼曰若旗鼓相望瞋眸奮發足使君亡魂喪膽何必大如車輪
又曰後魏昭成帝常擊賊流矢中目賊破執射者至左右
■覽三百六十六　士　李項
欲剸割之常曰彼各為主何罪乃釋之

太平御覽卷第三百六十六

太平御覽卷第三百六十七

人事部八

頰　鼻

頰　口

舌

頰

說文曰頰面旁也輔頰也

釋名曰頰夾也面旁稱也亦取挾斂食物也

傳曰宮之奇曰諺所謂輔車相依唇亡齒寒者其虞虢之謂乎（輔頰輔車牙車）

又曰公侵齊門于陽州士皆坐列頗高奪人弱弓籍丘子鉏擊之一人俱斃（子鉏齊人）偃且射子鉏中頰殪（子鉏死）

易咸卦象曰咸其輔頰舌滕口說也

又夬卦曰壯于頄有凶（頄求龜切面權也）

又曰艮其輔言有序（施止於輔以處於中故曰無擇言）

史記曰漢王聞魏豹反方東憂楚未及擊謂酈生曰緩頰往說魏豹能下之吾以萬户封若

又曰武帝元鼎六年定越地以為儋耳郡張晏曰儋耳其俗鏤其頰皮上連耳匡分為數支狀若鷄腸

又曰朱慱入守左馮翊長陵大姓尚方禁少時嘗盜人妻見斫瘡著其頰慱知以他事召見視其面果有瘢慱辟左右問禁是何等瘡禁叩頭服狀慱笑曰大（丈夫固時有是）以為耳目

江表傳曰孫策殺吳郡太守許貢貢奴客潛民間欲報讎策出獵卒遇三人即貢客也射策中頰後騎尋至皆刺殺之

王隱晉書曰大駕北伐成都王穎統王師於蕩陰敗績上傷頰失六璽左右奔走

三國典略曰梁謝荅仁聞侯景奔乃自東陽率衆候之至錢塘聞趙伯超曰公得何消息而閉門見拒伯超曰波頰邊頰有耳否侯王已死遠近悉平君將此兵欲向何處荅仁曰審如公言死無所恨

淮南子曰厭䩉（音靖）在頰則好在顙則醜

王子年拾遺録曰孫和月下舞水精如意悞傷鄧夫人頰血流婉轉彌苦及差而滅左頰有赤點如誌迫而視之更益妍也諸嬖欲寵者皆以丹脂點頰而後進幸

唐子曰人多遠見百步而不自知眉頰

蔣濟萬機語曰許子將褒貶不平以拔樊子昭而抑許文休劉曄曰子昭發自賈豎年至耳順退能守靜進能不苟濟荅曰子昭誠自長幼完潔然觀其搖牙樹頰自非文休敵也

世說曰郗公遭永嘉喪亂窮餒鄉人共餉之公嘗攜兄子外生周翼二小兒往食鄉人曰各自窮餒以君之賢共存君耳恐不能兼飴公於是獨往食輒含飯著兩頰還吐與二小兒後並得存過江公亡翼時為剡縣解職歸席苫於公靈床頭心喪三年

鼻

釋名曰鼻嘒也出氣嘒嘒也

公羊傳僖公曰邾婁人執鄫子用之社蓋叩其鼻以血社也

孝經援神契曰伏羲山準禹虎鼻

史記范雎傳曰蔡澤遊學于諸侯小大甚衆而不遇從唐

舉相舉孰視而笑曰先生曷鼻巨肩魋顏戚齃膝攣吾聞聖人不相殆先生乎

戰國策曰蘇子南使齊謂齊王曰臣聞當世之主必誅暴正亂今宋王射天笞地鑄諸侯之像使侍屛匽展其臂彈其鼻此天下無道而王弗伐王名終不成矣

魏志曰管輅舉秀才何晏請曰試爲我作一卦知位當至三公否又連夢青蠅數十來集鼻上驅之不去輅曰鼻者天中之山高而不危所以長守貴也今青蠅臭惡而集之位峻者士顛君侯上追文王六爻之旨下思尼父彖象之義然後三公可決青蠅可驅

晉書曰謝安石本能爲洛下書生詠有鼻疾故音濁名流愛其詠而不能及或掩鼻以斅之

又曰王澄在荆州叱左右棒士人宗廞別駕郭舒勵色謂左右曰使君過醉汝輩何敢妄動澄恚遣掐其鼻灸其眉

崔鴻十六國春秋後趙錄曰王謨字思賢𪖙鼻言不清暢尫短無威儀將拜曲陽令勸疑之問長史張賓賓曰請試可不勤從之由是政教嚴明百城尤最出爲都部從事守宰去官者十五人

唐書曰薛舉每破陣所獲士卒皆殺之殺人多斷舌割鼻

莊子曰野人堊墁於鼻端若蠅翼使匠石運斤成風堊盡而鼻不傷

列子曰夏禹蛇身人面牛首虎鼻而有大聖之德

孟子曰西子蒙不潔則人皆掩鼻而過之

韓子曰魏王遺楚美女楚王悅之夫人鄭袖謂新人曰王甚愛子然惡子鼻見王常掩鼻則王長幸子於是新人從之王謂夫人曰新人見寡人常掩鼻何對曰言惡聞王口臭王怒甚因劓之

淮南子曰東方人隆鼻

山海經曰一臂國人一鼻孔

論衡曰鼻不知臭爲齆人不知是非爲閉齆烏更切

又曰蘇秦骨鼻爲六國相

太玄經曰劓鼻飴口喪其息主

列士傳曰干將子赤鼻

列女傳曰梁高行者梁之寡婦榮於色敏於行早寡不嫁梁貴人爭欲取之不能得梁王聞使娉焉乃援鏡操刀以割鼻曰妾所以不死者不忍幼嗣之重孤也刑餘之人殆可釋矣王高其節敬其身號曰梁高行

又曰沛國孫去病妻同郡戴元世女夫死母欲嫁之操刀割鼻刀鈍不入趣於石上礪之鼻然後斷郡表其閭

又曰梁郡夏文珪妻沛國劉累賓女亦割鼻自誓不嫁

列女後傳曰吳孫奇妻者廣陵范慎女名姬十八配奇奇亡慎以姬少寡無子迎還其家姬不肯迎者以父命迫之姬遂操刀割鼻

三輔故事曰衞太子嶽鼻太子來省疾至甘泉宮江充告太子勿入陛下有詔惡太子鼻嶽尚以紙蔽其鼻充語武帝曰太子不欲聞陛下膿臭故蔽鼻武帝怒太子太子走還

崔寔政論曰秦劓六國之君劓殺其民於是赭衣塞路有鼻者醜故百姓鳥驚獸駭不知所歸命

王湛別傳曰王處冲身長八尺龍頰大鼻

世說曰初謝安在東山居布衣時兄弟有富貴者劉夫人戲謂安曰大丈夫不當如此謝乃捉鼻曰但恐不免耳

又曰石崇家造廁令婢以盤擎棗與廁人塞鼻

又曰庾僧淵目深而鼻高王丞每嘲之僧淵曰鼻者面之山山不高則不靈

談藪曰宋廢帝常入武帝廟指其畫像曰此渠大好色不擇尊卑顧謂左右渠大齇鼻如何不齇即令畫工齇

又曰齊世祖之征潁川也有皇甫玉淵者善相人見其容止竊議曰此不作大物會是垂涕洟者謂太原公洋也

崔玄瀨鄉記曰老子鼻雙柱

養生經曰鼻者心之門

頞

說文曰頞鼻莖也（頞烏葛切）

釋名曰頞鞍也偃折如鞍也

史記曰唐舉謂蔡澤曰先生魋顏蹙齃殆不相乎

御覽三百六十七　五　張和

後漢書曰周燮字伯彥初生顉頤折頞醜甚母欲弃之其父不聽曰吾聞賢聖多有異興我宗者乃此於是實之（顉）

吳書曰諸葛恪字元遜瑾長子少知名少鬚眉折頞廣顙

莊子曰髑髏深矉蹙頞曰豈能捨南面王樂而為人生哉

呂氏春秋曰文王好食昌菹孔子蹙頞而食之

楊雄解嘲曰蔡澤山東匹夫也顉頤折頞涕唾流沫

口

說文曰口者人之所以言食

釋名曰口空也

禮曰曾子謂子思曰伋吾執親之喪也水漿不入於口者七日

又曰晉人謂趙文子知人文子其中退然如不勝衣（中身也退知柔貌）其言吶吶然如不出諸其口（吶吶[illegible]小貌音如悅切）

又玉藻曰口容止（不妄動也）

又少儀曰燕侍食於君子數噍毋為口容（口容弄口噍才笑切）

又祭義曰惡言不出於口

又緇衣曰小人溺於水君子溺於口口費而煩易出難悔易以溺人（言口多空言且煩數也過言一出駟馬不能及不可得悔也口舌所覆亦如溺也）

傳曰鄭伯使許大夫百里奉許叔以居許東偏曰寡人有弟不能和協而使糊其口於四方其況能久有許乎

又曰口不道忠信之言為嚚

又曰子玉使伯棼請戰曰非敢必有功也願以間執讒慝之口

又曰晏子曰君民者豈以陵民社稷是主臣君者豈為口實社稷是養（言君不徒居民上臣不徒求祿皆為社稷）

御覽三百六十七　六　張和

又曰正考父佐戴武宣三命滋益恭故其鼎銘云一命而僂再命而傴三命而俯饘於是粥於是以糊余口

又曰費無極言於楚子曰建與伍奢將以方城之外叛王執伍奢使城父司馬奮揚殺太子未至而使遣之（知太子寃故遣）奮揚使城父人執已以至王曰言出於余口入於爾耳誰告建也

詩正月曰好言自口莠言自口（莠醜也）

又十月之交曰無罪無辜讒口囂囂

書序曰濟南伏生年過九十失其本經口以傳授

又曰大禹謨曰惟口出好興戎朕言不再（好謂賞善戎謂伐惡言口榮辱之主慮而言[illegible]出於一也）

又盤庚上曰相時憸民猶胥顧于箴言其發有逸口（憸利小言人尚相顧於箴誨之言恐其發動有過口之患也）

又說命曰惟口起羞
易說卦曰兌爲口
論語公冶長曰或曰雍也仁而不佞子曰禦人以口給屢憎於人
又曰陽貨曰惡利口之覆邦家者
公子翬謟于隱公謂隱公曰百姓安子諸侯說子盍終爲君矣隱公曰否使脩菟裘吾將老焉公子翬恐若其言聞于桓於是謂桓公曰吾爲子口隱矣
孝經援神契曰舜大口
又曰孔子海口言若含澤
論語撰輔像曰子貢斗星繞口南容井
又曰太公大口鼻有伏藏
史記曰周厲王得衛巫使監謗者以告則殺之其謗鮮矣

王喜告召公吾能弭謗矣召公曰是障之也防民之口甚於防水水壅而潰傷人必多民亦如之民之有口也猶土之有山川也財用於是乎出猶其有原隰衍沃也衣食於是乎生口之宣言也善敗於是乎興行善而備敗所以產則用衣食者也夫民慮之於心而宣之於口成而行之若壅其口其與能幾何王不聽於是國人莫敢出言
又曰季桓子受齊女樂三日不聽政又不致膰俎於大夫（膰音煩）孔子遂行而師己送曰夫子則非罪孔子曰吾歌可夫歌曰彼婦之口可以出走彼婦之謁可以死敗（言嬖人之口讒謂是以憂使死人敗故可以出走也）
又曰鄧公曰吳王爲反數十年矣發怒於削地以誅晁錯爲名其意非在錯也且恐天下之士噤口不敢復言
漢書曰漢王擊魏豹謂酈食其曰魏大將者其人爲誰曰柏直也漢王曰是口尚乳臭
又曰高祖欲廢太子周昌諫曰臣口不能言心知不可
又曰良藥苦口利於病
又曰張蒼免相後口無齒食乳女子爲乳母
又曰條侯周亞夫相曰從理入口法餓死
又曰揚雄口吃不能劇談
又曰王莽爲人哆口（都唱切）
東觀漢記曰光武爲人日角大口美須眉
又曰明德馬后身長七尺三寸青白色方口美髮
後漢書曰馬援在交阯還書戒兄子曰龍伯高敦厚周愼口無擇言謙約節儉廉公有威吾愛之重之
應劭漢官曰侍中乃存年老口臭帝賜以雞舌香令含之
江表傳曰孫堅爲下邳丞時孫權生而方頤大口目有精

光堅異之以爲貴象
燕書曰申弼烈祖常從容問諸侍臣曰夫口以下動乃能制物鈇鑕爲用亦噬嗑之意而從上下何也弼荅曰口之下動上使下也鈇鑕之用上斬下也烈祖稱善
南史曰謝朏出爲吳興郡守與弟瀹於征虜渚送別朏指瀹口曰此中唯宜飮酒
唐書曰郝處俊孫象賢垂拱中坐事伏法臨刑言多不順自此法司每將殺人也必先以木丸塞口
又曰杜黃裳性雅澹寬恕心雖從長口不忤物
老子曰五味令人口爽
管子曰桓公與管仲謀伐莒未發已聞於國東郭郵至公問之子曰言伐莒乎東郭曰君子善謀小人善意臣視二君在堂上口開不合言莒也

莊子曰公孫龍口呿而不合舌舉不下
鬼谷子曰口者機關也所以閉開情意也
又曰口可以食不可以言
周生烈子曰口者言之門
河圖曰秦始皇虎口日角
陸賈新語曰衆口所毁浮石沉木羣邪相抑以曲爲直
說苑曰口者關也舌者機也出言不當駟馬不能追也
吳越春秋曰越王勾踐入臣於吳吴王病大便太宰嚭奉
溲惡以出勾踐甞之後病口臭范蠡令左右食岑草以亂
其氣
曹瞞別傳曰操遨遊無度其叔數語其父操後行逢叔於道陽
敗面爲口去中暴風叔告其父父呼見之操面如故從此
叔言不復入信操益得縱恣爲王也

杜恕體論曰東脩之業其上在於不言
諺曰口如鼻至老不失
傅子曰擬金人銘作口銘云神以感通心由口宣福生有
兆禍來有端情莫多妄口莫多言蟻孔潰河溜穴傾山病
從口入禍從口出存亡之機開闔之術口與心謀安危之
源樞機之發榮辱存焉
王子年拾遺録曰昔伯禹入穴乃至一室裏一人身如蛇
鱗於石上口吐一玉簡以受禹簡長十二寸以量度天地
又曰始皇二年騫消國善畫工者名烈裔口含丹墨噴壁
即成龍雲之隊
又曰沐胥國人年九萬歲以口噴水爲雨紛漫數十里俄
而口吹爲風而雨皆止
瀨鄉記李母碑曰老子方口
養生經曰軍營之中有甘泉注云軍營口也甘泉唾也
又曰口爲華池
相書曰大容手赤如丹貴壽
又曰欲知人多舌當視其口如鳥啄言語皆聚此多舌人
也
談藪曰梁高祖重陳郡謝玄暉詩常曰不讀謝詩三日覺
口臭

舌

釋名曰舌泄也舒泄所當言也
詩雨無正曰哀哉不能言匪舌是出維躬是悴
又曰　婦有長舌維厲之階
又抑曰莫捫朕舌言不可逝矣
論語顔淵曰子貢曰惜乎夫子之說君子也駟不及舌

春秋元命苞曰舌之爲言達也陽立於三故古在口中者
長三寸象斗玉衡陰合有四故舌淪入溢溢鰭内者長四寸
宋均曰玉衡三星也魁四星也
孝經鈎命決曰仲尼舌理七重陳機授度
史記曰平原君既已定從而歸至於趙曰令毛生以三寸
之舌強於百萬之師
又曰留侯曰今以三寸之舌爲帝者師封萬户位列侯此
布衣之極於良足也
又曰張儀嘗從楚相飲已而失璧門下意儀盜璧共執掠
笞數百不服釋之其妻曰嘻子無讀書游說安此辱乎
儀謂其妻曰視吾舌尚在否妻曰君舌在也儀曰足矣
又曰郭解任俠有儒生侍使者坐客譽郭解生曰郭解專
以姦犯法公何謂賢解客聞之殺此生斷其舌

漢書曰蒯通謂韓信曰酈生一士伏軾掉三寸舌下齊七十城

又曰東海公賓就斬王莽傳詣更始懸於宛市百姓共提擊之或切食其舌

後漢書曰馬援與隗囂將楊廣書曰豈有知其無成而但萎腇咋舌叉手從族乎萎腇耎弱也萎音於罪切腇奴罪切

張璠漢記曰董卓於衆坐生斷人手足叉鑿目截舌口百姓嗷嗷道路以目

英雄記曰曹操與劉備密言備泄於袁紹紹知操有圖國之意操自咋其舌流血以失言誡後世

魏末傳曰諸葛誕殺樂綝有與農都尉數譏誕於是收而斬之罵曰卿坐舌先使人以竹攙其舌然後殺之攙音讒又楚金切刺之也

晉中興書曰溫嶠密啓肅祖陳王敦作難敦聞曰果爲小物所欺乃募有能生得嶠者吾當手拔其舌

晉書曰鳩摩羅什年七歲出家日誦千偈後死姚興依外國法焚屍薪滅形碎唯舌不爛

沈約宋書曰南郡王義宣生而舌短言澁

唐書曰波斯國俗法有罪者火燒鐵灼其舌瘡白者爲理瘡黑者爲有罪

燕丹子曰荆軻見燕太子太子曰田先生今無恙乎軻曰光送軻之時言太子戒以國事恥以丈夫而不可向軻吞舌而死

郭子曰郗仲堪去三日不讀道德論便覺舌本間強

山海經曰反舌國其人反舌一曰交

說苑曰桓公飲管仲酒棄其半公問其故對曰臣聞酒入者舌出舌出者身棄臣謂棄身不如棄酒

又曰韓子問叔向曰剛與柔孰堅叔向曰臣年八十齒再落而舌尚存是知剛不如柔也

揚子法言曰五常者帝王之筆舌寧有書不由筆言不由舌也

搜神記曰永嘉中有天竺胡人能斷舌先吐舌示賓客然後乃截血流覆地乃取置器中傳以示人取舌還合有頃如故

桂陽先賢傳曰采陽陵字遂文果而好義郡長汲府君爲州所章陵被掠考參加五毒陵乃截舌以著盤中獻之廷尉羣公咸共議之事得清理

又曰臨武程桓少有才藝爲九江主記掾府君爲人所章桓被徵詣臺除郎中委郎詣州乞就考於格上拔刀截舌郡事清理

談藪曰潁川王偉有才學爲侯景左僕射景敗被擒送江陵湘東王欲活之左右妬其才乃曰偉作檄文繹視之大怒釘偉舌於柱

養性經曰舌之和之候也

相書曰舌如絳赤者賢人也

相書雜要曰吐舌及鼻三公也

太平御覽卷第三百六十七

太平御覽卷第三百六十八

人事部九

脣吻　齒　牙

喉咽　頤頷　承漿

脣吻

說文曰脣口端也

釋名曰脣緣也口之緣也吻免也入則碎止則免也又取枚也吹噓所出恒加枚棫因以爲名也

傳曰晉欲伐虢假道於虞虞君許之宫之奇諫曰諺有之輔車相依脣亡齒寒其虞虢之謂乎

又曰吳將伐魯王問於子洩對曰諸侯將救之未可以得志焉夫魯齊晉之脣脣亡齒寒君所知也不救何爲

春秋元命苞曰脣者齒之垣所以扶神設端若有列星與

外有限故曰脣亡齒寒

春秋孔演圖曰八政不中則人無脣(人恃脣乃語命無脣不制)

孝經鉤命決曰仲尼斗脣吐教陳機授度

史記曰越王勾踐曰孤常不料力與吳戰困於會稽日夜焦脣乾舌徒欲與吳王接踵而死

漢書曰張湯與顔異有隙人有告異以他議事下湯治異云異與客語客云初令下有不便者異不應微反脣湯奏異九卿見令不便不入言而腹非論死自是後有腹非之法

又薛宣傳曰博士申咸毁丞相宣家行不足宣子況賕(音求)客楊明斫咸宫門外申斷鼻脣況坐從宣免爲庶人

王隱晉書曰寒儁傳曰劉弘龍須昌人赤色文脣少言語有大志自縣小吏至雍州刺史

梁書曰侯景僭位入登太極殿其徒數萬吹脣唱吼而上

莊子曰孔子謂盜跖曰將軍脣如激丹

淮南子說山曰孕見兔而子缺脣見麋而四目物固有然不然也

賈誼曰沸脣投塞垣之下(詢也)

通俗文曰脣不覆齒謂之齖(音牙齇組家切)

廣志曰赤口濮嚩其脣以丹飾之

瀨鄉記李母碑曰老君厚脣

趙志自叙曰志　長七尺四寸潔白黑鬚明眉赤脣鬚鬢不多

燉煌實録曰王孳(音孳又丑林切)卒有盜開孳冢者見孳與人樗蒲舉杯酒賜盜者惶怖既飲見牽銅馬出其夜有神告城門我王孟曾使也人發孟曾冢以酒黑其脣明日入城有

黑脣者是也須臾馬還流汗盜明詣城門不覺脣黑爲吏所縛(孟曾孳字也)

宋玉神女賦朱脣若丹

曹植洛神賦曰丹脣外朗皓齒内鮮

又曰啓朱脣以徐言

崔駰七依曰紫脣素齒雪白玉暉

廣雅曰呭謂之吻(呭音餌)

淮南子曰決吻治齵君子不與(齵齒出)

齒

說文曰齔毁齒也男生八月生齒八歲而齔女七月生齒七歲而齔(音引)

釋名曰齒始也少長之別始乎此也以齒食多者長食少者幼也

禮曰毋刺齒（口口容止也）
又曰濡肉齒決（決猶斷也）乾肉不齒決（堅宜用手）
又曰高子皐之執親之喪也泣血三年未嘗見齒（言笑之微）君子以爲難
左傳曰陳僖子使召公子陽生立之將盟遂誣鮑子曰之命也鮑子曰汝忘君之爲孺子牛而折其齒乎（孺子荼也景公嘗銜繩爲牛使荼牽之荼頓地折其齒也）
詩頌人曰齒如瓠犀
又閟宫曰既受多祉黄髮兒齒
公羊傳莊公曰仇牧聞閔公弑趨而至遇之于門手劍而叱之宋萬臂摋仇牧碎其首齒著乎門闔（摋側手曰摋 蘇葛切）
春秋元命苞曰武王駢齒是謂剛強取象參房誅害以從天心（宋均注曰房爲明堂主布政參爲大辰主斬刈兼此二者故重者爲表）
孝經鈎命決曰夫子駢齒（象鈎星也）
史記曰顔回年二十九髮盡白齒早落
又曰范雎事魏中大夫須賈賈使齊雎從齊襄王聞雎辯賜金及牛酒賈以爲雎持魏事告齊故得饋以告魏相魏齊大怒使人笞擊雎折脅摺齒雎佯死
漢書曰張蒼無齒唯飲乳百有餘歲而卒
謝承後漢書曰豫章項誦字叔和爲郡王簿太守爲屬縣所誣章誦詣獄證要引自掾（音斷）血出滂流齒皆墮地太守獲免
晉書曰溫嶠先有齒疾因拔齒中風而卒
又曰成帝杜皇后少有姿色長猶無齒有求昏者輒中止及帝納采一夜齒盡生
又曰謝鯤隣家有美女鯤調之女以梭投鯤折其兩齒世俗爲之謠曰任達不已幼輿折齒幼輿鯤字也
山海經曰黑齒國爲人黑齒
河圖矩起曰帝嚳駢齒（宋均曰州以駢齒齒星位）
白虎通曰帝嚳駢齒上法曰參秉度成紀以理陰陽
抱朴子内篇曰或問堅齒之道荅曰養以華池漱以濃液永不動　次則服靈非散既脫更生
揚泉物理論曰夫齒者年也身之寶也藏之斧鑿所以調諧五味以安性氣者也
神仙傳曰老君疏齒
神仙服經曰服神丹三百歲齒化爲石
王閟本事曰閟爲琅琊太守張步欲誅之閟出東武城門馬奔墮車折齒閟心惡移病歸府遂得免
字林曰齸（牛於切）齒不相值也齼（初舉切）齒傷酢也齩（交午切）按齧噬也齣老人齒如臼也（齣音舅）
段國沙州記曰國人年五十以上四齒皆落將由地寒多障氣也
異物志曰屠移在海外以草漆齒因號黑齒（素子正書曰山采氏泥於西屠而漆其齒）
世説曰孫子荆少時欲隱語王武子曰吾當枕石漱流誤云漱石枕流王曰流非可枕石非可漱孫曰所以枕流欲洗其耳所以漱石欲礪其齒
又曰王子猷詣謝玄林公先在坐王曰若林公鬚鬢並全神情當復勝此不謝曰脣齒相須不可偏亡
琴操曰聶政父爲韓王冶劒過期不成王殺之時政未生及長入太山遇仙人學鼓琴漆身爲厲呑炭變音七年琴成入韓逢其妻從買櫛對妻而笑妻泣曰君何以似政齒乃

入山援石擊落其齒

楚辭曰美人皓齒嫮以姱

臨海水土志曰夷州人俗女已嫁皆缺去前上一齒

宋玉登徒子賦曰腰如束素齒如含貝

司馬相如上林賦曰皓齒粲爛

張協禊賦曰清哇發於素齒

牙

釋名曰牙植牙也隨形言之也

干寶晉紀曰賈庶人未害愍懷太子時有謠曰南風烈烈吹白沙千歲髑髏生齒牙南風庶人名愍懷小名沙門

三國典略曰齊太上主生齻（音顛）牙問於尚藥典御鄧宣以對太上主怒而撻之中書監徐之才拜賀曰此智牙生者聰明長壽太上悅而賞之

喉咽

說文曰咽嗌也喉嚨也

釋名曰咽咽物也青徐謂之脰（音豆）物投其中受而下之也又謂之嗌（音益）氣所通流阨要之處也

傳曰敗狄于鹹獲長狄僑如富父終生舂其喉以戈殺之

孝經鉤命決曰夫子輔喉

史記曰孫子曰夫救鬭者不搏撠（音戟）批亢擣虛形格勢禁則自爲解耳（亢音剛又音抗人喉也）

又曰貫高聞赦張王乃曰所以不死者白張王不反今王已出吾責已塞死不恨矣且人臣有不篡弒之名何面目復事上哉縱上不殺我不愧心乎乃仰絕亢而死（韋昭曰亢咽也）

漢書曰人有上書言息夫躬懷怨恨非笑朝廷所進候星宿視天子吉凶與巫共祝詛上遣侍御史廷尉監逮躬繫雒陽詔獄欲掠問躬仰天大謼（火故反）因僵仆吏就問云咽已絕（師古曰咽喉嚨也音一千反）

後漢書曰霍諝（音胥）爲舅宋光被誣上書曰譬猶療飢於附子止渴於酖毒未入腸胃已絕喉咽豈可爲哉

又曰王青字公然青父隆建武初爲都尉功曹青爲小吏與父俱從都尉行縣道遇賊隆以身衛全都尉遂死於難青亦被矢貫咽音聲流喝

又曰李固對詔曰陛下有尚書猶天之有北斗北斗天之喉舌尚書陛下之喉舌

魏志曰樂陵王茂兄東平王薨茂稱咽病不肯發哀詔削戶

蜀志曰彭羕與葛亮書曰先民有言左手據天下之圖右手扼其喉愚夫不爲也僕頗别菽麥哉

唐書曰幽州朱融鎮州王庭湊叛東川節度王涯獻書曰臣聞用兵若鬬先扼其喉今瀛莫易定兩賊之咽喉也誠宜假之威柄戍以重兵俾其死生不相知間諜無所入而以大軍先進與趙次臨井陘此一舉萬全之勢也

抱朴子曰焦喉之渴遥指滄海

列女傳曰齊鍾離春者宣王后也極醜卬鼻結喉

益部耆舊傳曰犍爲楊鳳珪者其妻陳姬珪早亡兄弟欲嫁之姬於是列刀割咽流血幾死九族驚異乃從其節

又曰蜀郡史賢妻張昭儀賢既犯罪被誅儀取刀自割咽喉而死

物理論曰咽喉生之要孔

黄帝素問曰喉主天氣咽主地氣

頤頷

釋名曰頤或曰輔車其骨強所以輔持其口或曰牙車牙所載也或曰頷車頷含也

韓詩曰有美一人碩大且瞀（薛君曰瞀重頤也五投切）

周易噬嗑卦曰頤中有物曰噬嗑

又頤卦曰頤貞吉觀頤自求口實

春秋元命苞曰右授岐頤自求是謂好農蓋象角元載土食穀（宋均注曰頤皮有二象也頤面爲下部下部爲地巧於利也）

戰國策曰靜郭君善昆辨昆辯多疵門下不悅孟嘗君以諫靜郭君大怒含之上舍令長子御旦暮進食威王薨宣王立太子不善靜郭君辭之薛昆辯至齊見宣王王曰子靜郭君所聽愛者乎曰愛即有之聽即無有王之爲太子辯謂靜郭君曰太子相不仁過頤豕視若是法背反不若廢太子更立衛姬子嬰兒郭師靜郭君泣而曰不可吾弗忍

爲聽辨而爲之必無今患矣宣王曰寡人殊不知此乃迎靜郭君

史記曰黃歇上書秦王曰本國殘社稷壞刳腹絶腸折頸摺頤（摺盧合切）

又曰蔡澤顉頤（顉五感切）

漢書曰王莽蹙頤

范曄後漢書曰班超字仲升爲人大志不脩小節嘗行詣相者相者曰祭酒布衣諸生而當封侯萬里之外超問其狀相者曰生燕頷虎頭飛而肉食此萬里侯相也

江表傳曰孫權方頤大口

三國略曰徐之才年十三劉孝綽見之言曰徐郎燕頷班超之相也

帝系曰帝嚳方頤

莊子曰支疏頤隱於齊

又曰孔子遊緇帷之林弦歌鼓琴奏曲未半有漁父下船而來鬚眉交白被髮揄袂行原而上距陸而止左手據膝右手持頤以聽之

韓子喻老曰白公勝慮亂罷朝倒杖策錣貫頤而血流至地而弗知鄭人聞之曰頤之忘何不忘哉（策馬箠也有針以馬謂之錣音竹劣陟衛二切）

河圖曰黃帝兑頤

說苑曰田單攻翟三月不克嬰兒謠曰大冠如箕長劍拄頤

西京雜記曰匡衡字稚圭勤學能說詩時人爲之語曰無說詩匡鼎來匡說詩解人頤鼎衡小字也

王粲七釋曰揚蛾眉而頤指

汝南先賢傳曰周燮頷頤折頞其貌甚醜也

談藪曰北齊李恕無鬚崔諶玩之曰何不錐剌頤作數百孔拔左右好鬚者栽之

承漿

釋名曰口下曰承漿承水漿也

針灸經曰承漿一名懸漿也

太平御覽卷第三百六十八

太平御覽卷第三百六十九

人事部十

頸項　肩　胛　臂

肫　腋　肘

頸項

釋名曰頸徑也徑挺而長也

說文曰頸頭莖也脰項也

河圖曰黑帝脩頸

毛詩碩人曰領如蝤蠐（領頸也）

禮斗威儀曰君秉木而王其民長頸（宋均曰以青龍也）

春秋元命苞曰北方至寒其人形短頸（短頸畏寒）

傳曰晉伐齊齊侯御諸平陰晉州綽射殖綽中肩兩矢夾頸（脰頸也）

史記曰范蠡遺大夫種書曰越王長頸鳥喙可與共患難不可與共樂

又曰沛公軍至灞上秦王子嬰以組係頸降軹道傍

漢書曰張耳陳餘相與為刎頸之交（刎頸之交者言託契深重雖斷頸絕頭無所顧也）

又曰周昌嘗燕入奏事高帝方擁戚姬昌還走高帝逐得騎昌項問曰我何如主也昌仰曰陛下即桀紂主也

又曰田蚡取燕王女為夫人太后詔列侯宗室皆往賀灌夫行酒至臨汝侯灌賢賢方與程不識耳語夫無所發怒迺罵賢坐迺起更衣稍稍去竇嬰去因戲（音麾招麾之令出也）夫出蚡遂怒曰此吾驕灌夫罪也迺令騎留夫夫不得出籍福起為謝按夫項令謝夫愈怒不肯順蚡迺戲騎（戲亦音麾）令縛夫置傳舍

後漢書曰董宣既格殺胡陽公主家蒼頭帝使宣謝公主宣不伏上使人按其項於地宣不肯起因號為強項侯

東觀漢記曰班超字仲升常行遇見相工工謂超曰鷰頷虎頭飛而食肉此萬里封侯相

魏書曰文帝既立為嗣喜因抱辛毗頸曰辛君知吾喜不

魏志曰毋丘儉使王頎至海上海上人云得一破舡有生人項有面與語不曉不食而死

蜀志曰先主率其屬從校尉鄒靖討賊因有功除安喜尉督郵以公事到縣先主求謁不通直入縛督郵杖二百解綬繫其頸着馬柳（五郎切）棄官亡命

王隱晉書曰杜預初伐吳吳人知預病癭每見大樹似癭者輒以刀斫破白題曰杜預頸

唐書曰屈突通或說歸降義軍通泣曰吾蒙國重恩歷事兩主受人厚祿安可逃難有死而已自摩其頸曰要當為國家受人一刀耳

家語曰孔子其頸似臯陶

孔叢子曰子高遊趙還魯平原君客鄒文李節與子高別文節流涕交頸子高撫手而已

尸子曰禹長頸鳥喙

扶南傳曰毗騫國王身長一丈二尺頸長三尺自古不死莫知其年知未然事號為長頸王

繁欽三胡賦曰罽賓之胡面象炙蝟項須如持囊

肩

釋名曰肩堅也

說文曰肩髆也

春秋元命苞曰文王龍顏阜肩

左傳昭二十年曰衛公孟縶狎齊豹初齊豹見宗魯於公孟薦達也為驂乘焉將作亂而謂之曰公孟之不若子所知也勿與乘吾將殺之對曰吾由子事公孟今聞難而逃是僭子也使子言不信子行事乎吾將死之公孟有事於蓋獲之門外宗魯驂乘齊氏用戈擊公孟宗魯以背蔽之斷肱以中公孟之肩皆殺之

又昭二十六年成大夫公孫朝告于齊曰孟氏魯之敝室也敝壞也用成已甚弗能忍也請息肩於齊齊師圍成

又定上曰楚子涉睢七余切濟江入于雲中雲夢澤也王寢盜攻之以戈擊王王孫由于以背受之中肩

爾雅曰北方有比肩民焉迭食而迭望此即半體之人各有一目一鼻一孔一臂一脚亦由魚鳥之相合也

崔鴻十六國春秋後趙錄曰初太武殿既成圖畫自古賢聖忠臣烈士是月皆變為胡狀旬餘頭悉入肩中喉冠怜惰髣髴微出石虎大惡之

國語曰叔魚鳶肩其母曰是必為賄死

莊子曰支離疏肩高於頂

又曰盧敖見若士深目鳶肩

淮南子曰東方之人鳶肩　北方人大肩

梁冀別傳曰冀鳶肩文傳曰趙壹肩高二尺高自抗竦為鄉黨所擯

車頻秦書曰符堅生肩背有赤色隱起狀如篆文

洛神賦曰肩若削成

胛

釋名曰胛闔也與胷脅背相會闔

說文曰髆肩胛也

春秋元命苞曰胛之為言附着也如龍蟠虎伏合附着也

吳越春秋曰專諸刺王僚貫胛達背

臂

釋名曰臂裨也在傍曰裨也

左傳莊公　初公築臺臨黨氏見孟任從之閟而以夫人言許之　割臂盟公生子般焉

又襄公　公孫丁射尹公佗貫臂

春秋元命苞曰湯臂四肘是謂神剛象月推移以綏四方

史記曰吳起東出衛郭門與其母訣齧臂而盟曰起不為卿相不復入衛門果如其言

漢書曰李廣隴西人援臂善騎射

又曰陳湯擊郅支時中寒病臂不屈伸湯入有詔無拜

又王莽傳曰甄豐子尋作符命而誅尋手理有天子字莽解其臂入視曰此一大子也或曰一六子也明尋子父當戮死也

又曰劉歆上議曰武帝立五廟國伐朝鮮起玄菟樂浪以斷匈奴左臂西伐大宛結烏孫以裂匈奴右臂

續漢書曰單超河南人梁冀振動天下延熹二年皇后崩帝呼單超等入謀誅冀及更召徐璜具瑗等五人遂定其議帝齧超臂出血以為盟冀及宗親黨與悉誅之

後漢書曰楊璇平蒼梧桂陽猾賊荊州刺史趙凱誣奏璇實非身破賊而妄有其功遂檻車徵璇防禁嚴密無由自訟乃齧臂出血以書衣為章具陳破賊形勢以付子弟詣闕通之詔原璇更拜議郎凱受誣人之罪

魏志曰太祖所乘馬名絕影流矢所中并中太祖右臂

吳志曰太史慈字子義東萊人也長七尺美鬚髯猿臂善

射

蜀志曰先主長七尺五寸自顧見耳垂臂下膝

又曰關羽爲流矢所中貫在左臂陰雨常痛伸臂與醫刮骨去毒血流盤器而羽割炙引酒自若

晉書曰都官從事濟南劉享奏何曾綺麗華飾瑩牛蹄角後曾辟享爲掾因小事杖享破臂

晉中興書曰交州刺史王諒爲州人梁碩所圍城陷碩逼奪諒節諒不與碩遂斷諒右臂諒正色曰死不畏臂斷何有哉

崔鴻十六國春秋後趙録曰石勒引李陽懽酣陽臂笑謂之曰卿雖老臂中由有力頗復與人鬬不孤往日厭卿老拳卿亦飽孤毒手

後秦記曰姚襄垂臂過膝

三國典略曰陸法和進於巴陵見王僧辯謂之曰貧道已卻侯景一臂更何能爲檀越宜即逐取侯景

三國典略曰高歡營主尉景欲執爾朱兆歡嚙臂止之

唐書曰高宗幸東都太子於京師監國因留薛元超以侍太子臨行謂元超曰朕之留卿如去一臂關西之事悉以委卿

列子曰甘蠅古之善射者飛衛學射於甘蠅紀昌學射於飛衛盡飛之術計天下之敵已一人而已乃謀殺飛衛相遇於野二人交射矢鋒觸而墜於地飛矢先窮紀昌唯一既發飛衛以棘刺之端扞之而無差於是二子泣而投弓相拜於途請爲父子剋臂以誓不得告術於人也

莊子曰仲尼謂顏淵曰吾終身與汝交臂而失之可不哀與

又曰浸假而化子之左臂以爲鷄子因以求時夜浸假而化子之右臂以爲彈子因以求鴞炙

又曰韓魏相爭侵地子華子見昭僖侯昭僖有憂色子華子曰今使天下書銘於君之前曰左手攫之則右手廢右手攫之則左手廢然而攫之必有天下君攫之乎僖侯曰寡人不攫也子華子曰自是觀之兩臂重於天下也身又重兩臂韓之輕於天下遠矣

燕丹子曰荆軻拾瓦投鼃音圭太子令人奏奉盤金軻用揭復進軻曰非爲太子愛金也但臂痛耳

淮南子曰羿右臂長而善射

新序曰崔杼殺莊公申蒯漁於海將入死之門者以告崔杼令勿内蒯曰汝疑我乎乃斷其左臂以與門者以示杼陳八列令其入蒯拔劒呼天而鬬殺七列不及崔杼一列

而死

白虎通曰湯臂二肘是謂抑翼攘去不義萬民蕃息

璅語曰晉師曠晝侍平公鼓琴輟而笑曰齊君與嬖人戲墜床傷臂公書記之使問齊侯果如其言

山海經曰長臂國人捕魚水中兩手各操一魚

又曰奇肱之國其人唯有一臂

劉欣期交州記曰儋耳之東人臂一骨

外國事曰大秦國人援臂長脇

西京雜記曰宣帝被收繫郡邸獄臂上猶帶史良娣合綵宛轉繩係寶鏡一枚

幽明録曰有人相羊叔子父墓有帝王之氣叔子於是乃自掘斷墓後相者又云此墓由當出折臂三公叔子工騎乘及爲襄陽縣督盤馬落地遂折臂

論衡曰書傳稱曾子孝與毋同氣曾子出薪於野客至而欲去曾子毋以右手搤左臂曾子左臂立痛即馳至此虛也臂痛曾子臂亦痛毋死曾子亦死乎搤於革切

俗說曰釋道安生便左臂上一肉廣一寸許着臂如釧將可上下時人謂之印手菩薩

楚辭曰九折臂而成醫

腕

釋名曰腕者言宛屈也

左傳定下曰晉師將盟衛侯于鄟澤鄟音專趙簡子曰羣臣誰敢盟衛君者涉佗成何曰我能盟之將歃涉佗捘衛侯之手及腕捘子對切捘擠也血至於腕衛侯怒

腋

釋名曰腋繹也言可張翕尋繹也

說文曰胳胳下也胠腋下也胳音各胠香劫反又去魚二切

漢書五行志曰高后八年三月祓霸上還過軹道見物如蒼狗戟高后腋忽不見卜之趙王如意爲祟遂病腋下而崩

東觀漢記曰江革爲五官中郎將將朝會詔使虎賁迎送扶腋寵遇甚厚

孔融上書曰先帝褒厚老臣懼其殞越是故扶接助其氣力三公剌腋近爲憂之非警戒也亦備大臣非其類也

神仙傳曰老子毋感大流星而娠懷之七十歲乃生剖毋左腋而出

肘

釋名曰肘注也可隱注也

傳曰師陣于鞌郤克傷於矢曰余病矣張侯曰自始合而矢貫余手及肘余折以御左輪朱殷豈敢言病吾子忍之

又曰欒盈之亂范鞅遇欒樂曰樂免之死將訟汝於天樂射之不中又注則乘槐本而覆或以戟鉤之斷肘而死

春秋後語曰智伯率韓魏之兵以伐趙襄子於晉陽決晉水以灌晉陽之城不沒者三板智伯行水魏桓子御韓康子乘智伯曰吾不知水之可以亡人國乃今知之然汾水可以灌安邑絳水可以灌平陽魏桓子肘韓康子韓康子履桓子之足接於車上而智伯地分身死國亡爲天下笑

謝承後漢書曰羊續爲南陽太守志在矯俗裳不下膝彈琴出肘

段龜龍涼州記曰呂光左肘生肉印及征西域印內隱起文字曰巨霸也

莊子曰子貢往見原憲原憲杖筴而應正衿肘見

又曰支離叔與滑介叔觀於宜伯之丘崑崙之墟黃帝之所休俄而柳生於其左肘其意蹷蹷然惡之支離叔曰子惡之乎滑介叔曰亡予何惡生者假借也假之而生生塵垢也生爲晝夜且吾與子觀化化及我何惡哉

呂氏春秋曰宓子賤治單父恐魯君聽讒令已不得行術將行請迎吏二人俱至單父使其書將書宓子掣其肘書不善則怒吏患之請歸報魯君太息曰宓子以此諫寡人自今以去單父非寡人有

太平御覽卷第三百六十九

太平御覽卷第三百七十

人事部十一

手　掌　指　爪

手

釋名曰手須也事業之所須也

毛詩碩人曰手如柔荑如荑之新生也

又魏葛屨曰摻摻女手可以縫裳

又曰衛風曰執子之手與子偕老

又邶栢舟北風曰北風其凉雨雪其雱普康切惠而好我攜手同行莫赤匪狐莫黑匪烏惠而好我攜手同車

又緇衣遵大路兮摻執子之手兮

禮曲禮曰長者與之提攜則兩手捧長者之手

又檀弓上曰孔子蚤作負手曳杖逍遥於門

又檀弓下曰原壤之母死夫子助之沐椁原壤登木歌曰貍首之班然執女手之卷然

又玉藻曰手容恭高且正也

又表記曰后稷天下之爲烈也豈一手一足烈業也言后稷造稼穡天下世以爲業豈一手一足所用之者多無數也

傳曰宋武公生仲子仲子生而有文在其手曰爲魯夫人故仲子歸於我

又閔公曰成季之生也有文在其手曰友

又宣上曰晉靈公不君宰夫胹熊蹯不熟殺之寘諸畚音本使婦人載以過朝趙盾士季見其手問其故而患之

又曰楚侵鄭穿封戌囚皇頡公子圍與之爭之正於伯州犂伯州犂上其手曰夫子爲王子圍寡君之貴介弟也下其手曰此子爲穿封戌方城外之縣尹也上下手以道囚意

又曰邑姜方娠太叔夢帝謂己余命而子曰虞將與之唐屬諸參而蕃育其子孫及生有文在其手曰虞遂以命之

又曰齊魯戰于炊鼻冉竪射陳武子中手冉竪季氏臣也失弓而罵武子罵也以告平子曰有君子白皙鬒鬚眉甚口甚口多口平子曰必子彊也子彊武子

又曰昔叔向適鄭鬷蔑惡欲觀叔向從使之收器者而往立於堂下一言而善叔向將飲酒而聞之曰必鬷明也下執其手以上

又曰衛侯爲靈臺於籍圃與諸大夫飲酒焉褚師聲子韤而登席古者見君解韤公怒辭曰臣有病異於人足有創疾若見之君將歐歐吐也許角切公愈怒褚師出公戟其手曰必斷其足

論語摘輔象曰仲弓鉤文在手是謂知始宰我手握户是謂守道子游手握文雅是謂敏士公冶長手握輔是謂習道子貢手握五是謂受相公伯周手握直期是謂疾惡

孝經援神契曰舜手握褒宋均注曰手中有褒字也喻從勞苦起受褒飭致天祚

漢書曰蕭何聞韓信亡不及以聞自追之人有言上曰承相何亡上怒如失左右手

又曰孝武帝鉤弋趙婕妤家在河間帝廵狩過河間望氣者言有奇女天子氣使使召之既至女兩手皆拳上自披之手即時伸由是得幸號爲拳夫人生昭帝

又曰鮑永辟鮑恢爲從事京師語曰貴戚歛手避二鮑

後漢書曰劉寬欲朝婢翻羹汙朝衣手收之寬曰徐徐羹爛汝手

又曰郭玉者廣漢人也學方診之伎和帝奇異之乃試令嬖臣美手腕者與女子雜處其中使玉各診一手玉言

左陽　右陰　脉有男女猍若異人目疑其故帝數稱善

東觀漢記曰公孫述自言手文有奇瑞數移書中國上賜述書曰瑞應手掌成文亦非吾所知

張璠漢記曰董卓於衆座中生斬人手足百姓嗷嗷

魏略曰鄧雄鳴詣太祖太祖執其手曰孤方入關夢得神人即汝耶乃厚賜之

王隱晉書曰初武帝未爲太子文帝問裴秀曰人有相不秀曰中撫軍伸手過膝非人臣之相也

又曰愍懷太子名遹字熙初惠帝晚成世祖遣才人謝玖給惠帝生愍懷與諸王子共戲惠帝來朝謂諸王子也執其手世祖曰是汝兒也乃縮手

又曰高平劉柔卧鼠嚙其左手中指意甚惡之以問淳于

智筮之曰鼠本欲殺君而不能當爲使之反死乃以朱書其手腕橫文後三寸爲田字辟方一寸二分使夜露手以卧其明有一大鼠伏死手前

又曰郭文字文舉入餘杭山蘇峻未亂之前詣臨安山中臨安令萬寵迎着縣中養病及峻黨破餘杭山臨安如故人始異之自後不復語但舉手指麾以宣其意病甚寵問先生可復得幾日文三舉其手果以十五日終

晉中興書曰范宣　陳留人也年十歲能誦詩書嘗以刀傷手捧手改容人問痛耶荅曰不足爲痛但受全之體而致毀傷不可處耳家人以其年幼而異焉

崔鴻前趙録曰劉翌驍幹過人能一手舉殿柱跳過平陽門

三十六國春秋曰劉淵父豹毋呼延氏淵生而左手有文曰淵遂以命之

又曰彭神符生而有文在其手曰神符

梁書曰武帝手文曰武

三國典略曰梁劉之遴字思貞文範先生虬之子也博綜文史尚書令沈休之深敬器之右手偏直不得屈伸每書則以紙就筆

唐書曰承乾數引侯君集入内問以自安之術君集以承乾劣弱意欲乘釁以圖之遂贊成不軌常舉手謂承乾曰此好手當爲殿下用之

老子曰代大匠斲希有不傷其手

莊子曰曾子居衛緼袍無表手足胼胝

墨子曰今謂人曰與子冠履而斷子手足必不爲何則冠履不若手足貴也爭一言以相殺是義貴於身

孟子曰嫂溺則援之以手乎曰嫂溺不援是豺狼嫂溺則

援之以手權也（反於經而善者曰權）

韓子曰名實相須而成形體相應而生故一手獨拍雖疾無聲故曰左手畫圓右手畫方則不兩成

呂氏春秋曰客有言伍員於王子光惡其容貌以告伍員曰願王子居重帷見衣若手請因說之王子光許之子胥說之半舉帷搏其手而與之坐

燕丹子曰太子與荆軻置酒美人鼓琴軻曰好手太子即斷其手以玉盤奉之

又王曰秦王斷荆軻兩手軻踞而罵曰吾坐輕易爲豎子所欺

太元經曰九體一爲手足

山海經曰柔利國爲人一手野人國面目手足盡異一臂

國爲人一手
神仙傳曰金简玉札內經皆云太上老子足蹈二五手把十文
鄭玄別傳曰玄唯有一子益恩有遺腹子玄以其手文似已名曰小同
李郃別傳曰公長七尺八寸多鬚髯手握三公之字
幽明録曰石勒問佛圖澄劉曜可擒兆可見不澄令童子齋七日取麻油掌中研之燎旃檀而呪有頃舉手向童子掌內粲然有異澄問有所見不曰唯見一軍人長大白皙以朱絲縛其肘澄曰此即曜也其年果生擒曜
異苑曰陶侃左手有文直達中指至上横節便絶占者以爲此文若過位在無極侃針挑令徹血流彈壁乃作公字又取紙裛公迹愈明
搜神記曰周暢少孝備與母居毎出入母欲呼之常自齧其手暢即應手痛而至治中從事未之信俟暢時在田母齧手而暢即歸
班固幽通賦注曰齊桓公倚挂歎曰天下奇珎易得但未得食人肉耳易牙歸斷其兒手以啖於君也

掌

釋名曰掌言可以排掌也
春秋元命苞曰掌圖法天以運動
孝經鉤命決曰仲尼虎掌是謂威射
論語摘輔象曰澹臺滅明歧掌是謂正直
戰國策曰蘇秦説李兌明日復見抵掌而說兌送秦以明月之珠和氏之璧
九州春秋曰公孫瓉爲袁紹所圍曰天下兵起我謂可唾掌而決今覩之兵革方始不如休兵積穀
魏志曰上攻呂布於濮陽焚其東門布騎犯青州兵奔陣亂趨門門已燒上乘馬突火出墮馬燒左手掌司馬樓異扶上馬乃出
魏略曰京兆鮑出有文才値世飢餓出求食欽賊人賊以繩貫其母手掌驅去走追擊賊得其母還
孟子曰行不忍人之政治天下可運之掌上
孫卿勸學曰有子惡卧而焠掌倉聿切其掌可謂能自忍矣[illegible]
世要論曰有君好財而剝其掌
南方異物志曰烏滸人以人掌蹠爲珎重以食長老

指

春秋元命苞曰指五者法五行
傳曰楚人獻黿於鄭靈公　公子宋與子家將入見子公宋公也家子歸生也子公之食指動指第二指也以示子家曰他日我如此必嘗異味及入宰夫將解黿相視而笑公問之子家以告及食大夫黿召子公而不與子公怒染指於鼎嘗之而出
又曰晉楚戰于邲楚孫叔敖乘晉軍桓子不知所爲鼓於軍中曰先濟者有賞中軍下軍爭舟舟中之指可掬
又曰吳伐越越子勾踐禦之陳于檇李檇音醉靈姑浮以戈擊闔閭靈姑浮越大夫闔廬吳王也傷將指取其一屨將指中大指亦曰大拇指還卒于陘去檇李七里
史記曰高祖過趙趙王張敖自持案進食禮甚恭高祖箕踞罵之是時趙午等數十人皆怒謂張王曰今遇王如是臣等請爲死王齧指出血曰君何言之誤且先人失國賴陛下德流子孫公等奈何言若是
漢書曰高祖與匈奴連戰會於樓煩十月寒凍墮指十二

三

後漢書曰蔡順少孤養母嘗出求薪有客卒至母望順不還乃噬其指順即心動棄薪馳歸跪問其故母曰有急客來吾噬指以悟汝耳

謝承後漢書曰梁國車章爲本縣功曹令黄奉爲人所誣章證其無罪下筆立辭乃以斧斫左手五指開口死於獄中

晉書曰武帝與胡貴嬪爭樗蒲傷其指帝怒曰此固將種也嬪曰北伐公孫西拒諸葛非將種而何

唐書曰太宗嘗閑宴顧謂李勣曰朕將屬以幼孫思之無越卿者公往不遺於李密今豈負於朕哉勣雪涕致詞因噬指流血俄而沉醉乃解御服覆之

莊子曰駢拇枝指出乎性哉而侈於德枝於手者樹無用之指也

又曰以指喻指之非指不若以非指喻指之非指也

又曰指窮爲薪而火傳也（窮盡以爲薪前薪以指指盡前薪之理故火傳而不滅）

墨子曰桀有勇力之人大戲紂有勇力之人費仲惡來崇侯虎並指晝殺人

孟子曰養其一指而失肩背而不知也則爲狼疾人矣（醫養人疾治其一指而不知其害之此爲也狼藉亂不知治疾之人也有背之有疾以至於）

抱朴子指測海指極則謂水盡猶目察百步而云見極也

吴越春秋曰夫差聞孔子至吴微服觀之或人傷其指王怒欲索國而誅之子胥諫乃止

呂氏春秋曰倕巧人也不愛倕之指而愛己之指

搜神記曰曾子從仲尼在楚而心動辭歸問母曰思之齧指孔子聞之曰曾之至誠也精感萬里

孝子傳曰樂正者曾參門人也來候參參採薪在野母噬右指旋頃走歸見正不語入跪問母何患母曰無參曰負薪右臂痛薪墮地何謂無母曰向者客來無所使故嚙指呼汝耳參乃悲然

列仙傳曰漢武帝巡太山襖丘君冠章甫擁琴來拜曰陛下勿上上必傷足及上數里右足指果折上諱之故但祠而還

列女傳曰廣漢龐伯妻叚有美色早寡父母欲嫁之援刀割指以自誓

陳留耆舊傳曰吴祐爲膠東相安丘男子毋丘長共母到市遇醉客罵母長怒殺之爲吏所得繫獄祐問知無子令妻入遂有身臨刑齧指嚥呑之謂妻曰若生男名曰吴生云我臨死呑指爲誓屬子報吴君

世說曰范宣年八歲後園挑菜誤傷指大啼人問痛也答曰非爲痛也但身體髮膚不敢毁傷是以啼耳

班固幽通賦注曰管仲射小白中其鉤白陽僵鮑叔割指血塗之傾蓋以覆之哭曰吾君死矣魯攝兵

爪

釋名曰爪紹也筋極爲爪以紹續指端

詩鴻鴈祈父曰祈父子王之爪牙胡轉予于恤靡所止居

史記曰成王少時病周公乃自剪其爪沉之河以祀於神曰王少未有識干神命者乃旦也亦藏筴於府成王病瘳乃成王用事人或譖周公周公奔楚成王發見周公之禱書乃泣而歸周公

謝承後漢書曰會稽戴就爲郡倉曹掾太守爲州所奏就見收持鐵針刺手爪中使以把土就十爪皆墮地終無撓

辭

魏略曰臨樂國王生浮屠身色黄髮青如絲爪赤如銅

續晉陽秋曰義熙九年羣盜發卞壺墓剖棺屍僵鬢鬚蒼白面如生人兩手悉拳爪甲乃長穿達手背焉

三國典略曰齊主誅諸元姻黨死者九七百二十一人悉投屍於漳水剖魚者得人爪甲鄴都爲之不食　魚也

南史曰羊侃有妓著七寸鹿角爪彈箏一時無對

韓子曰韓昭侯除爪而陽亡一爪求之甚急左右因取爪而效之昭侯以此察左右之不誠

淮南子曰古將之出鑿凶門設明衣剪指爪（許慎注曰明衣送終衣也翦手足指爪者是以死也）

帝王世紀曰湯伐桀後大旱七年遂齋戒剪髮斷爪以巳爲犧牲禱於桑林之社

夏侯湛新論曰爪生於肉去爪而肉不知

列異傳曰神仙麻姑降東陽蔡經家手爪長四寸經意曰此女子實好佳手願得以搔背麻姑大怒忽見經頓地兩目流血

劉欣期交州記曰刺史陶璜晝卧覺見一女子抗其臂始欲捉之以爪攦（呼郭切）其手痛不可忍放之遂飛去

太平御覽卷第三百七十

太平御覽卷第三百七十一

人事部十二

胷　膈　乳　腹　背
脊　膂　肋　臍　腰

胷

說文曰膺胷也臆胷骨也
廣雅曰臆膺胷也
釋名曰胷猶啌啌氣所衝（許江切）
左傳僖下曰魏犨救僖負羈氏魏犨傷於胷公欲殺之而愛其材使問且視之病將殺之魏犨束胷見使者曰以君之靈不有寧也距躍三百曲踊三百乃舍之
論語摘輔象曰孔子胷應矩是謂儀古
春秋演孔圖曰孔胷文曰制作定世符運
漢書曰高祖與項羽對軍數羽十罪羽伏弩射漢王中胷高祖詐捫足曰虜中吾指
又曰王莽好反膺高視
春秋後語曰荆軻謂樊於期曰願得將軍之首以獻秦王秦王必喜而見臣臣左手把其袖右手揕其胷
京房易妖占曰人生子有二胷民謀其主
帝王世紀曰禹母吞神珠胷坼而生禹
淮南子曰文王洿膺（許慎注曰洿𧈁也）
南州異物志曰獠民亦謂文身國刻其胷前作華文以爲飾
山海經曰結胷國爲人結胷（郭璞注曰臆前胅出如人結喉）貫胷國爲人胷有竅
世說曰王孝伯問王大忱阮籍何如司馬相如王大忱曰阮籍胷中壘塊故須酒澆之（言同相如唯有酒異大忱小字）
錄異傳曰漢武帝時蒼梧賈雍爲豫章太守有神術出界討賊爲賊所殺失頭雍上馬還營營中咸走來視雍雍胷語曰有頭爲佳吏涕泣曰有頭佳雍曰無亦佳言畢遂死
志怪集曰石季倫毋喪洛下豪俊赴殯者傾都王戎亦入臨殯便見鬼攘臂打楗鑿甚惶惶有一人當棺立此鬼披胷陷之此人即應鑿而倒人便舁去得病半日死故世間相傳不宜當棺由戎所見

膈

說文曰胷心上膈也
釋名曰膈塞也膈塞上下使不與穀氣相亂
世說曰桓公有主簿善別酒輒令先嘗好者謂青州從事惡者謂平原督郵青州有齊郡平原有膈縣從事言至臍督郵言至膈上住

乳

廣雅曰湩謂之乳
說文曰湩乳汁也（湩音東又竹仲切）
通俗文曰乳病曰疕（丁故切）
河圖曰蒼帝并乳（宋均曰法房星也）
春秋元命苞曰文王四乳是爲含良蓋法酒旗布恩舒明（宋均曰乳酒也）
漢書曰張蒼免相後口中無齒食乳以女子爲乳母也
謝承後漢書曰南陽李善本濟陽李元家奴元遭病死唯有孤孫續有貲千萬奴婢欲謀殺續分其財產善夜抱續逃瑕丘界親自哺養乳爲生湩遂至成長
吳書曰潁川馮熙使魏辭意不屈魏留之熙懼見迫乃引

刀刺中乳房上聞嘉之賜鹽米復其門

後魏書曰朱循之爲劉義隆司徒從事中郎守滑臺爲安頡圍之其母在家乳汁忽出母號慟告家人曰我年老非復有乳汁之時今忽如此兒必没矣果以其日爲頡所擒

又曰昭成皇帝諱什翼卧則乳至席

齊書曰太祖母陳皇后生太祖二年乳人乏乳后夢人以兩甌麻粥與之覺乳遂大出

淮南子曰文王四乳是謂太仁天下所歸百姓所親

山海經曰形夭與帝爭神帝斷其首罪葬之常羊山乃以乳爲目齊爲口

益部耆舊傳曰蜀郡張寬字叔文漢武帝時爲侍中從祀甘泉至渭橋有女子浴於渭水乳長七尺上怪問之女曰帝後第七車者知我所來時寬在第七車對曰天星主祭

祀者齋戒不嚴時則女人見

劉欣期交州記曰趙嫗者九眞軍安縣女子也乳長數尺不嫁入山聚羣盜遂攻郡常着金擒蹝屐戰退輒張帷幙與少男通數十侍側刺史吳郡陸胤平之

王子年拾遺録曰無老國其人皆千歲百歲一老齒落髮禿又年少嫗者乳養還復若幼稚

神仙服食經曰仙藥有陽丹陰丹陰丹婦人乳汁也婦人十五已上下爲月客有身月客絶上爲乳汁

養性經曰乳者意之府也

世說曰王武子烝肫肥美異常味武帝怪問何由乃尒云以人乳飲之武帝色甚不平所以飲食未畢便去

異苑曰賈充妻郭氏爲人凶妬生兒黎民年始二歲充外入就乳母抱中嗚撮郭遥見謂充愛乳嫗即殺之兒恒啼泣不飲他乳經日遂死郭於是終身無子

唐新語曰韓思彦以侍御史巡察于蜀成都有富商兄弟三人分資不平爭訴累年不决思彦推案數日令厨者奉乳自飲以其餘賜爭者竊相語遂號哭攀援不解俱言曰侍御豈不以兄弟同乳母耶悲號不自勝請同居如初

相書許負曰乳間闊尺富貴足壽乳黑如墨公侯之相

腹

說文曰腹厚也

釋名曰腹複也富也腸胃之屬已自衆盛復於外複之其中多品似富者也自齊已下曰水腹水汋所聚也

又曰少腹少小也比齊已上爲小也

易說卦曰坤爲腹離其於人也爲大腹

尚書盤庚曰今予其敷心腹腎腸歷告爾百姓于朕志

左傳宣十三年傳曰楚子圍蕭司馬卯言號申叔展曰有麥麴乎曰無有山芎藭乎曰無河魚腹疾柰何曰目於眢井而出之

國語曰叔魚牛腹其母數曰必以賄死

史記曰薄姬曰昨夢蒼龍據妾腹帝曰此貴徵也吾爲汝成之一幸生男是爲代王

史記曰范睢說秦昭王曰伍子胥橐載而出昭關夜行晝伏至於陵水無以餬其口膝行匍匐稽首肉袒鼓腹吹簫乞食於吳市卒興吳國闔閭爲伯

東觀漢記曰光武降銅馬諸將未能信賊賊亦兩心上勑賊各歸勒兵上輕騎入賊營賊曰蕭王推赤心置人腹中安得不投死

又曰帝問東平王蒼在家何等最樂對曰爲善最樂後詔

與諸國述之曰王言甚大副其腹腹矣

謝承後漢書曰濟陰戎良字子恭年十八爲郡門下幹良儀容佳麗太守諸葛禮使寫書從者誣良與婢通良剖腹引出肝腸示禮赤心

後漢書曰邊韶字孝先教授數百人韶口辯曾晝眠臥弟子嘲曰邊孝先腹便便嬾讀書但欲眠韶潜聞之應之曰吾以邊爲姓先爲字腹便便五經笥但欲眠思經義寐與周公通夢靜與孔子同意師而可嘲出何典記嘲者大慙

魏志曰管輅弟辰謂輅曰大將軍待君意厚冀當富貴輅長歎曰天與我明才不與我年壽恐四十七八間不見女嫁男娶吾背無三甲腹無三壬此皆不壽之驗明年四十八卒

吳録曰丁固夢腹上生松趙達謂之曰松字十八公後果然（夢門已具）

齊書曰高帝爲領軍蒼梧王深相猜忌屢欲害帝常帥數十人直入領軍府時暑熱帝晝卧裸袒蒼梧立帝於室內畫腹爲射的自引滿將射之帝神色不動歛袂曰老臣無罪蒼梧左右王天恩諫曰領軍腹大是佳射堋而一箭便死後無可復射不如髇射之乃取髇箭一發即中帝臍蒼梧投弓於地大笑曰此手如何

崔鴻十六國春秋後趙録曰佛圖澄腹傍有一孔常以絮塞之每夜書則拔絮孔中出光照于一室又當齋時平旦至流水側從腹傍孔中引出五藏六腑洗之訖還內腹中

老子曰虛其心實其腹

又曰聖人爲腹不爲目

莊子曰夫赫胥氏之時民含餔而熙鼓腹而遊

唐子曰人君以江海爲腹山爲面如此則下不知其量畏而懷之

帝王世紀曰紂刳孕婦之腹中以觀其胎

吳越春秋曰子胥鞭平王尸三百右手決其目左手踐其腹

京房易占曰人生有二腹其國分

王子年拾遺録曰孫策母夢腸出委地有神女夜來爲其收內腹裹去必生才雄之子方興吳國神女負策母繞吳昌門三匝曰當錫尔此土鼎足於天下

談藪曰楊玠娶博陵崔季讓女崔家富圖籍殆將萬卷成婚之後頗亦遊其書齋既而告人曰崔氏書被人盜盡曾不之覺崔遽令撿之玠捫腹曰已藏之經笥矣

世說曰郝隆七月七日出日中仰卧人問其故答曰我曬

腹中書耳

又曰張華既貴有少時賓客來候之華與共飲九醞爲酣暢其夜醉眠張常飲此酒眠輒使人左右轉倒其夜客卧忘勑左右而左右依常爲張公轉側至明起友人猶不起視之酒果穿腹流牀下滂沲

又曰劉眞長始見王丞相時盛暑之月丞相以腹熨彈碁局曰何乃渹（吳人以冷爲渹或作渹音與鄭相近）劉既出人問見王公如何劉曰未見他異唯作吳語耳

又曰郗太尉在京日遣門生與王丞相書求女壻丞相語郗信曰君往東廂下任意選之門生歸白郗曰王家諸郎皆可嘉聞其來覔女壻咸自矜持唯有一郎在東牀坦腹而食如不聞郗公正好比訪之乃是逸少因嫁女與之

俗説曰有人指周伯仁腹曰此中何有答此中洪洞容卿

等數百人

背

說文曰背脊也

釋名曰背倍也在後稱也

廣雅曰背謂之骶（𩪹音）背北也

左傳莊公曰齊襄公田于貝丘見大豕從者曰公子彭生也公怒曰彭生敢見射之豕人立而啼公懼墜于車傷足喪屨反誅屨於徒人費弗得鞭之見血走出遇賊于門劫而束之費曰我奚御哉袒而示之背信之費請先入伏公而出鬬死于門中

史記曰婁敬說高祖曰夫與人鬬不搤其亢（張晏曰亢喉嚨也）拊其背未能全勝也今陛下入關而都秦之故地此亦搤天下之亢而拊其背

又曰蒯通知天下權在韓信說之曰相君之面不過封侯相君之背貴乃不可言

漢書曰吳王濞高帝兄仲之子上患吳會輕悍無壯王鎮之乃立濞爲吳王王三郡五十二城高祖召濞相之曰尒狀有反相因拊其背曰漢帝後五十年東南有亂豈非若耶天下一家慎無反濞頓首曰不敢

又曰武帝過平陽主既飲謳者進帝起更衣子夫侍尚衣軒中得幸還坐忻甚賜平陽主金千斤主因奏子夫送入宮子夫上車主拊其背曰行矣強飯勉之即貴願無相忘元朔元年生男據遂立爲皇后

後漢書曰越騎校尉伍子孚怒董卓兇毒乃朝服懷刃見卓語畢辭去卓送至閤以手撫其背孚因出刀刺之不中卓自奮得免呼左右執殺孚

魏略曰孟達降文帝乘小輦執手拊其背戲之曰卿得無爲劉備刺客耶

又曰太祖丁夫人養劉夫人子脩脩亡於穰下常言將我兒殺之遂哭泣無節太祖忿之遣歸家後太祖就見之夫人方織踞機如故太祖拊其背曰顧我共載歸乎夫人不應太祖却行戶外遂不應太祖曰眞決矣遂與之絕

吳志曰魯肅代周瑜之當陸口過呂蒙屯下肅常輕蒙蒙問肅君受重任與關羽爲鄰將何計略以備不虞肅造次應曰臨時施宜蒙曰今東西雖一家而關羽實熊虎因爲畫五策肅於是越席就之拊其背曰呂子明吾不知卿才略所及於此（子明蒙之字也）

車頻秦書曰苻堅生肩背赤色隱起狀若篆文付因爲苻氏

又曰堅背文曰草付之祥因爲苻氏

唐書曰貞觀四年制決罪人不得鞭背以明堂孔穴針灸之所

又曰呂溫者以小吏事崔漢衡貞元初吐蕃背盟漢衡爲吐蕃所虜將殺之溫趨往以背受刃吐蕃義之由是與漢衡俱免

尸子曰醫竘者秦之良醫爲宣王割痤爲惠王治痔皆愈張子之背腫謂竘曰背非吾背也子製焉醫竘善治疾張子委製焉夫爲身與國亦猶此必有所委製然後治矣（竘音卯又反）

孔叢子曰仲尼龜背

帝王世紀曰簡翟浴玄丘之水燕遺卵吞之剖背生契

白虎通曰傳稱周公背僂是謂強後成就周道輔相幼主

又孫卿子曰周公傴背不伸也

博物志曰宋有田夫自曝背於日其妻曰負日之暄今獻必蒙重賞田夫曰昔人有美戎菽甘芹子獻之鄉豪嘗苦於口笑而弃之

論衡曰書言齊桓公負婦人以朝諸侯管仲曰吾君背疽瘡不得婦人瘡不愈此虛也桓公設庭燎夜坐以致賢士豈反以白日負婦人於背乎

幽明錄曰王子猷先有背疾子敬疾篤恒禁來往聞子敬亡撫心悲惋都不一聲背即潰裂

脊

說文曰脊背胉也

釋名曰脊積也積續骨節終上下也

春秋元命苞曰陽立於三故人脊三寸而結（宋均曰結節結也）

孝經鉤命決曰仲尼龜脊

墨子曰周宣王殺其臣杜伯不辜後三年王田於圃田車徒滿野杜伯乘白馬素車衣朱衣朱冠弓矢射王車上中心折脊王殪車中伏韔而死（韔音暢）

脅

說文曰骿并脅也膀兩脅旁也從內脅聲

通俗文曰腋下謂之脅

釋名曰脅挾也在兩旁臂所挾也

春秋元命苞曰陰極於八故人旁八幹長八寸

又曰顳項骿幹上法月絫集成紀以理陰陽

左傳僖中曰晉公子重耳及曹曹共公聞其骿脅欲觀其躶浴薄而觀之

公羊傳曰齊公子彭生送魯莊公拉幹而殺之也

史記曰范雎先事魏中大夫須賈賈使齊雎從齊王聞雎辯賜金及牛須賈以爲雎持陰事告齊既歸以告魏相魏大怒使人笞擊雎折脅摺齒雎佯死弃於廁

吴志曰曹仁攻圍甘寧周瑜救寧圍解乃渡屯北岸剋期大戰瑜跨馬略陣會流矢中右脅瘡甚便還後仁聞瑜卧瘡未起勒兵就陣瑜乃自興按行激揚吏士仁遂退

晉書曰周顗在中朝時能飲一石及過江雖醉每稱無對偶有舊對從北來顗亦出二石酒共飲各大醉及顗醒使視客已腐脅而死

世本曰陸終娶于鬼方氏之妹謂之女嬇（嬇音潰）生六子孕而不育三年啓其左脅三人出焉啓其右脅三人出焉

王充論衡曰張儀骿脅卒相秦魏

外國圖曰大秦國人長脅

肋

釋名曰肋勒也檢肋五藏也

廣雅曰幹謂之肋

竹林七賢論曰劉伶嘗醉與俗人相忤其人攘袂而往必欲毆之伶顧而笑曰雞肋不足以安尊拳

臍

說文曰臍肚臍也

釋名曰臍劑也腸端之所限劑也

春秋元命苞曰齊者下流並會合爲臍腹（宋均曰齊中也四方並湊者也）

左傳莊公曰楚文王過鄧鄧祁侯享之三甥曰亡鄧國者必此人也若不早圖後君噬臍（若齧腹齊喻不可及）

後漢書曰董卓既誅乃尸於市天時始熱卓充肥脂流於地守尸吏然火置卓臍中光明達曙如是積日

漢晉陽秋曰齊王冏之方盛也有婦人詣大司馬門求寄產吏詰之婦人曰我截齊罷便去耳有識者聞而惡其言

南燕録曰慕容德其母夢日入臍中晝寢而生德

莊子曰支離疏頤隱於臍

笑林曰趙伯翁肥大夏日醉卧孫兒緣其肚上戲因以李八九枚内臍中至後日李大爛汁出乃泣謂家人曰我腸爛將死明日李核出乃知孫兒所内李子也

腰

說文曰腰身中也

釋名曰腰約也在體之中約繼大而小也

春秋元命苞曰腰而上者爲天尊高陽之狀腰而下者爲陰豐厚地之重數合於四故腰周四尺

後漢書曰東平憲王蒼腰帶八圍顯宗甚重之詔曰日者問東平王處家何等最樂王曰爲善最樂其言甚大副是腰腹矣

又曰梁冀妻能作折腰步

晉書曰陶潜曰不能爲五斗米折腰於鄉里小人

于寶晉紀曰中書令李豐謀廢大將軍世宗使舍人王羨請之豐來辭不遜左右以刀環築腰死

南史曰羊侃有效張静琬腰一尺六寸能掌中舞孫荆玉能反腰帖地銜得地上簪

二石僞事曰石虎攻中山得鄭略之妹生二男更娶崔爲妻至相敬待無兒鄭復生男崔求養鄭不許一月卒病死鄭譏崔謂妾多養胡子虎時踞胡牀於庭中大怒索弓箭崔聞欲殺之徒跣至虎前曰公勿枉殺妾乞聽妾言虎不聽但言促還坐無預御從便去　未至虎於後射之中腰而殞

墨子曰楚靈王好士細腰故其臣皆三飯爲節脅息然後帶扶墻然後起

韓子曰楚靈王好細腰而國有餓死人

尹子曰楚莊王好細腰一國皆有飢色

西京雜記曰趙后體腰柔弱善行步進止女弟昭儀不能及也

太平御覽卷第三百七十一

太平御覽卷第三百七十二

人事部十三

髀股 髕 膝 脛

腓腸 足 踝

髀股

説文曰髀股外也又曰股髀也

釋名曰髀卑也在下稱也股固也為強固也

易説卦曰巽為股

春秋元命苞曰髀之為言跂也陰二故人兩髀

尚書敍錄讖帝曰目作朕股肱耳目

左傳僖中曰宋公及楚人戰於泓宋公既成列楚人未濟司馬曰彼衆我寡及其未濟也請擊之公曰不可既陣而後擊之宋師敗績公傷股

又襄四年曰齊侯襲莒門于且于（且于莒邑）傷股而退

又襄二十五年曰崔杼之亂甲興公登臺而請弗許公踰牆又射之中股

又哀下曰衛石圃攻公公踰北方而墜折股

戰國策曰蘇秦讀書欲睡引錐自刺其股血流至踵

漢書曰高祖股上有七十二黑子

又曰魏勃少時欲求見齊相曹參家貧無以自通乃早掃齊舍人門因得自進及灌嬰責其勸齊王反狀勃曰失火之家豈暇先言大人然後救火乎因退股戰不能言嬰曰人謂勃勇庸妄人耳何能為乎

東觀漢記曰耿弇擊張步於東城飛矢中弇股以手中刀截之軍中無知者

魏志曰諸葛亮軍退司馬宣王使張郃追之郃曰軍法圍城必開歸軍勿追宣王不聽郃不得已遂之蜀軍乘高布伏弓弩亂發矢中郃髀股

江表傳曰孫策攻笮融為流矢中傷股不能乘馬因自輿還

九州春秋曰劉備奔荆州劉表甚敬禮之備作上客數年嘗於坐中起至廁見髀裏肉生流涕還坐表問備備曰吾年嘗身不離鞍髀肉皆消今不復騎髀裏生肉日月若馳老將至矣而功業不立是以悲耳

晉中興書曰王恭敗單馬奔曲阿不堪久騎兩髀生瘡不能復去曲阿人殷確以舡載之為胡浦尉所得

三國典略曰後周盧昌期祖英伯及宇文神舉討平之神舉以英伯壯節欲令寬赦軍人已割其髀肉如鞠卵矣英伯顏色不變遂遣誅之

唐書曰李勣初平王世充獲其故人單雄信勣表稱其武藝 請以官爵贖之高祖不許臨將就戮勣對之號慟割股肉以啖之曰生死永訣

典略曰王符字節信安定人渡遼將軍皇甫規去官歸安定有人前以貨買鴈門太守者亦去官歸書刺從規規卧不迎使呼入既坐問啖鴈美乎又以其刺刮髀聞符至大禮之

段龜龍凉州記曰隱王張美人年色壯艷出家為道呂隆逼之張自投門樓雙股頸折口誦經色自若俄而死

太公金匱曰武王伐殷丁侯不朝尚父乃引畫丁侯射之丁侯病遣使請自尚父乃以十千日別去箭丁侯病乃愈四夷聞皆懼越裳氏獻白鳥也

山海經曰長股國為人常被髮一曰長脚

范注方曰青龍中司徒吏顔𦺇女苦風一髀偏枯農憤民爲穿地作坑取雞矢荆葉燃之令煙内脛坑中視虫出長尺頭尾赤病愈

臀

廣雅曰臀謂之脽亦謂臀脽音誰臀音犀

釋名曰臀殿也高厚有殿遌也

周易困卦初六曰臀困于株木入于幽谷三歲不覿凶

又姤卦曰臀無膚其行次且

國語曰晉成公之生其母夢神規其臀以黑曰使有晉國故名之黑臀

膝

釋名曰膝伸也可屈伸也膝頭曰膞膞團也因形圓而名之

禮記檀弓下曰穆公問子思曰爲舊君反服古歟子思曰古之君子進人以禮退人以禮今之君子進人若將加諸膝退人若將墜諸淵無爲戎首不亦善乎又何反服之禮之有

孝經曰故親生之膝下以養父母日嚴

史記曰衛鞅復見孝公與語不自知膝之前於席也

魏志曰朱建平善相馬文帝將出取馬入建平曰此馬之相今日死矣文帝將乘馬馬惡衣香嚙帝膝帝大怒即使殺之

又曰諸葛亮復出歧山詔張郃督諸將至木門與亮軍交戰飛矢中郃右膝薨

又曰蘇則與董昭俱爲侍中昭嘗枕則膝卧則推下之曰蘇則膝非佞人之枕

又曰鍾繇有膝疾拜起不便常輿車上殿

魏略曰初袁熙納甄后熙出行在幽州后留侍姑及鄴城破袁紹妻及后坐堂上文帝入紹舍后怖以頭伏姑膝上文帝謂曰袁夫人令新婦舉頭姑乃捧后令仰帝就視顔色非凡稱歎之太祖聞遂爲迎之

又曰諸葛亮在荆州以建安初與潁川石廣元徐元直汝南孟公威等俱遊學三人務於精熟而亮獨觀其大略每晨夜從容常抱膝長嘯而謂三人曰卿諸人仕進可至郡守刺史三人問其所至亮但笑而不言

三國典略曰王僧辯平侯景或謂僧辯曰朝士來者孰當先至僧辯曰其周弘正乎俄而弘正與弟弘讓自拔迎軍僧辯甚喜謂之曰公可坐膝上弘正對曰可謂加諸膝也老夫何足當之

莊子曰黄帝聞廣成子在於崆峒之上閒居三月復往邀之廣成子南首而卧黄帝從下風膝行而進

列女傳曰桀日夜與末嬉及宮人飲酒常置末嬉於膝上聽用其言

黄帝素問曰膝者筋之府

脛

說文曰脛胻也胻胡郎切

釋名曰脛莖也直而長似物莖

尚書泰誓曰商王受斮朝涉之脛孔安國注曰冬月見朝涉水者謂其脛耐寒斮而視之

論語憲問篇曰原壤夷俟孔子曰幼而不遜悌長而無述焉老而不死是爲賊以杖叩其脛

後漢書曰馬援擊西羌中流矢貫脛帝以璽書勞之

東觀漢記曰淳于恭養兄崇孤而教誨學問時不如意輒呼責數以捶自擊其脛欲感之兒慙負不敢復有過

魏略曰北丁零有馬脛國聲似鴈鶩從膝脛以下生馬蹄走疾於馬

正部曰夏禹治水腓無胈脛無毛

山海經曰交脛國爲人交脛（郭璞注曰腳脛曲戾相交所謂交趾也）有赤脛民赤水之東有長脛之國

腓腸

說文曰腨腓腸也（腨市兗切腓符非切腸直良切）

易艮卦曰六二艮其腓

又咸卦六二曰咸其腓凶居則吉

東觀漢記曰馬援爲隴西太守擊羌中矢貫腓腸上聞賜羊三千牛三百頭以養病

覽三百七十二　五　王騏

山海經曰無䏿之國爲人無䏿（郭璞曰腸腸䏿音啓又公弟切）

韓子曰晉平公與唐彦坐而出叔向入公曳一足叔向問之公曰向吾侍唐子腓痛足痺而不可伸

足

尒雅曰趾足也

說文曰足在下也

釋名曰脚却也以其坐時却在後也

易說卦曰震爲足

尚書說命曰若跣弗視地厥足用傷

禮記玉藻曰足容重（舉欲遲也）

又祭義曰樂正子春下堂而傷其足數月不出猶有憂色門弟子曰夫子之足瘳矣數月不出猶有憂色何也樂正子春曰父母全而生之子全而歸之可謂孝矣不虧其體不辱其身可謂全矣故君子頃步而弗敢忘孝也今予忘孝之道予是以有憂色也一舉足而不敢忘父母一出言而不敢忘父母是故道而不徑舟而不遊不敢以先父母之遺體而行危殆

左傳莊公曰鄭伯治與於雍糾之亂者刖強鉏君子謂強鉏不能衛其足

又莊公八年曰齊亂殺孟陽于牀曰非君也不類見公之足于戶下遂弑之

又成下曰齊刖鮑牽仲尼曰鮑莊子之智不如葵葵猶能衛其足（言鮑牽居亂不能危行言遜）

又昭二年曰衛襄公夫人姜氏無子嬖人婤姶生孟縶孟縶之足不良能行（跛也婤音周姶烏合切）

又哀下曰衛侯與諸大夫飲酒褚師聲子襪而登席公怒曰必斷而足（事騏手謝）

覽三百七十二　六　王騏

穀梁傳定公　會齊侯于夾谷孔子曰笑君者罪當死使司馬行法焉手足異門而出

史記曰韓信使人言齊僞詐多變願爲假王漢王大怒張良陳平躡漢王足因附耳語曰漢方不利寧能禁信之王乎

漢書曰漢王項羽相與臨廣武之間漢王數羽十罪羽大怒伏弩射中漢王漢王傷胷乃捫足曰虜中吾指

又曰張湯所愛史魯謁居病卧閭里主人湯自往視病爲謁居摩足

又曰昭帝立遣李陵故人隴西任立政等三人俱至匈奴招陵單于置酒政等見陵未得私語即目視陵而數自循其刀環握其足陰喻之言可歸漢

後漢書曰李固足下有龜文
續漢書曰楊彪見漢祚將終遂稱脚攣不復行積十餘年
王隱晉書曰陶侃爲荆州杜弢（音韜）將王眞遥語眞横脚馬
上侃説曰杜弢爲益州刺史盗用庫金父死不奔喪君本
佳人何隨之天下無白頭賊也眞聞下其脚辭又順侃知
其意使降人喻眞眞乞得先信乃截髮爲信蜀賊粮盡眞
既降而走
晉書曰陶潛無履江州刺史王弘顧左右爲之造履左右
請履度潛便於坐伸足令度焉弘要之還州問其所乘荅
去素有脚病向來籃輿亦足自反乃令一門生二兒共輿
之
三十國春秋曰王濟嘗與武帝棊濟伸脚在局下因問孫皓
曰聞君生剥人面皮何也皓曰見人臣無禮於其君者則
剥之武子大慙遂縮脚
晉陽秋曰周顗既遇害王彬告之甚哀敦怒曰周伯仁凡
人遇拔何爲如此彬曰伯仁長者君之親友在朝雖無蹇
諤亦無所阿黨且加之極刑何痛如之左右見敦盛怒竊
勸跪謝彬曰脚痛不能跪拜敦復曰脚痛孰與頸痛咸爲
失色
續晉陽秋曰習鑿齒以脚病廢於里巷苻堅滅楚鄧素聞
其名與釋道安俱舉而致焉與語大悦以其蹇疾裁堪半
丁與諸鎮書曰晉氏平吴利在二陸今破漢南得士一人
半耳
三國典略曰侯景左足上有肉瘤其狀如龜戰應剋捷瘤
則隱起如其不勝瘤則低下及奔敗瘤陷肉中
唐書曰工部尚書賈直言父道冲以伎術待詔翰林因言

事獲罪於代宗皇帝詔逐之賜酖於路直言僞令其父拜
四方辭上下神祇伺使者視稍怠即取其酖以飲遂迷仆
而死明日酖洩于足而後復蘇代宗聞之减父罪直言亦自
此病躄
家語曰南宫縚（音韜）見孔子未嘗越履往來過之足不履影
老子曰千里之行始於足下
韓子曰楚人和氏得玉璞楚山之中獻之武王武王使玉
人相之曰石也刖其左足武王薨文王即位又奉獻之玉
人相之曰石也刖其右足成王即位和抱其璞哭于楚山
之下三日三夜泣盡繼之以血王使玉人理之得寳焉名
曰和氏璧
又曰魯哀公問孔子曰吾聞夔一足信乎對曰夔人也獨
通於聲堯曰夔一而足矣使爲樂正
又曰晉平公與唐彦坐而出叔向入公曳一足叔向問之
公曰吾待唐子髀痛足痺而不敢申叔向不悦公曰子欲
貴吾爵子子欲富吾禄子夫唐先生無欲也非正坐吾無
以養之
三輔舊事曰武帝發兵攻衛太子連鬬五日白虎闕前溝
中血没足
吴越春秋曰越王念吴欲復怨非一旦也苦思勞心夜以
接日足青則漬之以水冬寒則抱冰夏熱則握火愁心苦
志縣膽於户出入嘗之不絶於口
帝王世紀曰大禹右足文履已字
抱朴子曰老君足下有八卦
穆天子傳曰至于巨蒐氏巨蒐之人乃獻白鶴之血以飲
天子且具牛馬之湩（湩乳也今江南人多呼乳爲湩音寒凍之凍）以洗天子之

足

山海經曰柔利國爲人一手反厀曲足一曰留利之國人足反折跛踵國其爲兩足皆大郭璞注曰其人行足跟不着地也

周書曰晉平公使師曠見太子晉晉曰吾聞王子之語高於太山夜寐晝居不安不遠道願一言王子曰吾聞太師將來吾心甚喜既以見君子喜而又懼吾甚年少見子而攝盡忘吾度師曠束躅其足曰善哉善哉王子曰太師何舉足驟師曠曰天寒足跔居劬切是以數也王子曰請入坐遂席弦琴師曠歌無射

瀨鄉記李母碑曰老子足蹈二五

西京雜記曰廣川王發欒書冢柩明器朽爛無餘有一白狐見人驚走左右逐戟之不能得傷其左脚夕王夢一丈夫鬚眉盡白來謂王曰何故傷吾左脚仍以杖擊王左脚

平三七二　九　壬戍一

王覺左脚腫痛生瘡至死不差

王子年拾遺録曰周昭王夢羽人遺藥以之塗足則飛上天萬里之外

蕭廣濟孝子傳曰五郡孝子者中山常山魏郡鉅鹿趙國人也少去鄉里孤無父母相隨於衛國因結兄弟長元重次仲重次叔仲次季仲次稚重期夕相事財三千萬於空城中見一老姥兄弟下車再拜曰願爲毋毋許焉積二十四年毋得病口不能言五子乃仰天歎願使我毋語即便得語謂五子曰吾太原董陽猛女嫁同縣張文賢死亡我男兒名焉遺七歲值亂亡失心前有七星右足有黑識語未竟而卒五子送喪會朝歌長晨出亡其記囊疑五子所竊收得三重詣河内告枉具言始末太守號哭曰生不識父與毋相失痛不自聊知近爲五子所養馳使放三重

會稽典録曰黄昌爲蜀郡太守初昌爲州書佐婦寧於家遇賊遂流轉入蜀爲民妻其子犯法乃詣昌昌疑不類蜀人因問所由對曰妾本會稽餘姚戴次公女州書佐黄昌妻甞歸家爲賊所略遂至於此昌驚呼前謂曰何以識黄昌左足心有黑子常言當爲二千石乃出足示之相持悲泣還爲夫妻

楚辭卜居曰漁父鼓枻歌曰滄浪之水清兮可以濯我纓滄浪之水濁兮可以濯我足

踝

釋名曰踝跣踝踊也亦因其形踝踝也足後曰跟在下旁着地踵聚也上體之所鍾聚也

史記曰蘇秦揜錐自厲流血至踝

英雄記曰向詡坐板牀有兩踝處入板中二寸許

平三七二　十　成一

陸機別傳曰孟玖欺成都王潁曰陸機司馬孫承備知機情可考驗也潁於是收承父子五人考掠備加踝骨皆脫出終不詆機

太平御覽卷第三百七十二

人事部十四

毛 髮 鬢 髭

毛

釋名曰毛貌也冒也在表所以別形貌且以自覆冒也

左傳僖中曰君子不禽二毛（二毛頭白有二色）

又襄五曰宋芮司徒生女子赤而毛弃諸堤下共姬之妾取以入名之曰弃長而美

漢書曰宣帝身足下有毛卧居數有光耀（師古曰遍身及足下皆有毛）

列子曰禽子問楊朱曰去子體一毛以濟一世爲之乎楊子曰世故非一毛所濟出以語孟孫孟孫曰積一毛以成肌膚積肌膚以成一節一毛故萬分之一物柰何輕之

山海經曰毛民爲人身生毛（郭璞注曰在海東南海中有毛人晉永嘉四年得之也）

列仙傳曰偓（於角切）佺（此緣切）食松實形體生毛長數寸

又曰毛女字玉名姜在華陰山世世見之形體生毛所止巖中恒有鼓琴聲自稱秦皇時宮人也

神仙傳曰劉根學道入嵩高山石室中冬夏不衣身毛長三尺

神異經曰八荒中有毛人長七八尺身形頭上皆毛毛如獼猴長尺餘見人則口開吐舌名歸公一名歸猥（音畏）

尋陽記曰桓稷遣人尋廬山下嶺見毛人長大體悉毛語不可解山居道士亦時見此

臨海異物志曰毛人洲在張嶼毛長短如熊周緝得毛人送詣秣陵

髮

釋名曰髮拔也拔擢而出

歸藏啓筮曰共工人面蛇身朱髮

易說卦曰巽其於人也爲寡髮

毛詩鄘柏舟曰鬒髮如雲不屑髢也（鬒黑髮也如雲言美長也）

又魚藻曰彼都人士臺笠緇撮彼君子女綢直如髮（其情性密緻操行正直髮之本末無隆殺之）彼都人士垂帶而厲彼君子女卷髮如蠆（蠆螫蟲也尾末捷然似婦人髮末曲上卷然）

又采綠曰終朝采綠不盈一匊予髮曲局薄言歸沐（局卷也婦人夫不在則不容飾令曲卷其髮憂思之甚也）

禮斗威儀曰君乘木而王爲人美髮

左傳僖中曰初平王東遷辛有適伊川見被髮而祭于野者曰不及百年此其戎乎其禮先亡矣僖公二十二年秦晉遷陸渾之戎於伊川

又昭元年曰齊侯田于莒盧蒲嫳見泣且請曰余髮如此

種種余奚能爲（嫳慶封之黨種種短也放之于竟自言衰老不能復爲之）公曰諾子雅曰彼其髮短而心甚長其或寢處我矣（嫳普蔑切）

又昭七年曰昔有仍氏生女黰黑而甚美光可鑑（髮膚光色可以照人）名曰玄妻（以髮黑故）

又哀上曰公會吳子伐齊將戰公孫夏命其徒歌虞殯（虞殯送葬歌曲示必死也）陳子行命其徒具含玉（含玉亦示必死）公孫揮命其徒曰人尋約吳髮短（約繩也八尺爲尋吳髮短欲以繩貫其首）

又哀上曰太伯端委以治周禮仲雍嗣之斷髮文身臝以爲飾豈禮也哉（言其權時制宜以辟災害非以爲禮也）

又哀下曰初衛侯自城上見己氏之妻髮美使髡之以爲呂姜髢（呂姜莊公夫人髢髮也）

穀梁傳哀公曰吳夷狄之國斷髮文身（斷髮避蛟龍之害也）

論語憲問曰子曰微管仲吾其被髮左衽矣

孝經曰身體髮膚受之父母不敢毀傷孝之始也

史記曰箕子諫紂不聽乃被髮佯狂爲奴

又曰范雎先事魏中大夫須賈賈使齊雎從齊王聞雎辯賜金及牛酒須賈以爲雎持陰事告齊既歸以告魏相魏相魏齊大怒使笞擊范雎雎既相秦號曰張祿而魏弗知使須賈於秦雎謂賈曰汝罪有幾曰擢賈之髮續賈之罪未足也

又曰太伯虞仲知古公欲立季歷以傳昌二人亡如荆蠻文身斷髮以讓季歷

又曰藺相如使秦相如持璧却立倚柱怒髮上穿冠

又曰衛皇后字子夫與武帝侍衣得幸頭解上見其髮鬢悅之因立爲后

漢書曰蘇武留匈奴凡十九歲始以強壯出使及還鬚髮盡白

又王莽傳曰更始元年置百官莽聞之愈恐欲外示自安乃染其髮鬢

楚漢春秋曰上敗彭城薛人丁固追上上被髮而顧曰丁公何相急之甚乃罵而去上即位欲陳功上曰使項失天下是子也爲人臣兩心非忠也下吏笞殺之

東觀漢記曰明德馬后美髮爲四起大髻但以髮成尚有餘繞髻三匝

又曰和熹鄧后六歲諸兄持后髮后曰身體髮膚受之父母不敢毀傷孝之始也何弄人髮乎

又曰劉盆子年十五被髮徒跣卒見衆拜恐怖啼泣

謝承後漢書曰汝南李充字伯明爲兗州母亡後歸視脉處得亡母亂髮充持悲號氣絶復續

又曰獻帝幸弘農郭汜虜略百官婦女有美髮者皆斷取之

又曰曹操逼獻帝廢伏后以尚書令華歆郗慮副勒兵入宮收后后閉户藏壁中歆就牽后出時帝在外殿后被髮徒跣行泣過訣曰不能復相活耶帝曰我亦不知命在何時

魏志曰曹仁討關羽於樊于禁助仁秋大霖雨漢水溢禁等軍沒禁遂降吴文帝踐祚權遣還引見禁鬚髮皓白形容憔悴拜安遠將軍欲遣使吴先令謁高陵帝預於陵屋圖禁降伏之狀禁見慙恚發疾薨

魏略曰明帝既嗣立追痛甄后之薨故郭太后以憂暴崩甄后臨沒以帝屬李夫人夫人説甄后見譖之禍不獲大斂被髮覆面帝哀恨流涕命殯葬太后皆如甄后故事

魏氏春秋曰明帝天姿秀出立髮委地口吃少言而沉毅好斷

吴志曰留贊爲將臨敵必被髮叫天自抗音而歌左右應之戰無不捷

王隱晉書曰陶侃爲吏鄱陽孝廉與親人過侃宿母截髮以供賓諸客歎曰非賢母不生此子也

又曰顧悅之與簡文帝同年而髮早白上問故對曰松栢之姿經霜猶茂蒲柳之質望風先凋

又曰初武帝未爲世子文帝問裴秀曰人有相不秀曰中撫軍垂髮至地伸手過膝非人臣之相也

又曰故中年令蘇韶字孝先咸寧初亡諸子迎喪到襄城第九子節夢見鹵簿行列甚肅見韶曰卿犯鹵簿應髡刑節俛受剔覺循見頭髮視截如指大後又夢見韶截之節

素美髮五截而盡
沈約宋書曰臨川王義慶招集文士何長瑜自國侍郎至
平西記室參軍常於江陵寄書與宗人何勗以韻語序義
慶州府僚佐云陸展染鬢髮欲以媚側室青青不解久星
星行復出
北齊書王琳字子衡山陰人也琳體貌閑雅髮垂委地
齊書曰徐寅嘗有罪繫旦日原之而髮皓白武帝問其故
曰自思懲於內而髮變於外當時稱之
唐書曰高祖竇皇后生而髮垂過頸三歲髮與身齊
又曰龜兹國男女皆剪髮垂與項齊唯王不剪髮新羅國
其婦人髮繞頭以綵爲飾髮甚長美
家語曰顔回魯人字子淵年二十九髮早白
韓子曰文公時宰人上炙而髮繞之事具炙門

又曰昔齊桓宮中有三市婦倡三百被髮而御婦人
淮南子曰萬術曰理髮竈前婦安夫家
帝王世紀曰老聃初生而髮白故號老子
吕氏春秋曰殷湯剋夏而大旱湯乃以身禱於桑林剪其
髮自以爲犧牲祈福於上帝
山海經曰脩般民白民其人被髮
曹瞞傳曰太祖嘗行過麥中令士卒無敗麥犯者死騎士
皆下馬持麥以相付時太祖馬騰入麥中太祖曰制法而
自犯之何以帥下然孤爲軍帥不可殺請自刑因援劍割
髮置地
許遠別傳曰蘇子訓齊人有神術人髮白者請子訓但與
對坐共語宿昔間髮皆黑
樊英別傳曰英被髮忽拔刀斫舍中妻問故曰郄生道遇

鈔郄生還去道遇賊賴被髮老人相救得全郄生名巡字
仲信陳郡夏陽人能傳英業
黄庭經曰髮神名蒼華
列仙傳曰容成公黄帝善補導事髮白更黑寗先生稷丘
君髮白更黑寗先生被髮鼓琴赤斧餌丹砂毛髮皆赤阮
丘被髮覆耳成瑱道士見丘與老子黄庭經讀三遍遍之
俱入浮陽山白髮更黑鬚長三尺餘
神異經曰東荒山中有大石室東王公居之長一丈頭髮
皓白身人形而虎尾與一玉女更投壺
又曰西方有人焉不飲不食被髮東走已往覆來其婦恒
追擊録之不肯聽止婦頭亦被髮名曰狂一名顛一名覆此
人夫妻與天地俱生狂走東西以投晝夜
異苑曰有人誤呑髮便得病但欲咽猪脂張口時喉中有

一頭出受膏乃取小鈎餌而引之得一物長二尺餘其形
似蛇而悉是脂懸於屋間旬日斮盡唯髮在焉
列女傳曰吴伯陽妻顧昭君早寡剪髮以明志
又曰樂羊學書其妻貞義截髮以供其費
又曰廣漢馮季宰妻者李氏之女名珥字進早寡無嗣奉
養繼姑守心純固以義自防珥毋愍其孤苦陰有所許珥
斷髮自明鄉人稱之
陳留風俗傳曰小黄縣者宋地陽武東黄鄉也因黄水以
名縣沛公起兵野戰喪皇妣于黄鄉天下平定乃使使者
梓棺招塊幽野於是丹蛇在水自洒濯入梓棺其浴處有
遺髮故謚曰昭靈夫人
益部耆舊傳曰蜀郡公乘會妻同縣張氏女也會早卒後
欲嗣者女乃斷髮割耳以明不嫁

車頻秦書曰苻堅建元十八年新羅國獻美女國在百濟東其人多美髮髮長丈餘

林邑國記曰朱崖人多長髮漢時郡守貪殘縛婦女割頭取髮由是叛亂不復賓伏

廣志曰黄頭夷髮黄如茗蒂

戴延之西征記曰陝縣大城西北角水漫湧起勃鬱方數十丈有如物居水中父老云銅翁仲頭髮常與水齊晉軍至髮不復出唯見水黑嗟嗟有聲聲聞數里翁仲本在大司馬門外爲賊所徙至此而没

譚藪曰後魏盧景裕生而頭髮白有四十九莖因名曰白頭

王子年拾遺録曰帝嚳高辛氏娶於諏氏女女生而髮與足齊墜地能言乃納於帝

又曰張儀蘇秦二人共遞剪髮以相活或傭力寫書行遇聖人之文無以題記則以墨畫於掌内及股裏夜還更以竹寫之

晉左思白髮賦曰星星白髮生於鬢垂雖非青蝇穢我光儀策名觀國以此見疵將鑷將拔好爵是縻白髮將拔惄然自訴稟命不幸值君年暮逼迫秋霜生而皓素如覽明鏡惕然見惡朝生晝拔何罪之故觀橘觀柚一皜一曄貴其素華匪尚緑葉願戢子手攝子之鑷咨尔白髮觀世之塗靡不追榮貴華賤枯赫赫閶闔藹藹紫廬弱冠來仕童髮獻謨甘羅秉軒子奇剖符英英終賈高論雲衢拔白就黑此自在吾白髮臨拔瞋目號呼何我之冤何子之愚甘羅自以辯惠見稱不以髮黑而名著賈生自以良才見異不以厚鬢而獲舉聞之先民國用老成二老歸周周道肅清四皓佐漢漢德光明何必去我然後要榮咨尔白髮事各有以尔之所言非不有理曩尊耆耋今薄舊齒皤皤榮期皓首田里雖有二毛河清難俟隨時之宜見歎孔子白髮辭盡誓以固窮昔臨玉顔今從飛蓬髮膚至昵尚不克終聊用擬辭比之國風

鬢

説文曰鬢頰髮也

釋名曰其上連髮曰鬢鬢賓也賓崖也爲面額之崖岸也

晉書曰魏造凌雲殿榜未題匠誤釘之使韋仲將縣橙書之比訖鬢髮盡白還戒子孫宜絶此法（橙音鐙）

神仙傳曰薊子訓鄉曲諸老鬢髮白者使宿昔之間皆黑

崔豹古今注曰魏文帝宫人絶所愛者有莫瓊樹薛夜來陳尚衣陳巧笑瓊樹始制爲蟬鬢望之縹緲如蟬翼故曰蟬鬢

述異記曰尹雄年九十左鬢生角長半寸

吳質表曰質已四十三矣白髮生鬢

髻

説文曰髻結髮也

漢書曰尉他魋髻（服虔注曰今兵推頭結也）

續漢書五行志曰桓帝元嘉中京師婦女作墮馬髻墮馬髻者側在一邊自梁冀家所爲京師皆效天戒若曰冀婦女將收捕吏卒頓戟令髻傾邪

東觀漢記曰梁鴻妻椎髻着布衣操作具而前鴻大喜曰此真梁鴻妻也能奉我矣字之曰德曜孟光

又曰馬廖上表長樂宫曰長安語曰城中好高髻四方高一尺

王隱晉書曰賈后作頡子髻太子見頡之象干寶晉紀曰初賈后造首紒以繒縛其髮天下化之名纈子紒也紒戶計切

搜神記曰元康中婦人結髻者既成以繒急束其環名曰纈子髻始自中宮天下翕然化之及其末年有愍懷之事

唐書曰田悅既敗謂其下曰吾不能自剄公當斬吾首以取功勳衆皆憐之曰死生以之悅曰吾雖死寧忘厚意於城下乎乃自割一髻以爲要誓於是將士各斷其髮結爲兄弟誓同生死

唐書曰中天竺國人皆爲螺髻於頂餘髮剪之使拳

世說曰王曇孫年十四便歌謝公召至曇孫作兩丸髮

梁冀別傳曰冀未誅時婦人作不聊生髻

神仙傳曰麻姑至蔡經家是好女子年十八許作髻餘髮散垂之至腰

枚乘梁苑園賦曰若乃採桑之婦連袖方路摩陁長髻便娟數顧

太平御覽卷第三百七十三

太平御覽卷第三百七十四

人事部十五

髭　鬚髯　睫　髑髏

髭

釋名曰口上曰髭髭姿也爲姿容之美色

說文曰髭口上鬚也

左傳昭六年曰王子朝使告諸侯曰在定王六年秦人降妖曰周其有髭王亦克能脩其職至于靈王生而有髭王甚神聖無惡於諸侯

班固幽通賦注曰衛蒯聵亂子羔滅髭鬚衣婦人衣逃得出曰父子爭國吾何爲其間乎

鬚髯

釋名曰頤下曰鬚鬚秀也物成乃秀人成而鬚生也亦取須體長而後生也在頰耳旁曰髯隨口動搖髯髯然也

說文曰鬚面上毛也

春秋元命苞曰髮精散爲鬚髯

左傳宣二年傳曰宋城華元爲植巡功（植將主也）城者謳曰于思（音顋）于思棄甲復來（于思多鬚之貌）

左傳昭二年曰楚子享公于新臺使長鬣者相（鬣鬚也欲光夸魯侯）

左傳昭四年曰吳伐楚戰于長岸大敗吳師獲其乘舟餘皇（餘皇舟名）吳公子光請於衆曰喪先王之乘舟豈唯光之罪衆亦有焉請藉取之以救死（藉衆之力以取舟也）使長鬣者三人（長鬣者多髯與吳異形狀詐爲楚人也）潛伏於舟側曰我呼餘皇則對師夜從之三呼皆迭對楚人從而殺之楚師亂吳人大敗之取餘皇以歸（言光有謀也）

史記曰秦太后披嫪毐鬚眉爲宦者

又曰漢高祖爲人隆準而龍顏美鬚髯

漢書曰霍光長七尺三寸白晳疏眉目美鬚

又曰朱博爲琅邪太守曹掾吏皆移病卧博問其故對曰故事二千石新到遣致意乃敢就職博奮髯抵几曰觀齊兒欲以此爲俗耶乃行罷諸病吏白巾走出府門郡中大驚

又王莽傳曰莽聞漢兵起愈恐欲外示自安染其鬚髮進天下所徵淑女備嬪御

東觀漢記曰吳良爲東平王所薦詔曰前見良頭鬚皎然衣冠甚偉求賢助國宰相之職今以良爲義郎

後漢書曰岑彭吳漢圍隗囂於西城公孫述將李育守上邽帝留蓋延耿弇圍之車駕東歸勑彭書曰兩城若下便可將兵南擊蜀虜人苦不知足即平隴復望蜀每一發兵頭鬚爲白

又曰溫序拜謁者遷護羌校尉序行郡至襄武爲隗囂將苟宇所拘劫宇謂序曰子若與我并慮同力天下可圖也序大怒叱宇因以節撾殺人宇曰此義士死節可賜以劒序受劒銜鬚於口顧左右曰既爲賊所逼殺無令鬚汙土遂伏劒死

續漢書曰司馬直字叔異絜白美鬚髯容貌儼然鄉閭奉之如神

魏志曰初蘇則及臨淄侯植聞魏氏代漢皆發服悲哭文帝聞植如此常從容曰吾應天受禪而聞有哭者何也則謂爲見問髯悉張欲正論以對侍中傅選掐則曰不謂卿也乃止

又曰崔琰聲姿高暢眉目疏朗鬚長四尺甚有威重朝士

瞻望而太祖亦嚴憚焉後有白琰怨謗者罰爲徒隷使視之辭色無撓太祖令曰琰雖見刑而通賓客虯鬚直視若有所忿遂賜死

又曰任城王章爲北中郎將討烏桓有功歸太祖喜捋章鬚曰黄鬚兒定大奇

魏略曰劉雄鳴詣太祖太祖執其手謂曰孤方入關夢得一神人即汝耶乃厚賜之後亡太祖平漢中來降太祖捉其鬚曰老賊眞得汝矣

又曰任城王性剛勇而黄鬚北伐烏丸王聞之曰我黄鬚定可使劉備使劉封挑戰王罵曰賣履舍長而使假子拒汝公乎我黄鬚來擊之

吴録曰朱桓還屯濡須權祖之桓奉觴曰臣當遠去願一捋陛下鬚無復恨權憑几前席桓進捋鬚曰臣今日眞謂捋虎鬚也

獻帝春秋曰張遼問吴降人曰向有紫髯將軍長上短下大便馬善射是誰降人荅曰是孫會稽也

蜀志曰張裕爲劉璋從事侍坐其人饒鬚先主嘲之曰昔吾爲涿縣特多毛姓東西南北皆諸毛也涿令稱曰諸毛繞涿居乎裕荅曰昔有作上黨潞長遷爲涿令者去官還家時人與書欲署潞則失（涿署涿則失潞乃署曰）涿君先主無須故裕以此及之也先主常銜其不遜後誅之

又曰馬超來降闗羽護前書問諸葛亮亮荅書曰孟起當與益德爭先未若髯羽之絶倫羽多鬚故亮謂之髯

晉書曰羊祜既卒武帝素服哭之甚哀是日大寒帝涕淚霑鬚皆爲冰焉

鄧粲晉紀曰湞陽令羊嗣貪而不治縣功曹吏共逐嗣嗣饒鬚乃以嗣内羊闌中始興太守尹虞聞大怒手劒功曹（虞字王御長沙人也）

又曰王彪之字叔武年二十鬚鬢皓白時人謂之王白鬚

又曰張華多鬚常以帛纏之陸雲見之笑不能止

又曰桓温少與沛國劉惔善惔常稱之曰温眼如紫石稜鬚似蝟毛磔孫仲謀晉宣王之流

晉中興書曰冉閔殺石鑒及羯胡數萬人于時人有高鼻多鬚者無不濫死

崔鴻前趙録曰劉聰以讒慝故誅詹事曹光光臨刑舉止自若謂刑者曰取席數之無令土汚吾鬚

又曰劉元海姿儀魁偉身長八尺四寸鬚長三尺餘當心有赤毫三根長三尺六寸

又前秦録曰苻堅每日自王丞相薨後鬚鬆中白（王丞相猛也）

宋書曰山陰公主淫恣見褚彦回悦之以白帝帝令就之彦回不從主曰君鬚髯如戟何無丈夫意

南史曰宋武帝狎侮群臣各有稱目多鬚者謂之羊

三國典略曰齊許惇長鬚垂至帶省中號爲長鬣公文宣嘗因酒酣握惇須稱美遂以刀截之唯留一握惇不敢復長人號爲齊髯公

又曰侯景使宋子仙等執梁湘東王世子方諸及中撫軍長史鮑泉司馬虞預于郢州是日子仙等至百姓奔告方諸以五色雜綵編鮑泉白鬚對之雙六弈之信也告者旣衆方命闔門縣門未下子仙已入方諸等膜拜而鮑泉逌于牀下子仙窺見泉素髯間綵疑愕憚之及其被執莫不驚笑

又曰李庶黎陽人魏大司農諧之子也以清下無接梁客

徐陵謂其徒曰江北唯有李庶可語耳庶無鬚髯人謂天
閹崔諶嘗𠞰庶曰教弟種鬚取錐刺而爲竅以馬尾插之
世傳諸崔多惡疾以呼沲爲墓田故庶荅之曰先以方迴
施貴族藝眉有效然後樹鬚邢卲笑謂諶曰卿不譜李庶
何故犯之
又曰周太子贇有失德柱國王軌因内宴上壽捋武帝鬚
曰可愛好老公恨後嗣弱耳
唐書曰太宗李䂀微宫授司農卿李緯爲民部尚書房玄
齡時在京城留守會有自京師來者太宗問曰玄齡聞李
緯拜尚書如何對曰玄齡但云李緯大好髭鬚更無他語
太宗遽改授緯洛州刺史
又曰李勣病驗方鬚灰可以療之太宗乃自剪鬚爲其和
藥勣頓首見血泣以陳謝帝曰吾爲社稷計耳不煩深謝

又曰李光弼母有鬚數十莖長五六寸
晏子曰湯長頭而髯伊尹蓬頭而髯
孫卿子曰傅説之狀秃無鬚眉
莊子曰孔子往見盜跖歸到東門外適遇柳下季曰不見
車馬有行色得微往見跖耶孔子曰然吾所謂無病而自
灸疾走料虎頭編虎鬚幾不免虎口哉
孔叢曰子高曰臣見臨晉啇焉身脩八尺鬚髯如戟面正
紅白幼女不敬之無德故也
又曰子思如齊齊之嬖臣美鬚眉立乎側君指而言曰貌
可相易寡人不惜此鬚眉於先生也子思荅曰非所顧也
但欲君修禮義富百姓使伋得寄埊於君之境内則其庸
多矣
吕氏春秋曰豫讓欲報趙襄子滅鬚去眉自刑以變容

抱朴子曰有古疆者自言四千歲敢爲虚言云見堯爲人
長大美鬚鬘
風俗通曰不舉生鬚鬚子俗説人十四五乃當生鬚鬚今
生而有　妨害父母也謹按周書靈王生而有髭王甚神
聖亦克脩其職諸侯服享二世休和安在其有害乎
世説曰鍾毓兄弟整音傍過人每有嘲語未嘗屈蹟毓語會
聞安陵能作調試共視之於是與弟盛飾共載從東門至
西門一女子笑曰車中央殊高二鍾都不覺車後一門生
云向已被嘲鍾愕然門生曰中央高者兩頭羝毓兄弟多
鬚故以此調之
又曰郗超爲桓温記室參軍有奇才多髭髯荆州爲之稱
髯參軍
語林曰庾公道王尼子非唯事事勝人布置鬚眉亦勝人

我輩皆出其轅下
俗説曰有人詣謝益壽云向在劉丹陽坐見一客殊毛謝
曰正是我家阿瞻瞻多鬚故云尒
廣陵列士傳曰劉瑜字季節舉方正對策高第人呼爲
長鬚方正
列仙傳曰丁次卿漢順帝時人至要婦家未見禮畀婦出
謁客鬚髯鬱然其家謝之次卿舉手向婦鬚髯即去
郭璞洞林曰東中郎參軍周稚琰封蠶蛾載蟲使璞射之
璞曰射覆得此大落度必是蠶蛾及毛蟲稚琰饒鬚故因
以調之也

睫

説文曰睫映目旁毛也
釋名曰睫接也揷於匡而相接也

漢書曰袁盎曰陛下居代時太后嘗病三年陛下不交睫解衣

謝承後漢書曰趙昱字元達年十三毋病三月昱慘慼消瘦眼不交睫

列子曰晉國苦盜有郄雍者能察盜於眉睫之間而得其情晉使視盜千百無遺趙文子曰周諺有言見淵中魚不祥郄雍必死俄而羣盜殺之

裴玄新語曰尹氏之鏡數睫照形蒸食曾不如三錢竹箄

髑髏

說文曰髑髏頂也

廣雅曰髑髏謂之顴顱也

魏略曰王忠先因飢噉人五官將戲因從駕出行過冢間無何令俳取道邊死人髑髏繫著忠馬戲笑

莊子曰列子行食於道見百歲髑髏搴蓬而指之曰唯予與汝未嘗死未嘗生也

又曰莊子之于楚見空髑髏髐然有形擊之以馬捶因而問之曰夫子貪生理而為此乎將子有亡國之事斧鉞之誅而為此乎將子有不善之行愧遺父母妻子之醜而為此乎將子凍餒之患而為此乎於是語卒援髑髏枕而卧夜半髑髏見夢曰子之談者似辯人也諸子所言皆生之累也死則無此矣子欲聞死之說乎莊子曰然髑髏曰死無君於上無臣於下亦無四時之事泛然以天地為春秋雖南面王樂不能過也莊子不信曰吾使司命復生子形為子骨肉肌膚反子父母妻子閭里知識子欲之乎髑髏深矉蹙頞曰吾安能弃南面王樂而復為人之勞乎

南州異物志曰烏滸人得髑髏破之以飲酒

盛弘之荊州記曰長沙浦圻縣有呂蒙冢中有髑髏極大蒙形既長偉疑即蒙髑髏也

裴淵之廣州記曰盧循襲廣州風火夜發奔逸者數千而已循除燒骨數得髑髏三萬餘於江南洲上作大坑葬之今名為共冢

續搜神記曰永嘉五年高榮為高平戍邏王時曹嶷賊寇離乱人民皆塢壘自固見山中火起飛埃絶爛十餘丈樹巔火焱響動山谷又聞人馬鎧甲聲謂嶷賊上人皆怕懼並嚴出欲擊之引騎到山下無有人但見碎火來灑人袍鎧馬毛鬣皆燒於是軍人走還明往視山中無燃火處唯有髑髏百頭布散山中

張衡髑髏賦曰張平子將遊目於九野觀化乎八方顧見髑髏委於路旁下據朽壤上負玄霜平子悵然而問之子將并粮推命以夭逝乎奔喪此土流迁來乎為是上智為是下愚荅曰吾宋人也姓莊名周遊心方外不能自修公子何以問之對曰我欲告之於五嶽禱之於神祇起子素骨反子四支髑髏曰死為休息生為役勞冬冰之凝何如春水之消況我已化與道逍遥與陰陽同其流元氣全其朴雲漢為川池星宿為珠玉雷電為鼓扇日月為燈燭合躰自然無情無欲不行而至不疾而速

太平御覽卷第三百七十四

太平御覽卷第三百七十五

人事部十六

肉　皮膚　骨　筋　脉
髓　腦　血　膏

肉

說文曰脢（音梅）背肉也胂（音身）夾脊肉也瘜寄肉也（瘜音息）

釋名曰肉柔也

禮記檀弓下曰延陵季子適齊長子死葬於嬴博之間號之曰骨肉歸於土魂氣無不之

左傳宣公十二年曰楚子北師次于郔將飲馬於河而歸聞晋師既濟王欲還嬖人伍參欲戰令尹孫叔敖弗欲曰昔歲入陳今茲入鄭不無事矣戰而不捷參之肉其足食乎參曰若事之捷孫叔　爲無謀矣戰若不捷參之肉將

在晋軍可得食乎

史記曰晋公子重耳在齊五年趙衰等謀醉重耳載以行行遠而覺重耳引戈欲殺咎犯咎犯曰殺臣成子偃之願也重耳曰事不成我食舅氏之肉咎犯曰事不成犯肉腥臊何足食乃止（偃咎犯名也）

呂氏春秋曰齊有人一居東郭一居西郭卒而相遇飲酒曰須肉各抽刀自割相啖乃至于死

交州名士傳曰張重字仲篤舉計漢明帝易重問何短小重曰陛下欲得其才將稱骨度肉也

唐書曰先天中有王知道母患骨蒸醫云須得生人肉食之知道遂密割股上肉半斤許加五味以進母食之便愈

黄帝素問曰脾主肉久坐傷肉脾熱者色黄而肉軟

楚辭大招曰豐肉微骨躰更猗

皮膚

釋名曰皮被也被覆躰也膚布也布在表也

禮記曰古者深衣蓋有制度以應規矩繩權衡短毋見膚（衣取蔽形）長無被土

毛詩碩人曰手如柔荑膚如凝脂

孝經曰身躰髮膚受之父母不敢毀傷孝之始也

莊子曰藐姑射之山有神人居之肌膚若冰雪

商子曰上世之士衣不煖膚食不滿腹苦其心意勞其四胑

抱朴子曰素顔紅膚惑其目清商流徵乱其聽

列異傳曰蔡經與神交神將去家人見經詣井上飲水上馬而去視井上俱見經皮如蛇蜕遂不還

西京雜記曰文君姣好眉色如望遠山臉際常若芙蓉肌膚柔滑如脂十七而寡爲人放誕風流悦長卿之才而越

禮焉

新論語曰髮生於皮去髮而皮不知

王子年拾遺録曰燕昭王三年廣延之國去燕七萬里或云在扶桑之東獻善儛者二人一名提波一名擕漢並玉晳凝膚骨輕氣馥綽約姚妙絶古無倫

語林曰賈充問孫皓何以剥人面皮皓曰憎其顔之厚也

骨

說文曰骨躰之質也肉之核也

釋名曰骨堅而滑也似木枝格

孝經援神契曰周道衰路有飢骨血成池

史記曰楚圍宋五月不解宋城中急無食華元乃夜私見楚將子反告莊王王問曰城中何如曰析骨而炊易子而

食

又曰孔子適周將問禮於老子老子曰子所言者其人與骨皆已朽矣獨其言在耳

帝王世紀曰嚳時有仙女名昌容隔肉見骨

東觀漢記曰陳寵字昭公爲廣漢太守先是雒縣城南每陰雨常有鬼哭聲寵使案行昔歲倉卒時骸骨不葬者多寵乃勑縣葬埋由是即絕

晉書曰桓溫生未期溫嶠見曰此兒有奇骨相可使啼嶠曰眞英物也因名溫

尸子曰徐偃王有筋無骨

公孫尼子曰多食甘者有益於肉而骨不利

燕丹子曰田光曰竊觀太子客無可用者武陽骨勇之人怒而面白

賈子曰文王晝臥夢人登城呼曰我東北陬槁骨也速以人君葬我文王曰諾覺召吏令以人君葬之吏曰以五大夫葬之文王曰吾夢中已許之民聞之曰我君不以夢故背槁骨況生人乎乃下信其上

孔叢子曰孔附謂陳王曰梁人有揚由者伎巧過人骨騰肉飛

國語曰吳伐越隳會稽獲骨焉一節專車使問仲尼曰禹致羣臣於會稽防風氏後至戮之其骨專車此爲大矣

新序曰文王之葬枯骨無益衆庶衆庶悅之恩義動人也

列仙傳曰甯封黃帝時陶正有神人過之爲其掌火能出五色煙久之教封子積火自燒而隨煙氣上下視其灰燼猶有骨時人葬之謂之封子

列異傳曰蔣子文漢末爲秣陵尉自謂骨青死當爲神

西京雜記曰戚姬以百鍊金爲彄環照見指上骨（彄華侯）

王子年拾遺錄曰沐胥國人忽復化爲老叟俄而即死晃爛盈屋人有除燒其骸骨於糞土之中復還爲人矣

搜神記曰有談生無婦有女來爲其婦三年生一兒曰愼勿以火照我三年後可照生盜照之腰已上皆肉腰以下但枯骨婦求去

續搜神記曰司徒蔡謨親有王蒙者單獨常爲蔡公所收養蒙長纔五尺似爲無骨登牀輒令抱上

扶南傳曰頓遜國人死鳥葬或火葬鳥葬者病困便歌舞送郭外有鳥如鵝綠色飛來萬許啄食都盡斂骨焚之沉於海水此必生天上鳥若不食自悲傷乃就火葬取骨埋之

世說曰王右軍目陳玄伯壘塊有正骨

司馬相如美人賦曰皓躰陳露弱骨豐肌

筋

說文曰筋躰之力也可以相連屬作用也

釋名曰筋力也肉中之力氣之元也

禮記曲禮曰老者不以筋力爲禮

左傳哀公上曰衛太子禱曰敢告無絕筋無折骨無面傷以集大事無作三祖羞

公孫尼子曰多食苦者而筋不利多食辛者有益於筋而氣不利

韓子曰淖齒之用齊擢閔王之筋縣之廟梁宿昔而死

論衡曰命富之人筋力自強命貴之人才智自高

物理論曰夫清忠之士乃千人之表萬人之英得其人則事易於反手不得其人則難於拔筋

脉

釋名曰脉幕也絡一躰也

史記曰扁鵲以長桑君言飲藥三十日視見垣一方人以此視病盡見五藏病結特以診脉爲名耳

又曰趙簡子爲大夫專國事簡子疾五日不知人於是召扁鵲扁鵲入視病出董安于問扁鵲扁鵲曰血脉治也而何怪秦穆公嘗如此七日而寤今主君之病與之同不出三日必間居二日半簡子寤

又曰扁鵲過虢虢太子死扁鵲至虢宮門下曰聞太子不幸而死臣能生之中庶子曰先生得無誕乎何以言太子可生也扁鵲曰越人之爲方也不待切脉望色聽聲寫形言病之所在子以吾言爲不誠試入診太子當聞其耳鳴而鼻張循其兩股以至於陰當尚温也中庶子聞入報虢君虢君大驚出見扁鵲於中闕扁鵲曰若太子病者所謂尸蹷者也是以陽脉下遂（音隊）陰脉上爭會氣閉而不通陰上而陽内行下内鼓而不起上外絶而不爲使上有絶陽之絡下有破陰之紐破陰絶陽色廢脉乱形靜如死狀太子未死也

又曰扁鵲過齊齊桓侯客之入朝見曰君有疾在血脉不治恐深桓侯曰寡人無疾

又曰齊太倉公淳于意少而喜醫更師同郡元里陽公受其脉書上下經五診奇（音羇）咳（音晐）術揆度陰陽診病知人死生

漢書曰王莽得翟義黨王孫慶使太醫與巧屠共刳剝之量度五藏以竹筳（音廷）導其脉知其所終始云可以治病

後漢書曰郭玉爲人善別脉知人生死章帝令童男着女子之衣詐云其病使玉診脉玉曰此女雖言病據脉陽盛陰微臣謂非女子帝善之

三國典略曰周武帝不豫止於雲陽宮内史柳昇私問姚僧垣曰至尊貶膳日久脉候何如對曰天子上應天心非愚所及凡庶如此萬無一全

鶡冠子曰魏文侯問扁鵲曰子昆弟三人並醫其孰最善扁鵲曰長兄視神故名不出家仲兄視毫毛故名不出閭鵲針人血脉救人生死名聞天下

燕丹子曰田光竊觀太子客無可用者宋意脉勇之人怒而面青

論衡曰王莽時省五經平章句弟子郭略夜定舊說死於燭下精思不任脉絶氣滅

崔元始正論曰風俗者國之脉診也年穀如其肌膚肌膚雖和而脉診不和亦未爲休也

髓

說文曰髓骨中脂也

史記曰扁鵲過齊桓侯客之後五日復見望桓侯而退走桓侯使人問其故扁鵲曰疾之居腠理也湯熨之所能及在血脉鍼石所能及在腸胃酒醪之所能及其在骨髓雖司命無奈之何也今疾在骨髓臣是以無請也後五日桓侯躰病使人召扁鵲鵲已逃去桓侯遂死

又曰勾踐頓首再拜荅子貢曰孤嘗不料力乃與吳戰困於會稽痛入於骨髓

帝王世紀曰紂斬朝涉之脛而觀其髓酈善長水經注曰淇水歷汲郡西南出朝歌城西北東南逕朝歌臺下俗謂之陽河水也紂在臺見老人晨將渡水而沉吟難濟紂問

其故左右曰老者髓不實故畏寒紂乃於此斮脛而視髓

腦

左傳僖下曰晉文公夢與楚王搏楚子伏已而盬其腦子犯曰吉我得天楚伏其罪吾且柔之矣(杜預注云腦所以柔物)

春秋元命苞曰腦之爲言在也人精在腦

韓詩外傳曰禽息秦大夫薦百里奚不見納繆公出當車以頭擊闑(五結切)腦乃精出曰臣生無補於國不如死也繆公感寤而用百里奚秦以大化

史記曰昔趙襄子以其姊爲代王妻後與王遇於句注之塞厨人進斟因反斗以擊代王殺之王腦塗地

三國典略曰齊南陽王綽與齊主俱五月五日生武成以綽母李夫人非嫡故貶之爲弟俗云其日生者腦不壞爛死後踰一年方許收殮毛髮不落如生人焉

神異經曰西荒中有人長短如人着百結敗衣手足虎爪名獏貐見人獨自輙就人欲食腦先捕虱人伺其卧舌出槃地丈餘便燒石投其舌於是絕氣而死若不如此竊而輙食人腦

列異傳曰陳倉有得異物其形不類猪不似羊莫能名以獻秦穆公道遇二童子曰此名爲媼述常在地下食死人腦若欲殺之以柏燒其頭(媼音襖)

西京雜記曰廣陵王胥有勇力恒於別囿學格熊後遂空手搏之陷腦而死

血

釋名曰血濊也流濊濊也(濊呼會切)

禮記檀弓曰高子臯之執親之喪也泣血三年

左傳莊公八年曰齊侯田于貝丘傷足喪屨反誅屨於徒人費弗得鞭之見血

又成公上曰齊晉將戰郤克傷於矢流血及屨未絕鼓音張侯曰余病矣郤至曰自師始合而矢貫余手及肘余折以御左輪朱殷豈敢言病吾子忍之(張侯解張也朱血色血色久則殷今人謂朱黑殷也言血多汙車輪後不敢息也)

春秋考異郵曰龍門之下血如江(宋均曰龍門戰在魯桓十三年)

易屯卦曰乘馬班如泣血漣如

尚書武成曰紂前徒倒戈攻于後以北血流漂杵(孔安國注曰流漂舂杵)

論語季氏曰君子有三誡血氣未定誡之在色血氣方剛誡之在鬭血氣既衰誡之在得

漢書曰申屠嘉爲丞相鄧通居上傍怠慢嘉爲檄召通責曰朝廷者高帝朝廷也通小臣戲殿上大不敬當斬通頓首血出不解文帝度嘉已困通持節召通而謝嘉

漢書曰息夫躬坐祝詛下獄仰天大呼血從鼻出食頃而死

東觀漢記曰逢萌隱琅邪不勞山非禮不動聚落化之北海太守遣吏奉謁萌不諾太守遣吏捕之民相率以石擿吏皆流血奔走

又曰耿秉爲征西將軍鎮撫單于以下及薨南單于舉國發哀剺面流血

謝承後漢書曰吳郡嬀皓字元起父爲南郡太守坐事繫獄皓懷小石至公卿間輙出石叩頭其上流血覆面父繫得免

虞預晉書曰元康元年河間成都二王舉兵向京都朝廷北討嵇紹爲侍中王旅不振敗績於蕩陰百官侍衛莫

不潰散唯紹以身捍寇兵突御輦飛矢雨集紹遂被害於帝側血濺御服及定左右欲浣衣帝曰此嵇侍中血勿去

又曰丞相府斬督運令史淳于伯血逆流着柱終柱末二丈三尺旋復流下四尺五寸百姓咸稱其冤

晉書張軌傳曰漢末金城人陽成遠殺太守以叛郡人馮忠赴屍號哭歐血而死

又曰桓温父彝爲韓晃所害涇令江播預焉温時年十五枕戈泣血志在復讎

崔鴻十六國春秋後趙録曰伏都有膂力善尺牘攻石閔不剋爲閔所殺横屍相枕血流成渠誅諸胡羯無貴賤男女皆斬之死者二十餘萬于時高鼻多鬚至有濫死者

又北燕録曰馮跋譏郡僚忽有血流左臂跋惡之從事中郎王乘因陳符命之應跋戒其勿言

南史曰蕭叡明母病風積年沉卧叡明晝夜禱祈時寒下淚爲冰叩頭血出亦爲冰不溜

陳書曰吳明徹殺王琳有一叟以酒脯來至號酹盡哀收其血懷之而去

三國典略曰齊主於涼風堂召孝昭第二子百年遣左右亂捶擊之又令曳以遶堂所行之處血皆遍地

又曰齊主將殺開府高德正召而謂之曰聞尔病我爲尔針以刀子刺之血流霑地

又曰周師圍江陵謝荅仁請守子城梁主即授城内大都督既而召王裒謀之裒以爲不可荅仁請入不得歐血而去

唐書曰王君廓鎭幽州會突厥入寇君廓邀擊破之高祖大悦徵入朝賜以御馬令於殿庭乘之而出因謂侍臣曰吾聞藺相如叱秦皇目眥出血君廓往擊竇建德將出戰李勣過之君廓發憤大呼目及鼻耳一時流血此之壯氣何謝古人不可以常例賞之復賜錦袍金帶

又曰輔公祏據江東反發兵寇壽陽命李孝恭爲行軍元帥以擊之孝恭自荆州趣九江將發與諸將宴集命取水忽變爲血在坐者皆失色孝恭舉止自若徐諭之曰禍福無門唯人所召自顧無負於物諸君何見憂之深公祏惡積禍盈今承廟筭以致討盌（音椀）中之血乃公祏授首之徵

又曰李思摩頡利族人也授右衛將軍從征遼東爲流矢所中太宗親爲吮血

又曰李子慎誣告其舅以獲五品其母見其着緋衫覆面牀下泣涕曰此是汝舅血染者耶

又曰玄宗幸蜀次馬嵬召左相韋見素見素出店爲亂兵所擊頭血流地上遽令壽王傳詔止之

又曰天寶十五年安禄山下將蔡希德攻陷常山郡執太守顔杲卿長史袁履謙殺掠人吏萬餘人城中流血

又曰竇軌每臨戎對寇或經旬月身不解甲其部衆無貴賤少長不恭命即立斬之每日被事多所鞭撻流血滿庭見者莫不股慄

又曰劉審禮丁父憂去職及葬跣足隨車流血灑地行路稱之

又曰牛徽爲吏部員外郎巢賊犯京師父蔚方病徽與其子自扶籃（音藍）輿投窮山南閣路險狹盜賊縱横谷中盜擊徽破首血流被體而捉輿不輟

莊子曰萇弘死乎蜀藏其血三年化爲碧

燕丹子曰竊觀太子客無可用者夏扶血勇之人怒而面

赤

賈子曰炎帝黄帝異母兄弟各有天下之半戰於涿鹿之野血流漂杵

山海經曰禹堙洪水殺相繇其血腥臭不可生五穀以其地爲臺相繇一名相仰

春秋後語曰燕太子丹豫求天下名利匕首得趙人徐夫人匕首取之百金使工以藥淬之以試人血濡縷無不立死者裴駰曰言以匕首傷人血出纔足霑濡絲縷便立死讀如儒也

説苑曰蔡威公閉門而哭三日泣盡而繼之以血

幽明録曰王伯陽亡其子營墓得三漆棺移置南堈夜夢魯肅瞋云當殺汝父尋復夢見伯陽云魯肅與弟爭墓後於坐褥上見數升血疑魯肅殺之故也墓今在長廣橋東一里

汝南先賢傳曰陽安令趙規與朗陵太守黄萌爭水規割指詛曰隨血所流入陽安界萌忿殺規小吏王朔復刺殺萌朗陵官屬又殺朔民於京山上爲朔作祠壇每水旱輒往祈禱

博物志曰戰鬬死亡處有人馬血積年化爲燐燐着地及草木如霜露略不可見人行或有觸着體便有光拂拭便分散無數又細咤聲如炒豆住久乃滅其人忽忽如失魂經日乃差燐音鄰又音吝

三輔舊事曰武帝發兵攻太子連鬬五日白虎闕前溝中血没足

世説曰阮步兵居喪不率禮而志孝稱當葬母先食肫飲酒然後臨訣而哭直云人言窮我將窮矣因吐血一升氣絶不知人弥時乃蘇

膏

春秋元命苞曰膏者神之液

文子曰人受變化一月而膏二月而脉

異苑曰滿奮豐肥膚肉潰裂每暑夏輒膏汗流溢

太平御覽卷第三百七十五

太平御覽卷第三百七十六

人事部十七

心　肝　肺　脾　腎

膽　胃　腸　膀胱　𣏌

心

釋名曰心纖也所識纖微無物不貫也

禮記禮運曰欲惡者心之大端也人藏其心不可測度也美惡皆在其心不見其色也欲一以窮之舍禮何以哉

又祭義曰致樂以治心則易直子諒之心生則樂樂則安安則久久則天天則神天則不言而信神則不怒而威致樂以治心者也

又緇衣曰子曰民以君爲心君以民爲體心莊則體舒心肅則容敬心好之身必安之君好之民必欲之心以體全亦以體傷君以民存亦以民亡

又大學曰欲脩其身者先正其心

左傳莊公曰楚武王伐隨入告夫人鄧曼曰余心蕩鄧曼歎曰王祿盡矣盈而蕩天之道也故臨武事將發大命而蕩王心焉若師徒無虧王薨於行國之福也王遂行卒於樠（音門）木之下

又昭公五年曰周景王鑄無射泠州鳩曰王其以心疾死乎

毛詩柏舟曰我心匪石不可轉也我心匪席不可卷也

又谷風曰習習谷風以陰以雨黽勉同心不宜有怒

又小弁曰我心憂傷惄焉如擣

又巧言曰他人有心予忖度之

周易上繫曰二人同心其利斷金

尚書仲虺之誥曰以義制事以禮制心

又太甲下曰有言逆于汝心必求諸道（人以言咈違汝心必以道義求其意勿拒逆之）

又說命曰啓乃心沃朕心

又泰誓曰受有臣億萬惟億萬心（人執異心不和諧）予有臣三千惟一心（三千一心言同欲）

又曰斮朝涉之脛剖賢人之心

又酒誥曰誕惟厥縱淫泆于非彝用燕喪威儀民罔不盡傷心

又周官曰作德心逸日休作僞心勞日拙（爲德直道而行於心逸豫而名日美爲僞飾巧百端於心勞苦而事日拙不可爲）

論語曰七十而縱心所欲不踰矩

又曰回也其心三月不違仁

史記曰吳公子季札初使北過徐君好季札劒口弗敢言季札心知之爲使上國未獻還至徐徐君已死於是乃解其寶劒繫之徐君冢樹而去從者曰徐子已死尚誰予乎季子曰不然始吾心已許之豈以死倍吾心哉

戰國策曰蘇秦爲趙合從於楚威王曰秦虎狼之國不可親寡人卧不安席食不甘味心搖搖然如懸旌無所終薄

漢書張耳傳曰上從東垣過柏人欲宿心動帝曰柏人者迫於人也不宿而去

又鄭崇傳曰尚書令趙昌佞諂素害崇知其見疏因奏崇與宗族通疑有姦請治上責崇曰君門如市人何以欲禁切主上崇曰臣門如市臣心如水

東觀漢記曰許𨋕平原人爲縣門下小吏縣令劉雄爲賊所攻欲以弓刺雄𨋕前叩頭以身代雄賊等遂戟刺𨋕貫心

洞背即死東郡太守捕得賊具以狀上詔書傷痛之

蜀志曰劉琮聞曹公來征遣使請降先主在樊聞之率衆南行諸葛亮與友人徐庶並從爲曹公所追獲庶母庶辭先主而指其心曰本欲與將軍共圖王霸之業者以此方寸之地也今失老母方寸亂矣無益於事請於此別遂詣曹公

晉書曰張華被誅華曰臣先帝老臣中心如丹臣不愛死懼王室之難禍不可測也

又曰阮咸與籍爲竹林之遊太原郭弈高爽爲衆所推見咸而心醉不覺歎焉

又曰顧和王導爲揚州辟從事月旦當朝未入停車門外周顗遇之和方釋風夷然不動顗既過顧指和心曰此中何所有和徐應曰此中最是難測地顗入謂導曰卿州吏中有一令僕才導亦以爲然

齊書曰陸惠曉匪躬清恪風神俊朗何點每歎曰惠曉心如明鏡遇形觸物無不朗然

又曰南陽宋元卿有志行早孤爲祖母所養祖母病元卿在遠輒心痛大病則大痛小病小痛以此爲常

南史曰賀道養工卜筮經遇工歌女人病死爲筮之曰此非死也天帝召之歌耳乃以土塊加其心上俄頃而蘇

唐書曰憲宗問宰臣爲理之要何先裴垍對曰先正其心上深然之

又曰魏州節度使田布以牙將史憲誠離間三軍度衆終不爲用乃密表陳情號哭拜授其從事李石乃入啓父靈抽刀刺心曰上以謝君父下以示三軍言訖而絶

又曰昭宗龍紀元年杭州刺史錢鏐攻宣州下之擒劉浩剖心以祭周寶

國語曰觀其容而知其心矣

又曰諺曰衆心成城

老子曰聖人無常心以百姓心爲心

管子曰心之在體君之位也九竅之有職官之分也心處其道九竅修理故曰上離其道下失其事

晏子春秋曰景公田於署梁十八日不返晏子往見公曰夫子何遽得無有故乎對曰國人皆以君安野而好獸公曰夫以獄訟不正則太士子牛存焉社稷宗廟不享則太祝子游存矣倉廩不實申田存矣國家之有餘不足騁乎則吾子存焉寡人有吾子猶心有四支故心得佚晏子曰若心有四支而得佚則可令四支一日無心乎公罷田而返

又曰崔杼殺莊公敢不盟者戟鉤其頸劒承其心晏子不與盟而出上車其僕將馳晏子撫其手曰麋生於山野命懸於庖廚嬰命有所懸矣成節而去

又曰一心可以事百君百心不可以事一君仲尼聞之曰小子記之晏子以一心事百君

文子曰心者形之主也神者心之寶也

列子曰魯公扈趙嬰齊同見扁鵲鵲曰公扈志強而氣弱足於謀而寡斷嬰齊志弱而氣強故少於慮而傷於專若換汝之心則均於善矣遂飲二人毒酒迷死三日剖胷探心易而置之救以神藥既寤如初於是公扈反嬰齊之室而有其妻子妻子不識嬰齊反公扈之室而有其妻子妻子亦不識也

又曰龍叔謂文摯曰吾有疾子能已乎文摯乃命龍叔背

明而立文摯從而向明理望之旣而曰噫見子之心矣方寸之地虛矣幾聖人也子心六孔通流一孔不達（舊說聖人心有七孔）今聖智爲病者或由此乎

孟子曰人皆知糞其田莫知糞其心糞田不過苗利得粟糞心易行而得所欲何謂糞心傅學多聞何謂易行一欲止淫

又曰見孺子入井皆有惻隱之心非子父母也無此心者非人也無善惡之心非人也

莊子曰孔子曰凡人心險於山川難知於天

又曰萬惡不可納於靈臺（司馬注曰心爲神靈之臺）

又曰至人之用心若鏡（郭象注曰鑒物無錯）不將不迎應而不藏（來即應去即止）

韓子曰西門豹性急佩韋以自緩巳董安于心緩佩弦以

自急

孫卿子曰君子之學入乎耳著乎心布乎四支動靜皆可爲法

子思子曰百心不可得一人一心可得百人

公孫尼子曰心者衆智之要物皆求於心

淮南子曰夫心者五藏之主也所以制使四支流行血氣馳騁于是非之境而出入于百事之門戶者是也

抱朴子曰昔西施心病卧於道側蘭麝芬芳見者咸美其容

篤論曰杜恕與宋瓘書曰吾年五十不見廢棄者遭明達君子亮其本心若不見亮便刳心著地正數片肉耳何足有所明耶

傅子曰心有管籥須言而發

又曰人皆知滌其器而莫知洗其心

異苑曰鄭玄師馬融三載無聞融鄙而遣還玄過樹陰下假寐夢見一父老以刀開其心謂曰子可學矣於是寤而即反遂精洞典籍融歎曰詩書禮易皆巳東矣

列女傳曰王子比干諫紂以爲妖言妲巳謂曰吾聞聖人之心有七竅竅有九毛遂剖視之

括地圖曰無咸民食土死即埋之其心不朽百年復生去玉關四萬六千里

風俗通曰俗說無恙無病也凡人相問無病也案易傳上古露宿恙虫噬食人心凡相訪問曰無恙乎非謂病也

世說曰魏武云人欲危巳巳輒心動因語所親小人曰汝懷刀密來我側我必心動使戮汝但勿言當厚相報懷刀者信焉遂斬之謀逆者挫氣

又曰簡文帝入華林園顧左右曰會心處不必在遠翳然林木便自有濠梁想覺魚鳥自來見親

諸葛亮書曰吾心如秤不能爲人作輕重

肝

說文曰肝火藏也

釋名曰肝幹也於五行屬木故其體狀有枝幹也凡物以木爲幹也

樂動聲儀曰五藏肝仁肝所以仁者何肝木之精也仁者好生東方者陽也萬物始生故肝象木色而有枝葉

史記曰盜跖日殺不辜肝人之肉暴戾恣睢聚黨數千人橫行天下竟以壽終

漢書曰蒯通說韓信曰今劉項分爭使人肝腦塗地流離中野不可勝數

又曰息夫躬絶命辭曰涕泣流兮萑蘭心結愲(音骨)兮傷肝

魏末傳曰諸葛誕殺文欽及城陷欽子鴦虎先入殺誕噉其肝

續晉陽秋曰會稽太守謝琰拒孫恩恩帳下都督張猛於後斫馬琰墮地遂殺之高祖左里之捷生禽猛送琰小子混混刳肝生食之

崔鴻十六國春秋北涼録曰馬權凡爲凉將蒙毋詡所殺權後殺詡食其肝

括地圖曰細民肝不朽死八年復生穴處衣皮

莊子曰盜跖居太山膾人肝而食之

呂氏春秋曰衛懿公有臣弘演有所使翟人攻衛殺懿公盡食其肉獨舍其肝弘演至報使見肝盡哀而止曰臣請爲褾(音表)因自殺先出其肝内公之肝齊桓公聞之復衛(鶮)(注曰褾表也)

賈子曰武王伐紂紂鬪而死棄之玉門外民蹈其腹蹷其腎踐其肺履其肝武王以幃守之民褰而入以石抵之者猶未止

唐書曰天寶三年有星如月墜于東南墜後有聲京師訛言官遣棖捕人肝以祭天狗人相恐畿縣尤甚發使安之

談藪曰徐摛好爲躰語嘗躰一人病癰曰朱血夜流黄膿晝寫斜看紫肺正視紅肝

肺

說文曰肺水藏也

釋名曰肺勃也其氣勃鬱也

毛詩蕩桑柔曰自有肺腸俾民卒狂

博物志曰鏐(音留)民其肺不朽百年復生

白虎通曰肺所以義者何肺者金之精義者斷決西方亦殺成萬物故肺象金色白繫於鼻

脾

說文曰脾金藏也

釋名曰脾裨也在胃下裨助胃氣主化穀也

陳思王辨道論曰甘始論車師之西國兒生劈背出脾欲其食少而努行也

白虎通曰脾之爲言併也所以併積氣

又曰脾所以信何脾者土之精土尚任養萬物無所私信之至也故脾象土色黄繫於舌

腎

說文曰腎水藏也

釋名曰腎屬水主引水氣灌注諸脉也

尚書盤庚曰今我其敷心腹腎腸歷告爾百姓于朕志(布心腹言輸誠於百姓以告志)

文子曰腎主鼻

白虎通曰腎所以智何腎者水之精智者進止無所疑惑水亦進而不惑北方水故腎黑陰故腎雙居

膽

說文曰膽連肝之府也

史記曰吴既赦越王勾踐返國苦身焦思置膽於坐卧即仰飲膽曰汝忘會稽之恥乎

魏志曰樂進字文謙陽平衛國人容貌短小以膽烈從太祖爲帳下吏

又曰袁紹在黎陽將南渡時程昱有七百兵守鄄城太祖使人告昱欲益二千兵昱不肯曰袁紹擁十萬衆自以所

向無前今見𥁞兵必來攻太祖從之紹果不往太祖謂賈詡曰程昱之膽過於賁育

又曰袁紹旣并公孫瓚兼四州地衆十餘萬諸將以爲不可敵公曰紹志大而智小色厲而膽薄土地雖廣糧食豐適所以爲奉吾也

吴志曰吕蒙病篤孫權問曰卿如不起誰可代者對曰朱然膽有餘愚以爲可任蒙卒權假朱然節鎮江陵

又曰朱然長不過七尺氣候分明内行修絜其所文彩唯施軍器餘皆質素終日欽欽常存戰場臨急膽定尤過絶人

管輅别傳曰輅年十五琅耶太守單子春雅有才度欲見輅輅造之客百餘人有能言之士輅謂子春曰府君名士加有雄貴之姿輅旣年少膽未堅剛若欲相觀懼失精神

先飲三升清酒然後而言子春大喜酌三升獨使飲之於是輅與人人答對言皆有餘

趙雲别傳曰雲字子龍先主入益州雲留守營曹公爭漢中地運米北山下數千萬囊黄忠以爲可取過期不還雲將數十人出圍視忠值曹公揚兵大出爲前鋒所擊且𨚫公軍散走已復合雲陷敵還入營更大開門偃旗鼓公疑雲有伏兵引去雲鼓震以戎弩於後射公軍公軍驚駭因相蹂踐墮漢水死者甚多先主明日自來視昨戰處曰子龍一身都爲膽

宋書曰太學生會稽魏淮以才學爲王融所賞旣欲奉子良而淮鼓成其事太學生盧義丘國賓竊相謂曰竟陵才弱王中書無斷敗在目中矣及融誅召淮入舍人省詰問遂懼而死舉體皆青時人謂淮膽破

唐書曰武懿宗安撫河北諸州先是百姓有爲賊所從者後得歸來懿宗以爲同反盡生刳取其膽然後行刑流血盈前言笑自若

又曰孫思邈對盧照鄰曰膽欲大而心欲小

黄帝素問曰膽者中正之官斷決出焉

白虎通曰膽者肝之府肝者木之精主仁仁者若不忍故以膽斷是以仁者有勇故膽斷也肝膽異處何以其相爲府也肝者木精木之爲言牧也人怒無不色青目振張者是其效也

西京雜記曰秦有方鏡廣四尺高五尺九寸表裏有明人直來照之影則倒見以手捫心而來即見腸胃五藏歷然人有疾病在内即掩心照之即知病之所在女有邪心則膽張心動秦始皇帝以照宮人膽張心動者則殺之

世説曰姜維死時見剖膽大如斗

胃

説文曰胃穀府也

釋名曰胃圍也受食物也

春秋元命苞曰胃者脾之府主稟氣胃者穀之委故脾稟氣也

魏略曰陳思王精意著作食飲損減得反胃病也

物理論曰腹胃五藏之府陶冶之大化也

腸

説文曰腸大小腸也

釋名曰腸暢也暢胃氣去滓穢也

史記曰聶政刺殺韓累因自披面抉眼自屠出腸遂以死

又曰衛綰爲中郎將郎官有譴常蒙其罪不與他將爭有

功常讓他將上以爲廉忠實無他腸
後漢書曰董卓將兵擊韓遂詔徵卓爲少府不肯就上書言所將湟中義從及秦胡兵羣挽臣車使不得行羌胡憋腸狗態（言羌胡心腸憋惡情態如狗也）臣禁不能止
魏略曰丁沖爲司隸校尉後數歲遇諸將飲羙不能止醉爛腸而死
吳書曰孫堅母懷堅夢腸出繞吳昌門寤而懼之告隣母母曰安知非吉徵
梁書曰王偉嘗爲侯景作檄擻湘東王及景敗獲偉王怒釘其舌抽其腸而死
抱朴子曰欲得長生腸中清欲得不死腸無屎
白虎通曰大腸小腸心之府也主禮禮有分理腸亦大小相承受也

王子年拾遺録曰共有浣腸之國從口中引腸出出而浣濯之更遞易其五藏浣畢嚼拂而飛焉
楚辭九章曰惟郢路之遼遠腸一夕而九迴

膀胱

廣雅曰膀胱謂之脬（音胞）
釋名曰胞鞄（步交切）也鞄虛空之言也主以虛承水汋也或曰膀胱言體短而横廣也（脬與胞同音）
春秋元命苞曰膀胱者肺之府也肺者斷決膀胱亦常張有勢故膀胱决難也

尻

說文曰脽尻也（脽音誰）
釋名曰尻寥也所在寥牢深也
漢書曰文帝嘗夢欲上天不能有一黄頭郎推之上天顧見其衣尻帶後穿（師古曰衣尻謂衣當尻上而居帶之下也）覺而之漸臺以夢中陰目求推者郎見鄧通其衣後穿夢中所見也召問其姓名文帝甚悦尊幸之
王隱晉書曰成都王攻洛大駕幸共城上觀看孟玖軍人擧尻面天子對（士昔切）後降長沙王以對軍人辱帝東市斬之
晉中興書曰胡毋輔之子謙之醉與父語常呼父字輔之亦不怪也常窺輔之厲聲曰彥國老年不得爲尔將令我尻背東壁輔之遽呼入與共飲酒其爲放達如此
京房易妖占曰人生子無尻國主以仇亡
淮南子曰北方人下尻

太平御覽卷第三百七十六

太平御覽卷第三百七十七

人事部十八

長中國人　長絶域人

長中國人

禮斗威儀曰君乘土而王其民長君乘金而王其民洪白長大

春秋演孔圖曰孔子長十尺大九圍坐如蹲龍立如牽牛就之如昴望之如斗

周書曰丘陵之人專而長

史記曰晏子爲齊相出其御之妻從門窺其夫爲相御擁大蓋策駟馬意氣陽陽甚自得也既而歸其妻請去夫問故妻曰晏子長不滿六尺身相國名顯諸侯今者妾觀其出志念深矣常有以自下者今子長八尺迺爲人僕御然子之意自以爲足妾是以求去也其後夫自抑損晏子怪而問之以實對薦以爲大夫

漢書曰東方朔上書曰臣朔少失父母長養兄嫂年十三學書三冬文史足用年二十二長九尺三寸

又曰車千秋長八尺餘體貌甚麗武帝見而悅之

又曰金日磾父以不降見殺與毋閼氏弟倫俱没入官輸黄門養馬日磾長八尺二寸容貌甚嚴馬又肥好上異而問之以本狀對上即日賜湯沐衣冠拜爲馬監

又曰王商長八尺餘身體洪大容貌絶人單于來朝見商而拜

又曰王莽夙夜連率韓博上言有奇士長一丈大十圍來至臣府曰欲奮擊胡虜自謂巨毋霸出於蓬萊東南五城西北昭如海瀕軺車不能載三馬不能勝即日大車四馬建虎旗載霸詣闕臥則枕鼓以鐵著食此皇天所以輔新室

又曰朱雲字子游魯人少時通輕俠借客報仇長八尺餘貌甚壯以勇力聞年四十迺變節從博士白子友受易

東觀漢記曰馮勤字偉伯魏郡人曾祖父揚宣帝時爲弘農太守有八子皆爲二千石趙魏間榮之號萬石焉兄弟形皆偉壯唯勤祖偃短長不滿七尺常自謂短陋恐子孫似之乃爲子伉娶長妻生勤長八尺三寸

又曰賈逵長八尺二寸京師爲之語曰問事不休賈長頭

華嶠後漢書曰趙壹字元淑漢陽人體貌魁梧身長八尺美鬚眉望之甚偉

范曄後漢書曰虞延字子大陳留人延生其上有物若一疋絹遂上升天占者以爲吉及身長六尺六寸要帶十圍力能扛鼎

又曰大將軍袁紹摠兵冀州遣使要鄭玄大會賓客玄最後至乃延升上坐身長八尺飲酒一斛秀眉明目容儀溫偉

又曰郭林宗儀貌魁岸身八尺聲如鍾

袁宏漢紀曰長樂衛尉馬騰其長八尺身體洪大面鼻雄異而性賢厚人多敬之

魏志曰許褚字仲康長八尺餘大十圍容貌雄異勇力絶人

晉書曰羊祜身長七尺三寸美鬚眉太原郭奕見之曰此今之顏子也

晉書載記曰劉曜子胤風骨俊茂爽朗卓然身長八尺三

寸鬚與身齊多力善射驍捷如風雲雅因以重之

三十國春秋曰燕徵其東萊太守王鸞鸞身長九尺腰帶十圍貫甲跨馬不據鞍由鐙燕王德見而奇其魁偉賜之食一進一斛餘德驚曰所噉如此非耕而能飽但才貌不凡堪爲貴人可以一縣試之縣是拜逢陵長甚有治績

崔鴻前秦録曰鹿緼字處嘿西平人也身長八尺腰帶十圍清辯善論雄武便弓馬孝友貞亮聲高一時

車頻秦書曰苻堅時有申香長十尺以上爲拂蓋郎

裴景仁秦書曰姚萇圍苻堅遣僕射尹緯詣闕陳事堅見緯貌魁梧志氣秀傑腰帶十圍瓌偉異常驚而問曰卿於朕世何爲所作偉荅曰尚書令史堅笑曰卿宰相才也

宋書曰南郡王義宣爲荆州刺史白晳美鬚眉身長七尺五寸腰帶十圍

御覽三百七十七　三　王荏

齊書曰王茂先身長八尺潔白美容儀齊武帝布衣時常見之歎曰王茂先年少堂堂如此必爲公輔

又曰劉善明平原人也長八尺九寸質素不好聲色

北齊書曰蕭宗孝昭皇帝諱演字延安聦敏有識度深沉能斷不可窺測身長八尺腰帶十圍儀表瓌風迥然獨秀

周書曰庾信字子山幼而俊邁聦敏絶倫博覽羣書尤喜春秋左氏傳身長八尺腰帶十圍容止頹然有過人者

三國典略曰寇儁歸老不復朝覲天王思與相見乃令入朝儁身長八尺鬚鬢皓然容止端詳音韻清朗天王與之同席而坐因訪洛陽故事不覺屢爲前膝

唐書曰李義琰身長八尺博學多識高宗每有顧問言皆切直

孟子曰曹文公弟曹交問曰聞文王七尺湯九尺今交九尺四寸食粟而已如何則可

淮南子曰朱儒問天高於脩人曰吾不知曰子雖不知猶近之於我也故凡問事必於近之者

吳越春秋曰伍子胥見吳王僚僚望其顏色甚可畏長一丈大十圍眉間一尺王僚與語三日辭無復者胥知王好之每入言倍有勇壯之氣

帝王世紀曰季歷之妃生文王昌身長十尺

又曰禹長九尺九寸殷湯長九尺

涼州記曰呂光字世明連結豪賢好施待士身長八尺四寸目重瞳子左肘生宍印性沉重質略寬大有度量時人莫之識唯王猛布衣時異之曰此非凡人

司馬彪序傳曰朗祖父儁字元異博學好古倜儻有大度長八尺三寸腰十圍儀狀魁岸行與衆有異鄉黨宗族咸

御覽三百七十七　四　王荏

影附焉

祖冲之述異記曰苻健皇始四年有長人見身長五丈語人張靖曰今當太平新平令以聞健以妖妄召靖繫之是月霖雨河渭泛溢蒲坂津監登於河中流得大屐一隻長七尺三寸足跡稱屐指長尺餘文深七寸

琱語曰齊景公伐宋至曲陵夢見大君子甚長而大大下而小上其言甚怒好仰晏子曰若是則盤庚也夫盤庚之長九尺有餘大下小上白色而髯其言好仰而聲上公曰是也是怒君師不如違之遂不伐宋也

世說曰满寵寵子偉偉子奮皆長八尺

長絶域人

河圖玉板曰從崑崙以北九萬里得龍伯國人長三十丈生萬八千歲而死從崑崙以東得大秦國人長十丈從此

以東十萬里得𠳂吐凋國人長三丈五尺從此以東千里
得中秦人長一丈
龍魚河圖曰天之東西南北極各有銅頭鐵額兵長三千
萬丈三千億萬人天之東西南北極各有金剛敢死力士
長三千萬丈三千億萬人天中有太平之都有都甲食鬼
鐵面兵長三千萬丈三千億萬人
尚書洪範五行傳曰長狄之人長蓋五丈餘也
又曰秦始皇時有大人身長五丈足跡六尺夷狄服見於
臨洮天戒秦曰勿大行夷狄之道將受其禍云
左傳文下曰冬十月敗狄于鹹
獲長狄僑如富父終甥摏其喉以戈殺之埋其首於子駒
之北門以命宣伯（得臣因名宣伯曰僑如以旌其功）
公羊傳文公曰長狄兄弟三人一者之齊王子城父殺之

一者之魯叔孫得臣殺之則未知其之晉者也
穀梁傳文公曰魯文公十一年叔孫得臣敗狄于鹹獲長
狄也兄弟三人迭害中國得臣善射射中其目身橫九畝
斷其首而載之眉見於軾
春秋考異郵曰長狄兄弟三人各長百尺狄者陰氣時中
國衰有夷狄萌
家語曰吳伐越隳會稽獲巨骨一節專車載焉吳子使來
聘魯以問孔子孔子曰丘聞昔禹致羣臣於會稽之山防
風氏後至禹戮之其骨節專車客曰防風何守也子曰汪
罔之君守封嵎之山爲漆姓在虞夏商爲汪罔氏於周爲
長翟氏今曰大人客曰人之長極幾何子曰長者不過十
丈數之極也
魏略曰天竺國人皆長一丈八尺車離國男女皆長一丈
八尺
魏志曰咸熙二年襄武縣言有大人見長三丈餘跡長三
尺六寸白髮着黃單衣戴黃巾呼人王始語云今當太平
列子曰渤海之東有大壑焉中有五山一曰岱輿二曰員
嶠三曰方壺四曰瀛洲五曰蓬萊羣聖居之帝使巨鼇十
五舉首而戴之迭爲三番龍伯之國有大人一釣而連六
鼇合負而歸於是岱輿員嶠二山沉於大海帝憑怒侵減
龍伯之國使小至伏羲神農時其國人猶長數十丈
淮南子曰東方之人長一丈
孫綽子曰海人與山客辯其方物海人曰橫海有魚額若
華山之頂一吸萬頃之波山客曰鄧林有木圍三萬尋直
上千里傍蔭數國東極有大人斬木爲策短不可杖釣魚
爲鮮不足充餔（音逋）

山海經曰東海之外大荒之中有波谷山者有大人之國
有大人之市名曰大人堂有一人蹲其上張其兩臂
漢武故事曰公孫卿至東萊云見一人長五丈自稱巨公
牽一黃犬把一黃雀欲謁天子因忽不見
神異經曰東南有人焉周行天下其長七丈腹圍如長其
頭（其頭髮煩亂也）不飲食朝吞惡鬼三千暮吞三百但吞不咋（鋤格
切）此人以鬼爲飯以霧露爲漿名天郭一名食耶（吞食一耶鬼）一
名黃父（黃父鬼俗人依此名兩名之）
又曰西北海外有一人焉長二千里兩腳中間相去千里
腹圍一千六百里但飲天酒五（天酒甘露也）不食五穀魚肉忽
有飢時向天乃飽好山海間不犯百姓不干萬物與天地
同生名無路之人（言無路者高大不可爲路也）一名仁（禮曰仁也）一名信（與天
地俱生而不沒故曰信）一名神

又曰西南大荒中有人焉長一丈其腹圍九尺踐龜蛇戴朱鳥左手憑青龍右手憑白虎知河海斗斛識山石多少知天下鳥獸言語知百穀草木鹹苦名曰聖一名哲一名先通一名無不達凡人見拜者令人神智

又曰東南隅大荒之中有朴父焉夫婦並高千里腹圍百輔（百輔圍千里也）天初立時使夫妻導開百川嬾不用意謫其夫妻並立東南男露其勢女彰其殺（勢殺陰陽）氣息如人不畏寒暑不飲不食須黃河清當復更使其夫妻導百川

蜀王本紀曰秦襄王時宕渠郡獻長人二十五丈六尺

括地圖曰大人國孕三十六年而生生兒白首長丈

外國圖曰大秦國人長一丈五尺猿臂長脅好騎駱駝

辛氏三秦記曰燉煌西盡大秦隔海心無憂遇善風不經二十日得渡心憂數年不得渡該曰心無憂患不經二旬心若憂患遠離三春士人賢直男女皆長一丈端正國主風雨不和則讓賢而治之

郭子橫洞冥記曰有丈提國人長三丈二尺有三手一手當胷手足三指

太平御覽卷第三百七十七

太平御覽卷第三百七十八

人事部十九

短中國人　短絶域人

肥　瘦

短中國人

左傳襄上曰臧紇救鄫侵邾敗於狐駘（臧紇武仲也鄫屬魯故救之狐駘邾也）國人誦之曰我君小子朱儒是使朱儒朱儒使我敗於邾（襄公幼弱故曰小子臧紇短小故曰朱儒）

家語曰高柴齊人字子羔長不過六尺狀貌甚惡爲人篤孝居喪見知

史記曰秦倡朱儒優旃始皇時置酒天雨陛者寒旃矜之乃大呼曰汝雖長尚雨立我雖短故幸休始皇乃使皆代

漢書曰嚴延年爲人短小精幹敏捷於事雖子貢冉有通於政事不能繼也

又曰樓護爲人短小精辯論議常依名節與谷永俱爲五侯上客

又曰東方朔待詔公車奉禄薄朱儒得省見久之朔紿（音迨）騶朱儒（師古曰朱儒短人也騶廐之御騶也）曰上以若曹無益於縣官耕田力作固不及人臨衆處官不能治民從軍擊虜不任事無益於國用徒索衣食今欲盡殺若曹朱儒大恐啼泣朔教曰上即叩頭請罪居有頃聞上過朱儒皆號泣頓首上問何爲對曰東方朔言上欲盡誅臣等上知朔多端召問何恐朱儒爲對曰臣朔生亦言死亦言朱儒長三尺餘奉一囊粟錢二百四十朱儒飽欲死臣朔飢欲死上大笑因待詔金馬門

又曰郭解爲人短小恭儉諸公以此重之

又曰蔡義爲丞相時年八十餘短小常兩吏扶乃能行

又曰張蒼不滿五尺蒼父八尺餘蒼子復長八尺及孫毅長六尺餘

又曰宣帝時渤海盜賊起上以龔遂爲太守召見遂形貌短小帝見心内輕焉及對賜黄金乘傳去

謝承後漢書曰汝南周滂字次彦世祖到常山問可治兵者誰滂舅以滂對世祖見滂短小以爲不能將帥滂對有詞理拜潁川府丞

東觀漢記曰張重日南計吏形容短小明帝問云何郡小吏荅曰臣日南計吏非小吏也

袁宏漢紀曰陰后短小舉止時有失儀左右掩口而笑

魏志曰樂進字文謙容貌短小膽烈從高祖爲帳下吏

魏氏春秋曰魏武王姿貌短小神明英徹

呉録曰張蕃字仲輔爲人短小顧譚以短戲之曰朱儒朱儒有何德令我思君罔極

臧榮緒晉書曰山濤子淳元尫疾不仕世祖聞其短小而聰敏欲見之濤面荅淳元自謂形容宜絶人事不肯受詔論者奇之

沈約宋書曰王敬弘形狀短小而坐起端方

劉璠梁典曰徐摛起家太學博士周捨舉曰臣外弟徐摛形質陋小若不勝衣而堪此選乃爲晉安王侍讀

崔鴻前涼録曰宗醜字仲業慷慨有大志清素敦朴不好華競形狀短小體有鱗甲仕至西平太守

三國典略曰齊孟業有盛名初司州牧清河王岳聞業名召爲法曹見其容貌短小笑而不言及尋斷決之處乃謂業曰卿決斷之明可謂有過軀之用

晏子春秋曰晏子短小使楚楚人爲小門而迎晏子晏子曰使狗國者從狗門入今臣使楚不當狗門入王曰全齊無人耶使子爲使晏子曰齊之臨淄張袂成帷揮汗成雨何爲無人使賢者使於賢國使不肖者使於不肖之國以嬰爲不肖故使王耳

孫卿子非相曰帝舜短周公短楚葉公子高微小短瘠行若不勝衣而定楚國

說苑曰齊遣淳于髡到楚爲人短小楚王甚薄之謂曰齊無人而使子來何長也對曰臣無所長臣腰中七尺之劒欲斬無狀王王曰止吾但戲子耳即與髡共飲酒

博物志曰齊桓公獵得一鳴鵠宰之嗉中得一人長三寸三分着白圭之袍帶劒持車罵詈瞋目後又得一折齒方圓三尺問羣臣曰天下有此及小兒否陳章荅曰昔秦胡

充一舉渡海與齊魯交戰傷折版齒昔李子敖於鳴鵠嗉中遊長三寸三分

纂文曰漢光武時潁川張仲師長二尺二寸亦出王充論衡

古文瑣語曰齊景公伐宋至曲陵夢見有短丈夫賓於前晏子曰君所夢何如哉公曰其賓者甚短大上小下其言甚怒好俛晏子曰則如是伊尹也伊尹甚大而短大上小下赤色而髯其言好俛而下聲公曰是矣晏子曰是怒君師不如違之遂不果伐宋

方言曰䂢矲擺猎反短也江湘之會謂之䂢昨啓反又曰癠桂林之中謂短矲東揚之間謂之府今俗呼小爲癠矲猶也俯言俯視因名云

汝南先賢傳曰周舉字宣光姿貌短陋有晏子之風

陸胤廣州先賢傳曰徐徵字君外爲人短小果敢

劉彥明燉煌實録曰氾濟字世震博學善屬文爲人短小弱冠屢陳損益

續搜神記曰司徒蔡謨親舊有王蒙者單獨常爲蔡公所收養蒙長纔及三尺似爲無骨登牀輙令人抱上

桓譚新論曰諺云朱儒見一節而長短可知

短絶域人

詩含神霧曰東北極有人長九寸

家語曰孔子曰僬僥氏長三尺短之至也國語同

魏略西域傳曰短人國在康居西男女皆長三尺衆甚多康居長老傳曰常有商行迷惑失道而到此國國中甚多珠夜光明商度此國去康居可萬餘里

魏志曰倭南有朱儒國人其長三四尺去女王國四千餘里

列子曰從中州以東三十萬里得僬僥國人長一尺六寸東北極有人名諍音靖人長九寸

山海經曰周饒國爲人短小着冠帶一曰僬僥國郭璞曰其人長三尺

漢武故事曰東郡送一短人長七寸衣冠具足疑其山精常令在案上行召東方朔問朔至呼短人曰巨靈汝何忽叛來阿母還未短人不對因指朔謂上曰王母種桃三千年一作子此兒不良已三過偷之矣遂失王母意故被謫來此上大驚始知朔非世中人短人謂上曰王母使臣來告陛下求道之法唯有清淨不宜躁擾復五年與帝會言終不見

神異經曰西北荒中有小人焉長一寸圍如長朱衣玄冠乘軺車導引有威儀人遇其乘車並食之其味辛楚終不

爲虫豸所咋並識萬物名字殺腹中三虫

又曰西海之中有鵠國男女皆長七寸自然有禮好經論跪拜壽三百歲人行如飛日千里百物不敢犯之唯畏鵠鵠遇呑之亦壽三百歲在鵠腹不死而鵠一舉千里（張華注曰此陳章對齊桓公云西海之外鵠國男女皆七寸也）

廣志曰東方有人長三尺君長出行導衛威儀有若中國人

又有小人如蠖蛄手撮之滿手得二十枚

外國圖曰僬僥國人長一尺六寸迎風則偃背風則伏眉目具足但野宿一曰僬僥長三尺其國草木夏死而冬生去九疑三萬里

王子年拾遺記曰員嶠山有陁移國人長三尺壽萬歲廣延之國人長二尺

郭璞山海經圖贊曰僬僥極麽（又門可反）禪人唯小四體具足眉目才了

肥

說文曰肥多肉也腴腹下肥也

禮記禮運曰安之以樂而不達於順猶食而弗肥也四體既正膚革充盈人之肥也

左傳哀下曰魯哀公至自越郭重僕孟武伯惡重曰何肥也公曰是食言多矣能無肥乎公與大夫始有惡

公羊傳宣公曰楚莊王圍宋子反乘堙而窺宋城見華元曰何如華元曰易子而食析骸而炊子反曰吾聞圍國者鉗馬而秣之使肥者應客是何子之情也華元曰吾聞君子見人之戹則矜之小人見人之戹則幸之吾見君子是以情也

家語曰弱土之人肥

漢書曰陳平少時家貧好讀書有田三十畝獨與兄伯居伯常耕縱平遊學平爲人長美色人或謂平貧何食而肥若是其嫂疾平不親家產曰亦食糠覈耳（音紇京師人謂麤屑爲紇頭也）有叔如此不如無有伯聞逐其婦

又曰張蒼當斬解衣伏質長大肥白如瓠王陵見而怪其美士乃言于沛公赦勿斬

東觀漢記曰梁鴻妻同郡孟氏女狀醜而肥力舉石臼擇對不嫁願得如鴻者後因妻鴻

謝承後漢書曰梁國車成字子威兄恩都爲赤眉賊所得欲齎之成叩頭曰兄瘦我肥欲得代之賊感其義俱放之

後漢書曰虞延字子大陳留東昬人也要帶十圍力能扛鼎

又曰東平王蒼腰帶八圍顯宗甚重之詔曰日者問東平王處家何等最樂言爲善最樂其言甚大副是腰腹矣

又曰尸董卓於市天時始熱卓素充肥脂流於地守尸吏然火置卓臍中光明達曙

後漢典略曰馬騰字壽成扶風茂陵人馬援後也長八尺餘身體洪大面鼻雄異而性賢厚人多敬之

魏志曰司馬懿奏免曹爽桓範踰城出爲爽畫二策爽不能用範怒爽曰肥奴曹子丹好人生卿五六頭肉今桓範隨卿滅門也

晉書曰王戎子萬有美名少而大肥戎令食糠而肥愈甚年十九卒

晉中興書曰兖州既有八伯之號其後更置四伯大鴻臚陳留江淵以能食爲穀伯豫章太守陳留史疇以大肥爲大伯散騎侍郎高平張嶷以狡妄爲猾伯盧陵太守羊曼

以佷戾爲㺯伯蓋擬古之四凶

晉書曰孝武即位桓溫入朝拜高平陵問左右殷清形狀荅者言肥短溫云向亦見在帝側

後趙書曰王洛生石勒欲挫其權豪洛生在獄自刺腹深五寸洛生肥盛不陷中重以刀潰其腹出胃而死

宋書曰前廢帝狂悖無道誅害羣公忌憚諸父並聚之殿内毆捶凌曳無復人理始興王休仁及太宗山陽王休祐形體並肥壯帝乃以竹籠盛而秤之以太宗尤肥號爲豬王

又曰沈昭略性狂儁不事公卿嘗至婁湖苑逢王景文子約張目視之曰汝是王約也何乃肥而癡約曰汝沈昭略耶何乃瘦而狂昭略撫掌大笑曰瘦已勝肥狂又勝癡

又曰范曄長不滿七尺肥黑禿眉鬢善彈琵琶能爲新聲

梁書曰安陵王大春字仁經少博涉書傳性孝謹體貌瓌偉腰帶十圍

隋書曰王世續字闡熙容貌魁岸腰帶十圍風神爽拔有傑人之表

尸子曰閔子騫肥子貢曰何肥也子騫曰吾出見其美車馬則欲之入聞先王之言則又欲之兩心相與戰今先王之言勝故肥

韓子曰子夏見曾子曰何肥也對曰戰勝故肥曾子曰何謂也子夏曰吾入見先王之義則榮之出見富貴又榮之二者戰於胷臆今先王之義勝故肥

淮南子曰繼子得食肥而不澤情不相往來也適子懷於燕慈母喻於利情相往來也

吳質別傳曰詔特進以下會質閒曹眞肥朱鑠臞質召俳優使説肥臞眞自以卿欲部曲將遇我耶遂爭而罷

諸葛恪別傳曰孫權常問恪何以自娛而更肥澤恪對曰臣聞富潤屋德潤身臣非敢自娛脩己而已

異苑曰晉司隸校尉髙平滿奮字武秋豐肥膚肉潰裂每至暑夏輒膏汗流溢其有愛妾夜取以燃照炎灼發于屋表奮大惡之悉感而埋之暨永嘉之亂爲胡賊所燒皎若燭光

會稽典録曰董孝治句章人家貧採薪供養得甘果奔走以獻母母甚肥悅隣人家富有子不孝母甚瘦不孝子疾孝治母肥常苦辱之孝治不報及母終負土成墳鳥獸助其悲號喪竟殺不孝子置冢前以祭詣獄自繫會赦得免

方言曰益梁之閒凡諱其肥盛謂之䐢如掌切肥盛也

博物志曰京邑有一人失名姓食噉兼十許人遂肥不能

動其父曾作遠方長吏徙縣令故義共傳食之一二年中一鄉爲儉

張顯叙書曰古諺云堯舜至聖身如脯腊桀紂無道肥膚三尺

語林曰孟業爲幽州其人甚肥或以爲千斤武帝爲稱之難其大臣乃作一大秤挂壁業入見武帝曰朕欲自稱有幾斤業荅曰陛下欲稱臣耳無煩復勞聖躬於是稱業果得千斤

世語曰太祖父嵩在太山太祖令太山太守應劭送家詣兖州陶謙密遣數千騎掩捕嵩家嵩懼穿後垣先出其妾肥不得出逃于廁與妾俱被害

又曰庾公造周伯仁伯仁曰君何所欣悅而忽肥庾曰君復何所憂慘而忽瘦伯仁曰吾無所憂直是清虛日來滓穢日去

物理論曰：穀氣勝元氣，其人肥而不壽。

瘦

釋名曰：省，瘦也。臞，省約少之言也。（說文曰：羸，委也。瘠，瘦也。）

周禮地官司徒曰：墳衍之人晳而瘠。（下平衍也）

左傳襄二十一年曰：楚子使薳子馮為令尹，訪於申叔豫。豫曰：國多寵而王弱，不可為也。遂以疾辭。方暑，闕地下冰而牀焉，重繭衣裘，（禮記玉藻曰：纊為繭，縕為袍也。）鮮食而寢。楚子使醫視之，（大夫差，疾受水）復曰：瘠則甚矣，血氣未動。乃使子南為令尹。

漢書曰：張湯子安世女孫敬為霍氏外屬婦，霍氏反，當相坐。安世瘦臞，形於顏色。宣帝赦敬，以慰其意。

東觀漢記曰：和熹鄧后自遭大憂，及新野君仍喪，諸兄常悲傷思慕，羸瘦骨立，不能自勝。

又曰：龐萌字明兄，為赤眉所得，欲啖之。萌詣賊叩頭，言兄年老羸瘠，不如萌肥健，願代兄。賊義而不啖。

謝承後漢書曰：楊彪見漢祚將移，遂稱腳攣不復行，積十餘年。後子脩為曹操所殺，操見彪，問曰：公何瘦甚？對曰：愧無日磾先見之明，猶懷老牛舐犢之愛。操為之改容。

獻帝春秋曰：司空攻呂布於下邳，呂布登西北白樓上城，陷，士擒以詣司空。布曰：明公何瘦？司空曰：所以瘦，不早相得故耳。（司空，曹操也。）

三輔決錄注曰：張氏得鈎，何氏得筭，故三輔舊語曰：何氏筭，張氏鈎。何氏肥，張氏瘦。言何氏有肥人輒貴，瘦人輒賤；張氏瘦者輒貴，肥者輒賤。故二族以鈎筭知吉凶，以肥瘦知貴賤。○文子曰：神農形顇，堯瘦臞，將欲利萬人也。

韓子曰：宓子賤治單父，有子見之曰：何瘠也？曰：官事急，憂之故臞。有子曰：昔舜鼓五絃之琴，歌南風之詩，而天下治。今單父細治之而憂，治天下將奈何？故無術御之，雖瘁臞未有益也。

世說曰：鄧竟陵免官後赴山陵，過見大司馬桓公，問曰：卿何以更瘦？（徐廣晉記曰：鄧遐勇力絕人，氣蓋當世，人方樊噲。為桓溫參軍，數從征伐，為冠軍將軍、竟陵太守。枋頭之役，溫既懷恥，忿且忌焉，遐因免退官。）遐曰：有愧於叔達，不能不恨恨於破甑。

述異記曰：甄法崇，永初中為江陵令，在任嚴明。于時南平繆士為江安令，喪官。至其年，末崇在聽事上，忽見一人從門入，云：繆江安通法崇。法崇知士已亡，因問：卿貌何故瘦？答曰：我生時所行善不補惡，今繫苦役，窮劇理盡。

魏明帝手詔曹植曰：王顏色瘦弱，何意耶？腹中調和不？今者食幾許米？又啖肉多少？見王瘦，吾甚驚，宜當節水加餐。

答詔表曰：近得賜御食，拜表謝恩。尋奉手詔，愍臣瘦弱，奉詔之日，泣涕橫流，雖武文二帝所以愍憐於臣，不復過於明詔。

太平御覽卷第三百七十八

太平御覽卷第三百七十九

人事部二十

美丈夫上

尚書洪範曰二五事一曰貌(容儀)

毛詩曰云誰之思西方美人(箋云思周室之賢者)彼美人兮西方之人兮(箋云彼美人謂碩人也)

又曰叔于田巷無居人(叔大叔段也田取禽也)豈無居人不如叔也洵美且仁(洵信也)

又淇奧曰有匪君子如金如錫如圭如璧寬兮綽兮猗重較兮

又猗嗟曰猗嗟昌兮頎而長兮(昌盛也頎長貌也)抑若揚兮(抑美色揚廣揚)美目揚兮(揚眉目)巧趨蹌兮射則臧兮

又小戎曰文茵暢轂駕我騏馵言念君子溫其如玉

又盧令曰盧令令其人美且仁盧重環其人美且鬈(鬈好貌讀當爲權權勇壯也)盧重鋂其人美且偲(偲才也)

又汾沮洳曰彼其之子美如英美如英殊異乎公行

又曰彼其之子美如玉美如玉殊異乎公族

左傳曰宋公子鮑美而豔

又曰子大叔美秀而文

又曰冉豎射陳武子中手(冉豎季氏臣)失弓而罵(武子罵)以告平子曰有君子白皙鬒鬚眉甚口平子曰必子彊也(子彊武子字)

爾雅曰美士爲彥

論語曰堂堂乎張也(言子張容貌盛)難與並爲仁矣

孝經曰容止可觀進退可度

家語曰息土之民美

漢書曰張子房狀貌如美婦人

又曰直不疑狀貌甚美

又曰班伯少受詩於師丹大將軍王鳳薦伯宜勸學召見宴昵殿中容貌甚麗誦說有法拜中常侍

又曰公孫弘對策時百餘人太常奏弘第居下天子擢弘對爲第一召入見容貌甚麗拜爲博士待詔金馬門

又曰張蒼好書律曆爲御史主柱下方書亡歸沛公略地過武陽蒼當斬解衣伏質蒼美麗長大肥白如瓠王陵見美乃言沛公赦之後爲御史大夫及爲相事陵如父陵死蒼洗沐常先朝陵夫人上食後歸

又曰陳平少時家貧好讀書長大美色而肥或譖平於漢王曰平雖貧美丈夫如冠玉耳(注曰此玉比平)

又曰董偃始與母賣珠爲事年十三隨母至館陶公主家左右言其姣好主召見曰吾爲母養之因留第中教書射御年十八乃冠出(則執轡入則侍內)甚溫軟以主故諸公接之名稱城中號曰董君

又曰車千秋姓田爲高寢郎戾太子敗千秋訟太子冤上頗知太子無他意乃召見千秋千秋長八尺餘體貌甚麗帝悅之曰此高廟神靈使公公當遂留輔我後年老乘小車上殿故號車氏

又曰董賢字聖卿雲陽人也爲太子舍人哀帝時爲郎傳漏在殿爲人美麗哀帝望見悅其儀貌拜爲黃門郎

又曰江充召見犬一宮自請願以所常被服衣冠見上許之魁岸容貌甚壯帝望見異之謂左右曰燕趙固多奇士

又曰王商長八尺餘體甚鴻大容貌絕人單于來朝仰視遷延卻退天子聞而嘆曰眞漢相也

又曰東方朔目如懸珠齒如編貝

又曰司馬相如車騎雍容閑雅甚都（都閑雅之稱也）

又曰薛宣好威儀進止雍容細甚可觀

又曰霍光白皙疎目美鬚髯也

後漢書曰徐防字謁卿沛國人也體貌矜嚴占對可觀顯宗異之特授尚書郎

又曰新野功曹鄧衍以戚小子侯每預朝會容姿趨步有出於衆顯宗目之曰朕之容貌豈若此人時賜與馬衍雖有容儀而無實行未嘗加禮

又曰蔡邕字伯喈謂從弟谷曰董卓性剛難濟吾且遁逃山東以待如何谷曰君狀異恒人每行觀者盈集以此自匿不亦難乎乃止

謝承後漢書曰楊喬爲尚書容儀偉麗數上言政事桓帝愛其才貌詔妻以公主喬固辭不聽遂閉口不食七日而死

東觀漢記曰杜詩薦伏湛曰儀貌堂堂國之輝光智略謀慮朝之淵藪

又曰馬援自還京師數被進見爲人明白眉目如畫閑進對尤善述前事每言及三輔長者至閭里少年皆可觀皇太子諸王聞者莫不屬耳忘惓

又曰虞延字子大陳留人也上東巡路過小黄高帝母昭靈后園陵在焉時延爲督郵詔呼見問園陵事延進止從容跪拜可觀其陵樹株蘗皆諳其數帝善之

魏志曰邢顒字子昂時人稱德行堂堂邢子昂文帝以爲太常

吳志曰諸葛恪字元遜江表傳曰恪辯論應機莫與爲對孫權見而奇之謂父瑾曰藍田出美玉真不虛也

又曰朱據字子範吳郡人有姿貌膂力又能論難黄武初徵拜五官中郎將權遷建鄴徵尚公主拜左將軍封雲陽侯謙虛接士輕財好施

又曰孫韶字公禮爲邊將不進見十餘年權還建鄴乃得朝覲問諸要害遠近人馬衆寡將卒名字具識之所問咸對身長八尺儀貌都雅權悅曰吾久不見公禮

又曰吕範字子衡汝南人有　姿貌邑人劉氏家富女美範求之母嫌欲勿與範親劉氏曰觀吕子衡寧當久貧者耶遂與之婚

又曰孫桓儀容端正聰明博學能論議應對孫權常稱爲宗室顏淵

又曰張紘少厲操行學博才秀切問捷對容止可觀　拜郎中

晉書曰裴楷字叔則爲吏部侍郎風神高邁容儀俊爽博涉羣書特精義理時人謂之玉人

又曰尚書閔鴻見陸雲奇之此兒若非龍駒則是鳳雛

又曰潘岳字安仁滎陽中牟人才名冠世出爲河陽令有異政累遷給事中美姿儀少時常挾彈出洛陽羣嫗相遇者悉連手縈遶以果擲之盈車而歸

又曰王恭字伯季累遷爲青兖二州刺史美姿儀人或多目之云濯濯若春日柳恭嘗被鶴氅裘涉雪而行孟昶窺見之歎曰神仙中人

又曰衛玠字叔寶河東安邑人也齠齓年乘白羊車入市見者咸曰誰家璧人遂號爲璧人王武子玠之舅也嘗與同遊語人曰昨日與吾外甥並坐若珠玉在側朗然映人覺我形穢及長好言玄理武子每聞玠言歎息絶倒故時人語曰衛玠談道武子絶倒玠妻父樂廣有重名議者以

爲婦公冰清女壻玉潤爲太子洗馬以國亂至江夏玠亡其妻征南將軍山簡以女妻之至豫章大將軍王敦謂長史謝鯤曰昔王輔嗣吐金聲於中朝此子復玉振於江表後求往建鄴敦遣之京師人聞其姿容觀者如堵不見者輒嘆之

又曰王衍字夷甫有美貌幼清辯仕至太尉嘗執玉柄麈尾與手無別人爲之義口中雌黄爲世間之一龍義理有所不安者即隨改之妻郭氏賈后之親籍宫中勢聚斂無猒夷甫患之口不言錢妻試之令婢以錢遶牀夷甫曰好舉阿堵物

又曰石苞字仲容渤海南皮人也雅曠有智容儀偉麗不脩小節故時人爲之語曰石仲容姣無雙

又曰嵇康長七尺八寸美音氣好容色土木形骸不自藻飾人以爲龍章鳳姿天質自然

又曰王戎字濬冲幼穎悟神彩秀徹視日不眩裴楷目之曰戎眼爛爛如巖下電

又曰王蒙字仲祖美姿容嘗覽鏡自照稱其父字曰王文開生如此兒耶嘗帽破入市買之羣嫗悦之爭遺其帽

又曰謝尚論中朝人物劉琰云杜乂膚清衛叔寶神清爲有識所重如此

又曰韓壽武帝時爲掾有姿容太尉賈充有室女見壽美心悦之充有異香女竊與壽帶之充怪以問婢婢以告充乃以女妻之

又曰王戎謂王衍神姿高徹如瑶林瓊樹自是風塵外物

又曰文帝器重魏舒每朝會坐罷目送曰魏舒堂堂人之領袖也

又曰桓温字元子宣城太守彝之子也生未朞而太原温嶠見之曰此兒有奇骨可試使啼及聞聲曰眞英物也年長豪爽有氣槩姿貌甚偉

又曰王衍神情明秀王澄曰兄形似道而神鋒太儁

晉中興書曰王矩字令式美容貌每出行觀者盈路

宋書曰謝莊字希逸美容儀善談論屬文好玄理爲文帝所賞帝一見之輒歎曰藍田出美玉豈虚也哉

又曰蓋道風姿貌端雅容止可觀中書郎范述見而奇之曰此荆楚仙人也

又曰謝晦美風姿善言笑眉目分明鬢髮如墨涉獵文義朗贍多通時人以方楊德祖微將不及晦聞猶以爲恨

齊春秋曰世祖嘗於華林園宴集使羣臣各出所能王儉曰臣少爲書生請誦封禪書跪前誦之容止可觀音吐藴藉上大悦曰樂哉

梁書曰陶洪景字通明特愛松風每聞其響欣然爲樂有時獨遊泉石望見者以爲仙人

又曰王茂字休遠太原祁人也身長八尺美容觀武帝布衣時見之歎曰王茂年少堂堂如此必爲公輔之器

崔鴻十六國春秋前凉録曰辛琳弟理美姿貌張駿欲奪其妻以寡妹妻之理割鼻自誓駿大怒徙理燉煌遂以憂死

又曰前趙録曰游子遠幼姿貌聰亮好學年十五至洛陽張華見而奇之曰此兒雅潔洪方精公才也

又曰後趙録曰張謐美姿貌幼有逸氣太守陸雲見而異之謂傅喜曰吾聞冀州多名童故不虚也

又曰劉光弱冠美姿儀自稱佛太子從大秦來當至小秦

國易姓名爲禿子轉相扇惑聚千人於南山僭稱號鎭西石廣擊斬之于鄴頸無血十餘日面猶如生

北齊書曰崔㥄子瞻字彦通聰明有文情善容止神彩嶷然楊愔曰昔裴瓚在晉世爲中書郎情高邁每於禁門出入宿衛者肅然動容崔生堂堂之貌亦當無愧裴子

又曰王昕字元景北海劇人也生九子並風流蘊藉世號王氏九龍

又曰劉禕五子並有志行爲世所稱璹字祖玉聰敏機悟美姿儀爲其舅北海王昕所愛顧座曰可謂珠玉在傍覺我貌穢

又曰李繪字敬文儀貌端偉河間邢晏即繪第五舅也與繪清言歎其高遠每稱曰若披雲霧如對珠玉

又曰北平陽貞字仁堅世祖第五子沉審寛恕太祖稱之曰此兒得我鳳毛

又曰陸卬字雲駒洛陽人也昆弟六人並魏藍田公主元氏所生故邢卲嘗謂人云藍田生美玉豈虛也

十二國史曰鄒忌爲齊相身長八尺餘體肥麗朝服衣冠窺照自視謂其妻曰我與城北徐公孰美妻曰君美徐公齊之美者也忌不信復問妾妾曰君美旦日客從外來忌復問之客亦曰徐公不如君及徐公來忌孰視之自以爲不如因思之曰吾妻之美我私我也妾之美我畏我也客之美我有求於我也於是入朝見威王曰臣誠不如徐公而臣妻妾及客皆言臣美或私畏於臣或有求於臣今齊地千里宮女左右莫不私王朝廷之臣莫不畏王四境之內莫不有求於王由此觀之王蔽甚矣王曰善乃下羣臣吏民能面刺寡人過者受上賞

又曰美男破老美女破居

北史後魏書曰咸陽王禧弟樹字秀和一字君立美姿貌有將略位宗正卿後奔梁梁武尤器之封爲魏郡王

陳書曰韓子高會稽山陰人本家微賤年十六猶揔角才敏過人容貌美麗狀似婦人

又曰謝哲字穎豫陳郡陽夏人也美風儀舉止蘊藉襟情朗然爲士君子所重

又曰蕭允字叔然蘭陵人也風神凝遠通達有識鑒容止蘊藉動合規矩

又曰王瑒字子璵司空冲之第十三子沉靜有器局美風儀舉止蘊藉

又曰宜郡王叔明字照高宗第六子也儀容美麗舉止柔弱狀似婦人

隋書曰燕王倓字仁安敏慧美姿儀煬帝於諸孫中特所鍾愛常置左右好讀書重儒素有若成人良娣早終每至忌日未嘗不流涕嗚咽帝由是益奇之

又曰元善洛陽人也以風流醞藉俯仰可觀音韻清朗聽者忘倦由是爲後進所歸

語林曰何平叔美姿儀而絶白魏文帝疑其著粉夏月與熱湯餅既啖大汗出隨以朱衣自拭色轉皎然

又曰王右軍目杜弘治曰面如凝脂眼如點漆此神仙中人也

異苑曰隅陽陳忠女名豐隣人葛勃有美姿豐與村中數女共聚絡絲戲相謂曰若得壻如葛勃無所恨也

太平御覽卷第三百七十九

太平御覽卷第三百八十

人事部二十一

美丈夫下　美婦人上

美丈夫下

唐書曰張知謇蒲州河東人徙家于岐少與兄知立知晦弟知默勵志讀書皆明經擢第儀質瓌偉眉目踈朗曉立理文而清介自守故公卿爭進之

又曰崔湜美姿儀有才名弟液滌及從兄涖並有文翰居清要每宴私之際自比東晉王導謝安之家謂人曰吾之門及出身歷官未甞不爲第一丈夫當先據要路以制人豈能默默受制於人液尤善五言湜歎曰海子我家之神龜也海子即液小名官至殿中侍御史

又曰盧承慶美風儀博學有才幹貞觀初爲秦州都督府戶曹參軍因奏河西軍事太宗奇其明辯擢拜考功員外郎遷民部侍郎太宗甞問歷代戶口數承慶叙夏商後迄于周隋皆有依據上嗟賞之令兼檢校兵部侍郎知五品選事

莊子曰盜跖謂孔子曰長大美好人見而悅者此吾父母遺德丘雖不吾譽吾不自知耶

傅玄子曰蒯邪字叔孝性方嚴有容儀人望而畏之有過其門者皆整衣改容

郭子曰潘安仁夏侯湛並有美容貌常同行人謂之連璧

又曰謝哲字顗豫陳郡人也美風儀舉止藴藉而襟情豁然爲士君子所重

郭林宗別傳曰林宗遊洛陽見河南尹李膺膺大奇之於是名震京師後歸鄉里衣冠諸儒送至河上車數千兩林宗唯與膺同舟而濟衆賓望之以爲神仙焉

晉謝安別傳曰王珣以疾辭職歲餘卒桓玄與會稽王道子書曰珣神情朗悟經史明徹風流之美公私所寄忽尔喪失歎悼之深豈但風流相悼而已

荀氏家傳曰荀愷字仲豫儉之子儉早卒愷年十二能說春秋家貧無書每之人間所見篇讀一覽多能誦記性靜美姿容

又曰荀羡字令則七歲隨父在石頭蘇峻愛其姿神數喚之年十五擬國婚之選不欲連姻帝室乃遁長沙監司追尋不得已遂尚潯陽公主風氣英秀明鬚眉俯仰昞睞容止可則

皇甫謐逸士傳曰或問許子將荀靖與荀爽孰賢子將曰二人皆玉也慈明外朗叔慈內潤

何晏別傳曰何晏南陽人大將軍進之孫遇害魏武納晏母晏小養於魏宮至七八歲惠心天悟形貌絕美武帝欲以爲子每扶將遊觀令與諸子長幼相次晏微覺之坐則專席止則獨立或問其故荅曰禮異姓不相貫

管輅別傳曰諸葛原與管輅別戒二事言卿樂酒量溫克然不可保寧當節之即卿有水鑒之才所見者妙仰觀如神禍如膏火不可不慎也

吳地記曰陸閎字子春暢子也姿容如玉威儀秀異光武外臺而見偉之笑曰南方故多佳人

三國典略曰李繪儀貌端偉神情朗儁舅河間邢晏每與之言歎其高遠稱之曰若披煙霧如對珠玉宅相之奇良在此甥文襄嗣業普代山東諸郡其特降書徵者唯繪清河太守辛術二人而已

又曰梁楊白花字長茂武都仇池人大眼之子也少有勇力容貌瓌偉
又曰山公目嵇叔夜之爲人也巖巖若孤松之獨立
又曰嵇叔夜之爲人其醉也傀峩如玉山之將頹
又曰衛玠從豫章下人久聞其姿觀者如堵玠先有羸疾發遂死時人謂看殺衛玠
又曰人歎王恭形茂者濯濯如春月柳
又曰王右軍見杜洪理歎曰膚如凝脂眼如點漆此神仙中人也
又曰裴叔則有儁彩容儀脫冠冕麤服亂頭皆好有人見之曰裴叔則如玉山行光映照人也
又曰時人目李宣國如玉山之將摧
又曰衛伯玉爲尚書令見樂廣與朝中名士談義奇之曰自昔諸子弟造之曰此人水鑒也瑩然若披雲霧而覩青天
又曰撫軍問孫興公劉真長何如曰清簡令淑王仲祖何如曰溫潤怡和
又曰范豫章謂王荊州（范甯王忱）曰卿風流儁望真後來之秀王曰不有此舅焉有此甥（王氏譜曰坦之娶陽范汪女甯妹生忱）
又曰庾子嵩目和嶠森森如千丈之松雖磊砢有節目施之大廈有棟梁之用也
楊松玠談藪曰張緒字思曼少而閑雅風流吐納觀者忘疲永明主見靈和殿前柳條嫩弱披靡可愛嗟賞曰此楊柳風流可愛似張緒少年
宋玉風賦曰楚襄王時宋玉休歸唐勒讒之於王王謂玉曰體貌容冶口多微辭不亦薄乎玉謂王曰身體容冶受之二親口多微辭聞之聖人
陳沈烱長安少年行曰長安美少年（駿）馬鐵連錢陳王裝腦勒晉帝鑄金鞭步搖如飛鷰鉤鍔似舒蓮去來新市北遨遊大道邊也

美婦人上

周易曰冶容誨淫
毛詩曰窈窕淑女君子好逑
又曰靜女其姝俟我於城隅匪女之爲美美人之貽（姝美色也）
又曰云誰之思美孟姜矣
又曰彼美孟姜洵美且都有女同行顔如舜英（舜英不槿也）
又曰野有蔓草零露漙兮有美一人清揚婉兮
又曰齊侯之子衛侯之妻東宮之妹邢侯之姨譚公惟私
又曰手如柔荑膚如凝脂領如蝤蠐齒如瓠犀螓首蛾眉巧笑倩兮美目盼兮
又曰彼美淑姬可以晤歌
又曰有女如玉
又曰有女如雲
又曰孌彼諸姬（孌好貌）
左傳曰叔向欲娶申公巫臣氏其母曰吾聞甚美必有甚惡而天鍾美於是將必是以有敗也昔有仍氏生女鬒黑光可以鑑名曰玄妻樂正后夔娶之生伯封古諸侯髮美曰鬒實有豕心（夔舜典樂）夫有尤物（尤異也）足以移人苟非德義必有禍
又曰宋華父督見孔父之妻於路目逆而送之曰美而艷（色美曰艷）
又曰衛侯自城上見己氏之妻髮美使髡之以爲呂姜髢

又曰　鄭有徐吾犯之妹甚美公孫楚與公孫黑爭聘之

公羊傳曰驪姬者國色也其顏色一國之選

又曰邾婁顏夫人者嫗盈女國色也

爾雅曰美女爲媛

國語曰恭王遊於涇上密康公從三女奔之其母曰必致之於王夫獸三爲羣人三爲衆女三爲粲今以美物歸汝而何德以堪之康公弗獻一年王滅密賈逵注曰粲美也

戰國策曰晉文公得南威三日不朝遂推南威而遠之曰後代必有以色亡國者

又曰陰姬與江姬爭爲后司馬喜爲陰姬乃謂趙王曰臣聞趙佳麗之所出也今至境入都邑殊無美者臣未甞見人如中山陰姬者其眉目准頞權衡偃月乃帝王之后非諸侯姬也趙王大悅欲請之司馬喜歸謂中山君曰趙王非賢主也乃欲請陰姬王宜立以爲后以絕趙王之意中山君遂立爲后

又曰張儀之楚見楚王曰彼周鄭之女粉白黛黑立於衢閭之間非知而見之者以爲神王曰楚僻陋之國寡人未見中國之女如此之美乃資以珠玉使行后鄭袖聞之大恐令人謂張子曰聞君將之晉有千金斤請供芻秣張子請王觴之王召鄭袖而觴之張子再拜曰儀有死罪儀行天地遍矣未甞見人如此之美也而儀言得美人是欺王也王曰吾固知天下無兩人矣

史記曰紂囚西伯而閎夭之徒以有莘氏美女獻紂紂大悅乃放西伯

又曰漢武帝時尹夫人與邢夫人同時幸武帝有詔不得相見尹夫人自請武帝願見邢夫人帝令他夫人飾從者數十

人來前尹夫人見之曰非邢夫人帝曰何以知之對曰觀其體貌形狀不足以當人主有詔邢夫人邢夫人故衣獨身來尹夫人望見曰眞是矣於是乃低頭而泣自痛其不如也諺曰美女入室惡女之仇

漢書曰孝武李夫人本以倡進初夫人兄延年性知音律善歌舞侍上起舞歌曰北方有佳人絕世而獨立一顧傾人城再顧傾人國寧不知傾城與傾國佳人不可得上歎息曰善世豈有此人乎平陽主因言延年有女弟上乃召見之實妙麗善舞李夫人少而早卒上憐愍焉圖畫其形於甘泉宮

華嶠後漢書曰梁冀妻孫壽色美而善爲妖態作愁眉嗁粧墮馬髻折要步齲齒笑以爲媚惑

東觀漢記曰趙喜與友人韓仲伯欲出武關仲伯以其婦有色恐有強暴者而已受其害欲棄之喜責怒仲伯以泥塗其婦面載以鹿車身自推每逢賊輒爲求哀言其病遂脫

又曰初光武聞陰麗華美心悅歎曰娶妻當得陰麗華後爲皇后

漢武故事曰又起明光宮發燕趙美女二千人充之率取十五以上二十以下年滿四十者出嫁凡諸宮美人可七八千帝從行郡國載之後車與上同輦者十六人員數恒使滿皆自然美麗不使粉白黛黑侍衣軒者亦如之

魏略曰初袁紹子熙納甄后熙出奔幽州后留侍姑及鄴破紹妻及后坐堂皇上紹妻自搏文帝語袁夫人令新婦舉頭姑乃捧后令仰帝就視見其顏色非凡稱歎之太祖爲迎也

吳志曰周瑜從孫策攻皖城得喬公兩女國色也策自納大喬瑜納小喬
又曰孫權步夫人以美麗得幸寵冠後庭
王隱晉書曰阮籍隣家處女有才色籍不與親生不相知未嫁而死籍往哭盡哀乃去
晉陽春秋曰荀粲字奉倩常曰婦人者才智不足論自宜以色爲主驃騎將軍曹洪女有美色粲於是聘焉容服帷帳甚麗專房宴寢歷數年後婦偶病亡未殯傅嘏往唁粲不哭神傷曰佳人難再得痛悼不已歲餘亦亡
鄧粲晉紀曰杜弢至長沙掠前始興太守尹虞二女皆國色也將妻之曰我父二千石終不爲賊作婦遂自殺焉
又曰謝鯤隣家有美女鯤挑之女織梭投之折其兩齒
干寶晉紀曰石崇有妓曰緑珠美如玉善舞孫秀使人求焉崇方登凉觀臨清水婦人侍側使者以告崇崇盡出婢妾數十人以示之皆蘊蘭麝而披羅縠使者曰君侯服御麗矣然本受命旨索緑珠崇勃然曰緑珠吾所愛不可得也使者曰願加三思崇曰不然使者還以告故秀勸趙王倫殺之
崔鴻十六國春秋前趙録曰劉聰使大鴻臚李恂聘太保劉商女謂恂曰此女輩皆姿色超世且太保於朕實自不同恂曰太保南自有周與聖源實別聰大悅賜金六十斤
又曰崔後趙石虎鄭后名櫻桃晉冗從僕射鄭世達家妓也在中閨妓中虎數數其貌於太妃太妃給之
又曰前秦初苻堅滅燕慕容冲姊年十四有殊色堅納之
車頻秦書曰苻堅時新羅獻美女國在百濟國東
三十國春秋曰後梁呂超殺其君纂后楊氏國色超將妻焉謂其父恒曰后若自殺禍必及宗恒以此言告后后曰大人本賣女與氐羌以圖富貴一之以甚其可再乎恒不能彊乃自殺
唐書曰喬知之尤稱俊才所作篇詠時人多諷誦之則天時累除右補闕遷左司郎中知之有侍婢曰窈窕娘美麗善歌舞爲武承嗣所奪知之怨惜因作緑珠篇以送與婢婢感憤自殺承嗣大怒因諷酷吏羅織知之下獄死
南史恩倖傳曰阮佃夫見盧江何恢有妓張耀華美爲廣州刺史將發要佃夫飲設樂見張氏悅之頰求此人恢曰不可佃夫拂衣出戶曰惜指失掌邪遂諷有司以公事彈恢

太平御覽卷第三百八十

太平御覽卷第三百八十一

人事部二十二

美婦人下

莊子曰西施毛嬙人之所美也魚見之深入鳥見之高飛

尹文子曰齊有黄公者好謙卑有二女皆國色常謙辭毁之以爲醜惡醜惡之名遠布年過而一國無敢聘者衛有鰥夫失時冒娶之果國色

闞子曰西施自窺於井不恃其美猶佐湯沐堯舜自窺於世不恃其賢猶須才德況中庸而距諫嫫母自窺於井以爲婚於西施桀紂自窺於世以爲賢於堯舜

韓子曰魏王遺楚王美女王甚悦之

愼子曰毛嬙西施天下之至姣也衣以皮褐則見者皆走易以玄錫則行者皆止

淮南子曰曼頰皓齒形姱骨佳不待脂粉芳澤而美者西施陽文也（許慎注曰陽文楚好女也）

又曰桼之幼女衛之稚質纂組奇綵抑黑質揚赤文（纂組綬紀也如今之緞也黑見赤其工也）没湯禹之智不能逮也（言不能及二國女之行也）

神仙傳曰介象字元則會稽人入山求仙見谷上有石皆紫色如雞子象取二枚見一美人被五綵象向之叩頭乞長生女曰汝急送手中物還著故處汝未應取此象乃送石還女授丹方一首

穆天子傳曰赤烏之人獻二女于天子女聽女列赤烏氏美人之地也

劉向列傳曰蕭史者秦穆公時人善吹簫能致孔雀白鶴穆公女弄玉好之公以妻焉一朝隨鳳飛去

漢武内傳曰西王母乘紫雲之輦履玄瓊之舄下輦上殿呼帝共坐命侍女許飛瓊鼓雲和之簧

續列女傳曰曹節弟破石爲越騎校尉越騎營伍伯妻有美色破石從求之伍伯不敢違妻執意不肯行遂自殺

襄陽耆舊記曰楚襄王遊雲夢望朝雲之餘上有雲氣宋玉曰昔先王遊高唐怠而晝寢夢一婦人曖乎若雲皦乎若星將行未至如浮如傾對曰我帝季女名曰瑶姬未行而喪封乎巫山之臺精魂爲草實爲靈芝

西京雜記曰卓文君好眉色如望遠山臉際常若芙蓉肌膚柔如脂十七而寡爲人放誕風流故悦長卿之才而越禮焉長卿作美人賦以自刺

王子年拾遺記曰魏文帝所愛美人姓薛名靈芸常山人也靈芸年十七容皃絶世時明帝選良家子入宫靈芸別父母歔欷累日淚下沾衣至升車就路之時王唾壺承淚壺

即如紅色及至京師壺中之淚凝如血矣

又曰蜀先主甘后沛人生微賤里中相者云此後貴位極宫掖及后長體貌特異年十八玉質柔肥態媚容冶先主置后白綃帳中户外望者如月下聚雪河南獻玉人高三尺乃取玉人置后側常稱玉人之所貴比德君子況爲人形而不可說乎后與玉人潔白齊色觀者殆相亂惑嬖者非唯嫉於后亦妒在玉人后欲毁之乃誡上曰昔子罕不以玉爲寶春秋美之今吴魏未滅安以妖玩經懷勿復進也上乃徹玉人衆嬖皆退當時以甘后爲神智婦人

又曰吴王潘夫人父坐法夫人輸入織室容態少儔江東絶色同幽者百餘人謂夫人曰神女敬而遠之有司陳於吴主使圖其容夫人憂戚不食減瘦改形工人寫之以進吴主主見喜以虎魄如意撫案嗟曰此神女也愁皃尚能

感人況在權樂乃納于後宮

又曰孫亮作緑瑠璃屏風每於月下清夜舒之常愛寵四姬皆振古絶色一名朝姝二名儷居三名潔華四名洛寶

又曰周成王時有因祗國去王都九萬里獻女工一人善於工巧體皃輕潔被纖羅雜繡之衣長袖修裾風至則結其襟帶恐飄颻不能自止善織以五色絲引而結之則成文錦

吴會分地記曰土城者勾踐時索美女欲以獻吴於羅山得西施鄭旦作土城貯之使近道習見人令賢傅母教之三年

段龜龍涼州記曰隱王美人張氏色豔出家爲道乃自投門樓雙股類折口誦經顔色自若俄而死

鄴中記曰廣陵公陳逵妹才色甚美髪長七尺石虎以爲

夫人

三國典略曰崔孝芬取貧家子賈氏以爲養女有姿色騰納之請以邑號

又曰齊武成帝有疾自云初見空中有五色物稍近變成一美婦人去地數丈亭亭而立徐之才云此至靈所致即進湯服一劑便覺稍遠又服還變成五色物數劑疾平

帝王世紀曰紂以鬼侯爲三公鬼侯有女美而進之於紂悦之妲己乃泣而譖之紂怒鬼侯女遂殺之而醢鬼侯

何集續帝王世紀曰張天錫疾篤閻薛二姬並有國色天錫謂曰吾死之後汝二人豈可更爲他妻皆曰尊若不諱請効死尊前誓無他志二人自殺天錫有瘳追悼二姬葬以夫人禮

説苑曰齊王起九重之臺募國中有畫者賜之錢狂卒敬君居常飢寒妻端正敬君工畫貪賜畫臺去家日久思念其妻像向之嬉笑旁人瞻見之以白王王即設酒與敬君相樂謂敬君曰國中獻女無好者以錢百萬請妻可乎不者殺汝敬君惶惶聽許

又曰太祖下鄴文帝先入袁尚府有婦女被髪垢面立紹妻後文帝問之荅曰是熙妻顧攬髪以袖拭面姿貌絶倫遂納之

世説曰漢元帝宮人既多乃令畫工圖之欲有呼者輙披圖召焉其中皆行貨賂王昭君姿容甚麗志不可苟求工遂毁爲其醜終身不召後匈奴來和求美女於帝以昭君充行既召見而嘆之

又曰桓宣武平蜀以李勢妹爲妾主始不知既聞與數十婢挾白刃襲之（温尚明帝女南康長公主）正値梳頭髪籍地膚色玉曜

不爲動容徐曰國破家亡以至今日若能見殺乃其本懷主慙而退

俗説曰宋禕是石崇妓緑珠弟子有色善吹笛後在晉明帝處帝疾患篤羣臣進諫請出宋禕帝曰卿諸人誰欲得之阮遥集時爲吏部尚書對曰願以賜臣即與之

典説曰司隷馮方女國色也避地揚州袁術登城見而遂納焉諸婦害其寵給言將軍以貴人有志節但見時示憂色必長見敬重馮氏如其言術益哀之諸婦因絞懸之廁言自殺術誠以爲不得志而死乃厚葬之○方言曰娥㜲（音盈）好也秦曰娥（言娥娥也）宋謂之㜲（言㜲㜲也）秦晉之間凡好而輕者謂之娥自關而東河濟之間謂之媌（今關西人亦呼爲媌莫交切）或謂之姣（言姣絜也音狡）趙魏燕代之間曰姝（音株亦四方通語耳）或曰妦（言妦容也音蜂）自關而西秦晉之間故都曰妍（秦舊都今扶風雍縣也晉舊都今太原晉陽縣）

也其俗通呼好為忏五干切
又曰釥錯啾切嫽夭切好也青徐海岱之間曰釥或謂嫽今通
呼小姣潔喜好者為嫽釥好凡通語也朦巳紅切庬鵝鴝豐也自關而西秦
晉之間凡大貌謂之朦或謂之庬豐其通語也娃烏佳切婧
諸過切窕速了切艷美也吳楚衡淮之間曰娃南楚之外曰婧
吉媄嬪也宋衛晉鄭之間曰艷陳楚周南之間曰窕自關而西
秦晉之間凡美色或謂之好或謂之窕故吳有館娃之宮
秦有榛娥之臺榛音七秦晉之間美貌謂之娥美狀為窕美
色為艷美心為窈奔傑容也自關而西凡美容謂之奔或
謂之㜲弈弈㜲㜲皆輕麗之貌也
書紀年曰桀伐岷山獻女于桀二女曰琬曰琰桀受女刻其
名于苕華之玉苕是琬華是琰
楚辭曰嫮容脩態絙洞房娥眉曼睩目騰光

又曰粉白黛黑施芳澤
又曰美人既醉朱顏酡
又曰室中之觀多珍怪蘭膏燭明華容備
山海經曰丹山西即巫山也帝女居焉宋玉所謂我帝之
季女名曰瑤姬其間首尾一百六十里謂之巫峽蓋因山
為名也
崔豹古今注曰魏文帝宮人有莫瓊樹薛夜來陳尚衣陳
巧笑瓊樹始製蟬鬢望之縹緲如蟬翼故號曰蟬鬢
桓譚新論曰或曰陳平為高帝解平城圍隱而不傳子能
知乎曰陳平說閼氏言漢有美女其容貌天下無有今急
馳使歸迎欲進單于單于見必愛之則閼氏言之單于而
得免也
六韜曰紂囚文王於羑里散宜生受命而行究懷條塗之
山有玉女三人宜生得之因費仲而獻之於紂以免文王
何承天纂文云孚瑜美色也
服虔通俗文云容麗曰媌莫豹切形美曰嫷湯火切容媚曰婠
烏洛切南楚以好為娃烏佳切肥骨柔弱曰婐烏果切娜奴果切頻
妍美曰嫵七府切媚容茂曰爍羊灼切
越絕書曰越王勾踐得採薪二女西施鄭旦以獻吳王
崔駰七依曰閭娵之孕既麗且閑紫唇素齒雪白玉暉迴
眸百萬一笑千金孔子傾於阿谷浮屠忘其桑門彭祖飛
而溶集王喬忽而墮雲
司馬相如上林賦曰若夫青琴宓妃之徒皆古神女名也絕殊離
俗妖冶閑都靚粧刻飾
又美人賦曰臣之東鄰有一女子玄髮豐艷蛾眉皓齒顏盛
色茂景曜光起離宮閑館寂寞重虛門閤晝掩曖若仙居

芳香郁烈黼帳高張有女獨處婉然在林奇葩逸麗素質
艷光辭不具載
蔡邕協初賦曰其在近也若神龍采鱗翼將舉其既遠也
若披雲掃漢見織女
陳思王洛神賦曰其形也翩若驚鴻婉若游龍榮曜秋菊
華茂春松髣髴兮若輕雲之蔽月飄颻兮若流風之迴雪
遠而望之皎若太陽昇朝霞迫而察之灼若芙蕖出淥波
穠纖得中脩短合度肩若削成腰如約素延頸秀項皓質
呈露芳澤無加鉛華弗御丹唇外朗皓齒內鮮明眸善睞
靨輔承權辭不具載
曹植扇賦曰情駘蕩而外得心悅豫而內安增吳氏之姣
好發西子之玉顏
阮籍清思賦曰厭白玉以為面披丹霞以為衣襲九英之

曜精佩瑤光以發輝

素宏夜酣賦曰開金扇坐瑤筵衛姬進鄭女前形窈窕以纖弱艷妖冶而清妍似春蘭之齊秀象明月之雙懸

宋玉神女賦曰楚襄王遊於雲夢之浦使宋玉賦高唐之事王夢神女其狀甚麗王異之明日以白玉王曰其夢若何王曰見一婦人狀甚異撫心定氣復有所夢其始來也耀乎若白日初出照屋梁其少進也皎乎若明月舒其光穠不短纖不長步裔裔兮曜殿堂忽兮改容婉若遊龍乘雲翔王曰此盛矣試爲寡人賦之王曰夫何神人妖麗兮含陰陽之渥飾被華藻之可好兮若翡翠之奮翼其象無雙其極毛嬙

又登徒子賦曰夫天下之佳人莫若楚國楚國之麗者莫若臣里臣里之美者莫若臣東家之子增之一分則太長減之一分則太短著粉太白施朱太赤眉如翠羽肌如白雪腰如束素齒如含貝

又高唐賦曰昔者先王嘗遊高唐怠而晝寢夢一婦人曰妾巫山之女也爲高唐之客辭曰妾在巫山之陽高唐之岨朝爲行雲暮爲行雨朝朝暮暮陽臺之下王曰朝雲始出狀若何玉對曰其始出也晰兮若松榯其少進也晰兮若姣姬揚袂障日而望所思忽兮改容偈兮若駕駟馬建羽旌湫兮如風凄兮如雨風止雨霽雲無處所

王粲神女賦曰髮似玄鑒鬢類刻成質素純皓粉黛不加朱顏熙曜曄若春華口譬含丹目若瀾波美姿巧笑靨輔奇牙

傅毅舞賦曰鄭女出進二八飾侍眉連娟以增繞目流睇而横波

劉楨魯都賦曰衆媛侍側鮮附盈房娥眉青眸顏若濡露含丹吮素巧笑妍詳掖耀日之珍笄珥明月之珠璫圭衣紛緋振佩鳴璜

應瑒神女賦曰騰玄眸而俄青陽離朱脣而耀雙輔紅顏曄而和妍時調聲以笑語

張衡舞賦曰裾若飛燕袖如迴雪容若霆震響若電滅於是粉黛施兮玉質粲朱顏鬢挺兮緇髮亂

謝靈運江妃賦曰小腰微骨朱顏皓齒綿視騰采靡膚膩理天台二娥宮庭雙媛青桂晨披紫衣形見或飄翰凌烟或潛泳浮海萬里俄頃寸陰未改辭不具載

魏文帝與繁欽書曰今之妙舞莫巧於絳樹清歌莫激於宋臘

古詩曰青青河畔草鬱鬱園中柳盈盈樓上女皎皎當窻牖娥娥紅粉粧纖纖出素手

又曰燕趙多佳人美者顏如玉被服羅衣裳當户理清曲音響一何悲絃急知柱促願爲雙飛燕銜泥巢君屋

梁簡文帝晚景出行詩曰細樹含殘影春閨散晚香輕花鬢邊墮微汗粉中光

梁徐悱妻詩曰東家挺奇麗南國擅容暉夜月方神女朝霞喻洛妃

晉阮籍詩曰妖冶閑都子英耀何芬葩玄鬢發朱顏睇眄有光華

又曰西方有佳人皎若白素光被服纖羅衣左右佩雙璜

又詩曰二妃游江濱逍遥順風翔交甫懷環佩婉孌有芬芳

左思嬌女詩曰吾家有嬌女嬌女皦白晳小字爲紈素口

齒自清歷髮曼鬘覆廣額雙耳似連璧明朝弄梳臺黛眉類
掃跡　五言
傅玄歌曰有女懷芬芳媞媞步東廂蛾眉雙翠羽明眸發
清光丹脣翳皓齒秀顏若珪璋巧笑露靨輔衆媚不可詳
令儀希世出無乃古毛嬙首戴金步摇耳繫明月璫
李延年歌曰北方有佳人絶世而獨立一顧傾人城再顧
傾人國豈不言傾城國佳人難再得
陸機豔歌行曰美目揚玉澤蛾眉象翠翰。古樂府陌上
桑行曰日出東南隅照我秦氏樓秦氏有好女自言名羅
敷羅敷善蠶桑採桑城南隅青絲爲籠繩桂枝爲籠鉤頭
上矮墮髻耳中明月珠
鮑照堂上行曰暉暉朱顏酡紛紛織女梭滿堂皆美女目
我對湘娥等笛更彈吹高唱好相和

曹植美女篇曰美女妖且閑採桑岐路間柔條紛冉冉落
葉何翩翩攘袖見素手皓腕約金鐶頭上金雀釵腰佩翠
琅玕

太平御覽卷第三百八十一

太平御覽卷第三百八十二

人事部二十三

醜丈夫　醜婦人

醜丈夫

釋名曰醜臭也如臭穢也

說文曰音蚩酉反可惡也

又曰丈十尺也從手而持十也

又曰夫從一大象人形也一象簪形冠而旣簪人二十而冠成人也故成人曰丈夫

尚書曰洪範六極五曰惡（孔安國曰醜陋也）

毛詩曰不見子都乃見狂且（注曰狂且狂醜之人）

左傳曰賈大夫貌惡娶妻而美三年不言不笑御以如皐射雉獲之其妻始笑

又曰叔向適鄭鬷蔑惡（醜惡見也）欲觀叔向從使之收器者而往立於堂下一言而善叔向將飲酒聞之曰必鬷明也下執其手以上曰昔賈大夫惡娶妻三年不言不笑如皐射雉獲之其妻始笑而言賈大夫曰才之不可以已我之不能射汝遂不言不笑夫今子少不颺（不颺言醜貌不發揚）子若無言吾幾失子

又曰宋華元爲植巡功（植將主也）城者曰睅其目皤其腹（睅出目皤大腹）

廣雅曰仳倠娸姡儓䶊頪須嗚雖顇鵰顛醜也（仳鼻之切倠火遺切姡音儓音臺䶊蒲比反頪差文切須丁可切嗚爲許爲切雖音隹顇古來切鵰音胥顛音欺）

家語曰高柴字子羔長不滿六尺狀皃甚惡爲人篤孝知名孔氏之門仕爲郕宰。又曰秏土之人醜

史記曰秦相蔡澤魋顏蹙頞（頞鼻莖也）

又曰澹臺滅明字子羽狀皃甚惡欲事孔子孔子以爲材薄旣而受業退而脩行行不由徑非公事不見卿大夫南遊至江弟子三百人從之設取予去就名施乎諸侯孔子聞之曰吾以言取人失之宰予以皃取人失之子羽

漢書曰田蚡孝景帝皇后同母弟也辯有口學盤盂諸書爲人貌寢而貴

又曰詔求能爲韓詩者蔡義召見悅之擢爲光祿大夫代楊敞爲相時年八十餘短小無鬚眉貌似老嫗行步俛傴常吏挾乃行

又曰張良貌若婦人

范曄後漢書曰周舉字宣光汝南人也姿貌短陋而博學

東觀漢記曰永平中徵李宮爲博士遷左中郎數納忠諫論議切直名播匈奴時單于遣使求欲得見宮詔勑宮自整飾宮對曰夷狄炫名非識實也臣狀醜不可以示遠宜選長大威容者帝乃以大鴻臚魏應代之

魏志曰管輅容貌醜無威儀言語不擇非類

又曰王粲字仲宣山陽高平人也年十七徙荆州依劉表表以粲貌寢而體通脫不甚重也

晉書曰孫秀尚河東公主形陋短小奴僕之下者也

又曰左思貌醜而口訥

又曰張孟陽每出人惡之輒擲瓦礫盈車

王隱晉書曰劉伶字伯倫長六尺貌甚醜悴常携一壺酒使人荷鍤自隨以爲死便埋也

孫嚴宋書曰桓護之字彥宗少倜儻不拘小節形狀短陋而氣幹強果

又曰少帝幼而狷急輕脫嶮迮細形黃貌色長頸鳥喙嘶聲

齊書曰張融形貌短醜精神清徹王敬則見融革帶寬謂曰革帶太急融曰既非步吏急帶何為

又曰蕭坦之肥黑無鬚語聲嘶時人號為蕭痖剛佷專執群小畏而憎之

崔鴻十六國春秋前趙録曰郭氾字子游上郡人也父士為縣卒隨巫而遇一女子於路巫曰此女生貴子君亦有貴子可相納之當興君門士納之生氾長不滿七尺醜極當時朴訥無慧後為縣卒感憤遊學師事安平趙孔曜曜見而偉之曰此生有公骨其當貴達

又曰前秦録曰苻雄字元才趙建武中拜龍驤將軍貌醜頭大而足短故軍稱為大頭龍驤

又曰徐成純直亮素為王猛所知長不滿六尺醜極當時

車頻秦書曰苻堅六歲戲於路司隸徐統見而異焉而問曰苻郎此官街小兒戲不畏縛耶荅曰吏縛犯事者不縛小兒戲統語左右曰此兒有王霸相左右曰此兒狀皃甚醜而君以為相貴異何也曰非尔等所知也

南史曰劉韞人材凡鄙為明帝所寵在湘州雍州使善畫者圖其形出行鹵簿羽儀常自披翫甞以圖示征西將軍蔡興宗戲之陽若不解畫者指韞形問之曰此何人韞曰是我其庸底頰如此耶

北史曰後魏廣陵侯衍弟欽中書監尚書右僕射儀同三司欽色尤黑故時人號為黑面僕射

唐書曰李輔國本名靜忠短小貌陋頗知書計高力士見之收在左右與諸奴為伍年四十餘矣為小宦掌廄中文帳後遷至封成國公也

又曰蘇世長容貌醜陋頗有學識性滑稽言雜詼調偕大業中為都水使者煬帝嘗謂之曰卿面何類騂驢世長再拜叫呼以手據地蹙項敗面為騂驢之狀羣臣掩口而笑煬帝大悅賜帛百疋

又曰貞觀十年文德皇帝崩百官縗絰率更令歐陽詢狀貌醜異衆或指之許敬宗見而大笑為御史所劾左授洪州都督

周史曰慕容彥超吐渾部人也父亮以彥超貴累贈至三師彥超即漢高祖之同産弟也嘗冒姓閻氏體黑面胡故謂之閻崑崙

莊子曰厲人夜半生子其父取火視之恐其似已也（厲人醜人也）

又曰魯哀公問仲尼衛有惡人焉曰哀駘佗丈夫之與處者思不能去也婦人之請於父母曰與為人妻寧為夫子妾者十數而未止也是必有以異乎人也寡人召而觀之果以惡駭天下

又曰支離疏者頤隱於臍肩高於頂會撮指天五管在上兩髀為脅也

孫卿子曰衛靈公有臣曰公孫呂身長七尺面長三尺而廣三寸名動天下

孔叢子曰子高見齊王齊王問誰可為臨淄宰稱管穆焉王曰管穆容貌陋民不敬他荅曰夫見敬在德且臣所稱其能也君不聞晏子乎長不滿六尺面狀醜惡齊王上下莫不崇焉以穆體形方之猶賢之遠矣王乃以管穆為臨淄宰也

尸子曰禹長頸鳥喙面目顏色亦惡矣天下猶獨賢之

呂氏春秋曰陳有惡人曰敦洽讎糜椎顙色如漆也

又曰列精子高德行於齊湣王所敬着布衣白縞冠會朝步堂下謂侍者曰我好醜何如侍者曰公艷出而窺井歎曰惡丈夫也人之阿齊王實不良而言良亦其我之侍者也

周斐汝南先賢傳曰周燮字彥祖欽頤折頞皃甚醜毋欲不舉其父曰吾聞諸聖賢人狀皆有異於人興我宗者必此兒遂育之

梁冀別傳曰子胤爲河南尹胤一名胡狗時年十六容皃甚陋不勝冠帶道路見者莫不蚩咲焉

司馬徽別傳曰劉綜欲候徽先使左右問其存亡徽鋤園左右問馬君所在徽曰我是徽頭面醜陋問者罵之曰卬欲求司馬公何等田奴而稱徽更刷頭飾服而出左右叩頭而謝之

續搜神記曰桓大司馬從南州來拜簡文皇帝陵問左右商消形皃有人荅消爲肥短黑色形甚醜公云吾見之亦如此意惡之還州遂病無幾而薨

謝綽宋拾遺記曰何尚之顏延年少年好爲嘲調二人並短小常謂顏公爲猴顏亦以何爲猴常共遊戲西池顏問路人云二人誰似猴路人指何曰彼似猴耳君乃真猕也

東晳發蒙記曰醜男轆蕺醜女鍾離春

世說曰王廣娶諸葛誕女入室言語始交王語婦曰神色卑下殊不似公休婦曰大丈夫令婦人比蹤英傑

崔駰博徒論曰博徒見農夫戴笠持耨以芸蓼荼面目驪黑手足胼胝膚如桑朴足如熊蹄蒲伏壟畝汗出調泥乃謂曰子觸熱耕芸背上生鹽脛如燒椽皮如領革雖不能穿行步狼跋腳戾脛酸謂子草木支體屈伸謂子禽獸形容似人何受命之薄稟性不純

桓譚新論曰余嘗與郎冷喜出見一老翁糞上拾食頭面垢醜不可忍視喜曰安知此非神仙余曰道必形體如此無以道焉

風俗通曰齊有一女二家求之其家語其女曰汝欲東家則左袒欲西家則右袒其女兩袒父母問其故對曰願東家食而西家息以東家富而醜西家貧而美也

新序曰齊有田巴先生者行脩於外王聞其賢聘之將問政焉田巴先生改製新衣拂飭冠帶顧謂其妾妾曰佼將出門問其從者從者曰佼過於淄水自照視醜惡甚焉遂見齊王齊王問政對曰今者大王召臣臣問妾妾愛臣諛臣曰佼問從者從者畏臣諛臣曰佼臣至臨淄水而觀然後知醜惡也今王察之齊國治矣

會稽錄曰任弈字安和句章人也爲人皃寢無威儀

劉謐之龐郎賦曰其頭也則中骼而上下銳額平而承枕四起

繁欽三胡賦曰莎車之胡黃目深精員耳狹頤康居之胡焦頭折頞高輔陷無眼無黑眸頰無餘肉罽賓之胡面象炙蝟頂如持囊隈目赤眥洞頞卬鼻

朱彥時黑兒賦曰世有非常人實惟彼玄士稟茲至緇色内外皆相似卧如驪牛驟立如烏牛跱忿如鸜鵒鬬樂似鸜鵒喜

醜婦人

周易曰老婦士夫亦可醜也

韓詩外傳曰齊王厚送女欲妻屠門吐吐辭以疾其友勸之曰子孫死腥臭之肆而已乎何以辭之吐應曰其女醜

其友曰何謂也肚曰吾肉善如量而去苦少耳吾肉不善
雖以他附益之尚猶不讎今厚送子子醜故耳其友下問
女果醜目如擗杏齒如編蟹
東觀漢記曰梁鴻同郡孟氏其女名光狀貌醜而黑力能
舉石曰擇而不嫁至年三十鴻聞而聘之
王隱晉書曰武帝爲太子納妃謀父不決上欲娶衛瓘女
楊后欲娶賈充女上曰衛公女有五可賈公女有五不可
衛家種賢而多子端正而長白賈家種妬而少子醜而短
黑也
唐書曰張萬福典泗州時遇德宗幸奉天李希烈反陳少
遊悉令管内刺史送妻子楊州以爲質萬福獨不肯送謂
使者曰爲某白相公萬福妻老且醜不足煩相公意獨不
送

又曰中宗好與朝臣狎戲韋庶人微時有一乳母寶鑾婢
也既老且醜齒髮禿落制於後宮列花燭嫁爲御史大夫
竇懷貞妻俗謂乳母之聟曰阿𡟲懷貞每進表狀列其官
位必曰國𡟲欣然有自負之色
莊子曰陽子之宋宿於逆旅逆旅人有妾二人其一人美
其一人惡惡者貴而美者賤陽子問其故逆旅小子對曰
美者自美吾不知其美也陽子曰弟子記之行賢而去自
賢之行何往而不受哉
郭子曰許允婦是阮德如妹甚醜交禮竟許永無復入理
桓範勸之曰阮嫁醜女與卿故當有意宜察之許便入見
婦即出提裙裾停之許謂婦曰婦有四德卿有幾答新婦
所乏唯容士有百行君有其幾許曰皆備婦曰君好色不
好德何謂皆備許有慙色遂雅相重

劉向列女傳曰齊孤逐女者其狀甚醜三逐於鄉五逐於
里過時無所容乃造襄王之門而來見王輟食而起謹敬
左右曰三逐於鄉者不忠五逐於里者少禮何足爲遠王
曰子不識也夫牛鳴而馬不應者異類故此　人必有異
者遂見與之語而嘉之
又曰齊宿瘤者東郡採桑之女閔王之后也閔王宣王子也項有
大瘤故號曰宿瘤初閔王遊至東　百姓盡觀宿瘤女採
桑如故王召問曰寡人出遊車騎甚衆百姓無長少弃事
來觀汝不視何也對曰妾受父母教採桑不受教觀大王
王曰此女也惜其宿瘤女曰中心何謂宿瘤何傷王大悦曰
此賢女也命後車載之女曰女不受父母之教而隨大王
是奔女也王大慙曰寡人失之貞女一禮不備雖死不從
及歸遣使奉禮加金百鎰娉迎之父母驚惶欲洗沐爲衣

裳女曰變容更服恐見不識於是如故隨使者閔王歸見
諸夫人告曰今日出遊得一聖女及至諸夫人見者大笑
王曰未飾耳飾與不飾相去十百女曰飾與不飾相去千
萬不足言何獨十百也王曰何以對曰昔者堯舜桀紂俱
爲天子堯舜安於節儉茅茨不剪採椽不斲後宮衣不曳
地食不重味至今數千歲天下歸善桀紂不自飾仁義爲
高臺榭深池澤後宮蹈綺縠弄珠玉身死國亡爲天下笑
至今千餘歲天下歸惡由是觀之飾與不飾相去千萬
閔王大感立以爲后朞月之間化行隣國諸侯朝之侵
三晉懼秦楚立帝號及女死燕遂屠齊
又曰齊鍾離春者齊無鹽邑之女鍾離姓春名也其爲人極醜無
雙臼頭深目長壯大節卬鼻結喉頂上少髮折腰出胷皮
膚若漆行年三十無所容入之行嫁不售流弃莫執於是乃

拂拭短褐自詣宣王願乞一見謁者曰晏齊之不售女也聞大王之聖願備後宮之掃除頓首司馬門外謁者以聞宣王方置酒於漸臺左右聞之莫不掩口而笑王曰此天下強顏女子也乃召見之謂曰昔先王爲寡人娶妃疋皆以備有列位者今夫人不容鄉里布衣而欲千萬乘之主有何異乎鍾離春曰竊慕大王之美義耳王曰然何善曰嘗隱善王曰試一行之言未卒忽不見王大驚立發隱書而讀之乆不能解明日復召之但揚目銜齒舉手拊膝曰殆哉如此者四矣王曰願聞命對曰今大王之國西有横秦之患南有強楚之讎外有二國之難内聚姧臣衆人不附春秋四十年壯男不立故不務衆子而務衆婦尊所好而忽所恃一旦山陵崩墜社稷不定此一殆也漸臺五層黄金白玉琅玕翡翠萬人疲極此二殆也賢者伏匿於山

林諂諛強行於左右耶偽立於本朝不得通入此三殆也酒漿流湎以夜繼晝女樂俳優縱横大唉外不脩諸侯之禮内不康國家之理此四殆也王闇然無聲喟然而歎曰痛乎無鹽君之言於是立壞漸臺罷女樂退諂諛去彫琢選兵馬實府庫闢四門招進直言下擇吉日立太子拜無鹽君以爲王后齊國大安皆醜女之力也

習鑿齒襄陽記曰黄承彦河南名士也謂諸葛孔明曰君擇婦否有醜女黄頭黑色而才堪相配孔明許焉即載送之時人爲咲樂鄉里爲之諺曰莫作孔明擇婦正得河外醜女

束晳發蒙記曰醜男醙餞醜女鍾離春通俗文曰不媚曰嬙（音嬙）可惡曰嬒（烏會反）大醜曰烋（呼交反）醜稱曰娭（烏在反）

何承天纂文曰嫫母醜人也

楚辭曰西施媞媞而不得見兮嫫母勃屑曰侍而

又曰珪璋雜於甑窒隴廉與孟陬同宮舉世以爲常俗固將愁苦而終窮

劉思真醜婦賦曰才質陋且儉姿容劇嫫母鹿頭獮猴面椎額復出口折頞靨樓鼻兩眼䁾（一交切）如曰膚如老桑皮耳如側兩手

宋玉登徒子好色賦曰登徒子妻蓬頭攣耳（攣牛善反）齞（牛義反）脣歷齒旁行傴僂又疥且痔

太平御覽卷第三百八十二

太平御覽卷第三百八十三

人事部二十四

壽老

說文曰老考也

釋名曰六十曰耆耆指也不從力役指事使人也七十曰耄頭髮耄耄然也八十曰耋耋鐵也皮膚變黑色如鐵也九十曰鮐背背有鮐文也或曰黃耇鬢髮變黃也耇垢也皮色驪悴恒如有垢也或曰胡耇皮如雞胡也或曰凍梨皮有班黑如凍梨色也或曰兒齒大齒落盡更生細齒如小兒齒也百年曰期頤頤養也老惽不復知服味善惡孝子期於盡養道也老朽也老不死曰仙仙遷也遷入山也

周禮夏官司馬曰中春羅春鳥獻鳩以養國老是時鷹化為鳩鳩與春鳥變舊為新以宜養老助生氣也

禮記曲禮上曰六十曰耆指使七十曰老而傳八十曰耋九十曰耄百年曰期頤鄭玄注曰耄惽忘也期要也頤養也不知衣服食味孝子盡養之道也

又曰大夫七十而致仕若不得謝行役以婦人從適四方乘安車自稱曰老夫

又檀弓上曰子夏喪其子而喪其明曾子弔之子夏哭曰天乎予之無罪曾子怒曰吾與汝事夫子於洙泗之間退而老於西河之上使西河之民疑汝於夫子尒罪一也

又曰王制曰養耆老以致孝

又曰凡養老有虞氏以燕禮夏后氏以饗禮殷人以食禮周人脩而兼用之五十養於鄉六十養於國七十養於學達於諸侯天子諸侯養老同也五十異糧六十宿肉七十貳膳八十常珍九十飲食不離寢膳飲從於遊可也五十始衰六十非肉不飽七十非帛不煖八十非人不煖九十雖得人不煖矣

又曰五十杖於家六十杖於鄉七十杖於國八十杖於朝九十者天子欲有問焉則就其室以珍從之尊養七十不俟朝二夫之差者揖君則退八十日告存每月致膳九十日有秩秩常也有常膳有虞氏養國老於上庠養庶老於下庠夏后養國老於東序養庶老於西序殷人養國老於右學養庶老於左學周人養國老於東膠養庶老於西膠

又曰君子耆老不徒行庶人耆老不徒食矣

又曰文王世子曰文王謂武王曰汝何夢矣武王對曰夢帝與我九齡帝天也齡年也文王曰古者謂年齡齒亦齡也我百爾九十吾與爾三焉文王九十七而終武王九十三而終

又祭義曰先王之所以治天下者五貴有德貴貴貴老貴長慈幼為其近於親也

又曰虞夏殷周天下之盛王也未有遺年者年之貴乎天下久矣次乎事親也○又曰天子巡守諸侯待于竟天子先見百年者

左傳隱公曰石碏使告于陳曰衛國褊小老夫耄矣無能為也

又僖公上曰王使宰孔賜齊侯胙將下拜孔曰且有後命天子使孔曰以伯舅耋老加勞賜一級無下拜

又僖公下曰秦晉圍鄭佚之狐言於鄭伯曰國危矣若使燭之武見秦君師必退公從之辭曰臣之壯也猶不如人今老矣無能為也

又襄公六曰晉悼夫人食輿人之城杞者絳縣人或年長矣無子而往與於食有與疑年使之年使言其年曰臣小人也不知紀年臣生之歲正月甲子朔四百有四十五甲子矣

其季於今三之一也吏走問諸朝師曠曰魯叔仲惠伯會郤成子于承匡之歲也七十三年矣

又曰穆叔至自會見孟孝伯語之曰趙孟將死矣其語偷不似民主且年未盈五十而諄諄焉如八十九十者弗能久矣

又昭元曰天王使劉定公勞趙孟於頹館於洛汭劉子曰美哉禹功子盍亦遠績禹功而大庇民乎對曰老夫罪戾是懼焉能恤遠吾儕偷食朝不謀夕何其長也劉子歸以語王曰諺所謂老將至而耄及之者其趙孟之謂也

又曰齊侯田於莒盧蒲嫳見泣且請曰余髮如此種種余奚能爲（種種短也言己衰老不能復爲害）

又昭公四曰楚靈王至乾溪聞羣公子之死也自投于車下曰人之愛其子也亦如余乎侍者曰甚焉小人老而無子知擠于溝壑矣

尚書盤庚曰汝無侮老成人無弱孤有幼

又洪範曰五福一曰壽（百二十年）

又無逸曰自時厥後立王生則逸生則逸不知稼穡之艱難不聞小人之勞惟耽樂之從自時厥後亦罔或克壽（以耽樂之故從是其後亦無有能壽考）

又呂刑曰惟呂命王享國百年耄荒（言呂侯見命爲卿時穆王以享國百年耄亂荒忽雖老而能用賢以揚名）

論語里仁曰父母之年不可不知一則以喜一則以懼（孔子曰見其壽考則喜見其衰老則懼）

又微子曰齊景公待孔子曰若季氏則吾不能以季孟之間待之曰吾老矣不能用也孔子行

爾雅曰耆老也

尚書中候曰齊桓公欲封禪謂管仲曰寡人日暮仲父年艾

韓詩外傳曰楚丘先生見孟嘗君孟嘗君曰先生老矣春秋高矣多遺忘矣何以教文先生曰使我投石超距追車赴馬逐麋鹿搏虎豹吾則老矣使我深計謀設精神決嫌疑出正辭尚諸侯吾乃始壯耳何老之有孟嘗君勃然汗出至踵曰文過耳

又曰齊桓公見敢丘人曰叟年幾何對曰臣年八十三公曰美哉壽也

論語讖曰仲尼曰吾聞堯舜等遊首山觀河渚乃有五老遊河渚一老曰河圖將來告帝期二老曰河圖持龜告帝謀三老曰河圖將來告帝書四老曰河圖將來告帝圖五老曰河圖將浮龍銜玉包金泥玉檢封盛書五老飛爲流星上入昴（宋均注曰浮洪水）

周書曰文王在鄗召太子發曰嗚呼我身老矣吾語汝我所保與我所守汝勤之我傳之子孫吾厚德而廣惠信忠而志愛不爲驕役不爲泰靡括柱而茅茨爲民愛費也

戰國策曰昔者秦魏爲國齊楚約攻魏魏使人求救於秦冠蓋相望秦救不出魏人有唐睢者年九十餘謂魏王曰老臣請西說秦令兵出可乎曰敬諾遂約車遣之見秦王秦遂發兵救之

史記曰秦使百里傒子孟明視蹇叔子西乞術將兵行行日百里傒蹇叔二人哭之繆公聞而怒二老曰臣非敢沮君軍軍行臣子與往臣老遲還恐不相及故哭耳

又曰蔡澤從唐舉戲之乃曰富貴吾所自有吾所不知者壽也願聞之唐舉曰先生之壽從今以往者四十三歲蔡

澤笑而謝去謂其御曰吾持粱齧肥躍馬疾驅懷黃金之印結紫綬於腰揖讓人主之前食肉富貴四十三年足矣

又曰王翦傳曰始皇問李信吾欲攻荊用幾何人而足信曰不過用二十萬人始皇問王翦翦曰非六十萬人不可始皇曰王將軍老矣何怯也李將軍壯勇其言是也王翦因謝病歸老於頻陽

又曰上置酒太子侍四人從太子年皆八十有餘鬚眉皓白衣冠甚偉上怪之問曰彼何爲者四人前對各言名姓曰東園公角里先生綺里季夏黃公上乃大驚曰吾求公數歲公避逃我今公何自從吾兒游乎四人皆曰陛下輕士善罵臣等義不受辱故恐而亡匿竊聞太子爲人仁孝恭敬愛士天下莫不延頸欲爲太子死者故臣來耳上曰

煩公幸卒調護太子

又曰伏生者（伏生名勝）濟南人故秦博士也孝文欲求能治尚書者天下無有聞伏生能治召之是時伏生年九十餘老不能行乃詔太常掌故朝錯往受之

又曰武帝使束帛加璧安車駟馬迎申公弟子二人乘軺傳從見天子天子問治亂之事申公時已八十餘對曰爲治者不至多言顧力行何如耳

又曰李少君以祠竈却老方見上自謂七十嘗從武安侯飲坐中有年九十餘老人少君乃言與其大父游射處老人爲兒時從其大父行識其處一坐盡驚

漢書曰文帝元年詔老者非帛不煖非肉不飽今歲首不時使人存問長老又無布帛酒肉之賜將何以佐天下子孫孝養其親哉具爲令有司請令縣道八十以上賜米人月一石肉二十斤酒五斗其九十以上又賜帛人二疋絮三斤賜物及當稟鬻米者長吏閱視丞若尉致之

又曰馮唐趙人也以孝著爲中郎署長（應劭曰此士孝子郎）事文帝文帝輦過問唐曰父老何自爲郎家安在具以實對

又曰張蒼食乳女子爲乳母妻妾百數曾孕子者不復幸猶是百餘歲乃卒

又曰張安世宣帝下詔曰安世守職秉謙以安宗廟著節老臣令朝朔望號稱祭酒

又曰石建爲中郎令建老白首萬石君尚無恙每五日洗沐歸謁親入子舍竊問侍者取親中裙廁牏身自澣洒復予侍者諸子孫咸孝然建特爲甚

又曰貢禹上書曰臣禹犬馬之齒八十一血氣衰竭耳目不聰非能復有補益所謂素飡尸祿汚朝之臣也乞骸及

身生歸鄉里死無恨矣

續漢書曰仲秋之月縣皆案戶比民年七十者授之王杖長九尺端以鳩爲飾鳩者不咽之鳥欲老人不咽所以受民也是月也祠老人星於國南遠郊

東觀漢記曰馬援字文淵建武二十年武陵五溪蠻夷深入軍沒援因復請行年六十二帝愍其老未許之援自請曰臣尚能被甲上馬帝令試之援據鞌顧眄以示可用帝笑曰矍鑠哉是翁也遂遣援

又曰閔仲叔客安邑老病家貧不能買肉日買一片猪肝屠或不肯爲斷安邑令候之問諸子何飯食對曰但食猪肝屠者或不肯與令出勑市吏後買輒得叔怪問其子道狀乃歎曰閔仲叔豈以口腹累安邑耶遂去之

又曰班超自以久在絕域年老思土上疏曰臣常恐年衰

奄忽僵仆不敢望到酒泉郡但願生入玉門關
魏志曰田豫爲并州刺史徵爲衛尉屢乞遜位太傅司馬宣王以豫尅壯書喻未聽豫書荅曰年過七十而以居位譬猶鍾鳴漏盡而夜行不休是罪人也遂稱疾篤拜太中大夫食卿祿年八十二薨
晉書曰華表太始中遷太常卿數歲以老病乞骸骨詔以表清貞履素有老成之美而以疾固辭今聽如所上祿賜與卿同
又曰劉寔字子眞少貧賣牛衣好學歷吏部尚書封脩陽子懷帝復授太尉辭以老九十一薨
又曰祖逖進鎮雍丘略定河外躬自勸督農桑尅己施下百姓感悅置酒大會耆老中坐流涕曰某等老矣更得父毋死將何恨

又曰周訪少時遇善相者陳訓謂訪與陶侃曰二君皆位至方岳功名略同但陶上壽周下壽優劣在年耳
齊書曰虞玩之字茂瑤年老有疾請退表曰四十仕進七十懸車壯即驅馳老宜休息知足不辱臣知足矣
後魏書曰畢衆敬篤老乞還桑梓朝廷許之臨還獻其珠璫四具銀裝劒一口刺虎矛一枚仙人綾百疋文明太后與高祖引見於皇信堂賜酒饌車一乘馬三疋絹二百疋勞遣之
又曰羅結代人世祖初爲散騎常侍遷侍中摠三十六曹事年一百七歲精爽不衰世祖以其忠慤甚見信待詔聽歸老賜太寧東川以爲居業并爲築城即號曰羅侯城至今猶在
又曰刁雍以耆年特見優禮錫以几杖杖履上殿因致珎着焉嘗經篤疾幾死見有神明救之言福門子當享長年後卒於洛州刺史
又曰尉元許致仕詣闕謝老引見於庭命昇殿勞宴賜以玄冠素服又詔充三老給上公之祿
唐書曰太宗將伐遼東召靖入閤賜坐御前謂曰公南平吳會北清沙漠西定慕容唯東有高麗未服公意如何對曰臣往者憑藉天威薄展微効今殘年朽骨唯擬此行陛下若不棄老臣病其瘳矣帝愍其羸老不許
又曰嚴綬材器不踰常品事兄嫂過謹爲時所稱常以寬柔自持位躋上公年至大耋前後統臨三鎮皆號雄藩所辟士親睹爲將相者九九人其貴壽如此
周史曰蕭愿字惟恭梁宰相頊之子也初愿之曾祖倣唐僖宗朝入相接客之次愿爲兒童効倣傳呼之聲倣謂客

曰余豈敢以得位而喜所幸弈世壽考吾今又有曾孫在目前矣及愿長事父母以孝稱後爲兵部郎卒之時年七十餘母猶在堂一門壽考人罕及者矣
鬻子曰鬻子年九十見文王文王曰噫老矣鬻子曰若使臣捕虎逐麋則老矣使臣策國事則臣年尚少因立爲師
莊子曰盜跖曰人上壽百歲中壽八十下壽六十
孟子曰老吾老以及人之老
又曰伯夷避紂居北海之濵太公避紂居東海之濵聞文王作興曰盍歸乎來吾聞西伯善養老者二老者天下之大老也而歸之是天下之父歸之天下之父歸之其子焉往
抱朴子內篇曰余亡祖鴻臚少卿時嘗爲臨沅令云此縣有廖氏家世壽老或出百年或八九十從去生子孫轉多

夭折人有居其故宅復累世壽由此覺是宅所爲疑其井水殊赤乃試掘井左右得古人埋丹砂數十斛去井數尺此丹砂汁因泉水漸滲入井是以飲其水而得壽況乃持丹砂而服之乎

六韜曰文王祖父壽百二十而没王季百年而没文王壽九十七而没

國語曰齊宣王出遊路見閭丘先生長老十三人謁齊王王賜之田衆老皆拜閭丘先生獨不拜又賜無役諸老復拜閭丘先生又不拜宣王疑而問之對曰來見大王所望者三願賜臣壽賜臣富賜臣貴王曰天命有長短非寡人所制無所壽先生倉粟雖盈備災畜無以富先生大官無闕小官卑賤無以貴先生先生曰所望願王選良吏臣少得壽焉使人以時役無煩苛此臣所以得富焉使少者敬

長者長者敬老者此臣所以得其貴也王賜臣田田不租倉廩虛賜臣無役則官無所使非所望也王曰賜先生爲相可乎先生曰臣得三願足矣安用爲相

又曰子奇年八十齊君任爲東阿既行而君悔焉使人追之囑使者曰未至追令還巳至勿追未至東阿使者反之齊君問故使者曰臣見子奇同載者皆白首矣夫老者之智少者之決此必能治東阿矣王曰善哉

又曰昔衛武公年九十五儆於國曰苟在朝者無謂我老耄而舍我也必恭恪於朝夕以儆我聞一二之言志誦納之以訓道

漢武故事曰上嘗輦至郎署見一老翁鬚鬢皓白衣服不完上問曰公何時爲郎何其老矣對曰臣姓顔名駟江都人也文帝時爲郎上問曰何不遇也駟曰文帝好文臣好武景帝好老臣又少陛下好少臣巳老是以三世不遇上感其言拜爲會稽都尉

新序曰孔子見宋榮啓期年老白首衣弊服鼓琴自樂孔子問曰先生老而窮何樂也啓期曰吾有三樂天生萬物以人爲貴吾得爲人一樂也人生以男爲貴吾得爲男二樂也人生命有傷夭吾年九十餘是三樂也貧者士之常死者人之終居常以守終何不樂乎

說苑曰楚文王伐鄭使王子革子露居二子出遊老人戴畚從而乞食焉不與搏而奪之畚

又曰晉平公問師曠曰吾年七十欲學恐晩如何對曰暮不炳燭耶臣聞少而學者如日出之陽壯而學者如日中之光老而學者如炳燭之明炳燭之明孰與昧行乎公曰善哉善哉

申鑒曰學壽不至壽可以盡命

新論曰余前爲王翁典樂大夫見樂家書記文帝時得魏文侯時樂人竇公百八十歲兩目皆盲文帝奇之問何能服食而至此耶對曰年十三失明父母哀之教使鼓琴日講習以爲常事臣不能道引無所服餌也譚以爲少盲恒逸樂所以益性命也

神仙傳曰淮南王安好道術八公乃詣門門者見其垂白不進八公皆化成童子色如桃花門吏白王王迎之登思仙之臺張錦綺之帷設象牙之床燔百和之香進碧玉之几執弟子禮八公還成老人授之要道及郎中雷被譖安安與八公昇天所践石皆陷今人馬之跡在焉

王子年拾遺録曰昔老聃當周之末居反景日室之山與世人絶迹唯有黄髮老叟五人或乘虎豹或乘鴻鵠衣毛

羽之服眉覆於目耳垂至肩兩眸子皆黑方面玉絜手握青筠之杖出入于日室之中與老子談天文之數

述異記曰尹雄年九十頭生角角半寸

世說曰顧悅與簡文同年而早白簡文問曰卿何以先老荅曰蒲柳之姿望秋而先落松栢之質逢霜而弥盛

應璩詩曰昔有行道人陌上見三叟年各百餘歲相與鋤禾莠住車問三叟何以得此壽上叟前置辭室內嫗麄醜中叟前置辭量腹節所受下叟前置辭暮卧不覆首要哉三叟言所以能長久

太平御覽卷第三百八十三

太平御覽卷第三百八十四

人事部二十五

幼智上

說文曰幼小也

釋名曰兒始能行曰孺子孺弱也十五曰童故禮有陽童牛羊之無角者曰童山無草木亦曰童言未巾冠似之

左傳傳曰楚子將圍宋使子文治兵於睽終朝而畢不戮一人子玉復治兵於蔿終日而畢鞭七人貫三人耳國老皆賀子文飲之酒蔿賈尚幼後至不賀子文問之對曰不知所賀子之傳政於子玉曰以靖國也靖諸內而敗諸外所獲幾何子玉之敗子之舉也舉以敗國將何賀焉且子玉剛而無禮不可以治民過三百乘其不能以入矣苟入而賀何後之有

又曰秦師過周北門左右免冑而下超乘王孫蒲尚幼觀之曰秦師輕而無禮必敗輕則寡謀無禮則脫（脫易也）入險而脫又不能謀能無敗乎

又成公下曰晉欒書中行偃使程滑殺厲公使荀罃士魴逆周子于京師而立之（周子悼公）生十四年矣大夫逆于清原周子曰孤始願不及此雖及此豈非天乎抑人之求君使出令也立而不從將安用君二三子用我今日否亦今日恭而從之神之所福也（恃言以而有才所以能自固）對曰羣臣之願也敢不唯命是聽

戰國策曰文侯疾故使張唐相燕弗肯行少庶子甘羅請行之文侯叱甘羅羅曰夫項橐七歲爲孔子師今臣年十二君其試焉奚遽言叱乃見張卿說而行之

又曰王孫賈年十五事閔王其母曰汝朝出而晚還則吾倚門而望汝暮出不還則吾倚廬而望汝汝事王王出走不知其處汝尚歸王孫賈乃入市中曰淖齒亂齊殺王欲與我誅者袒右市人從者四百人與之誅淖齒

史記曰項羽擊陳留外黃不下數日已降項王令男子年十五以上詣城東欲坑之外黃令舍人兒年十三往說項王曰彭越強劫外黃外黃恐故且降待大王大王至又皆坑之百姓豈有所歸心從此以東梁地十餘城皆恐莫肯下矣項王然其言乃赦外黃當坑者

漢書曰賈誼洛陽人年十八以能誦詩書稱於郡中河南守吳公聞其秀才召置門下甚愛之乃言賈誼年少頗通諸家之書文帝召以爲博士

又曰翟方進汝南上蔡人年十三失父給事太守府爲小吏號遲鈍不及事數爲掾史所辱方進自傷乃詣京師受

經學

後漢書曰任延字長孫南陽宛人也年十二爲諸生學於長安明詩易春秋顯名太學學中號爲任聖童

續漢書曰黃琬字子琰江夏人少失父母而辨惠祖父瓊初爲魏郡太守建和元年正月日蝕京師不見梁太后詔問所蝕多少琬年七歲在傍曰何不言日蝕之餘如月之初瓊大驚即以其言應詔後深奇愛之時司空盛允疾瓊遣琬候問會江夏上蠻賊事副府允發書視畢微戲琬曰江夏大邦而蠻多士少琬舉手對曰蠻夷猾夏責在司空○又曰應奉字世叔聰明自爲童兒及長凡所經歷莫不暗記讀書五行並下

又曰樂恢字伯奇京兆長陵人父爲縣吏得罪令收將殺之恢時年十一常于府寺門晝夜號泣令聞之即解出父

又曰陳蕃字仲舉汝南平輿人年十五常閑處一室而庭宇蕪穢父友同郡薛勤來候之謂蕃曰孺子何不洒掃以待賓客蕃曰丈夫處世當除天下安事一室乎勤知其有清世志

東觀漢記曰馬援字客卿幼而岐嶷年六歲能應接諸公專對賓客嘗有死罪亡命者來過客卿逃匿不令人知外若訥而沉敏兄甚奇之以為將相器故以客卿字焉

又曰班固字孟堅年九歲能屬文誦詩賦及長遂博貫載籍九流百家之言無不窮究學無常師不為章句大義而已性寬和容衆不以才能高人諸儒以此慕之

又曰丁鴻年十三從桓榮受歐陽尚書三年而明章句善論難為都講遂篤志精銳布衣荷擔不遠千里

又曰張堪字君遊年六歲受業長安治梁丘易才美而高京師號曰聖童

又曰鄧禹字仲華南陽新野人年十三能誦詩受業長安時上亦遊學京師禹年雖幼而見上知非常人遂相親附及漢兵起即策杖北渡追及上於鄴

又曰承宮琅琊姑蘇人少孤年八歲為人牧猪鄉里徐子盛明春秋經授諸生數百人宮過其廬下見諸生講誦好因弃其猪而聽經猪主怪其不還來索見宮欲笞之門下生共禁止因留精舍門下樵薪

又曰魯恭父建武初為廿陵太守卒官時年十二弟平年七歲晝夜號踊不絕聲郡中賻贈無所受歸服喪禮過成人

又曰吳祐字季英陳留長垣人父恢為南海太守祐年十二恢欲殺青簡以寫經書祐諫曰今大人踰越五嶺遠在海濱其俗舊多珍怪此書若成則載之兼兩昔馬援以薏苡興謗其陽以衣囊邀名嫌疑之間誠先賢所慎也恢乃止撫其首曰吳氏世不乏季子矣

又曰和熹鄧后年五歲太夫人為斷髮夫人年耆目冥并中后額雖痛忍而不言左右怪問之后言曰難傷老人意故忍之

又曰黃香字文強江夏安陸人年九歲失母思慕憔悴殆不免喪鄉人稱其至孝年十二博覽傳記京師號曰日下無雙江夏黃香

英雄記曰曹純字子和年十四喪父業富於財僮使人僕以百數純綱紀督御之不失其理好樂學問敬愛學士學士多歸焉由是為遠近所稱年十六為黃門郎

漢雜事曰陳寔字仲弓漢末太史家瞻星有德星見當有英才賢德同遊者書下諸郡縣問潁川郡上事其日有陳太丘父子四人俱共會社小兒季方御大兒元方從抱孫子長文此是也

魏氏春秋曰袁氏之敗也孔融與太祖書曰武王伐紂以妲己賜周公太祖後見問之對曰以今度之想其當尔融被收二子年八歲時方弈棊端坐不起左右曰而父見執不起何也二子曰安有巢毀而卵不破者乎

魏志曰鍾會字士季潁川長社人太傅繇小子也少敏惠夙成中護軍蔣濟著論曰觀其眸子足以知人會年五歲繇遣見濟濟甚異之曰非常人

又曰賈逵字梁道河東襄陵人自為童戲弄常設部伍祖父習異之曰汝大必為將帥口授兵法數萬言

又曰楊俊同郡王象少孤特為人僕隸年十七八見使牧

乎而私讀書因獲撫楚俊羨其才質即贖象着家婿娶立屋然後與別

又曰劉廙字恭嗣南陽安衆人年七歲戲講堂上潁川司馬德操撫其頭曰孺子孺子黄中通理寧自知不

又曰司馬朗字伯達河内温縣人年九歲人有稱其父字者朗曰慢人者不敬其親客謝之十二試爲童子郎

又曰王粲爲中郎蔡邕見而奇之時邕顯著貴重朝廷常車騎塡巷賓客盈坐聞粲在門倒屣迎之及至年既幼弱容狀短小一坐盡驚邕曰此王公孫也有異才吾不如也吾家書籍文章盡當與之

又曰陳羣字長文潁川許昌人祖父寔父紀叔父諶皆有盛名羣爲兒時寔常奇之謂宗人父老曰此兒必興吾宗

又曰常林字伯槐河内温人年七歲父黨造門問林曰伯先在不汝何不拜林曰對子字父何拜之有於是咸共嘉之

又曰曹休字文烈太祖族子年十餘歲見太祖太祖謂左右曰此吾家千里駒也使與文帝同止見待如子常從征討使領虎豹騎

又曰夏侯惇字元讓沛國譙人年四歲求師就學人有辱其師者惇殺之由是以烈氣聞

吳書曰虞翻少好學有才氣年十二客有候其兄者不過翻翻追與書曰僕聞琥珀不授腐芥磁石不授曲鍼過而不存不亦宜乎客得書異之

又曰沈友字子正吳郡人年十一華歆行風俗見而異之因呼沈郎可登車語乎友逡巡却曰先生銜命將以裨補先王之教齊風俗也而輕脱威儀猶負薪救火無乃更崇其熾乎歆慙曰自桓靈來未有幼童若此者

又曰陸績年六歲於九江見袁術術出橘與績績懷三枚去拜辭墮地術曰陸郎作賓客而懷橘乎績跪荅曰欲歸遺母術大奇之

蜀志曰諸葛亮子瞻字思遠亮與兄瑾書曰瞻今已八歲聰慧可愛嫌其早成不爲重器耳

晉書曰王戎幼而穎悟神彩秀徹視日不眩裴楷見而目之曰戎眼爛爛如巖下電年六七歲於宣武場觀戲猛獸在檻中虓闞震地衆皆奔走戎獨立不動神色自若魏明帝於閣上見而奇之

又曰王澄字平子生而警悟雖未能言見人舉動便識其意衍妻郭性貪鄙欲令婢路上擔糞澄年十四諫郭以爲不可

又曰中宗太子紹幼而聰哲年數歲嘗置中宗膝上會長安使來中宗因問曰汝謂日與長安孰遠對曰日遠中宗問其故荅曰不聞人從日邊來然可知耳中宗異之明日會羣臣又問之對曰日近中宗失色曰何異昨日之言對曰舉目見日不見長安由是益奇之

又曰王舒字允之總角時嘗從伯敦敦與錢鳳謀逆而允之時飲酒帳中卧悉聞其言慮敦疑之便於卧處吐涕狼藉敦果疑遣看之見吐唾以爲醉

又曰謝尚字仁祖豫章太守鯤之子幼有至性八歲風神夙悟鯤嘗携之送客或曰此兒一坐之顔回也尚應聲曰坐無尼父焉識顔回賓客莫不歎異年十歲遭父憂丹陽尹温嶠弔之尚號哭極哀既而收涕告訴舉止有異常童嶠甚奇之

又曰韓康伯早孤家貧年數歲母爲作襦子令康伯捉熨斗謂曰且着襦尋爲汝作褌伯曰已足不復煩母問其故荅曰如火在熨斗中而柄亦熱今既着襦皆當煖也母異之

王隱晉書曰王儉字元衡内史下邳陳邵擅名徐州邵聞儉年十四善屬文請作祝文邵謂郡客曰此生爲文有可觀採命爲督郵王簿邵迁給事儉每爲定表

晉中興書曰謝安字安石年四歲桓彜見而歎曰此児風神秀徹後當不減王東海𢭄角神識深敏氣字條暢丞相王導知之由是著名

又曰范宣陳留人年十歲能誦詩書甞以刀傷手捧手改容人問痛耶荅曰受全之體而致毁傷不可處耳少好學手不釋卷博覽衆書善三禮

又曰戴逵字安道譙國人少博學好談論善屬文能鼓琴工書畫其餘巧藝靡不畢綜𢭄角時以雞卵汁溲白瓦屑作鄭玄碑又爲文手自刻字文既綺藻器亦妙絶時人莫不驚歎知其深敏

宋書曰劉秀之字道實少孤貧有志操十許歲時與諸兒戲於前渚忽有大蛇來勢甚猛無不顛怖驚呼秀之獨不動衆並異焉

又曰王僧達幼聰敏弘爲州縣僧達六七歲遇有通訟者竊覽其辭謂爲有理及入訟者亦進弘意其小留左右僧達爲申理闇誦不失一句

又曰徐湛之幼與弟淳之共車行牛奔車左右人馳來赴之湛之先令取弟衆咸歎其幼而有識

又曰蔡興宗字興宗幼爲父廓所重謂有已風與親故書曰小兒四歲神氣似可不入非類室不與小人遊故以興宗爲之名與宗爲之字

齊書曰王慈字伯寶琅耶臨沂人司空僧虔子也八歲外祖宋江夏王義恭施寶物恣聽所取慈唯取素琴石硯義恭善之

又曰傅昭六歲而孤哀毁如成人爲外祖所養十歲於朱雀航賣曆日雍州刺史袁顗見而奇之顗甞來昭所昭讀書自若神色不改顗歎曰此兒神情不凡必成佳器

又曰顧協從祖右光禄大夫張永甞携内外孫姪遊武丘山協年數歲永撫之曰兒欲何戲協曰兒正欲枕石漱流永歎息曰顧氏興於此子及長好學以精力稱

又曰顧歡年六七歲父使驅田中雀遂作黄雀賦而歸雀食稻過半父怒將撻之見賦乃止

梁史曰沈璞字道真童孺神意閑審武帝召見奇璞應對曰謂林子曰此非常兒也初除南平王左常侍

陳書曰王元規八歲而孤兄弟三人隨母依舅氏往臨海郡時年十二郡土豪劉瑱者資財巨萬欲妻以女母以其兄弟幼弱欲結強援元規泣謂曰姻不失親古人所重豈得苟安異壤輙婚非類母感其言而止

崔鴻十六國春秋前凉録曰辛攀字懷遠年七歲隨父奭在京師北地程曉奭之親友目攀而笑曰犁牛騂犢孺子之謂攀曰戲及人親非雅訓也曉及衆賓大奇異之

又後趙録曰徐光字季武頓丘人父聰以牛醫爲業光幼好學有文才年十三嘉平中王陽攻頓丘掠之令主秣馬光但書柱爲詩賦而不親馬事陽怒撻之啼呼終夜不止左右以白陽陽召光付紙筆光立爲頌陽奇之

又夏録曰吐谷渾拾寅者虔國之弟也年數歲猶大啼笑

母氏念憂其不惠父樹洛于曰此兒吾家驪有馴駒伯樂尚不能目之而况庸人哉終成吾門户者必在此子年六七歲而器識不恒或謂之神童

後魏書曰裴駿字神駒河東聞喜人幼而聰惠親表異之稱爲神駒因以爲字駿從弟子安祖少而聰惠年八九歲就師講誦詩至鹿鳴篇語兄云鹿雖禽獸得食相呼而况人也自此之後未嘗獨食

又曰任城王澄之子順字子和年九歲師事樂安陳豐初書王羲之小學篇數千言晝夜誦旬有五日一皆通利豐奇之白澄曰豐十五從師迄于白首耳目所經未見此江夏黄童不得無雙也澄笑曰藍田生玉何容不尔

三國典略曰趙隱字彦深年五歲母傅便孀居傅謂之曰家貧兒小何以能濟隱泣而言曰若天矜兒大當仰報年

十歲司徒崔光奇之謂賓客曰古人云觀眸子足以知之此兒必當遠至

太平御覽卷第三百八十四

太平御覽卷第三百八十五

人事部二十六

幼智下

唐書曰李百藥字重規隋内史令德林子也爲童兒時多疾病祖母趙氏故以百藥爲之名七歲解屬文父友齊中書舍人陸乂馬元熙嘗造德林讌集有讀徐陵文者云既取成周之禾將刈琅耶之稻並不知其事百藥時侍立進曰傳稱鄅人藉稻杜預注云鄅國在瑯琊開陽乂等大驚異之

又曰褚亮字希明幼聰敏好學善屬文博覽無所不至經目必記於心喜遊名賢尤善談論年十八詣陳僕射徐陵與商榷文章深異之陳後主聞而召見使賦詩江揔及諸詞人在坐莫不推善

又曰陳叔達陳宣帝子年十餘歲侍宴賦詩十韻援筆便就僕射徐陵甚奇之

又曰劉仁軌尉氏人也幼少恭謹好學遇隋末喪亂不遑專習每行坐所在輙書空畫地由是博涉文史

又曰權德輿生四歲能屬詩七歲居父喪以孝聞十五日文數百篇編爲童蒙集十卷名聲日大

又曰蔣乂字德源史官吳兢外孫以外舍富墳史幼便記覽不倦七歲時誦庾信哀江南賦數遍而成誦在口以聰悟強力聞於親黨間

又曰髙郢子定幼聰警絶倫七歲時讀尚書湯誓問郢曰奈何以臣伐君郢曰應天順人不爲非道又問曰用命賞于祖不用命戮于社是順人乎父不能對

列子曰孔子東遊見兩小兒辯日問其故一小兒曰我以爲日始出去人近而日中時遠一兒曰我以爲日出時遠而日中近一兒曰初出大如車蓋及中才如盤蓋此不爲遠者小而近者大乎一兒曰日初出蒼蒼涼涼及其中如探湯此不爲近者熱而遠者涼乎孔子不能決兩小兒笑曰孰爲汝多知乎

尸子曰蒲衣生八年舜讓以天下周王太子晉生八年而服師曠

魯連子曰齊之辯士田巴辯於狙丘議於稷下毁五帝罪三王訾五伯離堅白合同異一日而服千人有徐劫者其弟子曰魯連謂徐劫曰臣願得當田子使之必不復談可乎徐劫言之巴曰余弟子年十二然千里駒也願得侍議於前可乎田巴曰可魯連得見曰今楚軍南陽趙伐高堂燕人在遼國亡在旦暮先生將奈何田巴曰無奈何魯連曰危不能爲安亡不能爲存無貴學士矣今先生之言有似梟鳴出聲人皆惡之願先生勿復談也田巴曰謹受教明日見徐劫曰先生之駒乃飛兎騕褭也豈特千里哉

孔叢子曰孟子居尚幼請見子思子思見之甚悦其志命子上侍坐焉禮敬子居甚崇子上不願也客退子上請曰白聞士無介不見女無媒不嫁孟孺子無介而見大人説敬之白也未喻敢問子思曰然吾昔從夫子於郯遇程子於途傾蓋而語終日而別命子路將束帛贈焉以其道同於君子也今孟子居孺子也言稱堯舜性樂仁義世所希有也事之猶可況加敬乎

又曰子和爲臨晉令寢疾不瘳乃命其二子留葬焉二子長曰長彦年十有二次曰季彦年十歲父友西洛人姚進先有道徵不就養志于家長彦季彦常受教焉既除喪

有先人遺書兄弟相勉諷誦不倦于時蒲坂令許君然造其宅勸使歸魯奉以車二乘辭曰載柩而反則違父遺命舍墓而去則心所不忍君然曰以孫就祖於禮爲得願子無疑荅曰若以死有知也祖猶隣宗族焉父獨留此不已劇乎吾其定矣遂還其居於是甘貧研精墳典十餘年間會徒數百故時人爲之語曰魯孔氏好讀經兄弟講誦可不聽學士來者有聲名不過孔氏郝得成

郭子曰梁國楊氏子年九歲甚聰慧孔君平詣其父父不在乃呼兒爲設菓有楊梅孔指以示兒此實君家菓兒應聲荅曰未聞孔雀是夫子家禽

周書曰晉平公使叔譽于周見太子晉與之言五稱三而窮

李固別傳曰固被誅弟子汝南郭亮始成童遊學洛下乃

詣闕上書乞收固屍不許因往臨哭喪不去太后聞而誅之

孔融別傳曰孔文舉年四歲時每與諸兄共食梨引小者人問其故荅曰我小兒法當取小由此宗族奇之

又曰融十歲隨父詣京師聞漢中李公清節直亮慕之欲往觀其爲人遂造公門謂門者曰我是公通家子孫世門者白之公曰高明父祖常與孤遊乎融跪而應曰先君孔子與明公先李老君同德比義而相師友則融與公累世通家坐衆數十人莫不歎息咸曰異童子也太中大夫陳煒後至曰人小了了大或未能佳少府尋聲荅曰君子之幼時豈當惠乎李公撫抃大笑顧少府曰高明長大必爲偉器范曄後漢書云詣李膺也

何晏別傳曰晏時小養魏宮七八歲便慧心大悟衆無愚智莫不貴異之魏武帝讀兵書有所未解試以問晏晏分散所疑無不冰釋

邴原別傳曰原字根矩十一喪父家貧早孤隣有書舍原過其傍而泣師問曰童子何悲原曰一則願其不孤二則羨其得學師亦哀原之言而爲之曰童子苟有志我徒相教不求費也於是遂就書一歲之間誦孝經論語

管輅別傳曰輅年八九歲便喜仰視星辰得人輒問其名夜不肯寐自言家雞野鵠猶尚知時況於人乎與比隣兒共戲土壤中輒書地作天及日月星辰每荅言說事語皆不常宿學耆人不能折之　時年十五來在官舍始讀論語及易便開源布華辭義斐然于時黌上諸生四百餘人皆伏其才琅耶太守單子春雅有才度聞輅一黌之儁欲見之父遣輅造之大會賓客百餘人輅旣

年少懼失精神請先飲三升清酒然後與言子春大喜便酌酒獨使飲之子春曰吾自欲與輅旗鼓相當於是唱大語之端遂經乎陰陽子春及衆士卒共攻劫請難風起而輅荅對言皆有餘至日向暮酒食不得子春語衆人曰此年少盛有才器聽其言語正似司馬子遊獵之賦何其磥硌雄壯英神秀茂必能明天文地理變化之數於是　徐州號之神童

傅宣別傳曰宣字世和北地泥陽人年十三而著河橋賦有文義

傅嘏別傳曰嘏字昭先年八歲喪母號泣不絕聲自然之哀同於成人年十四始學疑不再問三年中誦五經皆究其義群言無不綜覽

何禎別傳曰禎廬江潛人父他字文奇有儁才早卒禎在

孕而孤生遇荒亂歸依舅氏鄰亂乃追行喪哀泣合禮鄉邑稱焉十餘歲耽志博覽研精群籍名馳淮泗

杜祭酒別傳曰君在孩抱之中異於凡童舉宗奇之年六七歲在縣北郭與小兒輩爲竹馬戲有車行老公停車視之歎曰此有奇相吾恨不見

徐邈別傳曰君諱邈字仙民東莞人岐嶷朗慧聰悟七歲涉學詩賦成章

趙至別傳曰至字景眞代郡人流客緱氏令新之官至年十三與母共道傍觀母曰汝先世本非微賤家也世亂流離遂爲士伍耳後能至此不至荅曰可耳便求就師讀書早起聞父耕叱牛聲釋書而泣師問其故荅曰自傷不能致榮使老父不免勤苦師大異之稱其當爲奇器

傳暢自叙曰暢字洪迎年四歲散騎常侍扶風曹淑虎以德量喜與余戲常解衣褶被脫余金環與侍者謂余當恡惜之而經數日不索遂於此見名言論甚重

孝子傳曰華光字榮祖彭城人年七歲欲見父像求畫其父形像朝夕拜謁母有病輒呼天禱祠母即瘳愈每得珍甘置父像前

劉向別傳曰楊信字子烏雄第二子幼而明慧雄筆玄經不會子烏令作九數而得之雄又疑易羝羊觸藩彌日不就子烏曰大人何不云荷戟入榛

列子傳曰孔融被誅初女七歲男九歲以其幼弱得寄他舍主人有遺肉汁男渴而飲之女曰今日之渴豈得久活何賴知肉味乎兄號泣而止或言於曹操遂盡殺之及收至女謂兄曰若死者有知得見父豈非至願延頸就刑顏色不變

文士傳曰張惇字子純與張儼及朱異俱童少往見驃騎將軍朱據聞三人才名欲試之曰爲吾賦一物然後坐儼賦犬曰守則有威出則有獲韓盧宋鵲書名竹帛純賦席曰席爲冬設簟爲夏施揖讓而坐君子攸宜異賦弩曰南嶽之幹鍾山之銅應機命中獲隼高墉據大欣悅

又曰桓驎字元鳳沛國龍亢人伯父焉知名官至大尉驎精敏年十三四在焉坐有宿客爲詩曰甘羅十二楊烏九齡昔有二子今則桓生參差等蹤異世齊名驎即應聲荅曰邈矣甘羅超等絕倫卓彼楊烏命世稱賢嗟予蠢弱殊才偉年仰慙二子俯媿過言

又曰劉楨字公幹少以才學知名年八九歲能誦論語詩論及篇賦數萬言警悟辯捷所問應聲而荅當其辯氣鋒烈莫有折者

又曰阮瑀少有儁才應機捷麗就蔡邕學歎曰童子奇才朗朗無雙

又曰王弼字輔嗣山陽高平人幼聰達年十餘歲便能誦詩書讀莊老善通其意

又曰杜育童孺奇才博學能著文章心解性達無所不綜一時稱爲舞陽杜孔子

三輔決録曰張既字德容爲兒童郡功曹游殷察異之殷先歸勑家設賓饌及既至殷妻笑曰張德容童昏小兒何異於客哉殷曰方伯之器也殷遂與既論霸王之略饗訖以子楚託之

海內先賢傳曰童子汝南謝廣河南趙建年十二通經詔以爲二童應化而皆拜郎中

汝南先賢傳曰郭憲童幼之年則有尚義之心年十四始

欲出學聞潁川杜周甫精覽多長杜亮造門而師學爲朝受其業夕已精講動聲則宫商清暢推義則尋理釋結周甫奇而偉之

又曰黄憲字叔度世貧賤父爲牛醫潁川荀淑嘗至潁陽遇憲於逆旅時年十四淑竦然異之揖與語移日不能去謂曰子吾之師表也既而前至袁閬所曰子國有顔子寧識之乎閬曰君見叔度耶

零陵先賢傳曰周不疑字文直長安人始嬰孩時已有奇異至年十三曹公聞之欲拜識既見即以女妻之不疑不受時有白雀瑞儒林並已作頌不疑見操授紙筆立令復作操異而奇之

廣州先賢傳曰董正字伯和南海人少有令姿貧寒不戚耽意術籍志在規俗年十五通毛詩三禮春秋

會稽先賢傳曰淳于長通年十七說宓氏易經貫洞內事萬言兼春秋鄉黨稱曰聖童

益部耆舊傳曰張霸字伯饒蜀郡成都人也年數歲知禮義鄉人號爲張曾子七歲通春秋復欲進餘經父母曰汝小未能也霸曰我饒爲之故字伯饒

會稽典録曰王充字仲任爲兒童遊戲不好狎侮父誦奇之七歲教書數

又曰餘姚伍賤字士微父爲倉監失去官穀薄領罪至於死賤爲執筆檢校相當由是見異號爲神童

江氏家傳曰江𦍑字世林年十一始知樗蒲數以爲遊祖母貴爲說往事有以博弈破業廢身者於是即弃五木終身不以爲戲

荀氏家傳曰勗字公曾年十二能通春秋蜀文從外祖鍾繇甚奇之常稱此児當繼司空

又曰荀淑子爽字慈明一名諝幼而好學年十二能通春秋論語太尉杜喬見而稱之曰可爲人師爽遂耽思經書慶弔不行徵命不應潁川爲之語曰荀氏八龍慈明無雙

華陽國志曰童子李餘涪人兄夷殺人亡命母愼當死餘年十三詣吏代母死吏以餘年小不許因自刎死吏以白令令哀傷言郡郡上書出愼太守與令以家財葬餘圖畫府庭

涼州記曰武王呂光字世明以石氏建武四年生夜有光輝舉舍異之因名曰光年十歲與諸兄弟於里巷闕軍戲群童咸推爲主劃土處中部分行伍鄉黨皆歎之

世說曰崔駰有文才不其縣令往造之駰子瑗年九歲書門曰維無干木君非文侯何爲入我里閭令見之問駰曰必児所書召瑗使書乃書曰君使臣以禮臣事君以忠

又曰徐孺子年九歲常月下戲人語之曰若令月中無物極當明矣徐曰不然譬如人眼中有瞳子無此可不暗乎

又曰孔文舉有二子大者六歲小者五歲父眠小者床頭盗酒飮之大児謂曰酒以行禮何以不拜荅曰偷酒那得復行禮

又曰夏侯稱字義權自孺子而好合聚童児爲之渠帥戲必爲軍旅戰陣之事有違者輒嚴以鞭捶衆莫敢逆父淵陰奇之使讀項羽傳及兵書不肯曰能則自爲耳安能學人年十六淵與之畋見奔虎稱驅馬逐之一箭而倒名聞太祖把其手喜曰我得汝矣與文帝爲布衣之交每讌會景陵一座辨士不能荅世之高尚者從之遊弟榮字幼權

幼聰慧七歲能屬文誦書日千言經目輙識文帝聞而請焉賓客百餘人人奏一刺悉書其鄉邑姓䄵所謂爵里刺也示之一過而使遍談不謬一人帝深奇之漢中之敗㮚年十三左右提之走不肯曰君親在難焉所逃死乃奮劒戰遂歿

又曰孫盛爲庾公記室叅軍從獵其第二兒齊莊俱行庾公不知忽於獵塲見齊莊時年七八歲謂曰君亦復來耶應聲荅曰所謂無小無大從公于邁

又曰何晏年七歲明慧若神魏武帝奇愛以晏母在宮内欲以爲子晏乃畫地令方自處其中曰何氏之廬

又曰鍾會少有令譽年十二三魏文帝聞之語父繇曰可令卿二子來於是命見毓面有汗文帝問曰卿面何以獨汗毓對曰戰戰惶惶汗出如漿復問會卿何不汗對曰戰戰慄慄汗不得出

又曰王戎七歲常與諸小兒遊看道邊有李樹子壓枝折諸兒競走取之唯戎不去人問之荅曰樹在道邊而子多苦李也取之信然

又曰王濬沖裴叔則二人揔角詣鍾士季客問鍾向二童是誰鍾曰裴揩清通王戎簡要二十年此二賢當爲吏部尚書冀尒時天下無復滯才

語林曰孫策年十四詣袁術俄而外通劉豫州來孫便求去袁曰劉豫州何若荅曰英雄忌人既出下東階而劉備從西階上但得轉顧視孫足行殆不復前矣

又曰劉道真年十六在門前弄塵垂鼻至胷洛下年少乘車從門過曰年少甚𡍼堌劉便隨車問爲惡爲善公劉曰令君翁亦𡍼堌母亦𡍼堌上時回反下徒回反

太平御覽卷第三百八十六

人事部二十七

健　羸

健

釋名曰健建也能有所建爲也○左傳莊公曰宋萬弒閔公于蒙澤曹師伐之南宮長萬奔陳以乘車輦其母一日而至(乘車非兵車也駕人曰輦宋去陳二百六十里言萬之多力)宋人請南宮長萬於陳陳人使婦人飲之酒而以犀革裹之比及宋手足皆見

又曰初雩講于梁氏女公子觀之圉人犖自牆外與之戲子般怒使鞭之公曰不如殺之是不可鞭犖有力焉能投蓋于稷門(蓋覆也稷門魯南城門走而自投接其屋之桷反覆門上)

又宣公下曰晉魏顆見老人結草以抗杜回(杜回秦之力人也)

又成公上曰高固入晉師桀石以投人禽之而乘其車繫桑本焉以徇齊壘

又成公下曰晉楚交戰叔山冄搏人以投中車折軾晉師乃止

又襄公二曰晉荀偃士丐請伐偪陽偪陽人啓門諸侯之士門焉(見門開故攻之)縣門發鄹人紇抉之以出門者(鄹邑大夫仲尼父叔梁紇也)狄虒彌建大車之輪而蒙之以甲以爲櫓(狄虒彌魯人蒙覆也櫓大楯也)左執之右拔戟以成一隊(百人曰隊)孟獻子曰詩所謂有力如虎者也主人縣布堇父登之及堞而絕之隊則又縣之蘇而復上者三主人辭焉乃退

又哀公下曰楚白公作亂劫惠王子西以袂掩面而死子期曰昔者吾以力事君不可以弗終抉豫章以殺人而後死(以効其多力豫章大木)

史記曰秦王有力好戲士任鄙烏獲孟說皆至大官王與孟說舉龍文赤鼎絕臏而死

又曰范雎說秦昭王曰烏獲任鄙之力成荊孟賁慶忌夏育之勇

又曰張良常學淮陽東見滄海君得力士爲鐵椎重百二十斤秦皇東遊良與客俱擊秦皇博浪沙中悞中副車秦皇大怒大索天下求賊甚急張良乃更姓名亡匿於下邳

漢書曰項羽在鴻門沛公與張良在坐樊噲聞事急乃拔楯入初入營營衛止噲噲直撞入立帳下羽見之問爲誰良曰沛公參乘樊噲也羽曰壯士賜之巵酒彘肩噲既飲酒拔劍切肉食之羽曰能復飲乎曰臣死且不辭豈特巵酒也

又曰甘延壽字君況北地郁郅人少以良家子善騎射爲羽林投石拔距絕於等倫常超踰羽林亭樓由是遷爲郎

又曰淮南王長力能扛鼎廣陵王胥空手搏熊羆

又曰上官桀從武帝上甘泉天大風車不得行解蓋授桀桀奉蓋雖風常屬車雨下蓋御上奇其才力遷未央廄令

又曰彭城王翌身長八尺七寸驍幹過人能手舉殿梁超過平陽

楚漢春秋曰項梁嘗陰養士最高者多力拔樹以擊地

東觀漢記曰蓋延字巨卿身長八尺彎弓三百斤以氣勢聞

又曰陰興字君陵爲期門僕射從上出入常操小蓋疾風暴雨屏翳左右泥塗隘狹自投車下脫袴解履涉淖至膝

又曰祭彤字次孫力貫弓三百斤入爲太僕從至魯帝指子路室曰此太僕室也

范曄後漢書曰虞延字子太陳留人延生時有物如疋練

直身天長八尺六寸力能扛鼎
又曰董卓膂力過人雙帶兩鞬左右馳射爲羌胡所畏
魏志曰許褚字仲康長八尺餘大十圍容皃雄毅勇力絶人漢末聚宗族堅壁以禦寇賊賊攻壁褚令男女聚石如盞者褚飛石擲之所值皆碎以牛與賊易食牛奔還褚一手逆曳牛尾行百步賊遂不敢取牛褚後事太祖以力如虎而癡號曰癡虎
又曰典韋陳留人形皃魁梧膂力過人
又曰呂布字奉先五原人也以驍武給并州刺史丁原爲騎都尉便弓馬膂力過人號爲飛將
英雄記曰袁紹父成字文開名壯健貴戚權豪自大將軍梁冀以下皆與交結恩好言無不從故京師諺曰事不諧詣文開

江表傳曰太祖與馬超單馬會語超負其多力常置六斛米囊東西走馬輒掣米囊以量太祖輕重許褚瞋目瞻眄超（騐直王加）曰聞君有健將虎侯郍在太祖指褚超乃止太祖尋知之歎息良久曰幾爲狡虜所欺
王隱晉書曰吳彥字士則吳郡人有文武材幹長八尺餘膂力如虎
晉中興書曰庾闡父東以勇力聞世祖時西域遣一使胡趫（音巢）勇果自謂無敵晉人不敢與校世祖募求勇敢之士唯東應選遂慱殺胡勇聞殊俗晉今曰選三部司馬皆限力舉千二百斤以上前驅司馬取便大戟由基司馬取能挽一石七斗以上弓
沈約宋書曰丁旿驍勇有氣力時人爲之語曰勿跋扈付丁旿

蕭子顯齊書曰張敬兒爲持節督雍梁二州刺史部伍泊沔口敬兒舴艋過江詣晉熙王燮中江遇舡覆左右丁壯者各走餘二小吏没艙下呼叫張敬兒兩掖挾之隨舡覆仰常得在水上如此翻覆行數十里方得迎接
又曰東昏侯有膂力能檐白虎幢自製雜色錦伎衣綴以金花玉鏡衆寶逞諸意態
崔鴻十六國春秋秦録曰姚興將軍王奚仲驍悍有膂力去其弓矟持短兵出堡與赫連勃勃力戰衆多傷勃勃乃羈縻圍之斷其水路堡民執奚仲出降勃勃謂奚仲曰卿忠臣也朕方與卿共平天下奚曰若蒙大恩速死爲惠乃與所親數十人自刎而死
又前趙録曰郭默字玄雄河内懷人世以屠沽爲業默壯勇拳捷能貫甲跳三丈塹時人咸異之曰此兒必興郭氏

河内陸允世之豪民望見以女妻之
又曰陳安字虎侯家世農民安少慷慨曰大丈夫當乘軒杖節安能久執犁鋤乎遂東遊京師頗學書筭讀魏書見許褚而慕之乃自字虎侯遇晉室喪亂遂憑結司馬賓驍壯果毅武幹過人多力善射持七尺刀貫甲奔及馳馬
又前秦録曰張蚝（輔）本姓弓上黨泫氏人也（字泫玄）膂力過人能却曳牛走張平愛而子之蚝婬於平妾知而責之蚝慙割陰以自誓遂爲閹人堅甚寵之常侍左右終爲名將所在有殊功稱鄧羌張蚝萬人敵也
又後趙録曰張犲字巨秦汲郡人晉永嘉中與梁臣戍武德城石勒攻之城潰犲隨例當坑大呼曰官當活健兒何以殺也曰有何捷事而求活也犲曰武德西城上大聲督時警備嚴設使賊不入正是張犲勒笑曰降兒能尒正自

奇健乃赦之
趙書曰汲桑清河貝丘人年二十餘力扛百鈞呼聞數里
時人服之
又曰劉靈陽平人年二十餘常期役於縣力制奔牛走及
馳馬
後魏書曰孝文帝有膂力年十餘歲能以指彈碎羊髆骨
又曰元淑字買仁有膂力彎弓三百斤善騎射
又曰陳留王虔姿氣魁傑膂力絕人每以常矛短乃大作
之猶患其輕後綴鋼鈴於刃下其弓力倍如常人以其殊
異於世虔常臨陣以矟刺人遂貫而高舉以示於衆又嘗
以一手頓矟於地騎馬僞退敵人爭取引不能出虔引弓
射之一箭殺其二人搖矟之徒亡魄奔散徐乃命人取矟
而反每從征伐乃率偏將先登陷陣勇冠當時

又曰衛王儀長七尺五寸容皃甚偉美鬚髯有筭略少能
舞劍騎射膂力過人弓將十石陳留公虔矟大見称異時
人云衛王弓桓王矟也
又曰韓茂字元興嘗從太宗征丁零時大風諸旗皆偃仆
茂於馬上持幢初不傾倒太宗訝其膂力
又曰伊馥代人也善射多力曳牛却行
三國典略曰周賀若敦嘗從太祖校獵於甘泉宮圍人不
齊獸多越逸太祖大怒圍內唯有一鹿俄亦突圍而走敦
躍馬馳之鹿上東山敦弃馬步逐山半掣之而下太祖大
悅
周書曰韓雄河東垣人也少敢勇魁岸膂力絕人工騎射
有將帥才略
又曰竇熾字光成性寬明有偉略美鬚髯身長八尺二寸
善騎射膂力過人
隋書曰魚俱羅馮翊下邽人也身長八尺膂氣雄壯言聞
數百步○墨子曰紂有勇力之人生捕兕虎指畫殺人
晏子曰昔夏之衰也有推侈大戲殷之衰也有費仲惡來
足走千里手制兕虎○子思子曰中行穆伯手捕虎
列子曰公儀伯以力聞諸侯周宣王備禮聘之公儀伯至
觀形懦夫也宣王心惑曰汝之力何以對曰臣之力能折
春螽之股勝秋蟬之翼王作色曰吾之力者能分犀兕之
革曳九牛之尾猶憾其弱公儀伯曰臣之師有南丘子者
力無敵於天下而六親弗知未嘗用其力故也
又曰魏黑卯殺丘邴章邴章之子來丹謀復仇丹氣甚猛
形甚露計粒而食從風而趨誓手劍以屠黑卯黑卯悍志
絕衆力抗百夫筋骨皮肉非人類也延頸承刃披胸受矢

鋩鍔摧屈而體無痕負其才力視來丹猶鶵鷇也
孟子曰有馮婦善搏虎
尸子曰中黃伯余左執太行之獶貐右搏雕虎唯象未與
吾試願爲牛與象鬭以自試
又曰飛廉惡來力角犀兕勇搏熊虎也
孔叢子曰孔鮒謂陳王曰梁人有陽由者其力扛鼎伎巧
過人骨騰肉飛
淮南子曰孔子勇復孟諸足躡狡兎不以力聞
六韜曰紂之卒握炭流湯者十八人崇侯虎等舉五百石
重沙二十四人
山海經曰中曲之山有懷木食之多力
穆天子傳曰有虎在於葭中七萃之士曰高奔戎生捕以
獻天子乃命爲柙而畜之東虞是曰虎牢

呂氏春秋曰孔子之勁能招國門之關（招舉也淮南子同也）
又曰趙氏中山之多力者曰吾兵衣鐵甲操鐵杖以戰所擊無不碎所衝無不陷以車投車以人投人
春秋外傳曰少室爲簡子右闘牛談有力請與之戲不勝致右焉簡子許之使少室爲宰曰知賢而讓可以訓矣
蜀王本紀曰秦王知蜀王好色乃獻女五人蜀王遣五丁迎女還梓潼見大蛇入山穴一丁引其尾不出五丁共引蛇山乃崩
說苑曰勇士孟賁水行不避蛟龍陸行不避虎狼發怒吐氣聲響動於天
王充論衡曰語稱紂力能索鐵伸鉤撫梁易柱言其多力也
風俗通曰潁川張歆字孟孝吳楚反與亞夫常爲前鋒陷陣

潰圍傍人覩曰壯哉此君歆聞自矜遂死軍
方言曰𨇾脊力也東齊曰踞宋魯曰脊脊膂也（𨇾音律𨇾力皃）
通俗大曰強健曰駃（翅踖）
曹肇別傳曰肇之弟纂字德思力舉千鈞明帝寵之寢止恒同營與戲賭衣物有所獲輒入御帳取而出之
石虎別傳曰虎字季龍勒從弟年十七八身長七尺五寸好弓馬射獵迅健有勇力同時等類多畏憚之
異苑曰荊州上明浦常有蛟殺人死者不脫歲昇平中鄧遐爲太守素勇健入水覓蛟曳出斬之至今不復有患
博物志曰石蕃衛臣也有勇力背負千二百斤沙
西京雜記曰江都王勁捷能超七尺屏風
任豫益州記曰元帝爲丞相有力士鍾齊本吳人百斛米分爲三擔擔從渚入市五六里

世說曰周處年少時凶強使氣爲鄉里所患時義興水中有蛟山中有虎並皆犯暴百姓議興人爲三横而處尤極或說處使殺蛟虎遂入擊蛟或沒或出行數十里經三日夜鄉里皆謂死更相慶處竟殺蛟而出始知爲人情所患處遂自改勵終爲忠臣孝子
楚辭曰魂兮來歸無上天一夫九首拔木九千（言有一丈夫身有九首強梁多力從朝至暮能拔木九千也）
張衡西京賦曰烏獲扛鼎都盧尋橦

羸

說文曰羸瘦也
釋名曰羸累也恒累於人也
東觀漢記曰和熹太后遭新野君喪悲傷思慕骨立不能自勝

王隱晉書曰皇甫謐表從武帝借書上送一車書與謐謐羸病手不釋書歷觀今古無不皆綜
又曰尚書令傅勗久羸瘦上令太官給乳酪
吳越春秋曰子胥與要離見於吳王要離對曰臣吳國之東阡陌人細微無力迎風則偃背風則仆大王有命臣不敢盡死
呂氏春秋曰吳王欲殺王子慶忌而莫之能殺吳王患之吳王之友曰要離謂王曰臣請殺之吳王曰汝拔劍不能舉臂上車不能登足汝能殺之要離曰請必能吳王曰諾
世說曰何晏自平叔體弱不勝重服
又曰李欽是茂曾第六子清貞有遠操而少羸病不肯婚宦居住臨海常往兄侍中慕下既有高名王丞相辟爲公府掾欽得板命笑曰茂弘乃復以一爵假人又曰丞相公

見衛洗馬居然有羸形雖復終日調暢猶若不堪羅綺

太平御覽卷第三百八十六

覽三百八十六　九　孫慶

太平御覽卷第三百八十七

人事部二十八

黑子　汗　唾

洟涕　欠　嚏

黑子

漢書曰高祖左股有七十二黑子

又賈誼傳曰今淮陽之比大諸侯僅如黑子之著面不足以有所禁禦

范曄後漢書曰黃昌字聖真遷蜀郡太守昌初爲州書佐其婦寧於家遇賊被獲遂流轉入蜀爲民妻其子犯事乃詣昌訟昌疑母不類蜀人因問所由云本會稽黃昌妻也嘗爲賊所掠至此昌驚曰何以識黃昌邪曰昌左足心有黑子常自言當至二千石昌乃出足示之因相持泣還爲夫妻

楚國先賢傳曰來陽頤紹字伯蕃年十八爲郡門下幹迎太守許荆視荆蹠下而笑荆怒問之紹曰見明府蹠下有黑子紹足亦有之欣而故笑

汗

說文曰汗身液也

釋名曰汗涆也出其衣涆涆然

易渙卦曰渙汗其大號

史記曰蘇秦說齊王曰臨淄舉袂成帷揮汗成雨

東觀漢記曰光武詔曰平陽丞李善稱故令范遷於張堪令人面熱汗出其賜堪家雜繒百疋以表廉吏

獻帝傳曰舊儀三公領兵見令虎賁執刃扶之曹操顧左右汗流背自後不敢復朝請

江表傳曰孫權即尊位請會百官歸功周瑜張昭舉笏欲褒贊功德未及言權曰如張公計今已乞食矣昭大慙伏地汗出

魏志曰初太和中中護軍蔣濟上疏宜遵古封禪詔曰聞濟斯言使吾汗出流足

王隱晉書曰華表字偉容平原高唐人侍中石苞朝出表問國家何如苞曰武帝更生也表聞汗出沾背

晉書曰大司馬桓溫來朝頓丘新亭召侍中王坦之吏部尚書謝安石將害之坦之恐將欲出奔謝安止之曰晉祚存亡在此一行君何所逃既見溫坦之前大懼蒼惶倒執手板汗流沾衣安石後至從容高視良久坐定謂溫曰安聞諸侯有道守在四方明公何須壁後置人溫笑曰不能不尔遂却兵歡語移日而罷

續晉陽秋曰桓玄嘗詣會稽王道子道子已醉對玄張眼屬四坐云桓溫作賊玄見此辭勢難測伏席流汗長史謝重歛板正色曰故大司馬公廢昏立明功全社稷風塵之論宜絕聖聽

唐書曰張又新等構李紳貶端州司馬朝臣表賀又至中書賀宰相及門門者止之曰請少留緣張補闕在齋內與相公談俄而又新揮汗而出旅揖羣臣曰端溪之事又新不敢多讓人皆辟易憚之

淮南子曰今夫徭者揭钁鍤負籠土（傜役也籠受土籠也）鹽汗交流喘息薄喉（白汗鹹如鹽故曰鹽）

風俗通曰傳曰后稷觸冬墾田流汗而種田不生者人力非不至天時不與

世說曰鍾毓鍾會少有令譽年十三魏文帝聞之召見問

毓曰卿何汗曰戰戰惶惶汗出如漿復問會卿何不汗對曰戰戰慄慄汗不敢出

又曰桓公既廢太宰父子仍上表欲除之簡文手荅書云所不忍言況過於言桓又重表簡文復手荅云若使晉祚靈長明公便應奉行此詔若大運去矣請避賢路桓公讀詔手戰汗流於此而止

語林曰何晏美姿容明帝見之謂其傅粉賜之湯餅晏食之汗出流面以巾拭之色轉皎然

楊雄長楊賦曰高祖親鞮鍪生蟣虱甲冑被沾汗

左思齊都賦序曰連衽有雲覆之陰揮汗有雨洒之濡

又吳都賦曰流汗霡霂則中逵泥濘

司馬遷書曰每念斯恥汗未嘗不發背沾衣

唾

說文曰唾口液也

左傳文下曰晉文公獲秦三師文嬴請之先軫朝問秦囚公曰夫人請之吾舍之矣先軫怒曰武夫力而拘諸原婦人斃而免諸國隳軍實而長寇讎亡無日矣不顧而唾

史記曰孟嘗既廢而復用馮驩迎之未到孟嘗君太息曰文嘗好客遇客無所敢失文一日廢皆背文而莫顧文者如復見面文必唾面

戰國策曰趙太后新用事秦急攻之求於齊曰必以長安君爲質兵乃出大臣強諫太后謂左右曰復言長安君爲質者老婦必唾其面

沈約宋書曰僕射謝景仁性矜嚴整潔居宇清麗每唾左右人衣事畢即聽澣濯每欲唾左右爭來受之

趙書曰石虎婥崔氏爲夫人無寵所愛鄭夫人有百日女病謂崔與藥以告後石虎作威問之崔言外舍見小子以少唾其容作實非藥也後石乃射之一箭通中而死

秦記曰苻朗渡江嘗與朝士宴集時賢並机蓐壺席朗欲誇之唾則令小兒跪而張口就唾而含出坐者爲不及之遠矣

呂氏春秋曰齊莊公之時有士曰賓卑聚夢有壯士白縞之冠練布之衣素履黑劍從而叱之唾其面惕然而寤徒夢也終坐不決明日召其友而告之曰吾少好勇無所挫辱今夜辱吾將索之得之則可不得將死每朝立于衢三日不得退而自刎

又曰伍員出奔過鄭問許公許公東向唾員知所歸矣乃奔吳

莊子曰蚿謂蛇曰子見夫唾者乎噴則大者如珠小者如

霧雜而下者不可勝數也

風俗通曰彭祖壽年八百歲猶恨唾遠

周生列子曰人君其尊重矣音聲振於金玉咳唾甘於醴泉

九州春秋曰公孫瓚曰始天下兵起吾謂其唾掌可決

樊英別傳曰樊英既見陳畢西南向唾天子問其故對曰成都今日失火後蜀郡太守上火災言時雲雨從東北來故火不爲害

列仙傳曰丁次卿欲還峨眉山語主人　云當相爲作漆以甖十枚盛水覆口從唾之一日日乃發皆成漆

神仙傳曰樊夫人者劉綱妻也俱行道術各自言勝綱唾盤中水即成鯉魚夫人唾盤中水成獺食魚與試術事畢不如

述異記曰有人乘舡從下流還縣有一人通身黃衣擔兩籠黃瓜求寄載之黃衣人乞食舡主與之舡適至岸下仍唾盤上徑上岸直入去舡主取向食器視之見盤上唾悉是黃金

列異傳曰南陽宗定伯年少時夜行逢鬼問鬼所忌鬼荅云唯不喜人唾伯便擔鬼着頭上急持行之徑至市中下着地化爲一羊賣之恐其變化唾之得錢五千

幽明録曰漢武帝在甘泉宮有玉女降嘗與武帝圍碁相娛女風姿端正帝密悅乃欲逼之玉女唾帝面而去遂病瘡經年故漢書云避暑甘泉宮此其時也

趙壹嫉邪賦曰勢家多所宜欬唾自成珠披褐懷金玉蘭蕙化爲芻

洟淚 洟事已多見在泣部

說文曰洟鼻液也

周易離卦曰六五出涕沱若戚嗟若吉

毛詩邶栢舟　曰之子于歸遠送于野瞻望弗及泣涕如雨

又谷風大東曰睠言顧之潸焉出涕

禮記檀弓上曰孔子合葬於防封之崇四尺孔子先反門人後雨甚至孔子問曰尒來何遲也曰防墓崩孔子泫然流涕曰吾聞之古不脩墓

又曰孔子至衛遇舊館人之喪入而哭之哀出使子貢脫驂而賻之子貢曰脫驂於舊館無乃已重乎夫子曰予鄉者入而哭之遇一哀而出涕予惡夫涕之無從也小子行之

又曰將軍文子之喪既除喪而後越人來弔主人練冠待于廟垂涕洟

又內則曰父母唾洟不見 輒刷去之

左傳襄四日孟孫卒臧孫入哭甚哀多涕出其御曰孟孫之惡子也而哀如是季孫若死其若之何

公羊傳哀公曰西狩獲麟孔子曰孰爲來哉孰爲來哉反袂拭面涕沾袍 何休注曰袂衣襟

史記曰蘇秦說鬼谷先生淚下沾襟

東觀漢記曰來歙蓋延攻公孫述蜀人大懼使客刺歙未死馳告蓋延延見歙悲哀不能仰視歙叱曰欲屬以軍事而乃効兒女之涕泣乎

又曰更始害齊武王光武飲食語笑如平常獨居輒不御酒肉枕席有涕泣處

蕭子顯齊書曰魚復侯子響字雲音世祖第四子也死時年二十二上夢子響死後遊華林見猨對樹跳子鳴上留目久之因嗚咽流涕

崔鴻後燕録曰秦官人光祚先入晉晉以祚爲河北郡至是來歸慕容垂見祚流涕曰秦主知我理深吾事之亦盡淮南之敗吾効忠節每思疇昔之願未嘗不中宵忘寢祚亦歔欷

又曰慕容熙符后卒制百寮於宮內設位哭令沙門素服使有司按檢哭者有淚以爲忠孝無則罪之於是羣臣振懼莫不含辛以爲淚焉

尸子曰曾子每讀喪禮淚下沾襟

又曰費子陽謂子思曰吾念周室將滅涕泣不可禁也子思曰然今一人之身憂世之不治而涕泣不禁是憂河水濁而泣清也

邴原傳曰原五歲孤過書舍而泣師曰何泣原曰孤者易感夫學者皆有父母也一則願其不孤二則願其學故惻然涕零師哀原曰欲書取書不須費也

管寧别傳曰寧身長八尺龍顏秀目每祭未嘗不伏地流涕

三齊略曰鄭司農常居其城南山中教授黄巾亂乃遣生徒崔琰諸賢於此揮涕而散所居山下草如薤葉長尺餘許堅紉異常時人名爲康成書帶

世説曰晉元帝過江飲酒王茂弘與帝有舊流涕諫之帝許之從是遂斷

語林曰王太保作荆州有二兒亡一兒還葬舊塋一兒留葬太保垂涕曰不忘故鄉仁也不戀本土達也唯仁與達吾二子有焉

素問曰肝液爲淚

欠

釋名曰欠嶔也開張其口脣嶔嶔然

説文曰欠張口出氣也

禮記曲禮曰侍坐於君子君子欠伸撰杖屨視日之蚤暮侍坐者請出矣

又内則曰在父母舅姑之所不敢欠伸跛倚睇視

宋元嘉起居注曰尚書僕射孟顗於後堂剏見亢聲大欠有違儀禮被劾詔無所問

嚏 音帝

釋名曰嚏聲作嚏而出也

毛詩衛風曰寤言不寐願言則嚏

禮記月令曰季秋行夏令則人多鼽嚏

又内則曰在父母舅姑之所不敢噦噫嚏咳也 噦於越切 噫於界切 咳開代切

太平御覽卷第三百八十七

太平御覽卷第三百八十八

人事部二十九

聲　色　影　跡

聲

周書曰師曠見周太子晉太子曰吾聞汝知人年壽幸以告我師曠曰汝色赤白聲火聲不壽太子曰余後三年上賓於帝汝愼無言殃將及汝三年而死

毛詩關雎序曰情發於中故形於聲聲成文謂之音

左傳宣上曰初楚司馬子良生越椒子文曰必殺之是子也熊虎之狀而豺狼之聲弗殺必滅若敖氏諺曰狼子野心是乃狼也其可畜乎

又襄三曰晉人聞有楚師師曠曰不害吾驟歌北風又歌南風南風不競歌詠八風南風音微故曰不競歟唯歌南北風者聽晉楚也多死聲楚必無功後楚師敗

又昭上曰伯石始生子容之母走謁諸姑曰長叔姒生男姑視之及堂聞其聲而還曰是豺狼之聲也狼子野心非是莫喪羊舌氏矣遂不視

春秋演孔圖曰伊尹大而短赤色而髯好俛而下聲

家語曰孔子在衛昧旦晨興顏回侍側聞哭者聲甚哀子曰回汝知此何所哭對曰非但爲生離别也子曰何以知之對曰回聞恒山之鳥生四　羽翼旣成將分于四海其母悲鳴送之哀聲有似於此孔子使問哭者果曰父死家貧賣子以葬與之長訣子曰回也善於識矣

史記曰初楚成王將以商臣爲太子語令尹子上子上曰商臣蜂目豺聲忍人也不可立之王弗聽

又秦始皇世家曰大梁人尉繚曰秦王爲人隆準長目鳥喙鷹呼豺聲少恩而虎狼心

戰國策曰楚襄王爲太子之時爲質於齊懷王薨太子辭於齊王齊王曰與我地五百里則歸子太子曰臣今有傅請問傅傅曰獻之齊歸太子太子歸即位齊使來求地上柱國子良曰王身出聲許萬乘之齊而弗與則不信後不可以結約諸侯矣

後漢書曰盧植字子幹身長八尺二寸音聲如鍾

東觀漢記曰更始納趙萌女爲后有寵遂委政於萌日夜與婦人飮讌後庭群臣欲言事輒醉不能見時不得已乃令侍中坐帷内與語諸將識非更始聲出皆怨之

華嶠後漢書曰何熙字孟孫少有大志身長八尺五寸體皃魁梧善儀容擧孝廉爲謁者贊拜殿中音動左右

江表傳曰關羽欲襲魯肅甘寧與羽俱會益陽瀨淺將渡寧有所約令羽遥聞之曰此甘寧聲也遂不敢渡

王隱晉書曰王裦少立操尚非禮不動音聲清高辭氣雅正

漢晉春秋曰王敦爲楊州刺史潘滔曰處冲蜂目已露但材聲未發今樹之江外是見賊也

梁書曰呂僧珍字元瑜東平范人也始童兒時從師學有相工歷觀諸生指僧珍謂博士曰此人有奇聲封侯相也

梁太清實録曰中宗諱繹字世誠高祖第七子也旣長而壯　聰明博涉殆謂生知聲若撞鍾辯如河瀉

越絶書曰越栖會稽行成於吳引兵而去勾踐將降吳吳王許之子胥大怒聲若哮虎曰此越未戰而服天以賜吳其可逆天乎臣唯君王急制之吳王不聽

莊子曰曾子居衛緼袍無表三日不舉火十年不制衣正

冠而纓絶捉衿而肘見納屨而踵決曳縰而歌商頌聲若出金石

賈誼書曰豫讓釁面變容吞炭變聲必執襄子一夕而五易處

風俗通曰聲所以五者繫五行也音以八者繫八風也

新序曰原憲見子貢曳杖行歌聲若金石

郭林宗別傳曰林宗儀皃魁梧身長八尺音聲如鍾當時以爲准的

裴楷別傳曰賈充等治法律楷亦參典其事事畢詔專讀奏平章當否楷善能諷誦音聲解暢執刑書冣穆若清詠焉

異苑曰陳思王嘗登魚山臨東阿忽聞巖岫裏有誦經聲清遒深亮遠谷流響肅然有靈氣不覺斂襟祇敬便有終焉之志即傚而則之今梵唱皆植依擬所造

項氏始學篇注曰有龍淵者桓靈時善相人也於聽音聲尤妙二千石相者龍淵下床賛之令長起侍賛之自六百石以下皆坐而言之先相張濟當以財得三公濟常依淵以觀視有相者輒往求之會解瀆侯往相至門問當有至相何憂貧乎侯去淵謂濟曰可厚事之濟遂往盡爲償債別數百萬脩居業桓帝崩無嗣解瀆侯入爲天子而濟遂至司空

世說曰蔡司徒說在洛陽見陸機兄弟住參佐廨中三間瓦屋士龍住東頭士衡住西頭龍爲人文弱可愛士衡長七尺餘聲作鍾聲言多慷慨

又曰杜預爲荆州刺史鎮襄陽時有讌集大醉輒閉齋獨眠不聽人前後常醉閉齋中嘔吐其聲甚苦莫不側足悚慄有一小吏便開户看之正見床上有大虵垂頭床邊吐都不見人

語林曰胡廣本姓黄五月生父母置甕中投之于江流下聞有小兒啼聲往取因以爲子遂登三司廣後不治本親服世以爲譏

又曰王武子葬孫子荆哭之甚悲賓客莫不垂涕哭畢向靈坐曰卿好我作驢鳴今爲卿作驢鳴因作驢鳴似真聲賓客莫不笑孫聞笑顧謂曰諸君不死令王武子死賓客莫不皆怒

又曰董仲道常在客宿與王孫隅共語同行人曰此人行必爲亂後果爲亂階

色

說文曰皙人色白也皤老人色也

韓詩外傳曰閔子始見夫子有菜色後有芻豢之色子貢問其故閔子曰吾出蒹葭之中入夫子之門聞夫子切磋之教竊樂之出見羽盖龍旂又樂之二者相攻胷中是以有菜色今被夫子之文出見羽盖龍旂視如糞土是以有芻豢之色

尚書大傳曰撞鍾甤賓在外者皆金聲在内者皆玉色

禮記表記曰是故君子縗絰則有哀色端冕則有敬色甲胄則有不可辱之色

又曰君子不失色於人不失口於人

又曰玉藻曰立容德色容莊

又曰盛氣闐實陽休玉色言身中氣盛調蒲若陽氣之休物玉色不變也

又文王世子曰文王之爲世子也朝於王季日三其有不安節則内豎以告文王文王色憂行不能正履也

左傳僖上曰齊桓公與蔡姬乘舟於囿蕩舟公懼變色

又定上曰：衛太子蒯聵謂戲陽速曰從我而朝少君少君見我我顧乃殺之速曰諾乃朝夫人夫人見太子太子三顧速不進夫人見其色啼而走曰蒯聵將殺余（太子色變知其欲殺已）

又哀上曰肉食者無墨（墨，氣色下）

公羊傳桓公曰宋督殺其君與夷及其大夫孔父孔父存則殤公不可得殺於是先攻孔父殺之皆死孔父正色立于朝則人莫敢過而致難于其君孔父可謂義形于色矣

論語公冶長曰巧言令色足恭左丘明恥之丘亦恥之

又陽貨曰巧言令色鮮矣仁

又曰子張問令尹子文三仕為令尹無喜色三已之無慍色何如子曰忠矣

又鄉黨曰立不中門行不履閾過位色勃如也屏氣似不息者出降一等逞顔色怡怡如也上如揖下如授勃如戰

色足縮縮如有循享禮有容色私覿愉愉如也（愉愉，顔色和）

又曰色思温貌思恭

又曰車中不内顧不疾言不親指色斯舉矣（顔色不善則去之）

又陽貨曰色厲而内荏譬諸小人其猶穿窬之盗也與

又顔淵曰子張問士何如斯可謂之達矣子曰何哉爾所謂達者子張對曰在邦必聞在家必聞子曰是聞也非達也夫達也者質直而好義察言而觀色慮以下人夫聞也者色取仁而行違居之不疑

又憲問曰賢者辟世（世主莫得而臣）其次辟地（去亂國適治邦）其次辟色（色斯舉矣）其次辟言（有惡言乃去）

漢書曰李廣出右北平胡急擊矢下如雨漢兵死者過半會暮吏士無人色（言懼甚也）

又曰李陵降邊塞以聞上欲陵戰死召陵母及婦使相者視之無死喪色

又曰汲黯好游俠任氣節行脩絜其諫犯主之顔色常慕袁盎之為人上方招文學儒者黯曰陛下内多欲而外施仁義奈何欲効唐虞之治乎上怒變色而罷朝公卿皆為黯懼

魏氏春秋曰嵇康寓居河内與之遊者未嘗見其喜慍之色（世說同）

魏志曰夏侯玄格量弘濟臨斬顔色不變舉動自若

續晉陽秋曰劉毅至黒時人謂之鐵色

又曰初太宗諸子繼夭乃令邕謙卜云後房有一女當誕二男　帝乃召相者示諸寵妾皆曰非其人又示諸婦時織坊中有一人形長色黒宫人謂之崑崙至相者驚曰此其人也帝以大計幸之生烈宗也

前秦録曰符堅舉國伐晉登城而望晉軍見部仵齊整八公山上草木皆類人形憮然有懼色

後趙録曰延熙元年石虎遣丞相郭殷持節入廢弘為海陽王弘安步就車容色自若百官莫不流涕

春秋後語曰魏文侯謀事而當群臣莫之逮者（逮，及也）朝而喜色吳起進曰昔楚莊王朝而有憂色申公巫臣問曰君有憂色何也莊王曰吾聞諸侯擇師王者擇友霸者自足而群臣莫之若者亡今以不穀之不肖而議於朝群臣莫能逮吾國其幾於亡乎（幾，近）吾是以憂色

山海經曰不死民為人黒色壽考不死

郭子別傳曰林宗秀立高跱詹然淵渟蔡伯喈告盧子幹馬日磾曰為天下作碑銘多矣未嘗不有慙色唯郭先生碑頌無愧色耳

列仙傳曰桂父象林人色時白時黃時赤
竹林七賢論曰王戎女適裴氏用匱女爲貸錢一萬久而不還女歸戎色不悅遽還錢乃懌
瀨鄉記曰老子爲人黃色美眉
孫卿子曰臯陶之色如削瓜
燕丹子曰荊軻入秦秦王陛戟而見燕使鍾鼓並發群臣皆呼萬歲秦武陽大恐面如死灰色
郭子曰盧志於衆中問陸士衡陸抗是卿何物荅曰如卿於盧毓士龍失色既出戶謂兄曰何至於此彼或有不知士衡正色曰我父祖名播海內寧有不知識者疑兩陸優劣謝安以此定之
世說曰石崇要王敦入學戲見顏淵像石歎曰若與之同升孔子堂去人何必有間王曰子貢去卿差近石正色曰士處世當令身名俱泰何至以甕牖語人

影

尚書大禹謨曰惠迪吉從逆凶唯影響
東觀漢記曰西羌祖爰劒爲秦所奴隸而亡藏巖穴中見焚有影象如虎爲蔽火得不死諸羌以爲神推以爲豪
魏略曰何晏性自喜行步顧影
山海經曰壽麻之國正立無影疾呼無響郭璞注曰言其形氣有異於人
又曰長流山神白帝少昊居之主司反影日西入則反影東照言司察之也
孫卿子曰夏首之南有人曰涓蜀梁其人愚宵行俯見其影以爲伏鬼仰見其髮以爲立魅倍道而走比至其家失氣而卒
莊子曰有畏影惡跡而去之走者足舉逾數而跡愈多走逾疾而影不離自以爲尚遲疾走不休絕力而死不知處陰以休影處靜以息跡愚亦甚矣
又曰罔兩問影曰曩子行今子止曩子坐今子起何其無特操與影曰吾有待而然者耶罔兩影外之微陰也
太玄經曰老子行則滅跡立則隱影
風俗通曰陳留有富室公年九十無子取田家爲婦一交接而死後生男其女誣其淫佚有兒爭財數年不能決丞相邴吉曰吾聞老公子不耐寒又無影時歲八月取同歲小兒解衣裸之此兒獨言寒又日中獨無影大小歎息因與其財
抱朴子曰韓終丹久服立日中無影
列仙傳曰河間王家老舍人自言父世見玄俗玄俗無影王呼着日中實無影
地鏡圖曰人行日月中無影者神仙人也與虛合體故居日月中無影履霜無跡火中無影也

跡

史記曰姜嫄爲帝嚳元妃出野見巨人跡心欣然踐之而身動如孕朞月而生后稷故詩曰履帝武敏歆武跡也
王子年拾遺曰石崇篩沉水之香如麈末布置牀上使所愛者踐之無跡者即賜真珠百琲若有跡者便節其飲食令體輕弱故中國相戲曰爾非細骨輕軀那得百琲真珠
又曰燕王時廣延之國獻善舞者二人王設麟文之席散荃蕪之香使二人舞其上彌日無跡體輕故也
述征記曰齊有龍盤山上有大腳姜嫄所履跡
盛弘之荊州記曰零陵縣上石有夸父跡
又曰湘東陰山縣北數十里有武陽龍靡二山上悉生松栢美木龍靡山有盤石石上有仙人跡及龍跡傳云昔仙

人遊此二山常秘焉此石又於其所得仙人遺詠

太平御覽卷第三百八十八

太平御覽卷第三百八十九

人事部三十

嗜好　容止

嗜好

禮記檀弓上曰孔子與門人立拱而尚右二三子亦皆尚右孔子曰二三子之嗜學也我則有姊之喪故也二三子皆尚左（喪上右陰也吉上左陽也）

又祭義曰先王之孝也心志嗜欲不忘乎心

又祭統曰不齊則於物無防也嗜欲無止也及其將齊也防其邪物訖其嗜欲耳不聽樂

左傳閔公曰衛懿公好鶴鶴有乘軒者及有狄人之難國人皆曰鶴實有祿位余焉能戰遂敗

又僖中曰齊侯好內多內寵內嬖如夫人者六人

左傳襄公曰鄭伯有好田而嗜酒爲窟室而夜飲酒擊鍾焉朝至未已朝者曰公焉在（家臣故謂伯有爲公）其人曰吾公在壑谷（壑谷窟室）

又昭公曰莒子庚輿虐而好劍苟鑄劍必試諸人

又哀上曰曹伯陽即位好田弋曹鄙人公孫彊好弋獲白鴈獻之

公羊傳僖公曰虞公貪而好寶及爲晉所滅抱寶牽馬而出

國語曰屈到嗜芰有疾召其宗老而屬之祭我必以芰子木曰夫子不以私欲好國之典（言不犯常法）遂不用

論語公冶長曰子曰十室之邑必有忠信如丘者焉不如丘之好學也

又雍也曰哀公問弟子孰爲好學孔子對曰有顏回者好學不遷怒不貳過不幸短命死矣

又衛靈公曰子曰吾未見好德如好色者也

家語曰子路見孔子曰汝何好對曰好長劍孔子曰加之以學豈可及乎子路曰南山有竹不揉自直斬而用之射達於犀兕以此言之何用學焉子曰栝而羽之所達深矣

史記曰魏文侯問曰吳起何如人李克曰起貪而好色然其用兵司馬穰苴弗過也於是魏文侯以爲將拔秦五城

又曰范增說項羽曰沛公居山東之時貪於財貨好美姬入關財物無所取婦人無所幸此其志不在小

漢書曰濟東王彭離昏暮私與其奴亡命少年數十人行剽殺人取財物以爲好（以是爲好喜之事也）

又曰漢家言律曆者本張蒼蒼好書無所不觀無所不通

又曰朱買臣字翁子吳人也家貧好讀書不治產業

又曰陳遵嗜酒每大飲賓客滿座輒閉門取客車轄投井中雖有急不能去

續漢書曰劉寬簡略嗜酒不好盥浴

東觀漢記曰耿弇字伯昭扶風人少好習學文業帝又令試騎士建旗鼓肆馳射由是好將帥之事

又曰姜詩字士游廣漢雒人以傭作養母赤眉賊經其里落去不可驚孝子母好飲江水兒取水溺死恐母知詐云行學歲歲作衣投於江中俄而涌泉出於舍側味如江水

又曰更始韓夫人尤嗜酒每侍飲常侍奏事輒怒曰帝方對我飲正酣何此時持事來乎起褫破書案

謝承後漢書曰馬武字子張南陽人爲人好酒豁達敢直言時在御前面折同列以爲笑樂

典略曰荊州牧劉表跨有南土子弟驕貴並好酒設大針

於杖端客有醉寢伏輒以劖（鋤銜切）刺驗其醒醉

晉書曰王濟好弓馬嘗乘一馬着連乾鄣泥前有水終不肯渡濟云此必是惜鄣泥使人解去便渡故杜預謂濟有馬癖

晉中興書曰郭璞性輕易不持威儀嗜酒好色或過度其友人干寶常誡之曰此非適性爾璞曰吾所受有本限用之恒恐不盡乃憂爲害乎

後魏書曰辛少雍字季仲少有孝行尤爲祖父紹先所受紹先愛食羊肝常呼少雍共食及紹先卒少雍終身不食羊肝

宋書曰庾炳之性好潔士大夫造之者去未出戶輒令拭席枕床時陳郡殷沖亦好淨小人非淨浴新衣不得近左右士大夫小潔每容接之炳好潔反是沖每以此譏焉

又曰謝靈運出爲永嘉太守郡有名山水靈運素所愛好出守既不得志遂肆志遊遨遍歷諸縣動逾旬朔

又曰劉邕所嗜食每異於人性嗜瘡痂以爲味似鰒魚常詣孟靈休靈休先患灸瘡瘡痂落床上邕因取食之靈休大驚邕荅云性之所嗜靈休瘡痂未落者悉褫取以貽邕邕既去靈休與何勗書曰邕向　見噉遂舉體流血南康四史二百許人不問有罪無罪遞互與鞭鞭痂常給邕膳

齊書曰何修之字士威廬江人也性好潔一日之中洗滌者十餘過猶恨不足時人稱爲水淫于時又有遂安令劉爲　性弥淨潔縣中洒掃郭邑無横草水瀞塵穢百姓不堪命坐免官

又曰王思遠瑯琊臨沂人也好簡潔衣服垢穢方便不前形像新楚乃與促膝雖然既去之後猶令二人交帚掃其坐處

又曰明帝好食逐夷以銀鉢盛蜜漬之一食數鉢謂王景文曰此味御頗足不景文曰臣夙好此味貧素致之甚難帝甚悅食逐夷積多胷腹不息氣將絶疾大困一食漬汁猶至三斗終以此卒

管子曰吳王好劒而國士輕死

墨子曰晉文公好士之惡服大夫牂羊之裘韋以帶劒大帛之冠越王好士勇自焚其室曰越國之寶悉在此中王自鼓蹈火而死者百餘人

孟子曰曾晳嗜羊棗而曾子不忍食羊棗（羊棗大棗也）

莊子曰子張見魯哀公哀公不禮曰臣聞君好士不遠千里以見公今見公之好士也有似葉公子高之好龍葉公好龍室中彫文盡以爲龍於是天龍聞而下之窺頭於牖

拖尾於堂葉公見之棄而還走失其魂魄五神無主是葉公非好龍也夫似龍而非龍也今君非好士也夫似士而非士也（新序同）

尹文子曰昔齊桓公好紫闔境不鬻異綵

又曰齊宣王好射所用弓不過三石以示左右左右引之皆曰此不下九石而宣王終身自以爲用九石

韓子曰齊桓公好服紫一國盡服紫當時十素不得一紫公患之管仲曰君欲止之何不試勿衣也謂左右曰甚惡紫臭公曰諾於是三日境内莫有衣紫

又曰楚恭王與晉厲公戰于鄢陵楚師敗恭王傷目其戰之時司馬子反渴而求飲穀陽竪操觴酒而進之子反曰此酒也竪曰非也飲之子反謂之嗜酒弗能絶口

又曰公儀休相魯而嗜魚一邦皆爭買魚而獻之公儀子

不愛

又曰鄒君好服長纓左右皆服纓纓甚貴鄒君患之問左右對曰君服之百姓亦多服是故貴也鄒君因先自斷其纓而出國中皆不服長纓

賈誼曰文王使呂望傅太子發發嗜鮑魚公不與曰鮑魚不登於俎豈有非禮而可養太子哉

說苑曰魏文侯封太子擊於中山三年不往來趙倉唐曰君何不遣人使大國太子曰願之久矣未得可使者對曰臣願奉使於是遣倉唐緤北犬奉晨鳧獻之文侯曰擊愛我知我所嗜好（韓詩外傳同）

風俗通曰趙王好大眉民闊半額楚王好廣領國人沒頸

文士傳曰嵇康性絕巧好鍛家有盛柳樹乃激水圜之夏天甚涼恒居其下自鍛有人就者康不受其直

御覽三百八十九　五　馮五

孝子傳曰隗通字君相犍為棘道人母好飲江水常乘舡捷致漂浚辛苦忽然有磧石特起直江水後取水無復勞劇

又曰陳遺為郡主簿母好食鐺底焦飯常持一囊盛之懸案下

郭子曰陸士衡初入雒張公云宜詣劉道真於是二陸既往劉尚在哀制性嗜酒禮畢初無他言唯問東吳有長柄胡盧卿得種不陸兄弟殊失望乃云悔往

世說曰謝遏年少立也好着紫羅香囊太傅患之而不欲傷其意賭得而焚之

又曰林公好鶴往剡東時有人遺其雙鶴少時翅長欲飛林公意甚惜之乃鎩其翮鶴𩙪翥不能復起乃舒翼反頭視之如似懊惱意林公曰既有凌霄之姿何肯為人作耳目近翫養令翮成遂飛去

又曰王武子好驢鳴既葬文帝臨其喪顧語同遊曰王子好驢鳴可各作聲以送赴客皆一時作驢鳴

語林曰王武子死孫子荆哭之甚悲賓客莫不垂涕哭畢向靈座曰卿嘗好我作驢鳴今我為君作驢鳴聲似真賓客皆笑孫聞之曰諸君不死而令王武子死賓客皆怒焉

又戴叔鸞母好驢鳴叔鸞每為驢鳴以樂其母

又曰祖約少好財阮遥集好屐並常自經營同是一累而未判其得失有詣祖見料視財物客至屏當不盡餘兩小簏以置背後傾身障之意未能平或有詣阮正見自蠟屐因歎曰未知一生當着幾緉屐神甚閑暢於是勝負始分也

又曰王子猷嘗暫寄人空宅住使令種竹或問暫住何煩

御覽三百八十九　六　馮五

爾嘯詠良久直指竹曰何可一日無此君

語林曰張湛好於齋前種松柏袁山松出遊好令左右挽歌時人謂張屋下陳尸袁道上行殯

曹植求祭先王表曰先王喜鰒魚臣前以表徐州臧霸遺鰒魚二百枚足自供事

容止

毛詩曰臣工振鷺二王之後來助祭也（二王夏殷也其後杞宋也）振鷺于飛于彼西雍我客戾止亦有斯容（箋云白鳥集於西雍之澤言所集得其有斯容言威儀之若鷺然也）

禮記玉藻曰君子之容舒遲足容重（舉欲遲也）手容恭（高且正也）目容端（不睇視也）口容止（不妄動也）聲容靜（不噦欬也）頭容直（不傾顧也）氣容肅（似不息也）立容德（如有予也）色容莊（勃如戰色）坐如尸（尸居神位敬慎也）燕居告温温（告謂教使也詩云温温恭人）凡祭容貌顏色如見所祭者喪容纍纍

纍(羸憊貌也)色容顛顛(憂思貌也)視容瞿瞿梅梅(不審貌也)言容繭繭(聲氣微也)戎容暨暨(果毅貌也)言容詻詻(教令嚴也)色容厲肅(儀形貌也)視容清明(察於事也)立容辨卑毋諂(辨讀為貶自貶卑謂磬折也)

又表記曰容貌以文之衣服以移之是故君子服其服則文以君子之容有其容則文以君子之辭

左傳定下曰邾隱公來朝子貢觀焉邾子執玉高其容仰公受玉卑其容俯子貢曰以禮觀之二君者皆有死亡焉

論語子張曰曾子曰堂堂乎張也難與並爲仁矣(言子張容儀盛而於仁道薄難勉進)

漢書曰薛宣好威儀容止甚可觀

又曰息夫躬河内陽人也少受春秋通覽詩書容貌壯麗爲衆所異

又曰江充召見犬臺宮自請以所常被服見上上許之充衣紗縠單衣冠步搖冠爲人魁岸容貌甚壯帝望見而異之謂左右曰燕趙固多奇士

又曰武帝即位徵天下賢良待以不次之位自衒鬻者以千數

東方朔上書曰臣朔年二十二長九尺三寸目若懸珠齒若編貝

又曰王商爲丞相河平四年單于來朝引見丞相坐未央庭中單于前拜謁商商起離席與言單于仰視商貌大畏之遷延却退天子聞而歎曰此眞漢相矣

又曰司馬相如字長卿蜀郡成都人也至臨邛富人卓王孫請之相如時從車騎雍容閑雅甚都(都美也詩曰不見子都)王孫有女文君新寡竊從戶窺心說而好之遂夜奔相如

又曰雋不疑字曼倩渤海人也暴勝之爲直指使者至東海素聞不疑賢請與相見望見不疑容皃尊嚴衣冠甚偉勝之躧履起迎

續漢書曰侯霸字君房河南人爲人矜嚴有威容家累千金不事產業篤志詩書師事房元常爲都講

東觀漢記曰上過潁陽祭遵以縣吏數進見上愛其容儀署爲門下吏

又曰虞延字子大陳留人爲都督郵世祖聞而奇之二十年東巡路過小黄高帝母昭陵后園陵在焉時延爲都督郵詔呼引見問園陵之事延進止從容跪拜可觀其陵樹株栢皆諳其數俎豆犧牲頗曉其禮帝善之勑延從駕西盡郡界賜錢及劒帶佩刀還郡

又曰杜詩薦伏湛疏曰容皃堂堂國之光輝智略謀慮朝之淵藪髫齔勵志白首不衰實足以先後王室名足以光示遠人柱石之臣宜居輔弼

英雄記曰袁紹生而孤幼爲郎容皃端正威儀進止動見倣効弱冠除復陽長有清能名

吳書曰張純字元基少厲操行學博才秀切問捷對容止可觀拜郎中補廣德令治有異績擢爲太子輔義都尉

吳録曰滕胤年十二孤單煢獨爲人白晳威儀可觀每正朔朝會脩覲在位大臣見者莫不歎賞

魏志曰延康元年蜀將孟達率衆降達有容止可觀文帝甚器愛之使達爲新城太守加散騎常侍

蜀志曰魏文帝察黄權有局量試欲驚之遣左右詔權未至之閒累催相屬馬使奔馳交錯於道官屬莫不褫魄而權舉止顏色自若後領益州刺史大將軍司馬宣王深器之問權曰蜀中有卿輩幾人權笑而不荅曰不圖明公見

顧之重

蜀志曰彭羕年廣漢人身長八尺容皃甚偉姿性驕傲多所輕忽唯敬同郡秦子勑

吳志曰張昭容皃矜嚴有威風權常曰孤與張公言不敢妄也舉邦憚之

王隱晉書曰王褒少立操尚非禮不動非法不言身長八尺四寸容皃絶異音聲清亮辭氣韶雅

沈約宋書曰元凶弒逆義宣發哀即日便舉兵張暢爲元佐位居僚首哀容俯仰蔭映當時舉哀畢改服着黄韋袴褶出射堂簡人音姿容止莫不矚目見之者皆願爲盡命

又曰羊欣字敬先少靜默無競於人美言笑善容止徧覽經籍尤長隸書

賈誼新書曰朝廷之容師師然翼翼然整以敬祭祀之容

遂遂然粥粥然敬以婉軍旅之容愊然肅然固以猛喪紀之容怮然懾然若不還

顧譚別傳曰譚字子嘿吳人常慕賈誼之爲人身長七尺八寸少言笑容皃矜整有珪璋威重未常失色於物非其人或終日不言

顔含別傳曰顔髦字居道含之子也少慕家業惇於孝行儀狀嚴整風皃端美桓公見而歎曰顔侍中廊廟之望也

桓邵別傳曰邵字敬倫丞相之第五子清貴簡素風姿甚美而善治容儀雖家人近習莫見其怠墮之皃温覓而稱之曰可謂鳳鶵郭子同

三輔決錄曰竇叔高名玄爲上郡計吏朝會數百人儀狀絶衆天子異之詔以公主妻之出同輩調笑焉叔高時已自有妻不敢以聞方欲迎婦與訣未發而詔召叔高就第成婚

益部耆舊傳曰張肅有威儀容貌甚偉弟松爲人短小不持節操然識達精果有材幹劉璋乃遣詣曹公曹公不甚禮楊修深器之脩以所撰兵書示松飲讌之間一省即便闇誦脩以此異之

會稽典錄曰賀邵善容止正其衣冠尊其瞻視動靜有常與人交久益敬之至於官府左右莫見其跣坐常着韈希見其足

荀氏家傳曰荀羨風器英秀識准摽貴明鬚眉美音氣俯仰顧眄容止可則

世說曰太尉揔角時常造公司徒王衍神情明秀風姿詳雅山公嗟嘆者良久既去目之而言曰何物老嫗生此寧馨兒然恐誤天下生民者未必非此人

又曰崔琰字季珪聲姿高朗鬚長四尺甚有威重武帝見匈奴使自以形陋不足以雄遠國使季珪代自捉刀立牀頭既畢令間諜問曰魏王何如荅曰王雄望非常然牀頭捉刀人此乃英雄也魏武追殺其使

又曰裴令公有容儀脱冠冕麁服亂頭皆好時人以爲玉人

又曰時人見嵇中散歎曰蕭蕭肅肅如長松下風高而且深山公曰嵇叔夜巖巖若孤松之獨立及其醉也如玉山之將頹

又曰王右軍見杜弘治歎曰面如凝脂眼如點漆此神仙中人也又時人謂左軍飄若遊雲矯若驚龍

又曰海西時諸公每朝朝堂猶暗唯會稽王來軒軒若朝霞舉

太平御覽卷第三百八十九

太平御覽卷第三百九十

人事部三十一

言語

說文曰直言曰言語議曰語

釋名曰言宣也宣彼此之意也語敘也敘己所欲說述也

易繫辭曰同心之言其臭如蘭

又曰子曰書不盡言言不盡意

又曰君子出其言善則千里之外應之況其迩者乎出其言不善則千里之外違之況其迩者乎言出乎身加乎民行發乎迩見乎遠言行君子之樞機樞機之發榮辱之主也

又曰將叛者其辭慙中心疑者其辭枝吉人之辭寡躁人之辭多誣善之人其辭游失其守者其辭屈

尚書益稷曰帝曰來禹汝亦昌言咎繇謀九德故呼禹使亦陳昌言也

又無逸曰其在高宗時舊勞于外爰曁小人作其即位乃或諒闇三年不言其惟不言言乃雍

又泰誓曰予誓告汝群言之首

毛詩雨無正曰哿矣能言巧言如流俾躬處休箋云巧猶善也謂以事類風切如水之流急忽然而過之故不悖逆使身居安休如之世乱世之言順而爲上也

又小弁曰君子毋易由言耳屬于垣箋云屬猶用也王毋輕用讒人之言將有屬耳于垣壁聽也

又巧言曰巧言如簧顏之厚矣

又魚藻都人士曰彼都人士狐裘黃黃其容不改出言有章

又蕩之什曰白珪之玷尚可磨也斯言之玷不可爲也

禮記玉藻曰動則左史書之言則右史書之

又少儀曰言語之美穆穆皇皇

又中庸曰故君子語大天下莫能載焉語小天下莫能破焉君子言顧行行顧言也

又表記曰天下無道則言有枝葉

又曰子曰事君大言入則望大利小言入則望小利大言可以立大事小言可以立小事立謂君受故君子不以小言受大祿不以大言受小祿

又緇衣曰子曰王言如絲其出如綸王言如綸其出如綍故大人不倡遊言遊浮也不可用之浮也可行也不可言也君子弗言也可言也不可行也君子弗行也則民言不危行而行不危言也

左傳僖中曰介子推曰言身之文也身將隱矣焉用文之求顯也

又襄四年曰仲尼曰言以足志文以足言足猶成也不言誰知其志言之無文行而不遠

左傳昭公曰晉叔向適鄭鬷蔑惡欲觀叔向從收器者立於堂下一言而善叔向聞之曰必鬷明也

又定上曰鄭子太叔卒晉趙簡子爲臨甚哀曰黃父之會賈逵解曰黃父會在昭五年夫子語我九言曰無始亂無爲亂始無怙富無恃寵無違同無慠禮無驕能無復怒無謀非德無犯非義

又哀上曰吳舍衛侯衛侯歸効夷言子之尚幼曰君必不免其死於夷乎執焉而又說其言從之固矣

論語曰詩三百一言以蔽之曰思無邪

又曰君子欲訥於言而敏於行

又曰定公問一言而可以興邦有諸孔子對曰言不可以若是其幾也人之言曰爲君難爲臣不易如知爲君之難

也不幾乎一言而興邦乎
又曰言語宰我子貢
又曰群居終日言不及義好行小惠難矣哉
又曰君子不以言舉人不以人廢言
又曰有德者必有言有言者不必有德
又曰可與之言而不與言失人不可與言而與之言失言
智者不失人亦不失言
又曰侍於君子有三愆言未及之而言謂之躁言及之而
不言謂之隱未見顔色而言謂之瞽
又曰子曰予欲無言（疾時利口多言無實也）子貢曰子如不言則小
子何述焉子曰天何言哉四時行焉百物生焉天何言哉
孝經曰口無擇言身無擇行言滿天下無口過
家語曰仲孫何忌問於顔回曰仁者一言而必有益於仁

智可得聞乎顔回曰一言而有益於智莫若蒙一言而有
益於仁莫如恕
又曰顔回問孔子曰小人之言有同乎君子者不可不察
也子曰君子以行言小人以舌言
又曰孔子北遊登農山子路子貢顔回侍側孔子四望喟
然歎曰二三子各言爾志子路進曰由願得白羽若月赤
羽若日鍾鼓之音上振于天旌旗紛紛下蟠於地由當一
隊而敵之必也攘地千里搴旗執馘使二子者從我焉夫
子曰勇哉子貢復進曰賜願使齊楚合戰兩壘相當旗鼓
相望埃塵連接挺刃交兵賜縞衣白冠陳說其間推論利
害使二國釋患唯賜能之使夫二子者從我焉夫子曰辯
哉回曰願得明王聖主而相之敷其五教導以禮樂使城
郭不修溝池不越鑄劍戟爲農器放牛馬於原藪室家無

離曠之思千載無鬬戰之患使由無所施其勇賜無所用
其辯孔子曰美哉德之大也
史記曰孔子適周問禮於老子老子曰子所言者其人與
骨皆已朽矣獨其言在耳辭去而老子送之曰吾聞富貴
者送人以財仁人者送人以言吾不能富貴竊仁人之號
送子以言曰聰明深察而近於死者好議人之非也博辯
宏大而危其身者發人之惡者也爲人子者無以有已也
（家語同）
又曰沛公至灞上召秦父老曰秦苛法誹謗者族偶語弃
市
漢書曰漢王與項羽臨廣武間而語
又曰太尉周勃迎代王請間宋昌曰所言公公言之所言
私王者無私

又曰石建奏事於上前即有可言屏人乃極切至庭見如
不能言上以是親而禮之
又曰袁盎求見丞相申屠嘉良久乃見因跪曰願請間丞
相曰使君所言公事之曹與長史掾議之吾且奏之則私
吾不受私語盎即起
東觀漢記曰馬援謂官屬曰吾從弟少遊常哀吾慷慨大
志曰士生一世乘下澤車御款段馬爲郡掾史守墳墓鄉
曲稱善人斯可矣當吾在浪泊里間虜未滅之時下潦上
霧毒氣熏蒸仰視烏鳶跕跕（丁愜切）墮水中臥念少遊平生
時語何可得也
蜀志曰龐統字士元襄陽人少時朴鈍未有識者潁川司
馬徽清雅有人倫鑒統弱冠往見徽徽採桑樹上統桑下
共語自晝達夜徽甚異之稱統當爲南州士之冠冕由是

題名

晉書曰武帝問孫皓曰聞南人好汝語頗爲不皓因舉觴奉帝而言曰昔爲汝國隣今爲汝國臣勸汝一杯酒願汝壽萬春帝悔之

沈約宋書曰謝莊孝建元年遷左衛將軍初世祖嘗賜莊寶劒以與豫州刺史魯爽別後叛世祖因宴集問劒所在荅曰昔與魯爽別竊爲陛下杜郵之賜上甚悅也當時以爲知言

鄧析書曰一言而非駟馬不能追一言而急駟馬不能及

晏子曰曾子將行晏子送之曰君子贈人以軒不若贈人以言

老子曰多言數窮不如守中善言無瑕讁

又曰信言不美美言不信

又曰天之道不言而善應

墨子曰子禽問曰多言有益乎墨子曰蝦蟇蛙黽日夜而鳴舌乾擗然而不聽今鶴雞時夜而鳴天下振動多言何益唯其言之時也

孫卿子曰贈人以言重於金石珠玉傷人以言重於刀戟觀人以言美於黼黻文章聽人以言樂於鍾鼓琴瑟

又曰金人銘曰周大廟右階之前有金人焉三緘其口而銘其背曰我古之愼言人也戒之哉無多言無多事多言多敗多事多害（皇覽云出太公金匱家語說苑又載）

莊子曰言者所以在意也得意而忘言吾安得忘言之人與之言哉

說苑曰梁君出獵見白鴈群梁君下車彀弓欲射之道有行者觀勸梁君止鴈群駭梁君怒欲殺行者其御公孫龍下車對曰昔者齊景公之時天旱三年卜之曰必以人祠乃雨景公曰吾昔所以求雨者爲吾民也今以人祠乃雨寡人將自當之言未卒天大雨方千里今主君以白鴈故而欲殺之無異於狼虎梁君援其首與上車歸入郭門呼萬歲曰樂哉今日獵也獨得善言子思子曰同言而信信在言前

申子曰明君治國三寸之機運而天下定方寸之謀正而天下治一言正而天下定一言倚而天下靡

淮南子曰人有多言者百舌之聲也

又曰得萬人之兵不若聞一言之當

新序曰晉文逐麋而失之問農夫老古曰麋何在老古以足指曰如是行往公曰寡人問子子以足指何也老古振衣而起曰虎豹之居也厭閑而之近故得魚鱉之居也厭

深而之淺故得諸侯之居也厭衆而遠遊故亡其國公恐歸曰寡人逐麋而失之得善言故有悅色欒武子曰其人安在公曰吾未與來也欒武子曰取人之言而弃其身盜也公曰善遂載老古與俱歸

楊子曰大哉聖人言之至也開之廓然見四海之內閉之寂然不覩墻垣之裏良玉不彫至言不文

賈誼新書曰言有四術言敬以禮朝廷之言也文言有序祭祀之言也并氣折聲軍旅之言也言若不足喪紀之言也

郭子曰孫安國（孫盛字安國）往殷中軍許共語（殷浩也）往返精苦客主無間左右進食冷而復煖者數四彼我奮擲麈尾毛悉墮落滿食飡中賓主遂至暮忘食殷方語孫卿曰公勿作強口馬我當併卿控孫亦曰卿勿作穴鼻牛我當穿卿頰

尸子曰言美則響美言惡則響惡

五帝本紀曰黄帝弱而能言

神仙傳曰老子生而能語

衛玠別傳曰太尉王君見阮千里而問曰老莊與聖教同異阮曰將無同太尉善其言辟之爲掾世號曰三語掾王君嘲之曰一言可辟何假於三阮曰苟足天下民望亦可無言而辟復何假於一

管輅別傳曰裴冀州何鄧二尚書及鄉里劉太常潁川兄弟輅曰自與此五君共言論使人精神清發至昏不暇寐自此已下殆白日欲寢

陵零先賢傳曰張飛嘗就劉巴宿巴不與語遂忿恚諸葛亮謂巴曰張飛雖實武人敬慕足下足下雖天素高亮宜少降意曰丈夫處世當交四海英雄如何與兵子語備聞之怒曰孤欲定天下而子初專亂之

括地圖曰太極山探華之草一日服之通萬里語

世說曰晉文王稱阮嗣宗天下之至慎每與之言言及玄遠未嘗臧否人物

又曰諸葛瑾爲豫州遣別駕到臺語云小兒知談卿可與語於張輔吳座中相遇別駕呼恪咄咄郎君恪因嘲之曰豫州亂矣何咄咄有荅曰君明臣賢未聞有亂恪復云昔唐堯在上四凶在下荅曰非唯四凶亦有丹朱

又曰或問王濟云昨遊有何語議濟曰張華善說史漢裴逸民叙前言往行袞袞可聽王戎道子房季扎之間陶然玄著

又曰郝隆爲桓公南蠻參軍三月三日作詩不能者罰酒隆攬筆作一句云娵隅躍清池桓曰娵隅是何物荅曰蠻名魚爲娵隅桓曰作詩何以作蠻語隆曰千里投公始得蠻府參軍那得不作蠻語

又曰裴僕射時人謂言談之林藪

又曰殷中軍浩嘗至劉尹所惔字真長殷理屈而遊詞不已劉亦不復荅殷去乃言曰田舍兒學人作爾馨語

又曰陸士龍荀鳴鶴未相識俱會張茂先座張令共語以其並有大才可勿作常談陸抗手曰雲間陸士龍荀曰日下荀鳴鶴陸曰既開青雲覩白雉何不張爾弓挾爾矢荀曰本謂雲龍騤騤乃是山鹿野麋獸微弩強是以發遲張乃撫手大笑

又曰王武子孫子荆各言鄉里土地人物之美王云其地坦而平其水澹而清其人廉且貞孫云其山崔嵬以嵯峨其水泙渫而揚波其人礧砢而英多

又曰宋處宗甚有思理才常買得一長鳴雞愛養之甚至恒籠盛着窻間雞遂作人語與處宗談語極有言思終日不輟處宗因此言遂大進

又曰謝太傅一生語未嘗誤每共說退後叙說向言皆得次第後忽一悞自知當必死其年而薨

又曰桓南郡與殷荆州語次因作了語顧愷曰火燒平原無遺燎桓曰白布纏棺樹旒旐殷曰投魚深淵放飛鳥次復作危語桓曰矛頭淅米劍頭炊殷曰百歲老翁攀枯枝顧曰井上轆轤安嬰兒殷有一參軍在坐云盲人騎瞎馬臨深池殷曰咄咄逼人仲堪眇目故也

蘇彥語箴曰利輕春露害重冬霜藹蓀充室戚施蒲堂

孫楚反金人銘曰晉太廟左階前有石人焉大張其口而書其背曰我古之多言人也無少言少言少事則後生何述

焉夫唯立言名乃長久胡為塊然坐緘其口

太平御覽卷第三百九十

太平御覽卷第三百九十一

人事部三十二

笑

説文曰啞笑也咥大笑听笑皃也𣢾笑喜也

易同人卦曰先號咷而後笑

又震卦曰震來虩虩笑言啞啞

又旅卦曰鳥焚其巢旅人先笑後號咷

毛詩邶柏舟終風曰終風且暴顧我則笑謔浪笑敖中心是悼

又碩人曰巧笑倩兮美目盼兮

又氓曰兄弟不知咥其笑矣咥咥然笑總角之宴言笑晏晏信誓旦旦晏晏和柔也

又蓼蕭曰燕笑語兮

禮記檀弓曰魯人有朝祥而莫歌者子路笑之笑其為樂速也夫子曰由爾責於人終無已夫三年之喪亦已久矣

禮斗威儀曰君乘土而王其民好大笑

又樂動聲儀曰人情喜則笑

左傳宣下曰晉侯使郤克徵會于齊齊頃公帷婦人使觀之郤子將登婦人笑於房

又昭四曰晉韓起聘于鄭鄭伯享之子產戒曰苟有位於朝無有不共恪孔張後至立於客間執政禦之適客後又禦之適縣間客從而笑之事畢富子諫曰夫大國之人不可不慎也幾為之笑而不陵我言數見笑則心陵侮我也

又昭六曰晉士弥牟逆叔孫于箕叔孫使梁其踁待于門內曰餘左顧而欬乃殺之右顧而笑乃止

又昭七曰昔賈大夫貌惡娶妻而美三年不言不笑御以如臯射雉獲之其妻始笑而言賈大夫曰才之不可以已我不能射女遂不言不笑

穀梁傳曰成公曰季孫行父禿晉郤克眇衛孫良夫跛曹公子首傴同聘於齊齊使禿者御禿者眇者御眇者跛者御跛者傴者御傴者蕭同叔子處臺上笑之客不悅相與立胥閭而語移日不解齊有知者曰齊患必在此始也

又昭公曰楚靈王圍吳朱方執齊慶封將殺之使人令於軍中曰有若齊慶封殺其君者乎封曰子一息我亦且一言曰有若楚公子圍殺其兄之子麇而代之為君者乎軍人粲然皆笑

論語憲問恥曰子問公叔文子於公明賈曰信乎夫子不言不笑不取乎公明賈對曰以告者過也夫子時然後言人不厭其言樂然後笑人不厭其笑義然後取人不厭其取又陽貨曰子之武城聞弦歌之聲夫子莞爾而笑曰割雞焉用牛刀莞爾小笑皃

史記曰吳王問孫子兵法孫子曰願得大王寵姬二人以為軍陣長吳王曰諾使二夫人為軍隊長各將一隊令宮女三百被甲而立告以兵法令隨鼓進退令曰聞一鼓皆莊二鼓操兵三鼓皆為戰形於是宮女皆掩口而笑孫子操枹擊鼓三令五申其笑如故孫子怒目如明星聲如駭虎髮上衝冠鬢旁絕纓顧謂執法曰取鈇鑕引夫人斬之

又曰有躄者槃散行汲趙平原君美人居樓上臨見大笑之明日躄者到門曰臣不幸癃病而君之後宮臨而笑臣臣願得笑臣者頭應曰諾居歲餘賓客門下舍人稍稍引去者過半平原怪之一人前對曰以君之不殺笑躄者君為愛色而賤士即去耳平原乃斬美人頭自造門進躄者

因謝焉其後門下乃復稍稍來
又曰高祖奉玉卮爲太上皇壽曰始大人常以臣無賴不能治産業不如仲力今某之業所就孰與仲多殿上羣臣皆呼萬歲大笑爲樂
又曰孟嘗君之趙趙平原君客之趙人聞孟嘗君賢皆出觀之皆笑曰始以薛公爲魁然也今視之耿小丈夫耳
漢書曰公孫弘爲人談笑多聞（師古曰善於談笑而又多聞也）
又曰匡衡字稚圭好學諸儒爲之語曰無說詩匡鼎來匡說詩解人頤（如淳曰使人笑不能止）
東觀漢記曰光武微時與鄧晨觀讖云劉秀當爲天子或言國師公劉秀當之光武曰安知非僕乎建武三年上徵鄧晨還京師數讌見說故舊平生爲忻樂晨從容謂帝曰僕竟辦之帝大笑

又曰初桓榮遭倉卒困厄時嘗與族人桓元卿俱捃拾投閒輒誦詩元卿謂榮曰卿但盡氣爾當安復施用時乎榮笑而不應後榮爲太常元卿來候榮諸子謂曰平生笑君盡氣今何如元卿曰我農民安能預知此
又曰桓榮爲博士入會庭中詔賜奇菓受者皆懷之榮獨舉手奉以拜帝笑止之曰此真儒生也愈見敬厚
魏志曰賈詡字文和文帝爲五官將而臨淄侯植才名方盛各有黨有奪宗之議太祖又問詡嘿然不對太祖曰與卿言而不荅何也曰思袁本初劉景升父子也太祖大笑於是太子遂定
又曰明悼毛皇后父嘉本典虞車工卒暴富貴明帝令朝臣會其家飲宴其容止舉動甚癡騃語輒自謂侯身時人以爲笑

蜀志曰馬忠爲人寬濟有度量但談啁（張流切）大笑忿怒不形於顔色
王隱晉書曰杜預伐吳軍入城至都督孫歆帳下生將歆詣預王濬先列得歆頭而預生送歆洛中大笑
晉中興書曰石勒與李陽相近陽性剛愎每歲與爭漚麻池共相打撲互有勝負勒貴召陽引入言及平生酒酣宣陽肘曰卿年老臂中故有力不頗復與人鬬耶（孤往昔）數被卿尊拳卿亦數遭孤毒手因大笑賞賜甚厚即日拜陽奉車都尉除始與太守時有醉胡乘馬徑入府門勒問門吏馮翥向走馬入門爲是何人而不彈白翥見問惶遽誤對志諱向有醉胡乘馬馳來即以呵問胡人難與語非小吏所制勒笑曰胡正自難與言其後章武太守樊坦入辭居貧衣服甚陋曰樊章武貧耶朝服何以壞惡坦性疎諺

對曰傾遇羯胡資財蕩盡是以窮弊勒大笑曰羯胡賊乃爾大惡取君物盡坦汗流而不敢謝勒賜坦衣恕而不問
蕭子顯齊書曰徵張敬兒爲護軍將軍常侍如故敬兒武將不習朝儀聞當內遷乃於密室中屏人學揖讓荅對空中俯仰如此竟日妾侍竊窺笑焉
崔鴻十六國春秋後趙録曰桃豹字安步范陽人少時以膽勇騎射稱嘗攘臂大言曰大丈夫遭遇魏太祖不封萬户侯位上將者非丈夫也時類笑之豹罵言爾鼠子輩安知君子豹變之志乎後起中原豹爲十八騎之雄事勒甚恭
又南燕録曰慕容德建平四年妖賊王始聚衆於太山萊蕪谷自稱太平皇帝置署公卿父固爲太上皇兄林爲征東弟泰爲征西討擒之將刑馬市人皆罵之曰何爲妖妄自貽族滅父兄今並何在始曰太上皇蒙塵於外征東征

西爲亂兵所害朕躬雖有復何聊賴其妻趙氏怒之曰君正坐口過以至於此如何臨死猶有狂言始曰皇后何不達天命自古及今豈有不亡之國行刑者以刀鐶築之始曰朕當崩終不敢號德聞而笑謂左右曰熒惑之人死由狂語何可不殺

南史曰宋司徒褚彦回送相州刺史王僧虔閣道壞墜水僕射王儉馬驚跳下車謝超宗撫掌笑曰落水三公墮車僕射

唐書曰馬周疏曰人主每見前代之亡則知其政教之所由喪而皆不知其身之失是知殷紂笑夏桀之亡而幽厲亦笑殷紂之滅隋煬帝大業之初又笑齊魏之失國今之視煬帝亦猶煬帝之視齊魏不可不誡

又曰李義府貌狀温恭與人語必嬉怡微笑而褊忌陰賊既處權要欲人附已微忤意者輒加傾陷故時人言義府笑中有刀

戰國策曰楚王游于雲夢有狂兕觸車從輪彎弓而射應發而殪仰天而笑曰樂矣今日之遊萬歲千秋之後誰與此同樂乎安陵君泣涕數行而進曰臣入則侍綸席出則陪萬乘萬歲千秋之後願得身滅黄泉先蓐螻蟻王大悦

晏子曰景公置酒太山之上酒酣公四面望喟然歎曰寡人將去此堂堂國而死耶左右泣者三人曰臣細人也猶將難死而況公乎晏子搏髀仰天大笑曰樂哉今日之飲也公怒曰笑何也對曰臣見怯君一諛臣三是以大笑公勲而更辭

老子曰下士聞道大笑之不笑不足以爲道

列子曰晉文公出會欲伐衛公子鉏仰而笑公問何笑曰臣之隣人有送其妻適私家者道見桑婦悦而與言然顧視其妻亦有招之者臣竊笑之公悟其言乃引師還未至而有伐其北鄙者矣

莊子曰齊桓公田於澤見鬼焉公反誒(音熙)詒(音怡)爲病數日不出齊士有皇子告敖者曰臣聞野有委蛇惡聞雷車之聲則捧其首而立見者殆乎霸公輾然笑曰此寡人所見也不終日而病去

又曰造適不及笑獻笑不及排(所造皆適則志適矣故不及笑也排者推移之謂也夫禮哭必哀獻笑必樂哀樂存懷則不能與適推移矣)

又曰盜跖謂孔子曰人上壽百歲中壽八十下壽六十除病瘦死喪憂患其中開口而笑者一月之中不過四五日而已矣

鄧析子曰故體痛者口不能不呼心悦者顔不能不笑

孟子曰曾子曰脅肩諂笑病乎夏畦(脅肩竦體也諂笑強笑也此言其言勞苦甚於仲夏之月治畦灌園者勤也)

呂氏春秋曰戎寇當至周幽王擊鼓諸侯皆至褒姒大悦而笑王欲褒姒之笑數擊鼓諸侯至無寇及真寇至擊鼓而諸侯不來遂爲戎所滅

又曰強令之笑則不樂強令之哭則不悲不由中心也

淮南子曰強哭者雖疾不哀強歡者雖笑不樂戴哀者見歌而泣戴樂者見哭而笑

說苑曰楚魏會於晉陽將以伐齊齊王患之使人召淳于髡曰楚魏謀欲伐齊願先生與寡人共之淳于髡大笑而不應王怫然作色曰先生以寡人國爲戲乎淳于髡對曰臣不敢以王國爲戲也臣憐之祠田也以奩飲與一鮒魚其祝曰下田洿耶得穀百車(洿耶下田也)雞堁者宜禾(雞堁雞肝黑土)

自笑其所以祠者少而所求者多王曰善賜之千金革車百乘立爲上卿

又曰趙簡子舉兵伐齊有被甲而笑者簡子曰子何笑對曰臣乃有宿笑簡子曰有以說之則可無則死對曰當桑之時臣鄰家父與妻俱之田見桑中女因追之不能　及其妻怒而去之臣笑其曠也簡子曰今吾伐國失國是吾曠也還師而歸

論衡曰天怒則隆隆雷聲天喜應啞啞而笑鄉不聞笑也

桓子新論曰關東語曰人聞長安樂則出門西向笑知肉美味則對屠門而大嚼

郭子曰王渾與婦鍾氏共坐見武子從庭前過渾謂婦曰生兒如是足慰人意婦笑曰若使新婦得配參軍生兒故可不翅如此參軍是渾中弟名淪字太冲爲晉文王大將軍從征壽春遇疾亡時人惜焉

世說曰二陸入洛而士龍不詣張公公問士衡雲何以不來機曰有疾恐公不悉故未敢自見俄而雲詣華華爲人多姿質又好帛纏鬚雲見而大笑不能自已士龍嘗着縗幘上舡因水中自見其影便大笑不能已幾落水中

又曰王大將軍尚主如廁見漆箱中盛乾棗以塞鼻王言廁上菓食遂爲之盡既還婢擎金漆盤盛水琉璃椀盛澡豆王因倒豆着水中飲之謂是乾飯羣婢莫不笑

又曰殷荊州有所識作賦示之殷甚以爲有才語王恭適見新文甚可觀便於手中函出之王既讀殷笑不自勝王看竟既不笑亦不言好惡但以如意點之而已殷悵然自失

語林曰弔王武子客正哭見孫子荊驢鳴變聲成笑

又曰董昭失勢父爲衛尉昭乃厚加意於侏儒正朝大會侏儒作董衛尉啼面敘太祖時事舉坐大笑明帝悵然不怡月中以爲司徒

曹瞞別傳曰太祖爲人能易無威儀每與人談論戲弄言誦盡無所隱及歡悅大笑至以頭投諸案中肴膳皆沾污巾幘

樂語曰師曠御晉平公鼓瑟輟而笑曰齊君與其嬖人戲墜於牀而傷其臂平公命人書之曰某年某月齊君戲而傷問之於齊侯笑曰然有之

東方朔別傳曰朔於上前射覆中之郭舍人亟屈被榜上輒大笑

又曰南山有木名曰柘良工材之可以射射中人情如掩兔舍人數窮何不早謝上乃搏髀大笑也

荀勗別傳曰司徒缺帝問其人勗曰魏文用賈詡爲公孫權笑之

神異經曰東方有人不妄語恒笑倉卒見之如癡（號善法曰今人癡好笑本此）

搜神記曰孫綝殺徐光而無血後綝上蔣陵有大風盪綝車顧見光在松樹上附手笑之俄而綝誅

蜀記曰譙周字允南巴西人體皃素朴無造次辯論之才諸葛亮領益州牧命周爲勸學從事初見左右皆笑既出有司請推笑者亮曰孤猶不能忍況左右乎

黃義仲交廣記曰合浦尹牙爲郡主簿太守到官三年不笑牙問其故曰父爲太尉所殺牙乃辭至洛爲大尉養馬三年斷其頭而還南

正論曰捷辯之爲悅先笑而後愁

養生要訣曰人語笑欲令至少不欲令聲高若過誤笑損
肺腸精神不足

楚詞九歌曰若有人兮山之阿披薜荔兮帶女蘿既含
睇兮又宜笑

宋玉登徒子賦曰腰如約素齒如含貝嫣然一笑惑陽城
迷下蔡

太平御覽卷第三百九十一

太三百九　九

太平御覽卷第三百九十二

人事部三十三

吟　嘯　嚬

吟

釋名曰吟嚴也其聲本出於憂愁故聲嚴肅使聽之悽歎也

說文曰吟歎也

毛詩關雎序曰吟詠情性以諷其上

東觀漢記曰梁鴻常閉戶吟咏書記遂潛思著書十餘篇

魏志曰管輅隨軍西行過毌丘儉墓下倚樹哀吟精神不樂人問其故輅曰林木雖茂無形可久碑誄雖美無後可守玄武藏頭蒼龍無足白虎銜尸朱雀悲哭四危以備法當滅族不過二載應至矣卒如其言

蜀志曰諸葛亮字孔明早孤躬耕壟畝好爲梁甫吟每自比於管樂

唐書曰蔡允恭荆州江陵人有風彩解綴文雅善吟詠煬帝所屬詞賦多令諷誦之

莊子曰北門成問黄帝曰帝張咸池之樂於洞庭之野吾聞之謅謅默默乃不自得帝曰吾奏以陰陽之和燭以日月之明其聲能長處之不知望之不見曠然立於四虛之道倚槁梧而吟

又曰莊子謂惠子曰今子外乎子之神勞乎子之精依樹而吟據槁梧而瞑

文士傳曰李康清廉有志節不能和俗爲鄉里豪右之所共害故官塗不進作遊山九吟辭曰蓋人生天地之間若流電之過戶牖輕塵之棲弱草矣

湘中記曰涉湘千里但聞漁父吟中流相和其聲綿邈也

盛弘之荆州記曰新城郡瀙（初覲切）水別有一溪其傍有白馬塞孟達登之歎曰金城千里遂爲上瀙吟彼方人猶傳此聲韻悽激其哀思之音乎

西京雜記曰相如將娉茂陵人爲妾文君作白頭吟

鹽鐵論曰曾子倚山而吟山鳥下翔

世說曰韓壽美姿容賈公辟爲掾充每聚會其女於青璅中看見壽心甚悅之乃問其婢識此人不婢說是其先主女内懷存想發於吟咏婢後往壽家具說如此并言女色麗壽聞之心動乃因婢通意婢以白女女大喜乃期往宿壽蹻捷絶人乃踰墻而入家中莫知自是賈公覺女悅暢有異於常

陳武別傳曰陳武字國本休屠胡人常騎驢牧羊諸家牧豎十數人或有知歌謠者武遂學太山梁父幽州馬客吟及行路難之屬

阮籍樂論曰漢順帝上恭陵過樊翟聞鳴鳥而悲泣下橫流曰善哉鳥鳴使左右吟之使聲若是豈不佳乎此謂以悲爲樂也

王粲登樓賦曰鍾儀幽而楚奏兮莊舃顯而越吟

嘯

說文曰嘯吟也

雜字解詁曰嘯吹聲也

毛詩江有汜曰之子歸不我過不我過其嘯也歌（箋云嘯蹙口而出聲也）

又白華曰嘯歌傷懷念彼碩人

後漢書曰南陽太守成瑨委功曹岑晊郡中謡曰南陽太

守岑公孝弘農成瑨但坐嘯

漢晉春秋曰桓帝幸樊城百姓莫不觀有一老父獨耕不輟議郎張温使問焉父嘯而不答

魏略曰諸葛亮在荆州遊學每晨夜常抱膝長嘯

魏氏春秋曰阮籍少時嘗遊蘇門山山有隱者莫知其姓名有竹實數斛臼杵而已籍從之與談太古無爲之道五帝三王之義蕭然曾不經聽籍乃對之長笑清韻響亮蘇門生逌尔而笑籍既降蘇門生亦嘯若鸞鳳之音

晉陽春秋曰嵇康見孫登對之長嘯逾時不言康辭還曰先王竟無言乎登曰惜哉

晉中興書曰桓石秀風韻秀徹叔父沖嘗與石秀共獵獵徒甚盛觀者傾坐石秀未嘗瞻眄嘯咏而已

晉書曰石勒年十四隨邑人行販洛陽倚嘯上東門王衍

見而異之謂左右曰向胡雛吾觀其聲視有奇志將恐爲天下之患馳遣收之會勒去

又曰謝弈桓温辟爲安西司馬猶推布衣之好在温座岸幘嘯咏無異常日温曰我方外司馬

又曰王徽之在吳中一士大夫家有好竹欲往觀之乃遥造竹下諷嘯良久主人洒掃請坐徽之不顧將去主人乃閉門徽之盡歡而去

又曰謝鯤隣家高氏有女常往挑之女方織以梭投折鯤齒既歸傲然長嘯曰猶不廢我嘯也

趙書曰石勒屯葛陂值天雨不息勒長史刁膺勸勒降晉勒愀然而嘯張賓勸勒還北勒攘臂曰賓計是也膺宜斬

吳越春秋曰越王念吳欲復之乃中夜抱柱而哭哭訖承之以嘯於是羣臣咸曰君王何愁心之甚也夫復讎誅敵非君王之憂自是臣下之急務

又曰吳王闔閭將欲伐楚登臺南向而嘯有頃而歎羣臣莫有曉王意者子胥乃薦孫子孫子者吳人名武善爲兵法辟隱幽居世人莫知其能

英雄記曰向栩爲性卓詭不凡好讀老子狀如學道又復似狂居嘗竈北坐被髮喜長嘯人客從就輒伏不視人有於栩前獨拜栩不荅

山海經曰玉山者是西王母所居也西王母其狀如人豹尾虎齒而善嘯蓬髮戴勝（蓬髮亂髮勝玉勝也）

莊子曰童子夜嘯鬼數若齒

孫登列傳曰孫登字公和汲郡共縣人清靜無爲其情志悄如也好讀易彈琴頹然自得觀其風神若遊六合之外當魏末共處北山中以石室爲宇編草自覆阮嗣宗聞登

而往焉適見公和苫蓋被髮端坐巖下鼓琴嗣宗自下趨進既坐莫得與言嗣宗乃嘹嘈長嘯與琴音諧會雍雍然登乃逌尔而笑因嘯和之妙響動林壑風氣清太玄

竹林七賢論曰阮籍字嗣宗性樂酒善嘯聲聞百步箕踞嘯歌酣放自若時蘇門山中忽有真人在焉籍親往尋其人於巖嶺遂登嶺從之箕坐相對籍乃商略終古以問之仡然不應籍因對之長嘯有頃彼乃斷然嘆曰可更作籍又嘯意盡退還（半嶺聞嶺）巔嗇然有聲若數部鼓吹顧瞻乃向人之嘯也（世說同）

王廙別傳曰王導與庾亮遊于石頭會遇廙至是日迅風飛帆廙倚樓而長嘯神氣甚逸

王子年拾遺記曰太始二年南方有曰霄之國人皆善嘯大丈夫嘯聞百里婦人嘯聞五十里如笙竽之音秋冬則

聲清高春夏則聲沉下人舌尖處倒向喉内亦去有兩舌
重沓以爪徐徐刮之則嘯聲踰遠故呂氏春秋云反舌殊
鄉之國即此之謂也
列女傳曰魯漆室之女者過時未適人當穆公之時君老
太子幼女倚柱而嘯隣人婦從謂曰何嘯之悲也子欲嫁
乎女曰吾憂魯君老而太子少也
西京雜記曰東方生善嘯每一曼聲長嘯塵落瓦飛
郭子曰劉道真少時劉寶字道真高平人安北將軍漁釣而憊於草澤善
歌嘯聞之者無不留連有一老嫗識其非常人甚樂歌嘯
乃殺豚進道真食豚盡了不謝
世説曰晉文王德盛功大坐席嚴敬擬於王者唯阮籍在
坐箕踞嘯歌酣飲自若
又曰劉越石為胡騎所圍數重窘迫無計劉依夕乗月登

樓清嘯胡賊聞之皆悽悲長歎
又曰謝太傅盤桓東山時與孫興公諸人泛海戲風起浪
湧諸人色動並唱使還太傅神情方雅王逸少吟嘯不言
又曰王子猷嘗寄人空宅便令種竹嘯詠良久直指竹曰
何可一日無此君
又曰謝萬北征嘗以嘯詠自高未嘗撫慰衆士謝公謂曰
汝為元帥宜數喚諸將慰勞之萬都無其說直以如意指
四坐曰諸公皆是勁卒諸將甚怨之
搜神記曰趙炳嘗臨水從舡人乞渡舡人不許炳乃張蓋
坐其中長嘯呼風亂流而濟
潯陽記曰桓宣穆使人尋廬山見一人謂之曰君過前嶺
必逢二年少相隨長嘯試要問之若不與言者可速去此
人過嶺果見二年少以袂掩鼻長嘯狀如惡獸呼不與言

神境記曰營道郡西有靈源山有石髓紫芝有採藥此
山聞林谷間有長嘯者今樵人往往猶聞焉
異苑曰潯陽姑石在江之坻初桓玄西下令人登之中嶺
便聞長嘯聲甚清徹至峯頂見一人踑踞石上嘯旨曰嘯
者其氣激於喉中而濁謂之言激於舌端而清謂之嘯言
之濁可以通人事達情性嘯之清可以感鬼神致不死出
其言善千里應之出其嘯清萬靈授職故古之學道者重
矣
又曰太上道君授於西王母西王母授於南極真人南極
真人授於廣成子廣成子授於嘯父嘯父授於務光務光
授於舜舜演之為琴以授禹自後而廢續有晉太行山仙
君孫公得之乃得道而無所授焉阮嗣宗所得少分其後
堙滅不復聞矣
又曰嘯有

十五章一曰權輿嘯之始也二曰流雲乃古
之善嘯者聽韓娥之聲而寫之三曰深溪虎古之善嘯者
聽溪中虎聲而寫之四曰高柳蟬古之善嘯者聽而寫之
五曰空林夜鬼古之善嘯者夜過空林聞而寫之六曰巫
峽猿古之善嘯者聞而寫之七曰下鴻鵠出於師曠演清
角之音善嘯者寫之八曰古木鳶九曰龍吟皆嘯者聞而
寫之十曰動地出於孫公其音亦師曠清徵也十一曰蘇
門孫公隱蘇門山之作也十二曰劉公命鬼仙人劉根之
所為也十三曰阮氏逸韻阮籍所作也十四曰正章深遠
極大非常聲也十五曰畢音五音之極而大道畢矣
晉成公綏嘯賦曰逸羣公子體奇好異傲世忘榮絶棄人
事於是延友生集同好精性命之至機研道德之玄奥邈
跨俗而遺身乃慷慨而長嘯發妙聲於丹脣激哀音於皓

齒響抑揚而潛轉氣衝鬱〻而熛起協黃宮於清角雜商羽於流徵飄遊雲於泰清集長風乎萬里諒自然之至音非絲竹之所擬

桓玄與袁宜都書論嘯曰讀卿歌賦序詠音聲皆有清味然以嘯爲髣髴有限不足以致幽旨將未至耶夫契神之音既不俟多瞻而通其致苟一音足以究清和之極阮公之言不動蘇門之聽而微嘯一鼓玄默爲之解顏若人之興逸響惟深也哉

袁山松答書曰嘯有清浮之美而無控引之深歌窮淵根之致用之彌覺其遠至乎吐辭送意曲究其奧豈脣吻之切發一往之清吟而已若夫阮公之嘯蘇門之和蓋感其一奇何爲徵此一至大疑嘯歌所拘耶

嚬

韓子曰韓昭侯使人藏弊袴或曰君亦不仁矣弊袴不以賜左右而藏之昭侯曰吾聞明君嚬有爲嚬笑有爲笑袴之與嚬笑相去遠矣吾必待有功故藏之未有與也

莊子曰西施病心而嚬其里之醜人見而美之歸亦捧心而嚬其里之富人見之堅閉門而不出貧人見之挈妻子而走之夫彼知美嚬而不知嚬之所以美

嵇康高士傳曰於陵仲子齊人常歸省母人饋其兄鶂仲子嚬蹙曰惡用是鶂鶂者哉

太平御覽卷第三百九十二

太平御覽卷第三百九十三

人事部三十四

坐　卧　睡

坐

釋名曰坐挫也骨節挫屈也（小人羣蘽坐於王床王床者王者床）

毛詩車鄰曰既見君子並坐鼓瑟

禮記曲禮上曰夫為人子者坐不中席

又曰離坐離立無往參焉

又曰男女不離坐

又曰立毋跛坐無箕

又曰有憂者側席而坐有喪者專席而坐

又曰虛坐盡後食坐盡前

左傳襄五曰伍舉奔晉聲子遇之郊班荊相與食（班布荊坐）

又襄二十六年曰衛子鮮奔晉公使止之不可及河又使止之止使者而盟于河託於木門（木門晉邑）不向衛國而坐（怨之）（蝶深世）

又定上曰申包胥如秦乞師勺飲不入口七日秦哀公為之賦無衣九頓首而坐秦師乃出

春秋演孔圖曰孔子長十尺大九圍坐如蹲龍立如牽牛

爾雅曰妥安坐也

漢書曰單父人呂公善沛令避仇從之客因家焉沛中豪桀吏聞令有重客皆往賀蕭何為主吏主進（進者會禮之財也主賦斂禮進為之師也）令諸大夫曰進不滿千錢坐之堂下高祖為亭長乃紿為謁曰賀錢萬實不持一錢謁入呂公大驚起迎之門呂公者好相人見高祖狀皃因重敬之引入坐上坐

又曰上幸上林皇后慎夫人從其在禁中常同坐及坐郎署袁盎卻慎夫人坐慎夫人怒不肯坐上亦怒起盎曰陛下既已立后慎夫人乃妾妾主豈可以同坐哉

又曰茂陵徐生上疏言霍氏泰盛後霍氏誅滅而告霍氏者皆封人為徐生上書曰臣聞客有過主人者見其竈直突傍有積薪客謂主人更為曲突遠徙其薪不者且有火患主人嘿然不應俄而家果失火隣里共救之幸而得息於是殺牛致酒謝其隣人灼爛者在於上行餘各以功次坐而不祿言曲突者

又曰高祖使陸賈賜趙佗印為南越王賈至尉佗魋結箕倨見賈（箕倨謂伸其兩脚而坐也亦曰箕踞）

又曰諺曰千金之子坐不垂堂

又曰陳遵字孟公時列侯有與陳遵同姓者每至門人曰陳孟公坐中莫不震動既至而非因號其人曰陳驚坐

東觀漢記曰上幸譙使王霸攻周建賊雨射城中中霸前酒樽霸安坐不動

又曰隗囂圍來歙上自將救之圍解置酒高會賜歙班絕席坐在諸將之右

謝承後漢書曰汝南薛惇字子禮為北海長家貧坐無完席妻曰自居無俸祿給子孫復無完席耶惇以善席與自坐敢者

又曰鄭敬字次都釣於大澤折芰而坐以荷薦肉（瓠瓢）盛酒琴書自娛

范曄後漢書曰袁術僭號人情離叛欲北至青州從袁譚曹操使劉備邀之還壽春至江亭坐簀床而歎曰袁術乃至於是乎歐血而死

又曰孔融性寬容少忌好士喜誘益後進及退閑職賓客

日盈其門常歎曰坐上賓恒滿罇中酒不空吾無憂矣魯與蔡邕素善邕卒後有虎賁士貌類於邕融每酒酣引與同坐

又曰鄭公業諫董卓曰張孟卓東平長者坐不闚堂（言不妄視也）

吴書曰孫權遣于禁還羣臣送禁虞翻謂禁曰卿勿謂吴無人吾謀適不用耳禁雖爲翻所惡然猶盛歎翻魏文帝爲翻設虛坐

蜀志曰費禕爲諸葛亮司馬值軍師魏延與長史楊儀相憎每並坐論延或舉刃擬儀儀泣涕横集禕常入坐其間諫喻分别終亮之世各盡延儀之用也

又曰王平字子均西宕渠人生長戎旅手不能書所識不過十字而口授作書皆有意理使人讀史漢書記傳聽之備知其義從朝至夕端坐儼然也

吴志曰步騭字子山與廣陵衛旌俱以種瓜自給會稽焦征羌郡之豪族騭等脩刺奉瓜征羌見之隱几坐帳中設席於地坐騭旌旌恥騭神色自若

鄧粲晉紀曰裴遐性恬和同類有試遐者推墮床下遐拂衣還坐言無異色

漢晉春秋曰王裒父儀爲文帝所殺未嘗西向坐示不臣也

晉中興書曰陶淡字處靜年十五便服食絶穀家累千金僮客百數淡終日端拱絶不婚娶居臨湘縣山中立小草屋裁足容身時還家設小床獨坐不與人共

何晏别傳曰晏小時武帝雅奇之欲以爲子每挾將遊觀命與諸子長幼相次晏微覺於是坐則專席止則獨立或問其故荅曰禮異族不相貫坐位

孟嘉别傳曰庾亮鎮江州嘉爲從事褚裒爲豫章出朝亮正旦大會時彦悉集嘉坐次第甚遠裒問亮曰聞有孟嘉其人何在亮曰在坐卿但自覓裒觀衆人指嘉謂亮曰將無是乎亮欣然笑嘉爲裒所得乃益重嘉焉

皇甫謐高士傳曰管寧常坐一木榻五十餘年榻上當膝皆穿

六韜曰文王出田見吕尚坐茅而漁乃再拜與歸

又曰紂之時婦女坐之綺席

晏子曰景公獵休坐地食晏子後至滅葭而席公不悦曰子席何也對曰臣聞介胄坐陣不席獄訟不席獄户不席三者皆憂也臣不敢以憂侍坐

孟子曰晉平公之於亥唐也入云則入坐云則坐食云則食雖蔬食菜羹未嘗不飽

莊子曰原憲處魯居環堵之室匡坐而弦歌

風俗通曰延嘉中常侍單超左悺（音貫）徐璜具瑗唐衡在帝左右縱其姦慝時人謂之語曰左迴天徐轉日具獨坐言其信用甚於圓轉

又曰汝南陳伯敬行必舉步坐必儼然

郭子曰何次道（充字次道）往王丞相許丞相以麈尾確床呼何共坐云來來此是君位

世説曰魏明帝使后弟毛曾與夏侯太初共坐時人謂之蒹葭倚玉樹

語林曰馬融笇渾天不合召鄭玄令笇一笇便决及玄業成辭歸融心忌焉玄亦疑有追者乃坐橋下在水上據屐融果轉式欲勑追之告左右曰玄在土下水上據木此必死矣遂罷追

俗說曰王僧敬神明俊徹爲一時之標桓玄時集衆賓客莫有出其右者王在坐都不復覺有餘人坐無王便覺殷仲文謝益壽爲佳王僧敬兄弟列坐齋中見之若神小人從户前過皆肅然毛竪嵇康絶交書曰危坐一時痺不得揺

臥

說文曰眠翕目也寢病臥也臥休也

釋名曰臥化也其精神變化不與覺時同也寐謐也謐靜無聲也寢侵也損事功也瞑泯也無知泯泯也

禮記玉藻曰君子寢恒東首（鄭玄注曰首生氣也）

又樂記曰魏文侯問於子夏曰吾端冕而聽古樂則唯恐臥聽鄭衛之音則不知倦

論語公冶長曰宰予晝寢子曰朽木不可雕也糞土之墻不可汚也於予與何誅（誅責）

又鄉黨曰寢不尸（佈展手足似尸象）

史記曰吳起爲將與士卒最下者同衣食臥不設席行不乘騎

又曰上自將擊黥布羣臣居守皆送至灞上留侯病自強起至曲郵因說上令太子爲將軍監關中軍上曰子房雖疾強臥而傅太子

漢書曰黥布反上疾欲使太子擊之呂后承間爲上泣曰上雖疾強載輜車臥而護之諸將不敢不盡力

又曰上欲廢太子呂后使建成侯呂澤劫張良曰君常爲上謀臣今上日欲易太子君安得高枕而臥

又曰汲黯拜淮陽太守黯伏謝不受上曰君薄淮陽耶顧淮陽吏民不相得吾徒得君重臥而治之

又曰初武帝遣昭帝以討莽何羅功封金日磾爲秺侯日磾以帝少不受封輔政歲餘病困大將軍光白封日磾臥授印綬一月薨

又曰吳楚反乏糧飢欲退數挑戰周亞夫終不出夜軍中驚内相攻擊擾亂至於帳下亞夫終臥不起須臾亦定

又曰董賢常與上臥起嘗晝寢偏藉上衣袖上欲起恐動賢乃斷袖而起

又曰王莽軍師外破大臣内叛憂懣不能食但飲酒啗鰒（步角切）魚讀軍書倦因憑几寢不復就床

後漢書曰彭寵自立爲燕王其妻數惡夢又多見變怪五年春寵齋獨在便室倉頭子密等三人因寵臥寐共縛寵着床告外吏云大王齋禁皆使吏休

東觀漢記曰吳漢擊富平獲索二賊於平原明年春賊率五萬餘人夜攻漢營軍中驚亂堅臥不動

又曰上在邯鄲宮晝臥溫明殿耿弇入造床下請間因說曰今更始失政天下可馳檄而定

又曰楊政常過楊虛侯馬武稱疾臥欲令政拜床下政入户徑上床坐武恨語言不擇政因曰蕃臣不思求賢報國而驕天下英俊今日搖動者刀入脅左右大驚

蜀志曰先主既定益州廣漢太守夏侯纂請秦宓爲師友祭酒領五官掾稱曰仲父宓稱疾臥在茅舍纂將功曹石祐主簿王並即宓第宴談宓臥如故

沈約宋書曰羊欣字敬元從父不疑爲烏程令年十二時王獻之爲吳興太守甚知愛之獻之常夏月入縣欣着新絹裙晝寢獻之書數幅而去欣書本工因此彌善

鍾離意別傳曰嚴遵者與光武皇帝俱爲諸生遊談僻縣

同門精學暮夜宿二人寒不得寢卧更相謂曰後若富貴憶此之難宜勿相忘

羅含別傳曰羅含字君章少甞晝卧夢一鳥文色異常徑飛入口

杜祭酒別傳曰君新作被腰眠覺晏起乃數腰便眠使人不起異事因令看陌上有寒人舉被乞之常眠布被中

會稽典録曰陳脩字奉遷少爲郡幹受韓詩穀梁春秋家貧爲吏常出擔上下恒食乾糒（備音）每至正臈僵卧不起同僚請不肯往其志操如此

吴越春秋曰楚平王遣使者封凾印綬追召子胥子胥以夜半時卧覺忽而仰天悲歎言曰父兄俱死當誰歸乎泣下交流恐爲楚所得乃貫弓執矢步出東郭

韓子曰堂谿空見昭侯曰今有白玉巵無當有瓦器有當君渴將何以曰以瓦器空曰爲人主漏泄羣臣之語猶玉巵無當也昭侯於是每與空話事歸輒獨卧唯恐夢言泄於妻妾

桓譚新論曰成帝幸甘泉詔楊子雲作賦倦卧夢其五藏出在地以手收内入覺大少氣一年卒

郭子曰王長史病篤（王仲祖也）寢卧燈下轉麈尾視之歎曰如此人曾不得四十及亡劉尹臨殯以犀柄麈尾着棺中因慟絶

世説曰袁紹年少時曾遣人夜以劒擲魏武小不着魏武揆之其後來必高因怗卧床上劒至果高

又曰郝隆七月七日出日中仰卧人問何以答曰我曬書也

語林曰王子敬在齋中卧偷入齋取物㸃裝一室之内略無不盡子敬卧而不動偷遂復登床欲有所覓子敬因呼曰偷兒青氊是我家舊物可特置不於是羣賊始知其不眠悉置物驚走

睡

左傳宣上曰趙宣子諫靈公患之使鉏麑賊之（鉏麑晉力士也）晨往將朝尚早坐而假寐（不解衣冠而睡）麑退而歎曰不忘恭敬民之主也賊民之主不忠弃君之命不信有一於此不如死也觸槐而死

漢書禮樂志曰魏文侯最爲好音而謂子夏曰聽古樂則欲寐及聞鄭衛之音子不知倦焉

又曰陳咸字子康父萬年嘗病召咸教戒於床下語至夜半咸睡頭觸屏風萬年大怒欲杖之咸叩頭謝曰具曉所言大人教咸諂也萬年乃不復言

晏子曰景公田於梧丘夜猶早公坐睡而夢有五丈夫北面稱無罪公覺召晏子晏子對曰昔君靈公田五丈夫罟獸故斷其頭而葬之命之曰五丈夫之丘命人掘而葬之

世説曰魏武云我眠中不可妄近近便斫人亦不覺左右宜深慎此後佯睡所幸人竊以被覆之因便斫殺自後安眠人莫敢近者

郭子曰許侍中顧司空入王丞相帳中眠（事具帳部）

益部耆舊傳曰何祗爲成都令嘗眠睡其覺悟便得姦詐咸畏祗之發摘或以爲有術得知之無敢復欺者

太平御覽卷第三百九十三

太平御覽卷第三百九十四

人事部三十五

行　步　趨

走　跳　蹲

行

易困卦曰臀無膚其行趑趄

毛詩谷風曰行道遲遲中心有違（遲遲舒行皃）

又黍離曰彼黍離離彼稷之苗行邁靡靡中心搖搖

又載驅曰汶水湯湯行人彭彭

又我行其野曰我行其野蔽芾其樗昏姻之故言就爾居

又蟋蟀杕杜曰獨行蝺蝺

禮記仲尼燕居曰行則有隨行而無隨則亂於塗也

又王藻曰君與尸行接武（蹲者尚徐蹈半迹）大夫繼武（迹相及也）士中武（迹間容迹）端行頤霤如矢弁行剡剡起屨凡行容惕惕（直疾皃也）（凡行謂道路也）

左傳襄五曰衛獻公使與甯喜言甯喜告蘧伯玉伯玉曰瑗不得聞君之出敢聞其入遂行從近關出

論語述而曰子曰三人行必有我師焉

史記曰伍子胥曰爲我謝申包胥吾日暮途遠吾故倒行而逆施之（譬如人行前塗尚遠日勢已暮故在顛倒疾行何得責吾順行禮）

漢書曰袁盎使吴見守從史適在守盎校爲司馬司馬曰君第去臣亦且亡辟吾親君何患適以刀決帳盎解節旄屨步行七十里（着屨步行而進士）

吴書曰孫策討山越斬其渠帥悉令左右分行逐賊獨騎與虞翻相得山中翻曰危事也令策下馬此草深卒有驚急馬不及人翻善用矛請在前行得平地勸策乘馬策曰卿無馬奈何荅曰翻能步行日可三百里明府試鞭馬翻能跳步屬之

東方朔別傳曰武帝問朔曰公孫丞相倪大夫等先生自視何與此哉朔曰臣觀其臿齒牙樹頰胲（晐音）吐脣吻擢項頤結股肱連脽（誰音）尻逶虵其迹行步偊旅臣朔雖不肖尚兼此數子

神仙傳曰黃盧子者姓葛名越年二百八十歲行及走馬王眞者上黨人也年十七八乃學道服食胎息之術行及走馬力兼數人河上公者莫知其姓名也又能行及走馬頭上常有五色氣高丈餘孔安者魯人也行氣服鈆丹有陳和者樂安人也重之求事安遂受其方合藥服之二百餘年頭色轉黑氣力百倍行及走馬也

列仙傳曰沈建者丹陽人也世爲長史建獨好導引服食之術一日行五百里能舉千斤

葛仙公別傳曰孫堅欲害仙公馳馬往逐見仙公徐行逐之不及

步

釋名曰徐行曰步步捕也如有所司捕務安詳也

爾雅曰堂下謂之步

禮記王制曰古者以周尺八尺爲步今以周尺六尺四寸爲步

又祭義曰故君子跬步而弗敢忘孝也

漢書曰息夫躬曰匈奴飲馬於渭水邊境雷動四野風起京師雖有武蠭（鋒音）精兵未有能窺左足而先應者也（窺音跬半步曰跬步也詁一舉足也）

又曰蔡義河內温人也以明經爲給事大將軍幕府家貧常

步行禮不逮衆門下好事者相合爲義置犢車令乘之
又曰蓋寬饒爲人剛直高節家貧俸祿數千半以給吏人
爲耳目爲司隸常步行
續漢書曰李固少有儁才雅志好學爲三公子常躬步行
驅驢負書從師
范曄後漢書曰楊震轉涿郡太守子孫常蔬食步行
魏志曰崔林字德儒清河東武城人也除鄢陵長家貧無
單車疋馬步行之官
莊子曰壽陵餘子學步於邯鄲未得其能失其故步匍匐
而歸以此劾彼兩失之
白虎通曰人踐三尺法天地人也再舉足爲步備陰陽也
郭子曰王丞相拜司空廷尉作兩角髻葛裙柱杖臨路邊
窺之歎曰人言阿龍超導小名赤龍阿龍故自超不覺步至臺

門方言曰半步爲跬
世說曰阮宣子常步行以百錢桂杖頭至酒店上便獨酌
酣暢

趨

說文曰趨伭頭疾行也赴直行也
釋名曰疾行曰趨趨赴也赴所斯也
毛詩魚藻曰綿蠻黃鳥止于丘隅豈敢憚行畏不能趨
禮記曲禮曰遭先生於道趨而進正立拱手不與之言則
趨而退
又曰帷薄之外不趨堂上不趨執玉不趨
論語鄉黨曰沒階趨進翼如也
爾雅曰門外謂之趨
漢書曰上欲自擊陳豨周昌泣曰始皇攻破天下未曾自
行今上行是無人可使者乎上以爲愛我賜入殿門不趨
又曰萬石君諸子入里門趨至家

走

釋名曰疾趨曰走走奏也促有所奏至
禮記玉藻曰凡君召以三節二節以走一節以趨節所以明信也使使召目急則持三緩則持一周礼曰鎮圭以徵守其餘未聞也如今漢使者持之節
左傳僖下曰衛叔武將沐聞君至而喜捉髮走出前驅射
而殺之
又昭七年曰荀躒以晉侯之命唁公且曰寡君使躒以君命
討於意如意如不敢逃死君其入也公曰君惠顧先君之
好施及亡人將使歸糞除宗祧以事君則不能見夫人已
能見夫人有如河夫人謂季孫也荀躒掩耳而走
公羊傳定公曰陽虎竊寶玉而走

又哀公曰齊景公謂陳乞曰吾欲立舍何如陳乞曰君欲
立且請立之陳乞欲言不可恐景公殺陽生陽生曰吾聞子將不立我也
陳乞曰吾不立子者所以生子也與之玉節而走之節信也拆王與陽生爲後當迎之
爾雅曰中庭謂之走
史記曰周昌常入奏事高帝方擁戚姬昌還走帝逐得騎
昌項問曰我如何主也昌仰曰桀紂主也
東觀漢記曰上降潁陽雖得入意不安門下有繫馬著鼓
者馬驚硠音[illegible]磕音[illegible]鄧晨起走出視之乃馬也
魏略曰曹真字子丹沛郡人本姓秦養曹氏或云其伯父
南宿與太祖善共平袁術部黨與太祖相攻刼太祖出爲
寇所追走入秦氏伯南開門受之寇問所在荅云我是寇
遂害之由此太祖思其功遂變其姓

江表傳曰陸遜破劉備於夷陵備捨舡步走燒皮鎧以斷道使挽車走入白帝

晉書曰陳安字虎侯驍壯果毅武幹過人多力善射持七尺刀貫甲奔及馳馬

又曰唐彬字儒宗魯國鄒人也少便弓馬好遊獵身長八尺走及奔鹿強力絶人

後魏書曰伊馛馛扶拂代人也少而勇健走及奔馬善射多力曳牛却行

趙書曰劉靈陽平人也年二十餘常廝役於縣走及馳馬

前秦録曰符堅大敗爲流矢所中追走甚飢民有進壺飧豚髀者堅食之大悅

隋書曰麦鐵杖始興人也驍勇有膂力日行五百里走及奔馬每以漁獵爲事不治産業

吳越春秋曰慶忌僚子也勇爲人所聞走及奔馬

吳氏春秋曰今與驥俱走則人不勝驥矣居其車上則驥不勝人

又曰有莘氏女子採桑得嬰兒於空桑之中獻之其君令養之察其所以然曰其母居伊水之上孕夢神告曰臼出水而東走千里邑盡爲水身化爲空桑故命之曰伊尹

戰國策曰昔曾參處費魯人有與曾參同姓名者殺人人告其母曰曾參殺人曾參母投杼踰牆而走

楚漢春秋曰淮陰武王反上自擊之張良居守上躰不安卧輼車中行三四里留侯走東追上簪墮被髮及輼車排戶曰陛下即弃天下欲以王葬乎以布衣葬乎上罵曰若翁天子也何故以王及布衣葬乎良曰淮南反於東淮陰害於西恐陛下倚溝壑而終也

莊子曰藏舟於壑藏山於澤謂之固矣然則夜半有力者負之走而昧者不知

荀卿子曰伯禽將歸國周公謂之曰君子力如牛不與牛爭力走如馬不與馬爭走智如士不與士爭智

淮南子曰漁者走淵木者走山

又曰躄者見虎不走非勇也

又曰飛不以尾挫尾則飛不能遠走不以手縛手則走不能疾

抱朴子曰杼木實之赤者餌之一年老者少昔道士梁須年七十服之年百三十歲能夜讀書走及馬杼丁吕切又音楮

世說曰鍾會撰四本論始畢甚欲使嵇公見一置懷中既論定畏其有難不敢相示因出戶遥擲而便走

俗說曰桓公豹奴善騎乘亦有極快馬時有一諸葛郎自云能走與馬等桓車騎以百疋布置埒頭令豹奴乘與諸葛競走先至者得布便俱走諸葛常與馬齊欲至埒頭去布三丈許諸葛一跳坐布上遂得之

魯女生別傳曰魯女生長樂人也少好學道初服餌胡麻乃求絶穀八十餘年日更少壯面如桃花日行三百里走及麞鹿

跳

釋名曰跳條也如草木枝條務上行也

左傳僖下曰魏犨束胷見使者曰以君之靈不有寧也距躍三百曲踊三百距躍超越也曲踊跳踊也

崔鴻十六國春秋前趙録曰劉聦驍幹過人能一手舉殿柱跳過平陽門出

神仙傳曰壺公者不知何許人也從遠方來賣藥得錢與

飢凍者常懸一壺於坐上日入後跳入壺市掾費長房於樓上見之知非常人身爲掃除并進餅餌公令房共跳入壺中但見樓觀重門侍者數十人

蹲

王隱晉書曰王長文字德叡州辟別駕不就追求之乃於成都貴孰市見長文蹲地齧胡餅州知不屈乃送還家

山海經曰大荒之外有大人之堂有一大人踆其上張其兩臂踆古蹲字

郭璞遊仙詩曰安見山林士擁膝對巖蹲

王褒僮約曰奴入市不得夷蹲旁卧惡言醜罵

太平御覽卷第三百九十四

太平御覽卷第三百九十五

人事部三十六

沐　浴　盥　游

沐

說文曰沐濯髮也

毛詩淇澳伯兮曰自伯之東首如飛蓬豈無膏沐誰適爲容

大戴禮夏小正曰五月蓄蘭爲沐浴

禮記曲記上曰居喪之禮頭有瘡則沐

又檀弓下曰石駘仲卒（駘仲衛大夫也）無適子有庶子六人卜所以爲後者曰沐浴佩玉則兆五人皆沐浴佩玉石祁子曰孰有執親之喪而沐浴佩玉者乎不沐浴佩玉石祁子兆衞人以龜爲有知

又內則曰五日則燂湯請浴三日具沐

左傳僖中曰初晉侯之竪頭須守藏者竊藏以逃（出文公時）盡用以求納之（求納文公）及入求見公辭以沐謂僕人曰沐則心覆心覆則圖反宜吾不得見也居者爲社稷之守行者爲羈紲之僕國君而讎匹夫懼者甚衆矣僕人以告公遽見之

又僖下曰衛叔武將沐聞君至而喜捉髮走出前驅射而殺之公知其無罪枕股而哭之

又哀下曰逆子我夕（夕視事）陳逆殺人逢之（陳逆子行陳氏宗也子我逢之）遂執以入（執逆至朝）陳氏方睦使疾而遺之潘沐備酒肉焉（潘米汁可以沐頭）

論語憲問恥曰陳成子弒簡公孔子沐浴而朝請討之

家語曰凡喪小功已上虞祔練祥之祭皆沐浴且祭日沐浴爲齊絜也

史記曰周公戒伯禽曰我文王之子武王之弟成王之叔於天下亦不賤矣然我一沐三握髮一飯三起以待士猶恐失天下之賢人

漢書曰竇皇后弟廣國字少君四五歲時家貧爲人所略上書自陳左右見問之曰姊去我西時與我訣傳舍中丐沐沐我飯我乃去后持之而泣也

又曰鄧通愿謹不好外交雖賜沐浴不欲出於是文帝賜通巨萬

又曰吳王遺諸侯書曰楚元王子淮南三王或不沐洗十餘年怨入骨髓（不沐洗言心有所憂志）欲壹有所出之久矣（出謂發兵也）

又曰張安世字子孺少以父任爲郎用善書給事尚書精力於職沐浴未嘗出

又曰董賢每賜沐浴不肯出常留中視醫藥上以賢難歸詔令賢妻得通引籍殿中止賢廬

又曰張蒼德安國侯王陵及貴父事陵陵死後蒼爲丞相洗沐常先朝陵夫人上食然後敢歸家

又曰孔光典樞機十餘年守法度修故事沐日歸休兄弟妻子燕語終不及朝省政事

鄧粲晉記曰春陵長易雄起兵討王敦欲活之使還邑舍洗沐衆人皆賀雄曰吾夢乘車挂肉其傍肉必有筋筋者斤也斤車其死也敦果刑雄

晏子春秋曰景公之嬖妾嬰子死公守之三日不食不去左右晏子入曰有術客與醫俱言曰能生死者聞嬰子疾請治之公喜起曰病猶可爲乎哉晏子曰客之通也使君絜沐浴飲食彼亦將有鬼神之事焉公曰諾屏而沐浴晏

子令棺人斂之而復曰醫不能治病也斂矣不敢不以聞公作色不悅曰吾爲君紿而已矣

莊子曰孔子見老聃聃新沐被髮似非人孔子曰先生體若槁木似遺物乎老子曰吾遊物之初孔子出告顔淵曰丘之道其猶醯雞（司馬彪注曰醯雞酒上飛蠓）

韓子曰古諺曰爲政若沐也雖有弃髮之勞而有長髮之利也

又曰僖侯將沐湯中有礫問之曰當有人欲代湯者

呂氏春秋曰昔者禹一沐而三捉髮一食而三起以禮有道之士

淮南子曰湯沐具而蟣虱相弔大廈成而鷰雀相賀

六韜曰文王聞殺崇侯虎歸至鄗令具湯沐

論衡曰子日沐令人愛卯日沐令人白頭宋人之愛憎頭之白黑在乎自然但使嫂毋子曰沐能令人愛耶使十五童子卯日沐能令髮白耶

世本曰秦穆公作沐

異苑曰北海任詡字彥期從軍十年乃歸臨還握粟出卜師云非屋莫宿非食時莫沐詡結伴數十暮遇雷相庇於巖下竊憶非屋莫宿之戒遂負擔櫛沐巖崩壓停者悉死至家妻先與外人通情謀共殺之請以濕髮爲識婦宵則勸詡令沐復憶非食時莫沐之忌收髮而止婦慙愧負怍乃自沐爲散髮同寢通者夜來不知婦也斬首而去

楚辭曰浴蘭湯兮沐芳華采衣兮若英

又漁父曰吾聞新沐者必彈冠新浴者必振衣安能以身之察察受物之汶汶乎

浴

說文曰浴洒身也

禮記內則曰五日則燂湯請浴外內不共湢浴（湢浴室也）

禮記儒行曰儒有澡身而浴德（常自清潔於身淨浴於德也）

左傳僖中曰晉公子重耳及曹曹共公聞其駢脅欲觀其裸浴薄而觀之

又文下曰齊懿公之爲太子也與邴歜之父爭田不勝及即位乃掘而刖之而使歜僕（僕御）納閻職之妻而使職參乘五月公游于申池二人浴于池歜以朴抶職（朴抶擊）職怒歜曰人奪汝妻而不怒一抶汝庸何傷職曰與刖其父而弗能病者何如乃謀殺懿公

國語曰莊公將殺管仲齊使者請之而來以與使者比至三釁三浴之（釁香也）

論語先進曰子路曾晳冉有公西華侍坐子曰點爾何如鼓瑟希鏗爾舍瑟而作對曰暮春者春服既成冠者五六人童子六七人浴乎沂風乎舞雩詠而歸夫子喟然歎曰吾與點也

續漢書曰耿恭在疏勒得出至玉門唯餘十三人衣屨穿決形容枯槁郎將鄭衆爲恭以下沐浴易衣冠

又曰靈帝時江夏黄氏之母浴化爲黿入于深淵其後時時出見初浴簪一銀釵見猶在其首

山海經曰大荒之中有淵正方四隅皆通（言淵四海皆旁通）北屬黑水南屬大荒北旁名曰少和之淵南旁名曰縱淵（音烏蹤反）舜之所浴也（言常在中澡洗）

莊子曰仲尼問於太史弢曰衛靈公爲靈何也太史弢曰是固靈也靈公妻有三人同浴（男女同浴此無禮也）

又曰鵠不日浴而白

韓子曰燕人李季好遠遊其妻私通他人季忽歸私通者

在内其妻令被髮直出門季曰何人耶妻曰無人季曰吾見鬼耶妻曰宜五牲矢浴季曰諾乃浴以狗矢

説苑曰秦繆公見百里奚牛肥公曰牛何以肥對曰飲食之以時使之不暴有嶮先後之以身是以牛肥公知其君子令有司具沐浴爲衣冠坐與語公大悦

外國圖曰方江之上暑濕生男子三年而死有黄水婦人入浴出則乳矣去九嶷二萬四千里

丘淵之征齊道理記曰朱虚城東有管寧舊宅宅前有水是寧常所澡浴處

石虎鄴中記曰石虎金華殿後有虎皇后浴室三間排徊及宇櫨檘隱起彤采刻鏤彫文粲麗四月八日九龍銜水浴太子之像又太武殿前溝水注浴時溝中先安銅籠疏其次用葛其次用紗相去六七步斷水又安玉盤受十斛又安銅龜飲穢水出後脚入諸公主第溝亦出建春門東又顯陽殿後有皇后浴池上作石室引外溝水注之室中臨池上有石牀

世説曰桓車騎不好着新衣浴訖婦固送新衣桓冲也車騎大怒催使將去婦便持還傳語云衣不經新何由而故桓大笑而着之

幽明録曰桓温内懷無君之心時比丘尼從遠來夏五月尼在別室浴温竊窺之見尼裸身先以刀自破腹出五藏次斷兩足及斬頭手有頃浴竟温問向窺見尼何得自殘毁如此尼云公作天子亦當如是温惆悵不悦

盥

説文曰盥洒面也澡洒手也先洒足也

尚書顧命曰盥以異同秉璋以酢太保以盥手洗異同實酒

禮記内則曰子事父母雞初鳴咸盥漱又曰進盥少者奉槃長者奉水請沃盥盥卒授巾槃承盥水者

左傳僖中曰懷嬴奉匜沃盥既而揮之懷嬴怒曰秦晉匹也何以卑我

後漢書曰劉寬簡略嗜酒不好盥浴澡手曰盥京師以爲諺

唐書曰虞世南受學於吳郡顧野王經十餘年精思不倦或累旬不盥櫛

莊子曰陽子居遇老子老子中道仰天歎曰始以汝爲可教也今不可也陽子居不答至舍進盥漱巾櫛脱履户外膝行而前曰向者弟子欲請問夫子夫子行不閒今閒矣請問其過

管子曰冬日不盥非愛水也夏日不煬非愛火也爲不適於身

風俗通曰案里語厚哉鮑管探腸按腹不清然尚不盥何共財而生喜怒也

游

毛詩邶栢舟谷風曰就其深矣泳之游之

左傳莊公曰楚武王遷權於那處使閻敖尹之及文王即位巴人叛楚而伐那處取之遂門于楚閻敖游涌而逸敖既不能守城又游涌水而走

莊子曰顔淵問於仲尼曰吾甞游乎觴深之淵津人操舟若神吾問焉曰操舟可學耶曰吾善游者數若乃夫没人則未甞見舟而便操之者也吾問焉而不吾告敢問何謂也仲尼曰善游者之數能忘水也若乃夫没人之未甞見舟而便操之也彼視淵若陵視舟之覆猶其車却也

又曰孔子觀於呂梁懸水三十仞流沫三十里黿鼉魚鼈

之所不能游也有一丈夫游之以爲有苦而欲死者也使弟子並流而拯之數百步而出被髮行歌而遊於塘下孔子從而問焉曰蹈水有道乎曰吾無道吾始乎故長乎性成乎命與齊俱入與汩偕出從水之道而不爲私焉此吾所以蹈水也

吕氏春秋曰有道江上者見人方引嬰兒而投之江中嬰兒啼人問其故曰此其父善游使其父雖善游其子豈遽能游之哉

淮南子曰食水者善游而耐寒（鰌屬也）

萬震南州異物志曰合浦之人習水善游俛視增潭如猿仰株入如沉黿出如輕鳧蹲泥剖蚌潛竊明珠

太平御覽卷第三百九十五

太平御覽卷第三百九十六

人事部三十七

溺　相似　偶像

溺

大戴禮曰武王踐祚曰盥盤之銘與其溺於水寧溺於人不可救

禮記檀弓上曰死而不吊者三（謂輕身忘孝）畏（人或時以非罪攻己不有以說之死者孔子畏於匡是也）壓（行止危險之下）溺（不乘橋舡）

又緇衣曰子曰小人溺於水君子溺於口大人溺於人皆在其所褻也夫水近於人而溺人德易狎而難親也易以溺人

左傳哀下曰越圍吳晉趙孟使楚隆問吳王王曰勾踐將生憂寡人寡人死之不得矣王曰溺人必笑吾將有問也史黯何以得爲君子對曰黯也進不見惡退無謗言王曰宜哉

覽三百九十六　一

東觀漢記曰鄧訓字平叔永平中治滹沱石臼河從都慮至羊腸倉欲令通漕太原吏民苦轉運所經三百八十九隘前後沒溺死者不可勝筭建初三年拜訓謁者使監領其事更用驢輦歲省億萬計活徒士數千人

後漢書曰廉范西迎父喪至葭萌載船觸石破沒范抱持棺柩遂俱沉溺衆傷其義鉤求得之僅免於死

魏志曰管輅族兄孝國居在斥丘輅往從之與二客會客去後輅謂國曰此二人天庭及口耳之間同有凶氣異變俱起雙魂無宅流魄于海骨歸于家少許時並當死也復數十日二人飲酒醉夜共載牛車下道入漳河中皆即溺死也

又曰帝幸許昌杜畿居守受詔作御樓舡於陶河試舡遇風沒帝爲之流涕詔曰昔冥勤其官而水死稷勤百穀而山死故尚書僕射杜畿於孟津試船遂至覆沒忠之至也朕甚愍焉追贈太僕謚曰戴侯

吳録曰孫策討黄祖表曰臣討黄祖斬首二萬餘級其赴水溺死二萬餘口船六十餘艘財物山積

唐書曰封德彝隋開皇末江南作亂内史令楊素往征之署爲行軍記室泊船海曲素夜召之德彝墜於水中人救免溺乃易衣以見竟寢不言素後知問其故荅曰私事也所以不白素甚嗟異之

莊子曰至德者火弗能熱水弗能溺寒暑弗能害禽獸弗能賊

孟子曰淳于髡曰嫂溺則援之以手乎孟子曰嫂溺不援是豺狼也

覽三百九十六　二　周劉

呂氏春秋曰洧水大有富人溺死有人得富者尸請贖而求金甚多富人黨以告鄧析鄧析曰但安之必無買此者得尸者患其不贖又告鄧析鄧析曰但安之必無人更賣

又曰子路拯溺者其人拜之以牛子路受之孔子曰魯人必拯溺矣

又曰荆人欲襲宋使人先表澭水澭水暴溢荆人不知循表而夜涉溺死者千有餘人

淮南子曰與溺者金玉不如與之一尋常之纆

又曰父溺則攬父髮而整之非敢憍侮以救死也

說苑曰梁相死惠子欲之梁渡河而遽墮水中船人救之曰居船檝之間而溺無我則子死矣子何能相梁乎惠子曰居廣艘長檝之間則不如子至安國家全社稷子之比我蒙蒙如未視之駒

曹毗神女杜蘭香傳曰神女姓杜字蘭香自云家昔在青草湖風溺大小盡没香時年三歲西王母接而養之於崑崙之山於今千歲矣

異苑曰蜀郡張貞行舡覆溺死貞婦黄因投江就之積十四日執夫手俱浮出

又曰河内荀儒字君林乘冰省舅氏陷河而死兄倫求尸積日不得設祭冰側牋與河伯投牋一宿岸側冰開尸首執牋浮出倫又牋謝

又曰潁川荀茂遠景平中至南康夜夢一人頭有一角爲遂簉太君若至都必得官問是何職荅曰官生于林於是而寤未解所况因復寐又夢部伍至楊州水門墮水而死作棺既成遂入中自試恨小即見殯瘞葬渚次悵然驚覺以告母兄舩至水門過果落江而殞喪儀一如其夢

幽明録曰綦廓作豫章郡未發大兒始迎婦在渚次兒欲渡婦舡衣挂舡頭遂墮水即没徐羨之作楊州登勑兩岸厚賞漁人及昆崙共尋覔至二更不得婦哀泣之間髣髴如夢聞聲告之曰吾今在鄉舡下以告婢婢白之令水工没覔果見坐在舡下初出水顔色如平生

三輔决録曰文帝竇后名猗清河觀津人也父遭秦之亂隱身漁釣墜淵而卒景帝即位后登尊號遣使者更塡父所墜淵而築起大墳觀津城南青山是也

益部耆舊傳曰孝女叔光雄者犍爲人也父泥和永建初爲縣功曹乘舡墮水物故尸喪不歸號泣晝夜心不圖存所生男女二人並數歲雄乃各爲囊盛珠環以繫兒數爲訣別之辭家人每防閑之後稍懈因乘小舡於父墮處慟哭遂自投水死弟賢其夕夢雄告之却後六日當共父同出至期伺之果與父相持江上郡縣表上爲雄立碑圖像其形焉

博物志曰澹臺子羽渡水子溺死將葬之滅明曰此命也吾豈與螻蟻爲親戚魚鼈爲仇讎遂以葬之

又曰南郡宜城王子山到太山從鮑子真學筭到魯賦靈光殿歸渡湘水溺死時年二十許其弟子王親見之。樂府解曰公無渡河朝鮮津卒霍里子高妻麗玉所作子高晨起刺舡有一白首狂夫被髮提壷亂流而渡其妻呼而止之乃遂溺死於是援箜篌而歌曰公無渡河

相似

春秋曆命序洛書曰人皇出於提地之日九男九兄弟相似別長九國

家語曰孔子適鄭與弟子相失獨立東郭門或謂子貢曰

東門有一人焉其形長九尺有六寸河目而隆顙其頭似堯其項似臯陶其肩似子産而腰已下不及禹三寸

孔叢子曰萇弘語周文公曰吾觀仲尼有聖人之表其狀河目而隆顙是黄帝之形也脩肱而龜背其長九尺有六寸是成湯之容體也然言稱先王躬履謙讓洽聞强記博物不羣抑亦聖人之興者也

史記曰孔子既没弟子思慕有若狀似孔子相與共立爲師如夫子時。又曰楚相孫叔敖臨死屬其子貧困往見優孟乃爲叔敖衣冠抵掌談語歲餘像叔敖王與左右不能別欲以爲相優孟曰孫叔敖盡忠爲楚令尹死其子負薪楚相不足爲也王乃封敖子

漢書曰夏陽人姓成名方遂居湖以卜筮爲事有故太子舍人嘗從方遂卜謂曰子狀貌甚似衛太子方遂心利其

言幾得以富貴即詐自稱詣闕廷尉建召鄉里識知者張宗祿等　遂坐誣罔不道要斬東市

又曰馮立字聖卿遷西河上郡守立居職公廉治行略與兄野王相似而多知有恩貸好爲條教吏民嘉美野王與立相代爲太守歌之曰大馮君小馮君兄弟繼踵相因循聰明賢智惠吏民政如魯衛德化鈞周公康叔猶二君

漢獻帝春秋曰孝靈皇帝王美人生皇子協協生十餘日何皇后妬殺美人靈帝母永樂董太后攝養協號曰董侯董侯八歲能讀詩書

魏志曰初高勾驪王生能開目視國人惡之及長果凶虐數寇鈔曾孫位生亦能開目視國人惡之勾驪呼相似爲位以似其曾祖故名曰位

晉書曰桓玄聞義軍起憂懼曰何無忌劉牢之外生酷似

其舅共舉大事何慮不成

又曰蜀人王富作亂郡縣討平之初諸葛孔明有盛德于蜀土子瞻又身死王事蜀人思之爲瞻不死故將謂王富曰君狀貌甚似諸葛亮君因此思尅復以霸巴蜀

晉中興書曰王允之字淵猷年在總角從伯敦知之謂爲似己入則共寢

檀道鸞晉陽秋曰初議以吴隱之爲黄門郎而隱之皃似太宗上不忍見故攻爲

齊書曰謝弘微性嚴正舉止必循禮度時有蔡湛之者及見謝安兄弟謂人曰弘微皃類中郎而性似文靖

梁書曰王筠字元禮琅琊人年十六爲芍藥賦沈約曰王郎非唯額似袁公見人輒矜王郎見人必慢笑唯此條不能酷似耳袁粲即筠外祖也

唐書曰王孝傑雍州新豐人高宗末西討吐蕃戰於大非川爲賊所獲吐蕃贊普見孝傑垂泣曰貌類吾父厚加敬禮

孟子曰昔者孔子殁子夏子游子張以有若似聖人欲以所事孔子事之強曾子曾子曰不可江漢以濯之秋陽以暴之皜皜乎不可尚已

劉昭幼童傳曰漢孝昭帝諱弗陵武帝少子也年五六歲壯大武帝云類我甚奇之

江表傳曰孫皓夫人死皓哀愍葬於苑中皓治喪於內半年不出國人見葬太奢麗皆謂皓已死所葬者是也皓舅子何都顔狀似皓云都代立也

孔融別傳曰融爲太中大夫虎賁士皃似蔡邕每酒酣輒引與同坐曰雖無老成人尚有典刑

續搜神記曰吴興施續爲吴尋陽督能言論有門生亦有意理常秉無鬼論門生後渡江忽有一單衣白㡌客來因共言語遂及鬼神客辭屈乃語曰僕便是鬼何以云無受使來取君門生請乞酸苦鬼問有似君者不云施續下都督與僕相似鬼許之便與俱歸與都督對坐鬼手中出一鐵鑿可長尺餘正自打之放鑿便去顧語門生慎勿道俄而都督云頭痛還所住至食時便亡

說苑曰孔子之匡簡子將殺陽虎孔子似之甲士以圍孔子之舍子路怒奮戟將下鬬孔子止之曰夫歌予和汝子路歌孔子和之三終而甲罷

風俗通曰陳國張伯喈弟仲喈婦炊於竈下至井上謂喈曰我今日粧好不伯喈曰我伯喈也婦大慙愧其夕時伯喈到更衣婦復逐牽其背曰今旦大誤謂伯喈爲卿荅曰

我故伯喈也蓋親密無過夫婦然尚如此況於初未相見而責先識之乎

世說曰桓豹奴是王混外生形似舅桓甚諱之宣武云不恒似時似耳恒似則形時似是神桓愈不悅

又曰魏黄初末吴人發長沙王吴芮冢容皃如故吴平發者見淮南吴綱曰君何類長沙王綱曰先祖也去綱近五百年

語林曰張衡死蔡邕母始懷孕此二子才皃甚相類時人云邕是衡之後身

又曰桓溫自以雄姿風氣是司馬宣王劉越石一輩器有以叱王大將軍者意大不平征苻健還於北方得一巧作老婢乃是劉越石妓女一見溫入潸然而泣溫問其故荅曰官家甚似劉司空溫大悅即出外脩整衣冠又入呼問我何處似司空婢荅曰眼甚似恨小面甚似恨薄鬚甚似恨赤形甚似恨短聲甚似恨雌宣武於是褫冠解帶不覺惛然而睡不怡者數日

偶像

說文曰偶人也

尚書說命曰高宗夢得說使百工營求諸野得諸傅巖王庸作書以誥曰以台正于四方台恐德弗類茲故弗言恭默思道夢帝賚予良弼其代予言乃審厥像俾以形旁求于天下（孔安國注曰審所夢之人刻其形像以旁求之於民間）說築傅巖之野惟肖（傅氏之巖在虞虢之界肖似所夢之形也）

史記曰孟嘗君將入秦賓客諫不聽蘇代謂曰今旦代從外來見木偶人與土偶人相與語木偶人曰天雨子將敗矣土偶人曰我生於土敗即歸土今天雨流子而行未知所止息也今秦虎狼國也而君欲往如有不得還無乃為土偶人所笑乎孟嘗君乃止

國語曰越滅吴范蠡遂乘輕舟而浮於五湖莫知其終極越王命工以良金寫范蠡之狀朝禮之環會稽三百里以為范蠡地

春秋後語曰秦欲攻安邑恐齊救之則以宋委於齊曰宋王無道為木人以像寡人射其面寡人地絶兵遠不能攻也王若能破宋有之寡人如自得之

戰國策曰孟嘗君將入秦蘇秦謂曰今臣經緇上有土偶人與桃梗人相與語桃梗謂土偶人曰子西岸土也八月雨降淄水至則子殘矣曰吾殘則復西岸子東園梗也刻削為人淄水至而去漂然將何所之矣孟嘗乃止

漢書曰匈奴畏郅都之威刻木像都之狀交弓射之莫能中

魏志曰鮑信與太祖擊黄巾信乃鬪死太祖購求信喪不得乃刻木如信形祭而哭之

魏略曰時苗字德胄鉅鹿人少清白為人疾惡出為壽春令令行風靡揚州治在其縣時蔣濟為治中苗以初至往欲謁濟濟素好酒適會其醉不能見苗苗恚恨還刻木為人署曰酒徒蔣濟立之於壇且夕射之

江表傳曰孫權使朱售往喻關羽令降羽乃作像人於城上而潛遁

又曰孫晧以張布女為美人捧殺之後思其顏色使工巧刻作美人形恒置坐側

隋書曰柳誓字顧言本河東人也拜祕書監封漢南縣公帝退朝之後命入閤言宴諷讀終日而罷恩若朋友帝猶

恨不能夜召於是命匠刻木偶人施機關能坐起拜伏以
於[illegible]帝每在月下對酒輙令宫人運之於坐與相酬酢而
爲歡笑

唐書曰丘行恭從太宗討王世充會戰於邙山之上太宗
與諸騎相失唯行恭獨從尋有　騎數人追及太宗矢中
御馬行恭乃迴騎射之賊不敢復前然後下馬拔箭以其
所乘馬進太宗貞觀中有詔刻石爲人馬以像行恭拔箭
之狀立於昭陵闕前

又曰侯君集滅高昌國拜麴智盛爲左武衛將軍及太宗
崩刋石像智盛之形列於昭陵玄闕之下

又曰天寶中天下州郡皆鑄銅爲玄宗真容擬佛像之制

又曰天寶五年於太清宫刻石爲李林甫陳希烈像侍於
聖容之側

孝子傳曰丁蘭早孤不識其母乃刻木作母而事之

車頻秦書曰姚萇長爲符堅神像戰求有利軍中士衆出入
並驚恐皆云畏符主像萇嚴鼓斬之以首送符登

抱朴子曰張華作博物志曰黃帝仙去其臣左徹者削木
爲黃帝像帥諸侯奉之亦見汲冢書

太平御覽卷第三百九十六

太平御覽卷第三百九十七

人事部三十八

叙夢　吉夢上

叙夢

毛詩雞鳴曰蟲飛薨薨甘與子同夢箋云蟲飛薨薨東方且明之時我猶樂與君子臥而同夢言親愛之也

又節正月曰召彼故老訊之占夢箋云君臣在朝侮元老召之不問政事但問占夢而已不尚道德而信徵祥也

尚書泰誓曰朕夢叶朕卜襲于休祥戎商必克

周禮春官下曰太卜掌三夢之法一曰致夢二曰觭夢三曰咸陟夢者人之精神所寤可占者致夢言夢之所至也夏后氏作焉咸皆也陟之言得也周人作焉觭讀如諸戎掎之掎亦德也亦言夢所得殷人作焉

又春官占夢曰掌其歲時觀天地之會辯陰陽之氣以日月星辰占六夢之吉凶一曰正夢無所感動平安自夢二曰噩夢謂驚愕而夢也三曰思夢覺時所思念之而夢四曰寤夢覺時道之而夢五曰喜夢喜悅而夢六曰懼夢恐懼而夢季冬聘王夢獻吉夢于王王拜受之聘問也夢者事之祥吉凶之占在日月星辰季冬日窮于次月窮于紀星迴于天數將幾終於是發幣而問焉若休慶之云爾因獻羣臣之吉夢於王歸美焉

左傳昭元曰鄭子産如晉晉侯有疾韓宣子曰寡君寢疾於今三月矣並走羣望晉望祀山川走往祈禱有加而無瘳今夢黃熊入於寢門其何厲鬼也對曰以君之明子爲大政其何厲之有昔堯殛鯀于羽山其神化爲黃熊入于羽淵實爲夏郊三代祀之晉爲盟主其或者未之祀也韓子祀夏郊晉侯有閒閒差也

又昭二曰楚子成章華之臺願與諸侯落之祭之爲落臺今在華容城內太宰薳啓彊來召公公將往夢襄公祖祖祭道神梓慎曰君不果行襄公之適楚也夢周公祖而行今襄公實祖君其不行子服惠伯曰行也先君未嘗適楚故周公祖以道之襄公適楚矣而祖以道君不行何之三月公如楚

論語曰孔子曰甚矣吾衰也久矣吾不復夢見周公

謝承後漢書曰范式字巨卿山陽金鄉人仕郡爲功曹與汝南張邵字元伯爲友後元伯寢疾篤同郡郅君章殷子徵省視之元伯臨終歎曰恨不見吾死友尋乃卒式忽夢見元伯玄冕垂纓屣履而呼曰吾以某日死某時葬永歸黃泉子未我忘豈能相及式覺而驚悲歎甚之

魏志曰周宣字孔和爲太史嘗有問宣者曰吾夜夢見芻狗其占何也宣荅曰君欲得美食耳有頃出行果遇豐膳後又問昨夜復夢見芻狗何也宣曰欲墮車折脚宜戒慎之頃之果如宣言後又問曰昨夜夢見芻狗何也宣對曰

君家欲失火當護之俄遂火起已而語宣曰前後三時皆不夢也聊試君耳何以皆驗耶宣對曰此神靈動君使言故與眞夢無異也又問三夢芻狗而其占不同何也宣曰芻狗者祭神之物故君始夢當得飲食也祭祀訖則芻狗爲車所轢故中夢當墮車脚也芻狗既車轢之後必載以爲樵故後夢憂失火也宣之叙夢凡此類也

後魏書曰莊帝永安中北海王顥入洛莊帝北巡城陽王徽投前洛陽令寇祖仁祖仁聞尒朱兆捕徽乃斬首送之兆夢徽曰我有金二百斤馬一百疋在祖仁家卿可取之兆於是懸祖仁首於樹以石墜足鞭之求金馬祖仁死時人以爲立報

崔鴻十六國春秋前涼録曰索紞字叔徹善數術占夢孝廉令狐策夢立冰上與冰下人語紞曰冰上爲陽冰下爲

陰陰陽事也士如歸妻迨氷未泮婚姻事也君在上與氷下人語爲陰陽介事君當爲人媒氷泮而婚成策曰老夫耄矣不爲媒也會太守田豹因策爲子求張公徵女仲春而婚郡主簿張宅夢走馬上山還舍三周但見松栢不知門處紞曰馬爲離離爲火禍也人上山爲凶字但見松栢墓門像也不知門處爲無門也三周三朞也後三年必有大禍宅果與賈摹等謀反伏誅焉興平問紞曰我昨夜夢舍馬舞數十人向馬拍手何也紞曰馬者火也舞爲火起向馬拍手救火人也平未歸而火起郡功曹張邈嘗奉使詣州夜夢狼噉一脚紞曰脚肉被噉爲却字會東虜反遂不行張斌當舉孝廉夢竪竿中夫紞曰此未字也斌果停凡所占夢莫不中驗

皇甫謐帝王世紀曰黃帝夢大風吹天下之塵垢皆去又夢人執千鈞之弩驅羊數萬羣帝寤而歎曰風爲號令執政者垢去土解清治者天下豈有姓風名后者也哉夫千鈞之弩異力能遠者也驅羊數萬羣是能善牧者也天下豈有姓力名牧者也於是依二夢之占而求之得風后于海隅登以爲相得力牧于大澤進以爲將

又曰湯思賢夢見有人負鼎抗俎對己而笑寤而占曰鼎爲和味俎者割截天下豈有人爲吾宰者哉初力牧之後曰伊摯耕於有莘之野湯聞以幣聘有莘之君留而不進湯乃求婚於有莘之君有莘之君遂嫁女於湯以摯爲媵臣至亳乃負鼎抱俎見湯也

列子曰覺有八徵夢有六候奚謂六候一曰正夢二曰噩夢三曰思夢四曰寤夢五曰喜夢六曰懼夢此六者神所交也一體之盈虛消息皆通於天地應於物類故陰氣壯則夢涉大水而恐懼陽氣壯則夢涉大火而燔焫陰陽俱壯則夢生殺以浮虛爲疾者則夢揚以沉實爲疾者則夢溺藉帶而寢則夢蛇飛鳥銜髮則夢飛將陰夢火將疾夢食飲酒者憂歌舞者哭故神遇爲夢形接爲事古之眞人其覺自忘其寢不夢

又曰西極之南隅有國名古莽陰陽之氣所不交寒暑亡辯日月之光所不照晝夜亡辯其民不食不衣而多眠五旬一覺以夢中所爲者實覺之所見者妄

又曰周之尹氏大治產其下趣役者侵晨昏而弗息有老役夫筋力竭矣夜則昏憊而熟寐而昔昔夢爲國君遊讌宮觀恣意所欲其樂無比覺則復役人有慰喻其勤者役夫曰人生百年晝夜各分吾晝爲僕夫苦則苦矣夜爲人君其樂無比何所怨哉尹氏慮鍾家業心形俱疲昏憊而寐昔昔夢爲人僕趨走作役無不爲也數罵杖撻無不至也尹氏病之以訪其友其友曰若夜夢爲僕夫苦逸之復數之常也若欲覺夢兼之豈可得耶

又曰黃帝十有五年晝夢遊於華胥氏之國其國在弇州西台州北不知距齊國幾千萬里也非舟車足力之所及彼中無師長無嗜欲不知樂生不知惡死無夭殤不知親己不知疎物帝寤怡然而召輔相而告之曰朕思有以養身治物之道弗獲疲而睡若此知至道不可以情求朕得之矣

莊子曰夢者陰陽之精也心所喜怒則精氣從之

又曰夢飲酒者旦而哭泣夢哭泣者旦而田獵（此寤寐之事變也）方其夢也不知其夢也夢之中又占其夢焉覺而後知其夢

又曰昔者莊周夢爲胡蝶栩栩然胡蝶也自喻適志與不

知周也俄然覺則蘧蘧然周也不知周之夢爲胡蝶與胡蝶之夢爲周與

傅子曰夢攀日月覺而不上天庭夢入九泉寤而不及地下高宗得說偶中耳

淮南子曰若人萬化而未始有極也弊而復新其爲樂可勝計耶譬若夢夢爲鳥而飛於天夢爲魚而没於淵方其夢也不知其夢也覺而後知其夢也今將有所大覺乃後知今此之爲大夢也

博物志曰太公爲灌壇令於時文王夢見一婦人哭於道因問其故荅曰吾是太嶽之女嫁爲西海之婦吾行往來必以暴風疾雨今灌壇令當吾道吾不敢以暴風疾雨過也夢覺遂召太公三日果有暴風疾雨過其灌壇也

始興記曰林水源裏有石室室前盤石上行羅十瓮中悉

是鉼銀採伐過之不得取之取必迷悶晉孝武太元初封驅之家奴竊三鉼歸發看有蛇螫之而死其夜驅之夢神語之曰君奴不謹盜銀三鉼即日顯戮覺奴已死銀由在復還之矣

論衡曰趙簡子夢見天帝也以夢占之知樓臺山陵官位之象也人夢上樓外山陵輒得官位實樓臺山陵非官位也則知簡子夢見帝非天帝也

世說曰衛玠總角時嘗問樂廣夢樂云是想衛曰神形所不接而夢豈是想樂曰因也衛思因不得遂成病樂聞故命駕爲剖析之衛病即小差樂歎曰此賢胷中當必無膏肓

夢書曰夢者像也精氣動也魂魄離身神來往也陰陽感成吉凶驗也夢者語其人預見過失如其賢者知之自改革也夢者告也告其形也目無所見耳無所聞鼻不喘嗅口不言也魂出遊身獨在心所思念志身也受天神戒還告人也受戒不精志神　言也名之爲寤告符臻也古有夢官世相傳也

又曰昔聖帝明王之時神氣炤然先見故堯夢乘龍上太山舜夢擊天鼓禹夢其手長湯夢布令天下後皆有天下桀夢疾風壞其宫紂夢大雷擊其手齊桓夢爲大禽所中秦二世夢虎齧其馬王者夢之皆失天下

黄帝鍼經曰岐伯曰正邪外襲内而未有定舍也反淫於藏榮衛俱行而與魂魄飛揚使人卧不得安而喜夢氣淫於府則有餘於外不足於内氣淫於藏則有餘於内不足於外陰氣盛則夢涉大水而恐懼陽氣盛則夢涉大火而燔灼陰陽俱盛則夢相殺毁傷上盛則夢飛下盛則夢墮甚飽則夢與甚飢則夢取肝氣盛則夢怒肺氣盛則夢恐

懼心氣盛則夢喜笑脾氣盛則夢歌樂體重身不舉腎氣盛則夢脊兩解不屬其氣客於心則夢見丘山煙火客於肺則夢飛揚見金鐵之奇物客於肝則夢山林樹木客於脾則夢見丘陵大澤壞屋風雨客於腎則夢臨淵没居水中客於膀胱則夢遊行客於胃則夢飲食客於大腸則夢田野客於小腸則夢聚邑街衢客於膽則夢鬬訟自刳客於陰則夢接内客於項則夢斬首客於足則夢行走而不能及居深穽内客於股肱則夢禮節拜跪

王子年拾遺録曰融高西有夢草莖似著柯採之爲占則知吉凶懷之以占夢立知禍福

吉夢上

尚書説命曰高宗夢得説（盤庚弟小乙子名武丁德高可尊故號高宗夢得賢相其名曰説）使百工營求諸野得諸傅巖（使百官以所夢之形像經營求之於外野得之於傅巖）

讎之

毛詩鴻鴈斯干曰吉夢維何維熊維羆維虺維蛇大人占之維熊維羆男子之祥維虺維蛇女子之祥

又鴻鴈無羊曰牧人乃夢衆維魚矣旐維旟矣大人占之衆維魚矣實維豐年旐維旟矣室家溱溱（溱溱衆也）

左傳僖下曰晉侯夢與楚子搏（搏手搏也）楚子伏己而盬其腦（盬唼也）子犯曰我得天楚伏其罪吾且柔之矣（晉侯上向故得天楚子下向地故伏其罪腦所以柔物也）

又宣上曰鄭文公有賤妾曰燕姞夢天使與己蘭曰余爲伯儵余而祖也以是爲而子以蘭有國香人服媚之如是既而文公見之與之蘭而御之生穆公名之曰蘭

又昭元曰昔武王邑姜方震大叔（邑姜武王后齊太公之女也懷胎爲震大叔成王之弟）夢帝爲己曰餘命而子曰虞（帝天也）將與之唐屬諸參而蕃育其子孫

又哀下曰宋景公無子取公孫周之子得與啓畜諸公宮未有立焉公卒得夢啓北首而寢於盧門之外（盧門宋東門也北首死象在門外失國也）己爲烏而集於上咮加於南門尾加於桐門（桐門北門）曰余夢美必立乃立得

春秋元命苞曰堯爲天子夢白帝遺吾馬喙子其母爲扶始外立睹白帝上有雲虎感己生皋陶（此盡夢所見告之辭也雲虎有雲狀如虎）堯聘索狀如問之如堯言徵與語明於刑法

周書曰文王去商在程正月既生魄大姒夢見商之庭產棘小子發取周庭之梓樹乎闕間梓化爲松栢棫柞寤驚以告文王王及太子發並拜吉夢受商之大命于皇天上帝

史記曰秦文公夢黃蛇自天下屬地其口止於鄜衍（李奇曰鄜衍昔平山阪曰衍）問史敦敦曰此上帝之徵君其祠之

又曰王太后母曰臧兒嫁爲槐里王仲妻生兩女長女嫁爲金王孫婦臧兒卜女當貴乃奪金氏內之太子宮太子幸愛之生三女一男男方任身時王美人夢日入懷太子曰此貴徵也孝景帝即位王夫人爲皇后其男爲太子景帝崩太子襲號爲武皇帝

漢書曰高祖薄姬內後宮歲餘不得幸始姬與管夫人趙子兒相愛約曰先貴無相忘已而管夫人子兒先幸漢王漢王四年坐河南城皋靈臺此兩美人侍而薄姬不得見二人相與笑薄姬初時約漢王問其故兩人俱以實告漢王心悽然憐薄姬是日召欲幸之對曰昨夢龍據胷是貴徵也吾爲汝成之幸有身生文帝

太平御覽卷第三百九十七

太平御覽卷第三百九十八

人事部三十九

吉夢下

東觀漢記曰諸將皆勸光武即位乃召馮異上曰我昨夜夢乘赤龍上天覺悟心中動悸異因下席拜賀曰此天命發於精神也異遂與諸將定議上尊號

又曰永平三年春有司奏請立長秋宮以率八妾上未有所言皇太后曰馬貴人德冠後宮遂登至尊先是數日后夢有小虫飛無數隨着身入皮膚中復飛出

又曰和熹鄧皇后嘗夢捫天體蕩蕩正青滑如礲磃有若鍾乳若仰嗽之以訊占夢言堯夢攀天而上湯夢及天舐之皆聖王之夢

范曄後漢書曰蔡茂夢坐太極殿上有三穗禾茂跳取之得其中穗輒復失之以問郭賀賀離席慶曰大殿者官府之形象也極而有禾人臣之祿也取其中穗是中台之位也於字禾失爲秩也旬月而茂徵焉辟賀爲掾

謝承後漢書曰華松家本孤微其母夜夢兩伍伯夾門言司隸在此松年十五師事丁子然學春秋十九當冠出諸生曰此宰相之器也

魏書曰程昱少時常夢上太山兩手捧日昱私異之以訪荀彧及兗州平乃頽昱得完三城於是彧以昱夢白太祖曰御當終爲吾腹心昱本名立太祖乃加其上曰更名昱

張勃吳録曰武烈皇帝母有身夢腸出繞吳昌門孫堅妻吳氏夢月在其懷而生長沙桓王又夢月在懷而生大皇帝

又曰丁固字子賤會稽山陰人寶鼎中拜司徒初爲尚書夢松樹生其腹上謂人曰松字十八公也後十八年爲公乎遂如夢焉

蜀志曰蔣琬字公琰夜夢有一牛頭在門前流血滂沲問占夢趙直直曰夫見血者事分明也牛角及鼻公字之象君位卒當至公

吳志曰孫休字子烈封瑯琊王居會稽夢乘龍上天顧不見尾覺而異之孫晧廢休立七年薨孫晧悉誅其子

又曰吳主孫權潘夫人會稽句章人得幸有身夢有似龍頭授巳者巳以蔽膝授之遂生孫亮

王隱晉書曰陶侃字士衡鄱陽人少漁於雷澤夢背上生八翅飛入天門見門非常欲入不敢而下侃後都督八州諸軍事

又曰陶侃爲廣州夢有司馬與侃鎧者長史陳協以爲司馬者國姓也鎧者扞禦之器節下當進位泰興二年侃加平南將軍

又曰鄧毅爲淮南太守夢行水邊見一女子虎在後來齧斷鞶囊占者以爲水邊有女汝字也斷鞶囊者新虎頭代故虎頭也不作汝陰當汝南也果迁汝陰

續晉陽春秋曰李太后在會稽王宮夢兩龍枕膝日月入懷其後果以相者之言見幸太宗凡生烈宗會稽王道子及鄱陽公主焉

王韶之晉安帝紀曰劉敬宣在齊夢丸土吞之而於夢中占者荅曰此服土吞也旣覺喜曰丸者桓也桓旣吞矣我當復本土旬日中聞玄敗遂得歸

陸機晉書武紀曰王濬之在巴郡也夢懸四刀於其上甚惡之濬主簿李毅拜賀曰夫三刀爲州而見四爲益一也

明府其臨益州乎後果爲益州刺史

晉書曰羅含字君章襄陽人少時夢五色鳥入懷遂取呑之含覺胸中如呑物意謂不吉乃告叔母朱氏朱氏曰此鳥有文章汝當善文章矣果如其言衆人謂之荆楚之松竹荆州刺史桓溫以爲江左之清秀也

晉書載記曰劉聰之在孕也母張氏夢日入懷寤而以告元海元海曰此吉徵也愼勿言十五月而生聰焉

南燕録曰慕容德謚少子也謚每對諸夫人言婦人夢日入懷當生天子後孫夫人任身夢日入其臍中後晝寢生德

宋書曰晉安王子勛於尋陽城南設壇即位子勛語左右曰昨夜夢乘龍上天俛視不見其頭衆咸失色莫有對者著作郎孫毅進曰易稱見羣龍無首吉祥也衆乃大悦

又曰劉穆之嘗夢與宋武帝泛海遇大風驚俯視舡下見二白龍俠舡既而至一山山峯聳秀意甚悦及武帝克京城從何無忌求府主簿無忌進穆之帝曰吾亦識之即召焉

又曰沈慶之嘗夢引鹵簿入厠中慶之甚惡入厠之鄙時有善占夢者爲解之曰君必當大富貴然未在旦夕問其故荅云鹵簿故是富貴容厠中所謂後帝也知君富貴不在今王

後魏書曰宣武帝名恪孝文帝長子也母曰高氏初夢爲日所逐避於牀下化爲龍遶已數帀寤而驚悸遂娠而生帝也

後周書曰柳霞幼而爽邁其世父慶遠特器異之謂霞曰吾昔逮事伯父太尉公嘗語吾云我作一夢夢汝登一樓甚峻麗吾以坐席與汝汝後名官必達恨吾不及見耳吾向聊復晝寢又夢將昔坐席還以賜汝汝之官位當復及吾特宜勉勵以應嘉祥也

又曰高琳字季珉其先高麗人母嘗祓禊泗濱卧遇見一石光彩朗潤遂持歸是夜夢見一人衣冠若仙者謂曰夫人向所持來石是浮磬之精耳君受之必生令子母驚寤擧身流汗俄而有娠及生琳因以名字焉及長有大度智略從文帝累有戰功位至開府儀同三司

三國典略曰高歡嘗夢履衆星而行覺而內喜遂傾產以結客

又曰宇文永貴昌黎大棘人也母初孕貴夢有老人抱一兒授之曰賜爾是子俾壽且貴及生形類所夢故以永貴字之

又曰齊陽休之幼年將仕夢鄴城東南有大冢上有銅柱數爲蓮花休之從西北而登以手捉柱柱右轉夢中呪曰三帀而止柱如其言榮貴之後所居之宅竟在其地

又曰祖珽知齊太上有大志深自結納嘗啓曰昨夢大王乘龍上天顧深自愛太上大喜即位之後擢拜中書侍郎

又曰梁孝元字世誠梁武第七子也小字七符初梁武夢眇目僧執香鑪稱託生王宮既而采女石氏侍始褰戶幔有風迴裾梁武帝意感幸之采女夢月墮懷中遂孕孝元載誕之夕舉室光明室中有非常香氣及紫胞之異

梁書曰江淹少夢見人授之五色筆因而有文章後十餘年忽夢一丈夫自稱郭璞謂淹曰前借君筆可相還淹夢中探懷中筆自此後不復有文章時稱淹才盡

又曰鄭灼少事皇侃灼性精勤尤明三禮少時嘗夢皇侃

謂曰鄭郎開口佩因噏灼口中自後義理益進

又曰何點少時嘗患渴經歲不愈後在吳中石佛寺僧建講晝寢夢一道人形貌非常授丸一掬夢中服之而差

陳書曰高祖微時嘗遊義興館於許氏夢天開數丈有四人朱衣捧日而至納之帝口及覺腹内猶熱

南史曰徐陵字孝穆母臧氏嘗夢五色雲化爲鳳集左肩上已而誕陵年數歲家人攜以候沙門釋寶誌寶誌曰此天上石麒麟也

唐書曰李嶠趙州贊皇人隋内史侍郎元操從曾孫也代爲著姓父鎮惡襄城令嶠早孤事母以孝聞爲兒童時夢有神人遺之雙筆自是漸有學業弱冠舉進士

又曰尹知章絳州翼城人少勤學嘗夢神人以大鑿開其心以藥内之自是日益開朗盡通諸經義未幾而諸師反北面受業焉

又曰張薦字孝舉深州陸澤人祖鷟字文成聰警絶倫書無不覽爲兒童時夢紫色大鳥五彩成文降于家庭其祖謂之曰五色赤文鳳也紫文鸑鷟也爲鳳之佐吾兒當以文章瑞於朝廷因以爲名字

又曰天寶中安禄山自范陽入朝肅宗觀其兇悖有勃逆之狀言之於太上皇太上皇易之不納上恐危社稷遂精誠祈夢其夜夢敕内侍胡普寂等三人持案覆以黄帊自天而下至上前有素版丹書文章甚多既寤所記者唯四句曰厥不云乎其惟其時上天所保福禄不虧十四年十一月甲子禄山果於范陽稱兵向闕

又曰劉沔初爲忠武小校從李光顔討淮西爲捉生將前後遇賊兵戰鋒刃所傷幾死者數四嘗傷重卧草中日黑不知歸路昏然而睡夢人授之雙燭曰子方大貴此行無患可持此而還既行炯然有雙光在前

晏子春秋曰景公病水十數日夜夢與二日鬭不勝晏子朝公說之曰我其死乎對曰使人以迎占夢至晏子說公夢告之占夢者請反其書晏子曰無反書曰所病者陰也日者陽也一陰不勝二陽故病將愈也以是對占夢者入以晏子言對居三日公病大愈公且賜占夢占夢者曰此非臣之言晏子教臣

李蜀書曰武帝諱雄始祖第三子始祖后方娠夢雙虹自門外天一虹中斷及生后常言三子若成人必有先亡者有大貴者後果李蕩早卒李雄王蜀

林邑記曰林邑俗謂上金爲紫磨金夷俗謂上金爲楊邁金初范楊邁母懷身夢人鋪楊邁金席與其生兒兒落席上金色光起照晰艷燿及其生也名曰楊邁後襲王位能得人情

皇甫謐帝王世紀曰文王自程徙都酆季秋之月甲子赤雀銜丹書入酆止于文王之户言天命歸周之意先是文王夢日月之光着身

會稽先賢傳曰吳侍中闞澤字德潤山陰人也在母胎八月而叱聲震外年十三夜夢名字炳然縣在月後遂昇進也

異苑曰鄭康成師馬融三載無聞融鄙而遣還玄過樹陰假寐夢見一老父以刃開其心謂曰可以學矣於是遂返精洞典籍

又曰太原郭登之字仲靖義熙初諸葛長民欲取爲諮議登之不樂後爲南康太守盧循之反長民以其無先過也

將加大辟夢一神人以烏角如意與雞是瘖瘂中殊自指約既覺在其側可長尺餘形制甚陋郭遂得無他屢經顯官後徙入關齋以自隨揷着歩差中忽失所在

幽明録曰謝安石當桓温之世恒懼不全夜忽夢乘桓轝行十六里見白雞而止不得復前莫有解此夢及温亡後果代居宰相歴十六年而得疾安方悟六十六里者十六年見雞住者今太歲在酉吾病殆將不起少日而卒

又曰吴興錢秉孫權時曽晝卧久不覺兩吻沫出者數升其毋怖而呼之曰適見一老公食以嫣觔恨未盡而呼之秉本尫瘠既爾之後遂以力聞官至無難監

太平御覽卷第三百九十八

太平御覽卷第三百九十九

人事部四十

應夢

禮記文王世子曰文王謂武王曰汝何夢矣武王對曰夢帝與我九齡(齡年也帝天也)文王曰汝以爲何也武王曰西方有九國君王其終撫諸文王曰非也古者謂年爲齡齒亦齡也我百爾九十吾與爾三焉(九齡九十年之祥也文王以憂勤損壽武王以安樂延年與汝三者明傳業於汝汝受而成之)文王九十七而終武王九十三而終

左傳僖公下曰楚子玉自爲瓊弁玉纓未之服也先戰夢河神謂己曰畀余余賜汝孟諸之麋

又成公上曰鞌之戰晉韓厥夢子輿(厥父)謂己曰避左右故中御而從齊侯邴夏曰射其御者君子也公曰謂之君子而射之非禮也射其左越于車下射其右斃于車中

又昭二曰鄭子產聘于晉晉侯有疾韓宣子曰寡君寢疾於今三月矣並走羣望有加而無瘳今夢黃熊入於寢門其何厲鬼也對曰以君之明子爲大政其何厲之有昔堯殛鯀于羽山其神化爲黃熊以入于羽淵實爲夏郊三代祀之晉爲盟主其或者未之祀乎韓子祀夏郊晉侯有間(間愈也)

又昭二曰鑄刑書之歲二月或夢伯有介而行(介甲也)曰壬子余將殺帶也明年壬寅余又將殺段也及壬子駟帶卒國人益懼齊燕平之月壬寅公孫段卒國人愈懼

又昭四曰晉荀吳帥師滅陸渾韓宣子夢文公攜荀吳而授之陸渾(宣子韓起文公晉文公荀吳仲行穆子也)故使穆子帥師獻俘於文宮(欲以應夢)

又昭七曰十二月辛亥朔日有蝕之是夜也趙簡子夢童子羸而轉以歌(轉婉轉也)旦占諸史墨曰吾夢如是今而日蝕何也對曰六年及此月也吳其入郢乎終亦弗克

漢書曰孝文帝嘗夢欲上天不能進有一黃頭郎推之上天顧見其衣後穿覺而之漸臺見郎鄧通衣後穿即夢中所見也因而寵之

又曰衛太子爲江充所譖敗久之田千秋上急變訟太子寃曰子弄父兵罪當笞天子之子過誤殺人當何罪哉臣嘗夢見一白頭翁教臣言是時上頗知太子惶恐無他意乃大感寤召見千秋謂曰父子之間人所難言也公獨明其不然此高廟神靈使公教我公當遂爲吾輔佐立拜千秋爲大鴻臚

又曰韋玄成爲丞相言孝文太后寢園宜如禮勿復修奏可後歲餘上寢疾夢祖宗譴罷郡國廟上少弟楚孝王亦夢爲上召問匡衡議欲復之衡深言不可

東觀漢記曰桓帝時張奐爲武威太守其妻懷孕夢帶奐印綬登樓而歌占曰必生男復臨此郡命終此樓既而生子猛建安中爲武威太守前郡守邯鄲商爲猛所殺據郡反爲韓遂所攻自知必死乃登樓自燒而終

魏志曰武帝問周宣曰我昨夜夢有青氣自地屬天宣曰天下當有貴女子死死時帝已遣賜甄后璽書文帝復問周宣曰吾夢摩錢文欲令滅而更明何曰此陛下家事而太后不聽故更明耳時治弟植罪逼於太后也

晉書曰明帝時張茂夢得一大象問人曰何祥對曰君爲大郡然而不善或問其故曰象者大獸獸者守也故當爲大郡然象以齒見焚必爲人害後爲吳國內史沈充所害

又曰明帝太寧元年王敦謀逆帝與王導溫嶠等決計征

之郭屯於湖陰帝欲察其營壘乃乘駿馬微行至湖陰敦方晝寢夢日環其城驚起曰此必黄鬚鮮卑奴來何以不縛之

又曰簡文見讖云晋氏祚盡昌明及孝武之在孕也李太后夢神人謂之曰汝生男以昌明爲字及生東方始明因以名爲簡文后後悟爲之流涕

後魏書曰高祖遷洛謂任城王澄曰朕昨夜夢一老公頭鬢皓白正理冠服拜立路左朕怪而問之自云晋侍中嵇紹故此奉迎神爽卑懼似有求焉澄對曰晋世之亂紹以身衛主殞命御側亦是晋之忠臣於是求其兆域遣使弔祭焉

又曰莊帝在藩任城王順夢一段黑雲從西北直來觸東南上日月俱破復翳諸星天地晝闇俄雲消霧解日出莊帝復閶闔門入登太極殿呼萬歲者三百官咸加朝服既覺占之曰黑雲氣之惡者北方之色必有北敵亂京師日君象月后象星百官象以此言之京邑其當禍乎後如其夢

又曰盧元明爲中書侍郎友人王由寓居潁川忽夢見由攜酒就之言别因賦詩贈乃覺元明憶其十字云自兹一去後朝市不復遊元明歎曰必有他故經三日果聞爲亂兵所殺尋其日乃是發夢之夜

又曰酈範字世則范陽涿人範嘗夜夢陰毛拂踝他日説之時齊人有占夢者曰史進云豪盛於齊下矣使君臨撫東秦道光海岱必當重牧全齊再禄營丘矣範笑而答曰吾將爲卿必驗此夢果如其言爲青州刺史

又曰裴安祖閑居養志不出城邑曾行值天熱舍於樹下

有鷙鳥逐雉雉急投之遂觸樹而死安祖愍之乃取置陰地徐徐護視良久得蘇安祖喜而放之後夜夢一丈夫衣冠甚偉着曲領向安祖再拜安祖怪而問之此人云感君前日見放故來謝德聞者異焉

北齊書曰張亮字伯德西河隰城人也拜太中大夫薛琡常夢於山上挂絲以告亮且占之曰山上絲幽字也君其爲幽州乎數月出爲幽州刺史

又曰宋穎爲凉州刺史穎前妻鄧氏亡後十年夢見白穎拜曰新婦今被處分爲高崇妻故來辭别穎見崇言之崇數日而卒

梁書曰吉士瞻少時夢得一積鹿皮而數之有十一領及覺喜曰鹿者禄也吾當居十一禄乎自其後仕進所莅者九及除二郡心惡之遇疾不肯療普通七年卒於郡

梁後略曰初賀革之往江陵也意甚不悦過别御史中丞江革以情告之荅曰吾嘗夢主上遍見諸子唯至湘東王所手脱帽以與之此人後必當辟御其行乎華因頷之遂往荆州

三國典略曰江陵平梁御史中丞沈炯還長安太祖授儀同三司甚禮待之炯恐太祖愛其文才恒閉門却掃無所交遊時有文章隨即毁弃不令流布嘗獨行經漢武通天臺爲表奏之陳已思歸之意奏訖其夜炯夢見有宫禁之所兵衛甚嚴炯便以情事陳訴聞有人言甚不惜放卿幾日可至若一月内見關出此恐不復由我寤而異之當時以爲恍忽十餘日便有命放還遂與王克等並得東歸

又曰陰子春嘗爲東莞太守時青州刺史王神念毁壞臨海神廟當壓棟上有一大蛇役夫下擒入於海水爾夜子

春夢見一人詣其府云有人見苦被壞宅舍既無所託欲憩此境子春心密記之經二日方知神祠毁廟因辦牲醑立宇祠之數日夢一朱衣人謝曰得君厚惠當以州相報經月餘魏軍欲襲朐山子春預知設伏摧破梁武以爲南青州刺史

陳書曰武帝初受禪之日其夜有會稽人傳史普直省夢人自天而下着朱衣武冠導從數十手持板板上有字傳視之其文曰陳氏五主三十四年遂凌空而上旦白黄門侍郎孔宗範歎曰吾事去矣其爲子孫憂乎自武帝已後并廢帝五主自永定初迄禎明末共三十四年

晏子春秋曰景公舉兵將伐宋過太山公夢見二丈夫意怒甚盛公問占夢曰師過太山不用事太山神怒也公問晏子晏子曰非太山之神也宋之先湯與伊尹也湯修以長驕兌上而豐下倨身高聲伊尹黑短蓬頭而驕豐上兌下僂身下聲公曰然

又曰景公田於梧宮夜猶早公坐睡夢有五丈夫北面稱無罪公覺召晏子告所夢公曰我其嘗殺無罪歟晏子對曰昔先君靈公田五丈夫駭獸故并斷其頭葬之命曰五丈夫之丘豈此耶命人掘其葬處求之則五頭同穴而存焉公嘉之命吏葬之

莊子曰宋元君夜半夢人披髮而窺阿門曰予自宰之淵爲清江使河伯之所漁者豫且得予元君覺召占夢者占之占夢者曰此神龜也君乃刳龜以卜七十鑽而無遺筴

又曰匠石之齊至于曲轅（曲轅之道）見櫟社樹其大蔽千牛曰是不材之木也故能若是之壽匠石歸櫟社見夢曰汝將比予於文木耶柤梨橘柚果蓏之屬耶實熟則剥（剥擊也）剥則辱大枝折小枝泄（泄亦折也）此以其能苦生者也予求年所可用久矣乃今得之

呂氏春秋曰尹儒學御三年而無得焉夜夢受秋駕於其師時日往朝其師而謂之曰吾非愛道也恐子之未可教也今日將教子以秋駕（秋駕御法）尹儒反走北面再拜曰今昔臣夢受之先爲其師言所夢因授秋駕也

賈誼書曰文王晝卧夢人登城而呼己曰我東北陬之腐骨也速以人君葬我文王曰諾覺召吏使視之信有爲文王曰速以人君葬之吏曰此無主請以大夫禮王曰吾夢中已許之矣奈何背之也

桓譚新論曰楊子雲亦言成帝時上甘泉召使作賦子雲爲之卒暴倦卧夢其五藏出在地以手收内及覺大少氣病一歲卒

世說曰王東亭嘗夢人以大筆與之管如椽子大既覺語人云他日當有大手筆事少日烈宗晏駕哀策謚議王所作

辛氏三秦記曰昆明池漢武停舡立之習水戰也中有靈沼神池云堯時治水訖停舡池通白鹿原人釣魚於此綸絕而去夢於漢武求去其鉤明日帝戲於池見大魚銜索帝曰豈非昔時所夢也取而去其鉤放之

傳物志曰靈帝時遼西太守黄翻上言海邊有流屍露冠絳衣感翻夢曰我伯夷弟孤竹君也求見掩藏吏民有嗤者皆死

虞翻別傳曰翻注易奏上曰臣都吏陳挑夢臣與道士相遇放髮被鹿裘布易六爻撓其三以飲臣臣乞盡吞之道士曰易在天三爻足矣豈臣受命應當知經

皇甫謐高士傳曰桓帝好老子之書夜夢見老子乃詔於陳爲老子立祠

三輔决録曰子以去冬脩夜思而未之得也忽然而寢夢此黄髮之叟姓爲玄明字曰子眞與寐言言必有中（夢中指語）（黄髮之輭）子授其人子眞評之析微通理善否之間無所依違因命操筆者書之謂之决録

襄陽耆舊記曰楚襄王與宋玉遊於雲夢之野將使宋玉賦高唐之事望朝雲之館上有雲氣崪乎直上忽而改容須臾之間變化無窮王問宋玉曰此何氣也對曰昔者先王遊於高唐怠而晝寢夢一婦人曖乎若雲煥乎若星將行未至如浮如停詳而視之西施之形王悦而問焉曰我帝之季女也名曰瑤姬未行而亡封巫山之臺精魂依草寔爲莖之媚而服焉則與夢期所謂巫山之女高唐之姬

聞君遊於高唐願薦枕席王因而幸之

漢武故事曰上自封禪後夢高祖坐明堂群臣亦夢於是祀高祖於明堂

列異傳曰吴選曹令史長沙劉卓得病夢一人以白越單衫與之語曰汝着此衫汗即火燒便潔也覺果有衫在側後汗便火燒之

搜神記曰有周擥（力感切）嘖（音責）者貧而好道夫婦夜耕息臥夢天公過而哀之勑有以給與司命案録籍此人相貧限不過此唯有張車子應賜錢千萬車子未生請以借之天公曰善曙覺言之於是所爲輙得貲至千萬先時有張嫗者常往擥嘖家傭賃合有身月滿當孕便遣出生車屋下產得兒主人往視問言當名汝兒作何嫗曰今在車下夢天告之名爲車子擥嘖乃悟自是居日衰減車子長大富於周家

續搜神記曰承儉者東莞人葬後十年忽夜與其縣令夢云没故民承儉今見劫明府急見救令便勑外內裝束往冢上日已向出天忽大霧對面不相見但聞冢中哅哅破棺聲有二人墳上望但霧冥不見人往令既至收得冢內三人墳上二人遂得逆走棺未壞令即使人脩復之即其夜又夢儉云二人雖得走民悉誌之一人面上有青誌如藿葉一人掾其前兩齒折明府但案此尋覔自得也令從其言追捕皆擒獲

又曰宗淵字叔林南陽人晉太元中爲尋陽太守有數十頭龜付厨勑旦且以二頭作臛便着潘汁甕中養之其暮夢有十丈夫並着烏布袴褶自反縛向宗淵叩頭若求哀明日厨人宰二龜其暮復夢八人求哀如初宗淵方悟令

勿殺明夜還夢見昨八人來跪謝恩於是驚覺明朝自入廬山放之遂不復食龜

又曰荆州刺史殷仲堪布衣時在丹徒忽夢見一人自說巳是會稽上虞人死亡浮喪飄江中明日當至君有濟物之仁豈能見移着高燥處則恩及枯骨殷明日與諸人共江上看果見一棺逐水流下飄飄至殷坐處令人牽取題如夢所即移着崗上酹以酒飯其夕又夢此人來謝恩

又曰嘉興徐泰幼喪父母叔父隗養之甚於所生隗病侍甚謹三更中夢二人乘船持箱上泰床頭發箱出簿書示曰汝叔應死泰即於夢中下地叩頭良久曰汝縣有同姓名人不泰思得語鬼云有張隗不姓徐此人去亦可強逼念汝能事叔父當爲汝受之遂不復見

異苑曰高平檀茂崇以義熙中喪亡其母沛郡劉氏晝眠

夢見崇手捉團扇去崇年命未盡横被災厲方永違離今以此扇奉别毋涕驚覺果於屏風門得扇上皆如踟蛛綱絡撫執悲慟

又曰海陵如睪縣東城村邊海岸崩見一古墓有方頭漆棺以朱題云七百年墮水元嘉二十年墜於縣𡽪和蓋從潮漂沉輒泝流還依本處村人朱護等異而啓之見老姥年可七十許璠頭着袿（古费切）鬢髮皓白不殊生人釵髻衣服粲然若新送終器物枕履悉存護乃齎酒脯施于柩側爾夜護婦夢見姥云向獲名貺感至無已但我墻屋毀廢骸形飄露今以直一千託爲治護也置錢便去明覺果得即用改殮移于高阜焉

述異記曰陳留周氏婢民與入山取樵忽夢見一女子曰吾目中有刺煩爲拔之當有厚報此婢乃見朽棺髑髏草生眼中便爲拔草即於其處得一雙金指環

靈鬼志曰濡須口有一大船船覆在水中水小時便出見昔有漁人夜宿其傍以船繫之但聞箏笛絃管之音夢人驅遣云勿近官妓此人驚覺即移船去傳云是曹公載妓船覆于此于今存在

智瓊傳曰弦超字義超夢神女從之自稱天上玉女姓成字智瓊早喪父母天帝愍之遣令得下嫁如此三四旦覺寤欽想顯然來遊乃駕輜軿車從八婢自言我天帝玉女遂爲夫婦贈詩二百餘言又著易七卷超皆能通其旨

太平御覽卷第三百九十九

太平御覽卷第四百

人事部四十一

凶夢

禮記檀弓曰夫子蚤作負手曳杖逍遥於門歌曰泰山其頹乎梁木其壞乎哲人其萎乎既歌而入當户而坐子貢聞之曰泰山其頹則吾將安仰梁木其壞哲人其萎則吾將安放夫子殆將病也遂趨而入夫子曰賜爾來何遲也夏后氏殯於東階之上則猶在阼也殷人殯於兩楹之間則與賓主夾之也周人殯於西階之上則猶賓之也而丘也殷人也予疇昔之夜夢坐奠於兩楹之間夫明王不興而天下其孰能宗予予殆將死也蓋寢疾七日而没

左傳成公上曰晉侯夢大厲被髮及地搏膺而踊呼曰殺余孫不義（厲鬼趙氏之先祖也）餘得請於帝矣壞大門及寢門而入公懼入于室又壞户公覺召桑田巫巫言如夢（巫言鬼怒如公所夢）公曰何如曰不食新矣六月丙午公欲麦使甸人獻麦將食張如廁陷而卒小臣有晨夢負公以登天及日中負晉侯出諸廁遂以爲殉

又成公下曰晉楚將戰呂錡夢射月中之退入於泥占之曰姬姓日也異姓月也必楚王也射而中之退入於泥亦必死矣及戰射共王中目王召養由基與之兩矢使射呂錡中項伏弢以一矢復命（言一發而中之）

又成下曰初聲伯夢涉洹（洹水出汲郡林慮縣東北至魏郡長樂縣入清水也）或與己瓊瑰食之（瓊玉瑰珠也）泣而爲瓊瑰盈其懷（淚下化爲珠玉滿懷）從而歌曰濟洹之水贈我以瓊瑰歸乎歸乎瓊瑰盈吾懷乎懼不敢占也還自鄭至于貍脤而占之曰余恐死故不敢占也今衆繁而從余三年矣而無傷也言之至暮而卒（衆多也傳）

讖數 占夢

又襄王曰齊侯伐我北鄙中行獻子將伐齊夢與厲公訟弗勝（厲公獻子所殺者）公以戈擊之首墜於前跪而戴之奉之以走見梗陽之巫皋（梗陽晉邑也在太原皋巫名也夢并見之）他日見諸道與之言同（巫亦夢見獻子與厲公訟）巫曰今兹主必死若有事於東方則可以逞獻子許諾

又昭二曰初穆子去叔孫氏及庚宗（成十六年避僑如之難奔齊庚宗魯地）遇婦人使私爲食而宿焉適齊夢天壓己弗勝（穆子夢也）顧而見人黑而上僂深目而豭喙號之曰牛助余乃勝之及反魯所宿庚宗之婦人獻以雉（獻穆子）問其姓（問有子不）對曰余子長矣能奉雉而從我矣召而見之則所夢也未問其名號之曰牛曰唯皆召其徒使視之遂使爲豎（豎官傳言從夢未必吉）

又哀上曰初曹人或夢衆君子立於社宫而謀亡曹曹叔振鐸請待公孫彊許之（振鐸曹始祖也）旦而求之曹無之戒其子曰我死爾聞公孫彊爲政必去之及曹伯陽即位好田弋曹鄙人公孫彊好弋獲白鴈獻之且言田弋之説因訪政事大悦之有寵使爲司城以聽政夢者之子乃行彊言霸説於曹伯從之乃背晉而攻宋宋人伐曹晉人不救而曹亡

又哀下曰衛侯夢于北宫見人登昆吾之觀（衛有觀在古昆吾氏之虛）被髮北面而譟曰登此昆吾之虛綿綿生之瓜（綿綿瓜初生也）余爲渾良夫叫天無辜公親筮之胥彌赦占之（赦衛筮史）曰不害與之邑寘之而逃奔宋（言衛侯無道卜人不敢以實對懼難而逃）

國語曰晉獻公伐虢虢公夢在廟有神人面白毛虎爪執鉞立於西河之下公懼而走神曰無走帝命使晉襲于爾門公拜稽首覺召使嚚占之對曰如君之言則蓐收也天

之形神也公使囚之且使國人賀夢舟之儒告其族曰衆謂號亡不久矣吾今乃知之外内無親其誰救之吾不忍俟將其族適于晉六年號乃亡

史記曰始皇夢與海神鬬如人狀乃令人入海賫捕鉅魚具而自以連弩候大魚出射之遂並音𩏿海西至平原津而病

又曰秦二世夢白虎齧其左驂馬殺之問占夢人曰涇水爲祟二世乃齋望夷宫聞樂殺之更立子嬰爲王

又曰初趙盾在時夢見叔帶持要而哭甚悲已而笑拊手而歌盾卜之兆絶而後好趙史援占曰此甚惡非君之身乃君之子然亦君之咎至趙朔被殺下宫及趙武還故位

漢書曰昌邑王夢見青蠅之矢積殿東西階王乃問龔遂對曰詩云營營青蠅止于藩愷悌君子無信讒言陛下察之王終不改

續漢書曰鄭玄夢孔子造曰起今年歲在辰來年歲在巳既悟以讖占之知命當終有頃寢疾而卒

又曰周盤字伯堅朝會集諸生講論終日因令其二子曰吾日者夢見先師東里先生與我講於陰堂之奧既而長歎豈吾齒之盡乎其月望日無病忽終

東觀漢記曰公孫述夢有人語之曰公子系十二爲期覺語其妻對曰朝聞道夕死尚可況十二乎

魏志曰鄧艾字士載初艾當伐蜀夢山上而有流水以問殄虜護軍爰邵邵曰案易卦山上有水曰蹇蹇繇利西南不利東北孔子曰蹇利西南往有功也不利東北其道窮也往必克蜀殆不還乎艾憮然不樂

又曰文帝問周宣曰吾夢殿屋兩瓦墮地化爲雙鴛鴦此何謂耶宣對曰後宫當有暴死者帝曰吾詐卿耳宣對曰夫夢者意耳苟形言便占吉凶言未卒而黄門令奏宫人相殺

蜀志曰魏延字文長義陽人延夢頭上生角以問占夢趙直直詐延曰夫麒麟有角而不用此不戰而賊自破之象也退而告人曰角之爲字刀下用也頭上用刀其凶甚矣延後果誅

又曰關羽初出軍圍樊夢猪齧其足語子平曰今年衰矣果尋被殺

晉書曰郭瑀燉煌人也符氏之末略陽王穆起兵酒泉以應張預遣使招瑀瑀與同郡索蝦應之穆後信讒欲誅蝦瑀諫不從旦夕祈死夜夢乘青龍上至屋而止寤而歎曰龍飛在天今止于屋屋之爲字尸下至也龍飛至尸吾其死也古之君子不卒内寢况吾正士乎遂還酒泉南山赤崖閣飲氣而卒

又曰惠帝時陸機爲長沙王乂征河間王果夜夢黒幕三重繞車機擘出不得明旦被殺其日大風拔木時人以爲陸氏之冤

又曰張華方晝臥忽夢見屋壞覺而惡之是夜難作稱詔華遂與裴頠俱被收

又曰僞趙石虎晝寢永宫夢羣羊從東北負魚而來鄴東北土高丈餘魚羊滿其上寤乃問佛圖澄曰不祥也國其敗乎

又曰温嶠爲驃騎鎮武昌至牛渚磯水深不可測云其下多怪嶠遂燬犀角而照之須臾見水族萬品其夜夢人謂嶠曰與君幽明道隔何意相照嶠惡之忽中風至鎮旬日

而卒

又曰揚雄爲春陽令舉兵拒王郭城陷爲郭所擒初雄被執之曰其夜夢乘車挂肉其傍占曰夫肉必有筋斤也車傍於斤吾其戮乎尋爲王郭害之

續晉陽秋曰符堅之遣慕容垂侍中權翼諫不聽於是翼乃夜私遣壯士要路而擊之垂是夜夢行路路窮顧見孔子墓傍墳有八覺而心惡之召占夢者占之曰行路窮道盡也不可行孔子名丘八以配丘此兵字路必有伏兵深宜慎之於是垂遂別路而進翼伏兵遂不擒之

前涼録曰張駿十二年五月駿有疾夢出遊不識其處見一玄龜向之張口而言更九日當有嘉問遂經九日而卒

前趙録曰劉曜末年夢三人金面丹脣東向逡巡不言而退曜拜履其跡太史令任義曰三者歷運之極東爲震王

者之始次也金爲兑物衰落也脣丹不言事之畢也逡巡揖讓舍之道也爲之拜者屈伏於人履跡而行慎不出疆兵必大起遠志三年曜爲石勒所擒

前燕録曰慕容儁夜夢石虎齧其臂覺遂痛惡之曰死胡安敢夢生天子使掘之數其罪鞭其尸投之漳水俄寢疾而死

沈約宋書曰少帝凶暴日甚沈慶之猶盡言諫爭遣慶之從子攸之賫藥賜慶之死時年八十初慶之夢有人以兩疋絹與之謂曰此絹足度慶之語人曰老子今年不免兩疋八十尺也度無盈餘矣

後魏書曰元熙於任城王澄薨前夢有人告之曰任城當死死後二百日外君亦不免若其不信試看任城家熙夢中顧瞻任城第舍四面牆崩無遺堵焉熙惡之覺而告所親及熙之死果如所夢

又曰崔浩搆害李順甚萌已成夜夢秉火爇順寢室火作而順死浩與室家羣立而觀之俄而順弟息號哭而出曰此輩吾賊也以戈擊之悉投於河悟而惡之以告館客馮景仁景仁曰此真不善也非復虛事夫以火爇人暴之極也且兆始惡者終殃積不善者無餘慶厲階成矣公其圖之浩曰吾方思之而不能悛至後而族

三國典略曰齊李鉉字寶鼎渤海南皮人也春夏務農秋冬入學經疏之多發自於鉉嬰疾在牀夜夢孔子怨其廣爲疏例繫而捶之既寤之後其疏例焚尋而病愈

齊書曰武帝初登位夢金翅鳥下殿食小龍子無數乃飛上天及明帝即位誅高武子孫並盡明帝名鸞故也

又曰武帝時雍州刺史張敬兒未貴夢所居村社樹歘高

數十丈爲雍州又夢社樹直上至天俄又伏誅

梁書曰武帝初沈約爲齊末建議廢齊和帝後夢和帝以刀斷其舌約大懼召巫言與夢同竟憂卒

唐書曰太宗時徐慶爲征遼判官有一典不得姓名慶在軍忽夢已化爲羊爲典所殺覺懼流汗至曉典判案慶問曰汝夜有夢否典云夢公爲羊某屠之由是慶不食羊則天時慶至司農少卿雍州司馬時典已任大理獄丞後慶被誣與內史令裴炎通謀應接英公徐敬業揚州反被執送大理忽見丞押獄慶流涕謂曰征遼之夢今當應之及被戮竟是丞引之

又曰杜牧知命年得病自爲墓志祭文又嘗夢告曰爾改名畢踰月奴自家來告曰炊將熟而甑裂牧曰皆不祥也俄又夢書片紙曰皎皎白駒在彼空谷寤而歎曰此過隙

也吾生於角昴畢於角爲第八宮吾之甚厄也予自湖守迁舍人未還於角足矣其年以疾終

又曰常温爲宣歙觀察使明年瘍生於首謂愛壻張復魯曰予任校書郎時夢二黃衣人賫符來追及滻將渡一人續至曰彼墳至大功須萬日遂不涉而寤計今萬日矣與公訣矣明日卒

又曰崔湜與尚書右丞盧藏用同配流俱行湜謂藏用曰家弟承恩或冀寬宥因遲留不速進行至荆州夢於講堂照鏡鏡者明象吾當爲人主所明也以告占夢人張申申退曰講堂者受法之所鏡者於文爲立見金此其吉徵其日追使至縊於驛中

唐新語曰毋煚（俱永切）直集賢無何以熱疾暴終初煚夢著衣冠上北邙山親友相送及至山頂迴顧不見一人意甚惡之及卒僚友送葬北邙山咸如所夢

吕氏春秋曰齊莊公之時有士曰賓卑聚夢有壯士從而叱之唾其面惕然而寤然夜坐自不快明日召其友而告之曰吾年六十而無所挫辱吾將索之得之則可不得將死之每朝立乎衢三日不得退而自殺

桓譚新論曰傳士弟子韓生連三夜有惡夢以問人人教晨起厠中祝之三旦人告以爲祝詛捕治數日死

玄晏春秋曰十二月乙丑夕夢至京師自廟出見車騎甚衆以物呈廟云誅大將軍曹爽寤以告梁柝柝曰君欲曹人之夢乎朝無公孫彊子曰爽無叔振之請苟失天機則離何待於彊

益部耆舊記曰何祗嘗夢井中生桑以問占夢趙直直曰桑非井中之物然桑字四十下有八君壽恐不過此後果如直言

管輅別傳曰輅見何尚書何曰頃連夢青蠅數十來在鼻上驅之不肯去何也輅曰夫鼻者艮也天中之山而蠅集之位峻者危輕豪者亡後遂被誅

搜神記曰吴時嘉興徐伯始病使道士吕石安神座石有弟子戴本王思二人居在海鹽伯始迎之以助石晝臥夢上天北斗門下見外鞍馬三疋云明日當以一迎石一迎本一迎思石夢覺語本思如此死期至可急還與家別不卒事而去伯始怪而留之曰懼不見家也間一日三人同日死

續搜神記曰會稽謝奉與永嘉太守郭伯猷善謝忽夢郭與人於浙江上爭樗蒲錢爲水神所責墮水死已營理郭凶事既覺便往郭許共圍碁良久謝云卿知吾來意不因說所夢郭聞之悵然云信與人爭如卿所夢何期太的也須臾如厠便倒氣絶謝斷理之如所夢

異苑曰苻堅將欲南師也夢葵生城內明以問婦婦曰若征軍遠行出難爲將也堅又夢地東南傾復以問云江左不可平也君無南行必敗之應也堅不從卒敗

又曰陳郡殷靈均義熙中爲桂陽太守夢人縛將去形神乖散復有一人云且置在作衡陽當取之殷驚寤惆悵永初三年除衡陽郡知其理難避辭不免尋寢疾而亡

述異記曰陶繼之爲秣陵令殺劫其中一人是大樂伎不爲劫而陶逼殺之將死曰我實不作劫遂見枉殺若有鬼必自訴理少時陶夢見此伎來云訴天得雪今來相取遂跳入陶口中仍落腹而倒俄而陶遂病死

又曰姚萇既殺苻堅與苻登相拒於隴東萇夜夢堅將天

帝使者勒兵馳入萇營以手刺萇正中其陰萇驚覺見陰腫痛明日遂死

又曰張駿有疾夢出遊觀不識其處甘泉涌出有一玄龜向駿張口言曰更九日當有嘉問好消息忽然而覺自書記之封在筒中人不知也因寢疾經九日而死

幽明録曰魏武帝猜忌晉宣帝子非曹氏純臣又嘗夢三疋馬在一槽中共食意尤憎之因召文明二帝告以所見並云防理自多無爲横慮帝然之後果害族移器悉如夢焉

又曰王丞相茂弘夢人欲以百萬錢買大兒長豫丞相甚惡之潛爲祈禱者備材作屋得一窖錢料之百萬億大懼一皆藏閉俄而長豫亡

又曰隴西秦嘉字士會儁秀之士婦曰徐淑亦以才美流

太四百　九　朞四

譽桓帝時嘉爲曹掾赴洛淑歸寧于家晝卧流涕覆面嫂怪問之云適見嘉自說往津鄉亭病亡二客俱留一客守喪一客賫書還日中當至舉家大驚書至事事如夢

集異記曰陽平宋董善解夢有孫氏求官睡得夢雙鳳集其兩拳以問董董曰鳳皇非梧桐不棲非竹實不食卿當大凶非直杖即削杖也後孫氏果遭母喪

又曰張天錫在涼州夢一緑色狗形甚長從城東南欲齧張張牀上避之乃墮地後苻堅遣狗長柱破張着緑地錦袍從東南門入皆如夢焉

太平御覽卷第四百

太平御覽卷第四百一

人事部四十二

敘聖

左傳成公上曰聖人與衆同欲是以濟事

又成公下曰春秋之稱微而顯志而晦婉而成章盡而不汙懲惡勸善非聖人誰能修之

又曰諸侯將見子臧於王而立之子臧辭曰聖達節（聖人應天命不拘常禮）次守節爲君非吾節也雖不能聖敢失守乎

又曰唯聖人能外內無患自非聖人外寧必有內憂（驕亢則憂患生也）

又襄公二十三年曰臧武仲如晉雨過御叔在邑將飲酒（御叔魯御邑大夫）曰焉用聖人（武仲多智時人謂之聖）我將飲酒而已雨行何以聖爲

又昭公二曰季武子問於申豐曰雹可禦乎對曰聖人在上無雹雖有不爲災

又曰書曰聖作則（逸書則法也）

又曰臧孫紇有言曰聖人有明德者若不當世其後必有達人今其將在孔丘乎

又哀公下曰聖人不煩卜筮惠王其有焉（不疑故不卜也）

禮記曰樂記曰作者之謂聖述者之謂明明聖者述作之謂也

又坊記曰聖人之制富貴也使民富不足以驕貧不至於約貴不慊於上故亂益亡

又中庸曰夫婦之愚可以與知焉及其至也雖聖人亦有所不知焉夫婦之不肖可以能行焉及其至也雖聖人亦有所不能焉

又曰舜其大孝也與德爲聖人尊爲天子富有四海之內宗廟饗之子孫保之

又曰誠者天之道也誠之者人之道也誠者不勉而中不思而得從容中道聖人也

又曰大哉聖人之道洋洋乎發育萬物峻極于天

毛詩七月曰狼跋美周公也周公攝政遠則四國流言近則王不知周大夫美其不失其聖也（不失其聖者聞流言不惑王不知不怨終立其志成周之道致太平復成王之位）

又節南山巧言曰秩秩大猷聖人莫之

周易乾卦曰雲從龍風從虎聖人作而萬物覩

又曰其惟聖人乎知進退存亡而不失其正者其唯聖人乎

又蒙卦曰蒙以養正聖功也

又豫卦曰聖人以順動則刑罰清而民服

又觀卦曰聖人以神道設教而天下服矣

又咸卦曰天地感而萬物化生聖人感人心而天下和平

又恒卦曰聖人久於其道而天下化成

又鼎卦曰聖人亨以享上帝而大亨以養聖賢

又繫辭曰易有聖人之道四焉以言者尚其辭以動者尚其變以制器者尚其象以卜筮者尚其占夫易聖人之所以極深而研幾也唯深也故能通天下之志唯幾也故能成天下之務唯神也故不疾而速不行而至子曰易有聖人之道四焉者此之謂也

又曰備物致用立成器以爲天下利莫大乎聖人是故天生神物聖人則之天地變化聖人効之天垂象見吉凶聖人象之河出圖洛出書聖人則之易有四象所以示也

又曰天地之大德曰生聖人之大寶曰位
又曰上古穴居而野處後世聖人易之以宮室上棟下宇以待風雨蓋取諸大壯上古結繩而治後世聖人易之以書契百官以治萬民以察蓋取諸夬
又曰昔者聖人之作易也將以順性命之理是以立天之道曰陰與陽立地之道曰柔與剛立人之道曰仁與義
尚書伊訓曰敢有侮聖言逆忠直時謂亂風（狎侮聖人之言而不行拒逆忠直之規而不納）
又說命曰股肱惟人良臣惟聖（手足具乃成人有良臣乃成聖）
又洪範曰叡作聖（於事無不通謂之聖）
又曰聖時風若（君能通理則時風順之）
又多方曰惟聖罔念作狂惟狂克念作聖（惟聖人無念於善則爲狂人惟狂人能念於善則爲聖人）
又君陳曰凡人未見聖若不克見既見聖亦不克由聖
論語雍也曰子貢曰如有博施於民而能濟衆何如可謂仁乎子曰何事於仁必也聖乎堯舜其猶病諸
又述而曰子曰聖人吾不得而見之矣得見君子者斯可矣
又曰子曰若聖與仁則吾豈敢（孔子謙不敢自名仁聖）
又子罕曰太宰問於子貢曰夫子聖者與何其多能也子貢曰固天縱之將聖又多能也
又孔子曰君子有三畏畏天命畏大人畏聖人之言小人不知天命而不畏也狎大人侮聖人之言又子貢曰有始有卒者其唯聖人乎
孝經曰非聖人者無法
春秋潛潭巴曰里社鳴此里有聖人百姓歸之（社里之居也鳴則聲）

（聆行教令則聖人能行之也）
大戴禮曰哀公問曰何謂聖人孔子對曰所謂聖人者智通于大道應變而不窮配于天地參于日月
又曰聖人有國則日月不食星辰不孛
尚書考靈曜曰五百載聖紀符（五百法天地之數也王命長故以爲五百載也符圖書也）
又曰四千五百六十歲精及數握命人起河出圖聖受思
鄭玄注曰聖謂堯也天握命人當起者河乃出圖堯受而思之以受曆數也
尚書大傳曰聖人在位其君子不誦無用之言其工不作無用之器其商不通無用之物
又曰聖人者民之父母也母能生之能食之父能教之能誨之聖王曲備之者也能生之能食之能教之能誨之也爲之城郭以居之爲之宮室以處之爲之庠序之學以教誨之爲之列地制畝以飲食之故書曰作民父母以爲天下王此之謂也
韓詩外傳曰舜生于諸馮迁于負夏卒于鳴條東夷之人也文王生于岐周卒于畢郢西夷之人也地之相去千有餘里然得志而行乎中國如合符節孔子曰先聖後聖其揆一也
又曰成王之時有三苗貫桑而生同爲一秀比三年果有越裳氏重九譯而至獻白雉於周公曰道路悠遠山川幽深故重譯而來朝周公辭曰吾子何以見賜也譯曰吾受命國之黄髮曰久矣天之不迅風疾雨也海之不波溢也三年於兹矣意者中國殆有聖人盍往朝之
又曰辟土殖穀者后稷也決江疏河者禹也聽獄執中者

皋陶也然而有聖名者堯也
史記曰周西伯獵遇太公於渭之陽與語大說曰自吾先君太公曰當有聖人適周周以興子真是耶
又曰王子比干直言諫紂紂怒曰吾聞聖人之心有竅信有諸乎
又曰秦繆公謂内史廖曰吾聞鄰國有聖人敵國之憂也今由餘寡人之患將如柰何
又曰唐舉相蔡澤曰吾聞聖人不相殆先生乎
管子曰聖人若天然無私覆若地然無私載
老子曰絶聖弃智民利百倍
又曰聖人無常心以百姓心爲心
莊子曰聖人之生也天行其死也物化静而與陰同德動而與陽同波不爲福先不爲禍始
又曰以德分人謂之聖
又曰夫聖人鶉居而鷇（苦候切）食鳥行而無章天下有道則與物皆昌天下無道則修德就閑
又曰至人無己神人無功聖人無名
又曰夫川竭而谷虚丘夷而淵實聖人已死則大盜不起
文子曰聖人同死生愚人亦同死生聖人之同死生明於分理也愚人之同死生不知利害所在也
又曰聖人隨時而舉事因資而立功守清道拘雌節因循而應變常後而不先
又曰聖人以仁義爲繩中繩之謂君子不中繩之謂小人
列子曰龍叔謂文摯曰吾有疾子能已乎文摯即命龍叔背明而立文摯向明而望之既而曰嘻吾見子之心矣方寸之地虚矣幾聖人也子心六孔通流一孔不達今聖智爲病者或由此乎
又曰商太宰見孔子曰丘聖者歟荅曰丘非聖者三王聖者歟荅曰三王善任智勇者聖則丘弗知曰五帝聖者歟荅曰五帝善任仁者聖則丘弗知曰三皇聖者歟荅曰三皇善因時者聖則丘不知曰然則孰者爲聖孔子曰西方聖者不治而不亂不言而自信不化而自行蕩蕩乎民無能名焉
又曰庖犧女媧神農夏后虵身人面牛首此非人之狀而有大聖之德
尸子曰聖人之身猶日也夫日圜尺光盈天地聖人之身小其所燭遠矣聖人正己而四方治故曰天地之大府
慎子曰天有明而不憂人之闇地有財而不憂人之貧聖人有德而不憂人之危
范子曰聖人之變如水隨形形平則平形險則險〇隨巢子曰大聖之行兼愛萬物疏而不絶賢則欣之不肖則矜之
孫卿子曰神固之謂聖人聖人者道之管也天下之道管此矣
又曰天下無二道聖人無二心神人無功聖人無名聖人者天下利器也
商子曰聖人之制民也如高下制水如燥濕制火也
申子曰百世有聖人猶隨踵而生
韓子曰伊尹爲宰百里奚爲虜此二人者聖人也然猶不能無役身而進
孟子曰子夏子游子張皆有聖人之一體冉有伯牛閔子顔淵具體而微自生民以來未有盛於孔子者也
又曰孔子曰登東山而小魯登太山而小天下故觀於海

者難爲水遊於聖人之門者難爲言

鶡冠子曰聖人者後天地而生而知天地之始先天地而亡而知天地之終

孔叢子曰懸子問子思曰吾聞同聲者相求同志者相好子之先君見子產則兄事而世謂子產仁愛稱夫子聖人是謂聖通事仁愛乎未喻其人之孰先也子思曰昔季孫問言游亦若子之言也子游荅曰以子產之仁愛譬夫子其猶浸水之與膏雨康子曰子產死鄭大夫捨玦珮婦女捨珠瑱巷哭三月琴瑟不作夫子之死吾未之聞魯人之若是也子游曰夫浸水所及也則生所不及則死民皆知焉膏雨之所生也廣莫大焉民之受賜也普矣莫識其由來者也

淮南子曰聖人不貴尺璧而重寸陰時難得而易失故聖人守清道而抱雌節（清和靜也雌柔弱也）

又曰聖人之道猶中衢樽耶過者斟酌多少各得所宜

又曰唯聖人爲能知權言而必信期而必當天下之高行也

又曰聖人若鏡不將不迎

又曰文王知而好問故聖

又曰孔子無黔突墨子無暖席是故聖人蒙恥辱以千世主者非貪祿慕位欲事天下之利除萬民之害也神農憔悴堯瘦臞（其俱）舜黴黑禹胼胝由此觀之憂勞百姓亦甚矣

又曰古者聖人勞形盡慮爲民興利除害焦天下之憂而平海內之事聖人之憂民也如此其明矣

河圖曰黃帝曰凡人生一日天帝賜筭三萬六千又賜紀二千聖人得三萬六千七百二十九人得三萬六千一紀主一歲聖人加七百二十

呂氏春秋曰聖人之於事似緩而急（緩謂無爲急謂成功）似遲而速待時也

又曰聖人南面而立以愛利民爲心號令未出而天下皆延頸舉踵矣則精通乎民矣

家語曰所謂聖者德合天地．覩者不識其鄰

又曰　聖人能以天下爲一家以中國爲一人者非意之所爲也必知其利達於其患然後乃爲之

又曰孔子在衞冉求言於季孫曰國有聖人而不能用欲以求治是猶却步而欲求及前人也

神異經曰西南大荒中有人身長一丈腹九尺踐龜蛇戴朱鳥左手憑青龍右手憑白虎知河海斗斛識山石多少知天下鳥獸言語識士人所道知百穀可食識草木鹹苦名曰聖（俗曰聖人）一名哲（俗曰哲）一名先（俗曰先知）一名通（俗曰通達）一名無不達凡人見拜令人神智（此人天下神聖也）

六韜曰太公曰聖人守無窮之府用無窮之財而天下治

說苑曰聖人之於百姓也其猶赤子乎飢者食之寒者衣之育之長之唯恐其不至於大也

楊方五經鉤沉曰聖人之生必資於陰陽陰陽之理即聖人所盡但盡陰陽之理則玄照之本自見此謂不求自知而理盡自然者也

楊子法言曰或問孔子之時諸侯有知孔子聖者歟曰知之若知之則曷爲不用曰不能曰知聖而不能用可得聞乎曰用之則弃其所習逆其所從強其所劣損其所能非天下之至聖孰能用之

又曰震風陵雨然後知夏屋之爲帡幪也虐政虐世然後知聖人之爲郛郭也

又曰聖人之言似於水火測之而益深窮之而益遠火用之而弥明宿之而弥壯

又曰聖人之言遠如天賢者之言近如地

又曰或曰聖人之道若天天則常矣奚聖人之多變也曰聖人固多變子游子夏得其書矣未得所以書也宰我子貢得其言矣未得所以言也顏淵閔子得其行矣未得其所以行也聖人之書言行天也其以變乎

又曰聖人虎別其文炳也（如虎之別百獸炳然殊異）君子豹別其文蔚也（有蔚文韡於虎）辯人貍別其文萃也

又曰或問聖人表裏曰威儀文辭表也德行忠信裏也

論衡曰上天之心在聖人之胷其譴告在聖人之口世無聖人安得知天變動

覽四百一　九

風俗通曰聖者聲也通也言其聞聲知情通於天地調暢萬物

荀悦申鑒曰聖不至聖何以盡性

傅子曰聖人之道如天地諸子之異如四時四時相反天地合而通之

袁准正書曰聖人之治也若平地焉離婁盲跛蹇皆能履之法若丘陵也非有逸足不能超也

又曰唯聖知聖唯賢知賢信乎

蔣子萬機論曰聖不獨立智不獨治神武之主亦須佐輔之

王衍論曰聖人盡衆妙體至當故不求有所示而物自親

姚信士緯曰聖人高不可極深不可測窮神知化獨見先識仁若春陽信若影響此所稟於天也

又曰神州何以專生聖人聖人曾不產於絶域乎推此論之明神州者處乾坤之正鍾日月之精地形爽塏源流清暢其生民也長短應數儀狀端正音聲得節性理調良

圖墓書曰青烏乃默皆聖人也記人生死所由

琴操曰孔子使顏淵執轡到匡郭外顏淵舉策指匡穿垣曰往與陽虎正從此入匡人聞其言孔子貌似陽虎告匡君曰往者陽虎今復來矣乃令桓魋圍孔子數日不解弟子皆有飢色於是孔子仰天而歎曰君子固窮乎子路聞孔子之言悲感悖然大怒張目奮劍聲如鍾鼓孔子曰由來今汝欲鬭名爲戮我於天下爲汝悲歌而感之汝皆和我由等唯唯孔子乃引琴而歌音曲甚哀有暴風擊拒軍士僵仆於是匡人乃知孔子聖人瓦解而去

太四百一　十

太平御覽卷第四百一

太平御覽卷第四百二

人事部四十三

敍賢

周禮地官曰以賢制爵則民慎德
禮大學曰君子賢其賢而親其親
詩黍離曰丘中有麻思賢也莊王不明賢人放逐國人思之而作是詩也丘中有麻彼留子嗟留大夫氏子嗟字也丘中麻麦子嗟所治箋云子嗟放逐於朝去治卑賤之職
又曰白駒大夫刺宣王也刺其不能留賢者也皎皎白駒食我場苗縶之維之以永今朝宣王之末不能用賢者有乘白駒而去箋云願去者乘其白駒來者食我場中之苗縶絆之欲留也
書大禹謨曰野無遺賢萬邦咸寧
又曰任賢勿貳去邪勿疑
又說命曰爵罔及惡德惟其賢
又曰惟后非賢不乂惟賢非后不食
又武成曰建官惟賢蒞事惟能
又旅獒曰所寶惟賢則邇人安
易曰坤地卦天地變化草木蕃天地閉賢人隱
又大畜曰不家食吉養賢也
又頤曰天地養萬物聖人養賢以及萬民
又繫辭曰可久則賢人之德可大則賢人之業
論語里仁曰君子見賢思齊焉見不賢者而內自省也齊等也省察已得無然也
又雍也曰賢哉回也一簞食一瓢飲在陋巷人不堪其憂回也不改其樂賢哉回也簞笥也貧者人之所憂而顏志道有所樂故深賢之
又述而曰冉有曰伯夷叔齊何人也子曰古之賢人也
又衛靈公曰臧文仲其竊位者歟知柳下惠之賢而不與立柳下惠魯士師展禽也其邑名柳下謚曰惠也
又子張曰叔孫武孫毀仲尼子貢曰仲尼不可毀也他人之賢者丘陵也猶可踰也仲尼日月也無得而踰焉
春秋繁露曰氣之清者爲神人之精者爲賢治身以練神爲寶治國以積賢爲道
大戴禮曰帝入西學上賢而貴德
樂動聲儀曰召公賢者也明不能與聖人分職常戰慄恐懼故舍於樹下而聽斷焉勞身苦體然後乃與聖人齊是周南無美而召南有之
韓詩外傳曰魏文侯問狐卷子曰父賢足恃乎對曰不足子賢足恃乎對曰不足兄賢足恃乎對曰不足弟賢足恃乎對曰不足臣賢足恃乎對曰不足文侯勃然作色而怒曰寡人問此五者於子子一以爲不足者何也對曰父賢不過堯而丹朱放子賢不過舜而瞽瞍拘兄賢不過周公而管叔誅臣賢不若湯武而桀紂伐君欲治從身始人何恃
國語曰智宣子將以瑶爲後宣子荀寅瑶宣子之子智伯也智果曰不如宵也智果荀氏之族也宵宣子庶子也宣子曰宵也很很戾不從人也對曰宵之很在面瑶之很在心心很敗國面很不害瑶之賢於人者有五其不逮者一美鬚長大則賢鬚鬣鬚也射御足力則賢伎藝必給則賢巧文辯惠則賢強毅果敢則賢若是而甚不仁以其五賢陵人而以不仁行之其誰能待之若果立瑶也智宗必滅弗聽智果別族于太史爲輔氏太史掌氏姓也及智氏之亡也唯輔果在
又曰臼季使舍於冀野臼季胥臣冀野晉地見冀缺耨其妻饁之相敬如賓耨耘田也野饋曰饁字音曄從而問之冀芮之子也與之歸既

復命進之曰臣得賢人敢以告文公曰子何以知其賢對曰臣見其賢不忘敬也公使爲下軍大夫

史記曰燕昭王於破燕之後即位卑身厚幣以招賢者謂郭隗曰齊因孤之國亂襲破燕孤極知燕小力少不足以報然得賢士與共國以雪先王之耻孤之願也先生視可者得身事之郭隗曰王必欲致士必從隗始況賢於隗者豈遠千里哉於是昭王爲隗改築宫而師事之

又曰伯禽就封於魯周公戒伯禽曰我文王之子武王之弟成王之叔父我於天下亦不賤矣然我一沐三握髮一飯三起以待士猶恐失天下之賢人子之魯愼無以國驕人

又曰楚昭王聘夫子夫子往焉路出陳蔡大夫謀曰夫子賢者所刺譏皆中諸侯之病若用於楚則陳蔡危矣遂使兵拒之孔子不得行

家語曰孔子謂宓子賤曰子治單父衆悦何施而得之對曰此地民有賢於不齊者不齊事之事而稟度焉皆教不齊以治道孔子歎曰昔堯舜聽天下務求賢以自輔夫賢人百福之宗神明之主也惜乎不齊之所治小也

又曰子夏問於孔子曰顔回之爲人奚若子曰回之信賢於丘曰子貢之爲人奚若子曰賜之敏賢於丘曰子路之爲人奚若子曰由之勇賢於丘曰子張之爲人奚若子曰師之莊賢於丘子夏避席而問曰然則四子者何爲事先生子曰居吾語汝夫回能信而不能反（反謂反信也君子言不必信唯義所在也）賜能敏而不能詘（詘人唯辯敏亦宜有折屈時也）由能勇而不能怯師能莊而不能同（言人雖矜莊亦當有和同時也）兼四子者之有以易吾吾弗與也此其所以事吾而不及也

又曰孔子讀史至楚復陳（陳夏徵舒殺其君楚莊王討之取陳而有之申叔時諫莊王莊王從之乃復陳國也）喟然曰賢哉楚莊王輕千乘之國而重一言之信非申叔時之忠弗能建其義非莊王之賢弗能受其訓

又曰所謂賢者德不踰閑（閑法）行中規繩

又曰哀公問於孔子曰當今之君孰者最賢孔子對曰丘未之見抑有衛靈公乎公曰吾聞其閨門之内無別而子次之賢何也孔子對曰臣論其朝廷行事不論其私家之際也公曰其事何也孔子曰靈公之弟曰公子渠牟其智足以治千乘其信足以守之靈公愛而任之又有士曰王林者見賢必進之而退與分其禄是以衛國無遊放之士靈公知而尊之又有士曰慶足者國有大事則必起而治之國無事則退容賢（言其所以退欲以容賢於朝）靈公悦而敬之又有大夫史鰌以道去衛靈公郊舍三日琴瑟不御必待史鰌之入而後敢入臣以此取之雖次之賢不亦可乎

孔叢子曰魯人有公儀潛者厲節行道恬於榮利不事諸侯子思之與友穆公因子思欲以爲相謂子思曰公儀子必輔寡人寡人三分魯之一子思對曰如君之言則公儀愈所不至也若飢渴待賢納用其言儀雖蔬食飲水亦願在下風今徒以高官厚禄釣餌君子無信人之意公儀子則終身不躡乎君之庭矣且臣不任爲君操竿不釣以傷守節之士也

又曰子思自齊反衛衛君館而問曰先生魯國之士不以衛褊小猶步玉趾而慰存之願有賜於寡人子思曰羈旅於此而辱君之威尊亟臨蓽門其榮多矣欲報君以財幣則君府藏已盈而伋又貧欲報君以善言恐未合君心而徒言不聽也願有報君者唯達賢耳君曰固寡人所

願也

任子曰夫賢人者至德以爲己心行道以爲己任處則不求私名仕則不求私寵不爲其身不阿其君積禮義於朝播仁風於民使天下之人翼翼焉向戴其君之尊欣欣焉歌舞其君之德

文子曰山有猛獸林木爲之不斬野有螫蟲葵藿爲之不採國有賢臣折衝千里

列子曰牛缺者上地之大儒也至邯鄲遇盜於耦沙之中盡取其衣裝車牛步而去視之欣然無憂苦之色盜追而問其故曰君子不以所養害其所養盜曰嘻賢矣旣而相謂曰彼之賢往見趙君使以我爲事必困我乃相與追而殺之

孫卿子曰古之賢人賤爲布衣貧爲匹夫然而非禮不進非義不受

莊子曰以財分人謂之賢

尹文子曰尹文子見齊宣王王歎國寡賢尹文子曰使國悉賢孰處王下王曰國悉不肖可乎尹文子曰國悉不肖孰理王朝王曰賢與不肖皆無可乎尹文子曰不然有不肖故王尊於上臣卑於下進賢退不肖所以有上下也。王孫子曰趙簡子獵於晉山之陽撫轡而歎董安于曰敢問何歎子曰吾有食穀之馬數千多力之士數百欲以獵獸也吾恐鄰國養賢以獵吾也

文子曰虎豹之駒未成而有食牛之氣鴻鵠之翼未合而有四海之心賢者之生亦然也

又曰國之所以不治者三不知用賢此其一也或求賢不能得此其二也雖得弗能盡此其三也

申子曰千里有賢者是比肩而立

韓子曰晉平公問叔向曰吾群臣孰賢對曰趙武賢武之立如不勝衣言如不出口然其所舉士者數十人皆令得其意而公家甚賴之況武子之生也不利其家死不託其孤臣敢以爲賢

孟子曰國君進賢如不得已將使卑踰尊疏踰戚可不慎歟左右皆曰賢未可也諸大夫皆曰賢未可也國人皆曰賢然後察之見賢焉然後用之

呂氏春秋曰伊尹出空桑之中長而賢湯聞伊尹使人請之有侁氏有侁氏不可伊尹亦欲歸湯湯於是請取妻於有侁氏有侁氏喜使伊尹爲媵送女故賢主之求有道之士無不以也有道之士求賢主無不行也相得然後樂不謀而親不約而信相爲殫智竭力犯危行苦志懽樂之此功名所以大成也

又曰百里奚之未遇時亡虢而虜飯牛於秦鬻以五羊之皮公孫枝得而悅之獻諸繆公三日請屬事公曰買之五羊之皮而屬事無乃爲天下笑乎枝曰信賢而任之君之明也讓賢而下之臣之忠也君爲明君臣爲忠臣彼爲信賢境內將服敵國且畏夫誰暇笑哉遂用之謀無不當舉必有功號曰五羖大夫

又曰史合謂申向曰吾所患者不知賢申向曰人之患不在乎不言用賢而在乎不誠用賢夫言用賢者口也郄賢者行也言行相反而欲賢者用不肖者廢不亦難乎人主誠用賢則境內賢者出矣天下賢者至矣

又曰得十良馬不如得一伯樂得十良劍不如得一歐冶得地千里不如得一賢人

又曰魏文侯過段干木之閭而軾其僕曰君胡爲軾曰此非段干木之閭歟干木蓋賢者也吾安敢不軾

又曰趙簡子將襲衛使史墨行贖之（贖視也音責）期以一月六月而反復簡子曰何其久也對曰謀利而得害猶弗察也蘧伯玉爲相史鰌佐焉孔子爲客子貢使令於君前甚聽（君聽其諫）易曰渙其羣元吉渙者賢也羣者衆也元者吉之始也渙其羣元吉者其佐多賢簡子案兵而不動

周書陰符曰九治國有三常一曰君以舉賢爲常二曰官以任賢爲常三曰士以敬賢爲常夫然雖百代可知也

京房易飛候曰何以知賢人隱師曰視四方有大雲五色具而不雨下賢人隱也

易叅同契曰天道無適莫常傳與賢者

黃石公三略曰傷賢者殃及三世蔽賢者身當遭害達

賢者福流子孫嫉賢者其名不令

陸賈新語曰聖人居高處上則以仁義爲巢乘危履傾則以聖賢爲杖

說苑曰周公卜居曲阜命龜曰作邑于山之陽賢則茂昌不賢則速亡

又曰夫朝無賢人猶鴻鵠之無羽翼是故絕江海者託於舡致遠道者託於乘欲霸王者託於賢

又曰明君在上慎於擇士務於求賢設四佐以自輔有英俊以治官

又曰伯禽與康叔封朝成王見周公三見而三笞康叔駭色謂伯禽曰有商子者賢人也與子往見之康叔與伯禽見商子曰吾二子者朝乎成王見周公三見而三笞其說何也商子曰二子蓋相與觀南山之陽有木焉名曰橋二子者往觀乎南山之陽見橋竦然實高而仰反以告商子商子曰仰者父道也商子曰二子蓋相與觀乎南山之陰有木焉名曰梓二子者往觀乎南山之陰見梓勃焉實而俯反以告商子商子曰俯者子道也二子者明日見乎周公入門而趨登堂而跪周公拂其首勞而食之曰安見君子二子對曰見商子周公曰君子哉商子也

又曰孔子之郯遭程子於塗傾蓋而語終日有間顧謂子路曰取束帛以贈先生子路不對有間又顧謂曰取束帛以贈先生子路屑然對曰由聞之也士不中間而見女無媒而嫁君子不行也孔子曰詩不云乎野有蔓草零露團兮有美一人清揚婉兮邂逅相遇適我願兮今程子天下之賢士於是不贈終身弗見也（中間謂紹介也）

六韜曰文王舉賢若何太公曰案察實選才任能名實俱

得也

物理論曰在金石曰堅在草木曰緊在人曰賢千里一賢謂之比肩故語曰黃金累千不如一賢

杜氏幽求曰周封千里而已八州之地皆以祿賢

抱朴子曰桓文漢高皷群賢以爲六翮託豪傑以爲舟檝

傅子曰或問近世大賢君子若荀令君之仁荀軍師之智斯可謂近世大賢人士君子矣荀令君仁以立德明以舉賢行無諂瀆謀能應機孟軻稱五百年而有王者其間必有命世者其荀令君乎

桓譚新論曰以賢代賢謂之順以不肖代不肖謂之亂

論衡曰賢聖之君察知佞臣若視俎上之脯指掌中之文

風俗通曰賢堅也堅中廉外

白虎通曰王者即位先封賢者憂民之急也故列土爲疆

非爲諸侯張官設府非爲卿大夫皆爲民也

越絶書曰子胥正而信范蠡智而明皆賢人也

潛夫論曰南面之大務莫急於知賢

異苑曰汝南陳仲躬與諸息姪就潁川荀季和父子于時德星爲之聚太史奏曰五百里内有賢人集

列女傳曰衛靈公與夫人夜坐聞車聲轔轔至闕而止過闕復有聲公問曰知此爲誰夫人曰此必蘧伯玉也問何以知之曰妾聞禮下公門式路馬所以廣敬也夫忠臣不爲昭昭信節不爲冥冥墮行今伯玉衛國賢大夫也仁而有智敬於事上此其人必不以闇昧廢禮是以知之公使視之果伯玉也反戲之曰非也夫人進觴再拜賀之公曰子何以賀曰始妾謂獨有伯玉今衛復有與之齊者是君有二賢臣也國多賢臣則國之福也

西京雜記曰漢文帝爲太子立思賢苑以招賓客

周斐汝南先賢傳曰黃憲絜靜通理齊聖廣淵不矜名以詭時不抗行以矯俗論者咸曰顏子復生乎漢之代矣

語林曰賢者國之紀人之望自古帝王皆以之安危故書曰惟后非賢不乂惟賢非后不食昔者周公體大聖之德而勤於吐握由是天下之士爭歸之向使周公驕而且悋士亦當高翔遠去所至寡矣

王褒聖主得賢臣頌曰夫賢者國家之器用也君人者勤於求賢而逸於得人故聖主必待賢臣而弘功業俊士亦俟明主以顯其德千載一會論説無疑翼乎如鴻毛之遇順風沛乎若巨魚之縱大壑其意如此則胡禁不止曷令不行

鍾子務覧論曰賢者之處世猶金玉生於沙礫豫章產乎幽谷下不進之於上則無由而至矣

太平御覽卷第四百二

人事部四十四

道德　陰德

道德

禮記中庸曰天命之謂性率性之謂道修道之謂教道也者不可須臾離也可離非道也

又曰大哉聖人之道洋洋乎發育萬物峻極于天(育生也峻高大也)優優大哉禮儀三百威儀三千待其人然後行故曰苟不至德至道不凝焉

又曰天下之達道五所以行之者三曰君臣也父子也夫婦也昆弟也朋友之交也五者天下之達道也知仁勇三者天下之達德也

又曰君子之道四丘未能一焉所求乎子以事父未能也

所求乎臣以事君未能也所求乎弟以事兄未能也所求乎朋友先施之未能也庸德之行庸言之謹有所不足不敢不勉

又曰君子之道造端乎夫婦及其至也察乎天地子曰道不遠人人之為道而遠人不可以為道

又學記曰玉不琢不成器人不學不知道

又曰大道不器(謂聖人之道不如器施於一物也)

又樂記曰君子樂得其道小人樂得其欲以道制欲則樂而不亂以欲忘道則惑而不樂(道謂仁義也欲謂邪淫也)

尚書大禹謨曰罔違道以干百姓之譽(失道求名古人賤之)

又洪範曰無有作好遵王之道(言無有亂為私好惡動必循先王之道)

又旅獒曰志以道寧言以道接(在心為志發氣為言皆以道為本故君子勤道)

周易繫辭曰知周乎萬物而道濟天下

又曰一陰一陽之謂道

論語學而曰敏於事而慎於言就有道而正焉(有道謂有道德者正謂問事是非也)

又公冶長曰子謂子產有君子之道四焉其行己也恭其事上也敬其養民也惠其使民也義

又曰子曰天下有道則見無道則隱邦有道貧且賤焉恥也邦無道富且貴焉恥也

又衛靈公曰子曰人能弘道非道弘人

又曰君子謀道不謀食

又曰天下有道則禮樂征伐自天子出

又曰君子學以致其道

又曰子貢曰文武之道未墜於地在人賢者識其大者不賢者識其小者莫不有文武之道焉

又顏淵曰季康子問於孔子曰如殺無道以就有道何如孔子對曰子為政焉用殺子欲善而民善矣君子之德風小人之德草草上之風必偃(欲使季康子先自正也偃仆也草加之以風無不仆者猶民之化下)

大戴禮曰篤仁而好學多聞而順道天子疑則問應而不窮者謂之道道者導天下之道

老子曰道可道非常道王弼曰可道指事造形非其常道可道○莊子曰魚相造乎水人相造乎道

子思子曰天下有道則行有枝葉天下無道則言有枝葉

又曰祝牧謂其妻曰天下有道我黻子佩天下無道我負子戴

又曰原憲處魯居環堵之室上漏下濕匡坐而絃歌(匡正也)子貢乘大馬中紺而表素軒車不容巷往見原憲原憲正

冠蹤履杖藜應門子貢曰嘻先生何病也原憲應之曰憲聞無財之謂貧學道而不能行之謂病今憲貧也非病也子貢逡巡而有愧色

文子曰夫道德者匡邪以爲正治亂以爲定上下之儀也上有道德則下有仁義積道　者天與之地助之鬼輔之

鬻子曰發政施令爲天下福謂之道

公孫尼子曰道爲智者設賢爲聖者用

淮南子曰聖人之道若中衢樽過者斟酌雖多少不同而各得其宜也

楊子法言曰仲尼之道猶四瀆經營中國終入大海

又曰君子之道有四簡而易用也要而易守也炳而易見也法而易言也

又曰聖人重其道而輕其祿衆人重其祿而輕其道

鹽鐵論曰以道德爲城文王是也以道德爲冑湯武是也

桓譚新論曰三皇以道治五帝以德化王道純粹其德如彼霸道駁雜其功如此

王逸正部曰仲尼門人餔道醇飲道宗

昌言曰道德仁義天性也織之以成其物練之以致其情瑩之以發其光

任子曰道德之懷民猶春陽之柔物也履深冰而不寒結木條而不折

杜氏幽求子曰蓋道清淡以無爲爲家恬虛寂靜弘廣多包豈非聖人所宅乎

又曰有道之國其鬼不神

崔元始正論曰國不信道工不信度亡可待也

傅子曰君子審其宗而後學明其道而後行

中論曰道之於人甚簡且易不如採金攻玉涉艱難也

符子曰爲道者日損而月章爲名者日章而月損

釋名曰德得也得事宜也

周禮地官下師氏曰一曰至德二曰敏德三曰孝德至德中和之德敏德仁義順時孝德尊祖愛親

禮記學記曰禮樂皆得謂之有德德者得也

又祭義曰天子有善讓德於天

又中庸曰雖有其位苟無其德不敢作禮樂焉雖有其德苟無其位亦不敢作禮樂焉

又曰小德川流大德敦化此天地之所以爲大也

又表記曰以德報德則民有所勸

又大學曰富潤屋德潤身

左傳桓公曰臧哀伯諫曰君人者將昭德塞違以臨照百

官猶懼或失之故昭令德以示子孫

又僖公中曰庸勳親親暱近尊賢德之大者也

又曰德以柔中國刑以威四夷

又曰太上以德撫民

又文公上曰孝敬忠信爲吉德盜賊藏姦爲凶德

又宣公上曰楚子觀兵于周疆定王使王孫滿勞楚子楚子問鼎之大小輕重焉對曰在德不在鼎

又成公上曰四王之王也禹湯文武樹德而濟同欲焉

又襄公四曰太上有立德其次有立功

又昭公三曰盛德必百世

毛詩蕩烝民曰德輶如毛民鮮克舉之

尚書舜典曰玄德外聞乃命以位玄謂幽潛潛行道德外聞天朝遂見徵用

又大禹謨曰皐陶邁種德德乃降黎民懷之邁行種布也皐陶布行其

德下治於民民歸服之
又曰惟德動天無遠不屆
又伊訓曰德日新萬邦惟懷志自滿九族乃離
又曰爾惟德罔小萬邦惟慶爾惟不德罔大墜厥宗
又太甲曰德惟治否德亂（爲政以德則治不以德則亂）
又咸有一德曰非天私我有商惟天佑于一德非商求于
下民惟民歸于一德德惟一動罔不吉德二三動罔不凶
又泰誓曰同力度德同德度義（力鈞則有德者勝德鈞則秉義者強）
又曰受有億兆夷人離心離德予有亂臣十人同心同德
又曰樹德務滋除惡務本（立德務滋長去惡務除本）
又洪範五福四曰攸好德（所好者德福之道）
又旅獒曰玩人喪德玩物喪志（以人爲戲弄則喪其德）
又蔡仲之命曰皇天無親惟德是輔

又周官曰作德心逸日休作僞心勞日拙（爲德直道而行於心逸而名日美）
又君陳曰黍稷非馨明德惟馨
周易坤卦象曰地勢坤君子以厚德載物
又繫辭曰富有之謂大業日新之謂盛德
論語爲政曰爲政以德譬如北辰居其所而衆星拱之（德者無爲猶北辰之不移而衆星拱之）
又里仁子曰德不孤必有鄰
又先進曰德行顏回閔子騫冉伯牛仲弓
又憲問曰有德者必有言有言者不必有德
又曰驥不稱其力稱其德也（驥古之善馬也德謂在五御之威儀）
又季氏曰遠人不服則修文德以來之
尚書大傳曰有德者尊其位而重其祿
史記曰一年種之以穀十年樹之以木百年來之以德

東觀漢記曰張湛字子孝右扶風人以篤行純淑鄉里歸
德雖居幽室闇處自整頓三輔以爲儀表
又曰淳于恭字孟孫北海淳于人以謙儉推讓爲節人有
刈恭禾見之念其愧因伏草中至去乃起恭家井在門外
上有盆鄰里牧牛兒爭飲牛恭惡其爭多置器其上爲預
汲水滿之小兒復爭恭各語其家父母父母乃禁怒之里
落皆化而不爭
三輔決錄曰馮豹字德文母爲父所出後母遇之甚酷豹
事之愈謹時人爲之語曰道德彬彬馬德文
王隱晉書曰庾袞字叔褒潁川人少遭大疫二兄亡次兄
毗又疫其癘氣方熾袞父母諸弟皆出避家袞獨不出諸
父強之不可曰袞性不畏病納漿粥扶持不捨晝夜省柩
哀臨十有餘旬病曁歇家乃反而袞亦無患害宗黨歎曰

異哉此子能守人之所不能守能行人之所不能行
晉中興書曰衛玠字叔寶常以人有不及可以情恕非意
相干可以理遣故終身不見其喜愠
齊書曰張緒字思曼爲吏部尚書每朝見太祖目送之謂
王儉曰緒以位尊我我以德貴緒
又曰王秀之字伯奮爲南郡內史州西曹苟丕欲交秀之
拒而不納報丕書曰僕以德爲寶足下以位爲寶各寶其
寶於此敬宜也
老子曰上德不德是以有德下德不失德是以無德（上德之人懷道用其德故能有德下德而德之必有失焉）
文子曰山高者其木脩地廣者其德厚
又曰閉九竅藏志意棄聰明反無識合陽吐陰而與萬物
同德也

莊子曰至德之世不尚賢不使能
韓子曰善爲吏者樹德不能爲吏者樹怨
孟子曰周于利者凶年不能殺周于德者邪世不能亂
鶡冠子曰德及萬人者謂之豪德過百人者謂之英
孔叢子曰晏子長不過六尺齊國莫不宗焉趙文子身如
不勝衣相晉國以寧諸侯敬服其德故也
揚子法言曰耕道而得道獵德而得德
傳子曰上德之人其濟萬物也猶天之有春秋時至自生
非德之力
太公金匱曰德行則福德廢則覆
易叅同契曰道成德就潛伏俟時
海內先賢行狀曰王烈字伯善時有盜牛者主得之盜者
曰我𥨸迫迷惑從今將改子既赦宥幸無使王烈聞之

又曰戴良字叔鸞高才磥硌英聲遠播少者懷之長者慕
之鄉里搢紳下至黎庶莫有忿爭之家
又曰徐孺子徵聘未嘗出門赴喪不遠萬里常事江夏黃
公甍往會其葬家貧無以自供賫磨鏡具自隨每至所在
賃磨取資然後得前既至設祭哭畢而返陳仲舉爲豫章
太守召之則到饋之則受但不服事以成其節
又曰仇覽字季智學通五經選爲亭長民有孫元少孤與
母居詣覽告元不孝覽謝遣之屬母歸勿言方爲教之後
覽賫禮詣元爲陳孝子供養之意元遂感激卒爲孝子時
令河內王渙政尚清嚴聞覽得元不治心獨望之乃問覽
在亭不治不孝得無失鷹鸇之志乎對曰竊以鷹鸇不如
鳳皇故不爲也渙感覽言用損威刑
會稽典録曰鄭弘字巨　爲郡督郵上計史時計掾句章任
尚居素溫富乘鮮車駕肥馬弘恒在後尚輒罵弘無慍容
弘尚在京師遊學還郡俱見府君府君所問弘無不對而尚
不知出又問弘掾行道數相折辱何以不荅弘謝曰過奉
顯使無光國之美馬羸行遲而恐失期賀以相催促自是
其宜愚聞兩虎俱鬬大者必傷小者必死兩爲無益故不
敢荅府君歎曰此謂長者太守所不能也
汝南先賢傳曰黃憲字叔度不矜名以詭時不抗行以矯
俗闚其門者莫敢踐其庭覩其流者不能測其深時人論
曰顏淵復生乎
襄陽耆舊記曰龐德公子奐字世文晉太康中爲牂牁太
守去官歸鄉里居荆帝白沙鄉里人宗敬之相語曰我家
池中龍種來里中化其德少壯皆代老者擔
陳寔別傳曰寔字仲躬潁川人自爲兒童不爲戲弄等類

所歸寔在鄉閭平心率物其有諍訟輒求判正曉譬曲直
返無怨者至乃歎曰寧爲刑罰所加不爲陳君所斷時歲
荒民儉有盜夜入其室止於梁上寔陰見之乃起自整拂
呼命子孫正色訓之曰夫人不可不自勉不善之人未必
本惡習與性成遂至於此如梁上君子矣盜大驚自投於
地稽首歸罪寔徐譬之曰視君狀皃不似惡人宜深尅己
反善然此當由困貧令遺絹二疋自是縣無復盜竊
荀氏家傳曰荀彧德行周備名重天下海內英俊咸嘉焉
又曰鍾繇以爲顏子既沒能備九德百行不二其過者唯
荀彧乎或問繇曰君推荀君比之顏子自以不及其可得
聞乎繇曰夫明君師臣其次友之以太祖之聰明每大事
常先諮之荀彧是則古師友之義也吾等受命而行猶或
不盡去固遠耶

滿曷別傳曰：曷寬賢容衆，與天下人等休戚，同有無，不以家財爲已有。

任嘏別傳曰：嘏字昭先，樂安人。幼以至性見稱。遇荒亂，家貧賣魚。會官殺魚，魚貴數倍，嘏取直如常。會太祖創業，召海內至德，嘏應其舉，爲臨淄侯庶子。

陰德

左傳宣公下曰：魏顆敗秦師于輔氏，獲杜回，秦之力人也。初，武子有嬖妾，無子。武子疾，命顆曰：「必嫁是。」疾病則曰：「必爲殉。」及卒，顆嫁之，曰：「病疾則亂，吾從其治也。」及輔氏之役，顆見老人結草以亢杜回，亢，禦也。杜回躓而顛，故獲之。夜夢之曰：「余而所嫁婦人之父也。爾用先人之治命，余是以報。」

漢書曰：于定國父于公爲縣獄吏、郡決曹，獄平，羅文法者于公所決皆不恨。其閭門壞，父老方共治之，于公謂曰：「少高大閭門，令容駟馬高蓋車。我治獄多陰德，未曾有所冤，子孫必有興者。」至定國爲丞相。

又曰：邴吉字少卿，魯國人，爲丞相，寬大好禮。初，吉有陰德於孝宣帝微時，帝即位，衆莫知之，吉亦不言。吉從大將軍長史遷至御史大夫。帝聞，將封之，會吉病甚，將使人加綬而封之，及其生也。太子太傅夏侯勝曰：「此未死也。臣聞有陰德者必饗其樂，以及子孫。今未獲其樂而病，非其死病也。」後果愈，乃封博陽侯，終饗其祿。

後漢書曰：何敞六代祖比干，學尚書於晁錯。注云：比干字少卿，經明行脩，兼通法律，爲汝陰縣獄吏決曹掾，平活數千人。後爲丹陽都尉。征和三年三月辛亥，天大陰雨，比干在家，日中夢貴客車騎滿門。覺以語妻，語未已，而門有老嫗，年可八十餘，頭白，求寄避雨。雨甚而衣履不霑。雨漬止，送至門，乃謂比干曰：「公有陰德，今天賜公策，以廣公之子孫。」因出懷中符策，狀如簡，長九寸，凡九百九十枚，以授比干，曰：「子孫佩印綬者如此算。」

又曰：和熹鄧后叔父陔言：「常聞活千人者，子孫有封。兄訓爲謁者，使修石臼河，歲活數千人。天道可信，家必蒙福。」初，太傅禹歎曰：「吾將百萬之衆，未嘗妄殺一人，其後代必有興者。」

又曰：永平中，楚王英謀爲逆，事下郡覆考。明年，三府舉袁安能理劇，拜楚郡太守。是時英辭所連及繫者數千人，顯宗怒甚，吏按之急，迫痛自誣死者甚衆。安到郡，不入府，先往按獄，理其無明驗者，條上出之。府丞掾吏皆叩頭爭，以爲阿附反虜，去與同罪，不可。安曰：「如有不合，太守自當坐之，不以相及也。」遂分別具奏。帝感悟，即報許，得出者四百餘人。

又曰：虞詡字升卿。祖經爲縣獄吏，決獄平，嘗曰：「東海于公高其里門，而其子定國卒至丞相。吾決獄六十年矣，雖不及于公，其庶幾乎！吾子孫何必不爲九卿耶？」故字詡曰升卿。

謝承後漢書曰：陳重字景公，豫章宜春人。舉孝廉，在郎署。有郎負息錢數十萬，債主日至，煎求無已。重乃密以錢代還。郎後覺知而厚辭謝之。重曰：「非我之爲，將有同姓名者。」終不言惠。

吳志曰：鍾離牧字子幹，會稽山陰人。少居永興，自墾稻田二十餘畝。臨熟，而縣民識之。牧曰：「本以田荒故墾之耳。」遂以稻與縣人。

沈約宋書曰：沈道虔，吳興武康人。少仁愛，好老、易。郡州府

凡十二命皆不就有人竊其園菜者外還見之乃自逃隱
候竊者取足去後乃出
唐書曰載初中徐有功爲大理丞時酷吏來俊臣等搆陷
無辜公卿震恐有功獨存平恕詔下大理者有功皆議出
之前後濟活數十百家
呂氏春秋曰宋景公時熒惑在心問子韋子韋對曰禍在
君可移宰相公曰宰相所與治國家曰移於民公曰民死
誰與爲君曰移於歲公曰歲飢民必死子韋北面再拜曰
君有至德之言三天必賞君熒惑果三徙舍
賈誼書曰楚惠王食寒葅得水蛭王不欲以飲食傷人乃
吞之令尹避席再拜而賀曰臣聞天道無親唯德是輔是
夜惠王之後溷而蛭出其久病心腹之積皆愈
又曰孫叔敖之爲兒也出遊歸憂而不食其母問其故

泣而對曰今旦見兩頭蛇恐死其母曰今蛇安在曰敖聞見
兩頭蛇者必死吾恐人又見之殺而埋之母曰無憂汝不
死矣吾聞有陰德者天必報之以福果不死矣
高士傳曰初晉宣帝布衣時與胡昭有舊昭同郡周生等
謀欲害帝昭聞而涉險邀生於崤澠之間止生不肯昭泣
以示誠生感義乃止昭雖有陰德於帝口終不言
續齊諧記曰楊寶年九歲時至華陰山北見一黃雀爲鴟
梟所搏墜於樹下爲螻蟻所困寶取之以歸置巾箱中唯
食以黃花百餘日毛羽成乃飛去其夜有黃衣童子向寶
再拜曰我王母使者君仁愛救拯實感成濟以白環四枚
與寶曰令君子孫潔白位登三公事當如此數矣
會稽典錄曰鄭弘爲靈文鄉嗇夫民有弟用兄錢者未還
之嫂詣弘訴之弘賣中單（即今之汗衫也）爲叔還錢兄聞之慙愧
遣其婦索錢還弘弘不受
又曰夏香字曼卿求與人門側有大井傍設水瓮里中兒
童各競飲牛爭水共鬭香預爲汲水多置器瓮由是無爭
事以德化香至四節先慶酌二親退賫酒肴勞問里中父
老以此爲常
益都耆舊記曰王忳常詣京師於空舍中見一書生疾困
愍而視之書生謂忳曰我當到洛而得病命在須臾腰下
有金十斤願以相贈死後乞藏骸骨未及問姓名而絶忳
即鬻金一斤營其殯葬餘金悉置棺下人無知者後歸數
年縣署忳大度亭長初到之日有馬馳入亭中其日風飄
一繡被復墮忳前即言於縣馬遂奔走牽忳入他舍主人
見之喜曰今擒盜矣問忳得馬忳說其狀并繡被主人悵
然良久乃曰被隨飄風與馬俱亡卿何陰德而致此二物

忳自念有葬書生事因爲說之道書生形皃及埋金之處
主人驚曰是我子姓金名彥前往京師不知所在何意卿
乃葬之大恩久不報天以此彰卿德耳忳悉以被馬還之
彥父不取又厚遺忳忳辭讓而去時彥父爲州從事因告
新都令假忳休息與俱迎彥喪餘金且存由是顯名（後漢書載）
廣州先賢傳曰羅威字德仁南海番禺人也有隣家牛數
食其田禾既不可止遂爲斷蒭多著牛家門中不令人知
數如此牛主驚怪不知爲誰陰察求之乃覺是威自後更
相約率收拾牛犢不敢復踐傷於威田
豫章耆舊志曰施陽字季儒遷舒令及之官道經
江夏遇寇賊興起劫奪陽物賊去後車上席下尚有五千
錢追以與賊
荀氏家傳曰荀遂字仲陽夫人有至行時歲荒飢有餘米

曜之夫人恒掾斛來者傾量輒過本時人號曰掾斛夫人

太平御覽卷第四百三

太平御覽卷第四百四

人事部四十五

師

韓詩外傳曰智如源泉行可以爲表儀者人師也

又曰哀公問於子夏曰五帝有師乎子夏曰臣聞黄帝學乎大顛顓頊學乎祿圖帝嚳學乎赤松子堯學乎務成子附舜學乎尹壽禹學乎西王國湯學乎貸子相文王學乎錫疇子斯武王學乎太公周公學乎虢叔仲尼學乎老聃此十一聖人未遭此師則功業不能著乎天下名號不能傳乎後世

尚書曰德無常師主善爲師

周禮地官下曰師氏掌以媺詔王（告王以善道也文王世子曰師也者教之以事而喻諸德者也）以三德教國子居虎門之左則司王朝掌國中得

失之事以教國子弟凡國之貴遊子弟學焉

太戴禮曰帝入太學承師問道

禮記檀弓上曰事師無犯而無隱左右就養無方服勤至死心喪三年（心喪戚容如父而無服也）

又學記曰君子知至學之難易而知其美惡然後能博喻能博喻然後能爲師能爲師然後能爲長能爲長然後能爲君故師也者所以學爲君也是故擇師不可不慎也記曰三王四代唯其師其此之謂乎凡學之嚴道師爲難師嚴然後道尊道尊然後民知敬學是故君之所不臣於其臣者二當其爲尸則弗臣也當其爲師則弗臣也（尸主也爲祭主）太學之禮雖詔於天子無北面所以尊師也善學者師逸而功倍又從而庸之不善學者師勤而功半又從而怨之

又曰記問之學不足以爲人師師無當於五服五服不得不親

又文王世子曰師也者教之以事而喻諸德者也

左傳襄六曰鄭人游于鄉校（鄉之學校）以論執政（論政得失）然明謂子産毁鄉校如何（患人於中謗議國政）子産曰其所善者吾則行之其所惡者吾則改之是吾師也若何毁之

穀梁傳昭公曰子既生不免乎水火母之罪也成童不就師傅父之罪也就師學問無方心志不通師之罪也

論語爲政曰温故而知新可以爲師矣

又述而曰三人行必有我師焉

孔叢子曰子思居魯穆公師而尊之

春秋後語曰甘羅請張唐相燕呂不韋叱曰我自請不行汝安能行之甘羅曰夫項橐七歲爲孔子師今臣十二歲矣君其試臣何遽叱乎

史記曰孔子既没弟子思慕有若狀似孔子弟子相與立爲師師之如夫子時

又曰曹參爲齊相乃避正堂舍蓋公而師之齊果大治

又曰鄒子如燕昭王擁篲先驅請列弟子之座而受業築碣石宫身往親師之

又曰文王爲西伯鬻熊者爲文王師有功於文王及武王滅紂未之封也成王舉勤事之後封其曾孫熊繹爲楚子

漢書曰初梁相褚大通五經爲博士時倪寬爲弟子及御史大夫缺徵褚大大自以爲得御史大夫至雒陽聞倪寬爲之褚大笑乃至與寬議封禪於上前大不能及退而服曰上誠知人也

又曰龔勝既歸鄉里二千石長吏初到官皆至其家如師弟子之禮

又曰嚴彭祖字公子東海下邳人與顔安樂俱事眭孟弟子百餘人唯彭祖安樂爲明質問疑誼各持所見孟曰春秋之意在二子矣孟死彭祖安樂各顓門教授

又曰竇皇后兄弟長君少君絳侯灌將軍等曰吾屬命乃懸兩人此兩人所出微不可不爲擇師傅於是乃選長者之有行者與居長君少君由此爲退讓君子不敢以富貴驕人

又曰張良稱曰今以三寸舌爲帝者師封萬户位列侯此亦布衣之極於良足矣

又曰張禹成就弟子尤著者淮陽彭宣至大司空沛郡戴崇至少府九卿宣爲人恭儉有法度而崇愷悌多智二人有異行禹心親愛敬宣而踈之崇每候禹常責師置酒設樂與弟子相娱禹將崇入後堂飲食婦女相對作優人管絃鏗鏘極樂昏夜乃罷而宣之來也禹見之於便坐講論經義日晏賜食不過一肉巵酒相對宣未嘗得至後堂及兩人皆聞知自得（服虔曰各爲得宜也）

又曰晁錯潁川人也學申商刑名於軹張恢生所（軹縣之儒生姓張名恢）與洛陽宋孟劉帶同師以文學爲太常掌故

又曰孔霸亦治尚書事太傅夏侯勝昭帝末年爲博士宣帝時爲太中大夫以選授皇太子經遷詹事高密相元帝即位徵霸以師賜爵關内侯號褒成君（常爲師教帝今成就故曰褒成君）

又曰張禹初爲師以上難數對已問經爲論語章句獻之

後漢書曰廉范初師事薛漢後辟公府會薛漢坐楚王事誅故人門生莫敢收視范獨往收斂之吏聞奏顯宗大怒召入詰責范叩頭曰臣無狀愚戇以爲漢等皆已伏誅不勝師資之情罪當萬死因貰之

謝承後漢書曰董春字紀陽會稽餘姚人少好學師事侍中祭酒王君仲受古文尚書後詣京房授易究極聖旨條列科義後還爲師立精舍遠方門徒學者常數百人

東觀漢記曰顯宗即位尊桓榮以師禮常幸太常府令榮坐東面設几杖會百官驃騎將軍東平王蒼以下榮門生數百人天子親自執業每言太師在是既罷悉以太官供具賜太常家其恩禮如此永平二年辟雍初成拜榮爲五更每大射養老禮畢上輙引榮及弟子升堂執經自爲下說

又曰顯宗以張酺授皇太子業甚得輔導之體章帝即位出拜東郡元和二年東巡狩幸東郡引酺及門生并郡掾吏並會庭中帝先備弟子之儀使酺講尚書一篇然後修君臣之禮賞賜殊特

續漢書曰李膺性簡亢無所交接唯以同郡荀淑陳寔爲師友

又曰楊政從代郡范升學升嘗爲出婦所告坐繫獄政乃肉袒以箭貫耳抱升子潜伏道傍候車駕過泣涕辭請有感帝心詔曰乞楊生師即爲放出升

范曄後漢書曰歐陽歙字王思樂安千乘人爲大司徒坐汝南臧罪千餘萬發覺下獄平原孔震年十七聞獄當斷馳之京師行到河内獲嘉縣自繫上書求代歙死曰伏見臣師大司徒歐陽歙爲儒宗八世博士乞殺臣以代歙命書奏而歙已死獄中

又曰鄭玄字康成北海高密人也事扶風馬融融門徒四百餘人升堂進者五十餘生融素驕貴玄在門下三年不得見乃使高業弟子傳授於玄日夜尋誦未嘗怠倦會融

集諸生考論圖讖聞玄善筭乃召見於樓上玄因從質諸疑義問畢辭歸融喟然謂諸門人曰鄭生今去吾道東矣

又曰鍾皓字季明潁川長社人以篤行稱爲士大夫所慕李膺常歎曰鍾君至德可師

魏志曰夏侯惇字元讓年十四就師學人有辱其師者惇殺之

又曰荀攸字公達文帝在東宮太祖謂曰荀公達人之師表汝當盡禮敬之攸曾病世子問病獨拜床下其見尊異如此

晉書曰魏高貴鄉公之入學也將崇先典乃命王祥爲三老侍中鄭小同爲五更祥南面几杖以師道自居帝北面乞言

又曰王承爲東海王越記室越與世子毗書曰習禮度不如式瞻儀形諷味遺言不如親承音旨王參軍人倫師表亦其師之

徐爰宋書曰武帝登祚加顏延之金章紫綬領湘東王師

後魏書曰陽平王之子欽託高僧壽爲子求師師至未幾逃去欽以讓僧壽僧壽性滑稽乃謂欽曰凡人絕粒七日乃死始經五朝便爾逃遁去欽乃大慚於是待客稍厚之

裴景仁前秦記曰符堅幸太學問博士經典博士盧壼對曰周官禮注未有其師韋逞母宋傳其父業得周官音義自非此母無可授後堅於是就宋立講室書堂生徒百二十人隔絳紗幔而授業焉拜宋爵號宣文君賜侍婢十人

崔鴻後秦録曰初姚泓之爲太子受經於太學博士淳于岐岐病在家泓以師者人之表範傳先聖之訓加在三之義不可以不重親詣省疾拜於牀下

又前燕録曰劉讚字彥真平原人也經學博通爲世純儒貞清非禮不動慕容廆重其德學使太子晃師事之

又後趙録曰張躍清河武城人也學敏才達雅善清談勤偉其儀辯拜世子衛軍長吏勅世子曰張長史人之表範汝其師之（案世說或曰王越鄧王參軍人倫師表汝其師之謂王安期鄧伯道趙禮之也）

唐書曰賀德仁越州山陰人少與從兄德基俱事國子祭酒周弘正咸以詞學見稱時人語曰學行可師賀德基文質彬彬賀德仁德仁仕陳至吳興王友入隋授豫章王府記室參軍王以師資禮之恩遇甚厚

又曰員半千本名餘慶與彥先同師事學士王義方甚嘉重之嘗謂曰五百年生一賢足下當之矣因改名半千及義方卒半千與彥先皆制師服喪畢而去

六韜曰文王卜田史扁布卜曰田于渭之陽將得焉非熊非羆非虎非狼天遺汝師以之佐昌文王乃齋戒三日田于渭陽卒見呂尚坐茅以漁文王再拜乃與之歸

老子曰善人者不善人之師

孫卿子曰干將莫耶鉅闕辟閭此皆古之良劍也然而不加砥礪則不能利不得人力則不能斷驊騮騏驥纖離綠耳此皆古之良馬也然而必前有銜轡之制後有鞭策之威加之造父之御然後一日而致千里夫人雖有性質美而心辯智必將求賢師而事之擇良友而友之

又曰國將興必尊師重傅尊師重傅則法度存師術有四傳習不與焉尊嚴而憚可以爲師耆艾而信可以爲師誦說不懈可以爲師知微而論可以爲師

又曰夫達師之教也弟子安焉樂焉休焉遊焉肅焉嚴焉此六者得於學則邪僻之道塞焉此六者不得於學則君

不能令於臣父不能令於子師不能令於徒
鶡冠子曰伊尹酒保太公屠牛管子作革百里官奴海內薦辭立爲世師
莊子曰堯之師曰許由許由之師曰齧缺齧缺之師曰王倪王倪之師曰被衣
又曰善卷堯聞其得道之士乃北面而師事之蒲衣八歲而舜之師
又曰申屠嘉兀者也與鄭子產同師伯昏無人
列子曰列子既師壺丘子林友伯昏瞀人反居南郭從之處者百數
呂氏春秋魏文侯師子夏
又曰神農師悉諸黃帝師大撓帝顓頊師伯夷父帝嚳師昭帝堯師子州支父帝舜師許由禹師大成摯湯師小臣

文王武王師呂望周公旦齊桓公師管夷吾晉文公師咎犯隨會秦穆公師伯里奚公孫枝楚莊王師孫叔敖沈申吳王師伍子胥文之儀越王勾踐師范蠡此十聖六賢未見不尊師者也
淮南子曰段干木晉之大駔爲文侯師
海內先賢傳曰仇覽字季智郭太賁刺從之曰暮求留宿明旦太下床朝之曰君非太友乃太師也
荀氏家傳曰爽字慈明幼而歧嶷太學儒林咸歎服之年十二太尉杜喬師焉
江徽陳留志曰樓望字次子雍丘人也少受春秋於少府丁子然以節操稱建武二十八年趙孝王聞其名遣大夫賷玉帛聘望爲師不受
邴原別傳曰原舊能飲酒自行後八九年間酒不向口單行負笈苦身持力至陳留則師韓子助潁川宗陳仲躬涿郡則盧子幹臨歸師友以原不飲酒會米肉送原原曰本能飲酒但以荒思廢業故斷之耳今當遠別因見況餞可以一飲讌於是每坐飲終日不醉
太史公素王妙論曰計然者蔡丘濮上人其先晉國公子也姓辛氏字文當南游越范蠡師事之
楊子法言曰務學不如務求師師者人之模範也
又曰一鬨之市必立之平一卷之書必立之師
又曰李仲元一世之師也見其貌者肅如也觀其行者穆如也○桓譚新論曰該言三歲學不如三歲擇師
又曰昔殷之伊尹周之太公秦之百里奚雖咸有天才然皆年七十餘乃身爲王霸師
論衡曰通書千篇以上萬卷已下敷暢通聞審定文議而

以教授爲人師者通人也
潛夫論曰天地之所貴者聖人聖人之所尚者德義德義之所成者智也智之所求者學問也雖有至聖不生而知雖有至智不生而能故志曰黃帝師風后顓頊師老彭帝嚳師歡堯師務成舜師紀后禹師墨始湯師伊尹文武師姜尚周公師庶季孔子師老聃若此言之而信則人不可以不就師矣夫此十一君者皆上聖也猶待學問其智乃博其德乃碩而況於凡人乎
符子曰玄冥子謂由有子曰子有師乎由有子曰吾將以萬物爲師矣
韋昭辯名曰古者稱師曰先生
應璩百一詩曰子弟可不慎慎在選師友師友必良德中才可進誘

四百四卷終

太平御覽卷第四百五

人事部四十六

賓客

尚書大傳曰舜爲賓客禹爲主人于時卿雲聚俊乂集百工相和而歌卿雲

尚書洪範曰三八政七曰賓禮賓客無不敬

周禮天官上曰太宰之職以八統詔王八曰禮賓小宰以官府之六聯合邦治二曰賓客之聯事凡朝覲會同賓客以牢禮之法掌其牢禮委積

又曰膳夫凡王祭祀賓客食則徹王之胙俎

又春官大宗伯職曰以饗燕之禮親四方之賓客賓客朝聘者也

禮記曲禮上曰凡與客入者每門讓於客客至於寢門則主人請入爲席然後出迎客客固辭主人肅客而入肅進也進讓導也主人入門而右客入門而左

禮記王制曰天子諸侯無事則歲三田一爲乾豆二爲賓客

左傳曰襄四曰季武子無適子公彌長而愛悼子欲立之訪於臧紇曰飲我酒吾爲子立之季氏飲大夫酒臧紇爲客爲上賓既獻臧孫命北面重席新樽絜之召悼子降逆之

又昭元曰趙孟叔孫豹曹大夫入于鄭鄭伯兼享之及享具五獻籩豆於幕下趙孟辭私於子產曰武請於冢宰矣乃用一獻趙孟爲客禮終乃宴

又昭六曰會于黃父謀王室也王室有子朝亂謀定之趙簡子令輸王粟具戍人明年將納王納王於王城也宋樂大心曰我不輸粟我於周爲客二王後後爲賓客若之何使客

史記曰孟嘗君名文姓田氏父曰靖郭君田嬰使主家待賓客賓客日進名聲聞於諸侯嬰卒文代立是爲孟嘗君孟嘗君在薛招致賓客以故傾天下之士食客數千人無貴賤一與文等孟嘗君待客坐語而屏風後嘗有侍史主記君所與客語問親戚居處客去孟嘗君已使使存問獻遺其親戚孟嘗君曾待客夜食有一人蔽火光客怒以飯不等輟食辭去孟嘗君起自持其飯比之客慙自刎士以此多歸孟嘗君客無所擇皆善遇之人人各自以爲孟嘗君親己。又曰平原君趙勝者趙之諸公子也諸子中勝最賢喜賓客賓客蓋至者數千人

又曰魏公子毋忌者魏昭王少子安釐王異母弟也公子爲人仁而下士士無賢不肖皆謙而禮交之士以此方數千里爭往歸之致食客三千人當是時諸侯以公子賢多客不敢加兵謀魏十餘年

又曰春申君者楚人也名歇姓黃氏考烈王元年以黃歇爲相是時齊有孟嘗趙有平原魏有信陵方爭下士招致賓客以相傾奪輔國權是時楚復彊趙平原君使人於春申君春申君舍之於上舍趙使欲夸楚爲瑇瑁簪刀劍室以珠玉飾之請命春申君客春申君客三千餘人其上客皆躡珠履以見趙使趙使大慙

又曰呂不韋陽翟大賈人也秦太子政立爲王尊不韋爲相國是時魏有信陵君楚有春申君趙有平原君齊有孟嘗君皆下士喜賓客以相傾不韋以秦之彊羞不如亦招致士厚遇之至食客三千人是時諸侯多辯士如荀卿之徒著書布天下不韋乃使其客人人著其聞集論曰呂氏春秋

又曰單父人呂公善沛令避仇從之客因家沛焉沛中豪

條吏聞令有客皆往賀蕭何爲主吏（孟康曰主吏功曹也）主進（文穎曰主進歛禮）諸大夫曰不滿千錢坐之堂下高祖爲亭長素易諸吏乃紿爲謁曰賀錢萬實不持一錢

又曰司馬相如字長卿素與臨卭令王吉善吉曰長卿久客旅遊不遂可來過我舍於是相如往臨卭中富人卓王孫程鄭相謂曰令有貴客爲具召之

戰國策曰汗明見春申君候問三月而後得見談卒春申君大說之汗明欲復談春申君曰僕已知先生悉矣汗明慨然曰臣請爲說之君之賢實不如堯臣之能不及舜夫以賢舜事聖堯三年而後乃相知也今君一旦而知臣是君聖於堯而臣賢於舜也春申君曰善乃召門吏爲先生著客籍五日一見

漢書曰蒯通見曹相國曰婦人有夫死三日而嫁者有幽居守寡不嫁者足下即欲求婦何取曰取不嫁者通曰然則求臣亦猶是也彼東郭先生梁石君齊之俊士也隱居不嫁未嘗卑節下意以求仕也願足下使人禮之曹相國曰敬受命以爲上客

又曰公孫弘徒步數年至宰相封侯於是起客館開東閤以延賢人與參謀議弘身食一肉脫粟之飯故人賓客仰衣食奉祿皆以給之家無所餘其後李蔡與石慶爲丞相府客館丘墟而已

又曰蘇建嘗責大將軍至尊重天下之賢士大夫無稱焉願將軍觀古名將所招選者勉之哉青謝曰自魏其武安之厚賓客天子常切齒彼親待士大夫招黜賢不肖者人主之柄也人臣奉法遵職而已何與招士

又曰大將軍既益尊姊爲皇后然汲黯與抗禮或說黯自天子欲群臣下大將軍大將軍尊貴誠重君不可以不拜黯曰夫以大將軍有揖客反不重也大將軍聞愈賢黯（大將軍衛青也）

又曰樓護字君卿爲人短小精辯論聽之者皆竦然與谷永俱爲五侯上客

又曰成都侯王商子邑爲大司馬貴重商故人皆敬事邑唯樓護自安如舊節邑亦父事之不敢有闕時請召賓客邑居樽下稱賤子上壽坐者百數皆離席伏唯護獨東向正坐

又曰鄭當時爲太子舍人每五日洗沐常置驛馬諸郊請謝賓客以夜繼日常恐不遍年少官薄然其知交皆天下名士

又曰鄭當時始與汲黯列爲九卿中廢賓客益少當時死家亡餘財先是下邽翟公爲廷尉賓客亦填門及廢門外可設雀羅後復爲廷尉賓客欲往翟公大署其門曰一死一生乃知交情一貧一富乃知交態一貴一賤交情迺見

又曰陳遵嗜酒每大飲賓客滿堂輒關門取客車轄投井中雖有急終不得去

又曰張竦免官以列侯居長安貧無賓客時時好事者從之質疑問事論道經書而已

又曰張楷治嚴氏春秋古文尚書門徒常數百人賓客慕之自父黨宿儒皆造門

謝承後漢書曰傅賢遷廷尉賢素廉正自掌法官無私賓客

袁山松後漢書曰陳蕃遷豫章在郡下接賓客獨坐一室唯徐孺子來爲置對榻去則懸之及徵爲尚書令送之者

亦不出郭門
東觀漢記曰崔瑗愛士好賓客盛修殽膳殫極滋味不問餘產
張璠漢記曰孔融拜太中大夫雖居家失勢賓客日滿其門愛才樂士常若不足每歎曰坐上客常滿樽中酒不空吾無憂矣
英雄記曰袁紹居雒陽西北陬不妄通賓客非海內知名不得相見
魏略曰劉備屯於樊城諸葛亮見備備以諸生意待之坐集既畢衆賓皆去而亮獨留備亦不問其所言備性好毦時適有旄牛尾與備者備因手自結之亮乃進曰明將軍當復有遠志但結毦而已備知亮非常人乃投毦而荅由此知亮乃以上客禮之
魏志曰蔡邕貴重朝廷常車騎填巷賓客盈里坐聞王粲在門外倒屣迎之
蜀志曰簡雍字憲和涿郡人少與先主有舊隨從先主至荊州雍與麋竺孫乾共爲從事中郎常爲談客
吳志曰孫權以魯肅諸葛瑾等爲賓客
又曰諸葛融每會賓合鐏促席問衆客所能或有博弈或有樗蒱投壺於是甘菓繼進清酒徐行融周流觀之終日不倦
王隱晉書曰嵇喜爲太僕廐長馮陵知其英俊待以賓友之禮以狀表上
宋書曰袁粲字景倩陳郡人閑默寡言善吟諷獨酌園庭以此自適居負南郭時策杖獨遊素寡往來門無雜客文士過見不過一兩人

南史曰謝瞻兄晦時宋臺右衛權遇已重於彭城還都迎家賓客輻湊時瞻在家驚駭謂晦曰吾家以遠退爲業汝遂勢傾朝野此豈門户福耶
蕭子顯齊書曰謝超宗坐公事免詣東府門自通其日風寒慘厲太祖謂四座曰此客至使人不衣自暖矣超宗既坐飲酒數甌辭氣橫出太祖對之甚欣拔爲驃騎諮議及即位轉黄門郎
後魏書曰崔道固爲劉義隆諸子參軍事使向青州募人長史已下皆詣道固道固諸兄逼道固所生母自致酒炙於客前道固驚起接取謂客曰人家無力老親自執劬勞諸客皆知其兄等所作咸起拜謝其母母謂道固曰我不足以報貴賓汝宜荅拜諸客皆歎美
三國典略曰周獲梁俘王褒王克劉瑴宗懔殷不害等至長安太祖喜曰晋氏平吳之利二陸而已今定楚之功羣賢畢至可謂過之矣乃謂褒及克曰吾即王氏甥也卿等並吾之舅氏當以親戚爲情勿以去鄉分意皆厚禮待引爲賓客
尹文子曰康衢長者字僮曰善搏字犬曰善噬賓客不過其門者三年長者怪而問之人以實對於是改之賓客復往
淮南子曰客有見人於孚子者客出孚子曰子之客獨有過望我而笑之是慢也談論而不稱師是叛也交淺而言深是亂也客曰望君而笑是公也談論不稱師是通也交淺而言深是忠也故客一體也或以爲君子或以爲小人從視之異
説苑曰魏文侯與大夫飲酒使公乘不仁爲觴政曰飲不

醻子曜切者浮以大白文侯飲而醻公乗不仁舉白浮君君視而不應侍者曰不仁退君已醉矣公乗不仁曰前車覆後車誡蓋言其危爲人臣者不易爲君亦不易今君已設令令可不行乎君曰善白而飲之以公乗不仁爲上客

又曰燕昭王問於郭隗曰寡人地狹民寡齊人削取八城匈奴駝馳樓煩之下以孤之不肖得承宗廟恐亡社稷存之有道乎隗曰帝者之臣其名臣也其實友也覇者之臣其名臣也其實僕也危國之臣其名臣也其實虜也今王將東面目指氣使以求臣則厮役之臣至矣南面聽朝不失揖讓之禮求臣則人臣之臣至矣北面等禮相亢下之以色不乗勢以求臣則朋友之臣至矣西面拘指逡巡而退以求臣則師傅之才至矣王誠欲興道隗請爲天下之士開路於是燕王常置郭隗爲上客

三輔決録曰頻陽游殷字季齊初爲郡功曹有童子張既者時未知名爲郡書佐殷察異之勑既過家具設賓饌及既至妻笑曰君甚敎乎張德容童昏小兒何異客哉殷曰卿勿怪乃方伯之器也殷遂與論霸王之事饗訖以子楚託之

列女傳曰孟嘗君食客三千人厨有三列上客食肉中客食魚下客食菜齊市中有乞食人馮煖經冬無袴面有飢色願得上厨

又曰漢中楊子拒妻字大英子仲珎有高名常請客毋盛爲供具從牕中窺客罷讓之曰吾視汝所交皆不及已此自損之道也後歳餘復請賓客皆耆德秀士毋觀之喜曰吾無憂矣

華陽國志曰任熙字伯遠開門待賓客朝無少長必有供膳

陸績別傳曰孫策在吴張紘爲上客共論四海未安當用武治而平之績年少末坐遥大聲言曰昔管仲相齊桓公九合諸侯一匡天下不用兵車孔子曰遠人不服修文德以來之今論者不務道德之術而唯當用武績雖童蒙竊所未安

世說曰孫長樂兄弟就謝公宿言至駁雜劉大夫在壁後聽之具聞其論謝公明還問劉昨客何以劉荅曰士兄未有如此賓客謝深有愧色

郭子曰桓大司馬病篤桓温字元子也謝公省病謝安字安石也從東門入桓遥矚而歎曰吾門中不乆復見如此客

蘇州志曰通賢橋東有吴丞相顧雍宅自雍至孟名著四代常居此宅門無雜賓投剌謁齊者不過一時英俊

俗說曰謝僕射陶太常詣吴領軍坐乆吴留客作食日已申使婢賣狗供客比得一頓食殆無復氣可語

太平御覽卷第四百五

太平御覽卷第四百六

人事部四十七

叙交友　交友一

叙交友

釋名曰友有也相保有也

說文曰友愛也同志爲友

周易曰君子上交不諂下交不黷

又曰朋從爾思

又曰君子以朋友講習

又曰西南得朋東北喪朋

又曰二人同心其利斷金同心之言其臭如蘭

又曰上下交而其志同由此觀之交乃人倫之本務王道之大義非特士友之私志也

又曰出門同人

又曰君子定其交而後求

又曰嗟爾朋友

又曰朋來無咎

毛詩曰伐木議朋友故舊也自天子至于庶人未有不須友以成者也親親以睦友賢不弃則民德歸厚矣伐木丁丁鳥鳴嚶嚶嚶其鳴矣求其友聲

又曰雖有兄弟不如友生

又曰朋友攸攝攝以威儀（攝勑也）

又曰既見君子我心則喜

又曰豈無他人唯子之好

又曰言念君子温其如玉

又曰未見君子憂心忡忡

禮記曰君子不盡人之歡不竭人之忠以全交

又曰君子之交淡如水小人之交甘如醴君子淡以成小人甘以壞

又曰儒有合志同方營道同術相下不厭久不相見聞流言不信義同而進不同而退其交友有如此者（同方同術志行也門）（流言不信不信其友所行被毀而謗之）

又曰隨武子利其君子忘其身忘其身不遺其友

又曰父母在不許友以死

又曰寡婦之子不有見焉弗與爲友

又曰見父之執友不謂之進不敢進

又曰子夏曰吾離群而索居亦已久矣

又曰僚友稱其弟也執友稱其仁也交遊稱其信也

周禮曰司諫糾萬民之德而勸之朋友

又曰孝友任恤（注曰信於友道也恤憂患也）

論語曰益者三友損者三友友直友諒友多聞益矣友便辟友便佞友善柔損矣（便辟巧譬俞也善柔誇毗也便佞辯以爲佞也）

又曰晏平仲善與人交久而敬之

又曰衛靈公曰居是邦也事其大夫之賢者友其士之仁者

又曰子貢問友子曰忠告而善道之不可則止無自辱焉（忠言以告之不從則止之）又曰君子以文會友以友輔仁

又曰故舊無大故則不弃

又曰子夏之門人問交於子張子張曰子夏云何曰可者與之其不可者拒之子張曰君子尊賢而容衆嘉善而矜不能我之大賢與於人何所不容我之不賢與人將拒我如之何其拒人也

又曰與朋友交言而有信雖曰未學吾必謂之學矣
又曰有朋自遠方來不亦樂乎
又曰老者安之朋友信之
又曰子路曰願車馬衣輕裘與朋友共弊之而無憾
又曰事君數斯辱矣朋友數斯疏矣
又曰無友不如己者
又曰朋友切切偲偲
又曰匿怨而友其人
禮記曰獨學而無友則孤陋而寡聞
孝經曰士有爭友則身不離於令名
大戴禮曰上親賢則下擇友
又曰與君子遊如入蘭芷之室久而不聞其芳則與之化矣與小人遊如入鮑魚之肆久而不聞其臭則與之化矣是故君子慎其去就
家語曰孔子曰吾死之後商也日益謂與賢己者交賜也日損好悅不若己者交故君子慎所交
又曰孔子曰自季氏賜我千鍾而友益親
又曰孔子曰夫子產於民為惠主於學為博物晏子於君為忠臣於行為恭敬故吾皆以兄事之而加愛敬焉
又曰夫內行不脩身之罪也行脩而名不彰友之罪也故君子入則篤行出則友賢
漢書曰下邳翟公為廷尉賓客亦填門廢外可設雀羅復為廷尉賓客又來翟公大署其門曰一死一生乃知交情一貧一富乃知交態一貴一賤交情乃見
魏志曰胡質云古人之交也取多知其不貪奔北知其不怯聞流言而不信故可終也

莊子曰凡交近則必相靡以信遠則必忠之以言
孟子曰萬章曰敢問友孟子曰不挾長不挾貴不挾兄弟而友者友其德也不可以有挾也○又曰舜尚見帝帝館甥于貳室迭為賓主是天子而友於匹夫也
譙子齊交曰譬之於物猶素之白也染之以藍則青遊居交友亦人之所染也韓起與田蘇處而成好仁之名甘茂事史舉用顯齊桑之功曹參師蓋公致清靜之治竇長君兄弟出於賤隸謹恭師友皆為退讓君子語曰蓬生麻中不扶自直此言雖小可以喻大必得其人千里同好固於膠漆堅於金石窮達不阻其分毀譽不疑其實
鄒子曰昔邢高呂安飲於市仰天泣二子非有喪之哀傷相知之晚耳君子所以勤於接賢汲汲於結善欲以立名者也
呂氏春秋曰荊有善相人者言無遺策聞於楚国莊王見而問焉曰臣非得相人能觀人之友也布衣其友皆孝悌純謹如此者家必日益此謂吉人也居官事君其友皆誠信有行好善如此者事君日益此謂吉臣也人主也朝臣多賢左右多忠主有失皆敢交爭此謂吉主也臣非能相人能觀人之友王曰善於是取士不懈乃大霸
晉陽春秋曰知幾其神乎古人以為難交疏而吐誠今人以為難
風土記曰越俗性率朴意親好合即脫頭上手巾解要間五尺刀以與之為交拜親跪妻定交有禮俗皆當於山間大樹下封土為壇祭以白犬一丹雞一雞子三名曰木下雞犬五其壇地人畏不敢犯也祝曰卿雖乘車我戴笠後日相逢下車揖我雖步行卿乘馬後日相逢卿當下

白虎通曰朋友之道有四焉近則正之遠則稱之樂則思之患則死之

仲長子昌言曰幽閑則攻已之短會同則述人之長負我者我加厚焉未有與人交若此而見憎者也

要覽曰諸葛亮曰勢利之交難以經遠士之相知溫不增華寒不改葉能貫四時而不衰歷夷險而益固

劉歆新議曰夫交接者人道之始紀綱之大要名由之成事由之立

又曰交之於人也猶脣齒之相濟

又曰士非交不用名非交不發身非交不立

楊子法言曰朋而不心面朋也友而不心面友也

周昭新撰曰交之爲道起自羲皇造化之初君臣始立而有人倫上下之叙象天地交泰以左右於民也唐虞三代

莫不因之故交全情親則國安治强交敗情乖則國危治弱立交者欲其親也是故百姓不親爲作司徒踈者能聽廉頗相如忍忿以崇厚陳平周勃感陸生而相親所以安趙於强敵定漢於幾殆此交接之大義帝王之極務聞之於易曰交乃人倫之本務王道之大義也

魏文帝集論曰夫陰陽交萬物成君臣交邦國治士庶交德行光同憂樂共富貴而交道備矣

阮子政論曰夫交遊者儔黨結於家威權傾其國或以利厚而比或以名高相求同則譽廣異則毁深朝有兩端之議家有不協之論至令父子不同好兄弟異交友破和穆之道長諍訟之源

鍾會芻蕘論曰凡人之結交誠宜盛不忘衰達不弃窮不疑惑於讒構不信受於流言經長歷遠久而逾固而人多初隆而後薄始密而終疏斯何故也皆由交静不發於神氣道數乖而不同權以一時之術取倉卒之利有貪其財而交有慕其勢而交有愛其色而交三者既衰疏薄由生

東方朔與公孫弘書曰蓋聞爵禄不相責以禮同類之遊不以遠近爲是故東門先生居蓬戶空穴之中而魏公子一朝以百騎日造之吕望未嘗與文王同席而坐一朝讓以天下半夫丈夫相知何必以撫塵而遊垂髮齊年偃伏以日數哉

離騷曰交不忠信兮怨長

晉潘岳陽肇誄曰余以頑蔽覆露重陰仰追先達執友之心也

古歌辭曰結交在相知骨肉何必親甘言無忠實世薄多蘇秦

又曰採葵莫傷根結交莫羞貧傷根葵不生羞貧交不成

交友一

左傳曰吳公子劄聘于齊說晏平仲聘於鄭見子產如舊相識

又曰鄭子皮卒子產哭且曰吾已無爲爲善矣唯夫子知我（注云無人知己之善故曰吾已）

又曰伍員與申包胥友（包胥楚大夫）其亡也謂申包胥曰我必復楚國（復執也）申包胥曰勉之能復之我必能興之及昭王在隨申包胥如秦乞師

尚書大傳曰散宜生閎夭南宮括三子者學乎太公太公見三子知爲賢人遂酌酒切脯除爲師學之禮約爲朋友

家語曰孔子遇程子傾蓋而語終日甚相悅顧謂子路曰程子天下之賢士取束帛以贈之

史記曰趙有處士毛公藏於博徒薛公藏於賣漿家魏公子無忌從此二人結交遊也

又曰蘇秦之先達張儀候之數日乃見坐於堂下食以僕妾之餐告舍人曰儀才吾不及恐以小利志求進故辱之儀怒入秦蘇君使舍人齎金帛車馬陰結助之卒相秦也

又曰藺相如望見廉頗引車避匿廉頗聞之肉袒負荊至藺相如門謝罪曰鄙賤之人不知將軍寬之至此也卒相與歡為刎頸之交

漢書曰漢王與韓信為金石之交

又曰衛青姊子夫得入宮幸上皇后大長公主女也無子妬之大長公主捕青囚欲殺之其友公孫武與壯士往奪之故得不死上聞乃召青為建章監侍中賞賜數日間累千金

又曰盧綰豐人與高祖同里綰親與太上皇相愛高祖綰同日生里中持羊酒賀兩家親相愛生子同日壯又相愛

又曰兩龔皆楚人勝字君賓舍字君倩二人相友著名節故時號之楚兩龔

又曰王吉字子陽京兆人也少與貢禹為友及陽仕至益州刺史貢聞之拂冠以待之陽遂薦稱焉世稱王陽在位貢公彈冠言其取舍同也

又曰張耳大梁人陳餘亦大梁人也好儒術餘年少父事耳相與為刎頸之交

又曰鄭崇弟立與高武侯傅喜同門學相友善喜為大司馬薦崇哀帝擢為尚書僕射

又曰陳遵少孤與張竦俱為京兆史竦學通達以廉儉自守而遵放縱不拘操行雖異然而相友善之

卷終

太平御覽卷第四百七

人事部四十八

交友二

范曄後漢書曰孔融宙之子也十歲從父詣京師時河南尹李膺簡重勑外云自京非當世才藝英賢通家子孫輒不得進融故造其門云我與公積代通家子孫膺乃召見問父祖嘗與僕有恩舊曰然吾先君孔子與君先人李老君同德比義而相師友融與君豈非積代通家也衆奇之

又曰第五倫始以營長詣郡尹鮮于褒見而異之署爲吏後褒坐事左轉高唐令臨去握臂訣曰恨相知晚

又曰肅宗始脩古禮巡狩方岳崔駰上四巡頌帝歎之謂侍中竇憲曰知崔駰乎對曰班固數爲臣說之然未見帝曰公愛班固而忽崔駰葉公之好龍也可試見駰候憲憲倒屣迎笑謂駰曰吾受詔交公何得薄我哉遂揖入也

又曰鍾皓字季明潁川長社人皓少以篤行稱同郡陳寔年不及皓皓引與爲友

又曰張叔外字彥真陳留尉氏人也有大志歎曰人生於世白駒過隙耳安能曲道媚世俗哉守外黄令遇黨錮去官道逢友人班荆而語曰今闕下閹宦專權因相向而泣有老父過之曰嗟乎二大夫何泣之悲龍不隱鱗鳳不藏翼一世網羅泣將何及二人欲與之言不顧而退外竟以黨錮下獄死

又曰任末字叔本遊京師教授友人董奉德於洛陽病亡末躬推車載奉德致於墓所由是知名也

又曰梁鴻友人高恢字伯達少好老子隱華陰山及鴻東遊思恢作詩遂不復相見恢亦高抗終身不仕

又曰陳蕃李膺之敗何顒與蕃膺善遂爲宦者所陷乃改名姓亡匿汝南間所至皆親其豪傑有聲荆豫之域袁紹慕之私與往來結爲奔走之交

又曰孔奮字君魚扶風茂陵人也守姑臧長治貴仁平太守梁統深相敬待不以官屬禮之常迎於大門引入見母

又曰李燮字德公所交皆捨短取長好成人之美潁川荀爽賈彪雖俱知名而不相能燮並交二子情無適莫世稱其正

又曰王允字子師同郡郭林宗一見奇之曰王生一日千里王佐才也遂定交

謝承後漢書曰范式爲荆州刺史友人南陽孔嵩貧有親老乃變名姓傭於新野縣縣吏遣嵩爲式導騶式見而識之呼嵩把臂謂曰子非孔仲山耶對之歎息式勑縣代嵩嵩以傭未竟不肯去

又曰陳蕃既被害友人陳留朱震時爲銍令聞而弃官哭而收葬

又曰許敬字鴻卿汝南人與同郡周伯靈爲交友伯靈早亡卿育養其子

又曰馬寔字伯騫勤結英雄所欲友接貧笈荷擔不遠萬里山陽王暢未仕時寔慕暢名往見之屆暢門投刺欲不肯見使從者拒之云行歷未旋寔留連日日往伺之謂從者曰夫孝子事親行不踰日而至今不歸非孝子也欲待與相見如亟於路往而不友哭之以爲死交暢聞其言歎息壯志因執其手揖引與入美談畢請入見母飲宴定好而別寔臨退執暢手訣曰太上立德其次立功幸俱生盛

明之世免塼瓦之姿託爲丈夫當建名後載不可爲空生徒死之物織天壤之間

又曰雷義字仲公豫章人舉茂才讓友人陳重字景公刺史不聽義遂陽狂被髮走不應命鄉里爲之語曰膠漆自謂堅不如雷與陳

又曰范式字巨卿山陽金鄉人少遊太學與汝南張劭爲友劭字元伯二人並告歸鄉里式謂元伯曰後二年當還將過拜尊親見孺子焉乃共尅期至巨卿果到升堂拜母飲盡懽而別後元伯寢疾篤同郡郅君章商子徵晨夜省視元伯臨盡曰恨不見死友尋卒式夢元伯玄冕垂纓而呼曰吾死當以某日葬子豈能相及式覺而悲赴之便服朋友之服投其葬日未届而喪已發引至壙將窆而柩不肯進其母撫之曰元伯豈有望也停柩移時見有素車白馬哭而來母曰必巨卿也既至叩喪言曰行矣元伯死生異路永從此辭會葬者千人皆揮涕式執紼引柩乃前進式留止塚次修墳樹而退

又曰范式嘗至京師受業太學時諸生長沙陳平子同在學與式未相見而平子被病曰山陽范式烈士也可託死吾歿但以尸埋巨卿戶前乃裂素爲書遺巨卿既終妻從其言式行適還有書見瘞愴然感之向墳揖哭爲死友乃營護妻兒身自送喪於臨湘未至四五里乃委素書於柩上哭別而去

袁山松後漢書曰吳祐放豬長垣澤中誦經而行北海公沙穆遊太學貧乏變服爲傭與祐賃舂遂爲交於杵臼之間

華嶠後漢書曰洛陽慶鴻慷慨好義廉范與爲刎頸之友時人稱曰前有管鮑後有慶廉

司馬彪續漢書曰李膺性簡亢無所交接唯以同郡荀淑陳寔爲師友

東觀漢記曰楊政嘗過馬武稱疾見政對几據牀欲令政拜牀下入戶前排武徑上牀坐武恨言語不擇政因把武臂責之曰卿蒙恩稱蕃臣不思求賢報國而驕天下英俊會信陽侯至責數武令爲朋友也

又曰尹敏字幼季與班彪相厚每相與談常對案不食晝至暝夜即徹旦

又曰朱暉同縣張堪有名德每與相見常接以友道暉以堪宿望盛名未敢安之堪至把暉臂曰欲以妻子託朱生暉舉手不敢荅堪後仕爲漁陽太守暉自爲臨淮太守絕相聞見時南陽饑堪妻子貧窮暉乃自往候視其困分所有以賑給之

又曰郅惲友人董子張者父先爲鄉人所害及子張病將終惲往候之子張病涕視惲不能言惲曰吾知子不悲天命而痛讎不復也子張但目擊而已惲即起將客遮仇人取其頭以示子張見而氣絕

又曰趙喜爲赤眉兵所圍迫急乃亡走與友人韓仲伯等數十人攜小弱越山出武關仲伯以婦色美慮有強暴者而已受其害欲棄之於道喜怒不聽以泥塗仲婦面載以鹿車身推之每逢賊欲逼奪喜輒言病以此得免

又曰閔仲叔恬靜養神弗役於物與周黨相友黨每過仲叔共含菽飲水

又曰應順字仲華汝南人少與同郡許敬善敬家貧親老無子爲敬去妻更娶

魏志曰荀攸彧從弟也太祖令曰孤與荀公達周旋二十

餘年初無毫毛可非者
又曰公達賢人也所謂溫良恭儉讓以得之孔子稱晏平仲善與人交久而敬之公達即其人也
又曰曹真字子丹太祖族子也真少與宗人曹遵鄉人朱讚並事太祖遵讚早亡真愍之乞分所食邑封遵讚子詔曰大司馬有叔向撫孤之仁篤晏嬰久要之分君子成人之美聽分真邑賜遵讚子爵關内侯各五百戶
又曰崔琰字季珪清河東武城人也少樸訥好擊劍尚武事琰友人公孫方早卒琰撫其孤息若己子
又曰陳矯字季弼爲郡功曹過太山太山守薛悌異之結爲親友戲矯曰以郡吏交二千石不亦可乎悌後爲魏郡及尚書令皆代矯
魏略曰趙岐字臺卿藏匿避難賣餅市中孫嵩見岐非常人呼而問之遂與俱歸嵩先入白母曰出行乃得死友迎上堂享之極欣藏岐複壁中
又曰華歆字子魚平原人靈帝時與北海邴原管寧俱遊學三人相善故時人號三人爲龍謂原爲龍腹寧爲龍尾歆爲龍頭
魏氏春秋曰嵇康寓居河内與之遊者未嘗見其喜慍之色與陳留阮籍河内山濤向秀籍兄子琅琊王戎沛人劉伶相與友善遊於竹林號曰七賢
吳志曰孫策創業命張昭爲長史撫軍中郎將升堂拜母如比肩之舊文武之事一以委昭
又曰吳範字文則與親故接有終始素與魏滕同邑相善爲交滕嘗有罪吳王權責怒甚敢有諫者處死範謂滕曰與汝偕死滕曰死而無益何死範曰安能慮此坐觀汝耶乃髡頭自縛詣門下使鈴下以聞鈴下不敢曰必死不可範曰汝有子耶曰有曰使汝爲吳範死子以屬我鈴下諾乃排閤入言未卒權大怒欲投以戟逡巡出走範因突入叩頭流血言與涕并良久權意釋免滕
又曰周瑜長壯有姿貌孫堅議興兵討董卓徙家於舒堅子策與同年獨相友善瑜推道南宅以舍策升堂拜母有無共通
又曰魯肅字子恭臨淮東城人周瑜知其奇也遂相親結定僑札之分
又曰魯肅代周瑜之當陸口過呂蒙屯下肅意尚輕蒙或說肅曰呂將軍功日顯不可以故意待也君宜順之肅遂往詣蒙酒酣蒙問肅曰君受重任與關羽爲鄰將何計略以備不虞因爲畫五策肅於是越席就之拊其背曰呂子明吾不知卿才略所及乃至於此遂拜蒙母結友而別恕
吳錄曰張溫字惠恕英才瓌偉遂以禮躬延見召對詞雅淹潤帝改容前席拜中郎聘蜀與諸葛全結金蘭之好焉
蜀志曰馬謖（音縮）字幼常才氣過人好論軍計謖臨終與諸葛亮書曰明公視謖猶子謖視明公猶父願深惟殛鯀興禹之義使平生之交不虧此謖雖死無恨於黃泉也于時十萬之衆爲之流涕亮自臨祭待其孤遺若平生
又曰張裔字君嗣蜀郡成都人也少與犍爲楊恭友善恭早死孤遺未數歲裔裒分居事恭母如恭息長大爲之娶妻買宅產業使立門戶
又曰楊戲字文然爲人篤於舊故與巴西韓儼黎韜童幼相親後儼痼疾廢頓韜無行見損戲經紀振卹恩好如初
晉書曰王龔字孝伯清操過人才地自負恒有宰相之望

與王沉齊名友善
又曰桓温字元子宣城太守彝之子也與庾翼友善恒相期以寧濟之事翼薦温於明帝曰桓温少有雄略願勿以常人遇之
又曰陸機吳人也文章冠代至太康末與弟雲造太常張華華素重其名如舊相識曰伐吳之役利獲二俊
又曰周顗字祖宣顗少與友人成公簡齊名俱起家爲諸王友學
又曰紀瞻愼行好施老而彌篤少與陸機兄弟相親善及機被誅瞻卹其家及嫁女資送同於所生
又曰鄭袤字叔林滎陽開封人也少孤隨叔父渾避難江東時華歆爲豫章太守渾往依之歆素與袤父泰友善撫養袤如己子

晉中興書曰郗超所交皆一時秀美雖寒門後進亦拔而友之死之日貴賤操筆爲誄者四十餘人其爲物所宗貴如此
又曰胡母輔之字彥國少高名有王戹者出寒微輔之庾顗王澄等共爲美談戹以門役送護軍府輔之等乃齎羊酒詣門吏以聞護軍曰諸名士以羊酒來當有以旣入先過戹戹已給府養馬輔之等坐廐下與戹炙羊飲酒而去竟不見護軍大驚乃與戹長假
又曰東甌沃壤名士多樂居之太傅謝安未仕時亦居東土共王羲之孫綽李充許詢道林皆文義冠世共相友昵
又曰會公賈謐參管朝政京洛人士無不傾心渤海石崇之徒年皆長謐並以文才降節事謐共相朋昵號曰二十四友

又曰羊曼字祖延頹縱宏狂飲酒誕節與温嶠庾亮阮放桓彝同志友善並中興名臣時州里稱陳留阮放爲宏伯高平郗鑒爲方伯太山胡母輔之爲達伯濟陰卞壺爲裁伯陳留蔡謨爲朗伯陳留阮孚爲誕伯高平劉綏爲秀伯而曼爲黷伯凡八伯蓋擬古之八儁
又曰薛兼與同郡紀瞻廣陵閔鴻吳郡顧榮會稽賀循同志友善初入洛司空張華見而歎息曰南金也
又曰華譚所友人袁甫者字公冑歷陽人少能言議與譚齊名友善太安中入洛譚與甫書曰誠以枯澤非應龍之淵棘林非鸞鳳之窟昔食其自匿監門非高祖不長揖孔明躬稼南陽非劉氏不馳驅望雲霄而遇翔見鴻漸之輕羽瞻長塗而高鳴知騏驥之迅足
又曰王濛少而不羈不爲鄉閭所齒晚節尅修遂有風流

美譽與沛國劉惔齊名友善時人以濛比袁耀卿惔比荀奉倩
何法盛晉中興書曰庾翼字稚恭時京兆杜乂陳郡商浩並才名冠世而翼弗之重每語人曰此輩宜束之高閣俟天下平然後議其所任二唯與桓友善在總角之中便相期終始
又曰肅祖之在東宮與温嶠庾亮並布衣之好
晉陽秋曰陸抗羊祜疆埸將推喬劉之好抗嘗遺祜酒祜亦饋抗藥各推心服之

太平御覽卷第四百七

太平御覽卷第四百八

人事部四十九

交友三

宋書曰晉安帝義熙初高祖命瑯琊王弘爲徐州治中從事吏不就隱于會稽與魯國孔淳之爲莫逆交

又曰何點字子晳盧江灊人也宋徵爲庶子不就與陳郡謝瀹吴國張融會稽孔稚珪爲莫逆之交

王智深宋紀曰孔淳之隱居剡山嘗遇桑門法崇於三山披衿領契自以爲得意之交

齊春秋曰檀超字悦祖高平金鄉人也少而負氣始爲南徐州西曹書佐與别駕蕭惠開抗禮惠開自以地位居前稍相淩駕而嘯慠不以地勢推之謂惠開曰我與卿並有何等宫閥俱是國家微時外戚耳何以一爵高人惠開欣然更爲刎頸之交

齊書曰劉悛字士操彭城安上里人也從駕登蔣山上數歎曰貧賤之交不可忘顧悛曰此況卿也今日與卿盡布衣之交遊悛起拜謝

又曰柳世隆字彦緒河東解縣人宋太尉元景弟也當時名士張緒王延之沈淡之徒雅相欽慕以爲君子之交

又曰劉善明素與崔思祖友善聞死慟哭仍得病卒

又曰孔稚珪字德璋會稽人也早立名譽當時名士陸惠曉謝瀹張融何點沈淵相與爲君子之交

梁書曰何遜字仲言東郡郯人也弱冠舉秀才南鄉范雲見其荅策大相稱賞因結忘年交好自是一文一詠雲輙嗟賞

又曰張緬弟續遷尚書吏部河東裴子野曰張吏部有喉舌之任子野性曠遠自去年出三十不復詣人初未與續遇便相推重因爲忘年交

又曰蕭介性高簡少交遊唯與族兄琛從兄眆音昉素子洽從弟俶等文酒賞會時人以比謝氏烏衣之遊

又曰高祖性不好聲色頗慕高名與裴子野劉顯蕭子雲張續及當時才秀爲布衣交

何玄之梁典曰劉許字彦度與陳留阮稽孝緒申金蘭之契築室鍾阜之傍共聽內義鑽尋奥典

魏書曰夏侯尚字伯仁有籌畫智略文帝器之爲布衣之交

後魏書曰眭夸一名昶趙郡高邑人也少與崔浩爲莫逆之交

北齊書曰崔瞻與趙郡李槩爲莫逆之交槩將東還瞻與之書曰仗氣使酒我之恒弊詆訶指切在卿尤甚足下告歸吾於何聞過也

又曰李聿修歷任清華郎署之日值趙彦深爲水部郎中同在一院因成交友彦深後被沙汰停私門生藜藿聿修猶以故情存問往來

又曰裴讞魚列切之字士平不妄交遊唯與隴西辛術趙郡李繪頓丘李構清河崔瞻爲忘年之友

後周書曰柳弘字光道河東解縣人少聰穎工草隸博涉群書詞彩豐贍與弘農楊素爲莫逆之交

又曰張軌濟陰臨邑人也少好學志識開朗初在洛陽家貧與樂安孫仁爲莫逆之交每易衣而出以此見稱

又曰黎景希字季明河間鄚音莫人也好占玄象頗知術數而落魄音託不事生業與范陽盧道源爲莫逆之交

又曰韋敻（休政切）字弘遠志尚夷簡澹於榮利周弘正乃造敻談讌盡日恨相遇之晚也後請敻至賓館敻未赴弘正乃贈詩曰德星猶未動真車詎肯來當時所欽如此

南史曰謝弘微性寬博無喜愠末年甞與友人棊友人西南棊有死勢復一客曰西風急或有覆舟者友人悟乃救之弘微大怒投局於地識者知其暮年之事果以此歲終

北史曰盧懷仁有行撿善與人交與瑯瑘王衍隴西李壽之情好相得甞語衍云昔太丘道廣許劭知而不顧嵇生峭立鍾會遇而絶言語處季孟之間去其太甚衍曰然

三十國春秋曰燉煌太守李暠（姑老）表於叚業暠稱盡忠不貳横爲李嗣所讒請業殺嗣暠自歸司敗業乃殺嗣遣使謝暠初嗣與暠結刎頸之交嗣常以宗族託暠曰我身猶子身勿爲疑也及是暠反爲嗣所構暠乃恨之

又曰姚萇單騎度淮見豫州刺史謝尚于壽陽幅巾以待之一面如舊相識

又曰王鎮惡隨宋高祖入關中初鎮惡流寓崤澠崤澠人李方厚待之鎮惡曰待吾得英雄王取萬户侯乃厚相報方笑曰本縣足矣鎮惡力不絶人不閑弓馬略通諸子兵書縱横有智計以此成名及是李方尚在鎮惡昇堂拜母叙方澠池令

陳書曰江揔聡敏篤學有文范陽張纘瑯琊王筠南陽劉之遴並高才碩學揔時少有名纘等雅相推重爲忘年友

又曰陸景文字叔辯少有膽略武勇與陳武帝有布衣之舊

隋書曰李密與楊玄感爲刎頸之交尤好兵書常皆在口

唐書曰武德中元敬爲秘書郎太宗召爲天策府參軍兼直記室薛收與元敬俱爲文學館學士時房杜等處心腹之寄深相友託元敬畏於權勢竟不之狎如晦常云小記室不可得而親不可得而踈

又曰于休烈河南人也貞觀中任左僕射爲十八學士心性貞慤機鑒敏悟自幼好學善屬文與會稽賀朝萬齊融延陵包融爲文詞之友齊名一時

又曰王琚懷州河内人也少孤而聰敏有才略好玄象合鍊之學神龍初甞謁駙馬王同皎甚器之及謀刺武三思事琚義許之與周璟張仲之爲忘年之交

又曰蕭昕河南人也開元中首舉博學宏詞授陽武簿後遷左拾遺昕甞與布衣張鎬友善表薦之曰如鎬者用之則爲王者師不用之則幽谷一叟爾玄宗擢鎬拾遺後爲將相

又曰權皐德輿之父大暦中卒于家元和中謚曰貞孝初皐卒韓洄王定爲服朋友之喪李華爲其墓表以爲分天下善惡一人而已

又曰杜伏威齊州章丘人也少爲盜與鄉人輔公祏爲刎頸之交公祏姑家家以牧羊爲業公祏數攘羊以餽之

又曰楊憑字虚受爲左散騎少負氣節與母弟凝凌相愛皆有名重交遊與穆質許孟容李鄘王仲舒爲友故時人稱穆許李之交

又曰朱敬則亳州永城人也長壽中爲右補闕家代孝義敬則倜儻早以詞學知名與左史江融尚書左僕射魏元忠相友善

又曰劉黑闥貝州漳南人也與竇建德少相友善家貧無以自給建德每資之黑闥所費至盡而不以爲疑建德亦弗

之間也

又曰劉孝孫者荆州人也祖貞周石臺太守孝孫弱冠知名爲當時詞人虞世南蔡君和孔德紹庾自直劉斌等登臨山水結爲交會

又曰陸象先弟監察御史景倩吏部侍郎景融大理正景獻河南令景裏皆有美譽僧一行少時與象先昆弟友善常謂人曰陸氏兄弟皆有才行古之荀陳無以加也

又曰楊纂華州華陰縣人也父文偉隋温州刺史纂略涉經史尤明時務少與瑯琊顔師古燉煌令狐德棻（音芬）友善大業中進士舉終爲考功郎中

又曰張道源嘗與友人客遊友人病中宵而卒道源恐驚擾主人遂共屍卧達曙方哭親步營送至其本鄉後仕隋爲監察御史

又曰孔紹安越州山陰人也陳吏部尚書奐子也少以文詞知名年十三入隋徙居京兆鄠縣閉門讀誦集數十萬言時有詞人孫萬壽與紹安篤忘年之好紹安大業末爲監察御史

又曰李密長安人也父寬隋上柱國蒲山公密開皇中襲父爵年始弱冠尚書令楊素見而奇之謂其子玄感曰李密智計不窮爾所不及可與爲友玄感遂傾心禮遇定爲刎頸之交

又曰劉襃之徐州彭城人也少有學業與隋信都丞孫萬壽宗正卿李百藥爲忘年之交

又曰柳宗元（移柳州時劉禹錫得播州宗元謂所親曰禹錫有母今爲郡蠻）方絶域萬里如何與母偕行吾於禹錫爲執友胡忍見其若是即草奏請以柳州授禹錫自往播州禹錫易連山

又曰張九齡素與中書侍郎嚴挺之尚書左丞袁仁敬右庶子梁昇卿御史中丞盧怡結交友善挺之等皆有才幹而交道終始不渝甚爲當時之所稱也

太平御覽卷第四百八

太平御覽卷第四百九

人事部五十

交友四

莊子曰子祀子輿子犁子來四人相與語曰孰能知死生存亡之體吾與之友矣四人相視而笑莫逆於心遂相與爲友

又曰孔子與柳下季爲友

又曰桑扈孟子琴張三人相與爲友

孟子曰舜上見帝帝館于貳宮迭爲賓主是天子交匹夫也

史記曰管夷吾鮑叔牙二人相友管仲曰吾始困時嘗與鮑叔賈分財利多自與鮑叔不以我爲貪知我貧也吾嘗爲鮑叔謀事而更窮困鮑叔不以我爲愚知時有利不利也吾嘗三仕三見逐於君鮑叔不以我爲不肖知我不遭時也吾嘗爲君三戰三北鮑叔不以我爲怯知我有老母也生我者父母知我者鮑叔也

傅子曰杜畿至許見侍中耿紀共語終夜尚書令荀彧家與紀屋相比夜聞畿言異之至旦遣謂紀曰有國士何以居位既見畿如舊相識遂進畿於朝

郭子曰冀州刺史楊准二子喬字國彥髦字士彥清平有識俱揔角爲成器准與裴頠樂廣友善遣見之頠謂准曰喬及卿髦小減也廣謂准曰喬自及卿髦尤精出准笑曰我二兒之優劣乃裴樂之優劣論者許之

魯連子曰舜耕於歷山而交益陶於河濱而交禹

孔叢子曰子高遊趙平原君客之有鄒文節與子高相友善及將還曾諸故人訣既畢文節送行三宿臨別文節流涕交頤子高徒抗手而已分背就路其徒問之曰先生與彼之子善彼有戀戀之心悽愴流涕而先生厲聲高揖無乃非親親之謂乎子高曰始吾謂之大丈夫乃今知其婦人也人生則有四方之志豈鹿豕也哉而常群聚乎

又曰秦莊子死孟武伯問孔子曰古者同寮有服乎答曰聞諸老聃昔虢叔閎夭太顛散宜生南宮括五者同寮比德以贊文武及虢叔死四人爲服古之達禮者行之

韓詩外傳曰宋玉因其友事襄王王待王亦無異

江表傳曰吳有程普者頗以年長數凌侮周瑜瑜折節下容終不之與交普後自敬服而親重之乃告人曰與周公瑾交若飲醇醪不覺自醉

袁宏山濤別傳曰陳留阮籍譙國嵇康並高才遠識少有陪其契者濤初不識一與相遇便爲神交

列士傳曰六國時羊角哀與左伯桃爲友聞楚王賢俱往仕至梁山逢雪粮盡度不兩全遂併粮與角哀角哀至楚楚用爲上卿後來收葬伯桃伯桃墓逼近荊將軍陵而伯桃告云我日夜被荊將軍伐之哀乃加兵未知勝否云我向地下看之遂自刎死

道學傳曰杜京產建武初徵之產曰莊周持釣豈爲白璧所回遂不就會稽孔道徵亦守志產與友善

又曰薛彪之聞陶隱居委紱架石室與蔣負芻隣居梅字彪歎曰彼二人者可爲道友何爲久滯東川於是命棹來歸便相就共住日夕講習

又曰潘洪字文盛山陰人幼辭家入山修稟上法陶貞白見而悅之遂與投分共遊諸勝尋求真書

又曰許邁字遠遊少與高陽許詢並治高節同志齊名詢能清言兼有詞藻邁博學亦善屬文

廣州先賢傳曰董正字伯和番禺人也隱士南陽車遂字德陽聞正令名不遠萬里徑來投正正道同志合恩如伯仲數年中遂得病正爲傾家救恤疾篤命絕停屍於堂殯斂之禮如同生身自送喪於南陽

殷氏世傳曰殷褒字元祚渤海府君之子河南鄭廉始出寒賤又未知名見而友之廉父常居肆乃就拜其父於市衆皆驚廉由是顯名位至司徒

荀氏家傳曰荀羡與沛國劉真長太原王仲祖陳郡商洪源並著情契大宗時居阿衡之任虛中誘納賓友賢哲與羡等數人爲布衣之好

又曰荀粲簡貴不能與常人交接所交者皆一時俊傑粲卒至葬夕赴者十餘人皆同年名士也哭之感慟路人

嵇康高士傳曰逢萌條房李雲王尊同時相友世號之四子

海內先賢傳曰潁川鍾皓字季明爲郡功曹時陳寔爲西門亭長皓深禮之與同分義皓辟公府太守問誰可代君皓曰明府必得其人西門亭長可也

張隱文士傳曰禰衡與孔融作爾汝之交時衡未滿二十融已五十重衡才秀忘年也

向秀別傳曰秀字子期少爲同郡山濤所知又與譙國嵇康東平呂安友善其趨舍進止無不必同造事營生業亦不異常與康偶鍛於洛邑與呂安灌園於山陽收其餘利以供酒食之費或率爾相攜觀原野極遊浪之勢亦不計遠近或經日乃歸復脩常業

郭林宗別傳曰郭泰字林宗入潁川則友李元禮至陳留則結符偉明之外黃則親韓子助過蒲亭則師仇季智也

英雄記曰袁紹不妄通賓客好遊俠與張孟卓何伯求吳子卿許子遠伍德瑜等皆奔走之友不應辟命

荊州記曰陸凱與范曄爲友江南寄梅花一枝來詣長安與曄并贈詩曰折花奉驛使寄與隴頭人江南無所得聊贈一枝春

虞預會稽典錄曰盛憲字孝章初爲臺郎常出遊逢一童子容貌非常憲怪而問之是魯國孔融年十餘歲憲下車執融手載以歸舍與融談宴結爲兄弟升堂拜母曰可賀憲母昔有憲今有弟

又曰卓恕字公行上虞人也與人期約雖遭暴風疾雨無不至者嘗從建鄴辭太傅諸葛恪恪問何當復來恕荅曰某日當復親覲至是日恪停食候恕至時賓客會者皆以爲稽建業相去千餘里道隔江湖豈得如期須臾恕至一坐盡驚

又曰賀劭字興伯山陰人也爲人美姿容動靜有常與人交久而敬之

又曰虞倫字孝緒餘姚人也與駱琟爲彈冠之友

吳録曰步騭與衛旍同年相善俱以種瓜自給晝勤四體夜誦經傳

三輔決録曰游殷爲胡軫所害同郡吉伯房郭公休與殷同歲相善爲緦麻三月

趙岐三輔決録曰蔣詡字元卿舍中三徑唯羊仲裘仲從之遊二仲皆雅廉逃名之士

華陽國志曰洛陽慶鴻慷慨好義廉范與爲刎頸之交時人稱曰前有管鮑後有慶廉

陳留志曰韋庚字宣明襄邑人也常居園中故世謂之園公與河內軹人角里先生綺里季夏黃公爲友皆修道絜

已非義不踐當秦末避代入商洛山隱居自娛
竹林七賢論曰嵇康字叔夜與東平呂安少相知友每一相思輒千里命駕
又曰山濤與阮籍嵇康皆一面契若金蘭濤妻韓氏嘗問濤曰吾當年可爲交者唯二人而已
崔豹古今注曰鄭弘行宦京洛未至夜宿一墟（如過而緣二埆河邊）此於是逢舊友四人四顧荒郊村落絕遠酤酒無處情抱不申仍各以錢投水中依評共飲盡夕酣暢皆得大醉因名沉釀川
劉向說苑曰伯牙子鼓琴其友鍾子期聽之方鼓琴而志在於太山鍾子期聽之曰善哉鼓琴巍巍乎若太山少選之間而志在流水鍾子期聽之曰善哉鼓琴湯湯乎若流水鍾子期死伯牙子屏琴絕絃終身不鼓以爲時無足爲鼓琴者
說苑曰魏文侯歎田子方曰自友子方也君臣益親百姓益附吾是以知友士之功焉
世說曰山公與嵇阮一面契若金蘭山公妻韓氏覺二人異於常欲窺之他日二人來妻竊窺之公曰二人何如妻曰君殊不如正當以識度相及耳公曰伊輩亦當以我爲勝
又曰華歆與管寧邴原相友曾共鋤園得金寧以鋤揮之與瓦礫無異歆捉而擲之
又曰荀巨伯遠看友人疾值胡賊攻郡巨伯不忍去賊既至謂巨伯曰大軍至一郡並空汝何男子輕大軍而敢獨止巨伯曰有友人疾不忍委之寧以我身代友人之命賊知其賢自相謂言我輩無義之人而入有義之國疾促軍而還一郡並全

又曰陸機赴假還洛輜重甚盛戴淵與年少掠之淵在岸上據胡牀指揮左右皆得其宜淵既有風標鋒穎雖處鄙事神氣獨異於衆機於船屋上遥謂之曰卿才如此亦復作劫淵便流涕投劍歸機辭屬非常機彌重之便與定交咋筆薦焉
又曰夏侯稱字義權年十六與文帝爲布衣之交每讌氣凌一座辯士不能答代之高者皆多從之遊
又曰支道林喪法虔之後精神殞喪風味轉墜常謂人曰昔匠石廢斤於野人牙生輟絃於鍾子推已外求良不虛也冥契既逝發言莫賞中心蘊結余其亡矣却後一年支遂亦隕
又曰王爽與司馬太傅飲酒太傅醉呼王爲小子王曰亡祖長史與簡文帝爲布衣之交亡姊伉儷二宮何小子之有
楊松玠談藪曰太原孫伯翳放情物外棲志丘壑與王令君高范將軍雲爲莫逆之交
琴操曰三士窮者其思革子之所作也其思革子户文子叔衍子三人相與爲友聞楚成王賢好士三人俱往見之於蒙蔚巖之間卒逢飄風暴雨俱伏於空柳之下衣寒糧乏度不俱活三人相視歎曰與其飢寒俱死豈若并衣糧於一哉二子以革子爲賢推衣與之革子曰生則同樂死則共之固辭二子曰吾相與猶左右手也左傷則右救右傷則左勞子不我受俱死無名可痛乎於是革子受之二子遂凍餓而死其思革子揭衣糧而去往見楚王王知其賢用百酒嘉都設鍾鼓樂之革子有憂悲之色楚王乃推樽罷樂外琴而進之其思革子援琴而鼓作相與別散之

志

孫楚牽招碑曰初君與劉備少長河朔英雄同契爲刎頸之交有橫波截流栱翼橫飛之志俄而委質於太祖備逐鼎足於蜀漢所交非常爲時所忌每自酌損乎季孟之間

蔡邕真定真父碑曰其接友也審辯真僞明于知人度終始而後交情不疏而貌親

夏侯湛鮑叔像贊曰鮑子愔愔式昭德音綢繆陳仲二人同心嚴芳猶蘭其堅如金遥遥景迹君子攸欽

周祗執友箴曰人亦可言貴則易交利重太山道輕鴻毛久而益敬見之晏平霜雪既至勁栢冬青

太平御覽卷第四百九

御平四百九　七　壬青

太平御覽卷四百一十

人事部五十一

交友五　請交不許　世交

父子交　絕交

交友五

傅幹與張叔威書曰吾與足下義結紈素恩比同生○東方朔與公孫弘書曰爵祿不相責以禮同類之游不以遠近爲故東門先生居蓬戶空穴之中魏公子一朝以百騎造之呂望未嘗與文王同席而坐一朝讓以天下半大丈夫相知何必抵塵而遊垂髮齊年哉

張奐與延叔堅書曰吾與叔堅剖心相知豈以流言相猜耶

曹植離友詩曰王旅旋兮背故鄉彼君子兮篤人綱騰駕行兮歸朔方馳原隰兮尋舊疆

郭璞贈溫嶠詩曰人亦有言松竹有林及爾臭味異苔同岑言以忘得交以淡成

謝朓贈友人詩曰芳洲有杜若可以贈佳期清風動簾夜孤月照窻時安得同携手酌酒賦新詩

陸倕贈京邑僚友詩曰時逢世道泰鶩足步高衢江間寒事早夜露傷秋草心屬姑蘇臺目送邯鄲道李郭或同舟潘夏時方駕歡娛終美景數文永宵夜挺賸豈異人戚戚皆明婭

蕭鈞晚景遊泛懷友詩曰龍門低御溝鳳轄轉芳州雲峯初辯夏氣早迎秋山翠餘煙積川平晚照收浪隨文鷁轉波逐彩鴛浮風花輕未落巖泉咽不流一辭金谷苑空想竹林遊

潘岳詩曰投分寄石友白首同所歸

古善哉行曰月沒參橫北斗闌干親友在門忘寢與飡

請交不許

後漢書曰侯霸欲友王丹霸子見丹下車拜丹荅拜霸子曰大人方願交歡奈何拜小子丹曰君房有是言丹未之許也

又曰張霸遷侍中時皇后兄虎賁中郎將鄧騭當朝貴戚聞霸名行欲與爲交逡巡不荅衆笑其不識世務

魏志曰將軍張遼與其護軍武周有隙遼就刺史溫恢求交胡質質辭以疾遼出遇質曰僕安意於君何以相孤如此質曰古人之交也多取知其不貪奔北知其不怯聞流言而不信故可終也武伯南身爲雅士往者將軍稱之不輟於口今以睚眦之恨反成嫌隙況質才薄豈能終好是以不願也遼感其言復與周平

蜀志曰劉巴字子初零陵先賢傳曰張飛嘗就巴宿巴不與語飛遂忿恚諸葛亮謂巴曰飛雖實武人愛慕足下足下雖天爵素高宜少降意巴曰丈夫處世當交四海英雄如何與兵子共語

晉書曰解系字少連濟南人也系及二弟結育並清身潔己甚有聲譽時荀勗門宗弘盛勗諸子謂系等曰我與卿爲友應向我公拜勗曰我與君尊先使君親厚系曰不奉先君遺教公君與先君厚往日哀頓當垂書問親厚之誨非所敢承勗父子大慚

梁書曰庾詵字彥寶新野人也性純夷簡罕所遊狎河東柳惲欲與之交拒而不許

齊春秋曰王僧祐字胤宗亭然獨立不交當代名士王思

遠之徒託意請交並不降意自天子及侯伯未嘗與一人遊焉

嵇康高士傳曰井丹字大春扶風人也博學故京師爲之語曰五經紛綸井大春未嘗書刺候謁人梁松請交丹不肯見後遂隱遁

皇甫士安高士傳曰嚴遵字君平蜀人也楊雄少從之遊數稱其德李彊爲益州牧喜曰吾得君平爲從事矣雄曰可備禮與相見其人不可屈也王鳳請交不許歎曰益我財者損我神生我名者殺我身故不仕時人服之

世說曰何晏鄧颺夏侯太初並求傅嘏交而嘏終不許諸人乃因荀粲說合之傅曰夏侯太初志大心勞能合虛譽誠所謂利口覆國之人鄧颺何晏有爲而躁博而寡要外好名利而內無關籥此三賢者皆敗德之人耳遠之猶恐

罹禍況可親之哉後皆如其言

又曰南陽宗世林與魏武同時而薄其爲人不與之交及魏武作司空總朝政從容問宗曰可以交未荅曰松柏之志甚存

世交

後漢書曰孔僖字仲和魯人也祖父建少遊長安與崔篆仕王莽爲建新大尹僖與崔篆孫駰復相友善焉

晉書曰咸寧初有司奏何劭及兄遵等受故鬲令袁毅貨雖經赦有宜皆禁止事下廷尉詔曰太保與毅有累世之交遵等所取蓋薄一皆置之

父子交

左傳襄五年曰初伍參與蔡太師子朝友其子伍舉與聲子相善聲子子朝之子也伍舉出奔鄭將遂奔晉聲子將如晉遇之於鄭郊班荊相與食班布也布荊坐地朋友世親也

魏書曰陳群字長文通達有識度其所交皆父黨也魯國孔融與群父紀友又與群交

王隱晉書曰王戎隨父渾在郎舍時阮籍亦爲郎每詣渾輒云與卿語不如阿戎談戎時年十五籍乃交焉

北齊書曰陸昂字雲駒洛陽人也父子璋魏中書監昂爲河間邢劭所賞邢又與子璋交遊嘗謂子璋云吾以卿老蚌復出明珠

高士傳曰班嗣在京師家有賜書內足於財父黨楊子雲已下莫不造門

唐書曰鄭士美字和夫少好學善記覽父友顏真卿蕭穎士輩嘗與之討論經傳應對如流既而相謂曰吾曹異日當交二鄭之間矣

汝南先賢傳曰薛勤字恭祖仕郡爲功曹陳仲舉時年十五爲父齋書詣勤勤顧而察之明日造焉仲舉父出迓勤勤曰足下有不凡子吾來候之不從卿也言義盡日

道學論曰許邁字叔玄清虛接真遐棲世表志在往而不返故自改名遠遊與王右軍父子爲世外之交王亦辭榮好養生之事每造遠遊未嘗不彌日忘返

東哲弔蕭孟恩文曰東海蕭惠字孟恩者父昔爲御史與哲先君同僚孟恩及哲旦夕同遊分義早著孟恩夫婦皆亡門無立嗣哲時有伯父從兄之憂未獲自往致文一篇以弔其魂

絕交

毛詩谷風曰谷風刺幽王也天下俗薄朋友道絕焉

又曰伐木廢則朋友缺矣

史記曰相國曹叅始微時與蕭何善及爲將相有隙

又曰越石父賢在於縲紲之中晏子出遭塗解左驂贖之載歸弗謝入門久之石父請絕晏子懼然攝衣冠謝曰晏雖不仁免子於厄何求絕之速也石父曰不然吾聞君子屈於不知己而伸於知己者方吾在縲紲之中彼不知我也夫子既已感而贖我者是知己知己而無禮固不如縲紲之中

漢書曰張耳陳餘始居約時相然信死豈顧問哉及據國爭權卒相滅亡勢利之交古人羞之蓋謂是矣

又曰蕭育少與陳咸朱博爲友著聞當世往者有王貢故長安人語曰蕭朱結綬王貢彈冠言其相薦達也始育與公卿子顯名咸最先進年二十餘爲御史中丞時朱博尚爲杜陵亭長爲咸育所舉援後遂並歷刺史郡守相及爲

九卿而博先至將軍上卿歷位多於咸育遂至丞相育與博後有隙不能終故世以友爲難也

范曄後漢書曰許劭少峻名節好人倫多所賞識劭邑人李逵杜直有高氣劭初善之而後有隙

東觀漢記曰梁鴻初與京邑蕭友善約不爲陪臣及友爲郡吏鴻以書責之而去

又曰王良字仲子東海人少清高爲司徒司直以病歸一歲復徵至滎陽疾篤不任進道乃過其友人友人不肯見曰不有忠言奇謀而取大位何其往來屑屑不憚煩也遂拒之良慙自後連徵輒稱疾

魏志鍾繇傳曰王弼爲人淺而不識物情初與王黎荀融友善黎奪其黃門郎於是恨黎與融亦不終

又曰管寧與華歆同學歆聞車馬聲出門寧割席曰子非吾友也

徐廣晉記曰相國掾魏諷有盛名同郡任覽與諷友善鄭袤謂覽曰諷姦雄必以禍終子宜絕之後諷果敗

齊書曰初劉逖與祖班以文義相得結陳雷之契又爲弟俊聘班之女將免魏彥深等也以告逖乃付密啓令其奏聞彥深等頗知之先自申理班由是疑逖告其所爲及班被出逖遂遣弟離婚其輕交易絕如此

唐書曰韋澳貫之之子也大和六年擢進士第兄温與御史中丞高元裕友善温請用澳爲御史謂澳曰高二十九持憲綱欲與汝相面汝必得御史澳不荅温曰高君端士汝不可輕澳曰然恐無呈身御史終不詣元裕之門

袁叔真隱士傳曰鶡冠者或曰楚人也隱居山林衣弊履穿以鶡爲冠莫測其名因服成號著書言道家事馮煖嘗

師事焉煖後顯於趙鶡冠子懼其薦己也乃與煖絕焉

新序曰吳有士張胥鄙譚夫吾前交而後絕張胥鄙有罪拘將死譚夫吾合徒取之出於道而後知其夫吾輟行而辭曰吾義不同子故前交而後絕吾聞之君子不以安肆志不爲危易行吾今從子是安則肆志危則易行也吾因子而生子若反拘而死闔廬聞之命吏釋之胥鄙辭曰吾義不同於譚夫吾故不受其任矣今利以是出誠以譚夫吾故免也遂觸廧而死譚夫吾聞之曰致任而不受佞也不知而出之愚也佞不可以接上愚不可以事君吾行虛矣人惡以吾力生吾亦恥以此立於世乃絕頸而死

後漢朱公叔絕交論曰世之務交游也甚矣不惇于業不忌于君犯禮以追之背公以從之事替義退公輕私重

劉孝標廣絕交論曰騁黃馬之劇談縱碧雞之雄辯於是

有弱冠王孫綺紈公子道不挂於通人聲未遒於雲閣是曰談交魚以泉涸而煦沫鳥因將死而鳴哀斷金由於湫隘刎頸起於苫蓋是曰窮交馳騖之俗澆薄之倫無不操權衡秉纖纊衡所以量其輕重纊所以屬其鼻息若衡不能舉纊不能飛雖顏冉龍翰鳳雛曾史蘭薰雪白視若遊塵遇如土梗近世有樂安任昉見一善則盱衡扼捥遇一才則揚眉抵掌雌黄出於脣吻朱紫由其月旦於是冠蓋輻湊衣裳雲合輜軿擊轊坐客恒滿及瞑目東越歸骸洛浦繐帳猶懸門罕漬酒之彦墳未宿草野絶動輪之賓藐是諸孤朝不謀夕自昔把臂之英金蘭之友曾無羊舌下泣之仁寧慕郈成分宅之德太行孟門豈云嶄絶是以耿介之士疾其若斯獨立高山之頂驩與麋鹿同群

袁嶠與褚左軍解交書曰皇太后踐登正祚臨御皇朝將

軍之於國外姓之太上皇也與將軍雖處少長雖世譽先後而臭味同歸乎昔之交禮與數而降貧賤之欣隨位事而替雖欲虛詠濠肆脱落儀制其能得乎○嵇康與山濤絶交書曰足下見直木必不爲輪曲者不以爲桷蓋不欲枉其天材令得其所不可自好章甫強越人以文冕也今但願守陋巷教子孫時時與親舊叙闊陳說平生濁酒一杯彈琴一曲志願畢矣

太平御覽卷第四百一十

太平御覽卷第四百十一

人事部五十二

孝感

孝經左契曰元氣混沌孝在其中天子孝天龍負圖地龜出書大孽消滅雲景出游

孝經援神契曰庶人孝則木澤茂浮珍舒恪草秀水出神魚（此庶人謂有德不仕若曾子之孝千里感母能使其域致珍也）

東觀漢記曰明帝光武第四子陰后所生即祚長思遠慕至踰年迺率諸王侯公主外戚郡國計吏上陵如會殿前禮正月上謁原陵夢先帝太后如平生親率百官上陵其日降甘露積於樹百官取以薦會畢上伏御牀視太后鏡奩中物感慟悲涕令易脂澤粧具左右皆泣莫能仰視

又曰姜詩字士遊廣漢雒人遭值年荒與婦傭作養母賊經其里束兵安步云不可驚孝子母好飲江水兒常取水溺死夫婦痛恐母知詐云行學歲作衣投于江中俄而涌泉出於舍側味如江水井旦出鯉魚一雙

謝承後漢書曰方儲字聖明丹陽歙人幼喪父事母母終自負土成墳種奇樹千株白兔遊其下

魏略曰程堅字謀甫南陽人居貧以磨鏡給養母喪哀號擗下有馬每聞堅哭輒淚出暫輟芻草

晉書曰王祥性至孝繼母朱氏不慈猶令除掃牛下祥愈恭謹父母有疾衣冠不解母令守捺實每風雨至抱樹而立母又思黃雀炙忽有十數黃雀飛入幕以共母食又母冬月欲食生魚祥脫衣剖冰求之雙鯉躍出鄉里以爲孝感所致

又曰吳隱之字處默年十歲丁父憂每號哭行人爲流涕

家貧無人鳴鼓每至號哭之時有雙鶴驚叫及祥練之夕復有群鴈俱集時人咸以孝感所致

晉中興書曰何琦字萬倫遭母憂停柩在殯爲鄰火所逼煙焰已交家乏僮役計無從出乃匍匐棺所號哭而已俄而風止火息堂屋一間乃免

又曰烏程吳達性經饑饉父母兄嫂及群從小幼之親十有三人達病篤鄰里咸葦裹衣而埋之親屬皆盡存者唯達夫妻而已家徒四壁晝則傭賃夜還燒塼伐木夜在山中屢遇虎虎下道避之夫妻勤苦朞年中成七墓十二棺鄰里嘉其志義葬日悉出助之太守張崇之義其志行加羔鴈之禮命補功曹史達以門寒固辭不就

蕭子顯齊書曰永興王氏女年五歲得毒病兩目皆盲性至孝年三十父死臨尸一叫眼皆血出小妹娥舐其血左目即開時人稱爲孝感

崔鴻十六國春秋前趙録曰劉殷七歲喪父哀毀過禮曾祖母王氏盛冬思堇殷年九歲乃於澤中慟哭收淚視地見有堇生焉得斛餘而歸食而不減至堇生乃盡其夜夢人謂殷曰西籬下有粟寤而掘之得粟十五鍾焉銘曰七年粟百石以賜孝子劉殷自是食之七年乃盡

又曰王延（字延元西）河人也九歲喪母後母卜氏遇之無道延供事彌謹卜恒取蒲穰及敗麻頭與延貯衣其姑聞而問之延知不言卜盛冬勑延去思生魚延求魚不獲卜杖之流血延尋汾叩凌而哭得生魚一隻長五尺卜食之積日不盡爾乃心寤撫延如親子

秦記曰苻健皇始元年晉梁州刺史司馬勳入秦州獲尚書趙琨煞而棄其尸琨子煥求父尸不得乃悲號不已俄

有群鳥悲鳴從山而來來而復反尋鳥向山而得父尸
南史曰潘綜吳興烏程人也孫恩之亂妖黨攻破村邑綜與父驃共走避賊驃年老行遲賊轉逼驃語綜我不能去汝走可脫幸勿俱死驃因之坐地綜迎賊叩頭曰父年老乞賜生命賊至驃亦請賊曰兒年少自能走今為孝子不去老子不惜死乞活此兒賊因斫驃綜抱父於腹下賊斫綜頭面凡四創綜當時悶絶又一賊從傍來相謂曰卿欲舉大事此兒以死救父亦何可煞煞孝子不祥賊乃止父子乃得免
齊書曰匡昕字令先廬陵人有至性隱金華山服食不與俗人交母病亡已經七月昕奔還號叫母即蘇皆謂孝感所致
齊春秋曰宗元卿字希侍早孤爲祖母所養祖病元卿在遠輒心痛大病則大痛小病則小痛如此常也
又曰焦華父遺曾病甚冬中思瓜華忽夢人謂之曰聞爾父思瓜故送助養呼從者進之華跪受寤而瓜在手香非常也父食之而病愈
又曰劉靈哲字文明母病祈禱至多忽夢一人以藥與之曰煑服之即差驚寤於枕間得所夢之藥似竹根服之立差餘根於齋前種葉似蒐莖莫有識者
又曰蕭叡明字景懠在計切母病風積年晝夜祈禱時寒叡明下淚為氷筋額上叩血出亦氷不流忽有一人以小石函授之曰此能治丈夫百病叡明受之忽不見人以函奉母唯有三寸絹丹書為日月字母即平愈
又曰解叔謙字楚梁母有疾於夜庭中祈祠聞空中云此疾無他得丁公藤為酒便差即詣醫及本草皆無識者乃求訪至宜都遥覩山中一老翁伐木問其所用答曰此丁公藤治風尤驗叔謙伏地流涕具款求意此公與之四段并示漬酒法叔謙拜領受之復視翁不見依法爲酒母疾頓愈
梁書曰陸襄字師伯常卒心痛醫曾方須三斗粟漿時屬凝冬日又暮矣求乞無所忽有老人詣門貨漿量如方斛始欲酬直無何失之時以襄孝感致焉
又曰臧盾有孝性隨父宿直廷尉母劉氏在宅暴亡盾左手中指痛不得寢及曉宅信果報凶問其感通如此
又曰甄恬字彦約數歲喪父哀戚有若成人年八歲問其母恨不識父悲泣累日忽云有見形狀即其父也及母亡廬于墓有鳥玄黄色集于廬樹恬哭即鳴止則無聲
陳書曰吳明徹幼孤性至孝年十四感墳塋未修家貧無以取給乃勤力耕種時天下亢旱苗稼燋枯明徹哀憤每之田中號哭仰天自訴居數日有田還者云苗已更生明徹疑其欺已及往如言秋而大獲足充葬用
三國典略曰柳遐母嘗乳間發疽醫云須人吮膿遐應聲即吮旬日遂瘳咸以爲孝感所致
後魏書曰王崇字乾邑陽夏雍丘人也母亡扶而後起鬚鬢墮落未及遷葬權殯宅西崇廬於殯所晝夜哭泣鳩鴿群生有一小鳥素質黑眸形大於雀栖於崇廬朝夕不去母喪始闋復丁父憂哀毀過禮是年陽夏風雹所經之處禽獸暴死草木摧折至崇田畔風雹便止禾麥十頃無所損落及過崇地風雹如初咸稱至行所感
又曰吳遠逵河東聞喜人父母爲人所煞四時號慕悲感鄉鄰及長報仇避地永安後欲改葬歲月淹久亡失墳墓

連年於闕裏舊鄉推尋弗獲號哭之聲晝夜不止周遊巡歷叫訴神祈忽於遠逵足下地陷得父銘記因遷葬曾祖已下三世九喪

後周書云張元字孝始芮城人年十六祖喪明三年元居常憂泣遂請七僧燃七燈七日七夜轉藥師經行道言曰元爲孫不孝使祖喪明今日燃燈光普施法界願祖目見明元求代闇如此七日其夜夢見一老翁以金鎞療其祖目謂元曰勿憂悲也三日之後祖目必差如期果明

唐書曰豫州人許坦年十歲餘父入山採藥父爲猛獸所噬即號叫以杖擊之獸遂奔走父以得全太宗聞而謂侍臣曰坦雖幼童遂能致命救親至孝自衷深可嘉尚授文林郎賜物五十段

又曰博州梁文貞虢州閿鄉人少從征役比迴父母皆卒文貞恨不獲終養乃穿壙爲門磴道出入晨夕灑掃其中結廬墓側未嘗暫息自是不言三十年家人有所問但畫字以對其後山水衝斷驛路更於原上闢道經文貞墓前由是行旅之遠近莫不欽歎有甘露降塋前樹白兎馴擾開元初縣令崔季友刊石以紀之十四年刺史許先奏文貞孝行特絕泣血廬墓三十餘年請宣付史官

又曰安金藏神龍初喪母葬於都南闕口之北廬於墓側躬造石墳石塔晝夜不息原上舊無水忽有湧泉自出又有李樹盛冬花開犬鹿相狎

蕭廣濟孝子傳曰杜孝巴郡人也少失父與母居至孝充役在成都母喜食生魚孝於蜀截大竹筒盛魚二頭塞之以草祝曰我母必得此因投中流婦出渚乃見筒橫來觸岸異而取視有二魚含笑曰必我壻所寄熟而進之聞者歎駭

又曰邢渠失母與父仲居性至孝貧無子傭以給父父老齒落不能食渠常自哺之專專然代其喘息仲遂康休齒落更生百餘歲乃卒也

又曰隗通字君相母好飲江水常乘舟檝置之深浚艱辛忽有橫石特起直趍江脊後取水無復勞劇

又曰辛繕字幼文母喪精廬旁有大鳥頭高五尺雞首鷰頷魚尾虵頸備五色而青棲于門樹

又曰文讓養母至孝及喪不用僮僕之力兄弟二人營築其墳暫歸取糧群鳥數千銜壤俄而成墳

小說曰宋宜都王鑠三歲喪母及有識問母所在左右告以早亡便思慕蔬食祈請幽冥求一夢見至六歲夢見一婦人謂之曰我是汝之母鑠悲泣旦說之容貌衣服事事如平生也

世說曰鄭子産善事母奉命聘晉道中心痛遣人還家起居問母母曰吾忽心體不調憶想汝耳更無他也

祖台志怪曰吳中書郎盛仲至孝母王氏失明仲暫行勑婢食母婢乃取蠐螬蒸食之母甚以爲美不知是何物兒還母曰汝行後婢進吾食甚甘然非魚肉汝試問之既而問婢婢服曰實是蠐螬仲抱母慟哭母目霍然立開

宋躬孝子傳曰丘傑字偉時吳興烏程人也遭母喪以熟菜有味不甞於口病歲餘忽夢見母曰死止是分別耳何事乃爾荼苦汝噉生菜遇蝦蟆毒靈牀前有甌甌中三丸藥可取服之傑驚起果得甌甌中有藥服之下科斗子數升丘氏世寶此甌宋大明七年災火焚失之

又曰陳遺吳郡人少爲郡吏母好鐺底焦飯遺在役常帶

一囊每麥食輒録其嬴以貽母後孫恩亂聚得數升常帶自隨及逃竄多有餓死遺食此得活母晝夜泣涕目為失明耳無所聞遺還入户再拜號咽母豁然有聞見

又曰韓靈珍東海郯人喪母三年貧無所葬與弟靈敏共種苽半畝欲以營殯及瓜熟採賣每朝取暮復生大小如初遂得充葬

又曰夏侯訢字長況梁國寧陵人也母疾屢經危困訢衣不釋帶二年母不忍見其辛苦使出便寢息訢出便卧忽夢見其父來曰汝母病源深痼天常矜汝至孝賜藥在屋後桑樹上訢乃驚起如言得藥而取水和進之便得瘥差

又曰宋承字世林父貧喪葬舊塋負土作墳不役僮僕一夕間土壤自高五尺松竹生焉

又曰韋俊字文高京兆杜陵人嘗與其父共有所之夜宿逆

旅時多虎將曉虎遶屋號吼俊乃出户當之虎弭耳屈膝伏而不動俊跪曰汝飢可食我不宜驚吾親老虎逡巡而退屋人皆安全

又曰伍襲字世長武陵人父没羌中乃學羌語言衣服與賓客入構羌諸令相攻襲棄其仇我讎羌負喪而歸葬畢因居墓所每哭輒有鹿踞墳而鳴漢法死事之孤皆拜郎中而襲不忍受吏迫之乃擲室逃其中吏不知處

又曰繆斐東海蘭陵人父忽患醫藥不給斐夜叩頭不寢不食氣息將盡至三更中忽有二神引鑠而至求斐曰尊府君昔經見侵故有怨報君至孝所感脈為天曹攝録斐驚起視父已差父云吾昔過伍子胥廟引二神像置地當是此耳

又曰紀邁廬江人本姓舒以五月五日生母棄之村人紀淳妻趙氏養之年六歲本父母時來看語曰汝是我生邁泣涕告趙趙乃具言始末及年十歲備力所得輒分二母各半淳亡無子邁乃斬衰三年本父母繼亡又並齊衰心喪三年趙欲為娶婦齎酒米往婿家道值醉人打趙體悶忽有一狗直至街邁衣若此者三邁心動走赴婿家逢醉人適共舉酌於草中邁乃以檐煞二醉人趙歸得平乃詣縣首令宥之乃誓不娶後邁嘗寢忽有一女言姓衛耶忽累死天神矜愍君無妻故使相報邁具說其狀母子至衛門外果如言送喪上車牛不肯動趙乃與主人具敘說之主人開柩女有氣息至曉醒復蘇語具說始末如趙所言遂為夫婦趙卒邁絶復蘇者日數四邁年五十嘗病幾死夢神曰君行至孝延曆將得百歲果九十七而卒

又曰王靈之年十三喪父二十年鹽醋不入口被病著牀

忽有一人來問疾謂之曰飡橘當差俄而不見之庭中橘樹隆冬乃有三實食之病尋愈咸以至孝所感

會稽典録曰虞國少有孝行後為日南太守常有雙鴈宿廳事每出行縣飛逐其車既卒於官逐喪還至餘姚於墓前歷三年乃去

又曰沈震字彥威烏程人十歲遭飢荒忽夜中有人告震曰西籬下地中有米五十石可供養旦夕即掘之果獲焉

風俗通曰楊範字文端齊人齊宋之亂母在縣賊中採椹藏於地夜取之進母如是非一忽於地中得米十斛上有字云米十斛賜孝子楊範以資給母

劉向孝子圖曰郭巨河内溫人甚富父没分財二千萬為兩分與兩弟己獨取母供養寄住鄰有凶宅無人居者共推與之居無禍患妻産男慮養之則妨供養乃令妻抱兒

欲掘地理之於土中得金一釜上有鐵券云賜孝子郭巨巨還宅主宅主不敢受遂以聞官官依券題還巨遂得兼養兒

又曰前漢董永千乘人少失母獨養父父亡無以葬乃從人貸錢一萬永謂錢主曰後若無錢還君當以身作奴主甚慜之永得錢葬父畢將往爲奴於路忽逢一婦人求爲永妻永曰今貧若是身復爲奴何敢屈夫人之爲妻婦人曰願爲君婦不恥貧賤永遂將婦人至錢主曰本言一人今何有二永曰言一得二理何乖乎主問永妻曰何能妻曰能織耳主曰爲我織千疋絹即放爾夫妻於是索絲十日之内千疋絹足主驚遂放夫婦二人而去行至本相逢處乃謂永曰我是天之織女感君至孝天使我償之今君事了不得久停語訖雲霧四垂忽飛而去

廣州先賢傳曰丁密字靖公遭父憂寢於塚側致飛鳧一雙游密廬旁小池後遭母喪密至所居宿故時雙鳧復來時人服其至孝

朝野僉載曰崔渾爲侍御史清白温恭能盡色養父母母小不康輒祈禱請以身代母嘗有疾渾跪請病受已有頃覺疾從十指入體而遍身母所苦遂愈丁父艱勺飲不入口毀脊骨立無何不勝哀而卒朝野傷心

御史臺記曰崔希喬清河人也以孝悌稱解褐臨清尉丁母憂哀毀殆至滅性服闋補鄭縣尉清介公方聞乎京邑轉鄭縣丞所居堂芝草生焉一瞑而葩盖盈尺矣州以狀申歲餘遷監察出按并州兵曹轉憑翊令人吏畏愛風化大行貧弱之輩荷其仁恕時有雲如盖當其廳事斯須五色雜綵周於縣郭道俗御望久之以狀聞勑編諸國史尋遷司勳員外其并州廳前有叢草小鳥來巢如鶉鷃孚卵纔數日鷇而見已諭於母矣枝且不勝墜于地月餘五色成文如鵝翔馴擾閑暇無復驚懼泊能飛翔時歸舊廨人到于今稱爲兵曹鳥初居喪管城每一哭群鳥畢集至于萬數聲皆遍至有樹條折者周於原野村鄰嗟稱之每所居其巢燕數乳必返哺踰旬後分飛矣此孝義感通也

史系曰趙雋字子奇平陽岳陽人也父聃爲縣西曹書佐嗜酒夜歸里墅横卧途中雋年十八見父歸遲即尋迎之父醉負而不勝脱已衣覆之是時冬中冱寒方甚雋單衣而已岳陽山多鷙獸夜有豹視之爲之歧道而去將旦與父同歸縣吏異之時人以雋孝感所致父卒不呼相者自營丘封有白鵲常遊於其家棗樹雋每朝夕臨鵲爲之悲鳴終喪而去會潞帥劉稹反家近潞封軍士齊討民散走時

雋母年八十餘唯一子乃平其父墓别以物識之葬其母入文城西山妻蹇步隨之至山數宿妻方至兆難者多糇糧踴貴雋拾橡實飴之以木畚供膳者終歳逮稹滅復葬其母東歸岳陽丘隴悉爲軍盜所發唯雋家墓得完復起墳焉母卒哀毀過制縣令京兆韋伯倫知之給米粟贍其家雋將葬母貧鬻其子質剩已定其夜夢一人謂曰爾舍東有錢百萬乃自發之及旦雋自舍東手掘之果得錢符夢歎焉

太平御覽卷第四百一十一

太平御覽卷第四百一十二

人事部五十三

孝上

爾雅曰善父母爲孝

毛詩鄁栢舟曰凱風美孝子也（凱風南風）衛之淫風流行雖有七子之母猶不安其室故美七子能盡其孝道以慰其母心

又曰陟岵孝子行役思念父母也國小而迫數侵削役于大國父子兄弟離散而作是詩也陟彼岵兮（山有草木曰岵）瞻望父兮

又谷風蓼莪刺幽王也民人勞苦孝子不得終養爾蓼蓼者莪匪莪伊蒿（蓼蓼長大貌也莪已蓼蓼長大我視之以爲非莪反謂之蒿諭已憂思雖在役中心不精識其事）哀哀父母生我劬勞

尚書曰有鰥在下曰虞舜帝曰俞予聞如何岳曰瞽子父頑母嚚象傲克諧以孝烝烝乂不格姦

大戴禮曰上敬老則下益孝

禮記曲禮曰凡爲人子者冬溫而夏凊昏定而晨省故州閭鄉黨稱其孝也孝子不服闇不登危懼辱親也（服事也不於闇冥之中從事謂卒有非常失禮也）

又祭義曰曾子曰孝有三大孝尊親其次不辱其下能養公明儀問於曾子曰夫子可以爲孝乎曾子曰是何言與是何言與君子之所謂孝者先意承志諭父母於道參直養者安能爲孝乎曾子曰身也者父母之遺體也（行父母之遺體敢不敬乎）居處不莊非孝也事君不忠非孝也莅官不敬非孝也朋友不信非孝也戰陣無勇非孝也五者不遂災及於親敢不敬乎亨熟羶薌嘗而薦之非孝也養也夫孝置之而塞乎天地溥之而橫乎四海斷一樹殺一獸不以其時非孝也孝有三小孝用力中孝用勞大孝不匱慈愛忘勞可謂用力矣尊仁安義可謂用勞矣博施備物可謂不匱矣父母愛之喜而弗忘父母惡之懼而無怨父母有過諫而不逆父母既沒必求仁者之粟以祀之此之謂終禮

又曰先王之孝也色不忘乎目（目常思父母之顏色）声不絕乎耳心志嗜欲不忘乎心君子生則敬養死則敬享思終身弗辱也

又曰子曰舜其大孝也與德爲聖人尊爲天子富有四海之內宗廟享之子孫保之故大德也必得其位必得其祿必得其名必得其壽

又曰閔子騫既除喪而見與之琴和之而不和彈之而不成声（大樂之和猶人心雖以除而哀未已）作而曰哀未忘也先王制禮不敢過也

又曰文王之爲世子朝於王季日三雞初鳴而衣服至於寢門外問內豎之御者曰今日安否何如內豎曰安文王乃喜及日中又至亦如之及暮亦如之其有不安節則內豎以告文王文王色憂行不能正履王季復膳然後亦復初

左傳曰鄭莊公即位姜氏愛共叔段請京使居之叔段襲鄭莊公伐京遂寘姜氏于城潁而誓之曰不及黃泉無相見也既而悔之潁考叔曰君何患焉若闕地及泉遂而相見（闕穿也遂延也）其誰曰不然公從之君子曰潁考叔純孝也

孝經曰愛敬盡於事親而德教加於百姓刑於四海蓋天子之孝也高而不危所以長守貴也滿而不溢所以長守富也蓋諸侯之孝也言滿天下無口過行滿天下無怨惡蓋卿大夫之孝也以孝事君則忠以敬事長則順蓋士之

孝也謹身節用以養父母此庶人之孝也
孝經援神契曰天子行孝四夷和平
又曰孝悌之至通於神明病則致其憂顚顇消形求醫翼
全宋均注曰翼羽翼親者也
孝經說曰孝畜也養也
論語學而曰父在觀其志父沒觀其行三年無改於父之
道可謂孝矣（孝子父在無所自專庶幾於其善道而已）
又爲政曰子路問孝子曰色難（言和顔色悅爲難也）
家語曰子路見孔子曰負重涉遠不擇地而遊家貧親老
不擇祿而仕昔者由也事二親之時常食藜藿之實而
爲親負米百里之外親沒之後南遊於楚從車百乘積粟
萬鍾累茵而坐（茵褥）列鼎而食願欲食藜藿爲親負米不可
復得也枯魚銜索幾何不蠹二親之壽忽如過隙孔子曰
由也事親可謂生事盡力死事盡思者也
又曰曾參者武城人字子輿志於孝道故孔子因之作孝
經齊欲以爲卿而不就曰吾父母老食人祿則憂人事吾
不忍遠親而爲人役也後母遇之無恩而供養不衰及其
妻爲藜蒸不熟因出之人曰非七出也荅曰藜蒸小物
耳吾欲使熟而不用吾命況大事乎遂遣之終身不娶
其子請焉告子曰高宗以後妻殺孝己尹吉甫以後妻
放伯奇吾上不及高宗下不比吉甫庸知其得免於非
乎
漢書曰梁孝王每聞太后病口不能食
又曰金日磾母教誨兩子甚有法度上聞而嘉之母死詔
圖畫於甘泉宮署曰休屠王閼氏日磾每見畫常拜向之
涕泣

東觀漢記曰汝郁字叔異陳國人年五歲母病不能飲食
郁亦不肯飲食母憐之強爲飧飯欺言已愈郁察母親色
不平輒復不食宗親共奇異之因字曰異
又曰蕭彪字伯文京兆杜陵人累官巴郡太守父老乞供養
父有賓客輒立屏風後應受使命父嗜䴵（音餅）每自買進之
又曰張霸字伯饒蜀郡成都人年數歲有所歠必先讓父
母鄉里號曰張曾子九歲通春秋復欲進業父母語汝小
何能多曰（霸饒爲之故字伯饒後作會稽太守兒童歌曰城上烏哺父母府中諸吏皆孝子）
又曰趙咨字文楚東郡燕人大司農陳奇舉咨至孝躬率
子孫耕農爲養盜嘗夜往刼之咨恐母驚懼乃先至門迎
盜因設爲食謝曰老母八十疾病須養居貧無儲乞少置
衣糧妻子餘物一無所請盜皆慙　奔走
又曰黃香字文疆父兄舉孝廉貧無奴僕香躬勤苦盡心
供養冬無被袴而親極滋味暑即扇枕寒即以身溫席
又曰鮑永字君長上黨人少有志操事母至孝妻常於母
前叱狗永即去之
又曰樊儵字長魚事母至孝母常病癰儵晝夜匍伏不離
左右至爲吮癰
又曰張表字公儀奉之子也遭父喪疾病曠年目無所見
耳無所聞服闋醫藥救療歷歲乃瘳每彈琴惻愴不能
成聲見酒肉未嘗不泣宗人親厚節會飲食宴爲其不復
設樂
又曰廉范字叔度京兆人也父客死蜀漢范與客步負喪
歸至葭萌船觸石破沒範持棺柩遂俱沈溺衆傷其義鉤
求得之僅免於死
又曰李充兄弟六人出入更衣家貧親老充妻勸異居充

使釀酒會親戚充啓其母曰此婦勸異居不可奉祭祀請
去之遂叱出其婦
吳志曰顧悌以孝悌廉直聞於鄉黨每得父書洒掃整衣
服設几筵舒書其上拜跪讀書應諾畢復再拜父終水漿
不入於口五日孫權爲作布衣一襲強令悌釋服悌雖以
公義自割猶以不見父喪常畫壁作棺柩設象神坐於下
對之哭泣服未闋卒
臧榮緒晉書曰長孫略字文度以富春車道少動經江水父
難於風波每行乘藍車略常步從遠者百里每渡浦則親
入水扶持藍車
又曰嵇紹事母至孝和色柔聲常居不足謹身節儉朝夕
孜孜親執刀俎非無使役以他人不如已之至誠也
又曰晉齊獻王司馬攸字文猷晉文少子太后崩執喪過

哀慟必盡禮左右或以稻米千飯丸理中丸以進王對之
涕泣不食經三年杖然後能起人有犯諱者常悲不自勝
又曰王延九歲喪父母卜氏遇之無道延事之夏則扇枕
席冬則以身溫之盛寒體無全衣而親極滋味
王隱晉書曰李胤字宣伯遼東人祖父敏漢末河內太守
爲賊所迫逐不知所終其子追索歷年無所見此居與父
同年者亡制服行喪燕國徐邈與之州里勸令娉婦孕生
胤遂絕房內常　禮重之不堪其憂數年而卒胤母更
適牽招胤不識父母又改行有識之後降食哀慼亦如遭
喪之禮以祖不知存亡設木主以事之由是發名
又曰郤詵對策上第拜朝議郎母憂去職母苦病亡不欲
車載家貧無以市買乃於所住堂北壁假葬朝夕拜告養
雞種蒜竭其力術過三年得馬八疋輿棺至家負土成墳

晉中興書曰吳隱之字處默濮陽人遭母憂哀毀過禮時
與太常韓康伯鄰居隱之每哭康伯母輟餐流涕悲不自勝語康伯曰吾若居銓衡之職
當用此輩人及康伯爲吏部尚書因進用之遂歷清顯
又曰范宣八歲後園挑菜誤傷指大啼問痛邪荅曰非爲
痛身體髮膚不敢毀傷是以啼也
又曰後蜀李雄太子班雄寢疾班晝夜省侍衣不解帶雄
自少攻戰大被傷痍至是多膿潰班爲吮膿殊無難色班
即雄兄之子也
宋書曰孫法宗一名宗之吳興人也父隨孫恩入海澨被
害屍骸不收母兄並餓死法宗年小流迸至十六方得還
單身勤苦霜行草宿營辦棺槨造立冢墓葬送母兄儉而
有禮以父屍不測入海尋求聞世間論是至親以血瀝骨當
悉凝沒乃操刀沿海見枯骸則刻肉灌血如此十餘年臂

脛無完皮血脉枯竭終不能逢緣經終身常居墓所山禽野
獸皆悉馴附每逢麑觸網必解放之
又孝義傳曰崔懷順清河東武城人也父邪利魯郡太守
宋元嘉中爲魏所獲懷順與妻房氏篤愛聞父見虜即日
遣妻布衣蔬食如喪禮歲時北向流涕邪利後仕魏書戒
懷順不許如此懷順得書更號泣懷順從叔模爲滎陽
太守亦入魏模子雖居處改節不廢婚宦宋大明中懷順
宗人冀州刺史元孫北使魏魏人問之曰崔邪利模並力
屈歸二家子姪出處不同義將安在元孫曰王尊叱馭
王陽迴車欲令忠孝並弘自子兩遂泰始初淮北入魏懷
順因此歸北至代都而邪利已卒懷順絕而後蘇載喪還
青州徒跣冰雪土氣寒酷而手足不凍時人以爲之孝感
又曰華寶晉陵無錫人也父豪晉義熙末戍長安年八歲

臨别謂實曰須我還當爲汝上頭長安陷實年七十不婚冠或問之者輙號慟彌日不忍荅也

又曰散騎常侍袁瑜薦會稽郭道事繼母至孝家貧產子憂不能字謂其妻曰傷慈以終孝吾無恨也遂瘞之

又曰師覺授字覺授南陽温陽人也與外兄宗少文並有素業以琴書自娛於路忽見一人持書一函題曰至孝師君苫前俄而不見捨車奔歸闔家哭聲一叫而絶良久乃蘇

又曰謝𦢊字宣鏡幼有殊行年數歲所生母郭氏父嬰痼疾𦢊晨昏温凊嘗藥捧膳不闕一時勤容戚顔未嘗暫改恐僕役營疾懈倦躬自執勞母爲病畏驚而微賤過甚一家尊卑感𦢊至性皆納屨而行屏氣而語如此十年餘

又曰蔡曇智鄉里號蔡曾子廬江何伯璵兄弟里號爲何

展禽並爲高士沈顗所稱常云聞蔡曇智之風怯夫勇鄙夫有立志聞何伯璵之風僞夫正薄夫厚伯璵與弟幼璵俱厲節操養兄孫子及長爲婚推家業盡與之安貧枯槁誨人不倦郡守下車莫不修請

又曰余齊人晉陵人也少有孝行爲邑書吏大明二年父賣在家病亡信未至齊人謂人曰比者肉痛心煩有如割截居常皇駭必有異故信尋至以父病報之四百餘里一日而至至門方知父死號痛慟絶良久乃蘇問父所遺言母曰汝父臨終恨不見汝齊人即曰相見何難於是號叫殯所須臾便絶州縣上言有司奏改其里爲孝義里蠲租布賜其穀百斛

又曰彭城劉俊司空勔音免之長子年十三身長七尺三寸以孝悌稱勔見害於朱雀街俊兄弟平生不行此路喪畢立杖而後起俊爲黄門郎稍遷右衛勑明帝山陵不獲已從朱雀街過感慟而卒

齊書曰王文殊字令章吳興故鄣人父入魏文殊思慕泣血終身蔬食不衣帛服麻緼而已不婚不交人物吳興太守謝瀹聘爲功曹不就立小屋於縣西端揖拱其中歲時伏臘月十五未嘗不北望長悲如此三十餘年太守孔琇之表其行欝林詔牓門改所居爲孝行里琇音秀又音酉

蕭子顯齊書曰劉𪊲胡官切有至性祖母病疽經年𪊲手持膏藥漬指爛母孔氏甚嚴明謂親戚曰阿稱便是今世曾子稱𪊲小名也

又曰宗頤字文德南陽人也世居南陽父在家病亡頤忽思戀涕泣因假還中路果得父凶問頤便徒跣號咷出陶後渚遇商人附載西上水漿不入口數日常遇病與母隔

壁忍病不言齧被至碎恐母哀已吏部庾杲之嘗往候之設食枯魚菜葅庾云我不能食此母聞之自出常膳魚羹數種杲之曰卿過於茅季偉我非郭林宗

又曰傅琰字季珪北地靈州人也美姿儀除尚書左侍郎遷尚書左丞遂遭母喪居南岸鄰家失火延燒琰屋抱柩不動鄰人競求赴救乃得俱全琰肱髀之間已被煙焰服闋除江夏王録事

梁書曰沈崇傃字思整吳國武康人也父懷明宋兗州刺史崇傃六歲丁父憂哭踊過禮及長事所生母至孝家貧常傭書以養天監二年太守柳惲辟爲主簿崇傃之從惲到郡還迎其母未至而母卒崇傃以不及侍疾將欲致死水漿不入口晝夜號哭旬日殆將絶氣兄弟謂曰殯葬未申遽自毁滅非全孝道也崇傃心悟乃稍進食母權瘞去

家數里哀至輒之壇所不避雨雪就墳哀慟飛鳥翔集夜常有猛獸來望之有聲狀如歎息者家貧無以遷厝乃行乞經年始獲葬焉既而廬于墓側自以初行喪禮不備復以葬後更行服三年久進麦屑不敢鹽酢坐臥於單薦因虛腫不能起郡縣舉至孝梁武帝聞即遣中書舍人慰勉之乃詔令釋服推補太子洗馬旌其門閭崇儁奉詔釋服而涕泣如居喪固辭不受官乃除永寧令自以禄不及養哀思不自堪未至縣卒

又曰荀匠字文師潁陰人晉太保勗九世孫也祖瓊年十五復父仇於成都市以孝聞宋元嘉末渡淮赴武陵王義爲元凶追殺贈員外散騎侍郎父法超仕齊爲安復令卒官匠號慟氣絶身體皆冷至夜乃蘇既而奔喪梁天監元年其兄斐爲鬱林太守征俚賊爲流矢所中死於陣喪還

匠迎于豫章望舟投水傍人赴救僅而得全及至家貧不時葬居父憂并兄服歷四年不出廬戶櫛括髮不復櫛沐髮皆禿落哭無時聲盡則係之以泣目眥皆爛形體枯悴皮骨裁連雖家人不復識郡縣以言武帝詔遣中書舍人爲其除服推爲豫章王國左常侍匠雖即官而毀悴逾甚外祖孫謙誡之曰主上以孝臨天下汝過古人故推汝爲此職非爲君父之命難拒故亦揚名後世所顯豈獨汝身匠乃拜竟以毀卒

太平御覽卷第四百一十二

太平御覽卷第四百一十三

人事部五十四

孝中

陳書曰徐孝克陵第三第事所生母盡孝每侍宴無所食噉至席散當其前膳羞又損減高祖密記以問中書舍人管斌斌嘗不能對自是斌以意伺之見孝克取珍果内紳帶斌常莫能識其意後更尋訪方知還以奉母斌以啓高祖高祖歎嗟久之乃勑所司自今享孝克前饌賜以餉其母

後蜀兵荒母病思粳米粥不能得而孝克終身不食粳米

崔鴻十六國春秋前趙録曰太宰王詳字季海性至孝言及二親未嘗不嗚咽擁慟每忌日輒三日不食

燕書曰周存字道名上谷俱陽人王彭祖叛母遇寇離失所在分崩州郡隔異存謂艱尋求自河以北無不周遍存亡無問後傳在昌黎而存已屬段氏昌黎土地燕之所統存徑投高祖客之爲置酒於坐問存君失母來幾年相見當識否高祖言音未止存涕泗覆面尋聲而對辭甚悲酸舉坐莫不忼慨高祖亦爲之動容由是意遇倍加存停朞不得母問將辭歸高祖意欲留之而未顯也存覺微旨陳謝曰聶政荆軻刺客之流意氣之顧甘死秦韓今明公無求於徵用而見接以國士應終身奉給以荅厚恩然老母未審存亡弟小無所依倚寢食未敢廢心昔徐庶指方寸以未辭今存披肝以表情願明公恕之高祖矜而聽去

後魏書曰趙琰字叔起天水人爲淮南王他府長史時禁制甚嚴不聽越關葬於舊兆琰積四十餘年不得葬二親及蒸嘗拜未嘗不嬰慕卒事每於時節不受子孫慶賀年餘耳順而孝思彌篤歲月推移坐遷窆無冀乃絕鹽粟斷諸有味二十年間食麥而已年八十卒遷都洛陽子應等乃還鄉葬焉

又曰長孫慮代人也母因飲酒其父眞呵叱之誤以杖擊便即致死眞爲縣囚執處以重坐慮列辭尚書乞慮身代父老命使嬰稚衆孤得蒙存立書奏玄慮於父爲孝子於弟爲仁兄尋情究狀特可矜感高祖詔特恕其父死罪以從遠流

又曰辛少雍字季冲隴西狄道人也少聰穎有孝行尤爲祖父紹先所愛紹先性嗜羊肝常呼少雍共食及紹先卒少雍終身不食羊肝

又曰張彝字慶賓清河東武城人太和中爲給事黄門侍郎後從駕南征母憂解任彝居喪過禮送葬自平城達家千里徒步不乘車馬顏皃毁瘠當世稱之

又曰寇治字祖禮上谷人也世宗時爲荆州刺史治兄弟並孝友敦睦白首同居父亡雖久而猶於平生所處堂宇備設幃帳几杖以時節開堂列拜垂涕陳薦若宗廟然吉凶之事必先啓告遠出行返亦如之

又曰孝文帝以文明太后再周忌日哭於陵左絕膳二日哭不輟聲

又曰元順字子和任城文宣王之子遭父憂哭泣歐血身自負土時年二十五便有白鬚免喪抽去不復更生除吏部尚書兼右僕射上省登階見榻甚故問都令史徐仵仵對曰此榻曾經先王所坐順即哽塞涕泣交流久不能言遂令換之

又曰楊引三歲喪父爲母所養母年九十三終引年七十

五哀毁過禮三年服終恨不識父追服斬衰誓終身命經十三年哀慕不改爲郡縣鄉閭三百餘人上狀稱美有司奏宜旌賞復其一門旌其純孝

後周書曰樂運少好學涉獵經史而不持章句年十五而江陵滅運隨例遷長安其親屬等多被籍没運積年爲人傭保皆贖免之又事母及寡㛐甚謹由是以孝義聞梁故都官郎中瑯邪王澄美之爲次其行事爲孝義傳

又曰荆可河東猗氏人也性質朴容止有異於人能苦身勤力供養其母隨時甘旨終無匱乏及母喪水漿不入口三日悲號擗踴絶而後蘇者數四葬母之後遂於墓側晝夜哭負土成墳蓬髮不櫛沐菜食飲水而已然可家舊塋城極大榛蕪至家十餘里而可獨宿其中與禽獸雜處遠近邑里稱之大統中可鄉人以可孝行之至足以勸勵風俗乃言焉太祖令州縣表異之及服終之後猶若居喪大冢宰晉公護聞可孝特引見與言論時有會於護護亦至孝其母閻氏没於敵境不測存亡每見可自傷久乖膝下而重可至性及卒之後護猶思其純孝收可妻子於京城常給其衣食

北齊書曰李元忠母老多病患乃專心醫藥研習積年遂善方伎性仁恕見有疾者不問貴賤皆爲救療矣

又曰李密平棘人元忠族弟性方直有行撿因母病積年得名醫治療不愈乃精究經方洞曉針藥母病乃除

唐書曰高祖嘗宴侍臣果有蒲桃侍中陳叔達執而不食問其故對曰臣母患口乾求之不得高祖曰卿有母遺乎遂嗚咽流涕因賜帛百疋以市甘珍

又曰歐陽通爲中書舍人調露中起服每入朝必徒跣至城門然後着靴直宿則席地藉藁非公事不言未嘗啓齒歸必哀號無時國朝奪情唯通得禮

又曰聊城人王少玄者父隋末於郡西爲亂兵所害少玄遺腹生年十餘歲問父所在其母告之因哀泣便欲求屍以葬時白骨蔽野無由可辨或曰以子血沾父骨即滲焉少玄乃刺其體以試之凡經旬日竟獲父體以葬盡體病創歷年方瘉（音庾）貞觀中本州聞薦拜徐王府參軍

又曰陳集原瀧州開陽人也代爲嶺表酋長父龍樹欽州刺史集原幼有孝行父纔有疾即終日不食永徽中喪父嘔血數升枕服苫廬悲感行路資財田宅及僮僕三千餘人並以讓兄弟則天時官至左豹韜衛將軍

又曰元讓雍州武功人也弱冠明經擢第以母疾遂不求仕躬親藥膳蒸蒸致養不出閭里者數十年及母終廬於墓側蓬髮不櫛沐菜食飲水而已咸亨中孝敬監國下令表其門閭永淳元年巡察使奏讓孝悌殊異擢拜太子左内率府長史後以歲滿還鄉里鄉人有所爭訟不詣州縣皆就讓決焉聖曆中中宗居春宫詔拜太子司議郎及謁見則天謂曰卿既能孝於家必能忠於國今授此職須知朕意宜以孝道輔弼我兒尋卒

又曰張志寬河東人隋末喪父哀毁骨立爲州里所稱寇賊聞其名不犯其閭後爲里尹在縣忽稱母疾取給縣令問其故志寬對曰母嘗有所苦志寬亦有所苦向患心痛是以知母有疾令初怒曰妖妄之詞繫於獄外遣馳驗之果如斯言令異之以聞高祖旌表門閭就拜門外散騎侍郎

又曰裴敬彝絳州聞喜人也曾祖子通隋開皇中太中大夫母終廬於墓側哭泣無節目遂喪明俄有白烏巢於墳

樹子通兄弟八人皆友悌著名詔旌表其門鄉人至今稱爲義門裴氏敬彝少聰敏七歲解屬文性又端謹宗族咸重之號爲甘露頂年十四侍御史唐臨爲河北巡察使敬彝父智周時爲内黄令爲部人所訟敬彝詣臨論其冤臨大竒之因命作詞賦智周事竟釋特表薦敬彝補陳王府典籤智周在官忽暴卒敬彝時在長安忽泣涕不食謂所親曰大人每有痛處吾即輒然不安今日心痛手足皆廢事在不惻得無戚乎遂請急倍道言歸果聞父喪羸毁逾禮事母復以孝聞乾封初累轉監察御史時母病有醫人許仁則足疾不能乘馬敬彝每自背負母卒高祖特詔贈以縑帛仍官造靈轝服闋拜著作郎兼修國史儀鳳中自中書舍人歷吏部侍郎左庶子則天臨朝爲酷吏所陷配流嶺南尋卒

又曰給事中李日知事母至孝時母年老常疾病日知輒急數日而鬚髮變白尋加朝散大夫其母未受命婦邑而卒將葬發引吏人齎告身而至日知於路上即時慟絶久之乃蘇左右皆哀慟莫能仰視巡察使衛州司馬路敬潜聞其孝悌之跡使求其狀日知辭讓不報服闋累遷黄門侍郎

莊子曰夫事其親者不擇地而安之孝之至也

尸子曰孝子一夕五起看其親衣之厚薄枕之高卑

淮南子曰公西華之養親也若與朋友處曾參之養親也若事烈君嚴主

又曰孔子立孝不過勝母之閭

説苑曰曾子芸而誤斷其根曾晳怒援大杖擊之曾子仆有頃乃蘇蹷然而起進曰曩者參得罪大人用力杖參得無疾乎退屏鼓琴而歌欲令晳知其平也孔子聞之告門人曰參來勿内也曾子自以無罪使謝孔子孔子曰汝不聞瞽瞍有子名舜舜事瞽瞍求之未嘗不在側索而殺之未嘗可得小箠則待大箠則走今子委身以待暴怒殺身以陷父不義不孝孰是之大乎

説苑曰韓伯逾有過其母笞之泣曰他日未嘗泣今日何泣也對曰逾他日得笞常痛今母力衰不能使痛是以泣也

家語曰子路問於孔子曰有人於此夙興夜寐耕芸樹藝手足胼胝以養其親然而名不稱孝何也子曰意者身不敬與辭不慎與色不悦與（有一於此破其孝名）古之人有言曰人與不女欺（言人與事實相通不欺也）今盡養親之道而無三者之闕何爲無孝之名乎孔子謂子路曰舉其身非力之少勢不可也

夫内行不修身之罪也修身而身不彰友之罪也故君子入則篤行出則交賢何爲無孝名也

吕氏春秋曰樂正子春下堂傷足瘳而數月不出猶有憂色門人問之荅曰吾聞曾子曰父母全而生之子當全而歸之吾忘孝道是以憂也

又曰凡理國家者必先務本務本莫過於孝夫孝三皇五帝之本務而萬事之紀也執一術而百善至

盧盤佑孝子傳曰華光字榮祖彭城人父亡六日年四歲問父所在母辛送光至父冢光再拜伏哭欲留冢下母抱歸悲咽三日不食至年七歲欲見父像雇畫師畫其父像朝夕拜謁如父

師覺授孝子傳曰老萊子者楚人行年七十父母俱存至孝蒸蒸常着班蘭之衣爲親取飲上堂脚趺恐傷父母之

因優仆爲嬰兒啼孔子曰父母老常言不稱老爲其傷老
也若老萊子可謂不失孺子之心矣
又曰閔損字子騫魯人孔子弟子也以德行稱早失母後
母遇之甚酷損事之彌謹損衣皆藁枲爲絮其子則綿纊
重厚父使損御冬寒失轡後母子御則不然父怒詰之損
默然而已後視二子衣乃知其故將欲遣妻諫曰大人有
一寒子猶尚垂心若遣母有二寒子也父感其言乃止
又曰程曾字孝孫桂陽人年七歲喪母哀號哭泣不異常
人祖母憐之嚼肉食之覺有味便吐去
蕭廣濟孝子傳曰申屠勳字君游河内汲人少失父與母
孫貧傭作供養夏天多蚊子卧母床下以身遮之
又曰宿倉舒陳留尉氏人也年七歲遭荒父母飢苦倉舒
求自賣與潁川王氏得大麦九斛後王氏免之累官除上

黨太守後尋覓父母經太原南郭忽見母遂還舊居母卒
悲號而死
又曰王敬鴛廬陵石陽人父喪未葬假瘞宅後野火熛燎驚
力不能救投火而死
又曰嫣皓字元起吳郡餘杭人父昆南郡太守被劾入重罪
皓年十六髡頭詣闕通章不省皓不飲食懷石置胷中但詣公
御及行路時輒出石置地叩頭流血覆面莫不傷懷遂奏
理昆罪
又曰伏恭字叔齊琅邪東武人也伯父大司徒湛孝謹敦睦
世號伏不鬭恭事後母著孝建武初累遷太僕上臨辟雍
於萬人中拜司空衆以恭孝行故光之
又曰朱百年會稽山陰人家貧母以冬月亡無絮自此不
依綿帛與同縣孔凱善時寒月就孔宿飲酒醉眠孔以卧
具覆之百年覺引去謂孔子曰緜定意温因流涕悲慟
又曰郭世道會稽永興人年十四喪父事後母勤身供養
婦生男夫婦共議養此兒所廢者大乃瘞之母亡服竟追
思未嘗釋衣
又曰桑虞字子綱魏郡黎陽人晉黃郎沖之子喪父虞年
十四毀瘠過禮日食百粒以慘藜藿
又曰何子平廬江灊人事母至孝爲楊州從事月俸得白
米輒貨市粟麦人或問之荅曰尊老不辦常得生米何容
得食白粲有贈鮭音圭者不可寄家則不肯受母喪年將六
十有孺子之慕宋大明末飢荒八年不得營葬晝夜號叫
居屋不蔽雨日兄子伯與爲葺治子平曰我情事未申天
地一罪人屋何宜覆
孟宗別傳曰宗事母至孝母亦能訓之以禮宗初爲雷池

監奉魚於母母還其所寄遂絶不復食魚後宗典知糧穀乃
表陳曰臣昔爲雷池監母三年不食魚臣若典糧穀臣母
不可以三年不食米臣是以死守之
世說曰晉王祥事繼母朱氏甚謹家有李樹結子殊好常
使守之時大風雨至祥猶抱樹而任母常夜持刀往祥所
暗斫之值祥私起刃及被而已祥知母怪意不已因跪前
請死朱氏於是感悟愛之如已子
搜神記曰吳猛蜀人小兒時在父母傍時卧夏月多蚊而
終不搖扇懼蚊虻之去我及父母也

太平御覽卷第四百一十三

人事部五十五

孝下　禄養

孝下

汝南先賢傳曰薛苞字孟甞西平人好學篤行喪母以至孝聞父娶後妻而憎苞分之出宅苞日夜泣不能去被歐杖不得已廬於外旦入灑掃父怒又逐之乃廬於里門晨昏不廢積歲餘父母慙而還之後行六年喪喪過乎哀既而弟子求分異居苞不能止乃中分其財奴婢引其老者曰與我共事久居不能使也田廬取其荒者曰吾少時所治意所戀也器物取朽敗者曰我素所服食身口所安弟子數破其産續復賑給

又曰李篤字君淵汝南上蔡人家貧夜賃寫書養母賣肉一斤粱米一升妻子茹菜有室無蓄

又曰周盤字堅伯安成人江夏都尉遺腹子也居貧約而養母儉薄誦詩至汝墳末章慨然而歎

又曰李鴻字太孫上蔡人閨門孝友弟仲爲從父非報讎繫獄鴻便割辤詣縣通記乞代弟即自殺仲得減死子先亦以孝稱父喪嘗於牀閒得父亂髮投而狂走號叫躃踴先後坐事當刑詔以鴻先義孝一切減死

又曰郯煇字子徽上蔡人生而有謹愿之性其有襁負母育之不勞少歲出得瓜果可食之物輒進與其母未嘗先食

郭林宗別傳曰茅容字季偉陳留人年四十餘耕於野時與等輩避雨樹下衆皆夷踞容獨危坐惟林宗見而竒異與共言因請寓宿旦日容殺雞爲饌林宗爲已設既而以供其母自以菜蔬與客同飯林宗起拜之曰卿賢乎哉因勸令學卒以成德

師覺授孝子傳曰趙狗幼有孝性年五六歲時得甘美之物未嘗敢獨食必先以哺父出輒待還而後食過時不還則倚門啼以候父至數年父没狗思慕羸悴不異成人哭泣哀號居於冢側鄉族嗟稱名聞流著漢安帝時官至侍中

周斐汝南先賢傳曰蔡順字君仲有至孝之心少喪父奉養母甘口之物不敢先嘗母至婚家因飲酒變吐順恐中毒乃嘗其吐母生瘡出膿以口嗽之

海內先賢傳曰陳寔之子故大鴻臚紀字元方紀至德絶俗才達過人烝烝色養不離左右豫州刺史嘉其至行表上尚書畫像百城以厲風俗焉

孫盛逸人傳曰丁蘭者河內人也少喪考妣不及供養乃刻木爲人髣髴親形事之若生朝夕定省後鄰人張叔妻從蘭妻借看蘭妻跪投木人木人不悅不以借之叔醉疾來酣罵木人杖敲其頭蘭還見木人色不懌乃問其妻具以告之即奮劒殺張叔吏捕蘭蘭辭木人去木人見蘭爲之垂淚郡縣嘉其至孝通於神明圖其形像於雲臺也

孝子傳曰蔡邕性純孝母常帶病三年邕自非寒暑變節未嘗解襟帶不寢寐者七旬

又曰鮑得小子曰昂至孝過人初得疾經涉數年常俯伏左右衣不解帶

又蕭廣濟孝子傳曰施延字君子少盡色養之道赤貧之際將母到吳郡海鹽賃爲半路亭每取卒月直以供養督郵馮敷知其賢與飲食論道餉錢並不受

王烈之安成記曰縣有孝子符表以孝聞天下年十六其

母姜氏有疾侍省晝夜數十日母一食表亦一食母不食表亦不食見母將絶至性感咽而至於殞俄頃母父亦沒一日二喪在殯葬於四望岡太守王府君樹雙土闕以表其墓

唐新語曰劉審禮儀鳳中爲工部尚書時吐蕃入寇命審禮率兵十八萬與吐蕃將論欽陵戰于青海王師敗績審禮沒焉諸子詣闕自拘請入蕃以贖其父詔許之次子岐州司兵易從往蕃中省侍比至而審禮已卒易從晝夜泣血吐蕃哀其志性還其父屍易從跣足萬里護櫬歸葬於彭城故塋朝廷嘉之贈兵部尚書謚曰僖審禮刑部尚書德威之子也少喪母爲祖母所養祖母元氏有疾審禮親嘗藥膳及事繼母亦以孝聞與再從兄弟同居家無異爨闔門二百餘口人無閒言易從後爲彭州長史爲周興所

平四百十四

三

呈武

陷將刑百姓荷其仁恩競解衣投于地曰爲長史祈福有司平準直千餘萬易從一門仁孝而橫遇冤酷海内痛之子昇年十餘歲配流嶺表後六道使誅流人昇以言行忠信爲首領所保持僅而獲免

又曰長孫從直趙公無忌之玄孫年二十餘父元適爲巡州簡施令從直隨之官簡施近邊多蕃部落往往刼掠城邑前後不能制元適初至果遇蕃騎數十刼掠縣下元適所從人吏二百人追之及於近郊賊皆歇鞍解甲元適攻之而所將人吏無甲　反爲所敗從者皆走還元適猶與戰遂爲所執縛之於樹將加害戮從直聞之遂跣至父所不懼鋒刃以身蔽父群賊集矢射之身如蝟毛又中數十刃體無完處從直死之而州兵大至父乃免○國史補曰杜羔有至性其父爲河北一尉而卒母非嫡經亂不知所之羔常抱終身之感會兄爲澤潞判官常鞫獄於私第有老婦辨對見羔時出入竊謂人曰此少年狀類吾夫語問之乃羔母也自此迎待而歸又往求先人之墓邑中故老已盡不知所詢館於佛寺日夜悲泣忽視屋柱煙煤之下見字數行拂而視之乃其父遺迹言我子孫若求吾墓當於某村某家問之羔號泣而往果有老父八十餘指其丘壠因得歸葬羔官至工部尚書致仕○朝野僉載曰蘇頲爲中書舍人父右僕射瓌卒頲哀毀過禮有勑起復頲表固辭不起上使黄門侍郎李日知就宅諭旨終坐無言乃奏曰臣見頲病羸瘦殆不勝哀臣不忍言恐其殞絶上惻然不之逼也故時人語曰蘇瓌有子李嶠無兒

語録曰韋温文宗朝欲以爲翰林學士韋以先父遺命懇辭上後謂次對官曰韋温朕每欲用之皆辭詐又安用

平四百十四

四

呈叅

韋温聲色俱厲户部侍郎崔蠡進曰韋温禀其父遺命耳上曰温父不令其子在翰林是亂命也豈謂之理乎崔曰凡人子能遵理命巳是至孝况能禀亂命而不改者此則尤可嘉之陛下不可怪也上曰然乃止

又曰路隋年在齠齔喪其父至十許歲其母問曰識爾父否隋嗚咽無言不識也母曰只爾一面隋後殞絶以至成人終身不攬鏡加以至行純古士大夫推之朱崖慕其德以愛女適隋之子李太尉家有路郎隋之子也官至當州守生資惟有琴十張

史係曰盧昭美字子明范陽人五歲念孝經論語與童輩爲師事之禮至於父母字坐則起而言毋劉因往兄之家飲酒歸夜連吐昭美憂形于色取其吐嘗之或詰其故昭美對曰毋自外食寧不知其毒邪行超撫而歎曰盧氏之家

有曾子之矣時同里大猾河東裴安特異之比昭美於蔡順過之母卒父蚤亡家貧無以葬殯訖乃傭爲無極酒家保得月資學女弟令備奠祭酒家怪其衣服藍縷得直不以時價古鬻字責之昭美且以情對言發涕泗從横酒嫗爲之咄嗟輟食謂其四子曰我爲乃家婦生不負矣又幸不以若父鎡錤上音茲下音其鋤也方成衣食而日日意錢顧乃家財充若貰乎我卒若必不如此月傭摧辱爲母也四子俯伏母盡以緣身衣被釵釧與昭美令葬其母赦其傭免之昭美歸悉以營奉母祔焉又計其祥禫所費市之餘金復償還酒嫗其妻欲止之奚不留爲給家財盡復爲傭兒乎昭美怒欲出其妻其兄深勸止之然雖同室終不面焉妻亦悔過發憤而卒

又曰孟元方字弘規東平鉅野人八歲聰悟過人父友南陽鄧恪來省會其父出遊鄰縣母命元方接對恪見群犬互噪戲元方曰郎子姓孟近犬必猛爲余叱之元方曰尊客之前不叱狗恪曰小兒解書語元方曰鄧老樹村中來真田舍則不知書恪大慙後至父來謂之曰爲孺子所辱賴無人見元方應曰子見父知豈無人乎年十八明經擢第父母相次而卒元方五十日未嘗有笑容唯以讀書爲業須詩至蓼莪篇必哀咽號呲情慕不已則必徑往冢所抱樹而哭或日暮則止栖栢庭亦無恐懼之色曾邑未有盜發其塚而元方在河内夜夢告之往到鉅野修奉畢捕其盜手殺以祭而鄉里以爲元方殺人鉅野令收捕之搒音去又蒲孟埇掠無一辭盜塚家愈稱冤移獄及郡將按致其罪會賊家鬻物於市爲他冢家所識又擒其弟焉太守然後知元方無罪赦之而責其令或問元方曰何不自明元方曰

手殺之何故自明後終于家

又曰毛標字表玄宣城漂水人少八歲頓悟異於衆子曰誦五百言母鍾氏連年病疾標日夜祗奉諸兄悉寢唯標在母床側隨呻吟之聲至于枕前衣不解帶蓬頭垢面蟣虱盈身曾不搔視親戚大嗟異迎名醫嚴顒與母診脉才言不濟標號哭頓地顒佯言可救郎中善祗奉顒退而告曰嗟乎此子孝德若是而親疾不可救天道奚處嗟歎良久翌日母終標伏母手號哭不食三日家人倉卒之際遺燭致焚舉家出避火唯標抱其柩涕泣火爲之飛去鄰舍柩得免莫不異之將葬標羸瘠杖不能起扶持方行猶蹈雪跣步四十里太守命縣宰就視致粟帛給遺及標病革誡其子貞曰吾以家門脩飾遂及於此吾生無益於人死固不害於人唯宜薄葬止於周身貞奉其教行之鄉里稱焉

又曰夏侯珮字儀王譙郡人三歲而孤養於世母崔氏九歲孝謹過人同祖兄弟皆虧失於崔崔撫珮歎息而泣曰若三歲喪母而我養汝若孝於我過於我生諸曹百歲後若善爲我殯焉珮涕泣不勝方知幼失父母因日夜涕泣問母封樹崔引至其城珮慟哭而絶崔遽救之抱而歸再慟猶謂在塚畔年十九歲崔亡若喪其母崔氏之數子皆不終喪制飲酒食肉而珮最孤幼群兄咸惡之或夜相聚携持珮醻以酒啗以肉珮入而復吐數四群兄笑以爲樂珮涕泣不自勝皆曰僧兒強而復吐猶爲悲珮曰誠感鞠育之恩得遂庶幾終天之報所以不覺沾襟因大哭群兄忍人也皆爲之流涕每禘嘗之禮於世母神座別致敬焉年二十五卒于家里人謂其封爲夏侯孝子之墓

又曰盧操字安節河東人幼勤學九歲通孝經論語隨義解釋鑽擿中父老謂之聰明兒事繼母張氏以孝聞張有三子而操同產二人張氏厚於三子命操常執勤主炊爲三子設席操弟多以疾辭即舍不出而操服勤不以勞倦張誨其子讀書咸以驕志三人每出張命操隨驢以摧之操執鞭引繩如僮僕三子復謂曰隨驢何如我讀書操曰不讀書所以逐驢後三子嗜酒佚蕩不敢抵忤於人或至及門詬詈詞及母氏而操爲涕泣拜而解之惡少年咸曰不謂三賊有今弟某無故及長者門羅拜操而去繼母終其二子己亡而操訓養踰於未亡日哀毀過禮廬於墓側每夕有狐狸羅列散於廬左右欲旦而去者三年時人以操在野獸爲之衛侍非孝感通於神明其孰能逮於此服闋明經擢第歸上冢盡以報揚名之義里巷榮之調爲臨渙縣尉毗佐以寬仁吏民至今稱焉操以官舍都屋尊老所處不敢寧居唯西廡而已都屋設几筵神座祀之出必告反必面過其庭鞠躬如也入門恭謹其家居常若奉尊者無大嗽咄責之音同寮服之操每旦具冠帶搢紳讀孝經一篇然後視事忌日則增其數讀至喪親章號咽不勝哀追感之心如新丁故操子昭有文名於世次子雲恭謹有父風高尚好學

又曰劉師貞字文通彭城人也蚤失其母及長不記容狀哀慕之心不拘月制至忌辰終日涕泣未嘗寢食忽夢見其狀謂之曰我乃母也若孝通神明故我得建乃處師貞夢中大哭多覺哀號逾甚乃作偶人象以事之朝夕起居反告如常每薦親新然後食時人語曰孝於何通幽明㵾有丁蘭唐有師貞父福年老患目師貞朝夕膳食非手則福不能食居處號爲嚴潔或問其故師貞曰居處不莊非孝也師貞偶疾臥其父福暮食不安師貞歘然起號曰是夜食之不精着果餅生生所致因師貞驚起而愈兄有疾經旬不差師貞衣不解結日一食爲讀道釋經夢神人曰若兄苦風取胡王使者酒漬服愈師貞自求之藥肆皆不曉因夢其母曰胡王使者羌活也覺而求之兄遂疾愈後老妣繼喪六年有雙白雀栖飛戶間除几筵之日與師貞啁頓翅狀若號咷躑躅久乃去○續定命錄曰賈直言父道宗朝漏洩禁中事帝怒賜鴆酒直言白中使請自執器以飲父因自飲之立死酒自左足洞出復生使具奏流其父并直言於南海遇赦還以勁直聞爲鄆帥縻以郡職劉悟差東平之強直言之謀也朝廷以功就徵拜諫議大夫悟上表乞留委以戎事大和初授絳郡太守每話所經之事自去始飲鴆志在必死然覺毒從五內至支節其痛甚於鑽灼摩頂旋踵不可名狀天陰則又甚焉脈其脛及足脛色皆如墨有傍攻出六臟液紫瘀臭敗逆撩人鼻逮數十步外唯食啖無減始知何遜之好不誣矣自降除壽春竟終天年七十有六

祿養

韓詩外傳曰曾子曰吾嘗仕爲吏祿不過鍾釜猶欣欣而喜者非爲多也樂其養親也親沒之後吾嘗南遊於楚得尊官焉堂高九仞榱題三尺數轂百乘然猶北向而泣涕者非爲賤也悲不見吾親

家語曰子路見孔子曰負重致遠不擇地而行家貧親老不擇祿而仕

後漢書曰廬江毛義有孝行南陽張奉慕其名往候之坐

定而府檄至義奉檄而入喜動顏色奉心賤之及義母死
去官行服數徵不至奉歎曰賢者固不可測往者之喜乃
爲親屈也斯蓋所謂家貧親老不擇祿而仕也
謝承後漢書曰周盤自堅伯居貧養母儉薄不充誦詩至
汝墳之卒章慨然而歎乃解韋帶就孝廉之舉○黄恭廣記曰
南吳甫舉茂才累年不遷甫有老母年九十有餘乃上書
自乞減品爲四百石長庶得其俸以養母詔聽除補南陽
新蔡長遂以甫爲准率減交趾茂才皆爲四品也
晉書羅企生字宗伯多才藝初拜左著作郎以家貧親老
補臨汝令
世說曰李弘度常歎不被遇殷揚州知其家貧問君能屈
志爲百里不李荅曰北門之歎久已嘗聞窮猨豈暇擇木
遂作剡縣

太平御覽卷第四百一十四

太平御覽卷第四百一十五

人事部五十六

孝女

史記曰淳于緹縈者齊人也父淳于意爲太倉令生女五人縈最小父犯罪當刑乃罵其女曰生女不生男緩急非有益也縈自傷涕泣隨父至長安詣北闕上書曰父爲吏齊中皆稱廉平今坐法當刑妾傷死者不可復生刑者不可復續雖欲改過自新其道無由妾願沒爲官奴以贖父之刑使得自新漢文帝憐悲其意原其父罪

漢書曰東海有孝婦少寡無子養姑甚謹姑欲嫁之終不肯姑告鄰人曰孝婦養我勤苦我老久累丁壯奈何其後姑自縊死姑女告吏曰婦殺我母吏捕孝婦自經服罪于公以爲此婦養姑孝聞必不殺也太守不聽于公爭之不

能得乃抱其獄哭於府上因辭疾去遂殺孝婦郡中枯旱三年後太守至于公曰孝婦不當死前太守強斷之當在是乎於是太守殺牛自祭婦冢天立大雨○後漢書和熹鄧皇后諱綏太傅禹之孫也父訓護羌校尉母陰氏光烈皇后從弟女也后年五歲太傅夫人愛之自爲翦髮夫人年高目眊誤傷后額忍痛不言左右見者怪而問之后曰非不痛也太夫人哀憐爲斷髮難傷老人意故忍之耳

晉書曰衛瓘及禍太保主簿劉瑤等冒難收瓘而葬之楚王偉之伏誅也瓘女與國臣書曰先君名謚未列無異凡人每怪王國蔑然無言春秋之失其咎安在悲憤感慨故以是意瑤等執黄幡撾登聞鼓上言

又曰會稽寒人陳氏有三女無男祖父母年八九十老無所知又篤癃病母不安其室遇寒飢女相率於西湖採菱更日至市貨賣未嘗虧息鄉里稱爲義門多欲取爲婦長女自傷煢獨誓不肯行祖母尋相繼卒三女自營殯葬爲菴舍屋墓側

又曰永興概中里王氏女年五歲得毒病兩目皆盲性至孝年二十父死臨屍一叫眼皆血出小妹娥舐其血左目即開時人稱爲孝感

唐書曰劉寂妻夏侯氏滑州胙城人字碎金父長雲爲鹽城縣丞因疾喪明碎金遂求離其夫以終侍養經于五年兼事後母以至孝聞及父卒毁瘠殆不勝喪被髮徒跣負土成墳廬於墓側每日一食如此者積年貞觀中有制表其門閭賜以粟帛

又曰于敏直妻張氏營州都督晥城公儉之女也數歲時父母微有疾即觀察顔色不離左右晝夜省侍宛若成人

及稍成長恭順彌甚適延壽公于欽明子敏直初聞儉有疾便即號勇自傷期於必死儉卒後凶問至號哭一慟而絶高宗下詔賜物百段仍令史官編録之

又曰楊紹宗妻王氏華州華陰人也初年三歲所生母亡爲繼母鞠養至年十五父又征遼而沒繼母尋亦卒王乃收所生母及繼母屍柩并立父形像招魂還葬訖又廬於墓側陪其祖母及父墳永徽中詔曰故楊紹宗妻王氏因心爲孝率性成道年迫桑榆筋力衰謝以往在隋朝父沒遼左招魂還葬負土成墳又葬其祖父母等竭此老年親加板築痛結晨昏哀感行路永言志行嘉尚良深宜標其門閭用旌敏德賜物三十段粟五十碩

又曰孝女賈氏濮州鄄城人也始年十五其父爲宗人玄基所害其弟強仁年幼賈氏撫育之誓以不嫁及強仁成

童恩共報復乃候玄基煞之取其心肝以祭父墓遣強仁自列於縣有司斷以極刑賈詣闕自陳已爲請代強仁死高宗哀之特制賈氏及強仁免罪移其家於洛陽

又曰汴州李氏孝女年八歲父卒柩殯在堂十餘載每日哭泣無限及年長母欲嫁之遂截髮自誓請在家終養及喪母號毀殆至滅性家無丈夫自營棺槨州里斂其至孝送葬者千餘人葬畢廬於墓側蓬頭跣足負土成墳手植松栢數百株李昶列上其狀制特表其閭賜以粟帛

顔氏家訓曰張建女三歲喪母靈牀上屏風平生舊物屋漏沾濕出曝曬之女子一見伏牀流涕家人怪其不起乃往抱持薦席淚漬精神傷沮不能飲食將以問醫脈脉去女腸斷矣因耳便吐血數日而亡中外憐之莫不悲歎

宣州圖經曰宛陵管氏女名瑤年十七與母同寢母爲虎

所負去瑤哀叫隨之因躍虎耳隨方捨其母瑤即負母歸家氣絶武帝表其門以旌孝行

王韶之孝子傳曰周青東郡人母疾積年青扶持左右四體羸瘦村里乃斂錢營助湯藥母痊許嫁同郡周少君少君疾病未獲成禮乃求青母見青囑託其父母青許之俄而命終青供爲務十餘年中公姑感之勸令更嫁青誓以匪石後公姑並自殺女姑告青害殺縣收拷捶遂以誣欵七月刑青於市青謂監殺曰乞樹長竿擊白幡青若殺公姑血入泉不殺者血上天血乃緣幡竿上天

宋躬孝子傳曰賈恩會稽諸暨人也母亡在殯爲災火所燒恩及妻伯號哭赴火火不及去鄰近救助棺器得免恩伯二人髮膚燋烈須臾俱死元嘉四年牓門曰孝閭役三

卌

師覺授孝子傳曰共宮氏女嬰兒子者齊人也無兄弟而父母老遂撤其環瑱誓不適人以奉養父母國人聞之莫不相率以孝請女爲趙王后齊使使問使者曰共宮氏女嬰兒子無恙耶撤其環瑱至老不嫁以養父母此助王率民出於孝者也齊王聞之表其門以顯異焉

異苑曰順陽南鄉縣楊豐與息女香於田穫粟豐爲虎所噬香年甫十四手無寸刃乃搤虎頸豐因獲免香以誠孝致感猛獸爲之逡巡太守平昌孟肇之賜資穀旌其門閭焉

列女傳曰陳寡孝婦者陳之寡婦人也年十六而嫁未有子其夫當從戍屬孝婦曰我有老母吾不還汝肯善視吾母乎婦曰諾夫果死婦養姑不衰父母將嫁之孝婦曰受人之託豈可棄哉因欲自殺父母懼不敢嫁之養姑二十八年姑年八十四壽乃盡賣其田宅以葬之

列女後傳曰珠崖二義者珠崖令之後妻及前妻女也女名初生十三珠崖多珠繼母連大珠以爲係臂及令死當送喪還法內珠於奩入關者死繼母棄之其子男九歲取之置其母鏡奩中皆不知也及關候搜索得珠奩中吏曰誰當坐者初謂是其繼母取之乃白曰君不幸夫解係臂棄之初心惜之取置夫鏡奩中夫人不知也母亦爲然憐之乃曰此珠妾之係臂也君不幸妾解之心不忍棄而置鏡奩中妾當坐因此哭哀動傍人關吏執筆書不能就一字關候垂涕終日不能乃曰母子有義如此吾寧可坐之不忍加文後訪許乃九歲男兒內焉

又曰酒泉龐孝婦者趙君安之女也名娥親君安爲同縣孝壽所殺而娥親兄弟三人一時病亡壽乃喜而自賀以爲莫已報也娥親聞之陰怠欲以報壽備兵以伺壽十數

年於縣門前斫殺壽詣縣自首守長義之解印綬去欲
縱娥親娥親曰雖怨塞身死妾之分治獄制罪君之常理何敢
苟生以枉公法後遇赦得免太常張奐聞嘉之禮以束帛
又曰頓川公孫何者公孫氏之女年十三怨家報其父父走
得免何與母俱亡母先得見仇人甚悅爭欲取心何便馳
出叩頭涕泣曰老母常有篤疾垂沒之人安足殘戮以塞
忿哉我是其兒父母所憐不如殺我遂殺之而捨其母
會稽典録曰孝女曹娥者上虞人父盱能弦歌為巫五月
五日於縣泝江濤迎婆娑神溺死不得屍骸娥年十四歲乃
縁江號哭晝夜不絕聲旬有七日遂投江而死縣長改葬
娥於道傍為立碑焉
益部耆舊傳曰孝女雄者犍為人父江和為縣功曹縣長
遣江和拜檄謁郡太守乘船墮湍水物故屍喪不歸雄

號泣晝夜心不圖存所生男二人並數歲乃各為作囊盛
珠環以係兒臂數為訣別之辭家人每防閑之經百許日
後稍懈雄因乘小船於父墮處慟哭遂自投水死弟賢其
夕夢雄告之卻後六日當共父出至期伺之果與父相持
浮於江上部縣長表言為雄立碑圖像其形焉
續述征記曰梁鄒城西有龍水發源長城山直北流於梁
鄒西注濟或云齊之孝婦誠感神明湧泉發室內事具水部
晏子春秋曰景公所愛槐令吏守之犯槐者刑傷之者死
有不聞令遇而犯之者吏收而拘之將加罪焉其子女往
晏子之家說曰賤妾請有道於相國妾聞明君不為禽獸
傷人今君以樹木之故殺妾父妾恐害明君之義晏子明日早朝而復於君公令吏罷守槐
之役出犯槐之囚
紀聞曰吳宣城郡當塗縣有梅根冶孝女李娥廟居曾阜
之巔林木秀茂周迴十里土人不敢樵採敬而事之日薦
蘋藻娥父吳大帝時為鐵官冶以鑄軍器一夕煉金竭鑪
而金不出時吳方草創法令至嚴諸耗折官物十萬即坐
斬倍又沒入其家而娥父所損折數過千萬娥年十五痛
傷之因火烈遂自投于鑪中赫然屬天於是金液沸湧溢
於鑪口娥所躡三屨浮出於鑪身則化矣其金汁塞鑪而
下遂成溝渠泉注二十里入于江水其所收金凡億萬斤
溝渠中鐵至今仍存故吳俗每冶銅鐵必先為娥立祠享
而祈福。歙州圖經曰章項歙縣合陽鄉人也妻程氏與
二女入山採葉程為暴虎銜齧去二女冤叫挽其衣裾與虎
爭力虎乃捨之程由是獲全時刺史劉贊嘉之給湯藥蠲
戶稅改鄉為孝女
宣室志曰鄭邯耕民也天寶中母病人教令啖杏實可愈

其妻楊氏曰此非時之物須勞苦以求之冀上天哀憫而
賜子其傭耕侍疾吾欲徧於邑里訪之庶比於解叔謙丁
公藤之感也乃至鄰郡易君子之衣而行忽於道傍莽穢
中見一杏實悲喜再拜取之挈瀹而歸奉其姑曰他郡有
人憫其事遺此一實姑喜食之疾漸瘳明年夏忽一日雷
風甚動其屋廬栽蘖斷若在簷宇里人驚愕遁去者不可
勝計楊氏泣告其姑曰去冬以莽穢中杏實奉姑紿為郡
人所遺今天將謫妾以死從此別矣乃伸臂立於庭具訴其
事詞未畢忽有聲若發其庭者雲物陰晦默不可辨既而
楊氏覺其臂若捧千金重莫能舉久方開霽乃視之有二
金龍長數尺蟠遶其左右臂龍項上有字曰賜楊氏自是
其家日豐至為富室

太平御覽卷第四百一十五

太平御覽卷第四百一十六

人事部五十七

友悌

周禮大司徒曰六行孝友睦婣任恤

禮記曲禮曰親戚稱其慈也僚友稱其悌也

又禮運曰兄良弟悌夫義婦聽家之肥也

又檀弓上曰子路有姊之喪可以除之矣而弗除也孔子曰何弗除也曰吾寡兄弟而弗忍也孔子曰行道之人皆弗忍也子路聞之遂除之

春秋左傳曰君義臣行父慈子孝兄友弟敬所謂六順

毛詩葛屨陟岵曰陟彼岡兮瞻望兄兮兄曰嗟予弟行役夙夜必偕偕俱也

又鹿鳴棠棣曰棠棣燕兄弟也閔管蔡之失道故作棠棣焉周公弔二叔之不咸而使兄弟恩疏召公爲作此詩而歌以親之也棠棣之華萼不韡韡箋云承華曰萼不當作柎柎萼足得華之光明其韡韡然盛也興者喻弟以敬事兄兄以榮覆弟恩義之顯亦韡韡然也凡今之人莫如兄弟

又邶柏舟二子乘舟曰二子乘舟思伋壽也衛宣公之二子爭相爲死國人傷而思之而作是詩也二子乘舟汎汎其景二子伋壽也宣公爲伋娶於齊女而美公奪之而生壽及朔朔與其母訴伋於公公令伋之齊使賊先待於隘而殺之壽竊其節而先往賊殺之伋至曰君命殺我壽何罪焉又殺之國人傷其涉危遂往如乘舟而無所薄也

又曰惟此王季因心則友則友其兄則篤其慶

尚書君陳曰惟孝友于兄弟克施有政

論語曰孝悌也者其爲仁之本與

又曰孝乎惟孝友于兄弟

又曰兄弟怡怡如也

爾雅曰善兄弟爲友

漢書曰卜式河南人也以田畜爲事有少弟式脫身出獨取羊百餘口田宅財物盡與弟式入山牧十餘年羊致千餘頭買田宅而弟盡破其産式輒復分與之

又曰王商字子威涿郡蠡吾人也商爲太子中庶子以肅敬敦厚稱父薨商嗣爲侯推財以分異母諸弟身無所受

東觀漢記曰魯恭字仲康扶風人恭憐弟丕小欲先就其名託疾不仕郡數以禮請謝不肯應母強遣之恭不得已而西因留新豐教授丕舉方正恭乃始爲郡吏

又曰汝南王琳字巨尉弟季出遇赤眉將爲所捕琳請自縛先季死賊憐而放遣之

又曰趙孝字長平建武穀食尚少孝得穀炊將熟令弟禮夫妻出比還孝夫妻共蔬食禮夫妻歸告言已食輒獨飲之積久禮心怪之疑後掩伺見之不肯食出遂共蔬食兄弟怡怡鄉里歸德

又曰孔奮篤於骨肉弟奇在雒陽爲諸生分祿奉以供給其糧用四時送衣下至脂燭每有所食甘美輒分減以遺奇

謝承後漢書曰許荆兄子常報讎殺人怨家會衆操兵至荆家欲殺之會荆始從府休歸與相遇因出門解劒長跪曰前無狀相犯咎皆在荆不能相教兄既早沒一子爲嗣如令死者傷其滅絶今願殺身代之塞咎雖死已往猶謂更生怨家扶起荆曰許掾郡中稱爲賢吾何敢相侵因遂委去

又曰李鴻字奉遜禮性仁孝友于兄弟弟育爲人所侵辱育後陰結客報怨爲執法吏所得當伏罪時未有立嗣鴻爲太尉掾在京師傷育以養剮恥門户斷絶因分代育遂刻

印還歸欲過家恐見妻子斷發其意到縣北亭預作記乞代育通記便飲酖而之縣令省記怛然驚感矣

司馬彪續漢書曰山陽張儉以忠正爲中常侍侯覽所怒疾覽爲刑章下州郡召捕儉儉與孔融兄褒有舊亡投遇褒出時融年十五六少之不以告也融知儉長者有窘迫色謂曰吾獨不能爲君主乎因留舍藏之後以人客發泄竟知國相已下密就掩儉得脫走登時收融及褒送獄融曰保納藏舍者融也融當坐之褒曰彼來投我罪我之由非弟之過我當坐之兄弟爭死郡縣疑不能決乃上讞詔書令褒坐焉融由是著名

范曄後漢書曰姜肱字伯淮彭城廣戚人也家世名族肱與二弟仲海季江俱以孝行著聞其友愛天性常共卧起及各娶妻兄弟相戀不能別寢以繼嗣當立乃遞往就室

平四百十六　三　王福

又曰鍾皓字季明潁川長社人少以篤行稱公府連辟爲二兄未仕避隱密山

王隱晉書曰徐苗字叔冑高密淳于人弟亡臨殯口中有蠅潰膿血苗含去之

晉中興書曰顏含字弘都瑯琊人含次嫂樊氏老而失明含奉養必束帶躬親嘗省嫂病困須得蚺蛇膽爲藥而求不能得乎晝獨坐有一童子持一青囊授含含開視蛇膽也童子逡巡出戶化成青鴻飛去得膽藥成嫂病即愈

又曰鄧攸字伯道爲石勒參軍勒過泗水攸與鄉人河東陳瑕平陽馬恬共謀叛勒破車以牛馬負妻子入草中又遇賊掠牛馬去攸語妻曰吾弟早亡唯有一息今當步走擔兩兒恐盡死不如棄我兒抱弟子遺民婦乃從之

崔鴻十六國春秋前趙錄曰上郡王儁字玄英有幹藝之稱儁年七八歲隨兄客子元直西如涼州路中糧匱寄留元直於途乞丐民間比還儁爲賊所掠元直逃免客乃將元直追賊叩頭求哀曰人情自當皆愛其子但此弟未生家君見背孤遺相長以至于今請以元直易儁賊相謂曰以子易弟義之大也於是以儁客受元直而去客後亡儁勺飲不入口者五日雖服喪朞年而心喪六載

又前燕錄曰有司奏中山蒲陰民劉洛縣差充征弟與私代背軍逃歸州以李名捕斬與諳郡列稱逃是與身請求代洛死洛又曰固陳已實正名宜從憲辟兄弟爭命詳刑有疑皝曰洛應征輒留與冒名逃役俱應極法但兄弟競死義情可嘉宜特原之

南燕錄曰有司奏沙門僧知夜入臨淄人冷平舍婬其妻嫂李氏平與弟安國殺之郡縣按平兄弟以殺人論而平

平四百十六　四　福

安國各引手殺讓生競死義形急難

後秦錄曰姚襄與李雄戰馬中流矢死弟萇下馬以授襄曰汝可以免萇曰兄濟此豎子安敢害萇會救至俱免

後魏書曰房景先沉敏方正事兄恭謹出告反面晨昏參省側立移時兄亦危坐相敬如賓客兄曾寢疾景先侍湯藥衣冠不解形容毀瘁親友者莫不哀之

後周書曰裴寬字長寬弱冠爲州里所稱與二弟漢尼並知名親沒撫諸弟以篤孝聞滎陽鄭穆嘗謂其從弟文直曰裴長寬兄弟天倫篤睦人之師表吾愛之重之汝可與之遊處

梁書曰張弘榮兄弟友愛不忍暫離雖各有室常同臥起世此之姜肱兄弟

唐書曰張嘉貞爲并州長史開元初因奏事至京師上聞

其善政數賞慰嘉貞因奏曰臣少孤兄弟相依以至今日
臣弟嘉祐今授鄯州別駕與臣各在一方同心離居塊絶
萬里乞移就臣側近臣兄弟盡力報國死無所恨上嘉其
友愛特改嘉祐爲忻州刺史
又曰東都未平梁宋間群盜連聚或至二千餘衆攻陷城
邑李瀾守蘄縣力屈爲盜所執將害之瀾弟澥詣盜請代
兄死瀾又請殺身留弟兄弟爭死俱爲盜所害
又曰杜佑子式方性孝友弟兄尤睦季弟從郁少多疾病
式方躬自煎調藥膳水飲非經式方之手不入於口及從
郁夭喪終年號泣殆不勝情士友多之
又曰白居易弟行簡字知退文筆有兄風詞賦尤稱精密
文士皆師法之居易友愛過人兄弟相待如賓客行簡子
龜兒多自教習以至成名當時友悌無以比焉

蕭廣濟孝子傳曰陳玄字子元陳侯太子七歲喪母父更
娶周氏有子曰昭周氏譖玄侯將殺玄昭欲先死玄不聽
引白羊誓曰孝者羊血逆上一丈三尺一如誓後又譖之
侯怒令玄自殺玄投遼水有大魚負之玄曰我罪人也魚
乃去昭從後來問漁者云投水死矣昭氣絶良久曰吾兄
也又投水而死
周景式孝子傳曰古有兄弟忽欲分異出門見三荆同株
接葉連陰歎曰木猶欲聚況我兄弟而欲殊哉遂還相爲
雍和矣
宋躬孝子傳曰孫棘彭城人事母至孝母臨亡以小兒薩
屬棘特深友愛宋大明五年上募軍伜薩求代棘及後軍
期應死棘薩爭死妻許氏又遣屬棘曰君當門户豈可委
罪小郎且大家臨終以小郎屬君竟未有妻息君已二兒
死復何恨太守張岱表聞詔牓門宋世祖感其悌友乃普
增諸弟封秩。列女傳曰會稽石師安妻者同郡吕氏之女
世名軍其兄遂犯法軍匿之知不能免乃請智者爲辭乞
代兄遂之命因自經縣門縣官嘉有義乃捨遂罪
又曰齊義繼母者齊二子之母也當宣王時有人鬭死道
者吏詰之二子立其傍吏問之兄曰我殺之弟曰非兄乃
我殺之朞年不決言於相相不能決言於王王曰若皆赦
之是縱有罪若皆殺之是誅無辜其母必知子之情善惡
聽其所殺活相召而問之其母泣而對殺少子相曰小子
人所愛今所殺之何也對曰少者妾之子長者前妻之子
相言之於王王美其義皆赦其子
又曰郃陽友娣者郃陽邑任延壽之妻也字季兒有三子季
兒兄季宗與延壽爭事延壽與其友田建陰殺季宗建獨坐

死延壽會赦乃以告季兒季兒曰嘻殺夫不義事兄之讎
亦不義何面目以生季兒乃告大女曰汝父殺吾兄義不
可以留又終不嫁矣吾去而死善視汝弟遂自經死
海内先賢傳曰范舟字史雲清高亮直讓財千萬與三弟
會稽先賢傳曰陳業字文理業兄渡海傾命同時依止者
五六十人骨肉消爛而不可記別業仰皇天誓后土曰聞
親戚者必有異焉因割臂流血以灑骨應時飲血餘皆流
去
汝南先賢傳曰繆彤字豫公郃陽人兄弟四人各求分異
至有爭訟之言彤黙閉户自撻大自罵曰繆彤汝修身謹
行將齊正風俗如何近一家之中不能使之和協耶鞭兩
髀皆瘡於是諸姊及弟叩頭自責不復分矣
張瑩漢南記曰陰慶爲鮦陽侯其弟貟及丹皆爲郎慶以

明尚書修儒術推居弟園田奴婢錢悉分與貧丹慶但佩印綬而已當代稱之

陳壽益部耆舊傳曰李孟元修易論語大義略舉質性恭順與叔子就同居就有瘤疾孟元推所有田園悉以讓就夫婦紡績以自供給

江徵陳留志曰李銓平丘人也少聰慧有至行銓兄前母子後母甚不愛也而衣食皆使下銓銓始年五歲覺已衣服勝兄即脫不着須兄得已同然後服之其母遂不得有偏及長銓内匡順母外奉其兄故閨門雍睦爲群族所稱

杜預汝南記曰李充兄弟六人貧無擔石之儲易衣而出并日而食而妻竊謂充曰今貧如是我有私財可分異獨居人多費極無爲空自窮也充請呼諸鄰里至家相對前跪觴告其母便顧其妻叱而遣之婦行泣出門去

顏延之庭誥曰將責弟悌務念爲友

太平御覽卷第四百一十六

太平御覽卷第四百一十七

人事部五十八

忠勇

左傳莊公曰齊侯田于貝丘墜于車傷足喪屨反誅屨於徒人費（誅責也）弗得鞭之見血走出遇賊于門劫而束之費曰我奚御哉袒而示之背信之費請先入（詐欲助賊）伏公而出鬬死于門中

又文公上曰戰於殽也晉梁弘御戎萊駒爲右戰之明日晉襄公縛秦囚使萊駒以戈斬之囚呼萊駒失戈狼瞫取戈以斬囚禽之從公乘遂以爲右箕之役先軫黜之而立續簡伯狼瞫怒其友曰盍死之瞫曰吾未獲死所其友曰吾與汝爲難瞫曰周志有之勇則害上不登於明堂死而不義非勇也共用之謂勇吾以勇求右無勇而黜亦其所也謂上不我知黜而宜乃知我矣子姑待之及彭衙既陳以其屬馳秦師死焉晉師從之大敗秦師

又宣公下曰楚圍宋宋人告急于晉使解楊如宋使無降楚曰晉師悉起將至矣鄭人囚而獻諸楚楚子厚賂之使反其言（反言晉不救）不許三而許之登諸樓車使呼宋人而告之遂致其君命楚子將殺之使與之言曰爾既許不穀而反之何故非我無信女則棄之速即爾刑對曰臣聞之君能制命爲義臣能承命爲信信載義而行之爲利謀不失利以衛社稷民之主也義無二信信無二命君之賂臣不知命也受命以出有死無霣又可賂乎臣之許君以成命也死而成命臣之祿也寡君有信臣下臣獲考（考成也）死又何求楚子舍之以歸

又成公上曰鞌之戰齊逢丑父使公下如華泉取飲鄭周父御佐車宛茷爲右載齊侯以免韓厥獻丑父郤獻子將戮之呼曰自今無有代其君任患者有一於此將爲戮乎郤子曰人不難以死免其君我戮之不祥赦之以勸事君者乃免之

又昭公五年曰初齊豹見宗魯於公孟爲驂乘焉將作亂而謂宗魯曰公孟之不善子所知也勿與乘吾將殺之對曰吾由子事公孟子假吾名焉故不吾遠也雖其不善吾亦知之抑以利故不能去是吾過也今聞難而逃是僭子也（使子言不信也）子行事吾將死之以周事子也（周終也）齊氏用戈擊公孟宗魯以背蔽之斷肱以中宗魯之肩皆殺之

國語曰晉文公誅觀（駢脅之）狀以伐鄭（鄭復勒曹觀公駢脅之狀故見伐也）鄭人以名寶行成公不許曰與我詹而師還（詹鄭大夫叔詹伯也）詹請往鄭伯不許詹固請曰一臣可以赦百姓君何愛鄭人以詹與晉人晉人將烹之詹曰臣欲盡辭而死公聽其辭詹曰天降鄭禍使淫觀狀臣曰不可夫晉公子賢明若使復國而得志於諸侯禍不赦矣今禍及矣尊明勝患智也殺身贖國忠也乃就烹據鼎而疾號曰自今以往忠以事君者與詹同乃不殺厚爲之禮而歸之

史記曰漢之三年項王圍漢王於滎陽漢將紀信說漢王曰事已急矣請爲王誑楚王可間出於是漢王夜出女子滎陽東門被甲二千人楚兵四面擊之紀信乘黃屋車傅左纛（李斐曰纛毛羽幢在乘輿車衡）曰城中食盡漢王降楚軍皆呼萬歲漢王與數十騎從城西門出走城皋項王燒殺紀信

漢書曰莽何羅（本姓馬明帝馬后恐其先人有反者易曰莽也）與江充相善及充敗衛太子後上知太子寃乃夷滅充宗族黨與何羅懼及金日磾視其志意非常心疑之陰獨察其動靜與俱上下

何羅亦覺日磾意以故久不得發是時上行幸林光宮服虔曰甘泉一名林光臣瓚案林光本秦離宮在甘泉日磾小疾卧廬何羅矯制發兵明旦上卧未起何羅從外入日磾心動立入卧內戶下須史何羅袌白刃從東廂上見日磾色變走趨卧內欲入行逆觸寶瑟僵日磾得抱何羅因傳曰莽何羅反上驚起左右拔刃欲格之上恐并中日磾止勿格日磾投何羅殿下得擒縛之窮治皆伏辜

東觀漢記曰王郎遣將攻信都信都大姓馬寵等開城內之收太守宗廣及李忠母妻子皆繫獄而令親屬招呼忠時寵弟從忠爲校尉忠即時召見責數以背恩反城因格殺之諸將皆驚曰家屬在人手中殺其弟何猛也忠曰若縱賊不誅則二心也上聞而美之謂忠曰今吾兵已成也將軍可歸救老母妻子忠曰蒙明公大恩思得効命誠不敢內顧宗親

又曰信都反爲王郎所置信都王捕繫邳彤父弟妻子使爲手書呼彤曰降者封爵不降族滅彤涕泣報曰事君者不得顧家

又曰張步攻耿弇時上在魯聞弇爲步所攻自往救之未至陳俊謂弇曰虜兵盛可且閉營休士以須上來弇曰乘輿且到臣子當擊牛釃酒以待百官反欲以賊虜遺君父耶乃出大戰自旦及昏復大破之後數日車駕至臨淄自勞軍也

范曄後漢書曰温序字次房太原人爲護羌校尉行部至襄武爲隗囂別將苟宇等所劫宇謂序曰子若與我并威同力天下可圖也序曰受國重任分當效死義不貪生苟背恩德宇等復曉譬之序素有氣力大怒叱宇等曰虜何敢迫脅漢將因以節檛殺數人賊衆爭欲殺之宇止之曰此義士有死節可賜以劒序受劒銜鬚于口顧左右曰旣爲賊所殺無令鬚汙土遂伏劒而死

英雄記曰王允誅董卓卓部曲將李傕郭汜不自安遂合謀攻圍長安城陷呂布奔走布駐馬青瑣門外招允曰公可以去乎允曰若國家社稷之靈上安國家吾之願也如其不獲則奉身以死之

漢雜事曰景帝時吴楚七國反齊孝王狐疑膠西濟北二國圍齊齊使路中大夫於天下還報曰堅守此至二國圍齊數重無從入二國與路中大夫盟曰若反言漢已破大夫許之至城下望見齊王曰漢已發兵百萬使太尉周亞夫擊破吴楚方引兵救齊齊必堅守二國誅之

魏志曰許褚從征袁紹於官渡徐他等謀爲逆以褚常侍左右憚之不敢發伺褚休下日他等懷刀入褚至下舍心動即還侍他等不知入帳見褚大驚褚覺之即擊殺他等太祖益親信之

又曰諸葛恪圍合肥新城城中遣士劉整出圍傳消息爲賊所得栲問所傳語賊謂整曰諸葛公欲活汝汝可具服整罵曰我當必死爲魏國鬼不苟求活逐汝去也終無他辭又遣使鄭像出城傳消息恪遣騎尋跡得像歸面縛繞城令整像大呼言大將軍已還洛不如早降像更呼城中大軍近在圍外壯士努力賊以刀築口不使得語遂大呼令城中聞詔追賜整像爵關中侯

又曰王修字叔治北海人魏國旣建爲大農郎中令從爲奉常其後嚴才反與其徒屬數十攻掖門修聞變召車馬未至便將官屬步至宮門太祖在銅爵臺望見之曰彼來

者必王叔治也相國鍾繇謂修曰舊京城有變九卿各居
其府修曰食其祿焉避其難居府雖舊非赴難之義也
又曰諸葛誕爲鎮東將軍殺楊州刺史樂綝據壽春反遣
司馬昭征之斬誕誕麾下三百人不降昭令曰不降皆斬
衆咸曰願從諸葛公死不恨矣每斬一人諸人顏色不變
時人謂之後代田横
蜀志曰鄧艾伐蜀遣書誘諸葛瞻若降者必表爲瑯琊王
瞻怒斬艾使遂戰大敗臨陣死時年三十七衆皆散瞻長
子尚與瞻俱沒
又曰先主奔荆州曹公追之先主棄妻子走使張飛將二
十騎距後飛據水斷橋瞋目横矛曰我張益德也可來共
決無敢近者
又曰嚴顏巴郡人益州牧劉璋使顏守巴郡劉備入蜀圍
成都璋出降備諸郡皆伏唯顏守而不屈使將張飛攻巴
郡生擒顏呵曰汝見將軍至何得不降今逆戰乎顏曰卿
等無狀奪我州我但有斷頭將軍無降將軍飛怒令左右
斬之顏曰斫頭便斫何怒耶飛壯其忠節釋之
王隱晉書曰嵇紹以天子蒙塵奔詣行在所值王旅不振
敗績於湯陰百官左右皆奔散唯紹儼然端冕以身扞衛
兵交御輦飛箭雨集遂以見害
晉中興書曰譙王承爲湘州刺史王敦遣參軍桓羆說承
以劉隗專寵今討之請承爲軍司馬承歎曰吾其死矣地荒
民飢勢孤援絶赴君難忠也死王事義也得忠與義亦復
何求便唱義衆府長史長沙人虞悝慷慨有志節共明盟誓
因桓羆馳檄湘川於是一州之内並皆同赴
又曰蘇峻反桓彝爲宣城内史往赴朝廷長史裨惠等咸

以宜且按甲以謀須衆力齊集彝厲色曰夫見無禮於其
君者誅之如鷹鸇之逐烏雀今社稷之難而欲逡巡將何
以去衆力雖寡義無寧處長驅往進尋王師敗績彝慷慨
流涕皆勸僞同以紓交至之禍如其不然重兵必至彝曰
吾受國厚恩不能死節焉能忍辱與之通問如其不濟此
郎命也遣俞縱進軍左右以力不敵勸縱退軍縱曰吾承
桓侯厚遇吾之不可負桓侯猶桓侯不可負國也遂力戰
而死峻遣韓晃因進軍討彝力屈被害
又曰易雄長沙瀏陽人爲春陵令聞王敦作逆譙王承檄
至雄馳檄遠近列敦罪惡俄而王師敗績敦得肆暴收雄
姑孰以檄示焉雄曰有之惜雄位微力弱不能救國難安
以生爲今日即戮得爲忠鬼乃其願也○沈約宋書曰劉胡
叛淮南定陵人賈襲宗本縣已爲胡所得率三十人救沈
攸之沈攸之言於建安王休仁休仁拔爲司徒參軍督護
使還鄉里招集爲胡所擒以火炙之問臺軍消息一無所
言瞋目謂胡曰君稱兵内侮窺覦神器未聞奇謀遠略而
爲炮烙之刑僕本以身奉義死亦何有胡乃斬之
後魏書曰河間公元齊烈帝之玄孫也少雄傑魁岸世祖
愛其勇壯引侍左右從征赫連昌世祖馬蹶賊衆逼帝齊
以身蔽扞決死擊賊乃退世祖得上馬示曰微齊以身蔽
扞幾至危殆乃賜爵浮陽侯
又曰叔孫俊字醜肆少聰敏年十五内侍左右朱提王悅
懷刃入禁欲爲大逆俊覺悅舉動有異便引掣之乃於悅
懷中得兩匕首遂執悅殺之
范亭燕書曰孟高字弘義長壯有雄姿慕容皝即位左遷
衛將軍出避難將向龍都禁衛四散唯高及殿中將女郎

等十餘騎從行逢福祿逢賊高獨力戰賊射殺之

唐書曰劉感岐州鳳泉人武德初以驃騎將軍鎮涇州薛仁果率衆圍之感嬰城拒守城中糧盡遂殺所乘馬以分將士感一無所噉唯煑馬骨取汁和木屑食之城垂陷者數矣長平王叔良援兵至仁果解圍而去感與叔良出戰為賊所擒仁果復圍涇州令感語城中云援軍巳敗徒守孤城何益也宜早出降以全家室感許之及至城下大呼曰逆賊饑餓亡在朝夕秦王率數十萬衆四面俱集城中勿憂各宜自勉以全忠節仁果大怒執感於城邊埋脚至膝馳騎射殺之

又曰張巡守睢陽在圍中每戰皆登城大呼以助軍勢皆血流面牙齒皆碎城將陷巡西向拜曰臣不能全孤城今為賊凌逼誓願為鬼與賊為厲以答聖明及城陷尹子奇入城見巡問曰聞公每叙戰眥裂齒碎牙齒因以大刀剔其口見其存者不過三數將存之巡大詈之賊黨皆曰此人必不為我用又得衆死心不可留故害之

五代史曰後唐應順末少帝失位自洛涉河與數百騎欲奔鄴時晉高祖敗鎮常山亦自郡詣闕夜與帝遇於獲嘉東遂俱入衛郡郵舍中是夜少帝伏甲欲與徒臣謀害晉高祖詐屏人對語方坐於亭廡帝密遣御士石敢袖鎚立其後伏甲者俄起左右驚擾敢素有勇力擁晉高祖入一室以巨木塞門敢力當其鋒尋死焉

呂氏春秋曰荊莊襄王獵於雲夢射隨兕中之申公子培刼而奪之王曰何其暴而不敬也命吏誅之左右大夫皆進諫曰子培賢者也又為王百倍之臣此必有故願王察之也不出三月子培疾而死荊興師戰於兩棠大勝晉歸而賞有功者申公子培之弟進請賞於吏曰人之有功也於軍旅臣之兄有功也於車下王曰何謂也對曰臣之兄犯暴不敬之名觸死亡之罪於王之側愚以忠於君王之身而特千歲之壽也臣之兄嘗讀故記曰殺隨兕者不出三月是以臣之兄驚懼而爭之故伏其罪而死王令人發平府而視之於故記果有乃厚賞之申公子培其忠也可謂穆行矣（穆美也）穆行之意人知之不為勸人不知之不為沮行無高乎此者

又曰人殺衛懿公盡食其肉獨舍其肝弘演使還哭畢呼天而號盡哀而止曰臣請為襮（博卜）因自出其肝內懿公之肝（襮表也）

新序曰崔杼殺莊公申蒯漁於海將入死之其御止之曰君無道聞於天下不可死也申蒯曰安得食亂君之祿而死治君之事乎申蒯至門曰請入弔門者以告崔杼杼令勿內申蒯曰汝疑我乎吾與汝臂乃斷左臂以與門者以示崔杼杼陳八列令其入申蒯拔劍呼天鬬殺七列未及崔子一列而死

又曰楚有士申鳴者在家而養其父孝聞於楚國王欲授之相申鳴辭不受其父曰王欲相汝汝何不受乎申鳴對曰捨父之孝子而為王之忠臣何也其父曰使有祿於國立義於庭汝樂吾無憂矣吾欲汝之相也申鳴曰喏遂入朝楚王因授之相居三年白公為亂殺司馬子期申鳴將往死之父止之曰棄父而死其可乎申鳴曰聞夫仕者身歸於君而祿歸於親今去子事君得無死其難乎遂辭而往因以兵圍之白公謂石乞曰申鳴者天下之孝子也往刼其父以兵申鳴聞之必來來與之語白公曰善則往

取其父持之以兵告申鳴曰子與吾吾與子分楚國子不與吾子父則死矣申鳴流涕而應之曰始吾父之孝子也今吾君之忠臣也吾聞之也食其食者死其事受其祿者畢其能今吾已不得爲孝子矣乃君之忠臣也吾何得以全身援桴鼓之遂殺白公其父亦死王賞之百斤金申鳴曰食君之食避君之難非忠臣也定君之國殺臣之父非孝也名不可兩立行不可兩全也如是而生何面目立於天下遂自殺

襄陽耆舊傳曰魏伐蜀羅獻爲巴東太守得劉禪委質定問乃帥所部臨于都亭三日吴聞蜀已敗遂起兵西上外託援救内欲襲獻城以固其國遣盛憲等水陸到説獻以合同之計獻乃會議曰今本朝傾覆吴爲同盟不恤我難而邀其利可主降於北臣求福於東乎今守孤城百姓未

定宜一決戰以定衆心遂銜枚夜擊破憲旋軍保城告誓將士厲以節義莫不用命

襄陽記曰劉備以習珍爲零陵北部都尉孫權遣潘濬討珍珍帥數百人登山自將濬乃單將左右自到山下交語珍謂曰我必爲漢鬼不爲吴臣矣濬攻珍圍守月餘糧箭並竭珍謂群下曰珍受漢中王厚恩不得不報之以死諸君何爲者耶乃伏劒自裁

又曰晉伐吴張悌渡江戰吴軍大敗諸葛靚過迎悌悌不肯去垂泣曰仲思今是我死日且我作兒童便爲卿家丞相所扶常恐不得其死負名賢知故今身殉社稷復何所遁

華陽國志曰曹公察關羽不安使張遼以情問之曰極知曹公待我厚然吾受劉將軍恩不可背之要當立効報公公聞而美之是歲袁紹遣顔良攻東郡太守劉延於白馬公使遼羽爲先鋒羽望見麾策馬刺良於萬衆之中斬其首還遂解延圍公即表封羽壽亭侯重加賞賜羽盡封其物拜書告辭而歸先主。周處別傳曰氐賊齊萬年爲亂乃以處爲建威將軍進軍大戰奮劒慷慨仰天歎曰古者將受脤鑿凶門以出蓋有進無退我爲大臣以身殉國不亦可乎遂戰死

太平御覽卷第四百一十七

太平御覽卷第四百一十八

人事部五十九

忠貞

管子曰忠者臣下之高行

孟子曰教人以善謂之忠

淮南子曰交淺而言深是忠也

抱朴子曰竭身命以徇國經夷險而一節者忠臣也

說苑曰逆命利君謂之忠又曰卑身賤體夙興夜寐進賢不懈數稱往古之行事以厲主意庶幾有益以安國家如此者忠臣也

禮記文王世子曰為人臣者殺其身有益于君則為之

又檀弓曰公叔文子卒其子戍請謚於君君曰昔者衛國有難夫子以其死衛寡人不亦貞乎

左傳隱公曰衛州吁弒桓公石厚從州吁如陳石碏使告于陳曰此二人者實弒寡君敢即圖之陳人執之而請涖于衛君子曰石碏純臣也惡州吁而厚與焉大義滅親其是之謂乎

又僖公上曰晉獻公使荀息傅奚齊公疾召之曰以是藐諸孤（言其幼賤與諸子縣藐）辱在大夫其若之何對曰臣竭其股肱之力加之以忠貞公曰何謂忠貞對曰公家之利知無不為忠也送往事居耦俱無猜貞也

又曰僖公中曰晉惠公卒懷公立命從亡人（亡人重耳）期期而不至無赦狐突之子毛及偃從重耳在秦不召懷公執狐突曰子來則免對曰子之能仕父教之忠古之制也策名委質貳乃辟也（貳二心辟罪也）今臣之子名在重耳有年數矣若又召之教之貳也父教子貳何以事君

又宣公上曰楚子滅若敖氏令尹子文其孫箴尹克黃（箴尹官名）使於齊還及宋聞亂其人曰不可以入矣（其人克黃從臣）箴尹曰棄君之命獨誰受之遂歸復命而自拘於司敗

又襄公二年曰楚子囊將死遺言謂子庚必城郢（楚從都郢未有城郭）君子謂子囊忠君薨不忘增其名（謂前年謚君為恭也）將死不忘衛社稷可不謂忠乎忠民之望也

又曰晉人執季文子舍之於苕丘范文子謂欒武子曰季孫於魯相二君矣妾不衣帛馬不食粟可不謂忠乎

韓詩外傳曰有大忠有次忠有下忠以道覆君而化之大忠也以德調君而輔之次忠也以是諫非而死之下忠也周公於成王可謂大忠管仲於桓公可謂次忠也子胥於夫差可謂下忠也

又曰崔杼殺莊公陳不占聞君有難將死之食則失哺上車失軾僕曰雖往其有益乎不占曰死君義也無勇私也遂驅車比至公門外聞鍾鼓戰鬬之聲遂駭而死

國語曰彘之亂宣王在邵公宮國人圍之邵公乃以其子代宣王王長而立之

戰國策曰吳入郢楚冒勃蘇嬴（音盈）糧潛行十日而薄秦朝鶴立不轉晝吟宵泣七日不得告水漿無入於口秦王聞而走之冠劍不相及左奉其首右濡其口於是秦救楚退吳師復楚

漢書曰初吳王芮高祖賢之制詔御史長沙王忠其定著甲令（臣瓚曰漢以芮忠故特王之非制故著令也）

又曰匈奴求和親群臣議上前博士狄山曰和親便上問張湯湯曰此愚儒無知狄山曰臣固愚忠若御史大夫湯乃詐忠

又曰王莽既篡使者即拜龔勝爲講學祭酒勝曰吾受漢家厚恩無以仰報今年老矣旦暮入地豈一身事二姓下見故主哉勝因勑以棺斂喪事語畢遂不復開口飲食積十四日而死

東觀漢記曰上於大會中指王常謂群臣曰此家率下江諸將輔翼漢室心如金石忠貞臣也是日遷常爲漢中將軍

又曰吳漢性忠厚自從征伐在左右上未安則側足屏息上安然後退舍兵有不利軍營不完漢常獨繕檠其弓戟闌其兵馬激揚吏士上時令人視吳公何爲還言方作戰攻具上常曰吳公差強人意隱若敵國

又曰上爲大司馬以王霸爲功曹令史從渡河北賓客隨者數十人稍稍引去謂霸曰潁川從我者皆去而子獨留

始驗疾風知勁草

又曰鮑昱字文淵拜司隸校尉詔昱詣尚書使封胡降檄上遣小黄門問昱有所怪不對曰臣聞故事通官不着姓又當司徒露布怪使司隸而着姓也帝報曰吾欲令天下知忠臣之子復爲司隸

又曰鮑永字君長到京兆霸陵過更始冢引車入陌欲下從事諫止永曰親北面事人何忍車過其墓雖以獲罪司隷不辭也遂下車哭盡哀而至右扶風推牛上苟諫冢上聞之問公卿曰奉使如此何如時太中大夫張堪對曰仁者百行之宗忠者禮義之主仁不遺舊忠不忘君行之高者上悅之

謝承後漢書曰梁冀奏誅李固固臨命與胡廣趙戒書曰固受國厚恩是以竭其股肱不顧死亡志欲扶王室比隆文王何圖一朝梁氏迷謬公等曲從以吉爲凶成事爲敗漢家衰微從此始矣公等受主厚祿顛而不扶傾覆大事後之良史豈有所私固身已矣於義得矣夫復何言廣戒得書悲慙長歎

范曄後漢書曰來歙盖延馬成進攻公孫述將王元環安於河池下辯陷之乘勝遂進蜀人大懼使刺客刺歙未絶馳召盖延見歙因伏悲哀不能仰視歙叱延曰虎牙何敢然今使者中刺客無以報國故呼巨卿欲相屬以軍事而反效兒女子涕泣乎刃雖在身不能勒兵斬公耶延收淚強起受所誡歙自書表曰臣夜人定後爲何人所賊傷中臣要害（何人謂不知何人也）臣不敢自惜誠恨奉職不稱以爲朝廷羞夫理國以得賢爲本太中大夫段襄骨鯁可任願陛下裁察又臣兄弟不肖終恐被罪陛下哀憐數賜教督投筆

抽刃而絶

魏志曰典韋拜都尉太祖引置左右將親兵數百人常繞帳韋性忠至謹重常晝立侍終日夜宿帳左右稀歸私寢

英雄記曰曹操圍張超於雍丘臧洪從袁紹請兵將赴其難紹不聽之超城遂陷張氏族洪由是怨袁紹不與通紹增兵急攻洪殺愛妾以食兵將流涕莫有離叛城陷生執洪紹問臧洪何相負若是今日服未洪據地瞋目曰諸袁事漢四世五公可謂受恩今王室微弱因際會觖望非冀惜洪力弱不能爲天下推刃報仇何謂服乎紹命殺焉洪邑人陳容在座見洪當死起謂紹曰將軍舉大事而先誅忠義豈合天意紹慙使人牽出曰汝臧洪儔空復汝爲容顧曰夫仁義豈有常所蹈之則君子背之則爲小人今日寧與臧洪同日死不與將軍同日生遂復見殺在紹座者無不歎息

蜀志曰先主退軍義陽傅肜斷後拒戰兵人發盡吳將語肜令降罵曰吳狗豈有漢將軍降者遂戰死子僉爲關將都督景曜六年又臨危授命論者嘉其弈世忠義

晉中興書曰王敦欲誣帝以不孝於衆坐明帝窘玄溫太真在東宮久最所知悉因厲聲問嶠謂懼威必與己同嶠正色對曰鉤深致遠小人無以測君子當今諒闇之際雖有至性可稱敦嘿然不悅然憚其居正不敢害之

又曰王敦作逆石頭城既陷王師敗績周顗往詣敦敦曰伯仁卿負我顗曰公戎車犯順下官親帥六軍不能其事使王旅撓敗以此負公敦憚其正辭不知所答顗與戴淵俱被收路經太廟顗大言曰天地先帝之靈臣忠於社稷王敦無道陵虐天下神祇有靈當速殺敦無令縱毒以傾王室語未終人以戟傷其口不得復言血流至踵顔色不變士庶衆觀皆爲流涕於石頭南門外石上害之

蕭子顯齊書曰王敬則轉安城王車騎參軍蒼梧王狂虐左右人不自保敬則以太祖有威名歸誠奉事每下直輒往領軍府夜着青衣扶匍道路爲太祖聽察

崔鴻十六國春秋前凉録曰麻秋以書誘致宛成都尉宋矩矩至謂秋曰辭父事君當立功義功義不立當守名節矩終不背主覆宗偷生於世乃先殺妻子自刎而死秋曰義士也命吏人葬之重華嘉其誠節賜振威將軍

又曰前燉煌太守宰遷隴西人也唯有一子縣至狄道省墓遇辛宴反叛爲宴所執遷勸張茂討宴茂曰髭在彼如何遷曰人臣奉主豈顧子乎茂曰汝純臣賜爵關內侯

又前趙録曰王廣永嘉之亂聚族避世及爲楊州刺史被蠻賊圍一百一十日外救不至糧食罄絶雞犬雀鼠靡有將士泣曰將軍忠於本朝故有今難豈有背將軍理哉衆相枕而死者五千人○又南凉録曰振武將軍尉賢政固守浩亹木下熾盤招之曰樂都已潰卿妻子皆在吾間孤城獨守何所爲也政曰受凉王厚恩爲國家藩屏雖知樂都已陷妻子爲擒先歸獲賞後順受誅然不知主存亡未敢歸命妻子小事豈動懷盤乃遣虎臺手書喻政政曰爲國儲不能盡忠反面縛於人棄父負君虧萬世之業賢政義士豈如汝乎

三國典略曰齊平東雍州刺史傅伏堅守不降帝遣韋孝寬將伏子仁寬招伏曰并州已平故遣公兒來報令授上大將軍武鄉郡公以金馬腦二酒鍾爲信公宜急下伏不受謂孝寬曰事君有死無貳此兒爲臣不忠爲子不孝願即斬以示天下帝又遣高阿那肱等百餘人臨汾召伏伏出軍隔水相見問至尊何在阿那肱曰已被捉獲別路入關伏仰天大哭率衆入城於廳事前北面哀號良久乃降帝見之曰何不早下伏流涕而對曰臣三代被任草命不能自死羞見天地帝執其手曰爲臣當若此朕平齊國唯見公一人乃自食一羊肋以骨賜伏曰骨親肉踈所以相付授上儀同也

唐書曰隋屈突通與竇琮戰於稠桑通結陣以自固竇琮縱通子壽令往諭之通大呼曰昔與汝爲父子今與汝爲仇讎命左右射之桑顯和呼其衆曰京師陷矣汝並關西人欲何所去衆皆釋仗通知不免乃下馬東南向再拜號哭曰臣力屈兵敗不負陛下天地神祇實所鑒察遂擒通送于長安高祖謂曰何相見晚耶通泣對曰通不盡人臣之節力屈而至此高祖曰隋室忠臣也命釋之

又曰馮立事隱太子太子誅左右悉散立歎曰豈有人生受其恩死逃其難立乃率兵犯玄武門殺將軍敬君弘謂其徒曰微以報太子矣遂解兵而遁俄來請罪太宗數之立對曰出身事主期之効命當戰之日無所顧憚因歔欷悲不自勝太宗宥之立謂所親曰逢莫大之恩終當以死奉答俄而突厥至便橋立率數百人力戰殺獲甚衆太宗深嘉歎之

又曰安金藏爲太常工人時睿宗爲皇嗣或有誣告皇嗣潛有異謀者則天令來俊臣按之左右不勝楚毒皆欲自誣唯金藏大呼謂俊臣曰公既不信金藏言請剖心以明皇嗣不反則引佩刀自剖其胷五藏並出流血被地氣遂絶則天聞之令舁入宮中遣醫人却内五藏以桑白皮縫合之傅藥經宿乃蘇則天臨視歎曰吾有子不能自明不

如爾之忠也即令停推睿宗由是獲免

新序曰陳恒弑簡公而盟盟者完其家召他入曰不盟是弑父母也盟之是無君臣之禮乃盟以免父母死而自殺以禮其君

又曰智伯之時有士曰長兒子魚絶智伯而去之三年將東之魯而道聞智伯死曰吾聞忠臣無餘禄吾聞智伯之死動吾心餘禄加於我至今尚存將往吾佐之遂反而死之

續説死曰趙苞漢靈帝時爲武威守夷戎畏其果毅母及妻子自郡來遇鮮卑萬騎入塞爲其所掠苞出擊賊陳步騎二萬鮮卑恐懼出母示苞苞悲號謂母曰爲子無狀欲以微禄奉養不圖作禍今爲王臣不得顧私毋曰人各有命何得毁忠節耶立忠榮親孝莫大焉行矣勉之苞瞋目援桴虜衆碎斬其師伏屍十里母妻子皆爲賊所害苞收母殯斂奏請歸葬天子策弔封爲列侯葬訖謂鄉人曰食禄避難不忠殺母全義不孝何面目立於天下遂自殺

又曰官者田鵬事齊至内侍中齊主走青州圖入陳出覘爲周人所獲敺問齊主所在紿云已去周人折其支每折一支辭色逾厲四支俱絶而死

許肅别傳曰肅爲愍帝侍中左衛將軍麴允將與蕭齊心拒守而外救已退城遂陷没逼愍帝送于平陽肅後冒難侍左右劉載乃以帝爲歸漢王頃之陰行鴆毒帝肉食心悶欲見許侍中肅馳詣賊相見帝已不復能語肅曰不審陛下尚識臣不帝猶能執肅手流涕肅歔欷登牀帝遂殂於扶抱之中晝夜號泣哀感異類載外欲明已不害乃僞責諸臣欲盡誅之群臣迸竄唯肅獨曰備位故臣願乞

得殯殮然後就戮載將聽許事訖詣載曰國亂不能匡君士弗能死鑒自莫非愧耻將何顏以存所以忍辱正以山陵未畢故耳微情已叙甘就刑戮賊　議之曰此晉之忠臣宜加甄賞載遂從議故得全免

庾珉别傳曰珉字子居位列侍中劉曜作亂京都傾覆珉時直在省謂僚佐曰吾必死此屋内既天子蒙塵珉與許遐等侍從曜設會使帝行酒珉至帝前乃慨然流涕曜曰此動人心即時遇害

太平御覽卷第四百一十八

太平御覽卷第四百一十九

人事部六十

仁德　仁惻

仁德

釋名曰仁忍也性惡殺好善含忍之也

禮記經解曰上下相親謂之仁

又中庸曰仁者人也親親爲大

又表記曰子曰仁有三與仁同功而異情與仁同功其仁未可知也與仁同過然後其仁可知也仁者安仁知者利仁畏罪者弘仁子曰仁之爲器重其爲道遠舉者莫能勝也行者莫能致也取數多者仁也夫勉於仁者不亦難乎子曰中心安仁者天下一人而已矣

又緇衣曰子曰禹立三年百姓以仁遂焉豈必盡仁（言百姓效禹爲仁非本性能仁也）

又大學曰一家仁一國興仁堯舜率天下以仁而民從之

又曰仁者以財發身不仁者以身發財又儒行曰溫良者仁之本敬慎者仁之地寬裕者仁之作遜接者仁之能禮節者仁之貌言談者仁之文歌樂者仁之和分散者仁之施儒皆兼此而有之猶且不敢言仁也

又鄉飲酒義曰天地溫厚之氣始於東北盛於東南此天地之仁義也

毛詩生民曰行葦忠厚也周家忠厚仁及草木

尚書太甲曰民罔常懷懷于有仁（民所歸無常以仁政爲常）

又泰誓曰雖有周親不如仁人

論語里仁曰里仁爲美（居仁者之里是爲美）擇不處仁焉得智（求善居而不處於仁者之里不得爲有智）

又曰君子無終食之間違仁造次必於是顛沛必於是

又顏淵曰顏淵問仁子曰克己復禮爲仁一日克己復禮天下歸仁焉爲仁由己而由人乎哉顏淵曰請問其目子曰非禮勿視非禮勿聽非禮勿言非禮勿動顏淵曰回雖不敏請事斯語矣

又顏淵曰仲弓問仁子曰出門如見大賓使民如承大祭己所不欲勿施於人在邦無怨在家無怨仲弓曰雍雖不敏請事斯語矣

又子路曰如有王者必世而後仁（聖人受命而王必父子相承然後天下之民化此）

又憲問恥曰子路曰桓公殺公子糾召忽死之管仲不死曰未仁乎子曰桓公九合諸侯不以兵車管仲之力也如其仁如其仁（重言如其仁者九合諸侯功濟天下此仁爲大死爲仁小者也）

又衛靈公曰民之於仁甚於水火水火吾見蹈而死者矣未見蹈仁而死者也（甚於水火矣仁最急也）

又曰志士仁人無求生以害仁有殺身以成仁

又陽貨曰子張問仁於孔子孔子曰能行五者於天下爲仁矣請問之曰恭寬信敏惠恭則不侮寬則得衆信則人任焉敏則有功惠則足以使人（不敬人無侮慢之言）

又微子曰微子去之箕子爲之奴比干諫而死孔子曰殷有三仁焉（此三人紂同姓人曰微子知紂惡而去之箕子比干不忍去故或見奴或見殺之）

家語曰或問孔子曰顏淵何人也曰仁人也丘弗如

爾雅曰太平之人仁

大戴禮曰君子執仁志先行後言千里之外皆兄弟也

尚書考靈耀曰春行仁政順天之常

尚書大傳曰子張曰仁者何樂於山也孔子曰夫山者嵬

然高嵬然高則何樂焉夫山草木生焉鳥獸蕃焉財用殖焉生財用而無私爲四方皆伐焉每無私予焉出雲風以通乎天地之間陰陽和合雨露之澤萬物以成百姓以饗此仁者之所樂於山者也

又曰周人以仁接民而天下莫不仁故曰文矣（言文王仁故謂之文矣）

又曰舜不登而高不行而遠拱揖于天下而天下稱仁

又曰誓可以觀義五誥可以觀仁甫刑可以觀誡洪範可以觀度

韓詩外傳曰仁道有四仁者有聖仁者有智仁者有德仁者有謙

史記曰帝堯其仁如天其知如神

又曰孔子適周問禮於老子辭去老子送之曰吾聞富貴者送人以財仁人者送人以言吾不能富貴竊仁人之號送子以言

又曰高祖仁而愛人喜施意豁如也

漢書曰何武爲人仁厚

後漢書曰王莽末虞延從女弟年在孩乳其母不能活之棄於溝中延聞其號聲哀而收之養至成人

范曄後漢書曰劉寬字文饒弘農人遷南陽太守温仁多恕吏人愆過但用蒲鞭罰之示辱而已

又曰宣秉所得俸祿輒以收養親族其孤弱者分與田地自無擔石之儲（前漢書音義曰齊人名小甖爲擔今江淮人謂一石爲一擔擔音丁濫切）

齊書曰虞愿爲晉安太守郡出蚺蛇膽可用爲藥有人餉愿愿放之二十餘里一夜蛇還歸床下復送四十里經還復故處愿令人更送遲明乃復歸如此再三時以爲仁義之心所致

又曰江泌字士清性行仁義衣弊虱多以綿裹置之食菜不食心以其有生意也

崔鴻後燕録曰趙秋字子武汲郡朝歌人也輕財好施隣人李玄度母死家貧無以葬秋謂其兄曰赴死救不足仁之本也家有二牛以與之玄度得以葬他年秋夜行見一老母遺秋金一餅曰子能葬我是以相報子五十已後當富貴不可言勿忘玄度也

老子曰大道廢有仁義

文子曰積惠重厚使萬物忻忻樂其性者仁也

莊子曰仁義先王之蘧廬（蘧廬猶傳舍也）可以一宿而不可以久處古人假道於仁託宿於義

莊子曰義人利物之謂仁

曾子曰伯夷叔齊仁者也

鬻子曰除天下之害謂之仁

孟子曰齊宣王問交隣國有道乎對曰唯仁者能以大事小故湯事葛伯文王事昆夷

又曰君行仁政斯民親其上而死其長矣

又曰當今之時萬乘之國行仁政民之悅之猶解倒懸也

又曰夫仁天之尊爵人之安宅

又曰爲富不仁矣爲仁不富矣

又曰爲天下得人謂之仁

又曰三代之得天下也以仁其失天下也以不仁國之所以廢興存亡者亦然天子不仁不保四海諸侯不仁不報社稷卿大夫不仁不保宗廟士庶人不仁不保四體今惡死亡而樂不仁是猶惡醉而彊酒也

又曰仁則榮不仁則辱今惡辱而居不仁是猶惡濕而居下

又曰仁之勝不仁猶水之勝火

荀卿子曰仁義禮善之於人譬之若貨財粟米之於家也多有之者富少有之者貧無有之者窮

尸子曰仁則人親之義則人尊之智則人用之也

又曰文王四乳是謂至仁

六韜曰仁之所在者天下歸之

呂氏春秋曰工尹他爲荆使於宋司城子罕觴之南家之牆犨於前不直出（犨猶出）西家之潦經其宮而不止工尹他問其故子罕曰南家二人也爲鞔（鞔履一日鞔也）吾將徙之其父曰吾將鞔以食三世矣今徙是宋國之求鞔者不可吾將不食也是弗徙也西家高吾庳潦之經吾宮也利故弗禁也工尹他歸荆適攻宋工尹他諫於荆王曰宋不可攻其主

賢其相仁故釋宋攻鄭

新序曰魏文侯曰仁人者國之寶也國有仁人則羣臣不爭

姚信士緯曰孟軻驅世士於仁義之域行者步中正之途

抱朴子曰仁者爲政之脂粉刑者御世之轡策

符子曰春秋華林傳曰不知不言其所以仁

延篤仁孝論曰夫仁之有孝猶四體之有心腹枝葉之有本根仁以枝葉扶疏爲大孝猶心體充實爲先。曹植仁孝論曰且禽獸悉知愛其母知其孝也唯白虎騶虞稱仁獸者以其明盛衰知治亂也孝者施近仁者及遠

逸士傳曰高鳳隣里有爭財鬭者兵刃相加鳳脫衣巾爲叩頭曰仁義遜讓不可廢也

會稽典錄曰陳囂字子公山陰人也同縣車嫗年八十餘無子慕囂仁義欲來寄命囂以單嫗有財產不敢便許乃詣於長者長者僉曰其宜置囂遂迎嫗朝夕定省如其所親出家財以供饍膳嫗以壽終囂殯斂畢皆勑其奴令守嫗墓財物付與嫗內外（宗族綜驗）不入殯者以置棺中制服三月由是著名流稱上國矣

仁惻

周公曰文王在鄗召太子發曰吾語汝童牵不服童馬不馳是謂大仁

禮記表記曰中心憯怛愛人之仁也

樂嘉耀稽曰仁者有惻隱之心本生於木（仁生於木故惻隱出自然也）

左傳文下曰邾文公卜遷于繹史曰利於民而不利於君公曰苟利於民孤之利也天生民而樹之君以利之也民既利孤必與焉左右曰命可長也君何弗爲邾子曰命在

養民死之短長時也民苟利矣遷也吉莫如之遂遷於繹邾文公卒君子曰知命也

家語曰孔子曰啓蟄不殺方長不折此高柴之行

漢書曰汲黯字長孺濮陽人河內失火燒千餘家上使黯往視之還報曰家人失火燒比屋延燒不足憂臣過河內貧人傷水旱萬餘家父子相食臣謹以便持節發河內倉粟以賑貧民請歸節伏矯制罪上賢而釋之

東觀漢記曰曹褒在射聲營舍有停棺不葬百餘所褒親自履行問其意故吏對曰此等多是建武以來絕無後者褒愴然爲買空地悉葬其無主者設祭以祀之遷將作大匠時疾疫褒巡行病徒爲致醫藥經理饘粥多蒙濟活

又曰鍾離意辟大司徒侯霸府詔部送徒詣河內時冬寒徒病不能行路過弘農意輒移屬縣使作徒衣縣不得已

與之而上書言狀意亦具以聞上得奏以見霸曰君所使掾何乃仁於用心誠良吏也

又曰趙喜爲赤眉所迫亡走遇更始親屬皆裸跣塗炭飢困不能前喜見之悲感所裝縑帛資糧悉以與之

又曰吳祐字季英陳留人遷膠東侯相政唯仁簡以身率物民有相爭訴者輒閉閤自責然後斷其訟以道譬之或身對閭里重相和解自是之後爭隙省息矣

又曰崔篆爲建新大尹班春所至之縣狴獄填滿篆垂涕曰嗟乎刑罪不中乃陷民於穽此皆何罪而至於是遂平理所出二千餘人掾吏叩頭諫曰誠仁者之心然獨爲君子將有悔乎篆曰殺一大尹贖二千人蓋所願也遂稱疾去矣

謝承後漢書曰韓韶字仲黄潁川人韶爲嬴長嬴隣境歲饑多被寇癈耕桑其民流入縣界求索衣糧者衆韶愍其饑困開倉賑之所稟贍萬餘戶主者爭謂不可韶曰長活溝壑之民而以此伏罪可含笑入地也

范曄後漢書曰史弼字公謙陳留人爲平原相時詔書下舉鉤黨郡所奏相連及者多至數百唯弼獨無所主詔書責曰青州六郡其五有黨平原弼何理而得獨無弼曰先王疆理天下畫界分境水土異齊風俗不同他郡自有平原自無胡可相比若望上司誣陷良善淫刑濫罰以逞非理則平原之民戶可爲黨相有死而已所不能也從事大怒即收郡僚械送獄遂奏弼會黨禁中解弼以奉贖罪免濟活者千餘人

英雄記曰劉翊字子相潁川人遷陳留太守出關數百里見士大夫病亡道次翊以馬易棺脫衣殮之又逢知故困餓於路不忍委去因殺所駕牛以救之衆人止之翊曰視沒不救非志士遂俱餓死

晉中興書曰劉驎之南陽人少有信義去家百餘里有一獨嫗病將死歎息謂人曰誰當埋我唯有劉長史耳何由令知驎之先聞其有患故往候之值其命終乃身爲治棺殯送之其仁愛惻隱若此

會稽典錄曰盛吉字君達山陰人拜廷尉吉性多仁恩務在哀矜每至冬月罪當斷夜省刑狀其妻執燭吉手持丹筆夫妻相向垂泣所當平決若無繼嗣吉令其妻妾得入經營使有遺類視事十二年天下稱其有恩

列女傳曰雋不疑母仁而善教不疑爲尹行縣錄囚徒還其母輒問所平活幾何人即不疑多所平反（平其事反死縣生也）母喜笑爲飲食言語異於他時或無出母怒爲之不食由是故不疑爲吏嚴而不殘君子謂不疑母能以仁教子

孟子曰君子之於禽獸也見其生不忍見其死聞其聲不忍食其肉是以君子遠庖廚也

孟子曰惻隱之心仁之端羞惡之心義之端辭讓之心禮之端是非之心智之端人有四端猶有四體也

莊子曰古公亶父居豳狄人攻之事之以皮帛而不受事之以珠玉而不受狄人所求者地古公亶父曰與人兄居而殺其弟與人父居而殺其子吾不忍也子皆勉居矣爲吾臣與爲狄臣奚以異且吾聞之君子不以所用害所養因杖策而去民相連而從之遂成國於岐山之下也

尸子曰駙馬共爲荆使於巴見擔酖者問之是何以曰所以酖人也於是請買之金不足又益之車馬已得之盡注之於江

韓子曰仁者謂其中心欣然愛人也其喜人之有福而惡人之有禍

世説曰桓車騎時有陳莊者為府將性仁愛雖存行陣未嘗殺戮

太平御覽卷第四百一十九

太平御覽卷第四百二十

人事部六十一

義上

釋名曰義者宜也裁制事物使合宜也

說文曰義者己之威儀也

易下繫曰理財正辭禁民為非曰義

禮記經解曰除去天地之害謂之義

尚書曰以義制事

左傳隱公曰君子曰石碏純臣也大義滅親

論語里仁曰君子喻於義小人喻於利喻猶曉也

又曰君子之於天下無適也無莫也義之與比

又曰見義不為無勇也

史記曰趙朔將下軍娶晉成公姊為夫人景公三年屠岸

賈欲誅趙氏賈始有寵於靈公至景公時為司寇將作難乃治靈公之賊韓厥告趙朔趣亡朔不肯曰子必不絕趙祀朔死不恨韓厥許諾稱疾不出賈不請而擅攻趙氏於下宮殺趙朔趙同趙括趙嬰齊皆滅其族趙朔妻成公姊有遺腹走公宮匿趙朔客曰公孫杵臼杵臼謂朔友人程嬰曰胡不死程嬰曰朔之婦有遺腹若幸而男吾奉之即女也吾徐死耳居無何而朔婦免身生男屠岸賈聞之索於宮中夫人置兒袴中祝曰趙宗滅乎若號既不滅若無聲及索兒竟無聲已脫程嬰謂公孫杵臼曰今一索不得後必索之奈何杵臼曰立孤與死孰難程嬰曰立孤難耳杵臼曰曰趙氏先君遇子厚子彊為其難者吾為其易者請先死乃謀取他人嬰兒負之衣以文葆匿山中程嬰出謬謂諸將曰嬰不肖不能立趙孤孰予我千金吾告其處諸將皆喜許之發師隨程嬰攻公孫杵臼殺之諸將以為趙氏孤兒已死皆喜然趙氏真孤乃反在程嬰卒與俱匿山中居十五年晉景公疾卜之大業之不遂者為祟景公問韓厥知趙孤在乃曰大業之後絕祀者其趙氏乎夫自中衍者皆嬴姓也中衍人面鳥噣降佐殷帝大戊及周天子皆有明德下及幽厲無道而叔帶去周適晉事先君文侯至于成公世有功德未嘗絕祀今吾君獨滅趙宗國人哀之故見龜策唯君圖之景公問趙尚有後乎韓厥具以實告景公乃與韓厥謀立趙孤兒召而匿之宮中諸將入問疾景公因韓厥之衆以脅諸見趙孤名武諸將不得已乃曰昔下宮之難屠岸賈為之矯以君命非然孰敢作難微君之疾群臣固且請立趙後今君有令群臣之願也於是召趙武程嬰徧拜諸將諸將遂反與趙武程嬰攻屠岸賈滅其族

復與武田邑如故及趙武冠為成人程嬰乃辭諸大夫曰昔下宮之難皆能死我非不能死我思立趙氏之後今趙武既立成人復故位我將下報宣孟與公孫杵臼趙武啼泣頓首固請曰武願苦筋骨以報子至死而子忍去我死乎程嬰曰不可彼以我為能成事今不報為不成遂自殺趙武服齊衰三年為之祭邑春秋祠之世世勿絕

又曰項王已死楚地皆降漢獨魯不下漢乃引天下兵欲屠之為其守禮義主死節乃持項王頭示魯父兄乃降即以魯公禮葬項王

又曰樂毅去燕之趙趙王欲圖燕毅泣曰臣事昭王猶事大王若獲戾施在他國終身不敢謀趙之徒隸況燕昭王後嗣乎

又曰欒布梁人也彭越為家人時常與布游及漢誅彭越

夷三族梟首雒陽下詔有收視者輒捕之布時爲越使齊還奏事彭越頭下祠而哭之吏捕以聞上召罵布若與彭越反耶吾禁人勿收若獨祠而哭之與反明矣趣烹之方提趣湯顧曰願一言而死上曰何言布曰方上之困彭城敗滎陽成皐間項王所以不能遂西徒以彭王居梁地與漢合從苦楚也當是之時彭王一顧與楚則漢破與漢則楚破且垓下之會微彭王項氏不亡天下已定彭王剖符受封亦欲傳之萬世今漢一徵兵於梁彭王病不得從而疑以爲反反形未見以苛細誅之臣恐功臣人人自危今彭王已死臣生不如死請就烹上乃釋布拜爲都尉

漢書曰樓護有故人呂公無子歸護託身護與呂公及妻呂嫗同食護妻子頗猒呂公護聞之流涕責子曰呂公以窮老託身於我義所當奉遂養呂公終身

又曰衛青曰衰而霍去病日貴青故人門下多事去病輒得官爵唯獨任安不去

又曰卜式河南人初以田畜爲事弟奇忽請於式欲分財異居式便脫身出唯取羊百頭遂入山放牧經十餘年十倍於初却買田宅居焉弟奇采破其産矣式輒復分與之

續漢書曰李固被誅梁冀乃露固屍於四衢令有敢臨者加其罪固弟子汝南郭亮年始成童左提章鉞右秉鈇鑕詣闕上書乞收固屍不許因往臨哭陳辭於其前遂守喪不去夏門亭長呵之亮曰含陰陽氣以生戴乾履坤義之所重豈知生命何爲以死相懼太后聞而不誅乃聽得襚歛歸葬之

又曰梁冀諷有司劾杜喬遂執繫之死獄中與李固俱暴屍於城北故人莫敢視者喬故掾陳留楊匡聞之號哭星行到洛託爲夏門亭吏守衛屍喪驅護蠅蟲都官從事執之以聞太后義而不罪使於是帶鈇鑕上書詣闕乞杜李二公骸骨太后許之成禮殯殮送喬喪還家葬送行服隱匿

又曰袁忠子秘爲郡門下議生黃巾起秘從太守趙謙擊之軍敗秘與功曹封觀等七人以身扞刃皆死於陣謙以得詔復秘等門閭號曰七賢

又曰陳蕃既被害友人陳留朱震時爲銍令聞而棄官哭之收葬蕃屍匿其子逸於甘陵界中事覺繫獄合門桎梏震受拷掠誓死不言故逸其得免

又曰史弼遷河東太守斷絶書屬中常侍侯覽遣諸生齎書請之并求假鹽稅弼大怒乃付安邑獄拷殺之覽遂詐作飛章下司隸誣弼誹謗檻車徵前孝廉魏劭毀變形服詐爲家僮瞻護於弼弼遂受誣事當棄市劭與同郡人

賣郡邸行賂於覽得減死罪一等論輸左校時人或譏曰平原行貨免君無乃甚乎陶丘洪曰文王羑里閎散懷金史弼遭患義夫獻寶亦何疑焉議者乃息

又曰李燮字德公初李固既策罷知不免禍乃遣三子歸鄉里時燮年十三有頃難作下郡收固三子二兄受害燮姊文姬乃告父門生王成曰今委君以六尺之孤李氏存滅其在君矣成乃將燮入徐州界中變名姓爲酒家傭而成賣卜於市陰相往來梁冀既誅而災眚屢見明年史官上言宜有赦令又當存録大臣冤死者子孫於是求固後燮乃以本末告酒家酒家具車重厚遣之後王成卒燮以禮葬之感傷舊恩每四節爲設上賓之位而祠焉

又曰李膺門生皆禁錮侍御史景毅子寔爲膺門徒未有録牒故不譴毅慨然曰本謂膺賢遣子師之豈可以漏脫

名籍苟安而已遂自表免歸時人義之
後漢段熲討羌涼州刺史郭閎貪其功稽留熲軍義從者
日役久戀鄉悉反叛於閎罪歸熲熲坐徵輸左校羌涼覆
没營塲吏人守門訟熲詔問狀熲謝罪不敢枉京師稱之
爲長者焉
又曰雷義字仲翁爲尚書郎同時郎坐事當居刑義默
自表取罪論免同臺郎覺之委位白上乞贖義罪順帝皆
除其罪
東觀漢記曰杜林弟成物故隗囂乃聽林持喪東歸既遣
而悔追令刺客楊賢於隴底遮殺之賢見林身推鹿車載
致弟喪乃歎曰當今之世誰能行義雖小人何忍殺義士
乃亡去
又曰鮑永字君長爲司隸校尉行縣到京兆霸陵過更

始冢引車入陌欲下從事諫止之永曰親北面事人過其墓
雖以獲罪司隸不辭也遂下車哭盡哀西至右扶風推牛
上苟諫冢上問公卿曰奉使如此何如時太中大夫張堪
對曰仁者百行之宗忠者禮義之至也仁不遺舊忠不忘
君行之高者也上悦
又曰肅宗崩廉范奔赴敬陵時廬江郡嚴麟奉章弔國俱
會於路麟乘小車塗深馬死不能自進范見而愍然命從
騎下馬與之不告而去麟事畢不知馬所歸緣路訪之或
謂麟曰故蜀郡太守廉叔度好賙人窮今奔國喪當是耳
麟亦素聞范名以爲然即牽馬造門謝而歸之世伏其好
義
又曰李善字次孫南陽人本同縣李元蒼頭建武中疫疾
元家相繼死没唯孤兒續始生數旬而有貲財千萬諸奴
婢私共計議欲謀殺續分財產善乃潛負續逃亡隱山陽
瑕丘界中親自哺養乳爲生續孩抱奉之不異長君有
事輒長跪請白然後行之閭里感其行皆相率修義續年
十歲善與歸本縣修理舊業告奴婢於長吏悉收殺之時
鍾離意爲瑕丘令上書薦善行狀
又曰索盧放字君陽東郡人署門下掾更始時使者督行
郡國太守有事當斬放前對曰方今天下苦王氏之虐政
戴仰漢德傳車所過未聞恩澤而斬郡守恐天下惶懼各
自疑也使有功不如使有過遂解衣而前願代太守斬使
者義而赦之由是顯名
又曰魏譚字少閒王莽末政亂盜賊起人民相食譚爲夷
所得等輩數十皆縛束當稍就啖見譚貌謹勑獨放令主
炊養有夷長公哀譚謂曰汝曹皆當以次死哀縱汝急宜

去譚不肯去叩頭曰我常爲諸君主炊養食餐皆肉肌香餘
皆菜食羸瘦肉腥臊不可食願先等輩死長公義之即相
謂此兒有義可哀縱也賊遂皆放之數十人皆得脫
又曰更始即位舞陰大姓李氏擁城不下更始遣柱天將
軍李寶降之不肯云聞宛之趙氏有孤孫喜信義著聞願
得降之更始徵喜使詣舞陰李氏遂降
又曰桓典字公雅舉孝廉爲郎中居無幾國相王吉以罪
被誅故人親戚莫敢至者典獨棄官收斂歸葬服喪三年
負土成墳爲立祠堂盡禮而去
又曰劉平字公子楚郡人更始時天下亂平弟仲爲賊所
殺其後賊忽然而至平扶侍其母奔走逃難抱仲遺腹女
而棄其子母欲還取之平不聽曰力不能兩活仲不可以
絕類遂去不顧與母俱匿野澤中平朝出求食逢餓賊將

寘之叩頭曰今旦爲老母求菜老母待歸爲命願得歸食母畢還就因涕泣賊哀而遣之平還食母訖因白曰屬與賊期義不可欺遂還詣賊衆皆大驚相謂曰常聞烈士今乃見之去矣吾不忍食子於是得全

又曰汝南王琳字巨尉年十餘歲弟季出遇赤眉賊將爲所哺琳自縛請先季死賊矜而放遣

謝承後漢書曰天下亂人相食趙孝弟禮爲餓賊所得孝聞之即自縛詣賊曰禮久餓羸瘦不如孝肥飽賊大驚放之謂曰可歸更持米糒來孝求不能得復往報賊願就烹衆異之遂不害

又曰姜肱字伯淮彭城人肱與二弟仲海季江俱以孝著聞肱常與季江謁郡夜於道遇盜欲殺之兄弟爭死賊遂兩釋但奪衣資既至郡中見肱無衣帷問肱託以他辭終不言盜聞而感悔後乃就精廬求見徵君肱與相見皆叩頭謝罪而還所略物肱不受勞以酒食而遣之

又曰劉翊字子相陳國人也張季禮嘗弔師喪大冰寒車毀牛病不能進罷曳道路翊行於汝南界中逢之素與疏闊下馬與語便推所乘牢車強牛與之供其資糧不告姓名

又曰梁國車章爲縣功曹令黃拳爲人所誣章證其無罪當下筆立辭乃以斧斫右手五指閉口死獄中

又曰會稽戴就爲郡倉曹掾太守爲州所奏見收持吏以鐵針刺手爪中使以把土就十爪皆墮地終無撓辭

又曰張儉爲東部督郵時中常侍侯覽殘暴百姓儉舉劾覽遏絕章奏並不得通遂上書告儉與同郡二十四人爲黨儉得亡命止李篤家外黃令毛欽操兵到門篤引欽謂曰張儉知名天下而亡非其罪縱儉可得寧忍執之乎欽因起撫篤曰蘧伯玉恥獨爲君子足下如何自專仁義篤曰篤雖好義明廷今日載其半矣欽歎息而去

又曰彭脩州辟從事時賊張子林等數百人作亂脩與太守俱出討賊賊望見車馬競交射之飛矢雨集脩以身障扞太守而爲流矢所中死太守得全賊素聞其恩信即殺弩中脩者餘悉皆降散言曰自爲彭君故降不爲太守服也

魏志曰閻溫字伯儉天水西城人守上邽令馬超奔上邽郡人任養等舉衆迎之溫止之不能禁乃馳還州超復圍州甚急乃遣溫密出告急於夏侯淵賊圍數重溫夜從水中潛出明日賊見其跡遣追逐得之執溫還詣超超解其縛謂曰今成敗可見若從吾言反謂城中東方無救此轉禍爲福之計也不然今爲戮矣溫僞許之超乃載溫詣城下溫向城大呼曰大軍不過三日至勉之超怒數之曰足下不爲命計耶溫曰夫事君有死無貳而公乃欲令長者出不義之名吾豈苟生者乎超遂殺之

又曰董卓遷帝長安幽州牧劉虞署田疇爲從事奉使得報馳還未至虞已爲公孫瓚所害疇至謁祭虞墓陳發章表哭泣而去瓚聞之大怒購求獲疇謂曰汝何哭劉虞墓而不送章報於我疇答曰漢室衰頹人懷異心唯劉公不失忠節音報所言於將軍未美恐非所樂聞故不進也且將軍方舉大事以求所欲既滅無罪之君又讎守義之臣誠行此事則燕趙之士將皆東海而死豈忍從將軍者瓚壯其對不誅

又曰初濟陰王思與梁習俱爲西曹令史思直日白事失

太祖旨太祖大怒敎召主者將加重辟時邑近出晉代性對已被收執邑乃馳還自陳已罪罪應受死太祖歎息之不言嗟思之識分曰何意吾軍中有義士二人乎

又曰韋招字子經袁紹辟招爲督軍從事紹卒又事子尚後遼東送袁尚首懸在馬市韋招覩之悲感設祭頭下太祖義之

又曰龐淯字子異初以涼州刺史從事守破羌長會武威太守張猛反殺刺史邯鄲商猛令敢有臨喪死不赦淯聞之棄官晝夜奔走號哭喪所訖詣猛門懷匕首欲因見以殺猛猛知其義士勑遣不殺由是以忠烈聞

魏略下脂習除大醫令與孔融親善會融被誅當時許中與融善者莫敢收恤而習獨往撫而哭之曰文舉卿捨我而死復當與語者哀歎無已太祖收習欲理之尋以其事直見原

蜀志曰曹公東征擒關羽以歸拜爲偏將軍禮之甚渥曹公壯羽爲人而察其無久留意謂張遼曰卿試以情問之遼以問羽羽歎曰吾極知曹公待我厚然吾受劉將軍恩誓以共死不可背之吾終不留吾要當立效以報曹公而後乃歸遼以羽言報曹公公曰事君不忘其本天下義士也度何時去遼曰受公恩必效力而後去也及羽殺顏良曹公知其必去重加賞賜羽拜書告辭而奔先主左右欲追之曹公曰彼爲其主勿追也

吳志曰陸瑁同郡徐原居會稽素不相識臨死遺瑁書託孤瑁爲起墳收導其子養之

王隱晉書曰鄧攸遭石勒亂負母妻行入草遇賊失牛馬攸語其妻吾弟早亡唯有遺民今當步擔兩兒便當盡死不如自棄兒抱遺民吾後猶當有兒婦乃從之

又曰趙王倫害張華之時洛中震悚唯閻纘詣東市號哭乎屍而撫之曰早語君遜位而不肯去今果不免禍

于宝晉紀曰宣王討王陵發令狐愚冢暴屍兖州武吏東平馬隆託廬三年種植松栢一州之士愧之

漢晉春秋曰文王誅鍾會爲功曹向雄收葬王召而責之雄曰昔先王掩骼埋胔仁流枯骨當時豈先卜其功罪而後葬哉今王誅既加於法已備雄感義收葬法教無闕法立於上教弘於下以此訓物雄曰可矣何必使雄背死違生以立於時殿下讎怨枯骨捐之中野百歲之後爲藏獲所笑豈仁賢所掩哉王悅與宴談而遣之

三十國春秋曰成都王穎禦長沙王乂於建春門陸機敗遁走穎誅機及弟雲夷三族機吳人而在寵族之上人多惡之成都王嬖人孟玖素不快於雲及機建門之敗機衆多喪牽秀譖之於穎言機持兩端孟玖復構之於內使牽秀斬機初機之專征請孫承爲後軍司馬至是收承下獄考掠數百兩髁骨見終言機寃吏知承義烈謂承曰二陸之痛誰不知枉君何不愛身承仰天曰陸君兄弟世之奇士有顧於吾吾危不能濟死復相誣非吾徒也乃夷三族承門人費慈自詣獄明承之寃承諭之曰吾唯不負二陸死自吾分卿何爲尒邪慈曰僕又安負君而求生乎固明承寃玖又疾之亦并見害

太平御覽卷第四百二十

太平御覽卷第四百二十一

人事部六十二

義中

晉書曰郗鑒字道徽高平金鄉人漢御史大夫慮之玄孫初鑒值永嘉喪乱在鄉里窮餒鄉人以鑒名德傳共飴之時兄子邁外生周翼並小常携之就食鄉人曰各自饑困以君賢欲共相濟耳恐不能兼有存鑒於是獨往食訖以飯着兩頰邊還吐與二兒後並得存同過江邁位至護軍翼爲剡縣令鑒之終也翼追撫育之恩解職而歸席苫忌喪三年

又曰顔含有孝行兄畿服藥多死於醫家含迎歸開棺復生毋妻家人日益勤倦含乃弃官侍兄疾十三年曽無勞怠

又曰顔含嫂病困須蟒蛇膽不能得含憂歎累日忽有一童子持青囊授含乃蛇膽也童子忽化爲青鳥飛去

何法盛晉中興書曰紀瞻字士遠歷陽太守沛國武嘏臨亡以家後不立遂手書寄託瞻悉迎接爲居宅衣食取足有若骨肉少與陸機兄弟親善機一門被誅瞻復相營恤機女爲嫁之由是士稱其篤義

宋書龔穎遂寧人也少好學益州刺史毛璩辟爲勸學從事璩爲譙縱所殺故佐吏並逃亡穎號哭奔赴殯送以禮縱後設宴延穎不獲已而至樂奏穎流涕起曰北面事人亡不能死何忍舉觴聞樂蹈跡逆亂乎縱大將譙道福引出將斬之道福毋即穎姑也跣出救之得免及縱僣號備禮徵又不至乃脅以兵刃執志無迴改至于蜀平遂不屈節

又曰張進之永嘉安固人也爲郡中大族少有志行歷五官主簿永寧安固二縣領校尉家世富足經荒年散財救贍鄉里遂以貧罄全濟者多太守王味之有罪當見收逃避進之供奉經時盡其誠力味之嘗避地墮水沉没進之投水拯救相與沉淪危而得免時劫掠充斥每入村抄暴至進之門輙相約勒不得侵犯其義信所感如此

又曰孫棘大明五年發三五丁弟薩應充行坐違期不至棘自詣郡辭引已爲家長令弟不行罪當在己乞以身代薩應又辭自引太守張岱疑其不實以棘薩各置一處報云聽其相代顔色並悦甘赴死焉棘妻許氏又寄語屬夫曰君當門户豈可委罪小郎且大家臨亡以小郎囑君今竟未婚娶家道不立君已有二子死復何恨岱依事表上孝武帝詔特原罪

又曰蔡廓字子度事兄軌如事父家内大小諮而後行公私賞賜一皆納軌有所諮須就典者請之曽從武帝在彭城妻郗氏書求夏服時軌爲給事郎中廓荅曰知須夏服給事自應相供無庸別寄

崔鴻十六國春秋前趙録曰江都王延年年十五喪二親奉叔父孝聞子良孫及弟從子爲噉人賊所掠延年追而請之賊以良孫歸延年延年拜請曰我以少孤爲叔父所養此叔父之孤孫也願以子易之賊曰君義士也免之

又後趙録曰石勒謂右長史張賓曰鄴魏之舊都吾將營建誰可任也賓曰晉故東萊太守趙彭忠亮篤敏將軍若任之以鄴必能允副神規勒於是徵拜魏郡太守彭至泣而辭曰臣往曽策名晉室食其禄矣且受人榮寵復事二姓者臣志所不爲且豈愚臣之猶志恐亦明公之所不許有死而已未敢聞命若賜其餘年全臣一介之願者則明

公大造也於是賜安車駟馬養以卿秩
又蜀志曰李安字武龍少養外家羅氏元康八年避地入蜀從李特征伐以勇烈聞李驤引爲帳下督數有戰功甚信愛之羅尚之遣隗伯攻郫也驤逆戰不利被傷落馬卧未能起士衆皆散唯安與任回在左右伯從數千騎來叱安曰羅武龍吾所取有人卿宜避我嗔目呵之曰吾不相與因前馬刺之伯逡巡而退
又前凉録曰張世度燉煌人幼以孝讓著稱遊學京師遇中州大亂鄉人宗族死于京師數十人世度年十六收恤殯葬識者嘉之
呉均齊春秋曰上不豫南康王綝於弟賜死獨江泌守尸晝夜號泣悲動路人于時諸王並見誅翦故舊無敢瞻看唯泌及衡陽王子峻侍讀嚴植各爲營理喪事時人高其

節泌字士清濟陽人也
後魏書曰陽固字敬安北平無終人性俶儻不拘小節博覽篇籍有文才清河王懌辟太尉從事中郎懌爲元乂所害朝野震悚懌諸子及門生僚吏莫不慮禍隱避不出固獨詣喪所盡哀慟哭良乆乃還僕射游肇聞而嘆曰雖欒布王脩何以尚也
唐書曰李密既降徐勣尚守黎陽倉謂長史郭恪曰魏公既歸于唐我士衆土地皆魏公之有也吾若上表獻之即是自邀富貴吾所恥也今宜具録以啓魏公聽公自獻則魏公之功也及使者至高祖無表甚恠之使者具以聞高祖大悅曰徐勣感德推功真忠臣也即授黎州揔管賜姓李氏
又曰李綱孫安仁永徽中爲太子左庶子屬太子被廢歸于陳邸宫寮皆逃散無敢辭送者安仁獨泣涕拜辭而去朝野義之後卒於恒州刺史
又曰王義方泗州漣水人也少孤貧事毋甚謹博通五經而謇傲獨行初舉明經因詣京師中路逢徒步者自云父爲潁上令聞病篤倍道將往焉徒步不前計無所出義方所乘馬與之不告姓名而去
老子曰大道廢有仁義
又曰失道而後德失德而後仁失仁而後義失義而後禮
文子曰世治則以義衛身世亂則以身衛義
又曰體君臣正上下明親疏存危國繼絶世立無後者義也
墨子曰墨子之齊遇故人故人曰今天下莫爲義獨子爲義不若已墨子曰今有子十人一人耕九人處耕者不可以不急何則食者衆而耕者寡也今天下莫爲義子宜勸

何以止我
又曰世俗君子視義士不若視負粟者今有人負粟息於路側欲起而不能君子見之無長少貴賤必起之何也曰義也今爲義之君子奉承王之道以語之縱不悅而行又從而非毀之則是世俗之君子之視義士也不若視負粟者
列子曰桀紂唯重利而輕道是以亡人而無義唯食而已是雞狗也强食靡角勝者爲利是禽獸也爲雞狗禽獸而欲人之尊己不可得也
孟子曰魚我所欲熊掌亦我所欲二者不可兼舍魚取熊掌生亦我所欲義亦我所欲二者不可得兼舍生取義
孫卿子曰仁義礼善之於人也譬之貨財粟米之於家也

多有之者富少有之者貧至無有者窮

六韜曰義之所在天下歸之

尸子曰賢者之於義曰貴乎義乎曰義是故堯以天下與舜曰富乎義乎曰義是故子罕以不受玉爲寶曰生乎義乎曰義故務光投水而殪三者人之所重而不足以易義

又曰十萬之軍無將軍必大亂夫義萬事之將也國之所以立者義也人之所以生者亦義也

又曰莒有石焦原廣數尋長五十步臨百仞之谿有以勇見莒公者却行劑踵焉莒國莫之敢近已獨劑踵焉所以服莒國也夫義之爲焦原也亦高矣是故賢者之於義也必且劑踵焉所以一世也

韓子曰義者君臣上下之禮父子貴賤之差也

賈誼書曰齊桓公之始覇翟人伐燕桓公爲燕北伐翟至

孤竹桓公歸燕君送入齊地百六十里問於管仲曰禮諸侯相送固出境乎管仲曰非天子不出境公曰然則燕君畏而失禮也寡人恐後世以寡人爲能存燕而欺之也乃令燕君旌車割燕君所至而與之諸侯聞桓公之義而皆服之

淮南子曰君子非義無以生失義則失其所以生小人非嗜欲無以活失嗜欲則失所以活故君子懼失義小人懼失利

監鐵論曰阻險不如阻義也

說苑新序曰白公勝既殺令尹司馬欲立王子閭以爲王王子閭不肯劫之以刃王子閭曰見國滅而志王不仁劫白刃而失義不勇吾雖死不子從也白公強之不可遂殺而殺之

新序曰白公之難楚人有莊善者辭其母曰弃其親而死其君可謂義乎莊善曰吾聞事君者內其祿而外其身今所以養母者君之祿也身安得無死乎遂辭而行比至公門三廢車中其僕曰子懼矣何不反乎莊善曰懼者吾私也死君公義也吾聞君子不以私害公遂刎頸而死

風俗通曰巴郡太守太山任望字伯闓爲司徒掾同產弟子殺人繫獄望自劾去星行電征便道詣府露首肉祖辭謝太守李固請與相見望頓頭流血自說弟薄命早亡以遺孤爲託望失義方之教自陷罪惡息男國既豫知情幸有微胤乞以代之言甚哀切李公於是原活出之

又曰俗說齊人有空車行魯人有負釜者便持釜置車中行二百里臨別取釜不相問亦不謝後車家繫獄當死釜主徑往墓之穿壁未達曰極哉車者怒不肯出釜主歎欲

俱死明日主者以事白齊君齊君義而原之

說苑曰子路曰不能甘勤苦不能恬貧窮不能輕死亡而曰我行義吾弗信也

又曰燕昭王使樂毅伐齊閔王亡燕之初入齊也聞蓋邑人王歜賢令軍曰環蓋邑三十里毋入以歜之故已而使人謂歜曰齊人多高子之義吾以子爲將封子萬家歜固謝燕人曰子不聽吾引三軍而屠蓋邑王歜曰忠臣不事二君貞女不更二夫齊王不聽吾諫故退而耕於野國既亡吾不能存今又劫之以兵爲君將是助桀爲暴也生而無義固不如烹遂懸其脰樹枝自奮絕脰而死齊士大夫聞之曰王歜布衣猶不背齊向燕況在位食祿者乎乃相聚如莒求諸公子立爲襄王

又曰左儒友於杜伯皆臣周宣王宣王將殺杜伯而非其

罪也左儒爭之于王九復之而王不許也王曰別君而異友斯汝也左儒對曰臣聞之君道友逆則順君以誅友友道君逆則率友以違君王怒曰易而言則死左儒對曰臣聞古之士不枉義以從邪不易言以求生故臣能明君之過以死杜伯之無罪王殺杜伯左儒死之

説苑曰佛肸以中牟縣叛設禄邑炊鼎曰與我者受邑不與我者烹中牟之士皆與之城北餘子田基獨後至袪衣將入鼎曰田基之義斬見在前非義不乘斧鉞於後義死不避遂袪衣將入鼎佛肸止之趙簡子屠中牟得而取之論有功者用田基爲始基曰吾聞廉士不耻人如此受中牟之功則中牟之士終身慙矣遂襁負其母南徙於楚楚王高其義待以司馬

新序曰白公勝拔劒而屬之於屈盧曰子與我將捨之不

與我將殺之屈盧曰吾聞之知命之士見利不動臨死不恐爲人臣者時生則生時死則死是謂之禮故人知天命下知人臣之道其有可刼乎子不推之白公勝乃入其劒

汝南先賢傳曰王忛字仲通太守郭紆同爲主簿詔書發筋角紆親里竟辛較之忛諫紆曰明府爲藩屏大臣事當從公聽恣私曲何以爲治紆不從有告言之者詔書案問事當傳考紆見忛曰太守負君今當何以圖之忛曰明府不須爲憂明府年六十忛年七十先明府生十有餘年不於今日効命將復何有遣詣考所自引受罪言太守不知之因欝氣不食而死郡以無事

廣州先賢傳曰尹牙字猛德合浦人太守南陽終龍憂見顔色常用怪焉牙造膝伏見明府四節悲歎有慘瘁之恩者何也龍曰父爲周張所害重仇未報是以長愧也牙乃傭僕自販吏役而至于宛陵與張校園交通竭節於張伺其間隙出入三年乃先酙張左右近侍以夜解縱諸馬令之亂駭張果出問其故牙因手刃張首而還

楚國先賢傳曰應余字子正爲郡公曹是時吴蜀不賓山民背叛余與太守東里袞逃竄得出賊便射袞余以身當箭被七瘡因謂賊曰我以身代君巳被重瘡若身死君全殞歿無恨因仰天號泣淚血俱下如雨賊見其義烈釋袞不害

會稽典録曰張京從戎西州軍罷還歸各給車牛京同里寡母與三子從軍子各物故見京還不能自致悲傷歔欷京以載之牛羸道死京入轅引輓妻子單步

又曰孟英字公房上虞人爲郡掾史王憑坐罪未應死太守下縣殺憑憑家詣闕稱冤詔書下州撿栲英出定文書

悉著英名楚毒慘至辭色不變言太守病不関衆事英以冬至日入占病因竊印以封文書下縣殺憑非太守意也繫歷冬夏肉皆消爛遂不食而死

豫章志曰龔頏字顒先爲下江督郵太守會稽謝斐獲罪於時大皇帝幸尋陽頏乃具作章陳斐事候大駕於道叩頭流血時大風寒雪之後血流成冰上乃爲之住駕省章斐事見理○繁欽丘雋碑曰故右扶風都尉主簿有者從都尉討叛胡官兵敗績卒伍奔散都尉臨陣墮馬雋於是下馬授甲以身禦寇遂致死戰場都尉乘雋馬得免

桂陽先賢畫讚曰朱陽羅陵果而好義郡汲府君爲州章陵被掠栲衆加五毒援刀截舌以着盤中獻之廷尉群公義之事得清理

會稽先賢傳曰陳業字文理郡守蕭府君卒業與書佐曾

雙率禮送喪雙道溺于水棠因掘泥楊波拼出其尸又棠兄度海復見傾命時同依止者乃五六人骨肉消爛而不可記别棠仰皇天誓后土曰聞親戚者必有異焉因割臂流血以洒骨上應時得血住餘皆流去

續齊諧記曰田真兄弟三人家巨富而殊不睦忽共議分財金銀珍物各以斛量田業生貲平均如一唯堂前一株紫荆樹花葉美茂共議欲破爲三人各一分待明就截之尔夕樹即枯死狀火燃葉萎枝摧根莖燋悴真至攜門而往之大驚謂語弟曰樹本同株聞當分析所以燋悴是人不如樹木也因悲不自勝便不復解樹樹應聲遂更青翠華色繁美兄弟相感更合財産遂成純孝之門真以漢成帝時爲太中大夫

西京雜記曹敞在吴章門下時輩謂敞好斥人過爲輕薄

世人皆以爲然及章後爲王莽所殺門生無敢收葬者皆更易姓名以從他師敞時爲司徒掾獨稱章弟子收而葬之方知諒直者不見容於凢輩矣平陵人生立敞碑於吴墓在龍首山南嶺上

汝南先賢傳曰關敞字子張平輿人仕郡爲五官掾時太守第五常被徵臨發倉卒有俸錢百三十萬留付敞敞埋着堂上遂遭世倉卒道路斷絶敞年老飢羸其妻曰第五府君所寄錢可取自給然後償之敞曰吾窮老何明當有用故君之財耶道通當送飢寒何損常舉門遭疫妻子皆死常病臨困唯有孤孫年九歲常謂之曰吾寄故五官掾平輿關敞錢三十萬氣遂絶後孫年年長大步擔至汝南問敞敞見之悲喜與共臨發穽錢乃百三十萬孤孫曰亡祖臨終言有三十萬耳今乃百三十萬不敢當也敞曰府君病困氣索言謬誤耳郎無疑也

傅子曰太祖既誅袁譚梟其首令曰敢有哭之者戮及妻子於是王脩治田子泰相謂曰生受辟命亡而不哭非義也畏死亡義何以立世遂造其首而哭之哀動三軍軍正白行其戮太祖曰義士也赦

劉彦明燉煌實録曰董巽字文舉學有才太守京兆謝舉巽上掾歷主簿功曹諒卒官巽衰絰送喪道遇寇虜衆皆散走巽身蔽柩哭嘔血賊欲破棺巽叩頭救請頭破流血賊義而釋之由是顯名

太平御覽卷第四百二十一

太平御覽卷第四百二十二

人事部六十三

義下　義婦

義下

戰國策曰孟嘗君出記問門下諸客誰能爲文收債於薛者馮驩曰能於是載券契而行辭曰收債畢何市而反孟嘗曰視吾家所寡有者乃爲之至薛召諸民當償債者悉來合券遍合乃矯命以債賜諸民燒其券民稱萬歲長驅到齊晨而求見孟嘗怪其疾正衣冠而見之曰債畢收乎來何疾也何市而反驩曰君云視吾家所寡有者臣竊計君宮中珎寶蒲內府狗馬實外廐美人充後宮君家所寡有者義耳竊以爲君市義曰市義柰何曰今君有區區之薛不能撫愛其民因而賈利之臣竊矯君命以債賜諸民因燒其券民稱萬歲乃臣所以爲君市義也孟嘗君不悅曰諾先生休矣後朞年孟嘗就國於薛未至百里民扶老攜幼迎君道中顧謂驩曰先生所爲文市義者乃今日見之

又曰秦縮高鄢陵人也其子仕秦秦以爲管守魏信陵君攻之不下乃使人謂鄢陵君曰遣縮高來吾將仕之使爲持國尉鄢陵君曰小國不能必其民使者自往請使吏導使者至縮高曰君之命高也將使攻管也夫父攻子守人之大笑也見臣而下是背主也父殺子背亦非君善敢再辭使者以報信陵君大怒遣使謂鄢陵君曰鄢陵之地亦猶魏也今吾攻管而不下則秦兵不返社稷必危矣願君生束縮高而致之若君弗致吾將十萬之師以造君城下鄢陵君曰吾先君成侯受詔襄王以守此地受太府之憲憲曰子殺父臣殺君有常不赦國雖大赦降城亡子不得預焉今縮高不受大利以全父子之義而君曰生致之是使我負襄王之詔而廢太府之憲雖死終不敢行也縮高聞之曰信陵君爲人悍而自用此辭反必爲國禍吾以全己爲人臣之義矣豈可使吾君有魏患乎乃之使者舍自刎頸而死信陵君聞之大驚縞素出舍使使者謝鄢陵君曰無忌小人也困於思慮敢再拜釋罪

英雄記曰袁紹以臧洪爲東郡太守時曹操圍張超於雍丘洪始聞超被圍乃徒跣號泣並勒所領將赴其難從紹請兵而紹竟不聽之超城遂陷張氏族滅洪由是怨紹絕不與通紹增兵急攻洪城中粮盡廚米三升使爲薄糜遍頒衆又殺其愛妾以食兵將咸流涕無能仰視男女七八千相枕而死莫有離叛城陷生執洪紹謂曰臧洪何相負若是今日服未洪據地瞋目曰諸袁事漢四世五公可謂受恩今王室衰弱無輔翼之意而欲因際會觖望非冀惜洪力劣不能推刃爲天下報仇何爲服乎紹乃命殺之洪邑人陳容在坐見洪當死起謂紹曰將軍今舉大事欲爲天下除暴而先誅忠義豈合天意紹慙遣人牽出謂曰汝非臧洪儔歟空復尒爲容顧曰夫仁義豈有常所蹈之則君子背之則小人今日寧與臧洪同日死不與將軍同日生遂復見殺在紹坐者無不歎息

又曰袁譚既死弟熙尚爲其將焦觸張南所攻奔遼西烏桓觸自號幽州刺史陳兵數萬殺白馬盟曰違命者斬各以次歃至別駕代郡韓珩曰吾受袁公父子厚恩今其破亡智不能救勇不能死北面曹氏所不能爲也一坐爲珩失色觸曰舉大事當立大義事之濟否不待一人可卒珩志

以厲事君曹操聞珩節甚高以之屢辟不至

又曰公孫瓚字伯珪爲上計吏郡太守劉基爲事被徵伯珪御重到洛陽身執徒養其將從日南伯珪具豚米於北卬上祭先人觴醱祝曰昔爲人子今爲人臣當詣日南多障氣恐或不還與先人辭於此再拜慷慨而起觀者莫不歔欷在道得赦俱還

魏略曰郭憲字幼簡西平人以仁篤爲一郡所歸韓約失衆從羌中還依憲衆人多欲取約以邀功而憲責之言人窮來歸我云何欲危之遂擁護厚遇之其後約病死而田樂楊逵等就斬約頭當送之逵等欲條疏着憲名憲不肯在名中言我當不忍生圖之豈忍取死人以要功乎逵等乃止時太祖方攻漢中在武都而逵等送約首到太祖宿聞憲名及視條疏怪不在中以問逵逵等具以情對太祖歎其至義乃表例與逵等並賜爵關內侯

列士傳曰羊角哀左伯桃二人相與爲死友欲仕於楚道遥山阻遇雨雪不得行飢寒無計自度不俱生也伯桃謂角哀曰天不我與深山窮困併在一人可得生官俱死之後骸骨莫收內手捫心知不如子生恐無益而弃子之器能我樂在樹中角哀聽伯桃入樹中而死得衣糧前至楚楚平王愛角哀之賢嘉其義以上卿禮葬之竟角哀夢見伯桃曰蒙子之恩而獲厚葬然正苦荊將軍家相比欲役使吾吾不能聽也與連戰不勝今月十五日當大戰以决勝負得子則勝否則負矣角哀至期日陳兵馬詣其冢上作三桐人自殺下而從之君子曰執義可爲世規

唐新語曰陸南金博涉經史言行修謹開元初太常少卿盧崇道犯罪自嶺南逃歸匿于南金家俄爲讎人所發詔侍御史王旭按之崇道辭引南金旭處以極法南金弟趙璧請代兄死南金執稱弟實自誣身請當罪兄弟爭死旭問其故趙璧曰兄且是嫡又能幹家亡母未葬小妹未嫁自惟幼劣生無所益身自請死旭列上其狀玄宗嘉而宥之張說陸象先等咸相欽重累遷庫部員外郎南金祖士季爲隋越王侗記室兼侍讀侗稱制授著作郎時王世充將行篡奪侗謂士季曰隋有天下三十餘載朝廷文武豈無忠烈者乎士季對曰見危授命臣之宿心今請因其啓事便加手刃後事洩充遂停士季侍講貞觀初爲太學博士而卒矣

又曰畢構性至孝丁繼母憂有兩妹皆在繈褓構乳養嫁遣之及其亡也二妹初聞哀慟氣絶者久之言曰雖兄弟無三年之禮吾倚鞠養豈同常人遂行三年服朝野聞之莫不稱歎構弟栩任太府主簿留司東都聞構疾星馳赴京侍醫藥者累月既而哀毁骨立變服視事踰年未嘗言笑深爲朝野所重構嘗爲益州長史兼按察使多所舉正風俗一變玄宗降璽書慰之曰卿孤潔獨行有古人之風自臨蜀川弊化頓易覽卿前後執奏何異破柱求姦諸使之中在卿爲最終户部尚書

又曰李憲爲貝州刺史甘露徧於庭樹邑人曰美政所致請以聞憲謙退寢其事歷官十七政俸祿先兄弟嫂姪謂其子曰吾厚汝曹以衣食不如厚之以仁義勿辭獎也天下莫不嗟尚之

又曰姚崇少不慕學年踰弱冠嘗過所親見修文殿御覽閱之甚喜遂耽墳史以文華著名歷牧常楊吏人並建碑紀德再秉衡軸天下欽其公直外生任并任异少孤長於

崇家乃與之立家產謂之曰汝與吾無間然矣惜殊宗而
代疎命與其子連名異無以別也時人美之
又曰孟景休事親以孝聞丁母憂毀瘠踰禮殆至滅性弟
景偉年在襁褓景休親乳之乳為之湩及葬時屬祁寒跣
履霜雪脚指墮而復生如初景休進士擢第歷監察御史
鴻臚丞為來俊臣構陷遇害時人傷焉

義婦

南史孝義傳曰吳興秉公濟妻姚氏生二男而公濟及兄顧
公乾伯並卒各有一子姚養育之賣田宅為取婦自與二
男寄止隣家明帝詔為其二子婚表閭復徭役
又會稽永興吳翼之母丁氏少喪夫性仁愛遭年荒分衣
食以飴里中飢餓者隣里求借未嘗違同里陳攘父母死
孤單無親戚丁收養之及長為營婚娶又同里王禮妻徐

荒年客死丁險為買棺器自往斂葬元徽末大雪商旅斷
行村里比室飢餓丁自出鹽米計口分賦同里任儁家露
四喪無以葬丁為辦冢椁有三調不登者代為送丁長子
婦王氏守寡執志不再醮州郡上言詔表門閭租稅
崔鴻十六國春秋前趙錄曰冠軍喬晞攻界休尅之其令
賈渾抗節不降晞怒殺之其妻宗氏年二十餘有姿色晞
欲納之宗罵曰屠各奴何有害人之夫而欲加無禮于尓
母乎何不促殺我遂仰天大哭亦殺之
唐書獨孤武都謀叛王世充歸于我其子師仁方三歲世
充以其幼不殺乳母王英蘭鋭鉗求入保養世充許之英
蘭扶乞所得與師仁唯自啖土飲水而竟為採拾竊師仁
至京師高祖嘉之封永壽鄉君
又曰陽三安妻李氏雍州涇陽人也事舅姑以孝聞及舅
姑亡没三安亦死二子孩童家至貧窶李晝則力田夜便
紡緝數年間葬舅姑及夫并夫之叔姪兄弟七喪深為遠
近所嗟尚太宗聞而異之賜帛二百段遣州縣恤存之
又曰鄭義宗妻盧氏幽州范陽人也盧彥衡之女也略涉
書史事舅姑甚得婦道嘗夜有強盜數十人持杖鼓譟踰
垣而入家人悉逃竄唯有姑獨在堂盧冒白刃往至姑側
為賊捶擊之幾至於死賊去後家人問曰羣凶擾攘人盡
奔逃何獨不懼荅曰人所以異於鳥獸者以其有仁義也
昔宋伯姬守義赴火流稱至今吾雖不敏安敢忘義且比
隣有急尚相赴救況在姑而可弃委若萬一危禍豈宜獨
生其姑每云古　稱歲寒然後知松柏之後凋吾今乃見
盧新婦之心矣貞觀中卒
又曰冀州鹿城女子王阿足者早孤無兄弟唯姊一人阿

足初適同縣李氏未有子而夫亡時年尚少又多媾之為
姊年老孤寡不能捨去遂誓不嫁以養其姊每晝營田業
夜便紡績衣食所須無非阿足出者如此二十餘年及姊
亡葬送以禮鄉　莫不稱其義行竟令妻女求與相識後
數歲竟終于家
又曰楚王靈龜妃上官氏上邽人也父懷仁右金吾將軍
上官氏年十八歸於靈龜繼楚哀王後本生具存朝夕侍
奉恭謹弥甚凡有新味非舅姑嘗訖未曾先嘗經數載靈
龜薨及將葬其前妃閻氏嫁不踰年而卒又無近族衆議
欲不舉之上官氏曰夫神而有靈寧可使孤魂無託於是備
禮同葬聞者莫不嘉歎服終諸兄弟姊謂曰妃年尚少又
無所生改醮異門禮儀恒範妃思之掩泣對曰丈夫以義
烈標名婦人以守節為行未能即先大馬殉溝壑寧可復

飾粧袪服有他志乎遂將截鼻割耳以自誓諸兄姊知其志不奪歎息而止尋卒

說苑曰齊遣兵攻魯見一婦人將兩小兒走抱小而挈大顧見大軍且至抱大而挈小使者甚怪問之婦人曰大者妾夫兄之子小者妾之子夫兄子者公義也妾之子者私義也寧濟公而廢私耶使者悵然賢其辭即罷軍還對齊王說之曰魯未可攻也匹婦之義尚如此何況朝廷之臣乎

列女傳曰衛宗二順者衛宗室靈主之夫人及傅妾也秦滅衛君角封靈主世家使奉其祀靈主死夫人無子而守寡傅妾有子代後夫人謂傅妾曰孺子養我甚謹子奉祭祀而妾事我我不聊願出居外傅妾泣曰夫人豈欲使靈氏受三不祥耶公不幸蚤終是一不祥夫人無子而妾有

子是二不祥今夫人將出居外妾居內是三不祥欲自殺其子止之不聽夫人懼遂終年供養不替

又曰魯孝義保者魯孝公稱之保母初孝公父武公與長子恬中子戲朝周宣王宣王立戲爲魯太子武公薨戲立是爲懿公孝公于時號公子稱恬之子伯御與魯人作亂攻殺懿公而自立求稱於宮中將殺之義保聞伯御欲殺稱乃衣其子以稱之衣臥於稱之臥處伯御殺之義保遂抱稱以逃周天子殺伯御立稱爲孝公魯人高義保之義故謂之義保

又曰河南貞義者樂羊子之妻羊子出學將友人歸貞義截髮賣以供其費後羊子得遺金一餅以與貞義貞義曰妾聞君子不以利汙行羊子慚而弃之

又曰杞梁名殖齊人也爲大夫莊公襲莒約車五乘載士殖不與歸而不食母曰汝生有義死有名五乘盡汝下也殖遂至莒獲甲首公止之曰共同齊國殖曰不與五乘少吾勇也臨敵止吾以利汙吾行也遂進至莒城下殺二十七人而死莒人築尸城爲京觀妻往迎喪向之哭土爲之崩得喪於是公使弔葬之葬畢曰婦人有三從之義今吾外無夫以立節內無子以見志吾何歸乎乃赴水而死

又曰梁節姑姊者梁之婦人其室失火兄子與其子三人在內中欲取兄子輙得其子火盛不得復入婦人將自赴火其夫止之婦人曰梁國豈可戶告人曉也被不義之名何面目以見兄弟國人哉吾欲復投吾子爲失母之恩吾勢不可以生遂赴火而死

又曰會稽右師安妻者同郡呂氏之女也名軍少寡無子守義不還其兄遂犯法軍匿之知不能免乃泣曰少遭家

不造兄弟單少門宗唯兄爲主而復罹此禍我有一計猶足免難將詣縣陳之兄曰其計若何軍曰臨時從宜不可先言也乃請智者爲辭乞代兄遂之命因自剄縣門官嘉其義乃捨遂罪

又曰齊義繼母者齊二子之母也當宣王時有人鬬死於道者吏視之被一瘡二子立其傍吏問之兄曰我殺之弟曰非兄也我殺之朞年不決吏言之於相相不能決言於王王曰皆赦之是縱有罪皆殺之是誅無辜也其母必知其子之善惡聽所欲殺活相召而問之其母泣而對曰殺少子相曰少子人之所愛今欲殺之何也對曰少者妾之子也長者前妻之子也雖痛乎獨謂義何泣下沾襟相言之於王王美其義皆赦二子號曰義母

又曰天水姜叙母者同郡楊阜之姑也阜爲州史馬超殺

刺史太守叙屯曆城阜往見之戲欷悲甚叙曰何爲乃尔
阜曰守城不能完君亡不能死何以視息於天下乎君擁
兵專制無討賊之心此趙盾所以書殺也叙母慨然勑叙
從阜計遂起兵於歷城超聞之襲歷城得叙母母罵之曰
若背父之逆子殺君之桀賊天地豈久容若何不早死敢
以面目視人超即殺之

杜預女記曰王氏之母者漢丞相安國侯王陵之母漢王
擊項羽陵以兵屬漢王項羽得陵母置軍中漢使至則東向
坐陵母欲以招陵陵母私送使者爲之泣曰爲老妾語陵
善事漢王漢王長者也無以老母故懷二心言妾已死乃
伏劍而死以固勉陵

定命録曰賈直言妻莫知姓氏貞元中其舅道得罪賜酖
直言欲代父死奪酖飲之不死流于嶺徼直言妻一志事
姑鬟髻絕膏沐自三二年蟣虱蔽其肉厭後如枯蓬之植
燥上無復蟣虱迨十五載直言遇赦歸妻始一沐其鬟自
斷絕憤于泔盆終爲禿婦直言後歷諫議大夫出刺兩郡

傳記李如璋爲夏陽令素輕其妻鄭氏如璋因醉誤殺人
母其子入縣將復讎如璋與鄭以床拒門讎者推窻而入
鄭急以身蔽如璋舉手秉刀右臂既落復舉其左臂讎復
斷之猶乞以身代夫死時方懷妊讎者以刀鑠其腹胎出
而殞乃害如璋及其二子州司以聞坐死者數十人

太平御覽卷第四百二十二

太平御覽卷第四百二十三

人事部六十四

謙　讓上

謙

易謙卦曰謙亨君子有終吉彖曰天道下濟而光明地道卑而上行天道虧盈而益謙地道變盈而流謙鬼神害盈而福謙人道惡盈而好謙謙尊而光卑而不可踰君子之終也象曰地中有山謙君子以裒多益寡稱物平施初六謙謙君子用涉大川吉六二鳴謙貞吉九三勞謙君子有終吉六四無不利撝謙上六鳴謙利用行師征吉易下繫曰謙德之柄也

尚書曰滿招損謙受益

左傳莊公曰齊侯使敬仲爲卿辭曰羇旅之臣敢辱高位以速官謗敢以死告

又成上曰晉與齊戰而勝歸范文子後入武子曰無爲吾望尒也（武子士會文子之父）對曰師有大功國人喜以迎也先入必屬耳目是代帥受名故不敢武子曰吾知免矣（知其不益己禍）

漢書曰張安世兄賀爲掖庭令而宣帝以皇曾孫收養掖庭賀視養拊循恩甚密焉上追思賀恩欲封其塚爲恩德侯置守塚户二百家安世深辭賀封又求損守塚户上曰吾自爲掖庭令非爲將軍安世乃止

又曰于定國爲人謙恭尤重經術士雖卑賤徒步定國皆與均禮

又曰元帝即位徵孔霸爲師賜爵關内侯霸爲人謙退不好權勢常爵位泰過何德以堪之霸讓位自陳上深知其志誠乃弗用

東觀漢記曰北海靖王睦顯宗之在東宫尤見幸而睦性謙恭好士名儒宿德莫不造門永平中法憲頗峻睦乃謝絶賓客放心音樂歲終遣中大夫奉璧朝賀召而謂曰朝廷設問寡人大夫將何辭對使者曰大王忠孝慈仁敬賢樂士臣雖螻蟻敢不以實睦曰吁子危我哉此乃孤幼時進趨之行也大夫其對以孤襲爵已來志意衰惰聲色是娛犬馬是好使者受命而行

又曰李通娶寧平公主爲大司空通性謙恭常避權勢謝病不視事

又曰馮異字公孫爲人謙退與諸將相逢輒引車避道每止頓諸將共論功伐異常屏止樹下軍中號大樹將軍

又曰鄧騭兄常居禁中騭謙退不欲久在内連求還第太后乃許

又曰樊宏爲人謙愼常誡其子曰富貴盈溢未有能終者及病困車駕臨問其所欲言宏頓首自陳無功享食大國願還壽張食小鄉亭上悲傷其言而不許

又曰梁商朝廷敬憚其委任自前世外戚見禮過尊顯所未曾有商門無駐馬請謁之賓謙虚抱損九命弥恭漢興已來妃后之家亦無商比

晉書曰羊祜開府累年謙讓不辟士始有所命會卒不得除署

宋書曰劉懷愼武帝北伐以爲中領軍宿衛禁省雖名位優重而恭恪愈至每所之造位任不踰己者皆束帶門外下車其謹退類如此

又曰蒯恩字道恩以戰功封新寧縣男武帝北伐留恩侍衛世子命朝士與之交恩益自謙損與人語常呼官位自

辨鄙人撫士卒甚有恩紀

又曰臨川王義慶爲平西將軍荆州刺史荆州居上流之重資實兵士居朝廷之半義慶以宗室令美故特有此授性謙虛始至及去迎送物並不受

又曰彭城王義康與王弘共輔朝政弘既多疾且每事推謙自省內外衆務一斷之義康

又曰建平王宏爲人謙儉周慎禮賢接士明達政事上甚信仗之轉尚書令

唐書曰李藩以張建封在徐州辟爲從事居幕中謙謙恭謹論細微

會稽典錄曰陳瑞字文象世爲縣卒瑞謙恭敬讓及其居二千石九卿位少年童豎拜者皆正朝服與之抗禮若疾病不能荅拜輒拊頰以謝之

新序曰晉人伐楚楚大夫請擊之莊王曰先君在時晉不伐楚及孤之身而晉伐楚是孤之過如何其辱諸大夫大夫曰是臣之罪請擊之莊王俛泣起拜諸大夫晉人聞之曰君臣爭以過爲在己上下一心三軍同力未可攻也還師而歸

袁彥伯明謙曰賢人君子推誠以存禮非降己以應世率心以成謙非匿情以同物故侯王以孤寡饗天下江海以卑下朝百川易曰天道下濟而光明地道卑而上行老子曰高以下爲基貴以賤爲本此之謂乎

讓上

尚書舜典曰咨四岳有能奮庸熙帝之載使宅百揆亮采惠疇僉曰伯禹作司空帝曰俞咨禹汝平水土惟時懋哉禹拜稽首讓于稷契暨臯陶帝曰疇若予工（工官也）僉曰垂哉（垂臣名也）帝曰俞咨垂汝作共工垂拜稽首讓于殳斨暨伯與帝曰俞往哉汝諧帝曰疇若予上下草木鳥獸僉曰益哉帝曰俞咨益汝作朕虞（虞掌山澤官名）益拜稽首讓于朱虎熊羆（朱虎熊羆二臣也）帝曰俞往哉汝諧帝曰咨四岳有能典朕三禮僉曰伯夷（伯夷臣名）帝曰俞咨伯汝作秩宗（秩宗主郊廟之官）伯拜稽首讓于夔龍

毛詩魚藻角弓曰民之無良相怨一方受爵不讓至于已斯亡

周禮地官上大司徒曰以陽禮教讓則民不爭

禮記曲禮曰博聞強識而讓尊善行而不怠謂之君子

又曲禮曰君子恭敬撙節退讓以明禮

又坊記曰故貴賤有等衣服有別朝廷有位則民有所讓子云君子辭貴不辭賤辭富不辭貧則亂益亡子云觴酒豆肉讓而受惡民猶犯齒衽席之上讓而坐下民猶犯貴朝廷之位讓而就賤民猶犯君子云君子貴人而賤己先人而後己則民作讓

又祭義曰天子有善讓德於天諸侯有善歸諸天子卿大夫有善薦於諸侯士庶人有善本諸父母

又儒行曰儒有衣冠中動作慎其大讓如慢小讓如僞

又鄉飲酒曰三揖至于階三讓以賓升月者三日則成魄三月則成時是禮有三讓

左傳隱公曰宋穆公疾召大司馬孔父而屬殤公焉曰先君舍與夷而立寡人（先君穆公兄宣公也與夷宣公子即所屬殤公也）若以大夫之靈得保首領以歿先君若問與夷其將何辭以對請子奉之以主社稷對曰群臣願奉馮也（馮穆公子莊公）公曰不可先君以寡人賢使主社稷若弃德不讓是廢先君之舉也

又僖上曰齊侯使管夷吾平戎于王使隰朋平戎于晉王以上卿之禮饗管仲管仲辭曰臣賤有司也有天子之二守國高在若節春秋來承王命何以禮焉陪臣敢辭王曰舅氏余嘉乃勳應乃懿德謂督不忘往踐乃職管仲卒受下卿之禮而還君子曰管氏之世祀也宜哉讓不忘其上

又曰宋桓公疾太子玆父固請曰目夷長且仁君其立之（玆父襄公也目夷玆父庶兄子魚也）公命子魚子魚辭曰能以國讓仁孰大焉臣不及也且又不順（立庶不順禮）遂走而退

又文上曰穆伯如齊始聘禮也凡君即位卿出並聘踐脩舊好要結外援好事隣國以衛社稷忠信卑讓之道忠信德之固也卑讓德之基也

又宣上曰鄭人立子良辭曰以賢則去疾不足（去疾子良之名）以順則公子堅長乃立襄公

又成下曰諸侯將見子臧於王而立之子臧曰前志有之曰聖達節次守節下失節為君非吾節也雖不能聖敢失守乎遂逃奔宋

又襄上曰晉韓獻子告老公族穆子有廢疾將立之辭曰詩曰豈不夙夜謂行多露無忌不才讓其可乎請立起也（無忌穆子名起無忌弟宣子也）

又襄二曰晉侯使士丐將中軍辭曰伯游長（伯游荀偃）昔臣習於智伯是以佐之非能賢也請從伯游使荀偃將中軍士丐佐之使韓起將上軍辭以趙武又使欒黶辭曰臣不如韓起願上趙武君其聽之使趙武將上軍韓起佐之欒黶將下軍魏絳佐之晉國之民是以大和諸侯遂睦君子曰讓禮之主也范宣子讓其下皆讓欒黶為汰弗敢違也

又襄二曰吳子諸樊既除喪將立季札（札諸樊少弟）季札辭曰曹宣公之卒也諸侯與曹人不義曹君將立子臧子臧去之遂弗為也札雖不才願附於子臧以無失節固立之弃其室而耕乃舍之（傳言季札之讓且明吳兄弟相傳）

又襄五年曰鄭伯賞入陳之功饗子展賜之先輅三命之服（先輅次輅皆王所賜車侯伯之上卿三命）先八邑賜子產次輅再命之服先六邑子產辭邑曰自上已下降殺以兩禮也臣之位在四且子展之功也臣不敢及賞請辭邑公固與之乃受三邑公孫揮曰子產其將知政矣讓不失禮也

論語曰能以禮讓為國乎何有不能以禮讓為國如禮何

又曰子曰太伯其可謂至德也已矣三以天下讓民無得而稱焉

孝經曰先之以敬讓而民不爭

國語曰狐毛卒使趙衰代之辭曰城濮之役先且居之佐

軍也善（先且居晉大夫先軫子也）軍伐有賞善君有賞能其官有賞且居有三賞不可廢也且臣之倫箕鄭胥臣先都在（倫輩也三子皆晉大夫也）乃使先且居佐上軍公曰趙衰三讓其所讓皆社稷之衛也廢讓是廢德也以趙衰之故蒐于清原作五軍（清原之蒐在魯僖三十年也）使趙衰將新上軍箕鄭佐之胥臣將新下軍先都佐之

又曰君子急病讓夷

又曰齊桓公自莒反於齊使鮑叔牙為宰辭曰臣不若夷吾者有五寬惠愛民臣不若也治國家不失其柄臣不若也忠信可結於百姓臣不若也制禮義可法於四方臣不若也執枹鼓立於軍門使百姓皆加勇臣不若也

又曰晉悼公使張老為卿辭曰臣不如魏絳乃使魏絳佐新軍

家語曰虞芮二國爭田而訟連年不决相謂曰西伯仁人盍往質焉入其境則耕者讓畔行者讓路入其朝則士讓於大夫大夫讓於卿虞芮之君曰吾儕小人不可以入君子之朝遂自相與成以其所爭爲閑田

史記曰吳太伯弟仲雍皆大王之子季歷之兄也季歷賢又生聖子曰大王欲立季歷以及昌於是太伯仲雍二人奔荆蠻文身斷髮示不可用以避季歷

又曰太尉周勃立代王代王曰奉高帝宗廟重事寡人不足以稱寡人不敢當群臣皆伏固請代王西向讓者三南向讓者再

又曰魯連既說秦軍秦軍爲却平原君欲封魯連魯連辭讓者三終不肯受平原君乃置酒酒酣起前以千金爲魯連壽連嘆曰所貴天下之士者爲人排難解紛而無取也即有取者是商賈之事連不忍爲也遂辭而去終身不復見

又曰董偃在館陶主家兒戲博殿下主伏檻觀之偃負則饒人勝則有讓主益奇之

又曰伯夷叔齊孤竹君之子也父欲立叔齊乃讓伯夷伯夷曰父命也遂逃去

漢書曰文帝初立以陳平爲相太尉勃親以兵誅呂氏功多平欲讓勃位迺謝病文帝恠平病問之平曰高帝時勃功不如臣及誅諸呂臣功亦不如勃願以相讓勃

又曰袁盎謂文帝曰陛下至代邸西鄉讓天子者三東讓天子者再夫許由一讓而陛下五以天下讓過許由四矣

又曰龔遂爲渤海太守數年上遣使者徵遂議曹王生願從太守會遂引入宮王生醉從呼曰願有所白遂問其故王生曰天子即問君何以治渤海君不可有所陳宜曰皆聖主之德非小臣之力也上果問以治狀遂對如王生言天子悅其有讓嘆曰君安得長者之言而稱之遂因前曰臣非知此乃臣議曹教臣也

又曰武帝屬霍光以輔少主光讓金日磾日磾曰臣外國人耳使匈奴輕漢於是遂爲光副

又曰韋賢薨子玄成當爲嗣玄成心知其兄非賢雅意欲讓即佯狂丞相御史遂以玄成實不病劾奏之有詔勿劾引拜玄成不得已受侯爵

太平御覽卷第四百二十三

太平御覽卷第四百二十四

人事部六十五

讓下

東觀漢記曰承宫遭王莽篡天下擾攘盗賊並起宫遂避
世漢中建武四年將妻子之華陰山谷耕種禾黍臨熟人
就認之宫悉推與而去由是顯名
又曰光武封朱祐為鬲侯祐自陳功薄而國大願受南陽
五百户足矣上不許
又曰竇融光武時數辭讓位不許因上疏曰臣融年五十
三有一子年十五質性頑鈍臣融朝夕教導以經藝不得
令觀天文見讖記誠欲令恭肅畏事恂恂循道不願其有
才能何况乃當傳以連城廣土享諸侯國哉
又曰鄧騭永初元年封騭等以定策增三千户讓不獲遂
逃避使者上疏自陳

又曰歐陽尚書博士缺上欲用桓榮榮叩頭讓曰臣經術淺
薄不如同門生郎中彭閎楊州從事臯弘帝曰俞往女諧
因拜榮為博士引閎為議郎車駕幸太學會諸博士論難
於前榮被服儒衣温恭有藴藉明經義每以禮讓相厭
不以辭長人儒者莫之及特為加賞賜又詔諸生雜吹擊
磬盡日乃罷榮卒子郁當襲爵上書讓於兄子汎顯宗不
許不得已受封而悉以租入與之帝以郁先師子有禮讓
甚見親厚
又曰上欲封樊興置印綬於前興固讓曰臣未有先登陷
陣之功而一家數人並蒙爵土令天下觖望誠不願帝嘉
興之讓不奪其志
又曰劉愷字伯豫以當襲父般爵讓與弟憲逃避封有司
奏請絶國上美其義特優加之愷猶不出有司復奏之侍
中賈逵上書曰孔子稱能以禮讓為國於從政乎何有和
帝納之詔下曰故居巢侯劉般嗣子愷當襲父般爵而稱
父遺意致國弟憲遁亡七年所守弥固蓋王法崇善成人
之美其聽憲嗣爵乃徵愷拜為郎稍遷侍中愷之入朝在
位者莫不仰其風行
又曰淳于恭以謙儉推讓為節家有山田橡樹人有盗取
之者恭助為收拾載之歸乃知其恭橡盗者還橡恭不受
人又有盗刈恭禾者恭見之念其愧因伏草中至去乃起
續漢書曰張堪讓先人餘財數百萬與兄子
謝承後漢書曰雷義舉茂才讓於陳重刺史不聽義遂佯
狂不應命鄉里為之語曰膠漆自謂堅不如雷與陳
又曰陳囂與鄉人紀伯為鄰伯夜竊囂藩地自益囂見之

伺伯去密移其藩一丈地以益伯伯慚懼還所侵又却一
丈二尺相避凡廣三丈太守高其義名其閭為義里
范曄後漢書曰馮緄字鴻卿巴郡宕渠人也長沙蠻寇益
陽荆南皆没於是拜緄為車騎將軍軍至長沙進擊武陵
蠻夷荆州平定詔賜錢一億固讓不受振旅還京師推功
於從事中郎
魏志曰田疇字子泰右北平人太祖北征烏丸軍次無終
夏水路不通疇將其衆為鄉導出盧龍塞虜乃驚太祖與
戰遂大斬獲軍還論功封疇為亭侯疇上疏陳誠以死自
誓太祖不聽欲引拜之至于數四疇終不受
又曰太祖署邴原為丞相徵事崔琰為東曹掾讓曰徵事
邴原議郎張範皆秉德純壹志行忠敏清静足以厲事貞
固足以幹事所謂龍翰鳳翼國之重寶舉而用之不仁者

遠

又曰王基字伯輿東萊人基拔壽春轉基爲征東將軍封東武侯基上䟽固讓歸功叅佐由是長史司馬等七人皆侯

吳志曰魯肅卒孫權以嚴畯代肅後固辭曰僕素書生不閑軍事非才而據殃咎必至發言慷慨至於流涕權乃聽焉嘉其能以實讓

又曰薛綜爲選曹尚書固讓顧譚曰心精體密貫道達微才照人物德服衆望誠非愚臣所可越先

王隱晉書曰司徒魏舒遜位司空衛瓘與書曰每與足下共論此事日日未果可謂瞻之在前忽然在後于時皆有欲遜者或先顯此意不能行或以歸家申喻復還唯舒知命內定於懷未嘗形之於言論者以爲晉興以來能辭榮

令終未有如舒者焉

又曰杜夷字行齊廬江人王敦爲刺史舉方正顧榮等各薦夷於相府元帝曾欲省夷夷深讓帝荅曰吾與足下雖情在忘言然虛遲歷載正以足下羸病故欲相省暫論當敬以爲國子祭酒夷前後十餘表求解不聽明帝踐祚夷又頻表

又曰上以羊祜爲開府儀同讓表曰今光祿李熹秉節高亮在公正色光祿魯芝潔身寡欲和而不同光祿李胤清亮簡素立身在朝皆服事華髮以禮終始雖歷外內之寵不異寒賤之家而猶未蒙此選臣更越之何以塞天下之望又封南城郡侯祜曰昔張良請受留侯漢高不奪其志請受鉅平甍遺令不得以南城侯入柩詔祜曰固讓歷年志不可奪身沒讓存遺言益厲此夷叔所以稱賢季札所以全節重違其志今聽復本封

于寶晉紀曰鍾會鄧艾將伐蜀與劉寔別客謂寔曰二將當破蜀不寔曰必破蜀但皆不還客問其故寔曰治道在於克讓因著崇讓論曰季世不能讓賢虛謝見用之恩莫肯讓於勝己

晉中興書曰郗愔拜給事黃門侍郎愔苦求外出時吳郡缺朝議欲用愔愔以資輕而少年不宜超登大郡辭讓切至朝廷嘉之爲臨海太守在郡優游養志不以事物縈心

崔鴻前趙録曰張寔爲鉅鹿太守治任威強路不拾遺曾欲以寔爲司徒太保皆垂涕固辭身騎瘠馬妻乘敗車

後魏書曰高肇字首文文昭皇太后之兄也肇子植自中書侍郎出爲濟州刺史元愉之反也植率州軍出討破愉別將有功當蒙封賞朝廷論勳每謙讓不受云其家荷重

恩爲國致効是其常節何足以膺進陟之報懇惻發於至誠

又曰崔光韶爲司空行叅軍復請讓從叔和曰臣誠微賤未登讓品屬逢唐朝耻無讓德和亦謙退辭而不當高祖善之遂以和爲廣陵王國常侍

後周書曰蘇祐字承先陳留圉人也有膂力便騎射從征伐常潰圍陷陣還之日諸將爭功祐終無競太祖歎之常謂諸將曰承先口不言勳孤當代言其見知如此

沈約齊紀曰朝係伯襄陽人也事母甚謹西土風俗田與鄰畔者輒於畔上種桑以誌之係伯上種桑枝條蔭蔽他地每開數尺以避焉鄰者隨復侵之係伯輒伐樹更種侵畔者慙不敢犯也

齊書曰謝朓遷尚書吏部郎上表三讓中書疑朓官未及

讓以問國子祭酒沈約約曰宋嘉元中范曄讓吏部朱循之讓黃門蔡興宗讓中書並三表詔荅近代小官不讓遂成恒俗恐有乖讓意王藍田劉安西貴重初自不讓今豈可慕此不讓耶孫興公孔顗並讓記室今豈可三署皆讓耶謝吏部今授超階別有意豈關官之大小撝讓之美本出人情若大官必讓便與詣闕章表不異例既如此謂都非疑朓讓優荅不許

唐書曰溫彥博與兄大雅共掌機密彥博以昆季同在機務意不自安固請他職高祖曰我虛心相待不以爲疑卿何自疑也彥博雖應命然每退讓遠避機權寮列以此多之

又曰長孫無忌冊拜司空無忌固辭讓不許

又曰臣幸居外戚恐招聖主私親之誚敢以死請太宗曰無忌聰明鑒悟且有武略公等並知所以委之台鼎無忌又上表切讓帝使謂之曰昔黃帝得力牧而爲五帝先夏禹得咎繇而爲三王祖齊桓得管仲而爲五伯長朕自在藩邸即任使公遂得廓清宇內君臨天下以公功績才望允稱具瞻故授此官無宜辭讓爲禮也

又曰盧懷慎開元三年遷黃門監懷慎與紫微令姚崇對掌樞密懷慎自以爲吏道不及崇每事皆推讓之

周書曰湯放桀而歸於亳三年諸侯大會湯取天子之璽置之天子之坐再辭從諸侯之位湯曰此天子之位有道者可以處之三讓于諸侯諸侯莫敢即位然後湯即天子之位

慎子曰堯讓許由舜讓善卷皆辭爲天子而退爲匹夫

列子曰昔堯舜爲以天下讓許由善卷而不失天下伯夷叔齊實以孤竹讓而終亡其國

晏子春秋曰晏子方食景公使至分食食之使者不飽嬰亦不飽公致千金以奉賓客晏子不受公曰先君桓公以書社百封管仲管仲不辭獨辭何也晏子曰嬰聞聖人千慮必有一失愚人千慮必有一得意以管仲失之嬰得之

又曰景公使晏子爲阿宰三年而譽聞於國景公悅召而賞之辭而不受公問其故對曰昔嬰之治阿三邪毀於外三讒毀於內今則三邪譽於外三讒譽於內昔者嬰之當誅者當賞而今以當賞者當誅是故不敢受景公知晏子賢乃任以國政三年而齊大興

莊子曰堯以天下讓許由由曰日月出矣而爝火不息其於光也不亦難乎時雨降矣而猶浸灌其於澤也不亦勞乎又讓於子州支父子州支父曰我適有幽憂之疾方且治之未暇治天下也

又曰舜以天下讓於善卷善卷曰余逍遙於天地之間而心意自得吾何以天下爲哉遂不受

又曰舜以天下讓其友北人無擇北人無擇曰異哉后之爲人居畎畝之中而遊於堯之門不若是而已又欲以其辱行汙漫我吾羞見之自投於清泠之淵

又曰湯將伐桀因卞隨而謀卞隨曰非吾事也湯又因務光而謀務光曰非吾事也湯曰伊尹何如曰強力忍詬吾不知其他湯遂與伊尹謀伐桀尅之以讓卞隨卞隨曰君之伐桀謀乎我必以我爲賊也勝桀而讓乎我必以我爲貪也吾生乎亂世而無道之人再來漫我吾不忍數聞也乃自投於桐水而死（桐水今在潁川）又讓務光曰智者謀之武者遂之仁者居之古之道也吾子胡不立乎務光辭曰廢上

非義殺人非仁子佗其難我享其利非廉也吾聞之曰非其義不受其祿無道之世不踐其土況尊我乎吾不忍見也乃負石自沉於盧水盧水在遼東也

呂氏春秋曰沈尹筮遊於郢五年荆王欲以爲令尹辭期思之鄙人有孫叔敖彼聖人也王於是使人以王輿迎叔敖以爲令尹而國治

韓子曰舜耕於歷山農者讓畔漁於河濱漁者讓長

符子曰禹讓天下於奇子奇子曰君之佐舜勞矣鑿山川通河漢首無髮股無毛故舜也以勞報子我生而逸不能爲君之勞矣

又曰武王以天下讓戕封子岐封子曰孰勿勿然以天下爲事乎君往矣余不忍聞之

又曰太伯將讓其國於季歷謂其傅曰大王欲以一國之

事而以嗣我我其羞之吾聞至人也不居一世而萬世以之君不貴一代而萬代以之貴吾焉能貴乎一國而賤乎萬代哉

山海經曰君子國民衣冠帶劍土方千里多薰華之草好讓故爲君子國

許遜別傳曰遜年七歲無父躬耕負薪以養毋盡孝敬之道與寡嫂共田桑推讓好者取其荒者不營利毋常隨之如此當乞食無處遜嘆應毋曰但願毋老壽耳

郭翻別傳曰翻經河墜刀於水路人有爲取者翻因與之路人不取至於三四路人固辭翻曰爾向不取我豈能復得乎路人曰吾若取此物爲天地鬼神所責矣知其終不受乃沉刀於向所失處路人悵然乃復沒爲取之翻於是不逆其意十倍刀價與之

魏武令曰里諺曰讓禮一寸得禮一尺斯合經之要矣

魏文雜事曰辭爵逃祿不以利累名不以位虧德之謂讓

傳物志曰三讓一曰禮讓二曰固讓三曰終讓

晉劉寔崇讓論曰古之聖王治天下所以貴讓者欲以出賢才而息爭競也夫人情莫不皆欲己之賢以自明賢豈假讓而賢哉故讓道興賢能之人不求而自出矣至公之舉而自立矣一官缺擇衆官所讓最多者而用之審才之道也在朝之人相讓於上草廬之人咸皆化之推能讓賢之風從此生矣爲一國所讓則一國士也爲天下所讓則天下才也推讓之風行賢不肖灼然殊矣

晉孫盛周泰伯三讓論曰孔子曰泰伯可謂至德也已矣三以天下讓民無得而一焉鄭玄以爲託採藥而行一讓也不奔喪二讓也斷髮文身三讓也三者之美皆蔽隱不著

王肅曰其讓隱故民無得而稱焉咸謂玄既失之而肅亦未爲暢也玄之所云三跡顯然天下所共見也何得云隱而未著乎三跡苟著則高讓知亦復不得云其讓隱也蓋泰伯之出讓迹已露不奔喪故一事耳斷髮之與左傳明文相背又不經也然則稱三讓者其在古公至文王乎周之王業顯於亶父受命於昌泰伯玄覽棄周太子之位一讓也假託逃遁受不赴喪之譏潛推大美二讓也無胤嗣而養仲雍之子以爲己後是深思遠防令周嗣在昌天人叶從四海悠悠無復纖介疑惑三讓也凡此三者帝王之業故孔子曰三以天下讓言非直常讓若礼藏之倫者

太平御覽卷第四百二十四

太平御覽卷第四百二十五

人事部六十六

清廉上

釋名曰清青也去濁遠穢色如青也廉斂也自檢斂也

左傳襄元曰季文子卒宰庀家器爲葬具無衣帛之妾無食粟之馬無藏金玉無重器備（器備謂珠寶甲兵之物）君子是以知季文子之忠於公室也相三君矣而無私積可不謂忠乎

又襄二曰宋人或得玉獻諸子罕子罕弗受獻玉者曰以示玉人玉人以爲寶也故敢獻之子罕曰我以不貪爲寶爾以玉爲寶若以與我皆喪寶也不若人有其寶

又襄五曰與晏子邶殿其鄙六十弗受子尾曰富人之所欲也何獨弗欲對曰慶氏之邑足欲故亡吾邑不足欲也益之以邶殿乃足欲足欲亡無日矣且夫富如布帛之有幅焉爲之制度使無遷也謂之幅利利過則爲敗吾不敢貪多所謂幅也與子雅邑辭多受少

漢書曰琅琊兩漢以清行徵爲京兆尹漢遂歸老於鄉里漢兄子曼容亦養老自脩爲官不肯過六百石輒自免去其名過出於漢

又曰蓋寬饒身爲司隸子常步行自戍北邊（蘇林曰子自行戍不敢代）也公廉如此

又曰趙禹以佐吏補中都官用廉爲令史事太尉周亞夫爲丞相史府中皆稱其廉平然亞夫弗任曰極知禹無害然文深（禹持文法深刻）

續漢書曰第五倫字伯魚京兆長陵人倫脩行清白嘗召見上曰聞卿爲吏不過從弟兄飯寧有之耶倫對曰臣生遭飢饉米石萬錢不敢妄過人飯

又曰秦彭字伯楚祖父安歷廣漢南陽太守順帝初爲光祿勳行至清爲吏麤袍糲食終於議郎

東觀漢記曰司空宋弘嘗受俸得鹽令諸生糶諸生以賤不糶弘怒悉賤糶不與民爭利

又曰孔奮字君魚右扶風人守姑臧長供養至謹老母極膳妻子但食葱菜或嘲奮曰置脂膏中不能自潤而奮不改

又曰楊震字伯起弘農人性公廉不受私謁子孫常蔬食步行故舊長者或欲令爲開產業震不肯曰使後世稱爲清白吏子孫以此遺之不亦厚乎爲東萊太守道經昌邑邑令王密故所舉茂才夜懷金十斤以遺震震曰故人知君君不知故人何也密曰夜無知者震曰天知神知何謂無知（范曄後漢書曰天知神知我知子知也）

又曰閔仲叔客居安邑老病家貧不能買肉日買一片豬肝屠者或不肯爲斷安邑令候之問諸子何飯對曰但食豬肝屠或不肯予令出勑市吏後買輒得仲叔怪問其子道狀乃嘆曰閔仲叔豈以口腹累安邑耶遂去之

又曰梁鴻少孤常獨止不與人同食比舍先炊已呼鴻及熱釜炊鴻曰童子鴻不因人熱者也滅竈更然火

又曰廉范年十五至蜀迎祖母喪及到葭萌船沒幾死太守張穆持筒中布數篋與范范曰石生堅蘭生香前後相違不忍行也遂不受

又曰魯恭弟丕耽思閉門講誦兄弟雙高太尉趙熹歲時遺子送米肉辭讓不受

謝爲後漢書曰黃向字文章爲性廉潔常步行於路中得金錢一囊可直二百餘萬募求得其主還之

又曰范丹姊病往看之姊設食丹以姊壻不德出門留二百錢姊使人追索還之丹不得已受之聞里中芻藁僮僕更相怒曰言汝清高豈范史雲輩而云不盜我菜乎丹聞之曰吾之微志乃在僮豎之口不可不勉遂投錢去

又曰羊茂字季寶豫章人爲東郡太守冬坐白羊皮夏處丹板榻常食乾飯出界買鹽豉

又曰巴祗字敬祖爲楊州刺史在官不迎妻子暗坐不然官燭

又曰左雄字伯豪爲冀州刺史不舉烟火常食乾飯

又曰羊續字興祖泰山人爲廬江太守卧一幅布絅穿敗糊紙以補絅爲南陽太守初之郡府丞嘗獻其生魚續受而懸之於庭丞後又進之續乃出所懸者以杜其意

又曰徐稚字孺子豫章南昌人也少爲諸生隱處篤行常

身躬耕非其衣不服非其食不食糠粃不厭所居閭里服其德化

又曰河南陶碩鄉曲餉之碩無所受但食棗飲水而已

袁山松後漢書曰范丹字史雲外黃人爲縣吏年十八弃衣物道邊家以爲死遂西入關學爲萊蕪長去官於市賣卜妻紡績以自給辟公府步行無被囊自隨常使兒捃麥得五斛鄉人遺之一斛屬兒曰莫令尊君知兒歸不敢不道丹即令并送六斛言麥已雜遂不取丹弟子愷見丹藩不完載柴卅藩之時丹適行還怒勑子拔柴載還之閭里歌之曰甑中生塵范史雲釜中生魚范萊蕪自以性急每爲吏常佩韋

范曄後漢書曰張禹字伯達性篤厚父歆卒於汲令使人贈送前後數百萬悉無所受

又曰檀敷字文有山陽瑕丘人少爲諸生貧而志清不受鄉里施惠

又曰鄭均字仲虞東平人少好黄老書兄爲縣吏頗受禮遺均數諫止不聽即脫身爲傭餘得錢帛歸以與兄曰物盡可復得爲吏坐贓身捐弃兄感其言遂爲廉潔

典略曰程堅字謀甫南陽武陰人仁孝清潔居貧無資磨鏡自給不受人施諸嫗共漂吏相呼食或不食者相謂曰汝非程謀甫何爲不食人食

魏略曰沐並字德信河間人少孤苦袁紹父子時始爲吏名有志介嘗過姊姊爲殺鷄炊黍而不留爲三府長吏時吳使朱然諸葛瑾攻圍樊城遣船兵於峴山東斫材兵人作食有先熟者呼後熟者答言不也呼者曰汝欲作沐德信耶其名流布播於異域如此

又曰舊故西征有官廚財藉還轉之際無不因緣而趙儼叉手上車發到灞上忘持其常所服藥雍州聞之乃追送雜藥材數箱儼笑曰人言語殊不易我偶問所服耳何用是爲遂不取

魏志曰盧欽著書稱徐邈曰徐公志高行潔才博氣猛其施之也高而不狷潔而不介博而守約猛而能寛聖人以清爲難而徐公之所易也或問欽徐公當武帝之時人以爲通向在凉州及還京師人以爲介何也欽答曰往者毛孝先崔季珪用事貴清素之士時皆變易車服以求名高而徐公不改其常故以爲通比來天下奢靡轉相放效而徐公雅尚自若不與世同故前日之通乃今日之介是世人無常而徐公有常也

又曰景初二年以滿寵年老徵還爲太尉寵不治産業家

無餘財詔曰君典兵在外事心憂國有行父祭遵之風賜田十頃穀五百斛錢二十萬以明清忠儉約之節

又曰胡質爲荆州刺史薨家無餘財唯有賜衣書篋而已

王隱晉書曰魏舒爲尚書三娶妻皆亡自表求還本郡葬上曰魏舒清貧不營財産頃舉衆喪必無以自供其賜葬地一頃錢五十萬

鄧粲晉記曰王歡籍周顗家笥簏中有故絮故播酒五甕米數斛在位者服其清

晉陽秋曰胡威字伯虎少有志尚清白歷位宰牧武帝賜見嘆其父清因謂威曰卿清孰與父清威對曰臣不如也帝曰以何爲不如對曰臣父清恐人知臣清恐人不知是臣不如遠矣

晉中興書曰劉驎之字子驥志在逸遁居于岐陽凡人致贈一無所受

又曰龔玄之字道玄潛處未曾至公門有致餉一無所受

又曰翟湯字道淵尋陽人篤行純素始安太守于寶與湯通家遣船餉之勑吏翟公廉讓卿致書訖便委船還湯無人送致乃更貨易絹物因寄還寶寶本以惠而反煩之益愧嘆焉

徐廣晉記曰中宗令曰太常賀循水清玉絜行爲俗表孤曾造其廬屋室服物周身而已賜牀褥錢二十萬

崔鴻前凉録曰氾勝字無忌燉煌人舉孝廉除郎中天下亂去官還鄉里太守張閬造之閉門不見禮遺一無所受

北齊書曰辛術字懷哲隴西人爲淮南經畧所部郡守犯大辟朝廷以其奴婢及資財盡賜術術三辭不見許術乃書送詣所司不復聞奏邢邵聞之遺術書曰昔鍾離意云孔子忍渴盗泉珠璣委地今能如此可謂異代一時

沈約宋書曰柳元景南岸有數十畝菜園人賣菜得錢三萬送宅元景怒曰我立此園種菜以供家中噉之乃復賣取錢奪百姓之利耶以錢乞守園人

又曰郭原平性至孝太守蔡興宗以私米遺之固辭不受許瑶之罷建安郡丞還家以綿一斤遺原平原平不受送而復反者前後數十瑶之乃自往曰今歲過寒而建安綿好以此奉尊上下耳原平乃拜而受之原平以種瓜爲業大旱瓜瀆不復通船世祖令劉僧秀下瀆水與之原平曰今天大旱百姓俱困豈可減溉田之水以通運瓜之船步行從他道往錢塘貨賣

又曰孔覬字思遠不尚矯飾服用麤敗終不改易時吴郡顧覬之亦尚儉素衣裘器服皆擇其陋者宋世言清約稱

此二人覬弟道存從弟徽頗營産業二弟請假東還輜重十餘舡皆是綿絹紙席之屬覬見之令上置岸側命左右取火焚之盡乃去道存代覬爲江夏内史時都邑米貴道存慮覬甚乏遣吏載五百斛米餉之覬呼吏載米還彼吏曰都下米貴乞於此貨之不聽吏乃載米而去

太平御覽卷第四百二十五

人事部六十七

清廉下

蕭子顯齊書曰王秀之字伯奮琅琊臨沂人也爲晉平太守至郡期年謂人曰此郡豐壤祿俸常盈吾生資已足豈可久留以妨賢路上表請代時人爲王晉平恐富求歸

齊春秋曰何敬叔爲東海令在縣清廉不受饋夏節忽牓門受餉數日中得米二千餘斛他物稱是悉以代貧民輸租

梁書曰范岫每所居官恒以廉潔著稱爲長城令時有梓材巾箱至數十年經貴遂不敢易在晉陵唯作牙管一雙猶以爲費

又曰沈顗字處默吳興武康人也顗不治家產值齊末兵荒家人并日而食或饋其粱肉者閉門不受

陳書曰姚察字伯審吳興武康人察自居顯要其勵清節嘗有私門生送南布一端花練一疋察謂之曰吾所衣著止於麻布蒲練率不煩此人遜請猶冀受納察勵色驅出自此伏事者莫敢饋也

隋書曰狄士文嘗入朝遇上賜公卿入左藏任取多少人極重士文口銜絹一疋兩手各持一疋上問其故士文曰臣口手俱滿餘無所須上異之別賞物勞遣之

唐書曰屈突通從太宗平薛舉時珍物山積諸將皆爭取之通獨無所犯高祖聞而謂曰公清正奉國著自終始名下定不虛也

又曰賈敦頤曹州寃句人也貞觀中歷遷滄州刺史在職清潔每入朝盡室而行唯弊車一乘羸馬數疋銜勒有闕以繩爲之見者不知其刺史也

又曰袁承序陳尚書僕射憲之子也武德中累轉建昌令在任清潔士吏懷之高宗在藩太宗選學行之士爲其僚屬謂岑文本曰梁陳名臣有誰可稱復有子弟堪招引否文本言隋師入陳百司奔散唯袁憲獨在其主之傍王世充將受隋禪群僚勸進憲子給事中承家託疾不署名此之父子足稱忠烈承家第承序清貞雅操實繼先風由是召守晉王友

又曰蘇瓌性廉儉所得俸祿盡推與諸弟或散之親族家無餘資

又曰盧懷慎清儉不營產業器玩服飾無金玉綺文之麗所得俸祿皆隨時分散而家無餘蓄妻子貧乏

又曰馮履謙補河北尉有部人張懷道任江陽尉與謙疇舊餉鏡一面謙集寮吏遍視之曰此張公所致也吾與之有舊吾効官以俸祿自守豈私受遺哉履謙言曰清水見底明鏡照心余之効官必至於此復書於使者乃歸之

又曰李懷遠久居榮位而好尚清廉宅舍屋無所增改嘗乘款段馬豆盧欽望謂之曰榮貴如此何不買駿馬乘之答曰此馬幸免驚蹶無假別求聞者莫不歎伏

又曰裴玢爲鄜州刺史三年政授山南西道節度使玢歷二鎮頗以公清苦節爲政不交權倖不務貢獻蔬食弊衣居處纔避風雨而廩庫饒實百姓安業

又曰杜暹在家孝友撫異母弟昇甚厚常以公清勤儉爲己任弱冠便自誓不受親友贈遺以終其身初爲婺州參軍秩滿將歸州吏以紙萬餘張以贈之暹唯受一百餘悉還之時州寮別者見而歎曰昔清吏受一大錢復何異也

家語曰曾子弊衣而耕於魯君聞之而致邑焉曾子固辭曰吾聞受人者常畏人與人者常驕人縱君不我驕也吾能勿畏乎孔子聞之曰參之言足以全其節說苑同

又曰子路問於孔子曰仁人廉士窮則改節乎子曰改節則何以稱仁廉哉

孔叢子曰子思居貧其友饋之粟者受二車焉或獻樽酒束脩子思弗當也或曰子取人粟而辭吾酒是辭少而取多也義則無名介則不全子思曰然伋不幸而貧於財至乃困之將絕先人之祀夫所以受粟爲賙之酒脯則所飲讌也方乏於食而乃飲讌非義也吾豈以爲介哉或擔其酒脯以歸

韓詩外傳曰鮑焦衣弊膚見挈畚採蔬遇子貢於道子貢問曰吾子何以至於此乎鮑焦曰天下之道德教者衆矣吾

何以不至於此吾聞之世不己知而行之不已者是華行也上不已用而干之不止者是毀廉也行華廉毀然且弗舍惑於利者也子貢曰吾聞之非其世者不生其利汙其君者不食其土非其世而採其蔬詩曰溥天之下莫非王土此誰之有哉鮑焦曰於戲吾聞賢者重進而輕退廉者易愧而輕死則棄其蔬而立槁於洛水之上

列子曰東方有人焉曰爰旌目將有適也而餓於道孤父之盜曰丘見而下一餐以餔之旌目三餔而後能視曰子何爲者也曰我孤父盜人爰旌目曰譆汝非盜耶吾義不食也兩手據地而歐之不出喀喀而死

孟子萬章曰陳仲子豈不誠廉士哉居於陵三日不食耳無聞目無見井上有李螬食實者過半矣匍匐往將食之三咽然後耳有聞目有見也李實有虫食之過半避兄離母居於陵

又曰伯夷叔齊聖人之清者也聞伯夷叔齊之風貪夫廉懦夫有立志

晏子春秋曰景公以五十乘魚賜弦章章歸魚車塞途撫其御之手曰昔者晏子辭賞以正君故過失不掩今諸臣諂諛以干利吾若受魚是反晏子之義而順諂諛之欲固辭魚不受君子曰弦章之廉晏子之遺行也

又曰有工女託於晏子之家者曰婢子東郭之野人願得入身比數於下陳焉晏子曰乃今而後自知吾不肖也古之爲政者士農工商異居男女有別而士無邪行女無淫事今僕託國主民而嬖必行無清也遂不見

韓子曰晉文公出亡箕鄭挈一壺食而從迷而失道與文公相失餓而不敢食及文公反國伐原以爲原令

呂氏春秋曰古之人非無寶也所寶者異孫叔敖將死屬其子曰我死王必封汝汝毋受利地荊楚之間有寢丘其利少而甚惡可長有也其子受之至今不失

淮南子曰曾子立廉不飲盜泉所謂養志者也

又曰君子不入市爲其挫廉

說苑曰孔子見景公景公致廩丘以爲養孔子辭不受出謂弟子曰吾聞君子當功以受祿今說景公未之行而賜我廩丘其不知丘亦甚矣遂辭而行

又曰子思居於衛縕袍無裏二旬九食田子方使人遺白裘恐其不受因謂之曰吾假人遂忘之吾予人也如弃之子思辭曰伋聞忘予不如遺弃物於溝壑伋雖貧不忍以身爲溝壑

楊子法言曰楚兩龔之絜其清矣兩龔龔勝龔舍

三輔決録曰安陵清者有項仲山飲馬渭水曰與三錢以償之

風俗通曰頴川黄子廉者每飲馬投錢於水中

又曰鮑焦耕田而食穿井而飲非妻所織不衣餓於山中食棗或問之此棗子所種也遂強嘔立枯而死

又曰郝子廉飢不可得食寒不可得衣一分不取諸人曾過姊家飲留十五錢置席下去

列女傳曰河南樂羊子妻不知何氏羊子嘗行路得遺金一餅還以與妻妻曰妾聞志士不飲盜泉之水廉者不受嗟來之食況拾遺求利以汙其行乎羊子大慙捐金於野遠尋師學

又曰凡爲名者必廉廉斯貧爲名者必讓讓斯賤

長沙耆舊傳曰徐偉奴善叛知識欲爲偉售之偉曰不得奴性當復逃亡豈可虛受其價廉平義正若此

廣州先賢傳曰踈源字元流南海人出給郡役爲戶曹佐源性廉絜家貧餉晏不至同苐人餉先到呼之共食源未嘗聽

又曰丁密字靖公蒼梧人少以清介爲節非家織布物不衣非已種耕菜菓不食豪蠻之饋不受於人

汝南先賢傳曰周燮字彥祖好潛靜養志唯典籍是樂有先人草廬于東坑其下有陂田魚蛤生焉非身所耕漁則不食

又曰胡定　頴川人也至行絶人在喪雉兔遊其庭雪覆其室縣令遣戶曹排雪問定定以絶穀妻子皆卧在床令遣掾以乾粮就遺之定乃受半

録異傳曰漢時大雪積地丈餘洛陽令身出案行至袁安門無行路謂安已死除雪入見安僵卧問何以不出安曰大雪人皆餓不宜干人令以安爲賢舉爲孝廉

郭緣生武昌先賢傳曰郭翻字長翔爲人非已耕不食非妻自織不衣

漢皇德傳曰蓋胥燉煌人天性皎絜自小不嘗過人飯貧爲官書得錢足供而已不取其餘

任嘏別傳曰嘏字紹先幼以至性見稱遇荒亂家貧賣魚官發魚價貴數倍嘏取直如常

陳留耆舊傳曰洛陽令董宣死詔使視之閑畢一乘白馬一疋帝曰董宣之清死乃知之

益部耆舊傳曰朱倉字雲卿之蜀從處士張寧受春秋糴小豆十斛屑之爲糧閉戶精誦寧矜之歛得米二十斛倉不受一粒

鍾離意別傳曰意爲尚書交阯太守張悝居官貪亂贓踰千金珠璣玩寶乃有石數收贓薄入司農詔悉以珠賜諸尚書尚書皆拜受意獨委珠璣於地不拜受明帝問委珠何也對曰愚聞孔子忍渴不飲盜泉之水曾子還車不入勝母之閭惡其名也今陛下以贓珠賜忠臣以故臣不拜受耳

羊祜別傳曰昔有攘羊遺㱄向毋毋埋之後事發檢羊肉盡唯舌存遂以羊舌爲氏族祜其後也

華陽國志曰何隨字季業除安漢令蜀亡去官時巴土飢荒所在無穀送吏行乏輒取道側民羊隨以綿繫其處使足所取直民視羊見綿相語曰聞何安漢清廉行過從者無糧必能爾耳持綿追還之終不受人爲語曰安漢吏取糧令爲之償

范亨燕書曰皇甫眞字楚季安定朝那人也從輔國恪討擒冉閔即南園拔鄴石氏舊都城内珎玩寶貨充溢眞無所取唯存恤人物收斂圖籍眞上疏曰臣輙以家奴婢五十口馬七疋牛四十頭以助軍資

物理論曰有呂子義當世清賢士也有舊人往存省嫌其設酒食懷乾糒而往主人棨其降已乃盛爲饌義出懷中乾糒求一杯冷水而食之

語林曰何公爲楊州親親有葬者乞數萬錢而帳下無有楊州常有䊮（胡恳切）米以賑孤寡乃有千餘萬斛虞存爲治中面見道帳下空索求菜此米付帳下何公曰次道義不與其孤寡爭粒

世說曰范宣潔行廉約韓豫章遺百疋絹不受稍減遂至一疋既終不肯受韓後與范同載就車中手裂二丈與范

云人寧可使婦無褌耶范笑而受之

郭子曰庾公爲護軍屬桓廷尉爲索一佳吏桓後遇見徐寧而知之（寧字安期東海人）致與庾而稱云是海内清士

顔延之廷語曰清者人之正路

劉弘教曰録事巫衛忠清厲節衣食不充賜單複衣各一具恒令廚食給其家穀三百斛諸吏宜見賢思齊

太平御覽卷第四百二十六

太平御覽卷第四百二十七

人事部六十八

正直上

易坤卦曰六二直方大不習無不利（直方地之性也）

又曰夫乾其靜也專其動也直是以廣生焉

尚書皋陶謨曰直而溫

又洪範曰無反無側王道正直

又曰三德一曰正直

毛詩緇衣羔裘曰彼其之子邦之司直

又谷風小明曰靖共尔位好是正直神之聽之介爾景福

左傳襄元曰恤民為德正直為正正曲為直參和為仁

又昭四仲尼曰叔向古之遺直也（書具刑法門）

論語為政曰哀公問何為則民服孔子對曰舉直措諸枉則民服舉枉措諸直則民不服（措猶投也諸之也言投之於上位也）

又曰葉公曰吾黨有直躬者其父攘羊而子證之（攘盜也我鄉黨有直人名躬躬父盜羊則證其罪）孔子曰吾黨之直者異於是父為子隱子為父隱直在其中矣

又衛靈公曰直哉史魚邦有道如矢邦無道如矢（史魚衛大夫名鰌君有道無道行常如矢直不曲也）

又微子曰柳下惠為士師三黜（柳下惠魯大夫展禽食菜柳下謚曰惠士師獄官名黜退也）人曰子未可以去乎曰直道而事人焉往而不三黜枉道而事人何必去父母之邦

漢書曰周昌為人強力敢直言自蕭曹等皆卑下之昌嘗入奏事高帝方擁戚姬昌退走高帝逐得騎昌項問曰我何如主昌仰曰陛下即桀紂之主也於是上笑之然尤憚昌及高帝欲廢太子而立戚姬子如意為太子群臣固爭莫能得而昌廷爭之上問其說昌為人口吃又盛怒曰臣雖口不能言然臣知其不可陛下欲廢太子臣期期不奉詔上欣然而笑即罷呂后側耳於東廂聽見昌為跪謝曰微君太子幾廢矣

又曰申屠嘉為人廉直門不受私謁是時太中大夫鄧通方愛幸文帝嘗讌飲通家時嘉入朝而通居上旁有怠慢之禮嘉奏事畢因言陛下幸愛群臣則貴富之至於朝廷之禮不可不肅上曰君勿言吾私之罷朝嘉為檄召鄧通詣丞相府不來且斬通恐入言上上曰汝第往吾今使人召若通至詣丞相府免冠徒跣頓首謝嘉責曰朝廷者高皇帝之朝廷也通小臣戲殿上大不敬當斬通頓首首盡出血上使持節召通而謝丞相

又曰單于嘗為書謾呂太后太后怒召諸將議討之上將軍樊噲曰臣願得十萬衆橫行匈奴中諸將皆阿太后以噲言為然季布曰樊噲可斬夫以高帝四十餘萬困於平城噲時亦在其中今噲奈何以十萬衆橫行匈奴中

又曰諸葛豐字少季琅耶人以明經為郡文學特立剛直貢禹為御史大夫除豐為屬舉侍御史元帝擢為司隸校尉刺舉無所避京師為之語曰間何闊逢諸葛上嘉其節加豐秩光祿大夫時侍中許章以外屬貴幸奢淫不奉法度賓客犯事與章相連豐案劾章欲奏其事適逢許侍中私出豐駐車舉節欲收之章窘馳去豐追之許侍中因得入宮門自歸上豐亦上奏事於是收豐節司隸校尉去節自豐始也

又曰安昌侯張禹以帝師位至特進甚尊重朱雲上書求見公卿在前雲曰今朝廷臣上不能匡主下無以益民皆

尸位素餐臣願賜尚方斬馬劒斷佞臣一人頭以厲其餘上問誰也對曰安昌侯張禹上大怒曰小臣居下訕上廷辱師傅罪不赦御史將雲下雲攀殿檻檻折雲呼曰臣得下從龍逢比干遊地下足矣未知聖朝何如耳於是左將軍辛慶忌免冠解印綬叩頭殿下曰此臣素著狂直於世使其言是不可誅其言非固當容之上意然後已及後當治殿檻上曰勿易因而葺之以旌直言之臣

東觀漢記曰戴憑爲侍中數進見問得失上謂憑曰侍中當匡輔國政勿有隱情憑對曰陛下嚴曰朕何用嚴憑曰伏見前太尉西曹掾蔣遵清亮忠孝學通古今陛下納膚受之訴遂致禁錮世於是爲嚴上怒曰汝南子欲復黨乎憑謝曰臣無謇諤之節而有狂瞽之言不能以尸伏諫偷生苟活誠慙聖朝上即勑尚書解遵禁錮拜憑虎賁中郎將以侍中兼領之

又曰朱暉字文季南陽宛人爲臨淮太守表善黜惡抑強絶邪吏民懷而愛之歌曰強直自遂南陽朱季吏畏其威民懷其惠

又曰祭遵從征河北爲軍市令上舍中兒犯法遵格殺之上怒命收遵時主簿陳副諫曰明公欲衆整齊今遵奉法不避是教命行也上乃貫之以爲刺姦將軍謂諸將曰當備祭遵吾舍中兒犯命尚殺之必不私諸卿也

又曰鄭衆字仲師建武中太子及山陽王因虎賁將梁松請衆欲爲通籍遺縑帛衆悉不受謂松曰太子儲君無外交義漢有舊防諸王不宜通客松諷以長者難逆不可不慮衆曰犯禁觸罪不如守正而死

又曰吳良字太儀齊國臨淄人以清白方正稱於鄉里爲郡議曹掾正旦掾入賀太守門下掾王望前言曰齊郡敗亂遭離盜賊人民飢餓不聞雞鳴狗吠之音明府視事五年土地開闢盜賊滅息五穀豐熟家給人足今日歲首誠上雅壽掾皆稱萬歲良跪曰門下掾佞諂明府無受其觴盜賊未弭人民困乏不能家給人足於今議曹掾尚無袴寧爲家給人足耶太守曰此生言是遂不舉觴賜鰒魚百枚宴罷教署功曹良恥以言受官不拜

又曰申屠剛字巨卿扶風人性剛直忠正志節抗厲常慕史鰌汲黯之爲人涉獵書記果於行義元始中舉賢良對策言甚切直建武初徵拜侍御史遷尚書令謇謇多直無所屈撓時隴蜀未平上嘗欲近出剛諫上不聽剛以頭軔乘輿車輪馬不得前

謝承後漢書曰李燮爲議郎會西羌及邊章韓遂作亂隴右徵發天下役賦無已司徒崔烈以爲宜弃涼州燮厲色言曰斬司徒天下安尚書郎楊贊奏燮廷辱大臣帝以問燮燮曰涼州天下衝要國家藩衛今牧御失和使一州叛逆烈爲宰相不念爲國思所以弭之之策乃欲割弃一方萬里之土臣竊惑之若烈不知之是極蔽也知而故言是不忠也帝從燮議由是朝廷重其方略每公卿有缺爲衆議所歸

又曰范滂字孟博汝南人太守宗資署功曹滂外甥西平李頌頑嚚濁穢鄉曲所弃常侍唐衡求屬仕官資欲曹召署文學史滂不聽極父衡復有書請資資怒召功曹書佐朱零問不召頌意狀零以告滂滂謂曰若荅教當言頌則滂之姊子豈不樂其升進須緣汗穢小人不宜玷塵清朝不敢以位私人是以不召

又曰楊奇字公偉弘農人爲侍中天子所問引經據義靡事不對靈帝嘗問朕何如桓帝對曰陛下躬秉藝文聖才雅藻有優先帝禮善慎刑或未之有今天下以陛下准桓帝猶謂堯舜比德者也上不悅其言謂曰奇所謂楊震子孫有強項遺風想死後又當致大鳥也

泰山松後漢書曰李膺等下獄獄吏曰諸入獄當祭皋繇以祈福范滂曰皋繇古之賢臣知滂無罪將理之於天如其有罪祭之何益及訊獄王甫以次詰之滂年少在後越次而前甫曰夫合黨連群必有盟誓其所謀圖皆何等耶滂曰竊聞仲尼之言見善如不及見惡如探湯欲使善善齊其情惡惡同其行謂王政之所思不悟反以爲黨乃仰天歎曰古之脩善自求多福今之脩善乃陷大戮死之日願賜一幡埋於首陽山側上不負皇天下不愧夷齊尚書霍諝以黨事無驗表陳赦之

范曄後漢書曰高獲字敬公南陽人與世祖有素舊師事司徒歐陽歙歙下獄當斷獲冠鐵冠帶鈇鑕詣闕請歙帝雖不赦而引見之謂曰敬公朕用子爲吏宜改常性獲對曰臣受性於天地父母不可改之於陛下出便辭去三公爭辟不應

又曰任延字長孫南陽人爲武威太守帝戒之曰善事上官無失於和延對曰臣聞忠臣不和和臣不忠上下雷同非陛下之福善事上官不敢奉詔帝曰卿言是也

又曰樊儵字長魚宏之子也廣陵王荊有罪詔與任隗雜治其獄事竟奏請誅引見宣明殿帝怒曰諸卿以我弟故欲誅之即我子卿等敢尔也儵對曰春秋之義君親無將而誅焉是以周公誅弟季友鴆兄經傳大之臣等以荊屬託毋弟陛下留聖心加惻隱故請耳如令陛下子臣等專誅而已帝歎息良久儵益以此知名

又曰張綱字文紀皓之子也漢安元年選八使徇風俗皆耆儒知名多歷顯位唯綱年少官次最微餘人受命之部而綱埋其車輪於洛陽都亭曰豺狼當路安問狐狸遂奏曰大將軍梁兾河南尹不疑蒙外戚之援荷國厚恩以芻蕘之姿居阿衡之任不能敷揚五教翼贊日月而專爲封豕長蛇肆其貪饕誠天威所不赦大辟所宜加書奏而京師震悚

又曰奚延字秀平陳留外黄人桓帝時徵博士太尉楊秉舉賢良方正再遷爲侍中帝遊上林苑從容問曰朕何如主也延對曰陛下爲漢中主帝曰何以言之對曰尚書令陳蕃任事則治中常侍黄門預政則亂是知陛下可與爲善可與爲非帝曰昔朱雲折檻今侍中面稱朕違敬聞闕矣

又曰趙熹字伯陽南陽人爲太尉受遺詔典録喪禮自王莽篡亂舊典不存皇太子與東海王等雜止同席熹乃正色横劍扶下諸王以明尊卑

又曰桓典字公雅榮之玄孫也拜御史執正無所迴避常乘驄馬京師畏憚爲之語曰行行且止避驄馬御史

又曰吴祐字季英陳留長垣人大將軍梁兾表爲長史及兾誣奏太尉李固祐聞而請見與兾爭之不聽時扶風馬融爲兾章祐因謂融曰李公之罪成於卿手李公即誅卿何面目見天下人乎兾起入祐亦徑去

又曰李充遷侍中大將軍鄧隲貴戚傾時以充高節畢敬之嘗置酒請充賓客滿坐酒酣隲跪曰幸託椒房位列上

將幕府初開欲辟天下奇偉以匡不逮唯諸君博求其器充乃爲陳海內隱居懷道之士頗有不合議欲絕其語以肉啖之充抵肉於地曰說士猶甘於肉遂出徑去

又曰崔琦數引古今成敗戒梁冀琦以言不從失意復作白鵠賦以爲諷梁冀見之呼琦問百官內外各有司存天下云云豈獨吾人之尤琦對曰將軍累世台輔任齊伊尹而德政未聞元元荼炭不能納貞良以救禍敗乃復欲鉗塞士口杜蔽主聽將玄黃改色馬鹿易形乎冀無以對

又曰許敬字鴻卿汝南平輿人也有吏誣君者會於縣令坐敬拔佩刀斷席曰敬不忍與惡人同席

魏志曰蘇則拜侍中與董昭同寮昭嘗枕則膝卧則推下之曰蘇則之膝非佞人之枕

又曰張承字公先範弟也避地揚州袁術問承曰周室凌遲則有桓文之霸秦失其政則高祖接而用之今孤以土地之廣士民之衆欲邀福齊桓擬迹高祖何如對曰在德不在強夫能用德以從天下之欲雖由疋夫之資而興霸王之功不足爲難若苟僭擬于時而動衆之所弃誰能興之術不悅

又曰陳泰爲匈奴中郎將京邑貴人多致貨因市奴婢泰皆掛名於壁徵爲尚書悉以還之

又曰蔣濟入爲散騎常侍時有詔征南將軍夏侯尚曰卿腹心重將當使恩施足死惠愛可懷可作威作福殺人活人尚以詔示濟濟既至帝問曰卿聞見天下風教何如濟對曰未有他善但見亡國之語耳帝忿然作色而問其故濟具以荅因曰夫作威作福書之明誡天子無戲古今所愼唯陛下察之於是帝意乃解追取前詔

又曰辛毗字佐治潁川人嘗從帝射雉帝曰射雉樂哉毗曰於陛下甚樂而群下甚苦帝默然後爲之稀出

又曰王基字伯輿東萊人爲荆州刺史書戒司馬景王曰許允傅嘏袁保崔贊皆一時正士有直質而無流心可與同政事者也景王納其言

吳志曰張昭每朝見言論辞氣壯厲義形於色曾以直言逆旨中否不進見後蜀使來稱蜀德美而群臣莫拒權歎曰使張公在坐彼不折則廢安得復自誇乎明日遣中使勞問因請見昭昭避席曰昔太后桓王不以老臣屬陛下而陛下屬老臣臣是以思盡臣節以報厚恩若乃變易思慮以偷榮取容此臣所不能也權辞謝焉

太平御覽卷第四百二十七

太平御覽卷第四百二十八

人事部六十九

正直下

王隱晉書曰劉毅字仲雄爲司隸校尉言議切直無所回撓故不至公輔王基薦毅方正亮直介然不群言不苟合行不苟容

又曰初武帝知太子闇弱後必亂國然不能擇才遣荀勖及和嶠重往觀之勖還盛稱太子德更進茂不同西宮之時嶠曰臣以爲太子如故不見更勝此自陛下家事非臣所盡知於是天下貴嶠而賤勖

干寶晉紀曰高貴鄉公薨太祖會朝臣而謀其日太常陳泰不至使其舅荀顗召之垂涕而入太祖謂曰玄伯何以處我對曰誅賈充以謝天下太祖曰不可爲更思其次泰曰但見其進不知其次太祖乃不復問

鄧粲晉紀曰初王敦將下朝士共議周顗以爲敦剛愎不仁親害乎子必能稱兵以向朝廷敦既尅石頭顗與戴淵共詣敦謂顗曰伯仁卿負我顗荅曰公戎車內侮下官親帥六軍不能其事使王旅敗績以此負公又問淵吾此舉動天下爲何如荅曰見形者謂之逆體識者以爲忠敦笑曰若思卿能言

晉中興書曰紀回字恭則雅性方範不畏強禦舟陽尹桓景顚以佞事司徒導甚昵之會熒惑守南斗經旬導語回曰南斗楊州分而熒惑守之吾當遜位以厭此譴回荅曰公與桓景造膝熒惑何由退舍導甚愧之

又曰初庾冰兄弟每說顯宗國有強敵宜須長君顯宗晏駕何充建議曰父子相傳先王舊典忽妄改易懼非長計冰等不從遂立康帝康帝臨軒冰充侍坐帝曰朕嗣洪業二君之力也充對曰陛下龍飛臣冰之力若如臣議不覩升平之世其強正不撓率皆如此

又曰王彬字世儒從兄敦入石頭中宗使彬銜命慰勞會周顗被殺彬往哭顗既而見敦敦恠其有涕洟問其所以彬曰向哭伯仁情不能已敦曰伯仁自致刑戮且凡人遇汝復何爲哉彬曰伯仁世譽與君齊行忠烈之軌邈焉難逮其有何罪而致禍戮勃然數敦曰兄抗旌內侮戮殺忠義謀圖不軌禍及門户敦大怒厲声曰尔之狂悖乃可至此爲吾不能殺汝耶丞相導在坐勸彬起謝彬曰昨暴脚痛不能拜且此復何所謝意氣自若敦曰脚痛孰若頸痛然猶以至親忍不加害

檀道鸞續晉陽秋曰初淮陵內史虞珧子妻裴以尺牘辯利兼服食絕谷常衣黃衣狀若學道司馬道子常延致甚悅其才每與百官飲宴裴亦預焉悉令與賓客談衆人皆爲降節王恭辞曰恭聞男女之別國之大節未聞宰相之坐有失行婦人一坐竦然道子爲慙

崔鴻十六國春秋後趙錄曰張進元城屠各人也爲刺姧外部都督糺舉不避豪右軍中憚之號曰張霹靂

又前凉錄曰氾褘字休臧燉煌人爲福祿令剛直不事上府酒泉太守馬漢遣督郵張休祖劾褘休祖曰君不聞寧逢三千頭虎不逢張休祖乎褘怒以印擊肘出而就縛縛訖發印以告從事閻休祖坐不解印擅縛令長以大不敬論褘迁居延令

又前秦錄曰王墮字安生京兆霸城人也博學有雄才性剛愎疾惡雅好直言疾董榮如仇讎每朝見之略不與言

人謂之曰董尚書貴幸一時公宜降意隨曰何雞狗而令國士與之言乎榮聞而慙恨故訹符生誅之及刑榮謂隨曰君今復敢不數董龍作雞狗乎隨瞋目而叱之龍榮之小字也

後魏書曰尉聿字成興性耿介肅宗時為武衛將軍領軍元乂秉權百寮莫不致敬聿獨長揖不拜出為涼州刺史涼州緋色天下之最乂送白綾二千疋令聿染之聿拒而不許

又曰古弼代人也少忠謹善騎射初為獵郎使長安稱旨轉門下奏事以敏正著稱太宗嘉之賜名曰筆取其直而有用後改名弼言其有輔佐才也上谷民上書言苑囿過度民無田業宜減太半以賜貧者弼覽而善之入欲陳奏遇世祖與給事中劉樹棊志不聽事弼待坐良久不獲申聞乃起於世祖前捽樹頭掣下床以手搏其耳以拳毆其背曰朝廷不治寔尔之罪世祖失容曰於棊不聽奏事實在朕躬樹有何罪置之弼乃具狀以聞世祖奇弼公直皆可其所奏以與百姓

又曰游肇之為廷尉也世宗嘗私勑肇有所降恕肇執而不從曰陛下自能恕之豈足令臣曲筆也其執意如此

又曰于烈世宗初咸陽王禧當權遣家奴傳信於烈曰須舊羽林虎賁執仗出入烈曰天子諒闇事歸宰輔領軍典掌宿衛有詔不敢違理無私給奴惘然而返以報禧禧遣謂烈曰我是天子兒天子叔元輔之命與詔何異烈厲色曰其若是詔應遣官人何由遣私奴索官家羽林烈頭可得羽林不可得禧惡其剛直遂議出之乃授恒州刺史

又曰于忠嘗侍宴世宗賜之劒杖令出入周旋恒以自衛遷侍中辭無文世宗曰今文人少心直不如卿欲使卿劬勞於下我無憂於上

又曰録尚書高陽王雍欲以令史朱暉為廷尉評頻煩託吏部尚書元順順不為用雍遂下命用之順投之於地雍聞大怒昧爽坐都廳召順曰身天子之子天子之弟四海之內親尊莫二元順何人以身成命投弃於地順徐謂雍曰高祖迁宅中土創定九流官方清濁軌儀萬古而朱暉小子身為省吏何合為廷尉清官殿下既先皇同氣宜遵成旨自有短垣而復踰之也

周書曰王羆字熊羆霸陵人也質直不強處物平當州閭敬憚焉

三國典略曰初周萬年縣令樂運抑挫豪右時稱強直帝甚嘉之特許通籍事有不便咸令奏聞至是召運赴行在所既至問之曰爾來日見太子否運曰臣來日奉辭帝曰卿言太子何如人也運曰中人時齊王憲等並在帝側帝顧之謂曰百官佞我皆云太子聰明唯運獨云中人方驗之忠直因問中人之狀運曰班固比齊桓為中人管仲相之則霸豎貂輔之則亂可與為善可為與惡帝曰我知之矣超拜運為京兆郡丞

吳均齊春秋曰王僧虔性甚方直遠近望之咸曰如水鏡也

唐書曰蘇世長高祖待之意甚厚高祖謂曰卿自謂謟佞耶正直耶對曰臣實愚直高祖曰卿若直何為背世充而歸我對曰洛陽既平天下為一臣智窮力屈始歸陛下向使世充尚在臣據漢南天意雖有所歸人事足為勍敵高祖大笑嘗又嘲之曰名長意短口正心邪弃忠貞於鄭國忘信義於吾家世長對曰名長意短實如聖旨口正心

邪未敢奉詔

又曰桓彥範爲大理凡所奏議若逢人主詰責則辭色無懼爭之愈厲又常謂所親曰今既躬爲大理人命所懸必不能順旨詭辭以求苟免

又曰高宗使官者緣江採異竹將於苑中植之官者所在縱暴還過荆州蘇良嗣因之因上疏切諫稱遠求珎異以疲道路恐非聖人抑己愛人之道又小人竊弄威福以虧皇明言甚切直疏奏高宗下詔慰勉遽令弃竹於江中

又曰高宗謂侍臣曰邢文偉事我見能減膳切諫此正直人也遂擢拜右史

又曰憲宗以李絳爲相同列李吉甫便僻善逢迎上意絳梗直多所規諫故與吉甫不叶絳性剛訐每與吉甫爭論人多直絳憲宗察絳忠正自立故絳論奏多所允從

又曰武元衡從父弟儒衡字庭碩才度俊偉氣直貌莊言不妄發與人交友終始不渝相國鄭餘慶不事華潔後進趍其門者多垢衣敗服以望其知而儒衡謁見未輙易所好但與之正言直論餘慶因亦重之

晏子春秋曰景公觀於淄上歎曰使國可長保而傳之子孫豈不樂哉晏子曰今君臨民若寇讎見善如避熱不亦難乎

又曰景公晝被髮乘六馬御婦人以出正閨刖跪擊馬而反之曰非吾君也公慚而不朝晏子曰臣聞下無直辭上有隱君民多諱行今君有失行而刖跪直禁是君之福也於是令刖跪倍資

又曰景公見梁丘據公曰與我和晏子曰此同也和者君甘則臣酸君淡則臣醎今據也君甘則甘所謂同也安得爲和

尸子曰范獻子遊河大夫皆在君曰孰知欒氏之子大夫莫荅舟人清涓捨楫荅曰君奚問欒氏之子君曰自吾亡欒氏也其老者未死少者壯矣清涓曰善脩晉國之政內得大夫外不失百姓雖欒氏子其若君何若不脩晉國之政內不得大夫而外失百姓則舟中之人皆欒氏子也君曰善

呂氏春秋曰熊意見齊宣王曰寡人聞子好直有之乎對曰意何能直意聞好直之士家不處乱國身不見汙君今意身得見君而家託乎齊意何能直夫賢主所以貴士者以其能直言也言直則枉者見人主欲聞枉而惡直是鄣水源而欲其流也

說苑曰魏武侯浮西河而下中流顧謂吳起曰美哉山河之

固此魏之寶也對曰在德不在險昔三苗氏左洞庭而右彭蠡德義不脩而禹滅之夏桀之居左河濟而右太華伊闕在南羊腸在北脩政不仁而湯放之紂之國左孟門而右太行常山在其北大河經其南脩政不德而武王伐之由此觀之在德不在險若君不脩德舟中之人盡敵國也武侯曰善

又曰秦始皇既有天下乃召群臣而議曰昔五帝禪賢三王世繼孰是將爲之博士七十人未對鮑白令之對曰天下官則禪賢是也天下家則世繼是也故五帝以天下爲官三王以天下爲家秦皇帝仰天歎曰吾德出乎五帝將官天下誰何使代我後者鮑白令之對曰陛下行桀紂之道欲爲五帝之禪非陛下所能行也秦皇大怒曰令之前若何以言我桀紂之道也速說之不解則死令之對曰陛

下築臺于雲宮殿五里建千石之鍾立萬石之簴婦女連百倡優累千興作驪山宮室至雍相繼不絶所以自奉者殫天下竭民力陛下所謂自營僅存之主耳何暇比德於五帝欲官天下哉秦皇帝闇然無以應面有慙色

新序曰齊景公遊於牛山之上而北望齊曰美哉國乎使古無死者則寡人將去斯如之何乃泣沾襟高子曰然賴君之賜蔬食惡肉可得而食也駑馬棧車可得而乘也且不欲死而況吾君乎俯而垂泣晏子拊手而笑曰樂哉今日嬰之遊也見怯君一而諛臣二使古之無死者則太公丁公至今猶存吾君方將被蓑笠而立乎畎畝之中唯事之恒何暇念死乎景公慙焉

又曰晉平公閒居師曠侍坐平公曰子生無目子之默默也師曠對曰天下有五默默而臣不得預一焉平公曰何謂也師曠曰群臣行賂以採名譽百姓侵寃無所告訴而君不悟此一默默也忠臣不用用臣不忠下才處高不肖處賢而君不悟此二默默也姦臣欺詐空虛府庫以其少才覆塞其惡賢人逐邪臣貴而君不悟此三默默也國貧民罷上下不和而好財用兵嗜欲無厭諂諛在傍而君不悟此四默默也至道不明法令不行吏民不正百姓不安而君不悟此五默默也國有五默默而不危者未之有也臣之默默何害乎國家哉

又曰周舍立趙簡子門三日三夜簡子使問之曰夫子將何以教寡人對曰願爲君諤諤之臣墨筆操牘隨君之後伺君過而書之簡子悦之

又曰魏文侯與士大夫坐問曰寡人如何君也群臣皆曰君仁君也至任座曰君非仁君也曰子何以言之對曰君伐中山不以封君之弟而封君之子是以知君非仁君也文侯怒逐任座次到翟璜對曰君仁君也曰何以言之對曰臣聞其君賢者其臣言直向任座之言直是以知君之仁也文侯曰善復召任座

郭子曰王含爲廬江郡（含字處弘敦兄也）貪濁狼藉王敦欲護其兄故於衆坐中稱家兄在郡爲政定善廬江人咸稱之時何充爲主簿在坐正色曰充即廬江人所聞異於此

汝南先賢傳曰李宣字公休爲太尉黄瓊所辟是時寒暑不和羌夷數起瓊見掾屬曰是太尉無德願諸掾有以匡之掾東平王象對曰昔堯遭洪水之變湯有六年之旱自上聖之君誰能無此明公日昃恪勤夙職脩理小掾等無以加增如此至數人瓊欣笑次及宣乃仰曰明公被日月之衣居上司之位輔弼天子處諫諍之職未有對揚謇謇之言其所揵命不投巖谷之士小掾私以於邑小掾聞之三台不明責在三公願明公深思消復災異進納忠良衆人默然慙愧

華陽國志曰中山諸王每過溫縣必責求供給溫吏民患之李密至縣中山王過欲徵芻茭薪蒸密引高祖過沛賓客老幼禮桑梓之恭一無煩擾伏惟明王孝思惟則本國望風式歌且儛誅求之疲所未聞命後諸王經過不煩溫縣

又曰陳禪字紀山安漢人也拜諫議大夫西域獻幻伎天子與公卿觀之禪獨伏不視

李固外傳曰梁冀欲立清河王蒜常侍曹騰聞議定見冀曰清河爲人嚴明若遂即位將軍受禍不久矣冀更會議立蠡吾侯子唯固與杜喬深據本議桓帝立固與杜喬以

本立蘇下獄太后詔出固冀乃復令黃門常侍作飛章虛奏收固等繫獄皆死京師諺曰直如絃死道邊曲如鉤反封侯

孔融別傳曰袁術僭亂曹操託楊彪與術婚姻誣以欲圖廢置奏收下獄劾以大逆融聞之不及朝服往見操曰楊公四世清德海內所瞻周書父子兄弟罪不相及況以袁氏歸罪易稱積善餘慶徒欺人耳操曰此國家之意融曰假使成王殺邵公周公可得言不知耶縉紳所以瞻仰明公者以公聰明仁智輔相漢朝舉直措枉致之雍熙今橫殺無辜則海內觀聽莫不解體孔融魯國男子便當拂衣而去操不得已遂理出彪

樊英別傳曰順帝策書備禮玄纁徵英詔切郡縣駕載上道英不得已到京師稱疾不肯赴乃強輿入殿猶不以禮屈帝怒曰朕能生君能殺君能貴君能賤君能富君能貧君君何慢朕英曰臣受命於天生盡其命天也死得其命亦天也陛下焉能殺臣臣見暴君如見仇讎立朝猶不肯可得貴乎雖在布衣列環堵之中晏然自得不易萬乘之尊又何得而賤乎陛下焉能賤臣臣非禮之祿萬鍾不受也申其志雖簞食不厭也陛下焉能富臣焉能貧臣帝不能屈而敬其名使出就太醫養疾日置羊酒

語林曰晉王敦與世儒議下都世儒以朝廷無亂且唱兵始自古所難諫諍甚苦處冲變色曰吾過蒙恩遇受任南夏卿自同藪邪阻遏義舉王法焉得相私因目左右令進世儒正色曰君昔歲害兄今又殺弟自古多士豈有如此舉動言畢流涕敦意乃止

王符論曰國以賢興以諂衰君以忠安以佞危此古今之常論而時所共知也然衰國危君繼踵不絕者豈時無忠信正直之士哉誠苦其道不得行耳

太平御覽卷第四百二十八

太平御覽卷第四百二十九

人事部七十

公平

尚書洪範曰：無偏無黨，王道蕩蕩；無黨無偏，王道平平。

礼記曰：昔衛獻公出奔，反國，及郊，將班邑於從者而後入。柳莊曰：如皆守社稷，則孰執羈靮而從？如皆從，則孰守社稷？君反其國而有私也，無乃不可乎！於是弗果班。

又孔子閒居曰：子夏曰：三王之德，參於天地，敢問何如？孔子曰：奉三無私以勞天下。曰：敢問何謂三無私？子曰：天無私覆，地無私載，日月無私照。奉斯三者以勞天下。

又儒行曰：儒有內稱不避親，外舉不避怨。

左傳文上曰：賈季奔狄，宣子使臾駢送其帑。（帑，妻子也。宣子以賈季中軍之佐同官故也。）臾之蒐，賈季戮臾駢，臾駢之人（臾駢從臣也）欲盡殺

賈氏以報之。臾駢曰：不可。吾聞前志有之曰：敵惠敵怨，不在後嗣，忠之道也。（敵猶對也。）夫子禮於賈季，我以其寵報私怨，無乃不可乎？介人之寵，非勇也；（介，因也。）損怨益仇，非智也；以私害公，非忠也。釋此三者，何以事夫子？盡具其帑與其器用財賄，親帥扞之，送致諸境。

又襄上曰：祁奚請老，晉侯問嗣焉，稱解狐，其讎也。將立之而卒。（解狐卒。）又問焉，對曰：午也可。（午，祁奚子。）於是羊舌職死矣，晉侯曰：孰可以代之？對曰：赤也可。（赤，職之子伯華。）於是使祁午為中軍尉，羊舌赤佐之。君子謂祁奚能舉善矣，稱其讎不為諂，立其子不為比，舉其偏不為黨。商書曰：無偏無黨，王道蕩蕩。其祁奚之謂矣。

又昭七年曰：晉韓宣子卒，魏獻子為政，（魏舒。）魏戊為梗陽大夫。（戊，魏舒之庶子也。梗陽在太原也。）魏子謂成鱄：（鱄，晉大夫。）吾與戊也縣，人其以我為黨乎？對曰：何也！夫舉無他，唯善所取，親疏一也。

論語雍也曰：子游為武城宰，孔子問之曰：汝得人焉耳乎？（汝為此宰，寧得賢人與之耳。語助也。）對曰：有澹臺滅明者，行不由徑，非公事未嘗至於偃之室。

史記曰：邑人出獵，任安常為人分麋鹿雉兔，部署小大劇易，眾人皆喜，曰：任少卿分別平。

又曰：陳平為社宰，分肉甚均。里父老曰：善哉，陳孺子之為宰！平曰：嗟乎，使平得宰天下，亦如此肉。

漢書曰：蕭何不與曹參相能。及何病，惠帝自臨視，因問：君即百歲後，誰可代君？對曰：知臣莫若主。帝曰：曹參何如？何稽首曰：帝得之矣，臣死不恨。

又曰：朱邑惇篤於故舊，然性公正，不可交以利，天子器之。

東觀漢記曰：耿嵩字文都，鉅鹿人。履清高之節，齠童介然

特立，不隨於俗，鄉黨大人莫不敬異之。王莽敗，盜賊起，宗族在兵中，穀食饑貴，宗家數百人，升合分糧。時嵩年十三，宗人長少咸共推令主廩，莫不稱平。

又曰：陰興字君陵，盡忠竭思，其無益於國，雖在骨肉，不以私好害公義。與張宗、鮮于裒不相喜，而知其有用，猶稱其所長而薦之。張汜、杜禽之徒與興厚善，以其華而少實，私貨以財，終不為言。是以世稱其忠平。

又曰：第五倫字伯魚，京兆尹閻興召為主簿。時長安鑄錢多姦巧，乃署倫為督鑄錢掾，領長安市長。倫平銓衡，正斗斛，市無阿枉，百姓悅服。

又曰：吳漢嘗出征，妻子在後買田業。漢還，讓之曰：軍師在外，吏士不足，何多買田宅乎！遂盡以分與昆弟外家。

謝承後漢書曰：張陵，清河人。初為梁冀弟胤舉孝廉，正

月初歲百官朝賀冀恃豪勢不卹王憲帶劍入省陵主臺中威儀呵冀使出勑羽林虎賁奪其劍胤爲陵曰昔舉君適所以自伐也荅曰明府不以陵之不德誤見擢序不敢阿公以報私恩胤有媿色

華嶠後漢書蔡孟喜汝南頓人以禮化鄉里鄉里有諍訟者輒詣喜決之其所平處皆曰無怨

范曄後漢書曰袁紹官渡之役審配二子爲曹操所擒逢紀與配不睦紹以問之紀對曰配天性烈直每所言行慕古人之節不以二子在南爲不義也公勿疑之紹曰君不惡之耶紀曰先所爭者私情今所陳者國事紹曰善乃不廢配

又曰蘇章字孺文扶風平陵人順帝時遷冀州刺史故人爲清河太守章行部案其姦贓乃請太守爲設酒殽陳平

生甚歡太守喜曰人皆有一天我獨有二天章曰今夕蘇孺文與故人飲者私恩也明日冀州刺史案事者公法也遂舉正其罪

典略曰荀彧在臺閣不以私欲撓意彧有群從一介才德實薄或謂彧曰以君當事不可以某爲議郎耶彧笑曰官者所以表才也若如汝言衆人其謂我何其持心平實皆類此也

魏志曰王觀字偉臺東郡廪丘人爲南陽太守明帝即位下詔書使郡縣條爲劇中平者主者欲言郡爲中平觀敎曰此郡濱近外虜數有寇害云何不爲劇耶主者曰若郡爲外劇則恐於明府有任子觀曰夫君者所爲民也郡外劇則於役調當有降差豈可爲太守之私而負一郡之民遂言爲外郡送任子詣鄴時觀但有一子而又幼弱其心公如此

又曰魏國初建時未立太子臨淄侯植有才而愛太祖狐疑以函令密訪於外唯崔琰露荅曰蓋聞春秋之義立子以長加五官郎將仁孝聰明宜承正統琰以死守之植琰之兄女壻太祖貴其公亮

蜀志廖立傳曰諸葛亮爲人公直表廢立徙汶山立聞亮卒泣曰吾其左衽矣

又李傳曰亮表廢平徙梓潼平聞亮卒乃發病死習鑿齒曰夫水至平而邪者取法鏡至公而醜者忘怒水鏡之所以能窮物而不怨者以其無私也水鏡無私猶以免謗況大人君子懷樂生之心流矜恕之德爵之而非私誅之而非怒天下豈有不服也哉故蜀志評曰諸葛亮之爲國開誠心布公道其盡忠益時者雖讎必賞犯法怠慢者雖親必罰

吳志曰呂蒙字子明嘗以部曲事爲江夏太守蔡遺所白

蒙無恨意及豫章太守顧邵卒權問所用蒙因薦遺奉職佳吏權笑曰君欲爲祁奚耶於是用之甘寧麁暴好殺旣嘗失蒙意又時違權令權怒之蒙輒陳請曰天下未定鬬將如寧者難得宜容忍之權遂原寧卒得其用

徐廣晉紀曰劉弘字和季在襄陽帝在西京命弘選良守乃稱守宰徵士武陵五朝字世朗高尚荊王牙門將曾國皮初有勳江漢弘上言朝爲零陵太守初爲襄陽內史詔以襄陽顯郡初資名未允以弘壻前東平太守夏侯陟爲襄陽弘曰夫總天下者當與天下同心治一國者當與一國推實吾總荊州十郡安得十女壻然後爲治乃表陟婚親舊制不得相臨

燕書曰梁琛使秦琛從兄弈先在秦爲尚書郎會罷秦主欲令琛止弈舍琛語有司曰昔諸葛亮兄弟各處三國及

其聘集公朝相見退無私面君子之志余敢忘乎竟不諂弈數就郄舍因問東國起居琛曰令二方鼎據兄弟並蒙附寵論心各有所在今欲以東國事語君恐非西國之所欲聞

周書曰王羆字熊京兆霸陵人也性嚴急處物必當每至享會自秤量酒肉給付將士時人尚其均平

宋書曰張邵有佐命功元嘉五年爲征虜將軍領寧蠻校尉初王華與邵不和及華參要親舊爲之危心邵曰子陵方弘至公豈以私隙害正義是任也華實舉之

唐書曰房玄齡爲尚書左僕射既任總百司虔恭夙夜盡心竭節不欲一物失所聞人之善若已有之明達吏事而緣飾以文雅審定法令意在寬平不以求備取人不以已長格物隨能收叙無隔卑賤論者稱爲良相焉

覽四百二十九　五　宋庚

又曰張文瓘爲大理卿旬日決遣疑事四百餘條莫不允當自是人有抵罪者皆無怨言

又曰奚陟字殷卿知吏部選事銓綜平允有能名遷吏部侍郎所莅之官時以爲稱職

又曰韋承慶自天授已來三掌天官選事銓授平允海内稱之

又曰楊纂除吏部侍郎典選十餘載銓叙人倫稱爲允當然而抑文雅進黠吏觀時任數頗爲時論所譏

尸子曰自井中窺星所見不過數星自丘上望之則見其始出也夫私心井中公正丘上也

愼子曰有權衡者不可欺以輕重有尺寸者不可差以長短有法度者不可巧以詐僞

又曰夫投鉤分財投策分馬非以鉤策爲均也使得美者不知所以德得惡者不知所以怨故著龜所以立公識也權衡所以立公正也書契所以立公信也度量所以立公審也法制禮籍所以立公義也九立公所以弃私也

國語曰趙宣子言韓獻子於靈公以爲司馬（宣子趙孟獻子韓厥）河曲之役趙孟使人以其乘車奸行獻子執而戮之衆咸曰韓厥必不役矣其主朝登之而夕戮其車（車僕也）宣子召禮之告諸大夫曰可賀我矣吾舉厥而忠吾乃今知免於罪矣

家語曰澹臺滅明公正無私

韓詩外傳曰直者順道而行順理而言公平無私不爲安肆志不爲危易行

又曰楚有白公之難有壯之善者辭其母將死君難其母曰棄母死君何乎壯之善曰聞事君者内其祿而外其身

覽四百二十九　六　宋庚

今之所養母者君之祿也請往死之比至朝三廢車中其僕曰子懼如是何不返也壯之善曰懼吾私也死吾公也吾聞君子不以私害公遂往死之

韓子曰古之全大體者則天地觀江海不以智累心不以私累已寄治乱於法術託是非於賞罰屬輕重於權衡不逆天理不傷情性不引繩之外不推繩之内不急法之外不緩法之内守成理因自然禍福主乎道法而不出乎愛惡榮辱之責在已而不在乎人故名成於前德垂於後治之至也

又曰解狐與荆伯柳爲怨趙簡主問於解狐曰孰可以爲上黨守對曰荆伯柳可趙簡主曰非子之讎乎對曰臣聞忠臣舉賢不避仇讎其廢也不阿親近簡主曰善遂以荆伯柳爲守（韓詩外傳曰魏文侯問解狐曰寡人將立西河之守誰可用解狐舉其讎荆伯柳文侯乃用）

又曰爲人臣者北面委質有口不以私言有目不以私視

又曰解狐薦其讎以爲相其讎往拜謝解狐引弓迎而射之

呂氏春秋曰堯有子十人不與其子而授舜舜有子九人不與其子而授禹至公也（周語曰舜有商均此曰九子不知出何書）墨者鉅子腹䵍居秦（鉅姓子男子通稱䵍續大車尊尊之字也）其子殺人秦惠王曰先生之年長矣非有他子寡人已令吏弗誅對曰墨者之法殺人者死傷人者刑此所以禁殺傷天下之義也王雖爲之賜（音錫）而令吏弗誅腹䵍不可不行墨者之法遂殺之子人之所私也忍所以行大義鉅子可謂公矣

又曰晉平公問祁黃羊曰南陽無令其誰可乃舉其讎解狐又問國無尉其誰可乃舉其子午孔子聞之曰祁黃羊可謂至公也

又曰天無私覆地無私載日月無私燭四時無私爲

又曰昔先聖王之治天下必先公（公正也）公則天下平矣其得之必以公其失之必以偏（偏私不正）

又曰荊人有遺弓者弗肯索曰荊人遺之荊人得之又何求焉孔子聞之曰去其荊而可矣老聃聞之曰去其人而可矣故老聃則至公得矣

又曰天下非一人之天下也天下之天下也（書云皇天無親惟德是輔無私故天下之天下）陰陽之和不私長一類甘露時雨不私長一物（猶私撰也）萬民之主不阿一人

又曰夏不衣裘非愛裘也煖有餘也冬不用翣非愛（翣扇也）翣也清有餘也（清寒也）聖人不爲私非愛費也節乎已也

說苑曰人臣之公治官事則不營私家公門則不言貨當公法則不阿親奉公舉則不避仇讎忠於事君謂之公

又曰楚令尹虞丘子言於莊王曰臣聞奉公行法可以得榮能淺行薄無望上位臣爲令尹十年國不加治竊選俊士孫叔敖秀才多能其性無欲君舉而授之政則國可寧莊王從之賜虞丘子田三百號曰國老以孫叔敖爲令尹少焉而虞丘子家干法孫叔敖執而戮之虞丘子喜入見於王言孫叔敖果可使持政奉國法而不黨施刑戮而不乱可謂公平莊王曰夫子之賜也

又曰楚令尹子文之族有奸法者廷理拘之聞其令尹族也釋之子文召廷理而責之曰令立廷理者將以伺犯王令察觸國法者也於犯法甚明而使廷理緣吾私心釋之是吾不公之心明著於國執一國之柄而以私聞吾生無義吾不若死遂致其族人於廷理曰不是刑也吾將死廷理懼遂刑其族人

又曰晉文侯問於咎犯誰可使爲西河守者對曰虞子羔可曰子羔非汝之仇歟曰君問可爲守者非問臣之仇也子羔見咎犯謝之曰君幸赦臣之過薦於君得爲西河守咎犯曰薦子者公也吾不以私事害公義子其去矣顧吾射之矣

周生列子曰天下所以平者政平也政所以平者心平也心所以平者衡平也衡所以平者銖兩平也銖兩所以平者毫釐平也無所不均也無所不平也謂之太平夫天之於物無所偏阿君之散恩無所外內

任子曰以義事主不私其已以仁接人不謀其欲火佚焚家家不罪火食過傷人人不罪食以其積之於仁義無私害也伊尹放太甲太甲無怨心管仲黜伯氏伯氏無怨言以其積之於公正無私惡也

抱朴子曰：君人者必脩諸己以先四海，去偏黨以平王道，遣私情以標至公。

魏武令曰：今壽春、漢中、長安，先欲使一兒各往督領之，欲擇慈孝不違吾令，亦未知用誰也。兒雖小時見愛，而長大能善，必用之。吾非有二言也，不但不私臣吏，兒子亦不欲有所私。

諸葛亮書曰：吾心如秤，不能爲人作輕重。應耳與州將箴曰：夫公正，治化之本，德教之基。公則無私，正則無邪，無邪無私而患政教不行，未之有也。昔叔向論叔魚之罪，石碏討石厚之亂，祁奚稱解狐之賢，臧紇思孟孫之愛，春秋嘉之，勢崇世教，經乎百王，曆乎盛衰，其義不傾。公正之德，弘矣重矣。明君之所以撫天下，賢臣之所以奉上，民庶之所以繫仰，德化之所以美盛。公正之可不勉哉！

曹羲至公論曰：夫世人所謂掩惡揚善者，君子之大義；保明同好，朋友之至交。斯旨之作，蓋閭閻之白談，所以救愛憎之相謗，崇居厚之大分耳，篤正之至理、折中之公議也。世士不料其數而係其故，善惡不分，以覆過爲弘；朋友忽義，以雷同爲美。善惡不分，亂實由之；朋友雷同，敗必從焉。談論以當實爲清，不以過難爲貴；相知者以等分爲交，不以雷同爲固。是以達者存其義不察於文，識其心不求於言。

嵇康釋私論曰：不知冒陰之可以無景，而患景之不匿；不知無情之可以無患，而恨情之不巧，豈不哀哉！未有抱偽而身立清世，藏情而信著明君者也。是以君子既有其質，又覩其鑒，貴夫亮達，希而存之；惡夫矜悋，弃而遠之。言無苟諱而行不苟隱，不也愛之而苟善，不以惡之而苟非，心無所矜而情無所繫，體清神正而是非允當，忠感明天子而信篤乎萬民，寄胸懷於八荒，垂坦蕩於永日，斯非賢人君子高行之美者乎？

太平御覽卷第四百二十九

太平御覽卷第四百三十

人事部七十一

信　謹慎

信

釋名曰信申也相申束使不相違也

易中孚卦曰信及豚魚（豚魚喻卜民也）

又乾文言曰君子忠信所以進德也

韓詩外傳曰受命之主正其衣冠而立儼然人望而信之其次聞言而信次見其行而信既聞其言既見其行衆皆不信民之下也

又曰孟子少時東家嘗殺猪孟子問其母曰東家猪何爲其母曰欲啖汝母悔失言曰吾懷是子席不正不坐割不正不食胎教之也今適有知而欺之是教之不信乃買東

家猪肉以食之明不欺也

禮記儒行曰儒有不寶金玉而忠信以爲寶又曰忠信以爲甲冑

左傳僖中曰晉侯圍原命三日之粮原不降命去之諜出曰原將降矣軍吏曰請待之公曰信國之寶也民之所庇也得原失信何以庇民所亡滋多退一舍而原降（吕氏春秋云七日期原不下去之也明年復伐與士期必得而反原聞之乃下衞人曰文公信至矣乃歸之故曰攻原得衞新序云温人聞之而降故曰伐原得温）

又僖下曰王子虎盟諸侯于王庭要言曰皆獎王室無相害也君子謂是盟也信

公羊傳曰莊公會齊侯盟于柯莊公將會曹子進曰君之意何如莊公曰寡人之生則不若死（自傷與齊侯讎不能復也）曹子曰然則君請當其君臣請當其臣莊公曰諾於是會莊公升壇曹子手劒而從之管子進曰君何求曹子曰城壞壓境（齊數取魯邑以渝信）君不圖歟（君爲齊桓公也不當許侵魯地太甚）願請汶陽之田管仲顧曰君許諾桓公曰諾曹子請盟已曹子摽劒而去之要盟可犯而桓公不欺曹氏可讎而桓公不怨桓公之信著乎天下自柯之盟始也

又僖公曰晉獻公死奚齊立里克謂荀息曰君殺正廢長而立幼如之何願與子慮之荀息曰君嘗訊臣（訊問）臣對曰使死者反生生者不愧乎其言則可請信矣里克知其不可與謀退殺奚齊荀息立卓子里克殺卓子荀息死之荀息可謂不食其言矣

論語學而曰信近於義言可復也（復覆也言語之信可反覆）

又顔淵曰子貢問政子曰足食足兵民信之矣子貢曰必不得已而去於斯三者何先曰去兵曰必不得已而去於斯二者何先曰去食自古皆有死民無信不立（言民所急者信也）

爾雅曰西至日入所爲太蒙太蒙之人信

史記蘇秦說燕王曰尾生與女子期於梁下女子不來水至不去抱梁柱而死

又曰楚莊王圍宋五月不解宋城中急無食華元乃夜私見楚將子反告莊王王問曰城中何如曰析骸而炊易子而食王曰誠哉是言我軍亦有三日粮以其信故遂罷兵去

又曰季札之初使北過徐君徐君好季札劒口弗敢言季札知之爲使上國未獻還至徐君已死於是乃解其寶劒繫徐君冢樹而去從者曰徐君已死尚誰與乎季子曰不然吾心已許之豈以死背吾心

漢書曰季布楚人以任俠爲名[illegible]然諾聞楚人爲之諺曰得黄金一百斤不如季布一諾

東觀漢記曰郭伋在并州行部到美稷有童兒數百騎竹馬迎拜問使君何當還伋計日告之既還先期一日乃止乎野亭須期而入

又曰任延除細陽令每至歲時伏臘輙休遣繫囚徒各使歸家並感其恩德應期而還有因於家被病自載詣獄既至而死延率掾吏殯于門外百姓悅之

范曄後漢書曰范式字巨卿山陽金鄉人也少遊太學爲諸生與汝南張劭爲友劭字元伯二人並告歸鄉里式謂劭曰後二年當還將過拜尊親見孺子焉乃共尅期後期方至元伯具以白母請設饌以俟之母曰二年之別千里結言尔何信之審也對曰巨卿信士必不乖違母曰若然當爲尔醞酒至其日巨卿果到升堂拜母盡歡而別

又曰高湖及銅馬餘衆降光武封其渠帥爲列侯降者猶

不自安光武知其意令各歸營勒兵乃自乘輕騎案行部陳降者相語曰蕭王推赤心置人腹中得不投死乎哉

吳曆曰太史慈字子義於神亭戰敗爲孫策所執策素聞其名即解縛請見諮問進取之術慈曰州軍新破士卒離心欲出宣恩安集恐不合尊意策長跪答曰誠本心所望也明日日中望君來還諸將皆疑策曰太史子義青州名士以信義爲先終不欺策明日大會諸將豫設酒食立竿視影日中而慈果至

晉陽秋曰陸抗羊祜推信礼之好抗嘗遺祜酒祜飲之不疑抗有疾祜饋之藥抗亦推心服之

唐書曰蕭至忠年少時與友人期於路隅會風雪凍冽諸人皆奔避就宇下至忠曰寧有與人期而求安失信乎獨不去衆咸歎服

鬻子曰上下相親謂之和不求而得謂之信

子思曰同言而信信在言前同令而化化在令外聖人在上民遷如化

列子曰子華有寵於晉不仕而居三卿之右禾生子伯范氏之上客也出行垌外宿於田叟商丘開之舍中夜禾生子伯二人相與言子華之名勢能使存者亡亡者存富者貧貧者富商丘開先窘於飢寒潛於牖聽之因之子華子華之門徒皆世族也見商丘開年老力弱面目黎黑狎侮欺紿無所不爲遂與商丘開俱乘高臺於衆中漫言曰有能自投下者賞百金衆皆競應商丘開以爲信然遂先投之形若飛鳥揚於地已骨無傷因復指河曲之隈曰波中有寶珠泳可得也商丘開復從而泳之（水底潛行曰泳）既出果獲珠焉衆始同疑

俄而范氏之藏失火子華曰若能入火取錦者從所得多少賞焉商丘開往無難色入火往還埃不漫身不爌范氏之徒乃共謝之曰吾不知子之有道而紿子吾不知子之有神而辱子敢問其道商丘開曰吾亡道雖吾之心亦不知其所以然有一於此試與子言之曩子二客之宿吾舍也聞譽范氏（子）之勢能使存者亡亡者存富者貧貧者富吾誠之無二心故遠而來及來以子黨之言皆實也唯恐誠之不至行之不及不知形體之所措利害之所著也心一而已物無迕者如斯已矣今昉知子黨之紿我我內藏猜慮外矜觀聽追無昔日之不爌溺也怛然內熱惕然震悸矣水火豈復可近哉自此之後范氏門徒路遇乞兒馬醫弗敢辱也必下車而揖之宰我聞之以告仲尼仲尼曰汝不知乎夫至信也動天地感鬼神横六合而無逆豈但履危嶮入火水而已哉

孫卿子曰君者治之源也源清則流長在上有信小民不待探籌投鈎
莊子曰夫交邇則相靡以信交遠則忠之以言
愼子曰折劵契屬符節賢不肖用之劵契不爲人信人自用之
韓子曰魏文侯與虞人期獵明日天疾風左右止文侯文侯曰不可以疾風故失信遂犯風而往戰國策同
又曰齊索讒鼎於魯以其僞往齊曰使樂正子來將聽魯君謂樂正子樂正子曰君胡不以眞往曰我愛之荅曰臣亦愛臣之信
又曰吳起示其妻以組曰子爲我織組令如是組妻織組異善吳起曰非詔也使衣之而歸妻往請之起曰家無虛言
呂氏春秋曰吳起治西河欲諭其信於民乃置表於南門

之外令於邑中曰有能僨此表者仕長大夫民相謂曰此必不信有一人曰試往僨表還來謁之吳起見而仕大夫又復立表令於邑中如前邑人守門爭表
又曰晉文公伐原示信明年復伐之與士期必得原然後返原人聞之乃下衛人聞之以信爲至矣乃歸晉故曰攻原得衛者此之謂也始文公非不欲原也不信得之不若勿得必誠以得之歸之者非獨衛也文公可謂知求矣
又曰人主必信信之爲政大矣信立則虛言可以賞矣虛言可以賞則六合之內皆爲巳府天行不信不能成歲地安不信草木不大春風不信其華不盛夏暑不信其土不肥秋雨不信其穀不堅冬寒不信其地不開天地之大四時之化而猶不能以不信成物也又况乎人事君不信則百姓誹謗社稷不寧處官不信則少不畏長貴賤相輕賞罰不信則民易犯法不可使令交友不信則離散鬱怨不能相親百工不信則器械苦僞丹漆不眞夫可與爲始可與爲終可與尊通可與卑窮者其唯信乎信而又信重襲於身乃通於天以此君人則膏雨甘露降寒暑四時當矣
又曰齊桓公伐魯魯人不敢戰去魯國五十里而封之魯請比關內侯以聽桓公許之曹劌謂莊公請從於是明日將盟莊公與劌皆懷劍至於壇上曰魯國去境數百今去境五十亦無生矣均其死也戮於君前管仲鮑叔進曹劌案劍當兩陛下間曰君將改圖毋或進者莊公曰封於汶則可不則請死管仲曰以地衛君非以君衛地君其許之乃遂封汶南與之盟歸而欲勿予管仲曰不可人將劫君而不知不可謂智臨難而不能勿聽不可謂勇許之而不予不可謂信不智不勇不信有此三者不可以立功名予

之雖亡地亦得信也以四百里之地見信於天下君猶得也莊公仇也曹劌賊也信於仇賊又况於非仇賊者乎夫九合而之合一匡而之聽乃從此生矣
賈誼書曰禹與士民同務故不自言其信諭矣
淮南子曰管子以小辱成大榮蘇秦以百誕成一信
又曰胡人彈骨胡人盟約置酒人頭骨中飲以相誓越人齧臂中國歃盟所由各異其於信一也
說苑曰魏太子謂經侯曰主信臣忠此魏國之寶也
列女傳曰魯之母師者九子之寡母也臘日祀畢悉召諸子謂曰婦人之義非有大故不出夫家然吾父母家多幼稚歲時禮不理吾從汝謁往監之謁請也監視也諸子皆稽首唯諾又召諸婦曰婦人有三從之義無專制之行少繫於父母長繫於夫老繫於子今諸子許我視私家願與少子俱

以備婦人出入之制諸婦其慎房户之守吾夕而反於是使少子僕歸辦家事天陰還失早至閭外而止待夕而入魯大夫從臺上見而怪之召而問之曰母從北來至閭外而止良久乃入吾不知其故是以召母也對曰妾不幸早失夫獨與九子處臘日從諸子謁歸視私家與諸婦孺子期夕而反妾恐其酺醵醉飽（酺醵合聚飲酒也）人情所有也妾反失早故止閭外盡期而入大夫美之言於穆公穆公賜母尊號曰母師使朝謁夫人夫人諸姬皆師之

會稽典録曰卓恕字公行上虞人恕為人篤信言不宿諾與人期約雖遭暴風疾雨雷電冰雪無不必至嘗從建業還家辭太傅諸葛恪恪問何當復來恕對曰某日當復親覲至是日恪欲為主人停不飲食以須恕至時賓客會者皆以為會稽建業相去千餘里道阻江湖風波難必豈

得如期須臾恕至一座盡驚

諸葛亮別傳曰魏明帝自征蜀幸長安遣宣帝督張郃諸軍勁卒三十餘萬潛軍密向劒閣亮有戰士十萬十二更下在者八萬時魏軍始陳番兵適交亮參佐咸以敵衆強多非力所制宜權停下兵以并聲勢亮曰吾用武行師以大信為本得原失信古人所惜去者束裝以待期妻子鶴望以計日皆勑速遣於是去者感悅願留一戰住者憤勇感思致命臨戰之日莫不拔刃爭先以一當十殺張郃却宣帝一戰大尅此之由也

王符論曰夫十步之閒必有茂草十室之邑必有忠信

謹慎

易頤卦曰君子以慎言語節飲食

尚書堯典曰慎徽五典五典克從

毛詩蕩抑曰敬慎威儀惟民之則

周禮地官大司徒曰以賢制爵則民慎德

禮記中庸曰君子戒慎乎其所不睹恐懼乎其所不聞盖君子慎其獨也

又儒行曰敬慎者仁之地也

又太學曰敬慎者仁之地也

又太學曰有國者不可以不慎辟則為天下僇矣是故君子先慎乎德

論語學而曰慎終追遠民德歸厚矣

又為政曰多聞闕疑慎言其餘則寡尤多見闕殆慎行其餘則寡悔（尤過）

又述而曰子之所慎齋戰疾

又公冶長曰季文子三思而後行

孝經曰在上不驕高而不危制節謹度滿而不溢高而不危所以長守貴也滿而不溢所以長守富也

家語曰孔子入后稷廟左有金人焉三緘其口而銘其背曰我古之慎言人也戒之哉無多言多言多敗無多事多事多患安樂必戒無所行悔

漢書曰成帝為太子寬博謹慎上嘗急召太子出龍樓門不敢絶馳道西至直城門得絶乃度

又曰石建為太僕奏事事下建讀之驚恐曰書馬者與尾而五（服虔曰作馬字黄者五建上事誤作四）今乃四不足一獲譴死矣第慶為太僕御出上問車中幾馬慶以策數馬畢舉手曰六馬

又曰金日磾自在左右目不忤視者數十年賜出宮女不敢近上欲內其女後宮不肯應其篤慎如此

又曰霍光入禁闥小心謹慎未嘗有過

又曰張安世職典樞機以謹愼周密自著

又曰孔光性周密謹愼時有所言輒削藁休日歸休兄弟妻子燕語終不及朝廷政事或問光温室省中樹皆何木也光嘿不應更荅以他語其不泄如此

東觀漢記曰陳寵字昭公沛人爲尚書寵性周密重愼時所表薦輒自手書人莫得知常言人臣之義若不畏愼自在樞機謝遣門人不復教授絶知友之路

又曰樊梵字文高爲尚書郎每當直事常晨駐馬待漏雖在閑署冠劒不解於身每齋祠恐失時乃張燈俯伏

又曰陰識爲執金吾居位數十年與賓客語不及國家其重愼如此

又曰蔡倫字敬仲爲中常侍有才學盡忠重愼每至休下輒閉門絶賓客曝體田野

又曰樊宏字靡卿拜光禄大夫位特進宏爲人謙愼每當朝會先到俯伏待事時至乃起上聞之勑騶臨朝乃告勿令豫到

又曰杜安字伯夷貴戚慕其名或遺其書安不發悉壁藏之後捕貴戚賓客安開壁出書而封始故由是不罹其患

又曰張純字伯仁爲虎賁中郎將純素重愼周密時上封事輒削去草

後漢書曰馬援在交趾還書誡兄子曰龍伯高敦厚周密吾愛之重之願尒曹効之

又曰馬光字叔山爲衛尉卿上以光周密謹愼特親異之

又曰皇甫嵩爲人愛愼勤書前後上表陳諫有補益者五百餘事皆手書毀草不宣於外

吳志曰闞澤字德潤山陰人也性謙恭篤愼人有非短口未甞及容貌似不足者

王隱晉書曰李康甞詣司馬文王問因以爲家誡曰昔侍於先帝時有三長史俱見臨辭出上曰爲官長當愼當勤當清脩此三者何患不治乎上問臣曰必不得已於斯三者何先吾對曰愼乃爲先夫清者不必愼愼必自清上曰卿言得之矣

晉書曰羊祜多所進達而人不知所由或謂祜愼密太過者祜曰是何言歟夫入則造膝出則詭辭君臣不密之誡吾惟懼其不及不能舉賢取異豈得不愧知人之難哉且拜爵公朝謝恩私門吾所不取

晉起居注曰太康四年制曰選曹銓管人才宜得恪謹寡欲柳華崇本尚書朱整周愼敬讓以自居是其人也

後魏書曰庾岳代人也置相州即拜岳爲刺史公廉平當

百姓稱之鄴舊有園池時菓初熟丞吏送之岳不受曰菓未進御吾何得先食其謹愼如此

北齊書曰封隆之字祖裔渤海蓨人也性寬和有度量義旗始建首參經略奇謀妙策密以啓聞上書削藁罕聞於外高祖嘉其忠謹每多從之

隋書曰高熲字昭玄渤海蓨人也少明敏尤善詞令所出奇策密謀及損益時政皆世無知者

又曰李德林字公輔博陵平安人也從入官已後典機務甚密愼常云古不言温樹何足稱也

唐書曰温彦博自掌知機務即杜絶賓客國之利害知無不言太宗嘉之及薨謂侍臣曰彦博以憂國之故勞精竭神我見其不逮已二年矣恨不縱其閑逸致夭生靈

又曰陸元方在官清謹再爲宰相則天將有遷除每先以

訪之必密封以進未嘗露其私恩臨終取前後草奏悉命焚之且曰吾陰德於人多矣其後庶幾福不衰矣又有書一匣常自緘封家人莫有見者及卒視之乃前後勑書其慎密如此

又曰楊再思在位累載屈節希旨無所規弼然恒畏慎未嘗忤物或謂再思曰公名高位重何爲屈折如此再思曰世路艱難直者受禍苟不如此何以全其身哉

又曰高郢性恭慎廉潔罕與人交游守官奉法勤恪掌誥累年家無制草或謂曰前輩皆留制集公焚之何也曰王言不可存私家時人重其慎密

太公金匱曰黃帝曰予之居上搖搖恐夕不至朝

尸子曰言美則響美言惡則響惡身長則影長身短則影短名者響也行者影也是故慎而言將有和之慎而行將

有隨之

淮南子曰君子之居民上也若以腐索御馬恐失民意若履薄冰蛟在其下

又曰若行獨梁不爲无人不兢其容

殷康明慎曰舜車之上無仲尼覆舟之下無伯夷益言慎也

魏任嘏別傳曰嘏字昭先樂安博昌人也文帝時爲黃門侍郎每納忠言輒手書壞本自在禁省歸書不封帝嘉其淑慎

太平御覽卷第四百三十

太平御覽卷第四百三十一

人事部七十二

勤　儉約　儉嗇

勤

尚書無逸曰文王自朝至于日中昃弗遑暇食用咸和萬民

又大禹謨曰克勤于邦

又金縢曰昔周公勤勞王家惟予沖人弗及知

又梓材曰先王既勤用明德

又周官曰功崇惟志業廣惟勤

左傳宣下曰郤成子曰吾聞之非德莫如勤非勤何以求民文王猶勤況寡德乎

又宣下曰民生在勤勤則不匱

禮記祭法曰舜勤衆事而野死冥勤其官而水死

東觀漢記曰明帝行部署不用輦晝甲夜乃解偃讀衆書乙夜盡寢先五鼓起率常如此

又曰陳寵辟司徒鮑昱府掾屬專尚交遊以不肯親事爲高寵常非之獨勤以物務

又曰班超居家常執勤苦不恥勞辱

又曰王丹字仲因每歲農時輒載酒肴於田間候勤者與而勞之

魏氏春秋曰高文惠爲剸姦令夙夜匪懈至擁膝抱書而寐太祖嘗夜微出覘察諸吏見而哀之徐解衣覆之而去

魏志曰段灼上䟽理鄧艾曰艾值歲凶又爲區種身被烏衣手執耒耜以率將士上下相感莫不盡力

吳志曰諸葛恪征淮南以滕胤爲都督掌統留事胤白日接賓客夜省文書或至曉不寐

王隱晉書曰陶侃少長勤務自強不息常語人曰大禹聖者乃惜寸陰至於凡俗當惜分陰

晉書曰任愷素有識鑒加以在公勤恪甚得朝野稱譽

唐書曰杜佑性勤而無倦雖位極將相手不釋卷質明視事接對賓客夜則燈下讀書孜孜不怠與賓佐談論人憚其貴而伏其博

杜預自叙曰在家則滋味經籍居官則畢力理治公家之事知無不爲

夏仲御別傳曰夏統字仲御永興人與母兄弟居恒星行夜歸採梠求食母老病不悰家事仲御鼓四起洒掃庭內鑽火炊爨之後徑便入野

孟子曰鷄鳴而起孜孜爲善舜之徒也

淮南子曰墨子無黔突孔子無煖席是故聖人蒙耻辱以干世主者非以貪祿慕位也欲事天下之利除萬民之害也

又曰跬步不休跛鼈千里積累不輟可成丘阜

鹽鐵論曰禹感洪水身親其勞簪墮不掇冠挂不顧

儉約

尚書大禹謨曰禹克儉于家

周書曰文王疾召太子發曰吾栝柱茅茨蓋爲民愛費也

禮記檀弓下曰晏子一狐裘三十年

又禮器曰晏平仲祀其先人豚肩不揜豆澣衣濯冠以朝君子以爲隘矣

左傳桓公曰臧哀伯諫曰清廟茅屋大路越席大羹不致粢食不鑿昭其儉也

又閔公曰衛文公大布之衣大帛之冠
又襄公上曰季文子卒大夫入歛公在位無衣帛之妾無
食粟之馬無藏金玉無重器備
又襄五年曰敂向曰子展儉而壹
又哀上曰子西曰二三子無患矣吾昔聞闔閭食不二味
居不重席室不崇壇器不彫鏤宮室不觀舟車不飾衣服
財用擇不取費選取堅厚不尚細靡
公羊傳宣公曰晉靈公無道趙盾趍入靈公望見再拜知其欲諫以推之
盾出公使勇士往殺之勇士入俯而闚其户方食
魚飧勇士曰嘻子誠仁人也爲晉國重卿而食魚飧見子
之儉也君使我殺子吾不忍殺子也吾亦不可復見君遂
刎頸而死
論語里仁曰以約失之者鮮矣

又泰伯曰子曰禹吾無間然矣菲飲食而致孝乎鬼神惡
衣服而致美乎黻冕卑宮室而盡力乎溝洫
漢書曰公孫弘起徒步數年至宰相封侯於是開東閣以
延賢人食一肉脫粟之飯故人賓客仰衣食俸禄皆以給
之
又曰辛慶忌居處恭儉飲食被服尤以節約
東觀漢記曰第五倫性節儉雖爲二千石常衣布躬坐養
馬妻炊爨飲食受俸禄常取赤米
又曰王良爲大司徒司直在位恭儉妻子不入官舍布被
瓦器時司徒吏鮑恢以事到東海候其家而良妻布裙曳
柴從田中歸恢告曰我司徒吏也故來授書欲見夫人妻
曰妾是也恢乃下拜歎息而還
又曰李恂爲兖州刺史清約率下食不二味

謝承後漢書曰東郡趙咨爲東海人遺其雙枯魚者啖之
二歲不盡以儉化俗
又曰朱寵子字仲威爲太尉家貧食脫粟飯卧布被朝廷
賜錦被梁肉皆不敢受
張璠漢記曰荀爽爲三公食不過一肉脫粟飯坐皮褥
范曄後漢書曰羊陟拜河南尹計日受俸食乾飯茹菜
又曰宣秉字巨公馮翊雲陽人爲御史中丞遷司隸校尉
秉性節約常布服被蔬食瓦器帝嘗幸其府舍見而歎曰
楚國二龔不如雲陽宣巨公即賜布帛帳帷
又曰祭遵爲人廉約小心克己奉公賞賜輒盡與士卒家
無私財身衣韋袴布被夫人裳不加緣帝以是重焉
魏略曰常林字伯槐歷宰守刺史所在檢身節用其家常
飢乏糟糠縕弊

魏志曰太祖平柳城頒所獲器物以素屏風素馮几賜毛
玠曰君有古人之風故賜君古人之服玠居顯位常布衣
蔬食
吳志曰是儀字子羽北海營陵人爲尚書僕射不服精細
食不重膳孫權聞之幸儀舍求視蔬食親嘗之對之歎息
晉書曰帝以山濤清儉無以供養特給日契加賜牀帳茵
蓐禮秩崇重時莫爲比濤居榮貴貞慎儉約雖爵同千乘
而無嬪媵
王隱晉書曰李胤歷職内外而至貧儉兒病無以市藥上
賜錢十萬
晉中興書曰王廙爲母立屋過制中宗流涕諫之帝所幸
鄭夫人袍無文綉其恭儉率下如此
又曰陸納字祖言徵拜左民尚書將應召綱紀白日宜裝

幾舫約曰吾家不在此已勑私奴乘駕裝并食糧米無所須也臨發載被襆而已其餘皆封還官

崔鴻十六國春秋趙録曰孟卓字君偉廣平人少脩清苦之志有一單衾十年不辯

又前燕録曰太尉陽鶩字士秋右北平無終人也鶩毋李氏博學有母儀慕容晃常升堂拜敬性尤清儉好施無倦位爲台保爵封郡公常乘弊車瘠牛卒無餘財

後漢書曰孝文帝性儉素常服澣濯之衣鞍勒鐵木而已

宋書曰文帝性存儉約不好奢侈車府令嘗以輦篷故請改易之輦席舊以烏皮緑欲代以紫皮上以篷未至於壞紫色貴並弗聽也篷音

又曰孝武大明中壞上所居陰室於其處起玉燭殿與群臣觀之牀頭有土鄣壁上挂葛燈籠麻繩拂侍中袁顗盛

稱已爲過矣

又曰顔延之性既褊傲兼有酒過肆意直言曾無迴隱故論者多不知之居身清儉不營財利布衣蔬食獨酌郊野當其爲適傍若無人

蕭子顯齊書曰高帝即位後身不御精細之物勑中書舍人桓景真曰主衣中似有玉爪導此制始自大明末復太始增其光麗留此著主衣政是興長疾源可即時打破後宫器物欄檻以銅爲飾者改用鐵内殿施黄紗帳宫人著紫皮履華蓋除金花爪以用鐵迴釘每曰使我治天下十年當使黄金與土同價

又曰太官進食有裹蒸明帝曰我食此不盡可四片破之餘充晚食

又曰太始巳來相承奢侈太祖輔政上表禁民間華僞不得作成綉裹衣道路不得着錦履不得作局脚檉栢牙牀箱籠錦緣不得以七寶飾樂器又諸雜漆物不得以金銀爲花獸

又曰王逡之字宣約瑯邪臨沂人也少好學儉素衣服不澣几案塵墨

齊春秋曰王儉字仲寶臨沂人不好聲色衣裘服用取給而巳

梁書曰到溉字茂灌美風儀善容止所莅以清白脩性又率儉不好聲色虚室單衣傍無姬侍

後周書曰辛慶之位遇雖隆而率性儉素車馬衣服不尚華侈志量温和有儒者風度特爲當時所重

唐書曰虞世南隋時世基當朝貴盛妻子被服擬於王者世南雖同居而躬履勤儉不失素業

又曰李藩爲相憲宗謂曰前代理天下或家給人足或國貧下困其故何也藩對曰古人云儉以足用蓋足用繫於儉約誠使人君不貴珠玉惟務耕桑則人無淫巧俗自敦本百姓既足君孰與不足帝曰儉約之事是我誠心唯當上下相勗以保此道

又曰于休烈在朝凡三十餘年歷掌清要家無擔石之蓄恭儉深仁未嘗以喜愠形於顔色而親覽下士推轂後進雖位崇年高曾無倦色

文子曰量腹而食度身而衣節乎已者貪心不生矣

墨子曰晉文公好惡衣臣下皆衣牂羊之裘以韋帶劒

吕氏春秋曰周明堂茅茨蒿柱土階三尺以見儉也

風俗通曰大禹闕百品之羞而菲庖厨殷湯寐寢黄屋纛而乘露輿

魏武別傳曰武皇帝子中山恭王袞尚儉約教勑妃妾紡績織紝習爲家人之事

桓階別傳曰階爲趙郡太守時俸盡食醬豉上聞之數戲曰御家作醬頗得成不詔曰光光大魏富有四海棟梁大臣而有蔬食非吾所以禮賢之意也其賜射鹿師二人并給媒弩

三輔決錄曰前隊大夫有范仲翁鹽豉蒜果共一筩言其廉儉也

會稽典錄曰陳脩字奉先遷爲豫章守性清絜恭儉十日一炊不燃官薪

殷康明慎曰古人云驕奢人之殃恭儉福之場

古今善言曰靈帝時欲用羊續爲三司而中官求其賂續出黃帛補袍以示使者

延篤與李文德書曰吾食赤烏之麰麥飲化益之玄醴折張騫大苑之蒜歃晉國郇瑕氏之鹽

魏武令曰吾衣被皆十歲也歲歲解浣補納之

衛覬奏曰武皇帝之時後宮食不重肉衣不錦繡茵席不緣物無丹漆用能平定天下遺福子孫

儉嗇

毛詩曰汾沮洳刺儉也（沮洳漸濕也）

又葛屨曰刺褊也魏地狹隘其民機巧趨利其君儉嗇褊急

又曰蟋蟀刺晉僖公也儉不中禮故作是詩以閔之

論語曰如有周公之才之美使驕且吝其餘不足觀也已

又曰出納之吝謂之有司

史記曰魯人俗儉嗇曹氏邴氏尤甚以鐵冶起富至巨萬然家自父兄子孫約俛有拾仰有取

三輔決錄曰平陵士孫奮富聞京師性儉悋嘗宿客舍雇錢直甚少主人曰君惜錢如此欲作士孫景卿耶

魏略曰曹洪家富而性嗇文帝前在東宮嘗從洪貸絹百疋洪不稱意及犯法自分必死

晉書曰王戎性好興利廣收八方園田水碓周徧天下積實聚錢不知紀極而又儉嗇不自奉養天下人謂之膏肓之疾女適裴頠貸錢數萬久而未還女後歸寧戎色不悅女遽還直然後乃歡從子將婚戎遺其一單衣婚訖而更責取家有好李常出貨之恐人得種恒鑽其核以此獲譏於世

後魏書曰崔光韶家足於財而性儉悋衣弊馬瘦食味麄薄始光韶在都同里王蔓於夜遇盜害其二子孝莊詔黃門高道穆令加檢捕一方之人家別搜索至光韶宅綾絹錢布匱篋充積議者譏其矯嗇

郭子曰王丞相性儉帳下甘果盈溢不散涉春爛敗都督白之公令拾去勑云慎不可使大郎知大郎名悅字長豫

晉書曰和嶠家產殷富擬於王者然性至悋以是獲譏杜預以爲嶠有錢癖

後魏書曰和跋清河人也爲平昌太守家巨富而性悋嗇理錢數百斛其母季春思堇惜錢不買

太平御覽卷第四百三十一

太平御覽卷第四百三十二

人事部七十三

慈愛　恭敬　智　聰敏　強記

慈愛

說文曰慈愛也

釋名曰慈字也

韓詩外傳曰夫爲人父者必懷慈仁之愛以畜養之愛子不詈髡子不笞

禮記學記曰夫慈者所以使衆也

左傳昭五年曰子產卒仲尼聞之出涕曰古之遺愛

孝經援神契曰母之於子也鞠養殷勤推燥居濕絶少分甘宗均曰少則自絶甘則分

家語曰孔子曰明君必寬裕以容其民慈愛以優柔之

漢書曰翟方進少爲郡小吏號遲鈍因病歸欲遊學後母愍其志而怜其幼隨之長安織屨以給之

謝承後漢書曰楊彪子脩爲曹操所殺後見彪問曰公何瘦之甚彪曰愧無日磾先見之明猶懷老牛舐犢之愛操爲之改容

列女傳曰魏孟陽之女芒卯之後妻也有三子前妻之子有五人皆不愛慈母前妻中子犯魏王令罪當死慈母憂慼悲哀帶因減赤人有謂慈母曰人不愛母何爲憂懼勤勞如此母曰其父爲其孤也而使妾爲之繼母如爲人母而不能愛其子何謂慈乎魏王聞之高其義赦其子而復其家自此之後五子親侍慈母

老子曰吾有三寶一曰慈

韓子曰愛子者慈於子重生者慈於生貴功者於事仁

淮南子曰堯立孝慈使民如子弟

說苑曰魏文侯封太子擊於中山三年使不往來舍人趙倉唐曰爲人子三年不聞父問不可謂孝爲人父三年不聞子問不可謂慈臣願奉使侯何所好太子曰侯嗜晨鳧好北犬倉唐緤北犬奉晨鳧文侯賜太子衣一襲令以雞鳴時致之太子發篋視衣盡顛倒太子曰趣具駕君侯召我也唐來不受太子曰詩曰東方未明顛倒衣裳顛之倒之自公召之遂西至文侯大喜倉唐一使文侯爲慈父擊爲孝子

潘岳西征賦曰夭赤子於西安坎路側而瘞之亭有千秋之號子無七日之期雖逸厲於延吳實潛慟於余慈

蔡邕書曰邕薄祐早喪二親年踰三十鬢髮二色叔父親之猶若幼童陸則對座食則比豆

恭敬

說文曰恭肅也

釋名曰恭供也自持也亦言供給事人敬警也

易小過卦曰山下有雷小過君子以行過於恭取過於禮而不爲害

易繫辭曰君子致恭以存其位

易文言曰敬以直內義以方外敬義立而德不孤

尚書五子歌曰居民上者奈何弗敬

毛詩小弁曰唯桑與梓必恭敬止

又曰敬之敬之天惟顯思

大戴禮曰昔禹見耕者五偶而式過十室之邑則下爲秉德之士存焉

又曰昔武王踐祚入於戶未嘗越屨往來過之不履影

禮記曲禮曰君子恭敬撙節退讓以明禮

又檀弓上曰晉獻公將殺其世子申生公子重耳謂之曰子盍言子之志於公乎世子曰不可君安驪姬是我傷公之心也曰然則盍行乎世子曰不可君謂我欲殺君也天下豈有無父之國哉吾何行如之使人辭於狐突曰君老矣子少國家多難伯氏不出而圖吾君（謂圖）伯氏苟出而圖吾君申生受賜而死再拜稽首乃卒是以爲恭世子也

又少儀曰賓客主恭祭祀主敬

又樂記曰中正無邪禮之質也莊敬恭順禮之制也

又哀公問曰敢問何謂敬身孔子對曰君子過言則民作辭過動則民作則君子言不過辭動不過則百姓不令而恭敬如是則能敬其身能敬其身則能成其親矣

又經解曰恭儉莊敬禮教也

左傳宣上曰晉靈公不君趙宣子驟諫公患之使鉏麑賊

之晨往寢門闢矣盛服將朝尚早坐而假寐麑退而歎曰不忘恭敬民之主也賊民之主不忠觸槐而死

又襄（四年）曰季氏以公鉏爲馬正（賈逵曰馬正家司馬）慍而不出閔子馬見之（閔子馬魯大夫閔馬父也）曰爲人子者患不孝不患無所恭敬父命何常之有公鉏然之敬恭朝夕恪居官次

又昭二曰正考父佐戴武宣（三人皆宋君也）三命茲益恭（三命上卿）故其鼎銘云一命而僂再命而傴三命而俯（俯恭於傴傴恭於僂）循墻而走（言不敢安行也）亦莫余敢侮

論語曰恭近於禮遠耻辱也

又曰司馬牛憂曰人皆有兄弟我獨亡子夏曰商聞之矣死生有命富貴在天君子敬而無失與人恭而有禮四海之内皆兄弟也

又曰樊遲問仁子曰居處恭執事敬與人忠雖之夷狄不可弃

又曰子禽語子貢曰子之爲恭也仲尼豈賢於子乎

家語曰孔子曰恭則近禮堯舜篤恭以王天下

又曰顏淵將西遊宋問孔子曰何以爲身子曰恭敬而已矣恭則近於禮忠敬則人愛

史記曰子路爲蒲大夫辭孔子孔子曰蒲多壯又難治然則吾語汝恭以敬可以執勇

漢書曰萬石君石奮其父趙亡徙温高祖東擊項籍過河内時奮年十五爲小吏高祖與語愛其恭敬奮積功勞孝文時太中大夫恭勤過宮闕門必下車趍見路馬必式子孫爲小吏來歸謁萬石君必朝服見之

魏略曰常林少單貧帶經耕鋤其妻自擔餉饁之林雖在田野其相敬過於賓客

吴書曰顧悌字子通待妻子有禮常夜入晨出希見其面常疾篤妻出看之悌命左右自扶起冠幘

王隱晉書曰庾袞執事有恪與弟子治藩跪而受條其人曰今在隱屏先生胡不踞袞乃揖而延之正席而坐告之曰何以幽顯易其操者乎

樊英別傳曰英嘗病卧便室中英妻遣婢拜問英苔拜或問之英曰妻齊也

説苑曰魯有恭士名曰机泥行年七十其恭甚益冬日行陰夏日行陽一食之間三起見衣裘褐之士則爲之禮魯君問曰机子年甚長矣不可釋恭乎泥對曰君子好恭以成其名小人學恭以除其刑斧鑕加於泥者何釋恭爲

又曰趙簡子乘弊車瘦馬衣羖羊裘其宰諫曰車新則安馬肥則往來疾狐格之裘温且輕簡主曰吾非不知吾

聞君子服美則益恭小人服美則益倨我以自備恐有小
人之心也

智

易繫辭曰智周乎萬物而道濟天下
禮記中庸曰舜其大智也與舜好問而好察邇言
論語公冶長曰甯武子邦有道則智邦無道則愚其智可
及其愚不可及也甯武子衛大夫甯俞
又雍也曰智者樂水
又曰智者動
爾雅曰岠齊州以南戴日爲丹穴丹穴之人智
史記秦使王稽於魏知范雎賢載入秦至湖穰侯至勞稽
曰君得無與諸遊子俱來稽曰不敢即別去雎曰吾聞穰
侯智士也其見事遲向者疑車中有人忘索之於是下車
走行十餘里果使騎還索車中無人乃止
又曰樗里子名疾秦惠王弟也滑稽多智秦人號曰智囊
又曰晁錯以辯得幸太子太子家號曰智囊
又曰項王謂漢王曰天下匈匈數歲者徒以吾兩人耳願
與漢王挑戰决雌雄漢王笑謂曰吾寧鬬智不鬬力
漢書曰陳嬰者東陽令史也少年殺其令相聚邑中從之
者得二萬人欲立嬰爲王嬰母謂曰吾爲乃家婦聞先故
未曾貴今暴得大名不祥不如有屬成猶得封侯事敗易
以亡亡爲世所指名也嬰乃不敢爲王
范曄後漢書曰魯恭祖父匡王莽時羲和有權數號曰智
囊
干寶晉紀曰桓範出赴曹爽宣王謂蔣濟曰智囊往矣
晉中興書曰王允之字淵猷年在總角從伯敦深智之嘗

夜飲允之辭醉先眠時敦將謀作逆因允之醉別牀臥夜
中與錢鳳計議允之已醒悉聞其語恐或疑便於眠處大
吐衣面並汚鳳既出敦果照視見其眠吐中以爲大醉不
復疑之
華陽國志曰任文孫字文公閬中人初武擔山石折文公
曰噫西方智士死吾其應之遂卒益部爲之諺曰任文公
智無雙
文子曰神者智之淵也神清則智明智者心之府也智公
則心平
莊子曰巧者勞智者憂
尹子曰兩智不能相救兩貴不能相臨兩辯不能相屈力
均勢敵故也
商君書曰智者見於未萌
申子曰智均不相使力均不相勝
呂氏春秋曰目之見也籍於照心之智也籍於重
淮南子曰智之以智權者人英也
又曰裨諶出而智公成子產之事
新序曰魏文侯曰智士者國之器也國有智士則無諸侯
之憂
桓譚新論曰楊子雲何人耶荅曰才智開通能入聖道漢
與以來未有此也
論衡曰其智如傾其德如山智能之人須三寸之舌一尺
之筆以乃能自通
又曰劉子駿漢朝智囊筆墨淵海
袁子正書曰楊子曰莊周何人哉袁子曰太而不儉重而
畏禍智人也

孫卿智賦曰血氣之精也志意之榮也百姓待之是謂君
子之智

聰敏

論語公冶長曰子謂子貢曰汝與回也孰愈對曰賜也何
敢望回回也聞一以知十賜也聞一以知二子曰弗如也
吾與汝弗如也
漢書曰桑弘羊雒陽賈人子以心計年十三爲侍中
謝承後漢書曰應奉讀書五行並下
九州春秋曰夏侯淵爲劉備所殺於陽平曹公自長安出
斜谷至陽平備拒險守峽王欲還出令曰鷄肋官屬不知
所謂楊脩便曰夫鷄肋弃之可惜食之無所得以比漢中
王欲還也引還
吳志曰顧譚每省簿書未嘗下籌徒屈指心計盡發疑謬

後魏書曰祖瑩字元珍十二爲中書學生博士張天龍講
尚書選爲都講生徒悉集瑩夜讀書勞倦不覺天曉催講
旣切遂誤持曲禮卷上座博士嚴毅不敢復還仍置禮於
前誦尚書三篇不遺一字
沈約宋書曰劉穆之内總朝政外供軍旅決斷如流事無
壅滯自覽辭訟手荅牋書耳行聽受口並酬應不相參涉
益部耆舊傳曰何祇補成都令使人投算祇聽其讀而心
計不差外合其精如此
費禕別傳曰于時戰國多事衆務煩猥禕識悟過人每續
書記粗舉目暫視已充其數接納賓客飲食嬉戲加之博
弈每盡人之歡事不廢也董允代禕爲尚書令欲則禕之
所行旬日之中事多紆滯允爲歎曰才力相懸若此之遠
說苑曰昔鄒忌爲齊相稷下先生淳于髡之屬七十二人
皆輕鄒忌爲設姣辭淳于三稱鄒忌三知之如應響淳于
等辭詘而去故所以尚于將莫耶者貴於立斷也所以尚
騏驥爲立至也是以聰明敏捷欲人之入也
世說曰魏武嘗過曹娥碑下楊脩從碑背上題曰黃絹幼
婦外孫虀臼魏武謂脩卿解不荅曰解魏武帝曰卿未可
言待我思之行三十里乃曰已得令脩別記所知脩曰黃
絹色絲也於字爲絶幼婦少女也於字爲妙外孫女子也
於字爲好虀臼受辛也於字爲辭所謂絶妙好辭帝亦記
之與脩同乃歎曰不如卿三十里
世說曰人餉食魏武帝一杯酪魏武噉少許蓋頭題上爲
合字以示衆莫之解次至楊脩使噉曰公教人一口何疑

强記

禮記曲禮曰博聞强識謂之君子

漢書曰上行幸河東嘗亡書三篋張安世憶記之後得書
以相校無所遺失安世長子千秋爲中郎將將兵隨度遼
將軍范朋友擊烏桓還謁大將軍光光問千秋戰鬭方略
山川形勢千秋口對兵事畫地成圖無所忘失
東觀漢記曰虞延字君大爲郡督郵光武東巡路由小黃
高帝母昭靈后園陵在焉詔呼延引見問園陵之事延占
對可觀其陵株梓皆識其數俎豆犧牲頗曉其禮
謝承後漢書曰應奉常從彭城相來賀時出行閉冶車師
門内出半面視奉奉即委去別後數十年於道路見車師
識而呼之
又曰吳郡陸續初仕郡户曹史飢荒太守君與使續於都
亭賦民饘粥續悉簡閱其人訊以名氏事畢與問所幾因
說六百餘人皆分別姓字無有誤謬

又曰王充字仲任上虞人家貧無書常遊洛陽肆閲所賣書輒能誦憶

袁山松後漢書曰荀淑與陳寔神交及其弃朗陵而歸也數命駕詣之淑御慈明從叔慈抱孫文若而行寔亦令元方侍側季方作食抱孫長文而坐相對怡然嘗一朝求食季方尚少跪曰高聞大人荀君言甚善竊聽之甑壞飯成糜寔曰汝聽談解乎諶曰唯因令與二慈説之不失一辭二公大悦

典略曰延篤字叔堅南陽犨人初從堂磎季度受春秋左傳借本便諷

魏志曰初王粲與人共行讀道邊碑人問卿能誦否曰能即暗誦之不差一字觀人棊局壞粲爲復之棊者不信以帊蓋局使更以他局爲之用相比校不誤一道其強記嘿識如此

吴志曰朱桓強識與人一面數十年不忘部曲妻子悉識之

晉中興書曰陶侃明識過人武昌道上種楊柳人有竊之殖于其家侃見而識之問何以盗官所殖乎時以爲神

益部耆舊傳曰張松識達精果劉璋遣曹公楊脩以公所撰兵書示松飲讌之閒一省即便闇誦

禰衡別傳曰衡字正平黄射作章陵太守衡俱有所之見蔡伯喈所爲碑正平一過視之歎之言好後各歸章陵自恨不令使寫之正平曰吾雖一過皆識其所言唯第四行中石盡磨滅兩字不分明因援筆書之初無遺失唯兩字不着

蔡琰別傳曰琰字文姬邕之女年六歲邕鼓琴弦絶琰曰第一絃邕故斷其一絃問之琰曰第二絃邕故斷一絃琰曰第四絃

世説曰夏侯榮魏文示其爵里刺一見之悉憶

俗説曰桓宣城丧後家至貧孔夫人疾患須羊解神不能得桓温以弟買得質羊羊主家富謂桓言僕乃不須買得郎爲質但郎家貧幸可爲郎養買得郎耳車騎沖世後江州出射堂射羊主東邊看射車騎猶識之呼來問公識我否荅云不識桓公曰我是昔日買得郎也

太平御覽卷第四百三十二

太平御覽卷第四百三十三

人事部七十四

勇一

釋名曰勇踴也見敵踴躍欲擊之也

說文曰勇氣也從力用聲

尚書曰武王左杖黃鉞右秉白旄以麾曰逖矣西土之人稱爾戈比爾干立爾矛予其誓勗哉夫子尚桓桓孔安國曰桓桓武皃也如虎如貔如熊如羆于商郊

又曰亦有熊羆之士不二心之臣保乂王家言文武既聖則亦有勇猛如熊羆之士也

毛詩曰大叔于田刺莊公也叔多才而好勇不義而得衆

大叔于田乘乘馬執轡如組兩驂如舞叔在藪火烈具舉袒裼暴虎獻于公所將叔無狃戒其傷女

禮記曰魯莊公及宋人戰于乘丘縣賁父御卜國爲右馬驚敗績公墜左車授綏公曰末之卜也縣賁父曰他日不敗績而今敗績是無勇也遂死之

又曰用人之智去其詐用人之勇去其怒用人之仁去其貪鄭玄曰用智者之謀勇者之斷仁者之施足以成治矣

又曰商者五帝之遺聲也商人識之故謂之商齊者三代之遺聲也齊人識之故謂之齊明乎商之音者臨事而屢斷明乎齊之音者見利而讓臨事屢斷勇也見利而讓義也有勇者義非歌孰能保此

左傳曰公及齊師戰于長勺公將鼓之曹劌曰未可齊人三鼓曰可矣齊師敗績公將馳之劌曰未可下視其轍登軾而望之曰可矣遂逐齊師既克公問其故對曰戰勇氣也一鼓作氣再而衰三而竭彼竭我盈故克之夫大國難測也懼有伏焉吾視其轍亂望其旗靡故逐之

又曰晉襄公縛秦囚使萊駒以戈斬之囚呼萊駒失戈狼瞫取戈以斬囚禽之以從公乘遂以爲右箕之役先軫黜之而立續簡伯狼瞫怒其友曰盍死乎瞫曰吾未獲死所其友曰吾與汝爲難瞫曰周志有之勇則害上不登於明堂杜預曰周志周書也明堂祖廟也所以策功序德故不義之士不得升之死而不義非勇也共用之謂勇吾以勇求右無勇而黜之亦其所也謂上不我知黜而宜乃知我矣子姑待之及彭衙既陳以其屬馳秦師死焉晉師從之大敗秦師君子謂狼瞫於是乎君子也

又曰晉郤克及齊侯戰於鞌齊高固入晉師桀石以投人杜預曰桀擔也禽之而乘其車繫桑本焉以徇齊壘將至齊壘以桑本繫車而走欲自異也曰欲勇者賈余餘勇賈買也言己有餘勇欲賣之也

又曰欒盈師曲沃之甲以晝入絳初斐豹隸也著於丹書欒氏之力臣曰督戎國人懼之斐豹謂范宣子曰苟焚丹書我殺督戎宣子喜曰而殺之所不請於君焚丹書者有如日乃出豹而閉之督戎從之踰隱而待之督戎踰入豹自後擊而殺之

又曰楚平王執伍奢無忌曰奢之子材若在吳必憂楚國盍以免其父召之彼仁必來不然將爲患王使召之曰來吾免而父棠君尚謂其弟員爾適吳我將歸死吾知不逮我能死爾能報聞免父之命不可以莫之奔也親戚爲戮不可以莫之報也奔死免父孝也度功而行仁也擇任而往智也知死不避勇也父不可棄名不可廢爾其勉之相從爲愈伍尚歸奢聞員不來曰楚君大夫其旰食乎楚人皆殺之

又曰晉趙鞅圍衛報夷儀也初衛侯伐邯鄲午於寒氏城

其西北隅而守之胥燔及晉圍衛午以從七十人門於衛西門殺人於門中曰請報寒氏之役涉佗曰夫子則勇矣然我往必不敢啓門亦以從七十人旦門焉步左右皆立如植日中不啓門乃退

又曰楚白公勝將作難謂石乞曰王與二卿士皆以五百人當之則可矣乞曰不可得也市南有熊宜僚者若得之可當五百人矣乃從白公而見之與之言悅告之故辭承之以劒不動勝曰不爲利諂不爲威惕不泄人言以求媚者去之

又曰楚白公奔山而縊其徒微之生拘石乞而問白公之死焉對曰子知其死所而長者使子勿言不言將烹乞曰此事也克則爲卿不克則烹固其所也何害乃烹石乞

又曰晉楚戰楚師薄於險叔山冉謂養由基曰雖君有命

爲國故子必射乃射再發盡殪叔山冉搏人以投中軍折軾晉師乃止（言二人皆有過人之勇）

又曰齊莊公朝指殖綽郭最曰寡人之雄也州綽曰君以爲雄誰敢不雄然臣不敏平陰之役先二子鳴（十八年晉伐齊及平陰）莊公爲勇爵（設爵位以命勇士）殖綽郭最與焉州綽曰東閭之役臣左驂迫還於門中識其板數（識門板數）其可以與此乎

周官曰司右掌群右之政令凡軍國之勇士能用五兵者屬焉掌其政令

河圖曰勇敢重瞳（宋均注曰項羽也）

又曰鳥一足名獨立見則主勇強

家語曰仲由字子路少孔子九歲子路性鄙好勇力志抗直冠雄雞佩豭豚陵暴孔子孔子設禮稍誘之子路後服子路問君子尚勇乎孔子曰君子義以爲上君子好勇而無義則亂小人好勇而無義則盜

又曰孔子將之衛路出於蒲會公叔氏以蒲叛衛而止孔子弟子有公良孺者爲人賢良有勇力挺劒而合衆將與之戰蒲人懼曰苟無適衛吾則出子乃盟孔子出之

又曰孔子北遊登乎農山子路子貢顏回侍側孔子四望喟然而歎曰於斯致思無所不至矣二三子各言爾志吾將擇焉子路進曰由願得白羽若月赤羽若日鐘鼓之音上震于天旌旗繽紛下蟠于地由也當一隊而敵之必也攘地千里搴旗執馘唯由能之使二子者從我焉夫子曰勇哉

史記曰毛遂隨平原君與楚合從言其利害日出而言之日中不決遂案劒歷階而上謂平原君曰從之利害兩言而決耳今日出而言從日中不決何也楚王謂平原君曰

客何爲者也平原君曰是勝之舍人也楚王叱胡不下吾乃與爾君言汝何爲者也毛遂案劒而前曰今十步之內王不得恃楚國之衆也王之命懸於遂手叱者何且遂聞湯以七十里之地王天下文王以百里之壤而臣諸侯今楚地方五千里持戟百萬此霸王之資也白起小豎子耳率數萬之衆興師以與楚戰一戰舉鄢郢再戰而燒夷陵三戰而辱王之先人此百世之怨而趙之所羞而王弗知惡焉合從者爲楚非爲趙也吾君在前叱者何也楚王曰先生之言是也遂定從而還

又曰范雎說秦昭王夫以烏獲任鄙之力荆成孟賁（許慎曰荆成古勇士孟賁衛人也）慶忌夏育之勇焉而死死者人之所必不免也

又曰廉頗者趙之良將也趙惠文王十六年廉頗爲趙將

伐齊大破之取晉陽拜爲上卿以勇氣聞於諸侯

又曰藺相如者趙人也爲趙宦者令繆賢舍人趙惠文王時得楚和氏璧秦昭王願以十五城請易璧令曰臣舍人藺相如其人勇士有智謀宜可使乃使相如奉璧入秦秦王坐章臺得璧大喜傳璧以示美人及左右左右皆呼萬歲相如視秦王無意償趙城乃前曰璧有瑕請指示王王授璧中立倚柱怒髮上衝冠謂秦王曰趙王齋戒五日使臣奉璧拜送書於廷何者嚴大國之威以脩敬也今臣至大王見臣列觀禮節甚倨得璧傳戲無償趙王城邑故臣復取璧大王必欲急臣臣頭今與璧俱碎於柱矣持璧睨柱欲以擊柱秦王恐其破璧乃辭謝固請召有司案圖十五城與趙相如見其詐乃請曰趙王送璧時齋五日大王亦宜齋五日乃敢上璧秦王許相如就舍使其從者衣褐褱璧亡歸趙秦王齋竟引相如相如曰自秦繆公以來二十餘君未有堅盟約者臣恐見欺負趙故令人持璧歸間至趙矣王若割十五都與趙趙豈敢留璧得罪於大王臣知欺大王當誅請就湯鑊秦遂厚遇之既歸趙王以爲賢大夫使不辱於諸侯拜爲上大夫秦亦不以城與趙趙亦不與秦璧後秦王會澠池秦王飲酒酣曰寡人竊聞趙王好音請奏瑟趙王鼓瑟秦御史前書曰某年某月秦王與趙王會飲令趙王鼓瑟相如前曰趙王竊聞秦王善爲秦聲請奏缶以相娛樂秦王怒不許於是相如前進缶因跪請之秦王不肯擊缶相如曰五步之内臣請以頸血濺大王矣左右欲刃相如相如張目叱之左右皆靡秦王不懌爲一擊缶相如顧召趙御史書曰某年某月秦王爲趙王擊缶秦之群臣曰請以趙十五城爲秦王壽相如亦曰請以秦之咸陽

爲趙王壽趙亦盛設兵待秦秦不敢動既罷歸國以相如功大拜爲上卿位在廉頗右

又曰曹沬者魯人也以勇力事魯莊公齊桓公與魯莊公會于柯而盟桓公與莊公既盟於壇上曹沬執匕首刼齊桓公桓公左右莫敢動問曰子將何曹沬曰齊強魯弱而大國侵魯亦已甚矣今城壞即壓境君其圖之公乃許盡還魯之侵地既已言曹沬投其匕首下壇北面就群臣之位顏色不變辭令如故

又曰楚於期奔燕丹計無所出鞠武曰燕有田光先生者其爲人智深而勇沈可與太子因謂光光言荆卿太子曰願因先生得結交於荆卿可乎田光曰敬諾即起趍出太子送之至門戒曰丹所報先生言者國大事也願先生勿洩也田光跪而笑曰諾見荆軻曰光與子相善燕國莫不知今太子聞光壯盛之時不知吾形已不逮也幸而教之曰燕秦不兩立願先生之留意光竊不自外言足下於太子願足下過太子於宮荆軻曰謹奉教田光曰吾聞之長者爲行不使人疑之今太子告光曰所言國之大事也願先生勿洩也是太子疑光也夫爲行而使人疑之非節也欲自殺以激荆卿曰願足下急過太子言光已死明不言也因遂自刎

又曰秦將李信年少壯勇嘗以兵數千逐燕太子丹至於汙水卒得破丹

太平御覽卷第四百三十三

人事部七十五

勇二

漢書曰韓信數以策干項羽弗用漢王之入蜀信亡楚歸漢未得知名爲連敖楚官也坐法當斬其疇十三人皆已斬至信信乃仰視滕公曰上不欲就天下乎而斬壯士滕公奇其言壯其貌釋弗斬與語大悅之漢王以爲治粟都尉信謂漢王曰臣嘗事項王請言項王爲人也項王喑噁叱咤千人皆廢然不能任屬賢將匹夫之勇也

又曰齊哀王弟章高后封爲朱虛侯章年二十有氣力忿劉氏不得職嘗入侍䜩飲高后令章爲酒吏章自請曰臣將種也請得以軍法行酒高后曰可酒酣章進歌舞已而曰請爲太后言耕田高后兒子畜之笑曰顧乃父知田耳若生而王子安知田乎章曰知之太后曰試爲我言田意章曰深耕穊種立苗欲疏非其種者鉏而去之太后嘿然頃之諸吕有一人醉亡酒章追拔劒斬之而還報曰有亡酒一人臣謹行軍法斬之太后大驚已許其軍法毋以罪也因罷酒

又曰江都易王非二年立爲汝南王吴楚反時非年十五有才氣上書自請擊吴景帝賜非將軍印擊吴吴破徙王江都治故吴國以功賜天子旌旗

又曰李廣爲上谷太守數與匈奴戰典屬國公孫昆邪爲上泣曰李廣才氣天下無雙自負其能數與虜确恐亡之誠觟日硧上乃徙廣爲上郡太守廣以郎中令將四千騎出右北平博望侯張騫將万騎與廣俱異道行數百里匈奴將四万騎圍廣軍士皆恐廣乃使其子敢往馳之敢從數十騎直貫胡騎出其左右而還謂廣曰胡虜易與耳軍士乃安爲圜陳外鄉胡急擊矢下如雨漢王兵死者過半漢矢且盡廣乃令持滿毋發而廣身自以大黄射其裨將服虔曰黄閭嘗殺數人胡虜益解會暮吏以無人色而廣意氣自若益治軍軍中服其勇也明日復力戰而博望侯軍亦至匈奴乃解去

又曰王尊字子贛涿郡人爲東平相時王素驕不奉法尊謂王曰天下皆言王勇但負貴安能勇如尊乃勇耳王變色欲格殺之遷東郡太守河水盛溢泛浸瓠子金堤老弱奔走恐水大决爲害尊躬率吏民投沉白馬祀水神河伯尊親執圭璧使巫策祝請以身塡金堤因止宿廬居隄上吏民數千萬人爭叩頭救止尊終不肯去及水盛隄壞吏民皆走唯一主簿泣在尊旁尊立不動而水波稍却迴還吏民嘉壯尊之勇節白三毛朱英等奏其狀詔秩尊中二千石賜黄金二十斤

又曰朱雲字游魯人徙平陵少時通輕俠借客報仇身長八尺餘容貌甚壯以勇力聞

又曰趙充國字翁孫隴西人後徙金城令居以六郡良家子善騎射補羽林爲人沉勇有大略少好將帥之節學兵法通知四夷事武帝時以假司馬從貳師將軍擊匈奴爲虜所圍漢軍乏食數日死傷者多充國乃與壯士百餘人潰圍陷陳貳師引軍隨之遂得解身被二十餘創貳師奏狀詔徵充國詣行在所武帝親自視其創嗟嘆之拜爲中郎

又曰項羽下邳人身長八尺二寸力能扛鼎少學書劒不成季父梁怒羽羽曰書足以記姓名劒一人敵不足學也梁

梁奇之教以兵法籍大喜遇秦始皇遊會稽渡浙江梁與籍俱觀籍曰彼可取而代也梁掩其口會七月陳勝起兵九月會稽守通謂梁曰江西皆反此亦天亡秦時也先則制人後則爲人所制吾欲發兵使公及桓楚將梁曰桓楚亡人獨籍知其處請召籍受命籍因擊殺數十人府中讋伏梁遂舉郡中得八千人渡江而去至下邳軍已六七萬邯鄲人范曾說梁曰秦滅六國楚最無罪自懷王入秦不返楚人憐之至今若立楚後亡楚必世梁然之梁於是立懷王孫心爲楚王是爲義帝從民望也都盱眙梁自號武信君師次定陶有驕色宋義諫曰戰勝而驕卒墮者敗今卒墮矣秦兵日益爲君危之梁不聽秦將章邯兵至擊楚大破梁戰死義帝以宋義有先見徵爲上將軍羽爲次將范增爲末將北救趙至安陽留不進籍謂義曰今秦軍圍鉅鹿疾引兵

渡河楚擊其外趙應其內破秦軍必矣義曰不然夫搏牛之蝱不可以破蟣蝨今秦攻趙戰勝則兵疲我乘其弊不勝則我引兵鼓行而西必舉秦矣夫擊敵輕銳我不如公坐運籌策公不如我因下令曰猛如虎狠如羊貪如狼強不可令者斬之乃置酒高會留四十六日不進是時天寒士卒飢凍籍曰且國家兵新破王坐不安席掃境內屬將軍國家安危在此一舉今不恤士卒而徇私非社稷之臣也籍乃斬宋義於帳中左右懾伏莫敢枝梧悉發兵渡河沉舟敗釜燒廬舍持三日糧示必死乃大破秦兵虜王離諸將入轅門膝行而前莫敢仰視師次鉅鹿會戰夜坑秦卒二十萬入關屠咸陽殺子嬰自立爲西楚霸王與漢王相持五年後漢兵大會垓下食盡與漢王戰不利圍之夜聞漢軍作楚歌聲驚曰漢已得楚乎遂與從騎者八百人夜潰圍南馳漢令騎將灌嬰追至東城籍唯單騎自知窘窮乃大呼躍自刎而死遂爲五將各分一體漢王以魯公葬於穀城諸項賜姓劉

又曰樊噲沛人也身長八尺家貧以屠爲業後爲高祖參乘高祖項羽會鴻門因飲范曾起出爲項莊曰汝可以劍舞使因擊沛公殺之莊入爲壽曰軍中無以爲樂臣請以劍舞因拔劍起舞時項伯亦起舞常以身翼蔽漢王時帳下唯有張良噲居營門外聞事急乃持楯撞入立於帳下項羽目之問誰張良曰漢王參乘樊噲也羽曰壯士賜之卮酒彘肩噲既飲酒咀彘肩羽曰能復飲乎噲曰臣死且不辭何憚卮酒且漢王入關定咸陽暴師于灞上以待大王今大王至而聽小人言與漢王有隙臣恐天下解心疑大王也項羽嘿然噲因目揮漢王佯如廁遂與噲輕騎歸

營漢王即皇帝位封噲爲武陽侯後從上擊陳豨有功遷左丞相又從上破黥布後上病惡見人群臣莫敢入噲排闥直入大臣等隨之噲曰陛下起沛何其壯也今天下已定又何憊也且陛下病甚不見臣等計會國事獨與一宦者處幽室中絕不見臣等陛下豈不思趙高之事乎上笑而起

又曰天漢二年貳師李廣利將三萬騎出酒泉擊右賢王於天山召李陵欲使爲二師將輜重陵召見武帝叩頭自請曰臣所將屯邊者皆荊楚勇士奇才劒客也願得一隊到蘭干山以分單于兵無令專鄉貳師上曰將惡相屬耶吾發軍多無騎予汝陵對無所事騎願以少擊衆兵五千涉單于庭上壯而許之

又曰李敢男禹亦有勇嘗與侍中貴人飲侵陵之莫敢應

後趙之於上上召禹使刺虎懸下園中未至地有詔引出之禹落中以劍斬絕虎欲刺虎上壯之遂無殺心

又曰季布弟季心氣蓋關中任俠方數千里士爭為死中尉郅都不敢加少年時借其名行是時心以勇聞布以諾聞關中

范曄後漢書曰牛邯字孺卿狄道人有勇力才氣雄於邊陲

又曰蓋延字巨卿漁陽要陽人也身長八尺彎弓三百斤邊俗尚勇力而延以氣聞

又曰帝使王霸與馬武攻周建蘇茂救建與武戰霸曰開營後出精騎襲其背茂建前後受敵驚亂敗走霸武各歸營賊後聚挑戰霸堅卧不出方饗士作倡戲茂雨射營中中霸前酒罇霸安坐不動

又曰中郎將張耽性勇銳而善撫士卒軍中皆為用命遂繩索相懸上通天山破烏桓悉斬其渠帥還得漢民獲其畜生財物

東觀漢記曰劉伯升部將宗人劉稷數陷陳潰圍勇冠三軍聞更始立怒曰本起兵圖大事者伯升兄弟更始何為者耶更始聞而心忌之以稷為抗威將軍稷不肯拜更始乃收稷將誅之伯升固爭并執伯升即日害之

又曰祭遵為征虜將軍將兵北入箕關與弘農厭新柏華蠻賊合戰中弩矢入口洞出舉袌掩口血流袌中衆見遵傷卻退遵呵吏士吏士進戰皆一人擊十大破之

又曰馬援曰方今匈奴烏桓尚擾北邊欲自請擊之男兒要當死於邊野以馬革裹屍還葬耳何能卧牀上在兒女子手中耶

又曰耿秉性勇壯而簡易於事軍行常自被甲在前休止不結營部然遠斥候明要誓有警軍陳立成士卒皆為死

又曰永平中竇固擊匈奴班超為假司馬將兵別擊伊吾戰於蒲類海多斬首虜固又遣與從事郭恂俱使西域鄯善王廣禮敬甚備後更疏懈超謂其官屬曰寧覺廣志意薄乎此必有北虜使來也召侍胡詐之曰匈奴使來數日安在侍胡具服超悉會其吏士三十六人酒酣激怒曰不探虎穴不得虎子當今之計獨有因夜以火攻虜使彼不知我多少必大震怖可殄盡鄯善破膽功成事立也衆曰善遂將吏士往奔虜營超手格殺三人斬其使明日乃還告郭恂恂大驚既而色動超知其意舉手曰掾雖不行班超何心獨擅之乎恂乃悅鄯善一國震怖竇固具上超功并求更選使西域帝壯超詔固曰吏如班超何故不遣而

選乎今以超為軍司馬令遂前功固欲益其兵超曰願得本所從三十餘人足以備有虞多益為重煩

又曰楊政字子行京兆人嘗過楊虛侯馬武武稱疾見政去對机邊牀卧欲令政拜牀下政入戶前排武徑上牀坐武恨語言不擇政把武手責之曰卿蒙國恩備位藩臣不思求賢助國而驕天下英俊今日搖者刀入脅左右大驚以為見劫操兵滿側政顏色自若會信陽侯至責數武令為朋友其果勇敢折皆此類也

又曰賈復以偏將軍從上救邯鄲擊青犢大戰至日中賊陣堅不卻傳召復曰吏士飢且朝飯復曰先破之後食耳於是被羽先登所向皆靡諸將咸服其勇上以復敢深入希令遠征而壯其勇節常自從之故復少方面之勳諸將每論功復未曾有言上輒曰賈君之功我自知之

又曰張步攻耿弇營合戰飛矢中弇股以佩刀截之左右無知者

又曰邳彤爲遼東太守有勇力能貫三百斤弓虜每犯塞常爲士卒先鋒數破之

又曰溫序爲護羌校尉行部爲隗囂將苟宇所拘劫序素有氣大怒叱宇等曰虜何敢迫脅漢將因以節撾殺數人衆爭欲殺之宇止之曰此義士死節可賜以劒序受劒銜鬚於口顧左右曰無令鬚汙

又曰朱暉字文季南陽人暉早孤有氣決年十三莽敗天下亂與外氏家屬從田閒奔入宛城道遇群賊賊操兵弩欲裸奪婦女衣物昆弟賓客皆惶迫伏地莫敢動暉拔劒前曰財物皆可取諸毋衣不可得今日朱暉死日也賊見其小壯其志笑曰童子內刀遂舍之

謝承後漢書曰彭脩字子陽會稽人年十五時父爲郡吏得休與脩歸道爲盜所劫脩困迫乃拔佩刀前持盜曰父辱子死盜相謂曰此童子義勇士也不宜逼之遂辭謝而去

魏志曰龐德將所領與曹仁共拔宛遂南屯樊討關羽樊下諸將以德兄在漢中頗疑之德常曰我受國恩義在効死親與羽交戰射羽中額時德常乘白馬羽軍謂之白馬將軍

又曰曹仁從平荊州以仁行征南將軍留屯江陵拒吳周瑜瑜將數萬人來攻遣部曲將牛金逆與挑戰賊多金衆少遂爲所圍仁望金等垂沒左右皆失色仁氣奮怒甚將壯士數十騎直前衝入賊圍等金乃得解餘衆未盡出仁復直還突出金兵賊乃退

又曰臧霸字宣高太山人父戒爲縣獄掾據法不聽太守所欲殺太守怒收戒詣府送者百餘人霸年十八將客數人於南山中奪之送者莫敢動因與父俱亡命東海由是以勇壯聞

又曰曹真字子丹太祖族子也少孤召養與諸子同使與文帝共止嘗獵爲虎所逐顧射之應聲而倒太祖壯其鷙勇使將虎騎討虛丘賊拔之封靈壽亭侯

又曰劉曄字子揚淮南成德人也鄭寶張多許慶之屬各擁部曲寶最驍果才力過人一方所憚曄時年二十餘會太祖遣使詣州有所案問寶從數百人齎牛酒來候使曄令家僮將其衆坐中門外爲設酒飯與寶於內宴飲密勒健兒令因行觴而斫寶寶性不甘酒視候甚明觴者不敢發曄因自引取使刀以斫殺寶斬其首以令其軍

魏書曰呂布字奉先五原人也董卓爲都尉誓爲父子遷至中郎將卓每以布自衛布嘗小失於卓卓拔戟擲之布矯捷得免布由是陰怨於卓布後應王允於門刺殺卓卓將李傕等阻兵布自南陽投袁術自術又投袁紹紹與布擊張燕布嘗御良馬號赤兔能馳城飛塹遂突張燕軍陣一日或至三四皆斬首而出遂破燕軍布乃暴橫紹患之布不自安求還洛陽後復從袁術攻劉備於沛破之曹公自將至下邳擊布降之見曹公曰今日已後天下定矣公曰何以言之布曰明公所患不過布耳今布將騎明公將步天下不足定顧謂劉備曰玄德卿爲坐客我爲降虜繩縛我急獨不一言乎曹公笑曰縛虎不得不急遂縊殺之

又曰張遼字文遠爲蕩寇將軍陳蘭梅成叛太祖討之蘭入潛山中有天柱山遼遂進軍斬蘭成首太祖論功曰登

山復峻險遼之功也增封假節孫權率十萬衆圍合肥遼募其敢死者八百人登鋒陷陣大破之太祖遣遼屯合肥給遼毋車輿兵馬遂詣屯所勑遼毋至所在令道從迎觀者榮之江東小兒啼恐之曰遼來遼來無不止矣

又曰許褚字仲康長八尺大十圍勇力絶人太祖初見曰此樊噲也即日拜都尉太祖征韓遂馬超等單馬會語褚從行馬超負其力欲前突素聞褚勇乃問太祖曰公有虎侯安在太祖指褚瞋目眄之超不敢動數日會戰大破超等軍遷武衛中郎將武衛之號自此始也

又曰典韋形皃魁梧膂力過人好持大雙戟與長刀軍中爲之語曰帳下壯士有典君手提雙戟八十斤

太平御覽卷第四百三十四

太平御覽卷第四百三十五

人事部七十六

勇三

吳志曰孫堅年十七與父共載船至錢塘會海賊胡玉等從匏里上掠賈人財物方於岸上分之行旅皆住船不敢進堅謂父曰此賊可擊請討之父曰非爾所圖也堅行操刀上岸以手東西指麾若分部兵以羅遮賊狀賊望見以爲官兵捕之即委財物散走堅追斬得一級以還父大驚由是顯聞

又曰曹公出濡須甘寧爲前部督受勑斫敵前營權特賜米酒衆肴寧乃賜手下百兵食食畢寧先以銀椀酌酒自飲兩椀乃酌與都督伏不肯持寧引白削置膝上呵謂之曰卿見知於至尊孰與甘寧甘寧尚不惜死卿何得獨惜死乎都督見寧色厲即起拜持酒次通酌兵各一銀椀至二更時銜枚出破敵敵驚動遂退寧益貴重增兵二千

又曰董襲字元代餘姚人權討黃祖祖橫兩艨艟守江口以栟櫚大紲縛石爲矴上有千人以弩交射軍不得進襲將敗死百餘人被兩鎧乘軻船突入艨艟襲乃以刀斷其紲艨艟於是橫流制不能已大兵遂進祖乃開門走追斬之明日大會權舉觴屬襲曰今日之會斷紲之功也

又曰甘寧字興霸性奢麗嘗以繒錦維舟去或割弃勸權襲黃祖擒之隨魯肅至益陽拒關羽羽擇銳士五千人從上流淺瀨夜渡寧曰請以五百人往對之羽聞吾咳唾聲必不敢涉涉即成擒矣

又曰陸統字公績從征合肥爲右部都督時權徹軍還前部已發魏將張遼等奄至津北統率親近三百人陷圍拔權出敵已毀橋權策馬驅馳統復還戰左右盡死所殺數十人度權已免乃還橋敗道絕被甲潛行權既御船見之驚喜統痛親近無返者悲不自勝權引袂拭之謂曰公績亡者已矣苟使卿在何患無人

蜀志曰關羽字雲長河東人也先主入益州留羽督荊州軍事嘗爲流矢所中貫左臂羽令擘骨劈之時與諸將飲食血流盈器言笑自若及破曹仁於樊城威振華夏曹公議遷都以避其銳司馬宣王蔣濟以爲關羽得志孫權必大怒權後果用呂蒙討平荊州虜羽斬之

又曰張飛字益德涿人先主背曹公依劉表於當陽聞曹公卒至弃妻子而奔乃以飛將二十騎拒之後飛據水斷橋瞋目橫矛曰張益德在此爾曹敢來決死否衆無敢近者先主入益州飛與諸葛亮分定郡縣飛雄猛名亞關羽羽善待卒伍而驕士大夫飛敬愛君子而不恤小人先主常戒之及先主伐吳臨發益州於是飛帳下張達殺之持其首順流奔于孫權

晉書曰桓石虔小字鎮惡有材幹趫捷從父在荊州於獵圍中見猛獸被數箭而伏諸督將素知其勇戲令拔箭石虔因急往拔得一箭猛獸跳石虔亦跳高於猛獸猛獸伏復拔一箭以歸嘗從桓沖入關沖爲苻健所圍垂沒石虔躍馬赴之拔沖於數萬衆中而還莫敢抗者三軍歎息威震敵人

又曰吾彥字士則吳郡人出自寒微有文武才幹身長八尺手格猛獸旝力絕群陸抗奇其勇略將拔用之衆情不允乃會諸將密使狂人拔刀跳躍而走彥不動舉几禦之衆伏其勇乃擢用焉

又曰庾闡字仲初潁川鄢陵人也祖輝安北長史父東以勇力聞武帝時有西域健胡趫捷無敵晉人莫敢與校帝募勇士唯東應選遂撲殺之名震殊俗

又曰王弥多權略凡有所掠必預圖成敗舉無遺策弓馬迅捷膂力過人青土號爲飛豹

又曰周處爲人勇㬥不可當之嘗居義興水中有蛟龍山上有白額虎鄉里有周處時人謂之三横有里人説處請殺虎虎死入水擊蛟龍没行數十里處與之俱經三日三夜人謂已死矣皆相慶賀處殺蛟龍迴聞鄉里相賀始知身之患人也於是仄身脩已至洛陽惠帝拜爲將軍累遷爲建威將軍後西征没于陣贈西平將軍

又曰郭默殺江州太守自稱刺史爲人勇捷常身被重甲跳三丈𠌫時人莫不憚之後陶侃及庾亮率軍滅之

又曰蔡奝任僞趙爲撫武將軍少有勇力呼聲若雷嘗有盜入室奝撫机一呼賊衆皆殞時人憚之

又曰李特巴西人少仕州郡雄勇善騎射沉毅有大度嘗至劒閣箕踞太息顧眄險阻曰劉禪有如此之地而縛於人豈非庸才耶後聚流人衆至數萬遂攻城自稱大將軍爲益州刺史後稱蜀爲羅尚所殺子孫六世至勢爲大司馬桓温所滅共四十六年

又曰劉元海匈奴中人祖扶羅助漢討黄巾遂以衆留定鄴屬董卓亂屯于河内元海即扶羅之孫也髫齓英惠及長好學尤好左氏傳孫吴兵法略皆誦之兼愛武事妙絶於衆猨臂善射趫捷膂力過人姿儀魁偉身長八尺四寸鬚長三尺太始中武帝召與語大悦之及惠帝失馭寇盜蜂起成都王頴表元海爲將軍後王浚伐頴元海説頴曰今二鎮跋扈衆餘十萬恐非宿衛所能禦及請爲殿下還説五部以赴國難頴曰五部之衆可保發否鮮卑烏丸勁速如風雲何易可當吾欲奉乘輿還洛陽避其鋒鋭徐傳檄天下以逆順制之君意如何元海曰殿下武皇帝之子有殊勳於王室威恩允洽四海欽風孰不思爲殿下没命捐軀者何難發之有乎王浚豎子東瀛疎屬豈與殿下爭衡乎殿下一發鄴宫示弱於人洛陽何復得至縱達洛陽威權不復在殿下也紙檄尺書誰人奉之且東胡之悍不踰五部願殿下勉撫士衆靖以鎮之當爲殿下以二部摧東瀛二部梟王浚二豎之首可指日而懸矣頴悦拜元海爲北單于元海至左國城二旬之間衆已五萬元海謂劉宣等曰夫帝王豈有常哉大禹出於西戎文王生於東夷唯德所授耳遂僭稱漢王子孫四世至曜爲石勒所滅合二十五年

又曰石季龍趙王石勒從子也身長七尺五寸趫捷便弓馬勇冠當時至於降城陷壘不復料别善惡坑塹士女鮮有遺類指授攻討所向無前故勒委以專征之任所在立功後廢弘而僭位時豪傑侵恣賄賂公行季龍患之擢殿中御史李宬爲御史中丞特親任之自此百僚震慴州郡肅清季龍曰朕聞良臣猛獸高步通衢而犲狼避路信矣哉李宬是也賞賜甚厚後以疾卒

又曰石閔趙王季龍養子也善謀策勇力絶人既殺石鑒遂僭國號大魏戎卒三十萬旌旗鍾鼓綿亘百餘里雖石氏之盛無以過之慕容儁遣慕容恪率衆伐之閔與恪十戰皆敗恪恪乃以鐵鎖連馬簡善射卑勇而無剛者五千方陣而前閔所乘赤馬日行千里左仗雙刃右執鉤戟順

風擊之斬鮮卑三百餘級俄而燕騎大至圍之數匝閔躍馬潰圍馬死爲恪所擒斬之左右七里草木悉枯

又曰苻生健之子也幼而無頼及長力舉千斤雄勇好殺手格猛獸走及奔馬擊刺騎射冠絶一時

何法盛晉中興書曰周訪字士達尋陽人遷武昌太守時杜弢作亂寇豫章訪進討弢別帥杜弘張彦等邀訪訪爲流矢所中折齒口中流血壯氣益勇先登奮擊臨陣禽彦殺數百人

又曰劉遐字正長廣平人性果毅便弓馬遭天下亂遐自爲隖主攻抄日至無時不戰遐每奮槊直入賊軍陷堅摧鋭鄉人邵績深知之以女妻焉遂立壁河濟之間胡不敢逼時人號爲關羽張飛

王隱晉書曰段疋磾召弟文鴦還厭次石虎來先縱騎抄城左右鴦登城臨見不勝其勇欲出擊胡磾疑有伏不聽出民出大爲胡所殺掠鴦單將壯士數十騎出擊胡所殺甚多胡騎退鴦追躡磾率步繼鴦虎伏騎起磾鴦力戰殺胡數十鴦還赴磾磾已散還鴦所乘馬之頓虎呼曰大兄乆望共天同不違願今日見何故復戰請精杖語鴦罵曰汝爲寇虜乆應死吾兄不能用吾計故令汝得至此吾寧死不忍爲汝擒遂下馬與胡戰矟折執刀戰不降虎軍四面解馬羅披自鄣前捉鴦自辰至申力極斫殺人而後見得也

又曰石勒攻夏口朱伺銜鐵面以弩的射賊大帥數人皆殺之並以磊石弓箭兩下所向摧破賊皆抛舩上岸於水邊作陣伺身被數十箭氣色不變諸軍尋至賊兵便崩退投水死者百數夏口之全伺之勳也

宋書曰蒯恩字道恩蘭陵人高祖出征恩縣差爲征民充甲士使伐馬芻恩常負大束兼倍餘高祖聞之即給器仗恩大喜因征妖賊常爲先登多斬首級既習戰陳膽力過人

又曰朱越朱陽人爲郡吏太守夏侯穆擢爲隊主蠻有爲寇盜者常使越討伐往輙有功家貧無以市馬常刀楯步出單身挺戰衆莫能當每一捷郡將輙賞錢五千因此得買馬

又曰宗慤爲江夏王國上將軍十五年不徙官元嘉二十二年伐林邑慤自奮願行義恭舉慤有膽勇乃降除振威將軍

又曰薛安都與副將譚金追魯爽於小峴爽自與腹心壯騎斷後譚金先薄之不能入安都望見爽便躍馬大呼直往刺之應手而倒左右范雙斬爽首爽累世驍猛生習戰陣咸云萬人敵安都單騎直入斬之而反時人皆云關羽之斬顔良不過也

徐爰宋書曰柳元景字孝仁河東解人也良家子少便弓馬慕尚將師數隨父伐蠻夙以勇稱

孫嚴宋書曰拓跋燾字佛貍壯健有筋力勇於戰鬭忍虐好殺夷狄畏之攻城臨敵皆親貫甲胄

又曰宗慤字元幹南陽沮人兄泌娶妻始入門夜被刼慤年十四挺身與刼相拒十餘人皆披散不得入室時天下無事士人並以文義爲業而慤任氣好勇故不爲鄉曲所知

齊書曰桓崇祖在淮陰見上便自比韓信白起咸不信唯上獨許之崇祖再拜奉旨及破虜啓上謂朝臣曰崇祖許

爲我制虜果如其言恒自擬韓白今眞其人也
又曰張敬兒年少便馬有膽氣好射虎發無不中南陽新野風俗出騎射而敬兒尤多膂力
又曰魚復侯子響勇力絶人開弓四斛力數在園池中帖騎馳走竹樹下身無虧傷
又曰周山圖鎭軍將軍張永征薛安都於彭城山圖領二千人迎軍至武原爲虜騎所追合戰多所傷殺虜圍轉急山圖據城自固然後更結陣死戰突圍出虜披靡不能禁衆稱其勇呼爲武原將
又曰焦度初靑州刺史顔師伯出鎭差度領幢主送之索虜寇靑州師伯遣度領軍與虜戰於沙溝杜梁度身破陣大捷師伯板爲已輔國府參軍虜遣淸水公寇淸口度又領軍救援刺虜騎將豹皮公墮馬獲其裝鎧矟手殺數十

人師伯啓孝武稱度氣力弓馬並絶人帝召還充左右見度身形黑壯謂師伯曰眞健物也
又曰周盤龍子奉叔單馬率二百餘人結陣虜萬餘騎張左右翼圍繞之一騎走還報奉叔已沒盤龍方食棄筯馳馬奮矟直奔虜陣自稱曰周公來虜素畏盤龍驍名即時披靡時奉叔已大殺虜得出在外盤龍不知乃衝東擊西奔走突北賊衆莫敢當奉叔見其父久不出復躍馬入陣父子兩騎縈攪數萬人虜衆大敗盤龍父子由是名播北國形甚羸訥而臨軍勇果諸將莫逮
又曰崔惠景恭祖者慧景宗人驍果便馬矟氣力絶人頻經軍陣討王敬則與左興盛軍容袁文曠爭及敬則首訢明帝曰恭祖禿馬絳衫手刺倒賊故文曠得斬其首以死易勳而見枉奪若夫此勳要當刺殺左興盛帝以其勇使謂興盛曰何容令恭祖與文曠爭功遂封二百户
又曰桓康蘭陵人勇果驍悍宋太初中隨武帝起義爲郡所縶衆皆散康裝擔一頭貯穆后一頭貯文惠太子竟陵王子良自負至山中與門客蕭欣祖三十餘人相結破獄出武帝郡兵追急康死戰破之隋武帝起兵摧堅陷陣所經村邑次行暴害江南人畏之以其名怖小兒畫其形狀於寺中病瘧者寫其形怗其牀壁無不立愈位至蘭陵太守
梁書曰王神念少善射騎既老不衰常於高祖前手執二刀楯左右交度馳馬往來冠絶群伍
又曰侯景懷朔人也少而不羈高歡以爲將雄勇冠時征伐數有大功景謂高歡曰若假臣三萬人當橫行天下要須縛取蕭衍老翁遣作太平寺主及歡敗於沙苑景謂歡

曰宇文泰怛於戰勝今必致殆請以勁騎數千至關中取之歡以告其妃婁氏婁氏曰彼若得泰景亦不歸高歡乃止後歡死景乃以河南十三州降于梁高澄使慕容紹宗圍景於長社景乃走紹宗追之至渦陽景遣使謂紹宗曰欲送客耶將定雌雄耶紹宗曰決戰景乃令將士皆被甲持短刃但低視斫人腦馬足遂敗紹宗軍裨將斛律光尤之紹宗曰吾戰多矣未見此賊爾相持連月景食盡其將景顯等降紹宗衆遂潰景乃與腹心數十騎南走後稍收散卒得馬歩八百人晝夜兼行追軍不敢逼遣使謂紹宗曰景若就擒公復何用紹宗乃縱之遂攻壽春下之據其城

太平御覽卷第四百三十五

太平御覽卷第四百三十六

人事部七十七

勇四

崔鴻十六國春秋前燕録曰將作大匠屯騎校尉朝鄉侯青武邑人也機巧有籌略驍勇善騎射所在先登陷陳慕容儁擬之張飛

又曰成公都晉興元吳人也都驍猛有勇力陽鹿之戰年十八橫矛太呼賊不敢當獨步當時擬之方叔論者咸曰當求之於古造次無其比也

後魏書曰來大千驍果善騎射遷中散至於朝賀之日大千常着御鎧盤馬殿庭莫不歎異嘗從太宗獵見虎在高巖上大千持矟直前刺之應手而死太宗嘉其勇壯又爲殿中給事

又曰乙瓌代人也其先世統部落世祖時瓌父正知慕國威化遣瓌入貢世祖因留之瓌便弓馬善騎射手格猛獸膂力過人數從征伐甚見信待尚上谷公主世祖之女也

又曰庾業爲將有謀略治軍清整常以少擊多士衆服其智勇名冠諸將

又曰楊播字延慶自云弘農華陰人也除左將軍尋假前將軍隨車駕南討至鍾離師迴詔播領步卒三千騎五百爲衆軍殿時春水初長賊衆大至舟艦塞川播以諸軍渡淮未訖嚴練南岸身自居後諸軍賊衆遂集於是圍播數重播乃爲圓陳以禦之身自搏擊斬殺甚多相拒冊宿軍人食盡賊圍更急高祖在北而望之既無舟舡不得救援水勢稍减播領精騎三百歷其舩大呼曰今我欲渡能戰者出賊莫敢動遂擁衆而濟高祖甚壯之賜爵華陰子

又曰河間公齊烈帝之玄孫也少雄傑魁岸世祖愛其勇壯引侍左右從征赫連昌世祖馬蹶賊衆逼帝齊以身蔽捍決死擊賊賊乃退

又曰賈思伯字仕休齊郡益都人也世宗即位加輔國將軍任城王之圍鍾離也以思伯持節爲其軍司及失利思伯爲後殿以思伯儒者謂之必死及至大喜曰仁者必勇常謂虛談今於軍司見之矣

又曰于栗磾代人也少習武藝拜冠軍將軍道武畋于白登山見熊領數子道武顧謂栗磾曰能縛之乎栗磾曰能道武曰若搏之不勝豈不虛斃一壯士耶栗磾曰自可能致御前坐而制之尋而擒之晉將劉裕遺栗磾書曰黑矟將軍磾常好持黑矟故有其號

又曰楊大眼武都氐王難當之孫也少驍勇趫捷走如飛電宣武南征尚書李冲典選統拔征官大眼往求征焉冲不許大眼曰尚書不見知聽下官出一伎便出長繩三丈繫之於髻而走繩直如矢馬馳不及冲大驚曰千載已來未有此人也遂用爲軍主大眼顧謂同寮曰吾之今日所謂蛟龍得水之秋也自此一舉不復與諸君齊列矣所經戰皆武冠六軍大眼妻潘氏善射詣軍省大眼至攻戰遊獵之際潘氏亦戎裝齊鑣並轡乃至還營同坐幕下對諸寮佐言笑自得大眼指謂諸人曰此潘將軍也明帝加光禄大夫淮泗之間童兒啼者恐之云楊大眼至無不立止王秉之初歸國也謂大眼曰吾在南時聞君之名以爲眼如車輪及見君乃不異常人大眼曰鼓旗相望瞋眸奮發足使君目不能視何必大如車輪

又曰文成帝名濬太武孫晃子也即位後冬大儺曜兵帝

有勇力善騎射靈丘南有山高四百餘丈詔群官仰射山峯無能踰者帝彎弧發矢出山四十餘丈過山南二百步遂詔刋石勒銘紀功

北齊書曰高昻字敖曹膽力過人姿儀殊異其父次同爲求嚴師加鞭撻昻不遵師訓專事馳騁每言男兒當横行天下自取富貴誰能端坐讀書作老博士也其父曰此兒不滅吾族當大吾門以其昻藏敖曹故以名字

北史曰達奚震少驍勇走及奔馬周文嘗渭北校獵時有兎過周文前震與諸將競射之馬倒而墜震足不傾躓因步射之矢中兎顧馬纔起遂迴身騰上周文喜曰非此父不生此子

陳書曰蕭摩訶齊軍戰有西域胡妙於弓矢弦無虛發衆軍尤憚之及將戰明徹謂摩訶曰若殪此胡則彼軍奪氣君有關張之名可斬顔良矣摩訶曰願識其形狀當爲公取之明徹乃召降人有識胡者云胡著絳衣樺皮弓兩端骨弭明徹遣人覘乃知胡在陣仍自酌以飲摩訶摩訶飲訖馳馬衝齊軍胡挺身出陣前十餘步彀弓未發摩訶遥擲銑鋧正中其額應手而仆齊軍大力十餘人出戰摩訶又斬之

又曰周鐵虎事梁河東王詧王僧辯擒欲烹之鐵虎曰侯景尚未滅奈何殺壯士耶僧辯奇之後降高祖

又曰蕭摩訶帥齊兵爲寇高祖遣安都北拒齊軍於鍾山龍尾及北郊壇安都謂摩訶曰卿驍勇有名千聞不如一見摩訶對曰今日令公見矣

隋書曰宇文慶從武帝攻河陰先登攀堞與賊短兵接戰良久中石迺墜絶而後蘇帝勞之曰卿之餘勇可以賈人也

又曰楊玄感驍勇多力每戰親運長矛身先士卒喑嗚叱咤所當者莫不震懾論者方之項羽

又曰魚俱羅馮翊下邽人也身長八尺膂力絶人聲氣雄壯言聞數百步

又曰權武少果勁勇力絶人能重甲上馬嘗倒投於井未及泉復躍而出其拳捷如此

又曰長孫晟突厥之内大畏長孫揔管聞其弓聲謂爲霹靂見其走馬稱爲閃電王笑曰將軍震怒威行域外遂與雷霆爲比一何壯哉

唐書曰丘行恭從討王世充會戰於邙山之上太宗欲知其虚實强弱乃與數十騎衝之直出其後衆皆披靡莫敢當其鋒所殺傷甚衆既而限以長堤與諸騎相失唯行恭獨從尋有勁騎數人追及太宗矢中御馬行恭乃迴騎射之發無不中餘賊不敢復前然後下馬拔箭以其所乘馬進太宗行恭於御馬前步執長刀巨躍大呼斬數人突陣而出得入大陣貞觀中有詔刻石爲人馬以象行恭拔箭之狀立於昭陵闕前

又曰淮陽王道玄拜洛州揔管及府廢授洛州刺史五年劉黒闥引突厥寇河北復授山東道行軍揔管師次下博與賊軍遇道玄帥騎先登命副將史萬寳督軍繼進萬寳與之不恊及道玄深入而擁兵不進謂所親曰吾奉手詔言淮陽小兒雖名爲將而軍之進止皆委吾今其輕銳越滹交戰大軍道動必陷泥溺莫如結陣以待之雖不利於王而利於國道玄遂爲賊所禽全軍盡没唯萬寳逃歸道玄遇害年十九太宗追悼久之嘗從容謂侍臣曰道玄

終始從朕見朕深入賊陣所向必剋意嘗企慕所以每陣先登盡學朕也惜其年少不遂遠圖因爲之流涕

又曰王君廓鎮幽州會突厥入寇君廓邀擊破之俘斬二千餘人獲馬五千疋高祖大悦徵入朝賜以御馬令於殿庭乘之而出因謂侍臣曰吾聞藺相如叱秦皇目皆出血君廓往擊竇建德將出戰李勣過之君廓發憤大呼目及鼻耳一時流血此之壯氣何謝古人不可以常例賞之復賜錦袍金帶還鎮幽州

又曰劉世讓爲并州揔管統兵屯於鴈門突厥處羅可汗與高開道苑君璋合衆攻之甚急鴻臚卿鄭元璹先使在蕃可汗令元璹來説之世讓厲聲曰大夫奈何爲夷狄作説客耶經月餘虜乃退及元璹還述世讓忠勇高祖下制襃美之

又曰李嗣業賊將李歸仁初以銳師數來挑戰我師橫矢而逐之賊軍大至逼我追騎突入我營我師囂亂嗣業謂郭子儀曰今日之事若不以身啖寇決戰於陣萬死而冀其一生不然則我軍無孑遺矣嗣業乃脫衣徒搏執長刀立於陣前大呼當嗣業刀者人馬俱碎殺十數人陣容方駐前軍之士盡執長刀而出如牆而進嗣業先登奮命所向摧靡

又曰張濬拜諫議大夫其年冬宰相王鐸至滑臺兼充天下行營都統方徵兵諸侯奏用濬爲都統判官時王敬武初破弘霸郎軍大振累詔徵平盧兵敬武獨不赴援鐸遣濬往說之敬武已授偽命復怙強不迎詔使濬至詞見責之曰公爲天子守藩王臣賫詔宣諭而侮慢詔使既未識君臣禮分復何顏以御軍民哉敬武愕然謝咎既宣詔軍士按兵默然濬並召將佐集於鞠場而諭之曰人生効忠仗義所冀粗分逆順懸知利害黃巢前日販鹽虜耳公等捨累葉天子而臣販鹽白丁何利害之可論耶今諸侯勤王天下響應公等獨據一州坐觀成敗賊平之後去就何安君能此際排難解紛陳師鞠旅共誅寇盜迎奉鑾輿則富貴功名指掌可取吾惜公輩捨安而即危也諸將改容引過謂敬武曰諫議之言是也即時出軍從濬入援京師

晏子春秋曰昔夏之衰也有推移大戲殷之衰也有費仲惡來足走千里手裂兕虎任之以力夌轢天威專行勇力不顧乎義理是以桀紂以滅殷夏以衰

又曰莊公奮乎勇力不顧於行尚勇力之士無忌於國貴戚不薦善偪邇不引過故晏子見公公曰古者亦有徒以勇力立於世者乎晏子對曰嬰聞之輕死以行理謂之勇誅暴不避強謂之力故勇力之立也以行理義也今公自奮乎勇力不顧乎行暴尚勇力之士無忌於國身立威彊行流淫暴貴戚不薦善偪邇不引過反聖王之德而循滅君之行用此存者嬰未嘗聞有也

吳越春秋曰專諸豊邑人伍子胥初去楚如吳時遇之於塗專諸方與人鬭其怒有萬人之氣甚不可當其妻一呼即還子胥怪而問其狀何夫子怒之盛聞一女子之聲而即折道寧有說乎專諸曰子視吾之儀寧類愚者耶何言之鄙也夫屈一人之下必申萬人之上子胥因相決之推顙深目虎口鷹背戾於從難知其勇士也

又曰伍子胥見吳王僚王僚望其顏色甚可畏長一丈大十六圍眉間一尺僚與語三日辭無復者賢人也子胥知王好之每入言語偘偘有勇壯之氣也

孔演漢魏春秋曰許褚之爲人長八尺餘大十圍容貌甚雄勇力絶人漢末賊起褚在汝南與少年相聚及宗族數千家共堅壁相保曹公徇兵汝南褚以其衆歸公公見而壯之曰此樊噲也即日拜都尉引入宿衛諸從褚俠客皆爲虎士出入周旋不離左右軍中以褚力如虎癡勇號曰癡虎至今天下稱之皆謂其姓名也

吳均齊春秋曰戴僧静會稽永興人臨湘侯副太祖在淮陰雅有人鑒見而賞之會匈奴卒至僧静應募出戰單力直前虜騎奔退又斬三級時天盛寒乃脫衣口銜三頭以刀插背泊浮而還臨湘侯大賞之曰殺三人亦可反命矣進之於太祖石頭之役功冠諸將遂至貴顯

蕭方等三十國春秋曰符洛雄勇多力猛氣絶人坐制奔牛射洞犁耳符堅深憚之故常爲邊守

又曰劉陽少驍猛甚有勇力手曳牛尾却行百步

又曰趙將麻秋命黑槊龍騰三千人馳擊謝艾軍艾左右擾動李偉勸艾乘馬艾不從乃下踞胡牀而麾衆趙人以爲有伏懼而不進

韓詩外傳曰衛靈公晝寢而起志氣益衰使人馳召勇士公孫悁道遭行人卜商子夏曰何馳之疾也對曰君晝寢而起使我馳召勇士公孫悁子夏曰微悁而勇若悁者可乎御曰可子夏曰載我而反至君曰延先生上起召公孫悁俄而悁至入門拔劒疾呼曰商不我取若頭子夏顧叱之曰咄内劒吾將與若言勇於是君令悁内劒而上子夏曰來吾嘗與子從君而北見趙簡子趙簡子被髮仗矛而見我君從十三行之後趍而進曰諸侯相見不宜不朝服君不朝服行人卜商將以頸血濺君之衣矣使反朝服而

見吾君者子耶我耶悁曰子也子夏曰子之勇不若我一矣又與子從君而東至海曹齊君重鞇而坐從十三行之後趍進曰諸侯相見不宜相臨以其一鞇而去之者子耶我耶悁曰子也子夏曰子之勇不若我二矣又與子從君於囿中於是兩軍逐我君與拔矛格而還之者子耶我耶悁曰子也子夏曰子之勇不若我三矣所貴爲士者上不攝萬乘下不敖乎疋夫外立節矜敵而不侵掠内禁殘害而君不危殆是士之所長而君子之所致貴也若夫以長掩短以衆暴寡凌轢無罪之民而威於閭巷之間者是士之甚毒而君子之所致惡也於是靈公避席曰抑乎寡人雖不敏請從先生勇

又曰孔子游於景山之上子路子貢顔回從焉孔子曰君子登高必賦爾願言者何其丘將啓汝子路曰由願奮長

戟揚三軍乳虎在後仇敵在前搏躍快志進救兩國之患孔子曰勇士哉

又曰齊莊公出獵有螳螂舉足將搏其轉輪問其御曰此何蟲也對曰此螳螂者也其爲蟲知進而不知退不量力而輕敵莊公曰以此爲人必爲天下勇士矣於是迴車避之勇士歸之

虞溥江表傳曰曹公出濡須號步騎四十萬臨江飲馬孫權帥衆七萬應之使甘寧領二千人爲前部督權密勑寧使夜入魏軍寧乃選手下健兒百餘人徑詣公營下使拔鹿角踰壘入營斬得數十級北軍驚駭鼓譟舉火如星寧已還入營作鼓吹稱萬歲因見權權曰聊以觀卿膽耳即賜絹千疋刀百口權曰孟德有張遼孤有興霸足相敵也停住月餘北軍乃退

劉向列士傳曰秦召公子無忌無忌不行使朱亥奉璧一雙謝秦秦王大怒執朱亥着虎圈中瞋目視虎終不敢動

殷氏世傳曰兕字子華少好學年四十舉孝廉到陽城遇兩虎爭一羊馬不敢進於是兕乃按劒直至虎所斬羊腹虎乃各得其半去時人爲之謡曰石里之勇殷子華暴虎見之合爪牙

劉昭幼童傳曰魏太祖幼而智勇年十歲嘗浴於譙水有蛟來逼自水奮蛟乃潛退於是畢浴而還弗之言也後有人見大蛇奔逐太祖笑之曰吾爲蛟所擊而未懼斯畏蛇而恐耶衆問乃知咸驚異焉

又曰秦舞陽者燕國人也年十二以勇氣聞人犯必殺之莫有敢近視

太平御覽卷第四百三十六

太平御覽卷第四百三十七

人事部七十八

勇五

盛弘之荆州記曰襄陽城北河水極深先有蛟年常爲害太守鄧遐氣果兼人拔劒入水蛟繞其足遐因揮劒截蛟數段流血丹水自此無復蛟患

干寶搜神記曰東越閩中有庸領高數十里下北隰中有大蛇長七八丈大十餘圍常病都尉及長吏下夢巫覡欲得啖童女常八月朝祭送蛇穴蛇輙吞之已用九女將樂李誕有小女名寄應募而行乃請好劒咋蛇犬作數斛餈疾資切蜜灌之以置穴口蛇出頭大如囷目如二尺鏡先啖餈寄便放犬蛇以劒斫殺得九女髑髏越王乃以寄爲后

漢末英雄記曰公孫瓚除遼東屬國長史連接邊寇每有驚輙厲色憤怒如赴讎敵望塵奔繼之夜戰虜識瓚聲憚其勇莫敢犯之與魏書語別故兩出

越絶書曰越王請臣於吳吳王許之子胥大怒目若夜光聲若哮虎曰此越未戰而服天以賜吳其逆天乎臣唯君王急制之吳王不聽遂許之

又曰闔閭惡王子慶忌問於伍子胥子胥曰臣有所厚於國其人細小也曰要離臣嘗見其辱壯士菑丘訢東海上人也爲齊王使於吳過淮津欲飲馬水神出取菑丘訢大怒偏袒操劒入水與戰殺兩蛟一龍連日乃出眇其左目遂之吳會於友人之座訢恃其與神戰之勇輕士大夫要離與之對座即謂之曰吾聞勇士之戰也與日戰者不移表與鬼戰者不旋踵與人戰者不達聲生往死還不受其辱今子與神戰於泉水之中亡馬失御又受眇目之病形殘名辱勇士所恥自驕於友人之旁何其忍負也於是菑丘訢卒於結恨勢怒未及有言座衆分解菑丘訢宿怒遣恨宣往攻要離要離戒其妻曰曩日吾辱壯士菑丘訢於大衆之座彼勇士有受不還報吝之怒餘恨忿志冥必來矣愼毋閉門菑丘訢果往入門不閉登堂不關入室不守放髮僵卧訢乃手拔劒而捽要離曰子有三當死之過子知之乎要離曰吾不知也菑丘訢曰子辱吾於大座之衆一死也歸不閉門二死也卧不守備三死也子有三死之過雖欲勿怨其得乎哉要離曰吾無三死之過子有三不肖之媿子知之乎菑丘訢曰吾不知要離曰吾辱子於千人之衆子不報荅是一不肖也入門不駭登堂無聲是二不肖也先拔劒手持頭乃敢有言是三不肖也子有三不肖之媿而欲滅我豈不鄙哉於是菑丘訢仰天歎曰吾之勇也人莫敢有訾吾者若斯要離乃加吾之上此天下壯士也

劉彦明敦煌實錄曰索苞有文武材舉孝廉除郎中每征伐尅敵勇冠三軍時人比之關羽宋澄於金城爲步羌三千人所圍窮守孤嶮垂當破没苞以完騎五千奮劒突陣徑入與澄對坐摇頭拊掌大笑羌皆佩楯擢刀四面直前苞謂澄曰君但安心觀我擊之乃除弨弓接矢繞嶮射之莫不應弦而倒皆陷楯洞中立殺三十餘人剗夷者百計羌即散走稱神

嚴尤三將論曰王翦爲秦將滅燕燕王喜奔逃東夷秦王曰齊楚何先李信曰楚地廣齊地狹楚人勇齊人怯請先從事於易

袁准正論曰兵有三勇主愛其民者勇有威刑者勇賞信

於民者勇故仁愛加於下則有必死之民

劉向新序曰曰恒將弑君勇士六人刼子川捷曰子與我請分齊之半以予子不吾與今此是已子川捷曰子之欲與我也以我爲智乎臣弑君非智也以我爲仁乎見利而倍君非仁也以我爲勇乎刼我以兵懼而予子非勇也使吾無此三者與子無恒矜子若有此三者終不從夫子乃舍之

又曰勇士一呼三軍皆碎易士之誠也夫勇士孟賁水行不避蛟龍陸行不避虎狼發怒吐氣聲響動天至其死矣頭行斷絶夫不用仁而用武當時雖快身必無後是以孔子勤勤行仁

又曰齊遣淳于髡到楚髡爲人短小楚王甚薄之謂之曰齊無人耶而使子來子何長也髡對曰臣無所長腰中七

尺之劒欲斬無狀王王曰止吾但戲子耳與髡共飲酒

又曰秦王以五百里地封鄢陵君鄢陵君辭不受使唐且謝秦王王忿然變色怒曰亦嘗見天子之怒乎且曰臣未嘗見王曰夫天子之怒伏尸百萬流血千里且曰大王亦嘗見布衣韋帶士之怒乎王曰布衣韋帶士之怒解冠徒跣以頭搶地耳何難知者且曰此乃庸夫庶人之怒耳非布衣韋帶士之怒也夫專諸刺王僚彗星襲月奔星晝出要離刺王子慶忌倉鷹擊於臺上聶政刺韓王白虹貫日此三者皆布衣怒也與臣將四士無怒則已一怒伏尸二人流血五步即案其匕首起視秦王曰今將是矣王色變長跪曰先生就坐寡人喻矣鄢陵獨以五十里在者徒用先王故乎史記鄒陽上書曰白起長平之謀太白食昴荆軻慕燕丹之義白虹貫日

又曰林既衣韋衣而朝齊景公景公曰此君子之服耶小人之服耶林既作色曰夫服事何足以端士行乎昔荆爲長劒危冠令尹子西出焉齊桓短衣而遂儔之冠管仲隰朋出焉越文身翦髮范蠡大夫種亦出焉西戎左衽而組結由餘亦出焉如君言衣犬裘者當犬號衣羊裘者當羊鳴今君衣狐裘而朝得無爲變乎景公曰子自以爲勇悍乎曰登高臨危而目不眴而足不凌者此工匠之勇悍也入深泉取蛟龍拘黿而出者此漁夫之勇悍也入深山刺虎豹抱熊而出者此獵夫之勇悍也夫不難斷頭裂腹暴骨流血中野者此武士之勇悍也今臣居廣廷作色而辯以犯主君之怒前雖有乘軒之賞未爲之動也後雖有斧鑕之威未爲之恐也此既之所以爲勇悍也

劉敬叔異苑曰荆州上明江浦常有蛟浴汲者死不脫歲外平史陳郡鄧遐字應延素勇健憤而入水覓蛟得便與

拳即曳着岸欲斫殺母語云蛟是神物寧忽殺之今可呪今勿復爲害遐呪而放焉自茲迄今絶無此患盛弘之荆州記云揮劍截蛟血流滑水爲同

太公六韜曰大勇不勇

又曰以死取人謂之勇

又曰文王問太公曰守士柰何公曰危之而不恐者勇也

又曰武王問太公曰陳士之道柰何太公曰軍中有大勇暴強者聚爲一卒名曰陷陳之士有枝格強良多力能潰破金鼓絶滅旌旗者聚爲一卒名曰勇力之士

老子曰勇於敢則殺勇於不敢則活

莊子曰孔子遊於宋匡人圍數匝而弦歌不輟子路入見問曰圍者數重弦歌不輟何也子曰由來吾語爾夫水行不避蛟龍者漁父之勇也陸行不避兕虎者獵夫之勇也白刃交於前視死若生者烈士之勇

也聖人知窮之有命知勇之有時臨大難而不懼聖人之勇也由處矣吾命有所制矣無幾何將甲者進辭曰以爲陽虎故圍之今非請辭而退

又曰田光荅太子曰竊觀太子客無可用者夏扶血勇之人怒而面赤宋意脉勇之人怒而面青武陽骨勇之人怒而面白光所知荆軻神勇之人怒而色不變

又曰闔廬試其民於五湖劒皆加於肩地流血幾不可止

又曰大勇不鬬大兵不寇

又曰齊之好勇者其一人居東郭其一人居西郭卒然相遇於塗曰姑相與飲乎觴數行曰姑求肉乎一人曰子肉也我肉也尚胡求肉於是酒而已因抽刀而相啗至死而止勇若此不若無勇

又曰齊莊公時有士曰賓卑聚夢有壯士白縞之冠束布

之衣素履墨劒從叱之唾其面惕然而寤徒夢也明召其友而告之曰吾少好勇年六十而無所挫辱今夜辱吾將索之得之則可不得將死之每朝立乎衢三日不得退而自殺

又曰兵天下之凶器也勇天下之凶德也舉凶器行凶德由不得已也

呂氏春秋曰荆有佽飛者得寶劒於江干遂還反涉江至於中流有兩蛟夾繞其船佽飛曰子嘗見兩蛟繞船而活者乎船人曰未之嘗見也佽飛攘臂袪衣拔寶劒曰此江中之腐肉朽骨也持劒赴江刺蛟殺之而復上船舟中之人皆得活荆王聞之仕以執圭

抱朴子曰赴白刃而忘生格兕虎於谷者勇人也

韓子曰越勾踐欲民輕死出見怒鼃乃爲之軾曰爲其有氣故也明年民以頭獻十餘人由此觀之譽足殺人矣

孟子曰晉有馮婦者善搏虎野有衆搏虎虎負嵎莫敢攖馮婦趍而迎之攘臂而下車衆皆悅之趙岐曰馮婦名也

又曰梁惠王曰寡人有疾寡人好勇孟子對曰王請無好小勇撫劒疾視曰彼惡敢當我哉此匹夫之勇敵一人者也詩云王赫斯怒爰整其旅以遏徂莒以篤周祜以對于天下此文王之勇也一人衡行於天下武王恥之此武王之勇也武王一怒而安天下之民今王亦一怒而安天下之民民惟恐王之不好勇也

楊雄法言曰或問勇曰軻也曰何軻也曰軻也者謂孟軻若荆軻君子盜諸或問孟軻之勇曰勇於義而果於德不以貧富貴賤死生動其心於勇也其庶乎

孫卿子曰有三勇上不循亂世之君下不循亂世之民無

貧窮富貴天下知之則欲與天下共樂不知之則塊然獨立天地之間而不畏是上勇也禮恭意儉輕貨惟賢有不肖者敢援而廢之是中勇也輕身重貨以斯勝人爲意是下勇也○尸子曰孟賁曰生乎勇乎曰勇貴乎勇乎曰勇富乎勇乎曰勇三者人之所難而皆不足以易勇此其所能懾三軍服猛獸者也

又曰田成子問勇顏歜聚之荅也不敬田子之僕填劒曰更言則生不更則死歜聚曰以死爲有智今吾生是也是吾所以懼汝而反以懼我

又曰聖人畜仁而不主仁畜智而不主智畜勇而不主勇昔者齊桓公脅於魯君而獻地百里勾踐脅於會稽而身宦之三年襄子脅於智伯而以顏爲愧其卒桓公臣魯君勾踐滅吳襄子以智伯爲戮此謂勇而能怯者也

愼子曰有勇不以怒反與怯均也
胡非子曰夫曹劌匹夫徒步之士布衣柔發之人也唯無怒一怒而劫萬乘之師存千乘之國此謂君子之勇勇之貴者也
又曰屈將子好勇見胡非　而問曰聞先生非鬬有説則可無説則死胡非曰吾聞勇有五等夫負長劒赴榛薄折兕豹搏熊羆獵徒之勇也負長劒赴深泉折蛟龍搏黿鼉漁人之勇也登高危之上鵠立四望顔色不變陶匠之勇也若迕視必殺立刑之勇也昔齊桓公伐魯曹劌聞之觸齊軍見桓公曰臣聞君辱臣死君退師則可不退則臣以血濺君矣桓公懼管仲曰許與之盟而退夫曹劌疋夫一怒而却齊侯之師此君子之勇晏嬰疋夫一怒而沮崔子之亂亦君子之勇也五勇不同公子將何處屈將悦稱善乃解長劒釋危冠而請爲弟子焉

淮南子曰桀之力申鈎索鐵揉金椎移大犧水殺黿鼉陸搏熊羆然湯革車三百乘困之鳴條禽之焦門由此觀之則勇不足以爲天下矣智不足以恃勇不足爲強
張華博物志曰賁育之勇
劉義慶徐州先賢讃曰徐盛字文嚮晉琅琊莒人也遭亂客居吳以剛直勇氣聞魏王出濡須孫權每選出戰者盛常在前魏嘗大出横江盛與諸將俱赴討時乘艦遇風落岸下諸將恐懼未有出者盛獨將上斫賊賊三披走所傷殺甚衆風止得還權大壯之
應璩與許子俊書曰足下以方剛之盛年應不羈之勁勇將發虓虎之威致霜雪之誅擒吳梟蜀定功萬里而劉備不下山孫權不出水武力不奮猛氣畜勇其毒如何
蔡謨書曰祖士稚昔葬雍丘城内祖約在壽春時賊據雍丘約遣路永將數百人夜縋入雍丘城戰并開墓檢衣踰城出徑還壽春永之勇如此

太平御覽卷第四百三十七

太平御覽卷第四百二十八

人事部七十九

烈士

禮記曰戰于郎郎魯邑也魯公叔禺人遇負杖入保者息曰使之雖
病也任之雖重也君子不能爲謀也士弗能死也不可我
則既言矣與其鄰重汪踦往皆死焉重當爲童汪踦名魯人欲勿殤
重汪踦問於仲尼仲尼曰能執干戈以衛社稷雖欲勿殤
不亦可乎
又曰齊大饑黔敖爲食於路以待餓者而食之有餓者蒙
袂輯屨貿貿然來黔敖左奉食右執飲曰嗟來食揚其目
而視之曰予唯不食嗟來之食以至於斯也從而謝焉終
不食而死曾子聞之曰微與其嗟也可去其謝也可食
又曰魯莊公及宋人戰于乘丘縣賁父御馬驚敗績公隊

賁父曰他日不敗績而今敗績是無勇也遂死之圉人浴
馬有流矢在白肉公曰非其罪也遂誄之
史記曰齊人或毀孟嘗君於湣王曰將爲亂及田甲劫湣
王王意之孟嘗乃奔魏前有獲粟於孟嘗之賢者聞之乃
上言孟嘗不作亂請以身爲盟遂自剄以明孟嘗湣王
乃知孟嘗君果無謀
又曰漢高帝既立以田横兄弟本定齊齊人賢者多附焉
今在海中不收後爲亂乃使赦罪召之横乃與其客二人
乘傳詣雒陽至尸鄉尸鄉在偃師廐置置馬以傳驛也横
謝使者曰人臣見天子當洗沐因止留謂其客曰横始與
漢王俱南面稱孤今漢王爲天子而横爲亡虜北面事之
其耻甚矣且吾烹人之兄與其弟比肩而事主縱彼畏天
子詔不敢動我獨不愧於心乎且陛下欲見我者不過欲
見吾面貌耳今陛下在雒陽斬吾頭馳三十里間形容未
敗猶可觀也遂自剄二客亦自殺從之高帝聞大驚以田
横客皆賢聞其餘五百人在海中使召之至聞横死又皆
自殺是知田横兄弟皆得士也
又曰楚下滎陽生得周苛項王謂苛爾從我我以公爲上
將軍封三萬户苛罵曰若不趣降漢漢今虜若若非漢敵
也項王怒烹苛
又曰李廣從衛青伐匈奴失道後至大將軍使長史急責
廣之幕府對簿廣曰校尉無罪乃我自失道謂其麾下曰
廣結髮與匈奴大小七十餘戰今幸從大將軍出接單于
兵而大將軍又從廣部行回遠而又迷失道豈非天哉且
廣年六十餘矣終不能復對刀筆之吏遂引刀自刎軍士
大夫皆哭

漢書曰高祖時告趙王張敖反者貫高對曰獨吾屬爲之
王不知也吏榜笞數千刺爇身無完者終不復言廷尉以
貫高辭聞上曰壯士誰知者以私問之中大夫洩公曰臣
素知此趙國立名義不侵爲然諾者也上使洩公持節問
之高曰人情豈不各愛其父母妻子哉今吾三族皆已論
死豈以王易吾親哉顧爲王實不反獨吾等爲之具道本
指所以不知狀於是洩公具以報上上乃赦趙王上賢高
能自立然諾使洩公赦之告曰張王已出上多足下故赦
足下高曰所以不死者白張王不反耳今王已出吾責塞
矣且人臣有簒弑之名何面目復事上哉乃仰絶吭而死
又曰丞相王嘉數上言不宜封董賢上怒詔嘉詣廷尉詔
獄使者至府掾吏涕泣和藥進嘉嘉引藥杯擲地謂官屬
曰丞相幸得備位三公奉職負國當伏刑都市以示萬衆

豈見女子耶何謂咀藥而死嘉遂乘吏小車去蓋不冠隨使者詣廷尉二十餘日不食歐血而死

又曰田延年有罪霍光使就獄延年曰幸縣官寬我耳何面目入牢獄使衆人指笑我卒徒唾吾背乎即閉閤獨居持刀東西步聞鼓聲及自刎死

范曄後漢書曰趙苞遷遼西太守明年遣使迎母及妻子爲鮮卑鈔掠苞率步騎與賊對陣賊出母示苞苞悲號謂母曰爲子無狀欲以祿奉養朝夕不圖爲母作禍母遥謂苞曰人各有命何得相顧以虧忠義昔王陵母向漢使伏劍以固其志爾其勉之苞即時進戰賊悉摧破其母妻皆遇害苞殯斂母畢自上歸葬帝遣策弔慰葬訖苞歐血而死

東觀漢記曰温序字次房爲隗囂別將苟宇所劫宇謂序曰子若與我并威同力天下可圖也序素有氣力大怒叱

宇等曰虜何敢迫脅漢將因以節檛殺數人賊衆爭欲殺之宇止曰此義士也可賜以劍序受劍銜鬚顧左右曰賊所迫殺無令鬚汙土遂伏劍而死

又曰馬援曰方今匈奴烏桓尚擾北邊欲自請擊之男兒要當死於邊野以馬革裹尸還葬耳何能卧牀上在兒女子手中耶故人孟冀曰諒爲烈士當如此矣

又曰永和八年匈奴遣使求和親上遣鄭衆持節使匈奴衆素剛烈至北庭虜欲令拜衆不爲屈單于大怒圍守閉之不與水火欲脅服衆衆拔刃自誓單于恐而止

又曰漢圍隗囂囂窮困其大將王捷登城呼漢軍曰爲隗王城守者皆必死無二心願諸軍亟罷請自殺以明之遂刎頸而死

謝承後漢書曰濟陰戎良字子恭年十八爲郡門下吏良儀容偉麗太守諸葛豐使閤裏寫書從者誣良與婢通剺腹引出腸肝示豐

漢末英雄記曰袁尚使審配守鄴曹操攻之操出行圍配伏弩射之幾中及城陷生獲配操謂曰吾近行圍弩何多也配曰猶恨其少操曰即忠於袁氏不得不爾志欲活之配意氣壯烈終無撓辭遂斬之

魏志曰龐淯字子異酒泉人初以凉州從事守破羌長會武威太守張猛反殺刺史邯鄲商猛令敢有臨商喪死不赦淯聞之弃官晝夜奔走號哭喪所訖詣猛猛知其義士遣不殺由是以忠烈聞

又曰夏侯惇字元讓沛國譙人夏侯嬰之後年十四就師學人有辱其師者惇殺之由是以烈氣聞

又曰大將軍司馬文王斬諸葛誕傳首夷三族誕麾下數

百人坐不降見斬皆曰爲諸葛公死不恨其得人心如此

又曰賈逵初爲郡吏守絳邑長郭援之攻河東所經城邑皆下逵堅守援攻之不拔及召單于并軍急攻之城將潰絳父老與援要不害逵絳人既潰援聞逵名欲使爲將以兵刼之逵不動左右引逵使叩頭逵叱之曰安有國家長吏爲賊叩頭援將斬之絳吏民聞將殺逵皆乘城呼曰負要殺我賢君寧俱死耳左右義逵多爲請遂得免

韋昭吳書曰馮熙使魏辭意不屈魏留之熙懼見迫乃引刀自刺中乳房上聞嘉之賜鹽米復其國

蜀志曰義陽傅彤先主與吳戰退軍彤斷後距戰兵人死盡吳將語彤令降罵曰吳狗何有漢將軍降者遂戰死

晉書曰太守陳楚迫韋忠爲功曹會山羌攻郡楚携子走出賊射之中三創忠冒刃伏楚以身捍之泣曰韋忠願以

身代君乞諸王哀之亦遣五矢賊相謂曰義士也舍之忠於是負楚以歸

又曰辛勉累遷侍中及洛陽陷隨帝至平陽劉聰遣其黃門侍郎喬度賫藥酒逼之勉曰大丈夫豈以數年之命而虧高節事二姓下見武皇帝哉引藥將飲度遽止之曰主上相試耳君貞士也歎息而去

習鑿齒晉春秋曰後主將從譙周策北地王諶怒曰若數窮力屈禍敗必及便當父子君臣背城一戰同死社稷以見先帝可也後主不納遂送璽綬是日諶哭於昭烈之廟先殺妻子然後自殺

沈約宋書曰薛安都反傅靈越奔逃爲沈慶之軍人所擒厲聲曰我傅靈越也汝得賊何不即殺生送詣何劭劭躬自慰詰其叛逆對曰九州唱義豈獨在我劭又問四方阻逆無戰不擒主上皆加曠蕩即其才用卿何不早歸天闕乃逃命草間乎靈越答薛公舉兵淮北威震天下不能專任智勇委付子姪敗之由實在於此然事之始末備皆參豫人生歸於一死實無面求活劭壯其意送還京師太宗欲加原宥靈越辭對如一終不回改乃殺之

隋書曰張季珣大業末爲鷹擊郎將其府據箕山爲固與洛口連接及李密翟讓攻陷倉城遣人呼之李珣罵密極口密怒遣兵攻之三年糧用盡士卒羸病不能拒戰遂爲所陷季珣曰吾雖爲敗軍之將猶是天子爪牙之臣何容拜賊也密壯而釋之翟讓從之求金不得遂殺之時年二十八

又曰許善心母范氏梁太子中舍人孝才之女也少寡養孤博學有高節高祖知之勑尚食每獻時新常遣分賜當詔范入內侍皇后詣讀封永樂郡君及善心遇禍范年九十有二臨喪不哭撫柩曰能死國難我有兒矣因臥不食後十餘日亦終

唐書曰屈突通聞京師平家屬盡沒乃留顯和鎮潼關率兵東下將如洛陽通適進路而顯和降於劉文靜遣副將竇琮段志玄等率精騎與顯和追之及於稠桑通結陣以自固竇琮縱通子壽令往諭之通大呼曰昔與汝爲父子今與汝爲仇讎命左右射之顯和呼其衆曰京師陷矣汝並命關西人欲何所去衆皆釋仗通知不免乃下馬東南向再拜號哭曰臣力屈兵敗不負陛下天地神祇實所鑒察遂擒通送于長安高祖謂曰何相見晚耶通泣對曰通不能盡人臣之節力屈而至爲本朝之辱高祖曰隋室忠臣也命釋之授兵部尚書封蔣國公

又曰劉世讓字元欽雍州醴泉人也爲定安道行軍摠管率兵以拒薛舉戰敗世讓及弟實俱爲舉軍所獲舉將至城下令紿說城中曰大將軍五道已趣長安宜開門早降世讓偽許之因告城中曰賊兵多少極於此矣宜益自固以圖安全舉重其執節終不之害

又曰新興王良孫晉先天中爲殿中監兼雍州長史甚有威名始封新興王尋附會太平公主伏誅初晉之就誅寮吏皆奔散惟司功李撝徒步不失在官之禮仍哭其屍姚崇聞之曰欒布之儔也擢爲尚書郎

又曰徐晦由進士第登直言科爲櫟陽尉皆自楊憑所薦及憑得罪貶官臨賀縣尉親交無敢祖送獨晦至藍田與憑言别時故相權德輿與憑交分最深知晦之行因謂晦曰今日送臨賀誠爲厚矣無乃反爲累乎晦曰晦自布衣沐

楊公之知今日不一送他日相公爲薛邪所譖烏可不送相公乎德與大慙因稱之於人不數日御史中丞李夷簡請爲監察晦至之日白夷簡曰晦不由公門公何所取信而見奬拔於千萬人中哉荅曰君送楊臨賀寧肯負國乎由是名益振

吕氏春秋曰要離既殺王子慶忌吳王大悦請分國要離曰不可殺妻子焚而揚其灰爲不仁爲故主殺新主爲不義不可以生伏劒而死

韓詩外傳曰楚昭王有士曰石奢公正而好直王使爲理於是有殺人者石奢追之則其父也還反於庭曰殺人者父也以父成政非孝也不行君法不忠也遂伏鈇鑕曰命在君君曰追而不及庸有罪乎子其治事石奢曰不然死罪而生不廉也君赦之上之惠臣不失法下之義遂不去

鈇鑕而死乎庭中

會稽典録曰魏朗字少英會稽人靈帝即位竇武陳蕃等欲誅宦官謀泄反爲所害朗以黨被徵乃慷慨曰丈夫與陳仲舉李元禮俱死得非乘龍上天乎於丹陽牛渚自殺海内列名八俊

張騭文士傳曰陸機爲大都督請孫承爲司馬成都王既害機凡弟收承付刺姦獄考掠千餘兩踝骨見終不自誣獄吏知承烈士諫承曰二陸之痛誰不知枉君何不惜身乎承乃仰而歎曰吾亡不能濟死而相誣非吾徒也獄吏作承服辭謀反狀成都乃下令夷承三族

劉世叔異苑曰潯陽周虓字孟威寧康中鎮于巴西爲苻堅所獲守節不屈堅使使清道虓躬治逵陌謂使者云煩君語氐賊符堅何至取國士如此堅聞之曰貉子正欲覓死殺之適足成其名耳及苦加楚撻不食而卒堅怒猶未歇剖棺臨視虓欻運臂斷何斤反齒頰鬚張列精睛明亮逈盼矚堅乃厚加賵贈

劉向新序曰崔杼弑莊公申蒯漁於海而後至將入死其御止之曰君之無道聞於天下不可死也申蒯曰告我晚子不早告我吾食亂君之食而死治君之事乎子勉之子無死其御曰子有亂主猶死之我有治長奈何勿死至於門曰申蒯聞君死請入守門者以告崔子曰勿内申蒯曰汝疑我乎吾與汝臂乃斷其臂以予其門者門者以示崔子崔子陳八列曰令入申蒯拔劒呼天三踊乃鬭殺七列未及崔子一列而死其御亦死之門外君子聞之曰蒯可謂守節死義矣

又曰白公勝欲殺楚惠王出云令尹司馬皆死勝拔劒而

屬之矜屈盧曰子與我舍子不與我將殺子屈盧曰詩有之曰莫莫葛藟肆于條枚愷悌君子求福不回今子殺子父而求福於盧也可乎且吾聞之知命之士見利不動臨死不恐爲人目者時生則生時死則死是謂人臣之禮故上知臣道其有可刼乎胡不推之白公勝乃入其劒

又曰白公勝既殺令尹司馬欲立王子閭以爲王王子閭不肯刼以刃王子閭曰王孫輔相楚國扶正王室后自庇爲閭之願也今子假威以暴王室殺伐以亂國家吾雖死不子從也白公強之不可遂殺之

常璩華陽國志曰張飛攻破巴郡獲將軍嚴顔謂曰大軍至何以不降敢逆戰乎顔對曰卿等無狀侵奪我州但有斷頭將軍無降將軍也飛怒曰牽去斫頭顔正色曰斫頭便斫何爲怒也飛義之引爲賓客

又曰章明字公儒繁人王皓字子離江夏人也明爲太中大夫莽簒位歎曰不以一身事二主遂自殺皓爲美陽令去莽歸蜀公孫述僭號高之使聘之皓乃自刎以頭付使者述慙怒誅其妻子

又曰李業字巨游梓潼人少執志清白太守到咸慕其名辟爲功曹十命不詣咸怒欲殺之業徑詣獄咸釋之公孫述累徵聘不應述怒遣鴻臚尹融持藥酒逼業業笑曰名可成不可毀身可殺不可辱遂飲藥死述耻殺善士贈錢百萬子翬逃匿不受建武中察孝廉

太平御覽卷第四百三十八

太平御覽卷第四百三十九

人事部八十

貞女上

毛詩曰漢廣德廣所及也文王之道被于南國美化行乎江漢之域無思犯禮求而不可得南有喬木不可休息漢有游女不可求思漢之廣矣不可泳思江之永矣不可方思

又曰行露召伯聽訟也衰亂之俗微貞信之教興強暴之男不能侵陵貞女也誰謂雀無角何以穿我屋誰謂女無家何以速我獄雖速我獄室家不足

又曰柏舟共姜自誓也衛世子共伯蚤死其妻守義父母欲奪而嫁之誓而弗許故作是詩以絶之也汎彼柏舟在彼中河髧彼兩髦實唯我儀之死矢靡它母也天只不諒人只

禮記曰文伯之喪敬姜據其牀而不哭曰昔者吾有斯子也吾以為將為賢人也吾未嘗以就公室今及其死也朋友諸臣未有出涕者而內人皆行哭失聲斯子也必多曠於禮矣夫

穀梁傳曰宋災伯姬卒傳曰取卒之日加之災上者見以災卒也其見以災卒柰何伯姬之舍失火左右夫人少避火乎伯姬曰婦人之義傅母不在不下堂遂逮於火而死婦人以貞為行者也伯姬之義婦道盡矣詳其事賢伯姬也

戰國策曰韓取聶正尸暴於市縣購之千金久之莫知誰子正姉聞之曰弟至賢愛妾之軀滅吾弟名非弟意也乃之韓視之曰勇哉今死而無名父母既沒矣弟兄無有此為我故也夫愛身不揚弟之名不吾忍也乃抱尸而哭之曰此吾弟軹深井里聶正亦自殺於尸旁晉楚齊聞之曰非獨聶正之能乃其姉者烈女也

史記曰寡婦清其先得丹穴而擅其利數世家亦不訾寡婦能守其業用財自衛不見犯秦皇帝以為貞婦而客之

袁宏後漢紀曰初弘農王唐姬故會稽太守唐瑁女也王薨父欲嫁之不從及關中破為李傕所略不敢自說也傕欲妻之姬弗聽尚書賈詡聞之以為宜加爵號於是迎置於園拜為弘農王妃

謝承後漢書曰曹節弟破石為越騎校尉越騎營五伯妻有美色破石從求之五伯不敢違妻執意不肯行遂自殺

魚豢魏略曰龐毓外祖父為人所殺其二子弱不能報毓母載車出與仇家相逢於府門外乃拔刀下車手斫殺之州郡義其女人能如此縱而不問及毓長大節行又如此故令酒泉畫其母手儀像於廳壁而銘贊之

謝靈運晉書曰劉曜王彌入于京都焚燒宮廟六宮幽辱愍懷太子妃拔刃距賊曰吾皇太子妃義不為逆胡所汙遂見害

何法盛晉中興書曰張茂初起義討賊陳武一郡用全中宗初鎮召為掾屬中興累遷至太子右衛率出為吳國內史為沈充所殺茂妻陸氏散家財合義軍助國討充詣闕上書理茂忠節詔書褒歎追贈太僕卿

鄧粲晉紀曰前始興太守尹虞起兵於巴陵日號監軍以討杜弢連戰稍勝遂進長沙為弢所沒初敗略虞二女皆國色也將妻之女不肯曰我父二千石終不為賊作婦有死而已及虞攻賊賊殺之

又曰散騎常侍梁緯妻辛氏隴西人也劉曜欲妻之使人

扶取因據地哭從者亦哭曜並殺之
又曰廣平太守崔諒表政穀執長崔希子休妻石氏年十餘歲爲邦邑所宗既歸鄭氏爲九族可重休前妻女少孤父希臨終庶子沉生是時漢末大亂希命棄之曰奈何使舅愛之至不存活乎甯割肌膚之恩以存顧援之命養沉乃前女力不兼舉九年之中三不舉子
梁書曰王僧辨母貞敬太夫人夫人姓魏氏僧辨父神念以天監初董率徒衆據東關退保合肥漅胡西因娶以爲室生僧辨性甚安和善於綏接家門内外莫不懷之初僧辨下獄夫人流涙徒行將謝罪世祖不與相見時貞惠世子有寵於世祖軍國大事多問焉夫人往詣閤自陳無訓涕泗嗚咽衆並憐之及僧辨免出夫人深相責勵辭色俱嚴云人之事君惟須忠烈非但保祐當世亦乃慶流子孫

及僧辨剋復舊京功蓋天下夫人恒自謙損不以富貴驕物朝野咸共稱之謂爲明哲婦人也
崔鴻前秦録曰苻登妻毛氏毛興之女也善騎射營壘既陷猶彎弓跨馬率壯士數百與姚萇交戰殺賊七百餘人衆寡不敵爲萇所執毛有姿色萇將納之毛罵曰天子皇后安可爲賊羌所辱萇殺之
崔鴻前趙録曰陝有婦人十九嫠居事叔姑甚謹其家欲奪而嫁之此婦毀面自誓
崔鴻後凉録曰建中將軍遼東太守呂憲妻符氏年十五有姿色憲卒自殺
後凉録曰初呂紹之死也美人敦煌張氏年十四爲沙門清辯有姿色呂隆見而悦之遣中書郎裴敏説之張氏善言理敏爲之屈隆親逼之張氏曰欽樂至法故投身道門且一辱於人誓不毀節今逼如此豈非命也昇門樓自投於地二脛俱折口誦佛經餓而卒
又曰呂超殺纂纂后楊氏及侍婢數人殯纂于城西超問楊氏玉璽何在楊氏怒曰盡懷之矣楊氏國色也超將妻之謂父桓曰后若自殺禍及卿宗桓以言告楊氏楊氏曰大人本賣女與氏以圖富貴一之以甚可復使女辱于二氏乎桓不能强乃自殺
後魏書曰經州貞女仙氏許嫁彭老生爲妻幣娉既畢未成禮率行貞潔君貧常自汲以養父母老生輒往逼之女曰與君禮命雖畢二門多故未相見何由不禀父母擅見陵辱若苟行非禮正可身死耳遂不肯從老生怒而刺殺之取其衣服女尚能言臨死謂老生曰先身何罪與君相遇我所以執節自固者寧更有所邀政欲奉給君耳今反爲

君所殺若魂靈有知自當知報言終而絶老生持女衣服珠瓔至其叔宅以告叔叔曰此是汝婦奈何殺之天不祐汝遂執送官太和七年有司劾以死罪詔曰老生不仁侵陵貞淑原其强暴便可誅戮而女守禮履節没身不移雖處草萊行合古跡宜賜美名以顯風操其標墓旌善號曰貞女
又曰勃海封卓妻彭城劉氏女也成婚一夕卓官於京師後以事伏法劉氏在家忽然夢想知卓已死哀泣不輟諸嫂喻之不止經旬凶問果至遂憤歎而死時人比之秦嘉妻中書令高允念其義高而名不著爲之詩
又曰平原鄃縣女子孫男玉夫爲零縣民所殺追執讎人男玉欲自殺之其弟止而不聽男玉曰女人出適以夫爲天當親自復雪云何假人之手遂以杖毆殺有司處死以

聞顯祖詔曰男子重節輕身以義犯法緣情定罪理可原其特恕之

隋書曰楊慶王世充以兄女妻之署榮州刺史及世充將敗慶欲將其妻同歸長安其妻乃告之曰國家以妾奉箕箒於公者欲以申厚意結公心耳今叔父窮迫家國將危而公不顧婚姻孤負付囑為全家之計非妾所能責公也妾若至長安則公家一婢耳何用妾為願得送還君之惠也慶不許其妻遂沐浴靚粧飲藥而死慶遂歸大唐為宜州刺史

又曰元務光母者范陽盧氏女也少好讀書造次以禮盛年寡居諸子幼弱家貧不能就學盧氏每親自教授勗以義方世以此稱之仁壽末漢王諒舉兵反遣將綦良往山東略地良以務光為記室及良敗慈州刺史上官政薄務光之家見盧氏悅而逼之盧氏以死自誓政為人凶悍怒甚以燭燒其身盧氏執志彌固竟不屈節

又曰孝女王舜者趙郡王子春之女也子春與從兄長忻不協屬齊滅之際長忻與其妻同謀殺子春舜時年七歲有妹粲年五歲璠年二歲並孤苦寄食親戚舜撫育二妹恩義甚篤而舜陰有復讎之心長忻殊不為備姊妹俱長親戚欲嫁之輒拒不從乃密謂其二妹曰我無兄弟致使父讎不復吾輩雖是女子何用生為我欲共汝報復汝意如何妹皆垂泣曰唯姊所命是夜姊妹各持刀踰牆而入手殺長忻夫妻以告父墓因詣縣請罪姊妹爭為謀首州縣不能決高祖聞而嘉歎特原其罪

又曰韓覬妻者洛陽于氏女也字茂德父寔周大左輔于氏年十四適于覬雖生長膏腴家門鼎盛而動遵禮度躬自儉約宗黨敬之年十八覬從軍戰沒于氏哀毀骨立慟感行路每至朝夕奠祭皆手自持及免喪其父以其幼少無子將嫁之誓無異志復令家人敦喻于氏晝夜涕泣截髮自誓其父喟然傷感遂不奪其志因養夫之弟子世隆為嗣身自撫育愛同已生訓導有方卒能成立自孀居已後唯時或歸寧至親族之家絕不來往有尊卑就省謁者送迎皆不出戶庭蔬食布衣不聽聲樂以此終身

又曰裴倫妻者河東柳氏女也少有風訓大業末倫為渭源令屬薛舉之亂縣城為賊所陷倫遇害柳時年四十有二女及兒婦三人皆有美色柳氏謂之曰我輩逢禍亂汝父已死我自念不能全汝我門風有素義不受辱於群賊我將與汝等同死如何其女等皆垂泣曰唯母所命柳氏自投于井其女及婦相繼而下皆重死於井中

又曰趙元楷妻者清河崔氏之女也父儦在文學傳家有素範子女皆遵禮度元楷父為僕射家富於財重其門望厚禮以娉之元楷甚敬崔氏雖在宴私不妄言笑進止容服動合禮儀化及之反也元楷隨至河北將歸長安至滏口遇盜攻掠元楷僅以身免崔氏為賊所拘賊請以為妻崔氏謂賊曰我士大夫女為僕射子妻今日破亡自可即死遣為賊婦終必不能羣賊毀裂其衣形體悉露縛於牀簀之上將凌辱詐之曰人力已屈當聽處分不敢相違請解縛賊遽釋之妻因着衣取賊佩刀倚樹而立曰欲殺我任加刀鋸若欲覓死任來相逼賊大怒亂射殺元楷後得殺妻者支解之以祭崔氏之柩

又曰鍾士雄母者臨賀蔣氏女也士雄仕陳為伏波將軍陳主以士雄嶺南酋帥慮其反覆每質蔣氏於都下及晉

王平江南以士雄在嶺表欲以恩義致之遣蔣氏歸臨賀旣而同郡虞子茂鍾文華等作亂舉兵攻城遣人召士雄士雄將應之蔣氏謂士雄曰我前在楊都備嘗辛苦今逢聖化母子聚集沒身不能上報焉得爲逆哉汝若禽獸其心背德忘義者我當自殺於汝前士雄於是遂止蔣氏復爲書與子茂等諭以禍福子茂不從尋爲官軍所敗上聞蔣氏甚異之封爲安樂縣君

太平御覽卷第四百三十九

太平御覽卷第四百四十

人事部八十一

貞女中

唐書曰魏衡妻王氏梓州郪人也武德初薛仁果舊將房企地侵掠梁部因獲王氏逼而妻之後企地漸強盛衡謀以城應賊企地領衆將趍梁州未至數里飲酒醉卧王氏取其佩刀斬之携其首入城賊衆乃散高祖大悅封爲崇義夫夫人

又曰絳州孝女衛氏字無忌夏縣人也初其父爲鄉人衛長則所殺無忌時年六歲母又改嫁更無弟兄及長常思復讎無忌從伯嘗設宴爲樂長則時亦預坐無忌以搏擊殺之既而詣吏稱父讎既報請就刑戮巡察大使黃門侍郎褚遂良以聞太宗嘉其孝烈特令免罪

又曰鄭待徵妻薄氏待徵大曆中爲營州山陰縣尉其妻爲海賊所掠薄氏守節出待徵官告於懷中託付村人使謂待徵曰義不受辱乃投江而死賊退潮落待徵於江岸得妻屍爲江左文士多著節婦文以紀之

又曰奉天縣竇昇朝二女伯娘仲娘雖長於村野而幼有志操住與邠州接界永泰中草賊數千人持兵刃入其村落行剽劫聞二女有容色姊年十九妹年十六藏於巖窟間賊徒擬爲逼辱乃先曳伯娘出行數十步又曳仲娘出賊相顧自慰行臨深谷伯娘曰我豈受賊汚辱乃投之於谷賊方驚駭仲娘又投於谷谷深數百尺姊尋卒仲娘脚折面破血流被體氣絶良久而蘇賊義而去

又曰崔玄暐博陵安平人也父行謹爲胡蘇令本名曄以字下體有則天祖諱乃改爲玄暐少有學行深爲叔父秘書監行功所器重龍朔中舉明經累補庫部員外郎其母盧氏嘗誡之曰吾見姨兄屯田郎中辛玄馭云兒子從宦者有人來云貧乏能有立此是好消息若聞貲貨充足衣馬輕肥此是惡消息吾嘗重此言以爲確論比見親表中仕宦者多將錢物上其父母但知喜悅竟不問此從何而來必是祿俸餘資誠以善事如其非理所得此與盜賊何別縱無大咎獨不內媿於心孟母不受魚鮓之饋蓋爲此也汝今坐食祿俸榮幸已多若其不能忠清何以戴天履地孔子云雖日用三牲之養猶爲不孝又曰父母唯其疾之憂特宜修身絜已勿累吾此意也玄暐遵奉母氏教誡以清謹見稱

又曰于琮尚廣德公主琮爲黃冦所害而救公主主視琮受禍爲賊曰妾李氏女也義不獨存願與于公并命賊不許公主入室自縊而死

又曰幽州兵亂殺判官韋雍雍妻蕭氏聞難號呼專執夫袂左右格去以死不從及雍臨刃蕭氏泣而告曰妾不幸年少義不苟活今日之事願先就死執刃者斷其臂詞氣不撓雖兇捍圍視無不傷歎其夕蕭氏亦卒

趙曄吳越春秋曰子胥至吳乞食至於溧陽溧陽有女子澣紗瀨水之上筥中有少飯子胥遇見長跪而請之曰夫人豈可乞一飡乎女子曰妾獨與母居年三十不嫁飯不可得也子胥曰夫人賑窮者少飯有何嫌乎女知非恒人言曰妾豈可逆人情乎即發其簞飯清其壺漿長跪而與子胥子胥去顧見女子自沉

孔演漢魏春秋曰龐淯外祖父酒泉趙君安爲同縣李壽所殺淯舅兄弟三人同時病死壽家喜相賀淯母娥自傷

肆不報乃推車袖劒白日刺壽於都亭前訖徐詣縣顔色不變曰父讎已報請受戮祿福長尹嘉解印綬縱娥娥不肯去遂强載還會赦得免州郡莫不嗟歎嘉其烈義刊石以表其閭

張勃吳録曰吳入郢也自王以下位班處宮而妻其室次及伯嬴伯嬴者昭王之母也伯嬴操刃曰公侯一國之儀表也有失則其邦危亂夫婦之禮人倫之始王教之端若君王棄儀表則無以臨民妾犯非禮則無以自存貪生受辱固不如死王乃止

和苞漢趙記曰令上殺晉散騎常侍梁緯召妻辛氏伏地大哭仰白令上曰妾聞女不再醮男以義烈聞妾夫已死理無獨生乞就辟有司地下以事舅姑且婦人再娉明公亦安用哉遂號哭不止上曰貞婦也其任之亦自殺

又曰會陽侯王廣字慶之爲西揚州刺史晉末聚衆避世爲蠻梅芳扇動山夷圍廣城陷蠻因廣將詣芳廣女有美色芳引入甚有寵入經一旬王伺芳睡引刀斬芳芳驚起曰何故反耶王罵曰蠻畜我欲誅反賊何等謂我反乎吾聞父仇不同天母仇不同地汝反逆無狀害我父母而復無禮淩人吾所以不死者欲誅汝耳今死自吾分不待汝殺我但恨不得梟汝首於通逵以塞大耻辭氣猛厲色無變容乃自殺時年十五

劉義慶幽明録曰武昌陽新縣北山上有望夫石狀若人立者傳云昔有貞婦其夫從役遠赴國難婦携弱子餞送此山立望而死形化爲石

列女傳曰息夫人者息君之夫人伐息破之虜其君使守門將其夫人而納之於宮楚王出遊夫人遂出見息君謂之曰人生要一死而已何自苦乃作詩曰穀則異室死則同穴謂予不信有如皦日息君止之夫人不聽遂自殺息君亦自殺

又曰安定陳仲妻者同郡張叔明之妹名芝字李張年十四適仲朞年而寡執節不嫁叔明從軍芝與二嫂沒賊恐見侵略而相謂曰婦人以不汙身爲高不虧節爲美豈可委身待辱哉於是自刺二嫂既死芝獨不死叔明言於將軍耿弇耿弇以駙馬負芝芝曰女子亡之餘汙將軍服乘不可也弇奇其言更以他馬負芝至營爲致醫藥因乃得全郡表其閭九十壽終

又曰譙國曹文叔妻者同郡夏侯文寧之女字令女文叔早死無子喪畢斷髮自誓不貳其後家欲嫁之又截兩耳依文叔從兄爽爽後被誅文寧上書與曹氏絶婚復欲嫁之

乃割鼻其母謂曰曹氏夷滅已盡守此欲爲誰乎令女曰仁者不以盛衰改節義者不以存亡易心曹氏前盛尚欲保終況今衰滅何忍棄之太傅司馬公聞而嘉歎聽乞子爲曹氏後

又曰吳孫奇妻者廣陵范慎女名姫十八配奇一年而奇亡慎以姫少寡無子迎還其家姫不肯歸迎者以父命迫之姫遂操刀割耳及鼻曰父迎我者不過以我年少色美今已殘矣行將焉之於是迎者空反

又曰丹陽華穆妻者下邳劉方之女字桃樹生一男而早亡吳丁譖(相與反)知名之士家將嫁許焉桃樹聞之乃操刀割耳其子又亡樹桃安身守正動不踰禮

又曰吳沈伯陽妻者顧文宣之女字昭君早寡無嗣盡禮供養其父陰許人姑聞之而哭昭君乃引刀剪髮割兩耳

以明其志
又曰吳許昇妻呂氏之女名榮外遊誕博戲不治操行榮躬勤家業以養其姑勸外學問未嘗不垂淚而言榮父疾外呼榮欲改嫁之榮曰命之所遭義無離貳終不肯歸外後感悔尋師遠學四年乃歸遂致名譽爲州所辟遇刼害歲餘姑亡夫族多欲娉之誓不肯嫁後黃巾賊欲犯之榮踰垣而走賊拔刀追榮曰從我則生不從立死榮曰義不畏死而見虜辱也賊遂殺之
又曰河南貞義者樂羊子之妻羊子出學七年不歸鄰人欲犯貞義而刼其姑貞義操刀而出鄰人曰從者可不從者殺汝姑貞義仰天而歎以刀刎頸而死太守以大夫葬之號曰貞義
皇甫謐列女傳曰漢中趙嵩妻者同郡張氏之女也字禮脩遭賊嵩死君難理脩以碧塗面亂髮稱病懷刀在身意氣列決賊不迫也叔父矜其年少又世方喪亂欲更嫁禮脩慷慨以死爲誓
又曰丹陽羅靜者廣德羅勤之女爲同縣朱曠所婚禮未成勤遇瘦疾喪沒鄉比斷絕曠觸冒經營尋復病亡靜感其義遂誓不嫁與弟妹共居求者過十餘志無傾移有楊祚者多將人衆自往納幣靜乃逃竄祚刼其弟妹靜懼爲祚所害乃出見之曰實感朱曠爲妻父而死是以託身亡者自誓不貳辛苦之人願君哀而舍之如其不然請守之以死祚乃舍之靜守純固年六十餘卒
又曰蜀景奇妻者羅氏之女字貢羅奇亡無嗣貢羅專心供養父青以許同郡宰詩貢羅與父毋書陳其情志曆年不歸後青使詩白州告縣發遣貢羅乃由徑道詣州自訴

言意慷慨請死不從州嘉而許焉貢羅恐詩於道路迫脅乃請吏兵自衛還家執義終身
又曰犍爲相登妻者周氏之女名度適登一年而寡年令吳厚因人問度心執匪石引刀截髮縣長吏復遣媒欲娉度曰前已斷髮謂足表心何誤復有斯言哉取刀欲割鼻左右救止表其閭
又曰廣漢馮季宰妻者季氏之女名珥字進娥早寡無嗣奉養繼姑及宰兄顯守心純固以義自防珥毋愍其姑苦陰有所許珥斷髮自明遂乞養男女各一卒道有法鄉人稱之
又曰廣漢王輔妻彭氏之女也名非輔遊學數年遂卒京師迎喪葬訖事姑孝敬彌篤非叔父以許蘇孟非叩心泣血訴情九族猶不見聽乃剪髮詣府乞終供養遂乞養子靜居年踰七十而卒
又曰沛國劉長卿妻者同郡桓始春之女少有名於桓宗嫁於劉氏生一男字王玉五歲而長卿卒懼見誘嫁旣不歸寧兄弟時往防漸遠疑言不及外玉年十五死其弟會喪援刀割耳明已不貳在喪側者無不感傷宗婦謂之曰家未有相嫁之計若其有也除可因姉妹以喻意何貴義輕身之甚耶荅曰昔我君五更學爲儒宗尊爲帝師歷世不替以忠孝顯女以貞順稱是以懼忝諸姑或以我年未衰又喪子卒迫之間非所能防豈可不豫見其意哉郡表其閭號曰景行義桓
皇甫謐列女傳曰沛公孫去病妻者同郡戴元世之女旣嫁久而無子謂其夫曰妾不才得奉巾櫛歷年無嗣禮有七出請願受訣以其夫不許復進曰福莫大於昌熾禍莫

大於絶嗣君不忍見遺當更廣室夫復不肯夫死服除父母欲嫁之女遂操刀割鼻郡表其閭

又曰梁夏文生妻者沛國劉景賓之女名娥生一女而寡娥誓不再嫁父以配同郡衛氏逼迫入門娥謂衛氏曰妾聞婦人不改嫁越義失節妾所不爲君可見遣衛氏曰相取有媒禮何遣之有衛氏妻服未闋娥因數之曰君衰麻在身犯禮納室雖顔之厚柰相鼠何妾必死不爲君妻相留不知辱乎奮衣而出衛氏不敢強留父復以許臨睢倪氏強扶上船俄陽不憂書與女別乃以刀割耳鼻曰所以不死者老姑在堂孤女尚幼故耳執義終身

太平御覽卷第四百四十

太平御覽卷第四百四十一

人事部八十二

貞女下

列女傳曰：張氏妻者丹陽曾輝之女名潛既適張氏會其家門伏誅以潛女弱姑老故得不死然資産没官單罄壁立昏晨力作供養甚謹猶應配適士伍之限無妻者國有常法知終不免每與姑言有必死之志姑曰夫亡改適悠悠皆是人當隨時之宜何至於此潛曰悠悠之爲非妾心也後至當配果自經死

又曰代趙夫人者趙襄子之姊也襄子誘代王殺之因舉兵平代取地而迎夫人夫人曰吾受先君之命事代之君今代已亡吾將奚歸吾聞婦人之義無二夫欲迎我何之以弟慢夫非義（謂慢棄不爲立節）以夫怨弟非仁也自殺於磨笄之地

又曰沛王母王陵之母也陵始爲縣邑豪（豪俊也）及高祖起沛陵亦聚黨數千人屬漢王項羽與漢爲敵國得陵母置軍中漢使至則東向坐陵母欲以招陵陵母私送使者泣曰爲老妾語陵善事漢王漢王長者也必得天下無以妾故懷持二心言妾已死也乃伏劒而死

又曰蜀朱叔賢妻者張氏之女字昭儀賢爲郡督郵軍襲郡城城門限賢兄弟謀踰城出事泄伏誅乃配嫁昭儀泣曰誅我夫而逼嫁我此寧夫婦平生之願乎乃竊刀割咽而死

又曰巴趙娥者趙萬之妻郡縣遭亂萬得足疾不能行爲賊所殺賊欲將娥娥守喪不去賊舉矛指娥欲以怖之娥知賊必欲刼略乃以身赴矛貫心達背而死

又曰九江王孝謙妻者同郡袁氏之女字貴女與母俱流移共止孝謙好酒凶悖無子婿之禮貴女每涕泣諫喻不能匡改母怨孝謙之爲責貴女輙悲哀不食言於鄰人曰爲子致母於辱非孝也事無道之人非義也昔秋胡之妻不忍見不義之人我何爲於世間哉乃自殺

又曰沛周明都妻者衛尉趙長平之女也名阿長平德行純粹海内知之阿少習儀訓長閑婦道而都驕淫恭踈不式上命都父衛謂阿曰新婦賢者女也當以禮法匡婿都之不改新婦之過也阿既拜命退謂左右曰我無樊衛二姬之行故君以責我我言而不用君必謂我不奉教則罪在已爲生如此亦何顔哉乃自殺

劉向列女傳曰楚昭貞姜者齊侯之女楚昭王之夫人也昭王出遊留夫人漸臺之上而去王聞江水大至使者迎夫人忘持符使者至請夫人出夫人曰大王與宮人約命召宮人必以符今使者不持符妾不敢從使者而行妾聞之矣貞女之義不犯約勇者不畏死守節而已矣妾知從使者必生留必死也然妾不敢弃約越義而求生水大至而死乃號曰貞姜

又曰楚白貞姬者楚白公勝之妻也白公死其妻紡績不嫁吳王聞其美使人操金百鎰白璧一雙以娉焉因以輜軿三十乘迎之將以爲夫人妻辭曰白公無恙之時妾幸得充後宮執箕帚衣裳履拂枕席爲妃今白公不幸而死妾願守其墳墓奉其祠祀以終天年今王賜金璧之娉夫人之位非遇妾之所妾聞之忠臣不借人以力貞女不假人以色豈獨事生若此哉於死亦然妾既不位（位猶仁也）不能從死今又去而嫁不亦大甚乎遂辭娉而不行吳王賢其

節而有義號曰楚白貞姬

又曰魯陶嬰者魯陶門之女少寡養幼孤無強昆弟紡績爲產魯人或聞其義將求焉嬰聞之恐不得免乃作歌明己之不二也其詩曰悲黃鵠之蚤寡兮十年不雙宛頸戢翼兮不與衆同時則非鳴兮獨行惸惸天命令然兮愧獨求傷感鳥愊巳兮淚下成行鳴呼悲兮死者不可忘飛鳥尚然兮何況貞良雖有賢雄兮終不重行魯人聞之曰斯女不可得也遂不敢復求之嬰寡終身

又曰衛寡夫人者齊侯之女也嫁於衛至城門而衛君死保母曰可以還矣女不聽遂入行三年之喪畢弟立謂曰衛小國也不容二庖請願同庖唯夫婦爲同庖夫人不聽衛君乃使愬於齊兄弟皆欲與後君使人告女女終不聽乃作詩曰我心匪石不可轉也我心匪席不可卷也

又曰邵南申女者申人之女也既許嫁於豐夫家禮不備而欲迎之女蓋與其人言以爲夫婦者人倫之始也嫁娶者所以傳重承業繼續先祖爲宗廟主夫家輕禮違制不可以行遂不肯往夫家訟之於理致之於獄女終以一物不具一禮不備守節持義必死不往而作詩曰雖速我訟亦不汝從言夫婦之禮不備足也君子以爲得婦道之宜與詩說小異故兩出

又曰蔡人之妻者宋人女也既嫁於蔡夫有惡疾其母將改嫁之女曰夫之不幸乃妾之不幸也奈何去之適人之道壹與之醮終身不改夫不幸遇惡疾不改其意且夫采芣苢之草雖甚臭惡猶始於將采之終於懷襭之浸以益親況於夫婦之道終不聽其母而作芣苢之詩

又曰魯秋潔婦者魯秋胡子之妻也秋胡子既納之五日而去官於陳五年乃歸未至家見路傍有一美婦人方採桑秋胡子下車謂曰苦暴採桑吾行道遠願託桑陰下餐婦人採桑不輟秋胡子謂曰力田不如逢年力桑不如見郎今吾有金願與夫人曰嘻夫採桑力作紡績織以衣食奉二親養夫子而已矣吾不願人之金也收子之資與子笥金秋胡還家奉金遺母母使人呼其婦婦至乃向採桑者婦曰君辭家遠仕五年方還當馳驅揚塵疾至今也乃悅道旁婦人是忘母不孝好色淫佚是汙行也妾不忍見不義不孝之人子改娶矣妾亦不嫁遂去東走自投於河而死

又曰梁寡高行者梁之寡婦榮於色敏於行早寡不嫁梁貴人爭欲取之不能得梁王聞之使相娉焉高行曰妾之夫不幸先犬馬填溝壑妾宜以身薦其棺槨守養幼孤不得專意妾聞婦人之義壹往不改以全貞信之節今忘死而趨生是不信也見貴而忘賤是不貞也棄義而從利無以爲人乃援鏡操刀以割其鼻曰妾已刑矣所以不死者不忍幼嗣之重孤也刑餘之人殆可釋矣王高其節乃復其身號曰梁高行

皇甫謐列女傳曰天水姜叙母者同郡楊阜之姑也阜爲州吏馬超殺刺史太守叙屯歷城阜往見之歔欷悲悵叙曰何爲乃爾阜曰守城不能完君亡不能死何以視息於天下乎君擁兵專制而無討賊之心此趙盾所以書弒也叙母慨然勒叙從阜計遂起兵於鹵城超聞之襲歷城得叙母母罵之曰若背父之逆子殺君之桀賊天豈久容若何不早死敢以面目視人乎超即殺之超敗隴右平定魏武令曰姜叙之母明智乃爾雖楊敞之妻蓋不過也

又曰留子直妻者歷陽人漢末擾攘隨夫之從父客居豫
章從父通郡牧族之妻年少有色太守客請以爲妻守死
不從十餘日客以還太守爽殺之臨死不變口無言郡吏
及客憐之更還救請既得活乃自割耳父之太守聞其夫
在遂還其妻
又曰下邳陳悝妻者同郡戌氏之女漢末喪亂流寓東城
東城令臧奇欲北就呂布焚城疊虜人衆聞女有容色善
史書能彈琴瑟遂殺悝住車令僕者接女上車女謂奇曰
君隳壞都城虜略士女殺人之夫欲以人婦爲妻何酷逆
之甚願守志而死不願無行而生遂自刎奇猶有哀慙殯
葬乃去
又曰戎士陳南妻冉者戴氏之女美而早寡事舅姑恭篤
同伍之人咸樂其賢色求者甚多守死不嫁後之娉者告
其軍主軍主命之知不得已乃自經死

韓詩外傳曰魯公甫文伯死其母不哭季孫聞之曰公甫
文伯之母貞女也子死不哭必有方矣使人問焉對曰昔
是子也吾使事仲尼仲尼去魯送之不出魯郡贈之不以
家珎且吾聞君子貴義而賤利是子病不見士來視死不
見士之流涕死之日宮女縗絰從者十人不足於士而有
餘於婦人吾是以不哭
陳壽益部耆舊傳曰廣漢德陽王上妻者同縣袁氏女也
名福年二十適上舅姑既没復遭上喪悲傷感切不妄言
笑有二子養育遺孤執心純篤及叔父愍其窮困私以許
張奉掩迫合婚其旦計欲殺奉恐禍及母叔孤兒求棄死
譬必生忼慨流涕自殺而死
益部耆舊傳曰犍爲楊鳳珪妻者蜀郡臨邛陳氏女也名
姬珪早亡時姬産子適生六月躬喪事育幼孤三年喪訖
兄弟宗親哀其子少年壯謀議更配以許蜀中豪姓姬聞
仰天歎息引刀割咽幾死於是九族驚愕遂敬從其節
又曰犍爲南安周繕紀妻者同縣曹氏女也名禁字敬姬
年十七適周氏二年而夫亡隕時禁懷姙數月後産子元
餘喪事闋遂移居依託父母欲必守義育養孤弱父愍其
年少子稚默以許同縣狐賓遣車馬衣服來欲迎禁父乃
告禁勃然作色悽愴言曰依近父母卒不圖此因流涕忼
慨乃自投舍後流水於是舉家競赴救出而氣息已絶積
二日一夜乃復蘇息二親由是知其至誠謝賓解婚禁勅
獻長歎乃更將子還依夫第居止潔身執操非禮不動
又曰廣漢新都使敬妻者同縣王氏女也名和年十七適
敬敬亡和育養遺孤闔門守節不隨宗家賓樂嘉會居理

甚脩蜀郡何玉因媒問和兄著取和遂相聽許著深曉其
夫死子小宜有改圖加貧羸無以自立何氏公族必據福
祚和自陳說斷計決分守全孤弱辭言未訖忼慨涕淚哀
慟左右然著終受玉幣因欲迫脅和乃斷耳示著以信至
見聽請以死謝舉宗敬重哀其大義
又曰巴三貞者閬中馬眇新妻義西充國王元憒妻姬皆
閬中人也閬中趙蔓君妻華西充國人也姬早失夫介然
守操中平五年黄巾餘類延益州賊帥趙藩據閬中城拘
迫衣冠令人婦女爲質義姬華等隨比入城後賊類爭勢
攻破閬中時人或死或奔家室相失義姬華隨類出城走
傳閬後賊或拘略婦女於是三人自度窮迫恐不免於擄
逼乃相與自沈水而死鄉黨閭之莫不感傷號曰三貞
又曰蜀郡廣都公乘士會妻者同縣張氏女也會早卒年

壯無嗣欲有聞者親戚將以許之發憤抗懷斷髮割耳事
姑盡禮肅恭供養養族子以承宗廟（列女傳爲熊氏女斷髮割耳同）
又曰廣漢廖伯妻者同縣殷氏女也名紀年十六適伯伯
早卒紀性聰敏達於詩書女傳進退閑暇又有美色見貪
割面告誠以全其節曰求生害仁仁者不爲紀生見禮義
豈獨使古人擅名者哉因作詩三章以風父母而舉縣嘉
其才麗媒介滋繁遂援刀鑽斷指明情
邵氏家傳曰虞建武都尉邵夫人字義姬鴻臚之第二女
夫人少而寡虞氏及夫人之宗哀夫人辛苦欲更爲圖婚
然重夫人宿操慮不可以非禮逼亦知夫人嘗佩刀誓以
必死故不敢生意夫人自以虞氏凶短繼世無子常獨處
一室絶書學非祭祀墳墓不出紡績輒貨以供祭稱其多
少不求豐厚

于寶搜神記曰東越閩中有庸嶺高數十里其下北濕中
有大蛇長七八丈大十圍常病治都尉及屬城長吏多有
死者祭以牛羊故不得福或與人夢或下諭巫祝欲得啖
童女年十二三者都尉令長並共患之然氣厲不息共請
求人家生婢子有罪家女養之八月朝祭送蛇輒夜出吞
噬之累年如此前後已用九女尓時豫募索未得將樂縣
李誕有六女無男其小女寄應募欲行父母不聽寄曰父
母無相生女六人雖有如無無有緹縈濟父之功不能供
養消費衣食生無所益不如蚤亡賣寄之身可得少錢父
母終不聽寄自潛發不可禁止寄乃行請好劍及咋蛇犬
先作數石米餈用蜜灌之以置穴口蛇夜便出頭大如囷
目如三尺鏡聞餈香氣先啖食之寄便放犬犬就噬咋寄
從後斫得數創蛇因踊出至庭而死寄入視其穴得九女

髑髏悉舉出緩步而歸越王聞之娉寄爲后拜其父爲將
樂令母及姊皆有賜自是東治無復妖邪之物其歌謠至
今存焉
杜預女記曰二寡婦者淑也昺也淑喪夫守寡兄弟將嫁
之誓而不許爲書曰蓋聞君子導人以德矯俗以禮是以
列士有不移之志貞女無迴二之行淑雖婦人竊慕殺身
成義死而後已夙遭禍罰喪其所天男弱未冠女幼未笄
是以僶俛求生將欲長育二子上奉祖宗之嗣下繼祖禰
之禮然後覲于黃泉永無慙色仁兄德弟既不能厲高節
於弱志發明德於闇昧許我他人逼我于上乃命官人訟
厺簡書夫智者不可惑以事仁者不可脅以死晏嬰不以
白刃臨頸改正直之辭梁寡不以毀形之痛忘執節之義
高山景行豈不思齊計兄弟備託學門不能匡我以道愽
我以文雖曰既學吾謂之未也

祖沖之述異記曰晉元興末魏郡民陳氏女名琬家在查
浦年十六飢疫之歲父母相係死没唯有一兄傭賃自活
女容色甚艷隣中士庶見其貧弱竟以金帛招要之女立
操貞槩未嘗有許後值盧循之亂賊衆將加凌逼女厲然
不迴遂以被害
杜預女記曰大女緱玉者陳緱氏之女也夫之從母兄弟
殺其父玉乃爲父報讎其殺已至親縛玉付吏獄竟當行
刑有名士申徒子龍者緱玉同縣人也嘉其義勇奏記於
縣曰伏聞大女緱玉爲父報讎獄已決不勝感悼之情敢
陳所聞昔太原周黨感春秋義辭師復讎當時論者猶高
其節況玉女弱耳無所聞心無所激内無同生之謀外無
交遊之助直推父子之情奮發怒之心手刃剌讎僵尸流

血當時聞之人無勇怯莫不強膽增氣輕身殉義攘袂高談稱羨今聞王幽執牢檻罪名已定皆心低意沮悵恨長歎蟠雖愚竪以爲王之節義歷代未有定足以感無恥之孫激忍辱之子假王不值明時尚望追旌閭墓顯異後嗣況事在清聽不加八議哀矜之貸誠爲朝廷痛之（中書蟠字子蕃）

又曰新野公主者光武皇帝姊也少有節行姿容嫁爲新野人鄧晨妻生一男三女王莽地黃三年光武起兵攻破棘陽至小長安爲莽兵所敗弃車走時天大霧還求室家道得小妹伯姬與共騎前行復見新野公主命使上馬主以手麾上曰行矣文叔努力早建大功追兵方至不能相救無爲兩沒也上駐馬重呼之主曰不駃馳但志免我更當三人死也且急自脫我身何在會追兵至上遂驅馬而去主即遇害

裴啓語林曰王經少處貧苦仕至二千石其母語之汝本寒家兒仕至二千石可止也經不能止後爲尚書助魏不忠於晉被牧流涕辭母曰恨昔不從勑以致今日母無戚容謂曰汝爲子則孝爲臣則忠有可負哉

虞預會稽典錄曰孟淑上虞人也父質中郎將淑年十七當出適聘禮既至爲盜所刼淑祖父操刃對戰不敵見害淑思慕哀慟憔悴毀形以致盜由己乃喟尒歎曰微淑之身禍誠不生以身害祖苟活何顏於是遂自經而死

太平御覽卷第四百四十一

太平御覽卷第四百四十二

人事部八十三

知人上

尚書咎繇曰都在知人在安民禹曰吁咸若時惟帝其難之（言堯亦以知人安民爲難故曰吁）知人則哲能官人安民則惠黎民懷之

禮記曰趙文子與叔譽觀乎九原文子曰死者如可作也吾誰與歸叔譽曰其陽處父乎（處父字文公之傳也）文子曰行并植（音特）於晉國不沒其身其智不足稱也（并專也謂剛而專爲狐射姑所殺）其咎犯乎文子曰見利不顧其君其仁不足稱也我則隨武子乎利其君不忘其身謀其身不遺其友晉人謂文子其中退然如不勝衣其言吶吶然如不出諸其口所舉於晉國管庫之士七十有餘家生不交利死不屬其子焉

春秋僖五年曰鄭殺申侯初申侯申出也（姊妹之子曰出）有寵於楚文王文王將死與之璧使行曰唯我知女女專利而不厭予取予求不女疵瑕（從我取從我求我不以女爲罪）後之人將求多於女（謂嗣君也求多以禮義大望責之）女必不免我死女必速行無適小國將不女容焉（政狹法峻）既葬出奔鄭又有寵於厲公子文聞其死也曰古人有言曰知臣莫若君弗可改也已

又曰晉文公及曹曹共公聞其駢脅欲觀其裸浴薄而觀之（薄迫也駢脅合幹）僖負羈之妻曰吾觀晉公子之從者皆足以相國若以相（若遂以爲傳相）夫子必反其國反其國必得志於諸侯而誅無禮曹其首也子盍蚤自貳焉（自貳自別異於曹）乃饋盤飧寘璧焉（臣無竟外之交故用盤藏璧飧中不欲令人見也）公子受飧反璧

又曰秦伯伐晉濟河焚舟取王官及郊晉人不出遂自茅津濟封殽尸而還遂霸西戎用孟明也君子是以知秦穆之爲君也舉人之周也與人之壹也（壹無二心）孟明之臣也其不解也能懼思也子桑之忠也其知人也能舉善也（子桑公孫枝舉孟明者）詩曰于以采蘩于沼于沚于以用之公侯之事秦穆有焉（詩國風言沼沚之蘩至薄猶采以共公侯以喻秦穆不遺小善）夙夜匪解以事一人孟明有焉（詩大雅善仲山甫也一人天子也）詒厥孫謀以燕翼子子桑有焉（詒遺也燕安也翼成也詩大雅美武王能遺其子孫善謀以安成子孫言子桑有舉善之謀）

又曰晉陽處父聘于衛反過甯甯嬴從之及溫而還其妻問之嬴曰以剛商書曰沈潛剛克高明柔克夫子壹之其不沒乎（陽子性純剛）天爲剛德猶不干時（寒暑相順）況在人乎且華而不實怨之所聚也（言過其行）犯而聚怨不可以定身（剛則犯人）余恐不獲其利而離其難是以去之（爲六年晉殺處父）

又曰晉侯觀于軍府見鍾儀問之曰南冠而縶者誰也有司對曰鄭人所獻楚囚也使稅之（稅解也）召而弔之再拜稽首問其族對曰伶人也（伶人樂官）公曰能樂乎對曰先父之職官也敢有二事使與之琴操南音（南音楚聲）公曰君王何如對曰非小人之所得知也固問之對曰其爲太子也師保奉之以朝于嬰齊而夕于側也（嬰齊令尹子重側司馬子反言其尊卿敬老）不知其他公語范文子文子曰楚囚君子也言稱先職不背本也樂操土風不忘舊也稱太子抑無私也（舍其近事而遠稱少子以示性）名其二卿尊君也（所自然明至誠）（尊晉君也）不背本仁也不忘舊信也無私忠也尊君敏也仁以接事信以守之忠以成之敏以行之事雖大必濟（言有此四德必能成大事）君盍歸之使合晉楚之成公從之重爲之禮使歸求成

又曰子產始知然明問爲政焉對曰視民如子見不仁者誅之如鷹鸇之逐鳥雀也子產喜以語子太叔且曰他日

吾見蔑之面而已（蔑然明名）今吾見其心矣

又曰韓宣子如齊納幣見子雅子雅召子旗（子旗子雅之子）使見宣子曰非保家之主也不臣（志氣亢）見子尾子尾見疆（疆子尾之子）宣子謂之如子旗（亦不臣）大夫多笑之唯晏子信之曰夫子君子也（夫子韓起）君子有信其有以知之矣（爲十年齊樂施高疆來奔）

漢書曰薛宣爲丞相而翟方進爲司直宣知方進大儒有宰相器深結厚焉後方進竟代爲丞相

又曰薛宣字貢君初宣察孝廉瑯琊太守趙貢見宣異之令妻子與相見戒曰貢君至丞相我兩子亦中丞相史宣爲相除趙貢兩子爲史

東觀漢記曰上旣破邯鄲誅王郎召鄧禹宿夜語曰欲北發幽州突騎諸將誰可使者禹曰吳漢可其人勇鷙有智謀諸將鮮能及者上於是以漢爲大將軍漢遂斬幽州牧苗曾上以禹爲知人更始時大司馬朱鮪在洛陽上欲南定河內問禹曰諸將誰可使守河內者禹曰寇恂文武備足有牧民之才河內富貴南迫雒陽非寇恂莫可使也上拜寇恂爲河內太守

又曰朱勃字叔陽年十二能誦詩書候馬援兄勃衣方領能矩步辭言閑雅援纔知書見之自失兄知其意乃自酌酒慰援曰朱勃小器速成智盡此耳卒當從汝稟學及援爲將軍封侯而勃位不過縣令

又曰虞延字子大陳留人孝明帝時有新野功曹鄧寅以外戚小侯每豫朝會而容姿趨步有出於衆顯宗目之顧左右曰朕之儀貌豈若此人特賜輿馬之服延以寅雖有容儀而無實行未嘗加禮拜郎中遷玄武司馬寅在職不服父喪帝聞乃歎曰知人則哲惟帝難之信哉斯言以延爲明

謝承後漢書曰許邵字子將汝南平輿人淸論風行高唱草偃多所賞識拔樊子昭於未聞天下咸稱許郭

袁山松後漢書曰李膺子瓚位至東平相初曹操微時瓚異其才將沒謂子宣等曰世將亂矣天下英雄無過曹操張孟卓與吾善袁本初汝外親雖尒勿依必歸曹氏諸子從之並免亂世矣

又曰南陽何顒初見曹操歎曰漢將亡安天下者必此人也操以是嘉之

魏志曰武帝機警有權數時人莫知者橋玄見而異焉謂曰今天下將亂安生民者其在君乎太祖常感其知己後經過玄墓輒悵然致祭

又曰王粲字仲宣蔡邕見而奇之時邕才學顯著常車騎塡巷賓客盈座聞粲在門倒屣迎之粲年旣幼弱容狀短小一座皆驚邕曰此王公孫也有異才吾不如也吾家書籍文章盡當與之

又曰陳羣爲童兒時祖寔常異之曰此兒必興吾門羣爲司空而曹屬時薦樂安王摸下邳周逵者太祖辟之還數以爲摸逵穢德終必敗太祖不聽後摸逵皆坐姦宄誅太祖以謝羣羣薦廣陵陳矯丹陽戴乾太祖皆用之後吳人叛乾忠義死難矯爲名臣

又曰楊駿字季才司馬宣王年十六七與駿相遇駿曰此非常人也同郡王象少孤特爲人僕隸年十七八使牧羊而私讀書駿見美其人質即贖着家中娉妻立屋然與別駿自少及長以人倫自任

魏略曰趙岐逃難匿姓名賣餅北海市時安丘孫嵩字賓

石遊市見歧粲非常人呼與共載歧懼失色嵩乃令騎屏行人從容問曰視子非賣餅者不有重怨即亡命乎北海孫賓石闔門百口勢能相濟歧素聞嵩名即以實告之遂與俱歸藏歧複壁中

孫盛魏氏春秋曰嘉平元年右將軍夏侯霸本蜀人問太傅之德霸對曰彼自為家非人臣也問京師儁士對曰有鍾會者若管朝政吳蜀之憂也

蜀志曰先主年十五母使學同宗劉德然遼西公孫瓚俱事同郡盧植德然父元起常資給先主與德然等起妻曰各自一家何能常尒耶起曰吾宗中有此非常人也

又曰諸葛亮字孔明瑯琊人耕壟畝好為梁父吟自比於管仲樂毅時人莫之許也唯博陵崔州平潁川徐庶與亮友善謂為信然先主屯新野庶見先主器之庶謂先主曰

諸葛孔明卧龍也將軍豈願見之先主曰君與俱來庶曰此人可就見不可屈致也將軍宜枉駕顧之由是先主詣亮

又曰龐統字士元襄陽人少時樸鈍未有識者潁川司馬徽清雅有知人鑒統弱冠往見徽徽採桑樹上坐統桑下共語自晝達夜徽甚異之稱當為南州士人冠冕由是漸顯也

吳志曰顧邵字孝則雍長子也年三十七起家為豫章太守小吏姿質佳者令奬就學擇其先進擢置左右職舉善以教風化大行初錢塘丁謂出於役伍陽羨張康生乎民庶烏程吳粲雲陽殷禮起乎微賤邵皆拔而友之謂至典軍中郎康至丹陽禮至零陵令粲至太子少保

又曰張温字惠恕少脩操容貌瑰偉權聞之以問公卿曰温當今與誰為比大司農劉基曰無可與為輩顧雍曰温當今無輩權曰如是張允不死也徵到延見文辭占對觀者傾悚權改容加禮

又曰張昭字子布為人矜嚴忠謹能識人諸葛恪字元遜年少之時衆人奇其英才昭言終敗葛氏者元遜

吳書曰陶謙字恭祖年十四猶帛幡乘竹馬而戲邑中兒童皆隨之蒼梧太守同縣甘公出遇之於塗見其容貌異住車與語甚悦之因許妻以女甘夫人怒曰聞陶家兒遨戲無度如何以女許之甘公曰彼有奇志必大成遂與之後為徐州刺史

王隱晉書曰石苞少子崇字季倫苞臨終預分諸子財物獨不及崇其母以為言苞曰此兒雖小大自能得財也

又曰魏舒字陽元任城人容貌朴實少號遲鈍人莫之知

唯叔父衡知其奇每有賓客已常勸使過舒言吾兒子非常人也

虞預晉書曰魏舒少名遲鈍唯太原王乂曰卿終當為台輔然亦不能令妻子免飢寒吾當助卿營之常借給舒受而不辭

又曰武陔字元夏沛國竹邑人父同有顯名陔及二弟韶茂皆總角見稱時同郡劉公榮名人嘗詣同過陔兄弟與觀其舉動使出語同曰君三子皆國士也元夏量最優出輔佐之風仕官可為亞公叔夏季夏不減常伯納言陔後果開府

徐廣晉書曰鄭袤純和有識初荀攸見袤曰鄭公業為不亡矣時相國掾魏諷有盛名同郡任覽謂袤曰諷姦雄必以禍終子宜絶之後諷果敗司空朗辟掾委以求才袤舉

高陽許允扶風魯芝東萊王基並爲名臣

又曰魏諷若郭玄信出使從弘農求御人遣石苞及鄧艾爲御行十餘里玄信謂二人曰子並當至將相既而苞爲縣吏到鄴貢鐵于市長趙元儒異之曰公輔才也遂與交稍遷至弘農司馬欲求縣吏部郎許允謂苞曰君我輩人也當相引置朝廷何欲小縣乎苞還歎不意允之知已

晉書陶侃傳曰樂廣欲會荆揚士人武庫令黄慶進侃於廣人中或非之慶曰此子終當遠到復何疑也

又曰王導少有風鑒識量清遠年十四陳留高士張公見而奇之謂其從兄敦曰此兒容貌志氣將相之器也

又石苞傳曰趙元儒有知人鑒見苞異之因與結交歎苞遠量當至公輔

又曰陸雲幼時吴尚書廣陵閔鴻見而奇之曰此兒若非

龍駒當是鳳雛

又曰劉裕爲布衣衆未之識也唯王謐獨奇貴之嘗謂裕曰卿當爲一代英雄

晉書曰庾翼字稚恭風儀俊偉少有經綸大略京兆杜乂陳郡殷浩並才名冠世而翼弗之重也每語人曰此輩宜束之高閣俟天下太平然後議所任耳見桓温總角之中便期之以遠略因言於成帝曰桓温有英雄之才願陛下勿以常輩畜之宜委以方部之任必有弘濟艱難之勲

又曰謝安嘗疑劉牢之不可獨任又知王味之不宜專城牢之既以亂終而味之亦以貪敗由是識者服其知人

又陶侃傳曰劉弘爲荆州刺史將之官辟侃爲南蠻長史遣先向襄陽討賊張昌破之弘既至謂侃曰吾昔爲羊公參軍謂吾其後當居此今相觀察必繼老夫矣

又曰時豫章郎中令楊晫陶侃州里人也爲鄉論所歸侃詣之晫曰易稱貞固足以幹事陶士行是也與同乘見中書郎顧榮榮甚奇之吏部郎温雅謂晫曰奈何與小人共載晫曰此人非凡器也

太平御覽卷第四百四十二

太平御覽卷第四百四十三

人事部八十四

知人中

晉書曰裴頠字逸民弘雅有遠識博學稽古少知名御史中丞周弼見而歎曰頠若武庫五兵縱橫一時之傑也

又曰荀勗父肸早亡勗依于舅氏岐嶷夙成年十餘歲能屬文從外祖魏太傅鍾繇曰此兒當及其曾祖既長遂博學達於從政

又曰郭奕時亭長李含有俊才而門寒爲豪族所排奕用爲別駕含後果有名位時以奕爲知人

又曰賀循少玩篇籍善屬文博覽衆書尤精禮傳雅有知人之鑒拔同郡楊方於卑陋卒成名於世

又曰應詹鎮南大將軍劉弘詹之祖舅也請爲長史謂之

曰君器識弘深後當代老子於荆南矣乃委以之軍政

又曰楊方字公回少好學有異才初爲郡鈴下威儀公事之暇輙讀五經鄉邑未之知内史諸葛恢見而奇之待以門人之禮由是始得周旋貴人間

又曰郭奕字大業太原陽曲人也少有重名山濤稱其高簡有雅量爲野王令羊祜嘗過之奕歎曰羊叔子何必減郭大業少選復又歎曰羊叔子去人遠矣遂送祜出界數百里

又曰李憙薦樂安孫璞亦以道德顯時人稱爲知人

又曰唐彬初受學於東海閻德德門徒甚多獨目彬有廊廟才及彬官成而德已卒乃爲之立碑

又曰韋忠年十二喪父哀慕毁悴杖而後起司空裴秀弔之甫覩號訴哀慟感人秀出而告人曰此子長大必爲佳器歸而命子頠造焉也

又曰沛國戴晞少有才智與埶紹從子含相友善時人許以遠致紹以爲必不成器晞後爲司州主簿以爲無行被斥州黨稱有知人之明

又曰鄭袤字林叔榮陽開封人也高祖衆漢大司農父泰揚州刺史有高名袤少孤早有識鑒荀攸見之曰鄭公業爲不亡矣

又曰王戎傳云阮籍與渾爲友戎年十五隨渾在郎舍戎少籍二十歲而籍與之交籍每適渾俄頃去過戎良久然後出謂渾曰濬冲清貴非卿倫也共卿言不如共阿戎談

又曰樂廣字彦輔父方參魏征西將軍夏侯玄軍事廣時年八歲玄嘗見廣在路因呼與語還謂方曰向見廣神姿朗徹當爲名士卿家雖貧可令專學必能興卿門户也

又曰曹攄字顔遠譙國人也祖肇魏將軍攄少有孝行好學善屬文太尉王衍見而器之調補臨淄令

又曰潘京舉秀才到洛尚書令樂廣京州人也共談累日深歎其才謂京曰君天才過人恨不學耳若學必爲一代談宗京感其言遂勤學不倦

又曰王澄傳云王衍有重名於世時人許以人倫之鑒尤重澄及王敦庾敳常爲天下士目曰阿平第一子嵩第二處仲第三澄嘗謂衍曰兄形似道人而神鋒太儁衍曰誠不如卿落落穆穆然澄由是顯名

又曰戴若思徙武陵省父時同郡人潘京素有理鑒名知人其父遣若思就京與語既而稱若思有公輔之林

又曰周顗傳云同郡賁嵩有清操見顗歎曰汝潁固多奇士自頃雅道陵遲今復見周伯仁將振起舊風清我邦族

矣

又曰劉隗伯父訥字令言有人倫鑒識初入洛見諸名士而歎曰王夷甫大鮮明樂彦輔我所敬張茂先我所不解周弘武巧於用短杜方叔拙於用長

又曰周浚有人倫鑒識其鄉人史曜素微賤衆所未知浚獨引之爲友遂以妹妻之曜竟有名於世

又曰阮脩傳云王衍當時談宗自以論易略盡然有所未了研之終莫悟每云不知此後當見能通之者衍族子敦謂衍曰阮宣子可與言衍曰吾亦聞之但未知其亹亹之處定何如耳及與脩談言寡而旨暢衍乃歎服焉

又曰桓彞字茂倫庾亮每屬彞覓一佳吏部及至都謂亮曰爲卿得一吏部矣亮問安在彞曰人所應有而不必有人所應無而不必無徐寧眞海岱清士因爲敘之即遷吏部郎

又曰謝玄時苻堅彊盛邊境數被侵冦朝廷求文武良將可以鎮禦北方者安乃以玄應舉中書郎郗超素與玄不善聞而歎曰安違衆舉親然玄亦必不負舉時咸以爲不然超曰吾嘗與玄共在桓公府見其使才雖履屐閒亦得其任所以知之

晉中興書曰何充字次道年在童亂伯父邃謂之曰我爲兒時亡伯車騎謂我汝後當與伯父爭名汝今器宇宏深亦當名出我右由是少有名望

又曰吳隱之字處默少有孝行遭母憂哀毀過禮時與太常韓康伯鄰居伯母語伯曰汝後若居銓衡之職當用如此輩人及伯爲吏部尚書因進用之遂歷清顯

又曰范汪字玄平少失父年六歲過江依外家庾氏荆州刺史王澄見而奇之以爲興范族者必是人也

又曰魏徐州刺史呂虔有佩刀工相之以爲必三公可服此刀虔謂别駕王祥曰苟非其人刀或爲害卿有公輔之量故以相與祥始辭之固强乃受祥死之日以刀授弟覽曰吾兒凡汝後必興足稱此故以相與

又曰王珣字元琳弱冠與謝玄俱辟大司馬桓溫掾溫語人曰謝掾年三十必擁旄仗節王掾當作黑頭公皆不易才也

又曰薛兼與同郡紀瞻廣陵閔鴻吳郡顧榮會稽賀循同志友善號曰五儁初入洛司空張華見而歎曰皆南金也

又曰陸曄童亂中從兄機稱之爲陸氏之寶我家不世之公也

又曰褚季野翼從弟弱冠譙國橋彞見而異之曰褚季野有皮裏陽秋

又曰王敦爲太子舍人滎陽潘滔時爲洗馬見而目之曰處仲蜂目已露但豺聲未振若不噬人亦當爲人所噬

沈約宋書曰桓玄聞一軍起便憂悴無復計或曰劉裕等衆力微弱豈便有成陛下何慮之甚玄曰劉裕足爲一世之雄劉毅家無擔石之儲摴蒱一擲百萬何無忌劉牢之甥酷似其舅共舉大事何慮無成也

宋書曰謝弘微童幼時精神端審時然後言叔父混嘗異之曰此兒深衷夙敏方成佳器有子如此足矣

又曰謝弘微叔父混尚晉陵公主高祖受命晉陵公主降東鄉君以混得罪前代東鄉君節義可嘉聽還謝氏自混亡至是數載而室宇脩整倉廩充盈門徒業使不異平日東鄉君歎曰僕射平生重此子可謂

知人僕射爲不亡矣
又曰袁淑字陽源陳郡陽夏人丹陽尹豹少子也少有風格年數歲伯湛謂家人此非凡兒
齊書曰隋郡王子隆能屬文明帝謂王儉曰我家東阿也儉曰東阿重出實爲皇家藩屏
又曰徐孝嗣姑適東莞劉舍舍兄藏爲尚書左丞孝嗣往詣之藏退語舍曰徐郎是令僕人三十餘可知矣汝宜善自結
又曰江斆爲丹陽丞時袁粲爲尹見斆歎曰風流不墜正在江郎數與宴賞流連日夜
蕭子顯齊書曰褚淵字彦回河南陽翟人也父卒悉推財與弟唯取書數千卷初與從弟炤同載道遇太祖淵舉手指太祖車謂炤曰此非常人將來不可測

梁書曰沈瑀起家州從事奉朝請嘗詣齊尚書右丞殷瀰瀰與語及政事甚器之謂曰觀卿才幹當居吾此職
又曰范述曾字子玄吳郡錢塘人也幼學從餘杭呂道惠受五經略通章句道惠學徒常有百數獨稱述曾曰此子必爲王者師
又曰賀琛字國寶會稽山陰人也伯父瑒步兵校尉爲世碩儒琛幼瑒授其經業一聞便通義理瑒異之常曰此兒當以明經致貴
又曰臧盾幼從徵士瑯琊諸葛璩受五經通章句璩學徒常有數十百人盾處其間無所狎比璩異之歎曰此生重器王佐才也
又曰賀瑒時沛國劉瓛爲會稽府丞見瑒深器異之嘗與俱造吳郡張融指瑒謂融曰此生神明聰敏將來當爲儒者宗
又曰丘仲孚字公信吳興烏程人也少好學從祖靈鞠有人倫之鑒常稱爲千里駒也
陳書曰杜之偉強識俊才頗有名當世吏部尚書張瓚深知之以爲廊廟器也
又曰陸慶永陽王爲吳郡太守聞其欲與相見慶固辭以疾時宗人陸榮爲郡五官慶嘗詣焉王乃微服往榮舍穿壁以觀之王謂榮曰觀陸慶風神凝峻殆不可測嚴君平鄭子眞何以尚茲
北史曰于謹南伐江陵以唐瑾爲元帥府長史及軍還諸將多因虜掠大獲財物瑾一無所取唯得書兩車載之以歸或言於周文曰唐瑾大有輜重悉是梁朝珍玩周文初不之信然欲明其實密遣使檢閱唯見墳籍而已乃歎曰孤知此人來二十許年耳其不以利汚義向若不令檢視恐常人有投杼之疑孤所以益明之耳凡受人委任當如此也

隋書曰魏任城王諧薦李德林因遺尚書令楊遵彦書云燕趙固多奇士此言誠不爲謬今歲所貢秀才李德林者文章學識固不待言觀其風神器宇終爲棟梁之用至如經國大體是賈生晁錯之儔彫蟲小伎殆相如子雲之輩今雖唐虞君世俊乂盈朝然脩大厦豈厭夫良材之積也吾嘗見孔文舉薦禰衡表云洪水橫流帝思俾乂以正平比夫大禹常謂擬諭非倫今以德林言之便覺前言非大
又曰楊素少落拓有大志不拘小節世人多未之知唯從叔祖魏尚書僕射寛深異之每謂子孫曰處道當逸羣絶倫非常之器非汝曹所逮也

又曰柳莊少有遠量博覽墳籍兼善辭令濟陽蔡大寶有重名於江左時爲岳陽王蕭詧諮議見莊便歎曰襄陽水鏡在於兹矣大寶遂以女妻之

又曰高構河東薛道衡才高當世每稱構有清鑒所爲文筆必先以草呈構有所詆訶道衡未甞不嗟伏大業七年終于家時年七十二所舉杜如晦房玄齡等後皆自致公輔論者稱構有知人之鑒

又曰虞世基字茂世會稽餘姚人也父荔陳太子中庶子世基幼沉静喜愠不形於色博學有高才兼善草隸陳中書令孔奐見而歎曰南金之貴屬在斯人少傅徐陵聞其名召之世基不徃後因公會一見而奇之顧謂朝士曰當今潘陸也因以弟女妻焉

隋書曰李德林任城王諧爲定州刺史重其才召入州館朝夕同遊殆均師友不爲君民禮數嘗語德林云竊聞蔽賢蒙顯戮久令君沉滯吾獨得潤身朝廷縱不見尤亦懼明靈所譴於是舉秀才入鄴李德林幼聰敏年數歲誦左思蜀都賦十餘日便度高隆之見而嗟歎遍告朝士云若假其年必爲天下偉器鄴京人士多就宅觀之月餘日中車馬不絶年十五誦五經及古今文集日數千言俄而該博墳典陰陽緯候無不通涉善屬文辭覈而理暢魏收嘗對高隆之謂其父曰賢子文筆終當繼温子昇隆之大笑曰魏常侍殊已嫉賢何不近比老彭乃遠求温子

又曰李士謙字子約趙郡平棘人也髫龀喪父事母以孝聞母曾嘔吐疑爲中毒因跪而嘗之伯父魏岐州刺史瑒琛所嗟尚每稱曰此兒吾家之顔子也

太平御覽卷第四百四十三

太平御覽卷第四百四十四

人事部八十五

知人下

唐書曰王珪幼孤性雅澹少嗜慾志量沉深能安於貧賤體道履正交不苟合叔父頗當時通儒有人倫之鑒嘗謂所親曰門戶所寄唯在此兒耳

又曰裴行儉有人倫之鑒自掌選及爲大總管凡遇賢俊無不甄採每制敵摧兇必先期捷日時有後進楊炯王勃盧照鄰駱賓王並以文章見稱吏部侍郎李敬玄盛爲延譽引以示行儉行儉曰才名有之爵祿蓋寡楊應至令長餘並鮮能令終是時蘇味道王勮未知名因調選行儉一見深禮異之仍謂曰有晚年子息恨不見其成長二公十數年當居衡石願記識此輩其後相繼爲吏部皆如其言

行儉嘗所引偏裨有程務挺張虔勗崔智䛒王方翼党金毗劉敬同郭待封李多祚黑齒之盡爲名將位至刺史將軍者數十人其所知賞多此類也

又曰狄仁傑授汴州判佐時工部尚書閻立本爲河南道黜陟使仁傑爲吏人誣告立本見而謝曰仲尼云觀過知仁矣足下可謂海曲之明珠東南之遺寳薦授并州都督府法曹

又曰張守珪儀形瓌壯善騎射性慷慨有節義時盧齊卿爲幽州刺史深禮遇之嘗共榻而坐謂曰足下數年外必節度幽涼爲國之良將方以子孫相託豈得以寮屬常禮相期耶

又曰李勉以故吏前密縣尉王晬（子對切）勤幹俾攝南鄭令俄有詔處死勉問其故乃爲權倖所誣勉詣將吏曰上方藉牧宰爲人父母豈以譖言而殺不辜乎即停詔拘晬飛表上聞晬遂獲宥而勉竟爲執政所非追入爲大理少卿謁見面陳王晬無罪政事修舉盡力吏也肅宗嘉其守正即日除太常少卿王晬後以推擇拜大理評事龍門令終有能名時稱知人

又曰李晟德宗之幸山南既入駱谷謂渾瑊曰渭橋在賊腹內兵勢懸隔李晟可辦事乎瑊對曰李晟秉義執志臨事不可奪以臣計之破賊必矣帝意始安

又曰楊嗣復字繼之僕射於陵之子也初於陵十九登進士第二十再登博學宏詞科調補潤州句容尉浙西觀察使韓滉有知人之鑒見之甚悅滉有愛女方擇佳婿謂其妻柳氏曰吾閲人多矣無如楊生貴而壽生子必爲宰相於陵秩滿寓居楊子而生嗣復後滉見之撫其首曰名位果踰於父楊門之慶也因字曰慶門竟如其言

又曰于邵傳云樊澤嘗舉賢良方正邵一見之於京師謂樊將相之材也不五年擇爲節將

又曰李德裕與牛僧孺有隙或以韋温厚於牛僧孺言於德裕裕曰此人堅正中立君子也

又曰劉三復長慶中李德裕拜浙西觀察使三復以德裕禁密文臣以所業文詣郡干謁德裕閲其文倒屣迎之乃辟爲從事

後魏書曰崔亮傳云崔亮字敬儒清河東武城人也時隴西李冲當朝任事亮從兄言之於冲冲與亮語因謂亮曰比見卿先人相命語使人胷中無復怵迫之念奇之延爲館客冲謂兄子奇曰大崔寬和篤雅汝宜友之小崔生峭整清徹汝宜敬之二人終將大至

孔叢子曰魏安釐王問子順馬回之爲人雖少文然梗直有丈夫之節吾欲以爲相可乎荅曰知臣莫若君何有不可至於亮直之節臣未之明也曰何故荅曰臣聞諸孫卿其爲人長目而永視者必體方而心圓每以其法相人千百不失臣見回非不偉其體幹然甚疑其目王卒用之三月王果以諂得罪

淮南子曰甯戚欲干齊桓公困窮無以自達於是爲商旅將牛車暮宿於郭門之外桓公郊迎客夜爛火甚盛從者甚衆戚飯牛車下望見桓公而悲擊角而疾商歌桓公聞之撫其僕之手曰異哉歌者非常人也命後車載之賜衣冠

說苑曰楚令尹虞丘子復相莊王曰臣聞奉公行法可以得榮能淺行薄無望上位臣爲令尹十年矣國故不治獄訟不息臣竊選國俊士孫叔敖秀才多能其性無欲君舉而授之政則國可使寧而士民可使附莊王從之虞丘子萊田三畝號曰國老以孫叔敖爲令尹虞丘子家干法叔敖執而戮之虞丘子喜曰叔敖果可使持正矣

傅子曰劉備襲蜀丞相掾趙戩曰劉備其不濟乎拙於用兵每戰每敗奔亡不暇何以圖人徵士傅朝曰劉備寛仁有度能得人死力諸葛亮達治知變正而有謀而爲之相張飛關羽勇而有義皆万人之敵而爲之將此三人者皆人傑也以劉備之略三傑佐之何爲而不濟也

郭子曰冀州刺史楊淮字彥清二子喬髦有識俱總角爲成器淮與裴頠樂廣友善遣見之頠謂淮曰喬當及卿髦小減也廣謂淮曰喬自及卿髦尤精出淮笑曰我二兒之優劣乃裴樂之優劣議者皆許之

又曰王仲祖云眞長知我勝我自知

又曰王渾妻鍾生女甚賢明令武子爲妹擇嘉壻而未有其人兵家子有才欲以妻之獨與母議初不告事定乃白母曰誠是地也自可貴要當令我見之於是武子令此兵與羣小雜處使母帷察之母曰刑衣者汝可拔乎武子曰是母曰此才足以拔萃然地寒非長年不足展其才用觀其形骨恐不可與婚數年果死

呂氏春秋曰魏公叔座疾惠王往問之曰公叔之病甚矣將奈社稷何對曰臣之御庶子鞅也願王以國聽之若不能聽勿使出境王不應出而謂左右曰豈不悲哉以叔之賢而今謂寡人以聽鞅悖也公叔死公叔鞅西遊秦秦孝公聽之秦果強魏果弱

竹林七賢論曰山濤與阮籍嵇康皆一面而契若金蘭濤妻韓氏嘗以問濤濤曰當年可爲友者唯此二人耳妻曰負羈之妻亦觀狐趙意欲一窺之可乎濤曰可也二人至妻勸濤留之宿其酒食夜穿牖而窺之濤入曰所見何如吾妻曰君才殊不如也正當以識度相友濤曰然伊輩亦當謂我識度勝

世說曰袁宏少貧常爲人傭載運謝鎮西常夜泊舟江渚清風明月聞賈客舫上有詠聲甚有清致聽所詠詩又所未嘗聞歎美不能已即遣人委曲計問乃是袁宏自誦其詠史詩遂厚相賞重

又曰郗太尉遣門生與王丞相書求女壻曰請往東廂中選之門生歸白郗云王家諸郎亦皆可然聞覓女壻咸自矜持唯有一郎在東床上坦腹食如不聞郗云此正嘉壻既而訪焉乃逸少也

又曰顧和始爲楊州從事月旦當朝停車州門外周侯詣
丞相歷和車邊過和覓蝨夷然不動周旣過返還指顧心
曰此中何所有顧擇蝨如故徐應曰此中最是難量地周
侯旣入語丞相曰卿州吏有一令僕才
語林曰夏少明在陳國不知名聞裴逸民知人乃裹粮寄
載入洛從之未至裴家少許見一人着黄皮袴褶乘馬將
獵夏問逸民家遠近荅曰君何以問夏曰聞其名知人故從
會稽來投之裴曰身是逸民明可更來明往逸民果知之
又嘉其志爲乃用爲西門侯於此遂知名
又曰魏武將見匈奴使自以形陋不足雄遠國使崔季珪
代乃自捉刀立牀頭坐旣畢使僕問曰魏王何如使荅曰
魏王信自雅望非常然牀頭捉刀人此乃英雄魏王聞之
馳遣殺此使

世說曰王濬沖裴叔則二人於總角時詣鍾士季須臾去
後客問向二童子是誰曰裴王客曰何如鍾曰裴楷清通
王戎簡要須三十年此二賢當爲吏部尚書冀尒時天下
無復滯才
崔鴻前燕録曰慕容廆幼而魁岸美姿貌身長八尺雄桀
有大度晉安北張華一見奇之謂廆曰君長必爲命世之
器定難濟時者也遺廆冠簪以結慇懃
崔鴻前秦録曰姜宇字子居天水冀人也少孤貧爲河北
陳不識家牧羊年十五身長七尺九寸聰惠美風儀每夜
專讀書睡則縣頭于屋梁達旦而止不識奇之將妻以女
其妻弗聽不識乃置酒引宇令女潛觀之問女曰姜宇人
士才明吾欲以汝妻之汝母難曰宇家之牧人汝意云何女
曰觀宇之姿才豈復爲人牧羊也遂妻之宇後歷位京兆
尹御史中丞
郭林宗別傳曰郭泰字林宗入潁川則友李元禮至陳留
則結符偉明之外黄則親韓子助過蒲亭則師仇季智止
學舍則收魏德公觀耕者則抜茅季偉皆爲名士至汝南
見袁閬不宿而去從黄憲三日乃去過新蔡薛勲問之曰
足下見袁奉高不宿而去從黄叔度乃弥日何也泰曰奉
高之流雖清而易挹叔度汪汪若千畝之陂澄之不清撓
之不濁難測量也
何顒別傳曰顒字伯求有人倫鑒同郡張仲景總角造顒
顒謂曰君用思精而韻不高將爲良醫卒如其言
顧和別傳曰和字君孝總角時顧榮曰此吾家騏驥興衰宗
必此子也顧珠亦有令問榮謂珠曰卿速步君孝超卿矣
孟嘉別傳曰庾亮抜孟嘉爲勸學從事褚裒爲豫章太守

出朝亮正旦大會州府人士率嘉集坐第甚遠問亮曰江
州有孟嘉其人何在亮曰在坐卿但自覓裒歷觀之久指
嘉謂亮曰此君小異將無是乎
衛玠別傳曰劉眞長謝仁祖並知名時人商略中朝人士
或問弘治可得方衛洗馬不謝曰安得相比其間可容數
人
三輔決録曰龐知伯名勃爲郡小吏東平衛農爲書生窮
乏乃客鍛於勃家知伯知其賢尤加禮待雇直過償及去
送十里過舅家復貸錢贈之農不肯受勃曰不受令勃不
告農乃受曰爲馮翊乃相徵後果爲馮翊太守勃子爲門
下書佐
又曰游殷字幼齊與司隸校尉胡軫有隙輕誣構殺之初
殷爲郡功曹有童子張旣者時未知名爲郡書佐殷察異

之既過家具設賔饌及既至殷妻哭曰君甚勢乎張德容童昏小兒何異殷曰卿勿怪乃方伯之器也殷遂與既論霸王之事饗訖以楚子託之斬害殷月餘得病目脫但言伏罪游幼齊將鬼來於是遂死諺曰生有知人之明死有鬼靈之驗

又曰王諶字子嗣博學有才辨洛陽种景伯武原吳季高未知名諶數稱二人於朱伯厚有宰輔之器退語二人曰卿必爲公而景伯至司徒季高至司空世以是服諶之知人也

會稽典録曰盛憲字孝章嘗出行逢一童容貌非常憲怪而問之是魯國孔融融時年十餘歲憲下車執手載以歸舍與融談宴知其不凡便結爲兄弟因升堂見親

汝南先賢傳曰薛勤字恭祖仕郡功曹陳仲舉時年十五

爲父賫書詣勤勤見而察之明日往造焉仲舉父出見勤勤曰足下有不凡子吾來候之不從卿也言議盡日乃歎曰陳仲舉有命世才王才之具又見黃叔度於童幼太當爲內盛德其後二賢英名並耀於世

又曰謝甄稟氣聰爽明識達理見許子將兄弟弱冠之歲曰平輿之淵有二龍出焉察其盼睞則賞其心覩其顧步則知其道

襄陽耆舊記曰劉備訪世事於司馬德操操曰儒生俗士豈識時務哉此間自有伏龍鳳鶵備問誰曰諸葛孔明龐士元也並用爲軍師中郎

又曰潘記見溫習十數歲時曰此兒名士必爲吾州里議主勑子弟與善溫後果爲荊州大公平令

又曰李衡字叔平漢末父將走入吳以下戶調爲武昌渡民聞羊衜有人物往干之衜曰多士之世尚書劇曹郎才也勸習筮仕以女配之

太平御覽卷第四百四十四

人事部八十六

品藻上

論語子曰管仲之器小哉

又子貢問曰賜也何如子曰汝器也（言女器用之人也）曰何器也曰瑚璉也（瑚璉黍稷之器夏曰瑚商曰璉周曰簠簋宗廟之貴器）

又曰由也千乘之國可使治其賦也求也千乘之邑百乘之家可使爲之宰赤也束帶立於朝可使與賓客言也

又曰子謂子產有君子之道四焉其行己也恭其事上也敬其養民也惠其使民也義

又曰子張問令尹子文三仕爲令尹無喜色三已之無愠色舊令尹之政必以告新令尹何如子曰忠矣曰仁矣乎曰未知焉得仁崔子弑齊君陳文子有馬十乘弃而違之至於他邦則曰猶吾大夫崔子也違之何如子曰清矣曰仁矣乎曰未知焉得仁

又曰子曰雍也可使南面仲弓問子桑伯子子曰可也簡仲弓曰居敬而行簡以臨其民不亦可乎居簡而行簡無乃太簡乎

又曰季康子問仲由可使從政也與子曰由也果於從政乎何有曰賜也可使從政也與曰賜也達於從政乎何有曰求也可使從政也與曰求也藝於從政乎何有

家語曰子貢曰陳靈公君臣宣淫於朝泄冶諫而殺之是與比干同也可謂仁乎子曰比干於紂親則叔父官則少師忠疑之心在於宗廟而已固必死爭之冀身死之後紂悔寤其本志情在乎仁者也泄冶位下大夫無骨肉之親懷寵不去以區區之一身欲正一國之淫昏死而死益可謂懷矣詩曰民之多僻無自立辟其泄冶之謂也

又曰孔子北遊農山顔回侍曰願得明王聖主而輔相之敷其五教道之以禮樂使城郭不修溝渠不越鑄劒戟爲農器放牛馬於原藪室家無怨曠之思千歲無鬬戰之患子曰美德也不傷財不害人不繁辭則顔氏之子有矣

又曰顔回問於孔子曰臧文仲武仲孰賢孔子曰武仲賢哉回曰武仲世稱聖人而身不免於罪是智不足稱好言兵討而挫銳於邾是勇不足名也夫文仲其身雖没而言不朽惡有未賢孔子曰身没言立所以爲文猶有不仁者三不智者三是則不及武仲也回曰可得聞乎孔子曰下展禽置六關（六關關名也以稅行者）妾織席三不仁也設虛器縱逆祀祀海鳥三不智也武仲在齊齊將有禍不受其國以避其難是智難之也

又曰澹臺子羽有君子之容而行不勝其貌宰我有文雅之辭而智不充其辯孔子曰以容取人則失之子羽以言取人則失之宰予

又曰子夏三年之喪畢見於孔子孔子與之琴使之弦侃侃而樂子曰君子也閔子三年喪畢見孔子孔子與之琴使子之絃切切而悲子曰君子也子貢曰閔子哀未盡矣子曰君子也子夏哀已盡矣子曰君子也二者殊情而俱君子賜也惑之敢問孔子曰閔子哀未盡能遊之以禮子夏哀已盡能引之及禮均之君子不亦可哉

又曰孔子曰不遷怒不深怨不録舊罪冉雍之行也不畏強禦不侮鰥寡才任治戎仲由之行也文勝其質好學博藝省物而動是冉求之行也齊莊而能肅志通而好禮篤雅而有節是公西華之行也滿而不盈實而不虛其德敢

言於人無所不信是曾參之行也送迎必敬上交下接是卜商之行也先成其慮及事而行故動則非妄是言偃之行也三復白珪之玷是南容之行也執親之喪未嘗見齒是高柴之行也不念舊惡蓋伯夷叔齊之行也畏天而敬人蓋趙文子之行也臨其難不愛其死謀其身不遺其友君若用則進蓋隨武子之行也國家有道其言之足以治無道其默之足以生蓋伯華之行也外寬而內直已而不直人以善自終蓋蘧伯玉之行也孝恭慈仁允德圖義終貧去怨輕財不道蓋柳下惠之行也君有道從命無道衡命蓋平仲之行也

漢書曰高帝置酒洛陽南宮上曰吾所以有天下者何項氏之所以失天下者何王陵對曰陛下嫚而侮人項羽仁而敬人然陛下使人攻城略地所降下者因以與之天下同利也項羽疾能妬賢有功者害之賢者疑之戰勝而不與人功得地而不與人利此所以失天下也上曰公知其一不知其二夫運籌策於帷幄之中決勝於千里之外吾不如張子房鎮國家撫百姓吾不如蕭何連百万之衆戰必勝攻必取吾不如韓信三者人傑也吾能用之此吾能以取天下也項羽有一范增而不能用之此其所以為我擒也羣臣皆悅服

又曰公孫弘傳贊云儒雅則公孫弘董仲舒倪寬篤行則石建石慶質直則汲黯卜式推賢則韓安國鄭當時律令則趙禹張湯文章則司馬遷相如滑稽則東方朔枚皋應對則嚴助朱買臣歷數則唐都洛下閎協律則李延年運籌則桑弘羊奉使則張騫蘇武將師則衛青霍去病受遺則霍光金日磾其餘不可勝記是以興造功業制度遺文後世莫及孝宣承統纂脩洪業招選茂異而蕭望之梁丘賀夏侯勝韋玄成嚴彭祖尹始以儒術進劉向王褒以文章顯將相則張安世趙充國魏相邴吉于定國杜延年治民則黃霸王成龔遂鄭弘邵信臣韓延壽尹翁歸趙廣漢嚴延年張敞之屬皆有功迹見述於世參其名臣亦莫次也

謝承後漢書曰桓帝徵徐穉等不至因問陳蕃曰徐穉袁閎韋著誰為先後蕃對曰閎生公族聞道漸訓長於三輔仁義之俗所謂不扶自直不鏤自雕至於穉者爰自江南卑薄之域而角立傑出宜當為先

袁山松後漢書曰王允字子師太原人世仕州郡郭林宗嘗見允而奇之曰王生一日千里王佐才也遂與友善允至司徒

范曄後漢書曰許劭嘗到潁川多長者之遊唯不詣陳蕃蕃喪妻還葬鄉人畢至而劭獨不往或問其故劭曰太丘道廣廣則難周仲舉性峻峻則少通故不造其多所裁量若此曹操微時常卑辭厚禮求為己助劭鄙其為人而不肯對操乃伺隙脅劭不得已曰君清平之姦賊亂世之英雄操大悅而劭與從兄靖俱有高名好共覈論鄉黨人物每月更其品題故汝南俗有月旦評焉

魏志曰盧欽著書稱徐邈曰徐公志高行絜才綽氣猛聖人以清為難而徐公之所易也或問欽徐公當武帝之時人以為通自在涼州及還京都人以為介何也欽荅曰往者毛孝先崔季珪用事貴清素之士徐公不改其常故以為通比來天下奢靡轉相放效而徐公雅尚自若不與俗同故前日之通乃今日之介也

又曰司馬文王與陳泰親友武陔亦與泰善文王問陔曰玄伯何如其父陔曰通雅博暢能以天下聲教爲已任者不如也明統簡至立事過之

又曰文帝問賈詡曰吾欲伐不從命以一天下吳蜀何先對曰攻取者先立權建本者尚德化但用兵之道先勝後戰量敵論將故舉無遺筴臣宿料羣臣無備權之對也雖以天威臨之未見万全之勢今宜先文後武文帝不納後興江陵之役士卒多死

典略曰祢衡自荆州北遊許都書一卷懷之湯滅無所適或問之曰何不從陳長文司馬仲達乎衡曰卿欲我從屠酤兒輩耶又問曰當今復誰可衡曰大兒孔文舉小兒楊德祖又問荀令君趙蕩寇皆蓋世乎衡見荀有儀容趙有腹尺因荅曰文若可借面弔喪稚長可監厨請客其意以爲荀但有貌趙但啖肉也

又曰趙戩遭三輔亂客於荆州劉表以爲賓榮是時祢衡來遊京師詆訕朝士及南見戩歎之曰劒則干將莫耶木則椅桐梓漆人則顔冉仲弓也建安中丞相南取荆州執戩手曰何相見之晚

魏氏春秋曰高貴鄉公即位神明爽儁德音宣朗罷朝景王私曰上何如主也鍾會對曰才同陳思武類太祖景王曰若如卿言社稷之福也

又曰高貴鄉公爲宴羣臣於太極東堂與侍中荀顗崔贊袁亮鍾毓虞松等講述因帝問顗等曰有夏既衰后相殆滅少康收集夏衆復禹之績高祖拔起壠畝驅帥豪儁芟夷秦項苞舉宇內斯二主可謂殊才異略命世大賢者也考其功德誰宜爲先顗等對曰造之與因難易不同少康功德雖美至如高祖臣等以爲優帝曰未必創業者皆優紹繼者咸劣少康中宗中興之美論德覈實方諸漢祖吾見其優未聞其劣少康生於滅亡之後降爲諸侯能布其德而兆其謀卒滅過戈復禹之績非至德豈能濟斯漢祖因土崩之勢專任智力爲人子則數危其親爲人君則囚繫賢相爲人父則不能衛其子身没之後社稷幾傾若與少康易時而處或未能復大禹之績推此言之宜高夏康而下漢祖矣帝又曰夫太上立德其次立功漢祖功高未若少康武烈之威豈必降於漢祖哉但夏書淪亡舊文殘缺故勳美闕而罔載向令墳典俱存行事詳備亦豈有異同之論哉於是羣臣咸悅服也

又曰胡綜論吳朝俊士英才卓越超踰倫疋則諸葛恪清識知機達究幽微則顧譚淑辯宏達言能釋結則謝景究學甄微游夏同科則范慎羊衜恪才而疎譚精而很景辯而校後恪譚果以強吳人論綜言而有徵

蜀志曰大鴻臚張儼作默記諸葛亮與司馬宣王書曰漢朝傾覆天下分崩豪傑之士竟希神器魏氏跨中土劉氏據益州並稱兵海內爲世霸王諸葛司馬二相遭值際會託身盟主或收功於蜀漢或聞名於伊洛丕備既没後嗣即統各受保阿之任輔翼幼主亦一國之守臣霸王之賢佐也歷前世以觀近事二相優劣可得而詳也孔明起巴蜀之地蹈一州之士方之大國其戰士人民蓋有九分之一也提步卒數萬長驅祁山慨然有飲馬河雒之志達據天下十倍之地杖兼并之衆據牢城擁精銳無擒敵之意務自保而已使彼孔明若此而不亡則凉雍不解甲中國不解鞍勝負之策亦决矣方之司馬不亦優乎

吳志曰孫權與陸遜論周瑜魯肅及呂蒙曰公瑾雄烈膽略兼人遂破孟德開拓荊州邈焉難繼君今繼之子敬東來孤與宴語便及大略帝王之策一決也後孟德率數十萬衆水步俱下孤請諸將問其所宜子布文表俱言而遣迎之子敬即駁言不可勸孤呼公瑾付兵衆逆而擊之此二決也勸吾借玄德地是其一短不足以損二長也孤忘其短而不遺其長子明少果敢有膽而長大學問籌略可以次公瑾但言議不及耳

又曰周昭著書稱步騭及嚴畯等曰古今賢士大夫所以失名喪身者其由非一也大歸四者而已急論議一也爭名勢二也重朋黨三也務欲速四也急論議則傷人爭名勢則敗友重朋黨則蔽主務欲速則失德此四者不除未有能全者也當世君子能不然者亦比有之豈獨古人乎

然論其絕異未若顧豫章諸葛使君步丞相嚴衛尉張奮威之爲美也論語言夫子恂恂然善誘人又曰成人之美不成人之惡豫章有之矣望之儼然即之也溫聽其言也厲使君體之矣恭而不猛丞相嚴履之矣學不求祿心無苟得衛尉奮威蹈之矣此五君雖德實有差輕重不同至於趨舍大檢不犯四者俱一揆也昔丁諝出於孤家吾粲由於牧豎豫章揚其美以並隆全之列是以人無幽滯而風俗厚焉使君丞相衛尉三君昔以布衣俱相友善論者因名敘其優劣初先衛尉次丞相而後使君也其後並事明主經營世務出處之才儀有不同先後之名須反其初比世常人所決勲也至於三君分好卒無虧損豈非古哉又魯橫江昔仗万兵屯據陸口當世之美業也能與不能孰不願焉而橫江既亡衛尉應其選自以才非將帥深辭固讓終於不就後徙九列遷典八座榮不足以自奉至於二君皆位爲上將窮富極貴衛尉既無求欲二君又不稱薦各守所志保其名好孔子曰君子矜而不爭羣而不黨斯有風矣又奮威之名亦三君之次也當一方之戍受上將之任與使君丞相不異也然歷國事論功勞實有先後故爵位之榮殊焉而奮威將處此決能明其部分心無失道之欲事無充詘之求每升朝堂循禮而動辭氣謇謇罔不惟忠叔嗣雖親貴言憂其敗蔡文雖疎賤談稱其賢女配太子受禮若弔慷慨之趨唯篤人物成敗得失皆如所慮可謂守道見機好古之士也若乃經國家當軍旅於馳騖之際立霸王之功此五君者未爲過人至其純粹履道求不苟得升降當世保全名行邈然絕俗實有所師故粗論其事以示後之君子

又曰薛瑩王蕃器量綽異弘博多通樓玄清白節操文理條暢賀邵厲行貞潔機理清要韋曜篤學好古博見羣籍有記述之才胡冲以爲玄邵蕃一時清妙略無優劣必不得已玄宜在先邵當次之華覈詩賦之才有過於曜典誥不及也

王隱晉書曰河南郭象著文稱嵇紹父死在非罪曾無耿介貪位死闇主義不足多曾以問郗公曰王裒之父亦非罪死裒猶辭徵紹不辭用誰爲多少郗公曰王勝於嵇或曰魏晉所殺子皆仕宦何以無非也答曰殛鯀興禹禹不辭興者以鯀犯罪也若以時君所殺爲當耶則同於禹以不當耶則同於嵇

又曰世皆以嵇見危授命答曰紀信代漢高之死可謂見危授命如嵇偏善其一可也以備體論之則未得也

又曰顧榮謂中宗曰陸士光貞正清貴金相王質甘季思忠款誠盡加以膽幹殊快殷慶元質略有明規文武可用榮族兄公讓明亮守節困不易操會稽楊彥明謝行言皆服膺儒教足爲民望賀生沉潜青雲之士陶恭兄弟才力雖少實事極佳凡此諸人皆南金也中宗納之

又曰衛玠妻父樂廣有海內重名議者以爲婦公氷清女壻玉潤

又曰裴憲字景思陳郡謝鯤潁川庾敳皆儁朗士也見而奇之相謂曰裴憲鯁亮宏達通機識命不知其何如父然至於深弘保素不以世物嬰心者其殆過之

又曰裴楷嘗目夏侯玄云肅肅如入宗廟中但見禮樂器鍾會如觀武庫森森覺矛戟在前傅嘏汪翔靡所不見山濤若登山臨下幽然深遠

又曰杜預在內七年損益万機不可勝數朝野稱美號曰杜武庫言其無所不有也

又曰杜預傳云時王濟解相馬又甚愛之而和嶠頗聚歛預常稱濟有馬癖嶠有錢癖武帝聞之謂預曰卿有何癖對曰臣有左傳癖

又曰裴楷風神高邁容儀俊爽博涉羣書特精理義時人謂之玉人

又曰見裴叔則如近玉山映照于人也

又曰裴楷傳云吏部郎缺文帝問其人於鍾會會曰裴楷清通王戎簡要皆其選也

又曰阮裕除東陽太守尋徵侍中不就還剡山有肥遁之志有以問王羲之羲之曰此公近不驚寵辱雖古之沉冥何以過此時人云裕骨氣不如逸少簡秀不如真長韶潤不如仲祖思致不如殷浩而兼有諸人之美

又曰謝安義在輔導雖會稽王道子亦賴弼諧之益時疆敵寇境邊書續至梁益不守樊鄧陷沒安每鎮以和靖御以長筭德政既行文武用命不存小察弘以大綱威懷外著人皆比之王導而文雅過之

太平御覽卷第四百四十五

太平御覽卷第四百四十六

人事部八十七

品藻中

晉書曰韋忠傳云裴頠爲僕射數言忠於司空張華華辟之辭病不赴人問其故忠曰吾茨簷賤士本無宦情且茂先華而不實裴頠慾而無厭弃典禮而附賊后此豈大丈夫之所宜行耶

又曰王戎有人倫鑒識嘗目山濤如璞玉渾金人皆欽其寶莫知名其器王衍神姿高徹如瑶林瓊樹自然是風塵外物謂裴頠拙於用長荀勗工於用短陳道寧綅綅如束長竿

又曰褚陶吳平召補尚書郎張華見之謂陸機曰君兄弟龍躍雲津顧彦先鳳鳴朝陽謂東南之寶已盡不意復見褚生機曰公但未覩不鳴不躍者耳華曰故知延門之德不孤川岳之寶不匱矣

又曰樂廣尚書令衛瓘朝之耆舊逮與魏正始中諸名士談論見廣而奇之曰自昔諸賢既歿常恐微言將絶而今乃復聞斯言於君矣命諸子造焉曰此人之水鏡見之瑩然若披雲而覩青天也

又曰嵇紹始入或謂王戎曰昨於稠人中始見嵇紹昂昂然若野鶴之在雞羣戎曰君復未見其父耳

又曰王戎幼而穎悟神彩秀徹視日不眩裴楷見而目之曰戎眼爛爛如巖下電

又曰張翰有清才善屬文而縱任不拘時人號爲江東步兵

又曰劉毅轉司隸校尉糾正豪右京師肅然司部守令望風投印綬者甚衆時人以毅方之諸葛豐蓋寬饒

又曰樂廣少與弘農楊准相善准之二子曰喬曰髦皆知名於世准使先詣裴頠頠性弘方愛喬有高韻謂准曰喬當及卿髦少減也又使詣廣廣性清淳愛髦有神檢謂准曰喬自及卿然髦亦清出准歎曰我二兒之優劣乃裴樂之優劣也論者以爲喬雖有高韻而神檢不足樂爲得之矣

又曰劉頌守廷尉時尚書令史扈寅非罪下獄詔使考竟頌執據無罪寅遂得免時人以頌比張釋之乎

又曰和嶠遷潁川太守爲政清簡甚得百姓懽心太傅從事中郎庾敳見而歎曰嶠森森如千丈松雖磥砢多節目施之大厦有棟梁之用

又曰郗鑒傳云王敦嘗謂曰樂彦輔短才耳後生流宕言違名檢考之以實豈勝武秋耶鑒曰擬人必於其倫彦輔道韻平淡體識冲粹處傾危之朝不可得而親疏及愍懷太子之廢柔而有正武秋失節之士何可同日而言敦曰愍懷廢徙之際交有危機之急人何能以死守之乎以此相方其不減明矣

又曰孫登傳云嵇康從之遊三年問其所圖終不荅康每歎息將别謂曰先生竟無言乎登乃曰子識火乎火生而有光而不用其光果在於用光人生而有才不用其才而果在於用才故用光在乎得薪所以保其曜用才在於識眞所以全其年今子才多識寡難乎免於今之世去矣子無求乎康不能用果遭非命

又曰王湛傳云武帝亦以湛爲癡每見濟輙調之曰卿家癡叔死未濟常無以荅及是帝又問如初濟曰臣叔殊不

凝因稱其美帝曰誰比濟曰山濤以下魏舒以上時人謂湛上方山濤不足下比魏舒有餘湛聞曰欲處我季孟之間乎

又曰陸機天才秀逸辭藻宏麗張華嘗謂之曰人常恨才少而子更患其多

又曰陸雲刺史周浚召爲從事謂人曰陸士龍當今顔子也

又曰王衍儁秀有令望虛心玄遠未嘗語利王敦過江常稱之曰夷甫處衆中如珠玉在瓦石間顧愷之作畫贊亦稱衍巖巖清峙壁立千仞

又曰杜乂性純和美姿容有盛名於江左王羲之見而目之曰膚若凝脂眼如點漆此神仙中人也桓彝亦曰衛玠神清杜乂形清

又曰郭文傳温嶠嘗稱曰文有賢人之性而無賢人之才柳下惠梁琦之亞乎

又曰羅含謝尚與含爲方外之好乃稱曰羅君章可謂湘中之琳琅

又曰羅含桓温嘗與寮屬讌會含後至温問衆座曰此何如人或曰可謂荆楚之杞梓桓曰此自江左之秀豈唯荆楚而已

又曰薛兼少與同郡紀瞻廣陵閔鴻吳郡顧榮會稽賀循齊名號爲五儁初入洛司空張華見而奇之曰皆南金也

又曰郗超傳云沙門支遁以清談著名于時風流勝貴莫不崇敬以爲造微之功足參諸正始而遁常重超以爲一時之儁

又曰郗超爲桓温參軍謝安與王坦之嘗詣温論事温令超帳中卧聽之風動帳開安笑曰郗生可謂入幕之賓矣

又曰周顗傳曰庾亮嘗謂顗曰諸人咸以君方樂廣顗曰何乃刻畫無鹽唐突西施也

又曰應詹弱冠知名性質素弘雅雖犯而弗之校以學藝文章稱司徒何劭見之曰君子哉若人

又曰桓温豪爽有風槩姿貌甚偉面有七星少與沛國劉惔善帝稱之曰温眼如紫石稜鬚作蝟毛磔張紘孫仲謀晉宣王之流亞也

又曰劉惔寓居京口家貧織芒屩以爲養雖蓽門陋巷晏如也人未之識唯王導深器之後稍知名論者比之袁羊惔恚深出其母其母聰明婦人也謂之曰此非汝比勿受之又有方之范汪者惔復恚母又不聽及惔年德轉昇論者遂比之荀粲

又曰荀崧弱冠太原王濟甚相器重以方其外祖陳郡袁侃謂侃弟奧曰近見荀監子清虛名理當不及父德性純粹是賢兄輩人也

又曰成公簡字宗舒東郡人也卅二千石性清素不求榮利潛心味道罔有干其志者默識過人張茂先每言公簡清静比楊子雲默識擬張安世

又曰謝安總角神識沉敏風宇脩暢善行書弱冠詣王濛清言良久既去濛子脩曰向客何如大人濛曰此賓亹亹而來逼人王導亦深器之由是有重名

又曰謝萬善屬文叙漁父屈原季主賈誼楚老龔勝孫登嵇康四隱四顯爲八賢論其旨以處者爲優出者爲劣以示孫綽綽與往反以體公識遠者則出處同歸

又曰韓康伯傳云康伯少知名重一時少所推服常稱康伯及

王坦之曰思理倫和我敬韓康伯志力彊正吾愧王文度
又曰王獻之嘗與兄徽之俱詣謝安徽之多言俗事獻之寒温而已既出客問安王氏兄弟優劣安曰小者佳客問其故安曰吉人之辭寡
又曰褚裒與杜乂俱有盛名冠于中興譙國桓彝見而目之曰季野有皮裏陽秋言其外無臧否而内有所褒貶也
又曰王恭美姿儀人多愛悦或目云濯濯如春月柳嘗被鶴氅裘涉雪而行孟永窺見之歎曰此真神仙中人也
又曰王恭字孝伯少有美譽清辯過人自負才地高華恒有宰輔之望與王忱齊名友善慕劉惔之爲人謝安常曰王恭才地可以爲將相
宋書曰謝弘微叔父混特所敬貴號爲微子常云何遠剛躁負氣阿容愽而無檢曜恃才而持操不篤晦自知而納善不周設復功濟三才終亦以此爲恨至如微子吾無間然
又云微子異不傷物同不害正若年造六十必至公輔
又曰龔祈不應徵辟祈風姿端雅容止可觀中書郎范述見而歎曰此荆楚仙人也
蕭子顯齊書曰王僧祐父遠爲光禄勳宋世爲之語曰王遠如屏風屈曲能蔽風露
陳書周弘正叔父捨每與談論輒異之曰觀汝神情穎晤清理警發後世知名當出吾右
又曰高祖在京城嘗與諸將讌杜僧明周文育侯安都爲壽各稱功伐高祖曰卿等悉良將也然而並有所短杜公志大而識闇狎下而驕尊矜功不收其拙周侯交不擇人而推心過差居危履險猜防不設侯郎傲誕而無猒輕佻而肆志並非全身之道耳卒皆如其言
隋書曰元善以高頴有宰相之具嘗言於上曰楊素麤疎蘇威怯懦元胄元旻正似鴨耳可以付社稷者唯獨高頴
又曰蘇威治書侍御史梁毗以威領五職安繁戀劇無舉賢自代之心抗表劾威上曰蘇威朝夕孜孜志存遠大舉賢不闕何遽迫之顧謂威曰用之則行舍之則藏唯我與爾有是夫因謂朝臣曰蘇威不值我無以措其言我不得蘇威何以行其道楊素才辯無雙至若斟酌古今助我宣化非威之匹也蘇威若逢乱世南山四皓豈易屈哉
又曰楊達爲人弘厚有局度楊素每言曰有君子之貌兼君子之心者唯達耳
唐書曰王珪嘗侍宴太宗謂珪曰卿識鑒清通尤善談論自房玄齡等咸宜品藻又可自量孰與諸子玄對曰孜孜奉國知無不爲臣不如玄齡才兼文武出將入相臣不如李靖敷奏詳明出納惟允臣不如彥博處繁理劇衆務必舉臣不如戴胄以諫諍爲心恥君不及於堯舜臣不如魏徵至如激濁揚清嫉惡好善臣於數子亦有一日之長太宗深然其言羣公亦各以爲盡已所懷謂之確論
又曰馬周有機辯能敷奏深識事端動無不中太宗嘗我於馬周暫時不見則便思之中書侍郎岑文本謂所親曰吾見馬君論事多矣援引事類揚搉古今舉要删蕪會文切理一字不可加一言不可減聽之靡靡令人忘倦昔之蘇張終賈正應此耳然鳶肩火色騰上必速恐不能免耳
又曰韋述時趙冬曦孫逖王翰常遊其門趙冬曦兄弟冬日和璧居貞安貞頤貞等六人逖弟迪遹迥迿巡亦六

人並詞學登科張說曰趙𦒿昆季今之杞梓也

又曰馮定字介夫宿之弟也儀貌壯偉與宿俱有文學而定過之貞元中皆舉進士時人比之漢朝二馮君

呂氏春秋曰管仲有病桓公往問之曰仲父之病病矣將何以教寡人管仲對曰願君之遠易牙豎刀常之巫衛公子啓方也公曰易牙烹其子以慊寡人慊快也猶尚可疑邪管仲對曰人之情非不愛其子子之忍將何有於君公又曰豎刀自害以近寡人猶尚可疑耶管仲對曰人之情非不愛其身其身之忍又將何有於君公又曰常之巫審於死生能去疴病猶尚可疑耶管仲對曰死生命也疴病本也君不用其命守其本而待常之巫彼將以此無不為也公又曰衛公子啓方事寡人十五年其父死不敢歸哭猶尚可疑耶管仲對曰人之情無不愛其父父之忍將何有於君公曰諾管仲死盡逐之食不甘宮不治病不起朝不肅居三年公曰仲父不亦過乎復召而反之明年公有病常之巫從中曰公將以某日薨易牙豎刀相與作乱公令衛公子啓方以書社四十人衛公慨焉歎涕曰管子聖人之所見豈不遠哉若死者有知我何面目以見仲父乎蒙衣袂而死絕于壽宮

又曰吳起謂商文曰事君果有命矣商文曰何謂也吳起曰治四境之內成訓教變習俗使君臣有義父子有序子與我孰賢商文曰吾不若子曰今日置質為臣其主安重今日釋璽辭官其主安輕子與我孰賢商文曰吾不若子曰樸桴一鼓敵人在前使三軍之士樂死若生子與我孰賢商文曰吾不若子吳起曰三者子皆不吾若也位在吾上命矣夫商文曰善子問我我亦問子變世主少羣臣相疑黔首不定當此之時屬之我乎屬之子乎吳起默然不對少間曰然商文曰是吾所以加於子之上也

崔鴻前涼錄曰張茂謂馬岌曰劉曜自古可誰等輩也岌曰曹孟德之流茂默然岌曰孟德公族也劉曜戎狄雖易不同曜殆過之茂曰曜可方呂布關羽而云孟德不及豈不過哉岌曰孟德挾天子令諸侯仗大義討不庭曜一卒胡人用烏合之衆而能建威成大逆天下莫之當其不優歟茂曰天生胡以滅中國殆不可以人事論也

秦記曰姚萇大破符登置酒高會諸將各曰若值魏武王尋破此賊陛下將軍大過上嘆曰吾不如亡兄者四也長八尺五寸垂臂過膝人望而畏之一也當十万之衆與天下爭衡望麾直突前無橫陣二也兼覽古今講論道藝駕御羣賢收羅儁異三也揔領大衆經履嶮難大小悅稱人盡死力四不如也

又曰魏武王姚襄禮待楊亮亮奔桓溫溫問亮曰襄何如人荅曰天下傑也神明器度故是孫策之疇而雄武過之

越絕書曰或問曰子胥范蠡何人也曰子胥勇而智范蠡智而明皆賢人也問曰子胥死范蠡去二人行違皆稱賢何也荅曰論語曰陳力就列不能者止事君以道言耳范蠡單身入越致主於霸有所不合故去也問曰不合何不死曰止去事之義也義無死子胥死者受恩深也傳曰孔子去魯燔俎無肉曾子去妻藜蒸不熟微子去比干死孔子並稱仁行雖違其義同死與生敗與成其同奈何論語曰有殺身以成仁子胥重其信范蠡貴其義信從中出義從外入微子去者痛殷道也比干死者忠於紂也箕子亡者絕也忠信之至相為表裏耳問二子孰逾乎曰以為同

耳

華陽國志曰廣陵太守下邳陳登字元龍太尉球孫也有儁才較天下士謂功曹陳喬曰閨門雍穆有德有行吾敬陳元方父子冰清玉絜有德有言吾敬華子魚博聞強識奇逸卓犖吾敬孔文舉雄姿傑出有王霸之略吾敬劉玄德

零陵先賢傳曰劉備曰子初（劉巴字也）才智絕人如孤可用非孤者難獨任也亮亦曰運籌策於帷幄之中不如子初遠矣若提桴鼓會於軍門使百姓喜勇當與議之可

陳武別傳曰武時人無察者頗丘閭遐薦之於軍府或問武當今可與誰為輩遐曰方謝道堅不足比徐世璋有餘道堅世璋皆同時知名士也武聞之笑曰乃處我季孟之閒乎

衛玠別傳曰永和中丹陽尹劉真長鎮西將軍謝仁祖商略中朝士人遂及於玠或問杜弘治得方衛洗馬不謝曰安得相比其間可容數人

世說曰嵇中散語趙景真卿瞳子白黑分明有白起之風限量小狹趙答曰尺表能審璇衡之度寸管能測往復之晷何必在大但問識何如耳

又曰諸名士共洛水上戲還樂令問王夷甫曰今日共看樂不王曰裴僕射善談名理混有雅具張茂先論史漢殊靡可聽我王安豐說延陵子房亦超然者

又曰劉萬安即道真之子庾公所謂灼然玉舉又云千人亦見百人亦見王右軍少時丞相云逸少何緣復減萬安

又曰諸葛瑾弟亮及從弟誕並有盛名各在一國于時以為蜀得其龍吳得其虎魏得其狗誕在魏與夏侯玄齊名瑾在吳吳朝服其弘雅

又曰卞望之云郗公體中有三反方於事上好下接己一反治身清貞而大脩計校二反自好讀書憎人學問三反也

又曰王敦為大將軍鎮豫章衛玠避亂從洛投敦相見欣然談話彌日于時謝鯤為長史敦謂鯤曰不意永嘉之末復聞正始之音阿平若在當復絕倒時人以玠為玉人

語林曰謝碣絕重其姊張玄常稱其妹欲以敵之有濟尼者並遊張謝二家人問其二嫗優劣答曰王夫人神情散朗故有林下之風碣家婦清心玉映自是閨房之秀也

三輔決錄曰弭生字仲叔其父賤故張伯英與李幼才書曰弭仲外高德美名命世之才非弭氏小族所有新豐齊士所當出也

郭泰別傳曰泰字林宗少遊汝南先過袁閬不宿而退往從黃憲累日方還或問林宗林宗曰奉高之器譬諸泛濫雖清而易挹叔度汪汪若千頃陂澄之不清撓之不濁不可量也

太平御覽卷第四百四十六

人事部八十八

品藻下

孔叢子曰子高謂魏王曰臣入魏見君二討臣張叔謀有餘范威智不逮然其功一也王曰叔也有餘威也不逮可得同乎荅曰驚驥同轅伯樂爲之咨嗟玉石相糅和氏爲之歎息故賢愚共貫則能士匿謀真僞相錯則智士結舌雖有餘猶不逮也

又曰東里閭空腹而好自賢欲自親於子順子順弗下曰夫東里閭外質頑拙有似踈直內懷虛妙非丈夫之節若其度骸稱膂面目驕眉實美於人也聖人論士不以此爲貴者無益於德故也

又曰宮他見子順曰他困於貧賤欲自託富貴之門庶克

濟乎子順曰夫富而可以託貧貴而可以寄賤者天下寡矣非信義君子明識通達則不可所欲託者誰也宮他曰將適趙公子順曰非其人矣雖好養士奉而已終不能稱也宮他曰將之燕相子順曰彼從兄弟甥舅各濟其私無求賢之志不足歸也宮他曰將之齊田氏子順曰齊大國也其士大夫皆有多黨之心不能容子也他曰然則何向而可子順曰濟子之欲則宜若石成子可也

又曰魏安釐王問子順曰馬回之爲人雖少文桓桓亮直丈夫之節吾欲以爲相可乎荅曰知臣莫若君何有不可至於亮直之節臣未明也何故荅曰聞諸孫卿其爲人也長目而求視者必體方而心圓每以其法相人千百不失臣見回非不偉其體幹然甚疑其自王卒用之三月王果以䧟得罪

淮南子曰管子文錦也雖醜登廟相桓公以霸功成事立文錦之類大書在明堂故曰雖醜登廟也子產綃染也美而不尊子產相鄭以乘車濟朝溱書孟子曰惠而不知爲攻綃染者以子產喻毋人月令曰命婦宮染綃湜曖其氏如人之毋也

袁子正書曰孔子稱蘧伯玉國無道可卷而懷也今李膺居濁世之中皦然與世殊塗此西山餓夫之疇耳卒死於非罪惡得爲雅人

又曰李膺言出于口人莫得違也有難李君之言者則鄉黨非之卒君子與人同輿載則名聞天下

又曰或云少府楊阜豈非忠哉荅曰然可謂直士忠臣則吾不知也夫爲人臣見人主失道指其非而播揚其惡可謂直士未爲忠臣故司空陳羣則不然其談論終日未嘗言人主之非書數十上而外不知君子謂陳羣於是乎長者

姚信士緯曰論清高之士上可如老子莊周下可如君平子貢耳若於陵仲子及嚴遵夏甫子治未可盡以爲師矣平議之士若季札趙武逮于林宗皆可盡爲則也其曳冶伯宗及末世史雲子將之屬皆美而未善也聖人考功黜陟猶以三載而子將月旦之癒史雲睚眦廢人其觀進者或飾虛其息沮者皆離叛識誠可謂妙矣然非洙泗之風三千之弘化

又曰延陵季子際會之間衛尉蔡君限之於弱余必以然季子通妙達道之機假其討光恐增禍亂受光之讓非其本志若季子之爲君也欲行王道其與周爭治霸術以力與列國爭強則不肯破強楚而并其封疆也國人疾光而心歸季子季子不立社稷將傾恐光夏憂迷內灼而異圖外生非常之變將加于高人是以季子相時慮事順以安民

而謂其弱未聞厥旨蔡子荅曰諸凡以賢讓國與之莫能楊文武之遺教崇仁義之美化以移風易俗耳何必當與周爭乎而苟守一節退耕於野使還國無討賊之意又云國家有主社稷有祀乃吾君也蓋開簒弑之路非所謂從忠教也

又曰楊子雲有深才潛知屈伸沉浮從容玄默近于柳下惠朝隱之風智似蘧瑗而高不及也班固稱之有大度不孜孜於富貴不戚戚於貧賤二者之美蓋亦良矣然楊子之書清貴甚遠然無廟堂之議對王公大人之辭故令其骨鯁不見節操不顯也夫孟子之書將門人所記非自作也故其志行多見非唯教辭而已或拒方鍾之祿或辭兼金之贈或以周漢禮殊二子時異不可責之於周或曰帝納異言而子雲無正論卒有投閣之累孟軻昂昂其肯然子雲保家養智之士孟軻鳳峙高世之英也

又曰周勃之勳不如霍光此前史所載較然可見而人以勃功大於光意竊不安何者勃本帝大臣居太尉之位擁兵百萬既有陳平王陵之力又有朱虛諸王之援酈寄遊說以譎諸呂因衆之心易以濟事若霍光者以倉卒之際受寄託之任輔弼幼主天下晏然遇燕王上官之亂誅除凶逆以靖王室廢昌邑立宣帝任漢家之重隆中興之祚參聲伊周爲賢相推驗事校優劣明矣

又曰汝南陳仲舉體氣高烈有王臣之節潁川李元禮忠平正直有社稷之能海内論二士有議而未決陳留蔡伯喈云仲舉強於犯上元禮長於接下犯上爲難接下爲易仲舉爲先元禮後矣天下於是爲定愚思竊以伯喈未必可從也夫臯繇戒舜犯上之徵也舜治百揆接下之效也故陳平謂王陵言面折廷爭我不如公至安劉氏公不如我而犯上則爲優是王陵當高於良平朱雲殊乎吳鄧矣陸恭仲荅曰陳李二君德齊於行才等於身無長短之差時人或其先後

魏文帝典論曰或有方周成王於漢昭帝者余以爲周氏體聖考之作氣稟賢妣之胎教周邵爲保傅吕尚爲太師故咳笑必含仁義之聲觀聽必覩禮義之容弘踐祚之義隆太平之化禮樂興於上頌聲作於下時成王年二十二享國三十年卅永治長德與年豐夫孝昭父非武王母非邑姜體不承聖化不胎育保無仁孝之德佐無隆平之治所謂生深宮中長婦人手矣德與體并智與性成孝昭之崩年二十有一承衰奬之世牧彫落之民臣無淑聖之智身有短折之期欲高隆周豈不謬哉

曹植漢二祖論曰高祖因暴秦而起官由亭長自七徒招集英雄遂誅強楚光有天下功齊湯武業流後嗣誠帝王之元勳人君之盛事也直寡善人之美稱鮮君子之風采惑秦宮而不出竄項座而不起計失乎酈生忿過乎韓信太公是誥於孝違矣敗古今之大教傷王道之實義然其驍將盡臣皆古今之鮮有而能任其才而用之聽其言而察之故兼天下而有帝位也不然斯不免當世之妄夫世祖體乾靈之休德稟亞聖之才聰達而多識樂施而愛人神光前驅威風先逝軍未出於南京莽已斃于西都當此時也九州鼎沸四海淵涌言帝者二三稱王者四五咸鵠視狼顧虎超龍驤光武秉朱光之巨鉞震赫斯之隆怒盪滌凶穢勦除醜類若勁風而縱烈火曬白日而掃朝雲也計功則業殊比隆則事異語德則靡愆言行則無穢卒能

立不刊之遐跡建不朽之元功故曰光武其近優也

曹植成王論曰周公以天下初定武王旣終而成王尚幼未能定南面之事是以推己忠誠稱制假號二弟流言邵公疑之發金縢之匱然以用寤亦未決也至於昭帝所以不疑於霍光亦緣武帝有遺詔於光使光若周公踐天子之位行周公之事吾恐叛者非徒二弟疑者非徒邵公也且賢者固不能知聖賢自其宜耳昭帝固可不疑霍光周王自可疑周公也若以昭帝勝成王霍光當踰周公耶若以堯舜爲成王湯禹作管蔡邵公周公之不見疑必也

陳羣汝潁士論曰羣以爲孔氏先汝潁士勝負之評矣孔荅曰汝南戴子高親止千乘万騎與光武帝共揖於道中潁川士雖抗節未有能頡頏天子者也汝南許子伯與友人共說世俗將壞同夜起舉聲號哭潁川士雖頗憂時未

有能哭世者也汝南許掾教太守劉晨圖開稻陂灌數万頃累世獲其功韓元長雖好地理未成功見效如許掾者也汝南張元伯身死之後見夢於范巨卿潁川雖有奇異未有鬼神能靈者也汝南應世叔讀書五行並下潁川士雖多聰明未有能離婁並誦者也汝南李鴻爲太尉掾弟殺人當死鴻自縛詣門乞代弟命使飲鴆而死弟因得全潁川士雖欲尚節義未有能煞身成仁者也汝南翟文仲爲東郡太守始舉義兵以誅王莽潁川士雖疾惡未有破家爲國者也汝南袁公著爲甲科郎中上書欲治梁冀潁川士雖務忠讜未有能投命直言者也

何晏冀州論曰略言春秋以來可與海内比而校也恭謹有禮莫賢乎趙袁仁德忠義莫賢乎趙盾納諫服義莫賢乎韓起決危定國莫賢乎狐偃勇謀經國莫賢乎魏絳逵肆爲主莫賢乎祁奚延譽先主莫賢乎張老明智識物莫賢乎趙武清直篤義莫賢乎叔向聰明肅恭莫賢乎羊舌職守信不移莫賢乎荀息見利思義莫賢乎中行穆子憂國忘君莫賢乎先軫書法不諱莫賢乎董狐分謗和衆莫賢乎郤克流放能顯莫賢乎冀鈌拔幽進滯莫賢乎臼季守義死節莫賢乎欒恭子抗言不屈莫賢乎荀瑩刼略不動莫賢乎解楊審聽知機莫賢乎師曠放而益顯莫賢乎狼瞫儒雅博通莫賢乎董仲舒體恭篤敬莫賢乎石奮才兼文武千金不入私門莫賢乎竇嬰明君顯賢莫賢乎田叔證主知分莫賢乎貫高忠義正直莫賢乎鮑子都謇諤忠諫莫賢乎王宏

張輔名士優劣論曰世人論司馬遷班固才之優劣多以固爲勝余以爲失遷叙三千年事五十萬言固叙二百年

事八十萬言煩省不敵固之不如一也良史述事善足以奬勸惡足以鑒誡人道之常中流小事無取之因循難易益不同矣又遷爲蘇秦張儀范雎蔡澤作傳逞辭流離亦足以明其大才也此眞所以爲良史也

又曰世人見魏武皇帝處有中土莫不謂勝劉玄德也余以玄德爲勝夫撥亂之主當先以能收相獲將爲本一身之善戰不足恃也世人以玄德爲呂布所襲爲武帝所走舉軍東下爲陸遜所覆未若武帝爲徐榮所敗馬被創之危也玄德在荆州劉景升父子不能用其計舉州降魏手下步騎不滿數千爲武帝大衆所走未若武帝爲呂布奔北騎所擒勒突火之急也玄德爲陸遜所覆未若武帝爲張繡所困挺身逃遁以喪二子也若令高祖死於彭城世人方之不及項羽遠矣武帝死於宛下將復謂不及張繡矣

而其安忍無親若楊德祖之徒多見賊害孔文舉桓文林等以宿恨見殺良將不能任行兵三十餘年無不親征功臣謀士曾無列土之封豈若玄德威而有恩勇而有義諸葛孔明張飛關羽皆人傑也服而使之夫明闇不相爲用臧否不相爲使武帝雖處强不爲用矣況在危急之間勢弱之地乎若令玄德據有中州將與周室比隆豈徒三傑而已

又曰樂毅諸葛孔明之優劣乎或以毅爲弱燕合五國之兵以破强齊雪君王之恥莫不謂毅爲優余以爲五國之兵共伐一齊不足爲强大戰濟西伏尸流血不足爲仁夫孔明包文武之德劉玄德以知人之明屢造其廬諮以濟世之奇策泉涌智謀縱横遂東說孫權北抗大魏以乘勝之師翼佐取蜀及玄德終禪登大位在擾攘之際立童

蒙之主設官分職班叙衆才文以寧内武以折衝勳業濟而殞觀其遺文謀謨弘遠雅規恢廓已有功則讓於下闕則躬自咎見善則遷納諫則改故烈聲震遐迩者也

習鑿齒　周魯通諸葛論曰客問曰周瑜魯肅何人也主人曰小人也客曰周瑜奇孫策於總角定大計於一面摧魏武百勝之鋒開孫氏偏王之業威震天下名馳四海魯肅一見孫權建東帝之略子謂之小人何也主人曰此乃眞所以爲小人也夫君子之道故將竭其忠直佐扶帝室尊主寧時遠崇名教若乃力不能合事與志違躬耕南畝遁迹當年何由盡臣禮於孫氏於漢室已亡之日耶客曰諸葛武侯翼戴玄德與瑜肅何異而子重諸葛毁瑜肅何其偏也主人曰夫論古今者故宜先定其所爲之本迹其致用之源諸葛武侯龍蟠江南託好管樂有匡漢之望是有宗本之心也今玄德漢高之正胄也信義著於當年將使漢室亡而更立宗廟絶而復繼誰云不可哉

袁宏七賢序曰阮公瓌傑之量不移於俗然獲免者豈不以虚中犖節動無近對乎中散遣外之情最爲高絶不免世禍將舉體秀異直致自高故傷之者也山公中懷體默易可因任平施不撓在衆樂同遊刃一世不亦可乎

新序曰晉獻公用荀息之謀而禽虞不用宫之奇謀而亡故荀息非霸王之佐乃戰國并兼之臣也若宫之奇則可謂忠臣之謀也

蔣子萬機論曰太史遷去顔回雖篤行不遇仲尼不能彰其名也故五尺之童德擬大舜使在他門未或及此也夫甘羅少回六歲獲河東五城乃乘郊迎而佩印雖所弘非道義然當秦之時流詐變之風也使羅在孔門治丘之訓

亦可聞一知十乎曰未必也昔齊欲伐魯回求說陳常而孔子不許遂使子貢子貢一出破齊强晉亡吳霸越存魯也夫顔子與賜程智比才相校於八至於此事而丘不使也

抱朴子曰凡薄之徒雖便辟流俗而懷空抱虚有似蜀人瓠壺之喻胷中無一紙之識不過洒炙所謂目于貨賄貪于飲食左生所載不才之子

傅子曰夏侯玄來交於傅嘏嘏不納荀粲謂傅嘏曰夏侯太初一時之俊虚心交子不合則怨至二賢不睦非國之利也嘏荅之曰太初能虚聲而無實才何平叔言遠而情近好辯而無誠鄧玄茂外徇名利内無關鑰此三人者皆敗德也

孫子曰譙周勸王降魏何平曰自謂天子而乞降請命何

恥之深乎夫爲社稷死則死亡則亡先君正魏之宴不與同天過於其父俛首而事讎可謂苟存豈大君之正道哉

郭子曰庾道季云藺相如雖千載死人懍懍恒如有生氣曹蜍李志雖見在厭厭如九泉下

又曰世中稱庾文康爲豐年玉庾稚恭爲荒年穀

又曰魏明帝世使后弟毛曾與夏侯太初共坐時人謂蒹葭倚玉樹時目夏侯太初朗如明月入懷

又曰人有問王長史（王仲祖也）江虨羣從兄弟者王荅云諸江皆能自生活

又曰人問謝太傅王子敬可與先輩誰比謝荅曰阿敬近王劉之間（王濛劉眞長）與

又曰王子敬問謝公嘉賓何如道季（嘉賓郗超小名道季庾龢小名）荅云道季誠抄撮清悟嘉賓故自勝桓公稱云（桓溫也）鏘鏘有文武

又曰王右軍道劉眞長標雲柯而不扶踈

又曰桓公問孔恩陽安石何如文度孔恩未荅反問公謂如何荅曰安石居然不可陵踐

又曰簡文云謝安南（名奉字弘道）清泠如其弟（弟名鄮字弘遠）學義不如孔嚴（嚴字彭祖）

又曰王丞相云雒下論以我比安期千里（王丞字安期阮瞻字千里）我亦不推此二人唯共推王太尉夷甫也

又曰周伯仁道桓茂倫欽崎歷落可笑之人也或云是謝幼輿言

又曰王丞相言刁玄亮之察察（刁協字玄亮）戴若思之巖巖（戴淵字若思）卞望之峰岠（卞壷字望之）並一見我而服也

又曰祖士少道右軍王家阿菟（羲之小名吾菟）何緣復減處仲右軍道祖士少風領毛骨恐沒世不復見如此人王子猷說世目士少爲朗邁我家亦以爲徹朗

又曰孫子荊應上品狀王武子時爲之目曰天才英博亮拔不羣

太平御覽卷第四百四十七

太平御覽卷第四百四十八

人事部八十九

權謀上

說文曰慮難曰謀

易曰人謀鬼謀百姓與能（言謀為善謀助之百姓能與已）

尚書曰汝則有大疑謀及乃心謀及卿士謀及庶民謀及卜筮（將舉事而汝則有大疑先盡汝心以謀慮之次及卿士衆民然後卜筮以決之）

又曰爾有嘉謀嘉猷則入告爾后于內爾乃順之於外

詩曰載馳載驅周爰諮謀

禮記曰謀於長者必操几杖以從

左傳曰齊師伐我公將戰曹劌請見其鄉人曰肉食者謀之又何間焉（肉食在位者也間猶與之位也）劌曰肉食者鄙未能遠謀乃入見公與之乘戰于長勺公將鼓之劌曰未可齊人三鼓劌曰可矣齊師敗績

又曰楚師背酅而舍（酅丘陵之限也）晉侯患之聽輿人之誦曰原田每每舍其舊而新是謀（高平曰原每每美厚貌詩曰周原每每堇荼如飴舍其舊而謀新也言仰楚舊惠為利薄謀楚之新權其利厚衆欲之意也）

又曰晉人患秦之用士會也趙宣子曰隨會在秦賈季在狄難日至矣若之何乃使魏壽餘偽以魏叛者以誘士會執其帑於晉使夜逸請自歸于秦秦伯許之履士會之足於朝秦伯師于河西魏人在東壽餘曰請東人能與夫二三有司言者吾與之先使士會士會辭曰晉人虎狼也若背其言臣死妻子為戮無益於君不可悔也秦伯曰若背其言所不歸爾帑者有如河

又曰晉悼公歸謀所以息民魏絳請施舍已責輸積聚以貸自公已下苟有積者盡出之國無滯積亦無困人

公羊傳曰權者反於經後有善者也行權有道自貶損以行權不害人以行權殺人以自生亡人以自存君子不為也

論語曰為人謀而不忠乎

又曰君子謀道不謀食也

史記曰人有上書告楚王韓信謀反上問左右左右爭欲擊之用陳平計乃偽遊雲夢會諸侯於陳楚王迎因即執之

又曰魏伐趙趙急請救於齊齊王欲將孫臏臏辭謝曰刑餘之人不可於是乃使田忌將兵而往直走梁魏將龐涓聞之去韓而歸齊軍已過而西矣孫子謂忌曰彼三晉之兵素悍而輕齊號為怯善戰者因其勢而利導之兵法百里而走利者蹶上將（魏文帝曰蹶猶挫也）軍半至使齊軍入魏地為十萬竈明日為五萬竈明日為二萬竈龐涓行三日大喜曰

我固知齊卒怯入吾地三日士卒亡者過半矣乃弃其步兵與其輕銳（士辨反）倍日并行逐之孫子度其暮當至馬陵馬陵道狹而傍多阻隘可伏兵乃大斫樹白而書之曰龐涓死此下於是令齊軍善射者萬弩夾道而暮見火舉而俱發涓夜至斫木下見白書乃鑽火燭之讀未畢齊軍万弩共發軍大亂相失涓自知計窮兵敗遂自剄曰遂成豎子之名

漢書曰高祖十年陳豨反上親征之師次邯鄲令周昌選趙壯士堪為將者得四人及見上上罵曰豎子能為將乎四人慙皆伏上各封千户任以為將左右諫曰從陛下入蜀漢破強楚定海內轉鬪數千里瘡痍遍體而功賞未行今四人何功而遽封千户上曰非尔所知也今陳豨反趙代地皆豨之有也吾以羽檄徵天下兵未有至者今唯

獨邯鄲中兵耳，吾何愛四千戶不以慰趙子弟乎左右曰善又聞豨將皆商賈人高祖曰吾知其易與之矣商人尚利乃以金購豨將多降者

又曰景帝三年吴楚七國反太尉周亞夫將東擊師次灞上趙涉遮說亞夫曰將軍東擊吴楚勝則宗廟安不勝則天下危能用臣言乎亞夫下車禮而問之涉曰吴王素富懷輯死士久矣此知將軍且行必置間人於崤澠阨狹之間且兵事尚神密將軍何不從此右去趨藍田出武關抵洛陽間不過二三日直至武庫擊鳴鼓諸侯聞之以謂將軍從天而下也如其謀至洛陽使人索崤澠間果得伏甲以涉爲護軍竟滅吴楚

又曰周勃等既誅諸呂使迎代王郎中令張武等議皆曰不可信願稱疾無行以觀其變中尉宋昌進曰羣臣之議皆非也夫以呂太后之嚴立諸呂爲三王擅權專制然而太尉以一節入北軍一呼士皆左袒爲劉氏叛諸呂卒以滅之此乃天授非人力也內有朱虛東牟之親外畏吴楚淮南琅耶齊代之強方今高帝子獨淮南王與代王代王又長賢聖仁孝聞於天下故大臣因天下之心而欲迎立大王大王勿疑也

又曰上擊韓王信從晉陽連戰乘勝逐北至樓煩會大寒士卒墮指者十二三遂至平城爲匈奴所圍七日用陳平祕計得出應劭曰平畫圖美人形遺閼氏恐漢女美奪己寵因謂單于曰漢天子亦有神靈得其土地非能有也於是匈奴開其一角得突出以計鄙祕不傳也

又曰七國反條侯將乘六乘傳會兵滎陽至洛陽問故父絳侯客鄧都尉曰策安出客曰吴楚兵銳難與爭鋒楚兵輕不久方今爲將軍計莫若引兵東北壁昌邑以梁委吴吴必盡銳攻之將軍深溝高壘使兵絕淮泗口塞吴饟道而粮食竭乃以全制其弊破吴必矣條侯曰善乃從其策

又曰陳平將終曰我多陰謀道家所禁吾即廢亦已矣終不能復起以吾多陰禍也

又曰諸呂擅權丞相陳平患之平嘗燕居深念不見陸賈賈曰何念深也陳平曰生揣我何念賈曰足下位爲上相食三万戶侯可謂極富貴無欲矣然有憂念不過患諸呂少主耳陳平曰然爲之柰何賈曰天下安注意相天下危注意將君何不交於太尉深相結交陳平用其計迺以百金爲絳侯壽厚具樂飲太尉亦報如之兩人深相結交呂氏謀益壞陳平又以奴婢百人車馬五十乘錢五百萬遺賈爲食飲之費賈以此時遊漢庭公卿間名聲籍甚及誅呂氏立孝文賈頗有力

又曰高祖既誅黥布聞朱建諫不聽賜建號平原君爲人剛直行不苟合義不取容辟陽侯行不正得幸呂太后欲知建建不肯見建母死貧未有發喪陸賈素與善乃賀辟陽侯曰平原君母死何乃賀我陸生曰前君侯欲知平原君義不知君以母故今其母死君誠厚送喪則彼爲君死辟陽侯迺奉百金稅韋昭曰衣服曰稅稅當爲襚也列侯貴人以辟陽侯故往賻凡五百金或人毀辟陽侯惠帝大怒下吏欲誅之太后慙不可言大臣多害辟陽侯行欲遂誅之辟陽侯急使人欲見建建辭曰獄急不敢見君建迺求見孝惠幸臣閎籍孺說曰君所以得幸帝天下莫不聞今辟陽侯幸太后而下吏道路皆言君讒欲殺之今日辟陽侯誅旦日太后怒亦誅君君何不肉袒爲辟陽侯言帝帝聽君出辟陽侯太后大忻兩主俱幸君君富貴益倍矣於是閎籍孺大恐從其言帝果出之辟陽侯之囚也欲見建建不見辟陽

侯以爲背之大怒又其成功出之乃大驚
又曰韓信已拜大將軍漢王曰丞相數言將軍將軍何以教寡人計策信再拜曰臣嘗事項王請言項王爲人不能任屬賢將此特匹夫之勇又背約而逐義帝所過無不殘滅雖爲霸實失天下心大王之入武關秋毫無害除秦苛法與民約法三章秦民無不欲大王王秦者今王舉兵而東三秦可傳檄而定也於是漢王大喜自以爲得信晚遂聽信計部署將舉兵東出陳倉定三秦
又曰韓信張耳以兵數万欲東下井陘擊趙趙王及成安君陳餘聞漢且襲之聚兵井陘口號稱二十萬廣武君李左車說成安君曰聞漢將韓信乘勝去國遠鬬其鋒不可當臣聞千里餽糧士有飢色樵蘇後爨師不宿飽今井陘之道車不得方軌騎不得成列行數百里糧食必在後願足下假臣奇兵三万人從間路絕其輜重足下深溝高壘勿與戰彼前不得鬬退不得還吾奇兵絕其後野無所掠不至十日兩將之頭可致麾下成安君常稱義兵不用詐謀奇計韓信既破趙令軍有生得廣武君購千金須臾有縛至者信解其縛而師事之曰僕欲北攻燕東伐齊何如廣武君辭曰臣聞亡國之大夫不足以圖存敗軍之將不可以語勇若臣者何足以權大事乎信曰百里奚居虞而虞亡之秦而秦霸非愚於虞而智於秦也用與不用聽與不聽耳使成安君聽子計僕亦擒矣僕委心歸計願子勿辭廣武君曰足下虜魏王禽夏說不旬朔破趙二十萬衆誅成安君名聞海內威震諸侯士庶莫不傾耳以待命者然衆勞兵罷其實難用也今足下與倦弊之兵頓堅城之下臣愚竊以爲過矣韓信曰然則何由廣武君對曰當今之

太四百四十八　五　卓面

計不如假甲休兵百里之內牛酒日至以饗士大夫北首燕路然後發一乘之使持咫尺之書以使燕燕必不聽從燕而東臨齊雖有智者不能爲齊計矣知如此則天下事可圖也兵固有先聲後實者此之謂也信曰敬奉教於是用廣武君策發使燕燕隨風而靡
又曰惠帝崩太后發喪而泣不下留侯子張辟彊爲侍中年十五謂丞相陳平曰太后獨有帝今哭而不悲君知其解未陳平曰何解辟彊曰帝無壯子太后畏君等今拜呂台產爲將將兵居南北軍及諸呂皆爲官居中用事如此則太后心安君等幸脫禍矣丞相以辟彊計請之太后悅其哭也迺哀
又云藝文志云權謀者以正守國以奇用兵先計而後戰
氾曄後漢書曰袁紹既兼河朔之地有驕氣曹操敗於張繡紹與操書甚倨慢大怒欲先攻之所患力不敵訪於荀彧彧量紹雖強終爲操所制乃說取呂布然後圖紹操從之
又曰袁紹引沮授爲別駕因謂授曰今賊臣作亂朝廷遷弒吾歷世受寵志竭力命與復漢室今欲與卿勠力將何臣之授曰將軍弱冠登朝播名海內值廢立之際忠義奮發單騎出奔董卓懷懼濟河而北渤海稽服擁一郡之卒撮冀州之衆威陵河朔名重天下若舉軍東向則黃巾可埽還討黑山則張燕可滅迴師北首則孫瓚必擒震脅戎狄則匈奴立定橫大河之北合四州之地收英雄之士擁百万之衆迎大駕於長安復宗廟於洛邑號令天下誅討未服以此爭鋒誰能禦之比及數年其功不難紹喜曰此

太四百四十八　六　亥

吾心也

又曰劉表寵後妻爲小子琮娶蔡氏遂愛琮而長子琦不自寧嘗與諸葛亮謀自安之術亮初不對後乃共外高樓因令去梯謂亮曰今日上不至天下不至地言出子口而入吾耳可以言未亮曰君不見申生在内而危重耳居外而安琦意感悟因規出

又曰馮異字公孫潁川城父人通左氏春秋孫子兵法歸世祖授大將軍與赤眉戰不利異乃令各更衣色伏於道傍戰裓時伏兵卒起衣服相亂衆驚大敗降赤眉男女八万餘衆初爲世祖主簿王郎起河北世祖自薊南馳至饒陽蕪蔞亭時天寒烈衆皆飢疲異上豆粥明旦世祖謂諸將曰昨得公孫豆粥飢寒俱解至南宫遇大風雨世祖引車入道傍空舍異復進麥飯兎肩從破王郎封應侯異爲人謙退不伐行能諸將論功異常獨坐屏樹下軍中號曰大樹將軍世祖即位封夏節侯

東觀漢記曰光武發邯鄲晨夜馳騖傳聞王郎軍在後吏士惶恐至下曲陽呼沲河導吏還河水流澌無船不可渡官屬益懼上不然也遣王霸往視之實然王霸恐驚衆即還曰冰堅可渡士衆大喜上笑曰果妄也比至河河流澌已合上令霸護渡以沙土坌冰上遂得渡渡未畢軍冰解上謂霸曰安吾衆能濟者卿力也謂官屬曰王霸從我勞苦前連水變權時以安吏士是天瑞也爲善不賞無以勸後即日以霸爲軍正賜爵關內侯

又曰隗囂死其將高峻擁兵據高平帝入關將自征之寇恂時從上議遣使降之帝乃謂恂曰卿前止吾此舉今爲行也若峻不即降引耿弇等五營擊之恂奉璽書至高平峻遣軍師皇甫文謁辭禮不屈恂怒將誅文諫曰高峻精兵万人卒多強弩西遮隴道連年不下今欲降之反戮其使無乃不可乎恂不應遂斬之遣其副歸告峻曰軍師無禮已戮之矣欲降急降不欲固守峻惶恐即日開城降諸將皆賀因曰敢問戮其使而降城何也恂曰皇甫文峻之腹心其所計事者也今來不屈無心降耳諸將皆曰非所及也

又曰朱勃上書理馬援謀如涌泉勢如轉圜

謝承後漢書曰靈帝時楊琁爲零陵太守時蒼梧桂陽猾賊攻琁力弱吏民憂恐琁乃特製馬車數十以排囊盛石灰於車上繫布索於馬尾會戰乃令馬車居前從風鼓灰賊不得視以火燒布布燃馬驚奔突賊陣大破之

太平御覽卷第四百四十八

太平御覽卷第四百四十九

人事部九十

權謀中

續漢書曰銅馬所過虜掠王俊言於上曰宜捨輕兵出賊前使百姓各堅壁以絶其食可不戰而殄也上然之遣俊將輕騎馳出賊前視民保壁者勑令固守散在野者因掠取之賊至無所得遂散敗及軍還上謂俊曰困此虜者將軍策也

又曰廉范爲雲中太守會匈奴大入塞范自率士卒拒之虜衆盛不敵令軍士各交縛兩炬三頭爇火虜見火多謂漢兵救至待旦將退范乃命軍中蓐食晨往赴之斬首數千級虜自此不敢復向雲中

又曰朝歌賊甯季等數千人攻殺長吏乃使虞詡爲朝歌長故舊皆弔詡曰得朝歌何衰詡笑曰志不求易事不避難臣之職也不遇盤根錯節何以別利器乎始到謁河内太守馬稜稜勉之曰儒者謀謨廟堂反在朝歌耶詡曰初除之日大夫皆弔及到官設令三科以募求壯士自掾吏以下各舉所知其攻刼者爲上而不事家業者爲下收得百餘人詡爲之饗會悉貸其罪使入賊中誘令刼掠乃伏兵以待之遂殺賊百人又潛遣貧民得縫者傭作賊衣以采綖縫其裾爲識有出市買者吏輒禽之由是駭散咸稱神明遷武都太守及還羌率數千遮詡於陳倉詡即停軍不進而上書請兵須到當發羌聞之乃分鈔傍縣詡因其兵散日夜進行百餘里令吏士各作兩竈日增倍之羌不敢逼或問曰孫臏減竈而君增之兵法日行不可過三十里而今日行二百何也詡曰虜衆多吾兵少徐則易爲所及速則彼不測虜見竈增必謂郡兵來迎行速必憚追我孫臏見弱吾今示彊勢有不同故也

魏志曰荀彧字文若潁川人淑之孫也舉孝廉遷亢父令以董卓之亂弃官歸太祖太祖悅曰吾子房也以爲司馬時年二十九後太祖破黃巾漢獻帝自河東還洛陽彧勸太祖曰昔文納周襄王而諸侯願從漢高爲義帝縞素天下歸心自天子蒙塵將軍首唱義兵雖禦難于外心無不在王室今鑾駕旋軫東京榛蕪義士有存本之思兆人懷感舊之哀誠因此時奉主上以從民望大順也秉至公以服天下大略也仗弘毅以致英俊大德也四方雖有逆節其何能爲太祖從之遂迎天子都許進彧爲尚書令及袁紹兼河北天下畏其強與太祖書辭悖慢太祖以書示彧曰將誅不義而力不敵如何彧曰古之成敗者誠有其才雖弱必強苟非其人其強易弱劉項存亡足以觀之太祖卒破紹於官渡如彧所策

又曰荀攸字公達彧從子也太祖遺攸書曰方今天下大亂智者勞心之時也遂徵入爲尚書操謂鍾繇曰公達非常人也吾得之與計事天下何憂哉以爲軍師征呂布至下邳攻之不拔太祖欲還攸曰布勇而無謀不可解遂生擒布太祖又與袁紹相拒於官渡攸勸擊紹將淳于瓊運糧遂破紹魏國初建爲尚書令太祖謂文帝曰公達人之師表汝宜盡禮敬之

又曰袁尚攻兄譚於平原留別駕審配守鄴爲曹公所圍甚急尚聞鄴急弃而救之求人入城計會事主簿李孚請行時尚曰何辦孚曰多人不可三騎足矣尚遣之孚選温信者得三人各給駿馬不示其謀令釋戎器着平常冠

秉閒事枚投暮直抵鄴城下自稱曹公巡歷圍壘所過失候者輒撾之自東西正出曹公營當城門復怒守圍者收縛之因直入城下配以縋引之乎與配相見既事了外圍益急乎因謂配曰城中穀少無用老弱不如驅出省穀也配乃夜簡得一千人皆令持白幡秉脂燭從三門而出請降乎將所來騎隨降人而出時守圍吏聞城中悉降火光照耀但共觀降不復視圍乎從北門突圍而歸報命於袁尚明旦曹公聞乎已出拊掌大笑鄴郡竟爲曹公所取袁尚奔于遼東

又曰郭嘉字奉孝潁川人詣太祖太祖與論天下事曰使孤成大業必此人也太祖用其 計先擊呂布擒之太祖與袁紹相持於官渡孫策北襲楚衆並懼嘉料曰策輕而無備雖有百万之衆無異獨行於中原也以吾觀之必死於匹夫之手策臨欲濟江果爲許貢客所殺後太祖又用其計密襲盧龍塞大破單于

又曰鄧艾字士載義陽人少孤貧每見高山大澤輒指畫軍營處所時人笑焉因計吏上見司馬宣王宣王奇之辟爲掾景元四年秋詔諸軍征蜀艾授大將軍節度鍾會攻劍閣不下艾自陰平行無人之地七百餘里鑿山通道文以氊自裹推轉而下進至江曲遂入成都降劉禪

蜀志曰龐統字士元襄陽人守耒陽令在縣不治免官吳將魯肅遺先主書曰士元非百里之才使處治中別駕始展驥足耳先主以爲治中從事親待亞亮爲軍師中郎將亮留鎮荊州統隨入蜀劉璋與先主會統曰因此會執之則無用兵之勞先主曰初入地恩信未着不可也統復說之計先主用中計向成都所過輒克進圍雒率衆攻城爲流矢中卒

又曰法正字孝直扶風人建安初天下亂入蜀依劉璋別駕張松與正書度璋不足成事因勸璋結先主乃遣正往及還謂松曰雄略密謀可共戴奉之璋復使正迎先主先主定蜀以正爲蜀郡守外統都畿內爲謀主正說曰曹公留夏侯淵張郃屯漢中淵等才略不勝國之帥今舉衆討必克先主乃率諸將兵討漢中淵將兵來爭其地正曰可擊矣先主命黃忠乘高攻之淵等授首曹公聞正策曰吾故知玄德不辦此必爲人教以正爲尚書令

吳志曰太史慈字子義東萊人避亂至遼東北海相孔融聞而奇之數遣餉饋其母融以黃巾寇暴出屯都昌爲賊管亥所圍慈歸其母曰汝與孔北海未嘗相識汝去後贍卹過於故舊今被圍汝宜赴之慈單步至都昌夜因伺開間得入見融融欲告急平原相劉備城中人無由得出慈請行融難慈慈曰昔府君傾意老母母感遇遣慈赴急今衆人言不可豈府君愛顧之義老母遣慈意耶慈晨出下鞭直突圍馳去射殺數人應弦而倒無敢追者到平原說備備斂容曰孔北海知世間有劉備耶即遣兵三千隨慈擊賊遂退

又曰黃蓋字公覆零陵人隨周瑜拒曹公於赤壁蓋白瑜曰今寇衆我寡難爲持久可燒而走也乃取鬭船數十艘實以薪草膏灌其中裹以帷幕上建牙旗先書報曹公期以欲降引次俱前蓋令諸舡同時發火時風盛猛延燒岸上營煙焰張天燒溺死者甚衆曹公乃敗

晉書曰馬隆字孝興東平人涼州刺史楊欣失羌戎之計爲虜所沒河西斷絕上臨朝歎曰誰能爲我討此虜朝臣

莫對隆曰陛下若能任臣臣能平之帝遂許隆募勇士三千五百人而行或奇謀間發或夾道壘礙石賊負鐵鎧卒行不得隆卒悉被犀甲無所留礙賊以為神轉戰千里涼州遂平詔假節西平太守

又曰明帝大寧元年王敦屯兵濟陰帝微服行其營壘既而馳去敦方晝寢夢日環其營驚起曰必是鮮卑黃鬚奴來也使騎切遽而追之帝亦馳去馬有遺糞輒以冷水沃之時逆旅有賣飯嫗帝以七寶鞭與之俄而追者至訊嫗嫗去去已遠矣因以鞭示之傳示遲留又見馬糞冷信已遠矣而止帝遂得免

又曰偽趙張賓字孟孫趙郡中山人石勒初為劉元海授輔漢將軍賓謂所親曰吾歷觀諸將多矣獨胡將軍可以共成大事乃提劍軍門大呼請見勒勒初未可也漸見進

平四百四十九　五　張和

重引為謀主機不虛發筭無遺策成勒之事皆賓之計勒常歎曰吾每臨大事吾意未了右侯已了及卒勒親臨哭之慟顧謂左右曰天不欲吾成事何奪右侯之早也

又曰偽燕慕容垂欲興師討慕容永長子議曰頃年士卒疲於行陣居人不暇耕織瘡痍滿身哭泣盈路且宜撫士安人以待時長子不足憂也慕容德曰不然昔光武馳蘇茂之難不顧百官之疲夫豈不仁機急故也兵法有不得已而用之方今海內殷蕩人百其心急之則得其用緩之各懷所思可因其勞而成其逸何得緩之垂笑曰御言當矣二人同心其利斷金行其謀而滅永

又曰杜預以太康元年正月陳兵江陵遣參軍樊顯尹林鄧圭襄陽太守周奇等率衆循江西上授以節度旬日之間累尅城邑皆如預策焉

又曰杜預陳兵江陵遣周旨伍巢等率奇兵八百泛舟夜渡以襲樂鄉多張旗幟起火巴山出於要害之地以奪賊心吳都督孫歆震恐與伍延書曰北來諸軍乃飛渡江也

後周書曰武帝保定元年汾晉之北離石之南悉是羌胡而地居齊境抄掠我東鄙朝廷患之韋孝寬乃於要害欲置大城以扼其吭興役十萬甲士百人遣姚岳監之岳有難色謂孝寬曰國家每於境外築城未嘗不動大衆今深入胡境密迩齊師以兵百騎何以禦役孝寬曰事有方途兵非一勢君但受成規無所憂也計築城十日即畢今齊君徵兵三日方集謀議之間自稽三日計其軍行二日不到我之城隍辦矣乃令築之齊人果如期而至界首疑有伏軍不敢進迫其夕岳令緣汾傍山處處舉火齊人謂有大軍因示自固猶豫之間土功已畢齊師乃退

平四百四十九　六　宋成小

隋書曰上嘗問高熲取陳之策熲曰江北地寒田收差晚江南土熱水田早熟量彼收穫之際徵士馬聲言掩襲彼必屯兵禦守足得廢其農時彼既聚兵我便解甲再三若此賊以為常後更集兵彼必不信猶豫之頃我乃濟師登陸而戰兵氣益倍又江南土薄舍多竹茅所有儲積皆非地窖密遣行人因風縱火待彼修立復更燒之不出數年自可財力俱盡上行其策由是陳人益弊

又曰樊子蓋與宇文述陪宴積翠亭帝親以金杯屬子蓋酒曰良筭嘉謀俟公後動即以此杯賜公用為永年之瑞并綺羅百疋

唐書曰劉武周戰于度索原軍敗賊徒進逼河東江夏三道宗時年十七從太宗率衆拒之太宗登玉壁城望賊顧謂道宗曰賊恃衆來邀我戰汝謂如何對曰羣賊乘勝其

鋒不可當易以計屈難與力競今深壁高壘以挫其鋒烏合之徒莫能持久糧運致竭自當離散可不戰而擒太宗曰彼意闇與我合後賊果食盡夜遁追及介州一戰滅之

又曰張守珪爲瓜州刺史領餘衆修築州城板楺裁立賊又暴至城下城中人相顧失色雖相率登陴略無守衛之意守珪曰彼衆我寡又瘡痍之後不可以矢石相持須以權道制之也乃於城上置酒作樂以會將士賊徒疑城中有備竟不敢攻城而退

又曰裴行儉行至朔州知蕭嗣業以運粮被掠兵多餒死遂詐爲粮車三百乘每車伏壯士五人各賫陌刀勁弩以羸兵數百人援車兼伏精兵令居險以待之賊果大下羸兵弃車散走賊驅車就泉井解鞍牧馬方擬取粮車中壯士齊發伏兵亦至殺獲殆盡餘衆奔潰自是續遣粮車無敢近之者及軍至單于之北際晚下營壕塹方周遽令移就崇岡將士皆以士衆方就安堵不可勞擾行儉不從更促之比夜風雨暴至前設營所水深丈餘將吏莫不歎服

又曰裴行儉前後殺虜不可勝數僞可汗泥孰匐爲其下所殺以其首來降又擒其大首領奉職而還餘黨走依粮山行儉既迴阿史那伏念又僞稱可汗與温傅合勢鳩集餘衆明年行儉復揔諸軍討之頓軍於代州之陘口縱反間說伏念與温傅令相猜貳伏念恐懼密送降欵仍請自效行儉不泄其事而密表以聞數日有煙漲天而至斥候惶惑來白行儉召三軍謂曰此是伏念執温傅來降非他然受降如受敵但須嚴備更遣單使迎前勞之少間伏念果率其屬縛温傅軍門請罪盡平突厥餘黨高宗大悅遣户部尚書崔知悌赴軍勞之

又曰裴行儉至西州人吏郊迎行儉召其豪傑子弟千餘人隨巳而西乃揚言紿其下曰今正炎蒸熱坂難冒涼秋之後方可漸行都支覘知之遂不設備行儉乃召四鎮諸蕃酋長豪傑謂曰憶昔此遊未嘗厭倦雖還京輦無時暫忘今因是行欲尋舊賞誰能從吾獵也是時蕃酋子弟投募者僅万人行儉假爲畋獵教試部伍數日遂倍道而進去都支部落十餘里先遣都支所親問其安否外示閑暇似非討襲續又使人趣召相見都支先與遮匐通謀秋中擬拒漢使卒聞軍到計無所出自率兒姪首領等五百餘騎就營來謁遂擒之是日傳其契箭諸部酋長悉來請命並執送碎葉城簡其精騎輕賫曉夜前進將虜遮匐途中果獲都支還使與遮匐使同來行儉釋遮匐行人令先往曉喻其主兼述都支巳擒遮匐尋復來降於是將吏巳下

立碑於碎葉城以紀其功擒都支遮匐而還高宗迁勞之曰比以西服未寧遣卿揔兵討逐孤軍深入經途萬里卿權略有聞誠節夙著兵不血刃而兇黨殄滅伐叛柔服深副朕委尋又賜宴謂行儉曰卿文武兼資今故授卿二職即日拜禮部尚書兼檢校右衛大將軍

周書曰容容熙熙皆爲利謀熙熙攘攘皆爲利往

九州春秋曰龐士元說劉備曰荆州荒殘人物殫盡東有吴孫北有曹氏鼎足之勢難以得志今益州國富民強户口有四郡兵馬所出畢具寶貨無求於外今可權借以定大事備曰今指與吾爲水火者曹操也操以急吾以寬與反事乃可成耳今以小國而失信義於天下吾所不足取也士元曰權變之時固非一道所能定也兼弱攻昧五伯定事逆取順守報之以義事定之後封以大國何負於信今

日不取終爲人制耳備後遂行

太平御覽卷第四百四十九

太平御覽卷第四百五十

人事部九十一

權謀下

尚書大傳曰周公先謀於同姓同姓從然後謀於朋友朋友從然後謀於天下天下從然後加之蓍龜是以君子聖人謀義不謀不義故謀必成卜義不卜不義故卜必吉以義擊不義故戰必勝是以君子聖人謀則成戰則勝

戰國策曰秦攻趙長平大破之而歸因使人索六城於趙講計未定婁緩新從秦來趙王與緩計曰與秦地何如勿與緩曰此非臣所能知也王曰雖然試言之緩曰緩新從秦來言勿與則非計也言與之則恐以臣之爲秦也故不敢對使臣得爲王計焉不如與之王曰諾虞卿見王王以緩言告之虞卿曰秦索六城於王王以五城以賂齊齊秦深讎也得王五城并力西擊秦是王一舉結二國之親而與秦易道也趙王曰善因發虞卿東見齊王與之謀秦婁緩聞之逃去

又曰楚圍雍氏五月韓令使者求救於秦冠蓋相望秦師不下殽韓令靳尚使秦謂王曰韓之於秦也居爲隱蔽出爲鴈行今韓已病矣秦師不下殽臣聞之脣亡者其齒寒願大王熟計之太后乃謂尚子曰妾事先王以其體加妾之身妾困弗支也盡置其身妾不重何也以其少有利焉今救韓日費千金獨不可使妾少有利耶靳尚歸報王王遣張翠張翠稱病日行一縣張翠至甘茂曰韓急矣先生病而來張翠曰韓未急也甘茂曰韓之急緩人莫弗知今先生言不急可乎翠曰韓急則折而入楚矣臣安敢來甘茂曰先生勿復言也乃入言於王曰公叔且以國南合於楚楚韓爲一魏氏不敢不聽是楚以三國謀秦也如此則伐秦之形成矣不識坐而待伐孰與伐人之利秦王曰善果下師於殽以救韓

又曰中山陰姬與江姬爭爲后司馬喜請見陰姬公爲畫計公稽首曰誠如君言喜即奉書諳中山王曰臣聞弱趙強中山中山王悅而見之喜曰臣願乞之趙觀其地形險阻人民貧富君臣賢不肖商攉爲資未可豫陳也乃見趙王曰臣聞趙天下善爲音容佳麗之所出也今來至境入都邑人民謠俗容貌顏色殊無佳麗好美者以臣所見多矣周流無所不至未嘗見人如中山陰姬者不知者將以爲神其容貌顏色過絕人矣乃其眉准頞權衡犀角偃月彼乃帝王之后非諸侯之姬趙王大悅曰吾願請之何如對曰非臣所敢議願王無泄喜歸報中山君曰趙王非賢王也不好道德而好聲色不好仁義而好勇力聞其乃欲請陰姬中山君作色不悅喜曰趙強國也請之必矣王不與之即社稷危與之即爲諸侯笑王立爲后以絕趙王意可也遂立爲后趙王亦無請也

又曰秦王使人之楚楚王賢之恐其爲楚用以危秦也昭子曰以王之德與王之賢因以遺之楚王必爲有外心去楚矣從其計果如其言

又曰安陵纏以顏色美壯得幸於楚恭王江乙往見安陵纏曰子之先人豈有矢石之功於王乎曰無有江乙曰子之身豈亦有乎曰無有江乙曰子之貴何以至於此乎曰僕不知所以江乙曰吾聞之以財事人者財盡而交疎以色事人者華落而愛衰今子之華有時而落子何以長幸無解於王乎安陵纏曰臣年少愚陋願委質於先王江乙

曰獨從爲殉可耳安陵纏曰敬聞命矣江乙去君居朞年逢安陵纏謂曰前諭子者通之於王乎曰未可也居朞年江乙復見安陵纏曰子豈諭王乎安陵纏曰臣未得王之閒也江乙曰子出與王同車入與王同坐居三年言未得王之閒子以吾之說未可耳不悅而去其年共王獵江渚之野野火之起若雲蜺虎狼之嘷若雷霆有狂兕從南方來正觸王左驂王舉旌旄而使善射者射之一發兕死車下王大喜拊手而笑顧謂安陵纏曰吾萬歲之後子將誰與此樂乎安陵纏乃逡巡而却泣下沾衿曰萬歲之後臣將從爲殉安知樂此誰於是共王乃封安陵纏於車下三百戶故曰江乙善謀安陵纏知時也

又曰智伯欲襲衛故遺之乘馬先之一璧衛君大悅酌酒諸大夫皆喜南文子獨不喜有憂色衛君曰大國禮寡人寡人故酌諸大夫酒諸大夫皆喜而子獨不喜有憂色者何也南文子曰無方之禮無功之賞禍之先也我未有往彼有以來是憂也於是衛君乃修梁津而擬邊城智伯聞衛兵在境上乃還

又曰智伯欲襲衛乃佯亡其太子顏使奔衛南文子曰太子顏之爲其君子也甚愛非有大罪也而亡之有故然人亡而不受不祥使吏逆之曰車過五乘慎勿內也智伯聞之乃止

又曰趙簡子使人以明白之乘六先以一璧爲遺於衛衛叔文子曰先不意可以生故以小之所以事大也今我未以往而簡子先以來必有故於是斬林除園聚斂蓄積而後遣使者簡子曰吾舉也爲不可知也今既已知之矣乃輟圍衛也

又曰鄭桓公將欲襲鄶先問鄶之辯智果敢之士書其名姓擇鄶之良臣而與之爲官爵之名而書之因爲設壇於門外而埋之釁之以豭若盟狀鄶君以爲內難也盡殺其臣桓公因襲之遂取鄶

又曰鄭桓公東會封於鄭暮舍於宋東之逆旅逆旅之叟從外來曰客將焉之曰會封爲鄭逆旅之叟曰吾聞之時難得而易失今客之寢安殆非封也鄭桓公援轡自駕其僕接御而載之行十日十夜而至至釐何與之爭封故以鄭桓公之賢微旅之叟幾不會封也

又曰趙簡子使成何涉他與衛靈公盟於專澤靈公未唼盟成何涉他捘靈公之手而撙之靈公怒欲反趙王孫商曰君欲反趙不如與百姓同惡之公曰若何對曰請命臣令於國曰有姑姊女者家一人質於趙百姓必怨君因反之矣君曰善乃令之三日遂徵之五日而令畢國人巷哭君乃召國大夫而謀曰趙爲無道反之可乎大夫皆曰可乃出西門閉東門趙氏聞之縛涉他而斬之以謝於衛成何走燕子貢曰王孫商可謂善謀矣憎人而能害之有患而能處之欲用民而能附之一舉而三物俱至可謂善謀矣

又曰吳闔閭夫人姜氏齊景公以其子妻闔閭送諸郊泣曰余死不汝見矣高夢子曰齊負海而縣山縱不能全收天下誰干我君愛則勿行公曰余有齊國之固不能以令諸侯又不能聽是生亂也寡人聞之不能令則莫若從且夫吳蜂蠆然不弃毒於人則不靜余恐弃毒於我也遂遣之

又曰晉文公與荊人戰於城濮君問於咎犯咎犯對曰服義之君不足於信服戰之君不足於詐君慎之詐而已矣

君問於雍季對曰焚林而畋得獸雖多而明年無復也乾澤而漁得魚雖多而明年無復也詐猶可以偷利而無報遂與荆軍戰大敗之乃賞先雍季而後咎犯侍者曰城濮之戰咎犯之謀也君曰雍季之言百世之謀也咎犯之言一時之權也寡人既已行之矣

又曰智伯圍晋陽絺疵謂智伯曰韓魏之君必反矣智伯曰何以知之對曰夫勝趙而三分其地今城未没者三板臼竈生鼃人馬相食城降有日矣而韓魏之君無喜志而有憂色是非反何也明日智伯謂韓魏之君曰疵言君之反也韓魏之君曰必勝趙而三分其地今城將勝矣二家雖愚不弃美利而偭約爲難不可成之事其勢可見也是疵必爲趙説君且使君疑二主之心而不解於攻趙也今君聽讒臣之言而離二主之交爲君惜之智伯出欲殺絺

疵絺疵逃韓魏之君果反

又曰白圭之中山中山欲留之固辭而去又之齊齊王亦欲留之又辭去人問其辭白圭曰二國將亡矣所學者國有五盡故莫之必忠則言盡矣莫之必譽則名盡矣莫之必愛則親盡矣行者無糧居者無食則財盡矣不能用人又不能自用則功盡矣國有此五者無辜必亡中山與齊皆當此若使中山之與齊也聞五盡而更之則必不亡也其患在不聞也雖聞又不信也然則人主之務在乎善聽而已矣

又曰下蔡威公閉門而哭三日三夜泣盡而繼之以血旁隣窺牆而問之曰子何故而哭悲若此乎對曰吾國且亡曰何以知也應之曰吾聞病之將死不可爲良醫國之將亡不可爲計謀吾數諫吾君吾君不用是以知國之將亡也於是窺牆者聞其言則舉宗而去之於楚居數年楚王果舉兵伐蔡窺牆者爲司馬將兵而往東虜其衆問曰得無有昆弟故人乎見威公縛在虜中問曰若何以至於此應曰吾何以不至於此且吾聞之也言之者行之役也行之者言之主也汝能行我能言汝爲主我爲役吾亦何以不至於此哉窺牆者乃言之於楚王遂解其縛與俱之楚故曰能言者未必能行能行者未必能言也

又曰石乞侍坐屈建曰白公其爲亂乎石乞曰是何言也白公至於室無縈所下士者三人與己相君臣者五人所與同衣食者千人白公之行若此何故爲亂屈建曰此建之所謂亂也以君子行則可於國家行過禮則國家疑之且苟不難下其臣必不難高其君矣建是以知夫子將爲亂也處十月白公果亂也

又曰韓昭侯作高門屈宜咎曰昭侯不出此門曰何也曰不時吾所謂不時者非時日也人固有利不利昭侯嘗利矣不作高門往年秦拔宜陽明年大旱民饑不以此時恤民之急也而顧反益以奢此謂福不重至禍不重來者也高門成昭侯卒竟不出此門矣

又曰田子顔自大術至乎平陵城下見人子問其父見人父問其子田子方曰其以平陵反乎吾聞行於内然後施於外子顔欲使其衆甚矣後果以平陵叛

又曰晋人已勝智氏歸而繕甲治兵楚王恐召梁公弘曰晋人勝智氏矣歸而繕甲兵其以我爲事乎梁公曰不患害其在吴乎夫吴君恤民而同其勞使其民重上之令而人輕死以從上使如虜之戰臣登山以望之見其用百姓之信必也勿已乎其備之若何不聽明年闔廬襲郢

又曰楚莊王欲伐陳使人視之使者曰陳不可伐也莊王曰何故對曰其城郭高溝壑深畜積多其國寧也王曰陳可伐也夫陳小國也而蓄多是賦斂重則民怨上矣城郭高溝壑深則民力罷矣興兵伐之遂取陳

又曰齊桓公將伐山戎孤竹使人請助於魯君進羣臣而謀皆曰師行數千里入蠻夷之地必不反矣於是魯許助之而不行齊已伐山戎孤竹而欲移兵於魯管仲曰不可諸侯未親今有伐遠而還誅近隣隣國不親非霸王之道君之所得山戎之寶器者中國之所鮮也不可以不進周公之廟乎桓公乃分山戎之寶獻之周公之廟明年起兵伐莒魯下令丁男悉發五尺童子皆至孔子曰聖人轉禍爲福報怨以德此之謂也

又曰智伯請地於魏宣子宣子不與任增曰何爲不與宣子曰彼無故而請地也吾是以不與任增曰彼無故而請地者無故而與之是重欲無厭也彼喜必又請地於諸侯不與必怒而伐之宣子曰善遂與地智伯喜又請地於趙趙不與智伯怒圍晉陽韓魏合趙而反智氏智氏遂滅

又曰楚莊王與晉戰勝之懼諸侯之畏己也乃築爲五仞之臺成而觴諸侯諸侯請爲觴皆仰而曰將將之臺窅窅其謀我言而不當諸侯伐之於是遠者來朝近者入賓

又曰吳王夫差破越又將伐陳楚大夫皆懼曰昔闔閭能用其衆故伐我於栢舉今聞夫差又甚焉子西曰二三子胡不相睦也無患吳矣昔闔閭食不二味處不重席擇不取費在國天有災親戚乏困而供之在軍食熟者半而後食其所嘗者卒乘必與焉是以民不罷勞今夫差次有臺榭陂池焉宿有妃嬙嬪御焉一日之行所欲必具玩好必集珍異是聚夫差先自敗已焉能敗我

又曰吳請師於楚以伐晉楚王與大夫皆懼將許之左史倚相曰此恐吾攻已故示我不病請爲長轂千乘卒三萬與分吳地也莊王聽之遂取東國

又曰陽虎爲難於魯走之齊請師攻魯齊侯許之鮑文子曰不可也陽虎欲破齊師齊師破大臣必多死於是欲奮其詐謀夫虎有寵於季氏而將季孫以不利魯國而容其求焉今君富於季氏而大於魯茲陽虎所欲傾覆也魯免其疾而君收之無乃害乎齊君乃執之免而奔晉

又曰湯欲伐桀伊尹曰請阻之貢職以觀其動桀怒起九夷之師以伐之伊尹曰未可彼尚猶能起九夷之師是罪我也湯乃謝罪請服復入貢職明年又不貢職桀怒起九夷之師九夷之師不起伊尹曰可矣湯乃興師伐而殘之遷桀南巢焉

孔藂子曰趙聞魏將以來親於秦子順謂趙王曰此君之下吏計過也比目之魚不見得於人者偶視近而俱走也今秦兼吞天下之志不忘側息也趙魏與之隣接而强弱不敵所以不敢圖并趙魏者徒以二國併力周旋無故自離以資强秦天下拙謀無過此者夫連雞不能互栖二國構難不能自免於秦也願王熟慮之趙王曰敬受教

又曰韓與魏有隙子順謂韓王曰昭釐侯一世之明君也申不害一世之賢相也韓與魏仇敵之國而釐侯執珪見梁君者非好卑而惡尊慮過而計失與嚴敵爲隣動有滅亡之變獨勁不能支二難故降心以相從屈已以求存也申不害慮事而言忠臣也昭釐侯聽而行之明君也今之韓弱於始之韓今之秦强於始之秦而背先人之舊好以

區區之衆居二敵之間非良策也齊楚遠而難恃秦魏呼吸而至舍近而求遠是虛名自累而不知近敵之困者也爲王計者莫如除小忿全大怨也吴越之人同舟濟江中流遇風波其相救如左右手所患同也今不恤所同之患是不如吴越之舟人也韓王曰善

太平御覽卷第四百五十

太平御覽卷第四百五十一

人事部九十二

諫諍一

尚書曰木從繩則正后從諫則聖

毛詩序曰上以風化下下以風刺上主文而譎諫言之者無罪聞之者足以戒故曰風

禮記曰爲人臣之禮不顯諫顯明也謂明言其惡不數微言三諫而不聽則逃之逃去也君臣有義則合不義則離子之事親也三諫而不聽則號泣而隨之至親無去至在感動之心

又曰父母有過下氣怡色柔聲以諫

又曰子曰事君遠而諫則諂也近而不諫則尸利也尸謂不知人事無辭讓者

子曰邇臣守和宰正百官大臣慮四方邇近也和爲和羹邇臣事也宰主官也

子曰事君欲諫不欲陳諫謂言其過於外

左傳曰衛公子州吁嬖人之子也有寵而好兵公弗禁石碏諫曰臣聞賤妨貴少陵長遠間親新間舊小加大淫破義所謂六逆也君義臣行父慈子孝兄愛弟敬所謂六順也去順效逆所以速禍也

又曰魏獻子爲政以魏戊爲梗陽大夫梗陽人有獄魏戊不能斷以其獄上大宗賂以女樂訟者之大宗也魏子將受之魏戊謂閻沒汝寬曰二子晉大夫魏子之屬主以不賄聞於諸侯若受梗陽人賂莫甚焉吾子必諫皆許諾退朝待於庭饋入召之召二大夫食比置三歎既食使坐魏子曰吾聞諸伯叔諺曰唯食忘憂吾子置食之間三歎何也同辭對曰昨或賜二小人酒不夕食昨飲酒醉故不夕食饋之始至恐其不足是以歎中置自咎曰豈將軍食之而有不足是以再歎及饋之畢願以小人之腹爲君子之心屬厭而已獻子辭梗陽人屬足也小人二子自謂小人腹飽則恐食之不足厭飽則恐君亡君子居尊官食重祿而知不足故願以其腹爲君子之心

又曰公將如棠觀漁臧僖伯諫曰凡物不足以講大事其材不足以備器用君不舉焉材謂皮革齒牙骨角君將納民於軌物者也故講事以度軌量謂之軌取材以章物采謂之物不軌不物謂之亂政亂政亟行所以敗也

又曰宋華督已殺孔父而弒殤公召莊公于鄭而立之以親鄭以郜大鼎賂公納于太廟非禮也臧哀伯諫曰君人者將昭德塞違以臨照百官猶懼或失之故昭令德以示子孫夫德儉而有度升降而有數文物以紀之聲明以發之百官於是乎戒懼而不敢易紀律今滅德立違而寘其賂器於太廟以明示百官百官象之又何誅焉國家之敗由官邪也官之失德寵賂章也郜鼎在廟章孰甚焉周內史聞之曰臧孫達其有後於魯乎君違不忘諫之以德

又曰初鬻拳強諫楚子楚子弗從臨之以兵懼而從之鬻拳曰吾懼君以兵罪莫大焉遂自刖也楚人以爲大閽謂之太伯使其後掌之其後鬻拳之孫

又曰莊公如齊觀社非禮也曹劌諫曰不可夫禮所以整民也故會以正班爵之義帥長幼之序征伐以討其不然諸侯有王王有巡狩巡四方也以大習之大習會朝之禮君舉必書書而不法後嗣何觀公不聽

又曰丹桓宮楹丹雕桓宮桓公廟楹謂之柱刻其桷經書刻桓宮桷謂之椽椽也皆非禮也御孫諫曰臣聞之儉德之恭也侈惡之大也先君有恭德而君納諸大惡無乃不可乎秋哀姜至公使宗婦覿用幣御孫諫曰男贄大者玉帛公侯伯子男執玉至諸侯世子附庸孤執帛也小者禽鳥卿執羔大夫執雁士執雉以章物也女贄不過榛栗棗脩以告虔也榛小栗也脩脯也虔敬也皆取名以示敬也今男女同贄是無別

世男女之別國之大節也由夫人亂之無乃不可乎

又曰晉侯假道於虞以伐虢宮之奇諫曰虢虞之表也虢亡虞必從之晉不可啓寇不可翫一之謂甚其可再乎諺所謂輔車相依脣亡齒寒者其虞虢之謂也輔頰輔車牙車也

又曰晉靈公不君厚斂以雕牆從臺上彈人而觀其避丸宰夫胹熊蹯不熟殺之寘諸畚使婦人載之以過朝趙盾士季見其手問其故而患之將諫士季曰諫而不入則莫之繼也會請先　入則子繼之三進及霤而後視之曰吾知所過矣將改之猶不改宣子驟諫公患之

又曰晉師爲楚所敗師歸桓子請死晉侯欲許之士貞子諫曰不可城濮之役師三日穀文公猶有憂色左右曰有喜而憂如有憂而喜乎公曰得臣猶在憂未歇也困獸猶鬭況國相乎及楚殺子玉得臣子玉公喜而後可知也曰莫余毒也是晉再勝而楚再敗也楚是以再世不競今天或者大警晉也而又殺林父重楚勝其無乃久不競乎

穀梁曰陳靈公通於夏徵舒之家公孫寧儀行父亦通於其家或衷其襦以相戲於朝泄冶聞之入諫曰使國人聞之則猶可使仁人聞之則不可君愧泄冶不能用其言而殺之

周禮地官保氏掌諫王惡諫者以禮義正之

論語曰事父母幾諫

孝經曰曾子曰敢問子從父之令可謂孝乎子曰是何言歟是何言歟昔者天子有爭臣七人雖無道不失其天下諸侯有爭臣五人雖無道不失其國大夫有爭臣三人雖無道不失其家士有爭友則身不離於令名父有爭子則身不陷於不義

史記曰主父偃上書闕下朝奏暮召入見所言九事其八事爲律令一事諫伐匈奴其辭曰臣聞明主不惡切諫以博觀忠臣不敢避重誅以直言是故事無遺策而功流萬代

又曰趙高親近胡亥曰毀惡蒙氏求其罪過舉殺之子嬰諫曰君誅殺忠臣而立無節行之人是內使羣臣不相信而外令鬭士之意離也臣竊以爲不可胡亥弗聽

又曰趙肅侯遊大陵出於鹿門大夫戊午扣馬諫曰耕事方急一日不作百日不食肅侯下車而謝之

又曰秦夷郡縣城銷兵刃不復用不立子弟爲王功臣爲諸侯者使後無攻戰之患始皇三十四年置酒咸陽宮博士僕射周青臣等頌稱始皇威德齊人淳于越進諫曰臣聞之殷周千餘歲封子弟功臣自爲枝輔今陛下有海內而子弟爲匹夫卒有田常六卿之臣無輔弼何以相救哉事不師古而能長久者非所聞也

又曰沛公入秦宮室帷帳狗馬重寶婦女以千數意欲留居之樊噲諫沛公出舍沛公不聽張良曰夫秦無道故沛公得至此矣爲天下除殘賊宜縞素爲資今始入秦即安其樂此所謂助桀爲虐且忠言逆耳利於行良藥苦口利於病願聽樊噲言沛公乃還軍灞上

又曰高帝欲以趙王如意易太子叔孫通諫上曰太子仁孝天下皆聞之呂后與陛下攻苦食淡其可背哉必廢嫡立少臣願先伏誅以頸血汙地高帝曰公罷矣吾直戲耳叔孫通曰太子天下本一搖天下振動奈何以天下戲

又曰司馬相如嘗從上至長楊獵是時天子方好自擊熊彘馳獸相如上疏諫曰臣聞物有同類而殊能者故力稱

烏獲捷言慶忌勇期賁育曰之愚以爲人誠有之獸亦宜然今陛下好陵阻險射猛獸卒然遇軼材之獸駭不存之地犯屬車之清塵是胡越起於轂下而羌夷接軫也

又曰楚莊王即位三年不出號令日夜爲樂令國中曰有敢諫者死無赦伍舉入諫莊王左抱鄭姬右抱越女坐鐘鼓之閒伍舉曰願有進隱曰有鳥在於阜三年不飛不鳴是何鳥也莊子曰三年不飛飛將冲天三年不鳴鳴將驚人舉退矣　吾知之矣居數月淫益大甚蘇從乃入諫王曰若聞令乎對曰然身以明君臣之願也於是乃罷淫樂聽政所誅者數百人所進者數百人任伍舉蘇從以政國人大悅

又曰孫叔敖病且死屬其子曰我死必貧困往見優孟言我孫叔敖子也居數年其子窮困負薪逢優孟與言曰我

孫叔敖子也父且死時屬我貧困往見優孟孟曰若無遠有所之即爲叔敖衣冠抵掌談語歲餘像孫叔敖楚王及左右不能別也莊王置酒優孟前爲壽莊王大驚以爲孫叔敖復生也欲以爲相優孟曰請歸與婦計之三日而爲相莊王許之三日優孟復來王曰婦言何對曰婦言慎無爲楚相孫叔敖盡忠爲廉以治楚楚王以得霸今死其子無立錐之地貧困負薪以自飲食必如孫叔敖不如自殺於是莊王謝優孟乃召孫叔敖子封寢丘侯四百户以奉其祀

又曰優旃者秦倡侏儒也二世立欲漆其城優旃曰善主上雖無言臣固將請之漆城雖於百姓愁費然佳哉漆城光蕩蕩寇來不得上即欲就之易爲漆耳固難　爲蔭室於是二世以其故止

又曰武帝少時東武侯母嘗養帝帝壯時號之曰大乳母所言未嘗不聽公卿大臣皆敬重乳母家子孫奴從者橫暴長安中當道掣頓人車馬奪人衣服聞於中上不忍致之法有司徙乳母於邊奏可乳母當入至前面見辭乳母先見郭舍人爲下泣舍人曰即入見辭去疾步數還顧乳母如其言謝去步疾數顧郭舍人疾言罵之曰咄老女子何不疾行陛下已壯矣寧尚須乳母而活耶尚何還顧於是人主憐悲之乃下詔止無徙乳母

又曰始皇長子扶蘇諫曰天下初定遠方黔首未集今皆重法繩之臣恐天下不安唯上察之始皇怒使扶蘇北監蒙恬於上郡

漢書曰上朝東宮趙談參乘袁盎伏車前曰臣聞天子所與共六尺輿皆天下豪英今漢雖乏人陛下獨奈何與刀

鋸之餘同載於是上笑下趙談談泣下車

又曰吳王謀反枚乘諫曰夫舉吳以訾於漢譬由虻蚋之脯羣牛腐肉之齧利劍也

又曰南越自相攻上欲救之淮南王上書曰臣聞越非有城郭邑里也處谿谷之閒篁竹之中習於水鬭便於用舟地深昧而水險中國之不知其勢阻而入其地雖百不當其一夫賴宗廟之靈方内大寧戴白之老不見兵革民得夫婦相守子孫相保陛下之德也陛下方寸之印丈二之組鎮撫方外不勞一卒不頓一戟而威德並行

又曰王吉字子陽爲昌邑中尉上疏諫曰大王不好書術而樂逸遊口倦乎叱咤手苦於轡棰身勞乎車輿朝則冒霜露晝則被塵埃夏則爲大暑之所暴炙冬則爲風寒之所侵薄以耎脆之玉體犯勤勞之煩毒夫廣廈之下細氊

之上明師居前勸誦在後上論唐虞之際下及殷周之盛考仁聖之風習治國之道訢訢焉發憤忘食日新厥德其樂豈徒銜橛之間哉

又曰鮑宣每居位嘗上書諫民有七亡而無一得欲望國安誠難也民有七死而無一生欲望刑厝誠難也陛下擢臣巖穴誠冀有益毫毛豈徒欲臣美食大官重高門之地哉

又曰龔遂字少卿山陽人以明經爲昌邑郎中令王動作不正遂爲人忠厚剛毅有大節內諫爭於王外責傅相引經義陳禍福至於涕泣蹇蹇亡已面刺王過王至掩耳起走曰郎中令善愧人及國中皆畏憚焉王嘗與騶奴宰人遊戲飲食過度遂入見王涕泣膝行左右御皆出涕王曰郎中令何爲遂曰臣痛社稷之危也

又曰張敞爲膠東相王太后數出遊獵敞上書諫曰臣聞

秦王好淫聲葉陽后爲不聽鄭衛之曲楚莊好畋獵樊姬爲不食鳥獸之肉口非惡芳甘耳非憎絲竹也所以抑心意絕嗜欲將以帥二君而全宗祀也禮君母出門則乘輜軿下堂則從傅姆進退則鳴玉珮內飾則結綢繆此言尊貴所以自斂制不縱恣之宜也唯觀覽往古今后姬有所則書奏后不復出

又曰成帝起昌陵數年不成復還歸延陵制度奢大劉向上書諫曰闔廬違禮厚葬十有餘年越人發之秦皇帝葬於驪山之阿下固三泉高五十餘丈周五里水銀爲江海黃金爲鳧鴈珍寶之藏機械之變棺槨之麗宮館之盛不可勝量工匠計以萬數數年之間被項羽之災離牧豎之禍丘壟彌高者發掘必速竊爲陛下羞之上甚感向言而不能從

又曰王莽新即位恃府庫之富欲立威乃拜十二部將率同時十道並出窮追匈奴因分其地立呼韓邪十五子莽將嚴尤諫曰周宣存時獫狁內侵至于涇陽命將征之盡境而還其視戎狄之侵譬猶蚊䖟之螫驅之而已故天下稱明是爲中策漢武帝選將治兵輕糧深入遠戍雖有尅獲之功胡輒報之兵連禍結三十餘年中國罷耗匈奴亦創而天下稱武是爲下策秦始皇不忍小恥而輕民力築長城之固延袤萬餘里轉輸之所行起於負海壃境既完中國內竭以喪社稷是爲無策莽不聽轉兵穀如故天下騷動

又曰王莽新即位立威而窮追匈奴莽將嚴尤諫曰今天下遭陽九之阨比年飢饉此一難也不然奉軍糧二難也胡地沙鹵多乏水草三難也胡地秋冬甚寒春夏甚風多

此四難也輜重自隨虜徐遁逃五難也功必不成莽不聽

又曰成帝時王氏擅權羣臣莫敢言梅福上書諫曰昔高祖納善若不及從諫如轉圜此高祖所以無敵於天下也

又曰梅乘上書諫吳王曰夫以一縷之任係千鈞之重上縣之無極之高下垂之不測之泉雖甚愚之人猶知其絕也

又曰谷永上疏諫成帝曰臣聞三代之所以隕社稷皆由婦人與羣惡願陛下追觀夏商周秦所失也

又曰伍被楚人諫淮南王曰昔伍子胥諫吳王吳王不用迺曰臣今見麋鹿游姑蘇之臺也今臣亦將見宮中生荊棘露霑衣也因流涕而起

太平御覽卷第四百五十一

太平御覽卷第四百五十二

人事部九十三

諫諍二

漢書曰文帝幸上林皇后愼夫人從其在禁中常同坐及坐郎署袁盎卻愼夫人坐因前說曰臣聞今陛下既已立后愼夫人迺妾妾主豈可以同坐哉不見人彘乎於是上迺悅愼夫人賜盎金五十斤盎以數直諫不得久居中調爲隴西都尉

又曰元帝時左將軍史丹護太子家事竟寧元年上寢疾傅昭儀及定陶王常在左右而皇后太子希得進見丹直入臥內頓首伏青蒲上涕泣曰皇太子以適長立積十餘年名號繫於百姓今者道路流言以爲太子有動搖之議審若此臣願先賜死以示羣臣應劭注曰以青規地曰青

蒲自非皇后不得至此

又曰項羽發使立沛公爲漢王王巴蜀沛公怒不許蕭何諫曰雖漢中之惡猶不愈於死乎王曰何爲乃死也何曰今衆不如百戰百敗不死何俟周書曰天與不取反受其咎天漢其稱美乎夫能屈一人之下而申於萬乘之上者湯武是也臣願大王王漢中養其人致英傑收巴蜀定三秦天下之事可圖也漢王善之遂之國

又曰周昌沛國人高祖時爲御史大夫高祖欲廢呂后所生太子立戚夫人之子如意爲太子昌諫之曰陛下若廢嫡立庶臣不敢奉詔高祖乃止後太子立是爲惠帝拜昌爲太傅

又曰薛廣德爲御史大夫元帝永光中行幸不已廣德乃上書諫曰臣竊見關東人民流離陛下日撞亡秦之鍾聽鄭衛之樂馳騁干戈恣獵于田野不恤百姓臣誠悼之今士卒暴露從官勞倦願陛下亟返宮與天下同憂樂上即日還宮又帝欲酎祭宗廟出便門橋欲御樓舡廣德乃當車免冠頓首諫曰陛下宜從橋上帝曰大夫冠廣德曰陛下不聽臣臣自刎頸以血汙車輪陛下不得入宗廟矣帝不悅先驅光祿大夫張猛前曰臣聞主聖臣直乘舡危從橋安聖主不涉危不履虛御史大夫言可用上曰曉人不當如此乃從橋

又曰劉向爲宗正時西域都護甘延壽副校尉陳湯矯制發胡漢兵四萬攻郅支單于斬首傳送京師名王已下七千五百人一十八級生虜百四十五人降虜千餘人上議其功丞相匡衡石顯等皆以延壽與湯擅興師矯制幸得不誅不宜加爵土上欲從之向乃上疏極諫文多不載於

是上乃赦湯與延壽等矯制罪封延壽爲義城侯長水校尉湯爲關內侯食實封三百户

又曰貢禹字少翁瑯琊人累爲諫議大夫時歲不登郡國多困禹乃進諫曰今關東諸道禾稼不稔江淮淛右人民流離父子不保願陛下蠲賦稅常貢減太官之食去角觝諸戲廢不急務役速下詔命以蘇疲人上悅之遷禹爲御史大夫禹自治憲司數陳得失又言官家奴婢十餘萬人稅良民以給之率脂膏以滑之歲費鉅萬於國無益宜請免爲庶人從之又奏武帝始臨天下犯法者贖罪入穀者補吏是以官私俱亂盜賊並起玉石混雜眞僞不分今欲興至理致太平宜除贖法以進賢良則天下治矣上大悅行之賜禹錢百萬

又曰劉輔爲諫議大夫成帝欲立趙婕妤爲后輔疏曰今

陛下觸情縱慾傾於卑賤之女欲以母天下豈不畏于天乎上怒使掖庭中縛之谷永等上書訟之上乃減死

又曰谷永時成帝好微行不止永乃諫曰陛下弃萬乘之至尊樂家人之賤事厭高美之尊號好疋夫之卑業使拱衛之臣執干戈守其空宮使公卿百寮不知陛下所在忽有變將奈社稷何帝斂容而止

又曰耿育關内侯陳湯被讒奪爵黜之燉煌郡育上書諍曰陳湯昔年討絶域不羇之君雪國家累年之恥自古及今安有比哉今被讒黜老弃燉煌復爲遺虜所笑誠可痛哉至今奉使外夷者未嘗不陳以郅支之誅夷以揚漢國之威稜豈可以授人之功弃人之身關倖門路快讒佞者乎帝遂詔湯還京師復舊爵

又曰鄭崇字子游高密大族哀帝時爲尚書僕射數見諫

諍陳得失每奏事嘗曳革履上笑曰我識鄭尚書履聲崇每以董賢貴寵過度陳諫由是得罪上因責崇曰君門如市何乃欲禁切主上用人乎崇曰臣門如市臣心如水矣

又曰朱雲成帝封諸舅王鳳等五人同日爲侯傾壞朝政京兆尹王章以直言見誅安昌侯張禹以依違任事雲爲槐里令頗衛之乃諫曰今朝廷大臣上不能匡君下不能益人皆尸禄耳不可以事君臣請尚方劒斷佞臣頭一人勵其餘上問曰誰也雲曰張禹上大怒曰小臣居下訕上庭辱師傅罪死不赦御史將下雲攀折殿檻大呼曰臣願得從龍逄比干遊於地下免事桀紂之主死不恨矣將軍辛慶忌叩頭流血極諫得免所司理檻帝曰勿理以旌直臣

又曰王宏爲侍中哀帝寵董賢爲大司馬衛將軍事是時賢年二十二上置酒與賢父親屬宴飲上放酒從容視賢而笑曰吾欲法堯禪舜何如時宏在坐進諫曰昔周成戲以桐葉封弟叔虞於晉周公入曰天子無戲言耳今天下乃高帝之天下非陛下之天下也陛下以藩王入奉嗣孝成皇帝後當承宗廟傳子孫於無窮豈得以戲言將高祖社稷輸人耶上默然不悦終以失旨貶爲郎署

又曰郅都景帝時爲中郎敢直諫面折大臣於朝嘗從上入上林賈姬在厠野彘入厠上目郅都不行上欲自持兵救賈姬都伏上前曰一姬死一姬更進天下所少寧賈姬乎陛下縱自輕柰宗廟太后何上還彘亦不傷賈姬太后聞嘉之賜都金百斤上亦賜金百斤

又曰梅福上書諫成帝曰天下民有上書求見者輒使詣尚書問其所言諫可採取者秩以升斗之禄賜以一束之帛若此天下之士發憤懣吐忠言嘉謀日聞於上天下條

貫國家　表裏爛然可睹矣

又曰哀帝時杜欽諫曰臣聞非仁無以廣施非義無以正身今漢承周秦之弊宜抑文上質表實去僞臣竊有所憂言之怫心逆旨不言則增漸日長爲禍不細

續漢書曰張子孝平陵人性矜嚴非禮不動遇妻子若嚴君三輔以爲儀表人或謂之詐子孝曰我誠詐也人皆詐惡我獨詐善不亦可乎爲光禄諫正常乗白馬上每有異政輒言白馬生且復諫矣

又曰吳祐字季英陳留人父恢南海太守祐年十二隨恢到官欲以殺青簡寫尚書章句祐諫曰今君踰江湘越五嶺僻在海濱風俗雖陋然多珍玩上爲朝廷所疑下爲權戚所望此章若成載必兼兩昔馬援以薏苡興謗王陽以衣囊邀名嫌疑之戒願留意焉恢撫其首曰吳氏世不乏

季子者

後漢書曰陳蕃爲太尉桓帝末朝綱失序封賞踰制蕃上䟽諫曰臣聞諸侯上象七曜下應九土以藩屏王室高祖非功臣不侯今寵臣以非義受邑左右以無材傳賞守位不料其德列土莫紀其功乃至一門之內侯者數人後宮之中數千采女肉食錦衣脂油粉黛不可勝計鄙諺曰盜不入五女之門以貧人家也今後宮之女豈不以貧人國乎且聚而不御必生憂悲之感以致兵革水旱之因也上知之而不能用爲倖所害

又曰申屠剛字巨卿茂陵人累遷尚書令帝嘗欲出遊剛以隴蜀未平不宜宴逸諫不聽乃以頭軔乘輿帝遂止

又曰王尊爲隗囂將世祖遣來歙往諭之囂不從命而執之欲煞害尊諫曰臣聞爲國者慎器與名爲家者畏怨重禍慎名器則下服其命輕怨禍則上受其殃今將軍遣子質漢內懷他志名器逆矣而更謀誅其使怨禍結矣古者烈國兵交使在其間所以兵貴和而不任戰者何況承王命藉重質而犯之哉且來歙雖單車遠使而漢帝之外兄害之無損於彼滅之有害於吾昔宋執楚使者有折骸易子之禍小國猶不辱況萬乘之主乎遂不敢害以禮遣之

又曰張敏字伯達河閒鄚人累爲尚書建初中有侮辱人父者而子煞之肅宗貸其死刑時定其議敏議曰夫怨生之決宜從上下猶天之四時有生有死若開相容恕著之爲定法者則是故設姧萌生長罪隙今欲趣生反開殺路一人不死天下受弊記曰利一害百民去其郭王者承天地順四時法聖人從經律願陛下留意下民考尋利害天下幸甚從之

又曰爰延字季平外黃人性質直遷侍中帝遊上林苑從容問延曰朕何如主也對曰爲漢中主帝曰何以言之對曰尚書令陳蕃任事即治中常侍豫政則亂是以知陛下可與爲善可與爲非帝曰嗚呼昔朱雲庭折欄檻今侍中面稱朕過何代無奇人哉敬聞命矣

又曰杜根字伯堅頴川人永初元年爲郎時和熹鄧后臨朝權在外戚根以安帝年長宜親政事與同舍郎上書直諫太后大怒令盛根於囊殿上武士撲殺之執法者以根素知名私語行事人使不加力既而載出根得蘇太后使人撿覆根詐死三日目中生蛆因得免

又曰李雲字行祖甘陵人爲白馬令衆災頻降雲素剛直憂國將危乃露布上書直諫帝怒遂下黃門北寺獄五官掾杜衆傷雲以忠諫獲罪上書願與雲同日死詔下廷尉皆死獄中

又曰陳琳爲丞相府主簿靈帝時朝綱失序政在官官尚書何進謀於袁紹曰昔趙鞅興晉陽之甲誅君側之惡今閹竪弄權可謂蔓草也盍萌而薙之琳諫曰易稱即鹿無虞諺有掩目捕雀夫微物尚不可欺以得志況國之大事其可以詐乎今明公惣皇威權兵要龍驤虎步高下在心此猶皷洪鑪而燎毛髮耳夫違經合道天人所慎而反委釋利器更徵外助大兵聚會強者爲雄所謂倒持干戈授人以柄功必無成爲禍階矣進不聽遂召前將軍太原守董卓卓未至卒爲禍亂而進亦爲官官所殺

又曰銚期重於信義在朝廷憂國憂主其有不得於心犯顏諫爭帝嘗輕與期門近出期頓首車前曰臣聞古今之戒變生不意誠不願陛下微行數出帝爲之回輿而還

又曰桓帝時有上書宜改鑄大錢劉陶上議曰伏讀鑄錢之詔平輕重之議盖以當今之憂不在於貨在於民飢竊見比年以來良苗盡於蝗螟之口杼柚空於公私之求野無青草室如懸磬所急朝夕之食所患靡盬之事豈謂錢之銖兩輕重哉就使當今沙礫化爲黄金瓦石變爲和玉使百姓渴無飲飢無食雖黄羲之純德唐虞之文明猶不能以保蕭牆之内也盖人民可百年無貨不可一朝有飢故食爲至急也

又曰劉陵字孟高豫章人爲侍中車駕出祠南郊陵參乘上起早外輿眠陵跪曰陛下爲萬乘之主外輿宜正立雖早嚴欲寢不當上爲天地靈祇下爲百姓觀覩上媿色曰敬受侍中斯言以後爲式更自整頓

謝承後漢書曰延篤字叔固孝桓皇帝拜侍中自在機密常見進納上數問政事得失以經義古典默諫帷幄言不宣外

又曰李膺等黨事下獄陳蕃上䟽極諫曰臣聞聖明之君委心輔佐亡國之主諱聞直辭故湯武雖聖而興於伊吕桀紂迷惑亡在失人由此言之君爲元首臣爲股肱同體相須共成美惡者伏見前司隷校尉李膺太僕杜密太尉掾范滂等正身無點死心社稷以忠忤旨横加考案或禁錮閉鬲或死徙非所杜塞天下之口聾盲一世之人與秦焚書坑儒何以爲異臣位列台司憂責深重不敢尸禄惜生坐觀成敗如不蒙採録使身首分裂異門而出所不恨也帝諱其言切託以蕃非其人遂策免之

又曰陳蕃諫桓帝曰故皐陶戒舜無敗遊周公戒成王無般于遊田虞舜成王猶有此戒况德不及二主者乎夫安

平之時尚宜有節况當今之世有三空之危哉田野空朝廷空倉庫空是謂三空加兵戎未戢四方離散是陛下燋心毁顔坐而待旦之時也豈宜揚旗曜武騁心輿馬之觀乎

太平御覽卷第四百五十二

太平御覽卷第四百五十三

人事部九十四

諫諍三

東觀漢記曰上將自擊彭寵伏惠公諫曰臣聞文王享國五十伐崇七年而三分天下有二至武王四海乃賓陛下承大亂之極出入四年中國未化遠者不服而遠征邊郡四方聞之莫不恠疑願思之

又曰郅惲爲上東城門候上嘗夜出還拒關詔開門欲入惲不納上令從門間識面惲遂不開明日惲上書曰昔文王不敢盤于遊田以萬民惟憂而陛下遠獵山林以夜繼晝其如社稷宗廟何誠小臣所竊憂也由是上特重之

又曰第五倫爲司空奉公不撓言事無所依違諸子諫止輒叱之每上封自作草不復示掾吏或民奏記言便宜便封上

又曰明帝時決獄多近於重尚書陳寵上疏諫曰先王之政賞不僭刑不濫與其不得已寧僭故古賢君歎相重式者重刑之至也

又曰帝時伐匈奴魯恭王上疏諫曰竊見竇憲耿秉銜使奉命暴師於外陛下親勞憂在軍役誠欲以安定邊陲爲民除害臣思之未見其便數年以來民食不足國無積盛春興擾動天下妨廢農時以事夷狄非所以垂意於中國憫念民命也

又曰日蝕司徒丁鴻上疏曰臣聞春秋日蝕三十六而殺君三十六變不空生夫帝王不宜以重器假人觀古及漢傾危之禍靡不由世位擅寵之家伏見大將軍刺史二千石初除謁辭求通待報雖奉璽書受臺勑不敢去至數十日背公室向私門此乃上威損下權盛外附之臣依託權門諂諛以求容媚宜誅之

又曰竇憲爲車騎將軍辟崔駰爲掾憲府貴重掾屬三十人皆故刺史二千石唯駰以處士年少擢在其間憲擅權驕恣駰數諫之及出征匈奴道路愈多不法駰爲主簿前後奏記數十指切長短憲不能容稍踈之因察駰高弟出爲岑長　駰自以遠去不得意遂不之官而歸卒于家

又曰楊賜字伯獻代劉郃爲司徒帝欲造畢圭靈昆苑賜上疏諫曰竊聞使者並規度城南民田欲以爲苑昔先王造囿裁足以修三驅之禮薪萊芻牧皆悉往焉先帝之制左開鴻池右作上林不奢不約以合禮中今猥規郊城之地以爲苑囿廣壞田園廢居民畜禽獸殆非所謂保赤子之義

又曰光和中有虹蜺晝降嘉德殿上引楊賜等入金商門問以祥異對曰按春秋讖曰天投蜺恐海內亂加四百之期象見吉凶聖人則之今妾媵嬖人閹尹之徒共專國朝欺罔日月而令縉紳之徒委伏畎畝口誦堯舜之言身蹈絕俗之行亡捐溝壑不見逮及冠履倒易陵谷代處

又曰白馬令李雲桓帝誅大將軍梁冀而中常侍單超等五人皆以誅冀功並封列侯又立掖庭民女亳氏爲皇后數月間后家封四人賞賜巨萬時地數震裂衆災頻降雲素剛憂國乃露布上書移三府曰孔子曰帝者諦也今官位錯亂小人諂進財貨公行政令日損是帝欲不諦乎帝得奏震怒下有司送雲黃門北寺獄死

魏志曰辛毗字佐治潁川人帝踐祚爲侍中帝欲徙冀州士家十萬民實河南時連蝗民飢羣司以爲不可而帝意

甚盛毗與朝臣俱求見帝知其欲諫作色以見之皆莫敢言毗曰陛下徙士家其計安出帝曰卿謂我徙之非耶毗曰誠以爲非也帝曰吾不與卿共議也毗曰陛下以臣不肖置之左右厠之謀議之官安得不與臣議耶臣所言非私也乃社稷之慮也帝不荅起入内毗隨而引其裾帝遂奮衣而還良久乃出曰佐治卿持我何太急耶毗曰今徙既失民心又無以食也帝遂徙其半嘗從帝射雉帝曰射雉樂哉毗曰於陛下甚樂而於羣下甚苦帝默然爲之希出

又曰太祖討張魯東還時有將軍許遊擁部曲不附太祖而有慢言太祖怒先欲討之羣臣多諫太祖横刀於膝作色不聽繆襲入欲諫太祖逆之曰吾計以定卿勿復言襲曰若殿下計是耶臣方助殿下成之若殿下計非耶雖

成宜敗之殿下逆臣令勿言何待下之不闇乎太祖曰許遊慢吾何言可致乎襲曰臣聞千石之弩不爲鼷鼠發機萬鈞之鍾不以莛橦起音今區區之許遊何足以勞神哉太祖曰善遂厚撫遊遊即歸服

又曰賈詡字文和文帝時爲五官將而臨淄侯植才名方盛有奪宗之議文帝使人問詡自固之術詡曰願將軍恢崇德度躬素士之業朝夕孜孜不違子道如此而已文帝從之深自砥礪太祖又當屏除問詡詡嘿然不對太祖曰與卿言而不荅何也詡曰思袁本初劉景升父子也太祖大笑於是太子遂定

又曰文帝頻出遊獵或昏夜還宫王朗上疏曰夫帝王將行則設兵而後登輿清道而後奉引所以顯至尊務戒慎也近日車駕及昏而反非萬乘之至慎也

又曰文帝踐祚以高柔爲治書侍御史時人間數有誹謗祆言帝疾之有祆言輒殺而賞告者柔上疏曰宜除祆謗賞告之法帝乃下詔敢以誹謗相告者以所告罪罪之於是遂絶

又曰太祖置校事盧洪趙達等使察羣下高柔諫曰今置校書既非君上信下之指又達等數以憎愛擅作威福宜檢治之後姦利發太祖殺之以謝於柔

又曰太祖征并州留崔琰傅文帝於鄴太子仍出田獵變服易乘志存驅逐琰書諫曰今邦國殄悴惠康未洽唯太子燔翳損褶以塞衆望不令老臣獲罪於天

又曰高堂隆寢疾口占上疏曰臣寢疾病有增無損常懼忠欵不昭時王莫不思紹堯舜而蹈桀紂之跡願陛下少垂省覽

又曰明帝即位辛毗爲廷尉帝欲平北邙令登臺觀則見孟津毗諫曰天地之性高高下下今而反之既非其理若九河盈溢洪水爲害而丘陵皆移將何以禦之帝乃止

又曰明帝時百姓凋匱而役務方殷衛覬上疏曰順上者愛所由來逆意者惡所從至故人臣皆爭順指而避逆意非破家爲國殺身成君者誰能犯顔色觸忌諱建一言開一說哉

又曰荀彧傳曰時曹公欲滅陶謙乘勝欲取徐州而後定呂布彧諫曰昔高祖保關中光武據河内深根固本以制天下進可以勝敵退可以自守雖師北身遁者數矣而終復振成大業也今將軍本以兗州首事故能平定山東此實天下之要地而將軍之關河也若不先定根本將何以寄諸乎宜且急收熟麥以實軍資呂布不足慮也今捨此而

東未見其便多留兵則不可勝敵少留兵則不可固守且呂布乘虛寇暴震動人心縱保數城非已所有操乃從其言遂破呂布而平兖州

魏略曰蘇則爲侍中文帝時人多飢困而軍數出又兼治宮室則又數面諫由此上頗不悦其後出以爲河東相

又曰時太祖欲征吴而大雨霖三軍多不願行太祖知其然恐外有諫者教曰今孤戒嚴未知所之有諫者死賈逵受教謂其同寮三主簿曰今實不可出而教如此不可諫也乃建諫草以示三人三人不獲皆署名入白事太祖怒收逵等當送獄教取造意者逵即言我造意遂走詣獄獄吏以逵主簿也不即着械逵謂獄吏曰促械我尊者且疑我在近職求緩於卿既而復職

又曰明帝從長安鍾簴起土山寺司徒軍議掾河東董尋

上書曰臣聞古之貞士盡言於國不避死亡故周昌比高祖於桀紂劉輔譬趙后於人婢天生忠直雖白刃沸湯往而不顧者誠爲時主愛惜天下也建安已來野戰死亡或門單户盡雖有在者遺孤老弱若今宫室狹小當大之猶隨時不妨農務況乃作無益之物黄龍鳳皇九龍承露盤玉山淵池也此皆聖明之所興其功參倍於殿舍三公九卿侍中尚書天下至德皆知非道而不敢言者以陛下春秋方剛心畏雷霆臣今知言出必死而臣自比於牛一毛生既無益死亦何損發筆流涕心與世辭臣有八子臣死之後累陛下矣將奏沐浴既通帝曰董尋不畏死耶主者奏收尋有詔勿問

吴志曰張昭少子休字叔嗣從中庶子轉爲右弼都尉孫權嘗遊獵速暮乃歸休上疏諫戒權大善之以示於昭

又曰孫權欲廢太子和立亮尚書僕射屈晃固諫不止權大怒牽晃入殿杖一百

又曰孫權任信校事呂壹壹性苛慘用法深刻太子登數諫權不納後壹姦罪發露權引咎責躬

又曰孫權既爲吴王歡宴之末自起行酒虞翻伏地陽醉不持權去翻起坐權於是大怒手劒欲擊之侍坐者莫不惶遽唯大司農劉基起抱權諫曰大王以三爵後殺善士雖翻有罪天下孰知之權曰曹孟德尚殺孔文舉孤於虞翻何有哉基曰孟德輕害士人天下非之今大王躬行德義欲與堯舜比隆何自喻於彼乎翻由是得免權因勑左右自今酒後言殺皆不得殺

又曰張紘字子綱廣陵人避難江東委質於孫策遣奉章詣許昌曹公聞策薨欲伐吴紘諫曰以爲乘人之喪既非

古義若有不克弃好成讎不如厚禮曹公從之紘歸吴後爲長史權率輕騎將赴敵紘諫曰兵者凶器戰者危事麾下多強暴之勇三軍之衆莫不寒心權納而止

又曰吕蒙時爲護軍權將欲北取徐州以廣其地蒙諫曰不可今曹操遠在河北新破二袁撫集幽冀未暇東顧今徐州將守惡足言也往必尅之然地勢陸通四面受敵今日得之明日還失舉全吴之衆未足守也不如取關羽西據荆州則利盡長江此上流之勢於國之便十徐州也則重關西門國之固也權甚然之興師遂擒關羽而平荆州

又曰華覈字永先吴人上疏諫皓曰臣聞之主所求於民者二民之所望於主者三二謂求其爲己勞也求其爲己死者也三謂飢者能食之勞者能息之功者能賞之今民以致其二事而主失其三主二求已備民之三望未報今

百工作無用之器婦人爲綺靡之飾且美貌者不待華彩以崇好豔姿者不待文綺以致愛若極粉黛窮盛服未必無醜婦廢華彩文繡未必無美貌也皓終不納後以讒免數年而卒

又曰韋曜字弘嗣吳人本名昭避晉文諱改之孫皓立曜以直諫非一漸見責怒皓每饗宴以七升爲限小户雖不入口並澆灌取盡曜遂見逼皓輙以爲曜與華覈辭瑩撰吳書皓欲以父和作帝紀曜以和不登帝位宜作傳曜遂被誅

又曰賀邵字興伯孫皓時爲中書令領太子太傅皓凶暴驕矜邵上疏諫曰陛下媟近寵媚之臣日聞順意之辭海內悼心朝臣失圖書奏皓深恨之竟見殺

蜀志曰天旱禁酒釀者有刑吏於人家索得釀具欲令與

作酒者同罰簡雍從先主遊見一男子行道謂先主彼人欲淫何以不縛先主曰卿何以知之雍對曰彼有淫具與欲釀者同先主大笑而原欲釀者雍之滑稽凡此類

又曰黃權字公衡州牧劉璋召爲主簿時別駕張松建議宜迎先主代張魯權諫曰左將軍有驍名今欲以部曲遇之則不滿其心欲以賓客禮待則一國不容二君客若有太山之安則主有累卵之危可但閉境以待河清璋不聽

又曰張松說劉璋云通先主璋從之遣法正請先主璋從事廣漢王累倒自懸於州門以諫璋一無所納勑在所供奉先主入境如歸

晉書曰何尚之傳時造玄武湖上欲於湖中立萬丈蓬萊瀛洲三神山尚之固諫乃止時又造華林園並盛暑欲與人工尚之又諫宜加休息

又曰續咸僞趙石勒將遷都於鄴咸固諫勒怒曰不斬此老臣朕宫不得遷也勑御史收之中書令徐光表極諫勒乃悟停作賜咸絹百疋

又曰孫萬爲王弥長史弥與石勒有隙勒常惡之乃請計於右侯張賓賓曰英雄不並立宜早圖之勒於是開宴請弥弥將行萬請諫曰石公畢甚言甘不可信也願公勿往自守保固恐有專諸孫峻之禍及耳弥曰石勒一豎子耳奚能爲也不聽遂入酒酣遇害

又曰裴元略事僞秦符堅爲金部郎中堅常以珠璣奇異弥飾不可勝計以朝羣臣元略諫曰周畢宫室慶垂八百始皇窮極嗣不及孫此万古所以傳載也願陛下去之以延洪祚慶流萬代堅曰非卿忠何以聞寡人之過悉命去之

又曰游子遠仕劉曜西羌羯叛亂舉兵四十餘萬三輔大震曜甚患之欲大興師伐之子遠諫曰足下納臣愚計不勞大軍可一月而定矣且羌夷之叛也非有大度窺竊神器矣但迫足下嚴刑峻網今死者可不追生者猶可安莫若大赦釋諸逆人若没官者悉還之遽相撫育聽其復業與人更始彼生路既開人情豈有樂禍好亂者也且小人聚居必有他心今無刑辟之懼以恩信懷之不降何待矣縱酋長負罪而不下者請假臣弱兵五千人爲足下梟之不勞大軍此可定矣今賊黨既盛弥川被谷君臨之以兵恐非歲月而可殄也此言其術也曜大悅行其計西方遂平

王隱晉書曰愍懷太子頗好遊宴洗馬江統等諫曰宜諮詢保傅引見賓客悉得自盡有增博見益多聞

晉中興書曰江逌爲侍中時穆宗欲於後園脩立池苑逌諫以強賊未滅宜務軍備當存儉約以率羣下上即納之也

徐廣晉紀曰成帝有乳母經營艱苦詔假其名號顧和諫曰保母奉祐聖躬不遺其勳第舍供給已爲隆厚若假以名號非令典也書而不法後嗣何觀帝乃止

臧榮緒晉書曰衛瓘字伯玉每議及經國屢形於言色晉祖恐大臣有諫瓘肎因宴飲歡醉手撫御牀曰此坐可惜

宋書曰世祖遊幸無度太后六宮常乘副車在後沈懷文與王景文每諫不宜亟出後同從坐松樹下風雨甚驟景文曰卿可以言矣懷文曰獨言無從理相與從之江智淵卧草側亦謂之爲善俄而入召俱入雉場懷文曰風雨如此非聖躬所宜冒景文又曰懷文所啓宜從智淵未及言

上方注弩作色曰卿欲效顏竣耶何以恒知人事又曰顏竣小子恨不得鞭其面

又曰何尚之遷尚書左僕射加散騎常侍時上行幸還多侵夜尚之表諫曰萬乘宜重尊不可輕此聖心所鑒豈假臣啓輿駕比還多冒夜伏願少採愚誠上優詔納之

太平御覽卷第四百五十三

太平御覽卷第四百五十四

人事部九十五

諫諍四

崔鴻前趙録曰劉聰將起鳳儀殿於後庭廷尉陳元達諫
聰怒曰將營一宮豈問汝鼠子乎將斬之時在逍遥園元
達抱堂下樹叫曰臣所言者社稷之計也劉后在後堂密
手疏救之乃解改逍遥園爲納賢園李中堂爲愧賢堂
又曰閹豎王沈等用事大宰易大將軍敷御史大夫陳元
達詣闕請固請免沈等官聰以表示沈等沈等笑曰是兒
等爲元達所引遂成癡也聰手壞其表
又曰趙染次于新豐東晉安將軍索綝長安東討染有輕
敵之色染長史魯徽曰困獸猶鬬况於國乎染曰索綝小
竪豈能汙吾馬蹄刀劒也師精騎逆戰于城西敗績悔曰

吾不用魯徽之言以至於是乃斬徽徽臨刑謂染曰將軍
違謀取敗誅忠良以逞過忿若死而有知當訴將軍於黄
泉使將軍不得眠牀枕死趙染攻北地夢魯徽引弓射之
且將攻城中弩卒
又曰石虎馳獵無度晨出夜歸太子韋傳諫曰臣聞千金
之子坐不垂堂萬乘之主行不履危陛下雖天生神武雄
據四海乾坤眞贊方無所慮者也然白龍魚服有豫且之
禍海若潛游離葛陂之酷深願陛下清宮蹕路思二神爲
玄鑒不忘天下之重虎省善之賜以束帛
又曰趙明字顯昭南陽人虎攝位拜爲尚書及誅勒諸子
明諫曰明帝功格皇天爲趙之太祖安可以絶之虎曰吾
之家事幸御不須言也以直言忤旨故十年不遷貞固之
風時論擬之蘇則

崔鴻前秦録曰符堅如鄴狩於西山親馳射獸遊獵旬餘
昏而忘返伶人王洛叩馬諫曰若禍起須臾變在不測者
其如宗廟何其如太后何堅曰善哉昔文公悟愆於虞人
朕聞罪於王洛吾過也
崔鴻前涼録曰張天錫元日與嬖褻飲旣不受羣寮朝賀
又不朝於永訓宮從事郎中張慮輿櫬切諫不納
又曰張駿讌羣臣于閑豫堂議欲嚴刑峻制衆咸以爲宜
參軍黄斌進曰　臣未見其可若尊親犯令不行矣駿性
嚴猛乃弃几改容曰微黄生吾不聞過矣黄生可謂忠之
至也
後魏書曰高允爲中書令武帝禁封良田人無農多游者
允上疏諫曰臣少也賤所知唯田請以農事言之夫地方
十里爲田三頃六十畝百里爲田三萬六十頃若勤之則

畝增三斗墮之則畝減三斗百里之内損益之率爲粟可
知矣况天下之廣乎若户有私儲則國無陰陽之眚上從
之三年而國霸
又曰元昭業爲諫議大夫莊帝將畋洛南昭業叩馬諫止
帝避之而過後詔勞勉之
又曰汝南王悅字宣禮性不倫倣儻難測無故過杖京兆
王愉子寶月悅國前郎中令北平陽固上疏諫曰伏聞殿
下乃以小怒過行威罰誠嚴訓有餘而慈惠不足當今主
上幼冲宰輔用事履冰踐霜兢業猶恐不濟况肆意非彝
任情行事欲保全福禄其可得乎昔龔遂去國猶獻直言
韋孟離朝不忘本國况臣忝荷朝私猥充謬舉伏隸國僚
聞道有歲敢不盡言悅覽之大怒
陳書曰章華字仲宗上疏諫後主曰陛下不思先帝之艱

難不知天命之可畏溺於嬖寵惑於酒色祠七廟而不出
拜后妃而臨軒老臣宿將弃之草莽謟佞讒邪升之朝廷
今疆埸日蹙隋軍日至陛下不改絃易張臣見麋鹿遊於姑
蘇矣後主大怒即日斬之
隋書曰盧愷武帝在雲陽宮勑諸屯簡老牛欲以享士愷
進諫曰昔田子方贖老馬君子以為美談向奉明勑欲以
老牛享士有虧仁政帝美其言而止
又曰劉行本沛人累遷黄門侍郎高祖常怒一郎於殿前
笞之行本進諫曰此人素清其過又小上不顧行本又曰
陛下不以臣不肖置在左右臣言若是陛下安得不聽臣所言
非當致之大理安得輕臣而不顧臣所言非私因置笏於
地而退上於是斂容謝之
又曰蘇威見宮中以銀為幔鉤因盛陳節儉之美以諭上

上為之改容彫飾舊物悉命除毀上嘗怒一人將殺之威
入閤進諫不納上怒甚將自出斬之威當上前不去避之
而出威又遮止上拂衣而入良久乃召威謝曰公能若是
吾無憂矣於是賜馬二疋錢十餘萬
又曰趙綽為刑部侍郎治梁士彥等獄賜物三百段奴婢
十口馬二十疋每有奏讞正色侃然上嘉之漸見親重上
以盜賊不禁將重其法綽進諫曰陛下行堯舜之道多存
寬宥况律者天下之大信其可失乎上忻然納之因謂綽
曰若更有聞見宜數陳之也上禁行惡錢有二人在市以
惡錢易好者武候執以聞上令悉斬之綽進諫曰此人坐
當杖殺之非法上曰不關卿事綽曰陛下不以臣愚暗置
在法司欲妄殺人豈得不關臣事上曰撼大木不動者當
退對曰臣望感天心何為動木上復曰啜羹者熱則置之
天子之欲相挫耶綽拜而益前訶之不肯退上遂入治書
侍御史柳彧復上奏切諫上乃止
唐書曰虞世南雖容貌懦愞若不勝衣而志性抗烈論及
古先帝王為政得失必存規諷多所補益太宗常謂侍臣
曰朕因暇日與虞世南商略古今有一言之失未嘗不悵
恨其懇誠若此朕用嘉言羣臣皆若世南天下何憂不理
又曰孔穎達數進忠言益見親待太宗嘗問曰論語云以
能問於不能以多問於寡有若無實若虛何謂也穎達對
曰聖人設教欲以謙光已雖有能不自矜大仍就不能之
人求訪能事已之才藝雖多猶以為少仍就寡小之人更
求所益已之雖有其狀若無已之雖實其容若虛非唯疋
庶帝王之德亦當如此夫帝王內蘊神明外須玄默深不
可測度不可知易稱以蒙養正以明夷莅衆若其位居尊

極炫燿聰明以才淩人飾非拒諫則上下情隔君臣道乖
自古滅亡莫不由此也太宗深善其對
又曰劉洎太宗嘗謂侍臣曰夫人臣之對帝王皆順旨而
不逆甘言以取容朕今發問欲聞已過卿等須言朕愆失
長孫無忌李勣楊師道等咸云陛下聖人化致太平臣等
不見其失洎對曰陛下化高萬古誠如無忌等言然頃上
書人不稱旨或面加窮詰無不慙退非奬進言者之路太
宗曰卿言是也當為卿改之
又曰谷那律遷諫議大夫嘗從太宗出獵在途遇雨因問
曰油衣若為得不漏那律曰能以瓦為之則不漏矣意欲
太宗弗為獵太宗大悅賜帛二百段
又曰柳範貞觀中為侍御史時吴王恪好畋獵損居人範
奏彈之太宗因謂侍臣曰權萬紀事我兒不能匡正其罪

合死範進曰房玄齡事陛下猶不能諫止畋獵豈可獨罪
萬紀太宗大怒拂衣而入久之獨引範謂曰何得逆折我
範曰臣聞主聖臣直陛下仁明臣敢不盡愚直太宗意乃
解
又曰薛收嘗上書諫獵太宗手詔曰覽讀所陳實悟心膽
今日成我卿之力也明珠兼乘豈比來言當以誠心書何
能盡今賜卿黄金四十鋌以酬雅意
又曰高季輔授太子右庶子又上䟽切諫時政得失特賜
鍾乳一劑曰卿進藥石之言故以藥石相報
又曰太宗問褚遂良曰舜造漆器禹雕其俎當時諫舜禹
者十餘人食器之間苦諫何也遂良對曰雕琢害農事組
纂傷女工首創奢淫危亡之漸漆器不已必金爲之金器
不已必玉爲之所以諍臣必諫其漸及其滿盈無所復諫

太宗爲然
又曰高宗將廢皇后王氏立武昭儀爲皇后褚遂良欲陳
諫及入高宗難於發言再三顧曰莫大之罪絶嗣爲甚王
后無胤息昭儀有子今欲立皇后公等以爲如何遂良曰
皇后出自名家先朝所娶伏事先帝無愆婦德先帝不豫
執陛下手以語臣曰我好兒好婦今將付卿陛下親承德
音言猶在耳皇后自此未有愆過恐不可廢臣今不敢曲從
上旨違先帝之命特願再三思審愚臣上忤聖顔罪合萬
死但願不負先朝厚恩何顧性命遂良致笏殿陛曰還陛下此笏
乃解巾叩頭流血帝大怒令引出因左遷遂良潭州都督
後轉桂州未幾貶愛州刺史
又曰納言桓彦範嘗上表論中宗時政數條其大略曰昔
孔子論詩以關雎爲始言后妃者人倫之本理亂之端也
故皇英降而虞道興任姒歸而姬宗盛桀奔南巢禍階末
嬉魯桓滅國惑以齊媛伏見陛下每臨朝聽政皇后必施
帷幔坐於殿上預聞政事臣愚歷選列辟詳求往代帝王
有與婦人謀及政者莫不破國亡身傾輈繼路且以陰乘
陽違天也以婦凌夫違人也違天不祥違人不義由是古
人譬以牝雞之晨惟家之索易曰無攸遂在中饋言婦人
不得預於國政也伏願陛下覽古人之言察古人之意上
以社稷爲重下以蒼生在念宜令皇后無往正殿干預外
朝專在中宫聿修陰教則坤儀式固鼎命惟新䟽奏不納
又曰中書侍郎袁恕己以將作少匠楊務廉素以工巧見
用中興初恕己恐其更啓遊娛侈靡之端言於中宗曰務
廉致位九卿積有歲年若言嘉謀無足可紀每宫室營構
必務其侈若不斥之何以廣昭聖德由是左授陵州刺史

又曰德宗嘗泛舟魚藻宫張水戲命皇太子舁舟舟具皆
飾以金碧丹青使婦人盛飾操篙檝行舟光彩映燭絲竹
歌謳俱發德宗顧謂上曰今日如何上對曰極盛退因以
奢爲諫德宗不悦
又曰杜希全積功至朔方軍節度使嘗獻體要八章多所
規諫德宗深納之乃著君臣箴以賜之
又曰憲宗元和中有五坊使犯法上將宥之裴度懇論不
已時方征鄆冀上曰五坊是小事今日與卿要商量用兵
度奏曰山東叛逆不過亂數州五坊使横暴將亂輦下上
怒起入見諸中人曰使我羞見宰相遂殺五坊使京師肅
然天下望風而理
又曰鎮州王承宗之叛憲宗將以吐突承璀爲招討處置
使吕元膺與給事中穆質兵部侍郎許孟容等八人抗論

不可且曰承璀雖貴寵然內臣也若為師揔兵恐不為諸將所伏指喻明切憲宗納之為改使號然猶專戎柄

又曰李絳嘗因浴堂北廊奏對違忤上旨指切時病及論中官縱恣方鎮進獻事宜上怒甚厲聲曰卿所論事何太過耶絳前論不已曰臣所陳豈臣身之利是國家之利陛下不以臣愚使處腹心之地豈可見事虧聖德致損清時而惜身不言仰屋竊歎是臣負陛下也若不顧患禍盡誠奏論旁忤侍臣上犯聖旨以此獲罪是陛下負臣也且臣與內官素不相識又無嫌隙只是威福大盛上損聖明臣所以不敢不論耳使臣緘默非社稷之福也上見其誠不迴即怒解稍慰喻曰卿盡節於朕人所不言 卿悉言之使朕聞所不聞真忠正誠節之臣也他日南面亦須如今日絳拜恩而退後教坊忽稱密旨取良家士女及衣冠別

第妓人京師囂然絳請同列曰此事大虧損聖德須有論諫或曰此嗜慾閒事從諫官陳疏絳曰居常諸公皆病諫官論事此難事即推與諫官可乎遂極疏論奏翌日延英上舉手謂絳曰昨見卿狀所論採擇事非卿盡忠於朕何以及此朕都不知向外事此是教坊罪過不諭朕意以至於此朕緣丹王以下四人院內都無侍者朕令於樂工中及閭里有情願者厚其錢帛只取四人四人各與一人伊不會朕意便如此生事朕今已科罰其所取人並放歸若非卿言朕寧知過矣

又曰白居易為右拾遺上令神策中尉吐突承璀為招討使諫官上章者十七八居易面論詞情切至既而又請罷河北用兵凡數千言皆今人之難言者上多聽納唯諫承璀事稍過上頗不悅謂李絳曰白居易小子是朕拔擢致名位而無禮於朕朕實難奈絳對曰居易所以不避死亡之誅事無巨細必言蓋酬陛下特力拔擢耳非輕言也陛下欲開諫諍之路不宜阻居易言上曰卿言是也繇是多見聽納

又曰柳公權字誠懸幼嗜學十二能為詞賦元和初進士擢第釋褐祕書省校書郎李聽鎮夏州辟為掌書記穆宗即位入奏事帝召見謂公權曰我於佛寺見卿筆蹟思之久矣即日拜右拾遺翰林侍書學士遷左補闕司封員外郎穆宗政僻嘗問公權筆何盡善對曰用在心心正則筆正上改容知其筆諫也

唐穆宗便殿對六學士上語及漢文恭儉帝舉袂曰此澣濯者三矣學士皆贊詠帝之儉德唯公權無言帝留而問之對曰人主當進賢良退不肖納諫諍明賞罰服澣濯之

衣乃小節耳時周墀同對為之股慄公權詞氣不可奪帝徐謂之曰極知舍人不合作諫議以卿言事有諍臣風彩卻受卿諫議大夫翌日降制以諫議知制誥學士如故

又曰鄭覃穆宗不恤政事喜遊宴即位之始吐蕃寇邊覃與同職崔郾等廷奏曰陛下即位已來宴樂過多畋遊無度今蕃寇在境緩急奏報不知乘輿所在臣等忝備諫官不勝憂惕伏願稍減遊從留心政道伏聞陛下晨夜昵狎倡優近習之徒賞賜太厚凡金銀貨帛皆出自生靈膏血不可使無功之人濫沾賜與縱內藏有餘亦乞用之有節如邊上警急即支用無闕免令有司重斂百姓實天下幸甚帝初不悅其言顧宰相蕭俛曰此輩何人俛對曰諫官也帝意稍解

又曰劉栖楚敬宗即位畋遊稍多坐朝常晚栖楚出班以

顙叩龍墀出血苦諫曰臣歷覩前王嗣位之初莫不躬勤庶政坐以待旦陛下即位已來放情嗜寢樂色忘憂安臥宮闈日晏方起西宮密邇未過山陵鼓吹之聲日喧於外伏以憲宗皇帝大行皇帝皆是長君恪勤庶政四方猶有叛亂陛下運當少主即位未幾惡德布聞臣恐福祚之不長也臣忝諫官致陛下有此請碎首以謝遂以額叩龍墀久之不已宰相李逢吉出位宣曰劉栖楚休叩頭俟進旨栖楚捧首而起因便陳論搖頭見血上爲之動容以袖連揮令出栖楚又云不可臣奏臣即碎首死中書侍郎牛僧孺從宣示而出敬宗爲之動容無何遷起居郎

又曰李程爲相敬宗冲幼好治宮室盼遊無度欲於宮中營新殿程諫曰自古聖帝明王以慈儉化天下陛下在諒闇之中不宜興作願以瓦木迴奉園陵上忻然從之

又曰文宗時魏謩爲起居舍人紫宸中謝召誡之曰事有不當即須奏論謩曰言臣頃爲諫官合伸規諷今居史職職在記言不敢輙踰職分帝曰凡兩省官並合論事勿拘此言尋以本官直弘文館四年拜諫議大夫仍兼起居舍人判弘文館事

又曰魏謩儀容魁偉言論切直與同列上前言事他宰相必委曲規諷唯謩讜言無所畏避宣宗每曰魏謩綽有祖風名公子孫我心重之

漢武帝故事曰上性嚴急法令峻刻汲黯諫曰陛下不愛才樂士求之爲倦比得一人心勞苦神未盡其用輙已殺之以有限之士資無已之誅臣恐天下賢才將盡陛下欲與誰爲治乎上笑喻之黯曰願陛下自今已後改之無以臣愚不知理也

田獵趙書曰前石數出遊獵每亟馳騁主簿程琅諫前石馳逐自若草木有瓦木馳馬觸之馬即死前石亦危殆體小不穩還宮歎曰程琅忠臣也不用其言吾之不善追之何及

段龜龍梁記曰太常卿楊頴上疏諫呂纂飲酒過度出入無恒纂曰不有直亮之臣誰匡邪僻之君也纂雖有此言終不能改

又曰呂光龍飛二年太常麐反叛麐以書招誘楊軌推爲盟主軌性直不虞麐之傾危西河太守程肇諫軌曰將軍之與呂主可謂臭味是同今欲釋同心託異類背龍頭尋蛇尾非將軍之高筭也

梁祚魏國統曰吴丞相顧雍諫孫權曰公孫泉未可信後必悔也權入禁中雍後隨之頓首曰此國之大事臣以死爭之權使左右扶出

太平御覽卷第四百五十四

太平御覽卷第四百五十五

人事部九十六

諫諍五

鍾離意別傳曰：孝明帝作北宮，意復諫曰：頃天旱不雨，陛下躬自勑責，避正殿之禁，今日雨而不濡，豈政有攺耶？是天威未消也。愚以爲可命大匠止功作，諸室減省不急，以助時氣。奏聞，有詔曰：朕之不德，敢不如教。即日中沛然大雨。

列女傳曰：魏曲沃負者，魏曲沃大夫如耳之毋也。（曲沃，魏邑也。）哀王爲太子納妃而將自納焉。負謂如耳曰：王亂於不別，何故不匡之？如耳未遇閒，會使於齊。（未値王之清閑而受使行也。）負因詣王門請見，曰：妾聞男女之別，國之大節也。婦人脆於志，窳於心，不可以邪開。（脆窳，不堅固，不宜以邪事開誘也。）是故十五而笄，二十而嫁，早成其號謚，所以就之。（號謚，聘嫁之名。）聘則爲妻，奔則爲妾，所以開善遏淫也。節成然後許嫁，親迎而後隨，貞女之義也。今大王爲太子求妃，西而自納之，此毀貞女之行而亂男女之別。妾恐王之國危也。王曰：然，寡人不知也。遂與太子而賜負粟三十鍾。（六石四斗曰鍾。）

又曰：楚處莊姪者，楚縣邑之女也。頃襄王好遊觀之樂焉。王左右謂王曰：南遊於唐五百里有樂焉。王將行，姪年十二，王既見出，操幟伏於南郊道傍，王車至，姪舉其幟。王使人問之，姪曰：願謁隱事於王。王召之：子何以成寡人？對曰：大魚失水，有龍無尾，牆欲內崩而王不視。王曰：不知。對曰：大魚失水者，離國五百里也；有龍無尾者，年三十無太子；牆欲內崩王不視者，禍亂且成而王不改。王曰：何？對曰：王好臺榭而不恤衆庶，出入不時，耳目不聰，強奏聞王左右使王曰以滋甚，王不亟反，且及禍，雖悔無逮。三日，善，命後車載之，立反國。比至國門，已聞反者已定。王乃發鄢郢之師以擊之，僅而得勝，乃立姪爲夫人。

說苑曰：齊晏子復於景公曰：朝居嚴乎？公曰：朝居嚴則曷害於治國哉？晏子對曰：朝居嚴則下無言，下無言則上無聞矣。下無言則謂之喑，上無聞則謂之聾，聾喑則非害治國家如何？且泰山之高，非一石也，累卑然後高也。夫治天下者，非用一士之言也。

又曰：秦始皇時，侯生諫始皇，望見侯生，大怒曰：老虜不良，誹謗而至，乃敢復見我。侯生曰：陛下奢侈失本，淫佚趨末，人力殫盡，尚不知。臣等恐言之無益而自取死也，故逃而不敢言。

又曰：趙簡子舉兵攻齊，令軍中諫者罪至死。被甲之士名曰公盧，望見簡子而笑，曰：臣有宿笑。當桑之時，臣隣家父與妻俱之田，見桑中女，因往追之，不能得，還反，其妻怒而去之。臣笑其曠也。簡子還師而歸。

又曰：左儒友於杜伯，皆臣周宣王。宣王將殺杜伯而非其罪也，左儒爭之，王不許也。王曰：黨友也，易而言則生，不易而死。左儒對曰：臣聞古之士不枉義以從邪，不易言以求生。王殺杜伯而儒死之。

又曰：有能盡言於君，用則留，不用則去，謂之諫。

又曰：秦始皇帝太后不謹，幸郎嫪毐，封以爲長信侯，爲生兩子。毐專國事，浸益驕奢，與侍中左右貴臣俱博飲酒，醉，爭言而鬬，瞋目大叱曰：吾乃皇帝之假父也，寠人子何敢乃與我抗！所與鬬者走行白皇帝，皇帝太怒。毐懼誅，因作亂，戰咸陽宮，敗。始皇乃取毐四支車裂之，取其兩弟囊撲殺之諫而死者二十七人矣齊客茅焦乃往上謁曰齊客茅蕉願上諫皇帝皇帝使使者出問客得無以太后事諫也茅蕉曰然使者還白曰果以太后事諫皇帝曰走往告之若不見闕下積死人耶使者問茅焦茅焦曰臣聞之天有二十八宿今死者已有二十七人矣臣所以來者欲滿其數耳臣非畏死人也走入白之茅焦邑子同食者盡負其衣物行亡使者入白之皇帝大怒曰是子故來犯吾禁趣炊鑊湯煮之是安得積闕下乎趣召之入皇帝按劒而坐口正沫出使者召之入茅焦不肯疾行足趣相過耳使者趣之茅焦曰臣至前則死矣君獨不能忍吾須臾乎使者極哀之茅焦至前再拜謁起稱曰臣聞之夫有生者不諱死有國者不諱亡諱死者不可以得生諱亡者不可以得存死生存亡聖主所欲急聞也不審陛下欲聞之不皇帝曰何謂也茅焦對曰陛下有狂悖之行不自知耶皇帝曰何等也願聞之茅焦對曰陛下車裂假父有嫉妬之心囊撲兩弟有不慈之心遷母棫陽宮有不孝之行從蒺藜於諫士有桀紂之治今天下聞之盡瓦解無嚮秦者臣竊爲陛下危之所言已畢乞行就鑕乃解衣伏鑕皇帝下殿左手接之右手麾左右曰赦之先生就衣今願受事乃立焦爲仲父爵之爲上卿皇帝立駕千乘萬騎空左方自行迎太后棫陽宮歸於咸陽太后大喜乃置酒待茅焦及飲太后曰抗枉令直使敗更成安秦之社稷使妾母子復得相會者盡茅君之力也

又曰楚莊王築層臺延石千里延壤百里士有反三月之糧者大臣諫者七十二人諫者皆死矣有諸御已者違楚百里而耕謂其耦曰吾將入見於王其耦曰以身乎吾聞說人主者皆閒暇之人也然且至而死矣今子持草茅之人耳諸御已曰若與子同耕而比方也至於說人主不與子比智矣委其耕入見莊王莊王謂之曰諸御已來汝將諫耶諸御已曰君有義之用有法之行且已聞之土負水者平木負繩者正君受諫者聖君築層臺延石千里延壤百里民之釁咎血成通於塗然且未敢諫也已何敢諫乎顧臣愚竊以虞不用宮之奇而晉并之陳不用子家羈而楚并之曹不用僖負羈而宋并之萊不用子猛而齊并之吳不用子胥而越并之秦不用蹇叔之言而秦國危桀殺關龍逢而湯得之紂殺王子比干而武王得之宣王殺杜伯而周室卑此三天子六諸侯皆不能尊用賢辯士之言故身死而國亡遂趨而出楚王遽而追之曰已子　反矣吾將用子之諫先日說寡人者其說也不足以動寡人之心又危加諸寡人故皆至而死矣今子之說足以動寡人之心又不危加諸寡人故將用子之諫明日令曰有能入諫者吾與爲兄弟遂解層臺而罷民楚人歌之曰薪乎萊乎無諸御已訖無子乎萊乎薪乎無諸御已訖無人乎

又曰齊桓公謂鮑叔曰寡人欲鑄大鍾昭寡人之名焉寡人之行豈避堯舜哉鮑叔曰敢問君之行桓公曰昔者吾圍譚三年得而不自與者仁也吾北伐孤竹剗令支而反者武也吾爲葵丘之會以偃天下之兵者文也諸侯抱美王而朝者九國寡人不受者義也然則文武仁義寡人盡有之矣寡人之行豈避堯舜哉鮑叔曰君好直言臣以直言對昔者公子糾在上位而不讓　非仁也背太公之言而侵魯境非義也壇場之上詘於一劒非武也姪娣不離懷衽非文也爲不善遍於物不自知者無天禍必有人害天處甚

高其聽甚下令君過言天且聞之桓公曰寡人有過子幸記之是社稷之福也子不幸教幾有大罪以辱社稷

又曰楚昭王欲之荆臺游司馬子綦進諫曰荆臺之游左洞庭之陂右彭蠡之水南望猲山下臨方淮樂其使人遺老而忘死人君游者盡以亡其國願大王勿往游焉王曰荆臺乃吾地也有地而游之子何爲絕我游乎怒而擊之於是令尹子西駕安車駟馬至於殿下曰今日荆臺之游不可不觀也王登車而拊其背曰荆臺之游與子共樂之矣步馬十里引轡而止曰臣不敢下車願得有道大王肯聽之乎王曰第言之令尹子西曰臣聞之爲人臣而忠其君爵祿不足以賞也若司馬子綦者忠臣也若臣者諛臣也願大王殺臣之軀罰臣之家而祿司馬子綦王曰若我能止聽公子獨能禁我游後世游之無有極時奈何乎令

尹子西曰欲禁後世易耳願大王山陵崩陁爲陵於荆臺未嘗有持鍾鼓管弦之樂而游於父之墓上者也於是王還車卒不游於荆臺令罷先置孔子從魯聞之曰悲哉令尹子西諫之十里之前而催之於百世之後者也

又曰荆文王得如黄之狗箘簬之矰以畋於雲夢三月不反得舟之姬淫之朞年不聽朝保申諫曰先王卜以臣爲保吉今王得如黄之狗箘簬之矰畋於雲夢三月不反得舟之姬淫之朞年不聽朝王之罪當笞匍伏將笞王王曰不穀免於繈緥託諸侯矣願請變更無笞保申曰臣承先王之命不敢廢王不受笞是廢先王之命也臣寧得罪於王無負於先王王曰敬諾乃藨王王伏保申承細箭五十跪而加之王背如此者再謂王起矣王曰有笞之名一也遂致之保申曰臣聞之君子耻之小人痛之耻之不變痛之何益保申趨出欲自流乃請罪於王王曰此不穀之過保申將何罪王乃變行從保申殺如黄之狗折箘簬之矰逐舟之姬務治乎荆兼國三十令荆國廣大至於此者保申敢極言之功也蕭何王陵聞之曰聖主能奉先世之業而以成功名者其唯荆文王乎故天下譽之至今明主忠臣孝子以爲法

又曰晉平公使叔向聘於吴吴人拭船以送之左五百人右五百人有繡衣豹裘者叔向歸以告平公平公曰吴其亡乎奚以敬舟奚以敬民叔向對曰君爲馳虒之臺上可以發千兵下可以陳鍾鼓諸侯聞君者亦曰奚以敬臺奚以敬民所敬各異也於是平公乃罷臺

又曰齊景公好弋使燭鄒主鳥而亡之景公怒而欲殺之晏子曰燭鄒有罪請數之以其罪乃殺之景公曰可於是乃

召燭鄒數之景公前曰汝爲君主鳥而亡之是一罪也使吾君以鳥之故殺人是二罪也使諸侯聞之以吾君重鳥而輕士是三罪也數燭鄒罪已畢殺之景公曰止勿殺而謝之

又曰齊景公正晝被髮乘六馬御婦人以出正閨刖跪擊其馬而反之曰爾非吾君也公慙而不朝晏子睹裔敖而問曰君何故不朝對曰昔者君正晝被髮乘六馬御婦人出閨刖跪擊其馬而反之曰爾非吾君也公慙而反不果出是以不朝晏子入公見曰昔者寡人有罪被髮乘六馬以出正閨刖跪擊馬而反之曰爾非吾君也寡人以天子大夫之賜得率百姓以守宗廟今見戮刖跪以辱社稷吾猶可以齊於諸侯乎晏子對曰民無直辭上有隱惡民多諱言君有驕行古者明君在上下有直辭君上好善民無諱

言今君有失行而刖跪有直禁是君之福也故臣來慶請賞之以明君之好善禮之以明君之受諫公咲曰可乎晏子曰可於是刖跪倍資時朝無事

又曰景公飲酒移於晏子家前驅報門曰君至晏子被朝衣立於門曰諸侯得微有諫乎國家得微有事乎君何爲非時而夜辱公曰酒醴之味金石之聲願與夫子樂之晏子對曰布薦席陳簠簋者有人臣不敢與焉公曰移於司馬穰苴之家前驅報門曰君至司馬穰苴介冑操戟立於門曰諸侯微有兵乎大臣得微有叛者乎君何爲非時而夜辱公曰酒醴之味金石之聲願與夫子樂之對曰布薦席陳簠簋者有人臣不敢與焉公曰移於梁丘據之家前驅報門曰君至梁丘據左操瑟右挈竽行歌而至公曰樂哉今夕吾飲酒也微彼二子者何以治吾國微此一臣者何以樂吾身聖賢之君皆有益友無偷樂之臣景公弗能及故兩用之僅得不亡

又曰吳王濞反梁孝王中郎枚乘字叔聞之爲書諫王其辭曰君王之外臣乘竊聞得全者昌失全者亡舜無立錐之地以有天下禹無百户之衆以王諸侯湯武之地方不過百里上不絕三光之明下不傷百姓之心者有王術之故父子之道天性也忠臣不敢避誅以直諫故事無廢業而功流於萬世也臣乘願披腹心而效愚忠恐大王不能用也臣乘願大王聽臣乘之言夫一縷之任係千鈞之重上懸之無極之高下垂之不測之淵雖甚愚之人且猶知哀其絕也馬方駭而重驚之係方絕而重鎮之係絕於天不可復結墜入深淵難以復出其出不出間不容髮誠能用臣乘言以百舉必脫必若所欲爲危於累卵難於上天變所欲爲易於反掌安於泰山今欲極天命之壽弊無窮之樂保萬乘之勢不出反掌之易以居泰山之安乃欲乘累卵之危走上天之難此愚臣之所大惑也人生有畏其影而惡其迹者乃背而走無益也不如就陰而止影滅迹絕欲人勿聞莫若勿言欲人勿知莫若勿爲欲湯之冷令一人炊之百人揚之無益也不如絕薪止火而已不絕之於彼而救之於此譬猶抱薪救火也故武王諤諤而昌紂嘿嘿而亡君無諤諤之臣父無諤諤之子兄無諤諤之弟夫無諤諤之婦士無諤諤之友其亡可待故曰君失之臣得之父失之子得之兄失之弟得之夫失之婦得之士失之友得之故無亡國破家悖父亂子放兄棄弟狂夫淫婦絕交敗友者也

又曰易曰王臣謇謇匪躬之故人臣之所以謇謇爲難而諫其君者非爲身也將欲以匡君之過矯君之失也君有過失者危亡之萌也而見君之過失而不諫是輕君之危亡也夫輕君之危亡者忠臣不忍爲也三諫而不用則去不去則亡身亡身者仁人所爲也是故諫有五一曰正諫二曰降諫三曰忠諫四曰戇諫五曰風諫孔子曰吾其從風諫夫不諫則危君固諫則危身與其危君寧危身危身終不用則諫亦無功矣智者度君權時調其緩急而處其宜上不敢危君下不爲危身故在國而國不危在身而身不殆昔陳靈公不聽泄冶之諫而殺之曹羈三諫曹君不聽而去春秋序義雖俱賢而曹羈合禮

太平御覽卷第四百五十五

太平御覽卷第四百五十六

人事部九十七

諫諍六

周書曰微子開者紂之兄也紂不道數諫不聽度紂終不可諫欲死之及去未能決乃問太師箕子少師比干曰紂湎於酒婦人之言是用若涉水無津涯箕子曰今誠得治國國治身死不恨爲死終不治不如去之紂乃爲象牀箕子曰彼爲玉牀則思遠方珍怪之物而御之矣爲人臣者諫不聽是彰君之惡乃被髮佯狂比干曰君有過不以死爭則百姓何辜矣乃直言諫紂怒刳視其心微子曰父有過三諫不聽則號泣而隨之臣三諫不聽則其義可以去矣

又曰許綰魏襄王欲爲中天之臺誡曰敢諫者死綰乃負操捶而入曰臣聞大王將爲中天之臺願加一力焉王曰何也對曰臣聞天地相去萬五千里今王因而半之當髙七千五百里其址當廣八千里盡王之地不足以爲大王必欲爲之先起兵以伐諸侯及四夷盡有地乃足矣然以林木之積人徒之衆倉廩之輸當給其外乃可以作襄王嘿然無以應之乃罷

又曰叚規智伯請地於韓康子康子欲勿與規諫曰不可夫智伯之爲人好利而驁復來請地而勿與則必加兵於我矣若與之彼又請地於他國他國不聽必向之以兵然則與可以免於患而待事之變康子曰善因使使者封萬家之縣一與智伯智伯大悅復請地於趙不與果陰約韓魏而伐圍晉陽三年後韓魏應之遂滅智伯

又曰田嬰齊宣王弟封靖郭君於薛嬰自威王以來任職有功故封之靖郭君嬰將城薛客多諫者嬰謂謁者有諫者勿通於是人有請見者曰臣請三言而已矣若過三言臣則請烹靖郭君見之客趨進曰海大魚因返走君不解曰更言之客對曰君夫不聞海大魚乎網不能止鉤不能牽忽而失水則螻蟻得志焉今齊亦君之水也若長有齊奚以薛爲君若一旦失齊雖隆薛之城到天猶無益也君曰善遂不城薛

又曰不幸不聞其過福在受諫其在愛民固在親賢

戰國策曰齊王有幸臣九人九人欲傷安平君田單田單之與王君臣無禮陰結諸侯之雄俊其志欲有爲也貂勃從楚來王賜諸前酒酣王曰召相田單貂勃避席稽首曰王惡得此亡國之言乎人臣之功豈有厚於安平君乎王乃煞九子益封安平君

又曰先生王歜造門而歜欲見於宣王宣王使謁者延入王歜趨見王爲好勢王趨見歜爲好士於王何如使者還報宣王因趨而迎之於門與入曰寡人聞先生直言正諫不諱王歜曰生於亂世事亂君焉敢直言正諫宣王忿然作色不説有間王歜曰昔先君桓公所好者五天子受籍立爲太伯今王有四焉宣王説曰寡人愚陋焉能有四王歜曰先君好馬好狗好酒好色王亦好之先君好士王不好士宣王曰當今之世無士寡人何好歜謂王曰世無騏驥騄耳王駟已備世無東郭韓盧氏之犬王走犬已備無毛嬙西施之妓王宮已充王亦弗好士也何患無士

附託辛戰國策曰趙且伐燕蘇代爲燕王謂趙惠王曰今者來過川蚌方出曝而鷸啄其肉蚌合而掩其喙鷸曰今日不雨明日不雨蚌將爲脯蚌亦謂鷸曰今日不出明日

不出必見死鷸兩者不肯相捨漁父得而并禽之今趙且伐燕燕趙久相交以弊大衆臣恐強秦之爲漁父也惠王曰善乃止之

又曰趙太后新用事秦急征之趙氏求救於齊齊曰必以長安君爲質兵乃出太后不肯大臣強諫太后謂左右有復言令長安君爲質者老婦必唾其面右師解龍言願見太后盛氣而須之入而徐趨曰老臣賤息舒旗最少不肖而衰竊愛憐之願令得補黑衣之數以衛王宮太后敬諾問年幾何矣對曰十五歲矣太后曰丈夫亦愛憐少子對曰甚於婦人太后曰婦人異甚對曰左右臣竊以爲媪之愛燕后賢於長安君過矣媪之送燕后時祭祀則祝之曰必不使反豈非計長久爲子孫相繼爲王也今媪尊長安君之位而封之以膏腴之地與之重器而不反今令有功於

國山陵崩長安君何以自託於趙老臣與媪爲長安君短也故以爲其愛不若燕后太后曰諾惟君所使之於是爲長安君約車百乘質於齊齊兵乃出

補逸禮傳曰衛靈公之時蘧伯玉賢而不用弥子瑕不肖而任事史鰌患之數言蘧伯玉　賢而不聽病且死謂其子曰我死則治喪於北堂吾生不能進蘧伯玉而退弥子瑕是不能正君也生不能正君者死不當成禮而致尸於北堂於是足矣靈公往弔問其故其子以父言聞靈公靈公失容曰吾失矣立召蘧伯玉而進之召弥子瑕而退之徙喪於堂成禮而後去衛國以治史鰌之力也史鰌以尸諫可謂忠不衰矣

孝經援神契曰三諫侍放復三年眷眷所以者臣爲君諫若言有過而放矣所諫事遂以行者遂去不留九侍放者冀君用耳事以行衆咎將至無爲留之臣侍放於郊君不絶其禄者亦不欲去道不合故去耳以其宗廟賜之環即還之玦則去

國語曰周靈王二十二年穀雒鬭將毀王宮王欲壅之太子晉曰不可晉聞古之長人者不墮山不崇藪不防川不竇澤

行成坤國語曰吳伐越越王令諸稽郢行成於吳曰君王不以鞭箠使之而辱軍士使寇令焉（若御寇之號令）勾踐請一介嫡女執箕箒一介嫡男奉盤匜以隨諸御（匜沃器也）春秋貢獻不懈王府諺曰狐埋之而狐搰之是無成功也今大王既封植越國而又刈之（刈斬）是無勞也吳王曰吾將許越謝成申胥諫曰（申胥楚臣伍員）不可許大夫種勇以善謀將還玩吳國於掌之上以得其志故婉約其辭以從王志爲虺弗摧爲虵將若何（虺短虵長）吳王不聽乃許盟

立後土國語曰魯武公以括與戲見宣王（武公敖也括武公長子伯御也）王命立戲樊仲山父諫（樊宣王卿士山父之所封也仲山父樊穆仲也）曰不可立也不順必犯王命犯王命必誅故出命不可不慎也命之不行政之不立行而不順民將弃上夫下事上少事長所以爲順也今天子立諸侯而建其少是教逆也天子其圖之

又曰宣王既喪南國之師乃料民于太原仲山父諫曰民不可料也無故而料民天之惡也害於政而妨於後嗣王卒料之及幽王乃滅

諷諫木國語曰晉平公射鷃不死使豎襄搏之失公怒拘將殺之叔向聞之曰君必殺之昔吾先君唐叔射兕于徒林殪以爲大甲以封於晉今君嗣吾先君射鷃不死搏之

不得是揚吾君之恥者也君必速煞之無令遠聞君顏忸
怩乃走赦之
説苑曰齊景公遊於海上而樂之六月不歸令左右曰敢
有先言歸者致死不赦顏燭趨進諫曰君樂治海上而六
月不歸彼儻有治國者君且安得樂此海也景公援戟將
斬之顏燭進撫衣待之曰君奚不斫也昔者桀殺關龍逢
紂殺王子比干君之賢非此二主也臣之材亦非此二子
也君奚不斫以臣參此二人者不亦可乎景公説遂歸中
道聞國人謀不內矣
又曰吳王欲伐荊舍人少孺子欲諫不敢則懷丸操彈遊
於後園露沾其衣王曰何沾衣如此對曰榆上有蟬高居
而鳴不知螳螂在其後螳螂欲取蟬不知黃雀在其傍黃
雀延頸欲啄螳螂而不知彈丸在其下臣欲彈雀不知露沾

衣如此三者皆務欲得其利而不顧其後患也王曰善哉
乃罷兵
又曰晉平公好樂多其賦斂不治城郭敢有諫者死國人憂
之有咎犯者見門大夫曰臣聞主君好樂故以樂見門大
夫入言晉人咎犯欲以樂見平公曰內之止坐殿上則出
鍾磬竽瑟坐有頃平公曰客子爲樂咎犯對曰臣不能爲
樂臣善隱平公召隱士十二人咎犯曰隱臣竊願昧死御
平公曰諾咎犯申其左臂而詘五指平公問於隱官曰占
之爲何隱官皆曰不知平公歸之咎犯則申其一指曰是
一也便游赭畫而後城門二也柱梁衣繡士民無褐三也
侏儒有餘酒而死士渴四也民有饑色而馬有粟秫五也
近臣不敢諫遠臣不得達平公曰善乃屏鍾鼓除竽瑟遂
與咎犯治國

又曰枚乘上書諫吳王曰福生有基禍生有胎納其基絕
其胎禍何從來哉泰山之溜穿石殫極之綆斷幹水非石
之鑽繩非木之鋸也漸靡使之然夫銖銖而稱之至石必
差寸寸而度之至丈必過石稱丈量徑而寡失十圍之木
始生於櫱可分而絕可擢而拔據其未生先其未形磨礱
砥礪不見其損有時而盡種樹畜長不見其益有時而大
積德脩行不知其善有時而用弃義背理不知其惡有時
而亡臣乘願大王熟計而身行之此百王不易之道也
不聽卒死丹徒
又曰晉靈公造九層臺費用千億謂左右曰敢有諫者斬
荀息聞之上書求見靈公張弩持矢見之謂曰子欲諫耶
息曰不敢諫也臣能累十二博碁加九鷄子其上公曰子
爲寡人作之息即正顏色定志意以碁子置下加九鷄子
其上左右懼息靈公扶伏氣息不續公曰危哉危哉息曰
是不危也復有危於此者公曰願復見之息曰九層之臺
三年不成男不得耕女不得織國有空虛隣國謀議將欲
興兵社稷亡滅君欲何望靈公曰寡人之過乃止於此即
壞九層之臺
又曰秦始皇時侯生諫始皇望見侯生大怒侯生曰陛下
之淫萬萬丹朱而千千桀紂臣恐陛下之千亡曾不一存
始皇嘿然久之曰汝何不蚤言侯生曰陛下之自賢自健
上侮五帝下陵三王弃毒撲就末伎陛下徵見久矣臣等
恐言之無益而自爲取死也故逃而不敢言
又曰楚莊王伐陽夏師久而不罷羣臣欲諫而不敢莊王
獵於雲夢椒舉諫曰所以多得獸者馬也而廢王國亡王
之馬豈可哉王曰善不穀之屈強國之可以長諸侯也知

得地可以爲富也士其民之不用也明日飲諸大夫酒楙
舉爲上客罷陽夏之師
晏子春秋曰景公爲長庲（音來，舍也）將欲美之有風雨作公與
晏子入坐飲酒致堂上之樂酒酣晏子作歌曰穗兮不得
穫秋風至兮草零落風雨之拂殺之靡弊之歌終顧而流
涕張袂而儛公止之曰今日夫子有賜識寡人之罪遂廢
酒罷役
又曰齊景公使人養所愛馬暴病死景公怒令人持刀欲
殺養馬者是時晏子侍前左右執刀而進晏子止之而問
古者堯舜支解人從何體始公懼然曰從寡人始遂止不
支解公曰以屬獄晏子曰請數之使自知其罪然後殺之
獄公曰可晏子數之曰尒有罪三公使汝養馬汝殺之當
死罪一又殺公之所愛馬當死罪二使公以一馬之故而

殺人百姓聞之必怨吾君諸侯聞之必輕吾國汝一殺公
馬使公怨積於百姓兵弱於隣國汝當死罪三令以屬獄
公喟然曰赦之
又曰景公築路寢之臺三年未息而又爲鄒之長塗晏子
諫公斬板而去之
又曰景公有愛槐令吏謹守之令犯槐者刑傷槐者死有
不聞令過而犯之者將加罪焉晏子諫曰嬰聞窮人財力
以從嗜欲謂之暴崇玩好威嚴謂之逆形殺不稱謂之賊
三者守國之大殃也君饗國德行未見於民而三辟著於
國嬰恐其不可以莅國子人也公曰善出犯槐之囚
君目瑩晏子曰景公畋於署梁十有八日而不返晏子伯
自往見公比至衣冠不正不革衣冠望游而馳公望見晏
子曰何其遽國家得無故乎晏子對曰國人皆以君安於

野不安於國好獸而惡民公曰寡人之有子猶心之有四
支也心有四支故心得佚焉豈不可哉晏子對曰嬰聞之
與君言異乃若心之有四支而心得佚焉則可令四支無
心也十有八日矣不亦久乎公于是罷田歸
又曰楚巫微道裔款以見景公侍坐三日景公說之楚巫
曰公明神之主帝王之君也公即位十有七年矣事未大
濟者神明未至也請致五帝以明君德景公再拜稽首楚
巫曰請巡國郊以觀帝位至於牛山而不敢登曰五帝之
位在於國南請齋具而後登之公命百官供齋具裔款視
事晏子聞之而見於公曰古者不慢行而繁祭不輕身而
恃巫今政亂而行辟　弃賢而用巫
帝王之在身也　而求帝王不亦難
乎

又曰景公射鳥野人駭之公怒令吏誅之晏子曰野人不
知也臣聞之賞無功謂之亂罪不知謂之虐兩者先王之
禁也公曰善自尒以來未有鳥獸之禁
又曰景公曰爲臣冠長衣以聽朝日晏不罷晏子進曰日
晏矣君脫服就晏公曰諾寡人受令退朝遂去衣冠不復
服也
蕭方等三十國春秋曰秦王苻堅懸珠簾於正殿以朝羣
臣宮宇服御物極珍飾之音尚書金部郎裴元略諫曰願
陛下遵采椽之不斵鄙瓊室而不居堅笑曰非卿之忠朕
何由聞過乎
趙曄吴越春秋曰吴王既殺子胥問太宰曰子胥數以越
諫遂以喪身從死以來若有所士今欲祠之何日可也曰
三月癸未可也及夫差出國祠子胥江水之濵乃言曰寡

人昔日不聽相國之言至令相國遠投江海自亡

司馬彪九州春秋曰曹公征孫權參軍傅幹諫曰今未承王命者吳與蜀也唯明公思虞舜舞干戚之義全威養德以道制勝公不從軍遂無功

太平御覽卷第四百五十六

太平御覽卷第四百五十七

人事部九十八

諫諍七

白虎通曰諫間也更也是非相間革更其行也

又曰闚諫者禮也視君顏色不悅且却悅者復前以禮進退

又曰士不得諫者士賤不得豫政（故不得諫諍父之力）得因盡其忠耳

保傅曰大夫進諫士傳民語妻得諫夫者夫妻一體榮辱共之詩曰相鼠有皮人而無儀不死胡為此妻諫夫之詩子諫父父不從不得去者父子一體無相離之性猶火去木而滅

劉向新序曰魯哀公為室而大公儀子諫哀公毀室而止

又曰莊辛諫楚襄王曰君王左州侯右夏侯從新安君與壽陵君同軒淫行修靡而亡國政郢其危矣王曰先生老惛歟妄為楚國祆歟對曰臣非敢為楚祆誠見之也不出十月十月王果亡失江漢鄢郢之地

諷諫木新序曰楚襄王亡失江漢鄢郢之地乃使召莊辛辛曰庶人有稱曰亡羊而固牢不為遲見兔而呼狗不為晚湯武以百里王桀紂以天下亡今國雖小絕長繼短以千里數且君王獨不見夫青蛉乎六足四翼蜚翔乎天地之間求蚊虻而食之待甘露而飲之自以為無患不知五尺童子以竹竿加之乎四仞之上而下為虫蟻（所食青蛉）猶其小者黃雀俛啄白粒仰棲茂樹鼓其翼奮其翅自以為無患與民無爭不知公子王孫左挾彈右攝丸晝遊乎茂樹而夕和乎酸鹹黃雀猶其小者鴻鵠嬉游乎江河脩其六翮一舉千里自以為無患與民無爭不知弋者操其弓矢脩其防礪故朝遊乎江河而暮調乎鼎俎鴻鵠猶其小者蔡侯之事又是也蔡侯南遊乎高陵北經乎巫山嬉遊乎商蔡之囿不以國家為事不知子發受命宣王紬以朱絲也蔡侯之事猶其小者今君王之事又是也君王左州侯右夏侯從新安君與壽陵君淫行康樂游娛馳騁不知穰侯方與秦王謀殺之乎黽塞之外襄王大懼形體悼慄曰謹受令乃封辛為成陵君而用計焉（戰國策文亦同）

又曰趙簡子上羊腸之坂羣臣皆偏袒推車而虎噲獨擔戟行歌不推車簡子曰寡人上坂羣臣皆推車噲獨戟行歌不推車噲謂人臣而侮其主者其罪何若對曰為人臣侮其主者死又曰身死妻子為戮君既已聞為人臣而侮其主之罪君亦聞為人君而侮其臣者乎簡子曰為人君而侮其臣者如何對曰為人君侮其臣智者不為謀辨者不為使勇者不為鬬夫智者不為謀則社稷危辨者不為使則指事不通勇者不鬬則邊境侵三者不使則君難保簡子曰善乃罷羣臣推車為上大夫酒舉羣臣飲以虎噲為上客

又曰楚人有獻魚於楚王者曰今日獲魚食之不盡賣之不售弃之又惜故來獻之左右曰鄙哉辭也楚王曰子不知漁者仁人也蓋聞囷倉粟餘者國有餓死民後宮多幽女者下多曠夫餘衍之蓄聚府庫者境內多貧困之民皆失君人之道漁者知之其此諭寡人也於是乃遣使恤鰥寡而存孤獨出倉粟發幣帛而賙賑不足罷去後宮不御者出以妻鰥夫楚民大悅隣國歸之故漁者獻魚而楚國賴之

又曰魏文侯與士大夫坐問曰寡人何如君羣臣皆曰仁君也次至翟黃曰君非仁君曰子何以言之對曰君伐中山不封君之弟而封君之長子臣以知君非仁君也文侯

怒而逐翟黃黃趨而出次至任座文侯問寡人何如君也
任座對曰仁君也臣聞之其君仁者其臣直向者翟黃之言
直臣是以知君仁也文侯曰善復召翟黃
各納木新序曰魏文侯曰吾一見箕季而得四焉其牆壞
而不築吾問何不築對曰不時是教我不奪農功其牆枉
而不端吾問何不端對曰然是教我無侵封壃也從者食
其桃箕季禁之豈愛桃哉是教我下無犯上也食我糟飡
之食瓜瓠之羹豈不具五味教我無多歛於百姓以省飲
食之養也
王孫子新書曰楚莊王攻宋將軍子重諫曰今君廚肉臭
而不可食罇酒敗而不可飲而三軍之士皆有饑色欲以
勝敵不亦難乎莊王曰請有酒投之水有食饋之賢行軍
中之有饑色者加五倍之賜

又曰衛靈公坐重華之臺侍御數百隨珠照日羅衣從風
仲叔敖入諫曰昔桀行此而亡今四境內侵諸侯加兵土地
日削百姓乖離今君內寵無乃太盛歟靈公再拜曰寡人
過矣微子之言社稷傾於是出宮女之不進者數百人百
姓大悅
莊子曰趙簡子出田鄭龍爲右有一野人簡子曰龍下射
彼使無驚吾馬三命鄭龍鄭龍不對簡子怒鄭龍曰昔我
土之盟不戮一人虎狼殺人固將救之簡子還車輟田曰
今吾田也得士
又曰梁君出獵見白鴈群集梁君下車彀弓欲射之道有
行者白鴈群駭梁公怒欲殺行者其御公孫龍下車撫其
心梁君忿然作色而怒曰龍不與其君而顧與他人何也
公孫龍對曰昔者齊景公之時天旱三年卜之曰必以人

祠乃雨景公下堂頓首曰吾所以求雨者爲民也今必使
吾以人祠乃且雨寡人將自當之言未卒而天大雨方千
里何爲有德於天而惠施民也今主君以白鴈之故而欲
殺人無異於虎狼梁君援手與上車歸入郭門呼萬歲曰
樂哉今日也人獵皆得禽獸吾獵獨得善言而歸
又曰齊桓公讀書於堂上輪扁斲輪堂下釋椎鑿而上問桓
公曰敢問公之所讀者何言耶公曰聖人之言也曰聖人
在乎公曰已死矣然則君之讀者古人之糟粕也
列子曰晉文公出欲會伐衛公子鉏仰而笑曰公問何笑
曰笑臣隣之人也臣之隣人有送其妻適家者道見桑婦
悅而與言然顧視其妻亦有招之者矣竊笑此也公悟其
言乃止引師還未至而有伐其北鄙者
見君火韓子曰衛靈公之時彌子瑕有寵專於衛國侏儒

有見公者曰臣之夢踐矣公曰奚夢曰夢見竈爲見公也公
怒曰吾聞夢見人主者見日奚爲見竈對曰夫人君兼照
一國一人不能擁故將見人主而夢見日夫竈一人煬焉
則後人無從見矣今或者一人煬君乎則臣雖夢見竈不
亦可乎公曰善遂去雍鉏退子瑕而用司空狗
臺甲孔叢子曰陳惠侯大城因起陵陽之臺未終而坐法
死者數千人欲坑三監吏殺之夫子適見陳侯與登臺而
觀焉夫子曰美哉斯臺自古聖王爲城未見不戮一人而
能功若此者也陳侯默然而退遽竊赦所坑吏旣而見夫
子問曰昔周作靈臺亦戮人乎答曰文王之興附者六州
六州之衆各以子來區區之臺未及期月而旣成矣何戮
之有夫以少少之衆能立矣大大之功唯君耳
又曰齊王行車裂之刑群臣諫爭之弗聽子高見齊王曰

車裂之刑無道之刑也而君行之臣竊以爲下吏之過也齊王曰謹聞命遂除車裂

又曰智伯欲伐仇由而道難不通乃鑄大鍾遺仇由仇由君悅除道將內之赤章曼支諫曰不可此小之所以事大而今大以遺小卒必隨之不可內不聽遂內之曼支因以斷轂而馳至齊十月而仇由亡

又曰秦繆公以女樂二八與良宰遺戎王戎王喜迷惑大亂由余驟諫而不聽因怒而歸繆公也

諫木孔叢子曰趙簡子曰厥也愛我鐸也不我愛厥諫我必於無人之所鐸之諫我也喜質我於人中必使我愧尹鐸對曰厥愛君之愧也而不愛君之過也鐸也愛君之過而不憂君之愧也此簡子之賢也人主賢則人臣之言直

又曰越饑請食於吴子胥諫曰不可與也夫吴之與越仇

讎之國非吴喪越越必喪吴若燕秦齊晉山處陸居豈能踰五湖九江越十地以有吴哉今將輸之粟是長仇讎財匱民怨悔無及也

殺諫庚符子曰龍逢進諫桀曰臣嘗覩君之冕非其冕也而冕危石君之履非其履也而履春冰未有冠危石而不壓蹈春冰而不陷者也桀乃笑而應之曰子且就炮烙之刑龍逢布武而趨赴火而死

桓氏要論曰易曰王臣蹇蹇傳曰諤諤者昌變人之情抑人之欲咈人之耳　逆人之意不尔不爲諫也

楚漢春秋曰惠帝崩呂太后欲爲高墳使從未央宮而見之諸將諫不許東陽侯垂泣曰陛下見惠帝冢悲哀流涕無已是傷生也臣竊哀之太后乃止

汝南先賢傳曰郭憲字子橫建武中爲光祿勳車駕西征隗囂諫曰天下初定車駕未可動憲乃當車拔佩刀以斷車靷帝不從遂上隴其後潁川兵起乃迴駕而還帝歎曰恨不用光祿之言也

又曰郭憲字子橫學貫祕奧師事東海王仲子王莽爲大司馬權貴傾朝莽召仲子欲令爲兒講仲子聞即褰裳欲往憲曰今君位爲博士如何輕身賤道禮有來學無往教之義不宜輕道也於是仲子晏乃往莽問君來何遲仲子具以憲言荅之莽陰奇焉

又曰劉璋遣法正迎劉備劉巴諫曰不可內也既入巴復諫曰若使備討張魯是放虎於山林也璋不聽巴閉門稱疾備攻成都令軍中其有害巴者誅及三族及得甚善

又曰時匈奴數犯塞帝患之乃召百寮廷議時郭憲以爲天下疲弊不宜動衆諫諍不合乃伏地眩瞀不復言帝令

兩郎扶下殿憲亦不拜

又曰薛勤字子恭定遠侯班始尚公主主遇始傲慢無婦禮始殺主詔書怒欲滅其家勤建議執志不顧遂奏上施行其立朝盡忠類皆如此

又楚國先賢傳曰楊顒字子昭襄陽人爲蜀丞相主簿諸葛亮嘗自校簿書顒直入諫曰爲治有體不可相侵請爲明公作家以喻之今有人使奴執耕稼婢典炊爨雞主司晨狗主吠盜牛負重載馬涉遠路私業無曠所求皆足雍容　高拱飲食而已矣忽一旦捐弃欲以身親其役爲此碎務形疲神困終無一成豈智不如奴婢雞犬哉失家之法耳是以古人稱坐而論道謂之三公作而行之謂之卿大夫明公爲治乃躬自校簿流汗竟日不亦勞乎亮謝之

鍾離意別傳曰明帝作北宮意諫曰昔湯遭旱以六事自

責曰政不節耶使民疾耶宮室榮耶女謁盛耶讒夫昌耶
苞苴行耶夫宮室廣大所以驚耳極觀非所以崇德致平
宣化海內
東方朔別傳曰孝武皇帝時人有殺上林鹿者武帝大怒
下有司殺之羣臣皆相阿欲人主鹿大不敬當死東方朔
時在旁曰是人罪一當死者三使陛下以鹿之故殺人一
當死使天下聞之皆以陛下重鹿賤人二當死也匈奴即
有急推鹿觸之三當死也武帝默然遂釋殺鹿者之罪
邵氏家傳曰邵信字孝信爲執法都尉吳王嘗因迎春便
道遊獵信從行露板諫曰今元正御節是萬物萌育之始
豈可亡溫養之德而爲逆害之道乎吳主省板即爲迴駕
虞溥江表傳曰孫權以鄭衆爲郎中嘗與之言卿好於衆
中面諫或失禮敬寧不畏龍鱗乎對曰君明臣直朝廷與

下無諱實恃洪恩不畏龍鱗
諫木顏子曰昔梁丘據之諫景公也於房晏嬰之諫景
公也於朝然晏嬰之忠著於竹素梁丘之佞于今不絕亦
爲公平正直者聖賢之所先矣
宮殿甲漢書楊雄甘泉賦曰甘泉本因秦離宮既奢泰而
武帝復增通天高光迎風觀且其爲已久矣非成帝所造
欲諫則非時欲嘿則不能已故遂推而隆之乃上比於帝
室紫宮若曰此非人力之所爲儻鬼神可也
何晏表諫魏齊王曰臣晏言臣聞善爲國者必先治其身
愼其所習季末闇主不知損益亂生近昵譬之社鼠
崔駰與竇憲牋曰主簿崔駰言今白漢陽太守稜吏卒數
十人皆臂鷹牽狗陳於道側云欲上幕府駰聞傳曰禽獸
之皮不足以備器用其肉不可以將獻養則公不舉焉禮

公侯非麋兕不射豈以服猛爲民除害因以登臨器械也故
晉唐叔射兕于徒林以爲大甲夫鷹犬所獲不過雉兔而
有歷險阻之難斯乃細人匹夫之事非王公大人所爲要
資也
崔駰與竇憲牋曰駰幸得充下館序在衆賢後塵是以竭
其惓惓敢進壹言
闒茸理愍懷太子表曰臣備近職雖未能自潔天日請因
閽寺悾悾之職
王景興與鍾元常書諫其室人大歸事曰朗白近聞室人
孫氏歸或曰大歸也共經憂樂既久矣曷爲一旦離析以
至於歸而不反乎不得面談裁書叙心
祖台之與王荊州書曰君須復飲不古人以酒爲篤誡通人
識士往往累於此物君受重任憂深責大至於酒事一滌

而未先急僕請以諫願君屏爵弃危甕罍毀榼殛儀狄
於羽山放杜康於三危流王武於幽都拘般陽於崇山四
罪既除道自康矣
楚辭曰七諫者東方朔之所作也諫正也陳法度以正君
也

太平御覽卷第四百五十七